W0355975

*Photo couverture : André BUGAT*

Tous droits réservés
© LES ÉDITIONS OUVRIÈRES, 1992
ISBN 2-7082-2978-8

*Imprimé en France* *Printed in France*

# LE SACRÉ-CŒUR DE MONTMARTRE

## DE 1870 À NOS JOURS

☐ Le présent ouvrage est la publication intégrale d'une thèse de doctorat nouveau régime de l'Université de Paris-Sorbonne (Paris IV) en histoire des religions et anthropologie religieuse soutenue le 13 avril 1991 devant un jury composé de MM. Jean-Marie MAYEUR, Jacques GADILLE, Jean-Michel LENIAUD et de Mgr Yves MARCHASSON (†), auxquels nous devons de précieuses observations.

☐ L'histoire du Sacré-Cœur de Montmartre de 1870 à nos jours comprend trois étapes :
— l'étude de sa construction de 1870 à 1923 : le présent volume 1 ;
— l'étude de la contestation que cette église a connue de 1870 à nos jours : le volume 2 ci-joint ;
— l'étude de sa mission de 1923 à nos jours : un volume 3 à paraître.

Jacques BENOIST

# LE SACRÉ-CŒUR DE MONTMARTRE

## SPIRITUALITÉ, ART ET POLITIQUE (1870-1923)

## I

*Préface de Jean-Marie MAYEUR*

ÉDITIONS OUVRIÈRES

*À Mgr Maxime Charles,*
*recteur émérite de la basilique du Sacré-Cœur de Montmartre,*
*sans lequel cette étude n'aurait pas été entreprise,*
*ni menée à bonne fin.*

«Je voudrais trouver des mots si doux qu'aucun cœur n'y put résister,
je voudrais persuader tous des avantages de l'union,
montrer la joie de Jésus s'il nous voyait tous ensemble,
innombrables, venir chercher un refuge commun dans son amour,
et au nom de son Sacré Cœur, demander miséricorde et implorer notre pardon.
Oh ! quelle joie dans le ciel ! quelle gloire pour Dieu,
et pour nous quelle consolation !
En sera-t-il ainsi ? Oh ! Je l'espère, car sans cela point de salut.»
Hubert ROHAULT DE FLEURY

«Seul parmi les 78 concurrents, j'avais senti qu'à culte nouveau il fallait une expression architecturale nouvelle, un caractère spécial distinctif.»
Paul ABADIE

«Les références archéologiques du Sacré-Cœur sont tellement repensées qu'on se demandera sous peu comment on a pu le prendre pour le symbole du pastiche.»
Claude LAROCHE

« Vous savez sans doute déjà la bonne nouvelle : la J.O.C. est installée depuis quinze jours au cercle du Sacré-Cœur, au chevet de la Basilique de Montmartre !
C'est plus qu'un symbole, c'est une réalité : toute notre action
conquérante va s'appuyer plus que jamais sur le cœur du divin Maître ;
des légions de jeunes apôtres ouvriers vont sortir de ce foyer d'amour ! »
Abbé GUÉRIN

# Remerciements

La liste de ceux envers qui je suis en dette ne saurait être exhaustive et tenir en quelques pages. Que ceux qui ne sont pas nommés ici soient malgré cela persuadés de toute ma gratitude pour leur aide et leur sympathie. Je ne les oublie pas. Je remercie cependant particulièrement les personnes suivantes.

M. Michel Meslin m'a accueilli à la Sorbonne et dans son séminaire. M. Jean-Marie Mayeur a bien voulu accepter d'être mon directeur de thèse. Mgr Yves Marchasson (+) m'a gardé sa confiance. M. Jean-Michel Leniaud s'est intéressé à mon travail et a cherché à élargir l'horizon de mes réflexions. M. Jacques Gadille m'a vivement encouragé. Parallèlement, M. Emile Poulat m'a donné de judicieux conseils. M. Jacques Foucart a manifesté beaucoup d'intérêt pour ma recherche et a contribué à améliorer le style de mon travail. Je me suis trouvé bien des orientations que tous m'ont données.

Je me suis appuyé dans cette entreprise sur le récolement photographique de la basilique du Sacré-Cœur que M. Georges Brunel et ses collaborateurs ont mené à bien dans le cadre des activités de la ville de Paris. Le chanoine Bernard Violle m'a prêté ses précieux registres. M. Claude Laroche a bien voulu me faire part de tous ses travaux sur Paul Abadie et m'associer à l'exposition sur cet architecte. M. l'abbé André Dérumaux a bien voulu me commenter son travail de première main sur les origines du Vœu national.

Des chercheurs et des étudiants comme Mmes Maryse Andrys de Stefano, Catherine Brisac (+), Hélène Guéné, Sabine Guilguet, Jacqueline Lalouette et Nele Van der Meer, MM. Michel Arveiller, Paul Hartmann et Georges Poisson ont partagé avec moi leurs découvertes.

Le P. de Vorges m'a ouvert les archives du Sacré-Cœur mises en ordre par le général Bernard Schlagdenhauffen. Les archivistes et documentalistes des diocèses (dont Paris avec le P. Ploix), des congrégations religieuses, des musées et de diverses institutions m'ont ouvert leurs archives. Le P. Isidoro Liberale Gatti a bien voulu prospecter pour moi celles qui se trouvent à Rome. J'ai profité aussi de la science des PP. Vallin et Glotin. Les familles des promoteurs (particulièrement Mme Claude Chavane et la marquise Henri de Vassal-Montviel [+]), des architectes (M. Hulot) et des artistes m'ont fait confiance et m'ont communiqué de précieux documents.

Et comment ne pas mentionner le travail fait pour moi par Mlles Janine Boissart, Anne-Marie Cazelles, Brigitte Tailliez, par MM. Jean et Paul Airiau, ainsi que l'assistance informatique de M. Franck Boralevi.

L'intérêt que M. Yvon Tranvouez a manifesté pour mon travail a été déterminant pour cette publication. Un risque éditorial existait : il a été pris par M. Daniel Prin, directeur général des Editions ouvrières. Je leur suis très reconnaissant et les prie de transmettre ma gratitude à tous leurs collaborateurs.

Je remercie également et finalement tous ceux qui ont participé d'une façon si généreuse à l'effort de réalisation de cet ex-voto de papier : deux arrière-petits-fils de Hubert Rohault de Fleury (MM. Jacques Rohault de Fleury et Pierre-Alain de Margerie), les chapelains et les fidèles de la basilique du Sacré-Cœur (en la personne de son recteur, le P. Alain Hazemann), les recteurs que j'y ai connus (Mgr Maxime Charles, le P. François de Vorges) et quelques amis qui se sont très intéressés à ce travail (MMme Jacques Foucart, MMme Guy Vieillevigne). Je tiens aussi à mentionner MMme Airiau, MMme Mennesson et MMme de Savignac, Mmes Briot, de Monicault et Poisson, MM. Bodet, Kennel et Ravaux.

Je suis également plein de gratitude à l'égard de ceux qui, tout en me permettant d'exercer mon ministère, m'ont donné depuis sept ans du temps pour mener à bien ces recherches, cette rédaction et cette publication.

Je n'oublie pas mon père (+), ma mère et mon frère.

À tous merci.

# Sommaire

# Conventions

Les mots « Vœu national » ou « Vœu » pris absolument et écrits avec une majuscule désignent l'objet de cette étude. Autant que l'usage le permet, nous écrirons le Sacré-Cœur avec un tiret lorsqu'il s'agit du monument et le Sacré Cœur sans tiret lorsque la réalité visée est le Cœur du Christ. Lorsqu'il est question de représentations de Jésus-Christ avec un cœur sur la poitrine, nous parlerons de Christ au Cœur ou au Sacré Cœur. À propos du sacrement du Corps du Christ, autant également que l'usage le permet, nous écrirons le Saint Sacrement.

Les documents cités sont décrits dans les références bibliographiques qui se trouvent en fin de volume. Elles sont classées chronologiquement dans leur ensemble et alphabétiquement dans chaque année. On s'y reporte grâce aux notes qui indiquent le nom de l'auteur, le titre abrégé et l'année de la publication.

Fruit d'un vœu, l'église du Sacré-Cœur, est appelée ici un ex-voto de pierre. On entend par ex-voto de prière l'ensemble des fidèles qui y viennent prier et par ex-voto d'imaginaire, l'iconographie et la décoration qui expriment la vision du monde des promoteurs. Il est question aussi de ce livre comme d'un ex-voto de papier.

# Abréviations

| | |
|---|---|
| AHDP | Archives historiques du diocèse de Paris |
| AN | Archives nationales |
| ASCM | Archives du Sacré-Cœur de Montmartre |
| *BDA* | *Bulletin de l'union de prière et des dames adoratrices* (réf. 1885) |
| *BHF* | *Bulletin des Hommes de France* (réf. 1900) |
| BN | Bibliothèque nationale |
| *BPA* | *Bulletin des Prêtres-Apôtres* (réf. 1901) |
| *BPP* | *Bulletin de Prière et Pénitence* (réf. 1902) |
| *BSEIN* | *Bull. de la Soc. d'encouragement pour l'Industrie nationale* (réf. 1867) |
| *BSVP* | *Bull. de la Soc. Saint-Vincent de Paul* (réf. 1848) |
| *BVN* | *Bull. de l'Œuvre du Vœu national au Sacré Cœur* (réf. 1873) |
| *BLE* | *Bull. de littérature ecclésiastique de Toulouse* |
| *CHAD* | *Catholicisme, hier, aujourd'hui, demain* (réf. 1948) |
| *DPCR* | *Dictionnaire pratique des connaissances religieuses* (réf. 1925) |
| *DSAM* | *Dictionnaire de spiritualité* (réf. 1932) |
| *DTC* | *Dictionnaire de théologie catholique* (réf. 1935) |
| *EU* | *Encyclopaedia universalis* (réf. 1968) |
| *HSC* | suivi d'une indication de tome et de page: *Historique de la basilique du Sacré-Cœur de Montmartre* par Hubert Rohault de Fleury (réf. 1903) |
| *MO* | Montmartre-Orientations (réf. 1971) |
| *MR* | *Montmartre. Revue des archiconfréries* (réf. 1926) |
| *PV* | *Procès-verbaux des séances du Comité du Vœu national* (réf. 1872 et ASCM 14. 01) |
| Réf. | Références bibliographiques |
| RP | Le récolement photographique des objets d'art du Sacré-Cœur fait par la Ville de Paris |
| *SR* | *Semaine religieuse*; *SRP* = de Paris (réf. 1853) |
| *VSB* | *Vie des saints et des bienheureux* (réf. 1935) |

# Préface

Lorsque Jacques Benoist est venu me trouver pour me demander d'assurer la direction de sa thèse, quelque hésitation me saisit. Théologien et philosophe de formation, le candidat saurait-il trouver le ton et adopter la méthode de l'historien ? ancien chapelain du Sacré Cœur, aurait-il la distance nécessaire pour aborder un sujet si proche de lui ? Cependant le projet me séduisit : cela faisait longtemps que l'histoire de la Basilique du Sacré Cœur de Montmartre paraissait mériter une recherche d'importance. Jacques Benoist, par sa familiarité avec la basilique, sa connaissance, déjà, des archives, par le dépôt , reçu oralement, de toute une histoire, était fort à même d'entreprendre ce travail.

L'œuvre achevée dépasse, non seulement par ses dimensions, presque excessives, mais par son apport, les normes habituelles de la thèse. L'auteur maîtrise un sujet aux multiples dimensions, qui conduit de l'histoire sociale et religieuse parisienne à l'histoire des relations de l'Église et de l'État, de la spiritualité, des formes de religiosité, de l'art enfin. Ces thèmes divers sont suivis sur plus d'un demi-siècle, selon une orchestration subtile, qui ne dédaigne pas les retours en arrière, permet de réentendre, dans une autre tonalité, la même histoire.

C'est dire que ce livre, comme tout ouvrage qui compte, suggère plusieurs lectures. Celui qui eut le plaisir de découvrir peu à peu, au long des années ses amples perspectives, se bornera à quelques remarques. La première touche à l'établissement, et le plus positif, des faits. Jacques Benoist décrit, d'une manière décisive, même si l'affaire était connue dans ses grandes lignes, la genèse du Vœu, qui est aux origines de l'édification de la Basilique. Contrairement à ce qui fut volontiers répété, de livre en livre, ni le Vœu, ni l'emplacement de la Basilique, ne sont dus à la Commune de Paris. L'idée du Vœu était présente avec force dans le monde catholique français dès les lendemains de la défaite de Sedan (4 septembre 1870) et de la chute de Rome (20 septembre 1870) aux mains des troupes du royaume d'Italie, après le départ de la brigade française qui assurait la protection du pape. Le 16 octobre 1870, Mgr Pie, l'évêque de Poitiers, demande la consécration de la France au Cœur de Jésus, pour expier le crime public qu'elle a commis. En novembre 1870, le Père de Boylesve publie *Le triomphe de la France par le Sacré Cœur de Jésus*, qui tire à plusieurs centaines de milliers d'exemplaires. C'est sur cette toile de fond que s'inscrit l'initiative des auteurs du Vœu. Le 29 janvier 1871 la *Semaine liturgique du diocèse de Poitiers* publie la première version du Vœu de consécration au Sacré Cœur « pour obtenir la délivrance du Souverain Pontife et celle de la France ». C'est l'apostasie de la France libérale, ce sont les péchés de Paris, Babylone moderne, haut lieu de la « Fête impériale » que doit expier la consécration au Sacré Cœur. *Gallia pœnitens et devota* ! La Commune de Paris (18 mars-fin mai 1871) née de l'émeute de Montmartre, dernier drame de l'Année terrible, ne fait que confirmer les auteurs du Vœu dans leur diagnostic : le libéralisme issu de la Révolution française ne peut que mener au désordre, et à la subversion sociale. Le texte du Vœu avait été écrit, le projet de Basilique conçu, bien avant que les incendies de la Commune n'embrasent à nouveau, après le siège, le ciel parisien. Mais, pour les auteurs du Vœu, cette nouvelle catastrophe était un signe supplémentaire de l'expiation nécessaire.

Sur les protagonistes de l'entreprise, Jacques Benoist offre un bel éclairage d'histoire sociale. Le lecteur découvre un monde mal connu de laïcs, souvent des notables catholiques de la rive droite selon le mot de Jacques Gadille lors de la soutenance de la thèse : Legentil, son beau frère Rohault de Fleury, leur beau-frère à tous deux Joseph Marcotte, les dirigeants de la Société de Saint Vincent de Paul dont le rôle fut si important. Ce ne sont pas ces hobereaux réactionnaires, hantés par la nostalgie du passé, qu'on a trop souvent à l'esprit lorsqu'on évoque les élites catholiques françaises du deuxième XIXème siècle. Ces hommes familiers de la haute administration et de l'économie ne récusent pas la modernité dans laquelle entre la France du temps. Ce qu'ils refusent, c'est la laïcisation de la société.

Cette étude montre que la campagne en faveur de la Basilique ne s'identifie pas à un seul des courants entre lesquels se partage le catholicisme français. À côté de Mgr Pie, figure Mgr Dupanloup. Léon Cornudet écrit à Legentil le 30 juillet 1872 qu'il faut refuser « la couleur de coterie » de l'*Univers*. L'archevêque de Paris Mgr Guibert sait imposer la discrétion aux intransigeants, ainsi lors du débat de 1873 sur la loi déclarant d'utilité publique la construction de la Basilique. Il prend ses distances vis à vis des légitimistes. Peut-être touche-t-on là à l'une des raisons du succès de l'entreprise.

Celle-ci est inséparable de cette spiritualité ultramontaine qui s'impose dans les années 1860, et qui prend une tonalité si particulière, marquée de messianisme et d'un climat d'apocalypse, dans la France de 1870-1871. C'est en 1872 qu'Aloys Kunc compose le « Pitié mon Dieu », dont les formules sont à jamais associées à l'époque : « Sauvez Rome et la France
Par votre Sacré Cœur ».

On sait que, par la suite, « Au nom du Sacré Cœur » se substitua à la formule initiale, indice d'une certaine prudence théologique, et que l'allusion à Rome disparut, remplacée par un deuxième « Sauvez », prudence politique afin de ne pas rouvrir la question romaine... Sans doute, dans le prolongement de cet ouvrage, y aurait-il à traiter pour elle-même de la théologie de la souffrance, de l'expiation, de la réversion des mérites. Mais Jacques Benoist verse déjà d'assez belles pièces au dossier.

L'édifice néo-byzantin dû au choix d'Abadie domine durablement, en haut de la butte sacrée, la ville au paysage de qui elle s'identifie désormais, avec Notre-Dame, l'Arc de Triomphe, la Tour Eiffel, élevée comme un symbole de la Science et du Progrès, en 1889, réponse au défi opposé par le Sacré Cœur à la libre pensée. Aussi bien la construction du Sacré Cœur suscita-t-elle, à la fin du siècle dernier, au début de ce siècle, les passions les plus ardentes. Jacques Benoist fait revivre ces controverses aujourd'hui lointaines, même si voici quelques années, une personnalité politique disait de la Basilique : « elle est laide et les circonstances de sa construction symbolisent l'écrasement de la gauche ». La deuxième assertion témoigne de la persistance des mythes historiques, la première évoque ce mot de Léon Bloy : « la médiocrité architecturale du Sacré Cœur est un lieu commun aussi bête que tous les autres ». L'essentiel est bien, avec Jacques Benoist, de pénétrer au cœur de l'histoire de la Basilique.

Jean-Marie MAYEUR.

# Avant-propos

Le sujet de ce travail est l'église du Sacré-Cœur de Montmartre dans sa fondation (1870-1876, livre premier), sa construction (entre 1877 et 1923, livre deuxième) et la contestation dont elle a fait l'objet (de 1870 à 1991, livre troisième), et ce, aussi bien à propos de la spiritualité qui a sous-tendu l'entreprise avant et pendant son exécution que dans l'esthétique qui s'y est manifestée et dans les problèmes politiques qu'elle a soulevés. Etablir un examen global du passé de cette église, puis voir si une réhabilitation globale ou partielle est possible dans l'esprit de certains Parisiens (et de bien d'autres...) de la fin du XX^e^ siècle, telle est l'ambition de ce travail.

Les raisons de notre choix sont complexes et fort liées à la situation de l'auteur. Sa présence à la basilique à divers titres pendant vingt ans lui a permis de constater un paradoxe. D'une part, il a recueilli ce qu'on disait à son propos aussi bien dans le domaine politique, surtout à l'époque de l'occupation du sanctuaire en février 1971 (voir chap. 26) où, malgré la bonne foi des manifestants, des accusations excessives et fausses furent portées contre elle; aussi bien encore dans le domaine de l'art où son style suscite de multiples jugements très négatifs; aussi bien enfin dans le domaine de la spiritualité du Cœur de Jésus: les réactions allant de l'enthousiasme de certains petits groupes au dénigrement par le plus grand nombre. Et d'autre part, les foules déferlent. Comprendre ce paradoxe est une des raisons de notre choix.

Cependant, l'absence d'une thèse de doctorat sur le sujet a été l'une de nos motivations. Les travaux universitaires antérieurs étaient partiels ou intégrés à des ensembles plus vastes. Il a paru important d'apporter au débat des connaissances inédites mais aussi dispersées et pluridisciplinaires. D'autant que certains historiens comme Daniel Halévy ou Jacques Le Brun avouaient leur ignorance ou constataient des incompréhensions sur les origines du sanctuaire [1]. Les auteurs communément cités pour parler de la basilique étaient de qualité mais anciens : l'abbé Pierre Laligant (1919), les PP. Lecanuet (1907 et 1930) et Hamon (1907 et 1940) et le professeur Paul Lesourd (1937).

Les années 1970 et 1980 furent propices à un réexamen puisqu'y furent soutenus deux mémoires de maîtrise en histoire religieuse, respectivement en 1971 et 1975, celui de Christine de Nantes sous la direction du professeur Jacques Gadille et celui de Christine Lacloche sous celle du professeur Louis Girard ; deux diplômes d'architecture (1977), ceux de Claude Laroche et de Marc Wattel, qui se traduisirent dans deux brillantes expositions sur Paul Abadie à Angoulême (1984) et à Paris (1988). L'intérêt pour la mosaïque a été renouvelé par la thèse de Mme Hélène Guéné (soutenue en 1983, publiée en 1991). De la Hollande vint le mémoire en histoire de l'art de Nele van der Meer sous la direction du Dr T. A. P. Van Leeuwen (1988) et par ce même pays, l'article de François Loyer (1984 et 1987), tandis que des États-Unis puis de Grande-Bretagne nous parvenait la contribution de David Harvey (1985 et 1989). L'accueil et les encouragements que ce sujet a trouvés auprès des gens compétents dans les domaines qu'il abordait a été aussi un facteur décisif dans le maintien du choix.

Le principal problème posé par ce sujet est son extension. Il touche à beaucoup de domaines habituellement traités séparément. L'auteur a dû non seulement s'initier à la face cachée de l'art de la fin du XIXe siècle, mais aussi aux auteurs de piété et à la vie politique de cette époque.

Les frontières exactes de ce travail peuvent se définir ainsi : la basilique de Montmartre, toute la basilique de 1870 à 1923, rien que la basilique, et ceci dans l'optique de la promesse faite à Dieu de construire une église pour obtenir de lui le salut de la France et la liberté de l'Église, en y travaillant en quelque sorte. C'est à dessein que jusqu'ici l'étude de la spiritualité du Cœur de Jésus n'est pas mentionnée, même si finalement elle s'impose, car il n'est pas question dans ce travail d'en brosser un tableau général même à l'époque étudiée. Celle qui est vécue et transmise dans le cadre du Vœu national en est tout au plus un des éléments. L'histoire racontée ici est d'abord l'histoire

1. Daniel Halevy, *La République...*, 1937, p. 23 et Jacques Le Brun, «Politique...», 1971, p. 26.

de la fidélité à une promesse qui est retracée, l'histoire en quelque sorte d'un Hubert Rohault de Fleury ou d'un cardinal Richard qui, des années 1870 aux années 1900, l'ont vue se réaliser sous leurs yeux.

L'année 1870 est le commencement de l'histoire de cette église puisque c'est l'année de la promesse faite par Alexandre-Félix Legentil. Les périodes antérieures ne sont évoquées que pour comprendre le passé des protagonistes [1] et le mouvement dans lequel la construction de l'ex-voto national va s'insérer. L'année 1914, date prévue (vers 1912) pour la dédicace de l'église, aurait pu être la fin de cette étude, car la construction du gros œuvre est vraiment achevée entre 1900 et 1914. Mais la présentation de la période 1914-1923 s'imposait car la victoire de 1918, les célébrations qui s'ensuivirent à Montmartre, la dédicace en 1919, la canonisation des bienheureuses Marguerite-Marie et Jeanne d'Arc (1920), les cinquantièmes anniversaires du vœu d'Alexandre Legentil (1870/1920), de l'adoption par Mgr Guibert (72/22), de la loi d'utilité publique (73/23) et même de la célébration de la pose de la première pierre (75/25), l'inauguration de la grande mosaïque du chœur (1923) furent interprétées comme couronnant l'œuvre entreprise en 1870. 1923 correspond par ailleurs à une sorte de moyenne entre les dates des décès du cardinal Amette (1920) et de Benoît XV (1922) et le départ de la basilique de Mgr Crépin (1925) et du second secrétaire général le comte Gaston La Caille (1925) [2].

L'arrêt de l'enquête vers 1876 (fin de la période fondatrice) se serait compris, d'autant que cela correspond à une période politique bien typée, laissant la période de construction pour une autre étude, mais cela faisait vraiment trop peu et n'aurait permis d'étudier l'édification des ex-voto de pierre, de prière et d'imaginaire ni vraiment leur contestation. Le choix du tournant des années 1890, époque du décès de Legentil, l'initiateur du Vœu, en 1889, et de l'ouverture au culte de l'église en 1891, « vingt ans après », comme Christine de Nantes l'a fait, se justifiait pour un mémoire de maîtrise, non pour une thèse. En revanche, aller explicitement jusqu'à 1929 et les accords du Latran interprétés eux aussi comme une réponse du ciel au Vœu de 1870, ç'eut été vraiment entrer dans la vie de la basilique de l'entre-deux-guerres et ceci aurait été une autre histoire...

1. Mgr Guibert naît en 1802, Alexandre-Félix Legentil en 1821 et Hubert Rohault de Fleury en 1828.

2. On remarque aussi que vers cette date (1923) «commence une première période de constructions d'églises dont l'architecture, le rôle et la place dans la ville sont propres à notre siècle» (Franck Debie et Pierre Vérot, «Les constructions d'églises en France depuis 1925» dans *Communio*, XV, 1990-5, p. 38-70). Ceci entraînera à moyen terme un certain rejet de l'architecture du Sacré-Cœur, rejet que l'on conteste aujourd'hui (voir notre chap. 32).

Histoire qu'il faudra certainement entreprendre et pousser jusqu'à nos jours, d'autant que le Vœu national n'est « vraiment » accompli que vers 1960, une fois les dépendances et les jardins « vraiment » achevés (le Comité de construction cesse d'exister à cette date). Quant aux centenaires du Vœu national (voir les cinquantenaires, ci-dessus) et celui de la Commune, ils n'ont été évoqués qu'à propos de la contestation de 1971, mais eux aussi demanderaient à être réellement étudiés. L'histoire de la basilique de 1919 à nos jours est donc, comme on le voit, succinctement présente à l'esprit de l'auteur, mais sa connaissance systématique reste à établir. Il y est fait appel pour ce qu'elle apporte de connaissances à la période étudiée et surtout pour l'étude des critiques. L'exposé et l'examen de celles-ci occupent le troisième livre de ce travail.

Il a fallu enfin se limiter dans le mode d'investigation. La tentation de l'informatique a été ressentie à propos de l'étude de la souscription. Les données fournies par les registres sont considérables. L'investissement eut été trop grand et fait au détriment de l'ensemble abordé d'une façon pluridisciplinaire. L'étude précise d'un échantillon a d'ailleurs été faite par Christine de Nantes (1971). Elle est résumée et utilisée dans le présent travail.

Il fallu aussi délimiter le champ des investigations. Les archives du Sacré-Cœur ont été répertoriées à l 'occasion de ce travail. L'auteur a en pris connaissance dans leur ensemble mais ne les a pas vraiment dépouillées dans leur détail. Le *Bulletin de l'Œuvre du Vœu national* (1873-1925) a été comme la colonne vertébrale de la recherche avec, comme référence, l'ex-voto de pierres et d'images qu'un récolement photographique de mille prises de vue a permis de connaître très précisément.

La méthode utilisée au cours de ce travail comprend trois temps. D'abord, il a fallu exploiter le « corpus » défini : le bâtiment, les archives et surtout le Bulletin. Ensuite, on a mis en relation, autant que faire se peut, tout ce ou tous ceux que le corpus mentionne avec les éléments correspondants de l'époque. De même que le Sacré-Cœur à l'heure actuelle est inséparable de la butte Montmartre et de Paris, de même il fallait restituer à la fondation et à la construction leur milieu pour mieux les connaître. Finalement on s'est interrogé sur le Sacré-Cœur lui-même, sur la valeur de sa spiritualité, sur sa présence dans la cité (la pastorale et la politique des archevêques constructeurs) et sur la beauté du monument. La méthode a consisté à essayer de saisir le facteur religieux se révélant à l'œuvre dans cette entreprise. C'est la foi catholique qui insère une église dans la cité, qui s'exprime dans les conditions contingentes d'un moment, d'un lieu et d'une culture, mais qui porte aussi un témoignage sur un « toujours et partout » qui transcende les générations. Et ceci sous le regard d'un enquêteur qui n'oublie pas son propre point de vue, mais qui espère pouvoir être cependant respectueux des partisans et des opposants du Sacré-Cœur qui se sont affrontés entre la défaite de 1870 et la victoire de 1918!

Un des obstacles rencontrés durant ce travail a été de constater la destruction quasi certaine des archives Legentil et l'irrémédiable dispersion de celles de Rohault de Fleury et de ses successeurs comme secrétaires généraux du Comité de construction. Cependant les biographies de ces messieurs qui donnent abondamment des textes disparus remédient en partie à ces disparitions.

La principale limite du résultat obtenu est l'absence dans les livres deux et trois d'une présentation chronologique globale de la période étudiée au profit d'une exposition thématique. Certes, au sein de nombreux chapitres l'ordre chronologique a été suivi, mais cela n'a pas l'avantage d'une présentation globale de chacune des étapes: de 1876-1877 au Ralliement et à l'ouverture de l'église au culte vers 1891; de là à la fin de « l'esprit nouveau » et à l'achèvement du grand dôme (1899); dans la crise de la séparation et la construction du campanile; 1914-1918 et l'immédiat après-guerre.

Ce qui reste à faire dans la recherche est proprement colossal: meilleure connaissance de tous les protagonistes, partisans ou opposants, dans leur vie comme dans leurs œuvres; description de la France religieuse en fonction du Vœu national grâce au rapprochement de multiples pointages et statistiques nationaux qui demeurent pour le moment simplement juxtaposés; dépouillements plus nombreux d'archives, non seulement du Sacré-Cœur, mais du diocèse de Paris et des autres diocèses, des congrégations religieuses et particulièrement des Dominicains, compagnons spirituels de Hubert Rohault de Fleury[1], du Saint-Siège, de la ville et de la préfecture de police de Paris. Enfin, une collecte des points de vue étrangers sur le Sacré-Cœur n'aurait pas été de trop ainsi qu'une étude plus poussée sur son influence au-delà des frontières. Mais de même qu'il faut bien s'arrêter un jour, il est temps de présenter le sujet de ce travail.

1. Le P. Michel Albaric m'a signalé d'abondantes archives sur le sujet de ce travail à la bibliothèque du Saulchoir.

# INTRODUCTION

Une église de plus ou de moins dans Paris ne paraît pas un événement susceptible de soulever des vagues. Et pourtant la construction de la future basilique[1] du Vœu national au Sacré Cœur de Jésus pour le salut de la France et la délivrance du souverain pontife à Montmartre a fixé pendant un demi-siècle l'attention des mouvements religieux nationaux et fut l'objet des plus vives querelles politiques. Le style du monument lui-même a été l'objet d'une longue contestation. On trouve là un de ces cas précis et concrets de l'affrontement du christianisme avec l'esprit d'un temps dans ses diverses composantes spirituelles, politiques et artistiques qui ne se réduisent pas à l'une d'entre elles. C'est ce qui fait sans doute l'intérêt de la présente étude.

Les reproches faits au Sacré-Cœur viennent d'horizons très divers. En essayant d'y répondre, on s'est aperçu que malgré cela, ils s'interpénétraient les uns les autres. Ce sont les politiques qui ont essayé d'abord de deviner les intentions des promoteurs et par conséquent, ils partaient de positions assurées qui ne correspondaient pas du tout à ce que cette étude découvrait. De même, les critiques acerbes et méprisantes de l'art du monument ne sont pas tellement inspirées par l'esthétique que par l'hostilité contre une église qui domine Paris. Quant aux attaques contre la spiritualité de la basilique, il est clair qu'elles proviennent d'une incompétence théologique et d'une inexpérience spirituelle christianisée. On a essayé d'être honnête en faisant parler le plus possible les responsables. Et l'on s'est aperçu alors que tout chez eux était inspiré par leur foi, leur piété et leur volonté de service de leur patrie aussi bien leurs initiatives pastorales dites « politiques » que les réalisations artistiques.

Les opinions communément admises sur le Sacré-Cœur de Montmartre sont peu nombreuses et aisément cernées : la dévotion au Sacré Cœur de Jésus mélange une politique royaliste, à la limite purement contre-révolutionnaire, et une spiritualité sentimentale et doloriste, plus ou moins perverse ; le Sacré-Cœur a été construit en expiation des crimes de la Commune ; le Sacré-Cœur enlaidit la butte Montmartre car il n'est qu'un pastiche du style romano-byzantin. La thèse soutenue ici peut sembler paradoxale : ces affirmations appellent à révision. Le Sacré-Cœur a été construit en expiation des « péchés » de la France du XVIe siècle au début du XXe (donc, aussi, ceux du second Empire et de la ville de Paris en 1871) et pour son « salut » (donc aussi pour celui

1. Une église catholique ne peut se prévaloir du titre de basilique mineure (seules les quatre grandes basiliques romaines sont dites majeures) qu'après une décision du Saint-Siège. Cependant en ce « temps des basiliques » (Jacques Tournier, 1986) la « voix du peuple » précédait souvent la « voix du pape » et le titre lui a été appliqué bien avant 1919.

de la capitale). A travers l'Œuvre du Vœu national, ses responsables ont poursuivi, entre 1870 et 1919, une pastorale qui distingue les domaines de la vie religieuse et morale et qui permet à chacun de mener, d'une façon complète et équilibrée, publique et privée, sa vie de Français et de catholique du XIXe siècle. Ils ont toujours affirmé que l'Église accepterait la République dès lors que celle-ci ne l'exclurait pas a priori. Le Sacré-Cœur, finalement, est beau car c'est une création originale.

Dans cette perspective, pour comprendre le Vœu national, il faut comprendre l'intention des laïcs du Comité et des cardinaux Guibert et Richard. Elle était de vivre dans la construction du Sacré-Cœur leur conception du rapport de l'Église avec la société et l'État modernes. Une volonté les habitait d'être présents dans la grande ville, de susciter un mouvement de patriotisme chrétien et de prière pour la liberté de l'Église et du pape. Ils voulaient construire l'église du Vœu national sans rien devoir à l'État hors le seul fait qu'elle soit reconnue d'utilité publique ; ils souhaitaient que l'Église soit, par là, reconnue comme une société pouvant posséder en propre un terrain et une église publique par exemple, ce qui n'était pas le cas et ne le sera pas avant la mise en place des associations diocésaines vers 1925 dans le prolongement de la loi sur les associations cultuelles de 1905.

Mgr Guibert et Mgr Richard ont eu, en quelque sorte, à se battre sur deux fronts au sein même de l'Église, deux fronts qu'on peut schématiser de la façon suivante. Les uns pencheraient pour une harmonie idéale entre l'Église et un nouveau pouvoir royal christianisé (un « néo-monarchisme »), harmonie qui n'a jamais existé dans les temps modernes et ne fut que rêve. Ce sont les « intransigeants », légitimistes en politique. On pourrait aussi les appeler les « sacralistes ». Pas d'autorité qui ne vienne de Dieu. Seule l'Église est habilitée à parler au nom de Dieu. L'État ne peut ni ne doit être par rapport à elle ni opposé, ni même neutre. L'Église exerce sur lui une sorte de pouvoir « direct ». Ce sont eux qui auraient voulu une consécration officielle de la France au Cœur du Christ[1] Les autres seraient pour l'acceptation de la République telle qu'elle est, y compris dans son rejet de la dimension publique de la foi (puisque l'État, que ses responsables le reconnaissent ou non, est institué par Dieu) ; la foi deviendrait alors une affaire purement privée et perdrait toutes ses dimensions publiques. Ce sont les « libéraux », républicains en politique. On pourrait les appeler les « sécularistes ». L'influence de l'Église sur l'État se réduit à être

1. Ils sont plus ou moins liés au courant théologique du traditionnalisme dans lequel la foi catholique est ultimement confondue avec les traditions religieuses originelles et confuses de l'humanité.

un simple pouvoir « directif ». Ils ne souhaitaient même pas la reconnaissance d'utilité publique de la construction de l'église de Montmartre[1].

En fait, ces deux extrêmes, s'ils avaient été au pouvoir, auraient abouti soit au schisme gallican de l'Ancien Régime, soit à celui institué de fait par la Révolution et Napoléon. L'État moderne accepte difficilement l'Église comme telle et voudrait bien faire des évêques des rouages politiques. Que ce soit par les réflexions des légistes de Philippe le Bel, la pragmatique sanction de Charles VII, l'application du Concordat de Bologne (qui cependant sauvegardait les principes), les Quatre Articles voulus par Louis XIV ou que ce soit par la Constitution civile du clergé, les Articles organiques du Concordat (valables jusqu'en 1905), l'État moderne (« sacralisé » ou « sécularisé »), l'État en France s'est pensé comme devant contrôler l'Église de France, disposer des évêques et des biens ecclésiastiques et même dans certaines situations paroxystiques, décider leur suppression comme moyen de lutter contre ou au moins de contrôler l'Église. La loi d'utilité publique du Sacré-Cœur et son mode de souscription indépendant de l'État constituaient cette église comme le symbole de l'Église de France qui voulait bien dépendre de l'État mais ne pas lui être inféodée. La construction du Sacré-Cœur dans sa décision et sa réalisation a été pour les cardinaux Guibert et Richard le lieu d'application de la théorie catholique du « pouvoir indirect » de l'Église par rapport à l'État (aussi bien au temps de Mac Mahon que de la République des républicains).

Comme par ailleurs, la diffusion de la dévotion (ou de la consécration) au Cœur du Christ (tant aux XVII$^{e}$-XVIII$^{e}$ siècles qu'au XIX$^{e}$) par les nouveaux missionnaires que sont entre autres les Jésuites et les grands ténors de l'école française de spiritualité, est apparue comme un moyen de renouvellement des dispositions du baptême, c'est-à-dire de « nouvelle » évangélisation, du chrétien tant privé que public, le Vœu national au Cœur de Jésus surgit de la christianisation d'une nouvelle sensibilité religieuse et politique. Les passions qu'il a déchaînées ne sont pas alors étonnantes.

Avant d'examiner dans un troisième livre les contestations d'hier et d'aujourd'hui dont le Sacré-Cœur a fait l'objet dans les domaines politique, spirituel et artistique, il était nécessaire d'étudier des deux premières étapes de la vie du sanctuaire : ses profondes fondations (1870-1876) et sa lente édification (1876-1919).

1. Ne sont-ils pas liés plus ou moins aux courants rationaliste ou semi-rationaliste qui réduisent finalement la foi à la raison ? Pie IX et le concile de Vatican I ont dénoncé ces deux attitudes extrêmes, traditionnalisme et rationalisme.

# LIVRE PREMIER

# DE PROFONDES FONDATIONS (JUSQU'EN 1876)

Les catholiques constructeurs du Sacré-Cœur appartiennent à des temps qui n'ont pas très bonne presse : dans l'Église, il s'agit de la fin du pontificat de Pie IX (1878), après le *Syllabus* (1864) et le premier concile inachevé du Vatican ; en France, le pouvoir est entre les mains de l'Assemblée nationale qui a élu successivement Thiers, puis le maréchal de Mac Mahon à la présidence de la République. C'est surtout le régime dit de « l'ordre moral ». Faut-il pour autant se priver d'examiner les débuts de l'entreprise avec le préjugé favorable et le minimum de sympathie nécessaires à toute enquête historique ? En trois parties, nous brosserons d'abord les portraits des promoteurs, nous étudierons ensuite les pensées qui les animent et nous présenterons enfin les actes fondateurs de l'entreprise.

À l'occasion des notices biographiques des laïcs, de certains religieux (le P. Alet) et évêques amis (Mgr Mermillod, Mgr Guibert) les rapports de la vie économique et sociale du XIXe siècle avec le catholicisme sont abordés alors qu'à propos des idées inspiratrices, les rapports de la vie chrétienne avec la patrie constituent le fil conducteur. C'est qu'en effet les promoteurs du Vœu national unissent la préoccupation des « pauvres » comme ils disent et le bien commun de la France. Pour eux, cette dernière a péché en ne respectant pas les premiers. Les actes fondateurs viseront un salut social et patriotique.

# PREMIÈRE PARTIE

# PORTRAITS DES PROMOTEURS

Un négociant parisien (Alexandre-Félix Legentil) et ses relations (chap. 1), ayant à cœur le sort de Paris et de la France ainsi que du pape, durant le terrible automne 1870, promettent à Dieu de construire une église en l'honneur du Cœur de Jésus pour recevoir de lui les secours nécessaires. Ils sont soutenus dans leur vie spirituelle et doctrinale par des religieux surtout jésuites et dominicains (chap. 2) et ne veulent rien faire sans l'accord de leur ordinaire, l'archevêque de Paris, et du plus grand nombre d'évêques de France (chap. 3).

La première place donnée ici aux laïcs montre que le clergé n'est donc pas à l'origine de l'église du Sacré-Cœur de Montmartre, même si l'adoption du projet de construction par Mgr Guibert a communiqué à l'entreprise toutes ses dimensions. Ce qui tendrait à prouver, soit dit en passant, que, contrairement à l'opinion répandue de nos jours, les laïcs tenaient dans l'Église du XIXe siècle un rôle important.

# Chapitre premier
# Des laïcs pieux, généreux et patriotes

Deux hommes, Alexandre Legentil et Hubert Rohault de Fleury, beaux-frères, sont à l'origine de la construction de l'église du Sacré-Cœur de Montmartre. Ils en prennent l'initiative, choisissent les moyens financiers et surveillent les étapes de la construction. La grande mosaïque du chœur réalisée quarante ans plus tard et la décoration de certaines chapelles gardent leur souvenir. Le premier est représenté à genoux. Il prononce le Vœu. Le second s'y associe, debout, prêt à l'action [1]. Le visiteur attentif découvrira aussi au fond à gauche de la chapelle des morts dans la crypte, une urne sur une colonne [2] avec cette inscription :

1. Voir Pierre Laligant, *Montmartre*..., 1923, p. 56. L'histoire et la description de cette grande mosaïque sont exposées dans les chapitres de la construction et de la décoration. Cette répartition des rôles, le contemplatif et l'actif, est parlante mais forcée. On essaie ici de le montrer. Emile Keller qui les accompagne est présenté dans le chap. 9 et les généraux de Sonis et de Charette dans les chap. 6 et 23 (voir RP 85 SCM 54). Les traits de l'homme représentant *l'humanité guérie par le Christ*, bas-relief de Léon Fagel dans la chapelle Saint-Luc, sont ceux de Hubert Rohault de Fleury (voir RP 85 SCM 118). Les promoteurs du Vœu national sont aussi représentés sur les corbeaux extérieurs du grand dôme (voir illust.)

2. Le monument est de Jean Hulot. Voir *BVN*, 1921, p. 84 et Gaston Poulain, *Décoration*..., 1925. RP 85 SCM 364 et 365.

« Vivant, il s'est dévoué à vous, Seigneur, de tout son cœur ; mourant, il a voué son cœur à votre Cœur »[1].

Sur la plaque, derrière :

« Ici repose selon son désir le cœur d'Alexandre Legentil qui eut l'inspiration du Vœu national et se consacra avec son beau-frère Hubert Rohault de Fleury à le réaliser. 1821-1889. »

L'initiateur du Vœu national a en effet demandé par testament que son cœur repose dans l'église dont il avait voulu l'édification. Le cardinal Richard accepta et Marie Legentil, son épouse, fit prélever son cœur avant l'inhumation au cimetière du Père-Lachaise[2]. Elle a souhaité également que le sien rejoigne celui de son époux, ce que permit Mgr Amette[3]. Mais une chose est à souligner : la discrétion qui entoure cette présence. Rien ne l'indique et son souvenir en a été longtemps perdu à la basilique[4], alors qu'elle est attestée par le chroniqueur du *Bulletin du Vœu national*[5] et par sa petite-nièce dont le témoignage oral a été recueilli par l'auteur de cette étude. Or le rôle de Marie Legentil dans l'histoire de l'ex-voto de pierre comme dans celui de prière (l'adoration du Saint Sacrement, voir chap. 17) est loin d'être négligeable. Pour remédier à cette ingratitude et bien que les renseignements sur elle soient parcimonieux, qu'il soit fait mention ici de l'un et de l'autre.

Hubert Rohault de Fleury, lui, n'a pas demandé une telle faveur[6]. Il fut purement et simplement enterré au cimetière du Père-Lachaise[7]. Mais, alors même que le Sacré-Cœur ne fut pour Alexandre Legentil qu'une de ses œuvres, il reste la grande et unique entreprise de son beau-frère qui, veuf en 1873, ne se remaria jamais et se consacra à la construction de « sa » basilique.

Mais ces deux messieurs et leurs épouses ont une parenté avec laquelle ils sont très liés et au sein de laquelle nous citerons plus particulièrement Georges Rohault de Fleury, le frère d'Hubert (ses ouvrages éclairent la décoration du

1. Voici le texte latin de l'inscription : VIVENS TIBI DOMINE SE TOTO CORDE DEVOVIT MORIENS CORDI TUO COR SUUM VOVIT. Voir aussi Pierre Laligant, *Montmartre*... 1933, p. 127.

2. Voir la description du caveau Legentil parmi les pièces justificatives et sa photographie parmi les illustrations.

3. Voir Alfred Van Den Brule, *Hubert*..., 1930, p. 403, n. 1.

4. L'abbé Laligant n'en parle point en 1933 alors qu'elle est mentionnée par le père jésuite Van den Brule en 1930. Est-ce le signe d'une discrétion qui aurait été demandée par le cardinal Amette ? C'est du moins l'avis de Marie-Louise Chavane, née en 1902, petite-fille de Joseph Marcotte, lui-même frère de Marie Legentil.

5. Voir la nécrologie de Mme Alexandre Legentil, née en 1828, décédée fin 1919, dans *BVN*, février 1920, p. 24.

6. Cette pratique de prélèvement du cœur est évoquée dans le chapitre 5 consacré à la dévotion au Cœur de Jésus.

7. Voir en annexe l'épitaphe et la photographie.

Sacré-Cœur), et Joseph Marcotte, leur beau-frère à tous deux, témoin de ces bourgeois venus à la pratique religieuse et cependant peu impliqués dans les œuvres de bienfaisance ou de piété.

Il convient en effet de replacer les deux principaux protagonistes du Vœu dans leur milieu familial, notamment la famille de Charles Marcotte. Celui-ci a deux filles et un fils : Marie (1828-1919), Louise (1833-1873) et Joseph (1831-1893). Marie épouse Alexandre Legentil et Louise, Hubert Rohault de Fleury tandis que Joseph se marie avec Paule Aguillon. Les trois familles restent très unies et la connaissance de l'ensemble éclaire chacun de ses membres. C'est par ailleurs un excellent moyen pour présenter sous un nouveau jour la haute bourgeoisie du second Empire et de la première partie de la III^e^ République. Dans ce milieu habituellement si critiqué, se trouvaient en petit nombre des hommes doués de compétences variées, pourvus de quelques biens, suffisamment protégés des soucis immédiats de l'existence pour mener à bien une entreprise aussi lourde que la construction d'une basilique. Ils aimaient se réunir dans la Société de Saint-Vincent de Paul avec des membres d'autres groupes pour se mettre au service des pauvres. Ils sont d'une génération originale par rapport à celle de leurs pères dont les dispositions religieuses semblent moins marquées. Ce que nous voulons souligner en utilisant pour ceux-ci le mot « catholique » en adjectif, là où nous l'employons comme substantif pour leurs enfants. On passerait ainsi d'une génération de bourgeois catholiques à une génération de catholiques bourgeois, d'une génération à l'aise dans l'esprit assez voltairien de la monarchie de Juillet (C. Marcotte est haut fonctionnaire ; C. Legentil, pair de France ; C. Rohault de Fleury, architecte et homme d'affaires) à une génération qui par esprit chrétien est en porte à faux avec le second Empire en particulier à propos de l'usage des richesses. Pour faire image, rappelons que J. -A. -D. Ingres, lié à la génération des parents, n'est pas croyant, alors qu'un de ses plus chers disciples, Hippolyte Flandrin, dont la vie et l'œuvre se croisent avec celles des enfants (les promoteurs du Vœu), est presque un mystique. Avec l'aide de « bons abbés », de « bons pères et de bonnes mères », les épouses de la première génération étudiée ici sanctifieront leurs époux et les mères transmettront leur foi à leurs enfants.

## *I. LES PARENTS DES PROMOTEURS : DES BOURGEOIS CATHOLIQUES*

### A. Charles et Stéphanie Legentil[1]

Né juste avant 1789, fils d'un négociant rouennais, Charles Legentil, père de l'initiateur du Vœu national, entre à l'École centrale que vient de créer Napoléon. Il fait fortune dans le grand commerce de détail. Il commandite le *Petit Saint-Thomas*[2], l'un des magasins où le jeune Aristide Boucicaut fera ses premiers pas dans le monde des nouveautés. Il devient membre du jury des Expositions de l'Industrie, du Comité consultatif des arts et manufactures[3], du tribunal de commerce de la Seine, président de la chambre de commerce de Paris et l'un des quinze régents de la Banque de France, choisis par les deux cents plus gros actionnaires. Il touche quelque temps à la politique en étant élu député du IIIe arrondissement. Sa fidélité à la monarchie de Juillet fait de lui un pair de France et un commandeur de la Légion d'honneur[4]. Il habite les nouveaux quartiers de la rive droite : 35, rue du faubourg Poissonnière, 12, rue Montholon et finalement l'hôtel particulier du 51, rue du Paradis[5] comme d'ailleurs Charles Rohault de Fleury et Charles Marcotte (voir ci-dessous). Il achète un des trois châteaux de Saint-Ouen, celui dit de Necker, qui sera détruit vers 1930[6]. Il épouse Stéphanie Sanson en secondes noces. Elle lui donne trois enfants dont deux meurent en bas âge. Elle témoigne dans ces circonstances d'une foi chrétienne qui marque sa famille. Lui-même retrouve une certaine pratique de la religion vers le début du second Empire et meurt en 1855. À cette époque, Hippolyte Flandrin peint son portrait pour la Chambre de Commerce et d'Industrie de Paris[7].

1. Voir Gaston Vapereau, *Dictionnaire*..., 1861 et Michel Bony, *Vie*..., 1893, chap. premier. Auguste du Saussois a mis Charles Legentil dans sa *Galerie des hommes utiles* (1875) ou *des hommes de bien* (1880). Il a écrit aussi une biographie du comte de Paris (1884). Les cardinaux Guibert (voir réf. biblio. 1887) et Donnet retiennent aussi son attention. Il s'agit toujours du même milieu modéré.

2. 33, rue du Bac de 1828 à 1913. Voir Jacques Hillairet, *Dictionnaire*..., 1957 et surtout le catalogue de l'exposition *la rue du Bac*, 1990, p. 25-26.

3. Il a écrit quelques rapports techniques : voir le catalogue de la Bibliothèque nationale.

4. Il manifestera son attachement au roi déchu en allant le voir à Claremont vers 1849-1850. Voir Michel Bony, *Vie*..., 1893, p. 112.

5. Voir Jacques Hillairet, *Dictionnaire*..., 1957. Le baron J. -B. Schwartz, homme d'affaires nouvellement enrichi, protagoniste du roman de Paul Féval, *Les Habits noirs*, s'installe dans ce même quartier, 19, rue d'Enghien. Voir réf. bibl., 1863. Au t. II, topographie « févalienne » en annexe.

6. Voir illustration. Une sente Legentil à Saint-Ouen en garde encore le souvenir en 1990.

7. Voir Madeleine Lanvin, *Hippolyte*..., 1967, p. 196-197.

## B. Charles et Loïde Rohault de Fleury[1]

Charles Rohault de Fleury (1801-1875) mériterait une monographie. Ce n'est pas ici le lieu de l'entreprendre. Cependant une esquisse peut en être tentée[2]. Son père, un oncle et un fils se prénomment Hubert. Il s'agit de ne pas les confondre. Hubert, le père (1777-1846) est polytechnicien, grand prix de Rome en architecture, architecte de la ville de Paris, inspecteur de l'Arc de Triomphe, inspecteur général et vice-président du Conseil des bâtiments civils sous Louis-Philippe. À ce titre, il participe à la désignation d'Eugène Viollet-le-Duc et de Jean-Baptiste Lassus comme restaurateurs de Notre-Dame de Paris[3] et propose, certainement avec son fils, une réglementation de la profession d'architecte qui aboutira à la création de la Société des architectes. Charles en deviendra vice-président. Quant à Hubert (l'oncle), général, baron, pair de France, il s'est rendu célèbre au siège de Constantine (1837).

Charles est polytechnicien lui-même. Veuf très tôt, il s'investit dans le travail, s'intéresse beaucoup à l'accroissement de sa fortune et à l'éducation de ses enfants[4]. Il habite, rue d'Aguesseau dans le VIII^e^ arrondissement, un hôtel particulier, aujourd'hui détruit, qu'il tient de son père. Ses maisons de refuge pour ouvriers et ses cités ouvrières restent à l'état de projet. En revanche, les serres du jardin des Plantes, la cage dite « le Palais des singes » et le cabinet de minéralogie le rendent célèbre. C'est au retour d'un voyage en Angleterre qu'impressionné par les techniques nouvelles, il les conçoit. Elles

1. Son épouse est née Le Gentil. Aucun lien de parenté avec les autres Legentil n'est mentionné par les biographes.

2. Pour cela, nous disposons outre son œuvre architectural, de manuscrits, d'imprimés et de quelques notices sur lui. Les manuscrits de la Bibliothèque nationale sont abondants et ont été répertoriés par Maurice de Bengy-Puyvallée, *Catalogue*..., 1908. Quelques lettres et son testament sont conservés par Renée de Vassal-Montviel, son arrière-petite fille; voir aussi les ASCM. Ses écrits techniques, catalogués incomplètement à la B. N. ou recensés par son fils (voir A. Van Den Brule, *Hubert*..., 1930, p. 214-215), concernent: *Les Serres du Muséum d'histoire naturelle* (1837-1844) ainsi que *Les serres chaudes de Londres* (1850); *Les Logements pour ouvriers* (1848); *L'Exposition universelle* (1855); *Les Lois du bâtiment et de la voirie* (1863 et 1864); *Les Etoffes égyptiennes*; *Les Beaux-Arts et l'industrie* (1864); *La Comparaison des prix* (1865); *Les Finances* (1871); *Le Repos dominical* (1872). Ses autres imprimés sont d'abondants in-folio touchant l'iconographie: *Les Catacombes de Saint-Calliste* (1866); *Les instruments de la Passion* (1870); *Les Evangiles* (2 vol., 1874); *La Sainte Vierge* (2 vol. édités par son fils Georges, 1878). Ses enfants ont écrit sur lui: Hubert, *BVN*, 1875, p. 628 et Georges, *Charles*..., 1877. Alfred Van Den Brule, *Hubert*..., 1930 en parle. Les dictionnaires lui consacrent une notice: G. Vapereau, 1861; Ch. Bauchal, 1887; U. Thieme und F. Becker, 1907; E. Delaire, 1907; E. Benezit, 1976.

3. Voir Jean-Michel Leniaud, *Jean-Baptiste Lassus*..., 1980, p. 46 et p. 63. Il est aussi question d'un Rohault à propos de la restauration de Saint-Germain l'Auxerrois, p. 59, en 1844.

4. Voir Alfred Van Den Brule, *Hubert*..., 1930, p. 8. En 1863, Charles Rohault de Fleury parle de ses rentes. Avant le partage de son vivant d'une partie de sa fortune à ses enfants, il a environ cent vingt mille francs de rentes et il continue à travailler. Selon certaines analyses valables pour les années 1890, il aurait ainsi appartenu à la tranche des trois mille revenus supérieurs à cent mille francs. À ce titre, il appartient franchement à la haute bourgeoisie. Voir Jean-Marie Mayeur, *Les débuts*..., 1973, p. 90. Comme les mariages se faisaient le plus souvent entre familles de même niveau, on peut dire que les Legentil et les Marcotte relèvent eux aussi de la haute bourgeoisie.

deviennent le prototype des grandes serres du XIX^e^ siècle. Comptant parmi les premières constructions entièrement réalisées en structure métallique et en verre [1], elles retiennent l'attention des historiens de l'architecture :

> « Charles Rohault de Fleury sait rester en marge des divers mouvements éclectique, rationaliste ou traditionnel, appliquant suivant ses besoins les pratiques de l'un ou de l'autre. Il évite néanmoins ici, au jardin des Plantes, le compromis habituel et développe une structure très harmonieusement proportionnée » [2].

Charles de Fleury propose un plan pour un nouvel Opéra en 1840, mais se voit seulement chargé de réparer l'ancien à deux reprises en 1847 et en 1855 et devient plus tard le malheureux concurrent de Charles Garnier. Il travaille au théâtre des Délassements-Comiques, à l'hippodrome [3], à la Chambre des notaires [4] et à l'hôpital Lariboisière ; avec Jacques Hittorff [5] au lotissement de la rue de Rivoli, au grand hôtel du Louvre, aux maisons qui bordent la place de l'Étoile (les pavillons des maréchaux) et la place de l'Opéra.

Les relations ecclésiastiques [6] de Charles Rohault de Fleury sur la fin de sa vie éclairent son tempérament religieux. Il choisit le P. Pététot comme conseiller spirituel. Ce curé de la paroisse Saint-Roch et ce premier supérieur général de l'Oratoire, la congrégation fondée par le cardinal Pierre de Bérulle et qui vient d'être restaurée par le P. Gratry, est un des tenants, selon Mgr Pie [7], de l'esprit libéral de l'époque. Par ailleurs, Hubert, son fils, le dit grand ami de Mgr Darboy [8] dont les positions libérales sont bien connues (chap. 3). Il est membre du conseil des établissements de Saint-Nicolas et un des principaux promoteurs de l'Œuvre de la sanctification du dimanche [9]. Sa

1. Voir « Fer et fonte » de l'*Encyc. univ.*

2. Marc Emery, *Un siècle*…, 1971, p. 131. Il faudrait vérifier si les bombardements de 1870 ont ou n'ont pas détruit ces diverses constructions.

3. Lesquels exactement ? J. Hillairet, *Dictionnaire*…, 1957, décrit plusieurs théâtres et hippodromes portant ce nom. Huysmans apprécie des constructions qui sont peut-être de Charles de Fleury (voir *Atlas de l'architecture*, 1982, p. 338).

4. 2, rue Saint-Denis, en collaboration avec Pellechat. Voir J. Hillairet, *Dictionnaire*…, 1957, t. II, p. 393.

5. Voir Th. von Joest, *Hittorff*…, 1986, p. 356.

6. Les relations politiques paraissent moins dans la correspondance. Il parle de Barthélémy Saint-Hilaire comme de « notre ami commun avec M. Thiers » (Lettre à Hubert Rohault de Fleury en date du avril 1871) et de Jules Favre qu'il juge « admirable surtout lorsqu'il avoue qu'il s'était trompé » (Lettre au même en date du 28 mars 1871).

7. Jacques Gadille, *La pensée*…, 1967, t. I, p. 164.

8. Lettre d'Hubert à Georges, mars 1871. Voir A. Derumaux, « Origines… », 1953, n° 196, p. 27. Ses dispositions religieuses doivent être complexes. Pour preuve, le fait suivant : sa sœur Julie est mariée à Adhémar Barré de Saint-Venant, connu pour ses travaux de mécanique rationnelle, membre de l'Académie des sciences en 1868 (Larousse, 1923 et arch. familiales). Dans une lettre émouvante, le mathématicien explique à l'architecte, avec lequel il est intime, pourquoi il a sollicité, par fidélité au pape, la dignité de comte et demande à Charles qui se trouve à Rome d'intervenir pour lui obtenir le titre de chevalier de Saint-Grégoire. Voir A. de Saint-Venant, *Lettre*…, 1869. ASCM.

9. Voir le *Rapport sur l'Œuvre du dimanche* (1872) que le catalogue de la Bibliothèque nationale attribue certainement à tort à Georges.

correspondance révèle ses visites quotidiennes au Saint Sacrement et son testament est plein de recommandations de piété et d'amour fraternel, facteurs de force spirituelle et de cohésion familiale. Ses études iconographiques et archéologiques sur la Passion, l'Évangile et la Sainte Vierge témoignent d'un esprit artiste au service de la foi, même si elles semblent davantage le fruit du travail de son fils Georges que du sien et qu'en bon fils, ce dernier les lui attribue [1].

Charles de Fleury participe même comme membre du jury au concours pour le Sacré-Cœur en 1874 (voir le chap. 10) et meurt en 1875. Comme il en était advenu avec les enfants de Charles Legentil et de Charles Marcotte, les fils et la fille de Charles Rohault innoveront en s'engageant plus à fond dans la vie de l'Église. L'héritage ici réside surtout dans l'approche novatrice du fait architectural. L'analyse du projet de transformation de l'Opéra en église, en 1870, enrichira ce portrait (voir le chapitre 8).

## C. Charles et Louise Marcotte [2]

Philippe Marcotte, percepteur, et son épouse Louise Duclos-Dufresnoy (le frère de cette dernière fut un richissisme notaire guillotiné sous la Terreur) avaient de grands biens, confisqués à la Révolution et récupérés à la Restauration, qui permirent à leurs enfants de se constituer en véritables dynasties. Il y eut les Marcotte de Quivières, les Marcotte-Genlis, les Marcotte de Sainte-Marie [3], du nom de leurs propriétés. Les filles, elles, s'allient aux Durand d'Herville, aux Becquet et aux Walkenaer [4].

Charles Marcotte (1773-1863), le fils aîné, devient directeur des Eaux et Forêts tout en tenant salon, rue du faubourg Poissonnière et dans sa propriété du Poncelet près de Meaux. Il se lie d'amitié avec des artistes, à preuve

1. *Mémoire sur les instruments de la Passion de N. S. J. C.* P., 1870. fort in-4, 414 p., 23 pl. *L'Évangile. Études iconographiques et archéologiques*. Tours, 1874. 2 vol. XVI-283-314 p., 100 pl. *La Sainte Vierge. Études archéologiques et iconographiques*. P., Poussielgue Frères, 1878. 2 vol. in-4, XXXIV-442 + 620 p de texte, 157 pl.

2. Certes, le père Bony a brossé un tableau de la famille de Marie Legentil, née Marcotte, dans la biographie de son mari (Michel Bony, *Vie...*, 1893, chap. 2). Mais, désormais on ne peut se contenter de le résumer. Le travail du Dr. Hans Naef sur les dessins de Jean Auguste Dominique Ingres (Voir H. Naef, *Die Bildniszeichnungen...*, 1977) présente une synthèse sur la personnalité et le milieu de Charles Marcotte dans laquelle nous puisons abondamment.

3. Charles Marcotte est dit quelquefois « d'Argenteuil », mais en fait la famille n'a jamais retenu ce nom.

4. Un des gendres de Charles Marcotte, le baron Walkenaer, a acheté l'abbaye du Paraclet, près de Nogent-sur-Seine. Réconcilié avec l'Église, il a fait bâtir une chapelle à l'emplacement de l'ancienne église abbatiale. Il est secrétaire perpétuel de l'Académie des inscriptions et belles lettres.

sa correspondance fournie avec Léopold Robert publiée en partie par Félix Feuillet, dit de Conches [1], mais on peut citer encore ici les noms de François Granet [2] et de Jean Schnetz [3], peintres, de Jacques-Edouard Gatteaux, sculpteur [4] et de Louis Henriquel-Dupont, graveur. La collection de Charles Marcotte reste célèbre. Il faut retenir enfin et surtout sa longue et étroite amitié de quelque cinquante ans avec Ingres ; on peut même dire fraternité car l'artiste est quasi traité comme un fils par la mère et comme un frère par Marie-Jean Marcotte-Genlis, le propre frère de Ch. Marcotte. Ce dernier prête même de l'argent à Ingres qui le lui rembourse avec des portraits dessinés de ses proches. Un sens presque maladif de la famille, nous dit Hans Naef, sens qui lui fit aussi épouser sa nièce, caractérisait en effet Charles Marcotte. Ainsi le crayon d'Ingres nous conserve-t-il les traits de chacun des gendres de Charles, Alexandre Legentil et Hubert de Fleury [5]. Mais ce haut fonctionnaire du premier Empire et de la monarchie de Juillet manifeste peu de préoccupations religieuses à la différence de ses enfants. Seules ses affinités artistiques marquent ces derniers.

## *II. LES PROMOTEURS : DES CATHOLIQUES BOURGEOIS*

### A. Alexandre et Marie Legentil

#### *1. Les sources*

La famille conserve seulement une centaine de lettres et quelques documents intéressants, surtout ceux de la période cruciale de 1870 [6]. Aussi doit-on

1. Voir Suzanne d'Huart, « Feuillet... », 1985.
2. Dont le musée est à Aix-en-Provence, ville où il est mort. Peintre « qui allait se spécialiser dans les évocations de la vie pittoresque des cloîtres ». On l'appelle « le moine ». Il ose s'avouer chrétien. Voir Bruno Foucart, « Saint François d'Assise et l'art français du XIXe siècle » dans *RHEF*, n° 184, 1984, p. 161-162. Grâce à cet article, le salon Marcotte prend de la couleur.
3. Il en est question plusieurs fois dans Bruno Foucart, *Le renouveau*..., 1987.
4. En 1843, il s'oppose sans succès à Jacques Hittorff à propos du fronton de l'église Saint-Vincent de Paul. Voir Thomas von Joest, *Hittorf*..., 1986, p. 129.
5. Voir Hans Naef, *Ingres*..., 1977, chap. 127 et nos illust.
6. Sur l'histoire des papiers Legentil, voir celle des archives en annexes.

se contenter pour présenter les Legentil de diverses sources imprimées, d'une biographie rédigée à la demande de Marie Legentil[1] et de témoignages d'amis[2].

## 2. *L'enfance et la jeunesse*

Le 12 août 1821, Stéphanie Legentil donne naissance à un enfant qu'on prénomme Alexandre et qui reçoit le baptême à l'église Notre-Dame de Bonne Nouvelle à Paris, la paroisse de Saint-Vincent de Paul n'existant pas encore à cette date. L'église de ce nom dont les travaux commencent en 1824 et s'achèvent en 1844, est au centre de ce quartier Poissonnière où viennent s'installer tant d'hommes d'affaires de l'époque[3]. Alexandre devient fils unique après la mort en bas âge de deux autres enfants. La mère, une gouvernante, un maître de petite pension du quartier, les ecclésiastiques de la paroisse assurent la première éducation d'Alexandre[4]. Il est externe au lycée Condorcet[5] et y acquiert la pratique courante, qu'il cultivera toute sa vie, du latin et du grec, de l'anglais et de l'allemand, outre un goût prononcé pour le XVII^e^ siècle français. Les beaux-arts ne sont pas oubliés. La musique tient une place importante dans sa vie. Il joue du violoncelle. Il aime les concerts (mais non les bals). La vie et l'œuvre de Ludwig van Beethoven le fascinent et plutôt que de rédiger une biographie de seconde main sur le musicien, il traduit en 1862 des témoignages directs qui sont toujours cités dans la bibliographie beethovénienne[6]. En 1878, il prendra encore la défense de son vieux professeur de musique, M. Urhan, attaqué par M. de Pontmartin[7]. Sous la direction d'un élève d'Ingres, il s'exerce au dessin et apprécie certainement l'art d'un Hippolyte Flandrin, qui décore son église paroissiale de 1849 à 1853[8], puisque, pour les portraits de sa femme, de son père et le sien, il fait appel à ce « fra Angelico du XIX^e^ siècle » plutôt qu'aux Dubufe ou à Winterhalter, autres portraitistes

1. Voir Michel Bony, *Vie*..., 1893 ainsi que des compléments en une série d'articles dont le principal est en *BVN*, 1895, p. 246-250. Le P. Bony est un religieux oblat de Saint-François de Sales, mort en 1897 (*BVN*, avril 1897, p. 322). Sa congrégation reçoit vers 1875, en don, d'Alexandre Legentil, son château de Saint-Ouen pour en faire un établissement de préparation aux grandes écoles (selon une lettre du P. André Brix, archiviste à l'auteur). Il écrit aussi pour le *BVN* d'abondantes notices sur Mgr Guibert (1895) et sur Léon Cornudet (1896). Le catalogue de la Bibliothèque nationale donne cinq autres titres. La biographie qu'il a rédigée est une mine de textes.

2. Voir Michel Cornudet, *Alexandre*..., 1889 et Victor Duval, *Alexandre*... 1900. Diverses nécrologies: *BVN*, juillet 1889, p. 377-379; Charles Lavollée, « Notice... », 1889. (Un Lavollée est rédacteur au Français. Est-ce le même ? Voir notre chap. 12 et l'article « Français » du CHAD). Voir aussi le discours de l'abbé Desers, curé de Saint-Vincent de Paul, pour un anniversaire du décès de Legentil: *BVN*, 1900, p. 101-105.

3. Voir B. Violle, *Paris*..., 1982, t. II, p. 324.

4. Les noms de ceux-ci comme des professeurs du lycée Condorcet sont connus, mais n'évoquent rien pour le moment.

5. Collège Bourbon de 1815 à 1848.

6. Voir F. Wegeler..., *Notices*..., 1862; art. de J. et B. Massin dans *Encyc. univ.*

7. Voir A. Legentil, *Lettre*..., 1878.

8. Voir J. et B. Foucart, *Hippolyte*..., 1984, p. 107; J. Foucart, *Les œuvres*..., 1987. Madeleine Lanvin, *Hippolyte*..., 1967, p. 198-202.

fort connus de l'époque[1]. Il fait son droit et s'initie en auditeur libre à la chimie et à la médecine. Il voyage en Italie (à Rome, il est reçu avec son père et son oncle par le pape Grégoire XVI), en Allemagne et en Irlande. Son père l'introduit dans la gestion des affaires. Surtout, il ne se contente pas d'un conformisme social en matière de vie religieuse. Pour lui, à la place faite à l'église-bâtiment dans l'aménagement du quartier doit correspondre le rayonnement de la foi dans la vie personnelle. Aussi communie-t-il souvent et fait-il oraison.

### 3. *La maturité*

Un tournant marque sa vie entre vingt-cinq et trente ans, âge où il prend conscience de la fragilité de sa santé et doit faire de nombreuses cures. Son mariage en 1846 lui apporte un réconfort dans la tourmente politique de ces années-là, mais l'absence d'enfant est une épreuve[2]. Il se découvre plus homme de cabinet que chef d'entreprise. Bien que les bouleversements de 1848 ne facilitent pas la prise en main des affaires de son père, avant même le décès de celui-ci, il redresse une situation commerciale compromise par la Révolution et met le tout en gérance.

Pendant cette période, il subit une crise spirituelle. Garde national, il est presque témoin de la mort de Mgr Affre. Avec son épouse, il découvre la pauvreté religieuse et matérielle de ses contemporains. La Société de Saint-Vincent de Paul et diverses autres associations lui paraissent répondre aux problèmes de l'heure. Alexandre et Marie Legentil vont ainsi consacrer leur fortune et leur existence aux plus démunis[3] tant dans leur quartier de Saint-Vincent de Paul qu'à Saint-Ouen[4] ou à Bailly près de Meaux, région où se rassemblent les trois enfants Marcotte. À cette époque, Alexandre-Félix Legentil choisit une devise en grec : « *Lathe biosas*, vie cachée ». Est-ce une allusion à la vie cachée du Christ, entre l'enfance et la vie publique ? Peut-être[5]. Dès lors, certes, il agit directement, mais surtout il travaille par personnes interposées, de façon à rester dans l'ombre. Quant aux bonnes œuvres de Marie Legentil, elles n'ont

1. Il est curieux qu'il ne soit pas question d'un portrait de sa mère. Celui de son père est bien repéré : voir ci-dessus. Les deux autres seraient entre les mains de la famille, mais n'ont pas été identifiés. Les études étaient en 1986 en possession de Marthe Flandrin décédée en 1989.

2. Celle-ci est d'abord un fait. Les causes sont inconnues. Son biographe n'en parle pas. Marie-Louise Chavane, petite-nièce de Marie Legentil, laisse entendre qu'à des concours de circonstances défavorables (divers décès) aurait succédé un propos délibéré.

3. Les pauvres font aussi l'objet de ses pensées. Voir celles publiées par le P. Bony dans *BVN*, 1896, p. 130-132. Voir également en annexes.

4. Les Legentil y fondent un « fourneau économique » comme les confrères de Saint-Vincent de Paul en ont tant suscité. Fruit de l'enquête de Marcel Vallé, historien du vieux Saint-Ouen.

5. Ou encore à la vie cachée du chrétien dans le Christ selon saint Paul (*Colossiens* 3, 3).

pas reçu la publicité d'une vie écrite après sa mort. Cependant, sa correspondance laisse entendre qu'elle s'était préoccupée des écoles du quartier[1].

### 4. *Le Comité consultatif des arts et manufactures*

En marge de ce qui fut la grande affaire de sa vie, la Société de Saint-Vincent de Paul, de multiples activités professionnelles sollicitèrent A. Legentil. Ainsi s'employa-t-il avec zèle dans les travaux du Comité des arts et manufactures, instance dépendant du ministère de l'Agriculture et du Commerce où l'on était nommé par le ministre de l'Intérieur. Il y succède à son père. Sa compétence est mise à contribution pour le secrétariat de l'Exposition universelle de 1855[2] et pour l'élaboration du traité de commerce avec l'Angleterre en 1860[3]. Il élabore divers rapports sur l'industrie textile, y compris durant l'année 1871 pour un projet de loi[4], après avoir contribué à la rédaction d'un dictionnaire du commerce. Il se préoccupe aussi de la législation des brevets d'invention[5]. Au travers de la technicité de la question, on perçoit cependant son propos de limiter la propriété industrielle des inventions quand celles-ci ne sont pas exploitées. Ce serait une sorte d'application de la conception chrétienne de la propriété qui n'oublie pas le bien commun et l'intérêt public[6].

### 5. *Les finances nationales*

Rien ne dit pourquoi Alexandre-Félix Legentil se préoccupe de la question des finances françaises[7]; tout au plus peut-on signaler qu'en traduisant de l'allemand le livre de Charles de Hock sur *L'administration financière de la France*, il pouvait faire écho au propre ouvrage de Necker sur la question, le

1. « C'est pour être un peu moins bête que beaucoup d'honnêtes gens, que je continuerai à m'occuper des écoles et de les regarder comme une chose importante, qui mérite bien qu'on lui donne son temps, malgré le bien modeste résultat obtenu. » Lettres de Marie Legentil du 29 juin 1871 à son frère Joseph Marcotte et de A. Legentil à H. de Fleury du 24 nov. 1871. Arch. familiales.

2. Voir A. Legentil, « L'Exposition... », 1855. Dans cet article, Alexandre-Félix Legentil réclame davantage d'instruction artistique pour les jeunes bourgeois afin qu'adultes, ils puissent infléchir la production grâce à leurs vues générales et ne soient pas dépassés par les artisans qui ont à ce jour, selon Legentil, davantage de goût. Il y aurait ainsi davantage de complémentarité entre les classes. A. Legentil décrie son temps comme le font les auteurs (Labourieu, 1857 ou Paul Mantz, 1863) que cite Marc Bascou lors de l'exposition sur l'Art en France sous le second Empire. Voir « second Empire (Art, industrie, société) » dans *EU*.

3. Voir Charles Lavollée, *Notice*..., 1889, p. 468.

4. Voir A. Legentil, « Comité... », 1850; « De l'importation... », 1856; « Rapport... », 1862; « Rapport pour une loi sur les textiles », 1871 (Lettres à H. de Fleury en date du 18 et 24 août, du 10 septembre 1871).

5. Voir A. Legentil, *Observations*..., 1856; *De la loi*..., 1859; *A M. le rédacteur*..., 1859; *Réponse*..., 1859.

6. Voir F. Malapert et J. Forni, *Nouveau commentaire*..., 1879, p. XXVIII: « Des plaintes s'étaient élevées à propos de la loi de 1844. Les inventeurs trouvaient que le temps de leur jouissance n'était pas assez long, que les annuités qu'ils avaient à payer étaient trop lourdes. »

7. Voir Charles de Hock, *L'administration*..., 1858.

fameux ministre dont il habitait le château à Saint-Ouen (*De l'administration des finances de la France*). On se souvient du succès que rencontra en 1784 cette critique indirecte de l'administration de Charles de Calonne, son successeur. Le livre fut prohibé et valut à Necker l'interdiction de revenir en France. Il n'en sera pas ainsi de Legentil. Le travail de Charles de Hock est une compilation fort utile, estime Michel Bruguière[1]. Le traducteur justifie son entreprise en soulignant qu'il faut prendre son bien là où il se trouve, fût-ce à l'étranger. Cela donne d'ailleurs, dit-il, un point de vue plus pertinent. Legentil manifeste ainsi une aptitude à traiter des réalités françaises dans leur ensemble, ce qui n'est pas sans importance pour comprendre le caractère éminemment national de son vœu au Cœur de Jésus.

### 6. *Appartenance à diverses sociétés*

De 1866 à sa mort, Alexandre Legentil participe aux travaux de la Société d'encouragement pour l'industrie nationale qui existe toujours[2]. Il établit des rapports sur une manufacture de papiers peints, sur un guide commercial des constructeurs-mécaniciens, sur les écoles d'une compagnie de chemins de fer, sur l'emploi d'infirmes dans une tréfilerie, sur l'enseignement commercial en France, sur des ateliers d'aveugles et sur un livre traitant de la vie morale et intellectuelle des ouvriers[3]. Dans le compte rendu de cet ouvrage, il souligne les liens qui existent entre les différentes formes d'instruction : générale, morale, religieuse et professionnelle ; et de répéter que les lois ne suffiront jamais : il faut une réforme spirituelle de chacun. Bien qu'il estime particulièrement la Société de Saint-Vincent de Paul, il s'attache à d'autres œuvres de bienfaisance, même non confessionnelles[4]. Ainsi fut-il vice-président de la célèbre Société philanthropique ; il en aurait même refusé la présidence sous prétexte qu'il fallait à sa tête un grand nom[5]. La Société d'encouragement aux arts industriels le compte aussi parmi ses membres. L'Œuvre de la propagation de la Foi de Pauline Jaricot[6] bénéficie de sa générosité. La Société d'économie

1. Directeur d'études à l'EPHE, spécialiste de l'histoire financière du XIXe siècle, dans une lettre à l'auteur en date du 3 mars 1987.

2. Le siège de la Société : 4, place Saint-Germain des Près, 75006 Paris.

3. Voir A. -F. Legentil, « Papiers peints... », 1867 ; « Le Guide... », 1867 ; « Les écoles... », 1867 ; « La tréfilerie... », 1867 ;. « Rapport sur E. Tallon, ... », 1877 ; « Rapport sur H. Lefevre, ... », 1881 ; « Les ateliers... », 1883.

4. Voir Michel Cornudet, *Un homme...*, 1889, p. 4 et P. M. Bony, *Vie...*, 1893, p. 123. Chacune de ces affiliations aurait mérité une étude plus poussée.

5. Voir A. Legentil, « Éloge... », 1872. La Société philanthropique ne possède aucun écrit d'Alexandre Legentil selon une lettre du secrétariat de celle-ci à l'auteur, en date du 18 février 1987.

6. On ne peut ici que renvoyer aux articles de A. -M. La Bonnardière dans *Bull. du Cercle Saint-Jean-Baptiste*, janvier 1962, p. 38-44 et de P. Vial, de 1972, dans *DSAM*, col. 170-1 ; à l'ouvrage du P. Georges Naïdenoff, *Pauline Jaricot*, 1986 (larges extraits de cette biographie très détaillée dans *Bull. de La Louvesc*, jan. 1988, n° 62 et s., sanctuaire dont elle fut une pèlerine).

charitable d'Armand de Melun profite de sa compétence. On sait qu'il quitte, en 1874, la Société d'économie politique connue pour son extrême libéralisme. On n'a pas trouvé en revanche de traces de sa présence au conseil d'administration de la Société d'encouragement au bien [1]. Tous ces faits mentionnés, quoique à des titres divers, par les biographes révèlent à coup sûr une personnalité peu soucieuse de ménager son temps et sa peine. Mais c'est surtout la Société rendue célèbre par Frédéric Ozanam qui capte son cœur et ses forces.

### 7. *Au sein de la Société de Saint-Vincent de Paul*

La date exacte de l'entrée d'Alexandre Legentil dans la conférence de Saint-Vincent de Paul de sa paroisse n'est pas connue précisément; non plus que les contacts individuels qu'il aurait pu établir avec telle ou telle personne dans le besoin [2]. Son action charitable se remarque surtout auprès des patronages d'apprentis et de jeunes ouvriers. Il s'initie à l'animation de ces organismes et finalement fonde un patronage sur sa propre paroisse [3], dans la rue Bossuet qui borde l'église Saint-Vincent de Paul [4]. Il le met sous la protection de saint Charles, le saint patron de son père, de son beau-père et du père de son beau-frère. Achat des terrains, construction des locaux et rémunération du petit personnel sont à sa charge. Les cadres et en particulier le directeur sont bénévoles et membres de la Société. On connaît le nom de celui qui dirigea l'œuvre de 1865 à 1895 : Edmond Gresser, haut fonctionnaire des Postes et Télégraphes [5]. Jusqu'à sa mort, Alexandre Legentil s'intéresse à la question des apprentis. Il fait connaître son expérience par des rapports [6] et surtout par une conférence donnée et publiée à la demande de Frédéric Le Play pour la Société d'économie sociale [7]. Il ressort de ces textes que les principales

1. « Société d'encouragement au bien par la diffusion d'exemples actuels de courage et de dévouement civique ou social. Œuvre d'absolue neutralité, fondée en 1862, reconnue d'utilité publique, couronnée par l'Académie française. » En-tête de la lettre en date du 21 novembre 1987 adressée à l'auteur de ce travail.

2. Son biographe a seulement retenu l'aide qu'il a apportée à l'abbé Jean Verger. À la demande de Mgr Allou, évêque de Meaux, il reçut ce prêtre interdit, en situation matérielle difficile. Quelques heures seulement après cette rencontre, ce dernier assassinait Mgr Sibour, archevêque de Paris. Voir Jean Manceau, *Mgr Sibour*, 1987, p. 82 et 90.

3. Il est membre du conseil de fabrique.

4. Les locaux existent toujours. Les jeunes de la paroisse y tiennent leurs activités. Sur les patronages, outre les travaux sur la Société de Saint-Vincent de Paul (voir § III), on peut lire : Pierre Pierrard, *L'Église*..., 1984, chap. V : « L'âge d'or des patronages contre-révolutionnaires. » Les textes d'A. Legentil dont on dispose ne permettent de qualifier son patronage ni de contre-révolutionnaire, ni de pro-révolutionnaire. Il insiste seulement sur le rôle « réparateur » que les chrétiens ouvriers doivent avoir au sein de leur milieu comme les bourgeois au sein du leur (voir chap. 4). Voir aussi H. Rollet, *Patronages*, 1985 dans *CHAD* et surtout Gérard Cholvy, *Le patronage*..., 1989.

5. Sous le pseudonyme de Victor Duval, il a écrit une plaquette sur Alexandre Legentil (V. Duval, *L'homme*..., 1900).

6. A. Legentil, « Du logement... », 1870; « De la condition... », 1874; « Rapport... », 1881.

7. « Rapport... », 1872. Sur Frédéric Le Play, on a vu *Études*..., 1856 et *Économie*..., 1856 et l'article de *EU*.

fonctions d'un responsable de patronage sont le choix des employeurs, le placement des jeunes, la surveillance de l'exécution du contrat et, quelquefois, la prise en charge de certains frais. Il regrette le peu de formation que les apprentis reçoivent de leurs employeurs, les abus des uns et des autres, et tente d'y remédier. En dehors des heures et des jours de travail, la maison Saint-Charles offre divers services : hébergement, jeux, vie religieuse. Un aumônier a la responsabilité de cette dernière en accord avec le directeur. L'histoire de ce patronage reste à écrire [1].

Le 2 janvier 1854, Alexandre Legentil participe pour la première fois aux travaux du conseil général de la Société [2]. Il en restera membre jusqu'à sa mort. Il représente les Conférences de France dans des rassemblements internationaux comme le congrès de Malines (1863) ou nationaux comme l'Assemblée des catholiques allemands de Bamberg (1868). Il établit des contacts avec des membres espagnols. Au cours de son voyage en Angleterre pour l'étude de l'industrie textile, il rencontre les membres locaux des Conférences qui se préoccupent eux aussi de « la situation de la classe laborieuse » et tentent d'y apporter d'autres solutions que celles d'un Friedrich Engels par exemple [3]. Ses réflexions ne nous sont pas parvenues. Après la fameuse circulaire du duc de Persigny (16 octobre 1861), qui mettait sur le même plan sa « chère Société » et la franc-maçonnerie et par laquelle l'empereur envisageait de nommer le président de l'une et le grand-maître de l'autre, il conseille d'attendre sans esclandre que la tempête s'apaise (et de fait, elle cessera vers 1868) et cherche surtout à calmer les esprits par des visites aux Conférences du Midi [4]. Sa principale contribution est une suite de méditations à l'intention de ses confrères [5]. Il écrit dans la seule note de son ouvrage :

> « L'esprit de charité, en même temps que la prudence chrétienne, nous bornera à bannir à jamais de nos réunions communes ou particulières les discussions politiques » [6].

La solution à la crise réside à ses yeux dans un sursaut de prières et de dévouement. Il faut continuer à visiter les pauvres en pensant au Christ et

1. Vers 1869, Alexandre Legentil fonde la Société de protection des apprentis et des enfants employés dans les manufactures, mais celle-ci ne semble pas avoir survécu aux événements de 1870-1871. Voir Pierre Pierrard, *Église et les ouvriers*, 1984, p. 555, n. 20 et 25.

2. Voir *Procès-verbaux des séances*..., 1851.

3. À propos de la vague d'études sur la classe ouvrière anglaise de cette époque, vague dans laquelle s'insère A. Legentil, voir F. Engels, *La situation*..., 1845, p. 9. La question sociale est évoquée dans notre travail dans le chapitre 26 consacré à la contestation du Sacré-Cœur au nom de la Commune.

4. Voir P. Bony, *Vie*..., 1893, p. 150 et André Combes, « Église... », 1987, p. 37., mais surtout Charles Pouthas, *L'Église*..., 1943, fasc. III, p. 204-205. La Société sortit affaiblie de cette affaire.

5. Voir A. Legentil, *Méditations*..., 1865. Voir aussi la pièce justificative n° 3 : « Pourquoi aimer le pauvre ? »

6. Voir A. Legentil, *Méditations*..., 1865, p. 13, n. 1.

proscrire la politique de la pratique des œuvres. Ce qui ne veut pas dire que ces catholiques se désintéressent de la politique. Leur correspondance manifeste au contraire qu'ils s'en préoccupent. Cela veut dire deux choses. D'une part, qu'une institution ecclésiale comme la Société de Saint-Vincent de Paul qui veut et doit être ouverte à tous ceux qui ne professent pas d'opinions contraires à la foi et aux mœurs catholiques doit viser à réunir ses membres dans un projet qui unit et non dans des options qui divisent, même si par ailleurs il faut en prendre. Et d'autre part, cette réserve par rapport à la politique signifie qu'un Legentil qui se pique d'être économiste attend d'un certain rééquilibrage des rapports économiques et sociaux une amélioration de la vie politique. Il est bien à l'unisson de ce siècle dont les ténors soulignent la primauté de l'économique sur le politique, mais, pour un Legentil, il s'agit malgré tout de vivre cela à la lumière et dans la grâce du Christ [1].

## *8. 1870-1889 : la vieillesse et le Sacré-Cœur*

Vers la cinquantaine, après « l'année terrible », Alexandre Legentil se retire du cours de la vie religieuse parisienne et s'installe à Larbroye, près de Noyon et ne revient plus que pour des affaires précises à Paris. Il offre son château de Saint-Ouen aux Oblats de Saint-François de Sales. Il transporte toute sa bibliothèque dans sa nouvelle demeure et y mène une vie d'études : traduction la *Somme théologique* de saint Thomas d'Aquin, lecture des œuvres de sainte Thérèse d'Avila [2], des ouvrages de spiritualité des auteurs français du XVIIe siècle [3], rédaction de ses souvenirs, commencement d'une biographie de son père. Il commente les litanies du Saint Nom de Jésus [4] et traduit une *Neuvaine au Sacré Cœur d'Alphonse-Marie de Liguori* [5]. Il construit une chapelle et y fait célébrer la messe quotidiennement. Il visite à domicile les pauvres du voisinage. Mais, à Paris, A. Legentil continue de siéger au conseil général de la Société de Saint-Vincent de Paul et au comité du Vœu national et chaque année jusqu'en 1883, il est l'auteur du rapport annuel d'activités aux

1. À l'intention des jeunes gens du commerce et de la banque du quartier de la Bourse, Alexandre Legentil organise, en 1867, un lieu de réunion avec un foyer, chapelle et bibliothèque ; y sont organisés des jeux, des conférences, des concerts et des offices. Mais cette institution ne semble pas avoir survécu aux événements des années 1870-1871. Voir A. Legentil, « Annonce... », 1867 ; « Cercle... », 1868 ; « Annonces..., 1868 et « Rapport.... », 1869.

2. Cette prédilection est certainement parallèle à celle que les Jésuites ont également pour cette sainte à cette époque (voir P. Vallin, art. « Jésuites », col. 1096, (1974), *DSAM*).

3. H. de Fleury parle à son père des lectures de son beau-frère et cite particulièrement Bossuet (lettre du 23 mai 1871).

4. Voir un exemple en pièce justificatives et A. Legentil, *Élévations*..., 1892, p. 72.

5. Ces deux dernières œuvres sont éditées par son biographe. Voir A. Legentil, Élévations..., 1892. La seconde nous est simplement connue pour le moment par une mention dans le *BVN*, avril 1897, p. 303.

Assemblées des comités catholiques de l'œuvre de Montmartre[1]. Sur les conseils du P. Ambroise Matignon, il met en place des Conférences à l'église Saint-Ambroise à Paris. Elles auraient dû être l'équivalent pour les ouvriers de celles de Notre-Dame. Il sollicite alors mais sans succès l'abbé Charles Perraud, puis obtient le concours du P. Dubrocca, dominicain[2].

Alexandre-Félix Legentil meurt le 17 juin 1889. En 1923, le P. J. -B. Lemius écrit :

> « J'espère toujours que l'initiateur du Vœu national sera un jour sur les autels. C'était un vrai saint, et il a fait la plus belle œuvre des temps actuels »[3].

Sans aller aussi loin, l'auteur de cette étude, lors d'une conférence à Montmartre pour le centenaire de sa mort, résume en trois points son admiration pour la figure de Legentil : un négociant, fils de négociant, humaniste et compétent ; un catholique fervent, même mystique, charitable et social ; un Français très parisien et très patriote[4]. Reste à présenter ses collaborateurs, en particulier Hubert Rohault de Fleury qui, moins intellectuel que lui était tout aussi spirituel, efficace, tenace et organisateur.

## B. Hubert et Louise Rohault de Fleury

### *1. Les sources*

Le P. Alfred Van den Brule, jésuite[5], à la demande de la fille d'Hubert Rohault de Fleury, Charlotte de Margerie, a écrit la vie du secrétaire général du Vœu national. Il lui fut remis « un immense stock de documents de toute

1. Voir A. Legentil, *Rapport*..., 1872 ; 1874 ; 1878 ; 1879 ; 1880 ; 1881 ; 1883. Voir aussi le chap. 13 sur la souscription.

2. Selon nous l'histoire de ces Conférences reste à écrire.

3. Lettre inédite adressée à Elisabeth de La Maisonneuve, née Marcotte, fille de Joseph Marcotte et nièce des Legentil, le 6 mai 1923 (archives familiales). Rien, dans ce sens, n'a encore été entrepris. Le centenaire de sa mort a été célébré à la basilique du Sacré-Cœur. L'ouvrage du P. Michel Bony a été réédité à cette occasion avec une présentation par l'auteur du présent travail (réf. 1893).

4. C'est un cas de figure peu courant à l'époque. Les catholiques sociaux étaient plutôt intransigeants, légitimistes et propriétaires terriens ; les catholiques libéraux étaient peu sociaux. Voir R. Aubert, *Nouvelle*..., 1968, t. V, p. 156.

5. Ce religieux a publié de 1894 à 1935, une douzaine d'ouvrages : des panégyriques (saint Martial ; Jeanne d'Arc ; Madeleine-Sophie Barat), des biographies (*Docteur Boissarie, président du Bureau des constations médicales de Lourdes* ; *Madame de Boisguéret, née Rohault de Fleury* ; *Jehan Van den Brule*), des préfaces (vie de la fondatrice du Carmel de Montmartre, Alessandra di Rudini ; livre sur l'apostolat près des malades et des mourants). Il a réfléchi à son action d'écrivain en faisant un discours sur « la puissance du livre ». Voir le catalogue de la Bibliothèque nationale.

espèce; ils remplissaient une salle entière »[1]. Désormais, l'historien ne dispose plus d'une telle manne. « De graves revers de fortune ont frappé, dans leur vieillesse », Charles et Charlotte de Margerie et « les ont obligés à vendre leur propriété et bien d'autres choses encore ! »[2]. Il en a été ainsi des œuvres d'Ingres, que Louise Marcotte, épouse de Hubert R. de Fleury, avait reçues de son père[3], d'une collection de photographies du chantier du Sacré-Cœur que la Bibliothèque historique de la ville de Paris a acquise, etc. Divers prêts et dons de documents ont achevé de disperser les archives du beau-frère d'Alexandre Legentil. Quelques-unes de ses marines et de ses caricatures restent dans la famille ainsi qu'un extrait du journal de famille qu'il a tenu[4]. Les archives de l'archevêché de Paris[5] et du Sacré-Cœur gardent diverses lettres qui montrent les dispositions d'esprit de leur auteur à travers les problèmes concrets dont il traite. Mais il y a surtout son *Historique du Sacré-Cœur*, ses articles et ses dessins pour le *Bulletin du Vœu national* : on y devine toute sa passion pour l'œuvre de sa vie, l'ex-voto de la France[6]. Somme toute nous en sommes réduit, pour le moment, à résumer l'œuvre du P. Van den Brule en la complétant de quelques remarques et à y renvoyer le lecteur, d'autant que cet auteur donne de longues citations de la correspondance d'Hubert Rohault de Fleury et de son journal intime[7].

## 2. *Jusqu'au mariage, à vingt-neuf ans*

Hubert Rohault de Fleury naît à Paris le 26 décembre 1828, dans le VIII^e^ arrondissement. Une adolescence difficile fait suite au décès de sa mère en 1840. Mis en pension alors qu'il voulait partir en mer, il est exclu pour indiscipline. Son père le condamne à l'isolement. Au bout de quinze jours, il cède. On le confie alors à un répétiteur. Après dix mois d'un tel enseignement, sans revoir sa famille, à seize ans, il est relâché et son père accède à sa vocation de marin[8]. Le jeune homme embarque sur un simple voilier comme pilotin, c'est-à-dire élève-officier de la marine marchande. Le Havre, la Réunion, Calcutta,

1. Voir A. Van Den Brule, *Hubert*..., 1930, p. VII.
2. Lettre de sœur Yvonne-Agnès de l'Immaculée-Conception, leur fille, carmélite, en date du 15 octobre 1986 à l'auteur de cette enquête.
3. Voir H. Naef, *Die*..., 1977, chap. 127.
4. Voir H. R. de Fleury, *Journal*..., 1904.
5. H. R. de Fleury, *Lettre*..., 1902.
6. Voir H. R. de Fleury, *Souvenirs*..., 1891 ; *Vœu*..., 1897 ; *Quelques*..., 1899 ; *Historique*..., 1903 ; toutes ses contributions anonymes au *BVN* ; Nécrologie : *BVN* 1910, p. 322.
7. On revient sur les papiers de Rohault de Fleury dans l'annexe II à propos des archives du Sacré-Cœur de Montmartre.
8. Le récit que fait Hubert de cet enfermement est exploité dans le chap. 28.

une terrible tempête, la Réunion, Djakarta, Java marquent l'aller. Six mois après le départ, le *Henri IV* rentrait au Havre. Il embarque à nouveau sur un brick, *Le Tancrède*, à destination de la Martinique et de Haïti. Durant ces voyages, il jette sa gourme, et sa « nature folle, impulsive, ardente, téméraire et nonobstant sympathique » s'y forme. Il reprend des études de mathématiques élémentaires en visant Polytechnique, mais la Révolution de 1848 éclate. En novembre, il devient élève-officier dans la marine nationale et rejoint le Panama, où le commandant Belvèze, vieil ami de la famille, le réclame[1]. Il participe au transport des troupes vers l'Italie durant l'année 1849 jusqu'à la prise de Rome. Mais la marine ne le satisfait pas. Hésitant dans le choix d'une carrière, il tâte de l'industrie, mais échoue. Il se passionne pour la peinture et le dessin qu'il n'abandonnera jamais, et voyage en France. Les années passent. Il a vingt-six ans, le désir de se marier et celui de se convertir ne font qu'un dans son cœur. Il rencontre en même temps Louise Marcotte et le P. Levasseur, dominicain. Les deux objectifs sont atteints en même temps. Louise et lui se marient à Notre-Dame de Lorette en 1857 et cherchent ensemble à mener une vie chrétienne.

### 3. *Du mariage aux événements de 1870*

Les jeunes époux s'installent rue Saint-Lazare dans le IX^e^ arrondissement de Paris ainsi qu'à Chauconin près de Meaux en compagnie des Legentil et des Marcotte. Ils vivent de leurs rentes. Un premier enfant, Jacques, naît en 1858. Après une fausse couche en 1862, Louise de Fleury met au monde Charlotte, en 1864. Dès lors, ils vivent comme « frère et sœur », partageant leur foi et leur expérience de prière. Pour remédier à la sécheresse spirituelle de Louise, Hubert lui propose, au terme d'un long développement, quelques conseils :

> « Remercie Jésus de ne pas te répondre, parce que c'est évidemment pour ton bien ; persévère, et si tu n'as pas dès ce monde le chaste baiser du souverain époux, sois tranquille, ta place n'est pas amoindrie pour cela ; mais du fond du cœur : *Fiat* ! ![2] »

On le devine, un tel propos et bien d'autres permettront de répondre, à la fin de cette étude, aux critiques faites à la spiritualité du XIX^e^ siècle, quand on la juge trop sentimentale (chap. 28). En attendant, sous la direction du P. Levasseur, puis du P. Tourmel, voyons les époux Fleury progresser dans la vie

1. G. et H. R. de Fleury publieront ses lettres.
2. Voir A. Van Den Brule, *Hubert*..., 1930, p. 137.

spirituelle. Ils assistent quotidiennement à la messe, multiplient les communions, font oraison et retraite, se confessent et rencontrent souvent leur directeur spirituel. Ils entrent dans le tiers ordre de saint Dominique, sous le nom de frère Pie et de sœur Jeanne. Hubert étudie l'Écriture sainte grâce aux ouvrages du P. Cornelius a Lapide[1] et lit des vies de saints dans la réédition des Bollandistes[2]. Il entre en contact avec plus de trente Dominicains, parmi lesquels son ami d'enfance, le P. Doussot, les PP. Monsabré, Maumus, Boulanger, Captier (un des martyrs de la Commune), Chocarne (auteur d'une vie de Lacordaire) et deux maîtres généraux de l'ordre, les PP. Jandel et Cormier que nous retrouverons au chapitre suivant. Il participe aux activités de la conférence de Saint-Vincent de Paul et du conseil de fabrique de Notre-Dame de Lorette. Hubert n'oublie cependant pas ses talents de peintre et de caricaturiste. Il travaille désormais sur ordre de son directeur spirituel, rencontre, bien sûr, Ingres, l'ami de sa belle-famille, et en reçoit des conseils. Jacques-Raymond Brascassat, peintre animalier, lui donne des cours. Hubert Rohault expose une fois au Salon en 1863, y est honoré, mais n'en aime pas l'atmosphère. Il peint des marines et à cet effet se rend souvent sur les côtes de la Manche ou de l'Atlantique, en Bretagne. Mais il se refuse à en faire commerce ou n'en trouve pas l'occasion[3].

### *4. Le grand œuvre*

Cette vie familiale faite d'affection, de piété et d'art se voit bouleversée par les événements de 1870-1871, la mort de son épouse en 1873 et celle de son père en 1875. Les quarante dernières années de la vie d'Hubert de Fleury sont tellement liées à la construction du Sacré-Cœur qu'il est impossible de continuer à parler de l'une sans évoquer l'autre. Il met toute sa fougue au service de cette œuvre de pierre, de prière et d'imaginaire pour la salut de la France. Ses dessins illustrent le *Bulletin du Vœu national* (on en trouve dans chaque livraison). Son talent de conteur lui permet de composer des historiettes édifiantes au service de la souscription[4]. Cependant il n'oublie

1. Soit Cornelis Van den Steen (1567-1637), jésuite, qui commente presque tous les livres de la Bible. Hubert de Fleury semble avoir lu *les Trésors de Cornelius a Lapide* réédités par P. Barbier en 1856. Voir P. Auvray, « Cornelius... » (1948), dans *CHAD*. Cet exégète du XVII<sup>e</sup> siècle compte parmi la quarantaine d'auteurs antérieurs à la Révolution qui ont été le plus souvent réédités au XIXe siècle. Voir Claude Savart, *Les catholiques*..., 1985, p. 524.

2. Hubert de Fleury a dû profiter de la réédition par Victor Palmé de ces ouvrages du XVIIe et XVIIIe siècles, entre 1863 et 1887, en 64 volumes. Voir « Acta martyrum » (1935) dans *DTC* et « Hagiographie » (1948) dans *CHAD*. Voir Claude Savart, *Les catholiques*..., 1985, p. 179-181, pour cet éditeur. C. Savart souligne l'importance des rééditions du XVIIe siècle dans la littérature spirituelle du XIXe, ce que confirment bien les lectures de Hubert de Fleury.

3. Ses descendants possèdent quelques tableaux (voir la marine de Mme de Saléon en illustration).

4. Voir H. R. de Fleury, *Quelques*..., 1898.

pas ses activités de la Société de Saint-Vincent de Paul[1]. Son intimité se resserre avec son frère qu'il perd en 1904. Lui-même, frappé de congestion en 1905, se retire chez sa fille à Sceaux et meurt en 1910.

## C. Leurs frères

Les deux beaux-frères, Alexandre Legentil et Hubert Rohault de Fleury s'entendirent toujours très bien et trouvèrent divers appuis dans leur famille.

### *1. Georges Rohault de Fleury*

La présentation de la vie de Georges Rohault de Fleury, frère d'Hubert, pourrait paraître inutile dans une histoire du Sacré-Cœur. Il n'en est rien. Son étude fait mieux connaître le milieu artistique des constructeurs de la basilique[2]. Georges naît en 1835. Sa première communion en 1848 est un événement dont il fêtera toute sa vie l'anniversaire. Il est élève à l'École des beaux-arts et admire fra Angelico. Célibataire, il entre dans le tiers ordre de saint Dominique et se dévoue au service des pauvres en appartenant au conseil général de la Société de Saint-Vincent de Paul jusqu'en 1871[3]. À cause de sa santé fragile, les médecins lui conseillent le soleil de l'Italie. Il s'y rend et en rapporte des études sur Pise et la Toscane[4], ainsi qu'une monographie sur le Latran. Il poursuit un travail commencé par son père sur la messe[5] et publie une *Gallia dominicana*. Il meurt en 1904. Ses héritiers donnent à la Bibliothèque nationale cent dix volumes de manuscrits[6]. À plusieurs reprises, pour comprendre la décoration et l'aménagement du Sacré-Cœur, nous devrons faire appel aux écrits de Georges Rohault de Fleury.

1. Louise de Fleury écrit à Georges, son beau-frère, le 27 mars 1871 : » Mon cher mari continue à s'occuper du Divin Cœur de Jésus. Il envoie maintenant ses opuscules. Tantôt, c'est pour Son Cœur qu'il travaille, tantôt c'est pour visiter ses membres souffrants ! Quel homme que votre frère. Quelles grâces n'ai-je pas à rendre à Dieu ! » ASCM.

2. Il est question de Georges Rohault de Fleury dans les dictionnaires et les catalogues, comme pour son père. Il y a une notice : ***, *Georges*..., 1908.

3. Albert Foucault, *La Société*..., 1933, p. 203-207. Lettre de A. Legentil à H. de Fleury du juin 1871.

4. Georges Rohault de Fleury. *La Toscane au Moyen Age. Lettres sur l'architecture civile et militaire en 1400*. P., 1874, 2 t. (461 p. et 484 p.) et deux atlas (200 planches).

5. *La Messe*, 8 vol., 1883 à 1889; *Les Saints de la messe*, 10 vol. 1893 à 1900.

6. Voir Maurice de Bengy, *Catalogue*..., 1908.

## *2. Joseph et Paule Marcotte*

Dans la génération des promoteurs du Vœu national, il n'y a pas que ces notables dont on a écrit la vie parce qu'ils ont fait de grandes choses. Il y a aussi des bourgeois venus à la pratique religieuse et qui n'ont pas fait parler d'eux. Ils seront parmi les millions de souscripteurs du Vœu national de la première ou de la dernière heure. Joseph Marcotte est de ceux-là. Il est le frère de Marie Legentil et de Louise R. de Fleury. Il naît en 1831. Il ne travaille pas, vit de ses rentes [1]. Il habite rue Saint-Lazare et dans la propriété de famille du Poncelet, à Chauconin près de Meaux, où il attire ses sœurs et beaux-frères. Il aime la chasse. Il se marie en 1863 avec Paule Aguillon. Ils ont quatre enfants. En 1860, on ne sait exactement comment, il se convertit. Sa sœur Marie en fait mémoire dans une lettre :

« Ah ! rappelle-toi qu'il y a onze ans, le jour de la Pentecôte, tu causais à notre sainte mère l'une des plus grandes joies de sa vie par ton retour à la pratique religieuse. J'espère que tu resteras un chrétien ferme et dévoué. Voici une des oraisons de ce jour : « Faites, Seigneur, que le Saint Esprit se répande dans nos cœurs, les purifie et qu'en les pénétrant de sa céleste rosée, il les rende féconds en bonnes œuvres ! Par J. C. N. S. » [2].

Joseph Marcotte devient le pénitent du P. Alexis Lefebvre, jésuite, qui vécut quarante-trois ans à la résidence de la rue de Sèvres à Paris [3].

Ce catholique bourgeois a le sens de l'honneur. Après avoir accompagné sa famille à Rouen, puis à Caen, pour la mettre à l'abri des Prussiens en septembre 1870, il retourne dans Paris. Il écrit à sa sœur, Marie Legentil :

« Si tu savais, pauvre amie, quelle lutte j'ai soutenue depuis quelque temps dans mon cœur pour arriver à ce départ qui était forcé pour moi, je t'assure, il était nécessaire, mais sans revenir là-dessus, je te demande de me pardonner le chagrin que j'ai pu te faire, il m'était impossible de te l'éviter !!! J'aurais agi contre ma conscience, et contre tout espèce d'honneur. Quand on voit tous ces braves petits mobiles tous pauvres, misérables... défendre Paris ; nous Parisiens, nous fuirions, le tout parce que moi, valide et bien portant, j'ai de la fortune, oh non, vois-tu, il y a là un sentiment que tu comprends certainement et que ton affection t'a fait oublier un moment. La France dégénère, c'est le luxe, le bien-être qui en sont cause. Il fallait cette horrible guerre pour nous refaire. Nous tombions à l'état des Espagnols ou des Italiens » [4].

1. Voir H. Naef, *Die...*, 1977, p. 525.

2. Lettre de Marie Legentil à Joseph Marcotte, Poitiers, dimanche de Pentecôte, 28 mai 1871 (archives familiales). La lettre, bien sûr, par ailleurs, fait allusion aux événements douloureux du jour que pouvait connaître une Parisienne en province. Voir chap. 26.

3. Voir Paul Duclos, *Les Jésuites*, ..., 1985.

4. Lettre de Joseph Marcotte Paris, le 16 septembre 1870 à sa sœur Mme Alexandre-Félix Legentil, Caen. Archives familiales.

Il vit difficilement le siège de Paris. Il a été un des premiers Parisiens à être informé du Vœu[1] et à encourager ses beaux-frères. Il rejoint ses sœurs à Poitiers dès l'ouverture de la capitale et part ensuite avec sa femme dans sa belle-famille. Dès qu'il s'est trouvé à Poitiers, il s'est confessé au P. E. Chambellan, jésuite, directeur de l'École apostolique de la ville[2]. Lors de son arrivée à Toulon, il cherche aussi un directeur de conscience :

> « Je suis bien ennuyé, il faut que je me décide à prendre un confesseur. Je regrette toujours mon pauvre père Lefebvre et quoique concierge maintenant je le continuerais avec bien du plaisir[3]. Déjà, le père Tamerlan [surnom qu'il donne au P. Chambellan] était sévère à Poitiers[4], peut-être le mariste que je prendrai à Toulon le sera encore plus ; cela devient bien embêtant ; aussi c'est l'Ascension demain et je n'ai pas fait mon examen de conscience ; à force de tarder, on ne fait rien, j'en suis vexé au possible »[5].

Joseph Marcotte offrira en signe de pénitence et de confiance en Dieu, entre autres choses, la porte en argent du tabernacle du maître-autel du Sacré-Cœur[6].

## *III. LA SOCIÉTÉ DE SAINT-VINCENT DE PAUL*

Le Vœu national a pris corps grâce à des échanges d'idées et des suggestions d'initiatives entre des personnalités comme Eugène Beluze, Adolphe Baudon, Alexandre Legentil, Léon Cornudet et Eugène de Margerie. Ils se retrouveront dans le comité de l'Œuvre de Montmartre. Ils veulent joindre, par la construction du Sacré-Cœur, la pénitence à la prière et au partage qu'ils pratiquent déjà au sein d'une œuvre de charité où ils se ressourcent spirituellement et mettent leurs talents et leurs biens au service des personnes démunies : la Société de Saint-Vincent de Paul dont ils constituent avec bien

1. Voir la lettre de Legentil accompagnant le tract parmi les pièces justificatives.
2. Voir *MCJ*, t. 18, 1870, p. 175-179.
3. J. Marcotte fait allusion aux événements de la Commune du point de vue des jésuites de la rue de Sèvres : le P. Lefebvre après les arrestations des ses confrères est resté pour garder la maison.
4. Un aspect de la pastorale du P. E. Chambellan est évoquée dans le chapitre suivant.
5. Lettre de Joseph Marcotte à Marie Legentil, Toulon, 17 mai 1871 (archives familiales).
6. Fabrication prévue par l'orfèvre Marret (*BVN*, 1893, p. 12) mais réalisée par Lallemand. Voir le récolement photographique.

d'autres le conseil général. Il importe donc de présenter, fût-ce succinctement, cette association strictement masculine et laïque, pour mieux comprendre l'histoire et la construction de l'ex-voto national, d'autant que son rôle dans la souscription a été considérable (voir le chap. 13 et la chapelle Saint-Vincent de Paul) et qu'elle-même reste mal connue [1].

## A. La fondation

L'histoire de la Société de Saint-Vincent de Paul a, cependant, déjà fait l'objet de quelques études [2]. On ne peut ici que les résumer et mettre en avant ceux de ses membres qui jouent un rôle majeur dans le Vœu national. Elle commence quand Frédéric Ozanam (1813-1853), jeune étudiant lyonnais, désireux de témoigner de sa foi auprès des pauvres qui ne la partagent pas, va voir, à Paris, Emmanuel Bailly (1794-1860), directeur de la Société des bonnes études [3]. En 1833, sous la présidence de ce dernier, le futur professeur de Sorbonne réunit des amis pour des visites à domicile qui comprendront aussi une aide matérielle. Les premières adresses lui sont fournies par la sœur Rosalie Rendu, la fameuse apôtre du quartier Mouffetard. L'extension du mouvement en France et à l'étranger est rapide. En 1845, au moment du bref apostolique de reconnaissance de la Société de Saint-Vincent de Paul, il y a déjà neuf mille sociétaires de par le monde. Elle est du point de vue du droit canon une association pieuse [4] dont la direction est laïque approuvée par l'autorité pontificale et les évêques diocésains.

1. Une étude sur l'*Europe des dévots* au XIXᵉ siècle comme celle de Louis Châtellier pour les XVIᵉ-XVIIIᵉ siècles (*RHEF*, 1988, n° 192, p. 140-141) permettrait de mieux comprendre l'hypothèse de Marc Venard : « Conférences Saint-Vincent de Paul, patronages ouvriers, syndicats chrétiens seraient des avatars des congrégations de messieurs, d'artisans, voire de cochers, de l'Europe des dévots d'inspiration jésuite. »

2. Pour cela, nous avons consulté la correspondance d'Ozanam (réf. 1848) ; quelques numéros du *Bulletin de la Société* (réf. 1848) ; quelques procès-verbaux du conseil général (réf. 1851) ; P. Beringer, *Les indulgences*..., 1905, t. II, p. 61 ; Albert Foucault, *La Société*..., 1933 ; Charles Pouthas, *L'Église*..., 1943, fasc. III, p. 203-206 ; Yves Congar, *Jalons*..., 1953, repris et résumé dans l'art. « Laïcat », 1977, *DSAM* ; Emile Poulat, « Présentation... », 1985 ; Gérard Cholvy, *Histoire*..., 1985, t. I, p. 70 et 209-214 (le passage de la charité individuelle à la charité institutionnelle est bien souligné) ; Pierre Pierrard, *Les laïcs*..., 1988, p. 51.

3. Le père du religieux assomptionniste connu sous le nom de « le moine » : voir chap. 13.

4. Ce n'est pas une confrérie dont la direction est ecclésiastique (voir chap. 18). Mais elle est abondamment pourvue d'indulgences (voir P. Beringer, 1905).

## B. Un président, Adolphe Baudon

Adolphe Baudon (1819-1888), fils de financiers parisiens et gendre d'un régent de la Banque de France, Lafond, entre dans la Société pendant ses études de droit qui le conduisent au Conseil d'État. Il est proche par ses relations familiales de l'aristocratie terrienne de l'Allier et de la région de Toulouse[1]. Il devient président de la Société en 1848 et le reste jusqu'en 1886. L'extension en France et à l'étranger se poursuit. L'apogée, vers 1861, est marquée par la crise issue des manœuvres de Napoléon III[2]. Adolphe Baudon laisse une cinquantaine d'ouvrages de piété : des *Mois de saint Joseph, de Marie, de saint Vincent de Paul* et finalement, en 1872, *du Cœur de Jésus*; des *Lettres à un camarade d'enfance sur les petites imperfections chez les chrétiens vivant dans le monde*, des almanachs abondamment diffusés[3]. Sous sa présidence, les activités se multiplient et se diversifient : patronages d'adolescents (voir le cas d'Alexandre Legentil), bibliothèques populaires, régularisation des mariages, fourneaux économiques...

## C. Le conseil général en 1870

Il convient de présenter d'autres figures communes ou non au comité de construction du Vœu national et au conseil de la Société.

Léon Cornudet[4], président de section au Conseil d'État quand il est révoqué en 1852, est vice-président de la Société de Saint-Vincent de Paul de 1844 à sa mort en 1876. Célèbre pour avoir été le destinataire des *Lettres à un ami de collège* de Charles de Montalembert, il est membre du conseil central de l'Œuvre de la propagation de la foi et président de la Société générale d'éducation et d'enseignement. Il sera l'unique président du comité de

1. Voir deux nécrologies : *BVN*, juillet 1888, p. 382 et *SRP* (réf. 1853); une biographie d'Adolphe Baudon : abbé J. Schall, *Un disciple*..., 1897. Notice dans Balteau, *Dictionnaire*..., réf. 1933. Et aussi Jacques Gadille, *La pensée*..., 1967, t. I, p. 164-169.

2. Voir ci-dessus et G. Cholvy, *Histoire*..., 1985, p. 212 et surtout Charles Pouthas, *L'Église*..., 1943, fasc. III, p. 203-205.

3. Claude Savart, *Les catholiques*..., 1985, p. 715 le classe parmi les cent soixante et onze auteurs religieux ayant le plus écrit entre 1851 et 1870.

4. Voir les nécrologies : *BVN*, avril 1876, p. 68-70, repris dans *HSC*, t. I, p. 304. Voir *SRP* à la même date (réf. bibl. 1853). M. Bony, « Léon Cornudet » dans *BVN*, 1896, p. 133, 277, 307, 386, 701 et 766, réimprimé dans *HSC*, t. I, p. 333-377. Les archives familiales conservent une biographie écrite par Léon III Cornudet, un petit-fils (voir réf. bibl. 1910) et aimablement communiquée aussi bien par Marie Le Blan qui travaille sous la direction de Philippe Levillain, à une thèse sur Léon Cornudet que par Cécile Cornudet. Beau de Lomenie, *Les dynasties*..., 1943, mentionne les Cornudet parmi les dynasties bourgeoises. Voir aussi J. Morienval, l'article qui lui est consacré dans *CHAD*, t. III, col. 204.

construction de la basilique, car à sa mort en 1876, il ne sera pas remplacé, sinon par Mgr Guibert, puis par Mgr Richard qui agiront en prise directe.

Il faut parler aussi d'Eugène Beluze, lyonnais comme Frédéric Ozanam, avocat et docteur en droit. Son titre de gloire est d'avoir donné une grande importance au Cercle catholique des étudiants de la rue Madame, dans le VIe arrondissement de Paris [1]. Il gardait ainsi le contact avec le milieu d'origine de la Société, ce qui devait permettre de renouveler son recrutement. Car sous la longue direction d'un conseil général qui vieillissait, l'usure se manifestait : la discipline se relâchait, les conférences se dépeuplaient, l'élément étudiant faisait défaut [2].

Un autre confrère doit encore être mentionné : Eugène Jacquin de Margerie (1820-1900), membre du Conseil pendant 50 ans [3]. C'est surtout un écrivain, historien et romancier, publiant dans *L'Univers* et *Le Monde*. Le témoignage de son neveu, Pierre de Margerie, permet d'entrer dans son intimité. Ce dernier regrette que son oncle et sa tante mènent une vie trop austère à son goût. Ils ne vont pas à l'Opéra ou aux Italiens. Sarah Bernhardt ne les attire pas. Ils vivent dans leur hôtel de la rue de Grenelle où ils organisent des concerts pour des amis catholiques [4]. C'est d'ailleurs le quartier où habitent aussi Léon Cornudet, rue de Rennes, et Adolphe Baudon, place du Palais-Bourbon.

Il faut dire encore un mot de Léon Pagès, ancien consul de France au Japon, dont l'œuvre historique et la bibliothèque érudite retiennent toujours l'attention des spécialistes de l'Extrême-Orient [5]. On le verra intervenir marginalement dans l'histoire du Vœu national comme si les responsables de l'église de Montmartre ne l'appréciait pas vraiment à cause de de son légitimisme affiché. Il joue un rôle important dans le lancement des Comités catholiques vers 1870-1872 et dans la campagne de consécrations des diocèses du monde entier au Cœur de Jésus, mais le comité de construction lui refuse une tournée officielle des évêques de France. L'expérience de l'adoration perpétuelle de 1881 à laquelle il participe est stoppée par le cardinal Guibert (chap. 17). De fait, il n'entre pas dans l'instance dirigeante du Vœu et même si le P. Yenveux en fait mention [6], on devine les réserves des promoteurs du Vœu.

1. Ce doit être maintenant la maison diocésaine des étudiants, au 61, rue Madame. Voir publicité pour ce Cercle dans *BVN*, 1890, p. 633. Voir Jacques Gadille, *La pensée*..., 1967, t. I, p. 341.

2. G. Cholvy, *Histoire*..., 1985, p. 212.

3. Une biographie anonyme : réf. bibl. 1901. Une notice de Renée de Vassal, réf. bibl. 1980. Des mentions dans A. Van Den Brule, *Hubert*..., 1930.

4. Bernard Auffray, *Pierre*..., 1976, p. 12.

5. Voir *Bibliothèque L. Pagès... (1889). Linguistique, histoire, géographie, etc... du Japon et de l'Indochine, contenant principalement une précieuse collection de textes originaux japonais et une remarquable série de relations des Pères Jésuites.* 14 x 22, 170 p. 1974 chez Maisonneuve et Larose. Ou bien *Histoire de la religion chrétienne au Japon depuis 1598 jusqu'à 1651, comprenant les faits relatifs aux deux cent cinq martyrs béatifiés le 7 juil. 1867*. P., 1869. In-8 br., 884 p.

6. P. Yenveux, *Le Règne*..., 1900, t. V, p. 547.

L'appartenance à la Société de Saint-Vincent de Paul et à l'Œuvre du Vœu national crée des liens par delà la Seine: Michel Cornudet, le fils de Léon, épouse une petite fille de Charles Marcotte, Joséphine Becquet [1]; Charles de Margerie, fils d'Eugène, épouse Charlotte Rohault de Fleury, fille d'Hubert. Le milieu familial finit par coïncider plus ou moins avec le milieu social et le milieu religieux. La Société de Saint-Vincent de Paul a uni au service des plus pauvres le monde « orléaniste » des affaires de la rive droite au monde « légitimiste » de l'aristocratie terrienne de la rive gauche.

La caractéristique du conseil général de la Société, en 1870, après la crise du second Empire, est donc sa diversité. Il y a volonté commune des membres de mettre la politique au second plan de leurs tâches apostoliques et charitables. Il est remarquable qu'on ne retrouve pas dans le Comité de construction de la basilique des sociétaires aux idées politiques plus tranchées, un Léon Pagès par exemple au légitimisme affiché ou un Alfred Thureau-Dangin qui professait des « opinions républicaines » [2].

Précisons, en conclusion, quel est ce milieu catholique que nous apercevons au travers des figures comme celles de Legentil, de Rohault de Fleury et de Marcotte [3]. C'est qu'il n'y a pas toujours eu des catholiques fervents et généreux parmi les négociants, les industriels et les fonctionnaires. L'analyse de prédications du XVIIIe siècle a montré combien l'esprit de la bourgeoisie marchande était perçu et présenté comme incompatible avec des dispositions spirituelles chrétiennes. Au cœur du débat, apparaissent les notions de progrès et d'autonomie des choses créées. Que faut-il d'abord chercher: les changements au sein de ce monde ou les changements en vue du monde du vrai Dieu? La proclamation de Jésus à propos des biens matériels est: « Cherchez d'abord le royaume et sa justice, et tout cela vous sera donné par surcroît » (*Matthieu* 6, 33) [4]. Les études statistiques ont montré que, durant le premier tiers du XIXe siècle, les riches étaient en majorité libéraux, anticléricaux, éloignés des sacrements et voltairiens [5]. Mgr Pie ne s'y trompait pas: même de son temps, les classes bourgeoises restent en dehors de l'Église et remplissent les loges [6].

1. Voir Jean Lacapelle, *Notice*..., 1977, p. 149.
2. Jacques Gadille, *La pensée*..., 1967, t. I, p. 166. A. Legentil écrit le 16 mars 1871 à ce vice-président général de la Société, resté dans Paris tout au long de l'année terrible. Il le trouve « un peu timoré » par rapport au projet de construction. ASCM.
3. D'autres personnalités communes aux deux instances seront étudiées dans le chapitre sur la souscription: Théodore Dauchez ou dans celui de l'adoration perpétuelle: Cyrille de Mont de Benque. Il y a aussi une seconde génération: Michel Cornudet, Antonin Pagès, le marquis Pierre de Ségur et même une troisième: Adrien Duthey-Harispe. Ce qui montre une triple continuité: familiale, sociale et ecclésiale.
4. Voir Bernard Grœthuysen, *Origines*..., 1927.
5. Voir Fernand Boulard, *Matériaux*..., 1982, tableau 75. 20 et commentaires.
6. Robert Faureau, *Histoire du diocèse de Poitiers*, 1988, cité dans *Esprit et Vie*, 28 septembre 1989, p. 525.

Les bourgeois ne sont entrés que tardivement de tout leur cœur dans le catholicisme[1]. Le contraste entre les promoteurs du Vœu national et leurs pères illustre de façon concrète ces analyses générales. Un examen de conscience fait par Alexandre Legentil en 1870 éclaire ce changement :

> « Notre grand mal, c'est l'idolâtrie ! On n'est pas idolâtre seulement en adorant des figures de pierre ou de bois : que ce soit le Jupiter de Phidias ou le manitou d'un sauvage ; les anciens d'ailleurs auraient pu répondre que ce n'était pas, absolument parlant, la statue matérielle qui était l'objet de leur culte. On est idolâtre en accordant à quelque chose qui n'est pas Dieu l'affection, l'importance, la confiance que Dieu se réserve pour lui »[2].

Ce « quelque chose », pour ce millionnaire cultivé, c'est beaucoup de choses. Il y met toutes les valeurs auxquelles son grand-père, marchand à Rouen, son père et lui-même, d'une certaine façon, ont tout sacrifié : la richesse, le savoir, le pouvoir et les honneurs. Ils les ont eus. Ils n'en ont pas été comblés. Bien plus, des désordres aussi graves qu'auparavant subsistent : la pauvreté et l'ignorance. Bien plus encore, la frénésie de la spéculation a entraîné des abus. La fête impériale et son Opéra sont des défis à la pauvreté. L'immoralité est importante. Tout cela est aggravé par des doctrines anti-sociales qui proposent des remèdes pires que le mal (voir chap. 26). Alors, il lui semble évident que les changements politiques, économiques et sociaux dont ses pères et lui ont été collectivement les artisans depuis un siècle, doivent être vécus sur un mode nouveau : une vie religieuse chrétienne qui est la révélation de la charité divine infusée à ceux qui ne se refusent pas à elle dans la foi et la prière. Il veut travailler d'abord à une conversion des cœurs qui permet de viser les vraies valeurs. Les régimes passent. Les pauvres restent. Il sait qu'il y aura toujours des pauvres en ce monde (*Matthieu* 26, 11) et que seule la véritable charité est le remède. Lui et ses confrères de Saint-Vincent de Paul ont essayé de vivre les valeurs sur le mode chrétien, mode ancien et toujours nouveau à leurs yeux. La propriété n'est pas pour eux un droit absolument individuel comme il semble qu'elle le soit pour le droit révolutionnaire et napoléonien qui reprend les données du droit romain, mais « un droit de gérance exclusive au profit du bien commun »[3]. L'exercice de l'autorité est un service. La subsidiarité permet de promouvoir chacun à sa place dans le corps social et ecclésial. « Ils veulent faire faire » dit Louis Veuillot des confrères de

1. Voir G. Cholvy, *Histoire*..., 1985, tout le chapitre 6 : « Étendue et ambiguïté des retours parmi les notables. »
2. Journal cité par M. Bony, *Vie*..., 1893, p. 213.
3. Voir précédemment le rapport de A. Legentil sur les brevets d'invention. Définition de la propriété : voir saint Thomas d'Aquin, *Somme théologique*, 2a-2ae, question 66 sur le vol et la rapine. Voir B. Haring, *La loi du Christ*..., 1960, t. III., p. 599-609.

Saint-Vincent de Paul[1]. Leur propre intériorité (leur cœur) s'ouvre à celle du Christ (son Cœur). Leur recueillement, lors d'une retraite à Viviers, impressionna Mgr Guibert[2]. Certes, la difficulté est grande. Ils ont peut-être eu tendance à se retirer du monde et à ne plus être le sel de la terre. Leurs parents étaient des bourgeois catholiques. Eux sont devenus des catholiques bourgeois. Il n'est pas facile de se maintenir dans un équilibre dynamique qui unit sans les confondre, distingue sans les opposer la condition créée (leur situation sociale) et la condition graciée (leur catholicisme). Mais, pour eux, cela ne faisait pas de doute, le but premier des hommes qui ont découvert le ciel est de le chercher, d'abord. Ils étaient riches, certes, ils ont continué à s'enrichir, mais ils ont donné, beaucoup donné. Leur devise aurait pu être : « Enrichissez-vous, créez des richesses et donnez-en ! » La consigne de François Guizot revue et corrigée par l'enseignement de saint Thomas d'Aquin ! Ils cherchaient à faire travailler la plupart de ceux qui le pouvaient et s'occupaient gratuitement des autres. N'est-ce pas une façon d'être qui est intrinsèquement respectable ? Elle correspond en tout cas à celle des initiateurs laïcs du Vœu national au Cœur de Jésus pour le salut de la France et la délivrance du souverain pontife qui les a conduits à l'édification de la basilique du Sacré-Cœur de Montmartre et qui permet de mieux comprendre le célèbre sanctuaire parisien.

1. On le voit bien dans le cas de Legentil : il aime fonder, et mettre en place des institutions, leur donner les moyens de vivre, nommer des responsables et se retirer de l'entreprise pour s'occuper d'une autre, tout en restant bien sûr une instance de recours.

2. « Je sors d'une retraite qui n'était pas pastorale, mais qui a été très édifiante. Plus de cent messieurs… se sont réunis dans mon séminaire, où ils ont été reçus pendant quatre jours, faisant comme des séminaristes tous les exercices d'une retraite en règle dans la solitude et le silence. Ils ont tous communié le jour de la fête de saint Vincent de Paul avec une piété admirable. … J'ai confessé, … » Ceci en 1853. Voir J. Paguelle de Follenay, *Vie du cardinal*…, 1896, p. 188.

# Chapitre 2
# Des religieux disponibles

Parmi les promoteurs du Vœu national représentés sur la mosaïque du cul-de-four du chœur de la basilique de Montmartre, ne figurent que des laïcs (chap. 1) et des évêques (chap. 3), mais aucun religieux. Ainsi en ont décidé ceux qui furent responsables du programme du décor (chap. 22). Ils ont eu tout à la fois raison, parce que les Jésuites et les Dominicains dont nous allons parler n'ont pas pris de responsabilités directes dans cette œuvre, et tort, car ces religieux ont joué indirectement un rôle considérable qui se manifeste de trois façons [1].

D'abord, les religieux ont été les premiers interlocuteurs d'Alexandre-Félix Legentil et d'Hubert Rohault de Fleury. Ces chrétiens prennent leurs décisions après des entretiens avec leur directeur spirituel ou leur confesseur. Le P. Gustave Argand, jésuite, et le P. Dominique-Marie Berthet, dominicain, ont rempli, à Poitiers, de telles fonctions.

Ensuite, le P. Marin de Boylesve et le P. Henry Ramière, de la compagnie de Jésus, d'une part, le P. Alexandre Jandel, maître général des Frères

1. En regardant bien malgré tout le décor des chapelles de la basilique, on découvre le P. Argand sur le retable de l'autel Sainte-Radegonde (RP 85 SCM 171) et le P. Ramière sur la grande mosaïque de la chapelle Saint-Ignace (RP 85 SCM 132).

prêcheurs, d'autre part, jouent un rôle si déterminant dans les premiers moments de l'œuvre, qu'on ne peut les mettre, dans la souscription, au rang des autres religieux comme les Assomptionnistes ou les Eudistes, ou des religieuses comme celles de la Visitation ou du Carmel[1].

Enfin, il est juste qu'il y ait quelques portraits de Jésuites et de Dominicains dans cette galerie qui précède l'histoire du Vœu national : certains membres de ces deux congrégations ont éminemment contribué à la pensée théologique et à la vie spirituelle de cette entreprise, le Vœu national, qui allie le sens de la France à la dévotion au Cœur du Christ. La première insertion du Vœu dans la grande histoire est due au P. Alet, jésuite, en 1871. La prédication lors du lancement, en 1872, et celle de la bénédiction en 1891 sont le fait du P. Monsabré, dominicain. Le support théologique du programme iconographique est l'œuvre du P. de Franciosi (s. j.) (voir chap. 22). Le P. Janvier (o. p.) conclut cette énumération, par sa prédication, lors de la consécration en 1919.

## *I. LES JÉSUITES*

### A. Les « Pères de Paris »

L'étude du P. Pierre Vallin[2] essaie de répartir les Jésuites des années 1860-1880 en deux grandes familles : les « Pères de Paris » et les « Pères du Midi ». On pourrait en quelque sorte retracer les origines du Vœu national en suivant, dans l'ordre chronologique, les contacts que les promoteurs laïcs ont établis avec des religieux de ces deux catégories : les PP. Matignon et Lefebvre, leurs conseillers spirituels, ainsi que les PP. Olivaint et Félix ; les PP. Argand et Chambellan, de Poitiers, où ils se sont réfugiés ; les PP. de Boylesve et Ramière, auxquels A. Legentil s'adresse pour diffuser son Vœu ; les PP. Alet et de Franciosi dont les écrits jouent un rôle important dans la souscription pour le Sacré-Cœur et dans sa décoration.

1. Les congrégations religieuses ont plus ou moins lié leur nom à une chapelle de la basilique (voir chap. 13). La rosace du tapis des jours de fête garde leur souvenir (RP 85 SCM 494).

2. Article «Jésuites», VII – La nouvelle compagnie en France, col. 1041-1065, de 1974, dans *DSAM*. Voir aussi Carlos Sommervogel, *Bibliothèque*..., 1890; J. Delumeau, «Jésuites», *EU*; P. Duclos..., *Les Jésuites*, 1985.

## *1. Le P. Ambroise Matignon*

Alexandre-Félix Legentil choisit le P. Ambroise Matignon comme « conseiller de sa conscience ». Le biographe de l'initiateur du Vœu national mentionne explicitement deux rencontres entre les deux hommes : en 1871, à propos du lancement de conférences pour les ouvriers, et en 1889, à Larbroye, quand le confesseur vient préparer son pénitent à une bonne mort. À quand remonte cette relation ? Il y a tout à parier qu'elle est antérieure à 1870. Mais rien ne le prouve [1]. De fait, le P. Matignon aime l'œuvre entreprise par A. Legentil. Il en parle dans ses Conférences d'avent, à Notre-Dame de Paris, en 1874. Il compare l'Opéra et le Sacré-Cœur. Le religieux et le laïc partagent la même réprobation à l'égard du premier, symbole du régime déchu et espèrent dans le second, symbole d'une renaissance. Le prédicateur regrette la victoire insolente du paganisme dans l'art et espère qu'avec l'église de Montmartre, le génie chrétien se manifestera dans la pierre [2].

Le P. Matignon prêche, presqu'annuellement, dans la chapelle provisoire, pour un rassemblement des Enfants de Marie qui comprend surtout des adultes. Il évoque d'une façon dramatique et émouvante :

> « Le Sauveur, voyant la ville de Jérusalem, pleura sur elle. À la vue de Jérusalem le divin Maître verse des larmes : du sommet de Montmartre, le Sacré Cœur voit la grande cité et au delà la France entière ; ne pouvons-nous pas dire que le spectacle qui se déroule à ses regards lui arrache des larmes ? Oui, le Sacré Cœur pleure ! Il pleure sur nos péchés » [3].

Quelques années plus tard, devant la même association, il applique à Marie et aux Enfants de Marie, les paroles du Christ à saint Thomas : « Mets ta main dans mon côté ». Marie l'a fait en le retrouvant au Temple, à Cana et au pied de la croix. Que chacun le fasse pour lui et pour la France afin d'y trouver la foi [4]. Plus tard encore, il commente devant le même auditoire les phrases du Christ : « Que votre cœur ne se trouble pas ! » (*Matthieu* 24, 6). « S'ils m'ont persécuté, ils vous persécuteront aussi » (*Jean* 15, 20) [5]. En 1891, c'est

1. L'hypothèse d'une fréquentation de «la rue de Sèvres», avant 1870, par Alexandre Legentil, et non par le seul Joseph Marcotte (voir chap. 1), est confortée par la recommandation qu'il fait à ce dernier dans une lettre du 17 septembre 1870 :»Mangez et buvez mes provisions et envoyez du riz, comme je vous l'ai dit, à la maison des Dames auxiliatrices, 16, rue de la Barouillère près de la rue de Sèvres. Ces pauvres dames sont sans doute dans un grand dénuement.» (Archives Marie-Louise Chavane). Or l'on sait les liens qui unissent la fondation récente de la bienheureuse Eugénie Smet, (mère Marie de la Providence) et la compagnie de Jésus dont la principale résidence parisienne est rue de Sèvres. Voir M. Gaucheron, «Auxiliatrices...», (1948), *CHAD*.

2. *BVN* 1875, p. 425. Thème repris en 1881, à Montmartre: il oppose alors le temple de Jésus-Christ et celui de Baal (*BVN*, 1881, p. 317).

3. *BVN* 1879, p. 346. Voir aussi *BVN*, 1880, p. 274,

4. *BVN* 1883, p. 354.

5. *BVN* 1887, p. 365.

la bénédiction de la nouvelle basilique, cependant encore inachevée. Et notre prédicateur de rappeler « le contrat entre la France et le Sacré Cœur, contrat que nous venons contresigner ». Tout commence avec Clovis et continue avec Jeanne d'Arc. Par la bienheureuse Marguerite-Marie, le Christ rappelle à la France ses engagements. Cette église de Montmartre semble être la réponse de la France. Mais il faut une réponse sociale pour le salut de la société. De plus, le Christ veut par la France répandre le culte de son Cœur. Ainsi, la France retrouvera sa grandeur [1].

Un dernier témoignage est fourni par sa lettre à Hubert Rohault de Fleury quand ce dernier rédige ses *Souvenirs de 1870-1871*. Le conseiller spirituel d'Alexandre Legentil acquiesce à sa présentation modérée et véridique de l'origine du Vœu, face à la version des « Pères du Midi » qui faisaient jouer au P. Ramière un rôle déterminant dans cette affaire [2]. Quelques faits relevés dans les articles qui lui sont consacrés permettent de replacer son enseignement de Montmartre dans une vision d'ensemble [3]. Il naît en 1824. Il est donc plus jeune de trois ans que son pénitent. La rédaction des Études l'accueille de 1858 à 1871. Il est ami et conseiller de Charles de Montalembert. Ses articles le font soupçonner de libéralisme. Six mois avant le *Syllabus*, par exemple, en mai et juin 1864, il critique

> « une attitude qui identifie purement l'action servant le triomphe de Jésus-Christ avec la stratégie d'une défense et propagation de la religion catholique romaine, dans une fidélité mécanique aux impulsions de son centre visible » [4].

On devine une certaine réserve à l'égard de l'attitude des Pères de Toulouse. Quelque chose de semblable apparaîtra chez A. Baudon et A. Legentil à propos des publications du P. Ramière (voir chap. 7). Lorsque les *Études* vont à Lyon en 1871, « pour être soustraites aux miasmes du climat parisien », le P. Matignon reste à Paris et garde la confiance de Mgr Guibert qui lui fait prêcher les exercices de la retraite ecclésiastique de 1873 à deux cent cinquante prêtres [5]. Il vit « rue de Sèvres » jusqu'en 1901. Il est apprécié comme prédicateur, conférencier et directeur spirituel. Il meurt en 1913. Le P. Matignon a incontestablement sa place parmi les promoteurs du Vœu national.

1. *BVN* 1891, p. 407.
2. A. Derumaux, «Origines...», 1953 dans *Montmartre*, n° 193, p. 26-27. Lettre de H. de Fleury en date du 22 décembre 1894 et du P. Matignon en date du 9 mai 1896. Le P. Matignon fait allusion à de multiples entretiens avec A. Legentil.
3. Henri Holstein, «Matignon», 1978, dans *DSAM* et Paul Duclos dans *Jésuites*, 1985.
4. P. Vallin, «Jésuites», col. 1051, 1974, dans *DSAM*.
5. *Bref de Paris*, 1873, p. 10.

### 2. *Les PP. Lefebvre, Olivaint et Félix*

Trois autres jésuites de Paris sont mentionnés à propos du Vœu national. Comme le P. Alexis Lefebvre, confesseur de Joseph Marcotte, a été évoqué dans le chapitre premier, il reste à présenter le P. Pierre Olivaint et le P. Joseph Félix. On ne peut ici résumer la vie du premier, mais il a en commun avec Alexandre Legentil le souci des pauvres et des jeunes [1]. Quelles étaient leurs relations pour que l'apôtre du Vœu au Sacré Cœur lui écrive et obtienne une réponse le 7 mars 1871 dans laquelle le supérieur de la « rue de Sèvres » l'assure de sa sympathie pour sa généreuse entreprise? Il sera difficile d'en savoir plus [2]. Le 26 mai suivant, le P. Olivaint mourait fusillé comme otage par les Communards [3].

Le P. Joseph Félix, un des conférenciers de Notre-Dame de Paris, prêche à Paray-le-Monial, le 20 juin 1873 devant vingt mille personnes sur le thème de la France devant le Sacré Cœur. Trois faits « nationaux » sont inspirés par la dévotion au Cœur de Jésus: le Vœu, la défense du pays à Patay-Loigny et la supplication faite par les pèlerinages récents [4]. Dès l'ouverture de la chapelle provisoire de Montmartre, il y prend la parole devant ses confrères, le 25 mai 1876, jour de l'Ascension, vigile du cinquième anniversaire de l'exécution des otages de la Roquette:

> « Nous sommes des pèlerins venus à Montmartre pour demander au Sacré Cœur la lumière, l'amour et la force, afin d'arriver comme Notre-Seigneur le jour de son ascension au terme du pèlerinage de notre vie » [5].

Claude Savart le classe parmi les principaux auteurs religieux de l'époque [6].

## B. Les « Pères du Midi »

L'article dont nous nous servons comme référence donne le nom de huit « Pères du Midi »: la moitié d'entre eux sont associés étroitement au Vœu

1. P. Duclos, *Les Jésuites*..., 1985.
2. M. Cornudet, *Un homme*..., 1889, p. 14. Un enquête reste à faire dans les papiers du P. Olivaint, si ceux-ci ont été conservés.
3. Les derniers jours du P. Olivaint sont éclairés par un article récent: P. Duclos, «Une pétroleuse convertie: Félicie Gimet» dans *RHEF*, t. LXXIV, n° 192, p. 53-62..
4. P. Patrice Cousin, «Les origines...», 1973, p. 56 et Paul Duclos, *Les Jésuites*..., 1985.
5. *BVN*, 1876, p. 162.
6. C. Savart, *Les catholiques*..., 1985, p. 667.

national. Il s'agit des PP. Marin de Boylesve, Henry Ramière, Victor Alet et Xavier de Franciosi. Mais avant de parler de ces « grands » jésuites, il faut dire un mot de ceux qu'Alexandre-Félix Legentil et Joseph Marcotte ont rencontrés à Poitiers, après avoir quitté Paris, le premier en septembre 1870 et le second, en janvier 1871.

### *1. Le P. Gustave Argand*

Est-ce sur le conseil de son confesseur parisien qu'Alexandre Legentil s'adresse au P. Argand, recteur du collège Saint-Joseph de Poitiers ou simplement parce qu'il est de la Compagnie ou encore parce que ce dernier est l'ancien recteur du collège de Vaugirard [1] ? Ce jésuite en tout cas n'est pas une figure très connue, même si un confrère a écrit sa vie [2]. Son séjour de six ans (1869-1875) à Poitiers a retenu l'attention de l'historien du collège Saint-Joseph [3]. Selon ce dernier, l'on disait volontiers, à cette époque, que le recteur de Saint-Joseph était le second personnage de la ville après Mgr Pie. Le P. Argand ne fit pas mentir cette rumeur. À Pâques en 1870, avec le P. Chambellan (voir ci-après), il fonde l'École apostolique, la troisième de France sur quatre en tout, dans l'esprit de ce que faisait le P. de Foresta à Avignon [4]. Le 4 septembre 1870, deux cents manifestants s'en prennent à l'empereur déchu et aux Jésuites. Ils défoncent quelques portes mais ne vont pas plus loin. Après le désastre de Loigny (2 décembre), le 1er bataillon des volontaires de l'Ouest, les anciens zouaves pontificaux, s'organise à Poitiers dans les locaux du collège. Charette, prisonnier, s'évade et le rejoint à Poitiers, où il est promu général de brigade. Le 14 janvier les zouaves quittent Poitiers. Pendant les trois mois de réquisition, le P. Argand organise l'hébergement des pères et des élèves ainsi que les cours chez des particuliers. La paix revenue, le recteur, à défaut d'une préparation à l'école militaire de Saint-Cyr, met en place des cours supérieurs d'œuvres post-scolaires. Au milieu de ces activités, le Père donnait des conseils spirituels et recevait A. Legentil. Deux

1. A. Hamon, *Histoire*..., 1907, t. V, p. 42. On sait simplement qu'à Poitiers, les Legentil et Paule Marcotte avaient des amis qui fréquentaient les Jésuites. Les premiers y connaissaient les Bain qui les mettront en contact avec le P. de Boylesve (voir ci-dessous). Paule Marcotte y rencontra Mme de Balincourt. Son frère Henri Aguillon lui écrit: «Tu dois l'avoir vue dans le temps ici (à Toulon) avec son mari, capitaine de frégate [...] Cette dame a ses enfants aux jésuites de Poitiers; c'est pour suivre leur éducation qu'elle s'est installée dans cette ville.» Lettre du 17 novembre 1870. Arch. Mme Claude Chavane.

2. Voir P. Charles Lenoir, *Le R. P. Argand*, 1892. Cette biographie est mentionnée en *BVN*, 1895, p. 634. Simple mention dans C. Sommervogel, *Dictionnaire*..., 1890.

3. Jean Vaudel, *Les collèges*...., 1981, p.39-44.

4. Sorte de petit séminaire fonctionnant en externat grâce à un collège jésuite tout proche. Celle de Poitiers se maintint jusqu'en 1957. Nous supposons que le P. Rey en qualifiant d'apostolique la maîtrise qu'il fonde à Montmartre pensait à ces écoles (voir le chap. 20 consacré à la musique).

lettres permettent de parler d'une façon un peu plus précise de ces entretiens. Dans l'une [1], il écrit, vingt ans après:

«J'ai toujours réclamé pour le vénéré Mr Legentil l'idée du vœu national. C'est à mon prie-Dieu qu'il a promis de se dévouer à cette œuvre de réparation. Et je serai heureux, avant de mourir, de rendre témoignage de la vérité de ce fait» [2].

Dans l'autre [3], alors que le nouvel archevêque de Paris fait attendre son approbation du Vœu, le père Argand, témoin de la première heure, encourage son pénitent:

«Courage et grande confiance pour votre œuvre en l'honneur du Sacré Cœur; plus j'y réfléchis, plus je suis convaincu que cette idée, vraiment surnaturelle, est une inspiration du ciel. Quel triomphe sur l'impiété, l'indifférence et les mesquins préjugés, si une magnifique église s'élevait à Paris pour affirmer et propager le culte du Sacré Cœur! La dévotion à Notre-Dame des Victoires a produit des merveilles de conversion; que ne ferait pas la dévotion au Cœur du divin Maître, avec une confrérie nombreuse, fervente et agissante!»

Il semble que ce soit au cours de ces entretiens de Poitiers qu'Alexandre Legentil ait pris une autre résolution qui lui coûta beaucoup: donner son château de Saint-Ouen à une œuvre [4]. De son côté, le jésuite paya aussi de sa personne en venant souvent dans la chapelle provisoire en pèlerinage ou pour y prêcher [5].

## *2. Le P. E. Chambellan*

Un autre jésuite qui est à Poitiers en 1870-1871 doit être mentionné: le père Chambellan. Ce religieux a laissé peu de traces relevées à ce jour. Deux lettres cependant nous livrent quelques informations sur celui qui fut le confesseur de Joseph Marcotte à Poitiers. L'une, adressée au P. Ramière, est publiée dans *Le Messager du Cœur de Jésus* [6]. Il y présente l'école apostolique qu'il vient

1. Elle est de Brain-sur-Vilaine (I.-et-V.), en date du 18 août 1889, adressée à Hubert Rohault de Fleury. L'original conservé par la famille (Renée de Vassal) a été remis en 1953 à l'abbé Dérumaux («Origines...», 1953, n° 192, p. 35). Toujours selon A. Dérumaux, des copies ont été établies par H. de Fleury. Une était en 1953 aux ASCM et a été publiée en photographie dans *Montmartre*, n° 192, p. 34-35. Une était remise à Marie Legentil pour le P. M Bony. Ce dernier en publie un extrait dans *Vie*..., 1893, p. 223 et dans «L'initiateur...», *BVN*, 1895, p. 633, repris par *HSC*, t. III, p. 187. Ni cet original, ni ces copies n'ont été retrouvés à ce jour.

2. En effet, M. Bony, *Vie*..., 1893, p. 223, écrit: « Le P. Argand... qui vient de laisser de si profonds regrets par sa mort inopinée...»

3. Lettre datée du 1er octobre 1871 à A. Legentil dans P. M. Bony, *Vie*..., 1893, p. 250, repris par A. Derumaux, «Origines», 1953, n° 199, p. 15 et M. Bony, «L'initiateur...», *BVN*, 1895, p. 965 repris dans *HSC*, t. III, p. 216.

4. M. Bony, *Vie*..., 1893, p. 288.

5. *BVN*, 1880, p. 355; 1881, p. 408; 1882, p. 459; 1890, p. 397.

6. *MCJ*, 1870, t. 18, p. 175-179.

de fonder dans la ville de saint Hilaire et de sainte Radegonde, près du collège Saint-Joseph[1]. L'autre est inédite et envoyée à Paule Marcotte dont l'enfant, âgé de cinq ans, était alors malade[2]. Elle nous permet de sentir concrètement un aspect du milieu religieux dans lequel évoluent les promoteurs. Le P. Chambellan recommande la prière à Notre Dame de Lourdes, tant de la part de la mère que de l'enfant, et l'usage de l'eau de Lourdes dans ses aliments. Au cas où une issue fatale serait envisagée par le médecin, il conseille à la mère d'accepter dans son cœur que son fils devienne prêtre et de s'en remettre à Dieu. Ainsi, selon le P. Chambellan, Dieu ne peut que guérir l'enfant afin d'avoir un prêtre de plus. Alors, le religieux se livre un peu et donne sa propre mère en exemple. Elle sut

« nous[3] préserver de tout contact avec le monde, nous donner une éducation toute chrétienne. Elle nous séquestrait pour ainsi dire ; presque pas de relations extérieures, même avec nos petits cousins et cousines ! Oh ! comme nous lui en savons gré aujourd'hui ».

Ces propos ne sont-ils pas le signe d'une Église se résignant à vivre en autarcie en attendant des temps meilleurs ? Certes, le refus du monde est sain pour un chrétien quand ce monde est le monde qui méconnaît son Dieu ; mais il peut devenir mauvais s'il occulte la réalité du salut pour tous. On peut cependant comprendre ces dispositions par le fait que le temps de l'éducation n'est pas le temps de la mission, qu'il faut une certaine protection pendant la croissance ; la mission n'en sera que meilleure[4].

### *3. Le P. Marin de Boylesve*

Le chroniqueur du *Bulletin du Vœu national* présente ainsi le P. de Boylesve lors de son décès[5].

« C'était un zélateur ardent ; dès les débuts de l'œuvre, il l'avait comprise et aimée, et même avant la fin de la guerre, il la propageait de toutes ses forces. Né d'une famille illustre, il renonça tout jeune à tous les avantages de la naissance et de la fortune pour entrer dans la compagnie de Jésus. Il a publié une quantité considérable d'opuscules de propagande dont trois ou quatre sont spécialement composés pour la diffusion du Vœu national ; l'œuvre perd un ami dévoué, nous le recommandons à tous nos associés. »

1. Voir P. Vallin, «Jésuites», 1974, col. 1049, dans *DSAM*. «La majorité des élèves de ces institutions s'orientaient vers le clergé séculier ou les congrégations les plus diverses, surtout missionnaires.»
2. Poitiers, 3 novembre 1872. Arch. Marie-Louise Chavane.
3. Lui et ses deux frères devenus prêtres aussi. L'un de ces deux jésuites aidera Adèle Garnier: voir le chap. sur l'adoration perpétuelle.
4. Ces deux jésuites, le P. Argand et le P. Chambellan sont classés par nous parmi les «Pères du Midi» autant par commodité chronologique que par analyse de leurs convictions, faute de renseignements sur eux.
5. *BVN* 1892, p. 128.

C'est un jésuite qui enseigne les lettres et la philosophie, prêche des retraites et, surtout, publie énormément, aussi bien des brochures que des gros livres, des ouvrages de spiritualité que de théologie ou d'apologétique [1]. Sa plaquette *Le mois du Sacré-Cœur* dépassera la centaine d'éditions. Il est, au moins du point de vue quantitatif, parmi les auteurs spirituels les plus productifs et les plus lus de cette époque [2]. C'est à lui qu'Alexandre-Félix Legentil s'adresse d'abord, sur la recommandation de son ami Henri Bain [3], pour faire connaître son projet de construction à Paris d'une église dédiée au Sacré Cœur, pour le salut de Paris et de la France [4]. Avait-il eu connaissance, par H. Bain, de l'opuscule *Le triomphe de la France par le sacré Cœur de Jésus*, diffusé par le P. de Boylesve courant novembre ? Ce dernier le pense [5], mais A. Legentil n'y fait pas allusion dans la lettre qu'il envoie au père jésuite en 1870. Quoiqu'il en soit de ces problèmes de paternité du Vœu qui seront étudiés plus loin, le P. de Boylesve est un homme peu rancunier et optimiste, « pourvu que le Christ soit annoncé » (*Philippiens* 1, 18). Il a très souvent rédigé des textes en faveur d'une œuvre finalement gérée par d'autres religieux, les Oblats [6]. Un chroniqueur anonyme présente ainsi l'un de ses ouvrages [7] :

« Nous ne saurions trop recommander la lecture de ces soixante-douze pages si vivantes, si fortifiantes et si françaises. L'auteur n'est point de ces découragés pour lesquels la France très chrétienne n'existe plus qu'en souvenir. Il croit que, même à l'heure où nous sommes, même en 1884, il n'y a point au monde de nation plus catholique, ni plus grande. Il le dit et il le prouve. Le P. de Boylesve montre comment toute l'histoire de France est une croisade, dont les chevaleresques entreprises du Moyen Age ne sont que des épisodes, et, l'histoire en main, il conclut que « jamais la France ne fut plus réellement qu'aujourd'hui la France du Sacré Cœur. » Ce petit livre respire la confiance et il l'inspire. C'est donc vraiment une excellente œuvre de propagande catholique et française » [8].

1. Voir P. Duclos, *Jésuites*, 1985.
2. C. Savart, *Les catholiques*..., 1985, p. 667.
3. Henri et Louise Bain dits quelquefois, de la Coquerie. Leur amitié avec les Legentil est attestée par la correspondance de Marie Legentil à Joseph Marcotte, 24 novembre 1869 et 25 novembre 1870 (Arch. Marie-Louise Chavane); d'Alexandre Legentil au P. de Boylesve, le 8 décembre 1870; du même à Adolphe Baudon, le 20 janvier 1871 (M. Bony, *Vie*..., 1893, p. 226-227).
4. Lettre du 8 décembre 1870 de A. Legentil au P. de Boylesve connue grâce à V. Alet, *La France*..., 1889, p. 319-320 auquel certainement le destinataire l'aura communiquée; grâce à E. Regnault, «Les origines...», *MCJ*, 1891, t. 60, p. 346-347, auteur auquel le P. de Boylesve adressa pour ses articles, une lettre explicative sur les origines du Vœu national et une copie de la lettre de A. Legentil. Le biographe de A. Legentil dans P. Bony, *Vie*..., 1893, p. 226 ne fait allusion qu'à ce contact; c'est seulement dans «L'initiateur...», *BVN*, 1895, p. 682 qu'il donne un extrait de la lettre, repris dans *HSC*, t. III, p. 193.
5. Lettre du P. de Boylesve au P. Régnault du 20 juillet 1891 publiée dans *MCJ*, 1891, t. 60, p. 347: « L'idée d'ériger en France un sanctuaire en l'honneur du Cœur de Jésus, en 1870, est venue de la feuille imprimée au Mans, adressée au P. Ramière, le 7 novembre 1870, et répandue un peu partout, mais notamment à Poitiers, dès la fin octobre 1870. Là, elle rencontra M. Legentil qui me demanda ensuite mes conseils et mon appui.»
6. *BVN*, 1884, p. 19, 472, 580 par ex.
7. *La France et le Cœur de Jésus*, 1884, 72 p.
8. *BVN*, 1884, p. 580.

On peut dire qu'Alexandre-Félix Legentil a eu raison de s'adresser à ce religieux sur les conseils de son ami Henri Bain: l'Œuvre du Vœu national a trouvé en lui un propagandiste efficace [1].

### 4. Le P. Henry Ramière

Alexandre Legentil, sur les conseils du P. de Boylesve [2], se tourne alors vers le P. Henry Ramière [3] pour propager l'idée de la construction d'une église à Paris en l'honneur du Cœur de Jésus. Il semble que le confrère de la Société Saint-Vincent de Paul, au fait des questions d'Église, connaissait déjà l'existence sinon l'importance du *Messager du Cœur de Jésus*, organe de liaison des membres de l'association dite « Apostolat de la prière », dirigée depuis Toulouse par ce jésuite [4]. Adolphe Baudon et Alexandre Legentil, dès le début de janvier 1871, s'entretiennent à ce sujet [5]. Le membre du conseil général écrit:

> «*Le Messager du Cœur de Jésus* est répandu. Bien qu'il ne soit pas toujours très sage, il m'eût semblé peu prudent de faire absolument bande à part»,

et le président de répondre qu'en effet:

> «Le P. Ramière a beaucoup de zèle; mais je ne trouve pas son *Messager du Cœur de Jésus* toujours très prudent. Le récit du P. de Gerlache que j'ai lu est fort intéressant [6], mais il irait mieux à mon sens dans un journal politique, et je ne voudrais pas que notre *Bulletin* montât à ce diapason.»

À leurs yeux, la collaboration avec ce religieux a plus d'avantages pour le Vœu que d'inconvénients, mais ils veulent garder le contrôle de leur entreprise et maintiennent leur réserve sur le ton «politique» du *Messager* du P. Ramière, ton qui lui était reproché aussi par ses supérieurs [7].

1. «Il est l'un des instigateurs du «vœu au Sacré Cœur» qui aboutit à l'érection de la basilique de Montmartre.» Somme toute, le P. Paul Duclos, «Boylesve»..., dans *Les Jésuites*, 1985, a raison de résumer ainsi la situation.
2. Lettre du 20 juillet 1891 à E. Régnault, *MCJ*, 1891, t. 60, p. 347.
3. (1821-1884). Études consultées: E. Regnault dans *MCJ*, mars 1884, t. 45, p. 279-330; du même, en 1896, dans la 7° éd. de H. Ramiere, *L'Apostolat*..., 1861; C. Parra, *L'Apostolat*... 1928 et dans «Apostolat...» (1932), *DSAM*; P. Vallin, «Indications...», 1980; du même, «Le P. Ramière», 1985; H. de Gensac dans P. Duclos, *Les Jésuites*, 1985; P. Vallin, «Ramière» (1987), *DSAM*. Des pans entiers de la pensée du P. Ramière sont ici laissés dans l'ombre. Les ouvrages que nous citons, essentiellement des livres de piété, sont ceux de la bibliothèque de la basilique.
4. Le P. Ramière est en résidence à Toulouse depuis 1861 jusqu'en 1871, sauf pendant le concile du Vatican. De 1871 à 1875, il est à Lyon (Fourvière) pour la rédaction des *Études*, venue dans la capitale des Gaules pour «se protéger de l'air parisien», tout en s'occupant toujours du *Messager* (P. Vallin).
5. Lettres du 12 janvier 1871 d'A. Legentil à A. Baudon (M. Bony, « L'initiateur...», *BVN*, 1895, p. 720) et réponse du 16 janvier (ASCM).
6. Eugène de Gerlache, s.j., aumônier des volontaires de l'Ouest, « Les volontaires du Cœur de Jésus», dans *MCJ*, janvier 1871, p. 37-54.
7. Lettre du P. Vallin en date du 3 mars 1989 à l'auteur. Cette réserve n'empêchera pas H. Ramière de prêcher une retraite à Rodez pour la Société Saint-Vincent de Paul. Voir *MCJ*, juin 1871, p. 361-372.

Ce différend non affiché publiquement se maintiendra tout au long de l'histoire du Vœu national. Il souligne un trait important de la personnalité de ce grand jésuite : le souci que la foi ait un impact politique immédiat. *Le Messager du Cœur de Jésus* [1], avec ses intentions de prière, sa « Revue des intérêts de Jésus », offre des vues et des analyses de la vie de l'Église dans le monde entier. Par ce bulletin, le P. Ramière embrasse les problèmes religieux dans leurs rapports avec la vie du monde et propose une certaine manière de vivre le christianisme à temps complet. Par exemple, il développe souvent cette pensée :

« Nous ne consentirons jamais à diviser Jésus-Christ, et nous n'essaierons pas de nous couper nous-mêmes en deux. Nous ne séparerons pas dans l'Homme-Dieu sa royauté sociale de sa royauté individuelle ; nous ne nous ferons pas deux consciences, la conscience de l'homme et celle du citoyen, pour donner la première à Jésus-Christ et lui soustraire la seconde. Nous serons et nous resterons chrétiens dans notre vie privée et dans notre vie publique ; chrétiens au foyer domestique et dans le forum, chrétiens partout et toujours, parce que Jésus-Christ n'est rien s'il n'est tout en tous : *Omnia in omnibus Christus* » [2].

Il est en cela le héraut de la position proprement catholique face aux libéraux, mais vécue dans une certaine fidélité au comte de Chambord. Paradoxalement, il n'était pas par ailleurs, d'une façon toute théologique et pleine de bon sens, sans considérer avec une certaine sympathie

« les pays qui se gouvernent eux-mêmes. Au Concile, [fait-il remarquer], les évêques de la Suisse, de la Belgique, de l'Amérique du Nord et de l'Angleterre se sont rangés en très grande majorité du côté qui favorisait davantage les droits de l'Église. On ne saurait s'empêcher de voir là un signe du temps, et d'en conclure que, si le courant démocratique nous apporte des dangers, il nous offre aussi des avantages. À nous d'en recueillir les avantages en en combattant les dangers » [3].

Ce discernement est chose difficile. En lisant *Le Messager du Cœur de Jésus*, on est plutôt invité à « combattre les dangers » qu'à apprécier les avantages des nouveaux régimes. L'instauration d'un monde nouveau, pour le P. Ramière, ressemble fort à une restauration pure et simple de l'ancien [4].

On serait tenté de penser que chez lui, le « politique d'abord » l'emporte sur la conversion des cœurs. En fait, ce n'est pas le cas, car la prière, la

1. L'auteur de ce travail a pu avoir sous la main pendant plusieurs années pour des consultations diverses les bulletins de 1861 à 1901, conservés au Sacré-Cœur de Montmartre. Le P. Ramière qui a fondé le *Messager* en 1861, y écrivit jusqu'à sa mort en 1884. Voir réf. bibl. 1861.

2. *MCJ*, 1884, t. 45, p. 307.

3. *MCJ*, 1870, t. 18, p. 256, en date du 13 septembre 1870. J. Delumeau remarque justement que les Jésuites «parurent dans le Vieux Monde adopter une attitude réactionnaire, alors qu'aux Etats-Unis, démocratie et religion font bon ménage.» Art. «Jésuites» dans *EU*.

4. Selon le P. Vallin, une mise en garde romaine lui fut adressée pour ses analyses politiques.

pratique de l'union à Dieu par le Christ, en son Cœur et dans la communion des autres cœurs est la raison d'être de ce bulletin de l'Apostolat de la prière [1]. Cette association fondée par le P. Gautrelet [2] voulait « propager la foi par la prière » [3]. Avec le P. Ramière, elle contribue à la transformation du monde, au « règne social de Jésus-Christ », mais a, bien sûr, d'abord sa valeur en elle-même. C'est pourquoi le P. Ramière est aussi et avant tout un directeur spirituel. Quelques-uns de ses enseignements nous paraissent renouveler ceux de son époque. Le sous-titre de son œuvre est « sainte Ligue des cœurs chrétiens unis au Cœur de Jésus pour obtenir le triomphe de l'Église et le salut des âmes ». Il a centré la prière sur le Cœur du Christ et l'union des cœurs en lui, afin d'éviter le danger d'une intériorité fermée sur elle-même. Pour expliquer les désordres du monde, il fait appel à deux principes : la liberté de l'homme et ce qu'il nomme, « à défaut d'un nom plus usuel, la loi de la mutualité ». C'est une façon originale de présenter les dogmes du péché originel et de la communion des saints [4]. Il perçoit les diverses possibilités de chacun ; il recourt de ce fait à la distinction, plus ou moins critiquable, entre « progressants » et « avancés » dans la vie spirituelle et rend accessible à un plus large public l'ouvrage du P. de Caussade, qu'il fait éditer. Le succès est considérable [5]. Nous voulons encore pour preuve de sa volonté d'accueil au plus grand nombre, la formulation très pédagogique qu'il propose de la deuxième partie de l'acte de contrition. Une formulation habituellement reçue est :

> « Je prends la ferme résolution, avec le secours de votre sainte grâce, de ne plus vous offenser et de faire pénitence. »

Il propose non seulement une référence au Christ mais aussi une démarche progressive :

> « Pardonnez-moi par les mérites de Jésus-Christ, Notre-Seigneur. Je fais un ferme propos, moyennant votre sainte grâce, *de faire tous mes efforts* pour ne plus retomber dans mes fautes, et pour en faire pénitence » [6].

1. C. Parra, « Apostolat... », 1933 dans *DSAM*.
2. P. Vallin, « Gautrelet », 1965, dans *DSAM* et H. Beylard, dans P. Duclos, *Les Jésuites*, 1985. Le P. Vallin présente une de ses œuvres : François-Xavier Gautrelet, *Le salut de la France par le Sacré Cœur de Jésus. Pèlerinage de Paray-le-Monial* (Lyon, 1873). Il cite d'abord son confrère : « L'auteur sait que « le titre seul de cet ouvrage excitera... la pitié de certaines personnes et les empêchera de le lire » (p. V) ; et le P. Vallin conclut en écrivant : » [le P. Gautrelet] tente cependant une analyse chrétienne du rôle des nations, sommaire à vrai dire et en partie inacceptable, mais qui devra être prise en considération par les futurs historiens du sentiment religieux en France au XIXe siècle ». C'est ce que nous tenterons dans la présente étude grâce à des ouvrages parallèles à celui du P. Gautrelet.
3. C. Parra, *Le P. Ramière*..., 1928, p. 5.
4. H. Ramiere, *L'Apostolat*... 1861, p. LXVI et LXX.
5. Voir Jean-Pierre de Caussade, *Le traité de l'abandon à la Providence divine*, 1738. Voir P. Vallin, « Jésuites », 1974, col. 1047 et art. « Caussade » dans *DSAM*. Le responsable au XXe siècle de l'édition « critique », le P. Olphe-Galliard, est très « critique » sur le travail de présentation et d'arrangement du texte par le P. Ramière.
6. H. Ramière, *Recueil*..., 1873, p. 10.

Il faudrait voir s'il a inventé lui-même ces modifications. Mais quand bien même il ne s'en ferait que l'écho, il manifeste ainsi une attention, dite moderne, à la personne et à son progrès moral et spirituel qui le fait être de son siècle. En effet, l'usage de la notion d'effort au lieu de la pure affirmation de ne plus offenser Dieu, sans introduire de gradualité dans la loi, met en avant la loi de la gradualité de la vie de charité. Il y a un air de « liguorisme » dans cet enseignement à l'encontre du « rigorisme » dont on le gratifie habituellement.

Son intention aurait été de rassembler en une « théologie du Cœur de Jésus » son enseignement sur la question. Cela ne lui fut pas possible en dépit des demandes du P. Fouillot[1]. Qu'il soit seulement fait mention de quelques-unes de ses contributions originales, comme les symboles du Cœur de Jésus par exemple[2] ou sa façon d'utiliser les fameux participes présents de l'école française de spiritualité : il a fait construire à Vals, « le sanctuaire du Cœur de Jésus priant »[3]. Il fut, comme dit le chroniqueur du *Bulletin du Vœu national* lors de sa mort, « l'un des hommes qui ont contribué le plus activement et le plus efficacement au renouvellement de la dévotion au Sacré Cœur »[4]. Le couronnement de son action fut certainement d'obtenir de Pie IX la consécration de 1875 que nous étudierons plus loin (chap. 11). Mais « consulté dès l'origine » et invité à propager le Vœu, il semble que pendant quelque temps il ait voulu en prendre la direction, y imposer ses vues. Le P. Vallin dit qu'il était coutumier du fait[5]. Les promoteurs laïcs ne lui en tinrent pas rigueur. Lui-même fut rapidement beau joueur. « Il applaudit à cette grande idée, et travailla d'une façon continue et très utile à son développement. » Nous le montrerons dans l'étude de la souscription.

### 5. *Le P. Victor Alet*

Le Vœu national de certains membres du conseil général de la Société Saint-Vincent de Paul entre dans l'histoire (écrite) de la France chrétienne grâce au P. Alet[6]. Très tôt, ce dernier eut connaissance de l'entreprise par le fait qu'il

1. On ne peut pas considérer son *Mois du Sacré Cœur de Jésus* comme une synthèse, mais un bon exemple du genre littéraire ainsi choisi. Voir H. Ramiere, *Le Mois*..., 1890. Voir Emile Regnault, «Le P. Ramière» dans *MCJ*, t. 45, 1, mars 1884, p. 300.

2. *MCJ*, 1861-1863, t. 1-3. Articles remarqués par le P. Pierre Vallin.

3. *MCJ*, 1871, t. 20, p. 177.

4. *BVN*, 1884, p. 38. En tout cas, Claude Savart, *Les catholiques*..., 1985, p. 667, constate qu'il est parmi les principaux auteurs religieux.

5. « Il y eut des «conseillers» qui ont cherché à imposer leurs vues. Le cas Ramière (vis-à-vis des Oblates du Sacré-Cœur, des Pères du Sacré Cœur d'Issoudun, de l'Union apostolique des prêtres du Sacré Cœur) est spécialement instructif». P. Vallin, «Jésuites», col. 1049, 1974, dans *DSAM*.

6. 1827-1890. Nécrologies dans *MCJ*, 1890, t. 57, p. 619; *BVN*, 1890, p. 283; article de M. Viller, 1933, dans *DSAM*.

était directeur de l'Apostolat de la prière pour le diocèse de Nantes. Dès mars 1871, il publie un opuscule intitulé *La France et le Cœur de Jésus*[1]. Son contenu sera analysé en détail dans les chapitres suivants: il y est question du Sacré Cœur et de la France sous Louis XIV, Louis XV, Louis XVI et la Convention, la Restauration et finalement en 1870-1871. Dès lors, il y a souvent convergence ou rencontre entre le P. Alet et le Vœu national. Il réédite son opuscule (« entièrement refondu et considérablement augmenté ») en 1875 (5ᵉ éd.), voulant réunir l'Apostolat de la prière et le Vœu national, en cette année de la première pierre de la basilique et de la consécration universelle des fidèles au Sacré Cœur. Le *Bulletin du Vœu national* se fait l'écho de cette tentative d'union, mais le *Messager du Cœur de Jésus* l'ignore. Les choses restent en l'état[2]. Mais le chroniqueur du *Bulletin* fait l'éloge de cette cinquième édition:

> « On voit se dérouler comme un vaste et admirable panorama l'action du Cœur de Jésus sur la France depuis l'origine même de notre pays jusqu'à nos jours, en même temps que le développement de la dévotion à ce Cœur sacré »[3].

La P. Alet écrit aussi sur saint François de Sales[4] et sainte Thérèse d'Avila. En 1884, il devient aumônier du comité général de l'Œuvre des cercles catholiques d'ouvriers[5], tout en restant lié à l'Apostolat de la prière.

> « Chaque mois, dans la nuit du premier lundi au mardi, il vient présider l'adoration nocturne des jeunes gens du patronage Sainte-Rosalie »[6].

Il conduit aussi à Montmartre l'association de l'Industrie et du Commerce qu'il a fondée[7]. En 1889, il édite à nouveau son livre avec en plus une réflexion sur les trois 89 (1689, 1789 et 1889) et un poème du P. Victor Delaporte[8] intitulé *Gallia pnitens et devota*. Cet ouvrage rencontre une fois encore le succès[9]. C'est en quelque sorte son testament. Il meurt en 1890 en prononçant ces paroles:

> « Tout pour le Sacré Cœur, tout avec le Sacré Cœur, tout par le Sacré Cœur »[10].

1. Selon V. Alet, *La France*..., 1889, p. 320. Un extrait dans *MCJ*, mai 1871, t. 19, p. 289-302.
2. *BVN*, 1875, p. 445 et *MCJ*, 1875, t. 27, p. 305.
3. *BVN*, 1875, p. 554.
4. *BVN*, 1881, p. 23.
5. Il écrit pour eux sur le «*Devoir social*», sur l' histoire de l'*Œuvre des cercles*. Il publie un *Manuel des Retraites*. Il prêche à six cents ouvriers venus avec Albert de Mun en pèlerinage au Sacré-Cœur (*BVN*, 1889, p. 400).
6. *BVN*, 1890, p. 283.
7. *BVN*, 1889, p. 87. «Le dimanche 20 janvier, il vint recommander son projet à ce divin Cœur dans le sanctuaire de Montmartre; une soixantaine de membres de l'œuvre s'étaient joints à lui...» Le *MCJ* reprend le même compte rendu (1889, t. 55, p. 374).
8. P. Duclos, *Les Jésuites*, 1985.
9. *BVN*, 1889, p. 397 et 400; *MCJ*, 1889, t. 56, p. 248. Il sert de référence à Michel Cornudet, *Un homme*..., 1889, p. 9.
10. *MCJ*, 1890, t. 57, p. 619.

Vers 1904, preuve de son durable rayonnement, paraît une nouvelle édition de *La France et le Sacré Cœur* avec une introduction du chanoine Paul Lejeune et quelques actualisations [1].

### *6. Le P. Xavier de Franciosi*

En 1908, Hubert Rohault de Fleury rédige une très longue notice nécrologique, plus qu'on ne le fait en pareil cas, à la mémoire du R. P. de Franciosi [2]. C'est dire l'importance qu'il reconnaissait à ce religieux pour le Vœu national et la décoration de la basilique. Leurs contacts avaient commencé en 1872. Deux ouvrages de ce religieux sont liés au Vœu national: *La dévotion au Sacré Cœur de Jésus* et *Le Sacré Cœur et la Tradition* [3].

Cet ami du P. Ramière, ce directeur de l'Apostolat de la prière pour le diocèse de Nancy, avait déjà publié, en 1868, à Metz, un opuscule intitulé *Notions doctrinales et pratiques sur la dévotion au Sacré Cœur*. Il entreprend des démarches à Rome qui permettent la levée des réserves de la congrégation de l'Index sur l'ouvrage du P. Croiset, *La dévotion au sacré Cœur de N-S Jésus-Christ*, (réf. en 1691), qu'il publie à nouveau. Il s'enthousiasme pour la souscription dès le 8 mai 1872 au moins et ne cessera de susciter des offrandes jusqu'à sa mort [4]. En 1872 également, il redonne une édition augmentée de son ouvrage et en offre un exemplaire au comité du Vœu. Eugène de Margerie en fait l'éloge et en conseille l'achat de cinquante exemplaires [5]. L'année suivante, H. de Fleury annonce que le P. de Franciosi met à la disposition du Comité les clichés de son livre afin d'en tirer parti pour l'Œuvre. Mais celle-ci décline l'offre [6]. L'auteur ne s'en offusque pas et donne pendant des années des exemplaires gratuits à vendre au profit de la basilique en construction [7]. Pendant vingt ans au moins (1875-1895), le chroniqueur du *Bulletin du Vœu national* répète que c'est le livre « le plus fort et le plus complet qui ait été écrit sur la dévotion au Sacré Cœur de Jésus » [8]. C'est dire dans quelle estime ce religieux tenait

1. Voir V. Alet, *La France...*, 1889. Ce chanoine est devenu prélat et archiprêtre de Charleville. Il a rédigé plusieurs ouvrages sur le Cœur de Jésus.

2. *BVN*, 1908, p. 72-74. Les allusions contenues dans ce texte permettent de l'attribuer au secrétaire général du comité du Vœu national. Le P. Edouard Glotin dans le *DSAM* consacre trois colonnes à ce religieux, né en 1819.

3. Pour les autres œuvres du P. de Franciosi, voir Edouard Glotin, «Franciosi», 1963, *DSAM*.

4. *PV*, à la date du 8 mai 1872. On voit son nom et le groupe qu'il a collecté dans la liste des souscripteurs, par ex. *BVN*, 1878, p. 27, 91, 406.

5. *PV*, en date du 8 mai 1872.

6. *PV*, en date du 15 mars 1873.

7. *BVN*, 1878, p. 620, 672; 1879, 306, etc., jusqu'en 1895.

8. Une référence entre vingt relevées: *BVN* juin 1895, p. 30. Les éditions de cet ouvrage sont décrites en X. de Franciosi, *La dévotion...*, 1868.

l'œuvre du Vœu national et combien les responsables du *Bulletin* se reconnaissaient dans son travail.

Quand il fut vraiment question de la décoration de la future basilique, aux alentours de 1890, c'est tout naturellement vers cet apôtre du Cœur du Christ et cet ami du Vœu national que se tourna Hubert Rohault de Fleury.

> « S'il appartenait aux architectes de déterminer la nature des œuvres d'art à employer [...], ainsi que les emplacements susceptibles de les recevoir, si l'exécution exigeait le concours des artistes, il semblait qu'il ne fallût pas moins qu'un théologien pour s'élever jusqu'aux hauteurs mystiques et doctrinales d'où découle sur l'humanité la dévotion au Sacré Cœur, pour en recueillir les sources, en suivre les développements, en interpréter les manifestations, et finalement en tirer les inspirations qu'il s'agissait de traduire dans la pierre » [1].

Le P. de Franciosi répondit à l'appel et publia *Le Sacré Cœur de Jésus et la Tradition*,

> « une vaste compilation de textes d'inégale valeur [...] La partie patristique constituant un dépouillement systématique de la patrologie de Migne » [2].

Hubert Rohault de Fleury s'en inspirera pour définir le programme décoratif du Sacré-Cœur de Montmartre (chap. 22).

## C. Les Jésuites de France et le Vœu national

Ainsi, entre 1860 et 1880, des membres des deux tendances de la compagnie de Jésus en France, les « Pères de Paris et les Pères du Midi », ont largement contribué, d'après les faits rassemblés ici, à la naissance et au développement du Vœu national. Un Francisque Sarcey, en 1891, qui n'avait pas à faire de distinction entre les membres de la Compagnie, ne s'y trompait pas. Pour lui l'entreprise avait été « lancée par les Jésuites » [3]. Mais ce jugement un peu sommaire demande à être précisé. L'attitude de ces deux groupes par rapport à la construction du Sacré-Cœur permet de souligner quelques traits de leur physionomie esquissée par le P. Vallin. Comme le souligne ce dernier [4] :

84. Préface à l'édition conservée aux ASCM de X. de Franciosi, *Le Sacré Cœur...*, 1894.
85. E. Glotin, «Franciosi», dans *DSAM*.
86. Dans le XIXe siècle du mardi 8 décembre 1891 cité dans *HSC*, t. IV, p. 94. D'une façon beaucoup plus polémique, Gustave Téry fera aussi du Sacré-Cœur l'œuvre indirecte des Jésuites car le «cordicolisme», selon lui, est l'œuvre du «jésuitisme» (G. Téry, *Les Cordicoles*, 1902).
87. P. Vallin, «Jésuites», 1974, col. 1059-1061, *DSAM*.

« Il faut reconnaître à la production spirituelle des Pères du Midi le mérite d'avoir, dans son ensemble, opéré un vigoureux recentrage de la dévotion d'un public étendu sur la personne de Jésus-Christ. »

La propagation extraordinaire du culte au Cœur de Jésus serait à rapprocher de l'immense succès de la *Vie de Jésus* d'Ernest Renan (1863) car ce dernier ouvrage manifeste, même s'il ne va pas dans le même sens, l'intérêt des contemporains pour le fondateur du christianisme. À quoi s'ajoutent une « dévotion à la France » qui est la façon catholique de vivre le redressement de la nation dans son ensemble qui a lieu à partir de 1871 et une « dévotion au pape » qui contrebalance la précédente par son universalité (voir chap. 4 sur la France). Tous ces jésuites dits de Paris comme du Midi ont exercé une influence indéniable sur le milieu spirituel qui a été celui du Vœu national. On a vu les encouragements et les propos du P. Matignon et du P. Félix [1], les articles et les ouvrages des autres. Mais, à les considérer tous sous le triple point de vue de la dévotion au Cœur du Christ, de la France et du pape, une répartition en trois groupes semble possible : la tendance de Paris, celle de Toulouse qui perd de sa force à la mort du P. Ramière en 1884 et une tendance moyenne, celle dont le P. de Franciosi serait le représentant.

Les promoteurs laïcs du Vœu national ont su exprimer leurs préférences pour le P. Matignon et le P. de Franciosi, mais sans méconnaître le zèle et l'importance du P. Ramière. Ils voulaient une œuvre de réconciliation nationale et cherchaient donc à conjuguer les efforts de Paris et de la province au service de la France. Car

« l'expression « Pères du Midi » ne doit pas tromper : on pouvait habiter Lyon ou Lille ! Mais se retrouver dans une commune opposition à « Paris » » [2].

La Compagnie n'éprouvait-elle pas ainsi à travers ses trois mille membres (1880) la tension qui perce souvent à cette époque entre la capitale et la province et qu'on retrouve à propos de l'emplacement de la basilique et de la souscription ? La capitale fascinait et effrayait. S'y sentir plus ou moins chez soi, c'était plus ou moins accepter le monde moderne, celui du commerce et de l'industrie, mais pas à n'importe quel prix. Alexandre-Félix Legentil était « Parisien de naissance et d'âme » [3]. Il sut avec Hubert Rohault de Fleury et Mgr Guibert (voir chap. suivant) drainer les énergies et conjuguer les intérêts du plus grand nombre pour que Paris fût au service de la France.

1. N'oublions pas l'intérêt que le P. Charles Daniel, fondateur des *Études* porta à la bienheureuse Marguerite-Marie dont il écrivit la vie. Voir C. Daniel, *Histoire*..., 1865. Voir P. Duclos, *Les Jésuites*, 1985.
2. P. Vallin, «Jésuites», 1974, col. 1060, dans *DSAM*.
3. M. Bony, *Vie*..., 1893, p. 1.

L'harmonie qui régnait entre l'initiateur du Vœu national et le P. Matignon mérite attention. Les « Pères de Paris » sont

> « les continuateurs immédiats du P. Xavier de Ravignan, [écrit le P. Pierre Vallin]. Ils ont gardé de lui un certain aristocratisme, mais aussi une large ouverture aux idées modernes [...] La disparition du P. Olivaint qui semble avoir été l'âme de ce groupe, le traumatisme causé par la Commune de Paris, les pressions enfin exercées à l'intérieur de la Compagnie (ou sur la Compagnie) pour réprimer les tendances (libérales) qui avaient été celles des *Études* jusqu'en 1870, autant de facteurs qui ont conduit les survivants à une activité plus neutre, une production édifiante au sens étroit du terme, alors que l'évolution générale des esprits aurait exigé de nouveaux efforts d'imagination ».

Cette analyse un peu pessimiste ne peut-elle pas être éclairée – et atténuée – par l'œuvre du Vœu national ? Non pas sur le plan intellectuel, mais sur le plan de sa fonction symbolique dans la société française de 1870 à 1914 : voulue par un des disciples laïcs des Pères de Paris, la construction du Sacré-Cœur constitue un effort d'imagination dont on n'a peut-être pas encore mesuré l'importance ? D'autant qu'il faut ajouter l'influence des fils de Lacordaire qui s'exerce, elle, sur un Hubert Rohault de Fleury.

## *II. LES FRÈRES PRÊCHEURS*

### A. Le P. Gaston Doussot

Hubert Rohault de Fleury devait rester lié toute sa vie avec l'un de ses anciens camarades de la pension Jaffret, Gaston Doussot, devenu dominicain. Ce dernier a certainement joué un rôle dans sa conversion et dans sa rencontre avec P. Levasseur, son premier conseiller spirituel (voir chap. 1). Le P. Doussot était le frère d'une religieuse du Carmel de Meaux, amie des Marcotte, des Rohault et des Legentil, châtelains de Chauconin et de Bailly. Il était un des aumôniers des zouaves pontificaux, puis des volontaires de l'Ouest. Il se trouvait à Loigny le 2 décembre 1870. On ne sait exactement à quel moment ce dominicain « essaya d'abord de détourner H. de Fleury du projet (du Vœu) qu'il jugeait impraticable ; puis, changea d'avis » [1]. C'est lui enfin qui avait

1. A. Van Den Brule, *Hubert*..., 1930, p. 53, 156, 171, 199 et 271.

fait connaître le tiers ordre des Dominicains au futur frère Pie, lequel entra en relation suivie avec un autre dominicain, le P. Tourmel.

## B. Le P. Tourmel

Le premier contact positif entre l'ordre des Dominicains et le Vœu national semble s'être établi en la personne du P. Tourmel qui a été prieur du couvent de Paris[1]. Il est présenté comme un homme autoritaire et affectueux. Il interdit par exemple au frère Pie (Hubert Rohault de Fleury) de s'engager dans les Zouaves pontificaux, mais lui écrit :

> « Je pense sans cesse à vous, bien cher frère. Je crois en vérité que vous serez cause pour moi d'une prolongation de séjour en purgatoire, car je vous aime trop. »

En septembre 1870, H. de Fleury et sa famille quittent Paris, avec l'accord du P. Tourmel, pour Vendôme, puis gagnent Poitiers. Consulté, le dominicain encourage et appuie de tout son crédit le projet de Vœu au Sacré Cœur. Il corrige les premiers textes rédigés à cet effet :

> « Ce qu'il y avait de mieux dans votre gribouillage, c'est le texte. J'ai trouvé l'intérieur du manoir un peu vague, et un peu trop humain, romantique. Cependant, je ne le supprimerais pas, si d'autres pensent qu'il doive être conservé. Il vous manque l'habitude et la précision pour bien exprimer vos pensées. Vous avez les autres qualités, au moins en germe, de l'écrivain [...] Il faut quand on écrit, dominer ses pensées et être dominé par ses sentiments. Si le mot propre est rare, l'idée et le sentiment ne le sont pas moins. Je n'ai pas besoin de mettre au-dessus de tout cela ce qu'on pourrait appeler la vapeur : *Pietas ad omnia utilis est*[2]. Je sais que vous aimez N. S. et que vous dites : *Non novi litteraturam* »[3].

Ainsi l'adhésion de H. de Fleury au Vœu d'Alexandre Legentil est-elle le fruit de son expérience dominicaine.

## C. Le P. Marie-Dominique Berthet

À Poitiers, Alexandre Legentil et Joseph Marcotte s'adressent à des Jésuites quand le futur Secrétaire général se tourne, lui, vers les Dominicains

1. A. Van Den Brule, *Hubert*..., 1930, p. 193, 202, 210, 233 et 271.
2. « La piété est utile à tout » (1 *Timothée* 4, 8).
3. « Je ne connais pas la littérature » (*Psaume* 70, 15).

de l'endroit. Leur prieur, le P. Marie-Dominique Berthet, adhère au projet après quelques hésitations et adresse dès le 23 janvier 1871 une circulaire de présentation aux confréries du Rosaire et aux abonnés de *La Couronne de Marie*. L'idée principale en sera constamment reprise par H. de Fleury :

> « [La défaite de 1870] est un malheur national qui ne peut s'expliquer que par un crime national et qui demande une expiation nationale »[1].

Le P. Berthet joue aussi un rôle important dans le Vœu national en suscitant par sa prédication deux vocations au service de cette œuvre. Deux religieuses dominicaines se nommant toutes les deux « Saint-Dominique » se dévoueront l'une à l'existence de la Sainte ligue du Vœu national (voir chap. 13 sur la souscription), l'autre à la fondation de l'adoration perpétuelle du Saint Sacrement (voir chap. 17). C'est pourquoi le P. Janvier, o. p., pouvait mettre sur le même plan, en forçant un peu la symétrie, le P. Ramière et ce religieux dominicain, le P. Berthet, dans son discours pour les fêtes de la consécration de la basilique en 1919[2].

## D. Le P. Alexandre Jandel

Le maître général des Dominicains, le P. Jandel[3] et Hubert Rohault de Fleury s'étaient rencontrés au moins une fois à Paris[4]. Quand le promoteur du Vœu eut l'idée de demander la bénédiction papale, le nom de ce religieux réputé pour être fort proche de Pie IX lui vint à l'esprit. Il connaissait aussi son secrétaire, le P. Ligier[5]. Prêtre du diocèse de Metz, ayant d'abord envisagé d'entrer chez les Jésuites, le P. Jandel opte finalement pour l'ordre dominicain restauré en France par le P. Lacordaire. Il devient maître général, non sans prendre quelque distance avec le célèbre prédicateur de Notre-Dame. Pie IX, qui avait grande confiance en lui, lui accordait audience tous les mois. Quelles que fussent les questions déférées au pape, pour lui, demander c'était

1. Voir H. de Fleury, *Souvenirs*..., p. 12 et texte intégral de la lettre dans A. Derumaux, «Origines...», n° 194, p. 43-44, 1953.

2. Voir ***, *Fêtes*..., 1920, p. 69.

3. Voir A. Duval, «Jandel», 1972, dans *DSAM*; H.-M. Cormier, *Vie du P. Jandel*, 1890, connue par le résumé fait dans *MCJ*, 1890, t. 58, p. 35-67 et dont les informations sur le Sacré-Cœur sont résumées dans L. Vié, *Origines*..., 1928, p. 53-56.

4. A. Van Den Brule, *Hubert*..., 1930, p. 203.

5. H. de Fleury est, sans aucun doute possible, le rédacteur de sa notice nécrologique (*BVN*, 1898, p. 765): «Il a pu nous rendre de très grands services dans les premières années de notre propagande. Il nous a soutenus, tant par l'intermédiaire du P. Général, que par ses innombrables amis à Rome.»

obtenir, disait-on. Quand survinrent les malheurs de la France et du pape, il écrit :

> « Ce qui m'effraie plus que les victoires des Prussiens, ce sont nos propres fautes qui nous les ont attirées... Notre pauvre société avait si grand besoin d'expiation, plongée qu'elle était dans les jouissances du luxe et du bien-être matériel. Par malheur, jusqu'à ce jour, la nation, comme nation, ne semble pas encore comprendre la nécessité de s'humilier et de recourir à Dieu. Pourtant je suis convaincu qu'il n'attend que cet acte de foi pour la sauver ».

La dévotion au Cœur de Jésus lui paraît donc essentielle. Au printemps de 1870 déjà, il avait, par un acte formel publié dans *Le Messager du Cœur de Jésus*, communiqué les mérites de l'ordre des Frères prêcheurs aux associés de l'Apostolat de la prière et de la Ligue du Cœur de Jésus du P. Ramière. Bientôt, en 1872, il consacrera avant de mourir son ordre au Sacré Cœur. Aussi quand le frère Pie (H. de Fleury) lui écrit pour demander la bénédiction de Pie IX pour l'entreprise du Vœu national, ceci est chose faite [1].

## E. Le P. Louis Monsabré

Le lancement officiel du Vœu national, en 1872, est confié au prédicateur de Notre-Dame de Paris, le P. Monsabré, dont les conférences de carême commencent cette année-là et ne s'arrêteront qu'en 1890 [2]. Au cours de ces dix-huit ans, à raison de six conférences par an, il proposera une *Exposition du dogme catholique*, en cent-huit points. Son discours inaugural est apprécié par les membres du Comité qui y retrouvent leurs idées et le font éditer en plaquette [3]. Hubert Rohault de Fleury écrit en 1903 :

> « Ce discours reflète, avec une éloquence sans pareille, les pensées qui nous animaient alors, et [...] vraiment prophète, cet orateur a vu l'avenir plus et mieux que personne ; nul plus que lui ne pouvait rendre sensible le but et le motif de notre vœu » [4].

En 1874, puis en 1879, dans ses carêmes, le P. Monsabré fait mention de la basilique en construction. Il prend encore la parole en 1891 lors de la

1. Les archives générales des Dominicains de Rome, série V, n. 64 donnent la copie de la lettre du P. Jandel du 28 février 1871. Les nombreuses versions imprimées sont fidèles : par ex *HSC*, t. I, p. 10-11.

2. Voir A. Duval, «Monsabré», 1980, dans *DSAM*, mais surtout le long article du *DTC*, t. X, 2e partie, col. 2323-2335. Voir son portrait parmi les illustrations.

3. P. Monsabre, *Discours*..., 1872. Voir aussi *PV* en date du 17 avril 1872.

4. *HSC*, t. I, p. 38.

bénédiction et de l'ouverture au culte de l'église, inachevée en ses hauteurs[1]. En 1895, enfin, le baptême de *la Savoyarde* lui donne l'occasion de survoler l'œuvre en partie accomplie[2]. En ayant l'occasion de le citer, nous nous souviendrons qu'il était à l'unisson des constructeurs du Sacré-Cœur ; son témoignage nous aide à mieux les comprendre. Certes, il ne plaisait pas à tout le monde, à preuve Léon Bloy :

> « On a fait à ce misérable la réputation d'un grand orateur. Or, ce piètre thomiste, cet écolâtre exaspérant, systématiquement hostile à toute spontanée illumination de l'Esprit, n'a ni une idée, ni un geste, ni une palpitation cordiale, ni une expression, ni une émotion »[3].

Le jugement de Léon Bloy sur le P. Monsabré est devenu celui d'une majorité au milieu du XX^e siècle. Le temps est peut-être venu d'une certaine réévaluation du prédicateur et de sa prédication comme de l'Œuvre du Vœu national pour laquelle il a prêché. N'en serait-il pas du fameux pastiche néo-romano-byzantin de l'ex-voto national comme du néo-thomisme du P. Monsabré ? L'un et l'autre, même (et surtout) s'ils ne sont pas à reconduire, ne doivent-ils pas autant à la modernité de leur siècle qu'à l'ancienneté de leur modèle ?

Des bourgeois de la monarchie de Juillet sont devenus chrétiens par l'action des religieux apostoliques dont nous venons de brosser quelques portraits et de bien d'autres. Le P. Jandel disait en 1848 :

> « La bourgeoisie a démoralisé le peuple en lui ôtant sa foi, en inoculant aux ouvriers les mauvaises passions dont elle craint aujourd'hui d'être la victime. Et elle ne sait pas même lever les yeux vers les hauteurs d'où lui viendrait le salut »[4].

La nouvelle compagnie de Jésus, le nouvel ordre des Frères prêcheurs et bien d'autres congrégations ont appris à la bourgeoisie à lever les yeux vers le ciel. Les fils de saint Ignace y ont certainement la première place. L'intervention du P. de Villefort dans la vocation du P. Lacordaire et du P. Jandel et, par suite, dans la restauration des fils de saint Dominique en France, en est la preuve. Ce rôle apostolique a été particulièrement possible car les religieux sont plus disponibles que les prêtres séculiers pour des choses extraordinaires. Ils sont en quelque sorte les chevau-légers de l'Église. Ils assurent une aide plus intellectuelle et doctrinale aux laïcs. Leur absence dans la

1. *BVN* 1891, p. 361-366. Les deux discours du P. Monsabré pour l'Œuvre du Vœu national portent les numéros 28 et 30 dans *Discours et panégyriques*, un des quarante-trois ou quarante-sept volumes, selon les éditions, des Œuvres complètes du célèbre prédicateur.
2. *BVN*, 1895, p. 924-929.
3. Léon Bloy, *Le Désespéré*, 1886, t. III, p. 186.
4. L. Vié, *Origines*..., 1928, p. 55 citant le P. Cormier.

mosaïque du chœur de la basilique est, somme toute, significative de leur rôle dans l'Église et le monde : ils sont d'abord et avant tout, plus ou moins discrètement, au service des laïcs et de la hiérarchie par la réflexion, même si au XIXe siècle les séculiers surent également tenir leur place dans ce domaine [1]. La compagnie de Jésus a d'ailleurs oublié cette ingratitude puisqu'elle a souscrit à la construction de la basilique en demandant une chapelle Saint-Ignace et qu'elle a fait entièrement décorer cette dernière par ses propres artistes [2]. Somme toute, ces religieux aux tendances politiques diverses, ont collaboré à l'Œuvre du Vœu national dans laquelle ils ont vu une œuvre religieuse qui se situe au-delà des partis.

1. Voir Claude Savart, *Les catholiques*..., 1985, p. 657. Les séculiers ont produit davantage d'ouvrages que les réguliers.

2. C'est aussi bien la seule chapelle qui ait un cul-de-four recouvert d'une mosaïque. Dès maintenant, il faut au moins nommer André Besqueut, frère coadjuteur, sculpteur de la Compagnie. En plus de la notice de H. de Gensac dans P. Duclos, *Jésuites*, 1985, voir le catalogue de l'exposition «Le Puy 1900», Musée Crozatier, 19 juillet-31 octobre 1980, p. 259-260. À la basilique, on lui doit les bas-reliefs de la chapelle Saint-Ignace et les statues de saint Ignace et de saint François-Xavier à la crypte. Pour un jugement sur ces œuvres et les autres sculptures, voir chap. 22. Voir aussi la plaquette du P. Armailhacq, *La chapelle*..., 1934.

# Chapitre 3
# Des évêques divers et fervents

Comment des laïcs très autonomes, soutenus par des religieux, collaboreraient-ils avec la hiérarchie ? Leur attitude dès le début fut très nette. Ils ne feraient rien sans les évêques. Ce qui explique la présentation du projet à Mgr Pie, évêque de Poitiers, qui y fit aucune objection ; comme les démarches auprès de Mgr Darboy qui ne l'interdit pas, lui non plus, et surtout la longue collaboration de A. Legentil et de H. Rohault de Fleury avec Mgr Guibert, au point de faire de ce dernier l'un des véritables fondateurs de l'Œuvre. Dès 1875, le coadjuteur de Mgr Guibert, Mgr Richard, qui devint son successeur en 1886, eut la même attitude. Et c'est à juste titre, que tous les deux ainsi que Mgr Amette qui acheva en quelque sorte la basilique, tiennent une place importante dans la décoration de la basilique.

De fait, ils sont quatre prélats à être représentés sur la mosaïque du chœur : le cardinal Guibert (1871-1886), à genoux, offre au Christ la maquette de l'ex-voto que portent les cardinaux Richard (1886-1908) et Amette (1908-1920) puis le cardinal Dubois (1920-1929), légèrement en arrière[1]. Par ailleurs,

1. RP 85 SCM 54.

les armes épiscopales des trois premiers ornent le sol du chœur [1] et les clefs de voûte du narthex [2]. Une gravure de Mgr Guibert orne la sacristie et les tableaux de Mgr Richard et de Mgr Amette, la grande galerie de la basilique [3]. Surtout, Mgr Guibert et Mgr Richard ont voulu être enterrés dans la crypte du Sacré-Cœur et non dans celle de Notre-Dame comme il est normal pour les archevêques de Paris. Un monument imposant surmonte la tombe de l'un et de l'autre. Dans cette chapelle des morts, le cardinal Amette est présent par un bas-relief [4]. Ainsi la décoration et la présence de leur tombe traduisent-elles le rôle important qu'ils ont tenu chacun dans la réalisation du Vœu national, depuis l'adoption du vœu d'Alexandre Legentil en janvier 1872 par Mgr Guibert jusqu'à la bénédiction de la mosaïque du chœur en 1923 par Mgr Dubois.

Mais ces quatre archevêques parisiens ne doivent pas faire oublier ni Mgr Darboy (1863-1871), ni les évêques de province et divers autres prélats qui, dans les années 1870-1871, furent invités à soutenir l'entreprise, car dès le début, celle-ci ne se voulut pas purement parisienne, mais nationale. Dès que les membres du conseil de la Société Saint-Vincent de Paul s'entretinrent du projet de construction à Paris par les Parisiens et les provinciaux, d'une église en l'honneur du Cœur de Jésus, ils sollicitèrent des approbations et des appuis épiscopaux. L'énumération des évêques concernés suffit à montrer la qualité ecclésiale de leurs vues. On présentera ceux des évêques dont les réactions à cette initiative laïque sont connues pour souligner à quel point l'épiscopat français dans toutes ses tendances eut à cœur à cette date d'y répondre positivement. Un sort particulier sera bien sûr réservé à Mgr Guibert, véritable promoteur épiscopal du Vœu national, sans oublier son collaborateur direct, le futur cardinal Langénieux.

1. RP 85 SCM 65.

2. RP 85 SCM 545, 546 et 547. Dans le couloir de la sacristie, en revanche, il s'agit de celles du cardinal Verdier: *In verbo tuo laxaborete* (RP 85 SCM 579).

3. Le portrait de Mgr Guibert est peint par Victor Leduc et gravé par Alphonse Lamotte (voir illust.); ceux de Mgr Richard et Mgr Amette, par Joseph Aubert (RP 85 SCM 581 et 582); et, dans la salle Saint-Paul des dépendances, celui de Mgr Dubois, par Charles Nitsch; celui de Mgr Verdier, par Hellier-Cosson (respectivement RP 85 SCM 710 et 711). On trouve aussi un buste du cardinal Dubois dans le grand escalier de la sacristie par A. Descatoire (RP 85 SCM 593).

4. Le monument du cardinal Guibert, sculpté par Hubert Louis-Noël, exposé au Salon de 1897, a été installé d'abord dans l'axe de la basilique, dos-à-dos avec le choeur, face à la chapelle du Coeur immaculé de Marie, dite de la Sainte Vierge. Il a ensuite été placé dans la crypte en symétrie de celui du cardinal Richard dû à Hippolyte Lefebvre (1912) à qui on doit également le monument du cardinal Amette. Respectivement RP 85 SCM 344 à 348; 349, 350, 369 et 368; 366; 541 pour une vue d'ensemble.

# *I. LES ÉVÊQUES SOLLICITÉS PAR LES LAÏCS (1870-1871)*

## A. Les évêques de France

Dans ce qui subsiste de la correspondance des promoteurs laïcs au cours de l'année terrible, apparaissent environ vingt-cinq noms d'évêques [1]. Il n'y a pas eu de consultation systématique. Léon Pagès qui voulait entreprendre une tournée complète de l'épiscopat français se vit même opposer un refus [2], Alexandre Legentil et Hubert de Fleury se contentant de leurs relations. Léon Cornudet écrit ainsi à A. Legentil :

> « Obtenir non pas seulement l'approbation d'un évêque, mais une recommandation expresse formulée dans une circulaire à ses collègues de l'épiscopat. Choisir à cet égard un des prélats les plus autorisés de l'Église de France, et les moins compromis dans les discussions du dernier concile : l'archevêque de Bordeaux, l'archevêque de Lyon, l'archevêque de Tours, ce dernier surtout, si Tours est abandonné par les Prussiens comme on le dit aujourd'hui » [3].

Les nombreuses relations épiscopales de Rohault de Fleury père furent utilement mises à contribution [4]. De sorte que les évêques auxquels nos promoteurs, A. Legentil, A. Baudon, L. Cornudet, Charles et Hubert Rohault de Fleury, ont pensé s'adresser se répartissent entre toutes les tendances de l'épiscopat français d'alors, tel que J. Gadille en dresse l'éventail [5] : évêques néo-ultramontains autour de Mgr Freppel (Angers), groupe de la tendance de Mgr Pie (Poitiers), évêques de la tendance de Mgr Dupanloup (Orléans), groupe des évêques se rattachant au catholicisme libéral de Mgr Maret (Sorbonne), sans omettre la rubrique des « indéterminés » [6].

Parmi la vingtaine d'évêques considérés comme « néo-ultramontains », les promoteurs songent à Mgr de Dreux-Brézé (Moulins) et à Mgr Berteaud (Tulle). Mgr de Ségur, prélat de la maison du pape, qui se laisse classer parmi eux,

1. Surtout lettres d'A. Legentil à A. Baudon en date du 20 et 24 janvier, du 26 et 31 mars, du 12 mai, lettres connues par M. Bony, *Vie...*, 1893 et *L'initiateur...*, 1895. Lettre de H. de Fleury à son frère Georges du 3 mars 1871, ASCM. Lettre de L. Cornudet à A. Legentil du 26 janvier, ASCM. Lettre de Charles de Fleury à son fils Hubert du 19 janvier et 19 mars, ASCM. Lettre de A. Legentil à H. de Fleury du 24 novembre 1871, ASCM.

2. Lettre de A. Legentil à A. Baudon, du 12 mai 1871 : « Je crains... 3° qu'en entreprenant la tournée de tous les évêques de France, mais en nous faisant comprendre que cela exigerait 1200 à 1500 francs de frais, il ne nous engage dans une voie où nous nous aurions peine à le suivre ». ASCM.

3. Lettre de L. Cornudet à A. Legentil en date du 26 janvier 1871. ASCM.

4. Lettre de C. de Fleury à son fils Hubert, en date du 19 mars 1871 dans laquelle il mentionne dix-huit diocèses. Arch. de Mme de Vassal.

5. L'étude de Jacques Gadille est la principale référence pour ce chapitre : J. Gadille, *La pensée...*, 1967.

6. J. Gadille, *La pensée...*, 1967, t. I, livre I, chap. II et III, p. 46-142.

est spécialement sollicité par A. Legentil. Onze évêques sur la cinquantaine regroupée autour de Mgr Pie seraient susceptibles d'adhérer au Vœu. Outre l'évêque de Poitiers, il s'agit de l'archevêque de Rennes, Mgr Brossais Saint-Marc, NN. SS. Louis Caverot, de Saint-Dié, Charles Cousseau, d'Angoulême, Augustin Forcade, de Nevers, Joseph Guibert, de Tours, Charles de la Tour d'Auvergne, de Bourges, Jean-Baptiste Lequette, d'Arras, Hector d'Outremont, d'Agen, Louis Pallu du Parc, de Blois et René Régnier, de Cambrai. Dans leurs lettres de 1871, les promoteurs laïcs espèrent trouver un accueil favorable auprès de sept évêques sur la soixantaine qu'on peut situer dans la mouvance de Mgr Dupanloup : l'évêque d'Orléans lui-même, le cardinal Donnet, de Bordeaux, NN. SS. Joseph Gignoux, de Beauvais, Nicolas Gueullette, de Valence, Frédéric de Marguerye, d'Autun, le cardinal Mathieu, de Besançon, Mgr Jean-Pierre Sola, de Nice. Mgr Ginoulhiac, de Lyon et Mgr Darboy, de Paris, parmi la dizaine appartenant à la tendance de Mgr Maret, sont aussi considérés comme pouvant adhérer au Vœu. Trois des vingt-cinq évêques classés « indéterminés » sont mentionnés : Charles Place, de Marseille, Julien Meirieu, de Digne et Jacques Boudinet, d'Amiens.

Les quelques dénombrements proposés ici doivent évidemment être utilisés avec précaution. Une fois les pourcentages établis, on constate une certaine proportion entre l'importance des groupes définis par J. Gadille et le nombre des évêques de chaque groupe cités par les promoteurs laïcs du projet, Mgr Pie bénéficiant d'un léger avantage [1]. Il s'agit donc pour ces laïcs d'entreprendre une œuvre proposée à l'ensemble des catholiques ; pour cela, ils s'adressent à des évêques de diverses tendances. Alexandre Legentil semble être l'exemple même de ces catholiques qui recherchaient l'unité. Il apprécie et recommande la lecture « d'une lettre très belle de l'évêque d'Orléans » [2] et pleure en entendant un mandement de Mgr Pie [3].

1. Tendance de Mgr Pie : 11/48 = 20 % ; tendance de Mgr Dupanloup : 7/60 = 11 % ; tendance de Mgr Freppel : 3/20 = 15 % ; tendance de Mgr Maret : 2/10 = 20 % .

2. Lettre de A. et M. Legentil à H. et L. de Fleury, du 17 septembre 1870 : « Je vous invite seulement à chercher à lire une lettre très belle de l'évêque d'Orléans, publiée par *Le Français* d'aujourd'hui. » ASCM. Il s'agit certainement de le *Lettre à un homme politique à propos de la guerre actuelle*, sept. 1870, dans *Nouvelles oeuvres choisies*, t. VII, pp. 143 et 150, citée par J. Gadille, *La pensée*..., 1967, t. I, p. 84 : « La religion, qu'on dit morte, plane sur la France comme la flèche de Strasbourg au-dessus de cette population héroïque dont l'ennemi n'empêchera jamais le coeur d'être français... »

3. Lettre de Marie Legentil à sa soeur, Louise de Fleury, du 1er nov. 1870 : « Ce matin en entendant lire un bien beau mandement de Mgr Pie, il s'est mis à fondre en larmes... Ses larmes me font un mal affreux. »

## B. Mgr Mermillod

Mgr Mermillod occupe une place à part dans les relations épiscopales des membres de la Société Saint-Vincent de Paul, notamment l'initiateur du Vœu national. C'est à l'occasion des congrès de Malines en 1863 et en 1864 qu'Alexandre Legentil, représentant « sa chère Société » à ces manifestations, fit la connaissance de Gaspard Mermillod, évêque auxiliaire de Lausanne, qui jouit d'un rayonnement européen et deviendra cardinal [1]. Le but de ces rassemblements belges était de coordonner l'action de différentes œuvres. Le succès couronna l'entreprise [2]. En 1864, Mgr Mermillod « s'efforça d'apaiser les conflits entre les amis de Mgr Dupanloup et les partisans de Louis Veuillot » [3]. Le fondateur du patronage Saint-Charles n'a pu se scandaliser, bien au contraire, des reproches que Mgr Mermillod adresse aux riches pour leur luxe ostentatoire, lors d'un premier sermon prononcé à Sainte-Clotilde, en faveur du Cercle des jeunes ouvriers de Montparnasse, le 23 février 1868 [4]. Tout naturellement, A. Legentil se tourne vers lui pour lui exposer son projet, dans une longue lettre écrite de la mi-janvier 1871. Il reçoit une réponse favorable et assez prompte [5]. Cela correspond bien au jugement de J. Gadille sur cet évêque : il encourage les initiatives des laïcs [6]. Le prélat passe même quelques jours à Larbroye, chez les Legentil, au retour d'un congrès à Lille. Il inscrit sur le livre d'or [7] :

> [« Qui recepit prophetam, mercedem prophetae recipiet.]
>
> « + Gaspard, évêque exilé pour Jésus-Christ et pour la liberté ».

1. M. Bony, *Vie...*, 1893, p. 192. Notices biographiques de Mgr Mermillod dans *CHAD* et *DSAM*.
2. R. Aubert, *Le pontificat...*, 1952, p. 170.
3. J. Gadille, « Mermillod », 1979, dans *DSAM*. L'auteur renvoie au discours sur « L'unité religieuse de tous les enfants de Dieu », prononcé à Malines en 1864.
4. Voir J. Loew et M. Meslin, *Histoire...*, 1978, p. 476.
5. A. Derumaux, « Origines... », 1953, n°194, p. 30. D'autant plus que Charles de Fleury et Mgr Mermillod correspondaient également entre eux : « Je lui ai envoyé quelques secours à l'adresse de nos prisonniers en Allemagne et en Suisse... Je lui ai glissé un mot pour le voeu du Sacré Coeur en lui envoyant un de vos imprimés. » Lettre de C. de Fleury à son fils Hubert en date du 20 février 1871. ASCM.
6. J. Gadille, *La pensée...*, 1967, p. 69 et 250.
7. M. Bony, *Vie...*, 1893, p. 300. *Matthieu* 10, 41 : « Qui accueille un prophète en tant que prophète recevra une récompense de prophète. » Pourquoi « exilé » ? Mgr Mermillod est né à Genève, devient curé dans cette ville et évêque auxiliaire de Lausanne chargé de Genève. En 1873, il est nommé vicaire apostolique de Genève qui est détaché alors de Lausanne. Le gouvernement, présidé par un radical anticlérical ne le supporte pas, exile Mgr Mermillod et facilite pendant quelque temps la venue et l'installation du célèbre « père Loyson ». On dira un mot sur lui au chap. 27. À cette époque, les catholiques suisses adoptent et adaptent le fameux cantique : « Sauvez Rome et la Suisse ! » (voir chap. 20). En 1883, les esprits s'étant calmés, « l'exilé », Mgr Mermillod, est finalement nommé aux deux sièges de Lausanne et Genève.

Un an après l'ouverture de la chapelle provisoire de Montmartre, Mgr Mermillod viendra inaugurer la statue de sainte Geneviève. Dans son allocution, il met Paris et Montmartre au rang de Jérusalem et de Rome. Pour lui le Vœu national emboîte le pas à Mgr de Belsunce et à Louis XVI. La patronne de Paris est la patronne de la France [1].

L'amitié de Mgr Mermillod et d'Alexandre Legentil permet de mieux comprendre ce dernier. Tous deux furent également préoccupés de l'unité des catholiques et de leur action sociale. Le Vœu national est bien à situer dans une telle perspective.

## *II. DES ÉVÊQUES ET UN PRÉLAT ENCOURAGENT LE VŒU NATIONAL*

À la date du 3 mars 1871, seize évêques avaient déjà adhéré explicitement au projet lancé par A. Legentil et H. de Fleury, dans l'ombre de la Société Saint-Vincent de Paul [2]. Ni l'archevêque de Paris, ni le pape ne se sont encore manifestés. La correspondance des promoteurs du Vœu national donne, pour toute l'année 1871, le nom de onze prélats favorables au projet. Brosser un portrait de ces derniers, c'est vraiment étudier les premiers moments du Vœu. On les considère ainsi comme des promoteurs ecclésiastiques et non comme de simples souscripteurs d'une entreprise déjà bien lancée. Les onze évêques dont la correspondance des promoteurs laïcs donne les noms, sont présentés ici, après une catégorie « indéterminée », de l'extrême droite au centre gauche en quelque sorte, si cela signifie quelque chose pour des évêques.

1. *BVN* 1877, p. 632-639 et *HSC*, t. I, p. 408.

2. Lettre du 3 mars 1871 de H. de Fleury à son frère Georges. Cette lettre parle simplement de seize adhésions épiscopales. La liste des onze évêques présentés ci-dessous, est constituée à partir de l'ensemble de la correspondance. ASCM.

## A. Un « indéterminé » : Mgr Meirieu

Alexandre Legentil écrit au président Baudon à propos de Mgr Meirieu :

> « Nous avons appris indirectement que Mgr l'évêque de Digne avait embrassé cette œuvre avec un grand zèle et travaillait activement à sa propagation. Cela vaudrait la peine de lui écrire pour le remercier. Mais je voudrais d'abord savoir exactement ce qui a été fait et savoir aussi quel accueil ma lettre aurait. Connaissez-vous Mgr Meirieu, ou pourriez-vous m'indiquer, dans le diocèse de Digne, quelqu'un en état de me renseigner ? Je n'y connais personne » [1].

Le Mgr Myriel du début des *Misérables* (1862) est-il un portrait de Mgr Meirieu, évêque de Digne de 1848 à 1880 ? Sa grande bonté a été en tout cas signalée : un « saint évêque », disait de lui Jules Simon en 1872 [2].

## B. Mgr de Ségur (de la tendance de Mgr Freppel)

Bien qu'il ne soit pas évêque, mais simplement prélat avec les attributs épiscopaux, il en faisait figure à Paris, lui « que le langage populaire nommait : Le saint évêque aveugle » [3]. Il représente ici la tendance néo-ultramontaine dont on peut considérer Mgr Freppel, évêque d'Angers, comme le leader. Le fils de la célèbre romancière, la comtesse de Ségur, née Rostopchine, est mentionné à propos du caractère laïc du comité du Vœu [4]. Selon Mgr de Ségur, ce comité doit rester tel et ne pas être patronné par un évêque. En novembre 1871, A. Legentil écrit :

> « Nous avons les adhésions de toute la famille de Ségur, le prélat en tête. J'ai été remercier ce dernier, qui m'a reçu avec sa cordialité accoutumée. Il prend bien notre œuvre, la comprend et l'a à cœur. Il mêle à tout cela des choses que je n'y mêlerais pas avec la même ardeur » [5].

La personnalité de l'initiateur du Vœu se révèle ici : les positions « néo-ultramontaines » du prélat ne lui conviennent pas vraiment. Mgr de Ségur a certes en commun avec Alexandre Legentil le goût de « l'apostolat populaire

1. M. Bony, *Vie*..., 1893, p. 242. Lettre du 29 avril 1871.
2. J. Gadille, *La pensée*..., 1967, t. I, p. 180.
3. *BVN*, 1886, p. 506.
4. Lettre du 12 mai 1871 de A. Legentil à A. Baudon. Ceci confirme le jugement de J. Gadille. Le « saint aveugle » cautionne les initiatives des laïcs. J. Gadille, *La pensée*..., 1967, t. I, p. 166 et 250.
5. Lettre de A. Legentil à H. de Fleury, le 24 novembre 1871. ASCM.

qui est le grand attrait de sa vie »[1]. Il écrit pour les « *Petites Lectures* » lancées par la Société Saint-Vincent de Paul en 1851[2]. Mais nommé par Napoléon III auditeur de la Rote pour la France, à Rome, il s'efforce de jouer un rôle politique et religieux. Comme il devient aveugle à trente-quatre ans et démissionne en 1854, il se consacre à la fondation de diverses associations et rassemblements dont les Congrès eucharistiques. Il est ami de Louis Veuillot. Ses petits traités connaissent le succès et illuminent la piété d'un grand nombre[3]. Il suffit de lire le violent article que Pierre Larousse lui consacre dans son fameux dictionnaire en 1875 pour mesurer son impact :

> « Dans ces élucubrations venimeuses, aussi grotesques par le fond que par la forme, l'auteur, à qui il ne faut demander ni discussion sérieuse, ni esprit de justice, remplace les raisons par des injures et n'hésite point, s'il le juge utile, à injurier. »

La réserve de A. Legentil ne porte, elle, que sur le mélange de la religion et de la politique qui est bien le propre des tendances extrêmes comme la tendance néo-ultramontaine (ou libérale à l'autre extrémité). L'opuscule *La Révolution*[4] donne un exemple de ses propos qui en théorie prétendent discerner dans les idées de la Révolution le bon grain de l'ivraie, mais pour les rejeter pratiquement tous les deux.

> « Oui, Satan est le père de la Révolution [...] Nous ne blâmons dans les principes de 89 que cet élément de révolte antichrétienne ; loin de les répudier, nous revendiquons comme nôtres ces grandes maximes de vraie liberté, de vraie égalité et de fraternité universelle, que la Révolution altère et prétend avoir données au monde. »

Dans cette perspective, « le pape est l'antirévolutionnaire par excellence sur la terre comme Jésus-Christ l'est au ciel » (p. 16). Mgr de Ségur laisse percer en fait une certaine confusion entre le spirituel et le temporel. Le propos de A. Legentil est moins ambigu et plus ambitieux : il poursuit d'abord la conversion des cœurs. Les rapports ultérieurs du prélat avec l'Œuvre du Vœu national, devenue malgré tout l'œuvre de Mgr Guibert, sont encore plus significatifs. Si son frère Anatole appartient dès 1872 au premier Comité (voir chap. 12), cela doit signifier qu'il y a diverses tendances dans cette famille d'origine « bonapartiste ». Dans le *Bulletin* en tout cas, à première lecture, il

1. Notices biographiques : Pierre Larousse, *Dictionnaire*..., 1866 ; *DPCR* ; surtout Catherine de Hedouville, *Mgr de Ségur*, 1957 ; Chronique de Pierre Pierrard pour le centenaire de sa mort, *La Croix*, numéro du 19 juin 1981 ; Mgr Marchasson, art. « Ségur » (1989), *DSAM*.
2. A. Foucault, *La Société*..., 1933, p. 139.
3. Il est de loin, avec trois cent douze notices dans la Bibliographie de France (le suivant n'en a que cent quarante et une), l'auteur le plus abondant de sa génération. Voir C. Savart, *Les catholiques*..., 1985, p. 718.
4. Voir Mgr de Segur, *La Révolution*, 1861, p. 14 et 56.

n'est jamais question de ses nombreuses publications. En 1874, Mgr de Ségur conclut la réunion des Comités catholiques par une belle envolée mystique et patriotique mais sans faire allusion au Vœu national[1]. En 1881, il monte à Montmartre pour une nuit de prière mais Mgr Guibert arrête l'adoration nocturne quelques jours après (voir chap. 17). Cette même année, sa mort n'est pas annoncée dans le *Bulletin* comme pour tant d'autres « amis du Vœu national ». Il faut attendre la mort de Mgr Guibert, pour que son nom et un de ses textes soient enfin cités[2]. Le jugement de J. Gadille conforte notre analyse :

> « Dans le cours du second Empire s'était développé au sein des œuvres un courant extrémiste en politique comme en religion, sous l'influence d'individualités comme Mgr de Ségur et Veuillot » [3].

Alexandre Legentil et *a fortiori* Mgr Guibert n'en font pas partie, bien plus les prises de position du « saint évêque aveugle » ne leur paraissaient ni opportunes, ni doctrinales.

## C. Mgr Pie

Mgr Pie a influencé la théologie et la spiritualité qui animent le Vœu national[4]. On y reviendra plus loin. Dans le cas précis de Legentil, cette influence est attestée à trois reprises au moins. D'abord, dès le congrès de Malines en 1863, Alexandre-Félix Legentil dit son admiration pour le successeur de saint Hilaire[5]. Ensuite, au cours de son séjour à Poitiers, à partir du 30 octobre 1871, il accueille avec émotion un mandement de l'évêque, comme nous le rapporte Marie Legentil (voir ci-dessus); il exprime enfin toute son admiration pour le prélat dans une notice nécrologique du cardinal de Poitiers :

> « Au moment même où l'œuvre du Vœu national prenait naissance, il savait, par des prédications toutes brûlantes de ferveur et de patriotisme, relever les courages abattus et rallumer les espérances éteintes » [6].

1. *BVN*, 1874, p. 178.
2. *BVN*, 1886, p. 506 et 1890, p. 144.
3. J. Gadille, *La pensée*..., 1967, t. I, p. 166
4. Art. consultés : Y. Marchasson, « Pie », (1985), t. XII, col. 1446-1451 et A. Boland, « Royaume », 1988, t. XIII, col. 1087-1088 dans *DSAM*. Également art. « Pie » de Fr. Ferrier, dans *CHAD*.
5. M. Bony, *Vie*..., 1893, p. 192. La présence de Mgr Pie à Malines est signalée par le P. Bony et se trouve corroborée par sa dénonciation des *Discours de Malines* de retour dans son diocèse (Y. Marchasson, « Pie » (1985), col. 1450, dans *DSAM*).
6. *BVN*, 1880, p. 298.

Il appliquait en 1871 et applique toujours en 1880, à la vie de l'évêque, ce passage de l'Écriture: « *Fili hominis, speculatorem dedi te domui Israel* » [1]. Adolphe Baudon composant une prière pour la France sous forme d'une amende honorable se place immédiatement sous le patronage de Mgr Pie:

> « Elle répond à une pensée développée par Mgr Pie, pensée que je crois bien profondément vraie » [2].

Sur cet accord de fond, des contacts se sont établis. On peut en relever au moins deux durant l'hiver 1870-1871. D'une part, ils se rencontrent à la journée de clôture d'une retraite des confrères de Saint-Vincent de Paul, le dimanche 11 décembre: Mgr Pie la présidait et Alexandre Legentil y était à l'honneur avec lui [3]. D'autre part, le laïc souhaita faire approuver son Vœu par l'évêque du lieu où il le diffusait et il le lui soumit soit le 9, soit le 10 janvier 1871, dom Guéranger étant présent [4]. Les propos échangés lors de cette rencontre ont fait l'objet de contestations. C'est pourquoi il faut suivre pas à pas les témoignages. Dans trois lettres de la mi-janvier 1871, A. Legentil fait une simple mention de l'approbation verbale soit des termes, soit de la rédaction, soit du projet du Vœu et ce, pour rassurer ses correspondants [5]. Le dimanche 29 janvier 1871, la *Semaine liturgique* du diocèse de Poitiers publie le texte du Vœu au Sacré Cœur de Jésus dans sa première version [6].

Ce n'est qu'un an plus tard, le 12 mars 1872, après l'adoption du projet par Mgr Guibert, que le comité du Vœu reçoit une approbation écrite de Mgr Pie dont on ignore d'ailleurs la teneur [7]. En 1875, lors d'une première assemblée des œuvres catholiques à Poitiers [8], A. Legentil présente l'œuvre du Vœu national devant Mgr Pie et dom Guéranger. L'évêque qui présidait la séance

1. « Fils d'homme, je t'ai donné comme sentinelle à la maison d'Israël » (*Ezéchiel* 3, 17 et 33, 7).
2. Voir chap. 4. Lettre de A. Baudon à A. Legentil, du 6 janvier 1871. ASCM.
3. *BSVP*, n° 270, juin 1871, p. 162-164.
4. Ces dates n'apparaissent pas habituellement dans les histoires du Voeu national. Il n'y est question que du début du mois de décembre ou du début du mois de janvier. L'abbé A. Dérumaux s'en est spécialement enquis auprès du P. archiviste de l'abbaye de Solesmes. « D'après l'agenda fidèlement tenu, dom Guéranger ne put, depuis novembre, être présent et ne fut présent à Poitiers que les deux seuls 9 et 10 janvier 1871, et chacun de ces jours, il eut un entretien avec Mgr l'évêque ». A. Derumaux, « Origines... », *Montmartre*, 1953, n° 194, p. 25.
5. Copies de lettres non datées à Mgr Mermillod et au P. Ramière. ASCM. Lettres de A. Legentil à Joseph Marcotte, du 16 et du 22 janvier 1871. Arch. Marie-Louise Chavane. Même écho dans A. Legentil, *Rapport*..., 1872, p. 6.
6. ***, *Semaine*..., 1871, n° 5, p. 72-73. Voir les pièces justificatives.
7. Relation dite de 1887, de A. Legentil à H. de Fleury. Voir ASCM et A. Derumaux, « Origines... », *Montmartre*, n° 194, p. 27.
8. Voir J. Gadille, *La pensée*..., 1967, t. I, p. 248. Comme le dit la notice nécrologique de Mgr Pie (*BVN*, 1880, p. 298), et non un congrès eucharistique (le premier eut lieu en 1881 à Lille; Mgr Pie meurt en 1880) comme le rapporte la relation dite de 1887. Cette dernière comprend donc deux erreurs: sur la date de la rencontre, sur le genre du rassemblement de 1875. A. Legentil vieillissait. Voir André Derumaux, « Origines... », *Montmartre*, n° 194, p. 27.

souligne la présence et le rôle du père abbé lors de la rencontre de 1871. La même année, le cardinal Guibert promet de dédier dans la future église une chapelle à sainte Radegonde. Il fait état d'un grand nombre de fidèles souscripteurs dans le diocèse de Poitiers et du désir de l'évêque ; il adresse sa lettre au directeur de *La Semaine liturgique*[1]. En 1876, Mgr Pie répond à une demande de promotion de l'Œuvre des Images lancée par H. de Fleury[2] :

> « J'aime à me rappeler, comme vous, le jour où M. votre beau-frère vint m'entretenir pour la première fois, en janvier 1871, du projet de Vœu national au Sacré-Cœur. Il me souvient que le T. R. P. dom Guéranger, assis au coin du feu, demanda qu'on précisât quelques points pour bien établir la nature et les conditions du Vœu. Puis cette explication donnée, et les droits de l'Ordinaire réservés (hélas ! c'était Mgr Darboy), nous applaudîmes des deux mains à cette grande pensée, qui a fait depuis triomphalement son chemin ».

Les choses auraient pu en rester là si Mgr Baunard, dans sa *Vie de Mgr Pie* (1886), n'avait fait une présentation de cette rencontre telle que l'existence même du Vœu semblait revenir à son héros. A. Legentil, dont la devise était « vie cachée », ne réagit pas. Il établit cependant à la demande de son beau-frère une relation authentique des événements. Mais, c'est déjà presque vingt ans après ! Ainsi soutient-il que l'accueil de Mgr Pie fut froid et que dom Guéranger n'ouvrit pas la bouche ; que lors de sa propre conférence de 1875, « il ne convenait en aucune manière qu'il eût l'air de désavouer » Mgr Pie. Toujours est-il que la *Vie de Mgr Pie* (1886) par Mgr Baunard et les *Souvenirs de 1870-1871* (1890) par Hubert Rohault de Fleury[3], postérieurement au décès de l'évêque et du laïc, constitueront deux présentations contradictoires, si on les met sur le même plan.

En fait, considérées ensemble, les deux histoires posent l'intéressant problème des rapports clergé-laïcat. D'une part, Marie Legentil et Hubert de Fleury croient que la présentation de l'origine du Vœu par Mgr Baunard dépossédait l'époux de l'une et le beau-frère de l'autre de son initiative, alors qu'elle affirme simplement que c'est l'enseignement de Mgr Pie qui a inspiré en

1. *BVN*, 1875, p. 623. Lettre du 26 août 1875.
2. *BVN*, 1876, p. 50.
3. La version de Rohault de Fleury est d'ailleurs confirmée par la description que la comtesse de Beauchamp, diocésaine de Mgr Pie, fait de l'attitude générale de ce dernier et particulièrement par rapport au Voeu national, dans l'année 1870-1871 : « Chacun avait alors son projet sauveur. On se succédait à l'évêché. Mgr Pie laissant chacun suivre son impulsion refusait toute approbation épiscopale. Surchargé, absolument surmené, il s'essayait à empêcher autant que possible un peu de mal, en faisant de l'évêché un terrain neutre. Les hommes de tous partis s'y rencontraient. » Voir comtesse de Beauchamp, Note, 1892, ASCM. Malgré cela, dramatisation iconographique et succès de la souscription obligent ! le piédestal de la statue de sainte Radegonde dans la chapelle des saintes reines de France, montre une reconstitution fictive de la rencontre du 10 ou 11 février 1871 : les deux promoteurs à genoux sur un prie-Dieu devant Mgr Pie et dom Guéranger, avec en arrière des laïcs, le P. Argand et le général de Charette avec la bannière du Sacré Coeur.

partie la pensée de A. Legentil et l'a conduit à faire ce vœu. D'autre part, le récit de ce dernier et de son beau-frère traduit l'autonomie que ces grands bourgeois réclament dans la responsabilité de leurs réalisations. Mgr Pie tire prétexte du fait que l'église à construire n'est pas dans son diocèse pour ne pas donner son appui par écrit. En fait, il « appelle le jour où un grand archevêque viendrait imprimer à l'œuvre pour toute la France un élan qui ne s'arrêtât plus » [1]. Il aurait certainement été ce grand évêque si on lui avait proposé la présidence du comité. Mais ces messieurs voulaient seulement une approbation. On retrouvera chez Mgr Guibert, la même réserve à l'égard d'un certain « laïcisme ». Il est possible qu'à leurs yeux – voir l'ouvrage de dom Gréa, *De l'Église et de sa divine constitution* (1884) – la soumission à la hiérarchie réclamée aux laïcs se confonde avec une démission de ces derniers [2]. Inversement, ces notables semblent attendre des évêques de simples bénédictions de leurs entreprises et ne sont pas sans réserve à l'égard d'un certain « cléricalisme ». En fait, avec le recul du temps, on s'aperçoit que la collaboration des clercs et des laïcs a été plus harmonieuse que ne laissent entendre des récits écrits vingt ans après, et Mgr Pie mérite bien sa place parmi les promoteurs du Vœu national [3].

## D. Quatre évêques de la tendance de Mgr Pie

Le premier évêque qui répond à Alexandre-Félix Legentil, est Mgr Forcade (Nevers) qui lui adresse « une excellente approbation écrite » [4] et lui envoie, à nouveau, deux mois après, « une nouvelle lettre très bonne » [5]. Jules Simon considère cet évêque comme l'un des chefs du parti ultramontain [6]. De passage à Lourdes, il propose à Bernadette Soubirous d'être admise sans dot chez les Sœurs de Nevers [7]. Nommé à Aix en 1873, il y continue son action

1. L. Vié, *Montmartre*, 1928, p. 68 citant Mgr Baunard, *Vie du cardinal Pie*, II, 422.
2. J. Gadille, *La pensée...*, 1967, t. I, p. 248 souligne les réserves de Mgr Pie à l'égard des laïcs.
3. Même si Mgr Pie, délibérément, ne s'est jamais rendu à Montmartre entre 1876 (ouverture de la chapelle) et 1880, date de sa mort. Voir André Derumaux, « Origines... », 1953, n° 194, p. 28 citant le P. Jonquet, citant lui-même le P. Rey.
4. Lettre de A. Legentil à Joseph Marcotte du 22 janvier 1871. Arch. M. -L. Chavane. Du même, à A. Baudon, du 24 et 28 janvier. ASCM. Voir la relation de A. Legentil pour H. de Fleury qui donne la date du 20 janvier. ASCM. A. Derumaux, « Origines... », *Montmartre*, n° 194, p. 42.
5. Lettre du 26 mars 1871 à A. Baudon. ASCM.
6. J. Gadille, *La pensée...*, 1967, t. I, p. 287.
7. Dom Bernard Billet, *Lourdes*, 1981, p. 97.

en faveur du Vœu national[1]. Dans l'un de ses mandements, il joue sur la fibre locale puisque

> « le moderne Salomon du temple national du Sacré-Cœur a été, « entre tous les enfants des hommes, choisi par un privilège « incomparable au sein même de votre noble peuple ».

Il faut comprendre ici que Mgr Guibert est né à Aix... Mgr Forcade encouragera beaucoup l'Association Prière et Pénitence (voir chap. 18 sur les archiconfréries).

Alexandre Legentil devait faire appel à ses relations familiales pour solliciter ses approbations épiscopales. Une cousine, Mme de Champchevrier, connaît ainsi le nouvel évêque d'Agen, Hector d'Outremont : « Elle nous a obtenu près de Sa Grandeur un très bon accueil pour notre entreprise »[2]. Ce vicaire général de Mgr Guibert à Tours avait été nommé le 24 janvier 1871 à la faveur des bouleversements de l'Année terrible[3]. Il ne pouvait guère, tout nouveau venu, refuser des encouragements à une entreprise si bien prise à cœur par l'une de ses diocésaines[4], entreprise à laquelle il restera attaché[5].

> « Nous avons reçu, il y a quelques jours, une confirmation « écrite et bien explicite de l'approbation déjà donnée par « Mgr de Bourges [Mgr de La Tour d'Auvergne] »[6].

Jacques Gadille n'a pas retrouvé les habituelles appréciations du préfet sur cet évêque, mais remarque que son ami le cardinal Pie appréciait sa modération et son sage gouvernement[7].

L'évêque de Saint-Dié, Mgr Caverot, ne se contente pas d'approuver le projet d'Alexandre Legentil mais demande deux mille cinq cents exemplaires de la formule du Vœu national pour le salut de la France et la délivrance du souverain pontife, en petit format[8]. Ce que l'on dit de lui comme cardinal-archevêque de Lyon éclaire cette action :

> « Lors de sa promotion au premier siège des Gaules, il rompit « avec ses attaches libérales et voulut, à son arrivée, comme « Mgr Guibert à Paris, lutter contre les traditions « particularistes de l'Église de Lyon »[9].

1. Mandement rapporté dans *BVN*, 1875, p. 550.
2. Lettre du 31 mars 1871 de A. Legentil à A. Baudon. ASCM.
3. Sur les circonstances de cette nomination, voir ci-dessous les rapports de Mgr Guibert et de M. Crémieux.
4. Mais on ne sait si cela se traduisit par une approbation écrite.
5. *BVN*, 1884, p. 757.
6. Lettre de A. Legentil à A. Baudon, du 26 Mars 1871. ASCM.
7. J. Gadille, *La pensée*..., 1967, t. I, p. 171.
8. Lettre de A. Legentil à A. Baudon, du 29 avril 1871. ASCM.
9. J. Gadille, *La pensée*..., 1967, t. I, p. 129.

À Saint-Dié, Mgr Caverot pouvait encore tout à la fois mener une action en faveur du pape et manifester des « tendances libérales », lui qu'on classe finalement dans la frange modérée de la tendance de Mgr Pie.

## E. Mgr Dupanloup et l'abbé Bougaud

Comme Mgr Pie, Mgr Dupanloup est un chef de file. C'est un monde à lui tout seul, et il n'est pas question de le présenter ici [1]. Contentons-nous seulement de relever quelques points de contacts entre l'évêque d'Orléans et le Vœu. Au congrès de Malines en 1863, Alexandre Legentil fait son éloge dans des notes personnelles [2] ; en septembre 1870, il apprécie un de ses articles. En février 1871, l'évêque d'Orléans adhère au Vœu [3]. Le 10 du même mois, puisqu'il s'était abstenu lors du scrutin du 18 juillet au concile, il manifeste son adhésion personnelle à l'infaillibilité pontificale [4]. Ces deux actes sont certainement liés dans son esprit. Toutefois, deux ans plus tard, en 1873, il n'intervient pas au cours des débats à l'Assemblée nationale à propos « de la loi tendant à déclarer d'utilité publique la construction d'une église à Paris (XVIII$^{e}$ arrondissement) », se contentant de voter pour l'adoption du projet avec trois cent quatre-vingt et un autres représentants contre cent trente huit opposants [5]. Cela dit, il faut remarquer que, vers 1874-1875, il « refuse de décorer sa cathédrale avec les bannières du Sacré Cœur, à l'occasion d'une cérémonie à la mémoire des morts de Patay ». *L'Univers* lui en fait un mauvais parti et un scandale éclate dans une atmosphère surchauffée [6]. Cependant, il participe, le 16 juin 1875, à la cérémonie de la pose de la première pierre de l'église su Sacré-Cœur où, d'un commun accord, l'épiscopat fut peu présent [7]. L'Œuvre du Vœu national se distinguait bien, au moins à ses yeux, des anciens de Patay-Loigny, même si tout cela doit encore être précisé (chap. 8).

Sa position en ce domaine peut être éclairée par l'œuvre de son vicaire général, l'abbé Emile Bougaud [8]. Dans le dernier chapitre de son *Histoire de la*

1. Voir A. Salles (1952) dans *CHAD*; L. Cristiani et A. Rayez (1957) dans *DSAM* ; R. Aubert (1960) dans *DHGE* et J. Gadille, *La pensée*..., 1967.
2. M. Bony, *Vie*..., 1893, p. 192.
3. Lettre de Hubert Rohault de Fleury à son frère Georges, du 3 mars 1871. ASCM.
4. J. Gadille, *La pensée*..., 1967, t. I, p. 23 et 114.
5. *JO*, du 25 juillet 1873, p. 5017.
6. J. Gadille, *La pensée*..., 1967, t. I, p. 308-309.
7. Procès-verbal dans *BVN*, 1875, p. 535. Voir chap. 11.
8. Voir art. *CHAD* et E. Bougaud, *Histoire*..., 1874 (18e et dernier chapitre).

*bienheureuse Marguerite-Marie*, cet auteur distingue bien deux groupes : les volontaires de l'Ouest et les laïcs qui, avec Mgr Guibert, entreprennent la construction de Montmartre. La raison d'être du premier groupe cesse avec la fin de la guerre, l'autre groupe se doit de perdurer jusqu'à l'achèvement de l'église. L'esprit de l'Œuvre est bien perçu comme le souhaitent les promoteurs du Vœu, et Hubert Rohault de Fleury ne s'y trompe pas, qui publie intégralement dans le *Bulletin du Vœu national* le dit chapitre de l'ouvrage de l'abbé Bougaud [1].

## F. Trois évêques de la tendance de Mgr Dupanloup [2]

Dès le 24 janvier 1871, on annonce à A. Legentil une approbation écrite du cardinal-archevêque de Bordeaux [3], connu pour ses positions pleines de sagesse, distantes aussi bien vis-à-vis d'un ultramontanisme de doctrine (celui de Mgr Pie, par exemple) que de toute tendance proprement « libérale » [4]. Cet empressement à participer à l'œuvre nationale n'empêche pas Mgr Donnet de se lancer dans la construction d'une nouvelle église bordelaise dédiée elle aussi au Cœur du Christ. Il participe ainsi à l'entreprise de l'Église de France en faveur de la patrie et du pape tout en promouvant la vitalité de son église locale.

Louise Rohault de Fleury prend part à la joie de son époux lorsque celui-ci reçoit une lettre de Mgr de Valence. De fait, Mgr Gueullette lui a écrit une lettre « charmante » en lui promettant de faire tout ce qu'il pourrait pour propager le Vœu [5]. Ce que confirme, quelque temps après, Alexandre Legentil :

> « Nous avons reçu une confirmation écrite et bien explicite de l'approbation déjà donnée par Mgr de Valence » [6].

Au concile du Vatican, il s'était abstenu lors du scrutin du 18 juillet, mais avait fait connaître son adhésion personnelle au pape dès le 28 du même mois [7]. Le Vœu pour la délivrance du pape allait dans le sens de ce retournement.

1. *BVN*, 1875, p. 454-458, 596-601, 633-635, 659-660.
2. En fait, il semble qu'il y en ait un quatrième : Mgr Allou, évêque de Meaux, l'ordinaire de la campagne des deux initiateurs. Selon sa nécrologie en *BVN*, 1884, p. 757, il aurait approuvé l'entreprise dès l'origine.
3. Lettre d'A. Legentil à A. Baudon du 24 janvier 1871. ASCM.
4. J. Gadille, *La pensée*..., 1967, t. I, p. 19, 118-119.
5. Louise de Fleury à Charles de Fleury, son beau-père, le 17 février 1871. ASCM.
6. Lettre d'A. Legentil à A. Baudon du 26 mars 1871. ASCM.
7. J. Gadille, *La pensée*..., 1967, t. I, p. 23 et 114.

Durant l'été 1871, Alexandre-Félix Legentil prend le bâton du pèlerin et rend visite à l'évêque de Beauvais, Mgr Gignoux :

> « Celui-ci a été un peu distrait, un peu nerveux, mais très bon. Il m'a donné une belle adhésion dont je vous envoie la copie ci-inclus » [1].

Sur le siège de Beauvais, « on ne pouvait mettre [...] qu'un évêque agréable au duc d'Aumale, car on ne faisait rien dans l'Oise sans consulter le prince. Mais on sait combien Aumale désirait la conciliation avec la République » [2]. C'est le cas de Mgr Gignoux. En adhérant au Vœu, il ne devait pas avoir l'impression de faire un acte de rébellion.

## G. Mgr Maret et les évêques de sa tendance (Mgr Hugonin surtout)

Mgr Maret, dont le titre de gloire est d'avoir été le dernier doyen de la faculté de théologie en Sorbonne, n'est pas mentionné parmi les évêques pouvant être contactés pour soutenir le Vœu national. Son ancien combat pour une démocratie chrétienne [3], ses rapports houleux avec Rome ou simplement sa fonction purement intellectuelle n'avaient pas de quoi, semble-t-il, le mettre en relation avec les laïcs promoteurs du Vœu [4]. En 1875, il assistera Mgr Guibert à la célébration de la pose de la première pierre [5]. En revanche, A. Legentil pense Mgr Ginoulhiac, archevêque de Lyon, qui est classé dans la tendance de Mgr Maret, mais on ne sait si l'initiateur lui écrivit et quelle fut la réponse, si réponse il y eut. Le cas de Mgr Darboy, somme toute très réservé devant l'initiative du Vœu, est examiné ci-dessous, mais puisqu'il n'a pas interdit l'œuvre naissante, A. Legentil et A. Baudon ont estimé qu'il l'avait approuvée. Reste que Mgr Hugonin, qui appartiendrait à cette famille d'évêques [6], s'associera très tôt et très clairement à la souscription avec mandement et quête diocésaine [7]. L'évêque de Thérèse Martin restera attaché au

1. Lettre de A. Legentil à H. de Fleury le 24 août 1871. ASCM.
2. J. Gadille, *La pensée...*, 1967, t. I, p. 149.
3. Voir l'abbé Claude Bressolette, *L'abbé Maret : le combat d'un théologien pour une démocratie chrétienne (1830-1851)*, 1977 et *Le pouvoir...*, 1984.
4. Citons la conclusion de Claude Bressolette, *Le pouvoir...*, 1984, p. 140, qui montre la pensée de ce chef d'école : « L'autorité de la religion révélée, que (Mgr Maret) défend de toutes ses forces, sera d'autant mieux servie et attestée que l'Eglise institutionnelle respectera les libertés humaines et chrétiennes. »
5. *BVN*, 1875, p. 536.
6. Jacques Gadille, *La pensée...*, 1967, t. I, p. 23 et 196.
7. *BVN*, 1875, p. 397-399 (voir dans le chap. 26, ses allusions à la Commune).

Sacré-Cœur au point de venir y faire sa retraite annuelle dans la communauté des chapelains [1].

Bien sûr, chaque évêque dans son diocèse pouvait donner à cette construction d'église dans la capitale la coloration pastorale qu'il voulait. Cependant, cette sorte d'unanimité par delà les tendances dites « politiques » est remarquable. La proposition elle-même et ses responsables devaient bien malgré tout leur apparaître comme une initiative patriotique et catholique dégagée des options politiques contingentes. Cependant deux évêques, bien différents entre eux, ont manifesté des réticences devant ce projet: Mgr Darboy et Mgr Guibert; le premier n'a pu les développer à cause de sa mort brutale; le second les a surmontées lors de sa venue à Paris.

## *III. LES ARCHEVEQUES DE PARIS*

### A. Mgr Darboy

La rapide disparition de Mgr Darboy et finalement son peu d'influence sur le Vœu national nous autorisent à présenter seulement ses six derniers mois et non sa vie entière.

#### *1. Après la défaite de Sedan*

Dès le mois de septembre 1870, Adolphe Baudon aurait aimé que l'archevêque de Paris, avec son clergé, prît la tête d'une « croisade de prières » [2]:

> « On nous parle un langage métaphysique, on évolue, comme quelqu'un nous le disait cet hiver à Rome, mais on ne se convertit pas. Ne pourriez-vous pas, avec Cornudet

1. *BVN*, 1895, p. 922.

2. « Oh oui ! il faut beaucoup prier les uns pour les autres, et aussi pour les pauvres Parisiens, qui vont se trouver soumis à de si rudes épreuves. Hélas ! parmi eux, il y en a tant qui ne prient pas, qui ne conçoivent même pas qu'on prie, qui regardent cela comme de la petitesse ou de la jonglerie ! Il faut que ceux qui ont de la foi redoublent pour eux. Qu'il serait temps que le clergé fît une croisade de prières ! On a été trop humain, trop terrestre, il faut se tourner vers Dieu si on ne veut périr. » Adolphe Baudon, 7 septembre. Selon J. Schall, *Un disciple...*, 1897, p. 556.

et quelques bons chrétiens, aller à l'archevêché, et même à l'archevêque, porter ces doléances et ces vœux ? »[1].

Cet appel à Mgr Darboy est repris sous différentes formes durant toute l'année terrible sans être entendu. Déjà, à la même époque, Mgr Darboy aurait été sollicité par la princesse Clotilde de Savoie pour recevoir publiquement la consécration au Cœur de Jésus de l'impératrice Eugénie et de l'Empire français. L'archevêque y aurait joint son adhésion aux actes du Concile, adhésion qu'il exprimera publiquement le 1er mars suivant, mais il n'y eut pas de suite à cette suggestion[2].

## 2. *Pendant le siège de Paris*

Le nom de Mgr Darboy apparaît ensuite le 5 décembre dans la correspondance échangée entre A. Baudon et A. Legentil. On ne peut envisager d'édifier une église sans l'appui de l'archevêque et, pour l'obtenir, nos messieurs seraient prêts à lui construire une église paroissiale[3]. Dans sa lettre à *L'Univers*[4], A. Baudon ne doute pas que « l'autorité ecclésiastique n'approuvât avec empressement » le Vœu quand elle en serait informée. C'est une attitude de bienveillance. Les échanges postaux entre Paris et la province pendant le Siège sont loin d'être inexistants et diverses connaissances de A. Legentil sont tenues informées de son projet (voir chap. sur la souscription). Pour H. de Fleury cependant, il ne fait pas de doute que « malheureusement, le bon ami de notre père [c'est-à-dire Mgr Darboy] trouve toujours le moyen de se faire oublier dans les grandes circonstances et il fait le mort »[5].

## 3. *Entre l'armistice et la Commune*

Paris capitule le 28 janvier 1871. Toujours à Poitiers, A. Legentil écrit à l'abbé Lagarde, vicaire général[6], sans recevoir de réponse immédiate. Hubert de Fleury envoie de son côté divers tracts du Vœu et des circulaires à Auguste Fiot qui raconte :

> « Je ne crus pas pouvoir agir sans prévenir l'archevêque de Paris. Je me rendis à l'archevêché et je vis M. l'abbé Lagarde. Je lui exposai le but de ma visite, et il me dit

1. Adolphe Baudon, 10 septembre 1870 à Thureau-Dangin. Selon J. Schall, *Un disciple*..., 1897, p. 556.
2. Pour plus de détails sur l'initiative de la princesse, voir chap. 6.
3. A. Baudon à A. Legentil, 5 décembre, J. Schall, *Un disciple*..., 1897, p. 559.
4. *L'Univers* du 13 décembre 1870, lettre datée du 5 décembre.
5. Lettre du 9 décembre 1870 à son frère. ASCM.
6. Lettre de A. Legentil à A. Baudon du 18 février. ASCM.

que Monseigneur n'avait rien à voir dans cette affaire et que je pouvais faire ce que bon me semblerait »[1].

Bientôt, les messieurs du Vœu national manifestent entre eux leur impatience. Hubert écrit le 3 mars à son frère Georges de Fleury :

« À Paris, nous avons du mal ; pourtant la chose y est connue, mais on a peur de l'archevêque. Comme dit mon père : « de son cher archevêque ». Le seul à l'heure présente qui n'a pas fait son adhésion au comité... J'ai peur que nous ne trouvions nos plus grandes difficultés dans... l'archevêque. Pourquoi, me diras-tu ? – Eh ! mon Dieu, pour rien ! Mais je crains les si, les mais, les car, puis : « et si on fait ceci, il y aura cela », puis les fins de non-recevoir, les lanternements, plutôt qu'un refus formel qui me paraît impossible. D'ailleurs, on se déciderait à s'en passer dans ce cas-là, en donnant la chose à un ordre religieux déjà établi dans le diocèse. Enfin si l'archevêque s'opposait absolument, on attendrait : Alexandre prétend que ça ne pourrait pas durer bien longtemps, vu la moyenne de gouvernement des archevêques de Paris »[2].

C'est de l'humour noir... Entre le 5 et 12 mars 1871, A. Legentil se rend à Paris. Il annonce ainsi son voyage à A. Baudon :

« Je veux voir quel vent souffle du côté de l'archevêché... Je suis d'avis d'aller auprès de Mgr Darboy avec une grande prudence. Il n'y a pas péril en la demeure. Plus les adhésions seront nombreuses, mieux nous serons accueillis. Or, il faut du temps pour cela »[3].

Il voit, « avec beaucoup de difficultés », le chanoine Ernest Lagarde. Il reçoit ensuite un mot de lui qui en substance dit :

« Monseigneur a été entretenu de l'affaire et s'en réfère à la conversation qui a eu lieu. Que votre Comité présente un jour ses intentions. »

Comprenne qui pourra ! Mgr Buquet entre dans le circuit par une lettre que A. Legentil reçoit à son retour à Poitiers.

« Sa Grandeur voudrait qu'on quêtât pour réparer les église dévastées de la banlieue »[4].

Adolphe Baudon est habitué à ce genre de tergiversations :

« Je suis peu étonné des réponses que vous avez reçues à Paris, de M. Lagarde. C'est l'air du bureau. Seulement il me semble qu'il y a là un laissez-passer suffisant et qu'il faut s'en contenter[5].

1. *HSC*, t. I, p. 3 et 4.
2. ASCM.
3. Lettre du 4 mars 1871. ASCM.
4. Lettre de A. Legentil à A. Baudon du 16 mars 1871.
5. Lettre de A. Baudon à A. Legentil du 19 mars 1871. ASCM.

Mgr Georges Darboy, en effet, n'a pas agi comme Mgr Dupanloup ; d'une adhésion personnelle à l'infaillibilité pontificale, manifestée par une lettre du 1er mars 1871 [1], il n'a pas voulu passer au Vœu pour la délivrance du pape. Il était ainsi le dernier des vingt-six évêques français de la minorité du Concile à accepter la constitution *Pastor aeternus*. Charles de Fleury a entendu parler de cette lettre qu'on qualifie de « parfaite », mais regrette de ne pas en avoir eu copie [2]. En l'écrivant, l'archevêque de Paris devait probablement se souvenir de celle qu'il avait envoyée au pape après le *Syllabus* et dans laquelle il disait :

> « Vous venez de signaler et de condamner les principales erreurs de notre époque. Tournez maintenant vos yeux sur ce qu'elle peut avoir d'honorable et de bon et soutenez-la dans ses généreux efforts... C'est à vous qu'il appartient de réconcilier la raison avec la foi, la liberté avec l'autorité » [3].

Une franchise dont Pie IX sut lui tenir gré : le pape prend même sa défense devant Charles et Hubert de Fleury en lui attribuant « la quatrième vertu théologale, la *conciliazione* » [4]. Bien qu'il appartienne à ce catholicisme libéral dont Mgr Maret est le chef de file avec Mgr Ginoulhiac, archevêque de Lyon, sa soumission au pape n'est pas pour lui une démission, mais une façon de vivre sa foi. Comme le primat des Gaules avait accepté le vœu de notables lyonnais, l'archevêque de Paris aurait pu faire explicitement sien celui de leurs homologues parisiens. Quoiqu'il en soit, ces derniers ne lui en tiendront nullement rigueur, non plus qu'à son vicaire général, le chanoine Lagarde.

### *4. Pendant la Commune de Paris*

Les choses désormais se précipitent. Mgr Darboy et l'abbé Lagarde sont arrêtés le 4 avril [5]. Le 13, le vicaire général, chargé d'une lettre pour Adolphe Thiers, part négocier à Versailles la libération de l'archevêque contre celle d'Auguste Blanqui et échoue. Le 19, l'abbé Lagarde reçoit de son archevêque un « court billet de rappel », mais ne revient pas [6]. Les promoteurs laïcs du

1. J. Gadille, *La pensée...*, 1967, p. 23 et 114.
2. C. de Fleury à Hubert, son fils, le 19 mars. ASCM.
3. P. Fernessol, *Pie IX, pape*, P., 1960-1963, t. II, p. 264, n. 23 qui cite Mgr Foulon, *Vie de Mgr Darboy*, P., 1889, p. 329.
4. Lettre de H. de Fleury à son père du 23 mai 1871. ASCM. Non sans humour, puisqu'il n'y a que trois vertus théologales : la foi, l'espérance et la charité. On ajoute parfois la religion, comme en haut du dôme des Invalides, quand il y a quatre angles à décorer.
5. E. Lecanuet, *L'Église...*, 1906, t. I, p. 97-129 ; Dom Gazeau, « Commune » (1949) et G. Wagner, « Darboy » (1952) dans *CHAD*. J. Leflon, « La Commune... », 1971 et J. Gadille, « Georges... », 1971.
6. M. Vuillaume, *Mes cahiers...*, 1909, p. 70, 237.

Vœu suivent les événements. Charles Rohault de Fleury écrit à son fils Hubert, le 30 avril :

« Je suis toujours bien inquiet de mon archevêque et de mon curé [1]. Ce dernier est bien vieux. J'ai peur de ne pas le retrouver. Quant à l'autre, un peu de persécution ne fera pas mal ; je le crois de taille d'ailleurs à la supporter. »

Alexandre Legentil, lui, ne s'accommode pas de cette situation. Il pourvoit Cyrille de Mont de Benque de tracts supplémentaires,

« en lui proposant d'attacher à ce vœu, comme intention spéciale, la délivrance de Mgr Darboy et le rétablissement du culte à Paris » [2].

Adolphe Baudon précise sa pensée en fonction de la situation :

« Quant au vœu, je crois qu'on pourra dire avec vérité à « Mgr Darboy qu'il y a été compris, et qu'il y est, par « conséquent, intéressé personnellement » [3].

Avec l'humour noir de ces messieurs, on pourrait presque dire que l'arrestation de Mgr Darboy est une aubaine pour l'Œuvre du Vœu national : l'archevêque ne pourra qu'y adhérer, une fois libre, car il en aura bénéficié. Mais, voilà ! Le 24 mai, il est fusillé en bénissant ceux qu'il ne voulait pas reconnaître pour ses ennemis irréconciliables ; n'aurait-il pas confié quelques jours plus tôt à Benjamin Flotte, négociateur de la libération d'Auguste Blanqui :

« Croyez-moi, vous n'obtiendrez rien de Thiers. M'aider à me sauver, moi ! Mais vous ne savez pas, vous ne pouvez savoir de quelles haines me poursuivent, jusque dans ma prison, ceux que j'ai combattus toute ma vie » [4].

## 5. *Après la Commune*

Quelques jours avant ses funérailles [5], Charles de Fleury fait en famille son oraison funèbre :

« J'espère qu'à présent on rendra justice à Monseigneur dont les formes pouvaient ne pas convenir à tout le monde, mais dont les services seront, j'espère, connus. Ce n'était pas une place aisée que la sienne, auprès d'un homme dont tous ceux qui l'approchaient avaient la bêtise d'avoir peur. Monseigneur en public avait l'air de faire comme les autres, mais en particulier, il disait la vérité et a empêché bien du mal » [6].

1. Mgr Deguerry, curé de la Madeleine. Voir *CHAD*.
2. M. Bony, *Vie*..., 1893, p. 242. Lettre sans date.
3. Lettre de A. Baudon à A. Legentil, 1er mai 1871. ASCM.
4. M. Vuillaume, *Mes cahiers*..., 1909, p. 72.
5. dont on a un récit par un témoin oculaire dans B. Beltramelli, *Chroniques*..., 1988, p. 84.
6. Lettre de C. de Fleury à Hubert, 3 juin 1871. ASCM.

Les collaborateurs de Mgr Darboy mentionnés plus haut lui ont survécu. L'un, Mgr Louis Buquet, de quelques mois seulement puisqu'il meurt en janvier 1872. L'autre, le chanoine Lagarde, devenu vicaire général honoraire à la fin de 1871, sera directeur spirituel du comité du Vœu national de mai 1875 à sa mort en 1882 [1], à la suite des abbés Langénieux et Jourdan qui connaîtront une plus brillante destinée grâce à Mgr Guibert.

## B. Mgr Guibert

Le 19 juillet 1871, Mgr Guibert (1802-1886) est nommé à Paris en remplacement de Mgr Darboy. Le 18 janvier 1872, il approuve publiquement l'Œuvre du Vœu national. Tout en laissant Léon Cornudet président du Comité de construction, il en devient le véritable promoteur. À ce titre, il mérite une présentation spéciale. Si la vie et l'œuvre du 130e évêque de l'Église de Paris ont suscité quelques opuscules et une biographie, si divers ouvrages parlent de lui à l'occasion, une étude d'ensemble reste à écrire sur ce prélat [2].

### *1. Le disciple du bienheureux Eugène de Mazenod*

La jeunesse ecclésiastique de Joseph Guibert est illuminée par la personnalité d'Eugène de Mazenod (1782-1861), le fondateur des missionnaires de Provence en 1816 [3], béatifié en 1975. Ces derniers se proposent d'évangéliser les paysans et les ouvriers, avant même de se consacrer aux missions lointaines, auxquelles Mgr Guibert pensera toujours [4], et à l'animation des sanctuaires de pèlerinage. Ils seront à leur place dans le sanctuaire de Montmartre (chap. 15). En 1823, le P. de Mazenod accepte d'être vicaire général de son oncle, Charles de Mazenod, évêque de Marseille, auquel il succède en 1837. Il prend comme devise: *Evangelizare pauperibus misit me* [5]. La

1. *BVN*, 1875, p. 490 et nécrologie, *BVN*, 1882, p. 306.
2. Et ce n'est évidemment pas ici qu'on le fera. On se contentera pour tout ce qui ne concerne pas le Voeu national, de renvoyer à: Louis Ress, *Le cardinal*..., 1884, texte écrit du vivant du cardinal; Mgr Perraud, *Oraison*..., 1886; A. Du Saussois, ..., 1887 ; ouvrage à compte d'auteur, de tendance « orléaniste » (voir sa plaquette sur Charles Legentil); E. Jonquet, « Le cardinal Guibert », 1894; J. Paguelle De Follenay, *Vie*..., 1896; le biographe proprement dit. Voir encore A. Foucault, *La Société*..., 1933; Charles Pouthas, *L'Église*..., 1943, fasc. 3; J. Leflon, *Eugène de*..., 1957 et J. Gadille, *La pensée*..., 1967, mais surtout, du même auteur, l'art. « Guibert » (1989) du *DHGE*. Ses *Œuvres pastorales* ont été éditées en quatre volumes (réf. bibl. 1868).
3. J. Leflon, *Eugène*..., 1957 et H. Charbonneau, « Mazenod » (1977) dans *DSAM*.
4. Mgr Perraud, *Oraison*..., 1886.
5. *Luc* 4, 18: Le Seigneur m'a envoyé porter la bonne nouvelle aux pauvres.

congrégation missionnaire et le diocèse de Marseille connaissent une grande expansion sous sa direction. À partir de 1852, à soixante-dix ans, il entreprend la construction d'une nouvelle cathédrale. Le prince-président en pose solennellement la première pierre. Elle aurait dû être dédiée au Sacré Cœur de Jésus, mais cela étonnait encore trop de monde [1]. Mgr Guibert avait lui aussi soixante-dix ans lorsqu'il entreprit la construction du Sacré-Cœur.

### 2. *Un religieux zélé*

Vers 1820, le contact s'établit entre l'abbé Guibert, séminariste d'Aix et le fondateur des futurs Oblats de Marie Immaculée. Il en est le « fils chéri ». Ordonné prêtre en 1825 après être devenu religieux, il prêche des missions pendant trois ans. De 1828 à 1835, il consacre ses efforts apostoliques au sanctuaire de Notre-Dame du Laus, non loin de Gap [2]. Dès ce moment, il manifeste des capacités de restaurateur et de constructeur qu'il gardera toute sa vie : église, résidence ecclésiastique, clocher du Laus. Directeur du séminaire d'Ajaccio (1835-1842), il commence par le reconstruire avant de le remplir. Face à Louis-Philippe, il conseille la modération à Mgr de Mazenod, son père spirituel, prélat de tendance « légitimiste », et entre en contact, à cette occasion, tant avec le directeur des Cultes de l'époque qu'avec Adolphe Thiers, son compatriote aixois et chef du gouvernement.

### 3. *L'évêque de Viviers*

En 1842, il est nommé évêque de Viviers. Son épiscopat est marqué par l'affaire des frères Allignol, deux prêtres qui contestent à l'évêque le droit de changer les desservants des paroisses. Il construit le petit séminaire. En 1850, lors d'un concile provincial, malgré (ou grâce à) ses options « romaines » et non « ultramontaines », il s'oppose à l'adoption de la liturgie romaine et voudrait au contraire promouvoir un bréviaire « national » français non gallican [3]. Cette position marque bien le sens de la catholicité de Mgr Guibert. Celle-ci n'est pas uniformisation. Dans l'unité d'un seul chef visible, le pape, les catholiques peuvent honorer leur nom dans une multitude de liturgies et de spiritualités.

1. Voir Barry Bergdoll, « La cathédrale... », 1985 et *BVN*, 1896, p. 370.

2. Benoîte Rencurel (1647-1718), bergère, bénéficie d'apparitions de Marie près de son village, Saint-Étienne du Laus. Le lieu devint un pèlerinage. Il est toujours fréquenté. Le procès de béatification est réactivé (Florence Brière-Loth, « Le Laus », *Famille chrétienne*, n° 656 du 9 août 1990, p. 49).

3. G. Cholvy, *Histoire*..., 1985, t. I, p. 160.

Mgr Guibert admire et encourage la Société Saint-Vincent de Paul malgré la crainte de voir se développer un certain « laïcisme » au sein de l'Église. Il garde toute sa vie, même comme évêque, un train de vie très modeste. Il nourrit une grande dévotion pour saint Benoît-Joseph Labre auquel il dédiera une chapelle dans la basilique du Sacré-Cœur.

### 4. *L'archevêque de Tours*

Le siège épiscopal de saint Martin l'accueille en 1857. Avec quelques Oblats, dont le P. Rey (futur premier supérieur du sanctuaire de Montmartre), il relance le pèlerinage à l'apôtre des Gaules et envisage de construire une nouvelle basilique. Mgr Jeancard vient le seconder à partir de 1861. À cette époque également, des liens s'établissent entre Mgr Guibert et l'abbé Richard, vicaire général de Mgr Jacquemet, évêque de Nantes. En 1867, l'archevêque de Tours propose pour l'épiscopat ce jeune abbé dont la réputation de sainteté est déjà grande, mais le gouvernement et Mgr Pie s'y opposent. En 1870, Mgr Guibert revient à son idée, et la nomination est faite dans les mêmes circonstances que celle d'Hector d'Outremont, circonstances qu'il n'est pas inutile de préciser, le futur cardinal Richard étant présenté par ailleurs dans le chap. 12.

Une partie du gouvernement de la Défense nationale, dont Adolphe Crémieux, ministre de la Justice, résidait à l'archevêché de Tours et mangeait à la table de l'archevêque[1]. Mgr Guibert dit son étonnement devant l'absence d'un ministre ou, tout au moins, d'un directeur des Cultes. En effet, il est attesté que, de 1863 au 4 septembre 1870, la direction des Cultes (avec Victor Hamille à sa tête) est rattachée au ministère de la Justice. Il est non moins sûr que dans le cabinet Dufaure du 19 février 1871, Jules Simon à l'Instruction publique et aux Cultes nomme en août 1872 Tardif au poste de directeur[2]. Or, entre le 4 septembre et le 18 février, Jules Simon est à l'Instruction publique et Adolphe Crémieux à la Justice. Lequel des deux a hérité de la direction des Cultes ? La remarque de Mgr Guibert prend place dans le flottement lié au gouvernement de la Défense nationale, aux difficultés de coordination entre ses membres et aussi à son anticléricalisme, malgré le général Trochu à sa tête. Le vide fut bientôt comblé et le biographe de Mgr Guibert nous apprend que durant cette période il y eut au moins Crémieux, israélite et franc-maçon, qui se chargea de ces questions de nominations épiscopales,

1. Jacques Gadille classe Mgr Guibert parmi les évêques modérés de la tendance de Mgr Pie.
2. Voir Jean-Michel Leniaud, *L'Administration*..., 1988, p. 103 et 409.

avec l'assistance d'un catholique, M. Silvy [1]. Les « bons rapports » établis à Tours, mentionnés aussi par le biographe de Crémieux, n'empêcheront pas celui-ci de voter contre l'adoption de la loi d'utilité publique du Vœu national en 1873, se souvenant à ce moment là de l'éloge funèbre de l'abbé Grégoire que, jeune avocat, il avait prononcé au cimetière Montparnasse plutôt que de l'hospitalité de Mgr Guibert [2].

L'hiver 1871 est l'époque des démarches de Legentil pour trouver des encouragements épiscopaux. Léon Cornudet lui suggère de contacter l'archevêque de Tours. En fait, il le fera lui-même et en recevra une lettre en date du 2 février 1871 [3]. À son refus de prendre publiquement la tête de l'entreprise, il donne deux raisons, même si à titre privé il approuve de tout son cœur le projet. Quand on fait un vœu, il faut le tenir si on est exaucé, dit Mgr Guibert. Or, dans le cas présent, quand estimera-t-on que la France est sauvée ? À ce jour,

> « nous ne pouvons pas dire que Dieu nous ait trouvés dignes de recevoir de sa main une grâce nationale et publique ».

Donc nous ne sommes pas encore tenus de donner ce que nous avons promis. Est déjà présente ici, avant même qu'il en formule l'exigence en décembre 1871, l'idée de supprimer le caractère conditionnel du Vœu. Le poids des besoins matériels qui se manifesteront après la crise est la seconde motivations de son refus. Il pense que les catholiques devront reconstituer la Propagation de la foi, la sainte Enfance, l'Œuvre de Saint François de Sales, les écoles d'Orient, etc. Il leur faudra mettre en place de nouvelles œuvres de charité.

> « Le denier de Saint-Pierre et les besoins plus grands que jamais du Saint-Père, pouvons-nous les perdre de vue ? [...] Enfin, il y a les frais de la guerre et les conditions si onéreuses du traité de paix ».

Or, construire une église à caractère national n'est pas et ne saurait être une petite entreprise. N'est-il pas lui-même en train d'essayer de reconstruire la basilique Saint-Martin à la demande de certains de ses diocésains ? Cette réponse circonstanciée montre combien il tenait en haute estime Léon Cornudet [4]. Il est à remarquer que l'aspect proprement romain et ultramontain du Vœu, la délivrance du souverain pontife, ne retient pas son attention. Il

1. J. Paguelle De Follenay, *Vie...*, 1896, t. II, p. 444 ; J. Gadille, *La pensée...*, 1967, t. I, p. 283. G. Cholvy, *Histoire...*, 1985, t. I, p. 218. Il y eut un Silvy, conseiller d'État. Est-ce le même ?

2. Voir l'article « Crémieux » dans *CHAD* et surtout Daniel Amson, *Adolphe Crémieux*, 1988, p. 337, 342 et 352.

3. Copie dans les ASCM et *HSC*, t. I, p. 58-59.

4. Ils se connaissaient au moins par la Société Saint-Vincent de Paul. Par ailleurs, une soeur de Léon Cornudet était religieuse de N. D. de la Retraite à Tours (lettre de A. Legentil à H. de Fleury, 18 août 1871. ASCM).

envisage d'emblée la mesure matérielle (le denier de Saint-Pierre) qui permettra au pape de vivre sans les États pontificaux. Cette attitude est à rapprocher de sa position au Concile. Il aurait souhaité que la question de l'infaillibilité pontificale ne fût pas posée. Mais puisqu'elle a été soulevée, alors qu'on la reconnaisse ! De toute façon, il tient à faire savoir en privé, combien

« [il] trouve le projet en lui-même très bon et tout à fait digne de la piété chrétienne, [...] qu'il approuve cette affaire en principe et dans l'intention qui l'a inspirée, [.... ] que l'idée en elle-même est sainte, pieuse, qu'il ne voudrait pas la contredire, qu'il ne s'oppose pas à ce qu'on la propage dans son diocèse [...] Mais il ne veut pas s'en faire le promoteur, l'approuver et l'encourager publiquement. »

## 5. *Mgr Jeancard*[1]

Jacques Jeancard est peu connu. Aussi le classons-nous avec Joseph Guibert puisqu'ils se sont rencontrés au séminaire d'Aix et travaillent ensemble dès qu'ils le peuvent. Ils deviennent l'un et l'autre oblat de Marie Immaculée et participent aux missions en Provence organisées par Eugène de Mazenod[2]. Ce dernier, dans sa restauration du diocèse de Marseille, s'attache les services de Jacques Jeancard comme secrétaire, comme vicaire général et finalement comme évêque auxiliaire en 1858. À la mort du futur bienheureux, en 1861, Mgr Jeancard rejoint Mgr Guibert à Tours. Il l'accompagne au Concile. Dans la correspondance des promoteurs laïcs du Vœu telle qu'on peut la reconstituer partiellement, il apparaît comme un ami avec lequel Charles Rohault de Fleury échange des nouvelles. Il est à Cannes en octobre 1870. En janvier, l'architecte parisien lui envoie un tract du Vœu. Il fait alors beaucoup de propagande en sa faveur. À partir de février et malgré deux lettres de Hubert de Fleury dont une de quatorze pages, son zèle se tarit pour plusieurs raisons : attitude de Mgr Guibert, capitulation de Paris, inquiétudes pour ses neveux et préoccupations matérielles. Il corrige par correspondance les conceptions « un peu aventureuses sur la résurrection des morts » que Charles de Fleury lui avait soumises. Ainsi, lorsque A. Legentil et H. de Fleury chercheront, à partir de l'été 1871, à obtenir l'approbation de Mgr Guibert, archevêque nommé de Paris, cet ami de la famille sera soumis à une certaine insistance de leur part[3].

1. Notice nécrologique dans *SRP* du 10 juillet 1875, p. 55 et lettre de Mgr Guibert du 9 juillet, *SRP* du 24 juillet, p. 104. J. Leflon, *Eugène*..., 1957.
2. En 1834, à l'unisson du P. de Mazenod et de son intérêt pour la doctrine de saint Alphonse de Liguori, il écrit une vie de ce pasteur et théologien si important pour la spiritualité et la morale catholiques en France au XIX$^{e}$ siècle.
3. Lettres du 19 janvier, du 8 et 20 février, du 2, 29 et 30 avril et du 20 décembre 1871.

## 6. *L'archevêque de Paris*

Mgr Guibert semble avoir quitté son siège de Tours à regret[1]. Adolphe Thiers et Jules Simon lui auraient forcé la main pour disposer à Paris d'un archevêque qui s'occupe d'abord de questions pastorales[2]. Il est nommé le 19 juillet 1871, installé le 27 novembre et préside son premier conseil le 4 décembre avec Mgr Jeancard à ses côtés. Il fait contre mauvaise fortune, bon cœur et s'attelle au programme qu'il esquissait dans sa lettre à Léon Cornudet du 2 février 1871, en fondant par exemple dès 1872 avec la maréchale de Mac Mahon l'Œuvre des orphelins de l'archevêque de Paris pour toutes les victimes de la Commune (alors que Thiers en fondait une uniquement pour les seuls soldats victimes de la Commune) et, quelques années plus tard, l'institut catholique de Paris.

Il mène une pastorale conforme à sa devise *Suaviter et fortiter* et suivant la ligne d'un tempérament marqué par la prudence. Tout en obtenant le transfert de la revue des *Études religieuses* à Lyon afin qu'elles puissent y subir l'influence des Pères du Midi et donc du P. Ramière, il témoigne sa confiance envers le P. Matignon (chap. 2); s'il tient très vite à recevoir du P. Gratry, restaurateur de l'Oratoire, une déclaration de soumission aux décrets du récent Concile, il encourage le P. Perraud, jeune oratorien, futur évêque d'Autun et futur cardinal. D'un autre côté, s'il fait adopter la liturgie romaine dans le diocèse de Paris, il évince de l'archevêché les tenants de *L'Univers* (dont il avait déconseillé la lecture à Viviers) au profit de ceux du *Monde*. Il n'aime pas les excès des Assomptionnistes et des Comités catholiques qui se forment sous leur impulsion, mais cependant il présidera leur seconde assemblée pour éviter une dérive du « laïcisme » dans l'Église. Léon Cornudet l'aide à modérer la tendance « ultra » incarnée par Mgr de Ségur. Ses actes épiscopaux jalonnent l'histoire religieuse et politique du début de la troisième République : question romaine, laïcisation de l'enseignement et des hôpitaux, mesures contre les congrégations. Ses protestations, comme celles du cardinal de Bonnechose, toujours respectueuses du pouvoir établi, sont souvent appréciées d'un grand nombre d'évêques.

1. J. Gadille, *La pensée*..., 1967, p. 20.

2. On se demande où David Harvey a trouvé l'idée selon laquelle Mgr Guibert aurait accepté le siège de Paris parce que Thiers lui aurait assuré qu'après la répression de la Commune, il n'y aurait plus de danger pendant vingt ans ? David Harvey, « Monument and... », 1985, p. 218. Est-ce dans la réflexion que Paguelle de Follenay rapporte selon laquelle Mgr Guibert refusait le siège de Paris parce que trois de ses prédécesseurs récents étaient morts de morte violente ?

# *CONCLUSION DE LA PREMIÈRE PARTIE*

Pour une pastorale religieuse, sociale et patriotique à dimension nationale, le Vœu national, initiative de confrères de Saint-Vincent de Paul, est adopté par un évêque vraiment pasteur. En faisant sienne cette promesse de construire grâce à une souscription nationale une église en l'honneur du Cœur de Jésus pour le salut de la France et la délivrance du souverain pontife, Mgr Guibert a voulu poser un acte « patriotique et chrétien ». Il a su reconnaître à travers les laïcs qui lui présentent ce Vœu la volonté et l'approbation d'évêques, de religieux et de laïcs, nombreux et variés. Il voit la possibilité de prendre leur tête afin de manifester la conception catholique de l'influence de l'Église sur la société et plus particulièrement sur l'État. Comme il ne cessera de le répéter jusqu'à la fin de son épiscopat, l'Église s'accommode de tous les régimes politiques, elle cherche à s'unir à chacun d'eux pour que la nation comme telle reconnaisse son vrai chef, le Christ, mais aussi à se distinguer de tous parce que la cité de Dieu n'est pas de ce monde. On parlerait en langage théologique d'une action en vertu d'un pouvoir indirect de l'Église sur l'État, *ratione fidei aut peccati*, en raison de la foi ou des mœurs, quand le salut des hommes est en danger ou lorsqu'il s'agit de les éclairer sur leurs devoirs [1]. Jacques Gadille rappelle l'intérêt qu'il y aurait à utiliser les catégories théologiques élaborées au Moyen Age pour traiter des rapports de l'Église et des questions temporelles, à savoir: le pouvoir direct, le pouvoir indirect et le pouvoir directif [2]. Ainsi, même s'il n'y a, au XIXe siècle, plus un seul partisan du pouvoir direct ou du pouvoir directif au sens strict des mots, sont ici à infléchir ou à écarter les Freppel ou les Ségur, tenants, en quelque sorte, d'une conception subordinatrice des rapports entre l'Église et l'État (on parlerait en ce cas d'un pouvoir direct de l'Église sur l'État), ou les Maret et les Darboy, tenants d'une conception séparatrice de l'État et de l'Église au point de les cantonner, l'État dans le domaine public et l'Église dans le domaine privé (pouvoir directif de l'Église sur l'État). Il reste aux Dupanloup comme aux Pie et donc aux Guibert

1. Cette solution aux rapports Église-État s'est exprimée d'une façon claire lors des affrontements de Boniface VIII et de Philippe IV le Bel vers 1302. Voir dans Denzinger, *Enchiridion*..., la bulle « Unam sanctam », n° 870-875 et art. « Boniface VIII », dans *DTC*. E. Poulat, *Pensée*..., 1988, p. 3, rappelle cette vue des choses. Ces catégories seront souvent employées dans ce travail : voir chap. 27 par ex.

2. Voir Yves de La Brière, « Chrétienté médiévale » » dans *DPCR*, col. 104. On a parlé d'une magistrature internationale des papes au Moyen Age soit en vertu de leur juridiction religieuse en matière spirituelle (le pouvoir direct); soit en vertu de leur droit d'intervenir dans certaines questions temporelles où la conscience morale est intéressée *ratione peccati* (le pouvoir indirect); soit en vertu d'un certain accord tacite des princes et des peuples, par une certaine dévolution du droit public de l'époque, attribuant au pape de Rome un pouvoir directif de haute tutelle morale et paternelle pour le bien commun du monde catholique.

à vivre dans une diversité légitime un rapport « indirect » avec la politique du moment[1] c'est-à-dire un rappel incessant des principes de la théologie morale politique que chacun a à conjuguer avec ses analyses de la situation pour prendre des décisions politiques dont il a à répondre en conscience. Il ne s'agit pas d'une attitude qui ménage les uns et les autres, mais qui établit avec les uns et les autres une relation purificatrice au nom de la révélation divine.

Il reste surtout à Mgr Guibert à entreprendre une œuvre nationale avec tous ceux qui entendront son appel, quelles que soient leurs préférences pour tel ou tel régime. Le Vœu national, pour le nouvel archevêque de Paris, sera non pas au service d'un parti, mais au service de la France qui vient d'être blessée et qui ne peut être vraiment guérie que par son Sauveur (chap. 4) et par l'invocation de son Amour à travers la dévotion à son Cœur (chap. 5 et 6). Il va proposer ainsi une action pastorale nationale à des évêques qui n'ont pas (ou très peu) la possibilité de travailler ensemble (le Concordat et les articles organiques ne leur permettent pas de se rassembler). Tous les évêques viendront par la suite prier ensemble au Sacré-Cœur de Montmartre, lors de leur première assemblée nationale rendue possible par la séparation de l'Église et de l'État.

Mgr Guibert se trouve en présence de laïcs soutenus par des religieux, laïcs qu'il connaît surtout grâce à la Société Saint-Vincent de Paul. Il sait qu'ils n'opposeront pas leur pouvoir à celui des évêques, eux qui ont cherché et finalement obtenu un contact avec leur archevêque parce que, sans lui, ils savaient ne rien pouvoir faire de vraiment catholique. Leur foi leur a même permis de préjuger de son accord et de commencer à faire exister leur œuvre pour qu'elle soit ensuite reconnue par lui. Ces laïcs ne cherchent pas non plus à opposer le pouvoir papal au pouvoir épiscopal. Ils veulent l'un et l'autre parce que l'un et l'autre sont d'institution divine. Par ailleurs, ces messieurs du Vœu national ne confondent pas l'œuvre de la conversion des cœurs et l'action politique. De tendances politiques variées, ils sont bien conscients de la dimension supérieure de la foi, quand bien même ils auraient, sous leur responsabilité propre, à témoigner de cette foi par des décisions et des options contingentes diverses. Ils ne confondent pas leur foi avec un régime politique et refusent de la cantonner dans leur vie privée. On l'a vu et on le reverra à propos de la formation du comité de l'Œuvre du Vœu. On l'a vu aussi à propos de leurs contacts avec les religieux : aide du P. Ramière, oui ; inféodation à sa vision

1. Bernard Haring, *La Loi du Christ*, 1960, t. III, p. 709-713, présente la conception « classique » du rapport Église-État en distinguant Puissance et Pouvoir et en parlant non pas d'un « pouvoir indirect » de l'Église sur les réalités politiques, mais d'une puissance illuminatrice sur celles-ci. N'est-ce pas se rapprocher du « pouvoir directif » ?

politique partisane, non ! Somme toute, l'archevêque de Paris compte sur ces hommes d'œuvres, Alexandre-Félix Legentil et Hubert Rohault de Fleury, en particulier. Avec eux tous, il va pouvoir construire une église nationale au service de la France et de l'Église, ouvrir un grand chantier pour donner du travail à des centaines d'ouvriers, humble mais réelle contribution au problème social en plus de l'enseignement qu'il prodiguait à tous les Parisiens.

# DEUXIÈME PARTIE

# LES IDÉES INSPIRATRICES (VERS 1870)

La présentation dans la première partie des promoteurs du Vœu national au Cœur de Jésus pour le salut de la France et la délivrance du souverain pontife a soulevé (au moins) deux problèmes : le premier concernait les relations de la vie chrétienne avec la vie économique et sociale dans son aspect moderne (rapports des classes de la société, des bourgeois et du peuple, comme disait Alexandre Legentil) et ceci à travers la signification de la Société Saint-Vincent de Paul ; le second problème touchait à la vie chrétienne face à l'État et à la politique. Mais il est d'autres questions modernes qui se posent à propos du Sacré-Cœur : celles de la christianisation des idées de nation ou de patrie et d'individu. La présente partie y est plutôt consacrée. Il s'agit de montrer comment, dans un monde marqué par « l'avènement des nationalités et de la subjectivité », des catholiques ont essayé de purifier ces idées, de leur point de vue, afin de ne pas en faire des absolus ; en ce cas d'ailleurs, il y en a un de trop ! Pour cela, ils ont deux idées inspiratrices : le Christ aime chaque nation en particulier et donc la France ; la dévotion au Cœur de Jésus correspond à une nouvelle étape de l'histoire de cette relation. Ce problème est exposé en trois temps. D'abord, l'idée que les promoteurs se font de leur patrie (et de sa mission dans le monde), de ses péchés et de leur participation à son salut et à sa rédemption (chap. 4). Une description succincte de la dévotion au Cœur du Christ permet de faire le point de la spiritualité des promoteurs vers 1870. Il est question de la vie intérieure (de la subjectivité) du Christ et des fidèles (chap. 5). Le chapitre 6 s'attache à montrer que le salut de la France (et du monde) et la dévotion au Cœur du Christ sont déjà liés avant 1870 dans l'esprit de beaucoup de catholiques. Le Christ manifeste à nouveau son amour à la France par l'extension nouvelle de la dévotion de son Cœur. La consécration de chacun à ce Cœur fait que des Français catholiques (de naissance) deviennent des catholiques français par conviction personnelle (chap. 6).

# Chapitre 4
# La France moderne, ses péchés et son salut

« En présence des malheurs de la France... » Ainsi commence le texte du Vœu qu'Alexandre-Félix Legentil propose pour le salut de la France. Les malheurs ont débuté avec la guerre perdue de 1870 et se sont poursuivis par le siège de Paris. C'était déjà beaucoup et suffisant pour déclencher le Vœu national. Les morts et les destructions de la Commune sont venus cependant les parachever, sans d'ailleurs en modifier ni la forme ni le contenu (voir chap. 7). Imagine-t-on assez l'état d'abattement et de désarroi dans lequel se sont trouvés les Français après ces événements ?

Les Français catholiques qui vont promouvoir le Vœu national avaient une explication des malheurs de la France. Ils découvraient qu'ils étaient dûs à son apostasie. C'est pourquoi il faudra expliciter le rapprochement qu'ils font entre les malheurs de la France et les mesures de sécularisation considérées comme des péchés. Le second Empire avait déçu un grand nombre de catholiques de France qui avaient mis leur espoir dans Napoléon III. Leur désaccord apparut nettement dans la question romaine. Il faut se souvenir qu'en ce temps, l'indépendance des États pontificaux apparaissaient absolument nécessaires à l'exercice du pouvoir pontifical (voir *le Syllabus*). Les catholiques s'aperçurent que Napoléon III défendit mollement le pape, soit à leurs yeux l'un des grands péchés de la France [1]. Il en est de même pour la vague intellectualiste et savante qui se manifestait avec Renan et sa *Vie de Jésus* (1863). Quant à la licence des mœurs, ils la stigmatisaient sous le nom de « fête impériale ».

Alexandre-Félix Legentil et les autres promoteurs du Vœu national auraient pu écrire en tête de leurs mémoires la célèbre phrase du général de Gaulle : « Toute ma vie, je me suis fait une certaine idée de la France » [2]. Cette France pour eux est « comme » une personne que Dieu aime, pour laquelle le Christ est mort, qui peut rendre grâce ou pécher. Chrétienne depuis ce qu'ils considèrent comme sa naissance aux temps de Clovis, elle est pécheresse non repentante depuis le XVe siècle, son entrée dans l'âge adulte, dans les Temps modernes. Il en est d'elle comme des Français qui deviennent catholiques dans leur enfance et qui cessent de l'être à l'âge adulte, non sans faute de leur part. Les promoteurs du Vœu national veulent faire jouer au profit de leur patrie et de leurs compatriotes les richesses du salut éternel anticipées quelquefois sur cette terre par la participation de certains à la rédemption du Christ. Il leur apparut qu'il fallait pour mettre un terme à ces malheurs, se tourner vers Dieu qui ne manquerait pas de trouver une solution à tous ces problèmes. Dès lors on exposera le processus du salut de la France tant dans le Christ que dans les fidèles, d'autant qu'un siècle à peine nous sépare de la rédaction du Vœu et que pourtant il nous semble aujourd'hui comme écrit dans une langue presque étrangère. Mots et expressions doivent en être expliqués soigneusement.

1. Il est un peu succinct de dire que pour les catholiques la défaite et la Commune sont des châtiments de Dieu pour l'abandon de Rome. Voir, par exemple, François Furet, *La Révolution*..., 1989, p. 491. Il y a bien d'autres causes à leurs yeux. Voir ci-dessous.

2. Charles de Gaulle, *Mémoires*..., 1954, t. I, p. 1. D'ailleurs il serait certainement aisé de montrer que le général de Gaulle a adopté les valeurs patriotiques du milieu catholique de son enfance, modelé par des jésuites avec lesquels son père travaillait et qui ressemblent fort à ceux dont il est question dans ce travail.

# *I. LA FRANCE COMME « PERSONNE » A UNE MISSION UNIVERSELLE*

## A. La naissance de la France au XVᵉ siècle

Les promoteurs du Vœu national tiennent à fonder leur idée de la France sur des témoignages passés. Même si la démarche généalogique est assez hypothétique, essayons d'en relever certains. Ils cherchent même parmi les auteurs étrangers. Le P. Alet n'hésite pas, il en est même heureux, à citer un hymne latin du protestant écossais Georges Buchanan qui dès le milieu du XVIᵉ siècle exalte la France et la considère comme une personne.

> « Je te salue, heureuse France, riante mère des beaux-arts ! [...] Jamais, ô France ! tant que je vivrai, mon cœur ne cessera de t'aimer et de t'honorer comme une seconde patrie ! » [1].

Cette référence faite par un auteur du XIXᵉ siècle à un auteur du XVIᵉ manifeste son idée que la France comme telle est née à cette époque, à la fin du Moyen Age. Cette idée est assez répandue en ce grand siècle historien qu'est le siècle précédant le nôtre. Un philosophe qui a eu une grande influence sur les catholiques de son siècle s'en fait l'écho. Louis de Bonald écrit :

> « Au XVᵉ siècle la société sortit de l'enfance. Les passions s'éveillèrent, toujours plus avancées que la raison ; elles firent irruption dans les esprits, et rejetèrent, comme trop sévères, les doctrines qui avaient présidé à l'éducation du premier âge » [2].

Les études récentes confirment cette intuition. Colette Beaune parle pertinemment, avec une abondance de textes, de la *Naissance de la nation France* à cette époque charnière du XVᵉ siècle, même si on parle du royaume de France depuis le XIIIᵉ siècle. Dès lors on passe « de l'image à la personne » pour parler de la France [3].

1. Victor Alet, *La France...*, 1889, p. 18-20. Il cite *Georgii Buchanani poemata*, Lugd. Batav., ex offic. Elzeviriana, A° MDCXXVIII, p. 305.
2. Louis de Bonald, *Démonstration...*, 1830, p. 411.
3. Colette Beaune, *Naissance...*, 1989, p. 314-318.

## B. La personne France aux XVIII<sup>e</sup>-XVIII<sup>e</sup> siècles

Les catholiques du Vœu national ont puisé aussi dans les auteurs du XVII<sup>e</sup> siècle pour parler de la France. Sous la plume de Pierre de Bérulle, dont les *Œuvres complètes* sont rééditées en 1856 et dont les nouveaux Oratoriens diffusent la pensée auprès de Charles Rohault de Fleury par exemple (voir chap. 1), il est question dans la dédicace au roi de sa *Vie de Jésus* « d'offense à la France » et de « bonheur de la France » [1]. Certes, cela fait penser à la façon dont l'Antiquité parle de Rome, et il faudra justement discerner en quoi nos catholiques « modernes » ne font pas de la patrie une idole. En attendant, à l'autre extrémité du grand siècle, Bossuet, que l'initiateur du Vœu national lisait assidûment [2] donne les principes d'une théologie *politique tirée des propres paroles de l'Écriture sainte* qui concerne à la fois l'humanité et la patrie. Il est très clair sur le premier point.

> « Le partage des biens entre les hommes, et la division des hommes mêmes en peuples et en nations, ne doit point altérer la société générale du genre humain. »

Cependant, en citant saint Augustin, il rappelle que si un bien universel doit l'emporter sur un bien particulier, le premier n'exclut cependant pas le second :

> « Mais comme on ne peut pas également servir tous les hommes, on doit s'attacher principalement à servir ceux que les lieux, les temps et les autres rencontres semblables nous unissent d'une façon particulière comme par une espèce de sort » [3].

C'est pourquoi, Bossuet développe l'article « De l'amour de la patrie » [4]. Les justes de l'Ancien Testament, Jésus-Christ, les apôtres et les premiers fidèles ont toujours été de bons citoyens. Soit directement à partir des œuvres du précepteur du dauphin auquel il promettait un *Discours sur l'histoire de France* faisant suite à son *Discours sur l'histoire universelle*, soit par un Mgr Pie, (ou tout simplement par l'enseignement commun de l'Église) un Legentil a pu se forger l'idée que le rapport de chacun au Christ n'est pas qu'un rapport individuel, mais un rapport sociétaire tel que, comme dit Bossuet rapporté par l'évêque de Poitiers :

1. Voir Pierre de Berulle, *Œuvres*..., 1629.
2. P. Bony, *Vie*..., 1893, p. 65.
3. Bossuet, *Politique*..., 1709, p. 29 et 32.
4. Même si ce mot recouvre au XVII<sup>e</sup> siècle autant sa ville ou sa province natales que la France. Voir à ce propos au chap. 6 l'interprétation par les Visitandines du XIX<sup>e</sup> siècle d'une lettre de la bienheureuse Marguerite-Marie. Voir surtout V. -L. Tapié, « Comment les Français du XVII<sup>e</sup> siècle voyaient la patrie », p. 36-58 et Roland Mousnier, auteur de la conclusion, p. 131-136, de « Comment les Français voyaient la France au XVII<sup>e</sup> siècle » dans le *Bulletin de la Société d'études du XVII<sup>e</sup> siècle*, n° 25-26, 1955.

« Le Christ ne règne pas...si les peuples cessent de rendre à Jésus-Christ... un hommage national »,

c'est-à-dire si la France comme telle ne reconnaît pas sa souveraineté [1]. La patrie que l'on doit aimer pour l'amour de Dieu constitue comme une personne qui, à son tour, en ceux qui détiennent la souveraineté, doit aimer Dieu, en quelque sorte. Sous Louis XIV, comme dit Paul Hazard,

« la France est une personne morale ; sa volonté d'unité, sa volonté d'expansion se succèdent en vertu d'une logique qui devient de plus en plus consciente » [2].

De cette époque, date l'idée d'une mission européenne et même universelle de la France qui se répand pendant tout le XVIIIe siècle.

## C. La personne France au XIXe

Pendant la Révolution et au XIXe, chez les romantiques, personne ne doute que la France soit comme une personne qui doit jouer un premier rôle dans l'Histoire. On pense souvent que les catholiques du XIXe reçoivent exclusivement cette idée de Joseph de Maistre ou de Louis de Bonald. Certes, elle se trouve chez eux. Le P. Alet mentionne plusieurs fois le premier [3]. Pour l'auteur des *Considérations sur la France*, qui, à ce propos, cite Grotius, la France est le « plus beau royaume après celui du ciel » [4]. Pour Louis de Bonald, elle est « l'aînée de toutes les sociétés, elle qui avait étendu sur toute l'Europe la domination de sa langue, de ses arts, de sa littérature, de ses exemples » [5].

Mais, comme le fait remarquer le cardinal de Lubac, cette idée d'une mission de la France se trouve également chez Auguste Comte, Edgar Quinet [6], Jules Michelet [7] et Philippe Buchez. Or l'on connaît moins la postérité de ce

1. Jacques Gadille, *La pensée*..., 1967, t. I, p. 51, cite Mgr Pie citant Bossuet.
2. Paul Hazard, *La crise*..., 1961, p. 52.
3. Victor Alet, *La France*..., 1889, p. 11 et 32 ; *MCJ*, 1871, p. 302. Le *Bulletin* gratuit de mai 1882, p. 23 y fait allusion.
4. Joseph de Maistre, *Considérations*..., 1792, p. 39 et n. 33, p. 105. Note de Maistre : « Grotius, *De jure belli ac pacis*. Epist. ad Ludovicum XIII. » Note de Jean Tulard : Référence au célèbre traité sur le droit de la paix et de la guerre dédié à Louis XIII qui l'avait accueilli en France, par le jurisconsulte hollandais Grotius, en 1625.
5. Louis de Bonald, *Démonstration*..., 1830, p. 412.
6. Voir chap. 29, sa critique de l'histoire de France du XIXe siècle.
7. Pour Michelet, la « personne » France comme le Christ par le passé est un intermédiaire entre Dieu et l'humanité ; elle est une religion. Elle a le génie du sacrifice. On ne saurait mieux dire qu'elle remplit une fonction « messianique ». Henri de Lubac, *La postérité*..., 1982, p. 141, n. 1. La patrie hérite aussi de Marie par Jeanne d'Arc : « Marie, la Vierge secourable des batailles que les chevaliers appelaient, attendait en-haut, Jeanne fut ici-bas [...] Dernière figure du passé, elle fut aussi la première du temps qui commençait. En elle, apparurent à la fois la Vierge...et déjà la Patrie » (Jules Michelet, *Le Moyen Age*..., 1844, p. 419 de l'éd. citée. Emile Coornaert, *Destins*..., 1977, p. 38 et 121, n. 2, dit pertinemment : « Michelet est amoureux de la « personne » France ».

dernier parmi laquelle on peut mettre Ozanam (et donc la Société Saint-Vincent de Paul), le P. Olivaint (et par lui les « Pères de Paris »), le P. Lacordaire (et donc les nouveaux Dominicains) et le P. Gratry (du nouvel Oratoire). Autrement dit, tout le milieu parisien des Legentil et des Rohault de Fleury. Une « certaine idée de la France et de sa mission universelle » au XIXe siècle n'est nullement l'apanage du courant traditionaliste. Bien des personnalités libérales ou révolutionnaires de l'époque et leurs disciples l'avaient adoptée [1]. Ainsi devine-t-on l'héritage chez les promoteurs du Vœu national d'un véritable amour de la patrie, même si, le patriotisme avait pour eux un air lié aux révolutions du siècle. Patriotes, ils le sont eux aussi, mais patriotes chrétiens, fils d'une France qui peut pécher, puis se convertir au Christ.

## *II. LES PÉCHÉS DE LA FRANCE MODERNE*

Il est difficile, et comme cela serait intéressant pourtant, de savoir si les promoteurs du Vœu national ont déduit d'une connaissance objective des péchés de la France moderne les malheurs nationaux de 1870 (nous avons péché, donc il est normal que nous soyons malheureux) ou si, à partir des malheurs dont ils faisaient l'expérience, ils se sont mis à la recherche de péchés nationaux passés (nous sommes malheureux, donc nous avons péché) ou bien s'ils ont vécu l'imbrication des deux. Quoiqu'il en soit du sens de l'examen de conscience qui se produit vers l'automne 1870, il est apparemment semblable à celui que des catholiques ont fait après la Révolution et tout au long du XIXe siècle (après 1848, en particulier, pour un Legentil, voir chap. 1), à ceci près qu'il intègre le second Empire. Sans préjuger de leur évolution psychologique et spirituelle, on peut collecter les jugements que certains ont porté sur les péchés publics passés de la France moderne [2].

1. Henri de Lubac, *La postérité...*, 1982, t. II, p. 119-120, 141, 289-290.

2. Comme sources antérieures à 1870 ayant pu influencer les promoteurs du Vœu national, nous avons trouvé entre autres l'*Histoire de l'Église* de l'abbé Rohrbacher (Réf. 1842) qui se trouvait complète au Sacré-Cœur de Montmartre avec *Le Messager du Cœur de Jésus* et le *Bulletin du Vœu national*. Sur cet historien-théologien, disciple de Lamennais, un travail passionnant semble avoir été fait : Richard F. Costigan s. j. – *Rohrbacher and the Ecclesiology of Ultramontanism*. Università Gregoriana Éditrice, Rome 1980, 263 p. L'auteur s'est contenté cependant à ce jour de la recension du P. Vallin dans *RSR*, t. 71, 1983, p. 396-397. L'abbé Guillaume d'une part et Joseph Chantrel (voir chap. 10) d'autre part ont proposé un complément pour 1848-1870. Voir réf. en 1842.

## A. Le péché de Charles VII

Une sorte de péché originel de la France chrétienne est à trouver dans la pragmatique sanction de Bourges (1438), promulguée par Charles VII et reconduite par Louis XI. Malgré le cadeau du ciel qu'était Jeanne d'Arc qui « sauve la France et envers qui la France ne s'est pas acquittée de tout son devoir », le roi par cet acte faisait une sorte de schisme, d'acte d'autorité abusif et unilatéral par rapport au pape, représentant du ciel sur la terre. Louis XI fait dès lors figure d'un « praticien accompli de la politique moderne, qui est déjà vieille »[1]. Le gallicanisme est né en même temps que la France moderne. Le continuateur de l'*Histoire ecclésiastique* (1727) de l'abbé Fleury, historien gallican s'il en est, vivement pris à partie par l'abbé Rohrbacher, historien ultramontain du siècle suivant, ne s'y trompe pas : l'acte de naissance de l'Église gallicane, de l'Église liée à la France naissante, est bien la pragmatique sanction dont il fait le plus grand cas et dont il regrette la destruction par le Concordat signé entre François Ier et Léon X[2].

## B. Le péché de Louis XIV

Si le Concordat de Bologne (1516) sauve le principe de l'unité de l'Église, son application laisse à désirer. Selon le P. Léonard Cros, on peut estimer que le gallicanisme pratique des XVI^e^ et XVII^e^ siècles aboutit à la Déclaration du clergé de France dite Déclaration des Quatre Articles. Celle-ci qui devient loi du royaume au temps de Louis XIV équivaut à une sorte d'apostasie du royaume de France[3]. De cet acte royal, le P. de Bussy tire des analyses et souligne la corruption du siècle de Louis XIII et Louis XIV autant que sa grandeur. Le manuscrit du P. de Bussy de 1822, publié dans l'été 1870 par le P. Cros dans *Le Messager du Cœur de Jésus* est très clair à ce sujet.

> « En 1682, Louis XIV aurait-il cru le sage et courageux prophète qui lui aurait parlé en ces termes : « Sire, prenez garde, vous donnez aux siècles à venir de tristes exemples. Fils aîné de l'Église, vous menacez le Père commun de tous les fidèles ; eh bien ! vos sujets sauront vous imiter un jour, et ils méconnaîtront à leur tour l'autorité de leurs rois.

1. Abbé Rohrbacher, *Histoire*..., 1842, t. 21, p. 282-407, 585-587 ; t. 22, p. 108-111.
2. Abbé Fleury, *Histoire*..., 1727, t. XXII, p. 199-206.
3. Sur le P. Cros, remarque communiquée par le P. Vallin à partir du livre : J. E. Laborde, *Un apôtre de l'eucharistie – Le P. Léonard Cros de la Compagnie de Jésus*, Toulouse, 1921. Voir Paul Duclos, *Dictionnaire*..., 1985, p. 80.

Vous armez l'épiscopat français contre le souverain Pasteur; et, pour satisfaire votre orgueil irrité, des pontifes prévaricateurs tracent autour du chef unique de la chrétienté des bornes qu'on lui défend de dépasser; eh bien! vous serez mesuré avec la même mesure»[1].

L'abbé Rohrbacher développe la même idée: les germes d'une dissolution politique et d'une dissolution religieuse se développent en ce XVII<sup>e</sup> siècle[2]. Le gallicanisme se prétend une option légitime opposée à l'ultramontanisme. En fait, il est tout simplement opposé au catholicisme et détruit l'unité organique de l'Église. Le roi qui met au centre de son palais sa chambre à coucher et non une chapelle montre par là le peu de cas qu'il fait de l'Église fondée par Jésus-Christ. Pour les catholiques du XIX<sup>e</sup> siècle, le grand siècle est donc aussi «l'éblouissant début du déclin»[3], le grand tournant du mal français, non par excès d'un catholicisme selon le concile de Trente, mais par défaut. La volonté hégémonique de l'État louis-quatorzième sur l'Église, comme celle qui s'exerça sur les protestants par la révocation de l'édit de Nantes, signe son échec et annonce la Révolution qui veut remplacer le roi par la loi.

## C. Les péchés de la Révolution et du XIX<sup>e</sup> siècle

### 1. *La France et l'Église*

Il est inutile d'insister sur le fait que la constitution civile du clergé et toutes les mesures de déchristianisation conformes à l'esprit des Lumières sont faciles à considérer comme autant de péchés publics qui ne peuvent que porter atteinte à la France chrétienne. Si le Concordat de 1802 met un peu de baume sur la plaie de cette France, les articles organiques, jamais acceptés par Rome, le vident pratiquement de son sens et manifestent que l'État souverain de ce pays ne veut pas reconnaître vraiment la souveraineté du Christ sur lui. Les frères de Louis XVI, puis Louis-Philippe et Napoléon III n'améliorent pas le dispositif.

Se pose alors le problème des États pontificaux et de l'avènement de l'Italie comme État et comme nation en quête de son unité. La remise en question

1. P. Louis de Bussy, «L'Unique Sauveur de la France», dans *MCJ*, 1870, t. 48, p. 146.
2. Abbé Rohrbacher, *Histoire...*, 1842, t. 26, p. 414
3. Alain Peyrefitte, *Le Mal français...*, 1976, p. 103-105.

d'une façon unilatérale de la situation millénaire du Saint-Siège blesse terriblement les catholiques. Pour les personnalités qui nous intéressent, la politique de Napoléon III en ce domaine est le signe « d'un règne absurde et corrompu ». Sa politique a abouti aussi bien aux malheurs de l'Église qu'à ceux de la France[1]. La France avait péché en ne s'empressant pas de défendre le pape, en n'étant pas la garante de ces conditions politiques nécessaires à la liberté du souverain pontife et dont les modalités matérielles paraissaient intangibles.

Mais au problème des rapports de l'Église et des États modernes s'ajoutent surtout les problèmes sociaux et économiques : le refus de considérer le mariage catholique comme mariage civil ; la célèbre « fête impériale » avec son opéra, lequel ne faisait que traduire aux yeux des membres de la Société Saint-Vincent de Paul la méconnaissance des pauvres. Il y avait aussi le non respect du repos du dimanche et les blasphèmes qui les choquaient beaucoup. Le cas de l'Œuvre de la sanctification du dimanche et de la réparation des blasphèmes, dite de la sainte Face, dont Charles Rohault de Fleury s'occupe autour de 1870 et dont une section sera fondée à Montmartre (voir chap. 15) est assez typique de la réflexion sur les péchés de la France[2].

## 2. *La Face du Christ et la face de la France*

La sœur Marie de Saint-Pierre, carmélite à Tours (1816-1848), est à l'origine de l'Œuvre de la sainte Face[3]. Elle vivait et visait la réparation des blasphèmes et de la profanation du dimanche dans le cadre d'une dévotion à la sainte Face du Christ outragée par la « face hideuse » de la France qui méconnaissait, sous la monarchie de Juillet, la loi du Christ. Elle écrit :

> « Alors, toute saisie, j'ai dit : « Mon Seigneur, permettez-moi de vous demander : si on vous fait cette réparation, pardonnerez-vous encore à la France ? » Il m'a répondu : « Je lui pardonnerai encore une fois ; mais remarquez-le bien : une fois. Et comme ce péché de blasphème s'étend sur toute la France et est public, il faut que cette réparation s'étende sur toutes les villes de France et soit publique. Malheur à celles qui ne feront pas réparation ! »

Plus loin, elle écrit encore

> « La face de la France est devenue hideuse aux yeux de mon Père ; elle provoque sa justice ! Offrez-lui donc la Face de son Fils qui charme son cœur, pour attirer sur cette

1. Lettre de Charles Rohault de Fleury à son fils Hubert en date du 6 novembre et du 4 décembre 1870. ASCM. Voir aussi le jugement sévère du P. Alet (*La France*..., 1889, p. 38).

2. On aurait aussi bien pu présenter la Confrérie des dames de Sainte-Geneviève (chap. 13 et 23) ou l'Œuvre de l'adoration nocturne (chap. 17) dont les préoccupations réparatrices nationales sont importantes.

3. Dom Oury, « Une des sources de sainte Thérèse de Lisieux. . », dans *Esprit et Vie*, 22 mai 1886. Il a aussi publié sa biographie (Solesmes, 1982).

France sa miséricorde ; sans quoi elle sera châtiée. Là est son salut ! C'est-à-dire en la Face du Sauveur. Voyez quelle preuve de ma bonté pour la France, qui ne me paie que d'ingratitude. »

Cette ingratitude est le fait d'hommes « sectaires qu'on appelle communistes » pour lesquelles la sœur doit faire réparation en 1847-1848[1]. Sur ce, l'archevêque de Tours, Mgr Morlot, lui refuse l'érection d'une confrérie et interdit la communication de ses écrits. Dans le diocèse de Langres, au contraire, fort de l'approbation donnée en 1843 par Grégoire XVI a de telles confréries, Mgr Parisis, en 1847, laisse se fonder à Saint-Dizier, à la demande de la carmélite, une œuvre qui encourage les fidèles à

« réparer l'outrage fait à Dieu par les blasphèmes et par la profanation du dimanche et des jours de fête ; et travailler à l'extirpation de ces deux péchés si scandaleux[2]. Chaque associé se propose fermement de ne jamais proférer ni blasphèmes ni imprécations, et de ne jamais travailler le dimanche sans nécessité et sans permission. Ceux qui ont quelque autorité sur les autres [...] font tous leurs efforts pour empêcher leurs subordonnés soit de blasphémer, soit de profaner le dimanche. Les associés qui, sans pouvoir l'empêcher, entendront proférer des blasphèmes ou verront profaner le dimanche s'empresseront d'en faire amende honorable à la Majesté divine. À cet effet, ils pourront dire ces paroles de louange ou d'autres semblables : Dieu soit béni ! Béni soit son saint nom ! Que votre nom soit sanctifié ! »[3].

Si l'on s'est un peu étendu sur cette confrérie et si l'on a anticipé la description du remède que les catholiques tentent d'apporter aux conséquences des péchés de la France, c'est que dans ce cas précis sont réunis des éléments typiques : la Face du Christ se tourne vers la Face de la France au sens où une personne se tourne vers une autre personne, les péchés publics défigurent la face de la personne France et il faut que le fidèle présente, lui, pour les pécheurs une face purifiée en union avec la Face du Christ tournée vers son Père.

## D. Autour de 1870

On comprend dans ces conditions que si un Legentil, par sa culture, avait présent à l'esprit tous ces « péchés » de la France moderne, il pouvait penser

1. Louis Van Den Bossche, *Le message de sœur Marie de Saint-Pierre*, Tours, 1953, p. 92-93, 128-129, 146-147 cité par l'abbé Georges de Nantes, *La Contre-Réforme catholique*, déc. 1988, n° 249, p. 15.
2. Voir P. Glotin, « Réparation », col. 399, (1987) dans *DSAM*.
3. F. Beringer, *Les indulgences*..., 1905, t. II, p. 115. Léon Dupont se fait le propagandiste de la dévotion à la sainte Face. L'interdiction touchant les écrits de la sœur Marie de Saint-Pierre est levée en 1875. Suite au chap. 18.

et écrire que la France était une apostate et les Français, des apostats [1]. Le P. Monsabré est toujours un bon écho de leur pensée :

> « Voilà près de cent ans que nous nous épuisons en efforts sacrilèges pour sortir de l'héritage du Christ. Nous avons soustrait nos institutions nationales aux influences de sa loi sainte ; pour notre compte personnel, nous avons refusé d'obéir à cette loi ; nos mœurs sont devenus un public outrage à toutes les vertus chrétiennes, particulièrement à celles qui font les peuples forts » [2].

Le péché essentiel de la France, à leurs yeux, est la mise en place d'un État qui, quel qu'en soit le régime politique, prétend être totalement indépendant de la révélation manifestée dans l'Église. « La bourgeoisie parisienne et le peuple » [3] ont péché, écrit Alexandre Legentil. En ses différents régimes politiques, surtout au XIXe siècle, la France a apostasié, c'est-à-dire qu'elle a renié le Christ et Dieu sous la pression de l'esprit du monde moderne et a sacrifié aux idoles de toujours, la richesse par exemple.

Une telle interprétation de la politique ou du phénomène de sécularisation ne laisse pas d'être risquée, car qui peut juger en définitive le cœur des uns et des autres ? Certes, c'est une chose qu'aux yeux des catholiques ces mesures soient jugées comme des désordres par rapport au dessein de Dieu sur la société, mais c'en est une autre que de considérer ces désordres comme des péchés, c'est-à-dire des refus conscients et délibérés du vrai Dieu, connu comme tel, par les initiateurs de la sécularisation. La dénonciation du péché public est faite sous la réserve du for interne.

1. De l'apostasie des Français, Legentil écrit en 1881 : « Dans une société créée en plein christianisme, l'homme en naissant respire une atmosphère chrétienne. Il est baptisé ; presque toujours il apprend son catéchisme, se confesse, fait sa première communion. Quand il perd la foi, après avoir reçu tant de grâces, ce n'est pas un incrédule ; c'est un apostat. Quoi d'étonnant alors qu'il s'élève dans certaines âmes, contre Dieu et contre son Église, ces rages frénétiques dont nous ne voyons que trop souvent les effets ! C'est ce qui est arrivé aux démons, aux premiers apostats. Mais le démon ne peut être déchaîné que pour un temps. Prions avec ardeur pour que ce temps s'abrège » (Alexandre Legentil, « Rapport... », *BVN*, 1881, p. 749). Cette analyse est celle des temps de persécutions. Il est difficile de juger les cœurs, surtout ceux de ses ennemis. Ce qu'il y a de juste du point de vue de la doctrine catholique, c'est que s'il y a vraiment eu foi chez quelqu'un, le rejet et la perte de la foi sont les conséquences d'actes libres et responsables. Mais A. Legentil peut-il supposer la foi chrétienne à un moment de la vie de ses contemporains à partir seulement de leur formation chrétienne ?

2. P. Monsabre, *Discours*..., 1872, p. 13. Les PP. Toulemont et Marquigny ne tiendraient pas d'autres propos dans les *Études*, 1872, avril, p. 523-526 ; déc., p. 801s. Références aimablement communiquées par le P. Vallin. La France révolutionnaire oublie, pire, renie son baptême.

3. Lettre d'Alexandre Legentil à Joseph Marcotte en date du 14 mai 1871 : « En ce moment, la bourgeoisie parisienne est punie du mal qu'elle a laissé faire ; il faut aussi que le peuple soit puni, sévèrement puni, du mal qu'il a fait et qui augmente chaque jour. » ASCM.

## *III. LE SALUT DE LA FRANCE, ŒUVRE DE JUSTICE, DE MISÉRICORDE ET DE LIBERTÉ*[1]

Le Christ est le sauveur de chaque homme et de toute l'humanité. Le rétablissement qu'il opère de la communion de l'homme avec Dieu rétablit celle des hommes entre eux. À ce titre, il est le sauveur de chaque homme et de chaque communauté. C'est pourquoi, en particulier, il est le sauveur de chaque Français et de la France, mais aussi, cela sera souligné à propos de la souscription, de chaque artiste et de l'art, de chaque commerçant et du commerce, de chaque militaire et de l'armée, etc. Le Christ est la tête, le chef ou le roi de tous ces individus et de toutes ces communautés. En attendant qu'au jugement particulier pour chacun et au jugement général pour tous, chacun et tous le reconnaissent (pour le meilleur ou pour le pire), il donne à certains de faire à leur niveau, ce qu'il a fait au sien. C'est comme cela qu'il faut d'une part regarder l'œuvre du Christ pour tous et pour chacun, puis l'œuvre des chrétiens pour eux-mêmes, pour les autres et pour les collectivités auxquelles ils appartiennent.

### A. Le salut de la France, œuvre du Christ

#### *1. Le salut, œuvre d'amour du Christ dans la justice*

Le Vœu national est fait pour le salut de la France. Une fois celle-ci sanctifiée et en bonne santé, elle assumera sa fonction auprès de l'Église et du pape. Mais pour cela, il lui faut un sauveur, car il est entendu qu'elle ne peut pas par ses propres moyens se sortir du mauvais pas dans lequel elle s'est mise. Ses péchés contre Dieu, pour être des actes finis, n'en ont pas moins atteint Dieu d'une façon infinie et seul Dieu peut lui-même la conduire au salut, c'est-à-dire à lui. Cela se réalise par le Christ.

1. Ces trois catégories sont celles du P. Lacordaire dans un sermon de 1850 intitulé « De la réparation ». Voir H. Lacordaire, *Conférences*..., 1850 et commentaire de l'auteur (1986). Le P. Monsabré, quarante ans plus tard, ne renie pas cette problématique. Il s'agit de la justice et de la miséricorde divines d'une part et de la liberté humaine, fruit de l'action créatrice d'autre part, unies en l'Homme-Dieu. Peut-être pourrait-on déceler un moindre équilibre chez lui que chez le restaurateur de l'ordre de saint Dominique ?

« S'il faut des actes divins pour réparer, d'une manière digne de Dieu, l'ingratitude d'un pécheur qui a cessé de l'aimer, combien plus, mes frères, pour réparer l'ingratitude d'un grand peuple. Mais, soyez tranquilles, il y a dans le Cœur de Jésus-Christ des torrents d'amour qui jaillissent jusqu'au lieu sacré où s'allument les colères d'un Dieu outragé, pour les apaiser et les éteindre. La grande voix de ces eaux mystérieuses étouffe le bruit de nos blasphèmes, et leurs flots propices couvrent la multitude de nos péchés » [1].

Le Christ est ainsi le sauveur de la multitude, de l'humanité tout entière, mais d'une humanité créée et organisée en nations, avec des têtes, c'est-à-dire avec des chefs et divers responsables. Il est pour les promoteurs du Vœu national leur sauveur par son obéissance au Père vécue dans un cœur humain connaissant les souffrances consécutives aux péchés, aux manques de communion avec Dieu qui est la vie de ses créatures. Les auteurs amis du Vœu national le répètent :

« Il faut être Dieu pour réparer l'outrage infligé à un Dieu. Notre-Seigneur Jésus-Christ seul peut satisfaire dignement à la justice divine » [2].

En effet seul le Christ, vrai homme et vrai Dieu, en conservant librement en son humanité la communion avec son Père au sein des « justes rigueurs » que sont la souffrance et la mort, fruits du péché, a pu vaincre le péché proprement dit, le refus injuste de la créature de vivre en communion avec son créateur.

## *2. Le salut, œuvre d'amour du Christ dans la miséricorde*

La croix du Christ a deux versants tout comme l'œuvre des chrétiens dont il sera question plus loin. Le P. Monsabré précise :

« Ce premier devoir accompli [3], vous aurez arrêté les coups de la justice divine, et vous serez prêts au second amour dont il me reste à vous parler, et qui doit achever notre salut et notre régénération. »

Le prédicateur de Notre-Dame est lyrique. Il tient à manifester l'amour de Dieu dans la miséricorde qui veut donner aux pécheurs et aux nations la possibilité de se convertir.

1. P. Monsabré, « Discours lors de la bénédiction de la basilique », *BVN*, 1891, p. 364. On a reconnu au passage l'argument de saint Anselme adopté par la théologie latine de la Rédemption. Sa contestation et sa justification seront entreprises au chap. 28. Rappelons seulement qu'au premier concile du Vatican, la « satisfaction vicaire » devait être définie comme le moyen objectivement et souverainement efficace de rétablir entre Dieu et les hommes les rapports qu'avait rompus le péché, contre une conception seulement moralisante de la Croix qui ne voyait en elle qu'une leçon (J. Rivière, « Rédemption » dans *DTC*, col. 1920).
2. P. Lejeune, « Introduction », p. 31, dans V. Alet, *La France*…, 1889 (1910).
3. C'est-à-dire l'œuvre de salut comme amour dans la justice.

« Les eaux jaillissantes s'élèvent en gerbes impétueuses vers le ciel et retombent en pluie bienfaisante sur la terre pour la rafraîchir et la féconder. Tel est l'amour qui jaillit du Cœur sacré de Jésus. Il monte jusqu'au trône de Dieu pour rendre hommage à sa très haute majesté et apaiser sa justice, entraînant avec lui l'amour pénitent des vrais adorateurs ; il redescend sur la terre, et nous y ramène, pour consoler et restaurer l'humanité par une opulente germination d'œuvres d'amour » [1].

Ce versant de l'œuvre du Christ est celui que la dévotion du Cœur du Christ met le plus en valeur. Il a semblé à certains qu'il remplaçait le premier [2]. Il n'en est rien, tout au moins dans la mentalité des promoteurs du Vœu national. Les deux aspects de l'unique attitude de Dieu à l'égard de ses créatures peuvent se distinguer, non s'opposer. Certes il faut cependant reconnaître que le couple justice-miséricorde est utilisé quelquefois comme si la justice n'était pas miséricordieuse et que la miséricorde n'était pas juste. Un ecclésiastique conseille le jeune Alexandre Legentil :

« Conduisez-vous à l'égard de Dieu comme un enfant se conduit à l'égard d'un bon et tendre père ; car nous devons le considérer plutôt comme tel, que comme un rigide et inexorable scrutateur » [3].

Adulte, Legentil écrit des pages que nous citons intégralement en pièces justificatives et qui se concluent ainsi :

« L'exercice de cet immense amour [du Fils] ne s'arrête que devant deux choses : l'intérêt de la gloire et de la justice de son Père, et notre propre liberté » [4].

Le théologien « officiel » du Vœu national renchérit :

« Parce que, si nous étions innocents nous pourrions en appeler à la justice divine ; coupables comme nous le sommes, nous n'avons plus de refuge que dans l'amour ; l'amour seul peut nous sauver » [5].

Emile Keller, lui, en pleine Assemblée nationale parle d'une église dédiée au Cœur de Jésus,

« c'est-à-dire pour honorer plus spécialement, non pas cette justice de Dieu qui, à certains jours, frappe les peuples les plus puissants de châtiments redoutables, mais au contraire,

1. P. Monsabré, « Discours... », *BVN*, 1891, p. 365.
2. G. Cholvy, « Du Dieu terrible au Dieu d'amour », 1986 ou Y. -M. Hilaire, « Notes... », 1986. Le constat du basculement du Dieu-Justice au Dieu-Miséricorde est juste si l'on considère une certaine psychologie sociale des XIXᵉ et XXᵉ siècles, mais dans le cas du Vœu national entre 1870 et 1914, nous allons essayer de montrer que l'équilibre est gardé entre les deux conceptions extrêmes.
3. P. Bony, *Vie...*, 1893, p. 35.
4. Alexandre Legentil, *Élévations*. ., 1892, p. 70-72.
5. P. Monsabré, *Discours...*, p. 1872, p. 14.

cette tendresse paternelle qui pardonne tout au repentir et qui d'une main compatissante panse et guérit nos blessures ? »[1].

Quant à Hubert Rohault de Fleury et Amédée de Margerie, ils écrivent respectivement dans le Bulletin en 1891 :

> « Nous ne pouvons nous reposer, car la miséricorde n'a pas encore vaincu la justice ». « Sans doute il ne convient pas de fixer des échéances à Dieu, et il ne nous est pas donné de connaître les moments où sa justice fait place à sa miséricorde »[2].

Nous sommes là en présence d'un procédé littéraire qui traduit certes la terrible et rigoureuse expérience de la souffrance et de la mort tant du Fils que de chacun des hommes, mais qui trahit l'expérience humaine de l'unité divine s'il est pris à la lettre. Car aussi bien au titre de sa justice que de sa miséricorde, Dieu veut le salut de la multitude. C'est pourquoi les promoteurs du Vœu répètent qu'ils se battent contre le dieu des Jansénistes et que pour eux la dévotion au Sacré Cœur est providentielle pour porter remède à cette perversion du catholicisme. Leur accentuation de l'aspect miséricordieux n'implique pas pour eux un moindre sens de la grandeur et de la justice du Dieu de Jésus-Christ. Mais pour eux, la dialectique de la justice et de la miséricorde rend compte de l'amour ineffable de Dieu pour sa créature. Qu'on mette l'accent sur l'un ou sur l'autre aspect, cela est légitime, mais cela n'autorise pas à nier l'aspect non accentué.

### *3. Le cas de sainte Thérèse de l'Enfant-Jésus*

La présentation de la spiritualité de la rédemption des promoteurs du Vœu se transforme aisément en une justification. Le chapitre 28 sur la contestation de ce dieu-justice qui a été qualifié de dieu-moloch et de ce dieu-miséricorde qualifié de dieu-amant par les anticléricaux reviendra sur cette question. Cependant une figure d'époque que l'on évoque dès maintenant alors qu'elle est postérieure à 1870 éclaire ces difficultés spirituelles. Sœur Thérèse de l'Enfant-Jésus et de la sainte-Face a eu conscience d'être originale par rapport à son temps en optant pour le second versant de l'action divine, sa miséricorde. Sa spiritualité se développe parallèlement à celle du Vœu national,

1. *JO*, 16 juillet 1873, col. 4756.
2. *BVN*, 1891, p. 289 et 789.

et les deux ont quelques contacts[1]. Son testament spirituel s'intitule: « Acte d'offrande de moi-même comme victime d'holocauste à l'amour miséricordieux du Bon Dieu ». À son époque, des religieuses faisaient le vœu de victime à la justice divine. Thérèse conclut:

> « Je comprends cependant que toutes les âmes ne peuvent pas se ressembler, il faut qu'il y en ait de différentes familles afin d'honorer spécialement chacune des perfections du Bon Dieu. À moi Il a donné sa miséricorde infinie et c'est à travers elle que je contemple et adore les autres perfections divines! Alors toutes m'apparaissent rayonnantes d'amour, la justice même (et peut-être encore plus que toute autre) me semble revêtue d'amour »[2].

Mais ces propos doivent être lus dans l'esprit de la dévotion à la sainte Face évoquée ci-dessus et de mère Marie de Saint-Pierre du Carmel de Tours et aussi dans celui de la dévotion à l'Enfant-Jésus et de sœur Marguerite du Saint-Sacrement du Carmel de Beaune. À ceux qui utilisent Thérèse pour rejeter la dévotion au Cœur de Jésus et sa dimension réparatrice avec appel à la justice divine aussi bien qu'à sa miséricorde, le P. Glotin rappelle que pour elle, si elle arrête son regard de préférence sur la Face du Christ, c'est qu'elle y découvrait l'écho des sentiments qui faisaient battre son Cœur de chair[3]. L'essentiel pour elle n'est pas la « taille » des pénitences, petites ou grandes, mais l'amour qui y est vécu. Madame Royer ne dira pas autre chose (voir chap. 18). Par l'emploi des notions de justice et de miséricorde, les promoteurs du Vœu national manifestaient leur sens de l'amour ineffable de Dieu et présentaient l'œuvre de salut du Christ d'une façon ouverte à ce mystère[4]. Ils y répondaient au nom de la France pénitente (pour la justice) et confiante (pour la miséricorde).

1. Thérèse Martin participe au pèlerinage vers Rome des diocèses de Coutances et de Bayeux en novembre 1887. Avec lui, elle vient prier à Montmartre. Le récit du pèlerinage en général est fait en *BVN*, 1887, p. 766-768. Elle offrit son bracelet pour la construction. Une statue par le frère Marie-Bernard accueille les fidèles dans la basilique (RP 85 SCM 246 X et chap. 21). Une plaque dans la chapelle Saint-Pierre de la crypte garde le souvenir de ce passage (*Revue Montmartre*, n° 240, octobre 1961, p. 35). La basilique possède une table qui aurait appartenu à Thérèse selon le témoignage oral de chapelains, reçu et transmis par Mgr Charles. Un vitrail posé en 1949 de la chapelle Sainte-Radegonde représente Thérèse se consacrant au Cœur de Jésus (RP 85 SCM 531 V).

2. Thérèse de l'Enfant-Jésus, *Manuscrits*..., 1898, p. 308 et p. 207.

3. Elle écrit à sœur Marthe de Jésus, au verso d'un image intitulée: *Deux dévotions inséparables: la Sainte Face et le Sacré Cœur*: « Ensemble consolons Jésus de toutes les ingratitudes des âmes et, par notre amour, faisons lui oublier ses douleurs. » *Lettres*, Carmel de Lisieux, 1947, p. 171, XCVII. Citation par Edouard Glotin, « Le mystère.... » dans *Primer congresso*..., 1964, p. 367 et 375.

4. Le récent article du P. Pierre Descouvement, « Thérèse de l'Enfant-Jésus » (1990), *DSAM*, est particulièrement éclairant ainsi que son album *Thérèse et Lisieux*, 1991. Consulté par lui pour son chapitre intitulé « Vive le Dieu des Français », nous n'avons pu tenir compte dans notre chapitre suivant de son apport original sur la conception thérésienne du Cœur du Christ, elle qui écrit: « Je ne vois pas le Sacré Cœur comme tout le monde » (lettre du 14 octobre 1890 à Céline).

## B. Le salut de la France, œuvre de libres coopérateurs du Christ

Le Christ ne constitue pas seulement les hommes bénéficiaires de son œuvre de salut, mais aussi coopérateurs de celle-ci. Pour en être bénéficiaires, il leur faut se convertir et croire au Christ, fût-ce au prix d'un détachement douloureux des conséquences du péché. Pour être l'instrument de ce salut, « il leur faut prendre leur croix et suivre le Christ ». Comme les auteurs des refus publics du Christ (simples citoyens ou hommes politiques) sont les responsables des malheurs, ce sont eux qui devraient se convertir et entraîner la France vers le Christ. Comme ils ne le font pas, c'est au plus grand nombre de catholiques français de le faire. Qu'ils s'attellent à cette tâche par une conversion du cœur au sein du support des malheurs des temps pensés par rapport à Dieu et à leurs péchés et au sein de pratiques diverses surtout par leur nom : la pénitence, l'amende honorable, l'expiation, la réparation, la pratique d'un vœu, tout cela pour la France.

### *1. Les malheurs correctement interprétés*

#### *a. Les malheurs, sanctions de la justice divine*

Alexandre-Félix Legentil le dit nettement. Il reconnaît que les pécheurs, lui et ses compatriotes, ont été « justement châtiés ». Cette idée que les malheurs publics sont les châtiments des péchés publics est extrêmement répandue : on la trouve dans toute la littérature chrétienne, en 1870-1871 comme, quarante ans plus tard, développée par l'abbé Germain Langlois, chapelain de la basilique, lors d'une des deux cérémonies de prière et pénitence, présidées par Mgr Amette, à l'occasion de la crue de 1910[1]. Le chroniqueur du *Bulletin du Vœu national* introduit ainsi un extrait du discours :

> « L'orateur n'hésite pas à voir dans la catastrophe un rappel de Dieu à la reconnaissance de ses droits oubliés et une réponse du ciel à la guerre acharnée que l'on s'efforce de lui faire. »

1. Le cardinal Amette est présenté au chapitre 12 et l'abbé Langlois au chapitre 15.

Ensuite, le chroniqueur cite :

« Guerre à Dieu qui se manifeste de mille manières, et qui prend sa base d'opération dans l'âme des petits et des humbles. Dieu est patient parce qu'il est éternel, a dit saint Augustin, mais, messieurs, il arrive une heure où la patience divine est lasse. Ah ! bien loin de moi la pensée d'accuser qui que ce soit, et d'essayer de faire porter à d'autres les responsabilités de l'heure présente. Dieu, qui sait tout, nous jugera, mais, messieurs, il n'est peut-être pas téméraire de voir dans les événements d'aujourd'hui comme une sanction de la parole évangélique : Tout ce que vous aurez fait au plus petit d'entre mes frères, c'est à moi que vous l'aurez fait » [1].

L'application à la relation de Dieu avec l'homme des notions de châtiment et donc aussi de récompense est on ne peut plus traditionnelle. L'Ancien et le Nouveau Testament [2], les Pères [3], le Moyen Age [4] et bien sûr les Temps modernes s'y conforment. Une grande répugnance se manifeste cependant depuis le XVIIIe siècle. Il y va à la fois de l'analogie du langage sur Dieu et de l'interprétation providentialiste des événements : ces problèmes sont repris dans la huitième partie.

### *b. Les malheurs, satisfactions de la justice divine*

Commentant au printemps 1872 le texte de son Vœu de 1870, A. Legentil écrit :

« Quelque chose nous dit que la justice de Dieu n'est pas satisfaite » [5].

Quant à H. Rohault de Fleury, solidaire de son beau-frère, il semble esquisser comme une réponse avant la lettre aux contestataires de cette façon de parler, dans l'une de ses petites nouvelles destinées à la propagande du Vœu national. Le secrétaire général imagine qu'un interlocuteur lui refuse un don. Le dialogue s'instaure :

« – Ah vous refusez de faire un petit sacrifice, même de vous déranger : eh bien ! vous verrez un jour ! ... Mais malheur à vous qui refusez le salut et repoussez la miséricorde !

1. *BVN*, 1910, p. 35.
2. Voir un *Vocabulaire de théologie biblique* par exemple.
3. Voir G. Fourure, *Les châtiments divins*..., 1959. Voir saint Augustin par exemple, *Sermon les pasteurs* 46, 11-12 (lecture de l'office du samedi de la 24e semaine du temps ordinaire).
4. Alain Volat nous a signalé d'intéressants textes du IXe siècle rapportés par Albert d'Haenens, *Les invasions normandes, une catastrophe ?*, P., 1970, p. 72-85. Les propos de Paschase Radbert ou d'Abbon de Saint-Germain-des-Prés font penser à ceux d'un Mgr Pie ou d'un Alexandre Legentil.
5. Alexandre Legentil, *Rapport*..., 28 avril 1872, p. 44.

– Oh ! tu vas trop loin... Dieu n'est pas cruel comme tu le dis.

– Je ne dis pas que Dieu soit cruel, mais il est juste. Crois-tu qu'une offense à sa majesté infinie n'ait pas plus d'importance qu'une offense à un roi de la terre, offense qui se punit de mort ? » [1].

Il aurait pu tout aussi bien faire allusion à la souveraineté nationale dont le chef de l'État est le représentant. Que l'on pense à l'article XXVII de la Déclaration des droits de l'homme et du citoyen décrétée par la Convention nationale en 1793 qui, dans un esprit aussi exigeant, édicte : « Que tout individu qui usurperait la souveraineté soit à l'instant mis à mort par les hommes libres ». Pour les hommes du Vœu national, la souveraineté de Jésus-Christ et de son Père est infiniment plus grande que celle du peuple et de son gouvernement quoiqu'elle en soit le modèle et la source. La comparaison est peu flatteuse pour Dieu à cause des imperfections des autorités terrestres. Il en est de même des justices divines et humaines. Les limites du discours par analogie apparaissent si l'on ne souligne pas en quoi la majesté et la souveraineté divines, si elles ressemblent à celles des créatures, en sont aussi différentes, en quoi la justice divine est à la fois semblable et différente des justices humaines.

En fait, les calamités publiques sont perçues comme les inéluctables conséquences des injures que la France fait à Dieu en se séparant de lui. Loin du père, « l'enfant prodigue » ne peut que connaître la déchéance et la famine après avoir mangé son héritage avec les prostituées (*Luc* 15, 11-32). Le père prend le risque que son fils connaisse la mort loin de lui. Le fils pourrait même dire maladroitement que c'est son père qui lui envoie la famine pour le ramener à lui. Les responsables de la vie publique française en se séparant de Dieu font de la France un pays où règne la famine. Les malheurs ne sont pas un poids de souffrances qui viendrait remplacer un poids de jouissances illégitimes. Ce sont des absences de jouissances, conséquences d'une vie qui ne se renouvelle pas à la source de vie qu'est Dieu. L'interprétation des malheurs comme autant de satisfactions à la justice divine implique l'idée que la justice de Dieu est avant tout ce qui permet à Dieu de rendre l'homme juste comme lui. La justice consiste d'abord à récompenser le juste [2] avant de punir le coupable. Quand un coupable est puni, ce n'est pas une démarche extrinsèque d'un Dieu qui se vengerait, au sens négatif de vouloir la mort de l'autre, mais d'un Dieu qui exerce la fonction de juge de façon positive en vue du

1. Hubert Rohault de Fleury, *Quelques...*, 1898, p. 39.

2. Par ex., dom Guéranger parle d'un salut par la justice dans le cas d'Esther persécutée injustement (*Année...*, 1841, t. V, p. 262 ou mercredi de la deuxième de Carême).

bien de l'autre, des autres et de Lui. Pour le juste, la récompense est un surcroît gratuit d'intimité divine.

*c. Les malheurs, manifestations de la colère divine*

Divers propos d'A. Legentil servent à nouveau ici de points de départ. Il écrit au printemps 1872 :

> « Quelque chose nous dit que la justice divine tient encore en réserve des trésors de colère » [1].

Il a aussi réfléchi sur les colères de Jésus qui renseignent sur la colère ou le courroux de Dieu [2]. Dans ses *Élévations sur les litanies du saint Nom de Jésus*, il commente l'intercession : « De votre colère, délivrez-nous Jésus. » Et de recenser les passages évangéliques où il en est question : les vendeurs chassés du Temple, sa réaction violente à la suggestion de Pierre de ne pas monter à Jérusalem, l'annonce du sort des villes du bord du lac qui sera plus dramatique que celui de Sodome et Gomorrhe et enfin ses malédictions à l'égard des scribes et des pharisiens.

> « Votre colère, dit A. Legentil au Christ, s'allume contre ceux qui portent atteinte à la gloire de votre Père. »

A. Legentil classe les homicides de toutes sortes et les menteurs dans cette catégorie, car la gloire du Père, c'est la vie de ses enfants [3]. La colère de Dieu est une expression pour marquer l'opposition totale de Dieu à ceux qui détruisent son plan en se détruisant eux-mêmes par la rupture avec lui. Dieu ne peut pas rester indifférent au fait que les initiatives publiques de certains responsables plongent dans l'ignorance et l'oubli de Dieu ceux qui dépendent d'eux. « Le fils prodigue », quand il est homme public, n'est pas seul (et tout homme appartient à la cité à des titres divers). De lui dépend la cité pour le meilleur comme pour le pire. Certes, il en est dans la ville qui répondent

1. A. Legentil, *Rapport*..., 28 avril 1872, p. 44.
2. « Minuit ! Chrétiens, c'est l'heure solennelle/Où l'homme Dieu [sic] descendit jusqu'à nous, /pour effacer la tache originelle, / et de son père [sic] arrêter le courroux » : Cantique dont les paroles sont de Placide Cappeau de Roquemaure et la musique d'Adolphe Adam (alors directeur de l'Opéra-Comique et compositeur de *Gisèle* et *Le Postillon de Longjumeau*, repris récemment). Voir P. Cappeau..., *Noël*, 1847 ; *La Croix*, n° du 29 décembre 1982, p. 10 (célébration du 135e anniversaire de la création) ; Joseph Gelineau, « Le retour... », *La Croix*, 24 décembre 1983 ; René Durieu, « La Marseillaise. . », *Notre Histoire*, décembre 1984, p. 54-55 ; Dominique Jameux, « Le Postillon fait étape à Genève », *Libération*, 27 décembre 1989.
3. A. Legentil, *Élévations*..., 1892, p. 152-159.

héroïquement à l'appel de Dieu et peuvent se réfugier dans une Église assiégée, mais c'est à l'ensemble de la cité que pensent les hommes d'Église. Si les péchés des hommes suscitent la « colère » de Dieu (de voir l'homme se détruire), la pénitence et l'expiation de pécheurs suscitent la « propitiation » de Dieu à leur égard selon la façon de parler de la Bible, souvent reprise par les chrétiens.

## 2. *Le salut accueilli par des libertés libérées et coopérantes*

### *a. La pénitence*[1]

Le texte du Vœu national n'emploie pas l'expression « faire pénitence ». Il y est dit :

> « Nous nous humilions devant Dieu et [...] nous reconnaissons que nous avons été justement châtiés. »

Il semble que ce soit le P. Monsabré qui ait élaboré la formule de l'Œuvre où se trouve l'adjectif « pœnitens ». Il est traduit habituellement par « pénitente » et quelquefois par « repentante ». La pénitence est un vaste sujet. Comment faire mieux ressortir la mentalité des promoteurs sinon par quelques citations ?

Pour Alexandre Legentil l'absence de la vertu de pénitence résume le mal français :

> « Nous avons été des apostats tandis qu'ils [les Polonais] ont conservé la foi. Nous avons travaillé ou applaudi à la destruction du droit des gens dans le monde. Nous avons scandalisé l'Europe entière par ce déplorable goût de cynisme qui est un des vices de la nation française, et nous avons perdu ses anciennes qualités, le dévouement, l'esprit chevaleresque, le désintéressement, la sobriété, la délicatesse de l'esprit. Enfin, nous sommes une nation impénitente »[2].

L'initiateur du Vœu semble dire que plus grave que les péchés de la France, il y a son refus de reconnaître ses péchés et de faire appel au Sauveur. Il le dit explicitement dans une lettre, toujours de 1870, à son beau-frère :

> « La France est une nation coupable, pas plus peut-être que les autres, mais plus impénitente. Elle souffre cruellement, et elle souffrira encore, jusqu'au jour où elle

1. Il sera aussi question de la pénitence à propos de l'archiconfrérie dite « de prière et de pénitence », chap. 18.
2. Journal d'Alexandre Legentil, octobre 1870, cité par P. Bony, *Vie...*, 1893, p. 212.

reconnaîtra ses iniquités. Judas avait vendu Notre-Seigneur; saint Pierre l'avait renié. Tous deux étaient bien coupables. Cependant, saint Pierre devint un grand saint, parce qu'il se repentit. Demandons pour notre nation la grâce du repentir » [1].

L'exemple pris dans les Évangiles est parlant. L'accent est mis sur le retournement du cœur du pécheur, sur son amour pour son Sauveur quand le coq chanta dans la cour du grand prêtre (*Matthieu* 26, 75). C'est dans cet esprit que la basilique du Sacré-Cœur est construite. Mgr Langénieux le proclame [2]. L'abbé Brettes en fait la théorie.

> « Il montre comment la pénitence – qui purifie et ennoblit le pécheur, témoins sainte Madeleine et saint Pierre, plus grands par la pénitence de leurs fautes qu'avant leur chute – a la merveilleuse efficacité, non seulement de satisfaire la justice divine, ce que le châtiment opère également, mais encore de détruire le péché, ce que le châtiment, même le châtiment de l'enfer, ne peut faire » [3].

La pénitence est définie comme un acte d'amour inverse du péché, refus d'amour, l'aspect pénible qui équivaut au châtiment n'étant que la conséquence du péché.

### *b. L'amende honorable*

« Pour faire amende honorable de nos péchés » dit A. Legentil dans le Vœu. Pour savoir ce qu'il entendait par là, A. Baudon est sans doute ici un bon guide. Il rédige en effet « une amende honorable pour la France » en février 1871 et la publie [4]. Citons-la intégralement en la commentant. Elle résume bien des propos tenus jusqu'à maintenant. C'est celle dont il a déjà été dit que son auteur l'avait rédigée dans l'esprit de Mgr Pie (chap. 3).

> « Seigneur, vous nous avez dit : « Cherchez d'abord le Royaume de Dieu, et tout le reste vous sera donné par surcroît. » Dociles à cette parole, nous venons, au milieu des calamités présentes, vous demander la conversion des âmes si nombreuses, qui, dans la France entière, sont encore si loin de vous. Si notre prière est exaucée, nous avons confiance qu'alors vous daignerez mettre fin à nos maux. »

La recherche du royaume de Dieu (*Matthieu* 6, 33 et *Luc* 12, 31) est la reconnaissance du gouvernement de Dieu sur toutes choses, y compris sur la France. La prospérité de celle-ci suivra, selon A. Baudon, la proclamation et

1. Lettre du 16 septembre 1870 à Joseph Marcotte. Arch. M. -L. Chavane.
2. *BVN*, 1886, p. 784 à l'occasion de la bénédiction des deux absides.
3. *BVN*, 1886, p. 788.
4. *BSVP*, n° 267, mars 1871, p. 82.

la manifestation de cette royauté. C'est justement dans ce domaine que la France a péché.

« Nous avons offensé votre justice, Seigneur, et notre nation vous a été infidèle. Comblée de vos bienfaits, elle les a oubliés; elle a voulu vivre loin de vous, et bannir de ses mœurs et de ses lois jusqu'à votre souvenir: elle a toléré que des voix impies vinssent blasphémer votre saint nom, nier votre gouvernement des choses de ce monde, et jusqu'à votre existence; rompant publiquement avec les préceptes du Sinaï et de l'Église, elle a violé vos sabbats, méprisé vos jeûnes, abaissé la dignité du mariage et laissé pénétrer dans l'éducation, jusque-là si religieuse de ses enfants, l'indifférence ou même l'athéisme. Ce péché, pour ainsi dire national, a amené sur nous, Seigneur, les fléaux dont nous gémissons. C'est à cause de lui qu'a été humiliée, vaincue cette France, si longtemps triomphante alors qu'elle se vantait d'être la fille aînée de l'Église. Mais ce n'est pas seulement parce qu'il a attiré nos malheurs que nous pleurons ce péché devant vous, c'est surtout parce qu'il a outragé votre majesté infinie, et qu'il a été le mépris réfléchi de votre loi et l'abandon systématique de votre culte ».

C'est l'examen de conscience de la France des dernières décennies.

« Cette volonté arrêtée de vous bannir de notre nation est l'iniquité que nous désavouons solennellement, et celle que nous prenons la résolution de travailler avec plus d'ardeur à faire réparer. Saints patrons de la France et saints évêques qui l'aviez faite si chrétienne, saints martyrs et saints pénitents qui avez arrosé son sol de votre sang et de vos sueurs, saint Joseph qui êtes la providence visible de ceux qui souffrent, et Marie, conçue sans péché, vous à qui la France a consacré tant de sanctuaires, et sous des noms si chers à nos pères, priez, priez pour nous. – Recevez l'amende honorable que nous faisons ici pour notre pays, et présentez-la au Père des miséricordes, à Notre Seigneur Jésus-Christ, le divin rédempteur, et à l'esprit de lumière, qui touche et convertit les âmes, afin de la faire favorablement accepter, malgré toutes nos iniquités passées. – Ainsi soit-il ! »

Le désaveu est l'élément constitutif de l'amende honorable. Celui qui la fait au nom de la France proteste de sa fidélité au dessein de Dieu sur la société et se désolidarise des initiatives contraires à ce dessein.

Bien sûr, les catholiques du Vœu national n'ont pas inventé cette manière de penser et l'historique de celle-ci dépasse le cadre de ce travail [1]. Qu'il suffise de remarquer pour faire image que, d'une part, cette pratique, sous sa forme judiciaire, a eu lieu pour la dernière fois devant Notre-Dame en février 1790 [2] et que, d'autre part, sous la forme d'une dévotion, elle a été en honneur bien avant les événements de 1870 [3], puis tout au long de la période

1. Voir G. Marsot, « Amende » (1948) dans *CHAD*; Mgr Charles, *Sesiones*..., 1964, p. 456-457 ; J. Lebrun, « Spiritualité... », 1971, p. 30-31 ; J. Ladame, *Les faits*..., 1970, p. 197 ; E. Glotin, art. « Réparation », 1987 dans *DSAM*.

2. Pierre Louvet, *Notre-Dame*. ., 1932, p. 306-307.

3. Lors d'une mission organisée à Bailly en 1869 par les Legentil et le curé, il est question d'une amende honorable. Lettres de Marie Legentil à son frère, du 24 et 30 novembre 1869. Arch. M. -L. Chavane.

étudiée[1] et qu'elle est un titre de gloire de la France au dire de Hubert Rohault de Fleury[2].

### *c. L'expiation*

Un autre terme du langage religieux a été employé pour qualifier l'œuvre du Vœu national : celui d'œuvre expiatoire. Du début à la fin de la période étudiée, ce caractère est affirmé[3], encore qu'il ne soit pas premier dans la problématique des promoteurs (le mot ne se trouve pas dans le texte du Vœu national). Pour Léon Cornudet, le monument pour lequel il cherche un terrain, en 1872, n'est pas d'abord expiatoire comme celui qui deviendra la chapelle des Otages :

> « Il faudra faire rue Haxo un monument expiatoire, lorsque les prétentions du propriétaire seront devenues raisonnables et qu'il consentira à détacher de son terrain la partie où ont eu lieu les massacres »[4].

Le monument qu'il veut construire est d'abord un appel au ciel. Mgr Guibert le dira explicitement dans sa lettre aux députés de juillet 1882 :

> « D'autres personnes ont paru offensées du caractère expiatoire donné au monument. Cette façon d'apprécier le vœu national n'est pas exacte. Je viens de rappeler quelle fut la première inspiration du vœu : il s'agissait d'invoquer sur la France en détresse la protection et l'assistance du ciel. Sans doute, la pensée expiatoire s'y trouve aussi : les chrétiens savent qu'un Dieu juste et bon gouverne les choses humaines, qu'il y a bien souvent une part de châtiment dans nos malheurs »[5].

Qu'il soit premier ou second, le caractère expiatoire de la construction du Sacré-Cœur est certain. Mais en quoi consiste-t-il, en quoi consiste l'expiation pour un catholique ? Non pas en un poids de souffrances compensatoire à un poids de jouissances illégitimes, mais d'abord en un accord des volontés divine et humaine au sein de ces souffrances. Sans cette liberté de la créature se retournant vers son créateur, il n'y a pas d'expiation chrétienne qui soit un processus de salut. Les damnés n'expient pas leurs fautes puisqu'ils se refusent toujours à Dieu. Les malheurs qu'ils connaissent sont les conséquences

1. Par ex., lors de la bénédiction de la basilique, *BVN*, 1891, p. 367, au nom de la France, des Français qui ne se reconnaissent pas pécheurs et des morts (*HSC*, t. I, p. 500).
2. *HSC*, t. III, p. 234 : parmi d'autres titres qui font sa grandeur, « la France sait faire amende honorable afin de consoler le Cœur divin de l'Homme-Dieu qu'elle adore ».
3. Voir Th. Dauchez, *Rapport*..., 1872, p. 48, et *BVN*, 1910, p. 34 : un monument national d'expiation.
4. Lettre du 6 juillet 1872 à H. de Fleury. ASCM.
5. Cardinal Guibert, « Lettre... », 1882, p. 450.

de la haine qu'ils lui portent, comme le bonheur des élus est la conséquence de l'amour qu'ils consentent à leur créateur. Aussi n'y a-t-il pas la possibilité pour certains de « faire expier les autres » si ces derniers ne sont pas consentants. On nous rapporte que « la répression de la Commune fut largement expiatoire, prélude à une régénération morale: les vainqueurs obligeaient les vaincus à s'agenouiller là où des prêtres avaient trouvé la mort » [1]. Cet emploi du mot « expiation » n'a pas le sens que les catholiques du Vœu national, laïcs et ecclésiastiques, lui donnent. L'expiation « laïcisée » n'a pas de valeur spirituelle à leurs yeux. Certes, ce sens est répandu, et c'est une réaction spontanée à comprendre, mais ce n'est pas l'expiation qu'ils ont voulu vivre en construisant le Sacré-Cœur. Il s'agit pour eux d'expier leurs péchés et les péchés des autres grâce à la communion des saints. Leur correspondance en fait foi.

« Ah ! que Dieu veuille bien agréer tant de douleurs, tant de souffrances en expiation de toutes les fautes de notre pauvre patrie, qui sont cause des malheurs présents » [2].

La conception qu'ont les fondateurs du Vœu national est si peu répandue qu'elle est une découverte quand ils l'expliquent à leurs correspondants.

« Obtenons le salut de la France et une paix si ardemment demandée. Votre pensée que Dieu veut faire de toutes ces souffrances privées un moyen d'expiation pour notre pauvre patrie en général, m'a frappée et je tâche de la mettre en pratique le plus possible » [3].

Au plus, c'est l'espoir que les personnes ou les institutions qui, à leurs yeux ont refusé Dieu, se convertissent et expient elles-mêmes leurs propres péchés et ceux des autres. A. Legentil le dit à propos de la capitale :

« Après la fin de la guerre civile, quand les crimes de la Commune eurent donné à la ville de Paris de nouveaux forfaits à expier et à notre patrie de nouveaux protecteurs dans nos nouveaux martyrs... » [4].

On ne trouve ni la formule, ni la pensée de « faire expier aux autres » au sens de « se venger » ou « d'humilier le peuple de Paris » ou encore de faire demander pardon de force. Ce qui est certain, c'est que les catholiques qui construisent le Sacré-Cœur veulent expier pour les autres par une offrande volontaire qui leur coûte et à travers laquelle ils expriment leur confiance en Dieu. Le P. Six fait connaître le fait suivant. En septembre 1886, à la vitrine

1. M. Cinquin, *Deux...*, 1980, p. 180. A. Derumaux, « Origines... », 1953, n°198, p. 8, rapporte aussi une phrase prêtée à A. Thiers : « Je serai impitoyable ; l'expiation sera complète et la justice inflexible », lors de l'entrée des Versaillais dans Paris le dimanche 21 mai 1871.

2. Marie Legentil à sa sœur Louise Rohault de Fleury, 1er nov. 1870. Arch. M. -L. Chavane.

3. Lettre de la comtesse de Rotalier à Paule Marcotte, le 19 nov. 1870. Arch. M. -L. Chavane.

4. A. Legentil, *Rapport...*, 1872, p. 9.

d'une librairie religieuse, rue du Bac, une maquette est exposée qui représente le Sacré-Cœur avec cette légende :

> « Les ennemis du Christ verront s'élever, malgré eux, cette basilique, édifiée en expiation de leurs crimes » [1].

Cela montre que ce sont les catholiques constructeurs qui expient les crimes de leurs ennemis. Si l'on tient à répéter une formule dont la généalogie reste à faire [2] : le Sacré-Cœur construit en expiation des crimes de la Commune, il faut en préciser deux aspects. D'une part, comme nous le montrons tout au long de ce travail, pour importantes et graves qu'aient été la Commune et sa répression, les promoteurs ne se sont pas déterminés uniquement par rapport à elles. D'autre part, il ne s'agissait pas pour eux de « faire expier leurs crimes aux communards » comme la réaction spontanée décrite plus haut, mais d'expier eux-mêmes ces crimes comme le Christ a lui-même expié les péchés des hommes en prenant sur lui les conséquences de leurs péchés. Dieu seul peut faire expier aux hommes leurs péchés car, en Jésus-Christ, il prend le moyen d'expier lui-même ces péchés et donne à ceux qui croient en lui, d'en faire autant pour leurs péchés et les péchés des autres [3].

### *d. La réparation*

Ici encore, il n'est pas question de traiter de l'histoire, de la théologie et de la spiritualité de la réparation en général, ni même de faire un résumé des travaux sur la question [4]. Il s'agit seulement de voir ce que pensaient et ce qu'ont vécu les promoteurs du Vœu national sans les isoler de leur temps.

1. J. -F. Six, *Dieu*..., 1986, p. 143, n. 43.

2. Le chapitre 26 est entièrement consacré à cette question des rapports du Sacré-Cœur avec la Commune. Un des points de départ de la généalogie semble être le texte d'E. Keller, « Rapport... », 1873, p. 4757, c. 1. Un des trois motifs de la construction de la basilique s'y trouve ainsi exprimé : « Est-il d'utilité publique d'effacer, par cette œuvre d'expiation, les crimes qui ont mis le comble à nos douleurs ? » Mais là encore il n'est pas question de faire expier quoi que ce soit à qui que ce soit.

3. Le Sacré-Cœur a été rapproché aussi de la « chapelle expiatoire » élevée par Louis XVIII sur l'emplacement de l'ancien cimetière de la Madeleine où avaient été déposés le corps de Louis XVI et celui de Marie-Antoinette. Voir L. de Sivry, *Dictionnaire*..., 1850. Le rapprochement se trouve aussi bien chez le P. de Boylesve (*Le triomphe*..., 1870, p. 28) que chez un anticlérical (L., « Chronique... », 1880). Il ne s'agit pas, là non plus, de faire expier aux révolutionnaires leurs péchés, mais d'expier leurs péchés ou de les inviter à les expier.

4. Voir surtout l'article important d'Edouard Glotin, « Réparation », 1987, dans *DSAM*. Claude Savart, *Les catholiques*..., 1985, p. 621 aborde aussi la question. Nous n'employons pas d'abord dans ce travail le mot « réparation » pour désigner l'œuvre générale de la rédemption opérée par le Christ comme par exemple chez Lacordaire dans sa 66e conférence (voir le texte et le commentaire de l'auteur : Lacordaire, *Conférences*..., 1850) mais plutôt pour désigner la participation du fidèle à la croix du Christ au profit des autres, au sens où le père Bouyer écrit qu'on est passé du Moyen Age aux Temps modernes d'une ascèse de compassion par rapport au Christ à une ascèse de réparation avec le Christ (voir L. Bouyer, *Introduction*..., 1960, p. 140). Mais le second sens vient du premier : parce que le Christ a « réparé » nos péchés, pour nos péchés, le fidèle peut en Lui réparer pour ses péchés et ceux des autres.

A. Legentil pratiquait et encourageait l'adoration réparatrice du Saint Sacrement dans le patronage Saint-Charles. Il écrit à ce sujet :

« C'est dans la classe ouvrière que se font voir les scandales les plus affreux : il est bon que de jeunes ouvriers apprennent à avoir à cœur de réparer ces scandales » [1].

Mais, au Sacré-Cœur, la réparation qui s'impose ne concerne plus seulement les désordres d'une classe, mais ceux de la nation tout entière. Les chrétiens doivent réparation à Dieu des manques de confiance en sa sagesse. A. Legentil est à l'unisson du cardinal Guibert quand celui-ci écrit aux députés qui envisageaient d'abroger la loi d'utilité publique de 1873 :

« Il convient d'offrir au maître suprême de justes réparations. Mais qu'y a-t-il là d'offensant pour personne ? Est-ce la supposition que la France ait pu commettre des erreurs ? Il faudrait donc soutenir que les nations sont impeccables ! Ceux que le mot de réparation scandalise ne sont-ils pas les premiers à condamner avec une extrême sévérité les fautes des régimes précédents, qu'ils rendent responsables de toutes les calamités ? S'ils ne jugent pas au même point de vue que nous les péchés des nations, nous ne les obligeons pas à nous suivre dans nos exercices religieux et à se frapper la poitrine avec nous. Mais pourquoi voudraient-ils nous empêcher de remplacer des récriminations irritantes et stériles par des larmes et des prières qui fléchissent le ciel et calment les passions ? » [2].

Mais le dialogue ne put s'établir entre les députés et l'archevêque de Paris. Pourtant, les uns et les autres recourent à ce même mot de « réparation » qu'Emile Littré venait de définir comme synonyme de « pénitence ». Quelques semaines plus tôt, un Georges Clemenceau, à la Chambre des députés, concluait son intervention en faveur de l'abrogation :

« Vous devez une réparation à Paris, qui l'attend et qui compte sur vous pour lui faire justice ; à la France, qui a fait avorter toutes les tentatives de la réaction cléricale et monarchiste [...] ; à la République, qui ne peut laisser outrager plus longtemps le principe républicain de la liberté de conscience ; au parti républicain tout entier, qui vous demande de répudier tout ce qui reste en ce pays des traditions du parti monarchique et clérical pour fonder les véritables traditions républicaines » [3].

D'un côté, il faut faire réparation à Dieu des péchés de Paris, de la France, de la République et du parti républicain. De l'autre, il faut faire réparation aux précédents des manifestations de foi au Christ et à son amour. La réparation dans un cas est un vœu à Dieu en présence des autres et avec eux, dans

1. M. Bony, *Vie*..., 1893, p. 128. Cette pratique est certainement liée sur Paris à l'adoration réparatrice de la mère Marie-Thérèse Dubouché et à l'adoration nocturne du père Herman Cohen et de Cyrille de Mont de Benque. Voir chap. 17.
2. Cardinal Guibert, « Lettre... », 1882, p. 451.
3. Chambre..., « Discussion... », 1882, p. 1079, c. 2.

l'autre, un vote en face du monde. Chaque fois il s'agit d'un acte par lequel on proteste de son attachement au bénéficiaire de la réparation et l'on espère effacer les outrages subis.

La logique chrétienne de la dévotion réparatrice qui a pu être celle des promoteurs du Vœu national apparaît bien dans un chapitre de l'ouvrage déjà cité de Xavier de Franciosi.

> « Pour éclairer cette question d'un peu de lumière, pénétrons-nous successivement des trois vérités suivantes : L'amour dont Notre-Seigneur se consume pour nous n'est payé la plupart du temps que par l'ingratitude. – Une si indigne façon d'agir lui est souverainement odieuse, et il s'en plaint à bon droit. – Nous pouvons et, par conséquent, nous devons réparer cet affreux désordre » [1].

La problématique de la réparation peut encore se résumer : Nous sommes ingrats. Notre ingratitude blesse Jésus-Christ. Il faut réparer notre ingratitude. À ce raisonnement, au cas où il y aurait un malentendu, le P. Yenveux[2] ajoute : « La réparation doit être unie à l'amour » ou « ne pas réparer, c'est ne pas aimer » [3]. L'amour de Dieu, l'amour du prochain et des ennemis ainsi que l'amour de soi, comme dit l'acte de charité, doivent animer « les larmes et les prières » réparatrices des chrétiens. Que cet amour ne s'y trouve pas spontanément n'a rien d'étonnant, mais qu'ils n'aient pas cherché à l'y mettre, rien ne nous autorise à le penser. D'autant plus que l'appel à l'amour du Christ est un appel à un amour qui est lui-même réparateur du péché, et qui aime, fut-ce d'un amour juste qui châtie, ceux qui le refusent[4].

### e. *La pratique du vœu*

La pratique du vœu (surtout quand c'est une promesse matérielle, la construction d'une église par exemple) conjugue d'une façon concrète tous les modes de penser et de faire qui viennent d'être présentés : prise en considération du salut opéré par le Christ dont on veut bénéficier, amende honorable, pénitence, expiation et réparation. Il est la manifestation visible d'une recherche de contact avec Dieu à travers les difficultés subies ou délibérées de la construction. Il joint le culte et la culture, le souci de Dieu et le développement des capacités humaines. Certes, psychologiquement, le vœu précède et ignore le

1. X. de Franciosi, *La dévotion*..., 1892, p. 201.
2. Religieux oblat qui anima le sanctuaire pendant plus de vingt ans comme chapelain et dont nous reparlerons au chap. 18.
3. *BVN*, 1897, p. 821.
4. L. Bouyer, *Introduction*..., 1960, p. 141.

plus souvent toutes ces réflexions. La promesse à Dieu a une sorte de caractère premier lié à l'expérience religieuse vécue comme une relation de personne à personne. Un vœu n'est pas un marchandage dans lequel l'auteur promet à Dieu une offrande susceptible de lui plaire en échange d'un bienfait attendu. Encore que les formules ne manquent pas qui vont dans ce sens. Le P. Rey et Hubert Rohault de Fleury écrivent respectivement :

> « Si le doigt de Dieu est là, et tout le démontre, c'est donc qu'il accepte ce vœu ; c'est donc, pour le moment où il sera entièrement accompli, et le terme est proche, le salut assuré de notre chère patrie » [1]. « Plus nous serons désintéressés, plus Dieu sera obligé de nous secourir » [2].

Un vœu, c'est un appel à Dieu où l'homme reconnaît son incapacité à s'en sortir tout seul et qui dans un acte de confiance s'impose quelque peine pour procurer à l'Église un moyen supplémentaire de salut. Le Vœu national au Cœur de Jésus proclame cette confiance et offre à Dieu la volonté de certains chrétiens de ne pas ménager leur peine et leurs ressources pour la construction d'un édifice religieux où les hommes pourront rencontrer Dieu plus facilement.

L'exécution du vœu, si elle est conditionnée par l'obtention de la chose espérée, est aussi action de grâces. Si l'exécution est en vue de l'obtention, elle est coopération à l'action divine. La réalisation du vœu est également un moyen concret de se rappeler les bienfaits reçus. C'est une convocation à la mémoire en vue de l'avenir. La promesse de donner quelque chose à Dieu est somme toute l'occasion de se promettre soi-même, une promesse de se donner soi-même à lui, de se vouer ou de se dévouer à lui.

Dans ce chapitre on a essayé de décrire l'idée que les promoteurs du Vœu national se faisaient de la « personne » France, de ses péchés et de son salut, mais on a ignoré deux interrogations fondamentales : de quel salut est-il vraiment question : du salut politique et militaire ou/et du salut éternel [3] ? Le lien de causalité entre tels péchés et tels malheurs comme il semble avoir été établi par les Français de cette époque, est-il si évident ? Or ces questions correspondent à des contestations qui vont être portées contre le catholicisme de cette époque en général et l'Œuvre du Vœu national en particulier : elles seront donc évoquées dans la huitième partie de ce travail. Cependant dès

1. P. Rey, *BVN*, bull. suppl. mai 1880, p. 8. Voir aussi *BVN*, suppl. déc. 1880, p. 21.
2. H. de Fleury, *BVN*, suppl. mai 1893, p. 7.
3. On pense bien sûr à Paul Reboux et Charles Muller, *À la manière de*..., 1921, t. II, p. 132, pastichant Charle Péguy : « Un abonnement donne droit au salut militaire. Deux abonnements donnent droit au salut éternel. »

maintenant, on peut affirmer que les promoteurs du Vœu national pensent à un salut de la France auquel on accède par un appel et une participation au mystère rédempteur du Christ mort et ressuscité pour les hommes dans toutes leurs dimensions aussi bien individuelles que collectives. Le salut acquis objectivement par lui se communique à tous au cours des siècles par ceux qui en bénéficient et en deviennent l'instrument auprès des autres. Les catholiques français peuvent faire jouer en faveur de la France pécheresse et malheureuse cette dialectique de mort et de résurrection : en eux, elle est pénitente et confiante dans l'amour, le Cœur du Christ [1].

1. Nous n'osons traiter de la notion de « personne collective » ou de « personnalité corporative ». Qu'est-ce que peut bien vouloir dire qu'une patrie par exemple soit une personne, soit traitée comme une personne, soit l'objet d'un amour ou bien qu'elle puisse pécher ou se convertir ?

# Chapitre 5
# La dévotion au Cœur de Jésus

Son vœu de construire une église pour le salut de la France et la délivrance du souverain pontife, pourquoi Alexandre-Félix Legentil a-t-il voulu le prononcer en l'honneur du Sacré Cœur de Jésus ? Une telle question en sous-entend une autre : qu'était cette dévotion pour lui, les siens et ses amis ? Alors que la réponse à la première question se fera dans le chapitre suivant en reliant le Cœur de Jésus et le sort de la France, les éléments de réponse à la seconde constituent le présent chapitre. La division est un peu artificielle entre l'aspect politique (le prochain chapitre en quelque sorte) et l'aspect individuel (ci-dessous), mais elle permet ensuite de faire mieux apparaître l'un des paradoxes de cette dévotion, qui comme le christianisme dans son ensemble, est à la fois publique et privée. Par ailleurs, redisons une nouvelle fois que nous n'essaierons pas de brosser l'histoire et l'état de la dévotion au Cœur de Jésus dans son ensemble, mais la connaissance et l'expérience que pouvaient en avoir les promoteurs du Vœu national[1]. Nous nous laisserons guider par les témoignages des Legentil qui nous sont parvenus, surtout avant et pendant les années 1870-1871.

1. Il y a d'excellents livres et articles sur la question : voir Auguste Hamon, *Histoire...*, 1907 (résumé dans l'article « Cœur », *DSAM*) ; J. -V. Bainvel, *La dévotion...*, 1906 (résumé dans *DTC*). Edouard Glotin, « Réparation » (1988) dans *DSAM* est un article très lié à la dévotion au Cœur de Jésus. On n'oubliera pas non plus le cœur comme « élément capital de la moralité chrétienne » dans B. Häring, *La loi du Christ*, 2e éd. 1960, t. I, p. 246-268.

## *I. LES PROMOTEURS LAÏCS DU VŒU NATIONAL PRATIQUAIENT-ILS LA DÉVOTION AU CŒUR DE JÉSUS AVANT 1870 ?*

Le père Bony, reprenant et précisant la biographie de A. Legentil, écrit :

> « La dévotion au Sacré Cœur n'avait chez lui que la place qu'elle occupe ordinairement chez la plupart des hommes pieux » [1].

Hubert Rohault de Fleury, selon son biographe, affirme que son beau-frère « n'avait en ce temps-là aucune dévotion particulière pour le Sacré Cœur » [2]. Deux faits confirment ces jugements : le premier, les *Méditations* de Legentil *à l'usage des membres des Conférences Saint-Vincent de Paul* (1865) n'y font pas allusion et se terminent même sur le rappel des dévotions à l'eucharistie, à la sainte Vierge et à saint Vincent de Paul et rien qu'elles [3] ; le second fait est que c'est en 1872 seulement qu'Adolphe Baudon publie un opuscule sur le Cœur de Jésus. Auparavant, il avait rédigé des ouvrages de piété sur Marie et sur Joseph [4].

La relative discrétion de ces messieurs [5], très marqués par leur culture dix-septièmiste sous le patronage même de saint Vincent de Paul, semble faire l'écho à celle d'un Bossuet, auteur préféré de Legentil. Le P. Auguste Hamon ne peut présenter que deux belles citations de l'Aigle de Meaux où il y a le mot « cœur » [6]. Il explique cette frappante rareté sur le Cœur de Jésus par la différence d'accent entre l'école bérullienne ou école française de spiritualité et l'école jésuite. La première (l'Oratoire, la compagnie de Saint-Sulpice, le Carmel) souligne surtout l'élément psychologique de l'intérieur de Jésus [7], ignore souvent l'élément matériel (le cœur et sa symbolique) et invite le fidèle à une adoration des richesses psychologiques du Christ. L'école jésuite (*grosso modo*, tout le reste, fût-ce par influence indirecte) insiste au contraire sur le Cœur

1. P. Bony, « L'initiateur... » dans *BVN*, 1895, p. 630.
2. Alfred Vaan Den Brule, *Hubert*..., 1930, p. 240.
3. Bien qu'on n'en sache pas la date de rédaction, les *Élévations sur les litanies du saint Nom de Jésus*, publiées en 1892 par le P. Bony, vont aussi dans ce sens.
4. Voir A. Baudon, *La dévotion*..., 1872. La Société Saint-Vincent de Paul ne se consacre au Sacré Cœur qu'en 1872 (*BSVP*, n° 279, mars 1872, p. 63). Cette consécration est renouvelée en 1889 (*BVN* 1889, p. 789 et *MCJ*, 1890, t. 57, p. 238).
5. Illustrée encore par la réflexion faite par Eugène de Margerie dans une lettre en date du 31 janvier 1871 adressée à Hubert Rohault de Fleury : cette dévotion est très raffinée, elle touchera peu de personnes. ASCM.
6. Auguste Hamon, *Histoire*..., 1907, t. III, p. 107-109.
7. Sur l'Intérieur de Jésus, voir l'article de Michel Dupuy dans *DSAM* et L. Theron dans *CHAD*.

(comme organe et comme symbole d'amour) et ses répercussions spirituelles sur le fidèle[1].

La réflexion de Hubert de Fleury sur son beau-frère correspond aussi à l'humble place que tenait la dévotion au Cœur de Jésus dans la vie du futur secrétaire général de l'Œuvre du Vœu national. Dans le tiers ordre de saint Dominique auquel il appartient, comme dans l'ordre lui-même, la dévotion en question a une place restreinte. Il faut attendre 1872 pour que les Dominicains soient consacrés au Sacré Cœur (voir chap. 2). Les contacts de Charles Rohault de Fleury avec le nouvel Oratoire n'ont dû que renforcer au départ cet effacement tout comme ceux que Hubert entretenait avec le Carmel de Meaux.

Ainsi, en 1870, peut-on dire en quelque sorte, que la bouteille est à moitié vide. Mais les influences sur un Legentil ou un Rohault de Fleury sont multiples et progressives, et l'on s'attache désormais à montrer que, d'un autre point de vue, la bouteille est à moitié pleine. En sens contraire en effet, des lettres inédites des Legentil écrites entre 1866 et 1870 montrent qu'ils avaient déjà et propageaient avec zèle une dévotion au Cœur de Jésus bien plus poussée que ne l'insinuent les témoins et les faits précédemment cités[2]. D'ailleurs H. de Fleury semble se contredire lui-même puisqu'il écrit en 1890 :

> « Cette idée de faire un vœu au Sacré Cœur pour sauver Paris avait pris du développement chez M. Legentil dont la douce et tendre piété trouvait sa force auprès du Sacré Cœur »[3].

Même si l'attention à cette dévotion s'est accrue rapidement à l'automne 1870 au rythme général de l'Église de France meurtrie par la défaite, on est autorisé à dire que, chez les promoteurs laïcs du Vœu national, cet appel au Cœur de Jésus s'enracinait au moins dans la pratique liturgique, en pleine extension, de cette dévotion et dans les développements liés à la béatification de Marguerite-Marie en 1865. Alexandre Legentil semble lui-même expliquer son choix, quand dans les mois qui ont suivi sa promesse, il a donné lui-même une réponse qui nous est parvenue à la question qui nous préoccupe :

> « Il ne suffisait plus d'un secours ordinaire, il fallait un acte éclatant de la miséricorde divine, et nous ne crûmes pouvoir trouver une protection plus efficace qu'en nous adressant au Sacré Cœur de Notre-Seigneur Jésus-Christ »[4].

1. Auguste Hamon, *Histoire*..., 1907, t. III, p. 69. Il se dit en accord avec l'abbé Bremond qui rappelle que pour qu'il y ait « dévotion au Cœur de Jésus », il faut également la référence au cœur de chair (Henri Bremond, *Histoire*..., 1921, t. III, p. 645, 650, 669). Monique Touvet, *Comme une source*..., 1990, p. 41-62 et 90-100, présente succinctement mais clairement « le Cœur » selon les écoles jésuite, salésienne et bérullienne.

2. Cette réflexion est le fruit des travaux de l'abbé Dérumaux sur des documents aujourd'hui non encore retrouvés. Voir André Derumaux, « Les origines... » dans *Montmartre*, 1953, n° 192, p. 38, n. 14.

3. Hubert Rohault De Fleury, *Souvenirs*..., 1890, p. 7-8.

4. A. Legentil, *Rapport*..., 1872, p. 2.

Sa conscience aiguë de la situation catastrophique due aux péchés de la France le faisait se tourner vers l'amour incompréhensible de Dieu pour les pécheurs qui seul peut les sortir, non sans leur consentement cependant, de leur détresse, et pour cela Legentil se tourne vers le Cœur de Jésus, au moins symbole de cet amour.

## *II. LE CULTE PUBLIC*

### A. La liturgie

Selon des notes inédites tirées de *L'historique du Vœu national* de M. Dauchez[1], la première raison qui a décidé Legentil à faire son vœu au Sacré Cœur et non à la Sainte Vierge est que

> « Paris possédait douze églises paroissiales dédiées [à l'une] et que pas une n'était consacrée au Sacré Cœur et que cependant cette dévotion avait une place très honorable dans la liturgie et dans les habitudes parisiennes ».

Connaissant par ailleurs la physionomie intellectuelle et spirituelle de Legentil, cette réflexion ne paraît pas déplacée. Cela nous autorise à faire le point sur la fête du Cœur de Jésus et les églises placées sous son patronage.

Le fait est que depuis la fin du XVIIIe siècle et le début du XIXe siècle, grâce à Mgr de Beaumont en 1767 et à Mgr de Quelen en 1822, la fête du Sacré Cœur a été célébrée dans le diocèse de Paris. En effet, Clément XIII en 1765 accorde aux évêques de Pologne et à l'archiconfrérie romaine du Sacré Cœur la permission de célébrer cette fête. La même année, la reine de France Marie Leszczynska, d'origine polonaise comme l'on sait, demande à l'Assemblée du clergé de France que chaque évêque l'établisse dans son diocèse[2]. En 1767, c'est chose faite pour Paris, et elle a lieu le dimanche après l'octave du Saint Sacrement alors qu'au vendredi correspondant on célébrait une messe en

1. Th. Dauchez, *Notes*..., 1893. ASCM.
2. Victor Alet, *La France*..., 1889, p. 273 et Xavier de Franciosi, *La dévotion*..., 1868, p. 407.

réparation des injures faites au Christ dans l'eucharistie [1]. Mgr de Quelen, en 1822 consacre le diocèse de Paris au Cœur de Jésus [2] et, semble-t-il, déplace la fête au deuxième dimanche de juillet où elle reste jusqu'en 1873 [3]. Entre-temps, Mgr de Marguerye, évêque d'Autun et donc de Paray-le-Monial, entraîne ses collègues dans une commune démarche auprès du légat pontifical à l'occasion du baptême du prince impérial. Il s'agit de demander à Pie IX de prescrire cette fête à toute l'Église. C'est chose faite à l'été 1856 [4]. Ainsi, que ce soit dans la paroisse parisienne des Legentil ou dans leur château de Saint-Ouen où ils aimaient passer l'été, château pourvu d'une chapelle où ils faisaient célébrer la messe, la fête du Cœur de Jésus est pour les Legentil un point de contact fondamental avec cette manière de voir et de parler du Christ [5].

## B. Les églises dédiées au Cœur de Jésus

Par ailleurs, la future église du Vœu national n'était pas en France, ni même à Paris la première église ou chapelle indépendante d'une église qu'on dédiait au Sacré Cœur même s'il n'y avait pas parmi elles d'églises paroissiales. Le P. de Franciosi dit qu'elles se comptent par douzaines au XIXᵉ siècle [6]. Ce phénomène n'avait pas pu échapper à Legentil. Même s'il n'en avait pas la liste à l'esprit (est-elle d'ailleurs dressée ?), nous pouvons présenter au moins celle que nous avons établie pour les XVIIIᵉ-XIXᵉ siècles. D'abord, il ne faut pas oublier le petit oratoire voulu par sainte Marguerite-Marie en 1688 dans le jardin de la Visitation à Paray [7]. Puis le cas des chapelles spécialisées à l'intérieur d'une église : ainsi à Saint-Sulpice de Paris, la chapelle liée à la fondation d'une

1. Voir Mgr de Beaumont, *Le Cœur*..., 1767. L'archevêque de Paris se réfère à 1713 et 1765. Il faudrait voir ce qui s'est passé en 1713 à propos de cette dévotion. Pour la messe du vendredi après l'octave du Saint Sacrement, voir R. de Vintimille, *Missale*..., 1738, p. 395.

2. *BVN*, 1885, p. 315.

3. Voir *Le Bref*... et *Ordo*..., 1763.

4. P. Alet, *La France*..., 1889, p. 306; X. de Franciosi, Le *Sacré Cœur*..., 1894, col. 409*.

5. On ne sait quel missel personnel ils utilisaient. Ce ne pouvait pas être la célèbre *Année liturgique* de dom Guéranger (réf. 1841), dont la seconde partie rédigée par un continuateur comprend le temps après la Pentecôte puisque cette partie ne paraît qu'en 1878. Rien ne nous permet de dire que *L'Année eucharistique* (1857) que nous avons consultée leur était familière elle qui comporte d'abondants commentaires sur le Cœur de Jésus. À partir de 1873 jusqu'à la réforme de Paul VI, la fête est célébrée avec octave le vendredi après l'octave du Saint Sacrement. La messe « *pro reparatione* » reste une messe votive au choix. Voir « Propre de Paris » dans *Missale romanum*..., 1955, p. 124.

6. Xavier de Franciosi, *La dévotion*..., 1868 (1892), p. 161.

7. *Bulletin de Paray-le-Monial*, juin 1988.

confrérie du Sacré Cœur en 1748 [1] ou dans l'église du château de Versailles, la chapelle dédiée en 1773 par le dauphin Louis, fils de Louis XV, aux Cœurs de Jésus et de Marie dans la tradition eudiste à laquelle la famille royale appartient [2]. Liée à un vœu de la ville, celle de la cathédrale de Poitiers date de 1820 environ [3]. De leur côté, les Dames du Sacré Cœur de Sophie Barat dédient au Cœur de Jésus l'ancienne chapelle (l'actuelle date de 1875) de l'hôtel Biron à Paris (l'actuel musée Rodin) quand, en 1820, elles y installent leur couvent et leur pensionnat, un établissement que les enfants Marcotte, nièces des Legentil et des Rohault de Fleury, fréquentaient avant 1870. En 1841, l'église du couvent des Oiseaux à Paris (aujourd'hui disparue) inaugure, semble-t-il, la série des églises proprement dite [4]; suit l'église du Sacré Cœur de Moulins dont les travaux commencent à partir de 1844 et qui est consacrée en 1881 [5]. Il y aurait aussi l'église du Sacré-Cœur de Commentry, consacrée en 1853 [6].

A. Legentil, si l'on suit Th. Dauchez, avait cependant raison : il n'y avait pas dans Paris d'église publique dédiée au symbole de l'amour miséricordieux du Christ pour les pécheurs. Lui en promettre une, n'était-ce pas prendre le chemin de la conversion nécessaire à l'accueil de son salut ?

## C. Une nouvelle bienheureuse

Les fêtes de la béatification de Marguerite-Marie ont marqué en 1865, selon le P. Bony [7], un tournant dans l'extension générale de la dévotion, dont les Legentil ont profité, ne serait-ce que par la célébration annuelle de sa fête. Leur absence de références aux œuvres de la bienheureuse publiées à cette époque rend probable le fait qu'ils ne les ont pas lues [8]. En revanche, on peut se

1. Voir *Montmartre*, juillet-août 1948, p. 2. Cette chapelle et cette confrérie sont dues au curé, M. Languet de Cergy, frère de Mgr Languet, archevêque de Sens, biographe de Marguerite-Marie. Il faudrait savoir si la confrérie de Saint-Laurent en 1740 et celle de Saint-Séverin en 1840 ont obtenu elles aussi une chapelle (réf. ci-dessous).

2. Voir P. Alet, *La France*..., 1889, p. 274-275 et Mgr François Ducaud-Bourget, Louis, dauphin de France, le fils du Bien-Aimé, Diffusion de la pensée française, 1961.

3. Voir Lambert, *Le salut*..., 1818, p. 24-33.

4. Selon V. Alet, *La France*..., 1889, p. 297 et 302; voir aussi *BVN*, 1898, p. 924. Sur le pied du calice offert par ces religieuses et leurs élèves au cardinal Richard en 1894, un médaillon dessiné par Bossan représente cette chapelle. RP 85 SCM 435.

5. Selon l'abbé Berthoumieu, *L'église du Sacré-Cœur de Moulins, précis historique, architectural et religieux*. Moulins, 1894 (aimablement communiqué par l'abbé Daniel Moulinet) et J. -M. Leniaud, *Jean-Baptiste*..., 1980, p. 137.

6. Voir Genermont-Pradel, Églises de France. Allier. P., Letouzey, 1938, p. 75 (renseignement également communiqué par l'abbé Daniel Moulinet).

7. *BVN*, 1895, p. 631.

8. Voir Marguerite-Marie, *Vie*... réf. en 1680.

demander s'ils n'ont pas consulté l'une des biographies de Marguerite-Marie publiées vers 1865 ? Si le doute est permis pour celle de l'abbé Cucherat [1], ce n'est peut-être pas le cas de l'ouvrage du P. Daniel, jésuite de Paris et ami du P. Matignon, le conseiller spirituel de Legentil [2] ? Dans ce livre, outre la vie et le message de la bienheureuse Marguerite-Marie, l'auteur présente dans l'avant-dernier chapitre le Cœur de Jésus comme signe de contradiction en plein XVIII^e^ siècle, avec ses adorateurs et ses ennemis. Dans le dernier chapitre de son livre, il retrace le long chemin qui a mené à la béatification de Marguerite-Marie. Le procès dressé en 1715 ne sortit des archives de l'évêché d'Autun qu'en 1820, sous l'épiscopat de Mgr de Vichy (1819-1829), l'ancien aumônier de Marie-Antoinette, qui suscita la rétablissement du couvent de la Visitation de Paray-le-Monial [3]. Déclaration de vénérabilité en 1822, constitution du recueil de ses écrits authentiques en 1828, de multiples péripéties conduisent en effet à la béatification Marguerite-Marie en 1864. Les Legentil ont bien dû être touchés finalement par cette célébration et sa répercussion liturgique.

## *III. LES PRATIQUES PRIVÉES*

### A. Les promesses

Bien qu'il date de 1905, on peut sans doute tenir compte du témoignage que H. de Fleury donne dans son recueil de pièces et de documents pour servir à l'historique du Vœu national. Le message de la bienheureuse aurait atteint les Legentil au moins sous la forme des « promesses du Sacré Cœur » car, il semble que ce soit ainsi qu'il a été diffusé au XIX^e^ siècle dans le grand public.

« Il convient de donner ici, au temps où il est paru [4], cet article du *Pèlerin* de Paray-le-Monial où sont magistralement exposées les visions de la bienheureuse

1. F. Cucherat, *Histoire*..., 1865.
2. Charles Daniel, *Histoire*..., 1865. Un des fondateurs et collaborateurs de la revue des *Études*. Jacques Gadille en parle comme d'un « libéral » (*La pensée*..., 1967, t. I, p. 164). Voir Paul Duclos, *Dictionnaire*..., 1985.
3. J. -P. Laurant, *Symbolisme*..., 1979 (1988).
4. C'est-à-dire le 15 octobre 1880.

Marguerite-Marie et les promesses que Notre-Seigneur lui a faites et qui ont été cause de ce que M. Legentil a tant tenu à ce que son vœu fut fait au Sacré Cœur »[1].

C'est un fait, remarque le chroniqueur du *Pèlerin* de Paray que depuis longtemps les fidèles ont entre les mains des feuilles où sont groupées diverses « promesses faites à tous ceux qui s'emploieront à la propagation du culte du Sacré Cœur ». On ne sait, dit-il, au juste ni à quelle époque ni par qui ce tableau a été dressé. Ces promesses sont spirituelles et temporelles. À les énumérer, on comprend mieux l'influence que Marguerite-Marie par ses zélés propagandistes a pu exercer sur le XIX^e^ siècle religieux et sur le Vœu national.

« I. – Il donnera à ceux qui travaillent au salut des âmes le talent de toucher les cœurs les plus endurcis.

« II. – Il donnera aux personnes séculières toutes les grâces nécessaires dans leur état.

« III. – Il mettra la paix dans leur famille.

« IV. – Il les consolera dans toutes leurs peines.

« V. – Il sera leur refuge assuré pendant la vie et surtout à la mort.

« VI. – Il répandra d'abondantes bénédictions sur toutes leurs entreprises.

« VII. – Les pécheurs trouveront dans son Cœur la source et l'océan infini de la miséricorde.

« VIII. – Les âmes tièdes deviendront ferventes.

« IX. – Les âmes ferventes s'élèveront rapidement à une grande perfection.

« X. – Il bénira lui-même les maisons où l'image de son Sacré Cœur sera exposée et honorée.

« XI. – Des trésors d'amour et de grâces seront réservés aux personnes qui se consacreront et se dévoueront au culte de son Sacré Cœur.

« XII. – Tous ceux qui seront dévoués et consacrés à ce divin Cœur ne périront jamais.

« XIII. – La grâce d'une bonne mort est promise à ceux qui communieront neuf premiers vendredis du mois de suite.

« XIV. – Le Sacré Cœur de Jésus régnera »[2].

1. *HSC*, t. II, p. 22-26.

2. Dans certaines versions, une quinzième promesse s'intercale entre la X^e^ et la XI^e^ : « Les personnes qui propageront cette dévotion auront leur nom inscrit dans mon Cœur, et il n'en sera jamais effacé. » Sur ces promesses, leur nombre, leur signification, leur histoire : voir A. Hamon, *Histoire*..., 1907, t. V, chap. V intitulé : « Le Sacré Cœur : ce qu'il donne, ce qu'il demande, ce qu'il promet ». Voir aussi J. -V. Bainvel, *La dévotion*..., 1906, première partie, chap. IV. Voir encore tout le chap. VII : « Que penser des « promesses » ? » de J. Ladame, *Les faits*..., 1975.

Parmi ces promesses, il en est une, la XIIIe, qui est dite la « grande promesse » et qui suscite la dévotion aux premiers vendredis du mois. L'abbé Dérumaux suggère que, peut-être, Legentil prononça intentionnellement son vœu le vendredi 2 décembre 1870 en l'honneur du Cœur de Jésus [1]. C'est possible, mais cela reste reste du domaine de la simple hypothèse.

Au cours de l'histoire du Vœu national, ces promesse jouent un grand rôle. En 1873, le premier article du *Bulletin* (rédigé par Joseph Chantrel ?) utilise deux des promesses [2]. Des images de piété intitulées *Montmartre* diffuseront abondamment la liste complète des promesses en mettant en relief « la grande promesse » [3]. Tous les chapelains ont dû en faire grand cas et le P. Yenveux n'a pas dû être le dernier : ses œuvres en sont la preuve (voir chap. 17). Le texte des promesses décorent les murs des locaux des adorateurs de nuit selon Gustave Téry [4]. Le *Bulletin* surtout dans ses suppléments de propagande y revient au début du siècle [5].

Il ne nous revient pas de chercher à savoir d'où proviennent ces promesses qui sont des citations très approximatives de Marguerite-Marie. Les efforts faits pour les fonder dans les textes authentiques n'emportent pas toujours l'adhésion. Ainsi rédigée et présentée, cette liste semble être un effort pédagogique pour communiquer le message de Paray au plus grand nombre. Ne retrouvera-t-on pas un souci semblable dans certains paragraphes des lettres de 1689 (voir chap. 6) ? Quoi qu'il en soit, les « promesses » telles qu'elles ont circulé, même si elles soulignent l'aspect intéressé de la vie religieuse, ont exprimé aussi l'alliance du Christ et des fidèles : ceux-ci trouvent en lui le royaume de Dieu et le reste promis par surcroît (*Matthieu* 6, 33).

## B. Les confréries

Les confréries du Sacré Cœur ont joué un rôle fondamental dans l'extension de la dévotion. L'une d'entre elles a touché Mme Legentil et par elle toute sa famille. C'est l'occasion de dresser un petit tableau de ces groupes de piété qui serviront aussi de soubassement à l'ex-voto de prière de Montmartre. Nous

1. Abbé Derumaux, « Origines... » dans *Montmartre*, 1953, n°192, p. 39.
2. *BVN*, 1873, p. 5 et 10.
3. Voir les illustrations.
4. Gustave Téry, *Les Cordicoles*, 1902, p. 35-37.
5. *BVN*, suppl. 1902, p. 35 ; suppl. 1904, p. 16, après p. 109.

verrons en dernier, non sans surprise, l'archiconfrérie de Notre-Dame du Sacré Cœur d'Issoudun qui est la seule dont nos sources de 1870-1871 fassent état d'une façon précise en dehors, bien sûr, de l'Apostolat de la prière.

Les confréries du Sacré Cœur existaient déjà par milliers au XVIII^e^ siècle. Rien qu'à Paris, on a relevé celle des Dames de Saint-Chaumont, près de la porte Saint-Denis en 1699[1]; celle de Saint-Laurent en 1746[2], celle de Saint-Sulpice en 1748[3]. Notre enquête succincte pour le XIX^e^ siècle commence par l'archiconfrérie universelle érigée à Rome en 1803[4]. Dans nos sources, il est ensuite question d'une association du Sacré Cœur dont traite le P. Lambert, père de la foi, dans un ouvrage paru en 1818[5]. C'est à l'archiconfrérie romaine que s'agrège la section de cette association du Sacré Cœur érigée par les Dames du Sacré-Cœur dans leur chapelle à Paris[6]. Pour fonder une confrérie du Cœur de Jésus, c'est encore à la confrérie romaine que se réfère l'auteur d'une plaquette de 1827 éditée au Puy[7]. C'est à cette époque qu'à la Visitation de Paray-le-Monial est fondée, en 1829, sous l'action du père jésuite Debrosse, l'archiconfrérie de l'heure sainte. Cet exercice de dévotion à l'agonie du Christ peut se pratiquer de préférence entre le jeudi soir et le vendredi après-midi, pendant une heure, comme le faisait Marguerite-Marie[8].

Face à l'extrême activité des PP. jésuites, le clergé séculier manifeste aussi sa dévotion au Sacré Cœur: il est question de la confrérie du Cœur de Jésus de Saint-Séverin en 1840 et d'une archiconfrérie (nationale) à Moulins en 1853[9]. La Visitation de Paray-le-Monial, tout à la joie de la béatification de Marguerite-Marie, fera même ériger en 1865 sa confrérie en archiconfrérie nationale, elle aussi[10]. C'est également l'époque de l'Apostolat de la prière et du *Messager du Cœur de Jésus* du P. Ramière (voir chap. 2), que Alexandre Legentil connaissait de réputation. Les fidèles qui appartiennent au premier degré de cette organisation sont invités

1. Voir *BVN*, 1895, p. 443-444. Le père Jonquet mentionne aussi les confréries du Mont Valérien, de Montmartre, de Saint-Germain-des-Près, des Filles de Saint-Michel, des Filles de la Croix, de la Visitation de Chaillot.
2. Voir Victor Alet, *La France*..., 1889, p. 272.
3. Voir P. Boumard, p. s. s., « Le deuxième centenaire de la confrérie du Sacré-Cœur de l'église Saint-Sulpice de Paris » dans *Montmartre*, juillet-août 1948, p. 2.
4. Voir A. Lancia, « L'archiconfraternita del Sacro Cuore in Roma nel Settecento » dans *Rivista di Storia della Chiesa in Italia*, 1985, vol. 39, n°2, p. 509-517 (fiche Francis).
5. P. Lambert, *Le Salut*..., 1818, p. 45-48.
6. Voir ***, *La dévotion*..., 1853, p. 56-71.
7. ***, *Instruction*..., 1827, p. 13-19.
8. F. Beringer, *Les indulgences*..., 1905, t. II, p. 144. « Heure sainte » dans *CHAD*, 1948. Mgr Gauthey, *Vie*..., t. III, p. 248 et Gérard Cholvy, *Histoire*..., 1985, t. I, p. 171.
9. Pour ces deux dernières, voir Jean-Michel Leniaud, *Jean-Baptiste*..., 1980, p. 137. Le dossier correspondant des archives du diocèse de Moulins fait allusion à la « concurrence avec Paray ». Aimablement communiqué par l'abbé Daniel Moulinet.
10. Le point dans Mgr Gauthey, *Vie*..., 1920, t. III, p. 250. Voir aussi François Beringer, *Les indulgences*, 1905, t. II, p. 167-174.

« chaque jour à offrir à Dieu toutes les prières, les actions et les souffrances de la journée, en union avec le très-saint Cœur de Jésus et à toutes les intentions pour lesquelles Notre-Seigneur s'offre lui-même en sacrifice pour nous » (*Statuts*, art. II).

Le deuxième degré de l'Apostolat de la prière comprend les membres du premier degré qui récitent, une fois par jour, un *Pater* et dix *Ave Maria* à l'intention approuvée par le souverain pontife que l'on indique au commencement de chaque mois à tous les associés (*Statuts*, art. III). Par le troisième degré, le fidèle appartient à l'association de la communion réparatrice qui s'est unie à l'œuvre du P. Ramière. En effet, dès 1854, le père jésuite Victor Drevon fonde une association où les dévotions au Cœur et au Corps du Christ sont unies[1]. En 1865, elle est érigée à Paray-le-Monial, dans le couvent de la Visitation. Il s'agit de réparer par la communion l'ingratitude des hommes à l'égard du Christ dont Marguerite-Marie a tellement souffert. Pour appartenir à cette confrérie, il faut déjà appartenir à une confrérie du Cœur de Jésus et se proposer de communier une fois par semaine ou une fois par mois aux intentions de l'œuvre. Les membres sont organisés en sections de semaine ou de mois[2]. Il faut noter encore l'archiconfrérie du cœur agonisant de Jésus et du cœur compatissant de Marie pour le salut des mourants, fondée par le P. Jean Lyonnard, s. j., en 1848 et devenue universelle en 1867[3].

Même si l'on ne prétend pas à l'exhaustivité dans un tel domaine, on manquerait quelque chose d'important si l'on ne mentionnait pas la Garde d'honneur rattachée à la Visitation de Bourg-en-Bresse. En 1863, sœur Marie du Sacré-Cœur eut l'idée de faire inscrire sur un cadran les personnes qui voudraient se relayer en pensée auprès du Christ présent sur les autels. Inspiré d'une réflexion de Marguerite-Marie, ce projet se traduisit par la fondation d'une confrérie dont les membres, par une heure quotidienne, « s'efforcent, par leurs hommages d'adoration et d'amour, de consoler le Cœur divin, blessé chaque jour invisiblement par l'oubli, l'ingratitude et les péchés des hommes »[4].

La dernière archiconfrérie, et non la moindre, qu'il faut mentionner ici est celle dont parle le P. Bony dans son étude sur les origines du Vœu national : l'archiconfrérie de Notre-Dame du Sacré-Cœur[5]. Les missionnaires du

1. On retrouvera le P. Drevon à propos des prières publiques de 1871 et des pèlerinages à Paray en 1873 (chap. 9) ; du projet d'église du Sacré-Cœur à Paray (chap. 12) ; de la Communion réparatrice à la chapelle provisoire (chap. 15).

2. Voir P. Victor Drevon, *Le Cœur de Jésus consolé dans la sainte Eucharistie...*, 1866. F. Beringer, *Les indulgences...*, 1905, t. II, n° 10.

3. Voir F. Beringer, *Les indulgences...*, 1905, t. II, p. 186.

4. F. Beringer, *Les indulgences...*, 1905, t. II, p. 190. André Derumaux, « Garde... » (1956), dans *CHAD*. Sur la Garde d'honneur en 1991, voir Paray-le-Monial, n° 98, mars 1991.

5. *BVN*, 1895, p. 631.

Sacré-Cœur d'Issoudun, au diocèse de Bourges, fondent cette association en 1864 pour soutenir leur action lointaine par la prière et par l'aide matérielle des fidèles de France ; on y invoque tout à la fois Marie et le Cœur du Christ (et Joseph). Le succès est immédiat bien qu'il n'y ait aucune apparition, mais seulement une promesse de prière d'intercession [1].

## C. Les recommandations et les consécrations

Un trait de la piété de Marie Legentil (et de son époux ?) est à remarquer dans sa correspondance inédite et semble s'intégrer au rayonnement des Pères d'Issoudun. Le 1er novembre 1870, elle écrit à sa sœur :

> « Tu sauras néanmoins que par l'entremise de Finote, nous sommes tous consacrés au Sacré Cœur [...] [2]. Ainsi, chère sœurette, c'est donc dans le Cœur de Notre-Seigneur qu'il faut tous nous retrouver en dépit des ennuis qui n'iront pas nous y chercher » [3].

Ces consécrations paraissent importantes à Marie Legentil, puisqu'elle en rappelle l'existence dans sa lettre du 28 mai 1871, quand, malgré les terribles épreuves de la patrie, elle constate que, pour elle et sa famille, les choses ont bien tourné : « Rappelle-toi que tous nous avons été consacrés au Sacré Cœur ». Ces consécrations ressemblent fort aux « recommandations » auxquelles fait allusion le P. Bony :

> « Dans la seule famille des Legentil, dix-sept jeunes gens avaient été recommandés au sanctuaire des Pères d'Issoudun » [4].

Ces consécrations-recommandations au Cœur de Jésus rejoignent les consécrations à Marie des enfants après leur baptême. Les problèmes soulevés ici se retrouvent à propos de la pastorale des consécrations à Montmartre (chap. 19).

1. F. Beringer, *Les indulgences...*, 1905, t. II, p. 211-215. Voir aussi J. Vaudon, *Les annales du Cœur de Jésus, de Notre-Dame du Sacré-Cœur & de saint Joseph, ami du Sacré-Cœur*, 1886.
2. Il faudrait éclaircir une mention de lieu où il est question de « Montmartre ». S'agit-il de Saint-Pierre de Montmartre ? Où y a-t-il eu erreur de lecture de celui qui a transcrit les originaux comme il en a été relevé par ailleurs ?
3. ASCM.
4. *BVN*, 1895, p. 631.

## D. Les « pseudo-scapulaires » ou « sauvegardes »

Apparemment, ces dix-sept jeunes gens « recommandés au Sacré Cœur » ont tous été pourvus d'une petite image du Sacré Cœur « qui devait les protéger », signe de leur consécration et dite abusivement « scapulaire ». Mais cette image protège aussi les biens. Une lettre de Marie Legentil en date du 25 octobre 1870 porte en haut à gauche comme un timbre avec l'image d'un cœur surmonté d'une couronne d'épines, de flammes et d'une croix et accompagné de la légende : « Arrête ! Le Cœur de Jésus est avec nous ! » Non seulement elle agrémente son courrier de ces petits emblèmes pour qu'il arrive à bon port, mais elle en a collé dans les logements parisiens de toute sa famille. De plus Marie Legentil en propose à ses correspondants [1].

Sur un morceau de papier ou de tissu (ou même de pierre, s'ils doivent être fixés sur des murs sous forme d'ex-voto), cette image et ce texte ont été très abondamment diffusés. L'histoire de cet objet est longue. Mgr de Belsunce l'utilise lors de la peste de Marseille. Le XVIII^e^ siècle le connaît, et les chouans, les carmélites de Compiègne et tant d'autres l'ont rendu célèbre pendant la Révolution. Au XIX^e^ siècle, il doit être associé au succès des promesses. Aux yeux de l'historien ou du canoniste, il est improprement appelé « scapulaire ». Ce dernier, lié à une congrégation religieuse, suppose un rite d'imposition et de bénédiction ; vers 1900, il y aura un véritable scapulaire du Sacré Cœur dû à l'action d'Estelle Faguette de Pellevoisin et du P. Lemius (voir chap. 19). Les petites images en question sont plus justement appelées « sauvegardes » [2]. La confiance dans l'amour du Christ se traduit ici par un rite de préservation : l'essentiel pour le chrétien étant que la confiance demeure même si les choses tournent mal.

## E. L'embaumement du cœur des défunts

Bien que chez Alexandre Legentil (puis chez son épouse morte en 1921), la décision de faire embaumer son cœur et de le laisser à la basilique de Montmartre semble nettement postérieure à son vœu de 1870 (il est mort en

1. La comtesse de Beauchamp en 1892 se souvient de ces timbres de 1871 et de la maison Bonamy qui en diffusait. ASCM. Voir les illustrations.

2. Voir *MCJ*, 1871, p. 180-182 ; 1873, t. 23, p. 262 ; 1878, t. 34, p. 87-91. G. de Saint-Laurent, *Les images...*, 1880, p. 182-190 ; Xavier de Franciosi, *La dévotion...*, 1892, p. 294 ; F. Beringer, *Les indulgences...*, 1905, t. I, p. 557 ; Auguste Hamon, *La dévotion...*, 1907, t. IV, p. 295 ; J. Bainvel, « Cœur », *DTC*, col. 344. Gérard Cholvy..., *Histoire...*, 1985, t. I, p. 171.

1889), elle n'en est pas moins éclairante [1]. Anselme Batbie, le ministre successeur de Jules Simon, qui présenta la loi d'utilité publique en fit, comme Legentil, le projet, la demande et fut exaucé [2]. L'abbé Bougaud, dans son *Histoire de la bienheureuse Marguerite-Marie* parue en 1874, présente longuement l'histoire de cette pratique et la juge en harmonie avec la dévotion au Cœur de Jésus [3]. Lui et bien d'autres la font remonter au XII^e^ siècle : il semble que le cas de Robert d'Arbrissel soit l'un des plus anciens exemples connus d'un tel prélèvement [4], au temps même où le cœur justement entre dans l'héraldique et le jeu de cartes [5]. Les exemples des XVII^e^ et XVIII^e^ siècles abondent : aussi bien celui de M. Olier que ceux de la famille royale (de 1662 à 1789). Ces derniers étaient confiés à la garde et aux prières des bénédictines du Val-de-Grâce. Une chapelle des cœurs leur était réservée [6]. Le cœur de chair importe donc beaucoup aux fidèles : n'est-ce pas le signe, chez eux, de leur foi en Dieu créateur, au Verbe incarné et ressuscité ?

Les préoccupations des Legentil semblent unies et cependant distinctes. Celles de l'épouse sont plus immédiatement individuelles. Sa dévotion au Cœur de Jésus, animée, non pas, semble-t-il, par les PP. jésuites, mais par des missionnaires très concrets, est une relation personnelle avec le Cœur du Christ au profit de ses proches qu'elle aime. Avec cette dévotion, on est loin du Dieu abstrait des déistes ou du Dieu terrible des jansénistes. Les préoccupations de son époux sont davantage sociales et politiques. Il s'inquiète du sort des plus pauvres et de la France, que les promesses du Sacré Cœur ne concernent pas directement. Son goût cependant pour cette dévotion nouvelle va le faire entrer dans une tradition qui unit le salut de la France et la dévotion au Cœur de Jésus (chap. 6). À Montmartre, les chapelains devront veiller à l'équilibre des deux aspects.

1. Hors la différence de lieu de dépôt (et que nous aimerions connaître), n'en a-t-il pas été également ainsi pour le cœur de Gambetta ? Philippe Bruneau, « Archéologie. . » dans *RAMAGE*, n° 3, p. 18.

2. Voir *L'Autorité* du 18 juin 1887 ; *BVN*, 1887, p. 514 ; *MCJ*, 1887, t. 52, p. 372 ; P. Lecanuet, *L'Église*..., t. I, p. 210 ; Paul Lesourd, *La Butte*..., 1931, p. 405 ; Mgr Charles, « Anselme Batbie » dans *MO*, n° 59, 1984, p. 14. L'auteur du présent travail a lui-même « découvert » au printemps 1984 l'urne où se trouvait le cœur de Batbie dans un des caveaux de la chapelle des morts. Avec l'accord de Mgr Charles, il a déposé le tube de plomb qu'elle contenait dans le trou fait dans le mur en symétrique du monument Legentil. L'urne en bois étant vermoulue a été jetée. La plaque de cuivre qui se trouvait dessus a été mise dans le trou. Elle porte l'inscription suivante : « Nous déclarons que ce cœur est celui de Monsieur le sénateur Anselme Batbie, décédé le 12 juin 1887 à neuf heures du soir. Il a été extrait de la poitrine par nous le 14 juin 1887 et placé dans ce vase. Auburtin (plus quelques lettres non déchiffrées) ».

3. Abbé Bougaud, *Histoire*..., 1874, p. 378-379.

4. « Robert... » dans *DSAM*, t. 13, col. 710.

5. G. de Saint-Laurent, *Les images*..., 1880, p. 34. Voir également Louis Charbonneau-Lassay, « L'iconographie ancienne du Cœur de Jésus. L'image du Cœur Sacré et les armoiries des souverains » dans *Regnabit*, n° 2, 1924 ; articles réédités sous le titre « Études de symbolique chrétienne » (1930), Gutenberg reprints, 1981, vol 1. On y apprend qu'au XIV^e^ siècle, Ferdinand de Portugal et, au début du XVI^e^, Jeanne de Valois mettent un Cœur de Jésus dans leurs armes (*Revue des Annonciades*, n° 139, juillet 1991, p. 46).

6. Voir Jacques Charles, *Trésors*..., 1988, p. 188-190.

# Chapitre 6
# Le Sacré Cœur, salut de la France et du monde

Alexandre-Félix Legentil fournit lui-même les trois étapes de ce chapitre dans deux communications rédigées en 1871 et 1872, qui déjà résultent certainement d'une élaboration antérieure. La première se trouve dans un important rapport à Mgr Guibert remis en décembre 1871 et présenté dans les premiers jours de 1872 :

> « Le vocable du Sacré-Cœur rappellera une dévotion aussi vénérable qu'universelle, qui a pris naissance en France, qui a grandi au milieu de nos malheurs, et dont l'extension providentielle au sein de nos derniers désastres est faite pour frapper les esprits les moins prévenus » [1].

Quelques mois plus tard, A. Legentil s'explique à nouveau sur la référence à cette dévotion devant l'assemblée générale des Comités catholiques :

> « Cette dévotion, née dans notre patrie, au commencement des revers qui attristèrent la fin du règne de Louis XIV, avait signalé son efficacité lors de la peste de

1. *BVN*, 1897, p. 38-39.

Marseille [...] Depuis le commencement de la guerre, un grand nombre de nos évêques mettaient leurs diocèses sous cette puissante sauvegarde. Enfin les vaillants soldats [à Loigny...] »[1].

Du rapprochement de ces deux textes qui mettent d'emblée en parallèle le développement de la dévotion au Cœur de Jésus avec divers malheurs publics de la France, nous tirons d'abord, vue depuis le XIXe siècle, une première étape qui concerne la croissance de cette dévotion à travers l'interprétation religieuse de la Révolution, des rapports de Louis XVI avec ce culte, des consécrations de diocèses dans l'esprit de Mgr de Belsunce, etc. Ensuite, seulement nous examinerons des textes qui sont comme des copies plus ou moins exactes de l'acte de naissance de ce rapprochement entre le Sacré Cœur et la France sous la triste fin du règne de Louis XIV car ces copies de textes de Marguerite-Marie qui parlent de ce lien ne sont connues du public et n'ont d'effet qu'à partir de 1867. Enfin, seront présentés les signes de l'épanouissement de cette dévotion dans les malheurs de 1870 avant le Vœu national: l'appel à l'Impératrice, les consécrations des diocèses, la suggestion du P. de Boylesve, la bannière du Sacré Cœur, les écrits du P. Ramière, etc.

Tout au long de cette enquête sur « l'amour de prédilection du Cœur du Christ pour la France »[2] et l'Église de France, le monde et l'Église universelle ne sont pas oubliés et sont même souvent mentionnés, mais l'idée de la mission religieuse de la France dans le monde hante littéralement les protagonistes du Vœu: le salut de la France est indirectement le salut du monde. La bonne nouvelle de l'amour du Christ pour chacun et pour les nations passe en ce temps-là par le culte du Cœur du Christ.

## *I. LA CONSÉCRATION DE LA FRANCE AU CŒUR DE JÉSUS, REMÈDE AUX MALHEURS DE LA PATRIE (DE LA RESTAURATION AU SECOND EMPIRE)*

Divers faits, textes et personnalités, surtout sous la Restauration, semblent avoir frappé les imaginations: la parution vers 1814 d'un opuscule anonyme

1. Alexandre Legentil, *Rapport...*, 1872, p. 2-3.
2. P. Bony, « Alexandre... », *BVN*, 1895, p. 630.

intitulé *Le Salut de la France* (salut recherché par sa consécration au Cœur du Christ) ; l'écho que cet ouvrage eut auprès des autorités de la ville de Poitiers ; la publication de différentes prières : l'une intitulée « Consécration de la France au Sacré Cœur de Jésus », l'autre dite « vœu de Louis XVI au Sacré Cœur » ; enfin des personnalités comme le père Louis de Bussy, sœur Marie de Jésus et les évêques consacrant leur diocèse au Cœur de Jésus.

## A. Le Salut de la France par le P. Lambert (?)

L'exemplaire consulté est de 1818, mais c'est manifestement une édition tardive puisqu'il comprend en annexe la supplique des autorités de Poitiers datée du 15 décembre 1815, incluant elle-même la référence à cet opuscule selon une édition antérieure datant donc de 1814-1815 [1]. Ledit exemplaire porte écrit à la main sur la couverture la mention : par le P. Lambert, père de la Foi [2]. L'auteur professe sa foi en la vertu de la religion pour le salut de la France, aspire à la consécration de la France au Cœur de Jésus comme fête religieuse, service de réparation, action de grâce pour le retour d'un prince catholique et la propose prudemment. Il préconise de « se réfugier », de « se dévouer », de « se consacrer » à ce divin Cœur « en corps de cités ou de diocèses, en attendant que ce soit en corps de nation » [3].

Après ses propres considérations, l'auteur donne quelques documents : supplique et ordonnance de Poitiers (voir ci-dessous), vœu de Louis XVI (voir ci-dessous), appel à tous les vrais fidèles, prière au Cœur de Jésus, consécration de la France au Sacré Cœur de Jésus (voir ci-dessous), prière au Sacré Cœur

1. La photocopie de cet opuscule nous a été aimablement communiquée par le P. Glotin s. j. de Paray-le-Monial. Voir [P. Lambert], *Le Salut*..., 1814. Mention en est faite dans son article « Réparation », *DSAM*, col. 397. Page 12 de ce livret, il est écrit : « Un nouveau Jonas a paru dans une nouvelle Ninive ; ses menaces prophétiques sont arrivées jusqu'à l'oreille des Rois, et de-là elles ont retenti dans les provinces les plus reculées. » S'il s'agit de Thomas Martin (de Gallardon, près de Chartres) qui parle avec Louis XVIII le mardi 2 avril 1816, ce passage a été interpolé par l'auteur pour l'édition consultée de 1818 dans le texte de 1814-1815 (sur le personnage en question, voir P. Boutry et J. Nassif, *Martin l'Archange*, Gallimard, 1985, 390 p.). Dans [Teisseire], *Instruction*..., 1827, p. 7, n. 1, on renvoie à « un petit livre intitulé *le Salut de la France*, qui a fait une grande sensation, et qui a engagé la ville de Poitiers à donner le bel exemple, en se consacrant au Sacré Cœur. » Le P. Hamon connaît et cite le *Salut de la France* selon la même édition que nous (*Histoire*..., 1907, t. IV, p. 304).

2. En 1799, durant la suppression presque totale de la compagnie de Jésus (1773-1814), Pie VI donne l'ordre aux Prêtres du Sacré-Cœur (Louvain, 1794) et à la compagnie de la Foi de Jésus (Spolète, 1797) de constituer les Pères de la Foi (« Jésuites », *CHAD*, col. 742). Le P. Hamon sait qu'on peut attribuer ce texte à « un abbé Lambert, missionnaire », mais incline cependant pour le P. de Bussy, cependant « il n'est aucune preuve décisive ». Selon lui, le P. Loriquet (célèbre pour son *Histoire de France*) aurait fait réimprimer l'opuscule modifié quelque peu. Le fait certain est la grande influence de cette brochure entre 1814 et 1820 (Auguste Hamon, *Histoire*..., 1907, t. IV, p. 342).

3. [P. Lambert], *Le Salut*..., 1814, p. 5, 10, 12 et 13.

de Jésus pour obtenir la conservation de la foi en France et la conversion des mœurs, amende honorable au Sacré Cœur de Jésus, pour tous les Vendredis, consécration au Saint Cœur de Marie, le règlement de l'association du Sacré Cœur (voir chap. précédent).

Avec cet opuscule dont il faudrait mieux connaître l'histoire, l'auteur, le milieu, il nous semble que nous sommes à un tournant très important du développement de la dévotion au Cœur de Jésus dans son rapport au sort politique et religieux de la France.

## B. La ville de Poitiers et le Cœur de Jésus (1815)

En 1815, « les plus hautes personnalités de la ville de Poitiers: préfet, maire, conseillers de préfecture, magistrats, universitaires, généraux et officiers supérieurs de la garnison », dans une lettre [où ils se référaient à l'opuscule *Le Salut de la France*] adressée à « messieurs les vicaires généraux, le siège épiscopal étant vacant », sollicitaient l'érection dans la cathédrale d'une chapelle dédiée au Sacré Cœur, « celle-là même que nous voyons aujourd'hui dans le transept gauche. Le clergé se rallia à cette demande. » Cette démarche est souvent rapportée dans les historiques ultérieurs de la dévotion en question [1].

## C. La prière dite Consécration de la France au Sacré Cœur

Sans nom d'auteur, la prière suivante est proposée à la piété des fidèles. Elle serait du P. Lambert, l'auteur de l'opuscule que ce ne serait pas étonnant. Elle a été repérée jusqu'en 1889, dans l'ouvrage du P. Alet, sous les signatures de Marie-Antoinette et d'Elisabeth-Marie (voir le chap. 23).

> « O Jésus-Christ, ô notre adorable Sauveur, votre Cœur a été ouvert pour tous les hommes; mais combien de prodiges de miséricorde nous attestent qu'il a été spécialement ouvert pour la France!

1. Sur cette question voir: [P. Lambert], *Le Salut*. ., 1814, p. 24-33; Archives de l'évêché de Poitiers, dossier « la cathédrale »; *BVN*, 1899, p. 195; Auguste Hamon, *Histoire*..., 1907, t. IV, p. 339-340; Chanoine Pierre FORGET, « Poitiers, ville du Sacré Cœur », *Supplément à l'Eglise en Poitou* des 20 et 27 août 1983, n° 28 et 29, p. 2 (tiré à part aimablement communiqué par l'auteur). À la cathédrale de Poitiers se voit encore (au transept gauche) un grand tableau peint dans les années 1815-1820 représentant cette consécration de Poitiers (et de la France) au Sacré Cœur, d'un style « troubadour » assez maladroit mais savoureux (Jacques Foucart).

« Vous avez, ce semble, dans votre infinie charité, voulu pourvoir à tous nos besoins, en faisant naître cette dévotion au sein de ce royaume, et vous avez voulu lui préparer une ressource assurée dans ses malheurs.

« Ah ! le miracle éclatant qui arrêta dans une de nos villes le fléau de la peste ne nous indique-t-il pas de recourir à vous contre ce fléau plus funeste ?

« La contagion de l'impiété et du libertinage a étendu ses ravages dans notre patrie : subsisterait-elle encore après que nous aurons réclamé la bonté de votre divin Cœur ? Hésiterions-nous à croire que de cette source d'où sont sortis tant de prodiges de charité, il n'en sorte encore aujourd'hui pour la France ?

« Oh ! non, nous n'en doutons pas, ô Jésus, notre aimable Sauveur, nous nous souvenons que votre Cœur est le sanctuaire de la miséricorde et la source de tous les biens, nous implorons avec la plus tendre confiance son immense charité pour nous ; nous nous vouerons, nous nous vouons dès ce moment au culte de votre adorable Cœur. Tous les cœurs de ce royaume, depuis le cœur de notre auguste Monarque jusqu'à celui du plus pauvre de ses sujets, nous les réunissons par les désirs de la charité pour les lui offrir ensemble [1].

« O Cœur de Jésus, nous vous offrons notre patrie tout entière, et les cœurs de tous vos enfants. O Vierge sainte, ils sont maintenant entre vos mains, nous vous les avons remis en nous consacrant à vous, comme à notre protectrice et à notre Mère, dont nous avons déjà reçu de signalés bienfaits. Mettez-y le comble aujourd'hui, nous vous en supplions : offrez-les au Cœur de Jésus. Ah ! s'ils sont présentés par vous, il les recevra... il leur pardonnera... il les sanctifiera... il les sauvera... et il sauvera la France tout entière ; il y affermira la paix, il y fera régner la piété et les mœurs, il y fera refleurir la sainte religion. Ainsi soit-il. »

Ce texte compare « l'impiété et le libertinage » de la France à la peste de Marseille au temps de Mgr de Belsunce, (voir ci-dessous). Le fidèle qui le prononce espère par la consécration du royaume au Sacré Cœur repousser les fléaux moraux. Le salut de la France, (de la patrie), est désormais bien lié à la dévotion au Cœur de Jésus [2].

1. La citation faite par le P. Alet dans *La France*..., 1889, p. 281 commence avec cette phrase alors qu'elle est supprimée dans la version du P. Le Doré (*Le Message*..., 1917, p. 88-89).

2. [P. Lambert], *Le Salut*..., 1814, p. 39-41. Voir aussi ***, *Instruction*..., 1827, p. 33-34 ; dans cette édition, après la conclusion, on a ajouté : « Il faut répéter souvent cette aspiration surtout dans les tentations contre l'aimable vertu : Divin Cœur de Jésus, ayez pitié de nous. Cœur immaculé de Marie, priez pour nous ». [Dames...] (d'après la p. 56, et non Alphonse de Liguori comme dans le catalogue de la BN), *La Dévotion*..., 1853, p. 87-89 (avec la conclusion ci-dessus).

## D. Le « vœu de Louis XVI »

La dévotion au Cœur du Christ et le salut de la France sont associés également dans un texte connu sous le nom de « vœu de Louis XVI » ; essayons de suivre son impact jusqu'en 1870 avant qu'il n'entre dans la « merveilleuse histoire » du Vœu national et que le « roi-martyr » [1] n'apparaisse dans la décoration du chœur de la basilique (chap. 23).

### *1. Les deux versions du « vœu de Louis XVI »*

Le P. Hamon, jésuite, et le P. Le Doré, supérieur général des Eudistes, s'accordent à dire que cette prière fut connue du grand public à partir de 1814-1815 grâce au recueil anonyme de prières que nous venons d'attribuer au P. Lambert, recueil auquel semble bien faire allusion *L'Ami de la religion*, lui, bien daté en 1815 [2].

Donnons-en le texte intégralement, même s'il est long, car il importe beaucoup pour comprendre tout un courant de souscripteurs au Vœu national [3]. Il est intitulé : *Vœu par lequel Louis XVI a dévoué sa personne, sa famille et tout son royaume, au Sacré Cœur de Jésus.*

« Vous voyez, ô mon Dieu ! les plaies qui déchirent mon cœur, et la profondeur de l'abîme dans lequel je suis tombé : des maux sans nombre m'environnent de toutes parts ; à mes malheurs personnels et à ceux de ma famille, qui sont affreux, se joignent, pour accabler mon âme, ceux qui couvrent la face du royaume. Les cris de tous les infortunés, les gémissements de la religion opprimée retentissent à mes oreilles, et une voix intérieure m'avertit encore que peut-être votre justice me reproche toutes ces calamités, parce que, dans les jours de ma puissance, je n'ai pas réprimé la licence du peuple et l'irréligion qui en sont les principales sources ; « parce que j'ai fourni moi-même des armes à l'hérésie qui triomphe, en la favorisant par des lois qui ont doublé ses forces et lui ont donné l'audace de tout oser » [4]. Je n'aurai point, ô mon Dieu, la témérité de me justifier

1. Sur la question du martyre de Louis XVI, le point semble être fait par Philippe Boutry, « « Le Roi martyr ». La cause de Louis XVI devant la Cour de Rome (1820) » dans *RHEF*, t. LXXVI, n° 196, 1990, p. 57-71.

2. Auguste Hamon, *Histoire...*, 1907, t. IV, p. 302-307, (cependant, p. 306, n. 2, en datant le numéro de *L'Ami de la Religion* de 1814, il se trompe d'un an). Ange Le Doré, *Le Message du Sacré Cœur*, 1917, p. 89, mentionne aussi cette publication.

3. Selon [P. Lambert], *Le Salut...*, 1814, p. 33-36. Nous respectons l'orthographe et la ponctuation du recueil de prières. Parmi les pièces justificatives, ce texte aurait peut-être perdu de son importance. On le trouve reproduit dans des ouvrages postérieurs avec quelques variantes : Dames du Sacré-Cœur, *La dévotion...*, 1853, p. 50-55 ; F. Cucherat, *Histoire...*, 1865, p. 185 (qui ne cite que les points quatre, cinq, six et la conclusion du vœu) ; Abbé Bougaud, *Histoire...*, 1874, p. 395-398 ; Léon Pagès, *Le vœu de Louis XVI*, 1876 ; P. de Franciosi, *La dévotion...*, 1868 (1892), p. 151-152 ; P. Alet, *La France...*, 1889, p. 278-280 ; P. Hamon, *Histoire...*, 1907, p. 303-304 ; P. Le Doré, *Le message...*, 1917, p. 84-88.

4. Cette phrase que nous avons mise entre guillemets semble faire allusion à l'édit de tolérance si critiqué en son temps par certains catholiques. Il concernait l'état-civil des non-catholiques. Voir Girault de Coursac, *Louis XVI*, 1988, p. 26-31. C'est cette proposition qui est absente du texte de *L'Ami de la religion* (*L'Ami de la Religion*, 1815, l. III, p. 78).

devant vous ; mais vous savez que mon cœur a toujours été soumis à la foi et aux règles des mœurs : mes fautes sont le fruit de ma foiblesse, et semblent dignes de votre grande miséricorde. Vous avez pardonné au roi David, qui avoit été cause que vos ennemis avaient blasphémé contre vous ; au roi Manassès qui avoit entraîné son peuple dans l'idolâtrie : désarmé par leur pénitence, vous les avez rétablis l'un et l'autre sur le trône de Juda : vous les avez fait régner avec paix et avec gloire. Seriez-vous inexorable aujourd'hui pour un fils de saint Louis qui prend ces rois pénitens pour ses modèles, et qui, à leur exemple, désire de réparer ses fautes et de devenir un roi selon votre cœur ?

« O Jésus-Christ, divin rédempteur de toutes nos iniquités, c'est dans votre Cœur adorable que je dépose en ce moment les effusions de mon âme affligée. J'appelle à mon secours le tendre Cœur de Marie, mon auguste protectrice et ma Mère, et l'assistance de saint Louis, mon patron et le plus illustre de mes aïeux.

« Ouvrez-vous, Cœur adorable, et par les mains si pures de mes puissans intercesseurs, recevez avec bonté les vœux satisfactoires que la confiance m'inspire et que je vous offre comme l'expression naïve des sentimens de mon cœur.

« Si, par un effet de bonté infinie de Dieu, je recouvre ma liberté, ma couronne et ma puissance royale, je promets solennellement :

« 1. De révoquer, le plus tôt que faire se pourra, toutes les lois qui me seront indiquées, soit par le pape, soit par un Concile, soit par quatre évêques choisis parmi les plus éclairés et les plus vertueux de mon royaume, comme contraires à la pureté et à l'intégrité de la foi, à la discipline et à la juridiction spirituelle de la sainte Église catholique, apostolique, romaine, et notamment la *Constitution civile du clergé.*

« 2. De rétablir sans délai tous les pasteurs légitimes et tous les bénéficiers institués par l'Église, dans les bénéfices dont ils ont été injustement dépouillés par les décrets d'une puissance incompétente, sauf à prendre les moyens canoniques pour supprimer les titres de bénéfices qui sont moins nécessaires, et pour en appliquer les biens et revenus aux besoins de l'État.

« 3. De prendre, dans l'intervalle d'une année, tant auprès du pape qu'auprès des évêques de mon royaume, toutes les mesures nécessaires pour établir, en observant les formes canoniques, une fête solennelle en l'honneur du Sacré Cœur de Jésus, laquelle fête sera célébrée à perpétuité dans toute la France, le premier vendredi après l'octave du Saint-Sacrement, et toujours suivie d'une procession générale, en réparation des outrages et des profanations commises dans nos saints temples, pendant le temps des troubles, par les schismatiques, les hérétiques et les mauvais chrétiens.

« 4. D'aller moi-même, en personne, sous trois mois, à compter du jour de ma délivrance, dans l'église Notre-Dame de Paris ou dans toute autre église principale du lieu où je me trouverai, et d'y prononcer un jour de dimanche ou de fête, au pied du maître-autel, après l'offertoire de la messe et entre les mains du célébrant, un acte solennel de consécration de ma personne, de ma famille et de mon royaume au sacré Cœur de Jésus, avec promesse de donner à tous mes sujets l'exemple du culte et de la dévotion qui sont dus à ce Cœur adorable.

« 5. D'ériger et de décorer à mes frais, dans l'église que je choisirai pour cela, dans le cours d'une année, à compter du jour de ma délivrance, une chapelle ou un autel qui sera dédié au sacré Cœur de Jésus, et qui servira de monument éternel de ma reconnaissance et de ma confiance sans bornes dans les mérites infinis, et dans les trésors inépuisables de grâces qui sont renfermés dans ce Cœur sacré.

« 6. De renouveler tous les ans, au lieu où je me trouverai, le jour qu'on célèbrera la fête du sacré Cœur de Jésus, l'acte de consécration exprimé dans l'article 4, et d'assister à la procession générale qui suivra la messe de ce jour.

« Je ne puis aujourd'hui prononcer qu'en secret cet engagement ; mais je le signerois de mon sang, s'il le falloit, et le plus beau jour de ma vie sera celui où je pourrai le publier à haute voix dans le temple.

« O Cœur adorable de mon Sauveur, que j'oublie ma main droite et que je m'oublie moi-même, si jamais j'oublie vos bienfaits et mes promesses, si je cesse de vous aimer et de mettre en vous ma confiance et toute ma consolation ».

L'auteur du *Salut de la France* revient par deux fois sur ce Vœu. Dans son argumentation pour réclamer la consécration de la France au Cœur de Jésus, il donne comme motif supplémentaire la piété de Louis XVI envers ce Cœur dans lequel « il avait appris à mourir victime de l'amour pour son peuple ».

« Des relations respectables nous apprennent qu'on a trouvé dans les mémoires écrits de sa main, au fond de sa prison, le projet d'un vœu par lequel il se mettait, lui et son royaume, sous la protection du Sacré Cœur, témoignant par-là sa vive confiance et le désir qu'il avoit de voir cette dévotion établie dans toute la France ».

En note, lors de la présentation du texte, il éprouve le besoin de préciser :

« Ce Vœu, dont l'authenticité ne sauroit être révoquée en doute, a été fait en 1792, durant ces jours à jamais déplorables, où le roi-martyr étoit réduit, avec sa famille, à une espèce de captivité dans son propre palais. M. Hébert, supérieur général des Eudiste, alors confesseur du roi, resta dépositaire de cet acte » [1].

Mais ce texte attribué à Louis XVI est aussi connu à l'époque de la Restauration par une livraison de *L'Ami de la Religion et du Roi* en 1815 qui paraît à partir de 1814 [2]. Joseph Picot, son rédacteur [3], écrit que ce texte peu connu [4] lui a été communiqué par « un ecclésiastique estimable, M. l'abbé D., V. de S. L. en L. », soit l'abbé D., vicaire de Saint-Louis-en-l'Ile à Paris

1. [P. Lambert], *Le Salut*..., 1814, p. 11 et p. 33.
2. ***, *L'Ami de la Religion*, 1815, l. III, p. 77-80.
3. Voir les articles « Ami de la Religion » et « Picot » dans *CHAD* et Auguste Hamon, *Histoire*..., 1907, t. IV, p. 341, n. 1.
4. Il remarque cependant : « Il paraît même que ces deux pièces [la prière et le vœu] ont déjà vu le jour, et qu'elles ont été insérées dans un recueil de prières, imprimé sans nom d'année [sic]. » Il pourrait s'agir du recueil que nous attribuons au P. Lambert. Pour rendre compte complètement de cet article de *l'Ami de la Religion*, il faut signaler qu'il ajoute : « À cette prière et à ce vœu était jointe une autre prière qui n'y avoit pas un rapport bien direct ». S'agit-il de l'acte de consécration de la France au Sacré Cœur dont il a été question ? On ne sait. Enquête à poursuivre.

selon le P. Hamon, abbé qui était ami avec M. Hébert lequel aurait chargé l'abbé D. de transcrire cette formule [1]. Le rédacteur compare ce document au testament du roi pour en montrer l'importance [2]. Il a cherché, semble-t-il, à en vérifier l'authenticité qui fut très tôt contestée. Il écrit que, par ailleurs, « M. l'abbé C., curé de B. N. », atteste avoir été « chargé par le P. Hébert de faire, au nom du Roi, une neuvaine relativement à ce vœu » : ce qui confirmerait selon lui l'existence de ce vœu [3].

Bien qu'ils aient été imprimés à quelques mois de distance, les deux textes ne sont pas semblables : une douzaine de remplacements de mots par des synonymes plus ou moins exacts ; par exemple, *L'Ami* parle de la licence des mœurs, là où *Le Salut* parle de la licence du peuple ; des omissions et inversions ; une ponctuation différente ; la présence d'intertitres dans l'*Ami*. Rien de bien important, mais cependant peu rassurant. Plus grave : il y a surtout une proposition importante dans *Le Salut* là où dans *L'Ami* se trouvent des points de suspension :

> « Parce que j'ai fourni moi-même des armes à l'hérésie qui triomphe, en la favorisant par des lois qui ont doublé ses forces et lui ont donné l'audace de tout oser ».

*L'Ami de la Religion* renvoie-t-il à une version où cette phrase n'existait pas ou a-t-il censuré ce passage qui soulève le statut des protestants dans le royaume ? *Le Salut de la France* l'a-t-il ajoutée ou est-il témoin de la version originale ?

## *2. Authenticité du « vœu de Louis XVI »*

En 1827 comme en 1853 [4], lorsque ce texte est mentionné ou imprimé intégralement, on éprouve à nouveau le besoin d'en souligner l'authenticité, d'affirmer qu'il a été vu à l'état de manuscrit longtemps avant le retour en France des Bourbons. On apprend même en 1827 que

> « Mademoiselle de Cicé... possédait une de ces copies, qu'elle avait cachée dans la fente d'une muraille, et qu'elle fit voir depuis à plusieurs personnes » [5].

1. L'abbé D. rapporte à Joseph Picot l'intérêt pour ces textes d'une princesse (certainement Madame Royale, la duchesse d'Angoulême, fille de Louis XVI) qui avait quatorze ans en 1792. L'abbé D. ne pouvait assurer que le texte qui lui avait été remis par le P. Hébert était de la main de Louis XVI dont il ne connaissait pas l'écriture (*Ami de la Religion* et P. Hamon).

2. On peut le lire gravé dans le monument de la chapelle expiatoire, rue d'Anjou à Paris.

3. L'exemplaire de l'archevêché de Paris que nous avons consulté porte en marge à la hauteur de l'initiale du curé, accompagnée d'un x manuscrit : « x de Cagny » et selon le P. Hamon, il s'agit de la paroisse de Bonne Nouvelle.

4. Voir ***, *Instruction*..., 1827, p. 6, ouvrage dont la première édition pourrait être de 1814 ou 1818 et attribuable au P. Teisseire. Voir [Dames...], *La dévotion*..., 1853, p. 50.

5. [P. Teisseire], *Instruction*..., 1827, p. 6. Le P. Glotin et le P. Hamon semblent parler du même texte mais l'un dans une édition de 1818 et l'autre, de 1821.

Vers 1823, sœur Marie de Jésus soutient même que le Christ avec un Cœur sur la poitrine lui est apparu et lui en a garanti l'authenticité (voir ci-après). Alors que l'authenticité des testaments des souverains décapités n'a jamais été mise en question, très tôt celle de ces textes l'a été. La preuve en est le soin qu'on a eu de les défendre. Sur l'authenticité du vœu de Louis XVI, l'érudition moderne paraît plus que réservée. Paul et Pierrette Girault de Coursac assurent ainsi que le texte dit « prière et vœu de Louis XVI au Sacré-Cœur » n'est qu'un apocryphe et une pieuse fiction[1].

« La manière romanesque et tardive dont il a été prétendument trouvé » vingt-deux ans après les événements est leur premier argument. Leur second argument porte sur de nombreux détails de rédaction dont ils donnent un exemple. Louis XVI est censé s'accuser comme d'une faute d'une des réformes dont il était à juste titre le plus fier : l'état civil accordé aux non-catholiques. Il faut se souvenir, disent-ils, que

> « nombre de mémorialistes apparemment « favorables » à Louis XVI ont dissimulé ses efforts pour la liberté religieuse, et à la suite de Proyart et de Barruel, ils attribueront l'édit sur les non-catholiques à une « intrigue » ou à un « complot infernal » qui aurait triomphé de la « faiblesse » et de l' » inexpérience » (?) du roi. [...] Louis XVI songeait si peu à se repentir de sa tolérance et d'avoir écouté le sermon [*sic*] de Malesherbes, que dans son testament, écrit le 25 décembre 1792, alors qu'il croyait mourir le lendemain, il en fait de nouveau et solennellement profession de foi. »

Le troisième argument de nos auteurs réside dans une distinction entre la spiritualité des Cœurs de Jésus et de Marie d'inspiration eudiste et celle d'inspiration jésuite liée à Marguerite-Marie. Le P. Hébert n'aurait pu lui inspirer une telle prière, pas plus que le roi ne pouvait en trouver les éléments dans son éducation religieuse.

> « La famille royale a, depuis le XVIII^e siècle, une dévotion particulière au Sacré Cœur de Jésus. Mais cette dévotion, née indépendamment des événements de Paray-le-Monial, lui vient de saint Jean Eudes. Peu soucieuse de promesses matérielles et terrestres, elle est humble contemplation et imitation de l'amour de Jésus pour les hommes. Elle unit dans un même culte le Cœur sacré de Jésus sauveur des hommes et le Cœur Immaculé de Marie mère des hommes. Son emblème est un double cœur, emblème qu'on

1. P. et P. Girault de Coursac, *Louis XVI*, ..., 1976, p. 79 et *Cahiers*..., 1988, p. 40. Ces auteurs reconnaissent avoir d'abord cru à l'authenticité du vœu (*Le Roi stigmatisé*, Senlis, 1950, p. 56 en note) : « Louis XVI n'attendit pas négligemment la prison du Temple pour faire ce vœu. Il le fit en 1791 et la délivrance qu'il espérait était le succès de sa fuite ». Et l'abbé A. Dérumaux lui-même se fondait sur leur témoignage pour parler du vœu comme authentique (« Origines... », 1951, p. 20). Quarante ans après, le résultat de l'enquête des mêmes spécialistes de Louis XVI ayant changé, le jugement d'un autre chapelain du Sacré-Cœur fondé sur leur étude est négatif !

trouve notamment dans la chapelle construite dans le château de Versailles sous le règne de Louis XV, à la demande de la reine Marie Leszczynska »[1].

Certes, des historiens contemporains prennent ce texte pour authentique. Charles Pouthas affirme: « pour tenir le vœu de Louis XVI, il est décidé de créer une basilique spéciale à Paris »[2]. S'il décrit les motivations de certains députés, il a raison, mais cela ne préjuge en rien de l'authenticité du vœu en question. Jacques Le Brun associe le vœu de Louis XVI aux demandes faites à Louis XIV (voir ci-après): mais l'objectif de son travail est la signification politique de ces affirmations religieuses et non leur réalité[3]. Le chanoine Aubert ne semble pas douter de son origine[4]. Mais tous l'utilisent plus, nous semble-t-il, qu'ils n'en vérifient l'origine. Quant à nous avec P. et P. Girault de Coursac, nous nous rangeons derrière le *Larousse* du XIX^e^ siècle dans son article « Sacré-Cœur » et derrière Daniel Halévy (même si nous distinguerons au chapitre 23 divers éléments dans le récit global qu'il rejette)[5], auteurs qui soutiennent eux aussi l'inauthenticité de ce texte[6]. Même si les partisans de l'authenticité multiplient les arguments au cours du XIX^e^, ceux-ci, examinés, n'emportent pas plus la conviction, mais témoignent seulement d'une intense fermentation (voir chap. 23). Reste cependant d'une part, à répondre aux questions fondamentales de l'historien: « où, quand, qui et dans l'intérêt de qui ? » et d'autre part à comprendre comment on peut en arriver à objectiver ses propres souhaits et à les attribuer ainsi à un personnage célèbre « pour la gloire du Cœur de Jésus et le salut de la France ! »

1. Avec le grand dauphin Louis, son fils. Divers autres signes de cette piété existent: la naissance de celui-ci est liée à une neuvaine de messes dans la chapelle du Sacré-Cœur de la Visitation de Rouen où se trouve un tableau ex-voto (Mgr Gauthey, *Vie*..., 1915, t. III, p. 44; André Derumaux, « Origines... », *Montmartre*, 1953, n° 159, p. 7). Louise de France au Carmel de Saint-Denis témoignerait aussi de cette dévotion. Enfin, la demande en 1765 de la reine à l'assemblée du clergé; la gravure commémorative de Pasquier montre d'ailleurs les deux cœurs (voir chap. 5 et 21 ainsi que les illustrations).

2. Charles Pouthas, *L'Église*..., 1943, fasc. IV, p. 340. En revanche, le vœu de Louis XVI est invoqué pour la construction d'une église dédiée au Sacré-Cœur à Moulins entre 1845 et 1854: « Ne remplit-on pas [...] les intentions du roi martyr qui consacra la France au Cœur de Jésus et s'engagea à lui ériger une chapelle... » (J. -M. Leniaud, *Jean-Baptiste*..., 1980, p. 137).

3. Jacques Le Brun, « Le culte... », 1971, p. 35.

4. Roger Aubert, *Le pontificat*..., 1952, p. 465.

5. Daniel Halevy, *La République*..., 1937, p. 18.

6. Monique Touvet nous conforte en ce sens: « Je ne comprends pas qu'on n'en sache ni la date, ni les circonstances et que le roi n'y ait fait nulle allusion dans son testament... Les auto-accusations... de faiblesse, d'inexpérience, de complot infernal me paraissent bien relever des accusations ou soupçons du parti dévot, plutôt que de la façon de voir de Louis XVI qui me paraissait plus largement « éclairé » quand il travaillait à séparer les questions religieuses de la constitution politique » (lettre en date du 12 février 1990 à l'auteur). Dans un livre récent, elle souligne que même si la question n'est pas close pour elle, ni les testaments royaux, ni le mémoire de Madame Royale de 1795 (selon G. Lenôtre) ne font allusion au vœu de Louis XVI. Monique Touvet, *Comme une source*..., 1990, p. 65 et 134. Sur cette question, voir en annexe d'autres arguments pour l'authenticité de la prière et du vœu de Louis XVI.

## E. Le père Louis de Bussy

Dans un texte de 1822, resté manuscrit jusqu'à l'été 1870 et publié alors dans *Le Messager du Cœur de Jésus* par le P. Léonard Cros, le P. de Bussy tient des propos semblables à ceux du P. Lambert concernant la dévotion au Cœur de Jésus et le salut de la France et du monde[1]. Le P. Hamon, on l'a vu, a même pensé lui attribuer *Le Salut de la France*. C'est que dès le 21 juin 1815, au lendemain des Cent-Jours, le P. de Bussy met « sous les yeux de ses auditeurs, d'un côté, le tableau des crimes de la France, depuis vingt-cinq ans, et de l'autre, le tableau des miséricordes de Dieu envers elle ». Il prophétise des malheurs plus grands si la France ne fait pas réparation et ne se jette pas dans le Cœur du Christ. Il lui faut faire en réalité ce que le roi-martyr, selon lui, a fait par son vœu et l'offrande de sa vie[2]. Dans son écrit de 1822 qui rejoint les lecteurs du *Messager du Cœur de Jésus* au sein des désastres de 1870, il présente un historique de la dévotion et de la France moderne : Louis XIV (voir chap. 4), Belsunce (ci-après), les chouans, Louis XVI ; la signification du Cœur de Jésus et le remède : que chaque corps de la société rende un solennel hommage au cœur de Jésus, qu'il répare pour ses péchés, que, demain, le roi consacre la France à ce divin Cœur et le salut adviendra.

## F. La sœur Marie de Jésus

En 1823, prend place la demande de consécration de la France au Cœur de Jésus par sœur Marie de Jésus, au temps de Louis XVIII et de la régence de son frère, demande qui n'aboutit pas. On ne sait pourquoi. La sœur Marie de Jésus, religieuse de la congrégation des chanoinesses régulières de Saint-Augustin, congrégation appelée familièrement *les Oiseaux*, se confie au P. Ronsin[3]. Le P. Alet écrit, en 1870, que c'est à la lecture d'une prière intitulée : « Consécration de la France au Cœur de Jésus » et du mandement relatif à la consécration de la ville de Poitiers à ce même Cœur[4], qu'elle réclame,

1. *MCJ*, 1870, t. 18, p. 219.

2. Léonard Cros s. j., *Une famille d'autrefois (les Bussy)*, Toulouse, Regnault, 1873, aimablement communiqué par le P. Vallin. Le nom de Bussy reste célèbre au XIXᵉ siècle pour un *Nouveau Mois de Marie*, laissé inachevé par Louis et publié par Maxime, son frère (Voir P. Duclos, *Les Jésuites*..., 1985. Dans Y. -M. Hilaire, *Une chrétienté*..., 1977, t. I, p. 413, lire Bussy et non Buiry.

3. Pierre Ronsin (1771-1846), directeur de la Congrégation (1814-1828), âme du couvent des Oiseaux : voir A. Hamon, *Histoire*..., 1907, t. IV, p. 345-352 et art. « Ronsin » (1988), dans *DSAM*.

4. P. Alet, *La France*..., éd. 1871, p. 299 ; éd. 1889, p. 297.

au nom du Christ et à la suite d'expériences mystiques, la consécration de la France tout entière au Cœur de Jésus. Une notice biographique éditée en 1865 et citée par le P. de Boylesve en 1870 rapporte ainsi la chose :

« Il lui fut souvent répété par Jésus-Christ même, dans ses extases, que le vœu de consécration de la France au Sacré-Cœur, attribué à Louis XVI, était bien véritablement de lui : que c'était lui-même qui l'avait composé et prononcé. Le divin Sauveur avait ajouté qu'il désirait ardemment que ce vœu fût exécuté, c'est-à-dire que le roi consacrât sa famille et tout son royaume à son divin Cœur, comme autrefois Louis XIII à la sainte Vierge [1] ; qu'il en fît célébrer la fête solennellement et universellement tous les ans, le vendredi après l'octave du Saint-Sacrement, et qu'enfin il fît bâtir une chapelle et ériger un autel en son honneur [2]. À cette condition, le divin Sauveur promettait d'abondantes bénédictions. »

Le 21 juin 1823, il lui aurait encore été dit en termes formels :

« La France est toujours bien chère à mon divin Cœur et elle lui sera consacrée. Mais il faut que ce soit le roi lui-même qui consacre sa personne, sa famille et tout son royaume à mon divin Cœur, et qu'il lui fasse, comme je te l'ai dit, élever un autel comme on en a élevé un déjà en l'honneur de la Sainte Vierge. Je prépare à la France un déluge de grâces, lorsqu'elle sera consacrée à mon divin Cœur. Eh quoi ! reprit Notre-Seigneur, les outrages faits à la majesté royale ont été réparés publiquement [3] et les outrages sans nombre que j'ai reçus dans le sacrement de mon amour n'ont pas encore été réparés ! »

[Ici, le P. de Franciosi [4] rapporte un texte qui fait allusion à l'accueil favorable que le roi [5] a réservé aux démarches entreprises pour la béatification de Marguerite-Marie. ]

« Je prépare toutes choses ; la France sera consacrée à mon divin Cœur, et toute la terre se ressentira des bénédictions que je répandrai sur elle. La foi et la religion refleuriront en France par la dévotion à mon divin Cœur ». Il fut dit aussi à sœur Marie de Jésus que les heureux succès de la guerre d'Espagne [1823] étaient dus à la véritable dévotion et aux hommages rendus au sacré Cœur par le chef de l'expédition » [6].

1. C'est l'époque où le tableau d'Ingres, *Le Vœu et la Consécration de la France à Marie par Louis XIII*, remporte un vif succès et correspond au rétablissement comme loi d'État de 1815 à 1830 de la procession du 15 août (voir René Laurentin, *Le vœu de Louis XIII*, 1988).

2. Les responsables de la congrégation en construisant la chapelle dédiée au Sacré Cœur ont dû penser à cette demande.

3. Il s'agit de la Chapelle expiatoire bâtie sur le cimetière de la Madeleine à Paris où furent déposés les corps de Louis XVI et de Marie-Antoinette.

4. X. de Franciosi, *La Dévotion*..., 1868 (1892), p. 155.

5. Louis XVIII.

6. Voir art. « Saint-Jérôme (Sœur) » (1988) dans *DSAM*. Cette religieuse est l'auteur anonyme d'une *Vie de la R. M. Marie-Anne de la Fruglaye*, Clermont-Ferrand, 1865, 1868, suivie d'une *Notice sur la Mère Marie de Jésus*, t. I, p. 252, 269 et 270, citées par P. de Boylesve, *Le triomphe*..., 1870.

En novembre 1870, le P. de Boylesve expose ces réflexions[1] et les reprendra tout au long de la construction de la basilique. Le jésuite commente le texte de sœur Marie de Jésus en disant: « En ce moment, il n'y a pas de roi; c'est évidemment à chaque Français que l'invitation (à construire un temple en réparation) s'adresse ». Cette approche sera aussi celle d'Alexandre Legentil en quelque sorte[2].

## G. Les consécrations de diocèses et Mgr de Belsunce

Depuis le P. Lambert (1814), jusqu'à l'abbé Cucherat (1865), quand il est question de l'histoire de la dévotion au Cœur de Jésus, il est presque toujours fait mention de Mgr de Belsunce. Il en sera ainsi au Sacré-Cœur de Montmartre. Aussi convient-il de revenir sur les événements de la peste de 1720 à Marseille.

### *1. Mgr de Belsunce*

Henri de Belsunce (1671-1755), élève des Jésuites et jésuite lui-même jusqu'en 1699, date à laquelle il devient évêque de Marseille, restera leur soutien inconditionnel. À Marseille où il demeure jusqu'à sa mort, il rencontre la visitandine Anne-Madeleine Rémuzat et se lie d'amitié avec elle[3]. La peste se répand en 1720-1721. Il reste dans la ville et avec les siens se dévoue au service des pestiférés. À la Toussaint de l'année 1720, le prélat consacre son diocèse et la ville de Marseille au Cœur de Jésus[4]. Il y a un répit, puis une recrudescence de l'épidémie en mai 1722. Mgr de Belsunce propose alors un vœu aux échevins de la ville: à cause des péchés des habitants de la ville, faire annuellement une procession réparatrice, au jour de la fête du Sacré Cœur qu'il vient d'instituer. La peste disparaît alors. Les contemporains et les historiens

1. Voir le chap. 7. Le P. de Gerlache les rapporte aussi dans son article « Les Volontaires du Cœur de Jésus » dans *MCJ*, janvier 1871, t. 19, p. 38. On remarquera que dans les propos de sœur Marie de Jésus, il est question de la consécration de la France au Cœur de Jésus avec la référence au vœu de Louis XIII et à la consécration de la France à Marie, de la construction d'une chapelle comme signe de cet acte, des hommages militaires au Cœur de Jésus (sur les drapeaux de l'expédition d'Espagne?) et des démarches pour l'universalité de la fête du Sacré-Cœur. On pense bien sûr aux demandes du Christ à Marguerite-Marie (voir ci-dessous).

2. On ne remarquera jamais assez ce tournant « démocratique » vécu par le Vœu national!

3. Voir art. « Rémuzat », 1988, dans *DSAM*.

4. Voir « Belsunce » dans *DPCR* et *CHAD*.

de la dévotion au Cœur du Christ en tireront désormais la conclusion: la consécration au Sacré Cœur est source de salut. Ainsi Mgr Languet, le premier biographe de la vénérable Marguerite-Marie, donne, en 1729, les pièces justificatives de ces actes de dévotion [1]. Pour lui, le salut de Marseille est aussi le signe de l'admirable fécondité du message et de la vie de la vénérable Marguerite-Marie. Dès lors, les historiens de la dévotion au Cœur de Jésus ne manquent pas le plus souvent de signaler ces actes de piété de l'évêque de Marseille et des échevins de cette cité.

## 2. *Interprétations et imitations*

Il en est ainsi tout au long du XIXe siècle avec plus ou moins de détails [2]. L'opuscule *Le Salut de la France* (1814) donne, d'une certaine façon, une fois pour toutes, la clef d'interprétation: « La Révolution a été la peste des esprits et des cœurs » (p. 12). L'exemple de Mgr de Belsunce rappelé dans les histoires de la dévotion au Cœur de Jésus, le rétablissement de la fête votive à Marseille en 1807 [3], l'interprétation du P. Lambert que chacun pouvait d'ailleurs facilement faire sienne, son appel à la consécration « en corps » de la France avant la consécration générale et peut-être encore quelque motivation inconnue, ont décidé cinq ou six évêques à « vouer » leur diocèse à l'amour du Christ entre 1810 et 1843, alors que rien de tel n'a, semble-t-il, été fait au XVIIIe siècle. De plus, lors de neuf conciles provinciaux en 1849-1850, au temps du prince-président, cinquante-deux ou trois diocèses ont été également consacrés et encore cinq entre 1853 et 1869. Donc, avant 1870, les deux-tiers de la France ecclésiastique avaient pratiqué cet acte de dévotion [4]. On peut penser que par leurs mandements et les célébrations liturgiques en l'honneur du Cœur de Jésus, ces évêques espéraient contribuer au salut de la France et du monde !

1. Mgr Languet, *La vie*..., 1729, éd. de 1830, t. II, p. 200-220 et éd. de 1860, p. 348s.

2. Voir par exemple, J. -M. Leniaud, *Jean-Baptiste*..., 1980, p. 137 qui donne des extraits du « Registre des délibérations de la Commission chargée de recueillir les offrandes et souscriptions pour la première église paroissiale dédiée au Sacré-Cœur de Jésus, en construction à Moulins-sur-Allier » entre 1845 et 1854 : il est question du « vœu des habitants de la Provence qui, pour obtenir la cessation de la peste, promirent de bâtir un temple sous le vocable du Sacré-Cœur. » Le passé est ici sollicité, car il ne s'agissait pas à l'époque de bâtir une église, mais simplement de faire une procession annuelle. Mais la référence n'est pas générale : alors qu'on la trouve dans l'abbé F. Cucherat, *Histoire populaire*..., 1865, p. 180-183, elle ne se trouve pas dans P. Charles Daniel, *Histoire*..., 1865.

3. Voir G. Cholvy..., *Histoire*..., 1985, t. I, p. 113 qui signale son succès en 1821. F. Cucherat, *Histoire*..., 1865, p. 180 assure qu'elle se fait en 1864. Elle a lieu encore en juin 1871, non pas accomplie par la municipalité, mais par M. Deluil-Martiny, élu président du Comité qui se forma pour y suppléer. Cela est arrivé jusqu'à nous grâce à la vie de Marie Deluil-Martiny, sa fille, en religion mère Marie de Jésus, fondatrice de la congrégation des Filles du Cœur de Jésus, béatifiée en 1989. Voir ***, *Mère Marie de Jésus*, 1955, p. 63.

4. Notre source est une liste certainement établie par le P. de Franciosi dont il donne les résultats dans *La Dévotion*..., 1868 (1892), p. 157 et qui est publiée intégralement dans *BVN*, 1885, p. 315-317.

## H. Témoignages divers

Mais il n'est pas que ces grands textes ou actes publics. Les dix éditions de 1827 à 1875 du recueil de prières mis sous le patronage de saint Alphonse de Liguori et liant la dévotion au Cœur de Jésus au salut de la France témoignent de la permanence pendant toutes ces années du courant d'idées affirmé en 1814 par le P. Lambert[1]. Les Visitandines elles-mêmes, à cette époque, établissent un lien entre la dévotion au Cœur de Jésus et le salut de la France. Nous en voulons pour preuve la réédition de l'œuvre de Mgr Languet en 1830 par l'association catholique du Sacré Cœur, 24, rue des Postes, actuellement rue Lhomond. Il s'agit, semble-t-il, des Visitandines qui habitèrent là de 1820 à 1854 avant de céder leur immeuble aux Jésuites. L'édition est intéressante par l'illustration sous-titrée en frontispice : « Le salut de la France », au-dessus d'une gravure où le Christ montre son Cœur à Marguerite-Marie[2]. Il ne faut pas oublier non plus le succès de la consécration par l'abbé Desgenettes de sa paroisse au Cœur Immaculé de Marie en 1836, consécration liée à la confrérie du même nom et à la médaille miraculeuse[3]. Mais il y aurait bien d'autres indices à signaler. Par exemple, dans la vie du cardinal Morlot, on trouve cet assez étonnant propos tenu à Notre-Dame en 1858 devant de jeunes ouvrières parisiennes :

> « Ce n'est que lorsque la jeunesse ouvrière tout entière sera consacrée au Sacré Cœur de Jésus par la très Sainte Vierge Marie, que nous pourrons espérer dans l'avenir de notre patrie »[4].

Au lendemain de la Révolution, il semble bien qu'un intense effort d'évangélisation ait été entrepris. Il ne nous appartient pas de dresser ici un tableau de cette explosion missionnaire (dans laquelle la nouvelle compagnie de Jésus a joué un rôle considérable) aussi bien à l'intérieur qu'à l'extérieur (avec l'expansion coloniale) de la France. Cependant, de notre point de vue nous pouvons souligner la place qu'y a tenu le culte au Cœur du Christ. Pendant plus de cinquante ans, des premières consécrations de diocèses au Cœur de Jésus (début du premier Empire) et de la publication du livret intitulé le *Salut de la France* par le Cœur de Jésus (1814) à la béatification de Marguerite-Marie

1. Voir catalogue de la Bibliothèque nationale à Alphonse de Liguori. Ce recueil est classé ici en 1853 sous le nom des Dames du Sacré-Cœur. C'est ce recueil qui contient la prière dite « consécration de la France au Cœur de Jésus » et le vœu de Louis XVI.
2. Voir Mgr Languet, *Histoire*..., 1729. Voir illust.
3. Voir art. « Médaille... » dans *CHAD*.
4. Félix Bonafe, *Le cardinal Morlot*, 1984, p. 438.

liée à la publication des fameuses demandes à Louis XIV (fin du second Empire), la dévotion qui inclut la consécration et la réparation au Cœur de Jésus (et au Cœur de Marie) apparaît comme l'instrument privilégié de cette redécouverte de la vocation chrétienne de la France et des Français. Cette France depuis le début des Temps modernes se débat avec le gallicanisme (chap. 4) et le jansénisme (chap. 5). Certains éprouvent plus que jamais le besoin de lui faire renouveler son baptême en reconnaissant ses péchés et en se vouant à l'amour du Christ. Après le don de son amour et les promesses qu'il fait à chacun de ceux qui ne s'y refusent pas en tant qu'individu, le Christ de Marguerite-Marie formule ses demandes à Louis XIV et à chacun en tant que membre d'une nation. Le creuset dans lequel le Vœu national va prendre naissance se précise ainsi de plus en plus.

## *II. LES DEMANDES DU CHRIST À LOUIS XIV (1689)*

Par le biais de ce qu'on appelle « les demandes (ou le message) du Sacré Cœur à Louis XIV » va s'établir entre 1870 et 1918 un lien étroit entre le salut de la France et la dévotion au Cœur de Jésus, et plus précisément entre le Vœu national et la fameuse demande adressée selon saint Marguerite-Marie par le Christ à Louis XIV pour qu'il fasse construire une église dédiée à son Cœur. Les promoteurs du Vœu national devront constamment se situer par rapport à ce message, eux qui à l'origine ne font pas appel à une manifestation merveilleuse du ciel, mais simplement à une réaction de foi, de piété et de pénitence. Ces « demandes du Christ à Louis XIV » seront, à l'époque de la construction de l'ex-voto national, comprises et présentées comme étant à l'origine du vœu de Louis XVI et d'une relation fondamentale entre le salut de la France et le Sacré Cœur. Le lien entre ces deux réalités est particulièrement bien perçu à partir de 1870 alors même qu'on tend un peu facilement à oublier que l'idée a couru tout au long du siècle. C'est la béatification de Marguerite-Marie en 1865 qui fournit l'occasion de publier les lettres dans lesquelles il est question de ces fameuses demandes [1].

1. Voir Monastère..., *Vie* et œuvres..., 1867, 2e éd. 1876, désigné *VO 1867* dans le présent chapitre et Mgr Gauthey, *Vie*..., 1920, désigné *VO 1920* (VO = Vie et œuvres...)

## A. Les textes

Présentons presque intégralement les quatre lettres qui abordent ou semblent évoquer ce message au Roi-Soleil et qui se trouvent parmi les cent quarante-deux rassemblées par Mgr Gauthey au début du XX^e^ siècle[1]. Elles seront désignées ultérieurement par leur numéro d'ordre dans cette édition capitale[2].

### *1. Lettre 97 du 23 février 1689 à la mère de Saumaise*[3]

Après avoir présenté la demande que le Christ lui a faite de réparer pour les péchés en ce temps de carnaval[4], Marguerite-Marie écrit :

> « Que pourrai-je vous dire, ma chère Mère, sur les merveilleuses opérations de cet unique amour de nos cœurs, qui ne me donne point de termes pour m'en exprimer, non plus que de la joie qu'il me fait ressentir de ces heureux succès pour le faire connaître, aimer et glorifier ; à quoi je ne peux douter qu'il ne vous ait saintement destinée, par l'ardent zèle qu'il vous donne pour vous y employer. Ah ! que de bonheur pour vous et pour ceux qui y contribuent ! car ils s'attirent par là l'amitié et les bénédictions éternelles de cet aimable Cœur de Jésus, et un puissant protecteur pour notre patrie. Il n'en fallait pas un moins puissant pour détourner le fiel et la sévérité de la juste colère de Dieu pour tant de crimes qui se commettent ».

Devant toutes ces épreuves, Marguerite-Marie se réjouit :

> « Une chose qui me console fort, c'est que j'espère qu'en échange des amertumes que ce divin Cœur a souffertes dans les palais des grands pendant les ignominies de sa Passion, cette dévotion l'y fera recevoir avec magnificence, avec le temps. »

Elle achève sa lettre en disant son espoir que ce Cœur ne trouve aucun obstacle tant en elle que dans son institut.

### *2. Lettre 100 du vendredi après l'octave du Saint Sacrement, 17 juin 1689, à la mère de Saumaise, à Dijon*[5]

Marguerite-Marie dit à sa correspondante sa joie de voir grandir le règne de « cet aimable Cœur ». Elle est très assurée de la mission de la Visitation

1. Voir Marguerite-Marie, *Œuvres*..., 1690.
2. Comme pour la *Consécration de la France au Cœur de Jésus* et le « vœu de Louis XVI », il a paru important de ne pas reporter ces textes parmi les pièces justificatives. Ces « demandes » joueront un rôle considérable auprès de certains souscripteurs du Vœu national (voir chap. 19 et 23).
3. Lettre XCIV en *VO 1867*, p. 223 (c'est la version de cette édition que nous donnons ici) et XCVII en *VO 1920*, p. 426.
4. *VO 1867*, p. 224 en note fait remarquer que c'est le temps du carnaval (dont il faut réparer les excès). À propos des Quarante-heures, voir notre chapitre 17.
5. Lettre XCVII en *VO 1867*, p. 233 et C en *VO 1920*, p. 438.

dans cette extension de la dévotion. Mais « ce divin Cœur » ne veut pas en rester là.

« Il désire donc, ce me semble, entrer avec pompe et magnificence dans la maison des princes et des rois, pour y être honoré autant qu'il y a été outragé, méprisé et humilié en sa Passion, et qu'il reçoive autant de plaisir de voir les grands de la terre abaissés et humiliés devant lui, comme il a senti d'amertume de se voir anéanti à leurs pieds. Et voici les paroles que j'entendis sur ce sujet : « Fais savoir au fils aîné de mon sacré Cœur, – parlant de notre roi, – que, comme sa naissance temporelle a été obtenue par la dévotion aux mérites de ma sainte enfance[1], de même il obtiendra sa naissance de grâce et de gloire éternelle par la consécration qu'il fera de lui-même à mon Cœur adorable, qui veut triompher du sien et, par son entremise, de celui des grands de la terre. Il veut régner dans son palais, être peint dans ses étendards et gravé dans ses armes, pour les rendre victorieuses de tous ses ennemis, en abattant à ses pieds ces têtes orgueilleuses et superbes, pour le rendre triomphant de tous les ennemis de la sainte Église ».

Marguerite-Marie reprend sa réflexion sur les instruments de la propagation du culte du « divin Cœur » : à la Visitation est adjointe la compagnie de Jésus. Elle termine sa lettre par un conseil concernant le confesseur de la mère de Saumaise.

### *3. Lettre 107 d'août 1689 à la mère de Saumaise, à Dijon*[2]

D'emblée, la confidente du Sacré Cœur écrit :

« Le Père éternel voulant réparer les amertumes et angoisses que l'adorable Cœur de son divin Fils a reçues dans la maison des princes de la terre, parmi les humiliations et les outrages de sa Passion, veut établir son empire dans le Cœur de notre grand monarque, duquel il se veut servir pour l'exécution de ce dessein qu'il désire voir s'accomplir en cette manière, qui est de faire un édifice où serait le tableau de ce divin Cœur pour y recevoir la consécration et les hommages du roi et de toute la cour. De plus, ce divin Cœur se veut rendre protecteur et défenseur de sa sacrée personne, contre tous ses ennemis visibles et invisibles, dont il le veut défendre, et mettre son salut en assurance par ce moyen. C'est pourquoi il l'a choisi comme son fidèle ami pour faire autoriser la messe en son honneur par le Saint-Siège apostolique, et en obtenir tous les autres privilèges qui doivent accompagner la dévotion de ce divin Cœur, par laquelle il lui veut départir les trésors de ses grâces de sanctification et de salut, en répandant avec abondance ses bénédictions sur toutes ses entreprises, qu'il fera réussir à sa gloire, en donnant heureux succès à ses armes, pour le faire triompher de la malice de ses ennemis. Heureux donc qu'il sera, s'il prend goût à cette dévotion, qui lui établira un règne éternel d'honneur et de gloire dans ce sacré Cœur de Notre-Seigneur Jésus-Christ, lequel prendra soin de l'élever et le rendre grand dans le ciel devant son Père, autant que ce monarque en prendra de relever devant les hommes les opprobres et anéantissements

1. Voir H. Bremond, *Histoire*..., 1921, t. III, p. 547.
2. Lettre CIV en *VO 1867*, p. 260 et CVII en *VO 1920*, p. 456.

que ce divin Cœur y a soufferts ; ce qui sera en lui rendant et lui procurant les honneurs, l'amour et la gloire qu'il en attend. »

Suit l'exposé d'une suggestion assez développée : passer par le P. de La Chaise et la supérieure du monastère de Chaillot pour atteindre le roi.

### 4. *Lettre 132 du 15 septembre 1689 au P. Croiset*[1]

Après de très longs développements sur la crainte d'être dans l'illusion, sur la paix qu'elle ressent, sur sa certitude que ce « divin Cœur » règnera, Marguerite-Marie s'inquiète de la messe du Sacré Cœur et de l'accueil des princes :

> « Mais en demandant les indulgences, n'y aurait-il point moyen de faire approuver la messe en l'honneur de ce divin Cœur par le Saint-Siège apostolique ? C'est encore un grand point que celui-là ; et, quoique je l'espère, je ne sais pas de qui il veut se servir pour cela, car déjà plusieurs n'en ont pu venir à bout. Il y a encore une autre chose dont je me sens fort pressée, par le grand désir qu'il me fait connaître d'en avoir, c'est que cette dévotion coure dans les palais des rois et des princes de la terre, afin qu'il y reçût autant de plaisir, comme aimé et honoré des grands, comme ont été grandes les amertumes et angoisses qu'il y a ressenties, lorsqu'en sa Passion il y a été tant méprisé, outragé, humilié ; et je vous avoue qu'il me semble que cette dévotion servirait d'une grande protection à la personne de notre roi, et pourrait bien donner d'heureux succès à ses armes et lui procurer de grandes victoires. Mais ce n'est pas à moi de dire cela ; il faut laisser agir la puissance de cet adorable Cœur, duquel vous avez la bonté de me présenter encore des livres. »

Marguerite-Marie redit ensuite sa certitude quant aux progrès de la dévotion au Cœur de Jésus par le truchement des religieuses et religieux de l'ordre de la Visitation et de la compagnie de Jésus et revient sur les retombées spirituelles et politiques de la dite dévotion :

> « Mais, mon Dieu, si ce divin Cœur voulait manifester sa puissance en ce temps de calamité et de désolation, tant pour le soutien de la foi que pour le rétablissement de la paix, en faisant triompher notre roi de ses ennemis, que de bonheur si cela était ! Mais il faudrait pour cela qu'il fût connu en ces lieux-là ! et comme cela se pourrait-il faire ? »

Elle achève sa lettre en redisant sa confusion de ces choses là et en se proposant pourtant de faire de nouvelles démarches pour obtenir au moins des approbations épiscopales pour la messe du Sacré Cœur.

1. Lettre CXXXII en *VO 1920*, p. 542.

## B. Authenticité du message à Louis XIV

L'examen de l'authenticité de ces lettres ou des passages concernant les demandes au Roi-Soleil n'est pas de notre propos car, entre 1867 et 1920, elles ont été considérées comme des documents authentiques et on s'est attaché surtout au problème de leur transmission : y avait-il eu ignorance ou refus de Louis XIV ? Mgr Gauthey résume la situation en 1920 :

> « On sait bien que l'initiative de la sainte n'eut pas alors de résultat ; mais on ne peut prouver jusqu'à présent, d'une manière positive, pour quel motif. Les demandes de Notre-Seigneur ne parvinrent-elles pas jusqu'à Louis XIV ? – ou bien les ayant connues, le roi n'eut-il pas le courage de s'y conformer ? C'est le secret de Dieu ! » [1].

Pourtant, l'étude de leur authenticité doit retenir quelques instants notre attention, car elle soulève un problème bien utile à la compréhension des milieux religieux du XIXe siècle en général et de ceux du Vœu national en particulier, même indirectement. La difficulté est en effet la suivante : les passages de ces lettres qui traitent explicitement des demandes du Christ reçues par Marguerite-Marie et concernant Louis XIV (lettre 100 : « Et voici les paroles... : « Fais savoir... » » ; lettre 107 : « Le Père éternel... ») ne sont pas connus par des autographes de la sainte et sont absents des copies manuscrites les plus fiables, aussi bien du début du XVIIIe siècle, celle de sœur de Farges [2] dit manuscrit n° 6 que celle « authentique » des lettres transmise à Rome en 1828 pour le procès de béatification. On tombe alors, nous semble-t-il, dans une sorte de dilemme : ou bien expliquer pourquoi « on » n'a pas reproduit ces passages (jugés compromettants ?) tant au XVIIIe siècle qu'au XIXe siècle ou bien saisir pourquoi « on » les a ajoutés par la suite. Dans les deux cas, les classiques questions sont à poser : où, quand, qui et dans l'intérêt de qui [3] ?

1. Mgr Gauthey, *Vie...*, 1680 (1920), t. II, p. 459. L'édition de 1867 (1876) porte semblablement : « L'initiative si importante de la Bienheureuse n'eut pas de résultat, soit que la supérieure de Chaillot laissât tomber la chose, soit le père de La Chaise ne jugeât pas le moment opportun pour en parler à Louis XIV, soit que le prince lui-même n'y ait pas prêté attention » (*VO 1876*, t. II, p. 263).

2. 1664-1733. Une des deux religieuses qui ont rassemblé les textes après la mort de Marguerite-Marie.

3. Ces textes sont considérés comme authentiques par les PP. Hamon et Bainvel ; par Mgr Gauthey ; par l'abbé Ladame lequel pose le problème de façon très pondérée (voir *Les Faits...*, 1970) ; par le P. Glotin. L'expression d'une grande réserve concernant leur authenticité est le fait, par exemple, de l'abbé Dérumaux (« Le drapeau... », 1951 et art. « Drapeau du Sacré-Cœur dans *CHAD*), qui orchestre les points faibles signalés par Mgr Gauthey.

### *1. L'authenticité sur la base des manuscrits*

Mgr Gauthey présente nettement les faits scripturaires des quatre lettres ou passages en question[1]. Dans son édition, la lettre 97 est en deux colonnes : d'une part, le texte pur et simple du manuscrit n° 6 copié sur les originaux et d'autre part le texte du manuscrit n° 9 (mais de quand est-il ?), qui seul donne le passage « d'une importance capitale ». Il croit « bien être dans le vrai en pensant que le n° 6 a supprimé volontairement ce passage, qui pouvait alors être trop compromettant »[2]. Il fait le même raisonnement pour le passage essentiel de la lettre 100 qui ne se trouve ni dans le Ms. 6, ni dans la traduction italienne de 1828. Il le laisse subsister ici parce qu'il est donné par les manuscrits (de la Visitation) 3, 8, 9 et D. Il « comprend qu'on ait pu avoir des raisons de ne pas le produire d'abord ». Il est porté « à croire qu'on l'a supprimé à dessein dans le Ms. 6, transcrit sur les originaux, et dans la copie authentique sur laquelle a été faite la *Traduction italienne* de 1828 »[3].

Après la critique des lettres 97 et 100, Mgr Gauthey fait remarquer que c'est tout entière que la lettre 107 est rapportée ou ignorée par ces mêmes manuscrits. Enfin, la lettre 132 au P. Croiset a sa propre tradition manuscrite, relativement indépendante des précédentes. Elle est tirée d'un manuscrit-copie dit « d'Avignon » repéré en 1888 par la tradition de la Visitation et de Mgr Gauthey. La fiabilité de ce document est grande, car le manuscrit-copie de la lettre 131 (éd. Gauthey) dans ce recueil est identique au manuscrit-autographe de cette lettre qui est à la Visitation de Bologne. On peut en déduire qu'il en est ainsi également de la lettre 132[4].

Sur la base des manuscrits (qu'il faudrait connaître davantage, en particulier la date des n° 3, 8, 9 et D), sur l'accord apparent minimum des manuscrits de la Visitation et de ceux « d'Avignon », il semble que l'on puisse dire au moins que Marguerite-Marie se préoccupait du rayonnement de la dévotion au « divin Cœur » par l'autorisation d'une messe non seulement diocésaine mais romaine, par sa présence dans les palais du roi et sur ses armes. Ce serait en quelque sorte les bienfaits des promesses appliquées au roi et à travers lui à la société.

1. L'étude suivante s'inspire également beaucoup de celle du P. Glotin de Paray-le-Monial dans une lettre en date du 11 avril 1989 et d'une lettre de la sœur Anne-Madeleine, archiviste de la Visitation de Paray-le-Monial en date du 14 avril 1989, toutes les deux adressées à l'auteur.

2. Mgr Gauthey, *Vie*..., 1915, t. II, p. 426.

3. Mgr Gauthey, *Vie*..., 1915, t. II, p. 437-438.

4. Remarque du P. Glotin. Lettre en date du 11 avril 1989 à l'auteur.

## 2. *L'authenticité sur les bases biographique et historique (XVIIe-XVIIIe s.)*

L'authenticité des passages contestés est confortée par diverses remarques. D'une part, dans la lettre 100, la référence à sœur Marguerite du Saint-Sacrement est bien d'époque, même s'il faut se demander ce qu'il en était de la célébrité des événements de 1638 en 1689. La ratification du vœu de Louis XIII par Louis XIV est de 1650 [1], la vie de la carmélite par Amelote est de 1654. En a-t-on fait le cinquantenaire (en 1688) comme Louis XV en fait le centenaire en 1738 [2] ? D'autre part, l'expression « fils aîné de mon sacré Cœur » serait un démarquage bien dans le style de Marguerite-Marie de l'expression bien connue « fils aîné de l'Église », qui aurait eu à l'époque un regain de vitalité au détriment de « roi très chrétien ». Mais cela reste à vérifier. Il faudrait voir cependant son rapport d'antériorité ou de postériorité avec l'expression appliquées aux Visitandines de « filles aînées de son divin Cœur » [3]. Malgré tout, l'expression même de Marguerite-Marie n'a pas été sans étonner un cardinal Billot qui souligne la contradiction entre le comportement de Louis XIV et cette formule [4]. Le Sacré Cœur pardonne les injures ! Par ailleurs, les démarches de Marguerite-Marie dont ces passages sont les témoins s'harmonisent assez bien avec le dynamisme apostolique qu'on lui connaît « pour qu'Il règne ! » Enfin, les « demandes » et la « vocation victimale de Marguerite-Marie, qui eut, avec la personne du roi, un lien substitutif (...) et prophétique » s'harmonisent assez bien avec les temps troublés dans lesquels elle vit [5]. Un historien contemporain tient à remarquer (au service de sa thèse) la grande harmonie qui se manifeste entre mystique et politique en 1689 chez Marguerite-Marie :

> « La révocation de l'Édit de Nantes, la guerre de la Ligue d'Augsbourg et la deuxième révolution d'Angleterre faisaient vaciller la confiance en l'ordre politique et religieux » [6].

Au début du XVIIIe siècle, par ailleurs, on peut relever trois allusions aux propos « spiritualo-politiques » de Marguerite-Marie. Le P. Glotin attire l'attention sur l'allusion que Grignion de Montfort (+ 1716) y fait dans une de

1. Voir Louis XIV, *Édit*..., 1650.
2. Voir Louis XV, *Édit*..., 1738.
3. Un cas au moins en 1786 rapporté par Mgr Gauthey, *Vie*..., 1915, t. III, p. 195.
4. Cité par Emile Appolis, « En marge... », 1962, p. 114.
5. Voir E. Glotin, « Réparation », *DSAM*, col. 391 ; abbé BOUGAUD, *Histoire*..., 1874, p. 334.
6. Jacques Le Brun, « Politique... », 1971, p. 34. Sans parler de Marguerite-Marie, Paul Hazard, *La crise*..., 1961, p. 420, montre bien le tournant pris par la France à la fin du XVIIe siècle. Michel de Certeau également présente un contexte politique lié à la dévotion au Cœur en général (art. « Jésuites », *DSAM*, t. 8, col. 1014-1015).

ses chansons, lui qui fréquentait les Visitations de Nantes et de Poitiers[1]. On connaît davantage l'allusion de Mgr Languet dans son épître dédicatoire (1729), même si cet auteur, citant la lettre 100 de juin 1689, s'arrête avant le passage relatif au roi, comme le fait remarquer A. Hamon[2]. Il ne faut pas oublier non plus la lettre de mars 1744 de la M. Marie-Hélène Coing, supérieure de Paray, à Mgr Languet faisant allusion à une prédiction de la sœur Marguerite-Marie à propos du Cœur de Jésus sur l'étendard du roi[3]. Même si sa référence aux prédictions de la confidente du Sacré Cœur pourrait servir de justification à ses propres conseils. En effet, la mère Coing demande à Mgr Languet de faire parvenir à la cour, dont elle reçoit des subsides, des encouragements pour que la dévotion au Cœur soit davantage pratiquée : que le roi mette le Cœur de Jésus sur ses étendards et il sera victorieux. Jacques Le Brun fait à nouveau remarquer qu'en 1744 on est aux heures critiques de la guerre de succession d'Autriche[4]. À cette époque, l'efficacité de la dévotion n'est plus à démontrer : la victoire sur la peste de Marseille est de 1720[5].

Somme toute, du point de vue de la cohérence entre le contenu de tous ou de certains passages contestés et de ce que l'on sait par ailleurs de la fin du XVIIe et du XVIIIe siècle, on aboutit aussi à une probabilité d'authenticité. Pourquoi Marguerite-Marie n'aurait-elle pas eu une certaine préoccupation politique, la perception de la dimension publique de son culte, l'intuition mystique du dessein de Dieu sur la société ? Cette façon de voir a pu aussi se développer à l'intérieur de la Visitation tout au long du siècle des Lumières. Mais subsistent les questions quand et pourquoi la sœur de Farges a-t-elle supprimé, si elle l'a fait, les passages en question et de quand datent exactement les autres copies ?

1. Art. « Réparation », *DSAM*, t. 13, col. 394. L'abbé Christian Chanut, « La dévotion au Sacré-Cœur » dans *La Nef*, n° 7, juin 1991, p. 14, nous a fait connaître le 30e couplet du cantique : « Paroles de Jésus-Christ qui découvre les grands biens de la dévotion à son Sacré-Cœur » : Si vous voulez, Princes de France, / Aimer mon cœur victorieux / Et la victoire et l'abondance / Suivraient vos armes en tous lieux ! »

2. Auguste Hamon, *Histoire*..., 1907, t. I, p. 417, n. 1.

3. Mgr Gauthey, *Vie*..., 1915, t. I, p. 630-632. Cette lettre est arrivée en 1891 à la Visitation de Boulogne collé dans un livre ayant appartenu à Mgr Languet, puis de là à Paray-le-Monial. Mgr Gauthey publie cette lettre considérée par lui comme autographe.

4. On le verra également (chap. 23), la « découverte » en 1891 de la lettre de la mère Coing arrive en plein dans le lancement de la campagne du *Messager* pour apposer le Cœur de Jésus sur le drapeau national. Le *Bulletin* la cite pour justifier sa propre campagne (*BVN*, 1897, p. 22).

5. Pour le XVIIIe siècle également, on a déjà fait allusion à « l'efficacité » de la dévotion à propos de la naissance très politique du dauphin Louis en 1729. On a fait et on fera encore allusion à la gravure de Pasquier où « la France » adore les Cœurs de Jésus et de Marie en 1765 lors de l'assemblée du clergé.

### 3. *Le « message à Louis XIV » et le* XIX*e siècle (jusqu'en 1870)*

Nous avons présenté en premier, au début de ce chapitre, la croissance du lien entre la dévotion au Cœur de Jésus et la question du salut de la France parce que nous avons été frappé de ce qu'elle pourrait constituer comme un creuset ou un berceau pour le fameux message adressé à Louis XIV.

Il y a bien des points communs entre le message à Louis XVIII de la sœur Marie de Jésus et celui de Marguerite-Marie à Louis XIV. Même référence au vœu de Louis XIII et à Marguerite du Saint-Sacrement, même appel au roi pour une consécration publique, même demande de construction d'un édifice dédié à ce Cœur, même promesse de victoire des armées grâce à leur dévotion au Cœur de Jésus, même requête d'une grande fête du Sacré Cœur. Certes, la note « France » est présente au XIXe siècle alors qu'elle est absente dans les textes contestés du XVIIe siècle. Mais ces comparaisons n'étant pas des raisons, il faudrait mieux connaître le milieu des Oiseaux et celui de la Visitation pour avancer.

On a déjà signalé la mention « Le salut de la France » en légende d'une gravure représentant une apparition du Christ à Marguerite-Marie dans une édition de 1830 de sa biographie écrite par Mgr Languet (voir ci-dessus). Mais que sait-on exactement des monastères de la Visitation et du rôle de celui de Paray-le-Monial sous la Restauration [1] ? On a relevé, plus tard dans le siècle, un autre signe du patriotisme des religieuses de Paray qui témoigne d'ailleurs de leur honnêteté intellectuelle. Dans leur édition de la lettre 97 (n° 94 dans leur édition de 1867-1876) de février 1689, les Visitandines font dire à Marguerite-Marie écrivant à la M. de Saumaise : « Le divin Cœur est un puissant protecteur pour notre patrie ». Mais elles remarquent en note que « dans une autre copie, la même pensée est reproduite dans un sens plus restreint » :

> « Au lieu de parler de la France tout entière, la ville de Dijon en serait seul l'objet. Voici cette phrase : » Non seulement vous vous attirez l'amitié et les bénédictions éternelles de cet aimable Cœur, mais encore vous gagnez un puissant protecteur à *votre* patrie ; il n'en fallait pas un moins puissant à *votre* ville pour détourner, etc ». Ne possédant pas l'original, il n'a pas été possible de vérifier quelle est la bonne version ; mais la pensée généralisée, comme dans notre manuscrit, est plus douce au cœur, plus consolante pour la France et plus honorable en un sens pour la ville de Dijon. »

Cette façon de voir est partagée par l'abbé Cucherat (voir ci-dessous) ; mais Mgr Gauthey, lui, rétablit dans son édition le sens restreint : la patrie de la

1. Jean-Pierre Laurant, *Symbolisme*..., 1988, p. 25, n. 5 semble lui attribuer un grand rôle. Mgr Gauthey, *Vie*..., 1915, t. III, p. 199-200, souligne l'importance de Mgr de Vichy, l'ancien aumônier de Marie-Antoinette.

mère de Saumaise, c'est-à-dire la ville de Dijon. La note n'en est pas moins révélatrice de l'atmosphère patriotique au temps du second Empire.

Pour découvrir un peu le milieu de la Visitation au XIXe siècle, la figure de l'abbé puis du chanoine François Cucherat (1812-1887) retient aussi notre attention. Fils d'ouvrier, il fut d'abord berger, puis entra au séminaire d'Autun où il fut l'élève du futur cardinal Pitra, avec le futur général de Cissey et le futur maréchal de Mac-Mahon. Son professeur apprécia beaucoup ses qualités d'historien et Mgr d'Héricourt voulut l'attirer à l'évêché. Il partit néanmoins en 1853 comme aumônier de l'hospice de Paray-le-Monial[1]. Il écrivit sur un très ancien culte local: Notre-Dame de Romay, sur le pèlerinage de Paray, sur le cardinal Pitra. Parmi ses autres œuvres: *Fondation du monastère bénédictin de Paray-le-Monial* (1878)[2]; *Histoire populaire de la bienheureuse Marguerite-Marie Alacoque* (1865 et 1870)[3]; *Vie et Miracles de la bienheureuse* (1874).

Selon la religieuse actuellement archiviste de la Visitation, l'abbé Cucherat « collaborait avec les Visitandines pour les premières éditions »[4]. À ce titre, il avait chez lui un des manuscrits appelé de « Roanne » ou « D » (pour Déchelette). En effet, à sa mort, le document passa à son légataire qui le donna à un bienfaiteur, M. Déchelette, de Roanne, qui lui-même le confia au P. Hamon qui le rendit à la Visitation.... Malgré ces contacts et la présence dans ce manuscrit des lettres 97, 100 et 107, l'abbé Cucherat ne fait pas état dans sa *Vie populaire de Marguerite-Marie* de 1865 de ces demandes. Il faut attendre le 12 juin 1870, pendant le concile du Vatican (où pression est faite sur Pie IX pour qu'il consacre l'Église au Cœur de Jésus, voir chap. 11), pour qu'il remarque, dans une note complémentaire, l'importance des lettres récemment éditées, et établisse un lien de cause à effet entre la non-exécution, quelle qu'en soit la raison, des demandes du Christ à Louis XIV et la mort de Louis XVI et de beaucoup d'autres victimes[5]:

> « Ce monarque [Louis XVI] avait-il connaissance [des] trois lettres [...]? Avait-il la pensée de réparer, hélas! tardivement, une infidélité du roi Louis XIV? A-t-il, victime innocente, porté, avec d'autres, la peine de cette infidélité? »

1. Texte de la note que Jean-Pierre Laurant, *Symbolisme*..., 1979 (1988), p. 346 lui consacre et qui signale une notice sur lui de l'abbé Auvray, Paray-le-Monial, Vve Lamboret, 1890. L'abbé Cucherat n'est pas aumônier de la Visitation, même s'il rend des services à ce monastère.
2. Également *Cluny au onzième siècle. Son influence religieuse, intellectuelle et politique*. Mâcon, 1850.
3. P. Daniel, *Histoire*..., 1865 (1874) discute des positions de l'abbé Cucherat sur tel ou tel point de la biographie de la bienheureuse. Il en est de même de Mgr Gauthey, *Vie*..., 1915, t. III, p. 798.
4. Lettre de sœur Anne-Madeleine en date du 14 avril 1989 à l'auteur.
5. F. Cucherat, *Histoire*..., 1870, t. II, p. 242.

Et de conclure :

« Marguerite-Marie a rempli sa mission. [...] Cent ans ont été donnés comme autrefois au monde pour se convertir. Le monde ne l'a pas voulu, et l'infidélité et l'ingratitude n'ont fait que le rendre de plus en plus coupable. [...] Si Dieu a fait les nations guérissables, c'est à la condition qu'elles prendront [*sic*] les remèdes qu'il a faits pour les guérir. Le monde aujourd'hui n'a plus qu'un refuge, c'est le Sacré Cœur de Jésus mieux connu, aimé et imité. »

Pour l'abbé Cucherat, le passage devient logique du monarque infidèle au monarque martyr, puis de ce denier à l'attente du grand monarque. Il en parle dans *Le Monde catholique* de juin 1871 et le cardinal Pitra l'en félicite [1]. Du roi victime expiatoire ne pourrait-on pas dire tout aussi bien qu'il déduit à la fois le roi infidèle du XVII^e^ siècle et le grand roi qui doit venir au XIX^e^ siècle ? La question est posée et la recherche continue. Les textes de 1689 appartiennent désormais au domaine public et leur effet est considérable : pour preuve, le *Messager du Cœur de Jésus*. Sans imprimer jamais de tels propos concernant de telles espérances, le P. Ramière n'est pas sans faire une analyse semblable à celle de l'abbé Cucherat, et surtout il donne à ses propos la grande diffusion que l'on sait. Que le mal français connaisse un tournant avec le règne de Louis XIV devient pour certains esprits une quasi-certitude à partir de la publication des lettres de 1689. Lors de la publication de ces dernières, en 1867, si le P. Ramière admet l'ignorance dans laquelle on se trouve quant à la réception ou non du message par le roi, il n'en pense pas moins que :

« ce qui est certain, c'est que le désir du Cœur de Jésus ne fut pas réalisé, et que, durant la seconde partie du règne de Louis XIV, la France, troublée au-dedans par l'hérésie janséniste que la dévotion au Cœur de Jésus était destinée à déraciner, fut assaillie au dehors par des armées victorieuses, et tourmentée par de cruels fléaux » [2].

Au sommet du rayonnement de la France, le péché a fait son œuvre. La Révolution achève le refus d'une véritable christianisation. Malgré cela, le signe de l'amour du Christ se répand et, pour tous ses apôtres, la France peut être sauvée en se tournant vers son Cœur, car la France est l'héritière de Louis XIV et peut répondre aux demandes de Celui qui l'aime.

Compte tenu de ce qui semble s'être passé avec le « vœu de Louis XVI », compte tenu également de ce qui s'est passé avec la présentation systématique des promesses, diffusées bien souvent et comprises presque toujours comme

1. Jean-Pierre Laurant, *Symbolisme...*, 1988, p. 66. Sur le cardinal Pitra, voir dans *CHAD*, l'article de T. de Morembert et dans *DTC*, l'article de P. Séjourné (t. XIII, col. 2238-2245).
2. *MCJ*, sept. 1867, t. 12, p. 150.

si elles reproduisaient textuellement des propos du Christ [1], ne serait-il pas envisageable de voir dans le « message à Louis XIV » l'expression systématique et développée de la pensée politique de Marguerite-Marie, alors illuminée par la pensée divine. Dès lors ces textes pourraient être d'un auteur anonyme (pour le moment) postérieur à la sainte. C'est une hypothèse. Il faudrait parvenir à une datation plus fine des manuscrits. Il serait important aussi de réfléchir à ce que pouvait signifier une rédaction faite sous le patronage d'une personnalité. Ce pourrait ne pas relever du « faux et usage de faux ». N'y a-t-il pas à faire un « éloge de la variante » [2] ? Ne sommes-nous pas en présence dans le domaine de la spiritualité, d'un cas de systématisation et de présentation pédagogique en vue de la communication de masse très caractéristique du XIXe siècle et ceci, sur la base réelle des retombées politiques des expériences mystiques de l'amour du Christ pour Marguerite-Marie, pour chaque individu et pour tous les groupes ? La merveilleuse histoire d'amour qui s'exprimera dans la décoration de la basilique entre le Christ et la France prend ses racines dans ces réflexions. Il y va aussi d'une certaine théologie de l'histoire et de sa présentation au plus grand nombre d'une façon bien concrète et très personnelle.

## *III. L'APPEL AU CŒUR DE JÉSUS DANS LA DÉFAITE*

Examinons enfin la répercussion de toute cette fermentation religieuse et politique de la Restauration à la fin du second Empire (présenté ci-dessus en premier) et l'impact des « fameuses » lettres de Marguerite-Marie (présentées ci-dessus en second) dans les semaines qui séparent la défaite de la naissance du Vœu national en décembre 1870, ce qu'Alexandre-Félix Legentil appelle « l'extension providentielle [de la dévotion] au sein de nos derniers désastres ».

1. Dans ces attendus, on pourrait rappeler les « libertés » que le P. Ramière a prises avec le texte du P. de Caussade selon le P. Olphe-Galliard (voir chap. 2).

2. N'est-ce pas ce qu'a tenté récemment B. Cerquiglini ? Voir Bernard Cerquiglini, *Éloge de la variante. Histoire critique de la philologie*. Seuil, 1989.

## A. L'impératrice régente Eugénie

La tentative avortée de consécration de la France par l'impératrice sur les instances de la princesse Clotilde[1] et de son chapelain, l'abbé Herpin, à laquelle on a déjà fait allusion à propos de Mgr Darboy (chap. 3), doit à nouveau être rappelée ici mais dans une nouvelle perspective, encore qu'elle demanderait à être davantage documentée puisqu'elle n'est rapportée à ce jour que par un seul témoin[2]. Pour comprendre cette démarche, nul n'est sans doute besoin de faire appel au « message adressé à Louis XIV », mais seulement à la tradition présentée précédemment qui court tout au long du XIXe siècle et qui, malgré tout désormais, est renforcée par ce dernier. Quoiqu'il en soit, elle renseigne sur le milieu dévot de la cour impériale ainsi que sur le rayonnement de la dévotion au Cœur de Jésus en cette fin de règne et en ce temps de catastrophe nationale. On pense, bien sûr, à ce qui s'est passé soixante-dix ans plus tard, à Montmartre, le 1er juin 1940[3] !

## B. Les évêques

Alexandre-Félix Legentil, en 1871-1872, on s'en souvient fait mémoire des consécrations des diocèses au Cœur de Jésus à l'automne 1870 pour décrire le creuset dans lequel il a pris son initiative. À cette date, il reste un tiers des diocèses de France qui n'ont pas eu recours à cette pratique. Sept évêques consacrent leur diocèse à cette époque, comme s'il s'agissait à chaque fois d'un morceau de la France. La précédente démarche de ce genre étant du 14 avril 1870 (Mgr Wibert à Saint-Jean-de-Maurienne), le premier évêque de la série des consécrations automnales est Mgr Fournier à Nantes, le 9 octobre. Le

1. La princesse Clotilde de Savoie, fille de Victor Emmanuel II, a épousé le fils du roi Jérôme, dit le prince Jérôme, ou plus familièrement Plon-Plon depuis son aventure de Crimée. Lui et sa sœur, la célèbre princesse Mathilde, cousin et cousine de Napoléon III, sont peu religieux et même anticléricaux. En revanche, la princesse Clotilde est fort pieuse. Jacques Foucart remarque que Plon-Plon a dû rendre à Ingres le *Bain turc* considéré comme inconvenant, à la demande instante de sa femme. Esthétique et options religieuses sont bien mêlées ! Voir Jacques FOUCART, *Flandrin*, 1984, p. 187.

2. Hubert Rohault de Fleury, *Souvenirs*..., 1890, p. 6 repris dans *HSC*, t. I, p. 2-3. H. de Fleury tient ces informations de Auguste Fiot, président de l'Œuvre de la première communion des petits ramoneurs fondée par l'abbé Joly ; A. Fiot dit les tenir de l'abbé Herpin, membre, comme lui et comme Hubert Rohault de Fleury, du tiers ordre de saint Dominique. Copie d'une lettre de A. Fiot en date du 3 août 1890 à H. de Fleury. ASCM.

3. Bien que cela dépasse les limites de notre sujet, nous en dirons un mot dans le chapitre 19, sur la pastorale des consécrations.

dernier de cette série est Mgr Pallu-Duparc, le 27 novembre, tandis que le plus proche suivant officie le 16 avril 1871 (Mgr Freppel à Angers)[1]. On aurait pu s'attendre à ce que ces sept évêques soient de la même tendance. La surprise est complète et rejoint l'analyse du chap. 3. Selon l'étude de Jacques Gadille, sur ces sept pasteurs, un peut être dit « néo-ultramontain (Mgr Fournier), un est classé dans la catégorie « indéterminés » (Mgr Rousselet de Séez le 23 octobre), deux appartiennent à la tendance de Mgr Pie (Mgr Langalerie de Belley, le 13 novembre; Mgr Pallu-Duparc de Blois, le 28, le dernier); deux à celle de Mgr Dupanloup (Mgr Billiet de Chambéry le 6 et Mgr Gros de Tarentaise le 13 novembre) et enfin un de la tendance de Mgr Maret (Mgr Hugonin de Bayeux, le 15 novembre)[2]. Une nouvelle fois, alors que la spiritualité du salut de la France par le Cœur de Jésus semble être l'apanage d'un certain ultramontanisme, on s'aperçoit qu'il n'en est rien. Il y a aussi un courant favorable au Cœur de Jésus qui est de tradition libérale, peut-être tout simplement un courant « école française » et qui est moins connu. Certes, il faudrait étudier les mandements qui accompagnent ces actes épiscopaux pour déceler ressemblances et différences. Pourtant, comme l'adhésion au Vœu national le prouvait déjà, l'analyse succincte de cette vague de consécrations de diocèses le confirme : l'appel au Cœur de Jésus pour le salut de la France est un acte religieux qui dépasse sans les abolir les différences de mentalités et de choix politique.

## C. Les militaires

Alexandre-Félix Legentil qui est toujours notre guide pour décrire le creuset dans lequel est né le Vœu national situe rétrospectivement son initiative par rapport à la dévotion au Cœur de Jésus des anciens zouaves pontificaux. Regardons d'abord pour elle-même l'histoire de leur bannière et ensuite examinons la connaissance que l'initiateur du Vœu en avait.

1. *BVN*, 1885, p. 316-317.
2. Jacques Gadille, *La pensée*..., 1967, t. I, p. 117, n. 1 et 2, p. 127, n. 2, p. 132, n. 2 et p. 134, n. 4; p. 230-231.

### 1. *La bannière du Sacré Cœur des volontaires de l'Ouest* [1]

Une bannière avec un cœur et la mention « Cœur de Jésus, sauvez la France » a été brodée par les religieuses de Paray-le-Monial, fin septembre 1870, à la demande de l'abbé Victor de Musy [2] et de son cousin Louis de Montagu, afin de la faire parvenir au général Trochu et ce, dans l'esprit même des demandes du Christ à Marguerite-Marie en 1689. Les sentiments chrétiens du chef du gouvernement de la Défense nationale étaient bien connus : il n'était pas, dit-on, sans attendre une intervention du ciel pour la libération du siège de Paris [3]. Comme l'abbé de Musy et son cousin ne parvenaient pas à entrer en contact avec lui dans Paris, la bannière fut envoyée à M. Dupont [4], qu'ils connaissaient personnellement, à Tours, où se trouvait par ailleurs la délégation gouvernementale, à charge pour le thaumaturge de la remettre à qui de droit. Là, le colonel de Charette [5], des zouaves pontificaux appelés désormais volontaires de l'Ouest, en prend possession par l'intermédiaire du P. Rey, oblat de Marie Immaculée et recteur du sanctuaire de Saint-Martin, qui sera le premier supérieur de la chapelle provisoire de Montmartre [6]. On fait toucher la bannière aux reliques de saint Martin [7] et on brode à son revers : « Saint Martin, patron de la France, priez pour nous » [8]. Le colonel de Charette, vers le 19 octobre, se trouve donc en possession de la bannière et se propose de l'utiliser au

1. Pour cette histoire de la bannière du Sacré Cœur de Loigny avant le 2 décembre 1870, on a consulté : *MCJ*, 1870 et 1871 où se trouvent six articles décrits ci-dessous ; *BVN*, avril 1874, p. 142-146 ; C. d'Aulnoy, *Les morts héroïques*..., 1878, p. 46-53 ; V. Alet, *La France*..., 1889, p. 326-335 et X. de Franciosi, *La dévotion*..., 1868 (1892), col. 444*-445* ; A. Derumaux, « Le drapeau... », 1951, p. 27 ; l'abbé Thevert, *Bulletin*..., 1959, 1969 et avril 1990. Dans ce dernier bulletin, extrait de Jean de Vozelles, *De saint Martin de Tours au Fils aîné du Sacré Cœur*, DPF, 86 190 Chiré-en-Montreuil.

2. D'après le témoignage de Henri Lasserre cité par Xavier de Franciosi, *La dévotion*..., 1868 (1892), p. 171 et 320, cet abbé de Musy aurait été guéri miraculeusement : à Lourdes selon A. Desonnaz, *Question*..., 1873, p. 12 citant lui-même *L'Univers* et selon *BVN*, 1898, p. 21 ; en fait par l'intervention de M. Dupont, le saint homme de Tours.

3. Joséphine Cornudet écrit à Paule Marcotte le 18 novembre 1870 : « Trochu qui dès le commencement a pris pour devise : « Avec l'aide de Dieu pour la Patrie », est un brave breton et un vrai chrétien. Pourquoi Dieu l'aurait-il envoyé si ce n'est pour nous sauver ? Le P. Olivaint a assuré à mon beau-père [c'est-à-dire Léon Cornudet] que ce brave général avait prié le bon Dieu pendant deux heures avant d'accepter la présidence du Gouvernement et le rôle de défenseur de Paris. Il le tenait de Mme Trochu elle-même. J'espère donc beaucoup en lui. » Arch. M. -L. Chavane. Un adversaire parisien du général Trochu dit : « C'est un catholique breton qui attend une Jeanne d'Arc » (voir Maurice Choury, *Le Paris*..., 1970, p. 90).

4. Il est impossible de le présenter ici, sinon en rappelant son projet de vie pénitente et réparatrice liée à l'adoration du Saint Sacrement et à la vénération de la sainte Face (voir chap. 4). Voir *DSAM* et *CHAD*, art. « Dupont » et désormais Odile Metais-Thoreau, *M. Papin-Dupont, le « Saint Homme de Tours », 1797-1876*, thèse de doctorat, Université de Paris I-Sorbonne, 1991.

5. Voir sa biographie dans Ronald R. van Stockum, *Kentucky and the Bourbons*, 1991, p. 112-116.

6. Selon une vie du pieux laïc par un abbé Janvier citée par Thévenot de Férussac dans une lettre à Hubert de Fleury, de Pau, en date du 7 décembre 1890, citée par A. Derumaux, « Origines... », 1953, n° 193, p. 6.

7. *BVN*, avril 1874, p. 142-146

8. Le baron de Charette met lui-même en note : « C'est par les soins de la famille Ratel et du peintre Lafon que cette dernière inscription fut ajoutée. »

moment opportun pour son régiment dont les hommes portaient déjà sur la poitrine un morceau de tissu avec le Cœur de Jésus ainsi que leur avait permis Pie IX [1]. Avec l'accord du général de Sonis [2], ce sera chose faite le 2 décembre 1870.

## 2. Les Legentil et les Volontaires de l'Ouest

Dans une lettre du 18 novembre 1870, Joséphine Cornudet [3] dit à Paule Marcotte que désormais :

> « Ce qui me donne espoir, c'est que cette armée de la Loire contient les volontaires de Cathelineau qui ont arboré l'étendard de la Sainte Vierge, et les zouaves pontificaux. Voilà, il me semble, de quoi attirer les bénédictions de Dieu ! Et les soldats de Cathelineau sont en effet entrés les premiers dans Orléans » [4].

Sans doute ne s'agit-il pas encore de la bannière du Cœur de Jésus, mais c'est un témoignage significatif des préoccupations qui sont celles du cercle des Legentil. De leur côté, A. Legentil et H. Rohault de Fleury, réfugiés à Poitiers, ont pu connaître directement les modalités de la défaite de Loigny du 2 décembre 1870 [5]. Ils ont participé à la vie de la conférence Saint-Vincent de Paul locale. Une retraite et une assemblée des confrères de Saint-Vincent de Paul se sont tenues les 8, 9, 10 et 11 décembre. Un capitaine des zouaves y a fait le compte rendu des activités d'une conférence fondée dans son unité, car :

> « En ce moment, Poitiers possède une partie du régiment des zouaves pontificaux rentrés en France après l'évacuation de Rome. Ces braves soldats font l'admiration de l'armée par leur courage et leur dévouement, en même temps qu'ils édifient tout le pays par leur piété » [6].

Il n'est pas là encore question explicitement de la bannière-étendard du Sacré Cœur mais on devine dans quelle atmosphère évoluaient les promoteurs du Vœu national. Ainsi, c'est, semble-t-il, parallèlement à l'initiative de colonel de Charette à Loigny que Legentil, début décembre 1870, va faire son vœu (voir chap. suivant). Par ailleurs, leurs contacts avec le P. Ramière à

1. Les religieuses de la Visitation de Paray-le-Monial apportent elles aussi leur témoignage qui précise tout ce qui vient d'être dit (Voir Mgr Gauthey, *Vie...*, 1915, t. III, p. 212-216).

2. C'est un dirigé du P. Ramière. Avec Charette, il se trouve sur la mosaïque du chœur de la basilique de Montmartre. Voir le P. Bessiere s. j., *Sonis*, 1946 (1985) et Alec Mellor, *Quand les Francs-maçons étaient légitimistes*, 1986.

3. Épouse de Michel Cornudet, belle-fille de Léon Cornudet. Voir J. Lacapelle, *Léon Cornudet*, 1977.

4. Arch. M. -L. Chavane.

5. Sur la présence des zouaves à Poitiers, voir également Mgr Gay, *Correspondance*, 1899, t. II, p. 154 et 155.

6. *BSVP*, n° 270, juin 1871, p. 162-163.

partir de la mi-décembre permettent d'affirmer qu'ils pouvaient prendre connaissance du *Messager du Cœur de Jésus*, véritable journal officiel des faits et gestes des zouaves pontificaux devenus les volontaires de l'Ouest. Sur les douze livraisons de décembre 1870 à décembre 1871, cinq offrent d'amples articles à leur sujet [1]. La discrétion de Legentil montre combien de lui-même, il goûte peu ce genre de mélange du religieux et du militaire comme on le reverra plus loin. Il n'a pour ces militaires ni engouement, ni répulsion. Pour les auteurs et les fidèles lecteurs du *Messager du Cœur de Jésus*, ce sont des héros et des martyrs ; pour les communards, de simples traîtres qui ont peu ou mal défendu la France. Un membre de la Commune souligne cet état d'esprit. À Mgr Surat qu'il vient d'arrêter, il dit :

> « Les Chouans de M. de Charette et les Vendéens de M. de Cathelineau tirent sur nos frères ; il nous faut des otages et tout prêtre qui sera rencontré dans Paris nous en servira » [2].

Un Legentil les admirera mais se gardera de pratiquer leurs blocages religieux et monarchistes. Auparavant, le 2 décembre 1870, le général de Sonis aura livré et perdu la célèbre bataille de Patay-Loigny à peu près contemporaine du vœu même de Legentil.

## D. Consécration de la France par les Français

Les Français auxquels depuis bientôt cent ans on répète qu'ils détiennent le pouvoir souverain sont invités par divers ecclésiastiques en ce temps de bouleversement politique à en reconnaître la source dans le Christ. Déjà, durant l'été 1870, le P. Ramière publie le texte du P. de Bussy de 1822 (voir ci-dessus). En conclusion, il adjurait

> « les âmes pieuses, les chefs de familles, la jeunesse des écoles, les chrétiens de toutes les conditions, le roi lui-même, de faire au Cœur de Jésus une amende honorable et une consécration solennelle [...] [ainsi Jésus pourra] se montrer Sauveur de la France » [3].

1. Dans *MCJ*, P. Marin de Boylesve, « Les volontaires de l'Ouest », décembre 1870, t. 18, p. 378-381 ; P. Eugène de Gerlache, aumônier des volontaires de l'Ouest, « Les volontaires du Cœur de Jésus », janvier 1871, t. 19, p. 37-54 ; P. Victor Alet, « La France et le Cœur de Jésus », mai 1871, t. 19, p. 301 ; P. Henry Ramiere, « Symptômes de salut (projet de protection de l'Assemblée nationale par les Volontaires de l'Ouest) », mai 1871, t. 19, p. 344 ; général de Charette, « Consécration au Cœur de Jésus du régiment des zouaves pontificaux », juillet 1871, t. 20, p. 51-61 ; lieutenant-colonel d'Albiousse, « Le drapeau du Sacré-Cœur », octobre 1871, t. 20, p. 209-225.

2. Cité par Joseph Petit, *Monseigneur*..., 1961, p. 71. Athanase de Charette et le général Cathelineau de 1870 sont respectivement le petit-neveu de François de Charette et le petit-fils de Jacques Cathelineau de 1793.

3. *MCJ*, 1870, t. 18, p. 223.

Les temps ont changé. Les maux subsistent. Le remède se précise et se généralise. Mgr Pie développe aussi cette idée. Le dimanche 16 octobre 1870, dans son homélie, il expose la situation :

> « Le crime du monde moderne, le crime qui nous attire de si cruels châtiments n'est ni le crime privé ni le crime domestique : c'est le crime public, le crime social, le crime national. Élevons donc nos bras, élevons nos voix, élevons nos cœurs vers le Cœur de Jésus pour lui faire une consécration personnelle, domestique, nationale » [1].

Le P. de Boylesve, dans un opuscule de novembre 1870 qui sera tiré à plusieurs centaines de milliers d'exemplaires, le *Triomphe de la France par le Sacré Cœur de Jésus*, précise ces pensées. Il actualise de façon explicite le « message du Cœur du Christ à Louis XIV ». Citant les passages de juin et d'août 1689, il se demande si

> « la France de Louis XV et de Voltaire, la France sacrilège de 93 qui profana les autels, égorgea les prêtres et détrôna deux papes, cette France est-elle encore la fille aînée du sacré Cœur ? »

Oui, la France reste la France et le Christ lui reste fidèle, fait dire le P. de Boylesve à sœur Marie de Jésus, mais que chaque Français se consacre au Cœur de Jésus pour transformer son cœur, que chaque Français porte l'image de ce Cœur sur sa poitrine, ce sera le palais et l'étendard demandés par le Christ. Chaque Français est le destinataire des désirs divins, chaque Français est désormais son propre roi, il doit reconnaître la royauté du Christ [2] et prier ainsi :

> « Jésus, Roi immortel des siècles, des peuples et des rois, désirant réparer les outrages que l'impiété vous prodigue, et dans le sacrement de votre amour et dans la personne de votre vicaire, notre Saint-Père le pape, je consacre à votre divin Cœur ma personne, ma famille, et autant qu'il dépend de moi, la France, fille aînée de ce Cœur sacré, et l'Église universelle, notre Mère » [3].

Ainsi en vue d'une consécration du pays par l'autorité publique compétente, il est fait appel à chaque Français en personne. Des catholiques, Français dans l'âme, pressent les autorités pour que la France manifeste sa confiance dans le Christ, qu'elle ratifie son baptême en faisant pénitence ; ils interpellent les corps constitués : épiscopat et armée. Et comme cela n'est pas encore suffisant et que, sans les Français mêmes, on ne peut rien faire de vrai, ces catholiques français invitent finalement tous leurs compatriotes à renouveler leur baptême en faisant amende honorable afin de devenir de bons catholiques

1. Chanoine Vie, *Aux origines...*, 1928, p. 42.
2. M. de Boylesve, *Le triomphe...*, 1871.
3. *MCJ*, 1871, t. 19, p. 32.

confiants dans l'amour du Christ pour eux. Cette façon de voir cerne à coup sûr assez bien la pensée des promoteurs du Vœu national.

La disproportion quantitative entre le chapitre 5 et le chapitre 6 est instructive. La différence d'abondance de matière révèle la très forte préoccupation des artisans du Vœu national touchant la dimension publique de la foi. Pour eux, depuis la naissance de la France moderne, celle-ci se débat avec l'Église et refuse d'être authentiquement chrétienne. Elle l'a été dans sa « préhistoire » antique et surtout au Moyen Age. Depuis son salut éternel ne constitue plus son horizon essentiel. La dévotion au Cœur de Jésus, à la fois ancienne et nouvelle, leur apparaît comme une nouvelle invitation que le Christ fait à la France et aux Français pour renouer le contact. Ce qui se passe en 1870 est l'arrivée au grand jour d'une longue marche commencée depuis les XVe et XVIe siècles après le tournant des XVIIe et XVIIIe siècles. L'Assemblée nationale de 1871 va littéralement faire rêver les promoteurs du Vœu national, même si en même temps, un Legentil par exemple la juge globalement incompétente [1]. Par cet homme, par Hubert Rohault de Fleury, par Mgr Guibert, le Sacré-Cœur de Montmartre a de profondes fondations « modernes » : ils sont sensibles aux modalités nouvelles des problèmes de toujours : économiques et sociaux, politiques et nationaux, patriotiques et individuels. Le Christ avec son enseignement transmis et développé par l'Église leur paraît être la solution. Mais non pas en reconduisant les réponses antiques ou moyenâgeuses, ni en imaginant des solutions prétendument nouvelles. Pour eux, les rapports actuels du spirituel et du temporel, de la mystique et de la politique, de l'Église et de l'État sont analogues à ceux du divin et de l'humain dans le Christ, de la grâce divine et de la liberté humaine ; ni une élimination de l'homme, ni une élimination de Dieu, mais une alliance de l'un avec l'autre. Ils chercheront toujours à éviter les excès et les erreurs des « néo-ultramontains » et des « néo-gallicans libéraux », les uns négligeant l'aspect humain et les autres, l'aspect divin de cette alliance. Les hommes et les sociétés changent dans leur corps et leur esprit, dirait Pascal, mais demeurent appelés au même amour de Dieu et du prochain. La dimension moderne de la merveilleuse histoire d'amour entre le Christ et le monde par la France, entre le Christ et la France au service du monde, est en place et va pouvoir se manifester dans les actes fondateurs du Vœu national au Sacré Cœur.

1. Lettre en date du 19 avril 1871 à Joseph Marcotte. Arch. familiales.

# TROISIÈME PARTIE

# LES ACTES FONDATEURS

Entre la promesse conditionnelle d'Alexandre-Félix Legentil en décembre 1870 (chap. 7) et, en 1876, l'inauguration du pèlerinage puis le lancement effectif de la construction de l'église (chap. 11), cinq autres actes fondateurs prennent place, qui s'impliquent l'un l'autre pour donner à cette entreprise toutes ses dimensions « chrétienne et patriotique » : l'adoption et la transformation du Vœu par Mgr Guibert et le choix par celui-ci d'un lieu significatif (1872) (chap. 8) ; l'intervention de l'Assemblée nationale pour la déclaration d'utilité publique (1873) (chap. 9) ; le choix d'un architecte par les sommités du monde de l'architecture (1874) (chap. 10) et la célébration relativement discrète de la pose de la première pierre pour ne pas mêler l'action pastorale à une politique politicienne (1875) (chap. 11). Sous trois gouvernements (la Défense nationale, M. Thiers et le maréchal de Mac-Mahon), la mise en place de l'érection d'une église nationale a été, au yeux de beaucoup, le signe d'un début de résurrection de la France défaite.

# Chapitre 7
# Un vœu au texte très remanié (1870-1871)

Afin que nul n'en ignore, le texte à jamais célèbre du Vœu national fut gravé sur marbre après la dédicace de 1919, sur l'un des murs du bas-côté est de la basilique[1]. Mais on aimerait savoir, dans une approche historique, comment et par qui il a été élaboré, et connaître ses modifications successives[2].

« En présence des malheurs qui désolent la France, et des malheurs plus grands peut-être qui la menacent encore ;

« En présence des attentats sacrilèges commis à Rome contre les droits de l'Église et du Saint-Siège et contre la personne sacrée du vicaire de Jésus-Christ ;

« Nous nous humilions devant Dieu, et, réunissant dans notre amour l'Église et notre patrie, nous reconnaissons que nous avons été coupables et justement châtiés.

1. Gravé entre 1919 et 1933 car l'abbé Laligant n'en parle pas dans son guide de 1919 et mentionne l'existence de cette plaque dans celui de 1933, p. 73.

2. Le titre est : « Texte du Vœu national au Sacré Cœur », mais le titre habituel imprimé dans le *BVN*, en p. 2, est « Vœu national au Sacré Cœur de Jésus pour obtenir la délivrance du souverain pontife et le salut de la France ».

« Et pour faire amende honorable de nos péchés et obtenir de l'infinie miséricorde du Sacré Cœur de Notre-Seigneur Jésus-Christ le pardon de nos fautes, ainsi que les secours extraordinaires qui peuvent seuls délivrer le souverain pontife de sa captivité, et faire cesser les malheurs de la France, nous promettons de contribuer à l'érection à Paris d'un sanctuaire dédié au Sacré Cœur de Jésus ».

On peut, semble-t-il, décomposer l'élaboration de ce texte en trois temps :

I. Les composantes dispersées du vœu (automne 1870)

II. Le vœu d'Alexandre Legentil (début décembre 1870 – début janvier 1871)

III. Critiques, modifications et approbations (janvier 1871 – été 1871)

Nous suivons ici le point de vue de A. Legentil et de H. Rohault de Fleury. Après enquête, il nous semble le plus apte à rendre compte des faits. À découvrir d'autres protagonistes on aurait pu, pendant quelque temps, se demander si une telle vision des choses ne devait pas être remise en question. À la réflexion pourtant, l'action de ces deux laïcs paraît bien avoir été l'élément principal. Disons seulement que le Vœu national ressemble à un fleuve naissant qui reçoit des affluents [1].

## *I. LES COMPOSANTES DISPERSÉES DU VŒU NATIONAL (AUTOMNE 1870)*

### A. Les intentions de prière des promoteurs

On peut retracer les intentions de prière des promoteurs à partir de la correspondance du mois de septembre 1870, telle qu'elle a pu être reconstituée. Pour les Legentil, les Rohault de Fleury, les Marcotte, il s'agit de prier pour la France, pour Paris, et pour les membres de leurs propres familles. Cette triple intention s'exprime dans un grand nombre de lettres.

1. Certes, en bonne méthode, il faudrait établir cette affirmation au lieu de partir de la conclusion de la recherche. Mais l'ordre d'exposition a aussi ses avantages.

« Je suis bien triste et après la consolation de prier pour notre pauvre patrie et particulièrement pour vous [les Parisiens], je n'en ai pas de plus douce que de m'occuper de vous [Joseph] et aussi un peu de m'occuper de moi » [1].

On peut remarquer que le sort de Rome et des États pontificaux ne figure pas dans les intentions de prière qu'ils se communiquent. Le denier de Saint-Pierre pourvoira aux besoins du pape. Quant aux destinataires de ces prières, c'est Dieu, le « bon Dieu » comme tel, mais aussi Marie et surtout, comme il a été montré précédemment (chap. 5), le Christ considéré en son Cœur, en son amour pour la France et les Français.

## B. Les initiatives d'Adolphe Baudon [2]

Ces prières prennent de multiples formes. Adolphe Baudon s'entend à susciter parmi les confrères de Saint-Vincent de Paul de multiples initiatives. Il parle à A. Legentil du pèlerinage à Notre-Dame de la Délivrande près de Caen et suggère

« une sorte de prière perpétuelle où les membres se succèderaient les uns aux autres pour désarmer le bon Dieu par leurs supplications. Rien ne serait plus simple, en s'adjoignant les membres des familles de nos confrères, nos amis, les pauvres eux-mêmes, et, chrétiennement parlant, rien ne me paraît plus efficace » [3].

À Arras, cela prend la forme d'une prière du matin au soir assurée par les hommes de quart d'heure en quart d'heure ; à Moulins, on organise un

1. Lettre du 18 septembre 1870 de A. Legentil à J. Marcotte. Voir aussi 5, 16 et 19 septembre 1870. Telles sont leurs intentions, quand les Legentil, réfugiés à Caen, s'en vont en pèlerinage à Notre-Dame de la Délivrande. ASCM et arch. familiales.

2. Adolphe Baudon dans une lettre du 16 décembre 1870 au président du conseil de la Société Saint-Vincent de Paul de Gênes résume ainsi son action : « En présence des calamités nombreuses qui fondent sur notre pays ; sécheresse, épidémie, guerre, il m'a semblé que nos Conférences avaient un devoir important, et nouveau dans une certaine mesure, à remplir, celui de prier pour leur pays, et surtout d'y exciter les populations autant qu'elles le pourraient. Pour tout peuple chrétien, Dieu est le Maître des événements : c'est lui qui frappe et guérit, qui perd et ressuscite. C'est lui surtout qui fait sortir la rénovation du châtiment et la vie de la mort. Or, notre nation avait oublié, presque partout, cette vérité fondamentale, et il m'a paru que notre œuvre manquerait à son titre d'œuvre chrétienne, si elle ne se mettait sérieusement à la disposition du clergé pour le seconder dans l'élan de prière et de foi qu'il s'appliquait partout à imprimer. Loin de moi la pensée que nous ayons fait ici quelque chose d'important ; cependant, nous avons obtenu quelques résultats, et autant il y aurait de vanité à les exagérer, autant il y aurait d'ingratitude envers Dieu à ne pas les reconnaître. Je vais donc vous les exposer succinctement, en citant, le plus possible, les passages de la correspondance et en montrant que, le plus souvent, nos conférences n'ont fait que s'associer à une impulsion déjà profonde, et donnée par l'autorité ecclésiastique [...] ». J. Schall, *Un disciple...*, 1897, p. 559. Voir aussi *BSVP*, t. XXIII, p. 72-79.

3. A. Baudon à A. Legentil, le 3 et 18 octobre 1870, J. Schall, *Un disciple...*, 1897, p. 556 et 557. Voir P. Lepetit, *Un antique...*, 1939, p. 133 décrit le regain de vitalité du pèlerinage à l'automne 1870. Les Legentil en famille d'une part et A. Legentil avec les confrères de Saint-Vincent de Paul d'autre part y ont donc contribué.

chemin de croix perpétuel ; à Vannes, on travaille dans le même sens. Adolphe Baudon espère que la pensée de la prière va ainsi se généraliser. Il met aussi en place une Œuvre des messes à l'intention de l'Église, du souverain pontife, de la France et de la Société Saint-Vincent de Paul. Chaque jour, une « conférence » offre une messe à ces intentions [1]. A. Baudon a écrit plus de quatre cents lettres durant les sept mois de guerre pour encourager ses confrères [2] non seulement

« à prier pour les blessés, mais à donner leur argent, dussent-ils s'endetter, et leur temps, dussent-ils se fatiguer un peu. Il serait fâcheux et inouï que les catholiques se laissassent vaincre par les incrédules du côté de la charité » [3].

## C. Des vœux de construction d'église (automne 1870-hiver 1871)

Ces œuvres de piété et de charité fraternelle vont être rendues plus pressantes par la pratique des vœux. Adolphe Baudon énumère ici encore les initiatives prises en ce sens par les confrères de Saint-Vincent de Paul.

« À Langres, la ville, excitée par un de nos membres, a fait vœu pour le cas où elle serait préservée. Ce vœu, souscrit par les autorités d'alors et les principaux habitants, a été proclamé par l'évêque en chaire. À Nevers, on a fait le vœu de bâtir une chapelle à Notre-Dame du Sacré-Cœur si le département était préservé ; on y prie beaucoup » [4].

Pour nombreuses que soient les promesses de construction d'églises ou de chapelles, d'érection de statues de Marie [5], suscitées par les confrères de Saint-Vincent de Paul, on ne saurait bien sûr leur attribuer toutes les initiatives prises à cette époque. Le vœu de Lille, par exemple, est prononcé par les Enfants de Marie [6], l'origine de celui de Chalon-sur-Saône ou de Jully (Côte-d'Or) n'est

1. *BSVP*, mars 1871, janvier et avril 1872, février 1873.
2. Albert Foucault, *La Société*..., 1933, p. 210.
3. A. Baudon à A. Legentil, 3 octobre 1870, J. Schall, *Un disciple*..., 1897, p. 556.
4. A. Baudon à A. Legentil, le 18 octobre 1870, J. Schall, *Un disciple*..., 1897, p. 557.
5. Selon la comtesse de Beauchamp, *Note*..., 1892. ASCM.
6. Le vœu est prononcé par les Dames de l'association des enfants de Marie le 21 octobre 1870 pour préserver Lille de l'invasion prussienne. L'église du Sacré-Cœur est édifiée de 1875 (*BVN*, 1875, p. 701) à 1898 par l'architecte Batigny ; et inaugurée le 17 juin 1899. À la suite d'un autre vœu en 1880, une chapelle est particulièrement dédiée au Cœur de Jésus (P. Yenveux, *Le règne*..., 1900, t. V, p. 554 et Hervé Oursel, « Les vitraux de l'église du Sacré-Cœur à Lille », dans *Revue du Nord*, Lille, 1984, vol. 66, n° 261-262, p. 599-618). En 1875 (*BVN*, 1875, p. 701), l'église du Sacré-Cœur de Bordeaux est mise par le chroniqueur, sur le même plan que celle de Lille. En fait, elle semble cependant due au rayonnement de Montmartre et sera examinée à ce titre (chap. 23, conclusion).

pas précisée[1]. Le vœu d'Angers est lié au nom de Mgr Freppel[2]. On a relevé aussi le vœu de la paroisse des Herbiers au Cœur de Jésus, le 1er novembre, qui s'est exprimé par la construction d'un calvaire-chapelle construit en 1874-1876[3]. Un simple vitrail garde le souvenir du vœu de Beaufort, le 9 octobre 1870[4]. Le vœu de Mgr Fournier, évêque de Nantes, est du 19 janvier 1871 et aura pour effet la reconstruction de l'église Saint-Donatien-et-Saint-Rogatien[5]. Dans cette série se range encore le vœu de Lyon qui suscitera à son tour l'émulation des Parisiens. Le 11 septembre, un groupe de dames chrétiennes présentent leur requête à Mgr Ginoulhiac. Le 8 octobre, celui-ci prononce lui-même le vœu de construire un nouveau sanctuaire à Fourvière si la ville échappe aux ennemis[6].

## D. Mgr Pie, évêque de Poitiers, la ville refuge

Après avoir séjourné à Rouen et Caen (les Legentil et les Marcotte) et à Vendôme (les Fleury), les uns et les autres se retrouvent, fin octobre, à Poitiers, laissant entendre qu'ils sont ainsi à l'abri des Prussiens tout en restant le plus près possible de Joseph Marcotte qui se maintient dans Paris (chap. 1). À Poitiers, ils trouvent des amis fidèles, les Bain[7], qui les accueillent et facilitent leur installation[8], ainsi que madame de Balincourt dont les enfants sont au collège des Jésuites[9]. Ils entrent en contact avec la conférence Saint-Vincent de

1. La correspondance familiale fait allusion à ces deux derniers vœux. Lettre de Joséphine Cornudet à Paule Marcotte du 5 novembre 1870. ASCM.

2. L'église de la Madeleine d'Angers est la basilique du Sacré-Cœur d'Angers. Le texte de la plaque commémorative est : « Construite selon le vœu de Mgr Freppel, évêque d'Angers, au moyen des offrandes des fidèles de l'Anjou, pour commémorer la protection du Sacré Cœur sur le diocèse préservé de l'invasion prussienne en 1871, bénite le 30 juin 1878, consacrée le 28 décembre 1879, érigée en basilique mineure le 12 janvier 1923, fut affiliée à la basilique majeure de Saint-Pierre du Vatican le 15 avril 1923. Amour et gloire au Sacré Cœur. » Voir parmi les illustrations la photographie aimablement communiquée par Mme Catherine Brisac.

3. Voir ***, *Archives*..., 1880, p. 489-491. *Presse-Océan* du 4 novembre 1986 et *Ouest-France* (éd. Vendée) du 2 août 1984. Documentation aimablement communiquée par Pierre Chatry, des Herbiers. Voir aussi Claude Laroche, *Paul Abadie*, 1988, p. 249, n. 11. Voir les arch. de la paroisse Saint-Pierre des Herbiers et l'Inventaire analytique dactylographié par l'abbé Delhommeau (mars 1971) communiqué par Eric Coutureau, conservateur de l'inventaire en Pays-de-Loire. Voir illust.

4. Philippe Bruneau, « Catholicisme... » dans *RAMAGE*, n° 3, p. 31.

5. Lors de la clôture des Quarante heures à la cathédrale, l'évêque « s'engage au nom du clergé et des fidèles à faire reconstruire un temple magnifique aux Saints Donatien et Rogatien, comme ex-voto au Sacré Cœur de Jésus et au Cœur immaculé de Marie, si Nantes et le diocèse sont préservés de l'invasion ennemie et de la guerre civile » (ADER, *Chrétiens*..., 1987, p. 2 et 19).

6. Elisabeth Hardouin-Fugier, *Voir*..., 1988, p. 104-107.

7. Voir chap. 2, § sur le P. de Boylesve.

8. A. Legentil à J. Marcotte, 31 oct. 1870. Arch. familiales. Ils logent 11, rue Boncenne, en contrebas de la cathédrale.

9. Henri Aguillon à Paule Marcotte, 17 nov. 1870. Arch. fam.

Paul locale et y remplissent le service habituel des conférenciers. A. Legentil prend contact avec le P. Argand, jésuite, recteur du collège Saint-Joseph, et H. Rohault de Fleury fait de même avec le P. Berthet, prieur des Dominicains. Plus tard, l'initiateur du Vœu citera également parmi ses connaissances poitevines le nom de Jean-Edmond Ernoul, vice-président de la Conférence Saint-Vincent de Paul[1], représentant de la Vienne à l'Assemblée nationale et garde des Sceaux dans le cabinet du duc de Broglie de mai 1873[2]. Il ne semble pas que nos Parisiens réfugiés cherchent d'emblée à entrer en contact avec l'évêque du lieu, Mgr Pie. Il faut simplement redire l'émotion ressentie par Alexandre Legentil à la proclamation en chaire du mandement épiscopal pour la Toussaint de l'année 1870[3].

> « À l'heure présente, parmi ceux de nos concitoyens qui ne ferment pas les yeux à la lumière des enseignements terribles donnés à notre nation, que voyons-nous et qu'entendons-nous ? À la vérité, il n'est pas rare de rencontrer des hommes qui confessent, qui déplorent, qui condamnent et enfin qui veulent réparer les fautes et les omissions personnelles de leur vie [...] Il en est un assez grand nombre encore qui voient dans ces dures épreuves un châtiment et un remède aux idées d'orgueil, aux habitudes de cupidité, de luxe, aux excès de sensualisme et de matérialisme qui avaient envahi presque toutes les conditions sociales. Mais à qui vient-il la pensée de se demander si cet effondrement complet d'une grande nation n'aurait pas sa cause dans un grand péché national ; si l'abandon momentané où Dieu nous laisse ne serait pas sa réponse aux systèmes politiques qui lui donnent congé »[4].

A. Legentil qui a conscience d'appartenir à une « nation impénitente » a déjà entendu cet appel et s'offre à Dieu pour que sa patrie le découvre à nouveau, mais pour le moment cette disposition intérieure ne déborde pas le cadre de la correspondance familiale et amicale. Autour de lui, cependant, et comme en écho au propos de Mgr Pie, l'idée d'un vœu national fait son chemin.

## E. « On parle d'un vœu national »

Dans une lettre du 20 novembre 1870, à *l'Univers*, publiée le 13 décembre, l'abbé Léon Robin, curé de Digna, diocèse de Saint-Claude, directeur de

1. Lettre de H. de Fleury à Georges, son frère, du 8 février 1871. ASCM.
2. A. Legentil, *Rapport*..., 1879, p. 741.
3. Marie Legentil à Louise de Fleury, le 1er novembre 1870.
4. Cet extrait d'un sermon du 31 octobre 1870 (un lundi veille de Toussaint) est cité par A. Derumaux, « Les origines... », 1953, n° 192, p. 20 et provient des *Pages choisies du cardinal Pie*, Mame, 1916, t. II, p. 210. N'est-ce pas là le mandement entendu par A. Legentil ?

l'association de prière pour le Japon, se fait l'écho d'une rumeur concernant un « vœu national » :

> « De tous côtés, les âmes profondément chrétiennes s'ingénient à trouver et à employer les moyens de tirer l'Église et la France des calamités qui les éprouvent si cruellement. Les uns font un appel à propos de l'observation du dimanche ; les autres pressent d'établir partout des neuvaines à Saint-Pierre. Notre-Dame du Sacré-Cœur, à Issoudun, est le centre d'un grand mouvement de prières. De saints prélats ont consacré leurs diocèses aux Cœurs de Jésus et de Marie. On parle d'un vœu national pour élever, après la guerre, un sanctuaire dédié à Marie comme Immaculée, ou à Notre-Dame de la Délivrance » [1].

À qui le curé de Digna veut-il faire allusion ? Un dépouillement de la presse catholique de l'automne 1870 serait nécessaire pour apporter une réponse. Mais remarquable est déjà, dans ce texte, le rapprochement de la France et de l'Église, comme la dimension nationale que prend le projet de construction d'une église (dédiée ici à Marie).

## F. Le vœu des Parisiens pour Paris lancé par A. Baudon

Les choses se précisent le 29 novembre 1870. A. Baudon écrit à Alexandre Legentil :

> « Beluze, en m'annonçant que Lyon avait fait le vœu de rebâtir Notre-Dame de Fourvière dans le cas où la ville serait épargnée, proposerait un vœu analogue pour Paris. Qu'en pensez-vous ? Cela me semblerait bien beau, mais bien difficile. Cependant il ne manque pas d'églises à bâtir dans les quartiers annexés et Notre-Dame de la Délivrance n'y serait pas un titre sans raison, si on obtient cette délivrance » [2].

Cette lettre du 29 novembre est à mettre en parallèle avec une autre du 5 décembre, adressée à *L'Univers* [3] et publiée le 13, dans laquelle Adolphe Baudon précise bien sa pensée :

> « Les catholiques de Lyon ont fait le vœu de bâtir à Notre-Dame de Fourvière une église splendide dans le cas où leur ville serait préservée du siège qui la menace, et

1. Le curé de Digna présente alors sa proposition : faire une supplique pour que le Saint-Père définisse comme dogme de foi l'assomption corporelle de Marie. Il a rédigé une prière dont la conclusion est : « Nous faisons ce vœu avec d'autant plus de confiance que le saint concile du Vatican a été saisi d'un *postulatum* en ce sens, comme du plus puissant moyen d'attirer la paix de Dieu sur l'Église, de la délivrer de ses oppresseurs, et de ressusciter la glorieuse France de Clovis et de Charlemagne. »

2. Lettre citée par J. Schall, *Un disciple*..., 1897, p. 559.

3. On sait que Louis Veuillot est resté dans Paris, mais qu'un collaborateur édite à Nantes une édition pour la province. C'est dans cette édition que paraît la lettre de Baudon. Voir Benoît Le Roux, *Louis Veuillot*, 1982, p. 178.

le diocèse de l'invasion. Pourquoi les catholiques de Paris ne feraient-ils pas un vœu semblable pour le cas où ils viendraient à briser le cercle de fer qui les enlace ? Je sais qu'il est difficile en ce moment de donner à ce vœu toute la publicité dont il aurait besoin à Paris même ; je sais aussi qu'il serait nécessaire pour réaliser ce vœu d'obtenir l'autorisation de l'archevêché, qu'on ne peut pour la même raison solliciter. Cependant, si ceux des habitants de Paris qui sont en dehors de cette ville en ce moment prenaient l'initiative d'un vœu pareil, je ne doute pas que ceux qui sont enfermés dans ses murs ne ratifiassent plus tard cet engagement et que l'autorité ecclésiastique ne l'approuvât avec empressement. Toutes les questions secondaires et de détail restant réservées, l'important, à mon sens, serait que Paris, régénéré par l'épreuve qu'il a subie avec tant de courage et d'énergie, fît une grande manifestation de foi. Je m'adresse à vous, dans la pensée que *L'Univers* pourra en prendre l'initiative, s'il le croit possible. »

Adolphe Baudon essaie ainsi une nouvelle fois de « faire faire ». Que ce soit par A. Legentil le 29 novembre ou par *L'Univers* le 5 décembre, il voudrait que les Parisiens exilés ou enfermés promettent de construire une église pour hâter la délivrance de Paris.

## *II. LE VŒU D'ALEXANDRE LEGENTIL (DÉBUT DÉCEMBRE 1870-DÉBUT JANVIER 1871)*

### A. L'accueil, la promesse de souscription, la transformation et la propagation du Vœu par Alexandre-Félix Legentil

Ce n'est que d'une façon indirecte que nous est connue la réponse de A. Legentil à la lettre que A. Baudon lui envoie le 29 novembre : tout à la fois par le retour de courrier de A. Baudon en date du 5 décembre, par une lettre de A. Legentil au P. de Boylesve écrite le 8 et une lettre de H. Rohault de Fleury expédiée le 9. De toutes ces lettres, il ressort que A. Legentil fait bon accueil à l'idée d'un vœu parisien et le fait sien, mais en lui imprimant une triple dimension : nationale (la délivrance espérée pour Paris est aussi celle de la France tout entière, les personnes sollicitées sont de la province autant que de la capitale) ; réparatrice (cela s'exprime par le sort réservé à l'Opéra)[1] ; christique (la dédicace au Cœur de Jésus).

1. Dans le chapitre suivant, à propos du choix du lieu de l'ex-voto national, nous reviendrons sur ce projet.

Dès le début de décembre, A. Legentil voit ainsi dans ce vœu, dans la construction d'une église à Paris, une affaire nationale. Toucher à l'Opéra, c'est toucher à un symbole du régime déchu, c'est dire que non seulement il y va de la délivrance espérée de Paris, mais aussi de celle de la France. L'élargissement de la condition du vœu va de pair avec un second aspect du problème : élargir le cercle des personnes sollicitées. Il s'agit de toucher aussi les habitants de la province « car, en ce moment plus que jamais, la cause de Paris est la cause de la France » [1]. Cette extension du Vœu, de Paris à la France, est confirmée par une lettre du 9 décembre : H. Rohault de Fleury écrit à son frère de la part d'A. Legentil qui vient de lui communiquer son projet d'une église dédiée au Cœur de Jésus, à Paris, en remplacement de l'Opéra, une église qui serait construite par les « Parisiens ou autres » [2].

Du choix de l'Opéra se laisse bien déduire le caractère expiatoire et réparateur de l'œuvre envisagée : il faut remédier au passé pour garantir l'avenir. La transformation de l'Opéra en église, selon A. Legentil, serait le signe d'une demande de pardon : effacer et réparer le gaspillage de ces dépenses inutiles et frappées de vanité [3].

Enfin, l'invocation du Cœur de Jésus est instamment souhaitée par A. Legentil. A. Baudon n'est pas contre même s'il n'y a pas songé lui-même. Contre les pressions de certains de ses confrères, mais à l'unisson du P. de Boylesve et du P. Ramière, il maintiendra son choix en s'attachant d'ailleurs sans en parler plus à l'esprit des promesses qu'aux demandes proprement dites (voir chap. 5 et 6).

Ainsi, entre le jeudi 1er et le samedi 3 décembre 1870 [4], Alexandre-Félix Legentil souscrit à une suggestion de son président, mais en élargissant le projet, en lui imprimant sa marque personnelle. Loin de chercher à prendre la tête de l'entreprise, il accepte bien volontiers que l'on attribue l'idée du Vœu à Adolphe Baudon, puis se met aussitôt à le propager comme il l'entend. Le président des Conférences se réjouit de cet acquiescement sans partager pour autant son idée de transformation de l'Opéra [5]. Il préfère que l'on construise une église paroissiale dans les nouveaux quartiers pour obtenir plus

1. Lettre d'Alexandre Legentil au P. de Boylesve, 8 décembre 1870. Victor Alet, *La France*..., 1889, p. 319; *MCJ*, 1891, t. 60, p. 346; *HSC*, t. III, p. 193. Plus que jamais, « Paris règne sur la France » (François Furet, *La Révolution*..., 1988, p. 482).

2. A. Derumaux, « Origines... », 1953, n° 193, p. 11.

3. Selon le témoignage de la comtesse de Beauchamp (*Note*, 1892, ASCM), la rumeur distinguait même un Vœu national d'une part de la transformation de l'Opéra en église d'autre part.

4. Les postes fonctionnent admirablement. La lettre du 29 novembre a pu être reçue le 1er ou le 2 décembre. Il répond le 2 ou le 3 à A. Baudon qui réagit le 5.

5. Voir J. Schall, *Un disciple*..., 1897, p. 559.

facilement, pense-t-il, l'accord de l'archevêque. Et pendant que le Parisien de Poitiers commence à répandre ce qui est désormais ou deviendra « son » vœu, A. Baudon dans *L'Univers* propose encore le Vœu dans sa forme restreinte.

Autrement dit, A. Legentil fait sienne l'idée d'un « vœu national » qui était dans l'air, car lui-même a une dimension nationale, affirmée par ses nombreux écrits techniques. C'est quelqu'un qui réfléchit sur l'administration financière de la France et sur l'industrie nationale. Du conseil central de la Société Saint-Vincent de Paul, il considère la France dans son ensemble et sait la représenter à l'étranger. Ses réflexions intimes, l'invocation du Sacré Cœur dans son milieu et jusque dans sa vie personnelle, enfin ses pleurs à l'audition du sermon de Mgr Pie, tout le prédisposait aux infléchissements « nationaux » et à l'élargissement d'un vœu fait à Marie par des Parisiens pour Paris en une véritable et fondamentale dédicace au Cœur de Jésus pour le salut de la France.

## B. Alexandre Legentil et le P. Argand

Le rôle du P. Argand, confesseur jésuite de Legentil à Poitiers, doit être ici évoqué. Il semble bien qu'il y ait eu une démarche significative de Legentil auprès du P. Argand. Les conditions du Vœu, son accueil, son inscription dans le temps, son intention expiatoire, sa dimension nouvelle, la résolution prise pour en assurer la publicité, tout cela a été mis en forme par Legentil en présence du P. Argand. Interrogé à ce sujet par H. de Fleury, le recteur du collège de Poitiers porte témoignage en 1889, après la mort de Legentil :

> « J'ai toujours réclamé pour le vénéré M. Legentil l'idée du Vœu national. C'est à mon prie-Dieu [1] qu'il a promis de se dévouer à cette œuvre de réparation. Et je serai heureux avant de mourir, de rendre témoignage de la vérité de ce fait » [2].

1. Depuis cette époque, un prie-Dieu dit du P. Argand est conservé au collège de Poitiers. Les ASCM conservent une coupure de journal non identifié du 9 février 1937 donnant le texte d'un article publié à l'occasion de la pose d'une plaque commémorative et illustré par la photographie de la plaque et d'un prie-Dieu. Texte de la plaque : « En décembre 1870, monsieur Alexandre Legentil, entre les mains de son confesseur le R. P. Argand, s. j., a fait au Sacré Cœur le vœu qui a donné lieu à l'érection de la basilique de Montmartre. » L'initiative semble être due au P. de La Rochebrochard, recteur du collège. Il a lui-même, dit l'article, fait modifier la plaque en supprimant la mention de la chapelle comme lieu de la promesse, puisqu'en fait il s'agit plutôt du bureau du recteur. En 1988, une plaque portant le même texte accompagne le prie-Dieu toujours visible dans la sacristie. Renseignements aimablement confirmés par Anne-Marie Cazelle qui s'est rendue sur place. Voir les illustrations.

2. Lettre du P. Argand à H. de Fleury en date du 18 août 1889. ASCM. Voir aussi A. Derumaux, « Les origines... », 1953, n° 192, p. 34.

Mais le jour n'est pas précisé. On ne sait pas davantage s'il y a eu, lors de cette démarche, rédaction d'un texte du Vœu. Cette démarche auprès du P. Argand a-t-elle été faite dans les premiers jours de décembre, plus précisément le 2, premier vendredi du mois, comme le pense l'abbé Dérumaux[1] ? Lors de la rédaction, fin décembre, d'un texte qui s'inspire de celui du P. Ramière ? Dans tous les cas, ce ne peut être après le début janvier et dans l'état actuel des sources, il ne paraît pas prudent de conclure.

## C. Alexandre Legentil et le P. de Boylesve

Le 8 décembre 1870, pour propager le vœu « des Parisiens et des autres », A. Legentil, sur les conseils de Henri Bain, écrit au P. de Boylesve. Il faut faire ici un retour en arrière pour présenter l'action de ce prédicateur et professeur.

### *1. Le P. de Boylesve du 17 octobre au 8 décembre*

Le lundi 17 octobre 1870, le P. de Boylesve prêche à la Visitation du Mans en la fête de la Bse Marguerite-Marie. Il rappelle à cette occasion les demandes du Christ à la mère Marie de Jésus en 1823. Après la messe, la supérieure s'étonne de son silence sur les « fameuses demandes du Cœur de Jésus à Louis XIV », connues désormais par les œuvres complètes de la visitandine de Paray-le-Monial, publiées en 1867 (voir chap. 6). C'est qu'il ne les avait pas encore lues. Dès le lendemain, il répare son oubli en rédigeant une feuille volante intitulée : *Le Triomphe de la France par le sacré Cœur de Jésus*, et d'y citer abondamment les lettres de Marguerite-Marie à la mère de Saumaise de 1689 et les notes sur la sœur Marie de Jésus. Que chaque Français adapte ainsi les demandes du Christ : se consacrer à son Cœur, porter sur lui une image de ce Cœur. La diffusion de ce texte fut immense. Le P. Alet parle de deux cent mille exemplaires répandus dès 1870 et signale qu'il fut publié aussi dans l'*Agenda du chrétien* et dans *la Croisade du Sacré Cœur*[2].

En 1891, le P. de Boylesve assurera qu'il avait envoyé cet opuscule à Henri Bain dès la fin d'octobre et qu'Alexandre Legentil en avait pris ainsi connaissance[3]. Ce qui n'est dit nulle part. En tout cas, on en décèle aucun

1. André Dérumaux, « Origines... », 1953, n° 194, p. 21.
2. V. Alet, *La France...*, 1889, p. 319.
3. *MCJ*, 1891, t. 60, p. 347.

écho dans sa correspondance. Cependant, la fréquentation quotidienne des Bain et des Legentil rend probable qu'ils se soient communiqués en novembre l'opuscule du P. de Boylesve, si toutefois Henri Bain l'a jamais vraiment reçu. Auquel cas, l'enseignement du père jésuite serait venu conforter sa dévotion au Cœur de Jésus, lui aurait fait connaître les demandes de 1689 et de 1823 et l'aurait renforcé dans sa conviction qu'il fallait se préoccuper en fait du salut de la France tout entière.

Quoi qu'il en soit, et même si A. Legentil, dans sa lettre du 8 décembre au P. de Boylesve, ne fait aucune allusion au texte en question, il faut reconnaître que leurs approches chez l'un et l'autre sont assez semblables, alors que les moyens mis en œuvre restent différents. Pour le P. de Boylesve, le salut de la France est dans la consécration de chaque Français au Cœur de Jésus: qu'il y ait en France des hommes de cœur! Pour Alexandre-Félix Legentil ce même salut (celui de Paris et de la France) est dans la reconnaissance par les Français de leurs torts et dans la confiance en la miséricorde du Cœur du Christ. Mais alors que la proposition du père jésuite vise simplement à une intensification de la vie religieuse de chacun, sans œuvre extérieure commune, le laïc, lui, propose la construction d'une église pour manifester de façon tangible la conversion des cœurs et l'action de grâces, après l'intervention divine. Le religieux est un écrivain; Legentil, un homme d'œuvres et un organisateur.

### *2. La correspondance du P. de Boylesve du 9 décembre*

Au courrier de A. Legentil, le P. de Boylesve réagit par deux lettres. L'une où il acquiesce à l'idée de la propagation du vœu et conseille à son correspondant de prendre contact avec le P. Ramière. L'autre, adressée à ce dernier, commence par résumer l'opuscule envoyé le mois précédent:

> « La France ne recouvrera sa grandeur et sa prospérité qu'en redevenant très chrétienne; elle ne redeviendra très chrétienne que par une consécration solennelle et officielle au sacré Cœur de Jésus. Qu'on se rappelle les promesses faites par Jésus-Christ lui-même à la bienheureuse Marguerite-Marie, relativement à la France, sous Louis XIV, et les intentions manifestées en 1829 [*sic*] à la mère Marie de Jésus: « Je prépare à la France un déluge de grâces lorsqu'elle sera consacrée à mon divin Cœur. Je prépare toutes choses: LA FRANCE SERA CONSACRÉE À MON DIVIN CŒUR, ET TOUTE LA TERRE SE RESSENTIRA DES BENEDICTIONS QUE JE REPANDRAI EN FRANCE PAR LA DEVOTION À MON DIVIN CŒUR. » Notre Seigneur exprimait en même temps le désir qu'une chapelle fût bâtie et qu'un autel fût élevé en l'honneur de son Cœur sacré[1].

1. Ce texte étant connu par le *MCJ* de janvier 1871, le P. Ramière renvoie ici à la p. 28 de la livraison du *Messager*, où se trouve l'article du P. de Boylesve intitulé: « Triomphe de la France par le Cœur de Jésus ».

« Que chaque Français prépare donc les voies à une consécration sociale par des consécrations particulières. Que chacun se consacre lui-même, que chaque chef de famille consacre sa famille, que chaque chef de communauté consacre sa communauté, chaque curé sa paroisse, chaque évêque son diocèse, à l'exemple de Nos Seigneurs de Bordeaux, Besançon, Nantes, Séez, Coutances, Poitiers, etc., etc. Dieu, touché de notre bon vouloir et de nos efforts, viendra à notre secours, et nous délivrera de nos ennemis. »

Puis la pensée du P. de Boylesve prend une nouvelle tournure en évoquant le projet de construction cher à Alexandre Legentil. L'impact du dessein national et parisien des confrères de Saint-Vincent de Paul est évident. Le jésuite et Legentil s'influencent réciproquement mais d'une façon très inégale : le laïc marque bien davantage le religieux qui se fait ainsi l'écho du vœu des Parisiens pour Paris et pour la France :

« C'est bien à la capitale que revient l'initiative du mouvement ; et puisque Jésus lui-même a manifesté le désir d'une chapelle dédiée à son Cœur sacré, c'est encore à Paris de réparer le scandale de son monstrueux et impudique Opéra et de son indigne statue de Voltaire par le vœu d'une église splendide consacrée au Cœur de Jésus. Alors, peut-être, le Sauveur universel se montrera le Sauveur spécial de Paris et de la France » [1].

Cette lettre au P. Ramière est publiée dans *Le Messager du Cœur de Jésus* de janvier 1871 en même temps que l'opuscule d'octobre : certes, le directeur-rédacteur l'avait en sa possession au début de novembre, mais il préféra faire passer dans la livraison de décembre une lettre du P. de Boylesve rendant compte de l'arrivée au Mans des Volontaires de l'Ouest. Il est question aussi dans ce numéro du Vœu de Legentil. Mais revenons en arrière pour voir les contacts entre Toulouse et Poitiers.

## D. Le P. Ramière et le vœu des confrères de Saint-Vincent de Paul

Le religieux auquel écrit A. -F. Legentil, le 10 décembre 1870, pour faire connaître et diffuser le Vœu dont les confrères de Saint-Vincent de Paul ont eu l'idée, est une personnalité hors du commun. Nous avons essayé de le montrer en brossant son portrait au chapitre 2. À l'époque, le P. Ramière s'est déjà exprimé sur les événements de l'automne 1870, à propos de la France et du pape, dans quatre livraisons du *Messager du Cœur de Jésus* qui s'échelonnent de septembre à décembre.

1. *MCJ*, 1871, t. 19, p. 8 ; 1891, t. 60, p. 349.

### *1. Pensée et action du P. Ramière à l'automne 1870*

En septembre et octobre 1870, le texte du P. de Bussy *le Cœur de Jésus, unique Sauveur de la France* (1822) est publié par le P. Ramière sous le titre *le Cœur de Jésus, unique Sauveur du monde*. Voilà qui insiste sur le caractère universel de cette revue et de la dévotion au Cœur de Jésus. Le directeur de l'Apostolat de la prière vise ici l'Église et le monde. Dans la livraison d'octobre cependant, il insiste sur les deux fidélités qui s'imposent à chaque catholique : l'amour de sa patrie terrestre et l'amour de l'Église, l'affection des Français pour leur pays et pour l'Église. Et diffusant une petite feuille intitulée : *Le Cœur de Jésus, salut de la France*, il continue de réclamer la consécration au Sacré Cœur de l'Église et celle de la France tout entière.

En novembre, il demande à nouveau à ses lecteurs du monde entier de prier pour le salut de la France mais aussi désormais pour la délivrance du pape : du sort de la France dépend le sort de Rome. Il voudrait qu'une protestation universelle et particulièrement française s'élève contre le sort infligé au pape.

### *2. Le P. Ramière vers la mi-décembre 1870*

Le P. Henry Ramière se trouve, vers le 11 ou 12 décembre, saisi directement par A. Legentil et indirectement par le P. Marin de Boylesve au sujet de la propagation du Vœu. Il réagit immédiatement par un de ces éditoriaux dont il a le secret. Le texte, quoique long, mérite d'être cité et commenté en entier. Il parviendra aux lecteurs à partir du 1er janvier 1871 [1].

« PROTESTATION DES CATHOLIQUES FRANÇAIS
et vœu au Cœur de Jésus
pour obtenir la délivrance de Rome et de la France. »

La typographie du titre de l'éditorial est significative. L'accent est mis sur la protestation. Cela est conforme à l'action antérieure du P. Ramière. La mention du vœu est presque celle du premier texte de A. Legentil : celui-ci parle cependant du souverain pontife et non de Rome.

> « Deux grandes douleurs accablent en ce moment le cœur des catholiques français, et ces douleurs s'aggravent et s'enveniment l'une l'autre. Le Père de nos âmes est captif, et la France, loin de remplir auprès de lui sa mission traditionnelle, applaudit,

1. Dans ce numéro du *Messager du Cœur du Jésus*, t. XIX, on trouve avec l'opuscule du P. de Boylesve remontant à la fin du mois d'octobre, un article du P. de Gerlache, s. j., aumônier des volontaires de l'Ouest, sur la bataille de Loigny et un cantique du P. Alet composé à l'occasion de la consécration du diocèse de Nantes au sacré Cœur.

par la voix de son représentant officiel, aux attentats dont il est la victime. Notre patrie est envahie, désolée, opprimée; et loin de fléchir par nos publiques supplications les miséricordes divines, nous semblons nous attacher à les éloigner par les insultes répétées que nous adressons au ciel. Ainsi la captivité du Pape, acceptée par nous, rend nos malheurs plus irrémédiables; et nos malheurs en s'aggravant chaque jour, nous rendent chaque jour plus incapables de mettre un terme à la captivité du pape. »

Malheurs de la France et malheurs du pape sont liés, les uns entraînant les autres. Mais tous ensemble sont dus aux péchés de la France:

« En sanctionnant par nos félicitations la violation sacrilège de tous les droits humains et divins personnifiés dans le vicaire de Jésus-Christ, nous sanctionnons également, à la face du ciel et de la terre, les injures et les violences dont nous sommes les victimes. Et combien d'autres iniquités nous joignons à celle-là dans un moment où, frappés par la divine justice, nous devrions avoir le front dans la poussière! La statue du plus mortel ennemi de Jésus-Christ entourée à Paris de nouveaux honneurs [1], le crucifix arraché des écoles, l'enseignement sans Dieu officiellement imposé, nos églises profanées par des hommes qui se disent nos défenseurs [2], les plus horribles blasphèmes contre la religion et les plus atroces menaces contre ses ministres vomis chaque jour par de prétendus organes de l'opinion publique [...], n'est-ce pas assez pour soulever contre nous l'indignation du monde chrétien, pour irriter de plus en plus la colère du ciel, et attirer sur nos têtes des fléaux plus terribles encore que ceux dont nous avons déjà été frappés? »

Mais il y a Français et Français. Il faut que les bons se désolidarisent des mauvais dans leurs mauvaises actions pour les sauver par leurs bonnes actions:

« Ces crimes ne sont pourtant pas commis par tous les Français, l'immense majorité des enfants de la France les déteste; mais tous nous en portons la responsabilité, jusqu'à ce que, par des protestations éclatantes, nous ayons répudié, devant DIEU et devant les hommes, toute solidarité avec les auteurs de ces attentats.

« Ne serait-il pas temps de remplir ce devoir? Presque tous les autres peuples catholiques ont déjà solennellement protesté contre les iniquités commises à Rome; et nous, qui avons rendu ces iniquités possibles par notre désertion et qui les avons ensuite approuvées par notre représentant, nous n'avons encore presque rien fait pour réparer ces deux grandes fautes. Plusieurs de nos évêques ont parlé; mais les fidèles n'ont encore presque rien dit: et pourtant il s'agit ici d'un intérêt qui nous est commun à tous, du plus sacré de nos intérêts comme chrétiens, et de l'une de nos premières conditions de salut comme Français. Il n'est donc plus temps de se taire. Le moment est venu d'élever la voix, à moins que nous ne voulions contraindre la justice divine à nous frapper encore, et que nous attendions, pour secouer le fardeau de nos iniquités, d'être complètement écrasés sous leur poids. »

1. Le dimanche 14 août 1870, une statue de Voltaire avait été inaugurée dans le square Monge (Edouard Lecanuet, *L'Église...*, 1906, t. I, p. 56).

2. Les Garibaldiens.

Devant une telle situation, le P. Ramière ne peut rester indifférent. Il se met au service d'une telle mission :

« De plusieurs côtés, on nous a exprimé le vif désir de voir la sainte Ligue du Cœur de Jésus prendre part à ce mouvement de foi et de patriotisme ; et des personnes graves nous ont suggéré des pensées qui répondent très bien aux besoins du moment et aux préoccupations des âmes. Voici ce que nous écrivait récemment un de nos plus ardents zélateurs. »

Ici, le P. Ramière parle du P. de Boylesve et cite la lettre rapportée ci-dessus. Il poursuit en faisant allusion à Alexandre-Félix Legentil :

« Un membre du conseil général de la Société de Saint-Vincent de Paul, dont nous avons à peine l'honneur d'être connu, nous manifestait une pensée toute semblable [1] qui avait été presque simultanément inspirée à plusieurs éminents personnages. Cet accord portait trop manifestement l'empreinte d'un dessein providentiel, et les vœux qui nous étaient exprimés étaient d'ailleurs trop conformes au but de notre Œuvre pour qu'il nous fût possible de les repousser. Nous nous empressons donc de les accueillir et de les transmettre à nos associés. À eux de consulter leur zèle, et d'assurer par leur énergique coopération le succès de cette pacifique mais bien salutaire croisade.

« L'acte que nous leur proposons a un double but : nous dégager par notre protestation des iniquités qui nous ont rendus dignes des fléaux du ciel, et obtenir par un vœu les miséricordes du Cœur du Jésus à l'égard de la France, afin que notre patrie délivrée intervienne efficacement en faveur du Saint-Père. Ce vœu aurait pour objet l'érection à Paris, avec l'approbation de l'autorité ecclésiastique, d'une église dédiée au sacré Cœur de Jésus, sous le patronage de saint Pierre, si Rome recouvrait son indépendance et si la France était délivrée de ses ennemis. Chacun des signataires de la protestation s'engagerait à contribuer à l'érection de ce monument dans la mesure qu'il fixerait lui-même, et pour faciliter l'exécution de cet engagement, les personnes qui se chargeraient de recueillir les signatures, voudraient bien également, lorsque les jours de paix auraient lui de nouveau sur nous, se charger de recueillir les dons qui leur seraient alors offerts. »

La marque propre du P. Ramière apparaît dans les trois rapprochements qu'il opère : le premier entre le passé de la dévotion au Cœur de Jésus (par les références du P. de Boylesve) et la démarche actuelle du vœu ; le deuxième entre la cause du pape et celle de la France ; le troisième, entre la protestation et le vœu. Il voit grand. Il embrasse les choses de haut. Il unifie. Sa vision est globale. Il n'oublie d'ailleurs pas les autres nations :

« En Angleterre, bien qu'il n'y ait guère plus de deux millions de catholiques, on a obtenu, en quelques jours, cinq cent mille signatures pour une protestation semblable à celle-ci. Combien plus n'en obtiendrons-nous pas en France, si nos associés prennent à cœur cette œuvre ? Quel puissant secours n'apporterons-nous pas à notre

1. Pas si semblable que cela, mais le P. Ramière voit large.

malheureuse patrie ? Et quelle douce consolation ne procurerons-nous pas au Saint-Père, au milieu des amertumes dont son cœur est inondé ? »

Le P. Ramière est un organisateur. Il sait voir et prodiguer les conseils pratiques hors desquels les plus belles idées ne sont que du vent. Mais c'est peut-être là qu'il risque de s'affronter avec Alexandre-Félix Legentil, car il se fait ainsi le centre concret de l'entreprise.

« *N. B.* Les chrétiens zélés qui voudront bien se faire les promoteurs de cette œuvre sont invités à faire copier, du moins en abrégé, la formule suivante sur des feuilles de papier d'une grandeur double du format ordinaire de papier à lettre, et de faire mettre à la suite les signatures, en multipliant, autant que besoin serait, le nombre de feuilles. Nous pourrons en fournir gratuitement nous-mêmes des exemplaires imprimés à toutes les personnes qui nous en feront la demande.

« Chacun des zélateurs garderait par devers lui ces feuilles, et voudrait bien nous faire connaître, avant le 15 du mois prochain, le nombre de signatures qu'il aurait recueilli.

« Nous ajouterons que le mot de vœu ou de promesse que nous avons employé ne doit effrayer personne ; la portée de ce mot et l'obligation de conscience qui pourrait en résulter, dépendront absolument du sens et de l'intention de chaque signataire. »

Cet appel est beaucoup trop long pour qu'il soit vraiment entendu. Il faut le résumer. La plume alerte du P. Ramière produit une formulation qu'il juge encore, il en a bien conscience, trop développée. Il invite à la faire copier, « du moins en abrégé » (incitation dont profitera largement un Alexandre Legentil).

« Protestation et vœu des catholiques français

« Au moment où, dans l'Europe chrétienne, la force brutale écrase impunément les droits les plus sacrés ;

« Au moment où le patrimoine donné à l'Église par les anciens rois francs est sacrilègement envahi, où la capitale de la chrétienté est prise de force, où le chef de l'Église est privé de la liberté indispensable pour remplir sa charge, et où la liberté de tous les catholiques de l'univers est opprimée, avec l'indépendance de leur suprême pasteur ;

« Au moment enfin, où, contrairement à la volonté de la France, très clairement exprimée à plusieurs reprises par ses représentants, le chargé d'affaires de la République s'est cru autorisé à féliciter le gouvernement qui a triomphé de l'auguste faiblesse du vicaire de Jésus-Christ et des résistances de ses fidèles sujets [1] :

« Les catholiques français ne peuvent attendre plus longtemps pour joindre leur voix à celle de tous les autres peuples catholiques de l'univers, et manifester hautement, à la face du ciel et de la terre, la profonde indignation qu'ils éprouvent à la vue de ces attentats.

1. Le P. Ramière semble plus ulcéré de ces félicitations que du départ des troupes françaises.

« Nous protestons donc au nom de la justice outragée dans sa plus sainte personnification [1] ; au nom du droit le plus légitime dans son origine, le plus vénérable par son antiquité, le mieux justifié par les bienfaits, le plus authentiquement sanctionné par les engagements des gouvernements et les suffrages des peuples.

« Nous protestons au nom de la France, notre malheureuse patrie, qui, victime de la violence, n'aurait plus le droit d'en appeler au jugement du monde et de la postérité, si elle connivait à une violence plus gratuite et plus sacrilège que celle dont elle souffre.

« Nous protestons au nom de la paix de l'Europe, qui n'a plus aucune garantie, du moment où, sans provocation, sans motif, sans prétexte aucun, un État est autorisé à se prévaloir de la supériorité de sa force pour envahir un autre État.

« Nous protestons au nom de la civilisation chrétienne, qui fait place à la barbarie dès que le droit de la force se substitue sans résistance à la force du droit.

« Nous protestons, enfin, au nom de la liberté de notre conscience, qui nous est mille fois plus chère que la vie. Nous déclarons que nous sommes résolus d'user de tout notre pouvoir pour obtenir la pleine indépendance du guide suprême de nos âmes. Nous ne voulons pas que la parole de Dieu soit liée ; que la bouche chargée de nous manifester les pensées de Jésus-Christ soit exposée à être bâillonnée par un pouvoir humain. Rome, ornée de ses monuments construits par la papauté avec les offrandes de la chrétienté tout entière, est la propriété de tous les catholiques, et nous en réclamons la restitution. Nous la réclamons hautement à ses injustes envahisseurs ; nous la demandons instamment au Dieu infiniment juste ; et en vertu de la part de souveraineté que nous confère la forme présente du gouvernement de la France, nous la demandons également à ceux qui se reconnaissent eux-mêmes comme mandataires.

« Et afin de réparer les outrages faits à saint Pierre dans la personne de son successeur, afin d'obtenir, par une intervention miséricordieuse du Cœur de Jésus, le pardon de nos crimes et les secours extraordinaires qui seuls peuvent délivrer Rome de sa captivité, et faire cesser les malheurs de la France, nous promettons, lorsque ces deux grâces nous aurons été accordées, de contribuer, selon nos moyens, à l'érection d'une église consacré au Cœur de Jésus sous l'invocation du prince des apôtres » [2].

Les analyses politiques obligatoirement contingentes du P. Ramière transpirent à chaque paragraphe. La diatribe anti-prussienne est forte. L'engagement sur les conditions matérielles de survie du Saint-Siège va sans doute plus loin que ce qu'en dirait Pie IX lui-même. Le lieu d'érection de l'église n'est plus mentionné. Est-ce un oubli ou la porte ouverte à d'autres possibilités que Paris ?

1. Il s'agit du pape.
2. Cela aurait donné une église Saint-Pierre du Sacré-Cœur comme il y a un pèlerinage à Notre-Dame du Sacré-Cœur.

En note à cette protestation passionnée, le P. Ramière ajoutait :

« Cet article achevé allait être mis sous presse lorsque *l'Univers*, de Nantes, dans son numéro du 13 décembre 1870, a publié une lettre de M. Ad. Baudon, président général des Conférences de Saint-Vincent de Paul, qui émet lui-même l'idée que nous venons d'exposer. Nous sommes heureux de voir l'honorable président des conférences appuyer ce projet de sa puissante recommandation ; les associés de l'apostolat de la Prière qui sont en même temps membres de la Société de Saint-Vincent de Paul trouveront dans leur double titre un double motif de promouvoir avec zèle sa réalisation. »

Cette lettre d'Adolphe Baudon du 5 décembre à *l'Univers* a dû conforter le P. Ramière dans son adoption du vœu de A. Legentil. Une idée à saisir puisqu'on proposait à Louis Veuillot lui-même et à ses collaborateurs de la prendre à cœur. Qu'advint-il cependant après la rédaction de ces pages magistrales ?

## E. Action de A. Legentil et H. Rohault de Fleury du 10 décembre 1870 au 8 janvier 1871

Alexandre Legentil ne semble pas avoir eu connaissance du texte du père jésuite avant les premiers jours de janvier. Deux de ses lettres inédites à son beau-frère Joseph Marcotte, toujours enfermé dans Paris, et datées respectivement des 20 et 26 décembre, permettent de mieux discerner quelles furent ses réactions à l'initiative du P. Ramière. On peut serrer la chronologie des faits. Les lettres en question ne font aucune allusion aux transformations imposées au Vœu par le religieux. Ce qui restait, dans l'esprit du confrère de Saint-Vincent de Paul, une simple demande de propagande était devenue dans celui de son correspondant une véritable annexion. Legentil n'en prendra connaissance qu'au tournant de l'année [1].

Mais que fait Alexandre-Félix Legentil entre le 10 décembre, jour où il écrit au P. Ramière et le début janvier où il dut s'apercevoir des modifications ? Il poursuit en fait sa tâche de propagandiste, tout en se débattant avec des problèmes de santé et des difficultés matérielles [2]. Le 20 décembre, il écrit à son beau-frère :

1. A. Legentil, *Rapport*..., 1872, p. 2.

2. Marie Legentil, Poitiers, le 25 décembre 1870 à Joseph Marcotte. « Je viens de faire l'addition d'une semaine. Elle monte à 269 f. tout compris. Il est vrai, sauf le loyer. Il faut partager cela en 17 têtes. « Mon pauvre mari est toujours aussi maigre et bien pâle. Il est redevenu bien sourd. Il a de l'eczéma dans les oreilles. Nous voyons le médecin des Bain, mais il faudrait pour le porter plus de tranquillité d'esprit. »

« Voici une idée que je vous confie et que je vous prie de répandre parmi les âmes pieuses que vous rencontrerez. On voudrait faire le vœu, pour obtenir la délivrance de Paris, d'y bâtir une Église ! Je voudrais que cette église fût dédiée au Sacré Cœur : je vois plus loin, ceci est un vœu qui m'est personnel, je voudrais qu'on employât à cet usage le nouvel Opéra, c'est-à-dire son emplacement et ses matériaux. Ce serait une amende honorable pour le scandale et l'extravagance de son érection. Parlez de cela à toutes les âmes pieuses que vous rencontrerez.

« *P. S.* Nous prions tous les jours pour vous et, si ma vie valait quelque chose, je l'offrirais bien en échange de la vôtre » [1].

À travers une telle lettre, on voit bien que le projet reste perçu comme éminemment parisien, encore que la façon de le présenter soit particulièrement influencée par le destinataire ; non que le salut de la France ne soit envisagé à une certaine étape de ses réflexions, mais le salut de la patrie passe d'abord et avant tout par celui de la capitale. Quelques jours plus tard, n'étant pas très sûr que son beau-frère ait pu recevoir sa lettre, A. Legentil la répète avec quelques modifications :

« M. Baudon m'a écrit qu'il proposait qu'on fît le vœu de bâtir une église à Paris pour en obtenir la délivrance. Je lui ai écrit que j'y adhérais et que je désirais que cette église fût dédiée au Sacré Cœur. J'allais plus loin : je voudrais que le nouvel Opéra, ce monstrueux monument d'extravagance, d'indécence et de mauvais goût, fût détruit et que son emplacement et ses beaux matériaux servissent à cette fondation. J'en ai écrit à diverses personnes, qui accueillent cette idée. Georges R. [Rohault de Fleury] pense même qu'on pourra transformer l'édifice en l'utilisant sans le détruire. Voyez Mme Didier et parlez-lui de ce projet. Elle pourrait même en parler à son nouveau curé, M. Gayrard, l'ancien curé de Saint-Vincent de Paul. L'église Saint-Louis d'Antin, qui est fort insuffisante, pourrait être transférée là ; cela remplacerait Saint-André. Mais ce que je voudrais surtout, ce serait la formation du vœu de bâtir une église et sa dédicace au Sacré Cœur. Je prie Mme Didier de recevoir mes compliments pour M. Didier et pour elle, et de les transmettre à M. Gayrard » [2].

Mais A. -F. Legentil ne se contente pas de joindre ses proches. Il écrit à ses relations, y compris à l'étranger s'il le faut [3]. Pourtant il n'utilise pas encore la filière officielle des Conférences [4]. C'est l'habitude des confrères de Saint-Vincent de Paul de ne pas mélanger les œuvres. Cela ne l'empêche par d'écrire à Léon

1. Alexandre Legentil, Poitiers, 11, rue Boncenne, le 20 décembre 1870 à Joseph Marcotte, Paris, 13, rue Saint-Lazare. Archives de M. -L. Chavane.

2. Lettre d'Alexandre Legentil, Poitiers, le 26 décembre 1870 à Joseph Marcotte, Paris. Arch. M. -L. Chavane.

3. Voir la lettre de F. Aubret, en date du 19 juillet 1889, à Michel Cornudet assurant que, réfugié à Bruxelles, il eut connaissance du Vœu dès la fin de l'année 1870. Arch. M. -L. Chavane.

4. Par exemple, le compte rendu de la retraite des Confrères du 8 au 11 décembre, publié en juin 1871 dans le *BSVP*, ne fait pas mention du vœu.

Cornudet, à titre personnel en quelque sorte, une lettre en date du 30 décembre 1870 où il semble lui rendre compte de la situation et faire le point[1]. Il s'agit bien d'une église liée à la délivrance et au salut de la patrie. L'apport que Legentil se reconnaît concerne l'Opéra et la prise à cœur de la diffusion. La polémique anti-prussienne y est forte. Quant à H. Rohault de Fleury, il propage lui aussi l'idée du Vœu auprès de ses connaissances. Une réponse de son père du 23 décembre en fait foi[2].

## F. Relations entre A. Legentil et le P. Ramière dans les premiers jours de janvier 1871

Une rencontre semble avoir eu lieu à Poitiers entre le P. Ramière et A. -F. Legentil[3]. Chacun y aurait manifesté la volonté de s'adresser au Cœur de Jésus pour remédier aux difficultés de l'heure. Mais les accents sur les besoins sont mis différemment. De toute façon, les renseignements sur cette rencontre sont infimes et bien postérieurs et l'essentiel désormais se joue sur les textes imprimés et la propagande. Dans une lettre du 6 janvier 1871, A. Baudon fait allusion à deux lettres de A. -F. Legentil en date des 1er et 2 janvier. Elles montrent que ce dernier a vraiment fait sien le projet de fonder « une église votive à Paris sous le vocable du Sacré Cœur » :

> « Comme vous, j'ai reçu en ordre inverse de leur date et l'une après l'autre vos deux lettres du 1er et du 2 janvier. Je m'empresse d'y répondre ». [Suivent des nouvelles familiales, puis :] « Je vois avec plaisir, écrit Adolphe Baudon, que nous sommes d'accord pour l'église votive à bâtir à Paris. Je pense que le vocable du Sacré Cœur serait le meilleur, et que, sans soulever la question de l'emplacement, il faudrait recueillir des adhésions. Nous sommes, il est vrai, bien dispersés, cela complique, paralyse, mais enfin on peut toujours commencer. Puis on est tenu d'essayer et non pas de réussir. Georges Rohault de Fleury m'offre de m'envoyer un plan. Cela me semble un peu prématuré, mais un croquis (car il ne peut s'agir que d'un avant-projet) ne fait pas mal, s'il est bien réussi, pour attirer les adhésions »[4].

À cette lettre du 6 janvier, Adolphe Baudon joint le texte d'une prière pour la France qu'il a composée lui-même. C'est l'amende honorable dont il

1. Voir Léon (III) Cornudet, *Vie*..., 1910, p. 368.
2. Voir A. Derumaux, « Origines... », 1953, n° 194, p. 23.
3. Voir A. Legentil, *Rapport*..., 1872, p. 5 ; H. de Fleury, *Souvenirs*... 1890, p. 3. A. Derumaux, « Origines... », 1953, n° 193, p. 27.
4. Adolphe Baudon, Noyant, 6 janvier 1871, à Alexandre Legentil, Poitiers. ASCM.

a été question au chapitre 4, et qui s'inspire d'une méditation de Mgr Pie. Il fait mention aussi d'un imprimé comportant une prière à sainte Geneviève. Mais il n'est pas fait allusion à une formule imprimée du vœu, ni à une rencontre avec le P. Ramière. Même chose dans une lettre du 7 janvier envoyée par Alexandre Legentil, en trois exemplaires et par des moyens distincts, à son beau-frère toujours enfermé dans Paris. Il semble que les choses se soient nouer vers le 8 janvier. À cette date, Alexandre Legentil est en possession de la protestation et du vœu du P. Ramière et sent que l'entreprise risque de lui échapper. Il rédige alors une formule qu'il soumet à Mgr Pie le 9 ou le 10 janvier[1]. Legentil la fait imprimer et la diffuse immédiatement et abondamment. Il l'envoie aussi bien au P. Ramière qu'à Adolphe Baudon. À ce dernier, dans une lettre accompagnée du tract en question et datée du 12 janvier, Alexandre Legentil écrit :

> « En présence de la rédaction du P. Ramière, rédaction que je n'approuve pas, comme vous le savez, je n'ai pas cru devoir rédiger mon vœu dans un sens absolument différent. Le *Messager du Cœur de Jésus* est répandu. Bien qu'il ne soit pas toujours très sage, il m'eût semblé peu prudent de faire absolument bande à part, tandis qu'en formulant un vœu qui se rapproche du sien, les résultats obtenus des deux parts pourront être employés au même but »[2].

À la lecture du texte du P. Ramière, Alexandre-Félix Legentil a dû se sentir dérouté. Alors qu'il demandait la diffusion de ce qui était devenu « son » vœu, le voici confronté à une quasi nouvelle proposition ; il va en tenir compte pour faire front commun et mettre toutes les chances de son côté afin que l'entreprise réussisse. Mais il ne peut s'empêcher de prendre ses distances et de le laisser entendre dans une lettre datable du 12 janvier au directeur du *Messager du Cœur de Jésus* :

> « Je vous envoie avec les signatures de ceux qui m'entourent la protestation que vous avez voulu m'envoyer[3]. Vous engagiez les personnes qui la recevaient à la multiplier, même en l'abrégeant. C'est ce que je me suis permis de faire. Je reconnais que j'ai poussé plus loin la hardiesse, en appuyant davantage dans ma rédaction sur les malheurs de la France et en spécifiant le lieu où je désire que l'église en question soit élevée. Mais, au fond, mon vœu est le même que le vôtre. J'ai soumis ma rédaction à Mgr de Poitiers qui en a approuvé les termes, mais n'a voulu me donner qu'une approbation verbale, ne voulant pas, m'a-t-il dit, empiéter sur les droits de Mgr de Paris, alors qu'il s'agit d'ériger une église dans le diocèse de Paris. J'y attache pourtant de l'importance, parce qu'il

1. Voir chap. 3 et A. Derumaux, « Origines... », 1953, n° 194, p. 25.
2. Lettre de A. Legentil, du 12 janvier, Poitiers, à Adolphe Baudon qui en accuse réception le 16. Voir M. Bony, « Notice... », *BVN*, 1895, p. 720, et dans *HSC*, t. III, p. 200.
3. Là s'arrêtera sa collaboration à l'œuvre du P. Ramière puisque, dès le 20 janvier, il se vante auprès de Baudon d'avoir signé la dite protestation « sans la propager ». ASCM.

faut que la réparation soit faite là où le scandale a été le plus éclatant et je ne perds pas de vue mon idée de transformation du nouvel Opéra, idée fort réalisable, et qui sera peut-être d'autant plus facile à réaliser que ce coûteux édifice ne pourra pas être terminé, à cause des frais immenses qu'exigerait son achèvement... Eh bien, l'Opéra nouveau devait servir à la fastueuse et niaise vanité du maître, aux puissances sensuelles de quelques privilégiés de la fortune : je voudrais qu'il servît aux besoins les plus nobles et les plus relevés de tout un peuple. Il était odieux au peuple de Paris, je voudrais qu'il lui devînt cher, en satisfaisant les besoins les plus nobles et les plus relevés. J'ai craint en faisant ma rédaction de vous faire quelque peine. Mgr Pie a bien voulu me rassurer et me dire qu'il était ma caution auprès de vous. J'ose croire que vous ne le démentirez pas. Je voudrais bien et je devrais, s'il était possible, sonder ou faire sonder à Paris Mgr l'Archevêque. Mais comment lui écrire ? Je me suis décidé à prendre l'initiative parce que personne ne la prenait, surtout que le mal devient immense et que sans la miséricorde de Dieu, il est irréparable ! Je n'ai pas trouvé d'autre moyen de le faire que de rédiger moi-même la petite feuille jointe. Mais je ne veux faire ni opposition, ni rivalité envers personne et je ne désire en tout cela qu'appeler la miséricorde de Dieu sur notre malheureux pays, propager la dévotion au Sacré-Cœur de Notre-Seigneur et puis, être oublié » [1].

À cela, indirectement, le P. Ramière répond en rédigeant le 15 janvier l'éditorial qui paraîtra le 1er février dans *Le Messager* :

> « Nous ne sommes, surtout en France, qu'à l'origine du mouvement ; nos malheurs nous préoccupent trop pour que nous ayons pu mettre à la délivrance du Père de nos âmes l'attention et le zèle que nous y consacrerions dans des temps plus heureux. Cette préoccupation n'est, hélas ! que trop fondée. Cependant, ne l'oublions pas : de même que l'abandon de Rome a été une des sources principales de nos malheurs, le motif principal de notre espoir est dans la connexion de notre cause avec celle de la papauté. En unissant, comme nous l'avons fait dans notre vœu, la délivrance de Rome avec celle de Paris, nous nous sommes donné à nous-mêmes une garantie de succès bien plus solide que si nous eussions songé uniquement à notre capitale » [2].

Dès lors le P. Ramière aussi prend ses distances avec l'entreprise de Legentil. Il attendra le mois de juillet 1871 pour donner l'adresse du secrétariat de l'Œuvre du Vœu.

## G. Formule imprimée du vœu d'Alexandre-Félix Legentil

Somme toute, il a fallu un bon mois à A. Legentil depuis le tout début de décembre jusque vers la fin de la première semaine de janvier, pour en ar-

1. Alexandre-Félix Legentil, Poitiers, sans date, au P. Ramière dans A. Derumaux, « Origines... », 1953, n° 195, p. 31.
2. H. Ramière, « Protestation... », dans *MCJ*, t. XIX, février 1871, p. 116-119. Texte en date du 15 janvier 1871.

river vraiment à formuler la promesse à Dieu d'une église ; la décision d'en faire « son » affaire se situant plutôt vers la fin de décembre, tandis que la rédaction et l'impression du texte remontent probablement au 10 janvier environ. Mais quelle est cette formule du vœu ?

« N°... [1]

VŒU
AU
SACRE CŒUR DE JÉSUS
pour obtenir la délivrance
DU SOUVERAIN PONTIFE
et
CELLE DE LA FRANCE

« En présence des malheurs qui désolent la France, et des malheurs plus grands peut-être qui la menacent encore ;

« En présence des attentats sacrilèges commis à Rome contre les droits de l'Église et du Saint-Siège et contre la personne sacrée du vicaire de Jésus-Christ ;

« Tout en reconnaissant que notre malheureuse patrie a mérité les châtiments de Dieu par les scandales dont elle a été le théâtre, par les encouragements qu'elle a donnés à l'esprit révolutionnaire dans le monde et en particulier par le coupable abandon de la cause du souverain pontife et de l'Église, abandon qu'elle n'a que trop facilement accepté ;

« Nous protestons, au nom de la justice outragée, au nom de la France, au nom de la paix de l'Europe, au nom de la civilisation chrétienne, au nom de la liberté de nos consciences, d'abord contre la violence et la fourberie qui veulent anéantir le pouvoir le plus légitime, le plus vénérable, le plus bienfaisant, le plus authentiquement reconnu de tous les pouvoirs de la terre, en privant le souverain pontife de son pouvoir temporel, de la liberté même de sa personne, et en portant atteinte par là au libre exercice de son autorité spirituelle.

« Nous ne pouvons méconnaître qu'en ce moment les violations du droit des gens que nous réprouvons à Rome se commettent sur le territoire français, accompagnées de cruautés, de sacrilèges, de rapines et d'exactions sans nombre que les besoins des opérations militaires ne réclament pas et que les lois de la guerre reconnues entre peuples civilisés réprouvent.

« Nous ne pouvons oublier que ces infamies sont commises ou ordonnées par le chef véritable de l'hérésie protestante dans le monde, et que le même souverain qui poursuit avec fureur l'anéantissement de la France a eu une part visible et odieuse aux derniers méfaits dont le souverain pontife a été victime.

1. A. Legentil numérota ses premiers tracts, mais il a vite cessé de le faire.

« Nous dénonçons au monde civilisé tous ces attentats ; nous en appelons au tribunal du Dieu des armées, des crimes commis contre l'Église et contre notre patrie, unissant dans notre cœur deux causes qui n'auraient jamais dû être séparées.

« Et, pour faire amende honorable de nos péchés, pour en recevoir le pardon par l'intervention miséricordieuse du Sacré-Cœur de Notre-Seigneur Jésus-Christ et obtenir, par la même intervention, les secours extraordinaires qui seuls peuvent délivrer le Souverain Pontife de sa captivité, faire cesser les malheurs de la France, et amener en particulier la délivrance de la ville de Paris, nous promettons, lorsque ces grâces nous auront été accordées, de contribuer, selon nos moyens, à l'érection à Paris d'une église consacrée au Sacré-Cœur de Jésus, érection qui sera demandée à l'autorité ecclésiastique compétente » [1].

## H. Comparaison des textes du P. Ramière et de Legentil

À propos des titres, on remarque tout de suite la disparition du mot « protestation », mais aussi la substitution de l'expression de délivrance du souverain pontife à celle de délivrance de Rome. A. Legentil n'exclut pas ainsi que le pape puisse être libre sans que Rome soit pour autant libérée des Piémontais. Dans les considérants, là où le P. Ramière évoque par trois fois le problème de Rome et d'elle seule, A. Legentil évoque successivement : la situation de la France, puis celle du souverain pontife. Son texte est certes original, descriptif, voire prophétique en ce qui concerne la France, mais quand il en vient à parler du pape, il fait subir aux propositions du P. Ramière une triple modification.

Tout d'abord, il laisse de côté maintes remarques du père jésuite : par exemple celle qui dénonce l'oppression des catholiques en la personne du pape ou encore celle qui vise le comportement du chargé d'affaires français. Ensuite, A. Legentil ramasse en une seule phrase les méfaits commis à l'égard du pape : l'atteinte à ses droits et les attentats sacrilèges. Enfin, sa protestation fait directement référence à la liberté du souverain pontife, condition indispensable à l'exercice de son ministère. La protestation du P. Ramière, il faut le reconnaître, correspondait fort peu au titre de son éditorial (délivrance de la France et de Rome) et restait à peu près muette sur la France, alors que le texte de Legentil est remarquablement équilibré dans ses considérants.

1. Voir A. Legentil, *Vœu*..., 1870. Sur l'imprimerie Oudin où a été imprimé le texte du Vœu, voir Claude Savart, *Les catholiques*..., 1985, p. 164.

La différence entre les textes du religieux et du laïc est nette dans l'introduction de la protestation. Quand le P. Ramière appelle les catholiques français à s'unir aux catholiques étrangers pour protester, A. Legentil invite ses compatriotes tout autant que ses coreligionnaires à un examen de conscience : les péchés de la France sont les causes de ses malheurs et de ceux du pape. Il est ici à l'unisson de l'amende honorable d'Adolphe Baudon et du mandement de Mgr Pie.

Là où le directeur du *Messager* propose cinq paragraphes de protestations en faveur du pape, A. Legentil les résume en un seul en retenant leurs premiers mots (au nom de la justice outragée, de la France, de la paix en Europe, de la civilisation chrétienne, de la liberté de conscience) et se réclame de « l'indispensable liberté du pape », notion rescapée du texte de P. Ramière. À nouveau A. Legentil montre son originalité en rédigeant de son cru trois paragraphes en faveur de la France où il s'en prend très vivement à Guillaume Ier. Sa façon de parler du futur empereur d'Allemagne comme du « chef véritable de l'hérésie protestante dans le monde » exprime sa vision religieuse de l'histoire européenne. Il connaît et aime les Allemands catholiques et regrettent que l'unité de leur peuple se fasse au profit du protestantisme, mauvaise réponse selon lui aux problèmes de la modernité.

Finalement, là où le P. Ramière propose comme résolution de « réparer les outrages faits au pape », A. Legentil parle de « faire amende honorable de nos péchés ». À la délivrance du pape et de la France, il joint celle de Paris, spécifiant ainsi le lieu de construction de l'église du Vœu et supprime l'invocation au prince des apôtres. Il reproduit par ailleurs mot à mot les autres phrases.

On a vu qu'avant qu'il n'ait entre les mains le texte du P. Ramière, A. Legentil avait déjà l'idée d'une amende honorable pour les péchés de la France symbolisés par l'Opéra et d'un vœu au Cœur de Jésus, amende honorable et vœu traduits dans la pierre par la construction d'une église à Paris. Ses échanges avec le jésuite toulousain ne lui font rien modifier sur ces points et il enrichit seulement son texte d'une référence importante au pape.

## *III. CRITIQUES, MODIFICATIONS ET APPROBATIONS DU VŒU (JANVIER 1871-JUILLET 1871)*

### A. Critiques par A. Baudon et nouvelle formule mort-née

Rédigé le 8 ou 9 janvier, soumis à Mgr Pie le 9 ou 10, imprimé le 11 ou 12, envoyé au P. Ramière et à Baudon le 12 janvier, le texte d'A. Legentil n'eut point l'heur de convenir à ce dernier. Dans une longue lettre du 16, le président des Conférences souligne :

« L'inconvénient à joindre deux choses aussi disparates et même trois, que le vœu pour l'église du Sacré-Cœur pour le cas où Paris serait délivré, la protestation contre la dépossession du souverain pontife, et les barbaries prussiennes. Tout cela est parfaitement vrai en soi, mais se gêne à mon sens d'être côte à côte. Sans parler de gens, et ils sont nombreux, qui n'aiment pas se compromettre vis-à-vis de personne, même vis-à-vis des Prussiens qui sont sur leur lisière. Comment faire signer pareille prière par des enfants, des jeunes filles, des campagnards qui ne sont pas en état de bien comprendre une foule de choses qu'ils ne connaissent pas, mais qui s'associeraient franchement à un vœu pour la délivrance de Paris ? Or, si on se passe de l'appoint des enfants, je laisse de côté les campagnards qui, en province, ne seront pas nombreux, de quels auxiliaires ne se prive-t-on pas ?

« Puis, n'est-ce pas par certaines phrases, par les idées elles-mêmes, se faire des difficultés auprès de certains journaux qui attaqueront avec fureur, tourneront en ridicule et entraveront certainement ? Pourquoi dès lors se créer des difficultés lorsqu'elles ne sont pas nécessaires et lorsqu'on en rencontrera bien assez déjà sur son chemin ? Je ne suis jamais de cet avis, et je crois, en chasseur, que bien des lièvres sont manqués, parce qu'on en veut suivre plusieurs à la fois. Pardon de la franchise de mes observations, monsieur et cher ami, mais à la réflexion elles m'ont paru fondées. Dans cet ordre d'idées, je vous proposerais, sans retirer ce qui est déjà lancé, ce qui peut convenir à certaines personnes d'élite, de rédiger un vœu *a novo* dans lequel vous diriez, vous savez le dire, qu'en présence des maux de notre pauvre France, de ceux qui accablent et qui menacent Paris, les soussignés, convaincus que l'intervention divine peut seule nous sauver, que pour l'obtenir plus sûrement il faut nous adresser au Sacré-Cœur de Jésus-Christ, source de toutes les grâces, font vœu de contribuer, par une souscription et par les démarches en leur pouvoir, à la construction à Paris d'une église au Sacré-Cœur, que, dès qu'on le pourra, ce vœu sera transmis à l'autorité diocésaine de Paris, que les souscriptions ne seront recueillies que lorsque Paris aura été délivré, et l'idée approuvée par l'autorité ecclésiastique compétente, une commission formée, etc.

« Je crois que ce serait s'assurer bien des adhésions. Pareil vœu pourrait être reproduit dans notre *Bulletin*, dès qu'il paraîtra, adressé même avant aux Conférences : car, en France, qui n'est pas intéressé au salut de Paris ? Ce qui n'empêcherait pas ceux qui voudraient de signer à part la protestation contre les États du Saint-Siège.

« En général, j'ai toujours vu qu'il était bon de séparer les choses distinctes et, ici, cela me semble nécessaire. Le P. Ramière a beaucoup de zèle ; mais je ne trouve pas son *Messager du Cœur de Jésus* toujours très prudent. Le récit du P. de Gerlache que j'ai lu est fort intéressant, mais il irait mieux à mon sens dans un journal politique, et je ne voudrais pas que notre *Bulletin* montât à ce diapason » [1].

Très docile aux vues de son président, Alexandre-Félix Legentil rédige sur le champ une autre formule de vœu.

VŒU
au
Sacré Cœur de Jésus
pour obtenir la délivrance
de la France
et spécialement
celle de la ville de Paris.

« En présence des malheurs qui désolent la France, et des malheurs plus grands peut-être qui la menacent encore ;

« En présence des désastres répétés de nos armées, de l'insuccès des efforts les plus héroïques tentés jusqu'à présent pour sauver notre patrie et amener en particulier la délivrance de la ville de Paris ;

« En présence des maux qui frappent spécialement la capitale où, dans ce moment, des enfants de toutes les parties de la France sont réunis dans une commune pensée de dévouement et de courage et de l'immense catastrophe qui résulterait pour la France entière si Paris venait à succomber ;

« Les soussignés, reconnaissant que notre malheureuse patrie a mérité les châtiments de Dieu par les scandales dont elle a été le théâtre ; que l'intervention divine, se manifestant par un acte éclatant de miséricorde, peut désormais seule la sauver ;

« Convaincus que pour obtenir cette miséricorde, il n'est pas de voie plus assurée que de s'adresser au Sacré-Cœur de Notre-Seigneur Jésus-Christ, foyer de charité et source de toutes les grâces ;

« pour faire amende honorable de nos péchés, obtenir la délivrance de notre patrie, et en particulier la délivrance de la ville de Paris ;

« font vœu de contribuer par une offrande proportionnée à leurs ressources et, s'il y a lieu, par leurs démarches personnelles, à la construction d'une église consacrée au Sacré-Cœur de Jésus, église qui sera érigée à Paris dès que les circonstances le permettront.

« Ce vœu sera transmis à l'autorité diocésaine de Paris ; les souscriptions ne seront accueillies que lorsque la capitale aura été délivrée, que l'autorité ecclésiastique aura approuvé l'entreprise et qu'un comité aura été régulièrement formé pour centraliser les fonds » [2].

1. Adolphe Baudon, Noyant, 16 janvier 1871, à Alexandre Legentil, Poitiers. ASCM.
2. Voir A. Derumaux, « Origines... » dans *Montmartre*, 1953, n° 194, p. 39-40. ASCM.

Une telle formulation renseigne sur ce qu'aurait pu être l'initiative des confrères de Saint-Vincent de Paul si elle avait été prise en dehors du P. Ramière. Alexandre Legentil envoie le texte le 20 janvier à son président, reçoit son approbation le 24 et le fait imprimer le jour même, craignant cependant de se trouver en concurrence avec le P. Ramière, alors que sa précédente rédaction était compatible avec l'appel du directeur du *Messager*. Ce deuxième texte de Legentil sort de chez l'imprimeur le 28 janvier, et tout un paquet en est expédié à A. Baudon [1]. Mais celui-ci revient, le 8 février, sur sa suggestion et adopte la première formule de A. Legentil qui s'en réjouit, car il constatait le peu de succès de la seconde [2] ou le peu d'empressement qu'on mettait à la diffuser. D'autant plus qu'entre-temps – le 28 janvier- Paris a capitulé. On n'en parlera donc plus. La première formule reste seule en piste et se répand dès lors comme une traînée de poudre (voir chapitre sur la souscription).

## B. Critiques amicales diverses

Quand un texte a le mérite d'exister, il présente aussi l'avantage de pouvoir être soumis à la critique. Les amis d'Alexandre Legentil n'ont pas manqué à la règle. Pour Charles Rohault de Fleury, la formule est « trop raide » [3]. Pour le marquis des Isnards, il faudrait bâtir l'église ailleurs qu'à Paris [4], ce qui est aussi l'avis de Léon Cornudet qui souhaite par ailleurs une formule « plus simple, plus courte, plus pieuse » [5]. Eugène de Margerie souligne la concurrence que se font les trois conditions (Paris, la France et le pape) et insiste pour que l'église soit dédiée à la Sainte Vierge, au mieux à Notre-Dame du Sacré Cœur [6]. Adolphe Baudon enfin critique le caractère conditionnel de la promesse [7]. Mais A. Legentil et H. Rohault de Fleury font la sourde oreille. Ils arguent du fait qu'on ne peut plus changer un texte désormais abondamment diffusé sans jeter le trouble dans les esprits. Comme il est accepté par l'immense majorité de leurs correspondants, qu'il a été approuvé oralement par Mgr Pie et, par écrit, par d'autres évêques, qu'Adolphe Baudon s'y est

1. Lettre du 28 janvier à A. Baudon. *HSC*, t. I, p. 62.
2. Lettre du 10 février à A. Baudon. *HSC*, t. I, p. 63.
3. Lettre du 19 janvier 1871 à Hubert, son fils. ASCM.
4. Lettre du 27 janvier 1871 à H. de Fleury. ASCM.
5. Lettre du 26 janvier 1781 à A. Legentil. ASCM.
6. Lettre du 31 janvier 1871 à A. Legentil. ASCM.
7. Lettre du 19 mars à A. Legentil. ASCM. Le refus est dans une lettre du 26 mars.

finalement rallié, que le P. Ramière ne réagit pas, ils ont la conscience tranquille et se gardent de rien vouloir changer. D'autant qu'après avoir émis quelques critiques, les amis finissent par se rallier au texte proposé, tel Eugène de Margerie[1].

## C. Critiques papales

Comme Hubert de Fleury connaît le P. Jandel (voir chap. 2), il lui écrit le 11 février pour avoir accès à Pie IX en personne. La réponse du 28 du même mois comble d'aise les promoteurs.

> « Votre bonne lettre du 11 ne m'est arrivée que samedi 25 et le lendemain j'avais l'audience du Saint-Père ! Voyez l'attention de la Providence ! Pie IX m'a dit de lui exposer l'objet de votre appel, ce que j'ai fait en peu de mots, et il a daigné accorder de grand cœur à cette œuvre réparatrice sa bénédiction.
>
> « Vous pouvez donc la faire connaître, mais en ayant soin de dire qu'elle a été accordée au vœu en lui-même, et non à vos considérants, parce que la vivacité de votre protestation contre le roi de Prusse, vivacité bien naturelle et, je crois, trop légitime en France, ne saurait être adoptée par le vicaire du Dieu de paix, qui s'est interposé, dès le principe, comme conciliateur et pacificateur. Il importe donc souverainement à sa mission de charité et à l'autorité qu'il exerce qu'elle demeure complètement dégagée de tout ce qui se ressent des violences de la guerre.
>
> « Comptez sur moi et inscrivez-moi parmi ceux qui répondent à votre appel, et tâchez que les adhésions se comptent par millions pour devenir vraiment une protestation nationale.
>
> « Je vous bénis en Notre-Seigneur, ainsi que votre beau-frère, M. Legentil, et vos efforts, et vous renouvelle l'assurance de tous mes sentiments dévoués »[2].

Il n'en fallait pas plus pour que le rédacteur du vœu consente à modifier sa formule. Si le titre et les considérants sont identiques, ce qui servait d'introduction aux protestations est simplifié et devient la conclusion des deux premiers paragraphes :

> « Nous nous humilions devant Dieu, et réunissant dans notre amour l'Église et notre patrie, nous reconnaissons que nous avons été coupables et justement châtiés. »

1. Lettre du 14 février 1871 à A. Legentil. ASCM.
2. Lettre selon *BVN*, 1895, p. 882 et *HSC*, t. 1, p. 10. Les Archives générales de l'ordre des Dominicains (AGOP) à Rome ont conservé une copie du texte du vœu envoyé par H. de Fleury.

C'est la formule définitive. Sont purement et simplement supprimées les protestations touchant au pape – elles émanaient du P. Ramière – comme celles concernant la France – apport de A. Legentil. On passe à la résolution finale, en des termes qui restent presque identiques, à l'allusion près à la délivrance de Paris, cependant :

> « Et, pour faire amende honorable de nos péchés et obtenir par l'intervention miséricordieuse du Sacré-Cœur de Notre-Seigneur Jésus-Christ, le pardon de nos fautes et les secours extraordinaires qui seuls peuvent sauver le Souverain Pontife de sa captivité et faire cesser les malheurs de la France, nous promettons, lorsque ces grâces auront été accordées, de contribuer, selon nos moyens, à l'érection à Paris d'un sanctuaire dédié au Sacré-Cœur de Jésus »[1].

Cette formule ramassée est envoyée à nouveau au P. Jandel. Le 30 mars, Hubert Rohault de Fleury annonce à son frère que Pie IX a béni la formule nouvelle du vœu en y faisant une modification mineure. Il préfère qu'on reçoive le pardon « de l'infinie miséricorde du S. C. de N. -S. J. -C. « plutôt que : « par l'intervention miséricordieuse du S. C. de N. -S. J. -C. » mettant ainsi l'accent sur le Cœur de Jésus comme source de la miséricorde et non comme intercesseur auprès de Dieu. Le vœu sous une forme aussi concise et dûment approuvé par le pape obtient encore davantage de succès.

## D. Approbation du P. Ramière

En février, le directeur de l'Apostolat de la prière parle encore de « notre vœu » pour Rome, la France et Paris (p. 116). En mars, il s'efforce toujours d'intéresser les esprits à une série de protestations groupées (p. 202). En avril, il reconnaît l'existence de deux formules, mais s'empresse de souligner que le pape bénit le vœu comme tel et non telle formule (p. 272). En mai, il publie le texte du P. Alet où le vœu de deux laïcs « qui se nommeront le moment venu » entre dans l'histoire de la dévotion au Cœur de Jésus (p. 289). En juin, il lance seul et de son propre mouvement une adresse au Saint-Père à l'occasion de son jubilé. Au 15 juillet, le cordon ombilical entre lui et les promoteurs du Vœu national est publiquement coupé, puisque dans la livraison du *Messager du Cœur de Jésus* en date du 1er août 1871 (p. 124), on peut lire les noms et les adresses des promoteurs laïcs du Vœu national et des nouvelles du Vœu national comme d'une œuvre indépendante (voir chap. 13).

1. ASCM.

La chose a dû être difficile pour l'homme entreprenant qu'est le P. Ramière. Le milieu de naissance de l'Œuvre est la Société Saint-Vincent de Paul (elle installe son secrétariat dans les locaux de cette dernière). Ce qui n'empêchera pas et permettra même au contraire une collaboration entre l'Œuvre du Vœu national et l'Apostolat de la prière. Le P. Ramière peut dès lors reprendre et poursuivre ses efforts pour la construction d'une église à Vals près du Puy en l'honneur du Cœur de Jésus priant. En décembre 1870, en ne précisant pas le lieu de construction de l'église qu'il projetait, il avait peut-être pensé faire d'une pierre deux coups. Alexandre s'en était inquiété auprès de son président qui avait défendu la pureté d'intention du P. Ramière. Désormais, les choses sont claires... pour un certain temps...[1].

Le texte quasi définitif du Vœu national est donc fixé avant la fin de l'hiver 1871 et approuvé oralement par Pie IX. Il est simple. Il ne fait appel à aucune révélation privée mais à la logique de la foi chrétienne. Malgré les contacts avec le P. Ramière, le plus prestigieux des « Pères du Midi », son style et son esprit ressembleraient plutôt finalement à ceux des « Pères de Paris » (voir chap. 3). Mais à l'origine du Vœu national se trouvent avant tout la Société Saint-Vincent de Paul et son souci de faire passer la religion et la charité (comprenant l'amour de la patrie) avant la politique (incluant des options contingentes propres à chacun)[2]. Pour Alexandre-Félix Legentil, que le plus grand nombre de Français fasse un acte de pénitence et de confiance dans l'amour du Christ, la France et l'Église s'en porteront mieux grâce à des secours divins extraordinaires.

1. Voir le chap. sur la souscription. *MCJ*, t. 20, sept. 1871, p. 181. Le sanctuaire est consacré en 1873 (*MCJ*, 1873, t. 24, p. 396).

2. Dans ces conditions, faire d'Alexandre-Félix Legentil un « propagateur de l'Apostolat de la prière » paraît bien contestable. Pierre Pierrard, *Les Laïcs*..., 1988, p. 98.

# Chapitre 8
# Mgr Guibert, le Vœu national et le lieu (1872)

Les réserves, puis la mort de Mgr Darboy ont livré à eux-mêmes les laïcs qui voulaient construire une église dans Paris pour la délivrance de la France et la liberté du pape. L'attente d'un nouvel archevêque n'a pas été longue, puisqu'en juillet 1871, Mgr Guibert était nommé. Mais il va leur falloir malgré tout six mois pour obtenir une approbation et bien plus qu'une simple bénédiction, la véritable adoption d'un projet entre-temps révisé.

## *I. MGR GUIBERT ADOPTE LE VŒU NATIONAL*

### A. L'attente

À la mi-août 1871, Alexandre-Félix Legentil, profitant de la pause de l'été qui ralentit « la propagation [du Vœu], met tous ses papiers en ordre, de manière à se trouver prêt pour l'arrivée de l'Archevêque ». Il se réjouit « de la bonne bénédiction de Mgr Guibert » qu'Hubert Rohault de Fleury vient d'obtenir en écrivant à Tours, et « compte bien en user » [1]. Mais cette arrivée se fait attendre. Adolphe Baudon qui veut présenter au plus tôt le conseil général de la Société de Saint-Vincent de Paul au nouvel archevêque sait que les bulles ne partiront de Rome que le 30 octobre ; Mgr Guibert ne peut donc être à Paris avant cette date. A. Legentil, lui, cherche à faire bande à part et demande à Hubert de Fleury « de chercher à savoir s'il n'est pas incognito et si on ne pourrait pas le voir à nous deux ? » [2].

Mais les audiences ne peuvent pas avoir lieu avant l'installation officielle, le 27 novembre ; il faut donc attendre cette date. Puis l'archevêque a besoin de « se reconnaître ». Cela reporte l'entrevue d'autant. Enfin, il va falloir « laisser passer Noël et le jour de l'An, car on ne peut parler à personne sérieusement pendant ce temps-là ». Situation peu acceptable : A. Legentil est pressé, car il craint que « d'autres aient pris les devants » pendant tout ce temps et desservent son œuvre dans l'esprit de l'archevêque.

C'est pourquoi, écrit A. Legentil,

> « il nous faudrait un collaborateur ecclésiastique actif, influent, ayant bien l'oreille de l'archevêque. Il faudrait nous le faire désigner par l'archevêque lui-même. M. Langénieux serait le plus désirable, mais tout le monde voudra de lui, et je ne sais comment m'y prendre pour le demander. Cette inertie me pèse et je ne sais par quel bout en sortir » [3].

Benoît Langénieux est curé de Saint-Augustin. Mgr Guibert en fait un de ses vicaires généraux avant de le proposer pour l'évêché de Tarbes (1873-1874) d'où il accède au siège de Reims (1874-1905) qui lui vaudra la pourpre cardinalice. Il est classé parmi les évêques conciliants de la tendance de Mgr Dupanloup ; admirateur de Mgr Pie, il souhaite malgré tout un certain « libéralisme » [4]. Le 13 décembre 1871, A. Legentil est reçu par cet ecclésiastique « si désirable ». Il est « très bien accueilli et très bien écouté ». Par ailleurs, la date de l'audience pour le conseil de la Société est le fait du président Baudon. Mais, « Monseigneur est malade et ne reçoit personne » [5]. Un second entretien entre l'abbé Langénieux et A. Legentil se passe très bien.

1. Lettres de A. Legentil à Hubert de Fleury du 13, 17 et 18 août 1871. ASCM. Surtout le récit circonstancié de H. de Fleury dans *Souvenirs 1870-1871*, 1890, p. 16 et 17. La carte reçue en réponse de sa lettre enthousiaste portait ces mots : « Bénédiction affectueuse ».
2. A. Legentil à H. de Fleury, 31 octobre. ASCM.
3. Lettre de Legentil à son beau-frère, du 24 novembre. ASCM.
4. J. Gadille, *La pensée*..., 1967, t. I, p. 125.
5. Marie Legentil à Louise de Fleury, le 13 décembre. ASCM.

## B. Mgr Guibert adopte le Vœu (hiver 1871-1872)

### 1. *La prise de contact*

Le conseil de la Société Saint-Vincent de Paul est enfin reçu par l'archevêque le 20 décembre. Le récit de l'audience est pittoresque. A. Legentil l'adresse à Hubert de Fleury alité :

« L'archevêque a été très bon et a l'air très vénérable, mais bien vieux, bien cassé. Mgr Jeancard était là, qui roupillait un peu pendant les allocutions de son chef de file ; il n'est pas jeune non plus et j'avoue que je ne vois pas sans frayeur ce pauvre diocèse de Paris tomber dans de si vieilles mains, quelque saintes qu'elles soient. Après la réception, M. Baudon me présenta à Mgr Guibert, à qui je dis un mot de notre œuvre et de vous. Il me dit alors avec empressement : « Qu'il vienne. » Je lui répondis que vous étiez malade. Je n'ai rien dit à Mgr Jeancard, n'étant pas connu de lui. Ma note à l'archevêque a été acceptée par nos collègues, il n'y manque que la signature de M. de Benque et la vôtre. Je me propose de revoir M. Langénieux pour savoir s'il vaut mieux voir Mgr Guibert en simple visite avant de lui présenter notre comité et notre note. Je crois que non, mais vous pourriez faire personnellement une visite utile à Mgr Jeancard »[1].

Le rétablissement de Hubert de Fleury met fin à cette correspondance si précieuse pour notre enquête. C'est à lui de jouer maintenant auprès de Mgr Jeancard, ami commun de sa famille et de l'archevêque afin d'obtenir l'approbation épiscopale de leur projet.

### 2. *Le grand tournant : la suppression du conditionnel*

Un tournant important est pris quand ce prélat laisse entendre que l'archevêque regrette la forme conditionnelle de la promesse. Déjà, en février 1871, il avait émis cette réserve à Léon Cornudet (chap. 3). Il proposerait d'abandonner cet aspect du Vœu et de lui substituer l'énoncé d'une simple promesse en vue du salut de la France et de la liberté du pape. La condition le gêne

« parce qu'elle pouvait devenir une source de trouble pour les consciences, vu qu'il serait bien difficile de savoir quand on serait exaucé »[2].

1. Lettre de A. Legentil à H. de Fleury, 20 décembre 1871. ASCM. Cette note manuscrite non retrouvée à ce jour a été imprimée en partie pour le XXV<sup>e</sup> anniversaire du Vœu (voir *BVN*, 1897, p. 35-40).
2. M. Bony, *Vie*..., 1893, p. 251.

Qu'à cela ne tienne, Hubert Rohault de Fleury se fait fort d'obtenir l'aval de Legentil et la promesse perd son caractère conditionnel. Dès lors, deux incises tombent: « Lorsque ces grâces nous auront été accordées » et « selon nos moyens ». H. Rohault de Fleury prétend ainsi par cette concession avoir emporté l'adhésion de l'archevêque de Paris. Par ailleurs, comme on ne peut plus demander, à proprement parler, la délivrance de la France, on emploie, dans l'intitulé du Vœu, le mot « salut »[1]. Une présentation à l'archevêque du comité a lieu avec l'abbé Langénieux dont les souvenirs connus par le P. Jonquet recoupent ceux de H. de Fleury. La note-rapport de Legentil convient à Mgr Guibert. Ce document comporte un petit historique de la première année d'existence et un long développement sur les succès de la souscription. La perspective de contribuer à un ancien projet d'église « utile » pour le diocèse n'est pas refusée *a priori*, mais laissée au jugement de l'archevêque[2].

### *3. L'approbation de Mgr Guibert*

En date du 18 janvier 1872, le nouvel archevêque de Paris écrit une lettre aux membres du Comité qui vient de se former (voir chap. 12), lettre qui est l'acte d'adoption par « l'autorité compétente » de l'Œuvre du Vœu national[3]. Le tableau que brosse Mgr Guibert de la France de 1872 est à l'unisson des analyses de A. Legentil pour se conclure ainsi:

> « La terre de France a retracé l'effrayante image de ce lieu où nul ordre n'habite, tandis que l'avenir s'offre encore à elle avec de nouvelles terreurs en perspective. »

Et de féliciter les initiateurs de leur intention de faire amende honorable et construire un monument d'expiation et de préservation dont le lieu sera choisi avec eux. « Rien n'est plus chrétien ni plus patriotique qu'un tel vœu. » Il n'oublie pas le pape et fait mention de ses malheurs. L'église sera bien un monument d'expiation, de protection et de protestation. Or, chacun de ces aspects est important pour aider au choix du site. Mgr Guibert écrit:

> « Je m'entendrai avec vous, Messieurs, pour choisir l'emplacement où pourra se faire avec le plus d'utilité cette construction. »

L'expiation des fautes passées ne doit pas faire oublier l'utilité présente d'une telle église. Ce qui, en sous-entendu, exclut du débat le centre de Paris

1. Le plus ancien exemplaire consulté où il en est ainsi (promesse non conditionnelle et salut de la France) est dans P. Monsabré, *Discours*..., 1872, p. 35.
2. H. de Fleury, *Souvenirs*..., 1890, p. 6 et E. Jonquet, *Montmartre*..., 1892, p. 165.
3. P. Monsabré, *Discours*..., 1872, dernière page. *BVN*, décembre 1873, p. 11.

où ne manquent pas les églises. En particulier, on ne chercha jamais à tirer parti de l'emplacement de l'ancien ministère des Finances incendié lors de la Commune. En fait, les quartiers nouveaux annexés sous le second Empire au vieux Paris paraissent les seuls à pouvoir bénéficier d'une telle construction. Mais cela ne veut pas dire qu'il s'agisse d'une paroisse. En effet :

> « Le sanctuaire dont il s'agit sera un lieu de pèlerinage, fréquenté par un nombreux concours d'adorateurs, et deviendra, dans l'enceinte de la capitale, une sorte de paratonnerre sacré, qui la préservera des coups de la justice divine. »

Depuis une dizaine d'années, au moins, on pouvait observer en France un véritable renouveau des pèlerinages. La congrégation des Oblats de Marie Immaculée à laquelle appartient Mgr Guibert s'était même fait une spécialité de l'animation de tels sanctuaires (voir le chap. 16). De plus, pour être « une sorte de paratonnerre », il faut être haut placé. Les collines comprises à l'intérieur des fortifications ne sont pas si nombreuses qu'on ne puisse pas voir déjà vers quel site Mgr Guibert, quoique nouvellement arrivé dans la capitale, tourne ses regards.

> « En s'élevant comme un acte public de contrition et de réparation pour tant de péchés commis contre Dieu, ce temple sera encore parmi nous une protestation contre d'autres monuments et œuvres d'art érigés à la glorification du vice et de l'impiété ».

Il s'agit certainement d'une nouvelle allusion à l'Opéra et à la statue de Voltaire[1]. Mais en protestant ainsi contre le nouvel Opéra, on réglait son compte à l'idée si personnelle qu'avait eue A. -F. Legentil de transformer cet édifice en église. Le bon sens de Mgr Guibert ne pouvait lui permettre d'envisager une telle opération. Après cette lettre de janvier, l'archevêque de Paris laisse les choses mûrir, et attend de voir les souscriptions affluer. Ainsi le Vœu suggéré par E. Beluze, proposé par A. Baudon, accueilli et propagé par A. Legentil dès décembre 1870, était-il un an plus tard, revu et corrigé, adopté par le nouvel archevêque de Paris.

1. Parmi ces monuments, Mgr Guibert devait penser à la statue de Voltaire. En 1878, il écrit lors du centenaire de sa mort : « L'ennemi personnel du Christ, le contempteur de la morale, l'insulteur de la patrie, l'adulateur des ennemis de la France » (selon Pierre Pierrard, *L'Église*..., 1989, p. 228).

## C. Le lancement à Notre-Dame de Paris

### *1. Une formule éphémère*

À l'occasion du lancement du Vœu par le P. Monsabré (voir chap. 2) et Mgr Guibert, le 14 avril 1872, une « notice [est] distribuée dans l'église de Notre-Dame, notice qui peut servir à remplacer la formule de vœu » [1]. L'emploi de l'adjectif « national » pour qualifier le vœu caractérise cette formule. En effet, depuis le début de l'entreprise, la dimension nationale s'affirmait dans les développements explicatifs du Vœu, mais le mot lui-même n'était pas utilisé dans son intitulé. Le recueil de documents de 1872 qui donne la formule définitive présente encore celle-ci avec un titre dépourvu de ce qualificatif [2]. Désormais, il sera constamment présent et non seulement après le vote de la loi d'utilité publique. C'est le seul apport de cette formule d'un jour dont la lecture cependant éclaire le texte définitif [3].

« ŒUVRE
du
VŒU NATIONAL AU SACRÉ CŒUR DE JÉSUS
pour obtenir
LA DÉLIVRANCE DU SOUVERAIN PONTIFE
ET LE SALUT DE LA FRANCE
ÉGLISE VOTIVE
à ériger
À JESUS-CHRIST & À SON SACRÉ CŒUR
AU NOM DE LA FRANCE

« Il n'est plus possible de méconnaître que les causes vraies de nos malheurs sont l'abandon des lois de la religion, les désordres et les scandales qui en ont été la conséquence directe, et que le remède souverain à tant de maux, c'est le repentir de nos fautes et le retour sincère à la foi de nos pères.

« L'Œuvre du Vœu national au Sacré Cœur de Jésus, qui a pris naissance au milieu de nos plus cruels revers, et qui a été établie pour obtenir du Seigneur la délivrance du souverain pontife et le salut de notre bien-aimée patrie, propose à tous ceux qui sont touchés de nos malheurs, qui en reconnaissent les causes et qui en acceptent le remède,

1. P. Monsabré, *Discours*..., 1872, p. 33.
2. P. Monsabré, *Discours*..., 1872, p. 35. Mais le P. Monsabré commente dans le corps de son discours le texte désormais reçu (p. 9).
3. Voir *BVN*, décembre 1873, p. 2.

de faire un acte solennel de foi en NOTRE-SEIGNEUR JESUS-CHRIST, d'expiation de nos iniquités, et de confiance dans le Cœur sacré du Sauveur, instrument et symbole de son amour pour les hommes.

« À cet effet, on se propose d'ériger une église votive monumentale à Paris, dans cette ville qui, à côté du spectacle des plus sublimes vertus, a donné l'exemple des plus grands crimes »[1].

L'intérêt de ce texte anonyme est de souligner le caractère pénitentiel de la démarche, et de l'expliciter : foi, expiation et confiance. La construction est envisagée uniquement comme le signe visible de cette conversion.

### 2. *La devise de l'Œuvre*

Le P. Monsabré semble avoir, en quelque sorte, fait cadeau à l'Œuvre du Vœu national d'une devise : « *Christo ejusque sacratissimo Cordi Gallia poenitens et devota*. Au Christ et à son Sacré Cœur la France pénitente et consacrée »[2]. En avril 1874[3] et dans des circonstances qui restent à déterminer, cette formule deviendra : « *Sacratissimo Cordi Christi Jesu Gallia poenitens et devota*. Au Sacré Cœur de Jésus Christ.... » Auguste Hamon dit que c'est Rome qui souhaita le changement pour éviter d'isoler le Cœur sacré de la divine personne[4].

Cette devise n'est pas seulement à comprendre par rapport au discours du P. Monsabré sur le Vœu national, si souvent cité dans ce travail, il faut aussi la replacer dans l'ensemble de l'enseignement du nouveau prédicateur de Notre-Dame. Cette année-là, il prêche sur le christianisme dans la famille et la société sous le titre : *Radicalisme contre radicalisme*. Il évoque aussi la France au pied de la croix disant son *Miserere*[5]. Ses auditeurs et lui, comme Mgr Guibert, espèrent vraiment un nouveau départ de la France fondé sur un sursaut spirituel, religieux et moral, malgré les nuages en perspective.

## D. L'approbation écrite de Pie IX

En mai 1872, le Comité désire obtenir une approbation écrite du souverain pontife, dans l'espoir, bientôt déçu, de forcer la main aux évêques

1. Suivent les approbations papales et épiscopales, les moyens de souscrire, les noms des membres du Comité.
2. P. Monsabre, *Discours*..., 1872, p. 7. La traduction de devota par « consacrée » est moins courante que celle qui recourt au mot « dévouée » (voir chap. 19).
3. *PV* du 31 mars 1874 avec effet sur la couverture du *BVN* seulement en janvier 1875.
4. Selon ***, *Le Cœur*..., 1890, p. 26 et 37 et Auguste Hamon, *Histoire*..., 1907, t. V, p. 52.
5. « Monsabré » dans *DTC*, col. 2324 et 2333.

réticents[1]. De Rome parvient un bref élogieux, daté du 31 juillet 1872, qui n'insiste pas néanmoins sur le caractère national de l'Œuvre, en réponse à une lettre du Comité.

« Tandis que les signes de la main vengeresse de Dieu se manifestent si visiblement dans les calamités qui affligent les nations et font craindre des maux encore plus grands, Nous avons appris que vous aviez formé l'excellent dessein d'élever dans votre noble et illustre cité un monument destiné à exciter l'esprit de religion et à enflammer la charité. Vous avez confiance que ce recours au ciel apaisera le Seigneur, le rendra propice et obtiendra de sa clémence la paix de l'Église et le salut de votre nation. [...] Nous désirons de plus que Dieu, touché par ce témoignage public de piété et fléchi par ce concert de prières, ramène à lui, non seulement les cœurs de vos concitoyens, mais ceux de tous les hommes, afin qu'ils marchent désormais dans ses voies, et obtiennent ainsi au plus tôt les biens qu'ils souhaitent »[2].

Ce texte marque un tournant de la vie de l'Œuvre du Vœu national : désormais, les approbations hiérarchiques sont en place, tant épiscopale que pontificale. Il aura fallu vingt mois environ pour en arriver là.

## *II. LES POSSIBILITÉS PARISIENNES D'EMPLACEMENT*

Dès la formation de son vœu, Alexandre-Félix Legentil a voulu que l'église offerte au Cœur de Jésus par les Parisiens et les autres Français soit construite à Paris. Ce qui ne fut jamais remis en question. Il préféra même être en froid avec le P. Ramière sur ce point que de changer d'avis. Pour Legentil, la capitale, depuis longtemps, était le cadre d'actes contraires à la volonté de Dieu. Elle devait être celui de la demande de pardon et d'actes de confiance dans la miséricorde divine. Si d'autres villes avait été suggérées par tel ou tel souscripteur, elles ne furent jamais retenues par les responsables. Hubert Rohault de Fleury a, même, on s'en souvient, songé un instant à se passer de l'autorisation de l'archevêque de Paris (voir chap. 3, § sur Mgr Darboy). Mais

1. Lettre de A. Baudon à A. Legentil, *HSC*, t. I, p. 71 (La date indiquée dans cet ouvrage est fausse : il s'agit de toute évidence d'août 1872 et non de 1871).

2. *BVN*, 1873, p. 20 et *HSC*, t. I, p. 47. La lettre du Comité se trouve en *HSC*, t. I, p. 44-45.

l'approbation obtenue de Mgr Guibert rendit inutile une telle éventualité. Désormais le choix de l'emplacement de l'église dans Paris sera du ressort de l'archevêque. Le 8 mai 1872, le général de Charette lors d'une réunion du Comité demande si l'emplacement du futur sanctuaire est désigné. Il se fait répondre par Léon Cornudet, président du Comité que :

> « Mgr l'archevêque ne croit pas avoir encore fait son choix et, en tout cas, ne croit pas devoir s'expliquer à ce sujet » [1].

Tout au long du printemps et de l'été de 1872, Mgr Guibert semble avoir demandé le secret sur ses démarches préparatoires tant auprès de Léon Cornudet que des deux secrétaires, A. Legentil et H. de Fleury, qu'il va charger de procéder à divers repérages. Après le rapport d'Alexandre Legentil à l'assemblée des Comités catholiques et le lancement du projet à Notre-Dame de Paris, en avril 1872, « les agissements de plusieurs de MM. les curés de Paris préoccupent le Comité » [2]. Entre autres, le curé de Chaillot, l'abbé Charles. Mais avant de rapporter ses démêlés avec le Vœu national et d'énumérer les divers emplacements qui furent alors suggérer, il n'est pas inutile de rappeler l'idée primitive de Legentil concernant l'Opéra et de présenter un projet lié au Trocadéro, celui de Jean Brunet, parce que le Trocadéro figure sur le territoire même de la paroisse de Chaillot. Laissons de côté les projets qui n'ont jamais eu d'autres partisans que ceux qui les ont émis : telle bonne paroissienne de Saint-Sulpice se contenterait de l'agrandissement de la chapelle du Sacré Cœur de cette église (voir chap. 5), une autre bonne âme, de l'embellissement d'une chapelle de Notre-Dame, telle autre imagine l'église nationale au centre géographique de la France... [3].

## A. L'Opéra

Alexandre-Félix Legentil, dès l'adoption du Vœu pour la délivrance de Paris marquait celui-ci de sa personnalité spirituelle en le dédiant au Cœur de Jésus mais aussi en envisageant de faire bâtir l'église en question à la place de l'Opéra. Il est très net sur ces deux points dans une lettre du 30 décembre 1870 à Léon Cornudet :

1. PV du 8 mai 1872. ASCM.
2. PV du 22 juin 1872. ASCM.
3. Lettre en date du 14 juin 1872 de Marie Legentil à Louise Rohault de Fleury. ASCM.

« Je vous écris à l'instigation de M. Baudon pour vous prier de recommander un vœu que plusieurs âmes pieuses ont formé afin d'obtenir de la miséricorde divine la délivrance de Paris. C'est le vœu d'ériger à Paris une église. Je suis allé plus loin et j'ai eu le bonheur de voir mon idée accueillie par toutes les âmes pieuses à qui j'en ai parlé. Je voudrais que l'on renonçât à terminer le nouvel Opéra et qu'on employât ce scandaleux monument d'extravagance, d'indécence et de mauvais goût à construire une église au Sacré Cœur de N. S. J. C. La dévotion au Sacré Cœur prend en ce moment un développement vraiment providentiel » [1].

À cette époque, il a déjà, dit-il, consulté des architectes « habiles et pieux ». Il recevra encore, début avril 1871, une lettre de Charles Rohault de Fleury avec un plan et des explications montrant comment tout cela est possible [2]. Cette idée parlante et symbolique n'aura pas de suite. A. Legentil n'en fait plus mention à partir du printemps 1871.

## B. Le projet de Jean Brunet au Trocadéro

Le 11 janvier 1872, dans l'esprit même des prières publiques ordonnées le 16 mai précédent, un député de la Seine à l'Assemblée nationale, Jean Brunet, de l'Union républicaine, proposa de traduire dans la pierre cet élan religieux [3].

« Il voulait bâtir sur cet emplacement vide du Trocadéro, dont l'aspect désert le chagrinait, ... un grand et immense temple, voué au Dieu anonyme, inconnu et caché, une sorte de sanctuaire magnifique du déisme universel » [4].

Le projet fut écarté comme trop vague et trop peu déterminé. Jean Brunet tente de soumettre à nouveau sa proposition à l'Assemblée en novembre 1872. Comme l'Œuvre du Vœu national n'a pas encore alors une dimension publique considérable, le Comité convient de la démarche suivante :

« Chacun des membres agira près des députés qu'il connaît pour leur faire savoir que l'Œuvre proposée existe déjà, qu'elle est destinée à remplir le but que cet honorable député se propose, et pour leur faire exercer leur influence auprès de leurs collègues afin de protéger notre œuvre. Même quand ces efforts ne seraient pas couronnés de succès, il en résulterait pour le Vœu national une immense publicité » [5].

1. Lettre citée par Léon III Cornudet, *Vie...*, 1910, p. 368.
2. Ces documents ont été publiés et commentés par l'auteur dans la *Revue de l'Art*, n°82 / 1988, p. 75-77.
3. *JO* du 16 juillet 1873, p. 4756.
4. H. A., *La semaine...*, 1873.
5. *PV* du 22 juin 1872 et du 21 novembre 1872. ASCM.

Autrement dit, le Comité essaie de torpiller le projet de Jean Brunet pour sauvegarder et promouvoir le sien. Jean Brunet ne le sut peut-être jamais. Il tentera à l'occasion du débat sur la loi d'utilité publique en 1873 de présenter une troisième fois son projet d'un temple chrétien universel. Il aurait aimé, dit-il alors, que ce soit l'Assemblée qui prenne l'initiative d'une telle démarche et non qu'elle réponde simplement à une demande de l'archevêque de Paris. Son contre-projet sera repoussé. Peu rancunier, Jean Brunet votera pour la loi d'édification de la basilique du Sacré-Cœur [1].

## C. L'église de ou sur Chaillot?

Selon H. de Fleury, l'abbé Charles « a dit à qui a voulu l'entendre qu'il rebâtirait sa paroisse avec [l'Œuvre du Vœu national] » [2]. Un paroissien de Chaillot, Edouard Drouyn de Lhuys [3], voulait offrir une somme considérable si le sanctuaire était érigé à Chaillot [4]. Le curé était au courant et se proposait de recueillir rien que dans sa paroisse une somme de deux millions de francs [5]. Mais s'agissait-il de rebâtir l'église paroissiale ou simplement d'édifier sur la paroisse un sanctuaire de pèlerinage? Pour le Comité, le problème est important, car la province ne donnera pas un sou pour bâtir une église dans laquelle les cérémonies de mariage et d'enterrement absorberont le monument expiatoire et le clergé desservant. Telle est l'analyse de la situation par H. Rohault de Fleury [6]. Il en est également ainsi pour l'archevêque de Paris, même si sa lettre du 18 janvier ouvrait la voie à plusieurs hypothèses. D'autant que les choses n'étaient pas claires, jusque dans la pensée des promoteurs. Pour faire accepter le projet à Mgr Darboy, ils n'avaient pas hésité à parler d'une église paroissiale. Il est vrai que le caractère parisien du Vœu était alors plus marqué. Ainsi, Alexandre Legentil écrit-il encore à Adolphe Baudon en septembre 1871 :

> « J'abonde pleinement dans l'idée de créer ou de rebâtir une paroisse. Dans l'état présent, c'est l'idée qui me paraît avoir le plus de chance de durée. Quant aux sacrifices

1. Il serait intéressant de savoir si un ecclésiastique ou un religieux était de connivence avec Jean Brunet, s'il avait contacté le curé de la paroisse sur laquelle il voulait bâtir son église ou bien s'il a lancé de lui-même son projet.
2. Lettre de H. de Fleury à A. Legentil, 31 août 1872. ASCM.
3. Ministre des Affaires étrangères sous le second Empire.
4. Selon le marquis de Vibraye. *PV* du 29 mai 1872. ASCM.
5. Louis Ress, *Le cardinal*..., 1884, p. 139.
6. Lettre du 31 août 1872 à A. Legentil. ASCM.

à demander à la ville de Paris, j'y compte peu. Mais si l'archevêque y met de la bonne volonté, si un curé actif et désireux d'avoir une belle église y travaille bien, la population de Paris, qui n'a pas été sérieusement quêtée, pourra beaucoup. Cela me fait penser à votre idée pour Chaillot. Là, on trouverait un besoin réel, un quartier riche et un curé intelligent et sympathique »[1].

La construction aurait donc pu tout simplement se faire sur le territoire de cette paroisse. Mais le passé de la colline du Trocadéro ne pouvait tenir devant celui de la butte Montmartre, ni les possibilités d'un apostolat parmi les pauvres, souhaité par Mgr Guibert. Finalement, le curé de Chaillot devait se contenter de recevoir, un an plus tard, une donation de la duchesse de Galliera, au seul profit de sa paroisse[2].

## D. À Belleville, rue Haxo ?

En juin 1872, à la demande de Mgr Guibert, Léon Cornudet, A. Legentil et H. de Fleury s'en vont visiter Belleville, et plus particulièrement l'endroit où ont été exécutés les otages de la Commune, rue Haxo, à l'est de Saint-Jean-Baptiste de Belleville et de Notre-Dame-de-la-Croix de Ménilmontant, presque sur les fortifications. Le site ne les enthousiasme guère.

« Je suis allé rue Haxo ; c'est terriblement loin. Cependant l'accès n'est pas difficile quand on connaît le chemin. Mais l'église ne serait pas vue de Paris. Le terrain n'est pas au sommet de Belleville, mais sur le versant qui s'abaisse du côté des fortifications. La flèche et le dôme s'apercevraient seuls, de Paris. Vous verrez »[3].

« J'ai rendu compte à Monseigneur de vos impressions et des miennes qui sont les mêmes au sujet... de la rue Haxo. Cet emplacement n'est vraiment pas possible. L'église la plus monumentale établie sur le terrain de la rue Haxo ne serait pas visible de Paris, et l'éloignement rendrait ce pèlerinage peu fréquenté. Il faudra faire là un monument expiatoire, lorsque les prétentions du propriétaire seront devenues raisonnables et qu'il consentira à détacher de son terrain la partie où ont eu lieu les massacres. Mais le grand et solennel monument, qui est l'objet de notre œuvre, doit dominer Paris d'une manière visible, comme Notre-Dame de Fourvière domine Lyon, comme Notre-Dame de la Garde domine Marseille. Il faut que les sens soient frappés par la réalisation de la pensée... J'ai fait rapport de tout cela à Monseigneur, qui avisera. Les objections contre le terrain de

1. A. Legentil, 13 septembre 1871 dans J. Schall, *Un disciple...*, 1897, p. 564.
2. Voir Albert Tiger, *Nouvelles de Chaillot*, mai 1988, p. 9.
3. Lettre en date du 2 juin 1872 de Léon Cornudet à Alexandre Legentil (Coll. de Vassal-Montviel selon A. Derumaux, « Origines... », 1953, n° 202, p. 16).

la rue Haxo lui paraissent très graves. Je ne crois pas qu'il se décide pour celui-là. Il m'a paru hésiter entre les deux autres... »[1].

Belleville est une des collines de Paris, mais elle ne surplombe pas Paris comme celle de Montmartre. L'exécution des otages, ces « nouveaux martyrs », comme dit A. Legentil[2] a bien sûr frappé les esprits. L'anticléricalisme qui s'est ainsi révélé a meurtri la foi fervente des promoteurs du Vœu. La plaquette éditée en 1872 à l'occasion du lancement de l'Œuvre contient en frontispice une image où le Christ avec un cœur sur la poitrine regarde l'exécution de Mgr Darboy[3]. Belleville était une terre de mission. C'est ainsi qu'un ami de l'Œuvre du Vœu national, Albert de Mun, le comprend, lorsqu'il y ouvre le 7 avril 1872 un cercle catholique d'ouvriers[4]. Dans Belleville, qui est le fief de Léon Gambetta, fief que ce dernier identifie à la France[5], ce sont, après A. de Mun, les Jésuites qui, en 1872, vont acheter le terrain et y planter une croix. En 1886, une œuvre pour les jeunes y est fondée. En 1889, un oratoire est construit là, puis une chapelle en 1898. Vers 1910, toujours sur ce terrain, on reconstitue des cellules de la Roquette avec des matériaux de démolition provenant de cette prison[6].

Quoiqu'il en soit, Mgr Guibert n'a pas voulu construire l'ex-voto national à Belleville. Cette abstention est très significative: Belleville, terre des « nouveaux martyrs » et terre de mission certes, mais aux souvenirs chrétiens inexistants et d'une situation géographique qui n'eût pas permis une bonne découverte du monument depuis le centre de la ville. Belleville, un lieu sans évidence symbolique !

## E. La vocation nationale de Montmartre

L'archevêque de Paris en choisissant le sommet de la butte Montmartre, s'accordera à de récentes suggestions. Un rédacteur de *L'Univers* du 13 décembre

1. Lettre en date du 29 juin 1872 de Léon Cornudet à Hubert Rohault de Fleury citée par André Derumaux, « Origines... », 1953, n° 202, p. 18.

2. A. Legentil, *Rapport*..., 1872, p. 3.

3. Voir P. Monsabré, *Discours*..., 1872, chap. 21 et 26.

4. Voir le texte cité par le P. Lecanuet, *L'Église*..., 1907, t. I, p. 397.

5. Ludovic Halevy, *Trois*..., 1929, p. 68.

6. Voir Marc-André Fabre, *Le massacre*..., 1945. Jacques Hillairet, *Dictionnaire*..., t. 2, p. 627. Bernard Violle, *Paris*..., 1982, t. II, p. 374 signale une saisie en 1906, une vente en 1909 et un rachat en 1930. L'Œuvre des Otages avec le P. Henri Diffiné, grand ami de la basilique de Montmartre, se développe dans l'entre-deux-guerres. Voir François Graffin, *Mystique*..., 1984.

1870, énumérant diverses pieuses suggestions lancées à cette époque, cite déjà Montmartre.

« Beaucoup tiennent à la pensée d'élever un monument à la Sainte Vierge : ce sera Notre-Dame de la Délivrance, Notre-Dame du Triomphe. Il la faudra élever sur la colline de Montmartre. D'autres laissent le titre et le lieu, et pressent pour que les fidèles s'engagent de quelques manières envers Dieu. »

De même que l'idée de « vœu national » était dans l'air (voir chap. précédent), de même l'on songeait à une utilisation religieuse et nationale de la butte. Qui précisément en parlait ? Une enquête plus approfondie s'imposerait. Ce qui est sûr, c'est que, lorsque Mgr Guibert, durant l'été et l'automne 1872 va se décider avec les autorités civiles à construire une église nationale à Montmartre, il est porté par un mouvement d'opinion qui existait depuis longtemps. Mais la butte Montmartre malgré tout est grande et des repérages précis sont nécessaires.

### *1. À mi-pente de la butte Montmartre, à l'emplacement du Martyrium ?*

Chaillot et Belleville ne conviennent pas. La montagne Sainte-Geneviève étant occupée, reste, au nord, Montmartre. Mais la butte Montmartre offre plusieurs implantations possibles. Et la première qui se présente est à mi-pente. Les principaux promoteurs du Vœu visitent donc

« le terrain où a été la crypte où les premiers martyrs Saint Denis, Saint Eleuthère, etc., ont été ensevelis et où ensuite St Ignace de Loyola a fait ses vœux. L'emplacement est rue Marie-Antoinette, au-dessus de l'asile[1]. La maison voisine, celle du charbonnier, occupe l'emplacement de la vieille crypte »[2]. L'emplacement de la rue Marie-Antoinette conviendrait aussi. L'église placée là ne dominerait pas Paris aussi bien que celle de Montmartre, mais elle se verrait de tout Paris. Le terrain est déjà fort considérable et suffirait à une église de petite dimension. Il ne devrait pas être impossible, ce me semble, d'acheter les maisons voisines qui ne me paraissent pas bien importantes »[3].

C'est sur ce terrain que l'abbé Le Rebours, du clergé de Paris, et des jésuites localisèrent en 1855 l'antique martyrium de Saint Denis. Les bâtiments de l'abbaye de Montmartre ayant été complètement détruits excepté l'église

1. La rue Marie-Antoinette devient la rue Antoinette en 1879, avant de devenir la rue Yvonne Le Tac vers 1970. Il s'agit de l'asile (impérial, puis royal, puis national) de la Providence, rue des Martyrs, fondé en 1804, par Micault de la Vieuville, tout près de la barrière des Martyrs, toujours tenu depuis par des religieuses hospitalières et géré à l'époque par un conseil indépendant de celui des hospices (Louis de Sivry, *Dictionnaire*..., 1851, c. 1133).

2. L. Cornudet à H. de Fleury, 29 juin 1872. ASCM.

3. L. Cornudet à H. de Fleury, 6 juillet 1872. ASCM.

paroissiale Saint-Pierre, il fallut superposer plusieurs plans pour arriver à le repérer[1]. Entre 1855 et 1870, les mêmes achètent une partie du terrain. Puis, en plein siège de Paris, l'abbé Le Rebours construit une chapelle provisoire avec l'aide de fusiliers marins et y célèbre la fête de sainte Geneviève[2], chapelle qui apparemment n'existe plus lors de la visite des promoteurs du Vœu national, car ils n'en font nulle mention. Elle a dû être détruite pendant la Commune. Mais ce n'est pas encore là que l'ex-voto national devait s'élever, nonobstant les souvenirs de saint Denis, du Moyen Age, de saint Ignace, du XVIIe siècle et de la Révolution[3] qui s'attachaient à cet endroit et la bonne situation géographique de ce plateau des Abbesses.

## *2. L'ex-voto lié à Saint-Pierre de Montmartre ?*

Il y a enfin et surtout le Montmartre du haut. C'est d'ailleurs à lui qu'on pense quand on dit Montmartre. Pourquoi, là-haut, sur la colline, l'église Saint-Pierre, à l'histoire prestigieuse, et son terrain qui appartient à la fabrique n'accueilleraient-ils pas un nouveau sanctuaire ?

> « L'emplacement de la vieille église de Montmartre serait merveilleux. Elle domine tout Paris ; elle serait au nord ce qu'est Sainte-Geneviève au midi. Le terrain qui est autour de l'église permettrait d'ailleurs d'ériger le plus vaste monument. Reste votre objection : ce ne serait pas une église de plus à Paris. En outre, il y aurait à traiter : 1° avec la ville qui est propriétaire de l'église ; 2) avec l'État qui l'a classée monument historique. Il serait à craindre que l'une ou l'autre nous imposassent leurs plans et leurs architectes »[4].

Il faudrait, en effet, réparer l'abside en ruines sur laquelle avait été construit en 1795 le télégraphe aérien de Claude Chappe et qui est, depuis 1866, débarrassée de cette installation. L'église se présente donc morcelée : d'une part, le chœur des Dames, désaffecté et sans clocher, d'autre part, la nef avec un clocher dans le cimetière. On aurait pu réduire cette nef à la situation de chapelle latérale et construire un vaste dôme. Mais un bâtiment neuf

1. Louis de Sivry, *Dictionnaire*..., 1851, c. 1142, donne des conseils pour retrouver l'emplacement et appelle de ses vœux une reconstruction du sanctuaire : « Espérons à cause de l'accroissement de la population de la commune de Montmartre et du besoin qui se fera sentir d'élever une chapelle pour le service des habitants du nouveau village d'Orsel, qu'il sera possible, avec le temps et un peu de bonne volonté, de relever un jour sur le lieu qu'il occupa jadis ce monument qu'accueillerait avec satisfaction la piété des fidèles. »

2. Plaquette de 1953 établie par les Auxiliatrices du Purgatoire qui, à partir de 1877, encouragées par Mgr Guibert et Mgr Richard, devinrent les gardiennes d'un sanctuaire bénit en 1887. Leur présence contribuera à rendre à la butte Montmartre, son caractère de butte sacrée de Paris (P. Lesourd, *La butte*..., 1933).

3. Le 2 février 1791, le P. de Clorivière, quelques prêtres, un clerc et un laïc, y font une première consécration à Dieu et s'associent pour ce qui allait devenir la Société du Cœur de Jésus (*Notice du pèlerinage*, 1953).

4. L. Cornudet à H. de Fleury, le 6 juillet 1872. ASCM.

fait toujours mauvais ménage avec un bâtiment ancien. Là encore, la solution n'était pas vraiment trouvée. Le chœur sera simplement restauré en 1877 et l'ensemble pratiquement reconstruit à la fin du siècle (voir chap. 14).

## *III. LA DÉCISION ET LES MOTIVATIONS DE MGR GUIBERT*

### A. Adoption de la partie est du sommet de la Butte

#### *1. Visites sur la Butte*

Le 2 août 1872, Mgr Guibert parle à H. de Fleury « du sommet de Montmartre, à côté de l'église actuelle... » Un mois plus tard, les choses semblent s'être précisées. L'archevêque a « très envie que ce soit à Montmartre ; il a senti [...] que le dôme serait une très belle chose, là. Il rêve [*sic*] le dôme de Notre-Dame des Missions du Pujet à Aix-en-Provence » [1].

Et de souligner auprès de H. de Fleury qu'il s'agira d'une église autonome desservie par des religieux. C'est sans doute au cours du mois d'août qu'il a dû monter lui-même sur la butte avec son vicaire général, l'abbé Langénieux, et avoir le coup de foudre pour le site et le point de vue sur Paris. L'abbé Langénieux racontera en 1886 :

> « Un jour, étant à ses côtés, je gravissais les pentes de Montmartre ; [...] Le cardinal méditait, pensif, sur les motifs de choisir cette montagne ; tout à coup, le soleil

1. Lettres du 2 et du 31 août 1872 de H. Rohault de Fleury à A. Legentil. ASCM. Grâce à madame de Saléon et à son fils, de la famille Rohault de Fleury, des photographies de la chapelle des Oblats à Aix ont été prises. Voir illus. La chapelle est construite par les Carmélites de 1695 à 1701. Le dôme, faute d'argent, n'aurait pas été achevé. Il en a été ainsi également à Aix du Saint-Esprit et de Saint-Jean-Baptiste-du-Faubourg, mais non pas de l'église de Lambesc dans les environs. En 1816, Mgr de Mazenod achète une grande partie du couvent (vendu à la Révolution) pour y fonder la congrégation des Missions de Provence dans laquelle entrera le jeune Aixois Hippolyte Guibert. Il faut imaginer la chapelle vers 1820, « à la tête du Cours », sans les constructions qui l'entourent. Ainsi elle devait surplomber plus ou moins le « vieux » Aix. La question de la visibilité extérieure du « dôme » reste en suspens. Il existe une thèse, J. -J. Glottin, *L'art baroque à Aix*, qui aborde cette question. Voir aussi Jean Leflon, *Eugène*..., 1957, t. II, p. 43-48.

chassant les nuages découvre Paris tout entier aux yeux émerveillés du cardinal qui n'avait jamais vu ce spectacle. Le grand cœur de notre bien-aimé pontife comprend que son choix doit se fixer sur Montmartre : c'est ici, s'écrie-t-il, c'est ici que sont les martyrs, c'est ici que le Sacré Cœur doit régner, afin d'attirer tout à lui : *Et ego si exaltatus fuero a terra, omnia traham ad meipsum*; Et moi, élevé de terre, j'attirerai tous les hommes à moi » [1].

Apercevant à sa gauche le mont Valérien, avec Saint-Pierre à sa droite (regardant donc vers l'ouest), et se tenant à peu près à la place du réservoir, Mgr Guibert aurait dit encore :

« Voici la montagne de la poudre à canon, nous lui opposerons la montagne de la bénédiction » [2].

## 2. *Visites à Jules Simon et Adolphe Thiers*

Mais Mgr Guibert ne peut ou ne veut rien décider « sans voir avant la rentrée le ministre, le préfet, le chef de division [3] », car les terrains à l'est de Saint-Pierre appartiennent à la Ville et à des particuliers. Il raconte lui-même en 1876 :

« Quand je fus décidé [4] à choisir Montmartre pour le lieu de la future basilique, j'allai trouver M. Jules Simon, alors ministre des Cultes, car sans le concours du gouvernement je n'aurais pu réussir ; je lui exposai mon projet de bâtir à Montmartre une église nationale. M. Simon me fit observer que le président de la République, M. Thiers, pourrait soulever quelques objections sur le choix de Montmartre, car il était question de bâtir une forteresse sur cette montagne [5]. Je vis le président et je lui représentai qu'un fort à Montmartre serait inutile contre l'étranger [6]. « Laissez-moi, lui dis-je, laissez-moi bâtir ma forteresse, elle vaudra bien la vôtre. » M. le Président se rendit, et Montmartre fut définitivement choisi pour l'emplacement de la basilique » [7].

1. *Jean* 12, 32. *BVN*, 1879, p. 588 ; 1886, p. 782 : « Discours lors de la bénédiction des deux absides de l'église du Vœu national et messe solennelle pour Son Eminence Mgr le cardinal Guibert ». Mgr Langénieux parle d'un matin d'octobre. Cela semble le fruit d'un télescopage de plusieurs visites.

2. L'abbé Paguelle de Follenay, *Vie*..., 1896, t. II, p. 601. Avec cette référence au mont Valérien, tous les hauts lieux fondateurs de Paris sont présents dans la pensée des promoteurs autour de Montmartre : la Cité avec Notre-Dame, la montagne Sainte-Geneviève au sud, le mont Valérien à l'ouest et Saint-Denis au nord. Voir Bernard Plongeron, *Paris*..., 1987.

3. H. de Fleury à A. Legentil, le 31 août 1872. ASCM.

4. Le PV du 21 novembre 1872 signale que la décision a déjà été prise.

5. Il est aussi question d'élever un monument aux morts. Claude Laroche m'a signalé un projet (signé par Henri Mayeux en 1871) de monument à élever sur la butte Montmartre à la mémoire des défenseurs de Paris morts pendant le Siège de 1870. C'est un socle avec des cercueils portant une église gothique à coupole en réduction (voir *Croquis d'architecture – Intime-Club*, fév. 1872, 6e année, n°II, f. 4.)

6. Cette idée d'un fort sur la butte était très répandue. On la trouve jusque sous la plume de Marx (éclairé lui-même sur ce point par Engels) qui conseille à la Commune « de fortifier le côté nord de la butte Montmartre, le côté prussien ». Voir Walter Benjamin, *Paris*..., 1935, p. 792. Mais elle est aussi attribuée à l'état-major de l'armée : voir Emile Keller, « Rapport... », *JO* du 16 juillet 1873, p. 4756. Vingt ans plus tard, elle existe toujours au moins dans la presse : voir *L'Éclair* du 25 janvier 1893 cité par Jean-Marc Leri, *Montmartre*, 1983, p. 204.

7. Explications données au cardinal Franchi, préfet de la propagande, lors d'une visite du chantier : *BVN*, 1876, p. 304.

Ainsi Mgr Guibert qui pensait se contenter du ministre des Cultes, du préfet de la Seine et du chef du bureau des Cultes dût-il remonter jusqu'au président de la République.

## B. Les motivations de Mgr Guibert

Mgr Guibert a choisi le sommet de la butte Montmartre pour quatre motifs. Deux sont explicitement présentés dans une note confidentielle adressée aux représentants à l'Assemblée nationale en vue de la déclaration d'utilité publique du projet[1] : l'histoire et le site. Le troisième est d'ordre social et difficile à cerner. Le quatrième est pratique : il y a un terrain libre appartenant à la ville.

### *1. L'histoire sainte de la butte (premier motif)*

> « D'abord, c'est sur ce sommet élevé que, d'après la tradition, auraient été martyrisés les apôtres de la foi chrétienne qui ont évangélisé les premiers le nord des Gaules : saint Denis, premier évêque de Paris, et ses glorieux compagnons de martyre, saint Rustique et saint Eleuthère. Là est donc le berceau de la foi pour la partie septentrionale de la France et pour la ville de Paris en particulier. »

Dans sa lettre du 5 mars 1873 à Jules Simon, Mgr Guibert commente cette affirmation :

> « Un monument qui doit être comme une nouvelle profession de notre foi pourrait-il être plus convenablement construit ailleurs que sur la sainte montagne qui fut le berceau de la religion chrétienne dans notre vieille France ? »[2].

L'entreprise du Vœu national lui apparaît comme le signe d'un nouveau départ de l'évangélisation de la France.

### *2. Le site (deuxième motif)*

Une situation liée à la signification du monument, tel est le deuxième motif. De Montmartre on voit tout Paris[3]. Montmartre est vu de tout Paris.

1. Voir ***, *Note*..., 1873, p. 1.
2. *JO* du 16 juillet 1873, p. 4756.
3. Montmartre remplit la fonction de belvédère de Paris ; y compris pendant la Commune : voir Stéphane RIALS, *Révolution*. ., 1985, p. 408 citant les *Souvenirs* de Zola.

« En second lieu, il convient qu'un monument destiné à appeler la protection divine sur la France et sur la capitale en particulier soit placé dans un lieu qui domine Paris et qui s'aperçoive de tous les points de la cité. Ainsi sont placés Notre-Dame de Fourvière à Lyon, Notre-Dame de la Garde à Marseille ».

Mgr Guibert pensait certainement à l'action de Mgr de Mazenod, son père spirituel, en faveur du sanctuaire marseillais. La reconstruction de cette église dura dix-sept ans de 1853 à 1870. Mgr de Mazenod mourut en 1861, mais il était si attaché à ce projet qu'il en confia spécialement l'achèvement à la congrégation qu'il avait fondée [1]. Tel père, tel fils. Est-il par ailleurs utile de s'étendre sur la signification symbolique et religieuse des hauts lieux en général et de ceux qui surplombent les agglomérations en particulier ?

### *3. Les besoins de la population (troisième motif)*

Un troisième motif lui a fait choisir Montmartre. Certes, il ne l'a pas exprimé nettement comme les deux précédents dans la note confidentielle destinée aux représentants et dans sa lettre à Jules Simon. Mais ce motif par sa complexité même va donner lieu à toutes sortes de spéculations.

#### *a. Le propre témoignage de Mgr Guibert*

On devine la pensée de l'archevêque dans sa réponse à Adolphe Thiers, lequel souhaitait, à cet emplacement, une forteresse dirigée non pas contre les menaces étrangères mais contre les ennemis de l'intérieur. Mgr Guibert, lui, ne veut voir aucun ennemi dans les habitants de Paris qui constituent le peuple que le Christ lui a confié. Même si certains se considèrent comme ses adversaires, il veut les aimer, prier pour eux, leur annoncer le Christ et aussi leur donner du travail. En 1880, il explicite son intention : foi, patriotisme et charité sont les motivations qu'il donne au Vœu. Le choix du lieu les assume toutes trois : la foi, puisque Montmartre est porteur d'un éminent passé chrétien et devrait accueillir une nouvelle profession de foi ; le patriotisme, puisque ce lieu élevé permet symboliquement une protection de la France entière ; la charité, parce que

« le travail manquait à Paris ; la construction d'un vaste édifice devait être un bienfait pour la population » [2].

1. Jean Leflon, *Eugène*..., 1957, t. III, p. 732.
2. Lettre du 20 septembre 1880, *BVN*, 1880, p. 498.

Mgr Guibert ne l'oublie pas, ce sont des membres de la Société de Saint-Vincent de Paul qui ont proposé le Vœu: cet édifice de piété peut et doit être en même temps une œuvre de charité. L'apport de travail est par ailleurs une justification classique de la construction d'une église au XIXe siècle [1]. C'est l'écho sur un registre religieux de l'adage: « Quand le bâtiment va, tout va ». Après la guerre internationale et la guerre civile, il faut reconstruire la nation et reconstruire Paris. On joue sur le parallélisme entre construction matérielle et reconstruction sociale. L'édification du Sacré-Cœur apporte en outre une dimension religieuse à cette entreprise de construction: elle s'élargit et s'applique à toute l'Église de France.

Il semble bien qu'il soit ainsi question des problèmes sociaux dont la Commune de Paris a été en partie l'expression. L'Église entend transmettre des principes pour leur solution et prêcher ici d'exemple. Cette motivation gagnerait à être précisée avec l'étude des textes et des faits au cours de l'année 1872 car elle donnera lieu à d'abondantes réflexions qui, du reste, renseignent plus sur la pensée et l'époque de leur auteur que sur Mgr Guibert et ses propres intentions (voir chap. 26).

### *b. Le cercle catholique d'ouvriers de Montmartre*

L'abbé Langénieux, qui est associé par Mgr Guibert à l'Œuvre du Vœu tant pour la direction spirituelle du Comité que pour le choix du lieu, préside le 16 juin 1872 à l'inauguration du cercle catholique d'ouvriers de Montmartre. Albert de Mun poursuit ainsi son entreprise, greffée sur celle des Religieux de Saint-Vincent de Paul du quartier Montparnasse (eux-mêmes étant liés à la Société Saint-Vincent de Paul). Après Belleville (voir plus haut), lui, le militaire « converti par un communard », installe une telle institution dans le XVIIIe arrondissement [2]. Il est fort probable que l'Œuvre du Vœu national et le cercle ouvrier étaient liés dans l'esprit du vicaire général, de l'archevêque de Paris et de bien d'autres. Albert de Mun, l'abbé Langénieux et Mgr Guibert pensent apporter un véritable remède aux problèmes de l'époque avec la fondation de ces cercles catholiques d'ouvriers et avec la construction (éminemment symbolique) de l'église de Montmartre. Ce qui est bien certain, c'est

1. Voir Jean-Michel Leniaud, *Jean-Baptiste...*, 1980, p. 147 et 150, n. 142; en particulier, une lettre de Mgr Sibour à Napoléon III.

2. Voir Albert de MUN, *Cercles catholiques d'ouvriers. Discours prononcé par M. le comte Albert de Mun à l'inauguration du Cercle de Montmartre-Clignancourt – La Chapelle, le 16 juin 1872.* P., 1872, gr. in 8°, 11 p.

que ces cercles n'ont pas plus été compris en leur temps (et aujourd'hui ?) que le Sacré-Cœur !

### *c. Le témoignage de la bienheureuse Marie-Thérèse de Soubiran*

Le 8 septembre 1872, la mère Marie-Thérèse de Soubiran est reçue par Mgr Guibert. Elle a fondé la Congrégation de Marie-Auxiliatrice et se propose d'ouvrir une maison dans la capitale. L'archevêque de Paris lui aurait dit :

> « Vous voulez travailler à la rédemption des classes souffrantes ? Eh bien, passez la Seine et gravissez cette montagne où les chrétiens de mon diocèse reçurent le baptême et où tant de séductions sollicitent les âmes, tant de misères oppriment les cœurs » [1].

La même année, au n° 25 de la rue de Maubeuge, les religieuses fondent une maison qui deviendra la maison généralice. Leur apostolat s'exerce auprès des jeunes filles apprenties du quartier. À leur intention, elles organiseront une adoration nocturne du saint sacrement. Leur couvent sera appelé le « Montmartre féminin ».

### *d. La pensée de Mgr Guibert dans la presse*

On a déjà dit plus haut (chap. 3) que Mgr Guibert se reconnaissait davantage dans le journal *Le Monde* que dans *L'Univers*. Un article du *Monde* de 1872 se fait peut-être l'écho de ses idées sur le choix du lieu de l'ex-voto national :

> « De tous les quartiers de Paris, quel est celui qui sollicite le plus les efforts du prosélytisme ? Les hommes, qui connaissent le mieux la « géographie du mal » dans Paris, prétendent que, parmi les arrondissements les plus réfractaires à l'ordre, la priorité revient moins à Belleville qu'à Montmartre ! Et Mgr Guibert a pensé que le catholicisme devait livrer bataille sur le terrain même où la défaite pourrait, aux yeux des hommes, sembler la plus assurée » [2].

Ainsi, d'une façon complexe et comme à propos des missions dans les pays lointains, l'intention apostolique et religieuse se mêle à l'intention charitable et sociale.

1. Cité par A. Derumaux, « D'un béguinage au « Montmartre féminin » » dans *Montmartre*, 1953, n° 201, p. 61 et n° 203, p. 23.
2. Citation d'un article de M. Havard dans *Le Monde* (1872) selon André Derumaux, « Origines... », 1953, n° 203, p. 21.

### *e. Le lieu des « séductions qui sollicitent les âmes »*

Le Sacré-Cœur ne serait pas seulement un grand chantier qui remédierait aux « misères qui oppriment les cœurs » (réponse à Marie-Thérèse de Soubiran), mais un centre de rayonnement moral contre les « séductions qui sollicitent les âmes ». En effet, en 1872, la réputation de Montmartre dans le domaine des « loisirs » n'est plus à faire. Certes, on vient s'y promener et admirer la vue. Construite en 1859, la tour de Solférino offrait, quoiqu'abaissée pendant le siège, un point de vue encore plus élevé [1]. Mais, après la montée, on s'en va boire dans de nombreux petits restaurants. En 1851, dans un guide sur les pèlerinages, on écrivait à propos de Montmartre :

> « Ce lieu, situé près de plusieurs barrières de Paris, rappelle trop souvent à l'esprit des habitants de la capitale des idées de désordre et d'excès souvent peu excusables » [2].

Et Paul Féval, qui deviendra un fidèle de la chapelle provisoire, définit, en 1863 ainsi la butte Montmartre : « le Sinaï du Dieu des bonnes gens qui aiment les chansons bien mieux que les cantiques » [3]. Chacun se souvient du café de la place Pigalle, *La Nouvelle Athènes*, fréquenté et peint en 1872 par Manet ou a présent à l'esprit *Le Bal du Moulin de la Galette* qu'Auguste Renoir fixe sur la toile en 1875. Ce Montmartre n'est pas encore celui des années 1880-1900, celui des *Folies Bergères* (1882) de Manet ou celui du *Chat Noir* (voir chap. 16). Daniel Halévy en brosse le portrait pittoresque [4]. Mais il est déjà assez caractéristique pour que le pasteur du diocèse s'en inquiète et tente de remédier à ses dangers. La fondation d'un sanctuaire sur un tel haut lieu pouvait laisser espérer à Mgr Guibert une amélioration de la tenue morale de la population parisienne.

### *f. Vie religieuse à Montmartre en 1872*

Au moment de la décision de Mgr Guibert, le XVIII^e^ arrondissement de Paris est divisé en quatre paroisses : Saint-Denis de la Chapelle dont l'église

1. On accédait à cette tour par le 30 de la rue de la Fontenelle (actuelle rue du Chevalier de La Barre) ; elle se trouvait à l'emplacement actuel de la sacristie, à l'est de la basilique. *PV*, 19 novembre 1873 ; plan de 1873 et J. Hillairet, *Dictionnaire*..., 1957. Voir illus.

2. Louis de Sivry, *Dictionnaire*..., 1851, c. 1126. Les banquets de 1848 étaient encore dans toutes les mémoires.

3. dans les *Habits noirs*, 1863 ; éd. 1987, vol. 1, p. 165.

4. Daniel Halevy, *Pays*..., 1932, p. 28. Cet auteur est suivi par Louis Chevalier, *Montmartre*..., 1980, p. 72.

vient d'être rendue au culte en 1869; Notre-Dame de Clignancourt et Saint-Bernard de la Chapelle dont les églises viennent d'être reconstruites en 1859; Saint-Pierre de Montmartre dont l'église est une ruine et que l'on considère comme une des paroisses les moins religieuses de la ville[1]. Une trentaine de prêtres (dont deux aumôniers du cimetière du Nord-Montmartre), deux institutions des Frères de Écoles chrétiennes, trois communautés de Sœurs de Saint-Vincent de Paul et l'asile de la Providence constituent l'encadrement religieux du secteur.

C'est peu pour une population d'environ cent cinquante mille habitants, une population marginalisée par rapport au centre de Paris et qui doit le plus souvent aller y chercher son travail. Un lieu de pèlerinage avec sa communauté de religieux pourrait donc être de quelque soutien pour le quartier, en complément à ces chapelles de secours que Mgr Guibert aura à cœur de multiplier dans tout le diocèse et qui donneront naissance à de nouvelles paroisses (quatre, rien que dans le XVIIIe arrondissement)[2].

Des efforts pour animer religieusement ce quartier avaient déjà été entrepris. L'abbé Ottin, curé de Saint-Pierre, avait dressé un calvaire à Montmartre à l'intention des Parisiens lorsque le calvaire du mont Valérien fut démoli, en 1841, pour faire place à un fort militaire[3]. Au chevet de Saint-Pierre de Montmartre, un chemin de croix en plein air, vers la fin de la monarchie de Juillet et sous le second Empire, attirait des fidèles de tout Paris[4]. Mgr Guibert qui aurait mis en parallèle le mont des Martyrs et le mont Valérien lors de sa décision (voir ci-dessus), par l'instauration de ce nouveau sanctuaire, venait conforter l'initiative de l'abbé Ottin. Il répondait aussi au souhait que l'auteur d'un article sur Montmartre émettait en 1851 :

> « On peut présager que bientôt le sommet de la butte se liera avec Paris par des constructions nouvelles et des rues établies sur la pente de la montagne; que les moulins, dont le nombre diminue tous les jours, disparaîtront tout à fait; alors la vieille église, riche de ses souvenirs, complètement restaurée, dominera la grande cité, dont elle marquera les limites; et le sommet de Montmartre [...] deviendra l'objet d'un pieux et

1. *Bref de Paris*, 1872 (réf. en 1763). B. Violle, *Paris...*, 1982. Selon le témoignage du P. Rey cité sans référence par A. Derumaux, « Origines... », 1953, n° 203, p. 23. « En 1866, Montmartre possède 40 000 habitants, et l'église ne voit pas entrer 1000 fidèles le dimanche, soit 3, 5 % des assujettis » selon Gérard Cholvy..., *Histoire...*, 1985, p. 238. Ce qui est la pire des situations de l'époque.

2. Voir en 1873 le mandement de Mgr Guibert sur cette question.

3. Michel Guillot, *De Montmartre...*, 1986.

4. C'est peut-être la raison de la mention de Montmartre comme lieu où la famille Legentil fut consacrée au Cœur de Jésus par l'intermédiaire de « Finotte », consécration évoquée au chap. 5. Lettre de Marie Legentil à sa sœur Louise de Fleury, du 1er novembre 1870. Arch. familiales. Le lien entre le mont Valérien et Montmartre est fait dans *BVN*, 1876, p. 335 : « Aujourd'hui, par un juste retour de la Providence, l'ancien calvaire [du mont Valérien] préside aux travaux de la basilique du Sacré-Cœur ».

continuel pèlerinage, où les fidèles viendront satisfaire leur dévotion. Les curieux et les promeneurs eux-mêmes [...] voudront aussi visiter un lieu dont ils n'avaient jamais soupçonné l'importance et l'illustration historique »[1].

À cet auteur, Mgr Guibert a voulu donner raison, mais en construisant une église nouvelle. Grâce à celle-ci, d'ailleurs, l'ancienne sera complètement restaurée (voir chap. 14). Et l'ensemble attirera beaucoup de monde.

## *4. Un terrain « libre » de la ville de Paris (quatrième motif)*

Le choix de la butte Montmartre a pu être facilité par le fait qu'il y avait là un terrain peu occupé[2]. Son angle nord-est est constitué par la rue de la Fontenelle (devenue en 1885 la rue du Chevalier de La Barre) et par la rue Sainte-Marie (actuelle rue Paul-Albert). La rue Lamarck (ouverte en 1867), qui vient du nord, s'arrête à la rue de la Fontenelle. Le côté nord du terrain comprend ainsi d'une part la rue de la Fontenelle et d'autre part la rue des Rosiers (le changement de nom se fait à la hauteur de la rue de la Bonne). En 1868, l'ensemble constitué par la rue de la Fontenelle et la rue des Rosiers est appelé rue de la Fontenelle, mais ce nom n'est pas encore entré en usage en 1872. Aux numéros de la rue des Rosiers, on a ajouté une trentaine pour obtenir les numéros correspondants à la nouvelle dénomination. C'est ainsi que le célèbre 6, rue des Rosiers, où se trouve la maison de Mme veuve Scribe, est devenue le 36, rue de la Fontenelle, puis, le 36, rue du Chevalier de La Barre, avec un déplacement vers le nord sur lequel on reviendra (chap. 10). En 1872, il n'y a que quelques maisons de part et d'autre de la rue de la Fontenelle. L'église Saint-Pierre, son cimetière et son calvaire occupent l'angle nord-ouest de ce terrain avec quelques bâtisses, angle constitué par la rue des Rosiers-la Fontenelle et par la rue du Mont-Cenis. Le coté ouest comprend cette dernière rue, puis la rue Saint-Eleuthère et enfin la rue Foyatier (ouverte en 1867) qui longe l'actuel funiculaire. La place Saint-Pierre et la rue Foyatier font l'angle sud-ouest; la même place et la rue Saint-Marie (actuelles rue Ronsard et rue Paul Albert) l'angle sud-est où se trouve le marché Saint-Pierre ouvert en 1868. La partie sud de ce terrain constitue le versant sud de la butte occupé anciennement par des carrières. Ce versant est trop abrupt et trop peu ferme pour recevoir des constructions.

Quant au terrain du sommet, au chevet de l'église, il avait servi autrefois de cimetière à l'abbaye et au village. Le cimetière actuel de l'église est ce qui

1. Louis de Sivry, *Dictionnaire...*, 1851, c. 1134.
2. Voir illust.

en reste. Lors de la construction de la basilique, furent mises à jour d'anciennes tombes [1]. À la suite de la vente des biens nationaux, des maisons et des restaurants avaient été construits là, mais la plus grande partie restait libre [2] et s'appelait le champ des Polonais [3].

Les communes limitrophes de la capitale, comprises (en totalité ou en partie) dans les fortifications, sont annexées à Paris par la loi du 16 juin 1859. C'est alors, qu'ayant défini les contours de la butte Montmartre proprement dite, par les rues signalées ci-dessus, la ville se rendit propriétaire (vers 1865) de la majeure partie des terrains de la pente sud et du sommet et s'intéressa à leur aménagement. Elle comptait y installer un réservoir et des jardins, ce qui se fera vers 1887 et plus tard. Il était question aussi d'une tour ou d'un monument décoratif. On projeta de nouveaux alignements et percements de rues. En particulier, la rue Lamarck devait être prolongée, ou plus exactement doublée, par une rue Chasseloup-Laubat qui, en arc-de-cercle, aurait recouvert la rue Saint-Vincent, pour joindre directement la rue Saint-Eleuthère, le sommet de la butte et la rue Caulaincourt. Mais tous les aménagements projetés par la ville furent suspendus par les événements de 1870-1871. En 1872, on pouvait envisager tout autre chose !

## C. Le lieu envisagé

Pour Mgr Guibert, qui est un bâtisseur, un tel projet de construction ne peut rester imprécis. Il fait donc appel discrètement à l'automne 1872 à un architecte, Désiré Devrez [4], qui lui remet lui remet, début décembre, un devis. L'édifice est inscrit dans un rectangle de 54 m sur 62 m, mais n'occupe qu'une surface de 2079 m$^2$. Les abords prennent 1865 m$^2$. Il n'est pas question des dépendances. C'est une surface comparable à celle de Saint-Augustin qui mesure 2350 m$^2$. L'édifice prévu comprend un dôme entouré de trois absides

1. En 1960 encore, lors de la construction d'un petit garage privé au 38, rue du Chevalier de La Barre, d'autres ossements du XVIII$^e$ siècle ont été trouvés. Témoignage de Mgr Charles.

2. *BVN*, p. 6 du bull. suppl. de décembre 1880.

3. Jean Cathelin, *Guide*..., 1975, p. 103.

4. Natif de Douai, il devient architecte diocésain de Paris grâce à son compatriote, Victor Hamille, directeur des Cultes jusqu'en septembre 1870 (voir Jean-Michel Leniaud, *L'administration*..., 1988). Il semble toujours en fonction en 1872 malgré les changements dans l'administration des Cultes. Mgr Guibert ne le connaissait pas personnellement mais il lui a paru digne de confiance (*PV* du 9 décembre 1872). Trop méconnu des archéologues, D. Devrez est le véritable inspirateur des travaux de la reconstruction du Mont-Saint-Michel selon François Loyer, « Biographies », dans Charles Garnier, *À travers les arts*, 1869, réédité en 1985. Ce rôle n'est pas mentionné dans le catalogue sur la restauration de la flèche de la célèbre abbaye normande et reste à préciser (remarque aimablement faite par Claude Laroche). À Paris, on doit à D. Devrez la mairie du XV$^e$ arrondissement.

à l'est, au nord et à l'ouest et d'une nef au sud. On a une petite idée de l'allure générale grâce à la participation de Devrez au concours de 1874 où il présente ce projet et un second, l'un et l'autre éliminés. Il aurait ressemblé à Saint-Augustin[1]. Son orientation nord-sud ne semble avoir posé aucun problème et s'être imposée d'elle-même. Il est situé en bordure du plateau. Au nord, il respecte aussi bien l'ancien tracé de la rue de la Fontenelle que celui projeté par la ville. Reste à obtenir de la Ville 3383 $m^2$, de la fabrique de Saint-Pierre, 370 $m^2$ et de deux particuliers, 191 $m^2$[2].

L'implantation de la future basilique nationale en 1872 n'a donc rien eu à voir directement avec la maison des Scribe rendue célèbre par les événements du début et de la fin de la Commune. La future église devait s'élever surtout sur le champ des Polonais et le terrain de la tour de Solférino. Hubert de Fleury le sait bien, qui en fait la remarque sur un petit croquis qui accompagne sa lettre du 31 août 1872 à son père[3]. À cette date d'ailleurs, il ne propose encore qu'un bâtiment lié à Saint-Pierre et bâti sur le terrain de la fabrique. Dresser une église sur un terrain spécialement choisi en fonction de brûlants souvenirs politiques n'apparaît jamais dans les motivations de l'archevêque. Trente ans plus tard, Rohault de Fleury pouvait écrire afin de montrer rétrospectivement qu'on avait fait le bon choix :

> « Montmartre fut choisi par Mgr Guibert comme le lieu le mieux placé pour un pèlerinage comme il le comprenait ; pendant ses visites épiscopales dans son nouveau diocèse, tantôt avec M. l'abbé Langénieux, tantôt avec M. l'abbé Petit, alors tous deux vicaires généraux, il prenait de Paris une tout autre idée que celle qu'il s'en était faite en province, et la grande cité s'étendant à ses pieds, vue des terrains vagues qui couronnaient alors Montmartre, l'avait beaucoup frappé : plusieurs fois il y revint et, malgré l'avis de plusieurs, malgré des offres magnifiques notamment à Chaillot et au Trocadéro, il passa outre et décida pour Montmartre »[4].

Il convient d'en prendre acte, aucune des sources consultées à ce jour ne fait apparaître une motivation semblable à celle que Daniel Halévy, en 1937, a si parfaitement résumée en ces termes :

> « C'est au sommet de la colline de Montmartre que les communards avaient versé le premier sang, là donc s'élèverait l'église expiatrice »[5].

1. Voir illust.
2. Voir Désiré Devrez, *Plan*..., 1872.
3. En BVN, 1881, bull. suppl. de décembre 1880, p. 4, Hubert Rohault de Fleury se refuse à parler une nouvelle fois de l'histoire trop connue des canons.
4. Témoignage de *HSC*, t. I, p. 48 (témoignage inséré entre la lettre du Comité au Saint-Père, mai 1872, la réponse de celui-ci le 31 juillet et le compte-rendu de la séance du comité du 29 mai 1872 alors qu'il essaie de donner à ses notes et documents une tournure rédigée).
5. Daniel Halevy, *La fin*..., 1937, t. II, p. 23. Affirmation reprise par René Rémond dans A. Latreille et R. Rémond, *Histoire*..., 1962, p. 62.

Pour comprendre une pareille affirmation qui ne s'étaie pas en fait sur la moindre référence, il faudra avancer dans l'histoire de la basilique et faire le bilan des récits successifs rédigés par les historiens du Vœu national sur la cruciale question du choix du lieu (voir chap. 26), choix qui est une décision éminemment pastorale au service de la cité. Quant aux motivations de l'adoption du Vœu de Legentil par l'archevêque de Paris, elles se révèlent aussi du même ordre. Les réticences primitives de Mgr Guibert, encore archevêque de Tours en février 1871 (voir chap. 3), sont tombées onze mois plus tard devant les instances répétées de ces messieurs de la Société Saint-Vincent de Paul, dès lors que ceux-ci entraient par ailleurs dans les vues du nouvel archevêque de Paris. Celui-ci, en quelque sorte, émonde du projet l'attente pleine de foi et d'imagination d'une intervention miraculeuse du Christ qui serait la condition de la reconnaissance. Il fait du projet une occasion de ressaisissement immédiat, une œuvre aux saines perspectives patriotique et chrétienne, une contribution au salut espéré.

Le choix d'une partie du sommet de la butte Montmartre traduit certainement les dispositions secrètes de l'archevêque et de ces messieurs. Dans Paris, la capitale de la France et du XIXe siècle, et cependant hors de la ville par sa position élevée, l'église matérielle est à l'image de l'Église vivante : dans ce monde et non de ce monde. Elle ne sera pas comme les églises d'Haussmann simplement intégrées dans les perspectives de la ville. Comme l'Œuvre du Vœu national, elle sera pour la patrie, mais fidèle à l'Église qui dépasse celle-ci. La christianisation de la société passe par la christianisation du paysage urbain [1]. Le P. Rey exprime et résume l'intuition de l'archevêque :

> « Vous avez choisi la butte de Montmartre pour y asseoir la basilique du Sacré-Cœur, afin que, de toutes les parties de l'immense cité, les regards et les cœurs puissant la contempler et y trouver le palladium de la patrie, l'asile et la protection de l'Église » [2].

La volonté du cardinal Guibert de construire une église bien visible sur la butte Montmartre en ce temps de durs affrontements avec les partisans d'une société sécularisée va être comprise par ceux-ci non seulement comme un appel à la conversion à laquelle ils peuvent se dérober mais aussi comme une pression sociale intolérable à laquelle ils réagissent violemment (voir l'ensemble du livre 3).

1. Sur ce point, voir les réflexions de Yves-Marie Hilaire, *Une chrétienté*..., 1977, t. I, dans le chapitre intitulé « Un paysage christianisé » repris et cité avec éloge par Maurice Agulhon, « Les statues politiques... », dans Rencontres..., *Les sculptures*..., 1986, p. 136.
2. P. Rey, « Rapport aux Comités... » dans *BVN*, 1877, p 640.

# Chapitre 9
# Le vote de l'Assemblée nationale (1873)

Choisir un terrain est une chose. L'obtenir à des conditions convenables en est une autre. Mgr Guibert et le Comité de l'Œuvre du Vœu national, son président surtout, le conseiller d'État Léon Cornudet vont devoir recourir aux pouvoirs publics pour qu'il en soit ainsi. Ils espèrent par la même occasion leur faire faire un acte de piété. Les procès-verbaux des séances du Comité et le *Journal officiel* principalement permettent de suivre pas à pas la mise en place (§ I), le vote et les retombées de la loi (§ III), mais de plus la présentation d'un contexte religieux exceptionnel s'impose en cette année 1873, année charnière s'il en est (§ II).

# I. MISE EN PLACE DE L'APPEL À L'ASSEMBLÉE NATIONALE

## A. Échanges d'idées

### 1. *Fin 1872*

À la première séance du Comité de l'année 1872-1873, le 21 novembre[1], on apprend que Mgr Guibert a déjà entrepris des démarches pour acheter une partie du sommet de la colline de Montmartre. Mais le procès-verbal de la séance du comité du Vœu national sous la présidence de Léon Cornudet ne précise pas lesquelles sinon que la perspective de traiter à l'amiable avec la Ville semble illusoire[2]. Le 9 décembre, Mgr Guibert préside le Comité. Le terrain et l'édifice envisagés par Désiré Devrez sont jugés suffisants (voir chap. précédent). L'archevêque a réuni le Comité pour étudier avec lui les mesures à prendre en vue de l'acquisition des terrains.

Léon Cornudet expose alors la situation de son point de vue de juriste. Il confirme les résultats des contacts pris par l'archevêque à propos du conseil municipal : celui-ci ne voudra ni donner ni même vendre le terrain en question. Cela lui paraît une certitude[3]. Certains particuliers demanderont un prix exorbitant[4]. La seule voie possible selon lui est de s'adresser à l'Assemblée nationale. Force serait de partir de la loi du 20 juillet 1870. Celle-ci a été faite pour prévenir le retour aux abus de l'expropriation dont les vingt dernières années ont offert le spectacle, dit Léon Cornudet. La loi impose donc une enquête préalable. Il en va du respect de la propriété individuelle.

1. La précédente séance est du 22 juin 1872. ASCM. Pendant l'été et la première moitié de l'automne la plupart de ces messieurs s'absentent de Paris et résident dans leur campagne.

2. Mgr Guibert n'a pas la chance de Mgr Laurence, évêque de Tarbes, qui a acheté simplement à la commune de *Lourdes* « pour lui et pour ses successeurs », le 5 septembre 1861, les terrains de la grotte des apparitions de Marie à Bernadette Soubirous. Voir dom Bernard Billet, *Lourdes*, 1981, p. 93.

3. Une connaissance précise du conseil municipal et de l'administration de la ville de Paris en 1872 aurait été nécessaire. On sait qu'il se situe globalement à gauche de la Gauche républicaine.

4. Nous avons essayé de savoir ce qu'il en était du prix des terrains. Nous avons trouvé la réflexion suivante : « En deux ans de 1986 à 1988, le prix des terrains à bâtir à quasiment triplé à Paris. C'est un phénomène historique sans précédent sauf peut-être après la guerre de 1870 » (Interview de Joseph Comby, directeur d'*Études foncières*, éditées par l'Adef, l'association pour le développement des études foncières dans *Libération* du 11 octobre 1989. Celui-ci consulté renvoie à la thèse éditée chez Mouton, de Jean-Jacques Granvelle, professeur d'économie à Paris-Saint-Maur). En 1877, le P. Rey parle également d'un triplement du prix des terrains sur la butte Montmartre mais attribue ce phénomène à l'ouverture du chantier et de la chapelle provisoire (*BVN*, 1877, p. 645)

Cependant Adolphe Baudon met le doigt sur une difficulté, et Léon Cornudet le reconnaît: aucune église n'a encore été déclarée d'utilité publique et construite sous l'empire de la loi de 1841 confortée par celle du 20 juillet 1870[1].

Il faudrait que le projet de construire une église nationale soit reconnu d'utilité publique. En suite de quoi, l'Œuvre, qui n'est pas une personne morale, proposerait d'acheter les terrains et de construire sans subsides de l'État une église qui appartiendrait en propre au diocèse de Paris ou même à l'archevêque en tant que tel[2]. Léon Cornudet a préparé un projet de loi qu'il conviendrait de soumettre d'abord à ceux des représentants à l'Assemblée nationale que connaissent les membres du Comité. L'ancien président de section au Conseil d'État fait remarquer qu'il demande une seule faveur en quelque sorte: la dispense des droits d'enregistrement. Il tient à ce qu'aucun subside de l'État ne soit alloué, car il craint par-dessus tout son ingérence[3].

Qui présenterait le projet? – Mgr Guibert (et à quel titre: archevêque de Paris, président d'honneur du Comité?) ou des députés favorables à l'Œuvre? C'est aussi poser le problème de propriété de l'édifice. Est à l'étude, remarque Léon Cornudet, un projet de loi tendant à reconnaître aux diocèses la personnalité civile comme en bénéficient déjà les départements et les menses épiscopales[4]. Mais en attendant, il faut que l'archevêque en tant que tel fasse la démarche[5].

Ce recours à l'Assemblée nationale présente malgré tout un triple avantage: outre les conditions d'achat, il y a celui de la publicité pour l'Œuvre et la possibilité de susciter un acte de piété vraiment national. Telle paraît être,

1. En effet, la loi de 1841 sur les expropriations qui sera finalement invoquée, avait été modifiée par le *senatus consulte* du 25 décembre 1852: un simple décret (et non plus une loi votée) suffisait pour déclarer l'utilité publique. Haussmann s'en était beaucoup servi (Claude Laroche).

2. Ce qui n'est pas le cas de la basilique de Fourvière. Au début du second Empire, quand il a été question d'agrandir l'ancienne chapelle, des laïcs entreprenants et généreux ont constitué une société civile immobilière et acheté à l'amiable, avec patience, les terrains nécessaires en refusant de faire jouer l'expropriation pour cause d'utilité publique au nom du respect de la propriété privée. Elisabeth Hardouin-Fugier, *Voir*, ..., 1988 et surtout Jacques Tournier, *La Commission*..., 1984. Cette solution n'a pas été évoquée pour l'église de Montmartre. Peut-être pour rassurer les souscripteurs? Peut-être à cause des réserves de Mgr Guibert à l'égard d'un certain « laïcisme » dans l'Église (voir chap. 3)?

3. Cette attitude est le fruit de vingt ans de construction d'églises par les pouvoirs publics dont les positions religieuses par ailleurs paraissaient contestables aux membres du Comité. Ceux-ci voulaient surtout faire appel aux Français.

4. Il va falloir attendre plus de cinquante ans pour que finalement cette législation soit établie et reconnaisse les Associations diocésaines dont le président de droit est l'évêque par-delà les associations cultuelles selon la loi de 1905 (voir chap. 25).

5. Ces questions de droit concordataire sont éclairées par Jean-Michel Leniaud, *L'Administration*..., 1988, p. 49-52. Cette démarche exceptionnelle est différente de la demande d'autorisation que tout évêque devait faire à la Direction des Cultes pour ouvrir même une simple chapelle de secours. L'État prenant à son compte certaines charges du culte, il ne voulait pas les voir s'accroître sans son contrôle.

tout simplement, la pensée de Mgr Guibert et des membres du Comité. Il ne semble pas qu'il y ait de divergences entre eux [1].

## *2. La situation en février 1873*

De bons contacts ont été établis entre Léon Cornudet et certains députés. Il est convenu qu'une note serait rédigée par lui, soumise à l'archevêque et adressée à divers membres de l'Assemblée nationale pour obtenir leur avis. Mgr Dupanloup qui siège à Versailles a déjà saisi certains députés pour délibérer du projet [2]. Cette note confidentielle esquisse un historique de l'Œuvre, rappelle les motifs qui ont présidé au choix du lieu (voir chap. 8) et expose les modalités de la souscription (voir chap. 13). Il faut que l'église soit déclarée d'utilité publique par une loi ou un décret pour que l'achat des terrains puisse se faire à des conditions raisonnables, au besoin fixées par un jury d'expropriation. Léon Cornudet entre dans les détails. En droit concordataire français du XIX^e siècle, la propriété d'une église ouverte au public ne peut pas être une propriété privée [3].

Comme l'église envisagée ne saurait être une église paroissiale, propriété de la fabrique et de la commune, il serait bon que l'archevêque de Paris en soit propriétaire. À ce jour, l'expropriation pour utilité publique ne peut se faire qu'au nom de l'État, d'un département ou d'une commune. Si c'est l'État qui achète, les terrains deviendraient domaniaux et dans ce cas il faudrait l'intervention du pouvoir législatif pour en autoriser la cession aux archevêques de Paris qui, au moins comme administrateurs de la mense archiépiscopale de Paris, ont la capacité civile d'acquérir et de posséder. C'est pourquoi il faut une loi pour éviter ce détour et rendre l'archevêque capable d'exproprier si besoin est [4].

À la date du 19 février 1873, Mgr Guibert a déjà rencontré par deux fois le ministre des Cultes. Au cours de la seconde visite, il lui a expliqué le choix du terrain et la nécessité d'avoir au moins le consentement du gouvernement.

1. Les divergences entre Emile Keller (qui n'est pas du Comité à cette date mais qui sera le rapporteur de la loi) et Mgr Guibert seront exposées plus loin, dans l'ordre chronologique des faits (juillet 1873).

2. Cependant il est à remarquer qu'aucun membre du Comité n'est, à cette date, représentant à l'Assemblée nationale (Jacques Gadille, *La pensée*..., 1967, t. I, p. 232).

3. Les cas de Fourvière et de Lourdes présentés ci-dessus ne sont pas évoqués, ni de certaines congrégations.

4. [Léon Cornudet], *Note*..., 1873. ASCM.

Jules Simon [1] promet de présenter à M. Thiers la demande qui lui sera faite officiellement par l'archevêque lui-même. L'urgence devrait être facilement obtenue à l'Assemblée nationale pour éviter les débats.

À cette époque, Léon Cornudet a fait des démarches auprès du directeur de l'administration des Cultes, Adolphe Tardif [2], pour étudier les moyens d'assurer la stabilité et la propriété de la fondation envisagée. Ces moyens ne sont pas énoncés dans le procès-verbal de la séance du Comité.

## B. Démarches officielles

### *1. Lettre de Mgr Guibert à Jules Simon*

La lettre de Mgr Guibert à Jules Simon, qui est datée du 5 mars 1873, est présentée au Comité lors de la séance du 15 mars 1873. Elle fait l'historique du projet [3], donne l'état de la souscription (600 000 F) et les motifs du choix du lieu. Mgr Guibert demande au gouvernement de proposer un projet de loi nécessaire à la réalisation de cette œuvre. Il est bien entendu qu'aucune subvention n'est sollicitée. L'intervention des pouvoirs publics est nécessaire d'une part pour l'obtention du lieu choisi à des conditions raisonnables et d'autre part pour l'attribution de la propriété en faveur des archevêques successifs puisqu'il ne s'agit pas d'une église de paroisse. En conclusion:

« La loi que je sollicite aurait donc ce double objet:

1° D'approuver la proposition faite par l'archevêque de Paris d'ériger sur la colline de Montmartre, en un point à déterminer après enquête, un temple destiné à appeler sur la France la protection et la bonté divines.

1. « Profondément républicain et profondément conservateur » (*EU*), ce professeur de philosophie est agnostique, libéral et libre-penseur. Dans *La liberté* (1859), il défend « les libertés du foyer, du capital, de l'atelier, de la cité, des cultes et de la pensée ». Il entrera dans l'histoire à l'occasion du 16 mai 1877. À la mort de l'ancien ministre, le chroniqueur du *Bulletin* du Vœu national, au temps du P. Lemius, exprime la reconnaissance des fondateurs à son égard (*BVN*, 1896, p. 489).

2. Jean-Michel Leniaud, *L'Administration*..., 1988, p. 104, n. 277 donne une notice biographique de ce fonctionnaire d'où il semble ressortir que l'on n'est pas en présence d'un anticlérical, mais plutôt d'un clérical « mou », selon l'expression d'un autre fonctionnaire. À cette époque, il n'est pas directeur en titre.

3. Le premier paragraphe de la lettre est ainsi rédigé: » À l'heure la plus cruelle de nos désastres, de pieux laïques conçurent le dessein d'élever, au sein de Paris, un temple destiné à affirmer l'inébranlable confiance de la patrie vaincue et mutilée dans la miséricorde infinie du cœur de Notre-Seigneur Jésus-Christ, et à couvrir de son ombre tutélaire notre grande capitale, où se concentre la vie de la France entière. » *JO*, 16 juillet 1873, p. 4756.

2° D'autoriser l'archevêque à acquérir, tant en son nom qu'au nom de ses successeurs, les terrains nécessaires, à l'amiable, et, s'il y a lieu, par voie d'expropriation, après déclaration d'utilité publique, à la charge pour lui de payer le prix d'acquisition des terrains et les frais de construction de l'édifice avec les ressources mises et à mettre à sa disposition par la piété des fidèles. »

Mgr Guibert conclut sa lettre par une profession de foi. Il voit dans le vote de l'Assemblée nationale, qui donnera à un vœu particulier une dimension nationale, le signe que la France, « éclairée par ses malheurs, reconnaît la nécessité de chercher son salut dans la foi chrétienne, qui fut toujours pour elle une source de prospérité et de grandeur »[1]. Cette lettre officielle du 5 mars est suivie le lendemain d'une demande touchant la question de l'urgence. Mgr Guibert espère ainsi que le projet de loi ne sera pas soumis aux trois lectures d'usage[2].

## 2. *Projet de loi. Rôle d'Adolphe Tardif*

Parallèlement à cette lettre, une note et le texte du projet de loi ont été remis à Adolphe Tardif. Ce dernier, en accord avec le ministre, propose quelques modifications « afin d'aplanir toutes les difficultés juridiques »[3]. Mgr Guibert et le Comité les acceptent.

L'article premier est ainsi rédigé :

« Est déclarée d'utilité publique la construction de l'église que, par suite d'une souscription nationale, l'archevêque de Paris propose d'élever sur la colline de Montmartre »[4].

Les autres articles concernent la détermination de l'emplacement de concert avec le préfet de la Seine, les modalités d'achat, le rôle de l'archevêque comme propriétaire et l'application de la loi du 3 mai 1841 sur l'expropriation pour cause d'utilité publique[5].

## 3. *Tergiversations*

Le préfet de la Seine entre alors en scène. Consulté par Jules Simon, il ne semble pas opposer d'objections. Le 1er avril 1873, Mgr Guibert écrit à

1. *JO* du 16 juillet 1873, p. 4756. Il est remarquable qu'il n'est pas question de consécration au Cœur de Jésus.
2. *HSC*, t. I, p. 79.
3. AN F 19-2371. Jacques Gadille, *La pensée*..., 1967, t. I, p. 233, n. 1.
4. Pour le moment ce texte est connu grâce au rapport sommaire de Gabriel de Belcastel, *JO*, 23 juillet 1873, p. 4935.
5. Lue dans Roger et Sorel, *Lois* usuelles, 1879, p. 673-685. Texte aimablement communiqué par Jean Airiau.

nouveau au ministre. Il exprime le désir que le projet de loi soit présenté au vote de l'Assemblée nationale « avant les vacances pour éviter les discussions publiques » [1]. « Ce projet de loi pouvant être regardé comme étant d'intérêt local, pourrait être voté sur une seule lecture » [2].

Curieuse humilité après la lettre du 5 mars qui faisait du projet une entreprise nationale ! Mais Jules Simon retarde l'affaire et répond que le projet sera présenté à la reprise des travaux de l'Assemblée, peut-être par le gouvernement lui-même, qu'il sera, en tout cas, appuyé par lui et que son adoption ne semble pas devoir faire de difficulté. Mgr Guibert estime quant à lui qu'il ne faut pas trop en parler pour le moment, afin de ne pas nuire aux démarches en cours [3].

Lors de la séance du Comité du 20 mai, Léon Cornudet annonce que le projet de loi doit être déposé ce même jour à l'Assemblée nationale car il a été signé par Jules Simon [4], donc avant le second cabinet Dufaure du 18 mai 1873 où Marie-François Bardi de Fourtou le remplace aux Cultes séparés pour un peu de temps de l'Instruction publique. En fait, il n'arrive pas sur le bureau de l'Assemblée. Pour l'heure le gouvernement s'occupe d'autres choses. Les esprits sont inquiets. En raison de cette inquiétude, par exemple, Alexandre-Félix Legentil propose de changer le mode de placement des fonds de la souscription. Les bons du Trésor seraient changés en valeurs étrangères. Mais Léon Cornudet invoque le renouveau spirituel du pays pour refuser une telle mesure de méfiance envers la France. Finalement, le 24 mai, le gouvernement est mis en minorité et démissionne, ainsi que Thiers. Ce dernier est remplacé par le maréchal de Mac-Mahon qui demande au duc Albert de Broglie [5] de former un gouvernement dans lequel Anselme Batbie sera à l'Instruction et aux Cultes [6]. Le Comité dans sa séance du 5 juin ne revient pas sur la question du dépôt du projet de loi. Le pèlerinage du Comité à Paray-le-Monial prévu pour le 20 juin retient l'attention. Lors de la dernière séance de l'année 1872-1873, le 2 juillet, sous le coup de l'émotion produite par l'expédition auprès de la bienheureuse Marguerite-Marie, on attend l'initiative du nouveau ministre.

1. AN F 19-2371.
2. *PV*, 27 avril 1873. ASCM.
3. François Veuillot, « Un cinquantenaire... », 1923, p. 330, fait état d'une correspondance entre l'archevêché et le ministre qui innocente ce dernier : « Celui-là se plaignant de retards imprévus, celui-ci regrettant de n'avoir pas encore obtenu la ratification présidentielle ».
4. Affirmation faite aussi par Emile Keller, *JO*, 16 juillet 1873, p. 4756.
5. Alexandre-Félix Legentil a connu Albert de Broglie au (futur) lycée Condorcet. Selon le P. Bony, Legentil ne disait pas de mal de lui (P. Bony, *Vie*..., 1893, p. 26, n. 1).
6. Pendant ce temps, Adolphe Tardif reste directeur des Cultes.

## *II. LE CONTEXTE RELIGIEUX*

Les démarches de Mgr Guibert auprès de Thiers et du gouvernement qui aboutiront au vote d'utilité publique sont souvent mêlées dans les présentations générales de l'année 1873 à deux autres problèmes : celui de la consécration de la France au Cœur de Jésus et celui des pèlerinages, à Paray-le-Monial en particulier.

### A. La pétition pour la consécration de la France au Cœur de Jésus ?

Comme on l'a laissé entendre à la fin du chapitre intitulé « Cœur de Jésus, salut de la France », deux tendances se dégagent à propos de la consécration de la France au Christ : celle qui voudrait que ce soit d'abord un acte de l'autorité politique, fut-elle élue comme l'Assemblée nationale et celle qui accepte, pour le moment, qu'elle le soit seulement par le plus grand nombre possible de Français et par les évêques « qui ont fait la France ». Le P. Ramière représente plutôt la première, Mgr Guibert, la seconde. Pour lui, cet acte religieux serait son affaire si les circonstances s'y prêtaient, affaire à laquelle, de fait, il ne mêlerait pas la politique. La différence entre les deux positions n'est pas toujours perçue à l'extérieur du milieu catholique, mais elle est réelle et permet de comprendre que le Vœu national se situe dans un « religion d'abord ! » et non pas un « politique d'abord ! »

Mgr Guibert dit nettement sa position en 1872, tant dans son allocution à Notre-Dame[1] qu'aux « Dames de France » qui organisent une souscription et qui lui adressent une supplique en ce sens. À cette époque, il pense que si tout se passe bien pour la construction, si tous les évêques de France y participent à un titre ou à un autre, « sans blesser aucune convenance », lors de la pose de la première, il pourrait avec leur accord, consacrer la France « comme nation »[2]. Quelques mois après, Léon Cornudet parle même d'une délégation que l'archevêque demanderait au Saint-Père à cet effet[3]. Mais à notre connaissance, il n'a jamais fait cette démarche.

1. P. Monsabré, *Discours*..., 1872, p. 14 et *BVN*, décembre 1873, p. 20.
2. Lettre du 26 mars 1872 reproduite dans André Dérumaux, « Origines... », 1953, n° 201, p. 27.
3. Lettre de Léon Cornudet à H. de Fleury en date du 19 août 1872. ASCM.

Pour preuve, la discrétion qu'il demande à l'égard d'une initiative romaine peu connue et moins engageante. Un triduum de prières aurait été, selon Hubert Rohault de Fleury, organisé à Rome en mars 1873, par le souverain pontife en faveur de l'Œuvre et ce, pratiquement sans qu'il ait été nécessaire d'en faire la demande. Mgr Guibert a demandé que les journaux n'en parlent qu'avec une extrême discrétion afin de ne pas exciter les passions antireligieuses qui chercheraient à entraver la marche de l'Œuvre [1]. On voit bien là le caractère sage et prudent de l'archevêque de Paris. En juillet 1873, Léon Cornudet parle encore du projet de demande d'une telle délégation [2], mais Mgr Guibert s'en garde bien. Il ne fera rien de tel lors de la pose de la première pierre, mais il appela de ses vœux une telle consécration. Le P. Jonquet rapporte l'un de ses propos, avant de mourir, à Mgr Cotton, évêque de Valence :

> « Il faudrait bien cent ans à la France chrétienne pour relever ses ruines ; mais, quand nous nous serons consacrés officiellement au Sacré Cœur, nous serons sauvés » [3].

Mais d'autres catholiques réclament dès à présent le concours voire même l'initiative de l'autorité civile pour faire pendant à celle de l'Église, au nom même d'une conception catholique des rapports du temporel et du spirituel. Ce qui fut le cas à Marseille en 1721 comme en 1822 à Poitiers [4]. Et de fait, dans l'esprit du message du Christ à Louis XIV qui est appliqué à la France et qui a renouvelé la tradition de la consécration de la France depuis 1815 (chap. 6), des démarches sont entreprises en ce sens. Les archives du Sacré-Cœur à Montmartre gardent tous les documents (reçus en 1897) d'une pétition lancée à partir du diocèse de Rodez sous l'épiscopat de Mgr Bourret, par les abbés Alazard et Costes [5] et le vicomte de Bonald [6], pour demander à l'Assemblée nationale la consécration officielle de la France au Sacré Cœur et pour souhaiter que la basilique de Montmartre serve de mémorial à ce grand acte politique. Elle aurait réuni quarante-sept mille signatures, mais resta sans effet. Ses responsables avaient reçu un bref d'encouragement de Pie IX, le 14 avril 1873 [7].

1. *PV* du 15 mars 1873. ASCM.
2. *PV* du 2 juillet 1873. ASCM.
3. *BVN*, 1894, p. 779.
4. Pierre Forget, « Poitiers, ... », 1983. Voir notre chap. 6.
5. Ce dernier est devenu ensuite évêque de Mende.
6. Petit-fils du philosophe, neveu du cardinal-archevêque de Lyon. Représentant à l'Assemblée nationale, membre de la commission parlementaire pour la loi d'utilité publique de l'église de Montmartre. *BVN*, 1897, p. 820.
7. Selon le P. Yenveux, *Le Règne*..., 1900, t. V, p. 537. Voir ASCM 13. 01. Voir aussi *BVN*, 1899, p. 209. Il s'agit là d'un rapport non signé sur la consécration officielle de la France au Sacré Cœur de Jésus, lu au Congrès national catholique de Reims dans sa séance du 23 octobre 1899. L'auteur (l'abbé Alazard, *BVN*, 1897, p. 820) dit avoir remis au P. Lemius, en 1897, 25e anniversaire du Vœu national, « une foule de documents concernant cette pétition [...] Ils serviront plus tard pour l'histoire du mouvement religieux produit en France pour arriver à sa consécration » (*BVN*, 1899, p. 210).

## B. Les pèlerinages de juin 1873 à Paray-le-Monial

Dès le mois de février 1873, Adolphe Baudon informe le comité de construction que l'évêque d'Autun, encouragé par le P. Drevon (voir chap. 5), invite tous les évêques de France à se rendre en pèlerinage à Paray [1]. Le président de la Société Saint-Vincent de Paul engage les conférences à entrer dans les comités diocésains déjà formés ou à se transformer elles-mêmes pour un temps en comités d'organisation, tandis qu'il invite le comité du Vœu national à se joindre à la démarche nationale. La date du 20 juin, fête du Cœur de Jésus, est fixée pour les pèlerins de Paris [2]. En avril, le comte de Ségur, rapporteur de l'Œuvre du Vœu national devant les délégués des Comités catholiques exhorte ces derniers à trouver des volontaires pour ce pèlerinage à Paray. Le 20 mai, le pèlerinage du Comité à Paray est toujours prévu pour le 20 juin, « si l'état de la tranquillité publique le permet » [3]. En juin, le Comité se pourvoit d'une bannière (voir chap. 21).

Le grand jour arrivé, Léon Cornudet la porte au cours de la procession parmi cent cinquante autres bannières; Alexandre-Félix Legentil, le général de Sonis, le général de Charette tenant ses cordons. Dans son prêche, le P. Félix exalte le Vœu national comme un motif d'espoir [4]. Pour la petite histoire, Hubert Rohault de Fleury écrit à son père:

> « Paray-le-Monial a été superbe de piété, de nombre et de manque d'organisation; notre pauvre vieux Alexandre y fut avec un anthrax qui perça le jour même du vendredi, après la messe; sans cela son pèlerinage n'eut eu aucun mérite; mais à coup sûr il en a acquis de grands; car il a souffert mille martyres. Puis il n'y avait pas de place, pas de pain, rien, rien, et 50. 000 personnes [*sic*] » [5].

Avec le temps, l'organisation des pèlerinages s'améliorera. On peut considérer malgré tout l'action des membres de la Société et du comité du Vœu national comme un véritable succès. Ce pèlerinage du 20 juin n'est pas à confondre avec celui que certains députés font le 29 juin 1873 [6]. À l'un et à

1. Sur le cadre général de ces pèlerinages, voir Jacques Gadille, *La pensée*..., 1967, t. I, p. 233 et Michel Cinquin..., *Deux pèlerinages*..., 1980, p. 187-191.

2. *PV* du 19 fév. 1873 et *BSVP*, avril, mai 1873, p. 118.

3. *PV* du 20 mai 1873. ASCM.

4. Voir chap. 2 et A. Legentil, « Rapport... », dans *BVN*, 1874, p. 174. Notons bien que c'est à un « père de Paris » que la prédication a été demandée. Il faudrait savoir par qui.

5. Lettre du 23 juin 1873. ASCM.

6. Comme le fait d'ailleurs François Veuillot, *Correspondance de L. Veuillot*, Lethielleux, t. XI, p. 214 selon une remarque de Benoît Le Roux à l'A. Ce pèlerinage de députés à Paray-le-Monial est situé à tort en mai 1873 par plusieurs auteurs (A. Latreille..., *Histoire*..., 1962, p. 406 et B. Le Roux, *Veuillot*, 1984, p. 193). Il doit être confondu avec un pèlerinage à Chartres durant le mois de Marie. Mgr Gauthey, *Vie*..., 1915, t. III, p. 218, J. Gadille, *La pensée*..., 1967, t. I, p. 236 et P. Boutry..., *Deux pèlerinages*..., 1980, p. 208, sont formels et le placent au 29 juin 1873.

l'autre, on chantera le célèbre chant *Pitié, mon Dieu !*, mais dans des versions différentes (voir chap. 20). En ce 29 juin, Gabriel de Belcastel et cinquante députés, au nom de cent cinquante autres, se consacrent et consacrent la France au Cœur de Jésus autant qu'il est en leur pouvoir de députés, puisqu'ils n'ont reçu aucune délégation de l'Assemblée nationale. Dans leur esprit, la chose reste à faire par l'autorité publique.

Ainsi donc, à propos des pèlerinages comme à propos de la consécration de la France au Cœur de Jésus, deux attitudes se dessinent nettement : celle de Mgr Bourret [1] et de Gabriel de Belcastel, celle de Mgr Guibert et d'Adolphe Baudon. Les premiers essaient d'influer « directement » sur le pouvoir politique par des pétitions et des gestes « prophétiques », les seconds essaient d'obtenir de lui ce qu'il peut donner présentement et jouent le jeu de l'influence « indirecte » par le rappel plus ou moins pressant des principes.

## *III. LE PROCESSUS PARLEMENTAIRE*

### A. Mesures préparatoires aux débats

#### *1. Projet de loi et commission*

Le nouveau ministre des Cultes, Anselme Batbie [2], dépose le projet de loi le 21 juin. Une commission de quinze représentants est nommée. Parmi

1. Il faudrait mieux connaître cet évêque de Rodez classé par Jacques Gadille dans la tendance de Mgr Pie (*La pensée*..., 1967, t. I, p. 127, n. 2) comme Mgr Guibert. La comparaison permet donc d'affiner le classement.

2. Les remarques biographiques des parlementaires mentionnés dans ce chapitre proviennent pour la plupart de Robert et Cougny, *Dictionnaire*..., 1889, et de Jean Joly, *Dictionnaire*..., 1960. La notice d'Anselme Batbie, professeur de droit, célibataire, devenu parlementaire peut être commentée sur quatre points. 1. Son ouvrage sur *Le Crédit populaire* (voir réf. 1864) ressort de la conception « libérale » assez pleine de « préjugés », mais cependant soucieuse de statistiques. Il est sur ce point encore peu étudié. Voir la future thèse de Fabrice Laroulandie, *Sources et méthode en histoire du crédit populaire*. 2. Lors de sa participation à la Commission des grâces (1872), il est jugé « haineux » par Louis FIAUX, *Histoire*..., 1879, p. 620. 3. Par testament, il donne son cœur à la basilique de Montmartre. Voir chap. 5. 4. Il y a depuis 1981 une avenue Anselme Batbie à Seissan (Gers), sa ville natale (lettre de P. Preneron, maire, en date du 13 février 1984 à l'auteur).

ses membres [1], on remarque Emile Keller [2]; Victor Hamille [3]; Gabriel de Belcastel [4]. Onze de ses membres peuvent être regardés comme favorables au projet de loi.

Emile Keller est élu rapporteur à l'unanimité. On lui fait diverses objections et il demande conseil. Adolphe Tardif, Léon Cornudet et Charles Chesnelong [5] lui fournissent des éléments de réponse pour la rédaction de son rapport. Ces messieurs décident d'introduire dans l'article premier le nom de l'église et le but religieux de l'entreprise. La lettre du 5 mars de Mgr Guibert à Jules Simon est publiée par les journaux. Le 10 juillet, Mgr Guibert écrit à Mgr Bourret, sous la responsabilité duquel venait d'avoir lieu la pétition présentée ci-dessus :

« C'est une manière indirecte d'associer l'Assemblée à cette grande œuvre et la seule dont elle soit capable – *non possunt portare modo* » [6].

1. MM. Jean Baze, président (Centre constitutionnel – Réunion Lavergne); à sa gauche : personne de l'Union républicaine; Louis Riondel et Auguste Warnier (Gauche républicaine); Emile Lenoël (Réunion du Centre gauche); à sa droite : Martial Delpit et le vicomte Victor de Bonald (Réunion St Marc Girardin-Centre droit); le comte Armand de Maillé (Réunion Colbert); Henri de La Bassetière, secrétaire, le comte Albert de Cornulier-Lucinière, le vicomte Louis de Kermenguy, le baron Jean Chaurand et Gabriel de Belcastel (Réunion des Chevau-légers); à part, inscrits à la Réunion de l'Appel du peuple : Victor Hamille et Arthur Legrand ; un non-inscrit : Emile Keller. *JO* du 16 juillet 1873, p. 4756 et R. Hudemann, 1979, p. 397-424.

2. Un Keller (mais il y en a plus d'un !) est ami des Rohault de Fleury en 1871 (Lettre du 3 mars 1871 de Hubert à Georges). Après son rôle dans le vote présenté ici, il est parmi les parlementaires qui souscrivent une chapelle (*BVN*, 1875, p. 464); on le trouve aussi à l'inauguration de la chapelle provisoire (*BVN*, 1876, p. 53) et au Comité (*PV* du bureau du 26 février 1877 ; *HSC*, t. I, p. 384). Nécrologie en *BVN*, 1909, p. 65-66. Il est représenté sur la mosaïque du chœur de la basilique. Sa pensée est jugée très importante pour comprendre « les catholiques sociaux du Parti de l'Ordre » : voir Philippe Levillain, « Révolution et Contre-Révolution : Emile Keller » dans *Communio*, t. XIV, 3-4, 1989, p. 81-88.

3. Il a été directeur des Cultes de 1860 à 1870 (voir Jean-Michel Leniaud, *L'Administration*..., 1988, p. 103, n. 272). Il appartient à la bourgeoisie catholique du Nord (voir Yves-Marie Hilaire, *Une chrétienté*..., 1977, douze mentions).

4. Celui qui vient d'entraîner le 29 juin, cinquante représentants à Paray, est une figure de légende, un « pur », comme va le dire Noël Parfait, un élève fidèle des PP. jésuites du Midi comme en témoigne sa vie par le P. Emile Regnault, successeur du P. Ramière (*MCJ*, 1901, p. 261). En dehors de huit ans de politique parisienne, il s'occupa de littérature, d'agriculture et d'œuvres catholiques (Robert et Cougny, 1889 et Jean Joly, 1960). Il souscrit pour une chapelle des Parlementaires (*BVN*, 1875, p. 464); il entre au Comité en 1877 (*HSC*, t. I, p. 409); il fait le rapport annuel de l'Œuvre l'année suivante à l'Assemblée des catholiques (*BVN*, 1878, p. 365-370); nécrologie en *BVN*, 1890, p. 91).

5. Après être intervenu en faveur du Vœu national dans le présent débat, Charles Chesnelong remplace Ludovic Vitet à la présidence de la Commission artistique (voir chap. 10), souscrit pour la chapelle des Parlementaires (*BVN*, 1875, p. 464) et devient membre du Comité en 1877 (*HSC*, t. I, p. 409). Le définir comme « député légitimiste, foncièrement clérical et anti-républicain » (Claude Laroche, *Paul Abadie*, 1988, p. 225), c'est négliger bien des choses ; par exemple, sa volonté de ne pas identifier la cause religieuse à une cause politique : en fait foi son discours de 1881 aux Comités catholiques, convenu avec Mgr Guibert à l'encontre de la position de Mgr Freppel (voir Jacques Gadille *La pensée*..., 1967, t. II, p. 182), alors qu'à la même époque les « Républicains », eux, identifiaient une cause politique avec une cause idéologique contestable fermée au religieux. Voir Chesnelong, 1895, 1932 et Marcey, 1908. En souvenir de son action pour l'école catholique, il a son buste par Caravannier dans la chapelle du Sacré-Cœur dédiée à sainte Ursule, offerte par les Ursulines, religieuses enseignantes (85 SCM 136 X).

6. Jacques Gadille, *La pensée*..., 1967, t. I, p. 233. Arch. dioc. Rodez. Corr. div. Allusion peut-être à *Luc* 11, 46 : [les représentants] ne peuvent pas faire davantage.

C'est bien sûr une allusion à la modification de l'article premier de la loi d'utilité publique du Vœu national et à la fameuse pétition concernant la consécration de la France au Cœur de Jésus, mais c'est surtout la preuve de la « bonne » théologie de Mgr Guibert, de sa prudence et de son sens de la gradualité pour parvenir à un régime social et politique davantage christianisé. Il n'est pas un partisan de la politique du pire, mais de celle du moindre mal.

## *2. Le rapport d'Emile Keller*

Le 11 juillet 1873, Emile Keller dépose le rapport de la commission chargée d'examiner le projet de loi tendant à déclarer d'utilité publique la construction d'une église à Paris (XVIII^e^). La demande et la déclaration d'urgence sont faites [1]. Ce rapport [2] commence par rappeler les prières publiques demandées par l'Assemblée le 16 mai 1871 et célébrées le 28 mai, jour de la Pentecôte.

> « En présence de nos malheurs publics, un mouvement irrésistible a poussé tous ceux qui n'ont pas perdu le sentiment religieux à invoquer pour la France la miséricorde de Dieu, et, [...], l'Assemblée nationale, « répondant au cri qui s'élevait du cœur de tout un peuple, et voulant montrer au monde que la France reconnaissait la main qui seule pouvait la guérir et la sauver », ordonnait des prières générales pour supplier Dieu d'apaiser nos discordes civiles et de mettre un terme aux maux de la patrie. »

Conformément au Concordat, les prières publiques demandées par l'Assemblée nationale était légales. Celles de mai 1871, bien connues, ont été votées à la quasi-unanimité des députés, mais seulement des 416 présents (sur environ 730), à l'initiative de Pierre de Cazenove de Pradine [3]. Elles témoignaient du trouble des esprits à la fin de la Semaine sanglante [4]. Ce qui est moins connu, c'est le rôle du P. Drevon, jésuite, qui s'est beaucoup dépensé pour les obtenir [5]. Emile Keller fait ensuite mention du projet de Jean Brunet qui fut écarté comme trop vague et trop peu déterminé (voir chap. 8). Devant

1. *JO* du 12 juillet 1873, p. 4643.
2. *JO* du 16 juillet 1873, p. 4756-4757.
3. Il est connu pour son glorieux comportement, à Loigny en 1870 et pour son intervention à la fin du présent débat. Il se fait remarquer en allant chez le comte de Chambord avec d'autres députés à Salzbourg à l'automne 1873 (voir Charles Chesnelong, *La Campagne*..., 1895, p. 225). Il participe à la souscription pour le Sacré-Cœur (*BVN*, 1875, p. 464). .
4. Jacques Gadille, *La pensée*..., 1967, t. I, p. 217.
5. *MCJ*, 1880, t. 37, p. 696. Le P. Ramière (*MCJ*, mai 1871, t. 19, p. 344) fait aussi allusion au « service religieux ordonné pour les généraux lâchement assassinés par les révolutionnaires parisiens ; et parmi les orateurs qui ont proposé cette mesure, il en est qui ont insisté sur la nécessité de faire, au nom de la France, un acte solennel d'hommage et de réparation au Tout-Puissant ». L'église de Montmartre ne sera-t-elle pas interprétée par certains dans ce sens ?

l'instance souveraine de la politique française, l'église de Montmartre semble ainsi prendre le relais de ces initiatives religieuses. Cependant la lettre du 5 mars de Mgr Guibert à Jules Simon, citée intégralement dans le rapport de loi, remet les choses en ordre et rappelle bien les origines du projet en 1870. Après un mot sur l'accueil favorable réservé au projet par le ministère précédent, le rapporteur répond à quelques objections. L'autorité militaire aurait pu souhaiter construire une citadelle à l'emplacement des événements du 18 mars. Elle ne s'est jamais prononcée à ce sujet. Affaire classée!

La loi du 3 mai 1841 est invoquée: loi sur l'expropriation pour cause d'utilité publique qui prévoit une enquête préalable[1]. Mais cette enquête n'a pas eu lieu. Ce que justifie Emile Keller par des considérations d'urgence, par la singularité du projet, l'existence de précédents, l'impossibilité de suivre les procédures habituelles et par le fait que les intérêts des propriétaires seront respectés grâce à l'enquête qui permettra de déterminer le juste prix des terrains. Cependant, le rapporteur montre le fond de son cœur en disant:

> « Et quand on ouvrirait des registres partout, qui oserait protester contre la liberté de bâtir à ses frais un temple à Dieu et prier pour la France? »

Une autre objection touche à la capacité juridique de l'archevêché à bénéficier d'une loi de déclaration d'utilité publique qui permet une expropriation par nécessité. Comme l'archevêché est, selon lui, un établissement public, il peut posséder, et donc il peut bénéficier de cette loi.

Emile Keller arrive ainsi à une sorte de quatrième objection qu'il se fait à lui-même sous forme interrogative:

> « Est-elle d'utilité publique, l'église que l'archevêque de Paris propose d'élever sur ces hauteurs arrosées par le sang des premiers martyrs, qui, avec la foi, nous ont apporté la liberté et la civilisation, et de ces martyrs d'hier qui sont morts pour défendre et pour sauver la société chrétienne?
>
> « Est-il d'utilité publique d'effacer, par cette œuvre d'expiation, les crimes qui ont mis le comble à nos douleurs?
>
> « Est-il d'utilité publique d'appeler sur la France, qui a tant souffert, la protection et la miséricorde de celui qui donne à son gré la défaite ou la victoire? »

Emile Keller à ce moment fait acte de lucidité. Il sait qu'il y a des hommes qui veulent séparer l'État de la religion ou qui veulent détruire celle-ci. Le

1. Voir Roger et Sorel, *Lois usuelles*, 1879. La loi du 20 juillet 1870, mentionnée par Léon Cornudet, n'apparaît pas dans la discussion.

mouvement religieux dont il note sous ses yeux l'ampleur lui paraît constituer un démenti populaire à de telles thèses. Il espère que l'Assemblée nationale s'associera à ce renouveau religieux et déclarera la souscription nationale d'utilité publique. Il souhaite que le texte de la loi lui-même porte traces de cet état d'esprit. L'article premier convenu entre Mgr Guibert, Adolphe Tardif, Jules Simon et le Comité inclurait donc dans une nouvelle version une phrase directement inspirée de la lettre archiépiscopale :

> « ARTICLE PREMIER. Est déclarée d'utilité publique la construction de l'église que, par suite d'une souscription nationale, l'archevêque de Paris propose d'élever, sur la « colline de Montmartre, en l'honneur du Sacré Cœur de Jésus-Christ, pour appeler sur la France, et en particulier sur la capitale, la miséricorde et la protection divines ».

En fait la phrase entre guillemets est une citation constituée de deux passages séparés dans la lettre de Mgr Guibert. La commission a tenté de forcer la main à l'Assemblée et, pourrait-on dire, la main à Mgr Guibert aussi ! Par ailleurs, dans les quatre autres articles du projet, le texte initial est repris exactement.

### *3. Rapport du 16 juillet et amendements*

Dès la publication du rapport le 16 juillet, des amendements sont déposés tendant en particulier à supprimer les références religieuses de l'article premier. Ils émanent à vrai dire non pas de la gauche de l'Assemblée, mais du centre.

> « Les opposants [1] allèrent trouver le cardinal Guibert, pour le prier d'intervenir auprès du rapporteur et de ses amis. L'archevêque estima qu'à maintenir la rédaction proposée, l'on compromettrait le succès final. Il « ne croyait pas l'Assemblée assez courageusement chrétienne pour aller jusque-là ». Bref, il engagea Keller à sacrifier le texte en litige. Le grand Alsacien, toujours entier dans ses obéissances et dans ses convictions, déféra aux conseils du cardinal, mais donna sa démission de rapporteur » [2].

La commission réagit en supprimant la dédicace de l'église (« en l'honneur du Sacré Cœur de Jésus-Christ »), mais en maintenant l'appel à la protection divine.

1. Il faudrait des noms ! malheureusement on ne les connaît pas à ce jour.
2. François Veuillot, « Un cinquantenaire... », 1923, p. 332 qui lui-même cite un des biographes de Charles Chesnelong sans donner sa référence.

# B. Les débats à l'Assemblée nationale

## 1. *La séance du mardi 22 juillet 1873*[1]

La séance est présidée par Joseph Buffet[2], ouverte à deux heures et demie et levée à six heures moins cinq minutes. Le débat proprement dit, en ce qui concerne l'église de Montmartre, semble avoir eu lieu entre trois heures et cinq heures et demie. Deux heures et demie d'échanges ne se résument pas en une page ou deux: essayons pourtant d'en donner une idée.

### *a. L'initiative de Gabriel de Belcastel*

La discussion générale devait s'ouvrir par une intervention du pasteur Edmond de Pressensé. Mais au moment de lui donner la parole, « on » dit au président de séance que Gabriel de Belcastel est chargé d'un rapport verbal supplémentaire accompagnant en quelque sorte la nouvelle rédaction de l'article premier qui vient d'être distribuée et qui fait difficulté. L'orateur estime ainsi exprimer la pensée même de la commission. Avec la majorité de la commission, il accepte que la dédicace de l'église au Cœur de Jésus ne soit pas mentionnée afin de respecter les scrupules de conscience de certains représentants. Mais avec cette même majorité, il espère que les mots marquant l'intention religieuse seront maintenus. Il tient à la foi privée, mais aussi à la profession de foi publique. Pour lui, la France chrétienne est née sur un champ de bataille d'un acte de foi de Clovis. Jean Baze[3], le président de la commission, affirme que les paroles du rapporteur ne traduisent pas vraiment la pensée de la commission et laisse entendre qu'il conviendrait de supprimer en fait toute référence religieuse dans le texte du premier article de la loi. Gabriel de Belcastel proteste de sa bonne foi et abandonne la tribune, non sans avoir reçu ce compliment empoisonné du député Noël Parfait[4]: « Laissez parler l'orateur; celui-là est sincère! »

1. *JO* du 23 juillet 1873, p. 4934-4943.
2. Il siège au centre droit avant d'être élu et réélu six fois à la présidence. Il sera vice-président du Conseil et ministre de l'Intérieur en 1875-1876. Il ne prend pas part au vote. Son épouse joue un rôle dans le lancement de l'adoration perpétuelle à Montmartre (voir chap. 17).
3. Selon *L'Univers* du 29 juillet 1873: « député du Lot-et-Garonne et questeur de l'Assemblée. Il siégeait sur les bancs de la droite, mais allait bientôt rejoindre la gauche modérée. Il fut sénateur inamovible. »
4. Il est inscrit au groupe de la gauche républicaine. Sa notice dans le Robert et Cougny (1889) ne mentionne pas ses relations avec Renan, évocatrices de tout un milieu culturel au moment du vote de la loi en question: « Malgré ses travaux à la Chambre, M. Noël Parfait a bien voulu ne pas me discontinuer ses soins de correcteur accompli » (Ernest Renan, *L'Antéchrist*, 1873, p. XLVII).

### *b. La critique du mélange politico-religieux : Henri de La Bassetière contre le pasteur Edmond de Pressensé*

L'intention du premier intervenant, le pasteur de Pressensé[1], est de s'abstenir totalement. Il résume ainsi sa pensée :

> « Que chacun reste dans son domaine ; que la religion se renferme dans le sien qui est immense et sublime ; que les pouvoirs civils demeurent dans leur sphère qui, tout en étant d'un ordre inférieur, est assez grande et assez belle toutes les fois qu'ils maintiennent et protègent le droit. »

Cette séparation théorique des pouvoirs n'a pas empêché E. de Pressensé de donner en passant quelques leçons aux catholiques. Il rappelle le caractère contesté de la dévotion au Sacré Cœur de Jésus. Dans la situation actuelle, que l'État dote tous les cultes des édifices dont ils ont besoin, dès lors que les lois sont respectées ; ce qui n'est peut-être pas le cas présentement. Le secrétaire de la commission, Henri de La Bassetière[2], prend alors la parole. Il veut dissiper les malentendus. Il respecte la liberté de conscience et ne demande pas à ceux qui ne partagent pas de tels sentiments de s'y associer. Il affirme qu'une initiative de ce genre venue d'un autre culte aurait été accueillie avec respect pour le bien de la patrie. Quant à lui, il se réfère d'une part au passé de la France et d'autre part à l'Amérique, à la Suisse et à l'Angleterre : la foi publique en Dieu honore ces États. Pourquoi la France s'en dispenserait-elle ?

### *c. La critique de la solution juridique : Anselme Batbie contre Charles Bertauld*

Charles Bertauld veut se situer uniquement sur le terrain du droit public[3]. Si cette église est une église publique, elle ne peut appartenir qu'à une commune, un département ou à l'État. Il laisse de côté le cas des fabriques. Il rappelle ainsi qu'en droit français, il y a six sortes d'églises publiques : les cathédrales qui appartiennent à l'État ou au département, les églises paroissiales qui appartiennent à la commune comme les succursales, les chapelles de seconde classe, les annexes et les chapelles de secours. Un évêque a besoin

1. Edmond de Pressensé souhaite instamment une séparation des Églises et de l'État et prend place à gauche dans l'Assemblée. Les dénombrements de protestants à l'Assemblée varient du simple au double : Emile Léonard, *Histoire*..., 1964, p. 379-381, parle de soixante-dix protestants de diverses tendances, soit 10 % de l'effectif total ; G. Cholvy..., *Histoire*..., 1985, t. II, p. 45, en mentionne 28 sur 727 élus en 1871.
2. Il participera bien sûr à la souscription pour une chapelle au Sacré-Cœur (*BVN*, 1875, 464).
3. Président du centre gauche à l'Assemblée.

de l'autorisation des pouvoirs publics pour ouvrir une église publique qui sera entretenue par eux. Il peut certes en posséder et en acquérir à titre privé ;

« mais s'il possède à titre privé une chapelle privée, alors il n'y a plus de place pour une expropriation pour cause d'utilité publique. »

Au nom de la Révolution, Charles Bertauld refuse l'existence d'une propriété collective et publique qui s'appellerait propriété ecclésiastique. Finalement, il demande qu'au-delà du problème de la propriété, il soit au moins spécifié dans la loi, comme Frédéric de Falloux l'avait voulu en son temps, pour un problème de construction d'église, que les questions de plans et non seulement d'emplacement, soient réglées de concert entre les représentants de l'évêché et les représentants de l'autorité civile. Charles Bertauld veut qu'un bâtiment d'utilité publique dépende à un titre ou à un autre de l'autorité publique. Il lui faut aussi la garantie de la part de l'archevêque que les travaux pourront être menés à leur terme et donc qu'on ne commence rien sans avoir en caisse le montant global, avec un quart en sus. Il veut encore, en cas d'expropriation, qu'elle soit faite au nom de l'État et non de l'archevêque. De toutes ses forces, Charles Bertauld qui se réjouit du renouveau religieux contemporain, « s'oppose à un premier pas vers la conquête d'un domaine public ecclésiastique ».

Le nouveau ministre des Cultes, Anselme Batbie, répond point par point à Charles Bertauld. Des consistoires protestants et des consistoires israélites sont propriétaires de temples et de synagogues ; des particuliers sont propriétaires d'églises paroissiales (près de Douai) ; la cathédrale de Strasbourg est administrée par une fondation pieuse. Pourquoi un diocèse ne pourrait-il pas aussi être dans ce cas ? Anselme Batbie fait remarquer une incohérence : la mense épiscopale peut être propriétaire à titre privé de biens immeubles et ne pourrait pas l'être d'églises ! Sans le dire, Anselme Batbie fait allusion au projet de loi évoqué plus haut par Léon Cornudet, qui légaliserait la propriété d'églises publiques par les diocèses. Il distingue la propriété des anciennes églises d'avant la Révolution, qui avaient été restituées au culte sous le Consulat, et les nouvelles qui sont construites par une fabrique avec ses propres deniers. Dans le premier cas, le problème a donné lieu à des monuments de jurisprudence qui ne l'ont pas résolu. Dans le second cas, le problème semble clair : elles appartiennent aux fabriques.

Les objections concernant la sécurité et l'art tombent d'elles-mêmes selon le ministre. Il est évident que la police aura les mêmes droits dans l'église à construire que dans les autres. Quant au droit de regard de l'État en matière d'art, il ne s'impose que si l'État participe à la construction. Enfin, quant au droit d'expropriation, de fait, il a été, récemment encore, accordé à d'autres institutions que l'État, le département ou la commune, à une fabrique par exemple [1]. Anselme Batbie conclut en défendant l'image globale du gouvernement : ce n'est pas un gouvernement clérical ; tout au plus peut-on dire qu'il veut favoriser les intérêts religieux et il proteste de sa volonté de protection impartiale des libertés religieuses de chacun.

### *d. Claude Corbon et la critique de l'opportunité religieuse du projet*

Pour Anthime Corbon [2], qui se présente comme un révolutionnaire, l'église de Montmartre sera plus nuisible qu'utile au catholicisme. Son raisonnement part de l'analyse de la pensée de ses ennemis.

> « Lorsqu'il s'agit d'établir à Paris, dans ce grand foyer de la révolution et de la libre pensée, sur le point culminant de la capitale, [...], un monument qui le couronne et dans le quartier qui est, à vos yeux, l'un des centres les plus ardents de l'insurrection, l'effet que vous en attendez est celui-ci : mettre là un symbole du triomphe de l'Église sur la révolution. [...] Ce que vous cherchez à éteindre dans la population en masse de Paris, c'est ce que vous appelez, ce que le parti militant du catholicisme appelle : « la pestilence révolutionnaire. » [...] Vous cherchez à faire la guerre à l'esprit moderne. [...] Cette population, au lieu d'être édifiée par ces manifestations extérieures, par cette foi que j'appellerai la foi tapageuse [...], en sera au contraire profondément scandalisée [...] et les dernières attaches chrétiennes qui lui restent dans l'âme courront le risque d'être brisées. »

Il y a, selon Claude Corbon, trop de liens entre les manifestations religieuses et les manifestations monarchiques qui rejettent les hésitants dans le camp de la Révolution et de la libre pensée dont les progrès, depuis deux ans, sont incontestables, selon lui à cause des maladresses des catholiques. Il ne veut être qu'un sage ennemi de ces derniers en leur suggérant de ne pas exaspérer la population. L'église et les pèlerinages de Montmartre n'édifieront pas le peuple de Paris, car les gens qui les font mélangent la religion avec la monarchie.

1. Selon H. A. dans *La Revue politique*..., 1873, il s'agit de la fabrique de l'église paroissiale d'Oullins, en janvier ou février 1873. La commune qui est propriétaire a droit d'expropriation.

2. Sous la monarchie de Juillet, ce typographe collabore avec Buchez qui l'entraîne dans un catholicisme marginal au sein de *L'Atelier*. Il demeurera un nostalgique de 1848, de la « réconciliation quarante-huitarde de l'Église et de la Révolution » (J. Maitron *Dictionnaire*..., 1968). Il évolue vers un « voltairianisme bourgeois » (cardinal de *Lubac, La postérité*..., 1981, t. II, p. 119 et 123). Son livre *Le Secret du peuple de Paris* (1863) développe une mystique du peuple qui d'instinct a le sens de l'histoire. Il est inscrit à l'Union républicaine.

« Si c'étaient encore des manifestations pieuses, purement chrétiennes, inspirées par un véritable esprit évangélique, le peuple n'y serait pas opposé ; il en serait touché, parce qu'il a d'assez fortes attaches chrétiennes, mais pas catholiques [...] ». En appelant les zélés de l'Église à venir manifester à Paris leur foi, [...], je dis que tout cela tournera contre l'Église et au profit de la Révolution. Ce dont je me réjouis. »

## *2. Le report du débat du mercredi 23 juillet 1873*

Le *Journal officiel* du 23 juillet annonce pour le jour même la suite de la discussion, mais celle-ci est ajournée, car le débat au sein de la commission n'est pas clos. Mgr Guibert écrit, non sans insistance, à Charles Chesnelong :

« Le point capital est d'obtenir le vote avec la plus grande majorité possible. Ce sera à moi de faire le reste. Je saurai bien, dans une lettre pastorale, donner à l'œuvre toute la portée du vote de l'Assemblée. Le rapport de M. Keller est le document principal et donne à l'œuvre sa véritable signification » [1].

Dans *Le Français* du 24 juillet, Thureau-Dangin [2] approuve le souhait minimal de l'archevêque en soulignant le caractère populaire de l'entreprise :

« Ce qui me plaît surtout dans ce projet, c'est qu'il émane de la libre initiative des citoyens et qu'on ne compte pour l'exécuter que sur cette initiative ».

Est-ce ce matin-là que *La République Française* et *L'Univers* entrent aussi dans le débat ? Qu'importe. Leurs propos illustrent bien les extrémistes du débat. Le premier journal réclame un monument laïc qui exalte la Révolution ; le second, cinglant, répond :

« Un seul monument conviendrait au parti de Ranc [3] et de Challemel-Lacour [4] : un immense échafaud dont l'ombre planerait sur Paris » [5].

1. François *Veuillot*, « Un cinquantenaire... », 1923, p. 333.
2. On a déjà parlé (chap. 1) d'un Alfred Thureau-Dangin, membre du conseil général de la Société de Saint-Vincent de Paul, dont les tendances quasi-républicaines sont connues de ses confrères. Ici il s'agit de Paul Thureau-Dangin, rédacteur au *Français* (sur ce journal, voir notre chap. 13).
3. Inscrit à l'Union républicaine, il ne participera pas au vote.
4. Il est inscrit à l'Union républicaine et votera contre la loi en question.
5. Cité par Daniel Halevy, *La République*..., 1937, p. 25.

## *3. Séance de l'Assemblée du jeudi 24 juillet 1873*

### *a. Le projet de loi*

Le débat reprend le lendemain. Il commence à dix-sept heures trente pour s'achever à vingt heures environ[1]. Les représentants sont en séance depuis le début de l'après-midi (à treize heures) et sont fatigués. Ils n'ont même pas le texte définitif sous les yeux. Malgré cela, la majorité veut en finir ce 24 juillet. Le président de la commission commence par présenter le projet dans sa formulation définitive, acceptée par tous les membres (présents) de la commission et par le gouvernement. On y remarque la disparition des références religieuses dans l'article premier, mais la mention de la lettre de Mgr Guibert.

« ARTICLE PREMIER. – Est déclarée d'utilité publique la construction d'une église sur la colline de Montmartre, conformément à la demande qui en a été faite par l'archevêque de Paris dans sa lettre du 5 mars 1873 adressée au ministre des Cultes. Cette église, qui sera construite exclusivement avec des fonds provenant de souscriptions sera à perpétuité affectée à l'exercice public du culte catholique.

« Art. 2. – L'emplacement de cet édifice sera déterminé par l'archevêque de Paris, de concert avec le préfet de la Seine, avant l'enquête prescrite par le titre II de la loi du 3 mai 1841.

« Art. 3. – L'archevêque de Paris, tant en son nom qu'au nom de ses successeurs, est substitué aux droits et obligations de l'administration, conformément à l'article 83 de la loi du 3 mai 1841, et autorisé à acquérir le terrain nécessaire à la construction de l'église et à ses dépendances, soit à l'amiable, soit, s'il y a lieu, par la voie de l'expropriation.

« Art. 4. – Il sera procédé aux mesures prescrites par les titres II et suivants de la loi du 3 mai 1841, aussitôt après la promulgation de la présente loi. »

L'archevêque de Paris est vraiment traité ici comme une puissance publique. Cela lui sera terriblement reproché.

### *b. Un contre-projet et deux amendements*

Jean Brunet (voir chap. 8) revient à la charge. Il souhaite une église dédiée au Christ, pour appeler sur la France la protection divine. Elle serait propriété nationale et administrée par l'archevêque de Paris. Un crédit d'un million

1. *JO* du 25 juillet 1873, p. 5008-5016.

et une souscription lancée par les évêques en assureraient le financement. Jean Brunet souligne la confusion qui règne autour du projet présentement discuté. Il souhaite quant à lui un monument qui soit au-dessus de tous les cultes et dont l'Assemblée aurait l'initiative. Mais devant l'attitude de cette dernière, il retire son contre-projet.

Agénor Bardoux[1], qui ne prendra pas part au vote poursuit la discussion juridique commencée par Charles Bertauld et propose un amendement en ce domaine. Il affirme que si des associations, des corporations ont pu exercer la faculté d'expropriation, c'est uniquement parce qu'elles étaient les délégués naturels de l'État, du département ou de la commune et que la chose expropriée quittait le domaine privé. Il suggère donc que le texte de la loi commence ainsi, suggestion qui sera rejetée:

> «Est déclarée d'utilité publique la construction d'une église sur la colline de Montmartre, suivant les plans et dans l'emplacement qui seront déterminés de concert entre le représentant de l'État et le représentant de l'archevêché de Paris, avant l'enquête prescrite par le titre II de la loi du 3 mai 1841. Œuvre d'une souscription publique, cette église constituera une propriété nationale, affectée à perpétuité, comme condition de sa fondation, à l'exercice du culte catholique.»

Cent vingt représentants avaient signé un amendement proposé par Julien Bigot[2]. Mais comme la commission offre un texte qui leur convient, il le retire. Il en est de même de celui de René Bérenger[3] qui portait sur le mode d'expression des rapports de l'administration et de l'archevêque.

### *c. Des critiques fondamentales: Henri Tolain et Edouard Lockroy contre Charles Chesnelong*

Henri Tolain[4] ne se contente pas du texte de la loi dans son état définitif. Il a lu l'allocution de Mgr Guibert à Notre-Dame de Paris en 1872 et les circulaires du comité de propagande du Vœu national. Henri Tolain souhaite que le projet de loi soit retiré, ou tout au moins que la référence à la lettre de Mgr Guibert soit supprimée, parce qu'il estime que l'élément civil doit

1. D'abord inscrit au groupe de la gauche républicaine, il devient plus tard, président du centre gauche.
2. Julien Bigot, catholique traditionnel du Centre droit (Mayenne). Il votera la loi.
3. René Bérenger est inscrit à la Réunion des républicains conservateurs (Drôme). Il votera finalement pour la loi.
4. Voir *EU*, «Tolain»: «À travers Tolain, grand honnête homme et grand syndicaliste, mais partisan de la «légalité élective», se joue le drame du réformisme face à des situations révolutionnaires». Il siège à l'extrême gauche de l'Assemblée (Union républicaine).

dominer l'élément religieux et non l'inverse. Mais puisque ni le projet ni la référence religieuse ne sont retirés et qu'Emile Keller a cru devoir soulever des questions d'ordre religieux, il se sent autorisé à revenir sur la discussion. Il conteste le caractère d'utilité publique d'une église dédiée au sacré Cœur de Jésus, car l'adoration de celui-ci a été contestée, et de faire allusion à la biographie de Marguerite-Marie par Mgr Languet, archevêque de Sens, ouvrage critiqué par Mgr de Caylus, évêque d'Auxerre et par de nombreux autres prélats[1]. Ce culte, il le rattache en fait à « la ligne politique des jésuites et de Loyola »[2].

Charles Chesnelong veut élever le débat. La pensée du Vœu national est une pensée de patriotisme par-delà les partis, issue des malheurs que traverse la France.

> « Qui, même parmi ceux qui ne s'y associent pas, pourrait ne pas la comprendre et ne pas la respecter ? »

Outre une question de droit et une question religieuse, le projet soulève encore selon Edouard Lockroy[3] une question politique. La pensée qui préside à cette entreprise lui paraît « dangereuse et impolitique ». Mais il n'aura pas le temps d'aller plus loin et ne prendra pas part au vote. La clôture est prononcée et on procède au scrutin.

### 4. *Le scrutin du 24 juillet 1873*

L'article premier est adopté par 393 voix contre 164 (soit 557 votants sur 734), la majorité absolue étant à 279. Il en est de même pour les articles deux et trois. C'est à ce moment que Pierre de Cazenove de Pradine présente une disposition additionnelle à l'article 4 qui, en fait, est un article 5 :

> « L'Assemblée nationale se fera représenter à la cérémonie de la pose de la première pierre par une délégation de son Bureau. »

Pour ce représentant, le Vœu national est vraiment populaire par l'ampleur de la souscription et bien davantage qu'une simple protestation contre

1. Mgr de Caylus soutint des positions jansénistes de 1717 à sa mort en 1754. De 1732 à 1750, il critiqua l'œuvre de Mgr Languet ainsi que celle des Jésuites. Voir J. Carreyre, « Caylus », *DHGE* et Auguste Hamon, *Histoire*..., 1907, t. IV, p. 105-117.

2. Les critiques d'Henri Tolain sont semblables à celles que Pierre Larousse, *Grand dictionnaire*..., 1863, présente en 1875 dans l'article « Sacré-Cœur ». Il y aurait à en chercher la source commune. P. Larousse parle de MM. Asseline et Lanfrey.

3. Cet ancien secrétaire de Renan siège à l'extrême-gauche et s'inscrit à l'Union républicaine. Gendre de Victor Hugo qui vient de manifester son anticléricalisme dans *L'Année terrible* (1872, p. 456), il correspondra avec Mgr Guibert à propos du refus de « l'assistance de la religion » auprès de son beau-père.

les crimes de la Commune, il sera aussi et surtout un signe de paix et de concorde élevé sur un champ de bataille. Mais au nom même de la séparation de la religion et de la politique, le baron Jacques de Jouvenel [1] s'oppose à ce que l'Assemblée envoie une délégation officielle à la pose de la première pierre. Cet article 5 est rejeté par 262 voix contre 103, c'est-à-dire que la majorité de la droite et du centre s'est abstenue. De toute façon, comme il fallait 370 votants pour que le vote soit valable, Pierre de Cazenove de Pradine retire son amendement surprise [2].

Le décompte du vote sur l'ensemble du projet de loi s'établit ainsi : 382 représentants sont pour l'adoption ; 138 contre ; 160 s'abstiennent ; 54 sont absents par congé. Ainsi 520 représentants sur 734 ont-ils pris part au vote. La barre des 50 % s'élevant à 261 voix, il y eut 121 suffrages de plus en faveur de la loi. Au total, si l'on ne tient pas compte des absents régulièrement excusés, encore que, dans certain cas, comme celui d'Emile Keller par exemple, l'absence soit très intentionnelle, il y avait lors du vote 680 représentants présents. Autrement dit, en termes de pourcentage, 56 % de l'Assemblée était pour, 20 % contre et 24 % des députés s'abstinrent. Mgr Guibert était pessimiste lorsqu'il prévoyait qu'un tiers des députés serait favorable, un tiers hostile et le reste indifférent. Entre-temps cependant, il avait fallu effacer l'allure par trop religieuse du premier article rédigé par la Commission [3]. Mais, malgré cela, le résultat est moins brillant que lors du vote des prières publiques avec 416 députés présents. Et en cela, le vote du 24 juillet ne recouvre pas exactement la composition *grosso modo* de l'Assemblée : 400 monarchistes, 200 républicains, 100 « modérés » et 30 bonapartistes. Visiblement, certains républicains se sont abstenus [4].

Pour serrer davantage le scrutin, il faut se référer à l'inscription officieuse des représentants dans des groupes, n'excluant pas d'ailleurs les inscriptions multiples, ce qui pose un problème de comptage [5]. On se souvient que, de la gauche vers la droite, on trouvait, en 1873 : l'Union républicaine dont Adolphe Crémieux est président pendant quelques mois ; la Gauche républicaine dont Jules Simon est vice-président en mai 1873 ; le Centre gauche, des

1. Catholique, il appartient à la Réunion Saint-Marc Girardin.

2. En guise de consolation, il recevra du comte de Chambord, une lettre du 28 juillet 1873, où, comme à Loigny, il est qualifié de « glorieux vaincu ». Lettre publiée dans *L'Union* et reprise par *L'Univers* en date du 3 août 1873. Louis Veuillot, *Œuvres*..., *Mélanges*, t. XII, p. 207.

3. Jacques Gadille, *La pensée*..., 1967, t. I, p. 232.

4. J. Gadille, *La pensée*..., 1967, t. I, p. 217.

5. Grâce à R. Hudemann, *Franktionsbildung*..., 1979, surtout pour la liste des groupes, p. 132-134, 278-283, 287-288 et 396-435.

Républicains conservateurs avec Auguste Casimir-Périer; le Centre droit ou Réunion Saint-Marc Girardin avec le duc Audiffret-Pasquier à sa tête; la Réunion Colbert animé pour un temps par Edmond Ernoul (voir chap. 7); le groupe des Chevau-légers et enfin les bonapartistes réunis sous le nom de l'Appel au peuple. On n'étonnera personne en signalant seulement deux votes « pour » issus de l'Union républicaine (114 inscrits): le cas de Jean Brunet est bien connu (chap. 8); quant à Michel Renaud, des Basses-Pyrénées, est-ce une erreur ou un cas à éclaircir? De même pour la Gauche républicaine (210 inscrits), où seul Victor Lefranc vote « pour ». Dans la Réunion du Centre gauche (162 inscrits), on relève trente-et-un représentants favorables. La moitié des Républicains conservateurs (62 inscrits) votent pour l'utilité publique de l'église de Montmartre. La Réunion Lavergne, dite aussi Centre constitutionnel (54 inscrits), qui ne sera formé qu'en février 1875, comprend 39 représentants qui en 1873 sont pour le projet de loi. 144 des 177 inscrits au Centre droit – Réunion Saint-Marc Girardin votent pour. Seulement neuf représentants inscrits à la Réunion Colbert sur 108 votent contre. La quasi-totalité des Chevau-légers (82 sur 84) applaudissent au projet (il faudrait examiner les deux exceptions). Treize bonapartistes seulement sur 32 inscrits à l'Appel au Peuple votent pour.

En pourcentages approximatifs et (presque) progressifs:

| | Inscrits | Vote pour | Pourcentage |
|---|---|---|---|
| Union républicaine | 114 | 2 | 2 % |
| Gauche républicaine | 210 | 1 | 1/2 % |
| Centre gauche | 162 | 30 | 20 % |
| Appel au peuple | 32 | 13 | 40 % |
| Centre constitutionnel | 54 | 39 | 40 % |
| Républicains conservateurs | 62 | 30 | 50 % |
| Centre droit | 177 | 144 | 80 % |
| Réunion Colbert | 108 | 99 | 90 % |
| Chevau-légers | 84 | 82 | 99 % |
| Total fictif | 903 | 433 | 44 % |
| Total réel | 734 | 382 | 54 % |

Pour comprendre le vote, il faut donc aller du Centre gauche aux Chevau-légers. Pour obtenir la proportion des diverses tendances dans les 382 députés favorables au projet, faute d'un pointage systématique des représentants et d'un étiquetage dans un groupe donné ou fictif, on propose de rectifier d'environ 10 % le total réel et chacune des estimations. On trouve *grosso modo*:

| | |
|---|---|
| Centre gauche | 27 |
| Républicains conservateurs | 27 |
| Centre constitutionnel | 35 |
| Appel au peuple | 12 |
| Centre droit | 130 |
| Réunion Colbert | 90 |
| Chevau-légers | 75 |

Par rapport aux 382 votants pour, on devinerait ainsi 40 % dus à Colbert et aux Chevau-légers, 30 % dûs au Centre droit, 30 % dûs aux bonapartiste, Centre constitutionnel, Républicains conservateurs et au centre gauche. Ces estimations demanderaient à être considérablement affinées. Cependant, elles permettent de « recentrer » le vote, d'élargir la majorité par rapport à l'idée habituelle qu'on s'en fait, même s'il ne faut pas, bien sûr, oublier l'autre petite moitié de l'Assemblée qui a voté contre ou s'est abstenue[1].

Pour comprendre le vote de l'Assemblée nationale, il y a aussi la participation publique à la souscription pour une chapelle de la future basilique. 102 représentants ont donnés leur nom[2].

| | | |
|---|---|---|
| Chevau-légers | 58 | 59 % |
| Colbert | 32 | 30 % |
| Centre droit | 12 | 10 % |
| Républicains conservateurs | 1 | 1 % |

C'est une chose de voter la loi. C'en est une autre de souscrire publiquement ! Pour saisir un peu mieux le scrutin, on peut encore évoquer quelques personnages éminents. Parmi ceux qui ont voté pour, mais qui ne sont pas vraiment intervenus au cours des débats, notons Charles de Bermond[3], Adolphe Boisse[4], le vicomte de Bonald, le duc Albert de Broglie, le baron Chaurand[5], le comte de Cornulier-Lucinière[6], Victor Depeyre[7], Mgr Dupanloup, Edmond Ernoul, ministre de la Justice du moment, qui, en 1870, était à Poitiers

1. On ne peut donc pas indéfiniment répéter que le vote est le fruit des « intransigeants », c'est-à-dire des chevau-légers, comme le fait David Harvey, « Monument... », 1985, p. 217.

2. *BVN*, 1875, p. 464 et 495 donnent cent sept noms en tout. David Harvey, « *Monument and Myth* », 1985, p. 219, affirme : « *A quarter of whose members were adherents to the vow* », soit 180 membres environ. Ce chiffre demanderait à être vérifié.

3. Inscrit à la Réunion du Centre gauche, à celle des Républicains conservateurs et au centre droit !

4. Ami du Vœu national. Voir *BVN* 1896, p. 208, sa nécrologie.

5. Membre de la commission parlementaire et souscripteur.

6. Membre de la commission et souscripteur en 1875.

7. Connu par ailleurs pour être, à partir de 1877, l'administrateur de l'Université (bientôt Institut) catholique de Paris fondée par Mgr Guibert.

avec les Legentil[1], Victor Hamille, Gustave de Marcère[2], le vicomte Alfred de Meaux[3], le comte Anatole de Melun[4], Charles Merveilleux du Vignaux[5], Henri Wallon[6]. Parmi les représentants qui ont voté contre, relevons les noms de Louis Blanc[7], Hippolyte Carnot[8] et Sadi Carnot, Adolphe Crémieux[9], Jules Favre[10], Jules Ferry, Léon Gambetta, Edgar Quinet, Victor Schœlcher. Il faudrait mieux connaître Désiré Barodet, élu avec 60 % des voix, le 27 avril 1873, contre Rémuzat dans le XVIII^e^ arrondissement[11]. Ce nouveau député, franc-maçon, anticlérical, radical, ami de Gambetta, inscrit à l'Union républicaine, ne se contente pas de voter contre la loi d'utilité publique mais serait le premier à réclamer l'abrogation de la loi et à entreprendre une campagne en ce sens[12].

Parmi ceux qui n'ont pas pris part au vote[13], on compte le duc Henri d'Aumale, Paul Bert[14], Charles Bertauld, Auguste Casimir-Perier[15], le duc

1. Représentant la Vienne avec Thiers, il siège à droite. A Poitiers, il est vice-président de la Conférence Saint-Vincent de Paul (voir la lettre de H. de Fleury à son frère Georges en date du 2 février 1871. ASCM). A. Legentil se souvient de lui en 1879 lors d'une Assemblée des catholiques du Nord : il a assisté aux débuts de l'Œuvre, y a souscrit (*BVN*, 1875, p. 464), en a favorisé les progrès alors qu'il était au pouvoir (*BVN*, 1879, p. 711).

2. Républicain convaincu, il siège au centre gauche et s'oppose à Cazenove de Pradines.

3. Le gendre de Montalembert prend place à l'Assemblée au centre droit.

4. Cet « apôtre de la charité » (Amédée d'Andigné, 1962), membre de la Société Saint-Vincent de Paul, donnera publiquement son nom pour la souscription d'une chapelle.

5. Ce magistrat est représentant de la Vienne. Il est connu et apprécié des Legentil et des Rohault de Fleury : « Cet ancien avocat général, qu'on dit très bon » (voir la lettre du 8 février 1871 de H. de Fleury à son frère Georges). Il s'inscrit aux réunions Colbert et des Réservoirs. A. Fiaux, *La guerre civile*, 1879, p. 619, n'apprécie pas son attitude dans la commission des grâces. Il va à Frohsdorf en septembre 1873. Nécrologie : *BVN*, 1914, p. 110. Son frère aîné est secrétaire général du ministère de la Justice sous Ernoul. Le cadet succède à l'aîné au comité du Vœu national. Ils participent à la souscription (voir chap. 13)

6. Inscrit au Centre constitutionnel, député du Nord, c'est le « père de la Constitution ».

7. Élu premier représentant de la Seine en 1871, le « héros de 48 » condamne la Commune de Paris (*EU*) en étant inscrit à l'Union républicaine. On se souvient de son cri contre Montalembert : « Ce que veulent les cléricaux » qui crient « Liberté ! Liberté ! » c'est « la liberté d'être les maîtres » (Henri Guillemin, "Les « rêveries » de L. Blanc", *Le Monde*, 4 février 1983).

8. Ne pas oublier qu'il est l'auteur d'une *Notice historique sur Grégoire* (voir Jean-Michel Leniaud, *Mémoires de Grégoire*, 1989).

9. Malgré ses « bons » rapports avec Mgr Guibert (chap. 3). Il est inscrit à l'Union républicaine.

10. Le ministre des Affaires étrangères de la Défense nationale et de Thiers se félicitait le 6 octobre 1871 de la fin du pouvoir temporel du pape : elle profitera à la France (à qui elle permet une alliance avec l'Italie) comme à la religion (à qui elle rend son « immatérialité »)et au pontificat de Pie IX éclairé « à ses deux extrémités par le phare de la liberté politique et religieuse. À son début, c'était la main du pontife qui l'allumait ; à son terme, c'est une puissance supérieure, c'est la Nécessité, qu'avec raison les anciens appelaient DIEU » (Jules Favre, *Rome*..., 1871, p. 299). Dans ces conditions, voter contre la loi demandée par Mgr Guibert s'imposait.

11. Voir Jacques Gadille, *La pensée*..., 1967, t. I, p. 302 et Benoît Le Roux, *Louis Veuillot*, 1984, p. 191.

12. Pierre Branche, « Le vieux bras de fer... », *Le Figaro*, n° du 2 août 1990, p. 27. Barodet est célèbre à l'époque pour prendre souvent la tête des enterrements civils.

13. Deux cas curieux qu'il faudrait expliquer : Jules Buisson et le comte Benoist d'Azy souscriront par ailleurs pour une chapelle du sanctuaire (*BVN*, 1875, p. 464).

14. Il siège à l'extrême gauche, inscrit à l'Union républicaine ainsi qu'à la Gauche républicaine. En plus des notices habituelles, notons sa publication de « La Morale des Jésuites », « résumé » par Paul Bert du *Compendium theologiae moralis* (1850) et du *Casus conscientiae* du P. Jean-Pierre Gury s. j. Ce « résumé » est cité en appendice de Antonin Debidour, *L'Église*..., 1906, t. I, p. 425-435. Sur le P. Gury, voir Paul Duclos, *Dictionnaire*..., 1985 et Jean Guerber s. j., *Le Ralliement*..., 1973, p. 303 et n. 105. Le « jansénisme » et le « rigorisme gallican » de Paul Bert, l'un et l'autre laïcisés, s'affichent en face du « liguorisme catholique » du père jésuite.

15. C'est un des anciens ministres de l'Intérieur de Thiers.

Louis Decazes [1], Jules Grévy, Edouard Lockroy, Emile Littré, Jules Méline [2], Edmond de Pressensé, le comte Louis de Ségur [3], Adolphe Thiers [4]. Parmi les représentants en congé, donc absents, remarquons à nouveau Emile Keller. La loi, votée le 24 juillet, publiée le 25, est signée le 30 juillet par le maréchal de Mac-Mahon et promulguée dans la livraison du 31 du *Journal officiel*.

## *IV. LES RÉACTIONS CATHOLIQUES APRES LE VOTE*

### A. Joies et déceptions immédiates

Mgr Guibert informe le cardinal Antonelli par une lettre du 26 juillet 1873 dans laquelle il semble se réjouir finalement de l'issue du débat en disant :

> « C'est le cas de dire que le mieux est quelquefois l'ennemi du bien » [5].

Pie IX répond par un bref en date du 31 juillet 1873 accompagné d'un don de 20. 000 francs [6]. Le pape compare les XVIII^e^ et XIX^e^ siècles. Dans le premier, la France a donné le mauvais exemple aux nations en se séparant de Dieu. Dans le second, par les pèlerinages à Marie et la dévotion au Cœur de Jésus, elle donne le bon exemple. Et le pape de faire allusion aux prières publiques et à la consécration au Cœur de Jésus des volontaires de l'Ouest. Il se réjouit donc du vote du 24 juillet. La France, par cet acte, se consacre de nouveau à Dieu.

1. Il sera plusieurs fois ministre des Affaires étrangères sous Mac-Mahon.
2. On le retrouvera à propos de la loi d'abrogation qui sera rejetée en 1897 grâce à son gouvernement (voir chap. 24).
3. Il siège au centre droit. Il faudrait établir son lien de parenté avec le prélat et le frère de ce dernier qui siège au comité du Vœu national.
4. Une abstention qui rejoint sa position sur la Question romaine. Voir Mgr Jacques Martin, « M. Thiers, défenseur du pouvoir temporel du pape » dans *Revue des deux mondes*, mars 1988, p. 97-106. Paul Féval, *Le Denier*..., 1878, p. XXX, rapporte une histoire de l'époque. A. Thiers à bout d'arguments dans une discussion avec Barthélemy Saint-Hilaire qui lui reprochait ses votes :
« - Eh bien, je l'avoue : personnellement, je n'ai rien contre Dieu.
« - Il le sait bien ! répartit douloureusement Barthélemy Saint-Hilaire, et voilà ce qui l'encourage ! »
5. Citée par Jacques Gadille, *La pensée*..., 1967, t. I, p. 233, n. 1.
6. *BVN*, déc. 1873, p. 36-38.

Fait apparemment inattendu, cette loi ne satisfait pas le fougueux polémiste Louis Veuillot. Il suggère à Mgr Guibert de dédier l'église à saint Nicodème, ce notable, « maître en Israël », qui consulte Jésus de nuit, prend discrètement sa défense devant les membres du Sanhédrin et participe à son ensevelissement[1]. Il pourrait être le saint patron des auteurs de l'arrangement qui a permis le vote! L. Veuillot préfère Pierre de Cazenove de Pradine et Gabriel de Belcastel. Pour le directeur de *L'Univers*, malgré tout, l'avenir est beau, car les catholiques de tous bords vont pouvoir construire une église au Sacré Cœur, première revanche de la statue de Voltaire, souscrite par les lecteurs du *Siècle*[2]. *L'Univers* ouvrira ses colonnes à la souscription[3]. Pour L. Veuillot, le mélange de la politique et de la religion ou de l'irréligion est inévitable. Avec le sens des formules qui le caractérise, il s'écrie:

> « M. Baze lui-même, quelque résistance qu'il y veuille faire, n'est qu'un composé artificiel qui finira par se résoudre, ou pour M. de Belcastel ou pour M. Tolain »[4].

Dans un esprit voisin, le P. Ramière se demande:

> « Pourquoi donc avons-nous été condamnés à voir nos joies, sinon nos espérances, malheureusement amoindries ? »

Il n'ose répondre à la question et se propose de participer à la construction comme le P. Alfred Deschamps qui parle de « quelques défaillances regrettables de la Chambre »[5].

## B. Le mandement de Mgr Guibert

Mgr Guibert, pour se remettre de ses émotions et pour chercher l'inspiration de son prochain mandement sur la question, entreprend un pèlerinage à Paray-le-Monial le 31 juillet « pour recommander au Cœur de Jésus et à la bienheureuse Marguerite-Marie l'Œuvre de Montmartre »[6], même si elle n'est pas expressément mentionnée à cette occasion, puisqu'il est fait seulement allusion à la nouvelle et active fréquentation des sanctuaires. Il se devait en

1. *Jean* 3, 1-10; 7, 50; 19, 39.
2. *L'Univers* du 28 juillet 1873. *Mélanges*, t. XII, p. 205.
3. *L'Univers* du 30 août 1873. Après l'appel de Mgr Guibert.
4. *L'Univers* du 29 juillet 1873. *Mélanges*, t. XII, p. 209.
5. *MCJ*, sept. 1873, t. XXIV, p. 174 et 209.
6. Selon le P. Yenveux, *Le Règne*..., 1900, t. V, p. 538.

effet de faire le point de la situation par une lettre qui, en fait, ouvre la souscription (voir chap. 12 et 13). Dans cette lettre du 15 août 1873, il se réjouit donc du renouveau religieux du moment et s'étonne des critiques visant la dévotion au Cœur de Jésus. Il s'efforce de la justifier. Il brosse l'historique de l'Œuvre. Il lance un appel pour que le plus grand nombre possible de Français ratifie un traité de paix entre le ciel et la France qui permettra à celle-ci de devenir un peuple de frères. La préoccupation romaine n'est pas absente, mais une seule allusion y est faite (« le triomphe de l'Église et de son auguste chef »). Il conclut par une prière qui sera citée souvent par le cardinal Richard dans laquelle il compare la future basilique à la tour de David, « citadelle inexpugnable » [1]. En somme, c'est surtout l'aspect patriotique et chrétien du Vœu que développe Mgr Guibert [2].

Mgr Guibert ne se contente pas de s'adresser aux fidèles de son diocèse, il parle à ses confrères dans l'épiscopat. Un résumé des événements survenus jusqu'au 3 septembre présente quelques-unes de ses intentions passées et futures. Il s'est tourné vers l'Assemblée nationale pour lui demander

« les dispositions légales sans lesquelles nous pouvions être arrêtés, dès le début, par des oppositions obstinées ou par des exigences excessives. Il me paraissait d'ailleurs convenable, puisqu'il s'agissait d'un acte national, que les pouvoirs publics n'y restassent pas étrangers ».

Et Mgr Guibert d'exhorter ses confrères :

« Pour consacrer solennellement la France au Sacré Cœur, j'ai besoin de l'adhésion et d'une sorte de délégation des autres évêques. Mes prières peuvent s'étendre à tout mon pays et au monde entier, mais mon autorité se renferme dans les limites du troupeau confié à mes soins par le pasteur suprême. Si nous faisions, Monseigneur, de cette sainte entreprise une œuvre commune, à laquelle nous apporterons nos forces réunies, le succès est certain ; et si un jour notre capitale, qui a été trop longtemps le foyer du mal, donnait l'exemple du respect et de l'amour de la religion, la France entière, sous cette heureuse impulsion, redeviendrait bientôt chrétienne et peut-être la face du monde en serait renouvelée » [3].

Les réponses d'une vingtaine d'évêques et leurs initiatives sont analysées dans le *Bulletin* [4] qui publie intégralement le mandement en date du 25 août

1. « Que le temple qui va être élevé par nos mains, semblable *à la tour de David, d'où pendaient mille boucliers*, deviennent pour nous comme une citadelle inexpugnable qui protègera Paris et notre patrie. » *Cantique des cantiques* 4, 4 : « L'époux dit à l'épouse : ton cou est semblable à la tour de David, bâtie en forteresse ; mille rondaches y sont suspendues, tous les boucliers des preux. »

2. *BVN*, déc. 1873, p. 30-36. Ce mandement suscite un pamphlet de la part de A. Desonnaz, *Le Sacré-Cœur*, 1873. Louis Veuillot défend l'archevêque dans *L'Univers* du 27 octobre 1873 ou *Mélanges*, t. XII, P. 319-326.

3. AHDP, SC, c. 2. Mgr Guibert parle du jour de la première pierre ou de la consécration de l'église.

4. *BVN*, 1874, p. 146-149. Il faudrait là encore voir comment ces évêques se répartissent selon les différentes tendances de l'époque.

1873 du cardinal Lavigerie. Le Vœu national est inséparable dans sa pensée de la consécration de la France au Cœur de Jésus [1].

## C. Un an après

L'initiateur du Vœu national, quelques mois après le vote, présente à sa façon la loi du 24 juillet 1873 :

> « La lettre de Mgr l'archevêque de Paris, visée dans le texte même de la loi, emportait implicitement de la part du pouvoir législatif la reconnaissance du Vœu national [...] Les représentants de la nation française ont déclaré, pour la première fois, qu'un grand acte de foi et d'expiation était d'utilité publique ; qu'il était également d'utilité publique que cet acte fût perpétué par un monument durable, appartenant à l'Église de Paris et non à l'État. Et cette déclaration solennelle, qui a rempli de joie tous les cœurs catholiques, a été prononcée par une majorité imposante » [2].

La qualification « imposante » n'est-elle pas exagérée ? Elle n'est possible que si l'on omet les abstentions. Il semble que dans tout cela il y ait eu beaucoup d'exaltation. Mais peut-être est-ce de tout temps la condition indispensable pour faire de grandes choses !

Un autre commentaire de la loi à citer est celui du vicaire général d'Orléans qui donne lui aussi son interprétation de la loi du 24 juillet 1873. Il la situe dans le prolongement des demandes adressées à Louis XIV et du vœu de Louis XVI, non sans regretter qu'elle n'ait pas été plus précise dans sa formulation. Il se félicite cependant que l'Assemblée ait déclaré « qu'il y avait utilité publique à ce que la France repentante élevât un temple au Sacré Cœur » [3].

À partir de ce débat fondateur, une présentation systématique, annonciatrice en partie du III^e^ livre de ce travail, des intentions respectives des promoteurs et des détracteurs peut déjà être tentée en laissant imbriqués l'un dans l'autre la politique, le droit et la spiritualité, sachant que l'aspect esthétique viendra plus tard.

Les promoteurs voulaient que la France comme telle, à travers la construction de l'église de Montmartre, soit pénitente et confiante envers le Cœur du

1. Voir *BVN*, 1874, p. 91-94.
2. *BVN*, mai 1874, p. 174.
3. Emile Bougaud, *Histoire*..., 1874, p. 440.

Christ. Ambition qu'il faut assumer dans le contexte post-révolutionnaire et démocratique marqué par la chute du second Empire. Le projet de transformation de l'Opéra en église montre qu'Alexandre-Félix Legentil comptait sur un nouvel état d'esprit des autorités politiques responsables. Or, les résultats des élections de février 1871 ne l'ont pas réjoui. Il écrit le 19 avril 1871 à propos de la « Chambre introuvable » [1] :

> « L'Assemblée nationale me semble une fort belle collection de nullités. Je ne crois pas qu'on ait jamais vu un grand pays s'abîmer ainsi en quelques mois dans la niaiserie et dans la honte et ne conserver d'aptitude ou d'énergie que pour les horreurs [2]. »

C'est pourquoi Legentil, fin 1870 et courant 1871, attend en fait un véritable miracle qui donne tout son sens à « son » vœu conditionnel [3]. Il ne se préoccupe donc nullement de savoir quelle sorte d'autorité politique pourrait permettre la construction d'une église d'un statut nouveau puisque nationale. Les autres membres de la Société Saint-Vincent de Paul intéressés au projet semblent dans les mêmes dispositions, en particulier Léon Cornudet et H. de Fleury. Il serait bon que le pouvoir politique fasse profession de foi, mais pour le moment l'appel au plus grand nombre de Français leur suffit pour donner à l'œuvre son caractère de réparation nationale.

Mgr Guibert fait vraiment sien ce projet national des débuts mais en lui imprimant sa marque personnelle : l'ex-voto n'apparaît plus comme un simple acte de reconnaissance pour le salut miraculeusement accordé au pays, mais comme l'instrument du salut de la France. Que le sommet de la butte de Montmartre soit en grande partie la propriété de la ville constitue à ses yeux un obstacle insurmontable sur le plan de l'administration municipale, mais en même temps, c'est une occasion providentielle au niveau du gouvernement avec lequel il doit traiter de toute façon pour construire une église publique : faire faire à l'autorité politique « un acte de piété vraiment national ». Comme nous l'avons esquissé plus haut dans son portrait (chap. 3), Mgr Guibert est un des témoins de la théologie politique catholique du juste milieu, pourrait-on dire. Il est de ceux qui excluent les équivalents modernes des théories d'un pouvoir spirituel directif ou direct, tout en maintenant l'affirmation d'un pouvoir indirect de l'Église sur l'État et la réalité politique. Il n'accepte ni le confusionnisme des néo-légitimistes, ni le séparatisme prôné

1. Expression d'Henri Tolain au cours du débat sur les prières publiques le 16 mai 1871. Jacques Gadille, *La pensée*..., 1967, t. I, p. 217.
2. Lettre en date du 19 avril de A. Legentil à J. Marcotte. Arch. familiales.
3. A. Legentil ne met pas non plus beaucoup d'espoir dans M. Thiers. Il lui reproche de ne pas être un tenant du libre-échange (H. de Fleury à son père, le 23 mai 1871. ASCM). Le fait que l'ancien ministre de Louis-Philippe ait voté avec les catholiques à propos de la question romaine ne suffit pas à parler en sa faveur.

par les catholiques ou les protestants libéraux. Au cours des débats parlementaires sur le Sacré-Cœur et la loi d'utilité publique, la tendance néo-légitimiste était défendue entre autres par Emile Keller, Henri de La Bassetière, Gabriel de Belcastel et Henri de Cazenove de Pradine. Leur attachement au comte de Chambord leur interdit d'imaginer de nouvelles situations politiques. La seconde tendance est représentée par des députés comme le pasteur Edmond de Pressensé ou Charles Bertauld. Finalement, il semble que seul Anselme Batbie ait été en réelle harmonie de pensée avec l'archevêque de Paris et les membres du Comité. Il dénonce le cléricalisme, mais professe sa foi et proteste de sa volonté de favoriser la vie catholique dans l'exercice de son ministère en faisant une loi nouvelle qui induira un droit nouveau. Avec l'inconvénient inhérent aux politiques : ce que fait l'un, un autre peut le défaire après, et ainsi de suite.

La loi d'utilité publique pour la construction du Sacré-Cœur constituait une exception en ce sens que cette église n'entrait dans aucune des catégories reconnues par le Concordat. Pour qu'elle soit dans les normes du droit nouveau et général, il eût fallu que le législateur reconnaisse en même temps aux menses épiscopales la possibilité de posséder des églises publiques. Le cas du Sacré-Cœur anticipe ainsi sur la solution donnée postérieurement par l'application « ouverte » de la loi du 9 décembre 1905 dans le cadre des associations diocésaines dont le président de droit sera l'évêque. Mais entre temps, il faudra la dénonciation du Concordat, le refus des associations cultuelles par Pie X et finalement l'application de la règle selon laquelle l'État traite les Églises selon leur caractère propre.

Finalement, l'intervention d'Henri Tolain révèle un autre et puissant facteur d'opposition au Sacré-Cœur : sa dédicace même. Ce député anticlérical cherche à diviser les catholiques en faisant remarquer la nouveauté de cette dévotion et les contestations dont elle a été l'objet. Or, de la nouveauté de cette spiritualité liée à l'ancienneté de ses sources, les promoteurs du Vœu national tirent justement un motif de gloire et de satisfaction parce qu'à leurs yeux la dévotion au Cœur de Jésus correspond à une actualisation de l'amour du Christ pour leur époque, les Temps modernes.

# Chapitre 10
# Le choix d'un architecte (1874)

Avec le projet d'Alexandre-Félix Legentil de transformer l'Opéra en église et avec les plans demandés par Mgr Guibert à Désiré Devrez, l'aspect artistique de ce travail dans ses rapports avec la politique et la spiritualité a déjà été évoqué. Ce n'est pas étonnant quand il s'agit de manifester par la construction d'un sanctuaire une attitude religieuse vécue au service du salut de la patrie. Devant l'ampleur nationale que prenait l'entreprise, ses responsables ne pouvaient risquer de choisir n'importe quel architecte. Un concours s'imposait qui allait être l'occasion tant par la constitution du jury et la participation des concurrents que par l'abstention d'un Viollet-le-Duc, d'un véritable panorama de la production de l'époque, production encore si méconnue au XX$^{e}$ siècle.

Comme Eugène Viollet-le-Duc avait bénéficié en 1978, à l'occasion du centenaire de sa mort, d'une véritable réhabilitation qui s'est exprimée en d'innombrables études sur le grand instaurateur du néo-gothique en France, Paul Abadie, l'architecte de la basilique, a été récemment l'objet de nombreux travaux. Citons ceux de Marcel Durliat, Bruno Foucart, François Loyer, Jean-Michel Leniaud, sans compter le mémorable catalogue de son exposition rétrospective, dû à Claude Laroche, qui constitue l'ouvrage de référence, à citer ici en première ligne [1].

Les idées, il est vrai, cheminent vite, et Louis Grodecki pouvait écrire de Viollet-le-Duc en 1985 « qu'à la lumière des expositions et des colloques de 1979-1980, notre opinion sur l'œuvre de ce grand architecte à été fondamentalement révisée » [2]. Le retour d'Abadie est lui aussi en cours d'instruction... Il faudra bien sûr écrire un jour l'histoire du rejet et de l'incompréhension subis par le XIXe siècle au cours des années 1920-1970. Ce ne peut être le propos de ce travail, même si le Sacré-Cœur de Montmartre tient une place essentielle dans un tel débat. Qu'il suffise ici, sans vouloir répéter inutilement l'excellent travail de M. Laroche, mais en cherchant au contraire à en être complémentaire, de rassembler « toutes » les données nécessaires à la compréhension de la basilique de Montmartre, partant à sa signification profonde, celle d'un ex-voto de pierre, où la construction matérielle se fait prière [3].

## *I. LA COMMISSION ARTISTIQUE ET LE PROGRAMME*

### A. La constitution de la commission chargée du concours

Dès le mois d'octobre 1872, Léon Cornudet, président du comité du Vœu national, pense qu'il faudra constituer une commission artistique à laquelle sera soumis le choix de l'architecte avant de proposer ce dernier à l'archevêque, car il n'estime pas le Comité compétent. Dès cette époque, il songe à faire appel aux conseils de Ludovic Vitet, Eugène Guillaume (voir ci-dessous) et Charles Rohault de Fleury (voir chap. 1). Comme il n'est pas encore question de concours, il lui faut préchoisir un architecte. Il connaît et aimerait recommander

1. Claude Laroche, *Paul Abadie*..., 1988.

2. Auteur de l'article de l'*Encyclopaedia universalis* de l'édition de 1968, L. Grodecki le complète sans le réécrire pour l'édition de 1985 par cette remarque très intéressante.

3. Pour les notices des architectes, nous ne rappellerons pas à chaque fois les références aux Vapereau (1861), Bauchal (1887), Delaire (1907) et Thieme... (1907) et à François Loyer dans Charles Garnier, *À travers*..., 1869 (1985).

l'architecte Paul Lequeux. Mais comme Mgr Guibert a, de son côté, contacté Désiré Devrez, il ne poursuit pas ses démarches [1].

Au mois d'avril 1873, le comité du Vœu national, en accord avec l'archevêque de Paris, se préoccupe de réunir une véritable commission artistique car, dès lors il est question d'un concours. Il leur semble évident qu'ils ne peuvent assumer à eux seuls la responsabilité non plus seulement du contrôle, mais même du choix de l'architecte. Désiré Devrez sera indemnisé et invité à concourir avec les autres [2]. Ils ont d'ailleurs présent à l'esprit les pratiques courantes de l'époque : ils parlent entre eux du concours de Notre-Dame de la Treille à Lille [3] et veulent prendre pour modèle le concours organisé pour la reconstruction de l'hôtel de ville de Paris [4].

### 1. *Le premier groupe de personnalités choisies*

Le président, le secrétaire et le directeur spirituel du Comité doivent faire partie de cette commission, ainsi que Charles Rohault de Fleury. Des problèmes de santé empêcheront Léon Cornudet de participer effectivement au jury. Il se fera remplacer par M. Féline-Romany, ancien inspecteur général des Ponts et Chaussées, qui entre, à cette occasion, au Comité [5]. L'abbé Jourdan et son successeur ne sont plus mentionnés dans les séances ultérieures. Les ecclésiastiques pourtant n'auraient-ils pas leur mot à dire dans le choix d'un architecte d'église ? Mgr Guibert se réserve malgré tout l'ultime décision. Cependant, Ludovic Vitet, Eugène Guillaume et Charles de Fleury [6] cooptent Adolphe Alphand et Henri Labrouste qui constituent en somme la première commission de départ.

La présidence de la commission est proposée à Ludovic Vitet, de l'Académie française. On cite de lui un drame romantique, *La Ligue*, en trois volumes : *Les Barricades*, *Les États de Blois*, *La Mort de Henri III*, des critiques dans *Le Globe* et diverses monographies artistiques [7]. Il a surtout été le premier

1. Voir chap. 8. Lettres du 17 et 20 octobre 1872. ASCM. Paul Lequeux est « un chrétien converti, sans respect humain et qui communie tous les jours… Il a construit l'église de Clignancourt qui n'a pas coûté cher et qui est bien… Il est le beau-frère de Baltard, l'architecte de Saint-Augustin qui est manquée. »

2. Lettre du 4 jan. 1873 à Léon Cornudet et *PV* du 27 avril 1873. ASCM. À cette époque, le Comité ignore un projet « ogival » de M. Julien, pourtant recommandé par un secrétaire de l'archevêché, mais ne voulant pas se soumettre au futur concours. Voir Un Comité…, *L'église…*, 1875, p. 36.

3. *PV* du 7 janvier 1874. ASCM. Un historique succinct de ce concours est brossé en *BVN*, 1874, p. 84.

4. *PV* du 17 déc. 1873. ASCM.

5. *PV* du 17 juin 1874 et 1 juillet 1874. ASCM

6. Hubert de Fleury lui écrit que Mgr Guibert tient absolument à sa présence. Lettre d'Hubert à son père Charles en date du 14 août 1873. ASCM.

7. Par exemple *La Cathédrale de Noyon* (1845), *L'Académie royale de peinture et de sculpture* (1861), *L'Histoire de l'art* (1867). *Larousse*, 1923 ; G. Lanson, *Histoire…*, 1894 ; Ch. M. des Granges, *Histoire…*, 1948.

inspecteur général des Monuments historiques, avant même Prosper Mérimée [1]. Représentant la Seine-Inférieure en 1871, il est vice-président de l'Assemblée nationale. Mais il meurt au début de 1873. La présidence est offerte alors à Pierre Charles Chesnelong qui ne fait pas encore partie à cette époque du comité du Vœu national.

Sculpteur, membre de l'Institut, Eugène Guillaume dirige l'École des beaux-arts. C'est le type même, à l'époque, de la personnalité incontournable [2]. En outre, en 1874, il devient membre du Comité du Vœu national, puis membre de la commission de surveillance (voir chap. 13).

On ne pouvait non plus se passer d'Adolphe Alphand, de par ses fonctions de directeur des travaux de la ville de Paris. Il est en quelque sorte le représentant de l'administration parisienne et d'ailleurs le principal interlocuteur du Comité pour l'ultime détermination du terrain, puis les expropriations en cours (voir chap. 11). Tant sous Napoléon III, aux côtés du baron Haussmann, que sous la III^e^ République, il est le responsable de la présence des jardins dans la ville, des espaces verts de la capitale. On lui doit l'aménagement des bois de Boulogne et de Vincennes, des Buttes-Chaumont, du parc Monceau, du parc Montsouris, des Champs-Élysées, du boulevard Richard-Lenoir et de l'avenue de l'Observatoire. A. Alphand souhaitait l'aménagement d'un jardin sur la butte Montmartre. Il propose des plans qui tiennent discrètement compte de la basilique [3].

Autre grand technicien, Henri Labrouste est célèbre comme architecte pour son emploi du métal à l'intérieur des édifices, tout en maintenant des façades en pierre : que l'on songe à des exemples déjà illustres comme la bibliothèque Sainte-Geneviève de Paris et à la salle de lecture qu'il construira à la Bibliothèque nationale. Labrouste est inspecteur général des édifices diocésains. Divers historiens le considèrent comme le maître incontesté du rationalisme architectural [4].

1. S'il n'est jamais aisé de succéder à une forte personnalité, il est encore moins aisé d'en précéder une. C'est bien le cas ici. Le poste a été créé en 1830 et occupé par L. Vitet pendant quatre ans seulement; puis de 1834 à 1860 le célèbre Prosper Mérimée lui donna un lustre inégalé (*Monuments historiques*, n° 113, 1981, p. 12; « Quels qu'aient pu être les mérites de L. Vitet, autant dire que Mérimée a créé le service » selon André Fermigier, « Mérimée... » dans Pierre Nora, *Les Lieux*..., 1986, t. II, *La Nation*, **, p. 593). C'est peut-être à cet ancien titre que Vitet a eu ce bon mot à la Chambre des députés en 1844 : « Il y a trois sortes de vandalisme : celui qui détruit, celui qui restaure, celui qui reste les bras croisés », cité par A. Gosset, *Évolution*..., 1876, p. 112, n. 1. Francis Haskell, « L'art et le langage de la politique » dans *le débat*, n° 44, 1987, p. 109n, en parle avec éloge.

2. On cite de lui un *Anacréon*, *Les Gracques*, un buste de Napoléon III et un de Mgr Darbois. Il sera aussi directeur de l'Académie de France à Rome (Vapereau, *Dictionnaire*..., 1861 ; Claude Laroche, *Paul Abadie*, 1988, p. 225 ; *HSC*, t. I, p. 80, 237, 261). Une donatrice de Fourvière l'impose comme sculpteur des *Noces de Cana* (1900). Elisabeth Hardouin-Fugier, *Fourvière*. ., 1988, p. 168. À ne pas confondre avec Edmond Guillaume, architecte.

3. Voir chap. 14. Pascal Ory, *Exposition*..., 1985, p. 14-15 fait un vibrant éloge d'Alphand.

4. Voir François Loyer, « Biographies », dans Charles Garnier, *À travers les arts*, 1869 et Jean-Louis Avril, art. « Rationaliste (architecture) » dans *EU*.

## 2. *Une deuxième vague de nominations*

Quand la mise en place du concours se précise, cinq autres membres font leur entrée et complètent les sept premiers [1] : Théodore Ballu, Joseph-Louis Duc, Albert Lenoir, le comte de Cardaillac et le baron de Guilhermy. L'architecte Th. Ballu attache son nom à cinq monuments parisiens au moins. Il achève l'église Sainte-Clotilde d'après les plans de François-Chrétien Gau. Il remporte en 1873, avec Edouard Deperthes [2], le concours pour l'hôtel de ville de Paris (Paul Abadie fait partie du jury). Architecte municipal, Ballu comme Alphand est en quelque sorte un représentant de la ville. Il a élevé les églises de la Trinité et de Saint-Ambroise, construit seulement le clocher entre St Germain l'Auxerrois et la mairie du Ier arrondissement et restauré la tour Saint-Jacques. Il est inspecteur général des Édifices diocésains. Son œuvre, souvent inspirée de l'architecture de la Renaissance française, est un bel exemple de l'éclectisme du second Empire [3].

Joseph-Louis Duc, autre architecte de renom, a laissé entre autres monuments parisiens la colonne de Juillet et le bâtiment du palais de Justice dont la façade donne sur la place Dauphine. Lauréat, pour cette dernière œuvre, du « prix de cent mille francs » créé par Napoléon III pour récompenser la plus belle réalisation architecturale du second Empire, Duc était unanimement admiré par ses contemporains – rationalistes autant qu'académiques [4].

Albert Lenoir permet de poursuivre la visite du Paris monumental du XIXe siècle, puisqu'il a restauré les thermes et l'hôtel de Cluny, mais ce n'est pas à ce titre qu'il est introduit dans la commission. Il est secrétaire de l'École des beaux-arts. Il doit être le candidat du directeur, Eugène Guillaume et d'Alexandre Legentil qui appartient, comme lui, au comité des Arts et Manufactures (chap. 1).

Pour la vice-présidence de la Commission, il est fait appel à un autre fonctionnaire, le comte Étienne de Cardaillac, membre libre de l'Académie des beaux-arts, directeur des Bâtiments civils au ministère des Travaux publics [5]. En fait, il présidera presque constamment le jury du concours [6].

1. Le président et le secrétaire du comité du Vœu : Cornudet (ou Féline-Romany) et Legentil, (*exit* le directeur spirituel), Vitet ou Chesnelong, président de la commission, Guillaume, Rohault de Fleury père, Labrouste et Alphand.

2. Il concourt pour le Sacré-Cœur, mais n'est pas retenu lors de la seconde élimination.

3. F. Loyer dans Charles Garnier, *À travers*..., 1869, p. 244.

4. Voir son éloge par l'architecte de l'Opéra dans Charles Garnier, *À travers*..., 1869, p. 227-230 et biographie, p. 250.

5. Charles Garnier lui offre ses *Causeries et mélanges* en 1869 et lui écrit : « Je vous dédie ce livre qui vous rappellera nos conversations sur les arts. En lisant ces quelques pages, vous y trouverez, je crois, plus d'une idée qui nous est commune ; en lisant cette dédicace, vous y trouverez, je l'espère, un témoignage de ma gratitude et de mon affection. » Charles Garnier, *À travers*..., 1869, p. 46.

6. Nécrologie, *BVN*, 1880, p. 22.

L'admission d'un douzième membre est préconisée et acceptée : le baron Roch-François de Guilhermy, conseiller référendaire à la Cour des comptes, archéologue, associé aux travaux du service des Monuments historiques, auteur d'une description de Notre-Dame avec Eugène Viollet-le-Duc et d'un *Itinéraire archéologique de Paris*, mais surtout d'une pertinente *Étude archéologique et historique de Montmartre* (1842)[1].

### 3. Regard d'ensemble

Ainsi s'est élargi le noyau initial de la commission artistique voulue par Mgr Guibert et le Comité. La première vague de nominations permet aux grands corps intéressés par la construction du Sacré-Cœur d'être brillamment représentés : l'Assemblée nationale (L. Vitet), l'École des beaux-arts (E. Guillaume), la Ville (J. Alphand), le service des Édifices diocésains (H. Labrouste). La seconde vague double en quelque sorte et complète la mise : Ch. P. Chesnelong remplace L. Vitet ; A. Lenoir renforce les Beaux-Arts ; Th. Ballu seconde J. Alphand pour la Ville et les Édifices diocésains ; le ministère des Travaux publics s'incarne en M. de Cardaillac ; R. F. de Guilhermy est lié aux Monuments historiques comme l'était L. Vitet[2].

Ce sont, quant à leurs tendances artistiques, des gens indépendants, assez peu réductibles à leurs corps d'origine et qui ne se laissent pas enfermer dans des courants définis à l'avance : l'école dite diocésaine ou rationaliste d'Eugène Viollet-le-Duc[3] ou l'école dite éclectique ou « Beaux-Arts » ou académique de Charles Garnier. Cette commission n'est pas un clan, elle veut avant tout rassembler plusieurs sommités du moment. L'unité et l'indépendance artistiques dont elles témoignent répondent aux motivations d'harmonie patriotique et de renouveau religieux qui animaient les promoteurs laïcs et ecclésiastiques du Vœu. Cependant il y a une ombre immense.

La surprenante absence de Viollet-le-Duc (« qui est peut-être bien le Vinci du XIX^e^ siècle »[4]) dans la commission artistique et même parmi les membres élus du jury du concours mérite d'être analysée, car elle pose bien le problème

1. Dès le 28 juillet 1873, Léon Cornudet, approuvé par Mgr Guibert, souhaitait que Guilhermy soit de la Commission artistique. Voir lettre de ce jour de A. Legentil à H. de Fleury. *PV* du 17 déc. 1873 et 7 jan. 1874. ASCM. Le baron de Guilhermy est souvent cité dans l'ouvrage de Jean-Michel Leniaud sur *Lassus*..., 1980. Voir F. de Guilhermy, *Montmartre*, 1842.

2. La commission a affirmé délibérément son indépendance en refusant la candidature de M. Cattois, spécialiste d'archéologie chrétienne, que recommandait pourtant le comité de la *Revue de l'Art chrétien. PV* du 6 août 1873. ASCM. La commission a préféré le nom plus prestigieux du baron de Guilhermy.

3. Voir Jean-Michel Leniaud, « Les architectes diocésains » dans *Monuments historiques*, n° 113, 1981, p. 3-22.

4. Bruno Foucart, « Viollet-le-Duc » dans *Revue du Louvre*, 1979, p. 62.

des rapports de la spiritualité, de l'art et de la politique. Quel était sur lui le jugement de Charles Rohault de Fleury et des ecclésiastiques parisiens de l'archevêché ? Ce serait à étudier. Réciproquement, que pensait le restaurateur de Notre-Dame de l'entreprise de Montmartre et à travers elle du renouveau chrétien dont elle est le signe ? Ce point reste aussi à étudier pour lui-même. Cependant Claude Laroche explique cette absence par

« le refus affiché par Viollet-le-Duc d'adhérer au gouvernement d'ordre moral, refus qui l'éloigne d'une entreprise par trop [*sic*] cléricale, de même qu'il l'amène dès le mois de cette même année 1874 à démissionner de ses postes officiels » [1].

Cette hypothèse est des plus probables, d'autant que l'on connaît assez bien ses positions politiques ultérieures. En 1876, il préside

« un comité de républicains radicaux et serait élu représentant du quartier Montmartre à l'assemblée municipale. Là, on ne compterait plus ses démêlés avec l'administration préfectorale pour faire diminuer les crédits affectés aux églises et pour favoriser ceux concernant les édifices civils. Il serait convaincu qu'il n'y a pas d'art, et d'art public en particulier, sans une idéologie. C'est pourquoi il encourage le projet de la statue de la République, place de la République, et un vaste programme éducatif de statuaire laïque » [2].

Quoi qu'il en soit, l'absence de Viollet-le-Duc n'est pas sans jeter une ombre considérable sur la réconciliation « patriotique et chrétienne » souhaitée par Mgr Guibert et dont le Sacré-Cœur eût été le signe. Viollet-le-Duc et Garnier (voir ci-dessous) « bénissant » le Sacré-Cœur, quel témoignage extraordinaire !

## B. Le programme architectural

Le programme a été élaboré en plusieurs étapes. Il est d'abord issu des suggestions de l'archevêque et du Comité. A. Alphand propose d'y adjoindre ses propres projets de jardins sur la butte mais ne sera suivi qu'en partie [3]. Charles de Fleury en donne alors une nouvelle mouture [4]. Une séance plénière

1. Paul Abadie lui succède à Paris, voir ci-après. Claude Laroche, *Paul Abadie*, 1988, p. 213.
2. Citation extraite de Thérèse Burollet, …, *Quand Paris…*, 1989, p. 3. Le fils de Viollet-le-Duc donnera tort au Comité dans l'affrontement qui opposera en 1886 ce dernier à l'architecte Honoré Daumet, successeur bientôt récusé d'Abadie. Lettre à P. Planat, *La Construction moderne*, 30 janvier 1886 dans *HSC*, t. II, p. 538-540.
3. *PV* du 1er oct. 1873. ASCM. Voir chap. 14.
4. *PV* du 17 déc. 1873. ASCM.

de la commission se tient le 4 janvier 1874[1]. Une sous-commission artistique est désignée, qui comprend J. Alphand, Th. Ballu, le comte de Cardaillac, J. -L. Duc et C. Rohault de Fleury. Elle se réunit le 8 janvier dans le bureau du responsable des jardins à l'Hôtel de ville et travaille sur le programme mis au point. La commission artistique, qui siège à l'archevêché sous la présidence de Mgr Guibert, ainsi que le comité du Vœu adoptent enfin ce nouvel et ultime programme[2]. Mais le programme implique le choix du terrain.

### *1. Le terrain finalement choisi à l'automne 1873*

Le monument s'élèvera finalement sur un terrain beaucoup plus grand que celui qui avait été d'abord choisi en 1872. Un plan remontant à l'automne 1873[3] montre un emplacement qui a la même largeur (55 m) mais qui mesure 90 m de long, soit 30m de plus au nord. La rue de la Fontenelle est détournée d'autant et la maison de Mme Scribe est détruite comme le prévoyait le projet de la ville des années soixante (chap. 8). Mais cette disposition laisse toujours en dehors le mur du jardin contre lequel furent fusillés généraux et communards, et qu'on montrera longtemps encore aux curieux[4]. L'augmentation de la surface de l'église correspond seulement à la mise en place architecturale du projet, comme le montre le nouvel emplacement prévu à l'est pour les dépendances.

### *2. L'église*

Le périmètre de l'édifice est une surface comprenant un rectangle dont les grands côtés sont orientés nord-sud et un demi-cercle au nord. La largeur est de cinquante mètres et la longueur de quatre-vingt dix mètres, soit quatre mille cinq cents $m^2$. Tout le terrain est bordé de rues et d'un parvis : les deux rues latérales sont des passages qui doivent pouvoir être fermés par des grilles[5].

1. *PV* dans *HSC*, t. I, p. 146.

2. *PV* du 21 jan. 1874. ASCM. Dès lors, il est publié dans le *BVN* du 10 février, dans la *Revue de l'art chrétien*, mars, p. 144-150, dans *La Réforme du bâtiment* de février, dans les *Journaux des Beaux-Arts*. Deux mille affiches annonçant le concours sont diffusées. Le programme ainsi que le plan du terrain, un profil et une coupe géologique sont disponibles à l'archevêché, aux secrétariats de l'École des beaux-arts et du Vœu national, à la Direction des Bâtiments civils (ministère des Travaux publics), à l'Hôtel de ville (Bureau des beaux-arts) et à la Société centrale des architectes (sur la demande de Charles Lucas). *PV* du 7 jan. et 4 fév. 1874 et *BVN*, 1874, p. 90.

3. Publié dans le *BVN* de décembre 1873 en encart. L'original est conservé dans les archives de l'archevêché de Paris.

4. Jacques Hilairret, *Dictionnaire*..., 1957, Chevalier de La Barre, 36. Emplacement qui a été occupé par l'abri Saint-Joseph et une maison particulière puis par le Carmel actuel et le presbytère du Sacré-Cœur (voir chap. 14, 15 et 16).

5. Voir illust.

Le problème des fondations n'est pas soulevé : elles semblent ne pas devoir présenter de difficultés particulières aux membres de la Commission ! À l'heure où le programme est rédigé, l'exploration du terrain confirme qu'il y a bien une masse de gypse importante à trente-cinq mètres de profondeur, de trente mètres d'épaisseur [1]. Une crypte ou église basse est exigée. Elle doit s'étendre sous le chœur et ses bas-côtés, communiquer largement avec l'église supérieure et avoir des accès extérieurs. L'église supérieure doit comprendre un vaste chœur pour l'office pontifical, une nef, des bas-côtés et un déambulatoire. La façade regarde vers la ville avec un perron ou un porche de vingt-cinq mètres de large et de dix mètres de profondeur. Dans la crypte et l'église sont prévues au moins vingt chapelles dont la plus grande sera dédiée à la Vierge Marie. Des tribunes sont réclamées. Un dôme, des tours ou clochers, d'un accès facile, une statue monumentale du Sacré Cœur couronneront l'ensemble.

Les projets devront prévoir aussi la décoration de l'église, notamment sa sculpture ornementale et statuaire. L'accueil des pèlerinages sera la fonction première de ce sanctuaire : les pèlerins doivent pouvoir processionner tant à l'intérieur qu'à l'extérieur de l'église (mobilité des grilles des passages latéraux) ; accéder aussi, et facilement, aux points élevés de l'édifice (tours, dôme, tribunes). Les prêtres qui viendront en pèlerinage doivent pouvoir à tout moment et même simultanément célébrer la messe, d'où la nécessité d'avoir de nombreuses chapelles. Les pèlerinages importants auront besoin de plus d'espace (nef, bas-côtés, tribunes).

Ce programme d'église reste assez vague, mais l'essentiel est dit. Pour ses rédacteurs, il s'agit à l'évidence d'une église de pèlerinages à grands concours de foules et non d'une cathédrale ou d'une église paroissiale liée à la célébration de cérémonies statiques comme baptêmes, mariages ou enterrements.

Quant au style, soit, comme on disait, le « gothique », le « roman » ou le « romano-byzantin », il est entièrement laissé à la libre appréciation des concurrents. La commission artistique a réussi à en convaincre Mgr Guibert qui, paraît-il, aurait préféré pour sa part imposer son propre goût [2].

### 3. *Les dépendances et les abords*

Le programme décrit abondamment et dans le détail les bâtiments annexes, sacristies et presbytère, tous séparés de l'église, mais reliés à elle par

1. *PV* du 6 et du 20 août, du 17 sept. et du 15 oct. 1873. Voir aussi *L'Univers illustré* du 9 mai 1874, n° 998.
2. *PV* du 13 nov et 17 déc. 1873, ASCM. Voir ci-dessous le problème des préférences esthétiques de Mgr Guibert : peut-on les connaître avec certitude ?

une galerie. Il est prévu de loger cinq prêtres desservant le sanctuaire et autant de laïcs. Rien, en revanche, n'est prescrit pour les rampes d'accès et la promenade qui restent matière libre malgré l'intention d'Alphand d'imposer son projet.

### 4. *La dépense*

Sept millions de francs devront couvrir la construction et la sculpture ornementale et statuaire de l'église ainsi que la construction des dépendances. Ce chiffrage était d'abord prévu pour la seule église, mais on y inclut les annexes pour faire bon poids. Le prix de revient réel sera loin du compte et plus proche en définitive de celui que Napoléon avait prévu pour son projet de temple de la paix sur la butte Montmartre – trente à quarante millions [1]. Il est vrai qu'à une date encore récente, la Trinité était revenue à quatre millions pour 2650/3000 $m^2$ et Saint-Augustin à six ou sept millions pour 2350/3000 $m^2$ [2]. Le chiffre de sept millions pouvait donc paraître plausible, même s'il était peu raisonnable : on cherchait à construire une église nationale de 4500 $m^2$ pour le prix d'une simple église paroissiale parisienne, alors qu'on savait fort bien distinguer à l'époque une église de bourg d'une église de chef-lieu de canton, puis de sous-préfecture et de préfecture [3]. Il fallait peut-être éviter aussi de laisser libre cours à la fantaisie des architectes ou d'inquiéter les souscripteurs par l'annonce d'une trop forte dépense. Quoiqu'il en soit, le pari ne fut pas tenu et de loin [4] !

1. L'édition de la correspondance de Napoléon Ier venait de s'achever en 1870. Quelqu'un attira l'attention du Comité sur la lettre de l'empereur à Cambacérès en date du 26 novembre 1808 dans laquelle il précise son projet. Les députés des départements au Corps législatif et les membres des collèges électoraux étaient invités à donner mille ou trois mille francs selon l'état de leur fortune pour élever une espèce de temple de Janus où se feraient les publications solennelles de la paix et la distribution des prix décennaux. Les promoteurs du Vœu national furent certainement émus à l'idée de mettre ainsi leurs pas dans ceux de Napoléon, mais d'une façon chrétienne. *PV* du 17 sept. et du 1er oct. 1873. ASCM.

2. D. Devrez, *Projet*, 1872, AHDP ; Jean-Michel Leniaud, *Les constructions*..., 1979.

3. Jean-Michel Leniaud, *Les constructions*..., 1979, p. 274. A. Legentil, « Rapport... », 1874, dans *BVN*, 1874, p. 175, s'explique sur la dépense jugée trop élevée par certains et trop basse par d'autres.

4. Les devis des concurrents seront révisés par les vérificateurs de la ville. Cela donne un tour officiel à ce concours. De même le lieu d'exposition est le palais de l'Industrie aux Champs-Élysées mis à la disposition par le ministère de l'Intérieur.

## C. Les membres élus du jury

Pour constituer un jury aussi démocratiquement que possible, comme cela se faisait souvent à l'époque, la commission artistique s'adjoignit six jurés élus par les concurrents. Le résultat fut original : il sélectionnait des architectes extrêmement divers dans leurs styles et leurs préférences : Charles Garnier, Joseph Vaudremer, Léon Ginain, Ernest Coquart et Charles Questel.

Le plus célèbre est Charles Garnier, au faîte de sa gloire : la façade de l'Opéra a été dévoilée en 1867 et l'édifice sera achevé en 1878. Garnier l'éclectique est dit chef de file de l'école « Beaux-Arts », soit le frère ennemi d'Eugène Viollet-le-Duc, chef de file de l'école diocésaine [1]. Il a fait ses preuves dans ce qu'il appelle le « style actuel » au casino de Monte-Carlo et au théâtre Marigny à Paris. Son rôle va être déterminant dans le choix d'Abadie [2] et, de la mort de ce dernier en 1884 jusqu'à sa propre mort en 1898, il continuera d'exercer une grande influence sur le chantier [3].

Vaudremer est à la fois architecte de la ville de Paris, inspecteur général des Édifices diocésains et professeur à l'École des beaux-arts de Paris. La prison de la Santé, les églises Saint-Pierre de Montrouge et Notre-Dame d'Auteuil traduisent sa théorie architecturale qu'on appelle le rationalisme [4] et qui fait de lui le successeur de Joseph Duc, de Henri Labrouste et de l'architecte de la cathédrale de Marseille, Léon Vaudoyer [5]. Au mois de février 1874, Cardaillac considère Vaudremer (déjà mis au travail sur son projet d'église) comme l'un des principaux participants du concours [6]. Toutefois Vaudremer change d'avis au cours du printemps et renonce à concourir.

1. François Loyer, « Les ambiguïtés... », dans Charles Garnier, *À travers les arts*, 1869.
2. *HSC*, t. I, p. 207.
3. Il est commode de résumer ici ses successives interventions sur le chantier de la basilique. En 1885, on le charge (sans succès) de concilier les points de vue d'Honoré Daumet, successeur de Paul Abadie, avec ceux du Comité ; il recommande Charles Laisné comme deuxième successeur d'Abadie (*HSC*, t. II, p. 205). En 1891, il devient architecte-conseil avec émoluments jusqu'en 1893 (*HSC*, t. IV, p. 103 et 228). Pendant ce temps, il conseille des modifications pour les fondations (*HSC*, t. IV, p. 134 et 357) ; oriente la décoration (portes de bronze de la crypte (*HSC*, t. IV, p. 216) ; recommande quatre sculpteurs : Léon Fagel, Gustave Michel, Hubert Louis-Noël et Louis Barrias, (*HSC*, t. IV, p. 267) ; refuse la dorure des dômes (*HSC*, t. IV, p. 271). Il fait connaître le Sacré-Cœur au congrès des architectes en 1891 (*HSC*, t. IV, p. 82 et *BVN*, 1891, p. 432-433) et à l'exposition de Chicago en 1893 (*HSC*, t. IV, p. 160). H. de Fleury, « Rapport... », 1891, en fait grand cas : *BVN*, 1891, p. 90 et 287. Il mérite lors de sa mort les éloges et les prières du Comité (*BVN*, 1898, p. 677). Il est en train lui aussi comme Viollet-le-Duc et Abadie d'être redécouvert : *Monuments historiques*, 1/1974, p. 82 ; Charles Garnier, *À travers*..., 1869.
4. François Loyer, « Biographies », dans Charles Garnier, *À travers*..., 1869.
5. Sur cet architecte, voir l'article très complet de Barry Bergdoll, « Léon Vaudoyer », 1985. Selon Maurice Denis, son art « fût en harmonie avec le siècle », comme celui de Labrouste et Duc. Vaudoyer voulait « que toute forme fût donnée par la raison et le besoin » (Maurice Denis, *Histoire*..., 1939, p. 259.
6. *PV* du 4 mars 1874. ASCM.

Léon Ginain, un des meilleurs architectes de la capitale, édifie Notre-Dame des Champs, le palais Galliera et l'École pratique de médecine; ses œuvres précisent encore plus l'environnement monumental du Sacré-Cœur.

Ernest Coquart travaille à la Cour de cassation et à l'École des beaux-arts et assiste Hector Lefuel dans son immense chantier du Nouveau Louvre et sa lente réadaptation des plans de Visconti. François Loyer le nomme un « Offenbach de l'architecture » !

Charles Questel, enfin, a pour titre de gloire d'avoir construit l'une des toutes premières églises néo-romanes de France, Saint-Paul de Nîmes et ce avant même la construction par Jean-Baptiste Lassus de Saint-Nicolas de Nantes, édifice fondateur du néo-gothique religieux [1].

## D. Critiques du programme

À peine connu, le programme fait l'objet de nombreuses réserves et critiques [2] : les indemnités prévues pour les concurrents primés sont trouvées trop légères; les plans demandés trop grands; la possibilité formelle de l'archevêque de choisir le candidat de son choix démobilise les candidats [3]; la destinée pratique de l'édifice n'aurait pas été précisée assez clairement. On suggère, mais trop tard, qu'il aurait fallu d'abord demander une esquisse à chaque concurrent. Cela aurait permis la participation d'un plus grand nombre de candidats et de jeunes candidats. Puis, une vingtaine de noms retenus, on aurait pu donner à ces architectes les moyens de proposer des plans précis et statuer alors en parfaite connaissance de cause. Hors de ce processus, les jeunes architectes, selon lui, ne pourront pas faire leurs preuves [4].

1. François Loyer, « Biographies », dans Charles Garnier, *À travers*..., 1869 et Jean-Michel Leniaud, *Jean-Baptiste Lassus*, 1980. À la liste des églises dites néo-romanes ou romano-byzantines, il faut ajouter en 1867 la synagogue de la rue de la Victoire à Paris, par Aldrophe, inaugurée en septembre 1874. Voir Jacques Hillairet, *Dictionnaire*..., 1957 et illust.

2. Lettre signée H. Labrouste et Hermant, président et secrétaire de la Société centrales des architectes. *PV* du 18 février 1874. Labrouste se désolidarise donc de la commission artistique du Vœu national ! M. de Missiessy rapporte au sein du Comité ces critiques faites par cette Société. *PV* du 4 mars 1874. ASCM. Charles Lucas (*Deux lettres*..., 1874, p. 16, n. 1) mentionne et résume la « Lettre adressée à S. Em. Mgr le Cardinal-Archevêque de Paris » par cette Société dans *Bull. mens.*, IVe série, t. I, janvier 1874, p. 15.

3. Cette clause du programme a été demandée formellement par Charles Rohault de Fleury (lettre à son fils du 13 août 1873. ASCM). « Il est à désirer d'ailleurs que Mgr consente à un concours; mais dans ce cas il faut l'environner de bien des précautions pour ne pas tomber entre les mains du premier venu, ou trop jeune ou sans expérience ou disposé à bâtir chèrement. Il ne faut pas qu'on mette toute votre souscription en fondation et puis pas une pierre dehors. Il faut absolument qu'après le concours bien payé aux concurrents, l'archevêque se réserve le choix de l'architecte. »

4. Charles Terrier, *Le concours*..., 1874.

La Commission artistique, le Comité et Mgr Guibert ne tiennent aucun compte de ces critiques. Celle au moins qui concerne les primes semble d'ailleurs injustifiée [1]. Mais la virulence des critiques reprendra à la lecture des résultats du concours. Quoiqu'il en soit, les responsables du Vœu national ont sagement et courageusement tenu à la procédure du concours, une démarche récente et résolument moderne, en la pratiquant toutefois sur un mode catholique où l'autorité, tempérée par des conseils ne se trouve nullement divisée ni affaiblie dans l'exécution [2]. Reste que l'architecte désigné par le jury sera vraiment choisi par l'archevêque.

## *II. LES CONCURRENTS*

### A. Le nombre des participants

En trois semaines, rien qu'à l'archevêché et au secrétariat du Comité, quelques trois cents programmes et plans sont retirés par d'éventuels candidats [3]. Compte tenu des autres lieux de distribution (voir ci-dessus), c'est au total le double de dossiers qui furent emportés [4]. On s'attendait dès lors à un concours nombreux. Il y a déception au Comité, puisque quatre-vingt-sept concurrents seulement, regroupés en soixante-seize équipes, rendront soixante-dix-huit projets. De nombreux architectes qui s'étaient d'abord intéressés n'ont donc pas donné suite. Ils ont dû être sensibles à l'avalanche de critiques émises par la Société centrale des architectes. Notons pourtant que le concours pour Notre-Dame de la Treille en 1856 n'avait reçu que quarante-et-un projets [5], celui de l'Opéra en 1861, cent-soixante-et-onze, celui de l'Hôtel de Ville en 1873, soixante-huit. La comparaison reste malgré tout favorable au Sacré-Cœur.

1. Communication orale de Jean-Michel Leniaud.
2. Formule d'un prédécesseur de Mgr Guibert, Mgr Sibour.
3. *PV* du 18 mars 1874. ASCM.
4. A. Legentil, « Rapport... », 1874 dans *BVN*, 1874, p. 175 : « Nous avons distribué à Paris six cent vingt-cinq programmes accompagnés de plans de la colline de Montmartre. Et ce n'est pas seulement à Paris qu'il s'en est distribué : des demandes nous sont arrivées de tous les côtés de la France. À Lyon, vingt programmes ont été pris, grâce surtout au zèle de M. Fabisch, directeur de l'école des beaux-arts de cette ville. Des demandes nous sont arrivées de l'étranger, même de l'Amérique. »
5. Jean-Michel Leniaud *Jean-Baptiste Lassus*, 1980, p. 147.

## B. Les tendances artistiques des architectes primés

Les concurrents viennent d'horizons assez variés : une courte majorité est passée par l'École des beaux-arts, dont six grands prix de Rome [1] ; une dizaine de concurrents peuvent se laisser ranger sous la bannière d'Eugène Viollet-le-Duc [2]. Une présentation par tendances et écoles des architectes primés peut se faire dans l'ordre inverse du classement, et finir par Abadie. Il y eut dix prix et cinq mentions honorables (numérotés ici de la quinzième à la première place). Dix autres projets furent également distingués par le jury, parmi lesquels celui d'Anatole de Baudot (16ᵉ position) qui construira « avec audace », à la fin du siècle, Saint-Jean de Montmartre. La description de ces quinze projets et des réalisations de leur auteur permet de voir que le Sacré-Cœur prend ainsi place parmi les grands monuments de Paris et de la France du second Empire et de la IIIᵉ République [3].

### *1. Tendance « Beaux-Arts »*

Le dixième prix est attribué à Jean Pascal, grand prix de Rome. Il a travaillé avec Henri Labrouste aux nouveaux bâtiments de la Bibliothèque nationale. Ses emprunts aux monuments byzantins sont tels que son projet est gratifié d'un reproche plein d'humour : « Cet édifice serait certainement mieux placé à Jérusalem qu'à Paris. »

Constant Moyaux, grand prix de Rome, a bien tenu compte des processions et des grands concours de fidèles dans les galeries, mais son clocher est jugé disproportionné. Ce chef d'atelier aux Beaux-Arts, futur inspecteur général des Bâtiments civils, architecte du palais de la Cour des comptes et

1. Boitte, Moyaux, Noguet, Pascal, Bénard et Leclère (ou Leclerc).

2. Architectes diocésains et architectes des Monuments historiques : Abadie, Baudot, Bérard, Chipiez, Coisel, Devrez, M. Douillard, Geisse, L. Magne, Raulin, etc. Parmi eux on peut classer probablement le chanoine Pierre Paul Brisacier du diocèse de Tours (1831-1923) : curé-architecte-sculpteur à qui l'on doit par exemple une Vierge selon Bernadette Soubirous (au porche de la basilique de Lourdes), l'église Notre-Dame de France à Jérusalem et celle de Hommes (Indre-et-Loire). *SR de Tours*, 14 décembre 1923, n° 50, p. 716-717, aimablement communiquée par le P. Brisacier.

3. Voir les illustrations. Notices rédigées grâce aux dictionnaires de Bauchal (1887) et de Delaire (1907), plus diverses communications faites par François Loyer (1869/1985) et Claude Laroche (1988) dont nous faisons nôtre ici la classification. Parmi les architectes non retenus, notons particulièrement le cas de Sainte-Marie-Perrin dont le nom est lié, comme l'on sait, à la basilique de Fourvière : « Cet artiste semble s'être mis hors concours. Il n'en a pas moins exposé une œuvre d'un intérêt saisissant, œuvre qui n'est ni église, ni dôme, mais bien monument commémoratif et expiatoire, rappelant à la fois le Golgotha et le Saint-Sépulcre ; œuvre empreinte enfin d'une poésie majestueuse et dont les lignes sévères font songer aux édifices élevés par les Croisés en Palestine et à cet admirable tressaillement de la foi chrétienne qui caractérisa en France le XIᵉ siècle. » (Charles Lucas, *Concours*..., 1874, p. 41).

restaurateur du dôme de l'Institut et de l'observatoire de Meudon, montre malgré tout un grand talent (7e place). Dans son projet, observe Léon de Vesly, une certaine unité règne entre l'église et la crypte, alors que les autres projets semblent généralement plaquer une église byzantine par dessus une crypte du XIIe siècle[1]. L. Cernesson admire une tribune en façade pour la bénédiction de Paris et de la France, non sans y voir la transposition d'usages romains[2].

Le projet qui occupe la 13e place ressemble, aux dires de L. Duc, à l'église Sainte-Marie des Fleurs à Florence; dès lors, il est plus une cathédrale qu'un sanctuaire de pèlerinages. Son auteur présente une difficulté d'identification[3].

## 2. *Tendance indéterminée*

Pierre Mayeux, le dernier des primés (15e place), n'aura bien compris que le caractère d'accueil des pèlerinages, exprimé dans son projet par « des escaliers couverts, montant extérieurement aux galeries, ou descendant à la crypte »[4]. Il a laissé son nom à l'agrandissement de l'École polytechnique et de la bibliothèque de l'Arsenal, ainsi qu'aux mâts de la place de la République.

Alphonse Crépinet a restauré le dôme des Invalides. Il a cru devoir s'en inspirer pour son dôme du Sacré-Cœur (12e). On le lui reproche, même s'il est complimenté pour avoir su choisir un style d'architecture du XVIIe siècle, contemporain de l'enseignement de l'école française de spiritualité, des révélations de sainte Marguerite-Marie et donc de l'essor de la dévotion au Cœur de Jésus.

Joseph Letz a soigné le dôme et la façade de sa basilique, mais n'a pas prévu le passage des processions. Ni la construction de l'école normale d'Aix, ni celle de l'hôtel de la banque de Marseille ne l'avaient certes préparé à un tel concours (11e place); son projet s'inspire un peu trop de la cathédrale de Marseille alors en construction[5].

Le projet de Louis Roux, auteur de pavillons de l'Exposition de 1867 et de villas à Biarritz, a toutes les qualités hormis son dôme. Il n'obtient que le

1. Léon de Vesly, *Concours*..., 1874.
2. L. Cernesson, *Concours*..., 1874, p. 184.
3. Charles Lucas, *Concours*..., 1874, p. 38 et Claude Laroche, *Paul Abadie*, 1988, p. 264 qui cite *Le Moniteur des Architectes* et la *Revue de l'Art chrétien* parlent d'un Charles-Alfred Leclerc, grand prix de Rome. Le rapport établi par Duc sur le concours parle d'un Leclère (*BVN*, 1874, p. 299). Or il existe aussi un Jean-Louis-Ernest Leclère (1839-1900) qui est l'architecte de l'École des beaux-arts et du couvent de la Charité à Bourges. Qui a raison? Probablement le rapport du concours...
4. Louis Duc, *Rapport*..., 1874, p. 300.
5. Charles Lucas, *Concours*..., 1874, p. 37.

huitième prix, bien qu'il place heureusement l'image du Christ dans un petit sanctuaire surmontant l'arcade principale[1].

Albert Tournade, architecte d'hôtels et de châteaux, et M. Bernard (5e prix) auraient fait une œuvre entièrement originale.

> « Ils ont pris corps à corps l'idée du culte au Sacré Cœur et en ont fait l'âme de leur monument..., tout l'édifice n'est plus qu'un vaste dôme et un vestibule d'introduction. »

Malheureusement, ils ont négligé la fonction de l'édifice, lieu de pèlerinages (5e place).

Même s'il a prévu de faire appel à Charles Lameire pour le décor (voir ci-après), Gabriel Davioud, l'architecte favori du baron Haussmann, ne reçoit que le deuxième prix. Son projet n'a pas le caractère religieux qui convient en pareil cas. La disposition théâtrale des tribunes y est pour quelque chose, tandis qu'à l'extérieur, les statues et les effets d'eaux invitent peu au recueillement. Mais pouvait-on espérer autre chose de l'auteur des deux théâtres de la place du Châtelet et de celui d'Étampes, de la mairie du Ve arrondissement, de la fontaine Saint-Michel et des aménagements du bois de Boulogne (réalisés, notons-le, avec Jean Alphand), du palais du Trocadéro enfin qui sera détruit en 1937, là-même où l'on avait proposé un temps de construire le Sacré-Cœur (voir chap. 8) ? Un Léon de Vesly brocarde plaisamment Davioud à ce sujet[2]. Pourtant Gabriel Davioud s'était mis au travail tôt, dès la fin du mois de février, à tel point que M. de Cardaillac le considérait comme l'un des principaux concurrents[3].

### 3. *La tendance « diocésaine »*[4]

Auguste Magne et son fils Lucien remportent la quatrième mention (14e place). Le cardinal Richard et le Comité de construction feront appel trente

1. Léon de Vesly, *Concours...*, 1874, p. 119. Reproduction photographique dans les *Collections de l'Académie d'architecture*, catalogue, 1988, n° 445.

2. *PV* du 4 mars 1874. ASCM. Léon de Vesly se moque de lui (*Concours*, 1874) : « Il a vu dans les pénitentes au sacré Cœur de Jésus, les charmantes habituées des promenades du lac ; il a songé à leurs pieds mignons et à leur teint de lis ; et, vite, il a aplani les aspérités de la roche, étendu du sable fin, semé des pelouses de gazon, planté des massifs ombreux, répandu la fraîcheur par de gracieuses fontaines et n'a pas oublié la cascade traditionnelle. Il a transformé le calvaire de Montmartre en un chemin de roses... »

3. Sur Gabriel Davioud, architecte du Paris d'Haussmann (1824-1881), voir le catalogue de l'exposition organisée à Paris, hôtel de Sully, en 1981-1982.

4. Des projets des Magne, de Raulin et Dillon, de Coisel et des Douillard, Claude Laroche écrit : « Ils s'inscrivent dans un certain respect des types chrétiens consacrés par l'usage, s'organisent en croix latine, [...] avec cependant un certain dépassement de cette typologie pour le développement du chœur [...] et la place de l'autel à la croisée du transept. » (Catalogue *Paul Abadie*, 1988, p. 217).

ans plus tard à ce dernier pour construire le clocher et poursuivre la décoration du sanctuaire. Se souvenait-on alors des « deux grandes tours [du projet Magne] qui, sans doute, facilement aperçues de Paris et de ses environs, auraient produit beaucoup d'effet » ? On peut en douter. En tout cas, elles leur furent reprochées en 1874 [1]. Le nom du père reste lié au théâtre du Vaudeville à Paris détruit en 1927 [2].

Gustave Raulin et Albert Dillon (9e place) sont les seuls à vouloir couronner l'édifice par une « vaste et riche construction pyramidale ». La cathédrale et l'évêché d'Angers ont bénéficié des talents du premier.

Alfred Coisel qui avait à son actif l'église Saint-Michel à Lille [3] n'a pas su se détacher de la forme ordinaire des églises. À Montmartre, certes, il s'agissait d'un projet plus ambitieux qui réclamait davantage d'imagination (6e place).

Les frères Douillard proposent deux projets dont un surtout est considéré comme sérieux (4e place). Ludovic, prêtre, a construit l'église de Paimbœuf à partir d'une réduction de son projet primé pour le Sacré-Cœur [4]. À Marie-Lucien, on doit l'école Saint-Albert-le-Grand à Arcueil, édifiée pour le compte des Dominicains [5], et à Orléans le tombeau de Mgr Dupanloup. Ces deux architectes sont parmi les seuls à avoir explicitement détaillé une symbolique religieuse de leur édifice [6].

Le troisième prix est attribué à un projet dont l'auteur manque encore de maturité quoique plein de promesses, Charles Cazaux ; c'est un architecte qui restaurera le château Guillaume [7], reconstruira l'église et le château de Saint-Julien l'Ars [8] ainsi que de nombreuses villas à Nice. Dans son projet de Montmartre, Léon de Vesly admire le chemin de croix placé sur les rampes d'accès, mais un peu moins l'inscription en latin de la devise du Vœu national [9].

1. Reproduction photographique dans *Collections de l'Académie d'architecture*, catalogue, 1988, n° 387.

2. À l'angle de la rue de La Chaussée-d'Antin et du boulevard des Capucines, actuellement occupé par les salles de cinéma qui ont succédé au Paramount. Voir Jacques Hillairet, *Dictionnaire*..., 1957, t. I, p. 264.

3. Charles Lucas, *Concours*..., 1874, p. 31.

4. Voir une plaquette préparée par Véronique Mathot et M. le curé de Saint-Louis de Paimbeouf qui devait être publiée en 1991.

5. Institution célèbre par les massacres du 25 mai 1871. Que sont devenus les bâtiments après l'expulsion des religieux et la suppression de l'école ?

6. C. S., *Concours*..., 1874, p. 118, cite un texte des architectes qui analyse la future basilique comme un signe de la France chrétienne. Il y est question aussi des souscripteurs avec une remarquable anticipation : « C'est dans la crypte que seront placées les chapelles des congrégations et corporations qui voudraient en avoir une qui leur fût affectée, comme l'armée, les patronages, etc. » Voir aussi Charles Lucas, *Concours*..., 1874, p. 29.

7. Sur la restauration (1878-1898) de ce château de l'Indre, voir *La Nouvelle République*, 16-17 juillet 1983 (J. Ricard).

8. Voir les archives départementales de la Vienne, dossier Saint-Julien l'Ars (1884-1887) analysé et aimablement communiqué par J. Ricard.

9. Léon de Vesly, *Concours*..., 1874, p. 117.

## C. Paul Abadie[1]

### *1. Sa famille, sa jeunesse*

L'architecte qui couronne sa carrière par l'église nationale du Sacré-Cœur à Montmartre (première place au concours) naît à Paris le 10 novembre 1812. Son père aussi est architecte et a été l'élève de Charles Percier et de Pierre Fontaine[2], les maîtres d'œuvre de l'architecture impériale et les promoteurs du style Empire. On leur doit l'arc du Carrousel et l'aile du Louvre sur la rue de Rivoli. En 1818, la famille Abadie s'installe à Angoulême, car le père est nommé architecte du département de la Charente.

À vingt ans, Paul Abadie entre dans l'atelier d'Achille Leclère, lui-même élève de Percier et Fontaine. Il prend des cours de dessin chez Jean Alaux dit le Romain, le peintre de la monarchie de Juillet, qui décore à Versailles la salle dite des États généraux. En 1835, il entre à l'École des beaux-arts. Admis en 1839 à concourir pour le prix de Rome, Paul Abadie ne s'y fait pas remarquer. Pendant quatre ans, il occupe les fonctions de surnuméraire aux travaux de l'hôtel des Archives du royaume où Eugène Viollet-le-Duc est sous-inspecteur, et d'auditeur au conseil des Bâtiments civils.

Il entreprend de son propre mouvement, en rejoignant sa famille, un relevé minutieux et « raisonné » de l'architecture romane de l'Angoumois, du Périgord, de la Guyenne et même de la Normandie et s'attache à en comprendre le contexte fonctionnel. Abadie prend ainsi ses distances avec ses maîtres dont l'enseignement restait centré sur les ordres classiques et bannissait toute composition à caractère médiéval.

### *2. La maturité*

En 1844, la jeune commission des Monuments historiques de Prosper Mérimée et d'Eugène Viollet-le-Duc l'embauche pour effectuer des relevés et établir des projets et devis de restauration. En 1845, sous les ordres de

1. Ce paragraphe reprend un article de l'auteur : « Paul Abadie, l'architecte mal aimé » paru dans *Montmartre-Orientations*, n°de Toussaint et Noël 1984. Sources : Claude Laroche, *Paul Abadie*, 1988 ; *Dictionnaire des églises de France*, 1968 ; « Nécrologie » dans *BVN*, 1884, p. 686-687.

2. Le premier projette un palais du Roi de Rome à Chaillot, lieu convoité, on l'a vu, par Jean Brunet et quelques souscripteurs du Vœu national. Le second reste en fonction sous la Restauration et construit la chapelle expiatoire à laquelle le Sacré-Cœur a été si souvent comparé sur le plan symbolique. On peut imaginer que Napoléon leur aurait certainement confié son projet de temple de Janus à Montmartre.

Viollet-le-Duc et de Jean-Baptiste Lassus, il est nommé second inspecteur des travaux de restauration de Notre-Dame de Paris [1]. Il se marie et, en 1848, devient architecte diocésain d'Angoulême, Périgueux et Cahors. À ce titre, il travaille sur les édifices diocésains : cathédrales, évêchés et séminaires. Par ailleurs, il restaure une trentaine de petites églises de bourgs et de villes, en construit une douzaine d'autres et nombre d'édifices publics et privés [2]. Il attache son nom aux cathédrales Saint-Pierre d'Angoulême et Saint-Front de Périgueux.

À Angoulême, les travaux durent de 1851 à 1875. Paul Abadie prend comme siècle de référence le XII<sup>e</sup>. Il détruit donc la crypte du VI<sup>e</sup> siècle qui aurait été découverte avant ses travaux. Il est sûr qu'il introduit des colonnes avec chapiteaux ouvragés aux piliers de la première coupole et ajoute des colonnettes aux fenêtres ; fait disparaître la chapelle de la Trinité des XV<sup>e</sup>-XVI<sup>e</sup> siècle ; reconstruit la coupole de la croisée ainsi que les baies et les absidioles de l'abside ; remonte le clocher qui risquait de s'écrouler, exhausse la façade, y ajoute un pignon au centre et des clochetons sur les côtés ; rajoute des tympans sculptés [3].

À Périgueux, l'édifice du XI<sup>e</sup> et du XII<sup>e</sup> siècle a été a peu près entièrement démoli et refait de 1854 à 1882 d'abord par Paul Abadie, puis de 1883 à 1887, par Louis-Clémentin Bruyère, enfin après 1900 par Emile Bœswillwald. On ne saurait oublier l'état dans lequel se trouvait l'église au moment où Abadie commence ses travaux : depuis le XVII<sup>e</sup> siècle, une toiture voilait les coupoles. Sont alors créés de toutes pièces une abside en hémicycle, voutée d'un cul-de-four, en remplacement d'une chapelle gothique du XIV<sup>e</sup> siècle, un porche pour la porte nord, les clochetons en forme de cupules posés sur des colonnettes au sommet des cinq coupoles et des douze piles de support. De fait, il s'agit d'une reconstruction radicale et quasi totale, mis à part les substructures. Les coupoles anciennes étaient en blocage, avec seulement trois ou cinq assises appareillées : les nouvelles sont entièrement et parfaitement appareillées [4]. Aux mille irrégularités de l'édifice ancien, Paul Abadie a substitué des pendentifs, des calottes, des voûtes d'arêtes à l'ordre géométrique. Toute la sculpture enfin a été refaite.

1. À cette époque, il établit un rapport sur la restauration de Saint-Pierre de Montmartre (voir Eugène Fournière, *Rapport...*, 1897).

2. Par ex. le grand hôtel de Capvern qui est dit classique, l'hôtel de ville d'Angoulême qui est dit gothique. Il projetait un théâtre avec des combles métalliques. Voir les travaux de Claude Laroche. En *HSC*, t. II, p. 148-151, H. de Fleury donne une liste de ses travaux.

3. Voir aussi Pierre Dubourg-Noves, *La cathédrale...*, 1982.

4. Cela n'empêche pas qu'elles commencent à prendre l'eau. La reconstruction a besoin d'être restaurée, ce qui, après plus de cent ans, est finalement assez normal.

### 3. *La consécration*

En 1870-1871, Paul Abadie est nommé membre du conseil des Bâtiments civils, de la commission des Monuments historiques et, en 1872, un des trois inspecteurs généraux des Édifices diocésains. Toujours en 1872, Théodore Ballu emporte le siège de l'Académie des beaux-arts qu'il briguait. Il remplace, en 1874, Eugène Viollet-le-Duc qui vient de démissionner comme architecte de Notre-Dame et des Édifices diocésains de Paris. Parallèlement à son vaste chantier de Montmartre, il achève ses restaurations de province. Il est élu à l'Institut et reçoit maintes distinctions [1]. Il est frappé d'apoplexie dans la gare de Chatou le 2 août 1884.

La personnalité et les idées de Jean-Baptiste Lassus permettent de cerner celles de Paul Abadie qui l'appelle en 1850 : « mon très aimé maître et ami » [2]. J. -B. Lassus a lui aussi critiqué l'enseignement des Beaux-Arts, préférant suivre les leçons d'Henri Labrouste. Pour Lassus, tout repose en architecture dans la conjugaison du rationalisme architectural de son maître et de la redécouverte du Moyen Age. Il fonde les *Annales archéologiques* et la Société d'archéologie nationale avec Paul Abadie, Eugène Viollet-le-Duc et une trentaine d'autres membres [3]. Il est fasciné par le caractère logique, français et chrétien du gothique. Architecte de la ville de Paris, il restaure Saint-Germain-l'Auxerrois, Saint-Séverin, la Sainte-Chapelle, et avec Viollet-le-Duc, Notre-Dame. Ses édifices religieux sont autant de manifestes du néo-gothique : Saint-Nicolas de Nantes, le Sacré-Cœur de Moulins, la cathédrale de Moulins, Saint-Pierre de Dijon, Saint-Jean-Baptiste de Belleville... L'architecte « néo-gothique » qu'est Jean-Baptiste Lassus opère un choix radical dans le vocabulaire esthétique du Moyen Age et, en plein XIXe siècle propose hardiment le concept d'« art chrétien » à une communauté catholique contestée dans son existence [4]. À la différence d'Eugène Viollet-le-Duc, il professe la foi chrétienne. À bien des égards, Abadie semble plus proche de Lassus que de Viollet-le-Duc.

Le restaurateur de Notre-Dame et celui de Saint-Front n'en restent pas moins inséparables. Ils ont le même âge à deux ans près. Ils se sont peut-être connus dans l'atelier d'Achille Leclère vers 1832. Quand Paul Abadie travaille aux Beaux-Arts, Eugène Viollet-le-Duc séjourne en Italie, en 1836, puis

1. *HSC*, t. II, p. 148 en donne la liste.
2. Jean-Michel Leniaud, *Jean-Baptiste Lassus*, 1980, p. 185. Voir aussi p. 13, n. 61. Cette formule, chez P. Abadie et dans les circonstances où il l'écrit, selon Claude Laroche, ne signifie pas grand chose.
3. Jean-Michel Leniaud, *Jean-Baptiste Lassus*, 1980, p. 40 pour ces renseignements et tout le paragraphe.
4. Jean-Michel Leniaud, *Jean-Baptiste...*, 1980, p. 149 et 187.

parcourt la France avec Prosper Mérimée, alors inspecteur des Monuments historiques et restaure déjà Vézelay en 1839. Les deux architectes se retrouvent sur le chantier de l'hôtel des Archives en 1840. Ils appartiennent à la même commission des Monuments historiques en 1844 et Notre-Dame bénéficie de leurs soins communs en 1845. L'un et l'autre ont su prendre leurs distances avec l'enseignement officiel des années 1830 et s'enthousiasment pour le même Moyen Age, mais alors qu'Eugène Viollet-le-Duc théorise autant qu'il construit [1], Paul Abadie se consacre entièrement à ses travaux d'architecte et laisse une grande synthèse inachevée : le Sacré-Cœur.

Eugène Viollet-le-Duc exprime ses conceptions dans le *Dictionnaire raisonné de l'architecture française du XI^e^ au XVI^e^ siècle (1854-1868)* en dix volumes et dans les *Entretiens sur l'architecture (1863-1872)* en deux volumes. Ces ouvrages peuvent être considérés comme l'expression des principes qui ont présidé à l'édification du grand œuvre abadien même s'il n'y a pas filiation directe. Loin d'être un simple épigone de celui de Vézelay, l'architecte du Sacré-Cœur est bien plutôt l'un des zélateurs actifs et convaincus du vaste mouvement d'architecture qui s'amorce alors. À preuve le fait qu'Abadie est toujours allé puiser les éléments de son inspiration dans ses propres relevés opérés à même le terrain et non dans la sphère livresque des *Entretiens* [2].

## 4. *Construire l'église du Vœu national*

La publicité des débats sur la loi d'utilité publique de l'église de Montmartre a, semble-t-il, permis à Paul Abadie de connaître le projet. Au début d'août 1873, il confie son espoir à Mgr Cousseau [3] :

> « Je rêve en ce moment d'être chargé de l'église que l'on va élever à Montmartre et dont la construction fait assez grand bruit. Je fais les démarches nécessaires et si j'arrive à mon but, je finirai ma carrière par une grande œuvre. Je tâcherai qu'elle soit aussi belle que grande. Ceci n'est encore qu'un rêve ; mais quoi de plus doux que de rêver » [4].

1. Qu'on pense à Carcassonne, au château de Pierrefonds, à Saint-Denis-de-l'Estrée à Saint-Denis.

2. Sur Viollet-le-Duc, voir Bruno Foucart, « Viollet-le-Duc et la restauration » dans Pierre Nora, *Les Lieux de la mémoire*, 1986, t. II, *La Nation*, **, p. 613-650.

3. Mgr Cousseau a été évêque d'Angoulême de 1850 à 1872. Il est démissionnaire depuis le 12 août 1872. Paul Abadie a travaillé avec lui pendant vingt ans. Des liens d'amitié semblent s'être noués entre eux. Jacques Gadille, *La pensée*..., 1967, t. I, p. 127, le classe parmi les évêques modérés de la tendance du cardinal Pie. E. Jarry, art. « Angoulême » dans *CHAD*, dit que Mgr Cousseau et Mgr Pie étaient intimes. C. de Fleury en 1871 donnait son nom comme l'un de ceux qui pouvaient être contactés en faveur du Vœu national (chap. 3). Voir Cardinal Pie, *Correspondance*..., 1894 et Claude Laroche, *Paul*..., 1988, p. 94-101.

4. Extrait d'une lettre datée de Paris, 9 août 1873, à Mgr Cousseau dont une copie est aux ASCM, mais qui s'y trouve parce que copiée sur la *Correspondance Pie-Cousseau* éditée en 1894. Elle est en fait certainement du mois d'octobre (car un « 8 » pour indiquer un mois désignait octobre et non août).

Si Paul Abadie cherche dès cette époque à obtenir la commande, il a dû lire le mandement de Mgr Guibert du 15 août qui se termine ainsi :

> « Que le temple qui va être élevé par nos mains, semblable à la tour de David, d'où pendaient mille boucliers, devienne pour nous comme une citadelle inexpugnable qui protègera Paris et notre patrie » [1].

Ces propos qui inspireront certainement l'architecte disent l'ambiance du moment. Le principe du concours adopté, Paul Abadie, comme Emile Vaudremer et Gabriel Davioud, se met bientôt au travail en février-mars 1874 et ne manquent pas de le faire savoir [2]. Le choix du jury en effet se portera autant sur un homme que sur un projet [3]. L'anonymat de l'exposition sera illusoire. Paul Abadie n'en soigne pas moins son travail. C'est sans doute pour mieux arrêter son projet que l'architecte de Saint-Front, à cette date, se fait adresser les photographies des projets et du chantier de Fourvière. Il se trahit quelque peu dans ces lignes mitigées de 1874 :

> « J'ai été un moment ébloui par la richesse de cet édifice, et si je vous avais écrit sur la première impression, je n'eusse pas trouvé d'expression suffisante pour la louange. Depuis, je me suis sensiblement refroidi. Il y a dans cette belle œuvre, une profusion de détails charmants, mais en trop grande quantité. C'est un monument fait par un orfèvre, ou une belle chasse, mais cela manque du calme qui caractérise un édifice religieux... L'ornementation donne à l'œuvre un petit air *bataclan* » [4].

Mais alors, à quoi ressemblera-t-il, ce Sacré-Cœur cher à Abadie ?

## 5. *Le projet Abadie*

Pour bien comprendre le choix du jury, il faut se rapporter aux huit dessins présentés au concours, car il y a loin du projet d'Abadie à sa réalisation effective [5]. Au départ, Paul Abadie avait voulu traduire la nouveauté d'un

1. *BVN*, 1874, p. 35. Voir chap. 9.
2. *PV* du 4 mars 1874. ASCM.
3. Jugement de Jules Guadet, *Le Sacré-Cœur*, 1900, p. 110. J. Guadet a quarante ans au moment du concours et s'est passionné pour son déroulement.
4. Lettre à Fatalot (élève d'Abadie et photographe lyonnais) du 10 mars 1874 dans Elisabeth Hardouin-Fugier, *Cahiers...*, 1982, p. 119 et 195-196. Pour l'état de la basilique lyonnaise à cette date, voir la chronologie dans Elisabeth Hardouin-Fugier, *Voir...*, 1988, p. 27 et Claude Laroche, *Abadie...*, 1988, p. 249, n. 36. *HSC*, t. II, p. 252. Sainte-Marie Perrin critiquera lui aussi le Sacré-Cœur d'Abadie, lui qui a participé au concours et été éliminé lors du deuxième examen (J. Duc, « Rapport... », *BVN*, 1874, p. 288. Elisabeth Hardouin-Fugier, *Voir...*, 1988, p. 138).
5. Il y a deux plans (église basse et église haute) ; deux coupes (transversale et longitudinale) ; deux élévations (antérieure, sud et latérale, est) ; deux vues en perspective (extérieure depuis le sud-est et intérieure vers le chœur). Voir description détaillée dans réf. bibl. Paul Abadie, *Dessins*, 1874 et les commentaires de Claude Laroche, *Paul Abadie*, 1988, p. 258. Voir les illustrations.

lieu exclusivement réservé au culte au Cœur de Jésus. Il s'en explique en ces termes :

« Seul parmi les soixante-dix huit concurrents [1], j'avais senti qu'à culte nouveau, il fallait une expression architecturale nouvelle, un caractère spécial, distinctif. Quand je dis nouveau, je dépasse ma pensée. Je veux simplement dire un culte qui jusqu'ici n'avait pas de lieu à lui seul consacré. Il s'agissait donc, imitant les ordres monastiques anciens, de chercher un caractère particulier et distinctif » [2].

Sa recherche l'a porté vers tous ces monuments qu'il a si longuement étudiés, restaurés et quasi recréés. Mais il sait la tentation du plagiat, il veut éviter le pastiche :

« J'ai cherché l'inspiration dans nos chers monuments de la Charente et du Périgord, mais je n'ai reproduit aucun d'eux. Le Sacré-Cœur ne sera ni Saint-Pierre d'Angoulême, ni Saint-Front de Périgueux [3]. Il aura le sang de ses pères, mais il n'en aura ni l'aspect, ni la forme. Ma folle prétention est qu'il devienne un type. C'est beaucoup d'orgueil sans doute, mais la foi seule a produit des prodiges et j'ai la foi mais sans orgueil : les prodiges dont l'homme est l'instrument viennent de Dieu ; à lui donc la gloire, à l'homme le bonheur d'être l'instrument choisi par lui » [4].

La comparaison génétique est éclairante. De même qu'un enfant tient ses caractères de ses parents dans une originalité propre, de même l'architecte du XIX^e^ siècle par rapport à ceux du passé. Abadie le dit autrement :

« La raison peut découvrir dans les monuments du passé des valeurs intangibles du goût et de la beauté. Il y a une objectivité et un fond commun de principes éternels, indépendants des formes » [5].

Fort de ces principes et des servitudes du terrain, Paul Abadie propose une église au plan centré sur un carré de seize mètres de côté, avec aux quatre coins, quatre autres carrés de dix mètres. Sur le côté nord du carré englobant

1. Paul Abadie parle de concurrents, mais donne en fait le nombre des projets (voir ci-dessus).

2. P. Abadie, lettre à Mgr Cousseau, datée par erreur de copie du 16 juillet 1874. Elle doit dater de septembre 1874. Il faut, semble-t-il, incriminer la graphie des dates de l'époque : 16/7*/74 donnant septembre. ASCM. Lettres recopiées à partir de la *Correspondance Pie-Cousseau*, 1894 où se trouve l'erreur.

3. P. Abadie, lettre en date du 12 octobre 1874, mais en fait selon la même erreur de copie, du 12 décembre. ASCM. Dans cette lettre, il remercie Mgr Cousseau de lui avoir offert un ouvrage sur Sainte-Sophie : « J'ai déjà passé des heures à méditer sur ces plans. Il me semblait être avec vous, les raisonner avec vous. » Cela montre une certaine intimité.

4. Sur les dispositions religieuses de Paul Abadie, il faut avoir présente à l'esprit sa profession de foi faite dans une lettre à Legentil : « Je suis chrétien » (lettre du 8 août 1878. *HSC*, t. I, p. 483). Par ailleurs, il n'aurait certainement pas été décoré de l'ordre de Saint-Grégoire s'il avait été franc-maçon (contre les propos de François Chaslin dans *Le Monde* du 2 décembre 1984).

5. Selon Jean-Jacques Vayssaire, *Art sacré*, 1984, citant Joseph Pichard dans *Art chrétien – revue française des chantiers d'église* (1961).

les cinq précédents, il place un chœur avec un déambulatoire [1]. Treize chapelles et deux tribunes se logent dans ce dispositif. En élévation, correspond à chacun des carrés une coupole sur tambour à double épaisseur avec arcatures, tandis que le clocher s'élève au-dessus de la chapelle axiale. *In fine*, jugeant son projet, Paul Abadie n'est nullement sûr d'avoir conquis la véritable originalité qu'il recherchait: « Ai-je trouvé ? J'en doute. Mais je crois qu'à l'étude définitive pour l'exécution, j'y arriverai » [2]. Il était prophète. De nombreuses modifications seront apportées au projet.

## *III. PROJETS DE DÉCORATION À L'ÉPOQUE DU CONCOURS*

On ne se préoccupera vraiment de la décoration du Sacré-Cœur qu'à partir de 1890 environ à cause des délais de construction des fondations et de la crypte. Une maturation se sera donc produite entre-temps mais on peut imaginer cependant que les projets de décor proposés au concours auront marqué les responsables.

### A. Le programme et le Bulletin

Les organisateurs du concours demandent des projets de décoration (art. 15) et des devis (art. 17), mais ne stipulent rien de précis, mise à part la présence en pleine façade d'une statue monumentale du Christ avec un cœur visible sur la poitrine. L'architecte qui aurait voulu en savoir davantage n'avait,

1. Selon une communication orale de Jean-Michel Leniaud, on pourrait considérer ce plan comme une réminiscence au XIXe siècle des sanctuaires paléochrétiens décrits par André Grabas, *Martyria*, 1946. Plus fondamentalement, n'est-on pas en présence d'un espace sacré décrit par Michel Meslin, *L'expérience*..., 1988, p. 155-158 (caractérisé par l'emploi du carré et du demi-cercle).

2. P. Abadie, lettre à Mgr Cousseau, 16 septembre 1874. ASCM.

il est vrai, qu'à consulter le *Bulletin du Vœu national*. Il pouvait y trouver, sorte de préface à un véritable programme iconographique [1], un texte anonyme mais attribuable à Joseph Chantrel, retraçant à grands traits l'histoire de la France chrétienne et de sa dévotion au Cœur de Jésus [2].

## B. Les concurrents

Rares sont les participants au concours qui précisent, comme le font les frères Douillard, un programme iconographique (voir ci-dessus). Dans l'ensemble, on ne fait que survoler le sujet. Pour connaître Abadie, il y a au moins ses dessins. Ils attestent qu'il prévoyait une crucifixion dans le cul-de-four du chœur, un ciborium pour l'autel, une frise dans le dôme et divers statues en façade [3]. Il existe aussi un texte de son collaborateur, Edouard Didron, qui, en mai 1874, imagine et détaille quelque peu un décor de mosaïque pour une église votive pourvue d'un nef:

> « Nous voudrions donc voir s'avancer, de l'entrée jusqu'au fond de l'édifice, l'humanité toute entière représentée par ses membres les plus illustres au point de vue spécial qui est la base de l'idée à exprimer. D'un côté, les personnages antérieurs à Jésus et à ses contemporains, ceux qui l'ont annoncé, qui l'ont aimé et qui ont été les témoins de sa passion; de l'autre côté, les saints qui ont eu pour le Christ une dévotion particulière, qui ont propagé le culte de son Cœur dans le monde par leurs prédications, leurs écrits et leurs actes de tout genre. Cette foule viendrait rendre hommage à celui qui a tant aimé les hommes; par conséquent, au fond de l'abside de l'édifice reposerait l'Homme-Dieu dans sa gloire, montrant ses plaies et son Cœur sacré; mais il serait mieux encore, à notre sentiment, de placer là Notre Seigneur crucifié entre la Vierge Marie et saint Jean, puisque cette magnifique scène du Crucifiement est le plus beau sujet d'amour et de charité qu'il soit possible de trouver et de représenter, en même temps que le point de départ et la raison de la dévotion au Sacré Cœur; cette combinaison serait d'autant meilleure que le Christ, montrant son cœur, doit figurer à l'extérieur de l'église » [4].

1. *BVN*, fév. 1874, p. 84-85.

2. Joseph Chantrel (1818-1884) est chargé de rédiger le *Bulletin du Vœu national* pendant les premiers mois de son existence (*PV*. du 19 nov. et 3 déc. 1873, du 4 fév., 31 mars, 20 mai, 4 nov. 1874). Il n'est pas remplacé. C'est un fidèle collaborateur de Louis Veuillot à *L'Univers* et l'auteur de plus de cent volumes d'histoire, en particulier d'une suite à l'*Histoire de l'Église* de Rohrbacher (voir « Chantrel » dans *CHAD*). Une fois de plus, cette rupture de collaboration montre combien le style de *L'Univers* ne convient pas aux responsables du *Bulletin du Vœu national*.

3 Voir l'analyse de Jean-Claude Lasserre dans le catalogue Abadie, 1988 (chapitre « mobilier et décor d'église).

4. Edouard Didron, « Quelques mots sur l'art chrétien à propos de l'image du Sacré Cœur » dans *La petite publication* de mai 1874. Ces considérations ne paraissent pas assez françaises à Jules Marie Richard, « Le Sacré-Cœur et l'art chrétien » dans *L'Union quotidienne, France, écho français*, du 26 oct. 1875, p. 2-3. C'est la reprise sur le terrain décoratif, de la polémique qui va s'engager sur le style architectural de l'édifice (voir chap. ci-après). Articles cités par Christine Lacloche, *La décoration*..., 1975, p. 17-19.

Ce commentaire de Didron, même s'il énumère un peu plus loin les saints en question, reste très général. Les artistes ne pouvaient d'ailleurs guère s'en formaliser car, à la date de 1874, l'iconographie du Cœur de Jésus est loin d'être encore fixée [1]. À Montmartre, et ce fut sans doute une chance, les difficultés de la construction vont retarder les travaux de décoration ; on aura tout le loisir d'élaborer un vrai programme iconographique.

Charles Lameire, qui remporte avec Davioud le second prix du concours, retient l'attention. Vers 1877, lors de la construction de la chapelle provisoire, il est question de lui commander une fresque. Mais ses prétentions financières sont jugées trop élevées pour une telle bâtisse et le projet abandonné. Comme « prix de consolation », un carton lui est demandé vers 1905, pour la mosaïque offerte par des Lyonnais [2]. Il s'inspire du fameux ex-voto peint par Victor Orsel à l'occasion du choléra de 1832. Professeur à l'École des arts décoratifs, membre de la commission chargée de cette école, Lameire remplit d'autres fonctions officielles auprès des manufactures de Sèvres [3] et des Gobelins ou des Monuments historiques. Ses œuvres les plus célèbres sont certainement ses cartons pour l'église de la Madeleine où sont représentés « le Christ et ceux de ses disciples qui ont fait la Gaule chrétienne » [4] et ses icônes pour l'église grecque orthodoxe de la rue Georges-Bizet à Paris, construite par Joseph Vaudremer. Il a décoré nombre d'églises [5] et d'innombrables bâtiments civils parisiens : les salles chaldéennes du musée du Louvre (décor désormais disparu), l'hôtel de ville et le palais de Justice [6].

Mais c'est surtout par son *Catholicon, projet de décoration intérieure d'une église*, exposé et élaboré du salon de 1866 à celui de Vienne en 1873, que Charles Lameire est le plus original et a le plus d'influence [7]. Laurence Madeline-Richet s'interroge sur cette œuvre : « une panacée pour les églises catholiques ? » L'histoire de France y est présente d'un façon instante, y compris avec Louis XIV,

1. Anthime Saint-Paul, *L'église*..., 1874, p. 15, suggère même au clergé de travailler à cette tâche.

2. *PV* du 26 juin 1905, p. 11. On lui reproche la lenteur de son travail alors qu'il a déjà soixante-treize ans à cette date. Voir illust.

3. Voir par ex., Charles Lameire, *Rapport*..., 1879 dans lequel il félicite un M. Blanchard pour la décoration d'un vase. Est-ce le même que celui qui participa à la décoration de la basilique (voir chap. 22) ?

4. Bernard Violle, *Dictionnaire*..., 1982, t. II, p. 321.

5. Sur son rôle à Fourvière, Elisabeth Hardouin-Fugier, *Voir*..., 1988, p. 159, où l'on apprend qu'il est ami de Gustave Moreau. Pour sa collaboration avec Paul Abadie en province, voir Claude Laroche, *Paul Abadie*, 1988.

6. Voir Benezit, 1976 ; le dossier du musée d'Orsay, qui a reçu en outre, récemment une très importante donation d'un descendant direct de l'artiste et la maîtrise de Laurence Madeline sous la direction de François Loyer connue par les article suivants.

7. Sur cet artiste et son œuvre : Laurence Madeleine-Richet, « Un peintre... » dans *Revue du Louvre*, 1989/3, p. 172-179 (sur le fonds Lameire) et « Le Catholicon... » dans *Bull. de la Soc. Hist. Art français*, année 1987, sorti en 1989, p. 231-243. Sur les rapports de Lameire et d'Abadie, voir Jean-Claude Lasserre, « Mobilier... » dans Claude Laroche, *Paul*..., 1988, p. 275.

la Révolution et Napoléon, mais une histoire dans laquelle l'Église l'emporte finalement. Un critique, à sa mort dit de lui :

> « En vérité, ce peintre vit, non pas dans son rêve, comme on dit souvent, car le rêve peut être médiocre, mais dans sa foi. Il sait les Écritures, il va loin parmi elles, et le reflet de ces voisinages est dans beaucoup de ses ouvrages » [1].

Mais ce qui est remarquable dans le cadre de ce travail, c'est l'absence chez cet artiste de toute allusion à la dévotion au Cœur de Jésus. Quarante ans seront nécessaires pour passer du *Catholicon* de Lameire au *Triomphe du Cœur de Jésus* de Merson.

## *IV. LE CHOIX*

### A. Les jugements

Dès le premier jour, le 9 juillet, le jury élimine vingt et un projets. Le 14 juillet, il en élimine encore trente-deux. Les devis des vingt-cinq conservés sont alors révisés par les vérificateurs de la Ville [2]. Le 21, dix projets sont encore éliminés. Le 28 juillet, le jury par vote individuel, procède au classement ultime des quinze premiers. Pour le premier prix, au second tour de scrutin, par douze voix sur dix-huit contre cinq à Bernard et Tournade et une à Moyaux, Paul Abadie devient l'heureux élu. Le rapporteur du concours, Louis Duc, prévient le lecteur éventuel :

> « Mais il faut le dire, aucun des projets n'est exempt de critiques assez nombreuses, et il ne faudrait pas s'étonner si les critiques qui vont se produire paraissent en désaccord avec les louanges qu'on prodigue » [3].

Une fois admiré le plan de l'église et de la crypte, les critiques sont fortes. La façade de Paul Abadie ne trouve pas grâce :

1. Louis de Lutèce, *Notes*..., 1910, cité par Christine Lacloche, *La décoration*..., 1975, p. 43.
2. Jean Alphand enverra ensuite une facture « exorbitante ». Le Comité avait-il espéré la gratuité ? *PV* du 2 et 16 septembre 1874. ASCM.
3. *BVN*, 1874, p. 293.

« Ses éléments divisés et multiples sont peu favorables à un effet grandiose, ainsi que la couverture des chapelles disposées en dehors de cette façade. »

Le campanile est inconciliable avec la chapelle de la Sainte Vierge : la base forte de l'un ne convient pas au caractère délicat de l'architecture de l'autre. Les entrées de la crypte près la table de communion principale sont mal placées. Paul Abadie ne propose pas de projet pour les rampes d'accès. Malgré cela, le jury lui fait confiance, d'autant que son devis est proche des sept millions de dépenses prévus, là même où certains concurrents passant outre aux recommandations du programme parlent de treize millions [1].

Par chance, l'homme qui a voulu le concours et suscité le jury nous a laissé son avis personnel. Son fils, Hubert de Fleury, l'a publié après coup [2]. Charles de Fleury a tenu, avec Charles Garnier, pour le projet de Bernard et Tournade, avant de se rallier à celui d'Abadie. Sa principale critique porte sur l'échelle de l'élévation :

« La quantité exagérée d'éléments qu'il a fait intervenir dans cet ensemble lui suppose une grandeur qu'il n'a pas, ou une accumulation qui embarrasserait l'édifice en en rapetissant l'effet. »

C'est bien sur ce point que l'avenir donnera raison à Charles Rohault de Fleury. Plus le chantier avancera, plus le dôme grandira et le clocher rétrécira d'autant. Ce que l'on voit depuis 1900 n'est pas ce qui avait été prévu en 1874, parce qu'un tel projet, avait estimé Charles de Fleury, n'était pas intégralement réalisable.

En dehors du jury, on peut relever au moins cinq témoignages plus ou moins favorables à Paul Abadie. Charles Lucas, architecte commissaire voyer du XVIII^e^ arrondissement de Paris et l'un des secrétaires de la Société centrale des architectes, se félicite dans deux lettres à la *Revue de l'Art chrétien* du choix d'Abadie [3]. Léon de Vesly qui apprécie peu M. Chipiez, disciple de Viollet-le-Duc, loue l'architecte primé en lui reprochant seulement ses « nombreux clochetons et campaniles » [4]. L. Cernesson préfère l'intérieur à l'extérieur du projet, mais se rallie au jugement du jury [5]. Anthime Saint-Paul, qui a pris

1. Ce devis malgré tout semble artificiellement diminué. C'est une pratique courante. À une date plus ancienne, Charles Garnier avait procédé de même pour l'Opéra (François Loyer, p. 24 dans Charles Garnier, 1869). Et même si le style « néo-roman », par le peu de sculptures, revient moins cher que les autres (Jean-Michel Leniaud *Les constructions*..., 1979, p. 274), il est plus gourmand en volume de maçonnerie et donc les choses reviendraient au même (Claude Laroche, *Catalogue Abadie*, 1988, p. 161 et note 9, p. 169).

2. *HSC*, t. I, p. 207-209.

3. Charles Lucas, *Concours*..., 1874, p. 42 et *Rapport*..., 1874, ASCM.

4. Léon de Vesly, *Concours*..., 1874, col. 116. M. Chipiez selon lui « appartient à une école où faire original est la devise et où on se congratule devant les bizarres créations » (col. 119). Il s'agit des « diocésains » (F. Loyer dans C. Laroche, *Paul Abadie*, 1988, p. 199, n. 13).

5. L. Cernesson, *Concours*..., 1874, col. 183.

le soin d'éditer une plaquette spéciale sur le sujet, critique le restaurateur Paul Abadie qui a recréé les monuments auxquels il a touché, mais admire le créateur du Sacré-Cœur. Cette église ne sera cependant qu'une œuvre de bon goût parce que la foi et les connaissances religieuses ne la soutiennent pas assez ; du reste, selon le critique, il en est de même dans tout l'art religieux de l'époque [1]. Seul un architecte qui signe C. S. se montre réservé. Il fait les mêmes remarques que Charles de Fleury : dans l'élévation, tout est petit ; il craint que l'intérieur ne soit pas bien éclairé ; il ne voit guère d'esprit créatif à l'œuvre dans ce projet. Mais le plan, malgré tout, lui semble bon [2]. À propos du concours, comme du débat à l'Assemblée, beaucoup, même presque tout les éléments du procès artistiques du Sacré-Cœur sont apparus. Les points négatifs vont l'emporter au moins pendant un siècle dans le jugement global ; les poins positifs sont-ils en train de refaire surface et de modifier l'approche globale du monument (voir chap. 32).

## B. La décision de Mgr Guibert

La décision de l'archevêque de Paris se fait attendre, même si tout ou presque dans les jugements que nous venons de passer en revue et dont il a certainement dû prendre connaissance, l'encourage à choisir le premier prix. Pendant ce temps, Paul Abadie s'interroge :

> « Exécuterai-je ? Le programme dit clairement que Monseigneur l'archevêque se réserve le droit de faire exécuter par qui bon lui semblerait. Et je n'ai encore aucun ordre d'exécution, aucun indice de la volonté de la décision du cardinal. J'attends donc avec résignation et prêt à marcher ou à me résigner » [3].

C'est que Mgr Guibert, comme les promoteurs laïcs, veut tenir les choses bien en main et ne pas laisser l'architecte faire cavalier seul, d'autant que nombre d'autres préoccupations conditionnent la décision. Les mois d'août, septembre et octobre vont donc être remplis par les retombées du concours (défrayement des concurrents, publication du rapport général, édition de

1. Anthime Saint-Paul, *L'église*..., 1874, p. 8 écrit : « La raison de la décadence [de l'art religieux actuel], commencée depuis quelques siècles, est toute naturelle : la foi s'éteint de plus en plus dans nos artistes... [Il faudrait que nos artistes] soient des *hommes d'église*, c'est-à-dire des hommes pourvus d'une connaissance suffisante de la liturgie, des saintes Écritures ». Il est l'auteur d'une importante *Histoire monumentale de la France* (1883).
2. C. S., *Concours*..., 1874.
3. P. Abadie à Mgr Cousseau, même copie de lettre que ci-dessus datée du 16 juillet, en fait probablement du 16 septembre 1874. ASCM.

l'album-souvenir), sans parler de la relance de la souscription et des problèmes d'expropriation.

Durant ce temps d'indécision, Paul Abadie imagine les éventuelles difficultés (qui vont effectivement surgir):

> « Une crainte m'inquiète, c'est que je n'aie pas mon entière liberté comme je l'ai eue à Saint-Pierre, à Saint-Front et partout où j'ai opéré. Je crains l'immixtion des comités, les idées imposées en un mot, les tortures qui arrêtent la pensée et la paralysent, qui amènent le découragement, l'indifférence. Y échapperai-je ? » [1].

De fait, un premier différend oppose le lauréat aux responsables du Vœu national:

> « On a exposé en vente sans notre aveu des photographies du plan de M. Abadie, plan qui est devenu la propriété de S. Éminence. M. Legentil fera à ce sujet les observations nécessaires à M. Abadie » [2].

La commission artistique présidée par le cardinal se réunit le 19 novembre « pour décider définitivement du plan » et, par là-même, de l'architecte [3]. Les débats n'en sont pas connus à ce jour, mais un élément important peut en être reconstitué: les souhaits de Mgr Guibert en matière d'architecture. Le choix d'Abadie par le prélat s'en trouve éclairé d'autant [4].

Dès l'été 1872, au moment où il s'agit de choisir l'emplacement du futur édifice, le cardinal « a senti qu'un dôme serait une très belle chose. Il rêve [sic] le dôme de Notre-Dame des Missions du Pujet à Aix-en-Provence » [5]. Quelques mois plus tard, il demande à D. Devrez un projet « en s'inspirant du magnifique dôme des Invalides » [6]. Un an plus tard, Léon Cornudet rappelle

1. P. Abadie à Mgr Cousseau, 16 (juillet) septembre 1874. ASCM.

2. *PV* du 4 novembre 1874. ASCM. L'album est déposé au ministère de l'Intérieur pour assurer cette propriété (*PV* 21 avril 1875. ASCM.)

3. *PV* du 18 novembre 1874. ASCM. La réunion s'est tenue en l'absence de Charles Rohault de Fleury qui est alors à Rome. Voir la lettre qu'il adresse à son fils le 18 novembre. Le *PV* du 2 décembre considère le choix de P. Abadie comme chose faite.

4. Claude Laroche et Nele van der Meer ne semblent pas avoir bien vu clair sur ce point. Claude Laroche, *Paul*..., 1988, p. 223 parle du « pro-gothique Mgr Guibert » et de son attitude de girouette, p. 226, en s'appuyant sur le travail de Nele Van der Meer, *Mémoire*..., 1988. La citation invoquée est un texte de H. de Fleury datant seulement des années 1900 (*HSC*, t. I, p. 205): ce dernier tient à y souligner, trente ans après, son influence sur l'archevêque. Même la mention des flèches dans le mandement du 15 août 1873 (*BVN*, 1874, p. 663) n'est pas probante, vu le genre du texte rédigé certainement par un secrétaire, en particulier par l'abbé Reulet (*BVN*, 1881, p. 262) qui a entretenu une correspondance avec l'abbé Carles, partisan, on va le voir, du style gothique (***, *Comité*..., 1875, p. 36). Voir au contraire le témoignage, en 1875, – rapporté dans Jules Helbig, *Le baron Béthune*..., 1906, p. 249 – d'un prélat romain: Mgr Guibert est quelqu'un « qui n'aime pas du tout le gothique » ! Voir plus bas, le paragraphe sur la crise de 1875.

5. Lettre de H. de Fleury à A. Legentil du 31 août 1872. ASCM. Sur le problème que soulève cette référence, voir le chap. 8. Léon Cornudet le répète dans une lettre à H. de Fleury du 7 septembre 1872: « Une immense coupole » (ASCM).

6. Lettre de D. Devrez du 30 juin 1874 pour accompagner un de ses projets. ASCM.

les préférences de l'archevêque pour une croix grecque avec coupole[1]. En janvier 1874, le président du Comité parle de « style roman »[2]. À l'unisson de la plupart des concurrents, le cardinal n'a pas de mal à entériner le choix du jury et à résister aux pressions qui vont s'exercer sur lui en 1875 (voir ci-après); trois ans plus tard, il peut facilement justifier sa décision auprès des évêques de France[3]. En attendant, le *Bulletin du Vœu national* du 10 décembre 1874 annonce en termes assez laconiques la décision et fait l'éloge de Paul Abadie[4].

Dès lors, dans une lettre à Mgr Cousseau, Paul Abadie, non sans émotion (il écrit bien!), lui annonce la nouvelle:

> « Ce sera ma dernière mais ma plus rude tâche. Je l'accepte sans joie, presque avec peur. Mais j'obéirai. Celui qui m'a inspiré, qui m'a poussé dans la voie du concours me soutiendra, me donnera la force nécessaire à l'accomplissement de Sa volonté. J'y crois, j'y compte, et je le prie, Monseigneur, de ne pas m'abandonner. Je pleure en vous écrivant ces lignes: je pleure de reconnaissance, de crainte, et je ne sais quels sentiments se heurtent dans ma tête et gonflent mon cœur. J'obéirai. Vous serez surpris, Monseigneur, de trouver en moi de la tristesse et non de la joie. Votre cœur et votre raison vous expliqueront le mystère devant lequel je reste tout pensif mais au fond bien heureux. C'est le moment de répéter votre devise: *Sursum corda*! Je ne l'ai pas oubliée et je ne l'oublierai pas. Elle me rappellera Dieu et vous »[5].

Somme toute, il semble que de part et d'autre, le « mariage » soit un mariage de raison. L'enthousiasme ne paraît guère au rendez-vous! L'œuvre s'en ressentira certainement.

## C. La polémique (1875)

### 1. *Le lancement*

La campagne contre le choix de Paul Abadie commence au printemps 1875 alors même que la pose de la première pierre va soulever tant de délicats

1. *PV* du 19 nov. 1873. ASCM.
2. *PV* de la première réunion de la commission artistique, le 4 janvier 1874 dans *HSC*, t. I, p. 146.
3. « Lettre aux évêques de France pour accompagner l'album des dessins du sanctuaire du 28 juin 1877 », *BVN*, 1877, p. 663.
4. *BVN*, 1874, p. 369: « M. Paul Abadie, l'auteur du projet qui a obtenu le premier prix au concours pour l'érection de l'église du Sacré-Cœur, vient d'être chargé par S. Em. le cardinal-archevêque de Paris de la construction de cet édifice. » Suit le panégyrique de l'artiste présentant ses œuvres et ses fonctions.
5. Lettre du 12 octobre, en fait probablement du 12 décembre 1874. Voir cardinal Pie, *Correspondance*, 1894.

problèmes (voir chap. 11). Le publiciste Charles Garnier (sans rapport avec l'architecte ![1]), directeur de *La Décentralisation de Lyon*, ardent propagandiste du Vœu national (voir chap. 13), après avoir correspondu personnellement avec H. de Fleury et selon lui infructueusement, se décide à parler publiquement du résultat du concours. Il déplore le manque d'ambition du projet, car il s'agit rien moins que de commémorer la consécration générale de la France au Cœur du Christ et sa véritable résurrection. La cérémonie du 16 juin 1875 n'est pas à la hauteur du salut qu'attend et espère le pays. Garnier ne veut pas s'en prendre au Comité composé d'éminents chrétiens, mais à la manière dont a été constituée la commission artistique dont huit membres sur douze proviennent des Beaux-Arts et des Travaux Publics, deux corps ennemis du gothique : elle aurait dû être ouverte davantage aux archéologues chrétiens. Finalement, ses critiques portent moins sur le style que sur sa relative modestie ; le fond de son attaque semble politique, plus encore qu'esthétique, en ce sens que le journal en question est connu pour être le porte-parole des légitimistes de Lyon et que ses réserves sur le plan esthétique sont l'écho de celles, un an plus tôt, sur le texte de la loi d'utilité publique. La rupture de la correspondance avec Hubert Rohault de Fleury provient certainement du ton *Univers* ou *Messager du Cœur de Jésus* que le journaliste Charles Garnier aurait voulu donner au *Bulletin*[2].

Au lendemain de la célébration de la pose de la première pierre de la basilique, l'abbé Carles, directeur de *La Semaine religieuse* de Nîmes, regrette la victoire d'une école qui va faire du Sacré-Cœur une mosquée ou une église russe... En quoi il s'accorde bien avec le journaliste lyonnais de *La Décentralisation*[3]. L'abbé Carles surtout doit être en harmonie avec la pensée de son évêque, Mgr Plantier, lequel vient de mourir. J. Gadille classe ce dernier parmi les ultramontains extrêmes qui sont souvent des légitimistes en politique. Chez eux, les deux cités – terrestre et céleste – la sphère de la politique et la sphère de la religion sont mal distinctes, même si pour les catholiques elles ne doivent jamais être mises en

1. Ne pas les confondre comme cela s'est fait dans le *Bulletin* lui-même (*BVN*, 1926, p. 190) qui attribue à l'architecte un texte du publiciste (*BVN*, 1874, p. 63).

2. Articles publiés dans *La Décentralisation* du 27 mai et 14 juin 1875 et reproduits dans Un Comité..., *Le Vœu*..., 1875, p. 8-18.

3. Abbé Carles, art. du 20 juin 1875 paru dans *La Semaine religieuse* et *La Gazette de Nîmes*, reproduit dans Un Comité..., *L'église*..., 1875, p. 26-29.

opposition. On devine que les options esthétiques renvoient là aussi aux options politiques [1]. Mgr Plantier sera remplacé par Mgr Besson qui est de la tendance de Mgr Dupanloup. L'opposition à Mgr Guibert s'apaise : y a-t-il relation de cause à effet [2] ?

## 2. *Le paroxysme*

En attendant, circule une pétition en faveur du vrai « style chrétien ». Elle recueille plus de cinq cents signatures, ce que Mgr Guibert n'apprécie pas du tout [3] ! *Le Citoyen*, journal de Marseille, amplifie la polémique en la simplifiant [4]. À la suite de démarches qu'il faudrait éclairer, *Le Monde* publie un article d'Edouard Didron qui prend la défense d'Abadie [5]. Ce peintre-verrier, grand connaisseur du Moyen Age, qui produit des chefs-d'œuvre dans ce que l'on a appelé le « vitrail archéologique », est un collaborateur régulier de l'architecte et même un ami intime [6]. Ne vous méprenez pas sur Paul Abadie, dit-il aux critiques, il appartient à votre école : le néo-gothique et le néo-romano-byzantin participent du même esprit. Simplement, vu le site de Montmartre, le parti d'une coupole s'imposait tout logiquement.

*L'Union* se met de la partie et fait écho à l'abbé Carles. Mécontent, Mgr Guibert adresse au journal légitimiste une communication dénonçant l'exploitation d'une intrigue provinciale remontée jusqu'à Paris. « Rien n'est changé et ne doit l'être », d'ailleurs. La souscription se porte bien [7]. L'abbé Carles n'en poursuit pas moins sa campagne. L'absence d'ecclésiastiques dans le jury fait

1. À la lumière de sa connaissance de Flandrin, M. Jacques Foucart (communication écrite) invite à une grande prudence et à beaucoup de nuances dans ce genre d'analyse. Mgr Plantier reste célèbre pour avoir entre autres écrit une magnifique lettre pastorale à l'occasion de la mort d'Hippolyte Flandrin (en 1864) : il y loue en termes émus l'artiste chrétien et ne peut pas ne pas admirer le fameux décor de Saint-Paul de Nîmes, dû comme l'on sait à Flandrin. Mais cet édifice construit par Questel, où le peintre a étroitement travaillé de concert avec l'architecte, est justement –architecture et peinture associées- le premier grand manifeste en France du goût romano-byzantin ! Comme Questel, Flandrin n'est en rien un néo-gothique... mais un néo-grec chrétien, qui a médité à la fois les mosaïques de Ravenne, Giotto et Raphaël et qui vise à un style sévère et digne, épuré mais d'autant plus éloigné de tous les maniérismes et grâces gothicisantes. Si Mgr Plantier révère à la fois Questel et Flandrin, l'esthétique romano-byzantine d'Abadie, à tendances paléo-chrétiennes en quelque sorte, ne peut ni vraiment le surprendre ni le heurter profondément. En fait, la filiation de l'esthétique au politique et au religieux est peut-être trompeuse ou du moins ne faut-il pas en forcer l'interprétation...

2. Jacques Gadille, *La pensée*..., 1967, t. I, p. 25, 80, 117 et 132. Cependant l'abbé Carles dans Un Comité..., *L'église*. ., 1875, p. 48, affirme que son nouvel évêque partage son avis.

3. Un Comité, *L'église*..., 1875, p. 29.

4. Article signé H. B., citant C. Garnier et l'abbé Carles, dans *Le Citoyen*, « journal religieux de Marseille » selon *La Décentralisation* du 30 juin. Un Comité, *L'église*..., 1875, p. 18.

5. Edouard Didron dans *Le Monde* du 30 juin 1875, reproduit dans *BVN* du 10 août 1875, p. 584-589. Sur Edouard Didron, verrier, voir Elisabeth Hardouin-Fugier, « Le vitrail français en 1878 » dans *Bull. Soc. hist. art franç.*, année 1990, p. 208.

6. Claude Laroche, *Paul*..., 1988, p. 359. HSC, t. II, p. 152. Il offre une de ses œuvres pour la chapelle provisoire, *HSC*, t. I, p. 295.

7. *L'Union* du 9 et du 10 juillet 1875, reproduit dans *BVN*, 10 août 1875, p. 583.

désordre ! Les questions d'églises doivent tenir compte des hommes d'Église. La fonction d'inspecteur général de Paul Abadie a faussé le concours. Pourquoi *Le Monde* et le *Bulletin du Vœu national* ferment-ils leurs colonnes à la libre discussion ? Plus grave pour l'abbé Carles, la non-orientation est-ouest de l'église nationale selon la coutume (elle est ici nord-sud) est proprement un trait d'influence maçonnique ! Et d'ajouter qu'une église est d'abord faite pour plaire à Dieu et non pour satisfaire le coup d'œil de la population parisienne... Tout dans la décision du jury (et dans celle de Mgr Guibert, mais l'abbé Carles n'ose pas le citer nommément) semble le fruit d'un parti-pris peu ou pas chrétien.

La polémique s'enfle. Un prélat romain, dont J. Helbig ne donne pas le nom, de passage à Paris, entre en scène et tâche de convaincre Mgr Guibert [1]. *La Croix* de Bruxelles s'émeut le 27 août 1875. Un article anonyme réfute point par point celui d'Edouard Didron [2]. Le baron Béthune suggère à Mgr Guibert de choisir le parti d'une église ogivale avec une coupole. Refus net et poli du cardinal parisien [3].

Un article de *L'Union* en date du 26 octobre 1875 prolonge la discussion en reprenant en partie les arguments d'Anthime Saint-Paul (voir ci-dessus). L'auteur se dit déçu par le concours. Les artistes n'ont ni foi, ni connaissances, ni sentiments chrétiens [4]. La conclusion de la polémique semble donnée par la publication en plaquette des pièces du dossier de l'opposition, le 2 novembre 1875, sous le patronage d'un Comité d'archéologues anonymes, avec le titre : *L'église du Sacré-Cœur à Montmartre sera-t-elle de notre style national ou sera-t-elle d'un style étranger ?* En préliminaire, le rédacteur de cet opuscule regrette qu'on n'ait pas choisi un disciple de Lassus. MM. Magne et Merle, architectes de Saint-Bernard de la Chapelle, par exemple, auraient très bien fait l'affaire, leur œuvre aurait répondu à Saint-Jean-Baptiste de Belleville. Après avoir soupçonné Abadie des pires intentions, l'auteur (anonyme) se félicite en conclusion des travaux de la basilique de Saint-Denis et finit sur une citation de Viollet-le-Duc :

> « Ce qui constitue les nationalités, c'est le lien qui unit étroitement les différentes périodes de leur existence ; il faut plaindre les peuples qui renient leur passé, car il n'y a pas d'avenir pour eux » [5].

1. Jules Helbig, *Le baron Béthune*..., 1906, p. 249 (lettre en date du 3 août 1875 de ce prélat à une amie du baron Béthune).

2. *La Croix* du 27 août 1875 selon Un Comité, *L'église*..., 1875, p. 19.

3. Jules Helbig, *Le baron Béthune*..., 1906, p. 249.

4. Article de Jules-Marie Richard rapporté par Un Comité d'archéologues, *L'église du Sacré-Cœur*..., 1875, p. 25. Selon Jules Helbig, *Le baron Béthune*, 1906, p. 248, l'auteur serait un archiviste du Pas-de-Calais.

5. Signature : L. J. H. La citation est tirée du *Dictionnaire raisonné de l'Architecture*, 1er volume, page III, de Viollet-le-Duc.

### 3. *L'apaisement*

Cette polémique semble vite s'apaiser: dès 1876 on n'en relève plus aucune trace. Cette année-là à justement, A. Gosset montre que les basiliques chrétiennes se sont progressivement perfectionnées dans leur plan et se réjouit de la construction du Sacré-Cœur[1]. Puis le romancier Paul Féval se met au service d'Abadie dans *Le Denier du Sacré-Cœur*. Il décrit d'abord ses craintes de 1873-1875 touchant l'architecture de l'église du Vœu national. Il émet des réserves sur l'influence stylistique de Ch. Garnier (l'architecte) qui marque si profondément l'époque:

> « L'homme très-habile et très-actuel qui a bâti l'Opéra me hantait et me gênait. Quoi qu'on fasse, M. Ch. Garnier aura exercé sur son temps une réelle influence, assez malaisée à définir. Il me faisait peur, et tout autre aussi à cause de lui. [...] Je ne crois pas que M. Garnier ait fondé une école, mais le nuisible troupeau des imitateurs flaire sa vogue à l'unanimité et ramasse tout ce qui peut tomber de lui. Il n'est ni chrétien, ni païen, ni romain, ni grec; c'est un nabab d'Assyrie [...] Cela plaît incomparablement. »

Craignant que le Sacré-Cœur ne soit finalement qu'une imitation de l'Opéra, Féval se serait pour un peu rangé du côté des opposants:

> « J'avais ce cauchemar de voir pendre au sommet de Montmartre ce qu'ils appellent « une idée », quelque chose de neuf, de *trouvé*, peut-être même quelque chose d'ORIGINAL, en un mot une église ACTUELLE ! »[2].

La confiance l'emporte en fin de compte sur l'appréhension, et Paul Féval de prendre le parti de Mgr Guibert, du Comité et d'Abadie. À la même époque, l'archevêque de Paris constate que les critiques sont retombées. À tous les évêques de France il envoie l'album qui rassemble les études architecturales du monument. Il retrace en quelques pages l'histoire du concours et résume les justifications du choix. Il s'agit maintenant de construire l'église[3].

Cette polémique de l'année 1875 – année de la pose discrète de la première pierre, traitée au chapitre suivant – sur le style de l'ex-voto national a été abordée ici avec le concours de 1874 pour respecter malgré tout sa dimension esthétique, même si elle semble liée à des visées politiques légitimistes. L'appel au néo-gothique, comme à un style national, n'est-il pas l'appel

1. Alphonse Gosset, « Évolution... », 1876, col. 116: « Toutefois l'excessive importance donnée à l'abside, au détriment de la croix grecque, par conséquent de la coupole...divise l'attention... »

2. Paul Feval, *Le Denier*..., 1878, § II. Ce sont des qualificatifs employés par Ch. Garnier dans *À travers les arts*, 1869, chap. VI, « Le style actuel » : « Nous avons et nous aurons, nous, une nouvelle renaissance... qui, ne partant pas d'un type, mais d'un principe, doit conduire à une période d'art à laquelle l'avenir saura rendre justice » (p. 101).

3. Mgr Guibert, *Lettre*..., 1877.

à une esthétique qui serait compartimentée par les cultures ? Mettre ainsi l'accent sur la diversité du beau, n'est-ce pas mettre en question son unité ? De fait, là encore, cette polémique en complément des jugements du concours ouvre le débat qui n'est pas encore fini de la beauté du Sacré-Cœur.

Quoi qu'il en soit, Paul Abadie, au faîte de sa carrière, voulait cette commande prestigieuse et nationale. Il proposait une nouvelle architecture pour un culte nouveau. Le jury, le Comité et Mgr Guibert ont adopté son projet. Quelques défauts évidents ne sauraient empêcher de faire l'éloge de l'édifice abadien. Pour son église, Abadie était le seul à avoir proposé une vue perspective aussi impressionnante. Comme si on devait l'apprécier d'un point de vue situé dans les airs, comme si l'option prise se situait dans un avenir qui serait celui des vols et des locomotions aériennes ! Après 1870-1871, enfin, il n'était pas question pour l'archevêque de Paris de proposer une œuvre de division. Avec les régimes politiques en place qu'on essaierait de christianiser, il fallait reconstruire la patrie. L'œuvre d'Abadie se veut une « basilique synthétique » :

> « La fusion des écoles historiques rivales en une sorte de monument de synthèse – récapitulant l'histoire de l'architecture en un objet unique, totalement neuf – est peut-être ce que l'historicisme avait le plus cherché dans l'histoire : la libération de ses modèles. Le romano-byzantin imaginaire d'Abadie aura eu le mérite de fusionner le rêve monumental classique, l'émotion romantique et la logique du rationalisme constructif en une œuvre si forte qu'elle n'est pas encore aujourd'hui sans nous dérouter quelque peu » [1].

Si Viollet-le-Duc et le « Comité d'archéologues » ne se sont pas ralliés au projet, c'est parce que l'un voulait au fond refuser à la religion la place qu'elle souhaitait occuper dans la cité, tandis que les autres voulaient plus ou moins confondre les deux ordres [2]. Or Abadie, ce traître apparemment passé des « diocésains » aux « Beaux-Arts » et à l'éclectisme issu de Charles Garnier, comme en jugeaient les extrêmes des deux camps, a réussi après la tourmente de 1870-1871, la synthèse des deux écoles. Par le choix de cet architecte et de ce projet, Mgr Guibert et les responsables du Comité du Vœu national ont su éviter, comme dans les autres dimensions de l'entreprise, l'exclusivisme et l'enfermement de l'art et de la religion dans le politique. Ils espéraient faire preuve d'un « unanimisme » patriotique et esthétique, en dépit de blocages extrêmement difficiles à faire sauter.

1. François Loyer dans Claude Laroche, *Paul Abadie*, 1988, p. 198.
2. Même si le Comité d'archéologues pensait pouvoir s'appuyer sur Viollet-le-Duc, le plus fameux théoricien du rationalisme néo-gothique, pour soutenir sa thèse en mentionnant le goût assez formel de l'architecte pour le gothique.

# Chapitre 11
# La mise en œuvre (1875-1876)

La loi reconnaissant l'utilité publique de la construction du Sacré-Cœur permettait d'entreprendre l'achat des terrains (chap. 9) : il fallut longtemps pour boucler cette opération (§ I). Parallèlement à ces démarches politiques et matérielles et à celles du choix d'un architecte très tôt contesté (chap. 10), parallèlement aussi à la souscription (chap. 13), des inquiétudes se faisaient jour touchant l'annonce de catastrophes imminentes ; un remède miracle était proposé (§ II). Les responsables du Vœu national réagir sagement et célébrèrent d'une façon très traditionnelle la pose de la première pierre de l'ex-voto national (§ III). Malgré cela, les choses auraient pu en rester là : les problèmes posés par les fondations auraient pu justifier la réduction du projet. Il n'en fut rien et Mgr Guibert donna le feu vert à l'entreprise comme on fait un pari impossible (§ IV).

## *I. L'ACQUISITION DES TERRAINS (1873-1875)*

Au lendemain du vote de la loi reconnaissant d'utilité publique la construction d'une église à Montmartre, à partir d'août-septembre 1873 donc, et pendant plus de deux ans, l'achat des terrains, fut-ce par le processus d'expropriation mobilise les efforts de Mgr Guibert et du Comité, parallèlement à l'organisation du concours, puis à l'exploration en profondeur des terrains déjà acquis. Adolphe Alphand, le directeur des travaux de la ville, que la Commission artistique a fait entrer en son sein, prévient :

> « Personne n'est bien disposé, ni conseil municipal, ni même préfet qui craint beaucoup les causes de dépenses dans l'état de pénurie où se trouve la ville » [1].

Il faudra savoir se montrer large dans la fixation des prix, ajoute-t-il, pour qu'elle construise comme prévu les voies d'accès et la promenade. En effet, les trois quarts du terrain choisi appartiennent à la ville. Et Alphand de chiffrer à un million de francs la somme à remettre à l'administration municipale, moitié pour le terrain de l'église, moitié pour les abords, quand le Comité estime très tôt ne devoir en bonne justice que deux cent cinquante mille francs. Il faudra deux ans et deux commissions successives pour en arriver à un compromis de cinq cent mille francs.

Auparavant, Adolphe Alphand s'est entendu avec Mgr Guibert sur la délimitation exacte du terrain, entre le chevet de l'église Saint-Pierre et la tour de Solférino [2]. Il fait établir par Ch. Lucas un rapport qui ne parle plus que de six cent cinquante mille francs à devoir par l'archevêché à la ville, indépendamment des treize propriétaires privés concernés et de la fabrique de Saint-Pierre [3]. Ferdinand Duval, préfet de la Seine, fait procéder à l'enquête préalable prescrite par la loi. Il prévoit de soumettre à l'avis du Conseil municipal les offres proposées aux dits propriétaires et demande le versement d'une provision [4]. Mgr Guibert refuse et fait appel à un expert. Il propose deux

1. *PV* du 1er oct. 1873. ASCM.
2. À l'emplacement des canons de la batterie de 1871 (voir chap. 8), la tour se trouvant à l'emplacement de la sacristie actuelle. *PV* du 19 nov. 1873.
3. Voir Charles Lucas, *Rapport*..., 1874, AHDP et *PV* du 21 jan. et 4 mars. ASCM. Le cas de la fabrique de Saint-Pierre est à part. Elle voudrait faire cadeau de la parcelle à charge au Comité de reconstruire deux stations du chemin de croix (*PV* du 20 jan. 1875). Mais la ville s'interpose, elle qui s'estime propriétaire. Ce sera à un jury spécial de décider comme pour le terrain proprement municipal. La ville finalement reconnaît l'inanité de ses prétentions, mais il faut cependant appliquer la décision. Correspondance à l'archevêché du 9 avril 1875, SC, c. 1. *PV* du 14 juillet 1875.
4. *PV* du 4 mars. ASCM.

cent cinquante mille francs et la tenue d'une réunion entre les parties pour établir un accord à l'amiable [1].

Une première rencontre a lieu entre Léon Cornudet et le secrétaire général de la Préfecture. D'autres rencontres se tiennent au cours du printemps et de l'été 1874. Malgré un nouvel échange de lettres, elles ne donnent aucun résultat. A. Legentil parle de l' » hostilité absolue de la part du Conseil municipal ». Il faut recourir à l'expropriation devant jury [2]. Avoué, avocats et architecte constituent un conseil d'expropriation [3]. Mgr Guibert demande alors au préfet l'arrêté de cessibilité prévu par la loi. Un jugement d'expropriation devra être rendu qui va, craint-on au Comité, soulever des passions violentes [4].

Trois propriétaires seulement, dont Mme Scribe, acceptent une vente à l'amiable tandis que les dix autres et la ville s'y refusent. Le jury est convoqué pour le 11 mars 1875. Le Comité assiste à la messe de l'archevêque pendant le jugement. La ville ne reçoit que deux cent cinquante mille francs, un peu plus du tiers de ce qu'elle demandait pour ses terrains. Trois particuliers se pourvoient en cassation mais sont déboutés [5].

L'affaire n'est pas finie pour autant. La ville refuse cette fois les conditions mises à la rétrocession des terrains achetés par l'archevêque pour l'aménagement des abords. Le Comité comptait sur une opération blanche. Adolphe Alphand réclame à nouveau cinq cent mille francs de compensation. Un nouveau jury d'expropriation décide finalement que l'archevêché devra la moitié de la somme [6]. Grande émotion ; fera-t-on appel devant le tribunal civil ? Finalement, Mgr Guibert et le Comité acceptent purement et simplement la décision du jury [7]. Le 16 avril 1875, commencent la démolition des bâtisses (sauf deux qui abriteront provisoirement le clergé et l'agence d'architecture) et les travaux de terrassements. Suit, deux mois après, le 16 juin, la célébration de pose de la première pierre. Mais jetons, auparavant, un regard sur l'atmosphère religieuse qui entoure toutes ces démarches, car elle les éclaire en profondeur.

1. *PV* du 18 mars et 5 avril 1874. ASCM.
2. *PV* du 9 mai, 3 juin, 1, 15 et 31 juillet.
3. MM. Mouillefarine, Clausel de Coussergues, de Verdière et Fèvre. *PV* du 31 juillet et 18 nov. 1874.
4. *PV* du 2 sept., 4 et 18 nov.
5. *PV* du 16 déc. 1874, 6 jan., 17 fév., 3 et 17 mars, 7 avril et 5 mai 1875. ASCM.
6. *PV* du 14 juillet, 17 nov. 1875, 12 jan. 1876. ASCM.
7. *PV* du 26 jan. 1876.

## *II. ANNONCES DE CATASTROPHES ET REMEDES*

La célébration traditionnelle de la pose de la première pierre du Sacré-Cœur se fait dans un contexte mitigé où les traits favorables voisinent avec les réactions les plus contraires [1].

### A. Prédictions et pénitence

On sait l'importance des prédictions d'Eugène Vintras (1807-1875) et de ses disciples dans le monde souterrain et anonyme des rumeurs [2]. Les événements de 1848 et de 1870-1871 ont paru lui donner raison et sont considérés par certains, à l'époque où nous sommes arrivés, vers 1874-1876, comme des signes avant-coureurs de catastrophes encore plus grandes précédant des temps merveilleux. Circulent aussi à cette époque les récits des apparitions mariales de La Salette (1846). Des longs développements rapportés par Mélanie, la voyante, on semble ne retenir qu'un morceau de phrase: « Paris sera brûlé » puis la paix surviendra et la foi se développera [3]. Ce qui semble caractériser ici un Alexandre-Félix Legentil et un Hubert Rohault de Fleury, en accord finalement profond avec un Mgr Guibert, c'est la certitude que la pénitence, la conversion des cœurs peuvent remédier non seulement au salut final, mais aussi au salut temporel.

Dès le 19 mars 1871, dans leur première circulaire à propos de la souscription, ils écrivent:

> « Aussi, *Paris fût-il réduit en cendres*, nous voudrions encore sur ces ruines avouer nos fautes nationales et proclamer la justice de Dieu... Demandons à Dieu de convertir et de sauver, non seulement Paris, mais encore et surtout la France » [4].

1. Les esprits étaient troublés en cette année 1875. Pour preuve: le Vœu national est associé par un certain F. Perrier au projet d'érection d'une statue monumentale au sommet d'un mont qui aurait été dénommé Pie IX. Il aurait existé une commission pour un tel projet. Dans sa brochure il établit un parallèle entre le mont des Martyrs et le mont Pie IX. Des considérations d'un vague mysticisme sont faites sur la future basilique. Voir F. Perrier, *L'œuvre...*, 1875.

2. Sur cette étrange figure, voir *DTC* et Maurice Garçon, *Vintras*, 1928.

3. Récit lu dans Mélanie, la bergère de La Salette, *L'apparition...*, 1879 (puis 1904 et années 1970), p. 19. Hubert Rohault de Fleury a parlé à son père de diverses prédictions d'une certaine Mélanie. Dans une lettre réponse du 8 novembre 1870, ce dernier pense que c'est une vieille religieuse de Blois! ASCM.

4. *HSC*, t. I, p. 13. Dans une lettre en date du 29 mai 1871, Hubert confie à son père: « Quand j'écrivais il y a deux mois que « Paris fut-il réduit en cendres, il faudrait encore y élever notre ex-voto expiatoire », je ne savais pas dire si vrai » (ASCM).

Dans leur milieu, ils ne sont pas les seuls à penser ainsi. Si Joseph Marcotte dans une lettre à sa sœur Marie Legentil en date du 26 mai 1871 se contente de colporter les prédictions qu'il a entendues [1], Eugène de Margerie montre le peu de cas qu'il en fait et parle explicitement dans une lettre à Legentil d'octobre 1872 du Vœu national comme d'un remède aux maux de l'époque [2]. La suppression cette année là du caractère conditionnel du Vœu enlève à ses initiateurs une certaine tension liée à l'attente d'un miracle immédiat et les invite à une action bienfaisante. Le temps passe et les esprits ne s'apaisent toujours pas. En 1873, l'espoir d'une intervention divine habite certains monarchistes [3]. Le 23 mars 1874, Mgr Dupanloup est obligé de publier une lettre pastorale « sur les prophéties publiées en ces derniers temps » [4]. A. Legentil, une nouvelle fois (la précédente fois, c'était en septembre 1870, voir chap. 3 et 7), cite cet évêque et souligne à sa suite le peu de cas que l'on doit faire des prédictions qui circulent au sujet de l'anéantissement de Paris par le feu. Il s'en tient à l'enseignement juste et prudent de l'évêque d'Orléans, écrivant le 8 avril 1874 :

> « D'autres enfin nous disent : « À quoi bon construire une église à Paris, puisque Paris doit être brûlé ? – Et qui vous a dit que Paris doit être brûlé ? – Des prédictions. – Un éloquent évêque nous a appris récemment ce qu'on peut penser de toutes ces prédictions, vraies ou supposées [...] Mais quand ces prédictions seraient aussi authentiques et aussi autorisées qu'elles paraissent douteuses, voici ce que je me permets de dire : Jonas était un vrai prophète et ce fut avec une mission véritable qu'il prédit la ruine de Ninive. Et cependant le Seigneur se laissa toucher par les supplications de la ville coupable, et il aima mieux faire mentir son prophète que de rester sourd à la voix de la pénitence et de la prière » [5].

Tous les efforts entrepris pour construire cette église sont vraiment, pour A. Legentil en particulier, une occasion de mise en « ordre moral », disons « ordre religieux et spirituel » [6]. Dispositions intérieures qui ont déclenché des mouvements d'Église et de société dans lesquels il prend tout naturellement sa place.

1. « Paris s'engloutit sous les cendres et le sang coule dans les ruisseaux ».
2. « Certaines personnes craignent que Paris va brûler. Je ne partage pas ces craintes. Urgeons notre entreprise. » Lettre en date du 28 octobre 1872. ASCM.
3. Jean-Marie Mayeur, *La vie politique*..., 1984, p. 51.
4. Jean-Marie Mayeur, « Mgr Dupanloup et Louis Veuillot... », 1972.
5. Alexandre Legentil, « Rapport... », *BVN*, 1874, p. 176.
6. Voir Jean-Marie Mayeur, *Débuts*..., 1973, p. 11.

## B. La consécration universelle du 16 juin 1875

La date finalement choisie pour la célébration de la pose de la première pierre, après bien des réflexions, par Mgr Guibert, sera le 16 juin 1875 car ce jour-là, le pape a prévu la consécration de tous les fidèles au Cœur de Jésus dans leur paroisse. Cela permettra une cérémonie discrète à Montmartre.

### *1. Origine de la consécration universelle*

Cette décision papale a beaucoup fait parler d'elle. Comme la démarche du Vœu national en est inséparable, présentons le fruit de notre enquête à ce sujet[1]. Le P. Ramière rappelle[2] que pendant le Concile en 1870 une vaste pétition fut organisée par l'Apostolat de la prière pour obtenir de Pie IX qu'il consacrât au Cœur de Jésus, sous les auspices du Cœur immaculé de Marie, l'Église universelle dont il est le Chef. Il parle ainsi d'un document signé par la plus grande partie des Pères du Concile et plus encore par un million deux cent mille fidèles. Le pape l'accueillit favorablement. Une commission de cardinaux fut constituée.

De son côté et toujours dans ces mêmes années 1870, le P. Chevalier, supérieur général des missionnaires du Sacré-Cœur d'Issoudun, s'était proposé le même but avec la Confrérie de Notre-Dame du Sacré-Cœur. Au même moment, des pèlerins belges de Paray-le-Monial avaient également supplié le pape de consacrer l'univers chrétien au Cœur de Jésus.

Certains évêques émirent pourtant quelques réserves sur la possibilité de consacrer l'Église. Le P. Ramière explique qu'il s'agit non pas de l'Église sanctifiante, mais de l'Église sanctifiée. Auquel cas, ses membres ne seront jamais assez unis au Christ et on peut prier pour qu'ils le soient davantage. Cependant pour éviter toute confusion, il prend soin de parler de consécration de Rome et du monde, tout de même que les évêques ont consacré leur diocèse. Léon XIII s'inspirera de cette démarche en 1899.

Le P. Henry Ramière poursuit sa campagne au cours du second semestre de 1874[3]. En décembre, il annonce que Pie IX est de plus en plus disposé

1. Une enquête menée principalement à partir du *Messager du Cœur de Jésus*. L'historique en est aussi brossé dans E. Bougaud, *Histoire*..., 1874, 4e éd. de 1876, n. 17 et dans *SR Paris*, t. 44, n° 1123, 17 juillet 1875, p. 73.

2. *MCJ*, t. XXVI, août 1874, p. 73-83. Cet article est tout imprégné d'une dramatique vision de fin du monde. La consécration survient alors que « la société est vieillie et à bout de ressources ».

3. *MCJ*, t. XXVI, 1874, p. 189, 217, 250, 403.

à faire un tel acte de piété et que l'archevêque de Toulouse (dont dépend l'Apostolat de la prière) écrit en ce sens à tous ses collègues du monde chrétien. La lettre de Mgr Desprez est publiée en janvier 1875 [1]. Dans la supplique que les prélats sont invités à signer, il est demandé, entre autres choses :

« 1° Que Sa Sainteté daigne fixer le jour où Elle-même vouera et consacrera pour jamais Rome et le Monde au sacré Cœur de Jésus ;

« 2° Qu'Elle daigne ordonner que, le même jour dans le monde entier, tous les prélats fassent la Consécration solennelle de leurs diocèses ou missions ; que, par leurs soins, tous les curés, les missionnaires, les supérieurs réguliers ou séculiers de toutes les communautés ou œuvres dont ils ont la charge en fassent autant. »

Mgr de La Tour d'Auvergne, archevêque de Bourges, se fait l'ardent promoteur d'une telle consécration [2] quand d'autres prélats comme Mgr Isoard, évêque d'Annecy [3], ou Mgr Foulon, évêque de Nancy [4], restent réservés [5].

## *2. Les décisions romaines*

Les lecteurs du *Bulletin du Vœu national* peuvent prendre connaissance le 10 mai 1875 du décret du 22 avril de la congrégation des Rites sur la consécration au Sacré Cœur de Jésus et de l'acte proposé pour l'occasion [6]. Prudemment, le cardinal Patrizzi résume la situation : le pape reçoit chaque jour un nombre considérable de lettres qui lui demandent de consacrer « l'univers entier » au Cœur du Christ. Après mûres réflexions, Pie IX se décide à promulguer le texte d'une prière dûment approuvée par lui. Il invite tous les fidèles à la réciter le 16 juin prochain, date du second centenaire des principaux événements rapportés par la bienheureuse Marguerite-Marie. Par cet acte de piété, le fidèle cherchera à aimer davantage le Christ à l'intention de tous ceux qui se sont éloignés de lui afin qu'ils se reprennent et se tournent

1. *MCJ*, t. XXVII, 1875, p. 27- 32.
2. Il est aussi favorable au Vœu national : voir chap. 3.
3. Évêque « conciliant » de la tendance de Mgr Dupanloup selon J. Gadille (1967). Il participera à la souscription pour la *Savoyarde* (chap. 21), mais manifestera une certaine réserve à l'égard de l'adoration de Montmartre (chap. 17).
4. Autre évêque « conciliant » (J. Gadille, 1967, t. I, p. 19).
5. Voir lettre du 10 janvier 1875 du premier au second citée par Jacques Gadille, *La pensée*..., 1967, t. I, p. 232.
6. *BVN*, 1875, p. 492. Le P. Gatti nous en a aimablement communiqué les textes grâce aux Archives de la Secrétairerie d'État ainsi que ceux des lettres suivantes. La traduction est du P. Gatti.

vers lui. Le fidèle pensera aussi aux catholiques qui refusent de se soumettre aux décisions du Saint-Siège et priera pour eux. Les évêques feront connaître le décret et la prière et organiseront des célébrations s'ils le souhaitent [1].

## *III. LA POSE DE LA PREMIÈRE PIERRE DU SACRÉ-CŒUR*

### A. Mise en place de la célébration

Les préparatifs de la célébration sont connus par deux sources que nous rapportons séparément: une causerie confidentielle de Mgr Guibert devant le Comité du Vœu et la correspondance du nonce. Fin mai 1875, les choses semblent se préciser à propos du lancement officiel du chantier. Célébrant une messe devant le Comité, Mgr Guibert se répand en confidences [2]. Les trois ans écoulés lui paraissent merveilleux. Il est en possession de terrains magnifiquement situés et de sommes considérables. L'archevêque de Paris aurait aimé faire une belle cérémonie de pose de première pierre le 29 juin 1875, car il craint de ne pas voir l'achèvement de l'église. Il se faisait une grande joie, à cette occasion, de consacrer, entouré de quatre-vingts évêques, la patrie au Sacré Cœur [3]. Mais de nouvelles difficultés s'annoncent qui viennent

1. Pour bien comprendre les rapports qui sont ceux du Saint-Siège avec le nonce et les évêques en ces temps de triomphe de la presse, il faut citer un extrait de la lettre du nonce, Mgr Meglia, au cardinal Patrizzi en date du 21 mai 1875:

« En ce qui concerne le décret de la sacrée Congrégation des Rites du 22 avril 1875, qui approuve une formule d'oraison à réciter par les fidèles, le 16 juin, j'estime de mon devoir de faire savoir à votre très Révérende Éminence, que je n'en ai eu connaissance que par les journaux, et que je n'ai donc pas pu satisfaire aux requêtes des évêques qui m'en ont fait la demande. Je ne peux cacher à votre Éminence que certains s'en sont plaint. Celui de Cahors s'exprime ainsi: » Comme je n'ai reçu aucune communication officielle, je me demande quelle est la pensée du Souverain Pontife. Nul plus que moi ne désire s'y conformer, mais permettez-moi de le dire à votre Excellence, il est contrariant pour les évêques de n'être renseigné que par les journaux qui semblent donner le mot d'ordre, et de perdre vis-à-vis des fidèles tous les mérites de l'initiative. S'il avait été possible d'envoyer le décret à ces évêques, en temps opportun, cela aurait été une bonne chose. » Le secrétaire d'État répond que, normalement, un père jésuite avait été chargé de l'envoi en temps voulu. Il lui fait parvenir quelques exemplaires qui lui restent.

2. *HSC*, t. I, p. 228-233. Il date cette causerie du 11 mars. On n'en trouve pas trace dans le cahier des procès-verbaux.

3. Il ne parle plus simplement de la consécration du diocèse. Voir chap. 6.

en particulier de certains catholiques. Une parole malheureuse a été prononcée lors de la dernière assemblée des Comités catholiques qu'il ne laisse pas d'ailleurs de placer sous sa protection[1]. Mgr Guibert regrette qu'ils introduisent leurs opinions politiques dans les choses de la religion.

« On est venu dire que cette solennité serait l'enterrement des principes de 89 ! ! ! Certes, s'ils étaient morts et enterrés, Son Éminence n'irait pas prier sur leur tombe pour les ressusciter, mais ce mot a été relevé et a soulevé un polémique déplorable. »

Le gouvernement a fait des observations à Mgr Guibert car il craint les réactions du chancelier Bismarck ainsi que des oppositions en France même. Or, Mgr Guibert ne veut pas que des combats inaugurent une œuvre de paix. Il voit un signe de la Providence dans le désir de Pie IX de marquer le 16 juin 1875, deuxième centenaire des apparitions du Sacré-Cœur à Marguerite-Marie, par un acte de consécration de tous les fidèles. Mgr Guibert souhaite unir les deux démarches. Pour cela, il a consulté Mgr Pie, Mgr de La Tour d'Auvergne et le nouveau coadjuteur de Bordeaux, ainsi que son coadjuteur récemment nommé, Mgr Richard. Il a recueilli leur accord.

Les rapports du nonce au cardinal-secrétaire d'État permettent de mieux suivre la préparation de la cérémonie de la première pierre. Le 21 mai 1875, Mgr Meglia rend compte de la situation au cardinal Antonelli[2]. Il redit et nous confirme en d'autres termes la teneur de la causerie de Mgr Guibert, son témoignage recoupant ainsi celui, plus tardif de Rohault de Fleury. Mgr Guibert lui a fait part de son intention première de célébrer la pose de la première pierre avec tous les évêques de France, le 29 juin, mais il préfère se contenter finalement, le même jour, d'une délégation restreinte afin de ne pas soulever de vagues.

« Sa très Révérende Éminence sait certainement que de nombreux journaux ont commencé à traiter de cette solennité. On en parla dans les diverses réunions des Cercles catholiques[3] et quelque orateur, parmi les plus fervents, invitant à y assister tous les évêques français avec 200. 000 ou 300. 000 catholiques, finit par déclarer que dans les fondations du nouveau temple seraient ensevelis pour toujours les principes de 1789 et de l'Église gallicane. Ces déclarations irritèrent les Révolutionnaires, toujours prêts à s'opposer aux manifestations catholiques, et la presse anti-religieuse ne tarda pas à les combattre avec fureur, accusant les Ultramontains de sacrifier à la cause de Rome la paix et

1. Il doit s'agir de l'assemblée du début avril 1875. Auquel cas la date de cette causerie doit être de courant avril ou mai et non courant mars comme l'écrit H. de Fleury (*HSC*, t. I, p. 228-233). Intervention aux Comités qu'il faudrait retrouver. Les archives de cette institution sont mentionnées dans le chap. 13. Voir *BVN*, 1875, p. 465, le rapport d'Alexandre-Félix Legentil. Dans ce rapport, il n'est pas question de la première pierre. Voir aussi ci-dessous la correspondance du nonce et du secrétaire d'État.

2. *Archivio Nunziature di Parigi*, vol. 138, n° 234, ff 444-5.

3. « *Circoli cattolici* ». Mgr Guibert, lui, parlait des Comités catholiques.

la prospérité du pays ; et qu'avec les manifestations projetées pour la pose de la première pierre de l'église du Sacré-Cœur, l'on risquait de provoquer de dangereuses complications. Pendant ce temps, la secte [1] se préparait à faire des contre-manifestations pour jeter sans doute le désordre dans une fête pacifique et religieuse. Son Éminence l'archevêque en fut averti en privé par le gouvernement, mais il fut laissé libre d'agir selon sa prudence et sa modération. »

Le 27 mai, le cardinal Antonelli accuse réception de cette lettre et se félicite de la prudence de l'archevêque [2]. Ce n'est que le 29 mai que le nonce a été informé d'un changement de date de la cérémonie en question : non pas le 29 juin comme prévu initialement, mais le mercredi 16 juin, jour de la consécration universelle au Cœur de Jésus. Mgr Guibert semble avoir attendu jusqu'au dernier moment pour prendre sa décision. Le nonce écrit :

> « Bien que cette solennité ne soit pas sur le point d'avoir cette pompe extérieure que le concours de tous les évêques de France, et de ce que cette nation catholique compte de plus important, promettait de lui donner, elle sera toutefois assez somptueuse grâce à l'intervention de divers prélats français, d'un bon nombre de députés à l'Assemblée nationale et de diverses autorités constituées, et surtout par le grand concours de peuple. J'y ai été moi-même invité et je me ferai un devoir d'y assister » [3].

## B. Le mandement de Mgr Guibert

Le 30 mai, Mgr Guibert publie un mandement organisant la pose de la première pierre à Montmartre, le mercredi 16 juin au matin. La consécration des fidèles qui le désirent se fera ce jour-là également, mais le soir, dans chaque église, par la lecture en chaire au nom de tous les assistants de la formule approuvée par le pape, avant la bénédiction du Saint-Sacrement.

Mgr Guibert considère le chemin parcouru depuis trois ans et celui qui reste à faire : il faut compter sur trois ans pour que soit inaugurée la crypte (il en faudra en fait dix). Il remercie tous les souscripteurs et encourage encore leur générosité. Il tient à répondre aux interprétations fausses et malveillantes que certains journaux font de cette célébration. À ses yeux, la politique

1. Que désigne-t-il ainsi : le Grand Orient, la Libre pensée ?

2. *Archivio Nunziatura di Parigi*, vol. 138, n° 14954, ff. 455. Dans cette lettre par ailleurs, le cardinal Antonelli demande au nonce de faire une petite enquête sur l'extension de l'usage du pétrole dans le culte divin en France, c'est-à-dire pour l'éclairage des cérémonies.

3. Arch. Sec. Vat., *Nunziatura di Parigi*, vol. 138, n° 240, ff. 462.

est impuissante à résoudre les maux de la société. Là est le trait fondamental de son message :

« Les causes de ces maux sont morales et religieuses ; les remèdes doivent être pris dans le même ordre [...] La politique divise, tandis que notre œuvre a pour but l'union »[1].

## C. Déroulement de la célébration

Parmi les prélats français présents, on remarque Mgr Lavigerie, Mgr Dupanloup, Mgr Freppel et Mgr Maret[2]. M. Boré, supérieur général des prêtres de la Mission (les Lazaristes), le R. P. Pététot, supérieur général de l'Oratoire, Mme la supérieure générale des Filles de la Charité sont au nombre des religieux. *L'Univers* parle de trois cents membres de l'Assemblée nationale[3], le nonce apostolique de deux cents seulement. Conformément aux habitudes concordataires, un détachement militaire rend les honneurs. Après quelques mots d'accueil dans Saint-Pierre de Montmartre, une messe basse et des chants, l'abbé d'Hulst lit l'acte de consécration approuvé par Pie IX. Ensuite, les participants se rendent en procession sur le terrain de la future basilique. Mgr Guibert commente alors les Béatitudes et invite ses auditeurs à une perpétuelle conversion au sein des difficultés de ce monde[4].

Le télégramme envoyé par le nonce au cardinal Antonelli est d'un ton édifiant :

« Cérémonie de la première pierre pour l'église du Sacré-Cœur magnifique. Bénédiction du Saint-Père accueillie avec applaudissements. Participation immense, dévote, ordre parfait. Neuf évêques. Très nombreux députés »[5].

Dans sa lettre du 17 juin, Mgr Meglia précise les choses :

« Ce ne fut pas sans douloureux étonnement que l'on a remarqué l'absence des représentants du gouvernement, d'autant plus que l'on nous assurait que divers membres

1. *BVN*, 1875, p. 511.
2. Selon la répartition des évêques par J. Gadille, toutes les tendances sont représentées si on tient compte de Mgr Guibert et de Mgr Richard comme appartenant à celle de Mgr Pie.
3. Jacques Gadille, *La pensée...*, 1967, t. I, p. 233. Ce qui paraît beaucoup. L'église Saint-Pierre n'est pas bien grande. Le *Bulletin du Vœu national* ne donne pas de chiffre. *L'Univers* protesta que la célébration n'avait point eu assez d'éclat.
4. *BVN*, 1875, p. 535-544.
5. Arch. *Nunziatura di Parigi*, vol. 138, f. 471. 16 juin, deux heures et demie.

du cabinet y seraient intervenus. Sans doute au dernier moment se sont-ils décidés à l'abstention, probablement par quelque égard que d'aucuns nomment prudence politique, et que d'autres plus justement pourraient nommer peur imprudente »[1].

L'après-midi, l'emplacement du futur chantier fut ouvert au public ainsi que les jours suivants. On vénéra la première pierre de l'église[2]. Le mercredi 16 au soir, les églises de Paris se remplissent pour la consécration au Cœur de Jésus de tous les fidèles catholiques[3]. Il n'y eut aucun incident[4].

La célébration de la pose de la première pierre est remarquable par la présence de diverses personnalités et les actes liturgiques qu'on y a célébrés, mais plus encore par certaines absences et ce qu'on n'y a pas fait : le président de la République, le maréchal de Mac-Mahon, et le vice-président du Conseil et ministre des Affaires étrangères, le duc de Broglie, ne sont pas là. C'est capital. Alors que le prince-président avait tenu lui-même à poser la première pierre de la cathédrale de Marseille en 1852, il n'y a pas cette fois pour une future église nationale de corps constitués proprement dit. Les représentants de l'Assemblée nationale qui sont venus là l'ont fait à titre personnel et une centaine seulement ont tenu à souscrire publiquement à la construction (chap. 9). Cette absence est typique de la pastorale de Mgr Guibert en ces temps où le pouvoir politique divise dramatiquement les Français. Elle convient également à sa vision théologique : tout régime politique, quel qu'il soit, est à ses yeux un moindre mal et l'Église ne saurait s'inféoder à aucun.

Sur le plan liturgique, deux absences ne peuvent manquer de frapper. D'abord la fait que l'on ne célèbre pas la clôture de « l'année de la pénitence » lancée par les Assomptionnistes. L'église n'était pas sortie de terre que les religieux de Notre-Dame-du-Salut envisagent de terminer « l'année de la pénitence » (3 avril 1874 – vendredi saint 1875) après Paray, Pontmain-Auray, Lourdes, Marseille, Saint-Denis, Tours, par une participation nationale à la pose de la première pierre de la basilique nationale[5]. Or, la chose ne se fera pas : visiblement le cardinal Guibert ne souhaite pas aggraver les dissensions politiques du moment ; les actions pastorales des Pères Assomptionnistes ne lui paraissent pas se distinguer assez de prises de positions politiques partisanes[6].

1. Arch. Sec. Vat., *Nunziatura di Parigi*, vol. 138, n° 251, ff. 473 - 4.
2. *BVN*, 1875, p. 516 et 546.
3. Lettre du 17 juin de Mgr Meglia. La réserve de Pie IX sur cette consécration et son désir d'en faire un acte intériorisé, au regard de la conscience de chaque fidèle ne purent empêcher certains de parler de « consécration du monde au Sacré Cœur par Pie IX » : voir *BVN*, 1882, p. 161, la mention d'une oléographie de M. Imlé qui porte ce titre. Voir chap. 21 et illust.
4. Divers reportages : X. D., *Pose*..., 1875 et Léon de Vesly, *Montmartre*..., 1875.
5. Pierre Pierrard, « La renaissance... » dans Jean Chelini..., *Les chemins*..., 1982, p. 334.
6. L'absence d'un représentant de la compagnie de Jésus devrait être aussi analysée.

La seconde grande absence dans cette célébration de la première pierre de l'église nationale est la consécration de la France « comme nation » au Sacré Cœur de Jésus [1]. Le cardinal eût bien aimé la prononcer à cette occasion. Mais comme chaque Français catholique ou chaque catholique français (on ne sait jamais vraiment faire la distinction !) est invité à se consacrer au Cœur de Jésus en tout son être privé et public, il lui a paru opportun d'oublier pour le moment cet acte liturgique ici encore facteur de dissensions. Certains catholiques en font trop à propos de cette « consécration », tel Léon Pagès qui publie un opuscule qui se termine ainsi :

> « La France ne redeviendra chrétienne et reine que lorsqu'elle aura été consacrée au Sacré Cœur de Jésus par un acte souverain, avec le concours de la nation entière, et que le divin Cœur resplendira sur ses étendards et sera vivant dans le cœur de ses fils » [2].

De tels propos doivent à coup sûr paraître à Mgr Guibert peu fondés, voire inopportuns. C'est qu'ils se réfèrent désormais aux fameuses demandes du Christ à Louis XIV et mélangent tout. Il n'oublie pas cependant, comme on l'a vu, que, même au prix d'une certaine interprétation des origines, le but du Vœu national prononcé pendant les épreuves de 1870-1871 était « d'obtenir la consécration de la France au Sacré Cœur et de l'arracher à la destruction » [3]. En attendant, il faut tenir la promesse de construire une église qui abritera une communauté de prière, contribution essentielle au salut de la France (et à la liberté du pape). Il faut pour cela poser les derniers actes fondateurs de l'ex-voto national : ériger une chapelle provisoire et décider l'ouverture du chantier.

## *IV. LA FONDATION DE LA CHAPELLE PROVISOIRE ET LES FONDATIONS DE LA BASILIQUE (1876)*

Les élections législatives de février 1876 furent pour un Léon Cornudet, qui allait bientôt mourir, une occasion de grand désarroi : « L'une de ses

1. Même si certains en ont parlé, tel un Edouard Didron (*BVN*, 1875, p. 583) qui désigne le Sacré-Cœur comme un signe de la consécration de la France.
2. Léon Pages, *Vœu...*, 1876, p. 14.
3. Circulaire manuscrite de H. de Fleury aux évêques en faveur de la Sainte Ligue du Vœu national, vers 1877. Arch. des Oblats de Marie-Immaculée, Rome, Paris-Montmartre, chemise 2.

dernières douleurs fut d'apprendre la défaite des gens de bien » [1]. Même si ce fut aussi les sentiments de Mgr Guibert, on sait qu'il n'approuva pas, de nouveau, la campagne de prière lancée par les Assomptionnistes de Notre-Dame du Salut et déclina la suggestion que le pape, poussé par le cardinal Donnet et Mgr Dupanloup, lui avait faite de lancer un appel à l'union des catholiques français. Il publia même à cette occasion, en septembre 1876, une remarquable lettre qui dépasse le cadre de cette étude mais éclaire malgré tout la signification du Sacré-Cœur tel qu'il le conçoit. Il s'agit à ses yeux d'une entreprise pastorale qui, pour être dans la cité, dans la sphère du politique, transcende toutes les politiques, légitimes ou non [2].

## A. Les intentions missionnaires de Mgr Guibert

La volonté missionnaire de l'archevêque de Paris n'est pas contestable ; elle a déjà fait l'objet d'un examen lorsqu'on a traité de sa biographie et notamment de sa vocation (chap. 3) et l'on a pu revenir là-dessus en abordant le problème du choix de l'emplacement de l'ex-voto national (chap. 8). À Montmartre donc, l'archevêque de Paris, lui-même oblat de Marie Immaculée, ne l'oublions pas, envisage un sanctuaire qui ressemblerait à ceux dont les Oblats de Marie Immaculée s'occupent depuis leur fondation. Mgr de Mazenod voulait en faire des missionnaires diocésains. Leur rattachement à un lieu de culte où il n'y a pas de communauté stable comme dans les paroisses devait leur permettre d'aller prêcher dans celles-ci pour soutenir le clergé local. En 1876, les évêques leur ont déjà confié une dizaine de lieux de pèlerinage qui, en fait, les absorbent complètement [3].

Notre-Dame de l'Osier (diocèse de Grenoble), Notre-Dame des Lumières (diocèse d'Avignon [4]) et Notre-Dame de Talence (diocèse de Bordeaux) ont un rayonnement local comme Notre-Dame de Cléry (diocèse d'Orléans) et Notre-Dame de Bon-Secours (diocèse de Viviers) dont le jeune P. Guibert a

1. *HSC*, t. I, p. 375.
2. Jacques Gadille, *La pensée*..., 1967, t. II, p. 9-10.
3. Cela a été remarqué très précisément par Antonin Debidour, *L'Église*..., 1906, t. I, p. 132 : « C'est par certaines congrégations (comme celle des Oblats) appliquées particulièrement à ce genre de travail, auxquelles les membres du clergé servaient de rabatteurs, qu'étaient surtout organisés et exploités les pèlerinages. » Il donne en note la liste qui est commentée ici.
4. À Goult, au pied du Lubéron (1837-1840). Voir Jean Chelini, *Les chemins*..., 1982, p. 304.

été chapelain avant d'être évêque du diocèse. Notre-Dame de la Garde à Marseille, Notre-Dame de Sion (diocèse de Nancy) qui sera décrite par Maurice Barrès dans *La Colline inspirée*, Saint-Martin de Tours revivifié par Mgr Guibert et le P. Rey ainsi que Pontmain bénéficient d'un rayonnement beaucoup plus grand. Dans cette perspective, le sanctuaire parisien sera comme le couronnement du genre, l'entrée dans la grande ville qu'il faut christianiser.

## B. La mise en place par Mgr Guibert

### 1. *Une chapelle provisoire et ses dépendances*

Dès le 11 octobre 1875, Mgr Guibert décide de faire appel aux R. P. Oblats pour animer le futur sanctuaire [1]. Il veut aussi qu'ils disposent à leur arrivée d'un lieu de culte, étant donné que ni la crypte, ni la basilique ne seront disponibles avant des années. Diverses solutions sont écartées. La fréquentation de la paroisse Saint-Pierre poserait un problème de cohabitation qu'il vaut mieux ne pas soulever [2]. L'agrandissement d'une pièce de la maison qui servira de presbytère serait insuffisant. L'utilisation d'un kiosque dans le jardin de cette maison ne conviendrait pas davantage. C'est en définitive la formule déjà utilisée à Saint-Martin de Tours qui va servir à Montmartre. Une chapelle provisoire sera sommairement construite par Paul Abadie, avec les matériaux de démolition des bâtisses qui occupaient le terrain [3].

On y entrait par le 31 de la rue de la Fontenelle, l'actuelle rue du Chevalier de La Barre. Sa contenance était de quatre cents personnes. Elle comprenait une nef, deux chapelles et une sacristie [4]. Des dons assurent son aménagement :

1. La décision de confier aux Oblats le nouveau sanctuaire paraît évidente puisque Mgr Guibert est oblat lui-même. Pourtant il a dû penser aussi aux Jésuites. Ils étaient les hommes de la situation. Les réactions antérieures de l'archevêque de Paris (par rapport aux « Pères de Paris » et des *Études* par exemple, chap. 3) ou ultérieures (par rapport aux « Pères du Midi » au titre de la souscription, chap. 12) éclairent ce non-choix : il devait les trouver trop « politiques », aussi bien à gauche qu'à droite !

2. D'autant qu'il est bien convenu dès le départ que la basilique tenue par des religieux (puis par des séculiers) est en quelque sorte « exterritorialisée » par rapport à la paroisse et à l'archidiaconé. Voir l'*Ordo*... de 1877 (réf. biblio. au XVIIIe s. ) où la chapelle du Vœu national est classée dans les institutions diocésaines. Ce qui est toujours le cas, même si, d'une part, bien souvent, le représentant de l'archevêque prévu par le règlement était l'archidiacre le plus proche (et ceci jusque vers 1960, au temps de Mgr Charles) et d'autre part, depuis 1987, le Sacré-Cœur est compris dans un doyenné.

3. *PV* du 11 oct. 1875. ASCM.

4. *BVN*, 1876, p. 52 et 184. Elle fut plusieurs fois agrandie au cours des quinze années que dura son existence.

les Pères Barnabites offrent un autel, une chaire et des confessionnaux[1] ; Emile Hirsch, peintre-verrier, donne un vitrail[2] et un « généreux bienfaiteur », une statue de saint Michel, etc.[3].

### 2. *Un règlement*

Les religieux de cette chapelle seront au moins au nombre de trois et devront rendre compte de leurs activités au cardinal-archevêque tant au spirituel qu'au temporel. Une commission désignée par lui tient lieu de conseil de fabrique[4]. Les Pères feront appel à des Frères. Les traitements de chacun ainsi que les frais de culte et d'entretien seront prélevés sur les revenus de la chapelle. Le reste reviendra à l'Œuvre du Vœu national. La mission confiée par Mgr Guibert aux religieux est la propagation de la dévotion envers le Cœur de Jésus, le ministère de la confession et la célébration des offices.

> « Ils seront attentifs, écrit Mgr Guibert dans le règlement, à prévenir et à éloigner du sanctuaire les abus superstitieux ou peu édifiants qui se glissent quelquefois dans les lieux de pèlerinages. »

## C. Le choix des fondations de la basilique

Tout au long du premier semestre 1875, le Comité cherche en vain à obtenir d'Abadie un projet détaillé des fondations[5]. Les travaux exploratoires n'avaient pas révélé de carrières à l'aplomb du site choisi, ce qui était déjà un acquis. Mais l'étude précise des couches de terrains fait apparaître une difficulté. « La table de béton de quatre mètres d'épaisseur encaissée dans un mur de maçonnerie » prévue comme socle à l'édifice reposerait non « sur un sol résistant de marne blanche et de caillasse [...], mais sur une couche épaisse de glaise verte »[6].

1. Pierre Laligant, *Montmartre*, 1933, p. 144.
2. *BVN*, 1876, p. 331, voir chap. 22. Edouard Didron donne aussi un vitrail : voir chap. 10.
3. *HSC*, t. I, p. 428. Sans oublier le Christ au Cœur de la maréchale de Mac-Mahon (voir chap. 21) et le Christ au tombeau donné par le gouvernement de la République (voir chap. 13).
4. Comme premiers membres, Mgr Guibert nomme MM. Lagarde, archidiacre de Notre-Dame, vicaire général, Coullié, chanoine honoraire, promoteur de l'Officialité, Pelgé, chanoine honoraire, vice-chancelier de l'Archevêché. Le supérieur des religieux en fait partie. Voir *Règlement*, 1876. Arch. romaines des Oblats et AHDP.
5. *PV* du 12 et 30 juin 1875.
6. *HSC*, t. I, p. 317 et surtout *BVN*, 1876, p. 80. Le glissement de la glaise sur la pente de la butte est fort critiqué dans ***, « Les travaux... », 1876.

Craintes, enquêtes, contre-enquêtes, expertises et contre-expertises se succèdent un an durant. Une commission d'ingénieurs est constituée qui encadrera en quelque sorte le travail d'Abadie[1]. Une solution longue et coûteuse, mais sûre, finit par être adoptée le 26 mai 1876 par Mgr Guibert. Soixante-dix neuf piliers (quatre-vingt trois quand on ouvrira la chapelle des morts) de maçonnerie et de meulières, de trente-trois mètres de haut reposeront sur une couche de gypse d'une hauteur de vingt-huit mètres. À cinq mètres du niveau de la crypte, les piliers seront reliés par des arcs de décharge sur lesquels reposeront la plate-forme qui servira de socle à l'édifice[2].

## D. Un contrat pour un reportage photographique

La décision de passer dès 1876 un contrat avec un photographe de grande renommée pourrait être considéré comme une anecdote si elle n'était révélatrice des dispositions des promoteurs, lesquels travaillent d'abord pour le Royaume de Dieu mais aussi pour l'Histoire ! Ils veulent garder le souvenir du chantier et des travaux. Le Comité de construction choisit le photographe qui a laissé également de tels reportages sur les chantiers de l'Opéra, de l'île de la Cité, de l'Hôtel de ville, de l'Hôtel-Dieu : Edouard Durandelle qui travaille avec Delmaet et auquel succèdera Albert Chevojon. Jusqu'en 1903, ils prendront plusieurs centaines de clichés. On s'intéresse depuis à leur production qui est en effet remarquable. On sait désormais tout ce que cet art supposait et suppose toujours de mise en scène. La construction elle-même du Sacré-Cœur est une démarche importante. Il n'y a pas que le résultat qui compte : le chemin qui conduit au salut de la France importe également[3].

La première pierre fait penser à la dernière. Il y en aura plusieurs : celle du dôme arrivera en 1899 ; celle du campanile en 1912 ; la dernière pierre des

1. Art. 5 de l'organisation de l'agence, 21 juillet 1875 : « Par exception, et à raison de l'importance de l'édifice et des difficultés que peut faire naître la nature du sous-sol de la colline de Montmartre, Son Éminence a désiré connaître l'avis d'une commission prise dans les conseils généraux des Ponts et Chaussées et des Mines sur les questions de construction relatives aux fondations. M. Abadie devra suivre, pour l'exécution des fondations de l'église et de ses annexes, toutes les prescriptions indiquées dans l'avis de cette commission. » Liste des membres en *HSC*, t. I, p. 275, parmi lesquels Adolphe Alphand.

2. *HSC*, t. I, p. 317 et *PV* du 24 mai 1876.

3. Coll. des ASCM et de la bibliothèque historique de la Ville de Paris. Voir Ulrich Keller, « Durandelle... », 1988 et Elvire Perego, « Delmaet... », 1984. Voir aussi Claude Laroche, *Paul...*, 1988, p. 360. Nécrologie de Chevojon en *BVN*, 1925, p. 70.

dépendances arrivera vers 1960. La chapelle provisoire n'aurait dû fonctionner que quelques années : on la fermera seulement en 1891. Quant aux fondations matérielles, elles semblent, par leur dimensions et leurs difficultés, à l'image non seulement de ces six dures années qui précèdent les deux décisions de l'année 1876, mais aussi de l'enracinement dans les siècles modernes de la spiritualité « patriotique et chrétienne » qui a animé les promoteurs.

## *CONCLUSION DU PREMIER LIVRE*

La promesse d'une église dédiée au Cœur de Jésus pour le salut de la France et la liberté du pape, faite par A. Legentil en 1870 et adoptée par Mgr Guibert en 1872, reconnue d'utilité publique par l'Assemblée nationale en 1873 et considérée comme propriété de l'archevêque de Paris en tant que tel, pourvue d'un architecte original en 1874 et dont la première pierre est posée en 1875, cette promesse ne prend vraiment effet qu'en 1876.

Ce sont les catholiques de la Société Saint-Vincent de Paul et Mgr Guibert qui ont voulu à l'origine ce nouveau mouvement national de piété patriotique (le salut de la France) et catholique (la liberté du pape). Il parachevait l'immense activité caritative institutionnalisée des premiers et exprimait bien la conception pastorale du second. Le lieu choisi est traditionnel et cependant audacieux. Les uns et les autres ont obtenu des catholiques « au pouvoir » que leur œuvre soit affirmée d'utilité publique et leur propriété reconnue en la personne de l'archevêque : ce qui est un statut nouveau post-révolutionnaire et annonciateur du statut des Églises après la séparation. L'architecture choisie s'enracine dans le passé et offre une synthèse originale. La pose de la première pierre est un acte strictement d'Église, même si le cœur des participants est bien sûr habité par l'espoir de voir un jour les autorités de la nation le ratifier publiquement. L'archevêque de Paris a su, semble-t-il, refuser toute inféodation à une politique de droite comme de gauche, car la gauche de cette époque est fermée aux réalités religieuses tandis que la droite incline à s'en servir à son profit.

En présence des désordres sociaux (injustices permanentes et révoltes communardes), en présence d'une vaine grandeur militaire et d'une terrible défaite (questions des unités nationales du XIXe siècle), en présence d'une hostilité profonde au Christ et à l'Église, le cardinal Guibert, Alexandre-Félix Legentil et Hubert Rohault de Fleury et leurs amis ont voulu contribuer à une réforme spirituelle de la France en proposant la construction d'une église nationale dédiée à l'amour du Christ pour tous les hommes. On les comprend d'autant mieux qu'on ne les enfermera pas dans un cadre strictement politique. Le retournement du cœur vers le Dieu fait homme implique tout l'homme et tous les hommes. Ils veulent éviter ce qui à leurs yeux sont de fausses solutions : aussi bien un christianisme « libéral » intégré à des valeurs mondaines non purifiées qu'un christianisme « intransigeant » qui reconduit des solutions passées. Leur expérience en Église d'une collaboration assainie entre les clercs et les laïcs leur en fait espérer une entre l'Église et une République à la « laïcité ouverte » qui accueillerait les chrétiens au risque d'être christianisée. La construction du Sacré-Cœur dans et au-dessus de la Ville lumière va être le lieu d'une telle confrontation entre l'Église et la France moderne.

LIVRE DEUXIÈME

# Une lente Édification

## (1877-1923)

L'édifice matériel et l'édifice spirituel [1], l'ex-voto de pierre (quatrième partie) et celui de prière (cinquième partie) ont été construits ensemble. Bâtir une église sans l'aide de l'État comme l'Église en avait l'habitude depuis longtemps et proposer à la France publiquement hostile à la foi chrétienne de mettre son espérance dans le Cœur du Christ étaient des paris fous au résultat repoussé pendant quarante ans et des projets inséparables au point que la matière et la prière se sont entremêlées dans les sons, les œuvres d'art et les images de toutes sortes qui constituent désormais comme un ex-voto d'imaginaire (sixième partie). Cette église a été non seulement le fruit de la générosité de la France, de l'Empire et du monde, mais a rayonné sur eux grâce à la puissante et merveilleuse vision de l'Histoire de ses promoteurs traduite dans la pierre et vécue dans la prière (chapitre 23 et conclusion).

1. Expression qu'on trouve, par ex., en *BVN*, 1893, suppl. mai, p. 5.

# QUATRIÈME PARTIE

# L'EX-VOTO DE PIERRE

La construction de l'église du Sacré-Cœur de Montmartre est le fait de trois archevêques de Paris, les cardinaux Guibert, Richard et Amette, et de laïcs regroupés dans un Comité (chap. 12), les uns et les autres garantissant la bonne gestion de la souscription (chap. 13) et la continuité des travaux (chap. 14). La ville de Paris apporte finalement sa contribution par l'aménagement des jardins (chap. 14, § IV). Par cinq fois, selon ces sujets, nous parcourrons l'ensemble de la période étudiée (1877-1923).

# Chapitre 12
# Les archevêques de Paris et le Comité en action

Alexandre Legentil, dès le début, voulait faire appel à l'archevêque de Paris, conforté en cela par ses correspondants : A. Baudon et L. Cornudet. Quand le contact s'établit vraiment avec Mgr Guibert, presqu'un an plus tard, ce dernier fut tout de suite dans les mêmes dispositions : il ne voulait rien faire sans un comité de laïcs. Les choses étaient d'ailleurs déjà bien avancées puisque le comité était déjà pratiquement constitué.

La présentation des uns et des autres, des responsables ecclésiastiques et laïcs de la construction du Sacré-Cœur, permet de parcourir par deux fois les grandes étapes des cinquante années nécessaires à ce grand œuvre. Parallèlement aux actes fondateurs (voir livre premier) et bien au-delà, tout au long de l'entreprise, il fallait se préoccuper de la souscription et marquer les étapes de l'Œuvre nationale.

# *I. LES ARCHEVÊQUES DE PARIS*

## A. Le cardinal Guibert

### 1. *Les premières mesures épiscopales pour la souscription* (1872-1879)

Après le lancement de la souscription à Notre-Dame de Paris en avril 1872 avec un discours du P. Monsabré et une allocution de Mgr Guibert, ce dernier décide le 25 juin, que la quête qui serait faite chaque année dans les églises du diocèse le jour de la fête du Sacré Cœur le serait en faveur de l'Œuvre du Vœu national. En 1872, elle tombait le 14 juillet en vertu de la liturgie parisienne alors encore en vigueur. La coïncidence de cette première quête pour le Vœu national et de cette journée nationale, même si elle n'était pas encore officiellement célébrée, fut interprétée par le Comité comme un signe d'encouragement du ciel[1].

L'année suivante, après le vote de la loi d'utilité publique, l'archevêque de Paris ouvre officiellement la souscription dans le diocèse pour une durée de cinq ans. Les offrandes sont reçues au siège du Comité, au secrétariat de l'archevêché et chez MM. les curés[2]. Il informe et invite ses frères dans l'épiscopat à faire bon accueil à cette initiative, mais laisse à chacun sa liberté de manœuvre et en particulier aux laïcs le soin d'organiser la souscription dans tous les diocèses.

Après les festivités de la pose de la première pierre en 1875, l'enthousiasme retombe. La remontée de 1877 doit être confirmée. Au début de 1878, Mgr Guibert ordonne une seconde quête annuelle à travers le diocèse au cours du carême et fait placer des troncs dans les églises à l'intention du Vœu. Les membres du Comité prennent de multiples contacts à ce sujet et des distributions d'imprimés ont lieu[3].

1. Mandement n° 12, AHDP. Voir chap. 5. À partir de 1874, dans l'*Ordo divini officii* comme la fête du Sacré Cœur est au dimanche qui suit l'octave du Saint Sacrement, on peut lire à cette date : « *Hodie collecta fiat pro templo, ex voto publico in honorem SS. Cordis Jesu, in Monte Martyrum aedificando.* » Cette quête a été faite dans le diocèse jusqu'en 1961 inclus (voir *Ordo divini officii*, 1961, p. IV où elle est encore mentionnée et *Ordo*..., 1962, p. IV où il n'en est plus question).

2. *BVN*, 1873, p. 36.

3. Mgr Guibert, *Lettre*..., 1878. *HSC*, t. I, p. 437 et 475.

## *2. Églises du Sacré-Cœur à Paray et à Rome ?*

Parallèlement à ces initiatives épiscopales il a fallu protéger la souscription du Vœu contre des entreprises jugées concurrentes. Vu la floraison de pèlerinages qu'entraîne la béatification de Marguerite-Marie et les événements de 1870-1871, le P. Victor Drevon (voir chap. 5) demande et obtient le droit de résider en permanence à Paray-le-Monial. En 1874, la compagnie de Jésus projette d'y construire une résidence-maison de retraite spirituelle et de « troisième an » pour la formation des religieux. Le P. Drevon lance sur ces entrefaites l'idée que la chapelle prévue pour cet établissement soit une église internationale dédiée au Cœur de Jésus [1]. Le projet reçoit un assentiment global de Mgr Léséleuc, la veille de sa mort imprévue, soit le 15 décembre 1873, mais le P. Drevon y imprime sa marque particulière. Le pape répond par une phrase de piété approbatrice au bas de la supplique du P. Drevon, au mois de mars 1874. Le père jésuite publie alors un tract intitulé *Vœu des catholiques de toute nation au Sacré-Cœur de Jésus et mémorial du pèlerinage de 1873, une église à Paray-le-Monial* et parle de bénédiction papale. Il énumère onze nations moins la France à laquelle il prévoit de ne demander qu'une minime offrande qui ne saurait gêner selon lui le Vœu national. En quoi il va rencontrer la vive opposition du cardinal Guibert : ne dispersons pas les efforts des catholiques de France au moment où la souscription du Vœu atteint le montant d'un premier million de francs. Il obtient du pape de pouvoir faire savoir que cette entreprise n'a pas reçu sa bénédiction et il publie un mandement en août 1874. Comme le nouvel évêque d'Autun (depuis janvier 1874), Mgr Perraud, qualifie le P. Drevon de « grand agitateur » et que le curé de Paray n'est pas non plus favorable au projet, le général des Jésuites demande au provincial de mettre un point final à l'affaire. À l'automne, ce dernier, le P. Gaillard, promet à Mgr Perraud de clore l'affaire. Cependant, la machine lancée met du temps à s'arrêter. Il en est encore question en Italie au printemps 1875. Pourtant, trois ans plus tard, le P. Drevon écrit à nouveau à Mgr Guibert. L'archevêque s'en tient à la décision du général et de Mgr Perraud et lui conseille en cette période troublée (on est en 1878) de « se faire oublier » [2].

1. Sur toute cette affaire, voir *PV* du 9 mai 1874 (ASCM) ; mandement de Mgr Guibert à son retour de Rome (*BVN*, août 1874) ; lettres du P. Beckx au P. Gaillard, provincial de Lyon, 1874, grâce aux archives romaines de la Compagnie et diverses correspondances des archives de la chapelle des Jésuites de Paray-le-Monial. *MCJ*, 1880, t. 37, p. 702.

2. Mgr Guibert lui écrit le 10 avril 1878 : « Je me borne donc à un seul conseil dans l'intérêt de votre institut, pour lequel, vous le savez, je professe le plus grand amour et le plus grand dévouement : c'est de faire en ce moment le moins de bruit possible. Il y a des circonstances où ceux qui sont blessés font semblant d'être morts afin qu'on n'achève pas de les tuer. Pour mon compte, je vous défends ici de mon mieux et je continuerai ; mais il faut nous aider par votre prudence et en évitant d'appeler l'attention sur vous. »

L'action propre de la Compagnie en la personne du P. Drevon ne pouvant se manifester en France en l'honneur du Cœur de Jésus, elle rebondit en Italie. *L'Osservatore romano* publie deux lettres du 12 mars 1878, l'une du cardinal-vicaire de Rome et une autre du directeur italien de l'Apostolat de la prière. Tous deux sont d'accord pour lancer une souscription universelle pour faire construire à Rome une église dédiée au Sacré Cœur [1]. Le directeur de l'Apostolat de la prière pour l'Italie souligne que son projet est né avec la béatification de Marguerite-Marie et que le nouveau pape, Léon XIII, y est favorable. Quant au cardinal-vicaire de Rome, il insiste sur la modicité des participations demandées et ce, afin qu'on puisse vraiment dire que l'ensemble des catholiques du monde entier a contribué à l'édification de cette église – symbole de l'intérêt de la papauté pour la dévotion au Cœur de Jésus.

Grande est alors l'émotion de Mgr Guibert. Il s'en ouvre au nonce qui écrit dès le 18 mars au cardinal Antonelli [2]. Pendant ce temps, le P. Ramière prépare la livraison du 1er avril du *Messager du Cœur de Jésus* dans laquelle il donne les textes précédemment publiés dans *L'Osservatore Romano*; pour accorder le Vœu national avec ce projet romain, il propose que chaque catholique français donne vingt centimes, moitié pour Montmartre, moitié pour Rome [3]. Le cardinal Guibert ne l'entend pas ainsi et obtient du pape que la France ne soit pas comprise dans l'appel aux fidèles. Il l'écrit au Comité le 31 mars. Sa lettre est publiée ensuite dans le *Bulletin du Vœu national* du 10 avril 1878 [4]. Le P. Ramière qui s'apprêtait à reconduire sa solution [5] introduit au dernier moment dans son bulletin de mai la mention de la décision de Léon XIII et le texte de la lettre de Mgr Guibert [6].

Aussi bien cherche-t-il dans les numéros du 1er octobre et 1er novembre suivants à informer complètement ses lecteurs et à leur donner la possibilité de participer à l'œuvre romaine. Dans le *Bulletin du Vœu national*, des mises au point au 10 de ces deux mois rappellent la solution officielle. Chacun cite l'autre en disant qu'il est d'accord avec lui... Les choses s'arrêtent là. Mgr Guibert

1. Elle s'élève désormais près de la gare de Termini. Texte de ces deux lettres dans *MCJ*, 1878, t. XXXIII, p. 471-479.

2. *Arch. Secrét. d'État*, Paris 1878, vol. 77, ff.7777v.

3. *MCJ*, 1878, t. 33, p. 471. « Or vingt centimes pour chaque catholique français donneraient à chacune des deux œuvres une somme de trois millions; et par conséquent, celle du Vœu national, loin de subir aucun préjudice par suite de l'appel fait de Rome à notre zèle, en recevrait au contraire un secours efficace. » Il est vrai que le P. Ramière table sur quelques trente millions de donateurs dans une France de trente six millions d'habitants!

4. *BVN*, 1878, p. 169.

5. *MCJ*, mai 1878, t. 33, p. 543.

6. *MCJ*, mai 1878, t. 33, p. 597.

obtient finalement le silence sur la question. Toutes ces péripéties n'ont pas empêché, si même elles ne l'ont pas au contraire permis, que l'année 1878 soit celle de la meilleure recette de la souscription du Vœu, mis à part l'exceptionnelle année 1899.

### 3. *La terrible année 1880*

Au dire de Mgr Guibert la chute des souscriptions qui se laisse constater postérieurement à 1878, notamment au cours de l'année 1880, est sans doute imputable à la virulence des attaques antireligieuses de la République des républicains. Pour poursuivre la souscription, il donne des consignes au Comité le 28 avril 1880[1]. Elles correspondent à l'attitude de prudence et de foi qu'il a toujours manifestée sur le plan national :

> « Nous devons ne jamais oublier, dans l'ardeur de la discussion, le respect de nous-mêmes, la dignité et la charité. Souvenons-nous que nous ne pouvons pas combattre avec toutes les armes qu'emploient nos adversaires. Sur le champ de bataille, des chrétiens se servent des mêmes armes que leurs ennemis, et doivent se battre mieux qu'eux. Dans la lutte de polémique, par la parole et par la plume, nous sommes tenus d'observer plus de mesure, tout en conservant une fermeté invincible. On doit s'apercevoir qu'on a des chrétiens devant soi. Nos évêques en donnent un bel exemple par leur revendication ferme et calme des droits de l'Église et du peuple chrétien. Imitons-les. Les prières récemment répandues parmi les catholiques méritent assurément d'être recommandées, mais elles doivent être faites en particulier, et il n'y a pas lieu de leur donner une approbation publique et officielle. »

La distinction entre les deux champs de bataille – spirituel et militaire – se révèle quelque peu artificielle : dans la guerre aussi, il conviendrait que les chrétiens se fassent remarquer comme tels ! Quoiqu'il en soit, le Comité et les religieux de la chapelle provisoire, qui a été ouverte en 1876 (voir chap. 15), se souviendront durablement de ces consignes. Il n'y aura presque jamais de polémique dans les colonnes du *Bulletin du Vœu national*.

Toujours sans vouloir polémiquer, le cardinal-archevêque demande aux curés d'expliquer à nouveau aux fidèles les origines du Vœu national et les buts de l'Œuvre[2]. Ce sera une œuvre d'art comme Notre-Dame ou Sainte-Geneviève. C'est déjà une œuvre de foi, de patriotisme et de charité. C'est de plus en plus une œuvre nationale. La dévotion au Cœur de Jésus est au-dessus de tous soupçons. Les pouvoirs publics ne peuvent se déjuger. Après une légère reprise, la baisse des souscriptions se poursuit néanmoins jusqu'en 1882.

1. *HSC*, t. II, p. 5 et 6.
2. Lettre du 29 septembre 1880. *BVN*, 1880, p. 497.

### 4. *Les règles de gestion de Mgr Guibert*

Trois règles se laissent déduire de la conduite de Mgr Guibert. La première est que la construction du Sacré-Cœur de Montmartre est vraiment l'affaire de l'archevêque de Paris. Il a pris à son sujet les principales décisions. Il monte prier souvent à la chapelle provisoire. Il a défendu ce projet au détriment d'autres. La *Semaine religieuse de Paris* en parle abondamment et publie systématiquement les résultats de la souscription. La seconde est que le Vœu national doit être l'affaire de tous les catholiques français. C'est pour cela, que Mgr Guibert s'est adressé aux autres évêques. La moindre obole, même et surtout celle de la pauvre veuve, a tout son prix, économique mais aussi religieux. Le P. Jonquet rapporte l'histoire suivante :

> « Un jour, une grande dame va le trouver.
>
> « – Éminence, le premier élan de générosité pour la construction de l'église du Sacré-Cœur est vraiment admirable. Mais la persévérance n'est pas une vertu française. On va se lasser. Combien vous faut-il encore ?
>
> « – Oh ! répondit le prélat, il nous faudra peut-être trente millions [1].
>
> « – Eh bien ! je vous les donne, dit la visiteuse en se levant ; mais je veux être seule à bâtir l'église.
>
> « – Impossible, reprit vivement le cardinal, impossible ! Gardez votre or, madame ! notre œuvre perdrait son caractère ; elle ne serait plus nationale. Notre basilique ne serait plus celle de la pénitence et de la réparation. Aidez-nous, aidez-nous même largement, si vous voulez ; mais l'inspiration d'élever un temple au Cœur de Jésus sur la colline de Montmartre nous semble si généreusement éclose du cœur même de la France, que nous nous croirions coupables de la frustrer de cette pensée généreuse, de cette expiation grandiose » [2].

La dernière règle qu'il lègue au Comité et à son successeur semble être de ne pas commander de travaux qu'on ne puisse payer. On ne doit dépenser que ce qu'on a en caisse et avoir toujours en caisse quelques trois ou quatre cent mille francs d'avance [3]. *Grosso modo* cette prudence, qui a sans doute été l'une des causes de la lenteur du chantier et de nombreux conflits avec les architectes, a certainement permis aussi son achèvement définitif.

1. Ce n'était finalement pas tellement mal jugé !
2. Emile Jonquet, « Les promoteurs... », *BVN*, 1894, p. 773.
3. Voir *HSC*, t. IV, 102. Autre est le cas de *Fourvière* : voir Elisabeth Hardouin-Fugier, *Fourvière*, 1988, p. 116-124.

### 5. *La mort de Mgr Guibert – Considération sur son action pour le Vœu national*

Le 8 juillet 1886, Mgr Guibert meurt à l'âge de quatre-vingt-quatre ans. Dès le 9, Mgr Richard publie un mandement où, confiant dans le jugement de l'Histoire, il célèbre son prédécesseur :

> « Avec l'Église [1], il aimait la France [...] Lorsque les passions qui s'agitent parmi nous se seront calmées, que les événements contemporains seront passés dans le domaine de l'histoire, tous les partis, nous en avons la conviction, rendront hommage à l'évêque dont la parole conservait dans l'expression même des vérités sévères la modération que donnent la sagesse et la charité, qu'inspire le dévouement à l'Église et au pays » [2].

Le corps est embaumé et exposé à la vénération des fidèles pendant huit jours [3]. Puis les obsèques sont célébrées le 17 juillet sans pompe. Les cordons du poêle sont tenus par Charles Chesnelong ; le baron de Mackau ; MM. Méritan et Legrand, curés ; le R. P. de l'Hermite, assistant général de la congrégation des Oblats ; le supérieur général des Lazaristes ; Alexandre-Félix Legentil ; M. Hamel, directeur de l'œuvre de la Propagation de la foi [4]. René Goblet en tant que ministre des Cultes représentait le gouvernement et le maréchal de Mac-Mahon, l'armée. Le 6 août 1886, Mgr Richard explique qu'il reporte le service solennel au 17 novembre, moment où se réunit ordinairement l'assemblée des évêques protecteurs de l'Institut catholique de Paris ; à pareille date aussi, la famille diocésaine peut se réunir plus facilement.

Le 11 novembre 1886, dans une lettre pastorale, il rappelle que les deux grandes préoccupations de Mgr Guibert ont été l'enseignement supérieur catholique et le Vœu national au Cœur de Jésus, et que l'Institut catholique fut inauguré en 1875, année même où fut posée la première pierre de la basilique de Montmartre. C'est pourquoi, l'oraison du défunt étant prononcée à Notre-Dame le 17 novembre, la séance solennelle de rentrée de l'Institut catholique aura lieu le 18 et le service funèbre s'accomplira au Sacré-Cœur le 19 [5]. Mgr Perraud, évêque d'Autun, membre de l'Académie française, construit son oraison funèbre [6] sur un éloge de la « démocratie chrétienne » :

1. Mgr Guibert a été aussi fidèle à Pie IX qu'à Léon XIII qu'il a connu comme pape pendant huit ans. Il se réjouissait que ses pensées et sentiments fussent conformes aux leurs, sous chaque pontificat. Voir le témoignage de Mgr Richard dans *BVN*, 1886, p. 412.
2. Mgr Richard, « Mandement... », 9 juillet, *BVN*, 1886, p. 412.
3. À l'archevêché qui se trouvait alors 127 rue de Grenelle, dans l'hôtel du Chatelet, actuel ministère du Travail.
4. P. Jonquet cité dans *HSC*, t. II, p. 435.
5. *BVN*, 1886, p. 692.
6. *BVN*, 1886, p. 760.

« À l'encontre de cette démocratie jalouse, toujours disposée à niveler tout ce qui la dépasse, fille de l'Évangile, [elle] élève les simples et les petits, quand leur humilité et leur droiture leur ont donné la vraie noblesse. »

Mgr Guibert en est le fruit. Il témoigne aussi de l'attitude de l'Église face à la politique.

« Elle laisse, comme il n'a cessé de le rappeler, au libre arbitre des peuples et des souverains les formes de gouvernement et les lois qui régissent les intérêts temporels. Sa mission est d'enseigner et de maintenir les vérités religieuses qui sont le fondement de tout ordre social » [1].

Le 19 novembre 1886, le cardinal Langénieux, archevêque de Reims, bénit les deux absides du sanctuaire national et annonce que Mgr Guibert reposera dans la crypte de cette église qu'il a tant aimée [2]. Aux yeux du défunt, l'Œuvre du Vœu national devait se mettre au service de l'Église et travailler à la reconstruction de la France. Il n'acceptait pas qu'on fit de la politique une mystique ou de droite ou de gauche, même s'il faut que les croyants s'engagent dans la cité. Il aurait aimé une république croyante, mais pour cela il eût fallu des chrétiens plus nombreux. Une telle façon de voir les choses est concrètement prouvée et démontrée par le *Bulletin du Vœu national*. On n'y trouvera aucun jugement sur la situation politique du moment. Il a fallu pour notre enquête recourir à d'autres sources quand nous voulions connaître les polémiques et les réactions suscitées par la construction du Sacré-Cœur. Les membres du Comité du Vœu national et les religieux responsables du sanctuaire étaient à l'unisson de l'archevêque et trouvaient sur leur gauche de durs ennemis mais des amis non moins incommodes et encombrants sur leur droite.

## B. Le cardinal Richard

### *1. Son grand intérêt pour Montmartre*

L'intérêt de Mgr Richard de La Vergne pour la dévotion au Cœur de Jésus en général et ses multiples actions en faveur du Vœu national en particulier font de lui un personnage capital dans l'histoire de la basilique de Montmartre.

1. *BVN*, 1887, p. 95.
2. *BVN*, 1886, p. 777. Les absides sont celles de la crypte et de l'église.

Le jeune vicaire général de Mgr Jacquemet, évêque de Nantes sous le second Empire, s'était fait remarquer par l'archevêque de Tours. Durant l'année terrible, à la suite des contacts noués alors entre Mgr Guibert, Adolphe Crémieux et Thiers, l'abbé Richard est nommé le 16 octobre 1871 évêque de Belley puis sacré par Mgr Guibert le 11 février 1872 à Paris. Dès son arrivée dans le diocèse qui s'appellera un jour Belley-Ars, cet évêque entame le procès de béatification de Jean-Marie Vianney. Bientôt en 1875, Mgr Guibert le demande et l'obtient comme coadjuteur avec droit de succession [1]. Il faudrait pouvoir mesurer toute l'action menée en faveur du Vœu national par Mgr Richard, pendant neuf ans, aux côtés de Mgr Guibert.

Le fait est qu'il aime et prêche la dévotion au Cœur de Jésus. Avec le tout nouvel évêque de Nantes, en octobre 1870, il y consacre le diocèse puis dès son arrivée à Belley, il renouvelle un acte de consécration déjà ancien [2]. Tout naturellement, il encouragera à Paris ce genre de renouveau de la vie chrétienne (voir chap. 19). À titre personnel, en 1900, il élève une statue du Christ avec un cœur visible sur la poitrine et les bras étendus, au bord de la route, face à sa propriété de l'Échasserie à La Bruffière en Vendée [3].

Le successeur et disciple du cardinal Guibert – il l'appelait son « père spirituel » – reconduit toutes les mesures déjà prises en faveur du Vœu national. Et, geste très symbolique, il ouvre une souscription pour le monument funéraire de Mgr Guibert dans la crypte de la basilique [4]. Chaque étape de la construction lui donne l'occasion d'appeler fidèles, curés et évêques à poursuivre et parachever ce grand œuvre [5]. Autant, sinon plus, que son prédécesseur, Mgr Richard sait unir la prière aux travaux de la basilique. Que ce soit à l'occasion du Congrès eucharistique de Paris ou lors d'une fête du Cœur de Jésus ou lors d'une permission romaine concernant la récitation publique des litanies du Sacré Cœur, il encourage les fidèles à prendre à cœur par la prière la construction de l'ex-voto national [6]. À quoi il joint la pratique de l'aumône, n'hésitant pas à prélever pour les pauvres sur le montant des sommes reçues

1. M. Clément, *Vie*..., 1924. Voir aussi les manuscrits conservés à la bibliothèque de ICP.
2. *BVN*, 1885, p. 135.
3. Photographies aimablement communiquées par Alain Volat. Voir illust.
4. « Lettre aux curés du 13 décembre 1889 », *BVN*, 1890, p. 3-4.
5. Voir les lettres et mandements pour la bénédiction de la basilique (*BVN*, 1891, p. 205-207, 261-268); lettres pour le XXV^e anniversaire (*BVN*, jan. 1897, p. 1-9); pour la pose de la croix du dôme (*BVN* 1899, p. 161-162); pour le XXX^e anniversaire (*BVN*, 1902, p. 381-384); pour le XXXIII^e anniversaire (*BVN*, 1905, p. 395-396).
6. Lettre pastorale du 24 mai 1888 à propos du Congrès eucharistique (*BVN*, suppl. juin 1888, p. 1-10); lettre du 24 mai 1889 (*BVN*, 1889, p. 301); allocution du 13 juin 1890 (*BVN* suppl. juin 1890, p. 1-7); mandement du 21 décembre 1898 à propos des litanies (*BVN*, 1898, p. 1 à 5).

quand les souscripteurs s'en remettent à lui pour l'acheminement et la destination de leurs dons, ce qui suscite l'étonnement (et l'admiration) des membres du Comité[1].

Le terme du chemin, l'achèvement de la construction de l'ex-voto national, est pour demain, affirme le cardinal Richard dès son arrivée à la tête du diocèse de Paris. Il devra quand même attendre quelque vingt ans. Mais il aura avant de mourir l'ultime joie d'être hissé en chaise à porteurs tout au sommet du grand dôme de la basilique pour la bénédiction de la croix. Il laisse même un campanile en voie d'achèvement. Dans l'histoire de la souscription sa marque est bien celle de l'humble et victorieuse persévérance. Remarquons-en les principales étapes.

### *2. Bénédiction et ouverture de la basilique (1891)*

Le cardinal Richard associe toujours autant que faire se peut, les évêques de France à son entreprise qu'il souhaite vraiment nationale. Dès 1888, il leur écrit pour décrire l'état d'avancement des travaux. La même année, il tient à ce que le Congrès eucharistique de Paris soit clôturé à Montmartre[2]. Il a la joie de pouvoir annoncer pour 1891 l'ouverture au culte et la bénédiction de la basilique qui reste juste inachevée dans ses hauteurs. Il ne s'agit pas de célébrer un hypothétique XX^e^ anniversaire du Vœu, mais simplement de marquer le tournant décisif qu'a pris la construction de la basilique. Le cardinal n'attend qu'une avant-garde de l'épiscopat, la plus grande part se réservant pour l'inauguration définitive[3]. En pleine période du Ralliement, Léon XIII, dans sa lettre, invite les catholiques à l'unité, jusque sur un plan plus ou moins politique[4], et le P. Monsabré qui prend la parole rappelle que « s'il n'y a plus de France chrétienne, au moins il y a des chrétiens en France » qui construisent le Sacré-Cœur[5].

### *3. XXV^e^ anniversaire et renouvellement du Vœu (1897)*

Toujours dans le contexte du Ralliement mais également de l'Alliance franco-russe (voir chap. 29) et de la réactualisation du baptême de la France (Noël 1896) est fêté en janvier 1897 le XXV^e^ anniversaire du Vœu national,

1. *HSC*, t. II, p. 262 et lettre aux curés et lettre aux fidèles dans *BVN* du 15 mars 1895, p. 191-194.
2. *BVN*, 1888, p. 446-459.
3. *BVN*, 1891, p. 260-269.
4. *BVN*, 1891, p. 338.
5. *BVN*, 1891, p. 363.

ce qui s'accompagne aussi d'un troisième débat parlementaire sur l'église du Sacré-Cœur (chap. 24).

La date d'anniversaire du Vœu national retenue par le cardinal Richard est celle du 18 janvier 1872, jour où Mgr Guibert adressait au Comité récemment formé une lettre par laquelle il adoptait l'initiative de ses diocésains. Ainsi évitait-on d'entrer dans un débat sur l'origine du Vœu en décembre 1870 dont la paternité était discutée entre Alexandre-Félix Legentil et le P. Henry Ramière. Ainsi, également, on ne mettait pas l'accent sur le vote de l'Assemblée nationale en 1873. Cette date de 1872 avait été choisie d'un commun accord entre le cardinal Richard, Hubert Rohault de Fleury et le Comité, dès le mois de décembre 1895 [1]. Mais le successeur de Mgr Guibert attendra le dernier moment pour annoncer cet anniversaire, de manière à ce que sa commémoration ne nuise pas au XIVe centenaire du baptême de Clovis en décembre 1896. Ce quart de siècle écoulé est l'occasion de jeter un regard en arrière pour rendre grâces. Dans un mandement et deux lettres aux évêques de France, l'archevêque de Paris publie ses intentions.

Le 25 décembre 1896, le cardinal Richard s'adresse à ses diocésains à propos de Montmartre [2]. Brossant une histoire de l'Œuvre en l'honneur du Cœur du Christ et soucieux de se faire entendre même des incroyants, il tient à justifier le Vœu national et veut expliquer cette nouvelle dévotion.

> « Les hommes qui n'ont pas le bonheur de partager notre foi s'étonnent et peut-être prennent en pitié ces actes de religion accomplis par les peuples chrétiens. Et pourtant l'histoire, quand on la lit sans préjugés, est toute marquée des traits de cette Providence supérieure qui régit l'existence des nations aussi bien que celle des individus. »

Cet accent mis sur l'histoire comme moyen de connaissance de Dieu est caractéristique non seulement de l'apologétique judéo-chrétienne en général, mais aussi de celle du XIXe siècle en particulier, qui reprend ici l'héritage du XVIIe et de Bossuet [3]. Par ailleurs, le cardinal justifie une nouvelle fois la dévotion au Cœur de Jésus.

> « Ne disons-nous pas en parlant d'un homme qui ravit nos sympathies par l'élévation de son âme et la générosité de ses affections, surtout envers ceux qui souffrent : C'est un grand cœur ? [...] Le Cœur de Jésus est un grand cœur, mais avec l'excellence infinie que la personne divine donne aux actes de la nature humaine qu'elle a voulu s'unir. »

1. *HSC*, t. IV, p. 439, séance du 19 décembre 1895.
2. Cardinal Richard, *Lettre pastorale...*, 1896.
3. Voir notre chapitre 29 sur le providentialisme.

Fort de ces références religieuses, l'archevêque peut retracer l'histoire du Vœu au Cœur du Christ pour la France, dans laquelle Mgr Guibert est abondamment cité, et de rappeler le souvenir de son œuvre patriotique et chrétienne en vue de la paix internationale et sociale. Ne sont pas non plus oubliés les encouragements de Pie IX et de Léon XIII, ni l'Alliance franco-russe toute d'actualité (voir chap. 29). En finale, le cardinal fait observer une coïncidence : depuis 1891, il invite les fidèles à prier pour la France le dimanche qui suit la rentrée des Assemblées parlementaires ; or, cette année 1897, le dimanche en question tombe le 17 janvier, jour où l'on célèbre le XXVe anniversaire du Vœu national. Rien de plus indiqué pour faire de l'église de Montmartre le temple de la paix !

L'archevêque de Paris demande surtout à ses confrères dans l'épiscopat qu'ils soient d'accord pour qu'il puisse les représenter dans l'acte de reconnaissance adressé au Cœur du Christ le dit jour anniversaire. Comme Mgr Guibert, Mgr Richard cherche à susciter un mouvement d'unité parmi les évêques français afin de parler au nom de la France ou tout au moins de l'Église qui est en France. Le monument de Montmartre lui apparaît vraiment comme le fruit d'un mouvement national[1]. Une deuxième lettre du 13 janvier aux évêques de France les remercie de leur accord[2], leur présente la lettre que Léon XIII a bien voulu lui adresser pour marquer cette solennité[3] et leur communique l'acte de renouvellement du Vœu national au Sacré Cœur de Jésus (voir chap. 19). Le chroniqueur du *Bulletin*, le P. Thinon, donne le chiffre de quatre cents journaux et plus à avoir annoncé la célébration[4]. Le jeudi 14 et le vendredi 15, les femmes sont convoquées pour la célébration du renouvellement du Vœu, les hommes, le dimanche 17 et les enfants, le jeudi 21. Les festivités du dimanche 17 janvier 1897 retiennent surtout l'attention. Après la messe du dimanche, un déjeuner réunit autour du cardinal diverses personnalités ecclésiastiques et laïques : le supérieur général des Oblats et le P. Voirin, l'ancien supérieur du sanctuaire, les abbés de Notre-Dame des Dombes, d'Igny et de Ligugé, l'abbé Lemire « qui, quelques jours plus tard, devait si vaillamment défendre la basilique du Vœu national » (voir chap. 24), ainsi que Hubert Rohault de Fleury, Emile Keller, Charles Chesnelong, le général de Charette. À la célébration de l'après-midi participent plus de trois cents prêtres représentant leur

1. Cardinal Richard, *Lettre aux évêques*..., 1896.
2. Cardinal Richard, *Lettre*..., 1897.
3. Leon XIII, *Lettre*..., 1897.
4. *BVN*, 1897, p. 114-137.

évêque ou leur congrégation [1]. Plusieurs dizaines de députés et sénateurs donnent comme un aspect officiel à la célébration [2]. Le P. Thinon énumère ensuite les groupes qui représentent ici, à tous les niveaux, la société française et parle d'une assemblée de quelques huit mille hommes au total. À noter la présence de plusieurs dames dans une tribune: la comtesse d'Eu, la princesse Blanche d'Orléans, la princesse de Croÿ, la duchesse de Chevreuse et les familles des membres du Comité.

Sont prononcés à cette occasion deux sermons marqués par un patriotisme mystique: celui du P. Augier, provincial des Oblats et celui du P. Feuillette, dominicain. Le salut de la France est dans sa consécration au Cœur de Jésus, comme dans les actes de réparation que consentiront quelques Français pour le bien de tous. L'acte de renouvellement du Vœu national se fait grâce au texte de 1870-1872 avec quelques ajouts et modifications de temps. Il est prononcé par le cardinal, ensuite par le Comité et, pour finir, par l'assemblée tout entière. Les phrases entre parenthèses sont celles de 1872.

« Vingt-cinq ans se sont écoulés depuis le jour où, dans les angoisses de la patrie, (en présence des malheurs qui désolaient la France et des malheurs plus grands peut-être qui la menaçaient encore;

« En présence des attentats sacrilèges commis à Rome contre les droits de l'Église et du Saint-Siège et contre la personne sacrée du vicaire de Jésus-Christ):

« Nous avons eu recours au Sacré Cœur de Jésus, et, après avoir déjà ressenti les premiers effets de sa miséricorde [3],

« (Nous nous humilions) de nouveau (devant Dieu: réunissant dans notre amour l'Église et notre patrie, nous reconnaissons que nous avons été coupables et justement châtiés.

« Et, pour faire amende honorable de nos péchés et obtenir de l'infinie miséricorde du Cœur sacré de Notre-Seigneur Jésus-Christ le pardon de nos fautes, ainsi que les secours extraordinaires qui peuvent seuls) assurer la liberté du Souverain Pontife et le salut de la France, nous renouvelons la promesse de poursuivre et d'achever, avec l'aide de Dieu, l'érection du sanctuaire dédié au Sacré Cœur de Jésus sur la colline de Montmartre » [4].

1. Il semble qu'on ait tenu à une certaine représentation de tous les diocèses et départements (ASCM, 09. 01).
2. On a remarqué par eux: l'abbé Lemire, Keller, Buffet, Chesnelong, de Lamarzelle, Fresneau, Wallon, de Mun, le comte de Maillé, le comte de Lanjuinais, le comte de Pontbriand, Gabriel Dufaure, Bourgeois (de la Vendée), le duc de Doudeauville, de Marcère, Audren de Kerdrel, Le Gonidec de Traissan, Plichon, Achille Adam, Emile Villiers, de la Noüe, Gamard, le baron Reille, Montalembert, de Ramel, Charles le Cour Grandmaison. Ce dernier, député de Loire-Inférieure, a fait un pèlerinage en 1882 à Montmartre pour demander un fils sept ans après son mariage. Il est exaucé. Voir Annick de Lassus-Saint-Genies, *Jean le Cour Grandmaison*, 1980, p. 18.
3. En particulier, l'Alliance franco-russe. Voir chap. 29.
4. *BVN*, 1897, p. 136.

La modification concernant le pape mérite d'être soulignée. Il n'est plus question de « délivrer le souverain pontife de sa captivité » mais de lui « assurer la liberté », non de lui redonner ses États, mais de lui permettre simplement d'exercer sa mission pastorale. À l'acte de renouvellement proprement dit, succèdent trois ajouts. Le premier parle de la reconnaissance témoignée par la France et de sa consécration :

> « C'est la France pénitente, dévouée et reconnaissante, qui vient, après avoir renouvelé ses promesses baptismales, se consacrer au Cœur miséricordieux du Sauveur. »

Le deuxième est une prière au Cœur du Christ composée par le cardinal Guibert et publiée le 15 août 1873 [1]. Le troisième est une invocation finale à Marie, par où se révèle particulièrement l'influence du P. Lemius (voir chap. 15). Cet ancien supérieur de Pontmain se plaisait à rapprocher l'initiative de Poitiers des apparitions de Marie en janvier 1871 et interprétait ces dernières comme une réponse du ciel au vœu formulé par Alexandre Legentil [2]. Ainsi les célébrations du XXV^e^ anniversaire de l'adoption par le cardinal Guibert de cette initiative laïque, voulues par le cardinal Richard ont-elles revêtu une particulière solennité. Elles marquent l'entrée dans la dernière ligne droite pour achever la basilique. Elles manifestent l'importance de ce sanctuaire dans la pastorale nationale du cardinal Richard. À la veille d'un débat qui aboutira au rejet de la demande d'abrogation de la loi de 1873, elles disent combien il souhaite que les catholiques tiennent leur place dans la vie publique si celle-ci ne les oblige pas à renier leur foi.

### 4. XXX^e^ *anniversaire et renouvellement du Vœu*

En cinq ans, la vie politique a de nouveau basculé. Avec neuf mois de retard qui s'expliquent sans doute par les aléas du moment [3], comme en 1897, le cardinal Richard adresse le 23 août 1902 à tous les évêques de France une lettre pour les inviter à célébrer le Cœur de Jésus à l'occasion du XXX^e^ anniversaire du Vœu national [4]. Le *Bulletin* du sanctuaire donne les réponses très favorables de Marseille, de Quimper, de Pamiers, de Limoges, de Tarbes [5] et

1. Voir chap. 9. *BVN*, déc. 1873, p. 35 et H. de Fleury, *Vœu*..., 1897, p. 3.
2. *BVN*, 1897, p. 41.
3. Le 7 juin 1902, Emile Combes succède à Waldeck-Rousseau (chef de cabinet depuis le 22 juin 1899).
4. *BVN*, 1902, p. 438.
5. Lors de la célébration faite à Lourdes par l'évêque de Tarbes, un mot de Léon XIII donne le ton : « Lourdes et Montmartre sauveront la France ! » (voir chap. 15, lors du pèlerinage de Montmartre à Rome avec le P. Lemius).

d'Alger. Ce même 23 août, l'archevêque de Paris appelle les fidèles parisiens à un *triduum* de prières et de pénitence les 3, 4 et 5 septembre pour la France et le souverain pontife [1] car « une lutte incessante est engagée entre le peuple chrétien de France et les sectes antichrétiennes. » Le remède est dans la parole du Christ : « Aimez-vous les uns les autres, comme je vous ai aimés ». Que tous s'en inspirent, et la société trouvera l'apaisement. Les croyants doivent se tourner vers ce symbole de l'amour qu'est le Cœur de Jésus. Cela fait trente ans qu'ils se tournent vers lui par la construction d'une église à Montmartre. Le salut se fait encore attendre, mais il faut y croire. La prière et le jeûne sont des chemins de charité. À la suite de la messe du premier vendredi du mois de septembre 1902 que le cardinal célèbrera au Sacré-Cœur, il prononcera l'acte de renouvellement du Vœu national. (Le texte en est identique à celui de 1897). Et le prélat de souhaiter qu'on en fasse de même dans toutes les églises de Paris. Léon XIII bénit et encourage cette manifestation [2].

### 5. XXXIII^e^ *anniversaire et renouvellement*

Outre l'érection de ce monument typiquement anticlérical qu'est la statue du chevalier de La Barre (voir chap. 24) et le XXXIII^e^ anniversaire qui sera célébré *in extremis*, l'année 1905 est marquée pour Montmartre par la bénédiction de la première pierre du campanile, le 16 juin, qui est aussi le trentième anniversaire de la pose de la première pierre de la basilique en 1875. La célébration garda un caractère d'intimité de par la volonté expresse du cardinal Richard [3]. En écho, en quelque sorte, à la loi de séparation votée le 3 juillet 1905, mais promulguée seulement le 9 décembre, et pour faciliter la souscription, Hubert Rohault de Fleury obtient de Pie X une lettre d'encouragement en faveur de l'Œuvre du Vœu national [4]. Fidèles aux consignes de Mgr Guibert reconduites par son successeur, les responsables du Sacré-Cœur continuent de marquer le 14 juillet (voir chap. 24). Léon Bloy, en voisin favorable et malgré tout peu bienveillant, remarque :

> « Triste spectacle de la Basilique, républicainement illuminée, ce soir, d'une immense nappe rouge et se détachant, sur le ciel noir, comme une église écorchée, comme une cathédrale de sang » [5].

1. *BVN*, 1902, p. 380-385.
2. *BVN*, 1902, p. 386.
3. *BVN*, 1905, p. 215.
4. *BVN*, suppl. oct. 1905.
5. Léon Bloy, *Journal* du 14 juillet 1905 (voir en 1917). Le *Bulletin* comme à son habitude n'y fait pas allusion.

Après les XXV^e et XXX^e anniversaires du Vœu national, le cardinal Richard tint à célébrer le XXXIII^e anniversaire en même temps que son renouvellement. C'est le chanoine Peuportier, supérieur des chapelains depuis le 1er avril 1903, qui semble avoir eu l'idée de cette commémoration pour marquer l'arrivée des prêtres diocésains. Dans son esprit, d'ailleurs, il s'agissait avant tout de renouveler la consécration de la France au Sacré Cœur. Profitant de la présence de l'évêque de Nancy à Montmartre où le prélat était venu présider le 29 octobre un congrès des « Hommes de France », le chanoine Peuportier lui aurait demandé d'intervenir auprès du cardinal Richard.

Le 27 novembre 1905, l'archevêque de Paris écrit à tous ses frères dans l'épiscopat de France [1]. Il leur propose de s'unir à lui, le jour de Noël, dans une prière commune en faveur du Vœu national, d'autant qu'il y a déjà neuf ans qu'à été célébré le quatorze-centième anniversaire du baptême de Clovis :

> « Nous voudrions, au moment où l'on cherche à séparer la France de l'Église, affirmer notre volonté de demeurer toujours la nation catholique dans le monde et d'aimer d'un même amour l'Église et la France. »

Le *Bulletin du Vœu national* rapporte les réactions très favorables des évêques de Rodez, Fréjus, Constantine, Bayeux, Quimper, Belley, Marseille, Viviers, Beauvais, Cambrai, Bordeaux (son archevêque appelle le Sacré-Cœur de Montmartre « notre église nationale ») et Lyon. Des dizaines d'autres se sont diversement manifestés [2].

La formule utilisée pour le renouvellement du Vœu n'est autre que la prière composée par Mgr Guibert, en conclusion de sa lettre pastorale du 15 août 1873 (chap. 9). Elle avait déjà servi au texte de 1897 et de 1902, moins certaines phrases de 1873 et plus quelques ajouts ou variantes. Ainsi le prédécesseur de Mgr Richard avait-il écrit : « Nous venons à vous, Cœur sacré, après nos défaillances et nos malheurs » [3]. En 1905, il est seulement dit : « Nous venons à vous, Cœur sacré de Jésus, dans nos angoisses » [4]. Ensuite, le texte est le même en 1873, 1897, 1902 et 1905 :

> « Ouvrez pour nous les trésors de votre charité infinie. Le sang qui a coulé de votre blessure a racheté le monde ; qu'une goutte de ce sang divin, par sa toute-puissance expiatrice, rachète encore une fois cette France que vous avez aimée... »

1. Cardinal Richard, *Lettre...*, 1905.
2. Agen, Auch, Dijon, Versailles, Blois, Evreux, Limoges, Périgueux, Poitiers, Sées, Tarbes, Gap, Tarentaise, Angoulême, Langres, Clermont, Verdun, Moulins, Arras, Chambéry, Saint-Dié, Montauban, Amiens, Annecy, Luçon, Saint-Brieuc, Troyes, Bourges, Toulouse, Autun et Rennes. Soit quarante-trois documents épiscopaux ou capitulaires parvenus au Sacré-Cœur. *BVN*, 1906, p. 7-8.
3. *BVN*, 1873, p. 35.
4. *BVN*, 1905, p. 396.

Ici le texte de 1873, 1897 et 1902 comporte ce membre de phrase : « Et qui, revenant à vous de ses longues erreurs, veut rentrer dans sa vocation chrétienne », ce membre de phrase est remplacé en 1905 par : « Qui ne veut pas renier sa vocation chrétienne. » Ensuite, toutes les versions disent :

> « Oubliez nos iniquités pour ne vous souvenir que des saintes œuvres de nos pères, et laissez couler sur nous les flots de votre miséricorde. »

Mais en 1905, on rajoute une phrase de 1873 qui avait été omise en 1897 et 1902 :

> « Que le temple élevé [1] par nos mains devienne pour nous comme une citadelle inexpugnable qui protègera Paris et notre patrie. Cœur adorable de notre Dieu, la nation française vous implore : rendez-lui votre amour, bénissez-la, sauvez-la. Amen. »

Ainsi le texte fondateur d'Alexandre-Félix Legentil et du P. Ramière est-il laissé de côté car, pourrait-on dire, la prière de Mgr Guibert dans son mandement postérieur au vote de la loi d'utilité publique ne tenait pas à soulever le problème du pape. Le cardinal en fait autant, le souverain pontife ayant été fort contesté lors des débats parlementaires en 1897 et 1904. Il y a malgré tout une sorte de continuité de 1870 à 1905, même si l'on s'efforce de tenir compte de la différence des situations.

Le cardinal Richard avait écrit sa lettre pastorale du 8 décembre 1905 pour répondre, dit-il, à d'innombrables demandes. Elle donne, entre autres, un court historique du Vœu national, fait allusion au grand nombre des souscripteurs et met en valeur une citation lapidaire du cardinal Guibert : « Rien n'est plus chrétien, ni plus patriotique qu'un tel vœu. » Le lendemain, 9 novembre 1905, la loi de séparation des Églises et de l'État est promulguée [2]. L'administration se fondera sur elle pour définir le statut de la basilique. Le chroniqueur du *Bulletin* compare décembre 1870-janvier 1871 à décembre 1905-janvier 1906, célèbre en quelque sorte un XXXV^e^ anniversaire aussi bien du Vœu que des apparitions de Pontmain et présente sa vision des choses :

> « Oui, nous prions, réparons, et ne doutons pas que le Cœur de Jésus se laisse bientôt fléchir ! Certes, les temps sont cruels, par moments, il semble qu'il n'y ait pas d'issue à la situation dans laquelle se débat la France contre laquelle l'enfer est conjuré, mais un souffle suffira à Dieu pour dissiper les nuages.

1. En fait en 1873 : « Temple qui va être élevé par nos mains ». Voir chap. 9.

2. Essentiellement, elle supprime les établissements publics du culte (fabriques paroissiales ou cathédrales, mense épiscopale) et prévoit la dévolution des biens à des associations privées dites cultuelles après inventaire. C'est le statut de ces associations qui fit difficulté pour les catholiques.

« Humilions nos têtes, reconnaissons que nous avons péché, prions, réparons ! Avec nos évêques qui, héritiers de ceux qui ont fait la France de Clovis, de Charlemagne, de saint Louis, ont suivi la sainte inspiration du cardinal archevêque de Paris et renouvelé la consécration de la France au Sacré Cœur, implorons ce divin Cœur ; supplions la Vierge immaculée que le vœu de Louis XIII a faite reine de la France ; invoquons le glorieux archange saint Michel, sous la protection duquel nos rois l'avaient placée, qui fut l'inspirateur et le conducteur de Jeanne d'Arc, et soyons convaincus que l'heure des ténèbres passera vite, que le soleil luira de nouveau sur nous.

« Oui, la dévotion au Sacré Cœur sauvera la France qui redeviendra la fille aînée de l'Église, grande, prospère ; n'en doutons pas ; les promesses qui ont été faites par Notre-Seigneur sont formelles : « La France me sera consacrée et je la comblerai d'un déluge de grâces dont la terre entière se ressentira ! » Ayons-en au cœur la certitude, ne cessons pas de prier, de réparer, pour en hâter encore le jour qui est prochain. Cœur de Jésus, sauvez la France ! » [1].

Ce texte annonce, à quelques détails près (celui de Charlemagne par exemple), la décoration de la basilique qui est justement en train de se faire dans ces années-là. Il traduit surtout l'attente incœrcible d'un triomphe quasi miraculeux dû malgré tout à l'ardeur de la prière et de la pénitence. Il est à l'unisson de l'accent mystique que le cardinal Richard a particulièrement développé dans son action pastorale.

### *6. Les assemblées de l'épiscopat et le Sacré-Cœur*

À l'issue de leur première assemblée plénière tenue à l'archevêché de Paris, les évêques de France montent au Sacré-Cœur le vendredi, premier jour du mois de juin 1906[2]. La cérémonie n'a pas été annoncée. Pourtant, la basilique est comble en début d'après-midi. Ni la pose de la première pierre en 1875, ni le XXVe anniversaire en 1897 n'avaient rassemblé ainsi tous les évêques dans le sanctuaire national, une œuvre commune de plus de trente ans. Mgr Amette, coadjuteur de l'archevêque de Paris, prend la parole pour expliquer leur volonté unanime d'adresser un hommage et une prière au Cœur de Jésus :

« L'hommage, ce sera la consécration renouvelée de tous nos diocèses, par conséquent de la France catholique tout entière, à ce Cœur du Christ qui aime les Francs...

« Nous allons le supplier de bénir nos résolutions, nos efforts, nos luttes, nos sacrifices, dont l'unique but, qu'on le sache bien, et de garder la France heureuse et grande en la gardant chrétienne. »

1. *BVN*, 1906, p. 51-52. Ce texte a la même résonance qu'un développement de Mgr Baunard dans *Un siècle de l'Église de France, 1800-1900*, 1901-1922, p. 204-205.
2. *BVN*, 1906, p. 153-155. Un chroniqueur du *Bulletin des Prêtres-Apôtres du Sacré-Cœur* (juin 1906) donne un compte rendu détaillé des événements. Il en parle comme de l'un des rares bienfaits en l'occurrence de la loi de Séparation.

Finalement, les évêques prononcent la consécration du genre humain au Sacré Cœur (celle de Léon XIII en 1899) et la prière du Vœu national[1].

Les évêques tiennent une seconde assemblée plénière en septembre 1906. Le 7, ils renouvellent le Vœu national et la consécration de la France au Cœur immaculé de Marie, refuge des pécheurs, à Notre-Dame de Paris. Mgr de Cabrières explique le rapport des deux prières, les liens de Jésus et de Marie, mais surtout il redit sa confiance dans le règne prochain du Sacré Cœur de Jésus sur la France[2].

Pour la troisième assemblée des évêques de France, le cardinal Richard décide de profiter de l'hospitalité du comte de Franqueville au château de la Muette[3]. Le maître des lieux, au demeurant membre du Comité du Vœu national, est heureux de voir sa chapelle servir, après le Sacré-Cœur et Notre-Dame, à la prière de clôture au cours de laquelle est récité un acte de consécration au Cœur de Jésus, le samedi 19 janvier 1907[4], une prière qui aurait été « composée par des prêtres confesseurs de la foi à la grande révolution et récitée chaque jour par eux dans les prisons, sur les pontons et les navires qui les transportaient à la Guyane »[5]. Un texte où l'on dit l'amour du Christ pour tous les hommes et plus spécialement pour la France. L'évocation de Mgr de Belsunce y tient une place importante.

> « O mon Sauveur, en feriez-vous moins pour nous ? Les tristes effets de la contagion de l'impiété et du libertinage subsisteraient-ils encore après que nous aurions réclamé la bonté infinie de Votre Cœur divin ? »

Les évêques de 1907 s'unissent ainsi aux prêtres persécutés sous la Révolution comme à l'évêque de Marseille qui sut conjurer les effets de la peste et sauver sa ville malgré la carence des autorités civiles. On voit à nouveau que la décoration du chœur de la basilique n'est pas éloignée (chap. 22 et 23). Ces prières traduisent bien l'attente d'une intervention divine en vue d'un triomphe à la fois temporel et spirituel (chap. 30). Le cardinal Richard aurait aimé être un nouveau Mgr de Belsunce, malheureusement il meurt le 28 janvier 1908, non sans exprimer sa volonté d'être enterré dans la basilique même aux côtés du cardinal Guibert (dans la crypte). Ultime témoignage de confiance dans la survie de l'église du Vœu national et de son efficacité pour le salut de la France !

1. Le chroniqueur ne dit pas s'il s'agit de la formule traditionnelle ou de celle de 1905.
2. *BVN*, 1906, p. 298.
3. détruit en 1920. Jacques Hillairet, *Dictionnaire*..., 1957, t. I, p. 84.
4. Comte de Franqueville, *Souvenirs*, 1921, p. 186.
5. *BVN*, 1907, p. 31.

## C. Le cardinal Amette

Coadjuteur du cardinal Richard en 1906, Mgr Amette lui succède en 1908. Il « aime » le Cœur du Christ et le Sacré-Cœur, la spiritualité et le bâtiment. Il a même choisi de décorer son blason de l'image du Cœur. De lui vient l'habitude qu'ont prise les archevêques de Paris jusqu'au cardinal Veuillot de célébrer une messe à Montmartre tous les premiers vendredis du mois. Il fait siennes les campagnes de souscription pour le clocher, qu'il bénit, et la décoration [1].

Fin 1913, le cardinal Amette estime que le sanctuaire est à même d'être consacré en 1914, le 17 octobre, jour de la fête de la bienheureuse Marguerite-Marie [2]. Le *Bulletin* donne la date dans sa livraison de février 1914. En mai, l'archevêque invite tous les évêques de France et demande la venue d'un légat pontifical. Au XXVe Congrès eucharistique qui se tient à Lourdes, le 25 juillet, il en parle à nouveau. Mais du fait de la guerre, en septembre, la consécration est ajournée. Le prélat ne fera que présider aux dates choisies « une réunion de prières durant laquelle seront renouvelées la consécration de la France au Cœur de Jésus et la promesse de Lui dédier solennellement l'église du Vœu national dès qu'il nous aura accordé la victoire et la paix » [3].

Durant la guerre, autant il est réservé à l'égard des initiatives de Claire Ferchaud (voir chap. 19), autant il accueille et encourage le vœu fait au même moment par une demoiselle Panhard pour favoriser la fondation d'une communauté de contemplatives dès la paix revenue. Il était de Lisieux et le rayonnement de Thérèse était en pleine expansion. Grâce à l'archevêque de Paris et à la généreuse bienfaitrice, Alessandra di Rudini, carmélite, put fonder quelque temps après le Carmel de Montmartre [4].

Ne voulant pas rivaliser avec ses deux prédécesseurs qui avaient demandé à reposer dans la crypte de la basilique, le cardinal Amette, qui meurt en 1920, avait émis le souhait exprès de n'avoir à cet endroit qu'un monument à sa mémoire [5]. Auparavant, il avait eu la grande joie de consacrer solennellement la basilique, résultat (d'ailleurs encore inachevé en sa décoration et en ses dépendances) de cinquante ans d'efforts, mais tellement lié à l'ex-voto de prière qu'il sera présenté au chap. 15.

1. Voir cardinal Amette..., *Appel*..., 1910. ASCM.

2. Cet achèvement devenait de notoriété publique : voir Paul Deslandres, *Histoire de l'Église catholique en France*, 1913, p. 301. Sa couverture porte une image de la basilique, symbole, pour lui, de cette Église dont il a brossé l'histoire.

3. *BVN*, 1914, p. 195.

4. Voir par Une Moniale, *Alessandra*..., 1961.

5. G. Jacquemet, « Amette » (1948) dans *CHAD*. Voir les illust.

## D. Collaborateurs ecclésiastiques et religieux

Si les archevêques de Paris mènent une action vraiment personnelle en faveur du Vœu national que ce soit pour la souscription ou la construction, on ne saurait pour autant négliger leurs collaborateurs ecclésiastiques et religieux et il faut citer quelques noms. Mgr Guibert se fait ainsi représenter par un vicaire général au comité de construction qui est approuvé le 18 janvier 1872. Cette instance se met officiellement au travail dès le 22 et se réunit plusieurs fois dans la sacristie de Saint-Augustin, dont le curé n'était que l'abbé Langénieux, celui-là même que Legentil avait très tôt pressenti pour diriger spirituellement le comité en question (voir chap. 3). Il ne devait le rester bien longtemps, non plus que son successeur, l'abbé Jourdan, puisque l'abbé Langénieux fut nommé évêque de Tarbes et le second directeur au même siège lorsque Mgr Langénieux alla à Reims. De 1873 à 1882, l'abbé Lagarde, ancien secrétaire de Mgr Darboy, fut le directeur spirituel du Comité. Lui succède, de 1882 à 1894, l'abbé Pelgé avant qu'il soit nommé lui-même évêque de Poitiers. Il y eut ensuite, de 1894 à 1926, l'abbé Henri Odelin qui remplit cette fonction à la grande satisfaction d'Hubert Rohault de Fleury, en même temps qu'il était directeur des Œuvres diocésaines et vicaire général [1].

Le rôle de ces ecclésiastiques au sein du Comité est difficile à déterminer [2]. Bien que représentant l'archevêque [3], le directeur spirituel ne préside jamais le Comité, car la présidence est assurée soit par Léon Cornudet qui n'est pas remplacé à sa mort en 1876, soit par les vice-présidents, soit par le cardinal lui-même qui se considère alors comme son président.

Pour mémoire, dans ce chapitre consacré aux artisans de la souscription, mention doit être faite également du rôle des religieux oblats de Marie-Immaculée qui furent chargés, de 1876 à 1903, d'animer le sanctuaire provisoire, puis définitif. Leur supérieur est mentionné dans la liste des membres du Comité de construction mais n'y est pas toujours convié [4]. Leurs multiples activités – ce sera l'objet de la partie de notre ouvrage intitulée « l'ex-voto de prière » – assurent à elles seules quelquefois la moitié, voire le principal des

1. Voir le compte rendu de son jubilé sacerdotal à Montmartre, *BVN*, 1925, p. 108 et *HSC*, t. II, p. 261 et IV, p. 338. Il a écrit ses *Souvenirs* en 1920.

2. La liste est établie à partir des listes du Comité. Mgr Odelin tient à la rappeler en 1916 (*BVN*, 1916, p. 119).

3. Il est ainsi appelé en *BVN*, 1916, p. 119.

4. Il faudrait citer en entier la lettre de Hubert Rohault de Fleury au P. Rey en date du 27 février 1876 : pour le secrétaire général, les religieux sont les bienvenus mais arrivent cinq après la bataille ! ASCM.

ressources financières nécessaires à la construction[1]. Après que les frais du culte aient été prélevés sur les recettes, ces dernières doivent parvenir à l'Œuvre du Vœu national en passant par l'archevêché[2].

## *II. LES LAÏCS DU COMITÉ DU VŒU NATIONAL*

Alexandre-Félix Legentil, Hubert Rohault de Fleury et Adolphe Baudon savent qu'il n'y a pas de véritable souscription sans un comité qui en garantisse le bon déroulement. Dès le commencement – nous sommes au début de 1871 – ils estiment constituer à eux seuls ce Comité avec un président (A. Baudon), un trésorier (H. de Fleury) et un secrétaire (A. Legentil). À l'automne 1871, de leur propre mouvement et sans attendre la décision de Mgr Guibert, ils recherchent appuis et collaborateurs pour répartir autrement les fonctions.

### A. Les membres du Comité

#### *1. Les premières nominations*

A. Legentil, sans qu'on sache pourquoi, veut le concours d'un marin... Il écrit en ce sens à son ami M. Cleret. Celui-ci lui parle de M. Blanquet du Chayla, sous-directeur des Colonies, en retraite et de deux autres personnes, lesquelles sont écartées soit pour manque d'intelligence, soit pour manque

1. *HSC*, t. II, p. 137, vers 1883 et p. 262, vers 1886.

2. Parmi les religieux, en plus des prêtres oblats de Marie Immaculée, il y a des frères de la Sainte-Famille de Belley. Parmi ces derniers, il faut faire mention du frère Marie-Antoine qui, de 1876 à 1892 collecte les souscriptions dans le sanctuaire même. Nécrologie en *BVN*, 1911, p. 168. Il y a aussi les sœurs de la Sainte-Famille de Bordeaux qui habitent rue Cortot et assurent surtout la sacristie.

de piété[1]. A. Legentil fait appel finalement au comte de Burgues de Missiessy, ancien officier supérieur de la Marine[2].

Eugène Beluze (voir chap. 1), pressenti, refuse en novembre 1871, mais acceptera en mai 1877. Sur le moment A. Legentil regrette vivement son absence car il comptait sur lui pour entraîner de jeunes chrétiens dans l'Œuvre du Vœu national. Pour sa part Léon Cornudet accepte d'entrer au Comité tout comme Eugène de Margerie qui recrute à son tour Merveilleux du Vignaux, premier président de la cour d'appel de Poitiers[3]. L'entrée du général de Charette dans le Comité sera évoquée plus loin à propos des liens entre Montmartre et Loigny (chap. 23). Disons seulement que le général de Sonis a dû se récuser et se désister en faveur de son adjoint comme il l'a fait pour le comité de construction de l'église de Loigny[4].

À ce moment là, Théodore Dauchez et Cyrille de Mont de Benque ont déjà accordé leur concours, semble-t-il. Le premier, trésorier général de la Société Saint-Vincent de Paul depuis janvier 1851[5] devient tout naturellement celui du Comité naissant et le restera pendant vingt ans[6]. Il est aussi le gérant du *Bulletin du Vœu national* comme de celui de la Société de Saint-Vincent de Paul à laquelle il appartiendra pendant soixante-quatre ans dont cinquante-trois de présence au Conseil général[7].

Cyrille de Mont de Benque est à la fois secrétaire général du conseil général de la Banque de France[8] et membre des Conférences Saint-Vincent de Paul[9]. Son rôle dans le développement de l'adoration nocturne sera mentionné plus loin (chap. 17). Il est avec A. Legentil co-fondateur du cercle Notre-Dame des Victoires (chap. 1). Dès le printemps 1871, il propage le Vœu dans Paris (voir chap. 26)[10].

Les autres membres du premier comité du Vœu dont la composition est approuvée par Mgr Guibert le 18 janvier 1872 et qui se réunit le 22, sont

1. Lettre de A. Legentil à H. de Fleury du 11 novembre 1871. ASCM.
2. Nécrologie en *BVN*, 1892, p. 180.
3. Lettre de A. Legentil à H. de Fleury du 21 novembre 1871. ASCM.
4. Selon le recueil tapuscrit de la correspondance de Sonis détenu et aimablement communiqué par Michel Dupont, président de l'association des amis de Sonis-Loigny.
5. *Bull. SVP*, 1851, p. 32.
6. Voir lettre non datée du cardinal Richard dans *HSC*, t. IV, p. 90 par laquelle il le remercie de ses bons et loyaux services, vers 1891.
7. Albert Foucault, *La Société*..., 1933, p. 236. Nécrologie dans *BVN*, 1904, p. 13.
8. dit aussi conseil de régence. *BSVP*, 1867, p. 267. Voir nécrologie, *BVN*, 1898, p. 209.
9. Albert Foucault, *La Société*..., 1933, p. 237.
10. Il existe une biographie de cet homme d'œuvres par un membre du conseil de l'adoration nocturne, ouvrage signalé en *BVN*, 1901, p. 388-389 (vol. in-12, librairie Saint-Paul).

l'ingénieur en chef des Mines Descottes[1], le comte Alexandre de Lambel[2] et le marquis de Vibraye[3]. Le comte Anatole de Ségur les rejoint en mars 1872[4].

Les membres du premier comité sont donc des catholiques pieux et charitables appartenant aux grands corps de la société, mais à l'écart du monde politique de l'Assemblée nationale. Catholiques de la grande bourgeoisie comme de la petite aristocratie, ils se rencontrent dans une œuvre patriotique et chrétienne[5]. Il faudrait savoir exactement pourquoi un Léon Pagès et un Alfred Thureau-Dangin[6] ne sont pas entrés dans le Comité (chap. 1), mais il ne serait pas étonnant que, pour l'un comme pour l'autre, ce soit à cause de leurs opinions politiques affichées (et opposées), lesquelles semblent prendre le pas sur leurs options religieuses.

## *2. Les nominations de 1875*

Ce premier comité ne va pas en rester là : il y a des décès et la participation effective aux séances du Comité est parfois assez faible ; le renforcement de ses effectifs ne peut être que bénéfique. En 1875, six nouveaux membres sont donc présentés à Mgr Guibert, l'année même de la pose de la première pierre, à un moment où la souscription accuse d'ailleurs un léger tassement. Soit autant de nouvelles bonnes volontés qui seront les bienvenues.

Le marquis Pierre de Ségur[7] remplace ainsi le comte Anatole de Ségur. M. Féline-Romany, inspecteur général des Ponts et Chaussées en retraite, ne reste que deux ans[8]. Henri Hémar est avocat général à la cour de Paris[9].

1. Descottes était inspecteur général des carrières de la Seine. Il est chargé de l'exploration du sol (*HSC*, t. I, p. 82 et 137).

2. 1814-1903. Membre de la Société Saint-Vincent de Paul, introducteur dans le diocèse de Nancy de l'Œuvre des Campagnes au profit des missions paroissiales, fondateur de l'Œuvre des bibliothèques circulantes, fondateur de l'Œuvre de Saint-Jean au Gros-Caillou (Paris), maire de Fléville. Nécrologie, *BVN*, 1903, p. 250.

3. Sa nécrologie (*BVN*, 1878, p. 448) lui fait gloire d'avoir été un agronome et un sylviculteur éminent en Sologne, un archéologue et un érudit en sciences naturelles, un bienfaiteur de l'école de Pontlevoy, un propriétaire philanthrope et charitable. Le P. Le Doré, *Le Message*..., 1917, p. 97, en parle comme d'une sorte de secrétaire du comte de Chambord. Il est mentionné par François Poplin, *Leroi-Gourhan*..., 1986, p. 136, pour ses travaux de préhistorien.

4. Administrateur et écrivain, conseiller d'État en 1872. Sa bibliographie est abondante et comprend aussi bien des ouvrages juridiques que des vies de saints (selon Pierre Larousse, *Grand*..., 1865, vol. de 1875).

5. On peut lire les noms des membres de ce premier comité sur la mosaïque de la niche du bénitier de droite en entrant dans la basilique. Leurs têtes sont représentées sur les corbeaux extérieurs du grand dôme. Voir illust.

6. On se souvient de la réserve de Legentil par rapport à lui (chap. 1). Voir Albert Foucault, *La Société*..., 1933, p. 209 et Jacques Gadille, *La pensée*..., 1967, t. I, p. 166.

7. Membre de la Société Saint-Vincent de Paul. Voir Albert Foucault, *La Société*..., 1933. Président du conseil d'administration du collège Stanislas, auditeur au Conseil d'État, historien et membre de l'Académie française. Voir *DPCR*.

8. *HSC*, t. I, p. 174 et 312.

9. Il présente le rapport annuel des activités du Comité à l'Assemblée des catholiques en 1881 (*BVN*, 1881, p. 333). Nécrologie en *BVN*, 1898, p. 208.

M. Haudry de Soucy, inspecteur général des Finances en retraite, a déjà été président du comité de la fondation de N.-D. d'Afrique à Alger [1]. À Montmartre, il est chargé de contrôler la comptabilité [2]. Eugène Guillaume, membre de la commission artistique en 1874 (voir chap. 10), devient membre du Comité et fera partie quelques années de la commission de surveillance des travaux.

La figure de Ferdinand Riant est plus précise. Il représente le quartier de l'Europe au conseil municipal en 1880. De plus, il est conseiller général de la Seine. L'hôpital Saint-Joseph, l'Institut catholique et le Vœu national le comptent parmi leurs bienfaiteurs. Polytechnicien, il ne fait pas carrière, car il veut se consacrer aux affaires de sa famille et aux bonnes œuvres. Appelé par Mgr Guibert au Sacré-Cœur pour y superviser le chantier, il devient vice-président du Comité et membre de la commission de surveillance [3]. Hubert Rohault de Fleury le considère comme son principal collaborateur et décrit avec humour son « ardeur un peu excessive » [4].

### 3. *En 1877*

La souscription s'infléchissant à nouveau en 1876, appel est fait aux hommes politiques qui se sont battus en faveur du Vœu national [5]. Gabriel de Belcastel, Charles Chesnelong et Emile Keller rejoignent ainsi le Comité en avril 1877. Leur entrée au Sénat, qui fait suite, pour les deux premiers, à un échec aux élections législatives, doit y être pour quelque chose. Décédé l'année précédente, Léon Cornudet est remplacé par son fils Michel [6]. Eugène Beluze, comme on l'a vu plus haut, se décide enfin à rejoindre le Comité, suivi par un haut fonctionnaire, M. Magnier de Maisonneuve [7].

1. Voir Pierre Goinard, « Notre-Dame d'Afrique » dans *L'Algérianiste*, 1989, n° 48, p. 73-79. Il est aussi question de cette église dans la conclusion du livre II.

2. Nécrologie en *BVN*, 1886, p. 800.

3. Nécrologie en *BVN*, 1897, p. 205.

4. Alfred Van den Brule, *Hubert*..., 1930, p. 252. P. Lecanuet, *L'Église*..., 1907, t. II, p. 415, n. 1, le mentionne comme trésorier de l'Union de la France chrétienne en 1891. Il meurt le 24 février 1897 (*BVN*, 1897, p. 205-206 et P. Yenveux, *Le Règne*..., 1900, t. V, p. 252).

5. Il faudrait savoir précisément pourquoi Augustin Benoist d'Azy (un comte Benoist d'Azy, représentant à l'Assemblée nationale n'a pas pris part au vote de la loi concernant le Sacré-Cœur), le baron de Baulny (il acceptera en 1886) et Léon Gautier ont refusé à cette époque (*PV* du 14 mars 1877).

6. Michel Cornudet (1840-1894) épouse Joséphine Becquet, cousine de Marie Legentil qui correspond avec elle pendant la guerre. Voir Jean Lacapelle, *Notice*..., 1977, p. 149 et arch. familiales. Michel Cornudet propage le Vœu pendant le Siège. Il est lié au P. Olivaint et préside à la destinée de la Société Vaugirard, propriétaire des établissements jésuites de ce quartier de Paris. Maître des requêtes au Conseil d'État, il le quitte assez rapidement. Il est vice-président du conseil d'administration de la compagnie des chemins de fer Paris-Lyon-Méditerranée, administrateur de la Compagnie d'assurances *La Providence* et de la Compagnie des Mines de Blanzy. Nécrologie en *BVN*, 1894, p. 782. Membre de la Société Saint-Vincent de Paul. Albert Foucault, *La Société*..., 1933.

7. Inspecteur général des Finances.

## *4. De 1886 à 1895*

Ensuite, Charles-François Merveilleux du Vignaux cadet succède à Merveilleux du Vignaux aîné [1]. Un ancien maître des requêtes au Conseil d'État, démissionnaire en 1880, le baron Camille de Baulny entre à son tour au Comité [2]. L'amiral Ribourt [3] et le vice-amiral marquis Gicquel des Touches assurent la présence de cette Marine à laquelle tenait tant Legentil, l'un comme membre de la commission de délégation à la surveillance des travaux, l'autre comme vice-président du Comité. Notons au passage que ce dernier a pris l'initiative d'une souscription particulière en faveur d'une chapelle de la Marine à la basilique [4]. M. Musnier de Pleignes, conseiller maître à la Cour des Comptes, ami intime de Hubert Rohault de Fleury [5] remplace M. Haudry de Soucy et assure le contrôle financier de l'Œuvre [6]. Deux autres amis du Secrétaire général entrent au Comité: Victor de La Fuye l'aide dans la commission de délégation [7], tandis que le comte Gaston La Caille succède à Hubert Rohault de Fleury comme secrétaire général de 1905 à 1925 [8]. D'autres noms, sans doute moins prestigieux par le titre ou la fonction, figurent dans le Comité à cette époque: M. Catillon [9]; Antonin Pagès [10]; Félix Carré [11]; Auguste Louchet [12].

## *5. De 1898 à 1918*

Les difficultés de la souscription en 1897 et divers décès obligent les responsables à renouveler le Comité en 1898. Six nouveaux membres arrivent à cette date, mais ils nous sont restés peu connus [13]. En 1905, le président

1. Voir chapitre 9.
2. Nécrologie en *BVN*, 1914, p. 214. Fils d'un vice-président de la Société Saint-Vincent de Paul, membre du Conseil général de cette société. A. Foucault, *La Société*..., 1933, p. 235.
3. Ami de toujours de Mgr Oury, évêque de Dijon chez lequel il meurt. *BVN*, 1893, p. 127.
4. *HSC* t. II, p. 245 et 252.
5. Alfred Van den Brule, *Hubert*..., 1930, p. 440.
6. Nécrologie en *BVN* 1910, p. 148.
7. Magistrat, procureur à Paris en 1876, démissionnaire, il devient chef du contentieux de la Compagnie du canal de Suez. A. Van den Brule, *Hubert*..., 1930, p. 440.
8. Nécrologie dans *Montmartre*, juin 1928, p. 18.
9. *BVN*, 1904, p. 14.
10. Ancien magistrat démissionnaire en 1880, président général des Conférences de Saint-Vincent de Paul. Albert Foucault, *La Société*..., 1933 et *BVN* 1903, p. 353.
11. Secrétaire général de la Banque de France. Nécrologie en *BVN*, 1904, p. 217. Trésorier de l'Œuvre.
12. Magistrat, substitut du procureur de la République au tribunal de la Seine, démissionnaire en 1880, puis avocat. Membre du comité pour le conseil juridique des congrégations et du comité du contentieux de la Société d'éducation. Nécrologie en *BVN*, 1905, p. 128-130.
13. P. et F. Dumas comme trésorier et vice-trésorier (*Montmartre*, nov. 1927, p. 19), Cyrille Boutillier, inspecteur général des Ponts et Chaussées (*BVN*, 1918, p. 200), le vice-amiral Cavelier de Cuverville, Charles de Margerie (fils d'Eugène et beau-fils de Hubert de Fleury, voir chap. 1) et le général Récamier.

général des Conférences Saint-Vincent de Paul, Paul Calon, succède, au sein du Comité, à Antonin Pagès, son prédécesseur à la tête de la Société de F. Ozanam. Il en est de même quelques années plus tard pour le vicomte d'Hendecourt[1]. Le comte de Franqueville fait grand cas de sa nomination après avoir participé à l'inauguration de la chapelle provisoire en 1876 et offert la croix du sommet du grand dôme en 1899[2]. Léon III Cornudet, petit-fils de Léon I Cornudet et fils de Michel, prend leur place et écrit leur vie[3]. Le comte Albert de Mun enfin accepte de faire partie du Comité de l'Œuvre dont il a été l'un des premiers souscripteurs (souscription faite au nom des Cercles catholiques d'ouvriers pour la chapelle de Jésus-Ouvrier). M. Piou, député de la Lozère, et M. Groussau, député du Nord, lui emboîtent le pas[4].

## B. La responsabilité financière du Comité

La gestion de la trésorerie réclamée par Mgr Guibert n'a pas été sans poser des problèmes: depuis l'irritation de certains anticléricaux du parti radical jusqu'aux malheurs des placements. L'encaisse varie entre un demi-million et un million[5]. Dès le début[6], les disponibilités sont placées en bons du Trésor, en obligations au porteur sur un compte collectif à la Caisse des dépôts et consignations et à la Banque de France pour le courant[7]. En 1881, les radicaux s'offusquent du concours que le gouvernement semble accorder à l'Œuvre du Vœu par le biais d'un compte qu'elle a pu ouvrir à la Caisse des dépôts. Après avoir fermé ce dernier, l'Œuvre envisage d'ouvrir en remplacement un compte chez Rothschild. L'Union Générale est préférée finalement[8]. Cependant, le fameux krach de plus de deux cents millions de francs survenu

1. Albert Foucault, *La Société*..., 1930.
2. Comte de Franqueville, *Souvenirs*, 1921, p. 230. Voir *CHAD*, t. IV, col. 1563.
3. Pour ne pas se perdre dans les Léon Cornudet, il faut les numéroter. Le président du comité du Vœu national est le premier. Un de ses fils porte le numéro II. Son petit-fils par Michel, le numéro III. Léon Cornudet, *Un grand chrétien*..., 1910 et Jean Lacapelle, *Notice*..., 1977. Aimablement communiqués par Madame Le Blan et Cécile Cornudet.
4. Il faut encore noter MM. Toussaint, Jules Le Conte (*BVN*, 1913, p. 248), Alpy, conseiller municipal de Paris, Houette, inspecteur général des Finances, A. Bonnet et Cazeaux, président de l'adoration nocturne de Paris, ainsi que le colonel comte Keller et le comte de Savignac.
5. Voir le tableau parmi les pièces justificatives.
6. *PV* du 22 janvier 1872.
7. Lettre de Th. Dauchez à L. Cornudet en date du 6 octobre 1873. ASCM.
8. *HSC*, t. II, p. 66.

en 1882 n'obère pas les comptes du Vœu national, car le marquis de Vibraye qui avait conseillé le placement le rembourse au centime près[1]. Le mont-de-piété de Paris est alors utilisé[2].

## C. L'organisation du chantier par le Comité

### *1. La commission de délégation*

À la demande de Mgr Guibert et du Comité, une instance est chargée de suivre la marche des travaux. Dans ses débuts, à la recherche de sa vraie définition, elle s'appela successivement : commission de surveillance[3], de contrôle[4], de comptabilité[5] ; parfois même, on l'intitula aussi commission du contentieux[6]. Finalement, sa désignation officielle sera commission de délégation. Ses cinq membres (au maximum) appartiennent au Comité, sauf son secrétaire, rémunéré, qui est un architecte et qui a voix consultative.

> « Art. 2. Cette commission représentera Mgr l'archevêque de Paris et le Comité du Vœu national dans leurs rapports avec l'architecte et les entrepreneurs de l'église à élever au Sacré-Cœur de Jésus sur la colline de Montmartre »[7].

Elle a le droit et le devoir de connaître tous les projets, devis, moyens mis en œuvre, résultats des travaux et règlements. L'archevêque et le trésorier du Comité ne feront rien sans la consulter. Ces dispositions initiales se verront confirmées et même renforcées en 1886 après « l'affaire Daumet », le successeur d'Abadie[8].

Les premiers membres de cette commission sont Haudry de Soucy, de Benque et F. Riant, avec Fèvre comme architecte. A. Legentil en fait partie

1. Il est de bonne guerre qu'Alain Peyrefitte fasse du krach de cette « banque catholique » un argument pour dénoncer « le mal romain » à l'origine du « mal français » (Alain Peyrefitte, *Le Mal français*, 1976, p. 149, 162-170). Cependant, les catholiques du Syllabus et de Vatican I qui construisent le Sacré-Cœur ne démentent-ils pas cette thèse à leur niveau ?

2. *HSC*, t. III, p. 20.

3. *PV* du 17 mars 1875.

4. *PV* du 21 avril 1875.

5. *PV* du 30 juin 1875.

6. *HSC*, t. II, p. 52.

7. Voir Œuvre..., *Organisation*..., 1875.

8. Voir Comité..., *Organisation*..., 1886.

quelques années avant sa mort. H. de Fleury y entre officiellement en 1886 pour y rester jusqu'en 1905 [1]. Figure encore dans ses rangs l'amiral Ribourt; y entrent Musnier de Pleignes et Michel Cornudet, ainsi que M. de La Fuye [2].

### *2. L'agence des travaux*

Ce n'est qu'après l'approbation de l'archevêque à partir de 1875 et de la commission, depuis 1886 [3], que l'architecte peut lancer des travaux et passer à l'acte, et ce, sans que sa responsabilité professionnelle soit concernée en quoi que ce soit. Il ne pourra bien sûr leur apporter la moindre modification sans en référer préalablement à ces deux instances. Par ailleurs, le fait que l'Œuvre du Vœu national dépende essentiellement de la charité privée a une conséquence directe sur la marche des travaux : ils devront être strictement mesurés aux possibilités financières de l'Œuvre, dont l'architecte sera tenu informé au premier janvier de chaque année à venir.

Le personnel de l'agence est recruté par l'architecte, mais la commission peut décider du nombre des agents. Les vérificateurs doivent être présentés par l'architecte, acceptés par la Commission, agréés par le cardinal [4]. Parmi les inspecteurs et les conducteurs de travaux [5], il faut nommer Henri Rauline, qui s'illustrera dans le chantier du Sacré-Cœur. Vingt-cinq ans plus tard, il fera graver son nom dans le lanternon du grand dôme qu'il aura achevé comme successeur et exécuteur du projet de « son » maître Abadie [6].

### *3. Rapports avec les entrepreneurs*

Un cahier des charges est établi en 1875 et un règlement de 1886 précise les rapports avec les entrepreneurs. Ceux qui y ont apposé leurs signatures

1. *HSC*, t. I, p. XX.
2. *HSC*, t. IV, p. 126.
3. Voir Œuvre..., *Organisation*..., 1875 et Comité, *Organisation*..., 1886, p. 3-4.
4. L'histoire a retenu le nom d'Eugène Joannis. Connu et recommandé par Etienne de Cardaillac, il est d'abord employé au ministère des Travaux publics (*PV* du 2 déc. 1874), puis chef de bureau chargé de diriger tout le service de la vérification du ministère des Beaux-Arts. Nécrologie en *BVN* 1884, p. 355. Il est aussi question de M. de Bélie, vérificateur au ministère des Cultes, connu de Charles de Fleury, et encore mentionné en 1881 (*HSC*, t. II, p. 62).
5. Il est question de Degannes, « jeune peu aisé arrivé très tôt au concours du prix de Rome » (*HSC*, t. I, p. 467 et 480); de Fauconnier (*HSC*, t. I, p. 468); de M. de la Roque (*HSC*, t. I, p. 425). Françoise DORIN, *Nini Patte-en-l'air*, 1990, raconte l'aventure avec la danseuse dont elle imagine la vie d'un Vincent Depaul, employé à l'agence de 1880 à 1889 environ.
6. Né en 1848, il semble avoir peu travaillé avant 1875. En dehors du chantier du Sacré-Cœur, il n'est connu que comme inspecteur des travaux diocésains de Paris de 1881 à 1885 (sous la direction de Paul Abadie) et rapporteur au Comité des inspecteurs généraux des Édifices diocésains de 1885 à 1887. Selon C. Laroche, *Paul*..., 1988, p. 357.

s'engagent à les respecter[1]. L'architecte, une fois autorisé par la Commission et malgré cela suivi par elle, doit organiser des concours, traiter avec les entrepreneurs et décider des régies. Vingt autres articles techniques précisent divers points. On y relève, en particulier, l'obligation du repos dominical et pendant les jours fériés.

### 4. *La vie du chantier*

Dans la pratique, tous ces règlements ont bien des côtés positifs mais suscitent aussi quantité de difficultés. Les archives comme toujours insistent assez peu sur les premiers. Le fait est que les trois archevêques de Paris qui se succèdent au cours de la période étudiée ici, ont pu *grosso modo* mener ce grand chantier de plusieurs centaines d'ouvriers à son terme sans avoir à se transformer eux-mêmes en chefs de chantier, ni gaspiller l'argent des fidèles.

Mais les difficultés issues d'une telle organisation vont être considérables. Abadie en province avait certainement les coudées plus franches vis-à-vis des évêques. Les membres du Comité dans leurs activités professionnelles personnelles étaient autonomes eux aussi et ce n'est que dans la foi et pour faire œuvre d'Église qu'ils acceptent une dépendance par rapport à l'archevêque. Autant d'êtres divers, certains âgés et fragiles, qui sont forcés de s'entendre, face aux entrepreneurs : une véritable gageure ! L'histoire du Sacré-Cœur, telle que nous la rapporte Fleury jusqu'en 1895 et les archives du Comité sont remplies de démêlés et de dissensions. Les jugements des uns sur les autres ne brillent point par leur indulgence. Les ruptures sont nombreuses. Mais c'est tout de même grâce à cette organisation et en dépit de ses inévitables imperfections que le Sacré-Cœur finit par jaillir du sous-sol de la butte Montmartre et s'élever dans le ciel de Paris.

Trois archevêques de Paris ont donc construit le Sacré-Cœur (en dehors de ses dépendances), chacun avec son caractère propre, tous avec l'aide déterminante d'un Comité animé surtout par Alexandre Legentil et Hubert Rohault de Fleury. Le cardinal Guibert a eu le mérite d'adopter une initiative qui ne venait pas du monde ecclésiastique, de la faire sienne sans en exclure les initiateurs laïcs. Le cardinal Richard, la fidélité fait homme, rayonnant par sa piété, mort en odeur de sainteté, a poursuivi l'œuvre contre vents et marées. Le cardinal Amette, l'administrateur, a su décider une fin (la célébration de la dédicace) alors que le chantier était fini quant au gros œuvre du sanctuaire mais inachevé en bien d'autre points.

1. Voir Archevêché..., *Cahiers*..., 1875 et Comité, *Organisation*..., 1886.

De 1872 à 1918, le comité de l'Œuvre du Vœu national a rassemblé des catholiques qui ont payé de leur personne et non simplement de leurs deniers dans le grand travail de construction de la basilique. Ce sont des gens qui occupent une place importante dans la société : hauts-fonctionnaires, officiers supérieurs, administrateurs de sociétés. Ils consacrent à toutes sortes d'œuvres leur temps libre ou leur vie de rentier. Ils aident la hiérarchie en sachant être eux-mêmes dans la dépendance qui les relie à elle [1]. Leur milieu s'accorde à celui que nous avons évoqué au premier chapitre de notre ouvrage. N'est-il pas d'ailleurs un peu injuste de réduire la liste des membres du premier comité aux noms à particules sauf celui de Legentil [2] ? Décrivons-les comme des catholiques bourgeois (plutôt que comme des bourgeois catholiques), conscients de la nécessité de servir Dieu et leurs frères, surtout les plus pauvres, tout spécialement par le service matériel et la prière (ils participaient presque tous à l'adoration perpétuelle). Ce Sacré-Cœur de Montmartre qu'ils ont tant pris à cœur était pour eux comme le signe visible et concret de leur amour de la France et de l'Église.

1. Dans le conseil de fabrique de Notre-Dame en 1878 on retrouve le comte de Franqueville, Ferdinand Riant, Adolphe Baudon et Michel Cornudet. Voir l'*Ordo* parisien de cette année-là.

2. Des listes récapitulatives se trouvent en *BVN*, 1900, p. 760 et *Montmartre*, 1944, p. 15-16. Voir Pierre Pierrard, *Les Laïcs*..., 1989, p. 98. Il y a aussi Cornudet, Dauchez, Baudon, Descottes... Et la suite de l'histoire du Comité n'en manque pas non plus. Ces catholiques ne se laissaient-ils pas réunir par une foi commune qui assume et dépasse les diverses différences ?

# Chapitre 13
# La souscription et les souscripteurs (1870-1919)

Durant cinquante ans environ, « plus de quarante-six millions de francs, [ont été] offerts par huit à dix millions de souscripteurs » pour construire l'église de Montmartre[1]. Pour un Rohault de Fleury, la souscription constitue un seul et même phénomène qui commence à la fin de 1870 et qui continue après lui lorsqu'il meurt en 1910. C'est pourquoi, elle peut faire l'objet d'un chapitre unique. Au début, elle est parallèle aux actes fondateurs du Vœu présentés dans le premier livre, ensuite elle se conjugue avec la pastorale des religieux chargés du sanctuaire décrite dans la cinquième partie intitulée l'ex-voto de prière. Cependant la souscription comme cause de l'édification de l'ex-voto de pierre est examinée présentement.

1. Cardinal Amette, « Lettre pastorale du 15 août 1919 », *BVN*, 1919, p. 177. Le nombre des souscripteurs restent à déterminer précisément. Par exemple un récent relevé dû à Jean-Louis Petel fait apparaître que sa grand-mère Mme Paul Petel, née Louise Archier, a fait, de 1879 à 1906, vingt-sept versements d'un montant total de quarante-cinq mille francs. A-t-elle été comptée pour une ou vingt-sept fois ou les responsables ont-ils fait une moyenne ? Nous ne savons à ce jour.

### *a. Équivalence en francs actuels*

L'évocation du résultat de la souscription entraîne souvent chez les auditeurs ou les lecteurs la question : combien cela ferait-il aujourd'hui ? Pour ne plus y revenir, nous tentons l'équivalence suivante grâce à l'étalon or. Le franc germinal correspond à 322, 5 mg d'or. Au 8 août 1969, le franc a été évalué à la moitié du franc germinal, soit 160 g d'or. Les 45 millions de francs correspondraient donc à 90 millions de (nouveaux) francs de 1969 et à 500 millions de (nouveaux) francs environ en 1990 (le cœfficient de transformation étant de 5 selon la Banque de France). Selon un autre calcul, au 26 juillet 1990, le lingot de 1 kilogramme environ vaut 65 200 F ; comme les 45 millions de la souscription font 15 000 kg d'or, la recette du Vœu national équivaudrait à 1 milliard de (nouveaux) francs en 1990. On retrouve ce milliard de (nouveaux) francs en multipliant les 46 millions de francs de 1900 par le cœfficient moyen de transformation en francs 1990 qui est de 17 [1].

On se trouve donc en présence d'une estimation qui varie entre cinq cents millions et un milliard de (nouveaux) francs. Mais bien sûr, il faudrait bien d'autres calculs ainsi que des comparaisons avec des constructions contemporaines ou avec les recettes de certaines œuvres catholiques pour apprécier ces équivalences. Ainsi, elles donnent seulement l'impression globale que l'édification du Sacré-Cœur a été une très grande entreprise.

### *b. Une souscription parmi bien d'autres*

Le procédé de la souscription est très courant à cette époque. On y recourt aussi bien pour fonder une société que pour procurer une tombe à un artiste méconnu, élever une statue, éditer un livre, un journal ou une église [2]. Que l'on songe par exemple à la souscription lancée par *Le Siècle* en 1867 (et close en août 1870) pour l'érection d'une statue de Voltaire, et qui choqua tellement les catholiques de l'époque.

La souscription publique de 1872, destinée à la libération du territoire reste un exemple célèbre, même si elle ne fut pas très efficace. En effet, un

1. Voir le tableau publié dans la *Vie française* du 1er juin 1991 et les renseignements téléphoniques de la Banque de France aimablement communiqués par Jean-Louis Petel.

2. La Bibliothèque nationale conserve une multitude de prospectus. Voir Chantal Martinet, « La souscription » dans Anne Pingeot, *La sculpture*..., 1986, p. 231-238. Pour les églises, c'est un fait courant. Pour compléter l'apport de l'État, de la commune et de la fabrique, on fait appel aux paroissiens (Gérard Cholvy..., *Histoire*..., 1985, t. I, p. 188).

emprunt d'État lui fut substituée dès le printemps 1872[1]. Cependant elle sert de point de référence à un membre du comité de construction, M. Descottes. Il la compare à l'Œuvre du Vœu national et fait observer que celle-ci est aussi destinée à délivrer la France, mais par des moyens plus relevés, la conversion des cœurs en particulier[2]. Ainsi le procédé de la souscription est censé être neutre et pouvoir servir toutes les causes. À Tours, Mgr Guibert avait déjà lancé une souscription nationale pour la restauration du sanctuaire de saint Martin[3]. « L'appel à la générosité de tous » se conjugue avec l'appel à la foi des Français toujours catholiques ou censés être tels dans leur grande majorité.

La plus large participation collective, tel est l'idéal recherché par toutes ces souscriptions. Une sorte de démocratie appliquée, en somme, que ce soit par la réunion de « tous » les Français autour du Christ dans le cas du Sacré-Cœur, autour de la Révolution française dans le cas de Voltaire. Dans les deux cas, il s'agit d'un regroupement qui permet à l'individu de trouver sa place dans la société et ce, d'autant plus que les noms des souscripteurs sont rendus publics. Pas plus que d'autres, les catholiques n'ont voulu faire fi d'un pareil processus.

### *c. Une souscription originale*

C'est certainement l'une des premières fois que l'on voit le monde catholique recourir aux moyens de communication de masse chers à l'âge moderne (presse, postes). En régime concordataire il était encore plus surprenant de faire appel aux seuls particuliers pour la construction d'une église, autrement dit de ne pas chercher à compter sur l'aide de l'État ou de la ville de Paris, mis à part le vote initial de la loi d'utilité publique. Reste ce fait remarquable : que la souscription du Sacré-Cœur est sans doute la plus importante du siècle par le nombre de souscripteurs et la masse de l'argent collecté. Le tableau et la courbe présentés parmi les pièces justificatives donnent une idée de la progression globale des dons et du nombre des donateurs.

1. P. Lecanuet, *L'Église...*, 1907, t. I, p. 133 et 136.
2. *HSC*, t. I, p. 42.
3. *HSC*, t. II, p. 304 et 313.

## *I. LES MOYENS DE COMMUNICATION DES RESPONSABLES*

La souscription pour le Sacré-Cœur est un véritable écheveau fait d'une multitude d'initiatives difficiles à démêler.

### A. La diffusion d'abord orale avec l'assistance de l'écrit

Les promoteurs étaient des gens éloquents au verbe généreux. Les récits de Hubert Rohault de Fleury montrent les échanges houleux que suscite leur propagande en faveur de la souscription [1]. Il y eut certainement quantité de souscripteurs qui se décidèrent sans l'aide d'aucun papier. Mais les promoteurs ne se sont pas pour autant dispensés d'accompagner leurs propos d'un écrit. Au tout début (fin du mois de décembre 1870 et début de janvier 1871), il y eut une première étape où la formule du Vœu et ses commentaires étaient purement manuscrits. Les archives familiales ont livré quelques témoins de ce genre de diffusion. Le texte du Vœu était présenté en résumé dans ses intentions et accompagné d'une lettre. Durant toute la période étudiée, les promoteurs adressaient à l'intention de certaines notabilités des lettres personnelles précédées ou suivies de visites [2].

Les promoteurs ont sollicité de nombreuses prédications. Pour lancer la souscription en 1872, Mgr Guibert en demande une au P. Monsabré à Notre-Dame sur le Vœu national. Celle-ci est ensuite éditée et l'opuscule vendu au profit de l'Œuvre [3]. Le P. Marin de Boylesve [4], l'abbé Brettes, vicaire à Notre-Dame de Clignancourt en font autant [5] ou encore le P. Ubald de Chanday, capucin [6]. On peut faire entrer dans cette catégorie un laïc comme Paul Féval.

1. Voir H. de Fleury, *Quelques*..., 1898. On pense aussi aux rapports d'activité prononcés par les promoteurs. Mais ceux-ci ont laissé des traces écrites. Voir par ex. les Comités catholiques (ci-dessous).

2. Voir les archives des religieux oblats de Marie Immaculée à Rome : diverses lettres, 1877. Voir H. de Fleury, *Lettre* de juin 1888 à un vicaire général. AHDP. Voir *HSC*, t. I, p. 476 où Rohault de Fleury parle pour le premier semestre 1878 de « trois mille cinq cents lettres envoyées par lui à des personnes désignées comme pouvant souscrire grassement ou devenir zélateurs ; cinq cents lettres d'encouragement et environ six cents lettres répondant à des demandes de renseignements ».

3. P. Monsabré, *Discours*..., 1872. Voir chap. 2 et 8.

4. P. M. de Boylesves, » Croisade pour le triomphe de l'Église et de la France », dans *BVN*, 1877, p. 647.

5. Abbé Brettes, *Discours*..., 1878.

6. P. Ubald, Le *plébiscite*..., 1880. Il prêche à Montmartre : *BVN*, 1881, p. 411.

Rapporteur du Vœu national aux Comités catholiques de 1879 (voir ci-après), il édite son discours. Orateur, doublé d'un talent d'écrivain, le Mgr Martha d'Émile Zola (dans son roman *Paris*) montre bien le rôle décisif de la parole, relayée à maintes reprises par un texte manuscrit ou imprimé, dans le succès de la souscription.

## B. Les imprimés des promoteurs

### *1. Le texte du Vœu national*

Alexandre-Félix Legentil et Hubert Rohault de Fleury ont tout de suite ressenti qu'il était indispensable de recourir à l'imprimé. Ainsi ont-ils très vite reproduit le texte fondateur. Au cours des cinquante ans étudiés, ce dernier a été diffusé à douze millions d'exemplaires, par voie de tracts ou par les bulletins réguliers ou spéciaux [1].

Mis à part les variantes de la première année, le texte du Vœu a connu plusieurs compléments : avec ou sans la liste des membres du Comité, avec ou sans les approbations épiscopales ou papales, avec ou sans la référence à la loi de 1873. Souvent le texte du Vœu a été présenté sur des tracts qui comportaient en même temps des renseignements sur le chantier et des précisions sur les modes de souscription. Presque toujours ils seront illustrés.

### *2. Circulaires, opuscules, tracts et affiches*

Dès le mois de janvier 1871, les lettres manuscrites ont été réservées à des cas particuliers. Des lettres circulaires, puis des opuscules imprimés prirent le relais. Les promoteurs ont édité ainsi deux circulaires dans les deux premiers mois de 1871 [2] et deux au moins en 1872 [3], et ils ne cessèrent d'en diffuser, même si les opuscules, tracts et bulletins l'emportent nettement en nombre.

1. L'estimation est ainsi faite. Le bulletin régulier est tiré à dix mille exemplaires, environ douze fois par an sur cinquante ans soit six millions. Les numéros spéciaux sont diffusés à environ cent mille exemplaires, une cinquantaine de fois aussi. Plus un million de tracts.

2. Voir A. Legentil et H. de Fleury, *Il n'est pas douteux*... (sur cette circulaire tirée et envoyée au moins à trois mille exemplaires, voir A. Dérumaux, « Origines... », 1953, n° 194, p. 31 et la lettre de Louise de Fleury à son beau-frère Georges du 1er février 1871. ASCM.); *En livrant à la publicité*..., 1871. Voir aussi *HSC*, t. I, p. 8 et 56-57.

3. Léon Cornudet, ..., *Déjà accueillie*..., 1872 et *Église votive*..., 1872.

Dès le mois de mars 1871, une plaquette éditée par Hubert Rohault de Fleury est tirée jusqu'à trente mille exemplaires[1]. Elle est la première de toute une série de petits ouvrages publiés par les responsables de l'Œuvre dont bon nombre de numéros spéciaux du *Bulletin du Vœu national*[2]. Ceux-ci sont indépendants du *Bulletin*, tirés en bien plus grand nombre et diffusés gratuitement. Le premier est de 1877 pour remédier à l'affaissement des souscriptions qui suit la pose de la première pierre. Grâce à un tel opuscule, l'année se termine sur un total qui dépasse le million de francs. Deux plaquettes sont produites en 1878, chacune à cent mille exemplaires. La souscription atteint son point le plus haut, le sommet de 1899 excepté[3].

Jusqu'en 1905, une, deux ou même trois brochures par an seront ainsi envoyées à travers toute la France. Celle de décembre 1888, par exemple, contient entre autres choses, un historique de l'Œuvre, l'état des travaux, l'annonce d'un album[4], une publicité pour le journal *Le Monde,* l'état des souscriptions relatives aux diverses chapelles de la basilique, la présentation du *Bulletin* et de la Sainte Ligue du Vœu national, les principaux modes de souscription, une liste des ouvrages et des images du Cœur du Christ à vendre au profit de l'Œuvre, enfin l'indication des moyens d'accès les plus pratiques pour arriver au sommet de la Butte.

Parmi les imprimés, il faut mentionner les brochures demandées à des écrivains. Un catholique publie anonymement un poème dédié à tous les souscripteurs[5]. Paul Féval rédige *Le Denier du Sacré Cœur*[6]. Un livre de Guy de Pierrefeu rentre aussi dans ce cadre[7].

Pendant toute la durée de la souscription, des tracts ont été massivement diffusés. On en trouve aussi en encart dans le *Bulletin.* Citons pour exemple tel exemplaire de 1910 parvenu dans les dossiers du ministère de l'Intérieur. C'est un appel lancé aux catholiques pour achever le clocher. D'un côté, le document offre une phrase qui rappelle l'esprit du Vœu, deux citations de Pie X, une du cardinal Amette, trois illustrations (le clocher passé, présent et futur). Sur l'autre face, on trouve un historique de l'Œuvre et une explication théologique et spirituelle de l'entreprise ainsi qu'une photographie de la chapelle de la Sainte Vierge.

1. H. de Fleury, *L'Œuvre du Vœu*..., 1871. Voir aussi *HSC*, 1903, t. I, p. 11.
2. Il y a aussi les albums de photographies : voir H. de Fleury, *Basilique*..., 1889.
3. *HSC*, t. I, p. 475-476.
4. Voir ces recueils de photographies et de gravures du chantier : Hubert Rohault de Fleury, *Albums*..., 1894.
5. Un Catholique..., *Poème*, 1874.
6. Paul Féval, *Montmartre*..., 1879 et *Le Denier*..., 1878.
7. Guy de Pierrefeu, *Montmartre*, 1892.

Bien qu'il soit difficile quelquefois de distinguer un tract d'une affichette, l'affiche est une technique qui ne semble pas avoir été beaucoup employée comme telle par les promoteurs. Les archives du Sacré-Cœur conservent un exemplaire postérieur à la Grande Guerre qui concerne les activités du sanctuaire. Il n'y en a pas, dans l'état actuel des classements, concernant la souscription avant 1914. Cette absence, si elle était confirmée, serait peut-être révélatrice de l'état d'esprit des promoteurs, peu enclins à utiliser une démarche aussi impersonnelle.

### 3. *Les images pieuses*

Hubert Rohault de Fleury a tenu à diffuser tout au long de la construction de l'église [1], des images du Christ avec un cœur visible sur la poitrine (voir chap. 21). Certaines éditions étaient destinées à figurer dans les foyers. Il s'en explique au P. Rey en 1876:

> « Les départements où l'Ordinaire est défavorable au Vœu national sont fort embarrassants, aussi je le prêche indirectement en demandant une amende honorable non pécuniaire... J'ai propagé le culte de l'image de cet adorable cœur, ce qui m'a permis de pénétrer dans des diocèses complètement fermés au Vœu national. Tous les évêques à qui j'ai écrit jusqu'ici m'ont chaleureusement encouragé et approuvé » [2].

Ainsi le secrétariat de l'Œuvre est-il chargé de répondre aux demandes suscitées par l'abondant courrier de H. de Fleury [3].

### 4. *Le Bulletin du Vœu national*

C'est à l'automne 1873 que la décision est prise de faire paraître un bulletin propre à l'Œuvre, sorte de journal officiel mensuel dont Hubert Rohault de Fleury est assez rapidement un des maîtres d'œuvre [4]. On y trouve l'état illustré [5] et commenté des travaux, diverses listes des souscripteurs [6],

1. *HSC*, t. I, 281, vers 1875 et *BVN*, suppl. déc. 1904, p. 55.
2. Lettre du 27 février 1876. ASCM.
3. *BVN*, suppl. jan. 1888, p. 16.
4. Dans *PV* du 1er octobre 1873, projet d'organisation : l'administration est confiée à la maison Le Clère. Pendant un an la rédaction est confiée à Joseph Chantrel (voir chap. 10). Il est question quelque temps d'un M. Delaunay (*PV* du 4 novembre 1874).
5. L'illustration des tracts et des bulletins est le fait de Hubert Rohault de Fleury. Il dessine « sa » basilique sous tous ses aspects : le chantier, les détails des sculptures, les vues d'ensemble et partielles. Il illustre ses récits édifiants par des croquis des personnages mis en scène.
6. Les souscripteurs reçoivent par ailleurs une image et un récépissé détaché d'un carnet à souche comme accusé de réception.

« les brefs du Saint-Père, les lettres et les mandements des Évêques, la correspondance, etc. qui peuvent servir à propager l'Œuvre et à en faire connaître à tous ceux qui s'y intéressent la situation et les progrès » [1].

On y trouve aussi le catalogue commenté des livres donnés par des auteurs ou des éditeurs et vendus au profit du Vœu. Il a longtemps été imprimé par F. Levé, imprimeur de l'archevêché de Paris, propriétaire du journal *Le Monde*[2]. L'administration du *Bulletin* en assure l'expédition. Il donne aussi le catalogue des objets de piété vendus par la maison Saudinos-Ritouret, place Saint-Sulpice[3] ou directement par les chapelains. Toutes les ventes peuvent en effet se faire par correspondance[4].

L'ouverture de la chapelle provisoire en 1876 fait du bulletin de la souscription un bulletin de sanctuaire : compte rendu des pèlerinages et histoires édifiantes. Le développement des archiconfréries l'oriente vers la revue de piété avec un calendrier liturgique et des articles de spiritualité. Pour encourager les souscripteurs, Hubert Rohault de Fleury aime bien publier dans le *Bulletin* des récits et des dessins de sa composition. Certaines livraisons comportent même des annonces publicitaires. La conciliation de tous ces points de vue se fait dans une commission où le supérieur des chapelains et le secrétaire général du Comité essaient de collaborer[5]. Quand les choses deviennent par trop difficiles et le *Bulletin* trop exigu, les archiconfréries éditent leurs feuilles particulières. Avec le P. Lemius, le rythme de parution, jusque là mensuel, devient bimensuel[6].

Ce bulletin a toujours été déficitaire : les abonnements n'ont jamais couvert les frais d'impression et d'expédition[7]. C'est vraiment un instrument de propagande au profit de la souscription[8]. Il est tiré à dix mille exemplaires en 1878, mais n'a que trois mille abonnés[9]. Au grand dam de son principal rédacteur qui, en 1895, parle de huit ou dix mille lecteurs seulement[10]. À cette époque, il est obligé de dénoncer l'existence d'une publication hebdomadaire intitulée *Le Sacré-Cœur* qui n'a rien à voir avec l'Œuvre, mais qui

1. Sur la couverture en 1877.
2. Voir ci-dessous, le § sur la presse. Pendant quelques temps, le P. Lemius organisera sa propre imprimerie.
3. Dans toutes les livraisons. Voir par ex. *BVN*, 1881, p. 695.
4. H. de Fleury n'apprécie pas ces procédés (voir *HSC*, t. IV, p. 198 et notre chap. 31).
5. *HSC*, t. I, p. 296.
6. De 1894 à 1901. Le P. Lemius lancera même une *Correspondance du Vœu national* (1893) qui est surtout un courrier des lecteurs et un tarif de ventes par correspondance (ASCM, 15-05 de mai 1892 à 1896).
7. Trois francs par an en 1878, cinq francs en 1901.
8. *HSC*, t. I, p. 22, en 1887.
9. *BVN*, 1878, p. 113.
10. *HSC*, t. IV, p. 436.

profite du succès de la basilique[1]. En 1905, le *Bulletin* prétend avoir trente mille lecteurs[2]. Sous sa forme originelle, il a subsisté jusqu'en 1926[3]. Une comparaison avec des publications équivalentes – mais existent-elles ? – serait intéressante, mais dépasse le cadre de notre présente étude.

L'esprit de ce *Bulletin* est vraiment conforme à celui de Mgr Guibert et des fondateurs membres de la Conférence Saint-Vincent de Paul. Toute polémique est refusée. On n'y fait pas d'analyse politique comme dans *Le Messager du Cœur de Jésus*. Lors de la séance du bureau du 8 avril 1878, il est décidé de s'autocensurer. Il est opéré « un changement de deux phrases dans la chronique religieuse pouvant motiver les attaques des mauvais journaux »[4]. Le *Bulletin*, dans ces conditions, a certainement été le principal instrument à la disposition du Comité et des archevêques de Paris, pour maintenir et prolonger la souscription. Il s'adresse à des générations successives de lecteurs. Pourtant il fallait bien présenter à chacune d'elle la même histoire merveilleuse de cette construction d'église qui se voulait tout à la fois le signe de la reconstruction de la France et un manifeste en faveur de la liberté du pape. Et ce, sans augmenter indéfiniment le nombre de pages ou le rythme de parution – ce qui aurait provoqué une certaine saturation. Belle gageure que de parvenir à capter l'attention de lecteurs qui changeaient au fil des années, faire relire et toujours résumer les mêmes données en leur gardant l'attrait de la nouveauté[5].

## C. L'utilisation des journaux

### *1. La presse dans son ensemble*[6]

Dès le 5 décembre 1870, Adolphe Baudon faisait appel à *L'Univers* pour faire connaître et répandre son projet de vœu[7]. Le 30 décembre 1870,

1. *HSC*, t. IV, p. 136 et 197.
2. *BVN*, 1905, p. 3.
3. Voir un historique succinct de la publication principale de la basilique du Sacré-Cœur dans la revue *Montmartre*, en janvier 1955, n° 202, en quatrième de couverture.
4. *HSC*, t. I, p. 436.
5. Un secrétariat était nécessaire à la gestion d'une telle masse de documents. Il est question de secrétaires salariés installés au 6, rue de Furstenberg, dans des locaux loués à la Société Saint-Vincent de Paul puis au 47, rue des Mathurins (*HSC*, t. I, p. 227 et *BVN* 1896, p. 866-867).
6. Pour un panorama de la presse « catholique » à cette époque, voir Edouard Lecanuet, *L'Église...*, 1906, t. IV, chap. V.
7. Voir chap. 7. Il faudrait savoir s'il s'est tourné vers d'autres journaux.

Alexandre-Félix Legentil aimerait que Léon Cornudet contacte *Le Français*[1] et le 22 janvier 1872, il propose à nouveau *Le Français*, mais aussi *Le Monde* et *Le Figaro*[2] et Eugène de Margerie, *L'Univers* et *La France nouvelle*[3] afin d'exposer les buts du Vœu national et éventuellement d'ouvrir une souscription dans leurs colonnes[4]. En juillet 1872 (le lancement de l'Œuvre à Notre-Dame est du printemps 1872), Léon Cornudet est très précis :

« Contentons-nous du *Monde*. *L'Univers* est rédigé par un homme d'un grand talent, mais qui a des exigences que nous ne pouvons pas subir et une couleur de coterie que nous ne pouvons pas accepter. *L'Union*[5] voudra aussi nous imposer une cocarde, quelque respectable qu'elle soit, nous ne pouvons pas l'aborder. La religion n'a point et ne doit pas avoir de cocarde politique, quoi qu'on en dise en ces temps troublés surtout. Quant au *Français*, il n'a pas daigné répondre à ma lettre. Je ne suis pas susceptible ; mais je considère comme un mauvais signe pour un journal qui se dit et se crie catholique d'avoir peur de déplaire à ses abonnés, par une attitude trop cléricale. Je le répète, contentons-nous du *Monde*. La publicité sera plus lente, la propagande aussi, mais elle se fera. Souvenons-nous de la parole : *patiens quia aeternus*, soyons patients, parce que nous faisons l'œuvre de celui qui ne se presse pas, mais fait arriver à son heure ce qui est de lui » [6].

En octobre 1873, donc après le vote de la loi et la lettre de Mgr Guibert à tous les évêques, le Comité répond à une demande de documentation de *L'Union* en informant aussi *Le Monde*, *L'Univers* et *Le Français*[7]. Pour la célébration de la première pierre, le Comité pense à réserver des places pour l'agence Havas[8]. En 1878, seuls les journaux sympathisants font l'objet d'un « arrosage » [9], alors qu'en 1891, la brochure de propagande est envoyée à tous les journaux, même les opposants. Hubert de Fleury en tire quelques réflexions :

« Les journaux s'en sont tous occupés, et, chose remarquable, malgré leur ton blasphématoire et quelques critiques sérieuses, trop vraies, en particulier voir *Le Voltaire* du 9 [10], les plus mauvais ne se sont guère montrés hostiles, et la masse se tient dans une

1. Voir Léon III Cornudet, *Léon*..., 1910, p. 368. Ce journal qui envisagera de publier le discours du P. Monsabré de 1872 (*HSC*, t. I, p. 48), n'a pas ouvert de souscription. C'est un journal catholique d'inspiration libérale. Jean-Marie Mayeur, *La Vie*..., 1984, p. 55. Voir aussi *CHAD*, t. IV, col. 1512.

2. Ce journal parle en bien du Vœu national en 1872 (*HSC*, t. I, p. 49), mais n'a pas apparemment ouvert de souscription. Louis Enault en mars 1879 publiera un remarquable article qui sera reproduit dans le *Bulletin* (*BVN*, 1879, p. 145-149).

3. Ce journal n'a semble-t-il pas ouvert de souscription.

4. *PV* de la séance du 22 janvier 1872, ASCM.

5. Journal d'inspiration « légitimiste » dont le rédacteur est un Laurentie (*PV* du 4 nov. 1874).

6. Lettre de Léon Cornudet à Alexandre-Félix Legentil en date du 30 juillet 1872. ASCM.

7. *PV* de la séance du 1er et du 15 octobre 1973. ASCM.

8. *PV* de la séance du 12 juin 1875. ASCM.

9. *HSC*, t. I, p. 475.

10. Quelques pages plus tôt, H. de Fleury cite un article du *Voltaire* du 5 décembre qui critique le « mercantilisme » du chantier. C'est l'époque où le Secrétaire général s'affronte au P. Voirin sur la vie dans la basilique. *HSC*, t. IV, p. 101.

note un peu indifférente, mais plutôt bienveillante; ils nous font ainsi une propagande dont nous ne tarderons pas à recueillir les résultats »[1].

Quelques mois plus tard les réactions abondantes de l'ensemble de la presse à l'érection d'une croix lumineuse le jour du 14 juillet 1892[2] répondent en quelque sorte à l'excellente initiative médiatique de H. de Fleury.

## 2. *Les divers journaux*

A. Ravelet et F. Levé qui se succèdèrent à la tête du *Monde*, sont à l'unisson des fondateurs du Vœu national. Dès l'automne 1871, ce journal publie des renseignements sur l'entreprise pas encore officielle et continuera à le faire en 1873-1874 et même plus tard[3]. Il commente les idées de Mgr Guibert sur le choix du lieu en 1872. Il reçoit même les souscriptions de 1872 à 1877 au moins[4]. Ce journal voulait marquer son appartenance à l'Église en ne paraissant pas le lundi pour respecter le repos du dimanche[5]. Il voulait être populaire en ne coûtant qu'un sou[6]. On comprend qu'il corresponde parfaitement aux idées des membres du Comité[7].

Malgré les contacts pris en 1870 et 1872, *L'Univers*, le journal de Louis Veuillot, n'ouvre la souscription dans ses colonnes qu'après l'appel officiel de Mgr Guibert en août 1873, non sans réticences d'ailleurs. Il y reste fidèle pendant au moins cinq ans[8]. Mais le cœur n'y est pas vraiment. L'Œuvre du Vœu national est l'entreprise d'un évêque, Mgr Guibert, qui est loin de correspondre en tous points aux souhaits du grand polémiste.

Au cours des années 1870, *L'Union* pendant quatre ans sinon plus[9], *La Revue de la Presse*[10], *L'Océan*[11], *Le Foyer*[12], *La Décentralisation de Lyon*[13] invitent leurs lecteurs à souscrire en passant au besoin par leurs services. Le bilan du

1. *HSC*, t. IV, p. 122. Lettre au cardinal Richard du 13 décembre 1891.
2. Voir l'analyse de *L'Argus de la presse*, chap. 24.
3. *HSC*, t. I, p. 23; p. 91; p. 135. *BVN*, 1877, p. 816.
4. *HSC*, t. I, p. 50; p. 161; p. 224; *BVN*, 1876, p. 21; 1877, p. 574.
5. Xavier de Montclos, *Lavigerie...*, 1965, p. 497.
6. *BVN*, suppl. déc. 1888, p. 13.
7. Voir l'article « le Monde » de *CHAD*, t. IX, col. 563-564. Notre présentation voudrait tempérer le jugement porté sur ce journal dans ce dictionnaire.
8. Il récolte deux cent mille francs: *BVN*, 1875, p. 422; 1876, p. 28; 1877, p. 704; 1879, p. 29.
9. *BVN*, 1875, p. 422; 1876, p. 28; 1877, p. 569 et 1878, p. 207.
10. *BVN*, 1877, p. 602: 1878, p. 99.
11. *BVN*, 1877, p. 747, 1878, p.
12. *BVN*, 1877, p. 901.
13. *BVN*, 1874, p. 60 et 1875, p. 422. Journal de Charles Garnier (à ne pas confondre avec l'architecte), journal « légitimiste » de Lyon selon Elisabeth Hardouin-Fugier, *Voir...*, 1988, p. 193. Voir notre chap. 11.

rôle des journaux est difficile à établir. C'est un cas particulier à prévoir dans l'exploitation des milliers de pages de la liste des souscripteurs qu'il faudrait mener à bien systématiquement [1]. Cependant il semble que dans les années quatre-vingts et quatre-vingt-dix, les journaux hormis *La Croix*, en 1899, (et *Le Pèlerin* ?) aient cessé de jouer le rôle d'intermédiaire dans la souscription.

En 1889, *La Croix* le journal récemment fondé par les Assomptionnistes, parle bien sûr du Vœu national [2]. Pourtant ce n'est qu'à la fin du siècle qu'elle se lance dans une souscription pour l'achèvement du grand dôme de la basilique. Pierre l'Ermite a raconté vers 1898 combien la vue de ces échafaudages l'attristait, ce qui le décida à porter un grand coup pour trouver le million manquant d'ici l'Exposition universelle de 1900. Avec sa verve truculente, il écrivit plusieurs articles et réussit [3]. Vers 1909, Paul Feron-Vrau invite les lecteurs de *La Croix* à souscrire à nouveau pour la basilique, cette fois afin de réaliser la décoration de la chapelle Saint-Michel dont une moitié est réservée à la gloire de Jeanne d'Arc [4].

## D. La Sainte Ligue du Vœu national

En marge de la construction proprement dite du Sacré-Cœur et parallèlement à la mise en œuvre de moyens tangibles de communication sociale, H. de Fleury a créé une ligue de prières pour la réussite de son entreprise. Elle constitue à ses yeux la souscription parfaite, union de la prière, de la participation à la construction et de la propagande en faveur du Vœu et de la basilique. Son histoire mérite d'être contée [5].

Le salut de la France et l'avenir de l'Église sont l'objet d'une correspondance, tout au long de l'automne 1871, entre un laïc, ingénieur de la marine à Brest, M. Nouet, et une religieuse dominicaine, mère Saint-Dominique de

1. Il est question aussi de *L'Écho religieux des Pyrénées* (*HSC*, t. I, p. 50) ou des *Annales catholiques* (*BVN*, 1878, p. 209).

2. *BVN*, 1889, p. 414. Au chapitre 1, on a déjà souligné le lien des Augustins de l'Assomption avec la Société de Saint-Vincent de Paul, « mère du Vœu national », par l'amitié qui unissait le P. d'Alzon à Emmanuel Bailly, père du P. Bailly.

3. *BVN*, 1899, p. 475-478. Article critiqué par G. Tery, *Les Cordicoles*, 1902, p. 108. Pierre l'Ermite, *Ma main*..., 1954, p. 116-118. P. Lecanuet, *L'Église*...., 1907, t. III, p. 209. *BVN*, 1910, p. 218; *BVN*, 1919, p. 179. François Veuillot, *Montmartre*..., 1920, p. 195. *Le Pèlerin* aussi se met de la partie. Voir par ex. *Le Pèlerin*, réf. 1919, p 14.

4. *BVN*, 1913, p. 169.

5. Lettres de H. de Fleury du 3 mai et du 2 août 1872. Lettre de la mère Saint-Dominique de la Croix du 3 juin 1876. ASCM. *BVN*, 1903, p. 41 et 1907, p. 38. Voir André Dérumaux, « Origines... », 1953, n° 202, p. 7-16.

la Croix (Mlle Gand dans le monde), de Belfort (1819-1907)[1]. Cette dernière est la fondatrice et la supérieure générale de la congrégation française de sainte Catherine de Sienne dont la maison-mère est à Étrépagny (Eure). Ils se proposent de fonder une ligue de prière à l'intention du pays et de l'Église. Par ailleurs, le P. Berthet, o. p., de Poitiers, parle dans une des ses prédications devant la religieuse de l'entreprise menée par A. Legentil et H. de Fleury. Mère Saint-Dominique avec l'accord de M. Nouet, propose au futur secrétaire général du comité de construction d'associer leurs efforts et d'assurer la responsabilité de cette Ligue qui est déjà approuvée en février 1872 par quatre évêques. H. de Fleury accepte au début de mai. Il conçoit cette Sainte Ligue comme l'âme du Vœu national.

> « L'Œuvre du Vœu national demande la reconnaissance de notre néant et une pénitence qui constate ce sentiment. La Sainte Ligue suppose le dit sentiment et persévère dans la prière. La Sainte Ligue peut féconder les pénitences du Vœu national » [2].

H. de Fleury voit croître le nombre des membres de cette pieuse association et atteindre les quinze cents quand il s'en entretient avec Mgr Guibert au cours de l'été 1872. Mais l'archevêque s'oppose à ce qu'il considère comme une dispersion et une perte de temps pour Rohault de Fleury. La direction de l'œuvre est alors confiée aux Dominicains de Lyon et H. de Fleury doit se contenter de lui faire quelque publicité dans le *Bulletin*[3]. Mais l'œuvre stagne. En 1875, l'initiatrice de la Ligue obtient de Pie IX une bénédiction[4] et, parvient en 1876, à ce que H. de Fleury s'occupe à nouveau de la Ligue, ce que regrette pour sa part le frère Louis-Marie, o. p., à qui venait d'être confié cette association et qui voulait lui faire prendre un nouvel essor en la distinguant nettement du Vœu national. La Ligue compte à cette date cinq mille membres[5].

H. de Fleury écrit aux évêques et obtient vingt-sept lettres d'encouragement durant l'hiver 1877[6]. Par l'entremise de Ferdinand Riant qui séjourne à Rome, un bref de Pie IX lui est adressé[7]. Il doit le faire enregistrer par le cardinal Guibert qui, mis devant le fait accompli, acquiesce mais garde sa

1. Qu'il ne faut pas confondre avec la sœur Saint-Dominique, fondatrice, en quelque sorte, de l'adoration (voir chap. 17).
2. Lettre du 3 mai 1872 à A. Legentil. ASCM.
3. *BVN*, 1874, p. 187.
4. Par l'entremise d'un M. Descemet. *BVN*, 1907, p. 39 qui donne la nécrologie de la M. Saint-Dominique.
5. Lettre à H. de Fleury du 3 juin 1876. ASCM.
6. *BVN*, 1877, p. 463-471.
7. *BVN*, 1877, p. 556-561.

réserve[1]. Dès lors, le secrétaire général du Vœu national s'évertue à expliquer la place et le rôle de la Sainte Ligue. Dans l'entreprise qu'il anime, il y a trois éléments : la prédication qui amène les aumônes nécessaires, la construction de l'ex-voto et la prière pour arriver au but. L'association de la mère Saint-Dominique de la Croix constitue ainsi la troisième dimension du Vœu national.

Le nom même de l'association, Sainte Ligue du Vœu national au Cœur de Jésus, fait penser à la Ligue du Cœur de Jésus du P. Ramière. Des distinctions un peu subtiles seraient nécessaires pour séparer les deux associations « sœurs »[2]. Mais il faudrait davantage d'explications pour distinguer la Sainte Ligue de la confrérie, puis archiconfrérie du Sacré-Cœur, fondée par les religieux oblats, en 1876, lors de l'ouverture de la chapelle provisoire (voir chap. 18). La différence fondamentale qui n'est jamais dite, est le caractère laïc de la première et ecclésiastique de la seconde. Aussi bien l'entreprise confiée à H. de Fleury, ne survit-elle pas aux décès de ce dernier et de la religieuse fondatrice[3].

Cette Sainte Ligue du Vœu national connaît quelques péripéties, notamment son rattachement à la confrérie du Sacré-Cœur de Montmartre. Mgr Guibert, sous la pression unificatrice du P. Rey, accepte que la Sainte Ligue soit considérée comme une annexe de la confrérie et présentée comme un second degré de celle-ci. Mais l'union ne dure que de 1882 à 1887. Elle ne résiste pas à l'arrivée du P. Voirin en 1885[4]. D'autant qu'en 1886, un article du *Messager* présente la Ligue du Vœu national comme le regroupement de toutes les activités pastorales de la chapelle provisoire, voire même comme une organisation parallèle à l'Apostolat de la prière. Il n'en faut pas plus pour que chacun veuille retrouver son autonomie. Dés lors et jusqu'en 1907, le chroniqueur du *Bulletin* tient à souligner expressément que la Ligue du Vœu national est une union de prières et non une confrérie, une affaire de laïcs et non d'ecclésiastiques[5]. Cela dit, la vocation délibérément spirituelle de la Sainte Ligue ne l'a nullement empêchée de constituer aussi un remarquable instrument de propagande entre les mains d'Hubert Rohault de Fleury pour la souscription du Vœu national.

1. *HSC*, t. I, p. XII-XIII.
2. *BVN*, 1877, p. 559.
3. *BVN*, suppl. déc 1877 ; 1879, p. 122 ; 1881, bull. gratuit. On parle de 40 000 membres en *BVN* fév. 1882, p. 119.
4. *BVN*, 1882, p. 714-721 ; 1887, p. 774 ; 1907, p. 39.
5. *BVN*, 1890, suppl. p. 20 ; 1894, p. 148.

## *II. LA BASILIQUE PROPOSÉE EN MORCEAUX*

Très tôt, les responsables de la souscription comprirent qu'il fallait proposer quelque chose de plus concret que la construction globale d'une église en signe d'amende honorable de la France. Mais ne pouvaient-ils garder en mémoire les impressionnants travaux archéologiques d'un Georges Rohault de Fleury sur les constructeurs et les bienfaiteurs des églises de Toscane au Moyen Age [1] ? Cet auteur avait tout spécialement relevé dans ces monuments la présence d'inscriptions ou de motifs décoratifs rappelant la contribution partielle de tel ou tel donateur dans la construction d'une église, que ce donateur soit une personne individuelle ou un groupe du genre corps de métier.

### A. Les éléments constitutifs : les chapelles, les constituants notables, les pierres.

On fit donc savoir qu'une chapelle correspond à une souscription de cinquante mille, puis de cent mille francs, ce qui permet de solliciter différents organismes les uns après les autres ou de susciter différents regroupements. Tant et si bien qu'il faudra attendre près de dix ans avant que soit définitivement fixée la titulature des trente-deux chapelles de la crypte et de la basilique [2]. Pour ce faire, les responsables de la souscription ont dû rassembler certaines demandes tout en délaissant quelques propositions : chapelle de la Sainte-Face, de la Sainte-Agonie [3]. Dès lors que telle ou telle chapelle est demandée par un organisme donné, chacun peut choisir sa souscription en fonction de critères culturels ou sociaux ou même par attachement à telle dévotion.

Les niches et hémicycles de la crypte sont proposés comme autant de petites chapelles. Les colonnes et piliers selon leurs dimensions valent de cinq mille à cent mille francs. La mise au détail se poursuit : les éléments du porche et des passages latéraux, les escaliers, le pourtour du chœur, les bénitiers [4], le grand dôme, le lanternon et sa croix, le clocher et les cloches. De même, tous

1. *HSC*, t. II, p. 109.
2. *BVN*, 1883, p. 654.
3. *BVN*, 1879, p. 142 ; 1880, p. 88 ; 1891, p. 94.
4. *BVN*, suppl. déc. 1883.

les éléments décoratifs sont présentés à la générosité des fidèles : portes de tabernacle, statues, tapis, mosaïques, les orgues, les autels, etc. Les ornements, les vases sacrés, les ostensoirs font surtout l'objet de dons.

Certains éléments de la décoration et de l'aménagement de l'église pourront être donnés directement par les souscripteurs. Ces dons sont alors acceptés sous réserve d'examen par le Comité : l'épée de l'amiral Courbet[1], un beau missel de chez Mame[2]. Sont ainsi remis un lustre qu'Ernest Meissonnier destinait à son atelier[3] ou la réduction des portes de bronze du baptistère de Florence, après consultation de Charles Garnier, l'architecte-conseil du Vœu national pour quelques années[4]. Le diocèse d'Aire offre soixante colonnes de marbre et le comte Chandon de Briailles, un petit orgue d'accompagnement[5]. Il est impossible dans ce domaine de ne pas faire mention du chef d'œuvre que Joseph Chaumet a légué et aurait voulu voir au Sacré-Cœur comme la pièce maîtresse de son trésor, mais que divers événements ont retourné à la maison Chaumet : *La Via vitae*, pièce que nous présenterons dans le chapitre sur la décoration[6].

L'énumération complète de tous ces dons serait trop longue et d'ailleurs presqu'impossible car plusieurs inventaires ont été ouverts. Innombrables furent les bijoux à vendre ou les objets de culte[7]. La générosité des fidèles a été considérable, mais hélas !, il faut le dire, les vols aussi...

Mais la souscription porte spécialement sur les pierres mêmes de l'édifice, avec tout le symbolisme dont elles sont porteuses et les modestes offrandes qu'elles impliquent. Au 1er novembre 1891, dix-huit mille quatre cent treize pierres de cent vingt francs et trois mille cinquante six de trois cents francs ont ainsi été souscrites. Initiales, nom du souscripteur sont parfois visibles, à moins que les pierres n'aient été creusées pour recevoir un petit tube de verre dans lequel on insère un papier sur lequel les noms sont inscrits. Ce sont en somme des ex-voto incorporés au bâtiment lui-même comme l'expose le tract

1. Épée intégrée à la décoration de la chapelle de la Marine et volée vers 1980.

2. *HSC*, t. III, p. 9-11.

3. Il s'agit bien sûr du célèbre artiste. Ce don est significatif de l'impact de la campagne de souscription pour la construction du Sacré-Cœur. Meissonnier était d'ailleurs très patriote et ceci s'ajoute à cela (Jacques Foucart). Le lustre en question est celui qui reste devant la chapelle de la Sainte-Vierge puisqu'en *HSC*, t. IV, p. 216 en date du 23 janvier 1893, on lit : « Ce lustre sera placé à titre d'essai dans le déambulatoire en face de la chapelle du chevet ». C'est un essai semble-t-il réussi si celui qui s'y trouve en ce moment est celui de Meissonnier !

4. *HSC*, t. IV, p. 216 et nos chapitres 10 et 14.

5. *HSC*, t. IV, p. 215-216 et 382. On en reparle au chap. 20.

6. Sur tout ce dossier, voir ASCM et AHDP (paroisse Sainte-Jeanne de Chantal, car le legs comprenait aussi un terrain sur Notre-Dame d'Auteuil).

7. *BVN*, 1874, p. 233-236 ; n'oublions pas la copie du Ribera ; la table dite de sainte Thérèse de l'Enfant-Jésus ; un ornement sacerdotal du château de Versailles profané à l'époque de la Révolution et non repéré pour le moment (*BVN*, 1895, p. 617) ; des bannières chinoises (*BVN*, 1901, p. 316-317). On peut mettre dans cette catégorie les ex-voto en forme de cœur qui se trouvent dans les vitrines de plusieurs chapelles avec des messages à l'intérieur. Sur ce point, voir Sabine Guilguet, *L'imagerie...*, 1987, p. 60.

ci-joint de 1875 [1]. La liste des souscripteurs des pierres à 120 ou 300 F est différente de la liste générale des souscriptions et offrandes. Ceci pour faciliter certainement les recherches et honorer les généreux donateurs.

## B. Divers regroupements formels: les décades, la carte du Sacré-Cœur, les mille donateurs à mille francs

Il est vrai qu'une pierre reste encore une offrande importante; trop pour les plus humbles oboles qu'il faut rassembler. Les plus modestes dons qui peuvent toujours se faire directement ne sont jamais refusés et les rédacteurs du *Bulletin*, à la suite de Mgr Guibert, s'en montrent fiers. Mais que telle pierre puisse correspondre à tel don leur paraît une très bonne chose. À l'exemple de ce qui se pratique avec la Propagation de la foi, ils invitent donc les souscripteurs à se regrouper en décades pour centraliser la multitude des petites offrandes sous la direction d'un dizainier [2]. Ainsi rend-on possible la souscription d'une pierre.

Un autre moyen d'avoir une pierre indivise entre les membres d'une famille, d'une paroisse ou d'une confrérie est la carte du Sacré-Cœur.

> «Elle représente une pierre de 120 francs, elle est divisée en petits carrés qui représentent une parcelle de cette pierre et qui coûtent deux sous... Lorsque la carte est pointée on a sa pierre» [3].

Si les petits dons sont ainsi facilités, on n'oublie pas pour autant les riches souscripteurs. Par deux fois, afin de remédier à une passe difficile de la construction, l'Œuvre a lancé une souscription exceptionnelle auprès de mille souscripteurs qui donneraient mille francs chacun et qui seraient particulièrement remerciés. Elles furent honorées [4].

1. ASCM. Les plaques «ex-voto» souscrites dans la chapelle provisoire sont transférées dans les chapelles de la crypte lors de sa fermeture (*HSC*, t. IV, p. 384) ou... entreposées dans la seconde crypte!
2. *BVN*, déc. suppl. 1878, p. 10.
3. *BVN*, suppl. déc. 1891, p. 10.
4. *BVN*, suppl. mai 1878 et suppl. juin 1883.

### C. Montrer et voir ce qui est construit

L'admiration pour ce grand chantier, symbole d'une France qui se relève de ses ruines, suscite les visites. Les responsables font tout leur possible pour permettre les excursions dans les échafaudages comme dans les parties ouvertes au public : c'est d'ailleurs une source de recettes pour la construction de l'édifice. Un petit musée est ouvert où sont exposées les œuvres ou tout au moins leurs moulages qui vont décorer l'ex-voto national [1]. En 1893, le Comité décide même de montrer son ouvrage à l'exposition internationale de Chicago en envoyant là-bas plans et maquettes [2].

## *III. DESCRIPTION QUALITATIVE DES SOUSCRIPTEURS*

Une simple visite de la basilique avec le guide de 1919 en main fait percevoir une remarquable cohérence dans l'organisation des souscripteurs : diocèses et paroisses, congrégations, associations religieuses de laïcs et organisations professionnelles se répartissent les chapelles et correspondent *grosso modo* à l'ensemble de la France catholique. Ce véritable quadrillage n'a pas été obtenu d'emblée : il est le fruit de l'interaction des propositions des responsables et des demandes des personnes intéressées. Un fourmillement d'initiatives est à la base de cette souscription que les responsables n'ont pas voulu enrégimenter dans un cadre rigide et défini. Ils ont plutôt répondu à la demande pour ne pas tarir la générosité. Ils ont fait l'expérience d'une certaine fécondité de l'effervescence et opté pour l'efficacité plutôt que pour l'ordre *a priori*.

1. *HSC*, t. I, p. 281 et 431.
2. *HSC*, t. IV, p. 215.

## A. Les souscripteurs institutionnels

### 1. *La hiérarchie ecclésiastique: papes, évêques, et curés*

Les promoteurs du Vœu national voulaient une approbation du pape : ils ont reçu plusieurs témoignages de la part de Pie IX, dès le mois de février 1871, puis en 1872, et, encore en 1876[1] ; qui plus est, en 1873, par l'intermédiaire de Mgr Guibert, le pape adresse avec une lettre une souscription personnelle de vingt mille francs et donne un calice[2]. Léon XIII n'est pas moins généreux, qui souscrit pour vingt-cinq mille francs et offre lui aussi un calice[3], ainsi qu'un ciborium[4]. Pie X ne demeure pas en reste[5]. De tels souscripteurs extraordinaires facilitent on s'en doute le travail des promoteurs, mais ils devaient nécessairement par ailleurs mettre en œuvre mille et cent autres moyens.

Au début, comme A. Legentil n'arrive pas à joindre l'archevêque de Paris dont il devine (ou pressent) d'ailleurs les réticences, il se tourne vers d'autres évêques ne serait-ce que pour donner à son œuvre une dimension nationale. Dès 1871, Alexandre-Félix Legentil et Hubert Rohault de Fleury adressent des lettres aux archevêques et évêques de France pour solliciter leur protection et leur bénédiction[6]. Nous avons étudié en détail dans le chapitre 3 les réactions en 1871 de l'épiscopat face à de telles initiatives. Après la constitution du Comité, dès le 22 janvier 1872 et avec l'accord de Mgr Guibert, une lettre circulaire est de nouveau adressée aux évêques en tenant compte des réponses déjà reçues[7]. Au 6 mars 1872, onze semaines religieuses ont publié l'appel pour le Vœu national[8]. Certains évêques, comme Mgr Lavigerie publient une lettre sur la question[9]. En septembre 1873, Mgr Guibert écrit personnellement aux évêques de France. En 1875, le *Bulletin* peut citer les

1. Respectivement, voir chap. 7 ; lettres de H. de Fleury, Léon Cornudet et A. Legentil de mai 1872 (ASCM) et texte en *BVN*, 1873, p. 20-21 ; *BVN*, 1876, p. 143.
2. *BVN*, 1873, p. 34 et 36-38.
3. *BVN*, 1894, p. 273-278.
4. *HSC*, t. III, p. 233.
5. *BVN*, suppl. oct. 1905.
6. A. Legentil, « Rapport à Mgr Guibert (décembre 1871) », *BVN*, 1897, p. 36. Cette lettre serait à situer par rapport aux contacts établis cette année-là (voir le chap. 3).
7. *PV*, 22 janvier 1872. ASCM.
8. *PV*, 6 mars 1872. ASCM.
9. Voir « Lettre circulaire... relativement à la consécration de la France au Sacré Cœur de Jésus et à la construction d'une église nationale à Montmartre, Paris » en date du août 1873 dans *BVN*, 1874, p. 91-93 et Xavier de Montclos, *Lavigerie*. ., 1965, p. 494, n. 5 et p. 502, n. 3.

diocèses les plus généreux: celui de Cambrai en tête, puis dans l'ordre ceux d'Arras, Bordeaux, Lyon, Versailles, Poitiers, Le Mans et Quimper[1]. Des comités diocésains sont fondés en province, dont quelques-uns sous le patronage direct de l'évêque du lieu, comme à Dijon[2]. Durant l'année 1881, un tiers des diocèses de France font une quête pour le Sacré-Cœur de Montmartre[3]. Une mention spéciale doit être faite des diocèses de Savoie qui offrirent le gros bourdon (on l'appelle pour cela la *Savoyarde*)[4]. À l'étranger, des diocèses francophones comme ceux du Canada[5] ou du Liban[6] tinrent à participer à la construction. Le diocèses de Dublin pour on ne sait exactement quelle raison souscrit l'autel Saint-Patrice de la chapelle Saint-Martin[7].

Comme les évêques se confondent le plus souvent avec leurs diocèses, les curés, face à la souscription, se distinguent mal de leurs paroisses. Les intermédiaires qui servent la cause de la souscription et travaillent à sa diffusion finissent par s'identifier à ceux qui souscrivent. Telle chapelle qui se verrait offerte par le seul clergé finit par être abandonnée[8]. Le rôle essentiel joué ici par les vicaires généraux, les curés et tous les autres prêtres, c'est celui de la prédication. Très vite, les promoteurs laïcs du Vœu et leurs amis ont songé à demander des prêches en faveur de leur Œuvre nationale. Le premier exemple du genre est sans doute la prédication qu'obtint du curé de sa paroisse la comtesse de Rotalier, le troisième dimanche de janvier 1871, à l'église du Trambly (Saône-et-Loire)[9]. L'abbé Duquesnay, comme curé de Saint-Laurent, est le premier à Paris, début 1872, à parler en chaire du Vœu national[10]. Il

1. *BVN*, 1875, p. 424.

2. *HSC*, t. I, p. 431. Il doit s'agir de Mgr Rivet qu'on retrouve aussi à propos de Prière et pénitence (chap. 18). Le *BVN* 1878, p. 10 et p. 202, note que le comité de Dijon souscrit pour 2 600f. En 1878, il y a douze comités diocésains.

3. Pointage établi par Christine de Nantes, *Le Sacré-Cœur*, 1971, p. 32 bis, à partir d'un tableau publié dans *BVN*, suppl. jan. 1887, p. 15 et 16 et complété par nous.

4. Voir chap. 20, consacré à la musique.

5. La chapelle Saint-Jean-Baptiste en garde le souvenir. *PV*, 19 février 1873 et 15 mars. *BVN*, 1880, p. 88 et 1883, p. 655. Anonyme, *La chapelle*..., 1882. *ASCM*. *BVN*, 1890, p. 499.

6. Les stalles du chœur sont en cèdre du Liban, don des habitants de ce pays. P. Laligant, *Montmartre*, 1933, p. 109.

7. *BVN*, 1884, p. 755.

8. Il en est question un temps (*BVN*, 1875, p. 547). Elle aurait été dédiée à Jésus-Christ, Prêtre éternel. Finalement les offrandes faites sont conjuguées un temps avec la souscription pour la chapelle dédiée au Cœur immaculé de Marie puis finalement avec celles qui servent à la construction du maître-autel (***, *Base matérielle*, 1891, p. 2).

9. Lettre de Mme de Rotalier à Paule Marcotte en date du 25 janvier 1871. Arch. familiales de Mme Chavane.

10. Il est resté à son poste de curé jusqu'au 20 mai 1871, date à laquelle il s'est enfui de Paris déguisé en femme (Bruno Beltramelli, *Chroniques*..., 1988, p. 82). L'abbé Alfred Duquesnay et A. Legentil ont tellement de choses à se dire en décembre 1871, que ce dernier ne lui parle même pas du Vœu et laisse ce soin à H. de Fleury (lettre du 20 déc. 1871. ASCM). C'est chose faite en février 1872 (*HSC*, t. I, p. 40). Il devient évêque de Limoges puis archevêque de Cambrai. À ce dernier titre, il envoie 20 000 francs. J. Gadille, *La pensée*..., 1967, classe ce prélat parmi les évêques « conciliants » de la tendance de Mgr Dupanloup, appartenant au milieu orléaniste. Bien que libéral et apprécié de Jules Simon, il admire Mgr Pie et Frédéric Le Play. Nécrologie en *BVN*, 1884, p. 756.

est de ceux qui cèdent aux objurgations de Legentil et de Fleury, tout comme l'abbé Desgenettes à Notre-Dame des Victoires [1] ou l'abbé Gayrard à Saint-Louis d'Antin [2]. Ces curés qui prêchent en faveur du Vœu acceptent des dépôts de tracts dans leur sacristie. À la fin de l'année 1871, dans son rapport à Mgr Guibert, A. Legentil affirme que les vicaires généraux et les curés-doyens de toute la France ont été mis au courant [3]. Il propose au Comité en sa première séance, une circulaire pour les curés de Paris [4]. En 1878, le supplément au *Bulletin* est envoyé à tous les prêtres de France [5].

L'appel au clergé pour la souscription va se conjuguer avec l'appel à venir en pèlerinage à Montmartre [6]. Curés et vicaires viennent alors avec leurs paroissiens déposer leur offrande en priant pour la France et visitent le chantier (chap. 16). Une paroisse comme celle de La Madeleine souscrit une chapelle qui est dédiée à sa patronne, une autre comme Saint-François de Sales à Paris participe à la construction de la chapelle de la bienheureuse Marguerite-Marie et de saint François de Sales [7]. Plusieurs paroisses dont saint Louis est le patron (dans la Cité, à Poissy, à Vincennes) contribuent à la souscription de la chapelle Saint-Louis [8]. Un grand nombre se contentent d'offrir un pilier ou une pierre [9].

## *2. Les congrégations*

Le Comité sollicite et relance nombre de supérieurs de congrégations [10]. Non sans succès. Le supérieur général des Lazaristes et la supérieure générale des Filles de la Charité veulent ainsi que leur fondateur ait sa chapelle dans la basilique nationale [11]. La congrégation du Saint-Esprit rêve d'avoir une chapelle dédiée à saint Paul, le patron des missionnaires : elle devra se ranger sous la bannière de saint Denis [12]. Les Frères des Écoles chrétiennes qui ont promis un sou par an et par élève parisien [13] et les Sœurs de la Charité de Nevers

1. *HSC*, t. I, p. 39-40.
2. Qui viendra bien sûr en pèlerinage : *BVN*, 1880, p. 275.
3. *BVN*, 1897, p. 36.
4. *PV*, séance du 22 janvier 1872. *HSC*, t. I, p. 31.
5. *HSC*, t. I, p. 475.
6. On trouve quelques ecclésiastiques qui souscrivent de leur propre chef et nommément. Il suffit de consulter la liste, par exemple : *BVN*, 1878, p. 397.
7. *BVN*, 1913, p. 168 et 1914, p. 82.
8. *BVN*, 1913, p. 272.
9. Certaines paroisses gardent le souvenir de cette générosité en faveur du Vœu national par un vitrail ou un bas-relief dans leur église (voir chap. 21 sur les représentations du Vœu national).
10. *PV* de la séance du 1er octobre 1873. ASCM.
11. *PV* du 20 janvier 1875 et *BVN*, 1883, p. 655.
12. *BVN*, 1875, p. 695.
13. *PV* du 3 mars 1875.

joignent leurs efforts : une chapelle de Jésus-Enseignant gardera le souvenir de leur générosité [1].

Les RR. PP. Jésuites ne sont pas en reste et demandent que le nom de saint Ignace soit honoré dans la basilique. Ils obtiennent une chapelle dont ils assureront finalement eux-mêmes la décoration avec le frère Besqueut et plus tard le P. d'Armailhacq et les Mauméjean [2]. Saint Alphonse de Liguori doit faire bon ménage avec saint Jean et les Rédemptoristes avec la Société Saint-Jean [3]. En revanche, les Ursulines peuvent offrir à elles seules une chapelle complète à sainte Ursule et sainte Angèle Merici [4]. Le P. Le Doré, supérieur général des Eudistes, aime beaucoup le Sacré-Cœur de Montmartre. Il obtient que la chapelle de la sainte Vierge soit dédiée au Cœur immaculé de Marie, ce qui s'imposait en effet [5]. Les Chartreux comme les Carmélites regardent au-delà des murs de leurs monastères : dom Anselme Bruniaux souscrit au comptant une chapelle Saint-Bruno [6], tandis que le Carmel subventionne une chapelle Sainte-Thérèse [7].

Innombrables sont les petites congrégations qui se sont manifestées parfois très tôt comme les Religieuses du Saint-Nom de Jésus (dès le mois d'avril 1872) [8]. On ne saurait les énumérer ici. Même les Oblats de Marie Immaculée n'ont pas voulu se contenter de desservir le Sacré-Cœur : une pierre et une mosaïque attestent leur générosité [9].

### 3. *L'Apostolat de la prière*

L'association du P. Ramière tient une place si importante dans l'histoire du Vœu national qu'elle mérite un paragraphe spécial. Son rôle au cours de « l'Année terrible » a déjà été examiné (voir le chap. 7). La première année de collaboration entre l'Œuvre naissante du Vœu et *Le Messager du Cœur de Jésus* qui a déjà dix ans d'existence se termine par une certaine prise de distance [10]. Dans la livraison d'août 1871, l'adresse parisienne du Comité est communiquée aux

1. *BVN*, 1894, p. 699-700 et *HSC*, t. IV, p. 48.
2. *PV* du 8 nov. 1876 ; *BVN*, 1883, p. 655. P. d'Armailhacq, *La chapelle*..., 1934.
3. *BVN*, 1882, p. 211 et 1885, p. 678.
4. *BVN*, 1883, p. 654.
5. *BVN*, 1883, p. 35-47 et *HSC*, t. II, p. 114-126.
6. *BVN*, 1892, p. 523.
7. *BVN*, 1877, p. 821 et 1883, p. 654.
8. *HSC*, t. I, p. 41.
9. *BVN*, 1878, p. 14 et 1914, p. 85.
10. Il faudrait cependant préciser les bons contacts établis entre le P. Deschamps et Alexandre Legentil à cette époque, indépendamment du P. Ramière. Lettres de Legentil à Adolphe Baudon en date du 25 et 26 mars 1871. ASCM.

lecteurs et les souscripteurs sont priés de s'y adresser. Puis c'est le silence. Les contacts reprennent en 1872, par la publication dans *Le Messager* d'une lettre d'A. Legentil, de la circulaire du Comité et de la lettre de Mgr Guibert de janvier 1872 et de quelques nouvelles [1]. En 1873, H. de Fleury fait à nouveau appel à la générosité des lecteurs du célèbre bulletin, même si le P. Ramière fait quelques réserves sur le texte de la loi d'utilité publique [2]. Le fait est qu'à partir de ce moment, et pendant près de vingt ans, le bulletin de liaison des membres de l'Apostolat de la prière donne des « nouvelles du Vœu national ». De 1874 [3] à 1893, à raison d'une douzaine de mentions par an et malgré quelques différends [4], *Le Messager du Cœur de Jésus* rend compte des progrès de la souscription et de la construction et renseigne ses lecteurs sur la vie du sanctuaire.

La mort du P. Ramière en 1884 et le XXVe anniversaire (1861-1886) de l'Apostolat de la prière amènent les responsables de ce mouvement à faire un bilan de leur action passée. En 1886, un auteur anonyme (E. M.) [5] présente l'histoire du Vœu national à travers la seule Ligue de H. de Fleury (voir ci-dessus) en soulignant le rôle déterminant du P. Ramière. Avec des nuances, il y a quelque chose de semblable chez le P. Alet, en 1889, dans *La France et le Sacré Cœur*. Lui qui a suivi l'entreprise depuis les origines insiste malgré tout davantage sur le rôle de Legentil mais accentue lui aussi, semble-t-il, l'influence du célèbre jésuite de Toulouse [6].

A. Legentil ne réagit pas publiquement. À la demande de son beau-frère et pour lui, il se contente de rédiger une relation des origines du Vœu [7]. Sa mort en 1889 et le XXe anniversaire de leur entreprise permettent à Hubert Rohault de Fleury d'écrire en 1890-1891 ses propres *Souvenirs de 1870-1871* dans lesquels le P. Ramière prend sa place de puissant diffuseur du Vœu et non d'initiateur. À cette fin, il sollicite le témoignage du P. Argand, le

1. Le *MCJ* comporte une table analytique que l'on peut aisément consulter. Voir Henry Ramière, *Vœu...*, 1872 et Hubert de Fleury, *Lettre...*, 1872. A. Baudon (*PV* du 29 mai 1872. ASCM.) souhaite que le P. Ramière ouvre la souscription dans *Le Messager*. Il n'en sera rien. H. de Fleury écrit le 27 février 1876 au P. Rey (ASCM) à propos de cette époque : « Le P. Ramière me fit mille histoires... »

2. Un cantique d'Aloÿs Kunc et un catéchisme du P. Pierik parlent aussi du Vœu national. Voir chap. 20.

3. En *MCJ*, 1874, t. 25, p. 368, il est question de publier une brochure qui rappelle l'histoire du Vœu national, « Œuvre sœur de l'Apostolat ».

4. En 1874, il y a le problème de Paray-le-Monial (voir chap. 12). En 1875, il y a la tentative de rapprochement du P. Alet qui échoue également (voir notice sur le P. Alet, chap. 2. *BVN*, 1875, p. 445 et *MCJ*, avril 1875, p. 305). Ce qui n'empêche pas le *BVN* de faire de la publicité pour l'Apostolat (*BVN*, 1875, p. 657) ). En 1876, le P. Rey fonde une section de cette œuvre de prière dans la chapelle provisoire (voir chap. 18) et en 1877, le P. Ramière publie un appel retentissant (et resté sans lendemain dans l'immédiat) qui vise à donner une portée universelle au Vœu national (*MCJ*, t. 32, p. 17-28). 1878 voit le projet romain (voir chap. 12).

5. E. M., *Vingt-cinq...*, 1886.

6. P. Alet, *La France...*, 1889.

7. Consultée abondamment par André Dérumaux, « Origines... », 1953 et non retrouvée depuis aux ASCM.

18 août 1889, qui souligne le rôle décisif de son beau-frère [1]. Quant au P. Jonquet, oblat et chapelain à Montmartre, il s'en tient en 1890 à cet avis et développe surtout une « mystique » du haut lieu parisien qui estompe tous les appuis reçus au départ [2].

Reprenant toute la question, le P. Régnault présente les choses d'un point de vue ultra-favorable au P. Ramière [3]. Le P. de Franciosi survole les faits et évite de prendre parti [4]. Le P. Matignon cependant félicite Hubert de Fleury de sa modération et émet quelques réserves sur « la façon un peu léonine dont les Pères de Toulouse ont taillé leur part dans le gâteau » [5]. Le P. Bony, par deux fois revient sur la question des origines. Et de citer le P. Burnichon des *Études* qui semble s'écarter du P. Régnault [6].

L'arrivée du P. Lemius en 1893, l'assoupissement de la section de l'Apostolat de la prière de Montmartre (voir chap. 18), l'installation des religieuses du Cénacle qui organisent des retraites à côté de la basilique et dont *Le Messager* fait état, n'arrangent rien. Les « nouvelles du Vœu national » disparaissent du *Messager*: elles passent de sept mentions en 1894 [7] à zéro en 1900 (entre les deux dates, il y a seulement une mention du XXV^e^ anniversaire en 1897, une autre de Mgr Guibert, comme dévot au Cœur de Jésus).

Il est d'ailleurs normal que la basilique, fût-ce sans son clocher, étant sommairement finie, on cesse de parler de sa construction. C'est déjà, à peu de choses près, ce que le Comité répond en 1873 au P. Deschamps qui proposait une union d'action et de propagande entre Apostolat de la prière et Vœu national: la première œuvre est permanente et générale, la seconde, temporaire et spéciale. Elles sont distinctes et ne gagneraient nullement à se confondre [8], d'autant que la gestion pastorale de la basilique n'est pas confiée aux Jésuites mais aux Oblats.

Derrière ces considérations générales, se cachent en fait les réserves que suscitent chez ces messieurs de la Société Saint-Vincent de Paul et chez NN. SS. Guibert et Richard les propos fort « politiques » du P. Ramière et de son successeur. Les laïcs et les archevêques sont bien en harmonie sur ce point. Se

1. H. de Fleury, *Souvenirs*..., 1890. Voir aussi le témoignage de Michel Cornudet, *Un homme*..., 1889. André Dérumaux, « Origines... », 1953, n° 193, p. 34-35.
2. E. Jonquet, *Montmartre*..., 1890. Voir notre chap. 23.
3. Emile Regnault, « Les origines... », 1891.
4. Xavier de Franciosci, *La dévotion*..., 1868, éd. 1892, p. 162 et *Le Sacré Cœur*..., 1894, p. 453*-458*.
5. Résumé de la pensée du père jésuite « de Paris » par H. de Fleury. Voir A. Dérumaux, « Origines... », 1953, n° 193, p. 26.
6. Michel Bony, *Vie*..., 1893 et *BVN*, 1895, p. 634.
7. Année d'ailleurs où l'Apostolat de la prière fête à Montmartre son jubilé d'or (*BVN*, 1894, p. 869).
8. *PV* des séances du Comité, séance du 20 août 1873. ASCM.

pencher sur les origines du Vœu permet d'évoquer les problèmes soulevés en 1889 et 1890 par le centenaire de la Révolution et le Ralliement. Le Vœu national, en 1870 comme en 1890, n'est pas *a priori* contre-révolutionnaire (contre les événements de 1789-1793 ou de 1871) mais s'affirme en faveur de la patrie terrestre qui est appelée à reconnaître le Christ, quel que soit son régime politique. Cela dit, les Pères jésuites « de Toulouse » et « de Paris » n'ont pas laissé de soutenir activement la souscription du Vœu national [1] et les membres de l'Apostolat de la prière ont répondu généreusement aux appels relayés par *Le Messager*. La chapelle Saint-Ignace en garde le souvenir.

### 4. *Diverses confréries*

Dès le mois de janvier 1871, le P. Berthet, dominicain, ouvre au Vœu national le bulletin de la Confrérie du Rosaire : *La Couronne de Marie* (chap. 2). Il en sera de même pour *Le Rosier de Marie* [2] ou *Le Rosaire vivant* [3]. Si l'on ajoute à ces confréries, le tiers ordre de saint Dominique auquel appartient Hubert Rohault de Fleury, la dédicace d'une chapelle à saint Dominique s'explique tout naturellement sans qu'elle soit mentionnée explicitement (cela mériterait cependant d'être davantage étudié).

La Confrérie de saint Joseph et ses annales sont certainement à l'origine de la chapelle Saint-Joseph [4]. Quatre sanctuaires autour desquels il y a des confréries ont favorisé la naissance et le développement du Vœu national, à savoir : Notre-Dame des Victoires [5], Paray-le-Monial [6], Lourdes [7] et Fourvière qui lui a été particulièrement fidèle [8].

Mentionnons encore l'Association des mères chrétiennes dont le directeur est le P. de Ratisbonne et qui assure le départ des travaux de la chapelle Sainte-Anne [9]. L'Union dans la Sainte Famille obtient quant à elle la chapelle axiale

1. Comme ils l'ont fait en faveur d'autres œuvres, et comme ils s'en félicitent, *MCJ*, mars 1884, t. XLV, p. 304. En 1961, leurs successeurs viennent sans rancune fêter le centenaire du *Messager au Cœur de Jésus* (art. dans les *Études* de juillet-août 1961). Voir *Montmartre*, n° 240, octobre 1961, p. 27.

2. *BVN*, 1877, p. 854 et 888 ; 1879, p. 221.

3. *BVN*, 1877, p. 902.

4. *BVN*, 1877, p. 37.

5. *Les Annales de l'Archiconfrérie de Notre-Dame des Victoires* : *HSC*, t. I, p. 33.

6. *Bulletin de Paray-le-Monial* : *BVN*, 1878, p. 37.

7. Dom Bernard Billet nous a signalé de nombreuses mentions du Vœu national dans le *Journal de Lourdes*, par exemple t. 43, n° 21, 24 mai 1891, p. 3 b et c ; t. 44, n° 6, 7 février 1892, p. 3 c.

8. *L'Écho de Fourvière* : *BVN*, 1875, p. 422 ; 1876, p. 28 ; 1877, p. 436 ; 1889, p. 414 ; 1897, p. 322. Dans ce dernier article, il est question de M. Blanchon et d'une somme totale à cette époque de 153 000 F ; 1905, p. 14 ; 1910, p. 218. Sur *L'Écho de Fourvière*, voir Elisabeth Hardouin-Fugier, *Voir...*, 1988, p. 191-192. À charge de revanche, le *BVN* encourage aussi quelquefois ses lecteurs dans les articles cités à aider la construction de la basilique lyonnaise.

9. *PV* de la séance du 3 mars 1875. ASCM. F. Beringer, *Les indulgences*, 1905, t. II, p. 455.

de la crypte dédiée par le fait même à la Sainte Famille [1]. Le chanoine Laplace, directeur général de la Garde d'honneur de Bourg-en-Bresse souscrit pour sa confrérie l'autel de la chapelle de la bienheureuse Marguerite-Marie [2]. On peut aussi classer parmi les confréries l'Institut des Dames de Sainte-Geneviève (voir chap. 23) et les Enfants de Marie. Pour ceux-ci, la duchesse de Chevreuse demande et obtient la chapelle dédiée à Marie où cette association se retrouvera avec les Eudistes [3]. Leur collecte passe par les religieuses du Sacré-Cœur et leurs collèges [4]. Cinquante ans plus tard, la même association offrira la couronne mondiale du Christ-Roi [5].

Autant de réseaux de piété, à la fois importants et diversifiés, qui prennent part de façon notable à la construction de ce sanctuaire de sorte que ce dernier revêt un caractère véritablement national et ecclésial [6].

### 5. *Les associations de laïcs*

L'historien du Vœu national ne peut que gagner à une bonne connaissance du milieu constitué par les Conférences Saint-Vincent de Paul. Ce qui a été esquissé dans le chapitre premier. La constitution du Comité (voir ci-dessus) confirme le rôle déterminant de la Société : huit membres du premier Comité sur quatorze lui appartiennent ; par la suite, il est plus difficile d'opérer un tel recensement, mais l'appartenance quasi de droit des présidents de la Société au Comité du Vœu est au moins une donnée certaine et vérifiée.

En 1871, Adolphe Baudon et Alexandre-Félix Legentil n'engagent pas encore la Société Saint-Vincent de Paul dans une œuvre à laquelle ils adhèrent en leur nom propre. Mais en 1872, en la personne de son président, la Société répond à l'appel de l'archevêque de Paris. À cette date,

> « une circulaire est insérée dans le bulletin [Saint-Vincent de Paul] mais simplement encartée de manière à pouvoir être enlevée spécialement des exemplaires destinés aux Conférences d'Alsace et de Lorraine » [7].

1. H. de Fleury, « Souvenirs » dans *BVN*, 1891, p. 297. Voir aussi Gérard Cholvy, *Histoire...*, 1985, t. II, p. 90.
2. *BVN*, 1883, p. 655 et 1914, p. 184.
3. *PV* du bureau du 19 sept. 1877. *BVN*, 1883, p. 655.
4. *BVN*, 1878, p. 212.
5. *Montmartre*, mai 1926, p. 10.
6. Où mentionner l'association française de l'ordre de Malte dont le nom est inscrit sur un mur de la chapelle Saint-Jean Baptiste ?
7. *PV* du 22 juin 1872. ASCM.

Dès l'année suivante, dans le rapport annuel des activités de la Société, le Vœu national est présenté comme tel, parmi les autres activités du groupe [1]. La souscription commence dans le bulletin de la Société en mars 1873 [2]. En octobre 1873, A. Baudon écrit à nouveau à tous ses membres [3]. En échange de bons procédés, le *Bulletin du Vœu national* fait de la publicité pour l'almanach et les « petites lectures » édités par la Société [4], et un pèlerinage annuel est mis en place qui donne lieu à une offrande pour la chapelle Saint-Vincent de Paul [5].

On peut bien dire que le Vœu national, œuvre de pierre et de prière, est inséparable de la Société Saint-Vincent de Paul, œuvre de charité. Par l'esprit et les hommes, ces deux œuvres sont en rapport constant et chaleureux [6]. Pour ne donner qu'un exemple, A. Legentil avait même souhaité que l'aumônerie de son patronage d'apprentis soit assurée par les chapelains du Sacré-Cœur. Trait significatif de l'unité qui dans son esprit reliait et harmonisait entre elles ses deux grandes œuvres [7].

Dès 1874, les Cercles catholiques d'ouvriers tiennent à souscrire à la construction d'une chapelle dans la basilique : ce sera celle de la Sainte-Famille et de Jésus-Ouvrier [8]. L'Union catholique et sociale de la Touraine s'intéresse à la chapelle Saint-Martin [9]. La Société de Saint-Jean pour le développement de l'art chrétien demande et obtient une chapelle dédiée à son patron qu'elle partage avec les Rédemptoristes [10]. L'Association des commerçants et des industriels catholiques dont l'aumônier est le P. Victor Alet réclame une

1. Théodore Dauchez, « Rapport... », dans *BSVP*, n° 290, fév. 1873, p. 48-56.

2. Voir *BSVP*, n° 291, mars 1873 ; 299, nov. 1873 ; 326, fév. 1876 ; n° 327, 328, 329. La fin de la grande souscription initiale serait à fixer vers 1877 car cette année-là la Conférence Saint-Vincent de Paul de la paroisse Saint-Léon de Nancy souscrit en *BVN*, 1877, p. 821, « voulant rester fidèle à la quête mensuelle pour le Vœu national ».

3. Adolphe Baudon, « Lettre... », 1873.

4. *BVN*, 1877, p. 744.

5. *BVN*, 1894, p. 422 et 1896, p. 479-480.

6. *HSC*, t. III, p. 32, en 1888, selon Mgr Richard.

7. En 1973, le Dr G. Dastugue, *Le Vœu*..., 1973 fait mémoire de cette unité dans la complémentarité.

8. *PV* du 4 mars 1874. A. Legentil présente la spiritualité de cette souscription dans son rapport aux Comités catholiques du 8 avril 1874. Voir chap. 26 sur le Vœu national et la Commune. Les Cercles souscrivent au moins jusqu'en 1901 : *BVN*, 1901, p. 302.

9. *BVN*, 1879, p. 506.

10. Sous le patronage de saint Jean l'Évangéliste, il semble qu'il y ait eu en fait plusieurs associations d'artistes. Sur celle de 1839-1840 fondée par Lacordaire, voir Bruno Foucart, *Le Renouveau*..., 1987, p. 45-49 ; c'est une confrérie qui se confond finalement avec le tiers ordre dominicain. La présente est fondée vraiment en 1872 en référence à Lacordaire. Tout son conseil signe la demande de souscription : baron d'Avril, duc de Brissac, R. P. Germer-Durand, abbé A. Gillet, Bouvrain, Léon Babeur, E. Descottes, Ed. Didron, Arnold Mascarel, Michel Mouroux (*BVN*, suppl. mai 1885, p. 8). Voir Elisabeth Hardouin-Fugier, *Voir*..., 1988, p. 168 et surtout *Bull. de la Société de Saint Jean*, n° de septembre et octobre 1990 (2, place du Louvre, Paris 1er). Quant aux Ateliers d'art sacré de Maurice Denis et de Georges Desvallières, membres de la société de Saint-Jean, on a pu les confondre avec elle. Voir aussi *CHAD*, article « art (groupements catholiques) », t. I, col. 868.

chapelle : elle aura droit à la tribune ouest [1]. S'associe à son geste, l'Union fraternelle du Commerce et de l'Industrie de Léon Harmel, à l'occasion de ses nombreux pèlerinages à la basilique [2]. Cette tribune du Commerce et de l'Industrie est la seule qui ne soit pas placée sous le patronage d'un saint (ou d'une sainte) : signe de ce que l'on n'a pas encore élevé sur les autels un négociant ou un industriel, signe de la difficile christianisation du « monde moderne du commerce et de l'industrie » ! À quand la chapelle en l'honneur de « saint Léon Harmel, industriel » ou de « saint Alexandre Legentil, négociant » ? Il n'en est pas de même avec une société médicale sous le patronage des saints Luc, Côme et Damien et dont le président est le docteur Moissenet, médecin honoraire de l'Hôtel-Dieu : une chapelle sera placée sous l'invocation de ses saints protecteurs [3].

Dès 1872, un père jésuite, le P. Dulong de Rosnay, se passionne pour le Vœu national. Il est invité par Hubert Rohault de Fleury à constituer un comité des écoles [4] et son nom apparaît pendant une dizaine d'années à propos de la chapelle de Jésus-Enseignant [5]. Quant à l'armée, elle s'y reprend à deux fois. En 1873, un comité dont les généraux de Sonis, Bouneau, de Martroy, Follope et le contre-amiral Gicquel des Touches constituent le fer de lance, demande et obtient une chapelle [6]. Mais il faut attendre les années quatre-vingts pour qu'on distingue au Sacré-Cœur l'armée et la marine et que les souscriptions suscitent deux chapelles distinctes dédiées l'une à saint Michel et l'autre à Marie, Étoile de la mer [7].

1. *BVN*, 1889, p. 719 et 809. Les demandeurs sont MM. Dognin (voir Louis Chaigne, *Emile Dognin*, 1960 ; aux p. 90 et 140, on indique son attachement à la basilique de Montmartre), Simonot, Godard, Lecoffre, Ruandel (nos chap. 16 et 17), Gardair et Mellerio (l'orfèvre, chap. 22). Cette association devient le Syndicat des Employés du Commerce et de l'Industrie dit des Petits-Carreaux qui lui-même devient la Confédération française des travailleurs chrétiens en 1919 (M. Launay, *C. F. T. C....*, 1986, p. 12 et Gérard Cholvy..., *Histoire...*, 1985, t. II, p. 81).

2. Voir *BVN*, 1894, p. 444-449 où Léon Harmel fait un grand discours sur la justice et la charité et *BVN*, 1904, p. 226.

3. *BVN*, 1889, p. 681. Un autre comité médical du Mans se joint à eux, *BVN*, 1883, p. 654. *PV* du 20 juin 1884.

4. *BVN*, 1874, p. 373. Il rassemble autour de lui des étudiants et des élèves de différents établissements parisiens : Cercle catholique du Luxembourg, faculté de droit, de médecine, petit séminaire de Paris, école Sainte-Geneviève, collège Stanislas, école de l'Immaculée Conception, à Vaugirard, école Albert-le-Grand, à Arcueil, école Bossuet, école Fénelon, école Massillon, collège Saint-Vincent, à Senlis, pensionnat des Frères des écoles chrétiennes de Passy, pensionnat des Frères Maristes de Plaisance.

5. *PV* du 22 juin 1872. *BVN*, 1875, p. 445 et 1883, p. 654.

6. *HSC*, t. I, p. 137.

7. Le comité de l'armée (voir *PV* du 17 déc. 1873, *BVN*, 1874, p. 56-60 et 1913, p. 168) : généraux de division Barry, Paulze d'Ivoy, d'Auvergne, de Fontanges de Couzan, de l'Abadie d'Aydrein, l'intendant général Bouché, les généraux de brigade baron Ambert, Ribourt, de Valabrègue, de Vanduvre, de Montardy, de Geslin, Follope, de Montauban comte de Palikao, de Biré, le colonel Doché d'Aulnay, le baron de Plazanet, le médecin de 1e classe, Léon-Dufour. Le comité de la marine (*BVN*, suppl. mai 1885) : les vice-amiraux Gicquel des Touches, Bonie, Ribourt, le baron de Mackau, député, les contre-amiraux Buret et Lagé et M. l'abbé Métairie, ancien aumônier supérieur de la flotte.

En 1875, une demande de chapelle est adressée par plusieurs représentants de l'Assemblée nationale. La chapelle Saint-Denis s'intitulera donc aussi chapelle des assemblées délibérantes [1]. Les magistrats et les avocats ne veulent pas être de reste : en 1876 et, plus encore, en 1885, un comité en appelle à leur générosité en faveur d'une chapelle Saint-Louis [2]. Dès lors, il n'y a pas de raison pour que les agriculteurs à leur tour n'invoquent pas dans le sanctuaire national leur patron saint Isidore [3]. C'est chose faite à la demande d'un comité organisé dans le diocèse de Nantes [4]. Mgr Goux, évêque de Versailles et le pape Léon XIII appuient de leur bénédiction une demande de chapelle qui serait offerte par les Écrivains catholiques [5]. Bien que la somme nécessaire n'ait pas été rassemblée, le souvenir de la démarche est conservé dans la chapelle Saint-Benoît Labre où un monument à Louis Veuillot a été élevé [6].

Pour rassembler les catholiques autour de ce fervent projet du Vœu national, les idées ne manquent pas. Une demoiselle Laure Boulet (d'Alençon) réussit à souscrire un pilier de la poésie et de la musique [7]. Un autre zélateur de la basilique lance le projet d'un pilier des pauvres et d'un pilier des malades. On n'en connaît pas le résultat [8]. Et pourquoi pas un pilier des fumeurs, c'est-à-dire des fumeurs qui fumeraient moins ou plus du tout ! Seule une enquête plus approfondie donnerait la réponse [9]. De nombreuses dames amies du Sacré-Cœur de Montmartre prennent des initiatives. Une fois, lors d'une messe à la Chapelle expiatoire, elles font la quête pour l'église votive [10]. Une autre fois, elles veulent souscrire un pilier grâce à des ventes d'objets donnés ou fabriqués par elles : c'est le pilier du fuseau... [11].

La ville de Brest comme telle est censée avoir voté le financement d'un pilier [12] et la ville de Rennes avoir souscrit pour la chapelle Saint-Louis [13]. Il

1. *PV* du 30 juin 1875 ; *BVN*, 1875, p. 463 qui donne 102 noms qui ont été utilisés au chap. 9.
2. *BVN*, 1885, p. 391 et suppl. mai, p. 11. Les membres sont : MM. Champetier de Ribes et Delamarre, avocats ; Blain des Cormiers, d'Herbelot, Merveilleux du Vignaux, A. Nicolas et Antonin Pagès, anciens magistrats.
3. Agriculteur espagnol du XIIe siècle canonisé au XVIIe siècle avec Ignace, François-Xavier, Thérèse et Philippe Néri. Fête le 10 mai. Voir *VSB*.
4. *BVN*, 1879, p. 434 et 1891, p. 481. Mgr Richard qui a été vingt ans vicaire général de ce diocèse doit être pour quelque chose dans l'affection particulière que le diocèse porte à la basilique.
5. Le nom du demandeur n'est pas imprimé dans le *Bulletin* par discrétion. *BVN*, fév. 1891, p. 89 ; suppl. déc. 1891, p. 23. Victor Palmé s'associe à la démarche en souvenir de Paul Féval (*BVN*, 1891, p. 382).
6. Voir chap. 23. Paul Lesourd, *La Butte Sacrée*, 1937, p. 390, parle de « la Corporation des Publicistes chrétiens qui vient chaque année s'agenouiller sur ces dalles. »
7. *HSC*, t. II, p. 135.
8. *BVN*, 1883, p. 658.
9. *BVN*, 1891, p. 22.
10. L. Vie, *Aux origines*..., 1928, p. 75. C'était en 1874.
11. *BVN*, suppl. déc. 1884, p. 17.
12. *BVN*, suppl. déc. 1878, p. 12.
13. *BVN*, 1913, p. 272.

est question aussi d'une offrande de mille cinq francs pour que l'écusson de la ville de Metz soit gravé dans la basilique[1]. De telles démarches seraient à mettre en parallèle avec les consécrations des communes au Sacré-Cœur[2].

Dès janvier 1870, avant même le Concile, puis durant le Concile, on avait senti le besoin de coordonner les diverses œuvres catholiques, déjà fort nombreuses. L'année terrible va accélérer le processus[3]. C'est ainsi qu'en avril 1872, trois cents délégués invités personnellement et représentant une quarantaine de comités déjà formés ou en voie de formation se réunissent à Paris pour unir leurs actions[4]. Il en sera ainsi jusqu'en 1893 pour le Comité catholique de Paris et jusqu'en 1898, pour celui de Lille[5]. Se retrouvent parmi leurs responsables les noms d'A. Baudon, de M. Descottes, du comte de Ségur. Après un temps d'hésitations, les évêques consentent à présider leurs séances. Or le Comité du Vœu national en profite très souvent pour y présenter un rapport[6]. À chaque fois sont prises des résolutions en faveur de la souscription. L'efficacité de telles motions est diffuse. Les diverses œuvres sont invitées à se manifester directement auprès des constructeurs. En tout cas, la lecture de ces rapports est riche de renseignements sur l'histoire de l'église de Montmartre et sur la façon de la repenser. Les orateurs ne doutent pas que Jésus-Christ ne soit à l'œuvre dans sa construction et n'y révèle son amour pour la France. On peut relever cependant dans le *Bulletin du Vœu national* la mention de quelques versements, à leur titre propre, de comités catholiques de province[7] ainsi que celle de l'offrande d'une statue de sainte Geneviève par le conseil du comité de Paris[8].

1. *HSC*, t. I, p. 235. Est-ce une initiative personnelle ou publique ?

2. Voir chap. 19. Au registre des initiatives publiques, il faut mentionner le don de la énième copie du *Christ au tombeau* de Ribera (Louvre) par le gouvernement de la République (comme cela est inscrit sur le cartel). On peut la voir dans le grand escalier de la sacristie. Elle a dû orner la chapelle provisoire dans ses commencements (voir les illustrations).

3. Voir par ex. le rôle de Léon Pagès dans Michel Arweiller, « Léon Bloy », dans *L'Herne*, n° 55, 1988, p. 267.

4. Jacques Gadille, *La pensée*..., t. I, p. 241-242. Pour l'importance et le rôle de ce regroupement des œuvres voir aussi bien P. Lecanuet, *L'Église*..., 1907, t. I, p. 308, que Gérard Cholvy..., *Histoire*..., 1985, t. I, p. 212.

5. Encore que Bernard Ménager, *Les Congrès*..., 1971, parle de 1912.

6. La liste des rapporteurs est en pièces justificatives.

7. Commission des œuvres de prières du Comité catholique de Béziers dans *BVN*, 1877, p. 708. Comité catholique de Digne, *BVN*, 1877, p. 827. Le Comité catholique de Lille avec comme président le comte Charles Thellier de Poncheville est très favorable au Vœu national (*BVN*, 1898, p. 803). Il est célèbre pour son action comme député en faveur de la législation sociale (*DPCR*). Son fils, qui se prénomme Charles également, est prêtre ; il animera les Semaines sociales et viendra très souvent également à Montmartre (*BVN*, 1920, p. 48).

8. *HSC*, t. II, p. 67. Une souscription de dix centimes rassemblant trois cent mille francs leur permet d'offrir au Sacré-Cœur en 1888 une statue de sainte Geneviève, œuvre de Frédéric Bogino, en réparation pour la désaffectation en 1885 de l'église Sainte-Geneviève et sa troisième transformation en Panthéon (voir chap. 23).

## B. Les souscripteurs individuels et familiaux

Pour construire l'église de leur Vœu, les promoteurs s'adressent d'abord au cercle immédiat de leurs parents et de leurs amis [1]. La correspondance de 1870-1871 des Legentil et des Marcotte le prouve. Paule Marcotte écrit en janvier 1871 à la comtesse de Rotalier, son amie. Marie Legentil écrit à Zénaïde Fleuriot, une amie [2]. A. Legentil écrit à M. Ducpétiaux, un ami [3]. Hubert Rohault de Fleury en tire une véritable méthode et demande à tous ceux qui se sont déjà manifestés en faveur du Vœu national les adresses de leurs amis pour leur faire à leur tour des envois de bulletins ou de tracts [4]. Soit une propagande toute empreinte de sociabilité christianisée, de relations sociales qui se vivent sur un mode pieux et patriotique.

Tous ces membres du Comité, leurs parents et amis n'ont pas seulement répandu et diffusé l'idée du Vœu national [5], ils ont souscrit personnellement. Joseph Marcotte finance ainsi des pierres et offre la porte du tabernacle du maître-autel [6]. Les Marcotte de Sainte-Marie, les Marcotte de Quivières et les Marcotte de Ricarville souscrivent eux aussi, tout comme les Rohault de Fleury, les Margerie [7], les Becquet, les Cornudet, etc [8].

Ils sont très nombreux dans les listes de souscripteurs les dons, importants ou petits, de personnes célèbres, inconnues ou anonymes. Ils témoignent des catholiques de France dans toute leur diversité. Francisque Sarcey lui-même écrit :

« C'est un fait incontestable dont la vérité est aussi éclatante que la lumière du soleil, que, depuis vingt-deux ans, l'argent n'a cessé d'affluer tantôt à gros bouillons, tantôt par une foule de petits ruisseaux qui ont formé, comme dit le proverbe, une grande rivière. Et cette rivière a coulé ainsi à flots ininterrompus depuis un quart de siècle. Voilà près de vingt cinq ans qu'ils ont ouvert leur souscription ; et tous les jours, depuis lors,

1. Arch. familiales.
2. Lettre du 15 août 1897. ASCM.
3. M. Aubret à H. de Fleury du 19 juillet 1889. ASCM.
4. *HSC*, t. I, p. 475.
5. *BVN*, 1878, p. 44. Marie Legentil envoie la collecte faite à Larbroye.
6. *BVN*, 1878, p. 575
7. Amédée de Margerie, par exemple, est le frère d'Eugène de Margerie présenté plus haut. Dès l'été 1873, Amédée écrit à son frère une lettre pour l'encourager à donner à l'église de Montmartre les plus grandes dimensions matérielles possibles (*BVN* déc. 1873-1874, p. 42-45). Il est professeur de philosophie et doyen de la Faculté des Lettres de l'Université catholique de Lille, pendant vingt-sept ans. En 1891, il représente le Vœu national à l'Assemblée des catholiques du Nord (*BVN*, 1891, p. 789). Nécrologie dans *La Croix*, 28 septembre 1905. Il aurait fallu consulter François Binault *Amédée de Margerie (1825-1905). Quelques jalons biographiques*. Maîtrise sous la directions de Philippe Levillain, Lille III, 1983, 185 p.
8. Guy de Pierrefeu, *Le triomphe*…, 1894, p. 357-364 publie un livre d'or des principaux souscripteurs.

sans un moment d'arrêt, ils ont trouvé des donateurs ; ils ont suscité, dans les chaumières comme dans les châteaux, des libéralités proportionnées aux facultés de chacun ; ils ont entassé le petit sou de l'enfant sur le billet de mille de la douairière ; et maintenant encore, lorsqu'ils ouvrent leurs comptes aux yeux du public, on voit que chaque mois apporte sa contribution nouvelle »[1].

Sur cette émouvante liste de souscripteurs, liste qui s'étire sur plus de cinquante ans, on trouve à telle page du *Bulletin*, côte à côte, le nom de la duchesse de Galliera pour dix mille francs et celui d'une obscure Mlle Joubert pour cinquante centimes, le nom du brillant Paul Féval qui offre ses droits d'auteur sur son livre *Le Denier du Sacré-Cœur* (il y a eu au moins trois versements de mille francs) et l'humble mention des cinq francs donnés par M. et Mme A. M., concierges[2]. On y trouve même « Son Excellence Mustapha, premier ministre de Son Altesse le bey de Tunis », en visite à Montmartre qui, en 1881, veut ainsi marquer la solidarité des croyants[3]. Certes, on peut esquisser un sourire à la présentation de certaines souscriptions[4] ou bien se demander le degré de désintéressement des « onze principaux négociants en velours de Saint-Etienne » qui connaissent la récession de leur industrie[5], on peut même apparemment imaginer des souscripteurs originaux[6], il n'en demeure pas moins que la construction du Sacré-Cœur a suscité une multitude d'actes de foi, eux-mêmes ne trouvant leur « pureté » qu'au-delà de la condition humaine historique[7].

1. Cité par le P. Lemius, *BVN*, 1896, p. 8.

2. *BVN*, 1878, p. 212-213.

3. *BVN*, 1881, p. 410-411. Est-ce Mustapha Khaznadar, le premier ministre qui a démissionné en 1873 ou Mustapha ben Ismaïl, premier ministre en poste ? Le traité du Bardo est du 12 mai 1881, la visite du 27 juin. Voir art. « Tunisie » de *EU* et *Historia*, septembre 1991, p. 104-109.

4. Claude Laroche, *Paul Abadie*, 1988, p. 261-262, relève le groupe de jeunes qui se prive de vin, l'ouvrier obligé de travailler le dimanche, « un pauvre nègre du Basutoland » (extraites du mémoire de Marc Wattel, 1977), une pauvre alsacienne (voir l'abbé Laligant, Montmartre, 1919, p. 51, n. 1, et 1933, p. 45, n. 1).

5. *BVN*, 1883, p. 605 relevé par Christine Lacloche, *La décoration*..., 1975, p. 34.

6. C'est, semble-t-il, le cas de Françoise Dorin, *Nini Patte-en-l'air*, 1990, p. 101, 156, 295-296. Selon un des personnages, le comte de Chambord aurait donné 500 000 F ! Une gambilleuse de Montmartre aurait économisé sur ses dessous. Ce dernier point est repris par Jean Braire, *Sur les traces des Communards*, 1988, p. 172 : « Pendant longtemps il fut dit que les principales donations provenaient de certain « petit métier » de Montmartre, que la Commune avait interdit ». Les « principales », certainement pas ! Mais un certain nombre, pourquoi pas ?

7. Par exemple, le 14 mai 1880, les descendants de Pierre-Paul Riquet, inventeur et constructeur du canal des Deux-mers, ont souscrit pour trente mille francs à la fois la gravure des armoiries de leur ancêtre et la fondation de deux messes « pour prier Dieu de conserver l'union qui existe entre les membres de cette famille et le remercier des grâces qu'il a bien voulu leur accorder » (document aimablement communiqué par M. de Saint-Jorre).

## *IV. DESCRIPTION QUANTITATIVE DES SOUSCRIPTEURS*

### A. Méthode

Christine de Nantes, sous la direction de Jacques Gadille, a mené en 1971 une étude sociologique sur les souscripteurs dont on peut utilement tirer parti. L'imprécision et l'ampleur de la source utilisée, les listes du *Bulletin du Vœu national* ne facilitent pas la tâche. L'auteur a opéré un sondage en tirant au sort une année: 1878. Les dons ont été classés en huit catégories et les donateurs, en cinq: laïcs, ecclésiastiques, associations religieuses, congrégations, souscriptions par voie de presse, la France étant divisée en neuf régions. Les informations furent portées sur cartes perforées et intégrées à un programme publié en manuel et accessible même aux non-spécialistes de l'informatique[1].

### B. Résultats

La majorité des versements (78 %) concernent des sommes inférieures à cinquante francs, 13 % portent sur des sommes comprises entre cinquante et cent cinquante francs, le reste, jusqu'à dix mille francs et plus. Ce serait donc les classes modestes qui ont le plus contribué à la construction de la basilique.

L'étude de l'échantillonnage des donateurs donne les résultats suivants:

| | | |
|---|---|---|
| Laïcs | 278 | 60, 2 % |
| Assoc. religieuses | 60 | 13 % |
| Écclésiastiques | 53 | 11, 5 % |
| Quêtes | 40 | 8, 7 % |
| Congrégations | 21 | 4, 5 % |
| Journaux | 10 | 2, 2 % |

Les dons des laïcs qui remettent leur offrande isolément, à titre personnel, sont prépondérants. Les associations religieuses jouent un rôle non négligeable, mais davantage en province qu'à Paris. Sous cette rubrique, Christine de Nantes a rangé aussi bien les décades (voir ci-dessus, les divers regroupements) et les institutions scolaires que les paroisses et les conférences Saint-Vincent de Paul.

1. Elle cite Norman-Dale, *Statistical Package for the Social Sciences*. New-York, 1970. Le programme est rédigé en Fortran. Elle a travaillé sur un IBM 370/155, avec le professeur Vincent E. Mac-Hale, de l'Université de Pennsylvanie.

Les dons des ecclésiastiques se répartissent en deux catégories : les uns, le plus grand nombre, donnent moins de 150 F, d'autres, plus de 1500 F voire 10 000 F et plus. Cela reflèterait la grande disparité du clergé français, divisé par de forts écarts de revenus.

Les quêtes proviennent surtout du diocèse de Paris (Paris 26, province, 16). Ici encore de grandes différences existent entre les quêtes de province et celles de la capitale, comme entre les diverses paroisses de la capitale. Un même dimanche de janvier 1877, Maisons-Alfort offre 6 F et Saint-Augustin, 3000 F...

Il faut noter au départ qu'un tiers des donateurs n'ont pas donné leur adresse. Abstraction faite de cette inconnue d'importance, la prépondérance de la région parisienne avec 18 % est manifeste. Trois autres régions se détachent ensuite :

| | |
|---|---|
| Provence – Rhône – Alpes – Corse | : 9, 3 % |
| Nord – Normandie – Picardie | : 8 % |
| Bretagne – Pays de la Loire | : 7, 4 % |

## C. Conclusion

L'analyse sociologique de la souscription, toujours d'après le travail cité plus haut, permet de dire que cette collecte nationale est à l'image de l'Église de France de la fin du XIXe siècle et du pays tout entier : écarts de revenus accusés y compris dans le clergé, importance des congrégations et des associations et individualisme de la vie religieuse. Somme toute, le dessein hautement national et collectif auquel visait dès la fin de 1870 Alexandre-Félix Legentil et Hubert Rohault de Fleury a bien trouvé au fil des années son parfait accomplissement.

## *V. HISTORIQUE DE LA SOUSCRIPTION*

Nous faisons ici une sorte de commentaire de la courbe établie à partir de l'ensemble des recettes et présentée parmi les pièces justificatives.

## A. Les débuts héroïques

Les promoteurs laïcs du Vœu national, dès le début, ont donné à leur entreprise une orientation chrétienne et patriotique. Pour eux, la souscription parfaite est une œuvre de prière, de pénitence et de générosité matérielle tournée vers le salut de la France. Le pape n'est jamais oublié, mais il ne vient qu'en brillant second. Sur l'émouvant rapport fait à Mgr Guibert, ce dernier prit la tête d'un mouvement déjà gros de trente six mille catholiques répartis à travers la France entière[1].

Au cours de l'année 1872, marquée par le lancement officiel du Vœu à Notre-Dame de Paris et l'organisation de la Sainte Ligue du Vœu national, le demi-million de francs est atteint.

L'incertitude politique de l'année 1873 fait que malgré le vote de l'Assemblée nationale, les recettes sont moins bonnes que l'année précédente. L'attention des catholiques est attirée par les grands pèlerinages. Au contraire, l'année du concours d'architecture et de la fondation du *Bulletin* (1874), la recette annuelle double et la recette totale atteint le premier million.

La pose de la première pierre (1875) permet de reconduire une recette presque semblable à la précédente. La moitié des offrandes passent alors par l'archevêché (quêtes et souscriptions parisiennes, autres diocèses), un tiers par le secrétariat du comité, 15 % viennent des journaux[2].

## B. Au temps de la chapelle provisoire

La répartition des recettes est ensuite modifiée. Alors même que les difficultés techniques rencontrées dans les fondations de l'édifice et les conditions politiques suscitent un certain découragement, l'arrivée des religieux sur la butte Montmartre en 1876 avec l'ouverture d'une chapelle provisoire, et la systématisation des dons : décades, chapelles, piliers, pierres, ont une influence heureuse. Les pèlerinages peuvent commencer, les souscriptions être reçues sur place, notamment par le frère Marie-Antoine. Le million de francs annuel est dépassé en 1877 et 1878 atteint presque le double. Les religieux en assurent le tiers[3]. Le tournant politique que la France prend a dû finalement encourager les catholiques à prier pour le pays.

1. *BVN*, 1897, p. 37.
2. *BVN*, 1875, p. 422.
3. *PV* du 10 mars 1880 et *HSC*, t. II, p. 2.

Autour de 1880, les choses vont mal, quand bien même la première dizaine de millions de francs est-elle dépassée et que le P. Rey parle de trois millions de souscripteurs [1]. Les puits de fondation ont englouti les recettes. Rien n'est encore sorti de terre. Mgr Guibert célèbre très discrètement une première messe (à la chapelle Saint-Martin). Les lois anticléricales et le projet d'abrogation de la loi du 24 juillet 1873 refroidissent les esprits. Mais la systématisation des souscriptions professionnelles et celle des « mille » redonnent un coup de fouet vers 1883 et 1884. La crypte est inaugurée. Le premier supérieur, le P. Rey, part la tête haute. Arrive le P. Voirin.

1885 et 1886 sont des années à nouveau descendantes. La critique anticléricale s'en prend aux procédés de souscription. Léon Millot dans *La Justice* parle de « l'âpre curée » et de « la mendicité piteuse » des constructeurs [2]. Au second creux de la vague, un argument est souvent repris pour relancer les générosités : que la prospérité de la France est liée à la prospérité du Vœu national [3] ! Tous les procédés de souscription sont menés de front. L'arrivée des centenaires de 1689 et de 1789, liés au mouvement de consécrations du siècle (1889) apporte un regain aux souscriptions, même (et surtout) si l'on se trouve en pleine crise boulangiste. La moitié des recettes provient désormais de la chapelle provisoire, le tiers du secrétariat du Comité et un cinquième de l'archevêché [4]. Le pèlerinage est la principale source de revenus. La deuxième dizaine de millions est dépassée.

Vingt ans pour le Vœu national n'est pas le bel âge. L'ouverture au culte de la basilique en 1891 pourrait faire croire que c'en est fini. Hubert Rohault de Fleury avoue sa lassitude et son découragement. Pour lui, la France, si elle va mieux, oublie de tenir ses promesses. On ne sait plus ce que c'est que le Vœu national [5]. Et le P. Voirin, le premier supérieur proprement dit de la basilique, commence son supériorat avec une situation qui ne s'est toujours pas redressée. Cela n'a pas malgré tout empêché le Secrétaire général de faire le bilan des dons bien repérables :

1100 noms et armoiries de 1 000 F à 20 000 F
250 pierres à 500 F avec initiales en vue
3000 pierres visibles à 300 F avec initiales non en vue
17656 pierres à 120 F non apparentes avec initiales
5000 pierres avec tube en verre et parchemin à 60 F

1. *BVN*, 1882, p. 119.
2. Le 23 janvier 1886. *HSC*, t. II, p. 532 et AHDP.
3. *BVN*, 1887, p. 602.
4. *HSC*, t. III, p. 21.
5. *HSC*, t. IV, p. 123, 208, 434.

Ainsi, sur les vingt millions reçus à cette date, trois à quatre l'ont été par des « gros » dons. Les quatre cinquièmes proviennent de « petits » dons [1].

## C. Un dernier effort très critiqué

Le nouvel état d'esprit à la fin du siècle et les accords franco-russes ne semblent pas favorables à la souscription. Les recettes annuelles se stabilisent vers le million par an (hormis le coup de trompette de Pierre l'Ermite) grâce en particulier aux efforts du P. Lemius qui prend ses fonctions en 1893. L'arrivée de la cloche dite *la Savoyarde* en 1895 (voir chap. 20), le XXV^e^ anniversaire en 1897 (voir chap. 12) sont des occasions de sursaut. On retrouve l'esprit des origines. Les propos d'Alexandre-Félix Legentil en 1872 sont abondamment cités. Prière, pénitence et générosité sont à nouveau simplement réclamés [2]. Cependant certains arguments sont moins relevés. On vante le fait que des noms inscrits sur la face interne des écailles du dôme seront lisibles grâce à l'escalier en colimaçon et on parle de « créance sur le ciel » [3]. Les trente millions sont dépassés en 1896. Hubert Rohault de Fleury reprend espoir après l'échec en 1897 du projet de loi d'abrogation. Il publie en 1898 quelques récits où on le voit (à mots couverts) convaincre sur le terrain de généreux souscripteurs [4]. Dans son roman *Paris*, écrit à cette époque, Emile Zola présente un Mgr Martha assez extraordinaire :

> « Il s'occupait surtout, avec une miraculeuse efficacité, à décupler les souscriptions pour l'achèvement de la basilique du Sacré-Cœur. Rien ne lui coûtait, ni les voyages, ni les conférences, ni les quêtes, ni les démarches chez les ministres, et jusque chez les juifs et les francs-maçons » [5].

Pour ce prédicateur passionné, selon Zola, l'achèvement de la basilique est l'affaire de tous les Français, catholiques ou non. Son prélat tient à la fois du P. Lemius et de Pierre l'Ermite. Quoi qu'il en soit, le grand dôme est enfin achevé et les visiteurs de l'Exposition de 1900 ne verront plus Paris surplombé par son échafaudage. L'achèvement de l'édifice et les changements politiques,

1. *BVN*, 1891, p. 286-290.
2. *BVN*, 1896, p. 10.
3. *BVN*, 1895, p. 442. Cette idée semble cependant ne pas avoir eu de suites.
4. H. de Fleury, *Quelques*..., 1898.
5. Emile Zola, *Paris*, 1898.

déchaînent cependant l'incompréhension. Gustave Téry fait une critique systématique du phénomène Sacré-Cœur de Montmartre, et en particulier de la souscription. Les noms sur les pierres le frappent et pour comprendre le processus d'inscription, Gustave Téry souscrit lui-même une pierre. Il relève surtout des noms aristocratiques, « tout l'armorial de France », les Trévise et les Rochambeau, les La Rochefoucauld et les Montmorency. Il remarque aussi, et avec surprise, les noms de Noilly-Prat et de Marie-Brizard. Des développements féroces suivent sur l'union du cléricalisme sous sa forme « cordicole », de l'aristocratie et de l'alcoolisme ! Les noms des ordres religieux ne passent pas inaperçus. Les conseils donnés non plus. Lisant le *Bulletin du Vœu national*, l'auteur des *Cordicoles* y remarque entre autres une histoire [1] où l'on recommande aux enfants de solliciter les adultes pour remplir leurs cartes du Sacré-Cœur. Il y voit une atteinte au respect de l'enfant. Par ailleurs, G. Téry dénombre quarante-sept troncs dans la basilique, temple, selon lui, de lucre et d'argent... Il dénonce les appels à la générosité des vieilles filles et des « veuves opulentes ». Les procédés des Oblats valent bien ceux qu'on attribue aux Jésuites dans les *Monita secreta* dont une édition de 1901 a été réalisée chez son propre éditeur et qu'il cite lui-même [2]. Pour lui, l'usage de l'argent par les catholiques et le clergé tout particulièrement manifeste leur appât du gain.

L'incompréhension sévit jusque chez un Léon Bloy qui qualifie le Sacré-Cœur, « d'œuvre de vanité plus que de foi » [3]. L'irritent au premier chef la location des chaises et le droit d'entrée pour la visite de la crypte (hors les offices), de la *Savoyarde* et du dôme [4]. Mais, soit dit en passant, que serait une foi qui ne s'exprimerait pas par ces humbles démarches ?

Au début du siècle, en l'espace de trois ans, après l'inauguration du grand dôme, la souscription passe d'un million de francs en moyenne par an à six cent mille. Or, la basilique est loin d'être achevée. Des appels aux catholiques de France sont à nouveau lancés par Mgr Amette, par le chanoine Peuportier, nouveau supérieur de chapelains, et M. Dumas, le nouveau trésorier. Des tracts parviennent jusqu'à *La Lanterne* [5]. Il faut encore élever le campanile, poursuivre

1. Que nous savons être de Hubert Rohault de Fleury.

2. Anonyme, *Les Secrets*..., 1901. E. Marie, « Jésuites » dans *DPCR*, écrit que cet ouvrage est l'œuvre d'un apostat polonais. Gustave Tery, *Les Cordicoles*, 1902, p. 24, 98, 102, 105, 107, 111, 118 et 194.

3. *Journal* du 22 juin 1904 (réf. en 1917).

4. Remarquons que ce n'est pas la souscription elle-même qui est visée mais deux pratiques généralisées à l'époque. La location des chaises est le principal revenu des fabriques (Gérard Cholvy, *Histoire*..., 1987). Les chaises sont des produits nouveaux et de luxe dans les églises comme dans les jardins publics. Quant aux droits d'entrée en dehors du culte, cela correspond à une participation aux frais d'entretien.

5. *La Lanterne* du 30 août 1908 et Mgr Amette, *Appel*..., 1910. AHDP et ASCM.

la décoration, bâtir les annexes. Le clocher est béni en 1912. La guerre de 14-18 n'incite pas tellement à la générosité pour la construction. Lors de la dédicace de la basilique en 1919, le mot d'ordre est : « Français, achevez votre œuvre ! »[1]. Cependant la décoration (du chœur seulement) est achevée en 1923. Grâce à un don extrêmement important de la famille du Bourg de Bozas la sacristie sera construite dans les années trente et par le biais des dommages de guerre et de divers revenus financiers, les annexes sont achevées mais en 1961 seulement... Ceci est une autre histoire !

Il y aurait lieu de s'interroger sur les motivations « profondes » des responsables de la souscription, sur celle des souscripteurs et sur leur décalage. Bien sûr, on peut simplement penser que les uns ne veulent pas perdre la face et que les autres espèrent y trouver leur intérêt soit individuel ou familial soit national. Nous pensons cependant qu'on peut en dire davantage. Dans *La France des patriotes* (François Caron, 1985), les catholiques n'ont-ils pas essayé par cette générosité de manifester leur originalité : leur foi en un Dieu qui se révèle être pleinement homme (individu et communauté) dans la vie des hommes et des patries, en un Dieu qui s'intéresse au salut des individus et des sociétés ? Il faudrait s'interroger aussi sur la correspondance qui à cette époque s'est établie entre la propagation de la foi par le moyen de ces actes de générosité et la publicité de masse en plein développement. Comment « toucher » la totalité des Français et les faire souscrire afin que par leur offrande le Cœur du Christ soit touché et pardonne à la France[2] ? Tel était le problème que Hubert Rohault de Fleury se posait et qu'il a essayé de résoudre.

Ainsi les responsables ont-ils su conjuguer une attente incoercible d'un triomphe temporel et spirituel de la France et de l'Église et une planification pleine d'imagination et d'adaptation. Cet alliage semble rendre compte de la souscription et par là de la construction du Sacré-Cœur. On comprend dès lors que la célèbre formule, « le Sacré-Cœur construit en expiation des crimes de la Commune » en dit trop ou pas assez. Trop en ce sens que de fait cette motivation explicite, malgré le drame qu'elle évoque, est une goutte d'eau dans l'ensemble du dispositif qui recouvre un demi-siècle[3]. Pas assez si on élève

1. Voir le timbre non postal émis à cette occasion (illust.) Selon le catalogue Yvert et Tellier, *Timbres de France*, 1988, les Postes n'auraient jamais émis un timbre avec le Sacré-Cœur de Montmartre comme sujet. Est-ce délibérément ?

2. Voir par exemple une lettre de 1881 : *HSC*, t. II, p. 45.

3. C'est pourquoi la présentation suivante de la souscription pour le Sacré-Cœur nous paraît insuffisante : « Envoyer sa souscription, c'est honorer le Sacré-Cœur, mais c'est aussi protester contre les atrocités anticléricales commises pendant la Commune. Religion et politique sont intimement mêlées » (Pierre Descouvemont, *Thérèse et Lisieux*, 1991, p. 23).

le débat au niveau des visions du monde : l'humanisme athée de l'une et l'humanisme chrétien de l'autre (voir chap. 26). La souscription nationale qui a permis la construction du Sacré-Cœur est surtout le signe d'une Église de France qui a voulu actualiser pour le XIXe siècle ce qu'elle considérait comme la merveilleuse histoire de l'amour du Christ pour la France et le monde (voir chap. 23).

# Chapitre 14
# La construction du gros œuvre et des jardins

Plus de cinq ans se sont écoulés depuis le Vœu prononcé par Alexandre-Félix Legentil de construire une église pour le salut de la France et l'ex-voto de pierre ne sortait toujours pas de terre alors que la souscription avait été couronnée de succès. Il fallait mettre en mouvement tout le dispositif et garder le cap. On se souvient de la décision du cardinal Guibert avec l'accord du comité de construction, le 26 mai 1876 (chap. 11), d'adopter la solution la plus sûre, la plus coûteuse et de fait la plus longue pour les fondations ou infrastructures de la basilique : soixante-dix-neuf piliers de maçonnerie et de meulières de trente-trois mètres de haut allant reposer sur une couche de gypse d'une hauteur de vingt-huit mètres et reliés par des arcs de décharge sur lesquels se fonde une plate-forme[1]. Il faut désormais passer des plans à la réalisation et accepter d'aller de contretemps en contretemps. Mais parallèlement à l'édification du monument, la ville de Paris devait aménager les terrains qui en constituaient les abords. Elle aussi va mettre plus de cinquante pour mettre au point l'écrin de pierre et de verdure du Sacré-Cœur.

1. Voir le plan hors-texte dans *BVN*, 1876. Les quatre piliers de la chapelle des morts viendront un peu plus tard.

## I. DES FONDATIONS À LA CRYPTE

Les travaux furent confiés à la maison Riffaud qui allait rester sur le chantier au moins jusqu'à l'achèvement du grand dôme. Eugène Riffaud est le modèle de l'employé qui succède à son patron. Auparavant, à force de travail sur les chantiers, de cours du soir (de stéréotomie en particulier) à l'École nationale des arts et métiers et de beaucoup d'économies, ce « petit provincial monté à Paris » prend la tête de l'entreprise en 1873. Comme employé, il avait tracé les épures des galeries qui réunissaient le Louvre aux Tuileries, les appareils du pavillon de Flore, de la galerie du bord de l'eau et enfin du pavillon de Marsan. On lui doit aussi le tracé de l'appareil de la chapelle de son école alors en reconstruction. Depuis les « malheureux événements de la Commune », comme entrepreneur, il rebâtit en des temps records l'Hôtel de ville, restaure le Palais-Royal, construit la Caisse des dépôts et consignations, la nouvelle Chambre des députés dans le palais de Versailles. À son actif, parallèlement au chantier du Sacré-Cœur, où il battra les records de lenteur, même si ce n'est pas de sa faute, on lui doit le Comptoir d'escompte, le Crédit lyonnais et la Sorbonne. Eugène Riffaud, appareilleur et tailleur de pierre, une fois achevée la maçonnerie des fondations, s'est trouvé à son aise dans ce monument de pierres de taille où il a mis, dit-on, toute son âme [1].

La solution de l'infrastructure était si coûteuse qu'à la fin de 1878, les recettes en leur totalité, hors la réserve prévue, ont été englouties dans les travaux d'infrastructure. De plus on ne voyait rien sortir de terre et en s'approchant du chantier, on ne constatait qu'un grand trou. Malgré tout, les travaux avançaient et on se préoccupa du « ventre » de la basilique.

En effet, au-dessous de l'église basse accessible aux visiteurs sont prévus des dispositifs invisibles mais importants. À l'aplomb du chœur de la basilique et de la chapelle Saint-Pierre de l'église basse, est réservé un local pour le chauffage [2] ; il constitue une sorte de seconde crypte ou crypte proprement dite si l'on ne dénomme pas ainsi l'église basse. Le procédé de chauffage choisi est celui de Geneste et Herscher qui fait parvenir dans l'église basse et la basilique de l'air chauffé à partir de cloches en fonte, ce grâce à des conduits et des bouches de chaleur. Des ouvertures situées dans la cour-anglaise qui

1. *BVN*, 1876, p. 273 et 1892, p 16. Amiot succède à Riffaud en 1892. Amiot est également un employé de Riffaud (*PV* du 29 février 1892, *HSC*, t. IV, p. 126). La célébrité du « père Riffaud » est parvenue jusqu'à Françoise Dorin, *Nini Patte-en-l'air*, 1990, p. 295.

2. Une enquête serait nécessaire, mais il semble qu'au moins sous le second Empire et même sous la monarchie de Juillet, on ait prévu à chaque fois le chauffage dans les nouvelles églises construites.

entoure l'édifice et reliées à cette (seconde) crypte par deux conduits permettent le renouvellement de l'air [1]. C'est un système très étudié qui caractérise bien le modernisme des responsables, sensibles aux besoins de confort des gens de leur époque. Ce sera un atout considérable pour l'adoration perpétuelle, c'est-à-dire de jour comme de nuit, en hiver comme en été. Là comme à propos de l'expiation, les membres du Comité veulent bien faire pénitence, mais non faire faire pénitence aux autres.

Les égouts, l'eau, le gaz et l'électricité « à tous les étages » sont désormais des viabilités indispensables de la grande ville. Sous la cour-anglaise qui entoure la première crypte, ont été construits, au niveau de la seconde crypte, deux égouts qui récoltent l'eau de pluie depuis les angles est et ouest de la façade sud jusque sous le clocher où ils sont raccordés à ceux de la rue du Chevalier de La Barre [2].

Dès l'ouverture du chantier également des adductions d'eau et de gaz ont été réalisées : la première, par l'égout, la seconde, depuis la rue Lamarck, par les dépendances. De même on fera dès que possible brancher l'électricité (vers 1900). La France pénitente et confiante dans le Cœur du Christ a toutes les raisons de rendre grâce pour les acquisitions du siècle et de les utiliser.

Dans le programme, il était demandé une crypte ou une église basse. Elle est construite de 1878 à 1885, au lieu des trois ans prévus en 1875 [3] et malgré la mort de Paul Abadie en 1884. Pour cette construction, d'importants échafaudages sortent du sol dont certains se moqueront mais qui font voir aux souscripteurs autre chose qu'un grand trou [4] ! L'extension de l'église basse dans ses dimensions actuelles fut décidée sur la réclamation du Comité ; on voulait une chapelle des morts là où Paul Abadie, suivant à la lettre le programme du concours, avait simplement prévu un terre-plein entre les bas-côtés [5]. Cinq caveaux furent aménagés dans le sol [6] dont deux renferment les corps des deux cardinaux fondateurs depuis 1925 [7].

1. Ce procédé est employé jusqu'en 1909 (*BVN*, 1909, p. 250). *HSC*, t. II, p. 272. Dossier dans les ASCM.
2. *HSC*, t. II, p. 6.
3. *BVN*, 1875, p. 513.
4. « Il est sorti un magnifique échafaudage, un gigantesque enchevêtrement de pièces de bois, en hauteur, en largeur, en diagonale, qui ressemble à celui que le Crédit lyonnais a installé. » Voir Pierrot..., *Au hasard*..., 1882.
5. *HSC*, t. I, p. XXI.
6. Ainsi qu'un escalier dérobé qui la relie au local du chauffage.
7. *BVN*, 1925, p. 136-137. Une autre originalité de la crypte est à signaler : entre la voûte de cette dernière et le sol de la basilique sont ménagées des galeries techniques auxquelles on accède par des ouvertures faites dans le dallage de l'église et munies de grilles. Elles facilitent désormais en particulier l'entretien de l'installation électrique.

« Le type d'espace [ainsi constitué par les chapelles et les bas-côtés] est inusité et réellement troublant, [il est] probablement ce que l'édifice présente de plus intense et de plus convaincant » [1].

L'éclairage en est assuré par les fenêtres sur la cour-anglaise qui borde la crypte et que protège un mur de soutènement construit dès juin 1879 pour éviter les éboulements [2].

Quand l'édifice sort de terre, il faut choisir le type de pierre à utiliser. Les responsables à la demande de Paul Abadie se résolvent finalement à supprimer la polychromie de lits de pierre alternés qui faisait un bel effet dans les plans du concours. La raison invoquée est qu'il n'aurait pas trouvé deux pierres de grain et de résistance suffisamment égales pour obtenir une homogénéité satisfaisante [3]. L'église de Montmartre sera donc en blanc (et noir) et non en couleurs...

Vers 1881, les qualités de la pierre sont bien précisées [4]. Le cardinal Guibert, l'architecte, les vérificateurs et les secrétaires de l'œuvre conviennent de trois qualités. Les parties du monument exposées aux influences de l'atmosphère, les points d'appui comme les piliers du grand dôme seront en pierre de Château-Landon ou de Souppes [5]. Les remplissages seront faits en pierre de la Manse [6]. Les parties intérieures supportant peu de charge et destinées à recevoir de la décoration seront en pierre d'Euville [7].

La pierre blanche de Château-Landon ou de Souppes est une pierre d'une qualité idéale puisque son grain ferme et serré est tel qu'il ne retient pas la poussière et que la pluie littéralement la lave. Elle fait rêver et tel journaliste n'hésite pas à la rapprocher d'une pierre de Yougoslavie [8]. Ainsi, tout de blanc vêtu, le Sacré-Cœur allait s'élever dans le ciel de Paris, et attirer un jour l'attention d'un L. -F. Céline :

« C'est le Sacré-Cœur qui me fascine, là-haut en gris pâle sur le bleu... sa masse, son œuf, son sucre doux... » [9].

1. Claude Laroche, *Paul*..., 1988, p. 238.
2. *HSC*, t. II, p. 63.
3. *BVN*, avril 1905, p. 14. André Michel, *Histoire de l'art*, P., 1926, t. VIII, p. 2, pense que c'est pour obtenir une simplicité de l'ensemble.
4. *HSC*, t. II, p. 62.
5. Château-Landon est le chef-lieu d'un canton qui comprend entre autres la commune de Souppes en bordure du Loing, à trente kilomètres de Fontainebleau. Son transport vers Paris en était d'autant facilité. C'est la pierre de l'arc de triomphe de l'Étoile (Julien Guadet, *L'église*..., 1900, p. 114) et Claude Laroche, *Paul Abadie*, 1988, p. 249, note 38.
6. Vallée d'une rivière de Touraine.
7. Dans la Meuse. Celles-ci sont taillées à Saint-Denis ; celles de Souppes arrivent taillées. *HSC*, t. II, p. 260 ; *BVN*, 1885, p. 886, vue de la carrière et p. 835, vue du dépôt.
8. « Au fond d'un joli fjord, le village de Pucisca et ses tailleurs de pierre, la fameuse pierre tendre et blanche de Brac qui servit à la construction du palais de Dioclétien, mais aussi celle de la Maison-Blanche et du Sacré-Coeur. » Viviane Lambert, *Figaro-Magazine* du 9 mai 1987, p. 171.
9. Louis-Ferdinand Céline, *Maudits*..., 1945, p. 28.

## *II. PARTIE BASSE DE L'ÉGLISE PROPREMENT DITE*

### A. La succession de Paul Abadie

Paul Abadie meurt en août 1884 après avoir reçu une dernière visite de ses collègues. La Société centrale des architectes, présidée par Charles Questel est venue admirer son œuvre lors de son congrès de juin[1]. En octobre 1884, le Comité présidé par le cardinal Guibert examine les candidats à la succession parmi ceux qui se sont proposés ou qui ont été recommandés. H. de Fleury est chargé du rapport. Trois noms retiennent l'attention: Henri Revoil, Antoine Bailly et Honoré Daumet[2].

Le premier est un architecte diocésain qui achève la cathédrale de Marseille et restaure des églises dans le Midi. Il est l'auteur d'un livre sur l'architecture romane[3] et Paul Abadie lui a demandé divers conseils. Mais il demeure à Nîmes et n'entend pas déménager: l'éloignement et la crainte de réactions des architectes parisiens ne permettent pas de retenir sa candidature.

Antoine Bailly, membre de l'Institut, président de la Société des architectes français, a fait ses preuves au tribunal de commerce de Paris, au lycée Saint-Louis, à la mairie du IVe arrondissement. C'est l'architecte de Notre-Dame et de l'archevêché, succédant à ce poste à P. Abadie, en 1883. Il connaît plusieurs évêques, c'est un homme facile à vivre. Charles de Fleury appréciait sa collaboration sous le second Empire car ils étaient de la même génération. Par le fait même, il est déjà âgé (soixante-quatorze ans), ce qui peut être un inconvénient. Quoiqu'il en soit, la proposition lui est faite, mais il la refuse.

Honoré Daumet, lui, n'a que cinquante-cinq ans et accepte. Prix de Rome en 1855, gendre de Questel qui fut membre du jury du concours pour le Sacré-Cœur, élu par les participants, il a travaillé au Palais de justice avec Louis Duc, au château de Saint-Germain-en-Laye, au théâtre d'Orange. Au château de Chantilly, il s'est acquis l'estime du duc d'Aumale. Les religieuses de Notre-Dame de Sion le connaissent bien: il a construit leur pensionnat et leur chapelle de la rue Notre-Dame des Champs ainsi que leur église de l'*Ecce Homo* à Jérusalem[4]. Les relations orléanistes des Legentil sont-elles pour quelque

1. *HSC*, t. II, p. 138-142.
2. *HSC*, t. II, p. 152-156, séance du 22 oct. 1884.
3. *Architecture romane du midi de la France dessinée, mesurée et décrite*. P., A. Morel, 1867 ; 3 vol. in-folio, 50-XXVI + 68 + 43 pp, 220 planches.
4. Lettre de la supérieure à propos de sa démission au cardinal. AHDP, SC, c. 3.

chose dans son choix ? Rien ne le prouve à ce jour. En tout cas, sa réputation d'homme à la fois charmant et sérieux, au surplus chrétien pratiquant ont dû jouer. Son enseignement professoral enfin qui défend la tradition italienne et l'art classique n'a guère dû inquiéter [1]. Il sera élu à l'Académie des beaux-arts peu après sa nomination comme architecte du Sacré-Cœur [2]. Il devient aussi inspecteur général des Bâtiments civils [3].

Aux yeux des responsables, l'opposition entre le courant des architectes diocésains (Abadie, Revoil, Bailly) et le courant des « Beaux-Arts » (Guillaume, Garnier et Daumet) ne semble avoir joué aucun rôle, d'autant qu'on pouvait considérer le projet Abadie comme un projet synthétique. Et pourtant, du fait de sa personnalité, de ses idées ou des deux réunies, Honoré Daumet va s'opposer bientôt et durement au Comité au point d'être démis de ses fonctions deux ans à peine après son arrivée.

## B. Honoré Daumet

Très vite, le nouvel architecte envisage de repenser complètement le monument et de proposer ou d'imposer au Comité un quasi nouveau projet. Il songe à surélever l'ensemble et le chœur en particulier, en vue d'éclairer directement ce dernier, à abaisser le clocher (le déambulatoire étant alors en chantier), à modifier les arcs du chœur, les voûtes, les petites coupoles. Le système d'évacuation des eaux de pluie ne lui convient pas. S'il obtient un accord du Comité sur certains points, il s'avance sur d'autres et réalise divers aménagements dont les prix sont jugés excessifs [4].

L'affrontement éclate entre le nouvel architecte et H. de Fleury qui est membre de la commission de délégation. Dès le 2 mars 1885, ce dernier demande à Mgr Guibert le départ de Daumet. Mais l'archevêque temporise [5]. Il semble aussi que la santé d'Alexandre Legentil ne lui permette plus de jouer un rôle de conciliateur comme il l'avait fait au départ des travaux avec Abadie.

1. Selon *Le Temps* du 13 juin 1886 dans *HSC*, t. II, p. 526.
2. Annoncée dans le *BVN* du 10 novembre 1884, p. 808.
3. François Loyer, « Biographies... », dans Charles Garnier, *À travers...*, 1869, p. 248 et Claude Laroche, *Paul Abadie*, 1988, p. 250, note 46.
4. Projets mentionnés dans les documents qui suivent. Voir aussi les documents graphiques aux ASCM et *BVN* 1912, p. 281.
5. H. de Fleury, « Rapport... », 2 mars 1885 dans *HSC*, t. II, p. 165-173.

Les choses s'enveniment. En juillet, Henri Rauline qui est demeuré conducteur des travaux et bien qu'il ait été un temps l'élève d'Honoré Daumet, établit un long rapport sur les « méfaits » de l'architecte envers l'œuvre d'Abadie qu'il appelle désormais son « maître » [1]. La basilique continue à s'élever, mais les rapports entre l'architecte et le Comité se tendent de plus en plus. Mgr Richard convoque pour le 2 décembre 1885, au nom du cardinal, le nouvel architecte en présence de la commission de délégation constituée de H. de Fleury, de A. Legentil, de Ferdinand Riant et de Michel Cornudet pour le sommer de respecter les plans et les règlements primitifs et lui annoncer la constitution d'une commission d'experts au jugement de laquelle il devra se soumettre. Celle-ci comprend Ch. Garnier, Antoine Bailly et Joseph Vaudremer [2]. H. Daumet présente à cette occasion plusieurs notes explicatives sur ses intentions [3].

En janvier 1886, un numéro supplémentaire du *Bulletin* redit la confiance des promoteurs, leur appel à la générosité, renseigne sur l'état des travaux mais, avec sagesse, n'expose pas aux souscripteurs les difficultés qui opposent l'architecte aux responsables du Vœu [4]. Néanmoins la presse s'empare du différend. Les archives conservent et l'*Historique* de H. de Fleury présente une trentaine d'articles sur le sujet. Pour sa part, Honoré Daumet semble, et cela lui sera reproché, visiblement lié au *Temps* [5].

Le rapport des experts est formel : sans rien préjuger des avantages respectifs des divers projets, il faut respecter celui de Paul Abadie tel qu'il est connu, tel qu'on doit le préciser si besoin est [6]. Tant et si bien que, le 15 mars 1886, Honoré Daumet doit cesser ses fonctions [7]. H. de Fleury estime à quatre cent mille francs les dépenses entraînées par les modifications de Daumet et à trois cent mille francs les travaux de retour au plan initial [8].

1. Henri Rauline, « Rapport... », 14 juillet 1885 dans *HSC*, t. II, p. 217-224. Voir aussi « Note sur la construction modifiée des voûtes du pourtour du choeur » (27 septembre 1885); « Note sur les modifications projetées aux voûtes de la crypte » (11 octobre); « Note sur l'écoulement des eaux » (20 octobre 1885), dans *HSC*, t. II, p. 225-233.

2. *HSC*, t. II, p. 216. La commission, pour être à majorité « diocésaine » (J. Vaudremer et A. Bailly ont d'abord été contactés, *HSC*, t. II, p. 192 vers août 1885) ) n'en comprend pas moins le chef de file des « Beaux-Arts », Ch. Garnier.

3. Honoré Daumet, « Note explicative des modifications proposées au projet pour la construction et note pour justifier l'établissement dans les escaliers secondaires des conduites d'eau des toitures » (2 décembre 1885) dans *HSC*, t. II, p. 234-239.

4. *BVN*, suppl. janvier 1886, 24 p., repris dans *BVN*, 10 janvier 1886 et dans *Le Monde*, *Le Figaro*, *La Défense*, *La Gazette de France* et *La Liberté*.

5. *HSC*, t. II, p. 492-546; p. 268 et 471.

6. » *PV* du 11 février 1886 » dans *HSC*, t. II, p. 248. Même s'ils écrivent à nouveau pour se plaindre du traitement infligé à leur collègue : « *PV* du 24 mai 1886 » dans *HSC*, t. II, p. 259.

7. *HSC*, t. II, p. 478-482, lettres de l'automne 1886 pour régler le contentieux.

8. Lettre de H. de Fleury au cardinal Richard en date du 3 août 1902. AHDP. Voir aussi *HSC*, t. II, p. 464-465.

Entre-temps Honoré Daumet a fait circuler en sa faveur une lettre de Sainte-Marie Perrin, l'architecte de Fourvière, qui se montre assez sévère pour l'édifice du Sacré-Cœur à peine sorti de terre :

> « Je prends grande part, je vous assure, à vos tribulations. Il vous faudra un beau dévouement pour continuer dans de telles conditions une œuvre de cette importance. Je regrette fort pour l'édifice que vous n'ayez pas une plus grande liberté. Peut-être était-il temps de lui donner ce je ne sais quoi qui est la vie d'un monument. Cela me semble absolument manquer au Sacré-Cœur. L'archéologie y tient une trop grande place. Le souci des rapports, des proportions ne s'y fait pas sentir ; mais comment remédier à cela si l'on n'est pas libre. Je m'étais réjoui de votre nomination pour l'édifice. Faudra-t-il le regretter pour vous ? » [1].

Ce « je ne sais quoi » qui manquerait au Sacré-Cœur selon les termes employés par Sainte-Marie Perrin répond en somme au qualificatif de « bataclan » qu'Abadie décernait à Fourvière (voir chap. 10). Sont-ce des réflexions qui renvoient à deux écoles architecturales bien distinctes ou qui mettent en jeu une simple question de personnes ? Pour le chroniqueur architectural du *Temps* :

> « Les deux architectes (Abadie et Daumet) sont séparés par un abîme. L'accouplement de ces deux tendances si radicalement différentes ne pouvait faire naître qu'un conflit. Voilà le vrai mot de l'incident » [2].

H. Daumet aurait-il dû s'effacer devant le projet primé et ne pas chercher à le construire en fonction de sa propre logique, au détriment de celle d'Abadie ? Il reste étonnant que les responsables du Vœu national se soient risqués à une telle succession. Mais comment savoir s'ils avaient même eu conscience au départ de tout ce qui pouvait séparer les deux architectes sur les plans esthétique et technique ? Les voici en tout cas, à nouveau, en quête d'un architecte.

## C. Charles Laisné, H. Rauline et l'église haute

En mai 1886, quatre candidats se présentent pour ce poste en vue et non sans risques, comme on vient de le voir : Hardy et Simil, architectes du diocèse de Cambrai, Varcollier et Esnault-Pelterie. Mais le choix se porte finalement sur un autre nom : Charles Laisné, deuxième grand prix de Rome en

1. *HSC*, t. II, p. 252. Lettre du 21 février 1886.
2. *HSC*, t. II, p. 526, article du 13 janvier 1886.

1844. Membre, a cette date, de la commission des Monuments historiques, il restaure Notre-Dame d'Étampes et l'abbaye d'Ourscamps. Il est nommé professeur d'architecture à l'École des beaux-arts en 1863. Comme architecte diocésain et architecte des Bâtiments civils, il restaure les cathédrales de Vienne, de Sens et de Gap ainsi que Notre-Dame de Dijon. À Paris, on lui doit l'École supérieure de pharmacie de Paris et, en 1881, le lycée Janson-de-Sailly avec sa chapelle « néo-gothique ». Dès lors, de 1887 à sa mort (en 1891), il dirigera les travaux du Sacré-Cœur de concert avec H. Rauline [1].

Assise après assise, la partie inférieure de l'église haute s'est achevée. La façade est débarrassée de tous ses échafaudages en mai 1889. Elle diffère du projet Abadie sur un point précis : l'absence d'une sortie directe de la crypte donnant, par un tunnel sous le parvis, dans les jardins prévus par A. Alphand. Certes, au niveau du perron, cela n'aurait rien changé. Mais le dégagement de la crypte en contrebas aurait fait gagner à la face sud une ampleur qu'elle n'a pas depuis seulement le bas du grand escalier actuel. Lors du jugement du concours, on avait reproché au projet d'Abadie les deux angles rentrants des chapelles sud et de la tribune du grand orgue qui soulignaient le caractère étriqué de l'ensemble. Abadie avait promis de remplir ces angles [2], mais n'en fit rien. En 1887, on ne se préoccupa pas de l'aménagement de cette entrée de la crypte, jugé non urgent [3]. Telle quelle, la sortie en question est encore prévue en 1894 [4]. Elle a existé et elle a servi pour les travaux jusqu'en 1905, date à laquelle il a fallu la combler car son aménagement définitif se serait fait dans un terrain qu'il fallait rendre à la Ville [5].

Si Paul Abadie disparaît lorsque la crypte est à peu près achevée, Charles Laisné, lui, meurt l'année de la bénédiction et de l'ouverture au culte de l'église haute. À cette date, la partie supérieure de l'édifice est encore en construction. Mais il y a vingt ans déjà que le Vœu national a été solennellement prononcé !

1. *BVN*, 1891, p. 90, nécrologie. Tous les deux doivent signer les ordres. *HSC*, t. III, p. 5. En fait, l'examen des mémoires d'entrepreneurs de 1888, par exemple, semble montrer que Rauline joue le rôle principal.

2 *PV* du 26 jan. 1876. ASCM.

3. *PV* du 7 déc. 1887 : « Les modifications des rues obligent à accepter des changements de tracé pour le projet de tunnel donnant dans la crypte, au sud de la basilique. La rue Lamarck, actuellement tracée, va 33 mètres plus loin au sud que l'ancienne rue Chasseloup-Laubat. Il en résulterait un tunnel de 50 mètres... et une augmentation de dépense de 300 000 f. Ce projet peut être abandonné car nous avons diverses autres entrées convenables ». *HSC*, t. III, p. 8. Le décret d'alignement de cette rue est du 10 octobre 1881. Voir Ville..., *Nomenclature*..., 1972. Ce changement de tracé de la rue Lamarck fera que la ville cèdera à l'archevêché 1600 m2 de terrain supplémentaire : voir ci-dessous, les jardins et viabilités.

4. Voir Guy de Pierrefeu, *Montmartre*..., 1894, p. 68.

5. Voir ci-dessous et *BVN*, 1905, p. 57, ainsi que *PV* du 9 mars 1905, p. 7. ASCM, 14, 01.

# *III. LES HAUTEURS*

## A. Charles Garnier, Henri Rauline et les coupoles

On sait peu que le quatrième architecte du Sacré-Cœur, de 1891 à 1894, est Charles Garnier qui accepte d'être l'architecte-conseil de l'archevêché et du comité du Vœu national. Son rôle est loin d'y être négligeable (voir chap. 10). Il en profite également comme le maître de maison pour faire visiter le chantier de la basilique par un congrès de deux cents architectes qui admirent l'ex-voto en construction [1]. H. Rauline prend la direction effective du chantier qu'il connaît à vrai dire depuis quinze ans.

Le chef de travaux de Paul Abadie s'attaque aux cinq coupoles pour lesquelles il doit vraisemblablement utiliser des dessins laissés par les trois architectes antérieurs à Ch. Garnier et revus par ce dernier. Le Comité fait également suivre son travail par Cyrille Boutillier, inspecteur général des Ponts et Chaussées [2].

Pour élever en toute sécurité les cinq coupoles, Rauline et Boutillier vérifient la stabilité générale de l'édifice, car l'alerte a été donné par quelques décollements de joints dans le déambulatoire et en divers endroits de l'édifice [3]. Des procédés de renforcement des substructions et dans les combles parviennent à réduire de moitié la pression qui s'exerce au centimètre carré [4]. Dès lors la grande coupole prend son envol pour culminer à 84 m de haut, recouverte en pierre de Château-Landon sur les conseils instants de Cyrille Boutillier [5]. Sa forme même se justifie selon H. Rauline par des calculs d'équilibre des forces. Son accès est aisé comme l'exigeait le programme de la construction. Quatre escaliers ménagés dans les faces est et ouest, puis le long du dôme conduisent à la galerie extérieure. À partir de quoi, l'accès au sommet se fait à l'intérieur de la double enveloppe de la coupole, par deux escaliers, puis un seul en colimaçon.

1. Organisé par la Société centrale des architectes dont il est président, le 19 juin 1891. Voir *HSC*, t. IV, p. 82.

2. Nécrologie, *BVN*, 1918, p. 200. Il est membre du Comité de 1898 à 1918.

3. *HSC*, t. IV, p. 94 et 357-369.

4. Henri Rauline, « Notes sur les études de stabilité de l'église du Voeu national, (Paris, octobre 1894) » dans *HSC*, t. IV, p. 357-364 et Cyrille Boutillier, « Mémoire sur la stabilité du grand dôme... », dans *HSC*, t. IV, p. 364-369. C. Boutillier a fait appel à un calculateur attaché (pendant trente ans, selon une communication orale de René Hulot) au bureau des études du Sacré-Coeur, J. Goichot, auteur d'une vue de profil de la basilique (conservée aux AHDP et reproduite dans Claude Laroche, *Paul*..., 1988, p. 243) et de plans conservés par René Hulot.

5. En trouvant des astuces pour alléger l'ensemble : Edmond Franck, *La basilique*..., 1901, s'en entretient avec H. Rauline : plus les pierres sont hautes, moins elles sont épaisses ; il a ainsi gagné six cents kilos.

En 1899, H. Rauline appose sa signature sur le lanternon de la coupole, débarrasse la basilique de ses derniers échafaudages et se consacre désormais aux travaux de décor de l'ensemble, non sans projeter aussi un très grand clocher qui ne verra jamais le jour selon ses plans car les difficultés vont s'accumuler avec les maîtres d'ouvrage.

En 1905, la commission de délégation décrit ainsi la situation devant le Comité présidé par le cardinal Richard, alors même qu'il avait été décidé –depuis juillet 1904- de se passer des services de Rauline[1] :

> « Nous devons vous faire connaître certains faits[2] et certaines réclamations qui témoignent de la dangereuse indépendance dans laquelle, depuis plusieurs années, il [Rauline] cherchait à se tenir vis à vis de la Commission dont il essayait, sans relâche, de déjouer le contrôle et la direction, dissimulant les avaries du monument, et engageant, sans ordres et sans crédits, contrairement à son mandat, des dépenses qu'à chaque instant nous avons maintenant à régler »[3].

Dans ces conditions en effet, H. Rauline ne pouvait plus se maintenir sur le chantier.

## B. Lucien Magne et le clocher

Le cardinal Richard et le Comité décident alors de remplacer H. Rauline par M. Morot[4], comme simple conducteur des travaux, et par ailleurs de faire appel à un architecte-conseil comme au temps de Ch. Garnier.

Lucien Magne a d'abord été, avec son père, conducteur, inspecteur puis architecte de la ville de Paris. À ce titre, de 1873 à 1885, il construit principalement des marchés. Dans l'administration des Édifices diocésains, il est rapporteur au comité des Inspecteurs généraux – A. de Baudot et J. Vaudremer apprécient alors ses services – puis architecte diocésain d'Autun et de Poitiers.

1. *PV* du 26 juin 1905. ASCM, 14. 01.
2. Il est question de la dissimulation d'un plan de nivellement de juin 1892 qui aurait été fort utile à Cyrille Boutillier.
3. *PV* du 9 mars 1905. ASCM 14. 01. En 1902, déjà, H. de Fleury écrivait au cardinal Richard : « Notre architecte s'est aperçu qu'il avait fait une énorme maladresse et il s'efforce de la réparer; il est venu me voir accompagné de notre cher collègue, monsieur Boutillier, il m'a solennellement promis tout son dévouement et il nous en fournira la preuve en apportant toute espèce de travail demandé. Il renonce à toute réclamation au sujet de son traité et se remet enfin, sans réserve, à notre disposition. » AHDP, c. 3. Apparemment, les difficultés continuèrent de s'amonceler.
4. *BVN*, suppl. avril 1905, p. 16. Il est mentionné comme collaborateur de H. Rauline dès 1898 (voir *BVN* except. sur la clef de la coupole dans *BVN* suppl. nov. 1898, p. 12).

Pour les Monuments historiques dont il devient inspecteur général, il restaure églises, hôtels, hôpitaux, abbayes et vieilles maisons [1]. Architecte privé, il édifie de nombreux hôtels particuliers dans Paris et plusieurs châteaux [2].

Professeur d'histoire de l'architecture à l'École nationale des beaux-arts, il publie un rapport sur le Parthénon après deux missions en Grèce (1895). Il enseigne les arts appliqués au Conservatoire national des arts et métiers; il traite du vitrail et de l'art dans l'habitation moderne et l'architecture au XIXe siècle dans des ouvrages réputés qui ne manqueront pas de lui faciliter son travail d'architecte au Sacré-Cœur.

D'abord chargé d'une expertise et d'un état des lieux, Lucien Magne deviendra par l'adoption de son projet de campanile, l'architecte quasi titulaire de la basilique. Or, son père Auguste et lui, rappelons-le, avaient concouru pour le Sacré-Cœur en 1874 et, qui plus est, obtenu une mention. Trente plus tard, à cinquante-cinq ans, ce catholique pratiquant qu'était Lucien Magne se voit confier la tâche d'élever le campanile, de parachever le décor de l'église et de construire ses dépendances. Il meurt, en 1916, sans avoir pourtant achevé sa mission [3].

Le jury du concours avait peu apprécié le clocher d'Abadie tant pour son emplacement (au-dessus de la chapelle de la Sainte Vierge) que pour des raisons de stabilité et d'allure générale. Il fut question alors de le changer de place voire même de le supprimer [4]. H. Daumet le maintient tel quel mais diminue sa hauteur [5]. En 1901, H. Rauline propose un clocher de cent vingt mètres, ce qui aurait nécessité d'agrandir les piles [6]. Puis les choses en restent là. Un temps, Mgr Richard et le Comité envisagent la suppression pure et simple du clocher et une toiture pour la chapelle absidale. Ils demandent plusieurs projets en ce sens [7]. Comme il faut cependant un abri digne de *la Savoyarde*, on finit par adopter le projet de campanile de Lucien Magne. Des contreforts

1. En particulier, la tour d'Evrault à l'abbaye de Fontevrault dont la toiture n'est pas sans présenter un air de famille avec celle du clocher du Sacré-Coeur: voir Jacques Benoist, «Des cuisines de Fontevraud...», dans *Montmartre-Orientations*, Pâques 1987.

2. Curriculum vitae et notice polycopiée tirés des archives du ministère de la Culture, aimablement communiqués par Catherine Brisac.

3. Nécrologie en *BVN*, 1916, p. 163. Ainsi la mort (P. Abadie, Ch. Laisné, L. Magne) vient-elle par trois fois trancher les problèmes de relation entre architectes et maîtres d'ouvrage. L'autre solution à ces problèmes, presqu'à part égale, est la rupture de contrat puisque, le cas de Charles Garnier mis à part, Daumet et Rauline ne seront pas maintenus; tout de même, que le dernier architecte en titre de la basilique, Jean Hulot (et son fils René, lui aussi architecte) qui succède à Magne en 1916 (*BVN*, 1916, p. 248) et part en 1960.

4. *PV* du 26 janvier 1876. ASCM, 14. 01.

5. Voir Claude Laroche, *Paul...*, 1988, p. 242.

6. *BVN*, n° suppl. avril 1905, «Histoire d'un clocher», p. 15 et surtout Ed. Franck, Le *Sacré-Coeur*, 1901, p. 408.

7. *BVN*, suppl. avril 1905, p. 17 et 21.

intérieurs et le renforcement des murs de soubassements permettent d'élever entre 1905 et 1912, un clocher de même hauteur que la dôme et offrant toute garantie de sécurité [1]. On y accède par deux escaliers placés aux entrées est et ouest du déambulatoire de la basilique, le cheminement se poursuivant par la toiture du chevet de la basilique [2].

## *IV. PROBLÈMES D'ENSEMBLE*

### A. L'élévation du monument et sa silhouette

La comparaison entre le projet primé au concours et l'édifice actuel fait apparaître une notable différence d'élévation [3]. Alors que le dôme d'Abadie devait culminer à quarante-cinq mètres et son clocher à environ soixante-quinze mètres, le dôme et le campanile réels atteignent la hauteur prévue pour le seul clocher. Dès le mois de janvier 1876, à la suite des critiques émises au moment du concours (chap. 10), Paul Abadie aurait accepté une « surélévation du grand dôme » [4], mais un dessin daté de 1881 n'en laisse encore rien paraître [5]. Quant aux voûtes de la basilique même, le premier successeur d'Abadie devait les surélever de quatre mètres, ce qui à la réalisation a laissé des traces encore visibles [6]. Il en est de même à la base du tambour de la grande coupole. Finalement, c'est avec Rauline qu'elle a pris son aspect plus étiré en hauteur.

Vers 1903, sous la plume du Secrétaire général qui collecte documents et souvenirs est proposée une explication à tous ces changements : P. Abadie aurait augmenté de moitié (de trente à quarante cinq centimètres) la hauteur

1. *PV* du 26 juin 1905. ASCM, 14. 01.
2. Toutefois les escaliers directs depuis les angles sud-est et sud-ouest des chapelles de la Sainte Famille de la crypte et de la Sainte Vierge de la basilique ont été supprimés lors des réaménagements opérés par Lucien Magne.
3. Sur tout ce point, voir bien sûr, Claude Laroche, *Paul*..., 1988, surtout p. 250, n. 58.
4. *PV* du 26 jan. 1876. ASCM, 14. 01.
5. Voir Nele Van der Meer, « Chronologie... », p. 254, dans Claude Laroche, *Paul*..., 1988 et celui-ci p. 243.
6. Voir la rangée de colonnettes dans les façades latérales. Voir l'interview de H. Daumet dans *Le Temps* reproduite dans *HSC*, t. II, p. 217.

des assises du monument[1], d'où une crypte plus haute que prévu[2], ce qui expliquerait le caractère un peu abrupt des escaliers qui relient cette dernière à la basilique près de la table de communion et la nécessité qu'il y eut de multiplier à peu près par trois le nombre des marches du perron par rapport au projet initial, de même qu'on fut contraint ainsi d'accroître les escaliers en façade de la crypte pour rejoindre un perron surélevé. Mais il faudrait assurément poursuivre l'enquête architecturale de détail pour parvenir à une parfaite compréhension de cette silhouette unique au monde et de sa victorieuse genèse.

## B. L'élévation du monument et son éclairage naturel

S'il y a bien eu élévation de la crypte, cela s'est fait au profit de sa luminosité qui, pour être parcimonieuse, n'en est pas moins inhabituelle pour un tel lieu. En revanche, la situation est toute différente dans la basilique même. Le projet prévoyait pour l'ensemble une principale source de lumière par la coupole, à quoi s'ajoutait pour le chœur le rayonnement des fenêtres du déambulatoire. Ce projet correspondait au goût d'Abadie qui, d'après son confrère Ch. Garnier, affectionnait les église sombres : « Les esprits mystiques aiment le demi-obscur, les esprits ordinaires aiment à voir clair »[3].

Compte tenu de la surélévation de la coupole exigée par le Comité au tout début, il faut selon Daumet surélever l'ensemble de quatre mètres et par voie de conséquence le chœur de l'église, de façon à ouvrir des fenêtres qui puissent l'éclairer directement. Mais un tel parti entraîne de lourdes dépenses supplémentaires qui font reculer le Comité. Sa décision est dès lors sans appel :

> « Le Comité [...] reconnaissant [...] que l'utilité de l'éclairage du chœur n'est pas démontrée, que les dépenses nécessitées par la nouvelle composition ont une grande importance, que l'achèvement de l'église en serait retardé et qu'enfin le caractère primordial de l'édifice pourrait être affecté par ces changements [...] est d'avis qu'il n'y a pas lieu de modifier la composition primitive du projet »[4].

1. On la trouve en *HSC*, t. I, p. 206 ; *BVN*, suppl. avril 1905, p. 14 ; *BVN*, 1916, p. 163.
2. *BVN*, 1916, p. 163.
3. Interview au journal *Voltaire* rapporté par *HSC*, t. II, p. 508. Dans ce genre de réflexion, on n'oubliera pas l'opposition entre les classiques d'avant la Révolution qui veulent un éclairage en fonction de la lumière du jour et les romantiques qui préfèrent l'obscur. Au Sacré-Coeur, ces derniers ont effectivement de quoi être tout à fait satisfaits !
4. *HSC*, t. II, p. 248.

Une décision qui a peut-être sauvé ou accéléré l'achèvement final, mais qui n'a pas permis de faire entrer assez de lumière dans le chœur et dans la basilique, d'autant que l'exhaussement de la coupole a éloigné du chœur et de la nef la source de lumière directe qu'elle apportait par ses ouvertures. Circonstance aggravante, l'installation du grand orgue devant les verrières de la façade sud a pour résultat de les obstruer à peu près complètement [1].

H. de Fleury est conscient de ce problème d'éclairage. Il recommande en ce sens des mosaïques qui réfléchiraient davantage la lumière et des vitraux « colorés mais modérément de façon à laisser passer le plus de lumière possible » [2]. Des critiques s'élèvent à ce sujet dès 1893 auxquelles essaie de répondre Hubert Rohault de Fleury :

> « Nous supplions nos lecteurs de ne pas juger les choses ; qu'ils attendent que l'œuvre soit faite et nous ne doutons pas que ce qui paraît défectueux maintenant, ne paraisse raisonnable alors. Par exemple, l'effet sera complet quand l'église sera éclairée par la lumière diffuse du grand dôme, tandis que, maintenant, les verrières du bas éblouissent » [3].

Il n'en sera rien, d'autant que les fenêtres mêmes des chapelles restent plutôt étroites. L'abbé Laligant en 1919 reconnaît cet état de fait et le déplore :

> « Les vingt grandes baies de la coupole qui, théoriquement, devaient inonder de jour tout l'intérieur, sont trop surélevées au-dessus du tambour à galeries aveugles ; elles n'éclairent ainsi que très indirectement l'immense cul de four du chœur » [4].

Pour éclairer la basilique, on eut recours d'abord au gaz [5] que remplace l'électricité dès 1901 [6]. Depuis de multiples modèles de luminaires ont été mis en place sans convaincre vraiment [7], d'autant qu'il faut tenir compte au moins de trois activités différentes plutôt concurrentes : l'adoration perpétuelle, les offices (petits et grands) et la visite du monument. À ce problème de la luminosité s'ajoute celui du noircissement intérieur des parois dû à la poussière des visiteurs et à la fumée des cierges, projetée contre elles par le chauffage à air chaud. Les divers ravalements intérieurs ont été vite oubliés [7].

1. À l'exception de la baie centrale qui laisse passer le jour depuis qu'une ouverture au cours des années 1960 a été pratiquée dans le buffet d'orgue.
2. H. Rohault de Fleury, *Base...*, 1891, t. III, p. 9.
3. *BVN*, suppl. mai 1893, p. 7.
4. Pierre Laligant, *Le Sacré-Coeur...*, 1919, p. 69.
5. *HSC*, t. IV, p. 201-204.
6. Edmond Franck, *Le Sacré-Coeur...*, 1901 et *BVN*, 1901, p. 684 et suppl. p. 15.
7. Au départ, le cardinal et Abadie (H. de Fleury, *Base...*, 1891, p. 12) voulaient des lampadaires reposant sur le sol et non suspendus aux voûtes. Il y en eut au gaz et à l'électricité. Des lustres furent malgré tout suspendus dans le choeur et dans les arcs. Tout fut enlevé vers 1960 pour installer des projecteurs placés en haut des piliers. Vers 1983, des lampadaires furent suspendus à partir des voûtes.
8. *HSC*, t. IV, 223 et 380 et un général en 1971.

# *V. LES ABORDS DU SACRÉ-CŒUR*

La ville de Paris en achetant les terrains de la Butte Montmartre vers 1863 comptait les aménager en un « jardin dans la ville » comme dans d'autres quartiers de Paris et y construire un réservoir. Il ne semble pas qu'il y eut à l'époque de véritables projets vraiment élaborés. Le vote de l'Assemblée nationale en 1873 dessaisissait la ville de la moitié du sommet proprement dit. Dès lors, il ne lui incombait plus que l'aménagement du reste : c'est-à-dire l'autre moitié du plateau, l'église Saint-Pierre et le terrain qui se trouvait sur son côté sud, et sur la pente sud-est, jusqu'à la place Saint-Pierre, située, elle, en contrebas. Cinquante ans vont être nécessaire pour donner au Sacré-Cœur son apaisant marchepied de verdure, mais cela ne se fera pas sans d'abord aviver la tension entre l'archevêché et l'administration municipale.

## A. Les projets de jardins et les premières réalisations

Le programme du concours de 1874 ne s'intéressait pas explicitement aux abords. Certains concurrents primés avaient satisfait malgré tout à cette exigence (voir chap. 10). Paul Abadie, pour sa part ne laissa qu'un croquis à partir duquel H. Clerget dessina un projet provisoire d'escalier monumental[1] : on y voit une rampe reliant directement la place Saint-Pierre à l'entrée en façade de la crypte, tandis que des escaliers obliques rejoignent le parvis. Ce dispositif prenait vraiment le Sacré-Cœur comme point d'aboutissement de la perspective, la butte Montmartre devenant la butte même du Sacré-Cœur[2]. À l'époque de ce projet, un dessin déposé « rêve » les abords de l'ex-voto national[3]. En 1878, un projet similaire, mais sans escaliers obliques, paraît dans le *Bulletin*[4].

Le programme du concours ne réclamait pas un projet pour les abords parce que certainement Adolphe Alphand avait le sien qui devait ressembler à ce

1. Voir illust.

2. Claude Laroche, *Catalogue Abadie*, 1984, p. 222, souligne le fait que Paul Abadie semble assez peu urbaniste. Le Sacré-Coeur serait sur certains points peu conçu en fonction de sa situation en haut de colline et poserait des problèmes de perspective lorsqu'on l'approche par le bas.

3. Son auteur aurait certainement eu bien du mal à réaliser ce plan ! Serait-il de Hubert Rohault de Fleury, On semble deviner sa signature en bas à droite. Voir *BVN*, 1875, p. 498.

4. Il semble être signé E. Tourfaut (dessinateur) et E. Mathieu (graveur) : *BVN*, 1878, suppl. mai, p. 3.

qu'il avait fait ailleurs et qui sera connu plus tard. Mais avant d'envisager une solution d'ensemble, il fallait, sans préjuger de l'avenir, parer au confort des riverains. Vers 1878 (pour l'Exposition universelle ?), la partie inférieure de la pente comprise entre l'école de la rue Foyatier, la place Saint-Pierre et le marché Saint-Pierre, c'est-à-dire *grosso modo* l'espace, intérieur et extérieur, des rampes actuelles en fer à cheval, est aménagée en un petit square (sur un plan d'Alphand ?)[1]. Dès lors, la partie haute de la face sud et la partie est de la Butte restent en terrain vague pendant dix ans environ[2].

Adolphe Alphand, toujours directeur des jardins de la ville, présente son propre plan d'ensemble (en dessin) à l'Exposition universelle de 1889, projet qui devait bien être dans ses cartons depuis la préparation du concours de 1874. Il consistait seulement en des sentiers serpentant sur la colline parmi des bosquets et des rocailles. Ç'eut été les Buttes-Chaumont ou le bois de Boulogne au pied du Sacré-Cœur, un Montmartre champêtre enserrant une église à laquelle ne conduisait aucun chemin direct...

Faute de moyens, la ville ne pouvait réaliser tous les travaux en une fois. Le projet fut réalisé par étapes, Alphand décédant en 1891. Dès 1885, on entreprend des soutènements à la suite d'éboulements et on aménage jusqu'en 1894 la partie est, au-dessus de la rue Ronsard. Masses chaotiques de rochers, grottes et cascades, escaliers et chemins, tout ce qu'on voit encore aujourd'hui dans ce genre correspond en partie au projet d'Adolphe Alphand[3].

## B. Réservoir, viabilité et Saint-Pierre de Montmartre

Dès l'achat des terrains la ville avait projeté de construire un réservoir sur le sommet de la Butte. Ce dernier est réalisé de 1886 à 1889 au sud et le long de l'église Saint-Pierre. Une certaine harmonie de style y est recherchée avec le Sacré-Cœur afin de respecter l'unité du site[4].

1. Il en est question dans *PV* du 8 nov. 1876, sur les pancartes qui sont dans le square Willette actuellement. Une vue dans *BVN*, 1881, p. 18. Mais surtout une photographie aux ASCM, publiée dans Claude Laroche, *Paul*..., 1988, p. 253.

2. C'est l'époque où Besnard, architecte, propose un vaste projet d'aménagement non seulement de la Butte mais de pratiquement tout le quartier, projet sans suite. Voir Besnard, *Aménagement*..., 1881.

3. *HSC*, t. IV, p. 330 ; Historique affiché dans le jardin ; Jules Joffrin, « Question... », 1886.

4. *HSC*, t. II, p. 272 ; Jacques Hillairet, *Dictionnaire*..., 1957, rue Azaïs. Le château d'eau situé plus au nord n'est construit qu'en 1925-1927.

Dans la partie est du sommet de la butte, l'aménagement se fait lui aussi en fonction du Sacré-Cœur. Entre 1890 et 1895, le nouvel alignement de la rue Lamarck et son prolongement jusqu'à la rue Foyatier[1] augmentent de seize cents mètres carrés la surface du terrain du Vœu national. Ce nouveau terrain est officiellement cédé à l'archevêché de Paris pour 47 000 F au titre du droit de préemption du riverain. Les négociations commencent dès 1892, le jugement est rendu le 7 novembre 1895, la décision du jury, le 28 mars sur un rapport du conseiller municipal Caumeau connu pour être « socialiste révolutionnaire »[2]. Désormais, la pente sud est divisée en deux parties : l'une s'étend du Sacré-Cœur et du réservoir à la rue Lamarck, l'autre part de cette dernière et va jusqu'à la place Saint-Pierre.

Mais il y a sur la butte la vénérable église Saint-Pierre qui menace ruine. Déjà en 1850, Prosper Mérimée et Paul Abadie rapportent que l'église Saint-Pierre de Montmartre est très mal en point. Elle est classée monument historique et quelques travaux sont effectués entre 1874 et 1877 au transept sud. De 1894 à 1904, une église dédiée à saint Jean l'Évangéliste est construite par Anatole de Baudot sur la place des Abbesses pour la paroisse de Montmartre. En 1897, l'archevêché décide d'abandonner l'église Saint-Pierre et le fait savoir officiellement. La Société du Vieux Montmartre s'en émeut et suscite la constitution d'une commission spéciale au sein du Conseil municipal chargée de proposer des solutions. La commission suggère en fin de compte d'entériner la décision de l'archevêché, tout en sauvant le chœur et en implantant un square sur le reste du terrain. L'émotion s'accroît[3].

Des artistes comme Adolphe Willette et divers Montmartrois opposés au Sacré-Cœur auraient alors convaincu le conseiller municipal Eugène Fournière, socialiste et anticlérical notoire, de demander à la ville les crédits nécessaires à la restauration de l'église. « On jouerait un bon tour au Sacré-Cœur » en laissant subsister auprès de lui une église « concurrente » selon eux[4]. Sur son rapport, en juillet 1897, le Conseil municipal invite l'administration à restaurer l'ensemble de l'église en demandant le concours de l'État, de sorte que l'église Saint-Pierre puisse rester le chef-lieu de la paroisse concordataire de Montmartre[5].

1. En 1930, la section comprise entre la rue Utrillo et la rue Foyatier devient la rue du cardinal Dubois (*Nomenclature*, 1972).

2. H. de Fleury, *Lettre et croquis*..., 1890. *HSC*, t. III, p. 251 et IV, 439. Le Grandais, *Rapport*..., 1904, p. 668-682. ***, *Nomenclature*..., 1972, rue Lamarck.

3. Georges Villain, « *Rapport*... », 1899.

4. Jacques Hillairet, *Dictionnaire*..., 1957. En fait, il n'en est rien. Voir dans le chap. 15, le Sacré-Coeur et les Montmartrois.

5. Eugène Fournière, « *Rapport*... », 1897.

Une deuxième commission est constituée avec Joseph Vaudremer comme architecte ; elle propose en fait de restauration une véritable reconstruction de l'édifice. L'opération s'accomplit en deux phases : 1900-1904 et 1906-1908 [1]. On peut dire que Saint-Pierre de Montmartre en son état actuel est paradoxalement le fruit de l'opposition anticléricale au Sacré-Cœur.

## C. Le plan Formigé

Autour de 1900, Jean-Camille Formigé [2] propose un aménagement d'ensemble (avec de nouveaux travaux de soutènement) qui ne sera achevé que trente ans plus tard par Bevière. Il supprime le petit square de la place Saint-Pierre mais respecte celui d'Adolphe Alphand sur la pente est et emprunte au projet Abadie ses escaliers monumentaux en façade. Mais, sans doute pour complaire au Conseil municipal de l'époque, il rompt la volée des larges rampes d'accès par un bassin muni d'un réservoir que l'on dépasse par des escaliers en rocaille disposés de part et d'autre. En effet, le conseiller Le Grandais, en 1904, se plaignait d'un projet du genre de celui d'Abadie qui aurait permis aux pèlerins des montées à genoux face au Sacré-Cœur comme il en avait vu à la Scala santa de Rome ou aux processions qui, de bas en haut, n'auraient pas rencontré d'obstacles [3]. La ville ne voulait pas favoriser l'Église comme le « rêvait » un dessinateur inconnu pour une plaquette du P. Lemius [4]. En ce temps-là être laïque pour la ville, c'était être contre l'Église.

Résumons le projet de Jean Formigé qui s'articule essentiellement en trois parties. En bas, des rampes en fer à cheval font une sorte d'écrin au lieu de l'envol en ballon des sauveurs de la République en 1870 [5]. Au milieu, se déploient des escaliers droits et obliques comme ceux de Paul Abadie, en haut se trouvent le bassin, les escaliers de rocaille et une plate-forme en contrebas

1. Conseil..., *Délibérations*..., 1904. L'abbé Patureau qui a aussi joué un rôle dans le maintien de l'église comme paroisse en est nommé curé en 1908. AHDP. Il aurait de lui-même célébré le culte dans Saint-Pierre avant d'être nommé curé par l'archevêché alors qu'il était encore vicaire à Notre-Dame de Clignancourt. Voir *Paris aux cent villages*, n° 62, mai 1982.

2. Formigé est architecte des promenades de la ville depuis 1885 (Thérèse Burollet, *Quand Paris*..., 1989, p. 177, n. 4). Pascal Ory, *L'Exposition*..., 1989, p. 37 en parle avec éloge.

3. Le Grandais, *Résolutions*..., 1904, p. 685.

4. Voir illust.

5. Voir l'importance de cet épisode dans l'imaginaire républicain diffusé par les manuels scolaires dans Claude Billard, *Histoire*..., 1976, p. 151-152. N'assistons-nous pas à une sorte d'ascension laïque aux retombées bientôt libératrices ? Texte gravé sur une plaque à cet endroit : « Le 7 octobre 1870 Gambetta partit en ballon de la place Saint-Pierre pour rejoindre à Tours le gouvernement de la Défense nationale. »

de la rue Lamarck-Cardinal Dubois. Ce projet ne sera achevé (par Bevière) que vers 1930 et l'ensemble dédié à Adolphe Willette[1].

De 1876 à 1905, deux monte-charge, dûment autorisés par la préfecture de la Seine, occupaient l'emplacement du funiculaire actuel et le chantier s'étendait sur le parvis de la basilique[2]. En 1905, la ville veut reprendre son bien, d'autant qu'elle cherche à « acquérir » aussi le Sacré-Cœur. Un funiculaire à eau est installé de 1905 à 1935[3]. En 1911, le chroniqueur du *Bulletin* se permet exceptionnellement de réclamer avec humour l'aménagement grandiose promis. Comme rien ne vient, il se console en remarquant l'exceptionnel intérêt porté à la statue du chevalier de La Barre[4] :

> « Est-ce qu'on n'entretient pas toujours, avec un soin touchant, presque pieux, l'humble mais si gracieux petit tertre, où figure cette statue que de nombreux visiteurs s'obstinent à prendre pour celle d'un saint et véritable martyr »[5].

Le chroniqueur en profite pour se faire l'écho d'un calembour irrévérencieux pratiqué sur l'inscription du socle : un quidam a peint un B à la place du second R du nom du supplicié, ce qui donne : « Au chevalier de LA BARBE » ! Quoiqu'il en soit, humour ou pas, le parvis ne fut aménagé en fin de compte qu'après la guerre de 1914 en même temps que le square Nadar au pied du réservoir là même où la statue du chevalier de La Barre devait trouver refuge[6].

Il a fallu quelque cinquante ans dont quatre de guerre pour que la butte prenne son aspect actuel, signe d'un compromis entre un Montmartre de la détente saupoudré d'anticléricalisme et un Montmartre de la piété ; les responsables du sanctuaire ont même fini par s'accommoder des passages resserrés au niveau du bassin pour y organiser malgré tout, avec les autorisations nécessaires, des chemins de croix et des processions à partir de 1960, mais c'est là une fois encore une autre histoire…

En guise de conclusion à l'étude du chantier, on suggère le petit jeu de la comparaison entre le projet du concours et la réalisation. On peut récapituler en cinq groupes les modifications qu'on a relevées. Mais il y en a certainement d'autres. a) Le système des fondations est totalement différent. b) La

1. Sur un des projets, il est question que le square d'Anvers soit prolongé jusqu'à la place Saint-Pierre. Cela supposait un très grand élargissement de la rue actuelle de Steinkerque et donnait encore plus d'ampleur à la façade du Sacré-Coeur.

2. *HSC*, t. I, p. 330 et Le Grandais, « Question… », 1904, p. 671.

3. Une histoire assez complète de ce funiculaire se trouve dans l'article de Michel Chlastacz, « Montmartre, l'album du funiculaire », *la Vie du rail*, n° 2322, du 5 décembre 1991, p. 27-32.

4. Que nous présenterons dans le troisième livre sur la contestation.

5. *BVN*, 1911, p. 356.

6. *Montmartre*, mai-juin 1927, p. 23-25 et juillet-août, p. 22.

crypte est plus haute ; elle n'a pas de sortie en façade ; la chapelle des morts occupe son centre. c) L'extérieur est marqué par l'absence de polychromie ; par une silhouette étirée pour les coupoles et rétrécie pour le campanile ; une décoration sensiblement nouvelle (présence de galbes aux portes du transept, d'arcatures, de rosaces). d) L'intérieur est moins éclairé que prévu ; le décor est en mosaïque ; les aménagements du chœur et de la chapelle de la Sainte Vierge diffèrent. e) Le jardin avec ses escaliers de rocaille, son bassin et ses rampes en fer à cheval étaient à inventer. Quand on parle du Sacré-Cœur tel qu'il est présentement, il ne faut pas oublier qu'il est le fruit d'un chantier qui a changé le projet primitif, de plusieurs architectes qui y ont laissé leur marque.

En conclusion de l'étude sur l'ex-voto de pierre, on peut se demander pourquoi sa construction paraît si longue et si chère ? Esquissons des comparaisons bien délicates qui permettent de juger de la durée et du prix de revient ainsi que de l'aptitude des archevêques de Paris et des laïcs du Comité à construire une église nationale[1]. Par rapport à la cathédrale de Marseille, la longueur du chantier semble sensiblement la même, mais le coût du Sacré-Cœur est trois fois supérieur (toujours sans les dépendances). Par rapport à l'Opéra, la longueur et le prix du chantier de la basilique semblent quatre fois supérieurs[2]. Si la comparaison entre ces trois monuments est vraiment possible, il en ressortirait que l'absence de l'administration des Cultes comme maître d'ouvrage s'est surtout fait sentir pour le coût de la construction. En effet, les responsables du Sacré-Cœur n'ont pas lésiné, mais le mode de gestion très prudent et le mode de souscription finalement assez aléatoire ont entraîné des frais considérables d'immobilisation du matériel d'échafaudage par exemple[3] et du personnel[4] ; il y a eu aussi « la légèreté » de la gestion d'Abadie et de Daumet, au dire de Rohault de Fleury, qui semble avoir coûté à l'Œuvre plusieurs millions[5]. Malgré tout, les maîtres d'ouvrage du Sacré-Cœur peuvent rétrospectivement recevoir des félicitations avec cependant des réserves, mais cette entreprise n'était-elle pas un coup d'essai pour l'Église de France ?

1. Hubert Rohault de Fleury a dû répondre à ce genre de questions : voir ses réponses que nous utilisons ici dans *Quelques histoires*, 1898, p. 45-46.

2. Chiffres communiqués oralement par Jean-Michel Leniaud. L'Opéra serait revenu à onze millions pendant dix ans ; la cathédrale de Marseille, quatorze millions de 1853 à 1906 ; la cathédrale de Gap, trois millions et demi de 1866 à 1906.

3. Françoise Dorin qui semble particulièrement bien renseignée sur ce point parle de deux millions de francs du début des travaux jusque vers 1888 (F. Dorin, *Nini patte-en-l'air*), p. 1990, p. 155.

4. Il a existé longtemps un chantier de quatre cents ouvriers et même de six cents (*HSC*, t. II, p. 18 ; III, p. 54 et 154). Il y a eu des grèves (*HSC*, t. II, p. 1, 3, 8 et 63).

5. Lettre de Hubert Rohault de Fleury au cardinal Richard en date du 2 août 1902 (AHDP) : « La gestion d'Abadie a coûté des centaines de mille francs employées à réparer les malfaçons, et des millions à obvier à l'insuffisance des fondations. » Voir aussi *HSC*, t. I, p. 420-422.

# CINQUIÈME PARTIE

# L'EX-VOTO DE PRIÈRE

Les responsables des centres de pèlerinages du XIXe siècle vivent leur ministère de quatre façons. Ils cherchent d'abord à y faire venir leurs contemporains, lesquels se déplacent davantage et veulent prier à leur rythme, individuellement ou en groupe. Montmartre deviendra ainsi un nouveau lieu de pèlerinage, celui de la capitale de la France qui exerce alors un rayonnement mondial (chap. 16). Ensuite, les animateurs ont à faire vivre la vocation originelle de ce lieu de culte : dans le cas de Montmartre, une prière adressée au Cœur du Christ pour la France et pour l'Église qui sera immédiatement et perpétuellement vécue dans l'adoration eucharistique (chap. 17). Ensuite, ils proclament leur message avec la coloration propre à chaque sanctuaire, en fonction de son passé historique et ce, grâce à telle confrérie liée au pèlerinage. Dans l'église du Vœu national au Sacré Cœur de Jésus, la dévotion au Cœur du Christ (et au Cœur de Marie) s'impose d'emblée (chap. 18). Enfin, les prêtres chargés du sanctuaire national pensent leur mission comme une nouvelle évangélisation de la France moderne, comme le renouvellement du baptême de la France de toujours par la pratique des consécrations au Cœur de Jésus (chap. 19). Mais avant de présenter ces activités pastorales, considérons les intentions missionnaires des supérieurs des chapelains (religieux ou séculiers) qui vivent avec leurs personnalités propres et selon un enchaînement chronologique les orientations générales données par les archevêques de Paris et imposées par le sanctuaire lui-même (chap. 15)[1].

1. La vie religieuse du Sacré-Cœur entre 1876 et 1920 environ a déjà été décrite d'une façon plus ou moins systématique par divers historiens. Voir P. Alet et le chanoine Lejeune, *La France et le Sacré-Cœur*, 1889 ; P. Jonquet et François Veuillot, *Montmartre. hier et aujourd'hui*, 1890 ; Mgr Baunard, *Histoire*..., 1901 ; P. Lecanuet, *L'histoire*..., 1907 (1930), t. I, p. 208-211, p. 378-381 ; t. II, p. 193 ; t. III, p. 94 et p. 451 ; t. IV, p. 8 et 124-131. (Le P. Lecanuet s'est intéressé au Sacré-Cœur pour son importance, mais aussi, peut-être, pour une simple raison biographique, puisqu'à la dispersion de la congrégation de l'Oratoire à laquelle il appartenait, il vint s'établir sur la Butte comme aumônier de la maison de retraite de la Providence, rue des Martyrs. À l'ombre de ce sanctuaire qu'il affectionnait, il fit l'expérience de l'intense vie du pèlerinage. Son œuvre, de ce fait, est parsemée de quantité de renseignements et de notations qui rempliraient à eux seuls un petit livre sur l'église de Montmartre. De tendance libérale, il se sent vraiment chez lui à la basilique. Ce trait bouscule l'idée que l'on se fait généralement des dévots au Cœur de Jésus. Notices dans *DPCR* et *CHAD*). Paul Lesourd, *La Butte sacrée*, 1937 ; P. Hamon, *Histoire*..., 1907 (1940).

# Chapitre 15
# Les six premiers supérieurs des chapelains

Dans le cadre du Vœu national, lors de la fondation, de la souscription et de la construction de l'église, on a vu successivement faire leur entrée en scène les laïcs « fondateurs » et le Comité, le cardinal-archevêque de Paris et ses services, le conseil municipal de Paris et l'administration de la ville, le gouvernement et l'Assemblée nationale, finalement l'architecte et son agence. Désormais, un religieux, responsable de la chapelle provisoire puis de la basilique, et ses divers auxiliaires viennent compléter le dispositif déjà mis en place. Certes, la distinction entre la construction de l'ex-voto de pierre dont sont chargés les laïcs et celle de l'ex-voto de prière dont sont chargés les religieux oblats est claire sur le plan des idées ; dans la pratique, les choses sont bien moins simples. Il importe en tout cas que les chapelains du sanctuaire national (les supérieurs en particulier) soient étudiés à leur tour, eux et leur action propre comme tous les autres protagonistes de cette histoire.

# *I. LE P. ACHILLE REY (1876-1885)*

## A. Biographie

À quarante-huit ans, Laurent-Achille Rey est chargé de fonder le pèlerinage de Montmartre. Il est prêtre depuis 1851. Avant 1876, il a enseigné, puis travaillé avec Mgr Guibert à Saint-Martin de Tours (chap. 3 et 6). Après neuf ans de présence à Montmartre, il ira à Notre-Dame de Sion, deviendra provincial[1], supérieur de Pontmain, puis assistant général de sa congrégation. En 1901, il tient à célébrer son jubilé sacerdotal à la basilique[2] et meurt en exil à Liège en 1911. Il laisse une vie de Mgr de Mazenod qui sera publiée en 1928 tandis qu'un confrère écrit la sienne, dès 1912[3]. Le P. Rey n'arrive pas seul en janvier 1876. Les archives ont gardé le nom des trois autres religieux fondateurs[4]: Augier[5], Ange Roux[6] et Yenveux[7], et celui d'un des frères de la Sainte-Famille de Belley: le cher frère Marie-Antoine dont il a déjà été question à propos de la souscription[8]. À la fin du supériorat du P. Rey, les chapelains seront une dizaine[9].

## B. Les initiatives du P. Rey

La mise en place des pèlerinages vers Montmartre, l'adoration du Saint Sacrement, la constitution de confréries spécifiquement montmartroises, la pastorale des consécrations, on l'a déjà dit, feront l'objet des chapitres suivants.

1. Il a dû être provincial pour Paris dès son arrivée à Montmartre: *BVN*, 1876, p. 23.
2. *BVN*, 1901, p. 656.
3. *BVN*, 1911, p. 113. E. Baffié, *Le bon père Achille Rey*, 1912, ouvrage cité par Paul Lesourd, *La Butte*..., 1937, p. 518.
4. *BVN*, 1911, p. 113.
5. Il deviendra supérieur général de sa congrégation.
6. Il est second chapelain en 1883 et attache son nom à un recueil de cantiques: « Chants de la sainte Colline », *BVN*, 1883, p. 282.
7. Le P. Yenveux est présenté dans le chap. 18 à propos de l'archiconfrérie du Vœu national et de son message.
8. *BVN*, 1911, p. 168-169. Des frères de la Sainte-Famille de Belley resteront au Sacré-Cœur jusque vers 1960. Ils sont rejoints par des sœurs de la Sainte-Famille de Bordeaux qui logeront, elles, dans une maison située entre la rue Cortot et la rue Saint-Rustique.
9. Leur nombre sera stable jusqu'à leur départ en 1903. En tout, trente-cinq religieux se succèdent à Montmartre. Une dizaine y restent plus de sept ans; les vingt-cinq autres n'y demeurent qu'entre un et quatre ans. Liste nominative et statistiques établies à partir de l'*Ordo* par le P. Ploix des AHDP et Vincent Thauziès. De 1860 à 1901, les Oblats ont eu leur maison générale au 24 bis-26, rue de Saint-Pétersbourg (l'actuelle rue de Leningrad) en contrebas de la place Clichy. Voir Jacques Hillairet, *Dictionnaire*..., 1957, t. II, p. 33 et P. Yenveux, *Le Règne*..., 1900, t. V, p. 556.

Quant au rôle des chapelains dans la souscription, il a été souligné précédemment. Le P. Rey et ses auxiliaires en ont, en effet, été préoccupés parallèlement à la volonté de constituer une communauté stable bien que non paroissiale dans un local provisoire qu'il a fallu aménager rapidement. Dès son arrivée en janvier 1876, le P. Rey forme un comité de dames patronnesses pour achever l'installation de la chapelle[1]. Elle est prête pour la bénédiction le 3 mars 1876, « premier vendredi de mars, mois consacré à saint Joseph, jour où l'on célébrait la fête de la sainte Couronne de Notre-Seigneur »[2].

### 1. *Prières pour la France et l'Église*

Dès son arrivée, le P. Rey institue, à l'issue de la messe de neuf heures, une prière « nationale ». Elle tient compte de toutes les recommandations adressées aux desservants du sanctuaire. On récite les litanies du Sacré Cœur et on lit le texte d'une amende honorable. La bénédiction du Saint Sacrement clôture l'exercice.

> « Une indulgence considérable est accordée à l'assistance aux prières qui se font chaque jour pour le bien de l'Église et le salut de la France. C'est peut-être le premier exemple d'une concession de ce genre. La prière pour la France est devenue une institution régulière, sanctionnée par l'autorité la plus élevée et la plus sainte, celle qui parle au nom de Dieu »[3].

Cette activité régulière est complétée par des célébrations ponctuelles à l'occasion d'événements nationaux, ainsi la mort de M. Thiers ou les élections d'octobre 1877[4]. Cette première réunion de prière pour les élections, en une année particulièrement cruciale, est bien conforme aux recommandations de Mgr Guibert qui se refuse à y voir une simple manifestation de politique partisane. On sait qu'en mars 1877, le prélat s'est opposé à une démarche épiscopale de soutien à Mac-Mahon contre le gouvernement de Jules Simon[5]. Il préfère en juin 1877 envoyer à tous les évêques de France l'album du concours avec une invitation à redoubler de prière et de générosité[6].

Il en sera de même, en mai et juin 1880, « l'année terrible pour les catholiques » selon le P. Monsabré, quand une croisade de prières dont l'origine n'est pas explicitée, s'est organisée dans toute la France. On a vu les réserves

1. *BVN*, 1876, p. 110-111.
2. *BVN*, 1876, p. 107. Pendant deux mois, les religieux qui ont pris possession du presbytère en janvier vont à titre privé célébrer la messe à Saint-Pierre (*BVN*, 1884, p. 250).
3. *BVN*, 1876, p. 108 et 1877, p. 644.
4. *BVN*, 1877, p. 763, 766, 772.
5. André Thuillier, « Un point... » dans *RHEF*, n° 166, 1975. Jacques Gadille, *La pensée...*, 1967, t. I, p. 68.
6. *BVN*, 1877, p. 663-665.

de Mgr Guibert (chap. 12). On se contente à Montmartre d'en recevoir les formules de supplication et de les déposer un temps sous l'autel de la chapelle Saint-Martin. Il faut, semble-t-il, d'ailleurs attendre un an pour que le *Bulletin* en fasse mention[1]. Ainsi à la déclaration de guerre de Gambetta du 4 mai 1877 (« Le cléricalisme, voilà l'ennemi ! »), à la suppression de l'invocation au Grand Architecte de l'Univers par le Grand Orient de France en septembre 1877[2], Mgr Guibert et les chapelains du Sacré-Cœur répondent par la fondation dans les profondeurs de la butte d'un ex-voto de pierre et par la création d'un ex-voto de prière avec la chapelle provisoire !

Qu'elles soient régulières ou occasionnelles, ces activités doivent être strictement interprétées selon les directives des organisateurs comme le prouve la mise en garde qu'ils font paraître en 1879. Le *Bulletin* signale en effet à cette date que des marchands d'objets religieux vendent sur Paris des gravures et des images du Cœur de Jésus entourées d'emblèmes plus ou moins politiques. Le *Bulletin* n'en précise pas la teneur, mais il n'est pas difficile de l'imaginer. Le responsable de la chapelle, « d'après les instructions de l'autorité ecclésiastique de Paris », écrit :

> « S'il y a une œuvre qui soit absolument étrangère à la politique, c'est bien celle du Vœu national : son but unique est d'appeler la protection du ciel sur notre pays et sur l'Église. Les fidèles feront bien de ne pas acheter ces objets religieux que nous venons de signaler, afin de décourager un genre de spéculation qui n'est pas sans danger dans le temps présent »[3].

Dans l'esprit de Mgr Guibert comme dans celui du P. Rey, une action pastorale, fût-elle de prière pour la patrie, ne saurait comporter d'options politiques.

## *2. Paul Féval et Raymond Brucker*

Dès les premiers mois de son arrivée à Montmartre, le père Rey cherche à rallier au nouveau sanctuaire des fidèles extrêmement divers, personnalités en vue comme Paul Féval ou humbles voisins[4]. L'auteur du *Bossu* a retrouvé quelques mois plus tôt une ferveur religieuse qui l'entraîne à vivre plus intensément sa vie chrétienne. En mai 1876, il monte avec sa paroisse en pèlerinage à

1. *BVN*, 1881, p. 263 ; *HSC*, t. II, p. 46 ; ASCM, 21. 05.
2. On sait qu'à cette date le mot d'ordre du frère Peyrat fut repris par Gambetta et qu'en septembre à l'initiative du frère Desmons, pasteur, le GOF supprime dans ses travaux la référence au GADLU afin de respecter la liberté de conscience de ses membres telle qu'il la comprend. Mais c'est surtout aussi d'importantes modifications des rituels. Voir Serge Hutin, *Les Francs-maçons*, 1967, p. 107-110 et ***, *Libre pensée...*, 1980, p. 81.
3. *BVN*, 1879, p. 505-506.
4. Par exemple, une veuve, madame de Forges, consacre ses onze dernières années à quêter toute la journée à l'entrée de la chapelle provisoire en venant habiter sur la butte : *BVN*, 1892, p. 128.

Montmartre. Présenté au supérieur, il est conquis par lui et met sa plume au service de l'œuvre naissante. Féval vient s'installer au 129, rue Marcadet, dans le Montmartre pauvre et ouvrier, sur le versant nord de la butte pour pouvoir prier plus facilement dans le nouveau sanctuaire tandis que son épouse s'occupe bénévolement de l'habillement des enfants de chœur[1].

Les écrits de Paul Féval font connaître les dispositions de certains catholiques dans les années 1880, à l'égard du Vœu national. Ainsi dirait-on que, dans son cas, par un souci de réparation et d'expiation, il recherche les insultes et les outrages de ses voisins[2], voulant prier pour ceux qui ignorent l'amour du Christ. Et de défendre ce quartier de Montmartre honni et dénigré par ses propres relations :

> « Débiner mon quartier, c'est manquer de respect à la vénérée Louise Michel : vous êtes un lâche »[3].

Paul Féval est ici à l'unisson des préoccupations missionnaires d'un Mgr Guibert et de son tuteur spirituel, le romancier Raymond Brucker. Cet écrivain socialisant converti au catholicisme serait à l'origine de la conversion de Paul Féval et de son goût pour le Vœu national. Membre de la société Saint-Vincent de Paul, prédicateur laïc de l'Œuvre de Saint-Fançois Xavier et des Cercles catholiques d'ouvriers, Brucker a dû prêcher pour la souscription de la chapelle de Jésus-Ouvrier du Sacré-Cœur. Il vivait délibérément très pauvrement avec sa famille[4]. Le projet de construction du Sacré-Cœur promu par le P. Rey touche vraiment de multiples personnalités catholiques de l'époque.

### 3. *Actions tous azimuts*

Il est question d'une messe du dimanche pour les ouvriers du chantier et d'une autre pour les soldats du poste de Montmartre[5]. Outre une maîtrise

1. Sur les relations de Paul Féval et du Vœu national, voir Jacques Benoist, *Le Bossu du Sacré-Cœur*, dans le colloque pour le centenaire de sa mort, dont le compte rendu sera publié prochainement par l'université de Rennes. Voir aussi Jean-Pierre Galvan, *Lettres*..., 1987. Le P. Rey restera fidèle à Paul Féval lorsque celui-ci connaîtra la maladie et la ruine. Il lancera à son intention des appels dans le Bulletin (*BVN*, 1883, p. 179 et 251).

2. Charles Buet, *Paul Féval*, 1887, p. 27. Charles Chincholle lui demande pourquoi il ne fait pas enlever une inscription injurieuse sur son mur. Il répond : « Parce que c'est si bon d'être insulté ! » Voir aussi p. 28 : Paul Féval et ses visiteurs vont dans le jardin. Des rôdeurs de barrière jouaient dans le terrain vague mitoyen. En les voyant, tous les voyous se collèrent contre les planches : « Ohé, jésuites, calotins !... Dis, donc, Auguste, il ne les empêche pas de bien manger, leur bon Dieu ! Regarde donc le vieux, comme il est rouge ! Bon appétit, otages ! – Féval rayonnait. – Vous entendez, mon ami ? Ils voient quelquefois des prêtres dans le jardin, ils prennent ma maison pour une abbaye. Ils me flattent. » Quelques temps plus tard, il faut grillager les fenêtres de la chapelle provisoire pour les protéger contre les jets de pierre des garnements (*PV* du 23 septembre 1883, *HSC*, t. II, p. 272).

3. Charles Buet, *Paul*..., 1887, p. 200. Louise Michel, l'institutrice-directrice de l'école qu'elle avait fondée rue du Château d'eau, avait ainsi acquis l'estime de Paul Féval.

4. Voir Paul Féval, *Pierre Blot*, 1878 (Raymond Brucker y est évoqué sous le nom de Jean) ; *Le Denier du Sacré-Cœur*, 1878, p. VIII (et notre chap. 26). Notice dans *CHAD*.

5. *BVN*, 1877, p. 645.

dont l'histoire est présentée à propos de la musique (chap. 20), les religieux fondent un patronage pour les enfants et un cercle catholique pour les jeunes gens[1]. Devant les uns et les autres, il semble que le P. Rey insiste avant tout, dans ses prédications, sur l'efficacité de la prière en ce nouveau sanctuaire. Ainsi institue-t-il dans le *Bulletin* une chronique dite des Fioretti, ces petits récits édifiants qui illustrent les « faveurs obtenues »[2]. La prière pour la France et pour l'Église n'interdit pas la prière pour soi !

### *4. Une succursale des œuvres réparatrices*

Pour souligner le caractère national de l'œuvre naissante (et attirer aussi des fidèles), le P. Rey eut l'idée « de réunir dans l'enceinte de la chapelle, toutes les œuvres consacrées au Cœur de Jésus dans une pensée d'expiation et de réparation, et qui ont germé et se sont développées sur le sol de France »[3]. Une présentation même succincte permet d'évoquer le milieu de piété dans lequel se sont développées les activités propres à Montmartre. Certes, parmi la centaine d'organisations pieuses recensées en 1905 par le père F. Beringer, s. j.[4], le premier chapelain de Montmartre n'avait que l'embarras du choix[5]. On décrit ici la section montmartroise des œuvres présentées surtout dans le chapitre 5 à propos de la dévotion au Cœur de Jésus.

Avant l'arrivée des chapelains, H. de Fleury malgré tous ses démêlés avec le P. Ramière (chap. 13) et en vue d'une aide réciproque, encourageait les lecteurs du *Bulletin* à adhérer à l'Apostolat de la prière et donnait son adresse toulousaine[6]. Le P. Rey, quant à lui, constitue une section de cette ligue dans la chapelle de Montmartre, suscite quelques zélateurs et zélatrices et propose la tenue d'une réunion mensuelle au quatrième vendredi de chaque mois. À

1. Les renseignements sur ces deux dernières activités sont rares : il n'en est fait état ni dans le *Bulletin* ni dans les archives de la basilique. Leur existence à cette date est cependant certaine grâce aux comptes des religieux qui mentionnent une indemnité pour l'aumônier dans les années 1880-1884 (voir ***, *États*..., 1877) et à la brochure du P. Jonquet, *Et la jeunesse ?,* 1897. Elles ont leur siège au 21, rue du Mont-Cenis. En 1911, de nouveaux locaux sont construits pour ce patronage et ce cercle de jeunes, au 7, rue Saint-Vincent.

2. *BVN*, 1877, p. 646 et suppl. mai 1880, p. 8. Aux ASCM, on trouve des recueils comprenant 8 370 fioretti de 1876 à 1895.

3. *BVN*, 1876, p. 75 et 108 (rapport aux Comités catholiques). Cette intention est confirmée par le P. Voirin, son successeur : *BVN*, 1885, p. 438.

4. F. Beringer, *Les indulgences*..., 1905., t. II. Toutes les œuvres érigées à Montmartre sont décrites en détail dans ce manuel.

5. Il faut faire mention d'œuvres qui semblent ne pas avoir connu un grand développement à Montmartre parce qu'elles étaient orientées plus vers l'action que vers la prière : celle de Saint-François de Sales de Mgr de Ségur pour la défense et la conservation de la foi dans les milieux populaires, celle de la Sainte-Enfance ou celle de la Propagation de la foi ainsi que le Denier de Saint-Pierre (*BVN*, 1879, p. 9). Mais d'autres absences mériteraient d'être analysées : par ex., celle de l'archiconfrérie du Cœur agonisant de Jésus et du Cœur compatissant de Marie pour le salut des mourants, fondée par le P. Jean Lyonnard s. j. (voir chap. 5). Pourtant le *BVN*, 1886, p. 74 et 87 recommande l'Apostolat de la souffrance du P. Lyonnard et fait de la publicité pour la confrérie.

6. *BVN*, 1875, p. 657.

travers ceux qu'il touche directement, il vise tous les autres adhérents de la Ligue et les invite à se tourner en pensée vers le nouveau sanctuaire [1].

Les membres de l'Association de la Communion réparatrice qui le peuvent se réunissent le troisième dimanche du mois à la chapelle provisoire [2]. Les associés de l'Heure sainte doivent offrir une heure de réparation chaque semaine dans la nuit du jeudi au vendredi et se réunissent le troisième dimanche [3]. Dès le 10 mars 1876, le P. Rey demande à l'autorité compétente l'érection d'une confrérie dépendant de la Garde d'honneur du Sacré Cœur de Jésus érigée au monastère de la Visitation de Bourg-en-Bresse. Le P. Rey espère réunir régulièrement tous les membres parisiens de cette confrérie qui le pourraient le deuxième vendredi de chaque mois [4].

À partir de 1873, en fondant la Confrérie de la sainte Agonie, les prêtres de la Mission ou Lazaristes proposent aux fidèles de la France entière

« de rendre un culte spécial aux souffrances intérieures de Notre-Seigneur Jésus-Christ dans sa sainte Agonie au Jardin des Oliviers, et d'obtenir par le mérite de ces souffrances : 1° la paix de la sainte Église, la conservation de la foi et la cessation des fléaux ; 2° les grâces nécessaires aux agonisants, et particulièrement la conversion, au lit de mort, des pécheurs endurcis. »

Là encore, le P. Rey invite les membres de cette confrérie à se rassembler le dimanche même où sont convoqués ceux de l'Heure sainte [5], car leurs objectifs se ressemblent, même si un examen attentif ferait certainement apparaître des différences entre leurs spiritualités respectives [6].

L'Œuvre de la sanctification du dimanche et de la réparation des blasphèmes dite de la sainte Face a été présentée plus haut dans le chapitre 4 relatif à l'idée de la France au XIX$^e$ siècle. Comme l'interdiction touchant les écrits de sœur Marie de Saint-Pierre est levée en 1875, une confrérie est érigée l'année suivante à Tours qui deviendra archiconfrérie en 1884 grâce à Mgr Meignan. Elle est érigée à Montmartre à la même époque où elle englobe les membres de la confrérie de la sainte Agonie. Selon le P. Rey, cette œuvre qui a connu une

1. *BVN*, 1876, p. 108; 1877, p. 763; 1878, 195, 307 et 747; 1879, p. 9 (date à laquelle la section compte 1726 membres); 1883, p. 151; 1887, p. 37 (2600 membres). Voir acte d'érection, ASCM. La section montmartroise de l'Apostolat de la prière est encore mentionnée trente ans plus tard (*BVN*, 1903, suppl. oct., p. 17).

2. *BVN*, 1875, p. 657; 1876, p. 108; 1878, p. 308; 1879, p. 9 (la confrérie de Montmartre compte alors 487 membres); 1887, p. 37 (6000 membres). Elle est toujours vivante en 1901: *BVN*, 1901, p. 140.

3. *BVN*, 1876, p. 108; 1879, p. 9 (41 membres); 1887, p. 37 (363 membres).

4. *BVN*, 1876, p. 108; 1878, p. 195 et 307; 1879, p. 2 (la confrérie compte alors 2262 membres); 1887, p. 37 (11800 membres). Acte d'érection, ASCM. Voir la décoration de l'autel de sainte Marguerite-Marie à la basilique, autel offert par les associés de cette confrérie.

5. F. Beringer, *Les indulgences*..., 1905, t. II, n° 18. *BVN*, 1878, p. 195 et 307; 1879, p. 9 (419 membres) et 1887, p. 37 (2000 membres). Elle est toujours mentionnée en *BVN*, 1903, supp. oct., p. 17. Voir aussi Gérard Cholvy, *Histoire*..., 1985, t. I, p. 171.

6. Trente ans plus tard, elle est toujours mentionnée: *BVN*, 1903, supp. oct., p. 17.

très vaste diffusion, est une œuvre de réparation nationale. À ses yeux, elle a sa place dans la chapelle du Vœu national où elle se réunit tous les derniers dimanches du mois[1]. Un des biographes de la carmélite, le P. Janvier, est longuement cité dans le *Bulletin* du Vœu national[2], mais pour souligner avant tout que les dévotions à la Face du Christ et à son Cœur sont bien complémentaires. Une fois encore, jusque dans les années difficiles de la République des républicains, les responsables de Montmartre refusent de mêler le Vœu national à des considérations contingentes, fussent-elles les leurs. Si elles sont à leur place dans un journal politique, elles n'ont pas à être évoquées dans une œuvre d'Église ouverte à tous ceux qui ne refusent pas leur foi au Christ[3].

D'autres œuvres ont un lien plus ou moins évident avec la spécificité du nouveau sanctuaire. L'Association du Rosaire vivant fondée en 1826 par Pauline Jaricot est l'une d'elles. Après le décès de la fondatrice, le P. Ramière annexe l'association car il croyait que tel était son souhait. Mais les Dominicains en furent finalement et officiellement chargés en 1877. Le P. Rey applique les méthodes de la fondatrice. Les membres se réunissent le deuxième dimanche du mois, par groupes de quinze et se répartissent les mystères du Rosaire en tirant au sort. Ils s'obligent à réciter tous les jours une dizaine du rosaire en méditant sur le mystère qui leur est échu en partage[4].

Faisant certainement écho au P. Franco s. j. qui, en 1861 avait lancé une Association des familles chrétiennes en l'honneur de la sainte Famille[5], l'abbé Emmanuel Petit de Leudeville, chanoine de Versailles, fonde dès le pontificat de Pie IX, une association de l'Union dans la sainte Famille. Il obtient de Léon XIII une approbation en 1882. Une section est ouverte à Montmartre[6]. Les familles qui s'y inscrivent s'engagent à faire la prière du soir devant une image du foyer de Nazareth et à établir en elles « l'amour obéissant qui y régnait ».

Dès 1879, le P. Rey érige une confrérie de saint Jean l'Évangéliste qui propose de prier pour les prêtres en honorant l'apôtre bien-aimé[7]. Elle subsiste à

1. *BVN*, 1877, p. 644; 1878, p. 195 et 308. 1879, p. 9 (350 membres); 1887, p. 37 (1500 membres). Acte d'érection, ASCM. F. Beringer, *Les indulgences*, 1905, t. II, p. 115.

2. *BVN*, 1882, p. 409-412.

3. En 1897, l'Inquisition de Rome déclare que les écrits de la carmélite n'ont pas les caractères de vraies révélations et qu'ils contiennent des nouveautés qui peuvent être pernicieuses pour la véritable piété des fidèles (F. Beringer, *Les indulgences*..., 1905, t. II, p. 149). L'archiconfrérie est toujours vivante à Montmartre en 1903: *BVN*, supp. oct.,, p. 18. En 1978, ces écrits sont toujours en instance devant la congrégation des Rites en vue du procès de béatification. Louis Barbé, « Marie de Saint-Pierre » (1978) dans *DSAM*. Voir aussi *CHAD*.

4. F. Beringer, *Les indulgences*..., 1905, t. II, n° 31. *BVN*, 1878, p. 307 (où l'on constate que l'organe de liaison des membres est *Le Petit Messager du Cœur de Marie* publié à Toulouse); 1879, p. 9 (550 membres); 1887, p. 37 (1330 membres). Toujours mentionné en *BVN*, suppl. oct. 1903, p. 17. Art. « Rosaire » dans *CHAD* et *DSAM*.

5. F. Beringer, *Les indulgences*..., 1905, t. II, p. 322.

6. *BVN*, 1879, p. 505; 1882, p. 481 (400 membres); 1887, p. 37 (2031 membres). Le P. Yenveux, *Le Règne*..., 1900, t. V, p. 551, indique la date de décès du fondateur: 26 juillet 1895.

7. *BVN*, 1879, p. 505; 1887, p. 37 (1240 membres). Acte d'érection aux ASCM.

côté d'une autre fondée par le cardinal Guibert lui-même en 1885, en l'honneur du sacerdoce de Notre-Seigneur Jésus-Christ et qui a son siège principal à Montmartre[1].

## C. Rapport avec le Comité et départ du P. Rey

Les religieux oblats arrivent en 1876 dans l'Œuvre du Vœu national qui a déjà cinq ans d'existence et qui a requis tous les efforts d'un Hubert Rohault de Fleury. Ce dernier les accueille d'une façon ouverte mais résolue :

> « Si vous voulez établir une confrérie du Sacré-Cœur dont les bases soient l'amende honorable nationale ; l'obligation plus ou moins accentuée de faire aimer le sacré Cœur et de le prêcher ; l'obligation, s'il se peut, d'honorer chez soi une image du sacré Cœur ; tout ce qui tendra à l'accomplissement des conseils donnés par Notre-Seigneur à la bienheureuse Marguerite-Marie pour notre salut : vous pouvez compter sur mon concours entier »[2].

À cette promesse conditionnelle, H. de Fleury joint mille et une observations sur le passé et l'avenir de l'Œuvre : ne pas souligner son caractère parisien, ni lui donner un aspect centralisé. Six ans plus tard, dans un compte rendu d'une visite qu'il a faite au cardinal Richard, le Secrétaire général rappelle incidemment que le P. Rey « a été renvoyé »[3]. Pendant tout ce temps, bien que la crypte ait bien été ouverte au culte, de nombreux pèlerinages accueillis à la chapelle provisoire, des confréries propres à Montmartre et l'adoration perpétuelle mises en place, il semble pourtant que le Comité ait rêvé d'un chapelain parfait et demandé le remplacement du P. Rey. Aux religieux, H. de Fleury reproche leur aménagement « sauvage » de la crypte, leur « rage du commerce » à l'occasion des pèlerinages, l'accueil de trop nombreuses confréries. Au moment où l'affaire Daumet se règle, H. de Fleury pense que son œuvre va peut-être prendre un nouveau départ sous l'égide d'un autre supérieur. Il reconnaîtra finalement qu'il a perdu au change[4]. Le P. Rey était un homme d'envergure, en accord de pensée avec Mgr Guibert, et qui voulait « amorcer » le flux des pèlerinages par les moyens les plus divers, mais en cherchant aussi un style propre au sanctuaire national.

1. *BVN*, 1885, p. 366-368 ; 1887, p. 37 (450 membres) ; 1890, p. 691 ; 1911, p. 114.
2. Lettre du 27 février 1876 au P. Rey. ASCM.
3. *HSC*, t. IV, p. 167.
4. *HSC*, t. IV, p. 196-197.

## *II. LE P. FRANÇOIS VOIRIN (1885-1893)*

Le ministère du P. Voirin, successeur du P. Rey, mis à part son épisode montmartrois, n'a guère retenu l'attention du P. Jonquet qui rédigea sa notice nécrologique en 1898 [1]. Nommé supérieur de la chapelle provisoire du Vœu national en 1885, le P. Voirin a fait connaître à plusieurs reprises son programme d'action pastorale. Pour lui, la dévotion au Sacré Cœur à Montmartre revêt un triple caractère : réparateur, eucharistique et national. Montmartre, cependant, se rattache à Paray-le-Monial qui est un centre au service de toutes les nations [2]. De telles vues d'ensemble qu'il exprimait dans ses prédications aux pèlerinages, qui continuent alors d'affluer sous son ministère, n'ont pu qu'être appréciées par le Comité (chap. 16), mais il a dû certainement déplaire en cherchant à élargir, à diluer les activités spécifiquement montmartroises dans des organisations plus vastes, et c'est sans doute une des causes de son déplacement.

### A. Une pastorale à l'intention des Dames

Le P. Voirin continue de fonder à Montmartre d'autres confréries à l'intention des dames uniquement : celle de Notre-Dame des Armées, association de prières pour les soldats [3], du scapulaire de Notre-Dame du Mont-Carmel, du Chemin de Croix perpétuel (d'inspiration franciscaine), une association de prière pour les défunts [4]. L'érection de la confrérie de Notre-Dame de Pellevoisin en décembre 1892 fera en quelque sorte déborder le vase en exaspérant Hubert Rohault de Fleury et en accélérant le départ du supérieur [5]. Il est vrai que toutes ces dernières œuvres ne survivront guère au père Voirin.

Toutes ces confréries, celles du P. Rey qu'il maintient et prolonge comme celles qu'il a fondées personnellement, confréries propres à Montmartre ou

1. Le P. Jonquet dans *BVN*, 1898, p. 426. Le P. Alfred François Voirin est né à Namur en 1836 et décédé à Paris en 1898. Aux AGOMI, il existe une notice nécrologique imprécise et imparfaite, non publiée.

2. Voir P. Voirin, « Les Œuvres…, Congrès eucharistique de Paris » dans *BVN*, 1888, p. 556 ; « La mission de la France…, Assemblée des Catholiques de Lille », *BVN*, 1889, p. 794-803 ; « Congrès eucharistique d'Anvers », *BVN*, 1890, p. 569-580.

3. *BVN*, 1887, p. 37-39.

4. *BVN*, 1888, p. 750-751 ; F. Beringer, *Les indulgences*…, 1905, t. II, n° 32, 15. Acte d'érection aux ASCM. *BVN*, 1888, p. 751 ; 1900, p. 160 ; 1901, p. 581-583.

5. *HSC*, t. IV, p. 196. Une statue de Marie conforme aux apparitions à Estelle Faguette a été retrouvée en 1980 dans un recoin de la basilique. Elle a été remise en dépôt à l'abbé Michel, un des responsables de l'Archiconfrérie de Pellevoisin et restaurée.

d'ailleurs, le P. Voirin les présente d'une manière large et synthétique[1]. Comment s'étend le règne du Cœur du Christ ? – Par les œuvres eucharistiques tout d'abord : l'adoration de Montmartre s'insère dans l'adoration du Cœur eucharistique et dans l'adoration réparatrice des nations catholiques (voir chap. 17), la Garde d'honneur et l'Heure sainte ; ensuite par les œuvres de sanctification personnelle : le Vœu national [*sic*], la Sainte Ligue [sic], Prière et Pénitence, la consécration des enfants et la Sainte Agonie ; et familiale : l'Union dans la sainte Famille, la Consécration des familles ; par les œuvres de réparation : l'Apostolat de la prière, le Rosaire, la prière pour les prêtres et les militaires, la Communion réparatrice, la Sainte Face ; par les œuvres apostoliques, enfin : la Propagation de la foi, la Sainte-Enfance, l'Œuvre de Saint-François de Sales, le denier de Saint-Pierre, l'Œuvre des images.

Pour assurer et développer toutes ces confréries, il recrute uniquement des zélatrices, communes à ces diverses organisations. Les diplômes conférés en font foi : ils sont valables pour les six principales œuvres[2]. L'institution du Vœu national se trouve ainsi perdue parmi elles. En tout, une vingtaine d'associations parmi lesquelles un quart seulement sont proprement montmartroises. Une fois Alexandre-Félix Legentil décédé en juin 1889, qui s'était toujours voulu un homme d'apaisement, Hubert Rohault de Fleury aura soin de défendre l'indépendance et l'originalité de son œuvre en la dégageant de toutes ces « dévotions ».

## B. Incompréhension et départ du P. Voirin

Avec le départ du P. Rey, les affrontements entre le supérieur de la chapelle provisoire et le secrétaire général du comité de construction ne cessent pas pour autant. Aux yeux des laïcs, la situation a même empiré. Les reproches sont nombreux, un vrai déballage : les comptes des religieux sont mal tenus, les dépenses hors la construction beaucoup trop lourdes ; les religieux n'ont pas suffisamment le sens du Vœu national ; ils cherchent trop de petits revenus indignes d'une grande cause nationale : boutiques supplémentaires, restaurant, bulletin concurrent, scènes de cire pour Noël et pour Pâques. Toujours selon H. de Fleury, le P. Voirin n'a pas su accueillir les zélateurs sincères (le frère Marie-Antoine ou M. Ruandel, le fondateur de l'abri Saint-Joseph). Le

1. *BVN*, 1887, p. 37-39.
2. P. Voirin..., *Diplôme*..., 1889.

supérieur va même jusqu'à embaucher du personnel renvoyé de l'agence d'architecture. Il ne consulte pas l'architecte pour les aménagements (éclairage par le gaz, par ex.). Qui plus est, le P. Voirin se consacre tellement à ses propres confréries que les activités spécifiquement montmartroises s'en ressentent.

En 1886, les rapports entre laïcs et religieux semblent repartir sur de bonnes bases [1]. Mais en 1888, chacun réclame une délimitation de sa propre sphère d'influence [2]. La commission de la chapelle provisoire est réactivée en 1890 [3]. Pourtant, en juin 1892, un an après l'ouverture de la basilique au culte, H. de Fleury ne peut cacher son impatience. Il va se plaindre au cardinal en bonne et due forme [4] et envoie une lettre circonstanciée à l'abbé Pelgé [5]. M. Musnier de Pleignes fait aussi le siège de ce vicaire général en développant l'idée qu'une congrégation travaille toujours pour elle-même et non pour l'œuvre au service de laquelle elle se trouve [6]. Lettre au cardinal, audience de celui-ci, visite au supérieur général des Oblats, le P. Soullier, se succèdent sans résultat [7]. Dans une réunion privée, le Comité envisage même de démissionner en bloc. En janvier 1893, la commission de délégation adresse une supplique au cardinal pour lui expliquer l'impossibilité où se trouve H. de Fleury d'envisager son propre départ tout en refusant de laisser les choses en l'état [8]. Finalement, en mai 1893, après huit ans et plus de supériorat, le P. Voirin est rappelé par son supérieur et un nouveau règlement est institué pour son successeur.

Le bilan du P. Voirin n'était pas négligeable. Les pèlerinages se sont multipliés sous son règne (chap. 16), l'adoration est devenue perpétuelle grâce à l'organisation de l'Association des dames adoratrices (chap. 17), la procession mensuelle du Saint Sacrement a réuni régulièrement les amis du nouveau sanctuaire (chap. 18). Le P. Jonquet, l'auteur de *Montmartre autrefois et aujourd'hui*, reconnaît que sa publication, importante pour le rayonnement de Montmartre, est due aux encouragements de son supérieur [9].

À un moment de transition de la vie du sanctuaire, entre l'inauguration de la crypte et celle, par tranches, de la basilique bénite en 1891, le P. Voirin a su tirer parti des circonstances comme les centenaires de 89, pour faire faire aux fidèles une expérience de prière et de pénitence. Lui-même, pour le succès de

1. *PV*, 24 mai 1886. *HSC*, t. II, p. 262.
2. *PV* du 7 déc. 1888. *HSC*, t. III, p. 64.
3. *PV* du 20 fév. 1890. *HSC*, t III, p. 252. Elle comprend les abbés Pelgé, Odelin et Caron avec le P. Voirin.
4. *HSC*, t. IV, p. 166-169.
5. *HSC*, t. IV, p. 169-176 en juillet 1892.
6. Compte rendu à H. de Fleury, de la visite du 11 août 1892. *HSC*, t. IV, p. 180.
7. *HSC*, t. IV, p. 182-183; 183-189; 189-192.
8. *HSC*, t. IV, p. 192-206; p. 206-208.
9. *BVN*, 1898, p. 426.

la bénédiction, a jeûné rigoureusement de Pâques au 5 juin 1891. Après son départ, fidèle malgré tout à Montmartre, le père Voirin montait discrètement à la basilique pour une nuit d'adoration et une messe les premiers jeudi et vendredi de chaque mois et ce, jusqu'à sa mort survenue à l'âge de soixante-deux ans en 1898.

## *III. LE P. JEAN-BAPTISTE LEMIUS (1893-1901)*

Le cardinal Richard et le P. Soullier, supérieur général des Oblats, ont dû chercher alors la perle rare qui conviendrait à H. de Fleury, cet homme entièrement voué au service de l'ex-voto national et de sa construction, mais si difficile à contenter, et il semble qu'ils l'aient trouvée pour un temps au moins en la personne de Jean-Baptiste Lemius[1].

### A. De Pontmain à Montmartre

Né en 1851, dans les Landes, Jean-Baptiste Lemius devient oblat comme deux de ses trois frères. Leur sœur meurt elle-même, jeune, sous le voile. Ordonné à vingt-cinq ans, il est professeur, mais manifeste davantage de talent pour la prédication de retraites et de missions à Pontmain, Limoges et Angers. Il devient supérieur du pèlerinage de Pontmain de 1882 à 1892, où il recueille (en 1891) le récit d'un des voyants de la Vierge de Pontmain: avant son départ, il fonde aussi les annales du pèlerinage dudit lieu[2]. Dès cette époque, il publie des présentations d'encycliques en forme de catéchisme par des questions et réponses: sur la franc-maçonnerie, sur la question ouvrière. En 1889, il prêche à Montmartre, comparant

1. Voir la nécrologie de François Veuillot dans *Montmartre*, oct. 1938, p. 8-14; Yves Guegen, « Lemius » (1971) dans *CHAD*, 1948 et Henri Verkin, « Lemius » (1976) dans *DSAM*.
2. Voir Joseph Barbedette, *Récit*..., 1891 et René Laurentin et A. Durand, *Pontmain*, 1970, mais aussi *BVN*, 1910, p. 59-60.

le sanctuaire à un immense ostensoir montrant le Sacré Cœur de Jésus à la France et au monde. C'est dire combien il était prêt dès lors à y venir comme supérieur [1].

## B. À Montmartre

### *1. Le programme*

Quelques mois après son arrivée sur la butte, lors de la clôture du XXI^e^ Congrès catholique à l'hippodrome de Lille, le P. Lemius développe son programme d'action : quelle est la place de Montmartre dans les rapports du Sacré Cœur et de la France ? Il fait sienne la présentation providentielle de l'histoire de Montmartre (des temps géologiques au XIX^e^ siècle) telle que la développe le P. Jonquet : la basilique en voie d'achèvement est le centre de la patrie à partir duquel celle-ci redeviendra chrétienne en son peuple, dans ses lois et son gouvernement. Les classes s'embrasseront, ce sera le règne du Christ et de son parfait amour.

> « On a dit que la France chrétienne était née à Tolbiac. Ne vaudrait-il pas mieux affirmer qu'à Tolbiac est née la monarchie chrétienne, mais que c'est des hauteurs de Montmartre que la démocratie française reçut son baptême de sang ? » [2].

À l'origine, par son sang, aujourd'hui par sa générosité et sa ferveur, le peuple de France proteste de sa foi. La « démocratie » peut devenir chrétienne, ce à quoi le P. Lemius veut contribuer. En compagnie de représentants du Vœu national, en 1894, il se rend à Rome et reçoit les encouragements de Léon XIII, le pape du Ralliement [3]. À son retour, il expose à nouveau son programme au IX^e^ Congrès eucharistique de Reims. Les desseins du Sacré Cœur de Jésus sur la France n'ont pas de secrets pour lui [4]. Si le P. Lemius ne néglige pas la pastorale des dames chère à son prédécesseur [5], il se consacre surtout à celle des hommes.

1. *BVN*, 1889, p. 409. À la même célébration, l'abbé Garnier avec lequel le P. Lemius travaillera à Montmartre soulevait également l'enthousiasme des foules.
2. *BVN*, 1893, p. 585-597.
3. *BVN*, 1894, p. 273-289.
4. *BVN*, 1894, p. 600-610.
5. Même si les confréries extérieures entrent un peu en sommeil. Voir ci-dessus.

## 2. *Une pastorale nationale des hommes*

Devant le succès de ses prédications à Paris comme en province pour attirer des pèlerinages d'hommes à Montmartre (voir chapitre suivant), après la réussite du pèlerinage de Reims pour le 14e centenaire du baptême de Clovis [1], parallèlement à la souscription pour le grand dôme qu'il lance avec Le Moine (le P. Bailly) et Pierre l'Ermite (l'abbé Loutil), le P. Lemius met en place un pèlerinage national à Lourdes, pèlerinage de pénitence et d'expiation, réservé aux hommes, avec un comité prestigieux [2]. Au mois d'avril 1899, les pèlerins sont au nombre de soixante mille au moins, d'après le *Bulletin* [3], quarante mille ou plus, selon *Le Messager* [4]. C'est une évidente réussite ! Mais par là même il sortait des limites de sa mission à Montmartre et le succès allait bientôt entraîner la chute...

Auparavant et dans ces conditions, le P. Lemius finit par organiser un mouvement d'ampleur vraiment nationale, les Hommes de France voués au Sacré Cœur de Jésus, avec un organe bimensuel : *Le Drapeau du Sacré Cœur* [5]. Il encourage les fidèles à placer un « Sacré Cœur » sur le drapeau tricolore et à consacrer chaque commune au Cœur de Jésus. Les adhésions se multiplient [6]. Après Montmartre, après Lourdes, les Hommes de France voués au Sacré Cœur sont invités à aller à Rome. Léon XIII vient de consacrer en 1899 le genre humain et le nouveau siècle au Cœur du Christ. Il n'en faut pas plus au P. Lemius avec l'abbé Odelin et Léon Harmel pour entraîner un pèlerinage d'hommes dans la ville éternelle au mois de mai 1900 [7]. Curieusement, le compte rendu n'en paraît pas dans le *Bulletin*, mais François Veuillot qui y participe parle d'un rassemblement de dix mille hommes [8].

L'année suivante, un pèlerinage à Lourdes (en avril 1901) est encore organisé par le P. Lemius, mais le *Bulletin* n'en fait pas non plus l'annonce contrairement au *Messager* qui précise que le P. Coubé emmènera des participants

1. *BVN*, 1896, p. 492.

2. *BVN*, 1899, p. 38-39 ; *MCJ*, 1899, p. 183-187. Le Comité comprend : Mgr Billère, évêque de Tarbes et Mgr Péchenard, recteur de l'Institut catholique de Paris, les supérieurs généraux des Spiritains, des Oblats, des Assomptionnistes, des prêtres du Sacré-Cœur, des Eudistes, des Pères de Saint-Vincent de Paul ; le P. du Lac, s. j., le directeur du cercle catholique des étudiants, l'abbé Garnier, Léon Harmel, Albert de Mun, un mariste, un capucin, un dominicain, un franciscain. Selon Henry Branthomme, *Historique*..., 1988, p. 11, le cardinal Richard a fondé, cette année-là, un comité national des pèlerinages, confié au P. Lemius. Il doit s'agir du même.

3. *BVN*, 1899, p. 319.

4. *MCJ*, 1899, p. 358.

5. Son siège est au 21, rue du Mont-Cenis. Il paraît de 1898 à 1903. Pierre Pommarède, *La Séparation*..., 1976, p. 112, note 409, en signale la diffusion et l'impact en Périgord.

6. *BVN*, 1899, p. 249 ; 1901, p. 142.

7. *BVN*, 1900, p. 7-8 ; lettre du 19 janvier 1900 du cardinal Mazzella, p. 89. Il a dû leur faire lire sa mise en forme de catéchisme de l'encyclique de Léon XIII (1899). Déjà en 1893, Léon Harmel avait entraîné un pèlerinage d'ouvriers à Rome : voir Jules Bonjean, « Lettre... », 1893.

8. François Veuillot, « Le P. Lemius... », *Montmartre*, oct. 1938, p. 12.

en train depuis Paris [1]. Curieusement, ils ne disent rien du grand succès de ce pèlerinage. Seul un François Veuillot nous apprendra le chiffre de soixante mille hommes [2]. Le discours que le P. Stephen Coubé prononce à cette occasion, fait en tout cas sensation. Les catholiques doivent « défendre Jésus par le glaive électoral ». L'évêque de Tarbes proteste, la presse anticléricale s'empare des propos et Anatole France s'en souvient encore en 1904 pour en donner des extraits en annexe de son chapitre sur le Parti Noir [3].

Le P. Lemius, cependant, après Montmartre, Lourdes et Rome, veut aller à Paray-le-Monial. Les Visitandines parlent ainsi d'un pèlerinage de « vingt mille hommes de France » qui eut lieu le 30 juin 1901 : « Que ce fut beau de les entendre acclamer le Sacré Cœur et jeter vers le ciel ce cri plein d'espérance et d'amour: "Il régnera!... Il régnera!..." » [4]. Mais cette fois encore, le silence du *Bulletin du Vœu national* est d'une éloquence *a contrario* qui laisse présager une décision douloureuse.

### *3. Le Sacré-Cœur et les Montmartrois*

Les chapelains du sanctuaire national ne sont pas seulement au service des pèlerins et des touristes (chap. 16) et des adorateurs parisiens et provinciaux (chap. 17). Les Montmartrois des années 1890 aussi sont chez eux au Sacré-Cœur. Mgr Guibert le souhaitait. Parmi eux, il n'y a pas seulement des artistes (évoqués au chapitre 32 à propos des relations du Bateau-Lavoir et du Sacré-Cœur) ou des tenanciers de cabaret (dont le célèbre Rodolphe Salis du Chat Noir, voir chap. 16), il y a aussi une population laborieuse qui y travaille ou qui s'y repose simplement. Le P. Lemius, tout particulièrement, organise spécialement pour eux des célébrations mensuelles le soir du premier vendredi du mois, une fois les pèlerins repartis. En 1897, il s'appuie sur la presse de quartier pour s'adresser aux habitants de Montmartre :

> « " Montmartre n'est plus ! " disait cette semaine un journal du boulevard ; on devine à quel Montmartre il est fait allusion » [5].

Il s'agirait d'une réflexion de Rodolphe Salis à l'occasion de la fermeture du Chat Noir qu'il n'y aurait guère lieu de s'en étonner! Et le P. Lemius de poursuivre :

1. *MCJ*, mars 1901, p. 188. Le nom du P. Lemius est toujours donné comme organisateur. Sur le P. Coubé, s. j., voir *CHAD* et Paul Duclos, *Dictionnaire*..., 1985.
2. François Veuillot, « Le P. Lemius... », *Montmartre*, oct. 1938, p. 12.
3. Anatole France, *L'Église*..., 1904, p. 156.
4. Mgr Gauthey, *Vie*..., 1920, t. III, p. 220.
5. *BVN*, 1897, p. 315.

« Le vrai Montmartre, celui qui a vécu pendant les siècles chrétiens, ressuscite chaque premier vendredi au soir ;... la basilique attire alors les Montmartrois, surtout les travailleurs ; il est doux de leur parler, intimement, en famille. »

Dans cette église qui honore leur quartier, les Montmartrois sont invités à voir un signe de la présence de Dieu et de la royauté de Jésus-Christ et encore la marque d'une protection toute spéciale étendue sur eux. Qu'ils viennent vite « se réfugier dans le Cœur de Jésus ! »

Il semble qu'autour de 1900, un grand nombre de Montmartrois aient adopté la basilique en plus sinon à la place de leur propre église paroissiale [1]. Les célébrations spéciales en leur faveur, les quelques cent cinquante élèves de la Maîtrise et leurs familles, le patronage et le cercle du Sacré-Cœur [2], l'Œuvre des Pauvres ont apparemment porté leurs fruits apostoliques. On peut dire que l'atmosphère anticléricale des années 1870 et 1880 dont témoignent le P. Rey et Paul Féval (voir ci-dessus) s'est sensiblement détendue [3]. Dans un quartier en pleine expansion démographique, le Sacré-Cœur représente l'un des équipements cultuels les plus significatifs au point qu'il aurait déterminé en partie la construction, en 1897, du temple luthérien Saint-Paul de Montmartre, 90, boulevard Barbès [4]. Par ailleurs, l'arrivée de nombreux israélites dans le quartier ne pouvait que susciter la construction de plusieurs synagogues. Mais il est difficile de ne pas penser que la fondation en 1901 de l'asile israélite à l'angle de la rue Lamarck et de la rue du Chevalier de La Barre soit le fruit d'une saine émulation avec l'Œuvre des pauvres du P. Lemius [5]. Le chanoine Lejeune soutient même qu'une loge a été ouverte au bas de la colline pour contrecarrer l'action du Sacré-Cœur [6] ! Les Montmartrois de 1900 pouvaient donc faire leur choix...

1. Le relevé des contacts entre les paroisses de la butte et le Sacré-Cœur serait à faire. Ils sont très nombreux, soit au titre de la souscription et des pèlerinages annuels, soit au titre de l'adoration perpétuelle (*BVN*, 1886, p. 506-507). Il semble cependant que quelques temps après l'arrivée des séculiers, les curés du quartier aient obtenu de l'archevêché la suppression des œuvres de jeunesse hors la maîtrise pour cause de concurrence (témoignage oral de Mgr Charles) ! L'abbé Patureau reproche à Léon Bloy de fréquenter la basilique et non sa paroisse dans une lettre en date de fin septembre 1909 (Arch. Mme Souberbielle-Bloy et Jacques Benoist, « *Le bon Molosse*... », 1988, p. 64).

2. *BVN*, 1895, p. 200.

3. Vers 1900-1920, au grand-père anticlérical de Jean-Claude Barreau (voir son témoignage à propos de la Commune au chap. 26), on peut opposer la famille « cléricale » de l'abbé Dérumaux. Lettre à l'auteur en date du 8 mars 1986. La basilique selon cet ancien chapelain du Sacré-Cœur était bien acceptée dans le quartier. Reste qu'il faudrait pour Montmartre une étude comme celle dont a bénéficié Belleville grâce à Gérard Jacquemet : voir *Belleville au XIXe siècle, du faubourg à la ville*, 1984 ; « Déchristianisation, structures familiales et anticléricalisme, Belleville au XIXe siècle » dans *Archives de sciences sociales des religions*, 1984, 57/1, p. 69-82.

4. Selon le témoignage oral d'un de ses responsables récents à Mgr Charles lors d'une rencontre œcuménique, le pasteur Pfender, fondateur du temple, aurait eu non seulement en vue le bien des protestants du quartier mais la volonté de faire belle figure devant cette entreprise originale des catholiques.

5. Les dates de fondation de trois synagogues du quartier (13, rue Sainte-Isaure, rue des Cloÿs et rue Doudeauville) seraient à établir. La synagogue de la rue des Saules date en tout cas de 1907. Pour l'Œuvre des pauvres, voir chap. 18.

6. Victor Alet-P. Lejeune, *La France*..., 1889-1910, p. 330.

### *4. Le départ du P. Lemius*

Le silence du *Bulletin* à partir du printemps 1900 sur les pèlerinages du P. Lemius vers Lourdes, Rome et Paray-le-Monial, reflète très probablement la prudence du cardinal Richard. Par une retombée indirecte, la loi du 1er juillet 1901 sur les congrégations (à propos des autorisations qu'elles doivent demander pour subsister) amène l'archevêque de Paris et le supérieur général des Oblats à demander au P. Lemius de passer la main et de céder la direction de Montmartre à quelqu'un de moins en vue, même s'il reste sur place, en attendant de pouvoir la confier bientôt à des prêtres diocésains. En août 1902, Hubert Rohault de Fleury écrit au cardinal Richard à propos du successeur du P. Lemius, le P. Thiriet : « En attendant des temps meilleurs, je me félicite d'avoir là-haut un homme très pieux, mais très sage ; ferme, mais modéré et prudent » [1]. Ce qu'on ne pouvait certes dire du P. Lemius qui attirait peut-être trop (et fâcheusement) l'attention en mêlant à une piété ecclésiale de masse, des préoccupations et des choix politiques particuliers. Gustave Téry, dès 1899 (*Les Cordicoles* sont de 1902) le dénonçait non sans injustice, comme un danger public[2] ! Malgré tout, avec un P. Coubé, n'était-on pas en train de transgresser les limites que le cardinal Richard voulait établir entre action pastorale et action politique ? Toujours est-il que le P. Lemius attendit un an environ puis partit de Montmartre pour l'exil (en Belgique principalement) avec les autres oblats en mars 1903[3]. François Veuillot, presque quarante ans plus tard, juge en tout cas d'une manière très positive l'œuvre du P. Lemius à Montmartre : il avait imprimé à la vie de la basilique un tel rythme qu'aucun de ses successeurs n'a pu faire mieux[4].

## C. Après Montmartre

En 1907, Jean-Baptiste Lemius rédige sous forme de catéchisme une plaquette sur le modernisme à partir de l'encyclique *Pascendi* à laquelle son frère Joseph, procureur des Oblats à Rome, avait travaillé comme théologien[5]. C'est

1. AHDP, SC, carton 3. On ne sait pas comment a été appliqué le règlement mis au point au début de 1893 (*HSC*, t. IV, p. 209-215), ni celui de l'église en 1897 (AHDP, SC, c. 7).

2. Gabriel Baume cite *La Lanterne* dans *L'art...*, 1901.

3. F. Veuillot, « Le P. Lemius », *Montmartre*, oct. 1938, p. 13. Henry Branthomme, « Historique... », 1988, p. 12, souligne que l'abbé Lancelle le remplace, fin 1901, avec le titre de directeur du Bureau central du Comité national des pèlerinages qui ont leur siège 31, rue du Chevalier de La Barre

4. François Veuillot, « Lemius », *Montmartre*, oct. 1938, p. 10.

5. Le P. Jean-Baptiste Lemius semble bien avoir participé à la confection parisienne de la liste des erreurs d'Alfred Loisy dont les ouvrages sont condamnés en 1903, selon Rivière, *Ble* (Toulouse), 1946, p. 143s et Aubert, *Eph. Theol. Lovanienses*, 1961, p. 557s. Réf. communiquées par le P. Vallin.

à cette époque qu'il encourage Hélène Villefranche à fonder sur la butte Montmartre une association d'aides au ministère des prêtres: les Auxiliaires du Cœur de Jésus [1]. Pendant la Grande Guerre, il rassemble sa pensée dans un livret intitulé: *Les Desseins du Sacré Cœur de Jésus sur la France* [2] et lance le projet d'une basilique universelle en l'honneur du Sacré Cœur de Jésus sur le mont des Oliviers à Jérusalem. Il en orchestre même des travaux préparatoires à Toulouse [3]. Puis une visionnaire du Christ à Bordeaux mobilise son attention et sa plume. Il exerce par deux fois la fonction de provincial, célèbre en 1926 ses noces d'or sacerdotales à Montmartre [4], dans ce sanctuaire dont il rêvait en 1889 de faire en quelque sorte l'ostensoir qui présente à la France et au monde le Cœur eucharistique de son Seigneur [5]. Il meurt en 1938.

## *IV. LE P. EDMOND THIRIET (1901-1903)*

Le successeur du P. Lemius, le P. Thiriet (1862-1927) a commencé son ministère au sanctuaire de Pontmain. En 1894, il vient à Montmartre comme prédicateur au mois de juin [6], avant d'y être nommé chapelain en 1898. En 1901, à trente-neuf ans, il est le plus jeune des supérieurs du Sacré-Cœur. Son supériorat de deux ans est difficilement cernable à cause de sa courte durée et probablement aussi à cause des consignes de discrétion qu'il a dû recevoir. On y relève au moins un appel aux enfants [7] et le lancement d'une association de Prêtres-Apôtres du Sacré Cœur [8], initiatives dues au P. Yenveux dont le supérieur écrira la vie (voir chap. 18). Notons aussi une

1. Voir Emile Dubois, *Hélène Villefranche*..., 1976 et arch. de la Société. Le Cœur de Jésus est par la fondatrice surtout considéré dans sa condition ressuscitée et glorieuse.
2. Voir réf. en 1915.
3. ***, *Bulletin Eléona*, 1959. D. de Charnage, « La basilique votive des nations » dans *La Croix*, mai 1938. En 1987, le gouvernement français, sous l'action décisive de Jean Guéguinou, consul général de France à Jérusalem, a finalement aménagé cette église laissée à peine sortie de terre depuis des décennies qui se trouve sur un terrain appartenant à la République française et sur lequel est installé le Carmel de Jérusalem. La basilique de Montmartre possède des dessins du sanctuaire projeté.
4. *Montmartre*, juillet 1926, p. 18.
5. Très tôt il a choisi de conjuguer l'adoration du Cœur du Christ et de son Corps eucharistique. Voir J. – B. Lemius, *Le culte*..., 1930.
6. *BVN*, 1894, p. 439.
7. ***, *Les enfants*..., 1901.
8. Voir le règlement de 1901, AGOMI, et une collection de bulletins, réf. en 1901. Voir notre chap. 18.

discrète célébration du XXX^e anniversaire du Vœu national en 1902 (voir chap. 12). Après l'expulsion des religieux, il se voit contraint à sept ans de « loisirs forcés » dans le diocèse de Verdun où il anime officieusement le pèlerinage de Notre-Dame de Benoite-Vaulx, prêche des missions paroissiales avec d'autres missionnaires et des retraites fermées, suscite des confréries du Sacré Cœur unies à Montmartre. Il écrit aussi. En 1910, il revient à Paris où on lui confie la revue *La Bonne Nouvelle* dont il réunit les lecteurs dans une milice du Sacré Cœur. En 1925, il se retire sur la « colline inspirée » où il meurt deux ans après [1].

Ses publications postérieures à son départ éclairent un peu sa spiritualité tournée vers l'attente d'un miracle. Dans un volume intitulé *Aux Dames Adoratrices* (de Montmartre), il leur dit que c'est « l'heure de la prière, de la confiance et du miracle », rejoignant ainsi des propos prêtés à Pie X annonçant des « prodiges » pour la France [2]. Il en est de même dans sa présentation de Notre-Dame de Benoite-Vaulx dont il se plaît à rappeler qu'au XVII^e siècle le culte était déjà venu miraculeusement à Montmartre grâce à Catherine de Bar, la future fondatrice des Bénédictines du Saint Sacrement et de l'adoration perpétuelle, en religion mère Mechtilde du Saint-Sacrement. Pour lui et le chroniqueur du *Bulletin*, la prière à Marie doit demander un miracle pour la France : *Per Mariam ad Jesum. Per Mariam et Jesum Salus Galliae* [3].

Par une ordonnance du 27 mars 1903, le cardinal Richard décharge les Oblats du service du Sacré-Cœur et le confie à des chapelains choisis parmi le clergé de Paris. À cette date, est établi un inventaire du mobilier de l'église sous la responsabilité du P. Thiriet, du secrétaire du Comité, Gaston La Caille et de Mgr Odelin. Le changement s'effectue entre le 30 mars et le 1er avril, le vendredi-saint 1903, remarque le chroniqueur. C'est l'abbé Odelin (présenté parmi les directeurs spirituels du Comité, chap. 12), vicaire général qui est chargé de « diriger et d'organiser le service de l'église » et l'abbé Peuportier est dit son adjoint [4], mais résidant sur la butte ce dernier fait fonction de supérieur.

1. Nécrologie dans *Montmartre*, sept. 1927, p. 8.

2. *BVN*, 1907, p. 162.

3. Cette attente d'un triomphe sera étudiée pour elle-même au chap. 30. *BVN*, 1906, p. 351. Un intéressant article sur les fouilles archéologiques de Montmartre met en évidence le culte de Notre-Dame de Benoite-Vaulx sur la butte au XVII^e siècle : Patrick Périn, « Fouilles… » dans *RAMAGE*, n° 1, p. 59-65. Aux liens ainsi mis à jour se superposent ceux du XX^e siècle grâce au P. Thiriet et à son ouvrage cité par P. Périn, mais peut-être pas situé dans son contexte.

4. *Montmartre*, sept. 1927, p. 7.

## *V. LE CHANOINE PEUPORTIER (1903-1908)*

La vie du sanctuaire est également difficile à saisir durant la dizaine d'années qui suit le départ des religieux. Un nouveau règlement est promulgué [1]. Le *Bulletin* est beaucoup moins épais, les statistiques moins nombreuses. La discrétion semble de consigne. Les sections montmartroises des diverses confréries fondées par le P. Rey et le P. Voirin semblent reprendre vie [2]. L'heure (et n'est-ce pas toujours l'heure ?) est à la piété !

Promoteur du diocèse durant quinze ans, supérieur de Montmartre pendant cinq ans, c'est-à-dire au début du pontificat de Pie X et dans les toutes dernières années de l'épiscopat de Mgr Richard, Jean-Eugène Peuportier nous livre sa pensée dans une circulaire qu'il adresse en août 1903 aux responsables des archiconfréries :

> « Nous devons remercier Dieu des merveilles qu'Il daigne opérer dans son Sanctuaire. Les foules s'y pressent plus nombreuses et plus recueillies que jamais. On sent qu'à force de supplications, elles veulent contraindre la divine Justice à faire miséricorde. Nous avons le ferme espoir que ces prières, si agréables au Cœur de Jésus, ne tarderont pas à être exaucées, et que, suivant la parole du Souverain Pontife Pie X aux Cardinaux français, dans la première audience qu'il daigna leur accorder : « Le Sacré Cœur, du haut de Montmartre, répandra ses grâces sur toute la France » [3].

Cet homme de l'administration diocésaine, projeté sur un véritable champ de bataille, peut assister en 1905 au XXXIII^e^ anniversaire du Vœu national ainsi qu'au lancement de la construction du clocher et accueillir les évêques de France en 1906 (chap. 12). Mais, à nouveau, il ne sut trouver grâce aux yeux du secrétaire général du Comité qui écrit dans son journal intime :

> « J'ai vu l'abbé Odelin qui est chargé par Son Éminence de présider une commission mixte pour parer aux conflits entre le culte et la commission. Pendant que je discutais [avec l'abbé Odelin], le Bon Dieu m'a envoyé de Pleignes qui m'a bien aidé – nous avons carrément dit le fait du supérieur... mauvais choix [*sic*] » [4].

Le chanoine Peuportier ne partira du Sacré-Cœur pour la cure de la paroisse Saint-Roch qu'en 1908 [5]. Entre-temps, en 1905, Hubert Rohault de Fleury, paralysé, cédera la place du secrétariat général du Comité de construction au comte Gaston La Caille qui s'accommodera du supérieur pendant trois ans.

1. Maurice Clément, *Vie...*, 1923, p. 269; AHDP et ASCM, 7.
2. L'Apostolat de la prière, la Garde d'honneur, l'Archiconfrérie réparatrice des blasphèmes, la Confrérie du Saint Rosaire, la Confrérie de la Sainte Agonie: *BVN*, 1903, suppl. oct, p. 17-18.
3. AGOMI, Paris-Montmartre, chem. 2.
4. H. de Fleury, *Journal*, 2 déc. 1904, p. 8. Arch. de madame de Vassal.
5. Il meurt en 1921 : *BVN*, 1921, p. 168.

## *VI. LE CHANOINE EUGENE CRÉPIN (1908-1925)*

### A. Avant la guerre

Vicaire de l'église Saint-Laurent, nommé d'abord premier chapelain en 1903, l'abbé Crépin succède au chanoine Peuportier en 1908 (et devient chanoine à cette occasion). Son supériorat est marqué avant 1914 par l'achèvement du clocher, le lancement de la construction de la grande mosaïque du cul-de-four du chœur [1], l'achat de terrains entre le 40, rue du Chevalier de La Barre et le 7, rue Saint-Vincent, pour la construction d'un presbytère et de nouveaux locaux destinés aux œuvres de jeunesse [2], par les cérémonies organisées pour la béatification de Jeanne d'Arc [3]. C'est l'époque où grâce à l'action de François Veuillot, un nouveau groupement est fondé: la Réparation mensuelle, « à l'intention d'hommes du monde, jouissant d'une situation indépendante et voulant affirmer leur foi en Jésus-Christ » [4].

Certains de ses collaborateurs se font remarquer. L'abbé Germain Langlois, son premier chapelain, apparaît comme l'un des rares ecclésiastiques à ne pas subir les foudres de Léon Bloy [5]. Il parle de la crue de 1910 avec modération et justesse [6], lors de la célébration de pénitence présidée par le cardinal Amette, célébration à laquelle participent de nombreuses personnalités politiques [7]. Son successeur comme premier chapelain, Pierre Laligant étudie, quant à lui, l'histoire du Vœu national et laisse de nombreux et fort précieux ouvrages sur la basilique [8].

1. Il sert d'intermédiaire entre le Comité et la généreuse et anonyme donatrice de cinq cent mille francs dont les initiales M. A., sur la mosaïque en bas à l'ouest, gardent le souvenir.

2. Ces locaux seront mis en 1928 à la disposition de la J. O. C. naissante: voir en exergue la citation d'une lettre de l'abbé Guérin.

3. *BVN*, 1909, p. 114.

4. Voir *BVN*, 1914, p. 31 et surtout *PV des réunions de la Réparation* de 1911 à 1954. ASCM, 04-10.

5. Voir Jacques Benoist, « Le bon molosse amoureux du Sacré-Cœur » dans le *Bulletin des Études bloyennes*, 1988, n° 3, p. 61-71; « Bloy et le Sacré-Cœur » dans *Colloque Léon Bloy et Paris* (1990), à paraître. On a remarqué que la vie adulte de Léon Bloy est parallèle et en contrepoint de la construction du Sacré-Cœur de 1870 à 1917: ses contacts avec Léon Pagès (chap. 1); sa fréquentation de la chapelle provisoire avec Anne-Marie Roullé (chap. 16); ses réactions au *Te Deum* du Sacré-Cœur lors des fêtes franco-russes (chap. 30); ses jugements sur l'architecture et les sculptures (chap. 32 et 33); sa participation aux messes et à l'adoration perpétuelle du Sacré-Cœur (chap. 13 et 17); son jugement sur la statue du chevalier de La Barre (chap. 24); finalement ses quelques années passées à l'ombre de la basilique et ses nombreux contacts avec divers chapelains. Tout cela a dû faire de lui un « drôle de paroissien ». La thèse de Michel Arveiller, *Léon Bloy, témoin et juge de l'Église de son temps*, à paraître, éclairera tous ces points et les situera dans l'ensemble de la vie de l'époque.

6. Voir chap. 4 et chap. 28. Certaines personnes ont rapproché ces propos de ceux du P. Ollivier lors de l'incendie du Bazar de la Charité pour les critiquer.

7. Les députés Albert de Mun, de Gailhard-Bancel, Groussau, Piou, de Ludre, Paul Lerolle, Ollivier, abbé Gayraud, Fouquet, Le Gonidec et de Traissan. Les sénateurs de Las Cases et Ancel. Trois conseillers municipaux et enfin, Paul Déroulède. *BVN*, 1910, p. 36. Le comte de Franqueville dit être là mais le chroniqueur n'en fait pas mention (*Souvenirs*, 1921, p. 189).

8. P. Laligant, (Divers titres), 1919, 1923, 1933.

## B. La Première Guerre mondiale

La déclaration de la guerre et la mobilisation ont des répercussions sur Montmartre, l'édifice et le lieu de prière. Les départs d'artistes et d'ouvriers désorganisent les travaux, ce qui oblige à reporter la consécration de la basilique initialement prévue le 17 octobre 1914. Les listes de souscripteurs ne sont plus publiées mais c'est, dit-on, par économie de papier. Le chanoine Crépin suggère de faire des promesses de dons comme cela s'était pratiqué en 1870-1871, à défaut de pouvoir facilement réaliser ces dons dans l'immédiat. Les pèlerinages et l'adoration nocturne accusent un certain flottement mais juste pendant quelques semaines, d'autant que le départ pour l'armée de cinq chapelains n'arrange évidemment pas les choses.

Courant août, le ton des messages du *Bulletin* est au beau fixe. La neuvaine de saluts demandée par le cardinal Amette s'est déroulée du 7 au 15 août et indique l'ambiance du moment. La nouvelle guerre n'est pas ressentie comme une «punition» à la différence de 1870.

> « Sans doute la France a péché contre Dieu, mais elle s'est ressaisie, elle donne en ce moment un magnifique spectacle ; le repentir est dans tous les cœurs, Dieu lui fera miséricorde » [1].

Dans ces conditions, cette nouvelle épreuve n'est pas imputée directement à Dieu, on y voit d'abord et surtout le fait d'un ennemi injuste. Aussi bien les responsables du Sacré-Cœur ont-ils à cœur de ne pas dénigrer en quoi que ce soit leurs propres efforts qui depuis plus de quarante ans ont produit un foyer ardent de prière et de foi, dont l'achèvement leur paraissait le signe même du salut de la France:

> « Oui, que le règne du Sacré Cœur arrive, qu'il surgisse des événements que Dieu prépare dans son amour, que la France en soit l'instrument, et les Français, les premiers, les plus fidèles sujets. *Adveniat regnum tuum* ! » [2].

Le discernement du sens de l'Histoire et de la volonté divine devient par ces temps troublés un exercice périlleux. Il est plus difficile qu'auparavant de garder dans la prédication le bon sens de la foi. Pourtant ces propos imprimés dans le *Bulletin* et attribuables au chanoine Crépin ne semblent pas dépasser la mesure. L'appel à la prière tempère ce qu'ils pourraient avoir d'excessif (voir chap. 28). Durant toute la durée de la guerre,

1. *BVN*, 1914, p. 159.
2. *BVN*, 1914, p. 160.

les quatre offices quotidiens de la basilique, messes de 8 heures et de 9 heures, vêpres de 15 heures et prière du soir à 20 heures, sont célébrés à l'intention de la France. Chaque mardi, à la chapelle des Armées, une messe est dite pour tous les soldats. Chaque jeudi, le chapelet des enfants est récité pour la France. L'appel à participer à l'adoration perpétuelle, l'invite à la prière et à la pénitence retentissent plus que jamais.

Le grand regret est l'absence de prières officielles comme il en existe chez les autres belligérants. Certes, les Français se retrouvent unis pour la défense de la patrie, mais il leur manque l'unité d'une foi qui dépasse leurs engagements temporels. Le chroniqueur (le chanoine Crépin ?) du *Bulletin* se console à l'idée que les « officiels » en lançant leur « Haut les cœurs ! » ont repris malgré tout l'exclamation de la préface de la messe (« *Sursum corda* »)et qu'un nombre toujours plus grand de Français a implicitement répondu : « Nous les tournons vers le Seigneur ». Le chroniqueur se plaît aussi à rapporter qu'un des chefs les plus qualifiés de l'armée a fait parvenir à Montmartre pour le mettre sous l'ostensoir un acte de consécration au Sacré Cœur de sa personne et de son armée. Il doit s'agir du général Foch, élève des Jésuites, connu pour sa foi et sa piété [1].

Une « aurore de victoire » (la bataille de la Marne) conforte le chroniqueur dans son optimisme et permet d'achever l'année 1914 dans la certitude du salut. La liste des souscripteurs du second semestre 1914 paraît dans le *Bulletin* en janvier 1915 et les autres suivent, qui attestent que les conditions matérielles ne sont pas trop mauvaises et que la générosité s'exerce toujours en vue du salut de la France.

Dans l'atmosphère de l'Union sacrée, les perspectives de paix de 1917, puis le plan de paix de Benoît XV, sont accueillis respectueusement et discrètement. Le chroniqueur du *Bulletin* dit simplement attendre une paix qui coïncide avec une victoire, mais compare malgré tout le combat de la France avec l'Allemagne au combat de l'homme avec la bête tel que le raconte l'auteur de *Quo vadis* ?, combat qui ne supporte pas le compromis [2] ! Le Sacré-Cœur et Clemenceau, même combat ! La principale célébration du mois du Sacré Cœur 1918 revêt un caractère quasi officiel avec la présence de sénateurs, de députés, de membres de l'Institut, mais la France n'y est toujours pas représentée comme telle [3].

1. *BVN*, 1914, p. 169. Ce point mériterait d'être éclairci puisqu'il est connu par ailleurs (voir par exemple *Présent* du 17 juin 1989).

2. *BVN*, 1917, p. 18-19. Sur le contexte général de ce point particulier, on lira Jean-Marie Mayeur, « Les catholiques français et la note de Benoît XV de 1917 » dans les actes du colloque « L'Église et les catholiques durant la première guerre mondiale », de mai 1992, organisé par la Soc. hist. religieuse de la France.

3. *BVN*, 1918, p. 92-93.

L'armistice survenant, les responsables du Sacré-Cœur organisent des fêtes de la victoire en l'absence des pouvoirs publics. Le premier *Te Deum* du cardinal Amette est célébré à Notre-Dame, le second au Sacré-Cœur, le 24 novembre 1918. Le monde entier s'ouvre désormais à l'action de la France catholique qui s'est mise au service de la connaissance du Cœur du Christ, dit-il en substance dans son sermon [1].

## C. La dédicace de la basilique

La consécration de la basilique si longtemps différée à cause des événements peut être considérée comme la véritable fête de la victoire célébrée par les catholiques à Montmartre. Le souvenir, eu égard à l'époque et à ses avancées techniques, ne s'en conserve plus dans les seuls imprimés: le cinéma et les actualités Gaumont gardent en mémoire les fêtes de la consécration du 16 au 19 octobre 1919 [2].

Le cantique chanté le jour de la dédicace sur l'air de « Pitié, mon Dieu » est des plus révélateurs. Il marque bien la continuité de la période de construction du Sacré-Cœur étudiée dans ce travail. Il s'intitule « Merci, mon Dieu! Le Sacré Cœur et la France. » Son fameux refrain est

> « Dieu de clémence
>
> « O Dieu vainqueur,
>
> « Toi qui sauvas la France
>
> « Garde-la dans ton cœur ! »

Il rend grâces pour la victoire, cette victoire qui est un don du Christ à travers les combats, les repentirs et les chefs qu'il a lui-même donnés à la France. Son passé (Clovis, les Francs, la Pucelle, Marguerite-Marie, Lourdes) est une perpétuelle occasion de rendre grâces au Christ. Pour l'avenir, la France se laisse comparer à l'apôtre Paul: le Seigneur peut lui procurer son chemin de Damas et faire en sorte que « sur la colline à ton cœur consacrée », un successeur de Clovis renouvelle son pacte avec le Dieu des Chrétiens [3]. Malgré

1. *BVN*, 1918, p. 194.
2. Pour les imprimés, voir entre autres: *BVN*, sept. 1919; Cardinal Amette, *Lettre*..., 1919; ***, *Fêtes*..., 1920; Abbé Laligant, *Deux*..., 1921. Pour les films d'actualités, voir par exemple, ce qui en est proposé à la Vidéothèque de Paris.
3. ***, *Fête*..., 1920.

l'enthousiasme de l'heure, il ne fallait pas compter sur Clemenceau pour remplir cette fonction. Comme pour le *Te Deum*, il ignora ces célébrations et la venue du légat, même s'il reconnaissait que les catholiques avaient bien mérité de la patrie [1].

Malgré cela, la participation de la presque totalité des évêques français sous la présidence du légat donne à cette dédicace une dimension nationale et catholique. Le P. Janvier, le principal prédicateur, successeur du P. Monsabré dans la chaire de Notre-Dame de Paris, en développe toute la signification. Cette inauguration, espérée en 1914 mais célébrée seulement après la victoire en 1919, d'un temple dont la construction avait été elle-même promise au cœur de la défaite de 1870, frappe les esprits. Point d'arrivée d'une marche d'un demi-siècle, elle paraît aussi et surtout le point de départ d'une période de renouveau et d'espérance [2]. Pourtant la basilique, dans sa décoration [3] et ses dépendances n'est pas vraiment achevée, le Vœu national n'est pas totalement exaucé (le sort du souverain pontife n'est toujours pas réglé), l'histoire continue.... Mais les choses ne seront plus jamais comme avant. Le chanoine Crépin pourra, en 1925, quitter la tête haute le supériorat des chapelains pour l'épiscopat en étant nommé évêque auxiliaire de Paris. Ainsi, six prêtres, quatre religieux et deux séculiers, ont-ils avec leurs confrères fondé, développé, maintenu un ex-voto de prière nationale sur la butte Montmartre. Il s'agit maintenant de détailler leurs activités.

1. Voir Jean-Baptiste Duroselle, *Clemenceau*, 1988, p. 843.

2. La dédicace de l'église du Vœu national au Sacré Cœur paraissait une chose si importante que d'une part le titre de basilique fut accordé officiellement au sanctuaire par le Saint-Siège (mais cela était courant à l'époque) et que d'autre part, chaque année, le 16 octobre tout le diocèse du Paris pouvait en marquer l'anniversaire par la célébration d'une messe propre à l'instar de Notre-Dame de Paris. Voir *Missale romanum*, *Missae propriae archidioecesi Parisiensis*, p. 112. Ceci jusqu'à la nouvelle édition du propre parisien en 1980.

3. Par exemple, l'inauguration de la grande mosaïque du chœur aura lieu quatre ans plus tard.

# Chapitre 16
# Les pèlerinages : la ruée vers Montmartre

Le repérage d'une origine s'avère presque toujours très délicat d'autant plus qu'on ne la confond pas avec un commencement chronologique. L'étude de la ruée vers Montmartre entre 1876 et 1920 fait entrer tellement de facteurs que là encore on en est réduit à défricher le sujet et à exposer seulement certains éléments de la situation qui permettront au moment opportun une certaine synthèse. Il ne sera pas question de la venue et la présence à Montmartre des artistes (évoquées aux chap. 32), ni de la population laborieuse (présentée au chap. 15) mais seulement des montées à Montmartre diurnes et nocturnes pour les motifs les plus divers.

## *I. UN NOUVEAU PÈLERINAGE PARMI D'AUTRES*

On pourrait ramasser l'histoire des pèlerinages au XIXe siècle en quatre moments : une lente reprise (1814-1846), un renouveau (1846-1870), un âge d'or (1871-1874) et un certain tassement (1875-1914)[1]. C'est dans ce schéma qu'il faut inscrire le pèlerinage de Montmartre.

### A. Renouveau des pèlerinages et fondation montmartroise

Quand l'archevêque de Paris, sollicité par quelques messieurs du conseil général de la Société Saint-Vincent de Paul, décide au début janvier 1872 d'ouvrir un nouveau sanctuaire de pèlerinages dans son diocèse, cette pratique religieuse présente déjà une bonne vingtaine d'années de renouveau[2]. Les événements de 1870-1871 et l'inquiétude de 1872 n'ont fait que l'accélérer. Les expériences du religieux oblat et de l'évêque de Viviers et de Tours se sont conjuguées. Les contemporains font preuve d'une « sainte bougeotte » qu'il serait malséant de ne pas encourager, état de fait auquel ne sont pas étrangers les chemins de fer. Sans compter les nombreux pèlerinages locaux qui ont repris vie, de nouveaux apparaissent, tels Notre-Dame des Victoires[3], Notre-Dame-de-la-Salette[4], Lourdes, Ars, Paray-le-Monial[5], à la suite de la béatification de Marguerite-Marie, Tours où l'on pense avoir découvert le tombeau de saint Martin, Amette, lieu de naissance de saint Benoît Labre et aussi Rome, Jérusalem…

Les préparatifs d'ouverture de l'ex-voto national (lancement de 1872, loi de 1873, concours de 1874, première pierre de 1875) se déroulent dans la période de « l'âge d'or des pèlerinages nationaux français » : Lourdes, Chartres,

1. Pierre Pierrard, « La renaissance des pèlerinages au XIXe siècle » dans Jean Chelini, *Les chemins*…, 1982, p. 295-343.

2. Yves-Marie Hilaire, *Une chrétienté*…, 1977, vol. 1, p. 392-408 l'a démontré pour le diocèse d'Arras. Pierre Pierrard a repris et développé cette démonstration dans Jean Chelini et Henry Branthomme, *Les chemins*…, 1982, p. 295-343. Gérard Cholvy, *Histoire*…, 1985, t. I, p. 191-196, la rend classique.

3. Il n'est pas question de la rue du Bac, car jusqu'en 1897 le succès de la Médaille miraculeuse s'opéra sans qu'il y eut de pèlerinages en ce lieu. L'archiconfrérie du Cœur immaculé de Marie de l'abbé Desgenette à Notre-Dame des Victoires profita du rayonnement de la Médaille. Voir Jean Chelini, *Les chemins*…, 1982, p. 300 et art. « Médaille miraculeuse » dans *CHAD*.

4. Le nom de ce pèlerinage contesté au XIXe siècle n'a été vu que rarement par l'auteur dans le *Bulletin*. Il est absent dans une énumération de récents sanctuaires mariaux (*BVN*, 1896, p. 25). Cela dénote la réserve du clergé de la basilique à son égard. Il est cependant mentionné en *BVN*, supp. juin 1902, p. 1. Voir notre chap. 11.

5. Sur ces deux derniers pèlerinages, voir Michel Cinquin…, *Deux pèlerinages*…, 1980.

Paray-le-Monial[1] et les responsables laïcs du Vœu national n'ont pas laissé de jouer un rôle, présenté en son temps (chap. 9), dans ce mouvement national, notamment dans les pèlerinages de juin 1873 vers la ville de la bienheureuse Marguerite-Marie. L'ouverture de la chapelle provisoire en 1876 est portée par ce mouvement qui semble cependant connaître par la suite un certain reflux.

## B. Premiers mois d'activité dans une période de tassement

### 1. *L'ouverture de la chapelle*

Comme ses contemporains et comme les historiens, Mgr Guibert a dû constater le relâchement de la ferveur des pèlerinages dans la deuxième moitié des années 1870. Il décide alors d'ouvrir une chapelle provisoire pour l'accueil des pèlerins. Arrivé à Montmartre en janvier 1876, le P. Rey

> « visite un à un tous les curés de Paris, tous les directeurs d'œuvres, tous les supérieurs de collèges et de pensionnats, toutes les communautés de femmes de quelque importance. Reçu partout avec politesse, il ne le fut pas toujours avec cordialité. Nul n'osait refuser publiquement sa sympathie à l'Œuvre du Vœu national, mais tous ne comprenaient pas son utilité et ne lui promettaient pas l'offrande de leur dévouement. Là où la diplomatie humaine eût échoué, la charmante ingéniosité du P. Rey obtenait un résultat appréciable. Son humilité, l'énergie de sa foi, la manière douce et insinuante avec laquelle il résolvait les objections ou écartait les contradictions, gagnaient les cœurs et amenaient l'acquiescement des esprits. Aux visites, s'ajoutaient les correspondances. Plusieurs lettres étaient parfois nécessaires pour déterminer le jour et l'heure d'un pèlerinage, tant il fallait compter avec l'exiguïté de la chapelle, la commodité des œuvres et les convenances des personnes »[2].

Il faut se représenter le P. Rey avec une chevelure blanche assez gonflée, un large sourire et surtout avec ce crucifix coincé dans la ceinture de sa soutane un peu comme une épée prête à être dégaînée contre « l'ennemi » (voir illust.). Somme toute, la volonté d'un vieil archevêque de fonder ce pèlerinage et celle d'un religieux missionnaire dans la cinquantaine partant à la conquête de Paris ont finalement fait merveille.

1. Pierre Pierrard dans Jean Chelini, *Les chemins*..., 1982, p. 319-332. Voir aussi le mémoire rédigé après 1920, à la Visitation de Paray, dans Mgr Gauthey, *Vie*..., 1920, t. III, p. 217 : « l'âge d'or des pèlerinages ».
2. E. Baffié, *Le bon père*..., p. 164 cité par Paul Lesourd, *La butte*..., 1937, p. 518.

## 2. *L'itinéraire*

Pour se rendre à la chapelle provisoire qui peut paraître inaccessible ou d'accès périlleux, il est souvent nécessaire d'expliquer en détail l'itinéraire qui y mène[1]. Paul Féval, alors qu'il est installé rue Marcadet, se voit contraint de le détailler en faveur des amis qui veulent venir le voir. Il en est de même du P. Rey. La venue à Montmartre à partir du centre de Paris ressemble à une expédition! Les omnibus de la ligne J, de Montmartre au boulevard de Port-Royal, passent par la rue Ramey: de là, il faut monter à pied pour atteindre le sommet de la butte. Il y a encore les tramways qui circulent près de la place Saint-Pierre d'où partent de longs escaliers vers le haut de Montmartre. On peut se faire conduire aussi en voiture jusqu'à la porte de la chapelle, mais alors il faut passer par la rue Lepic. Cependant comme cette dernière est vraiment très raide, on peut contourner la butte par l'est et le nord, pour arriver au croisement de la rue Lamarck et de la rue de la Fontenelle: il suffit alors de gravir quelques marches pour accéder au sanctuaire[2].

## 3. *Les quatre premiers mois*

En mars 1876, les douze ecclésiastiques de l'administration diocésaine, de l'archevêque au secrétaire, se succèdent les douze premiers jours d'ouverture de la chapelle pour célébrer la messe devant des assemblées disparates[3]. À la fin du mois du Sacré Cœur, le P. Rey fait les comptes des quatre premiers mois d'activité[4]: – Dix-sept évêques et le nonce sont suivis par neuf prélats et cinq généraux d'ordre. Cinq cents prêtres environ viennent célébrer la messe. – Cinq grands séminaires. – Quatorze pensions et collèges. L'école Sainte-Geneviève est la première avec ses trois cent cinquante jeunes gens et le P. du Lac à leur tête. – Vingt communautés religieuses. – Onze pèlerinages d'hommes dont les Cercles catholiques d'ouvriers. – Soixante-cinq paroisses de Paris (à la fin de l'année 1876, les paroisses intra-muros seront toutes venues sauf trois). La première a été Saint-Germain l'Auxerrois. Paul Féval peut raconter ainsi, non sans émotion, le pèlerinage de sa propre paroisse, Saint-Ferdinand-des-Ternes[5]. – Douze pèlerinages de demoiselles et de dames. – Six pèlerinages d'enfants du catéchisme dont le premier est celui de la Trinité. – Six pèlerinages non parisiens parmi lesquels le diocèse de Versailles tient la première place. – Trois pèlerinages non français.

1. *BVN*, 1894, p. 624.
2. *BVN*, 1878, p. 31; 1911, p. 113.
3. *BVN*, 1876, p. 71-75.
4. *BVN*, 1876, p. 233.
5. *BVN*, 1876, p. 157-158; Voir Jacques Benoist, *Le Bossu...*, à paraître.

Le P. Rey souligne que les communions sont passées de trois mille le premier mois à neuf mille en juin. Si aux fidèles connus et recensés, il ajoute les « nombreux » pèlerins et visiteurs individuels qui viennent surtout le dimanche, il a quelque raison de se féliciter de ce lancement du pèlerinage de Montmartre : il y voit « le doigt de Dieu » ; indéniablement la prière pour le salut la France et le bien de l'Église a rencontré un certain succès.

## C. L'intendance

Les pèlerins ne font pas que prier (§ II) et visiter (§ III). Il leur faut aussi se restaurer et se reposer, d'autant que le jeûne eucharistique rend nécessaire un petit déjeuner après les messes qui n'ont lieu que le matin. Dans un premier temps, il semble que le P. Rey en ait laissé le soin aux commerçants locaux. Il s'en vante même :

> « Montmartre doit à l'Œuvre du Vœu national un accroissement sensible dans sa prospérité matérielle : les loyers ont augmenté de prix, les terrains ont triplé de valeur et le passage incessant de tant d'étrangers ne s'effectue pas sans laisser quelques traces » [1].

En 1885, Pierre Aubry, dans *La Petite République française*, observe autrement les choses :

> « Une quantité de restaurateurs, crémiers, fruitiers, logeurs, se sont installés sur la hauteur. Ils espéraient gagner une maison de campagne sur le dos des pèlerins. Il paraît que le commerce ne va pas » [2].

C'est qu'à cette date, apparemment, les chapelains ont enfin pris des initiatives qui contrecarrent le commerce local. Au Réfectoire des pèlerins, on sert un petit déjeuner ou un repas frugal pour un prix modique, servi par une « dame en noir », dans une grande salle commune [3]. J. Ruandel, à l'appel du P. Rey [4], fonde en effet avec quelques laïcs, une œuvre « d'hospitalité absolument gratuite » en faveur des pèlerins : l'Abri Saint-Joseph. Il loue un terrain qui se trouve maintenant dans le Carmel, à l'angle de la rue de la Bonne et de la rue du Chevalier de La Barre et y aménage des locaux [5]. Cet Abri Saint-Joseph

1. *BVN*, 1877, p. 645.
2. Cité dans *HSC*, t. II, p. 517.
3. Ce local est encore mal situé. *HSC*, t. II, p. 517-519.
4. *HSC*, t. IV, p. 197.
5. Voir *BVN*, 1885, p. 389, 468, 531 ; 1889, p. 338 et suppl. juin, p. 11.

recevra vers 1900 la visite de G. Téry dont l'humour grinçant souligne tous les petits côtés de ce genre d'activité où les modalités d'accueil ont dû plus ou moins évoluer au fil des ans[1].

Solidaire du secrétaire général du Comité, J. Ruandel va s'opposer au P. Voirin sur le terrain de la gestion quotidienne. Son œuvre bénéficie certes de l'appui officiel du *Bulletin de l'Œuvre*, mais elle entre en concurrence avec la maison que le second supérieur semble avoir organisée, vers 1889, à l'angle de la rue Lamarck et de la rue Foyatier et qui a pour nom Le Rocher suisse. Une « affaire Duhamel », du nom du gérant, parvient ainsi jusqu'à la direction des Cultes, affaire sur laquelle nous sommes trop peu renseignés pour pouvoir en parler[2]. Un Grand Hôtel du Sacré-Cœur, 8 et 10, rue Lamarck, bénéficie des encouragements du P. Voirin et de publicité dans le *Bulletin*[3]. Et ce sont sans doute les difficultés rencontrées ici et là qui l'ont amené à favoriser l'installation de communautés religieuses pratiquant l'hospitalité des pèlerins et des retraitants.

Le P. Lemius en tout cas suit la même politique d'accueil. Ainsi, à son instigation, la congrégation de Notre-Dame du Cénacle achète-t-elle vers 1892 et bâtit le terrain qui se trouve entre les rues Lamarck, du Chevalier de La Barre et de la Bonne. Jésuites et chapelains du Sacré-Cœur y organisent des retraites[4]. De même, les Filles du Cœur de Marie, à partir de 1901, ouvrent une pension de famille au 40 de la rue du Chevalier de La Barre où vient s'installer madame Royer, par exemple (voir chap. 18). Vers 1912, le chanoine Crépin installe dans les locaux de ce qui aurait dû être le cercle catholique des jeunes du Sacré-Cœur, au 7 de la rue Saint-Vincent – on y accède aussi à l'époque par la rue du Chevalier de La Barre, au n° 40, l'actuelle cité du Sacré-Cœur, un foyer du Sacré-Cœur destiné lui aussi à recevoir des pèlerins[5]. Malgré tout le commerce local ne semble pas avoir dépéri pour autant. Outre les boutiques d'objets de piété (voir chap. 31), les cafés et les restaurants se sont multipliés non seulement autour de la place du Tertre,

1. Gustave Tery, *Les Cordicoles*..., 1902, p. 111. Françoise Dorin, *Nini Patte-en-l'air*, 1990, p. 154-155, n'en fait pas non plus une description bienveillante. On montait aussi une tente dans le jardin (*BVN*, 1895, p. 283). L'abri Saint-Joseph semble avoir existé jusqu'à l'installation du Carmel en 1925. Voir document de la Direction des Domaines, 1934.

2. AN F 19 2371, entre 1889 et 1894 et *HSC*, t. IV, p. 167 et chap. 15. C'est l'ancien pavillon suisse de l'exposition de 1889.

3. *BVN*, 1885, p. 96. Il aurait eu 175 chambres. *HSC*, t. II, p. 517-518. Sa directrice est une demoiselle Arnaud.

4. *MCJ*, 1893, t. 63, p. 230, 347, 537, 709; 1895, p. 458; 1896, p. 581; 1900, p. 383. *BVN*, 1894, p. 222 et 1895, p. 128. Cette maison et son jardin sont devenus la propriété de la ville vers 1985 qui y a installé des logements sociaux et le jardin public de La Turlure. Les religieuses ont gardé un appartement.

5. Thierry Bertrand..., *Histoire*..., 1976, p. 4. Ce foyer a été constitué en 1944 en une association 1901. Voir Mgr Aubé, *Statuts*..., 1944.

mais place Saint-Pierre (qui se trouve au pied de la butte) et dans les rues avoisinant la basilique et le funiculaire (le Jeanne d'Arc par exemple qui succède au Rocher Suisse). L'intendance a suivi, de toute évidence.

## *II. PÈLERINAGE ET PIÉTÉ*

### A. Les statistiques de la chapelle provisoire

Le P. Rey et le P. Voirin ont aimé les dénombrements et les ont publiés chaque mois et chaque année (voir les tableaux dans le *Bulletin*). Le second a récapitulé certaines données des quinze années de fonctionnement de la chapelle provisoire dans un tableau publié en 1891 [1]. Le P. Lemius lui ne communique de statistiques que pour l'adoration nocturne, mais les foules de son temps ne sont-elles pas devenues innombrables ? Les différences de tempérament et de pastorale se manifestent ainsi. Quoiqu'il en soit, l'exploitation de ces chiffres reste difficile, car il faudrait établir notamment des comparaisons avec les chiffres atteints à la même époque à Notre-Dame-des-Victoires (pour un pèlerinage urbain) et à Paray-le-Monial ou Lourdes pour des sanctuaires à la campagne [2].

#### *1. Les pèlerins ecclésiastiques*

Les deux premiers supérieurs de Montmartre ont été particulièrement soucieux des évêques et des prêtres pèlerins. Les registres que ceux-ci devaient signer, comme partout ailleurs, pour célébrer la messe permettent un tel dénombrement. Des tableaux par diocèse d'origine ont même été dressés. Quarante-cinq mille prêtres (séculiers ou religieux) sont ainsi montés sur la butte pendant les quinze premières années de l'histoire de la basilique : c'est

1. *BVN*, 1891, p. 150-151. Voir les pièces justificatives.

2. En 1891, on indique 100 000 pèlerins par rail par an (Bernard Billet, *Lourdes*, 1981, p. 149) ; d'autres parlent d'un million de pèlerins comme à Montmartre (Jean-Pierre Rioux, « Bernadette » dans *Le Monde* du 7 août 1990). Mais les modalités sont très différentes. On est à Lourdes plutôt pour quelques jours et à Montmartre plutôt pour quelques heures.

vraiment le signe que le clergé de l'époque attachait la plus grande importance à la piété de pèlerinage et à la fréquentation de tel sanctuaire, même si la proportion par rapport à la totalité du clergé est difficile à établir [1]. Mais quelques figures sacerdotales peuvent compléter les statistiques : celles de prêtres venus prier ; une, celle de don Bosco, qui pose le délicat problème des réluctants.

Le père Emile Hello, religieux de Saint-Vincent de Paul et aumônier du patronage de Notre-Dame de Nazareth a été un de ceux-là. Voulant partir en Terre sainte, il décide d'en demander la grâce en allant de Montparnasse à Montmartre, à pied, malgré son âge, en disant son chapelet. Une autre fois, voulant aller à Rome avec une vingtaine d'ouvriers, il commence par pèleriner vers Notre-Dame des Victoires et Montmartre [2]. Quant au P. Louis Rabussier s. j. [3], lui aussi, aime à gravir les pentes de la butte Montmartre et confie ses impressions, en 1877, à son journal :

> « Je me dis qu'il a fallu creuser jusqu'à cent pieds dans les terres mobiles d'alluvions pour asseoir les fondations de l'église du Sacré-Cœur ; ainsi au spirituel, oh ! qu'il faut descendre et s'abîmer pour trouver les fondations du sanctuaire du Sacré-Cœur à Paris » [4].

L'abbé Roussel a aussi été remarqué à Montmartre. Il avait une « folle » dévotion au Cœur de Jésus et la communiquait aux jeunes de son Œuvre de la première communion et des apprentis orphelins d'Auteuil [5]. On signale enfin le cas de missionnaires qui viennent prier le Cœur du Christ avant de partir au loin. Des indults permettaient d'ailleurs de célébrer une bonne partie de l'année la messe du Sacré Cœur [6].

Les catholiques et les prêtres en particulier qui sont restés en marge de la construction du Sacré-Cœur sont difficiles à repérer. Don Bosco est peut-être l'un d'entre eux. Pendant le mois d'avril 1883, il est à Paris. Il y prêche afin de collecter des dons pour ses œuvres. Selon le P. Yves Le Carrères (1988) :

> « Don Bosco fut mis en demeure, à deux reprises, de monter au sanctuaire national du Sacré-Cœur à Montmartre, alors en construction. Il refusa cette pressante

1. En 1878, on dénombre en France 30 000 religieux, prêtres ou frères, et 56 000 prêtres séculiers. G. Cholvy, Y. -M. Hilaire, *Histoire...*, 1985, p. 221. En 1889, 250 prêtres étrangers sont venus dire la messe (*BVN*, 1890, p. 10)

2. Charles Maignen, *Le père...*, 1924, p. 149. *BVN*, 1881, p. 600 et 1882, p. 592. Nous aurions aimé découvrir un lien entre Ernest Hello, son frère, l'écrivain, et le Sacré-Cœur. Seule une enquête plus approfondie pourrait dire s'il existe.

3. Voir *DSAM* et Paul Duclos, *Dictionnaire...*, 1985.

4. Mère Marie-Ignace Melin, *Louis-Etienne...*, 1913, p. 186. Il prêche au Cénacle : *BVN*, 1895, p. 308.

5. Voir *BVN*, 1876, p. 371-372 et 1892, p. 304. Sur ce prêtre, voir Reine Kientzel, *1825-1897, l'abbé Roussel, un fondateur*, P., Éditions des Orphelins-apprentis d'Auteuil, 1991.

6. Réf. : *Indults*, 1876 et 1886.

invitation, pour ne pas cautionner par sa présence une initiative dont le caractère religieux ne lui paraissait pas suffisamment détaché d'intentions politiques très conservatrices »[1].

Rien que pendant ce mois d'avril, don Bosco aurait pu se retrouver à Montmartre avec le supérieur du Séminaire Saint-Sulpice, le directeur de l'École Sainte-Geneviève et celui du collège Stanislas, le père général de la Société de Marie, le curé de Sainte-Marie des Batignolles, tous venus pèleriner sur la butte avec les institutions qu'ils dirigeaient. Il aurait pu encore y croiser le supérieur général des Religieux de Sainte-Croix, celui des Pères de la Miséricorde, celui des Oblats de Marie Immaculée, celui des Frères de Saint-Viateur, etc. Ce mois-là, cent cinquante-six prêtres étrangers au sanctuaire y ont célébré la messe. Soixante-dix mille recommandations ont été reçues dont mille cent soixante et onze actions de grâces. Quatre mille quatre cents communions ont été distribuées[2]. Soyons juste, don Bosco à Montmartre n'aurait pas été en si mauvaise compagnie !

Ce qui peut surprendre dans un tel contexte, c'est son amitié avec Mgr Richard qui favorisa en décembre 1884 le transfert aux Salésiens du patronage Saint-Pierre de Ménilmontant. Or s'il est un archevêque qui a pris à cœur l'Œuvre de Montmartre, qui l'a couverte de son autorité à différents titres, de 1871 à sa mort en 1908, jusqu'à vouloir être enterré dans la crypte de la basilique, c'est bien Mgr Richard. Le 24 janvier 1888, cet évêque rentrant de Rome, s'arrêta à Turin pour rendre visite à don Bosco.

> « L'archevêque bénit le malade qui le bénit à son tour :
>
> - Oui, je vous bénis, et je bénis Paris.
>
> - Et moi, je dirai à Paris que j'apporte la bénédiction de don Bosco. »
>
> Quelques jours plus tard, Mgr Richard écrivait :
>
> « Je regarde comme une grâce de Dieu d'avoir pu [...] recevoir sa bénédiction et l'entendre me dire qu'il bénissait tout Paris »[3].

Certes la non-venue de don Bosco à Montmartre semble assurée mais quelle interprétation en donner ? L'intention religieuse de l'entreprise de Mgr Guibert et de Mgr Richard est bien établie, Pie IX comme Léon XIII l'ont approuvée. Pourquoi don Bosco ne l'a-t-il pas faite sienne ? L'enquête est à poursuivre,

1. P. Yves Le Carrères, « Œuvres et Missions de Don Bosco, courrier » dans *La Croix-L'Événement* du vendredi 5 août 1988, p. 9. L'auteur s'en prend aux « intégristes » qui arborent, au cours d'un pèlerinage, deux bannières portant les effigies de don Bosco et de Dominique Savio. Pour lui, le fondateur de sa congrégation fut un homme d'ouverture et de fidélité au pape quelqu'il soit, comme le démontrerait entre autres son attitude à propos du Sacré-Cœur où il a refusé d'aller !

2. *BVN*, 1883, p. 285-293.

3. Don Bosco, *Écrits*..., 1888 (1979), p. 518.

nous semble-t-il. Quels sont par exemple ses liens avec la maison de Savoie qui s'est installée désormais à Rome ? Si le prêtre piémontais était monté à Montmartre, il aurait dû faire une offrande pour une construction qui visait à obtenir le salut de la France et la délivrance du souverain pontife. Ses royaux bienfaiteurs auraient-ils apprécié ? Par ailleurs, il venait lui-même à Paris pour récolter, non pour donner. N'est-il pas allé quêter jusque chez le comte de Chambord ? Un personnage qui ne pouvait guère être plus compromettant que le Vœu national ! D'ailleurs Léon XIII n'avait-il pas demandé à don Bosco de prêcher pour l'achèvement de l'église du Sacré-Cœur de Rome ? Comme il ne devait pas parler de cette église en France, le mieux n'était-il pas qu'il ignore le Sacré-Cœur de Paris (voir chap. 12) ? Si donc une ombre plane sur Montmartre à cause de cette abstention de don Bosco, une autre plane sur le prêtre de Turin du fait de son propre refus. L'unité de foi ne supprime pas toujours les différences entre les fidèles, fussent-ils des saints [1].

## 2. *Les religieuses*

Celles qui ont dû tenir une place importante dans la vie du sanctuaire sont peu connues. Une d'entre elles, particulièrement fervente, mère Marie-Ignace Melin (1860-1941), fondatrice et supérieure générale des Sœurs de la Sainte Famille du Sacré Cœur, aime venir à Montmartre comme son père spirituel, le P. Rabussier (voir ci-dessus). Elle en témoigne dans ses écrits spirituels inédits [2].

> « Pèlerinage à Montmartre. J'ai offert au Sacré Cœur le petit grain de sénevé de la Sainte Famille du Sacré Cœur, je l'ai enfoui et enterré dans le sol du temple de la pénitence et de la réparation et je me suis moi-même offerte et enfouie dans les fondations de Montmartre » [3].

Là est le secret de la vie d'un sanctuaire : la prière intime du pèlerin, rarement connue.

## 3. *Pèlerins laïcs seuls ou en pèlerinages organisés*

Le nombre des communiants n'est pas moins facile à déterminer grâce aux quantités d'hosties utilisées. La proportion d'un tiers de communiants

1. Cette non-venue de don Bosco à Montmartre s'est traduite délibérément dans la décoration de l'église Saint-Jean Bosco à Paris où Sabine Guilguet a enquêté : le Sacré-Cœur de Montmartre en serait intentionnellement absent. Voir *L'imagerie*..., 1987, p. 45.

2. Voir [Mère Emilie], *Mère Marie-Ignace*..., 1942 ; Mère Marie-Ignace Melin, *Notes intimes*, (1941).

3. M. Melin, *Notes*..., (1941) : t. II, p. 160, à la date du 15 mai 1887 ; voir aussi t. I, p. 166 (8 octobre 1896) ; t. I, p. 265 (du 6 au 15 août 1902) ; t. II, p. 677 (mars 1897) ; p. 690 et 691 (juillet 1897) ; p. 790 (1891).

environ par rapport aux participants aux offices de la chapelle et aux pèlerinages semble se situer au-dessus de la pratique de l'époque. Ce qui est normal puisque l'on est en présence de fidèles particulièrement pieux.

Les pèlerinages semblent aussi avoir conservé la sympathique variété des débuts : diocèses, paroisses [1], séminaires et congrégations, œuvres des plus diverses, établissements d'enseignement [2], enfants de la première communion. Tous les groupes souscripteurs présentés au chap. 13 viennent prier auprès de l'église qu'ils construisent. Les trois quarts des pèlerinages ou les quatre cinquièmes sont de Paris [3]. Lors de ces montées à Montmartre, les organisateurs en profitent pour faire souscrire à la construction de la basilique, si ce n'est déjà fait. Les pèlerinages étrangers enfin ne sont pas négligeables [4].

Parmi les soixante-huit pèlerinages qui s'effectuent à Montmartre au mois de juillet 1886, il en est un qui retint spécialement l'attention de *La Lanterne*, celui des Alsaciens-Lorrains de Paris. C'est l'occasion pour ce journal de réclamer la suppression de tels pèlerinages par les pouvoirs publics et pour nous de décrire un peu précisément l'un d'entre eux. Le pèlerinage en question avait été organisé par l'abbé Charles au départ de l'église Saint-Jean-Baptiste de Grenelle, via le chemin de fer de la Petite Ceinture, jusqu'au Sacré-Cœur, pour le dimanche 4 juillet. Il est annoncé par des affiches en allemand [5] placardées aux portes des églises [6]. *La Lanterne* estime que les pèlerins seront trente mille ; il s'agira d'Allemands et non d'Alsaciens-Lorrains, et tout ceci n'est qu'une entreprise séditieuse qui relève du préfet de police et du ministre de l'Intérieur. En fait, le jour dit, un millier d'Alsaciens-Lorrains se réunissent dans la crypte de la basilique. Le pèlerinage est présidé par Emile Keller qui a succédé à Mgr de Ségur comme président effectif du patronage catholique des Alsaciens-Lorrains fondé en 1872 [7]. Malgré les objections qu'il avait apportées au texte de la loi de 1873 (elles allèrent jusqu'à lui faire exprimer sa désapprobation et l'obliger à s'absenter au moment du vote)

1. Une pratique significative : celle des deux pèlerinages de la même paroisse, Saint-Germain des Prés, le même jour à des heures différentes : messe dite par le curé à 6 h pour le personnel de service, et messe par un vicaire à 10 h 30 pour les autres paroissiens. *BVN*, 1881, p. 324.

2. Ils viennent souvent annuellement comme Sainte-Geneviève, Stanislas, Juilly : *BVN*, 1877, p. 645.

3. Voir note des années 1888 et 1891 du tableau. La paroisse Sainte-Clotilde se fait remarquer par son prédicateur : l'abbé Mugnier, à « la parole chaude, littéraire et captivante » (*BVN*, 1901, p. 301).

4. Par exemple, viennent prier des Hollandais en *BVN*, 1887, p. 365, 371 et 401 ; en 1889, on relève des Italiens et des Polonais (*BVN*, 1890, p. 10).

5. Comme le dialecte alsacien ne s'écrit pas, il s'agit vraiment d'allemand.

6. *La Lanterne*, 3 juillet 1886. ASCM. Ces affiches sont éditées par l'imprimerie des Orphelins-apprentis, 40, rue La Fontaine, XVIe arr. dont le fondateur-directeur, l'abbé Roussel, est ainsi présenté au passage : « Cet abject mendiant clérical qui si souvent fait appel à la charité et que soutiennent de leurs réclames les journaux réactionnaires ».

7. Voir *BVN*, 1886, p. 506 et Marthe de Hédouville, *Mgr de Ségur*, 1957, p. 566. Le président d'honneur étant Mgr Freppel, alsacien lui-même, qui vient d'être élu député du Finistère.

(voir chap. 9), l'ancien rapporteur démissionnaire monte au sanctuaire du Vœu national avec ses compatriotes. Les uns et les autres devaient certainement prier pour le retour de l'Alsace-Lorraine en France !

Les participants à ces pèlerinages organisés représentent à peine la moitié des fidèles qui assistent aux offices proposés par les chapelains. Le programme de ces cérémonies incluent celles du cycle liturgique comme celles propres aux confréries. Montmartre est ainsi fréquenté en majorité par des fidèles qui viennent individuellement prier le Cœur du Christ. Tel Léon Bloy qui n'a pas manqué de faire le récit de deux de ses pèlerinages à la chapelle provisoire et de la conversion de son amie, Anne-Marie Roullé [1]. Cette conversion a bien pu être l'une de ces innombrables intentions formulées dans les prières – une parmi des millions d'autres qui englobent autant d'actions de grâce comme celle que l'écrivain a dû lancer à son tour vers Dieu. À Montmartre, en effet, les retournements spirituels et moraux semblent les « grâces » les plus demandées ; les guérisons physiques et les « grâces matérielles » sans être vraiment méprisées sont plus discrètement sollicitées.

## B. Les manuels des pèlerins (1886-1892)

Le plus ancien guide des pèlerins retrouvé à ce jour remonte à 1886. L'introduction insiste immédiatement sur les demandes du Christ transmises par la bienheureuse Marguerite-Marie : la consécration de chacun au Sacré Cœur et la construction d'une église « nationale » spécialement dédiée au Cœur de Jésus. Le pèlerinage se déroule en trois temps. La préparation commence par une neuvaine ou un *triduum* à domicile : il est suggéré de recourir aux textes des prières rédigées par saint Alphonse de Liguori. Le pèlerinage même incite à parler de quantité de choses : indulgences, messe et communion, litanies, participation au salut du Saint-Sacrement fut-il célébré tôt le matin, adorations, processions, actes d'amende honorable et de consécration. Avant de partir, pour faire fructifier le pèlerinage, il est recommandé de s'inscrire à la confrérie du Sacré-Cœur de Montmartre, de participer à l'achèvement de la basilique, de faire usage d'objets de piété comme les scapulaires, de communier au moins une fois par mois, de préférence le premier vendredi du mois,

1. Jacques Benoist, *Le bon Molosse...*, 1988, p. 61.

de visiter quotidiennement « le Cœur de Jésus présent et vivant dans la sainte Eucharistie » et de réciter le chapelet. Le manuel se transforme alors en une sorte de formulaire de toutes les consécrations possibles : celles des enfants, des familles, des communautés, des écoles, des paroisses, diocèses, œuvres, voire d'une consécration globale selon la pastorale même du P. Voirin. En finale, le pèlerin trouve dans le guide diverses prières comme le *Miserere* ou le cantique du Vœu national.

Il existe d'autres guides. Celui de Marc Stephen par exemple, de 1888, centré sur l'histoire et qui traite ainsi du Vœu national, de la butte Montmartre, de la construction de l'église, de la vie du sanctuaire, etc.[1]. Un guide anonyme de la même année commence par présenter les étapes « mystiques » de l'histoire du Vœu national de 1689 à 1870, puis rejoint l'exposé précédent. L'un et l'autre complètent en quelque sorte l'ouvrage du P. Voirin qui est de pure piété, le premier dans une problématique qui va bientôt être développée par le P. Jonquet, l'autre en exploitant la pensée du P. Alet et du *Messager*. En 1892, les chapelains éditent un nouveau guide qualifié d'officiel qui reconduit le premier (la piété lors du pèlerinage), opte pour une perspective avant tout montmartroise et donne même en sus quelques indications pour visiter Paris[2]. On ne connaît pas de guide édité sous le rectorat du P. Lemius : c'est qu'on a dû se contenter d'exploiter le tirage précédent.

## C. Vue d'ensemble sur la période 1893-1914

Quand la basilique est régie par son troisième supérieur religieux pour passer ensuite aux mains des séculiers, le nombre des pèlerins atteint en moyenne annuelle le million. Les chiffres du temps du P. Voirin semblent donc s'être stabilisés et seront reconduits *grosso modo* jusqu'au début du XX^e^ siècle. Le cardinal Amette en fait état dans son mandement pour la dédicace du 15 août 1919 comme d'une donnée qui allait de soi[3].

L'apport original du P. Lemius est l'institution des pèlerinages d'hommes vers Montmartre[4]. Dès la fin de 1892, il est question d'un grand pèlerinage

1. Marc Stephen, *Guide*..., 1888.
2. ***, *Guide*..., 1892.
3. *BVN*, 1919, p. 177.
4. Ils touchent tout autant à l'adoration (chap. 17) qu'au fait du pèlerinage proprement dit. On les traite cependant ici car le déplacement tient une grande part dans cette activité.

d'ouvriers organisé par Léon Harmel et l'abbé Garnier[1] auquel prêcherait l'abbé Lemire. Le cardinal Richard souhaite voir ce genre d'initiative assumée par un comité[2]. En 1893, le P. Lemius arrive à Montmartre et intègre ce projet particulier dans un plan national qu'il présente à Léon XIII[3]. En 1894, cinq cents ouvriers de l'Archiconfrérie Notre-Dame de l'Usine de Reims ouvrent une grande série[4]. Le supérieur de Montmartre constitue le comité réclamé par le cardinal Richard qui le patronne, sous la présidence de l'abbé Bureau, vicaire général. L'abbé Garnier y adhère. Ce comité fait appel à tous les diocèses, à toutes les grandes villes. Paris n'est pas en reste[5]. Il faut aller à Montmartre car « Dieu le veut ! » Diverses possibilités sont offertes aux pèlerins. Les compagnies de chemin de fer sont alertées. On pourra même s'adresser à une agence de voyages[6].

Les volontaires qui se proposent à l'organisation des pèlerinages « par la parole, par la plume et par l'action » sont regroupés dans une section de l'archiconfrérie de Montmartre : les Apôtres du Sacré-Cœur[7]. On y relève entre autres les noms de Guy de Pierrefeu, publiciste[8], Claude Charraux, universitaire[9], François Veuillot, publiciste[10], Degrelle, cheminot fondateur de l'UCPCF[11]. L'abbé Th. Garnier vante et recommande l'entreprise dans son journal *Le Peuple français*[12]. Cette formule des pèlerinages d'hommes à Montmartre rencontre un

1. Théodore Garnier (1850-1920), fondateur de l'Union nationale et du journal *Le Peuple français*, premier quotidien démocrate catholique en France (*CHAD*, « Garnier » et « Peuple français »). Il est question de lui à Montmartre à propos de ses prédications en 1889 (chap. 19). En 1893, il écrit à l'ambassadeur de Russie pour lui expliquer le *Te Deum* à la basilique (*PV* du 25 oct. 1893, *HSC*, t. IV, p. 240). La même année il conduit son Action sociale catholique en pèlerinage à Montmartre (*BVN*, 1893, p. 577) et se présente (sans succès) aux élections sur la butte (*CHAD*). En 1899, il assiste encore le P. Lemius dans ses activités (*BVN*, 1899, p. 38-38 et notre chap. 15). Guy de Pierrefeu, *Le Triomphe*..., 1894, p. 185-192, fait grand cas de sa Maison du Peuple ouverte à Montmartre. Est-ce là qu'on inaugura en 1894 un Théâtre social avec la Pâque socialiste, une pièce du « citoyen Emile Veyrin » et une conférence du « citoyen Maurice Barrès » ? Est-ce là qu'en 1897 Jaurès présida une soirée sur la justice qui se termina par la représentation d'une pièce d'Octave Mirbeau, l'Épidémie ? Jonny Ebstein, *Théâtre de contestation social autour de 1900*, Publisud, 1991 et *Libération* du 25 décembre 1991. Un contexte inattendu pour le Sacré-Cœur !

2. *HSC*, t. IV, p. 187. Audience du cardinal du 3 novembre 1892.

3. *BVN*, 1894, p. 95-106. *HSC*, t. IV, p. 290-291. En 1899, le P. Lemius obtiendra de pouvoir célébrer la messe à minuit ou à deux heures du matin surtout pour les ouvriers (*BVN*, 1899, p. 141-142 et ASCM).

4. *BVN*, 1894, p. 438.

5. *BVN*, 1896, p. 375.

6. Agence Lubin, 36, boul. Haussmann, Paris 8e arrondissement.

7. Voir aussi le règlement, encore en 1900. *BVN*, 1896, p. 483-484.

8. Guy de Pierrefeu a dû entrer dans ce mouvement en 1894 et donner son ouvrage cette année là. Voir réf.

9. Claude Charraux, *L'universelle*..., 1894.

10. François Veuillot, neveu de Louis, en fera partie au moins dès 1898 (Voir « L'adoration nocturne à Montmartre » dans *BVN*, 1898, p. 833, 687, 1899, p. 14, 95, 168, 503). Le P. Lemius baptise Pierre, son fils, le futur cardinal (selon Mgr Charles qui tient ce fait de Mgr Veuillot lui-même).

11. Georges Goyau (selon G. V., « Les Cheminots du Sacré-Cœur », *Le Populaire*, Nantes, 21 mars 1913. ASCM) montre bien les rôles respectifs du P. Lemius, de l'abbé Reymann et de M. Degrelle dans la fondation à partir des nuits d'adoration à Montmartre de l'Union catholique du personnel des chemins de fer. On est passé de onze, la première nuit, à six-cent trente-deux participants, la troisième nuit, en janvier 1899. Voir aussi F. Veuillot, « Le P. Lemius... », *Montmartre*, oct. 1938, p. 10 et J. -M. Laroche, « Chemin de fer » (1949) dans *CHAD*.

12. Article reproduit dans *MCJ*, 1894, t. 55, p. 473-479 et dans *BVN*, 1894, p. 289.

véritable engouement, celui-là même que suscitent à l'époque le *Te Deum* franco-russe à Montmartre, l'installation de *la Savoyarde*, le XXV^e^ anniversaire du Vœu national en 1897 et le maintien de la loi fondatrice de Montmartre. Le P. Lemius peut se prendre à rêver et dans son enthousiasme s'exclamer avant que son ennemi intime, G. Téry ne reprenne le propos: « Un jour tout le Peuple dira: « Allons à Montmartre! » [1].

Les statistiques pour cette période n'ont pas été publiées, tant et si bien que le P. Delpeuch, un des chapelains, brosse vers 1897 un tableau assez théorique de la situation. On sent qu'il faut à cette date justifier les pèlerinages. L'auteur souligne donc leur opportunité et leur importance. Il s'attache à réfuter *L'Imitation de Jésus-Christ* qui prétend que « ceux qui pèlerinent souvent se sanctifient rarement ». L'intérêt des pèlerinages de Montmartre réside au premier chef dans les « adorations » [2]. L'auteur insiste sur l'extrême diversité des pèlerins [3]. « Toutes » les organisations catholiques viennent à Montmartre et ce, annuellement [4]. On peut relever quelques grands exemples comme ceux de l'Apostolat de la prière [5], la Bonne Presse [6], l'Association catholique de la jeunesse française fondée par Albert de Mun [7], le Sillon [8], les Cheminots [9]. Autour de 1900, Montmartre est sans conteste un des plus importants pèlerinages de l'époque, comparable à Lourdes ou Rome ainsi qu'Emile Zola lui-même en fait la constatation dans *Paris* qui aurait pu s'intituler *Montmartre* [10]. Durant la Grande Guerre, même si les statistiques se font plus rares, près de six mille des vingt-cinq mille prêtres combattants sont venus dire la messe à Montmartre en 1915 [11].

1. Voir Gabriel Baume, « L'art nouveau... », 1901.
2. *BVN*, 1896, p. 1016 et 1897, p. 23, 215, 285, 285, 332.
3. Cette diversité est aussi remarquée par Gustave Téry: jeunes ouvriers et bourgeois s'y rejoignent (G. Téry, *Les Cordicoles*, 1902, p. 228). Montmartre est loin de n'attirer que des femmes de condition modeste, contrairement à E. Weber, *La fin des terroirs*, 1980, p. 507. Ce pèlerinage dans la ville ne prend-il pas le relais des pèlerinages dans les terroirs?
4. Stéphane Rials étaie sa thèse par une présentation élogieuse des pèlerinages à Paray-le-Monial et à Montmartre entre 1870 et 1920. Le pèlerinage est alors une démarche « populaire, interclassiste, religieuse, conservatrice, fraternelle et hiérarchique » (S. Rials, *Contre-Révolution...*, 1987, p. 250-253). Ce qui s'est produit à Montmartre n'est pas absolument trahi par cette analyse, mais n'est pas épuisé pour autant: cela ressemble par trop à une réduction politique d'un phénomène spirituel plus complexe. Tout notre analyse tente de le montrer.
5. *BVN*, 1895, p. 235.
6. *BVN*, 1894, p. 295.
7. *BVN*, 1894, p. 295 et 1911, p. 137.
8. *BVN*, 1904, p. 116-117.
9. *BVN*, 1911, p. 272.
10. Voir Emile Zola, *Les Trois Villes*, 1898.
11. *BVN*, 1916, p. 45.

# *III. PÈLERINAGE ET TOURISME*

## A. Les liens de la basilique avec le site de Montmartre

### *1. Au début*

Depuis le début du XIXe siècle [1], après la destruction de l'abbaye des Bénédictines et la vente des terrains comme biens nationaux, et avant 1876, la butte Montmartre était un lieu de promenade (voir chap. 8). Elle le reste après l'ouverture du chantier de la basilique et ne fait qu'y gagner un attrait de plus. Dès 1876, les pèlerins demandent à voir les travaux ; processions et visites sont organisées pour eux depuis la chapelle provisoire. Quand la basilique est construite, les processions se poursuivent tout naturellement, comme cela avait été prévu dans le programme du concours, grâce au déambulatoire et aux larges bas-côtés de l'église. N'est-ce pas d'ailleurs l'un des meilleurs moyens de découvrir un monument religieux que d'y processionner ?

Vers 1877-1878, les chapelains et les membres du Comité, certainement avec l'accord du cardinal, établissent un droit d'entrée sur le chantier en dehors des pèlerinages et des cérémonies [2]. C'est que l'Exposition universelle de 1878 est en vue, celle qui veut affirmer le relèvement de la France désormais républicaine et vraiment républicaine [3]. Paris s'apprête ainsi à accueillir les foules de provinciaux et d'étrangers [4]. Les chemins d'accès à Montmartre sont donc précisés dans le *Bulletin* [5]. En 1878, seront vendus quelques soixante mille tickets d'entrée sur le chantier de la basilique [6]. Les responsables estiment qu'on peut quasiment doubler ce chiffre en tenant compte des entrées gratuites. Ravi par ces données chiffrées, mais sans s'illusionner sur les motivations réelles, Mgr Guibert discerne bien le double objectif d'une venue sur la butte :

> « Il est aujourd'hui bien peu d'habitants de la capitale qui ne soient venus prier sur ce lieu sacré, ou visiter le travail vraiment extraordinaire des fondations de l'église » [7].

1. Pour ne pas parler des siècles précédents. Ne dit-on pas qu'en 1729, sur 165 boutiques recensées à Montmartre, on compte 134 guinguettes « hors les murs » donc « hors taxes » ? Pierre Branche, *Le Figaro* du 2 août 1990, p. 27.
2. Cela n'a pas dû se faire sans poser une question de principe. En 1891, H. de Fleury est contre l'établissement d'une taxe pour la visite de la crypte en dehors des offices (*HSC*, t. IV, p. 123, comme Léon Bloy, chap. 13).
3. Voir Pierre Pierrard, *L'Église...*, 1989, p. 229. C'est aussi l'année du centenaire de la mort de Voltaire.
4. Daniel Halévy prétend que l'état des esprits était à la fête et à la réjouissance. C'est la fin de « l'ordre moral » pendant lequel la pénitence avait été prêchée ! D. Halévy, *Pays...*, 1932, p. 12.
5. *BVN*, suppl. mai 1878, dernière page. Voir les pièces justificatives et le chap. 15.
6. Dès lors, chaque année jusqu'en 1892, le chiffre est publié. Voir tableau parmi les pièces justificatives.
7. Mgr Guibert, « Lettre pastorale... », *BVN*, 1878, p. 52.

Au fur et à mesure que l'ex-voto national sort de terre, le nombre des visiteurs croît au point de doubler en dix ans. Les pèlerins et les souscripteurs aiment venir « toucher du doigt le progrès rapide du travail » [1].

La vue sur Paris reste cependant l'un des premiers mobiles de l'ascension de la butte Montmartre. Un soir de 14 juillet, vers 9 heures,

« un grand nombre de personnes, près de cinq cents, demandent à entrer sur le chantier pour contempler de ce point élevé le spectacle incomparable qu'offre la grande ville. Ce n'est plus la piété, c'est la curiosité qui attire ces visiteurs, mais ils se montrent aussi convenables et aussi réservés que s'ils assistaient à une cérémonie religieuse » [2].

La visite de Paris et de ses merveilles dont fait déjà partie le Sacré-Cœur, est donc au programme des pèlerinages. Le récit de Thérèse Martin en fait foi [3], tout comme ce guide des pèlerins de Montmartre pour l'année 1892, choisi ici pour l'exemple, qui comporte maintes explications sur Paris en général [4].

## 2. *Le tournant de 1889*

Inversement, en quelque sorte, le Sacré-Cœur passe aussi au menu des touristes. L'un d'entre eux, « un chinois avec son costume national » a été remarqué en 1889 par le chroniqueur du *Bulletin* [5]. La chose se vérifie particulièrement en cette année de l'Exposition universelle qui aurait accueilli à Paris le chiffre « astronomique » de trente-deux millions de visiteurs [6]. De ce fait, deux cent quatre-vingt mille cartes d'entrée sur le chantier de la basilique ont été vendues. Ce chiffre, trois à quatre fois supérieur à celui de l'année précédente, permet par comparaison d'évaluer celui des personnes venues sur la butte à différents titres en 1889 : si l'on compte au moins autant d'entrées gratuites sur le chantier que de simples entrées à la chapelle provisoire, on atteint le million de personnes, sans compter ceux qui n'ont profité ni de l'un, ni de l'autre. Pour cent entrées à l'Expo, il y aurait donc eu trois entrées au Sacré-Cœur ! Le P. Voirin a commenté le phénomène à sa façon :

1. *BVN*, suppl. juin 1881, p. 9.
2. *BVN*, 1882, p. 469.
3. Sainte Thérèse..., *Manuscrits*..., 1898, p. 145-146. Voir notre chap. 5.
4. ***, *Guide*..., 1892.
5. *BVN*, 1889, p. 406. Yan Zuzhi, l'un de ces voyageurs lettrés chinois de la Belle Époque dont André Levy a publié *Les Nouvelles Lettres édifiantes d'Extrême-Occident* (Seghers, 1986) ne fait pas mention de cette visite. Xue Fucheng, lui, parle du christianisme uniquement à propos de Rome (p. 194-198). L'enquête a été vaine également dans Andrea Chih, *L'Occident « chrétien » vu par les Chinois (1870-1900)*, P., PUF, 1962.
6. Selon Pascal Ory, *L'Expo de 1889*, PUF, 1989. Cet auteur parle, page 110, de 174 866 visiteurs en moyenne par jour du 15 mai au 6 novembre soit 174 jours, soit trente millions environ.

« Plusieurs fois déjà nous avons montré comment l'Exposition de 1889 a servi d'une façon providentielle les intérêts du Sacré-Cœur. Dans la France entière, nous pourrions dire dans l'univers, on entendait retentir ce cri : À l'Exposition ! Mais une fois à Paris, presque tous disaient : Allons à Montmartre ! C'est ce qui nous a permis de voir passer ici des foules innombrables, de toutes nationalités. Sans parler de ceux qui sont entrés dans la chapelle provisoire ou dans la nouvelle église ouverte à l'occasion des pèlerinages et des fêtes, presque trois cent mille personnes ont demandé des cartes pour pénétrer dans le chantier. Sans doute un grand nombre de ces visiteurs étaient amenés par la curiosité ; nous avons néanmoins la certitude que cette visite a été pour tous une grâce à laquelle plusieurs devront leur salut. N'est-ce pas déjà un grand bien, que la seule connaissance du nom de Sacré-Cœur ? » [1].

### *3. De 1890-1891 à 1914*

La visite du chantier de la basilique exerce un attrait considérable. À un moment difficile, aux mauvais lendemains de fête et d'exposition, en 1890, H. de Fleury obtient qu'on engage exceptionnellement des travaux alors même que la caisse est vide et ce, afin que le chantier fonctionne et puisse recevoir des visiteurs [2]. La piété des catholiques, souscripteurs en puissance, les pousse à voir dans cette église un signe concret du relèvement spirituel de la patrie. H. de Fleury invite les pèlerins à visiter les échafaudages de l'église et publie à leur intention un guide de l'excursion. Celle-ci fait vraiment partie du pèlerinage. Le travail des hommes dans la foi est le symbole de l'action de Dieu en ce monde. Le merveilleux au Sacré-Cœur est le Sacré-Cœur lui-même qui s'élève dans les airs malgré toutes les adversités et uniquement grâce à la générosité des fidèles comme à l'ingéniosité des hommes de l'art [3].

Vers la fin du siècle, un véritable engouement se manifeste pour la butte, à cause bien sûr du « Montmartre du plaisir et du crime » (voir plus bas) mais aussi, et de façon assez contradictoire, à cause du P. Lemius et de son zèle apostolique si actif. Un article du *Parisien* en fait état avec le mot d'ordre: « Tous y vont, tous iront ! »

« Montmartre devient ainsi un Paradis spécial que de Carpentras à Quimper-Corentin tout voyageur de nos départements veut voir, – et admire. J'ai été à Montmartre, dit-il, en rentrant chez lui, que ce soit le croyant, l'amateur, ou l'artiste. Tous y vont, tous iront. Je constate la chose, et cela m'a semblé mériter d'être signalé » [4].

1. *BVN*, 1890, p. 7-8.
2. *PV* du 31 mai 1890; *HSC*, t. III, p. 261. Deux ans après, H. de Fleury est à nouveau démoralisé. Il ne se résout pas cependant à voir les curieux remplacer les fidèles. *HSC*, t. IV, p. 205.
3. H. de Fleury, *Excursion*..., 1895. *HSC*, t. IV, p. 432.
4. *BVN*, 1894, p. 624. Avec une pointe d'anticléricalisme on trouve la même observation chez C. G. Keronan, « Le Sacré-Cœur... », 1897.

L'Exposition universelle de 1900 approchant, les responsables ouvrent une salle des moulages des sculptures. Cette initiative rencontre un véritable succès à l'instar des Salons de l'époque qui étaient si fréquentés [1]. *La Savoyarde* dans son beffroi provisoire attire aussi beaucoup de visiteurs. Des particuliers ouvrent quelque temps un musée de cire religieux et un panorama de Jérusalem. Les comptes détaillés de toutes ces visites mériteraient d'être exploités pour chiffrer un tel succès.

## B. Pèlerins, touristes ou visiteurs ?

Les chapelains ont tenu à ce que la chapelle provisoire puis la basilique, où, se pratique dès 1885, l'adoration perpétuelle (chap. 17), soit ouverte au plus grand nombre, toutes catégories confondues. Que cela n'ait pas été du goût de tous les fidèles, peu importe! Un Léon Bloy n'a pas manqué d'exprimer avec force son mécontentement:

> « Profanation intolérable, tolérée pourtant. Dans l'après-midi, après vêpres, à l'heure probable où Longin perça le Cœur du Sauveur, la basilique est odieusement envahie par des touristes ou d'infâmes bourgeois venus uniquement pour se promener, non sans insolence et goujatisme. On aimerait à les tuer. Pourquoi ne pas fermer les portes ? Il doit y avoir un moyen d'empêcher les oisifs et les curieux de polluer le sanctuaire. Ne pourrait-on pas, sur le budget des dépenses inutiles, prélever le très-utile salaire d'une demi-douzaine de gardes du Corps qu'on choisirait parmi les plus vigoureux » [2].

Les archives des comptes de la basilique, une fois encore, permettraient de relever les mesures prises à cet effet par les responsables (il s'agirait surtout de repérer le nombre des sacristains et de suisses chargés de surveiller la basilique), mais elles ne rendraient qu'imparfaitement compte du problème qui se pose aux pasteurs d'un tel sanctuaire: faut-il dès l'entrée différencier les pèlerins des touristes? Les responsables de la diffusion de la dévotion au Cœur de Jésus savent que les cœurs des hommes ont des secrets qu'il est bon de respecter. Pendant trente ans ceux qui se considéraient comme des pèlerins et des adorateurs ont prié dans une église en construction, tant et si bien que les purs touristes ou prétendus tels ont été à même de percevoir quelque

1. Voir Bruno Foucart, « Les Salons » dans *EU*, 1968.

2. Journal du 24 avril 1905. Il remet ça, le 8 mars 1911 : « La Basilique du Sacré-Cœur, promenoir de touristes, surtout dans l'après-midi. À côté de moi, quatre femmes évidemment en joie ou de *joie*, soûles peut-être, riaient sans interruption et le flot des visiteurs passait et repassait, devant le Saint-Sacrement exposé, comme des bestiaux. Il est inconcevable que le Supérieur ne fasse rien pour empêcher cette constante profanation. »

chose de leur active prière, et peut-être, qui sait ?, de s'en laisser imprégner. Tous d'ailleurs n'étaient-ils pas d'une certaine façon de simples « visiteurs » ?

## C. Le Sacré-Cœur et le Chat Noir

Il ne peut être question de traiter ici du Montmartre « du plaisir et du crime » en contrepoint du Montmartre de la prière et de la pénitence. Daniel Halévy et Louis Chevalier ont traité brillamment du premier et ignoré le second : chacun prononce seulement une fois le mot de Sacré-Cœur [1]. Louis Chevalier souligne pourtant bien mais trop brièvement le contraste des deux :

> « Pigalle... ce curieux spectacle peut-être unique au monde – à celui d'aujourd'hui, non celui de l'antiquité -d'une caverne du mal aux flancs d'une colline sainte, de l'antre du péché dans les soubassements d'un temple [2]. »

Daniel Halévy et Louis Chevalier distinguent le tournant pris par l'atmosphère du quartier de Montmartre dans les années où se fonde le Chat Noir : à une vie champêtre diurne s'ajoute une vie de cabaret nocturne. Le Moulin-Rouge est également fondé en 1889 [3]. Les célèbres affiches de Toulouse-Lautrec en particulier pour le Divan Japonais, 75, rue des Martyrs, datent de 1891 à 1899 [4]. C'est aussi le temps où les pèlerins-adorateurs par centaines gravissent quotidiennement la butte à la nuit tombée. On se contente ici de faire apparaître quelques liens souvent ignorés entre deux institutions qui cohabitent donc dans ce même quartier, le Chat Noir et le Sacré-Cœur, « l'église du Vœu national au Sacré Cœur de Jésus pour le salut de la France et la délivrance du souverain pontife ». Rapprochement qui pourrait paraître osé, si l'une et l'autre ne revendiquaient pour Montmartre une certaine mission privilégiée, voire prophétique... Rapprochement qui éclaire, semble-t-il, ce phénomène incontournable de la vie parisienne et française (européenne et mondiale... comme on aurait dit à l'époque) qu'est l'attrait pour « Montmartre ».

1. Daniel Halévy, *Pays...*, 1932, p. 225 et Louis Chevalier, *Montmartre...*, 1980, p. 25. Pourtant il a pu y avoir des points de contact. F. Dorin n'imagine-t-elle pas dans les années 1880-1895 la vie de Nini Patte-en-l'air en faisant apparaître sa liaison avec un employé de l'agence d'architecture. Ils vont ensemble au Chat Noir et à la messe de minuit au Sacré-Cœur. Françoise Dorin, *Nini...*, 1990, p. 84.

2. Louis Chevalier, *Les ruines de Subure, Montmartre de 1939 à 1980*, P., Laffont, 1985, p. 89. Image reprise et développée par Philippe Boggio, « Pigalle fin de partie » dans *Le Monde* en date du 12 octobre 1991.

3. Pour le premier, p. 63 et 138 ; pour le second, p. 46 et 150.

4. Voir le catalogue de l'exposition à la bibliothèque municipale de Chaumont (Haute-Marne) en été 1990.

Rodolphe Salis est à peine âgé de trente ans lorsqu'il installe, vers 1880, au 84, boulevard Rochechouart, juste au pied de la butte, son atelier de peinture. Il prétend fonder une école qui associe art et littérature. D'après J. Hillairet, il aurait même exécuté des peintures religieuses [1]. Faisait-il partie de ces peintres que Pierrot et Arlequin mentionnent plaisamment en 1882?

« Le Sacré-Cœur de Montmartre [...] sera peut-être un jour très connu sous le nom de « Notre-Dame-de-la-Galette », mais [...], d'ores et déjà, les peintres plus ou moins religieux groupés aux environs du boulevard de Clichy l'ont baptisé « Notre-Dame-de-la-Palette » [2].

Devant son insuccès, Rodolphe Salis ne tarde pas à transformer son atelier en cabaret littéraire dont la brillante réussite va être soutenue par une revue hebdomadaire *Le Chat Noir*. Il en profite pour s'agrandir et emménager au 12, rue Victor Massé jusqu'en 1897. Son théâtre d'ombres attire les bourgeois qui s'encanaillent et les rapins qui se détendent. Quelques unes de ses formules sont passées à la postérité comme celles-ci:

« Dieu a créé l'homme ; Napoléon a créé la Légion d'honneur ; moi, j'ai créé Montmartre ! » ou : « Qu'est-ce que Montmartre ? Rien. Que doit-il être ? Tout ! » [3] ou bien : « Il faut travailler à la Séparation de Montmartre et de l'État ! », le fin du fin étant : « Montmartre est le nombril de la terre ! » [4].

Cette dernière exclamation rapportée par Gustave Téry est rapprochée par l'auteur même des *Cordicoles* de celle qu'il a entendue dans la bouche du P. Lemius et lue sous sa plume: « Montmartre est le cœur de la France et du monde » (voir chap. 23). S'il préfère celle de Rodolphe Salis, le rapprochement d'époque n'en est pas moins révélateur. Y eut-il vers 1890 une certaine influence sur Rodolphe Salis de la mystique de Montmartre d'un P. Jonquet ou d'un prédicateur de la chapelle provisoire ou l'homme du Chat Noir et les religieux de la butte participaient-ils d'un même courant d'exaltation et de glorification du quartier de Montmartre, un de ces lieux favorisés où souffle l'esprit? Quoiqu'il en soit, il est impossible de faire l'histoire de la fin du XIX^e^ siècle sans passer par Montmartre, deux Montmartre en fait qui ne sont pas sans se répondre. Sacré-Cœur et Chat Noir eurent même des fréquentations communes.

1. Voir Paul Lesourd, *La Butte sacrée*, 1937; Louis Forestier, « Le Chat Noir » dans *La Promotion Violette*, n° 76, 1er trimestre 1982, recensé dans *Esprit et vie* du 10 mars 1983, p. 156-157. Jacques Hillairet, *Dictionnaire*..., 1957, à l'adresse indiquée. Voir aussi l'exposition et le catalogue « Autour de Toulouse-Lautrec, le cabaret du Chat Noir », Musée d'Orsay, 1992.

2. C'est-à-dire Notre-Dame des peintres. Voir *Revue de l'Art Moderne*, n° 1, déc. 1882, « Au hasard de la plume », p. 6-7. (BN, fol. V. 1638).

3. Cité par Joseph Bollery, *Léon Bloy*, 1947, t. II, p. 71.

4. Gustave Téry, *Les Cordicoles*, 1902, p. 99.

On trouve en effet parmi les collaborateurs de Rodolphe Salis des personnages nommés par ailleurs au cours de ce travail: Léon Bloy, Verlaine, Steinlen, Alphonse Allais et Willette. Ce dernier entre autres mérite attention.

On connaît le dessin de cet élève de Cabanel pour la revue *Le Chat Noir* où l'on voit un Cupidon crucifié sur les ailes du Moulin de la Galette avec un louis d'or à la place du cœur et une légende: « Notre-Dame de la Galette – Oh! le Sacré Cœur »[1]. La parodie est grinçante mais instructive: par delà sa critique du système de la souscription pour la construction du Sacré-Cœur, cette feuille révèle un malaise: le danger toujours latent qu'il y a à vouloir servir en même temps Dieu et Mammon (*Matthieu* 6, 24)! En dépit de l'indignation (compréhensible) d'un Léon Bloy, la charge de Willette n'en dénote pas moins une authentique préoccupation religieuse[2]. Pour la décoration du cabaret, Adolphe Willette a peint un tableau intitulé *Parce Domine*, l'un des cantiques que les fidèles de Montmartre aimaient chanter (chap. 20). Le commentaire de Willette lui-même est à citer en entier:

> « Les chats miaulent à l'amour.
>
> « Les blanches communiantes sortent de leurs mansardes : c'est la misère ou la curiosité qui fait tomber leurs voiles sur la neige dont les toits sont recouverts.
>
> « Aussitôt les pierrots noctambules cherchent à s'emparer de leur innocence par des moyens diaboliques. De l'Odéon au Moulin de la Galette, les voici partis pour la chasse aux Mimis Pinsons. C'est avec de l'Or ou de la Poésie qu'ils tendent leurs pièges suivant qu'ils sont riches ou pauvres, bien qu'également pervers.
>
> « Cependant que le vieux Moulin moud des airs d'amour et de pitié. Les ailes en portées de musique tournent au clair de la lune reflet de la Mort.
>
> « Voici à présent la revanche de la fille séduite qui a jeté son bonnet par dessus les moulins. La voilà qui entraîne, étourdit Pierrot dans un tourbillon de plaisir et de vices : c'est le Sabbat ! Elle l'a ruiné, rendu fou, et l'accule au suicide. Les vierges tristes et laides portent son cercueil, tandis que son âme libérée fera choix d'une étoile...
>
> « *Parce Domine... Parce Populo tuo...*
>
> « Le peuple des Pierrots est toujours bien à plaindre ! »[3].

Willette enfin et surtout reste célèbre par son vœu, un vœu – encore un! – très pieux qui réside dans la célébration d'une messe annuelle, chaque mercredi des Cendres, pour les artistes qui vont mourir dans l'année afin qu'ils

1. Willette, *Dessin*..., 1884.
2. Léon Bloy, *Propos*..., 1886, t. II, P. 105-106.
3. Cité d'après Pierre de Lagarde, *Vie*..., 1988, p. 96-97.

se convertissent avant le grand passage. L'on ne peut donc guère s'étonner des préoccupations religieuses qui se manifestent chez Willette par la plume et le pinceau. Rappelons que depuis sa disparition en 1926, des artistes avec leur aumônier restent fidèles à cette messe de Willette célébrée à Saint-Germain l'Auxerrois [1]. Le jardin qui porte son nom est comme un trait d'union entre les deux Montmartre [2]. En un certain sens, le Chat Noir ne permet-il pas de mieux comprendre le Sacré-Cœur de la Belle Époque ?

L'église du Sacré-Cœur à Montmartre est un pèlerinage qui respecte les traits spécifiques de ce genre de lieu avec bien sûr ses propres caractéristiques. Comme cela a été établi pour l'ensemble du XIXe siècle [3], les pèlerinages semblent être du ressort des mouvements spontanés de la piété en réponse à des manifestations préternaturelles et surnaturelles (des apparitions, des miracles et la figure d'un saint). La religion et la sacralisation de la patrie et l'idée d'un sanctuaire national n'ont pas évidemment été créées par telle ou telle initiative cléricale, pourtant à Montmartre, il y a une volonté épiscopale évidente qui joue un rôle considérable. La montée en masse sur la butte pour des motifs religieux semble lui répondre et se présenter comme une exception à la constatation générale.

Comme cela également a été montré et démontré, tout lieu de pèlerinage est un lieu de guérison [4]. Mais là encore, à Montmartre, ces guérisons semblent être d'un genre nouveau par rapport aux demandes habituelles. Les « grâces matérielles » et individuelles cèdent le pas aux grâces « morales » et collectives. Le salut de la France et la liberté de l'Église paraissent avoir vraiment motivé les fidèles. Le caractère urbain du sanctuaire doit y être pour quelque chose.

Finalement, ce « lieu sacré », ce « sacré cœur » de Paris, se comprend comme tous les autres lieux de ce genre par rapport au monde profane, qu'il fonde d'ailleurs en retour. Le cas du Chat Noir suffirait à lui seul à démontrer que les relations du Sacré-Cœur avec ses voisins ne sauraient se comprendre sur la base d'un simple rapport d'exclusion. Certes on imagine mal Hubert Rohault de Fleury en client du Chat Noir [5] et Rodolphe Salis en responsable

1. Témoignages oraux de Mgr Charles et du P. Balm, anciens aumôniers des Beaux-Arts, de Mme Sophie Vieillevigne, artiste peintre et du P. Gitton, curé. Voir aussi la plaque qui se trouve dans le transept sud de Saint-Germain l'Auxerrois.

2. Cependant un trait de Willette n'apparaît pas dans le *Bulletin du Vœu national* : son antisémitisme. Pour preuve de celui-ci, l'affiche du candidat Willette aux législatives de 1889 dessinée par lui-même. Voir Laurent Gervereau, *La propagande par l'image*, Éd. Syros, 1991, n° 54 de l'exposition. Et aussi Luc Willette, *Adolphe Willette, pierrot de Montmartre*, Éd. l'Armançon, 1991. Compte rendu dans *Rivarol* du 31 mai 1991.

3. F. Boulard et J. Gadille, *Matériaux...*, 1982, p. 25.

4. Alphonse Dupront, art. « pèlerinage » dans *EU* ; *Du sacré...*, 1987, p. 373.

5. Encore que son passé et son talent de caricaturiste ne font pas de lui un « pur dévot ».

des adorateurs nocturnes. On ne voit pas non plus le comité du Vœu national passer commande à Adolphe Willette d'un carton de mosaïque ou de vitrail pour la basilique... Pourtant les contacts entre le Montmartre profane et le Montmartre sacré ont existé, qu'ils soient explicites comme ceux de Léon Bloy et de l'abbé Langlois ou qu'ils restent, semble-t-il, anonymes, comme ceux de Max Jacob avec la basilique (voir chap. 17 et 32). Plus d'un Parisien ou d'un provincial qui, dans un moment de folie, a profité la nuit du « Montmartre du plaisir et du crime » s'est laissé reprendre par la sagesse en se tournant vers le Sacré-Cœur à l'heure, très matinale à l'époque, de la première messe et d'une possible confession, avant de repartir vers une vie de fidélité et de service. Au fond, les responsables du Sacré-Cœur, les animateurs du Chat Noir (et les habitants du Bateau-Lavoir présentés au chap. 32) n'avaient-ils pas tous une aspiration commune qu'ils satisfaisaient avec plus ou moins de bonheur : celle d'un ciel nouveau et d'une terre nouvelle, déçus qu'ils étaient par leur siècle [1]. Quelques années durant, Montmartre a dû être pour certains esprits le point de contact rêvé entre leur idéal et la dure réalité. Un idéal qui s'éloignait toujours plus.... Dans un des poèmes de Blaise Cendrars, Jeanne de France interroge l'auteur à six reprises :

« Blaise, dis, sommes-nous bien loin de Montmartre ?

« Nous sommes loin, Jeanne, tu roules depuis sept jours. Tu es loin de Montmartre, de la butte qui t'a nourrie, du Sacré-Cœur contre lequel tu t'es blottie...

« Les vaches du crépuscule broutent le Sacré-Cœur

« O Paris » [2].

1. André Chastel dans « Nouveaux regards sur le siècle passé », *Le débat*, 1987, p. 80, réclame une étude approfondie de la *bohème* : « Elle donne souvent l'impression de découper une autre société dans la grande, comme si elle pouvait constituer mentalement, spirituellement, le pays des artistes. Qu'est-ce que Montmartre sans cet arrière-plan ? »
2. Blaise Cendrars, *Prose*..., 1913, p. 57 et 78.

# Chapitre 17
# L'adoration perpétuelle

La distinction entre le présent chapitre et le suivant (sur les confréries propres à Montmartre en l'honneur du Cœur du Christ), entre les adorateurs du Saint Sacrement et ceux du Cœur de Jésus est fondée dans l'histoire, la liturgie et le droit canon. Cependant le « christocentrisme » de ces dévotions les unit au point qu'on cherche à les confondre dans une troisième : celle du Cœur eucharistique dont on devine aisément la visée unificatrice. Mais comme le succès de cette nouvelle appellation est très limité, comme l'impact du Sacrement du Corps du Christ l'emporte largement sur celui des représentations du Cœur du Christ, l'adoration eucharistique de Montmartre finira pratiquement par faire de la confrérie du Vœu national au Sacré Cœur une confrérie du Saint Sacrement. N'oublions pas que par ailleurs nous sommes au temps de l'expansion universelle des congrès eucharistiques. C'est pourquoi nous maintenons ici deux exposés distincts afin de mieux souligner la difficulté qui continue toujours d'exister dans la pastorale de la basilique. Par le fait même, on parle du Cœur eucharistique dans les deux chapitres en question, selon qu'on considère le côté « cœur » ou le côté « eucharistie » de cette spiritualité.

# *I. VERS LA PERPÉTUITÉ AVEC LE P. REY (1876-1885)*

## A. Les premiers pas (1876-1880)

### *1. Un projet*

Dans sa lettre d'adoption du Vœu national du 18 janvier 1872, Mgr Guibert imagine que le sanctuaire à construire sera « fréquenté par un nombreux concours d'adorateurs » [1]. La formule se veut à dessein imprécise, mais le projet d'une adoration perpétuelle s'y laisse pressentir. Les consignes de Mgr Guibert, sans doute d'abord orales, apparaissent pour la première fois par écrit, semble-t-il, dans le *Bulletin* de janvier 1880, où, incidemment et d'une façon presque banale, le P. Rey évoque les débuts de cette pratique et fait cette remarque :

> « Nous commençons ainsi à réaliser la pensée de Son Éminence, qui désire que dans la future basilique l'exposition du Saint Sacrement et son adoration soient perpétuelles » [2].

Le P. Rey n'en dit pas tant dans la circulaire de février 1876 qui annonce l'ouverture de la chapelle provisoire :

> « La prière y commencera et s'y continuera à perpétuité, s'il plaît à Dieu, pour l'Église et pour la France » [3].

À cette date, le *Bulletin* reste encore muet sur son projet d'une succession ininterrompue de priants à Montmartre, mais le P. Rey semble bien s'en être ouvert aux fidèles de la chapelle le jeudi 23 mars 1876 lorsqu'il leur propose de marquer la fin de la troisième semaine de culte dans la chapelle par une exposition et une adoration du Saint Sacrement, le vendredi 24 mars, de la messe de sept heures [4] aux vêpres et au salut de quinze heures et ainsi tous les vendredis [5]. Un témoin rapporte les propos qu'il aurait tenus :

> « Ce n'est pas tout de bâtir une basilique de pierre au Sacré Cœur. Jésus veut et nous demande une basilique construite avec nos cœurs et nos âmes ! La basilique de pierre n'est absolument que pour nous réunir et nous abriter contre les intempéries des saisons. En ce moment où le temps est rigoureux et les chemins inabordables, on ne

1. Par ex. dans *BVN*, 1873, p. 12.
2. *BVN*, 1880, p. 11.
3. *BVN*, 1876, p. 23.
4. On disait alors la messe devant le Saint Sacrement exposé.
5. François Veuillot dans *BVN* 1898, p. 1011, parle sans fondements de la date du 10 mars.

peut venir de Paris de sorte que, entre les offices, qui sont très suivis, notre chapelle est déserte ! Je suis navré ! Je fais donc un appel de toutes les forces de mon cœur aux personnes demeurant sur cette butte autour d'ici pour se réunir et s'organiser de manière qu'il y ait toujours une ou deux personnes au pied des autels. Mais surtout au pied du très Saint Sacrement que je veux exposer solennellement demain matin vendredi à la messe de sept heures, jusqu'à la bénédiction des vêpres, ainsi que tous les vendredis, jours plus consacrés à notre Seigneur Jésus-Christ. Et si vous êtes fidèles, je garderai cette exposition jusqu'à neuf heures en attendant de l'organiser toute la nuit jusqu'au lendemain matin, ce qui la rendra perpétuelle. Nous commencerons d'abord par tous les vendredis.

« Car remarquez bien que la basilique n'est absolument construite que pour avoir continuellement l'exposition solennelle du Cœur Vivant de Jésus-Christ résidant mystérieusement dans la sainte hostie [1] de manière que tous les peuples de la terre se fassent une gloire d'y être représentés [2]. Et de plus, que toutes les âmes aimantes et expiatrices puissent s'y transporter et s'y réunir continuellement par la pensée. Car telle a été la demande mystérieuse de Paray-le-Monial !

« Donc aidez-moi à attirer les bénédictions de Dieu sur la France ! Et aussi ne me donnez pas l'angoisse de penser qu'un malfaiteur puisse entrer dans notre chapelle située dans un endroit aussi désert et voler le très Saint Sacrement ! [3]. Je vais avoir confiance en vous et demain vendredi, jour choisi, veille de la belle fête de l'Annonciation de la très sainte Vierge, nous commencerons cette œuvre sublime d'amour et d'expiation » [4].

Ce texte et les commentaires qui l'accompagnent, anonymes et non datés, retrouvés dans les archives des Oblats à Rome posent les problèmes classiques de restitution d'un état d'origine à partir du développement ultérieur d'une entreprise. Nous datons ces textes de 1885, au plus tôt, car ils supposent, nous semble-t-il, une expérience réelle de l'adoration perpétuelle. Leur auteur, dans ses commentaires, tombe visiblement dans une projection anachronique du présent dans le passé. Par exemple, il soutient que dans la lettre du P. Rey annonçant l'ouverture de la chapelle, – il en donne pourtant la référence exacte dans le *Bulletin* –, il est question d'un « édifice spirituel de foi, de prières et d'adoration » : or, le mot d'« adoration » n'existe pas dans le texte imprimé. Pourtant, ce compte rendu tardif du lancement de l'adoration perpétuelle du vendredi 24 mars 1876 peut être considéré comme un écho authentique des dispositions de Mgr Guibert et du P. Rey et nous aider à comprendre la genèse de cette activité si importante à Montmartre.

1. Remarquons la présence dès le début de la spiritualité du Cœur eucharistique qui sera développée ultérieurement.
2. Une perspective universaliste serait présente dès le début, conjointe aux bénédictions sur la France. L'intention de prière pour le pape est absente !
3. L'aspect de garde du Saint Sacrement est important. On le retrouvera également plus loin.
4. Voir ***, *Naissance...*, 1885.

## 2. *Les premières adorations*

Ce témoin inconnu énumère les premiers adorateurs des vendredis de 1876, qui se relaient d'heure en heure : une famille de quatre personnes voisine de la chapelle, la « dame du suisse » [1], une demoiselle dont l'originalité était de se faire remplacer quand elle ne pouvait venir elle-même à l'adoration, une pauvresse inconnue [2] et des hommes qui se mettaient dans le chœur à la place du clergé, parmi lesquels Paul Féval. Dans son rapport à l'Assemblée des Comités catholiques, le 18 avril 1876, publié dans le *Bulletin* du 10 mai, le P. Rey rend compte de cette initiative :

« Le vendredi étant le jour plus spécialement réservé à la dévotion au Sacré Cœur de Jésus, nous avons établi l'exposition du très-saint Sacrement depuis la messe de sept heures jusqu'à l'exercice du soir. Stimulés par l'exemple que vient de donner la ville d'Angers [3], nous avons organisé une garde diurne d'hommes pour l'adoration du très-saint Sacrement. Notre isolement, notre éloignement rend cette création opportune et où pouvait-elle mieux s'établir que dans la chapelle du Vœu national ? Quel est l'homme libre de son temps qui pourrait refuser une demi-heure [4] de prières au pied de l'eucharistie, auprès du Sacré Cœur pour l'Église et pour la France ? Dieu merci, cette œuvre qui ne compte que quelques jours d'existence est déjà florissante et nous croyons que l'avenir lui réserve un succès des plus consolants » [5].

Après ce lancement officiel, le P. Rey, prudent, ne fait spécialement mention de ces adorations du vendredi, qu'à partir du *Bulletin* du 10 juin [6]. Il donne pour l'heure la priorité aux comptes rendus des pèlerinages des paroisses (voir chap. 16). Il lui faut d'abord faire exister l'adoration avant d'en parler, d'autant que cela pourrait indisposer les curés. En quoi il applique une consigne de Mgr Guibert : faire et se taire [7]. À partir de janvier 1877, dressant le bilan de l'année écoulée, il signale que l'on passe de soixante hommes assurant des heures d'adoration en 1876 à deux cent cinquante-quatre en 1880 avec un palier autour de cent en 1877-1878 [8]. Durant le mois de juin de 1879 et 1880, un effort est fait pour exposer quotidiennement le Saint Sacrement [9]. Au début de 1880, l'exposition a lieu régulièrement chaque dimanche [10] et à partir de la fin de 1880, chaque mercredi [11].

1. On aura compris qu'il s'agit de l'épouse de l'employé chargé de la garde de l'église.
2. Est-ce là le souvenir qu'aurait laissé Adèle Garnier (présentée ci-dessous) à ce chroniqueur inconnu ?
3. Voilà une donnée sur laquelle il faudra se pencher un jour !
4. L'année suivante il parle d'une heure : *BVN*, 1877, p. 644.
5. *BVN*, 1876, p. 109.
6. *BVN*, 1876, p. 149.
7. Citée par Daniel Collet en 1881 toujours à propos de l'adoration (*HSC*, t. III, p. 76).
8. Exactement : *BVN*, 1877, p. 422 ; en 1877, cent deux (*BVN*, 1878, p. 8) ; cent quatre en 1878 (*BVN*, 1879, p. 9) ; cent quatre-vingt-neuf en 1879 (*BVN*, 1880, p. 11) et deux cent cinquante-quatre en 1880 (*BVN*, 1881, p. 11).
9. *BVN*, 1879, p. 351 et 1880, p. 331.
10. *BVN*, 1879, p. 732 et 1880, p. 2 et 11.
11. *BVN*, 1880, p. 578.

### 3. *Adèle Garnier, mère Marie de Saint-Pierre*

Du 18 mai au 13 septembre 1876, Adèle Garnier, une institutrice privée, femme d'une quarantaine d'années, vient vivre tout près de la chapelle provisoire pour pouvoir y passer ses journées en prière pour la France et le pape [1]. Ses écrits intimes permettent de connaître les motivations d'une des premières adoratrices de Montmartre. Avec l'accord de son directeur spirituel, un des P. Chambellan, s. j. (voir chap. 1), elle a répondu oui dans le secret de son cœur à des appels du Seigneur entendus au lendemain du lancement officiel du Vœu national en 1872, puis après le vote de la loi en 1873 et le concours d'architecture de la basilique en 1874. En décembre de cette dernière année, de Laval où elle travaille, elle monte à Paris et obtient une courte audience de Mgr Guibert où, selon le témoignage d'Adèle Garnier, elle lui expose les demandes que le Christ lui a ordonné de faire connaître, en particulier l'institution d'une adoration perpétuelle du Cœur eucharistique. En 1875, après la pose de la première pierre, elle écrit à l'archevêque de Paris pour lui confier encore ses projets. Elle est de ces personnes qui pensent que là où l'on adore le Cœur du Christ, là aussi on doit adorer son Corps. Elle veut être à Montmartre comme « religieuse réparatrice et victime ». Finalement, après l'ouverture de la chapelle, elle loue deux pièces au 46, rue de la Fontenelle et va prier quotidiennement de cinq à sept heures dans le nouveau sanctuaire. Mais sa santé ne lui permet pas de rester. Vingt ans plus tard, avec quelques compagnes, elle reviendra fonder les Adoratrices du Vœu national, qui partiront pour l'Angleterre en 1901. Le P. Lemius voyait en elles des permanentes de l'Adoration perpétuelle [2]. Les expériences spirituelles d'Adèle Garnier en écho aux actes fondateurs du Vœu national illustrent bien l'unité de la mystique et de la « politique », du privé et du public dans la dévotion au Sacré Cœur comme dans la construction du sanctuaire national et mériterait davantage d'attention.

### 4. *Les adorations ecclésiales contemporaines*

Durant les cinq premières années de la chapelle provisoire, en plus de ces expositions régulières voulues par le P. Rey, la pratique de l'adoration eucharistique a été vécue au rythme de trois institutions qui en constituent comme

1. Pour cette notice, nous avons consulté : Marie de Saint-Pierre, *Lettres*..., 1887, Arch. de la congrégation des Bénédictines du Sacré-Cœur ; P. Plus, *Une page*..., 1930.

2. Après bien des aventures, qui dépassent le cadre de ce travail, la congrégation devenue celle des Bénédictines du Sacré-Cœur de Montmartre, reviendra sur la butte de 1960 à 1977 et à partir de 1984.

le fondement par excellence: les Quarante heures, l'Adoration nocturne et l'Adoration perpétuelle diocésaine sans compter la nuit du jeudi saint.

La chapelle provisoire fut ouverte au culte à partir du vendredi 3 mars, premier vendredi du mois et premier vendredi du Carême, ce qui évita de faire débuter sa mise en service par l'exercice exceptionnel des Quarante heures, c'est-à-dire l'exposition et l'adoration du Saint Sacrement du dimanche gras au mardi gras, en réparation des excès qui se commettent pendant le carnaval. Cette pratique, très populaire depuis le XVIIe siècle[1], était devenue plus ou moins épisodique au XIXe siècle et tendait à se confondre avec les missions paroissiales qui comportaient elles-mêmes une adoration[2], sinon avec l'adoration diocésaine dont il sera question ci-dessous. À la chapelle provisoire de Montmartre, les Quarante heures sont célébrées avec faste de 1877 à 1880, sans les deux nuits de prière toutefois[3] que les fidèles pouvaient accomplir plus aisément dans leur propre église paroissiale ou à la chapelle la plus proche.

Ce n'est pas le lieu de rapporter ici la vie du « célèbre » père Hermann Cohen, en religion père Augustin-Marie du Très Saint Sacrement, carme, (1821-1871), devenu l'ami de Cyrille de Mont de Benque dont le portrait et le rôle dans l'Œuvre du Vœu national ont déjà été esquissés (voir chap. 13). Juif converti[4], pianiste virtuose, mystique apostolique, le P. Hermann a conquis le jeune fils de croisés et fondé avec lui, pour les hommes, en décembre 1848, à Notre-Dame des Victoires, l'Œuvre de l'Exposition et de l'Adoration nocturne dont le but est « la réparation des injures dont le Saint Sacrement est l'objet et pour attirer sur la France les bénédictions de Dieu et détourner d'elle les fléaux qui la menacent »[5].

Au contact de Théodelinde Dubouché, fondatrice de l'Adoration réparatrice de la rue d'Ulm[6] et de Mgr de La Bouillerie, vicaire général de Paris, cette association se développe favorablement parmi les membres de la Société Saint-Vincent de Paul. À l'ombre de cette dernière, l'Œuvre de l'Adoration nocturne connut une extension internationale et le *Bulletin de la Société Saint-Vincent de Paul* rend compte des assemblées générales et des activités de cette œuvre de prière[7]. Cyrille de Mont de Benque en est le président et Théodore

1. Voir B. Dompnier, « Un aspect de la dévotion eucharistique dans la France du XVIIe siècle: les prières des Quarante-heures » dans *RHEF*, 1981, n° 178, p. 5-33.

2. Voir art. « Quarante-heures » du *DSAM* et Gérard Cholvy..., *Histoire*..., 1985, t. I, p. 130.

3. *BVN*, 1877, p. 445; 1878, p. 57; 1879, p. 63; 1880, p. 3.

4. Conversion dont on garde le souvenir à la basilique par une Vierge à l'Enfant qui se trouve dans la crypte et qui provient de l'église Sainte-Valère où la conversion s'est produite (chap. 22).

5. Dom Beaurin, *Flèche de feu*..., 1981, p. 89. Cette intention patriotique aurait pu être évoquée dans notre chap. 4.

6. On lira sur cette personnalité: Marie-Madeleine Polart, *L'Adoration au cœur de la ville. Vie de Mère Marie-Thérèse Dubouché*, Paris, 1988, 240 p. Recension en *RHEF*, 1990, n° 191, p. 142.

7. *BSVP*, 1865, p. 188-196; 1866, p. 74-83; 1867, p. 73 et 27; 1868, p. 216 et 224; 1869, p. 107, 184-196; 1871, p. 21; 1872, p. 133; 1873, p. 216; 1876, p. 74-83.

Dauchez le secrétaire. Le premier jeudi de chaque mois, ses membres organisent une nuit d'adoration où ils se relaient d'heure en heure devant le Saint Sacrement. Le reste du temps, sur des matelas installés dans un coin de l'église ou dans la sacristie, ils dorment quelques heures [1]. Qui plus est, les quelques membres de cette association qui appartiennent aussi à la Société Saint-Vincent de Paul, au Comité du Vœu national et à la Ligue du Vœu national organisent eux-mêmes des pèlerinages diurnes à Montmartre [2] et, surtout, ils participent à l'adoration perpétuelle diocésaine qui s'y déroule une fois l'an.

À partir de 1843, Mlle de Mauroy, qui avait pour directeur spirituel le P. Rozaven, s. j. [3], travaille à l'établissement dans le diocèse de Paris, d'une adoration perpétuelle comme il en existait à Rome [4]. Au lieu d'exposer toutes ensemble le Saint Sacrement, pendant le seul temps du carnaval, les paroisses et les diverses communautés de religieux l'exposeraient successivement au cours de l'année, de sorte qu'il y aurait toujours en un point du diocèse une communauté en adoration devant l'Eucharistie exposée. Inaugurée en décembre 1850, cette pratique se trouve rapidement officialisée dans tout le diocèse [5]. Pendant trois jours et trois nuits, le Saint Sacrement est exposé dans chaque paroisse. Comme la fréquentation des adorations nocturnes fait difficulté, l'Œuvre de l'Adoration nocturne [6] vient s'insérer un an plus tard, dans les adorations diocésaines; ses membres se rendent sur place dans les églises pour conforter la venue des hommes à l'adoration de nuit et procurer une assistance matérielle à ceux qui ne pourraient rentrer chez eux [7]. C'est ainsi que le chemin de la chapelle provisoire de Montmartre est emprunté par des adorateurs de jour et de nuit dès septembre 1878. Cette année-là, la première nuit est assurée par l'Adoration nocturne, la seconde par les membres du Cercle catholique des ouvriers de Montmartre et de Clignancourt, la troisième par des membres des deux associations [8].

1. Voir François Veuillot dans *BVN*, 1898, p. 1007. Un homme était chargé de transporter chaque jour d'église en église les quatorze matelas nécessaires aux nuits d'adoration.

2. *BVN*, 1879, p. 678; 1880, p. 583.

3. Voir Paul Duclos, *Dictionnaire*..., 1985.

4. Voir Mlle de Mauroy, *L'adoration*..., 1880.

5. Voir art. « Adoration » dans *CHAD*.

6. Dans la naissance de laquelle Mlle de Mauroy semble aussi avoir joué un rôle.

7. *BSVP*, n° 327, 1876, p. 74. L'abbé Crépin fait un historique très concret dans le *Bulletin des Hommes de France*, oct. 1909, p. 11-13.

8. *BVN*, 1878, p. 543-546; 1879, p. 630; 1880; p. 503-506; 1881, p. 602; etc., fin août-début septembre. Cette participation à l'adoration diocésaine est signalée encore pendant la guerre: *BVN*, 1916, p. 222.

## B. Le tournant de 1881

Durant l'année 1880, l'année « aux deux-cent soixante et un couvents crochetés »[1], la chapelle provisoire est un lieu d'adoration eucharistique diurne, tous les vendredis et dimanches, pendant les Quarante heures, au cours de la nuit du jeudi saint auprès du reposoir, pendant tout le mois de juin et, jour et nuit, durant l'adoration diocésaine. Au début du mois de novembre une neuvaine fut organisée aussi pour que l'expulsion des Oblats n'ait pas lieu. Et elle fut en effet évitée[2]. Mais la générosité des fidèles est telle que cette fréquence ne suffit pas et c'est pourquoi, à la fin de 1880, le P. Rey ajoute le mercredi du matin au soir, grâce aux deux cent cinquante hommes volontaires qu'il avait déjà réunis. Mais cela ne les contentait pas encore...

### *1. L'union de prières du P. Rey (1881)*

Le P. Rey commence l'année 1881 par un appel qui ressemble beaucoup à celui de 1876. Il le publie sous le titre : *Venite adoremus*[3] et y exprime sa pensée sans détour :

> « Nos lecteurs savent que le sanctuaire du Vœu national est la réalisation de la demande faite à la France par Notre-Seigneur, d'un temple pour que son divin Cœur y soit adoré perpétuellement au nom de tous. »

Le bonheur de la patrie est à ce prix. C'est pourquoi il faut veiller à ce que cette prière soit vraiment perpétuelle : que les Parisiens et que les provinciaux de passage à Paris montent à Montmartre et la demande du Christ à Marguerite-Marie sera exaucée. Deux mois plus tard, le supérieur exulte. Une association d'adorateurs s'est formée pour inviter les fidèles et coordonner les temps d'adoration devant le Saint Sacrement, à des jours (et nuits) donnés[4]. Un pavillon est construit pour permettre le repos des adorateurs de nuit[5]. Le mois de juin s'annonce très fréquenté : il est rempli presque tous les jours et toutes les nuits[6].

1. Pierre Pierrard, « L'année terrible : 1880 » dans *La Croix* du 23 octobre 1980, p. 16.
2. François Veuillot, « L'adoration perpétuelle... » dans *BVN*, 1898, p. 1011. Voir chap. 15.
3. *BVN*, 1881, p. 119. Refrain d'un cantique de Noël inscrit sur la façade des églises lors de l'adoration perpétuelle diocésaine.
4. *BVN*, 1881, p. 247-248.
5. Jusqu'alors, durant l'adoration diocésaine, la Société Saint-Vincent de Paul et l'Adoration nocturne fournissaient le matériel nécessaire et comme ailleurs, les adorateurs les installaient au fond de l'église ou dans la sacristie (*BSVP*, juin 1885 cité par *HSC*, t. III, p. 104). Voir aussi *BVN*, suppl. juin 1881, p. 9 ; *PV* du 21 juillet 1881, cité par *HSC*, t. II, p. 64. A. Legentil décrit ainsi ce pavillon : « Il est simple, mais il est disposé avec soin, et même avec goût. Le respect pour le Saint Sacrement doit se faire jusque là et ce dortoir ne doit pas avoir l'aspect d'un corps de garde » (« Rapport au premier Congrès eucharistique de Lille », *BVN*, 1881, p. 465). Ce ne sera peut-être pas toujours le cas quand l'abri Saint-Joseph sera utilisé : *HSC*, t. II, p. 517.
6. *BVN*, 10 mai 1881, p. 307.

Dans le *Bulletin* du 10 juin 1881, on annonce la mise en place d'une « Adoration réparatrice du sanctuaire du Vœu national » comprenant quatre degrés. Le premier est en quelque sorte une façon d'appartenir à l'Archiconfrérie du Vœu national au Sacré Cœur, mais ce n'est pas spécifié : on y prie en union avec tous ceux qui s'associent à la prière prévue (voir chap. suivant). Le second consiste à prier à des heures fixes chez soi en se transportant en pensée à la chapelle de Montmartre. Le troisième rassemble les personnes qui vont dans une église à cette intention et le quatrième, ceux qui viennent effectivement à Montmartre [1]. En juillet, le P. Rey publie la bénédiction qu'il a demandée à Léon XIII en faveur de cette association appelée *Union de prières* [2]. À partir de ce mois de juillet, il fait cependant un pas en arrière dans le *Bulletin* : il ne parle plus d'Adoration réparatrice en général, mais présente simplement les quatre degrés, n'insiste pas sur l'adoration à propos du quatrième degré, et ne propose plus d'adoration nocturne car celle-ci n'est pas sans lui poser en effet des problèmes (évoqués ci-après).

Le rapport fait en juillet par Alexandre-Félix Legentil au premier congrès eucharistique, à Lille, brosse un tableau édifiant de cette histoire et laisse entendre que tout est en place pour que la prière d'adoration devienne vraiment perpétuelle, de jour comme de nuit [3]. Le Sacré-Cœur serait pour lui comme un congrès eucharistique permanent. En novembre, il obtient de l'assemblée des catholiques du Nord réunie à Lille, le vœu suivant :

> « Le congrès désigne comme pèlerinage de la région du Nord à l'un de nos sanctuaires nationaux pour l'année 1882 :
>
> « En premier lieu, le sanctuaire du Vœu national à Montmartre, pour y faire accomplir par des groupes de pèlerins, au nom de la région du Nord, pour autant qu'elle fait partie de la France pénitente et humiliée, l'adoration et la réparation en conformité du Vœu de 1871 [sic].
>
> « En second lieu, le pèlerinage plénier à N. -D. de Lourdes, avec arrêt à Paris, pour aller renouveler à Montmartre le Vœu national au Sacré Cœur » [4].

Durant l'année 1881, il y a eu au total 221 jours d'adoration diurne, 1235 adorateurs ont prié pendant 120 nuits [5].

1. *BVN*, 10 juillet 1881, p. 383.
2. *BVN*, 10 juillet 1881, p. 414, en date du 23 juin 1881.
3. *BVN*, 1881, p. 466-467. P. Lecanuet, *L'Église*..., 1906, t. IV, p. 133-140, souligne le rôle que Cyrille de Mont de Benque a joué avec Mlle Tamisier et M. Vrau dans la mise au point de ce premier congrès.
4. *BVN*, 1881, p. 750.
5. *BVN*, 1888, p. 561.

## 2. *L'association d'adorateurs de Daniel Collet (1881)*

L'adoration perpétuelle à Montmartre a un aspect public dont le *Bulletin* de 1881 rend compte sous la plume du P. Rey et de A. Legentil (voir ci-dessus). Mais elle a aussi un aspect « pratique », sa mise en place en cette même année, qu'il convient de présenter ici. Pour le moment, cette histoire est surtout connue par deux témoins : Daniel Collet et l'abbé Dumoulin qui ont mis par écrit leurs souvenirs à la demande, semble-t-il, de Hubert Rohault de Fleury quand ce dernier commence à se préoccuper, dans les années 1890, de rassembler des notes et des documents [1]. D. Collet, membre très actif de la Société Saint-Vincent de Paul et de l'Œuvre de l'Adoration nocturne, assiste comme bien d'autres à la pose de la première pierre [2]. Il compte vraisemblablement parmi les adorateurs que réunit le P. Rey entre 1876 et 1880 [3]. M. Dumoulin, lui, est seulement, en 1881, un auxiliaire de la Société Saint-Vincent de Paul et participe aux premières nuits d'adoration. Il deviendra prêtre [4].

Pour satisfaire aux demandes de la mère Saint-Dominique (voir ci-dessous), le P. Rey, vers le 15 février 1881, prie Daniel Collet d'organiser les deux nuits des prochaines Quarante heures en « nuits de réparation et d'expiation pour la France » (le dimanche gras 27 et lundi 28 février). D. Collet invite ses amis et ses relations qui figurent surtout parmi les membres de l'Adoration nocturne diocésaine. Les uns et les autres en sont tellement enchantés qu'ils décident avec l'encouragement tacite du P. Rey (ce dernier ne veut pas s'en occuper directement), d'organiser une association d'adorateurs qui inviterait les paroisses et les œuvres de Paris et de France à venir au Sacré-Cœur en pèlerinage d'adoration aussi bien diurne (pour tous) comme nocturne (pour les hommes). Le baron des Rotours accepte de présider le groupe, M. du Haussoy, d'être son secrétaire, Léon Pagès et Daniel Collet de faire parti du comité d'organisation.

La lettre d'intention rappelle les méfaits de ceux qui ont lancé le cri de guerre : « Le cléricalisme ! c'est l'ennemi » (voir chap. 15), rappelle aussi qu'il y a devant la Chambre un projet de loi d'abrogation de la loi du 24 juillet 1873. Pour Daniel Collet, le seul remède à tant de maux est la prière. La France entière par ses corps constitués doit venir prier à Montmartre : « Sénat, députés,

1. Voir *HSC*, t. III, p. 71-92 ; Daniel Collet meurt en 1892. Le témoignage de M. Musnier de Pleignes est daté de 1898 (p. 108). Les textes en italique sont de l'abbé Dumoulin. Publié aussi dans *BVN*, suppl. oct. 1903, p. 31-40.

2. Voir sa lettre du 16 juin 1891 [au P. Yenveux ?]. ASCM.

3. Nécrologie en *BVN*, 1892, p. 69. Il semble que Michel Gouverneur ait aussi joué un rôle (*BVN*, 1888, p. 568-569).

4. *BSVP*, juillet 1885 cité dans *HSC*, t. III, p. 103.

magistrats, armée, congrégations, villes, écoles, ouvriers... familles». Les réponses dépassent leurs espoirs. Mais le succès engendre un malaise, bientôt dissipé. Certains membres de l'Adoration nocturne diocésaine s'émeuvent de la concurrence qui leur est ainsi faite sur Paris. Cyrille de Mont de Benque, président de l'Œuvre diocésaine et membre du Comité du Vœu national, refuse aussi bien la fusion entre les deux groupes que la suppression de l'œuvre naissante; tandis que Daniel Collet s'engage au nom de cette dernière à ne pas faire appel pour les adorations nocturnes de Montmartre à des personnes déjà inscrites à l'adoration nocturne diocésaine; au besoin même son groupe les refusera.

Chose infiniment plus grave, Daniel Collet constate le 25 juin au soir la présence d'importantes forces de police autour de la chapelle provisoire. Selon lui, un agent des Renseignements généraux infiltré dans une réunion légitimiste aurait appris que des royalistes s'y seraient donnés rendez-vous pour y tenir une réunion politique. La nuit pourtant se passe sans incident. Malgré quoi, le P. Rey annonce le 30 juin au soir que, dorénavant, par ordre du cardinal-archevêque, il n'y aurait plus d'adorations nocturnes à Montmartre. Pour comprendre cette surprenante décision, il n'est pas inutile d'évoquer l'action d'une religieuse dominicaine, la mère Saint-Dominique, sortie momentanément de son couvent pour une mission à Montmartre (1876-1881)[1].

### 3. *La mère Saint-Dominique*

Marie Sauton (1824-1888), à l'âge de trente ans à peu près, fonde dans sa ville natale de Mirecourt une communauté dont elle devient supérieure et qui est finalement rattachée aux Dominicaines. Après 1870-1871, la prédication du P. Berthet, le prieur des Dominicains de Poitiers qui seconde H. de Fleury pour la souscription, déclenche ou conforte la mère Saint-Dominique dans un projet d'adoration perpétuelle du Cœur du Christ dans le Saint Sacrement selon l'esprit de la bienheureuse Marguerite-Marie[2]. La pose de la première pierre de la basilique ne fait que la renforcer dans cette puissante inspiration. Au cours des Quarante heures de 1876, à Mirecourt, l'inspiration intérieure est telle qu'elle ne peut s'empêcher d'en toucher un mot à sa compatriote, Mme Buffet, dont le mari, né lui aussi à Mirecourt, est en

1. Les principales sources sont: 56 p. de souvenirs rédigés par mère Saint-Dominique à l'intention du P. Voirin et datés du 25 nov. 1887, publiés dans *Montmartre* en 1939, fév., n° 141, p. 11-13, mai, n° 144, p. 4-5 et juin, n° 145, p. 20-25; la nécrologie en *BVN*, 1888, p. 266; le récit de Daniel Collet et de l'abbé Dumoulin, voir ci-dessus; une lettre de Mme Buffet à H. de Fleury du 12 fév. 1899 conservée aux ASCM et publiée en *HSC*, t. III, p. 95-101; un article du P. Constant, o. p. cité par P. Lesourd, *La butte*..., 1937, p. 415.
2. *BVN*, oct. suppl. 1903, p. 41-42.

1875-1876 vice-président du Conseil et ministre de l'Intérieur[1]. Elle lui demande donc d'aller trouver le supérieur de la chapelle de Montmartre pour qu'il institue l'adoration perpétuelle. De fait, le P. Rey institue seulement l'exposition du vendredi, à la suite de cette démarche et en obéissant à sa propre logique. Toujours est-il que la mère Saint-Dominique y voit comme un échec et, ne s'avouant pas vaincue, décide de se rendre, avec l'accord de son évêque, à Paris vers 1876-1877, mais sans plus de résultats.

Forte, dit-elle, de nouvelles inspirations divines, elle vient s'installer en 1879 dans un des pavillons du 40, rue du Chevalier de La Barre. Participant intensément à la vie de la chapelle provisoire, elle supplie le P. Rey d'instaurer l'adoration perpétuelle. Elle visite Mgr Richard, Mgr d'Hulst, Hubert Rohault de Fleury, Cyrille de Mont de Benque, le baron des Rotours. Tous lui manifestent leur réserve. Cependant le P. Rey entrevoit la possibilité de lui donner satisfaction au moment des Quarante heures de 1881 et ce, grâce à Daniel Collet. De son côté, le baron des Rotours décide, après réflexion, de lui rendre sa visite et se fait accompagner par Léon Pagès. Après une entrevue avec Daniel Collet, rencontré lui aussi ce jour-là, à la chapelle provisoire, ils se seraient décidés à fonder l'association d'adorateurs évoquée ci-dessus. La mère Saint-Dominique leur dit sa joie, mais elle n'est pas satisfaite du dispositif qui est encore trop lacunaire. À la suppression des adorations nocturnes, début juillet 1881, elle s'en retourne à Mirecourt.

### 4. *L'interdiction du cardinal Guibert*

Que, dans la pensée de l'archevêque de Paris, l'ex-voto national de pierre devienne aussi un ex-voto national de prière ne fait aucun doute, mais il ne pouvait évidemment accepter que ce soit en contradiction avec sa propre ligne de conduite pastorale. Ce qui s'est produit le 25 juin a certainement été révélateur à ses yeux d'une certaine politisation de la prière sur la butte. Les actes de prière à Montmartre ne peuvent devenir ceux d'un parti, ils doivent demeurer la prière de tous les Français, tout au moins celle de tous les catholiques. Or, il semble qu'avec un Léon Pagès les légitimistes aient fait leur entrée en force à Montmartre[2] :

1. Il était président de l'Assemblée nationale lors du vote de la loi d'utilité publique (chap. 9). En 1880, Mme Buffet servira encore d'intermédiaire entre une bienfaitrice anonyme et le Vœu national pour l'offrande d'une statue de sainte Gertrude. Son mari et elle viendront à cette occasion prier à la chapelle provisoire. *BVN*, 1880, p. 344.

2. François Veuillot dans *BVN*, 1898, p. 17, cite une lettre de Léon Pagès à Mgr Richard qui montre l'importance de son rôle.

« Chose complètement ignorée, monseigneur le comte de Chambord était chaque mois (et fut jusqu'à sa mort) représenté, à l'adoration, par une personne choisie par lui et que M. Pagès, seul, connaissait » [1].

Au cours de ce même printemps 1881 [2], Mgr de Ségur a, de son côté, organisé une nuit d'adoration à Montmartre, autre signe de changement dans la fréquentation de la chapelle provisoire. Si, en 1871, le « saint évêque aveugle » avait encouragé Legentil dans ses démarches pour le Vœu national (chap. 3), depuis, il n'était apparemment plus question de ce prélat dans la vie de la chapelle telle qu'en rend compte le *Bulletin*, que ce soit à l'occasion d'une cérémonie, ni même pour une prédication ou une messe. Or, force est de reconnaître ici que non seulement les positions politiques de Mgr de Ségur étaient extrêmement différentes de celles de Mgr Guibert, ce qui, en soi, est tout à fait légitime, mais non moins opposées étaient leurs solutions théologiques et pastorales aux problèmes de l'heure. Une nuit de prière assurée à Montmartre par Mgr de Ségur ne pouvait certes rester ignorée de Mgr Guibert [3].

Par ailleurs, les liens de la mère Saint-Dominique avec Mme Buffet et par là-même avec son mari devenu entre temps sénateur inamovible, coloraient encore l'entreprise. À la mort de ce dernier, en 1898, le président Loubet pouvait bien rendre hommage à

« l'adversaire résolu de la majorité républicaine, qui était cependant convaincu que le régime de libre discussion est encore celui qui garantit le mieux les libertés publiques et la grandeur d'un pays » [4],

le sénateur Buffet n'en était pas moins clairement d'un camp catholique dont la devise semble plus être « politique que religion d'abord ».

La mère Saint-Dominique enfin, en prétendant avoir reçu mission du ciel ne pouvait que compliquer la situation. Le P. Rey, même s'il reconnaît son dévouement et son zèle, ne veut pas qu'elle joue un rôle particulier et ne semble pas désireux de recevoir directement des ordres d'en haut ; il en est de même de Mgr Guibert [5]. Au contraire, les laïcs qui avaient constitué cette association d'adorateurs paraissent visiblement sous l'influence de la religieuse. Remarquons d'ailleurs que cela semble s'être fait en dehors des membres du comité de construction, considérés peut-être comme trop modérés, c'est-à-dire en fait soucieux comme Mgr Guibert de ne pas mélanger la politique et

1. Daniel Collet dans *HSC*, t. III, p. 76.
2. Y a-t-il un lien avec le premier congrès eucharistique ?
3. *BVN*, 1881, p. 248.
4. Voir art. « Buffet » dans Jean Joly, *Dictionnaire*..., 1960.
5. Lettre du P. Rey du 25 avril 1906 à H. de Fleury. ASCM.

la religion. Or beaucoup de légitimistes sont venus sur la butte et s'y sont faits remarquer par les Renseignements généraux. C'en était trop pour Mgr Guibert qui ne voulut jamais confondre le Vœu national avec une organisation partisane. La construction d'une église ne pouvait à ses yeux déboucher sur une politique qui divise mais bien sur une mystique qui espère unir. C'est justement dans une grande discrétion qu'il célèbre le 21 avril 1881 en la chapelle Saint-Martin une messe qui est la première de la basilique. Le projet de loi d'abrogation était alors dans l'air. Il ne fallait pas donner prise à des critiques même injustes, donc se contenter de trois journées de prière par semaine et de quelques nuits d'adoration par-ci par-là, avec de petites assemblées devant un tabernacle fermé [1]. C'était une façon sévère mais efficace d'installer l'adoration perpétuelle dans le registre proprement religieux, laissant à chacun ses convictions politiques.

## C. La fin du supériorat du P. Rey (1882-début 1885)

### 1. *L'adoration diurne*

Au début de 1882, l'adoration diurne compte deux cents membres (des hommes uniquement [2] ) et a lieu les mercredis, vendredis et dimanches. Le P. Rey désire en fait la rendre quotidienne, quand bien même le Saint Sacrement ne serait pas exposé [3]. C'est ce qui semble se réaliser au cours de l'année [4]. L'adoration de jour est confiée à M. Ruandel, un négociant, qui multiplie d'humbles démarches auprès des prêtres du diocèse comme des laïcs et qui a l'aval de Hubert Rohault de Fleury. En trois ans, avant de consacrer son temps libre à l'abri Saint-Joseph (voir chap. précédent), il a la joie de compter deux cents adorateurs de plus dont quatre-vingts prêtres représentant quelques trente-sept paroisses [5]. Au début de 1884, l'adoration diurne

1. En *BVN*, 1895, p. 6 et 1896, p. 11, au début du supériorat du P. Lemius, une récapitulation parle de quelques dizaines d'adorateurs chaque mois de juillet 1881 à mai 1882, la fréquentation la plus basse étant de quarante-neuf en juillet. Voir aussi François Veuillot, « L'adoration... » dans *BVN*, 1898, p. n° 17. Voir également nos pièces justificatives.

2. Contrairement à l'intention première. Pourtant cela n'empêchait pas les femmes et les groupes divers de venir adorer à leur rythme ou en accord avec les chapelains, mais la responsabilité de la continuité incombait aux hommes.

3. *BVN*, 1882, p. 14.

4. *BVN*, 1885, p. 689.

5. *HSC*, t. III, p. 112.

peut se dire « complètement constituée » et tous ses membres se regroupent en plus une fois par mois[1].

## 2. *L'adoration nocturne*

L'adoration nocturne conserve son animateur principal, Daniel Collet, les noms des autres personnes n'étant plus mentionnés. Les informations sont rares pour cette période. Des vols commis durant la nuit au printemps 1882, le retour du mois de juin, mois de la dévotion au Cœur de Jésus, et l'instante prière de la mère Saint-Dominique revenue vivre en civil auprès de la basilique encouragent le P. Rey à obtenir de Mgr Guibert qu'il lève l'interdiction de l'extension de la prière de nuit. Les amis de la basilique se rassurent : il n'est plus question du projet de loi d'abrogation de la loi de 1873 (voir chap. 24). On leur permet de reprendre discrètement la mise en place en vue de la perpétuité de la prière nocturne, même et surtout, s'il n'en est pas fait état dans le *Bulletin*. Ils appliquent vraiment la consigne du cardinal : faire et se taire. Finalement l'adoration nocturne est bien mentionnée au début de 1885 comme une des œuvres du sanctuaire[2].

Dans les premiers temps du P. Lemius, une statistique générale qui récapitule le passé récent, nous apprend qu'à partir de juin 1882, une moyenne de trois cents adorateurs nocturnes par mois (dix par nuit environ) se sont relayés dans la chapelle provisoire, leur nombre augmentant chaque année[3].

## 3. *L'adoration des nations catholiques*

En 1883, une initiative romaine encourage les nations catholiques à pratiquer une amende honorable universelle en union avec les Quarante-heures perpétuelles pratiquées dans la ville éternelle. Les nations sont réparties selon les jours de la semaine. Le jeudi est assigné à la France. Le cardinal Guibert pour sa part organise cette adoration à la basilique et le P. Rey en profite pour y intégrer l'Union de prières et l'Adoration diurne et nocturne[4], ce qui leur confère un certain statut canonique. Quelques dizaines de milliers de catholiques de France s'inscrivent pour une demi-heure d'adoration. Cela se traduit par la distribution de croix d'adoration pour les associés, croix qu'ils portent pendant l'adoration réparatrice[5].

1. *BVN*, 1884, p. 25.
2. *BVN*, 1885, p. 102. Voir aussi 1884, p. 723.
3. *BVN*, 1896, p. 11 ; voir pièces justificatives.
4. ***, *Œuvre de l'adoration*..., 1883 ; Cardinal Guibert, *Ordonnance*..., 1884. François Beringer, *Les indulgences*, 1905. *BVN*, 1884, p. 723.
5. *BVN*, 1884, p. 579.

### *4. L'œuvre de l'adoration du Cœur eucharistique*

Le P. Rey n'en reste pas là. Il vise à une unité plus profonde, d'où la mise en place d'une Œuvre de l'adoration du Cœur eucharistique de Jésus, instituée par Mgr Guibert, en relation régulière avec l'adoration réparatrice de Rome. Ses membres s'engagent à faire un temps d'adoration à Montmartre ou en union avec les adorateurs et adoratrices qui se relaient perpétuellement dans le sanctuaire. Les associés portent une croix bénite par le souverain pontife et suspendue à un cordon rouge. Seuls les hommes sont admis à faire partie de l'adoration nocturne, tandis que l'adoration diurne est ouverte désormais à tous [1]. Quand le P. Rey, épuisé [2], quitte Montmartre les deux adorations coexistent bien mais non sans laisser un intervalle entre la fin de l'après-midi à 16 heures et le début de la nuit à 21 heures.

## *II. LA PERPÉTUITÉ ASSURÉE GRÂCE AUX DAMES DU P. VOIRIN*

### A. L'intégration à l'Archiconfrérie du Cœur de Jésus

Le statut canonique de l'adoration du Saint Sacrement préoccupe également le successeur du P. Rey, d'autant qu'il y a, à cette époque, quelques réticences en cour de Rome à parler de Cœur eucharistique. C'est pourquoi le P. Voirin obtient du cardinal Richard l'intégration de l'Œuvre du Cœur eucharistique (avec ses quatre degrés) à l'Archiconfrérie du Vœu national au Sacré Cœur au titre même d'un seul degré (voir chap. 18).

### B. L'adoration diurne des dames

Dans l'heureux moment de ses débuts, le P. Voirin prend deux initiatives conjointes. La première est d'exposer le Saint Sacrement de 16 à 21 heures :

1. *BVN*, 1885, p. 101-105.
2. *BVN*, 1885, p. 687.

« La piété des adorateurs souffrait de cette éclipse momentanée du soleil eucharistique ; bien des fois, ils avaient exprimé le désir de la voir cesser. Cédant à leurs saintes instances, le supérieur annonça qu'à partir du 1er août 1885 l'ostensoir divin ne descendrait plus de son trône » [1].

La seconde est de fonder une association de Dames adoratrices pour assurer l'adoration de jour. Il constitue un Comité de l'Adoration diurne des dames dont les séances commencent au printemps 1886 [2]. Un bulletin mensuel est édité sous le titre : *Union de prière et d'adoration pour l'Église, la patrie et le diocèse. Montmartre. Organe de l'Association des Dames Adoratrices du Sacré-Cœur* [3].

Madame Legentil et la comtesse d'Eu [4] en sont respectivement présidente et présidente d'honneur. Les « dames adoratrices » sont invitées à se rendre à Montmartre non pas individuellement, mais en groupe, par paroisse. Le P. Voirin fait d'ailleurs appel aux curés en décembre 1886 pour constituer ce mouvement [5]. Ainsi adressent-elles leurs supplications et leurs prières pour « la famille paroissiale, pour la France et pour l'Église tout entière » [6].

Ce trait correspond bien sûr à la mystique caractéristique du Vœu national qui souligne la dimension sociétaire du péché comme du salut de la France, mais il présente aussi l'avantage de résoudre sur le plan pratique le difficile problème que posaient l'insécurité et les mauvaises fréquentations qui régnaient tant soit peu sur la butte. À ces femmes, il propose plusieurs signes distinctifs qui marquent leur mission. Ainsi au cours de la réunion mensuelle, le dernier dimanche du mois, a lieu une procession réparatrice du Saint Sacrement qui connaît beaucoup de succès [7] ; des places sont réservées à ces dames dans les premiers rangs de la nef. Elles portent la croix et le ruban rouge de l'adoration réparatrice (voir ci-dessus) qui devient leur insigne, tout comme le P. Voirin à l'occasion. Enfin les zélatrices reçoivent un diplôme (voir illust.) À son départ le P. Voirin laisse quelques douze cents adoratrices aux dix mille heures de prière environ pour l'année 1893 [8].

Vers 1886, la vie religieuse de la basilique prend donc un tournant spectaculaire qui coïncide justement avec l'installation du culte dans une église

1. *BVN*, 1885, p. 689.
2. Voir ***, *Compte rendu*..., 1886. ASCM.
3. Il existe jusqu'en 1926 où il fusionnera avec la revue *Montmartre*. P. Lemius, *Manuel*..., 1900, dernière page, le présente ainsi : « C'est un gracieux fascicule de trente-deux pages, contenant dix petites feuilles de prières à réciter pendant tout le mois, en union avec les adorateurs de Montmartre. » Ce bulletin prend la suite de la page intitulée *Union de prière* établie par le Rey dans le *Bulletin*. Voir un début de collection aux ASCM 01. 06.
4. Le comte d'Eu est le fils cadet de Louis-Philippe.
5. *BVN*, 1899, p. 48.
6. *BVN*, 1887, p. 361.
7. *BVN*, 1898, p. 426.
8. *BVN*, 1899, p. 52.

encore en chantier[1]. Certains y virent comme un nouveau départ. Mais un Hubert Rohault de Fleury, attaché à la formule de l'adoration diurne assurée surtout par les hommes, n'était pas sans manifester de fortes réserves. La participation masculine à celle-ci devait forcément diminuer avec de tels changements et H. de Fleury s'en plaignit vers 1892 auprès du cardinal Richard. C'est alors qu'il demande le changement du P. Voirin[2]. Il n'en fut pas de même pour la mère Saint-Dominique : contrariée, elle céda pourtant sans trop de difficultés sa place aux nouvelles arrivantes ; c'est qu'elle avait la satisfaction de voir avant de mourir (en 1888) la réalisation de son vœu le plus cher : l'adoration perpétuelle du Cœur et du Corps du Christ pour la France et l'Église, installée dans le sanctuaire national de Montmartre[3].

## C. L'adoration nocturne des messieurs

M. Picou remplaça, pour des questions de santé, Daniel Collet. Selon H. de Fleury, il sut faire face au P. Voirin et maintenir le cap pris par le fondateur de l'adoration nocturne[4]. À cette époque, cette adoration n'a pas encore lieu dans la basilique et continue de se faire dans la chapelle provisoire[5]. Le tableau récapitulatif des adorateurs n'en est pas moins éloquent[6]. Chaque année, ils sont cinq à six mille adorateurs à venir à Montmartre dont un sixième sont des prêtres et des religieux[7]. Un grand nombre de ces pèlerins d'une nuit arrivent en groupes et représentent qui des paroisses, qui des cercles, des corps de l'État, des villes ou bien la classe ouvrière, l'armée, etc.[8]. Il y a aussi des orants qui ne viennent pas au titre d'une œuvre ou d'une institution donnée, mais ceux-là n'apparaissent pas encore dans les statistiques. Ce n'est qu'avec le P. Lemius qu'on se mettra à les compter à part. On peut dire en tout cas que l'ex-voto de prière est à l'unisson de l'ex-voto de pierre, puisqu'aussi bien la souscription a été organisée de la même façon[9]

1. *PV* du 6 nov. 1886, *HSC*, t. II, p. 272. Voir aussi P. Voirin, *Invitation*..., 1890.
2. *HSC*, t. IV, p. 187, 192 et 196 et notre chap. 15.
3. Voir Mme Buffet, *Lettre*..., 1899, p. 3. Elle est enterrée dans le cimetière Saint-Vincent de Montmartre (en contrebas de la terrasse supérieure, près de l'angle nord-est).
4. *HSC*, t. IV, p. 193.
5. *PV* du 6 nov. 1886 dans *HSC*, t. II, p. 272.
6. Voir les pièces justificatives.
7. *BVN*, 1892, p. 6 et 1893, p. 5.
8. *BVN*, 1890, p. 579. En *BVN*, 1892, p. 6, on compte 220 « petits pèlerinages » d'une nuit et autant en 1893, p. 5.
9. À cette époque, la moyenne de fréquentation d'une nuit étant d'une quinzaine d'adorateurs, l'abri Saint-Joseph est transformé en dortoir lorsque la salle de repos construite en 1881 s'avère trop petite. Il est aussi utilisé pour les adorateurs miséreux (*HSC*, t. II, p. 519).

## D. L'adoration perpétuelle et universelle du P. Yenveux

L'Union de prière chère au P. Rey n'est pas abandonnée dans son principe. Le P. Yenveux la systématise et cherche à réaliser un faisceau universel de supplications et d'adorations dont le centre soit Montmartre[1]. Le Congrès eucharistique de Fribourg (1885) émet le vœu que toutes les œuvres eucharistiques de France s'unissent à celle de Montmartre. Celui de Paris en 1888 dont la clôture se fait à Montmartre reprend cette résolution[2]. Le P. Yenveux renouvelle lui aussi, et inlassablement, ses appels dans le *Bulletin*. Il propose à chaque paroisse, à chaque institution qui pratique l'adoration perpétuelle diocésaine de le faire savoir à Montmartre pour la recommander aux adorateurs ou mieux d'envoyer une délégation ou au moins de se faire représenter par un cierge. Il faut une prière nationale et l'on peut, dans ce cas, répartir les jours de l'année entre chaque lieu de prière. Il est question d'une adoration paroissiale de France ou d'une adoration perpétuelle nationale[3]. En 1890, le cardinal Richard érige une *Union de prière et d'adoration perpétuelle des diocèses, vicariats apostoliques, missions, sanctuaires, séminaires, communautés religieuses, paroisses, écoles chrétiennes, institutions diverses et autres églises de l'Église catholique qui font l'adoration en union avec Montmartre pour obtenir le règne du Cœur de Jésus*. En 1893, trois mille églises et chapelles sont affiliées et disposent d'un manuel[4]. Léon XIII bénit cette œuvre et lui accorde des privilèges[5].

# *III. L'APOGÉE AVEC LE P. LEMIUS ET SES SUCCESSEURS (1894-1914)*

## A. La réforme de 1894

Les adorateurs du Cœur de Jésus occupent une place de choix dans l'archiconfrérie du Vœu national telle qu'elle est restructurée par le P. Lemius

1. P. Thiriet, *Le Père...*, 1904, p. 176.
2. *BVN*, 1888, p. 567.
3. *BVN*, 1887, p. 361 ; 1888, p. 12, 179, 603 ; 1889, p. 800 ; 1890, p. 73.
4. Voir [P. Yenveux], Manuel..., 1893.
5. *BVN*, fév. 1891, 1893, p. 157, 291, 475.

en 1894. Il est logique selon lui que les associés aient cherché à manifester leur amour du Cœur du Christ dans l'adoration du Sacrement de son Corps. Ils se proposent les quatre fins suivantes:

« 1. Entourer le Très Saint Sacrement, qui est le principal gage de l'amour du Sacré Cœur, d'un culte continuel et plus fervent ;

« 2. Expier les péchés qui déchirent ce Cœur très aimant, principalement ceux qui, comme les sacrilèges et les profanations, attaquent directement l'adorable Sacrement

« 3. Obtenir que le règne du Christ s'établisse par un amour répondant à l'amour divin dans les individus, dans les familles et dans les sociétés ;

« 4. Prier pour que les chrétiens, n'ayant qu'un même cœur dans le Cœur de Jésus, dépensent et emploient leurs forces, à la propagation de la religion catholique » [1].

Si le P. Lemius réforme les archiconfréries, il ne touche pas aux trois mouvements d'adoration: adorations du jour, de la nuit et en union avec Montmartre. Mais il leur communique un nouveau souffle mystique et apostolique, les organise et les confie à l'animation de ses confrères, les P. Delpeuch [2], Vasseur [3] et Yenveux (chap. 18). De plus, son action nationale par la mise en place des pèlerinages d'hommes à Montmartre et des groupes d'Hommes de France au Sacré-Cœur rejaillit sur l'adoration (chap. 16).

## B. Les dames adoratrices (1894-1914)

L'entreprise du P. Voirin en faveur des dames est poursuivie. Les paroisses parisiennes sont partagées en quatre sections placées chacune sous la direction d'une conseillère, assistée d'une secrétaire. Les organisations non paroissiales sont confiées à deux conseillères. Un comité rassemble les responsables. Les zélatrices responsables de paroisses ont des réunions spéciales. Des médailles correspondent aux différentes fonctions. Des bannières des paroisses sont portées lors des processions dans la basilique. Plusieurs religieuses de la Sainte-Famille de Bordeaux, au 12, rue Saint Rustique, se chargent du secrétariat. Un manuel est confectionné. Des retraites de quatre jours, du matin à la fin d'après-midi, rassemblent les dames de tous les degrés [4]. Le P. Lemius

1. [P. Lemius], *Statuts*..., 1894, p. 5.
2. Voir P. L. Delpeuch, « L'adoration... », dans *BVN*, 1894, p. 685-658.
3. *BVN*, 1899, p. 174.
4. *BVN*, 1895, p. 852. Celle dont il est question ici est prêchée par le P. Granger, auteur d'un ouvrage sur le Sacré Cœur: voir *Les archives de la dévotion*..., 1892.

organise même pour elles des pèlerinages à d'autres sanctuaires, parisiens comme Notre-Dame des Victoires et Sainte-Geneviève où à Reims, Pontmain, le Mont-Saint-Michel, Chartres, Paray-le-Monial.

Sous l'action continue du P. Lemius puis du chanoine Crépin et des présidentes, l'association connaît un accroissement considérable. Elle atteint quatre mille adoratrices avec quarante mille heures d'adoration en 1898, puis sept mille adoratrices dont quatre mille sept cents « exactement fidèles » pour quarante mille heures, toujours, d'adoration en 1905 [1].

Mais la vocation nationale du P. Lemius ne saurait s'arrêter à la région parisienne. Il suscite le concours de zélatrices en province qui devront organiser autant de petits Montmartre qu'elles le pourront. Des congrès nationaux les rassemblent après que tous les évêques en aient été informés. Le rayonnement de Montmartre semble dès lors considérable [2].

## C. Les adorateurs

Sous le supériorat du P. Voirin, l'histoire de l'association des adorateurs diurnes et nocturnes reste mal connue. Dans les statuts de 1894 rédigés par le P. Lemius, ce sont encore les hommes qui participent à l'adoration de jour comme de nuit selon leur choix. En 1906, il est fait mention de six mille cinq cents adorateurs de jour [3].

En fait, l'association des Adorateurs devient celle des Adorateurs nocturnes, complémentaire de celle des Dames adoratrices. Comme le P. Voirin avait bénéficié dans ses entreprises de l'installation de l'adoration diurne dans la basilique, le P. Lemius tire à son tour parti de la venue de l'adoration nocturne en décembre 1893 dans le sanctuaire national [4]. Souhaitant voir augmenter

1. *BVN*, 1899, p. 49 et 1905, p. 178. Il y a un sursaut en 1906 avec quatre vingt mille heures (*BHF*, avril, 1907, p. 6). des tableaux récapitulatifs mensuels sont publiés avec les totaux quotidiens et les institutions représentées (*BVN*, 1899, p. 193)

2. *BVN*, 1899, p. 51 ; 1905, p. 178 ; voir cardinal Richard, *Statuts*..., 1904 ; Mme Legentil et l'abbé Crepin, *Invitation*..., 1910. Il ressort de ce congrès une « géographie sacrée » de la France vouée au Cœur de Jésus qu'il faudrait exploiter avec tous les autres renseignements nationaux. Également en 1911 et 1912 (*UPA-BDA*, juin 1911, p. 7-9 et juin 1912, p. 7-8).

3. *BHF*, avril 1907, p. 7 et *BVN*, 1911, p. 5. Les adorateurs de nuit sont dits dix huit mille mais on y compte tous les membres des œuvres qui viennent prier. En 1909, il est question de trois mille adorateurs de nuit uniquement de Montmartre (*BHF*, nov. 1909, p. 13).

4. *BVN*, 1899, p. 171.

la fréquentation nocturne, il réclame et obtient de nouveaux dortoirs [1]. Il y a là comme un nouveau départ où se répète ce que nous avons vu du temps du P. Voirin. À l'intention des adorateurs de nuit, le supérieur organise une célébration au nouvel an qui rencontre un grand succès [2]. Ils prennent aussi l'habitude de se réunir, en plus de leurs nuits d'adoration, dans les soirées de l'octave de la fête du Cœur de Jésus [3]. La réunion de l'Archiconfrérie qui se tient au dernier dimanche du mois, devient leur réunion. En 1896, avec le P. Lemius, ils s'organisent en association : le prince de la Tour d'Auvergne en est le président, ils ont un comité et des zélateurs mais ils ne se sont pas encore structurés par paroisses comme l'ont fait les Dames adoratrices. Médaille ou croix leur sont remises solennellement après une prière de consécration qui paraphrase quelque peu celle de Mgr Guibert de 1876 (voir chap. 18) :

> « Cœur sacré de Jésus, je me consacre entièrement à vous. Protégez la sainte Église contre ses ennemis. Ayez pitié de la France. Régnez sur elle, sur ma famille et sur moi. Faites que je vous aime toujours davantage, et accordez-moi la grâce d'être un de vos fidèles adorateurs » [4].

Un nouveau tournant est pris quand le P. Lemius lance la fondation, sur un plan national cette fois, d'une association intitulée les « Groupes d'Hommes de France voués au Sacré Cœur » (voir chap. 16 et 18). Ces groupes sont paroissiaux et constitués à l'initiative des curés qui sont invités à les agréger à l'Archiconfrérie catholique et sociale du Sacré-Cœur de Montmartre :

> « Ils prient pour l'Église et la France ; ils professent hautement leur foi dans les processions et les pèlerinages, sous l'étendard du Sacré Cœur ; ils préparent ainsi la consécration nationale, officielle de la France au Sacré Cœur de Jésus » [5].

L'association des Adorateurs devient alors comme la fédération de ces groupes sur la région parisienne. Les grands pèlerinages du P. Lemius vers Lourdes, Rome ou Paray-le-Monial les galvanisent. Des curés et des zélateurs paroissiaux parisiens entraînent alors les hommes dans le mouvement des pèlerinages de nuit vers Montmartre, à partir de toute la France. L'organe bimensuel des groupes nationaux intitulé *Le Drapeau du Sacré Cœur* devient leur bulletin.

1. *PV* du 25 oct. 1893 dans *HSC*, t. IV, p. 240 et *PV* du 13 déc. 1894 dans *HSC*, t. IV, p. 339. François Veuillot décrit ainsi les nouveaux dortoirs : « Ils sont fort bien installés. Deux grandes salles contiguës renferment, je crois, de trente à quarante lits. Ce sont les dortoirs habituels ; il en est de supplémentaires, auxquels on est souvent forcé de recourir. Quant aux lits eux-mêmes où l'on couche habillé sur un matelas, le corps abrité sous une couverture et la tête enfoncée dans un bon traversin que recouvre une toile blanche, ils sont doux et commodes (*BVN*, 1898, p. 835). Il est aussi question de dortoirs, d'abris et de réfectoires pour les adorateurs miséreux de l'Œuvre des pauvres dont l'adoration nocturne et les retraites se passaient à la crypte (*BVN*, 1899, p. 506).
2. La première a lieu le 31 décembre 1893 : *BVN*, 1899, p. 176.
3. *BVN*, 1899, p. 175, à partir de 1896.
4. *BVN*, 1899, p. 317.
5. *BVN*, 1899, p. 249.

Quand le P. Lemius en 1901 doit s'effacer [1], ses successeurs religieux et séculiers systématisent le mouvement de regroupement des adorateurs par paroisse. Le contact avec les groupes de province se relâche. Mais l'association et son bulletin gardent leur titre de gloire: les Hommes de France [2].

## D. Les groupements non-montmartrois

L'adoration perpétuelle, de jour comme de nuit, intéresse aussi d'autres groupements que ceux de Montmartre: ceci est vrai, autour de 1900, pour un dixième environ des adorations de jour, tandis que la moitié des nuits de prière est ainsi prise en charge par des institutions extérieures à la basilique [3]. De 1894 à 1914, l'énumération de toutes ces associations qui viennent prier la nuit est comme une description du catholicisme de l'époque. Le problème serait plutôt de savoir qui ne vient pas la nuit dans l'église nationale [4]! On relève dans des tableaux très fournis [5] aussi bien des groupes de sénateurs et de députés que d'ouvriers, des étudiants catholiques que des patronages et des cercles, les conférences Saint-Vincent de Paul (assistants et assistés) et les Frères des Écoles chrétiennes, des séminaires et des groupes de prêtres, des délégations des villes de province, l'Association catholique de la Jeunesse française et les divers groupes du Sillon [6].

Les chiffres sont éloquents: douze mille à vingt-cinq mille hommes sont venus ainsi prier chaque année durant toute cette période [7]. Pour les responsables de la basilique c'est l'espoir du salut de la France qui se jouait là, tant du point de vue social que politique [8].

1. On devine cependant son action en province en faveur de Montmartre: à Bayeux et à Bayonne (*UPA-BDA*, juin 1910, p. 8 et 20).

2. Voir cardinal Richard, *Statuts*..., 1904, pièce présentée parmi les illustrations. Les adorateurs sont, vers 1909, trois mille sur Paris. *BHF*, nov. 1909, p. 13. Un congrès national est organisé sans lendemain semble-t-il (*BPA*, juin, 1904, p. 4-6). Ils garderont le titre Hommes de France jusque vers 1960, sous Mgr Charles: là ils s'appelleront comme à l'origine en quelque sorte, les Adorateurs de Montmartre.

3. Voir *BVN*, 1899, p. 40-41 reproduit en annexe. Les Adorateurs y sont appelés Confrérie du Sacré-Cœur.

4. Les critiques d'origine catholique sont peu connues: il semble que Mgr Isoard, évêque d'Annecy (voir chap. 11) en ait émises. Le P. Tesnière lui répond en défendant l'adoration d'une façon assez formelle. Le P. Lemius cite la polémique: *BVN*, 1898, p. 10-11.

5. *BVN*, 1894, p. 428-431; 1899, p. 505; 1905, p. 94.

6. « Ces derniers ont même pris l'habitude avant leur admission dans la société de consacrer une nuit entière à des prières et à des lectures de piété. On croirait assister à une veillée d'armes des anciens chevaliers (*BVN*, 1905, p. 94). »

7. Voir les pièces justificatives et *BHF*, avril 1907, p. 7 et *BVN*, 1911, p. 5.

8. *BVN*, 1894, p. 431.

## E. L'adoration en union avec Montmartre

Désormais on parle simplement de « l'adoration perpétuelle et universelle de toutes les églises du monde en union avec l'adoration perpétuelle du sanctuaire de Montmartre pour demander le règne universel du Cœur de Jésus » [1]. Après avoir contacté partout en France le clergé paroissial et toutes les communautés religieuses du pays, le P. Yenveux s'attaque au monde entier [2]. Les exemples abondent d'affiliations originales liées aux colonies et à l'Empire mais il en est beaucoup d'autres qui sont proprement étrangères. L'idée d'une nuit d'adoration universelle est lancée pour le 31 décembre 1900 [3]. En 1902, il est question de huit mille églises affiliées [4]. La liste des sanctuaires qui prient en union avec Montmartre est publiée mensuellement et à l'avance pour que chacun puisse prier avec tous [5]. François Veuillot s'émerveille de ce réseau d'adoration du Christ qui enserre l'humanité pour la tourner vers Lui, réseau qu'il voudrait établir dans toutes les nations pour qu'une prière vraiment nationale s'y élève partout vers celui qui a autorité sur elles [6].

# *IV. L'HEURE D'ADORATION*

## A. Cérémonial type de l'heure d'adoration

Adoratrices ou adorateurs, gens de Montmartre, de France ou de l'étranger, pour tous le cérémonial est le même avec, çà et là, quelques adaptations. C'est déjà celui que décrit en 1888, le P. Voirin au moment de la fondation des Dames adoratrices : il explique ainsi comment elles « occupent leur

1. *BVN*, 1895, p. 284-287 ; p. 602-607 ; *MCJ*, 1895, t. 57, p. 748-751 ; On parle en 1895 de quatre mille églises sur les cinq continents et de cent treize approbations épiscopales. [P. Lemius], *Manuel*..., 1900 ; ***, *Diplôme*..., 1912.

2. Lettres circulaires de 1893 et 1894. ASCM.

3. En fait, elle semble liée à l'Œuvre de l'Adoration nocturne dont Cyrille de Mont de Benque était président jusqu'à sa mort en 1898. *BVN*, 1900, p. 553-559.

4. P. Thiriet, *Le P. Yenveux*, 1904, p. 176.

5. Voir *UPA-BDA*, les n° de 1913 par ex.

6. *BVN*, 1899, p. 592. François Veuillot, *Réparation*..., 1912.

temps devant le Saint Sacrement» sous la direction de l'une d'entre elles [1]. En 1894, le P. Lemius reconduit ce cérémonial [2] qui est diffusé ensuite, vers 1900, aux quatre coins de la France et du globe [3].

### 1. *Au commencement de l'heure*

L'un des adorateurs prononce d'abord l'acte d'offrande suivant:

> « Cœur adorable de Jésus, nous vous offrons cette heure que nous allons passer à vos pieds. « Représentant la paroisse de N... » [4], nous venons sous la protection de la sainte Vierge, de saint Joseph, de saint Michel, en union avec toute la cour céleste, vous offrir en son nom nos adorations, nos actions de grâces, nos réparations et nos prières. Vous ne dédaignerez pas nos efforts, ô Cœur divin ! mais vous regarderez avec amour vos humbles serviteurs (servantes). Vous leur accorderez pour cette heure de garde votre précieuse bénédiction. Ainsi soit-il. »

### 2. *La première demi-heure*

Il est souvent conseillé de réciter le tiers du rosaire qui correspond au jour de l'adoration, récitation qui normalement permet une contemplation des principaux événements de la vie du Christ [5]. Les intentions ont varié. En 1888, elles sont les suivantes: 1re dizaine, pour l'Église et pour la France; 2e, pour Mgr l'archevêque et son clergé; 3e, pour M. le curé et pour les œuvres paroissiales; 4e, pour la conversion des pécheurs; 5e, aux intentions des membres de l'adoration [6]. À la suite du chapelet, on recommande souvent de réciter les litanies de la Sainte Vierge qui sont comme un complément au chapelet. Dans certains cas, les litanies sont dites pour les enfants des pensions, des écoles et des patronages. Le chapelet n'est pas obligatoire, notamment pendant l'adoration nocturne, car il aura déjà été dit par le groupe des adorateurs de nuit au moment de la prière du soir célébrée en commun [7].

1. *BVN*, 1888, p. 75.
2. *BVN*, 1894, p. 687.
3. P. Lemius, *Manuel*..., 1900, p. 24-35.
4. Ce passage entre guillemets dans une église autre que Montmartre devient: « Unis aux fidèles prosternés dans le sanctuaire de Montmartre et dans les autres églises qui nous sont associées, en leur nom et au nôtre,.... » Pour les hommes, on trouve la formule: « Admis à l'honneur de représenter l'Église et la France... (*BVN*, 1898, p. 867).
5. En *BVN*, 1883, p. 683; en 1888, p. 75; en 1894, p. 839 (description de l'heure d'adoration devant Léon XIII); en 1898, p. 839; Voir P. Lemius, *Manuel*..., 1900.
6. Il y a des répartitions d'intentions légèrement différentes: « la 1re dizaine, pour l'Église et le souverain pontife; la 2e, pour la France et les églises affiliées à l'œuvre de Montmartre; la 3e, au profit du clergé et des congrégations; la 4e, pour la conversion des pécheurs et des agonisants; la 5e, aux intentions personnelles et aux familles des adorateurs (*BVN*, 1898, p. 839).
7. *BVN*, 1898, p. 839.

« On peut faire une méditation ou une lecture sur les sentiments qui doivent animer les adorateurs envers le Cœur de Jésus vivant dans l'Eucharistie. »

Certains orants ne s'en privent pas. Ainsi Paul Féval ou des jeunes du Sillon[1]. On peut aussi réciter les litanies du Cœur de Jésus qui sont diffusées en latin avec la traduction. Une partie de l'office ou un « petit office » du Sacré Cœur sont également proposés en latin et en français, ce qui est très apprécié[2]. La première demi-heure d'adoration doit s'achever par quelques instants de silence et de recueillement.

### 3. *La seconde demi-heure*

C'est le moment de l'amende honorable et de la consécration au Sacré Cœur. Ici les textes varient[3]. Dans le manuel de 1900, il y en a six, entre autres les actes de Marguerite-Marie, du cardinal Richard et de Léon XIII. Puis, à nouveau, on garde le silence quelques instants.

### 4. *La fin de l'heure*

Pour conclure, on salue trois fois le Cœur de Jésus et le Cœur de Marie par les invocations : « *Cor Jesu Sacratissimum, miserere nobis ; Cor Mariae Immaculatum, ora pro nobis* ». En 1894, les invocations finales sont sensiblement différentes : « Cœur sacré de Jésus, ayez pitié de la France (trois fois) ; Cœur immaculé de Marie, priez pour nous ; saint Joseph, priez pour nous »[4]. Il arrive qu'on fasse aussi mention de saint Michel et de la bienheureuse Marguerite-Marie. En 1900, aux églises affiliées, Montmartre propose de faire précéder les invocations finales de ceci :

« O Cœur de Jésus, que votre règne arrive ! (trois fois.)

« Levez-vous, Seigneur ; que vos ennemis soient confondus, et que ceux qui vous haïssent fuient devant votre Face. Ainsi soit-il.

« Qu'à jamais soit loué, béni, aimé, adoré, glorifié le très saint, très sacré, très adorable, très inconnu, très inexprimable Nom de Dieu, au ciel, sur la terre et dans les abîmes, par toutes les créatures sorties des mains de Dieu, et avec lui le Sacré Cœur de Notre-Seigneur Jésus-Christ au Très Saint Sacrement de l'autel. Ainsi soit-il. »

1. ***, *Naissance*..., 1885 et *BVN*, 1905, p. 94.
2. *BVN*, 1898, p. 868.
3. Voir encore P. Yenveux, *Sanctuaires*..., 1893.
4. *BVN*, 1894, p. 687.

## B. Le lieu de l'adoration

Dès lors que la basilique et son chœur furent aménagés, le lieu normal de l'adoration est la nef pour les fidèles [1], l'exposition construite au-dessus du retable du maître-autel pour le Saint Sacrement. La perpétuité proprement dite pose quelques problèmes pratiques de cohabitation avec d'autres activités pendant la journée : les célébrations du sanctuaire ou des pèlerinages, le défilé des visiteurs, voire le ménage. Très tôt une tension a été ressentie [2]. C'est pourquoi, la chapelle du chevet sert souvent de lieu d'appoint. La pratique de l'époque selon laquelle on pouvait exposer le Saint Sacrement durant la messe, quitte à dérouler un voile pendant le sermon, résolvait aussi quelques problèmes. Il n'en demeure pas moins que ce fut dès le début un pari permanent de faire coexister dans un lieu somme toute unique l'adoration qui suppose un certain recueillement et la visite du monument qui implique une certaine agitation.

## C. Quelques témoins de l'adoration

Cette heure de prière en deux temps avec une introduction et une conclusion a été vécue des millions de fois au cours de la période étudiée. Certains témoignages nous en livrent la face cachée et sensible, du moins jusqu'à un certain point.

### *1. Mme Legentil*

Marie Legentil présida pendant trente ans l'Association des Dames adoratrices. Pour encourager de nouvelles vocations à venir prier à Montmartre, elle écrivait [3] :

> « Quelle est l'âme chrétienne qui ne comprend pas l'honneur inexplicable que Notre-Seigneur nous fait, en restant dans nos tabernacles, nuit et jour, pour nous mieux faire comprendre tout l'amour qu'il a pour nous ? Comment expliquer la froideur que nous lui témoignons en le laissant si souvent seul, sans qu'aucun de nous vienne lui témoigner sa reconnaissance et son amour ?

1. Sauf pour les adorateurs qui prennent place dans le chœur.
2. Non seulement par Léon Bloy, voir chap. précédent, mais par H. de Fleury, voir *HSC*, t. IV, p. 123 et 187.
3. *BVN*, 1902, p. 19 du fascicule suppl. de déc.

« C'est pour réparer une telle offense et une si grande ingratitude qu'on a établi dans la basilique du Vœu national, une association qui engage ses membres à venir prier devant le Saint Sacrement exposé perpétuellement dans ce sanctuaire. Là, pendant cette heure passée près du Saint Sacrement, on prie pour notre pauvre France, si malade ; pour notre Saint-Père le Pape, si cruellement éprouvé ; on demande pour soi et les siens tant de grâces qui nous sont nécessaires ! le cœur s'épanche dans le cœur de Jésus ; on lui parle de ses peines, de ses difficultés, de ses luttes journalières. On sent que le Saint Sacrement est là, tout près de nous, pour nous soutenir, nous éclairer, nous sauver ! et, lorsque cette heure d'adoration est terminée, on descend la chère colline tout réconforté, et encouragé, par Celui qui est notre force et notre consolation.

« Comment peut-on trouver difficile de prendre une heure par mois de son temps pour venir là, près du Saint Sacrement ? Lorsqu'on veut voir un ami, ne sait-on pas choisir l'heure où l'on est sûr de le rencontrer ? On est bien fidèle dans le monde à se rendre aux jours de réception, et pour Notre-Seigneur on trouvera impossible d'être fidèle à son jour d'adoration ! Comme cela est blessant pour notre Divin Maître ! Soyons plus énergiques si nous avons de la foi, et surtout si nous avons un peu d'amour pour celui qui nous a tant aimés, qui pour nous a été couvert de blessures et qui par un amour incompréhensible, est là toujours pour nous, dans le tabernacle et sur l'autel ! »

On trouve d'autres écrits de Mme Legentil aux Dames adoratrices[1]. À travers eux tous, une spiritualité se laisse découvrir qui doit bien faire connaître celle des dizaines de milliers de femmes auxquelles elle s'adressait et qui l'ont suivie. Si on peut la dire sentimentale, elle l'est sans excès; il est juste d'y voir aussi l'aspect volontariste; si l'intimisme y est présent, elle n'oublie pas la collectivité politique et ecclésiale. Il s'agit d'une contemplation sur la montagne qui déborde en action dans la plaine. Finalement c'est l'argument de l'amour selon Marguerite-Marie qui l'emporte (« ce Cœur qui a tant aimé les hommes et qui en est si peu aimé »), argument qui rappelle que le christianisme est d'abord la découverte que l'Autre fait de lui-même à l'homme qui ne se refuse pas à lui.

## 2. *François Veuillot*

Le neveu de Louis Veuillot a lui aussi beaucoup aimé l'adoration nocturne et a su en parler avec conviction. Son témoignage est l'un des plus éclairants[2]:

« Au fort de la nuit, l'impression qui descend de la voûte endormie est plus grave encore et plus ineffable. Au milieu de l'obscurité plus épaisse et du grand silence

1. *BVN*, 1895, p. 245.

2. Il est l'auteur d'un article de 86 p., souvent cité dans ce travail: François Veuillot, « L'adoration nocturne à Montmartre » dans *BVN*, 1898, p. 833, 867 et 1006, 1899, p. 14, 95, 169, 311, 503, 587, 606 et 697. K. -J. Huymans, *La cathédrale*, 1898, p. 370-376 apprécie une critique du « jeune » François Veuillot. En 1936, il est vice-président des Croix-de-Feu; voir Benoît Le Roux, *Louis*..., 1984, annexe.

introublé [sic], l'Eucharistie sur son trône éclatant resplendit plus que jamais ; plus que jamais son rayonnement s'épanouit avec une incomparable douceur[1]. On dirait que Notre-Seigneur Jésus, dans l'assoupissement de la nature et des hommes, se complaît à verser des trésors d'amour à ces adorateurs qui veillent près de lui !... Mais je vais passer une heure entière à savourer l'enivrement de ces trésors divins ; pour le moment, je dois présenter, avec mes compagnons de prière, un premier hommage au Cœur adorable »[2].

À Montmartre, les hommes et non seulement les femmes, à la suite de nombreux François Veuillot et à l'appel des chapelains s'initiaient à la vie spirituelle par la pratique de l'adoration surtout nocturne et y ressourçaient leur vie tout entière.

### 3. *Paul Verlaine*

Après l'un des responsables de l'adoration, il y a lieu de citer tout à l'opposé un marginal de génie comme Paul Verlaine, qui a fréquenté la basilique[3]. Le secret d'un de ses poèmes de *Sagesse* (1881) est le Cœur eucharistique. Bien sûr, il est connu[4] et on pourrait simplement y renvoyer: malgré tout, il a sa place ici pour éclairer la spiritualité si contestée de cette fin du XIXe siècle.

> « Mon Dieu m'a dit : « Mon fils il faut aimer. Tu vois
> Mon flanc percé, mon cœur qui rayonne et qui saigne,
> Et mes pieds offensés que Madeleine baigne
> De larmes, et mes bras douloureux sous le poids
>
> « De tes péchés, et mes mains ! Et tu vois la croix,
> Tu vois les clous, le fiel, l'éponge, et tout t'enseigne
> À n'aimer, en ce monde amer où la chair règne,
> Que ma Chair et mon Sang, ma parole et ma voix.
>
> « Ne t'ai-je pas aimé jusqu'à la mort moi-même,
> O mon frère en mon Père, ô mon fils en l'Esprit,
> Et n'ai-je pas souffert, comme c'était écrit ?
>
> « N'ai-je pas sangloté ton angoisse suprême
> Et n'ai-je pas sué la sueur de tes nuits,
> Lamentable ami qui me cherches où je suis ? »[5].

1. La comparaison est faite avec l'expérience de la prière du soir que les adorateurs récitaient tous ensemble vers 21 h. Ce n'est que vers 1960 que Mgr Charles la remplaça par la participation à la messe de 22 h 15.
2. *BVN*, 1898, p. 867.
3. Fréquentation dont il faudrait préciser les modalités. Elle est affirmée par Camille Vernioles, « Verlaine... », *M-O*, Pâques, 1982, p. 8. En tout cas, ce n'est pas lors de son mariage à Montmartre en 1870, mariage sur lequel F. Reaude, « Verlaine... », 1974, fait le point.
4. Voir Lagarde et Michard, *XIXe siècle*, 1969, p. 513 par ex.
5. *Sagesse*, II, 4, 1.

Ce sonnet et les autres qui, dans le recueil *Sagesse*, appartiennent au même poème, constituent un véritable dialogue entre le Christ et le poète. L'initiative appartient à Dieu et l'invitation qui est faite au fidèle est d'abord une invitation à contempler le Christ en son humanité, en son cœur, en sa chair et en son sang, seule source véritable d'une réforme morale qui est sans cesse à reprendre, nécessaire mais seconde[1].

## 4. *Max Jacob*

Au nombre des esprits originaux et talentueux qui fréquentent le Sacré-Cœur figure aussi Max Jacob. Au temps où il habitait près du Bateau-Lavoir et avant même que Pablo Picasso ne devienne son parrain de baptême (voir chap. 32), il fréquentait discrètement la basilique.

> « Sur cette butte de Montmartre où j'habite on est au dessus de l'humanité. Le rebut du peuple, les exilés de l'Orient, la Sainteté des Saints s'y rencontrent avec celle des artistes. Le Sacré-Cœur jette sa lumière invisible (...) sur les bénis et les maudits, mais celui qui éprouve le besoin de louer la terre et de l'aimer (...) choisit (...) le quartier des travailleurs (...) il aime leur zèle (...) il les embrasse en esprit, il serre en pensée contre les joues leurs enfants et eux-mêmes (...) »[2].

Plus tard il regrette la rue Ravignan « pour les cœurs enlacés de mes porte-drapeaux », c'est-à-dire, probablement, pour les adorateurs porte-bannières qui processionnaient dans la basilique avec l'insigne des cœurs de Jésus et Marie[3]. Un jour il devient l'un de ces adorateurs. Il a aimé l'office de nuit où l'on récite une homélie de saint Bonaventure sur le cœur percé par la lance, et la commente ainsi :

> « Pourquoi récite-t-on cette homélie ? C'est d'abord, peut-être, pour nous reprocher notre ingratitude : Voici celui que vous tuez ! Voici celui que vous insultez ! Celui que vous tuez, c'est le Sang-Esprit ! Ce que vous insultez, c'est l'Amour divin. Ce que vous tuez chaque jour en vous-mêmes, par votre vie bestiale, c'est l'esprit et la charité ; et en tuant, par votre vie sans Dieu, l'esprit et la charité, c'est Moi que vous tuez »[4].

1. Voir Camille Vernioles, « Verlaine, poète du cœur à cœur avec Jésus » dans *Montmartre-Orientations*, Pâques 1982, p. 8-9.

2. Max Jacob, manuscrit autographe (s. l. n. d.), 1 p. in folio, intitulé « travaillez pour moi », n° 66 du catalogue de la Maison de l'autographe, Paris, 328, rue St-Jacques, printemps 1991, aimablement communiqué par Jacques Foucart.

3. Max Jacob, *Le laboratoire central*, 1921, p. 65. Ces bannières dont le Sacré-Cœur conserve un certain nombre (voir au moins le récolement photographique de la ville de Paris), mériteraient une étude.

4. Voir Jacques et Sabine Noël, « Max Jacob, adorateur à Montmartre », dans *Montmartre-Orientations*, 1974, n° 11, p. 9 et P. Michel Riquet, « Le centenaire de Max Jacob » dans *M-O*, 1977, n° 23, p. 10-11. Voir aussi Pierre Andreu, *Vie...*, 1982, p. 68.

L'auteur de la *Défense du Tartuffe* met ainsi l'accent sur la vie d'amour de l'Homme-Dieu à laquelle il a aspiré de toutes ses forces. Son ami, André Salmon, dans *La Négresse du Sacré-Cœur* a bien décrit ce personnage singulier sous le nom de Septime Febur, qu'il appelle « le dernier – ou le premier ? – poète de l'Adoration perpétuelle » ou bien « le plus authentique des prêtres du Sacré-Cœur, régulier ou séculier, et qui disait de plus belles messes, basses ou chantées ». Max Jacob irritait même ses compagnons en faisant la théorie de la vie chrétienne qui doit unir « l'adoration » à la « vie dévote ». Les pratiques de dévotion portaient remède à son désespoir tout autant que la contemplation et celle-ci pouvait prendre appui sur les premières dans les temps difficiles [1].

D'autres témoins connus mériteraient d'être présentés : Maurice Utrillo [2], le père Diffiné [3], mais leur fréquentation de la basilique n'appartient pas vraiment à la période étudiée ici.

Quand, à Montmartre, il est question de prière, il ne s'agit pas seulement de la prière de demandes ; et quand il est question d'adoration, n'est pas uniquement en cause l'une des quatre formes de la prière chrétienne : adoration, action de grâces, expiation et prière de demandes, mais bien plutôt la prière chrétienne prise en bloc face à l'hostie exposée. Le but de cette prière est de découvrir que « cette hostie, c'est quelqu'un » [4], présent en son Corps (et son Sang et son Cœur organe) de ressuscité et glorifié dont le cœur (vie intérieure et amour), prêt à se communiquer de façon personnelle (intelligente, affective, libre et communautaire) à chacun et à tous, par tous à chacun et par chacun à tous ; d'où la dimension publique et politique de la prière. Ici l'intimité et la publicité se donnent la main dans un équilibre instable et toujours à rechercher.

1. André Salmon, *La Négresse...*, 1920, p. 168, 169 et 148.
2. Qui avait demandé par testament à être enterré dans la basilique. Le cardinal Feltin n'autorisa qu'un passage d'une nuit (Mgr Charles).
3. François Graffin, *Mystique...*, 1984 et Marc Flichy, *Le père...*, 1982.
4. *BPP*, n° 24, oct. 1908, p. 6.

# Chapitre 18
# Les archiconfréries : prière, pénitence et partage

Pour les religieux responsables du sanctuaire de Montmartre la construction d'un ex-voto de pierre n'est pas tout, il s'agit aussi de rassembler des fidèles. Or la Ligue du Vœu national est une affaire purement laïque et liée avant tout à la souscription (chap. 13); l'église votive n'est pas une paroisse et les pèlerinages sont saisonniers (chap. 16); l'adoration du Sacrement du Corps du Christ n'est pas encore la fonction principale de la future basilique (chap. 17). Fonder des confréries du Sacré Cœur propres à Montmartre apparut donc comme le meilleur moyen de susciter une communauté dont les fidèles à différents titres se rattacheraient au nouveau sanctuaire. Il y en eut d'abord une de type traditionnel : la confrérie du Vœu national au Cœur de Jésus pour le salut de la France et la délivrance du souverain pontife (§ I); ensuite, très tôt, les chapelains accueillirent l'Association de prière et surtout de pénitence en l'honneur du Sacré Cœur fondée par Mme Royer (§ II); enfin, les responsables tant laïcs qu'ecclésiastiques voulurent manifester l'amour particulier du Cœur du Christ pour les pauvres, tant hommes (l'Œuvre des pauvres) que femmes et enfants (les Dames de Charité du Sacré-Cœur) (§ III).

# *I. LES ASSOCIATIONS DE DÉVOTION ET LES INDULGENCES EN GÉNÉRAL*

## A. Les confréries

Il faut d'abord donner la définition de ce qui était à l'époque une confrérie :

« Une association libre de fidèles, établie et dirigée par l'autorité ecclésiastique, dans un but spécial de piété et de charité chrétienne (but qui ne soit pas déjà d'obligation pour chacun, en vertu des commandements de Dieu ou d'un précepte de l'Église) » [1].

L'inscription d'un fidèle dans une confrérie lui fait obligation de pratiquer les résolutions définies par les statuts et lui permet de bénéficier des indulgences accordées par l'autorité ecclésiastique. Dans le livret d'une confrérie, les statuts occupent généralement la moitié des articles, le reste est consacré aux indulgences [2]. Offrandes et réunions pour être prévues en grand nombre ne sont jamais obligatoires. Une confrérie peut être diocésaine, sinon nationale avec l'accord de l'autorité romaine (elle devient alors archiconfrérie) ou encore universelle. Dans les deux derniers cas, des confréries érigées dans un diocèse et qui partageraient les mêmes objectifs peuvent demander leur agrégation pour bénéficier des privilèges déjà concédés. Des affiliations sont également possibles pour les communautés et les paroisses qui en feraient la demande. Le regroupement des fidèles en confréries est un phénomène qui a déjà retenu l'attention des historiens du XIXe siècle [3] mais il demanderait des enquêtes beaucoup plus poussées vu son importance pour l'époque.

## B. Les indulgences

La question même des indulgences n'est pas exclusivement liée à celle des associations de fidèles, encore que les unes et les autres soient très imbriquées : les premières ont été incontestablement un puissant instrument de développement des secondes. Les indulgences ont été reconnues comme

1. François Beringer, *Les indulgences*, 1905, t. II, p. 1.
2. Voir par ex. P. Lemius, *Statuts*..., 1894.
3. François Boulard, *Matériaux*..., 1982, p. 176-178 et doc. O3. 17 et 18, étudie les confréries du diocèse de Moulins. Voir aussi Nadine Chaline, *Les catholiques*..., 1985, p. 26.

« très salutaires au peuple chrétien » et une congrégation romaine s'occupe spécialement de leur dévolution [1]. Le sanctuaire de Montmartre comme les archiconfréries qui lui ont été rattachées ont fait largement appel aux indulgences. Leurs responsables se conformaient en cela aux idées du temps. Un long article (plus de trente pages) est publié en 1895 et uniquement consacré aux indulgences liées à Montmartre [2]. Des calendriers sont régulièrement édités pour les membres des confréries.

La définition généralement reçue à l'époque est celle-ci :

> « L'indulgence est la rémission des peines temporelles dues (soit ici-bas, soit dans le purgatoire) aux péchés déjà pardonnés, rémission que l'Église accorde en dehors du tribunal de la pénitence » [3].

Ce que saint Paul désigne par le péché et la mort, salaire du péché (*Rom* 6, 23) est ici décrit par une comparaison juridique, la faute (la coulpe) et la peine. Dans une problématique contemporaine on parlera du péché et de ses conséquences. À propos de l'Archiconfrérie de prière et de pénitence, s'il est question des « œuvres satisfactoires » accomplies en union avec le Cœur du Christ pour lutter contre la « mort » et les « peines temporelles » ou les « conséquences du péché », il convient de rappeler que le « gain des indulgences » est un autre processus tout aussi reconnu. « Loin de s'exclure, ces deux moyens se complètent et se soutiennent l'un et l'autre. » Pour les catholiques du XIX^e^ siècle, la justice et la miséricorde divines renvoient à un amour divin ineffable manifesté à travers le Cœur du Christ et les saints. Par la pratique des indulgences, ils font jouer la communion des saints dans le cadre, constamment demandé, de la pratique sacramentelle de la confession et de la communion, de la visite d'une église et de la prière aux intentions du pape.

Les indulgences ont connu un grand succès parce que les fidèles étaient intéressés par ce qu'elles apportaient de soulagement aux peines, c'est-à-dire aux conséquences des péchés comme obstacles à la rencontre de Dieu, au ciel. Des confusions malheureuses ont été parfois commises entre le nombre de jours gagnés par certaines indulgences et les réductions de peines du purgatoire, alors qu'il s'agissait seulement d'une comparaison avec les jours comptés dans les anciennes pénitences publiques.

1. Art. « Indulgences » et « Rosaire » dans *DSAM*.
2. Abbé Planchard, « Étude... », 1895. Voir l'abondante correspondance à ce sujet et les pièces authentiques aux ASCM.
3. François Beringer, *Les indulgences*, 1905, t. I, p. 2.

## *II. L'ARCHICONFRÉRIE DU SACRÉ CŒUR À MONTMARTRE*

On l'a vu (chap. 5), avant l'Archiconfrérie du Sacré Cœur de Montmartre [1], il y avait eu, surtout au XVIIIe siècle, en France, des milliers de confréries et trois archiconfréries du Sacré Cœur à proprement parler. À cet égard, il ne serait pas sans intérêt de mieux connaître le fonctionnement de l'une d'entre elles, la Garde d'honneur du Sacré Cœur de Jésus au monastère de la Visitation de Bourg-en-Bresse, puisque le P. Rey reconnait lui-même qu'il l'avait prise pour modèle.

### A. Organisation

#### *1. Erection et statuts (1876-1877)*

« Une association de prières et bonnes œuvres est établie dans le sanctuaire du Sacré-Cœur, à Montmartre, pour perpétuer la pensée d'expiation, de pénitence et d'invocation qui a inspiré le Vœu national au Sacré Cœur de Jésus (art. 1) ».

«*Gallia pœnitens et devota*», rappelons-le, était la devise forgée par le P. Monsabré pour résumer les intentions de ceux qui lancèrent le Vœu; le premier article des statuts ne fait que traduire sous une autre forme un tel idéal, encore qu'il ajoute une idée chère à Mgr Guibert, celle d'invocation, d'appel à la bonté divine pour la France.

« Le but de l'Association est :

« 1. De propager le culte du Sacré Cœur dans les familles et dans la société, comme moyen d'expiation et de réparation des outrages commis contre la religion, contre les droits de l'Église et du Saint-Siège, et contre la personne sacrée du Vicaire de Jésus-Christ ;

« 2. De combattre l'impiété de notre temps, en ramenant l'observation des commandements de Dieu et de l'Église dans les familles et dans la société ;

« 3. D'attirer la protection du Sacré Cœur sur l'Église et son auguste chef, sur la France, sur le clergé et les congrégations religieuses ;

1. *BVN*, 1876, p. 103-106 et ASCM, pièces authentiques. Deux vues d'ensemble sur cette association: François Beringer, *Les indulgences*, 1905, t. II, n° 20 et P. Lecanuet, *L'Église*..., 1906, t. I, p. 380s.

« 4. D'obtenir les grâces spirituelles et temporelles dont les membres de l'Association peuvent avoir besoin pour eux et pour leurs familles. (Art. 2) »

Cette orientation articulée en quatre points reprend celle du Vœu national qui était double: le salut de la France et la liberté du souverain pontife. La France s'entend aussi des familles et de la société. Le pape implique quant à lui la religion, l'Église, le clergé et les congrégations. La Question romaine comme telle n'est pas soulevée. Il en est en quelque sorte dans ces statuts comme dans une des formes du refrain du célèbre cantique (voir chap. 20).

Les avantages apportés par l'Association sont des plus traditionnels (participation aux prières...). Les conditions d'admission, les catégories de fidèles concernés, la désignation du directeur, les fêtes de la confrérie, les prières pour les défunts, les affiliations n'appellent, nous semble-t-il, aucune remarque particulière (art. 4, 5, 6, 7, 8, 9 et 10). En revanche, la prière que les confrères doivent réciter quotidiennement apporte une note originale:

« Cœur sacré de Jésus, protégez la sainte Église contre ses ennemis, ayez pitié de la France, et faites que je vous aime chaque jour davantage. »

Là encore, il n'est pas question de Rome, mais de l'Église en général. Cette prière qui met l'accent sur la nécessité de la conversion personnelle, subsistera à peine modifiée durant toute la période étudiée. Des dispositions spécifiques touchent aux offrandes régulières (et non une offrande unique) prévues pour la construction du sanctuaire et aux réunions mensuelles auxquelles sont conviés les confrères parisiens.

Un an plus tard, Pie IX érige en archiconfrérie pour « la France seulement » la confrérie de Montmartre [1]. Il devrait être possible d'arriver ici à des dénombrements précis puisque le P. Rey et, après lui, le P. Voirin utilisent pour l'archiconfrérie les mêmes méthodes de calcul que dans le cas des pèlerinages. En 1879, on en est ainsi à cinquante mille inscriptions personnelles, soixante agrégations d'autres confréries et quatre-vingt-une affiliations de diverses communautés [2]. Pour encourager les fidèles, Léon XIII, à cette date, autorise les inscriptions par correspondance, « pourvu qu'il y ait une cause légitime » [3].

## *2. Première réforme (1882)*

Si l'ex-voto de pierre subit diverses modifications dans sa construction même, l'archiconfrérie qu'on peut désigner comme « le Vœu national réalisé dans les

1. *BVN*, 1877, p. 544-546 et ASCM, pièces authentiques.
2. *BVN*, 1879, p. 502.
3. *BVN*, mars 1879, p. 122.

âmes» va de réforme en réforme. En 1882, le P. Rey, dans un souci d'unification, lui adjoint avec l'accord un peu forcé des fondateurs, la Ligue du Vœu national (chap. 13) et la confrérie de Jésus pénitent pour nous (voir ci-dessous). Trois degrés constituent dès lors l'Archiconfrérie du Sacré Cœur de Montmartre. Selon lui, il serait souhaitable que l'offrande soit annuelle, et il fait compléter le texte de la prière quotidienne des confrères par la formule explicite de consécration: «Cœur de Jésus, je me consacre entièrement à vous», le reste étant à l'identique[1]. En 1882 le directeur de l'archiconfrérie donne un total de soixante-douze mille associés[2].

### 3. *La deuxième réforme (1887)*

C'est par vagues successives que se met en place l'adoration perpétuelle du Corps du Christ (voir chap. 17) dans un sanctuaire qui, lui, est spécialement dédié à la dévotion du Cœur du Christ. Dévotion, consécration, adoration, ne sont-ce pas là des attitudes religieuses bien proches, d'autant qu'il peut être question aussi d'adoration du Cœur du Christ? Autant d'efforts et de participations diverses qu'il faut impérativement unifier et rassembler dans la grande Archiconfrérie. En agissant ainsi, en 1885, le père Voirin donne de l'importance à une nouvelle dévotion, celle de «Cœur eucharistique», et ne fait que participer à un mouvement d'intérêt plus général[3]. Cette formule du Cœur eucharistique avait suscité en effet quelques réserves à Rome où l'on craignait que l'on n'oppose le Cœur au Corps du Christ[4]. Elles sont vite dissipées cependant et, en 1887, le P. Voirin fait de l'adoration du Cœur et du Corps du Christ un quatrième degré d'affiliation à son archiconfrérie du Sacré Cœur[5]. Il publie de nouveaux statuts et décrit ainsi les quatres classes de confrères:

« 1. Ceux qui se proposent d'honorer la vie cachée de Notre-Seigneur se contentent de réciter les prières communes[6] ;

« 2. Ceux qui, s'appliquant à imiter Jésus dans sa vie publique, contribuent par les différents exercices du zèle à propager la dévotion au Sacré Cœur[7] ;

1. *BVN*, 1882, p. 714-718 et 1883, p. 785-786.
2. *BVN*, 1882, p. 119 et 478.
3. *BVN*, 1885, p. 102-103. Voir art. «Cœur eucharistique» dans *CHAD*.
4. Réponse négative du 29 nov. 1887, de la congrégation des Indulgences. Dossier A des ASCM, pièces authentiques. Ainsi que F. Beringer, Les indulgences, 1902, t. I, p. 697 et P. Bainvel, *La dévotion*..., 1906, p. 551-552.
5. *BVN*, 1887, p. 774-775; 1888, p. 85-87.
6. c'est-à-dire les simples membres de la confrérie du Sacré Cœur à Montmartre.
7. c'est-à-dire les membres de la Ligue du Vœu national.

« 3. Ceux qui, s'unissant au Cœur de Jésus dans sa vie souffrante, font un jour de pénitence par semaine, par quinzaine ou par mois [1] ;

« 4. Ceux qui, se proposant d'honorer le divin Cœur dans sa vie eucharistique, font une visite hebdomadaire d'une demi-heure devant le très saint Sacrement, et chaque jour quelques instants d'adoration [2]. »

Selon le P. Voirin, l'Eucharistie est le plus beau don du Cœur du Christ et le Christ, présent dans l'Eucharistie, l'est avec son Cœur même. À défaut de pouvoir faire proclamer le caractère universel de l'Archiconfrérie, le P. Voirin, par un rescrit de Léon XIII, obtient que les confréries françaises, en métropole ou dans les colonies, puissent accueillir les membres étrangers. Ces confréries agrégées à l'Archiconfrérie de Montmartre sont au nombre de deux cent douze en novembre 1887 [3].

### *4. La troisième réforme (1894)*

Le P. Lemius ne pouvait pas ne pas imprimer son talent d'organisateur aux œuvres propres à Montmartre. La Ligue du Vœu national retrouve sa liberté et se voit citée comme telle dans le *Bulletin*. Il en fait autant pour l'Archiconfrérie de prière et de pénitence (voir ci-dessous).

Lors de son pèlerinage de 1894 à Rome avec une délégation du Vœu national, il fait reconnaître par Léon XIII l'universalité de l'Archiconfrérie du Sacré Cœur de Jésus de Montmartre. Les mots « Ayez pitié de la France » dans l'invocation quotidienne sont remplacés en dehors de la France et des colonies par : « Sanctifiez notre patrie ». Parallèlement à cette universalisation, il y a une sorte de retour aux sources du Vœu national. Aux quatre modalités du but de l'association présentées en 1876, il s'en ajoute une cinquième, placée en première ligne : « Obtenir la liberté du Pape et le salut de la Société » et le titre de l'archiconfrérie universelle inclut désormais les mots : « pour la liberté du souverain pontife et le salut de toute la Société ». Dans la perspective même du XXV^e^ anniversaire du Vœu et alors que l'heure du Ralliement sonne en France, le P. Lemius remet en évidence la formule d'origine et ce, bien sûr, avec l'acquiescement du pape et du cardinal Richard. Un retour aux sources qui témoigne de la quasi intangible prise de position des souverains pontifes de cette époque dans la question des États pontificaux, question conçue désormais comme concernant la liberté du pape.

1. c'est-à-dire les membres de la confrérie de Jésus pénitent pour nous.
2. Soit les membres des diverses branches de l'adoration du Saint Sacrement qu'on veut mettre à l'unisson même de la dévotion au Cœur du Christ.
3. Rescrit du 18 juin 1887. Pièces authentiques aux ASCM.

« L'archiconfrère » de base, c'est toujours celui qui s'inscrit et prie quotidiennement en utilisant la formule prévue. Le second degré consiste à s'affilier à l'association dite de « l'Adoration perpétuelle du Sacré Cœur de Jésus », mais il en est souvent question pour elle-même. Il s'agit en fait de l'adoration du Saint Sacrement (chap. 17). Au troisième degré de l'Archiconfrérie se classent les apôtres du Sacré Cœur, c'est-à-dire les responsables (ou zélateurs) et les personnes qui désirent faire connaître le Cœur du Christ. Mais cette activité-là est, elle aussi, souvent présentée à part [1]. La réunion générale des associés des trois degrés, a lieu désormais à Montmartre, pour les hommes, le dernier dimanche du mois et le deuxième vendredi pour les femmes [2]. Tous ceux qui ne sont pas de la région parisienne sont invités à se rassembler en confréries locales. Les formalités de l'agrégation sont détaillées dans un imprimé largement diffusé [3]. Pour tous les diocèses de France, en 1901, on compte cinq cents confréries environ. À cette époque, les groupes d'hommes de France voués au Sacré Cœur, fondés par le P. Lemius (chap. 15) sont rattachés à la seconde classe de l'archiconfrérie, puisqu'ils sont essentiellement des adorateurs nocturnes du Saint Sacrement [4]. Le dispositif mis en place par le P. Lemius va subsister longtemps après lui. Il est cependant revu en 1904 en faveur du caractère paroissial des groupes d'adorateurs et d'adoratrices [5].

## B. Le message : l'œuvre du P. Alfred Yenveux

Les responsables de la première archiconfrérie de Montmartre s'assignaient pour mission la diffusion de la dévotion au Cœur de Jésus (voir les statuts de 1876, ci-dessus). L'ouvrage du P. Yenveux qui était l'un des leurs : *Le Règne du Cœur de Jésus ou la doctrine complète de la bienheureuse Marguerite-Marie sur la dévotion au Sacré Cœur* [6], en cinq tomes et plus de trois mille pages, nous fait connaître leurs idées et leur attachement à la dévotion au Cœur du Christ.

1. P. Lemius, *Montmartre, Apostolat*..., 1900.
2. *BVN*, 1894, p. 288 ; ***, *Statuts*, 1894 ; *BVN*, 1896, p. 483 et cardinal Richard, *Montmartre*..., 1904.
3. ***, *Les confréries*..., 1897. Voir aussi ***, *Archisodalitas*..., 1912.
4. *BVN*, 1901, p. 139-141.
5. Cardinal Richard, *Statuts*, 1904.
6. Voir P. Yenveux, *Le Règne*..., 1899-1900. Il est souvent cité de façon anonyme dans le *BVN*. Par ex. : 1897, p. 821-835 ; 1900, p. 737 ; 1901, p. 484-488 ; même après le départ des Oblats : *BVN*, 1906, p. 348. Certes, les Oblats ont aussi exprimé leur conception dans le *Bulletin du Vœu national*. Mais les vingt-sept années durant lesquelles ils y ont écrit constituent un ensemble bien trop vaste pour être saisi d'une façon systématique. D'autant qu'ils y citent souvent des auteurs contemporains auxquels il faudrait les comparer pour faire ressortir dans l'unité d'une foi commune, les ressemblances et les différences de théologies et de spiritualités. Ce dépouillement reste à faire.

## *1. Repères biographiques*

L'auteur de cette somme a retenu l'attention d'un de ses confrères et bénéficié d'une biographie[1]. Né en 1843, il devient oblat de Marie-Immaculée. Il acquiert une réputation de mystique parmi ses confrères. En 1874-1875, il est aumônier d'un pensionnat à Paris. En 1875, il tient à participer à titre personnel à la pose de la première pierre de la basilique. Il fait partie de la première équipe d'oblats au service de la chapelle provisoire en janvier 1876. Pendant quelques temps, comme aumônier du patronage Saint-Charles, il parvient à réaliser ce qui était l'espérance de M. Legentil : associer et réunir les deux œuvres chères au cœur de ce dernier, l'œuvre des apprentis de la paroisse Saint-Vincent de Paul et le Vœu national. Des alarmes de santé lui font quitter la butte en 1878, mais il y revient en 1884. Il sera en avril 1903 le seul oblat à rester discrètement en place auprès des prêtres diocésains et s'éteindra non loin de sa « chère basilique » le 1er octobre de la même année. Il s'était fixé un impressionnant programme de travail qui fait deviner toute l'importance de ce chapelain de Montmartre pendant cette période[2].

## *2. Le Règne du Cœur de Jésus*

Le P. Yenveux a composé d'autres ouvrages[3]. Le *Règne du Cœur de Jésus* retient seul ici l'attention. Un travail immense salué à sa parution par nombre de périodiques comme *Le Pèlerin de Paray, L'Ami du Clergé, L'Univers*[4] ; trente

1. P. Edmond Thiriet, *Le P. Yenveux*..., 1904. Voir nécrologie dans *BVN*, 1903, p. 353 et *Bull. des Prêtres-Apôtres*, avril 1904, p. 4-6.

2. Outre le ministère « classique » du sanctuaire, il tente de mener à bien : 1. Tenue des Registres du Sanctuaire ; 2. Tenue des Archives, soit historiques, soit des Fioretti, soit des pièces authentiques ; 3. Rédaction du Bulletin ; 4. Rédaction de la petite feuille mensuelle : Union de prière (Voir chap. 17). [5]. ; 6. Recherches historiques générales sur le culte du Sacré Cœur *a principio*. Recherches historiques spéciales sur le Vœu national ; 7. Étude des œuvres de la bienheureuse Marguerite-Marie, afin de préparer une sorte de traité sur la dévotion au Sacré Cœur et un traité sur l'esprit de la bienheureuse ; 8. Étudier l'Écriture Sainte dans le but d'y trouver le Sacré Cœur ou figuré, ou annoncé, ou manifesté ; 9. Réunir une grande bibliothèque du Sacré Cœur et autant que possible faire donner les ouvrages soit anciens, soit modernes ; [...] 10. Demander, recevoir, acheter avec les offrandes reçues et distribuer les images, statues, livres, médailles, objets divers de propagande ayant spécialement pour but l'extension du règne du Sacré Cœur en France, à l'étranger et surtout aux pays de Missions. [Cette œuvre de propagande a été menée à bien grâce en particulier à la générosité d'un industriel agricole de la Meuse, M. Bailleux-Adrien, ancien maire de Noyers Auzecourt] [...] ; 14. Traduire chaque jour quelques pages d'un ouvrage anglais sur le Sacré Cœur, afin de conserver la connaissance de cette langue. » (P. Thiriet, Le *Père Yenveux*..., 1904, p. 144-145).

3. Voir P. Yenveux, *Le Trésor spirituel*, 1902. On cite aussi de lui *Les vertus demandées par le Cœur de Jésus à ses serviteurs*, 492 p. ; *Catéchisme de la dévotion au Sacré Cœur de Jésus* ; *Prières anciennes* ; *Le Cœur de Jésus, ses demandes et ses promesses*. Ces ouvrages sont édités sans nom d'auteur avec la mention : « par un prêtre, Oblat de Marie Immaculée, chapelain de Montmartre ». Il est dit aussi auteur de *Allons au ciel* (Est-ce le recueil déjà mentionné en *BVN* 1879, p. 690 ?) et du *Magnificat de l'âme réparatrice* (*BVN*, 1897, p. 835).

4. Voir P. Thiriet, *Le P. Yenveux*..., 1904, p. 189-206.

ans plus tard cependant, le père Bainvel le trouve seulement intéressant pour sa documentation et ses indications « mais sans préoccupation, ni rigueur scientifique » [1]. Quoiqu'il en soit, il reste un des témoins de la pastorale des oblats montmartrois de 1876 à 1903 et nous rappelle le message qu'ils ont essayé de faire passer par l'Archiconfrérie du Sacré Cœur.

*a. Les sources*

La référence à la future sainte de Paray est capitale dans la pensée de l'auteur. Pour lui, la mission de la basilique de Montmartre ne se comprend que par rapport à elle. Un lien secret unit Marguerite-Marie et Montmartre dans le dessein de Dieu. Tous les deux renvoient au Christ et à son Cœur. Les écrits de la visitandine ont toute sa confiance. La plupart des enseignements qu'ils contiennent sont « révélés » dit-il (t. I, p. 7), puisque l'Église les a vérifiés [2]. Pour les éclairer, il fait appel à quelques notions empruntées à la sœur Joly, au P. Croiset et au P. Galiffet. Les deux premiers les ont eux-mêmes élaborées d'après les leçons de Marguerite-Marie, le troisième s'est inspiré du P. La Colombière. Un théologien jésuite contemporain, le P. Terrien, a longuement guidé la réflexion de notre zélé chapelain de Montmartre et si fervent apôtre du Cœur de Jésus [3].

Mais il ne faut pas oublier, dit le biographe du P. Yenveux [4], l'influence des enseignements spirituels et moraux de saint Alphonse de Liguori. On sait l'importance de ce docteur de l'Église qui ne s'est pas fait prendre aux pièges du rigorisme et du laxisme du XVIIIe siècle, qui, l'un et l'autre, réduisaient finalement la vie spirituelle et morale aux différents conditionnements psycho-sociologiques ambiants, mais qui a rappelé la voie spécifiquement catholique, même si celle-ci peut être colorée de plusieurs façons. Les missionnaires Oblats de Marie-Immaculée à la suite de Mgr de Mazenod ont aimé le liguorisme [5]. Montmartre a donc été au XIXe siècle un des centres de rayonnement de cette pensée si novatrice [6]. On n'en veut pour preuve matérielle que la présence de la *Neuvaine au Cœur de Jésus* de ce saint dans le manuel des pèlerins de 1886.

1. Article « Cœur » dans *DTC*, col. 347.
2. Ce genre de raisonnement n'est pas très théologique. On comprend ici le jugement assez sévère du P. Bainvel.
3. Voir Paul Duclos, *Dictionnaire*..., 1985.
4. P. Thiriet, *Le père*..., 1904, p. 145.
5. Mgr Leflon, *Eugène*..., 1957, t. II, p. 140-142. Jacques Gadille, *La pensée*..., 1967, t. I, p. 179.
6. Dans le domaine spirituel, voir l'étude très précise de François Bourdeau, *Essai*..., 1987 ; dans le domaine moral, voir Jean Guerber, *Le Ralliement*..., 1973 ; Daniel Moulinet, *L'abbé Gaume*, maîtrise de théologie à l'Institut catholique de Paris, 1987 ; R. Gibson, « Rigorisme. . ». dans *RHEF*, 1989, n° 195, p. 315-343.

### *b. Le Sacré Cœur de Jésus* [1]

On ne saurait dissocier, explique le P. Yenveux, deux éléments constitutifs de ce qu'il appelle le « cœur » du Christ ou de Marie, objet de la dévotion des fidèles. Le premier est matériel. Le second est spirituel et double. Le « cœur » est donc d'une part, un des organes du corps et d'autre part, l'amour que la personne manifeste, la vie intérieure, les affections et les vertus qu'elle expérimente [2]. Ceci est valable d'ailleurs pour tous les hommes, qu'ils soient saints ou pécheurs, mais dans ce dernier cas, il faut faire aussi la part des défauts humains et des manques.

Dans le Christ, ce « cœur », pris sous ces trois aspects, est parfait ; il est source et modèle de tous les autres « cœurs ». L'amour du Cœur de Jésus comprend donc l'amour divin et incréé du Fils et son amour humain et créé. Il aime son Père, il aime les élus et les pécheurs. Sa vie intérieure comprend l'adoration de son Père, sa tendresse, ses désirs, sa joie, sa tristesse, sa haine, son dégoût, son ennui selon qu'il est devant les hommes justes ou pécheurs, etc. Ses vertus sont infinies : humilité, douceur même à l'égard des ennemis, obéissance, simplicité, pureté, patience, pauvreté, dénuement, amour des mépris et des souffrances. Il communique tout ce qu'il a et tout ce qu'il est à ceux qui ne se refusent pas à lui [3]. Le Cœur de Jésus est tout amour, d'un amour d'amitié sincère, indulgent, miséricordieux, perpétuel et irrévocable, universel (t. I, c. VII).

### *c. La dévotion au Cœur de Jésus*

Le Cœur de Jésus ainsi entendu est l'objet d'une dévotion qui est « un ensemble d'exercices de religion adoptés par les fidèles, avec l'approbation de l'Église, pour honorer une personne ou une chose sainte » [4]. À part les quelques dizaines pages que nous venons de résumer ici qui traitent du Cœur du Christ, tout le reste du livre du P. Yenveux (plusieurs milliers de pages !) est consacré aux dispositions et exercices par lesquels les fidèles reconnaissent le « règne » du Cœur du Christ autrement dit la dévotion des fidèles. Ceux-ci sont invités à recevoir du Sacré Cœur par l'intercession de Marguerite-Marie,

1. « La table de cet ouvrage qui a été d'abord publiée séparément, a été faite dans les plus grands détails et sous la forme de questionnaire, afin de pouvoir servir de catéchisme de la dévotion au Sacré Cœur » (t. I, p. 348, n. 1).

2. Ces deux aspects du cœur réconcilient ce qui a pu être présenté comme la spiritualité jésuite et la spiritualité de l'école française. Sur Marguerite-Marie et l'école française, voir Edouard Glotin, s. j., « Jean-Paul II… » dans *NRT*, t. 108, (1986), p. 685-714.

3. P. Yenveux, *Le Règne…*, 1900, t. I, p. 64-70.

4. P. Yenveux, *Le Règne…*, 1900, t. I, p. 62.

la pureté, les douze vertus, les quinze qualités nécessaires à une véritable dévotion pratiquée dans l'amour et la réparation (t. I, deuxième livre).

Toute la vie chrétienne est détaillée ainsi en fonction des hommages que le Christ attend en son Cœur : individuels, familiaux, nationaux et ecclésiaux (t. II) et des vertus requises par les serviteurs d'un tel Maître (t. III et IV). Le tome V expose l'extension de cette dévotion suivant divers apostolats : celui de la prière, celui de la souffrance et de la pénitence, celui de la presse et enfin de l'action, toujours à l'exemple de Marguerite-Marie et de ses auxiliaires.

### *3. Pastorale des enfants*

Le P. Yenveux a été chargé aussi, vers 1886, de poursuivre l'œuvre du P. Rey (chap. 19) en ce qui concerne l'accueil dans l'Archiconfrérie du Vœu national des enfants (de l'âge de raison à la puberté). Il fonde pour cela La Croisade angélique dont la raison d'être est autant ceux qui y participent que ceux qui ne bénéficient pas d'une éducation chrétienne et pour lesquels le « croisé » doit prier. La réunion pour les aspirants, la réunion pour la confession, l'inscription sur les registres, la remise d'insigne, les réunions trimestrielles de persévérance rythment l'appartenance à cette section de la grande archiconfrérie.

> « On conseille à cette jeune milice de dresser chaque jour le bulletin de ses petites victoires, dont le résumé est envoyé chaque mois à Montmartre pour être déposé devant le Sacré Cœur, le premier vendredi ».

Vers 1900, cette Croisade angélique s'appelle aussi *Les Enfants de France au Sacré Cœur*; les prêtres diocésains la reconduisent au moins jusqu'à la Guerre[1].

### *4. Les prêtres-apôtres du Sacré Cœur*

Le P. Yenveux fonde encore, vers 1901, une association destinée à regrouper les prêtres particulièrement soucieux de vivre et de diffuser les valeurs de la dévotion au Cœur de Jésus[2]. Congrès et bulletin les unissent. L'association est prise en charge par le chanoine Peuportier. Son histoire précise reste à écrire[3]. Cette section de l'archiconfrérie montmartroise s'est faite remarquer par un de ses membres : Charles de Foucauld. C'est l'occasion de résumer les contacts de ce personnage avec la basilique.

1. Voir P. Thiriet, *Le P. Yenveux*, 1904, p. 161. *BVN*, 1887, p. 713 ; 1888, p. 79 ; 1890, p. 269 ; 1900, suppl. oct., p. 18 ; ***, *Les Enfants*..., 1900.
2. Cette initiative semble appartenir à un mouvement plus vaste de regroupement dans des ligues de défense religieuse et sacerdotale selon Gérard Cholvy..., *Histoire*..., t. II, p. 118.
3. ***, *Règlement*,..., 1901 ; *Bulletin des Prêtres Apôtres du Sacré Cœur*, 1901 ; *BVN*, 1901, p. 427-429 ; ***, *Historique*..., 1903. AGOMI. Cardinal Merry del Val, *Lettre*..., 1907. Voir aussi ASCM, 04. 06.

### 5. *Charles de Foucauld*

Au lendemain de sa conversion, dans l'immense campagne de consécrations de 1889 (chap. suivant), le vicomte de Foucauld s'est lui aussi consacré au Cœur de Jésus le 6 juin dans sa paroisse, Saint-Augustin, les formulaires remplis par chacun des fidèles étant reliés et remis en un volume au Sacré-Cœur, le 21 juin[1].

La dévotion au Cœur de Jésus s'amplifie avec l'approfondissement de sa vocation. Le 16 mai 1900, il écrit à l'abbé Huvelin et l'entretient de sa demande à « l'évêque de Montmartre » (joli titre pour le cardinal-archevêque de Paris qui montre son attachement bien connu pour le sanctuaire national), Mgr Richard, de porter l'habit d'ermite du Sacré Cœur[2]. Le frère Charles veut bien être seul mais ne veut pas rester isolé : le 8 mai 1902, il fait enregistrer à Montmartre le règlement de la confrérie du Sacré-Cœur (poste de Beni-Abbès – Afrique du Nord) dont l'agrégation à l'Archiconfrérie du Vœu national porte le n° 619 sur les registres[3].

Mais cette confrérie ne lui suffit pas. Il veut faire partie de la section sacerdotale fondée par le P. Yenveux. Dans le *Bulletin* du 21 août 1902, il y a une lettre d'un « ardent missionnaire de l'Afrique » à la date du 16 avril 1902 : « J'ai reçu les imprimés concernant les Prêtres-Apôtres du Sacré-Cœur... »[4]. Quelques mois plus tard, on publie, « l'Acte de consécration de la mission du Sahara français au Sacré-Cœur de Jésus, fait en la fête de Saint-Joseph... le 19 mars 1902, à Ghardaïa du Mzab »[5]. Mais les contacts ne s'arrêtent pas là. Le F. Charles de Jésus, missionnaire de Beni-Abbès, Sahara Oranais, le 18 décembre 1902, écrit à nouveau. Sa lettre est publiée par deux fois[6]. Il y clame toute sa tristesse de voir ce grand pays et tous ses habitants dans les ténèbres et encore privés de la lumière qui a resplendi à Noël. Dans ses carnets tenus à Beni-Abbès, le 8 janvier 1903, il écrit encore :

1. La date du 6 juin est donnée par l'abbé André Derumaux, « Le P. de Foucauld », *Montmartre*, n° 164-165, nov.-déc. 1948, p. 12-16, qui remercie le P. Gorrée et M. Thiout, rédacteurs de *L'Appel du Hoggar* de leur aide. Les biographes ne donnent généralement que la date. La présente enquête fait apparaître des circonstances inconnues. Le *Bulletin* mentionne le don par le P. Brisset, curé : *BVN*, 1889, p. 391. Grâce à cette enquête le point sur cette question est fait par le P. Sourisseau, « Les derniers jours... », 1989.

2. Voir *Montmartre-Orientations*, n° 13, Noël 1974, p. 12-13.

3. « Jésus – Caritas – Confrérie du Sacré-Cœur de Jésus pour la liberté du Pape et le salut de toute la Société érigée dans le poste de Beni-Abbès (Ouad saoura ; préfecture apostolique de Ghardaïa ; Afrique du Nord) agrégée à l'Archiconfrérie du Sacré-Cœur de Montmartre le 8 mai 1902 ». Selon A. Dérumaux, l'érection est du 9 mars, il en est question dans une lettre du 21 mars 1902 à Mme de Bondy. Parfois par erreur, on parle du n° 691.

4. *BVN*, 1902, p. 349-350. Le P. Dérumaux dit que l'inscription n'a été enregistrée que le 3 juillet 1904.

5. Dans le *BVN* du 16 oct. 1902, p. 445-447.

6. Dans le *BVN* 19 fév. 1903, p. 76-77 ; elle est redonnée en *BVN* 1903, p. 197-198. Voir nos pièces justificatives.

« Reçu, hier, une lettre importante de M. l'abbé Yenveux, des chapelains de Montmartre. Il annonce le congrès des Prêtres-Apôtres le 14 janvier et se propose d'y parler en faveur du Maroc. Il me demande aujourd'hui une dépêche et une lettre... [1]. Commencement des relations avec Montmartre au sujet de Marguerite... Je mets, autant que cela est possible, l'Évangélisation du Maroc et le Maroc lui-même sous la protection de la bienheureuse Marguerite-Marie, la donnant, dans la mesure que je peux au Maroc, comme patronne » [2].

Pour ce congrès annoncé, le frère Charles envoie au P. Yenveux un appel de sept pages en faveur de la conversion du Maroc par la prière et la pénitence, par la venue de missionnaires et de religieuses. Par ailleurs, il tient à participer à la souscription d'un « ex-voto de gratitude... à Montmartre... pour l'installation du Saint Sacrement à Tamanrasset en date du 8 sept. 1905 » [3]. Enfin, dès qu'il est à Paris, il monte passer une nuit d'adoration à la basilique en entraînant Louis Massignon et l'abbé Huvelin [4]. Il faudrait encore préciser la date d'un ultime pèlerinage au Sacré-Cœur de Montmartre. Cette douzaine de contacts autour de 1900 (et il y en a peut-être d'autres à découvrir) entre le P. de Foucauld et la basilique éclairent et cette personnalité exceptionnelle et ce sanctuaire pas tout à fait comme les autres [5].

## *III. L'ASSOCIATION DE PRIÈRE ET DE PÉNITENCE*

### A. Sources et méthode

Il ne peut être question de brosser un tableau de Montmartre entre 1870 et 1919 sans mentionner l'Association de prière et de pénitence ainsi que sa fondatrice, tant elles interfèrent avec l'Archiconfrérie du Sacré Cœur. Dès la fin du XIX^e^ et au début du XX^e^ siècle, on a raconté son origine merveilleuse

1. Il faudrait les retrouver si elles ont vraiment été envoyées.

2. Textes inédits aimablement communiqués par Mgr Bernard Jacqueline, nonce apostolique au Maroc, dans une lettre en date du 1er mai 1990.

3. A. Derumaux, *Le père.* ., 1948. Charles de Foucauld, *Le Voyageur de la nuit*, 1902 (1979), p. 163-164.

4. A. Derumaux, 1948 et *Présence de Massignon*..., 1987, p. 182, 186 et 202, font état de la nuit d'adoration du 21 au 22 fév. 1909. L'expérience ne semble pas, cette fois-ci, avoir été positive pour Louis Massignon. Il est question d'une autre nuit (à déterminer) qui, elle, a été positive.

5. Le P. de Foucauld est ainsi légitimement représenté sur un des vitraux d'après la Seconde Guerre mondiale (RP 85 SCM 260).

pour mieux la propager. La première en date de ces présentations et même la principale est due au curé de Saint-Michel de Dijon, directeur de l'Association[1]. Mais on en trouve aussi bien sous la plume du P. Yenveux[2] que sous celle du P. Beringer[3]. En 1945, vingt ans après la mort de la fondatrice, le chanoine Despiney écrit sa vie, reprise par Maurice Berthon en 1947. À cette époque, l'abbé Dérumaux, chapelain de Montmartre, tente avec le P. Louis Beirnaert, jésuite et psychanalyste, une présentation critique de Mme Royer, mais il est peu suivi et même contesté selon son propre témoignage[4]. En 1960, grâce aux archives familiales, Charles Boissard, un de ses petits-fils, présente une nouvelle biographie dans laquelle il cite beaucoup de textes[5]. Il convient à présent de confronter ces biographies à l'histoire – aujourd'hui mieux connue- du Vœu national[6].

On retrouve à propos de Mme Royer et de toutes les études qu'elle suscite les questions soulevées par le problème de la France face à la dévotion au Cœur de Jésus (chap. 6). Dans cette perspective, on comprend que le Christ a fait spécialement profiter la bienheureuse Marguerite-Marie et la sœur Marie de Jésus (la religieuse des Oiseaux du début du XIX^e^ siècle) de plusieurs messages concernant l'Église et les fidèles en général comme la France en particulier. Elles n'ont pas été entendues comme il convient. Par un appel instant à la pénitence, dont Marie s'est également fait la messagère tout au long du siècle, le Christ charge une troisième confidente d'une mission renouvelée (en attendant Claire Ferchaud, sœur Lucie...). Montmartre devient en quelque sorte le haut-parleur de Mme Royer. Une telle façon de voir prend place bien sûr dans la récapitulation de la merveilleuse histoire d'amour entre le Christ et le monde par la France ou d'autres nations, que nous examinons au chapitre 23[7].

Il ne peut être question non plus dans ce travail de soulever le problème des expériences mystiques de Mme Royer : visions, prophéties, apparitions, révélations privées et autres intuitions intellectuelles[8]. Nous les prenons telles qu'elle les rapporte, telles que ses biographes les ont reçues et telles que les

1. Voir Abbé Cegaut, *L'association...*, 1879.
2. P. Yenveux, *Le Règne...*, 1900, t. V., p. 69-62.
3. P. Beringer, *Les indulgences*, 1905, t. II, n° 21.
4. Lettre de l'abbé Dérumaux en date du 15 avril 1960 à Mgr Charles. ASCM. L'historien du Vœu national fait état de difficultés avec la famille pour mettre au clair certains points biographiques. Même témoignage oral recueilli par l'auteur. Voir André Derumaux, « Crise... » et Louis Beirnaert, « Le cœur... » dans *Le Cœur*, 1950.
5. Ce livre est toujours disponible dans le commerce. En 1962, le chanoine Ruy édite encore une plaquette sur le sujet. Voir aussi Abbé Jean Derobert, *Edith Royer*, Ed. Hovine, Marquain (Belgique), 1992, 116 p.
6. Faute d'une remontée aux sources, nous n'aborderons pas tellement ici le problème du « légitimisme » de Mme Royer et de ses rapports avec le comte de Chambord. Son principal biographe (Charles Boissard) semble édulcorer le problème. Inversement, Claude Mouton semble forcer la pensée politique de la mystique dans le sens de sa propre thèse (*Ils regarderont...*, 1983, p. 243-263).
7. Ce schéma d'histoire mystique est celui qu'on trouve dès 1880 dans le rapport de M. Thibault, sulpicien, en conclusion à l'enquête diocésaine. Voir ci-après et Maurice Berthon, *Madame...*, 1947, p. 141.
8. Cependant, dans le chapitre 28, on essaiera de répondre aux contestations.

propagandistes les ont diffusées. Les origines du Vœu national (si l'on en croit le témoignage direct d'Alexandre-Félix Legentil) sont dépourvues de tout aspect de ce genre. Point d'apparitions ! Il faut qu'on songe à faire le rapprochement entre le Vœu national et certaines lettres en date de 1689 (et publiées en 1867) de la bienheureuse Marguerite-Marie, pour que certains viennent à souligner le caractère merveilleux du premier. La situation est tout autre avec l'Œuvre de prière et de pénitence « demandée par Notre-Seigneur ». Il convient ici de savoir exactement ce qui s'est dit et de replacer cette histoire dans le contexte général de l'histoire de Montmartre.

## B. Histoire de Mme Royer et de son association

### 1. *La fondation*

Enfant, Edith Challan-Belval (1841-1924) voulait être religieuse : elle mène discrètement une vie de prière et de privation qui devait faire l'admiration d'un ami de son père, le P. Muard, le fondateur du monastère bénédictin de la Pierre-Qui-Vire et « grand ami du Cœur de Jésus ». Malgré cela, et alors même qu'une de ses sœurs devient religieuse, elle est fortement incitée par ses parents à se marier après avoir été relevée d'une promesse de chasteté faite à sept ans. À dix-neuf ans, en 1860, elle épouse Charles Royer, issu comme elle d'une famille bourgeoise de la région de Dijon. Ils auront quatre enfants.

Le mariage, les obligations familiales et sociales, une première attitude de réserve de la part de son directeur spirituel, l'abbé Lalourcey, curé de Saint-Rémy, sa paroisse, ne détournent pas cette jeune femme d'une intense et discrète vie de prière et de mortifications. Cilice, discipline, jeûne, rien ne lui paraît impossible pour répondre à l'amour du Christ et « satisfaire à la justice divine pour le salut du monde. » Seulement, dès qu'elle arrête ce régime pénitentiel, par exemple, lors de ses grossesses, écoutant les objurgations de son directeur ou son propre bon sens, elle tombe malade. En 1869, elle consulte exceptionnellement le P. Olivaint : les conseils reçus lors de cette rencontre éclaireront toute sa vie.

En 1870-1871, elle vit douloureusement les événements politiques et militaires[1] et reçoit des messages du ciel sur le sort de Paris, de la France, de

1. Dès le 21 juillet 1870, quatre jours après la déclaration de la guerre, elle bénéficie de confidences du ciel. Par ailleurs, un Challan-Belval est à Loigny, le 2 décembre 1870.

l'Église et du monde sous forme de visions et de prophéties; suggestion lui est faite aussi de fonder une association de pénitence. L'abbé Lalourcey demande des conseils à deux confrères, M. Dard, vicaire général, et M. Thibault, sulpicien, supérieur du grand séminaire de Dijon. Mgr Rivet [1], mis au courant, ne se presse guère, quant à lui, de suivre le mouvement.

Mme Royer suit avec un extrême intérêt les événements religieux des années 1872-1874 et tout particulièrement le Vœu national. Les apparitions du Christ – un Christ au cœur visible sur la poitrine et aux bras étendus- se précisent en juin 1873 et surtout lors d'un pèlerinage à Paray-le-Monial le 10 juin [2]. Malgré ou grâce à sa discrétion, l'idée d'une association de prière et de pénitence se répand autour d'elle. L'Œuvre de la Communion réparatrice dont elle a entendu parler lui paraît un bon modèle. Mais, en toutes ces choses, elle devra « faire faire » et rester dans l'ombre. En 1875, les exigences du Seigneur se font pressantes. L'abbé Lalourcey qui a définitivement fait siennes ces vues, entreprend des démarches auprès de Mgr Rivet, sollicite également Mgr Guibert, pour fonder une association mais en se gardant de faire la moindre allusion aux épiphanies christiques de Mme Royer qui pourraient indisposer ces prélats.

« Notre-Seigneur ne voulait pas que ce soit la paroisse de Saint-Rémy ». L'abbé Lalourcey suggère au curé de Saint-Michel de Dijon, l'abbé Cegaut, d'accueillir la confrérie en question, à condition bien sûr que Mgr Rivet soit d'accord. Cependant, le sanctuaire de Montmartre ne serait-il pas préférable? Le P. Rey contacté en janvier 1877 attend les réactions de Mgr Guibert [3] que Mme Royer visite au printemps 1877. Finalement, le 23 février 1879, après de multiples démarches, Mgr Rivet érige dans l'église Saint-Michel une confrérie du « Sacré Cœur de Jésus pénitent pour nous ». La discrétion de Mme Royer qu'on appellera désormais la « sainte âme » et ce nouvel intitulé (et non confrérie de Prière et Pénitence en l'honneur du Cœur de Jésus) étaient les deux conditions imposées par l'évêque de Dijon pour donner son accord.

L'abbé Cegaut s'empresse alors de diffuser un document qui reste non imprimé afin qu'il n'y ait pas de problème d'imprimatur avec son évêque; il y rapporte, sans faire mention de Mme Royer, les manifestations dont elle a été l'objet et laisse entendre que sous peu cette confrérie serait associée au Vœu national [4].

1. À cette époque cet évêque est âgé. Il est classé par Jacques Gadille, *La pensée*..., 1967, t. I, p. 117, n. 2, dans la catégorie des évêques « conciliants », de la tendance Dupanloup.

2. Ce jour là elle prie dans la chapelle de la Visitation. La bienheureuse Marguerite-Marie se manifeste à elle et lui rappelle qu'il n'y a pas de salut non seulement sans la confiance en la miséricorde de Christ mais sans la pénitence, sans mortifications intérieures et extérieures.

3. Maurice Berthon, *Madame Royer*, 1947, p. 120 et *BVN*, 1906, p. 347.

4. Voir M. Cegaut, *Exposé*..., 1879 et Charles Boissard, *La vie*..., 1960, p. 152. À la même époque, en décembre 1878, le curé de Saint-Pierre de Dijon agrège la confrérie du Sacré-Cœur de sa paroisse à l'archiconfrérie de Montmartre: *BVN*, 1879, p. 8.

Voulant s'entourer de toutes les garanties, Mgr Rivet constitue une commission diocésaine chargée d'enquêter sur Mme Royer. Elle se réunit pratiquement une fois par semaine durant six mois, de juin 1879 à janvier 1880, entend cette épouse et mère de trente-huit ans qui s'inquiète du sort de l'Église, de la France et des nations. Ses écrits sont examinés. Un médecin est consulté. Les conclusions prises à l'unanimité sont très favorables à l'intéressée. Le rapport rédigé par M. Thibault souligne une triple harmonie : entre la vie et la mission de la mystique, entre la mission de cette dernière et celle de la bienheureuse Marguerite-Marie, entre la mission de Mme Royer et les nécessités actuelles du peuple chrétien [1]. Les travaux de cette commission font de cette confidente du Christ « au Cœur visible sur la poitrine et aux bras étendus » une des rares à avoir été « approuvée par l'Église ».

## *2. L'extension nationale*

Rassuré par cette enquête et sans attendre le rapport de la commission, l'abbé Cegaut, avec l'accord de son évêque, demande et obtient l'affiliation de la confrérie dijonnaise de pénitence à l'Archiconfrérie du Sacré Cœur de Montmartre. Le *Bulletin du Vœu national* en fait état en janvier 1880 et cite sa lettre :

« Je viens vous donner quelques nouvelles de notre association. Actuellement le nombre des associés dépasse 33 000. C'est un résultat qui vous réjouira et qui prouve combien le Sacré-Cœur est un aimant qui attire et enchaîne les cœurs vraiment chrétiens.

« Je désire bien vivement que l'association soit liée à la vôtre par des liens plus étroits que ceux de l'affiliation. C'est aussi le désir et l'espoir de Monseigneur... Je demande à Dieu que bientôt elle vous soit confiée ; afin que, prenant un plus rapide essor, elle contribue plus efficacement à amener sur notre pays et la France le règne du Sacré Cœur » [2].

Le souhait du curé de Dijon et à travers lui, de la fondatrice de l'association de pénitence est exaucé le 21 avril 1881. Le *Bulletin* du 10 août en rend compte avec un nouveau commentaire mais sans allusion à l'actualité qui pourtant en cette année 1881 est « terrible » pour les catholiques :

« On aura remarqué le n° 95 des diplômes d'agrégation ; c'est à la confrérie du Sacré Cœur de Jésus pénitent pour nous qu'il a été accordé. L'union la plus intime est

1. Voir Maurice Berthon, *Madame*..., 1947, p. 129-147 qui donne le texte complet du rapport et Charles Boissard, *La vie*..., 1960, p. 153-157, qui résume.
2. *BVN*, 10 janvier 1880, p. 10, sous le n° 83 et le titre : « L'association au Sacré Cœur de Jésus pénitent. Dijon ».

donc établie entre les deux œuvres. Espérons que l'unification se fera un jour, lorsque l'Archiconfrérie du Vœu national établira dans son règlement le degré le plus élevé proposé à la générosité des fidèles, un jour spécial de pénitence chaque semaine. C'est en effet le trait distinctif de l'Association du Cœur de Jésus pénitent pour nous »[1].

L'adoption de la confrérie dijonnaise par le Vœu national se fait quelques mois plus tard. Au printemps 1882, le P. Achille Rey soumet un nouveau règlement à Mgr Guibert. Il est question de trois degrés dans l'Archiconfrérie. Le troisième comprend les associés qui acceptent un jour d'expiation à rythme régulier en plus de ceux prescrits par l'Église. Mgr Rivet donne son accord au cours de l'été. À la date de l'union, la confrérie de pénitence compte déjà quatre-vingt-dix mille adhérents. Elle est à sa place dans une œuvre dont la devise est *Gallia pœnitens et devota*[2]. Dès lors, les destinées de l'association – sa fondatrice restant volontairement en retrait- et du Vœu national se confondent[3]. *Le Messager du Cœur de Jésus* s'y intéresse à ce titre. Mais il la présente aussi comme un prolongement de l'œuvre de la bienheureuse Marguerite-Marie[4]. De son côté, le P. Ramière, quelques mois avant de mourir, rédige à la demande du P. Rey un long article pour le *Bulletin*, sur cette nouvelle association et son esprit de pénitence[5].

À quarante-deux ans, Edith Royer devient veuve et se préoccupe de marier ses filles. L'une devient l'épouse de Maurice Blondel dont la pensée philosophique et théologique est si importante dans la crise intellectuelle du christianisme du début du siècle[6]. Peut-on établir des liens entre les expériences mystiques de sa belle-mère, l'élaboration de sa méthode d'immanence et son analyse de l'action ? Des travaux d'investigation seraient nécessaires pour avancer dans une telle direction. Signalons en tout cas que le philosophe a composé une consécration au Cœur du Christ à la demande de Mme Royer[7]. Une autre fille de Mme Royer devient madame Adéodat Boissard. Elle entre ainsi dans la famille de Théophile Foisset qui fut l'âme

1. *BVN*, 1881, p. 490. C. Boissard, *La vie...*, 1960, p. 156.
2. Sur tout cela voir *BVN*, 10 déc. 1882, p. 714-715.
3. En février 1883, le directeur dijonnais de l'association passe par le *Bulletin du Vœu national* pour s'adresser aux membres : *BVN*, 1883, p. 171-175.
4. ***, « *L'esprit...* » dans *MCJ*, 1883.
5. *BVN*, 1885, p. 26, 111, 192, 293, 623, 691, 825 et 880 et *MCJ*, 1886, t. 50, p. 71-72.
6. Voir Gérard Cholvy, *Histoire...*, 1985, t. II, p. 133.
7. Selon Mgr Charles à qui un membre de la famille l'a montrée. Voir aussi au 30 juin 1890 dans les *Carnets intimes* : « Remettons-nous de toutes choses au Cœur percé et saignant (...), au Cœur, toujours au Cœur de Dieu, puisque nous ne pouvons passer qu'à travers cette porte ouverte de l'amour infini ! » Citation faite par Georges Daix, « L'annonce faite à Marguerite-Marie » dans *Famille chrétienne* du 19 juillet 1990, p. 21, à propos de la publication des Actes du colloque organisé par le séminaire Saint-Luc d'Aix-en-Provence (1989) : *Maurice Blondel, une dramatique de la modernité*; Éd. universitaires, 250 p. Dans sa contribution, Emile Poulat montre qu'on ne peut faire l'impasse sur le fait que le philosophe d'Aix était le gendre de Mme Royer. Ne parle-t-on pas de l'ouverture du procès de béatification ?

du *Correspondant*, l'animateur de la Société de Saint-Vincent de Paul de Dijon, l'ami de Charles de Montalembert et du P. Lacordaire et qui chercha à tempérer la fougue de Louis Veuillot [1]. Les Adéodat Boissard ont un fils prénommé lui aussi Adéodat. Il joue un rôle important dans la fondation des Semaines sociales et reste connu pour ses écrits économiques et sociaux [2]. Là encore, un lien pourrait-il être établi avec l'enseignement de la grand-mère sur la réconciliation des classes ? La biographie de Mme Royer par Charles Boissard, missionnaire de Nazareth, ne soulève pas le problème.

À nouveau, par les Royer et les Foisset, les Boissard ou les Blondel, se précisent certains aspects du milieu dans lequel s'est développée la vie de la basilique de Montmartre. Peut-être les préférences politiques de Mme Royer allaient-elles vers la monarchie, ce qui laisserait encore la porte ouverte aux légitimistes comme aux orléanistes. Mais, en fait, pour elle, la politique devait certainement céder le pas à la religion. Il ne lui semblait pas que le bien de sa patrie puisse se confondre avec la survie d'un régime politique : « religion d'abord ! ».

Dans l'histoire de l'Œuvre, il faut mentionner le rôle important que jouèrent l'archevêque d'Aix, Mgr Forcade, et la comtesse du Roure, l'une de ses diocésaines. En 1871, Mgr Forcade, alors qu'il était évêque de Nevers, avait adressé son « excellente approbation » à Alexandre-Félix Legentil (chap. 3). Arrivé à Aix, il a des démêlés avec les légitimistes de son diocèse (bien que Jacques Gadille classe cet évêque dans la tendance de Mgr Pie), comme avec le gouvernement des Républicains, vers 1880 [3]. En septembre 1881, lors de la clôture du dixième synode de son archidiocèse, il exhorte les curés à ériger des confréries de pénitence en l'honneur du Cœur de Jésus qui devront se rattacher à l'Archiconfrérie nationale de Montmartre. Sous son imprimatur, paraissent des opuscules anonymes rédigés en fait par la comtesse du Roure [4]. Quant à cette dernière, on peut bien imaginer autour de quel milieu théologique et spirituel elle gravite lorsqu'elle se dit formée par « Mgr Mermillod, Mgr Forcade, dom Romain et le P. de Franciosi ». Il n'est plus besoin de présenter ici Mgr Mermillod et Mgr Forcade (voir chap. 3), ni le P. de Franciosi (chap. 2 et 22). Quant à dom Romain, prieur du monastère de Saint-Pierre-de-Canon en Provence, c'est un disciple de dom Muard mentionné ci-dessus [5].

1. Voir *CHAD* et Henri Boissard, *Théophile Foisset*, 1891.
2. Voir *CHAD* et C. Boissard, *La vie*..., 1960, p. 232.
3. Jacques Gadille, *La pensée*..., 1967, t. I, p. 179 et t. II, p. 147.
4. Par ex., ***, *La situation*..., 1886, mentionnée en *BVN*, 1885, p. 383 et Charles Boissard, *La vie*..., 1960, p. 184. Le *Bulletin* les signale : *BVN*, 1886, p. 86-88.
5. Dom Romain Banquet fonde l'abbaye d'En-Calcat et avec Marie Cronier, celle de Dourgne. Voir *CHAD*, articles sur ces abbayes. Dom Bernard Billet prépare une biographie.

À ces parrains de l'Œuvre, il faut adjoindre le nom Mgr Billère, évêque de Tarbes, connu pour se rattacher au courant catholique libéral de Mgr Maret, d'esprit très modéré et d'opinion républicaine [1]. Il érige une confrérie de Jésus pénitent dans la grotte de Lourdes. Cela encourage les pèlerins à s'y inscrire. Comme Mgr Guibert et Mgr Richard patronnent aussi cette œuvre ainsi que Mgr Rivet, on peut dire que chaque case de l'éventail politique de l'épiscopat tel que l'a dressé J. Gadille est en quelque sorte remplie. L'Œuvre de pénitence reste bien perçue comme une œuvre de piété au premier chef, « la piété pouvant être utile à tout » (*1re Tim* 4, 8) !

L'action de ces apôtres fait merveille. S'y ajoute celle des chapelains de Montmartre. Il semble ainsi que ce soit au P. Yenveux, initiateur de la Croisade angélique (voir ci-dessus) qu'on doive aussi une extension de l'association de pénitence auprès des enfants [2]. En 1887, la seconde réforme de l'archiconfrérie de Montmartre n'a pas de répercussion sur son troisième degré. Au contraire les supérieurs de Montmartre sont fiers d'annoncer des inscriptions par centaines de milliers et une croissance régulière des effectifs [3].

### 3. *Changement de nom*

Une initiative extérieure à l'Association va permettre le retour au nom originel. À partir de 1883, Mathilde Marchat, d'Etampes, prétend avoir reçu la mission, elle-aussi, de fonder une communauté du « Sacré Cœur de Jésus pénitent » à Loigny où sont morts tant de héros et où elle va élire domicile. Liée aux partisans du fils de Naundorff, elle annonce une restauration de la royauté. Diverses mesures vont être prises à son égard jusqu'à l'excommunication, notamment un décret romain prohibant l'emploi du titre de « Jésus pénitent » ou même de « Jésus pénitent pour nous », moins d'ailleurs pour des raisons théologiques qu'à cause de sa nouveauté [4]. Il semble qu'il n'y ait jamais eu de contacts entre les deux associations, d'autant que Mme Royer s'était fait imposer le titre de sa confrérie par Mgr Rivet. À Montmartre cependant, l'on se réjouit de pouvoir citer à titre de référence un ouvrage de 1680, dû au P. Louis de Sainte-Marthe, supérieur général de la congrégation

1. Jacques Gadille, *La pensée*..., 1967, t. I, p. 134, n. 4 et t. II, p. 134, n. 1.

2. *BVN*, 1885, p. 192 et 1886, p. 75 et 111. Même s'il s'agit d'une adhésion qui a eu lieu trente ans plus tard, il faut faire mention ici de celle d'Anne de Guigné (1911-1922) dont la cause de béatification est aujourd'hui en instance. Voir Renée de Tryon-Montalembert, *Anne*..., 1983. Le 3 mars 1990, a été promulgué le décret reconnaissant l'héroïcité de ses vertus (*DC* n° 2004, du 15 avril 1990, p. 430).

3. *BVN*, 1886, p. 223 : 233 000 ; 400 000 en *BVN* 1888, p. 566 au Congrès eucharistique ; 500 000 au Congrès d'Anvers (*BVN*, 1890, p. 579).

4. Voir Cardinal Parocchi, *Décret*..., 1893, ASCM. Voir Jacques Bainvel, « Cœur », *DTC*, col. 345. Voir aussi Alfred de Bonhome, « Dévotion », *DSAM*, t. 3, col. 781. Emile Appolis, *En marge*..., 1962, p. 112.

de l'Oratoire, dont le titre est Jésus-Christ Pénitent. Le Sauveur y est appelé le « Pénitent universel de toute l'Église », lui qui a tellement chanté les psaumes de pénitence au nom de l'humanité. Il fait pénitence avec ceux qu'il sauve et glorifie [1]. Mais, bien entendu, le décret promulgué par Rome est aussitôt appliqué et l'association de Mme Royer retrouve son nom originel.

### *4. L'extension universelle (1894)*

Universaliser la confrérie, c'est encore comme partout à Montmartre, la marque du P. Lemius et de son magnifique talent d'organisateur. Chaleureusement appuyé par Mme Royer, fort de l'approbation du cardinal Richard, il obtient du Léon XIII et du cardinal Rampolla que soit proclamé le caractère universel d'une Association de prière et de pénitence en l'honneur du Sacré Cœur de Jésus [2]. Son but est :

> « 1. De réparer par la prière et la pénitence, unies aux prières et aux souffrances du Cœur de Jésus, les crimes des hommes, tous les outrages commis contre la religion, les droits de l'Église et du Saint-Siège et contre la personne sacrée du vicaire de Jésus-Christ ;
>
> « 2. D'obtenir le triomphe de l'Église, la délivrance du souverain pontife, le salut de la société ;
>
> « 3. De demander que l'union de tous les cœurs s'établisse dans la charité de Jésus-Christ pour la défense et le développement du règne de Dieu dans les nations. »

Le rôle du P. Lemius ne se borne pas à la rédaction d'un nouveau règlement. Il forme surtout des zélatrices qui assure la croissance de l'Œuvre. Essentiellement féminine, elle complète avec les Dames adoratrices son apostolat auprès des Hommes de France voués au Sacré Cœur (chap. 15) [3]. Il est désormais question de six cent mille associés dont bon nombre sont étrangers [4]. En 1894, le secrétariat est installé au 31, rue du Chevalier de La Barre, avec les autres services de Montmartre. Un comité est constitué. Isabelle, comtesse d'Eu, accepte d'en être la présidente et Mlle de Castries, la secrétaire. Les réunions ont lieu tous les premiers vendredis de chaque mois [5]. Les responsables demandent aux Filles du Cœur de Marie, congrégation de

1. *BVN*, 1889, p. 726-727.
2. Tous les documents : *BVN*, 1894, p. 288-289 ; 337-344. Voir aussi P. Lemius, *Les associations...*, 1894 et ***, *Prière...*, 1894 ainsi que ***, *Rescrit...*, 1900 et ***, *Archisodalitas...*, s. d., mais 1912.
3. Charles Boissard, *La vie...*, 1960, p. 206.
4. *BVN*, 1894, p. 337-338. De même que Léon XIII avait adhéré à l'Association, le cardinal Sarto renouvellera son adhésion comme pape.
5. Voir convocation datée de 190., aux ASCM.

religieuses vivant discrètement dans le monde, d'installer sur la butte, au 38 bis de la rue du Chevalier de La Barre, une petite communauté qui assurerait le secrétariat de l'Archiconfrérie [1]. Le choix des Filles du Cœur de Marie s'explique d'autant mieux que l'une des filles de Mme Royer était entrée dans cette congrégation. Pendant une dizaine d'années, Mme Royer se partage entre cette communauté, ses enfants et petits-enfants et sa Bourgogne natale où elle a encouragé une petite congrégation, les Religieuses bernadines de Saint-Rémy. À Paris, elle profite des conseils spirituels des pères jésuites Nourry et Leroy et de M. Icard, supérieur général de Saint-Sulpice. Une nouvelle rédaction du règlement de l'Association prévoit de faire également pénitence en faveur du peuple juif et des nations chrétiennes séparées de l'Église. À partir de 1902, un bulletin est régulièrement publié [2]. Des rapports faits aux Congrès annuels des catholiques du Nord témoignent de l'état florissant de cette association qui jouit d'un impact national et international [3]. Cependant les Filles du Cœur de Marie cessent d'assurer le secrétariat de l'Association qui repasse au 31, rue du Chevalier de La Barre, sous la responsabilité des chapelains. Elles ont acheté, en effet, le terrain des pavillons 3, 5 et 7 du 40 de cette même rue, pour y construire une maison d'accueil et s'occupent de sa gestion. Par ailleurs, Mme Royer n'habite plus chez elles, ayant finalement choisi de vivre auprès des religieuses de Saint-Rémy près de Dijon. Quoiqu'il en soit, les vingt années qui s'écoulent entre 1894 et 1920, ont été une période faste, disons un véritable âge d'or pour l'Association de prière et de pénitence : rien que pendant l'année 1915, trois cent mille personnes par exemple s'y inscrivent [4].

Un assomptionniste, le père Marie-Clément Staub s'enthousiasme pour l'Œuvre de madame Royer et pour Montmartre. Responsable de la présence assomptionniste au Canada, il fonde un Montmartre canadien, près de Québec, en 1917, comme centre national de l'Archiconfrérie de prière et pénitence ainsi qu'une congrégation, les Sœurs de Sainte-Jeanne d'Arc avec l'aide de sœur Jeanne du Sacré Cœur. Actuellement sa béatification est en instance à Rome [5]. Il donna à l'Association une extension considérable au Canada

1. Elles assureront finalement l'accueil des pèlerins. Voir le chap. 16 sur les pèlerinages.
2. Voir *Bulletin*..., 1902 aux ASCM.
3. Voir *BVN*, 1906, p. 345 et 1907, p. 6-11 et *BPA*, juin 1907, p. 4-6. Une confrérie a été fondée à Rome (*BVN*, 1896, p. 544).
4. *BVN*, 1916, p. 45. Annette Becker, « Les dévotions des soldats » dans les actes du colloque *l'Église et les catholiques durant la Grande Guerre*, Soc. hist. religieuse de la France, Amiens, mai 1992.
5. Voir *Montmartre*, n° 169, juillet 1949, p. 3-5 ; P. Yvon Le Floc'h, *Marie-Clément*..., 1967 et Armand Desautels, a. a., *Le Montmartre Canadien* dans la revue *L'Assomption et ses Œuvres*, n° 630, été 1987, p. 6-7. Sœurs de sainte Jeanne d'Arc, *Échos*..., 1989.

et aux États-Unis. Plus d'un million d'adhérents. Mais, pour des questions pratiques, il demanda et obtint une autonomie complète du « Montmartre de Québec » par rapport au « Montmartre de Paris » [1].

## *IV. LES ŒUVRES DE BIENFAISANCE*

Là où la prière et la pénitence en l'honneur du Cœur et du Corps de Jésus étaient prêchées, il a paru nécessaire, comme l'enseigne l'Église en carême, d'ajouter le partage. Alexandre-Félix Legentil développait déjà abondamment ce thème dans ses *Méditations à l'usage des confrères de Saint-Vincent de Paul*, en allant plutôt, il est vrai, de l'amour des pauvres pour le Christ à l'amour du Christ au Saint Sacrement, pour continuer finalement à vivre une vraie charité [2]. C'est pourquoi les continuateurs de son œuvre à Montmartre ont institué deux œuvres de charité dans un quartier qui appelait ce genre de service [3].

Au temps du P. Voirin, en 1885, le P. Amorès et madame Clesse fondent une association de bienfaisance spirituelle et temporelle au profit des femmes et des familles. Elle est sur le modèle de la Société Saint-Vincent de Paul ou des Dames de Charité : la confrérie des Dames de Charité du Sacré-Cœur. Elle s'est d'abord développée à l'ombre des Religieuses du Sacré-Cœur de Marie, rue de Dunkerque, mais rapidement le P. Voirin l'accepte au Sacré-Cœur. En 1889, la confrérie compte quatorze sections paroissiales et doit se confondre plus ou moins avec les Adoratrices du P. Voirin [4]. Elle semble prendre son autonomie sous le P. Lemius [5] et surtout sous le chanoine Peuportier, vers 1907, où elle est érigée en archiconfrérie. Elle subsiste jusque vers 1950 [6].

1. Les œuvres de Mme Royer et du P. Staub entrent comme des étapes dans telle histoire religieuse et mystique du Canada français interprétée par certains mouvements contemporains comme les Fils et Filles de Marie ou les Oblats-Patriotes de (sœur) Marie-Paule. Voir *Le Royaume*, n° 75, juillet 1990.

2. *Méditations*,, p. 216-222. Il écrit : « Quoi, je voudrais passer ma vie à faire des actes de charité, c'est-à-dire à aimer Jésus-Christ dans mes frères souffrants, et je me tiendrais volontairement en dehors de la charité de Jésus-Christ, toujours vivante et agissante dans le sacrement de son amour ! »

3. Les Sœurs du Saint-Cœur de Marie (28, rue Lamarck) et les Religieuses Dominicaines (9, cité du Sacré-Cœur) s'installent aussi sur la butte vers 1900 pour le service des pauvres.

4. *BVN*, 1889, p. 718.

5. Époque où l'on distingue bien les Dames de l'Adoration des Dames de l'Association de bienfaisance dite du Sacré-Cœur : *BVN*, 1894, p. 874.

6. Voir ***, *Association*..., 1888 ; ***, *Règlement*..., 1890 ; ***, *Rapport*..., 1902. ***, *Règlement*..., 1905. PIE X, *Bref*..., 1906 ; Cardinal Merry Del Val, *Érection*..., 1907. *BVN*, 1907, p. 228 et 1914, p. 57-58 ; *Montmartre*, jan. 1946, p. 3. Voir ASCM, 04. 07.

En 1894, le P. Lemius est saisi de demandes de pèlerinage pour une œuvre de miséreux, rassemblant uniquement des hommes, organisée à Saint-Julien-le-Pauvre par M. Delehays et Mlle Durnerin[1]. Il accueille ainsi par deux fois un millier de pauvres. L'installation de cette œuvre étant précaire, il a l'idée de la rattacher au Sacré-Cœur. Il obtient l'accord des fondateurs[2], du cardinal Richard et du Comité[3] et la fait présider par le comte Gaston Chandon de Briailles. Désormais, chaque dimanche, une messe est dite à l'intention des démunis et une instruction leur est faite dans la crypte[4]. À la sortie, l'un des bienfaiteurs du Vœu national leur distribue une livre de pain. Au siège de l'Œuvre[5], un chapelain et des dames assurent un accueil tout au long la semaine, on ouvre une imprimerie où certains pourront trouver du travail[6], ainsi qu'un vestiaire, un dispensaire, un service de consultations juridiques, de correspondance et de placement. Sont prévues des activités religieuses, nuits d'adoration et retraites, pour les volontaires. Des baptêmes, des premières communions et des confirmations ont lieu. Cette œuvre est célèbre dans le quartier. André Salmon en parle avec sympathie[7]. Mais elle sera très contestée (voir chap. 26). Elle subsiste jusque dans les années cinquante[8].

Les associations de fidèles fondées à Montmartre comme toutes celles évoquées au cours de ce travail (chap. 5 et 15) témoignent, nous semble-t-il, d'une grande sociabilité christianisée, c'est-à-dire d'un goût de se réunir pour pratiquer ensemble des activités christianisées : l'adoration du Cœur eucharistique, les mortifications, l'aumône, et ceci au profit de sa patrie et de l'Église, des vivants et des morts, en union avec les saints (et les anges...) Cette sociabilité catholique paraît être à la fois une christianisation de celle vécue par les non-catholiques et un remède à l'individualisme dont on crédite cette époque. Ces confréries, ces petites églises, complètent le dispositif des paroisses, s'intercalent entre la famille, la société et la grande Église.

1. Voir P. Jonquet, *Les pauvres*..., 1896 ; ***, « L'Œuvre des pauvres » dans *BVN*, 1900, p. 10, 75, 151, 323, 380, 466 et 525 ; Albert Martocq, *Œuvre*..., 1901. *BVN*, 1896, p. 129.

2. Cependant il semble que cette Société des Amis des Pauvres de Thérèse Durnerin (1847-1905) ait continué d'exister par ailleurs. Voir François Graffin, *Henri*..., 1984, p. 106.

3. *PV* du déc. 1894, *HSC*, t. IV, p. 340. H. de Fleury semble être pour la venue de ces bas-fonds dans « sa » basilique selon Alfred Van Den Brule, *Hubert*..., 1930, p. 410-411.

4. que dispensent le P. Lemius, un chapelain ou diverses personnalités ecclésiastiques comme Mgr Turinaz, évêque de Nancy (François Veuillot, « Le P. Lemius », *Montmartre*, oct. 1938, p. 11).

5. 31, rue Lamarck.

6. Les nombreux imprimés du P. Lemius en sortent ainsi que des travaux simples comme des programmes ou des faire-part. Cette initiative est à rapprocher de celle de l'abbé Migne, quarante ans plus tôt ou de celle du recteur du sanctuaire de Notre-Dame de Montligeon à la même époque.

7. André Salmon, *La Négresse*..., 1920, p. 17 et 114.

8. *Montmartre*, juillet 1947, p. 2. Mgr Aubé, recteur de l'époque, sera appelé dans un ouvrage intitulé '*Paris, porte à porte*' Mgr Merveille pour sa générosité quasi spontanée à l'égard des solliciteurs (Mgr Charles).

# Chapitre 19
# Les consécrations au Cœur de Jésus

La pratique des consécrations individuelles et collectives aux XVIIe-XIX[e] siècles a été évoquée dans les chapitres 5 et 6 à propos de la dévotion privée et publique au Cœur de Jésus. On se souvient des consécrations faites ou réclamées entre 1870 et 1875 (chap. 7 et 9). Celle, universelle, de 1875 en est en quelque sorte le couronnement (chap. 11). C'est dans ce contexte qui conduira à l'acte de Léon XIII en 1899 que, conjointement à la mise en place des pèlerinages vers Montmartre, de l'adoration perpétuelle et des archiconfréries, les chapelains du Sacré-Cœur promeuvent des campagnes de consécrations de 1876 à 1919, chacun des supérieurs ayant malgré tout son propre style.

# *I. AU TEMPS DU P. REY : INDIVIDUS ET DIOCÈSES*

## A. Adultes et enfants

La proposition de se consacrer au Cœur de Jésus apparaît dans la pastorale du nouveau sanctuaire. Dans l'esprit, semble-t-il, des consécrations des enfants à Marie après le baptême, la première équipe des chapelains lance un double mouvement de consécrations au Cœur de Jésus : celui des petits enfants et celui des adultes. Cela semble discret, il est vrai, même si on en a pourtant trouvé quelques traces jusqu'en Dordogne. Il s'agit non seulement des enfants que les parents présentent mais aussi des enfants qui peuvent dire une prière puisqu'on suggère de leur faire réciter celle de la confrérie du Vœu national où, à partir de 1882, il a été ajouté pour les adultes, la mention selon laquelle le fidèle qui s'inscrit à la confrérie de Montmartre se consacre au Cœur de Jésus. Cette consécration se fait soit à la chapelle, soit à domicile et par correspondance. Une image souvenir l'accompagne. Les papiers portant les noms des enfants seront un jour déposés dans un pilier. On parle de quinze mille noms d'enfants. Ainsi adultes ou enfants sont invités dès le début de la vie du nouveau sanctuaire à renouveler leur vie chrétienne quotidiennement par leur volonté de « se consacrer » au Cœur de Jésus [1].

## B. Les dernières consécrations de diocèse au Sacré Cœur

On a déjà fait le décompte des consécrations des diocèses de France jusqu'à la fin de 1870 (chap. 6). En 1871, huit sont consacrés [2], un seul en 1872. À cette époque, le problème se pose pour Paris. Le 5 février 1872, Mgr Guibert est saisi par le général de Sonis d'une demande de consécration de la ville et du diocèse de Paris [3]. Il lui était aisé de répondre qu'à Tours comme dans la capitale, ses prédécesseurs, Mgr de Montblanc, sur le siège de saint Martin, comme Mgr de Quelen, sur le siège de saint Denis, l'avaient officiellement faite et qu'il serait opportun de la reporter comme celle de la France à la pose

1. La Croisade angélique du père Yenveux succèdera à ce mouvement : voir chap. 18. Voir *BVN*, 1881, suppl. juin, p. 17 et suppl. déc. p. 15. *BVN*, 1882, p. 18. P. Rey, *Souvenir de la consécration de*... le... Arch. départementales de la Dordogne. 1880. Aimablement communiqué par Jacqueline Lalouette.

2. Sur le rôle du P. Alfred Deschamps, s. j., et de l'Apostolat de la prière dans cette campagne, voir *MCJ*, mai 1871, t. 19, p. 314-326.

3. Lettre des AHDP, dossier Sacré-Cœur de Montmartre, carton II.

de la première pierre. On sait ce qu'il en advint (chap. 11). Finalement il y eut trois consécrations diocésaines en 1873, puis aucune en 1874-75-76.

En 1876, Léon Pagès rappelle que font encore défaut quatre diocèses; ce dont le *Bulletin du Vœu national*, d'une façon beaucoup plus simple, se fait aussi l'écho:

> « Quatre diocèses manquent encore à l'appel : Versailles, Orléans, Cambrai, Rouen. Mgr de Versailles a promis. Mgr Coullié a promis de faire de son mieux ; il serait souhaitable de faire disparaître ces quatre vides » [1].

Les évêques ainsi désignés s'exécutent et, en 1885, une liste complète des diocèses de France consacrés au Cœur de Jésus peut être publiée [2]. Un mouvement commencé sous le premier Empire, en référence à Mgr de Belsunce, s'achève ainsi sous la République des républicains; les responsables du Vœu national, n'ayant pas laissé de jouer ici un certain rôle, dans les dernières années du processus.

## *II. AU TEMPS DU P. VOIRIN : TOUS AZIMUTS, 1889 ET 1891.*

### A. Consécrations tous azimuts

La diversité des œuvres instituées par le second supérieur du Sacré-Cœur est unifiée dans l'esprit du P. Voirin par la pratique des consécrations partielles des Français diversement regroupés qui visent à la consécration de la France entière comme en font foi les diplômes des zélatrices déjà cités (chap. 15). Dès son arrivée, il s'en explique:

> « Parmi les œuvres du sanctuaire du Sacré-Cœur, il en est une dont le *Bulletin* a encore peu parlé, et sur laquelle il est nécessaire d'attirer l'attention des âmes dévouées au Cœur de Jésus et des zélateurs du Vœu national, car elle est d'une importance capitale ; on peut même dire que c'est la première de toutes les œuvres ; en effet, c'est à elle

1. Léon Pagès, *Vœu...*, 1876, p. 13. *BVN*, 1876, p. 391 ; *HSC*, t. I, p. 479.
2. *BVN*, 1879, p. 152 et surtout *BVN*, 1885, p. 315-317.

que conduisent et l'œuvre matérielle de la construction de la basilique, et les œuvres spirituelles établies dans la chapelle provisoire : il s'agit de la Consécration au Cœur de Jésus. Notre grande entreprise nationale sera achevée, non quand la France aura par ses offrandes terminé la construction de l'église votive, mais quand dans sa vie morale, notre patrie sera vraiment *pœnitens et devota* ! »[1].

Et le P. François Voirin de traduire ce dernier mot par *consacrée*[2] et de mener de véritables campagnes de consécrations tous azimuts : les enfants, les adultes, les familles, les individus, les paroisses[3], les œuvres, les congrégations[4]. Des livres d'or sont ouverts qui consignent et conservent dans les archives le souvenir de ces démarches[5]. Dans le manuel des pèlerins, ceux-ci sont instamment invités à marquer leur passage par une telle démarche[6]. Mais, pour le P. Voirin, cet acte, même s'il a été proclamé une fois pour toutes, est à renouveler fréquemment pour que la vie du fidèle s'accorde à la volonté divine[7].

## B. La campagne de consécrations de 1889

### 1. *Les préparatifs*

Cette pastorale des consécrations s'épanouit particulièrement en 1889 qui est l'année des centenaires de 1789 et 1689 (voir chap. 6 et 23). Du refus ou de l'acceptation de la consécration de la France au Cœur du Christ par Louis XIV ou par le chef de l'État, son successeur, l'on passe, en complément et substitut de cette démarche officielle, à une autre éventualité, la consécration de tous et de chacun au sein d'un peuple qui dispose désormais de la souveraineté par le suffrage universel[8].

1. *BVN*, 1886, p. 223-224.

2. Il a pour lui une certaine synonymie des mots « dévoué » et « consacré ». *BVN*, 1888, p. 564. Dans la lettre C de Marguerite-Marie (Mgr Gauthey, *Vie*..., 1920, t. II, p. 438), n'y a-t-il pas parallélisme entre la dévotion à la sainte Enfance et la consécration au Cœur du Christ ? Les promesses du Christ ne sont-elles pas pour les fidèles « dévoués et consacrés » (*BVN*, 1902, p. 38 du suppl., 12e promesse) ? A. Legentil ne dit-il pas que Mgr de Belsunce « voua son diocèse au Cœur de Jésus » (A. Legentil, *Rapport*..., 1872, p. 3) ? Voir aussi en illustration, une bannière de l'Archiconfrérie du Vœu national qui porte la devise : la France pénitente et consacrée.

3. Sur le souvenir de la consécration d'un paroisse dans l'église paroissiale, voir Sabine Guilguet, *L'imagerie*..., 1987, p. 64.

4. *BVN*, 1886, p. 223-224 ; 1887, p. 38 ; 1888, p. 374-375 ; 1890, p. 742 ; 1893, p. 65 et 475.

5. ASCM, 02, 12.

6. ***, *Manuel*..., 1886, p. 28-33.

7. *BVN*, 1886, p. 224-225.

8. *BVN*, 1888, p. 367.

Les préparatifs vont bon train. Le baron de Sarachaga[1] et le comte Nicolaï au Congrès des catholiques du Nord en 1888 proposent de marquer tout le mois de juin 1889, par des pèlerinages, des consécrations et des signatures. « Cette proposition est acceptée avec un enthousiasme indescriptible ». Dès 1888, l'Apostolat de la prière dans son *Messager* se propose de constituer des livres d'or avec les consécrations, par le chef de famille, des familles du monde entier : ceux de France seront conservés à Montmartre, les autres, à Paray-le-Monial[2]. Le P. Voirin acquiesce à toutes ces initiatives et diffuse lui-même par centaines de milliers la formule de consécration présentée ci-dessous[3]. Son action est soutenue par la réédition du livre du P. Alet, *La France et le Sacré Cœur*, et par un mandement du cardinal Richard.

## 2. *La formule de consécration du cardinal Richard*

L'archevêque de Paris non seulement obtient de Rome un degré supérieur de solennité pour la fête du Cœur de Jésus[4], mais dans un mandement, propose un acte de consécration qui caractérisera les célébrations montmartroises du centenaire de la *Déclaration des droits de l'homme* en proclamant les droits de l'homme-Dieu sur le cœur, la famille et la société du fidèle qui se consacre, mais formule qui sait éviter les dérapages politiques.

« Cœur adorable de Jésus, vivant dans cette hostie[5], moi N., prosterné en esprit devant vous dans le sanctuaire de Montmartre que vous avez demandé[6], en présence de la sainte Vierge Marie et de saint Joseph, de saint Michel et des saints patrons de la France, je viens, avec toute la sincérité de mon cœur, vous demander pardon de mes fautes passées et vous promettre une fidélité entière à l'avenir.

« Je reconnais et proclame vos droits souverains sur tout ce que je suis et sur tout ce que je possède ; vous règnerez désormais sur mon intelligence, sur ma volonté, sur toutes les puissances de mon âme, toutes les forces de mon corps, tous les instants de ma vie, et tous les biens que j'ai reçus de vous seront employés conformément à votre adorable volonté.

1. Unique mention relevée à ce jour dans la documentation du Vœu national de ce personnage qui a joué un rôle important à Paray-le-Monial en fondant le Hiéron et la *Revue du Sacré Cœur* selon Emile Poulat et le P. Glotin. Voir aussi Jean-Pierre Laurant, *Symbolisme*… 1979 (1988), p. 356.
2. *MCJ*, 1888, t. 54, p. 675.
3. *BVN*, 1889, p. 90-91. Voir aussi *BVN*, avril 1889, p. 205-212 et *MCJ*, mai 1889, t. 55, p. 627 et 765.
4. *BVN*, 1889, p. 485-486 et *MCJ*, 1889, t. 56, p. 131.
5. On ne parle pas de Cœur eucharistique, mais c'est la même union des deux dévotions en question, union qui présente ainsi les traits d'une véritable spiritualité christocentrique.
6. L'initiative de Legentil s'estompe devant la référence aux lettres de 1689 de Marguerite-Marie !

« Je reconnais et proclame vos droits souverains sur ma famille ; je travaillerai de tout mon pouvoir à y établir votre règne, afin que tous les membres qui la composent fassent de vos exemples et de vos leçons la règle de leur conduite, de votre amour, le lien de leur union et de votre image honorée et exposée la sauvegarde du foyer domestique [1].

« Je reconnais et proclame vos droits sur la société. Que ne puis-je y établir absolument votre règne en y faisant respecter en toutes choses et partout vos lois et vos préceptes. Je veux au moins que, dans le cercle où s'exerce mon influence, votre nom soit honoré, le saint jour du dimanche soit respecté ; je veux que la pratique de vos commandements ne rencontre autour de moi aucun obstacle, que le bien soit toujours encouragé, que le mal soit réprimé et puni.

« Soyez vous-même, ô Cœur divin, le gardien de ces engagements que je prends et que je signe devant vous ; soyez-en un jour l'éternelle récompense, si par votre grâce, j'y suis fidèle. Ainsi soit-il ! » [2].

Affirmés par trois fois les « droits souverains » [3] du Cœur du Christ s'appliquent à l'individu, à sa famille et à la société. Chaque fidèle trouve et trouvera son épanouissement dans cette soumission qui ne se confond pas avec une démission, laquelle risque toujours de basculer dans la révolte. Toutes les dimensions de son être sont saisies par cette offrande qu'il fait à celui qui s'est offert en « hostie ».

### 3. *Les célébrations*

Cette formule mettait certes en avant les chefs de famille mais s'étendait en fait à bien d'autres catégories. Le chroniqueur du *Bulletin* se plaît à énumérer les pèlerins du mois de juin 1889 à Montmartre en les regroupant: épiscopat, clergé, congrégations, paroisses et diocèses; l'enfance et la vieillesse, la jeunesse; les pauvres et les affligés, les œuvres, la classe ouvrière, l'industrie et le commerce; les représentants de toutes les nations [4]. Le fait que les corps constitués ne soient pas mentionnés ici ne fait que souligner leur répugnance à toute démarche religieuse publique et le caractère substitutif de ces rassemblements délibérément religieux et patriotiques faits à l'ombre des drapeaux tricolores (sans qu'il soit encore question d'y apposer un cœur)

1. C'est un encouragement dont le P. Voirin va tenir le plus grand compte en lançant de nouvelles sauvegardes (chap. 21).
2. *BVN*, 1889, p. 311-312.
3. Notons cependant qu'à propos de la société, les droits du Christ ne sont pas qualifiés de « souverains ». Est-ce pour éviter une répétition ou pour éviter une confusion à propos des rapports de l'Église et de la société?
4. *BVN*, 1889, p. 382-412.

qui pavoisent les échafaudages d'une église en construction et pourtant déjà utilisée à la date de juin 1889[1].

Dans cette foule, en s'aidant d'ailleurs davantage de la presse que des Renseignements généraux, le bureau des Cultes remarque la présence du général de Charette et de ses zouaves ainsi que celle du duc d'Alençon, représentant le comte de Paris, ce que relève aussi le *Bulletin du Vœu national* mais très discrètement[2]. Dans ce grand arbre qu'est la basilique sortant de terre vient aussi se blottir, comme le dit lyriquement un Léon Bloy, le « petit-fils de Louis XVI », le fils de Karl Wilhelm Naundorff, pour y renouveler la consécration de son royaume au Cœur du Christ[3]. Mais là-dessus, le chroniqueur du *Bulletin* fait silence.

### 4. *Les comptes*

À l'heure des bilans, le P. Voirin estime que Montmartre, à lui seul, a recueilli cinq cent mille consécrations au titre de l'année 1889 dont celles de cent mille familles[4]. Il faut leur ajouter celles consignées dans onze gros volume et provenant de l'Apostolat de la prière, des Missionnaires de Lourdes et du P. de Boylesve[5]. En 1890, la Visitation de Paray-le-Monial reçoit un million et demi de consécrations de familles du monde entier et Montmartre, celle de cinq cent mille familles françaises[6]. Au début de 1893, le P. Voirin peut afficher dans son Livre d'or un total de 1 921 122 inscriptions[7]. Mais qu'est-ce que sont ces deux millions au regard des trente millions (!) de visiteurs de l'Exposition universelle (voir chap. 16)?

### 5. *L'enjeu qualitatif*

En 1889, à Montmartre, le cardinal Richard et le P. Voirin ont organisé des célébrations qui visaient les trois 89 : non seulement 1689 mais aussi 1789 et surtout 1889 avec l'Exposition universelle et la tour Eiffel qui s'élevait « contre, tout contre » le Sacré-Cœur. Pour eux, la cité de Dieu s'accommode

1. *BVN*, 1889, p. 423. Le point de vue du *Messager du Cœur de Jésus* sur ces manifestations se trouve en *MCJ*, 1889, t. 56, p. 85, à partir d'un article de *L'Univers* où la polémique politique est sensible comme d'habitude.
2. AN F 19, 2371 où l'on trouve une coupure de *L'Univers* du 18 juin 1889. *BVN*, 1889, p. 407.
3. Léon Bloy, *Le Fils de Louis XVI*, t. V, p. 105 dans *Œuvres*..., réf. en 1917. Selon Emile Appolis, « En marge... », 1962, p. 118, cela s'est fait en 1884 (ou aussi en 1884).
4. *BVN*, 1889, p. 796-797.
5. *BVN*, 1890, p. 742-743.
6. *MCJ*, 1890, t. 58, p. 620 et 669; *BVN*, avril 1890. Voir lettre du P. de Franciosi à H. de Fleury du 22 oct. 1890. ASCM. Voir aussi la présentation qu'il en fait dans *La dévotion*..., 1868 (1892), p. 160.
7. *BVN*, 1893, p. 65. Un dépouillement des archives parle de 2 millions 226 048 consécrations.

de divers régimes politiques et n'a pas de prévention à l'égard des sciences et des techniques, à condition qu'elles restent dans leur domaine propre. L'action pastorale tout à la fois surplombe et pénètre les situations contingentes. En se consacrant par le Christ au dessein d'amour de Dieu sur les hommes, les gens de 1889 devenaient les véritables héritiers de 1789 en ce sens qu'ils voulaient exercer d'une façon chrétienne par le Vœu national et par la consécration de leur personne et des leurs, cette souveraineté que leur reconnaissait la Déclaration des droits de l'homme, « en présence et sous les auspices de l'Être suprême ». Comme Mgr Pie (même si cette réflexion peut paraître étonnante chez lui), dix ans plus tôt, nos hérauts du Sacré Cœur se refusaient à considérer comme définitif l'antagonisme entre « l'homme du Syllabus et l'homme de 89 » [1], que proclamait au contraire un Ernest Renan, dans *L'Avenir de la science* écrit en 1849 mais publié seulement en 1890 [2]. Si Georges Clemenceau, en 1891, affirme que la « Révolution française est un bloc » [3], les responsables du Vœu national ont une conception plus subtile eux qui auraient pu reprendre à leur compte la prédiction de Mgr Pie, rapportée par J. Gadille (surprenante dans la bouche de l'évêque de Poitiers):

> « Combien de fois, depuis tantôt cent ans, le 89 historique a menti ainsi au 89 idéal ! Les hommes de 89, messieurs, attendez un peu, et c'est nous-mêmes, qu'on appellera de ce nom... » [4].

Ce sera le jour où le christianisme aura une nouvelle fois opéré son passage chez les Gentils et les Barbares, une évolution que vont faciliter Léon XIII, ses successeurs et bien des catholiques, dont ceux du Vœu national. En attendant, le cardinal Richard et le P. Voirin en lançant une telle entreprise spirituelle avaient conscience « qu'il importe, sinon d'achever, du moins d'activer en 1889, l'exécution de la demande de 1689 » [5]. Il visait la consécration officielle que ne sauraient remplacer, à ses yeux, les innombrables consécrations des individus, des familles [6] ou des institutions [7]. Les Français catholiques

1. Pour les références à Mgr Pie, voir Jacques Gadille, *La pensée*..., 1967, t. II, p. 157-158.

2. Ernest Renan, *L'Avenir de la science*, note 6 du chapitre I: « L'année 1789 sera dans l'histoire de l'humanité une année sainte, comme ayant vu la première se dessiner, avec une merveilleuse originalité et un incomparable entraînement, ce fait auparavant inconnu [celui par lequel l'humanité s'est comprise et réfléchie]. »

3. Voir Jean-Marie Mayeur, « La Révolution... », dans *Commentaire*, n° 45, 1989, p. 145-152.

4. Voir Jacques Gadille, *La pensée*..., 1967, t. I, p. 54.

5. *BVN*, 1889, p. 205. Le P. Alet, *La France*..., 1889, p. 78, fait grand cas de cette consécration. Il espère « qu'elle fermera l'ère des agitations révolutionnaires. »

6. Voir *BVN*, 1890, p. 557. La consécration des familles au Cœur de Jésus est liée à la diffusion des « sauvegardes » dont il sera question dans le chapitre 21 au sujet des images du Sacré Cœur.

7. C'est aussi la pensée nettement exprimée du P. Alet lors de la consécration des Cercles et patronages ouvriers: *BVN*, 1889, p. 399-400). Sur les catholiques sociaux et 1889, voir Pierre Pierrard, « Les catholiques.. », dans Pierre Colin, *1889-1989*, 1989, p. 58; voir aussi sur le rapport à 1689, Michel Lagrée, p. 50, du même ouvrage.

prient pour la France mais ne se substituent pas à elle, même s'il arrive au P. Voirin de parler de ce qui s'est passé en 1889 comme de la consécration de la France au Cœur de Jésus [1].

## C. L'image du Cœur de Jésus sur le drapeau national

Parallèlement à la campagne de consécrations de 1889 et pour mieux la concrétiser, le *Messager du Cœur de Jésus* s'active, jusqu'à la fin du siècle, pour faire placer le symbole du Cœur du Christ sur le drapeau national [2]. Le P. Voirin à cet égard semble rester un peu en retrait. Le pavoisement de la basilique en 1889 est composé de drapeaux tricolores « nus ». Et si l'érection de la basilique répond bien à l'une des demandes du Christ à Marguerite-Marie, la bannière de Loigny lui semble en satisfaire une autre, en quelque sorte [3]. Il est vrai que le diplôme des zélatrices de Montmartre (malheureusement non datable à ce jour à quelques années près) en dit plus long que les écrits du supérieur des chapelains du Sacré-Cœur : on y voit deux drapeaux tricolores arborer chacun un Sacré Cœur (voir illust.)

## D. En 1891, bénédiction de la basilique

Dans des circonstances qu'il faudra préciser, le cardinal Richard, dix évêques titulaires [4], de nombreux autres prélats et des milliers de fidèles, à l'occasion de la bénédiction de la basilique et de son ouverture au culte (elle reste inachevée dans ses parties hautes), implorent la pitié du Seigneur et prononcent une consécration de la France au Cœur de Jésus. Après une longue prière d'adoration, la demande de pardon porte sur les diverses formes de sécularisation du pays pour se conclure ainsi :

1. *BVN*, 1890, p. 32-33.
2. Voir *MCJ*, juillet 1889, t. 56, p. 30 – 40 ; 1892, t. 61, p. 664 – 678 ; 1898, t. 73, p. 359 ; 1900, t. 75, p. 675.
3. *BVN*, 1889, p. 797.
4. Le cardinal Foulon, archevêque de Lyon ; NN. SS. Fontenau, archevêque d'Albi ; Coullié, évêque d'Orléans ; Becel, évêque de Vannes ; Lelong, évêque de Nevers ; Balaïn, évêque de Nice ; Bonnet, évêque de Viviers ; Delannoy, évêque d'Aire ; Lagrange, évêque de Chartres ; Juteaux, évêque de Poitiers. *BVN*, 1891, p. 357 ; 206-207 ; 268 ; 282 ; 367.

« Cœur sacré de Jésus, nous voici devant vous pour obéir à votre appel et vous faire amende honorable au nom de la France.

– Le peuple répond : au nom de la France, pardon, ô Seigneur, Jésus. [...]

« Nous voici devant vous, pour reconnaître votre souverain domaine sur nous, sur nos familles, sur notre patrie, et nous consacrer entièrement à vous.

– Le peuple répond : à vous, ô Seigneur Jésus.

« Nous vous consacrons tout ce que nous sommes et tout ce que nous possédons : toutes les puissances de notre âme et toutes les forces de notre corps sont à vous. (*id.*)

« Nous vous consacrons nos familles ; pour que vous y régniez par l'observation fidèle de vos commandements et des préceptes de votre Église : elles sont à vous. (*id.*)

« Nous voulons travailler à établir votre règne dans la société en respectant toujours vos saintes lois et en usant de l'influence que nous pouvons avoir pour les faire respecter et y conformer nos lois et nos institutions nationales. *id.* [...]

« Cœur adorable de notre Dieu, la nation française vous implore, rendez-lui votre amour, bénissez-la, sauvez-la.

– Le peuple répond : bénissez-la, sauvez-la » [1].

Le cardinal Richard, qui a composé cette prière, tient à préciser que cette consécration n'est que le signe de celle qui sera un jour prononcée par l'ensemble des évêques de France. Un moment qu'il attend avec ferveur. Les évêques présents ne sont qu'une avant-garde. Aucun mot sur les autorités civiles, juste représentées ici (très indirectement et incomplètement) par le biais de MM. Charles Chesnelong (chap. 9), Vincent Audren de Kerdrel [2] et Henri Wallon [3], sénateurs; MM. Cazenove de Pradines (chap. 9) et Thellier de Poncheville (chap. 13), députés [4]. Pour marquer cette consécration, le Comité réédite la gravure commémorative de la déclaration du clergé de 1765 dont c'est le 125e anniversaire [5], voulant souligner ainsi la continuité de la dévotion de la France au Sacré Cœur à l'initiative des autorités religieuses, à défaut des autorités politiques, tant aux XVIIe et XVIIIe siècles qu'au XIXe.

1. On aura remarqué que ces trois points reprennent d'une façon plus ramassée ceux de la prière de 1889. Cependant le verbe consacrer y est cette fois-ci employé sauf pour la société.

2. Il représentait le Morbihan à l'Assemblée nationale et était inscrit à la Réunion Colbert. Il a participé à la pose de la première pierre du Sacré-Cœur en 1875.

3. Le célèbre « père de la Constitution », député du Nord à l'Assemblée nationale où il était inscrit au Centre constitutionnel-Réunion Lavergne, avait voté pour la loi déclarant d'utilité publique la construction du Sacré-Cœur, mais ne s'était pas associé publiquement à la souscription d'une centaine de députés en 1875 (chap. 9). Il a laissé des livres sur saint Louis, Jeanne d'Arc et la Révolution.

4. *HSC*, t. IV, 61 et *BVN*, 1891, p. 356.

5. *BVN*, 1891, p. 334.

## *III. AU TEMPS DU P. LEMIUS : CONSÉCRATION DE LA FRANCE (COMMUNES ET DRAPEAUX) ; LE SCAPULAIRE DU SACRÉ CŒUR ; CONSÉCRATION DU GENRE HUMAIN PAR LÉON XIII*

### A. La consécration de la France

Le P. Lemius, en 1894, avec sa fougue habituelle, rappelle que des millions de Français se sont consacrés au Cœur de Jésus, que tous les diocèses de France ont fait de même. Ignorant la cérémonie de 1891 ou la confondant avec d'autres, il s'interroge :

> « Que faut-il pour qu'une Assemblée qui déjà a décrété d'utilité publique la construction de la basilique, décide une consécration officielle ? Que faut-il ? Un acte de la Providence. Notre-Seigneur a dit : « Je régnerai malgré Satan et ses suppôts. « L'heure sonnera où la puissance du Sacré-Cœur se manifestera et jettera à genoux les pouvoirs publics eux-mêmes. Confiance ! Hâtons par nos prières ce moment si désiré » [1].

Le XIVe centenaire du baptême de Clovis, le 25 décembre 1896, à Reims et dans la France entière, vient à point dans ce contexte. Un tel baptême n'est intéressant que s'il est en quelque sorte renouvelé. Le P. Lemius propose un moyen de l'actualiser : il faut répondre aux trois demandes adressées par le Christ à la France via la bienheureuse Marguerite-Marie. L'édifice national se construit. Travaillons à la consécration officielle (qui arrivera un jour !) par le biais des consécrations des communes et à l'apposition du Cœur du Christ sur le drapeau. Le *Bulletin* rappelle les conditions posées au salut de la France [2]. Lors du Congrès national des catholiques de 1898, un rapport est fait sur la question : on comprend bien que la consécration du pays reste à faire [3]. Ce qui n'empêche pas le cardinal Richard de renouveler le jour de Noël 1905, la consécration de 1891 [4] en attendant celle qui aura lieu à l'achèvement de l'édifice et qui s'étendra, espère-t-on, jusqu'aux autorités civiles.

1. *BVN*, 1894, p. 609.

2. *BVN*, 1896, n° 23 *bis* de déc. 1896, p. 16 : « Notre-Seigneur a promis à la France, par la bienheureuse Marguerite-Marie, les grâces les plus abondantes, et il a renouvelé ses promesses plusieurs fois depuis. Il demande que, par l'organe de l'autorité suprême, la France se consacre à son Cœur ; qu'elle lui érige un monument national ; qu'elle place son image dans ses étendards et dans ses armes. »

3. *BVN*, 1899, p. 207. L'abbé Alazard remet à cette occasion les documents de la campagne de 1873 au P. Lemius (chap. 9).

4. *BVN*, 1906, p. 50. C'est l'époque aussi où dans le *Bulletin* on parle de « *Gallia consecrata atque amantissima* » (*BVN*, 1904, p. 238) et le P. Baruteil, *Genèse*…, 1904, p. 169 et 190, présente un texte intitulé « Consécration de la France et Prière du Vœu national ».

## B. Les consécrations de communes

Anticipant la nécessaire consécration du pays par le chef de l'État et le chef de l'Église de France, un mouvement de consécration des communes de France semble avoir débuté vers 1888 [1], mais ne gagne une audience nationale qu'au tournant du siècle. C'est à cette époque que le *Bulletin du Vœu national* s'en fait l'écho. Bréhan-Loudéac, dans le Morbihan, grosse paroisse de trois mille âmes, rapporte le P. Jonquet vers 1896, vient de bénéficier d'une mission par quatre religieux oblats de Marie Immaculée. À la fin de la mission, le maire, son adjoint, les conseillers municipaux devant huit cents hommes et « toute la commune » prononcent un acte de consécration :

> « Cœur sacré de Jésus, Nous, les représentants de l'autorité dans cette commune, élus par le libre suffrage de nos concitoyens, nous venons ce soir répondre à votre appel et travailler à cette consécration officielle, nationale, que vous avez demandée.
>
> « Nous proclamons vos droits absolus sur nos personnes, sur nos familles, sur la commune.
>
> « L'image de votre Cœur sacré va décorer dès ce soir la porte principale de la mairie pour bien prouver à tous que, chez nous, vous êtes le maître.
>
> « Cœur sacré de Jésus, nous sommes à vous ! Réalisez vos promesses ! Bénissez-nous ! Sauvez-nous ! » [2].

En conclusion de son article, le P. Jonquet invite toutes les communes à imiter Bréhan-Loudéac. Le curé et le maire de Rouvres dans le Calvados ont-ils entendu l'appel ? En tout cas, ils organisent quelque chose de semblable. Le chroniqueur du *Bulletin* encourage encore tous les maires chrétiens à en faire autant [3]. Apparemment, ce mouvement n'est pas lié directement aux chapelains de Montmartre, encore que ces derniers n'ont pas dû y rester étrangers, ne serait-ce qu'en vertu de leur appartenance à la même congrégation. Il est encore question de consécrations de communes dans le *Bulletin* au début du XX^e^ siècle [4].

1. Selon Gustave Téry, *Les Cordicoles*, 1902, p. 258 et Jacqueline Lalouette, *Note*..., 1989. Une consultation du *Messager du Cœur de Jésus* ne le fait pas apparaître avec évidence à la différence de ce qu'on voit pour les consécrations des familles et du drapeau national (voir ci-dessus). Le P. Voirin n'y fait manifestement pas allusion.

2. *BVN*, 1896, p. 936.

3. *BVN*, 1896, p. 1022.

4. *BVN*, 1901, p. 101 et 1906, p. 549. L'enquête de Jacqueline Lalouette, à partir de AN F 19 5636, précise qu'il en est question dans une quinzaine de départements : les départements bretons, la Loire-Inférieure, l'Eure, le Maine-et-Loire, les Vosges, le Jura, la Haute-Saône, la Saône-et-Loire, l'Isère, les Basses-Alpes, l'Ardèche, l'Aveyron, le Cantal, les Landes et le Gers. En 1900, dans ce dernier département, plus d'une cinquantaine de communes ont été consacrées. Le cérémonial décrit souligne le rôle essentiel du maire et du procès-verbal dans le registre des délibérations. Voir Conseil [...] Treffieux, *Acte*..., 1899.

## C. Le drapeau du Sacré Cœur

Au début de son supériorat, le P. Lemius semble dans la question du drapeau national se satisfaire du geste officiel et public de Charette à la bataille de Loigny [1]. Mais rapidement il fait sienne la campagne du *Messager*. En 1894, le *Bulletin* parle explicitement du « drapeau tricolore sur lequel on a brodé le Sacré Cœur », en signalant l'étendard de l'Union fraternelle du Commerce et de l'Industrie animée par Léon Harmel [2]. C'est surtout au moment où l'on fête en quelque sorte le renouvellement du baptême de la France par la commémoration de celui de Clovis, que diverses publications liées à la construction du Sacré-Cœur, discours, articles, brochures, se mettent à faire mention du problème du drapeau national. Au Congrès de Reims de 1896, l'abbé Alazard réclame que le Cœur du Christ soit apposé sur le drapeau de la France et le *Bulletin* de Montmartre donne non seulement le texte du rapport, mais aussi son commentaire par François Veuillot dans une lettre adressée par ce dernier au P. Lemius [3]. Le chanoine Brettes, « l'apôtre ardent du Vœu national au sacré Cœur » réclame lui aussi une telle mesure. En 1897, Emile Dognin fabrique de tels drapeaux. On sait qu'il en offre au moins aux Porteurs de la Châsse de sainte Geneviève et à Léon Harmel [4]. Il est président des premiers, ami et collaborateur du second. Des opuscules de François Veuillot et de Victor Franque sur le sujet sont mis en vente dans les bureaux de la basilique, au profit de l'Œuvre [5]. On a vu que les Groupes d'Hommes de France voués au Sacré Cœur, fondés par le P. Lemius, ont un bulletin intitulé *Le Drapeau du Sacré Cœur* et diffusé de façon importante

1. *BVN*, 1894, p. 609.

2. *BVN*, 1894, p. 443-444. La date de naissance de ce drapeau qui serait le premier du genre mérite d'être précisée compte tenu du toast d'Alger, le 12 novembre 1890, dont on se souvient qu'il constitue un véritable tournant dans les relations de l'Église de France et de la République. Selon le *BVN*, 1889, p. 400, le 2 juin 1889, deux mille commerçants et industriels consacrent le Commerce et l'Industrie au Cœur de Jésus avec la participation du P. Alet, de l'abbé Garnier, de Mgr Gay et de Léon Harmel. À cette cérémonie, il n'est pas question de drapeau. Le 29 juin 1890 (*BVN*, 1890, p. 409-411 et ASCM, 02. 10), des « représentants de l'industrie et du commerce français » officialisent l'acte de l'année précédente avec la participation du P. Bouvier s. j. et du cardinal Richard qui « bénit une bannière de l'Association ». Ou bien c'est le drapeau en question, auquel cas la discrétion du *Bulletin* est révélatrice des dispositions assez réservées du cardinal et du P. Voirin. Ou bien, il ne s'agit pas de ce drapeau et il faut corriger nombres d'historiques de la question (ainsi G. Téry, *Les Cordicoles*, 1902, p. 252, qui montre que l'affirmation remonte au moins à la fin du XIXe dans la littérature catholique qu'il a consultée et reconduite par Levesque, *L'origine*..., 1930, p. 296).

3. *BVN*, 1896, p. 929 et 974.

4. *BVN*, 1896, p. 1048. Voir Louis Chaigne, 1960, p. 72-73. En a-t-il offert à la basilique de Montmartre ?

5. François Veuillot, *Le drapeau*..., 1898 (citée par Sabine Guilguet, *L'imagerie*..., 1987, p. 41-43 ; une première édition daterait de 1890 !) ou *BVN*, 1898, p. 307-314, et Victor Franque, *Le drapeau*..., 1898.

vers 1900[1]. C'est l'époque également où une lettre de 1744 de la mère Coing, supérieure de la Visitation de Paray-le-Monial, à Mgr Languet, découverte récemment (chap. 6 et 23), est publiée dans le *Bulletin* pour appuyer cette campagne. Elle demande à son correspondant qu'il fasse des démarches pour que Louis XV appose le Sacré Cœur sur ses étendards: alors ses armées seront victorieuses comme l'avait déjà laissé entendre, selon elle, la vénérable Marguerite-Marie[2].

Cette question va cristalliser ou empoisonner bien des débats entre 1890 et 1920 car il y a opposition entre les catholiques. L'abbé Lemire qui défend à la Chambre des députés la construction du Sacré-Cœur (voir chap. 24) est tout à fait hostile à la présence du Cœur du Christ sur les drapeaux. Il est loin d'être seul[3]. Certes pour tous, le but à atteindre est la christianisation de la société, mais à travers l'apposition du Sacré Cœur sur le drapeau national se noue le problème du choix politique «entre une démocratie chrétienne «cléricale» et une démocratie d'inspiration chrétienne mais «non confessionnelle»[4]. Il s'agit aussi du problème éminemment pastoral du mode d'action de l'Église sur la société. Là encore, le type proprement ecclésial est celui dit indirect en distinction du type direct et du type directif (chap. 3). Entre un tout ou rien (qui relève de l'imaginaire et de l'idéologique), entre le plaquage d'un symbole chrétien sur le drapeau national et l'inféodation pure et simple à l'idéal républicain non revu et corrigé par la foi, entre le cléricalisme absolu et la laïcisme radical, il y a, dans l'ordre de la charité, à chercher la conversion des cœurs et l'action indirecte et respectueuse de l'Église pour éclairer les consciences. À travers Montmartre, le cardinal Richard a poursuivi l'action du cardinal Guibert. Il lui a fallu tenir compte aussi bien de l'action du P. Lemius que de celle de l'abbé Lemire. Le silence du *Bulletin* sur les actions politiques de l'un et de l'autre, l'un plutôt «direct», l'autre plutôt «directif» sont une sorte de désaveu en accord avec la pensée et l'action politiques et pastorales «indirectes» du cardinal Richard[5].

1. Voir Pierre Pommarede, *La Séparation*..., 1976, p. 112-113. Gustave Téry remarque la présence de ces drapeaux dans les processions au Sacré-Cœur (*Les Cordicoles*, 1902, p. 39).

2. *BVN*, 1897, p. 22.

3. *La Croix des Deux-Sèvres* du 9 juin 1901 appelle les catholiques à pavoiser pour la fête du Sacré Cœur avec le drapeau national [seulement]. Un tract de cette époque est explicite: «sans emblème, ni inscription». Voir Demophile, *Pour le Christ*..., 1901. Finalement, dans la décoration de la basilique, il ne semble pas en être question.

4. Voir Jean-Marie Mayeur, *Un prêtre*..., 1968, p. 184; pour la question du drapeau: p. 173, 279, 287 et 532.

5. Sur toute cette question du drapeau, voir encore: H. -J. Leroy, *Au drapeau*!, 1901; P. Bainvel, *La dévotion*..., 1906, p. 584 et A. Hamon, *Histoire*..., 1907. André Derumaux, «*Le Drapeau*...» aussi bien dans *Montmartre*, 1951 que dans *CHAD*; Michel Cinquin, *Deux*..., 1980, p. 200; Nadine Chaline, *Des catholiques*..., 1985, p. 127.

## D. Les scapulaires du Cœur de Jésus

On se souvient de l'importance dans la diffusion de la dévotion au Sacré Cœur de petites images en papier ou en tissu qui ont mérité à leurs utilisateurs le plaisant nom de « cordiphores » et dont le sanctuaire de Montmartre a été un grand centre de diffusion [1]. Elles étaient appelées improprement « scapulaires » car un scapulaire suppose, par une décision romaine, un lien avec un ordre religieux qui, par l'imposition de ce vêtement réduit à deux morceaux de tissu reliés par deux cordelettes, intègre à l'ordre en quelque sorte le fidèle qui en est porteur. Il y a environ dix-huit scapulaires assez bien répertoriés [2]. Il n'y avait pas de scapulaire proprement dit du Sacré Cœur lié à la Visitation ou à la Compagnie de Jésus. Il appartenait au P. Lemius de promouvoir celui du Sacré Cœur lié surtout aux Oblats de Marie Immaculée : pour lui, le port du scapulaire importait, car il rappelait quotidiennement au fidèle sa consécration.

L'origine de ce scapulaire est liée aux apparitions mariales d'Estelle Faguette à Pellevoisin en 1876. Sur un pan de l'objet alors décrit se voyait le Cœur de Jésus et sur l'autre Marie invoquée sous le nom de Mère de miséricorde [3]. Vers 1890, une confrérie est fondée, érigée en archiconfrérie en 1896. En 1900, Estelle Faguette, reçue par Léon XIII, se voit promettre l'instauration du nouveau scapulaire en question. Le P. Lemius fait un pas de plus : il sera imposé par les religieux de sa congrégation, par les chapelains de Montmartre, par les directeurs de l'Apostolat de la prière et par celui de l'Archiconfrérie de Pellevosin [4].

1. *BVN*, 1878, p. 137 et 1883, p. 280. Les chapelains du Sacré-Cœur étaient sur ce point à l'unisson des responsables de l'Apostolat de la prière : *MCJ*, 1863, t. 3, p. 177-185 ; 1873, t. 23, p. 262-263 ; 1875, t. 27, p. 80-84 ; 1877, t. 32, p. 68-70 ; 1880, t. 37, p. 735 ; 1885, t. 47, p. 255 ; 1901, t. 76, p. 186-188.

2. Dénombrement établi par J. D. Obenberger, Attorney-at-Law, Highwood, IL 60040, USA, pour une étude à paraître.

3. Sur ce point assez difficile à démêler : Xavier de FRANCIOSI, *La dévotion*..., 1892, p. 292 ; *BVN*, 1897, p. 1054 ; 1898, p. 674 ; 1900, p. 411 et 585 ; 1901, p. 581 ; 1903, suppl. oct. p. 19 ; P. Lemius, *Le scapulaire*..., 1900 ; P. Yenveux, *Le Règne*..., 1902, t. V, p. 554 ; F. Beringer, *Les indulgences*, 1905, t. I, p. 555. Eugène Crepin, *Facultates*..., 1910 ; « Cœur », DTC, col. 344 ; *Rituel d'imposition* de 1964 diffusé par le directeur de l'Archiconfrérie de Notre-Dame de la Miséricorde, curé de Pellevoisin, 36 500 Buzançais ; « Pellevoisin » dans *CHAD*. L'article « Scapulaire » (1989) dans *DSAM*, de Ludovico SAGGI n'est pas précis sur notre sujet : il confond (col. 393) le scapulaire des Lazaristes avec celui dont il est question ici, qu'il faut en effet par ailleurs bien distinguer des images, sauvegardes, assurances qu'on appelle improprement scapulaires. Voir notre article « scapulaire » dans *CHAD*.

4. Signalons qu'il est toujours demandé par des fidèles aux magasins de la basilique en dehors bien souvent d'un contact avec le clergé. Il est dès lors très difficile de distinguer entre un usage de foi et un usage magique de ces objets qui peuvent très facilement devenir des talismans, amulettes ou porte-bonheur. Voir nos illustrations.

## E. La consécration du genre humain au Cœur de Jésus

En attendant que la France et d'autres nations se décident à prononcer leur consécration au Cœur de Jésus, la bienheureuse Marie du Divin Cœur (béatifiée en 1975) se préoccupe de celle du genre humain. Cette religieuse de l'ordre de Notre-Dame de Charité fondé en 1641, à Caen, par saint Jean Eudes, fut profondément impressionnée, lors d'un pèlerinage à Montmartre, en 1894, par la vue d'un ostensoir représentant le Cœur rayonnant du Christ.

> « Oui, c'est bien comme cela que ce doit être, » écrit-elle : « le Sacré Cœur de Jésus doit régner sur le monde entier ».

Ses expériences mystiques l'encouragent à demander au pape de la part du Christ à prononcer une consécration universelle du genre humain au Sacré Cœur. Après plusieurs enquêtes, le souverain pontife y consentit dans le prolongement de la consécration de 1875 [1]. Et de souligner dans l'encyclique *Annum sacrum*, l'impact favorable que cette prière peut avoir sur les États.

> « Une telle consécration apporte aussi aux États l'espoir d'une situation meilleure, car cet acte de piété peut établir ou raffermir les liens qui unissent naturellement les affaires publiques à Dieu. Dans ces derniers temps surtout, on a fait en sorte qu'un mur s'élevât pour ainsi dire entre l'Église et la société civile. Dans la constitution et l'administration des États, on compte pour rien l'autorité de la juridiction sacrée et divine, et l'on cherche à obtenir que la religion n'ait aucun rôle dans la vie publique. Cette attitude aboutit presque à enlever au peuple la foi chrétienne : si c'était possible on chasserait de la terre Dieu lui-même. Les esprits étant en proie à un si insolent orgueil, est-il étonnant que la plus grande partie du genre humain soit livrée à des troubles profonds et battue par des flots qui ne laissent personne exempt de crainte et de péril ? Il arrive fatalement que les fondements les plus solides du salut public s'écroulent lorsqu'on laisse de côté la religion. Dieu, pour faire subir à ses ennemis le châtiment qu'ils avaient mérité, les a livrés à leurs penchants, de sorte qu'ils s'abandonnent à leurs passions et s'épuisent dans une licence excessive. De là, cette abondance de maux qui depuis longtemps sévissent sur le monde et qui Nous obligent à demander le secours de celui qui seul peut les écarter » [2].

Léon XIII n'est pas dupe. La description de la situation dramatique du XIXe siècle l'amène à constater que celle-ci est un tantinet coextensive à l'histoire de l'humanité. Le Christ n'a pas promis le ciel sur la terre. Pourtant, il

1. Voir *DTC*, Léon XIII, t. IX, col. 340 ; G. Rivain, « Marie du Divin Cœur » dans *Montmartre*, n° 167, p. 17 ; n° 168, p. 21 ; n° 169, p. 17 ; n° 170, p. 16 ; Alain Guérandel, « Marie... », *Montmartre*, Pâques 1976, p. 12.

2. Léon XIII, « Lettre du 25 mai 1899 » dans *BVN*, 1899, p. 380. Le compte rendu dans le *Bulletin* de cette encyclique par Pierre l'Ermite permet de mentionner l'unique allusion relevée à l'Affaire dans le *Bulletin*. Il y affirme que dans cent ans, on ne se souviendra plus de l'opposition des « dreyfusards » et des « antidreyfusards », mais seulement de ce grand acte pontifical. Comme il est difficile de prédire ! (*BVN*, 1899, p. 475).

peut y avoir certaines retombées positives de la conversion des cœurs tant des pouvoirs publics que des citoyens. Les réussites malgré leurs laideurs des chrétientés antiques et médiévales n'en sont-elles pas le signe ! La consécration du genre humain au Cœur du Christ est un acte de foi de sa part dans l'amour du Christ pantocrator et sauveur efficace à la fin des temps et parfois dès le temps présent.

## *IV. AU TEMPS DU CHANOINE CRÉPIN : LA GUERRE DE 14-18*

Lors de la Première Guerre mondiale, les fameuses quatre demandes du Christ à la bienheureuse Marguerite-Marie intéressent plus que jamais les catholiques et semblent devoir être entendues à nouveau. Georges Clemenceau pouvait bien bougonner contre la dévotion au Sacré Cœur, ses propos (non datés mais caractéristiques) n'en traduisent pas moins la vitalité et l'actualité du message de Montmartre :

> « Quelle troupe infinie sous la bannière du Sacré Cœur ; c'est d'abord le clergé, le clergé enseignant, le clergé prêchant, le clergé journaliste, pamphlétaire, le clergé fabricant, commerçant, exploitant le ciel et la terre, gouvernant les hommes aux fins de sa domination »[1].

Pour un grand nombre de catholiques qui vivent plus que jamais leur foi dans le Christ à travers la dévotion à son Cœur, les quatre demandes du Christ à Louis XIV s'appliquent littéralement à la France, telles qu'elles ont été comprises au début de la période étudiée ici même (chap. 6). Une présentation chronologique des articles du *Bulletin* permet de faire apparaître comme une intensification de cette problématique au cours des années de guerre puisqu'une nouvelle fois il n'est pas question de brosser ici l'ensemble de la dévotion au Cœur de Jésus durant la guerre de 14-18, ni en France, ni en Allemagne, par exemple, mais de rappeler seulement l'attitude et le rôle des responsables du Sacré-Cœur de Montmartre en ce domaine[2].

1. Cité par Marc Sentex, *La France*..., 1935, p. 372.
2. On n'a pas lu dans le *Bulletin,* bien sûr, pourrait-on dire, malheureusement, d'allusion durant cette période aux consécrations au Cœur de Jésus par les Allemands !

Dès 1914, le chroniqueur du *Bulletin* rappelle que la France n'a pas répondu aux trois principales demandes qui lui avaient été faites en 1689. Dès lors, le Seigneur ne peut guère la couvrir de gloire ! Il y a pourtant eu un début de réponse lorsqu'on a construit le temple de Montmartre. N'est-ce pas lui qui a protégé Paris de l'invasion ? Ce qui amène en septembre puis décembre 1914, les responsables du sanctuaire à réclamer avec insistance la consécration officielle de la France au Cœur de Jésus [1]. En avril 1915, ils reviennent à la charge. Sous le titre percutant « Dieu attend », ils répondent à des lecteurs qui s'inquiètent de l'origine de ces demandes ; et de citer le P. de Franciosi :

> « Les révélations adressées à la bienheureuse Marguerite-Marie ont incontestablement Notre-Seigneur lui-même pour auteur ; le doute à cet égard n'a plus de raison d'être depuis que l'Église a proclamé solennellement Bienheureuse celle qui en a été favorisée… » [2].

S'agissait-il par ces vigoureux articles de préparer la lettre du cardinal Amette en date du 24 mai 1915 ou cette dernière leur faisait-elle directement écho ? L'archevêque rappelle en tout cas qu'à la consécration de l'édifice devait être jointe celle de la France par tous les évêques réunis à Montmartre, comme par l'ensemble des prêtres et des fidèles regroupés dans les églises du pays. Cependant la dédicace de l'église peut se dissocier de la consécration de la France. Les cardinaux français sont d'accord, les autres membres de l'épiscopat aussi : vendredi 11 juin 1915, fête du Cœur de Jésus, les évêques et tous les catholiques lui consacreront la France [3].

Mais, comme cette consécration ne semble pas vraiment suffisante au rédacteur du *Bulletin* parce qu'elle n'est pas publique et officielle, on reparle aussi et d'abondance de la consécration des familles ainsi qu'elle avait été déjà proclamée en 1889. Benoît XV l'encourage et le cardinal Amette la relance. En juin 1916, une telle célébration a lieu à Montmartre à l'initiative de la Ligue patriotique des familles, avec une prédication du P. Matheo Crawley [4].

En attendant, le cardinal Amette organise au Sacré-Cœur, quatre journées de prière « nationale » : une pour les enfants, une avec les membres de Prière et Pénitence, une en l'honneur de la sainte Vierge et une avec les Hommes de France [5]. Pour cette dernière, à l'invitation du cardinal répondent dix-sept

1. *BVN*, 1914, p. 177-178 et 229-232.

2. *BVN*, 1915, p. 107. Comme à propos du jugement du P. Yenveux sur les écrits de Marguerite-Marie (chap. 18), on a le droit, d'un point de vue théologique, de s'étonner d'une telle intransigeance.

3. *BVN*, 1915, p 140-143.

4. *BVN*, 1915, p. 245-249, 283-284 et *BVN*, 1916, p. 138-139. Elle sera renouvelée en juin 1917 (*BVN*, 1917, p. 100). Sur le P. Matheo Crawley, voir Marcel Bocquet, *L'amour*…, 1963.

5. D'autres journées de prière nationale ont lieu fin 1916 (*BVN*, 1917, p. 4) et en avril 1917 (*BVN*, 1917, p. 89)79. *BVN*, 1916, p. 67-68, 75 et 115.

députés, treize sénateurs et dix-huit membres de l'Institut. Tous ces hommes prononcent à nouveau l'acte de consécration de la France. La cérémonie prend un caractère quasi officiel et Montmartre remplit alors pleinement son rôle de force nationale et de « radiateur de confiance » en ce Dieu qui garde la France du haut de la colline sainte [1].

Malgré tout, comme la polémique persiste à propos de l'attitude des pouvoirs publics qui se refuseraient à proclamer le salut de la France par le Christ [2], Mgr Odelin donne, dans une livraison du *Bulletin* en 1916, un article remarqué où il démontre que la France est « en règle » avec les fameuses demandes de Marguerite-Marie. Il y a désormais un temple national dédié au Sacré Cœur de Jésus. Il y a eu consécration de la France en 1897 [3], deux fois en 1906 [4], récemment en 1915, consécrations certes, proclamées par les seuls évêques mais ces derniers ne sont-ils pas les « vrais chefs qui ont fait la France » (selon les termes de l'historien anglais Gibbon [5] ), étant donné que le chef de l'État n'a plus qualité depuis la rupture du Concordat pour représenter la France catholique ? Enfin le Cœur de Jésus est présent sur les drapeaux de multiples organisations sociales et professionnelles et beaucoup de soldats au demeurant portent sur eux un petit drapeau avec le Sacré Cœur [6]. Quant à la quatrième demande concernant la fête du Cœur de Jésus, elle aussi a été exaucée. La France a donc répondu positivement aux demandes de 1689 et la France, d'ailleurs, n'a-t-elle pas déjà été partiellement sauvée en septembre 1914 ? Continuons donc de prier et la France sera complètement délivrée et sauvée [7].

En 1917, les révélations et les démarches d'une Claire Ferchaud qui la conduiront jusqu'au président de la République, Raymond Poincaré, sont délibérément passées sous silence. C'est que Mgr Amette et le Saint-Siège ne sont guère favorables à de telles apparitions qui montreraient un Christ réclamant la présence de l'image de son Cœur sur le drapeau national français. Lors de son séjour à Paris, la voyante de Loublande monte régulièrement au Sacré-Cœur et obtient du cardinal Amette, sur intervention du P. Lemius,

1. *BVN*, 1916, p. 67-68, 75 et 115.

2. On en veut pour preuve la polémique entre le P. Lemius et le P. Le Doré sur l'attitude de Louis XIV, symbole de l'attitude du pouvoir politique français : le premier parle de son refus, le second, de son ignorance. *BVN*, 1915, p. 153 et 177.

3. Mgr Odelin ne parle pas de 1891 où il est explicitement question de consécration, mais évoque le « solennel hommage » du 25e anniversaire du Vœu national.

4. Mgr Odelin parle des deux assemblées de l'épiscopat et non du 25 décembre 1905 où le cardinal Richard a renouvelé aussi la consécration de 1891.

5. Auteur d'une *Histoire de la décadence et de la chute de l'Empire romain* (1776-1788).

6. Nadine Chaline, *Le diocèse de Rouen*, 1985, p. 160, évoque de telles initiatives prises sur le terrain. Les ASCM (01. 04) conservent des documents (lettres et listes de consécration) de cette période.

7. *BVN*, 1916, p. 116-119.

de s'adjoindre la nuit du 15 au 16 mars 1917 à l'adoration nocturne de Montmartre avant de repartir pour la Vendée [1].

En mars 1917, des soldats de France, d'Angleterre, d'Italie, du Japon, de Pologne, de Roumanie et de Russie se rassemblent à Paray-le-Monial avec leurs étendards sur lesquels un Sacré Cœur a été apposé. Ils se retrouvent encore le 15 juin 1917, à Montmartre pour une journée des soldats catholiques des armées alliées où ils renouvellent selon la formule du cardinal Amette leur consécration solennelle au Sacré Cœur [2]. Montmartre est dès lors tout naturellement considéré par les alliés comme le centre d'expansion de la dévotion au Cœur de Jésus à travers le monde [3].

À défaut du drapeau de la France et comme pour donner une satisfaction à certaines demandes, le cardinal Amette appose l'emblème du Cœur sur l'oriflamme de Saint-Denis. Celui-ci est reçu solennellement en diverses églises dont celle du Sacré-Cœur de Montmartre bien sûr [4].

Cependant les évêques tiennent à faire encore un geste marquant pour satisfaire à la quatrième demande de Marguerite-Marie : s'engager à célébrer à perpétuité et dans la plus grande solemnité possible la fête du Cœur du Christ, le vendredi qui suit l'octave de la Fête-Dieu, bien que ce jour ne soit aucunement férié. Mgr Amette donne aussitôt l'exemple le 15 juin 1917 à Montmartre. Ils décident aussi de reprendre le procès de canonisation de la bienheureuse Marguerite-Marie qui aboutira en 1920 [5]. Certaines autorités, comme le cardinal Billot, osent malgré tout émettre, à juste titre de notre point de vue actuel, de sérieuses réserves sur « l'efficacité » de toutes ces démarches, mais il n'en est pas question à Montmartre dans le *Bulletin* de ce temps là [6].

1. Voir Claire Ferchaud, *Notes*..., 1974, t. II, p. 92 et 150; A. Hamon, *Histoire*..., 1907; Jean Martin, *La Vendée*..., 1989, p. 184 et 278, qui donne ses sources; art. « Réparation », col. 391, dans *DSAM*.
2. *BVN*, 1917, p. 100-103.
3. *BVN*, 1917, p. 187.
4. *BVN*, 1917, p. 84-85 et 163-164.
5. *BVN*, 1917, p. 45 et 1918, p. 29.
6. Voir André Derumaux, « Le drapeau... », *CHAD*. Emile Appolis, « En marge... », 1962, p. 112 et Emile Poulat, *Liberté*..., 1987, p. 133.

## *V. SIGNIFICATION DE CES CAMPAGNES DE CONSÉCRATIONS*

À Montmartre, en 1889, le P. Voirin s'est posé la question de la consécration de la France. Il semble dans sa réponse vouloir réagir contre certaines conceptions :

> « Qu'on ne se fasse pas d'illusion ; ce n'est pas celui qui dit : Seigneur ! Seigneur ! Cœur sacré de Jésus ! qui sera sauvé, mais c'est celui qui vit de la vie du Cœur de Jésus. On répète partout : la France sera sauvée par la dévotion, par une consécration nationale au Sacré Cœur ! Oui, mais à une condition : « C'est que les Français, du moins représentés par une élite aussi fervente et aussi nombreuse que possible se convertiront et vivront désormais en chrétiens vraiment pénitents et efficacement consacrés à ce divin Cœur [...] en vrais enfants de la nation très chrétienne, fidèles à leur consécration dans toute leur conduite » (R. P. Deschamps, s. j.).

Invoquant donc le P. Deschamps, auteur d'un ouvrage intitulé *L'Alliance du Cœur de Jésus*[1], le P. Voirin souligne que la condition du salut, la consécration de la France, est elle-même conditionnée par la conversion du plus grand nombre. Le Christ promet le salut à une France qui se consacre à lui, car le salut justement est dans la relation de chacun avec lui. C'est pourquoi le second supérieur du sanctuaire de Montmartre lance une campagne de consécrations individuelles en expliquant ce que veut dire l'expression « se consacrer » :

> « Se consacrer n'indique pas la simple lecture d'une formule à laquelle le cœur serait presque étranger et qui ne laisserait aucune impression durable dans la vie. La consécration demandée est une sorte de serment par lequel on dit au Sacré Cœur : « À partir de ce jour, autant que la faiblesse humaine le permet, il n'y aura rien qui puisse gravement vous offenser, ni dans ma conduite privée, ni dans ma vie publique, ni dans ma maison »[2].

Plus loin, citant aussi bien le P. Deschamps que Mgr Gay, évêque auxiliaire de Poitiers, le P. Voirin résume sa pensée en disant que se consacrer, c'est se convertir complètement et sincèrement au Cœur de Jésus[3]. Sous un régime politique qui refuse de poser des actes publics de catholicité, le supérieur de Montmartre cherche à multiplier ceux des chrétiens et à les rendre plus fervents. Un homme qui croit au Christ et qui actualise son baptême par une consécration à son Cœur, c'est-à-dire à son amour pour lui, exerce en quelque sorte l'autorité qu'il a sur lui-même en la référant à celui dont il la tient. Il reconnaît que ce qu'il est et ce qu'il a, il le reçoit du Christ comme

1. Alfred Deschamps (1833-1925), ouvrage de 1884, Limoges, avec une présentation de Mgr Gay.
2. *BVN*, 1889, p. 209.
3. *BVN*, 1889, p. 265.

lui-même se reçoit du Père dans l'Esprit (voir l'acte de consécration prononcé en 1891 par le cardinal Richard). Car, à propos de la consécration, il y va des questions d'autorité et de souveraineté de la créature qui reconnaît ou non qu'elle reçoit son existence et son salut de Dieu et de l'homme-Dieu.

Cherchons à cerner maintenant la thèse visée par le P. Voirin. Elle découle apparemment d'une simplification des idées du P. Ramière. Son explication survient à propos de la campagne universelle qu'il a entreprise afin d'obtenir du souverain pontife « une consécration de Rome et du monde entier au Cœur de Jésus,... des membres de l'Église et de ceux qui ne lui appartiennent pas encore » [1]. Il donne deux sens au mot consécration. L'un strict : « C'est cet exercice du pouvoir sacerdotal par lequel un objet est soustrait aux usages profanes pour être appliqué au culte divin ». C'est le cas des cérémonies d'inauguration d'un édifice. L'ordination d'un prêtre, le sacre d'un évêque sont aussi des consécrations. Pour cela il faut un pouvoir spécial et l'opération confère une nouvelle manière d'être aux choses et aux personnes consacrées. La consécration a aussi un sens large et dans cette acception n'agit que par la vertu de la charité et de la prière qui l'accompagnent. Elle doit être indéfiniment renouvelée. Saint Ignace termine ses *Exercices* par un tel acte. C'est en ce sens, selon le P. Ramière, que le Christ se consacre à son Père. C'est le sens développé précédemment à propos de chaque Français. Mais le directeur de l'Apostolat de la prière explicite la dimension de cet acte individuel. Il applique la conception catholique de l'homme selon laquelle il n'est pas qu'un individu :

> « Mais l'homme n'est pas isolé dans ce monde ; [...] Il exerce autour de lui une certaine influence [...], elle embrasse les objets matériels ; elle domine avec plus ou moins d'autorité des êtres libres. Impossible de séparer cette influence de celui qui la possède. [...] Celui donc qui se consacre à Dieu ne serait sincère et la consécration ne serait complète, si avec son être elle n'embrassait tous les êtres qui dépendent de lui. C'est ainsi que Jésus-Christ s'offre à son Père. »

Ainsi le père et la mère de famille, le maître et la maîtresse de maison, le précepteur dans son école, le magistrat dans la cité, un pasteur pour son troupeau aux contours imprécis, chaque homme pour son prochain, le Français pour son compatriote et sa patrie... L'homme n'est pas qu'une vie privée, mais aussi une vie publique. L'acte de consécration qu'il fait en tant que personne publique ne violente pas la liberté de ceux sur lesquels il exerce son autorité, mais doit faciliter la vie religieuse de chacun. Le pape peut donc consacrer Rome et le monde et les détenteurs catholiques de l'autorité

1. *MCJ*, 1874, t. 26, p. 217-228, p. 219.

politique, leur pays. Ces développements sont repris par le P. Voirin dans le *Bulletin* [1]. Toutefois en dépit de ces belles réflexions sur la consécration comme conversion personnelle et la consécration comme préparation à la conversion des autres, le P. Vallin, qui connaît bien le P. Ramière, remarque que ce dernier avait finalement tendance à dire : faites une véritable consécration, et tout est sauvé ! Or cette mentalité a été partagée par plus d'un esprit entre 1870 et 1918, y compris, semble-t-il, un P. Lemius. Le P. Voirin, Mgr Odelin, les cardinaux Richard et Amette y cèdent beaucoup moins, même si le cardinal Guibert au début a parfois utilisé telle formule de ce genre [2]. Ce n'est pas par manque de foi, mais par un sens aigu de ce qu'on appelle déjà à cette époque le Règne social du Cœur de Jésus [3]. Si celui-ci est fondamentalement réalisé pour le Christ dans la gloire de la résurrection, il ne s'actualise dans l'histoire que très partiellement et toujours à partir de conversions du cœur et non par des formules magiques.

Ainsi, si l'on comprend bien cette façon de penser, la vérité de la consécration de soi à Dieu [4] implique ce que le Credo désigne par la communion des saints, la consécration des autres [5], non pas au même titre, mais cependant par le même mouvement, ces derniers étant invités à ratifier cette initiative dès qu'ils le peuvent et le veulent ! Cela pose le problème de ceux pour lesquels les catholiques prient, pour lesquels ils offrent le sacrifice du Christ et communient par l'expiation et la réparation à ses souffrances et que l'on consacre sans leur consentement explicite [6]. Certains catholiques considèrent ces actes comme attentatoires à la liberté de conscience des autres et s'abstiendraient de la dimension publique de la foi, alors que d'autres les

1. *BVN*, 1891, p. 281-284.

2. Sur l'histoire, la théologie, la spiritualité, la pratique des « consécrations » les études sont nombreuses. Tous les dictionnaires ecclésiastiques les abordent ainsi que les PP. Bainvel (1906) et Hamon (1907). Voir aussi Mgr Charles, *Sesiones*..., 1964 et F. de Vorges, « La Consécration... », *Montmartre*, 1989, n° 99.

3. Cette formule se trouve dans le *Bulletin* en *BVN*, 1895, p. 325, 451, 514 et 617. Ce sont des articles qui retracent l'histoire des demandes du Christ à Marguerite-Marie et des réponses de la France. Depuis 1877, il existe une société du Règne social de Jésus-Christ et une confrérie du Christ-Roi (voir *DPCR* et *BVN*, 1897, p. 820). On sait qu'en 1889, le P. Dehon, fondateur des Prêtres du Sacré-Cœur de Saint-Quentin, fonde une revue intitulée *Le Règne social du Sacré Cœur*. Il s'agit de travailler au règne de Jésus-Christ dans les âmes et dans la société en vue de la paix sociale, avec une nuance d'amour et d'hommage au Cœur de Jésus (voir P. Dehon, *Le Règne*..., 1921, p. 156).

4. Ou de l'adhésion à l'action divine par laquelle Dieu consacre le fidèle à sa gloire, si l'on veut insister sur la primauté de l'initiative divine.

5. Ou l'adhésion à l'action divine par laquelle Dieu, par chacun, atteint les autres.

6. Jacqueline Lalouette, *Note*..., 1989, a rapproché à juste titre la pratique de la consécration catholique de la pratique du baptême pour les morts dont Paul fait état (1ère Co 15, 29). Révélatrice de la permanence dans la tradition judéo-chrétienne depuis les Maccabées (2 *Ma* 12, 44-45) de la foi en la solidarité des vivants et des morts en attente, tous, de la Résurrection. La façon systématique et généalogique dont les Mormons, dit-on, la mettent en pratique ne doit pas en faire ignorer la signification. L'Église catholique a préféré réserver le mot et le rite du baptême au sacrement proprement dit des vivants et utilise quand il s'agit des morts toutes les autres formes de prière pour eux.

pratiqueraient d'une façon systématique et automatique en étant tentés de méconnaître les libertés individuelles et, de fait, le droit à l'erreur des non-catholiques. Les responsables ecclésiastiques et laïcs du Vœu national ont évité l'un et l'autre excès en cherchant à établir avec leurs contemporains et la société une relation qui tienne compte et des réponses individuelles (ou refus) à leurs appels (la souscription) et des possibilités sociales que leur offrait la composition de l'Assemblée nationale (la loi d'utilité publique). Dans la logique catholique, la christianisation de l'ensemble inclut le respect des cas particuliers qui ne veulent pas en bénéficier. Il ne faut pas oublier que sous Mac-Mahon, les attaques contre les protestants ne furent jamais ratifiées officiellement. Emile Léonard le reconnaît :

> « Il est d'ailleurs remarquable que, chaque fois que l'autorité préfectorale fut saisie de ces incidents, elle fit respecter la loi » [1].

D'une façon générale, Mgr de Cabrières, connu pour ses positions intransigeantes, écrit :

> « Le juif, le protestant, le mahométan ont un droit rigoureux à ce qu'on respecte, dans leurs enfants la tradition qui leur a été transmise (1879) » [2].

En fait, Mgr Guibert, qui *a fortiori* partage ce jugement et ses collaborateurs avec la majorité de l'Assemblée nationale se situaient dans la lignée d'Henri IV, de Louis XIII et de Louis XVI et non dans celle de Louis XIV et Louis XV. La consécration de la France à Marie allait de concert avec les applications difficiles du Concordat de Bologne et de l'édit de Nantes. L'édit de tolérance de Louis XVI renvoie à sa foi et à sa piété chrétiennes. La simple loi d'utilité publique concernant le Sacré-Cœur et les autres « faveurs » à l'Église permet le respect de la loi française concernant les protestants par une Assemblée nationale à majorité catholique. Le projet sans cesse repris de consécration de la France au Cœur de Jésus tel qu'il est vécu par les archevêques de Paris et le Comité du Vœu national inclut l'appel à la conversion des cœurs (dans l'Église catholique de préférence) du plus grand nombre de Français. La prière pour les autres implique la volonté non coercitive de les voir répondre eux-mêmes. En revanche, la République des républicains et des radicaux a emboîté le pas à l'absolutisme de Louis XIV, à sa révocation de l'édit de Nantes et à ses Quatres Articles [3], en faisant la guerre à l'Église. Il a fallu la judicieuse formulation

1. Emile Leonard, *Histoire...*, 1964, t. III, p. 384.
2. Cité par Gérard Cholvy dans *Le Figaro* du 20 octobre 1988.
3. Ce regard sur Louis XIV comme « anticipation prophétique des totalitarismes modernes » dénoncé par le pape Innocent XI et certains évêques français, s'inspire de celui de Jean-Robert Armogathe, *Croire en liberté. L'Église catholique et la révocation de l'édit de Nante*, 1985.

de la loi de 1905 sur les associations cultuelles et son interprétation bienveillante pour que la République accepte l'Église selon sa propre constitution. La prière publique des catholiques pour la France et tous Français ne porte pas atteinte à leur liberté, mais en est la condition même.

## *EN GUISE DE CONCLUSION:* **Un mot sur la consécration de la France aux Cœurs de Jésus et de Marie au Sacré-Cœur le 1er juin 1940.**

Il paraît difficile de ne pas dire un mot, même si cela dépasse largement la période étudiée ici de certaines manifestations des années 1939-1940. Dans des circonstances qu'il faudrait mieux documenter, le gouvernement d'alors montre un intérêt surprenant pour Montmartre et la dévotion au Cœur de Jésus. Jean Giraudoux, chargé de la propagande, reconnaît un fait en mars 1939:

> « Le seul monument parisien voté d'enthousiasme par notre démocratie a été le Sacré-Cœur de Montmartre » [1].

Durant la « drôle » de guerre, le 15 janvier 1940, Mgr Brunhes, évêque de Montpellier, désapprouve une nouvelle campagne en faveur de l'apposition du Cœur de Jésus sur le drapeau national, preuve que le débat vient de se rouvrir à l'occasion des menaces pesant sur l'avenir. Mgr Flaus, recteur de Montmartre, s'en fait l'écho en mars [2]. Mais surtout le samedi 1er juin 1940, après une cérémonie à Notre-Dame le 19 mai en présence du gouvernement et une procession « autorisée » des reliques de sainte Geneviève [3], une étonnante et significative manifestation de piété officielle et publique va s'accomplir à Montmartre en pleine bataille de France, notons-le, à une phase critique de la guerre, juste quelques jours avant la débâcle et l'armistice.

1. Le 7 mars 1939, conférence prononcée à l'Université des Annales, publiée dans *Pleins pouvoirs*, 1939, p. 92. Voir aussi René Marill Alberes, *Esthétique*..., 1967, p. 521.
2. André Derumaux, « Le drapeau... », *CHAD*. Les ASCM (01. 04) conservent des lettres et des listes de consécrations de la campagne de France.
3. Henri Amouroux, *Le peuple*..., 1976, t. I, p. 403.

« Le cardinal Suhard inaugurant son pastorat, consacrait hier, à la requête du gouvernement, Paris et la France aux Cœurs de Jésus et Marie [1], dans la basilique de Montmartre. Au premier rang des cinquante mille fidèles qui s'y pressaient, on reconnaissait Mme Albert Lebrun, les ministres Albert Sarraut, L. Marin, Ybarnegaray, L. Rollin, Héraud et Robert Schumann, les généraux Gouraud et de Castelnau. Après le credo, la *Marseillaise* a retenti sous les voûtes » [2].

Une telle cérémonie de consécration est ultra-symbolique : elle aurait résulté des démarches entreprises auprès du gouvernement par Mgr Pic, évêque de Valence et donc de Chateauneuf-de-Galaure où habitait la visionnaire Marthe Robin (qui peut avoir joué un certain rôle), par l'intermédiaire de Champetier de Ribes et l'abbé Jean de Mallmann, alors à l'archevêché de Paris [3]. Cela reste bien sûr à élucider... En attendant, on peut souligner la permanence de cette façon de penser qui associe le salut (et le salut militaire en particulier) de la France à sa fidélité officielle au Christ renouvelée par la consécration à son Cœur [4] !

## *CONCLUSION DE L'EX-VOTO DE PRIÈRE*

L'ampleur du phénomène religieux qui s'est produit à Montmartre autour de 1900 en rend la présentation difficile. Il faudrait le connaître davantage pour le décrire encore plus respectueusement. Il faudrait en particulier

1. Ici pourrait se greffer tout ce qui est lié aux demandes de Marie (Fatima en 1917), renouvelé par le message du Christ (Rianjo, 1931) à sœur Lucie (où Louis XIV est donné comme exemple à ne pas suivre... si on ne veut pas voir la Révolution). Frère Michel de la Sainte-Trinité, *Toute la vérité sur Fatima*, 1984, vol. II, p. 344 et le commentaire du *Courrier de Rome*, juillet 1990, p. 3-4. Les actes de Pie XII, Jean XXIII, Paul VI et Jean-Paul II concernant les consécrations de la Russie et du monde au Cœur Immaculé de Marie ont pris le relais de ceux de Pie IX et Léon XIII. Mais si c'est vraiment la même histoire qui se poursuit, cela dépasse absolument notre sujet.

2. *Paris-Soir* du 2 juin 1940 cité par Patrice Cousin, « Les origines... », 1973, p. 58. Bien entendu, il n'y a pas de numéro de la revue *Montmartre* datant de juin 40. Le dernier est de mai et annonce seulement les fêtes du Sacré Cœur à partir du vendredi 31 mai 1940.

3. Lettre du P. Albert, secrétaire de la Commission chargée d'une éventuelle béatification de Marthe Robin, en date du 26 février 1990 au recteur de Montmartre.

4. Le cardinal Suhard au moment de la Libération fait le vœu que si Paris est épargné, il ferait construire une église qui serait dédiée à Marie et qui serait en quelque sorte le pendant du Sacré-Cœur. C'est l'église de Marie-Médiatrice-de-toutes-Grâces dans le XIXe arrondissement désormais église de la paroisse portugaise, Notre-Dame de Fatima (depuis son érection en sanctuaire le 13 mai 1988 par le cardinal Lustiger). (Bernard Violle, *Paris...*, 1982, t. II, p. 382 et *L'Homme Nouveau* du 2 août 1990, p. 6).

mieux connaître le cardinal Richard, « l'évêque de Montmartre » comme dit le P. de Foucauld, et aussi découvrir davantage Mgr Odelin, le directeur spirituel du Comité, qui semble avoir joué un plus grand rôle que ses prédécesseurs à ce poste. Il faudrait aussi davantage de dépouillements d'archives de la basilique pour mieux cerner l'influence propre à chaque chapelain et en particulier celle des PP. Lemius et Yenveux, des abbés Crépin et Laligant. Il faudrait enfin grâce à des archives privées approfondir la connaissance des grands laïcs du moment : Marie Legentil, la comtesse d'Eu, Edith Royer, François Veuillot entre autres ! La multitude des œuvres venues prier en ce sanctuaire serait à repérer pour déceler les absentes et les réluctantes.

Quoi qu'il en soit, tel quel, le tableau ainsi brossé produit, nous l'espérons, une impression d'humble puissance. Avec lui à l'esprit, on comprendra mieux l'immense contestation que le Sacré-Cœur a suscitée. Non seulement l'ex-voto de pierre surplombait Paris, mais l'ex-voto de prière suscitait des montées vers lui qui soulevaient la capitale. Le nouveau sanctuaire voulu par Mgr Guibert remplissait certainement les attentes du « saint » cardinal Richard !

# SIXIÈME PARTIE

# L'EX-VOTO D'IMAGINAIRE

Après la partie consacrée aux actes fondateurs du Sacré-Cœur, cette partie au titre un peu énigmatique, l'ex-voto d'imaginaire, est la plus importante en nombre de pages. Cela traduit la place que nous ont paru tenir les images et l'imaginaire dans le phénomène qu'est le Sacré-Cœur. Par images, nous entendons aussi bien les sculptures que les représentations graphiques, tout ce qui contribue au décor de l'ex-voto de pierre et rend visible l'ex-voto de prière (chap. 21 et 22). Il a paru opportun d'y joindre un chapitre sur les chants et la musique, chapitre qui pour être succinct n'en évoque pas moins l'essentielle dimension sonore du culte (chap. 20). Il n'en est pas de même de l'abondant chapitre avec sa recherche de la logique historique et quasi mystique de la grand mosaïque du chœur. Entre les fidèles constructeurs du sanctuaire et leur Dieu fait homme présent réellement sous l'apparence du pain, une merveilleuse histoire d'amour s'est tissée à travers la vie de l'Église, de la France et du monde. Cet imaginaire est fait de personnages qui peuvent être opaques (et devenir des idoles) ou transparents à la vie de foi (et avoir le statut d'icônes). C'est ce qu'on essaie de voir. Finalement en guise de conclusion à la fondation et à la construction du Sacré-Cœur, on propose un tour de France et un tour du monde des influences repérées de ce sanctuaire de pierre, de prière et d'imaginaire, sur les cinq continents.

# Chapitre 20
# Chants et musique

C'est un simple défrichage qui est ici présenté à propos des chants et de la musique au Sacré-Cœur entre 1876 et 1923. Cependant, on y devinera là comme ailleurs, nous l'espérons, d'une part l'imbrication de la spiritualité, de l'art et de la politique et d'autre part, l'histoire de ces différentes productions: elles connaissent en ce moment une phase de réévaluation après un temps de grand mépris.

## *I. LES CANTIQUES*

Les cantiques permettent de comprendre l'état d'esprit des pèlerins, de repérer tout ou partie de leurs dispositions spirituelles. Les plus connus sont antérieurs et extérieurs au sanctuaire ouvert en 1876. Ceux qui y ont été adoptés reflètent pourtant avec leurs variantes propres les options des responsables de la basilique. Quant aux cantiques composés et utilisés uniquement à Montmartre pour la période étudiée, ils restent encore peu connus et sont seulement mentionnés.

## A. *Pitié, mon Dieu !*

Le cantique dont le refrain officiel se termine par le célèbre *Sauvez Rome et la France/par Votre Sacré Cœur !* s'intitule *Pitié, mon Dieu* ! C'est l'un des cantiques les plus aimés et les plus chantés à Montmartre, dans une version remaniée[1].

La vie du P. Gautrelet, fondateur de l'Apostolat de la prière, telle que l'écrivit le P. Burnichon et qu'elle se trouve résumée dans *Le Messager du Cœur de Jésus*[2] nous fournit au sujet de la composition de ce célèbre cantique une indication intéressante[3] :

> « On voyait le Père, en ce temps-là, sortir de sa réserve ordinaire et exposer, d'une voix émue, les pompes religieuses des pèlerinages telles qu'il les rêvait. Mon père, disait-il un jour à un jeune professeur de l'externat, composez donc un cantique populaire sur le sacré Cœur, que l'on puisse faire chanter par des milliers de voix aux prochaines processions de Paray... Quelques jours après, paraissait dans *L'Écho de Fourvière* le cantique *Pitié, mon Dieu !* qui fut, à un moment, le chant national de la France repentante. L'idée du saint religieux avait été exécutée par un vaillant chrétien de Lyon, qui consacrait au service de sa foi son beau talent d'écrivain. »

Pour *L'Univers* du 5 novembre 1872[4], ce fameux chant en l'honneur du Cœur du Jésus aurait été composé à Marseille d'où son appellation *La Marseillaise catholique*[5] ; à cette date déjà, on l'aurait chantée lors d'un pèlerinage à Notre-Dame de Liesse en Picardie[6].

1. Il est souvent choisi par les historiens comme témoin du sentiment patriotique catholique : voir le catalogue de l'exposition *Religions et traditions populaires*, 1979, p. 246, n° 856 ou bien Philippe Oulmont, *La chanson nationale et patriotique en France, 1789-1945*, Service éducatif du Musée de l'Histoire de France, texte et audiocassette, 1991.

2. *MCJ*, 1889, t. 55, p. 79-80.

3. Nous imaginons qu'il doit bien exister une étude exhaustive sur cette question. Nous ne l'avons pas trouvée.

4. Selon Jacques Gadille, *La pensée...*, 1967, t. I, p. 234.

5. En 1874, l'origine marseillaise est aussi soulignée par « un orateur catholique qui exprimait l'espoir que cet « hymne, enfant de Marseille » remplacerait un jour comme chant national l'hymne de sang et de haine que sa pudeur refusait à nommer ». Voir Antonin Debidour, *L'Église...*, 1906, p. 66, n. 1, citant ici les *Assemblées des comités catholiques*, 1874, p. 220.

6. Sur l'explosion passagère en 1872-1873 de ce pèlerinage par rapport à sa célébrité au XVII^e^ siècle voir Philippe Luez, « Pourquoi vient-on... ? » dans *RHEF*, t. XXIV, 1988, p. 39-52.

S'il faut en croire les *Souvenirs* de l'ambassadeur de France en Allemagne, M. de Gontaut-Biron, ce chant exaspérait Bismarck[1]. À l'instigation du duc de Broglie, le refrain aurait été légèrement modifié (à une date qu'il conviendrait de préciser): le « Sauvez Rome et la France » initial devient « Sauvez, sauvez la France », histoire de ne pas offrir un nouveau prétexte de plus aux attaques de la minorité de l'Assemblée nationale qui accuse la majorité ou certains de ses éléments de chercher à mobiliser l'opinion en faveur d'une guerre contre l'Italie, pour faire restituer à Pie IX les États pontificaux[2]. En fait, les deux refrains ont coexisté et ont été utilisés en fonction des pasteurs et des fidèles. Par exemple, selon le témoignage en 1920 des religieuses de Paray, au mois de juin 1873 a retenti le refrain « romain et français » :

> « Dieu de clémence,
> « O Dieu vainqueur,
> « Sauvez Rome et la France
> « Au nom du Sacré Cœur ! »[3].

Mais l'abbé Bougaud affirme en 1874 que, le 20 juin 1873 c'est un « Sauvez, sauvez la France » qui fut chanté à Paray-le-Monial[4]. Le *Bulletin*, en 1875, fait lui aussi état de la version *non* romaine et vante « deux nouveaux cantiques composés par l'abbé Laureau sur l'air du cantique national et intitulés *Amende honorable de la France incrédule* et *De la France indifférente devant le Sacré Cœur* »[5].

Voulant réagir contre de telles imitations qui mettent exclusivement l'accent sur l'aspect patriotico-religieux, l'auteur du cantique d'origine, dont on apprend alors le nom, Aloÿs Kunc, propose, en juin 1875, dans le *Messager*, des conditions spéciales pour la vente en gros du texte du cantique. Cela évitera de laisser se propager des versions infidèles à la pensée de l'auteur[6]. Ce dernier rappelle que le titre qu'il a donné à son cantique est le début du refrain: « Dieu de clémence » accompagné de la mention: « chant national » et que la troisième exclamation du refrain est: « Sauvez Rome et la France »[7].

1. Cité par le P. Lecanuet, *L'Église*..., 1906, t. I, p. 172.
2. Selon P. Cousin, m. b., « Les origines... », 1973, p. 59, n. 9, qui en plus du P. Lecanuet cite Em. Barbier, *Histoire du catholicisme libéral*, t. I, et P. Dugast, s. j., *Les pèlerinages de juin 1873 à Paray-le-Monial*.
3. Selon le mémoire sur les pèlerinages rédigé à la Visitation de Paray cité dans Mgr Gauthey, *Vie*..., 1920, t. III, p. 218.
4. Abbé Emile Bougaud, *Histoire*..., 1874, p. 447 et 450.
5. *BVN*, 1875, p. 634.
6. Ces versions ont abondé: version « ouvrière », voir Pierre Pierrard, *L'Église*..,, p. 295. Version « provinciale », voir Michel Cinquin, *Deux*..., 1980, p. 240; sans compter les parodies anticléricales: même ouvrage, p. 240.
7. *MCJ*, 1875, t. 27, p. 559.

En juin 1875 également, *L'Écho de Fourvière*, publie le refrain avec le texte original, sous le titre *Vœu national au Sacré Cœur. Pèlerinage de Paray-le-Monial*[1].

C'est un chant qu'on entonne souvent à Montmartre. Il est appelé *cantique national*, *cantique du Vœu national* ou encore *cantique du Sacré Cœur*. Il est utilisé avec « Rome et la France » [2], mais on trouve plus souvent la version *Sauvez, sauvez la France*[3] ou bien *Dieu protecteur/ Pardonnez à la France*[4]. Par ailleurs, des pèlerins de Montmorency chantent une version qui leur est propre, sans allusion patriotique[5].

Paul Féval est tout ému :

> « Un jour, j'ai balbutié, moi indigne, le sublime cantique du Sacré Cœur qui est Jésus expiation rachat, réparation et protection arrêtant son vol au sommet de la France, sommet de la terre » [6].

À son arrivée, en 1893, contrairement aux faits[7] mais avec son enthousiasme caractéristique, le P. Lemius affirme que « depuis vingt ans, plus de six mille pèlerinages sont venus chanter sur les sommets de Paris le *Pitié mon Dieu... Sauvez Rome et la France...* » [8].

Le P. Lemius se trompe. Quoiqu'il en soit, il se conforma certainement aux habitudes en cours. En effet, d'après le témoignage de Gustave Téry venu enquêter lui-même sur place, on faisait bien chanter : « *Sauvez, sauvez la France* » [9]. Parfois même, ainsi en 1902, d'autres paroles sont chantées sur le même air et un sens très voisin : « Dieu de la France, O Dieu Sauveur, Nous n'avons d'espérance Qu'en votre Sacré Cœur » [10]. En 1919, pour les célébrations de la dédicace de la basilique, on chante en refrain : *Dieu de clémence, O Dieu vainqueur, Toi qui sauvas la France, Garde-la dans ton cœur* ! avec comme exclamation du premier couplet : « Merci, mon Dieu ! » [11].

1. Cité par Michel Cinquin, *Deux*..., 1980, p. 291-293.
2. *BVN*, 1876, p. 263.
3. *BVN*, 1876, p. 52 ; 1879, p. 187, p. 351, p. 737 ; 1881, p. 402 avec d'autres paroles ; pour la première messe dans la chapelle Saint-Martin, le 21 avril 1881, *BVN*, 1881, p. 263 ; 1882, p. 461 ; 1884, p. 588.
4. Un Chapelain, *Manuel*..., 1886, p. 48.
5. Avec un refrain : « Dieu du Calvaire, de vos enfants, exaucez la prière, nous sommes pénitents » et neuf couplets rédigés certainement pour la circonstance. *BVN*, 1881, p. 403.
6. Paul Feval, *Les merveilles*..., 1879, p. X.
7. Il pouvait, bien sûr, y avoir des exceptions. Parmi les étrangers, par exemple. L'émotion dut faire place à la sympathie lorsque les catholiques suisses, eux aussi persécutés (voir chap. 3 à propos de Mgr Mermillod), ont entonné, en pèlerinage à Montmartre : « Dieu de Justice, ô Dieu vainqueur, Sauvez Rome et la Suisse, Par votre Sacré Cœur » (*BVN*, 1876, p. 154).
8. *BVN*, 1893, p. 594 au Congrès de Lille. Le chiffre de six mille et non de trois mille cinq cents comme le donne le P. Voirin résulte certainement de ce que le P. Lemius intègre dans son calcul d'ensemble les « petits » pèlerinages et les pèlerinages pour l'Adoration nocturne.
9. Gustave Téry, *Les Cordicoles*..., 1902, p. 22. Voir aussi *BVN*, 1910, p. 34-36.
10. *BVN*, 1902, p. 450.
11. Voir chap. 15 et ***, *Fêtes*..., 1920, p. 117.

La version officielle de juin 1875 comporte onze couplets [1]. Les deux premiers évoquent un passé récent en parlant de la France et du pape.

Pitié, mon Dieu ! c'est pour notre patrie
Que nous prions au pied de cet autel
Les bras liés et la face meurtrie,
Elle a porté ses regards vers le ciel.

Pitié, mon Dieu ! sur un nouveau Calvaire,
Gémit le Chef de votre Église en pleurs ;
Glorifiez le successeur de Pierre
Par un triomphe égal à ses douleurs.

Le troisième couplet fait visiblement allusion aux multiples épiphanies mariales de l'époque (Rue du Bac-Notre-Dame des Victoires, La Salette (?), Lourdes, Pontmain); et introduit l'ingratitude, voire l'apostasie des contemporains en faveur desquels intercède le quatrième couplet:

Pitié, mon Dieu ! la Vierge immaculée
N'a pas en vain fait entendre sa voix ;
Sur notre terre ingrate et désolée
Les fleurs du ciel croîtront comme autrefois.

Pitié, mon Dieu ! pour tant d'hommes fragiles,
Vous outrageant, sans savoir ce qu'ils font
Faites renaître en traits indélébiles
Le sceau du Christ, imprimé sur leur front !

La dévotion de la bienheureuse Marguerite-Marie au Cœur du Christ, son zèle pour l'Eucharistie sont rappelés dans les trois couplets suivants qui précèdent une prière de réparation, d'intercession et de demande d'un miracle pour la France.

Pitié, mon Dieu ! votre Cœur adorable,
À nos soupirs se sera pas fermé ;
Il nous convie au mystère ineffable,
Qui ravissait l'apôtre bien-aimé.

Pitié, mon Dieu ! que la source de vie
Auprès de nous ne coule pas en vain !
Mais qu'en ces lieux Marguerite-Marie
Nous associe à son tourment divin.

1. Michel Cinquin, *Deux...*, 1980, p. 291. Dans Un Chapelain, *Manuel...*, 1886, p. 48-49, manquent les deux derniers couplets et le texte propre à la dernière reprise du refrain.

Pitié, mon Dieu ! quand à votre servante
De votre cœur vous dévoiliez l'amour,
Vous avez vu la France pénitente
À ce trésor venant puiser un jour.

Pitié, mon Dieu ! trop faible sont nos âmes
Pour désarmer votre juste courroux ;
Embrasez-les de généreuses flammes
Et rendez-les moins indignes de vous !

Pitié, mon Dieu ! si votre main châtie
Un peuple ingrat qui semble la braver,
Elle commande à la mort, à la vie,
Par un miracle elle peut nous sauver.

L'apostolat missionnaire de la France et la dimension universelle de la foi chrétienne sont enfin évoqués :

Pitié, mon Dieu ! la voix qui nous appelle
À traversé l'immensité des mers,
Elle a porté la féconde nouvelle
Aux nations qui peuplent l'univers.

Pitié, mon Dieu ! sous cet humble portique,
Viennent prier, avec la même foi,
La vieille Europe et la jeune Amérique ;
Unissez-les sous votre aimable loi !

Le refrain ultime est composé de paroles spéciales. Il en appelle à la paix universelle au-delà de l'horizon français et chante une espérance fondée sur la certitude que les destins de l'Église et du monde coïncident :

L'orage gronde !
O Dieu vainqueur,
Donnez la paix au monde,
Par votre Sacré-Cœur !

Les pèlerins et les fidèles de Montmartre ont aimé ce chant au refrain si visiblement patriotique. S'ils en ont fait une sorte de *Marseillaise* ou d'*Internationale* catholique de 1876 à 1919, il serait vraiment abusif de le considérer comme un chant de guerre ou alors il s'agit d'une guerre toute « spirituelle » comme l'enseignait Mgr Guibert[1].

1. À l'époque, notons que ce cantique n'est pas uniquement critiqué par les anticléricaux comme Antonin Debidour, *L'Église*..., 1906, t. I, p. 62 et 66. Il est mal vu aussi de certains ecclésiastiques tel le P. de Quirielle qui y voit « le chant de guerre de l'ultramontanisme » (cité par le chanoine Aubert, *Le pontificat*..., 1952, p. 374).

## B. *Parce, Domine !*

A Montmartre, si on aime chanter comme en bien d'autres églises le *Magnificat*, le *Miserere* ou les *litanies du Sacré Cœur*[1], on affectionne aussi le *Parce, Domine* dont le titre français est *Cœur transpercé pour nous*[2].

Avec une antienne de Carême pour refrain

« *Parce, Domine, parce populo tuo*
« *Ne in aeternum irascaris nobis* (3 fois)[3],

Pour ce dernier chant, l'abbé J. Marbeuf a composé sept couplets qui comprennent chacun l'évocation d'un désordre du monde terrestre, de la France, de la société (le travail effectué le dimanche) ou d'un désordre causé par les chrétiens infidèles, les pécheurs obstinés, les fidèles pécheurs, tous manquements dont on demande au Christ de ne plus se souvenir, et en même temps l'évocation d'un acte d'amour dû au Christ lui-même, à ses saints, aux foules fidèles au Christ, aux chrétiens éprouvés, au pécheur repentant, aux amis compatissants, à la Vierge Marie enfin, tous actes d'amour dont on demande au contraire au Christ de bien vouloir se souvenir[4]. Ce cantique, au moins son refrain, a franchi les murs de la basilique jusqu'à frapper les oreilles et le cœur (?) des artistes de la butte qui par ailleurs ne se vantaient guère de fréquenter le sanctuaire : on le trouve inscrit sur le mur du Chat Noir[5].

## C. Catholique et Français toujours !

Ça et là, dans le *Bulletin du Vœu national* sont mentionnés quelques cantiques chantés à la basilique. Ainsi a retenti sur le chantier le *O Marie, ô Mère chérie*, de Martineau ; même s'il s'agit d'un chant en l'honneur de la Vierge, il était tout indiqué dans une église ex-voto national par son allant patriotique[6]. Dans les couplets, le peuple chrétien est invité à prier, puis

1. Le cardinal Richard a fait des démarches pour les répandre : voir sa lettre pastorale du 5 nov. 1898. *BVN*, 1899, p. 2.
2. Il est mentionné en 1891, pour la bénédiction, *HSC*, t. IV, p. 71 et en *BVN*, 1910, p. 34-36 lors de la crue.
3. Épargne, Seigneur, épargne ton peuple / Ne sois pas irrité éternellement contre lui, refrain inspiré du psaume 85 (84), 6.
4. Texte dans ***, *Manuel*..., 1937, p. 158-159.
5. Voir le chap. 16. La salle du Chat Noir est reconstituée au musée de cire de Montmartre avec le refrain en question peint sur le mur.
6. *BVN*, 1882, p. 319 ; 1884, p. 91.

demande à Marie de se préoccuper de la foi de la France et des Français dont il souligne les gestes de bonne volonté, tandis que le refrain se distingue par la fameuse exclamation finale : *Catholique et Français toujours !*

## D. « Les chants de la sainte colline »

Bien d'autres cantiques mériteraient une étude. Dès 1883, un des chapelains de la basilique publiait un recueil de treize chants utilisés à Montmartre[1]. Un autre cantique d'Aloÿs Kunc s'intitule : *Cantique populaire du Vœu national au Sacré Cœur de Jésus*[2]. Le P. L. de Come et M. de Pierpont en ont donné un autre sous le même titre[3]. Les acclamations dites carolingiennes : *Christus vincit, Christus regnat, Christus imperat*, remises en musique à la fin du second Empire, se trouvent inscrites sur le sol de la chapelle Saint-Louis ; à coup sûr, elles ont dû souvent être reprises dans les cérémonies de Montmartre[4].

À l'image de ce qui se passe dans les autres secteurs artistiques, le « déchiffrement » de la production musicale du XIXᵉ siècle reste presque entièrement à faire et la présentation faite ici de quelques cantiques chantés au Sacré-Cœur ne représente qu'une part infime de cette production[5]. Ce rappel suffit pourtant à montrer la volonté très arrêtée des cardinaux-archevêques de Paris de faire du Sacré-Cœur de Montmartre un foyer de prière pour la patrie tout entière en laissant de côté les problèmes spécifiquement politiques comme celui des modalités nouvelles du pouvoir temporel de la papauté. Sur le plan musical, ce sont des chants de masse, aisés à apprendre, avec le danger d'être braillés, mais qui valent par la puissance des voix qui se conjuguent de gens qu'on dit individualistes par ailleurs, mais qui aimaient se retrouver entre chrétiens pour communiquer ensuite leur foi aux autres.

1. Le P. Roux, voir *BVN*, 1883, p. 282. Ils s'intitulent : *Actes avant la communion, Actes après la communion, La communion réparatrice, Cœur de Jésus à la France, Le temple du Vœu national, Ave Maria, Regina coeli, Tantum ergo, Laudate Dominum, Pardon à la France, Prière au Sacré Cœur, La Bannière du Sacré Cœur, O salutaris, Messe du Sacré Cœur.* Le P. Yenveux, on l'a vu serait l'auteur d'un célèbre cantique : *Allons au ciel* (*BVN*, 1879, p. 690 ; 1897, p. 835).

2. *MCJ*, 1873, t. 23, p. 190.

3. *BVN*, 1874, p. 188.

4. *BVN*, 1911, p. 272 et R. Aubert, *Pie IX*, 1952, p. 466. Le P. Alet, *La France...*, 1889, p. 288, montre une pièce de monnaie de Louis XIV où elle est gravée.

5. Voir Jean-Yves Hameline, *Le son...*, 1977, p. 5-6.

## *II. LA MAÎTRISE APOSTOLIQUE DU SACRÉ-CŒUR*

Pour les chants, les offices propres au sanctuaire, comme pour le service des messes célébrées par les nombreux prêtres pèlerins, il fallait des enfants de chœur. Mais les jeunes ne manquent pas dans un quartier en pleine expansion démographique comme celui de Montmartre. Une école communale est créée vers 1876 entre la rue Tardieu et la rue Berthe – André Barsac [1]. Vers 1879, le P. Rey ouvre, quant à lui, une école dite: Maîtrise apostolique du Sacré-Cœur [2]. Les élèves profitent, le jeudi, du patronage, en attendant d'entrer au cercle, fondés l'un et l'autre également à cette époque (chap. 15). En 1885, deux frères de la Sainte-Famille de Bordeaux s'occupent de vingt-huit élèves [3]. Huit premières communions ont lieu en 1887 [4].

On peut suivre la montée des effectifs de cette maîtrise aux demandes de nouveaux crédits pour les locaux et le personnel dont le comité du Vœu national a la charge. Après l'aménagement d'un pavillon acheté par expropriation, il faut s'agrandir en 1881 et en 1894 [5], même si la chapelle provisoire lors de sa fermeture en 1891 a déjà été aménagée pour servir de local à la maîtrise. À cette date, elle a été en effet coupée en deux dans le sens de la hauteur. Le nombre des élèves augmente parce que le cardinal Richard impose la règle qu'un enfant ne doit pas servir plus d'une ou deux messes par jour [6]. Or le nombre de messes n'a fait que croître jusqu'en 1914, disons même 1919. À cette époque, la maîtrise apostolique du Sacré Cœur compte cent cinquante élèves [7].

La participation effective de la maîtrise aux chants des offices du sanctuaire provisoire ou définitif n'est pas facile à déterminer. Sa présence est explicitement mentionnée en 1886 pour le service funèbre de Mgr Guibert [8], en 1892 et en 1894 à propos de l'Adoration perpétuelle diocésaine – « nos jeunes maîtrisiens » [9] – au baptême de *la Savoyarde* l'année suivante [10]. Une enquête plus poussée soulignerait peut-être sa meilleure efficacité sous la

1. *PV* du 29 nov. 1876. ASCM.
2. Voir *BVN*, 1879, p. 9, et les comptes des religieux de l'année 1880 (réf. en 1877, arch.). Le nom fait penser aux écoles apostoliques des Jésuites ouvertes en complément des collèges dans l'esprit du P. de Foresta pour cultiver les vocations missionnaires (voir ce nom dans *DSAM*, *CHAD* et Paul Duclos, *Dictionnaire*..., 1985).
3. *BVN*, 1885, p. 22.
4. *BVN*, 1887, p. 589.
5. *BVN*, suppl. juin 1881, p. 9. *PV* du 23 avril et 13 déc. 1894 (*HSC*, t. IV, p. 270 et 342).
6. *HSC*, t. IV, p. 185.
7. Le témoignage d'un ancien élève, M. Rouche, recueilli en 1976 par des maîtrisiens de terminale s'intéressant à l'histoire de leur école nous fait connaître la vie concrète de cet établissement avant la Première Guerre mondiale: voir Thierry Bertrand et Antoine Canque, *Histoire*..., 1976.
8. « Notre maîtrise », *BVN*, 1886, p. 505. Là, en complément d'un chœur d'artistes avec orchestre (p. 785).
9. *BVN*, 1892, p. 479 et 1894, p. 674.
10. *BVN*, 1895, p. 854. Là, en complément de l'harmonie des Frères de Saint-Jean de Dieu.

direction de G. Mulet, maître de chapelle. Il est vrai qu'au début du XX^e^ siècle un nouveau maître de chapelle, toujours en place cinquante ans plus tard, H. Potiron, se vantait de l'avoir remplacée par des professionnels [1]. En 1892, on appréciait tout de même ses services :

> « Les saints concerts de notre maîtrise ont dû rendre jaloux les anges du ciel. Sous l'habile direction de M. Mulet, maître de chapelle, ces chers enfants ont délicieusement chanté la Sainte Eucharistie. L'âme oubliait les musiciens et se laissait aller au courant des mélodies. Le cœur se portait vers Dieu. Plus facile était la prière, au lieu d'être contrariée comme il arrive trop souvent » [2].

Pour ce chroniqueur du *Bulletin*, l'art est vraiment au service du culte : il trouve sa raison d'être et son plein épanouissement lorsque sa transparence permet au fidèle d'entrer en contact avec Dieu fait homme.

## *III. LES MAÎTRES DE CHAPELLE ET ORGANISTES*

Il semble en être des musiciens et des facteurs d'orgues du Sacré-Cœur comme des architectes et autres artistes. Tombés dans l'oubli ou le mépris dans l'entre-deux-guerres et les années 50-60, on les redécouvre peu à peu depuis les années 70. Nous profitons particulièrement ici des travaux de Daniel Roth, organiste titulaire de 1973 à 1985 [3].

Gabriel Mulet [4] est maître de chapelle de 1886 (au moins) à 1903 environ. Il a animé aussi bien les cérémonies de la chapelle provisoire comme celles de la toute nouvelle basilique. Il a pu aussi tenir l'harmonium dans la première et les petites orgues de la seconde (voir ci-dessous). Il dirige des choristes professionnels tout autant que la maîtrise [5]. On a remarqué de lui un *Oremus pro pontifice*, un cantique sur la Savoyarde dont « la musique constitue un modèle d'harmonie imitative », des *Esquisses byzantines* qui décrivent la basilique à l'orgue et qui finissent par un *Tu es Petrus* en toccata [6].

1. Témoignage de Mgr Charles qui, vers 1960, a parlé avec H. Potiron.
2. *BVN*, 1892, p. 479.
3. Daniel Roth, *Le grand orgue*..., 1985, ouvrage qui traite des facteurs d'orgue, des trois orgues, des organistes et des maîtres de chapelle.
4. ou H. Mullet parfois.
5. En *BVN*, 1894, p. 674, on parle de MM. Paty, Paroche, Italiander, Gatin, H. Muller, etc.
6. Il en est question en *BVN*, 1886, p. 505 et 785 ; 1892, p. 479 ; 1894, p. 674 ; 1895, p. 854 et 924.

Succède à Gabriel Mulet, comme maître de chapelle, pour cinquante ans environ [1], une personnalité de la musicologie, Henri Potiron (1881-1972), qui était aussi organiste. En 1923, il devient professeur à l'Institut grégorien de Paris qui vient d'être fondé. Les questions de modalités retiennent son attention, surtout chez les auteurs grecs et, en 1954, il soutient en Sorbonne une thèse de doctorat intitulé *Boèce, théoricien de la musique grecque* [2]. Il est l'auteur d'une *Esquisse d'un traité de composition de la musique d'église* publié en 1945. Il a laissé sur le plan musical une *Suite brève sur la messe XI Orbis factor*, une *Petite suite sur Puer natus*, des messes: *Da pacem*, *Resurrexi*, *du Sacré Cœur*, *de sainte Geneviève*. Il écrit un cours d'*Accompagnement du chant grégorien suivant les types* [3]. On a remarqué aussi son œuvre de vulgarisation. Par exemple, il rédige l'article « cantiques en langue vulgaire » de l'encyclopédie Catholicisme. Mais son jugement sur ces derniers est considéré comme sévère trente ans plus tard dans le même ouvrage [4]. Nous partageons ce dernier jugement et le justifions par un regard plus bienveillant développé dans ce chapitre.

En 1903, Abel Decaux (1869-1943) remporte le concours pour la nomination d'un titulaire au nouveau grand orgue de la basilique [5]. Il est choisi à l'unanimité, avec les félicitations du jury composé de Alexandre Guilmant, dont il avait été « l'élève remarqué et aimé » et des célèbres Charles Widor (titulaire des grandes orgues de Saint-Sulpice et professeur au conservatoire) et Louis Vierne (titulaire de celles de Notre-Dame). Abel Decaux reste organiste du Sacré-Cœur jusqu'en 1923, parallèlement à son enseignement à la *Schola Cantorum* (dans l'ombre de Vincent d'Indy) avant de partir pour l'Eastman School of Music de Rochester (New York) où il représentera l'école d'orgue française. Norman Demuth [6] rappelle que

> « l'expérience sérielle est née sur notre sol [à Montmartre ?]. Schönberg ne connut pas les *Clairs de lune* de Decaux, composés dès 1900. C'est lui pourtant le véritable ancêtre des jeunes sériels français qui l'ignorent, mais ont réinventé, à partir de Debussy, son impressionnisme sériel ».

1. Vers 1910 et au moins en 1913.
2. Éditée en 1961 à Paris chez TICP 9. Voir l'usage qui en est fait par Jean-Yves Lacoste, « Les anges musiciens. Considérations sur l'éternité, à partir de thèmes iconographiques et musicologiques » dans *RSPT*, t. 68, n° 4, 1984, p. 570.
3. Pour ce dernier ouvrage: in 8°, 150 p, Hérelle, 1927 et 1958. Pour l'ensemble, voir ASCM, *Dictionnaire de la musique*, Bordas, et la nécrologie dans la *Revue de Musique sacrée*. Devenu sourd, H. Potiron cesse d'être maître de chapelle vers 1960 à l'arrivée de Mgr Charles comme nouveau recteur. Il reste organiste et est décoré de la Légion d'honneur (témoignage de Mgr Charles).
4. Respectivement *CHAD*, t. II, 490-492 et t. IX, 878 (art. « Musique » de G. Mathon).
5. Cette notice est due presque entièrement à l'article de Eliane Lejeune-Bonnier sur cet artiste dans *L'Orgue*, n° 210, 1989, p. 4-9. Voir cependant en plus *Dictionnaire de la musique contemporaine* de Claude Rostand (Larousse, 1970) qui déplore « l'inconcevable oubli » dans lequel demeure cet artiste.
6. *Encyclopédie de la musique* de la Pléïade.

L'atonalisme de Decaux traduit un univers lunaire. Ses *Clairs de lune* s'intitulent : *Minuit passe* (1900), *La Ruelle* (1902), *Le Cimetière* (1903), *La Mer* (1907), *La Forêt* (inachevée). Les fidèles de la basilique et ses chapelains profitèrent-ils de cette production et, si oui, l'apprécièrent-ils ? Sa *Fugue sur l'Ave Maris Stella* en retint-elle quelque chose ?

## *IV. ARISTIDE CAVAILLÉ-COLL ET LES ORGUES*

L'esthétique romantique et symphonique des orgues du XIXe siècle fut oubliée au profit de l'esthétique « néo-classique » de l'entre-deux-guerres (qui prétendait revenir aux orgues « classiques » d'avant la Révolution et restaurées au XIXe siècle), puis « néo-baroque » des années 1950-1960. La restauration des orgues du XIXe siècle fut le témoin de ces étapes. Désormais, sensible à l'univers culturel du siècle précédent, on restaure soit ses créations, soit même ses restaurations d'instruments anciens. Les travaux actuels sur les grandes orgues de Notre-Dame de Paris en témoignent. Tout ceci pour dire que Aristide Cavaillé-Coll (1811-1899) et son successeur Charles Mutin (1861-1930), les facteurs des orgues de Montmartre, ont été tour à tour victimes et bénéficiaires de ces modes.

Rappelons que c'est en 1841 et avec Cavaillé-Coll justement que l'orgue romantique français fait son apparition : on inaugure alors à la basilique de Saint-Denis les grandes orgues dues à Aristide Cavaillé-Coll, jeune ingénieur issu d'une dynastie de facteurs et choisi huit ans plus tôt, à vingt-deux ans. Très vite considéré comme l'un des meilleurs du monde, il « inonde » les églises et les salles de concert (publiques et privées) de Paris, de la France et du monde de ses instruments qu'on compte dés lors par centaines [1].

Dès 1890, des contacts sont pris entre le cardinal Richard, le Comité et le célèbre Cavaillé-Coll (rien de trop beau pour la basilique !) afin de pourvoir d'un orgue provisoire l'église du Sacré-Cœur bénite en 1891. On décide seulement d'en louer un qui est installé au pied de la tribune est. En 1892,

1. Voir Christiane Colleney, « Aristide... », 1989. Cependant pour tempérer cette façon de voir, remarquer qu'il n'est question qu'une fois de ce facteur dans l'article « Orgue » de *EU*.

obligé de vendre son établissement, il en propose l'achat au Comité, lequel refuse. Le comte P. Chandon de Briailles l'achète alors en le laissant à la basilique et le donne au Vœu national en 1895. Cet orgue est vendu en 1913 à la paroisse Notre-Dame du Rosaire pour être remplacé par un orgue d'accompagnement proprement dit en juin 1914 fabriqué par Charles Mutin qui a succédé à Cavaillé-Coll. Ce dernier orgue est toujours en place dans la tribune est [1].

Mais, bien sûr, c'est le grand orgue (soixante-dix jeux), le quatrième de France à l'époque, après Saint-Sulpice (cent jeux), Notre-Dame (quatre-vingt huit) et Saint-Eustache (soixante-douze) qui retient l'attention [2]. Son origine est peu banale ! Le baron Albert de l'Espée dans son domaine d'Ilbarritz de Biarritz fait construire un château autour d'un salon de musique pour un orgue, véritable salle de concert (22 m de long, 14 m de large, 17 m de haut). Épris d'hygiène et de sécurité, il aménage sa demeure avec les dernières trouvailles dans ces domaines. Trente-cinq refuges, dispersés dans la lande, lui permettent de multiples évasions. Il vit là, quand il n'est pas à Paris, à Antibes, à Monte-Carlo ou à Oléron (où il possède aussi des orgues) avec sa maîtresse qu'il convoque selon son bon vouloir, donne de magnifiques réceptions et fait profiter de ses largesses la municipalité de Biarritz jusqu'à ce qu'il se brouille avec elle pour une question d'abattoirs installés près de sa propriété [3].

Mais le baron est surtout mélomane et musicien : il joue de l'orgue. Il inaugure donc à Biarritz en 1898 un orgue de 70 jeux conçu par A. Cavaillé-Coll en 1894 et monté par C. Mutin. Les nuits résonnent alors de *Parsifal* et de *Tannhäuser*... Il le remplace au bout de sept ans par un orgue plus pittoresque. Le grand orgue regagne les ateliers de l'avenue du Maine à Paris. Il y demeure pendant six ans. Albert Schweitzer qui vient l'étudier et en jouer écrit à son sujet : « Il est techniquement et artistiquement le plus parfait qui ait peut-être jamais été construit » [4], jugement qui, même s'il doit être compris dans le contexte politique de l'époque, demeure comme inscrit en lettres d'or sur le buffet de cet orgue. Il est vendu au Sacré-Cœur en 1913 après un ajout de quatre jeux. Là, les Magne le pourvoient d'un nouveau buffet dû aux menuisiers d'art Tony Selmersheim et Ed. Buisine et au

1. En plus de Daniel Roth, « Le grand orgue... », 1985, p. 53-55 qui donne la description technique de ces deux orgues, voir *HSC*, t. III, 260 et IV, 136 et 382; lettre en date du 6 avril 1891 de H. de Fleury au cardinal Richard, AHDP; *BVN*, 1895, p. 265 et 342.

2. Mais le troisième à partir du 1913 quand on aura ajouté quatre jeux, pour redevenir le quatrième quand Saint-Eustache en 1931 passe à quatre-vingt-cinq jeux. L'orgue de la basilique du Rosaire à Lourdes a cinquante-deux jeux, et celui de la basilique supérieure, vingt-cinq (Bernard Billet, *Lourdes*, 1981, p. 145).

3. Sur ce contexte pittoresque du grand orgue du Sacré-Cœur, voir Christophe Luraschi, *Le château*..., 1982.

4. Cité par Daniel Roth, *Le grand orgue*..., 1985, p. 48.

sculpteur H. Lefebvre (voir chap. 22). Il est inauguré au cours de la consécration de la basilique en 1919 et considéré depuis par de grands organistes comme l'un des plus beaux du monde[1].

## V. LES PROGRAMMES MUSICAUX

Une maîtrise de jeunes gens, un chœur de professionnels, un orchestre parfois et des orgues avec leur organiste, tout ceci appelle plus que l'interprétation de quelques cantiques ! Il y eut ainsi quantité d'œuvres musicales importantes jouées à Montmartre selon des programmes mis au point avec le supérieur des chapelains pour le service des fidèles. Il faut donc en dire ici un mot. Même si ce ne sont que des listes de noms plus ou moins connus, ils fournissent un indispensable contexte sonore et culturel et annoncent des recherches ultérieures. Ainsi, en 1894, lors de l'adoration perpétuelle diocésaine annuelle, pouvait-on entendre l'*Ave Maria* de César Franck, *chœur* ; le *Sub Tuum* de Daujon, *solo* et *chœur* ; l'*Ave Maria* de Louis Niedermeyer, *solo* et *chœur*[2] ; l'*Oremus pro Pontifice* de Gabriel Mulet ; le *Tantum ergo* de Raoul Pugno[3]. En 1913, l'office de 3 heures du vendredi saint s'agrémentait de l'*O vos Omnes* (1585) de Tomas de Victoria, du *Domine non secundum* de César Franck et des *Sept Paroles du Christ* (oratorio de 1645) de Heinrich Schutz, ensemble assez concertant sous la direction de Henri Potiron avec Abel Decaux à l'orgue. Il en est de même de la grand-messe de 9 heures 30 du jour de Pâques où l'on annonce la *Messe en ut* de Louis Vierne et le chant grégorien de l'édition vaticane. Au vêpres et au salut (à 2 heures), on donne le célèbre *O Filii* (X.),le *Regina Coeli* de Gregor Aichinger (1564-1628), le *Tu es Petrus* de Félix Mendelssohn (1809-1847), le *Tantum ergo* de J. -S. Bach et la *Cantate* de Hans Hassler (1564-1612). Lors de la consécration de la basilique et de l'inauguration du grand orgue, outre la prose *Jerusalem*

1. Par exemple Olivier Messiaen : Daniel Roth, *Le grand orgue*. ., 1985, p. 89, mais surtout Olivier Messiaen, « Grand jeu pour la Trinité » dans ***, *La Politique de la mystique, Hommage à Mgr Charles*, 1984, p. 121 : « un grand orgue extraordinaire ». Cet artiste apprécie aussi le « silence extraordinaire de cette église due à l'adoration perpétuelle » (Christiane Colleney, « Olivier Messiaen,... » dans *Famille chrétienne*, 25 août 1988, p. 11).
2. (1802-1861). Il fait revivre l'Institut de musique religieuse.
3. (1852-1914). Il compose également des opérettes et des ballets.

*et Sion filiae*[1], on a pu entendre l'*Andante de la Symphonie Gothique* de Charles Widor interprété par le maître lui-même, le *Salvum fac populum tuum*[2] du même Widor mais joué par Marcel Dupré. Abel Decaux exécuta la *Messe du sacré Cœur* composée spécialement par Henri Potiron, mais aussi des pièces de Franck et de Widor, la partie dévolue au grand orgue dans la *Messe de saint Rémi* de Théodore Dubois[3] et celle de Louis Vierne.

Le « franckisme » semble triomphant dans cette célébration de la dédicace en 1919, lui qui a été lancé cinquante ans plus tôt[4]. Après 1870, en effet, le jeune Vincent d'Indy (1851-1931) « fait » de César Franck (1822-1890), son maître, le chef de file de la « renaissance de la musique française » au sein de la jeune Société nationale de musique créée par Camille Saint-Saëns. César Franck écrit alors *Rédemption*, « poème symphonique » bien dans l'esprit des années 70 et crée un grand oratorio en 1879, *Les Béatitudes*[5]. Quant à Vincent d'Indy, très attaché à la France et à la foi catholique (tout en aimant passionnément Wagner), il devient le maître de l'école française et connaîtra par là les lendemains noirs de tous ces artistes qui ont fait le Sacré-Cœur, un Luc-Olivier Merson par exemple dont l'œuvre triomphe à la même époque avec l'achèvement de la grande mosaïque du chœur.

## *VI. LA SAVOYARDE*

Dans l'esprit de bien des gens, le Sacré-Cœur est une église liée à la Commune (voir chap. 26) et qui possède *la Savoyarde*, « la plus grosse cloche du monde », bien sûr ! (et pourtant non). Impossible de ne pas parler de cette dernière dans l'optique de ce travail même sommairement. Mais *la Savoyarde* renvoie directement à l'histoire du Vœu national.

De 1870 à 1888, les Savoyards avaient été généreux pour le Vœu national, mais individuellement. Dans l'esprit des démarches en corps qui caractérise la

1. Séquence du propre de Paris pour la fête de la dédicace d'une église (voir aussi chap. 29).
2. Intentionnellement, certainement, s'il n'est pas question du roi évidemment, il n'est pas fait allusion non plus à la « chose publique », la République.
3. Directeur du Conservatoire de 1896 à 1906.
4. Réflexion inspirée par l'article de Claude Billard dans *EU*.
5. Le sermon de Mgr Guibert lors de la pose de la première pierre de l'ex-voto en 1875 l'aurait-il inspiré ?

préparation des anniversaires de 1689 et de 1789, Mgr Leuillieux, archevêque de Chambéry, décide d'ouvrir une souscription collective. Mgr Isoard, évêque d'Annecy, Mgr Rosset, évêque de Saint-Jean de Maurienne, Mgr Bouvier, évêque de Moutiers en Tarentaise, se joignent à lui [1]. Ils proposent d'offrir le bourdon qui sera mis sous le patronage de saint François de Sales, « un des amis du Cœur de Jésus », afin que « par ses vibrations vigoureuses, il redise à la ville, à la nation, au monde entier, s'il le pouvait : « Vive Jésus !... » La présence des frères Paccard, « rois des fondeurs » à Annecy, depuis 1796, est certainement pour quelque chose dans le choix du cadeau.

La souscription réussit et la commande est passée en 1889. La cloche devrait peser au moins seize tonnes, donner le contre-ut grave, sans retouche après la coulée. L'ornementation a elle seule est tout un programme : de haut en bas, une image du Cœur de Jésus environné d'épines, des frises diverses, une inscription traduisant le motif de l'ex-voto (et le nom officielle : Françoise-Marguerite du Sacré Cœur de Jésus), une quinzaine d'armes et de personnages ayant trait à l'histoire religieuse de Paris et de la Savoie, une trentaine de blasons de souscripteurs (villes, régions, évêques et congrégations, grands de la province), les quinze mystères du rosaire et les noms des membres du comité du Vœu national.

Durant l'été 1890, la fausse cloche, avec ses ornements moulés en cire est prête. Au printemps 1891, on démoule la chape de *la Savoyarde*, les anses y compris ; cette chape qui pèse dix tonnes est installée dans une fosse. La coulée qui dure dix minutes donne lieu à une cérémonie en mai 1891, en présence des évêques donateurs et du P. Voirin. Après huit jours, on enlève la chape. On nettoie la cloche, on la polit, on la lave pendant quatre mois. Elle est alors reconnue « parfaite ». Elle sonne pour la première fois le 16 septembre 1891 et maintient sa note pendant environ sept minutes.

Pendant quatre ans, elle reste dans la fonderie d'Annecy-le-Vieux pour des raisons qu'il faudrait éclaircir [2]. Le 5 octobre 1895, un attelage de trois chevaux et quatorze paires de bœufs la conduit à la gare dans une atmosphère de fête populaire. Elle met cinq jours pour gagner Paris. À la gare de la Chapelle, une bascule à ses dimensions permet une pesée officielle :

– la cloche à elle seule pèse 18 835 kilos,

– le battant, 850 kilos,

1. Jacques Gadille (*La pensée*..., 1967, t. I, p. 117, n. 2) classent les trois premiers parmi les évêques « conciliants » de la tendance de Mgr Dupanloup. Le quatrième est en dehors de la période étudiée par J. Gadille. Sur Mgr Isoard, voir chap. 11.

2. De 1892 à 1895 au moins, il y a eu une petite cloche à Montmartre dont on ne sait ce qu'elle est devenue.

– la hune avec les armatures, 6 530,
– ce qui fait un total de 26 215 kilos.
Ses dimensions sont :
– hauteur totale, 3 m 60 ;
– diamètre, 3 m 40 ;
– circonférence, 9 m 60 ;
– longueur du battant, 2 m 60.

De la gare des marchandises de La Chapelle, un camion tiré par vingt-huit chevaux percherons et escorté par plusieurs brigades de gardiens de la paix, conduites par l'officier de paix de l'arrondissement, la monte vers la basilique le 16 octobre 1895 entre 4 heures et six heures du matin, horaire convenu avec la préfecture de police. Vingt-quatre hommes portant des torches éclairent la marche. La presse qui avait annoncé l'événement a permis à la foule de se presser sur le parcours. La cloche est accueillie par toutes les personnalités ecclésiastiques et laïques du Vœu national. Elle est suspendue dans un beffroi provisoire dressé par H. Rauline, sur l'angle sud-est de la basilique, à droite du portique, par un procédé nouveau dit « à double étrier » qui permet une mise en branle sans secousse [1].

Le baptême de *la Savoyarde* se déroule en deux temps : la célébration elle-même le mercredi 20 novembre 1895 et une fête populaire le dimanche suivant. Le P. Monsabré reprend une troisième fois la parole pour le Vœu national : il espère qu'elle sonnera le pardon de Dieu, le réveil de la France et les gloires du Sacré Cœur ! Images et dragées sont distribuées à profusion aux visiteurs qu'on estime à deux cent mille en ces quelques jours [2].

En 1907, *la Savoyarde* est installée dans la partie inférieure clocher, à trente-quatre mètres du sol, juste au-dessus la chapelle de la Sainte-Vierge. Elle sonne bien sûr à la volée, mais pour cela il faut dix hommes. C'est pourquoi, dès son installation, un marteau, commandé électriquement depuis la sacristie, la fait résonner [3]. Elle participe désormais à tous les événements de la vie du sanctuaire.

Le son de cette cloche comme la vue du Sacré-Cœur partage les Français. Elle insupporte un journaliste de la *Petite République* (chap. 24) et les personnages d'Emile Zola dans *Paris.*

1. L'accueil de la *Savoyarde* est bien romancé par Françoise Dorin, *Nini Patte-en-l'air*, 1990, p. 305-309.
2. Sur *la Savoyarde*, voir *BVN*, 1891, p. 285-286 ; 1895, p. 796-798, 801-803, 828-845, 853-856, 923-942 : *M-O magazine*, supp. n° 115, Pâques 1991, p. 17 (art. pour le centenaire).
3. *BVN*, 1907, p. 50 et 1912, p. 283. Le 24 novembre 1934, elle est rejointe par un carillon de Maurice Lannoy (arch. de la famille) qui, estimé trop grêle, sera déposé. Une volée manuelle a lieu encore à la Libération (témoignage du P. Dérumaux). Puis la Ville de Paris électrifie même la volée. À partir de 1967, quatre anciennes cloches de Saint-Roch lui sont adjointes.

« – Ah ! ce bourdon ! s'écria François, il est vraiment obsédant, on en a la tête grosse et qui éclate.

« *La Savoyarde* s'était mise à sonner, un son pesant, dont les ondes obstinées s'envolaient sur Paris immense. [...]

« – Le pis est que si Paris ne veut pas l'entendre, il l'entend quand même, et jusqu'au Panthéon, m'a-t-on dit » [1].

Mais pour les fidèles, Zola le reconnaît, elle sonne surtout l'allégresse. L'abbé Lemire proclame en pleine Chambre qu'elle est le symbole d'une nouvelle société (chap. 24). Dans le *Bulletin*, la comparaison de *la Savoyarde* avec les autres cloches la met en bonne position et cela devait réconforter l'honneur national [2].

Il est difficile de situer le style liturgique de la basilique entre 1870 et 1919, faute d'une vue d'ensemble de l'éventail des solutions de l'époque. On se souvient cependant que sans enthousiasme dès son arrivée Mgr Guibert adoptait à Paris le rite romain (chap. 3). C'était d'ailleurs un des motifs d'affrontement avec Mgr de Ségur qui s'était fait l'écho à Rome de cette tournure d'esprit parisienne. On peut supposer que les chapelains en accord avec leur archevêque ne firent que ce qu'il fallait dans ce domaine. La perte du répertoire bien connu par les fidèles du grégorien néo-gallican ne devait pas les réjouir. La présence de la séquence parisienne dans la célébration de la dédicace semble bien être le signe, cinquante ans après et malgré la réforme de saint Pie X, de cette résistance au grégorien romain revu par Solesmes. Mais le but de ce petit chapitre sur la musique à Montmartre ne visait pas, faute de moyens et de compétence, à de hautes considérations mais seulement à la mise à jour de quelques éléments sonores indispensables pour comprendre le Sacré-Cœur entre 1870 et 1923.

1. Page 452 de l'édition consultée (réf. en 1897).

2. En *BVN*, 1895, p. 843-845, l'étude comparative des bourdons fait apparaître *la Savoyarde* comme le plus gros de France à coup sûr. Dans le monde, Cologne et Moscou en ont de plus gros, mais ils leur manquent soit une véritable pesée, soit de sonner à la volée, soit un son juste... Selon Pierre Paccard (*La Croix* du 23 août 1983), *la Savoyarde* est la plus grosse d'Europe sans conteste, devant la cloche de Saint-Paul de Londres. À suivre..

# Chapitre 21
# Images du Christ au Cœur sur la poitrine et du Vœu de la France

De l'immense production iconographique que la construction du Sacré-Cœur a suscitée et comme l'essentiel qui éclaire l'ensemble du décor, il faut présenter (chronologiquement) les diverses images sculptées, dessinées ou peintes du Christ au Cœur sur la poitrine (ou du Cœur seul) et de la France se consacrant à son Sauveur. C'est une longue marche qui commence au printemps 1872 et qui se conclut, dans la présente enquête, vers 1923 ; elle va des plus anciennes représentations du Christ au Sacré Cœur et de la France dues au Vœu national dans une image éditée chez Letaille, au Christ de la façade de Pierre Seguin en passant par le Christ au Cœur de Mme Royer et la composition du Luc-Olivier Merson pour le chœur de la basilique. C'est l'occasion également de comparer cette iconographie montmartroise à d'autres non montmartroises, éparses à Paris ou en France. Il a paru opportun enfin de comparer la figure de la France catholique à celle de Marianne et de saisir ainsi la spécificité de l'idée catholique de patrie [1].

1. En faisant ce travail dans le domaine qui est le nôtre, nous pensons bien sûr aux études de Maurice Agulhon sur Marianne, aussi bien *au combat* qu'*au pouvoir* (1979 et 1989), travaux que nous utiliserons. Nous avons aimé aussi ceux de Philippe Bruneau dans *RAMAGE* n°3 et 4, 1984.

## *I. LES ACTES FONDATEURS DE L'ICONOGRAPHIE DU CHRIST AU CŒUR SUR LA POITRINE ET DU VŒU NATIONAL*

### A. Autour du lancement officiel (1872) : la France en deuil et en pénitente, le Christ et la Commune

Une illustration accompagne la publication du discours du P. Monsabré en 1872. Il s'agit de la photographie d'un tableau (à identifier) éditée par la maison Charles Letaille[1]. On y représente le Christ montrant de la main droite un cœur symbolisé surmonté d'une croix et de flammes, entouré d'une couronne d'épines et rayonnant de lumière. Jésus tourne sa tête sur sa droite pour regarder l'exécution de Mgr Darboy. À ses pieds une femme recouverte d'un grand voile pleure et appuie son front sur la main gauche du Sauveur. C'est la France en veuve ou en Marie-Madeleine, pénitente pour le dernier en date de ses crimes résumant tous les autres ! L'allusion à la Commune ne reparaîtra plus dans la production du Vœu national, mais à peine neuf mois après le terrible traumatisme, elle se comprend.

Si nous n'avons pas trouvé (en fait, si nous n'avons pas cherché) des antécédents à cette figure du Christ, il n'en est pas de même de celle de la Madeleine. Point n'est besoin d'insister sur l'extrême richesse de cette figure, si présente déjà dans les Évangiles et qui a fasciné les artistes et les écrivains[2], d'ailleurs nous reviendrons sur elle au chap. 23 quand nous la rencontrerons parmi les « amis du Sacré Cœur ». On se contentera ici de rappeler que la France depuis longtemps est représentée par une femme[3]. Dans notre enquête, nous l'avons trouvée en deuil (ou en pénitente ?) lorsqu'elle pleure son roi et sa reine dès la fin du XVIIIe siècle[4]. On se souvient aussi que le temple de la Gloire construit par Napoléon a finalement repris le patronage d'une chapelle antérieure. La société française sous la Restauration y est représentée par la Madeleine, la pécheresse repentie[5]. Par un survol d'un demi-siècle, voici que

1. Sur cette maison parisienne et sur Boumard, son successeur, voir Catherine Rosenbaum-Dondeyne, *L'image...*, 1984, p. 14-15.

2. Voir Musée Pétrarque, *Marie-Madeleine...*, 1988. Un chapitre sur la Madeleine et la France pénitente serait ainsi à ajouter à cette exposition doublée d'un colloque, l'une et l'autre consacrés à Marie-Madeleine.

3. Voir Jean Lecuir, « La figure féminine de la France dans la médaille française d'Ancien Régime » dans *Histoire sociale, sensibilités collectives, mentalités. Mélanges Robert Mandrou*. Paris, PUF, 1985, p. 100-118.

4. Gravure anonyme (fin du XVIIIe siècle), n° 269 dans *Louis XVI et son image*, 1988, p. 83 et 90. Dans cette gravure comme dans la première du Vœu national, le voile qui couvre les cheveux tente à évoquer davantage une femme en deuil qu'une pécheresse repentie qui est en général une femme à la tête nue.

5. Bernard Violle, *Paris...*, 1982, t. II, p. 321.

l'église Sainte-Madeleine du Sacré-Cœur d'Angers construite à la suite du vœu de Mgr Freppel entre 1871 et 1889 (voir chap. 7) rappelle ce lien réellement riche de signification entre la France et la pécheresse repentie « venue de Judée en terre de France » (voir chap. 22 et 23). Les promoteurs du Vœu national le rediront à l'occasion et s'en souviendront au temps de la décoration de la basilique :

> « Oh ! comme les catholiques doivent prier sainte Marie-Madeleine de soutenir le Vœu national et d'en assurer la complète réalisation. Image admirable de la France pécheresse, qu'elle devienne ainsi la figure de sa conversion et de son retour à la foi de ses premiers jours ! » [1].

Cette première expression iconographique du Vœu national mériterait un supplément d'enquête aussi bien à propos de la représentation du Christ que de celle de la France. Il faudrait au moins connaître l'auteur du tableau. Au moment de l'édition du discours du P. Monsabré, un Hubert Rohault de Fleury a dû simplement puiser dans les collections de la maison Letaille. Le fait qu'elle n'ait pas été reconduite montre que les responsables n'en ont pas été contents, qu'elle ne traduisait pas leur façon originale de voir les choses. Mgr Guibert en particulier a dû demander qu'on s'abstienne de faire allusion à la Commune (voir chap. 26). Il faudra attendre le dessin d'Henri Chapu et surtout celui d'Henri Imlé (voir ci-dessous) pour qu'on ait une composition de la France pénitente qui soit reconduite pendant trente ans environ.

## B. Autour de la loi d'utilité publique et du concours : le Sacré Cœur de la comtesse de Reviers et le Christ montrant son Cœur de Bonnassieux

Après l'année du lancement officiel, la préparation du pèlerinage à Paray-le-Monial le 20 juin 1873 oblige le Comité à se pourvoir d'une bannière (chap. 9). Il accepte que la comtesse de Reviers la lui confectionne [2]. La décoration consiste en un Cœur environné d'épines lesquelles s'épanouissent en palmes et rameaux d'olivier au-dessus de la devise : « *Gallia pœnitens et devota* »

1. *BVN*, 1881, p. 265. Le cardinal Langénieux le répètera : *BVN*, 1886, p. 777 (*HSC*, t. II, p. 453). Léon Bloy l'écrira : « La France [...] ne pourrait tomber plus bas qu'en devenant la Madeleine des nations ! » (L. Bloy, *Celle qui pleure* dans O. C., (1917), t. X, p. 126).
2. *PV* du 5 juin 1873. ASCM.

et de la formule: « Pour la délivrance du souverain pontife et le salut de la France ». Malheureusement cette bannière du Comité du Vœu national n'a pas été retrouvée à ce jour [1].

La première statue du Sacré Cœur dont il soit question dans l'Œuvre du Vœu national est en quelque sorte une retombée de la publicité due à la loi du 24 juillet 1873. Il s'agit de celle de J. -M. Bonnassieux. Membre de l'Institut, ce sculpteur est l'auteur fort connu de la colossale statue de Notre-Dame de France au Puy et du marbre de Mgr Darboy à Notre-Dame de Paris. Par lettre, en octobre 1873, il propose au Comité de faire un Sacré Cœur au seul prix coûtant du matériau. Son offre est accueillie favorablement [2]. Il exécute sa statue et *Le Monde*, en fait état:

> « Le divin Maître y est représenté debout, dans l'attitude traditionnelle, posant la main sur ce cœur « qui a tant aimé les hommes ». On croit l'entendre se plaindre amoureusement du retard que tant d'âmes apportent à se tourner vers lui, et le voir ouvrir aux âmes fidèles les trésors de grâces qu'il a promises à la France lorsqu'elle lui serait consacrée » [3].

Au grand regret de l'artiste pourtant, le Sacré Cœur de Bonnassieux finit par rejoindre d'autres œuvres du même dans l'église de la Madeleine à Tarare (Rhône), non sans avoir été placé quelque temps, vers 1876, dans la chapelle provisoire de Montmartre à moins qu'il ne se soit agi d'une reproduction. Ce Christ montrant son Cœur avait-il déplu en raison de son esthétique un peu trop raphaélesque et stylisée, déjà passée de mode, ou bien a-t-il été tout simplement jugé trop coûteux [4]? Le Sacré Cœur de Bonnassieux n'a pas laissé pourtant d'intéresser les gens du Vœu national par un autre biais, celui graphique. C'est l'époque où Hubert Rohault de Fleury se préoccupe intensément de la souscription et les images, on s'en souvient, lui paraissent un bon

1. Selon le *PV* du 15 mars 1873, la bannière serait à « déposer au nom du Comité au sanctuaire de la Visitation à Paray-le-Monial ». Dans le *PV* du 2 juillet, l'opération semble avoir été faite. Il faut alors régler la maison Biais qui l'a réalisée. ASCM.

2. *PV* du 15 octobre 1873. ASCM.

3. Article qui sera reproduit à plusieurs reprises en quatrième page de couverture du *Bulletin du Vœu national*, c'est-à-dire en publicité pour les productions de la maison Saudinos: *BVN*, 1876, p. 288, 1877, p. 612, 664, 712, 756, 872, etc. De son côté, le comte Grimoüard de Saint-Laurent, *Les Images*..., 1880, p. 202, en parle ainsi: « Le Christ de Bonnassieux, abaissant des regards pleins de douceur, est exclusivement une statue qui demande à être placée à une certaine hauteur au-dessus des fidèles; il perd beaucoup à être vu horizontalement dans une gravure ou une photographie. Quant à l'absence du cœur, on pourrait facilement y suppléer en faisant apparaître ce divin organe à la place de la plaie dont seulement est percée la poitrine. Nous ne voyons pas ce que cette sculpture pourrait y perdre. Nous ne dissimulerons pas non plus que nous préférerions quelque chose de plus large dans les traits de Notre-Seigneur. »

4. Voir Antoinette Le Normand-Romain, « Six esquisses... », 1982, p. 366-372 et Anne Pingeot, *La sculpture*..., 1986. Contrairement à ce qu'affirme de Mme Le Normand et s'il faut en croire le P. Yenveux (*Le Règne*, 1900, t. I, p. 298), la statue du Sacré Cœur par Bonnassieux a bien été placée dans la chapelle provisoire, mais peut-être n'était-ce qu'une simple fonte? Voir nos illustrations.

moyen de forcer la porte des diocèses (chap. 13). Entre autres vignettes, Georges Rohault de Fleury grave ainsi en 1874 pour l'Œuvre du Vœu une image d'après l'œuvre de Jean Bonnassieux. Elle est souvent reproduite dans le *Bulletin*[1]. De son côté, la maison Saudinos en propose de multiples reproductions : des sculptures, des chromos, des images de piété[2].

## C. Henri Chapu et la médaille du Vœu national (1875)

Frappée en l'honneur de la pose de la première pierre tout comme un album de photographies avait été réalisé pour garder le souvenir du concours en 1874, la médaille de Chapu donne une idée du milieu artistique qui entoure les promoteurs du Vœu national mais plus encore, elle nous renseigne directement sur la conception qu'ils avaient de leur rôle et de leur mission. Le baron d'Avril, consulté à cet effet, estime que le meilleur motif serait celui d'une France agenouillée, en signe évident de pénitence, aux pieds d'un Christ au Sacré Cœur et lui présentant le modèle de la future église. Un premier contact est pris avec Jean Bonnassieux, à l'occasion de la statue du Sacré Cœur proposée par cet artiste, mais n'a pas de suite. Henri Chapu, « chrétien éprouvé » et sculpteur de renom, est alors pressenti et accepte. Un dessin du projet a été récemment repéré[3]. Il s'associe pour ce travail avec le graveur Alphée Dubois, ancien grand prix de Rome[4]. La médaille est offerte aux personnalités favorables au Vœu. Sa vente, assurée par Mme Saudinos, se fait également au profit de l'Œuvre du Vœu[5].

En 1875, le chroniqueur du *Bulletin* est amené à parler de Chapu et de cette médaille. Il admire bien sûr sa statue de *la Jeunesse* destinée au monument du peintre Henri Régnault et sa fameuse *Jeanne d'Arc écoutant ses voix*[6]. Quant au médaillon :

1. *PV* du 7 janvier 1874. *BVN*, 1880, suppl. mai, p. 10; 1881, p. 362; 1901, p. 684+14. Voir illust. Hubert Rohault de Fleury diffuse aussi à cette époque des images de Villé et de la maison Lemercier (*BVN*, 1882, p. 160-161).

2. Chez Saudinos, la statue est en plastique, plâtre décoré ou carton romain décoré. Saudinos vend aussi la photographie. Voir la publicité en quatrième page de couverture (même réf. que pour l'art. du *Monde*, ci-dessus). Voir en illust. les images de piété signées par le cardinal Guibert. Chez Denonvilliers, elle est en fonte (P. Yenveux, *Le Règne*..., 1900, t. I, p. 298).

3. J. -L. Vannier, du service de la Documentation du musée du Louvre a découvert et fait photographier le dessin dans le riche fonds Chapu du musée municipal de Melun. Voir en illustration la reproduction aimablement communiquée par Jacques Foucart.

4. Voir deux de ses médailles dans Paul Ambille, *Centennale des Artistes Français*, 1981.

5. *PV* du 17 mars, 12 juin et 17 nov. 1875. *BVN*, 1875, p. 700 et 716; 1876, p. 288. Il en est encore question en *BVN*, 1884, p. 110.

6. Musée national des Monuments français. Exposée au Grand Palais en 1981. Voir Paul Ambille, *Centennale*..., 1981. Léon Bloy dans son *Journal* du 19 juillet 1899 (réf. en 1917) critique une « réduction en plâtre ou graisse de brebis de la *Jeanne d'Arc* de Chapu ». Sur l'art Saint-Sulpice, voir chap. 31.

« Il n'y a pas là seulement un trait plus ou moins habile, des draperies plus ou moins majestueuses, des attitudes plus ou moins nobles et élégantes, il y a surtout un sentiment chrétien, une inspiration véritable qui parlent à l'âme bien plus encore qu'aux yeux »[1].

Chapu comme sculpteur est généralement classé parmi les réalistes qui aiment et savent pratiquer l'allégorie : *La Jeunesse, Le Travail, La Reconnaissance.* On n'est pas surpris qu'il ait été choisi, car son art est d'une compréhension aisée et d'une noble et ferme distinction. C'est le sculpteur des « monuments publics » et, ajouterons-nous, des « monuments publics chrétiens »[2].

## D. Au temps de la chapelle provisoire : les dessins de Henri-Joseph Imlé

La confrérie puis l'archiconfrérie du Vœu national a, elle aussi, besoin d'une bannière. Le Christ y montre son Cœur des deux mains avec la devise de l'Œuvre, en français, bannière qui sera souvent reproduite en images de piété[3]. Le dessin à partir duquel la broderie a été exécutée a dû être demandé à Henri Imlé, peintre qui, avec Bonnassieux a participé à la fondation de la Confrérie de saint Jean pour le renouveau de l'art chrétien, quarante ans plus tôt[4]. Le P. Rey, en effet, a obtenu de lui à la même époque deux dessins signés ceux-là dont les reproductions sont vendues au profit de l'Œuvre : *La France pénitente*, *Jésus parmi les enfants*. Nous en profiterons pour dire un mot de deux autres dessins liés à la dévotion au Cœur de Jésus et non directement au sanctuaire montmartrois : *La Consécration de 1875* et *un Christ montrant son Cœur*.

La France pénitente est une femme, vêtue d'une grande tunique, les cheveux nus et défaits, agenouillée, la tête dans la main gauche, une maquette du Sacré-Cœur dans la main droite prête à être posée (façon de parler) sur une butte Montmartre qui dépasse à l'horizon. À ses pieds, pour la version du *Messager du Cœur de Jésus*, une couronne renversée et une épée brisée ; pour la version du *Bulletin du Vœu national*, seulement une épée brisée[5]. Marie avec

1. *BVN*, 1875, p. 700.
2. Anne Pingeot, *La sculpture*..., 1986, chap. sur le sujet. Voir aussi Anne Pingeot, *Le Flaubert*..., 1979, p. 42.
3. Voir illustrations. Vingt ans plus tard, ce sera toujours le Christ montrant son Cœur qui sera le signe de l'archiconfrérie du Sacré-Cœur de Montmartre : voir les images éditées par Boumard.
4. Voir Bruno Foucart, *Le Renouveau*..., 1987, p. 29 (et notre chap. 13). Voir aussi le comte de Grimoüard de Saint-Laurent, *Les images*..., 1880, p. 210-212.
5. Preuve, s'il en fallait encore, de la différence presque fondamentale entre l'Apostolat de la prière du P. Ramière et le Vœu national de Legentil et de Mgr Guibert.

un cœur sur la poitrine qu'elle montre de sa main gauche présente de la main droite à son Fils cette France en Madeleine pénitente. Toutes les deux sont accueillies par le Christ avec un cœur symbolisé sur la poitrine qui se penche vers elles et leur tend les bras. Cette image a eu une très longue postérité : on l'a retrouve à peine retouchée trente ans plus tard. Elle a été éditée en chromo et elle est souvent réduite aux trois figures de la représentation [1].

Avec *Jésus parmi les enfants*, le P. Rey indique que la France doit aller avec confiance vers le Sacré Cœur comme les enfants allaient vers Jésus. Le dessin d'Henri Imlé montre le Christ avec un cœur sur la poitrine, assis sur une murette devant un horizon d'où se détache un tertre vide comme celui de l'image précédente [2].

*La Consécration du monde au Sacré Cœur par Pie IX* (16 juin 1875) veut conserver le souvenir de la proposition romaine faite à tous les fidèles de se consacrer au Cœur du Christ à la suite de la demande du P. Ramière. Dans le ciel, le Christ en buste, avec un Sacré Cœur, entouré d'anges portant les instruments de la Passion, est au-dessus d'un autel où fume de l'encens. Sur la terre, au centre, la Vierge Marie, debout, et Pie IX, à genoux, l'adorent. À droite, saint Bernard, saint François d'Assise, saint François de Sales et le vénérable La Colombière font pendant à sainte Gertrude, sainte Catherine de Sienne, sainte Thérèse et à la bienheureuse Marguerite-Marie. Celle-ci dans une version offre l'image qu'elle a dessinée du Cœur de Jésus, dans une autre elle tient la bannière de Charette. Cette bienheureuse française à n'en pas douter représente ici la France [3].

## E. Le Christ au Sacré Cœur de Mme Royer (1876)

Une représentation du Christ tient une grande place à Montmartre : celle du Christ au Cœur visible sur la poitrine, aux bras étendus supportant chacun des plis de son manteau, sa robe tenue par une ceinture, avec les instruments de la Passion à ses pieds et écrasant le démon ; c'est le Sacré Cœur dit

1. *BVN*, suppl. mai, 1878, p. 5 ; 1879, p. 705 ; *BVN*, 1886, p. 788 (chromo édité par le P. Voirin : « la sainte Vierge plaidant la cause de la pénitente qui pleure et s'humilie »); H. de Fleury, *Souvenirs*..., 1890, p. 1 ; 1899, p. 960 + 14 ; P. Yenveux, *Le Règne*..., 1900, t. II, p. 450 ; *BVN*, 1902, p. 548 + 10 ; 1904, 1904, p. 109 + 36. Comparer avec *MCJ*, 1881, p. 2 ; X. de Franciosi, *La Dévotion*..., 1892, p. 140.

2. Voir P. Rey, *Souvenir*..., 1880 et *BVN*, 1880, suppl. déc., p. 15.

3. Grimoüard de Saint-Laurent, *Images*..., 1880, p. 211 ; *BVN*, 1882, p. 161 ; Xavier de Franciosi, *La Dévotion*..., 1892, p. XVII. Quant au Christ au Sacré Cœur de Imlé, il nous est surtout connu par un calque réalisé et édité par Alcan (*BVN*, 1882, p. 158 et 160-161) et par une gravure de J. Chevron (Xavier de Franciosi, *La Dévotion*..., 1892, page de garde).

de Mme Royer ou de Prière et Pénitence[1]. On se souvient de cette dame et de son association (chap. 18). Parallèlement aux démarches qu'elle entreprend pour répondre aux demandes du ciel, en janvier 1876, le directeur de Mme Royer, l'abbé Lalourcey, cherche un sculpteur capable de traduire dans la pierre, les visions de sa pénitente[2]. Il s'adresse à la maison Raffl[3]. Mme Royer explique ainsi la position du Christ et des instruments de la Passion placés à ses pieds : il se rend à l'appel que son Église et la France lui font entendre en ces années de ferveur religieuse[4].

> « Vous m'appelez ; me voici ! C'est moi, avec mon cœur brûlant d'amour pour vous, et dont les désirs de vous sauver sont encore augmentés par vos supplications. Cependant vos crimes s'opposent à l'intervention de ma miséricorde en votre faveur. Ils enchaînent mes mains et empêchent mon cœur de répandre les trésors qu'il renferme. Aidez-moi, réunissez toutes les satisfactions dont vous êtes capables »[5].

Dès le mois d'avril 1876, la maréchale de Mac Mahon offre à la chapelle provisoire de Montmartre un tel Sacré Cœur produit par la maison Raffl et béni par le nonce. Est-ce intentionnellement ? Quels contacts ont-ils pu être établis entre la duchesse de Magenta, la maison Raffl et les premiers membres de la future association ? La question reste posée. Cette statue est en plâtre et orne l'autel de la chapelle provisoire. À la fermeture de ladite chapelle, la statue est placée dans la niche du pourtour extérieur du chœur, en face de la porte de la sacristie. Elle aboutit enfin dans la chapelle de la Sainte-Famille, dans la crypte de la basilique[6]. On peut la considérer comme l'un des rares témoins à Montmartre de la production industrielle de l'art dit de « Saint-Sulpice »[7].

Un autre modèle de Christ au Cœur visible sur la poitrine et aux bras étendus est lié au Vœu national, mais finalement il cède le pas au précédent.

1. J. -P. Monnier, « Cœur de l'homme… », 1990, p. 23, remarque justement que c'est le type spécifiquement montmartrois.

2. Charles Boissard, *La vie…*, 1960, p. 146.

3. Selon P. Yenveux, *Le Règne…*, 1900, t. I, p. 185 : rue Bonaparte, 64, Paris. Selon Charles Boissard, *La vie…*, 1960, p. 221, pour Mme Royer, en 1901, le modèle qui compte et auquel il faut se tenir est celui de la maison Raffl. À cette maison, les responsables du sanctuaire de Lourdes commandent en 1876 également la *Vierge couronnée* qui est sur l'esplanade et les dix statues de bronze des rampes d'accès à la basilique du Rosaire. Bernard Billet, *Lourdes*, 1981, p. 141.

4. Charles Boissard, *La vie…*, 1960, p. 129. La couronne d'épines, le fouet, les clous, le calice.

5. Charles Boissard, *La vie…*, 1960, p. 121.

6. *BVN*, 1876, p. 118 et 184 ; Le P. Yenveux, *Le Règne…*, 1900, t. I, p. 288 reproduit ce Christ au Cœur de la maison Raffl. *BVN*, 1912, p. 157 et abbé Laligant, *La basilique…*, 1919, p. 123.

7. Il y aura bien des variantes de ce modèle dont il faudrait déterminer les dates et les auteurs : « la première statue exécutée en pierre par un artiste de Paris et placée au-dessus du maître autel de l'église paroissiale de Saint-Rémy en 1878 » (voir C. Boissard, *La vie…*, 1960, p. 148 et illustration page suivante). La librairie Saint-Paul, Bar-le-Duc, Meuse, en édite une (P. Yenveux, *Le Règne…*, 1900, t. I, p. 88) ainsi que la maison Peaucelle-Coquet et Casciani, 13, rue Pierre Leroux, Paris (P. Yenveux, *Le Règne…*, 1900, t. I, p. 149 et t. V, p. 73). Une telle statue est offerte à Léon XIII qui l'approuve et la bénit (Maurice Berthon, *Madame…*, 1947, p. 192). Voir illust.

Vers 1882, l'abbé Vasseur, prêtre de Saint-Sulpice, zélé propagandiste du Vœu national, demande à Gabriel Thomas une statue du Sacré Cœur d'un nouveau type. Pourquoi ce sculpteur? C'est qu'Abadie et Thomas se connaissent bien. Le premier architecte de la basilique ne lui a-t-il pas demandé, en 1879, son buste [1]? Thomas a travaillé également pour l'Opéra et Charles Garnier l'apprécie: *Le Drame* et *La Musique* ornent l'entrée de l'amphithéâtre. Membre de l'Institut, il a laissé un œuvre abondant. On voit de lui un *Virgile* au musée d'Orsay. Il est classé parmi les témoins de la tradition classique [2]. La réalisation de la statue est faite sur les instructions de l'ecclésiastique qui s'inspire de la vision de Mme Royer: le Christ a les bras tendus, le cœur entouré de flammes; son vêtement est plissé différemment de celui de la maison Raffl et il ne porte pas de ceinture; il repose sur un globe terrestre où se trouvent les instruments de la Passion. Un des exemplaires en bronze aurait été offert au pape Léon XIII par Mgr Forcade [3]. Le chœur de la basilique en construction en accueille un autre, la chapelle du Sacré Cœur de l'église Saint-Sulpice, un troisième [4]. De ce modèle, l'abbé Vasseur a diffusé deux cent mille médailles et un million cent mille chromos [5]. Dans ces mêmes années, cette statue, « la statue du Sacré Cœur qui sera placée dans la basilique du Sacré-Cœur », est éditée en une multitude de modèles par le concessionnaire exclusif du Vœu national, la maison Saudinos après accord avec la maison Denonvilliers qui gère les droits de G. Thomas [6].

Pendant vingt ans, ce Christ au Sacré Cœur sera reproduit et présenté dans le livre du P. Alet, *La France et le Sacré-Cœur*, comme l' « idéal de l'art »:

> « Jamais l'art n'a rencontré un aussi beau sujet. Il s'agit de montrer la physionomie du Christ dans un mystère d'amour et de douleur, et de nous faire ressentir l'émotion de l'infinie beauté » [7].

1. Voir Claude Laroche, *Paul...*, 1988, p. 27 et 33. Une copie s'en trouve au dessus du bénitier ouest de la basilique.
2. Anne Pingeot, *La sculpture...*, 1986, fig. 157 et p. 301. Voir aussi *La République* dans *Quand Paris...*, 1989, p. 81, cat. 34.
3. Chaque promoteur de modèle se prévaut d'une bénédiction pontificale. Il doit y avoir confusion au niveau des biographies de Mme Royer.
4. Ce dernier est toujours visible. Il ressemble vraiment à la gravure présentée par P. Alet, 1889, p. 361. Voir photographie Viollet dans *Notre Histoire*, n° 75, février 1991. Cependant les instruments de la passion ne sont pas représentés sur le globe terrestre. En revanche on peut y lire: » Intuere hominem... vide... et Deum in corde alto » d'après *Psaume* 64 (63), 7-8.
5. *BVN*, 1891, p. 747-748, nécrologie de l'abbé Vasseur.
6. *BVN*, 1885, p. 94. La variété des spécimens offerts à la vente par la maison Saudinos pourrait faire sourire: dix-huit dimensions (de 0, 20 à 2 m), cinq matières (plastique, plâtre, staff, carton romain, terre cuite), quatre décors (simple, mi-riche, riche, munich [*sic*] ). Le nom de ce dernier décor est peut-être lié au qualificatif *munificent*?
7. Victor Alet, *La France...*, 1889, p. 361 et 1910, p. 310. Sculpture de M. Thomas, de l'Institut, dans la basilique du Sacré-Cœur à Montmartre, reproduite avec l'autorisation de M. l'abbé Vasseur, du clergé de Paris. Citation de l'abbé Thomas, *Théorie de la dévotion au Sacré Cœur de Jésus*, p. 307.

Dans ce contexte, le Comité commande à Thomas, et sans vouloir s'engager sur l'avenir, une maquette en plâtre à grandeur qui est installée en 1893 sur la façade [1]. Dès sa mise en place, elle suscite des critiques : les attributs distinctifs du Sacré Cœur ne figurent pas assez en évidence sur la poitrine du Christ [2]. Sur ce point, le Comité s'accorde avec le P. de Franciosi qui écrit à H. de Fleury :

> « Il faut faire apparaître le cœur toutes les fois qu'il y a lieu. Il ne faut pas le dissimuler, le cacher comme le font certains artistes et comme le veulent les Jansénistes. Il a fallu batailler 80 ans pour faire prévaloir le maintien du cœur [3]. Quelle forme donner au cœur ? Il me semble qu'il faut éviter de donner une pièce anatomique, c'est répugnant, mais, s'il est permis d'idéaliser un peu le cœur, je ne voudrais pas le faire à la façon que l'entendent certains artistes [4]. Si je ne me trompe, je le dis de moi à vous, Mr Thomas fait fausse route : sur la reproduction de la statue on voit je ne sais quel bijou qui n'est pas un cœur. Si cela dépend de vous, obtenez que le cœur soit plus reconnaissable, qu'on ne soit pas obligé de réfléchir pour comprendre qu'il s'agit d'un cœur » [5].

L'abbé Vasseur et le P. de Franciosi ne sont-ils pas ici les témoins, à travers les suggestions qu'ils font aux artistes, d'une certaine opposition entre l'école française de spiritualité pour reprendre la terminologie de l'abbé Bremond et l'école jésuite ? Pour la première, le Cœur Sacré du Christ représente plutôt sa vie intérieure, sa psychologie ; pour la seconde, le Cœur est d'abord le cœur charnel, symbole d'amour.

Ces différends auraient pu être surmontés et la statue définitive prendre place dans la niche de la façade, si des difficultés n'étaient survenues du fait des concessionnaires du premier modèle (la maison Raffl), du second (la maison Denonvilliers) et du Vœu national (la maison Saudinos). Retards et ajournements nous conduisent en tout cas à l'accident fatal de la nuit qui précède la fête du Sacré Cœur 1900, au cours de laquelle la maquette de Thomas, pour une raison inexpliquée, tombe de sa niche. On se préoccupe alors de commander une nouvelle statue à un autre artiste [6]. Finalement, la maison Denonvilliers semble s'être entendue avec la maison Raffl ou en avoir racheté les droits et diffuse vers 1900 le modèle primitif de 1876, laissant de côté, à notre connaissance, les modèles de Thomas aussi bien celui commandé par l'abbé Vasseur

1. *PV* du 14 nov. 1889, 3 juillet 1890 ; ***, *Décoration*, 1891, p. 8 ; *PV* du 5 mai 1893 (*HSC*, t. IV, p. 227-228) ; *BVN*, bull. suppl. mai 1893, p. 15. P. Yenveux, *Le Règne*. ., 1900, t. I, p. 312. *BVN*, 1900, suppl., p. 760+46+19.
2. *PV* du 10 juin 1893.
3. Dans la lettre 18 mai 1893, le P. de Franciosi revient sur ce point : « donc pas de statue du Sacré Cœur sans l'image du cœur, donc des cœurs reconnaissables à première vue sans effort ».
4. Lettre du 18 mai 1893 : « Il convient de tenir le milieu entre un réalisme révolteur [sic] et une idéalisation raffinée. Notre-Seigneur veut qu'on offre aux fidèles la représentation de son cœur matériel. »
5. Lettre du 27 mars 1893. ASCM 18, 14.
6. *BVN*, 1907, p. 160.

que celui commandé par le Vœu national. Un bronze « officiel » en est placé désormais à Montmartre, édité par Prouvost-Denonvilliers[1] et c'est ce modèle qu'utilise l'Association de prière et pénitence. Luc-Olivier Merson pour la mosaïque du chœur de la basilique (chap. 22) s'inspirera en un certain sens, semble-t-il, de l'un et de l'autre modèle : ses bras tendus sont ceux de Raffl mais les plis du manteau et l'absence de ceinture sont plutôt ceux de Thomas. Le Christ au Cœur sur la poitrine de Mme Royer s'identifie bien au projet montmartrois.

## *II. LES IMAGES DU CHRIST AU SACRÉ CŒUR ET DU VŒU NATIONAL : ÉLABORATION ET SUCCES D'UNE ICONOGRAPHIE NOUVELLE*

### A. Images du Sacré Cœur : histoire et art (1880)

Il est remarquable que les articles du comte de Grimoüard de Saint-Laurent dans la *Revue de l'Art chrétien* aient été publiés en livre par l'Œuvre du Vœu national sous le titre *Les images du Sacré-Cœur au point du vue de l'histoire et de l'art*[2] ; le *Bulletin* en fait toujours mention plusieurs années après sa parution[3] et la basilique possède encore l'exemplaire qui appartint personnellement à Alexandre Legentil. Autant de faits qui nous autorisent à considérer l'étude de Grimoüard de Saint-Laurent comme l'une des étapes marquante de l'élaboration de l'iconographie propre à la basilique[4].

1. Voir la photographie RP 85 SCM 568. La pièce figure habituellement dans le salon d'attente du recteur de la basilique.
2. L'ouvrage, non distribué dans le commerce est vendu exclusivement au profit de l'Œuvre. *BVN*, 1881, p. 696.
3. *BVN*, suppl. jan. 1887, p. 21.
4. Comte de Grimoüard..., *Les Images*..., 1880. Il est aussi l'auteur d'un *Guide de l'art chrétien. Études d'esthétique et d'iconographie*. P., Oudin, 1872-1875 ; 6 vol. grd. in-8., et d'un *Manuel de l'Art chrétien*, 1878. Bruno Foucart, *Renouveau*..., 1987, p. 69-71, qualifie ainsi cet auteur : un des héros de l'entreprise qui a voulu donner une iconographie de l'art chrétien. Son *Guide* est un modèle du genre.

Pour Grimoüard, le terrain iconographique sur lequel va se greffer la représentation du Cœur sacré du Christ et du Christ représenté avec un cœur est constitué par les images du Bon-Pasteur dans l'Antiquité chrétienne, par celles du Christ à la plaie de côté dans l'art du Moyen Age. L'apparition du cœur humain dans l'art chrétien remonte quant à elle aux Xe et XIe siècles, ainsi que l'usage d'ensevelir le cœur d'un défunt indépendamment de son corps, usage rappelons-le, que pratiquèrent à Montmartre, Alexandre et Marie Legentil ainsi qu'Anselme Batbie.

Toujours selon Grimoüard, la première image du cœur du Christ semble dater de la fin du XIVe siècle. Mais les représentations liées à Marguerite-Marie jouent bien sûr un rôle déterminant dans cette iconographie particulière: d'une part, le Christ montrant « ce Cœur qui a tant aimé les hommes et qui en est si peu aimé » et d'autre part le Cœur symbolisé [1]. À Pompée Batoni, serait dû vers le milieu du XVIIIe siècle, pour l'église du Gesu à Rome, le premier Christ au Sacré Cœur d'une qualité vraiment artistique [2]. Mais Grimoüard insiste surtout sur les illustrations d'une sorte de litanie du Sacré Cœur faites par le graveur viennois Klauber du XVIIIe siècle. Chaque qualificatif donné au Cœur du Christ reçoit une illustration précise, dans un genre qui fait penser au décor des chapelles de la basilique tout autant qu'à la grande fresque du chœur.

Du XVIIIe siècle, de 1765 exactement, Grimoüard sort de l'oubli une gravure de J. -J. Pasquier qui sera rééditée par les promoteurs du Vœu national en 1890-1891, pour son 125e anniversaire et pour la bénédiction de la basilique inachevée [3]. Le sous-titre de l'estampe est *La dévotion au Sacré-Cœur de Jésus établie en France par le Clergé assemblé en 1765. Dédiée à la Reine par J. J. Pasquier*, puisqu'en 1765, Clément XIII autorisait la célébration de la fête du Cœur de Jésus. Au centre, la Religion avec une croix dans son bras droit présente à la

1. On sait que le 29 juin 1685, la sœur Marguerite-Marie, nouvelle maîtresse des novices, « accroche à l'autel du noviciat un dessin à la plume qu'elle possédait, représentant le Cœur brûlant de son Seigneur, avec sa plaie ouverte, une croix plantée au-dessus, et environné d'une couronne d'épines. On ignore totalement la provenance de cette image: l'avait-elle dessinée elle-même ou l'avait-elle reçue et retouchée, l'ornant à son gré? Nul ne peut le dire » (Une sœur de Paray, *Bulletin du Pèlerinage*, juin 1985, p. 7). Voir illust. On verra aussi sur ce sujet, Claire Jaillet, ancienne élève de l'École du Louvre: *Le Sacré Cœur de Jésus: l'image de 1685 vénérée par sainte Marguerite-Marie. Sa diffusion jusqu'en 1789*. Mémoire soutenu en 1990 et dirigé par Gilles Chazal.

2. Le jugement esthétique du comte de Grimoüard lui permet évidemment de ne pas mentionner des représentations antérieures qu'il ne juge pas belles. Jacques Foucart attire l'attention sur un ancien tableau (XVIIe siècle, T.: 1, 95 x 1, 45) de l'église de Brie-Comte-Robert (77): un Christ à longue robe, les bras ouverts, intitulé: *La charité de Jésus Christ nous presse* (2 *Corinthiens* 5, 14). « Ce n'est certes pas un Sacré Cœur, mais cela le préfigure vraiment ». On consultera aussi Anne Sauvy, *Le miroir du cœur. Quatre siècles d'images savantes et populaires*, 1990 (*RHEF*, n° 196, p. 139).

3. Grimoüard, *Images*..., 1880, p. 144; V. Alet, *La France*..., 1889, p. 273. *MCJ*, 1881, t. 40, p. 161. *BVN*, 1891, p. 334; 1893, p. 632. Dès 1889, il y a une réédition de cette gravure pour le bicentenaire des demanedes à Louis XIV en 1689. Voir Claude Mouton, 1983, p. 99.

France les deux cœurs de Jésus et de Marie. En haut, le Père et le Saint-Esprit sont tournés vers eux ainsi que les anges, la Foi, l'Espérance et la Charité. En bas à droite, les quatre parties du monde sont tournées vers la France ! En bas à gauche, la France, adore, les mains jointes, portant le manteau fleurdelisé et une petite couronne [1].

Le *Bulletin* fait usage de cette gravure et donne un exemple d'interprétation des sources. Après avoir privilégié le rôle de la visitandine de Paray-le-Monial dans la propagation du culte du Sacré Cœur, il décrira ainsi la composition :

> « Ce tableau représente la Sainte Vierge [sic] entourée des trois vertus théologales, offrant à la France le Sacré Cœur de Jésus. À ses pieds la France, en extase, accepte l'hommage du culte du Sacré Cœur, suivant l'ardent désir de la bienheureuse Marguerite-Marie [...] Sur la Terre : le peuple de toutes les parties du monde, dans l'attente de participer au privilège de la Consécration » [2].

Le commentaire occulte le fait que l'allégorie de la Religion présente non pas un mais deux cœurs. Si Marguerite-Marie est bien citée, on néglige Jean Eudes et les Eudistes alors même qu'ils jouissaient d'un très grand renom à la Cour au XVIII^e^ siècle comme le soulignait le P. Le Doré, en pleine époque du Vœu national. Pour H. de Fleury qui l'attend et l'appelle ardemment, la consécration de la France au Cœur de Jésus exercera, il va sans dire, une influence bénéfique sur le monde tout entier.

Grimoüard de Saint-Laurent est donc un auteur important pour comprendre l'iconographie du Vœu national. Il situe sa recherche et celle qu'il souhaite inspirer aux responsables du Vœu national, dans le contexte d'une rénovation générale de l'art chrétien de son temps, celle qu'attestent en France des artistes comme Orsel et Flandrin [3]. Ce livre s'achève sur un tour de France des églises ou des lieux comportant un ensemble de compositions consacrées au Sacré Cœur, à charge pour les décorateurs de l'ex-voto national d'en faire la synthèse et d'en extraire l'essentiel pour la représentation du « Cœur du Christ qui aime la France ».

## B. Les sauvegardes des PP. Voirin et Lemius (1891-1900)

Le P. Voirin encourage les catholiques à marquer l'entrée de leur logement ou leur propre demeure par un signe montrant leur dévotion au Cœur

1. En *BVN*, 1896, p. 529, on apprend que la légende complète de cette gravure serait : Dans les Cœurs tout puissants de Jésus et de Marie, / Viens, France, des méchants conjurer la fureur. / Tes prélats ont parlé : d'une Reine chérie / Suis l'exemple : à sa voix, cherche le vrai bonheur.
2. Il s'agit bien sûr de la consécration de la France liée à celle de la basilique.
3. Grimoüard propose même de profiter des productions de qualité d'un Flandrin ou d'un Overbeck en apposant tout simplement un cœur à leur Christ (p. 195-198) !

de Jésus. Il promeut (on dit même qu'il a l'idée) des plaques métalliques appelées sauvegardes ou assurances qu'on peut fixer au mur dans l'esprit même d'une de ces promesses du Christ rapportées par la bienheureuse Marguerite-Marie [1]. Il fait réaliser trois modèles rectangulaires par la Société Josz de l'imagerie religieuse par la métallochromie [2]. Il y est question de Montmartre et de consécration au Sacré Cœur. Le fidèle est censé dire : Je suis à vous, sauvez-moi. Le Christ lui répond comme à Constantin : *In hoc signo vinces*. Mais surtout, au centre d'une croix, il y a un cœur qui ressemble fort à une planche d'anatomie, avec les vaisseaux et les gouttes de sang. Certes, il est traditionnellement entouré de la couronne d'épines dans sa plus grande largeur, surmonté d'une petite croix et de flammes et rayonnant de lumière. On n'avait jamais produit une telle représentation aussi réaliste à Montmartre. Il faudrait découvrir les liens avec les autres productions de l'époque et savoir exactement les quantités produites et vendues. Cette œuvre du P. Voirin est peut-être ce qui a fait prendre à ses supérieurs la décision de le changer de poste. En effet, ces représentations du cœur isolé, par un décret du Saint-Office du 26 août 1891, sont prohibées non pour la dévotion privée ou comme motif décoratif, mais pour l'exposition sur les autels à la vénération des fidèles en imitation du Saint Sacrement [3]. Cette production désavouée par l'autorité aurait-elle pu aboutir par une « sacramentalisation affective de l'image sacrée… à faire du Sacré Cœur l'équivalent de l'hostie consacrée et une forme effective de présence divine » [4] ? Certainement pas dans l'ensemble du message du P. Voirin ; mais dans l'usage particulier et isolé de ces plaques-sauvegardes, pourquoi pas ?

Quoi qu'il en soit, le P. Voirin quitte la basilique en 1893 et il semble bien que tout en maintenant l'idée d'une image-sauvegarde en chromo sur métal, le P. Lemius en change assez rapidement le sujet et le style. La nouvelle est désormais une plaque ronde sur une croix dont les quatre branches dépassent le cercle. Sur le pourtour est inscrit *Cor Jesu Sacratissimun, miserere nobis, Montmartre*. Au centre, le Christ en buste bénissant de la main droite

1. *BVN*, 1889, p. 801 et 1898, p. 426 ; 1890, p. 557. Voir P. Voirin, *Lettre*…, 1891, AHDP ; voir illustrations et prières d'accompagnement des sauvegardes en annexe.

2. 80, rue Taitbout, Paris à l'époque.

3. Ce décret serait à connaître en sa genèse et en son contenu. *DTC*, t. III, col. 344. Le *BVN*, 1901, p. 484, semble y faire allusion. Par ailleurs, J. -P. Monnier nous a appris que selon lui Montmartre fut le centre d'une production d'images assez particulières, en rhodoïde, ayant souvent la forme d'un cœur découpé. Nous n'en connaissons point à ce jour. J. -P. Monnier, « Cœur de l'homme… », 1990, p. 23.

4. Michel Meslin, *Expérience*…, 1988, p. 273. Le musée des Arts et traditions populaires en a bien repéré un : n° 303 de l'exposition de 1979, p. 99 du catalogue ; réf. 79. 45. 20.

et montrant son cœur symbolisé de l'autre. Ces objets (sans qu'on sache exactement lesquels) rencontrent un grand succès qui survivra longtemps à leur initiateur[1]. D'étonnantes histoires sont racontées à leur sujet, Hubert Rohault de Fleury lui-même y accorde crédit[2].

## C. Les statues du Christ avec un cœur sur la poitrine par Eugène Benet, Gustave Michel et Pierre Seguin

Le Sacré Cœur de Bonnassieux qui fut placé un temps dans la chapelle provisoire ne semble jamais avoir été transporté dans la basilique. Il n'en a pas été de même de celui de la maison Raffl présenté ci-dessus. Dans le chœur, celui de Thomas n'est que provisoire en attendant le véritable aménagement autour du Saint Sacrement. Tout ceci reste malgré tout insuffisant. Il faut offrir à la piété des fidèles dans la basilique une statue du Christ au cœur, digne de l'ex-voto national. Voilà pourquoi Eugène Benet reçoit la commande d'un *Sacré Cœur* en argent destiné à faire pendant à la *Vierge à l'Enfant* de G. Michel (voir chap. 22). Commandée vers 1910[3], la maquette est soumise au cardinal Amette et l'œuvre définitive est installée en 1912. De cet artiste, on peut voir au Musée d'Orsay un buste de Jehan Ango (tous les deux sont dieppois), et à Montrouge le monument aux morts de 1914-1918.

Pour le Christ au Sacré Cœur de la façade et en remplacement du projet avorté de G. Thomas, le Comité s'adresse à G. Michel qu'on retrouvera au chap. 22. Sa première proposition ne convient ni au cardinal Richard, ni au Comité, non plus qu'à l'artiste lui-même d'ailleurs. On met pourtant l'œuvre en place pendant quelques mois afin de juger de son effet[4]. Cet essai n'ayant pas été jugé concluant, les responsables du Comité retiennent parmi les nouvelles études qui leur ont été soumises

« la maquette moitié grandeur qui représente le Christ montrant son cœur de la main droite et étendant l'autre main vers la foule comme pour l'attirer. [Le Comité] souhaite cependant que le geste de la main montrant le cœur soit traité avec plus de simplicité et de naturel »[5].

1. *BVN*, 1890, p. 593 ; 1898, p. 707 (jusqu'en Espagne) et 1905, p. 2.
2. H. de Fleury, *Quelques…*, 1898, p. 13-32.
3. Grâce à la générosité d'un catholique russe anonyme (*BVN*, 1912, p. 157)
4. *BVN*, 1906, p. 131.
5. *PV* du 26 juin 1905, p. 22.

À ce stade, l'artiste prend encore soin d'allonger la partie inférieure du corps de son Christ pour conférer à ce dernier plus de noblesse et d'élégance[1]. D'une hauteur de cinq mètres, en pierre de Grenoble, le chef d'œuvre de G. Michel ne plaira en fait que vingt ans. Détruit en 1927, il est remplacé par le Sacré Cœur de Pierre Seguin.

En 1928 (même si cela dépasse les limites chronologiques de ce travail) sous la direction d'Adrien Dutey-Harispe, président de la Commission des travaux, et de Jean Hulot, architecte, qui aménage la niche de la façade, la statue du Sacré Cœur du « bon » sculpteur Pierre Seguin succède à celle de G. Michel[2]. Le « néo-médiévisme » de l'artiste y est sensible ; l'on ne peut pas ne pas songer en la regardant au fameux *Beau Christ* d'Amiens[3].

## D. Les images du Christ et de la France dans la basilique

La dévotion au Cœur du Christ est inscrite dans l'ex-voto de pierre surtout d'une façon axiale comme il se doit : d'abord, par la statue au pignon (qui a posé les problèmes qu'on vient d'exposer) ; ensuite par la transfixion du narthex (l'épisode du transpercement du côté (et donc du cœur) du Christ par un coup de lance, après sa mort et l'écoulement du sang et de l'eau)[4] ; puis, sur le retable du maître-autel, par un simple Christ mort en croix mais accompagné d'une légende : l'inscription du tombeau de l'autel explicite ce qui se passe juste après le coup de lance : *Et continuo exivit sanguis et aqua*[5]. Cette formule entoure un cœur plutôt stylisé avec les signes traditionnels : couronne d'épines complète, rayons, croix, flammes. Cette représentation iconographique conjugue le don du Fils au Père et celui du Fils aux hommes dans l'unité de l'Esprit et dans les conditions douloureuses de la croix. Finalement, le Christ glorieux de Luc-Olivier Merson, les bras grands ouverts, surmonté dans le chœur de son monogramme, redit le message du Christ du pignon par delà l'évocation de sa mort. Ces six représentations axiales du Sauveur (le Christ au Sacré Cœur de la façade, la transfixion du narthex, le

1. *BVN*, 1907, p. 159-160.
2. Voir *Montmartre*, jan. 1928, p. 36. On retrouvera Pierre Seguin au chap. 22.
3. En 1960, à l'initiative de Mgr Charles, recteur de la Basilique, un Sacré Cœur de Robert Falcucci vint faire face à celui de la maréchale de Mac-Mahon, sur l'autel Saint-Pierre, témoin de « l'art moderne chrétien ». Mais ceci est une autre histoire. Signalons encore qu'en 1986, à la suite de la transformation du jardin des Religieuses du Cénacle en jardin public, une statue du Sacré Cœur qui s'y trouvait jusque là a été transférée dans le jardin attenant à la basilique.
4. Il y a une autre transfixion sur l'autel Sainte-Marguerite-Marie.
5. *Jean* 19, 34b : et aussitôt il sortit du sang et de l'eau.

cœur et le crucifix de l'autel, le Christ et son monogramme de la grande mosaïque) unies à celles du Père et de l'Esprit explicitent la présence réelle du Christ dans le sacrement de son corps exposé perpétuellement.

Grâce au Sauveur mort et ressuscité qui aime la France, celle-ci connaît la grâce de la conversion et d'une sorte de glorification. On passe également de la France pénitente à la France confiante et reconnaissante. Dans les deux tympans des fenêtres de la façade, Marie-Madeleine et la Samaritaine l'incarnent, pécheresse, mais convertie[1]. Dans la mosaïque du chœur, une jeune femme vêtue de blanc, « sous ses lourdes tresses mérovingiennes », lève sa couronne vers le Christ : c'est la France, dit un commentateur[2]. Il ne dit pas la France chrétienne ou l'Église de France, mais la France tout court[3]. La France est aussi représentée dans le chœur par les saints bien connus (présentés dans le chap. 23) et les saints personnages : Mgr de Belsunce et les édiles marseillais soignant les lépreux, Louis XVI, sa famille, son confesseur et un sans-culotte, Sonis et Charette, Legentil, Rohault de Fleury et Keller (signe d'une Assemblée nationale élue par les Français), et les quatres archevêques de Paris qui ont construit le Sacré-Cœur[4]. Ainsi la France est-elle pensée dans son élément quasi permanent et dans ses membres divers : elle est personnifiée par la jeune mérovingienne et représentée par des Français et des catholiques éminents d'hier et d'aujourd'hui. La France, selon les responsables du Vœu national, n'est jamais tant elle-même que lorsqu'elle est catholique, c'est-à-dire ouverte à la plénitude divine manifestée dans le Christ.

## *III. COMPARAISON*

### A. Les images du Vœu national hors le Sacré-Cœur

Reste à comparer cette iconographie montmartroise voulue par le Vœu national et finalement bien spécifique à d'autres représentations que l'archevêque

1. Mais aussi sur les corbeaux du dôme.

2. P. Laligant, *Montmartre*, 1923, p. 46.

3. Les artisans du Vœu national ont utilisé les deux formules : le Vœu de la France ou le Vœu de la France catholique. *HSC*, t. II, p. 179. P. Monsabré, « Discours lors de la bénédiction de la basilique en 1891 » : « S'il n'y a plus de France chrétienne, au moins il y a encore des chrétiens en France » (*BVN*, 1891, p. 363).

4. Sur une chasuble dite de consécration (photographies 85 SCM 737 X et 739 X), on voit la France en belle femme assez fière avec un drapeau tricolore offrir la basilique au Christ montrant son cœur. Sur une autre (85 SCM 460 X), la France (accompagnée de la Religion ?) présente le Sacré-Cœur au Christ les bras tendus.

de Paris et le comité de construction ne contrôlaient pas de la même façon ou ne contrôlaient pas du tout. Nous avons relevé ainsi à l'aide de divers travaux et communications quelque quinze illustrations faisant allusion à la construction du Sacré-Cœur. C'est un véritable petit tour de France quoique incomplet qui semble faire écho à la souscription.

Un bas-relief à l'église Notre-Dame d'Auteuil (Paris) présente Mgr Guibert à genoux offrant la basilique de Montmartre au Christ montrant son Cœur et faisant pendant à Marguerite-Marie [1]. Le même motif est reproduit dans les église parisiennes Saint-Georges, Saint-Hippolyte et Saint-Jean-Baptiste de Belleville [2]. À Saint-Augustin, Marguerite-Marie est représentée seule face au Christ, tenant de ses deux mains la bannière du Sacré Cœur, ayant à ses pieds la maquette de la basilique avec le début du message de 1689 dans lequel le Christ demande un édifice en l'honneur de son Cœur et l'apposition d'une image de celui-ci sur l'étendard français. Cependant, il n'est pas fait mention de Louis XIV. Un tableau (de 3 m x 2, 5 m) à l'église Saint-François-Xavier (Paris) montre au centre de la composition Mgr Guibert flanqué de Mgr Richard, l'un et l'autre entourés d'une multitude d'hommes et de femmes ; tous se dirigent vers la basilique de Montmartre (placée entre Notre-Dame et la Sainte-Chapelle) au-dessus de laquelle flotte un drapeau tricolore avec le Cœur de Jésus. Une inscription explique :

> « Les chrétiens ont la conviction que l'hommage rendu au Sacré Cœur sera le salut de la France. Dernières paroles de S. E. Mgr Guibert à S. E. Mgr Richard ».

À Sainte-Geneviève des Grandes Carrières, la basilique seule, à la hauteur du Cœur du Christ crucifié, veille sur Paris comme si elle était sa nouvelle patronne tandis que les reliques de sainte Geneviève sont transférées en procession de l'ancienne église abbatiale Sainte-Geneviève à Saint-Etienne du Mont [3].

Si l'on quitte Paris, tout en restant dans la région parisienne, on trouve une peinture murale à Saint-Saturnin de Nogent-sur-Marne (Val-de-Marne) d'un thème pratiquement semblable à celui du bas-relief de Notre-Dame d'Auteuil [4]. Une des six verrières de Saint-Maurice de Bécon-les-Bruyères

1. Ce bas-relief en bronze doré est l'œuvre des Ateliers Triollier selon un modèle de Charles Gauthier. Offert par un paroissien anonyme, il orne le bras gauche du transept en 1885, l'année qui suit l'achèvement de l'église construite sur les plans de Vaudremer de 1877 à 1884. Renseignements aimablement communiqués par l'abbé François Burel. Voir illust.

2. Selon Sabine Guilguet, *L'imagerie*..., 1987, p. 45. Pour ce mémoire de maîtrise, l'auteur a fait un relevé exhaustif dans les cent une églises paroissiales de Paris et au Sacré-Cœur de l'imagerie de la dévotion au Cœur de Jésus. Il apparaît, selon elle, que l'église de Montmartre a joué un rôle déterminant à Paris à l'époque de sa construction.

3. Selon Sabine Guilguet, *L'imagerie*..., 1987, p. 43-45. Sur cette attente du salut, voir chap. 30.

4. Cette peinture (un peu naïve) était de Mlle Caspers (1886). Elle a été détruite vers 1958. Voir Alain Volat, « Propos... », 1964, p. 54.

comprend trois vitraux : au centre la bienheureuse Jeanne d'Arc permet aisément de dater l'ensemble d'avant 1920 ; à gauche, Notre-Dame de Paris et à droite le Sacré-Cœur de Montmartre, avec des fidèles en marche vers chacune de ces églises, évoquent le peuple de France. Dans une verrière de l'église d'Auvers-sur-Oise (Val d'Oise) intitulée *La France Repentante*, une belle femme couronnée, accompagnée d'une autre figure, présente une maquette de la basilique au Christ, le Christ porteur de son Sacré Cœur sur la poitrine. À Saint-Pierre de Nemours (Seine-et-Marne), une verrière de 1887 montre la France avec un manteau fleurdelisé, entourée de Marguerite-Marie et de Jeanne d'Arc, France qui offre le Sacré-Cœur au Christ montrant son Cœur[1].

Dans l'Ouest de la France, l'église Sainte-Radegonde de Boussay (Loire-Atlantique) et l'église de La Bazouge-du-Désert (Ille et Vilaine) possèdent deux verrières où il est question du Vœu national au Cœur de Jésus. Dans la première, la France offre simplement le Sacré-Cœur au Sacré Cœur[2]. La composition de la seconde, due au verrier Alleaume (1912) est en six fenêtres : trois rosaces en haut, trois rectangles verticaux en bas. Le Sacré-Cœur de Montmartre est au sommet, Notre-Dame de Pontmain et Paray-le-Monial en dessous. Le Christ montre son Cœur au centre en bas, avec à sa droite : x, saint Louis, saint François de Sales, la bienheureuse Marguerite-Marie, le général de Sonis ou Charette et Alexandre-Félix Legentil, avec à la gauche du Christ : saint Denis, x, x, Jeanne d'Arc, saint Vincent de Paul et x[3].

Il ne faut pas omettre l'église du Sacré-Cœur de Lille dont on a déjà conté l'histoire (chap. 7). Quand il a été question vers 1888 de la décorer, un concours national est organisé qui malheureusement ne recueille que quatre projets[4]. Les concurrents devaient proposer un projet pour un vitrail représentant *La France pénitente offre au Sacré Cœur le sanctuaire de Montmartre*. Le projet de la maison Champigneulle de Bar-le-Duc montre une France vêtue du manteau fleurdelisé et conduite par saint Michel, indiquant la basilique au Christ. Les Lillois Haudecœur et Colpaert parent aussi la France des insignes de la monarchie ; elle est conduite par la Foi et accompagnée par Denis, Martin, Louis et Jeanne d'Arc. La France de la maison Gaudin de Clermont-Ferrand, la tête baissée, les cheveux épars, les bras nus, un drapeau tricolore dans la main gauche, dans le costume des pénitentes du XIII^e siècle est à genoux devant Jésus qui lui montre son cœur. Le Sacré-Cœur en construction est en arrière-plan. La proposition de la veuve Lorin, de Chartres, est due à Charles Crauk. La France, en

1. Les représentations d'Auvers et de Nemours m'ont été aimablement signalées par Catherine Brisac.
2. Alerté sur cette église par Alain Volat.
3. Philippe Bruneau, « Archéologie... », 1984, p. 37, fig. 3.
4. Sur toute cette question, nous résumons et commentons : Hervé Oursel, « Les vitraux... », 1984, p. 600-602.

robe blanche et en manteau fleurdelisé, a déposé les insignes de la monarchie aux pieds du Christ reposant sur un globe terrestre et accueillant la maquette de la basilique. Finalement c'est la maison Lorin qui reçoit la commande.

Concluons momentanément ce tour de France par l'église Saint-Christophe de Belfort. Là, un vitrail de J. Bessac représente l'apparition du Christ à Marguerite-Marie ; en médaillon, une perspective sur le Sacré-Cœur de Montmartre [1]. Somme toute, sur les quinze représentations recensées, deux seulement sont explicitement monarchiques. La France du Vœu national semble majoritairement et simplement patriotique et chrétienne comme le souhaitait Mgr Guibert.

## B. La France chrétienne et Marianne

Pour faire apparaître la véritable personnalité de la France selon les catholiques du Vœu national, on peut la comparer à Marianne car elle a dû se situer par rapport à cette figure si complexe dont Maurice Agulhon a démêlé la symbolique [2]. Les tresses mérovingiennes de celle « qui lève en un geste d'offrande sa couronne au Christ » renvoient au bonnet phrygien, au mufle de lion, au diadème d'épis de froment, à l'étoile des Lumières ou même au bonnet rouge de l'autre [3]. Certes, ces dernières théoriquement ne représentent pas la France mais la République ou la Commune [4]. L'une et l'autre succèdent à la figure féminine de la France sous l'Ancien Régime : elle était monarchique sous celui-ci, révolutionnaire sous la Révolution, maîtresse des Lumières ou déesse de la fécondité sous la République des républicains. Sous

1. Claude Laroche, Paul Abadie, 1988, p. 204.

2. Maurice Agulchon, *Marianne au combat*, 1979, et *Marianne au pouvoir,* 1989. Dans le premier ouvrage, p. 239, on peut lire : « Quant au fond, précisément à cette date de 1880 qui est notre étape, où en est-elle, cette image-idée ? C'est une République victorieuse, à la fois jeune et grave, qui a troqué le bonnet phrygien contre un diadème de sa façon où les épis de froment du bonheur rustique se marient à l'étoile des Lumières. Près d'elle, la Marianne à bonnet rouge semble une sœur cadette un peu remuante [...]. Et encore, non loin, paraît la France, autre entité féminine qui a aussi sa tradition figurative, quoique bien imprécise. La République française qui s'installe dans l'État et qui, parce qu'elle est d'essence démocratique, prétend représenter la Nation, comment distinguerait-elle bien son image comme régime politique de son image comme patrie ? En somme, la République française [est] établie entre l'allégorie de la Révolution populaire et l'allégorie de la France tout court. »

3. P. Laligant, *Montmartre*, 1923, p. 46 et M. Agulghon, *Marianne*..., 1979. Voir aussi Th. Burollet, *Le triomphe*..., 1986, p. 45, 121.

4. Une femme à bonnet rouge part à l'assaut du Sacré-Cœur sous le pinceau de Th. A. Steinlen : voir réf. en 1901 et Jean Rollin, « Les acquisitions... », 1972, p. 515 et, surtout J. -L. Barre, « Le bel... », 1987, p. 46 et 107. Th. A. Steinlen a dû se souvenir de *La Liberté guidant le peuple sur les barricades* d'E. Delacroix, 1831 (Musée du Louvre) qui s'est lui-même souvenu de *Jeanne Hachette au siège de Beauvais* de Jacques Lebarbier, vers 1784 (voir Jean Vergnet-Ruiz, « Une inspiration... », 1972). François Rude n'est pas loin : *Le départ des Volontaires de 1792*, surnommé *La Marseillaise* de l'arc de l'Étoile, 1835. Voir chap. 26.

réserve de plus amples enquêtes, prenons-les toutes pour des figures de la nation et comparons-les. Elles ont entre elles un trait commun et une différence.

Marianne et la France chrétienne ont en commun de prétendre représenter la société française dans sa totalité. Tous les Français sont censés se reconnaître soit en l'une soit en l'autre même s'il est difficile pour les israélites, les protestants ou les libres penseurs de se faire une place dans une société officiellement catholique comme il est non moins délicat pour les catholiques de vivre au rythme d'une société « laïque ».

À ce titre, soulignons-le, toutes deux incluent la notion de progrès dans les sciences, les arts, l'agriculture, le commerce et l'industrie. C'est évident pour Marianne qui se fait gloire des conquêtes récentes. Entre mille témoignages, relevons telle gravure qui orne l'*Histoire de France* de J. Michelet : une femme tient une table des droits de l'homme et est entourée d'allégories de la vapeur, de l'électricité et du progrès [1]. C'est moins connu pour la France chrétienne du Sacré-Cœur de Montmartre. N'oublions pas que Legentil est un négociant spécialiste en économie et que Hubert Rohault de Fleury est le fils d'un architecte novateur et qu'il s'est complu dans la construction du Sacré-Cœur la plus moderne qui soit [2]. L'étude de la souscription l'a prouvé : les promoteurs ont fait appel à tous les constituants économiques et sociaux de la société française. Les chapelles en gardent le souvenir dans leur dénomination : chapelles de l'armée, bien sûr, de la marine, du barreau et de l'agriculture, mais aussi de la médecine, des arts, du commerce et de l'industrie, de l'enseignement et de la classe ouvrière [3]. La croix électrique de 1892 soutient aussi cette thèse (chap. 24).

La différence entre Marianne et la France du Vœu national est dans leur regard. Au vrai, Marianne ne regarde nulle part [4]. Marianne, l'élément permanent de la France et du régime politique, ne tourne pas son regard vers l'Être suprême, au mieux, elle « parle » aux Français « en sa présence et sous ses auspices », mais refuse que le chef de l'État et les corps constitués, l'élément passager de la France, fassent un acte religieux christianisé.

En revanche, la France de la mosaïque se tourne vers le Christ ; elle veut se confier à lui par le don de sa couronne, symbole de sa souveraineté, et reconnaître sa fonction de tête d'un corps dont elle est membre. Comme parcelle

1. E. Coornaert, *Destins...*, 1977, p. 47.
2. Ils devaient faire leur une réflexion de Frédéric Ozanam, *Les Germains...*, 1847, p. 14-15 : « Il n'y a de progrès que chez les nations disciplinées et laborieuses. »
3. Par exemple la piété dans la boutique : *BVN*, 1889, p. 87. La décoration du tapis des fêtes va aussi en ce sens.
4. Pire dans le cas de Steinlen, sa libératrice regarde vers le Sacré-Cœur pour le détruire.

d'Église, elle s'accepte épouse[1]. Cette personnification de la France est là aussi le complément du chef de l'État, quel que soit son mode de désignation. Puisque les promoteurs du Vœu et le rapporteur de la commission parlementaire ont été figurés en redingote, Luc-Olivier Merson n'aurait pas hésité à peindre un président de la République faisant un acte religieux au nom de la communauté. Cette affirmation est fondée sur la référence à Gabriel Garcia Moreno, président de la République de l'Equateur de 1861 à 1875 et à ses successeurs. Le *Bulletin du Vœu national* rappelle la consécration au Cœur de Jésus de la République équatorienne en 1873 et cite en entier le décret d'érection d'une basilique en 1883[2]. Pour les catholiques, toute autorité politique venant du Dieu vivant, le détenteur de l'autorité est invité à le reconnaître d'une façon publique. « L'athéisme social » est la plaie du XIXe siècle à leurs yeux[3]. La condamnation des catholiques libéraux en est l'expression, eux qui étaient censés accepter une réduction de la vie religieuse à la vie privée[4]. Mgr Guibert pensait qu'« une nation sans Dieu est une monstruosité »[5].

C'est pourquoi chacun étant invité à émettre un vote ou un vœu, l'expression d'un acte national et public ressemblant à une sorte de plébiscite semble possible à travers le Vœu national. En attendant un État qui reconnaisse l'origine de sa souveraineté, la France aux tresses mérovingiennes qui vient de fêter le quatorzième centenaire de son baptême en 1896, s'offre au Christ par le Vœu national. Elle est une exception comme le sont les représentations des cinq continents dans ce monde de personnes, soit divines, soit angéliques (Michel), soit humaines (les saints et les défunts).

Le Christ proposé à l'adoration de la France et des Français à Montmartre est essentiellement un Christ dont la plaie du côté ou le cœur sont visibles sur la poitrine et dont les bras sont grands ouverts aussi bien sur la croix que dans la gloire. Comme il se doit, Jésus montrant son cœur n'est pas absent mais dans ce cas il est plutôt figuré en présence de Marguerite-Marie. C'est en effet un « Sacré Cœur » nouveau que celui de Montmartre : Jésus accueillant

1. La jeune femme de la mosaïque fait penser aussi à une jeune épouse et donc au Christ Époux de la *Lettre aux Ephésiens*, 5, 21-33. Ce texte montre que la soumission de l'épouse à l'époux est un dépassement des attitudes de révolte et de démission que cette relation peut connaître.

2. *BVN*, 1874, p. 114; 1883, p. 793; 1890, p. 499. Le P. Alet, *La France*..., 1889, p. 304, y fait allusion. Une chapelle provisoire est inaugurée en 1890, *MCJ*, t. 58, p. 229. *BVN*, 1891, p. 637-638. J. Bricourt, « Garcia Moreno » (1928) dans *DPCR* et Catherine Lamour, « Equateur » (1968) dans *EU* donnent deux présentations bien différentes de son œuvre.

3. Voir A. Latreille..., *Histoire*..., 1962, p. 350.

4. Voir le P. Ramière, chap. 2 qui refuse de séparer le public et le privé tant en Jésus-Christ qu'en chaque chrétien.

5. J. Gadille, *La pensée*..., 1967, t. II, p. 98.

la France pénitente et confiante, celui de Mme Royer. Quant au motif du cœur-viscère, le « cœur artériel » comme dit Sabine Guilguet, qui a soulevé tant de critiques, il semble avoir peu duré et ne pas avoir vraiment fait l'objet d'une traduction dans la pierre.

L'image de la France, elle, est en harmonie avec tout ce que l'on sait des positions des archevêques de Paris et des laïcs du Comité. C'est une image qui renvoie à la France-patrie et non à un régime politique défini. À part la référence en 1872 à la tragédie de la Commune, la France du Vœu national est sans émois ni colorations politiques : elle n'a pas de manteau fleurdelisé mais un drapeau tricolore, le plus souvent sans le Cœur de Jésus en fin de compte. Elle propose d'abord une expérience de retournement spirituel, de découverte renouvelée du Christ. Cette France s'exprime par les responsables du Vœu national à défaut des autorités publiques, encore que par une loi, en 1873, elle ait dit partiellement ce qui lui tenait à cœur. Finalement, la jeune fille habillée en première communiante ou en mariée qui offre sa couronne au Christ pense aussi bien à son passé lointain qu'à son brillant avenir. Le passé est rappelé par ses nattes mérovingiennes (sa première naissance) et la présence de Jeanne à ses côtés (sa seconde naissance au XV^e siècle). L'avenir glorieux, par la présence de saint Michel à ses côtés, patron des militaires et des lutteurs contre l'ennemi homicide, auxquels il ne peut pas ne pas assurer une juste victoire tant matérielle que morale ! Mais l'essentiel est dans la rencontre existentielle et définitive, au-delà de l'histoire, entre la France et le Christ. Le refrain d'un cantique célèbre à l'époque vient à l'esprit : Prends ma couronne, / Je Te la donne, / Au ciel, en Tes bras, Tu me la rendras [1]. La France du Vœu national ne se veut pas une France partisane, mais catholique, c'est-à-dire en marche vers la plénitude avec la multitude de l'humanité que Léon XIII « oriente » vers le Christ.

1. Même si ce cantique s'adresse à Marie, il semble possible de l'appliquer ici au Christ : « Bonne Marie, je Te confie mon cœur ici-bas ; prends... » (n° 141 du *Recueil de cantiques*..., 1946).

# Chapitre 22
# La décoration de l'édifice et sa signification spirituelle

La décoration du Sacré-Cœur n'a pas été moins contestée que son architecture ! On l'a dite « triomphaliste » avec tous les sous-entendus que le terme implique et nous reviendrons sur ce point dans la dernière partie. Mais comme l'architecture de la basilique, le décor n'a pas laissé d'intéresser les historiens, qu'ils soient historiens des idées ou des formes [1]. Il faut en connaître la genèse et la composition. C'est à cela que nous nous attachons dans ce chapitre, ne revenant pas sur ce qui a déjà été dit sur le concours, les exigences du programme initial et les propositions des participants en matière de décoration dans le chapitre 10 et dans le chapitre précédent sur les recherches et résultats iconographiques concernant le Christ au Sacré Cœur et la France. C'est pourquoi après une présentation de l'effort fait pour établir un programme pour le décor, nous présentons la décoration sculpturale et les sculpteurs, les

1. Dans un mémoire de maîtrise, sous la direction de Louis Girard, Christine Lacloche, en 1975, a traité de *la décoration du Sacré-Cœur et de ses intentions idéologiques*. Hélène Guéné, dans sa thèse sur *Odorico*, en 1983, fait grand cas du décor en mosaïque de la basilique.

peintres auxquels on a fait appel pour les mosaïques, les vitraux et les marqueteries, le décor mosaïqué lui-même et l'orfèvrerie. Finalement on essaiera de dégager la signification spirituelle de la décoration du chœur, témoin achevé d'un ensemble iconographique inachevé.

## *I. LE PROGRAMME ICONOGRAPHIQUE ET LA MISE EN PLACE DU DÉCOR (1889-1894)*

La construction des fondations ne posait pas évidemment le problème du décor. Quant à celui de la crypte, il a été reporté à plus tard, c'est-à-dire jamais pour une grande part. Il fallait monter toujours plus haut. Quand l'église proprement dite et ses hauteurs surgissent vers 1890, comme Paul Abadie est mort en 1884, il faut le poser à frais nouveaux. Son projet ainsi que ceux des autres concurrents sont loin et oubliés, d'autant qu'entre-temps l'originalité du sanctuaire n'a fait que croître. On veut pour une dévotion et une architecture nouvelles une décoration nouvelle. Des discussions ont dû avoir lieu sur le plus ou moins grand degré de décoration dont il faudrait retrouver la trace. Quoi qu'il en soit, en 1889, alors que l'église est en passe d'être ouverte au culte, la commission de délégation composée de Musnier de Pleignes, Victor de La Fuye et Hubert de Fleury, demande aux architectes, Ch. Laisné et H. Rauline, de commencer à étudier le problème de décoration générale de l'édifice[1]. H. de Fleury consulte par ailleurs le P. de Franciosi (voir chap. 2) sur le choix des sujets. Les réflexions des uns et des autres sont rassemblées dans trois cahiers polycopiés et présentés aux responsables laïcs et au cardinal Richard, fin 1890 – début 1891 : le premier étudie les différents emplacements qui requièrent une décoration (« la base matérielle »), le deuxième énumère les sujets ou thèmes possibles de l'iconographie, le troisième présente un programme d'études[2].

1. *PV* du 14 nov. 1889. *HSC*, t. IV, p. 232.

2. Voir la lettre du 4 déc. 1890 de Xavier de Franciosi accusant réception de ces trois cahiers (ASCM 18. 14), la lettre du 6 avril 1891 de H. de Fleury et celle d'avril 1891 de la commission adressées au cardinal (AHDP, SCM, 1). Voir descriptif: H. de Fleury, *Base*..., 1891.

## A. « Base matérielle du plan d'ornementation »

Un classement méthodique de tous les emplacements susceptibles de recevoir une ornementation est dressé par H. Rauline et H. de Fleury, avec un aperçu synthétique des principales divisions architecturales du monument. Le cahier laisse de grands blancs permettant de consigner par écrit les suggestions qui pourraient être recueillies à ce sujet. Le texte rappelle d'abord les dédicaces des chapelles, tribunes et niches (à cette date, elles ont été définitivement arrêtées – voir chap. 13), puis dresse une liste du mobilier d'église indispensable: autels, chaires (église haute et église basse), stalles, banc du Comité, tables de communion, grille de la chapelle du Saint Sacrement et de la Sainte Vierge [1], réceptacles des ex-voto, éclairages, portes, dallages, confessionnaux, orgues.

Chaque partie de l'édifice est ensuite détaillée de façon systématique et idéale. À l'extérieur, sont répertoriés le plus petit écusson, le moindre corbeau ou métope, le porche et les façades, le chevet et le clocher, les cinq dômes et les linteaux. À l'intérieur, l'inventaire prévoit des décors sur les seize pendentifs des quatre petits dômes (non exécutés) comme sur ceux de la grande coupole. Les tribunes qui auraient dû être aménagées avec soin le seront en fait sommairement et si la décoration du chœur est achevée, la voûte du grand dôme restera nue. Ce qu'on peut observer en fin de compte, c'est que rien n'échappe au programme, des différentes chapelles, carrées ou absidales ou chapelle du Cœur Immaculé de Marie et du Saint Sacrement. Il en est de même de la crypte.

## B. Sujets et thèmes prévus

### *1. Appel au P. de Franciosi*

De telles ambitions appellent dans son ensemble et dans ses moindres détails une connaissance tout à fa fois synthétique et approfondie de la dévotion au Cœur du Christ à travers l'Écriture et la Tradition. Les membres de la commission sont depuis longtemps en relation avec le P. de Franciosi, auteur d'un

1. Grille jamais posée à ce jour.

livre sur le sujet réédité depuis 1868 et zélé propagandiste du Vœu national à plus d'un titre. Sur les conseils du P. Matignon[1], Hubert Rohault de Fleury fait appel à ses lumières. Avec l'accord de ses supérieurs, au sein d'un ministère pastoral non négligeable, malgré l'âge et la maladie, Xavier de Franciosi met en ordre ses connaissances, les approfondit même à l'occasion[2].

Une vingtaine de lettres de 1890 à 1894 permettent de suivre la genèse de son étude. Il la qualifie lui-même de compilation et espère mener ou faire mener à bien un jour la rédaction d'un ouvrage complet sur la question[3]. Il rencontre les membres de la commission, le Comité et H. Rauline. Il apparaît vraiment comme leur conseiller théologique. Mais ses avis, chose intéressante à constater, ne seront pas toujours suivis à la lettre.

### 2. *Les sources*

L'ouvrage de dom Boutrain sur le chartreux Jean Lansperge, lui-même découvreur et éditeur de sainte Gertrude[4], un deuxième livre, rédigé cette fois par des Bénédictins, sur les révélations de sainte Gertrude et sainte Mechtilde, un autre du P. de Gleyze sur les Franciscains, telles sont quelques-unes des références consultées par le P. de Franciosi pour mener à bien son étude. Pour les Dominicains, il supplée on ne sait trop comment aux lacunes de la bibliographie, mais sur la compagnie de Jésus et sur la Visitation il dispose utilement des ouvrages du P. Letierce, s. j.[5]. Il n'oublie, bien sûr, ni l'ouvrage de Grimoüard de Saint-Laurent sur *Les Images du Sacré Cœur*[6], ni les œuvres complètes de la bienheureuse de Paray[7]. Il consulte aussi bien les cinq grands volumes sur *L'art chrétien pendant les neufs premiers siècles* du P. Garucci qu'une monographie sur *Les stalles de la cathédrale d'Amiens* par Jourdain et Duval ou le *Dictionnaire des antiquités chrétiennes* de Martigny[8]. Et s'il ne dit pas avoir lu méthodiquement les trois cents volumes *in quarto* des patrologies grecque et latine de Migne ou les Bollandistes, il s'y réfère.

1. Comme le fait remarquer le P. de Franciosi dans ses lettres à Rohault de Fleury en date du 11 nov. 1890 et 13 mars 1891. ASCM 18, 14.

2. La présentation du travail du P. de Franciosi ne prétend pas être une étude critique de l'exégèse non critique du XIXe siècle, mais un simple résumé matériel de ce travail qui a inspiré la décoration du Sacré-Cœur et une contribution à la future histoire de l'exégèse spirituelle au XIXe siècle. Voir déjà Emile Poulat, « La religion... » dans *Léon Bloy*, L'Herne, 1988, p. 260 et Jean-Pierre Laurent, *La Clef*..., 1979 et 1988. Il est remarquable que dans la *Clef de Méliton*, à notre connaissance, il n'y ait rien sur le symbolisme du « cœur ».

3. Voir Xavier de Franciosi, *Lettres*..., 1890 en réf. bibl.

4. P. Cyprien-Marie Boutrain, *Un précurseur de la bienheureuse Marguerite-Marie Alacoque au XVIe siècle ou Lansperge le Chartreux et la dévotion au Sacré-Cœur*. Cet ouvrage est recommandé dans *BVN*, 1881, p. 698 et suppl. jan. 1887, p. 23.

5. Voir P. Letierce, *Le Sacré Cœur*..., 1886.

6. Voir ci-dessus et réf. en 1880.

7. Voir Monastère..., *Vie*..., 1690 (1867).

8. Lettre du 4 et du 14 déc. 1890. Pour être complet, X. de Franciosi mentionne aussi une plaquette d'un certain P. Sama.

### 3. *Proposition d'une vue d'ensemble*

Comment répartir dans le temps l'histoire du salut en fonction de la dévotion au Cœur du Christ ? Le P. de Franciosi a tâtonné avant de proposer une division en cinq étapes qui lui semble la plus parlante. De la création du monde au Christ ; le temps du Sauveur lui-même ; du Christ à Marguerite-Marie ; le temps de Marguerite-Marie ; de son époque à la nôtre. Franciosi relève ainsi deux cent cinquante sujets d'illustration : quarante pour l'Ancien Testament, soixante-seize pour le Nouveau, cent vingt pour la troisième étape, cinq ou six manifestations dans la vie de la bienheureuse et vingt depuis celle-ci.

Pour la période la plus ancienne, le P. de Franciosi tient beaucoup à la formation d'Eve, à l'arche de Noé, à Moïse frappant le rocher. Dans la vie du Christ, outre les traits de bonté du Sauveur, il met en avant la Cène, le coup de lance qui ouvre le côté du Christ et l'apparition à saint Thomas. Parmi les précurseurs de Marguerite-Marie, il recommande de ne pas oublier sainte Gertrude et les bienheureux Ubertin de Casal et Canisius. Pour la cinquième période, il préconise entre autres sujets, Mgr de Belsunce, Louis XVI, Pie IX, Loigny et Montmartre. Les souscripteurs des chapelles pèseront, il le sait, sur le choix des sujets, mais il encourage les constructeurs à suivre malgré tout un ordre chronologique.

Sa synthèse est différente de celle du P. Alet[1], en ce sens qu'elle ne prend pas l'histoire de la France comme référence centrale. Elle est d'abord le fruit d'une enquête théologique qui considère successivement l'Écriture, les Pères, les Docteurs et le Magistère. L'aspect patriotique n'est pas absent pourtant. Par ailleurs, le P. de Franciosi collecte des renseignements sur toutes les congrégations non sans privilégier la compagnie de Jésus et la Visitation. Le rôle de Marguerite-Marie très important chez lui sera nuancé dans le décor : si elle marque un tournant incontestable dans l'histoire de la dévotion au Sacré Cœur, elle n'en est pas à l'origine, bien évidemment.

## C. « Programme d'études à faire »

À ces deux études (le monument et la théologie), il fallait en quelque sorte des principes. On les trouve dans un troisième cahier[2]. L'introduction est particulièrement claire :

1. Victor Alet, *La France et le Sacré Cœur*, 1889.
2. ***. *Décoration, programme…*, 1891.

« Pour la décoration, tant immobilière que mobilière de l'église du Sacré-Cœur, à Montmartre, on ne perdra pas de vue l'idée de l'auteur du projet, du maître de l'œuvre, à savoir que ce monument n'est pas une restauration d'œuvre archéologique, mais bien une construction neuve de toutes pièces. Partant de ce principe, on ne devra par repousser systématiquement tel ou tel motif de décoration sous prétexte qu'il n'est pas de l'époque. On devra, comme le ferait le maître, prendre partout et à toutes les époques, les motifs susceptibles de produire un bon effet dans le monument. Mais avant de les mettre en œuvre, on devra les traduire, les interpréter dans l'esprit de la construction, c'est-à-dire en roman-byzantin. »

Un roman-byzantin qui en fait n'a jamais existé dans l'histoire, mais qui est rêvé comme tel ! L'éclectisme invoqué n'est nullement plagiat, mais réinterprétation. Quelques autres principes doivent présider à la décoration. Paul Abadie répétait : « Ma principale décoration sera l'appareil » [1]. Les sculptures, les mosaïques et les inscriptions diverses doivent épouser ce dernier et respecter le parti finalement pris d'une église blanche, d'une église dans laquelle la pierre elle-même est partout apparente. Dans cette perspective d'unité, les dons mêmes d'œuvres d'art sont à soumettre à la Commission pour ne pas nuire à l'effet d'ensemble [2].

## D. Proposition au cardinal Richard

Forte de ces études et des principes qu'elle a pu définir, la commission de délégation propose au cardinal de répartir les sujets dans les espaces susceptibles d'être décorés. Elle lui suggère la mise en place d'une commission spéciale destinée à poursuivre, jusque dans ses dernières déterminations, le programme iconographique. Cette dernière comprendrait les membres de la commission de délégation, les architectes, le supérieur des chapelains, le P. de Franciosi, Michel Cornudet et le marquis de Ségur [3]. Mais, comme pour tout le reste, au Sacré-Cœur de Montmartre, c'est le cardinal seul qui décide en dernier ressort [4].

1. André Michel, *Histoire*..., 1926, t. VIII, p. 2, souligne cette affirmation en disant : « Abadie s'efforce de tirer toute la décoration de la construction ».

2. Suivent des consignes de décoration pour chaque espace ornementable de la basilique présentées ci-dessous.

3. Cette commission remplit sa mission, par exemple, en 1894. Voir *HSC*, t. IV, p. 271-273, rapport de Michel Cornudet.

4. Des conseils sont prodigués aussi extérieurement à la commission. Ainsi l'abbé Delaunay, dans une lettre du 1er juillet 1892, recommande l'unité de style. AHDP, cart. 4P2, citée par Christine Lacloche, *La décoration*..., 1975, p. 44.

# *II. LA DÉCORATION SCULPTURALE*

Une quarantaine de sculpteurs, statuaires et ornemanistes divers ont contribué à la décoration sculpturale du Sacré-Cœur. Si on laisse de côté trois œuvres ou copies d'œuvres antérieures au XIXe siècle [1] et sept artistes nettement postérieurs à 1919 ou demeurés inconnus de nous après enquête [2], restent une trentaine de noms à citer. La plupart des sculpteurs ont été choisis par les décideurs (archevêque, comité et architecte): leurs travaux se retrouvent à la coupole, à la façade, au chevet et sur le campanile. Certaines œuvres ont été données par les artistes eux-mêmes ou par les souscripteurs [3].

## A. La décoration de la coupole

Pour pouvoir inaugurer la coupole le plus tôt possible, il a fallu la décorer au fur et à mesure qu'elle s'édifiait, en parant au plus pressé. Le programme de 1891 envisage seulement sa dorure extérieure et la décoration de la voûte.

### *1. Extérieur du dôme*

Alors que Mgr Guibert aurait instamment souhaité que les cinq coupoles soient dorées [4], Mgr Richard, en 1894, se rallie finalement à l'avis de la commission qui proposait de n'en rien faire.

> « D'une part, l'éclat de la dorure du côté éclairé par le soleil risquerait de faire contraste avec la blancheur de la pierre de Château-Landon. D'autre part, la partie dorée, restant dans l'ombre, paraîtrait noire à côté de la partie éclairée » [5].

La commission propose de couvrir les dômes de dalles de la même pierre que le restant de l'édifice en relevant une assise sur trois de sculptures linéaires

1. La copie du *Saint Pierre* du Vatican attribué à Arnolfio di Cambio (XIIIe siècle), celle, en réduction, des portes du baptistère de Florence et *une Vierge à l'Enfant* du XVIIIe siècle à la crypte (voir chap. 17).

2. M. J. Cotelle-Clère, *Christ aux outrages* de la crypte; Bernard Richomme, en religion, Père Marie-Bernard, de la grande Trappe de Soligny (voir Jacques Dacheux, *Le Père*..., 1983), *Sainte Thérèse de l'Enfant-Jésus*; Alexandre Descatoire, *Buste du cardinal Dubois*; Croix-Marie et Jacques (ou Félix ?) Martin, décor de l'autel Saint-François; Louis Bourgeois, bas-relief de l'autel Saint-Jean-Baptiste; Caravannier, bas-relief de Charles Chesnelong. Ce sculpteur est renvoyé avant la fin de son travail. Voir lettre de H. de Fleury à Mgr Richard du 19 oct. 1902. AHDP, 4 P 2.

3. Pour l'étude des sculpteurs et des peintres, on a consulté les dossiers du musée d'Orsay et les grands dictionnaires biographiques: Ulrich Thieme..., *Allgemeines*..., 1907; Stanislas Lami, *Dictionnaire*..., 1914; Benezit, *Dictionnaire*..., 1976.

4. ***, *Programme*, 1891, p. 5. ASCM, 18. 14.

5. Rapport de Michel Cornudet, *HSC*, t. IV, p. 271-272.

décoratives. C'est à la même époque que l'archevêque accorde aux membres du Comité, aux principaux architectes et artistes, le privilège d'avoir leurs portraits sculptés sur les corbeaux extérieurs.

## 2. *L'intérieur du dôme dans son ensemble*

En 1891, on projetait de décorer la voûte en y racontant l'histoire de la dévotion au Cœur du Christ selon le plan du P. de Franciosi avec, à la calotte, le triomphe de l'Agneau fondé sur l'Apocalypse. Finalement cette partie ne reçut qu'une dédicace, encore inachevée, qui proclame que le monument est offert au Sacré Cœur de Jésus. En revanche, divers travaux de sculpture, dont il n'était pas question et dont le programme n'était donc pas arrêté à cette date ont été exécutés depuis. De bas en haut, on trouve ainsi huit ensembles de sculptures [1].

## 3. *Les quatre pendentifs*

Sculptés en 1896-1897, par quatre sculpteurs agissant de concert, les pendentifs sont bien visibles depuis le sol. Quatre anges y tiennent les instruments de la Passion: la couronne d'épines par Hubert Louis-Noël, le fouet et le roseau par Léon Fagel, les clous et la lance par Gustave Michel et la croix par Louis Barrias. Le rapprochement avec le décor de Saint-Pierre de Rome est frappant, même si les documents restent muets à ce sujet [2]. L'étude des Rohault de Fleury sur les instruments de la Passion dont un extrait est cité dans le *Bulletin* a dû être déterminante [3], ainsi peut-être qu'une vision de Mme Royer (chap. 18).

Charles Rohault de Fleury avait conseillé de mettre une auréole aux bustes de l'Opéra pour les transformer en saints! À croire qu'à Montmartre, on a procédé de même et que les sculpteurs recommandés par Charles Garnier (il les avait déjà fait travailler pour lui), se sont contentés d'accoler des ailes à des figures de jeunes gens pour en faire des anges. Le résultat apparemment n'a guère convaincu Emile Zola. Il prétend que l'archevêque a refusé « l'ange trop humain éperdu d'infini » d'un sculpteur athée et qu'il a préféré ceux-là « à la tête pensive, exprimant l'extase niaise que la tradition impose » [4]. Quoiqu'il

1. En 1891, on pensait, semble-t-il davantage à des peintures ou à des surfaces nues qu'à des sculptures pour le décor de la coupole *(Programme...*, 1891, p. 11).

2. À Rome, il est question aussi de la sainte Lance (avec saint Longin) et de la vraie Croix (avec sainte Hélène), mais, à la différence de Montmartre, il y a le voile de sainte Face avec sainte Véronique et le chef de saint André.

3. Voir chap. 1 et *BVN*, 1894, p. 177.

4. Emile Zola, *Paris*, 1898.

en soit, ces quatre œuvres, faites par des artistes différents (Louis Barrias, Gustave Michel, Léon Fagel, Hubert Louis-Noël) et dont un examen attentif et compétent révèlerait certainement les nuances de style (l'histoire de l'art en atteste [1]) participent du même esprit religieux et décoratif.

Louis Barrias, à qui fut demandé également le triptyque de l'autel Saint-Joseph, relève de l'éclectisme et du néo-baroque si l'on suit les classifications actuelles. Rappelons son œuvre la plus connue, *La Défense de Paris*, aujourd'hui encore incluse dans le quartier de la Défense. Élève des Beaux-Arts et Grand Prix de Rome grâce à sa *Fondation de Marseille*, il revient à Paris une fois son séjour en Italie accompli et produit beaucoup à partir de 1871. L'évocation de la « France sculpturale » de la III^e^ République n'est pas inutile pour comprendre celle du Sacré-Cœur. *Le Serment de Spartacus*, *Bernard Palissy*, *Mozart enfant*, *Jeanne d'Arc prisonnière*, *La Nature se dévoilant devant la Science*, un monument de Victor Hugo, le tombeau de la duchesse d'Alençon autant d'œuvres qui marquent sa carrière. Barrias travailla également pour les hôtels de ville de Poitiers et de Paris, pour l'Opéra, le Louvre, la Sorbonne, la mairie de Neuilly, le Muséum d'histoire naturelle. Décoré, primé, élu à l'Institut, membre du comité de la Société des Artistes français, Barrias est un personnage considérable, la fine fleur de l'art de son temps. Les constructeurs de Montmartre ne se trompent guère en faisant appel à ses services [2].

Gustave Michel, dans la basilique, a laissé non seulement *L'ange aux clous et à la lance*, mais encore le bas-relief de saint Jean dans la première galerie de la coupole. Son *Sacré Cœur* toutefois n'a occupé la niche de la façade que de 1905 à 1927 (voir chap. 21). Quant à sa *Sainte Vierge* en argent, elle pose un problème non résolu à ce jour [3]. Avec Gustave Michel, les constructeurs du Sacré-Cœur recourent une fois encore à l'un des artistes les plus renommés de l'époque. Ses œuvres peuplent Paris : *La Pensée* décore la nouvelle Sorbonne ; huit *Nautes* et *Forgerons* ornent le pont de Bir-Hakeim et *La France*

1. Voir le catalogue de *La sculpture française au XIX^e^ siècle* établi sous la direction d'Anne Pingeot, 1986. Un « enchevêtrement de styles » caractérise selon cet ouvrage la production de l'époque. Il y est question tour à tour de la tradition classique, de l'esprit romantique, de l'éclectisme, du néo-baroque, du réalisme, du symbolisme et du primitivisme. Voir aussi Anne Pingeot..., *La sculpture*..., 1982. Reprenons ces classifications qui ont le mérite d'être commodes même si elles sont comme telles un peu artificielles et plaisent par leur degré de simplification. Il en a été formellement de même pour les évêques ou les parlementaires...

2. Voir aussi Thérèse Burollet, *Quand Paris*..., 1989.

3. D'une part, *La Vierge à l'Enfant* qui est actuellement dans la basilique est signée « Paul Brunet, orfèvre, 30 mars 1876. Don de LL. AA. le prince et la princesse Constantin Radziwill ». D'autre part, la liste des œuvres de G. Michel aimablement communiquée par la famille de l'artiste porte : « 1896, La Vierge en argent, basilique du Sacré-Cœur » (voir réf. 1927). Éd. Franck, « La basilique... », 1901, p. 407, la décrit et la reproduit. Elle ressemble bien à celle qui est en place. Il en est de même chez Henry Marcel, « Gustave... », 1906. Y a-t-il eu erreur dans les inscriptions ou une substitution non repérée à ce jour ?

*moderne*, le pont Alexandre III ; ses cariatides soutiennent l'Opéra comique et *La Source limpide* rafraîchit le Petit Palais. Formé par Jouffroy dans la tradition de David d'Angers et de Pradier, Michel aurait voulu suivre l'exemple de Rude et de Carpeaux. Il est classé désormais parmi les sculpteurs « réalistes ». Son œuvre montmartroise rapportent ses descendants, lui aurait permis de revenir à la foi. Il a laissé en tout cas aux siens une *Sainte Cécile* et un buste du P. Janvier, le célèbre dominicain prédicateur des carêmes de Notre-Dame et de la consécration de la basilique.

Le troisième sculpteur des pendentifs du dôme est Léon Fagel. Il est après Hippolyte Lefebvre (douze œuvres – voir ci-dessous), celui qui compte le plus de sculptures (dix œuvres) à la basilique : soit *Jeanne d'Arc*, *Louis Veuillot*, *L'atelier de Nazareth*, bas-relief de la chapelle Saint-Joseph, *Le Christ guérissant l'humanité* (sous les traits d'Hubert Rohault de Fleury) dans la chapelle Saint-Luc, *La Vierge des marins*[1], les tympans ouest (*Moïse frappant le rocher*) et central (*La Transfixion*) de la façade. À la crypte, subsistent un *Saint Jean de Dieu guérissant un malade* et un *Saint Malo* alors que son *Saint François* a disparu[2]. Grand Prix de Rome en 1879 pour un *Tobie rendant la vue à son père*, Léon Fagel participe aux salons et aux expositions où il est souvent récompensé. Il exécute pour la Sorbonne le groupe des *Belles Lettres* et les statues de *Chevreul* et de *Buffon* au Jardin des Plantes. Deux sculptures faites pour Hubert Rohault de Fleury (son buste et un *Christ au Sacré Cœur, prêtre et hostie*) ne sont pas mentionnées dans son catalogue qui comprend près d'une centaine de numéros [3].

Avec Hubert Louis-Noël, à qui les responsables de la basilique demandent six œuvres, il semble que l'on fasse appel à quelqu'un de second ordre du point de vue de la renommée. À Montmartre, outre le quatrième ange du dôme, il laisse un *Saint Antoine de Padoue*[4], un *Saint Michel*, un *Saint Bruno* et le monument du cardinal Guibert, ainsi qu'un bas-relief de la façade. Il travaille beaucoup pour la province, municipalités et diocèses[5].

1. Qui prend la place de *L'Étoile de la mer* de Jules Coutan, voir ci-dessous.

2. Ce *Saint François* de Fagel semble en avoir remplacé un de Astruc, un copie d'espagnol (Christine Lacloche, *Le Sacré-Cœur*..., 1975, p. 53, selon AHDP, carton 4P2). L'œuvre de Fagel est remplacée vers 1932 par une œuvre de Maxime Real del Sarte, sculpteur célèbre pour sa *Jeanne au bûcher* de Rouen (au Sacré-Cœur, on lui doit aussi une *Marguerite-Marie*). Voir Henri Farrenc, *L'œuvre*..., 1926. Ce *Saint François* de Real del Sarte a été retrouvé vers 1980 dans un débarras de la crypte et remis à sa place !

3. Voir aussi nécrologie dans *BVN*, 1913, p. 99-100 ; Alfred Van Den Brule, *Hubert*..., 1930, p. 405 et 405. H. de Fleury lui offrit « en échange deux panneaux à la détrempe ».

4. Don de madame Gaston de Salverte, née Pastrée : *BVN*, 1895, p. 798.

5. Pour la ville de Paris, il lui est commandé une maquette de Condorcet : voir Thérèse Burollet, *Quand Paris*..., 1989, p. 174. Vincent Depaul, amant de Nini Patte-en-l'air dans le roman de François Dorin (1990, p. 190), compare la main d'un singe de Frémiet et la main du Mgr Guibert de Hubert-Louis Noël...

### 4. *Au niveau de la première galerie*

Entre les corbeaux de la première galerie du dôme, se lit en guise de décor l'inscription : *Incarnatus est de Spiritu Sancto ex Maria Virgine et homo factus est, crucifixus etiam pro nobis*, soit les articles du credo sur la conception virginale, l'incarnation du Christ et sa mort rédemptrice.

Les quatre évangélistes ornent les quatre points cardinaux de la première galerie. L'un est attribué à Gustave Michel, un autre est signé Henri Cordier[1]. La présence des évangélistes à cet endroit, pour être attendue, mérite cependant le commentaire du P. de Franciosi :

> « Pour acquérir, une connaissance parfaite du Cœur de Jésus, rien ne vaut la méditation sérieuse et assidue du saint Évangile, c'est ce que Notre-Seigneur a daigné déclarer lui-même. »

Notre guide-exégète se réfère ici aux « révélations » faites par le Christ à Mechtilde de Hackeborn. Le secret de la vraie dévotion au Cœur de Jésus réside dans une lecture attentive des Évangiles[2].

### 5. *Les vingt corbeaux*

Dans la décoration des corbeaux de la seconde galerie, l'influence du P. de Franciosi est très nette, même si elle semble avoir été par endroit revue et corrigée. Ont été ainsi évoquées les trois grandes périodes théologiques[3] de la dévotion au Cœur du Christ : soit huit sculptures pour l'Ancien Testament, (quatre pour la Loi et les Psaumes, quatre pour les prophètes), huit pour le Nouveau (quatre épisodes et les quatre évangélistes) et quatre pour le temps de l'Église[4].

. *Le paradis terrestre* : par le Christ, le ciel est désormais accessible. L'ange qui en interdisait l'entrée, abaisse son épée devant le sang du Cœur du Christ, car la blessure du côté du Christ est la porte même qui permet d'accéder à Dieu[5]. *L'agneau pascal* dont on ne brise aucun des membres, est la figure du Christ[6]. *L'arche d'alliance* : le Cœur du Christ est la véritable arche d'alliance : il s'y trouve tout ce que les Tables de la Loi, la Verge de Moïse, la manne

1. Cet Henri Cordier est peu connu de Bénézit. Il est distinct du sculpteur Charles Cordier.
2. Xavier de Franciosi, *Le Sacré Cœur*, 1894, c. 35.
3. L'histoire de l'Église présentée d'abord en trois temps est réductible à l'unité.
4. *BVN*, suppl. juin 1900, p. 18.
5. Xavier de Franciosi, *Le Sacré Cœur*, 1894, c. 2. *Genèse* 3, vingt Pères et docteurs de l'Église l'ont enseigné.
6. X. de Franciosi, *Le Sacré Cœur*, 1894, c. 6. *Exode* 12, 3. *Jean* 19, 36 lui-même l'interprète ainsi.

préfiguraient, tous les trésors que l'arche d'alliance conservait [1]. *Le pélican*: le psalmiste, qui annonce le Christ, se compare au pélican solitaire (*Psaume* 102, 7). La légende de l'antiquité aidant, le pélican de la Bible redonne aussi la vie à ses petits en les aspergeant de son sang (ou en leur donnant sa chair) et devient une figure du Christ [2].

. *Isaïe*: parmi les interprétations christologiques d'Isaïe, il en a été choisi une, particulièrement chère à saint Bernard. Le prophète annonce que le peuple cherchera un asile dans les anfractuosités des rochers et les cavernes de la terre pour échapper aux malheurs. Désormais pour trouver le salut, l'homme doit se cacher dans la plaie de l'humanité (mot dérivé de *humus* qui signifie la terre) du Christ [3]. *Jérémie*: une fois encore dans la droite ligne des interprétations médiévales, les profondes ouvertures des rochers où Jérémie invite les habitants des villes à se réfugier sont annonciatrices des plaies du roc qu'est le Christ [4]. *Ezéchiel*: l'eau qui s'échappe du côté droit du Temple, image reprise de *Zacharie* 14, 8, est considérée depuis saint Athanase jusqu'à Cornelius a Lapide comme une figure de la plaie du côté du Christ [5]. *Michée*: la brebis blessée devra suivre le pasteur qui la guérira par ses propres blessures. Jésus est ce bon pasteur [6].

. *La Madeleine*: le P. de Franciosi n'intègre pas la pécheresse pardonnée parmi les témoins privilégiés de la dévotion au Cœur du Christ sinon sur un plan général, au même titre que tous les bénéficiaires de sa bonté. C'est, semble-t-il, à l'initiative des responsables du comité du Vœu et du cardinal Richard que la sainte prend place dans cette série, comme figure de la France qui, elle aussi, est « pardonnée parce qu'elle a beaucoup aimé » [7]. *La Samaritaine*, *Jean*, *Thomas* et *les Évangélistes*: l'annonce de l'eau vive (*Jean* 4, 10) est évidemment liée à la plaie du côté du Christ, tout de même que saint Jean se repose sur le sein du Christ (*Jean* 13, 23) et que saint Thomas touche la plaie du Crucifié, à ce même côté (*Jean* 20, 24). La présence des évangélistes se justifie comme plus haut, avec le symbolisme des points cardinaux, dans la première galerie.

1. X. de Franciosi, *Le Sacré Cœur*, 1894, c. 9. *Exode* 25, 10-22, etc. Les litanies du Sacré Cœur ont consacré cette pensée de quelques Pères.
2. X. de Franciosi, *Le Sacré Cœur*, 1894, c. 19. La comparaison est dans l'*Adoro te*, strophe 6 (poésie attribuée à saint Thomas d'Aquin, voir *CHAD*). Voir Lucienne Portier, *Le pélican*..., 1984, qui débrouille la question des diverses séries de symboles et de leur destinée iconographique, spécialement en ce qui concerne le Cœur du Christ.
3. X. de Franciosi, *Le Sacré Cœur*, 1894, c. 24. *Isaïe* 2, 10.
4. X. de Franciosi, *Le Sacré Cœur*, 1894, c. 28. *Jér*. 48, 28.
5. X. de Franciosi, *Le Sacré Cœur*, 1894, c. 30. *Ez*. 47, 1 s.
6. X. de Franciosi, *Le Sacré Cœur*, 1894, c. 30. *Mi*. 2, 13.
7. *BVN*, suppl. 1900, p. 18. Voir nos chap. 21 et 23.

. Si *saint Louis* et *Jeanne d'Arc* prennent place dans la décoration sculptée des corbeaux, ce n'est pas le fait du P. de Franciosi. Point de textes, chez ce dernier, qui affirmeraient un lien précis entre ces personnages et la dévotion au Sacré Cœur. Comme pour la Madeleine, voyons plutôt ici la marque directe du cardinal Richard et des membres du Comité[1]. En revanche, c'est bien Franciosi qui propose le sujet de la *première croisade et l'invention de la sainte lance* qui lui est liée. À ses yeux, un tel fait suffit à établir un rapport avec la dévotion au Sacré Cœur[2]. Quant à la *bienheureuse Marguerite-Marie* à qui le Christ montre ses plaies, elle s'impose évidemment sans discussion.

Ainsi les sujets de ces vingt corbeaux présentent-ils la spiritualité du Cœur de Jésus telle que vers 1900 on voulait la proclamer à Montmartre. Elle est ouverte à toute l'humanité qui dans le sacrifice du Christ vit sous la loi de la grâce. Annoncée par l'Ancien Testament, manifestée par le Christ dans le Nouveau, vécue en France par la Madeleine, les Francs et saint Louis, Jeanne d'Arc et Marguerite-Marie, elle anime les constructeurs de ce sanctuaire qui rayonne sur la France et le monde…

### 6. *Le haut du dôme*

Au niveau de la deuxième galerie du dôme, il y a encore des corbeaux sculptés, décorés d'anges musiciens, puis à la voûte même de la coupole une frise inachevée, dédiant l'ensemble de l'édifice au Cœur du Christ. Enfin, huit génies ailés, sculptés dans la « charpente » de pierre, sont, en quelque sorte, oubliés entre les deux coupoles, puisque depuis longtemps les visiteurs ne sont plus admis dans le lanternon ; il faudrait cependant en trouver la signification !

### 7. *Victor Tournier et la sculpture ornementale*

Toute l'histoire de cette décoration et notamment sa genèse restent encore à préciser comme le nom du sculpteur principal. Il semble cependant possible d'affirmer qu'hormis les noms déjà cités, les autres sculptures du dôme et de bien d'autres ailleurs, soient dues à un certain Victor Tournier[3]. Cet artiste travaillait déjà sur les chantiers dirigés par Paul Abadie à Périgueux et

1. Voir chap. 23. Pour saint Louis, le *BVN*, suppl. 1900, p. 18 fait le lien avec la couronne d'épines et pour Jeanne, il écrit même : « Jeanne d'Arc consacre la France au Sacré Cœur [sic]. »
2. Xavier de Franciosi, *Le Sacré Cœur*, 1894, c. 98-100.
3. Voir Stanislas Lami, *Dictionnaire*…, 1914 et Claude Laroche, *Paul*…, 1988, p. 359.

à Angoulême, mais aussi à l'hôtel de ville de Paris. Il est chargé finalement du Sacré-Cœur. Abadie n'avait pu lui faire faire que deux chapiteaux mais ils ne plurent à personne et il fallut les changer[1]. En 1883, cependant, H. de Fleury le désigne comme « notre sculpteur »[2]. En 1891, il prévoit de lui demander le saint Michel du chevet[3]. En 1905, il y a menace d'un procès entre l'Œuvre du Vœu et Tournier. Son travail au Sacré-Cœur mériterait d'être cerné avec plus de précision.

Telle quelle, la décoration intérieure du dôme dans son ensemble a le mérite de traduire dans la pierre la foi des constructeurs. Le mystère du Verbe incarné et rédempteur (les phrases du Credo et les instruments de la Passion) se déploie dans l'histoire des hommes depuis le début jusqu'à la fin des temps. La France chrétienne offre à son Sauveur cet ex-voto national (la frise inachevée) et rejoint les anges musiciens dans la glorification de son Seigneur[4].

## B. La façade sud

L'ordre logique aurait été de présenter la façade avant le dôme intérieur ; nous faisons ici l'inverse car la façade a été en fait décorée postérieurement au dôme. Le programme de 1874 pour la façade, n'exigeait qu'une statue monumentale du Sacré Cœur et un porche. Paul Abadie propose des lions le long des escaliers, des colonnettes agrémentant les piliers du porche, deux statues équestres, saint Martin secourant un pauvre, saint Georges et le dragon vaincu[5], des tympans au-dessus des portes et des fenêtres[6] et une croix tout au sommet de la façade, au-dessus de la statue d'un Christ au Sacré Cœur. Le programme de 1891, quant à lui, reprend ces éléments et insiste sur la distinction voulue nettement par Abadie entre le porche et la façade principale.

### *1. Le porche*

« Pour bien accuser son caractère d'accessoire (marquise ou descente à couvert), le porche sera richement et finement décoré, de façon à le détacher du reste du

1. Note de 1903 dans *HSC*, 1903, t. I, p. 206. Selon Claude Laroche, le chiffre de deux serait à reconsidérer.
2. *HSC*, t. II, p. 272.
3. ***, *Décoration*, 1891, p. 8.
4. Sur la signification de ce thème, voir J. -Y. Lacoste, « Les anges musiciens. Considérations sur l'éternité, à partir de thèmes iconographiques et musicologiques », dans *RSPT*, t. 68 (1984), p. 549-575.
5. Elles représentent pour lui la bienfaisance et la foi (*BVN*, 1883, p. 653). En fait, l'archéologie actuelle reconnaît en ce cavalier luttant contre le dragon, Constantin terrassant le paganisme (Voir Claude Laroche, *Paul*..., 1988, p. 231).
6. Selon Anthime Saint-Paul, *Le Sacré-Cœur*, 1874, p. 15, ils seraient des peintures sur émail.

monument qui sera très sobre et dont l'ornementation ne sera composée que par les lignes d'architecture et la mouluration » [1].

Cette recommandation fut partiellement appliquée car on ne posa point les colonnettes qu'avait prévues Abadie. Les quatre vertus cardinales (Prudence, Justice, Force et Tempérance [2]) sont représentées à la base des trois arches ; une citation biblique en latin a été gravée sur les métopes entre les corbeaux : *Cor meum ibi cunctis diebus* [3] ; les blasons et les devises [4] des trois archevêques constructeurs sont apposés aux trois clefs des voûtes. Sur la terrasse du porche, la statue de saint Georges a été remplacée, dès 1891, par un *Saint Louis brandissant son épée et la couronne d'épines* [5] tandis que *saint Martin* ne cède la place à la *Jeanne d'Arc* actuelle qu'en 1925 environ, lors de la décoration finale du porche [6].

## 2. *La façade proprement dite*

Les portes de bronze conçues par l'architecte Lucien Magne ont été sculptées par Hippolyte Lefebvre, Seguin et Jouve. Le décor, en six scènes, traite de l'amour du Christ pour l'humanité, un amour manifesté par ses miracles et ses bontés : *La guérison du paralytique*, *La multiplication des pains* et *La résurrection du fils de la veuve de Naïm* ; *Marie-Madeleine au pied du Seigneur*, *La Cène* (ces deux sujets étant déjà représentés dans le dôme) et *Jésus au milieu*

1. ***, *Décoration*, 1891, p. 4.

2. Leur présence est traditionnelle. Voir les portails nord et sud de la cathédrale de Chartres par ex. Leurs emblèmes seraient à comparer. Au Sacré-Cœur, ils semblent être pour la prudence, un miroir et un compas ; pour la justice, une balance et une épée ; pour la force, une tour (?) et un serpent maîtrisé ; pour la tempérance, une pendule et une ceinture (?).

3. 1$^{er}$ *Rois* 9, 3 ou 2$^{e}$ *Chroniques* 7, 16. Dieu dit à Salomon à propos du Temple lors de son inauguration : mon nom sera toujours là ; mes yeux et *mon cœur {seront} toujours là*. À l'ouest et à l'est, aux mêmes endroits, il y a des lettres dont la signification nous échappe : L, C ou U, D, S ; J, H, N, A.

4. « *Suaviter et fortiter* » du cardinal Guibert ; « Faites en toutes choses que Dieu soit le mieux aimé » du cardinal Richard et « *Vivere Christus est* » du cardinal Amette.

5. À remarquer que le P. de Franciosi suggérait, après qu'il en eut vérifié l'historicité, la scène où Charlemagne tient les rênes de la monture du pape et entre dans Rome, allusion au pouvoir temporel donné par la France au souverain pontife. Lettre du 18 mars 1891. ASCM, 18. 14. Saint Louis aussi figure à la façade de l'église Saint-Paul-Saint-Louis, à Paris, restaurée par Baltard sous le second Empire : en monarque et tenant la couronne d'épines, il est une « leçon pour les gouvernements, mais aussi pour l'Église qui, par le respect de ses devoirs, doit être le dynamisme chrétien de la société présente, jusque dans les exemples de sainteté et de justice qu'elle donne aux gouvernants. » Bernard Violle, « Un exemple de relecture d'un programme iconographique du XVII$^{e}$ siècle par le XIX$^{e}$ siècle » dans Rencontres..., *La sculpture*..., 1986, p. 221.

6. L'existence d'un différend entre le sculpteur Hippolyte Lefebvre et le Comité est attesté dans les archives. L'artiste voulait « une fille du peuple, paysanne, se battant, l'épée à la main pour son pays de France ». L'esquisse est acceptée par le cardinal Amette, mais le Comité réclame une Jeanne cuirassée. Hippolyte Lefebvre refuse d'envoyer la statue au Salon. Voir Christine Lacloche, *La décoration*..., 1975, p. 42 et 46 qui cite Marie Durand-Lefebvre, « Hippolyte Lefebvre » dans la *Gazette des Beaux-Arts*, jan. 1949, p. 39-52. La statue fut mise en place en 1928. Voir *Montmartre*, jan. 1928, p. 24 et 35. Bronze patiné vert. Fondeur Henri Rouard. Hauteur du socle à la tête : 4 m. 70 ; poids moyen : 4 200 kg environ.

*des enfants* [1]. Sur les linteaux, une inscription rappelle l'histoire de l'église du Vœu national et resplendit en lettres d'or; des visages regardent le fidèle qui entre [2].

Le sujet du tympan central (*La transfixion du côté du Christ avec saint Jean et Marie*), sculpté par Léon Fagel s'imposait. Proposé par le P. de Franciosi, il plut à tous. À l'ouest, le religieux souhaitait que l'on représente la naissance d'Ève symboliquement issue du côté d'Adam endormi, préfiguration de la naissance de l'Église à partir du Christ mort [3] et à, l'est, l'apparition du Christ à Marguerite-Marie [4]. Le programme de 1891 enregistre ce vœu. Mais, en fait, apparaissent dix ans plus tard, *Moïse faisant jaillir l'eau du rocher* (par Léon Fagel) [5] et *saint Thomas mettant sa main dans le côté du Christ* (par H. Lefebvre), thème déjà figuré dans le décor du dôme. Selon H. de Fleury, le premier sujet a été écarté à cause de la nudité du couple originel qui ne pouvait être dissimulée [6]. L'abandon de la vision de Marguerite-Marie s'explique certainement par la trop grande importance que cet emplacement lui aurait conférée, surtout dans sa symétrie avec la figure de la naissance de l'Église.

Le haut de la façade devait être centré sur la statue du Christ au Sacré Cœur disait le programme:

> « D'après le projet de M. Abadie, la façade [devait] encadrer dans ses lignes d'architecture, deux bas-reliefs et une frise de sculpture pour accompagner la grande figure du Sacré Cœur, motif capital de toute cette façade. Elle devra donc être tenue assez sobre d'ornementation afin de la faire valoir » [7].

Les deux tympans des fenêtres représentent à nouveau Marie-Madeleine (H. Louis-Noël) et la Samaritaine (André d'Houdain). Un pélican (comme dans le dôme) et une poule [8] en écussons, une inscription: *Cor Jesu Sacratissimum, miserere nobis*, une couronne avec le mot *Rex* [9] et une croix [10] avec un cœur et

1. Ces portes sont signées: En plus des noms cités, il y a l'indication des fondeurs Jaboeuf et Rouard.

2. D'ouest en est: *Templum hoc pœnitaentiae et dévotionis pignus / Sacratissimo Cordi Jesu / Gallia grata dicavit die XVI Octob. MCMXIX*. Le 16 octobre 1919, la France reconnaissante a dédié ce temple au Sacré Cœur de Jésus en hommage de pénitence et de consécration. Cette inscription date de 1920 environ.

3. Cette suggestion était très théologique. Selon saint Paul (*Ephésiens* 5), Adam et Ève préfigurent le Christ et l'Église. Selon saint Jean, du côté transpercé du Christ en croix d'où sortent de l'eau et du sang, jaillissent les sacrements et donc l'Église. Comme la plaie du côté découvre le cœur, l'Église naît du Cœur du Christ en croix comme Ève du côté d'Adam.

4. Lettre du 18 mars 1891. ASCM, 18, 14.

5. X. de Franciosi, *Le Sacré Cœur*, 1894, c. 6-7. Exode, 17, 1-8 et six autres références, *1^res^ Corinthiens*, 10, 4. Trente Pères, docteurs et spirituels en parlent.

6. Lettre du 7 jan. 1903. AHDP, 4P4. C. Lacloche, *La décoration*..., 1975, p. 78.

7. ***, *Décoration*, 1891, p. 4.

8. Selon *Matthieu* 23, 27. Voir *BVN*, 1903, p. 12 du suppl. entre les p. 364 et 366: ces bas-reliefs sont de Nanini.

9. À la suite de l'institution de la fête du Christ-Roi par Pie XI en décembre 1925.

10. Celle qui a été en place de 1889 à 1925 se trouve actuellement à Saint-Jean d'Angély (Charente-Maritime), sur le bas-côté sud de l'église Saint-Jean. Renseignement aimablement communiqué par Claude Laroche. Voir illust.

une couronne accompagnent la statue du Christ montrant son cœur (sur les différentes statues qui ont occupé la niche et sur leurs sculpteurs, voir le chapitre précédent).

### 3. *Les sculpteurs*

Pour ce décor de la façade, le Comité aurait bien voulu faire à nouveau appel à Louis Barrias, entre-temps décédé [1]. En revanche, il donne de nouvelles commandes à Hubert Louis-Noël et Léon Fagel. Sont à citer encore les noms d'André d'Houdain et d'Hippolyte Lefebvre, sculpteur très actif, on le voit, au Sacré-Cœur ainsi que celui de Pierre Seguin.

Vers 1903, est commandé à André d'Houdain le *Jésus et la Samaritaine* qui décore la baie est de la façade. Sa récente médaille d'argent à l'Exposition universelle de 1900 avait dû attirer l'attention. Son catalogue compte de nombreux bustes de personnalités, des sculptures funéraires [2], un monument à la mémoire de Pasteur à Melun, un groupe en marbre, *La Guerre*, au palais Galliera à Paris.

Les deux statues équestres de la façade couronnent une longue et fructueuse entente entre Hippolyte Lefebvre et les responsables de la décoration du Sacré-Cœur. C'est lui qui remporte devant Fagel (voir ci-dessus) la première place au Sacré-Cœur avec douze œuvres signées : outre les deux statues équestres [3], énumérons le *saint Thomas* du tympan est ainsi que les portes de bronze ; le retable du maître-autel et les autels des chapelles Saint-Louis, Saint-Luc, Saint-Vincent de Paul et Saint-Dominique ; les monuments funéraires des cardinaux Richard [4] et Amette [5].

Élève de Louis Barrias, Lefebvre obtint le Prix de Rome en 1892. Parallèlement à sa production montmartroise, il produit des scènes évocatrices et détaillées comme *Les Jeunes aveugles* (1902) qui le font classer parmi les réalistes :

1. Le Comité aurait manifestement aimé confier à trois artistes différents les trois tympans des portes. L. Fagel reçoit en plus du sien, celui de L. Barrias (*PV* du 26 juin 1905, p. 11).

2. Par exemple le sénateur Leroyer au Père-Lachaise, sculpture refondue par les Allemands en 1942 (renseignement dû à la famille de l'artiste).

3. La représentation de saint Louis et de son cheval a retenu l'attention d'un spécialiste. Le visage du roi serait fidèle, en revanche le cheval n'étant ni un destrier, ni un palefroi est mauvaise. Hobby, *Equus international*, 1991, n° 4, p. 22.

4. Voir Paul Vitry, « La sculpture... », *Art et Décoration*, juillet 1910, cité par Christine Lacloche, *La décoration...*, 1975, p. 54 : « L'œuvre, d'un très beau caractère... et d'un réalisme savoureux... »

5. On lui demande aussi la médaille commémorative de la consécration en 1919. Les anges du buffet du grand orgue lui sont attribués ainsi que le crucifix et les anges thuriféraires du banc d'œuvre qui a été détruit vers 1960. Un des anges subsiste dans une réserve de la crypte.

« Une description précise de l'infirmité vise à émouvoir le spectateur, rassuré cependant par l'efficacité apparente de l'institution à laquelle sont confiées ces jeunes filles » [1].

Quand il faudra juger les statues de l'église du Sacré-Cœur, ce sera surtout aux œuvres d'Hippolyte Lefebvre qu'il faudra penser.

C'est comme sculpteur ornemaniste [2] et successeur de Victor Tournier, que Pierre Seguin a travaillé – et très activement – au Sacré-Cœur de Montmartre [3]. Il est mentionné pour l'autel Saint-Dominique, les portes de bronze, la grille de la chapelle Sainte-Marguerite-Marie [4], les stalles, la chapelle de la Sainte Vierge [5], les chapiteaux du déambulatoire [6], la frise du campanile, les chapiteaux de la tribune de l'orgue, le portail ouest [7]. Il travaille sous les ordres de Lucien Magne, puis de Jean Hulot. Mais le nom de Pierre Seguin reste surtout attaché au *Christ au Sacré Cœur sur la poitrine* qui, en 1927, remplace à la façade celui de Gustave Michel [8].

### 4. *La façade dans son ensemble*

Il a fallu plus de cinquante ans pour que cette façade se dresse avec son porche telle qu'on la voit aujourd'hui. Ses constructeurs l'ont particulièrement aimée aux jours de fêtes quand les drapeaux tricolores lui apportaient quelque couleur. Ils l'ont voulue ainsi pour qu'elle traduise et suscite une véritable expérience religieuse. Le visiteur, qui a gravi la butte, s'il élève encore son regard, se trouve en présence du Christ et de saints représentant la France : saint Louis et sainte Jeanne, mais aussi deux saintes repentantes, la Madeleine et la Samaritaine : à leur foi pénitente, généreuse et exemplaire, les uns et les autres doivent d'être les bénéficiaires et les instruments du salut acquis par le Christ en son Cœur sur la Croix, salut annoncé par Moïse et littéralement testé et vérifié par l'apôtre Thomas. Le visiteur devant une telle façade, est appelé à découvrir une conception toute catholique de la patrie.

1. Philippe Durey, « Le réalisme » dans Anne Pingeot, *La sculpture*..., 1986, p. 361.
2. En plus de Pierre Seguin et de Victor Tournier, il est question d'un autre sculpteur ornemaniste, M. Déchin. On lui doit par exemple les métopes et corbeaux de la chapelle Saint-Louis, *BVN*, 1913, p. 273.
3. Voir les factures dans ASCM, 18, 26.
4. *BVN*, 1909, p. 270.
5. Avec M. Fivet, *BVN*, 1907, p. 37.
6. *BVN*, jan. 1927.
7. *Montmartre*, jan. 1927, p. 28.
8. Sur ce Christ, voir chap. 21. François Monod, « De quelques nouveaux essais de sculpture décorative », dans *Art et Décoration* (ASCM, 18, 7), fait grand cas de l'œuvre de Paul Seguin. Paul-Louis Rinuy, professeur à Paris X, montre qu'il a réinventé la taille directe pratiquée dans un atelier « médiéval » avec des compagnons tailleurs de pierre, dont Joachim Costa, (1888-1971) « apôtre de la taille directe » dans l'Entre-deux-guerres. Voir *Bull. de la Soc. d'hist. de l'art franç.*, année 1990, p. 295-307.

Dès lors que, comme les saints, celle-ci reconnaît ne pas tenir d'elle-même sa propre existence, la patrie peut ne pas être une idole assoiffée du sang de ses enfants mais bien une icône du Christ attentif à ses disciples comme le pélican et la poule à leurs petits.

## C. Le chevet et le clocher

Lucien Magne garde Pierre Seguin pour décorer la frise extérieure de la chapelle de la Sainte Vierge, mais confie le haut du campanile aux talents d'Henri Bouchard et de Jean Dampt. On envisage un instant de placer une statue dans le lanternon[1]. On se contentera du *Saint Michel* de François Sicard au chevet[2].

Élève, comme Hippolyte Lefebvre, de Louis Barrias, Grand Prix de Rome, Sicard a surtout travaillé à Tours où il est né. Le musée des Beaux-Arts de cette ville, place François Sicard, lui consacre toute une salle. À Paris, on peut voir son *George Sand* au jardin du Luxembourg et le buste de Mme Victor Laloux au musée d'Orsay[3]. « L'élégance achevée » de son *Saint Michel*, traduite dans le cuivre par M. Monduit, enchante l'assistance lors de l'inauguration par le cardinal Amette en 1908[4]. Léon Bloy, de sa fenêtre, juge pourtant qu'elle est fort laide et incompatible avec le style du monument[5].

Aux quatre angles extérieurs de la loggia du clocher culminant à soixante-quinze mètres du sol, figurent les évangélistes, symbolisés par quatre anges portant les quatre évangiles (J. Dampt) et par quatre figures ailées portant

1. Voir *BVN*, 1902, p. 381 et certains dessins de Lucien Magne.

2. Grâce à un Comité de souscription présidé par le vice-amiral de Cuverville et au diocèse de Coutances. *BVN*, 1908, p. 165.

3. À l'occasion d'une exposition « Les sculptures sortent de leur réserve » à Tours, Daniel Dobbels, *Libération* du 24 mars 1989, parle, non sans de significatives réticences, de Sicard, sculpteur d'un *Rude*, et compare les esquisses de cette œuvre au monument réalisé : « Les terres cuites révèlent la résistance qu'oppose cette figure à se voir représentée. Elle se tient dans un temps ancien et force Sicard à lui donner ces traits de prophète biblique ou de tailleur de pierre moyenâgeux. L'incertitude est constante, striée par l'hésitation, le trouble et le doute. Les esquisses trahissent (et disent la vérité) d'une approche confrontée à un silence muré en lui-même, où les états du visage de Rude changent comme d'imperceptibles climats. Si le modèle définitif, en plâtre, semble étrangement s'être assagi et rétracté, c'est qu'il représente la traversée d'un champ d'impressions contradictoires et fuyantes. Le modèle définitif apparaît alors pour ce qu'il est : l'aveu indirect d'un échec... mais qui n'a pu contourner cette jalousie propre à la sculpture : d'une existence qui ne demande pas à être mise à jour, que l'on ne déterre pas et qui n'est là, au centre du monde, que pour mieux affirmer sa réserve profonde. » Décidément, et la réaction est typique, l'art réaliste et tendu de Sicard passe toujours mal en cette fin de notre XX^e^ siècle...

4. Statue souscrite par un comité présidé par le vice-amiral de Cuverville et par le diocèse de Coutances (*BVN*, 1908, p. 165).

5. Léon Bloy, *Journal* du 27 juin 1908 (réf. en 1917). Sur le contexte de cette statue de St Michel, comme sur celle de Fagel, voir Denis Lavalle, « St Michel au XIX^e^ siècle » dans *Le Mont St-Michel, l'archange et la flèche*, mai 1987, Caisse nationale des monuments historiques.

les symboles traditionnels (H. Bouchard). Si P. Abadie n'avait pas prévu une telle décoration pour le Sacré-Cœur, il en avait au moins imaginé une de ce genre pour le clocher de la cathédrale Saint-Pierre d'Angoulême [1].

Jean Dampt peut être classé dans le mouvement symboliste qui veut réagir contre « l'art amolli et sans idées » [2]; Henri Bouchard, lui, est un tenant du style réaliste et un défenseur de l'allégorie moderne [3]. Son œuvre est bien connu entre autres grâce au décor de Saint-Pierre de Chaillot [4]. Deux autres sculptures de Bouchard auraient dû décorer le Sacré-Cœur, mais il n'en fut rien. Le monument en souvenir des quatre mille cinq cents prêtres et religieux morts pour la France fut confié à Roger de Villiers [5] et à Antoine Orlandini [6], élèves de J. Dampt; quant au monument funéraire du cardinal Dubois, il ne vit pas le jour à cause de la Seconde Guerre mondiale [7].

## D. Les sculptures offertes

Malgré leur volonté, plusieurs fois exprimée, de n'accepter aucun don en nature, statues, autels, lampes, etc, « s'ils ne sont proposés par l'architecte, présentés au Comité par la Commission de délégation, et approuvés par le Comité lui-même » [8], les responsables de l'ex-voto national ont dû

1. Claude Laroche, *Paul Abadie*, 1988, p. 173, fin 2e colonne.

2. Il a été mis plus ou moins judicieusement en parallèle avec M. Denis dont l'art simplificateur et stylisé est aux antipodes de celui de Dampt (Jacques Foucart). Anne Pingeot,..., *La sculpture*..., 1986, p. 380 (citation ci-dessus de Hanotelle, 1982), p. 383 et 387 (parallèle avec M. Denis) et p. 392. Claire Blache, *Jean Dampt*, mémoire de maîtrise, 1985. On peut voir un *Saint Jean Baptiste* de Dampt au musée d'Orsay.

3. Anne Pingeot,..., *La sculpture*..., 1986, p. 423. François Bouchard, « Le campanile... », 1986, p. 32-33.

4. Voir aussi l'intéressant musée-atelier qui lui est consacré à Paris.

5. Ce sculpteur reste célèbre pour sa statue de *Notre-Dame de France* qui dominait l'église due à Paul Tournon et qui constituait le pavillon pontifical de l'Exposition universelle de 1937 à Paris. Le cardinal Verdier après l'Exposition émit le souhait que cette statue soit définitivement dressée sur une colline proche de Paris, « en pendant au Sacré-Cœur de Montmartre » (*La Croix* du 3 nov. 1938 cité par Edmond Fricoteaux, *Histoire d'un projet*, tract, arch. de l'auteur). La guerre déjoua le projet et il n'en fut plus question. Quand en 1956-1959, Paul Tournon fut chargé de reconstruire l'église détruite de Saint-Honoré d'Amiens, il réédita son œuvre de l'Exposition et replaça la statue de Villiers au sommet. La statue menaçant de s'effondrer fut déposée quelque temps après à cause du mauvais état du clocher. Elle est dressée depuis 1988 au bord de la future autoroute A 16 à Baillet-en-France. Voir Jacques Foucart père, *Note*..., 1989. Bernard Le Leannec, « Notre-Dame de France, la nouvelle » dans *La Croix* du 21 sept. et 18 oct. 1988; Michel Denis, « Notre-Dame de France va veiller sur nous » dans *Famille chrétienne* du 4 août 1988 et Edouard Huber, « Le « vœu » du cardinal Verdier » dans la même revue du 11 août.

6. Praticien virtuose de H. Bouchard, de R. de Villiers, etc, selon Michel Serraz. Le musée de Noyon possède un projet de fontaine par Orlandini, selon Eloi Delbecque.

7. Lettres d'Adrien Duthey-Harispe à H. Bouchard du 21 juin 1935, du 27 avril 1938 et 6 février 1939. Archives Bouchard. Mais en revanche on peut admirer le cardinal Dubois de Bouchard (1934) dans une des chapelles du déambulatoire de Notre-Dame de Paris. Voir la maîtrise de Christophe Collard sur cet artiste sous la direction de José Vovelle, Paris I, 1989-1990.

8. ***, *Décoration*, 1891, p. 3. « Les chapelains avant d'accepter un don, devront lui faire suivre rigoureusement cette filière. Les fidèles qui voudront faire des dons de cette espèce, seront invités à verser dans la Caisse de l'Œuvre, les sommes qu'ils voudront y consacrer. »

quelquefois se faire violence. Il leur était difficile de refuser, par exemple, quand c'était l'artiste lui-même qui proposait l'une de ses œuvres en don.

## *1. Les artistes bienfaiteurs*

Anatole Marquet de Vasselot, en 1876, expose un *Christ au tombeau* en bronze et souhaite le voir prendre place dans la future basilique de Montmartre, au cœur de ce quartier de la Bohème artistique que, jeune artiste, il a fréquenté. Ses amis, le général de Charette et sa femme, le dédommagent, après qu'il ait fait lui-même don de cette statue en 1885 [1]. Cette œuvre à vrai dire ne s'imposait pas tellement dans la basilique puisqu'elle ne se référait pas directement au Cœur du Christ. Pourtant, un siècle plus tard, elle est la plus admirée et vénérée de toutes les statues de la basilique car elle tient une place importante dans la liturgie montmartroise du vendredi saint. De ce sculpteur, on peut voir au Petit Palais deux marbres, *La Pureté* et *Le Souffle printanier*, un *Enfant aux pavots* dans le cimetière d'Auteuil [2] et le monument funéraire de Mgr Lamazou dans l'église d'Auteuil. Léon XIII le fait comte après qu'il eut exécuté son buste. Les historiens de l'art le classent dans le mouvement symboliste [3].

Femme-chasseur et sculpteur, douée d'un forte personnalité, dotée d'une immense fortune, très virulente sur le plan politique (elle était royaliste ultra), la tempétueuse duchesse d'Uzès (Manuela pour les artistes...) aurait bien voulu qu'une chapelle de la basilique soit dédiée à saint Hubert. Ni sa générosité, ni la piété des chasseurs ne le permirent... Pourtant il a dû paraître impensable de refuser la statue du patron des chasseurs. D'autant qu'une réplique de ce *Saint Hubert* traversait l'Océan pour aller orner les jardins de l'archevêché de Saint-Boniface au Canada [4]. Plus près de nous, on peut voir de ce sculpteur assez amateur une Vierge en marbre dans l'abside de la collégiale de Poissy. Les historiens d'art en parlent surtout comme d'une artiste à l'abri des besoins [5]!

Il faut encore citer la statue de *Notre-Dame de la Paix* par Gustave Crauk que H. de Fleury dût « subir » :

1. Radegonde Carnot, « Le sculpteur... », 1981, p. 251.
2. Tombe des Musard (au milieu du mur de droite) appelée irrévérencieusement et affectueusement « la soupière » par les gardiens...
3. Anne Pingeot, *La sculpture*..., 1986, p. 387, le cite dans les symbolistes, surtout pour son chemin de croix à quinze stations, mais Marquet de Vasselot, dans l'ensemble de son œuvre, est plutôt un brillant exécutant réaliste (Jacques Foucart). Voir aussi Jacques Benoist, « Le gisant » dans *Montmartre-Orientations*, Pâques 1985, p. 22.
4. Voir Robert Foucault, « La duchesse... », 1983. Voir aussi la correspondance de l'auteur avec Bernard Mulaire et l'article « Manuela » de Bernard Mulaire, *The Beaver*, 1985.
5. Anne Pingeot, *La sculpture*..., 1986, p. XII.

« Je comprends les sentiments de votre Éminence à son sujet... Il a voulu donner la statue plutôt que l'argent qu'elle lui coûtera, parce qu'en donnant cette œuvre, qu'il a créée avec amour et laborieusement, il donne une partie de sa propre substance ; je sais par expérience qu'un artiste aime ses œuvres presque comme des enfants et si j'étais capable de faire une « belle » statue, bien probablement l'Œuvre du Vœu national l'aurait subie... mais hélas ! » [1].

Les tergiversations ne servirent à rien, non plus que le décès de l'artiste. La générosité de la veuve l'emporta... Bien que la statue fût jugée trop grande par rapport à l'autel de la chapelle de la Sainte-Vierge, elle y fût placée, avec l'espoir qu'un jour on pourrait le remplacer par un plus grand [2]. Quand le nouvel autel fut installé, vingt-cinq ans plus tard, la statue de Crauck fut enfin évincée [3]. On peut avoir une idée du style de Crauk en allant voir *L'amiral de Coligny* au chevet du temple de l'Oratoire ou en se souvenant de ses dessins pour l'église du Sacré-Cœur de Lille [4].

## 2. *Les sculpteurs des souscripteurs* [5]

Pour offrir une *Sainte Geneviève* au Vœu national, le conseil des Comités catholiques, en 1888, fit appel à Frédéric Bogino [6]. De cet artiste, l'on peut voir un fronton au pavillon de Marsan du Louvre et une *Pietà* à l'église Saint-Roch ainsi que *La Peinture* et *La Sculpture* dans la cour centrale de l'hôtel de ville de Paris [7].

Le diocèse de Saint-Claude demande à Emilien Cabuchet un *Saint Claude ressuscitant un petit noyé.* Ce sculpteur est celui de la *Vierge couronnée* décrite par sainte Bernadette et d'un *Christ au Sacré Cœur*, dans la basilique supérieure

1. Lettre de H. de Fleury au cardinal Richard du 7 avril 1900. AHDP, c. 4 P 2. Citée par Christine Lacloche, *La décoration*..., 1975, p. 47.
2. *BVN*, 1907, p. 159.
3. La *Vierge* de Crauk a été remplacée par la *Virgo pacis* de Georges Serraz, auquel on doit aussi à Montmartre le *Saint Joseph. Le Christ-Roi* des Ouches, de vingt mètres de haut, est de lui également. Voir Bourgeois-Gien, « Georges Serraz » dans *Le Bien public* du 2 nov. 1965 (renseignement aimablement communiqué par le fils du sculpteur, Michel Serraz, sculpteur lui aussi). Dans l'église Notre-Dame du Travail, on peut voir une *Pietà* exécutée par le père et *La main créatrice* par le fils (*Paris-Notre-Dame*, n° 336, 3 octobre 1990).
4. On ne sait ce que *Notre-Dame de la Paix* est devenue après son remplacement. Pour les vitraux de Lille, voir Hervé Oursel, « Vitraux... », 1984, p. 602.
5. Pour être complet, en plus des trois artistes présentés dans ce paragraphe, il faut en mentionner deux autres sur lesquels on ne sait pratiquement rien pour le moment : Pierre Potet, sculpteur à Nantes, pour la statue des saints Donatien et Rogatien, offerte par le diocèse de Nantes (*BVN*, 1885, p. 453). De P. Potet on a relevé une *Sainte Anne* dans la basilique supérieure de Lourdes (Bernard Billet, Lourdes, 1981, p. 145); l'autre artiste est Paul Moulins, sculpteur statuaire de la maison Auriac à Toulouse, pour l'autel de sainte Radegonde, offert par le diocèse de Poitiers.
6. *HSC*, t. III, p. 67.
7. *La France soutenant un soldat blessé* (1875) à Mars-la-Tour (Meurthe-et-Moselle) dans Thérèse Burollet, *Quand Paris*..., 1989, p. 90, fig. 69.

de Lourdes [1], l'auteur aussi de la statue du Curé d'Ars, son ami, en prière, à genoux qui se trouve à l'extérieur de la basilique d'Ars (du même, à l'intérieur de cette église est le *Curé d'Ars*, debout, en chasuble gothique). Cabuchet a pu être surnommé le « Flandrin de la sculpture » [2].

L'habileté manuelle d'un jeune berger, André Besqueut, fut remarquée par un amateur généreux. Celui-ci donne au jeune artiste les moyens de suivre des cours en province et d'étudier deux ans aux Beaux-Arts. Besqueut devient frère coadjuteur chez les Jésuites et permet à la compagnie de Jésus d'avoir son propre sculpteur. Au Sacré-Cœur, son *Saint Ignace* et son *Saint François-Xavier* décorent la crypte et ses bas-reliefs, la chapelle souscrite par son ordre. Il sculpte aussi bien des œuvres pour les chapelles de la Compagnie que des sujets profanes ou des bustes (le comte de Mun). Le musée Crozatier dans son exposition « Le Puy en 1900 », ville qu'il a habitée et dans laquelle il est mort en 1942, ne l'a pas oublié [3].

L'influence des souscripteurs sur la décoration des chapelles peut aller jusqu'à changer les choix des responsables du Vœu national. Il en est ainsi, semble-t-il, pour Jules Coutan. En 1895, le chroniqueur des travaux (H. de Fleury ?) fait l'éloge de son *Étoile de la mer*, l'« une des œuvres les plus remarquables du salon ». Le plâtre orne la chapelle de la Marine dans la basilique [4]. En 1900, une lettre du secrétaire général au cardinal fait part de diverses critiques contre cette sculpture, insistant notamment sur son absence de sentiment religieux. Des observations qui semblent aller de pair avec l'entrée de l'artiste à l'Académie des beaux-arts et la publication d'une liste de francs-maçons où figure son nom. À ce propos, H. de Fleury écrit :

> « On nous a bien des fois blâmés pour nous être servis de personnes que le public pieux ne trouvait pas assez catholiques, souvent sans raison d'ailleurs » [5].

Comme le contrat laisse toute liberté aux contractants, H. de Fleury préfère esquiver les polémiques, retirer le plâtre de la chapelle de la Marine avec l'aval du cardinal et demander à Léon Fagel une *Vierge aux marins* qui contenterait les souscripteurs. Or, trois ans plus tard, on apprend qu'à la place de la

1. Dom Bernard Billet, *Lourdes*, 1981, p. 126 et 145.
2. Mgr Trochu, *Les amitiés*..., 1958, p. 288, ouvrage signalé par l'abbé Nodet, d'Ars, petit-fils de Cabuchet, auteur de plusieurs livres sur le Curé d'Ars.
3. *Exposition*, 1980, p. 259-260 (biographie et bibliographie), p. 265. Plusieurs de ses œuvres sont au musée Crozatier, données par lui (en 1905) ou par ses héritiers (vers 1945) et à la cathédrale du Puy (*Jeanne d'Arc*). Renseignements aimablement communiqués par Jacques Foucart. Voir aussi Paul Duclos, *Dictionnaire*..., 1985. Une exposition est prévue au Puy pour 1991.
4. *BVN*, n° suppl., 10bis, juin 1895, p. 23.
5. Lettre 31 oct. 1900. AHDP, 4 P 5 et Christine Lacloche, *La décoration*..., 1975, p. 43.

*Stella Maris* est commandée à Coutan une *Pietà* pour la chapelle des morts [1]. Le *Bulle*tin, en 1909, publie même la photographie de sa version en terre cuite [2]. La statue porte la date de 1911. Dix-sept ans auront donc été nécessaires, avec bien des complications, pour que le fameux sculpteur de *La porteuse de pain*, classé parmi les réalistes et taxé de grandiloquence, soit aussi l'auteur d'une *Pietà* au Sacré-Cœur [3].

## *III. LE DÉCOR PAR LA MOSAIQUE, LE VITRAIL ET LA MARQUETERIE. L'APPEL AUX PEINTRES* [4]

### A. Application du programme de 1891

#### *1. Les chapelles*

Une fois la grande coupole achevée, la générosité des souscripteurs s'orienta vers l'aménagement et la décoration des chapelles. Dès 1891, pendant la phase des préparatifs, on commença par étudier chaque élément de décor en détail: autels, vitraux, bas-reliefs, mosaïques, dallages et tables de communion. Certains sujets sont prévus dans le travail de Rohault de Fleury présenté ci-dessus. On en exécute quelques-uns (chapelle Saint-Louis), d'autres sont ignorés (chapelle Saint-Michel). Tel détail de la vie d'un saint patron d'une chapelle est mis en rapport avec la dévotion au Cœur du Christ. Une mosaïque évoquera le souvenir de saint Benoît Labre passant par Paray-le-Monial. Mais ce qui est évidemment aisé dans le cas de la bienheureuse Marguerite-Marie l'est beaucoup moins pour saint Michel ou sainte Radegonde. On devra se contenter alors d'un épisode caractéristique de leur biographie lié au moins à l'histoire de France. La destruction des vitraux en 1944

1. Lettre de H. de Fleury du 7 jan. 1903 au cardinal Richard. AHDP, 4 P 4. C. Lacloche, *La décoration*..., 1975, p. 47. et *PV* du 16 juin 1905, p. 8.
2. *BVN*, 1909, p. 227.
3. Anne Pingeot, *La sculpture*..., 1986, p. 360; Thérèse Burollet, *Quand Paris*..., 1989, p. 274 et 290.
4. On a surtout attiré l'attention sur les mosaïques. Les vitraux et les marqueteries ne sont qu'évoqués

et ultérieurement des cartons ne facilitent guère la reconstitution du programme décoratif avec le choix final de ses thèmes [1]. Par ailleurs, plusieurs chapelles, surtout dans la crypte, sont restées sans décor. Pour une présentation d'ensemble même sommaire, il faut partir d'un inventaire succinct qui a le mérite d'exister, du *Bulletin*, des commentaires de l'abbé Laligant et du P. d'Armailhacq [2], mais on comprend qu'une étude complète de la genèse des décors – tout au moins de ceux qui ont été réalisés – et leur description approfondie dépasseraient les limites de ce travail.

## 2. *Le chœur*

Pour le chœur, le programme d'études de 1891 propose une grille pour la sainte table, un tapis de fête [3], un trône de chaque côté du sanctuaire et un double rang de stalles. Le sol sera surélevé de plusieurs marches. Quant à l'autel, la question est posée : à l'air libre ou sous un ciborium [4] ? Derrière l'autel est prévu un orgue d'accompagnement qui servirait aussi pour les offices dans la chapelle de la Sainte Vierge, ainsi qu'un espace pour la maîtrise. Sur le cul-de-four de la voûte, on représentera le Triomphe du Sacré Cœur (c'est-à-dire un Christ glorieux) et tous ceux qui l'aiment et le vénèrent. La crucifixion qu'on devinait sur le projet de Paul Abadie a été abandonnée [5].

Trois ans plus tard, en 1894, à l'époque où Charles Garnier est encore l'architecte conseil de l'Œuvre, la commission de l'ornementation

1. Parmi les peintres cartonniers de vitraux : Ader qui a travaillé pour Fourvière (voir Elisabeth Hardouin-Fugier, *Voir*..., 1988, p. 160), Pascal Blanchard (présenté ci-dessous), Gsell (il a aussi travaillé pour la basilique supérieure de Lourdes : dom Bernard Billet, *Lourdes*, 1981, p. 145 ; Bruno Foucart, *Le renouveau*..., 1987, p. 231 le cite, ainsi que E. Hardouin-Fugier, « Le vitrail en 1878 », Bull. Soc. hist. art franç., année 1990, p. 213); Emile Hirsch (présenté ci-dessous), Laumonerie, Saubès, Sieffert, Stenheil (étude en cours par Nathalie Frachon-Gielarek ; Bruno Foucart, *Le renouveau*..., 1987, p. 231, le cite) et Marcel Magne (voir ci-après). Parmi les ateliers : Delon, Gaudin, Champigneules, Carot. Voir ***, *Inventaire*..., 1914-1934 et Pierre Laligant, *Montmartre*, 1933. Pour les vitraux de la chapelle de la Sainte Vierge : *BVN*, 1909, p. 145-148. Sur les vitraux au XIXe siècle : Jean-Michel Leniaud dans *RHEF*, n° 178, 1981 et surtout les travaux de Catherine Brisac, *Le vitrail*, 1985 et 1989.

2. ***, *Inventaire*..., 1914-1934 ; Abbé Pierre Laligant, *Montmartre*, 1919 et 1933 ; P. d'Armailhacq, *La chapelle Saint-Ignace*, 1934.

3. La fabrication du tapis du maître-autel a été une entreprise « nationale » au dire du P. Voirin. L'ensemble du travail a été divisé en petits carrés à partir d'un canevas. Les dames faisaient une offrande pour recevoir le tissu, la laine et la soie nécessaires. Elles devaient renvoyer leur travail à la maison Gagnot-Sausse, à Blois qui signe le tapis en 1891. *BVN*, 1889, p. 796 et *BVN*, 1890, p. 731. Il y a une douzaine d'autres tapis au Sacré-Cœur (*BVN*, 1891, p. 301 ; 1895, p. 628).

4. Pareille discussion fait écho aux études spécialisées de Charles et de Georges Rohault de Fleury sur les monuments de la messe (voir réf. biblio. en 1881). Des extraits en ont été rassemblés dans un volume intitulé *Ciboria*. L'étude envisage d'abord les dais d'autel depuis les origines jusqu'au XIIIe siècle, passe ensuite aux XVIe-XVIIe siècles romains pour conclure (p. 39) : « On sent dans cette permanence je ne sais quelle force qui semble sortir de l'immutabilité dogmatique elle-même. » N'est-ce pas pousser un peu loin le parallèle entre l'orthodoxie dogmatique et l'orthopraxie liturgique ?

5. ***, *Décoration*, 1891, p. 10 et *Base matérielle*, p. 24.

« émet l'idée d'une mosaïque couvrant toute la voussure du chœur et comprenant dans un fond doré une image grandiose de Notre-Seigneur. Elle recommande une combinaison qui ferait à la fois du maître-autel un trône pour le Saint Sacrement et une glorification du Sacré Cœur, comme serait, par exemple, un maître-autel doré avec exposition [1] du même style dominé [...]. par un ensemble de sculptures à plusieurs figures représentant, s'il est possible, la France pénitente agenouillée au pied du Sacré-Cœur et de la Très Sainte Vierge » [2].

Un an après, en 1895, se précise le projet de maître-autel. Le cardinal Richard et H. Rauline y ont travaillé de concert. L'exposition perpétuelle du Saint Sacrement (voir chap. 17) devient vraiment le centre du chœur. Dès lors, l'autel ne saurait être surmonté d'une statue du Christ avec un Cœur visible ou d'un monument commérant le Vœu national, voire même adossé à eux. De même, l'orgue d'accompagnement et la maîtrise n'ont pas à prendre place derrière l'autel [3]. Il n'y aura donc pas de ciborium proprement dit, même si le terme est gardé, seulement un dais au-dessus de l'ostensoir, qui lui-même surplombera le retable de l'autel. H. Rauline signe enfin le tombeau de l'autel avant de partir en 1904 [4].

C'est Lucien Magne, semble-t-il, qui suggère aux responsables et obtient d'eux d'incliner légèrement le sol du chœur pour renforcer la perspective. Cet architecte dirige la construction du retable et du meuble d'exposition (1905-1907), fait poser la mosaïque du sol (1912) et les rampes des escaliers vers la crypte, dresse les stalles : il s'occupe ensuite avec son fils Henri-Marcel Magne des ambons [5] et des trônes, de la grille de communion [6] et du ciborium. De cette époque, date la répartition iconographique entre les prophètes aux stalles, les apôtres au retable de l'autel et les amis du Cœur de Jésus à la mosaïque de la voûte.

1. Meuble sur lequel on pose un ostensoir.

2. Rapport de Michel Cornudet, *PV* du 24 avril 1894 (*HSC*, t. IV, p. 272).

3. *PV* du 25 octobre 1893 (*HSC*, t. IV, p. 241) et *PV* du 21 mars 1895 (*HSC*, t. IV, p. 381). Sur ces problèmes musicaux, voir notre chap. 20.

4. Les mosaïques des contre-marches du chœur seraient le fruit d'une initiative de H. Rauline, accueillie avec indulgence par H. de Fleury. Voir lettre au cardinal du 7 jan. 1903, AHDP, 4 P 4 et C. Lacloche, *La décoration*, 1975, p. 45.

5. La mise en place de ces ambons serait à préciser, car il y a eu au XIXe toute une discussion liée au problème des jubés, entre « ambonolâtres » et « ambonoclastes » jusqu'à la prédominance de l'ambon dans l'entre-deux-guerres (Claude Laroche signale des études de Jean-Claude Lasserre sur cette question). Sur le dessin de P. Abadie, il n'y pas d'ambons.

6. En 1910-1911, en faisant appel à Emile Robert, ferronnier d'art, grand prix 1900. Celui-ci exécute les portes du casino de Vichy, les portes du musée des Arts décoratifs, la grille du nouveau théâtre de Lille. Jean Prouvé a été « tout jeune, artisan forgeron et ferronnier d'art à Nancy [chez Emile Robert] dans le sillage végétal de l'Art nouveau ». *Libération* du 25 janvier 1991, p. 40 et exposition au Centre Beaubourg, décembre 1990 sur Jean Prouvé.

### 3. *Autres décors de l'édifice. Rôle de Jean Hulot*

Une église ne comprend pas seulement un chœur et des chapelles, mais bien d'autres espaces qu'il convient aussi de construire, d'aménager et de décorer ; ainsi la sacristie mais aussi dans la basilique même, la chaire et le banc d'œuvre (supprimés dans les années 1960), le chemin de croix, les lustres et le mobilier [1], et notamment les confessionnaux. Autant de points qui, le plus souvent, dépassent le cadre chronologique imparti à ce travail. Il est pourtant difficile de ne pas mentionner le nom de Jean Hulot à la fois comme architecte des dépendances et comme dernier décorateur de la basilique. Il y travaille jusqu'en 1959 avec son fils René, architecte lui aussi. On doit au père l'achèvement de la mosaïque du chœur, la décoration du portail ouest, le décor des chapelles de la Sainte Vierge et de sainte Geneviève, le monument Legentil, les niches des bénitiers, les dessins pour la couronne du Christ-Roi, les lustres (déposés dans les années soixante), etc [2].

## B. L'intervention des peintres

Une quinzaine de peintres, souvent oubliés de nos jours, (mais pas tous ! ainsi Maxence ou Merson) ont fourni les cartons des vitraux, des mosaïques et des marqueteries. Comme pour les sculpteurs, il faudrait, avant même de vouloir en faire le procès, chercher d'abord à les connaître [3]. Ils seront présentés à peu près dans l'ordre même où ils interviennent au Sacré-Cœur car en l'absence ou dans l'ignorance où nous nous trouvons d'une étude d'ensemble sur ces peintres comparable à celle qui prévaut pour les sculpteurs, nous ne nous hasarderons pas à les classer.

1. Surtout les sièges de cérémonie. H. -M. Magne s'est intéressé à ce domaine : *Le mobilier français. Les sièges*, 1920.

2. En dehors du Sacré-Cœur, Jean Hulot, Grand Prix de Rome et architecte en chef des Monuments historiques, restaure à Toulouse, la cathédrale, les Jacobins, Saint-Sernin. Il bâtit les églises catholiques d'Ismaïlia et de Port-Saïd. Avec Paul Elis, il édifie le couvent des Franciscains de la rue Marie-Rose à Paris. *BVN*, 1916, p. 248 ; Gaston Poulain, « Décoration... », 1925 ; Françoise Bercé, « Les grands prix... », 1982 ; René Hulot, *Jean*..., 1982 ; Claude Laroche, *Paul*..., 1988, p. 250, n. 67.

3. Restent encore dans l'ombre : Leroux (pendentifs de la Sainte-Vierge qui représentent quatre docteurs mariaux sous les traits des quatre derniers archevêques de Paris de l'époque : NN. SS. Darboy, Guibert, Richard et Amette (*BVN*, 1909, p. 148-149) ), Gsell (étude pour un vitrail), Ader (vitraux du narthex), Sieffert (vitraux de Sainte-Geneviève), Laumonerie (vitraux de Saint-Vincent de Paul), Saubès (vitrail de Saint-Jean-Baptiste), Stenheil (Saint-Bruno). Voir ***, *Inventaire*. ., 1914-1934. Maurice Denis, *Nouvelles*..., 1922, p. 271, cite cependant plusieurs de ces noms.

Joseph Aubert[1], portraitiste des cardinaux Richard et Amette – ces effigies sont désormais exposées dans la galerie de la sacristie – n'entre pas directement dans notre propos puisqu'il n'a pas travaillé pour la basilique. Mais comme il nous fait connaître les goûts artistiques des archevêques, nous lui consacrons quelques lignes. On a écrit de lui :

> « J. Aubert peignit à Notre-Dame des Champs une vie de la Vierge (évocation digne d'un théâtre de patronage avec figurants déguisés en Arabes) »[2].

À ce petit dossier, on ajoute que *La Cène* de Joseph Aubert se trouve parmi les

> « Reproductions artistiques tissées sur ruban de soie pour encadrements, sachets, écrans et coussins. Fabrication de la Manufacture nationale d'armes et cycles de Saint-Etienne. Collection Neyret Frères et Cie »[3].

Ce n'est pas Manet, portraitiste de Clemenceau, qui entre alors dans les « chaumières » ! C'est un Aubert dont les œuvres reproduites touchaient le grand nombre (voir chap. 31 sur l'art Saint-Sulpice) !

Un peintre-verrier, Emile Hirsch (1832-1904), a tenu à offrir par deux fois des vitraux au Vœu national, un pour la chapelle provisoire et deux pour la basilique[4]. Fils d'un juif alsacien, professeur au collège Bonaparte (lycée Chaptal actuel), doué pour le dessin, il est élève de Théodore Rousseau, de Delacroix, Ingres et Frandrin, entre aux Beaux-Arts et expose au Salon des portraits et des sujets religieux. À vingt-six ans il demande le baptême. Vers trente ans, il se spécialise dans le vitrail avec Alexandre Roche comme associé. Viollet-le-Duc lui commande la restauration des vitraux de Jean Cousin dans la cathédrale d'Auch (1872) et Anselme Batbie, ceux de l'église de sa ville natale. Saint-Séverin (Paris) reçoit dix de ses vitraux (1874-1875) et quatre en 1898. Au moment d'établir le programme du concours, il est recommandé au sein du Comité[5]. Sa production est estimée à deux cent cinquante créations et à cent restaurations. Une médaille d'argent à l'Exposition de 1878

1. Petite notice dans *DPCR*.
2. Joseph Pichard, *L'art*..., 1953, p. 17.
3. Voir Manufacture..., *Catalogue*..., 1900 (1988), p. 1100. Ces œuvres sont présentées dans la petite rubrique *Blanc, mercerie, rubans* sous la grande rubrique *La Maison*. Cette collection est composée de vingt-cinq sujets divers (*L'Orage, Le Secret, Danse villageoise, Les Glaneuses*) et de six sujets religieux (deux *Jeanne*, un *Jésus crucifié*, deux œuvres de Guido Reni).
4. Cette notice a été possible grâce à Paul Hartmann, *Emile Hirsch*, 1987 et grâce à l'arrière-arrière petit-fils de l'artiste, Philippe Batault. Par ailleurs voir *BVN*, 1876, p. 331 et ASCM, dossier chapelle Saint-Joseph, lettre en date du 9 juillet 1888 de Émile Hirsch à Hubert Rohault de Fleury. Il n'est question que de deux verrières pour cette chapelle car à l'époque, les escaliers intérieurs du campanile débordaient sur les deux chapelles Saint-Joseph et Saint-Luc. Une fois ces escaliers supprimés, on a rajouté une fenêtre dans chacune des chapelles. La maison Gaudin fabriqua un troisième vitrail pour Saint-Joseph (*BVN*, 1905, p. 14, 123 ; 1909, p. 42, 228 ; 1910, p. 44).
5. *PV* du 7 janvier 1874.

et une autre à celle de 1889 couronnent son œuvre. Il passe cependant à la postérité, pour le moment au moins, comme étant le maître du jeune Georges Rouault. Son influence est reconnue même s'il n'est pas habituellement nommé[1].

Mais cet artiste est aussi un catholique fervent et un homme d'œuvre. En 1869 au moins, il appartient à la Conférence de Saint-Vincent de Paul de sa paroisse, Sainte-Marie des Batignolles. Il s'y marie avec une irlandaise : ils ont six enfants. Il y devient président du Cercle catholique d'ouvriers dès sa fondation et monte avec lui à l'adoration de Montmartre[2]. Il fait partie de ceux qui essaient de défendre les Oblats de Marie Immaculée au moment de leur expulsion[3]. Il crée une Œuvre paroissiale de la Sainte-Famille pour les familles pauvres. Sa générosité à l'égard de l'Église ne se dément pas : il achète un terrain au 174, rue Chapionnet, pour que l'abbé Albert Deleuze y fonde une chapelle. Ouverte en 1891, elle deviendra en 1907 la paroisse Sainte-Geneviève des Grandes Carrières, centre d'une œuvre florissante de jeunes[4]. Georges Rouault a certainement puisé auprès d'Émile Hirsch autant un art qu'une foi.

Près de la moitié des mosaïques des chapelles de la basilique sont dues à Henry Pinta : *Jeanne d'Arc*, *Saint Louis sous son chêne*, *Le Christ apparaissant à Marguerite-Marie*, deux épisodes de la vie de saint Benoît Labre, *Jésus marchant sur les eaux* et *La pêche miraculeuse* de la chapelle de la Marine. Après avoir reçu le Prix de Rome en 1884, Pinta expose pendant plus de quarante ans aux Salons des Artistes français ainsi qu'aux expositions universelles. Ses œuvres portent des titres évocateurs : *Sainte Marthe – Légende tarasconnaise* (au musée des beaux-arts de Marseille, ville dont il est originaire et dans laquelle il laisse des toiles du Sacré Cœur[5]) ; *Danse de Salomé*, *Mattathias refuse de sacrifier aux idoles*, *Le Serment de Brutus*, *Et homo factus est*.

Ce sont surtout des cartons de vitraux (aujourd'hui détruits) que Pascal Blanchard a donnés à la basilique. On lui doit cependant les mosaïques des chapelles Saint-Vincent de Paul et Saint-Louis (*Le saint présentant la couronne d'épines*). Sociétaire des Artistes français, médaillé à diverses occasions,

1. Par exemple dans *La Croix*, 19 février 1992 et *Paris-Notre-Dame*, 1992, n° 409. Espérons que le catalogue de l'exposition du Centre *Georges* Pompidou sur Rouault rende justice à Émile Hirsch.

2. *BVN*, 1881, p. 324.

3. Selon un témoignage familial. Est-ce en 1881, rue Saint-Pétersbourg ou à Montmartre lors de la neuvaine de prière (chap. 15) ou est-ce en 1903 ? Le P. Yenveux, *Le Règne*..., 1900, t. IV, page de garde illustre son ouvrage d'un dessin de Hirsch. Voir illust.

4. En fait, il a fallu employer un subterfuge en raison de l'opposition de la Ville de Paris. Comme il existait une importante immigration d'ouvriers hollandais, leur consul a fondé un hôpital avec une chapelle ouverte aux gens du quartier. Documents du centenaire aimablement communiqués par le P. Georges Brisacier.

5. Selon M. -C. Gloton et J. Homet, « Les images du Sacré Cœur en Provence » dans *Marseille-Paris*, Marseille, 1980, n° 121, p. 36-42.

Blanchard est connu entre autres pour son *Samson et Dalila*, sa *Sortie de bain*, un *Saint Jean*, etc [1]. À Saint-Jean des Abbesses, on lui attribue quelques vitraux [2]. Une *Communion solennelle* illustre l'ouvrage de Jean Delumeau sur ce sujet [3]. Ses œuvres ont été parfois reproduites en image de piété [4].

Lionel Royer n'a laissé qu'une œuvre au Sacré-Cœur (*Léon XIII* dans la chapelle Sainte-Marguerite-Marie), mais l'enquête fait apparaître à son sujet quelques informations intéressantes relatives au milieu du Vœu national. Engagé à moins de dix-huit ans dans les zouaves pontificaux, Royer participe à leur fameuse défaite du 2 décembre 1870 à Loigny [5]. Après avoir été l'élève de Bouguereau et de Cabanel, il est second grand prix de Rome et peint pendant cinquante ans des œuvres profanes comme religieuses. Il reste fidèle à la foi de ses vingt ans et réalise pour l'église de Loigny *La communion suprême des zouaves* ainsi que *Le combat de Patay* [6]. Il a été aussi le portraitiste du général de Charette et du P. Monsabré. Décorateur, il intervient à l'église de Domrémy comme à la mairie du Xe arrondissement [7]. Il laisse quelques grandes toiles historiques et descriptives, de véritables « machines » comme on disait alors, aux musées du Mans et du Puy (*Vercingétorix devant César*, Salon de 1899). C'est un peintre assez connu en son temps [8].

Lucien Magne introduit son fils, Henri-Marcel, sur le chantier du Sacré-Cœur [9]. Celui-ci fournit des cartons pour des vitraux (disparus) de la chapelle de la Sainte-Vierge et de plusieurs chapelles de la crypte [10], pour d'autres vitraux aux rosaces et aux tribunes [11] ; également pour les mosaïques de la coupole de la chapelle de la Sainte-Vierge [12], pour celles de la chapelle Saint-Michel

1. E. Benezit, *Dictionnaire*, 1976, parle de deux Pascal Blanchard pour la même période, au cursus assez semblable. Le musée d'Orsay n'a qu'un dossier. À suivre !

2. Bernard Violle, *Dictionnaire*..., 1982, t. II, p. 367.

3. Jean Delumeau, *La première*..., 1987, p. 204.

4. Catherine Rosenbaum-Dondeyne..., *Les images*..., 1984, p. 191.

5. R. Thévert, *Loigny*..., 1959.

6. Voir reproduction dans Victor Alet, *La France*..., 1889, p. 331. Voir nos illust. Le tableau intitulé *La Communion*... mesure 5 m x 3 m et va être restauré en 1992.

7. *Le goût*, huile sur toile. Voir Thérèse Burollet, « Le décor... », dans *Le Triomphe*,... 1986, p. 265

8. Sur Royer, voir aussi le catalogue de l'exposition *Équivoques*, Paris, musée des Arts décoratifs, 1973. C'est un de ces réalistes académiques dits « pompiers », au métier très habile, qui doivent beaucoup à Jean-Paul Laurens (Jacques Foucart).

9. Il est aussi question d'un René Magne, mais très discrètement, pour quelques cartons (une partie du vitrail de la Médecine, une *Notre-Dame* dans la Sainte-Vierge): ***, *Inventaire*. ., 1914 ; *BVN*, 1908, p. 102 ; 1909, p. 269 et 1916, p. 164.

10. Exposés au Salon de 1921 selon ***, *Inventaire*..., 1914-1934.

11. *BVN*, 1905, p. 222 et 272.

12. *BVN*, avril 1908 et juillet 1909.

et des croix de consécration[1]; enfin, pour la marqueterie des stalles du chœur et de la balustrade de la tribune du grand orgue[2].

Magne a quelque peu lié ses travaux du Sacré-Cœur[3] à des études sur « l'art appliqué aux métiers », publiés d'abord avec son père, puis seul, vers 1925. À cette époque, il est professeur au Conservatoire national des arts et métiers. Il consacrera ainsi neuf volumes aux différents types de décor[4].

En 1922, H. -M. Magne, considérant l'art français depuis vingt ans et en particulier la contribution de son père et la sienne au Sacré-Cœur, écrit :

> « L'idée primitive [de l'édifice] fut plus ou moins bien développée par les architectes qui se succédèrent pendant vingt ans après la mort d'Abadie et crurent rentrer dans la tradition byzantine par des profils et des ornements d'une certaine sécheresse [...] Rompant avec la sécheresse des pastiches byzantins dont les successeurs d'Abadie avaient fait le thème de l'ornementation, Lucien Magne crée un ensemble décoratif à l'effet duquel tout concourt »[5].

Les Magne ont voulu penser la décoration du Sacré-Cœur dans son ensemble. Quel rôle ont-ils joué exactement dans le choix de Luc-Olivier Merson pour le carton de la mosaïque du chœur ? Cela est difficile à évaluer. Notons au moins qu'Henri-Marcel Magne est bien partie prenante au contrat signé avec le cardinal Amette.

La plus grande commande décorative du Sacré-Cœur, les cartons de la mosaïque du chœur, échut à Luc-Olivier Merson[6], gloire consacrée s'il en fut, ancien premier prix de Rome (1869), professeur à l'École des beaux-arts, médaille d'or de l'Exposition universelle de 1889 et grand prix de celle de 1900, membre de l'Institut (1892), « redoutable président d'honneur du « Salon des Pompiers » de 1912 ».

1. L'illustration de ces croix (les Apôtres et le Credo) mériterait de retenir l'attention. Voir Pierre Lacroix, *Colloque*..., 1988 et Bull. Soc. d'émulation du Jura, 1989, p. 113 ; voir surtout la communication de Catherine Brisac, « Historiographie du Credo apostolique à l'époque récente » au colloque *Pensée, image et communication en Europe médiévale*, Saint-Claude et Lons, septembre 1990, organisé par le ministère de la Culture.

2. Selon Christine Lacloche, *La décoration*..., 1975, p. 50, H. -M. Magne se serait inspiré des stalles de l'abbaye de Saint-Denis provenant du château de Gaillon. Il a voulu faire œuvre moderne et y unir dans un esprit nouveau la sculpture à plein bois et la marqueterie de bois exotiques (H. M. Magne, *L'art*. ., 1925, p. 207). Lucien Magne a fait appel à MM. Ausseur, Bourroux, Degraëve, Seguin et Guilmet. *BVN*, 1918, p. 121, n. 1.

3. En dehors du Sacré-Cœur, Catherine Bouchon signale des vitraux pour la cathédrale d'Orléans. Le catalogue *La Tour Eiffel*, 1989, p. 25, reproduit une huile sur toile *Le Viaduc de Viaur* (1902).

4. Voir Henri-Marcel Magne, *L'art*..., 1925. Il présente successivement le décor de la pierre (éléments de la construction), de la terre (poteries mates, grès, faïence, porcelaine, céramique architecturale), du verre (gobeleterie, mosaïque, vitrail), le décor du métal (fer, cuivre, bronze, plomb, étain, argent et or ; monnaies et médailles), du bois (charpenterie et menuiserie), du mobilier (meubles et sièges, bois massif et bois plaqué, marqueterie) et finalement le décor du tissu (soieries, broderies, tapisseries et tapis).

5. Citation faite par Claude Laroche, *Paul*..., 1988, p. 250, note 66.

6. Les projets de Merson conservés à la basilique sont en dépôt au musée du Petit Palais depuis 1984. Merson reçoit aussi la commande de cartons pour les verrières de l'entrée, sous l'orgue (*BVN*, 1915, p. 130).

Son œuvre embrasse les genres les plus variés. Les sujets en sont mythologiques, bibliques (*Arrivée à Bethléem*), historiques comme *La prise de Babylone par Cyrus* [1] ou *Cléopâtre sur le Nil* ou hagiographiques comme *Saint François d'Assise prêche aux poissons* [2] ou *Saint Louis* (Palais de Justice). Il décore la salle des évêques du Panthéon, l'Opéra-Comique, l'escalier de fêtes de l'hôtel de ville de Paris [3] ou la nouvelle Sorbonne [4]. Il donne les cartons des mosaïques qui décorent le tombeau de Pasteur (Paris, Institut Pasteur), où s'illustrent comme au Sacré-Cœur les ateliers de la Maison Martin. Il est également illustrateur de livres, de timbres-poste [5] et dessine des billets de banque [6]. Ses projets pour *Macbeth* ont permis à Henri Loyrette de rééquilibrer l'habituelle présentation de cet artiste méconnu sinon rejeté pour son côté « catholique et français toujours » [7]. De fait, quelques-unes de ses œuvres ont été reproduites en images de piété [8].

Luc-Olivier Merson n'appréciait pas Degas. Il fit de vifs reproches à André Michel lors de l'achat par l'État de *La Famille Belleli* [9]. La comparaison avec ce peintre a joué en sa défaveur [10]. Il démissionne de l'École des Beaux-Arts pour protester contre son relâchement artistique. Les admirateurs de Degas et les tenants de l'art sacré moderne ne lui ont guère pardonné sa virulence ni même sa célébrité d'époque : pour eux, c'est l'un des « épigones de l'académisme » [11], l'un de ceux qui « ont cru continuer la tradition d'Ingres, en la poussant à l'extrême limite où la peinture lisse, astiquée, minutieuse, côtoie la photographie [12]. »

1. La reproduction de ce tableau illustre une revue de vulgarisation biblique, un peu à la façon d'une bande dessinée. Voir *Les Dossier de la Bible*, juin 1988, n° 23 – Étonnante postérité !

2. Exposé lors de la *Centennale des Artistes Français*, Grand Palais, 1981, catalogue. Musée des beaux-arts. Nantes. Voir aussi Bruno Foucart, « L'esprit franciscain... » dans *RHEF*, n° 184, 1984, p. 164.

3. Voir Thérèse Burollet, *Le triomphe*..., 1986, p. 364-371, cat. n° 188-201 : *La Toilette féminine*, *Le Chant*, *Les Fleurs*, *La Musique*, *La Danse*, *Les Fruits*, *Les Rafraîchissements*, etc.

4. Catalogue *La nouvelle Sorbonne*, 1987.

5. Voir Yvert et Tellier, *Catalogue*, 1988, t. I, les n° 119 à 123, p. 16-17.

6. Cela lui sera longtemps reproché : voir dans Henri Loyrette, *Luc*..., 1982, note 3, la citation de René Passeron.

7. Voir Henri Loyrette, *Dessins*..., 1982. Voir aussi *La Famille*, acquisition du musée Vivenel de Compiègne, *La Danse des fiançailles*, acquisition du musée de Beauvais, Quatre cents dessins acquis par les musées de Nantes et de Moulins (Isabelle Julia, « Romantiques et pompiers », 1983, p. 424). Le musée d'Orsay expose de grands décors allégoriques, élégamment stylisés, sauvés in extremis de l'hôtel parisien Vatel-Dehaynin en démolition dans les années 1970 (Jacques Foucart). Voir aussi François Thoraval, « L'inspiration biblique dans l'œuvre de Luc-Olivier Merson (1846-1920) : problèmes et interrogations », communication du 10 mars 1990 à la Soc. hist. de l'art français à paraître dans le *Bulletin de la Société*. Nécrologie en *BVN*, 1920, p. 254.

8. Catherine Rosenbaum-Dondeyne..., *Les images*, 1984, p. 192.

9. Henri Loyrette, Dessins..., 1982, p. 199.

10. « Degas aussi savait dessiner, mais il savait observer d'abord. » André Peratte, 1921, cité par Christine Lacloche, *La décoration*..., 1975 p. 69. Profitera-t-on d'un Merson comme on a désormais un Degas par Henri Loyrette (Fayard, 1990) ?

11. Joseph Pichard, *L'art*..., 1953, p. 17.

12. Maurice Denis, *Histoire*..., 1939, p. 270.

La sentence semble plus que révisable sans devoir pour autant entraîner en sens inverse le rejet de Degas ni même celui de Maurice Denis. Mais qui ne sait que les exclusions des artistes -on ne leur demande pas d'être des historiens d'art! – sont les plus injustes parce que proprement existentielles? Comment un Denis pouvait-il en 1939 reconnaître la valeur artistique d'un Merson de 1880-1890?

Le chemin de croix du déambulatoire de la basilique est réalisé en 1924 sous la direction de Jean Hulot. Les cartons sont d'Edgar Maxence, un élève comme tant d'autres du grand Gustave Moreau. À la filière classique des Artistes français et de l'Institut, il ajoute comme Anatole Marquet de Vasselot la filiation des Rose-Croix (il participe à leurs salons entre 1895 et 1897).

On connaît de lui *Le Mariage mystique de sainte Catherine*, une *Tête de Vierge*[1], une *Vieille paysanne assise devant la cheminée*, une *Femme au lys*, une *Femme en prière*, une *Jeanne d'Arc quittant Vaucouleurs*[2], des *Légendes bretonnes.* Il est l'auteur de peintures et de mosaïques pour la basilique du Rosaire à Lourdes[3]. Profondément croyant, il illustre d'une manière fantastique et fort attachante les vieilles légendes médiévales. Un symboliste devenu académique, dit-on encore de lui. Tout en pratiquant par exemple le procédé des collages, il n'aurait nullement participé aux renouvellements de son temps, lui reprochent certains. Autant lui en vouloir d'être en 1924 un artiste arrivé et quinquagénaire!

## C. La mosaïque

### *1. Au* XIX*e siècle en France*

Au Sacré-Cœur, la peinture «pompier» est principalement liée à l'emploi de la mosaïque. Quand celle-ci y apparaît vers 1900, elle a déjà une longue histoire en France au XIXe siècle[4].

1. Musée Dobrée, Nantes.
2. David Ojalvo écrit: «On retrouve dans cette composition exécutée dans les teintes tendres, des teintes de fresques, le hiératisme habituel à l'artiste principalement dans les œuvres d'inspiration historique et de sensibilité symboliste.» Tableau du musée des beaux-arts d'Orléans. *Revue du musée du Louvre*. Acquisitions XIXe siècle, vers 1983, p. 435.
3. Celle de la voûte et celle de la chapelle de l'Ascension (1920), ainsi que de la chapelle Sainte Bernadette. Dom Bernard Billet, *Lourdes*, 1981, p. 142-143. Maurice Denis, *Nouvelles*..., 1922, p. 270 y fait allusion.
4. Voir H. Lavagne, *La mosaïque*..., 1987.

Napoléon introduit des artistes mosaïstes italiens en France qui eurent des ateliers jusqu'en 1835 à Paris; ils décorent la salle des Antiques au Louvre et fournissent des mosaïques pour l'hôtel des Invalides [1]. Mais le véritable engouement pour la mosaïque date du second Empire: c'est l'une des révélations de l'Exposition de 1867, qu'il faut mettre en relation avec la redécouverte de l'Orient chrétien. Charles Garnier, en 1869, fait l'éloge de cette technique dans ses *Causeries et mélanges à travers les arts* [2]. S'y trouve une évocation historique qui le conduit jusqu'à l'Allemagne, l'Angleterre et la Russie contemporaines, où désormais ces techniques ont une implantation nationale. En France, il se félicite d'avoir encouragé des artistes qui étaient venus tenter fortune et les a introduit à l'Opéra dès 1867. Il s'agit de J. D. Facchina qui a fondé une maison en France en 1850 et qui propose un nouveau procédé (technique indirecte ou « méthode inverse » ) plus économique de mosaïque décorative en émaux sur fond d'or et de mosaïque en marbre pour dallages. En 1875, Edouard Didron (voir chap. 10) fait l'éloge de la mosaïque comme procédé décoratif [3]. L'administration ouvre une manufacture en 1876, pour la fermer, il est vrai, dès 1880, car ses travaux (et non la technique) furent peu appréciés (le Christ de l'abside du Panthéon selon les cartons de Hébert et un escalier au Louvre d'après Lenepveu).

Vingt ans plus tard pourtant, alors que le problème de la décoration se pose vraiment au Sacré-Cœur, les mosaïstes auront décoré plus d'un édifice à Paris et dans le reste de la France. Ainsi peut-on citer des interventions de J. D. Facchina à l'avant-foyer de l'Opéra [4], à l'hôtel de ville de Paris, à l'escalier Daru au Louvre, au palais du Trocadéro, à la basilique du Rosaire de Lourdes [5]. Et de faire école puisqu'Odorico ouvre à son tour un atelier en Bretagne [6]. Citons encore les ateliers de Guilbert Martin, puis René Martin et Cie, de Saint-Denis, qui assurent une bonne partie de la production nationale, fut-ce avec le concours d'ouvriers italiens [7]. On les verra œuvrer à la cathédrale de Marseille, au Louvre, à la Madeleine, au tombeau de Pasteur (1896) ainsi qu'à Fourvière [8] et au Grand Palais.

1. A. Demmin cité par Hélène Guene, *Odorico*..., 1983, p. 158.
2. Charles Garnier, *À travers*..., 1869, chap. XII; ASCM 18, 17, dossier Facchina. Salviati lui est associé au début.
3. Citation par Hélène Guéné, *Odorico*..., 1983, p. 160.
4. Voir les transcriptions en mosaïque de décors de Curzon.
5. Celle de Léopold Hardy. Renseignements aimablement communiqués par Maryse Andrys de Stefano qui a présenté en 1989 une maîtrise sur cet artisan (voir réf. bibli. 1989). ASCM, 18, 17, dossier Martin. Sur les quinze chapelles du Rosaire, voir Bernard Billet, *Lourdes*, 1981, p. 143.
6. Hélène Guéné, *Odorico*..., 1983.
7. L'entreprise serait créée en 1807. René Martin est le petit-fils de Guilbert. Au Sacré-Cœur, il est question de Victor Mander, Pietro Fransachi, Buldari, Ballari (voir Hélène Guéné, *Odorico*, 1983, p. 191, n. 37 et 38) et de Pierre Pittina (ASCM 18, 26).
8. Elisabeth Hardouin-Fugier, *Voir*..., 1986, p. 153-156.

## *2. Au Sacré-Cœur*

Charles Garnier, architecte-conseil, comme on le sait, de l'Œuvre du Vœu national, semble avoir joué ici un rôle déterminant même si le choix de la mosaïque pour décorer les chapelles et le chœur revient, dit-on, au cardinal Richard[1]. Il a paru évident aux uns et autres que l'objection qui pouvait être faite à l'association sculpture-mosaïque au nom d'une certaine unité de style était de peu de poids devant les avantages : profiter de chacun des arts au sein d'un style nouveau et actuel (c'est sans doute l'apport de Charles Garnier); résistance de la mosaïque par rapport aux fresques et aux tableaux (c'est certainement l'apport de l'archevêque). De fait, des essais de mosaïques sont tentés vers 1890[2] et en 1892, des mosaïstes italiens sont recommandés au supérieur des chapelains de Montmartre[3]. Henri Rauline va en Italie et en Sicile visiter les églises byzantines de Sienne et de Palerme. Il en revient enthousiaste[4]. Le Comité veut faire un essai et demande spécialement à J. -D. Facchina d'incruster des mosaïques dans les marbres de l'autel Saint-Jean-Baptiste[5].

L'arrivée de Lucien Magne, puis celle de Jean Hulot ne modifient aucunement la situation. Ainsi Magne se montre-t-il particulièrement favorable à cette technique : « Celle-ci demeure précieuse entre toutes, s'adaptant à toutes les formes, et la mieux appropriée aux revêtements somptueux des murs ou des voûtes »[6], même s'il critique comme on l'a vu précédemment les réalisations de ses prédécesseurs.

La Société Guilbert Martin assure dès lors la fabrication de la quasi-totalité des mosaïques de la basilique[7]. Il y a de la mosaïque partout : sur les murs, sur les autels, sur les tables de communion, etc. Tout ce décor n'est pas homogène pour autant. Deux grandes tendances sont à l'œuvre : celle qui prend pour modèle la peinture à huile, et celle de stricte inspiration « byzantine ». La première se manifeste avant tout dans les chapelles. La mosaïque du chœur participe de l'une et l'autre tendance. La seconde, celle de Henri-Marcel Magne, caractérise bien la coupole de la Sainte Vierge : Marie s'élevant dans les cieux

1. *BVN*, 1923, p. 72.
2. Du Cleuziou, *L'église*..., 1890, p. 573.
3. Mgr Grasselli..., *Lettre*..., 1892. Ils avaient peu de chances car le Comité avait pris la résolution de faire appel à des artistes français (***, *Programme*..., 1891, p. 4).
4. *BVN*, déc. 1905, *HSC*, t. I, p. 207.
5. ASCM, 18. 17, dossier Facchina.
6. Lucien Magne, « La mosaïque d'émail » dans *Art et Décoration*, mars 1912, p. 81 à 91 (cité par Christine Lacloche, *La décoration*..., 1975, p. 28).
7. Hormis celles de la chapelle Saint-Ignace posées par les ateliers des Frères Mauméjean (P. d'Armailhacq, *La chapelle*..., 1934). Cependant des contacts existaient entre René Martin et les Mauméjean. À l'un deux, il demande de faire la tête du Christ du chœur. Voir H. Guéné, *Odorico*, 1983, p. 191, n. 37.

est entourée de rondes d'anges et d'apôtres[1]. Mais ces deux tendances, il faut le reconnaître, s'estompent au profit d'une unité d'ensemble qui s'exprime en de subtiles gradations. Hélène Guéné écrit :

> « On a l'impression, en entrant dans ce sanctuaire, qu'on est guidé par la succession hiérarchisée de décors mosaïqués : simples à l'entrée, puis omniprésents dans le mobilier du chœur, pour s'achever par une envolée hiératique (si l'on permet ce paradoxe) sur le cul-de-four du chœur – monumental, monstrueux, extravagant, hors échelle ! Il s'agit donc [...] d'une mise en scène calculée dont le cul-de-four du chœur serait le rideau de scène et l'aboutissement visuel normal »[2].

### 3. *La décoration de la voûte du chœur*

La décoration de la voûte et le cul-de-four du chœur ont beaucoup préoccupé les esprits. En 1908, Georges Claudius Lavergne propose un projet[3] : les personnages de l'Ancienne et de la Nouvelle Alliance, ceux de l'histoire de l'Église jusqu'à la période moderne processionnent vers le Christ Sauveur qui tend ses bras à l'humanité et à la France[4]. Sa proposition n'est pas retenue, on ne sait pourquoi[5].

Finalement, le 21 décembre 1911, un contrat est signé entre le cardinal Amette, Luc-Olivier Merson et Henri-Marcel Magne pour la réalisation de la mosaïque complète du chœur en cinq ans. Merson, le peintre, est en quelque sorte le directeur artistique du projet ; à Magne sont confiés la maquette et les cartons peints grandeur d'exécution. Lucien Magne, l'architecte, et Merson conviendront avec Son Éminence des sujets représentés[6].

La genèse exacte de la composition serait à retracer[7]. La répartition des figures entre l'Église universelle et l'Église de France et le choix des personnages représentés semblent le fruit de nombreuses discussions entre les responsables du Vœu national. Compte tenu de la surface, L. -O. Merson aurait

1. Cette composition reprend celle de la croisée de la basilique Notre-Dame-de-la-Garde, avec toutefois plus de souplesse et plus de graduation visuelle. H. Guéné, *Odorico*, 1983, p. 180.

2. Hélène Guéné, *Odorico*..., 1983, p. 178.

3. Fils et biographe du peintre Claudius Lavergne. Sur celui-ci, voir Bruno Foucart, *Le renouveau*..., 1987, p. 156 et 232 : « Lavergne, artiste chrétien par excellence, élève d'Ingres et... de Lacordaire, spécialisé dans le carton de vitrail. »

4. AHDP, carton 4 P 2. Analysé par Christine Lacloche, *La décoration*..., 1975, p. 22 et 41.

5. La commande aurait-elle pu échoir à Abel Truchet ? Son *Éternel crucifié* exposé au Salon des Champs-Elysées fait l'objet d'un éloge exceptionnel dans le *BVN*, 1895, p. 442. On admire aussi la basilique qui se profile à l'horizon du tableau et les vers de Claude Couturier qui accompagnent l'œuvre. À la même époque, Paul Hippolyte-Flandrin peint *Jésus pleurant sur Paris du haut de la butte Montmartre*. Aurait-il pu lui aussi recevoir la commande (voir Jacques Benoist, « Les Flandrin » dans *Montmartre-Orientations*, n° 64, 1985, p. 22) ?

6. Voir le contrat au ASCM, 18, 13c.

7. Voir un historique dans *BVN*, 1923, p. 72-79 et Pierre Laligant, *La mosaïque*..., 1923. Les dimensions des personnages impressionnent les commentateurs : *BVN*, 1921, p. 151.

conseillé de limiter le nombre des saints dans chaque cortège céleste à dix ou onze figures. Devant diverses pressions ou réflexions, il a fallu resserrer un peu les rangs et loger treize saints de chaque côté [1]. Par ailleurs, H. -M. Magne se serait aperçu qu'un certain espace disponible subsistait entre les têtes des saints et celle du Christ, placée, elle, dans l'axe de la voûte. C'est ainsi que le Père et le Saint-Esprit auraient été ajoutés, par nécessité esthétique dès la maquette officielle [2]. D'autre part, le projet de décoration du grand arc n'ayant pas été suffisamment soumis à l'archevêque, ce dernier ne put donner son avis que sur le résultat final qui ne lui convient guère. Il juge l'œuvre bien plus faite pour un théâtre que pour une église [3]. Pour échapper toutefois au procès dont le menace l'artiste, il fait refaire la mosaïque en la payant une seconde fois [4]. Les quatre-cent soixante-quinze mètres carrés de mosaïques [5], compte tenu du ralentissement entraîné par les décès et la guerre, ne seront donc achevés qu'en 1923, sous la direction de Jean Hulot et avec la collaboration de Marcel Imbs [6]. Hélène Guéné décrit cette œuvre ainsi du point de vue esthétique :

« Elle est composée d'éléments dissociés les uns des autres, isolés par des lignes festonnées ; personnages et architecture rappellent une conception toute médiévale [...], que révèlent le principe de fragmentation des points de vue. L'architecture (mi-draperie, mi-construction) est dessinée en perspective ; les déformations visuelles en accentuent l'effet, précipitant le regard vers le point de convergence majeur : un Christ monumental – d'autant plus monumental qu'il est entouré par des personnages dont la stature est variable en fonction de leur hiérarchie spirituelle. De ses bras il couvre personnages et public, dans une attitude à la fois sereine et figée [...] On ne voit que lui et le drapé de son vêtement blanc qui se détache d'un ciel au bleu profond, comme se détachent tous les autres éléments du décor à travers lesquels il passe, les perforant çà et là de son intensité colorée, à la manière d'une dentelle. »

1. Saint Ignace n'était pas prévu dans un premier temps selon P. d'Armailhacq, *La chapelle...*, 1934, p. 7. Il faudrait pour montrer la maturation qui s'est produite comparer la composition finale (et la merveilleuse histoire analysée au chapitre 23 qui en découle) avec une *Image du Vœu national* composée par le père Vasseur, éditée en lithographie et dont le comte de Grimoüard de Saint-Laurent, *Les images...*, 1880, p. 215-216, fait le plus grand cas. On y trouve : Marie et Joseph, Anne et Michel, Vincent de Paul et Martin, François de Sales et Claude La Colombière, Jeanne de Chantal et Marguerite-Marie, Clotilde et Radegonde, Geneviève et Jeanne d'Arc, Pierre et Denis, Pie IX et Belsunce, Clovis et Charlemagne, Louis IX et Louis XVI, Pierre l'Ermite et Bernard, Godeffroy de Bouillon et Lamoricière, les martyrs de Loigny-Patay et les martyrs de la Commune, Paray-le-Monial et Montmartre.

2. Hubert Morand, *La grande...*, 1923. La maquette est connue pour le moment par P. Laligant, *La mosaïque...*, 1923, p. 35.

3. Sur la maquette d'étude (voir P. Laligant, *La mosaïque...*, 1923, p. 35 et illustration ci-jointe), on lit les mentions des diverses activités humaines : *artes, jus, lex, labor,...*

4. Dossier dans ASCM, 18, 13c.

5. Hélène Guéné parle de cinq tonnes sept cent kilogrammes car un mètre carré de mosaïque pèse douze kilogrammes.

6. Imbs (1880-1935) a travaillé aussi à l'église du Saint-Esprit sous la direction de Paul Tournon. Marc Lenossos dans *La vie en Alsace*, jan. 1937, n° 1, p. 6-10, le présente ainsi : « Foi ardente du peintre dans sa profession d'artiste qu'il exerça ainsi qu'un sacerdoce, foi inébranlable du chrétien sûr de sa religion et de l'infaillibilité des dogmes, foi raisonnée du patriote alsacien dans les destinées mêmes de la France. » Cité par Christine Lacloche, *La décoration...*, 1975, p. 43.

Et cet auteur de conclure :

« Montmartre reste, à nos yeux, l'un des plus beaux ensembles du genre. Il représente bien la conception et l'application du décor en mosaïque tels qu'on les envisageait à la fin du XIXe et au début du XXe siècles »[1].

## D. La signification de la décoration du chœur

Sur l'axe central et vertical du chœur se trouvent successivement le cœur qui est au centre de la mosaïque du sol, le cœur sculpté sur le tombeau de l'autel, le Christ crucifié et transpercé du retable, le Saint Sacrement dans le ciborium et l'ostensoir, le Christ en gloire avec son cœur, la colombe du Saint-Esprit, le Père éternel avec les traits d'un vieillard et finalement sur l'arc triomphal le monogramme du Christ[2].

Cet arc avec la table de communion détermine un espace qui se décompose en étages le long de l'axe. Les épis et les grappes de la table de communion renvoient à ceux de l'arc triomphal où l'arche d'alliance, l'autel des pains de proposition, des colombes et des cerfs qui se désaltèrent évoquent la présence réelle du Corps du Christ ressuscité au centre du chœur. L'inscription de l'autel en latin « et il en sortit du sang et de l'eau », les prophètes des stalles et les apôtres du retable, l'inscription de la devise du Vœu national, l'Église du purgatoire[3] et l'Église du ciel se répartissent à droite et à gauche de la Trinité.

Les citations des prophètes sur les stalles éclairent la situation. Certaines parlent de l'amour de Dieu pour son peuple et annoncent par le fait même l'amour du Christ pour les hommes[4]. Deux parlent du cœur du juste ou du prophète persécuté. Elles font allusion au cœur du Christ face à son Père[5]. Les annonces d'une eau vive sont lues à la lumière de la transfixion[6]. Le cœur du juste converti devant son Dieu ou devant le cœur du Christ est mentionné

1. Hélène Guéné, *Odorico*, 1983, p. 180.

2. Cette Trinité originale est à insérer dans la longue histoire des représentations du Dieu des chrétiens : voir François Boespflug, *Dieu dans l'art*, 1984.

3. En fait, ce sont les principaux acteurs de l'histoire de la dévotion au Cœur du Christ et du Vœu national qui sont représentés. Comme ceux-ci ne sont pas encore considérés comme bienheureux (sauf désormais le P. Hébert) ou saints, on peut dire cependant qu'ils sont au purgatoire, même si à l'époque, le cardinal Dubois, archevêque de Paris de 1920 à 1929, qui s'est fait représenter sur la mosaïque, était vivant.

4. *Jérémie* 31, 3 ; *Ezéchiel* 34, 16 ; *Osée* 11, 4 ; *Jonas* 4, 2 ; *Nahum* 1, 7 ; *Sophonie* 3, 17.

5. *Psaume* 22 (21), 15b ; 1er *Rois* 19, 10.

6. *Isaïe* 12, 3 ; *Joël* 4, 18.

plusieurs fois[1]. Les prophéties concernant la reconstruction du Temple et le relèvement d'Israël sont non seulement appliquées à la résurrection du Christ mais à l'Église et, pourquoi pas ?, à l'édification même de la basilique[2].

L'Église de France et l'Église universelle sont ensuite représentées dans leurs membres attentifs au Christ, à son amour et à son Cœur. Laissons pour le chapitre suivant le détail des théories célestes et considérons la symétrie des figures. Mgr de Belsunce consacrant la ville de Marseille au Cœur de Jésus est comme l'annonciateur de Clément XII instituant la fête du Sacré Cœur en 1765 par le décret : *Instantibus pro concessione*; de même, Louis XVI promettant de travailler à la gloire du Sacré Cœur par rapport à Pie IX étendant cette fête à toute l'Église en 1856 par le décret : *Ex quo Clemens Papa XIII in honorem*.... Il en est de même, d'une autre façon du Vœu national par rapport à Léon XIII : la « consécration » de la France par l'usage de la bannière du Sacré Cœur et la construction du Sacré-Cœur anticipe l'acte de Léon XIII offrant toutes les races au rayonnement de l'amour du Christ. Finalement la France avec saint Michel et Jeanne d'Arc font comme un pendant à Marie, figure de l'Église. Le salut du monde dépend dans cette perspective du salut de la France et le salut de la France est fonction de sa fidélité à accomplir son « vœu national ». La France et la France catholique par les souscripteurs et les adorateurs de Montmartre coopèrent au salut du monde. Non seulement la décoration du chœur donne la raison d'être de ce sanctuaire où l'Eucharistie est célébrée et adorée, mais elle explicite le message annoncé succinctement par la façade. Le visiteur est invité à entrer dans la procession qui se dirige vers le Christ et à accueillir à travers elle le don que Christ fait de lui-même. Là encore, la possibilité pour chaque fidèle d'accueillir le divin à son profit et au profit de toute sa patrie est impensable s'il ne s'offre lui-même à Dieu. Le regard sur la France s'ouvre et s'élargit à l'humanité entière.

1. *Daniel* 3, 39 ; *Habaccuc* 3, 18 ; *Zacharie* 12, 10 ; *Malachie* 1, 11.
2. *Amos* 9, 11 ; *Abdias* 17 ; *Michée* 4, 1 ; *Aggée* 2, 9.

## IV. L'ORFÈVRERIE

Une « petite » place doit être faite à l'orfèvrerie qu'elle soit celle qu'on voit en permanence dans le décor, ou celle qu'on utilise lors des cérémonies[1]. Si l'architecte a produit l'ex-voto de pierre, si les sculpteurs et les mosaïstes ont produit un ex-voto d'imaginaire en pierre également, l'orfèvre lui a produit un ex-voto d'imaginaire en métal. Tous se répondent, comme le dit Bruno Foucart :

> « La basilique de pierre, l'infiniment grand, ne se reflète-t-elle pas dans la châsse précieuse ou le calice ciselé »[2] ?

Tous sont au service de l'ex-voto de prière, dont le centre est l'eucharistie ici comme dans toutes les églises, mais davantage qu'ailleurs puisque l'adoration perpétuelle suppose un dispositif exceptionnel. Les deux grandes maisons d'orfèvrerie religieuse de la période étudiée, Poussielgue-Rusand de Paris et Armand-Calliat de Lyon ont contribué à la décoration de la basilique avec Mellerio dits Meller et Lesage. Une mention spéciale doit être réservée à Joseph Chaumet[3].

L'autel de la chapelle Sainte-Marguerite-Marie est le témoin de l'art de la maison lyonnaise sous la direction de Rauline. Les responsables de la Garde d'honneur de Bourg-en-Bresse, souscripteurs de cette partie de la basilique, doivent être pour quelque chose dans le choix de la maison Armand-Calliat. Une exposition du Saint Sacrement offerte par les Lyonnais à Léon XIII et donné par ce dernier à la basilique, dessinée par Charles Lameire, a disparu[4]. En revanche, l'ostensoir dit du Christ-Roi existe toujours et c'est une des belles pièces du trésor[5].

1. Soit même retournée chez l'artiste : la *Via vitae* de Joseph Chaumet, voir ci-dessous.

2. Bruno Foucart, « La châsse et la cathédrale ou les deux infinis » dans Inventaire..., *L'Anjou religieux*, 1983. Nous suivons ici cette approche et proposons de l'appliquer au cas particulier du « trésor » de la basilique de Montmartre.

3. Même si nous les avons indiqués dans la liste des sources iconographiques, nous ne parlons pas des orfèvres dont les pièces ont été données à la basilique (quatorze environ), mais seulement de ceux qui ont effectivement travaillé pour le Vœu national.

4. Laurence Madeline, « Charles Lameire... », 1987, p. 241-243.

5. En plus, il y a un calice et un ciboire. Sur cette maison voir au moins le résumé de la thèse de Bernard Berthod dans Inventaire, *L'Anjou...*, 1983, p. 34-39. On voit une *Vierge dorée* de cet orfèvre dans la basilique du Rosaire. Bernard Billet, *Lourdes*, 1981, p. 143.

La maison Poussielgue-Rusand remporte la première place par le nombre des productions. C'est à elle que l'on doit sous la direction de Lucien Magne avec Pierre Seguin comme sculpteur, H. Lefebvre comme statuaire, la réalisation du ciborium et des anges de l'exposition qui s'élève dans le chœur en permanence [1]. Les jours de fête, on peut admirer l'ostensoir double dit « du XX^e^ siècle » fabriqué par Mellerio et toujours sous la direction de L. Magne [2]. C'est également et seulement les jours de fête que l'on peut admirer du même orfèvre le ciboire, le calice, la patène, les burettes, objets constituant la chapelle de la consécration de la basilique ainsi que la couronne du Christ-Roi [3]. La porte du tabernacle du maître-autel aussi a nécessité l'intervention d'un homme de l'art : Emile Lallemand. La description de la parure du maître-autel serait incomplète si on ne mentionnait pas les douze chandeliers de l'orfèvre Edmond Lesage auquel on doit aussi la parure de sept chapelles (la Sainte Vierge, Saint-Louis, Saint-Michel, Notre-Dame de la Mer et Saint-Luc ; la Pietà et Saint-François) ainsi que de multiples objets (canons d'autel, reliquaires, troncs, ostensoirs). Cet orfèvre, grand prix de l'exposition de 1878 et de celle de Lyon (1894) succède à Alexandre Chertier qui était, pourrait-on dire, l'orfèvre attitré de Viollet-le-Duc et d'Abadie [4].

Le panorama de l'orfèvrerie du Vœu national serait incomplet si on ne faisait allusion au chef-d'œuvre de Joseph Chaumet (1852-1928) : la *Via vitae* [5]. Réalisée entre 1894 et 1904 par lui et ses ouvriers (en travail non payé, mais offert pour le Vœu national), léguée en 1928 à l'Association diocésaine à l'intention de la basilique [6], cette pièce unique d'orfèvrerie y est arrivée en 1938. Elle en est repartie en 1945 après un accord entre Mgr Aubé, recteur, et la famille. Vers les années 1980, elle a été sortie de ses caisses et montée dans les salons de la maison, place Vendôme où l'on peut la voir. À lui seul, le commentaire de ce chef-d'œuvre de joaillerie demanderait un chapitre spécial.

S'il en est ainsi pour une pièce (et quelle pièce !), combien plus pour l'ensemble du trésor du Vœu national, signe de la production du XIX^e^ siècle. Les historiens déjà anciens y voyaient des témoins des styles « pastiche », « néo-gothique », « néo-roman », « néo-byzantin ». Les plus récents perçoivent en Armand-Calliat un « symboliste » et en Poussielgue-Rusand un « rationaliste ».

1. Sur Poussielgue-Rusand, voir en plus de l'article ci-dessus de Bernard Berthod, celui de Guy Le Goff, p. 26, dans *L'Anjou religieux*, 1983.
2. *BVN*, 1898, p. 837 et 1015.
3. Sur celle-ci, voir *Montmartre*, nov. 1926, p. 11. De plus, toujours de Mellerio, des calices, un ciboire et un ostensoir : voir la liste exacte dans les annexes.
4. Claude Laroche, *Catalogue Abadie* 1988, p. 360. De lui ou d'un homonyme, la basilique possède la porte du tabernacle de l'autel Saint-Pierre et un calice.
5. Voir Axelle de Gaigneron, « Chaumet... », 1983 ; ASCM et AHDP.
6. Pour trois églises paroissiales, il y avait aussi deux terrains et un autre objet d'art.

Là encore, l'heure n'est plus à la critique négative, mais à la redécouverte de ce qu'il y a de remarquable dans cette production originale et inventive.

La conclusion de ce chapitre se trouve soit dans le chapitre suivant concernant la signification spirituelle de l'ensemble de la décoration de la basilique, soit dans le dernier chapitre de cette étude où la question de la valeur esthétique de cette production est abordée en examinant la contestation dont elle a été l'objet. De ce point de vue, il faudra voir si les promoteurs du Sacré-Cœur ont gagné leur pari : faire de l'ex-voto national, un « musée d'art français » [1]. Il faudra aussi se souvenir que l'ensemble que l'on voit en 1990 n'est plus celui de 1923 : lustres et lampadaires, vitraux, sièges ont changé ; chaire, banc d'œuvre, bannières ont disparu ; des statues et des autels ont été remplacés ou sont venus compléter le dispositif. Quoi qu'il en soit, l'important outre l'aspect esthétique, est la signification spirituelle qu'il faut encore explorer.

1. *BVN*, 1874, p. 85 et 1903, p. 168.

# Chapitre 23
# Récapitulation d'une merveilleuse histoire d'amour entre le Christ, la France et le monde

Au lendemain des événements de 1870-1871, il fallait reconstruire la France. Les promoteurs du Vœu national (1ère partie) héritent d'une certaine idée de la France chrétienne moderne, de ses péchés et de son salut (chap. 4) et d'une dévotion, ancienne et nouvelle, la dévotion au Cœur de Jésus (chap. 5), idée et dévotion qui, déjà bien avant 1870, s'unissent et se dépassent dans la considération du Sacré Cœur, salut de la France et du monde (chap. 6). Les actes fondateurs du Vœu national (troisième partie), la souscription et l'édification de l'ex-voto de pierre (4e partie), la vie de l'ex-voto de prière (5e partie) et le développement de l'ex-voto d'imaginaire (6e partie) sont sous-tendus par un approfondissement et un accomplissement de la vision du monde antérieure selon laquelle le Christ agit dans l'Histoire et dans l'histoire de France en particulier. Le *Bulletin du Vœu national*, à l'occasion du lancement du concours d'architecture en 1874, exprime cette façon de voir. Les promoteurs sont sensibles au parallélisme entre le relèvement de la France et la construction d'une église nationale. L'idée qu'ils se font de leur patrie et de sa vocation chrétienne doit se manifester dans la pierre.

> « L'église du Sacré-Cœur, écrit Joseph Chantrel, doit être à la fois l'expression architecturale de l'amour de Jésus-Christ pour la France, la fille aînée de l'Église, et du repentir de cette France qui lui a été longtemps infidèle. »

Pendant trente ans, Hubert Rohault de Fleury veillera à la réalisation tangible et matérielle d'un programme grandiose :

> « C'est l'histoire de l'Église tout entière qui est à résumer, mais particulièrement l'histoire de la France chrétienne, née à Reims avec le baptême de Clovis [1], agrandie par Charlemagne, soldat de l'Église contre l'islamisme [2], la France de saint Louis » [3].

Ainsi pour mieux connaître la pensée et les intuitions des promoteurs et des souscripteurs, pour découvrir plus encore la logique de la grande mosaïque du chœur et de la décoration dans son ensemble de la basilique [4], pour décrypter certains textes « publicitaires » très composites [5], pour bien situer divers discours et ouvrages importants [6], il convient de présenter systématiquement la synthèse « historique et imaginaire » que les responsables ont inscrite dans la pierre [7]. Les responsables du Vœu national expriment cela à travers l'usage qu'ils font de l'histoire de la France, de celle de l'Église, de celle de la spiritualité du Cœur de Jésus et finalement de celle de Montmartre. Il convient de montrer comment ce salut de la France par le Cœur de Jésus a été pensé à travers une histoire qui unit, depuis le début de l'ère chrétienne, celle de la France et celle de la révélation de l'amour du Christ pour elle. Ces histoires imbriquées l'une dans l'autre se répartissent en trois étapes classiques : de l'arrivée de la

1. Sainte Clotilde et saint Rémi le représenteront dans le décor.

2. Malgré la suggestion du P. de Franciosi (chap. 22), Charlemagne n'apparaîtra pas dans la décoration du Sacré-Cœur et assez peu dans sa problématique. La réalité de sa sainteté laisse à désirer (voir « Charlemagne » dans *CHAD*). Lui et Napoléon apparaissaient dans le *Catholicon* de Lameire (chap. 10), mais, il est vrai, c'était au temps du second Empire !

3. *BVN*, 1874, p. 85. Cet article est paru aussi dans la *Revue de l'art chrétien*, 1874, p. 144-150. Jeanne d'Arc prendra place dans cette énumération d'ici à la fin de la construction.

4. Les éléments de base sont surtout les trente-deux chapelles (leur titulature et leur décoration), la vingtaine de statues, les bas-reliefs des vingt corbeaux intérieurs du dôme et la mosaïque du chœur.

5. On aurait aimé pouvoir reproduire intégralement un texte de 1898 dans un bulletin supplémentaire où, pêle-mêle, il est question de Dieu, de la patrie, de grâces inouïes si on obtempère au message du Christ à Louis XIV, du pacte divin, d'appels réitérés, de Louis XVI, de la consécration manquée par impératrice Eugénie... (*BVN*, suppl. novembre 1898).

6. Surtout P. Monsabré, *Discours*..., 1872 ; Victor Alet, *La France*..., 1889. Le chap. 2 a montré l'importance de ces auteurs pour comprendre la pensée des promoteurs du Vœu. Mais aussi P. Jonquet, *Montmartre*..., 1890.

7. Cette étude doit beaucoup à la lecture de : C. Billard,..., *Histoire mythologique des Français*, 1976 ; J. Goy, « Enseignement religieux, contre-enseignement politique », 1979 et R. Rémond, « La Fille aînée de l'Église », 1987.

foi dans la Gaule jusqu'à la fin de l'Antiquité ; de la conversion de Clovis à la fin du Moyen Age au cours du XV^e^ siècle ; du XV^e^ siècle avec la figure de Jeanne d'Arc à nos jours avec l'entreprise du Vœu national. L'histoire des saints ayant vécu en Gaule ou ayant un lien même ténu avec ses habitants est comme une sorte d'histoire prénatale de la France. Ensuite, on est dans l'histoire des Francs catholiques jusqu'à la fin de la chrétienté. Enfin, les promoteurs s'imaginent au sommet de ce processus qui ne peut pas, malgré tout, ne pas aboutir au salut de la France grâce au Christ et à son amour pour leur patrie. La construction du Sacré-Cœur de Montmartre prend place dans cette troisième étape de l'histoire de la France, étape gouvernée par trois idées : la France, malade depuis le début des Temps modernes, n'a jamais vraiment renouvelé son baptême ; la dévotion au Cœur du Christ est le remède nouveau donné à la France pour son salut ; la condition essentielle du salut de la France est la confiance absolue (la consécration peut-on dire) des Français au Cœur de Jésus à travers l'édification de la basilique du Vœu national.

L'idée que les promoteurs du Vœu se font du salut de la France par le Cœur du Christ est accessible à partir d'un va-et-vient entre la présence de telle ou telle figure dans la décoration et les textes qui l'éclairent. L'ordre d'exposition est chronologique d'un personnage à l'autre, mais pour chacun d'eux il faut parcourir selon les cas toute la période des promoteurs du Vœu de 1870 à 1920. Cependant avant cette présentation historique et à l'unisson des auteurs consultés, il faut faire une remarque préliminaire sur la terre de France car pour les responsables, sur le globe terrestre que Léon XIII porte à bout de bras et offre au Christ, il y a un coin de terre qui n'est pas comme les autres, leur patrie !

## *PRÉLIMINAIRE : UNE CERTAINE IDÉE DE LA TERRE DE FRANCE*[1]

Les auditeurs du P. Monsabré, lors de son discours de lancement en 1872, vibrent à la description du « plus beau des royaumes après celui du ciel. » En effet, le Christ leur a donné

1. Il faudrait dire aussi un mot de l'apologie de la langue française faite par le P. Alet par exemple (*La France*..., 1889, p. 92) : sur ce point, s'il doit s'inspirer de Joseph de Maistre (*Du pape*..., 1822, p. 204), il ne s'en rapproche pas moins et très fortement de Clemenceau ou d'Anatole France.

« ce fortuné pays, soudé par deux mers qui lui livrent toutes les routes du monde. Terre où le soleil tempère ses ardeurs sans qu'elles cessent d'être fécondes, où les pluies du ciel, les rosées et les douces brises se succèdent en d'harmonieuses saisons pour faire germer, éclore et mûrir l'herbe des prairies, les moissons des champs, les fruits des vergers et ces grappes empourprées d'où sort la généreuse liqueur qui réjouit le cœur de l'homme. Admirable contrée coupée par des fleuves majestueux, des rivières et des ruisseaux charmants où montagnes et vallées prodiguent tour à tour leurs beautés aux regards. Paradis où rien ne manque pour faire un peuple heureux et prospère » [1].

Les mêmes avantages naturels favorisent la France aux yeux du P. Alet [2]. Ce beau pays limité par les Alpes, les Pyrénées, l'Océan et le Rhin (au nord et au nord-est, cependant, il y a quelques imprécisions de frontières...) est appelé Gallia par les Romains. Vingt siècles après, on ne dira pas « *Francia pœnitens et devota* » mais toujours « *Gallia pœnitens et devota* » de même qu'on a parlé d'église gallicane au bon comme au mauvais sens du mot. Cette terre des Gaulois assimile ses différents habitants et occupants : dans l'Antiquité, romains, Juifs chrétiens (Lazare,...), grecs chrétiens (Denis,...), Pannoniens (Martin est né en Pannonie qui deviendra la Hongrie) ; les Francs du Moyen Age. Cette terre au XVe siècle est désormais la terre des Français. Ceux-ci, dans le XIXe siècle finissant construisent un sanctuaire national qui doit récapituler l'histoire de leur Église et de leur patrie.

1. P. Monsabré, *Discours*..., 1872, p. 16.
2. P. Alet, *La France*..., 1889, p. 16.

# *I. LES RÉFÉRENCES NÉO-TESTAMENTAIRES ET ANTIQUES*

## A. Le Nouveau Testament

### *1. La parenté du Christ*

Les plus anciens personnages auxquels se réfèrent les souscripteurs du Vœu national sont les parents de Marie [1]. Les Mères chrétiennes du P. de Ratisbonne (israélite converti) et la Confrérie Sainte-Anne se tournent vers le Cœur de Jésus en mettant leur chapelle sous le patronage de sainte Anne et saint Joachim. Le Canada français, lui, dédie la sienne à saint Jean-Baptiste. Joseph recueille les suffrages des lecteurs des *Annales* qui lui sont consacrées. Mais, bien sûr, Marie est à elle seule autant sinon plus invoquée que tous ces saints. Les marins l'invoquent sous le titre d'étoile de la mer et souscrivent une chapelle. Le diocèse de Besançon et celui de Rouen, des membres du clergé, les enfants de Marie, les Eudistes la vénèrent au titre de sa Conception ou de son Cœur Immaculés. Les personnes en deuil ou qui se préparent à la grande épreuve l'invoquent comme étant la Pietà qui prient pour eux à l'heure de leur mort.

Mais Marie ne répond pas seulement à ceux qui l'invoquent, elle invite tous les Français à la conversion par ses épiphanies nombreuses au cours de leur histoire et surtout en ce XIXe siècle. Le P. Monsabré le rappelle aux premiers souscripteurs :

> « Le Christ aime les Francs ; souvent, pour les consoler, les encourager, les avertir, leur reprocher leurs fautes, les inviter à la pénitence, il leur a envoyé sa très-sainte Mère, la douce et chère Dame de son Sacré Cœur » [2].

Ces appels précèdent celui que fait entendre le Vœu national : Lourdes et Montmartre, même combat pour la pénitence. C'est ainsi que sur le dessin d'Imlé (chap. 21), elle peut présenter la France pénitente à son fils comme d'ailleurs sur la mosaïque du chœur. Avant d'énumérer les nombreux signes

1. Les souscripteurs ne se situent pas par rapport aux personnages de l'Ancien Testament. La place de ce dernier dans la pensée des promoteurs et des décorateurs de l'ex-voto (manifestée surtout par les corbeaux intérieurs du dôme et les dossiers des stalles) sera examinée à propos de la contestation de l'usage qu'ils en ont fait dans les rapprochements entre Israël et la France, le Temple de Jérusalem et le sanctuaire national. Voir le chap. 29 au sujet du providentialisme.

2. P. Monsabré, *Discours*..., 1872, p. 18.

bien connus de la dévotion des Français pour Marie, le P. Alet introduit son discours sur les rapports de la France et de la Vierge, en faisant sien un adage commenté par Benoît XIV :

> « *Regnum Galliae, Regnum Mariae... numquam peribit* » ; « le Royaume de France, c'est le Royaume de Marie... il ne périra jamais »[1].

Excès oratoire s'il s'agit d'une perpétuité dans ce monde, affirmation imprécise s'il s'agit de la vie de la gloire, formule qui exprime en tout cas un amour singulier de la France et de Marie. Marie n'est pas seulement la reine de telle ou telle catégorie de Français, elle est reine de France. La France qui a accepté par le Vœu national de faire pénitence est désormais côte à côte avec sa reine sur la grande mosaïque du chœur pour se tourner vers le Christ, son Père et l'Esprit-Saint. Alexandre-Félix Legentil a dû résister à la pression de son entourage qui voulait que le vœu fût adressé à la Vierge Marie, sous le titre, par exemple, de Notre-Dame de la Délivrance. Pour lui, la France devait se laisser interpeller par le Christ d'abord. Le fait qu'elle et Marie soient en quelque sorte symétriques du Christ et tournées ensemble vers lui, n'est pas une façon de diminuer Marie (elle demeure après le Christ, la première des créatures humaines et la figure de l'Église), mais cela permet d'exalter la France – une façon de s'exprimer qui correspond à l'état d'esprit des promoteurs du Vœu dit national.

## 2. *Le Christ*

Le Christ est évidemment partout dans la basilique (voir chap. 21), mais cependant l'Union dans la Sainte Famille, les patrons et les ouvriers (au sein des Cercles catholiques d'Albert de Mun), les enseignants et leurs élèves se tournent particulièrement vers Jésus vivant au sein de sa Sainte Famille, vers Jésus-Ouvrier et vers Jésus-Enseignant : deux chapelles de la crypte en témoignent[2]. Les marins invoquent Jésus avec Marie lui qui a su tellement maîtriser les flots et rendre fructueux le travail de ses disciples. Ne peut-il

1. P. Alet, *La France*..., 1889, p. 78. Victor Alet ne donne pas de référence car cela est un lieu commun. Le jeune abbé Lemire l'utilise dans ses notes en mai 1877 (Jean-Marie Mayeur, *Un abbé*..., 1968, p. 39). Le peintre F. Humbert en 1874 devait en faire le sujet d'un panneau du décor de l'église Sainte-Geneviève (Pierre Vaisse, « F. Humbert... », 1977, p. 298). Colette Beaune, *La Naissance*..., 1985, p. 182-187, montre le lien qu'il y a entre la fête de l'Assomption de Marie et la première fête vraiment nationale instituée par Charles VII (à la suite de l'expulsion des Anglais de Cherbourg le 14 août 1450), fête sur laquelle se greffera le vœu de Louis XIII, donc le lien entre Marie et la France.

2. On a remarqué qu'il a fallu associer les souscripteurs de la chapelle de la Sainte Famille et ceux de la chapelle de Jésus-Ouvrier.

communiquer à tous ceux qui ne se refusent pas à lui ce qu'il a manifesté dans chacun de ces états et de ces actes de sa vie terrestre.

### 3. *Les amis de Jésus*

Une chapelle de la crypte (offerte par la paroisse de La Madeleine) et la procession « nationale » de la mosaïque du chœur gardent le souvenir de Lazare, Marthe et Marie [1], non pas seulement comme personnages évangéliques, amis de Jésus, bénéficiaires de son amour, mais comme missionnaires en Gaule, et surtout missionnaires de la pénitence avec Marie-Madeleine.

> « Tous trois abordent la côte de Provence sur la barque sans voiles [2]. Madeleine porte encore le vase de parfum précieux, symbole de son amour délicat et généreux. Marthe tient sereinement la tarasque enchaînée » [3].

Le P. Alet pense avoir établi son jugement d'une façon critique :

> « D'après une tradition qui revêt de jour en jour un caractère plus historique, Marseille et la Provence furent évangélisées par les trois membres de la famille de Béthanie » [4].

Les découvertes archéologiques auxquelles il fait allusion n'ont pas en fait fondé ces récits médiévaux, imagés et imaginés [5]. Il aurait été mieux inspiré de leur appliquer la méthode de réflexion critique qu'il utilise pour dater le *Testament de saint Rémi* du IXᵉ siècle et non pas du Vᵉ. Mais le P. Alet ne s'en émeut pas et trouve

> « qu'il témoigne du moins des vues et des souhaits qu'on lui attribuait au temps d'Hincmar, également archevêque de Reims, mais au IXᵉ siècle » [6].

1. On n'a pas à soulever ici le problème de l'unité ou de la multiplicité des femmes des Évangiles qui constituent la figure traditionnelle de Marie-Madeleine. L'iconographie de la France liée à cette figure a déjà été évoquée au chap. 21.

2. Dans laquelle les Juifs les ont mis après la Pentecôte, selon les récits indiqués ci-dessous.

3. P. Laligant, *Montmartre*..., 1923, p. 58. Le récit détaillé est accessible dans Jacques de Voragine, *La Légende dorée*, XIIᵉ siècle ; éd. Garnier, t. I, p. 456-466 pour Marie-Madeleine et t. II, p. 21-24 pour Marthe.

4. P. Alet, *La France*..., 1889, p. 96. Il est à l'unisson d'une *Vie de Marie-Madeleine* par le P. Lacordaire, de l'enseignement de l'abbaye de Solesmes et du « bréviaire romain qui a mis longtemps à recevoir la fête (mais dont) les leçons sont celles du bréviaire d'Autun de 1851 » (*VSB*, 29 juillet, p. 700). Le bréviaire réformé par Pie X donne encore tous les détails sauf la tarasque. Celui de Jean XXIII résume succinctement le séjour en France. Celui de Paul VI n'y fait plus allusion (voir *Bréviaires*, 1927). Nous ne sommes pas les seuls à interpréter positivement ce mythe de l'apostolicité de l'Église de France : G. Cholvy..., *Histoire*..., 1985, t. I, p. 223. Mgr Duchesne avait raison, mais une pensée « merveilleuse » a aussi droit de cité (voir Emile Poulat « La religion... », dans le cahier de *L'Herne* sur Léon Bloy, 1988, p. 254-263).

5. *VSB*, surtout « Marie-Madeleine », 22 juillet, p. 526-543, mais aussi « Marthe », 29 juillet, p. 697-701, « Lazare », 17 décembre, p. 511 et « Maximin », 8 juin, p. 143.

6. P. Alet, *La France*..., 1889, p. 26. En cela, le P. Alet rejoint J. Devisse qui a fait une thèse sur Hincmar. Voir Michel Sot, « Du bon usage de l'hagiographie médiévale », *L'histoire*, n° 1, mai 1978, p. 69-70. « L'hagiographie est un document de premier ordre, non [seulement, ajoutons-nous] pour les faits qu'elle rapporte, mais [aussi] pour l'histoire des manières de penser et d'agir dans la société où elle a été composée. La *Vie de saint Rémi* nous apprend moins sur Rémi que sur Hincmar. » Cependant Rémi a existé : on le connaît à travers Hincmar et d'autres sources.

Au XIIe comme au XIXe siècle, l'adhésion des chrétiens aux récits symboliques et historicisés des aventures de Lazare et de ses sœurs, récits composés semble-t-il au XIIe siècle, traduit, au moins, leur certitude que la médiation des générations chrétiennes assure un contact immédiat avec le Christ. Elle dit aussi que la foi chrétienne vient d'ailleurs, et que la France chrétienne commence pour eux avec les Gaulois et les Gallo-romains devenus chrétiens[1] après avoir reconnu leurs péchés et fait pénitence comme Marie-Madeleine. Il convenait, selon le P. Alet, que la terre de France qui allait devenir la terre du Sacré Cœur avec Marguerite-Marie soit la terre dans laquelle reposent les amis de Jésus ! Quand Mgr Terris, évêque préconisé de Fréjus et Toulon, vient prier à la chapelle provisoire et y proclamer son amour pour le Cœur de Jésus et la France, il est solidaire de ces lointains et si proches apôtres du Christ :

> « Les bords de la Méditerranée aiment le Sacré Cœur : ils ont appris à le connaître et à l'aimer en recevant l'Évangile de la bouche de saint Lazare que Jésus aimait »[2].

## *4. Les premiers disciples du Christ*

Il n'y a pas à s'étonner que, parmi les Apôtres, Pierre ait droit à un traitement particulier. C'est en quelque sorte la générosité de Pie IX et de Léon XIII, conjuguée à celle du diocèse de Coutances (pourquoi ?) qui a fait dédier au chef des Apôtres la chapelle centrale de l'abside de la crypte en fonction de sa place significative. Toute la question romaine et celle de l'infaillibilité pontificale sont présentes dans l'ex-voto construit pour la libération du pape à travers le personnage de saint Pierre[3]. Quant à saint Jean, la Société d'artistes chrétiens qui porte son nom l'a revendiqué et lui a consacré une autre chapelle[4]. Saint Luc a traditionnellement bénéficié de la piété des médecins. Le diocèse de Meaux a pu souscrire une niche en l'honneur de saint Etienne son patron. Les Missionnaires du Saint-Esprit ont pensé un temps avoir une chapelle dédiée uniquement à saint Paul[5], mais il leur a fallu faire bon ménage avec les parlementaires et le diocèse de Paris, et saint Paul avec saint Denis.

1. On peut d'ailleurs y lire autre chose. Elizabeth et Jürgen Moltmann, *Dieu*..., 1984, p. 41, en font une lecture féministe. Ils ont remarqué avec étonnement, « dans l'art actuel en vogue [représenté par la basilique du Sacré-Cœur – sic], des images de sainte Marthe missionnaire accompagnée du dragon ».

2. *BVN*, 1876, p. 114.

3. Sur la mosaïque du chœur, Pierre proclame : *Domine, tu scis quia amo te* ! (*Jean* 21, 15).

4. Sur la mosaïque du chœur, l'apôtre bien-aimé dit de Jésus par rapport à ses disciples : *In finem dilexit* (*Jean* 13, 1).

5. Sur la mosaïque du chœur, Paul affirme du Christ : *Dilexit me et tradidit semetipsum pro me* (*Galates* 2, 20)

Ainsi les souscripteurs du Vœu national se reconnaissent-ils dans le Christ à deux titres : celui de son appartenance à un peuple et à une patrie par sa famille, son éducation, son travail et ses amis ; celui au titre de son œuvre de fondateur d'Église par les apôtres et évangélistes. On retrouvera constamment cet enracinement de la fameuse formule : Catholique et Français toujours ! L'Église et une patrie !

## B. La fin de l'Antiquité

### *1. Les martyrs et Constantin*

Deux diocèses souscripteurs, Nevers et Nantes, se réfèrent différemment aux martyrs : le premier vénère saint Cyr et sainte Julitte (IV^e siècle, Tarse ?) dont il possède les reliques, le second honore ses Enfants nantais, saint Donatien et saint Rogatien, dont en 1889 on fêtait le XVI^e centenaire plutôt que celui de la Révolution [1]. Quant aux Ursulines, elles tiennent à prendre place dans l'ex-voto national par le souvenir et la légende de sainte Ursule à la tête des Onze mille vierges et de Cordula martyres des Huns [2]. On ne sait à qui on doit particulièrement la présence sur la mosaïque du chœur de saint Ignace d'Antioche [3], de sainte Agnès [4] et de saint Augustin (Les Mères chrétiennes ont quant à elles associé sainte Monique à sainte Anne). Ce qui est sûr, c'est que les catholiques de cette époque sont bien conscients du tournant pris par l'Église en cette fin de l'Antiquité avec la conversion de Constantin. Ils s'expriment positivement à ce sujet par l'usage qu'ils font de la célèbre formule : *En toutô nika*, Triomphe par ceci, en latin, *In hoc signo vinces*, qui accompagne comme l'on sait la vision de Constantin et que le Christ redit en songe au futur empereur. Interprétées par l'épiscopat du temps, ces réponses du ciel à sa prière le conduisirent à fabriquer le fameux *labarum* et à faire apposer le chrisme sur les boucliers de ses soldats avant la bataille et la victoire du pont

1. Voir Michel Lagrée, « Les catholiques bretons » dans Pierre Colin, *Les catholiques*..., 1989, p. 52. Le diocèse de Nantes offre une statue des Enfants nantais exécutée par P. Potet lors d'un pèlerinage de huit cents hommes avec Mgr Coq à leur tête. Mgr Richard, leur compatriote et auteur d'un livre sur les saints du diocèse, était parmi eux (*BVN*, 1885, p. 450-453).
2. Fête le 21 octobre. Voir *VSB*.
3. *Tantum Christo amor* accompagne sa figure sur la mosaïque.
4. *Amo Christum*, de même.

Milvius contre Maxence [1]. Au XIXe siècle [2], l'image du Cœur de Jésus sur une croix ou surmontée d'une croix est pour beaucoup de catholiques un nouveau signe par lequel ils espèrent vaincre le monde païen moderne. Les images de piété du P. Voirin placent cette formule autour du motif du cœur; le P. Jonquet la commente; la bannière des Cercles catholiques d'ouvriers en est décoré; Léon XIII lui-même y fait allusion [3]. Toutes ces références soit aux martyrs soit à Constantin montrent combien les catholiques du Vœu national comptent sur les dimensions mystique et « politique » de la foi chrétienne, sur la force de la vie religieuse tant privée que publique [4]. Mais avant de se référer à Clovis, le nouveau Constantin pour les royaumes nouveaux, Denis, Martin et Geneviève retiennent leur attention.

## 2. *Denis et Martin*

Pas plus que pour les saints de Béthanie, il n'est question de faire ici le point de nos connaissances sur l'arrivée du christianisme à Lutèce [5] et dans les Gaules, mais de voir ce que pensent les constructeurs du Sacré-Cœur quand ils dédient à Denis et à Martin deux chapelles de la crypte et les mettent dans la procession de ceux qu'ils considèrent comme des « gloires nationales » qui s'avancent vers le Christ [6]. C'est le 21 avril 1881 que le cardinal Guibert

1. Voir le merveilleux récit de l'abbé Rohrbacher, *Histoire...*, 1842, t. VI, p. 145 qui cite Eusèbe de Césarée.

2. Avant le XIXe siècle, la référence à Constantin est souvent faite : voir aussi bien Grégoire de Tours, *Histoire des rois francs* (2, 31) au VIe siècle lui comparant Clovis que la lettre en date du 17 mars 1724 de la mère Coing à Mgr Languet (*BVN*, 1897, p. 22) invitant Louis XV à ressembler à Constantin.

3. *BVN*, 1890, p. 209-210 ; P. Jonquet, *Montmartre*, 1890, p. 157 ; photographie 85 SCM 886 X ; mosaïque de la chapelle Marguerite-Marie.

4. En se référant ainsi à Constantin, les catholiques du Vœu national ne prônent pas le « césaropapisme », mais simplement à leurs yeux la nécessaire dimension publique de la foi.

5. Pour le P. Alet (*La France...*, 1889, p. 116) « la plus grande somme de probabilités reste à la thèse traditionnelle » qui confond Denis d'Athènes (1er siècle) avec Denis de Paris (3e siècle). Il admire pour eux-mêmes les écrits de « Denis le Mystique » (vers 500), p. 125, en ne les attribuant ni à Denis d'Athènes, ni à Denis de Paris qui pour lui ne font qu'un. Ce n'est pas le cas de l'abbé René Tardif de Moidrey (voir saint Michel, ci-dessous) qui se fait l'écho à Montmartre de la théorie de la fusion des trois Denis (*BVN*, 1878, p. 141). L'évêque latin d'Athènes, Mgr Marengo, dont l'évêché vient d'être érigé et la cathédrale construite, envoie en 1886 au Comité de construction une pierre de l'Aréopage (*HSC*, t. II, p. 277 et P. Jonquet, *Montmartre*, 1890, p. 325). On sait que l'identification entre le Mystique et l'Aréopagite existe dès l'apparition des écrits au VIe siècle, soutenue par les partisans de Sévère d'Antioche et contestée alors par les catholiques et que Hilduin, vers 850, est le témoin de la synthèse des trois, liée à Montmartre, à la « céphalophorie » et à l'abbaye de Saint-Denis. Voir Etienne Gilson, *La philosophie...*, 1952, p. 80 et 201 ; Roger Aubert, « Denis », *DHGE*, vol. 14, 1960, p. 296-310 ; P. Vallin, « Claire Falla – L'Apologie d'Origène par Pierre Halloix (1648) » dans *RSR*, 1985, p. 415-416 et Colette Beaune, *La Naissance...*, 1985, p. 83-125. *VSB*, 9 novembre, p. 270-288 n'est pas suivi par Patrick Perin, *Lutèce...*, 1984, p. 368, en ce qui concerne le lieu du martyre. Ce dernier présente Denis comme un évêque missionnaire du milieu du IIIe siècle, martyrisé probablement à Montmartre et enterré dans le futur Saint-Denis alors que le P. Baudot conteste le martyre à Montmartre.

6. Même si les responsables ne suivent pas Paul Abadie qui avait prévu pour la façade une statue équestre de saint Martin partageant son manteau avec un pauvre (chap. 22).

vient bénir la première chapelle construite (grâce au diocèse de Tours et à l'Union catholique et sociale de la Touraine) et dédiée à saint Martin, son prédécesseur sur le siège de Tours au IVe siècle, apôtre des Gaules et un des patrons de la France. Cette cérémonie se fait dans la plus grande discrétion, les membres du Comité étant invités seulement la veille. L'année 1880 a été une seconde « année terrible », mais seulement pour les catholiques (P. Monsabré). Le programme de laïcisation de la société française est en voie d'exécution. Le conseil municipal de Paris demande l'abrogation de la loi de 1873 (voir chap. 24). Mgr Guibert prie spécialement « pour ceux qui s'opposent à l'achèvement du monument national. Il demande leur conversion. Il proteste de sa volonté de ne vouloir faire que du bien. Il s'interroge : pourquoi nous condamnent-ils, comme si nous voulions faire du mal ? » [1]. À la fin de la messe dans la chapelle Saint-Martin, il désigne l'emplacement de la chapelle dédiée à saint Denis. Ce sera celle qui lui est symétrique :

> « Les deux grands patrons de la France se trouveront ainsi les premiers placés et vénérés dans la basilique du Sacré-Cœur : ce sont les deux sentinelles qui en gardent l'entrée ».

Mgr Guibert voudrait être habité du même esprit missionnaire que Denis ou Martin. À quatre-vingts ans, mourra-t-il de mort violente comme Denis, dans un monde encore païen et comme son prédécesseur dix ans plus tôt, Mgr Darboy, ou mourra-t-il paisiblement, dans une société devenue chrétienne, comme Martin « levant les yeux vers un globe de feu, ardent comme l'amour qui remplissait son cœur pour le Christ-Roi » [2] ? Mettre ainsi Denis et Martin sur le même plan, c'est donner à l'évêque de Paris un rôle « national » que seul précédemment Martin est censé avoir tenu dans l'histoire de France. Mgr Guibert inaugure un tel rôle lorsqu'il reçoit le gouvernement de la Défense nationale à Tours et le continue à Paris en construisant ce sanctuaire qui lui appartenait en propre, et qui, dans son esprit, était au service de l'Église de France et de la France tout entière.

### 3. *Geneviève*

La présence dans l'église du Vœu national d'une chapelle dédiée à sainte Geneviève et d'une statue de la patronne de Paris, souscrites à la fois par le diocèse de Paris, les Dames de Sainte-Geneviève et le conseil des Comités

1. *BVN*, 1881, p. 266.
2. P. Laligant, *Montmartre*, 1923, p. 59. Inscription qui se trouve sur la mosaïque du chœur : *Totis visceribus diligebat Christum Regem.*

catholiques, se relient dans l'esprit des constructeurs du Sacré-Cœur au problème brûlant du Panthéon, lieu et signe d'intense contradiction au XIXe siècle. L'église Sainte-Geneviève devient le Panthéon en 1791 (les reliques de la sainte sont brûlées en 1793), redevient église en 1806. À nouveau, Panthéon en 1830, elle est rendue au culte en 1851. C'est dans ce contexte qu'en 1853 Mgr Sibour établit « une confrérie des Dames de Sainte-Geneviève, dont le but était d'honorer la sainte, d'expier l'outrage fait jadis à ses reliques et de solliciter par des prières quotidiennes l'intervention de sainte Geneviève en faveur de la France, et spécialement de la ville de Paris » [1].

En 1876, cet institut dont l'assistante générale est la comtesse de Kersaint, demande une chapelle dans l'ex-voto national et l'obtient [2]. En attendant l'ouverture de la basilique, on inaugure une statue dans la chapelle provisoire [3]. La patronne de Paris est aussi la patronne de la France: les initiatrices parisiennes espèrent «grouper les femmes chrétiennes de France». L'histoire de Paris et l'histoire de la France se confondent tout comme les destins de l'Église de Paris et l'histoire de l'Église de France. Les choses auraient pu en rester là si à partir des funérailles de Victor Hugo, en 1885, l'église de Soufflot n'était pas redevenue le Panthéon des grands hommes. Un éditorial des responsables de l'Œuvre fait le point sur une certaine agitation des esprits dont la basilique est le prétexte:

> « Plusieurs journaux ont proposé que la statue de sainte Geneviève fût placée sur le faîte du sanctuaire de Montmartre ; cela ne saurait être. Sainte Geneviève est bien la patronne de Paris, mais notre monument, quoique situé à Paris, n'appartient pas en particulier à cette ville ; il appartient à la France entière, et la croix seule peut le surmonter [...] Cette croix éloigne toute pensée de particularisme, de lutte ou de récrimination ; et de même que, sur le Calvaire, elle a été dressée pour tous, de même sur notre monument, construit pour tous, elle est le plus touchant appel à la miséricorde et à la charité » [4].

Le dimanche 7 juin 1885, la chapelle Sainte-Geneviève est inaugurée avec l'installation d'une première statue déjà offerte à l'Œuvre du Vœu national: le compte rendu en reste très discret [5]. Il faut attendre 1888, pour apprendre que des cérémonies de réparation ont été organisées à Montmartre à propos de la nouvelle désaffectation de l'église Sainte-Geneviève. Cette année-là voit l'inauguration solennelle d'une nouvelle statue sculptée par Frédéric Bogino. À la prédication enflammée de l'abbé Ferdinand Brettes:

1. Dom Dubois, *Sainte...*, 1982, p. 117. Cette confrérie aurait aussi pu prendre place dans le chapitre 4 à propos du patriotisme des catholiques avant 1870.
2. *BVN*, 1876, p. 128 et 166.
3. Voir Mgr Mermillod, chap. 3.
4. *BVN*, 1885, p. 598.
5. *BVN*, 1885, p. 604.

« O Geneviève ! ne quittez pas la France ; restez avec nous ; s'il est une France qui blasphème et qui profane, il en est une qui répare »,

répond le paisible enseignement du cardinal Richard, archevêque de Paris depuis deux ans :

« Deux leçons nous sont données dans ce sanctuaire : 1° Une leçon de charité [...] 2° Une leçon de dévouement [...] Daigne notre grande Patronne, qui a tant aimé Paris et la France, et qui ne s'est lassée de se dévouer, nous obtenir du Sacré Cœur la charité et le dévouement » [1] !

Geneviève est le couronnement de la christianisation des Gaules opérée par les missionnaires-évêques, martyrs ou non, et grâce à la conversion de Constantin. Quatorze siècles plus tard, les uns comme les autres, les témoins de l'Église comme de la société christianisée, sont des références fondamentales pour les catholiques du Vœu national.

## *II. LES RÉFÉRENCES MÉDIÉVALES*

### A. Clovis, Clotilde et Rémi

Les membres de la Société Saint-Vincent de Paul qui jouent un rôle si considérable dans la construction du Sacré-Cœur n'ont pas pu ne pas lire les écrits de Frédéric Ozanam, professeur en Sorbonne d'histoire de la littérature autant que fondateur d'œuvres. Tel passage d'un de ses livres retient ici l'attention :

« Le chef d'une tribu guerrière descendit dans le bassin baptismal : trois mille compagnons l'y suivirent. Et quand ils en sortirent chrétiens, on aurait pu voir en sortir avec eux quatorze siècles d'empire, toute la chevalerie, les croisades, la scolastique, c'est-à-dire tout l'héroïsme, la liberté, les lumières modernes. Une grande nation commençait dans le monde : c'étaient les Francs [...] Quand les Francs mirent le pouvoir séculier au service du christianisme, ils posèrent le principe d'où sortit toute la politique du moyen âge » [2].

1. *BVN*, 1888, p. 763-765.
2. F. Ozanam, *Œuvres*..., 1849, t. II, p. 54 et 61.

Pour Adolphe Baudon, les événements de septembre 1870 font penser à la fin du Vᵉ siècle.

> « Que l'empereur fasse une promesse solennelle comme Clovis à Tolbiac ! Il est aussi malade que lui l'était à ce moment » [1].

On comprend pourquoi le contact s'établit si bien entre le P. Monsabré et son auditoire quand, en 1872, l'orateur proclame :

> « Tolbiac... nom de salut plus encore que de gloire... Dieu fait des miracles » [2].

De son côté, Mgr Langénieux, archevêque de Reims, a réclamé pour son diocèse une chapelle[3]. La quatrième chapelle de la crypte sera donc dédiée à saint Rémi, ce qui permet d'évoquer Clovis, Clotilde étant mentionnée par ailleurs dans la chapelle Sainte-Radegonde (voir ci-dessous). Le P. Alet peut ainsi parler de saint Rémi comme du « patriarche de la nation française » [4]. Par ailleurs, dans l'atmosphère des festivités du quatorzième centenaire du baptême de Clovis, en 1896, le P. Lemius, supérieur des chapelains, invite chacun à souscrire en rappelant :

> « À Tolbiac, le Christ a fait siens les Francs, et, bien qu'ils aient souvent manqué à leur vocation, il les aime toujours » [5].

Il développe aussi cette comparaison : la monarchie française et chrétienne est née à Tolbiac ; de même, la démocratie française et chrétienne naît à Montmartre par la souscription du Vœu national (voir chap. 15). De l'époque des Mérovingiens et des Carolingiens vient une formule qui fait vibrer les promoteurs du Vœu national : « Vive le Christ qui aime les Francs ». On la trouve, bien sûr, sous la plume du P. Monsabré, du P. Alet et du P. Lemius. Elle est extraite du prologue de la loi salique que le P. Alet cite presque intégralement[6]. Ce texte est bien trop long pour avoir quelque influence sur les fidèles, mais quel slogan, en revanche, que le *Vivat qui Francos diligit Christus* ! [7]

1. Lettre de A. Baudon à A. Thureau-Dangin dans J. Schall, *Un disciple*..., 1897, p. 555.
2. P. Monsabré, *Discours*..., 1872, p. 17.
3. P. Laligant, *Montmartre*, 1919, p. 125.
4. P. Alet, *La France*..., 1889, p. 75.
5. *BVN*, n° suppl. juin 1896, p. 3.
6. P. Alet, *La France*..., 1889, p. 32. On lit aussi ce prologue dans G. Tessier, *Le Baptême*..., 1964, p. 341.
7. Devise qu'on trouve aussi comme refrain au cantique *Souviens-toi* où il est question de Clovis, de Charlemagne, des Croisades, de saint Louis et de Jeanne d'Arc (voir Recueil des *Frères des Écoles chrétiennes*, 1946). Alors que Constantin et Charlemagne ont été quelque temps canonisés, cela n'a jamais été le cas de Clovis. Voir Colette Beaune, *Naissance*..., 1985, p. 55-77. Les catholiques ne se sont jamais nourris d'illusions sur ses vertus grâce à Grégoire de Tours, *Histoire des rois francs*, Gallimard, coll. « L'Aube des peuples », 1968-1990, 200 p., p. 38, qui raconte toutes ses turpitudes. Ils ont vu en lui cependant l'initiateur d'une société catholique.

## B. Reines, religieux et évêques des VIe-VIIIe siècles

D'autres saints du Moyen Age donnent aux souscripteurs du Vœu national le moyen de s'exprimer et de figurer dans l'ex-voto de pierre. Les diocésains de Poitiers entraînés par la comtesse de Beauchamp[1] et encouragés par Mgr Pie[2] se sont reconnus dans sainte Radegonde, belle-fille de Clovis et fondatrice du monastère de Sainte-Croix près de Poitiers[3]. Sainte Bathilde, reine, régente et religieuse à Chelles (VIIe siècle) n'est pas oubliée. Saint Benoît à qui est dédiée une chapelle dans la crypte ne pouvait pas être négligé par ses fils spirituels d'autant qu'on y joindra saint Bernard (voir ci-dessous) et sainte Gertrude (voir chap. 30). Sainte Opportune, abbesse au diocèse de Séez (VIIIe) et saint Latuin, évêque fondateur de celui-ci, ont également une chapelle dans l'église basse. Saint Claude, évêque de Besançon et saint Malo, évêque d'Aleth, à l'embouchure de la Rance (VIIe siècle tous les deux) ont des statues[4]. Les catholiques français du XIXe siècle tiennent ainsi à tous ces saints locaux qui ont travaillé en profondeur à la christianisation de la France. Mgr Odelin rappelait même à propos de ces évêques qu'ils avaient « fait la France » (voir chap. 19).

## C. Saint Aubert, saint Michel et la France

Parmi les évêques, il y a aussi Aubert, évêque d'Avranches (VIIIe siècle). Il est mentionné à cause de sa vision. Il figure en effet sur la mosaïque de la chapelle de l'Armée avec l'apparition de l'archange saint Michel qui lui montre la future abbaye. Le nom même de Michel (en hébreu, *Mikaël*), traduit en latin sur son étendard (*Quis ut Deus?*), exprime la transcendance de Dieu : qui est comme Dieu ? Dans le chœur, Michel est à nouveau présent aux côtés de la France. Il est son ange protecteur, son patron, comme il est celui du peuple de Dieu[5]. Le 3 juillet 1877, dans un mont Saint-Michel rendu au culte en 1863, a lieu une cérémonie au succès retentissant. Il n'en fallait pas plus pour

1. Voir sa note rédigée pour H. Rohault de Fleury en 1892 (ASCM) et les travaux inédits d'Alain Volat communiqués à l'auteur.
2. Dès 1850, Mgr Pie s'est intéressé à sainte Radegonde : il commande une belle châsse à J. -B. Lassus (voir J. -M. Leniaud, *Jean-Baptiste*..., 1980, p. 162). Voir aussi notre chap. 3.
3. Les traits de la *Sainte Radegonde* par Paul Moulins sont, selon le souhait de la comtesse de Beauchamp, ceux de sa belle-fille décédée avec six adoratrices de Montmartre dans l'incendie du Bazar de la Charité (*BVN*, 1899, p. 49).
4. Mais saint Sernin (Toulouse), saint Sigisbert (Nancy), saint Aignan (Orléans) n'ont qu'un hémicycle.
5. *Daniel* 10, 21 et 12, 1.

que quelques mois plus tard on inaugurât une statue de l'archange dans la chapelle provisoire de Montmartre. L'abbé René Tardif de Moidrey est sollicité et le *Bulletin du Vœu national* donne un résumé de son discours [1]. Pour lui, Montmartre est

« le lieu où Saint Michel terrasse l'esprit d'orgueil par l'esprit du Cœur de Jésus, qui veut s'enraciner désormais dans le cœur de la nation, pour y régner souverainement, comme ce monument s'enracine dans le sein de cette montagne, où il puise sa solidité, afin de pouvoir la surmonter et la dominer » [2].

La France au cours de son histoire a eu saint Michel comme interlocuteur. Aujourd'hui, saint Michel se tourne vers le Cœur de Jésus et invite la France à en faire autant [3]. Paul Féval se fait l'écho de cet enseignement pour le grand public :

« J'ai vu saint Michel archange debout à la garde du Sacré Cœur de Jésus au sommet de Montmartre.... Que la France ait une gloire ! Que cette gloire ait une âme » [4].

En 1908, lors de la bénédiction de la statue du chevet de la basilique, Mgr Amette fait l'apologie de l'ange gardien de la France. Son culte est le grand remède contre le mépris des droits de Dieu [5]. Si la dévotion à saint Michel a pu être un temps liée au comte de Chambord né le jour de sa fête, l'intérêt porté à l'archange dépasse à l'évidence cette simple coïncidence [6]. Nous n'en voulons pour preuve que la consécration nationale à l'Archange en 1912. En effet, à l'occasion de la fête nationale de Jeanne d'Arc, tous les évêques de France consacrent leur diocèse à saint Michel et espèrent ainsi consacrer la France [7]. Dès lors, il est difficile d'imaginer son omission sur la mosaïque du chœur tellement tous les souscripteurs attendent de lui aide et protection.

1. Paul Claudel fera grand cas de ses travaux exégétiques. Voir P. Claudel, *Œuvres*..., 1938, p. 9-13. Il admire le caractère « original et qui n'est que traditionnel » de l'exégèse du livre de Ruth, livre que l'abbé de Moidrey a publié avec un commentaire. Voir Emile Poulat, « La religion de Léon Bloy » dans *L'Herne*, 1988 et Jean-Paul Laurent, *La Clé*..., 1988. Voir aussi l'article « Tardif de Moidrey » dans *DSAM*.

2. *BVN*, 1878, p. 140 – 146.

3. Pour étoffer le contexte, on peut rappeler les « Prières prescrites par S. S. Léon XIII après la célébration des Messes basses privées » en usage jusqu'à la réforme liturgique de 1965. Le fidèle s'adresse d'abord à Marie en disant trois *Ave* et un *Salve Regina* ; puis, pourrait-on dire, avec Marie, se tourne vers Michel : « Saint Michel Archange, défendez-nous dans les luttes de la vie ; contre la malice et les embûches du démon, soyez notre secours. Nous vous supplions instamment : Que Dieu lui fasse sentir sa puissance ! Et vous, Prince de la milice céleste, par la vertu divine, refoulez en enfer Satan et les autres esprits mauvais qui rôdent dans le monde pour perdre les âmes. Ainsi soit-il ». Ensuite, tous ensemble, ajoutons-nous, s'ils le veulent, ils invoquent le Christ : « Cœur très sacré de Jésus, ayez pitié de nous » (trois fois).

4. P. Féval, *Les Merveilles*..., 1879, p. 37.

5. *BVN*, 1908, p. 165.

6. Voir Colette Beaune, *Naissance*..., 1985, p. 188-206.

7. Voir Vincent Klee, *La consécration nationale de la France à l'archange saint Michel*. Strasbourg, Klee, 5 rue Sainte-Odile, 1989. 11 x 17 cm, 382 p. L'auteur y reproduit les actes de consécration de chacun des diocèses (selon M. Tremeau dans *Esprit et Vie*, n° 27, 5 août 1990, p. 197 de couverture).

## D. Les croisades, saint Bernard et saint Louis

Pour les artisans du Vœu national, les croisades et leurs protagonistes ainsi que saint Louis apparaissent comme le sommet du Moyen Age. Ils se souviennent certainement de la phrase de Charles de Montalembert :

> « Nous sommes les fils des Croisés. Nous ne reculerons pas devant les fils de Voltaire »[1].

La décoration du Sacré-Cœur commémore les croisades et la délivrance des Lieux saints sur l'un des vingt corbeaux intérieurs du dôme[2]. Saint Bernard, prédicateur de la deuxième croisade est associé à saint Benoît pour une chapelle de la crypte. Comme docteur marial, il a les traits d'un des quatre archevêques de Paris liés au Vœu sur un pendentif de la coupole de la Sainte-Vierge. Bernard figure enfin sur la mosaïque du chœur, lui qui est venu à Montmartre avec Eugène III pour la consécration de l'église Saint-Pierre[3]. Saint Louis, quant à lui, est plusieurs fois représenté : sur un corbeau du dôme, dans le chœur, en statue équestre à la façade ; une chapelle lui est dédiée, offerte par le barreau et la magistrature, par des paroisses qui portent son nom, par les diocèses de Versailles et de Rennes[4]. Alexandre fait parler le saint roi en lui attribuant une belle formule : « La mesure d'aimer Dieu, c'est de l'aimer sans mesure »[5]. Ainsi la dimension mystique l'emporte sur ses aspects politiques et militaires. C'est sa vie spirituelle que l'initiateur du Vœu a voulu insuffler à son entreprise. Car Montmartre à sa suite, c'est surtout une véritable croisade par l'esprit. Pour soutenir son effort de constructeur, durant quarante ans, Hubert Rohault de Fleury répètera : Dieu le veut !, un cri qui reprend celui des croisés[6]. Le P. Voirin reprend ce même cri et parle des « croisés du Sacré-Cœur »[7]. Le P. Yenveux baptise « croisade angélique », un mouvement de prière ouvert aux enfants[8] et lance aussi une « croisade de prières » (voir chap. 15). Quand l'abbé Loutil, journaliste à *La Croix*, écrit sous le nom

1. On peut la lire sur sa tombe dans le cimetière de Picpus à Paris.
2. *BVN*, 1900, n° suppl., p. 18.
3. Un chien est à ses pieds : il s'agit certainement d'une erreur car le chien est généralement le signe distinctif de saint Bernard de Menthon, le fondateur des hospices situés aux cols qu'on appelle, depuis ce temps, Grand et Petit-Saint-Bernard et où des chiens étaient dressés à retrouver les voyageurs égarés dans la montagne. Sauf le respect qu'on lui doit, on ne voit pas ce que viendrait faire saint Bernard de Menthon sur la mosaïque du chœur du Sacré-Cœur.
4. *BVN*, 1886, p. 95.
5. Alexandre-Félix Legentil, *Élévations*..., 1892, p. 72. Voir nos pièces justificatives.
6. *BVN*, 1886, p. 22, suppl. jan. p. 3.
7. *BVN*, 1888, p. 561.
8. *BVN*, 1886, p. 74.

de Pierre l'Ermite, l'un des prédicateurs de la première croisade, il fait brusquement monter la souscription pour l'achèvement du grand dôme[1]. Le titre donné par le bénédictin Guillaume de Nogent à son histoire de la première croisade : *Gesta Dei per Francos*, c'est-à-dire « les actes de Dieu accomplis par les Francs »[2], est souvent cité[3]. Le P. Voirin s'en sert pour introduire ses réflexions :

> « De tout temps, Dieu s'est servi de sa fille aînée pour accomplir ses œuvres, ce qui faisait répéter à tous les peuples ce vieil adage »[4].

Au moment de la décoration du dôme, le huitième centenaire de la première croisade (1095-1895) donne lieu à une série de manifestations exaltant les *Gesta Dei per Francos*[5]. Montmartre, à sa place, y participe au sein des catholiques ralliés.

## E. Bruno, Isidore, François et Dominique

Les références médiévales des souscripteurs seraient incomplètes si on ne mentionnait pas la chapelle et la statue de saint Bruno souscrites par les Chartreux et la tribune de saint Isidore par un comité d'agriculteurs, mais surtout les multiples mentions des Franciscains et les Dominicains. Saint François d'Assise apparaît sur la mosaïque du chœur et partage sa chapelle avec sainte Claire et saint Antoine de Padoue qui lui, comme presque partout dans les églises, a sa statue par ailleurs. Le P. Ubald de Chanday qui a beaucoup prêché pour le Vœu national doit bien avoir sa part de responsabilité dans cette présence franciscaine. Quant à saint Dominique, sur l'autel de sa chapelle, il trône entouré de dominicains plus ou moins parisiens : saint Thomas d'Aquin et saint Albert le Grand, le bienheureux Innocent V et saint Réginald. Le docteur angélique (Thomas) et le docteur séraphique (saint Bonaventure) de plus décorent deux métopes de la chapelle Saint-Louis. Les

1. Pierre L'Ermite, *Ma main*..., 1954, p. 116.
2. Mgr Louis Duval-Arnould, « Au temps... » dans *Le Saint-Siège*..., 1987, p. 15. Entre Guillaume de Nogent (contemporain de la première croisade) et le XIXe siècle, il y a au moins la reprise faite par Jacques Bongars (1611) selon Michel Lemonnier, o. p., *Histoire de l'Église*, 1983, p. 115.
3. P. Alet, *La France*..., 1889, p. 38. Comme pour le « *Vivat qui Francos diligit Christus* ! », il faudrait repérer si ces formules ont été utilisées à chaque siècle depuis leur création ou bien si elles sont surtout réapparues au XIXe siècle. Pour les *Gesta Dei per Francos* on a au moins relevé Joseph de Maistre, *Du pape*..., 1822, p. 217.
4. *BVN*, 1889, p. 794. Voir aussi vingt ans plus tard, *BVN*, 1909, p. 115.
5. Gérard Cholvy, *Histoire*..., 1985, t. II, p. 91.

fils de Lacordaire tant de l'ordre que du tiers ordre auquel appartenait Hubert Rohault de Fleury ont ainsi voulu manifester leur attachement à leurs ancêtres dans la foi.

Comme pour l'antiquité, on peut regrouper les références des souscripteurs dans les deux ensembles constitutifs de leur vision de monde (sans oublier le monde angélique): l'Église et la Cité. Papes, évêques, clercs d'une part qui marquent la présence dans le monde du Dieu incarné et rois, reines, chevaliers et pieux laïcs qui constituent la cité terrestre. Là encore les catholiques et Français du XIX^e siècle se reconnaissent dans un Moyen Age connu et imaginé.

## *III. LES RÉFÉRENCES MODERNES*

### A. Les saintes du XV^e siècle

Sainte Catherine de Sienne (qui est sur la mosaïque du chœur) et quatre saintes françaises du XV^e siècle servent de référence aux constructeurs du Sacré-Cœur: Colette de Corbie, Françoise d'Amboise, Jeanne de France et bien sûr Jeanne d'Arc. Colette (+ 1447) de Corbie (ville de la Somme) est une réformatrice de la famille franciscaine. Les Franciscains de France du XIX^e siècle se devaient de la joindre à François et à Claire d'Assise ainsi qu'à Antoine de Padoue dans une chapelle de la crypte. La bienheureuse Françoise d'Amboise (+ 1485), duchesse de Bretagne et carmélite, est associée aux reines de France dans la chapelle sainte Radegonde. Mgr Richard a écrit sa biographie et a choisi sa devise dans son œuvre [1]. Sainte Jeanne de France (ou de Valois), reine répudiée, est fondatrice d'un ordre contemplatif, les Annonciades. Elle rejoint à juste titre Clotilde, Radegonde, Bathilde et Françoise d'Amboise [2].

1. En 1864, la Congrégation des Rites venait de confirmer le culte qui lui était rendu de si longue date. L'œuvre de l'abbé Richard est de 1865. P. Baudot, *VSB*, 1935, 4 novembre. « Qu'en toutes choses Dieu soit le plus aimé! »

2. Canonisée en 1950. Extrait de la conclusion de J. -F. Dreze, *Raison d'État*..., 1991, p. 215: « Tout en obéissant à la loi d'airain de la raison d'État, la fille de Louis XI a dénoncé par son vécu de charité, d'humilité et de paix l'invasion d'un césarisme léonin dans l'Église de France, et par là dans tout le patriarcat romain d'Occident, en l'occurrence, l'empire du politique et de la guerre sur l'Église. »

## B. Jeanne d'Arc, le Vœu national et la France

En quelques décennies Jeanne d'Arc va cependant éclipser toutes les figures féminines de la France chrétienne et de l'Église de France. Les réactions des promoteurs du Vœu national à l'égard de Jeanne d'Arc méritent d'être suivies pas à pas, pour autant qu'on le puisse, car le sujet est très vaste[1]. Sa présence dans la basilique est importante bien que Jeanne n'ait été béatifiée qu'en 1909 et canonisée en 1920 seulement. Sa statue équestre orne la façade. La chapelle dite de l'Armée et d'abord dédiée à saint Michel, l'est finalement à l'Archange et à la Pucelle avec une mosaïque et une statue de celle-ci. Un des corbeaux du dôme lui est consacré. Dans la mosaïque du chœur enfin, elle occupe aux pieds du Christ une place à part avec saint Michel et une jeune fille vêtue de blanc, la France, association très parlante. Ne peut-on dire qu'après le Christ et Marie, elle est la figure la plus représentée dans le sanctuaire.

De fait, la canonisation de Jeanne d'Arc était attendue dès l'époque de la naissance du Vœu. Charles Rohault de Fleury y fait allusion dans son projet de transformation de l'Opéra en église votive en 1871 :

> « Les deux rotondes de côté seront la chapelle de la Ste Vierge et celle de sainte Geneviève, ou mieux, lorsque nous l'aurons canonisée, celle de Jeanne d'Arc plus généralement française dans un monument d'expiation nationale »[2].

Le P. Monsabré s'adresse aux premiers souscripteurs dans le même esprit :

> « Quand la valeur des hommes ne répondait pas aux desseins miséricordieux de notre divin ami, eh bien, Messieurs, il faisait des miracles. Il prenait une enfant des champs et l'envoyant " recouvrer le beau royaume de France pour lequel ni rois, ni ducs, ni fille de roi ne pouvaient plus rien ; c'était au nom de messire Jésus-Christ que la bergère Jeanne d'Arc ordonnait aux Anglais de déguerpir " »[3].

En 1889, le P. Alet la célèbre comme un don du ciel, une libératrice inspirée, une vierge martyre[4]. En 1894, Léon XIII la déclare vénérable. L'évêque de Saint-Dié (diocèse dans lequel se trouve Domrémy) et le P. Lemius voient dans cette décision le fruit de l'adoration montmartroise.

1. Il n'est pas question de traiter de la figure de Jeanne d'Arc au XIXe siècle ou même simplement entre 1870 et 1920. Jacques Le Goff, « Jeanne d'Arc » dans *EU* présente la question et souligne le rôle de Mgr Dupanloup. Il serait juste de rappeler aussi l'importance de Mgr Pie, dont les écrits influencèrent tant saint Pie X, le pape de la béatification de Jeanne. On s'est amusé à constater que Jeanne est une figure très présente dans le catalogue de la Manufacture de Saint-Etienne, 1900 (1988), p. 521, 526, 830, 846, 1100, etc.

2. Lettre de C. de Fleury à A. Legentil, 2 avril 1871. ASCM.

3. P. Monsabré, *Discours*..., 1872, p. 17.

4. P. Alet, *La France*..., 1889, p. 51.

« Quelle mystérieuse coïncidence ! Pendant la nuit du vendredi 26 au samedi 27 janvier (1894), l'adoration nocturne de Montmartre était spécialement offerte au Sacré Cœur de Jésus pour le diocèse de Saint-Dié, son évêque et ses œuvres. Or, à peine les fervents adorateurs étaient-ils descendus de la montagne sainte, que Léon XIII, obéissant à l'inspiration de son cœur, et dans doute aussi au secret mouvement du Cœur de Jésus, signait le décret qui lui était proposé par la Congrégation des Rites » [1].

L'abbé Brettes quelques temps plus tard, s'enthousiasme dans une prédication à la basilique :

« Jeanne vint autrefois des champs de Lorraine, et maintenant elle vient du ciel. Alors, elle vint clore la guerre de Cent Ans, aujourd'hui elle vient, après cent ans, clore une autre guerre, plus terrible encore. L'ennemi était alors l'Anglais ; c'est aujourd'hui l'Enfer. Alors, elle sauve l'honneur et la liberté de la France ; aujourd'hui elle vient sauver par la France l'honneur de Dieu et la liberté de l'Église. Après les victoires d'alors, la France vit les gloires nationales de François 1er, Henri IV et de Louis XIV ; après celles qu'elle vient de remporter aujourd'hui, le monde verra des gloires catholiques telles qu'il n'en a jamais vu » [2].

C'est dans le contexte du Ralliement [3] que le Comité choisit le sujet d'un des corbeaux de la décoration intérieure du dôme – première représentation de Jeanne dans la basilique en voie d'achèvement. On y voit la France à genoux embrassant une bannière avec le Cœur de Jésus présentée par Jeanne debout, ce que H. de Fleury décrit : *Jeanne d'Arc consacre la France au Sacré Cœur* [4]. Étonnant raccourci : Jeanne et Marguerite-Marie, même combat pour la France ! [5].

Pour mieux comprendre la référence catholique à Jeanne, il n'est pas inutile de se souvenir de la *Jeanne* de Michelet (notre chap. 4) et de quelques témoins non catholiques contemporains du Vœu national. Si le P. Victor Alet a espéré que Jeanne serait pour les Français une figure de la réconciliation nationale, il en a été ainsi aussi de Francisque Sarcey. Le jésuite écrit :

« Le jour de la canonisation, on ne parlera plus de séparation de l'Église et de l'État, follement rêvée par une poignée de coupables sectaires. Sur le nom de Jeanne d'Arc, nom béni et cher à tout bon Français, la réconciliation serait-elle donc bien difficile à ménager ; et dans la fête patriotique qu'appellent tant de vœux, ne verrons-nous pas les pouvoirs publics d'alors se faire un devoir et une joie d'associer l'éclat des manifestations officielles aux magnificences des pompes sacrées » [6] ?

1. *BVN*, 1894, p. 177. Lettre pastorale de l'évêque de Saint-Dié avec introduction du P. Lemius qui écrit que depuis longtemps les adorateurs demandaient cette mesure annonciatrice de la canonisation.
2. *BVN*, 1894, p. 301. Prédication du 8 mai.
3. Gérard Cholvy, *Histoire*..., 1985, t. II, p. 91.
4. *BVN*, 1900, p. 229 et bull. suppl., p. 760 + 18.
5. Elles seront d'ailleurs canonisées à trois jours d'intervalle, Marguerite-Marie le 13 mai (elle avait été béatifiée en 1864), Jeanne le 16 mai 1920 (mais béatifiée en 1909).
6. Victor Alet, *La France*..., 1889, p. 54.

Curieusement à la même époque, Francisque Sarcey, « qui jadis avait été un solide champion de la libre pensée » [1], mais qui, aussi, avait été exilé au collège de Lesneven (Finistère) par son ministre et s'y était trouvé bien, partage un espoir similaire et propose de dédier l'église de Montmartre à Jeanne.

« J'espère qu'un jour viendra où les cléricaux et les libres penseurs se réuniront dans un monument religieux. Et comment cela ? Il y a un terrain commun sur lequel toutes les opinions peuvent s'entendre et se donner la main, c'est celui du patriotisme. Le temps n'est pas loin où une femme, qui fut la plus pure et la plus ardente expression de l'amour de la patrie, Jeanne d'Arc, sera déclarée sainte par la papauté et deviendra, à côté ou plutôt au-dessus de sainte Geneviève, la patronne de la France. Celle-là, du moment qu'elle aura reçu de Rome ses lettres de grande naturalisation au paradis, tous les partis pourront la reconnaître et l'acclamer. Les uns y verront l'héroïne, les autres la sainte, tous la patriote [2]. Sa fête sera la fête du peuple. Comme il serait spirituel de lui consacrer cette église nouvelle et d'en faire ainsi un symbole de réconciliation ! Ce sera un lieu de saint et patriotique pèlerinage » [3].

Cette admiration pour Jeanne, figure de la France, semble se trouver aussi bien chez le cardinal Richard que chez G. Bruno. L'archevêque de Paris qui a présidé à la décoration du Sacré-Cœur écrit :

« La France entière célèbre la glorification de sa libératrice du XV<sup>e</sup> siècle. On peut bien dire en se rappelant la merveilleuse intervention de la Providence par Jeanne d'Arc pour sauver notre pays de la ruine en 1429 : Dieu n'a rien fait de semblable pour les autres nations » [4].

Une idée qu'on retrouve jusque dans le texte « laïcisé » du fameux *Tour de France par deux enfants* de G. Bruno :

« Les autres nations ont eu de grands capitaines qu'elles peuvent opposer aux nôtres. Aucune nation n'a eu une héroïne qui puisse se comparer à Jeanne Darc [*sic*], cette humble paysanne de Lorraine, à cette noble fille du peuple de France » [5].

Pourquoi Jeanne n'a-t-elle pas suffi dans ces conditions à représenter la France et à réconcilier les Français ? Parce que non seulement aux yeux des non-catholiques comme des protagonistes du décor du Sacré-Cœur, « une amie de roi » ne pouvait s'imposer dans ce rôle, la France étant au-dessus

1. Gustave Lanson, *Histoire*..., 1894, p. 1120. C'est le Mérovée Beauclerc du *Désespéré* de Léon Bloy. Cf. *Mon journal*, 18 mai 1899 (réf. en 1917). Voir *DPCR*.
2. Ne serait-ce une réconciliation à peu de frais et de peu d'effet ? Subsiste entier le problème de la dimension publique de la vie religieuse. Ces deux interprétations de l'unique destinée de Jeanne sont l'occasion de tous les malentendus possibles.
3. F. Sarcey, « Jeanne d'Arc » dans Le *XIX<sup>e</sup> siècle*, 8 décembre 1891. Lu dans *HSC*, t. IV, p. 96.
4. Cardinal Richard, « Lettre aux fidèles..., 22 avril 1894 » dans *BVN*, 1894, n° suppl., p. 6. La dernière phrase est une citation du psaume 147, verset 20. La France est vraiment pour lui un nouvel Israël (notre chap. 29).
5. G. Bruno (Mme Alfred Fouillée), *Le Tour*..., 1877, p. 59.

des régimes [1], mais aussi parce que la relation au Christ est constitutive de la figure de Jeanne aux yeux des catholiques et non des autres. C'est le « mystère de sa charité » comme dit Péguy qui fait d'elle une « icône » et non une « idole » [2]. Il en est de même pour Jeanne comme il en a été pour la figure de la France (chap. 21), à la différence capitale près que Jeanne est un être de chair et de sang historiquement situé et lié à un régime politique donné alors que la France, elle, ne l'est pas.

## C. Le Vœu national regarde le XVe siècle

Si la référence à Jeanne d'Arc est fondamentale aux yeux des promoteurs du Vœu national, c'est qu'elle renvoie à une figure tangible, non mythique, historiquement démontrée, qui se montre totalement fidèle aux deux autorités ecclésiale et politique instituées par son Seigneur, fût-ce au prix d'une sorte de martyre comme en a subi le Christ lui-même. Pour évoquer le siècle de la naissance des nations européennes, la Pragmatique sanction, les débuts du gallicanisme, les premiers affronts officiels faits au sacrement de mariage aussi bien en la personne d'Agnès Sorel qu'en celle de Jeanne de France (voir ci-dessus), la figure de Jeanne d'Arc est vraiment parlante pour un grand nombre. L'intérêt des protagonistes du Vœu national pour Jeanne est lié à leur jugement sur le XVe siècle. Ce siècle se relie au XIXe siècle comme une cause à une conséquence. Ils ont conscience d'être au XIXe siècle dans une période de l'histoire de France qui a commencé autour de Jeanne d'Arc (voir chap. 4). Le P. Voirin prend même un siècle d'avance :

> « Au commencement du XIVe siècle, les sentiments de confiance et de généreux dévouement de la part de la fille (la France) à l'égard de la mère (l'Église) subirent une altération profonde. Philippe le Bel, l'indigne petit-fils de saint Louis, inaugura une politique de lutte déloyale contre le Vicaire de Jésus-Christ. C'était un prélude plusieurs siècles d'avance à la guerre antichrétienne de notre temps. Peu à peu les nuages s'amoncelèrent, l'horizon religieux et l'horizon civil s'assombrirent, les orages éclatèrent successivement jusqu'au jour où la révolution de 1789 porta le coup mortel et dernier à tout l'ordre social antérieur » [3].

1. C'est aussi la pensée de Maurice Agulhon, *Marianne*..., 1979, p. 233 et d'Alain Peyrefitte, *Quand*..., 1973, p. 313.
2. Nous ne sommes donc pas d'accord avec J. Freyssinet-Dominjon, *Les manuels*..., 1969, p. 267, qui soutient que Jeanne est la même pour les catholiques et les autres. Sur les différentes significations de l'iconographie de Jeanne, voir Philippe Bruneau, « L'archéologie.... », *RAMAGE*, n° 3, 1985, p. 30-31.
3. *BVN*, 1889, p. 794.

Regardant un peu plus haut dans l'histoire, Paul Féval, qui a beaucoup fait pour le Vœu national, écrit:

> « La Révolution peut compter Louis XI au nombre de ses précurseurs du XV^e^ siècle »[1],

sans doute à cause de sa conception de l'État. Et le P. Alet va même jusqu'à suggérer que ce n'est pas (surtout à partir du XVI^e^ siècle environ) quand le roi reçut après le titre de « roi très chrétien » celui de « fils aîné de l'Église », et la France après celui de « royaume très chrétien » celui de « fille aînée de l'Église », qu'ils les méritèrent le plus[2], et ceci malgré le Concordat de Bologne.

En fait, du XIV^e^ au XIX^e^ siècle, qu'il soit monarchique ou républicain, l'État a toujours voulu contrôler l'Église de France même au risque de la séparer de Rome. Pour quelqu'un qui se veut catholique et Français, cela est impensable. Le Vœu national justement exprime la volonté de servir les deux réalités fut-ce au prix du martyre. Le cardinal Richard résume la situation en 1894:

> « Quel magnifique enchaînement des desseins providentiels se révèle à nos regards ! Dieu appelle la France sur le champ de bataille de Tolbiac pour être le soldat du Christ et de la civilisation chrétienne : elle devient la Fille ainée de l'Église au baptistère de Reims. Quand elle est prête à périr au XV^e^ siècle, Dieu suscite pour la délivrer la vénérable servante de Dieu, Jeanne d'Arc. Il marque l'heure où la mémoire de Jeanne sera glorifiée dans l'Église, et c'est l'heure où la France se prépare à célébrer le centenaire de son baptême. Que nos prières, nos actes de pénitence et de charité hâtent le jour où la consécration de l'église du Vœu national viendra couronner l'ensemble de ces desseins providentiels »[3] !

Une telle vue de l'histoire de France est à la fois très proche et très éloignée de celle dont Ernest Lavisse se fait le théoricien: proche par la répartition des étapes, éloignée par la coordination qu'elle affirme possible entre les causes secondes que sont les hommes plus ou moins libres et la cause première, qu'est la Providence (voir chap. 29). Elles ont en commun les trois temps de l'histoire des peuples de la Gaule, l'Antiquité, le Moyen Age et les Temps modernes:

> « Les Gaulois, vos ancêtres..., les Francs, vos ancêtres..., les Français, vos ancêtres... »[4].

1. P. Féval, *Les Merveilles*..., 1879, p. 266.
2. P. Alet, « *La France*... » dans *MCJ*, 1871, p. 289 et *La France*..., 1889, p. 34. Sur cette question reprise au XX^e^ siècle, voir P. Poupard, « La France... », 1986 et V. Saxer, « La Fille aînée... », dans Jean-Pierre Babelon, *Le Saint-Siège*..., 1987, p. 9-10.
3. Cardinal Richard, « Lettre aux fidèles..., 22 avril 1894 » dans *BVN* 1894, n° suppl. mai, p. 6.
4. Ernest Lavisse cité par Emile Coornaert, *Destin*..., 1977, p. 59.

Mais pour les artisans du Vœu national, aux deux premières périodes des Gaulois et des Francs succède la troisième qui va correspondre à l'extension de la dévotion au Cœur du Christ du XVIe siècle au XXe, comme remède au péché de la France (voir ci-dessous). Les deux visions restent infiniment éloignées, car la vision dite laïque suppose une France qui se fait elle-même « règne de la justice et de la raison » ou au mieux reçoit ces dernières d'un principe abstrait et impersonnel, alors que la France dite chrétienne prétend accueillir ces valeurs du Dieu qui s'est fait homme [1]. Dans les deux cas, il y a eu élaboration par l'État dit laïc comme par l'Église de récits fondateurs qu'on pourrait bien appeler des mythes historicisés, et ce aux fins de proposer une certaine idée de la société. Nous-même essayons ici de démêler le récit catholique de l'histoire de France tel qu'il est lié à la souscription et à la décoration du Sacré-Cœur.

## D. Le Vœu national et le XVIe siècle

Les constructeurs du Sacré-Cœur n'ont pas choisi de références dans le XVIe siècle religieux français. Est-ce à dire que ce siècle n'a pas laissé d'institutions ni de figures mémorables ? C'est un autre problème [2]. Les références des souscripteurs et promoteurs du Vœu viennent du Nouveau Monde, d'Italie, d'Espagne.

La découverte des Amériques a été un tournant dans l'évangélisation du monde et dans la naissance des Temps modernes. La figure de Christophe Colomb n'est pas étrangère à l'histoire de la dévotion au Cœur de Jésus puisque Pierre d'Alcantara qui a conseillé ce navigateur retiré dans le couvent de la Rabida a écrit de magnifiques pages sur ce nouveau culte. Le *Bulletin* en mentionne une lors des festivités du quatrième centenaire de la célèbre expédition [3]. Les habitants du Nouveau Monde ont aussi reçu le message de l'amour du Christ pour eux à travers son Cœur et Rose de Lima en est la preuve : c'est pourquoi elle figure sur la mosaïque du chœur. Si l'Ancien Monde ne voulait plus du Christ, le Nouveau n'est-il pas prêt à l'accueillir ? Souvenons-nous du dernier

1. Voir le résumé par François Furet, *La naissance*..., 1979, du texte d'E. Lavisse de 1885 sur l'enseignement de l'histoire à l'école primaire où l'historien du XIXe siècle présente lui-même la philosophie de son histoire racontée aux enfants.

2. Parmi les saints et bienheureux du XVIe siècle ne figurent que quatre français : Marguerite de Lorraine, veuve et clarisse (+ 1521), Louis Bertrand, dominicain, missionnaire en Colombie (+ 1581) et deux jésuites, martyrs des huguenots en 1593.

3. *BVN*, 1892, p. 515.

couplet du chant *Pitié mon Dieu* ! (chap. 20). D'ailleurs une grande nation comme les États-Unis se déshonore-t-elle en proclamant publiquement sa confiance en Dieu et son idéal de liberté (chap. 7)? De même la dévotion publique de Garcia Moreno et de ses successeurs au Cœur de Jésus n'est-elle pas un signe d'espoir (chap. 21)?

Revenons en Europe avec les Ursulines, ces religieuses enseignantes, qui vénèrent leur fondatrice, sainte Angèle Merici ; un vitrail détruit de la chapelle offerte rappelait que ces religieuses avaient été introduites à Paris par madame Acarie et ses relations, au début du XVIIe siècle. Les Frères hospitaliers de Saint-Jean de Dieu n'oublient pas leur fondateur et offrent sa statue pour la décoration du Sacré-Cœur. Ignace de Loyola, François-Xavier, Pierre Favre (seul prêtre de ce premier groupe et Savoyard) et leurs autres compagnons ouvrent la marche des apôtres du Monde moderne. Ces premiers jésuites et Pierre Canisius sont les gloires dont la compagnie de Jésus décore la chapelle qu'elle a offerte en souscription ; Ignace a sa statue dans la crypte et processionne sur la mosaïque du chœur. Mais sa présence rappelle plus encore son passage historique à Montmartre [1] et le rôle décisif que ses disciples ont joué dans la diffusion du culte au Cœur du Christ, notamment en la personne du bienheureux Claude La Colombière, des PP. Croiset, Galiffet et de Clorivière. L'atteste entre autres une lettre de la sœur Marguerite-Marie à la mère de Saumaise de juillet 1688 rendue publique en 1867, lors de l'édition des *Œuvres complètes* de la nouvelle bienheureuse [2]. Les théologiens jésuites qui ont assisté de leurs conseils les laïcs du Vœu national avaient bien conscience de la modernité de leur projet apostolique qui s'adressait aux nations d'Europe comme à celles du monde entier, que ce soit au XVIIe ou au XIXe siècle.

Les références à la réformatrice du Carmel sont nombreuses. Les Carmélites de France (et les Carmes) ont voulu avoir une chapelle [3] et leur fondatrice prend place sur la mosaïque du chœur. Sainte Thérèse se situe dans l'histoire de la dévotion au Cœur du Christ moins pour quelques allusions qu'elle fait à ce dernier que pour son attention à l'humanité du Christ [4]. Il y a des disciples de sainte Thérèse en France dès le début du XVIIe siècle quand, à l'initiative

1. Le lien entre Loyola et Montmartre est très fort. Nous n'en voulons pour preuve qu'un texte de Maurice Barrès, *Les Déracinés*, 1897 (p. 252-255 de la réédition dans la collection *Folio*, Gallimard, 1988). François Sturel présente et défend la « mystique » des Jésuites à l'occasion de sa venue sur « ce mont de l'instinct » qu'est Montmartre à ses yeux. Sur la « mystique » de Montmartre à la fin du XIXe siècle, voir ci-dessous.

2. Voir *VO* 1867, lettre LXXXVI ou *VO* 1920, lettre LXXXIX, p. 404. Voir la réaction enthousiaste du P. Ramière dans *MCJ*, sept. 1867, t. 12, p. 150.

3. Elle se trouve dans la crypte. Le Carmel de l'avenue de Saxe à Paris, installé désormais à Créteil, a souscrit. Pendant vingt-trois ans, ce Carmel conserva et relia le *BVN*. Il en a fait cadeau à l'auteur de ces lignes. En 1925, Alexandra di Rudini viendra fonder un carmel à l'ombre de la basilique (chap. 12).

4. Mgr Languet, *La vie*..., 1729, éd. 1860, p. XXXIX.

de Mme Acarie, la bienheureuse Marie de l'Incarnation, le jeune Pierre de Bérulle [1] et quelques amis, vont chercher ces carmélites en Espagne. Fidèles à l'influence de ce maître de l'école française et de ses disciples, les Carmélites françaises vécurent intensément la dévotion à « l'Intérieur de Jésus et de Marie » [2], qualifié souvent, mais pas toujours de Cœur, et firent bon accueil au Vœu national. Rappelons justement l'admiration que l'initiateur du Vœu national vouait à Thérèse d'Avila et les liens qui unissaient H. de Fleury à la mère prieure du Carmel de Meaux [3]. Rien d'étonnant par conséquent à ce que soit présente dans le décor de la basilique construite pour le salut de la France une sainte espagnole comme Thérèse d'Avila.

## E. Références du Vœu national au XVII^e siècle

L'expression « école française de spiritualité » est d'Henri Bremond [4]. Il lui a donné ses lettres de noblesse. Elle traduit l'admiration que les Français de son époque montraient aux « Pères et Mères », fondateurs canonisés ou en passe de l'être, de l'Église de la France moderne : François de Sales (bien que Savoyard) et Jeanne de Chantal, Vincent de Paul et Louise de Marillac, Jean Eudes, Louis-Marie Grignion de Montfort, Jean-Baptiste de La Salle et surtout Marguerite-Marie, légèrement plus tardive. Ces saints ont trouvé tout

1. Il a non seulement introduit le Carmel thérésien en France mais contribué à la fondation de quarante-trois carmels en vingt-cinq ans (R. Deville, *L'école française de spiritualité*, P., Desclée, 1987, p. 7). La disparition de la bibliothèque et des papiers d'Alexandre-Félix Legentil ne nous permet pas de savoir précisément ses connaissances sur Pierre de Bérulle. Cependant l'appel qu'il fait en 1869 à l'abbé M. Houssaye pour une conférence au Cercle Notre-Dame des Victoires sur la papauté au Moyen Age (*BSVP*, 1869, p. 94) laisse supposer des relations suivies qui lui auront permis de connaître les trois volumes de cet auteur sur Pierre de Bérulle en 1872. Charles de Fleury fait appel aux conseils du R. P. Pététot, supérieur de l'Oratoire, fondé par Pierre de Bérulle et rétabli par le P. Gratry (lettre du 19 janvier 1871 à son fils. ASCM et notre chap. 1). Cela a bien dû créer quelques liens avec le père de l'école française de spiritualité dont on sait qu'il a voulu opérer une « révolution copernicienne » dans la spiritualité de son temps en mettant le Christ au centre du dispositif de la vie spirituelle comme le soleil est au centre du système qu'il anime (voir Pierre de Bérulle, *Les Grandeurs de Jésus*, discours II, § II ; p. 171-172 de l'édition de 1644 et col. 161 dans l'édition Migne ; réf. en 1629).

2. Voir l'article de Michel Dupuy, « Intérieur » dans *DSAM*.

3. Ce goût pour le Carmel s'est transmis dans la famille : une de ses petites-filles est aujourd'hui carmélite et a correspondu avec l'auteur.

4. « École française, jusqu'ici, lorsque d'aventure on parlait de cette oubliée, on l'appelait école oratorienne, bien que plusieurs de ses représentants n'appartiennent pas à l'Oratoire. Française vaut mieux. Il va sans dire qu'en un sens elles le sont toutes, les écoles s'entend, qui font l'objet du présent travail. Mais enfin, doctrine ou méthode, on ne trouve rien chez les autres, qui paraisse proprement, spécifiquement français. Le jésuite Lallemant pouvait aussi bien venir d'Espagne, François de Sales d'Italie et Jean de Bernières du pays flamand. Bérulle, au contraire est tout nôtre, et Condren, et leur disciple authentique, Jacques-Benigne Bossuet. J'avoue bien, du reste, que des vues de ce genre, toujours contestables, ont peu d'importance, et je ne m'attarderai pas à les défendre.... École française enfin, nous ne disons pas gallicane. L'Église universelle les approuve, les consacre... » H. Bremond, *Histoire*..., 1921, t. III, p. 3 – 4.

naturellement leur place dans l'ex-voto de pierre offert au Cœur du Christ par les catholiques français entre 1870 et 1920. Ils sont pour eux les témoins d'une nouvelle façon de vivre la foi de toujours, d'une nouvelle découverte du Christ par l'union de cœur et d'action avec lui. La dévotion au Cœur de Jésus (et de Marie) que ces saints ont diffusée n'est-elle pas la fine fleur de cette spiritualité nouvelle ?

La remise, en 1610, par l'évêque de Genève à sainte Chantal des armoiries de l'ordre de la Visitation où figure l'image du Cœur de Jésus est l'épisode retenu pour évoquer dans la basilique de Montmartre ces deux personnalités qui partagent une chapelle avec leur célèbre disciple [1]. Mais l'idée est ancienne : Mgr Languet place déjà François de Sales dans la généalogie spirituelle de la visitandine de Paray, la sœur Marguerite-Marie, dès 1729 [2].

Que les confrères de la Société Saint-Vincent de Paul se réfèrent à l'apôtre de la charité du XVII^e siècle va de soi ! Monsieur Vincent figure donc sur la mosaïque du chœur, et une chapelle lui est dédiée où toute la décoration rappelle sa vie comme la figure de Louise de Marillac et leurs disciples : les Lazaristes, les Filles et Dames de la Charité. Une mosaïque évoque aussi François de Sales donnant Vincent de Paul pour supérieur à la Visitation.

Vénérable en 1874, bienheureux en 1908, saint Jean Eudes le fondateur de la congrégation de Jésus et de Marie, a pu rejoindre ses pères spirituels sur les murs de la basilique, dans le chœur comme à la chapelle du Cœur Immaculé de Marie, la chapelle axiale de la basilique, sans compter le vitrail central de la sacristie sur lequel les cœurs de Jésus et Marie sont représentés. Les promoteurs ne pouvaient en effet que se souvenir de son apostolat marqué par le Cœur de Marie dès 1648, et du fait qu'il célèbre à l'abbaye de Montmartre le premier office du Cœur de Jésus en 1672 [3]. Mais Jean Eudes, c'est aussi la congrégation de Jésus et Marie dont les membres sont dits les Eudistes et dont le P. Ange Le Doré est supérieur général à l'époque du Vœu. Ce religieux prend à cœur non seulement la béatification de son fondateur mais aussi la construction de la basilique. Il aime souligner le rôle du P. Hébert, supérieur général des Eudistes, auprès de Louis XVI en tant que confesseur (l'un et l'autre sont représentés sur la mosaïque du chœur) et, de manière générale, l'influence spirituelle des Eudistes sur la famille royale de Louis XIV à Louis XVI [4].

1. Sur un vitrail détruit en 1944 mais aussi sur la mosaïque du chœur. P. Laligant, *Montmartre*, 1933, p. 74.
2. Mgr Languet, *La vie*..., 1729, éd. 1860, p. XXXIX.
3. Charles du Chesnay, « Place de saint Jean Eudes dans l'histoire de la dévotion au Cœur de Jésus », p. 34 – 42, dans Jacques Arragrain, *Le Cœur*..., 1955. Voir Jean Milcent, « Jean Eudes » (1972) dans *DSAM*.
4. P. Ange Le Doré, *Le message*..., 1917. François Bluche, dans *Louis XIV*, Fayard, 1986, souligne le rôle de Jean Eudes auprès du roi.

Les Montfortains et la Congrégation de la Sagesse ont tenu à voir représenté Louis-Marie Grignion de Montfort, leur fondateur, sur un des pendentifs de la chapelle de la sainte Vierge en tant que docteur marial[1]. Les Frères des Écoles chrétiennes ont offert quant à eux la statue de Jean-Baptiste de La Salle, leur fondateur (elle est dans la crypte).

Dans le XVIIe siècle, les promoteurs du Vœu national ne considèrent pas seulement les personnalités religieuses, mais retiennent aussi Louis XIII et son acte de consécration de la France à Marie. Au chap. 6 on a déjà rappelé l'importance de l'actualisation de cette démarche au XIXe siècle. *Le Messager du Cœur de Jésus*, en décembre 1870, en parle dans un article intitulé: «La France sauvée par la prière d'une carmélite»[2]. Sœur Marguerite du Saint-Sacrement (1619-1648), religieuse du Carmel de Beaune, fondatrice de la dévotion à la Sainte Enfance de Jésus est l'objet de cet article. On se rappelle alors le lien que les contemporains de cette religieuse établirent entre sa confiance en l'Enfant-Jésus, le recul des Impériaux et la naissance du dauphin, tout ceci lié au vœu de Louis XIII et à la consécration de la France à Marie en 1638. Le P. Alet aime à parler du vœu de Louis XIII et de la consécration de la France à Marie. Cet événement lui apparaît à la fois

« comme une récompense divinement accordée à notre pays, pour avoir si énergiquement rejeté le venin de l'hérésie protestante, et comme le prélude lointain de cette autre consécration, qui se prépare à Montmartre, et fermera, nous l'espérons, l'ère des agitations révolutionnaires »[3].

Ces propos éclairent un peu la présence dans un vitrail de la chapelle Sainte-Radegonde d'une scène rappelant cette consécration[4]. La consécration à Marie conçue au XVIIe siècle comme un complément du baptême de la France, devient annonciatrice d'une consécration au Christ manifestant son amour, renouvellement de ce même baptême. Léon Pagès et le P. Voirin vont ci-dessous faire allusion à cette façon de voir.

1. Son apostolat en Vendée, en Bretagne et en Anjou, et celui des Montfortains et des Filles de la Sagesse qu'il a fondés, semblent avoir porté des fruits jusqu'à la Révolution et tout au long du XIXe siècle. Sa présence à Montmartre serait-elle due à la volonté des Vendéens et des descendants des Chouans de l'Ouest de marquer le souvenir de leur résistance religieuse ?

2. *MCJ*, 1870, t. 18, 1er décembre, p. 358-366.

3. P. Alet, *La France*... ; 1889, p. 78.

4. Bien que de 1950, il doit reproduire celui d'avant 1914.

## F. Le Vœu national et la bienheureuse Marguerite-Marie [1]

La célèbre visitandine de Paray-le-Monial prend ici la première place dans les références dix-septièmistes des promoteurs du Vœu national. Elle figure sur l'un des corbeaux du dôme, elle est dans la procession du chœur et sa statue accueille les visiteurs avec une plaque explicative. Une chapelle lui est dédiée avec maints éléments significatifs dans la décoration : le retable de l'autel met en parallèle l'apparition du Christ à la religieuse et la rencontre de Jésus ressuscité avec Thomas – c'est dire la haute idée qu'on s'en faisait [2] ; un vitrail aujourd'hui détruit la représentait désignant l'effigie du Sacré Cœur aux novices ; une mosaïque montre la sainte voyant le Christ qui lui indique la basilique telle qu'elle est réalisée et qui lui en parle comme d'un « lieu éminent en beauté, spacieux et admirable » (voir ci-dessous). Les souscripteurs de tous ces éléments décoratifs viennent d'horizons assez divers : les diocèses de Rouen et de Bayonne, diverses paroisses, la Garde d'honneur de Bourg-en-Bresse et les Oblats de Marie Immaculée eux-mêmes. Cela prouve, s'il en était besoin, l'extension de la dévotion à Marguerite-Marie et la portée de son message. Dans son analyse, le chroniqueur du *Bulletin du Vœu national* force et simplifie les choses mais ne se trompe pas totalement quand il distingue deux temps dans ce message :

> « Il y a deux cents ans, le 16 juin 1675, Notre-Seigneur Jésus-Christ daignait apparaître à sa très fidèle servante, la bienheureuse Marguerite-Marie, et, après lui avoir montré ce Cœur qui a tant aimé – et aime toujours tant – les hommes, il lui révélait les conditions auxquelles pouvait être assuré le salut de la France » [3].

Ces deux points ont déjà été abordés à propos des idées fondatrices et de l'ex-voto de prière. Désormais, il s'agit de préciser deux pensées importantes des promoteurs au cours de la construction du Sacré-Cœur : la non-exécution des demandes adressées à Louis XIV leur permet de juger le grand siècle, non-exécution qui a entraîné les malheurs de la France ; la satisfaction qu'ils leur donnent désormais aboutira à son salut !

1. Ce paragraphe suppose bien sûr les chap. 5, 6, 18 et 19.

2. Il ne nous est pas possible de traiter ici le problème des divers phénomènes qu'on appelle « apparitions » parmi lesquelles il faudrait distinguer celles de Jésus ressuscité rapportées par les évangélistes et saint Paul et toutes les autres au cours de l'histoire de l'Église.

3. *BVN*, 1875, p. 544. Vingt ans plus tard, le P. Lemius soulignera aussi la différence entre les préoccupations de 1675, signes de l'ensemble du culte intime réclamé par le Christ à Marguerite-Marie, et celles de 1689, signes du culte public, solennel, national. *BVN*, 1894, 604 et 609.

### *1. Les promoteurs du Vœu national jugent le siècle de Louis XIV à travers l'accueil fait à Marguerite-Marie*

Aux yeux des théoriciens du Vœu national, la France pèche en ne voulant pas reconnaître la primauté du spirituel et ceci ne remonte pas au seul second Empire, ni même à la Révolution, mais à Louis XIV au moins et même, on l'a vu, au XVe siècle. Les demandes du Christ à Louis XIV, c'est-à-dire selon eux à la France comme telle, par Marguerite-Marie sont restées insatisfaites: il y a donc eu quelque part quelqu'un qui a péché, le Roi-Soleil peut-être, la France à coup sûr. Les analyses présentées au chap. 6, autour du P. de Bussy, de l'abbé Rohrbacher et du P. Ramière, trouvent ici un nouveau développement car l'idée que ce message serait caduc effleure à peine les responsables du Vœu national[1].

Un long parcours de 1870 à 1920 environ s'impose pour bien percevoir cette façon de voir. Dès 1871, le P. Alet insiste sur le caractère paradoxal du siècle de Louis XIV: puissance et corruption s'y côtoient. Mais Dieu prépare dans l'ombre un remède pour la France, la connaissance du Cœur du Christ[2]. C'est donc peut-être dans cet esprit qu'Alexandre-Félix Legentil fait sa première allusion – du moins connue de nous – au message de Marguerite-Marie: «Cette dévotion, écrit-il en 1872, née dans notre patrie au commencement des revers qui attristèrent la fin du règne de Louis XIV»[3]. L'abbé Bougaud, en 1874, s'exprime abondamment sur la question. Mais s'il se refuse à choisir entre les raisons qui peuvent expliquer la non-exécution de ces fameuses demandes, il dramatise les trois 89:

> « 1689 ! On s'arrête involontairement à cette date, qui en évoque aussitôt une autre : 1789 ! Un siècle juste s'écoule entre le moment où une humble vierge, cachée au fond d'un cloître, montre du doigt à Louis XIV l'arche de salut préparée par la bonté de Dieu, et le moment où se lève l'orage qui va emporter la monarchie et toutes les monarchies. [...] Et ce n'était que le commencement de nos douleurs ! De 1789, descendez à 1889 ; nouveau siècle guère moins triste que le précédent ; où il fait obscur dans les esprits et froid dans les cœurs [...] C'est pour de tels temps qu'avait été providentiellement préparée, et c'est au milieu de ces catastrophes que va se tracer péniblement mais sûrement sa route, la dévotion à ce Cœur qui est doux et humble, ce qui convenait si bien au siècle de Louis XIV »[4].

1. La préface du P. Daniel à la quatrième édition (1874) de son livre paru en 1865 contient cette remarque: «Nous avions lu, nous avions médité chacune de ces paroles [la lettre du 17 juin 1689 en particulier], et néanmoins tout cela était pour nous plein de mystère». En effet, son histoire de Marguerite-Marie ne mentionne pas cet épisode (Charles Daniel, *Histoire*..., 1865 (1874), p. X).

2. P. Alet, *La France*..., 1871.

3. A. Legentil, *Rapport aux Comités*..., 1872, p. 3.

4. Abbé Emile Bougaud, *Histoire*..., 1874, p. 344 et 392.

Léon Pagès, en 1876, décrit les grandeurs religieuses du XVII^e^ siècle. Il souligne que le vœu de Louis XIII et la consécration de la France à Marie expriment toute l'harmonie de cette époque. Il n'en est certes pas de même avec Louis XIV dont « l'orgueil politique donne naissance à l'esprit de conquête ». Quant à Louis XVI, il est « réservé de Dieu pour expier les fautes de ses pères et de la nation française » [1].

Vingt ans après la publication de la correspondance de bienheureuse Marguerite-Marie, le P. Voirin, pour le jour de la célébration du 15 août 1887, synthétise dans son prêche une telle façon de voir: en 1638, Louis XIII fait hommage de son royaume à la Vierge Marie; elle reçoit ce dernier pour le donner à son Fils. En 1689, le Fils de Dieu et de Marie demande à Louis XIV de consacrer à son Cœur le royaume de France. Ce qui ne fut pas fait. Marie cependant ne délaisse pas la France. L'initiative de l'abbé Desgenettes à Notre-Dame des Victoires en 1836 et la diffusion de la médaille miraculeuse, les apparitions de la Salette, Lourdes et Pontmain sont, de sa part, autant de signes de prédilection en faveur du pays. Finalement,

> « Marie vit ses désirs comblés et son appel entendu ; et le Vœu national, fait à Poitiers en 1870, fut un solennel engagement, par lequel la France promettait de cesser ses résistances et de se consacrer au Cœur de Jésus, après avoir bâti un temple à ce divin Roi » [2].

Pourtant tous les catholiques ne sont pas d'accord avec cette vision des choses. En 1888, quelqu'un émet une protestation contre les propos du P. Voirin, dans *Le Messager du Cœur de Jésus* au sujet

> « d'une légende qui tend à s'accréditer dans le monde catholique depuis une vingtaine d'années. On affirme, en effet, que Notre-Seigneur ayant fait demander à Louis XIV, par la bienheureuse Marguerite-Marie, « s'il consentait à faire hommage du royaume de France à son sacré Cœur, » le divin message fut transmis fidèlement au puissant monarque, sans que celui-ci ait répondu à l'appel. De là, « deux siècles d'agitations intestines de tous genres, » qui auraient été « le châtiment de cette négligence » [3].

Or, tout cela est faux pour l'auteur du texte qui signe E. des Buttes. Louis XIV renouvela la consécration de son royaume à Marie et se comporta en bon chrétien face aux revers qui marquèrent la fin de son règne [4]. Pour le rédacteur du *Messager* une telle réfutation est fondée. Voilà une différence de plus

1. Léon Pagès, *Vœu*..., 1876.
2. *BVN*, 1887, p. 590. Il s'agit d'une chronique anonyme.
3. *MCJ*, 1888, t. 54, p. 105.
4. L'auteur développe sa pensée dans un ouvrage intitulé *Le Signe de ralliement*, paru chez Desclée, librairie Saint-Augustin, Lille (ouvrage non consulté par nous).

entre Toulouse et Montmartre qui s'ajoute à celles qu'on a déjà soulignées et qui dépeint la spiritualité de chaque centre de rayonnement du culte au Cœur du Christ, quand ce ne sont pas leurs propres options politiques puisqu'il faut bien en avoir (légitimistes, orléanistes ou ralliés). La protestation resta sans effet à Montmartre.

Le véritable théoricien des trois 89, du rapprochement des trois dates symboliques de 1689, 1789 et 1889 semble être le P. Victor Alet [1]. L'avant-propos de son ouvrage réédité de multiples fois entre 1871 et 1910, est clair: en 1689, après un siècle de grandeurs dans tous les domaines, il y a une demande formelle du Christ qui n'est pas exaucée.

> « En 1789, juste un siècle après, c'est la Révolution, représailles terribles, bien qu'au fond miséricordieuses, de l'amour offensé. De tous côtés s'élève alors un cri de détresse vers le Cœur sacré, trop longtemps méconnu. Mais ce ne sont là que des hommages individuels. Le vœu même de Louis XVI, déjà détrôné quand il le formula, n'est pas la consécration solennelle que notre Dieu exige. En 1889, que verrons-nous ? Sur les hauteurs de Montmartre s'achève le splendide monument de nos réparations pour le passé et de notre dévouement pour l'avenir. [...] Pourquoi 1889 ne serait-il pas au moins le prélude de notre pacification sociale et de la reconnaissance publique des droits de Dieu, au profit des légitimes droits de l'homme ? » [2].

Le ton est donné. Que ce soit le cardinal Richard [3], ou le P. Voirin [4] ou l'abbé Garnier [5], les propos sont sensiblement les mêmes. Un même mal ronge la société française au moins depuis le XVII^e siècle et même plus: la France comme telle ne veut pas reconnaître son Créateur et Sauveur et la non-exécution des demandes du Christ à Louis XIV par Marguerite-Marie en est le signe.

Ce n'est pas le P. Lemius qui pourrait s'inscrire contre de telles idées: lui aussi fait l'apologie du XVII^e siècle tout en dénonçant sa secrète corruption et répète à propos de Louis XVI que la promesse de son acte officiel de consécration arriva trop tard [6]. Le P. Hamon présente aussi le vœu et la mort

1. Les réflexions qui suivent complètent celles du chapitre 19 sur les célébrations de 1889.
2. Victor Alet, *La France*..., 1889, p. 2; p. 94 il est question des grandeurs de la France du XVII^e siècle.
3. *BVN*, 1889, p. 307. Lettre pour recommander la célébration de la fête du Sacré-Cœur: « Les désirs de la servante de Dieu ne furent pas exaucés alors. La France s'en alla dans les voies de l'incrédulité, et un siècle après les hommes qui voulaient arracher la France au christianisme, s'efforçaient d'effacer le nom de Notre-Seigneur de nos institutions et de nos mœurs.... Un autre siècle s'est écoulé, et la France, rappelée par Dieu dans sa voie providentielle, vient au Cœur adorable du Sauveur pour y chercher la miséricorde et l'espérance. »
4. *BVN*, 1899, p. 260; 794-803.
5. Voir chap. 16. *BVN*, 1889, p. 409 et 587: « La consécration de la France au Sacré-Cœur: « Unir la société à Dieu par le Sacré Cœur, nommé pour cela par Notre-Seigneur lui-même: « Le nouveau médiateur entre Dieu et les hommes. » Elle est le remède pour une société qui depuis le XVII^e siècle ne veut pas reconnaître qu'elle tient son existence de Dieu. »
6. *BVN*, 1894, p. 603, 606.

de Louis XVI à la lumière du message de 1689 [1]. De même la bulle de canonisation de sainte Marguerite-Marie semble officialiser le parallèle entre Louis XIV et Louis XVI :

> « On peut supposer seulement que, si nul souvenir de ce message divin n'eût existé dans la maison royale, Louis XVI n'aurait point fait le vœu d'en réaliser les désirs, s'il échappait à la mort. [...] Ce vœu que Louis XVI fit au milieu de la tourmente révolutionnaire contient ce que Marguerite-Marie avait demandé à Louis XIV » [2].

Ainsi pendant cinquante ans, parmi les responsables du Vœu national et leurs relations plus ou moins intimes, une certaine analyse du siècle de Louis XIV s'est répandue liée à cet événement gros comme une « tête d'épingle » que serait cette demande du Christ au roi de France : ce siècle de *crise de la conscience européenne* (Paul Hazard, 1961), ce siècle au cours duquel on est passé *d'un monde clos à un univers infini* (Alexandre Koyré, 1957) ce siècle du basculement de la société féodale vers notre société (François Furet, 1989), ce siècle où se sont noués pour les Temps modernes les rapports de l'État avec l'Église (Jean-Robert Armogathe, 1985), ce siècle est simplement présenté à travers les figures de Louis XIV le politique, le Roi-Soleil, et de Marguerite-Marie la mystique, la confidente du Sacré Cœur ! Et le Vœu national, phénomène important mais malgré tout limité, se situe par rapport à ces grands problèmes en se situant par rapport à Marguerite-Marie. Il prend place dans cette merveilleuse histoire d'amour entre le Christ et la France pour « réparer » les péchés de cette dernière et en faire la lumière des nations !

### *2. Les promoteurs du Vœu pensent réaliser une vision de Marguerite-Marie et honorer les demandes à Louis XIV*

Les constructeurs de Montmartre pour décorer la chapelle Sainte-Marguerite-Marie (mosaïque de gauche) se sont référés à une vision particulière de la sainte en juin 1688. La voyante rapporte en effet :

> « Il me fut représenté un lieu fort éminent, spacieux et admirable en sa beauté, au milieu duquel il y avait un trône de flammes, dans lequel était l'aimable Cœur de Jésus avec sa plaie, laquelle jetait des rayons si ardents et lumineux que tout ce lieu en était éclairé et échauffé ».

Tant le P. Jonquet que les décorateurs de la chapelle Sainte-Marguerite-Marie ont pensé que cette description annonçait l'ex-voto de Montmartre [3].

1. A. Hamon, *Histoire...*, 1907, t. IV, p. 305.
2. Mgr Gauthey, *Vie...*, t. III, p. 756. Cette bulle est rééditée en 1989 aux éditions Saint-Paul, Paris (*Esprit et Vie*, n° 22, du 31 mai 1990, p. 156).
3. Voir aussi P. Jonquet, *Montmartre*, 1890, frontispice. Mgr Gauthey, *Vie...*, 1920, t. II, p. 405, lettre LXXXIX.

Mais cette référence n'est rien à côté de celle qui est faite aux fameuses demandes adressées à Louis XIV. Dès le printemps 1871, le P. Alet cite les lettres récemment portées à la connaissance du public et introduit le Vœu de Legentil dans le sillage des demandes qu'elles contiennent, même s'il le réfère plus immédiatement au vœu de Louis XVI [1]. Deux ans après, Hubert Rohault de Fleury fait de même. Oubliant la discrétion des premières circulaires de l'Œuvre sur ce point ou explicitant leurs références implicites, il précise :

> « Il faut réunir toutes nos forces et prier de tout cœur le Maître Souverain de nous venir en aide pour la gloire de son amour et l'accomplissement de ses promesses à la bienheureuse Marguerite-Marie » [2].

Un an plus tard, en 1874, la France qui doit construire la basilique est désormais aux yeux du secrétaire général, « la France que le Sacré Cœur appelait à lui par la voix de la bienheureuse Marguerite-Marie » [3].

La même année, l'abbé Émile Bougaud fait paraître une *Histoire de la bienheureuse Marguerite-Marie et des origines de la dévotion au Cœur de Jésus*. Il y introduit deux chapitres révélateurs : l'un concerne, dans la vie de la voyante de Paray, « la dernière grande révélation relativement au roi et à la France » [4] ; l'autre, dans l'histoire de la dévotion, porte un titre qui à lui seul est tout un programme :

> « Explosion inattendue et merveilleuse de la dévotion au Cœur de Jésus au milieu des malheurs de la France. La seconde partie de la mission confiée à la bienheureuse marche à son accomplissement. »

Il s'agit du salut de la France. Pour l'auteur, l'un des signes, parmi d'autres, de cet accomplissement est le Vœu national dont il localise faussement la naissance à Paris. Il s'interroge sur sa relation avec les demandes du Sacré Cœur :

> « Les signataires de cet acte pensaient-ils à la révélation faite à la bienheureuse ? Pas plus peut-être que les Vendéens sur les champs de bataille, ou les Volontaires de l'Ouest à Patay. Mais QUELQU'UN y pensait pour eux » [5].

En 1875, que ce soit A. Legentil ou H. Rohault de Fleury, leur pensée devient de plus en plus explicite. Ils décrivent ou laissent décrire dans le *Bulletin* :

1. P. Alet, *La France...*, 1871, p. 301.
2. *HSC*, t. I, p. 81, circulaire de juin 1873 aux souscripteurs. Il en sera souvent ainsi : *BVN*, 1878, p. 174, 1879, suppl. avril, p. 4 ; 1883, suppl. juin, p. 1 ; 1889, p. 378.
3. *BVN*, 1874, p. 87.
4. Émile Bougaud, *Histoire...*, 1874, p. 331.
5. Émile Bougaud, *Histoire...*, 1874, p. 438.

« Les conditions auxquelles pouvait être assuré le salut de la France, connues par les lettres adressées à Louis XIV [sic] : une consécration nationale, rendue à jamais mémorable par l'érection d'un temple au Sacré-Cœur de Jésus, et l'adoption de ce signe sacré sur ses drapeaux »[1].

Dès lors, il ne fait pas de doute pour les responsables du Vœu que le vote de 1873 correspond à la première condition, que l'épisode de Loigny amorce la satisfaction de la troisième et, surtout, que la construction de l'église de Montmartre réalise la seconde. « Les conditions indiquées sont donc remplies. »

D'une façon répétitive, on reconnaît que c'est désormais une chose acquise. Le P. Rey, nouveau venu en 1876 sur la butte Montmartre, adopte le même point de vue :

« Le Vœu national [a] pour but d'élever enfin au Cœur sacré de Jésus la demeure qu'il avait demandée par sa pieuse servante de Paray-le-Monial »[2].

Dans une circulaire de 1878, Hubert Rohault de Fleury revient sur ce passé encore récent et précise :

« Malgré la différence des temps, la demande reste, et nous pouvons croire que les avantages promis par Notre-Seigneur, en récompense de la satisfaction qu'il a réclamée, subsistent encore. C'est pénétrés de cette pensée, qu'au milieu de nos désastres de 1871, nous avons fait le vœu de construire un sanctuaire qui pût être dit national et qui serait dédié au Sacré-Cœur de Jésus... »[3].

Les PP. Alet et de Franciosi restent discrets sur cette question, se contentant de citer le texte d'A. Legentil de 1872 mentionné plus haut[4]. Le P. de Franciosi inclut même dans un plan providentiel toutes les églises élevées jusqu'à ce jour où la construction de chacune et de toutes répond à la demande transmise par Marguerite-Marie[5]. Quant au P. Jonquet, il essaie de se mettre à la place des promoteurs laïcs qu'il connaît bien :

« Pensaient-ils à la demande de Notre-Seigneur ? Nous ne saurions le dire. Dieu les conduisait. Ils étaient profondément blessés des humiliations de la patrie, ils avaient conscience de la grandeur des prévarications nationales ; ils voulaient fléchir la Justice divine. Est-ce que partout et toujours l'homme n'a pas éprouvé le besoin de calmer le ciel par des sacrifices, des prières, des monuments ? Eux, pour être plus sûrs du triomphe, allaient au Cœur de Dieu »[6].

1. *BVN*, 1875, p. 544.
2. *BVN*, 1878, p. 480. Voir *BVN*, bull. suppl. mai 1878, p. 7.
3. Circulaire du 1er décembre 1878, selon A. Derumaux, « Origines... », 1953, n° 193, p. 16.
4. Victor Alet, *La France*..., 1889, p. 320 et Xavier de Franciosi, *La dévotion*..., 1868 (1892), p. 161.
5. Voir chap. 5 et Xavier de Franciosi, *La dévotion*..., 1868 (1892), p. 161.
6. P. Jonquet, *Montmartre*, 1890, p. 152.

Le cardinal Richard voit bien une relation d'ensemble entre les textes de Marguerite-Marie et le Vœu national, mais sans chercher à entrer dans le détail des origines en 1870[1]. Les PP. Voirin[2] et Lemius[3] pour accélérer, il est vrai, la souscription, insisteront, eux aussi, sur un tel lien. Le *Bulletin* publie alors la lettre de la mère Marie Hélène Coing, supérieure de Paray, écrite le 17 mars 1744, à Mgr Languet qui confirme, à leurs yeux, s'il en était besoin, l'existence des demandes du Christ à Louis XIV[4]. Le P. Yenveux n'est pas en reste[5]. Pareillement, H. de Fleury, dans une lettre à Pie X, écrit en 1905:

> « [Mon beau-frère] se rappela le désir qu'avait exprimé Notre-Seigneur à la bienheureuse Marguerite-Marie Alacoque de voir la France ériger un sanctuaire dédié à Son Cœur Sacré, afin d'y venir se consacrer à Lui. Il se souvint des grâces extraordinaires promises en retour... »[6].

L'arrivée des séculiers à la basilique ne change rien[7]. On se souvient des positions de Mgr Amette et de Mgr Odelin durant la guerre: les demandes ont été satisfaites et l'ex-voto national en est la preuve[8]. Même des ecclésiastiques étrangers au milieu montmartrois des constructeurs et des promoteurs du Vœu, adoptent cette façon de voir, tels le P. René du Bouays de La Bégassière[9], un rédacteur des *Annales de Paray* dont se fait l'écho Mgr Gauthey lui-même ainsi que le P. Auguste Hamon dans son histoire monumentale de la dévotion au Cœur de Jésus[10], Mgr Baunard également[11]. Qu'importe qu'il y ait eu une évolution ou non dans la pensée des promoteurs du Vœu: la Providence, elle, veillait[12]! Tout peut se résumer finalement dans le texte gravé sur une plaque de marbre fixée dans la basilique, en entrant à droite, face à la statue de sainte Marguerite-Marie par Maxime Real del Sarte:

« Paray-le-Monial 1689
Extrait de la lettre CIV de Sainte
Marguerite-Marie Alacoque.

1. *BVN*, 1889, p. 308 et 1891, p. 357. « La France est lente à répondre. »
2. *BVN*, 1889, p. 83 et 795.
3. *BVN*, 1894, p. 609 et 1898, bull. suppl. novembre.
4. *BVN*, 1897, p. 22.
5. P. Yenveux, *Le Règne*..., 1900, t. II, p. 409-462.
6. *BVN*, 1905, p. 3 du suppl. d'oct. Voir aussi suppl. mai 1894, p. 23 et *BVN*, 1907, p. 270.
7. *BVN*, 1908, p. 266.
8. *BVN*, 1915, p. 177 et 1916, p. 116-119; 1919, p. 174. Voir notre chap. 19.
9. Selon ce qu'on dit de lui dans *MCJ*, 1893, t. 64, p. 320-328, « Le Sacré Cœur sur le drapeau tricolore ». Voir aussi de cet auteur *Notre culte catholique et français du Sacré Cœur*, Lyon, Vitte, 1901.
10. Cité par A. Hamon, *Histoire*..., 1907, t. I, p. 418 et le chroniqueur des *Annales de la Visitation de Paray*, cité par Mgr Gauthey, *Vie*..., 1920, t. III, p. 217.
11. Mgr Baunard, *Un siècle*..., 1902, p. 198.
12. A. Hamon, *Histoire*..., 1907 (1940), t. V, p. 73 et 87.

Le Père éternel voulant réparer
les amertumes et angoisses
que l'adorable Cœur de son
divin Fils a ressenties
parmi les humiliations et
outrages de sa Passion
veut un édifice où serait
le tableau de ce divin Cœur
pour y recevoir consécration
et hommages.

La construction de cet édifice
demandé par Dieu à la France
a été décidée par un vote de
l'Assemblée nationale
le 23 juillet 1873
à la majorité de 244 voix.

Une telle plaque posée après l'achèvement de la basilique et la victoire de la France, entre 1920 et 1930[1], renvoie le lecteur aux demandes à Louis XIV publiées en 1867 et à leur interprétation patriotique entre cette date et la canonisation de Marguerite-Marie, entre la défaite de 1870 et la victoire de 1918. Le simple vœu de Legentil, conditionnel, parisien et national, devenu libre de conditions avec Mgr Guibert a été transformé en réponse providentielle à une demande du Christ à laquelle est attachée le salut de la France. Le Vœu national succédait à deux siècles d'un grand silence de la part de la France à son Seigneur! L'église du Sacré-Cœur a désormais, selon cette façon de voir, une place privilégiée dans la merveilleuse histoire d'amour entre le Christ et la France qui par un grand nombre de catholiques et de Français a construit ce sanctuaire national pour la gloire du Cœur de Jésus et son salut.

## G. Les promoteurs du Vœu national et le XVIII^e siècle

Du siècle des lumières se détachent six figures qui comptent pour les artisans du Vœu national: Mgr de Belsunce, Clément XIII, Benoît Labre, Alphonse de Liguori, Louis XVI et sa sœur, Elisabeth de France.

1. Grâce au guide de 1919 qui n'en parle pas et à celui de 1930 qui la mentionne. Voir P. Laligant, *Montmartre*, 1919 et 1933, p. 66.

L'explicite mention qui est faite dans le chœur de la basilique à la consécration de Marseille au Cœur de Jésus par Mgr de Belsunce nous oblige tout naturellement à considérer la littérature du Vœu national (succédant à toute celle du XIX<sup>e</sup> siècle, voir chap. 6 et 7), d'autant qu'on tire des leçons diverses de cet événement. Le P. Victor Alet dramatise l'absence des échevins lors de cette initiative épiscopale : il y voit la cause même de la réapparition de la peste ! Leur vœu arrête le fléau [1]. Le P. Alet ne pense-t-il pas clairement ici aux autorités de son temps ? Alexandre-Félix Legentil, brossant au printemps de 1872 l'un des premiers historiques du Vœu national, fait allusion lui aussi à la consécration de Marseille, mais il est très probable qu'il en connaissait l'existence avant 1870 :

« La dévotion au Sacré Cœur de Notre-Seigneur Jésus-Christ avait signalé son efficacité lors de la peste de Marseille. Le pieux Belsunce avait, à cette occasion, voué sa ville épiscopale et son diocèse au Sacré Cœur » [2].

Cinquante ans plus tard, l'évêque de Marseille et l'homme d'œuvres parisien se retrouveront sur la mosaïque d'une l'église qui avait été voulue par ce dernier afin de chasser la « peste morale », le manque de foi de la France. Le P. de Franciosi insiste sur le rôle d'Anne-Madeleine Rémuzat [3]. Le second supérieur de Montmartre, le P. Voirin invoque d'une façon pressante les événements de 1720 et en appelle au rôle salvateur du Cœur du Christ pour justifier l'usage des « sauvegardes » qu'il propose :

« Pendant la peste de Marseille, Mgr de Belsunce, sur les instances de la vénérable mère de Rémuzat, fit placer sur les portes des habitations une image du Sacré-Cœur avec ces mots : *Arrête, le Cœur de Jésus est là*. Les maisons ainsi marquées furent épargnées comme autrefois celles des Israélites » [4].

L'argument révèle une foi totale en la puissance divine, alors que les témoins des faits semblaient moins affirmatifs. Le P. Lemius est tout aussi net :

« Le Sacré Cœur allait montrer sa puissance. Marseille est la proie d'une peste effroyable. De Belsunce, inspiré par celle que l'on a appelée une autre Marguerite-Marie, voue le diocèse au Sacré Cœur, et le fléau disparaît. La cité phocéenne célèbre encore tous les ans le souvenir de cet éclatant prodige » [5].

Comme en 1907 l'assemblée de l'épiscopat français, on l'a vu, fait grand cas de Mgr Belsunce (chap. 12), on ne s'étonne pas dès lors que l'épisode marseillais

1. V. Alet, La *France*..., éd. 1871, p. 291, éd. 1889, p. 265, éd. 1904, p. 202.
2. A. Legentil, *Rapport*..., 1872, p. 3.
3. X. de Franciosi, *La dévotion*..., 1868 (1892), p. 27 et *Le Sacré-Cœur*..., 1894, p. 382*.
4. P. Voirin, *Lettre*..., 1891, notice p. 2.
5. *BVN*, 1894, p. 608.

prenne place dans l'hommage de la France au Sacré Cœur à Montmartre. La présentation du « vœu de Marseille » que fait l'abbé Laligant est du même genre dramatique.

> « 1720 ! La peste apportée d'Orient dévaste la ville. Quarante mille victimes ont succombé. L'évêque, Mgr de Belsunce, dont le dévouement avait suscité l'admiration de tous, consacre solennellement son diocèse au Sacré Cœur. Il est là, corde au cou, les mains suppliantes. La foule alors était immense. Mais le cadre doré de la mosaïque n'a pas l'ampleur d'un « cours » de Marseille. La place y a été parcimonieusement mesurée. Deux pénitents aux cagoules sombres, cierge en main. Agenouillé devant deux cadavres, un garde-française soulève le bras inanimé d'une jeune victime, et ferme pieusement les paupières d'un homme âgé. Dans ce geste douloureux, l'artiste a exprimé l'émotion de deux deuils. Debout, hautain et prudent, les lèvres à l'abri du fléau, derrière son collet relevé, un consul de la ville... Et quand l'évêque eût fait son vœu, la peste cessa subitement » [1].

On a représenté les autorités civiles dans une attitude plus que réservée : ne fait-elle que renseigner sur ce qui s'est réellement passé en 1720 ou fait-elle allusion à la situation en France des premières années du XX^e^ siècle ? Les actes de piété, efficaces à Marseille ne le seront-ils pas demain à Montmartre pour la France ? Dans les années soixante-dix, les consécrations de diocèses sont apparues comme des substituts à la consécration de la France. Les autorités civiles n'y sont pas mêlées. Vers les années quatre-vingt dix, il y a eu les consécrations de communes – consécrations prononcées par leur maire – toujours comme substituts à la grande consécration nationale. On espère qu'un jour les pouvoirs publics voudront bien s'associer enfin aux évêques, tout comme un Mgr de Belsunce devant une nouvelle vague de peste avait pu obtenir un vœu des échevins.

À juste titre, Clément XIII figure sur la mosaïque du chœur de Montmartre puisqu'il a autorisé la fête du Cœur de Jésus (chap. 5 et 22), ce dont une gravure rééditée par Hubert Rohault de Fleury en 1891 gardait le souvenir (chap. 21). Du souverain pontife dans la gloire de la grande mosaïque, on passe au pauvre pèlerin, Benoît-Joseph Labre, mort aussi à Rome, à qui Mgr Guibert a tenu à dédicacer la première chapelle de déambulatoire, côté est [2]. Aux yeux de l'archevêque de Paris,

> « les vertus de ce saint [récemment canonisé [3]] sont la condamnation des vices qui dominent la société actuelle, c'est-à-dire, du luxe effréné et de l'amour excessif des jouissances matérielles » [4].

1. Abbé P. Laligant, *Montmartre...*, 1923, p. 54.
2. Le diocèse d'Arras et celui d'Aire ont souscrit ainsi que le séminaire de Bayonne.
3. Sur ce point Mgr Guibert et *L'Univers* se retrouvent. Louis Veuillot avait fait campagne pour la canonisation de Benoît Labre.
4. *BVN*, 1883, p. 530. C'est tout à fait l'atmosphère décrite par Yves-Marie Hilaire, *Une chrétienté...*, 1977, t. II, p. 614 – 615 et 809 : une façon pour les catholiques de résister à l'embourgeoisement ; le culte de Benoît Labre « représente la glorification d'une véritable inversion des valeurs bourgeoises ».

Mgr Guibert retrouve en lui ce goût même de la pauvreté qu'il a vécu à sa façon comme prince de l'Église et qui lui fut vivement reproché[1]. La figure de ce saint a aussi beaucoup marqué Verlaine (chap. 17), Raymond Brucker et Paul Féval dont on sait l'importance pour Montmartre (chap. 16)[2].

Les Rédemptoristes français ont tenu à avoir deux autels dans la chapelle Saint-Jean de la crypte[3]: l'un, dédié à saint Alphonse de Liguori et l'autre, à Notre-Dame du Perpétuel Secours, le titre sous lequel ils invoquent la Vierge Marie. En fait, seul le premier autel fut construit[4]. Il permet de rappeler le souvenir de cette figure du clergé napolitain dont la doctrine joua un si grand rôle dans la lutte contre le jansénisme, en France surtout[5]. D'autant que son nom apparaît dans le guide des pèlerins de 1886 où le chapelain rédacteur insère un résumé de sa *Neuvaine au Sacré Cœur*[6], neuvaine qui, au XIXe siècle, connaît le plus vif succès. On en juge par la diffusion du recueil anonyme de prières qui se voit au moins réédité quinze fois entre 1853 et 1886 et qui a été déjà utilisé dans cette étude (chap. 6). Son titre est: *La dévotion au Sacré Cœur de Jésus et au Saint Cœur de Marie, ou le Salut de la France, précédée de la Neuvaine au Sacré Cœur par saint Alphonse de Liguori*[7]. La mention d'une telle neuvaine dans un catalogue d'ouvrages à vendre au profit de l'Œuvre du Vœu national[8] a mérité notre attention: à la suite des *Méditations à l'usage des membres des Conférences Saint-Vincent de Paul,* de A. LEGENTIL, de 1865, inscrite sous le n° 72, on trouve mentionnée sous le n° 79, une *Neuvaine au Sacré-Cœur de Jésus, par saint Alphonse de Liguori.* – A. LEGENTIL. Unique mention d'un hypothétique ouvrage posthume édité par M. Bony sur lequel il n'y a pas d'autres renseignements pour le moment, mais qui souligne l'influence de la doctrine de ce saint napolitain. Dans la dévotion au Cœur de Jésus, cette *Neuvaine en l'honneur du Sacré Cœur de Jésus* apporte une touche particulière en ce qu'elle insiste moins sur la réparation des péchés des autres que sur l'ingratitude personnelle de chacun[9]. Ainsi «l'apôtre de l'amour» comme le supérieur des

1. Voir Jacqueline Lalouette, *Le christianisme*..., 1989, p. 32-33. Les libres penseurs le chargent parce qu'il se rend à Rome pour la canonisation de «ce pouilleux» qu'est Benoît Labre.
2. Sur ce saint, voir Yves-Marie Hilaire, *Benoît Labre, Errance et sainteté, Histoire d'un culte*, Cerf, 1984.
3. *BVN*, 1883, p. 530, 579 et 581.
4. Abbé Laligant, *Montmartre*, 1919, p. 122.
5. C. Savart, *Les catholiques*..., 1985, p. 524 a montré que cet auteur est le plus réédité et de loin entre 1851 et 1870, parmi les auteurs antérieurs au XIXe siècle.
6. ***, *Manuel*..., 1886, p. 10 – 12 et notre chap. 16.
7. Nous avons travaillé sur une édition de 1853 non signalée dans le catalogue de la B. N. Ce dernier attribue l'ouvrage et l'ensemble des éditions à saint Alphonse de Liguori car son nom figure sur la couverture de ces livres. Il est répertorié aussi dans le catalogue établi par le rédemptoriste Maurice de Meulemeester, *Bibliographie*..., 1933. Notre réf.: [Dames...], *La dévotion*..., 1853.
8. *BVN*, 1897, p. 304.
9. François Bourreau, *Essai*..., 1987, p. 306, n. 109.

Rédemptoristes, le P. Georges, désigne saint Alphonse de Liguori [1], ou « le docteur et l'apôtre de notre pays » comme le désigne un autre auteur [2], a-t-il bien sa place non seulement dans l'ex-voto de prière de la France pénitente mais aussi dans l'ex-voto d'imaginaire que nous essayons de décrypter.

## H. Louis XVI, Madame Elisabeth et le bienheureux Hébert

Sur la mosaïque du chœur ne sauraient passer inaperçu les figures du « roi-martyr », de sa famille et de son confesseur, le P. Hébert, supérieur des Eudistes, désormais bienheureux. Sont-ce de nouveaux saints ? Il faut y voir le signe de tout un courant d'idées qui associe l'affirmation de l'authenticité du « vœu de Louis XVI » aux multiples justifications, la postérité littéraire de Madame Elisabeth et le lien généalogique qui s'est établi dans les esprits entre le Vœu national et ces textes. Devant une telle confusion, on serait tenté de tout rejeter. Ce serait dommage. Cependant, comme il n'est pas de notre ressort d'étudier la piété envers les Cœurs de Jésus et de Marie et son lien avec la France dans la famille royale durant les années 1790-1794, ni d'en mesurer l'impact dans le parti dévot et chez Louise de France, carmélite à Saint-Denis, pas plus que nous n'avons étudié pour eux-mêmes Lazare et Marie-Madeleine, Denis, Constantin, Clovis, saint Louis et les croisades, Jeanne d'Arc, Louis XIII ou Louis XIV. Contentons-nous de renvoyer à trois faits apparemment assurés, qui ont d'ailleurs été utilisés pour défendre l'authenticité de ce vœu de Louis XVI, très probable produit de la propagande « ultra » lors de la Restauration [3]. Semble donc certaine la prière à Notre-Dame de Paris le 10 février 1790 de Louis XVI et de sa famille avec Bailly, maire de Paris, au jour anniversaire du vœu de Louis XIII, après une visite à l'Hôtel-Dieu [4]. Semble certain aussi le vœu de Madame Elisabeth dont la piété est bien connue, au Cœur de Marie « pour la conservation de la Religion en France », en juillet 1790, sorte de suppléance au roi duquel elle aurait bien voulu obtenir une consécration officielle. Ce vœu sera honoré par les comtesses de Carcado et

1. *BVN*, 1883, p. 581.
2. Abbé Daras, *Les saints*..., 1867, p. 50.
3. Notre chapitre 6 est évidemment supposé connu.
4. Voir Pierre Louvet, *Notre-Dame*..., 1932, p. 305. La célébration solennelle de ce vœu ayant lieu le 15 août, on peut se demander si cette venue le 10 février était bien intentionnelle par rapport au 10 février 1638, date du décret de Louis XIII.

Saisseval sous la Restauration[1]. Semble assurée enfin la diffusion par le P. Hébert, y compris dans la famille, royale d'une image des deux Cœurs et d'une prière pour le roi et la France adressée à Marie[2].

En 1869-1870, le *Messager* se fait l'écho d'une biographie de Madame Elisabeth par A. de Beauchesne. L'auteur décrit ce vœu de Madame Elisabeth de 1790 et intègre dans un procès-verbal que les illustres prisonnières auraient signé au Temple la prière mentionnée au chap. 6: *Consécration de la France au Cœur de Jésus*. Désormais cette prière jusqu'alors anonyme, sera attribuée à la sœur de Louis XVI. Cela apporterait, selon lui, un argument nouveau en faveur de l'authenticité du vœu du roi[3]. En mars 1871, dans son opuscule qui sera enrichi et réédité pendant quarante ans[4], le P. Alet cite la partie intitulée « prière » et « vœu » du document présenté au chap. 6, avec la phrase exprimant le regret de l'édit de tolérance (qui sera, de fait, toujours désormais reprise) et la suppression de l'allusion aux bénéfices. En 1889, il est plus précis : grâce aux *Mémoires* de Hue, il prétend pouvoir affirmer que la formule du vœu a été confiée le 21 juin 1792 au P. Hébert qui en assura la transmission avant de périr lui-même dans les massacres de septembre (et d'être béatifié). Il se fonde aussi sur des *Mémoires et correspondance secrète* du P. Lenfant, un apôtre du Sacré Cœur, qui prêchant à la Cour le 2 février 1791 aurait encouragé le roi à faire ce vœu et à porter sur lui une image du Cœur de Jésus[5].

En 1874, l'abbé Bougaud publie une *Histoire de la bienheureuse Marguerite-Marie* qui connaîtra au moins onze éditions jusqu'en 1908[6]. Il y traite du vœu de Louis XVI, employant sans doute pour la première fois les mots « trop tard » qui seront si souvent repris par la suite. Le collaborateur de Mgr Dupanloup écrit ainsi :

> « Ce fut alors que l'infortuné Louis XVI se décida *trop tard* à un acte qui eût peut-être conjuré le danger s'il avait été fait à temps » (p. 394).

1. Ce vœu a donné naissance au lycée technique Carcado-Saisseval du boulevard Raspail à Paris. Mesdames de Cardado et de Saisseval sont des compagnes d'Adélaïde de Cicé dans la Société des Filles du Cœur de Marie (P. Vallin et note ci-dessous). Voir Claire Auberive, *L'héritière du vœu de Madame Elisabeth, Charlotte-Hélène de Lastic, comtesse de Saisseval*, 1946. Yves Delaporte, « Les Cœurs votifs... », 1957. Monique Touvet, *Comme une source*..., 1990, p. 65-66.

2. Paul et Pierrette Girault..., *Louis XVI*, 1988, p. 285-287. Sur les rapports du père Hébert et de Louis XVI, voir aussi de ces auteurs, *Louis XVI par lui-même*, 1989, p. 302s. citant un billet certainement authentique du roi à son confesseur en date du 3 août 1792 ou bien encore Jean-François Chiappe, *Louis XVI*, 1989, t. III, p. 225s., 229, 380s.

3. *MCJ*, t. 16, 1869, p. 355 et t. 17, 1870, p. 10-13. Le livre est de Alcide du Bois de Beauchesne, *La vie de Madame Elisabeth*, Plon, 1869, 2 vol. avec une lettre préface de Mgr Dupanloup (qui lui-même avait écrit une vie de cette princesse dont la béatification a été envisagée).

4. P. Alet, *La France*..., 1871 et 1889.

5. 2 vol. in-8°. L. Mame, 1834 selon P. Alet, *La France*..., 1889, p. 278.

6. Emile Bougaud, *Histoire*..., 1874, p. 395.

Surtout, il parle d'une copie que le P. Hébert portait toujours sur lui et qu'il dissimula « dans une fente des pierres de sa prison » (p. 399).

En 1876, Léon Pagès publie un historique de la question de la consécration de la France au Sacré Cœur en plaçant au centre du débat le vœu de Louis XVI[1]. Par rapport à la version citée plus haut, on remarque qu'il supprime sans points de suspension la promesse de rétablissement des bénéfices. Quant aux circonstances, elles sont présentées succinctement : premiers mois de 1792, aux Tuileries, sous l'inspiration du P. Hébert. En 1880, Grimoüard de Saint-Laurent reprend ces affirmations[2] puis bien d'autres auteurs font de même[3].

En 1881, *Le Messager du Cœur de Jésus* publie une note sur l'Œuvre du Cœur miséricordieux, appelée aussi l'Œuvre du 29 septembre 1820[4], œuvre qui serait toujours en activité. Cette œuvre de bienfaisance qui a changé entre-temps d'orientation aurait pour origine une consécration par Louis XVI de sa personne, de sa famille et de son royaume au Cœur de Jésus, le 10 février 1790 à Notre-Dame de Paris[5]. Les personnes présentes auraient alors fait le vœu de donner chaque année une somme d'argent en l'honneur du Cœur de Jésus pour le salut de la France. De là, la fondation de cette œuvre et de sa fortune. Une correspondance de la marquise de Carcado et de la comtesse de Saisseval est donnée comme la source de ces informations. Dès lors, les histoires du vœu de Louis XVI s'enrichissent de cet épisode. En effet, le P. de Franciosi étale sur deux ans le projet d'un tel vœu : du 10 février 1790 au printemps 1792[6]. Quant au P. Alet, il assigne une autre origine aux Œuvres liées aux noms des comtesses de Carcado et de Saisseval[7]. Ces dernières ne feraient que se montrer fidèles à une consécration et un vœu prononcés seulement par Madame Elisabeth. Cependant, il propage l'attribution de la prière « Consécration de la France... » à Madame Elisabeth qui fait ainsi pendant au vœu de Louis XVI. Par rapport aux événements que nous avons estimé fondés, on devine tout l'imbroglio qui en découle pour fonder l'authenticité de prétendu acte royal !

1. Léon Pagès, *Le vœu...*, 1876.
2. Comte de Grimoüard..., *Images...*, 1880, p. 185-187.
3. Par ex. P. Letierce, *Le Sacré Cœur,...*, 1886, p. 387 et 410 qui juxtapose la plupart des données antérieures.
4. *MCJ*, 1881, t. 39, p. 460-463.
5. Cette œuvre aussi semble bien avoir existé, mais l'explication de son origine par le vœu de Louis XVI lié au fameux texte n'est pas fondée. Voir Yves Delaporte, *Les Cœurs...*, 1957, p. 15.
6. X. de Franciosi, *La dévotion...*, 1868, éd. 1892, p. 148.
7. Il cite comme source du P. de Ponlevoy, *Notice biographique sur Madame la comtesse de Saisseval*, P., Poussielgue, 1850, ainsi que les *Mémoires* de la duchesse d'Angoulême. Voir P. Alet, *La France...*, 1889, p. 280 et 282.

Si au temps du P. Voirin, le *Bulletin* se contente d'affirmer que le Vœu national tient la promesse de Louis XVI -qui pourtant était conditionnelle! –[1], le P. Yenveux présente l'ensemble des textes sur la question, sans beaucoup d'esprit critique, il est vrai (la prière «Consécration de la France...» est attribuée à Madame Elisabeth[2]). Quant au père Lemius, lui, confère à tous ces récits une intensité dramatique:

« Louis XVI se consacra et fit un vœu, mais c'était trop tard ! Oui, trop tard ! Et la justice de Dieu passa »[3].

Mais il ne se contente pas d'exercer son talent oratoire, il suscite des écrits dont le *Bulletin* fait l'éloge. Par exemple, *Le Triomphe du Christ* de Guy de Pierrefeu qui affirme désormais que le vœu fut écrit dans la prison du Temple.[4]. Qui plus est, le P. Lemius donne en 1915 sa propre interprétation des faits, inspirée du P. de Franciosi: le 10 février 1790, Louis XVI prononce à Notre-Dame un vœu dont il établit le manuscrit qu'il communique au P. Hébert le 21 juin 1792[5]. Évoquant la béatification du P. Hébert, le P. Le Doré qui fut l'un de ses successeurs à la tête des Eudistes, tient à faire le point sur la question. Il assure que le journal de Hue, intitulé les *Derniers jours du roi Louis* ne parle ni du vœu, ni du Sacré Cœur, que la *Notice sur Mme de Saisseval* (1850) par M. de Falaiseau, ne donne aucun renseignement de ce genre. La date de 1790 est bien trop précoce pour un tel texte (la Constitution civile du clergé par exemple n'était pas encore votée). Le P. Le Doré s'en tient à *l'Ami de la Religion* de 1815 et mentionne une dame de Monléon, pénitente du P. Hébert, qui aurait reçu de lui une copie, mais, lui, attribue à Louis XVI lui-même la prière dite *Consécration de la France*...[6]! Le P. Auguste Hamon reprend les mêmes arguments pour défendre le vœu de Louis XVI, authentique à ses yeux, en ajoutant cependant ceux de Mgr L. Baunard qui rapporte qu'un exemplaire avait été conservé par Mlle de Cicé dans la fente d'une muraille[7], mais le père jésuite est très sobre à propos des prières trouvées

1. *BVN*, 1891, p. 281.
2. P. Yenveux, *Trésor*..., 1902, t. II, p. 868s.
3. *BVN*, 1894, p. 250-251, 606. Quelques années plus tard on retrouve encore la même formule: «Louis XVI réalisa trop tard les désirs de Dieu, alors qu'il ne détenait plus l'exercice de la puissance royale» (*BVN*, 1908, p. 267). Ainsi que dans *Bull. Prêtres Apôtres*..., fév-mars 1906, p. 3-5 et 4-6.
4. Voir G. de Pierrefeu, *Le Triomphe*..., 1894, p. 23 et 332.
5. P. Lemius, *Les grands desseins*..., 1915, p. 26.
6. Le P. Le Doré est connu par ailleurs pour avoir essayé, à l'instar, selon lui, du P. Hébert auprès de Louis XVI, d'obtenir du comte de Chambord puis du comte de Paris la consécration de la France au Cœur de Jésus. *BVN*, 1882, p. 38. P. Ange Le Doré, *Le message*..., 1917, p. 88 et 90. Il cite le P. Ory, *Les Origines de Notre-Dame de Charité*, p. 601.
7. Mgr Baunard, *Un siècle*..., 1902, p. 199. Marie-Adélaïde de Cicé est avec le P. de Clorivière à l'origine de la Société des Filles du Cœur de Marie. Voir art. «Marie» (1979) dans *CHAD*, p. 616. Il faut remarquer que les précédentes biographies de cette demoiselle, morte en 1818, ne faisaient pas allusion à ce fait. Voir par ex. *MCJ*, avril 1881, t. 39, p. 418-452, alors que dans la même livraison, le rédacteur rapporte les origines de l'Œuvre du Cœur miséricordieux de Jésus. Ni d'ailleurs les suivantes: voir ***, *Marie-Adélaïde*..., 1961. Les Filles de Marie ont tenu une maison de retraites spirituelles à l'ombre de la basilique de 1900 à 1980 environ (voir chap. 16).

auprès de la famille royale et à propos de Mme de Carcado. Il n'attribue pas la *Consécration*... à Madame Elisabeth [1].

Finalement, la mosaïque du chœur de la basilique récapitule toute cette histoire. En 1874, Joseph Chantrel voulait que la décoration de l'ex-voto national « résume l'histoire de l'Église tout entière, mais particulièrement l'histoire de la France chrétienne [...], la France [...] de Louis XVI » [2]. Quarante ans plus tard, son souhait est exaucé. L'abbé Laligant décrit la scène de la grande mosaïque :

> « Ce ne sont plus les Tuileries. C'est la prison, et pour que nul n'en ignore, le geôlier est là, maussade et résigné. On peut dire que dans cette déchéance pleine d'angoisses, le Cœur de Jésus fut l'unique ami, et le seul consolateur, qui pût franchir les portes du cachot, pour dire aux nobles prisonniers : « *Pax vobis ! Nolite timere, ego sum*. Soyez en paix, ne craignez rien. Je suis avec vous ! Le P. Hébert [...] qui lui inspira la pensée du vœu, n'assiste à la scène que par une fiction d'artiste. À genoux, le roi Louis XVI prononce la formule de son vœu, entouré de sa famille, le petit dauphin, Madame Royale (la future duchesse d'Angoulême), la reine Marie-Antoinette et Madame Elisabeth... Dans la perquisition faite au Temple, les commissaires de la Révolution ne trouvèrent que deux choses : l'image du Sacré-Cœur et un manuscrit de quatre pages, qui commençait par ces mots : *Acte de consécration de la France au Sacré Cœur de Jésus*. C'était le vœu du Temple [3] ! »

Un tel texte est le signe d'un trouble et d'un espoir. Le trouble provient de ce qu'en France l'autorité politique (précédant et suivant son opinion publique) refuse de faire publiquement profession de foi. L'espoir est dans un retour des choses : Louis XVI vient après Constantin, Clovis, Charlemagne saint Louis, Louis XIII. Demain, avec le Vœu national, pourquoi ne pas espérer qu'un chef d'État agisse au moins « en présence et sous les auspices de l'Être suprême » comme l'y invite la Déclaration de 1789 ! Car évidemment, à travers le point précis de l'existence ou non de telle prière ou de telle promesse royales, est en cause la position du Vœu national face à la Révolution qui favorise une Église d'État schismatique et persécute l'autre. Qu'on parle de tous ces personnages historiques à propos du Vœu national témoigne moins du royalisme des auteurs que de leur espoir mis dans un changement des conceptions de l'État où les autorités politiques exerceraient leur pouvoir à la manière de la Révélation chrétienne, comme un service, fut-ce au prix du sacrifice de leur propre vie. La France des Temps modernes a désormais ses martyrs. Aux yeux des constructeurs du Sacré-Cœur, leur offrande ne peut pas ne pas être féconde non seulement d'une manière eschatologique mais aussi dès maintenant sur cette terre. Leur théologie et leur spiritualité de la rédemption doivent être prises en compte pour comprendre leur œuvre.

1. P. Auguste Hamon, *Histoire*..., 1907, spécialement t. IV, 1931, p. 236s et 307.
2. *BVN*, 1874, p. 85.
3. Abbé Laligant, *Montmartre*,..., 1923, p. 54.

# *IV. LES RÉFÉRENCES CONTEMPORAINES*

## A. Figures du XIXe siècle hors le Vœu national

L'histoire récente joue son rôle dans la souscription et la décoration du Sacré-Cœur : si nous ne répétons pas ce que nous avons dit à propos des épiphanies mariales du XIXe siècle (voir Marie, plus haut), il paraît important, malgré leur disparité, de faire mention aussi bien de sœur Marie de Jésus que de la bienheureuse Sophie Barat, de Pie IX que de Louis Veuillot, personnalités que le Vœu national insère finalement dans sa généalogie.

La sœur Marie de Jésus (chap. 6) n'est donc pas oubliée dans la vie de l'ex-voto de prière même si elle est éclipsée par la bienheureuse Marguerite-Marie dans l'ex-voto de pierre. En 1876, Léon Pagès la mentionne dans son opuscule publié dans *Le Messager du Cœur de Jésus*[1]. De leur côté, le P. Ubald de Chanday[2] et le P. de Franciosi font également grand cas du message de la religieuse des Oiseaux[3]. Dans la campagne de consécrations de 1889, le P. Voirin enfin presse et exhorte les fidèles en citant les propos de sœur Marie de Jésus, du 21 juin 1823[4]. Ensuite, il semble que sa mémoire disparaisse.

Sainte Sophie Barat, la fondatrice des Dames du Sacré-Cœur de Paris est la dernière à figurer dans la procession de la mosaïque du chœur. Un vitrail, à présent détruit, de la chapelle Sainte-Marguerite-Marie, la montrait instruisant des enfants[5]. On a vu (chap. 6, 19 et ci-dessus) l'importance d'un recueil de prière publié par cette congrégation et mis sous le patronage de saint Alphonse de Liguori.

La présence de Pie IX sur la mosaïque du chœur est à comprendre en fonction du rôle des évêques de France dans la dévotion liturgique au Sacré Cœur à l'occasion de la décision romaine concernant l'universalisation de la fête du Sacré Cœur (chap. 5). Le P. Voirin voit dans la démarche française la réalisation d'une des demandes du Christ à Louis XIV. La France est vraiment l'apôtre du Cœur du Christ[6]. Mais Pie IX, c'est aussi la naissance et le développement du Vœu national (chap. 7).

1. Léon Pagès, *Vœu*..., 1876. Il semble que le *Bulletin du Vœu national* ne fasse pas précisément mention de cet opuscule à cause de son caractère anonyme et surtout de son ton assez politique.
2. Voir *BVN*, 1876, p. 261. Ce père gardien des Capucins de Paris a écrit un opuscule pour soutenir la souscription : P. Ubald, *Le plébiscite*..., 1880.
3. X. de Franciosi, *La Dévotion*..., 1868, p. 154 – 155.
4. *BVN*, 1889, p. 798.
5. P. Laligant, *Montmartre*, 1933, p. 74.
6. *BVN*, 1889, p. 798.

Quant à Louis Veuillot, c'est à sa mort (1883) que la famille cherche avec le cardinal Guibert le moyen de garder son souvenir dans l'ex-voto national, mais il faudra attendre vingt ans pour que son monument voit le jour[1]. Comme l'écrivain avait fait campagne dans *L'Univers* pour la canonisation de Benoît Labre et pour l'ex-voto de Montmartre, on eut l'idée de rapprocher l'un et l'autre par l'ouverture d'une souscription pour la chapelle dudit saint nonobstant l'érection d'un monument[2], initiative à laquelle adhérèrent également les publicistes catholiques[3]. Ainsi la famille de Louis Veuillot adoptait beaucoup plus chaleureusement la basilique de Montmartre que ne l'avait fait l'écrivain lui-même; il voyait, on s'en souvient, en Mgr Guibert, un saint Nicodème là où il aurait voulu un saint Athanase, tandis que Mgr Guibert jugeait le directeur de *L'Univers* comme un homme sans prudence[4]. La volonté unanimiste des héritiers de l'un et de l'autre les a réunis à Montmartre.

## B. Les généraux de Sonis et de Charette

L'hommage de la France au Christ, dans la mosaïque du chœur de Montmartre, inclut l'épisode de la défaite de Loigny, le 2 décembre 1870. Comment en est-on arrivé là? Quelle place cet épisode de la guerre de 1870 a-t-il pu tenir dans la pensée du cardinal Richard et des membres du Comité? Quel lien avec le salut de la France et la liberté du pape par le Sacré Cœur? Présentons les sources que nous avons pu examiner en complément des mises au point du chap. 6.

Les réactions d'Adolphe Baudon et d'A. Legentil à un article du P. de Gerlache ont été déjà analysées plus haut (chap. 2, § sur le P. Ramière). Ces messieurs ont de l'admiration pour des catholiques aussi fervents mais ils trouvent qu'ils mélangent un peu trop et surtout mal politique et religion. Alexandre-Félix Legentil le répète encore lors des contacts établis pour la constitution du comité de l'Œuvre du Vœu national:

1. *BVN*, 1883, p. 530.

2. Sur ce monument, voir, en particulier, Eugène et François Veuillot dans *L'Univers* et *Le Monde*, 1er mai 1898 ainsi que Xavier Leger, prêtre du diocèse de Pontoise, arrière petit-fils de L. Veuillot, dans *Montmartre-Orientations*, 1987, n° 79. C'est finalement le P. Lemius qui aida à mettre tout cela en place: il était l'ami de la famille et baptisa Pierre Veuillot, le futur cardinal (témoignage oral de Mgr Charles, ami de Mgr Veuillot). Léon Fagel a représenté la Foi et la Force sous les traits, à g., de la fille (religieuse décédée en 1891), et peut-être, à dr., de la sœur (1911) du grand journaliste auteur du *Parfum de Rome*, et des *Odeurs de Paris*, évoqués l'un et l'autre en arrière-plan (texte de la carte postale éditée par Benoît Le Roux (*Louis Veuillot,* 1984) et Abeilles-cartes.

3. Voir l'article « corporation des publicistes chrétiens » dans *CHAD*.

4. Mgr Guibert se fit simplement représenter aux obsèques de Louis Veuillot. Le *Bulletin* ne publia pas de nécrologie. Si le Ralliement divisa la famille Veuillot, c'est certainement la partie ralliée qui finalement obtint le monument. Voir Emile Poulat, *L'Église*..., 1986, p. 132, 140, 155.

« J'ai trouvé une note d'un individu qui déclare désirer adhérer mais qui trouve le besoin de savoir si le vœu en question n'a rien de politique. Je vais lui écrire pour le rassurer. Cela m'amène aux deux noms dont vous me parlez pour notre comité. M. de Missiessy est parfait. Le G^al de Charette nous ferait grand honneur ; c'est un vaillant homme, un grand chrétien, qui a rendu au sacré Cœur un éclatant hommage. Je serais, quant à moi, heureux de son concours, et je ne croirais pas faire un acte politique en le lui demandant. Mais voudrait-on croire que cette coopération n'aurait rien de politique ? J'en doute. De plus, cette coopération serait-elle effective ? J'en doute aussi [1]. Le général passe pour médiocrement sérieux en affaire. Enfin, lui-même ne voudrait-il pas faire de politique ? Si je n'avais sous les yeux la note dont je viens de vous parler, note qui ne fait peut-être qu'exprimer ce que beaucoup de gens pensent, je n'attacherais pas tant d'importance à cela » [2].

Quoiqu'il en soit de ces réserves, A. Baudon propose au général de Charette de participer au Comité, et ce dernier accepte. Sa lettre inédite mérite assurément d'être citée :

« J'accepte avec une grande reconnaissance la proposition que vous voulez bien me faire, et je m'associe de grand cœur à votre noble et pieuse pensée. Dieu seul peut sauver la France et un monument élevé à son divin cœur dans cette grande ville attirera sur cette malheureuse population les miséricordes célestes et j'en ai la ferme confiance, amènera le triomphe de la Justice et de la Vérité. Je viens au nom du Régiment vous remercier de l'honneur que vous lui faites en lui permettant de coopérer à cette œuvre et je suis heureux et fier, quelqu'indigne que j'en suis, de le représenter au milieu de vous » [3].

Dans son premier rapport officiel sur l'Œuvre devant l'Assemblée générale des Comités catholiques en avril 1872, A. Legentil pourra conclure ces seize mois de vies parallèles entre la bannière du Sacré Cœur et le Vœu national au Sacré Cœur par ce jugement sur les circonstances de la naissance de ce dernier :

« Enfin, les vaillants soldats qui, privés de l'honneur de combattre pour le souverain pontife, étaient revenus défendre le sol natal, avaient marché à l'ennemi sous la bannière du Sacré Cœur, et avaient, par leur héroïsme, donné à la France et au monde une leçon que notre siècle hébété ne comprendra peut-être pas » [4].

La bannière des zouaves pontificaux et celle du Vœu national se rencontrent le 20 juin 1873 lors du pèlerinage du comité du Vœu national à Paray. La première est placée près de l'autel de la chapelle de la Visitation. La seconde fait son entrée en compagnie de A. Legentil et du général de Sonis :

1. A. Legentil voyait juste. Les procès-verbaux des séances du Comité montrent que Charette fut le moins assidu.
2. Lettre de A. Legentil à H. de Fleury, du 27 novembre 1871. ASCM.
3. Lettre de janvier 1872 du baron de Charette à Adolphe Baudon. ASCM.
4. A. Legentil, *Rapport*..., 1872, p. 3. Pour son beau-frère, il lui « paraît possible et même probable... que ce soit (Loigny) qui ait décidé M. Legentil à faire son vœu au Sacré Cœur » (Lettre de H. de Fleury, du 7 juillet 1893 à un religieux. Photocopie conservée au musée de Loigny. Elle est publiée dans R. Thévert, « Loigny... », avril et novembre 1959).

« Quelle ne fut pas notre émotion quand, pénétrant... dans ce lieu vénérable, honoré il y a deux cents ans de la présence visible de Notre-Seigneur Jésus-Christ, nous (la) retrouvâmes... encore teinte du sang des héros qui l'avaient défendue à Patay ! La devise : « Cœur de Jésus, sauvez la France ! » semblait résumer en un seul élan de foi et d'amour toutes les magnificences de cette belle journée » [1].

Mais l'émotion est une chose; la prudence en est une autre. Le baron de Charette aime à parler de cette bannière. Le 5 novembre 1873, lors d'une réunion du Comité,

« après la prière, la séance est levée. Cependant M. le général baron de Charette raconte l'histoire de l'étendard du Sacré Cœur et tous les membres présents le conjurent d'en écrire la relation pour le bulletin de l'Œuvre ; le général s'y engage » [2].

Un mois plus tard, le 3 décembre 1873, l'article est rédigé et l'auteur en donne lecture au Comité: « Il édifie et ravit tout le monde. Il est décidé qu'il sera publié au prochain bulletin » [3]. Mais la réunion terminée, Léon Cornudet écrit au général pour lui demander d'apporter quelques aménagements à son texte. Sa réponse du 8 décembre 1873 est conservée dans les archives de la basilique:

« Je suis entièrement de votre avis et je trouve qu'il serait parfaitement inutile de faire des allusions politiques dans une question religieuse. Ma ligne de conduite, dans les tristes temps où nous sommes, a toujours été de ne m'écarter en quoi que ce soit du terrain religieux qui a vu naître et grandir le régiment. Cette notice n'est autre chose qu'un exposé rigoureusement historique, et si la critique malveillante peut y trouver à redire, elle ne pourra s'en prendre qu'à la logique des faits accomplis. Veuillez je vous prie... changer le titre et y substituer la phrase que vous me donnez : la bannière du Sacré Cœur et les volontaires de l'Ouest, ainsi que la dernière phrase, il ne reste de ces jours de fête... etc...que le souvenir et l'espérance, Cœur de Jésus, Sauvez la France. Il y a encore une phrase que l'on pourrait abréger : cette bannière nous rappelle encore l'antique étendard qui entre les mains de nos rois menait jadis la France à la victoire : on pourrait supprimer « entre les mains de nos Rois » [4].

Avec l'accord de l'auteur ce travail ainsi corrigé est soumis à Mgr Guibert qui le modifie à nouveau:

« C'est très édifiant, mais cela n'a pas trait à la construction de l'église du Sacré-Cœur.... Je m'en rapporte au jugement du Comité. Dans tous les cas le récit de M. de Charette devrait être abrégé des 3/4 et il faudrait supprimer les passages qui ont été barrés » [5].

1. A. Legentil, *Rapport...*, 1974, p. 174.
2. *PV*, 5 novembre 1873. ASCM.
3. *PV*, 3 décembre 1873. ASCM.
4. Lettre du baron de Charette à Léon Cornudet du 8 décembre 1873. ASCM.
5. Lettre de Mgr Guibert à Léon Cornudet du 12 décembre 1873, ASCM.

Le 17 décembre, prudemment, le Comité ajourne l'insertion du texte dans le *Bulletin*. Le baron de Charette ne désirant pas d'autre publicité que celle du Vœu national attendra aussi [1]. En février 1874, le chroniqueur du *Bulletin* estime que l'ex-voto qui va être construit devra résumer l'histoire de l'Église et surtout de la France chrétienne: « la France que défendaient sous l'étendard du Sacré Cœur les zouaves de Patay et qui reconnaît aujourd'hui qu'elle ne pourra revivre sans revenir au Christ, qui est la voie, la vérité, la vie » [2]. Puis, sans autre explication, le 18 février 1874, le Comité décide la publication de l'article en question, revu et corrigé par Mgr Guibert et Léon Cornudet [3]. La même année, s'inspirant vraisemblablement de cet article, l'abbé Emile Bougaud, vicaire général d'Orléans, raconte de façon grandiose l'histoire de cette bannière en soulignant:

> « C'était la seconde fois depuis l'oriflamme des croisades qu'un drapeau religieux paraissait sur un champ de bataille. Le premier avait été porté par Jeanne d'Arc, le second le fut par les zouaves » [4].

Le P. Alet quant à lui parle des zouaves pontificaux en des termes véritablement épiques [5]; plus érudit, le P. de Franciosi cherche à mieux cerner les circonstances de l'année 1870 [6]. Après la mort de A. Legentil, H. de Fleury écrivant vers 1890 ses *Souvenirs de 1870-1871* évoque succinctement la bataille de Loigny [7]. Voilà pourquoi finalement le P. Hamon peut présenter comme une étape du « Royal triomphe » du Sacré-Cœur, cet épisode de la guerre de 1870 [8]. Par ailleurs, jusqu'à sa mort en 1911, Athanase de Charette qui avec le temps devient le plus ancien membre du Comité, participe à ce titre et avec sa bannière aux grandes manifestations liées à la construction de la basilique. Il s'y rend en son nom propre et comme représentant de son régiment [9]. À l'heure de la construction de la grande mosaïque du chœur, le temps a fait de plus son effet. La décision est prise de représenter côte à côte le général de

1. *PV* du 17 décembre. ASCM.
2. *BVN*, février 1874, p. 85.
3. *PV* 18 février 1874 et *BVN*, avril 1874, p. 142-146, reproduit dans la *S. R. Poitiers* du 21 juin 1874; p. 416-420, selon J. Gadille, *La pensée*..., 1967, t. I, p. 232.
4. Emile Bougaud, *Histoire*..., 1874, p. 436; le chap. XVIII est cité dans *BVN*, 1875, p. 454 et s. Sur le refus de Mgr Dupanloup en 1875 de décorer sa cathédrale avec les bannières du Sacré-Cœur, voir J. Gadille, *La pensée*..., 1967, t. I, p. 308. Problème déjà évoqué à propos de Mgr Dupanloup, chap. 3. Curieuse contradiction!
5. Victor Alet, *La France*..., 1889, p. 326-330. Sonis et Charette succèdent à Drouot, Bugeaud, Lamoricière dans le chapitre intitulé « L'épée de la France chrétienne ».
6. X. de Franciosi, *La dévotion*..., 1868 (1892), p. 161-170.
7. H. de Fleury, *Souvenirs*..., 1890, p. 6.
8. A. Hamon, *Histoire*..., 1907 – 1940, p. 34.
9. *BVN*, 1892, p. 172; 45e et 50e anniversaires du régiment: *BVN*, 1905, p. 210 et 1910, p. 161. Il est tout ému d'en parler avec Léon XIII (A. de Charette, *Notes*..., 1890).

Sonis saluant de l'épée et le général de Charette levant la bannière auprès des promoteurs laïcs du Vœu national, les uns et les autres précédant les promoteurs ecclésiastiques, les archevêques de Paris, de Mgr Guibert à Mgr Dubois. Parallèlement au Vœu national, la bannière de Charette est entrée dans la merveilleuse histoire des relations de la France et du Christ [1].

## C. Léon XIII et le monde

Léon XIII est représenté deux fois dans la basilique : dans la chapelle Sainte-Marguerite-Marie et sur la mosaïque du chœur. À chaque fois, il s'agit d'évoquer la consécration du genre humain au Cœur de Jésus que le souverain pontife a prononcée le 9 juin 1899 dans l'esprit et le prolongement de celle de Pie IX en 1875 et à la suggestion de la mère Marie du Divin Cœur [2]. Léon XIII offrant le globe terrestre et suivi des cinq continents [3] est en quelque sorte symétrique de la France offrant sa couronne au Christ. Cette prière pour le salut de l'humanité tout entière englobe le salut de la France. Que la France, quel que soit son régime politique fasse siens les propos du pape ! Les promoteurs du Vœu national étaient à l'unisson de ce genre de réflexions. Les autorités françaises sont prises en quelque sorte entre les évêques de France qui ont séparément consacré au Cœur de Jésus leur diocèse et Léon XIII qui englobe la France avec tous les autres États. Il n'est pas étonnant dès lors que le *Bulletin du Vœu national* publie la même année une prière émouvante :

> « Pourtant, n'est-ce pas, Jésus, qu'elle n'est pas morte, votre France aimée ? Elle dort seulement. Mais il est des sommeils dangereux. Prenez-la donc par la main, et dites-lui les mots qui enfantent les miracles : « Ma fille, je te le dis, lève-toi. » O France ! Écoute l'appel du Sacré Cœur » [4].

À Montmartre, une mosaïque de la chapelle Sainte-Marguerite-Marie garde le souvenir de cette encyclique en soulignant le message d'espérance de Léon XIII qui désigne un cœur surmonté d'une croix et entouré de flammes :

1. Notre étude (chap. 6, 7 et 23) permet donc, nous semble-t-il, de juger trop péremptoire une phrase comme celle-ci : « Chacun sait que Loigny est à l'origine de l'érection de la basilique du Sacré-Cœur de Montmartre », phrase qu'on peut lire dans *le supplément du bulletin paroissial de Loigny-la-Bataille*, n° 80, novembre 1990, p. 51. Voir notre article à paraître en avril 1992 dans ce même bulletin.

2. Voir chap. 11 et 19 et *BVN*, 1899, p. 377.

3. Si la représentation de l'Afrique (une femme noire et ses enfants) et celle du Nouveau Monde (un Indien d'Amérique) ne semblent pas appeler de remarques, celle de l'Asie par une Japonaise évoque la diffusion des « japonaiseries » à la fin du XIXe siècle (voir le catalogue de l'exposition sur le japonisme, Grand Palais, 1988) et celle de l'Europe par une Grecque, la renaissance alors contemporaine des Jeux olympiques.

4. Abbé Abdon dans *BVN*, 1899, p. 706.

« Aujourd'hui, voici qu'un autre emblème [1] béni et divin s'offre à nos yeux. En lui, nous devons placer toutes nos espérances ; nous devons lui demander et attendre de lui le salut des hommes » [2].

Léon XIII présent sur la mosaïque est aussi le pontife qui a tant favorisé le Vœu national et dont les paroles d'encouragement ont été souvent reprises [3]. C'est aussi celui qui s'est fait l'écho auprès de l'Église universelle de la Question sociale si présente chez Alexandre-Félix Legentil et ses confrères de la Société Saint-Vincent de Paul ainsi que chez un Léon Harmel, pèlerin assidu de Montmartre. Si l'industrie et le commerce, nés eux aussi au XVe siècle sous leurs formes modernes et qui se sont tellement développés aux XVIIIe-XIXe siècles n'ont pas encore le visage d'un saint protecteur, ils ont indirectement ici une chapelle, ce dont il fallait faire mention. Léon XIII prie donc le Christ avec un cœur visible sur la poitrine, les bras grands ouverts, pour l'humanité tout entière [4]. Cette image est inséparable d'une autre qui se trouve discrètement sur un des corbeaux du dôme : l'ange qui interdisait l'entrée du paradis abaisse son épée devant le Cœur du Christ. Désormais, l'accès à l'intimité divine est possible par le Christ, par l'Église, par la France chrétienne qui a travers le sanctuaire de Montmartre remplit sa mission.

## *V. LE VŒU NATIONAL DEVIENT MONTMARTRE*

Sur la mosaïque du chœur qui est toujours notre guide comme en bien d'autres endroits de la basilique, les responsables du Vœu national se sont représentés eux-mêmes [5]. La construction du Sacré-Cœur a été pour eux une merveilleuse histoire qui a envahi toute leur vie et dans laquelle ils ont vu « le

1. Le premier emblème est la croix apparue à Constantin. Voir plus haut, le paragraphe sur Constantin.
2. *BVN*, 1899, p. 381 ; *BVN*, 1903, suppl. oct., p. 6 ; 1904, suppl., p. 109 – 1.
3. *BVN*, 1906, p. 7-8.
4. Au chap. 21, on a fait remarquer ce que devait le Sacré Cœur de Merson aux visions de Mme Royer. Comme celle-ci avait toujours réclamé une grande discrétion sur son compte, il n'a pas paru possible d'évoquer sa figure.
5. Legentil, Rohault de Fleury et Keller ainsi que les quatre archevêques de Paris se trouvent avec d'autres membres du Comité sur les corbeaux extérieurs du dôme et ceux de l'entrée de la chapelle de la Sainte-Vierge. Il y a les monuments funéraires de trois archevêques et les cœurs des Legentil et de Batbie, un buste de Chesnelong et un d'Abadie. Les noms des principaux participants à la pose de la première pierre en 1875 et à la consécration en 1919 sont inscrits dans les niches des bénitiers.

doigt de Dieu ». Ils ont pensé faire la volonté de Dieu connue généralement en Jésus-Christ et par l'Église et confirmée selon eux par des témoins récents : les voyants de Pontmain en réponse au Vœu de Legentil (chap. 16), mère Saint-Dominique et mère Marie de Saint-Pierre pour l'adoration perpétuelle (chap. 17), Mme Royer pour Prière et Pénitence (chap. 18), Estelle Faguette pour le scapulaire du Sacré Cœur et mère Marie du Divin Cœur pour la vocation de Montmartre (chap. 19). Mais bien plus, ils découvrent une secrète et providentielle harmonie entre le passé de la butte Montmartre et l'œuvre qu'ils accomplissent.

## A. Montmartre, cœur de la France

Dès 1876, l'abbé Brettes dont le discours sera à nouveau cité en 1906, présente l'histoire de Montmartre en trois temps : celui de la foi, celui de la Révolution et celui du Cœur de Jésus. Il évoque

« la montagne de la terre chrétienne, de la terre catholique où se résument toutes les gloires de la patrie »

mais aussi

« le souvenir rapide de ces jours malheureux où la révolution s'est emparée de Montmartre et lui a donné une couronne de sang, une couronne de fer et de feu. C'était inévitable... Satan est l'ennemi de l'Église » [1].

Tout un travail d'assimilation du passé et du présent se fait parmi les chapelains pour que Montmartre redevienne à nouveau catholique. Une dizaine d'années après l'ouverture de la chapelle provisoire, les responsables de la construction de l'église du Vœu national éprouvèrent le besoin d'approfondir leur vision historique de la butte. Il leur fallait impérativement se démarquer de la présentation que le P. Alet donnait de leur projet dans *La France et le Sacré Cœur*, puisque cet auteur faisait tout graviter en quelque sorte autour de Paray-le-Monial [2]; tout en considérant le Vœu national avec beaucoup de respect, il n'y voyait qu'un élément parmi d'autres dans le faisceau

1. *BVN*, 1876, p. 344; 1906, p. 135-136.
2. Voir Victor Alet, *La France...*, 1871 et 1889. Voir aussi chap. 4 et 6. On a un écho contemporain de cette façon de voir et de parler dans le bulletin de la radio catholique stéphanoise, Radio-Espérance. Il y est écrit : « Paray-le-Monial, la cité où Jésus a révélé son Cœur, est devenue le cœur de la France chrétienne » (*Famille chrétienne*, n° 690, 4 avril 1991, p. 11).

de relations qui unissent le Christ à la France. Pour les Oblats, la référence à la bienheureuse Marguerite-Marie et aux demandes du Christ de 1689 ne pouvait pas suffire à situer le Vœu national dans un dessein divin providentiel. Les éléments épars, présents aussi bien dans la pensée et les décisions d'un Mgr Guibert que dans les rapports d'un Legentil ou dans les sermons de l'abbé Brettes se devaient d'être ordonnés à la mission propre du nouveau sanctuaire. L'ouvrage du P. Jonquet, *Montmartre, autrefois et aujourd'hui* opéra cette fusion [1].

Dès son arrivée sur la butte en 1887, le religieux historien, à la demande du P. Voirin, se met au travail. L'idée est de tirer parti de l'histoire de Montmartre. Telle réflexion publiée dans le *Bulletin* en 1890 fait certainement écho à ses préoccupations :

> « Le passé de Montmartre n'est pas assez connu. C'était autrefois comme aujourd'hui la montagne sainte de Paris. Ce qui nous émeut vivement, c'est que tout ce passé revit sous les formes les plus inattendues [dans la construction de la basilique du Vœu national] » [2].

Toute l'histoire de la Butte sacrée de Paris prépare et appelle cette église nationale. Le P. Jonquet répète comme un refrain ce qualificatif de « cœur de la France » qui lui était donné jadis. Il l'a lu dans *La Vie apostolique de sainct Denys aréopagite, patron et apostre de la France*, par le R. P. Estienne Binet, de la compagnie de Jésus, éditée en 1624. Selon lui, cet historien du XVII^e siècle écrit :

> « On nomme Montmartre le cœur de la France, ainsi qu'on lit dans une ancienne charte du roi Jean » [3].

Le P. Jonquet a pu se reporter à l'ouvrage du P. Binet ou à défaut se contenter de la citation donnée par le P. Alet :

> « Cette colline, jadis, était nommée Montagne de Mercure, ou, selon les autres, Mons Martis, Mont de Mars : le sang de saint Denys effaça la mémoire de ces idoles et en étouffa le nom, de façon que depuis on la nomma Montmartre et le « cœur de la France, » ainsi qu'on le lit dans une ancienne charte du roi Jean » [4].

Il s'agit à l'évidence de Jean II le Bon et cette référence au XIV^e siècle, reprise au XVII^e siècle, actualisée au XIX^e siècle est déjà en soi pleine d'enseignement.

1. Voir Emile Jonquet, *Montmartre*, 1890. Il est abondamment cité dans le *Bulletin* : *BVN*, 1890, p. 209.
2. *BVN*, 1890, p. 625, sous la signature du premier chapelain, c'est-à-dire, du P. Jonquet.
3. P. Jonquet, *Montmartre*..., 1890, p. V.
4. P. Alet, *La France*..., 1889, p. 120-122.

Mais le P. Jonquet ne s'en contente pas. Il fait, semble-t-il, œuvre originale en citant cette fois l'abbé Doublet, doyen de l'abbaye royale de Saint-Denis, lequel développe en 1646, dans son *Histoire chronologique*, la formule de l'époque du roi Jean :

« Montmartre est l'œil et le cœur de la France... C'est le lieu le plus saint et le plus sacré de la patrie... C'est une montagne plus chère que le Liban, que Jésus-Christ a choisie pour y faire découler les plus abondantes de ses faveurs, pour le bien de tout l'univers et l'utilité singulière, non seulement de la ville de Paris et des lieux circonvoisins, mais aussi de toute la France !... Ceux qui ne respectent par Montmartre ne sont ni Français ni chrétiens »[1].

Ce *Montmartre est l'œil et le cœur de la France* sera repris inlassablement par le P. Jonquet dans son ouvrage comme par les prédicateurs de son temps. Le P. Lemius en fait usage au Congrès des catholiques à Lille et le chroniqueur du *Bulletin* utilise maintes fois la formule[2]. Elle leur paraît annonciatrice du rôle de la basilique construite par la France entière. Le lien entre la religion et la patrie y est expressément souligné. L'église nationale était ainsi annoncée et son site n'est pas un endroit comme les autres. Le P. Lacordaire insistait là-dessus lors d'un sermon prononcé en 1846 à Montmartre justement. Cette montagne est « prédestinée dans l'ordre de la nature comme dans l'ordre de la grâce »[3]. Cette affirmation du caractère prédestiné de Montmartre plaira[4] : la montagne des martyrs de Paris, capitale de la France, tient une place vraiment privilégiée dans l'alliance que le Christ a conclue avec la fille aînée de l'Église.

Reste à montrer comment l'histoire de Montmartre annonce l'épopée que les promoteurs du Vœu national sont en train de vivre ; son histoire constitue le fait essentiel de l'histoire de la France comme de l'histoire de la dévotion au Cœur de Jésus, les deux pôles de l'ouvrage du P. Alet, revu en fonction de Montmartre. Une histoire fondamentale qui commence avec saint Denys l'Aréopagite (voir ci-dessus), se poursuit avec la chapelle du martyre et la fondation de l'abbaye des Bénédictines. Le XVIe et le XVIIe siècles resplendissent à Montmartre avec saint Ignace et ses compagnons, avec tous les saints personnages du grand siècle qui viennent prier dans le martyrium récemment redécouvert (à la suite de Pierre de Bérulle), avec saint Jean Eudes, fleuron de l'école française de spiritualité. Grâce à ce dernier, on y honore publiquement le Cœur du Christ par une messe de concession épiscopale bien avant celle que permet le Saint-Siège dans l'esprit de Marguerite-Marie. Certes, la

1. P. Jonquet, *Montmartre*..., 1891, p. V-VI.
2. *BVN*, 1893, p. 587 ; 1906, p. 299-300.
3. P. Jonquet, *Montmartre*..., 1890, p. VI. *BVN*, 1890, p. 209.
4. *BVN*, 1893, p. 587.

Révolution fait ensuite à Montmartre comme ailleurs son œuvre de démolition, mais le Vœu national arrive à son heure et révèle la vérité et la pérennité de la vieille formule : « Montmartre, l'œil et le cœur de la France »[1].

## B. Le Vœu national, vérité de Montmartre

Montmartre devait donc recevoir un jour sa couronne de gloire : l'ex-voto national. Le Vœu national, pour le salut de la France, se nomme désormais Montmartre. C'est ainsi que l'on va désigner couramment l'ex-voto de pierre aussi bien que celui de prière. On parlera de l'adoration faite en union avec Montmartre. Un vicaire général donne au *Bulletin* un long article intitulé : « Montmartre, la montagne de l'espérance et du salut ». Il y développe la symbolique de la montagne dans l'humanité en général puis dans la Bible et dans l'histoire de l'Église pour terminer sur l'histoire et la place de Montmartre dans le dessein de salut de Dieu sur la France et sur le monde[2].

Tous les prédicateurs le soulignent à l'envi : l'histoire merveilleuse de la construction des trois ex-voto prolonge et actualise l'histoire chrétienne de la butte. Mgr Odelin dit et écrit, commentant un verset de l'*Apocalypse* (14, 14) :

> « Les vierges suivront l'Agneau partout où il ira. C'est pour cela, mes sœurs, que vous êtes venues à Montmartre, car, c'est la terre choisie où l'Agneau divin, le Christ, a fixé sa demeure de prédilection ; c'est la terre choisie du sacrifice où tous les amis du Christ à travers les siècles sont venus répandre leur sang ou leurs larmes ; c'est la terre choisie où, maintenant, plus que jamais, se manifeste le cœur blessé du Sauveur ; la terre choisie où la France tout entière apporte le trésor de ses expiations et de ses immolations »[3].

## C. Montmartre et la mission de la France

Puisque Montmartre est le cœur de la France et que le Vœu national couronne Montmartre, l'église de Montmartre, œuvre de la France, reçoit mission

1. Voir aussi *BVN*, 1907, p. 105-107. En *BVN*, 1897, p. 325, on cite un texte de Bonald dans lequel le philosophe rêve d'un temple au centre de la France. Le chroniqueur ne peut s'empêcher de penser à Montmartre. Il faut aussi avoir présent à l'esprit les propos de Rodolphe Salis sur Montmartre (notre chap. 16), ceux de Clemenceau (« *Montmartre*, c'est la France ») en réponse à Gambetta (« *Belleville*, c'est la France ») (voir Ludovic Halevy, *Trois*..., 1929, p. 68) et de bien d'autres : Maurice Barrès cité ci-dessus à propos de saint Ignace, etc.
2. *BVN*, 1895, p. 7, 91 et 161.
3. *BVN*, 1897, p. 115.

de la France. Or celle-ci n'est pas simplement la nation qui, dans l'Occident des Barbares, a reçu et transmis la première la Bonne Nouvelle du salut, elle est aussi celle qui, à partir de 1867 (date la publication des lettres de la bienheureuse de Paray-le-Monial – voir chap. 6), a appris qu'en Louis XIV, au temps de Marguerite-Marie, le Christ lui avait donné une nouvelle mission quant à la diffusion de la dévotion à son Cœur. Pour la plupart des responsables, le sanctuaire de Montmartre qui satisfait à la première demande de 1689 doit assumer aussi la quatrième demande, promouvoir la dévotion au Cœur du Christ. Le Sacré-Cœur de Montmartre a en quelque sorte une mission divine qui incombe à ses responsables. Les PP. Rey et Voirin ont été très conscients de cette charge[1]. Le P. Yenveux y a consacré sa vie en organisant une prière universelle en union avec Montmartre et a glorifié la mission de Montmartre dans son ouvrage : *Le règne du Cœur de Jésus*. Le P. Jonquet, lui, en a montré la cohérence symbolique. Mais c'est le P. Lemius surtout qui souligne le mieux l'importance de cette idée de mission[2]. Ces religieux ont-ils influencé le cardinal Richard ou bien est-ce ce dernier qui les a orientés en ce sens ou encore étaient-ils tous en accord profond ? Toujours est-il qu'on lit sous sa plume en 1899 :

> « L'action surnaturelle exercée dans la capitale par la basilique du Sacré-Cœur s'étend à la France entière par les sanctuaires unis à la prière de Montmartre ; elle s'étend au-delà des limites de la France par les associations érigées dans le monde entier et affiliées à l'Archiconfrérie du Sacré Cœur. »

Autant d'influences qui telle une pierre jetée dans l'eau partent du Sacré-Cœur ! Son rayonnement dans le monde est la quintessence de celui de la France et de la France chrétienne :

> « Au moment où les nations du monde entier se presseront dans la capitale pour admirer les merveilles de la Science, de l'Industrie et des Arts, il fallait que la croix apparût sur la colline des martyrs, rappelant à tous les regards que la civilisation du monde moderne est née de l'Évangile, et que la France n'a pas renié la mission que la Providence lui a faite, malgré ses défaillances et ses erreurs, d'être la propagatrice de l'Évangile et de la civilisation chrétienne dans le monde »[3].

Le paysage parisien est évangélisé par cette église, la France est évangélisée par cette capitale surplombée par la croix[4], le monde à son tour bénéficie

1. Voir surtout le discours du P. Voirin en *BVN*, 1889, p. 794.
2. Voir son discours à Reims, *BVN*, 1894, p. 608-610.
3. *BVN*, 1899, p. 3 et 4.
4. Un souscripteur exprime cette pensée : « Si de saintes âmes avaient comme vous la pensée que le salut de notre pays est dans le Sacré Cœur, c'est à Paris, qui est la tête, que le Sacré Cœur devait d'abord être adoré, prié, et de Paris qu'il devait rayonner sur toute la France » (Lettre de Thévenot de Férussac à Hubert de Fleury, de Pau, le 7 décembre 1890, citée par A. Derumaux dans « Origines… », 1953, n° 193, p. 6.)

de la France et de sa capitale christianisées par Montmartre. Le dessein de Mgr Guibert est réalisé, ce que n'a trop bien compris Emile Zola dans son roman *Paris.* Quel scandale pour l'écrivain que la ville de la Science et du Progrès soit ainsi dominée par un tel signe ! Que l'église du Sacré-Cœur fasse partie intégrante du paysage parisien prend aux yeux des catholiques et de bien d'autres une signification éminemment religieuse, d'autant qu'en cette église une prière perpétuelle s'élève au profit de tous [1]. Au début du siècle, elle pouvait s'exprimer par cette formule :

> « Cœur sacré de Jésus qui (...) avez voulu, par une miséricorde nouvelle, vous révéler à la France, lui donner de vous construire ce temple et régner par elle dans le monde, nous mettons en vous notre confiance » [2].

C'est ainsi que l'église du Sacré-Cœur dont le nom se confond désormais avec celui de Montmartre doit prendre part -une part essentielle – à la mission que la France a reçue du Christ.

Le mal de la France moderne, selon les promoteurs du Vœu national, est de ne pas être fidèle à son baptême en ne respectant pas la loi divine et l'Église. Charles VII, après avoir suivi Jeanne d'Arc avec plus ou moins de réticence, impose la Pragmatique sanction et Louis XIV, les Quatre Articles en n'écoutant pas Marguerite-Marie. L'Assemblée constituante décide seule de la Constitution civile du clergé. Louis XVIII reconduit les Articles organiques du Concordat et ignore Marie de Jésus. Ni Charles X, ni Louis-Philippe, ni Napoléon III ne relèvent vraiment le défi de la foi. La IIIe République en son parlement comme en son président refuse toute démarche religieuse et conteste le vote de l'Assemblée nationale concernant le Sacré-Cœur. Tous ces pouvoirs participent du même esprit qui les fait ignorer la révélation chrétienne présentée par l'Église et par certains mystiques qui l'actualisent. Certes, depuis Jeanne d'Arc, la nation française est née, mais depuis lors, elle n'a pas vraiment accepté la primauté de la foi chrétienne (même si le Concordat de Bologne respectait les formes); soit par le gallicanisme latent ou explicite, soit par le jansénisme, soit par l'esprit des Lumières (avec son déisme ou son athéisme), soit aussi par les mœurs de ses rois, de ses représentants et de son peuple, elle ne vit pas chrétiennement. Entre la défaite de 1870 et l'attente du salut de la France, l'examen de conscience historique des catholiques

1. Même ceux qui contestent l'architecture de la basilique apprécient particulièrement son intégration dans le panorama parisien. Voir Yvan Christ, *Dictionnaire...*, 1968, art. « Sacré-Cœur ». *À fortiori* ceux qui la défendent : François Loyer dans Claude Laroche, *Abadie*, 1988, p. 198, et François Chaslin dans Agnès Dumortier, « Les monuments... », 1986, p. 41.

2. *BVN*, 1908, p. 77.

français qui ont travaillé au Vœu national leur a fait découvrir que le péché de la France moderne, dont la conséquence est la défaite, remonte loin. Pourtant, l'espérance chrétienne et l'espoir humain sont chevillés au cœur des responsables du Vœu national. Une unité de l'armée française et l'Assemblée dépositaire de la souveraineté nationale ont protesté publiquement de leur confiance en Dieu et en Jésus-Christ. Des millions de Français ont manifesté leur volonté d'être catholiques en souscrivant pour l'ex-voto national. Ainsi dans les Temps modernes, la multitude des saints, des martyrs et des évêques français est-elle en accord avec les nouveaux pouvoirs publics qui, déjà hier et encore demain, du moins les responsables du Vœu l'espèrent, ne pourront pas ne pas se joindre à elle afin que la France soit toujours pour le monde fidèle à sa mission chrétienne !

L'histoire de France qui ressort de l'ensemble de la décoration de la basilique dit explicitement que les hommes du Vœu national ne sont ni des intransigeants ni des libéraux ; ni intransigeants car ils prennent en compte les nouveaux moyens de désignation de l'autorité politique et en tirent parti dans la souscription ; ni libéraux car ils appellent de tous leurs vœux une manifestation publique de la foi commencée d'ailleurs dans leur œuvre. Ils se reconnaissent dans les apôtres et les martyrs des premiers temps, mais aussi dans Constantin et l'empire chrétien ; dans les saints évêques et les moines, mais aussi dans Clovis, les saintes reines, saint Louis et un royaume chrétien ; dans les saints de l'Église de la France moderne, mais aussi dans une société christianisée ! Pour eux, vraiment, le catholicisme doit assainir *les deux sources de la morale et de la religion*, l'appel du héros et la pression sociale (Henri Bergson, 1932), la mystique et la politique. À l'Église d'enseigner les principes qui permettent aux chrétiens de discerner les vraies et les fausses mystiques, de pratiquer les bonnes et les mauvaises politiques, non pas « directement », non pas « directivement », mais « indirectement », sous leur responsabilité, en sauvegardant le caractère personnel de l'alliance que Dieu veut établir avec l'humanité.

L'essentiel pour un cardinal Richard est là. De même qu'un chrétien est un homme qui a fait l'expérience ineffable du divin manifesté en Jésus-Christ et dans l'Église, de même une nation chrétienne est-elle une nation qui a expérimenté dans son histoire la bienveillance divine à travers l'attention que le Christ, Marie, les saints et les anges lui ont portée d'une façon personnelle. Les récits merveilleux rendent compte de cette histoire vraiment arrivée mais impossible à saisir dans son ensemble. La décoration de la basilique la traduit dans la pierre. Simplification, personnalisation, attribution d'écrits à des personnages célèbres, dramatisation, objectivation et historicisation des desseins providentiels caractérisent de tels récits, une telle décoration. N'est-on pas en présence d'une christianisation de la fonction mythique (au sens de Mircea Eliade, 1963), de cette expression véritable de l'expérience religieuse par laquelle on exprime (on n'explique pas) des vérités qui ne peuvent être dite autrement ?

Depuis que la Bonne Nouvelle est arrivée en Gaule, que Clovis est devenu catholique (sans avoir, et de loin, toutes les vertus morales !), que Jésus et Marie ont sauvé la France par Jeanne d'Arc, la France est ce qu'elle est. En se dérobant à sa vocation, elle ne peut que se détruire. Cela ne saurait être ! La France est sous la grâce de Dieu comme l'humanité tout entière l'est depuis le sacrifice du Christ. Il y a un optimisme radical dans cette décoration (excessif à la limite, voir chap. 30). L'Ennemi homicide n'y est représenté que vaincu par saint Michel, lui qu'un Hubert Rohault de Fleury voit à l'œuvre dans les assauts que le Sacré-Cœur a subis (voir lettre de 1902 parmi nos pièces justificatives). Il n'y a pas de jugement dernier et d'enfer dans le décor de l'ex-voto national comme on en voyait dans celui des cathédrales. Dieu veut vraiment que toutes les « nations » soient sauvées et la France tout entière en particulier. Si ses péchés sont graves, si le « péché originel » de la France moderne est toujours à l'œuvre dans son histoire, l'amour du Christ pour elle est et sera le plus fort. Aux Français d'en profiter, de faire pénitence et de manifester leur confiance en lui par l'édification de l'ex-voto de pierre et de prière.

# En guise de conclusion aux livres sur la fondation et l'édification de l'ex-voto national : Le rayonnement de Montmartre en France, dans l'Empire et le monde.

Le prestige de Montmartre est triple: c'est à la fois celui de l'ex-voto de pierre, de prière et d'imaginaire. N'oublions pas ainsi que des déclarations pontificales ont encouragé une certaine mystique de Montmartre. Léon XIII, lors d'une audience au P. Lemius et à un groupe de pèlerins du Vœu national, s'écrie:

> « Montmartre et Lourdes, le Sacré Cœur et la Sainte Vierge, sauveront la France »[1].

Et Pie X, lors d'une audience à des curés français:

> « Ne perdez jamais confiance dans la Providence. Mais priez le divin Cœur de Jésus qui garde la France du haut du sanctuaire de Montmartre »[2].

Pour en rester un instant à l'ex-voto de pierre, on a pu mener toute une enquête, fort éloquente, sur l'influence architecturale de Montmartre à Paris, en France et à travers le monde. François Loyer la conclut en ces termes:

> « Quoi qu'on en ait dit, Montmartre apparaît bien comme la tête de file du renouveau de l'art religieux en France sous la troisième République : elle est au romano-byzantin ce que Saint-Nicolas de Nantes avait pu être au néo-gothique, une génération plus tôt, mais son influence est encore plus profonde puisqu'elle s'étend sur près de trois quarts de siècle »[3].

1. *BVN*, 1894, p. 282.
2. *BVN*, 1914, p. 231.
3. Voir François Loyer, « Une basilique synthétique », dans Claude Laroche, *Abadie*, 1988, p. 193 ainsi que la préface de Bruno Foucart.

Mais ce remarquable rayonnement de l'édifice est certainement lié à ce que représentait Montmartre comme lieu de prière et d'imaginaire. La participation à la souscription, les pèlerinages, les fondations et les agrégations de confréries du Cœur de Jésus et de Prière et Pénitence, les unions d'adoration constituent un réseau difficile à décrire mais d'une efficacité indéniable. Il est cependant aisément repérable dans les cas où l'on a été jusqu'à construire une église dans le style (ou non) de Montmartre, dédiée (ou non) au Cœur du Christ.

## *I. MONTMARTRE EN FRANCE ET DANS LES COLONIES*

Quand le cardinal Donnet fait bâtir une église du Sacré-Cœur à Bordeaux en 1875, pour écarter l'idée d'une possible concurrence avec le Vœu national, il la qualifie lui-même de « fille » du Sacré-Cœur de Montmartre, puisqu'aussi bien cette église n'est plus à proprement parler une église « sœur » du Vœu national comme celles qui sont issues directement des événements de 1870. La filiation ne réside pas ici dans l'architecture, mais simplement dans un commun esprit de dévotion au Cœur du Christ pour le bien de la société[1].

Que ce soit à propos de l'église paroissiale de Saint-Raphaël vers 1888[2], de la basilique souterraine du Rosaire à Lourdes, de celle de Saint-Martin à Tours et de Notre-Dame de Brebières à Albert (Somme), la filiation architecturale relevée par François Loyer ne saurait faire oublier les liens religieux. À Tours, les Oblats de Marie Immaculée ont joué un certain rôle. À Lourdes, l'érection de la confrérie de Prière et de Pénitence et son agrégation à l'archiconfrérie de Montmartre (chap. 18) sont contemporaines de la décision prise alors de construire l'église du Rosaire et du choix de son architecte[3]. L'une et l'autre initiatives s'éclairent et s'épaulent mutuellement[4].

1. *BVN*, 1875, p. 701 et 1878, p. 540. Voir Jacques Gadille, *La pensée...*, 1967, t. I, p. 19.

2. Voir Abbé Le Gall, *Centenaire...*, 1987. Le rapprochement est de l'auteur de la plaquette, non de François Loyer.

3. Basilique construite par Léopold Hardy (1881-1889) en « néo-byzantin ». En 1906, Huysmans la critique « frénétiquement » alors qu'il ne dit rien du Sacré-Cœur (chap. 31), selon Bernard Billet, *Lourdes*, 1981, p. 127. Les responsables de la souscription remarquent que les quêtes sont aisées à Lourdes pour le Sacré-Cœur. Ce n'est pas le cas à La Salette (*PV* du 15 mars 1873).

4. Il y aurait à examiner le cas du Sacré-Cœur de la Roche-sur-Yon en Vendée très « abadien » (voir Claude Laroche, *Abadie*, 1988, p. 345).

La construction d'un sanctuaire dédié au Sacré-Cœur et appelé le Petit Montmartre de Provence est un autre exemple du rayonnement de la basilique de Paris. Le curé de Roquefort-les-Pins (Alpes-Maritimes) veut animer sa paroisse de cinq cents âmes. Il suggère à ses paroissiens de construire une chapelle dédiée au Cœur de Jésus qui serait la première de la région et deviendrait un lieu de pèlerinage pour le salut de la Provence. Il obtiendra un certain succès [1].

Bien que les églises suivantes aient vu le jour au-delà de la période étudiée dans ce travail, soit surtout pendant l'Entre-deux-guerres, on peut signaler encore pour mémoire à Paris même : Sainte-Odile, Saint-Pierre de Chaillot et l'église du Saint-Esprit (selon François Loyer) et le Sacré-Cœur de Gentilly. L'architecte de l'église du Saint-Esprit est Paul Tournon qui a travaillé sous les ordres de Lucien Magne au Sacré-Cœur [2]. Il convient d'ajouter à cette liste sommaire le Sacré-Cœur de Cholet construit par Maurice Laurentin de 1937 à 1941 [3]. La basilique de Lisieux se place également, dixit François Loyer, dans le sillage de Montmartre. Il faudrait encore enquêter sur l'église lyonnaise du Sacré-Cœur, fruit du vœu du cardinal Maurin durant la guerre de 1914 [4]. L'église Notre-Dame de Ribérac par J. Laffilée achevée en 1935 s'apparente aussi bien au Sacré-Cœur de Montmartre qu'à Saint-Front de Périgueux. Et pour cause... [5].

Si l'on quitte, la métropole pour les colonies, on peut relever deux cas typiques [6]. La naissance du Petit-Montmartre de Pondichéry est dû à l'apostolat du P. Yenveux qui a envoyé à beaucoup d'évêques son livre *Le Règne du Sacré Cœur*. Transporté d'enthousiasme par sa lecture, Mgr Gaudy a décidé pour le bien de ses diocésains d'élever une église dédiée au Sacré Cœur. L'auteur de ce travail n'a pu apprendre à ce jour ce qu'il est advenu de ce prjet [7]. Par ailleurs, Claude Laroche raconte l'histoire architecturale du Sacré-Cœur de Balata près de Fort-de-France à la Martinique. C'est un modèle réduit de celui de Paris,

1. Il n'y a pas de filiation architecturale. *BVN*, 1894, p. 449-450. Il s'agit de la propriété du sanctuaire diocésain du Sacré Cœur où se trouve actuellement un Foyer de Charité (Frédéric Lenoir, *Les communautés nouvelles*, 1988, p. 78).

2. *BVN*, 1914, p. 156.

3. Voir à ce sujet article de la revue *303* vers 1989 et le catalogue de l'exposition *Laurentin* aux archives municipales et musée de Cholet, 1989. Renseignements aimablement communiqués par Jacques Foucart.

4. Voir Gilbert Gardes, « L'architecture... . » dans le catalogue de l'exposition *Le Rhône, Naissance d'un département*, Conseil général du Rhône, Lyon, 1990, p. 291.

5. Voir Dominique Audrerie, *Visiter Ribérac*, Bordeaux, Éd. Sud-Ouest, 1990, p. 22.

6. Jean-Marc Kalfleche, « Le pape, la basilique et la polémique » dans *Le Quotidien de Paris* du 10 septembre 1990, p. 18, met la basilique Notre-Dame d'Afrique qui domine Alger parmi les répliques du Sacré-Cœur de Montmartre. On ne prête qu'aux riches ! L'église d'Alger a été construite de 1858 à 1872 ! Voir ***, *L'Algérianiste*, 1989. Renseignement dû à l'amabilité de Claude Laroche.

7. *BVN*, 1901, p. 387.

voulu par l'évêque du lieu, Mgr Lequien, et réalisé juste après la guerre de 1914-1918. D'une colline boisée jaillit un Montmartre féerique qui souligne à merveille l'impact sur notre « patrimoine imaginaire » de l'œuvre de Paul Abadie[1]. Il faudrait savoir si Balata entretint des relations précises avec le Sacré-Cœur de Paris.

## *II. MONTMARTRE ET LES AUTRES NATIONS*

La basilique de Montmartre est le salut du quartier qui l'entoure, comme elle est le salut de Paris, de la France et de son Empire! Mais par émulation même et non certes par substitution aux divers sanctuaires nationaux, Montmartre est aussi le salut des autres nations et du monde entier. Le P. Lemius et Léon XIII l'affirment en 1894 à travers le caractère délibérément universel qu'ils confèrent aux archiconfréries de Montmartre. Chaque nation devrait avoir son « Montmartre », sa « colline nationale »[2]. Le réseau religieux que constituent les pèlerinages vers la Ville Lumière et sur sa sainte colline, les agrégations de confréries et les unions d'adoration joue là encore un rôle capital et devrait faire l'objet d'un recensement détaillé.

La vocation missionnaire de la France est soulignée dans un ouvrage comme celui du P. Alet: la France a une puissance de prosélytisme capable d'immenses dévouements, aussi bien pour la cause du Christ d'ailleurs, que pour celle d'idéaux moins relevés et jusque pour le mal[3]! La mission chrétienne s'épanouit dans l'annonce de l'amour du Christ pour toutes les nations et donc dans la diffusion de la dévotion à son Sacré Cœur, puisque l'on interprète ainsi la quatrième demande de 1689. Les amis du Vœu national en sont convaincus:

> « La France n'est-elle pas la nation apostolique par excellence, et du haut de Montmartre ne prêche-t-elle pas le Sacré Cœur au monde entier ? La basilique criera avec

1. Claude Laroche, *Abadie*, 1988, p. 269.

2. *BVN*, 1894, p. 284 et 1906, p. 135-136. Hubert Rohault de Fleury espère que le Sacré-Cœur de Montmartre sera un modèle pour le monde (lettre au cardinal Richard citée par Christine Laroche, *La décoration*..., 1975, p. 64; AHDP, 4P1).

3. Victor Alet, *La France*..., 1889, p. 38 et 92.

toutes ses pierres, avec ses dômes, avec son campanile : *Credo Filium Dei esse Jesum Christum*, et bien des âmes répèteront à l'envi : Je crois que Jésus-Christ est Fils de Dieu » [1].

Au temps du P. Lemius, cette fonction universelle de Montmartre devient une véritable certitude ; chaque nation est appelée avec ses fidèles de toutes les classes de la société à une prière nationale et devra s'unir avec tous les autres pays dans ce qu'on pourrait appeler une internationale du Cœur de Jésus, à la suite de la France :

> « En ces tristes temps, où son Cœur miséricordieux veut sauver le monde par son amour, c'est encore la France qu'il choisit pour cet apostolat » [2].

Diverses initiatives en ce sens ont déjà été signalées ou le seront : celle de l'Equateur par exemple que Gabriel Garcia Moreno consacre au Cœur de Jésus en 1874 et où la construction d'une basilique nationale à Quito est décidée par ses successeurs en 1883, une chapelle provisoire étant ouverte en 1890 [3] ; ou encore l'initiative espagnole du Tibidabo (chap. 32) et la création par le P. Staub d'un Montmartre canadien à Québec-Sillery dans le cadre de l'Archiconfrérie de Prière et Pénitence [4]. Si dans la plupart de ces démarches fait défaut une certaine dimension officielle et publique (comme il advient dans la France laïque qui sur ce point donne également l'exemple), l'esprit de Montmartre y est toujours présent comme autant de contributions à l'avènement du règne du Sacré Cœur du Christ, tel que l'appelaient de tous leurs vœux ces nouveaux apôtres de Montmartre.

En 1875, à l'imitation explicite de sa sœur aînée, la Belgique catholique veut construire un sanctuaire national au Sacré Cœur de Jésus à Berchen-les-Anvers près du monastère des Filles du Cœur de Jésus [5], à l'initiative du cardinal Dechamps, archevêque de Malines qui avait déjà à la veille du concile du Vatican consacré la Belgique au Cœur de Jésus [6]. Cette église est consacrée en 1878 [7]. Son renom s'est estompé devant la basilique dite de Koekelberg

1. *BVN*, 1881, p. 265.
2. Voir P. Delpeuch, « Les adorations... », *BVN*, 1894, p. 685-689. Pour un état récent de la présence chrétienne française hors d'Europe, voir Jacques Gadille, « Essor... », 1986.
3. Voir chap. 21 ; là aussi les liens avec Montmartre gagneraient à être précisés.
4. Voir chap. 21. On parle aussi d'une église du Sacré-Cœur à Ottawa (*BVN*, 1890, p. 499). Par ailleurs l'architecture de Sainte-Anne de Beaupré semble bien évoquer celle du Sacré-Cœur de Montmartre (***, *Québec*, 1988, p. 16).
5. Voir ***, *Mère Marie de Jésus*..., 1955, p. 90.
6. R. Aubert, *Le pontificat*..., 1952, p. 466.
7. *BVN*, 1875, p. 552-553 ; 1878, p. 540 ; 1890, p. 499. *MCJ*, t. 28, 1875, p. 407 et 418, t. 34, 1878, p. 574 et t. 50, 1886, p. 66.

édifiée sur les hauteurs de Bruxelles pendant l'Entre-deux-guerres. Le premier cas est un pur exemple de postérité religieuse, le second, est surtout un acte de filiation architecturale, comme le souligne François Loyer[1].

À Rome, l'église du Sacré-Cœur construite à partir de 1878 à l'initiative de l'Apostolat de la prière (chap. 12 et 16) est inaugurée vers 1890 et mise finalement dans le rayonnement de Montmartre[2]. À Naples, entre 1885 et 1894 (année de sa mort), la fondatrice des Servantes du Sacré Cœur de Jésus, Catherine Volpicelli, bâtit une chapelle qu'elle appelle le Petit-Montmartre[3]. À partir de 1904, le curé de la paroisse du Sacré-Cœur de Galvestone au Texas construit une église dans le « style mauresque » dont la coupole est à l'imitation de celle de la basilique de Montmartre avec cette variante proprement américaine d'une statue en marbre du « Christ des Andes » tenant la croix qui remplace le lanternon du dôme[4]. En Uruguay, à Montevideo, une église du Sacré-Cœur vient témoigner aussi de la postérité spirituelle et architecturale de Montmartre[5] ainsi qu'en Colombie à Medellin[6].

Un Sacré-Cœur de Jérusalem aurait pu enfin boucler ce tour un peu rapide si le vœu des évêques suscité par le P. Lemius pendant la guerre de 1914 en vue de la victoire avait été mené à bonne fin (chap. 15). Ce panorama sommaire qui demanderait encore bien des enquêtes montre cependant tels qu'il est, qu'autour des années 1900, la christianisation de la France et du monde par le rayonnement de la spiritualité du Cœur du Christ liée à Paray-le-Monial et à la compagnie de Jésus, passe aussi à l'évidence et d'une façon toute privilégiée par Montmartre et l'action des Oblats de Marie Immaculée.

1. François Loyer dans Claude Laroche, *Abadie*, 1988, p. 193. Sur l'histoire de cette église, on lira P. Rion, « La basilique de Koekelberg », *La Maison-Dieu*, 1987, n° 170, p. 150-158.

2. *BVN*, 1890, p. 499.

3. P. Yenveux, *Le Règne*..., 1900, t. V, p. 551.

4. *Montmartre-Orientations*, Noël 1983, p. 22. En 1983, le lien de prière entre les deux églises a été renoué à l'initiative du curé actuel.

5. Selon le témoignage oral du P. Guitton, supérieur des Prêtres du Saint-Sacrement. Les statues colossales du Christ à Rio de Janeiro et à Lisbonne (Christ-Roi sans couronne avec un cœur sur la poitrine et les bras tendus) participent du même esprit.

6. Des étudiants en architecture de cette ville sont entrés en contact en 1990 avec l'auteur de ce travail. Louis Carré, architecte français (voir petite notice dans E. Delaire, *Dictionnaire*. ., 1907), a laissé dans cette ville et sa région des églises inspirées selon eux du Sacré-Cœur de Montmartre.

Photocomposé par
Infoprint Ltd

Achevé d'imprimer en novembre 1992
dans les ateliers de Normandie Roto Impression S.A. 61250 Lonrai
N° d'éditeur : 4708 – N° d'imprimeur : I2-2180
Dépôt légal : novembre 1992

*Photo couverture : André BUGAT*

Tous droits réservés
© LES ÉDITIONS OUVRIÈRES, 1992
ISBN 2-7082-2978-8

*Imprimé en France* *Printed in France*

# LE SACRÉ-CŒUR DE MONTMARTRE

## DE 1870 À NOS JOURS

Jacques BENOIST

# LE SACRÉ-CŒUR DE MONTMARTRE

## CONTESTATION
## (De 1870 à nos jours)

## II

*Préface de Jean-Marie MAYEUR*

ÉDITIONS OUVRIÈRES

# Sommaire

# Abréviations

| | |
|---|---|
| AHDP | Archives historiques du diocèse de Paris |
| AN | Archives nationales |
| ASCM | Archives du Sacré-Cœur de Montmartre |
| *BDA* | *Bulletin de l'union de prière et des dames adoratrices* (réf. 1885) |
| *BHF* | *Bulletin des Hommes de France* (réf. 1900) |
| BN | Bibliothèque nationale |
| *BPA* | *Bulletin des Prêtres-Apôtres* (réf. 1901) |
| *BPP* | *Bulletin de Prière et Pénitence* (réf. 1902) |
| *BSEIN* | *Bull. de la Soc. d'encouragement pour l'Industrie nationale* (réf. 1867) |
| *BSVP* | *Bull. de la Soc. Saint-Vincent de Paul* (réf. 1848) |
| *BVN* | *Bull. de l'Œuvre du Vœu national au Sacré Cœur* (réf. 1873) |
| *BLE* | *Bull. de littérature ecclésiastique de Toulouse* |
| *CHAD* | *Catholicisme, hier, aujourd'hui, demain* (réf. 1948) |
| *DPCR* | *Dictionnaire pratique des connaissances religieuses* (réf. 1925) |
| *DSAM* | *Dictionnaire de spiritualité* (réf. 1932) |
| *DTC* | *Dictionnaire de théologie catholique* (réf. 1935) |
| *EU* | *Encyclopaedia universalis* (réf. 1968) |
| *HSC* | suivi d'une indication de tome et de page: *Historique de la basilique du Sacré-Cœur de Montmartre* par Hubert Rohault de Fleury (réf. 1903) |
| *MO* | Montmartre-Orientations (réf. 1971) |
| *MR* | *Montmartre. Revue des archiconfréries* (réf. 1926) |
| *PV* | *Procès-verbaux des séances du Comité du Vœu national* (réf. 1872 et ASCM 14. 01) |
| Réf. | Références bibliographiques |
| RP | Le récolement photographique des objets d'art du Sacré-Cœur fait par la Ville de Paris |
| *SR* | *Semaine religieuse*; *SRP* = de Paris (réf. 1853) |
| *VSB* | *Vie des saints et des bienheureux* (réf. 1935) |

LIVRE TROISIÈME

# Des Contestations Contestées (1870-1991)

Le Sacré-Cœur de Montmartre a été l'objet d'une contestation tous azimuts dans chacun des domaines abordés au cours de ce travail : politique, spiritualité, art. Pour s'imbriquer les uns les autres, ils doivent être cependant examinés séparément pour la commodité de l'exposé. Mais remarquons d'emblée, si une telle contestation avait dû être efficace, il ne serait resté pierre sur pierre du sanctuaire et même de son souvenir. De la contestation, il semble qu'il en soit comme de beaucoup d'autres choses : elle passe, même si elle ne disparaît point, ce qui, en un certain sens, est toujours rassurant pour l'objet contesté, car c'est le signe qu'il continue de vivre et de faire réagir ! C'est pourquoi la recherche du présent livre s'étend jusqu'à aujourd'hui.

On essaie ici de comprendre pourquoi ceux qui mettaient avant tout l'avenir de leur pays et de l'humanité dans un progrès des sciences et de l'instruction se sont affrontés si violemment à ceux d'en face qu'ils jugeaient responsables des malheurs de la France et de la société par leur sectarisme et leur volonté de tout sacraliser. De fait, l'opposition est radicale entre ces deux attitudes car le principal mal de la France moderne aux yeux des catholiques était de refuser d'accepter la primauté du spirituel, de pécher à proprement parler, même et surtout dans le politique. Et cela depuis longtemps car cette contestation n'est pas née spontanément en 1870-71. Elle hérite de l'opposition au catholicisme en général, à la dévotion au Cœur de Jésus et aux Jésuites en particulier, elle vient du gallicanisme latent de l'État moderne, du jansénisme de la bourgeoisie des XVII^e^-XVIII^e^ siècles, du philosophisme anticlérical du siècle des lumières, du républicanisme démocratique érigé en principe quasi absolu. Or le Sacré-Cœur comme expression concrète et très visible d'une volonté de l'Église de France totalement soutenue par les papes de christianiser le paysage et la société française, a concentré sur lui ces oppositions et bien d'autres.

Contrairement à l'ordre du sous-titre de cette thèse (spiritualité, art et politique) qui est un ordre plutôt déductif, nous étudierons les contestations dont le Sacré-Cœur a été l'objet dans chacun de ces domaines en commençant par la politique, en continuant par la spiritualité et en finissant pas l'art, ce qui est un ordre plutôt inductif. Des critiques de la place et du statut de ce sanctuaire dans la cité, signe de l'Église dans la société, on abordera les critiques faites aux rapports des fidèles à Dieu, à la spiritualité qui fonde ce mode de présence dans le monde. On est conduit finalement à la critique de l'apparence du monument qui subsiste désormais à travers les siècles. Pratiquement, nous montrerons dans chaque domaine, d'abord comment les propositions du catholicisme manifestées dans le cadre de la construction du Sacré-Cœur ont été critiquées, hier et aujourd'hui, par des personnes qui ne partageaient pas la foi catholique, ensuite comment ces critiques du Sacré-Cœur ont été souvent adoptées par une certaine, opinion catholique, sans beaucoup de discernement enfin comment on peut prétendre contester la contestation elle-même, d'où qu'elle vienne.

# SEPTIÈME PARTIE

# CONTESTATIONS DE LA POLITIQUE

Ensemble ou successivement, le Sacré-Cœur a été critiqué comme le symbole d'une prétendue absence de patriotisme des catholiques (prêts à faire la guerre pour les États du pape), de la contre-révolution monarchiste au nom de la démocratie, du cléricalisme au nom de la laïcité, d'une Église puissance publique au nom du droit révolutionnaire (chap. 25), symbole aussi d'un paternalisme anti-communard (chap. 26). Des catholiques enfin, adoptant plus ou moins sans les critiquer toutes ces contestations, ont vécu sur un mode politique réducteur les valeurs de catholicité dont le Sacré-Cœur était le signe (chap. 27). Mais avant d'examiner tout en cela en détail et thématiquement, il convient de parcourir chronologiquement toute la période étudiée en prenant comme fil conducteur les deux débats municipaux et les quatres débats parlementaires (en plus de celui de 1873) auxquels l'église de Montmartre a donné lieu.

# Chapitre 24
# Les débats municipaux et parlementaires et leur contexte

Une longue marche s'impose de 1877 et surtout 1878 – « l'année de la victoire de la gauche » (Maurice Agulhon) – à 1913 – l'année où la propriété du Sacré-Cœur est définitivement reconnue à la ville de Paris. Quatre principaux débats à la Chambre concernant le Sacré-Cœur jalonnent ces trente ans : 1882, 1892, 1897 et 1904 [1]. La loi de 1873, non abrogée à trois reprises, l'est à la quatrième dans le cadre général de la Séparation. À travers ces débats, on verra évidemment surtout jaillir les attaques politiques.

1. Les élections législatives étant survenues en 1877, 1881, 1885, 1889, 1893, 1898 et 1902, quatre législatures sur sept ont eu à se prononcer sur la question du Sacré-Cœur après le vote de 1873.

# *I. LES PREMIERS DÉBATS (1879-1882)*

La plus ancienne contestation publique sous la République des républicains, de la dévotion et/ou du sanctuaire du Sacré Cœur, semble être celle d'Eugène Spuller[1]. Le 8 juin 1879 dans une séance sur la réforme de l'enseignement supérieur[2], il aurait qualifié de « répugnante » cette façon de prier le Christ. Paul Féval s'en fait l'écho dans un opuscule[3] et le P. Longhaye dans une prédication à la chapelle provisoire[4]. Quelques prières réparatrices privées ont lieu à Montmartre et les choses en restent là. Cependant ce n'est qu'une première escarmouche.

## A. La contestation municipale (1880)

### *1. La première proposition de J. -A. Lafont*

L'ouverture des hostilités officielles est due, semble-t-il, à J. -A. Lafont, membre du conseil municipal de Paris. Le 3 août 1880 ce dernier émet la proposition suivante :

> « Le 24 juillet 1873, une assemblée française, élue après des désastres à jamais lamentables, voulut imposer à Paris une humiliation suprême. Cette assemblée voulut manifester par un acte éclatant sa haine furieuse contre la capitale détestée, incarnation de la République, dont son impopularité lui interdisait l'accès. Abusant de sa toute puissance, elle imposa à Paris un véritable monument expiatoire, une basilique consacrée à la dernière expression du fétichisme catholique, qui devait être l'évocation colossale du passé et comme une sorte de stigmate pour la France entière : *Gallia pœnitens*. Le point culminant des buttes-Montmartre [sic], propriété de la ville de Paris, fut pris, en vertu d'une loi d'utilité publique et livré ainsi aux pires ennemis de la société moderne.
>
> « Bientôt l'église du Sacré-Cœur dominera Paris comme un défi jeté à la civilisation. Le conseil municipal élu de Paris n'a jamais été consulté. Peut-il laisser sans protestations s'achever un édifice, symbole insolent de l'intolérance et du fanatisme ?

1. Bien connu par ailleurs pour s'être envolé en ballon avec Gambetta en 1870 et avoir écrit un *Ignace de Loyola et la compagnie de Jésus. Étude historique, politique et religieuse*, (1880). Sur la déclaration de guerre en général de Gambetta, sur « le cléricalisme, voilà l'ennemi ! », voir notre chap. 15.
2. Edouard Lecanuet, *L'Église...*, 1906, t. II, p. 25-26.
3. Paul Féval, *L'Outrage...*, 1879, p. 5-6.5.
4. *BVN*, 1880, p. 232.

Le conseil municipal a le devoir de manifester hautement sa réprobation. Il ne peut le faire qu'en s'affirmant à son tour par un acte solennel. C'est pourquoi j'ai l'honneur de vous proposer le projet de délibération suivant :

« Le Conseil délibère :

« Article PREMIER. Une statue colossale de *La Liberté* sera placée au sommet de la colline de Montmartre, devant la partie antérieure du parvis de l'église du Sacré-Cœur, sur le terrain appartenant à la ville de Paris.

« Art. 2. Cette statue, faisant face à Paris et le dominant, rappellera par ses proportions celle que l'Amérique a érigée [*sic*] au devant de son port le plus important, comme le symbole impérissable d'un état républicain et démocratique » [1].

La proposition est renvoyée en commission d'où elle ne reviendra pas [2]. Mais elle est riche d'enseignements. D'abord, elle rappelle en effet que les démarches nécessaires pour obtenir le terrain ont été faites sans consultations du conseil municipal de Paris. On le sait, celui-ci était *a priori* réputé hostile en 1872-1873. Ferdinand Riant, membre dudit Conseil, qui n'entre au comité du Vœu national qu'en mai 1875, a manifestement toujours été dans la minorité de l'assemblée parisienne. Ensuite, tous les malentendus qui vont courir durant la période étudiée sont présents. Les promoteurs ont voulu humilier Paris (dans le même esprit, on dira que l'on a cherché à faire expier à Paris les crimes de la Commune), réagir contre la République et la modernité et imposer une dévotion contestable. Enfin, la proposition est parlante. Ainsi une femme tenant un flambeau pour éclairer le monde s'oppose à un homme nommé Jésus montrant le symbole de son amour pour le monde. Une statue incarnant une idée s'oppose à une statue représentant un être de chair qui se déclare Fils de Dieu ou qui n'est même, dans la pensée d'Ernest Renan [3], que le simple témoin d'un idéal de fraternité. À propos de *La Liberté éclairant le monde* de Frédéric Bartholdi, Albert Boime parle d'une « icône vide » (là où nous parlerions d'idole) [4]. En utilisant le même langage imagé, nous pourrions sans doute désigner comme une « icône pleine » la statue du Christ (c'est-à-dire une icône proprement dite en langage chrétien). Aux États-Unis, Dieu et la liberté vont ensemble. En France, certains catholiques prennent appui sur la situation américaine pour réclamer de l'État une profession publique de foi en Dieu sans beaucoup se préoccuper de démocratie (voir chap. 7

1. Voir J. A. Lafont, « Proposition... », 1880.
2. L'idée reparaîtra dans *Le Télégraphe* du 22 novembre 1887. Il s'agit d'une statue de la République de 160 m, le double du Sacré-Cœur selon l'auteur. Article cité par Georges Poisson, « Le sculpteur... », 1989, p. 2.
3. Sa *Vie de Jésus* est très répandue. Voir introduction à Ernest Renan, *Vie...*, 1863.
4. Albert Boime, « La statue... », 1987, p. 126-143.

et 23). D'autres défendent la liberté en mettant Dieu en marge de la vie publique à l'instar de ceux qui ne s'en soucient pas ou même le rejettent. Les responsables du Sacré-Cœur tiennent ensemble l'appel à Dieu et l'appel aux Français dans le Vœu national au Cœur de Jésus.

## 2. *Diverses pétitions*

Le nom du marquis de Rochefort-Luçay dit Henri Rochefort – il vient d'être amnistié avec les autres communards – est attaché à diverses pétitions adressées au conseil municipal en octobre 1880. La première est lancée pour demander la démolition du monument expiatoire de Louis XVI ; une autre pour arrêter les travaux et changer la destination du Sacré-Cœur de Montmartre ; une troisième enfin invite l'assemblée parisienne à

> « désigner dans Paris une place publique, destinée à recevoir un monument élevé par souscription aux républicains fusillés illégalement ou sans jugement pour avoir défendu par les armes, en 1871, la République menacée par la coalition de l'étranger et des factions monarchiques » [1].

Le conseil municipal semble n'avoir retenu que la seule pétition relative au Sacré-Cœur. Mais l'ensemble des trois démarches montre que le Vœu national s'inscrit pour ses adversaires dans un contexte tout monarchique et anticommunard. Les intentions de Mgr Guibert et du Comité ne sont jamais considérées pour elles-mêmes. D'ailleurs les promoteurs du Sacré-Cœur acceptent d'être solidaires de ceux qui, parmi eux, pratiquent aussi cet amalgame, même s'ils s'en démarquent discrètement, et les non-catholiques peuvent d'autant moins s'en apercevoir quand les passions s'élèvent. Certes, les participants au service du 21 janvier 1874 à la chapelle expiatoire de la rue d'Anjou ont fait une quête pour l'église votive [2], geste qui a dû se renouveler d'autres fois. Mais parce qu'un grand nombre de légitimistes et d'orléanistes ont souscrit en faveur de Montmartre, est-ce à dire que tous les souscripteurs sont monarchistes, que Mgr Guibert fait un acte politique partisan en construisant le Sacré-Cœur ?

1. L., « Pétitions... », 1880.
2. Voir L. Vié, *Montmartre...*, 1928, p. 75 citant la *Semaine catholique* du 25 janvier 1874.

### *3. Deuxième proposition de J. -A. Lafont, réaction de Ferdinand Riant et vœu du conseil municipal de Paris*

J. A. Lafont change de tactique. Le 7 octobre 1880, il propose avec cinquante-sept autres conseillers (dont Eugène Delattre qui est aussi député et qui présentera le projet à la Chambre) que l'assemblée parisienne demande aux pouvoirs compétents de rapporter la loi du 24 juillet 1873 et d'affecter les terrains à une œuvre de véritable intérêt public. Il se plaint aussi de la lettre récente de Mgr Guibert [1]. Au moins trois conseillers essaient de dissuader le Conseil d'adopter une telle proposition: Marius Martin, M. Binder [2] et Ferdinand Riant. Malgré cela, la proposition est envoyée en commission pour qu'un rapport soit établi [3]. Les propos de F. Riant sont rapportés par le biographe de sa fille Valentine (entrée à dix-sept ans dans la congrégation de Marie-Réparatrice et morte deux ans plus tard en odeur de sainteté) et ce, remarquons-le au passage une nouvelle fois, non pas dans le *Bulletin du Vœu national* mais dans le *Messager du Cœur de Jésus* qui polémique toujours.

> « Vous n'êtes que les agents passifs des loges maçonniques. Si nous sommes douloureusement émus, nous ne sommes pas surpris [...] Est-ce donc au nom de la liberté que vous prétendez arrêter cet élan de foi ? Mieux que tous les discours, il prouve combien la France est encore dévouée à la religion catholique. L'adoption de cette proposition est une marche en avant dans la guerre que vous faites à la Religion ; mais cette guerre a toujours été fatale à ceux qui l'ont essayée. Relisez l'histoire de la première Révolution : vous marchez dans sa voie, vous finirez comme elle ; et sur les ruines que vous aurez laissées derrière vous, l'Œuvre du Sacré-Cœur s'achèvera. S'il vous est permis d'y apporter quelque entrave, ce ne sera que pour un moment. La France vous montrera bien vite qu'elle est décidée à accomplir son vœu.
>
> « Nous sommes tranquilles : le choc qui vous anéantira ne viendra pas de nous, mais de vous-mêmes. Nous, nous prierons et nous ferons notre devoir : Dieu fera le reste, et la France sera sauvée » [4].

À la séance du 2 décembre 1880, le rapporteur de la commission, M. Morin, propose au Conseil de voter une motion demandant l'abrogation de la loi du 24 juillet 1873. Pour lui les terrains du Sacré-Cœur faisant partie de la mense épiscopale appartiennent de droit à l'État qui peut en disposer à son gré. Cette façon de voir est critiquée par Louis Binder. J. -A. Lafont renvoie le problème aux Chambres ainsi que celui d'un hypothétique dédommagement soulevé

1. Lettre du 29 septembre 1880 de Mgr Guibert aux curés de Paris (voir chap. 12).
2. Conseiller municipal du quartier du Roule, père de Maurice Binder qui interviendra à la Chambre dans le débat de 1897 en faveur du Vœu national.
3. J. A. Lafont, « Vœu... », 1880.
4. *MCJ*, 1881, t. 39, p. 163.

par Marius Martin. Ce dernier et M. Watel arguent de la liberté de conscience. J. -A. Lafont leur rétorque qu'ils sont bien mal placés pour le faire : le Sacré-Cœur ne respecte nullement selon lui les gens du quartier qui sont anticléricaux. Le préfet de la Seine s'associe à la motion qui s'énonce ainsi :

« Le Conseil municipal,

« Considérant [...] que cette église vouée au Sacré Cœur de Jésus, peut être considérée comme une insulte permanente à l'intelligence et au patriotisme de Paris et de la France, un lieu consacré aux manifestations du fanatisme politique et religieux, une provocation incessante à la guerre civile ;

« Considérant que le Conseil municipal de Paris ne fut pas consulté avant l'adoption d'une mesure aussi grave, aussi dangereuse, et qui disposait d'une partie du sol de la Ville ;

« Considérant que M. Guibert, archevêque de Paris, vient d'accentuer encore publiquement, dans une lettre récente, le caractère de provocation de ce monument expiatoire, imposé à la France républicaine ;

« Émet le vœu :

« Que les pouvoirs compétents rapportent la loi du 24 juillet 1873, [...] ; qu'ils décident que les terrains seront affectés à une œuvre d'utilité nationale, toute question de propriété ou d'indemnité étant réservée » [1].

Le 16 décembre 1880, le comité du Vœu national délibère sur le « vœu » du conseil municipal de Paris et s'intéresse aussi à un projet de loi de Georges Clemenceau. L'un et l'autre, à notre connaissance, n'eurent comme tels aucunes suites. Le Comité compte sur le Sénat pour faire barrage. Sinon, Mgr Guibert se verrait dans l'obligation d'arrêter la souscription ; il envisage d'ailleurs d'écrire à chaque député pour attirer l'attention sur les problèmes que pose une telle souscription. Pour le moment, il faut attendre et prier en silence (voir chap. 12).

## B. Deux faits significatifs de l'année 1881

L'atmosphère qui règne en cette année 1881 est décrite par Paul Féval qui achève la publication cette année-là d'un livre retraçant les étapes de sa conversion ; il écrit à propos du Cœur de Jésus :

1. M. Morin, « Rapport... », 1880. Conseil..., *Vœu*..., 1880.

« Cette splendide dévotion [...] inspire des haines féroces aux pharisiens, ennemis personnels et insulteurs du Christ. Nous voyons, à l'heure où je parle la franc-maçonnerie tout entière ameutée au pied de la montagne des Martyrs et criant : « Mort au Sacré Cœur ! » comme si ces maniaques avaient le pouvoir de faire mourir ce qui est immortel »[1].

Mais il n'y a pas que des manifestations, il y a aussi des mesures prises à l'encontre des religieux. Fait peu connu: l'échec de la tentative d'expulsion des religieux desservant Montmartre. Le P. Thiriet, quatrième supérieur des oblats de Montmartre, biographe du P. Yenveux (chap. 18), écrit:

« Atteints comme tous les religieux par l'article 7[2], les Oblats de la chapelle provisoire s'attendaient à être expulsés de leur résidence. Leur situation les désignait plus que d'autres à la haine sectaire, tout comme les grands chênes attirent la foudre. Ils furent épargnés. Le jour même de l'expulsion des Oblats d'Autun, des amis les prévinrent que la fermeture de la chapelle provisoire aurait lieu le lendemain. Un agent de police réitéra cet avis en précisant l'heure de l'exécution. Ce furent les Pères de la Maison générale qui reçurent, le 5 novembre 1881, la visite des crocheteurs. Ce jour-là les pèlerins affluèrent plus nombreux à Montmartre où il ne s'est rien passé[3]. Sur ces entrefaites, *La Lanterne*, à la suite de ses comptes rendus dithyrambiques sur les exploits des proscripteurs, ajoutait cette nouvelle à sensation : « Les Oblats de Montmartre ont été plus malins et plus habiles que leurs congénères ; ils ont déménagé à la cloche de bois, en emportant la caisse et les millions de l'Œuvre. Ainsi renseigné officiellement par l'organe des principaux meneurs, le gouvernement passa outre et les chapelains se gardèrent de relever la calomnie »[4].

Les responsables du *Bulletin* supplémentaire de décembre 1881 se contentent de rappeler dans leur éditorial que

« les impiétés qui les navrent ainsi que les maux qui les effraient ont été tout d'abord le motif et demeurent la raison d'être du Vœu national. »

Aussi ne cessent-ils de relancer la générosité des fidèles pour accomplir cette promesse essentielle de la France et des Français.

1. Paul Féval, *Les étapes*..., Réf. en 1878, t. IV, éd. 1903, p. 477. Il s'agit peut-être d'un rassemblement à l'Elysée-Montmartre comme celui de la *Libre pensée*, le 13 mars 1882. Voir G. Jacquemet, « Edouard Lepelle » dans *Libre pensée*, 1980, p. 116.

2. ou plus exactement par le décret paru au *JO* du 29 mars 1880 qui obligeait toute congrégation non autorisée à demander dans les trois mois une autorisation de résidence sous peine de dissolution. L'article 7 exigeait que la demande de reconnaissance comporte en annexe la liste des membres, les statuts, l'état financier et patrimonial.

3. Le *Bulletin du Vœu national* n'en fait pas état. Voir « Chronique religieuse de la chapelle provisoire du Vœu national », *BVN*, 1881, p. 730. Elle passe du vendredi 4 au mardi 8 novembre 1881. Il n'est question que de l'été de la Saint-Martin qui facilite l'afflux de visiteurs. En *BVN*, 1898, p. 1011, dans un historique de l'adoration perpétuelle, il est question d'un neuvaine de jours d'adoration pour épargner l'expulsion, selon François Veuillot.

4. Edmond Thiriet, *Vie*..., 1904, p. 114.

## C. La proposition d'Eugène Delattre (1881-1882)

### *1. La mise en place*

Vers la fin décembre 1881, la Chambre est saisie d'un projet de loi d'origine parlementaire, tendant à faire arrêter les travaux de construction de l'église de Montmartre [1]. Qui plus est ! le 21 janvier 1882, date anniversaire spécialement choisie, la Chambre prend en considération une proposition de Jules Roche, qui vise cette fois la chapelle expiatoire de la rue d'Anjou et demande sa démolition.

> « Un gouvernement républicain et national ne peut laisser subsister le monument élevé par Louis XVIII, pour faire expier à la France, comme un crime, un acte de justice » [2].

En mai 1882, le cardinal-archevêque de Paris et le comité du Vœu national envisagent les dispositions à prendre pour le cas où le projet de loi concernant le Sacré-Cœur serait adopté. Une lettre signée par les membres du Comité serait envoyée à la presse. Le cardinal Guibert rédigerait une lettre pastorale. Mais il faut attendre et voir ce qui va réellement se passer à la Chambre.

Avec quarante-six de ses collègues, parmi lesquels nous trouvons le ministre des Travaux publics et le préfet de la Seine, Eugène Delattre dépose sa proposition de loi [3]. Une commission est constituée qui établira un rapport [4]. La discussion du 29 juin 1882 porte sur la prise en considération d'une loi ainsi rédigée :

> « Article PREMIER. La loi des 24-30 juillet 1873 est rapportée.
>
> « Art. 2. Il sera procédé aux mesures prescrites par les titres II et suivants de la loi du 3 mai 1841 aussitôt après la promulgation de la loi » [5].

1. Voir correspondance entre le comte Pierre de Kergolay député de la Haute-Loire et le Comité dans *HSC*, t. II, p. 82.
2. P. Lecanuet, *L'Église...*, 1906, t. II, p. 193. Toujours le même malentendu à propos de l'expiation !
3. P. Lecanuet, *L'Église...*, 1906, t. II, p. 193.
4. Ranc, Truelle, Courmeaux, Bernard-Lavergne, Perras, Alicot, Lafont (qui habite rue Tardieu, au pied de la butte Montmartre, conseiller municipal déjà mentionné si c'est le même Lafont), Versigny (propriétaire dans le XVIII<sup>e</sup> arr. où il y a une rue qui porte ce nom), Viette, Vielfaure, Gavini. Gaston Massip est rapporteur. *HSC*, t. II, p. 83.
5. C'est-à-dire la loi sur les expropriations utilisée également en 1873.

Le rapport de la commission se termine ainsi :

> « On fera observer que les travaux accomplis sont le produit de dons particuliers faits sous le couvert de la loi ; aussi votre commission [1], sans préjuger de la question, se demande s'il ne serait pas équitable d'affecter aux donateurs une indemnité proportionnelle aux dépenses faites jusqu'à ce jour » [2].

## *2. Le débat et l'adoption de la prise en considération (29 juin 1882)*

Henri Brisson, présidant la Chambre, le ministre de l'Intérieur, René Goblet ouvre les débats au nom du gouvernement dont tous les membres, rappelle-t-il, se sont prononcés contre la loi votée le 24 juillet 1873. Il définit cette dernière comme une provocation politique et une violation des principes de droit public. Si la loi était restée sans conséquences, le gouvernement demanderait son abrogation pure et simple. Mais la loi a créé une situation dont on ne peut plus sortir qu'illégalement. Il demande le rejet de la prise en considération ; la Chambre ne doit pas se trouver demain dans une situation incohérente, c'est-à-dire sans avoir les moyens financiers d'appliquer la nouvelle loi. Son argumentation est en deux temps. Les terrains expropriés une première fois devraient l'être une nouvelle fois pour respecter les formes juridiques. L'église construite l'a étée par des dons et quelques legs autorisés en Conseil d'État, qu'il faudrait rembourser. Or l'État ne le peut pas [3].

René Goblet réserve le cas où ce serait la ville qui demanderait l'expropriation pour construire un monument public. Mais ce n'est pas le cas puisque l'expropriation se ferait ici au nom de l'État et ce, uniquement pour détruire l'édifice actuel qui a déjà coûté quinze millions de francs.

Gaston Massip, le rapporteur de la commission parlementaire, développe une toute autre argumentation : l'État étant propriétaire de la mense épiscopale dont l'archevêque n'est que l'administrateur, peut changer de sa propre autorité la destination des biens qui la composent. Il s'étend sur le précédent que constitue l'ancien archevêché de Paris détruit en 1830 et dont les terrains, malgré la volonté contraire de Mgr de Quelen, avaient été donnés à la

1. Le rapporteur s'adresse aux députés.

2. Chambre..., *Discussion*..., 1882.

3. Les dons et legs reçus à l'archevêché de Paris au profit du Vœu national ont d'abord été faits normalement. Le *Bulletin* les encourage (*BVN*, 1875, p. 460 et bull. suppl. nov. 1877, p. 39). Les AHDP ont cent quarante-cinq dossiers. Mais l'Enregistrement s'est mis à réclamer des droits, puis à ne plus les autoriser. *HSC*, t. IV, p. 23. La mention dans le *Bulletin* disparaît. On sait que G. Courteline appelle la direction des Cultes dans laquelle il a travaillé quatorze ans la direction des Dons et Legs (*Messieurs les ronds-de-cuir*, 1893). Le Sacré-Cœur pour sa part en a faiblement profité.

ville. Il se fonde toujours sur les principes juridiques de la Révolution : il n'existe pas de biens ecclésiastiques comme tels. Cet argument attribué à un juriste, M. Morin, surprend René Goblet. En fait, après cette argumentation, Gaston Massip rappelle que la commission se situe d'abord sur le plan moral. Elle refuse l'idée que l'Assemblée nationale ait pu envisager au nom de la France de faire amende honorable. Elle n'avait pas reçu mandat pour cela. Son intention, dit-il, était de :

> « Mettre la France entière et la ville de Paris sous la protection du Sacré Cœur de Jésus. »

Or, ce symbole est odieux au peuple de Paris et porte atteinte à la liberté de conscience. Gaston Massip est de ceux qui veulent conformer la société à l'idée que la nation se fait d'elle-même et qu'elle exprime à travers les élections. Il veut lutter contre ceux qui portent atteinte à la liberté de conscience en déshonorant le territoire par des Lourdes, des La Salette, demain des Montmartre.

Le baron de Mackau, représentant l'opposition de droite, se range derrière le ministre de l'Intérieur, adopte ses arguments, regrette que le rapporteur n'y ait pas répondu et renonce à sa propre intervention. Georges Clemenceau, représentant, lui, l'opposition de gauche, commence par mettre les rieurs de l'extrême-gauche de son côté, au détriment de la droite comme du gouvernement. À l'une, il reproche son silence et la possibilité qui lui est offerte de s'associer au gouvernement. À ce dernier, d'être incohérent : il est pour le Concordat, mais il consent à ce qu'il soit discuté ; il est contre le Sacré-Cœur et refuse la discussion. Clemenceau voit dans ce débat l'affrontement de deux géants : l'Église contre la Révolution. Il pense que par la loi du 24 juillet, les révolutionnaires sont condamnés à

> « demander pardon à l'Église de nos luttes sans trêve pour faire prévaloir contre elle les principes de liberté, d'égalité, de solidarité qui sont ceux de la Révolution française. »

Comme il se doit, ce débat est d'abord à ses yeux un débat politique et non une discussion d'ordre juridique. Il n'y a pas de place selon lui en France pour deux majorités, même successives. Il refuse que la majorité républicaine d'aujourd'hui appose sa signature à côté de celle de la majorité réactionnaire d'hier. Il propose au moins une abrogation pure et simple de la loi sans chercher à aller plus loin. À un acte politique répondrait un autre acte politique. La France ne serait plus vouée au Cœur de Jésus, ne serait plus mise en demeure de demander pardon pour la Révolution.

Il est à remarquer l'importance que G. Clemenceau attache à la dimension publique de la France, à cet aspect sociétaire, quasi personnelle, que nous avons étudié (chap. 4). Il demande d'abord un acte formel de répudiation par la Chambre, un acte par lequel celle-ci proclame ce qu'il appelle la liberté de conscience. Il ne veut pas d'une République religieuse, d'une politique de la France qui se réfère à Dieu et à Jésus-Christ. Une fois faite la proclamation de cet acte politique, se présenteraient de multiples solutions juridiques pour régler le problème.

D'abord, le gouvernement peut laisser les choses en l'état. On se trouverait en présence de simples citoyens, laïcs et ecclésiastiques, qui donneraient de l'argent pour construire une église. Il en serait pour eux comme pour les nombreuses congrégations non autorisées qui continuent de rester en France. Deuxièmement, on ne fait plus appel à la loi de 1841 sur les expropriations qui oblige à remplacer une affectation spéciale par une autre, mais à celle de 1812 sur les sociétés civiles, si on considérait l'archevêché comme une de ces dernières (la loi de 1812 ne permet pas d'élever une église sans autorisation de l'État). Si la dite autorisation est refusée ou retirée, la société en question est mise en demeure de vendre. La ville rentre alors en possession de ses biens. Troisièmement, on peut considérer que l'archevêque est propriétaire. Il faut alors lui appliquer le Concordat et en particulier les articles 73 et 74.

> « Art. 73. – Les fondations qui ont pour objet l'entretien et l'exercice du culte ne pourront consister qu'en rentes constituées sur l'État. Elles seront acceptées par l'évêque diocésain et ne pourront être exécutées qu'avec l'autorisation du gouvernement.
>
> « Art. 74. – Les immeubles autres que les édifices destinés au logement et les jardins attenants ne pourront être affectés à des titres ecclésiastiques, ni possédés par les ministres du culte, à raison de leurs fonctions. »

G. Clemenceau conclut en s'adressant aux députés :

> « Vous êtes donc autorisés à dire à l'archevêque de Paris : « La propriété que vous avez acquise vous demeure, les dons que vous avez recueillis sont vôtres ; seulement, d'après le Concordat, les fondations qui ont pour objet l'entretien des ministres et l'exercice du culte ne peuvent consister qu'en rentes sur l'État ; nous vous mettons donc en demeure de réaliser vos fonds par la vente des propriétés immobilières que vous avez acquises et de les placer en rentes sur l'État. » Chacun garde ce qui lui appartient, il n'y a aucune indemnité à donner, et l'argument de M. le ministre de l'Intérieur se trouve ainsi complètement détruit. »

La Chambre des députés, le 29 juin 1882, prend en considération par 261 voix contre 199, la proposition de loi relative à l'abrogation de la loi du 24 juillet 1873. Mais rien de plus !

### *3. Renvoi en commission*

Ladite proposition est renvoyée à une commission. H. de Fleury écrivant sur le tard, vers 1903, tire la leçon des faits et donne la signification d'un tel renvoi :

> « L'Assemblée avait d'ailleurs émis un vote un peu platonique, car c'était à l'une des dernières séances de la session [1]. La motion n'a été reprise que bien des années après… en 1897. C'est bien M. Goblet qui empêcha de voter l'urgence et donna au vote ce caractère de simple manifestation hostile. »

Quoiqu'il en soit, Mgr Guibert prend au sérieux l'affaire et adresse à la commission une lettre datée du 22 juillet. Auparavant, il prend une décision hautement significative.

### *4. Trois suites au débat : le pavoisement du Sacré-Cœur, une lettre de Mgr Guibert aux députés et une pétition*

Bien que pour le moment aucun document connu de 1882 n'en donne confirmation, il semble que l'échafaudage de l'édifice qui commençait à sortir de terre ait été pavoisé de drapeaux tricolores pour la fête nationale de 1882 (le 14 juillet est fête nationale depuis 1880). En 1892, le chroniqueur du *Bulletin* considère la chose comme acquise.

> « Le 14 juillet 1882, Mgr Guibert jugea qu'il était bon que le monument national des catholiques, consacré au Sacré Cœur, emblème divin de charité et de paix, fût illuminé le jour de la fête nationale… Depuis lors nous avons pavoisé et illuminé, tous les ans, sans soulever aucunes réflexions » [2].

Le drapeau tricolore flottant sur le chantier était un beau symbole [3]. D'autant qu'à cette date il n'est pas encore question d'apposer le Cœur du Christ sur le drapeau national. Pourtant la chronique de la chapelle du vendredi 14 juillet 1882 ne fait aucune allusion à la fête nationale : elle mentionne

1. Il ajoute (*HSC*, t. II, p. 107-108) : « et de la législature. Or il est d'usage que les prises en considération simples sont nulles de fait et de droit lorsque l'assemblée qui les a prises est dissoute ». Si le principe de la non-reconduction d'une prise en considération d'une législature à la suivante est peut-être vrai, l'affirmation de la fin de la législature est fausse. Les élections législatives ont eu lieu en 1881 et 1885. Une étude plus poussée devrait faire apparaître les raisons véritables de la non-réapparition de la motion. Selon Jean-Baptiste Darlan, garde des Sceaux en 1897 (*JO*, *Chambre*…, 21 janvier 1897, p. 58, col. 3), il n'y eut ni nomination d'une commission, ni bien sûr dépôt de rapport et encore moins discussion de ce rapport.

2. *BVN*, 1892, p. 378. C'est assurément le cas en juin 1889. Un dessin de H. de Fleury en fait foi : *BVN*, 1889, p. 423.

3. Même si cette façon de faire était normale au XIXe siècle au titre du Concordat pour les église communales et cathédrales et l'est toujours mais désormais au titre de la propriété de ces édifices par les communes et par l'État.

seulement un concours incessant et empressé de pèlerins et de visiteurs. Comme déjà la prière pour le régime en place a lieu régulièrement à la messe du dimanche après la communion, il est ainsi question d'une sorte de christianisation nouvelle de la fête nationale. Un signe de bonne volonté !

En mai 1882, il avait été prévu que le Comité du Vœu et l'archevêque de Paris écriraient le cas échéant des lettres de protestation. Seul le cardinal Guibert rédige la sienne. Elle est adressée, le 22 juillet, à « MM. les Membres de la Commission chargée d'examiner le projet de loi de M. Delattre tendant à l'abrogation de la loi du 24 juillet 1873 » [1]. Mgr Guibert relève et analyse quatre critiques. D'abord, il se défend de la moindre intention politique. Il rappelle l'histoire de l'entreprise et son dessein, éminemment chrétien et patriotique, étranger à tout esprit de parti. Ensuite, il tient à préciser ce qu'est le caractère expiatoire de l'Œuvre (voir chap. 5). Puis, il défend et illustre la dévotion au Cœur de Jésus. Enfin, il refuse catégoriquement d'y voir un quelconque appel à la guerre civile.

Que la Chambre actuelle se refuse à voter une décision semblable à celle de 1873, c'est son droit. Mais qu'elle veuille détruire ce qui est commencé, cela est contestable. Elle blesserait les trois millions cinq cent mille souscripteurs. Elle leur dirait : Vous êtes souverains quand vous faites un vote politique, vous n'êtes rien quand vous faites un vote religieux, c'est-à-dire un vœu.

> « Pourrait-on affirmer plus clairement qu'on a fait et qu'on veut maintenir une République fermée, où les chrétiens ne puissent entrer ? Et c'est ainsi que l'on croirait recommander le régime nouveau à l'estime et au respect des Français ! »

Ces propos sont riches de sens. Les notions de « fermé » et d'« ouvert », qu'elles s'appliquent aux motivations des protagonistes ou aux régimes politiques, sont d'importance. Il faut donc dans cette perspective distinguer et même opposer ce qui est souhait fermé, limité au domaine prétendument autonome du monde politique et qu'on appelle vote et ce qui est souhait ouvert comprenant la dimension religieuse de l'homme et qu'on appelle vœu [2]. Il en irait de même de tout régime politique quel qu'il soit. La question est pour lui de savoir s'il veut être ouvert ou fermé à l'Église et au fondement religieux de toutes choses. Mgr Guibert pose le problème théorique de façon pertinente même si c'est de façon succincte. Il assure par ailleurs très

1. *BVN*, 1882, p. 450-455. Comme cette commission n'a, semble-t-il, jamais existé, cette lettre a peut-être simplement été adressée à Delattre ou même juste rendue publique.

2. On ne peut oublier que *vote*, par l'anglais, vient du latin *votum*, vœu. La distinction, révélatrice de la culture moderne, ne s'est opérée qu'à partir du XVIe siècle.

prosaïquement que le projet Delattre entraînera au minimum une dépense de quinze millions de francs en remboursements divers, sans pour autant remédier au grave préjudice moral que constitue la mise en cause de la confiance des citoyens dans leur législateur. Il s'en remet enfin au jugement de l'Histoire :

« L'Assemblée nationale tenait à prendre sa part dans un acte public de religion, la Chambre actuelle tient à s'en désintéresser ; l'Histoire, étrangère à nos agitations, jugera ces tendances opposées. »

Pour le moment, l'archevêque de Paris a décidé que les travaux continueraient et qu'il ne laisserait pas six cents ouvriers sans travail et la France catholique désemparée. Si en fin de compte Mgr Guibert peut se féliciter du caractère platonique que garde la protestation de la Chambre, il n'en est pas de même de la Ligue nationale pour la séparation des Églises et de l'État. Cette dernière dans son journal hebdomadaire veut aller jusqu'au bout. Elle propose le lancement d'une pétition :

« Attendu que l'église dite du Sacré-Cœur ne saurait de par la loi appartenir à aucun membre du clergé, et qu'elle est par conséquent une propriété d'État, dont l'État peut disposer à sa convenance.

« Attendu que l'Assemblée de malheur, en décrétant d'utilité publique cette construction, a voulu perpétuer le défi alors porté par la réaction monarchique et cléricale à la France républicaine.

« Attendu que les promoteurs de cette entreprise ont encore aggravé l'outrage en la dénommant Œuvre du Vœu national.

« Attendu que la Nation, qui s'est « vouée » d'elle-même à la civilisation républicaine, ne veut pas plus longtemps paraître complice de ceux qui ont eu l'impudence de la vouer au culte barbare et dégradant du prétendu Sacré Cœur.

« Les soussignés invitent énergiquement les chambres à abroger d'urgence la loi de 1873 qui a déclaré d'utilité publique l'église du Sacré-Cœur, et les pouvoirs publics à prendre toutes mesures propres à assurer la suspension des travaux en cours, et la désaffectation des constructions exécutées. »

Des commentaires accompagnent ce texte : il y est question d'outrages commis envers la France, de la consécration du pays à une folle : entendez Marguerite-Marie Alacoque, de la haine de la civilisation qui s'exprime par la construction d'un temple dédié à la plus dégoûtante des conceptions, au culte d'un viscère sanglant, au Sacré Cœur.

« Il faut que les citoyens affirment leur volonté d'en finir avec ce monument de honte et d'iniquité, que par pétitionnement, réunions, conférences, résolutions prises en commun, ils informent leurs représentants de cette volonté fermement exprimée et qu'ils fassent entendre bien clairement à ce qu'on nomme les pouvoirs publics, ce dernier argument des démocraties souveraines : je veux »[1].

Il est remarquable que d'une certaine façon la même démarche est utilisée par les promoteurs du Vœu national et par ses détracteurs: par leur pétition ou leur vœu, les uns et les autres espèrent faire pression sur les pouvoirs publics pour obtenir ce qu'ils veulent. Ils pratiquent tous une certaine démocratie.

## *II. AUTOUR DU DÉBAT DE 1892 (1882-1897)*

### A. Une nouvelle adresse pour le Sacré-Cœur

En 1884, une pétition « appuyée par un grand nombre de citoyens, et émanant du groupe des athées, de la libre-pensée et l'Alliance socialiste républicaine du XVIIIe arrondissement, » demande au conseil municipal de Paris de donner à la rue de la Fontenelle le nom de DE LA BARRE, afin que le Sacré-Cœur ait une adresse qui lui fasse honte. Comme le nom ancien ne rappelle aucun souvenir, la Commission chargée d'examiner la question propose au Conseil de donner satisfaction aux pétitionnaires qui s'expriment ainsi :

« Désirant qu'il soit donné un nouvel éclat au décret rendu par la Convention nationale le 25 brumaire an II, qui déclare que la mémoire de de La Barre (Jean-François-Lefebvre), victime de la superstition et de l'ignorance, est réhabilitée ;

« Voulant s'associer à leurs amis de la Somme qui ont décidé de faire élever à ce courageux et infortuné jeune homme de dix-neuf ans, une statue sur une des places d'Abbeville, son pays natal ;

« Protestant au nom de l'humanité contre ce jugement prononcé en 1766 par un parlement clérical, qui a condamné, dans la personne de de La Barre, un des défenseurs de la vérité au supplice affreux :

« 1. D'avoir le poignet droit coupé pour s'être refusé de se découvrir devant une procession ;

1. Voir Ernest Lesigne, « Pétition... », 1882. Texte aimablement communiqué par Jacqueline Lalouette.

« 2. D'avoir la langue arrachée pour propos tenus par lui contre la sainte mère l'Église ;

« 3. D'être brûlé en place publique, afin de donner un exemple à tous ceux qui seraient tentés d'oser élever la moindre protestation contre la religion catholique et ses ministres ;

« Expriment le désir de voir donner à la partie de la rue de la Fontenelle, où est située l'entrée dudit Sacré-Cœur, le nom de DE LA BARRE » [1].

Le 19 juin 1885, le Conseil municipal adopte cette proposition qu'un arrêté préfectoral entérine le 10 novembre [2]. Ce dont le *Bulletin du Vœu national* rend compte en novembre 1886. C'est sans doute à cause de l'inertie de la Chambre que les conseillers et députés du XVIIIe arrondissement ont suscité une telle pétition pour manifester leur opposition au Sacré-Cœur. La mesure n'est pas originale. À Issy-les-Moulineaux aussi, une rue ainsi dénommée borde le Séminaire Saint-Sulpice. Ce ne doit pas être les deux seuls cas existants. La pétition ne dit rien du Sacré-Cœur même, mais sous-entend indirectement qu'il appartient au domaine de la superstition, de l'ignorance et de l'erreur, qu'il relève d'une divinité ennemie de l'humanité. Les positions ne peuvent être plus tranchées. La diabolisation de l'affrontement pour les uns et sa radicalisation pour les autres paraissent inévitables. Il faut cependant remarquer que le Conseil municipal ne propose pas une laïcisation systématique des noms de rues, il se contente de quelques mesures particulières.

## B. Clemenceau insatisfait

Mais Léon Millot, dans *La Justice* de G. Clemenceau, ne se contente pas de ce genre de mesure. En 1886, il ne peut accepter de voir s'élever dans le ciel de Paris

« l'immense Notre-Dame expiatoire, le monument posthume de l'usurpatrice Assemblée qui jette la malédiction de sa façade morte et de son squelette de granit à la grande cité frémissante qui pense à ses pieds » [3].

1. Groupe des Athées..., « Pétition... », 1885. Le titre de *Chevalier* ne sera rajouté qu'en 1907 pour éviter, dit-on, une confusion avec la rue des Barres, dans le IVe arrondissement.
2. Conseil..., « Adoption... », 1885.
3. Léon Millot, « Le Vœu national... », 1886.

Le journaliste se souvient de ces temps déjà lointains

« où la descendance inattendue du monde féodal, où les héritiers résurgents [sic] d'un pouvoir tombé dans le domaine de la paléontologie, étaient sortis tout-à-coup des urnes de l'invasion. »

Il devrait disparaître,

« le monument dressé par les cléricaux pour expier les crimes de la France et pour appeler sur Paris la miséricorde de Jéhovah ».

Les représentants de Paris doivent en réclamer la disparition. Ces derniers essaient bien à l'occasion d'un éboulement qui se produit cette année-là rue Ronsard de faire porter la responsabilité au Sacré-Cœur, mais une inspection officielle reconnaît qu'une telle accusation est non fondée (voir chap. 26).

## C. Le général Boulanger ?

Pendant quatre ou cinq ans, on ne relève plus aucun signe de contestation. Il faut attendre la lettre d'un journaliste à Mgr Richard en 1890 pour en retrouver un. Le Sacré-Cœur est accusé d'avoir prêté de l'argent au général Boulanger selon un journal de Munich, l'*Allgemeine Zeitung*[1] ! Cette affaire a sans doute eu un lien avec Montmartre, mais plus avec le quartier où le général a été élu qu'avec le sanctuaire même. Certes, la duchesse d'Uzès a tenu à offrir une sculpture au Vœu national et l'on sait ses liens avec le général. Mais tout cela est bien hypothétique. Pendant cette période les esprits ont aussi été occupés par le centenaire de la Révolution et par l'Exposition universelle. Ceci suffit peut-être à expliquer cela. C'est aussi le début de « l'esprit nouveau » et du Ralliement.

## D. Le débat de 1891-1892

Au temps du toast d'Alger (12 novembre 1890) et du discours de Clemenceau (« la Révolution française est un bloc », 29 janvier 1891), une Union

1. Lettre en date du 15 septembre 1890 de E. Cosquin, journaliste au *Moniteur universel*, à Mgr Richard. AHDP citée par Christine Lacloche, *La décoration...*, 1975, p. 108.

de la France chrétienne se forme avec les encouragements du cardinal Richard. Or son président, Chesnelong, un de ses vice-présidents, Keller et son trésorier, Riant, appartiennent au comité du Vœu national. Le directeur du *Monde*, Levé, et Albert de Mun dont on connaît les sympathies pour le Sacré-Cœur, appartiennent eux aussi au comité de cette Union. Ces cinq membres communs aux deux institutions (qui en comprennent chacune une vingtaine) confirment, semble-t-il, le caractère assez peu politique du Vœu national ou tout au moins sa tonalité peu marquée. En juin 1891 (toutes les parties supérieures de la basilique étant encore en construction), le cardinal Richard bénit la basilique pour l'affecter au culte. Cette célébration semble avoir réveillé l'opposition de certains journalistes et parlementaires. En décembre 1891, deux articles de journaux sont spécialement remarqués par H. Rohault de Fleury. Celui de Francisque Sarcey dans *Le XIX$^{e}$ siècle* du 8 décembre 1891 se propose de réconcilier tout le monde en dédiant l'église à Jeanne d'Arc (voir chap. 23). Le second article dû à Jacques Minville paraît dans *Le Voltaire* du 5 décembre 1891. L'esprit en est classiquement anticlérical : ni l'architecture, ni la piété des fidèles, ni leur générosité, ni le prétendu rôle des Jésuites, ne trouvent grâce à ses yeux. Cependant, lui aussi, à tout prendre, préférerait Jeanne au Cœur de Jésus [1].

En 1891 toujours, au lendemain d'une interpellation close par le vote, à une grand majorité, de l'ordre du jour pur et simple, M. Dumay dépose à la Chambre une proposition de loi qui n'est rien d'autre que la copie de celle d'Eugène Delattre déjà examinée en 1882 [2]. Elle va devant la commission compétente, puis M. Loreau dépose, le 5 avril 1892, un rapport concluant au refus de la prendre en considération. Or, la législature dure ensuite plus de dix-huit mois, et pendant toute cette période il ne se trouve personne, exactement comme il en était advenu après 1882, pour demander la discussion du rapport Loreau. C'est, comme l'explique Gustave Rouanet en 1897, qu'« on était occupé par le Panama ». Les affaires d'argent qui fascinaient tout le monde alors avaient ainsi complètement détourné du Sacré-Cœur nos anticléricaux, mais aussi certainement les suites positives du Ralliement et l'Alliance franco-russe [3].

1. *HSC*, t. IV, p. 94 – 101.
2. Voir *JO* du 10 juin 1891.
3. Sur tout ce point, voir P. Lecanuet, *L'Église*..., 1907, t. II, p. 415. Jean-Marie Mayeur, *Les débuts*..., 1973, p. 200 et « La Révolution... », 1989, p. 145 ; Gérard Cholvy, *Histoire*..., 1985, t. II, p. 87. Voir aussi *JO*, ***, *Discussion*..., 1897, p. 58.

## E. La croix lumineuse de 1892 et le Ralliement

Les contestations se développent bien au-delà des débats parlementaires et municipaux et s'étalent dans les journaux. La pose sur l'échafaudage du Sacré-Cœur d'une croix lumineuse, le 14 juillet 1892, donne l'occasion à l'ensemble des chroniqueurs de s'interroger et de réagir. Un panorama assez complet de l'opinion française à propos de l'église de Montmartre s'offre ainsi à l'enquêteur et complète l'étude du rôle de la presse dans la souscription (chap. 13).

### *1. Les circonstances*

Abonné à *L'Argus de la Presse*, le comité du Vœu national en la personne de son secrétaire général perpétuel, Hubert Rohault de Fleury, a gardé quatre-vingts extraits de journaux nationaux et provinciaux[1] qui rendent compte de cette installation rendue possible grâce à l'électrification des sous-sols de la chapelle des morts et du local du calorifère[2]. Le conseil central de la Fédération de la libre pensée fait écho à l'affaire, avant même que la croix ne soit érigée. Il adresse au conseil municipal de Paris une sorte de pétition pour empêcher « le honteux scandale d'une immixtion éhontée de l'Église dans le programme de la fête nationale ».

> « Les manifestations religieuses préparées par les cléricaux pour la fête du 14 juillet sont un défi à la liberté. L'exhibition d'une croix lumineuse au-dessus de l'échafaudage du grand dôme de la basilique du Sacré-Cœur de Montmartre, le même soir de la fête anniversaire de la prise de la Bastille, est une insulte aux sentiments de la population parisienne [...] Il n'est pas admissible que, sous la République, des démonstrations aussi ridicules, qui sont synonymes d'abêtissement et d'hypocrisie, puissent être infligées au peuple de Paris »[3].

Cette protestation est publiée par certains journaux en même temps que l'annonce même de l'érection de la croix. Mais elle avait suffi, à elle seule, semble-t-il, à alerter les autorités religieuses et municipales : gardes municipaux et agents stationnaient en nombre inhabituel au sommet de la butte pour prévenir toute manifestation[4]. En fait, tout se passa sans incident. Le

1. Cette revue de presse est toujours conservée dans les archives du Vœu national. H. de Fleury l'a reproduite en outre dans son *Historique* (*HSC*, t. IV, p. 140-156). Il y a même deux journaux romains (*Fanfulla* du 19 et *Italie* du 18) et le *Journal de Genève* du 17 qui reprennent cette information sur la croix lumineuse. Ils sont les seuls à faire le rapprochement entre le pape, le czar et la République. Pour l'illustration, voir BVN, 1896, p. 971.

2. Sur la fée électricité à peine âgée d'une dizaine d'années à cette époque, voir Pascal Ory, *Exposition...*, 1989, p. 24-26.

3. Voir *L'Autorité* du 16 juillet 1892 (HSC, t. IV, p. 141).

4. *L'Intransigeant*, 17 juillet 1892.

dépouillement des coupures de journaux sur cette question est délicat. Il faudrait une présentation systématique de la presse vers 1890 pour mieux situer et comprendre les prises de position des journalistes. Tentons cependant une classification succincte.

## 2. *Panorama des réactions*

Certains journalistes se contentent de rapporter les réactions des uns et des autres, tel celui de la *Gazette du Midi* du 17 juillet[1] :

> « Cette croix a déplu à la Fédération des libres penseurs et à un grand nombre de catholiques qui n'ont pas caché en haut lieu leur désapprobation. »

Deux journalistes catholiques écrivant dans *Le Mémorial de Pau* et *L'Anjou* du 16 sont particulièrement scandalisés. Pour eux, à cette date, la pose de cette croix est comme un signe de ralliement à la République[2]. Ils espèrent que l'autorité diocésaine y est étrangère et tant pis si les souscripteurs cessent leurs offrandes ! Huit jours plus tard, *La Légitimité de Bordeaux* (du 24) plaisante finement les catholiques qui ont trouvé inopportune cette manifestation et les encourage à se jeter dans la mêlée.

Solidaires de la Fédération qui a émis la pétition, quelques journaux anticléricaux sont fidèles à leur image. *L'Intransigeant* du 17 juillet est le plus virulent et le plus abondant. Il considère cette croix lumineuse comme un défi à la cité révolutionnaire et libre penseuse. Il invite charitablement les « cléricafards » à être prudents, car il prévient :

> « que Paris n'a rien oublié des origines du Sacré-Cœur ; qu'il ne tolérera pas qu'on lui impose, en dépit de ses opinions, une consécration à ce viscère ; qu'il sait que ce qu'une loi votée en violation de notre droit public a fait, une autre loi peut le défaire ; enfin, que le gouvernement ne résisterait pas aux unanimes objurgations de la grande cité, si celle-ci voulait que le monument disparût ou fût repris aux mains qui le détiennent ».

*La Lanterne* du 16 juillet 1892, 28 messidor an 100[3], est spécialement méprisante par son quasi-silence. *Le Radical* du 16 et *Le Siècle* quant à eux n'ont aperçu qu'un maigre filet de lumière bien peu digne d'être remarqué[4].

1. Voir aussi *l'Éclair* du 16, *La Gazette de France* du 17, *Le Courrier de l'Allier* du 16.

2. Léon Bloy appartient à ces catholiques mécontents : « Il paraît qu'à Montmartre, on a dressé une grande croix lumineuse. Cette profanation manquait. Fruit charmant du républicanisme de Léon XIII. Visiblement la fin est proche. » *Journal*, 14 juillet 1892. Voir Léon Bloy, 1917.

3. Comput symptomatique de l'intransigeance du journal, le calendrier révolutionnaire ayant été officiellement abandonné depuis le 31 décembre 1805.

4. Même observation de la part du *Courrier de la Champagne* du 18 qui demande l'expropriation du terrain de la basilique, du *Nouvelliste d'Albi* du 19 qui trouve un air bête à cette croix et de *La Paix* qui maintient son jugement sur le Sacré-Cœur : « Édifice bâti contre la République. Illuminé contre elle. » Voir aussi *Le Tintamarre du* 24.

Certains soulignent la probable signification politique d'un tel geste, soit pour s'en réjouir ou tout au moins en faire le constat objectif. *La Justice* de G. Clemenceau du 15 juillet est dans ce cas. En six lignes de conclusion à un article de cinquante sur les festivités à Montmartre, son journaliste écrit même ironiquement :

« Les gens du Sacré-Cœur avaient allumé sur leur bâtisse une symbolique croix lumineuse, en signe de ralliement des catholiques à la République, par ordre du pape. De saintes âmes, affirmaient voir autour de ce labarum la vieille légende : *In hoc signo vinces*, pendant que M. Carnot, dans son lit, faisait sans doute le rêve de Constantin »[1].

René Goblet qui, ayant voté contre la loi d'utilité publique en 1873, a pourtant sauvé la basilique en 1882, se félicite de l'initiative dans *La Petite République française* du 19 juillet 1892 :

« La République est définitivement sortie de la période militante et les partis se sont tellement effacés devant elle qu'on n'éprouve plus le besoin de proclamer avec éclat sa foi républicaine. L'unité s'est faite en apparence au moins dans les sentiments du pays. L'Église, elle-même, sous l'énergique impulsion de son chef, renonce à l'attitude hostile qu'elle avait gardée jusqu'ici et les républicains qui s'indignaient, il y a vingt ans, de la voir élever sur la butte Montmartre un temple dominant Paris, se félicitent aujourd'hui, quand, au jour de la fête nationale, elle projette sur la grande ville sa croix illuminée. Est-ce le signe que l'Église fait acte d'adhésion à la République, ou que, plus que jamais, elle affirme sa prétention de l'éclairer et de la convaincre ? On s'en inquiète peu ; le mot d'ordre est que tout va bien ; aux grandes luttes a succédé l'apaisement ; la République, désormais incontestée, est assurée de vivre et le peuple, heureux et tranquille, se divertit, le 14 juillet, pour retourner le lendemain au travail qui fait la prospérité. »

Bien d'autres journaux semblent à l'unisson de cette analyse : *Le Temps* du 16 juillet, *Paris* du 17, *Le Parti national* et *Le Petit national*, *Le Matin* du 15, etc.[2].

Vingt-deux journaux approuvent plutôt la croix lumineuse et s'en prennent surtout à la Fédération[3]. *L'Autorité* du 16 donnerait assez bien le ton à cette attitude :

« Si vous illuminez, vous insultez à leurs sentiments, si vous n'illuminez pas, il en est de même ; zut ! »

1. Sur l'importance de cette référence, voir notre chap. 23.

2. *L'Union républicaine du Havre* du 16 juillet, *de Lons-le-Saulnier* du 17, *d'Albi* du 20, *de Châlons* du 21 sont dans le même esprit. *La Bourse et les affaires* du 16 s'interroge : » Est-ce un défi ou une acceptation ? » *La Gironde illustrée* du 24 parle d'une réclame pour la conversion du cardinal Richard.

3. *Le Soleil* du 15 ; du 16 : *L'Éclair*, *L'Éclaireur de Beauvais*, *Le Courrier de l'Aisne*, *Le Nouvelliste de Rouen*, *La Libre Parole*, *La Bourgogne d'Auxerre*, *L'Express de Lyon*, *La Vraie France* (Lille) ; du 17, *L'Observateur français*, *Le Nouvelliste de Nantes*, *Le Courrier de l'Eure*, *Le Salut public de Lyon*, *Le Messager* (Toulouse), *Le Monde* ; du 18 : *L'Autorité*, *L'Écho de la Haute-Marne* ; du 19 : *Les Tablettes des Deux-Charentes*, *Le Courrier de l'Allier*, *Les Nouvelles de Bourgogne*, *L'Espérance* (Nancy).

Une vingtaine de journaux comme *Le Figaro*, chef de file de cette tendance, font une description assez bienveillante de la croix lumineuse et s'en tiennent là [1].

### 3. *Réactions du Vœu national*

Sept journaux seulement se félicitent de l'aspect religieux de l'initiative. *Le Monde* du 18 juillet dont il a été question à propos de Mgr Guibert (chap. 3) et que les promoteurs du Vœu national ont considéré très tôt un peu comme le journal officiel de l'Œuvre (voir le chap. 13 sur la souscription) semble donner le ton dans ce registre. Il félicite le Comité pour cette pensée chrétienne et patriotique.

> « Il était beau et doux à contempler, le signe sacré de notre rédemption, brillant dans le ciel au milieu de la nuit, éclairant de ses reflets le drapeau national dont la basilique était pavoisée. »

Le rédacteur du *Monde* y voit un appel à la paix et à la fraternité pour rendre la France invincible. Il décèle dans la population des signes de sympathie [2]. *Le* XIX*e Siècle* du 16 juillet élève lui aussi le débat. Il souligne les intentions missionnaires des catholiques. Mais il doute qu'elles soient perçues par la population qui a vu là selon lui une simple illumination et non l'appel à un mouvement de piété mystique. Il ne regrette d'ailleurs pas cette incompréhension.

Le chroniqueur du *Bulletin* rappellera dans le numéro du 10 août que depuis le 14 juillet 1882 (voir ci-dessus), les échafaudages avaient été pavoisés à la demande de Mgr Guibert, puis en accord avec Mgr Richard. L'idée d'allumer des lampes électriques et de les disposer en forme de croix ne lui a donc pas semblé une nouveauté extraordinaire [3]. En ce jour de fête du 14 juillet on peut connaître les réactions des chapelains de la basilique. Il suffit de rapporter les propos qu'ils tiennent aux pèlerins, d'après le *Bulletin du Vœu national*. Les jeunes du patronage Saint-Charles font habituellement leur pèlerinage au Sacré-Cœur à cette date, ce qui est d'ailleurs révélateur de l'esprit de leur fondateur, Alexandre Legentil et de ses intentions patriotiques (voir chap. 1). En ce jour, on leur demande justement de redoubler prières

1. Du 16 : *Le Progrès de la Somme*, *La Patrie*, *Bordeaux Journal*, *L'Observateur français*, *Le Courrier d'Arras*, *Le Messager de Valence*, *Le Gil Blas*, *Lyon Républicain*, *La République du Midi*, *Le Rappel*, *Science pour tous* ; du 17 : *Le Petit Bordelais*, *Le Courrier populaire de Lille*, *L'Indépendance de Clamecy*, *Le Courrier français*, *La France nouvelle*, *La Nouvelle Bourgogne* ; du 18 : *La Gazette de France* ; du 20 : *Le Courrier des Ardennes*.

2. Les six autres journaux soulignant l'intention religieuse sont *L'Ère nouvelle de Tarbes* du 15, *Le Gaulois* du 16 et *La Croix* du 16, *Le Messager de Tours* du 17, *Le Journal de la Nièvre* du 17 et *La France illustrée* du 23.

3. *BVN*, 1892, p. 378.

et réparations pour la France. Comme les autres pèlerins, ils doivent « s'efforcer d'offrir à Dieu, au nom de la France, les hommages qu'il attend des nations, et comment les hommages offerts dans ce sanctuaire devenaient vraiment nationaux » [1].

Le *Bulletin* de la basilique conclut le 10 août :

> « Dieu a permis que notre impressionnable population parisienne y vît un appel à la paix ; qu'il soit béni ! Nous lui rendons grâce d'avoir bien voulu tirer une leçon morale pour le cœur de ce que nos artistes avaient imaginé pour frapper agréablement les yeux. »

Hubert Rohault de Fleury montre par cette revue de presse toute l'importance qu'il attache à cette dernière. Il voit dans les journaux un moyen de propagande ; il constate aussi que l'Œuvre du Vœu national est quasi unanimement acceptée sauf à l'extrême gauche [2]. Il se reconnaît surtout dans cette formule du *Monde* qui reprend les propos de Mgr Guibert : une œuvre chrétienne et patriotique. Mais cette « croix électrique » n'affirmait-elle pas surtout au-delà des discours que les sciences et les techniques pouvaient, même si certains le contestaient, proclamer la modernité de la foi chrétienne.

## *III. À LA CHAMBRE EN 1897*

Il faut attendre encore cinq ans pour relever de nouvelles contestations au Vœu national. Les festivités du XXV<sup>e</sup> anniversaire du Vœu national en janvier 1897 ne furent pas du goût de tout le monde. Le journaliste de *La Petite République* n'a guère de sympathie pour ces milliers de participants :

> « Il est donc dit que Montmartre sera toujours la proie de la cléricaille. Hier (dimanche 17 janvier), les hommes noirs avaient envahi ce quartier qui pourtant leur est si réfractaire [3]. Depuis le matin, c'est un interminable défilé d'ensoutanés et de défroqués de tout ordre et de tout acabit, à la face glabre et patibulaire, venant un peu de

1. *BVN*, 1892, p. 369.

2. « Œuvre acceptée, en somme, aisément par les ennemis de Dieu. » Lettre à Mgr Pelgé, juillet 1892 (*HSC*, t. IV, p. 176).

3. Était-ce toujours aussi évident à cette date ? On a vu les activités du P. Lemius pour les Montmartrois (chap. 15) et l'accueil que ceux-ci ont réservé à *la Savoyarde* (chap. 20).

partout, qui faisaient l'ascension de la butte. Et cela pour l'anniversaire d'un « vœu national » formulé il y a vingt-cinq ans par M. Guibert [*sic*], archevêque de Paris et que M. Richard [re-*sic*], son successeur, continue à célébrer par de mirifiques mascarades ! [...] Si tout cela n'était que grotesque, nous pourrions le passer sous silence, mais malheureusement cela entretient un état d'âme que nous voudrions voir disparaître.

« La police, qui veut être de toutes les fêtes, avait organisé un service d'ordre des plus importants – inquiétant serait préférable – sous les ordres d'André, commissaire spécial de la brigade des recherches, et Fédée, l'assommeur de chiens. Elle n'a pas eu à intervenir car les travailleurs, conscients de leurs devoirs, ne se compromettent pas avec les cafards ! Quoi qu'il en soit, les Montmartrois se demandent s'ils seront longtemps assourdis par *la Savoyarde* – qui faisait hier un tapage horrifiant – et si on ne les débarrassera pas bientôt de tous ces vendeurs d'orémus et de patenôtres qui envahissent le quartier à des époques déterminées » [1].

Les festivités du XXV^e^ anniversaire si remarquées par *La Petite République* finirent donc par déclencher aussi une réaction politique. Le 21 janvier 1897, Gustave Rouanet, député de Montmartre, et Gérault-Richard, rédacteur audit journal [2] demandent à la Chambre des députés de déclarer l'urgence pour une proposition de loi tendant à l'abrogation de la loi du 24-30 juillet 1873 [3].

## A. Le débat

Gustave Rouanet et les républicains montmartrois qu'il représente se disent tout meurtris par les festivités du XXV^e^ anniversaire du Vœu national et de son renouvellement. Les affirmations des catholiques sont prises à la lettre : les événements de 1870-1871 seraient purement et simplement

« une juste punition du ciel irrité contre la France de la République et de la Révolution [...], [seraient] des prescriptions de détail d'un décret de la vengeance divine que nous devrions subir en nous inclinant devant la main céleste qui nous a frappés ».

En votant la loi d'utilité publique en 1873, l'Assemblée nationale de 1871 a profité de la situation pour infliger un « outrage à la Révolution » selon les termes employés par Spuller. Et Rouanet de rappeler que Jules Méline, l'actuel président du Conseil et le ministre de l'Agriculture, siégeait alors à

1. *La Petite République* du 19 janvier 1897 selon Jean-Marc Leri, *Montmartre*, 1983, p. 203.
2. Les renseignements sur les parlementaires de cette période proviennent surtout de Jean Jolly, *Dictionnaire...*, 1960. En 1897, le chansonnier Gérault-Richard d'inspiration socialiste est célèbre. Après avoir été rédacteur en chef de *La Petite République*, il fonde *Le Chambard* où il prend à partie Casimir-Perier alors président de la République. Condamné, élu député dans le XII^e^ arrondissement à Paris, il est amnistié en 1895.
3. ***, « Discussion... », 1897.

l'extrême-gauche. En 1882, la Chambre prit en considération le projet de loi proposé par Delattre. Mais les défauts bien connus du mécanisme législatif, selon G. Rouanet, l'empêchèrent d'aboutir : il ne vint jamais en discussion sur le fond. Le député de Montmartre reproche, en quelque sorte, le caractère légal que la loi de 1873 donne à l'expression « France pénitente ». Il veut comme le conseil municipal de Paris qui l'a maintes et maintes fois souhaité que cette loi soit rapportée [1]. Il demande l'urgence afin que soient évités les atermoiements de la procédure ordinaire. Les récentes provocations que constituent ces fêtes du XXVᵉ anniversaire et les propos tenus alors ne la justifient que trop.

Comme René Goblet en 1882, le garde des Sceaux, ministre de la Justice et des Cultes du cabinet Méline, Jean-Baptiste Darlan, est opposé à la déclaration d'urgence. Certes, la loi de 73 est regrettable, provocatrice et anachronique. Mais, il y a une situation de fait, juridique et financière, dont il faut tenir compte. Rien n'a pu être fait après la prise en considération de 1882, ni après les démarches de 1891-1892. Rien ne pourra être fait après l'adoption d'une nouvelle loi, en 1897. À une manifestation vient de répondre une autre manifestation. Arrêtons-nous là, dit-il.

Selon René Viviani, un acte de souveraineté de la Chambre qui abrogerait la loi de 1873 n'entraînerait aucune indemnisation. On pourrait d'ailleurs se contenter d'une simple désaffectation de l'édifice, celui-ci restant propriété de l'archevêque qui devrait lui trouver un autre usage. Les arguments juridiques ou financiers ne sont à ses yeux que des prétextes. À un acte politique de l'Assemblée nationale, que la Chambre de 1897 réponde par un autre acte politique : ceux qui ne voteront pas l'urgence seront complices de l'Église.

C'est *un prêtre démocrate, l'abbé Lemire* [2] qui défend la basilique en contre-attaquant cette demande d'urgence. Il commence par s'en prendre au parti socialiste qui « ne trouve plus dans son bagage que l'exploitation des tracasseries religieuses ». D'autant qu'en matière d'expropriation sans indemnité, tout le monde sait que l'extrême gauche est qualifiée ! Mais l'abbé Lemire ne fait pas que polémiquer. Il propose que l'on réfléchisse sur un type de propriété nouvelle dont le Sacré-Cœur serait le premier témoin, « la propriété syndicale ». Cet édifice ouvert au public appartient à une personne morale, une personne qui représente un groupement, religieux en l'occurrence, mais qui pourrait être tout autre. Et il s'étonne que ce soient les socialistes qui critiquent ce type de propriété. Il voit en elle la propriété ecclésiastique de demain car

1. Gustave Rouanet fait allusion ici à une discussion sur le Sacré-Cœur avec le candidat de droite qui a été battu aux élections de septembre 1893.

2. Jean-Marie Mayeur, *Un prêtre...*, 1968.

il faudra bien assainir les rapports de l'Église et de l'État qui sont, juge-t-il, d'une complexité excessive. L'abbé Lemire se dit heureux d'être allé en pèlerinage à Montmartre pour le XXVe anniversaire du Vœu. Il ne s'y est pas rendu avec les regrets du passé. Il ne partage pas forcément toutes les idées politiques de ceux qui pratiquent la même religion que lui. Mais à Montmartre, il a trouvé une église qui n'a pas coûté un sou ni à l'État, ni à la ville et des prêtres qui ne coûtent rien à l'État – une église qui accueille chaque semaine trois mille pauvres (voir chap. 18), une église qui est vraiment celle du peuple.

> « Quand des abords du Panthéon j'entends passer par-dessus la ville la voix grave de *la Savoyarde* qui vous irrite peut-être, il m'arrive de la saluer comme la sonnerie de l'espérance pour la vitalité religieuse et la propriété sociale de l'Église. »

Comme en 1882, René Goblet est hostile à l'église du Sacré-Cœur, tant pour sa signification religieuse et politique, qu'à cause de son statut juridique. Mais, cette année-là, remarque-t-il, la prise en considération du vote d'urgence avait été votée par certains républicains modérés à la fois par hostilité à la loi de 1873 et par défiance à l'égard du cabinet. Il n'en est plus ainsi aujourd'hui. C'est pourquoi l'urgence devra être rejetée. Cependant, il ne serait pas fâché, quant à lui, que des poursuites soient intentées contre les personnes qui ont suscité les manifestations du 17 janvier où des propos offensants ont été tenus contre l'Italie, une nation amie.

Le président du Conseil s'oppose lui aussi à la demande d'urgence. Il y a d'autres priorités, pour des questions plus importantes. Ceux qui soulèvent la question cléricale sont des obstructionnistes ! De son côté, M. Faberot qui s'adresse à ses collègues députés en les appelant citoyens, réclame la séparation des Églises et de l'État et l'application de la loi commune à toutes les associations, qu'elles soient ouvrières ou non. Il rappelle que Jules Méline a été élu membre de la Commune, mais qu'aujourd'hui il gouverne avec les ennemis de la République, c'est-à-dire les catholiques ralliés. Quant à Julien Goujon, il ne votera pas l'urgence car l'abrogation de la loi de 1873 n'annulera pas les jugements d'expropriation et leurs conséquences. Cette abrogation est donc inutile. Le comte Albert de Mun prend alors la parole. Il s'élève contre l'interprétation des cérémonies de Montmartre. Le 17 janvier dernier, la patrie française n'a pas été outragée par ces actes de foi, des actes qui engagent la France, car ils ont été le fait de huit millions de souscripteurs ! À la tribune de la Chambre, chacun croit devoir parler au nom de la France mais personne n'a autant d'autorité pour le faire que le cardinal Richard à Montmartre. Plus profondément, le parlementaire affirme qu'il n'y a aucune honte à appeler la protection de Dieu sur le pays ; que la foi chrétienne et la foi patriotique ont toujours inspiré conjointement sa vie. Le refus de l'urgence sera un acte de justice envers ces huit millions de catholiques français ; il sera enfin un acte social puisque la construction du Sacré-Cœur donne du travail à des centaines et des centaines d'ouvriers, qu'on emploie même en morte saison et qui sont soignés gratuitement en cas de maladie à l'hôpital Saint-Joseph.

Cette intervention émut les responsables du *Bulletin du Vœu national* qui la publie in extenso [1]. Tel ne fut pas le cas du discours de l'abbé Lemire qui ne reçut que de maigres compliments, malgré sa présence aux célébrations et son attachement à la cause de la basilique.

## B. Le refus de l'urgence

En définitive et comme prévu, la Chambre des députés se refusa à adopter la déclaration d'urgence demandée par Gustave Rouanet et Gérault-Richard en faveur de leur proposition de loi.

| | |
|---|---|
| Nombre de votants | 528 |
| Majorité absolue | 265 |
| Pour l'adoption | 196 |
| Contre | 332 |

## C. La commission et le rapport d'Alexandre Bérard

Une commission d'initiative parlementaire fut alors chargée d'examiner la proposition de loi. Elle est composée de vingt-et-un membres [2]. Le 29 janvier 1897, Alexandre Bérard [3] fait un rapport sommaire au nom de

1. *BVN*, 1897, p. 138-139.

2. Mahy, président ; Maurice Binder, secrétaire (conseiller municipal puis député du VIII^e arrondissement, chef de la petite minorité de droite au Conseil, « conservateur » à la Chambre) ; Chaudey (républicain anticommunard et « méliniste ») ; Michelin ; d'Estournelles (diplomate et député républicain de la Sarthe) ; marquis de Moustier ; Alexandre Bérard (voir ci-après) ; Pierre-Alype (gauche radicale) ; Henry Cochin (fils d'Augustin, frère de Denys, député du Nord, droite modérée et action libérale) ; Descubes (« progressiste » de Corrèze) ; Bozérian (républicain du Loir-et-Cher) ; Odilon-Barrot ; Desjardins (républicain libéral de l'Aisne qui sera contre la séparation) ; Le Myre de Vilers ; Bourrillon (républicain progressiste de Lozère) ; Dubief (radical-socialiste de Saône-et-Loire, sera ministre de l'Intérieur lors de la Séparation) ; Bertrand (député de droite de la Marne) ; Deproge (député gauche radical de la Martinique) ; Montaut (Seine-et-Marne) ; Henry Maret ; de La Batut ; Guillain (républicain progressiste du Nord). Voir *JO*, *Documents parlementaires*, 1897, annexe n° 2213 et 2246, p. 203.

3. A. Bérard, comme substitut au procureur général de Lyon, eut à porter la parole dans l'affaire de l'anarchiste Cyvoct, vers 1890. Élu député de l'Ain en 1893, il quitte la magistrature. Il est pour une République démocratique, réformiste et progressiste. Dans le présent débat, déjà antianarchiste, il se manifeste aussi anticlérical, comme Zola (voir ci-dessous).

cette 25e commission, laquelle demande à la Chambre, par 7 voix contre 6, de prendre en considération la proposition Rouanet. Le rapporteur rappelle le texte du Vœu (renouvelé le 17 janvier dernier). Il distingue trois points dans la loi de 1873 : le lieu de culte, la propriété archiépiscopale, l'atteinte à la laïcité de l'État. On pourrait accepter le premier et ainsi ne pas léser les souscripteurs ; mais il faut enlever à l'archevêque cette propriété exceptionnelle et surtout abroger la consécration de la France au sacré Cœur de Jésus. Et l'on n'entendra plus parler de ce projet d'abrogation, la législature finissant l'année suivante.

## *IV. UNE OPPOSITION ILLUSTRÉE*

Ceux qui n'apprécient pas le Sacré-Cœur continuent à s'émouvoir en dehors de la Chambre et autour de 1900. Voici trois exemples retentissants. La position théorique de la commission parlementaire est illustrée par le roman de Zola *Paris*. Une affiche de *La Lanterne* fait du Sacré-Cœur le symbole du cléricalisme. Gustave Téry consacre tout un ouvrage, *Les Cordicoles*, à cette église pas comme les autres.

### A. *Paris* de Emile Zola

D'abord publié en feuilleton dans *Le Journal*, le roman de Zola intitulé *Paris* paraît en librairie en 1898, l'année du fameux « J'accuse ». Il fait suite à *Lourdes* (1894) et à *Rome* (1896) [1]. Les pèlerinages à Lourdes et à Rome du héros, l'abbé Pierre Froment, prêtre parisien, ne l'ont nullement conforté dans sa vocation, pas plus que celui de Montmartre, à son retour à Paris. Le prêtre abandonne le ministère pour se consacrer à la fécondité, au travail, à la vérité et à la justice, les quatre valeurs fondamentales que Zola évoquera dans

1. Pour écrire son roman, Zola est venu comme à son habitude enquêter sur les lieux. On a ainsi une photographie de lui juché au sommet des échafaudages (Voir Emile Zola, *Paris*..., 1897). L'ouvrage de François-Emile Zola, *Zola photographe*, 1990, pourrait peut-être aider à situer cette photographie.

*Les Quatre Évangiles* entre 1899 et 1902[1]. La basilique tient une place essentielle dans la dérive antisacerdotale de Pierre Froment. Il n'a pas su trouver à Montmartre ce qui l'aurait empêché de quitter les ordres. Par ailleurs, le Sacré-Cœur, symbole de l'obscurantisme pour Zola, fixe aussi l'attention de son frère Guillaume, chimiste spécialisé dans les explosifs, disciple du savant Bertheroy[2] et proche des milieux socialistes et anarchistes. Guillaume songe même, un temps, à faire sauter le Sacré-Cœur, puis y renonce. Cette allusion littéraire à l'éventualité d'un attentat contre le Sacré-Cœur correspond non seulement à la vague anarchiste de l'époque, mais aussi à des menaces précises dont Hubert Rohault de Fleury se fait l'écho dans sa correspondance[3].

En dehors de la vie de ces deux frères, Emile Zola en profite pour présenter à sa façon les quêtes et les prédications en faveur du Vœu national. Un certain Mgr Martha se démène pour décupler et engloutir des millions dans les travaux.

> « Rien ne lui coûtait, [...] ni les démarches chez les ministres et jusque chez les juifs et les francs-maçons [...] Il en était à réconcilier la science avec le catholicisme, à rallier toute la France chrétienne à la République, prêchant partout la politique de Léon XIII pour le triomphe définitif de l'Église [...] Il annonçait que Paris devenu chrétien allait être le maître du monde, grâce au Sacré Cœur. »

Il serait intéressant de retrouver les éléments historiques de la composition littéraire[4]. Pour le moment contentons-nous de remarquer que pour Zola, les catholiques construisent cette « borne géante » pour

> « faire expier aux artisans de progrès [...] la Révolution, un siècle de libre examen, de science et de raison émancipée »[5].

1. Naïvement, l'annonce de la Bonne Nouvelle de Zola passe par l'éloge de la bicyclette. Celle-ci est au service de l'émancipation de la femme et... des clercs! Voir *Paris*, l. 4, ch. 3, p. 411-412 et Eugen Weber, *Fin de siècle*, 1986, p. 248, 260, qui en tire beaucoup d'effets.

2. Tout atteste qu'il s'agit de Marcelin Berthelot : Jacqueline Lalouette, « Science et... » dans *Christianisme...*, 1989, p. 25.

3. « On menace de faire sauter l'assemblée des fidèles le jour du Sacré-Cœur à Montmartre. Qui sait ? Ce serait peut-être un moyen de nous rendre populaires. À ce compte-là, je serais prêt à sauter; mais c'est égal, comme je ne sauterais pas tout seul, je demande à ne pas le faire. Dieu sait ce qu'Il veut, et rien ne nous arrivera sans sa permission; aussi, j'irai à Montmartre, vendredi. » Lettre à son frère Georges du 21 juin 1897 citée par Alfred Van Den Brule, *Hubert...*, 1930, p. 412.

4. Il faudrait consulter les *Carnets d'enquêtes* de Zola établis pour ce roman. Ils ne sont pas parmi ceux publiés par Henri Mitterrand (1987). L'étude de Mgr Pierre Ouvrard, *Zola et le prêtre*, 1986 pourrait peut-être éclairer la situation.

5. Emile Zola ne relève pas de la tradition qui faisait des crimes de la Commune l'une des motivations du Vœu national, bien qu'il ait été, trente ans plus tôt, de ceux qui approuvaient unanimement la répression. François Furet, *La Révolution...*, 1988, p. 489 cite un article de Zola de 1871 : « La tuerie a été atroce. Nos soldats... ont promené dans les rues une implacable justice. Tout homme pris les armes à la main a été fusillé. Les cadavres sont restés semés de la sorte un peu partout, jetés dans les coins, se décomposant avec une rapidité étonnante, due sans doute à l'état d'ivresse dans lequel ces hommes ont été frappés. Paris depuis six jours n'est qu'un vaste cimetière... »

Si Zola est ainsi formellement contre le Sacré-Cœur, il est aussi contre sa destruction anarchique. Pierre Froment défroque mais Guillaume ne fait pas sauter l'église. Avec Alexandre Bérard, rapporteur de la commission, il lutte contre les congréganistes et contre les anarchistes pour une République de centre gauche[1].

## B. L'affiche de *La Lanterne*

Le cardinal Richard s'identifie tellement à la construction du Sacré-Cœur que, pour symboliser le cléricalisme aux yeux des anticléricaux, son visage est associé – en caricature – à une vue de l'église. *La Lanterne, Journal Républicain Anti-clérical* diffuse en 1898[2] une affiche[3] où l'on voit l'archevêque de Paris, transformé en vampire, agripper de ses serres les deux petits dômes sud du sanctuaire, tandis que sa *cappa magna* enveloppe la butte comme un tourbillon[4]. L'exclamation « Voilà l'ennemi ! » désigne le cléricalisme et renvoie au mot d'ordre de Léon Gambetta en 1877 (voir chap. 15). Le dessinateur de l'affiche est Eugène Ogé[5].

Un tirage semble avoir existé sans le titre du journal et avoir servi de matériel de propagande. En 1903, de telles affiches ont été apposées sur les murs et les urinoirs de Périgueux. Les ecclésiastiques y reconnaissent bien le cardinal[6]. La même année à Royan, un agent des Renseignements généraux en rend compte au sous-préfet en y décrivant un jésuite perché sur le Sacré-Cœur. Il s'offusque de ce que, nuitamment, ait été collée dessus une bande blanche où on peut lire : « L'ennemi, c'est Combes. » Il aurait aimé pouvoir donner le nom de l'auteur de ces « insolents placards »[7]. Ces affiches servent aussi,

1. Voir Emile Poulat, *Liberté*..., 1987, p. 36-37.

2. Le fait que cette vue ait été, semble-t-il, dessinée d'après nature (la forme des coupoles n'était pas prévue ainsi) permettrait de la dater après 1900, année où l'échafaudage a été enlevé. Mais on peut aussi estimer que, les proportions étant un peu trapues, le dessin ait été fait à partir des projets diffusés. Le compte rendu dans *le Monde* du 28 avril 1991 de l'exposition « Histoire de l'affiche politique en France », musée d'histoire contemporaine, 1991, la date de 1890. Claude Laroche (*catalogue Abadie*, 1988, p. 206 et 210, n. 53) propose 1896. Alain Gesgon, grâce à sa collection d'affiches politiques, la date de 1898. L'exemplaire du musée de Montmartre n'est pas daté. Nous optons pour 1898. L'enquête est à poursuivre.

3. Elle a dû aussi servir de couverture au périodique.

4. Un exemplaire se trouve au musée de Montmartre. Lithographie en couleurs, non datée, signée. 1, 400 x 1, 000. Imprimée par l'imprimerie Charles Verneau, 114, rue Oberkampf, Paris.

5. Selon E. Benezit, *Dictionnaire*..., 1976, E. Ogé est un lithographe né à Paris. Il figure au Salon des artistes français, mention honorable en 1901. Le musée de Pontoise possède de lui un fusain (études d'arbre). Selon Alain Gesgon, c'est un excellent affichier pour la publicité : la lessive *Bi-Action*, le savon *La Coquille*, la chicorée *Arlatte*, les petits pois *Cassegrain*. Il s'empare du politique et du religieux et en saupoudre ses dessins commerciaux.

6. *Semaine Religieuse de Périgueux*, 1903, p. 656, citée par Pierre Pommarède, *La Séparation*..., 1976, p. 266.

7. Lettre du 24 juin 1903 aimablement communiquée par Jacqueline Lalouette. Arch. départ. de Charente-Maritime.

collées sur une planche fixée à une hampe, de bannière ou d'étendard. On voit une telle affiche sur la photographie éditée en carte postale d'une manifestation bretonne aux élections de 1906. L'expéditeur de la carte est lui-même dans la foule et décrit celle-ci. Le vampire représente pour lui les curés [1]. Ainsi le Sacré-Cœur de Montmartre est-il vraiment au cœur de la lutte catholiques-anticléricaux du tournant du siècle.

## C. *Les Cordicoles* de Gustave Téry

En 1902, paraît une véritable somme contre la dévotion au Cœur de Jésus et le sanctuaire de Montmartre, *Les Cordicoles* de Gustave Téry [2].

### 1. *L'auteur*

Leur auteur est un universitaire, ancien élève de l'École normale supérieure [3]. Il a polémiqué avec Charles Péguy à propos de Ferdinand Brunetière et de la liberté religieuse des enseignants [4], et rédigé sous l'anonymat une plaquette sur l'École et l'Église [5]. Il a rapporté dans une autre plaquette ses impressions d'audience au procès de madame Caillaux. Les autres livres qu'il a écrits sont consacrés aux divorcés [6], aux Allemands (chez nous) et à Jean Jaurès. Il est responsable de l'Association nationale des Libres penseurs de France [7].

Gustave Téry se présente lui-même dans la préface des *Cordicoles*. Il a eu une enfance religieuse, même pieuse, grâce à sa mère. Malgré son éloignement de la foi, il a dû se marier à l'Église, faire baptiser ses enfants, enseigner avec un crucifix au-dessus de sa tête et accepter d'être parrain. Mais avec la maturité il médite sur les réserves que sa mère faisait sur son curé comme

1. Jean-Yves Veillard et Buhez, *Les Bretons*..., 1985, p. 214.

2. Gustave Tery, *Les Cordicoles*, 1902, 342 p. Le titre fait penser à un des ouvrages de l'abbé Grégoire : *Histoire critique des dévotions nouvelles du Sacré Cœur de Jésus et du Cœur de Marie* (1807) ou à un chapitre ainsi intitulé de son *Histoire des sectes religieuses* (1810); à travers cet auteur, on pense à toute une tradition d'opposition janséniste et gallicane à ces dévotions au XVIIIe siècle (Voir art. « Grégoire » dans *EU* et Louis Cognet, « Les jansénistes... » dans *Le Cœur*, 1950).

3. G. Téry a composé et édité une poésie : « À ceux qui vont partir », dite par M. Mounet-Sully aux fêtes du centenaire de l'École normale supérieure, 1895.

4. Voir G. Téry, *Polémiques*..., 1902.

5. Un universitaire, *L'École et l'Église*. P., Bibliothèque ouvrière socialiste, 1901. L'attribution est due à la Bibliothèque historique de la ville de Paris, par la dédicace.

6. *Les divorcés peints par eux-mêmes. Mille et une confessions recueillies*. P., Fayard, s. d., 380 p.

7. P. Lecanuet, *L'Église*..., 1907, t. III, p. 452.

elle en faisait sur son épicier et, plus encore, Téry fait siennes les critiques très dures de son père, un M. Homais intelligent comme il le qualifie. Désormais, il considère l'Église comme le mal absolu qu'il lui faut haïr et apprendre à haïr de toutes ses forces afin que son amour pour la vie n'ait pas de complicité avec la mort que l'Église incarne à ses yeux. Il écrit son livre pour que sa filleule, justement, le suive dans cette voie.

## 2. Le Sacré-Cœur de Montmartre selon G. Téry

À propos de la souscription et de l'œuvre de prière de Montmartre, il a déjà été question de Gustave Téry car il donne un reportage détaillé de la vie du sanctuaire vers 1900, au temps du P. Lemius. Pour Téry, la basilique est

> « la pièce maîtresse de la machine catholique ; c'est bien ici, sur cette butte joyeuse, entre *le Chat noir* et *le Moulin de la Galette*, que bat le cœur de la chrétienté moribonde. La basilique est à la fois le point de concours et le foyer de toutes les forces vives du monde clérical. Tout converge vers le Sacré-Cœur ou en rayonne. Dans le corps ecclésiastique il joue proprement le rôle de cette pompe aspirante et foulante [sic], à laquelle les physiologistes comparent le cœur » [1].

Pour lui, « le cordicolisme, voilà l'ennemi ! » (p. 101). Le Sacré-Cœur est la principale forteresse de l'armée contre-révolutionnaire et les propos des religieux du sanctuaire sont présentés sous un angle purement politique. Les valeurs premières aux yeux d'un Gustave Téry sont le Peuple et la Raison. En leur nom, il est anticapitaliste, antimilitariste (contre l'armée de métier tout au moins) et anticlérical. Point de clergé qui s'exprime à partir d'une révélation et qui voudrait que sa vision du monde inspire la politique. L'église de Montmartre en l'honneur du Cœur de Jésus, œuvre indirecte des Jésuites, récapitule selon lui tous les vices de la société passée et actuelle (une oligarchie ploutocratique). C'est pourquoi il faut le transformer en palais du peuple. Un plan détaillé est même fourni à cette occasion [2]. À ses yeux le christianisme cordicole, c'est Dieu qui est fait homme et le socialisme, l'homme qui est fait Dieu. C'est pourquoi, « Cordicole ou socialiste : il faut choisir » (p. 300). N'est-ce pas oublier simplement que dans le christianisme l'homme est divinisé ?

1. Gustave Téry, *Les Cordicoles*, 1902, p. 96.

2. Projet et plan sont publiés en bonnes feuilles dans *La Lanterne* et critiqués par Gabriel Baume dans *L'Autorité*, du 28 décembre 1901.

### 3. *La portée des* Cordicoles

Gustave Téry a lu Zola et les débats parlementaires. Il résume et rassemble les oppositions anticléricales d'origine radicale et socialiste qui s'attaquent au Sacré-Cœur (différentes cependant semble-t-il de celles liées à la Commune, voir chap. 26). De son ouvrage, le P. Hamon écrit :

> « Dans un pamphlet de deux cents pages, j'ai relevé plus de deux cents erreurs historiques, et je ne dis rien des absurdités morales. C'est de la basse polémique. Chacun a le droit de noircir du papier ; mais, quand on veut traiter une question, la première chose à faire, c'est de l'étudier. Pourquoi ne pas nommer et le livre et l'auteur ? Il s'agit des *Cordicoles* de M. Gustave Téry qui depuis... » [1].

C'est l'ouvrage-témoin par excellence de la contestation du Sacré-Cœur [2] : Antonin Debidour (historien universitaire anticlérical spécialiste de l'histoire de l'Église au XIX^e^ siècle) ne manque pas de renvoyer à cette étude jugée « spirituelle » pour présenter le Sacré-Cœur de Montmartre comme l'un des principaux foyers de résistance aux valeurs qu'il veut promouvoir [3].

## *V. AUTOUR DE LA SÉPARATION DES ÉGLISES ET DE L'ÉTAT*

## A. Cinquième débat à la Chambre (1904)

Malgré le départ des religieux le 1^er^ avril 1903, le sanctuaire était resté ouvert grâce aux prêtres du diocèse. Un an après, le 30 mai 1904, Victor

1. Auguste Hamon, *Histoire...*, 1907, t. I, p. 1, n. 1. À quoi font allusion les points de suspension ?
2. Encore qu'il ne distingue pas le message du sanctuaire proprement dit de tout ce qui se dit et s'écrit sur le Cœur de Jésus en général. Il met par exemple en exergue à un des chapitres de son ouvrage (p. 58) une citation de Mgr Cirot de La Ville (« Quoi de plus politique que le Sacré Cœur ? ») Quand un ouvrage de cet évêque (*Le Règne du Sacré Cœur. Considérations sur le Règne de Jésus-Christ*) est présenté par le *BVN* (1891, p. 260), on ne trouve aucune formule de ce genre dans le compte rendu, même si pour les religieux Oblats également la foi chrétienne doit retentir dans toute la vie y compris politique des catholiques.
3. Antonin Debidour, *L'Église...*, p. 1906, t. I, p. VII, 65, 108-109, 132, 135 et 309 ; t. II, p. 13, 14 n. 1, 158 et 334.

Dejeante, député socialiste de Belleville, dépose avec treize autres collègues [1] une proposition de loi qui a pour but d'abroger la loi de 1873 et qui est ainsi rédigée :

> « Article unique. – La loi du 31 juillet 1873 consacrant comme œuvre nationale la France au Sacré Cœur est abrogée » [2].

Il demande en même temps l'urgence et le renvoi à « la commission relative à la séparation des Églises et de l'État et à la dénonciation du Concordat », pour un rapport prochain qui ne viendra pas. Pourquoi cette nouvelle tentative de Victor Dejeante [3] ? À cause d'une récente intervention du pape. Telle a été jusqu'à ce jour la complaisance de la IIIe République à l'égard du pouvoir religieux que ce dernier en a profité pour faire prendre par ses créatures le contrôle des administrations civiles, judiciaires et militaires, comme celui des compagnies, du commerce, de l'industrie, de la finance et de la presse. Ce pouvoir, *dixit* Dejeante, s'est constitué une fortune avec laquelle il fomente la contre-révolution. Réinstaurer la puissance du pape est tout son espoir. Or le souverain pontife pouvait d'autant plus facilement élever une protestation qu'il était à même de s'appuyer sur une loi française dont le député demande aujourd'hui l'abrogation. Victor Dejeante donne alors lecture du texte du Vœu national dans sa version définitive de 1872, comme si ce texte était l'un des considérants de la loi de 1873. Ce vœu dit national est pour lui une honte nationale.

Mais, comme le rappelle à cet instant l'abbé Lemire, quelques jours auparavant [4], Victor Dejeante a déjà été battu sur des propositions de ce genre. Perdant sur l'ensemble, il se rattrape sur une question de détail et s'en prend au Sacré-Cœur. L'abbé Lemire demande à la Chambre d'être cohérente avec elle-même et de ne pas se déjuger. D'ailleurs, les arguments contre l'urgence développés en 1897 sont toujours valables. Gustave Rouanet au contraire défend l'urgence parce qu'il y a garantie de renvoi à une commission compétente, ce qui n'était pas le cas en 1897. Pour finir, le ministre de la Justice et des Cultes, Ernest Vallé, qui se vante d'avoir voté l'urgence en 1897, se dit

1. Allard, Bouveri, Chauvière, Paul Constans (Allier), Jules Coutant (Seine), Delory, Dufour, Meslier, Piger, Marcel Sembat, Thivrier, Edouard Vaillant et Walter. Léo Archer, « L'opinion de l'archevêché » dans *Le Gaulois*, du 3 juillet 1909 écrit : « Le gouvernement va-t-il donc attribuer le Sacré-Cœur à un établissement de bienfaisance quelconque et en faire un asile ou un hospice, ou même une Bourse du travail, comme le demande, chaque année, au moment de la discussion du budget des cultes, M. Allard, à moins que ce ne soit M. Dejeante ? » Coupure de presse communiquée par Michel Brisacier et mentionnée par Georges Poisson, « Armand Bloch », 1989, p. 7.

2. Le texte de cette loi fait penser à la première des deux mentions du Sacré-Cœur faites par Anatole France dans *L'Église et la République* (1904, p. 38). Dans la seconde, l'église de Montmartre est appelée : « le Saint-Pierre de la Rome nouvelle » (p. 139).

3. ***, *Discussion*..., 1904.

4. Le vendredi précédent le 30 mai 1904.

favorable à une abrogation de la loi de 1873. La majorité absolue étant de 269 voix, l'urgence est adoptée à 306 voix contre 231 ainsi que le renvoi à la commission de la séparation des Églises et de l'État de façon à ce que le Sacré-Cœur entre dans la discussion générale.

## B. Au conseil municipal de Paris

Depuis l'ouverture des travaux en 1875, le terrain en pente compris entre la façade sud de la basilique et la rue Lamarck[1] qui appartient à la ville est occupé par le chantier et ses abords[2]. Le 21 novembre 1904, Le Grandais, conseiller municipal au titre du quartier Clignancourt depuis mai 1904[3] et membre du conseil général de la Fédération de la Libre pensée, en réclame la restitution à la Ville et demande au préfet de la Seine de faire le nécessaire[4]. Il a rendu publique son intention dans *La Petite République* quelques jours plus tôt. Ce combat contre la puissance cléricale lui tient à cœur. Il l'a entrepris depuis le mois d'août dernier sans succès auprès des services domaniaux de la ville. C'est pourquoi il interpelle le préfet de la Seine, M. de Selves, et l'encourage à suivre l'exemple du président du Conseil dans sa lutte contre les empiétements de l'Église. Il lui faut choisir entre

> « l'esprit moderne et l'esprit ancien, entre la Raison d'une part et la Superstition d'autre part, entre les républicains socialistes de Montmartre, représentés par leur représentant municipal, et les cordicoles sanguinolents du Sacré-Cœur, représentés par l'archevêque ultramontain de Paris. »

Le Grandais est secondé par Colly qui revient une fois encore sur le malentendu fondamental et en quelque sorte originel qui oppose le Vœu national à nombre de ses contemporains. Pour lui en effet,

> « quand l'Assemblée de Versailles décréta d'utilité publique la construction du Sacré-Cœur, ce fut, paraît-il, pour faire expier à la France les fautes qu'elle avait commises, [...], pour punir Paris. Elle réussit car c'était faire à la population parisienne si intelligente une injure qu'elle ne méritait pas. »

Il faut donc aller plus loin, marquer symboliquement le coup : à la récupération du terrain par la ville pourrait s'adjoindre la proposition d'élever une

1. Actuellement rue du cardinal Dubois.
2. Il y eut aussi à cet endroit un diorama, une salle d'exposition de moulages, etc.
3. Élections qui firent passer le Conseil à gauche.
4. Le Grandais, « Question... », 1904, p. 669 et 675 et Conseil..., *Résolution*..., 1904.

statue du chevalier de La Barre dans l'axe du grand portail de l'église du Sacré-Cœur[1]. La ville concédera le terrain nécessaire et accordera une subvention à une « Société du monument du chevalier de La Barre », représentée par MM. Jacques Pausader dit le Prolo, secrétaire général, et Baudrit, trésorier. L'inscription projetée est significative : « Au chevalier de La Barre, la libre pensée et la France reconnaissantes. »

Pour Le Grandais, c'est le fanatisme des prêtres qui a rendu possible des condamnations comme celle d'un de La Barre. Face au symbole du cléricalisme qu'est le Sacré-Cœur, la statue du chevalier serait parfaitement à sa place[2]. D'Andigné prend la défense du clergé. La condamnation à mort de de La Barre a été prononcé par des juges et non par des prêtres. Duval-Arnould[3] intervient dans le débat pour rejeter aussi bien la statue du chevalier de La Barre, que celle d'Etienne Dolet ou celle de Michel Servet. Aucun de ces personnages n'a rendu le moindre service à la ville de Paris. Ces statues ne font que rappeler de vieilles haines. Il serait plus sage de les ignorer[4]. Alpy qui deviendra membre du Comité du Vœu national vers 1915, tente de ramener les débats sur un plan concret et demande la reconduction du *statu quo*, tant que la ville ne disposera pas des sommes nécessaires à l'aménagement des terrains et tant que cela sera utile au Sacré-Cœur. Malgré cela, le Conseil adopte les propositions de Le Grandais intimant à l'archevêché de libérer le terrain en question et envisageant l'érection d'une statue par 44 votants contre 21[5]. Le terrain réclamé est aussitôt restitué après avoir été égalisé et remis en état[6].

1. M. Le Grandais demande aussi que la rue de La Barre soit appelée rue du Chevalier de La Barre. Ce qui sera fait en 1907. Voir Conseil..., *Délibérations*..., 1907.

2. La polémique au sujet du chevalier de La Barre est un sujet en lui-même. On peut signaler deux autres pièces du dossier : une affiche d'Un Groupe d'Ouvriers..., *Le Chevalier*..., 1906, propose aux catholiques de s'associer à sa défense car il a été victime des jansénistes ; l'ouvrage de Marc Chassaigne, *Le procès*..., 1920, dans la préface duquel Jean Guiraud écrit à propos de la statue qui se trouve devant le Sacré-Cœur : « Claire dans son injurieuse brutalité, cette tentative est le résultat d'une série d'erreurs historiques et si elle dénote la haine anticléricale de ses auteurs, elle prouve encore plus leur ignorance » (p. I). Une mise au point sur cette question à la suite de l'ouvrage de Max Gallo sur le chevalier de La Barre a retenu l'attention : Jacques Foucart (père), « La vie et la mort... », 1990.

3. Voir Louis Duval-Arnould dans *CHAD*.

4. D'Andigné, Duval-Arnould comme Froment-Meurice qui votera aussi contre la proposition assistent le cardinal Amette lors de la cérémonie de pénitence du 30 janvier à l'occasion de la crue de 1910 (*BVN*, 1910, p. 36).

5. Lors du même débat, Poirier de Narçay fait adopter un vœu concernant la séparation des Églises et de l'État et la liberté d'association. Le Conseil adopte aussi le projet d'une statue de Michel Servet brûlé sur l'ordre de Calvin comme il avait acquiescé à l'érection d'un monument à Etienne Dolet. Voir Le Grandais, « Question... », 1904.

6. *BVN*, 1905, p. 57 et 59 ; 96 et 97 (photographies). Voir aussi *PV* du 9 mars 1905, p. 7. Le 22 novembre 1905, p. 9, il est question d'une rectification d'alignement au droit du clocher.

## C. La statue du chevalier de La Barre

Ainsi donc, après avoir envisagé d'ériger devant le Sacré-Cœur, une statue de la Liberté, puis de la République, on se prépare à dresser un monument en l'honneur du chevalier de La Barre. En 1897 déjà, au lendemain du rejet de la loi d'abrogation, un comité avait été formé à cette fin qu'animait Jacques Pausader dit « le Prolo » [1]. Frédéric Passy, prix Nobel de la paix en 1901, connu pour son agnosticisme, refuse cependant de le parrainer car il ne veut pas répondre, dit-il, à l'intolérance par l'intolérance ! Une souscription est lancée. Mais les situations nationale et municipale ne deviennent encourageantes qu'en 1904, comme on vient de le voir. Au printemps de 1905, le comité pour la statue du Chevalier choisit Armand Bloch comme sculpteur. Il aurait d'abord été un artiste chrétien convaincu, mais se serait brouillé avec le clergé de Montbéliard (sa ville natale) et serait devenu franc-maçon et libre penseur. À Paris, Bloch s'est lié d'amitié avec Zola au moment où ce dernier rédige *Les Trois villes*.

On profite du congrès international de la Libre pensée à Paris, le 3 septembre 1905, pour inaugurer la maquette de la statue. Trois mille cinq cents libres penseurs se réunissent en chantant *L'Internationale*, *La Carmagnole* et des chansons anticléricales [2], et Le Grandais s'y montre fidèle à ses idées. Non loin de là, juste derrière la basilique, Léon Bloy tient dans son journal des propos aussi violents [3]. Le soir même, la maquette est enlevée par précaution. Le Comité fait appel au sous-secrétariat aux Beaux-Arts et obtient une subvention. Dans sa forme définitive mais sur un emplacement provisoire [4], le monument est enfin inauguré le 4 novembre 1906. Jacques Prolo, J. Colly, Gustave Rouanet prennent la parole et tiennent les discours habituels. Arrêtons-nous un instant à la statue elle-même.

> « L'œuvre se composait d'un socle de marbre formant une sorte de pyramide à degrés qui supporte l'effigie en bronze du supplicié. La Barre, en chemise et culotte déchirées, était représenté enchaîné à un poteau d'exécution, la tête penchée et douloureuse, la main gauche soutenant son poignet cassé, la jambe droite demi-pliée étant cassée également. Au pied du poteau, le *Dictionnaire philosophique* de Voltaire et la hache du bourreau. Sur le socle, une inscription que l'on voit toujours en place : « Au Chevalier de La Barre, supplicié à l'âge de dix-neuf ans pour n'avoir pas salué une procession ». L'œuvre était loin d'être indifférente, dans le style expressionniste et instantané cher à l'époque » [5].

1. Voir Georges Poisson, « Le sculpteur A. Bloch... », 1989.
2. Parmi lesquelles *La Séparation*, un chant non identifié par l'auteur.
3. Léon Bloy, *Journal*, 15, 30 et 31 août, 3 septembre 1905 (réf. en 1917).
4. Conseil..., « Fixation... », 1906. La statue est érigée en bordure de la rue Lamarck. Pour l'emplacement définitif, il faut attendre l'établissement à hauteur de l'église d'une place publique, raccordée à la rue Lamarck par des escaliers monumentaux.
5. Georges Poisson, « Le sculpteur... », 1989.

L'histoire de cette statue et de son rapport au Sacré-Cœur ne finit pas là, mais dépasse notre période [1].

## D. L'inventaire du Sacré-Cœur

L'église du Vœu national est toujours l'objet de soins attentifs de la part des anticléricaux. Le journal *Le Radical* ne manque pas de réclamer au début de 1906 sa désaffectation [2]. Pourtant l'inventaire en a été fait sans plus de problème – les 2 et 3 mars 1906 [3] – parmi les 63 219 autres inventaires de lieux de culte et d'établissements divers effectués avant le 31 mai de cette année-là, alors qu'ils en restaient 4791 [4]. Rappelons pour mémoire que les 2 et 3 mars, en d'autres lieux, les inventaires furent marqués par des incidents qui causèrent un blessé grave et un mort et qui entraînèrent la chute du troisième Cabinet Rouvier démissionnaire dès le 9 mars.

## E. La mise sous séquestre et les deux procès (1906)

Le 13 décembre 1906, la « loi de Séparation et les décrets additionnels » doivent entrer en vigueur. Trois procès-verbaux pour « défaut de déclaration » sont dressés au supérieur et aux chapelains [5]. Ce jour-là, Léon Bloy note dans son journal :

> « Tout le jour il a fallu pénétrer par une porte dérobée, avec la crainte d'un scandale, sous l'œil d'une demi-douzaine d'agents, les journaux officiels eux-mêmes ayant

1. On peut toujours voir le socle dans le square Nadar où l'ensemble fut transféré en 1926. La statue elle-même a été enlevée par les Allemands sous l'Occupation pour être fondue. Une association « Les disciples de Voltaire » envisage vers 1967 la réédification d'une sculpture. En 1989, Didier Chonat, député socialiste de la 3e circonscription des Côtes d'Armor demande au ministre de la Culture le rétablissement de la statue. Le ministre renvoie le député au Conseil de Paris (*JO*, *Ass. nat.* 11 déc. 1989, p. 5423). Durant l'été 1989, un groupe inconnu « Les Amis du Chevalier de La Barre » revendique la décapitation des statues d'un chemin de croix à Rocamadour (*Le Monde* du 13 août 1989).

2. Cité par Michel Cinquin, *Deux*..., 1980, p. 277.

3. Voir le télégramme du préfet de la Seine au ministre des Cultes qui rend compte de l'exécution de l'inventaire. AN F 19 2371. Cependant l'existence de cet inventaire pose problème. Mgr Charles l'a demandé vers 1960 au bureau des Cultes de la ville de Paris qui possède tous les autres inventaires des églises de Paris. Malgré des recherches, il n'a pas été retrouvé. À suivre.

4. Pour tout ce paragraphe, voir Jean-Marie Mayeur, *La Séparation*..., 1966, p. 142. La loi du 9 décembre 1905 prévoyait un recensement des biens des fabriques avant leur dévolution aux associations cultuelles. Également dans Pierre Colin, *1889-1989*, 1989, p. 83-93.

5. *BVN*, 1907, p. 5.

dit qu'on ne reculerait pas devant des provocations, à savoir des injures proférées par d'immondes goujats qu'appuieraient aussitôt les policiers, en vue de condamner les injuriés »[1].

Ce jour-là également, le préfet de la Seine, par un arrêté qui comprend la basilique dans les biens de la mense archiépiscopale prononce la mise sous séquestre puisque ces biens de la mense épiscopale n'ont pas été affectés à une association cultuelle[2]. Il est seulement signifié aux locataires de certaines dépendances de la basilique l'injonction d'avoir à payer entre les mains du séquestre les loyers échus au 1er janvier 1907[3]. Le dimanche 16 décembre 1906, une manifestation de libres penseurs devait avoir lieu devant le Sacré-Cœur. Des mesures de police sont prises qui se révèlent inutiles. Le lendemain, Mgr Richard est expulsé de l'archevêché. Les difficultés de sa nouvelle installation ne l'empêchent pas cependant de se pourvoir devant le Conseil d'État et devant le tribunal civil de la Seine au sujet de la basilique. Le pourvoi est formé en vue de l'annulation pour excès de pouvoirs de l'arrêté préfectoral. Selon le cardinal Richard, les initiateurs de l'entreprise n'ont pas voulu d'abord pourvoir au culte mais faire une œuvre votive. Celle-ci, selon lui, n'a jamais appartenu à la mense épiscopale. L'instance devant le tribunal civil est introduite le 28 décembre 1906. Le cardinal Richard assigne le directeur du Domaine de la préfecture de la Seine chargé du séquestre. Il veut faire reconnaître au profit de l'Œuvre du Vœu national la propriété de la basilique de Montmartre[4]. Les motifs mis en avant sont le caractère d'utilité publique de l'Œuvre et le fait de la souscription. Ce serait sans fondement de droit que le gouvernement prétendrait attribuer le terrain et les bâtiments à un établissement quelconque d'assistance ou de bienfaisance.

Plus d'un million de souscripteurs, estime le chroniqueur du *Bulletin* dans sa livraison du 17 janvier 1907, « armés des reçus détachés de nos carnets à souche soigneusement conservés, se lèveraient comme un seul homme, pour protester d'abord, pour saisir ensuite les tribunaux ». À tous cependant, il recommande d'abord la prière et la pénitence, ainsi que la récitation de l'acte de renouvellement du Vœu national dans sa version de 1905[5].

1. Léon Bloy, *Journal* du 13 décembre 1906. Réf. en 1917.
2. En effet, l'article 8 de la loi de 1905 disait : « Faute par un établissement ecclésiastique d'avoir dans le délai fixé par l'article 4 -un an- procédé aux attributions ci-dessus prescrites, il y sera pourvu par décret. À l'expiration du dit délai les biens à attribuer seront jusqu'à leur attribution placés sous séquestre. » ***, *Lois*,..., 1905.
3. AN F 19 2371 ; *BVN*, 1907, p. 12 ; *BPA*, fév. 1907, p. 4. Cela s'est fait le 7 janvier 1907, en la personne de M. Devaux, receveur de l'Enregistrement au 18e bureau des Huissiers. Voir Direction des Domaines..., *Procès-verbal*..., 1934.
4. AN F 19 2371 ; *BPA*, fév. 1907, p. 4.
5. *BVN*, 1907, p. 13 et 33. Même si la formule primitive du Vœu est toujours recommandée par ailleurs : *BVN*, 1908, p. 105.

## F. Une nouvelle loi (1908)

Une seconde loi détermine la destination des biens ecclésiastiques : celle du 13 avril 1908. Celle-ci met fin au séquestre des églises car elle attribue ces dernières (et tout leur contenu) aux communes territorialement concernées. Aristide Briand dans une circulaire rappelle que, par le fait même, ces églises sont exclusivement destinées au culte. Ainsi, à partir de cette date, le Sacré-Cœur devient propriété de la ville de Paris et ne saurait être désaffecté, sauf nouvelle loi [1].

## G. Confirmation de l'arrêt du préfet de la Seine

Lors de ses séances du 26 juin et 2 juillet 1909, le Conseil d'État confirme l'appartenance de la basilique à la mense épiscopale et par suite la légitimité de la mise sous séquestre effectuée entre le 13 décembre 1906 et le 13 avril 1908. L'esprit et la lettre de la loi de 1873, aux dires de la section du Contentieux, font des archevêques successifs de Paris les propriétaires de cette église. Or ceux-ci représentent l'archevêché ou la mense épiscopale qui sont un seul et même établissement public, supprimé par la loi du 9 décembre 1905. Il n'a jamais été officiellement question d'une Œuvre du Vœu national. Par conséquent, l'arrêt du préfet de la Seine n'est pas entaché d'un excès de pouvoir.

*La Lanterne* réagit immédiatement. Elle réclame une fois pour toutes, une loi qui abroge celle de 1873 et la désaffectation du Sacré-Cœur [2]. La presse de l'autre bord parle de vol et de spoliation [3]. Quant au chroniqueur du *Bulletin*, il reporte son espoir dans la décision du tribunal de la Seine [4].

1. Julien de Narfon, « La basilique du Sacré-Cœur peut-elle être désaffectée ? » dans *Le Figaro* du 7 juillet 1909 (article communiqué par Michel Brisacier). Tous les immeubles et terrains affectés au culte deviennent propriété de la ville, c'est-à-dire qu'une exception est faite pour une boutique adossée au réservoir. Celle-ci demeure sous séquestre. Voir ci-dessous en 1933.

2. *La Lanterne* du 4, 10 et 22 ou 23 juillet 1909. Cf. dossier de presse provenant du dossier « Sacré-Cœur » du bureau des Cultes au ministère de l'Intérieur.

3. Journal *Le Droit*, du 19 septembre 1909, « Juridiction administrative », communiqué par Michel Brisacier. Mais aussi Léo Archer, « L'opinion de l'Archevêché » dans *Le Gaulois* du 3 et du 21 juillet 1909 ; Albert Monniot, « Le vol légal de l'église du Sacré-Cœur » dans *La Libre Parole* du 3 juillet 1909.

4. *BVN*, 1909, p. 166-167.

## H. Le tribunal civil confirme la décision (1913)

Ce n'est que le 15 mars 1913, que le procès intenté par le cardinal Richard le 28 décembre 1906 arrive à terme (il avait été entre-temps repris par son successeur qui assigna le 25 mars 1910 le préfet de la Seine représentant la ville de Paris)[1]. La première chambre du tribunal civil de la Seine est présidée par M. Ancelle. Maître Toussaint au nom de l'archevêché de Paris soutenait que la loi de 1873 avait constitué les archevêques de Paris et l'Œuvre du Vœu national voulue par eux, propriétaires incommutables. Inversement, Me Raoul Roussel, pour la ville, estime que le caractère public du monument le fait entrer dans la mense épiscopale et qu'en l'absence d'associations cultuelles, la dévolution à la ville est légale. Le tribunal lui donne raison. Le jugement confirme cependant l'affectation à perpétuité du monument au culte catholique voulue par la loi de 1873. Mgr Amette interjette aussitôt appel de cette décision (dès le 25 juillet 1913).

Réactions attendues : la plupart des articles de journaux conservés à la basilique parlent de vol, d'escroquerie, de spoliation et de confiscation. Certains en profitent pour demander à la ville de mettre un peu d'ordre sur la butte Montmartre, et notamment de déplacer la statue du chevalier de La Barre. Quelques-uns estiment que le bon sens et le droit l'ont emporté sur la chicane et se félicitent du jugement prononcé. Un journaliste, rapportant les inquiétudes qui s'expriment parfois sur la solidité du Sacré-Cœur, ironise sur un éventuel effondrement qui écraserait les fidèles

> « et Mgr Amette, ce jour-là, comme le feu père Ollivier après l'incendie du bazar de la Charité, invoquera le doigt de Dieu »[2].

Le *Bulletin du Vœu national* tout en se réjouissant de voir confirmé le principe d'une affectation perpétuelle au culte catholique, attend avec confiance le jugement d'appel. La consécration de l'église n'en est que plus désirée. Et il conclut sur une certitude : le triomphe définitif du Cœur de Jésus tel que l'a prédit la bienheureuse Marguerite-Marie : « Je régnerai en dépit de ce que Satan et ses suppôts feront pour s'y opposer »[3]. Le triomphe est à l'horizon (voir chap. 30).

1. *Documents*..., 1913. ASCM.
2. Les ASCM ont conservé les coupures de *L'Argus de la Presse*. La citation est de *La République des Travailleurs d'Auch*, du 20 mars 1913.
3. *BVN*, 1913, p. 89.

# Chapitre 25
# Contestation du Sacré-Cœur au nom d'un idéal républicain anticlérical

Des années 1870 à nos jours, un des idéaux au nom duquel le Sacré-Cœur a été contesté est un ensemble de valeurs parmi lesquelles se trouvent le patriotisme (§ I), la démocratie (§ II), la laïcité (§ III) et un respect du droit révolutionnaire concernant les questions ecclésiastiques (§ IV).

## *I. CONTESTATION DU SACRÉ-CŒUR AU NOM DU PATRIOTISME*

Le patriotisme des catholiques du Vœu national qui s'accordait selon eux avec leur attachement à Rome a été contesté au nom du patriotisme des non-catholiques qui prétendaient ne rien reconnaître « au-dessus » de la France. C'est ainsi que Pierre Larousse dans son célèbre dictionnaire, à l'article Sacré-Cœur, en 1875, interprète l'ordre des demandes de salut pour Rome et la France : « Le salut de la France n'est que le second souci des cordicoles : Rome avant tout ». À la même époque, Ernest Renan soutient que l'attachement au « catholicisme ultramontain », à « la cour de Rome » ne peut être d'aucun secours à « la société civile, qu'elle s'appelle commune, canton ou province, État ou patrie » [1]. L'argument se retrouve en 1897, lors du débat à la Chambre à la suite du renouvellement du Vœu national. Un parlementaire raisonne quasiment de la même façon : en revendiquant les États pontificaux les catholiques portent atteinte aux bons rapports de la France avec l'Italie, c'est donc qu'ils préfèrent Rome à leur patrie (voir chap. 24). D'une façon plus élaborée, Anatole France dénie le droit aux catholiques d'être patriotes puisque, selon eux, leur vraie patrie est au ciel [2]. L'attachement à une réalité « extérieure » à la patrie terrestre est aux yeux des non-catholiques un signe de discrédit de cette dernière. L'ultramontanisme proprement dit apparaît à leurs yeux comme le signe d'un « ultramondanisme » qui déconsidère ce monde-ci ! La mise en relation, la « relativisation » de la patrie à Dieu, à Jésus-Christ et à l'Église romaine, leur semble une atteinte à sa grandeur alors qu'au regard des croyants, c'est là même que la patrie trouve sa vraie grandeur !

Les catholiques ont dû se défendre contre ce genre d'accusations. Dans une lettre de mai 1876, Mgr Guibert soutient le patriotisme des catholiques français et proteste contre un vote du parlement qui paraît mettre en doute celui du clergé français à cause de sa fidélité au pape [3]. Avec lyrisme, Paul Féval se fait l'écho de son archevêque :

> « Toujours ces noms ! Jésus ! France ! Et toujours ce mot : cœur, cœur, cœur ! Ils mentent lâchement ceux qui nous accusent de ne pas chérir la patrie parce que nous adorons Dieu. Nos pères, avant nous, aux grandes heures de notre gloire, unissaient ensemble ces deux amours, religion du ciel et dévouement de la terre, dans le cri victorieux de leurs combats ; et quand la France était la reine du monde, c'étaient ces mots qui éclataient partout, écrits avec le sang de nos chevaliers : DIEU ET PATRIE ! » [4].

Léon XIII enseigne lui aussi les « deux amours » [5] ainsi que Pie X [6] : l'amour de l'Église et l'amour de la patrie peuvent et doivent aller ensemble. D'ailleurs on ne compte plus dans la période étudiée ici les protestations de patriotisme

1. Ernest Renan, *L'Antéchrist*, 1873, p. L.
2. A. France, *Le mannequin d'osier*, chap. XVIII cité par Philippe Bruneau, *Ramage*, n° 3, p. 35.
3. Lettre citée dans l'article « Guibert » du *CHAD*.
4. *BVN*, 1876, p. 157.
5. Encyclique « *Sapientiae christianae* », 10 janvier 1890. En appendice de Denzinger-Banwart, *Enchiridion*..., 1927, XVIIe éd., n° 1936s-3052 et *DTC*, « Patrie », col. 2316.
6. Art. « Patrie » dans *DTC*, col. 2317.

et de catholicisme, au point, on l'a vu, qu'on a même pu chanter souvent « Sauvez, sauvez la France » au lieu de « Sauvez Rome et la France » (voir chap. 20). Vers 1900, le P. Lecanuet tient à montrer le patriotisme du clergé et des catholiques pendant les événements de 1870[1]. Le prix d'excellence de ce genre de profession de foi patriotique doit revenir certainement à Mgr Pons lorsqu'il s'écrie, à l'autre extrémité de la période étudiée ici, en 1915, il faut le dire : « Je crois en la France immortelle ». Dans le texte imprimé de la prédication, en note, il a dû préciser : « C'est là l'expression d'un sentiment patriotique, non pas un article doctrinal de notre dogmatique confessionnelle »[2]. Pour un peu on aurait cru qu'il s'agissait d'une quatrième personne dans la sainte Trinité !

Mais les critiques des non-catholiques rejoignent, qui l'aurait cru, la proposition LXIV du *Syllabus*. Pour les catholiques, l'amour de la patrie et son intérêt n'autorisent pas tout. C'est un faux amour que celui qui permettrait « la violation des serments, les actions criminelles et honteuses contraires à la loi éternelle »[3]. Le machiavélisme patriotique n'est pas possible pour un catholique, la raison d'État n'est pas la raison absolue. Ce qui est perçu par les non-catholiques comme une diminution ou une absence de patriotisme, un sous-patriotisme, est vécu par les croyants comme un surcroît ou un accomplissement, un super-patriotisme. À des Français non-catholiques il a paru insupportable qu'on affirme que la France avait pu pécher ou simplement se tromper, qu'elle devait faire pénitence. Est-ce offensant pour elle ? Comme le dit Mgr Guibert dans sa lettre de 1882 aux députés : « Est-ce la supposition que la France ait pu commettre des erreurs ? Il faudrait donc soutenir que les nations sont impeccables »[4] ! En quelque sorte ses interlocuteurs répondent par l'affirmative à cette question, surtout pour le régime qui est le leur et non pour les régimes précédents.

Ainsi a-t-on contesté aux catholiques la possibilité d'unir l'amour de Dieu et l'amour du prochain dont l'amour de la patrie n'est qu'une manifestation. Cette contestation se fonde sur un humanisme et même sur un déisme pour certains (Renan par exemple), qui s'opposent à un christianisme qui par

1. Edouard Lecanuet, *L'Église*..., 1906, chap. 1.

2. Mgr A. Pons, *La guerre et l'Âme française*, 1915, cité par Richard Griffiths, *Révolution*..., 1971, p. 261.

3. Voir Pie IX, *Quanta cura*..., 1864. Pensons aussi à la dénonciation des Églises nationales. On pourrait citer également la contestation de la conception « absolue » de l'État moderne (n° 39 par ex.). Au-delà des théories contemporaines, Pie IX s'en prend à la théorisation de Nicolas Machiavel, à l'aube des Temps modernes, inspirée de la conception romaine païenne. Voir par ex. *Les Discours sur la première décade de Tite-Live*, l. 3ᵉ, c. XLI : « *Salus patriae suprema lex esto*. Il faut défendre la patrie, soit avec ignominie, soit avec gloire. Tous les moyens sont bons, pourvu qu'elle soit défendue ». Et Machiavel de conclure : « Les Français suivent cette maxime dans leurs discours et dans leurs actions, en défendant la majesté du roi de France et la grandeur de ce royaume ; il n'est rien qu'ils souffrent aussi impatiemment que d'entendre dire que telle chose est honteuse pour leur roi, quelque parti qu'il prenne, ou dans la bonne ou dans la mauvaise fortune ; leur roi, selon eux, est toujours au-dessus de la honte, qu'il soit vainqueur ou vaincu ; « tout cela, disent-ils, est d'un roi ».

4. *BVN*, 1882, p. 450-451 et nos chap. 12 et 24.

définition est l'union sans confusion de Dieu avec l'homme. Mais au-deça de telles considérations, il y le vieux réflexe gallican, c'est-à-dire la manifestation française de la volonté d'autonomie des nations modernes catholiques par rapport à Rome. Cela rejoint le problème des rapports des laïcs, fussent-ils princes, et des clercs, le problème des rapports du temporel et du spirituel abordé ci-après.

Ces considérations n'interdisent pas, il faut le reconnaître, que sous le coup des événements douloureux, des catholiques ont pu penser comme Marie Legentil en 1870 :

> « Ah ! mon pauvre ami, s'il s'était agi de défendre notre France d'autrefois, notre vraie France, certes j'aurais été la première à vous encourager tous à le faire et j'espère que mon cœur eût été assez haut placé pour accepter dans ce but bien des sacrifices ! Mais la France de ces démagogues sans foi n'est plus mon pays ! » [1].

Le P. Chocarne, dominicain, devinait peut-être de telles pensées dans le cœur de ses auditeurs quand il leur disait en 1876 :

> « Regardez ce Sacré Cœur, il vous dira comment vous devez vous comporter envers les hommes qui vous déclarent la guerre : Jésus-Christ accepta la guerre, mais il la fit à sa façon : à la haine extrême, il opposa l'extrême amour. En descendant de cette montagne, il faut que vous ayez, sinon un rayon de lumière sur le front comme Moïse, du moins une plus vive flamme de charité dans le cœur [...] Vous soutiendrez votre foi avec force, mais avec charité [...] Vous aimerez la France, non pas seulement la France du Moyen Age, mais la France de nos jours, et c'est en l'aimant que vous la sauverez » [2].

La légende d'une image du début du siècle représentant une religieuse expulsée a su retenir la leçon et manifester finalement le patriotisme catholique de son auteur :

> Bien qu'ingrate / Soit ma patrie, /
>
> Protégez-la, / Je vous en prie [3].

Les catholiques constructeurs du Sacré-Cœur de Montmartre ont donc été perçus par les anticléricaux comme des Français de second rang, hors les champs de bataille où le patriotisme se mesure souvent au sang versé. S'il en avait

1. Marie Legentil à son frère Joseph Marcotte, le 17 septembre 1870. Arch. familiales. Dans le désarroi de la défaite, Mme Legentil se laisse aller à la nostalgie et au dénigrement. Malgré tout pour elle la France d'autrefois est d'abord une France qui prie. Le gouvernement de la Défense nationale aurait prié avec le général Trochu dont elle connaissait la piété, qu'il aurait trouvé grâce à ses yeux.

2. Le P. Bernard Chocarne (*CHAD*) est un compagnon du P. Lacordaire, fondateur et plusieurs fois prieur du couvent du 222, rue du Fg-Saint-Honoré, auteur d'une vie du restaurateur de l'ordre, orateur. Il est connu de H. de Fleury. Voir *BVN*, 1876, p. 154 où il s'adresse à « l'assemblée générale des membres dévoués aux Cercles catholiques d'ouvriers. »

3. Témoignage oral de Mgr Charles.

déjà été ainsi pour les Zouaves pontificaux, Sonis et Charette, pour l'amiral Courbet et les militaires morts ensuite dans les batailles des colonies, c'est de Clemenceau, en 14-18, que les catholiques recevront leur principal brevet de patriotisme [1]. Mais, alors, ont-ils su vraiment vivre dans le feu des combats un amour de leur patrie qui n'implique aucune haine pour l'ennemi ? D'une question résolue risque toujours d'en sortir une autre.

## *II. CONTESTATION DU SACRÉ-CŒUR AU NOM DE LA DÉMOCRATIE*

Si par la construction du Sacré-Cœur, A. Legentil et Mgr Guibert ont voulu proclamer leur patriotisme christianisé, ils ont voulu aussi protester de leur « démocratisme chrétien » car cet appel à tous les Français, riches et pauvres, grands et petits, est un appel au peuple de France en qui réside la souveraineté. On peut en trouver un signe jusque dans leur demande d'une loi d'utilité publique devant une assemblée élue démocratiquement à l'époque. On se souvient de la pensée du P. Lemius : la démocratie française est née à Montmartre (chap. 15) ! Cet appel à la nation tout entière paraît aux promoteurs du Vœu national au lendemain de la défaite de 1870 la seule source de légitimité et surtout le seul remède puisque le mal se situe dans le cœur de chacun. C'est aussi la façon selon eux de ne pas prendre le parti des uns contre les autres ou mieux, eux qui ont l'extrême souci du « peuple » (au sens de non-bourgeois, comme dit Legentil), de prendre son parti contre personne. Mais très tôt, l'intention de faire du Vœu national une sorte de vote démocratique chrétien en vue d'une réconciliation avec Dieu et entre tous les Français n'a pas été perçue. A. Legentil, dès janvier 1871, se fait l'écho d'une crainte parmi les souscripteurs potentiels : « On a peur que cela ne cache une arrière-pensée de restauration » [2].

Cette objection que l'initiateur du Vœu qualifie de « biscornue » aura la vie longue du fait de l'existence en France depuis 1789 et surtout de 1793, de deux blocages : la Révolution, la république, la démocratie, l'anticléricalisme

1. Jean-Baptiste Duroselle, *Clemenceau*, 1989, p. 842.
2. Lettre de A. Legentil à A. Baudon en date du 28 janvier 1871. *HSC*, t. I, p. 62.

(ou le schisme pour le cas de l'Église constitutionnelle) d'une part et d'autre part la Restauration, la monarchie, l'aristocratie et le catholicisme. Les partisans de l'un et de l'autre vivent chaque synthèse comme une véritable « foi » [1], comme s'il y avait une différence qualitative entre les différents régimes politiques, comme si on pouvait faire de ces derniers de véritables mystiques. L'Assemblée nationale ayant vraiment envisagé une restauration et ayant voté l'utilité publique de l'église de Montmartre, il n'en fallait pas plus pour faire de la construction du Sacré-Cœur une entreprise de reconstruction de la France monarchique aux yeux des opposants comme d'ailleurs aux yeux de certains monarchistes eux-mêmes (qu'ils soient légitimistes ou orléanistes).

Hubert Rohault de Fleury n'est jamais revenu sur la réflexion faite à son père en pleine crise :

> « Pour moi pourvu que mon pays soit gouverné honnêtement et raisonnablement, j'avoue n'avoir aucune préférence, convaincu que le meilleur gouvernement sera celui qui rendra la France grande et heureuse » [2].

En 1882, grâce au projet d'abrogation de la loi de 1873, Mgr Guibert présente sa pensée :

> « Pourrait-on affirmer plus clairement qu'on a fait et qu'on veut maintenir une République fermée, où les chrétiens ne puissent entrer ? »

Le peuple serait-il souverain dans toutes les affaires du pays sauf dans les questions religieuses, se demande Mgr Guibert [3] ? C'était jeter les catholiques dans les bras des monarchistes si ce n'était déjà fait depuis la Révolution. Mais, on l'a vu (par exemple, en 1881, par l'arrêt de l'adoration nocturne – chap. 17), les responsables du Vœu national, tant ecclésiastiques que laïcs, ont toujours dû se démarquer d'un usage politicien monarchiste sans jamais refuser pour autant aux catholiques royalistes de participer à l'Œuvre nationale.

Le loyalisme des archevêques de Paris à l'égard du pouvoir établi est incontestable. Solennellement, en 1889, en vue de la célébration des fêtes du Sacré Cœur de Jésus de cette année anniversaire (chap. 19), le cardinal Richard écrit :

> « L'Église, cette Cité de Dieu n'est point l'ennemie des cités terrestres au milieu desquelles s'accomplit son pèlerinage sur la terre. Elle s'accommode à toutes les formes de

1. Jacques Rougerie, *Mouvement...*, 1972, p. 60. Jacqueline Freyssinet-Dominjon, *Les manuels...*, 1969, p. 268-269 ne montre-t-elle pas qu'au « catholique et français » des uns répond un « républicain et français » des autres. La République, une nouvelle Église ?

2. Lettre de H. de Fleury à son père, 5 septembre 1870. ASCM.

3. Mgr Guibert, « Lettre... », dans *BVN*, 1882, p. 452. Pierre Miquel affirme : « Les sentiments royalistes [du cardinal Guibert] sont bien connus » (Pierre Miquel, *La troisième République*, 1989, p. 266). Nous aimerions connaître les déclarations de l'archevêque de Paris où il proclamerait de tels sentiments !

gouvernement humain, comme l'expliquait excellemment naguère le pape Léon XIII, dans ses encycliques sur la Constitution chrétienne des États et sur la Liberté humaine. Elle ne repousse pas plus les formes démocratiques ou aristocratiques des autres siècles et des autres contrées. Elle admet l'usage légitime des libertés civiles. Elle tolère même ce qui pourrait être faux ou illégitime en soi dans ces libertés, si le bien des âmes le demande »[1].

Mais cette attitude n'est pas une inféodation qui méconnaîtrait l'esprit critique nécessaire. Un régime politique n'est pas en effet un état d'exaltation qui vous saisit tout entier. Puisque même (et surtout) la mystique, en régime catholique, relève d'un jugement de saine ou fausse doctrine, *a fortiori* la politique. L'Œuvre du Vœu national au Sacré Cœur de Jésus pour obtenir la délivrance du souverain pontife et le salut de la France a donc été accusée par ses opposants d'époque d'être uniquement une opération de restauration monarchique. Ce jugement est faux si l'on s'efforce de considérer l'Œuvre en elle-même. Il serait vrai s'il n'y avait par rapport à la Révolution et à la République dans leur état vécu de fait au XIX$^{e}$ siècle que l'inconditionnalité ou la réaction. Il y a aussi le loyalisme qui acquiesce à l'état de droit et se propose de remédier à l'état de fait ; c'est la fameuse distinction entre la thèse et l'hypothèse chère à Mgr Dupanloup, même si sa façon de « relativiser » ainsi le régime en place paraît insupportable à ce dernier. Une instance critique n'est jamais, avouons-le, facile à supporter[2].

L'accusation de monarchisme est pourtant indéfiniment reconduite. Passe qu'un Gustave Téry la fasse sienne[3]. On s'étonne déjà davantage de la trouver sous la plume de Daniel Halévy[4]. On ne comprend plus pourquoi l'article anonyme « Sacré-Cœur » de l'*Encyclopaedia universalis* (1968-1985) la reconduit :

> « Certains catholiques, en France, au XIX$^{e}$ siècle, donnent à la dévotion au Sacré Cœur une coloration royaliste (notamment lors de l'érection, sous ce vocable, de la basilique de Montmartre). »

Le *notamment* nous paraît désormais après la présente étude notoirement faux et devrait être remplacé par un « malgré l'intention simplement religieuse, patriotique et démocratique de la construction [du Sacré-Cœur] par une

1. Cardinal Richard, « Lettre pastorale... », 24 mai 1889 dans *BVN*, 1889, p. 303. « Même » Mgr Gay, le 12 mars 1881, écrivait à Mgr Bellot des Minières, le nouvel évêque de Poitiers : « Mais tous les monarchistes, ces légitimistes, si vous voulez, sont loin de faire un dogme de leurs convictions politiques (je parle, au moins, des éclairés, qui sont le plus grand nombre). Tous savent que l'Église, essentiellement compatible avec les diverses formes du Pouvoir humain, tâche toujours, pour sauvegarder l'intérêt sacré des âmes et poursuivre l'œuvre dont Dieu l'a chargée, de vivre au moins en paix avec tous les pouvoirs de fait qui se succèdent. Est-ce que cela a jamais fait de doute pour personne ? » Mgr Gay, *Correspondance*, 1899, t. II, p. 336-337.

2. Fr. Juan-Miguel Garrigues, « L'Église et la politique. De l'usage théologique de toute doctrine sociale » dans *Commentaire*, n° 47, 1989, p. 499-506 donne une application contemporaine avec un résumé historique de cette doctrine catholique.

3. G. Téry, *Les Cordicoles*, 1902, p. 70-73, 200-213, 328-329.

4. D. Halévy, *La République*..., 1937, p. 29.

souscription nationale». Il en est encore ainsi en partie dans les catalogues des expositions *Paul Abadie* de 1984 et 1988. À propos des statues équestres en façade de saint Louis et de sainte Jeanne d'Arc, Marc Wattel écrit dans le premier de ces ouvrages: «la connotation royale est sans ambiguïté». En note, Claude Laroche remarque très judicieusement:

> « En fait, c'est bien plus la connotation nationale et patriotique de Jeanne d'Arc que la connotation royale qui a été retenue ici ».

Cela ne l'empêche pas, à propos de « l'idéologie qui sous-tend le Vœu national [et qui est] exposée sans ambages» sur la mosaïque du chœur d'estimer à son tour:

> « Les effigies du député Keller, du général de Sonis ou l'évocation de la famille royale au Temple disent assez d'où vient le Vœu national... » [1].

C'est prendre une généalogie (une étymologie du Vœu national pourrait-on dire) pour sa signification. Que les promoteurs du Vœu national aient voulu «pour chanter juste chanter dans [leur] arbre généalogique» (Jean Cocteau) ne doit pas faire méconnaître leur nouveauté. Ce qu'ils voulaient d'abord, c'est un pouvoir christianisé, expression d'une France encore chrétienne ou en train de le devenir davantage, et non telle forme de désignation du pouvoir. Comme ils sont différents les personnages auxquels ils se réfèrent: Constantin, Clovis, Charlemagne, saint Louis, Louis XIII ou Louis XVI! Et plus discrètement, les États-Unis ou Garcia Moreno! Qu'on se souvienne des propos de Legentil et de Rohault de Fleury ou des archevêques de Paris, qu'on se rappelle de leurs jugements sur la France moderne monarchique et sur Louis XIV en particulier! Même si on peut comprendre de telles confusions facilitées par le contexte politique général, il n'en faut pas moins demeurer soucieux d'exactitude et connaître les intentions des promoteurs et celles des millions de souscripteurs. Le jugement de R. Aubert nous paraît pondéré:

> « Les longues listes de souscription (dans le *Bulletin du Vœu national*) attestent le caractère populaire de cette dévotion [la construction du Sacré-Cœur] où l'élan simplement chrétien l'emporte de beaucoup sur les préoccupations monarchistes » [2].

Les catégories politiques ne rendent pas compte de tous les phénomènes (surtout religieux) qui, pour survenir dans la cité de façon située, sont les témoins d'une *expérience humaine du divin* qui la dépasse (Michel Meslin, 1988).

1. Claude Laroche, *Paul Abadie*, 1988, respectivement p. 231 et n. 6; p. 250 et n. 72.
2. R. Aubert, *Le pontificat*..., 1952, p. 465, n. 2. Marc Wattel qui a manifestement utilisé cet ouvrage pour l'exemple du «pauvre nègre du Basutoland», souscripteur du Sacré-Cœur, (chap. 13, § III), aurait pu s'inspirer de ce jugement d'historien pour former le sien.

## III. CONTESTATION DU SACRÉ-CŒUR AU NOM DE LA LAÏCITÉ

Selon les opposants au Sacré-Cœur, le pouvoir politique républicain ne peut comme tel poser un acte religieux. Les prières publiques décrétées pour la Pentecôte, le dimanche 21 mai 1871, n'ont pas laissé de bons souvenirs. Le projet de Jean Brunet avait été repoussé même par l'Assemblée nationale. Les prières publiques pour la rentrée des Chambres prévues par le Concordat sont supprimées en 1884[1]. Les procès-verbaux pleuvent sur les porteurs du drapeau national orné d'un cœur et les remontrances ou sanctions sur les maires qui ont consacré leur commune au Cœur de Jésus[2]. On comprend dans ces circonstances la condamnation permanente et sans appel de la loi des 24-30 juillet 1873 qui reconnaît d'utilité publique la construction d'une église à Montmartre.

Cette loi a d'autant plus été condamnée qu'elle a été interprétée constamment comme un acte officiel de consécration de la France au Cœur de Jésus, que ce soit dans les débats pour son abrogation et dans la presse anticléricale de l'époque ou bien dans nombre de manuels d'histoire qui ont suivi. Daniel Halévy s'en fait l'écho à juste titre: «Dans le pays, longue rumeur.» Et en note, il ajoute:

> « [La rumeur] dure encore, les traces s'en retrouvent dans les manuels scolaires ; les contestations religieuses portent un tel venin qu'il n'y a pas de vote de l'Assemblée nationale qui soit rappelé et faussé plus souvent que celui-là. Certains historiens universitaires maintiennent la falsification. »

Et de citer Georges Ancel et Henri Calvet, des auteurs de manuel[3]. Mais on pourrait en mentionner bien d'autres[4], y compris catholiques[5].

Cette contestation-rumeur du Sacré-Cœur en sa dimension légale est révélatrice des dispositions des opposants. De même que dans le paysage parisien la présence de cette église est une «honte pour la France», de même la

1. Charles Chesnelong en est bien sûr ulcéré: *La campagne*..., 1898, p. 548.

2. Voir «Circulaire ministérielle du 26 mai 1893» dans Pierre Pommarède, *La Séparation*..., 1976, p. 76 et n. 410; Conseil...de Treffieux..., *Acte*..., 1899 et Préfet..., *Lettre*..., 1902; Jacqueline Lalouette et son enquête en 1989 à partir de AN F 19 5636.

3. Daniel Halévy, *La République*..., 1938, p. 28.

4. Ainsi Charles Pouthas, *Histoire*..., 1943, t. IV, p. 340 et 358; Pierre Zevaes, *Histoire*..., 1946, p. 74; François Caron, *La France*..., 1985, p. 240; tel tableau chronologique du musée d'Orsay.

5. On a relevé la phrase suivante dans une notice sur sainte Marguerite-Marie: «En 1873, des députés français catholiques devaient voter la consécration de la France au Sacré Cœur, consécration symbolisée par la basilique de Montmartre» (*VSB*, 17 octobre, t. X, p. 573). Cette phrase qui est doublement fausse est reprise récemment dans un périodique: Georges Daix, «L'annonce faite à sainte Marguerite-Marie» dans *Famille chrétienne*, 19 juillet 1990, p. 13, d'où la persistance de la rumeur.

loi qui en a favorisé la construction est une loi de malheur votée par « l'assemblée de malheur » [1]. Qu'au pire la religion soit une affaire privée, mais qu'en aucun cas elle ne soit une affaire publique ! Le Cœur de Jésus, Jésus-Christ lui-même, Dieu ne sauraient être des références que pour les individus qui le souhaitent et encore uniquement dans leur vie privée. Publiquement, la Liberté, l'Égalité et la Fraternité, « [la] Science et [la] Patrie » [2], « l'Humanité » ou « l'Idéal » [3] doivent suffire à la cité. Il n'est même plus question de l'Être suprême mentionné en tête de la Déclaration de 1789 et célébré par Robespierre à la suite de Rousseau. Bien qu'insuffisante aux yeux d'un Mgr Pie pour le salut social, cette forme du déisme affirmant la transcendance de Dieu avait encore de véritables références chrétiennes, non seulement protestantes et franc-maçonnes, mais aussi catholiques [4].

En fait et au fond de la question du refus du caractère public de la foi, n'y a-t-il pas la théorie rousseauiste de l'individu avec son sentiment religieux et du pacte social qui donne au corps politique un pouvoir absolu sur les siens [5] ? Pour les républicains de 1879, ne s'agissait-il pas de « réduire législativement le dualisme déplorable Nation-Société..., c'est-à-dire de conformer « la société », prise à tous ses niveaux à la volonté de la « nation » telle que le suffrage universel l'avait clairement exprimée » [6] ? Or désormais une nation sans autre fondement qu'elle même, une « laïcité » fermée aux clercs doivent se mettre en place [7]. La « nation franque » et l'Église gallicane unie à Rome au Moyen Age s'étaient liées sans jamais se confondre (subsistant toujours la Synagogue (*Romains* 11) et apparaissant ponctuellement les hérésies) : la première constituée par l'acte créateur de Dieu relayé par les parents-procréateurs et les autorités politiques ; la seconde par l'acte sauveur

1. Voir *La Petite République* du 21 septembre 1899 citée par Jean-Marc Leri, *Montmartre*, 1983, p. 205.

2. Devise sur la tombe de Paul Bert : Jacqueline Lalouette, « Science... » dans *Christianisme*..., 1989, p. 24.

3. Clemenceau : « La France, hier soldat de Dieu, aujourd'hui, soldat de l'Humanité, demain soldat de l'Idéal » référence dans Maurice Agulhon, *Histoire*..., 1988, t. II, p. 86.

4. Au cours de notre enquête, nous avons trouvé : Pierre de Bérulle, *Vie de Jésus*, préambule, § IV, Migne, col. 417 : « Cet Être suprême est le soleil de l'éternité » ; Louis XV, Lettre aux évêques en date du 21 juillet 1738 pour le renouvellement du vœu de Louis XIII. Le remplacement du « législateur » par « l'Être » à l'initiative du sixième bureau de l'Assemblée nationale est étudié par Bernard de Brye, *Un évêque d'Ancien Régime à l'épreuve de la Révolution. le cardinal A. de La Fare*, Publications de la Sorbonne, 1985, p. 251-256 (note communiquée par le P. Vallin) ; R. Garrigou-Lagrange, « Providence » dans *DTC*, col. 969 et Mgr Ruch, « Patrie », *DTC*, col. 2301-8.

5. *Contrat social*, I, 4e éd. 1943, p. 152 cité dans « nation », *CHAD*, col. 1055.

6. Jacques Gadille, *La pensée*..., 1967, t. II, p. 108, cite François Pillon, *La critique philosophique*, n° 1, 1879, p. 3.

7. En l'année 1880, paraît un opuscule du P. Ubald, o. m. c., qui pose clairement le problème de la souscription et de ses motivations : « La grande question sur laquelle il est urgent d'obtenir un vote national est celle-ci : « Français, en faisant abstraction de vos préférences personnelles sur la forme monarchique ou démocratique du gouvernement, en vous plaçant au-dessus de tout attachement à la royauté, à l'empire ou à la république, voulez-vous que les institutions civiles et politiques du pays respectent, comme il convient, les droits de Dieu, et soient en harmonie avec la religion et la morale de Jésus-Christ ». On comprend dans ces conditions le dialogue de sourds de l'époque. P. Ubald, *Le plébiscite*..., 1880, p. 57.

du Christ relayé par les clercs; les deux, chacune dans son ordre, étant à l'image de la Trinité où le Fils dans l'Esprit est l'égal du Père. Dans les Temps modernes, en France, les Concordats de 1516 et de 1802 entre l'État et l'Église sont méconnus, le premier, par l'Assemblée constituante et le second, finalement par la IIIe République. La « nation française » se pense en dehors de son fondement créateur médiatisé par les êtres qui remplissent chacun une fonction sociale. La « nation moderne » et ceux qu'elle désigne pour la gouverner ne perçoivent pas qu'ils reçoivent leur existence et leur pouvoir d'en haut. L'homme comme sujet se pense comme une subjectivité sans fondement objectif. Les « laïcs » n'acceptent pas la christianisation par les clercs. La « laïcité » se pense en dehors de la relation à la « cléricature » qui la constitue en Église, se présente comme « anticléricalisme » et prétend s'opposer à une théocratie. Dans le cas de la nation comme dans le cas de la « laïcité », la personne humaine n'est plus perçue comme relation à Dieu médiatisée par les « autorités naturelles » ou par les « autorités ecclésiales ». Les personnes humaines ne sont pas perçues à l'image des personnes divines comme des relations au sein de chacune des natures, humaine et divine[1]. Nation et « laïcité » doivent coïncider par ignorance du fondement religieux, puisque celui-ci aurait manifesté son impuissance à faire l'unité de la nation moderne (guerres de religion et Révocation).

L'homme qui tient à s'affirmer comme sujet depuis les Temps modernes se pense mutilé s'il se consacre, s'il se voue à Dieu, mais non s'il se consacre à des valeurs intramondaines, s'il se voue à la Science ou même meurt pour la Patrie[2]. Le refus de la prétendue consécration de la France au Cœur de Jésus en 1873, les tentatives de désaffectation ou de destruction de l'église de Montmartre sont les signes d'un humanisme agnostique ou athée qui au nom de la liberté de conscience refuse un statut religieux à la nation et un statut public à l'Église. La nation, dans ces conditions, n'a aucun besoin d'une référence religieuse et l'Église n'a aucune utilité publique. La « chose publique », la ré-publique doit ignorer la vie religieuse. L'Assemblée nationale qui malheureusement représentait la France a « consacré » celle-ci au Christ par la loi

1. Il ne peut être question de traiter ici de la notion de personne en anthropologie et théologie patristiques, médiévales et modernes. Qu'on se souvienne seulement que cette notion distingue nettement mais unit indissolublement l'aspect individuel et communautaire, privé et public, le for interne et le for externe, la conscience de soi et la fonction sociale. Louis de Bonald, dont on sait l'importance dans le XIXe siècle catholique, postérieurement à l'individualisme rousseauiste, s'est fait l'écho de cette conception en montrant que le principe constitutif de la société est l'*homme social*, autrement dit la famille : « Père, mère, enfant [...] *pouvoir*, *ministre* et *sujet*, sont les *personnes* sociales, appelées PERSONNES, *quia per se sonant*, c'est-à-dire parce que leur nom seul indique leur rang et leur fonction » (*Démonstrations...*, 1830, p. 451).

2. Encore que cette « laïcisation » du sacrifice « chrétien » trouve rapidement ses limites tout en laissant apparaître quelques structures « païennes » de cette catégorie de l'anthropologie religieuse.

proprement dite, par la rumeur qui l'accompagne et surtout par l'ex-voto qui s'élève dans le ciel de Paris. Cela était insupportable et a été abrogé en principe faute de l'être par la désaffectation ou la destruction de l'église. Le temps d'une « laïcité assainie et ouverte » n'était pas encore venu.

## *IV. CONTESTATION DU SACRÉ-CŒUR AU NOM DU DROIT RÉVOLUTIONNAIRE ET CONCORDATAIRE*[1]

S'il est vrai que la loi du 24 juillet 1873 était une exception par rapport au passé, il est non moins vrai qu'elle a été un acte novateur, en quelque sorte, anticipant de cinquante ans la législation française induite par la loi de Séparation de 1905 appliquée dans les années 1920. Par cette loi, en effet, « l'archevêque de Paris, tant en son nom qu'au nom de ses successeurs » [était] « autorisé à acquérir le terrain nécessaire à la construction de l'église et à ses dépendances ». Or depuis la suppression des biens ecclésiastiques en 1791, tel n'était plus le cas. L'évêque diocésain n'avait droit qu'à une « mense épiscopale », c'est-à-dire « un établissement public capable de posséder, d'acquérir et de transmettre des biens [mais pas des églises ouvertes au public], ayant pour mission légale d'améliorer la situation matérielle de l'évêque » et de ses collaborateurs[2]. La cathédrale et l'évêché ne faisaient pas partie de cette mense qui devaient surtout comprendre des rentes sur l'État. Le cas du palais de l'archevêché de Paris (entre Notre-Dame et la Seine) saccagé en 1831, cas rappelé au cours des débats de 1882, éclaire bien la situation. Propriété de l'Église de Paris au moins depuis le IX^e^ siècle, l'archevêché, pendant la Révolution, sert d'annexe à l'Hôtel-Dieu. En 1802, le cardinal de Belloy l'occupe à nouveau. Après le pillage de 1831, inhabitable, sans consulter Mgr de Quelen, le gouvernement de Louis-Philippe met en vente les ruines et cède le terrain à la ville, se considérant à l'évidence comme le propriétaire de cet ensemble et ceci malgré les protestations de Mgr de Quelen. Mais comme Notre-Dame

1. Il eût fallu un juriste pour traiter ici du Sacré-Cœur du point de vue du droit. Les travaux de Jean-Michel Leniaud sur *L'Administration des Cultes pendant la période concordataire* (1988) ont cependant bien facilité l'initiation que l'auteur a dû entreprendre pour signaler au moins l'existence d'un problème unique en son genre.

2. Jean-Michel Leniaud, *L'Administration*..., 1988, p. 52. Il en était ainsi également du curé et on parlait d'une « mense curiale ».

et tous les autres biens ecclésiastiques, ils avaient été vendus ou étaient devenus la propriété de l'État, charge à lui d'entretenir le clergé, au problème près des menses épiscopales et curiales.

On se souvient (chap. 7) qu'à la fin du second Empire et au début de l'Assemblée nationale, selon Léon Cornudet, il avait été question de reconnaître comme établissement public, non seulement la mense épiscopale mais aussi le diocèse comme tel. Dès lors, l'évêché aurait pu devenir propriétaire de lieux de culte. Mais cela n'avait pas eu de suites. La loi du 24 juillet 1873 qui créait donc un cas particulier quant à la propriété entrait par ailleurs dans la pratique générale de l'autorisation qui était nécessaire pour ouvrir un lieu de culte : annexe, chapelle de secours, oratoires publics, oratoires particuliers (hospice, prison,...) et les chapelles domestiques[1]. De plus, la déclaration d'utilité publique de cette construction, sans enquête administrative préalable, substituait l'archevêque à l'administration pour toutes les démarches concernant l'expropriation : cela ne s'était jamais vu. Pour introduire un droit nouveau, il fallait une politique nouvelle. La contestation du Sacré-Cœur avait beau jeu, on l'a vu, de rappeler qu'en effet cette loi était en contradiction avec le droit révolutionnaire avalisé en partie par le droit concordataire, fruits eux aussi d'une politique nouvelle mais non vraiment respectueuse du caractère propre de l'Église. L'Église de Paris, au Sacré-Cœur, devenait une sorte d'association de droit public, de propriété collective religieuse comme l'avait bien vu l'abbé Lemire en 1897 (chap. 24). C'était aller à l'encontre de la privatisation globale du fait religieux du XIX^e^ siècle français.

C'est donc pour des raisons purement politiques que le Sacré-Cœur fut considéré comme appartenant à la mense épiscopale tant devant le Conseil d'État que devant le tribunal civil de la Seine et attribué à la ville. Après la guerre de 14-18, sont mises en place des Associations diocésaines. L'étude de leur statut n'est certes pas de notre sujet. La généalogie d'une telle réalité juridique fait cependant penser au projet de loi qui aurait reconnu une personnalité civile au diocèse comme tel. Le fait est que dans le contexte de 1905 les associations cultuelles ne convenaient pas à la réalité de l'Église catholique. La formulation de la loi restait malgré tout trop vague :

> « Associations qui, en se conformant aux règles d'organisation générale du culte dont elles se proposent d'assurer l'exercice, se seront légalement formées » (titre II, art. 4).

Il fallait que l'évêque comme tel en soit le président de droit. Ce qui était justement le cas, notons-le, pour le Comité de l'Œuvre du Vœu national.

1. Jean-Michel Leniaud, *L'Administration...*, 1988, p. 49.

En 1931 et 1935, une convention est signée entre la préfecture de la Seine et l'association diocésaine de Paris, approuvée par le conseil municipal de Paris. Le préfet de la Seine décide de laisser la basilique et toutes ses annexes à la disposition de l'association diocésaine de Paris, dans une sorte de rapport de propriétaire à locataire à titre gratuit, d'affectataire dit-on, comme pour les autres églises, hormis cependant les dépendances construites après les lois de Séparation pour lesquelles l'association (représentée par la basilique) devrait assurer les obligations du propriétaire sans l'être vraiment, puisque le terrain appartient à la ville [1]. Mais pour cela, il faut que la ville soit reconnue pleinement propriétaire.

Le procès en appel, au point mort depuis 1913, est donc réactivé. La première chambre d'appel de Paris, le 16 mai 1933, rend un arrêt confirmant que la basilique, tous les terrains adjacents et toutes les bâtisses qui s'y trouvent, appartiennent à la ville de Paris [2]. Cela permet à la ville de réclamer la propriété de morceaux de terrain et de bâtisses qui étaient toujours sous séquestre, en particulier celle adossée au réservoir et à Saint-Pierre, qui servait de boutique. Il faut attendre le 29 août 1934 pour que la direction des Domaines du département de la Seine dresse le procès-verbal de remise à la ville de ces divers immeubles [3]. Cela permet aussi de clarifier la situation des annexes. En 1935, la préfecture de la Seine en remet officiellement la jouissance à l'association diocésaine de Paris [4].

Au sein d'un nationalisme qui s'est progressivement affirmé du XV^e^ au XIX^e^ siècle, et surtout au lendemain de la Révolution puis de la défaite de 1870, les catholiques ont essayé de vivre un patriotisme qui se conjugue avec celui des catholiques des autres nations comme avec leur fidélité ecclésiale à Rome. À leurs yeux la France n'est pas une valeur absolue puisqu'elle est elle-même relative à Dieu et au Christ, sans qu'il y ait pour autant relativisation voire dévaluation. À travers l'histoire du Vœu national, on peut dire que le reproche d'être de mauvais patriotes est globalement injuste. Il en est de même de leur prétendu complot contre la République. Qu'ils n'applaudissent pas un gouvernement qui les persécute n'a rien d'étonnant. Mais ils se souviennent de l'enseignement de Jésus et de Paul, relayés par les papes et les archevêques de Paris de l'époque: toute autorité légitime vient d'en haut, qu'elle soit choisie par des élections, par la primogéniture (et la primogéniture mâle en particulier) ou par tout autre moyen. De fait, ils ont été loyaux... et critiques, pour le bien de tous.

1. Jean Verdier et Achille Villey, *Procès-verbal*..., 1935 et avenant de 1947.
2. ASCM. C'est pourquoi la revue *Montmartre* n'y fait même pas allusion.
3. Voir Directions des Domaines..., *Procès-verbal*..., 1934.
4. Jean Verdier et Achille Villey, *Procès-verbal*..., 1935 et avenant de 1947. Sur le statut juridique de l'Église depuis 1905 en France, voir abbé J. Kerveleo, *L'Église catholique en régime français de Séparation*, in-8, 400 p, Desclée, 1955.

# Chapitre 26
# Contestation du Sacré-Cœur au nom de la Commune

La contestation du Sacré-Cœur n'est pas simplement une contestation au nom de la « République » (chap. précédent), mais aussi au nom de la « Commune ». Là encore le sujet s'étend à l'infini. Il eut fallu pénétrer davantage dans l'historiographie de cet événement, surtout dans la tradition marxiste. Nous supposerons que chacun sait ce qu'est la Commune de Paris ou ce qu'on appelle aussi la guerre civile de 1871. Une formule ciselée circule comme une rumeur : « Le Sacré-Cœur a été construit en expiation des crimes de la Commune ». Quelles pièces de l'accusation et de la défense avons-nous pu collecter ? Que dire finalement ? N'est-ce pas une façon concrète de traiter de la question sociale ?

# *I. AU TEMPS DES ACTES FONDATEURS*

## A. Dans le feu des événements de 1871

Selon les archives du Sacré-Cœur un communard au moins a entendu parler du Vœu au Cœur de Jésus. Il s'agit de Benjamin Le Moussu, connu par ailleurs de Marx et Engels et considéré par eux comme « une fripouille, un filou et un escroc » [1]. Voici les circonstances. Lorsque Legentil passe à Paris les 7 et 8 mars 1871, il entretient Cyrille de Mont de Benque de son projet qui date déjà de trois mois environ et reçoit son adhésion. Dès lors, ce dernier propage dans Paris l'idée et les papiers du Vœu. Ainsi le 17 mai, lorsqu'il est séquestré dans Notre-Dame des Victoires, les Fédérés que dirigent Benjamin Le Moussu trouvent sur lui une lettre compromettante d'un Versaillais et une autre de A. Legentil

« qui insistait sur la nécessité d'expier, de réparer et de prier beaucoup ; il y exprimait la crainte de voir fusiller l'archevêque ; enfin il priait M. de Benque de faire imprimer des formules du vœu au Sacré Cœur ».

Et H. de Fleury d'ajouter dans ses *Souvenirs* :

« En lisant cette lettre, les Fédérés dirent à M. de Benque : « Oh ! fusiller l'archevêque ? On ne sait pas... peut-être » [2].

Benjamin Le Moussu, apprenant que M. de Benque était de la Banque de France, le fit relâcher [3], ce qui donne une nouvelle preuve du sens politique et de l'opportunisme de la Commune à l'égard des institutions qui pouvaient lui être utiles [4]. Du coup, par le fait même, l'Œuvre du Vœu national continuera

1. Selon sa notice dans Jean Maitron, *Dictionnaire*..., 1970 : Benjamin Le Moussu a été commissaire aux délégations judiciaires de la Commune. À Londres, il travaille quelques temps avec Karl Marx puis rompt avec ce dernier qui écrit à son sujet en 1874 : « Les quelques Français [...] se sont pour la plupart révélés ensuite fripouilles, notamment M. Le Moussu, qui m'a filouté, ainsi que d'autres, pas mal d'argent et a ensuite cherché par d'infâmes calomnies à se blanchir en belle âme méconnue. » Friedrich Engels n'est pas plus tendre : « Celui qui s'est comporté le moins proprement est Le Moussu, qui s'est révélé escroc. » On ne connaît pas le point de vue de l'intéressé. Le P. Lecanuet, *L'Église*..., 1907, t. I, p. 100 et Victor Ducast, *Le Père Planchat*..., 1962, p. 186 ne sont pas plus tendres pour lui.

2. *HSC*, t. I, p. 16. Après avoir publié en 1890 ses *Souvenirs de 1870-1871*, Fleury reçut quelques renseignements complémentaires. Parmi ceux-ci, une lettre de Cyrille de Mont de Benque qui lui fait part de ce souvenir et une lettre du frère Marie-Antoine dont une copie est aux ASCM. Ce frère qui assure à l'époque le service de la sacristie de Notre-Dame des Victoires s'est trouvé pris dans la séquestration de 1871.

3. L'église Notre-Dame-des-Victoires ne s'en sortit pas à si bon compte : elle fut pillée... À Montmartre, le délégué Le Moussu ferma l'église Saint-Pierre « attendu que les prêtres sont des bandits et que les repaires où ils ont assassiné moralement les masses [...] sont les églises » (voir Jacques Rougerie, « 1871 » dans *Le Mouvement social*, n°79, avril 1972, p. 57). L'église de Montmartre servit aussi d'atelier de confection de vêtements et de dépôts de munitions ; la chapelle de la rue Antoinette, de prison (P. Hillairet, *Dictionnaire*..., 1957).

4. Sur ce point, voir aussi Allemane, *Mémoires*, 1906, p. 87-88 et Jacques Rougerie, *Le procès*..., 1978 (l'attitude de la Commune par rapport aux organisations non gouvernementales).

de se répandre à travers Paris, même en ces temps troublés du printemps 1871. Le Vœu au Cœur de Jésus n'a pas déchaîné les foudres de Benjamin Le Moussu. Il n'en sera pas de même de partisans ultérieurs de la Commune.

Karl Marx dans ses écrits ne parle pas du Vœu de Legentil, semble-t-il; on relève cependant dans *La guerre civile en France* (1871) deux ou trois remarques qui peuvent servir à cerner la question qui nous retient. Les sections parisiennes de l'Internationale manifestent un patriotisme qui irrite Engels; lequel écrit:

> « Ces hommes [...veulent] que les Allemands quittent immédiatement le sol sacré de la France, sinon : *guerre à outrance*. Ils continuent à s'imaginer comme autrefois que la France est supérieure, que son sol a été sanctifié par 1793 » [1].

Ce patriotisme des communards est bien connu[2]; il explique leurs réactions à l'égard d'une paix qu'ils jugent hâtivement conclue et proche à leurs yeux du défaitisme. D'autant que les vaincus de 1870 se retournent contre eux, notamment, « les Chouans de Charette et les Vendéens de Cathelineau » souvent mentionnés dans l'œuvre de Marx[3]. À quoi s'ajoute, on le sait, l'irritation causée par ces prières publiques du dimanche 28 mai, jour de la Pentecôte, auxquelles Marx fait allusion à la fin de son adresse du 30 mai devant le conseil général de l'Association internationale des Travailleurs:

> « Le Paris ouvrier, avec sa Commune, sera célébré à jamais comme le glorieux fourrier d'une société nouvelle. Le souvenir de ses martyrs est conservé pieusement dans le cœur de la classe ouvrière. Ses exterminateurs, l'histoire les a déjà cloués à un pilori éternel, et toutes les prières de leurs prêtres n'arriveront pas à les racheter » [4].

L'athéisme proclamé par la Commune de Paris s'oppose donc farouchement à la religion liée elle-même à la défaite des Fédérés parisiens. Que sait-on exactement des dispositions des promoteurs du Vœu national par rapport à ce drame? Leur correspondance dans ce temps-là s'est raréfiée par suite de regroupements familiaux à Poitiers au printemps 1871. Cependant, comme pour beaucoup d'autres Français, pour la grande majorité sinon la quasi-totalité[5], c'est l'épouvante. Il n'est question que des «folies», des «crimes», des « malheurs de Paris ». La capitale par la Commune est sous l'emprise «de la canaille»[6]. Pour Legentil, le 24 avril 1871:

1. Lettre de Engels à Marx en date du 7 septembre 1870 cité par l'éditeur en Karl Marx, *La guerre...*, 1871, p. 11.
2. Pour Allemane par exemple, voir Madeleine Rébérioux, « Roman... » dans *Mouvement...*, 1972, p. 289; pour Jules Vallès, voir Claude Jacqueline, « Le patriotisme de... » dans *La Commune*, n°3, 1976, p. 53-67.
3. Karl Marx, *La guerre...*, 1871, p. 105, 108, 182, 262.
4. Karl Marx, *La guerre...*, 1871, p. 63.
5. François Furet, *La Révolution*, 1988, p. 488-489.
6. Lettres de Mme Aguillon du 23 mars 1871 à Paule Marcotte, de Legentil du 25 et du 26 mars à Baudon, de Legentil du 17 avril à Joseph Marcotte. ASCM et familiales.

« Paris s'enfonce de plus en plus dans la fange la plus immonde. J'ai eu l'autre jour une série de renseignements sur ceux qui s'y trouvent. Je ne crois pas qu'il y en ait un sur dix qui n'ait encouru le bagne, non pour des délits politiques, mais comme un vulgaire malfaiteur. Les terroristes de 93 étaient plus cruels peut-être mais, comme probité et comme dignité, c'étaient des petits saints à côté de ces gens-là. Malgré la persécution religieuse, les œuvres de nos conférences continuent »[1].

Il est curieux de voir qu'au moins en ce qui concerne Benjamin Le Moussu, cet homme si peu recommandable, Karl Marx et Alexandre Legentil sont en quelque sorte d'accord[2] ! Ne le jugent-ils pas tous les deux, au-delà d'une certaine morale « bourgeoise », au nom d'un sens moral qui selon eux devrait être universel ? Quoi qu'il en soit, depuis vingt ans Legentil ce grand négociant retiré des affaires et qui se consacre tout entier au « patronage » Saint-Charles, essaie d'améliorer les difficiles rapports des apprentis-ouvriers et des patrons, d'y apporter un remède de par une action matérielle, culturelle et religieuse, sans vouloir autant se substituer aux uns et aux autres. Pour lui, les « classes laborieuses » ne sont pas des « classes dangereuses » (Louis Chevalier, 1978), on le verra encore, dès lors que de mauvais maîtres penseurs ne leur inculquent pas de mauvais systèmes, ce sont des « classes généreuses » qui peuvent découvrir le bien ni plus ni moins que les autres. Il écrit le 14 mai 1871 : « En ce moment, la bourgeoisie parisienne est punie du mal qu'elle a laissé faire », en n'assumant pas sa mission de responsabilité sociale. Finalement, malgré ce « navrant triomphe »[3], devant la tâche à accomplir pour guérir la France blessée depuis si longtemps, il fallait plus que jamais demander à Dieu le salut de la bourgeoisie et du peuple, il fallait selon Legentil que tous les Français promettent au Cœur du Christ une église en signe de conversion. Le Vœu auquel un instant avait été attachée la libération de Mgr Darboy (chap. 3) est plus que jamais d'actualité.

## B. Le Vœu national et la Commune en 1872

Mgr Guibert va insuffler à l'Œuvre du Vœu national un ton de grande modération qu'elle n'aurait peut-être pas eu à ce point sans lui, un peu comme Pie IX a réussi à exercer son influence sur le texte du Vœu en en faisant

1. Lettre de Legentil du 24 avril à J. Marcotte. Arch. fam.

2. Sur le sort de Notre-Dame des Victoires qui doit incomber à Benjamin Le Moussu, A. Legentil écrit le 22 mai 1871 à Joseph Marcotte sur le témoignage d'un confrère parisien : « Les raffinements d'ignoble impiété, les orgies dégoûtantes dont cette église a été le théâtre soulèvent le cœur ».

3. Lettre de Marie Legentil en date du 28 mai 1871 à Joseph Marcotte. ASCM. Il faudrait aussi citer ses réflexions sur M. Thiers et ses sentiments peu chrétiens, sur la quasi-impossibilité de maîtriser la violence déchaînée des soldats.

retirer la polémique antiprussienne. Il est vrai que les options des messieurs de la Société Saint-Vincent de Paul s'harmonisaient assez bien avec celles de l'archevêque de Paris, mais Mgr Guibert paraît être allé ici plus loin. On ne lit pas, semble-t-il, sous sa plume le mot de « Commune ». Son Œuvre des orphelins ouverte aux enfants des morts des deux côtés montre une volonté d'apaisement qui déplaît à Thiers[1]. En cette année de procès des communards et d'interdiction de l'Internationale, les sentiments étaient toujours à vif. Il ne faut certes pas se fier entièrement aux partisans de la Commune, mais comment ne pas relever la sévérité reprochée plus tard à certains magistrats catholiques (un Merveilleux du Vignaux, un Batbie), à certains témoins comme un Albert de Mun, tous personnages intimement liés au Vœu national. Ainsi le comte de Mun, même lui, est-il pris à partie par Louis Fiaux qui lui reproche sa façon de témoigner sur les événements de la Commune dans l'*Enquête sur le 18 mars 1871* ouverte officiellement en 1872[2].

> « De ces dépositions nombreuses quelques-unes, comme celles de MM. Vinoy, de Mun, Garcin, etc., sont d'une lecture douloureuse parce qu'elles indiquent une mentalité entièrement réfractaire aux principes démocratiques, sur lesquels reposent nos institutions nationales, surtout parce que les graves enseignements qui ressortent de la révolution de 1870-1871 ne paraissent point avoir été compris »[3].

Dans ces conditions, il faut souligner la juste et volontaire discrétion des membres du Vœu national sur tous ces événements, juste un an après le drame, lors du lancement à Notre-Dame de Paris. On trouve seulement dans le rapport de Legentil aux Comités catholiques de 1872 cette allusion :

> « Quand les crimes de la Commune eurent donné à la ville de Paris de nouveaux forfaits à expier... »[4]

et dans la plaquette souvenir du discours l'illustration de chez Letaille décrite au chap. 21 : la France faisant pénitence pour ses crimes y compris les derniers en date, Paris étant plus que jamais identifié à la France.

Dans ces conditions également, le choix du lieu de l'ex-voto national propitiatoire et expiatoire dans un Paris ensanglanté n'est lié ni à la mort des deux généraux, ni à celle de quarante-huit communards à Montmartre. La maison de la veuve Scribe, au 6, rue des Rosiers, de l'autre côté de la rue par rapport au champ des Polonais (terrain au chevet de Saint-Pierre où se trouvaient les canons) et qui était louée par l'administration pour en faire un corps

1. *HSC*, t. II, p. 365-368.
2. Voir Louis Fiaux, *Histoire de la guerre civile de 1871*, 1879. Cet ouvrage est dédié à Victor Hugo.
3. L. Fiaux, *Histoire...*, 1879, p. 626.
4. Alexandre Legentil, *Rapport...*, 1872, p. 9.

de garde, cette maison où eurent lieu les exécutions[1] n'était nullement guignée, on l'a vu, par Mgr Guibert et ses collaborateurs (voir chap. 8), même si les événements du 18 mars et de la semaine sanglante leur étaient plus ou moins connus.

## C. Le rapporteur désavoué et la Commune (1873)

Si le P. Monsabré, le prédicateur de Notre-Dame très apprécié de Mgr Guibert et des promoteurs laïcs, évoque avec force la Commune de Paris dans son carême de 1873, il n'établit aucun lien avec le Sacré-Cœur[2]. À la différence d'un Emile Keller, rapporteur de la commission de l'Assemblée nationale ou d'un de Cazenoves de Pradines. Le premier entre bien d'autres considérations s'écrie:

> « Est-elle d'utilité publique l'église que l'archevêque de Paris propose d'élever sur ces hauteurs arrosées par le sang des premiers martyrs, qui, avec la foi, nous ont apporté la liberté et la civilisation, et de ces martyrs d'hier qui sont morts pour défendre et pour sauver la société chrétienne ? Est-il d'utilité publique d'effacer, par cette œuvre d'expiation, les crimes qui ont mis le comble à nos douleurs »[3] ?

Au vrai, le rapporteur de la loi d'utilité publique du Sacré-Cœur qui sera désavoué par l'archevêque et qui démissionnera même de cette fonction, force la note, même s'il entre au comité du Vœu national quatre ans après et s'il figure finalement sur la mosaïque quarante ans après. La qualification de martyrs pour les généraux Lecomte et Clément-Thomas est osée sinon théologiquement fausse. Le rapprochement entre le Sacré-Cœur et eux par la seule vertu de la coïncidence des lieux ne saurait renseigner sur les motivations de Mgr Guibert, ni sur la signification du Sacré-Cœur. L'interprétation de cette rencontre topographique révèle au contraire, et cela seulement, les options toutes personnelles de son auteur et sa science des effets oratoires pour emporter les votes. En tout cas, c'est, semble-t-il, la première mention en date de cette fameuse coïncidence; elle sera, on s'en doute, suivie de beaucoup

1. Louis Fiaux, *Histoire...*, 1879, p. 502. François Furet, *La Révolution...*, 1988, p. 486-487. Les gravures (p. 484 et 485) donnent l'état des lieux. Une célèbre carte postale de G. C. Appert représente l'exécution des deux généraux: c'est évidemment un photomontage appartenant à une collection du même genre (voir illustrations). On a élevé aux deux généraux un monument sur leur tombe au Père-Lachaise et non à Montmartre. L'architecte Ernest Coquart est un des membres élus du jury du Sacré-Cœur (Claude Laroche, *Abadie*, 1988, « Concours », n. 59).

2. 3e conférence de l'ensemble de ses conférences et 3e du carême 1873, cité dans *DTC*, « Monsabré », col. 2327.

3. *JO* du 16 juillet 1873, p. 4757, col. 1.

d'autres. Quant à la seconde question du rapporteur, reconnaissons qu'elle est cette fois encore formulée de façon trop restrictive : globalement, le Sacré-Cœur est construit en expiation des crimes de la France, de tous les crimes qu'elle a commis, parmi lesquels prennent place, bien sûr, ceux de la Commune.

Quant à Cazenoves de Pradines non sans émotion il redit les mêmes propos que Keller mais en insistant sur l'avenir :

> « L'église de Montmartre ne sera pas seulement une protestation éclatante contre les crimes de la Commune, [...], elle sera aussi, [...], elle sera surtout un signe de paix et de concorde [...] élevé à la place même qui fut l'un des plus sanglants champs de bataille de nos guerres civiles »[1].

Cet accent mis sur la réconciliation grâce à la foi dans le Christ exprime vraiment l'espoir des catholiques : le Sacré-Cœur à leurs yeux en devrait être le signe.

## D. Legentil face à l'Internationale (1874)

L'abbé Bougaud, vicaire général de Mgr Dupanloup, n'est pas un homme qui souffle sur le feu. Ayant à écrire en 1874, l'histoire de la bienheureuse Marguerite-Marie, il s'attache à montrer que le Vœu national répond providentiellement, à deux siècles de distance, aux propres démarches de la religieuse mystique. Dès lors l'emplacement de l'ex-voto national lui paraît s'être imposé surtout pour des raisons religieuses et historiques : Denis, Eugène III, Ignace de Loyola, les saints du XVIIe siècle s'y sont succédés. « Montmartre est le lieu saint de Paris », écrit-il[2]. Les événements de la Commune ne sont pour rien dans le choix. C'est une argumentation qui dans sa sobriété correspond bien à la pensée de Mgr Guibert.

En revanche, cette année-là, Alexandre Legentil présente l'histoire du lieu d'une façon plus personnelle et plus émue :

> « Les portes de l'enfer ne prévaudront pas plus à Paris qu'à Rome, et la main toute puissante qui garde encore l'enceinte sacrée du Vatican, gardera aussi le sanctuaire de Montmartre que la divine Providence paraît avoir réservé depuis tant de siècles. Un évêque martyr, envoyé par le Saint-Siège, l'a marqué de son sang[3] ; un souverain

1. *JO* du 25 juillet 1873, p. 5014, col. 3. Jean Braire, *Sur les traces des Communards*, 1988, p. 172, ne retient que la première partie de la phrase. N'est-ce pas dommage ?

2. Abbé Bougaud, *Histoire...*, 1874, p. 439.

3. On lit en note : « *S. Denis. Hic a summo Praesule, Directus in Galliam, Non gentis incredulae Veretur insaniam...* » (Prose de la fête de S. Denis.)

pontife exilé [1], recevant l'hospitalité de la France, a consacré sur cette colline un premier sanctuaire. Une des plus grandes fondations de l'Église catholique, la compagnie de Jésus, a pris naissance sur ce sol béni ; saint Vincent de Paul a vécu et est mort à son ombre ; les révolutions ne nous l'arracheront pas. »

Pour A. Legentil, l'église du Vœu national se dresse avant tout sur un lieu historique : il ne fait toujours pas d'allusion à la Commune [2]. Cependant, dans le même discours, sa réflexion sociale prend de l'ampleur. À l'occasion de la demande d'une chapelle par les Cercles catholiques d'ouvriers, il écrit :

> « L'invocation de Jésus-Ouvrier est une noble protestation contre l'impiété furibonde dans laquelle une trop grande partie de la classe ouvrière se plonge et contre l'association impie et vraiment infernale qui, dans presque toute l'Europe, en fait son esclave et sa victime » [3].

Pour cet homme si adonné au service des apprentis et des ouvriers, l'action de l'Internationale, puisque manifestement il s'agit d'elle, l'accable et le scandalise. Il devine et dénonce l'utopie des systèmes qui semblent prendre le contrôle des ouvriers [4]. Le Sacré-Cœur est, sur le plan religieux de la prière réparatrice, parallèle à l'œuvre d'Albert de Mun, parallèle aux œuvres de la Société Saint-Vincent de Paul, parallèle à tous les efforts des catholiques sociaux. L'expiation des péchés de la France comme nation inclut les péchés de la « bourgeoisie » et de la « classe ouvrière ». Et le problème social prend même une dimension européenne, comme le prouve la démarche des Polonais de Paris qui veulent contribuer à la construction du Sacré-Cœur afin de faire « pénitence pour les Polonais qui ont pris part à la Commune » [5]. Somme toute, dans les objectifs premiers de la construction du Sacré-Cœur, le salut de la France et la liberté du pape, il faut inclure aussi le salut de la bourgeoisie et de la classe ouvrière.

## E. La pose de la première pierre et la Commune (1875)

Les choses semblent changer vers 1875, quand, après les achats de terrains pour la basilique, la pose de la première pierre est en vue. Dans le *Bulletin du Vœu national*, on peut lire :

1. On lit en note : Eugène III.
2. A. Legentil, *Rapport sur le Vœu national*, le 8 avril 1874, aux Comités catholiques. *BVN*, 1874, p. 173 et 176.
3. A. Legentil, *Rapport*..., 1874, p. 172.
4. Marie Legentil écrivait le 28 mai 1871 à Joseph Marcotte : « Cette insurrection ne peut plus s'appeler une émeute. C'était bel et bien le socialisme dans toute sa hideur et ses infernaux systèmes ». ASCM.
5. *BVN*, 1874, p. 206.

« Nous avons rencontré un propriétaire, madame veuve Scribe, avec qui nous avons pu traiter de gré à gré. Madame Scribe a cédé à Son Em. Mgr le cardinal-archevêque de Paris un terrain dont la contenance est de 1545 $m^2$, et couvert de constructions d'une certaine importance, occupées actuellement par une caserne que le ministre de la guerre abandonnera le 15 avril 1875. Le 16, les travaux de démolition commenceront. Par une coïncidence remarquable, ce premier terrain acquis pour le monument d'expiation qu'érige la France repentante est précisément celui sur lequel ont été assassinés, le 18 mars 1871, les généraux Lecomte et Clément-Thomas » [1].

Grâce à la bonne volonté de Mme Scribe, les promoteurs du Vœu rapprochent ainsi le premier fait sanglant de la Commune, le premier terrain acquis par l'Œuvre et la pose de la première pierre. Ce texte trahit une tournure de pensée propre à certains protagonistes du Vœu national : une interprétation de l'histoire et de la géographie qui leur permet de voir le « doigt de Dieu » dans leur œuvre ; en quoi de telles considérations se révèlent plus liées aux motivations de la souscription qu'à celles du choix premier du lieu ! Le compte rendu de la cérémonie de la pose de la première pierre est de la même veine. Après avoir rapproché la date du 16 juin 1875 de celle du 16 juin 1675 (et non juin 1689, ce sera pour 1889 !), une date choisie d'ailleurs intentionnellement par le Saint-Siège (voir chap. 11), et du 16 juin 1846 qui marque – « quelle coïncidence ! » – l'avènement de Pie IX, le chroniqueur voit le signe de Dieu dans l'emplacement choisi. Montmartre à ses yeux n'évoque pas seulement le martyre de saint Denis, la prédication de saint Bernard, la venue d'Ignace et de Vincent de Paul :

« Montmartre, après avoir été la colline sainte, était devenu, ce semble, le lieu choisi de Satan où s'accomplit le premier acte de l'horrible saturnale qui devait causer tant de ruines et donner à l'Église, – en plein christianisme, en France ! – de si glorieux martyrs. Oui, c'est là où la Commune a commencé, là où ont été assassinés les généraux Clément-Thomas et Lecomte, que s'élèvera l'église du Sacré-Cœur ! Malgré nous, cette pensée ne pouvait nous quitter pendant la cérémonie dont on vient de lire les détails. Nous nous rappelions cette butte garnie de canons, sillonnée par des énergumènes avinés [2], habitée par une population qui paraissait hostile à toute idée religieuse et que la haine de l'Église semblait surtout animer ; et en voyant le recueillement profond avec lequel s'accomplissait cette pose de la première pierre de l'église du Sacré-Cœur, le respect qui avait accueilli aussi bien à l'aller qu'au retour ces prélats, ce clergé, tous ces nombreux chrétiens venus là pour redire à Dieu le repentir de la France, nous adorions Dieu qui sait si bien confondre les méchants, anéantir leurs desseins et placer un berceau là où ils ont creusé une tombe » [3].

1. *BVN*, 1875, p. 397. *HSC*, t. I, p. 219. Il serait intéressant de savoir de qui est ce récit. Rohault de Fleury ? Legentil ?
2. Le thème de l'ivrognerie des communards est très répandu. On l'a déjà trouvé sous la plume d'Emile Zola (chap. 24). Discréditer l'adversaire est un trait commun aux hostilités de tous les temps !
3. *BVN*, 1875, p. 545 ; *HSC*, t. I, p. 264.

L'association de l'emplacement de la basilique aux événements de mars 1871 (mais non à ceux de la Semaine sanglante, remarquons-le) est dès lors présente dans l'esprit de bien des gens. Ainsi tel marbrier de Sablé qui offre un bloc de marbre pour être la « première pierre » le fait savoir en ces termes au curé de la paroisse sur laquelle se trouve la carrière concernée :

> « Le jour où une assemblée française vota la construction d'une église du vœu national dédiée au Sacré Cœur, église qui serait érigée à Paris, sur les hauteurs de Montmartre, au lieu même de l'assassinat des généraux égorgés par la Commune et sur l'emplacement des dernières batteries des canons arrachés à l'insurrection, tous ceux qui aiment la religion et leur pays furent pleins de joie et d'espoir » [1].

Il faut reconnaître qu'un tel texte fait contraste avec ceux, infiniment plus nuancés, auxquels nous ont habitué les promoteurs laïcs ou ecclésiastiques du Vœu. Alors que Mgr Guibert dans son mandement pour la célébration de la pose de la première pierre et dans son homélie ne fait aucune allusion à la Commune, Alexandre Legentil continue de développer le lien de l'Œuvre avec les « crimes » de Paris et de la France, mais d'une façon générale :

> « La foi et la charité chrétiennes ont laissé leurs racines dans [Paris] si souvent bouleversé. Le sang y a coulé comme de l'eau ; la mort et l'incendie s'y sont promenés. L'enfer y a tenu ses grands jours. Et cependant la vie catholique y est encore, prête à refleurir au jour fixé par le Seigneur. Aussi, Messieurs, le Vœu national au Sacré Cœur devait-il être acquitté à Paris. Nulle part il n'y avait de plus grands crimes à expier, de plus grands dangers à conjurer » [2].

L'intention expiatrice ou réparatrice, -non pas au sens de faire expier les autres, mais d'aimer Dieu pour et à la place des autres, fut-ce à travers une démarche pénible–, est présente dans l'Œuvre du Vœu national ; elle en est même constitutive. Les « crimes » de la Commune prennent ainsi place dans les péchés de la France et de Paris qu'il faut expier. Mais jamais le lien entre le choix du lieu et le 18 mars (*a fortiori* avec la Semaine sanglante) n'est précisé avec insistance.

Même, dans un mandement assez emporté de Mgr Hugonin, évêque de Bayeux et Lisieux (voir chap. 3), qui invite les fidèles à souscrire au Vœu national, la coïncidence des lieux entre Montmartre, la Commune et le Sacré-Cœur n'est pas expressément soulignée. Après s'être refusé à retracer le tableau des horreurs commises par la Commune, le prélat dit son admiration pour un Mgr Guibert qui remet son diocèse en ordre de marche et désire qu'il soit fait une amende honorable de toutes les récentes abominations.

1. Voir Frères Landeau, *Lettre*..., 1876.
2. A. Legentil, « Rapport aux Comités catholiques de France réunis en congrès à Poitiers, sous la présidence de S. G. Mgr Pie » dans *BVN*, 1875, p. 653.

« Oui, N.T.C.F., l'église du Sacré-Cœur, dominant la capitale, des hauteurs de Montmartre, sera une protestation permanente contre les doctrines impies et les actes barbares de la Commune de Paris. Elle redira à toutes les générations futures que tous les diocèses de France, en apportant leur pierre à cet édifice, ont hautement réprouvé les enseignements et les actions de ces hommes qui avaient eu le triste courage de lever l'étendard de la guerre civile, en présence de l'ennemi, et d'exploiter nos désastres pour assurer le triomphe de leur secte » [1].

Certes Mgr Hugonin ne peut d'empêcher de fustiger l'Internationale qu'il voit sans cesse à l'œuvre et s'il admire Mgr Guibert, il ne sait pas en imiter la discrétion. Il reste un témoin parfait de cette occultation passagère des désordres commis par la France avant la Commune. Celle-ci obscurcit l'horizon en attendant qu'avec les années, les choses reprennent leur juste place.

## F. A l'ouverture de la chapelle provisoire (1876)

Les références aux événements du 18 mars 1871 se multiplient lorsque la chapelle provisoire s'ouvre le 3 mars 1876, surtout par le jeu des premières prédications, mais aussi des visites sur la butte. Bien plus, un nouveau rapprochement entre le Vœu national et la Commune va être fait à partir de la décision d'ouvrir le chantier le 26 mai 1876, parce que la date coïncide avec le cinquième anniversaire de l'exécution des otages. Enfin, c'est le temps des premières histoires de la Commune et du Vœu national.

### *1. Coïncidence géographique*

Le P. Rey se souvient :

« Dans la rue des Rosiers, non encore débaptisée, on montrait les planches rougies de sang contre lesquelles le général Clément-Thomas avait été appuyé et les traces de balles qui l'avaient frappé » [2].

Un visiteur de marque et admirateur enthousiaste du nouveau sanctuaire est le romancier Paul Féval, au point, on l'a vu (chap. 15), qu'il finira par venir habiter sur le versant nord de la butte. Auparavant, il vient en pèlerinage le 19 mars 1876 :

1. *BVN*, 1875, p. 398. Repris en partie dans *HSC*, t. I, p. 220.
2. Cité sans référence par l'abbé Derumaux, « Origines... », 1953, n° 203, p. 23.

« Comme j'arrivais au sommet de la butte, on m'a montré le champ sinistre où fut commis le premier assassinat de la Commune. Que la paix soit avec ces amants de la Révolution, victimes foudroyées par leur idole » [1].

Les processions, faites évidemment pour des raisons de place à l'extérieur de la chapelle provisoire qui était assez petite, ne pouvaient, en empruntant la rue des Rosiers-de la Fontenelle, que passer « près des murs témoins des scènes du 18 mars 1871 » [2] pour aller sur le chantier au chevet de Saint-Pierre et rejoindre finalement la chapelle. Mais il n'est jamais fait mention d'une quelconque halte-prière à l'endroit en question, ce qui est révélateur du caractère simplement historique de la référence. Les prédicateurs n'en font d'ailleurs pas le même usage, à en juger par ce que rapporte le *Bulletin* de leurs propos. Cela va de l'absence de mention dans la prédication du P. Soullier, supérieur général des Oblats, le 18 mars 1876 à l'affirmation péremptoire de Mgr Ravinet que les causes du Vœu national sont les crimes de la Commune [3], du récit de la mort du général Lecomte par le P. du Lac aux élèves de Sainte-Geneviève, futurs officiers pour la plupart [4], à l'évocation de l'abbé Deguerry, un des otages, par l'abbé Le Rebours, son successeur comme curé de la Madeleine [5]. On voit bien combien chacun exploite la coïncidence géographique selon ses inclinations ou son auditoire.

## *2. Coïncidence chronologique*

Toujours dans le cadre de l'année 1876, une autre coïncidence est relevée, chronologique celle-là, et promise à une moindre fortune, mais non moins révélatrice de la façon dont on envisage alors les rapports du Sacré-Cœur et de la Commune. On trouve en effet, çà et là, l'affirmation selon laquelle Mgr Guibert a voulu marquer le cinquième anniversaire des événements de la dernière semaine de la Commune par la décision d'ouvrir le chantier [6]. Il y a là

1. *BVN*, 1876, p. 157.
2. *BVN*, 1876, p. 74.
3. Mgr Ravinet, ancien évêque de Troyes depuis 1875, est classé par J. Gadille parmi les évêques « conciliants » de la tendance de Mgr Dupanloup mais faisant malgré tout partie de la majorité au Concile. En 1874, il avait défrayé la chronique en refusant une messe solennelle anniversaire pour Napoléon III décédé en 1873. Jacques Gadille, *La pensée*..., 1967, t. I, p. 307, n. 3. La basilique possède sa crosse épiscopale (RP 85 SCM 656 X ; Thierry, orfèvre). .
4. Jeune et brillant recteur de l'école de la rue des Postes de 1871 à 1881, conseiller spirituel pendant trente-cinq ans d'Albert de Mun, animateur d'œuvres pour les ouvriers et les ouvrières (Paul Duclos, *Dictionnaire*..., 1985).
5. À cette occasion et avant de souscrire une chapelle, la paroisse de La Madeleine donne un chemin de croix et l'abbé Le Rebours dit à propos des otages : « En offrant chaque jour des actes d'expiation et de réparation, la chapelle provisoire ne pourra pas oublier les victimes d'un des plus odieux et des plus sacrilèges attentats ». Respectivement, *BVN*, 1876, p. 73 (le 18 mars), p. 74 (le 19 mars), p. 78 (le 2 avril) et p. 111 (le 4 avril).
6. François Loyer, « Une basilique... », p. 192 dans Claude Laroche, *Paul Abadie*..., 1988.

une façon d'interpréter les événements qui risque d'être mal comprise si on ne la jalonne pas de repères précis. Reprenons le fil chronologique des événements en fonction des textes existants.

Le 26 avril 1876, le comité de l'Œuvre du Vœu national se réunit sous la présidence d'Adolphe Baudon. Le P. Rey, supérieur de la chapelle provisoire, est présent. Il est question de la souscription et de la vie du nouveau sanctuaire qui vient d'ouvrir. Quinze jours plus tard, le 10 mai 1876, la commission des Ingénieurs et le bureau du Comité se réunissent en présence de Mgr Guibert. Le P. Rey est absent. Cette instance examine le nouveau projet des fondations. Souvenons-nous que les propositions bouleversent le devis. Les avis des experts sont tels que l'affaire est à prendre ou à laisser. Mgr Guibert les remercie, mais ne peut se décider qu'après avoir entendu le Comité tout entier. À nouveau quinze jours passent et le comité de l'Œuvre du Vœu national se réunit le 24 mai 1876 à 3 heures, sous la présidence d'Adolphe Baudon, avec en plus le P. Rey et Paul Abadie. Après la lecture du procès-verbal de la séance spéciale du 10 mai, le Comité déclare accepter le nouveau plan des fondations, et décide qu'il sera présenté, après la séance, à l'approbation de Son Éminence. La séance est levée à 5 heures après la prière. Mgr Guibert reçoit le bureau, le P. Rey et l'architecte. Il adopte toutes les propositions. Les travaux peuvent commencer. Arrêtons-là la lecture des procès-verbaux[1] et consultons le *Bulletin* du 10 juin.

Le 24 mai 1876, « dans la chapelle de l'expiation », l'abbé Cathelin, curé de Saint-Philippe du Roule, achève un sermon sur l'Évangile, l'Eucharistie et la Croix par une évocation de Mgr Darboy « priant dans le ciel pour la ville et la patrie coupables ». Ce même jour, le chroniqueur rend compte de la décision de Mgr Guibert d'ouvrir le chantier et conclut :

> « C'est le propre de Dieu d'établir ces coïncidences, qui souvent éclairent l'histoire et en fixent les enseignements. Jour pour jour, heure pour heure, cinq ans après le plus monstrueux et le plus sacrilège attentat de la Commune, le successeur de la victime signe le projet qui donnera bientôt satisfaction à la piété catholique et au Vœu national. C'est encore en ce même jour placé sous la protection de Notre-Dame Auxiliatrice, qu'ont eu lieu les premières inscriptions de la confrérie du Vœu national. On peut ne pas donner de l'importance à ces coïncidences de dates et de jour, mais ce n'est point notre manière de voir, ni celle de la véritable piété »[2].

Le chroniqueur (le P. Rey ? le P. Yenveux ?) ne considère ici que la séance officielle, l'acte formel du 24 mai. Les choses étaient pourtant claires depuis le 10 mai. Qu'importe ! La coïncidence est trop belle. L'Œuvre du Vœu

1. Voir *PV*, cahier II, du 17 mars 1875 au 10 mars 1880. ASCM.
2. *BVN*, 1876, p. 161-162.

national est une œuvre de Dieu dans l'histoire. Au témoignage de l'archevêque détruit par la haine répond celui de l'archevêque construisant une œuvre de salut pour tous [1].

### 3. *Les premières histoires*

En 1876, paraît une des premières histoires de la Commune: celle de P. O. Lissagaray. Les exécutions sommaires du dimanche 28 mai à Montmartre y sont racontées, celle, entre autres, d'Eugène Varlin, ce relieur, membre de la Commune et l'un des fondateurs de la Première Internationale, qui avait tenté de sauver la vie des otages, rue Haxo. Il est arrêté rue Lafayette à hauteur de la rue Cadet [2], conduit au 6, rue des Rosiers et fusillé.

> « Le mont des Martyrs n'en a pas de plus glorieux. Qu'il soit, lui aussi, enseveli dans le grand cœur de la classe ouvrière [...]. Il fut aux barricades jusqu'au bout. Ce mort-là est tout aux ouvriers ».

Cette mort sera souvent évoquée dans la tradition ouvrière mais, chose curieuse, pas plus en 1876 qu'en 1934 dans une biographie de Varlin), il n'est fait, à juste titre d'ailleurs, allusion au Sacré-Cœur [3]. Il n'en est pas de même en 1878, année où Paul Féval publie un ouvrage de propagande au profit de l'Œuvre, *Le Denier du Sacré-Cœur*. Il y retrace les principales étapes du Vœu national et rapporte une conversation qui aurait eu lieu juste après le vote de juillet 1873 entre Raymond Brucker (Jean), un frère de la Doctrine chrétienne et lui-même, au sommet de la butte. Il écrit:

> « Il se trouvait que l'église du Vœu national allait précisément remplacer les fortifications improvisées par la révolte. À ces hauteurs d'où l'insurrection faisait pleuvoir naguère le fer et le feu sur la capitale de la France [4], l'homme de Dieu, le pasteur héritier de tant de martyrs avait reçu mission de planter le drapeau d'éternelle paix » [5].

1. Un an plus tard, le P. Rey présente le rapport annuel du Vœu national aux Comités catholiques en présence de Mgr Guibert qui préside la séance. Il revient et insiste sur l'année précédente, « [Finalement] Votre Éminence a signé l'ordre de commencer le projet de fondation. C'était le 24 mai 1876, à six heures du soir, à la même heure où, cinq ans auparavant, la Commune signait le premier décret des otages qui condamnait à mort Mgr Darboy » (*BVN*, 1877, p. 641). Le P. Yenveux en BVN, 1896, p. 370 célèbre seulement le 24 mai 1896 le XX$^{e}$ anniversaire du 24 mai 1876.

2. Maurice Foulon, *Eugène*..., 1934, p. 239 et l'article « Varlin » de *EU* donne un détail qui mériterait d'être précisé: le lieutenant Sicre dit que Varlin lui fut dénoncé dans la rue par « un prêtre en bourgeois ». S'il était en bourgeois comment le reconnut-il? D'où provient cette information?

3. Louis Fiaux, *Histoire*..., 1879, p. 562, ne fait pas non plus allusion au Sacré-Cœur. Maurice Foulon, *Eugène*..., 1934. Madeleine Rébérioux, « Roman... » dans le *Mouvement*..., 1972, p. 282. Lissagaray est cité par P. Vallin, « Le Sacré-Cœur... » dans *Christus*, 1989, p. 362 auquel on se reportera pour l'analyse du symbole du « cœur », celui de la classe ouvrière et celui du Christ.

4. Ceci est aussi une rumeur non fondée.

5. Paul Féval, Le *Denier*..., 1878, p. VIII.

La plaquette de Paul Féval aura beaucoup de succès. Cette présentation dramatique du Vœu, à Montmartre même, fait sans doute écho aux espoirs de Mgr Guibert mais tout porte à croire que le romancier n'a pas fait une enquête sur les circonstances du choix du lieu en 1872 et attire à lui, non sans forcer la note sur la violence inhérente à la Commune, la coïncidence des lieux.

## *II. AU COURS DE L'ÉDIFICATION*

On peut répartir en trois catégories les divers rapprochements qui sont faits pendant la construction de l'ex-voto national (1877-1923) entre le Sacré-Cœur et « l'expiation des crimes de la Commune » : ceux qu'on peut lire au sein des récits des actes fondateurs, ceux qui sont liés à la souscription en dehors du *Bulletin* et ceux que font les opposants au Vœu national.

### A. Les récits des actes fondateurs

La qualité d'aumônier des Cercles catholiques d'ouvriers du P. Alet lui fait établir des liens entre la Commune et cette institution, à défaut du Sacré-Cœur, même si par ailleurs, on le sait, il est un témoin-historien des premières heures de l'entreprise dans laquelle il voit résolument un signe de salut pour tous les Français. Pour lui, la Commune et ses idéaux sont de mauvaises solutions aux problèmes posés par la révolution industrielle. Par ailleurs, dans son ouvrage *La France et le Sacré Cœur* (1889), il ne fait que rapporter la coïncidence des « 24 mai 1871 et 1876 », en s'inspirant manifestement du *Bulletin*[1].

Si le père jésuite n'établit pas (et pour cause !) de lien de cause à effet entre le drame du 18 mars et la construction de la basilique, grande est la tentation. Certains comme les PP. Jonquet et Bony, l'abbé Paguelle de Follenay n'y résistent pas. Ainsi, en 1890, dans son histoire du Vœu national constamment

1. P. Alet, *La France*..., 1889, p. 362. Il faudrait consulter les précédentes éditions pour saisir le moment où cette allusion apparaît pour la première fois sous sa plume.

rééditée jusqu'en 1920, le P. Jonquet cherche-t-il à préciser les raisons du choix de Mgr Guibert. Il n'oublie rien sur le panorama de Paris et les faits de l'histoire, mais dramatise la troisième motivation de l'archevêque, l'intention missionnaire au profit des plus pauvres (chap. 8) :

> « Il préféra le plateau de Montmartre. Montmartre ! le berceau de notre foi, la montagne des Martyrs, le théâtre des grandes inspirations, la montagne chérie de nos saints, et aussi, disons-le, l'Aventin des émeutes populaires ! »

Suit tout un développement de ce dernier aspect où le P. Jonquet arrange sans trop l'avouer le texte de 1875 (voir ci-dessus) dans lequel Alexandre Legentil parlait seulement de Paris en général et non de Montmartre en particulier. Citons entre simples parenthèses les passages empruntés à Legentil ; entre doubles parenthèses ceux de A. Legentil négligés par le P. Jonquet ; le reste est de cet auteur :

> « Oui, c'était à Montmartre que devait s'élever le temple de la réparation nationale ! (La foi et la charité chrétiennes ont laissé leurs racines dans ce terrain si souvent bouleversé. Le sang y a coulé en abondance ; la mort et l'incendie s'y sont promenés.) Les sanctuaires aimés de nos aïeux ont été détruits ou profanés ; (l'enfer y a tenu ses grands jours). ( (Et cependant la vie catholique y est encore, prête à refleurir au jour fixé par le Seigneur. Aussi, Messieurs, le Vœu national au Sacré-Cœur devait-il être acquitté à Paris.) ) (Nulle part il n'y avait de plus grands crimes à expier,) ( (de plus grands dangers à conjurer.) ) (Nulle part une œuvre de ce genre ne pouvait prendre plus d'importance et de vie). Aussi, le Vœu national au Sacré-Cœur devait-il être acquitté à Paris et sur les hauteurs de Montmartre »[1].

De l'élaboration de ce texte se dégage la logique qui anime le P. Jonquet, conforme à la mystique de Montmartre que nous avons déjà évoquée (chap. 23). Puisque l'ex-voto national est de fait à Montmartre, puisque les événements du 18 mars (pour d'autres, ce seront les événements de la Semaine sanglante) ont eu lieu à Montmartre, il fallait qu'il en soit ainsi pour Mgr Guibert et Alexandre Legentil, quitte à expliciter leur pensée et à développer leurs propos.

Le P. Jonquet fait bien sûr état de la coïncidence chronologique en mettant en avant le site de Montmartre. Devant la difficulté des fondations à faire, des « personnes de peu de foi » suggèrent de bâtir ailleurs. Mgr Guibert hésite. Il refuse de quitter « la montagne sainte de Paris, la montagne nationale ». Remarquons que le prélat lui-même n'est pas censé faire allusion aux exécutions des généraux et des communards. Il décide de rester à Montmartre. « L'œuvre était définitivement acceptée [...] Le Sacré-Cœur permit cet acte

1. P. Jonquet, *Montmartre...*, 1890, éd. 1891, p. 177.

d'audacieuse confiance. Il voulait qu'à des crimes énormes la France opposât une réparation proportionnée »[1]. La théologie de la rédemption affleure sous ces considérations: non seulement il est fait mention de l'amour dans l'expiation par la dévotion au Cœur de Jésus mais aussi on souligne fortement la matérialité des sacrifices nécessaires et leur effectuation en ce lieu privilégié de Montmartre.

Dès lors, la reformulation du troisième motif du choix du lieu est fixée. Le P. Bony, biographe d'A. Legentil, résume le P. Jonquet:

> « La France chrétienne choisit Montmartre, parce que Montmartre est la montagne des martyrs [...]. Pourquoi ne pas ajouter encore : parce que Montmartre était devenu le foyer de l'action impie et révolutionnaire ! »[2].

Quant à la coïncidence chronologique, elle est encore davantage interprétée: « L'expiation et la réparation offraient leur premier tribut à l'amour outragé du Sauveur »[3]. De son côté, l'abbé Paguelle de Follenay, le biographe de Mgr Guibert, entre les raisons tirées de l'histoire chrétienne et celles que suggère le site, il s'étend sur ce que représente à ses yeux un Montmartre nouveau et social, le Montmartre de la pauvreté.

> « Les événements venaient de donner une importance toute spéciale à cette préoccupation si naturelle à une âme épiscopale, car la révolution encore récente avait été l'œuvre de ces malheureux, devenus la proie facile de quelques criminels audacieux. C'était sur les hauteurs de Montmartre qu'avait commencé l'insurrection du 18 mars ; c'était là que la révolution communaliste avait révélé pour la première fois ses instincts sanguinaires par le meurtre des généraux Lecomte et Clément-Thomas. Quelle tâche séduisante pour un prêtre dont l'éducation ecclésiastique avait été celle d'un missionnaire, que la conversion de ces foules, à qui la foi seule pouvait rendre supportable le fardeau de la vie ! Or, avant de leur envoyer des apôtres, n'était-il pas dans la logique des œuvres divines, de commencer par la prière et l'expiation, de planter là, sur la forteresse de l'ennemi, comme un étendard d'amour, comme le signe d'une bienheureuse prise de possession, le monument que la France catholique voulait élever en l'honneur du Cœur de Jésus ? »[4].

La mise ainsi en relation de la Commune et du Sacré-Cœur par l'intermédiaire de la question sociale et de l'intention missionnaire mérite de retenir l'attention. Cette analyse est certainement juste quant à l'état d'esprit d'un pasteur et d'un évangélisateur comme voulait l'être Mgr Guibert. Finalement, en 1903, H. de Fleury approuve tous ces travaux sur « son » œuvre

1. P. Jonquet, *Montmartre...*, 1890, éd. 1891, p. 241-242.
2. M. Bony, *Vie...*, 1893, p. 267.
3. M. Bony, *Vie...*, 1893, p. 276
4. Abbé Paguelle de Follenay, *Vie...*, 1896, p. 598.

et cite longuement le P. Jonquet et l'abbé Paguelle de Follenay. Résumant le premier, il énumère les diverses raisons qui ont milité en faveur du choix de Montmartre :

> « L'élévation du lieu qui domine Paris, les souvenirs pieux, le sang versé [les deux généraux ?], l'expiation, l'éloignement relativement faible du centre de la cité, les emplacements considérables ; tout y était » [1].

N'était-ce pas réconfortant et lourd de sens pour H. de Fleury [2] que l'œuvre de sa vie soit mesurée à un événement aussi grave et aussi important dans l'histoire de son pays que la Commune, événement « surinvesti par l'admiration qu'il a inspirée dans la pensée socialiste et par la peur qu'il a engendrée dans la tradition bourgeoise » [3] ? Quand bien même des auteurs considérables au début du XX^e^ siècle comme le P. Lecanuet et Mgr Baunard n'ont fait mention d'un lien direct entre le Sacré-Cœur et la Commune, mais l'on sait la difficulté de l'argument *a silentio*.

## B. Sacré-Cœur et Commune au titre de la souscription

Au cours de l'édification de l'ex-voto national, la référence à la Commune n'apparaît pas seulement au sein de certains historiques de la fondation. On en fait mention aussi pour motiver la souscription. Mais alors, s'impose une remarque importante : l'appel à l'expiation par les catholiques des crimes de la Commune pour construire le Sacré-Cœur n'est pas le fait des responsables ecclésiastiques et laïcs du Vœu national. Nous n'avons jamais relevé dans le *Bulletin* ou dans les divers autres documents de propagande une telle référence. L'enquête reste bien sûre ouverte [4]. De même, alors que le cinquième anniversaire de la Commune fut, comme on l'a évoqué plus haut, signalé pour

1. *HSC*, t. I, p. 75. H. de Fleury cite l'abbé Paguelle de Follenay, t. II, p. 438.

2. Il gardait précieusement les coupures de journaux sur ce sujet. « L'arrière-chevet de l'église basse occupe l'emplacement du jardinet où furent immolés [sic] les généraux » (*Le Salut public* du 12 juillet 1880). Fourcaud, journaliste au *Gaulois*, au *Paris-Journal* et au *Clairon* fait son enquête sur la butte. Il résume d'une façon qui est correcte l'histoire du Vœu national, présente le quartier en soulignant sa pauvreté et s'étonne de son calme : « Car, enfin, c'est ici que la Commune a pris naissance ; c'est de cette triste colline qu'elle s'est soudainement abattue sur nous [...] Les deux cabanes [la maison de campagne de M. et Mme Scribe s'est transformée en cabanes !] où siégea l'infâme comité central étaient là ; toute proche l'église en construction. On y traîna les généraux Lecomte et Clément-Thomas, et, moins d'un quart d'heure après, ils étaient adossés au mur d'un jardin, laissé, depuis, à l'abandon » (Journaux du 6 janvier 1886, selon *HSC*, t. II, p. 500). La simultanéité des exécutions qui n'est pas historique est un trait de dramatisation due à la rumeur comme sur la carte postale de C. G. Appert (voir illust.)

3. François Furet, *La Révolution...*, 1988, p. 486.

4. Alain Gesgon a relevé dans une brochure de souscription la formule « en holocauste à Dieu pour avoir épargné Paris de la canaille », mais sans titre ni date... (témoignage oral).

sa coïncidence avec l'ouverture du chantier, aucune autre date anniversaire remarquable (dixième, vingt-cinquième) n'a été répétée dans le *Bulletin.* En revanche, dans la *Semaine religieuse* de Rennes en 1889, on peut lire :

> « Le Sacré-Cœur élevé sur la butte de Montmartre en expiation des péchés de la Commune de 1871... »[1].

On a vu que cette formule se retrouve dans une vitrine du quartier Saint-Sulpice, à côté d'un tronc pour la souscription[2]. Comme si l'attitude de discrétion de Mgr Guibert constatée au temps de la fondation de la basilique avait été partagée par le cardinal Richard et s'était étendue aux laïcs et aux religieux dans le *Bulletin* comme dans les prédications mais ne s'était pas imposée à tous les souscripteurs. L'Œuvre se voulait vraiment une œuvre d'unité nationale et les péchés dont la France devait faire pénitence n'avaient pas à être énumérés chacun en détail. Seul, à notre connaissance, un comte de Maillé à la Chambre, en 1882, soutient que le Sacré-Cœur se construit contre la Commune parce que Clemenceau a déclaré qu'il était dirigé contre la Révolution. N'est-on pas justement à l'époque de l'amnistie des communards ? De l'avis des responsables du Vœu, le Sacré-Cœur est une protestation (et expiation) contre tous les désordres qui se sont manifestés là ou ailleurs et tout au long de l'histoire nationale.

## C. Les opposants au Sacré-Cœur au titre de la Commune, Steinlen en particulier (1878-1923)

Notre collection de témoignages explicites contre le Sacré-Cœur du point de vue des communards ou de leurs admirateurs avant 1914 est abondante mais peu précise. Lafont en 1880 et Vaillant en 1886 au Conseil municipal et à la Chambre, Delattre en 1882, Rouanet et Gérault-Richard en 1897, Dejeante en 1904[3], qui semblent bien pouvoir être mis au rang des continuateurs de la Commune, s'attaquent au Sacré-Cœur mais ne se réfèrent

1. Cité par Ader, *Chrétiens...*, 1987.
2. Voir chap. 4 à propos de l'expiation.
3. Pour toutes ces personnalités, voir chap. 24. Pour Vaillant – dont on sait l'appartenance à la tradition marxiste – l'expropriation et la démolition représentent les seules vraies solutions au problème du Sacré-Cœur. Propos tenus à l'occasion d'un débat au Conseil municipal voulu par Jules Joffrin à la suite d'éboulements au coin de la rue Ronsard et de la rue André del Sarte, lequel obtient une inspection du Sacré-Cœur rendu responsable. Jules Joffrin, *Question...*, 1886. La venue de Rouanet, Joffrin, Simonot et d'autres est rappelée par H. de Fleury dans une lettre au cardinal en date du 2 août 1902 (voir nos pièces justificatives). Le Grandais parle d'un état des lieux du 7 septembre 1886 (réf. en 1904, p. 672).

pas explicitement à elle ; pas plus qu'un homme du peuple, fils de communard ou Anatole France. En effet, en 1904, dans son retentissant ouvrage *L'Église et la République*, sans d'ailleurs établir entre l'un et l'autre un lien de cause à effet, Anatole France parle dans le même paragraphe des « quatre-vingt mille communards exécutés » [sic] par « l'ordre moral » et de la « France vouée au Sacré-Cœur » [1]. A la même époque, le P. Diffiné, jésuite, l'animateur de la chapelle des Otages entre 1932 et 1951, et adorateur fidèle du Saint Sacrement à la basilique de Montmartre, nous livre un avis populaire sur le sujet. Il avait un oncle, fils de communard, qui l'aimait bien mais qui détestait le Sacré-Cœur. Il lui disait vers 1905, du haut des Buttes Chaumont, en montrant le monument : « On le démolira à coups de canon ! » [2].

Seule la publication du roman-feuilleton de Zola nous met sur la piste d'un témoignage explicite : l'affiche de Steinlen, dessinée en 1897, qui sert d'annonce à la publication du livre [3]. Au premier plan, comme sortant d'une mer en furie, une foule se tourne vers une femme aux seins nus qui semble émerger des nuages. La Fécondité, la Liberté, chez Zola ? Cette figure, placée au second plan, regarde vers la droite Paris qui s'étend tout au fond. Presqu'au centre, à mi-chemin sur l'horizon, se dresse le Sacré-Cœur. Mais ce dessin nous a conduit à une autre composition de Steinlen. Il s'agit toujours d'une affiche, éditée cette fois pour *Le Petit Sou* en 1899 [4]. Là encore le Sacré-Cœur est évoqué. Une femme en libératrice -Commune ou Marianne en tunique rouge ?

> « brandit les chaînes des exploités qu'elle vient de délivrer et qu'elle entraîne à l'assaut de la forteresse du capital symbolisé par le Sacré-Cœur, un cavalier sabre au clair et le veau d'or ! » [5].

En haut à droite du dessin, s'élève, comme sortant d'une fortification, une église à coupoles, dont un cavalier, de profil, défend l'entrée. On peut se reporter également à *La Libératrice* de 1903 [6] ou au *Cri des opprimés*

1. Anatole France, *La République*..., 1904, p. 38.
2. François Graffin, *Henri*..., 1984, p. 90.
3. Cette affiche est cataloguée dans Jean-Luc Barré, *Le bel héritage*..., 1987, n° 40, p. 26-27. Paris, 1897, imp. Verneau, Paris. Affiche couleur, signature en bas à gauche, 140 x 198. Musée de l'affiche et de la publicité. Inv. 12836 (NB714E74). E. de Crauzat, *L'œuvre de Steinlen*, 1913, n° 501. La *Vision de Paris* de Steinlen (Musée d'Orsay, inv. RF 1970 – 15) présente une composition semblable. Dans l'affiche de 1897, le Sacré-Cœur est enserré dans un échafaudage. Ce qui est normal, puisqu'il n'a été enlevé qu'en 1899. Dans le tableau d'Orsay, le grand dôme est représenté libre, l'œuvre serait donc postérieure à 1900.
4. Jean-Luc Barré, *Le bel*..., 1987, n° 53. *Le Petit Sou*, 1899, imp. Verneau, Paris. Affiche couleur, signature en bas à droite. Cachet de l'atelier en haut à droite du bandeau inférieur. 203 x 100. Musée de l'affiche. Inv. 12 663 (NB 7127). Crauzat, *L'œuvre*..., 1913, C 507. Le Musée d'Art et d'Histoire de Saint-Denis possède une esquisse de cette affiche (0, 140 x 0, 100 m). Pour cette affiche du *Petit Sou*, voir aussi celle d'Alain Gesgon. Selon ce dernier, il n'y a pas de veau d'or et l'allégorie est la Révolution sociale. Cette affiche, à l'unisson de l'esprit de Jules Guesde, est aussi dirigée contre Jean Jaurès (Alain Gesgon).
5. Jean Rollin, « Les acquisitions... », 1972, p. 514.
6. Lithographie noir et blanc pour « Les temps nouveaux » au Musée de Montreuil dans Jean-Luc Barré, *Le bel héritage*..., 1987, p. 106.

de 1904[1], dans lesquels le Sacré-Cœur est moins évident mais où le veau d'or est bien visible. Steinlen serait donc le tenant d'une tradition qui associe le Sacré-Cœur et la Commune, au profit bien sûr de cette dernière. Il est à l'unisson des propos tenus à la Chambre contre le Vœu national par un Gustave Rouanet ou un Gérault-Richard, même si dans l'un et l'autre cas le mot « Commune » n'est pas prononcé[2], même si dans cette tradition on ne trouve pas l'expression consacrée par l'usage : « Le Sacré-Cœur construit en expiation des crimes de la Commune », expression qui, entre 1878 et 1923, semble employée seulement par un courant catholique extérieur au milieu des responsables du Vœu national.

## D. Sacré-Cœur, Commune et question sociale

### *1. L'ex-voto de charité*

La construction de l'ex-voto de pierre renvoie à la construction de l'ex-voto de prière, c'est-à-dire à la communauté qui se réunissait au Sacré-Cœur quand il fut vraiment ouvert au culte sous l'égide du P. Lemius. Or, du point de vue de la question sociale soulevée par la référence à la Commune, on ne saurait oublier de rappeler toutes les initiatives prises à l'ombre de Montmartre avec les Cercles catholiques d'ouvriers et la Société Saint-Vincent de Paul, et plus encore au temps de Léon XIII et de *Rerum novarum*, avec l'abbé Garnier, Léon Harmel, la future Union des cheminots et le futur Syndicat des employés du commerce et de l'industrie, l'Œuvre des pauvres et les Dames de charité du Sacré-Cœur[3]. Cette vie du sanctuaire est bien le fruit des actes fondateurs

1. Huile sur toile, 114 x 146 m. Ce tableau décora jusqu'à ces dernières années la Bourse du travail à Paris. Passé en vente publique (on peut regretter que le musée d'Orsay ou le musée Carnavalet n'ait su l'acheter !), il se trouve aujourd'hui dans la collection Oscar Ghez au musée du Petit Palais à Genève (Jacques Foucart). Il porte le n° 291 dans Jean-Luc Barré, *Le bel héritage*..., 1987, p. 92.

2. Steinlen collabore de 1893 à 1895 au *Chambard* dont Gérault-Richard est le rédacteur en chef (voir ci-dessus). Un dessin publié dans ce journal retient l'attention et permet de comprendre l'univers intellectuel du peintre. Un gendarme en gros plan se détache sur l'horizon. Il essaie d'empêcher le soleil de se lever. Dans les rayons de l'astre du jour on lit les noms de Pascal, Benoît Malon, Victor Hugo, Lamennais, Karl Marx, Fourier, Diderot, Barbès et Blanqui. C'est un mélange sympathique et détonant ! Les promoteurs et souscripteurs de l'église du Sacré-Cœur ne se reconnaîtraient que dans Pascal. Cela ne permet pas beaucoup de contacts (voir Jean-Luc Barré, *Le bel héritage*..., 1987, p. 324).

3. Sur le problème de l'Église et de la classe ouvrière au XIX$^{e}$ siècle, le dossier est à reprendre comme beaucoup d'autres dossiers en art et en spiritualité. Sur ce point les analyses de Gérard Cholvy et Yves-Marie Hilaire, *Histoire*..., 1985, p. 234-258 sont éclairantes.

du Vœu national. Quand le P. Bony raconte en 1893 la vie de Legentil et l'abbé Paguelle de Follenay, en 1896, celle de Mgr Guibert, quand le P. Jonquet parle des origines du Vœu national, et qu'ils explicitent tous la troisième motivation du choix du lieu, ils ont sous les yeux la vie nouvelle du sanctuaire et y voient la vraie réponse aux problèmes sociaux qui ont en partie provoqué la Commune. Les récits du P. Lemius (*La conversion d'un socialiste*) et l'accueil de la *Savoyarde* par le « peuple de Paris » les encouragent dans l'opposition du Vœu national aux conceptions révolutionnaires[1]. « Quand le peuple s'appartient », lit-on dans le *Bulletin*, quand il reconnaît ou se donne de bons chefs, il est heureux. Les catholiques sociaux renversent la distinction marxiste entre prolétaire et *lumpenproletariat*, entre les bons ouvriers conscients de leur aliénation et les mauvais, les asservis à la classe dominante[2]. Pour eux, désormais les mauvais seront les ouvriers (ou les intellectuels) qui ont prétendument pris conscience de leur condition d'aliénés et qui mènent les autres à leur perte. Léon Harmel « prêche » abondamment au Sacré-Cœur la « justice et la solidarité »[3] et, complémentairement à la chapelle de Jésus-Ouvrier unie à celle de la Sainte-Famille à la crypte de la basilique, souscrit largement pour la chapelle de l'Industrie et du Commerce installée dans la tribune ouest. Les « bons ouvriers » et les « bons pauvres » acceptent de vivre avec les « bons bourgeois » qui assurent le travail au plus grand nombre par la gestion de leurs entreprises et le sort des défavorisés par les œuvres. Mais, certes, et un Alexandre Legentil et son ami, Frédéric Le Play, le savaient bien, les patrons et les apprentis ont besoin non seulement d'une formation professionnelle mais morale et aussi religieuse. Et le rôle de l'Église en ces derniers domaines est capital, pour les uns comme pour les autres.

### 2. *Critique de la doctrine sociale catholique*

La contestation de l'ex-voto de pierre ne va pas sans celle de l'ex-voto de prière. Non seulement les œuvres de charité mais l'ensemble du dispositif proposé par des catholiques ont fait l'objet d'attaques et de soupçons. L'Œuvre des pauvres a été fortement critiquée par certains socialistes comme G. Téry ou C. Kéronan[4]; l'abbé Lemire doit prendre sa défense en pleine Chambre lors du débat de 1897[5]. Le procès de ce genre d'œuvre (pensons à celles

1. *BVN*, 1895, p. 828 et 1897, p. 612-614.
2. Karl Marx, *Le Manifeste*..., 1848, p. 70-71.
3. *BVN*, 1894, p. 447. Cette notion chez Léon Harmel fait « moderne ». Entre 1890 et 1910, elle ne semble donc pas réservée aux républicains progressistes et radicaux (Emile Poulat, « Solidarité », *La Croix*, 15 février 1988).
4. Voir C. G. Kéronan, « Le Sacré-Cœur... », 1897 ou G. Tery, *Les Cordicoles*..., 1902, p. 264.
5. Voir *JO* du 21 janvier 1897, p. 61.

d'aujourd'hui qui s'intéressent au tiers comme au quart-monde) est loin d'être achevé. Quoiqu'il en soit, aux yeux du P. Lemius, une telle œuvre de charité avait sa place au Sacré-Cœur, là où doit être manifesté l'amour du Christ pour tous et pour les pauvres tout spécialement. Les messieurs des Conférences Saint-Vincent de Paul ont été finalement critiqués de toutes parts : en tant que catholiques fervents, par les anticléricaux de tous bords ; en tant que bourgeois, par les tenants d'analyses plus ou moins socialistes dénonçant le « paternalisme », qu'il soit d'ailleurs catholique comme le leur ou protestant, ou spiritualiste ou même positiviste [1] ; en tant que bienfaiteurs des pauvres, par les tenants d'un libéralisme économique plus ou moins sauvage qui les accusent d'encourager la paresse. Les arguments d'ailleurs se mêlent. Parfois même, ils doivent essuyer les reproches de la hiérarchie ecclésiastique, car l'équilibre entre les clercs et les laïcs dans l'Église est dynamique et, par là, instable (voir chap. 3). Il est certainement impossible d'énumérer toutes les condamnations, caricatures et clichés d'Epinal que les sociétaires de Saint-Vincent de Paul ont suscitées, tout comme les Dames de Charité (seules les Filles de la Charité, les célèbres Sœurs de Saint-Vincent de Paul trouvaient grâce aux yeux d'une certaine opinion publique... et encore !)

Une critique féroce de la charité traditionnelle se trouve même sous la plume de Léon Bloy, personnage inclassable qui n'est pas sans avoir rencontré toute sa vie des problèmes d'argent et qui eut dans sa jeunesse des démêlés avec Léon Pagès, homme d'œuvre s'il en fut :

> « Un bourgeois à Notre Seigneur Jésus-Christ mourant de faim : – Mon ami, je suis charmé d'être choisi pour entendre vos supplications. Cette preuve de confiance m'honore et je veux travailler à m'en rendre digne. Je vais donc m'appliquer à prendre des *habitudes charitables*, et je ne doute pas que, dans le délai de dix ou quinze ans, je ne sois en état de vous faire SPONTANÉMENT l'aumône d'une belle pièce de deux sous. Réjouissez-vous » [2].

Léon Bloy a tort de s'en prendre ainsi à la morale catholique qui propose, comme remède au rigorisme janséniste, un sens de la gradualité de l'effort moral et du bon combat sans cesse repris. N'est-ce pas là un écho de l'enseignement moral de saint Alphonse de Liguori, cher au milieu de Montmartre et diffusé aussi bien par les les Rédemptoristes que par les Jésuites ou les Oblats de Marie Immaculée ? Ne vaut-il pas mieux des tentatives de « bonnes œuvres » que pas de « bonnes œuvres » du tout ?

1. Voir François Caron, *La France...*, 1985, p. 9.
2. Léon Bloy, *Journal*, *Le mendiant ingrat*, 15 septembre 1894. Typographie de Léon Bloy. Voir réf. bibl. 1917.

Bien sûr, si l'on définit la bienfaisance comme

> « un des moyens de la bourgeoisie pour tromper les travailleurs et camoufler leur parasitisme et leur visage exploiteur grâce à une aide hypocrite, humiliante aux pauvres, en vue de détourner leur attention de la lutte des classes » [1],

on restera en dehors d'une approche objective de ce nouveau milieu des catholiques bourgeois et sociaux du XIXe siècle qui ont construit le Sacré-Cœur comme un foyer d'active conversion de tous par la prière et la pénitence. Car ils n'étaient pas dupes. La lutte des classes est un fait dans un monde où règnent les vices et les péchés des uns et des autres. On peut cyniquement citer le *Journal des débats* de 1831 dans lequel un bourgeois affirme :

> « Tout manufacturier vit dans sa manufacture comme les propriétaires de plantation parmi les esclaves » [2].

Mais justement, dans la perspective des promoteurs du Sacré-Cœur, seule une véritable conversion des cœurs chez les patrons comme chez les ouvriers peut changer bien des choses sans prétendre établir pour autant le paradis sur terre. Ce n'est peut-être pas parce qu'ils ont été apparemment vaincus par le « monde moderne », qu'ils avaient tort d'agir ainsi, « monde moderne » qui semble déjà dépassé... Le Sacré-Cœur, non seulement de pierre mais de chair, fut construit comme un acte de foi et d'espérance en l'amour plus fort que la haine. Les contestations qu'il a rencontrées au nom d'un idéal qui se serait manifesté sous la Commune sont désormais sujettes elles-mêmes à révision [3].

1. Définition de la philanthropie, rapportée par le P. Antoine Wenger dans un article de *La Croix* (21-22 août 1988), « Le retour de la miséricorde ; la perestroïka réhabilite un mot proscrit », extraite du *Dictionnaire des mots étrangers*, Moscou, 1950. Pierre Bocev (*Figaro* du 15 septembre 1989) cite *La Grande Encyclopédie soviétique* : « une aide hypocritement accordée à certaines parties de la population par les représentants de la classe dirigeante dans une société exploiteuse afin de tromper les travailleurs et de les distraire de la lutte des classes ».

2. Walter Benjamin, *Paris*,..., 1935, p. 45 : « La lutte de la bourgeoisie contre les droits sociaux commence dès la Révolution de 89 et coïncide avec le mouvement philanthropique qui l'occulte et qui connaît son plus important développement sous Napoléon III. C'est pendant le règne de ce dernier que s'élabore l'œuvre monumentale de ce mouvement, *Les Ouvriers européens* de Le Play ».

3. On s'est souvenu ici du jugement d'Emile Poulat : « Au cours du XIXe siècle, la réalité sociale, ce n'est pas d'un côté une lutte de classes – prolétariat contre bourgeoisie – et de l'autre une guerre de religion – Église contre État –, mais trois grands foyers historiques de compétition à l'échelle mondiale, trois pôles d'attraction et de répulsion, dessinant leurs lignes de force et se disputant l'espace : la bourgeoisie dominante, l'institution catholique, le mouvement socialiste. » Voir Emile Poulat, *Église contre bourgeoisie*,..., 1977, p. 35.

## *III. LES RAPPORTS DU SACRÉ-CŒUR ET DE LA COMMUNE (DE 1918 À 1968)*

Pendant l'entre-deux-guerres et l'après-guerre, disons jusqu'en 1968, les jugements concernant les rapports du Sacré-Cœur et de la Commune se laissent à peu près répartir en trois grandes tendances : celle qui exalte toujours le caractère expiatoire du monument par rapport aux crimes de la Commune et lui en fait gloire, celle qui s'abstient complètement d'en parler, celle qui contestant le Sacré-Cœur au profit de la Commune manifeste ses réserves voire aspire à sa destruction pure et simple. La première est représentée par la brillante synthèse du P. Hamon. Revenant sur le choix du lieu, il écrit :

« Hélas ! depuis le XVIII^e siècle surtout, la grande colline a vu tomber sa gloire, ternir son auréole. Jour et nuit des chants y résonnent qui ne sont plus des chants liturgiques, couplets d'impiété et de luxure. Montagne de honte et de boue, Montmartre est aussi montagne de meurtre et de sang ; de là, s'est déclenchée, le 18 mars 1871, la Commune ; voici l'enclos où tombèrent les généraux Lecomte et Clément-Thomas. Plus il y pense, plus Mgr Guibert est convaincu que le temple du Vœu national doit être bâti sur la colline historique, sainte et coupable, pure et souillée. »

Et à propos des deux « 24 mai » :

« C'est peut-être une simple coïncidence ; l'archevêque de Paris qui signe, n'a-t-il pas cependant le droit d'y trouver comme une approbation divine ? Les martyrs de la Roquette et de la rue Haxo semblent bien se porter garants de sa signature, signer avec lui » [1].

Affirmations gratuites ! Voilà les pensées de l'archevêque de Paris mises à nu. Mgr Guibert est introduit malgré lui dans la forte interprétation des coïncidences géographique et chronologique qui avaient déjà retenu l'attention des premiers historiens du Vœu national. Davantage de discrétion s'impose.

C'est heureusement le cas d'auteurs liés au Vœu national comme l'abbé Laligant, le chanoine Vié, Paul Lesourd ou l'abbé Dérumaux. Le premier est très sobre et même si son texte n'est qu'un simple guide de l'édifice, il exalte les œuvres de charité [2]. Le chanoine Vié [3] et le professeur Lesourd [4] se refusent à spéculer sur les intentions profondes ou avouées de Mgr Guibert. L'abbé Dérumaux (1953) dont le travail a été très utile ici pour la question des sources (il a disposé de documents aujourd'hui disparus) résume objectivement et exhaustivement à notre avis les raisons du choix de Montmartre :

1. Auguste Hamon, *Histoire*..., 1907 (1940), t. V, p. 55 et 343. Il cite ensuite d'une façon paraphrasée, le P. Jonquet et l'abbé Paguelle de Follenay.
2. Abbé Laligant, *Montmartre*..., 1933, p. 26 et 38.
3. Chanoine Vié, *Origines*..., 1928, p. 83.
4. Paul Lesourd, *La butte sacrée*, 1933, p. 341.

« La visibilité exceptionnelle du futur édifice, le souvenir des saints attaché à la colline et le souci d'implanter le surnaturel en ce lieu spirituellement déshérité » [1].

C'est fort bien vu, mais pose tout le problème de la perception dans l'histoire et la géographie de ce surnaturel, dès lors qu'il est refusé ou pour le moins délibérément refoulé dans les consciences par certains. Ainsi tandis que le P. Hamon actualise en quelque sorte les réflexions des PP. Jonquet, Bony et de l'abbé Paguelle de Follenay selon une coloration *Messager du Cœur de Jésus*, on peut dire *grosso modo* que les quatre historiens précédents (et même, sur ce point le chanoine Vié qui par ailleurs fait la part belle au P. Ramière dans la naissance du Vœu national) reprennent la tendance apolitique de Mgr Guibert celle-là même qui s'est vue successivement reconduite par les supérieurs des chapelains et les archevêques de Paris.

La troisième tendance est représentée par divers ouvrages de vulgarisation sur l'histoire de notre période. Ils présentent quant à eux les choses d'une façon ramassée et par le fait même à la limite de la vérité. Daniel Halévy use d'une formulation appelée à connaître du succès.

[La Commune avait précisé l'idée du vœu] : « C'est au sommet de la colline de Montmartre que les communards avaient versé le premier sang, là donc s'élèverait l'église expiatrice, et c'est au Sacré Cœur qu'elle serait dédiée » [2].

La coïncidence est devenue tout simplement relation de cause à effet! Daniel Halévy qui a fait preuve de discernement à propos de la « rumeur » concernant la loi du 24-30 juillet 1873 n'en montre guère sur ce point. On sait qu'en sa jeunesse, il a été « séduit » par Louise Michel et que ce jeune bourgeois fréquentait les cours du soir de Montmartre « pour connaître la jeunesse ouvrière qui allait s'y instruire » [3]. Est-ce là qu'il reçut l'idée qu'il a développée ensuite. Elle circulait également au temps de la jeunesse de Jean-Claude Barreau qui la reçut, dit-il, de son grand-père sous la forme suivante:

« Et quand [mon grand-père] me montrait le dôme blanc du Sacré-Cœur qui dominait les toits du quartier où nous habitions, il s'écriait : " Les cléricaux ont bâti ce temple en ce haut lieu de la révolte parisienne pour humilier le peuple qu'ils ont vaincu ! " » [4].

Mais Daniel Halévy ajoute à cette fausse présentation du choix de Montmartre un jugement sommaire sur « le plus grave péché de la France », la République. On a vu précédemment ce qu'il en était. À sa décharge, il le dit lui-même, c'est son ignorance sur la question du Sacré-Cœur: « L'Église

1. A. Dérumaux, « Origines... », 1953, n° 203, p. 24.
2. Daniel Halévy, *La fin*..., 1937, t. II, p. 23.
3. Daniel Halévy, *Pays*..., 1932, p. 164 et 166. Sur cet auteur et son influence, voir Maurice Agulhon, *Histoire*..., 1988, t. II, p. 132 et Louis Chevalier, *Montmartre*..., 1980, p. 84.
4. Jean-Claude Barreau, *La foi*..., 1967, p. 17.

aime à se présenter au public toute décision prise et unanime »[1]. Le présent travail éclairera peut-être d'autres Daniel Halévy !

En attendant, sa formule est très citée, par André Latreille et René Rémond par exemple[2]. Ce dernier présentera à nouveau les circonstances de la construction en résumant la même idée qualifiée de plus « d'inspiration première » :

> « Une basilique [...] qui rappellera le sang versé par les communards et sera le témoignage du repentir »[3].

Il en est de même de l'auteur de l'article « Corbon » dans le fameux dictionnaire de Jean Maitron qui conclut ainsi :

> « Corbon combattit [la construction du Sacré-Cœur] destinée, avant tout, à exalter, selon le rapporteur [Keller], le souvenir des victimes de la Commune, " ces martyrs d'hier qui sont morts pour défendre et pour sauver la société chrétienne " »[4].

À la décharge des uns et des autres, il y a le fait que les propos d'Emile Keller et de Cazenoves de Pradines sont facilement accessibles dans le *Journal officiel*. Cependant on en profite parfois pour les solliciter quelque peu : l'expression *avant tout* qui n'est pas de Keller ne force-t-elle pas sa pensée ? Et l'on a vu la place limitée qu'il faut reconnaître à ces deux catholiques par rapport à Mgr Guibert et aux promoteurs laïcs de l'Œuvre. Quoiqu'il en soit, les propos et les écrits de droite comme de gauche sur le sujet étaient assez nombreux et suggestifs pour que divers étudiants (dont certains historiens), montent un jour de 1971 à Montmartre pour un pèlerinage pas comme les autres, afin de marquer le centenaire de la Commune (voir ci-dessous). Voilà une dernière histoire qui témoigne de la permanente actualité (pour certains inattendue ?) du Sacré-Cœur et qui nous mène au cœur d'un débat très typique de notre temps.

## *IV. LE SACRÉ-CŒUR ET LA COMMUNE DE 1968 À 1991*

De fait, une trentaine d'auteurs au moins (historiens professionnels, hommes politiques, journalistes, prêtres, étudiants) (selon notre petite enquête)

1. Daniel Halévy, *La République*..., 1937, p. 23 et 29.
2. André Latreille..., *Histoire*..., 1962, p. 406-407.
3. René Rémond, « La Fille... » dans *L'Histoire*, n° 96, p. 121.
4. Jean Maitron, *Dictionnaire*..., 1964.

ont éprouvé le besoin au cours de ces vingt dernières années de rapprocher les événements de la Commune de la construction du Sacré-Cœur. Les uns voient un lien de causalité entre ces deux ordres de faits et pensent discréditer ainsi le Sacré-Cœur (les plus nombreux) ; d'autres en sens inverse en font autant pour stigmatiser la Commune (les moins nombreux) ; il y a enfin ceux qui, sans nier les interférences avec les problèmes politiques de l'époque, maintiennent la spécificité religieuse de ce projet de construction d'église.

## A. Rapprochement fait d'un point de vue favorable à la Commune

Les plus célèbres tenants de la tradition communarde dans les deux dernières décennies sont sans conteste des étudiants assistés par Jean-Paul Sartre et Jean-Luc Godard. La manifestation-occupation du Sacré-Cœur du samedi 13 février 1971, les manifestations du 12 mars et du 13 juin qui s'ensuivirent, le procès de treize manifestants qui s'ouvre le 21 avril mériteraient d'être étudiés à plus d'un titre mais cette enquête déborde largement notre sujet, d'autant qu'elle est liée aux événements de 1968, au centenaire de la Commune, au projet de béatifications des otages, à la crise du marxisme et de l'Église... Nous ne pouvons pas ici la mener pour elle-même [1]. Des analyses plus ou moins critiques, au-delà de la presse du moment, continuent à paraître à ce sujet, en France ou à l'étranger [2]. Nous nous contentons de donner intégralement en annexe le tract anonyme distribué pour la mise en place du rassemblement et citons ici ce qui se rapporte directement à notre propos, la liaison qui est faite entre le Sacré-Cœur et la Commune :

> « Il ne s'agit pas d'une église comme les autres. Le Sacré-Cœur a été bâti sur les corps des Communards, pour effacer le souvenir du drapeau rouge qui avait trop longtemps flotté sur Paris, symbole de la victoire des loups, des cochons et des chiens [...] Ce sera l'œuvre de tous de transformer l'un des plus abjects symboles de la réaction en un haut lieu de liberté, où vive l'esprit de la Commune » [3].

1. L'auteur a commencé à rassembler un dossier sur ces événements. Les ASCM, la revue *Montmartre* (les articles de Mgr Charles, n° 266 et 267), les AHDP et *Présence et dialogue* (n° 69 du 26 mai 1871, p. 8 et IV-VIII) sont abondantes, mais bien d'autres sources seront à consulter en particulier celles du procès qui s'ensuivit et les affiches d'Alain Gesgon.

2. Paul Lesourd, *Montmartre*, 1973, p. 239-244 ; David Harvey, *Monument and Myth*..., 1985, p. 228 ; Catherine Gremion..., *Les lieutenants de Dieu*..., 1986, p. 306-307 ; Hervé Hamon et Patrick Rotman, *Génération*, 1988, t. 2, p. 299-300 (la présentation la plus détaillée à ce jour du point de vue des manifestants) ; Gérard Cholvy, *Histoire*..., 1985 (1988), t. III, p. 313 ; René Rémond, « La Fille aînée... », *L'Histoire*, n° 96, 1989, p. 121 ; M. Jean-Marie Mayeur a communiqué ses notes sur ce sujet lors du séminaire du 11 janvier 1990.

3. Des exemplaires originaux du tract sont aux ASCM et dans les archives de l'A.

Les choses semblent claires, au moins au niveau des symboles et des tracts ! Mais on n'en reste pas là. D'autres tenants de la tradition communarde d'une façon anonyme passe aux actes. Déjà le 10 mai 1970, il y avait eu un incendie criminel non revendiqué dans la seconde crypte [1]. Dans la nuit du mercredi 22 au jeudi 23 mai 1974, fête de l'Ascension, une violente explosion, provoquée par une bombe à retardement, détruit le lanternon de la petite coupole nord-ouest. Le 103e anniversaire de la Commune est invoqué comme étant une des motivations de l'attentat [2]. Est-ce dans le même esprit que, dans la nuit du lundi 17 au mardi 18 septembre 1984, la cité du Sacré-Cœur est ébranlée par une explosion qui faisait voler en éclats la façade du 6 [3] ? Dernièrement encore, et à une date qui ne laisse aucun doute, le 28 mai 1991, le 120e anniversaire de la fin de la Commune, une bombe placée devant la façade ébranlait sans gravité les portes de bronze, mais non sans signification [4].

Heureusement, habituellement on en reste aux propos. Jean Lecuir, historien [5] et Jehan Mousnier, maire de la Commune libre de Montmartre [6] soutiennent que le Sacré-Cœur est le signe de la répression de la Commune. Parfois, on se contente de la formule-type [7] dans un article non centré sur le Sacré-Cœur, parfois on agrémente la devise : « *Gallia pœnitens – "with vengeance"* », dans une contribution fort savante entièrement consacrée à la basilique et à sa signification dans Paris [8]. Parfois, il faut faire « sa part au sens de l'humour ». C'est le cas des propos de M. Lionel Jospin qui à la question insolite « et tout à fait hypothétique » [9] d'un journaliste : « Vous devez faire disparaître un monument parisien… Lequel choisissez-vous ? » répond :

> « La basilique du Sacré-Cœur ! Elle est pourtant dans ma circonscription, mais elle est laide et les circonstances de sa construction symbolisent l'écrasement de la gauche » [10].

1. *Revue Montmartre*, n° 263, juin 1970, p. 21.
2. *Montmartre-orientations*, n° 11, juin 1974, p. 20.
3. *Montmartre-orientations*, n° 62, Toussaint 1984, p. 25-27.
4. Voir les dépêches de l'Agence France-Presse du 28 mai 1991 et tous les journaux du 29. Le même jour, M. Pierre Mauroy inaugurait une plaque en mémoire des Communards rue de la Fontaine-au-Roi (Paris 11e). Photographie dans *Libération* du 4 septembre 1991, p. 11, car elle pose des problèmes aux riverains.
5. *Le Monde* du 21 juin 1974.
6. J. Mousnier, *Montmartre*, 1978, p. 42 et 1986.
7. Gilles Alexandre, « Le toast… », *Notre Histoire*, n°5, 1984, p. 50 : « Le duc de Broglie [...] laissait s'édifier le Sacré-Cœur à Montmartre, en expiation des crimes de la Commune ».
8. David Harvey, « Monument and Myth… », 1985, p. 214. Cet article aurait mérité d'être mieux exploité dans notre travail, mais nous l'avons connu trop tardivement. La dimension « mythique » du Sacré-Cœur sensible chez tant et tant de nos contemporains y est bien soulignée.
9. Citations extraites de la lettre de Lionel Jospin en date du 3 décembre 1985 au P. de Vorges, recteur du Sacré-Cœur qui avait protesté. Ce dernier usa d'un droit de réponse dans *L'Express* du 9 novembre 1985. Lionel Jospin a été, dans le XVIIIe arrondissement, conseiller de Paris de 1977 à 1986 et député de 1981 à 1986.
10. Bernard Mazieres, « Lionel Jospin aux rayons eXpress » dans *L'Express* du 11 au 17 octobre 1985, n° 1788, p. 23. C'est une question que *L'Express* affectionne. On la retrouve dans le n° du 25 mars 1988, p. 27. Pour calculer son degré de « parisianisme », il faut répondre à quatorze questions. La n° 13 est : Vous avez les pleins pouvoirs pour créer de nouveaux espaces. Vous rasez : le Sacré-Cœur, le front de Seine, la prison de la Santé, la tour Maine-Montparnasse, les nouveaux locaux du ministère des Finances à Bercy ? On a deux points pour être un bon parisien si on rase le Sacré-Cœur et trois points pour être provincial si on rase Bercy… Cependant « seulement » un petit 4 % des Français détruirait le Sacré-Cœur, ex-aequo avec la tour Eiffel et Notre-Dame selon le *Journal du dimanche* du 5 mai 1991.

La rédaction du magazine a ajouté en note afin que nul n'en ignore :

« Érigée après la victoire des versaillais sur les communards et destinée à expier les « crimes » de la Commune de Paris ».

C'est le cas aussi d'un commentaire sur un hit-parade des monuments :

« Enfin, le Sacré-Cœur est lui aussi *out*, ce qui n'est que justice esthétique et revanche posthume de la Commune » [1].

On trouve aussi la réflexion suivante dans le même esprit :

[N'oublions pas] le sommet de la laideur installée sur les hauteurs de Montmartre, l'affreux Sacré-Cœur construit pour bénir les exploits de M. Thiers et du général Galiffet qui venaient tout juste de fusiller trente mille Parisiens... » [2].

Finalement, ces actes et ces propos [3] se ressemblent par leurs caractères affirmatifs, non vraiment justifiés et répétitifs. Les plus pertinents se placent au niveau d'une symbolique et d'une signification générales du monument qui rendent compte davantage de leur pensée que de celle des promoteurs du Vœu national. Le Sacré-Cœur est alors une sorte d'immense test projectif : que voyez-vous là ? Qu'est-ce que cette tache blanche dans le ciel de Paris ? Le symbole de la répression de la Commune ou plus exactement, ajoutons-nous, d'un autre symbole car la dure réalité de la répression de la Commune n'est-elle pas devenue elle-même un symbole [4] ? Et là, bien que nous ne soyons pas compétent pour en parler, nous songeons aux analyses d'un François Furet [5] ou d'un Jacques Rougerie [6], sans aller pour autant jusqu'à l'hommage d'un Robert Aron « aux communards de 1871, victimes de la réaction versaillaise et de la falsification marxiste » [7]. Les partisans (et les adversaires également) de la Commune idéalisée -symbole souvent d'athéisme social – n'ont-ils pas trouvé dans cette église qui s'élevait dans le ciel de Paris le point de fixation de leur combat ?

1. D. C. dans *Libération* du 26 janvier 1987.

2. Guy Konopnicki, Libres propos – Notre-Dame du cacao » dans *Le Quotidien de Paris*, 14 septembre 1990, p. 2.

3. On rapporterait sans fin de tels propos. Voir encore par exemple Pierre Miquel, *La troisième République*, 1989, p. 109 ; un article de Christian Colombani sur les statues parisiennes de Jeanne d'Arc dans *Le Monde* du 11 mai 1991, p. 17 ; un guide en anglais : *Boulevard*, mensuel, n° 11, p. 52 ; l'avis de chanteurs, les Négresses vertes, dans *Sept à Paris*, 1er janvier 1992, p. 11.

4. Nous pensons aux analyses très fines de Louis Chevalier, *Montmartre*, 1980, p. 111-125.

5. « La Commune a été promue au rang d'annonciatrice des révolutions socialistes du XXe siècle. Aux bolcheviks russes obsédés par la filiation jacobine, elle offrait un chaînon intermédiaire ; et de la mémoire ouvrière française, elle enrichissait la tradition, en y enracinant le communisme soviétique. Ainsi une histoire du souvenir s'est-elle renouvelée à travers la fidélité idéologique. » François Furet, *La Révolution*..., 1988, p. 487.

6. Jacques Rougerie, *Le procès*..., 1978 : « Le mythe de la Commune », p. 238-239.

7. Robert Aron, *Le socialisme français face au marxisme*, essai, Grasset, cité par Alain de Benoist, *Vu de droite*, 1977, p. 273-274.

## B. Rapprochement fait d'un point de vue anticommunard

D'autant que, symbole contre symbole, le Sacré-Cœur a été vu par certains catholiques d'hier (et d'aujourd'hui) comme « une protestation catholique contre la Commune », comme « un hymne de triomphe des Versaillais sur les révoltés parisiens », comme le symbole « du règne du Christ qui devait s'établir sur la défaite de l'Internationale ». Ce jugement de fait du P. Vallin situe bien le débat et le « combat de géants » [1]. Parfois la formule consacrée comporte un adverbe qui sauve bien des choses : « Construction décidée en signe d'expiation pour les crimes de la Commune notamment » [2].

Cependant, l'histoire terre à terre de la « coïncidence » des deux « 24 mai 1876 et 1871 » continue dans des articles par ailleurs brillants auxquels nous avons beaucoup emprunté sur le plan architectural. Tout récemment dans le catalogue de l'exposition *Abadie* en 1984, Marc Wattel [3] semble y souscrire sans sourciller :

> « 24 mai 1876 : Ouverture officielle du chantier (rappelons que le 24 mai 1871, la Commune déclarait la mort des otages, la Semaine sanglante commençait) » [4].

C'est sobre, mais c'est faire allusion à une intentionnalité du choix de la date d'ouverture qui, nous l'avons vu, n'existe pas dans les faits. Marc Wattel a la plume plus heureuse quand il écrit :

> « Parce que le Sacré-Cœur se construit peu après la Commune sur un lieu hautement symbolique de celle-ci, il est pour bien des gens le monument de la vengeance contre les communards » [5].

Il a non seulement raison quant à l'extension dudit sentiment, mais aussi dans la pure et simple présentation des éléments en présence. Qu'il y ait eu coïncidences chronologique et topographique, c'est incontestable. Mais, et l'on y revient toujours, est-il bien nécessaire d'en venir à une relation de cause à effet ?

François Loyer tente à son tour d'expliciter le rapprochement des événements de 1871 et de 1876, tout en se trompant sur les dates puisque l'ouverture du chantier est du 24 et non du 26 mai 1876.

1. Pierre Vallin, « Le Sacré-Cœur... », *Christus*, 1988, p. 363.
2. J. P. [Jean Potin ?], « La dévotion au Sacré Cœur » dans *La Croix l'Événement*, 17-18 août 1986. Tel autre religieux n'est pas aussi prudent : « Les chrétiens font le Vœu national d'édifier à Montmartre une basilique pour expier les sacrilèges de la Commune » (J. -P. Monnier, « Cœur... », 1990, p. 22).
3. qui mentionne en bibliographie les PP. Jonquet et Hamon.
4. Claude Laroche, *Entre*..., 1984, p. 140.
5. Claude Laroche, *Entre*..., 1984, p. 134.

> « Certes l'ouverture du chantier fut décrétée le 26 [*sic*] mai 1876, au jour anniversaire de la Semaine sanglante de 1871, mais est-ce l'exécution des otages qu'elle commémorait, celle des derniers communards au mur des Fédérés ou bien plutôt l'incendie de l'Hôtel de Ville, dont la date lui correspond plus exactement ? »

On lit en note :

> « L'exécution des otages avait eu lieu le 24 mai, les incendies sont déclenchés par les communards en déroute le 26 et l'exécution sommaire des derniers combattants au mur des Fédérés se produit dans la soirée du 28. L'ouverture du chantier en 1876, à la date anniversaire du 26 mai, paraît donc éviter formellement les deux autres dates anniversaires de signification contradictoire. »

L'explication est fine et précise, et donne à penser, mais outre qu'elle se fonde sur une date fausse, est-elle seulement nécessaire, dès lors qu'il ne s'agit que d'une coïncidence ? La signature de l'ordre d'ouverture du chantier n'a pas été apposée le 24 mai 1876 parce que, cinq ans plus tôt, il y avait eu la signature de l'ordre d'exécution des otages. Elle a été faite à cette date parce que cela correspondait au déroulement de la mise en place. Ceci dit, François Loyer perçoit et présente bien l'intention de Mgr Guibert :

> « Symbole de l'union retrouvée [...], la basilique de Montmartre voudrait exorciser le passé en donnant à l'Église de France une nouvelle impulsion » [1].

Malgré tout, rares sont encore les auteurs qui consacrent un travail ou un article uniquement au seul Sacré-Cœur. On trouve plutôt au détour de plus ou moins vastes synthèses, de courtes allusions limitées le plus souvent à un paragraphe ou à une phrase. Ainsi par exemple dans le grand livre de François Furet sur la Révolution. Après un historique concis mais juste de l'historique du Vœu national, on lit :

> « Mgr Guibert choisit l'emplacement – pratiquement sur les lieux mêmes où avait commencé la Commune si anticléricale le 18 mars 1871 » [2].

Ce « pratiquement » est judicieux, car il situe le choix du lieu par rapport à l'hypothétique référence au 18 mars dans l'ordre du fait et non dans l'ordre de l'intention. Ce genre de réserve n'existe pas – à tort selon nous – chez Stéphane Rials [3] ou chez Pierre Laffont [4] où, malgré une présentation

1. François Loyer, « Une basilique... », p. 192 et 199 dans Claude Laroche, *Paul Abadie*..., 1988.
2. François Furet, *La Révolution*..., 1989, p. 511.
3. Stéphane Rials, *Révolution et contre-révolution*, 1985, p. 207. Voir également de Stéphane Rials, *De Trochu*..., 1985, p. 534-535 : « L'église s'élèvera à Montmartre, en expiation de la Commune ».
4. Pierre Laffont, *Une histoire personnelle*..., 1986, p. 331. Interrogé par téléphone, l'auteur ne put dire d'où il avait tiré la formule « en expiation des crimes de la Commune » pourtant citée entre guillemets. On a vraiment l'impression d'être en présence d'une rumeur, d'un « on-dit », d'un « ce-qui-doit-être-dit », d'un « on-lit », d'une « legenda », d'un « ce-qui-doit-être-lu ». Évoquons alors les « légendes » pleines d'enseignement.

favorable de la dévotion au Cœur de Jésus et de l'entreprise du Vœu national, la formule consacrée est reprise sans réserve. Là aussi, elle est simplement affirmative, non documentée, répétitive.

## C. Priorité du religieux

Parmi la trentaine de propos recueillis qui font la liaison entre Sacré-Cœur et Commune, une dizaine[1] sont dans le sillage des cardinaux Guibert et Richard, du *Bulletin du Vœu national* à partir de 1878 environ, des abbés Laligant et Dérumaux et du professeur Lesourd. Citons ainsi Mgr Charles, recteur de la basilique de 1959 à 1985. Ce dernier, textes à l'appui, essentiellement tirés de l'*Historique* de Hubert Rohault de Fleury (1903), rappelle le fait incontournable de l'antériorité du Vœu sur la Commune et de l'intention chrétienne et patriotique de l'archevêque et des laïcs fondateurs. Sur ces bases solides, face aux abondants contestataires du Sacré-Cœur, il défend la spécificité du « religieux » face au « politique », au temps du « tout est politique ». Le site a été choisi pour sa beauté et son histoire. Si les intentions missionnaires et sociales de Mgr Guibert ne sont pas abordées, la référence au 18 mars est bien dénoncée, comme il se doit. Certes, dans un second temps, Mgr Charles constate qu'il y eut des catholiques qui essayèrent d'attirer le Vœu national à leur politique monarchiste, mais ils ne sont pas les plus représentatifs de l'entreprise[2]. Autant d'analyses auxquelles le présent travail doit beaucoup[3].

Nous pensons pouvoir conclure cette longue étude par trois affirmations fondées sur les témoignages présentés ci-dessus. D'abord, l'antériorité chronologique de la genèse du Vœu national dont le texte est quasiment fixé en

1. Paul Lesourd, *Montmartre*, 1973; Rémi Brague et Jean Duchesne, « Lettre » en date du 24 juin 1974 au *Monde* en réponse à l'article de Jean Lecuir (ASCM); Résurrection, « Le Sacré-Cœur et la Commune » dans *Cent points*..., 1979, p. 250-252; Guillaume Tabard, « Montmartre. . », dans *La France catholique*, n° 2029, 15 novembre 1985, p. 12; François de Vorges, recteur du Sacré-Cœur, « Réponse à *L'Express* et à Lionel Jospin », *L'Express*, novembre 1985; P. de Gourmont, chapelain du Sacré-Cœur, « Courrier... » dans *La Croix*, 10 septembre 1986 en réponse à l'article de J. P. ci-dessus; [Coste-Floret, Alfred], « Propos... », 1986.

2. Voir Mgr Charles, « Les origines... », *Montmartre*, n° 267, juin 1971, p. 6-8; article repris en résumé dans *Le Monde*, *Le Figaro*, *La Croix* (du 23-24 mai 1971), *Le Parisien libéré*, *France-Soir*... et « Le Sacré-Cœur, mystique politique ! », *Montmartre-Orientations*, n° 8, Noël 1973, p. 10-11. Finalement, dans la plaquette éditée en 1975 et 1985 pour les visiteurs, on peut lire : « En 1971, des jeunes gens, abusés par la légende d'un édifice élevé en protestation contre la Commune [...] s'efforcent de l'occuper et commencent à la saccager » (p. 3).

3. Certains auteurs (tel Bernard Violle, *Paris*..., 1982, t. II, p. 353) ne disent rien du Sacré-Cœur et de la Commune : c'est trop peu ! Quand François Caron, *La France*..., 1985, p. 240, associe la disparition du pouvoir temporel, la défaite et la Commune, cela nous paraît équilibré même si on peut en dire encore davantage. À la décharge de ceux qui ne retiennent que les événements de la Commune, il faut rappeler que pour les protagonistes « ils ont élevé une barrière formidable entre le présent et le passé » (Charles Buet, *Paul Féval*, 1887, p. 156).

février 1871 et la permanence pendant cinquante ans (1870-1919) du projet positif de salut de la France et de liberté du souverain pontife démontrent la fausseté par défaut de la fameuse formule « le Sacré-Cœur construit en expiation des crimes de la Commune ». Pendant cinquante ans, les constructeurs ont eu les yeux fixés sur une reconnaissance par la France officielle de la primauté du Christ et de son Église. À leur yeux, les péchés de la France moderne comme de la France de la fin du XIX^e siècle est l'absence de référence au Christ dans les institutions et la morale. Ils ont voulu par la grâce du Christ et par eux-mêmes « réparer », « expier », « faire pénitence », « faire amende honorable » [1] pour ces péchés de laïcisation, de sécularisation et non pour les changements de régimes politiques ou sociaux. Ils manifestaient ainsi leur confiance en Dieu pour le salut de la France.

Ensuite, tout logiquement, les « crimes » et les « péchés » de la Commune de Paris ont pris place dans ce dispositif dès 1871, mais non pas toute la place, comme on l'a montré (selon des sources qui ont été mises à jour à l'occasion de ce travail). La fameuse formule demande un adverbe : le Sacré-Cœur a également été construit... Dans sa simplicité habituelle, elle est percutante mais elle est fausse. Elle n'est vraie qu'au sein de l'entreprise vue dans son ensemble, en ce sens que la Commune a exprimé les graves problèmes sociaux de l'époque. La solution des promoteurs du Vœu national se voulait globale : aussi bien religieuse que politique, sociale qu'économique. La solution des communards leur paraissait fausse.

Enfin, les traditions qui associent le souvenir du début et de la fin de la Commune au choix de l'emplacement de l'église nationale voulue par des confrères de Saint-Vincent de Paul dès décembre 1870 ne sont pas fondées. Tout se passe comme si la coïncidence des lieux était devenue comme par enchantement une causalité. En fait, il ne semble vraiment pas que Mgr Guibert se soit déterminé pour le sommet de la butte à cause des événements du 18 mars 1871. Quant à l'ouverture de la chapelle provisoire et au commencement des travaux, ils ne commémoraient ni n'annonçaient un événement particulier. C'étaient des actes d'autorité par lesquels Mgr Guibert renvoyait à sa propre lettre du 18 janvier 1872, au vote de l'Assemblée nationale en juillet 1873, au choix de l'architecte en 1874 et à la pose de la première pierre, le 16 juin 1875. La date de 1876 annonçait la consécration de l'édifice, le renouveau de la France par l'intention missionnaire et sociale de Mgr Guibert. Une fois que la décision a été prise, on l'interprète en fonction du passé. Puisque Dieu par sa Providence gouverne toutes choses et que par le Christ, maître

1. Voir chap. 4 et 28.

de l'Histoire, il se révèle dans l'Histoire, on affirme cette foi à l'aide de tels rapprochements temporels qui sont transparents pour les uns et opaques pour d'autres, et à travers lesquels on prend le risque d'interpréter la volonté divine. Les opposants ne sont pas les derniers a interpréter eux aussi de telles coïncidences. Ne sommes-nous pas en présence d'une pensée symbolique tant chez les fils des constructeurs du Sacré-Cœur que chez les fils des communards ? Le Vœu de Legentil qui se situe nettement d'abord par rapport à Paris encerclé et à la France vaincue, inclut ensuite par écrit le sort du pape et enfin, le disant seulement, le sort de Paris révolté et de Mgr Darboy. Ce Vœu ainsi situé par rapport à ces événements nationaux et internationaux entre, par l'usage qui en est fait, dans la merveilleuse histoire de la France chrétienne. Il aurait fallu insister plus, mais ce sera pour une autre fois, sur les conséquences du fonctionnement d'une telle pensée. La vision symbolique, mythificatrice, à la fois change les choses et en fait mieux voir d'autres. Elle a ses avantages et inconvénients. Les mythes sont faits d'histoires et marquent à leur tour l'Histoire [1].

1. R. Girardet, *Mythes et mythologies politiques*, 1986, a montré quelques exemples du fonctionnement de cette pensée (Jacques Foucart).

# Chapitre 27
# Contestation du Sacré-Cœur au nom de catholicismes politisés

La basilique du Sacré-Cœur a été de la part de certains milieux catholiques l'objet de maintes réserves, critiques, interprétations, annexions ou utilisations partisanes. Un nouveau parcours du siècle qui nous sépare de la fondation s'impose pour faire apparaître avec le plus de précision possible diverses réactions contestatrices et les réponses qui leur furent données. On peut dire que les responsables du Vœu national ont eu en même temps ou successivement à proclamer leur appel à la conversion face à des réductions politiques, de droite ou de gauche, légitimes ou illégitimes, selon le point de vue de leur mission pastorale.

## *I. LE VŒU NATIONAL VU PAR LES INTRANSIGEANTS ET LES LIBÉRAUX (1870-1920)*

On le sait désormais, les confrères de Saint-Vincent de Paul qui font un vœu pour la libération de Paris et de la France intègrent très tôt la délivrance du pape à leur initiative. Le texte rédigé par Legentil en s'inspirant des propos du P. Ramière est montré au pape faute d'être soumis à Mgr Darboy. Pie IX en supprime les considérations proprement politiques et antiprussiennes, fondant ainsi le Vœu national dans un amour et une exaltation de la France sans haine ni négation de l'Allemagne. Dès lors, on l'a vu, les initiateurs du Vœu confortent leur autonomie par rapport aux « Pères jésuites de Toulouse » sans jamais vouloir rompre les contacts (chap. 7). Mgr Guibert avalise cette attitude. Dès lors, comme le dit Hubert Rohault de Fleury dès 1871, ils auront à se garder sur deux côtés :

> « J'ai un grand amour de la modération et je souffre autant des exagérations des enragés de *L'Univers* ou du *Français*, que de celles du *Siècle* ou du *Rappel*. Mais enfin je souffre autant des exagérations des enragés qui ne veulent bien qu'eux [sic] et eux conduisant Rome et le pape, que de celles des enragés qui veulent laisser les méchants conduire tout ce qu'on appelle les libéraux » [1].

### A. Du côté intransigeant

Si au temps des actes fondateurs, le Vœu national doit surtout se garder des « intransigeants » tant à l'Assemblée nationale qu'au moment de la pose de la première pierre, il en sera encore de même au moment de l'édification, car l'impact même après leur mort de Louis Veuillot et du P. Ramière est considérable. Vers 1885, le P. Emile Régnault, de la compagnie de Jésus, successeur du P. Ramière, est amené à parler du Sacré-Cœur en racontant la vie du comte de Chambord. Dans le chapitre VI, il montre l'attachement de ce « prince chrétien » au Cœur de Jésus. Au nombre de ses actes de dévotion, le prince faisait renouveler chaque année à Paray-le-Monial et à Montmartre (là, par le P. Le Doré), la consécration de sa personne et de la France. Mais surtout le biographe réécrit le passé en soutenant que c'est pour être fidèle à son roi que Pierre de Cazenove de Pradines

1. Lettre de Hubert Rohault de Fleury à son père en date du 23 mai 1871. ASCM.

« après avoir obtenu toutes les adhésions des députés de la droite, et triomphé, non sans peine, des obstacles imprévus que des esprits craintifs, hésitants et perplexes, lui imposèrent jusqu'au dernier moment – enleva comme par miracle, la majorité des suffrages de l'Assemblée nationale en faveur de l'église à bâtir sur les hauteurs de Montmartre. Quelle ne fut pas la joie d'Henri de France quand il reçut par télégramme l'annonce d'une si heureuse nouvelle ! " Vite, vite, s'écria-t-il, exprimons chaudement tout le bonheur qui nous arrive, et félicitons notre brave Cazenove de la victoire qu'il vient de remporter sur l'ennemi " ».

Cependant,

> « Il est vrai que la victoire n'était pas complète ; car si l'immense majorité de nos représentants déclara d'*utilité publique* la construction de l'église du Vœu national, des défaillances étranges permirent d'effacer du projet de loi le nom même du *Sacré-Cœur*, sous prétexte qu'on devait laisser le choix du vocable à l'initiative de l'autorité ecclésiastique » [1].

Le jugement du P. Régnault court tout au long de la période étudiée ici. On le trouve encore en 1921 sous la plume d'un oblat canadien dans un courant de pensée qu'il faudrait mieux connaître : l'état final de la loi de 1873 [2] et l'absence de participation de l'Assemblée à la pose de la première pierre sont violemment critiqués. Sur ce second point, les propos sont forts :

> « Nouvelle poltronnerie devant l'audace d'une poignée d'anti-catholiques ; elle permet d'affirmer à haute voix : « Là, Jésus n'était trahi que par les siens ! » Et ce pitoyable exemple des libéraux s'est manifestement aggravé, l'espace de quarante ans sans les désillusionner même de nos jours. La plaie paraît donc incurable » [3].

Réinterprétation, réserve, soupçon même, tout y est. Le Vœu national tel qu'il est proposé par les archevêques de Paris et le Comité ne convient pas vraiment pas à ces catholiques. Ils se refusent à voir la justesse de l'attitude des cardinaux-archevêques de Paris d'abord lorsqu'ils réclament la conversion du plus grand nombre, ensuite lorsqu'ils se contentent pour le Sacré-Cœur d'une simple loi d'utilité publique, enfin lorsqu'ils suggèrent une République « ouverte » aux chrétiens respectant l'originalité de l'Église. Cette attitude n'est

1. Emile Régnault, *Un prince*..., 1885, p. 15 et 17.

2. L'auteur présente ainsi le vote de 1873 : « Ce vote laissa aux catholiques une impression de regret et de malaise. Le vote [du projet de loi avec la mention du Cœur de Jésus] eût constitué une adhésion officielle à la pensée même du Vœu national. Mais les députés catholiques de conviction libérale, en grand nombre, reculèrent devant l'affirmation explicite de leurs croyances, dans un acte politique et législatif. Désavouant le Christ officiellement, ils méritaient que le pouvoir officiel passât aux mains de leurs bourreaux. Et l'événement leur apporta la preuve, à brève échéance. Leur adhésion au Vœu national demeurait indirecte et par périphrase. » ***, « Les Oblats... » dans *La Bannière*..., 1921, p. 24.

3. Est-ce ignorance due à l'éloignement dans l'espace et le temps ou enfermement dans son discours, l'auteur ajoute : « Malgré tout, dans la suite, les pires gouvernements, en dépit des injustices et des haines les plus sectaires, n'ont jamais tenté de révoquer la sanction de l'acte officiel et législatif de 1873 » [sic !] ? ***, « Les Oblats... » dans *La Bannière*..., 1921, p. 26. Voir notre chap. 24.

en rien compromission avec les « libéraux », les « loups dans la bergerie » dénoncés par Pie IX et Pie X, mais un témoignage fidèle à la Révélation actualisée pour une situation donnée. Il est à cet égard significatif que les propos agressifs d'Eugène Blain des Cormiers rendant compte d'une séance du conseil municipal de Paris ne soient pas reproduits dans le *Bulletin du Vœu national* (ils sont pourtant rapportés dans *Le Monde* du 30 juin 1886). En conclusion de son article, Blain des Cormiers compare le sort du Sacré-Cœur à celui des princes : ils gênent ! Les seconds ont dû prendre le chemin de l'exil qui sera celui du trône ; le premier s'élèvera malgré ses ennemis qui chaque jour ajoutent fautes sur fautes.

> « Ce gouvernement sombrera dans la tempête qu'il aura lui-même soulevée. Mais le Dieu du Sacré Cœur veille sur la France. Du naufrage des méchants, il fera naître le salut des bons » [1].

La liaison du sort des princes et de celui de l'ex-voto national est ce que les promoteurs laïcs et ecclésiastiques ont toujours voulu éviter. Ces derniers ont défendu à la fois la dimension publique de la foi et la dimension chrétienne de la patrie mais en ne les confondant pas avec un régime politique donné. Pour eux, la France peut ne pas être monarchique pour être chrétienne même si, de fait, dans les temps qui sont les leurs, il n'en est pas ainsi. Pour eux, la France est relative aussi bien au Christ et à l'Église qu'au flux de l'Histoire (voir chap. 25). Il n'en est pas ainsi nettement pour les intransigeants qui sont tentés d'absolutiser leur patrie et de la confondre avec une forme particulière de gouvernement, et ceci bien souvent au nom de la foi.

On comprend que ce courant de pensée puisse au tournant du siècle faire bon accueil à un Charles Maurras qui présente ainsi nettement et avec force son approche hypernationale des choses dans son *Enquête sur la monarchie* :

> « Il y a une aire territoriale appelée la France ; il y a des hommes, appelés les Français, que dominent vingt siècles d'une même vie partagée ; faisons une synthèse de nos questions françaises *subjectivement* à la France. [...]. On dit : de ce point de vue *politique* plus général, il n'y en a pas ; il n'est point de cadre politique plus large que la nation » [2].

On ne s'étonne pas dans ces conditions de voir resurgir une idée de la patrie chère à la Rome païenne, de voir apparaître une sorte de religion de la

1. *HSC*, t. II, p. 560. D'une veine équivalente, on trouve l'article de A. Brébion dans *Le Petit Moniteur* du 4 mars 1885 trouvé dans les ASCM mais bien sûr non mentionné dans le *Bulletin* (sauf erreur de lecture). Après un éloge de la construction et du pèlerinage du Sacré-Cœur, il conclut son article par une comparaison du sommet de Montmartre et du marécage Bourbon : « Là-bas, dans une sorte de carapace, des luttes honteuses qu'on ne masque même plus pour s'emparer du portefeuille aux fonds secrets, celui des élections. »
2. Charles Maurras, *Enquête*..., 1916, p. XIII.

« déesse France » [1] chez les catholiques intransigeants. Elles les entraînent à taxer le refus du cardinal Amette aux demandes de Claire Ferchaud en 1917 de manques de foi, lui qui acceptait pourtant la présence d'un Paul Déroulède à une cérémonie célébrée par lui en 1910 et qui faisait prêcher le P. Janvier aux fêtes de 1919 (voir chap. 12, 15 et 19).

## B. Du côté libéral

On a déjà signalé les critiques libérales à propos du projet de loi proposé par la commission et leurs conséquences sur le texte final de 1873 (chap. 9). Cette attitude libérale n'a plus fait parler d'elle au cours de la construction au point que cela parvienne jusqu'à nous. Sur le Vœu national lui-même, on ne trouve pas non plus beaucoup de réserves de ce côté là. À une exception près, et de taille, puisqu'il ne s'agit rien d'autre que du prestigieux mais malheureux carme Hyacinthe Loyson [2]. Ce jeune prédicateur adulé que Mme Legentil voulait aller écouter en 1869 à Notre-Dame de Paris [3] quitte les ordres et se marie, mais prétend garder la véritable foi et rester dans l'Église romaine. Il attaquera souvent son successeur dans la chaire du P. Lacordaire, le P. Monsabré, prototype à ses yeux de la mentalité « Rome et la France » [4]. À cause de ces deux contacts avec le Vœu national, son *Testament* publié dans *Le Figaro* du 24 juin 1893 (mais il ne meurt qu'en 1912) mérite d'être cité ici dans ce travail :

> « L'Église pouvait sauver la France et le monde, parce qu'elle a l'Évangile, et par conséquent les promesses de la vie présente en même temps que celles de la vie à venir. Au lieu de cela qu'a-t-elle fait ? Elle n'a cessé de rêver de pouvoir temporel et des réactions cléricales, y compris celle qu'elle dissimule assez maladroitement, à cette heure, sous le masque de la république catholique et du socialisme chrétien. Elle a étouffé dans les âmes l'adoration en esprit et en vérité que lui a léguée son divin fondateur, comme l'essence même de la religion, et elle s'est ingéniée à substituer des pratiques, des légendes grotesques, des pèlerinages d'autant plus populaires, hélas ! qu'ils sont plus païens.
>
> « Sauvez Rome et la France,
> « Au nom du Sacré-Cœur !
>
> « On n'a rien sauvé de la sorte, on a achevé de tout perdre, en développant dans des proportions inouïes les deux fléaux qui s'engendrent l'un l'autre et qui nous dévorent : le fanatisme et l'irréligion » [5].

1. Charles Maurras, *Le Soleil*, 2 mars 1900 cité dans « Nation », *CHAD*, col. 1056.
2. Voir *DPCR* et *CHAD* à « Loyson ».
3. Lettre de Marie Legentil à son frère Joseph Marcotte en date du 30 novembre 1869. Arch. familiales.
4. « Monsabré » dans *DTC*, col 2324.
5. Cité par Jean-François Six, *Thérèse*..., 1972, t. II, p. 109, reprenant lui-même A. Houtin, *Le Père Hyacinthe*, 1920, t. I, p. 286.

Le Sacré-Cœur, sa construction et ses activités sont à inclure à n'en pas douter dans cette diatribe. Elle dénonce avec brio et avec excès tout ce qu'il peut y avoir de désordres dans un centre de pèlerinages : croyances en la puissance magique des formules de piété, superstitions, religion du donnant-donnant. Mgr Guibert ne mettait-il pas lui-même en garde les gardiens du sanctuaire devant toutes les déviations possibles (chap. 11) ? Mais l'excès de ces critiques procèdent d'une conception de la foi qui ne serait pas greffage sur la « foi du Christ » et assainissement perpétuels des dispositions religieuses certes blessées par le péché mais malgré tout créées par Dieu.

## C. Point de vue des archevêques de Paris, des chapelains et du comité du Sacré-Cœur

Entre 1870 et 1920, nous pensons l'avoir assez montré et souligné, les responsables du Vœu national ont voulu mener leur entreprise avec tous les concours, mais non sans bien établir auprès de leurs interlocuteurs qu'ils auraient à travailler dans le registre du religieux d'abord, de la foi chrétienne ensuite, sachant bien par ailleurs qu'elle a des retombées nécessaires mais diverses dans le domaine politique. Les propos et les comportements de l'abbé Lemire en 1897 (chap. 24) ainsi que la place du Sacré-Cœur dans l'œuvre du P. Lecanuet [1] sont révélateurs de cette attitude. Sur le point particulier de la conception de la patrie, l'action des responsables du Vœu est typique et a d'ailleurs valeur d'exemple en ce temps-là presqu'autant pour les intransigeants que pour les libéraux.

La suppression de la diatribe anti-prussienne en 1871, l'affirmation, en 1891, de « l'intérêt universel » de l'Œuvre en plus de ses aspects romain et français [2] sont autant de signe d'un patriotisme qui se refuse au « nationalisme ». Même le P. Alet souligne dans la préface de son ouvrage que l'amour de sa patrie implique la bienveillance pour les autres nations. L'universalisation des archiconfréries fait mentionner la patrie de chaque membre dans la prière de consécration. Dans la décoration, la disparition de Charlemagne n'est pas à mettre au compte d'un antigermanisme délibéré, puisque par ailleurs

1. Voir l'introduction à la cinquième partie.
2. Cardinal Richard dans *BVN*, 1891, p. 205. La référence à la pensée du cardinal Guibert exprimée en 1879 est à préciser.

il y a sainte Gertrude, mais s'explique par une sélection faite en fonction de l'histoire de la dévotion au Cœur de Jésus. La présence de saints des autres nations va aussi dans ce sens. Bien des ouvrages consacrés à cette dévotion, et non seulement ceux du P. Yenveux, ont une ouverture universelle puisque cœxtensive à la vie de l'Église catholique [1].

Chauvin, cocardier, patriotard, le patriotisme du Vœu national ? Tous les éléments que nous avons signalés et qui étaient peu connus jusqu'à ce jour permettent de réviser ce jugement. Faut-il rappeler encore que le P. Sertillanges qui s'élève en août 1917 à La Madeleine contre les démarches de paix de Benoît XV en proclamant : « Saint-Père, nous n'obéirons pas », ne trouve pas vraiment un écho à Montmartre [2]. On ne lit pas, selon notre enquête, dans le *Bulletin* de propos excessifs et imprécis, équivalents à ceux du cardinal Mercier et de bien d'autres (Péguy ?) concernant le statut de martyrs, au sens théologique, des soldats morts pour leur patrie. On sait les extrêmes réserves du cardinal Billot sur ce genre de jugements [3]. On se souvient du désaveu par Mgr Guibert d'Emile Keller qui, à sa façon, avait voulu aussi canoniser les deux généraux fusillés le 18 mars 1871 (chap. 9). Ainsi donc, face à une contestation d'origine catholique du Vœu national, les responsables du Sacré-Cœur entre 1870 et 1920 semblent avoir témoigné de la conception catholique des rapports du spirituel et du temporel, écartant les excès et les erreurs des positions intransigeantes et libérales, en particulier dans le domaine de la théologie de la patrie et de la dimension publique de la foi catholique [4].

1. Voir P. Letierce, *Le Sacré-Cœur*..., 1886 (cité avec éloge dans *BVN*, 1886, p. 494 et 1891, p. 260); P. Granger, *Les archives*..., 1893 (voir chap. 17); Prêtre de Coutances, *Fastes*..., 1901.

2. Voir notre chapitre 15. Voir aussi « Patrie » dans *DTC*, col. 2316-2317 et Emile Poulat, *Liberté*..., 1987, p. 131.

3. Voir Emile Poulat, *Liberté*..., 1987, p. 133. La tentation est permanente. On en veut pour preuve les récents propos de Mgr Sabbah, patriarche latin de Jérusalem, non pas, semble-t-il, dans une déclaration officielle (voir *DC*, 2 septembre 1990, n° 2012, p. 804-820), mais dans une interview à *Famiglia Cristiana*, rapportée par *La Croix* du 31 mai 1990, p. 5 : « Tout citoyen qui donne sa vie pour la liberté, la patrie, l'indépendance est certainement un martyr. Son mérite est reconnu devant la société humaine et devant Dieu. »

4. Tendraient encore à confirmer ce jugement équitable la sobriété patriotique et le fort accent religieux des deux productions de l'Entre-deux-guerres décrivant la période 70-19 par un ecclésiastique et un laïc proche de Montmartre : l'abbé Laligant (1933) et le professeur Lesourd (1937). En revanche, les œuvres du chanoine L. Vié (directeur de *La Semaine catholique de Toulouse*, qui, en 1928, souligne très fortement la victoire de 1918, elle qui exauce selon lui totalement le Vœu de 1870 en ce qui concerne la France) et du P. Hamon (il parle de Montmartre comme du « Trône du Roi », 1907, mais t. IV de 1940) sont bien davantage les témoins intransigeants d'une véritable mystique patriotique de type « P. Ramière » et non « montmartroise ».

## *II. LES CRITIQUES CATHOLIQUES DU VŒU NATIONAL ENTRE 1945-1990*

Les mentions du Vœu national faites dans une perspective politique depuis une trentaine d'années et collectés pour ce travail peuvent, semble-t-il, être regroupées en trois tendances : la première se caractérise par une grande réserve sur le patriotisme de cette époque dont le Vœu est censé être un témoin privilégié ; la seconde en fait une étape importante de la merveilleuse histoire d'amour que nous avons présentée au chapitre 23 et qui se poursuit ; la troisième est celle proposée par les responsables du Sacré-Cœur, Mgr Charles en particulier.

### A. Au nom d'un catholicisme post-historique

L'évolution du patriotisme si longtemps confondu avec le nationalisme, ainsi encore pendant l'Entre-deux-guerres et jusqu'aux lendemains de la Seconde Guerre mondiale, l'histoire de leurs rapports avec l'Église ne sont certes pas de notre ressort ni de notre compétence. Cependant ce n'est, semble-t-il, un mystère pour personne : le patriotisme n'est plus ce qu'il était dans ces périodes précédentes ! Il suffit de comparer, ne serait-ce qu'en volume de texte, les vingt-cinq colonnes de l'article « Patrie » du *Dictionnaire de théologie catholique*, vers 1932 et le paragraphe de deux pages consacré à la patrie dans un manuel de théologie de 1960 [1] ou les articles « Drapeau du Sacré-Cœur » vers 1955 [2], « Nation » et « Patriotisme » dans l'encyclopédie *Catholicisme*, vers 1985-1988, pour sentir toute la continuité et cependant toute l'évolution du sentiment en question. Qu'on remarque aussi la présence dans un recueil de textes dogmatiques comme celui de Denzinger de la période 1919-1939 d'une citation de Léon XIII sur l'amour de la patrie et l'absence de celle-ci dans une édition des années soixante. Les exemples ne manquent pas. L'Association catholique de la jeunesse française, en 1930, a encore le drapeau tricolore du temps de sa fondation par Albert de Mun comme en ont pratiquement toutes les œuvres de l'époque, sauf les nouveaux mouvements (de jeunes en particulier) de l'Action catholique spécialisée qui ne l'adoptera

1. Bernard Haring, *La Loi...*, 1960, t. III, p. 691.
2. L'abbé Dérumaux, chapelain du Sacré-Cœur, ne fait qu'y reprendre un article de la revue *Montmartre* (réf. en 1951).

pas et qui donnera le ton dans les années 1950-1960. Le « Dieu et la patrie » qui semblait avoir succédé à « Dieu et le roi », paraît lui-même se faire remplacer par un « Dieu et la classe ouvrière ». Un tract de 1945 de l'Action populaire semble marquer un court instant un point d'équilibre : « L'Église – la patrie – la classe ouvrière ont partie liée » [1].

Il était impossible que ce mouvement général ne retentisse pas sur la façon de présenter la période 1870-1919, notamment le Vœu national. Le chanoine Aubert remarque bien le réveil religieux des années d'après 1870, mais c'est pour insister aussitôt sur ses limites. Dans ces conditions, le Sacré-Cœur de Montmartre n'a plus droit qu'à de simples mentions [2]. René Rémond « taquine » les catholiques qui, au Sacré-Cœur et ailleurs, réclament au ciel de « bonnes élections » [3]. Aux yeux de bien des historiens, le catholicisme semble avoir fait durant cette période un mariage contre nature avec un patriotisme aux limites du nationalisme. Il aurait ainsi perdu sa catholicité-universalité.

La critique la plus élaborée que nous ayons trouvée de la « patriotisation du catholicisme » et de la « catholicisation du patriotisme » durant notre période se trouve sous la plume de Philippe Bruneau [4]. Le travail de cet auteur a le mérite de proposer un cadre théorique (que nous contestons) à une approche sur le terrain de notre période (que nous apprécions et utilisons à l'occasion). Mais profitons de son travail théorique pour mieux comprendre ce qui s'est passé dans la période étudiée ici.

> « Théologiquement, dit l'auteur, tout patriotisme, défini par le découpage ethnique, est contradictoire du catholicisme qui, en se situant hors des temps, des lieux et des milieux, nie l'histoire et, comme son nom l'indique, vise à l'universalisme d'une patrie céleste unique. [... Un temps] le catholicisme et le royalisme s'étaient liés ; désormais, par une union monstrueuse dans les termes, c'est pareillement l'ethnicité du patriotisme qui se mariait à l'universalité du catholicisme. »

La notion de catholicité présentée ici fait de l'Église une institution d'un type étrange. Elle serait réduite à accompagner les nations qui deviendraient catholiques lorsqu'elles auraient finalement disparu en renonçant à leur condition historique [5]. Ce renoncement à l'ethnicité par fidélité à la catholicité semble être l'idéal de l'auteur. Un idéal si franchement affirmé correspond assez bien à une certaine pensée dite « progressiste » dont il faudrait trouver

1. Cité par l'abbé Michonneau, *Paroisse*..., 1945, p. 157.
2. Aussi bien en R. Aubert, *Le pontificat*..., 1952, p. 375 et 465 en note, qu'en R. Aubert, *Nouvelle*..., 1975, p. 133 (où il y a même, sous cette forme résumée, confusion entre la loi d'utilité publique du Vœu national et la démarche de Belcastel).
3. Aussi bien en A. Latreille et R. Rémond, *Histoire*..., 1962, p. 406-407, qu'en R. Rémond, « La fille... », 1987, p. 121 (voir chap. 26).
4. Voir Philippe Bruneau, « L'archéologie... » dans *RAMAGE*, n° 3, 1984, p. 34-42.
5. C'est pourquoi nous avons qualifié la contestation étudiée ici de « post-historique ».

d'autres témoins[1]. Philippe Bruneau a raison s'il désigne ainsi une volonté d'appartenance à un groupe fermé à tous les autres groupes et même les excluant, car cela est l'expression d'un mode pécheur de l'existence dont justement le Christ veut délivrer le fidèle : il faut renoncer au vieil homme fermé à Dieu, au prochain, à tous les hommes. Mais justement, l'auteur a tort, de notre point de vue (que nous pensons vraiment théologique) s'il pense devoir rejeter la diversité légitime des hommes. S'il n'y a « qu'une seule foi, qu'un seul baptême, qu'un seul Dieu et Père de tous » (*Eph.* 4, 5), si parmi les chrétiens il n'y a plus « ni homme, ni femme, ni esclave, ni homme libre, ni Juif, ni Grec » (*Gal.* 3, 28), la Pentecôte qui remédie à Babel n'abolit pas mais accomplit la diversité des nations (dans leur extension géographique, historique et culturelle) dans la Jérusalem céleste et dès maintenant dans l'Église catholique. Cette assemblée reçoit son universalité de Dieu qui en quelque sorte est le seul qui soit vraiment « catholique ». Dès lors elle permet ou devrait permettre à chaque nation d'être elle-même dans l'originalité de chacune et dans la complémentarité de toutes. Entre 1870 et 1920, les dévots du Cœur de Jésus à Montmartre ou à Paray-le-Monial, Léon XIII dans son encyclique *Annum sacrum* et Benoît XV en pleine guerre mondiale, appelaient les nations à reconnaître la source de leur existence et les « nations catholiques » à reconnaître le Christ dont l'amour les prévenait. L'alliance du Christ et de la France (et de toute autre nation) peut ne pas être monstrueux, peut ne pas être une haute trahison de la foi catholique par l'Église de France, s'il ne s'agit pas de la déesse France mais d'un ensemble de créatures qui se reconnaissent sauvées. La mosaïque du chœur de la basilique traduit cette unité dans la diversité de la multitude humaine à l'image de Dieu Trinité.

## B. Au nom d'un catholicisme « pré-historique »

L'analyse de la décoration du Sacré-Cœur a été faite dans le chapitre 23 et présentée alors comme une merveilleuse histoire d'amour entre le Christ et la France. Le Vœu national y apparaît comme une étape du dessein du Christ sur la France, comme un haut fait de Dieu suscitant la réponse d'amour de

25. Une interview de M. René Rémond dans *Libération* du 11 mai 1990, p. 7, à propos du Front national en est peut-être un autre exemple : « Que dit le christianisme ? Qu'il n'y a plus ni Grecs, ni Romains [sic ; Paul en *Gal* 3, 28 dit « ni Grecs, ni Juifs » ]. C'est justement l'universalité. Là perce le fond de l'idéologie du FN, très proche de la nouvelle droite qui a toujours attaqué l'utopie égalitaire du christianisme ». Qu'il nous soit permis de signaler que l'universalité chrétienne n'est pas uniformité, que l'égalité chrétienne par rapport à Dieu ne supprime pas les différences complémentaires entre les hommes.

la France à son Seigneur. L'interprétation du phénomène de Montmartre au cours des années 1870-1920, faite en fonction du message de 1689 de Marguerite-Marie, les travaux du P. Alet repris par le chanoine Lejeune, l'achèvement *grosso modo* de la décoration de la basilique, l'œuvre du P. Hamon, la consécration de la France au Cœur de Jésus et de Marie à la demande du gouvernement le 1er juin 1940, on aurait pu croire que tout cela rentrant dans l'histoire de l'Église et de la spiritualité, la place serait laissée entièrement dans la continuité et la nouveauté, à d'autres formes de dévotion. Il n'en a rien été. La construction du Sacré-Cœur continue d'être située par certains catholiques dans une « geste de Dieu pour et par les Français » intégrant aussi bien le thème du Christ-Roi que les demandes de Marie à sœur Lucie, l'enfant de Fatima, pour la consécration de la Russie à son Cœur immaculé, demandes honorées de diverses façons par Pie XII, Paul VI et Jean-Paul II et récemment réinterprétées en fonction des événements de l'Europe de l'Est.

Selon notre enquête qui reste bien restreinte et sachant que tel n'est pas vraiment notre sujet [1], nous croyons pouvoir dire qu'il y a, dans les vingt dernières années, comme une résurgence du thème « le Cœur de Jésus et la France » [2]. Dans la période étudiée ici (1945-1990), le témoin le plus ancien, relevé par nous à ce jour, nous paraît être une conférence de l'abbé de Nantes en 1973 [3]. Il y est au moins question de Louis XIV, de Louis XVI et du Vœu national. Par ailleurs, en 1983, Claude Mouton publie un ouvrage qui aurait pu s'intituler : *La France et le Sacré Cœur ou Le plan du Sacré Cœur sur le monde* [4]. Notre sujet y est largement évoqué : le Vœu national, Sedan, Rome et la Commune en réponse à 1689 et à Louis XVI, saint Denis l'Aréopagite à Montmartre, la loi d'utilité publique (non critiquée), Adèle Garnier et l'Adoration perpétuelle, Mme Royer et le comte de Chambord. Autant d'exposés que précèdent un survol de la Bible et de l'histoire de l'Église et divers passages ou chapitres concernant saint Jean Eudes, sainte Marguerite-Marie

1. Bien sûr, toute cette étude sur la contestation contestée du Vœu national, de 1870 à nos jours, supposerait une véritable histoire de la basilique de 1920 à nos jours, faisant suite et pendant à celle qui a été écrite pour les années de 1870 à 1920. On se dit qu'elle est empiriquement connue de nos lecteurs et on en appelle à leur indulgence.

2. Nous avions pensé trouver un maillon entre le XIXe siècle et 1960-1990 dans l'ouvrage du marquis de La Franquerie, *La mission divine de la France* (1926, rééd. 1955), mais il n'y est pas question du Vœu national. Est-ce le caractère « orléaniste » et « démocratique » de l'entreprise de Montmartre, au-deça de sa volonté de donner la priorité au religieux, qui en est responsable ? Il faudrait cependant consulter du même auteur *Le Sacré-Cœur et la France*, Résiac, 1988.

3. *Contre-Réforme catholique*, n° 74, novembre 1973 ; n° 75, décembre 1973 et n° 77, février 1974, p. 13-14. Quelques années auparavant, en 1971, Christine de Nantes, nièce de l'abbé de Nantes, a rédigé un mémoire de maîtrise sur le Vœu national dont nous avons fait grand cas (chap. 12 par ex.) Y a-t-il des liens intellectuels entre les deux auteurs ?

4. Claude Mouton, *Ils regarderont vers Celui qu'ils ont transpercé. Le Sacré Cœur des origines à Claire Ferchaud*, 1988.

et Louis XIV, Mgr de Belsunce et la peste de Marseille, Marie Leszczynska et Clément XIII en 1765, Louis XVI, son « vœu », les guerres de Vendée et la Révolution, sœur Marie de Jésus et la Restauration, les épiphanies mariales, la décision de Pie IX en 1856, les Zouaves pontificaux en Italie et à Loigny. Le tout est couronné par l'épisode de Claire Ferchaud et la guerre de 14-18 et la venue de Jean-Paul II à Montmartre, le 1er juin 1980.

> [Ce parcours] « montre le dessein d'Amour du Sauveur et son déroulement inéluctable. [...]. Oui, de gré ou de force, les hommes regarderont de plus en plus vers Celui qu'ils ont transpercé » [1].

Selon cet auteur l'édification des ex-voto de pierre et de prière du Sacré-Cœur comme les autres événements sus-mentionnés apparaissent vraiment comme des hauts faits de Jésus-Christ à l'état pur, même s'ils ne sont pas toujours acceptés par l'Église. Cet ouvrage semble avoir du succès [2]. Son caractère « non critique » [3] ne renvoie pas seulement à un mode symbolique de pensée, mais aussi à une présentation « politique » de l'attente eschatologique constitutive du christianisme. La notion de catholicité qu'il suppose, – nous la qualifions sans acception péjorative de « pré-historique » –, souligne à l'excès l'unicité de l'élection divine de la France au détriment de la multiplicité des vocations nationales constituées chacune par la multitude des vocations personnelles.

Des textes moins développés, avec des perspectives légèrement différentes qu'il faudrait préciser, intègrent également ces dernières années, tout spécialement en 1989, le Sacré-Cœur dans » la merveilleuse histoire de la France et du Cœur de Jésus [4]. On peut signaler dans cet ordre d'idées un agenda de la Rénovation familiale [5], tel numéro de la revue *Dieu est amour* chez Téqui [6], le livre d'Ivan Gobry sur Marguerite-Marie [7], un éditorial de

1. Citation de la quatrième page de couverture de l'ouvrage en question.
2. On le trouve utilisé (mais non cité) aussi bien dans *Présent* du samedi 17 juin 1989, pour commémorer 1689 (et 1789!) que dans le *Bulletin paroissial de Saint-Pierre de Chaillot* du 11 mars 1990, pour présenter l'Adoration perpétuelle de Montmartre.
3. P. Glotin, « Réparation », *DSAM*, col 391. Un point dont Claude Mouton semble bien d'ailleurs convenir.
4. On pensait trouver une mention du Vœu national dans le bulletin de Saint-Nicolas du Chardonnet qui parlait de « 1689 ». Il n'en est rien. « Il n'a jamais été fait droit à la demande du Seigneur à Marguerite-Marie » (Jacques Ogliastro, « 89 : L'année du tricentenaire » dans *Le Chardonnet*, n°43, janvier 1989). Parler du Vœu national aurait peut-être donné un gage à l'Église « officielle » ! Il faudrait voir s'il en est aussi ainsi dans Jean de Bronac, *De saint Martin de Tours au Fils Aîné du Sacré Cœur*, DPF, 86 Chiré-en-Montreuil, [1989], (recensé par *Esprit* et Vie du 19 avril 1990, p. 116). Même absence du Sacré-Cœur dans la conférence du 8 janvier 1989 de Dominique Poulain, « 1989 » dans *Bulletin des Oblats-Patriotes*, 76, rue Nollet, 75017 à Paris. L'absence du Vœu national est-elle délibérée dans ce parcours qui commence avec 1589, (l'avènement d'Henri IV qui rend possible Louis XIII et la consécration de la France à Marie), passe à « 1689 » et « 1789 », (on saute 1889), s'étend sur « 1929 » (sœur Lucie et la Russie) et regarde venir « 1989 ».
5. Chaque jour, une communauté religieuse et un évêque prient pour la famille. Voir [Jean-Gilles de Collieres], *Agenda*..., 1989, p. 3.
6. Voir Marie de Comeiras, *1689*..., 1989.
7. Ivan Gobry, *Sainte Marguerite-Marie*,..., P., Téqui, 1989.

*L'Homme nouveau* [1], un tract anonyme réclamant toujours la consécration de la France au Cœur de Jésus [2]. Dans ces textes, le Sacré-Cœur si connu, si visible dans Paris, au moins en son histoire de 1870 à 1919, manifeste l'intérêt quasi direct du Christ pour la France et la réponse de celle-ci ; c'est, toujours selon ces auteurs [3], une étape victorieuse d'un combat qui continue et dans lequel Dieu est engagé, ce Dieu victorieux en Jésus ressuscité, qui promet la victoire finale au ciel et/ou, pourquoi pas, dès demain, sur terre (voir chap. 30 sur la critique du triomphalisme) !

## C. Le Vœu national vu par lui-même

Devant ces multiples interprétations contemporaines des origines du Vœu national, ses responsables des dernières décennies n'ont pu évidemment rester muets. Tout comme Hubert Rohault de Fleury et le comité du Vœu, comme les cardinaux fondateurs et comme les chapelains de l'époque de la construction, ils ont adopté une position non pas médiane par rapport aux deux attitudes précédemment présentées, mais proprement théologique, qualitativement autre. On aura remarqué en effet le caractère politique de chacune de ces deux positions, de ces deux dérives par rapport au XIX^e^ siècle, – un caractère politique qui apparaît en finale dans le cheminement de la pensée mais qui est consubstantiel à leur logique. On devine quelque chose du Sillon dans la généalogie de la première attitude et une influence de l'Action française dans celle de la seconde, une sorte de théorie du pouvoir directif chez l'une et du pouvoir direct chez l'autre [4]. Il pourrait être question d'une Église qui par rapport à la cité est « théo-sympathique » dans le premier cas, « théocratique » dans l'autre. Les sociologues et les journalistes parlent en simplifiant les choses de « progressisme » et d'« intégrisme » pour désigner un aspect extrême et marginal de tels courants.

1. Thierry Boutet, *L'Homme nouveau* du 5 mars 1989, p. 20.
2. Voir ***, *Le Cœur...*, 1989. Photocopie d'un montage de textes des XIX^e^ et XX^e^ siècles.
3. Et de bien d'autres ! Par exemple : Le Sacré-Cœur est mentionné abondamment par Jean Phaure, *La France mystique de la Gaule à la fin des temps. Réflexions méta-historiques sur l'histoire de France*, 1986. Mais le point de vue de ce livre lié, semble-t-il, à l'ésotérisme est différent des précédents et son étude dépasse cette fois vraiment notre sujet.
4. Nous rappelons encore une fois les analyses de Jacques Gadille sur *La pensée et l'action des évêques au début de la III^e^ République* (1967) et renvoyons surtout à la conclusion du chapitre 2 de la première partie (t. I, p. 108) où il montre qu'à l'opposition superficielle entre intransigeants et libéraux [super-intransigeants et super-libéraux], on doit substituer la distinction [...] des relations des deux sociétés, entre partisans d'un pouvoir direct, indirect ou simplement directif de l'Église par rapport à l'État ».

Dès le ministère de Mgr Aubé et de l'abbé Dérumaux (1953), au temps du cardinal Feltin, un effort est fait pour éviter un blocage entre les « Hommes de France voués au Sacré Cœur » et les anciens combattants en essayant d'ouvrir l'ex-voto de prière aux familles [1]. De même on tente de dissocier le Vœu national des demandes du Christ à Louis XIV par Marguerite-Marie en soulignant la fragile authenticité des lettres par lesquelles on les connaît, en distinguant une présentation « mystique » des origines et du sanctuaire et une présentation « politique » [2]. On a déjà vu, à propos de la question du Sacré-Cœur et de la Commune, comment Mgr Charles a voulu être à une date récente le témoin d'une ouverture à des gens de gauche comme à des gens de droite dès lors qu'était admis, reconnu et respecté le caractère proprement religieux des origines du Vœu national et de l'ex-voto de pierre (chap. 26). En 1973, en présence de la contestation par des chrétiens de gauche et des interprétations de ceux de droite, Mgr Charles fait le point dans un important article intitulé « le Sacré Cœur, mystique politique ! » (le point d'exclamation est plein de sens) [3]. Comme dans le cas de la Commune, il tient à affirmer une antériorité chronologique du caractère « purement religieux » du Vœu national ainsi que sa permanence logique par rapport à « une spiritualité à la fois mystique et temporelle » adoptée par un grand nombre de « Montmartrois », y compris, le P. Lemius. Selon Mgr Charles,

> « on ne peut alors écarter complètement l'accusation de dévotion entachée de nationalisme et de politique partisane ».

Face aussi à des adversaires qui mélangeaient tout, il était difficile de raison garder et l'on concède une part du feu (que nous contestons). Cependant, tant dans sa fondation que dans son existence d'aujourd'hui, Mgr Charles tient à souligner que la basilique

> « proclame, de tous les côtés il est vrai, l'indépendance du religieux en face du politique. Le premier doit, certes, inspirer les attitudes sociales et politiques des chrétiens, mais celles-ci n'appartiennent ni à la catégorie de l'absolu, ni à la révélation. Elles comportent donc une certaine diversité, qui doit trouver accueil dans les sanctuaires, sans inféodation ».

Par un enseignement des principes de la conception chrétienne de la vie en société, l'Église éclaire les consciences qui le veulent bien et leur permet de prendre des décisions sous leur responsabilité en fonction des circonstances dont elles ont connaissance. Ainsi, mais « indirectement », l'Église s'occupe

1. *Montmartre*, avril, juillet, octobre 1945.
2. Voir André Dérumaux, « Crise... », 1951 ; « Le drapeau... », 1950 et *CHAD* ; « Origines... », 1953.
3. *Montmartre-Orientations*, n° 8, Noël 1973, p. 10-11.

de politique[1]. C'est ainsi que les cardinaux Guibert, Richard et Amette, que Legentil et Rohault de Fleury comprenaient les choses et veillaient à ce qu'elles soient ainsi comprises. Pour imiter leur discrétion, le centenaire du Vœu national fut reporté jusqu'en 1975 et célébré à Rome lors de l'Année sainte autour de Paul VI qui mettait l'accent sur la seule prière pour l'Église et le pape. Le 1er juin 1980, la venue et l'allocution du pape Jean-Paul II à Montmartre ont été considérées comme des confirmations de cette façon de voir et de faire[2]. Des hommes politiques avaient tenu à être là[3] avec des milliers de fidèles, mais l'accent était pour tous mis sur l'adoration perpétuelle.

Le regard sur la dévotion au Cœur de Jésus et l'histoire du Vœu national est resté sensiblement le même au Sacré-Cœur en 1989, année des centenaires (1689, 1789, 1889). La même discrétion et la même justesse théologique et pastorale ont caractérisé Montmartre[4] et Paray-le-Monial[5] dans toutes ces questions. Dans un numéro de synthèse, lors de leur départ du Sacré-Cœur, les PP. de Vorges et Gitton essaient de montrer que la dévotion du Cœur de Jésus utilisée ou critiquée comme étant « nationaliste » était simplement et légitimement patriotique, qu'elle était tout entière vouée à la contemplation du Christ et à l'évangélisation de Paris, de la France et du monde[6].

Dès les années 1870 et jusqu'à ces dernières années, la « politique » du Sacré-Cœur (son mode de présence dans la cité et sa place dans l'Histoire), a donc été l'objet d'une contestation généralisée provenant aussi bien d'anticléricaux que de certains catholiques. Au nom d'un idéal républicain, patriotique, démocratique, laïque et révolutionnaire, au nom d'un idéal qui se reconnaissait dans la Commune de Paris, au nom d'idéaux rattachés à des notions contestables de la catholicité-universalité, le Sacré-Cœur, ses responsables et les valeurs qui les animaient ont été fortement critiqués. On pense avoir

1. L'analyse de Mgr Charles était partagée à l'époque par l'abbé Ladame, de Paray-le-Monial, qui menait sa réflexion à partir des grandes apparitions de 1675 et non du seul message de 1689. Voir Jean Ladame, *Les faits*..., 1970.

2. Texte de ces allocutions dans *Montmartre-Orientations*, juin 1975 et juin 1980. Voir aussi Gérard Dufour, *À l'école*..., 1990.

3. Les députés Jean-Pierre Pierre-Bloch (UDF), Roger Chinaud (UDF) et Joël Le Tac (RPR). Voir *Demain notre 18e*, n° 16, juillet 1980, p. 12. La ville de Paris avait bien voulu assurer une grande part de l'organisation matérielle.

4. Voir F. de Vorges et Gabriel Nanterre, « Consacrer la France au Sacré Cœur ? » dans *Montmartre-Orientations*, supp. n° 99, 1989, p. 6 et 7.

5. P. Gérard Dufour, « Tricentenaire et dernière année de Marguerite-Marie » dans *Paray-le-Monial*, n° 88-92, de juillet 1989 à juillet 1990 : « Le message à Louis XIV concerne le roi et non la France comme telle. Et de toute manière, pris dans l'ensemble des révélations privées de Paray, il n'a, au regard de la foi éclairée par l'Évangile et l'Église, qu'une valeur relative » (n° 88, p. 5). Ceci dit, il n'en parle plus. Cette question est cependant annoncée dans le cadre du congrès sainte Marguerite-Marie par le P. Bernard Peyrous en octobre 1990. Nous n'avons point eu le texte de cette conférence au jour de cette mise au point.

6. *Montmartre-Orientations*, n° de juin 1990. Une telle présentation a certainement inspiré Jean-Frédéric Tronche pour son article dans *France-Soir* (réf. en 1990).

montré l'origine de tout cela dans une réduction, aux yeux des contestataires, du catholicisme à une attitude politique, rejetée par les premiers, adoptée d'une façon non critiquée par les seconds.

Cependant, la construction du Sacré-Cœur entre 1870 et 1920, en la personne de ses responsables et de l'immense majorité des fidèles qui leur faisaient confiance, fut un témoignage de foi et de morale catholiques : patriotisme (c'est-à-dire un « nationalisme ouvert » distinct d'un « nationalisme fermé »), loyalisme à l'égard de l'autorité établie, appel incessant au respect de la foi d'un grand nombre de Français, y compris dans sa dimension publique ; proposition d'une conception de l'homme qui incluait la dimension religieuse et ceci pour toutes les classes de la société.

Enfin, ces dispositions énoncées ainsi abstraitement ont été vécues au sein d'une merveilleuse histoire de la France et du monde dont les grandes étapes étaient marquées par des interventions divines. Les artisans du Vœu national et les décorateurs de l'ex-voto en ont usé (et abusé : voir les chap. 29 et 30). Ce « légendaire » aboutissait à une entreprise qui faisait appel à l'ensemble des Français. Ils pensaient ainsi correspondre aux temps nouveaux qu'ils vivaient et qui se caractérisent plus ou moins par la « démocratie ». Ce « légendaire » a été une expression conforme à la théologie des responsables du Vœu. Mais il semble, dans les dernières décennies du XX$^{e}$ siècle, avoir été quelque peu délaissé dans l'incertitude et la facilité, comme à la merci de dérives politiques du genre de celles que nous avons essayé de présenter. Toujours nécessaire, il devrait être revu et corrigé en fonction de la théologie de la grande Église en vue d'une politique au service de tous.

# HUITIÈME PARTIE

# CONTESTATIONS DE LA SPIRITUALITÉ VÉCUE AU SACRÉ-CŒUR

Depuis un siècle la place de la basilique du Sacré-Cœur dans la cité et la société a été contestée car sa fonction spirituelle était peu ou pas perçue. Cependant quand cette dernière a été considérée, elle a également été l'objet de critiques tous azimuts. La dévotion du Cœur de Jésus a été soupçonnée des pires perversions et illusions. Il a paru possible de distinguer bien arbitrairement trois aspects de la spiritualité enseignée et vécue dans le cadre de la construction de l'ex-voto national de la France. Le rapport du fidèle à Dieu par le Christ en tant qu'homme connu en son cœur et homme crucifié a été dénoncé comme sentimentalisme et dolorisme (chap. 28). Le rapport du fidèle à Dieu à travers une certaine interprétation de l'Histoire a été qualifié de providentialisme naïf (chap. 29). Le rapport du fidèle à Dieu à travers la considération extrêmement confiante de l'avenir et du salut final a été jugé triomphaliste (chap. 30).

# Chapitre 28
# Une dévotion sentimentale et doloriste ?

De prétendus excès de sentiment et de place faite à la douleur au sein des dévotions au Cœur de Jésus et au Saint Sacrement ont été souvent dénoncés tant entre 1870 et 1920 (§ I) que depuis cette date (§ II). Certains en ont profité pour refuser un Dieu personnel en critiquant les images d'un Dieu-Amant et d'un Dieu-Moloch. Mais depuis quelques décennies ce point de la spiritualité du XIX<sup>e</sup> siècle comme presque tous les autres domaines constitutifs de la culture de ce siècle est réexaminé (§ III) et la présente étude sur le Sacré-Cœur de Montmartre contribue, nous l'espérons, à cette réévaluation (§ IV).

# *I. CONTESTATIONS À L'ÉPOQUE DE LA CONSTRUCTION DU SACRÉ-CŒUR*

Le sanctuaire du Sacré-Cœur hérite de l'histoire houleuse de la spiritualité dont il est désormais un des promoteurs. Avant de s'en prendre à l'état contemporain de la spiritualité, les opposants plaquent sur elle toutes les critiques du passé et finalement la contestent jusque dans son principe, la foi en ce Dieu personnel qui en Jésus, Dieu fait homme, mort et ressuscité, sauve l'humanité.

## A. Critiques de l'histoire de la dévotion au Cœur de Jésus

L'intervention d'Henri Tolain à l'Assemblée nationale en 1873 ouvre les hostilités (chap. 9) presqu'en même temps que l'article « Sacré-Cœur » (1875) du dictionnaire de Pierre Larousse. Tous deux rappellent l'opposition originelle gallicane et janséniste, parlementaire et romaine à cette nouvelle dévotion et à leurs principaux propagandistes, les Jésuites. La personnalité de Marguerite-Marie est sans cesse mise en avant et critiquée ; elle est considérée comme une hystérique, aussi bien par le célèbre encyclopédiste que par un libre penseur, auteur d'un manuel d'hygiène [1], par un Francisque Sarcey [2] comme par un William James. Ce dernier extrait ainsi de la vie de Marguerite-Marie écrite par l'abbé Bougaud tels ou tels traits et propos qui deviennent ainsi incompréhensibles et qui tendraient à montrer que la relation à Dieu vécue chez elle dans la douleur exclut l'amour du prochain [3]. Somme toute, la grande initiatrice de la dévotion au Cœur de Jésus est, dans cette perspective, responsable des désordres de la spiritualité qu'elle a induite : sentimentalisme en quête d'un Dieu-Amant, fonction de son hystérie ; dolorisme lié à l'image d'un Dieu-Moloch, fonction de son goût pour la souffrance (pour ne pas parler encore de son sado-masochisme… !)

1. Jacqueline Lalouette, *Christianisme…*, 1989, p. 32.
2. Voir *HSC*, t. IV, p. 97.
3. William James, *L'expérience…*, 1906, p. 263 et 296. Il parle à propos de Marguerite-Marie de sainteté « théo-pathique ». Les pénitences « fortes » des Visitandines du XVIIe siècle font toujours frémir si on ne les voit pas animées par l'amour qui ne se confond ni avec la jouissance ni avec la souffrance. Pour une approche historique, voir dans Jean Delumeau, *Un chemin d'histoire*, 1981, « Regard à l'intérieur d'une congrégation féminine… », p. 208-225 par exemple.

Sont-ce toutes ces critiques[1] qui ont amené l'abbé Bremond à remonter aux sources de la spiritualité du XIXe siècle et à ignorer pratiquement Marguerite-Marie dans sa magistrale et inachevée *Histoire littéraire du sentiment religieux en France depuis la fin des guerres de religion jusqu'à nos jours*[2] ? Est-ce simplement son « anti-jésuitisme » qui est à la base de l'incompréhension de cette figure mystique ? Quoi qu'il en soit, du point de vue de l'histoire de la dévotion au Cœur de Jésus, la réserve de l'abbé Bremond à l'égard de la bienheureuse Marguerite-Marie n'a pas été sans grande répercussion. Bien sûr comme a ses yeux elle appartient déjà au XVIIIe siècle, il n'en traite pas dans son étude du XVIIe siècle. Marguerite-Marie qui, à sa façon, récapitule la spiritualité de l'école française et annonce bien sûr le XVIIIe siècle, a beaucoup perdu à ce silence auquel il n'est guère facile de remédier.

## B. L'adoration contestée ou le rejet d'un Dieu-Amant

Les deux principales pratiques contestées de la spiritualité de l'époque telle qu'elle a été vécue à Montmartre sont l'adoration et la pénitence[3]. La critique de la première porte sur la focalisation que le fidèle opère sur le cœur-organe du Christ ressuscité, glorieux et présent réellement sur cette terre par les espèces eucharistiques. Les opposants réclament dans ce cas et par dérision, selon ce qui leur paraît être logique (voir P. Larousse par exemple), une dévotion au saint Cerveau ou une autre aux saints Yeux... Ce sont surtout les Adoratrices de Mme Legentil plus que les Adorateurs de François Veuillot qui sont condamnées par un Gustave Téry. À travers sa description si peu bienveillante des réunions d'adoration, on saisit sa critique majeure sur le plan spirituel. Pour lui, aucun doute possible : la basilique est une « école normale d'hystérie ». Et de citer les études sur le sujet de Jean-Martin Charcot, Pierre Janet et Alfred Binet (celles de Sigmund Freud viendront un peu plus tard) ; leur interprétation réductrice du phénomène religieux constitue manifestement la toile de fond « scientifique » de ces réflexions. G. Téry reste hermétique au récit de la conversion d'une jeune fille survenue à Montmartre au cours de

1. Parmi ces critiques, il y a celle de Jules Michelet que l'abbé Ladame nous a signalée mais que nous n'avons pas établie de façon précise.
2. Henri Bremond, *Histoire...*, 1921, index et t. VI, p. 111.
3. La contestation de la représentation du cœur sera traitée à propos de l'art « Saint-Sulpice ».

l'Adoration et rapportée par le *Bulletin*[1]. Il reste tout aussi acerbe à l'égard d'un de ces nombreux traités de vie spirituelle de l'époque, comme celui du sulpicien J. Ribet de 1879. Ses sept étapes de l'ascension de l'âme vers Dieu lui permettent toutes les allusions grivoises possibles[2]. Une ligue féministe se fait l'écho de telles prises de positions :

> « Considérant que [...] les basses pratiques du cordicolisme [...] déterminent fréquemment [...] des crises d'hystérie, des accès de sadisme et des cas de folie érotique très nettement caractérisés, la Ligue du droit des femmes invite le gouvernement à prendre les mesures nécessaires pour mettre fin aux scandales des adorations diurnes et nocturnes »[3].

L'incompréhension entre les catholiques et les anticléricaux pouvait-elle être plus radicale ? Pourtant il y a encore plus révélateur : le silence de Karl-Joris Huysmans à propos de l'adoration du Cœur de Jésus. Il doit être l'écho d'un certain nombre de fidèles. On s'étonne à la lecture de ses œuvres de ne jamais y trouver une mention positive ou négative de cette dévotion et de l'église du Sacré-Cœur. Dans une lettre à l'abbé Henry Moeller, il s'en explique. Il n'a nullement attaqué la première mais la juge dangereuse dans sa forme parisienne de « viscérolâtrie »[4], d'où son silence sur la seconde et en particulier, sur le *Paris* de Zola, son maître, alors qu'il le félicite de son *Lourdes*[5]. Cette répugnance de Huysmans explique peut-être le caractère un peu abstrait de sa mystique de l'expiation pour soi et pour les autres. Cependant quelques uns de ses propos d'*A rebours* et dans sa biographie de sainte Lydwine de Schiedam sur la douleur et l'amour, sur la réversibilité des mérites, comme on disait alors, bien dans le ton de l'époque, auraient peut-être gagné à plus de réserve et à un approfondissement de la spiritualité du Cœur[6]. La réserve de Huysmans porte peut-être d'ailleurs davantage sur certaines représentations du Cœur produites pendant un temps par le P. Voirin en particulier (voir chap. 21 et 31)

1. Gustave Téry, *Les Cordicoles*, 1902, p. 180-182 citant *BVN*, 1899, suppl. d'avril, p. 22-37.

2. Gustave Téry, *Les Cordicoles*, 1902, p. 198-207 citant Jérôme Ribet, *La Mystique divine*, Poussielgue, 1879. P. Pourrat, *La spiritualité chrétienne*, 1928, p. 642, fait grand cas de cet auteur.

3. Gustave Téry, *Les Cordicoles*, 1902, p. 70-73, 200-213 et p. 328-329. Voir aussi ***, *Les Femmes*..., 1902 et la citation du journal *Le Radical* faite par Michel Cinquin, *Deux pèlerinages*..., 1980, p. 277 : « L'adoration du Sacré-Cœur à la fois mystique et érotique constitue un péril moral pour la France. »

4. Voir *Catalogue de la vente du 30 mars 1990*, Paris, Hôtel Drouot, lot n° 83, 18 L. A. S., 1895 ; 56 p. in-8 ou in-12, lettre du 15 mars 1895 (aimablement communiqué par Jacques Foucart). L'abbé Henry Moeller (1852-1918), prêtre belge, était directeur de la revue *Durendal*.

5. Comme il se félicite du livre sur Lourdes d'Henri Lasserre. Voir K. J. Huysmans, *La Cathédrale*, 1898, p. 32-33.

6. Voir K. -J. Huysmans, *A Rebours*, 1884, p. 179 et *Sainte Lydwine*..., 1901, p. 255. Sur la théorie de la substitution chez Huysmans, Massignon et Foucauld, voir Guy Harpigny, « Louis Massignon..., », dans *RSR* 75/1 (1987), p. 46.

que sur la pratique elle-même de l'adoration du Cœur du Christ. Quoi qu'il en soit, cette dernière a été l'objet d'une contestation fondamentale qui semble liée à une méconnaissance du réalisme de l'Incarnation du Fils en ses dimensions physiques et psychiques.

## C. La pénitence contestée ou le rejet du Dieu-Moloch

Un autre mystère essentiel du christianisme est aussi remis en question : celui de la rédemption par la croix. Gustave Téry propose une parabole.

« Un catholique, qui observait strictement les diverses règles d'abstinence établies par l'Église, vint un jour prier à dîner un de ses amis, joyeux drille dont le peu de foi ne laissait pas de l'affliger.

« Celui-ci demanda :

– Nous ferons bonne chère ?

– Je tâcherai de vous nourrir honnêtement, dit le catholique.

– Et si, reprit l'autre, quand vous me passerez le plat, je m'avisais de cracher dessus, qu'est-ce que vous diriez ?

« Interloqué, le croyant s'écria :

– Je dirais que vous êtes un malotru ! Mais où voulez-vous en venir, J'entends mal le sens de cette plaisanterie...

– Ce n'est pas une plaisanterie, dit le joyeux drille, c'est tout au plus une parabole. Vous et les vôtres, qui pratiquez si exactement le jeûne et l'abstinence, vous qui mortifiez votre chair et lui refusez la joie d'amour, ne voyez-vous pas que dans vos rapports avec votre Dieu vous oubliez les élémentaires exigences de la courtoisie ? Comment ! Le créateur vous a tiré du néant pour vous convier au banquet de la vie ; il vous propose à sa table les plus délicates nourritures ; pour charmer vos sens, il vous a ménagé l'infini divertissement de l'univers ; il a fait pour vous la saveur des fruits, la parfum des roses, le sourire des femmes. Et quand il vous donne tout cela, sans compter, vous ne savez que lui répondre avec une grimace maussade : « Dites donc, Père éternel, vous n'avez rien de mieux à m'offrir ? Gardez cela pour vous, car cela est méprisable, et j'aurais honte d'en jouir. » En vérité, n'est-ce pas la pire goujaterie ? Votre ascétisme chrétien n'est-il pas, pour cet auteur des choses auquel vous croyez, la plus grossière des injures et le plus direct des blasphèmes ? Vous qui jeûnez, mon ami, et croyez être agréable à Dieu en refusant de voir les belles filles, d'aller vers les bras blancs qui s'ouvrent et les lèvres en fleur, n'êtes vous pas justement le convive malotru qui crache dans le plat sublime de la création »[1].

1. Gustave Téry, *Les Cordicoles*, 1902, p. 177-179. Rappelons que *Les Nourritures terrestres* d'André Gide sont de 1895.

Si Gustave Téry refuse même cette forme de pénitence douce, il refuse et méconnaît *a fortiori* les vocations religieuses « expiatoires ». Il a lu la vie de Marie-Cécile Didier (1876-1900), visitandine « morte pour la France » après deux ans de vie religieuse [1]. Pour lui, le Dieu des cordicoles est une sorte de dieu Minotaure qui réclame des sacrifices humains, « un Sacré Cœur Moloch », titre de son chapitre VII.

Surtout, les anticléricaux critiquent les réflexions concernant l'origine de la souffrance. Les malheurs de 1870-1871, l'incendie du bazar de la Charité et la crue de 1910 ont donné aux uns et aux autres de s'exprimer tout au long de notre période. On lit dans *le Bulletin du Vœu national*

« qu'une certaine presse a voulu faire du tapage autour du discours de l'abbé Langlois en 1910, comme elle le fit pour le sermon du P. Ollivier, à Notre-Dame, après l'incendie du bazar de la Charité » [2].

Cette réflexion du chroniqueur montre combien le thème des « épreuves nationales », sanctions de « fautes nationales » est le lot commun de la pensée catholique de l'époque et qu'il faut l'avoir présent à l'esprit avant d'examiner l'appel à la miséricorde de Dieu et à son amour, surtout à travers la dévotion au Cœur de Jésus. Ce thème suscite donc l'indignation d'une « certaine presse » et laisse un écho, par exemple, chez un Antonin Debidour qui réagit vivement tant aux propos des catholiques de 1870 qu'à ceux du P. Ollivier [3]. Ainsi dénonce-t-il, à propos de la guerre,

« l'inconsciente habitude d'attribuer les calamités publiques au penchant – inique, absurde et féroce – qu'aurait la divinité à punir des millions de fidèles pour l'incrédulité de quelques-uns »,

ou encore stigmatise face à l'incendie du bazar de la Charité

« cette thèse barbare et monstrueuse que la catastrophe du 4 mai 1897 n'était qu'un châtiment divin de l'orgueil de ce siècle »,

pour conclure :

1. Gustave Téry, *Les Cordicoles*, 1902, p. 184-192 citant François Veuillot, *Au drapeau ! Pour la France.*

2. *BVN*, 1910, p. 35 et notre chap. 4.

3. On ne retrouve cependant pas chez l'abbé Langlois en 1910 l'idée développée par le P. Ollivier en 1897 de l'innocence des victimes : « Que la justice céleste voulait que les innocents périssent pour racheter les crimes des coupables ; que tant de bons Français qui étaient morts vingt-sept ans auparavant en défendant leur patrie n'avaient pas constitué une expiation suffisante, que « des victimes encore plus pures manquaient à l'holocauste », bref que « le Dieu de nos pères devait être béni d'avoir cru leurs enfants capables de payer la rançon de leurs fautes, si lourde que fût la dette et si dur que dût être le paiement » (propos du P. Ollivier rapportés par Antonin Debidour, *L'Église*…, 1906, t. II, p. 160).

« Cette immorale et inepte théorie de la justice divine souleva d'indignation tout l'auditoire, tout Paris, toute la France » [1].

Nous avons trouvé une réponse anticléricale au problème du mal et de la souffrance sous la plume de l'opposant par excellence à la basilique, G. Clemenceau. Les points de désaccord entre les hommes du Vœu national et Georges Clemenceau, sont nombreux. Mais le principal réside certainement dans le jugement porté sur l'origine des malheurs des hommes et leurs remèdes. Clemenceau fait sien le préambule de la Déclaration des droits de l'homme tant de 1789 que de 1793 selon laquelle « l'oubli et le mépris des droits naturels de l'homme sont les seules causes des malheurs du monde... » [2]. Mais le rappel des droits entraîne des violences « qui ne sont que des conséquences fatales de l'apparition de ces grands principes sur la scène politique » [3]. C'est que les idées nouvelles ne pouvaient triompher pacifiquement. Les violences de la Révolution font partie de la Révolution prise en bloc (chap. 24). S'il en est vraiment ainsi, on comprend bien que les remèdes soient la science et l'instruction sous toutes leurs formes, car la guérison des maux, apparemment, n'est pas dissociable de la connaissance de leur origine.

Mais quel est le poids de ces affirmations devant l'expérience de « l'interne provisoire » de Bicêtre en 1862, telle qu'il la rapporte dans *La Mêlée sociale* en 1895 :

« Je ne sais rien de plus révoltant que le spectacle de la fatalité physiologique et sociale chez l'enfant. [...] J'ai vécu, pendant toute une année, au milieu des petits épileptiques de Bicêtre. Je les ai vus arriver gais, intelligents, avides de plaisir et de joie, et puis s'assombrir, à mesure que l'affreux accès se répétait, s'obscurcir, s'abêtir, tomber dans l'idiotie où surnage juste assez de vie matérielle pour que le créateur puisse se repaître à son aise de la souffrance de sa créature. Eh bien, quand ils arrivent, on pressent l'inévitable, mais on lutte. Qui sait ? On vaincra peut-être » [4] !

On le voit, pour A. Debidour comme pour G. Clemenceau, le rejet d'un Dieu-Moloch est la pièce essentielle de leur position antireligieuse en général et de leur contestation du Sacré-Cœur en particulier [5].

1. Antonin Debidour, *L'Église...*, 1906, t. I, p. 14 et t. II, p. 160.
2. R. Barrillon, *Dictionnaire...*, 1976, p. X et ***, *La Convention...*, 1958.
3. Cité par E. Lecanuet, *L'Église...*, 1906, t. I, p. 39. Art. de 1862 du jeune G. Clemenceau.
4. Cité par J. -B. Duroselle, *Clemenceau*, 1988, p. 55.
5. Dans un esprit assez proche, Victor Hugo décrit à sa façon la mentalité des gens d'Église justifiant la fin de la Commune : « Sans le glaive, après tout le meilleur somnifère, / Nulle société ne se tire d'affaire, / Et c'est un dogme auquel on doit s'habituer / Que, lorsqu'on sauve, il faut commencer par tuer » (*L'Année terrible*, juillet, IX, 1872 dans la Pléiade, p. 456).

## D. Autocritiques d'époque

Il n'y a pas que des anticléricaux, certains protestants et certains catholiques qui, par leurs propos ou par leurs silences, aient pris leurs distances par rapport la spiritualité de leur temps, il y a aussi des théologiens[1]. Avec les PP. Poulain s. j., Monsabré et Hugon o. p., trois autorités, il ne s'agit plus du non-dit d'esprits catholiques mais d'autocritiques explicites. Ils émettent des réserves au nom de la prudence sur les propos et pratiques de leurs contemporains. Le premier dans sa somme spirituelle critique et présente de façon respectueuse l'expérience mystique qu'il considère comme exceptionnelle et met en garde contre l'enseignement diffusé dans de « petites feuilles » comme celles, semble-t-il, du P. Giraud du sanctuaire de La Salette, qui préconise la pratique du « vœu de victime » sans assez de réserve. Il aimerait aussi que les mystiques se gardent des exagérations de langage et que surtout leurs lecteurs sachent ce que parler veut dire quand ils essaient de traduire l'ineffable en mots humains[2]. Le P. Monsabré dénonce lui aussi le « sentimentalisme mystique »[3]. Il en est de même, toutes proportions gardées, dans le domaine de la théologie de la Rédemption selon le P. Hugon. L'idée de châtiment appliquée discrètement à l'analyse de ce grand mystère et la théorie de « l'expiation pénale », sainement expliquée, dégagée de toutes les exagérations de pensée et d'expression n'ont pas lieu de scandaliser. Les métaphores peuvent être énergiques, mais demeurent des métaphores avec leur intérêt et leurs limites. Les prédicateurs avec foi et bon sens peuvent donc les utiliser pour faire ressortir l'horreur du péché qui reste le grand malheur et le vrai mal[4].

1. Il y a aussi une sainte Thérèse de l'Enfant-Jésus. Ce que nous en disons dans notre chapitre 4 la montre à la fois à l'unisson de son époque et en état de critique par rapport à elle.

2. Auguste Poulain, *Des Grâces*..., 1906, chap. IX, 14 à 17; XII, 8; XIX, 14. Sur le P. Poulain et la controverse avec Mgr Saudreau, voir ces deux noms dans *DSAM*.

3. Art. « Monsabré », *DTC*, col. 1333.

4. Edouard Hugon, *Le Mystère*..., 1905, p. 270-275.

# *II. CRITIQUES CATHOLIQUES DE 1920 À 1990*

## A. L'abbé Rivière rejette le P. Monsabré

La réévaluation de la spiritualité du XIXᵉ siècle comme celle de l'art ou du comportement politique des catholiques de cette époque ne peut se faire qu'à travers l'étude des nombreuses contestations dont elle a été l'objet. Une présentation des jugements portés depuis 1920 environ sur la spiritualité de la période considérée ici se révèle, comme dans les autres domaines, du plus haut intérêt. On aboutit à une sorte de condamnation si radicale qu'on se demande si elle n'aboutit pas d'elle-même à se remettre en question [1].

Les jugements sur la spiritualité des années 1870-1914 concernent surtout la rédemption. Jean Rivière, dans son œuvre magistrale vulgarisée par l'article « Rédemption » du *Dictionnaire de théologie catholique*, vers 1935, classe en trois systèmes les discours sur l'œuvre de salut du Christ : le châtiment, l'expiation et la réparation laquelle inclut la satisfaction anselmienne [2]. Il défend et illustre la réparation, valeur la plus moderne et la plus traditionnelle à ses yeux, dont il semble faire le centre de sa synthèse [3]. Il accepte à moitié l'expiation et refuse catégoriquement d'utiliser les notions de châtiment et de punition dans un discours sur la rédemption, malgré des fondements pauliniens (*Gal.* 3, 13 et 2 *Cor.* 5, 21). On sent qu'il vise les analyses protestantes de ces notions et qu'il se défend contre les critiques contemporaines plus ou moins catholiques.

> « Seul un insigne parti pris permet à J. Turmel [...] de confondre la doctrine catholique, sur la foi de quelques orateurs au langage intempestif, avec un système par l'Église si catégoriquement désavoué » [4].

1. Il y a cependant au début du XXᵉ siècle des présentations positives de la spiritualité de la fin du XIXᵉ, mais elles ne semblent pas avoir donné le ton. Voir par exemple P. Pourrat, *La spiritualité chrétienne*, 1928, p. 629-647.

2. L'abbé Rivière souligne à juste titre le rôle de la liberté du Christ dans la théorie de saint Anselme en mettant en avant le chapitre 11 du livre premier du *Cur Deus homo*. Anselme y présente ce qu'on pourrait appeler son axiomatique. Il y définit le péché et ce qu'il appelle « la satisfaction pour le péché » et « l'honneur de Dieu ». Il s'agit essentiellement de soumission de la volonté humaine à la volonté divine. Voir Saint Anselme, *Pourquoi...*, réf. au XIᵉ siècle, et col. 1942 et 1960 de « Rédemption », *DTC*. La notion analogique de « satisfaction vicaire » liée au système féodal y actualise la signification et la valeur de la mort du Christ. Le premier concile du Vatican a manqué de la définir pour lutter contre une rédemption du Christ purement moralisante (« Rédemption », *DTC*, col. 1920 ; notre chap. 4).

3. Si à l'époque L. Richard, *Le dogme de la rédemption*, 1932, p. 166-169 semble partager cette préférence, il n'en est pas de même d'Eugène Masure, *Le Rédempteur*, dans ***, *Le Christ*, 1932, p. 541-543, qui considère la réparation davantage comme une notion de spiritualité que de théologie.

4. J. Rivière, « Rédemption », *DTC*, t. XIII, col. 1969-1975.

Parmi ces orateurs, il place bien sûr le P. Monsabré dont il cite les conférences de Carême de 1880 et 1881, « années terribles » pour les catholiques. Un de ces extraits est célèbre et sera souvent repris pour « condamner » le P. Monsabré :

> « Dieu a trouvé en son Christ... le péché à châtier... Dieu voit en lui comme le péché vivant... Le Christ est l'homme humanité. La justice divine...se satisfait sur lui... Épargnez-le, Seigneur, c'est votre Fils. Non, non, c'est le péché ; il faut qu'il soit châtié. C'est le maudit par excellence... selon l'Apôtre. »

L'abbé Rivière, loin d'appliquer comme le P. Hugon, la notion de métaphore à ce genre de propos, loin de faire une critique du langage et une mise en situation historique, rationalise le discours, en fait un système qui n'a jamais été et distribue des prix, oubliant que les mêmes critiques peuvent s'appliquer aux autres façons de parler de la rédemption y compris la sienne. Le message du P. Monsabré n'est pas pris dans son ensemble : même s'il peut être l'objet de telle ou telle réserve concernant par exemple l'idée que le mal moral pourrait être une épreuve de Dieu pour le bien, il souligne, d'ailleurs à travers la dévotion au Cœur de Jésus, un salut par l'amour de Dieu et des hommes, fut-ce au prix de souffrances [1]. Le dispositif d'ensemble vécu entre 1870 et 1920 n'est plus perçu comme tel. La dévotion au Cœur de Jésus liée par ailleurs au patriotisme [2] semble éclipsée par celle du Christ-Roi. La première Action catholique spécialisée se réfère plus à ce dernier titre qu'à l'autre. La spiritualité de la période précédente devient le fait de la génération des anciens combattants. Elle a conduit à la Grande Guerre et paraît désormais dépassée.

## B. Contestations durant les années 1940-1970

La mention en 1945 de « quelques « hommes de France au Sacré Cœur » » faite par le P. Michonneau dans le milieu paroissial confirme ce jugement. On se moque des processions « pour donner des satisfactions illusoires au Cœur

1. Voir « Monsabré », *DTC*, col. 2328 et 2329.

2. Voir chap. 27. En 1990, le cardinal Decourtray juge la spiritualité au Cœur de Jésus de sa jeunesse de la façon suivante : « Dans mon enfance, [son lien avec des courants politiques ou des idéologies contingentes] était encore [exploité] et certains cantiques de ce temps en l'honneur du Cœur de Jésus portent la marque d'un nationalisme fort peu évangélique ! ». Cardinal Decourtray, « Un renouveau pour l'Église de France » dans *Paray-le-Monial*, n° 96, novembre 1990, p. 8.

de Jésus ». Parmi les œuvres, il n'y a plus d'œuvres de piété[1]. La spiritualité de la période 1870-1920 qui n'a pas été actualisée chez les jeunes générations de 1919-1939 devient un objet qui sert de repoussoir, une spiritualité du « sentiment » opposée à celle de « l'action ». Vers 1950, les rédacteurs (surtout l'abbé Dérumaux) de la revue *Montmartre* lance une enquête pour interroger ses lecteurs et ses amis sur « la crise et l'évolution dans la dévotion envers le Sacré Cœur » liée à l'adoration eucharistique[2].

Un tournant semble être opéré à cette époque par l'influence posthume du P. de Montcheuil, à partir de 1945, lorsqu'il prend ses distances avec la présentation de la théorie anselmienne de la rédemption faite aussi bien par les prédicateurs que par les théologiens cités plus haut, présentation à laquelle il reproche de ne pas dire pourquoi il nous faut participer à notre rédemption, présentation qui donne une fausse idée du rapport du péché à Dieu[3], présentation de fait très liée à l'adoration réparatrice du Cœur et du Corps du Christ. Au nom d'une « rédemption, mystère d'amour » (titre du chap. IX), amour pur et simple que le péché ne saurait blesser, le P. de Montcheuil « sous-estime sans doute en Dieu la volonté amoureuse d'être affecté par le péché de l'homme, alors que de soi il est infiniment au-dessus »[4]. Loin de montrer que l'établissement de l'Alliance implique l'amour dans les conséquences du péché, de fait, le P. de Montcheuil dissocie les deux. Sa réaction saine induira une non-pratique de la pénitence (réponse pénible d'amour) au nom d'un « amour que le péché ne peut atteindre » et que la pénitence ne peut « consoler » et « réparer ». Surtout, elle suscitera en ce qui concerne notre sujet, une incompréhension de plus en plus radicale de la spiritualité du XIX$^e$ siècle dans son ensemble[5].

Chez un P. Philippe de la Trinité, nous assistons à un véritable jeu de massacre. Rien ne subsiste des prédicateurs des XVII$^e$-XIX$^e$ siècles en matière de rédemption et par le fait même répétons-le, des dévotions réparatrices.

> « Depuis trois siècles surtout, notre climat chrétien est saturé de rigorisme et d'agressivité, sous le signe du jansénisme, et cela porte les fidèles d'abord au découragement, puis à l'indifférence d'un libéralisme fade et pervers ».

1. Abbé Michonneau, *Paroisse*..., 1945, p. 46 et 59. Cependant, il faut reconnaître que quelques années plus tard, le P. Michonneau présente les Hommes de France d'une façon plus favorable dans *Pas de vie chrétienne sans communauté*, Cerf, p. 108-109 (voir Revue *Montmartre*, n° 237, carême 1961, p. 6-7).
2. *Montmartre*, mai 1949, n° 168, p. 24. Résultats dans n° 171, 172 et 173 ainsi que dans *Le Cœur*, 1950, par l'abbé Dérumaux.
3. Yves de Montcheuil, *Leçons*..., 1949, p. 127-134.
4. Bernard Sesboüé, « Salut », *DSAM*, col. 280.
5. Doit-on voir chez le P. de Montcheuil une influence de la célèbre thèse « peu catholique » de l'évêque luthérien Anders Nygren selon laquelle la notion chrétienne de l'amour s'identifie seulement à celle d'*agapè* et n'assume rien de l'*érôs* ? Voir Anders Nygren, *Erôs et agapè*, 1930.

Il fait remonter tous les malheurs à saint Anselme et à sa théorie de la satisfaction[1]. Grâce à Jean Rivière surtout, il cite les prédicateurs du XIXe siècle, dont le P. Monsabré. Au nom d'un « Dieu d'amour » (on ne parle plus du Cœur) qui s'oppose radicalement à un « Dieu de colère », rien ne trouve grâce à ses yeux dans les époques antérieures. La colère comme la justice de Dieu loin d'être avec la joie et la miséricorde de Dieu des manifestations de son amour ineffable, deviennent les attributs exclusifs d'un Dieu-Moloch qu'il faut refuser. Si le Dieu des jansénistes n'est pas le Dieu des catholiques, il aurait pu essayer de voir si les prédicateurs du XIXe siècle ne proposaient pas une image plus équilibrée qu'il ne le dit du Dieu de Jésus-Christ. À la limite, dans la perspective du P. Philippe de la Trinité, il n'y a plus de liberté humaine qui puisse se refuser à l'amour de Dieu, il n'y a plus, de fait, de participation nécessairement peineuse au salut.

On ne compte plus dès lors les critiques du XIXe comme étant le siècle du « dolorisme » (mot apparu vers 1919 selon le dictionnaire Robert), siècle qui sert de repoussoir au profit d'un christianisme prétendument optimiste et moderne. La fausse opposition entre le Dieu du Nouveau Testament et le Dieu de l'Ancien est complétée par celle tout aussi fausse entre le Dieu du XXe qui serait évangélique et celui du XIXe siècle qui serait un retour à celui des païens ou de l'Ancien Testament.

## C. Les critiques catholiques (1970-1990)

Durant les années soixante-dix, le XIXe siècle continue d'être jugé sévèrement par tous ceux qui le regardent un peu trop rapidement[2]. Le P. Michel de Certeau, traitant de la dévotion au Cœur de Jésus dans la Compagnie au XVIIe siècle, éprouve le besoin de juger celle du XIXe : « affective et doloriste »[3]. Dans une brillante et séduisante synthèse de la foi chrétienne des années 1970, le

1. P. Philippe de la Trinité, *La rédemption par le sang*, 1959 et *Dieu de colère ou Dieu d'amour*, 1964.

2. Nous pensons par exemple au docteur Pierre Solignac qui à partir d'une seule prière diffusée « encore » vers 1939 et d'un cas pathologique parle d'une spiritualité qui est « une sacralisation de l'écrasement » (titre du premier chapitre). Voir Pierre Solignac, *La névrose chrétienne*, 1976. Nous n'avons pu voir si François Varone, *Ce Dieu censé aimer la souffrance*, Cerf, coll. Apologique, Paris, 1984, traite du problème qu'il dénonce au XIXe siècle. Voir l'analyse de M. A. O'connell dans *Résurrection*, n° 75, 1985, p. 53-56 et une mise en garde épiscopale dans *DC* du 21 décembre 1986, n° 1930, p. 1178-1179.

3. « Jésuites », *DSAM*, t. VIII, col. 1015.

futur cardinal Joseph Ratzinger dénonce, sans vraiment les situer historiquement, cette théologie « sacrificielle » et cette notion d'un Dieu

« dont la justice inexorable [aurait] réclamé un sacrifice humain, le sacrifice de son propre Fils. Autant cette image est répandue, autant elle est fausse... On se détourne avec horreur d'une justice divine dont la sombre colère enlève toute crédibilité au message d'amour » [1].

Plus récemment à propos d'une étude sur *Le Christ selon saint Thomas d'Aquin* du P. Weber o. p., on fait remarquer « une silencieuse rectification » du docteur angélique par rapport à saint Anselme sur les thèmes du rachat et de la satisfaction et on reproche aux « thomistes » tel le P. Monsabré, ne n'avoir pas vu ce « redressement discret » et d'avoir utilisé des théories (la satisfaction vicaire, le sacrifice de substitution) qui doivent être tenues « en vive suspicion » ! Il faut toujours selon le recenseur « tordre le cou à la théologie puissamment vulgarisée du marchand de vin de Roquemaure auteur du *Minuit, Chrétiens* » [2].

Cependant dans les années 1970-1980 un mouvement s'amorce. Certains continuent de vilipender maints propos de prédicateurs et de théologiens aussi bien d'ailleurs du Moyen Age que des Temps modernes mais, en même temps, leur trouvent sous tel angle une certaine valeur ou reconnaissent simplement leur ignorance sur le sujet. Si Jacques Le Brun conclut un article déjà cité sur Marguerite-Marie en parlant

« d'un fréquent glissement, soit vers l'individualisme et l'affectivité, soit vers une expression politique limitée »,

il « se rattrape » de notre point de vue en écrivant :

« Notre conviction est que l'essentiel ne se situe pas au niveau des manifestations politiques et religieuses qui ont suivi en France la guerre de 1870 ou qui ont accompagné celle de 1914-1918, faits encore mal compris ou mal interprétés, et qu'en les isolant de toute l'histoire de la dévotion au Sacré Cœur, on risque de gravement fausser les perspectives » [3].

Le présent travail veut contribuer à cette vue d'ensemble. Si le P. Sesboüé, vers 1988, dans un séduisant et brillant premier temps d'une synthèse future,

1. Voir Joseph Ratzinger, *Foi chrétienne, hier et aujourd'hui*, Paris, Mame, 1977, p. 197, cité par Jean Delumeau, « Les conditions actuelles d'une nouvelle « évangélisation » dans René Luneau, *Le rêve de Compostelle*, 1989, p. 302.
2. Voir Pierre Jay, recension de l'ouvrage du P. Weber (1988) dans *Esprit et Vie*, 14 juin 1990, p. 344.
3. Jacques Le Brun, « Politique... », 1971, p. 35 et 26.

profite des travaux des PP. Urs von Balthasar [1] et Michel Corbin [2] sur Anselme de Cantorbéry et s'attache à « réhabiliter » ce dernier [3], il n'en fait pas de même avec les théologiens et prédicateurs du XIXe siècle, les PP. Monsabré et Hugon en particulier, qu'il ne connaît principalement d'ailleurs, semble-t-il, que par le choix de textes de J. Rivière. Il parle à leurs propos de « développements malheureux de la théologie moderne de la satisfaction », de l'héritage « perverti » de la théologie d'Anselme. N'aurait-il pu les faire bénéficier de son analyse pertinente du caractère métaphorique de tous les discours sur la rédemption [4] ?

## *III. LA RÉÉVALUATION PROPREMENT DITE (1960-1990)*

Les chapitres concernant le XIXe siècle dans les histoires de la dévotion au Cœur de Jésus des PP. Hamon et Bainvel sont des sources importantes. Leurs articles dans les grands dictionnaires théologiques au mot « Cœur » résument bien leurs travaux [5]. Or, leurs jugements sur le période 1870-1920 sont extrêmement louangeurs et manquent quelque peu de recul. Vers 1948, l'abbé Jacquemet, directeur de l'encyclopédie *Catholicisme*, bien que travaillant à l'ombre du Sacré-Cœur, n'a pas cru devoir introduire un article « Cœur » sous la lettre C qui serait paru dans les années 1950. Il n'aurait peut-être rien apporté de substantiellement nouveau par rapport aux précédentes études [6]. Le chanoine Aubert donne le ton dans son *Pontificat de Pie* IX en soulignant le renouveau d'une « orientation christocentrique » propre au XIXe siècle et manifestée par l'adoration du Saint Sacrement et la dévotion au Sacré Cœur [7].

1. Hans Urs Von Balthasar, *La gloire et la croix*..., 1968, t. II, *Styles* *, « Anselme », p. 193-235.
2. Michel Corbin, « La nouveauté de l'Incarnation. Introduction à l'*Épistola* et au *Cur Deus homo* » dans Anselme de Cantorbery, *Lettre*... et *Pourquoi un Dieu-homme*, 1988.
3. On trouve aussi une certaine réhabilitation de saint Anselme mais sans considérations négatives sur le XIXe siècle religieux dans André Manaranche, *Pour nous les hommes*..., 1984, « Le repoussoir anselmien », p. 73-83.
4. Art. « Salut », *DSAM*, col. 279-280, repris dans *Jésus-Christ, l'unique Médiateur*, 1988. La pensée de René Girard analysée par le P. Sesboüé aurait peut-être dû retenir notre attention...
5. Il s'agit du *DTC* (1935) et du *DSAM* (1932).
6. Il annonce un article « Sacré Cœur » sous la lettre S, article qui paraîtra finalement en 1992, rédigé par le P. Bertrand de Margerie (s. j.).
7. R. Aubert, *Le pontificat*..., 1952, p. 463. On trouve la même présentation positive chez F. Cayre, a. a., *Patrologie et histoire de la théologie*, t. III : livre V, 1re partie, 2e éd. 1950 (1ère de 1942), p. 43-435.

Mais il faut attendre le P. André Rayez pour voir apparaître un brillant panorama de la spiritualité française dans son ensemble de la Révolution à 1914. Il s'élève contre les qualificatifs de « stupide » ou de « désespéré » appliqué à ce siècle. « Il est, pour les chrétiens, un siècle spirituel, à l'égal des plus grands » [1]. Le P. Bouyer, quant à lui, suggère une méthode de travail dans son *Introduction à la vie spirituelle* (1960) qui comporte une histoire de l'ascèse et de la mystique chrétiennes. Il montre bien le passage de l'ascèse de compassion du Moyen Age aux ascèses de réparation et de substitution, liées à la dévotion au Cœur de Jésus dans les Temps modernes. Lui aussi dénonce, s'il en était besoin, le Dieu-Moloch. Les propos du P. Ollivier lors de la célébration pour les victimes de l'incendie du bazar de Charité lui paraissent des extrémités auxquelles il ne faudrait pas revenir. Mais il poursuit :

> « Il serait, cependant, bien superficiel de s'arrêter à ce que certaines formulations modernes ont sans conteste d'insuffisant au regard de la tradition de l'Écriture et des Pères. On ne peut critiquer justement de telles formules que si l'on dégage, mieux qu'elles-mêmes n'ont su le faire, l'âme de vérité qu'elles enveloppent très certainement, même si elles ne la traduisent pas toujours heureusement » [2].

Fort de cette méthode et malgré sa répugnance à l'égard de saint Anselme dont on dit que les prédicateurs du XIXe siècle comme les Monsabré sont de lointains descendants [3], le P. Bouyer présente positivement, par exemple, l'ascèse de réparation comme « dissipant la chimère d'un salut que le Christ aurait acquis pour nous, sans qu'il doive rien nous en coûter à nous-mêmes » et comme « une adhésion à l'amour divin qui, contristé par nos péchés, n'en reste pas moins le réparateur du péché lui-même ».

Dans ces conditions théologiques, pastorales et historiques, on comprend l'embarras des historiens du XIXe siècle attentifs à ce qui est arrivé mais aussi à l'interprétation qui peut en être donnée. Même si Jacques Gadille s'intéresse uniquement à *La pensée et à l'action politiques des évêques français entre 1870 et 1885* (1967), ne sent-on pas dans les portraits qu'il brosse un regard bienveillant et objectif sur les témoins d'une vie spirituelle qui mérite l'étude et le respect ? L'on appréciera sans réserve une partie de la définition que Jean-Marie Mayeur nous propose de la dévotion au Sacré Cœur : « une redécouverte d'un Dieu personnel et incarné », moins l'autre partie : « culte de la douleur et de l'expiation » [4]. Mais l'on comprend la difficulté qu'il y a à trouver une

1. « France », *DSAM*, t. V, col. 953-997.
2. Louis Bouyer, *Introduction*..., 1960, p. 141.
3. Voir Louis Bouyer, *Le Fils éternel*, 1974, p. 414-417.
4. Jean-Marie Mayeur, *Les débuts*..., 1973, p. 139.

autre formule aussi concise qui tienne compte des maladresses ou des hardiesses des prédicateurs tout en respectant la vérité de leurs propos. Par ailleurs, pour une période légèrement antérieure à la nôtre, Claude Savart essaie lui aussi de comprendre de l'intérieur la spiritualité du second Empire, même s'il lui trouve parfois des accents qui le déroutent [1]. Quant à la somme de Gérard Cholvy et d'Yves-Marie Hilaire, on leur sait gré de souligner et de réévaluer le « christocentrisme » du XIXe siècle, si manifeste à travers toutes les dévotions de l'époque. Cependant on trouvera un peu succinct le schéma du passage « du Dieu redoutable à un Dieu d'amour qui a donné sa vie pour les hommes » : en bonne théologie, l'amour divin ineffable se réfracte aussi bien dans la miséricorde que dans la colère, chaque période mettant selon ses besoins l'accent sur l'un sans vouloir nier l'autre sinon en tombant dans l'erreur du jansénisme par exemple. On apprécie la prudence mais par ailleurs on regrette malgré tout la reconduction d'un jugement qui reste à étayer, nous semble-t-il :

> « Le courant de réparation ne sut pas toujours éviter de tomber dans un dolorisme contempteur du siècle » [2].

Les abus qui restent à prouver ne supprimeraient pas pour autant la validité de cette spiritualité dont on trouvera quelques beaux témoins parmi les lecteurs si nombreux d'Alphonse de Liguori qui développe « le thème de la réparation des mépris, y compris ceux des autres [...] sans insistance maladive ou hypocrite » [3] et parmi « les hommes et les femmes d'action préoccupés de l'incroyance et engagés dans les nouvelles tâches d'Église... » [4]. Les artisans laïcs et ecclésiastiques du Vœu national n'appartiennent-ils à cette cohorte ? Si des historiens dont certains sont aussi théologiens ont ainsi présenté plus ou moins positivement la spiritualité de la période des années 1870-1920 et particulièrement l'adoration du Cœur et du Corps de Jésus ainsi que la pénitence, il est aussi des pasteurs parmi lesquels on peut dans les années

1. Claude Savart, *Les catholiques...*, 1985. Nous reviendrons ci-après sur la théologie fort étrange des rapports Père-Fils remarquée par l'auteur, p. 693. Voir aussi sur la spiritualité ultramontaine, *RHEF*, 1984, n° 184, p. 202-203.

2. Gérard Cholvy, *Histoire...*, 1985, t. I, p. 170-172 et « Du Dieu terrible au Dieu d'amour : une évolution de la sensibilité religieuse » dans *Communio*, XI, 3, mai-juin 1986, p. 118-126. Voir aussi Yves-Marie Hilaire, « Notes... », 1986, p. 50.

3. Voir François Bourdeau, « Essai... », 1987, p. 306.

4. Citation du P. Glotin, « Réparation », *DSAM*, col 397-401. Cette contribution développe d'une façon originale sur le point de la réparation, pour le XIXe siècle, l'article du P. Rayez cité plus haut.

1960-1970, relever les noms de l'abbé Ladame à Paray-le-Monial[1] et Mgr Charles à Montmartre[2]. Toute cette entreprise de réévaluation historique, théologique et pastorale méritera un jour d'être étudiée dans son contexte. Elle constitue en tout cas le creuset de notre travail et nous ne pouvions omettre de signaler son importance.

## *IV. RÉÉVALUATION À PARTIR DU SACRÉ-CŒUR DE MONTMARTRE*

La remise en question de la contestation de la spiritualité du XIX^e^ siècle dans son ensemble n'est pas ici de notre propos, c'est l'évidence. Mais on peut y contribuer en présentant quelques points de la spiritualité qui fut celle de la basilique du Sacré-Cœur entre 1870 et 1920.

### A. Le Cœur à Montmartre

Nous voudrions suggérer à nouveau[3] de façon un peu synthétique la continuité et la nouveauté de la spiritualité montmartroise du Cœur par rapport à celle de l'école française des XVII^e^-XVIII^e^ siècles et montrer l'actualité de l'ensemble en face de ce fameux avènement de la subjectivité dont on va répétant qu'il caractérise les Temps modernes. Ce qui a été prêché et vécu à l'occasion de la construction du Sacré-Cœur doit, nous semble-t-il, être considéré dans

1. Voir surtout Jean Ladame, *Les faits*..., 1970.

2. Voir le recueil de textes réunis par Marie-Odile et Jean-Hughes Marquis, *De la dévotion au Sacré Cœur à la spiritualité du Cœur de Christ*, 1981, recueil qui contient surtout des extraits d'articles de Mgr Charles.

3. Au cours de ce travail, il a déjà été question de l'école française de spiritualité à propos de Charles Rohault de Fleury et de l'Oratoire (chap. 1); le P. Ramière et l'emploi des participes présents (chap. 2); Bérulle et la France (chap. 4); le P. Hamon et la discrétion de Bossuet sur le cœur (chap. 5); le courant « école française » de l'épiscopat (chap. 6); la dette du P. Yenveux (chap. 18); le Cœur selon l'abbé Vasseur et selon le P. de Franciosi (chap. 21); le Carmel français et Bérulle, les grandes figures de l'École française (chap. 23); Bremond et Marguerite-Marie (ci-dessus). Sur l'importance de l'école française de spiritualité et sur l'œuvre de Bremond, on pourra lire d'Ernst Robert Curtius, *Essai sur la France*, 1932, chap. V, p. 190-226 (éd. de 1941).

le prolongement du XVIIe siècle français [1]. Nous en voulons pour preuve la spiritualité « éclectique » de la compagnie de Jésus au XIXe siècle que présente le P. Vallin [2] et la dette de Marguerite-Marie à l'égard du bérullisme ainsi que le montre l'analyse du P. Glotin [3]. Claude Savart a souligné justement l'importance des rééditions au XIXe siècle d'ouvrages de spiritualité du XVIIe siècle. Dans la décoration du Sacré-Cœur, on l'a vu, les références à cette École française sont nombreuses (chap. 23). Comment ne pas voir que Legentil connaît son Bossuet par cœur ! Le responsable de Prière et Pénitence se retrouve dans un ouvrage du XVIIe siècle qui parle de Jésus pénitent. La consécration de la France à Marie par Louis XIII, fruit de la théologie et de la spiritualité « française », leur sert de modèle pour celle de la France au Cœur de Jésus (et au cœur de Marie). Le « cœur » dont il s'agit à Montmartre entre 1870 et 1920 est aussi le « cœur » bérullien et sulpicien [4] et non seulement un « cœur » parodien et jésuite, l'organe, symbole d'amour. De fait, le « cœur » du texte du Vœu national et de sa devise (sous l'influence de Pie IX ?) est un cœur « source de grâce » et non seulement intercesseur et modèle (chap. 7). De fait, le « cœur » tel que l'étudie le P. Yenveux conjugue les trois aspects : le cœur-organe, le cœur-psychologie, l'un et l'autre désormais glorieux dans le cas du Christ, et le cœur-symbole de l'amour. Pour lui la vie chrétienne est aussi participation et communion aux dispositions intérieures du Christ relayées par les saints et Marguerite-Marie en particulier (chap. 18).

Cependant, l'équilibre que le XIXe tente d'établir entre les aspects raisonnable et affectif de ce « cœur » diffère de celui du XVIIe siècle. La « sensibilité » et le « romantisme » sont passés par là. Il a fallu se situer à la fois par rapport à un traditionnalisme intuitif qui noyait le christianisme dans l'universalité du phénomène religieux et par rapport à un rationalisme qui le refusait. Le cœur de l'homme comprend son intelligence qui « peut connaître Dieu avec certitude par la lumière naturelle de la raison humaine à partir des choses créées » [5], mais ne se réduit pas à elle et la dépasse de toute part. Le cas de Teresa Higginson (1844-1905) qui voulait promouvoir, sous les

1. Et bien sûr de l'Antiquité (biblique et chrétienne) et du Moyen Age…
2. « Jésuites », *DSAM*, t. 8, col 1046.
3. Edouard Glotin, *Jean-Paul II*…, 1986, p. 6-10.
4. Pour l'enseignement sulpicien sur le Sacré Cœur de Jésus distinct de sa vie intérieure et sur la dévotion au Verbe incarné, voir Adolphe Tanquerey, *Précis de théologie ascétique et mystique*, 1923, p. 1252-1258. Voir aussi art. « Tanquerey » dans *DSAM*. Nous n'avons pu préciser une référence qui semble importante pour le rédacteur du *Bulletin* à l'abbé A. Riche, prêtre de Saint-Sulpice dont les ouvrages sur *Les Merveilles du Cœur, Le cœur de l'homme et le Sacré Cœur de Jésus, Essai de psychologie sur le Cerveau et sur le Cœur* sont mentionnés (*BVN*, 1877, p. 647 ; 1878, p. 147 ; 1880, p. 299). À suivre…
5. 1er concile du Vatican, constitution *Dei Filius*, chap. 2. *DS* 3004 et *FC* 86.

inspirations du ciel, la dévotion au Chef sacré de Jésus montre bien l'originalité du XIX^e^ siècle[1]. Le cœur y apparaît comme distinct du cerveau, du « Chef » (dans ce cas, il peut y avoir vraiment un désordre, la juxtaposition en l'homme d'un rationalisme et d'un sentimentalisme[2] ). Mais le refus et la non-extension de cette dévotion confirment que l'intelligence fait et doit faire partie du cœur et cela n'a certes pas échappé aux théologiens et aux mystiques du XIX^e^ siècle[3]. À Montmartre, entre 1870 et 1920, le Christ en son Cœur non seulement « aime » la France, mais « pense » à elle, à son histoire, à sa vocation. C'est un cœur qui ressemble à celui de l'homme du siècle et de toujours[4], mais qui fait l'expérience incompréhensible du rejet. Pourquoi donc « ce Cœur qui a tant aimé les hommes en est si peu aimé » ? L'intelligence bute sur ce mystère d'iniquité, elle n'est pas congédiée, elle est éblouie. Le cœur pascalien et parodien avait buté sur les controverses avec les protestants et les libertins, sur l'indifférence de bien des religieux ; le cœur « montmartrois » se situe de plus par rapport à tout ce qui est survenu depuis, surtout le rejet par la société comme telle, de la nation en tant que nation (annoncé d'ailleurs par la non-consécration de Louis XIV au Cœur du Christ), de la dimension publique de la foi chrétienne.

Mais XVII^e^ et XIX^e^ siècles se placent dans les Temps modernes par rapport à l'Antiquité et au Moyen Age. À la suite de Jacques Le Brun[5] et du P. Glotin[6] et pour développer certaines de leurs remarques, on peut faire observer que l'anthropologie des synthèses christologiques de l'Antiquité était celle de l'époque revue, corrigée et transformée par les notions capitales de personne, de nature et de liberté ; l'anthropologie du Moyen Age dans les christologies anselmienne, thomiste ou bonaventurienne fonde le culte à l'humanité du Christ à la suite de saint Bernard dans cette civilisation féodale

1. Sur cette personnalité, les renseignements ne sont pas répandus. Nous disposons de plaquettes (voir ***, 1937), de trois numéros d'un périodique intitulé *Sagesse* (voir Colney, 1982) et d'un éditorial de l'abbé Richard (*L'Homme Nouveau*, 19 juin 1983). Il y aurait une biographie par Cecil Kerr, *Theresa Higginson*, trad. par l'abbé Billé, Desclée de Brouwer, 1935. Sa cause en béatification aurait été introduite.

2. Cette distinction en notre siècle est développée par la tradition plus ou moins ésotérique : voir Paul Le Cour, « Le cœur et le cerveau » dans *Atlantis*, 1948.

3. Il faudrait repérer précisément le changement des messes pour la fête du Cœur de Jésus : au XIX^e^ siècle, l'introït met l'accent sur la pitié du Christ (son premier mot est *Miserebitur*, voir dom Guéranger, *L'année*..., 1841, encore rééditée en 1905) ; au XX^e^ siècle, l'introït commence par *Cogitationes Cordis, Missale romanum*, 1955).

4. Mgr Guibert (*BVN*, 1874, p. 32) développe cet aspect d'universalité de la notion de « cœur ».

5. Jacques Le Brun, « Politique... », 1971, p. 26.

6. Cette question des rapports de la dévotion au Cœur du Christ et de l'avènement de la subjectivité moderne est soulevée par le P. Glotin, dans l'avant-propos du tiré-à-part de son article de la *NRT*, 1986. Le cardinal Decourtray s'en fait l'écho en le citant : « La France a reçu ici, comme l'écrit le père Glotin, « la spiritualité par excellence de la modernité » (Cardinal A. Decourtray, « Homélie pour la solennité du tricentenaire de la mort de sainte Marguerite-Marie, Un renouveau pour l'Église », *Paray-le-Monial*, n° 96, novembre 1990, p. 6).

où la confiance dans le suzerain, la fidélité au seigneur sont si importantes ; dans les Temps modernes, l'attention au Cœur tant du Christ que des fidèles, n'est-elle pas un témoignage de la tentative de l'Église d'être moderne avec les modernes, moderne en ce qu'elle considère la subjectivité du Christ comme celle des fidèles, mais une subjectivité transparente à la divinité, à la fois saisie par celle-ci dans le cas du Christ, et devant s'ouvrir, dans le cas des fidèles, à la transcendance-immanence du Dieu fait homme[1] ? La caractéristique d'un ouvrage comme celui du P. Yenveux semble être l'accent mis sur l'analyse de la subjectivité du fidèle, sur son « cœur » et sa christianisation, c'est-à-dire sa mise en conformité avec le Christ (chap. 18). Au fond, les oppositions qu'a rencontrées la spiritualité christocentrique de l'École française n'en révèlent que mieux son extension. Elle réagissait contre une rupture entre un humanisme et un déisme-théisme bientôt athéisme, en proposant à l'homme un cœur à l'image du cœur de l'Homme-Dieu. Le fait capital, c'est qu'avec Montmartre, aux alentours de 1900, on peut dire que cette nouvelle et intense dévotion ne touche plus seulement l'élite des couvents comme au XVII^e^ siècle mais la France profonde[2].

## B. Le Cœur du Crucifié

Pour traiter de la contestation de la rédemption, contentons-nous d'aborder le point particulièrement critiqué des rapports de Jésus en croix avec son Père (voir ci-dessus). Les critiques laissent entendre et font imaginer un Père tonitruant réclamant un poids de souffrance à un Fils qui n'en peut plus, un Père colérique qui soulage son ressentiment contre l'humanité en se vengeant sur l'Innocent, etc. Même les présentations objectives de certains textes d'époque le suggèrent[3]. Cependant à Montmartre, au cours de notre enquête, nous relevons au moins trois faits qui peuvent éclairer le débat.

Le premier et le plus ancien en date réside dans la biographie des promoteurs, notamment celle d'Hubert Rohault de Fleury. L'admiration d'A. Legentil pour son père et d'H. Rohault de Fleury pour le sien, malgré et grâce

1. Qui dit avènement de la subjectivité dit que celle-ci existait également et évidemment auparavant. De même le cœur moderne répond au cœur universel, lieu de l'expérience religieuse. Sur ce point, voir Michel Meslin, *L'expérience*..., 1988, p. 217-226.

2. Jacques Gadille dans François Boulard, *Matériaux*..., 1982, p. 25 et Gérard Cholvy, *Histoire*..., 1988, 1^er^ vol., chap. 5, décrivent bien l'extension de cette dévotion.

3. Claude Savart, *Les catholiques*..., 1985, p. 693-694.

à leur sévérité est un facteur de compréhension du problème soulevé. Faut-il rappeler la mesure prise à l'égard d'Hubert par Charles Rohault de Fleury contre un fils qui injurie son père et se montre mauvais élève de surcroît? L'homme mûr en fait le récit:

> «Quand je me vis dans cet immeuble où les enfants étaient condamnés à l'isolement, dire ce qui se passa dans mon cœur, j'y renonce. J'étais alors extrêmement violent, ce que les écoliers appellent rageur. [...] Je me sentais pris. J'écumais. Je dois dire que je n'ai jamais tant souffert comme cette nuit-là. On me mit dans une cellule où je fus dévoré par les punaises, qui me donnèrent la fièvre. Le lendemain je réclamai; on me changea, et je passai quinze jours seul, sans livres, à quinze ans et demi, dans une chambrette. [...] Je me radoucis peu à peu, sentant la nécessité de céder. Il n'y avait alors dans mon cœur que du fiel. Je cédai petit à petit; j'obtins de travailler, et j'eus un répétiteur [...] Cela dura dix mois. Enfin on me jugea meilleur et capable d'être lâché. Et alors, pour la première fois, je revis mon père»[1].

Avec les années, Hubert découvrit une affection paternelle qui agissait à travers de telles corrections. Certains de ses propos religieux nous semblent inséparables de ce genre d'expérience. Ainsi peut-on lire sous sa plume:

> «Il y a quelque chose de solennel dans cette avalanche de malheurs qui fondent sur notre pauvre France. Dieu nous éprouve comme ceux qu'il aime beaucoup, d'une manière terrible»[2].

Le Père aime son Fils en croix et à travers lui l'humanité entière, même et surtout dans ces conditions dramatiques, tout comme le père d'Hubert avait su aimer son fils dans un contexte plus que difficile, à cette différence près que les souffrances du Fils, solidaire de l'humanité sont intrinsèques au péché de celle-ci, alors que les mesures pédagogiques sont arbitraires par rapport au désordre de l'enfant. Les milliers d'hommes auditeurs du P. Monsabré en 1880 n'ont perçu, semble-t-il, qu'un amour débordant se manifestant même dans un vibrant appel à leur conversion. Certains auditeurs officiels du P. Ollivier, eux, n'étaient peut-être pas prêts à une telle conversion.

Un deuxième fait éclaire le problème. L'existence à Montmartre de chasubles (mais il en existe certainement ailleurs), décorées d'un motif connu depuis le XV^e^ siècle (on pense à *La Trinité* peinte par Masaccio dans Sainte-Marie-Nouvelle à Florence): le Père porte lui-même la croix sur laquelle il y a le Christ, avec la phrase de saint Jean: Le Père a tant aimé le monde

1. A. Van Den Brule, *Hubert*..., 1930, p. 32.
2. H. de Fleury, lettre à son père, 6 septembre 1870. ASCM.

qu'il a donné son Fils unique[1]. Si le Père « compatit » avec le Fils, si le fameux dialogue entre le Père et le Fils est le signe d'une œuvre commune au service de l'humanité, le ton change et le scandale peut cesser. Il est impossible de traiter ici l'immense sujet de la « souffrance » de Dieu, mais il convient de souligner au moins que les propos d'un P. Monsabré par exemple gagneraient à être replacés dans leur contexte[2].

Le troisième fait est plus délicat à interpréter. On l'a déjà mentionné à propos de la réalisation de la grande mosaïque (chap. 22). En cours de mise en place on se serait aperçu que l'espace central était mal rempli au-dessus du Christ glorieux[3]. On aurait eu alors l'idée d'y mettre le Père et l'Esprit. Cela pouvait signifier qu'au départ réfléchissant à l'illustration du triomphe du Sacré Cœur on les avait « inconsciemment » occultés en particulier l'image du Père terrible ou bien que le Fils ne faisant qu'un avec le Père et l'Esprit, on trouvait inutile de les représenter à part. Seule une enquête plus précise devrait permettre de trancher. Mais que le problème ait été soulevé est au moins révélateur du christocentrisme de l'époque, de la victoire du Christ par la Croix, de sa souveraineté dans la gloire. Le Fils qui a souffert est vraiment l'égal du Père. Son intercession auprès de lui est vraiment efficace[4]. La victoire de la révolution bérullienne en spiritualité est totale au point si c'était vraiment le cas d'engendrer un excès inverse au mal qu'elle se proposait de guérir[5].

Ainsi, à partir de traits psycho-sociologiques ou encore sur la base de données iconographiques s'éclaire le rapport surprenant du Père et du Fils qui scandalisent tant d'esprits. Si l'on tient compte enfin de l'aspect métaphorique de ces façons de parler que relèvent les PP. Hugon et Poulain comme les PP. Bouyer et Sesboüé, on est en mesure, semble-t-il, de regarder positivement

1. Photographie 85 SCM 714 X. ***, *Le Guide*..., 1892, p. 6, indique que le dessin du motif est dû au P. Voirin et la broderie à la maison Biais. Cette chasuble est portée par le cardinal Richard à la bénédiction de la basilique le 5 juin 1891, célébration à laquelle prêche le P. Monsabré. Voir aussi les chasubles 85 SCM 461 X et 467 X. La bannière de la Sainte-Trinité porte aussi ce dessin (85 SCM 894 X). Voir illust.

2. Dernier article avec bibliographie lu sur la question en général : Jean Galot, s. j., « Le mystère de la souffrance de Dieu », *Esprit et Vie*, 3 mai 1990, p. 261-268.

3. Avant cependant la maquette définitive de L. -O. Merson (chap. 22). Voir illust.

4. Voir la prédication du P. Lemius où le Fils intercède pour les pécheurs auprès d'un Père courroucé (*BVN*, 1897, p. 316).

5. On comprend dans ces conditions spirituelles vécues sociologiquement la réaction de l'abbé Jean Millet, même si on ne les partage pas, réactions de défense des droits de Dieu comme un certain « jésuisme », dans son livre *Dieu ou le Christ ? Les conséquences de l'expansion du christocentrisme dans l'Église catholique du* XVII*e siècle à nos jours. Étude de psychologie sociale* (éclairée par Gabriel Tarde). Paris, Trévise, 1980, in-8°, 335 p. On peut constater avec lui une perte du sens de la divinité du Christ, non regretter une découverte de son humano-divinité unie à la divinité du Père.

la spiritualité étudiée ici[1]. Le Dieu d'amour trinitaire manifeste l'amour aussi bien dans une sainte « colère » qui ne vise pas la destruction de l'autre mais sa conversion, que dans une miséricorde, une compassion, qui ne portent pas atteinte à sa grandeur mais y contribuent. La révolte de Clemenceau devant l'enfant qui souffre est un écho de la révolte légitime devant le juste souffrant, quand on ne perçoit pas la « communion des saints » du Credo, la « mutualité », comme dit très bien le P. Ramière (voir chap. 2) ou la solidarité comme on dirait aujourd'hui, des hommes avec le Christ, le Fils innocent, et celle des hommes entre eux, libres pour le bien comme pour le mal. En réponse à cet amour ineffable du Père, « *tremendum et fascinans* », l'homme est « pénitent et confiant » comme dans la devise du Vœu national, pénitent et adorant comme cela lui est proposé à Montmartre.

Avant de poursuivre notre enquête, il nous semble nécessaire de préciser encore notre contestation de l'accusation portée par les anticléricaux contre le Dieu des clercs de leur époque. En effet, le rejet du Dieu-Moloch n'est pas que le fait des opposants. Il est d'abord constitutif de la tradition judéo-chrétienne puisque l'étape essentielle de la vocation d'Abraham est la substitution d'un bélier à son fils Isaac qu'il s'apprêtait en toute bonne foi à offrir à son Dieu en le mettant à mort. Le rejet des sacrifices des fils premiers-nés est permanent dans l'Ancien Testament[2]. Mais cela conduit non pas à une abolition du passage à Dieu par la mort librement consentie comme conséquence du péché mais à l'assomption dans la libre offrande de sa vie par Jésus, le Dieu-homme, à Dieu son Père, des démarches balbutiantes et désordonnées des hommes. Le sacrifice « manqué » d'Abraham et d'Isaac est une figure, dit-on, de celui du Christ. Ainsi le fait judéo-chrétien introduit-il un assainissement des relations de la créature et de son créateur et, par exemple dans ce cas précis, des relations parents-enfants. Dès lors il peut y avoir interaction entre le jugement religieux qu'un Hubert Rohault de Fleury porte sur les événements et son expérience personnelle passée. Il est possible que les auditeurs anticléricaux des P. Ollivier et Monsabré n'ait pas eu cette expérience existentielle d'une paternité christianisée qui leur permette une audition des propos des clercs avec un préjugé favorable[3].

1. Précisons par exemple que si le Christ est dit « victime », il est dit en même temps sacrificateur et autel. Le Père n'est pas dit être le sacrificateur. Jésus est annoncé aussi bien par Abraham qui offre que par Isaac qui est offert. De même, s'il est dit le maudit ou le condamné, il est aussi le juge et la loi. De même, il est dit le médecin, le remède et le salut. Cela en fait une victime ou un condamné bien particulier. La métaphore dit des choses mais en cache d'autres si on la prend au pied de la lettre.

2. *Lévitique*, 18, 21; 20, 2. 2 *Rois*, 23, 10. *Jérémie*, 32, 35.

3. Les réflexions freudiennes sur « l'Œdipe » ne sont pas loin. On n'a pas la prétention de résoudre tous ces problèmes. En ce domaine, on a été éclairé par un article: Alain Besançon, « Du modèle chrétien de résolution du complexe d'Œdipe » dans *Contrepoint*, n° 6, printemps 1972, p. 79-94.

## C. La pénitence : du Crucifié aux pécheurs

La conversion, le retournement de l'homme pécheur vers Dieu, de fait, s'opère douloureusement, mais ce n'est pas la souffrance qui importe, c'est la communion des intelligences et des volontés du Créateur-Sauveur et de la créature-sauvée. Le Christ dans les conséquences du péché que sont la souffrance et la mort a réalisé cette conversion pour permettre à chacun au profit de tous de la mener à bien à son tour. C'est pourquoi le P. Monsabré fait appel à la libre coopération des chrétiens à l'œuvre du Christ au profit de tous :

> « Jésus ne doit pas être seul en face de votre majesté outragée et de votre menaçante justice, il faut que les coupables viennent se grouper autour de l'innocent, car les adorations et les expiations du Cœur de Jésus ne peuvent réparer nos oublis, nos ingratitudes, nos blasphèmes et tous les crimes de nos convoitises qu'à la condition que nous les aurons faites nôtres »[1].

Le Christ encourage alors ses fidèles à aimer par lui, avec lui, comme lui tous les hommes et spécialement la France, cette instance entre l'individu et sa famille et l'humanité tout entière. Alors, que ce soit sous forme d'amende honorable, de pénitence, d'expiation, de réparation ou d'autres formalités, toutes plus ou moins équivalentes[2], le processus de salut national est en marche. La France catholique s'offre pour la France tout entière[3]. Le P. Lemius, de son côté, écrit, sans se démonter le moins du monde :

> « Le nombre des victimes qui veulent payer la rançon de la France montre que nous ne sommes pas à la veille d'être rejetés par le divin Cœur de Jésus »[4].

Le remède qu'une Mme Royer a essayé de vivre est un acte d'ouverture de son « cœur » au « cœur » parfait du Christ. Et ce par le biais d'un certain nombre d'actes qui coûtent délibérément à leurs auteurs (« les pénitences actives »), lesquels sont comme autant d'étapes préparatoires aux souffrances de l'existence (« les pénitences passives »). Ces dernières risquent en effet d'être vécues sur un mode de fermeture, voire de révolte, du cœur de la créature opposée au cœur de son Créateur et Sauveur.

L'originalité du siècle réside justement dans le fait que les laïcs sont invités à pratiquer des mortifications autres que celles prévues par l'Église. Au

1. P. Monsabré, *Discours...*, *BVN*, 1891, p. 364.
2. Voir *BVN*, 1902, suppl. déc, p. 1.
3. *BVN* 1886, p. 777 et *HSC*, t. II, p. 453.
4. *BVN*, 1896, p. 7. L'enseignement de la pénitence avait été, à l'époque, rappelé par Léon XIII lors du jubilé de 1886 : *BVN*, 1886, p. 86-87.

XVIIe siècle, saint François de Sales ne recommande que ces dernières et Marguerite-Marie ne parle que pour les religieuses. Désormais, il est question aussi de « pénitences actives », « d'œuvres satisfactoires » pratiquées par les laïcs au profit d'autrui et en faisant jouer l'invisible solidarité de la communion des saints. N'est-ce pas en un sens un remède aux tendances contradictoires du XIXe siècle partagé entre l'individualisme des uns et le collectivisme des autres ?

Cependant cette spiritualité présente une difficulté : le repérage des dispositions du cœur qui qualifient les actes se présentant extérieurement comme des sacrifices. Puisque c'est l'adhésion personnelle, intelligente et libre de la créature à son sauveur qui constitue l'essentiel du salut, il n'est pas aisé de discerner le degré de foi qui qualifie la mort de différentes victimes : aussi bien Louis XVI que les victimes de la Révolution, les généraux du 18 mars que les otages de la Commune, les victimes du Bazar que les morts de la guerre de 1914 (chap. 27). Quand l'Église béatifie au titre du martyr elle cherche à déceler respectueusement ce secret des cœurs par les effets visibles qu'il entraîne, les conditions extérieures « en haine de la foi ». Dans les autres cas, la discrétion s'impose et respecte le secret de chacun.

## D. Soupçons sur la pénitence et l'adoration

Certes ont été parfois tenus des propos qui pourraient induire en erreur en laissant entendre une certaine compromission avec la souffrance comme telle. Alexandre Legentil n'écrit-il pas ? :

> « Sterne parle quelque part d'une maladie, *which gave me an exquisite pain* – qui me donne une souffrance exquise[1]. Dieu, qui connaît et veut punir nos faiblesses, nous envoie souvent, au milieu des grandes épreuves, de petits détails qui ne nous rendent pas plus malheureux, mais nous font souffrir d'une manière plus *exquisite* »[2].

P. Féval écrit aussi : « Heureuse souffrance qui avertit [...] de la nécessité de la souffrance pour revenir à Dieu »[3]. Mais ne sont-ce pas là des propos (tardifs) de poètes romantiques, chrétiens ici et « laïcs » là ? René Viviani parle

1. Peut aussi se traduire par *atroce*. Il s'agit certainement de Laurence Sterne (1713-1768); voir *EU*.
2. P. Bony, *Vie...*, 1893, p. 1.
3. P. Féval, *La mort du père*, 1877, p. 15

lui aussi de la souffrance poétisée par la religion, mais la sienne ! lorsqu'il encourage au combat contre l'Église et cite *a contrario* Albert de Mun, grand zélateur du Vœu national :

> « Ne craignez pas les batailles qui vous seront offertes, allez ; et si vous trouvez en face de vous, comme M. de Mun nous l'a promis, cette religion divine qui poétise la souffrance en lui promettant les réparations futures, opposez-lui la religion de l'Humanité, qui, elle aussi, poétise la souffrance en lui offrant comme récompense le bonheur des générations. [...] Livrez le meilleur de vous-même à la seule puissance qui soit vivante et immortelle : la Justice »[1].

L'incompréhension ne peut être plus grande. Mais le rapprochement est éclairant. Pas plus les catholiques que leurs opposants ne crachent dans le plat, peut-on répondre à G. Téry ! Le plat est déjà pollué et il ne s'agit que de l'assainir, d'en faire à nouveau un bon usage. L'essentiel de la pénitence pour les chrétiens est dans la communion avec Dieu (de même que pour Viviani il est dans la satisfaction désintéressée de travailler pour les générations futures). Les interprétations médicales réductrices, du genre maladies ou perversions déviantes, ce qui est le cas de la pétition (citée ci-dessus) qui parle de sadisme et qui aurait bien pu parler également de masochisme, à quelques années près, ne perçoivent pas dans le sacrifice véritable l'accent mis sur l'intention et la communion personnelles et non sur la souffrance[2]. La positivité de l'esprit de sacrifice n'est pas dans sa matérialité mais dans le degré d'ouverture du cœur du sujet au Père et aux frères par le Christ dans l'Esprit. Le dolorisme est un désordre qui peut habiter le cœur de chacun, hier comme aujourd'hui. L'essentiel est d'accepter d'en être guéri et d'apprendre comme disait Pascal « le bon usage des maladies », car bien sûr, il y peut y avoir un mauvais usage.

Les critiques n'ont pas porté seulement sur la pénitence mais aussi sur l'adoration, sur l'aspect ascétique de la dévotion au Cœur mais également sur son aspect mystique, sur le Dieu-Moloch mais encore sur le Dieu-Amant. Même si la plupart des adorateurs et adoratrices ne connaissent pas l'extase, il n'est pas rare qu'une fois ou l'autre, ils ressentent un bien-être lié à l'intuition que Jésus-Christ est vivant, qu'il les aime, qu'ainsi leur vie a un sens (se souvenir du témoignage de Mme Legentil, chap. 17). C'est en quelque sorte la foi du Credo mais ressentie et non plus seulement affirmée intellectuellement. La façon de parler de ces expériences en termes inspirés des relations humaines

1. Cité par E. Lecanuet, *L'Église...*, 1906, p. 265.

2. Il est impossible d'aborder la question du christianisme et du freudisme dans les limites de ce travail. Sur le point « du masochisme primaire » distinct du masochisme pur et simple, nous avons été éclairé par Jacques Gagey, *Freud et le christianisme*, 1982, p. 285 par ex.

permet à G. Téry d'y voir des substituts à ces dernières. On a voulu expliquer ces « petites extases » comme les grandes par l'hystérie. Le P. Poulain, prudent, se contente d'examiner la léthargie, la catalepsie, le somnambulisme lié ou non à l'hypnose et l'évanouissement. Il montre que le rapprochement est superficiel entre les malades et les saints, que le discernement s'opère essentiellement dans les œuvres qui sont notablement différentes chez les uns et les autres[1]. Dans la vie spirituelle ordinaire, qu'on se souvienne du conseil de Hubert Rohault de Fleury à son épouse lui parlant de l'Époux divin (chap. 1) : quand la prière est savoureuse, en rendre grâce à Dieu ; quand c'est une période de sécheresse, il faut simplement continuer. L'essentiel est là comme dans toute la vie chrétienne la communion des intelligences et des volontés divines et humaines, dans la joie comme dans la douleur en attendant la gloire[2].

## E. L'adoration du Cœur et du Corps du Christ

La rencontre sacramentelle du fidèle et du Christ lors de la célébration est furtive. La présence réelle du ressuscité entre les messes a permis la poursuite sous un autre mode de la communion passée ou la préparation de la suivante. On a vu comme cette pratique de l'adoration du Sacrement du Corps s'est imposée dans le sanctuaire de l'adoration du Cœur de Jésus. L'union des deux démarches permettait de souligner le propre de la foi et de la prière chrétiennes qui, pour être demande ou action de grâce, expiation ou adoration, sont l'établissement d'une relation personnelle (individuelle et communautaire) avec Dieu le Père par Jésus-Christ dans l'Esprit, comme disent les conclusions des oraisons de la messe. Comme le dit un bulletin de Montmartre, l'essentiel est de découvrir que « cette hostie, c'est quelqu'un »[3]. Le Christ en son humanité glorieuse, présent avec l'apparence du pain et du vin, a un cœur qui bat dans sa poitrine, cœur symbole d'une vie intérieure tout entière tournée vers son

1. P. Poulain, *Des grâces*..., 1906, p. 257-261.

2. Une nouvelle fois la question du freudisme se pose ainsi que celle de son dépassement. « Les Belles du Seigneur, Hildegarde, Lydwine, Louise, Marguerite-Marie » continuent de fasciner (Robert Maggiori, dans *Libération* du 1er février 1990, p. 21-23, à propos de Jean Noël Vuarnet, *Le Dieu des femmes*, L'Herne, 1990). Mais la résolution chrétienne de l'Œdipe ne porte pas seulement sur le lien de parenté mais aussi sur le lien de nuptialité. Le Dieu-homme révèle un Dieu Père et Fils et aussi un Dieu-Époux et une Église-Épouse dans laquelle chacun (hommes et femmes et non seulement ces dernières) peut prendre place et trouver une guérison de ces relations meurtries. Le Dieu-homme n'est pas un tiers (un amant) dans la relation homme-femme, mais son fondement et son accomplissement.

3. *BPP*, n° 24, oct. 1908, p. 6.

Père et vers ses frères. Le P. Longhaye s. j. prêche cette religion aux jeunes de l'École Sainte-Geneviève dans la chapelle provisoire devant le Saint Sacrement exposé, en la fatidique année 1880 :

« Tout a pris un aspect nouveau ; tout rit, tout s'éclaire, tout s'échauffe sous le rayon du ciel. Pourquoi donc ? Ah ! c'est que l'amour a fait son apparition dans le monde, l'amour de Dieu manifesté dans un cœur d'homme, l'amitié, la fraternelle amitié d'un Dieu nous poursuivant, j'allais dire nous harcelant de ses avances et implorant le retour, oui l'implorant en même temps qu'elle le requiert de plein droit et en toute rigueur de justice »[1].

Se fondant sur certains passages des Évangiles, les prédicateurs montrent que ce que l'on connaît ainsi du Christ est toujours valable, non seulement comme un exemple passé, mais comme une source qui vivifie ceux qui viennent s'y abreuver. La liturgie qui proclame perpétuellement « aujourd'hui le Seigneur est né... aujourd'hui il meurt... aujourd'hui, il est ressuscité... » introduit le fidèle dans le temps retrouvé de la glorification du Christ[2]. L'explicitation de ce donné traditionnel a été faite par Pierre de Bérulle grâce à sa réflexion sur la « perpétuité des mystères de Jésus-Christ » :

« Il faut considérer l'infinité qui y est communiquée par l'infinité de la personne qui les accomplit en sa nature humaine. Il faut peser la perpétuité de ces mystères en une certaine sorte : car ils sont passés en certaines circonstances, et ils durent et sont présents et perpétuels en certaine autre manière. Ils sont passés quant à l'exécution, mais ils sont présents quant à leur vertu, et leur vertu ne passe jamais, ni l'amour ne passera jamais avec lequel ils ont été accomplis »[3].

L'adoration du Christ en son corps et en son sang (y compris son cœur), en sa vie intérieure (dite aussi cœur), en son amour pour son Père et pour les humains (dont le cœur est le symbole), à travers ses paroles et ses actes connus par les Évangiles est la substance de l'adoration eucharistique en l'église du Sacré-Cœur. Il y a dans le tabernacle, mieux, à la vue, dans l'ostensoir, Quelqu'un. C'est pour le « consoler dans ce délaissement auquel il est condamné que l'adoration perpétuelle a été établie ». Ces propos peuvent faire sourire pour leur

1. Toute l'homélie du P. Longhaye a été transcrite dans le *Bulletin*. Ce qui est inhabituel. *BVN*, mai 1880, p. 230-238. C'est dire combien les Oblats et le Comité y reconnaissaient leur pensée. Sur ce célèbre jésuite, voir Paul Duclos, *Dictionnaire*..., 1985.

2. On sait que Marcel Proust a intitulé une partie du *Temps retrouvé, L'adoration perpétuelle*. Une connaissance biographique précise pourrait montrer les raisons de ce choix. Elle révèlerait peut-être des contacts précis avec cette pratique de l'époque par les belles dames du Faubourg décrites par l'écrivain. En tout cas, elle manifeste une intuition juste même si non religieuse des rapports de l'histoire et de l'éternité. Voir Rémi Brague, « De l'« adoration perpétuelle » au « temps retrouvé » (L'eucharistie et le Père chez Marcel Proust) », *Résurrection*, 1974, n° 43-44, p. 73-92 ; ainsi que dom Claude Jean-Nesmy dans *Esprit et Vie*, 8 mars 1990, p. 159.

3. Pierre de Bérulle, *Œuvres*..., 1629 ; œuvre de piété n° LXXVII, Migne, col. 1052.

sensiblerie apparente! Ils révèlent au contraire une vision assez dramatique d'une étape de la « merveilleuse histoire d'amour » entre Dieu et les hommes (et les Français en particulier), une grande foi en celui qui, à Gethsémani, a demandé à ses disciples de prier avec lui. Là, l'adorateur n'oppose pas le « semblable à chérir » et le « Dieu à adorer »[1], mais trouve dans la considération d'une humanité glorifiée attirant à lui tous les humains le Dieu Fils uni au Père dans l'Esprit. L'histoire de chacun vécue dans l'amour de Dieu et du prochain peut être éternisée comme celle du Christ ressuscité.

Le dévot authentique au Christ et à son Cœur est constitué bénéficiaire de l'amour du Christ et instrument de diffusion auprès des autres et de tous les autres. Une dévotion au Cœur de Jésus qui serait individualiste serait une caricature. La conception chrétienne de la personne implique une dimension relationnelle et par là ternaire de la dévotion, à l'image de la Trinité. Le Christ ainsi considéré est le Fils du Père dans l'Esprit et l'ainé d'une multitude de frères (*Hébreux* 2, 12). Le bénéfice de l'amour du Christ n'est possible qu'en en rendant aussi les autres bénéficiaires selon leur état. La contestation de la spiritualité vécue à Montmartre entre 1870 et 1923 peut faire apparaître des désordres ou des déficiences comme on en rencontre partout, elle ne peut refuser d'y percevoir un foyer d'authentique quête de notre vrai moi qui pour les chrétiens est relation avec le Christ.

1. Comme le fait Pierre Teilhard de Chardin dans *Hymne de l'Univers*, 1955, p. 152. Pensée LXVII choisie par Fernande Tardivel, extraite du *Milieu divin*.

# Chapitre 29
# Un providentialisme naïf?

Autant le chapitre précédent sur les images anticléricales de Dieu comme un Dieu-Amant ou comme un Dieu-Moloch avait pour point de départ les critiques des contemporains, autant celui-ci est surtout le fruit d'une réaction de l'auteur (les contestations d'époque ont été relevées après coup). Les protagonistes tiennent à ses yeux des propos si étonnants concernant leur rapport à Dieu ou à Jésus-Christ à travers les récits sur le cours de choses qu'il lui a paru nécessaire de scruter cette question de la Providence et de l'histoire. On se souvient des réflexions sur la France, ses péchés et son salut (chap. 4), sur le Cœur de Jésus, salut de la France (chap. 6) et sur la merveilleuse histoire d'amour du Christ et de la France grâce à Montmartre (chap. 23). À l'instant, on vient de rappeler dans la perspective de la rédemption l'interprétation des calamités comme sanctions divines. Considérons d'abord les diverses reconstitutions du passé immédiat et lointain de l'histoire de France qui ont été proposées successivement à Montmartre ou dans le milieu des promoteurs[1] ; ensuite, l'interprétation de l'histoire d'Israël, de l'Église et du monde ; enfin, la signification d'un discours surtout traduit dans la pierre par la mosaïque du chœur et exprimant une spiritualité qui prend en compte cette histoire même si c'est au prix d'une certaine naïveté peut-être inévitable pour être largement diffusée.

## *I. REGARDS VERS DIEU ET REGARDS SUR L'HISTOIRE*

### A. Lors des actes fondateurs

Il ne faut jamais oublier que le Vœu national est le fruit d'une considération des malheurs en 1870 de la France (et du pape) et d'une intuition pessimiste de « malheurs plus grands peut-être qui la (les) menacent encore ». Ces calamités sont interprétées comme les conséquences des péchés (c'est pourquoi elles sont dites châtiments) et comme des occasions pour Dieu d'appeler chacun à une conversion spirituelle. Les bienfaits reçus seront eux des motifs d'action de grâce. Sont donc rapprochés des événements passés et futurs du présent à travers lequel doit jaillir l'acte de foi en Dieu et en « l'infinie miséricorde du Sacré Cœur de Notre-Seigneur Jésus-Christ ».

Très tôt, à la naissance même du Vœu national au Cœur de Jésus, grâce à la culture de Legentil, on l'a vu, prenant d'ailleurs la suite de discours apparus sous une forme imprimée surtout à partir de la Restauration, l'argumentation historique s'étoffe non seulement chez l'initiateur du Vœu (voir ses lettres de 1870 et son rapport de 1872), mais chez un P. Ramière (voir ses article de 1870) ou chez un P. Alet (voir son opuscule de 1871). On se souvient du P. de Boylesve qui, grâce à la supérieure de la Visitation du Mans, fait un bond en arrière d'un siècle et demi pour expliquer les événements de 1870, passant de la Restauration avec Marie de Jésus à Louis XIV avec

1. Dans le chapitre suivant, nous verrons leur façon d'envisager le rapport entre le présent et l'avenir à travers la question du triomphalisme.

Marguerite-Marie. Histoire de la dévotion au Cœur de Jésus et histoire de France s'entremêlent désormais inextricablement dans leur esprit (chap. 7 et 8).

Il ne faut pas oublier non plus qu'en 1874, le *Bulletin* publie un texte de Joseph Chantrel et un extrait de l'histoire de Marguerite-Marie par l'abbé Bougaud. Le Vœu national dans ces deux cas entre dans l'histoire de l'Église et dans l'histoire de la France à la suite de Clovis, de Jeanne, de la bienheureuse voyante de Paray-le-Monial et de Louis XVI. On se souvient que Legentil parle de la future église comme d'un « sanctuaire que la divine Providence paraît avoir réservé depuis tant de siècles »[1]. On a vu aussi à propos de la pose de la première pierre et de l'ouverture de la chapelle provisoire les rapprochements faits avec la Commune, les « coïncidences qui souvent éclairent l'histoire » (chap. 26). Malheurs et bonheurs, correctement interprétés, sont autant de signes de l'attention bienveillante du Christ pour la France à travers le Vœu national.

## B. Au cours de la construction

Les cas les plus typiques de cette spiritualité engagée dans l'histoire sont *La France et le Sacré Cœur* du P. Alet (1889) et *Montmartre autrefois et aujourd'hui* du P. Jonquet (1890). On doit redire également ici comment « tout spontanément » les ecclésiastiques chargés d'examiner Mme Royer et sa vocation pénitentielle pour la France la situent par rapport à Marguerite-Marie et Louis XIV, à Élisabeth de France et Louis XVI, à Marie de Jésus et Louis XVIII-Charles X car ils n'ignoraient pas l'intérêt qu'elle portait elle aussi aux problèmes politiques de son temps[2]. La mystique est là indissociablement unie à la politique, non pas pour promouvoir tel parti mais pour rappeler la primauté du spirituel dans la vie des hommes, pour dire que les cités de la terre se doivent d'être à l'image de la cité du ciel. Le combat du moment et le débat sur l'histoire se conjuguent pour découvrir la pensée de Dieu toujours mystérieuse. Le cardinal Richard essaie de scruter « les desseins providentiels ». De Clovis à Jeanne, de Jeanne condamnée à Jeanne en passe d'être béatifiée et au Vœu national, il voit la France en marche vers son « salut »

1. *BVN*, 1874, p. 173.
2. Notre chap. 18. « Rapport de M. Thibault à Mgr Rivet (1880) » dans Maurice Berthon, *Mme Royer*, 1947, p. 141.

comme son confrère l'évêque de Verdun[1]. C'est le moment d'examiner très précisément un cas où l'histoire du Vœu national est lue à la lumière de l'histoire de la France. Et un cas « positif » car, bien évidemment ce n'est pas que dans les malheurs (1870-1871, le bazar de la Charité, la crue de 1910, etc.) que les catholiques lisent les invitations de Dieu à la conversion et à l'action de grâce ; les bonheurs aussi existent et parlent aux âmes. Le rapprochement entre l'Alliance franco-russe et le Vœu national mérite de retenir particulièrement l'attention ; il est en plein dans la période étudiée et un bel exemple, semble-t-il, de ce providentialisme naïf que nous cherchons à mieux connaître.

## C. Le cas des relations franco-russes

### *1. La visite de la flotte russe en 1893 et la France reconnaissante*

Ce n'est pas le lieu de retracer l'histoire de l'alliance franco-russe et d'évoquer l'enthousiasme qu'elle a suscité. Elle permettait en effet de voir que la France de nouveau tenait sa place dans le concert des nations. Mais, bien sûr, cet événement national n'a pas laissé de marquer à sa façon la vie de la basilique de Montmartre. D'autant qu'il met en lumière un élément peu connu. Habituellement seule la victoire de 1918 est comprise dans la France « reconnaissante » dont se pare la devise du Vœu national. Il n'en est rien. L'établissement de relations privilégiées entre la France et la Russie a constitué pour les promoteurs du Vœu national un motif d'actions de grâces et de renouveau de leur vie spirituelle[2].

Dans le *Bulletin du Vœu national* du 10 novembre 1893, rédigé à l'époque du P. Lemius, un long article de six pages traite d'une question politique entre toutes : les relations franco-russes sous un angle patriotique. Le chroniqueur

1. *BVN*, 1890, p. 209-210 et 1894, n° suppl., p. 6, et aussi notre chap. 12, mandement du 25 décembre 1896.

2. Même si la maquette d'étude de la voûte, le projet initial de Luc-Olivier Merson, datant de 1912, ne porte pas le mot « grata » (voir P. Laligant, *La mosaïque*..., 1923, p. 35), la reconnaissance fait partie désormais de la spiritualité de Montmartre : par exemple, même au moment de la crue de 1910, il est lancé un « Merci et pitié vers le ciel » (*BVN*, 1910, p. 34).

établit ainsi un parallèle entre l'état de la France et la construction de l'église de Montmartre :

> « L'église se bâtit et, à mesure qu'elle s'élève, on sent la France se rasséréner, se raffermir ; ce n'est pas le triomphe, mais ce sont les prémices du triomphe »[1].

La place qu'a tenue le cardinal Richard dans les festivités organisées en l'honneur de l'escadre russe est rappelée[2]. Le *Te Deum* qu'il a ordonné pour cette visite dans toutes les églises de son diocèse après la messe paroissiale du dimanche 22 octobre 1893 a frappé les esprits. L'archevêque présidera lui-même le *Te Deum* chanté après l'office du soir dans la basilique du Vœu national au Cœur de Jésus pour le salut de la France. On y joindra un *De profundis* pour le repos de l'âme du maréchal de Mac-Mahon. Le Sacré-Cœur est pavoisé des drapeaux russes et français. On parle de cent à cent cinquante mille fidèles ! L'acte de consécration au Sacré Cœur marque un tournant dans l'histoire du Vœu : la France à cette occasion n'apparaît plus seulement pénitente et confiante mais désormais reconnaissante. On conclut une des prières ainsi :

> « La France, confiante en vos promesses et en vos miséricordes, a voulu vous élever cette église du Vœu national. Dans les patriotiques émotions qui font vibrer, à l'heure présente, tous les cœurs français, nous aimons à reconnaître l'effet de votre bonté et le gage de votre amour pour la France. À vous Seigneur, louange et reconnaissance »[3].

Le chroniqueur du *Bulletin* conclut : « La pieuse et patriotique pensée[4] de l'archevêque de Paris a largement contribué, comme on le voit, à donner un caractère de mystique grandeur à la réception des officiers russes à Paris. »

> « Nous nous plaisons à constater que la population de Paris s'est jointe joyeusement à cette fête spirituelle, et tout le monde s'est uni dans une même pensée de bonheur. Notre sanctuaire, grâce à l'heureuse initiative de notre vénérable archevêque, a servi de cadre à la prière de reconnaissance de la France entière : Alléluia ! »

Hubert Rohault de Fleury surenchérit quelques semaines plus tard dans le bulletin supplémentaire de décembre 1893 (un exemplaire alors diffusé gratuitement) :

> « Nous avons prié et généreusement offert nos aumônes expiatoires, et le temple s'est construit, puis l'adoration s'y est établie, et voilà qu'à mesure que ces deux édifices

1. *BVN*, 1893, p. 522.
2. Il fait partie des évêques « ralliés » qui célèbrent l'union du patriotisme et de la foi et se réjouissent de l'alliance franco-russe. Gérard Cholvy, *Histoire...*, 1985, t. II, p. 91.
3. Le pape par ailleurs n'est pas oublié, mais discrètement mentionné.
4. Soit le chant du *Te Deum* proclamé dans toutes les églises de Paris.

demandés par Notre-Seigneur s'élèvent à Montmartre, l'isolement de la France diminue ; la réception de nos vaisseaux à Cronstadt répond à la première inauguration et les fêtes franco-russes à l'installation définitive du culte dans la basilique entière. »

Dans ces conditions, le cardinal n'hésitera point, un an après, à demander au supérieur des chapelains de la basilique et aux adorateurs du Sacré-Cœur de faire prier à Montmartre pour la santé du tsar Alexandre III[1]. Par ailleurs, le P. Lemius encourage Guy de Pierrefeu à rédiger une histoire du Sacré-Cœur de Montmartre qui orchestre les rapprochements franco-russes. Dans le dernier chapitre en effet de cet ouvrage, l'auteur présente de véritables spéculations politiques et religieuses sur les rapports de la France, de la Russie et du Saint-Siège, non sans insister sur la place centrale qu'y tient Montmartre, et même d'une façon assez peu réaliste[2]. Ses considérations sur l'union des Églises, sur le rôle du pape dans l'Alliance franco-russe ne sont pas sans ressembler quelque peu à celles du *Messager du Cœur de Jésus* que Baudon, en 1870, trouvait trop politique[3]. Avec un P. Lemius, le *Bulletin du Vœu national*, reconnaissons-le, prend un peu la même tournure.

### 2. *La visite de Nicolas II et la seconde croix lumineuse en 1896*

L'arrivée du tsar Nicolas II à Paris est marquée par des illuminations : le Vœu national y participe en dressant à nouveau une croix lumineuse sur les échafaudages du Sacré-Cœur qui, cette fois, attire assez peu l'attention[4]. Le chroniqueur du *Bulletin* cite juste Eugène Veuillot et fait sien ses propos :

> « Dans la croix de feu qui, des hauteurs de la basilique de Montmartre, dominait toutes les illuminations, pourquoi ne verrions-nous pas deux promesses : pour nous, de la paix religieuse et pour les catholiques de Russie l'ère prochaine de la liberté »[5].

Le cardinal Richard préside encore un *Te Deum*, mais à Notre-Dame. Et les festivités franco-russes ne sont pas absentes de sa lettre pour le XXVe anniversaire du Vœu national en date du 25 décembre 1896. À cette occasion, il exprime à Dieu sa reconnaissance :

> « Le souvenir récent encore de la visite du souverain de la Russie a montré à l'Europe que la France occupait toujours un rang d'honneur parmi les peuples. C'est dans l'église

1. *BVN*, 1894, p. 755.
2. Guy de Pierrefeu, *Le triomphe*..., 1894.
3. Voir *MCJ*, 1894, t. 55, p. 94-97 ; 1896, t. 70, p. 598 ; 1897, t. 72, p. 494 et notre chap. 7.
4. *BVN*, 1896, p. 882 et 971.
5. *BVN*, 1896, p. 923.

du Vœu national que nous allions, il y a trois ans, chanter le *Te Deum* à l'occasion de la visite des marins russes et demander à Dieu de bénir l'union des deux grands peuples pour la paix du monde, comme nous l'avons fait de nouveau, il y a trois mois, dans notre basilique de Notre-Dame. Puis, élevant plus haut encore les cœurs de notre nation, fille aînée de l'Église, nous demandions à Dieu que l'union de la Russie et de la France fût, dans les desseins secrets de la Providence, une préparation à la grande union des peuples de la terre dans la foi et la charité de Jésus-Christ »[1].

## D. Prière de demande et exaucement

L'alliance franco-russe a plongé les Français dans une euphorie extraordinaire. Les causes en sont bien connues : alliance antiallemande, avantages financiers, rupture de l'isolement de la France. Les catholiques se réjouissent en plus de l'attitude du tsar à l'égard de l'Église de France et vont même jusqu'à espérer une union de Moscou avec Rome. Il leur était difficile de ne pas vibrer à l'unisson de la collectivité à laquelle ils appartenaient et de ne pas fonder leur enthousiasme sur une vue religieuse des choses. Il faut avoir le tempérament d'un Léon Bloy pour rester en marge de cette « ignoble folie des fêtes franco-russes »[2].

Mais est-il permis d'interpréter ainsi les événements, d'assigner une intervention spéciale de Dieu à chaque prière ? La construction du Sacré-Cœur et la « reconstruction » de la France peuvent-elles être mises en parallèle ? C'est un cas particulier de l'interférence de la Providence divine et de la liberté humaine. Dans le domaine politique, elle suppose un jugement de valeur sur les événements susceptibles peut-être d'être confondus, non sans quelque naïveté, avec les intentions de Dieu. Le discernement s'impose de façon à ce que Dieu ne soit considéré ni nulle part ni partout, mais cherchant dans l'ordre de la charité à établir des relations personnelles avec chacun. En tout cas, les catholiques de cette fin du XIXe siècle montrent ainsi leur foi dans le Christ comme maître de l'histoire de la France, de l'Église et du monde !

1. *BVN*, 1897, p. 7. L'archevêque de Paris ordonne, en août 1897, un seul *Te Deum*, au Sacré-Cœur, pour le retour de Russie du président Félix Faure. *BVN*, 1897, p. 844 et 926. Les esprits retrouvent leur calme !
2. Léon Bloy, *Journal* au 5 octobre 1896 (réf. en 1917).

## *II. MONTMARTRE, TEMPLE DU NOUVEL ISRAEL, L'ÉGLISE ET L'HUMANITÉ*

### A. La France et Israël-Juda

La spiritualité des promoteurs du Vœu national dans ses rapports à l'histoire et à la Providence est éclairée par de multiples références à l'Ancien Testament[1]. Ils appliquent à Montmartre et à la basilique les prophéties qui concernaient Jérusalem-Sion et le Temple. On avait rapproché jusque là Israël tout entier de l'Église selon l'exégèse spirituelle traditionnelle et souvent également Israël-Juda de l'Église de la France catholique depuis Clovis. L'Église étant donc le nouvel Israël, la fille aînée de l'Église était Juda, la tribu fidèle. La construction de l'ex-voto national venait à propos pour continuer la comparaison : la France a été particulièrement choisie parmi les nations chrétiennes pour l'extension du règne du Christ et en particulier du culte de son Cœur ; de même que la tribu de Juda parmi celles d'Israël devait donner naissance au Sauveur, la France à pour mission de protéger l'Église et d'apporter la connaissance du Christ au monde entier[2]. N'est-on pas en pleine expansion missionnaire et coloniale ? Cette filiation spirituelle biblique s'impose comme une certitude. Tous les auteurs et penseurs du Vœu national en sont pleinement conscients. Le P. Monsabré le rappelle[3], le P. Ramière l'écrit[4], Mgr Pie l'enseigne[5], Paul Féval[6] et Léon Bloy le répètent en citant Joseph de Maistre[7]. Pie X s'inscrit dans cette lignée en parlant de « l'Église, dont l'Église de France est la fille aînée et une partie intégrante »[8] et en reprenant à son compte les propos que Grégoire IX adressait à Louis IX, propos qui méritent d'être cités un peu longuement :

> « Dieu, auquel obéissent les légions célestes, ayant établi, ici-bas, des royaumes différents suivant la diversité des langues et des climats, a conféré à un grand nombre

1. L'usage politique, pourrait-on dire, de l'Ancien Testament, le rapprochement de la France et d'Israël remonte au moins au XIIIe siècle. Voir Colette Beaune, *Naissance*..., 1985, p. 214-216.
2. V. Alet, *La France*..., 1889, p. 8-10.
3. P. Monsabré, *Discours*..., 1872, p. 13 : « Le Christ s'est emparé de nous sur les champs de Tolbiac, nous a appelés aux admirables lumières de la vérité, a lavé dans son sang la nation française, et en a fait une nation sainte, une race choisie, un peuple à lui. » Citation de *première Pierre* 2, 10 décrivant l'Eglise reprenant *Isaïe* 43, 20 et *Exode* 19, 6.
4. « Dieu a voulu que la France fût pour le monde moderne ce qu'était pour le monde ancien le peuple d'Israël, un signe et un exemple » (*MCJ*, fév. 1871, p. 87).
5. Voir J. Gadille, *La pensée*..., 1967, t. I, p. 56, n. 4.
6. *BVN*, 1879, p. 282.
7. Léon Bloy, *Journal*, 22 octobre 1893, 15 août 1894 et 1er janvier 1895 (réf. en 1917).
8. Pie X, *Encycliques*..., 1914, t. III, p. 36.

de gouvernements des missions spéciales pour l'accomplissement de ses desseins. Et comme autrefois il préféra la tribu de Juda à celles des autres fils de Jacob, et comme il la gratifia de bénédictions spéciales, ainsi il choisit la France de préférence à toutes les autres nations de la terre pour la protection de la foi catholique et pour la défense de la liberté religieuse. Pour ce motif [...] la France est le royaume de Dieu même, les ennemis de la France sont les ennemis du Christ. Pour ce motif, Dieu aime la France parce qu'il aime l'Église qui traverse les siècles et recrute les légions pour l'éternité. Dieu aime la France, qu'aucun effort n'a jamais pu détacher entièrement de la cause de Dieu. Dieu aime la France, où en aucun temps la foi n'a perdu de sa vigueur, où les rois et les soldats n'ont jamais hésité à affronter les périls et à donner leur sang pour la conservation de la foi et de la liberté religieuse »[1].

Au cœur de ce développement se trouve le parallélisme entre les douze tribus d'Israël et les nations, entre Juda et la France. Comment repris dans un discours pontifical du XX<sup>e</sup> siècle un tel propos ne s'imposerait-il pas à plus d'un catholique !

## B. Montmartre-Sion et Sacré-Cœur-Temple de Jérusalem

À un jugement pessimiste sur la situation de la France au nom même de ses péchés va répondre un jugement non moins optimiste fondé sur la fidélité que Dieu témoigne à la France, celle-là même qu'il a manifestée à l'égard d'Israël-Juda. De même, estiment les promoteurs du Vœu national, que Dieu a su conduire son peuple jusqu'à l'avènement du Messie, de même, il conduit l'Église en général et l'Église de France (ou la France) en particulier jusqu'à l'accomplissement de sa vocation qui est son bonheur, d'autant que par le Vœu national elle essaie de répondre à cet amour. Mgr Guibert est comparé à Salomon et Mgr Richard à Esdras. Les souscripteurs sont comme les Juifs du retour invités à construire le temple national :

> « Vous donc qui aimez la France et qui aimez l'Église, venez, donnons-nous la main et bâtissons la maison du Seigneur » (2 *Esdras* 2, 17).

La butte Montmartre est Sion-Jérusalem[2], la basilique est le Temple du Seigneur[3]. La promesse de Dieu à Salomon de faire résider son cœur dans le

1. Pie X, *Encycliques...*, 1914, t. V, p. 205, discours du 13 déc. 1908 après la lecture des décrets de béatification des vénérables Jeanne d'Arc, Jean Eudes, François de Capillas, Théophane Vénard et ses compagnons. Ce texte de Grégoire IX est aussi cité par le P. Alet, *La France...*, 1889, p. 3, qui le tient lui-même de Mgr Pie.

2. *BVN*, 1895, p. 273. De même que le Seigneur a choisi la France parmi les nations chrétiennes comme il avait choisi Juda parmi les tribus d'Israël, de même il a choisi cette colline parmi toutes les collines de France comme il avait choisi Sion parmi les collines de Judée. Voir aussi le P. Monsabré dans *BVN*, 1891, p. 366.

3. *BVN*, 1894, p. 675.

sanctuaire de Jérusalem est inscrite en façade (chap. 22). Quatre citations de prophètes concernant le Temple sont incrustées dans les dossiers de quatre stalles du chœur: ces oracles sont censés s'appliquer à l'ex-voto national[1].

L'exégèse symbolique déborde de partout. L'histoire sainte d'Israël prépare la venue du Messie et de la communauté qui lui est conjointe, c'est-à-dire l'Église. Au sein de cette dernière, les Églises locales faites de pierres vivantes s'y voient aussi annoncées ainsi que leurs bâtiments de pierre. C'est pourquoi la séquence parisienne de la liturgie de consécration des églises développe l'image de la nouvelle Sion (chap. 20). Le rapprochement théorique entre la France et le véritable Israël-Juda est en place. Il permet aux promoteurs de « voir » leur entreprise correspondre aux desseins mystérieux de Dieu et de faire de l'histoire de leur patrie une histoire sainte[2].

## C. Le « peuple choisi » de Marguerite-Marie

Ces desseins se sont d'ailleurs manifestés à nouveau par les messages de Marguerite-Marie. Par trois fois[3], une expression, « mon peuple choisi », employée par la religieuse mystique va être interprétée en un sens patriotique.

> « Une fois, Notre-Seigneur se présenta à moi tout couvert de plaies et son corps tout sanglant, son Cœur tout déchiré de douleur, et comme tout lassé. [...] Il me dit: – « Voilà l'état où me réduit mon peuple choisi, que j'avais destiné pour apaiser ma justice. Il me persécute secrètement. S'ils ne s'amendent, je les châtierai sévèrement. Je retirerai mes justes et j'immolerai le reste à ma juste colère qui s'embrasera contre eux »[4].

1. Voir chap. 22. Il s'agit de *Amos* 9, 11: « Je relèverai la hutte de David, j'en relèverai les ruines »; *Abdias* 17: « Sur le mont Sion, il y aura des rescapés – ce sera un lieu saint »; *Michée* 4, 1: « La montagne du temple du Seigneur sera établie au sommet des montagnes »; *Aggée* 2, 9: « La gloire à venir de ce temple sera grande et en ce lieu je donnerai la paix ».

2. Ces réflexions qui permettent à une nation catholique de se considérer comme le nouvel Israël sont peut-être à rapprocher de celles par lesquelles cette nation se situe par rapport au peuple juif. On ne peut oublier qu'on est en pleine affaire Dreyfus (unique allusion dans notre corpus au chap. 19). On a remarqué aussi l'absence dans la décoration de toute allusion à la synagogue, cette femme aux yeux voilés qui faisait pendant à l'Eglise dans les cathédrales. Enfin on n'a pas utilisé à dessein la notion de « messianisme » car elle ne se rencontre pas du tout dans notre corpus. Mais elle serait peut-être à propos pour l'ensemble de l'attitude décrite ici et au chapitre suivant sur le triomphalisme.

3. Outre celle citée dans le texte: Mgr Gauthey, *Vie*..., 1920, t. I, p. 105 repris en t. II, p. 144 où le peuple choisi est explicitement le peuple chrétien distinct des infidèles; t. I, p. 263 repris en t. II, p. 175 et cité par H. de Fleury, « Le Vœu national... », *BVN* 1908, p. 265 où il aussi appliqué à la France.

4. Mgr Gauthey, *Vie*..., 1920, t. I, p. 111, *Contemporaines*, § 105 et t. II, p. 153, *Écrits*..., § 36.

Le P. Daniel[1] et l'abbé Cucherat[2] voient dans ce « mon peuple choisi » une allusion aux religieux et aux religieuses qui ne se sont pas amendés[3]. Le deuxième va même jusqu'à trouver l'effet de ces refus dans les persécutions de 1793 dont les religieux ont particulièrement été victimes. Quant à H. de Fleury, dans un opuscule de propagande de 1902, il tire de cette vision prophétique une interprétation nationale et patriotique. Ce texte de Marguerite-Marie[4], comme les messages de la Salette (1846) et de Lourdes (1858), s'appliquent selon lui à la France :

> « Et loin de se rendre aux appels, aux plaintes, à l'amour, aux supplications de son Dieu, le Peuple choisi semble s'être ingénié, au contraire, depuis deux siècles, à retourner le fer dans la plaie de son Cœur divin »[5].

Dans un autre texte de 1898, il associe trois thèmes : les promesses, les demandes et le peuple choisi, et résume ainsi sa pensée :

> « [Il faut] répandre parmi les fidèles la connaissance des admirables promesses faites à la France par Notre-Seigneur Jésus-Christ, et les conditions posées par Lui pour que nous restions son peuple choisi »[6].

Ainsi l'entreprise de Montmartre permet de comprendre l'histoire « secrète » de la France dans ses mystérieux rapports avec son Sauveur, celui qui regarde chaque être et chaque nation d'une manière personnelle.

## D. La France, l'Église universelle et l'humanité

L'histoire du Vœu national s'insère dans celle de la France et cette dernière dans l'histoire de l'Église, laquelle prend place à son tour dans l'histoire du monde. Pour un Rohrbacher (1842) comme pour un Monsabré ou un Franciosi, l'histoire de l'Église commence avec la création du monde et de l'homme dans sa narration théologique et biblique, se poursuit jusqu'à leur

1. Charles Daniel, *Histoire...*, 1865, chap. XXI, p. 281-324.
2. F. Cucherat, *Histoire...*, 1865 (1870), t. 2, p. 21.
3. Ce qui semble être le sens que lui donnait sainte Marguerite-Marie. Voir Jacques Le Brun, *Mystique...*, 1971, p. 29 et 32-33. Cependant Michel de Certeau, art. « Jésuites » (§ Cœur et politique au XVII^e siècle), *DSAM*, semble lui donner un sens politique.
4. En supprimant : « que j'avais destiné pour apaiser ma justice. Il me persécute secrètement » et en mettant au singulier les propositions qui suivent.
5. *BVN*, bull. suppl. juin 1902, p. 1.
6. *BVN*, 1898, p. 611.

époque et se tourne vers le retour du Christ. L'œuvre de l'abbé Rohrbacher (et de son successeur l'abbé Guillaume) présente ainsi d'un seul trait (même si c'est en vingt mille pages environ) une *Histoire universelle de l'Église catholique* depuis la genèse biblique jusqu'au XIX^e^ siècle (voir chap. 4). Il récidive même au début du livre 86^e^ qui relate la période qui suit le concile de Trente. L'Église tridentine et le pontife romain sont situés par rapport à la vie trinitaire de Dieu, la création des anges, la chute de certains d'entre eux, la création de l'homme et son péché, Abraham, Moïse, le Christ et la fondation de l'Église. Finalement la primauté de Pierre résume tout le dessein de Dieu[1]. Vision théologique et vision chronologique se confondent, s'enchevêtrent, s'emboîtent l'une dans l'autre. L'ordre de la charité et les ordres des corps et des esprits, dirait Pascal, se télescopent. Ainsi peut-il dire de l'Église, comme théologiquement on le dit du Christ, et mettre en exergue de son œuvre, une phrase de saint Epiphane : « le commencement de toutes choses est la sainte Église catholique »[2]. À ce blocage de la chronologie et de la théologie, une durée est donnée : « Plus de quatre mille ans ». Le P. Monsabré mesure en 1891 les vingt ans d'attente du salut de la France à l'attente du Sauveur :

> « Ce n'est pas la première fois que Dieu retarde l'heure de sa miséricorde. Il a suspendu pendant plus de quarante siècles l'accomplissement de la promesse qu'il avait faite à notre premier père [...]. N'avait-il pas le droit de retarder notre salut, et d'éprouver, par ce retard, la sincérité de nos vœux »[3] ?

Ces propos ne restent pas confinés dans les livres et les prédications. Qui n'a chanté à l'époque : « Il est né le divin Enfant [...]. Depuis plus de quatre mille ans... » ? On les trouve jusque dans l'enceinte de l'Assemblée nationale quand le député Gabriel de Belcastel s'écrit :

> « Le catholicisme est de tous les temps ! Il a existé depuis le premier jour du monde, et existera toujours »[4].

On les retrouve aussi transcrits en quelque sorte dans la pierre sur un corbeau de la seconde galerie intérieure de la basilique : un ange, devant le sang

1. Abbé Rohrbacher, *Histoire...*, 1842, t. XXIV, p. 405-412.
2. C'est également ainsi que commence le célèbre traité sur l'Eglise de dom Gréa, *De l'Eglise et de sa divine constitution*, 1884. Mais il arrange malgré tout un peu la citation : « La Sainte Eglise catholique est le commencement » *et la raison* « de toutes choses », c'est-à-dire qu'il rajoute « et la raison ». En effet, « l'arché » en grec est loin d'être uniquement chronologique, mais cela ne l'empêche pas malgré tout de mettre bout à bout l'Ancien et le Nouveau Testament et l'histoire de l'Eglise.
3. *BVN*, 1891, p. 362. En 1876, le P. Monsabré brosse en une page à propos du gouvernement divin un tableau de l'histoire universelle qui mériterait d'être cité en entier : « du berceau de l'humanité à la rénovation des temps par le Christ, de la rénovation des temps à nos jours de progrès, de luttes et d'immenses infortunes » (P. Monsabré, *Exposition...*, 1876, t. IV, p. 24).
4. *JO* du 23 juillet 1873, p. 4942, col. 3.

du Christ, permet à l'humanité d'entrer dans l'intimité de Dieu par la plaie du côté du Christ, ce corbeau étant le premier d'une série qui s'achève avec Marguerite-Marie (chap. 22).

Une des grandes difficultés de l'époque est la conjonction de la vision théologique et existentielle qui intègre cependant des événements et la vision dite « scientifique » de l'histoire[1]. Dans l'intentionnalité divine révélée en Israël, dans le Christ et l'Église, la création est faite pour permettre la communion de la multitude des créatures avec leur Créateur. Tous les hommes qui ne se refusent pas à Dieu appartiennent à l'assemblée des élus. En ce sens, Rohrbacher et Belcastel ont raison. Mais pour ceux qui n'ont que la connaissance empirique de l'histoire des hommes et du monde, les choses ne sont évidemment pas vues de la même façon. D'autant que cette histoire est le lieu du combat de la grâce et du péché et que la loi de la rédemption, présentée précédemment, est faite, comme le dit Lacordaire, « de justice, de miséricorde et de liberté ». Et cette loi s'applique aussi aux nations.

## E. Loi de l'histoire des nations et Providence

Plusieurs des auteurs jésuites et dominicains qui ont exprimé et formé la pensée des promoteurs laïcs du Vœu parlent d'une loi de l'histoire selon laquelle un peuple qui se détourne du vrai Dieu ne peut connaître que le malheur et inversement qu'un peuple plein de foi connaît la paix. Mais ces notions de justice, de châtiment et de récompense s'insèrent dans des analyses qui se veulent « historiques » et qui sont censées leur donner davantage de force. Ces auteurs s'accordent, en fait, avec dom Guéranger. Dans son *Année liturgique*, le restaurateur de l'abbaye de Solesmes écrit :

> « Le Seigneur nous apprend dans le chap. 26 du *Deutéronome*, qu'une nation fidèle à garder toutes les prescriptions du service divin sera bénie entre toutes les autres. L'histoire est là pour attester la vérité de cet oracle. De toutes les nations qui ont péri, il n'en est pas une seule qui ne l'ait mérité par son oubli de la loi de Dieu ; et il doit en être ainsi. Quelquefois le Seigneur attend avant de frapper ; mais c'est afin que le châtiment soit plus solennel et plus exemplaire »[2].

1. Cependant le P. Jonquet se fait l'écho à la suite du P. Lacordaire des découvertes du baron Cuvier et de sa *Description géologique des environs de Paris* ainsi que de l'ouvrage d'Albert de Lapparent, *Traité de géologie* pour considérer le passé de Montmartre (P. Jonquet, *Montmartre*..., 1890, p. 6). Montmartre, du Déluge au Vœu national... !

2. Dom Prosper Guéranger, « Le samedi des quatre-temps de Carême » dans *L'Année*..., 1841.

On peut établir un lien selon lui entre l'observance rituelle du dimanche et du Carême et le niveau de la morale publique et privée dont dépend la force d'une nation, son aptitude à résister aux agressions intérieures et extérieures. Ce serait une loi de l'histoire. Il dit encore :

> « Les invasions étrangères ont été toujours amenées par les crimes des hommes, et il n'en est pas une seule qui n'atteste la suprême équité par laquelle Dieu gouverne le monde. »

Dom Guéranger donne en exemple l'Empire romain envahi par les Barbares, l'Empire byzantin englouti par le déluge de l'Islam. C'est au tour des nations occidentales d'être menacées par lui si elles ne reviennent pas au Seigneur[1]. Le P. Matignon prêchant à Montmartre s'exprime de même :

> « Faut-il ajouter que Jésus pleure sur nous à cause des malheurs qui nous menacent ? Une loi de l'histoire nous apprend que certains crimes ont pour conséquence les plus terribles châtiments. À la fin du siècle dernier, l'irréligion et le rire moqueur et sacrilège reçoivent pour réponse les sanglantes scènes de la Terreur »[2].

Le P. Alet citant Mgr Pie[3] explique « comme une loi de l'histoire » que la séparation de la France d'avec l'Église entraîne sa défaite : la Révolution et l'Empire aboutissent à Waterloo, le second Empire à Sedan[4]. Quelques années plus tard, le P. Janvier argumente d'une façon comparable. La corruption du XVe siècle aboutit à l'affrontement des Bourguignons et des Armagnacs, les hérésies protestantes en France produisent les guerres de religion entre Français et Voltaire entraîne la discorde de la Révolution. Seule la foi en Jésus-Christ engendre l'unité nationale tant, hier, au temps de saint Louis, que demain, espère-t-il, au XXe siècle[5]. Curieux et naïf appel à la passion historienne du XIXe siècle ! Cette loi, il est vrai, peut mettre quelque temps à se vérifier : des méchantes nations peuvent longtemps triompher, des justes nations être persécutées[6]. De toute façon, cette loi de l'Histoire est vraie par-delà l'Histoire, à travers les chefs des nations, bons ou coupables, au ciel ou en enfer. D'ici

1. Dom Prosper Guéranger, « Le jeudi de la sexagésime » dans *L'Année*..., 1841.
2. Ambroise Matignon, « Le Vœu... » dans *BVN*, 1879, p. 347.
3. « Les ingratitudes des nations ne sont jamais impunies. » Le projet de reconstruction de la basilique Saint-Martin à Tours annonce des jours meilleurs pour la France. Victor Alet, *La France*..., 1889, p. 71-72.
4. Victor Alet, *La France*..., 1889, chap. 4.
5. P. Janvier, *La paix*..., 1897, p. 8-10.
6. Le P. Monsabré répond à l'objection en disant : « Le triomphe des méchants ne sera pas éternel ; tout à l'heure ils vont se châtier eux-mêmes et disparaître » (P. Monsabré, *Exposition*..., 1876, t. IV, p. 28).

là, la conversion est possible : d'où le processus de salut de la nation auxquels doivent obéir les détenteurs de l'autorité, que ceux-ci soient simplement des personnalités en vue du monde social, comme aujourd'hui au sein du Vœu national, ou demain, ses responsables politiques, comme l'espèrent les responsables de l'ex-voto national.

## *III. CONTESTATIONS ET JUSTIFICATIONS*

### A. Les critiques anticléricales

Gustave Téry, une fois encore, s'affiche comme l'ennemi attitré de la basilique. Son hypercritique de la vision « cordicole » de l'histoire de France retient l'attention. Pour les catholiques qui fréquentent le Sacré-Cœur, cette histoire est marquée par trois « tournants ». Il énonce très succinctement le premier : « Bataille de Tolbiac. Baptême de Clovis. Jésus épouse la France ». Il ignore Jeanne d'Arc certainement parce qu'elle appartient aussi à sa propre conception de l'histoire nationale. Le second tournant est le refus de Louis XIV de mener une « politique cléricale », refus qui enchante bien sûr Gustave Téry. Le *Louis XIV* républicain (1900) d'Ernest Lavisse n'est pas loin ! La Révolution constitue le troisième tournant dans l'interprétation de laquelle il dit constater un certain flottement. Il ne comprend pas pourquoi les Bourbons et la nation sont punis, les uns par la mort de Louis XVI, l'autre par les maux qui l'accablent. Mais, avec ironie, il s'en remet à la Providence dont les voies sont, comme l'on sait, impénétrables... Finalement, il souligne deux interprétations opposées de la Révolution. Alors que, pour lui, elle est symbolique d'un monde nouveau qui commence et totalement positive, pour les cordicoles, juge-t-il, la Révolution est diabolique et négative. À ses yeux, on le sait, les fidèles du Sacré-Cœur sont des monarchistes convaincus, des contre-révolutionnaires purs et simples, mais lui se présente comme un jaurésien en quête d'une République socialiste qui apporte la liberté et le bonheur au monde[1].

1. Gustave Téry, *Les Cordicoles*, 1902, p. 65 et 289 et 295.

En fait, sa critique de l'histoire des historiens « cordicoles » porte sur la dimension religieuse qu'il refuse, non sur l'histoire qui par un fil nécessaire a conduit la France de Clovis à Louis XIV, du Roi-Soleil ensuite à « l'oligarchie ploutocratique actuelle » en attendant la République sociale. Car G. Téry critique aussi chez ses adversaires le Dieu-Providence au nom duquel l'Église enseignerait la résignation et la servitude aux ouvriers devant et malgré les criantes injustices sociales. Si malgré cela, ils se révoltent, il y a l'armée pour les réprimer. L'une et l'autre sont ainsi au service du Capital. Que ce genre de réflexion soit le propre de la critique marxiste ou le bien commun de la critique socialiste de la religion, elle est immédiatement liée chez Téry au problème du Sacré-Cœur.

L'histoire providentielle et « cléricale » a été critiquée également en pleine Chambre, vers 1910, par Gaston Doumergue, alors ministre de l'Instruction publique à propos des manuels d'histoire de l'enseignement privé[1]. S'il fallait en croire les catholiques, Dieu ferait connaître sa volonté à travers les défaites des régimes qui ont porté atteinte à la religion : Napoléon vaincu par les Russes pour avoir indignement traité le pape, Louis-Philippe chassé par la révolution de 1848 pour avoir mené une politique anticléricale, Napoléon III battu à Sedan pour voir abandonné la défense du pape. À lire tel manuel cité en exemple comme celui de l'abbé Courval, on apprend que la France connaît la honte et la misère chaque fois qu'elle se détourne de sa vocation de fille aînée de l'Église. Et le ministre d'en venir à regretter l'auguste Bossuet[2] !

## B. La référence à Bossuet

Que Gaston Doumergue lui-même se réfère à Bossuet est significatif et invite à se remémorer un instant la pensée sur l'Histoire de cet auteur que Legentil affectionnait tant. En effet, c'est à l'Aigle de Meaux, semble-t-il, qu'on doit l'actualisation dans nos Temps modernes de la conception de l'histoire que se font les auteurs bibliques, saint Augustin, Grégoire de Tours et les

1. Nous résumons ici les p. 73-74 du travail de Jacqueline Freyssinet-Dominjon, *Les manuels*..., 1969.

2. On a remarqué que ces critiques rejoignent celles exprimées par A. Debidour touchant les propos tenus par les catholiques sur 1870-1871 et sur l'incendie du bazar de la Charité, ainsi que celles d'une « certaine presse » sur le discours de l'abbé Langlois au Sacré-Cœur lors de la célébration de prière à la suite de la crue de 1910 (chap. 28).

scolastiques[1]. Au-delà de la tradition nominaliste, protestante et janséniste, où l'accent est mis sur Dieu au détriment de l'homme, sur la grâce à l'encontre de la liberté, sur la Providence et non sur l'histoire ; au-delà de la tradition humaniste où l'homme et l'Etat s'affirment dans leurs radicales autonomies au détriment de Dieu et de l'Église,

« Bossuet prend la voie de la narration historique pour montrer comment un secret dessein de Dieu anime les événements de la temporalité profane pour faire d'eux les éléments d'une histoire sainte »[2].

On sait qu'il expose son *Discours sur l'histoire universelle* en trois parties. La première partie montre l'imbrication les unes dans les autres des douze *époques* de la suite des temps et des sept *âges* du monde. Les époques sont surtout Troie, Rome, Cyrus, Carthage, Constantin et Charlemagne alors que les âges comprennent surtout la Création, le Déluge, Abraham, Moïse, Salomon et Jésus-Christ. Cette distinction entre *époque* et *âge* est très importante car elle souligne des implications de Dieu de qualités différentes dans l'un et l'autre cas, ce qui nous introduit aux deux autres parties du célèbre *Discours*. Dans la deuxième, il présente l'évolution de la religion de la Création à la fondation de l'Église et à la marche victorieuse de l'Evangile. Dans la troisième partie, il étudie la succession des empires, la naissance et la fin de chacun, « réglées par la Providence »[3]. Dans le cas de la religion, une histoire généalogique est ordonnée par Dieu en vue de l'Incarnation du Verbe et de l'introduction des hommes dans l'ordre sacramentel. Dans le cas des empires, Dieu-Providence orchestre en vue de l'entrée dans l'Église l'histoire des hommes en tenant compte des libertés humaines qui jouent leur propres partitions et font beaucoup de fausses notes[4].

Cette division qui unit et qui distingue l'ordre de la Création et l'ordre de l'Incarnation respecte le caractère ambivalent de l'histoire selon la tradition chrétienne. À la suite de Bossuet, au XIXe siècle surtout, la tentation va être grande de réduire l'une à l'autre et d'impliquer l'homme dans un processus impersonnel et un progrès automatique. Quoiqu'il en soit, en Bossuet, les catholiques du XIXe siècle trouvaient l'exemple et la référence magistrale d'une histoire « modernisée », c'est-à-dire intégrant le devenir temporel du

1. Cette généalogie est d'Edgar Quinet qui critique aussi bien la philosophie cléricale que laïque (et laïcisée) de l'histoire de France : « La méthode est la même. Toute l'histoire des Hébreux est considérée comme une préparation à la venue du Messie. Les événements n'ont leur sens qu'à la condition que cette attente soit remplie » (Edgar Quinet, *La philosophie*..., 1855, p. 120).

2. Nous avons profité ici de l'analyse du P. Labarrière dans « Providence », *DSAM*, col. 2469-70.

3. Bossuet, *Discours*..., 1680.

4. Nous aurions aimé connaître l'histoire de France selon Bossuet !

sujet dans son rapport à Dieu, – et d'une histoire chrétienne, c'est-à-dire *symbolique*, signe de l'attention de Dieu pour les hommes qu'il aime dans le Christ enfant, mort et ressuscité[1]. Restait bien sûr à la coordonner avec *une histoire critique* des Ecritures, comme de l'Église et des civilisations, travail qui n'a peut-être pas été encore fait.

## C. Généalogie sommaire du XVIIe au XIXe siècle

Face à l'absolutisation de la liberté humaine et du pouvoir politique, à la méconnaissance par l'humanisme renaissant de la spécificité de la Révélation, les réactions protestantes accentuent le rôle de la Providence (et donc de l'inféodation au pouvoir politique en place) ainsi que l'œuvre de la grâce. La Contre-Réforme en son courant jésuite (le molinisme) souligne le rôle de la liberté humaine et en son courant thomiste, elle maintient et défend l'importance de la Providence (et de la grâce), ceci sur le plan créationnel ; l'Ecole française enfin rappelle la spécificité de la Révélation et son christocentrisme. L'Église « se bat » alors sur trois fronts : faire respecter sa spécificité (et ainsi défendre la Révélation) par rapport au pouvoir politique qui en ferait bien un rouage de l'Etat (le gallicanisme) sans nier l'autorité de celui-ci et la liberté des sujets. Dans cette perspective, le jansénisme qui prêche « la démission » entre les mains de l'autorité divine, du Roi et de la Loi ne fait que répondre symétriquement au courant des Lumières et de la Révolution qui perfectionne et accomplit l'humanisme de la Renaissance.

## D. Panorama sommaire du XIXe siècle

En régime protestant, les Lumières trouvent dans la philosophie romantique allemande leur achèvement. L'hégélianisme qui absolutise l'histoire de l'Esprit par un panthéisme et un « panétatisme », élargit pour ainsi dire

1. Edgar Quinet fait remarquer que « pour corriger les vices de sa méthode, Bossuet possédait le miracle des miracles, le Christ enfant, qui couronnait l'histoire sacrée » (*Philosophie*..., 1885, p. 122). Cela est très sage, les spéculations sur l'histoire devant être prises avec humilité. L'historien et le philosophe de l'histoire ne sont pas les juges de l'Histoire.

l'Incarnation et l'ordre sacramentel de l'Église à la Création tout entière[1]. On connaît le renversement marxiste et son matérialisme où le monde et l'homme « s'auto-engendrent » spontanément par le travail[2], rejetant un Dieu-Providence qui impliquerait, selon l'idée qu'il se fait du christianisme luthérien qu'il connaît, d'une part la démission de l'homme face à Dieu et aux autorités politiques et d'autre part le règne sauvage et désordonné de la libre entreprise sur la société.

Au XIXe siècle, en régime catholique, « la bataille » continue sur trois fronts. Le premier est le maintien de la spécificité de l'Église par rapport aux Etats particulièrement en France et en Italie : en France, avec le refus de la Constitution civile du clergé et des Articles organiques (même si on maintient malgré tout le Concordat dans son ambiguïté fondamentale et si l'on appelle de ses vœux un statut juridique particulier pour tous les inévitables à-côtés matériels) ou en Italie (reconduction, rétablissement des Etats pontificaux ou « emprisonnement » dans le Vatican). Les second et troisième fronts se situent aussi bien sur le plan politique qu'économique au sein des rapports entre subordonnés et autorités tant anciennes (aristocratie) que nouvelles (bourgeoisie). L'Église ne veut négliger ni les uns, ni les autres, même si à cause d'un certain anticléricalisme avec lequel pactisent certains, il est tentant pour elle de s'allier à ceux qui la reconnaissent[3].

## E. La Providence, les patries et la France

Une telle situation ne va pas sans simplifications, sans surprises et sans prises de position incertaines et inattendues. On peut finalement défendre la souveraineté spirituelle romaine grâce à la fiction juridique d'un Etat, mais le moyen n'est découvert qu'après sa mise en place. La volonté de ne pas opposer les peuples et les autorités peut se manifester par la promotion catholique de l'idée de patrie, ce qui ne va pas sans danger car l'exaltation de la France peut entraîner une certaine confusion entre la France comme nation et la France comme Église, entre les périodes des empires, comme dirait Bossuet,

1. Voir par exemple, le prologue de l'Evangile de Jean selon Hegel dans sa *Vie de Jésus*, 1795, p. 49. Voir aussi Ernst Benz, *Les sources mystiques*..., 1968.

2. Voir par exemple, Karl Marx, *Manuscrits de 1844*, p. 98-99.

3. Nous ne redisons pas ici l'analyse concernant l'attitude de l'épiscopat en 1870 par rapport à la politique, mais elle correspond à ce tableau (chap. 3).

et les âges de la religion, entre le plan créé et le plan du salut, entre l'ordre de la Providence et l'ordre de la Révélation. L'analogie France-Israël est vraie pour l'Église de France et fausse pour la nation-France, même chrétienne. Cette dernière comme les nations russe, polonaise, américaine..., comme chacun des « empires » qui naissent et qui meurent, a sa place dans le dessein providentiel du Dieu créateur. Après la disparition de l'Empire romain en Occident au Ve siècle (négligeant l'Arménie et la conversion de son roi vers 285), au sein des soubresauts encore importants de la crise arienne, l'Église a trouvé dans les Francs une nation optant pour elle. Sa « première place » est une première place dans l'Église et même l'Église latine, non parmi les nations du monde. Mais, formellement, de droit, la nation franque ne s'est jamais confondue avec l'Église en terre de France (les évêques n'ont ultimement jamais été de droit des rouages de l'Empire germanique ou du royaume franc). La première connaît la destinée des empires. La seconde unie à Rome existait avant et subsiste après la non-reconduction du caractère confessionnel de la nation comme telle. Cependant, dans la pratique, sur un plan matériel, la confusion entre l'Église et la nation devient compréhensible. Dans quelle mesure un P. Alet dont nous connaissons mieux les idées à présent, ne confond-il pas l'histoire de l'Église en France et l'histoire de la France, fut-elle christianisée plus ou moins ? Mais là aussi, on distingue mieux les choses après coup et l'on comprend aussi que les non-catholiques qui voulaient distinguer les deux réalités jusqu'à les opposer aient pu réagir à leur tour et retomber dans un blocage plus ou moins semblable formellement à celui des catholiques.

En effet, l'histoire de France « laïque » (et à travers elle, l'histoire universelle laïcisée) au nom de laquelle un Téry ou un Doumergue contestent et critiquent la conception catholique n'est pas au-dessus de tous soupçons. Edgar Quinet le remarque pertinemment :

> « [...] Imitant le système (catholique), nous avons traité l'histoire de France comme une histoire sacrée, qui trouve son interprétation finale dans l'ère politique inaugurée avec le régime constitutionnel du dix-neuvième siècle. Ce dénouement non seulement explique tout, mais légitime tout le passé » [1].

À cette différence près qu'il suffirait de parler de l'imitation d'une partie du système catholique (celui de l'histoire sainte proprement dite), nous pouvons trouver la remarque pertinente. Elle éclaire l'enseignement des manuels de l'école laïque qui font, eux aussi, de la France « le peuple élu », mais

1. Edgar Quinet, *La philosophie...*, 1855, p. 120.

cette fois « de l'Histoire »[1] et qui font de son histoire une marche inéluctable vers son état connu au XIXe siècle. Elle éclaire aussi l'univers mental des catholiques qui ne sont pas sans en avoir fait autant, mais en sens inverse : puisque la situation actuelle est dramatique pour la foi, elle n'est pas sans avoir été préparée par des reniements annonciateurs.

## F. Histoire du monde et histoire de l'Église

Il est encore question de confusion dans la vision catholique du XIXe siècle à propos de l'Église, « principe de toutes choses ». L'on sait qu'en théologie, un événement divin de la Révélation, un mystère, peut être exposé en trois temps : son « économie » ou déploiement dans l'histoire, sa « substance » ou sa signification par rapport à Dieu, son « usage » ou ses retombées dans la vie du fidèle[2]. On peut dire que l'affirmation du caractère de « principe » de l'Église par rapport au monde est juste comme elle l'est pour le Christ. Le monde est créé par Dieu pour sa gloire et donc pour l'homme vivant dans le Christ et l'Église. Mais cela est de l'ordre de la signification du mystère de l'Église et non de l'ordre du déploiement temporel des choses de ce monde. On ne respecte pas alors la distinction (qu'il ne faut d'ailleurs pas transformer en opposition) entre la création et la rédemption. Bossuet avait raison de distinguer « époques de la suite des temps » et « âges du monde », même pendant les quatre premières étapes de l'Histoire (Création, Déluge, Abraham et Moïse) car cela permet un changement de connaissances dans l'histoire du monde (« époques ») tout en gardant la signification des « âges » (qui ont des implications événementielles dont on ignore les modalités). La réfutation de Belcastel par Anthime Corbon est juste mais seulement dans le registre de la temporalité :

> « Le catholicisme n'existait pas avant d'exister et il n'existera plus quand il aura cessé d'être »[3].

Ce n'est plus vrai dans l'ordre de l'intentionnalité divine, des desseins de la Providence : le monde existe pour le Christ et l'Église, cette assemblée des

1. Claude Billard, *Histoire...*, 1976, p. 169.
2. Catégories qu'on trouve chez un Bérulle, les empruntant lui-même aux « Pères anciens » : voir par exemple les œuvres de piété XVI et XXI dans les *Œuvres complètes* (réf. en 1629).
3. *JO* du 23 juillet 1873, p. 4942, col. 3.

hommes de tous les temps et de tous les continents qui ou bien ont cru en lui ou bien ne se sont pas dérobés à la lumière qui éclaire tout homme venant en ce monde (*Jean* 1). G. de Belcastel faisait profession de foi, mais maladroitement, comme nous paraît maladroite la façon de l'abbé Rohrbacher de commencer son histoire de l'Église par la Création du monde, alors qu'un abbé Fleury au XVIIIe siècle la commençait à la Pentecôte. C'est l'honneur de l'Église du XIXe siècle d'avoir affirmé la spécificité de la Révélation face au rationalisme quasi athée ambiant, mais au prix d'un blocage momentané avec une cosmologie dépassée. Malgré tout, c'est dans ce cadre chronologique que s'est exprimée « la merveilleuse histoire d'amour du Christ pour la France et pour le monde » dont la construction et la décoration du Sacré-Cœur sont les signes. Ne serait-il pas dommage à cause de ce cadre étriqué d'en méconnaître la signification ? À Montmartre d'ailleurs celui-ci est discret car au début du XXe siècle, les esprits avaient déjà beaucoup changé sur ce point. Reste inscrite dans la pierre une histoire d'hommes ayant l'expérience de malheurs nationaux et ecclésiaux et pensant y remédier par une telle construction et un surcroît de prière.

## G. Providence et liberté

Finalement, l'originalité de cette entreprise d'hommes prêts à s'en remettre à une intervention miraculeuse de Dieu est la suppression, grâce à Mgr Guibert, de la conditionnalité du Vœu. Dès lors, tout en s'abandonnant à la Providence, ils ne renoncent pas pour autant à l'exercice de leur capacité d'initiative et croient fermement que le salut final dépend aussi d'eux. Et inversement, ils s'adonnent et se dépensent à la construction de leur œuvre en pensant que tout dépend de Dieu, de ce Dieu dont ils voient « le Doigt » dans d'innombrables événements. Les appels à la Providence que les catholiques au XIXe siècle ont multipliés[1] avec les appels au Cœur de Jésus ne les ont nullement démobilisés et ils ne se sont pas grisés de leurs actes[2]. À première vue, leur

1. Il ne faut pas oublier que le concile Vatican I s'était fait l'écho de cette tournure d'esprit et l'avait amplifiée en rappelant cette doctrine contre les matérialismes et les panthéismes de l'époque : « Dieu garde et gouverne par sa providence tout ce qu'il a créé, « atteignant avec force d'une extrémité à l'autre et disposant tout avec douceur », car toutes choses sont à nu et à découvert devant ses yeux » même celles que l'action libre produira ». Si quelqu'un nie que le monde ait été créé pour la gloire de Dieu, qu'il soit anathème » (DS 1784 et 1805 ; *FC* 254 et 259).

2. Voir le commentaire du P. Labarrière sur la théorie de la synergie croisée entre la Providence et la liberté dans l'article « Providence », *DSAM*, col. 2474.

façon d'attribuer plus ou moins directement à Dieu malheurs et bonheurs est déroutante pour nombre de leurs contemporains et surprend encore bien des esprits de notre temps[1]. L'accusation selon laquelle la foi engendre un certain « passivisme » ne tient pas, si cette foi est véritablement catholique. Chez les constructeurs du Sacré-Cœur, leur confiance en la Providence s'allie à un sens aigu de leur rôle de « coopérateur de Dieu » par la prière, la pratique de la pénitence, l'exercice de leurs responsabilités et de la charité fraternelle[2].

1. Françoise Dorin a bien remarqué l'emploi fréquent de l'expression « le doigt de Dieu » par les catholiques du XIXe siècle, mais dans ses dialogues avec Nini Patte-en-l'air, elle paraît bien incomprise (F. Dorin, *Nini Patte-en-l'air*, 1990, p. 119, 129, 242...)

2. Le P. Monsabré écrit : « Le priant est coopérateur de Dieu. Nous demandons ce qui selon le plan divin doit s'accomplir par la prière » (« Monsabré », *DSAM*, t. 12, col. 2311).

# Chapitre 30
# Un triomphalisme naïf?

Les écrits des promoteurs du Vœu national ne peuvent manquer de surprendre, de nous apparaître comme terriblement datés. L'auteur du présent travail a été personnellement très sensible à l'étonnant « ça ira mieux demain » au profit de la France et de l'Église qui traverse toute la période. Un profond refus de rester vaincus, méconnus habite le cœur des constructeurs du Sacré-Cœur. Dieu ne peut pas vouloir indéfiniment un tel abaissement pour la France et pour l'Église. Que les malheurs aient été mérités, ils n'en disconviennent pas! Mais qu'après leur conversion et la construction de l'ex-voto, ils n'expérimentent pas quelque chose de la puissance du Christ sur la mort, ils ne peuvent l'imaginer. C'est pourquoi nous présentons d'abord les témoignages qu'ils ont laissés sur toute la période de leurs espoirs satisfaits ou déçus de lendemains qui chantent; ensuite, les manifestations liturgiques (pèlerinages, processions, cérémonies) par lesquelles ils ont vécu l'anticipation de ce triomphe toujours espéré; enfin, les contestations et les réflexions que tout cela a suscité en particulier à propos de l'unité sans confusion et de la distinction sans opposition du salut spirituel et du salut temporel.

# *I. LA MATURATION D'UN GRAND ESPOIR*

## A. Pour les promoteurs du Vœu national, les années 1870 ouvrent des temps nouveaux pour la France

### *1. Pardon et secours*

Le texte du Vœu national, reproduit pendant plus de cinquante ans dans le *Bulletin*, proclame l'attente des promoteurs :

> « Obtenir [...] le pardon de (leurs) fautes, ainsi que les secours extraordinaires qui peuvent seuls délivrer le souverain pontife de sa captivité et faire cesser les malheurs de la France » [1].

Ces dispositions seront toujours présentes tout au long de la construction, mais elles prendront de multiples aspects et seront proposées dans des proportions diverses. On peut dire cependant qu'ainsi rédigées, elles recouvrent sans ambiguïté les deux sens du mot salut : la réconciliation avec Dieu, soit la santé proprement spirituelle et l'amélioration des conditions de vie, soit la santé proprement matérielle ; le « salut éternel » et le « salut militaire » comme ont écrit Reboux et Muller à propos de Charles Péguy [2]. Sur le rapport de l'espérance chrétienne et des espoirs humains, de leurs imbrications, nous reviendrons en fin de chapitre.

Pour l'instant, rappelons que le Vœu national se développe parallèlement à d'autres pensées dont il se démarque mais dont la connaissance permet de mieux le situer. C'est le cas du P. Alet par exemple. En 1871, il dit son attente en citant entre autres J. de Maistre :

> « La Révolution, inaugurée par la déclaration impie des Droits de l'homme, aboutira à la solennelle proclamation des Droits de Dieu ».

1. On n'oublie pas que le vœu de Legentil au départ vise le salut de la France à travers le non-investissement de la capitale et la levée du siège.

2. Voir chap. 4. À propos de Charles Péguy, à notre grand regret, nous n'avons pu établir de liens directs entre lui et le Sacré-Cœur de Montmartre. Qu'en pensait-il ? Seule une enquête plus approfondie pourrait le dire.

Par une sorte de renversement dialectique, du fond des péchés et des malheurs, il imagine une renaissance religieuse et politique. La France renaîtra[1] ! Il n'y a pas, on le sait, de tels propos « politiques » chez les responsables du Vœu national, même si au fond d'eux-mêmes ils nourrissaient sans doute des pensées plus ou moins proches. Le P. Monsabré clame son espoir de revanche dans son sermon de Pâques 1871, en la cathédrale de Metz[2], dont rien cependant ne transparaît dans son discours de lancement de 1872 en présence de Mgr Guibert. Il en est de même finalement dans le texte du Vœu national, modifié par Pie IX. C'est que les promoteurs du Vœu national ne veulent pas dicter au Cœur de Jésus ce qu'il a à faire et s'en remettent à sa miséricorde !

## *2. Préservation de malheurs plus grands*

Malgré tout et surtout au début, un certain réalisme se manifeste dans la description des objectifs du Vœu national. Il s'agit simplement d'être préservé de malheurs plus grands. Diverses réflexions laissent entendre que des malheurs actuels de la France ne sont rien à côté de ceux qu'elle pourrait connaître. La pénitence a écarté et écartera des catastrophes tout au long de la construction de la basilique, tandis que l'absence de pénitence risque de les augmenter. Déjà, en mars 1848, A. Legentil écrivait :

> « Nous n'avons qu'une chose à dire : Dieu est grand ! et nous jeter dans ses bras. Si en 89 plus de personnes se l'étaient dit, au lieu de chercher le salut de la France dans mille combinaisons politiques qui toutes ont avorté, bien des malheurs peut-être ne seraient pas arrivés »[3].

Sa réaction aux événements de 1848 est d'entrer dans la Société Saint-Vincent de Paul. En 1870, sa contribution au salut de la France est le Vœu, afin d'éviter une catastrophe encore plus grande. Dès la première phrase du Vœu national rédigé fin 1870, il y a cette proposition : « En présence [...] des malheurs plus grands peut-être qui menacent la France ». Une idée qui a été considérée comme prophétique quand surviendront la Commune et sa répression. Et

1. *MCJ*, 1871, p. 302 et P. Alet, *La France...*, 1889, p. 11. Le P. Alet aurait pu citer un autre passage de cet auteur : « Rien de grand ne se fait dans notre Europe sans les Français [...] Ils ont été choisis pour être les instruments de l'une des plus grandes révolutions qui se soient faites dans le monde ; et je ne puis douter qu'un jour (qui n'est pas loin peut-être) ils n'indemnisent richement le monde de tout le mal qu'ils lui ont fait » (Joseph de Maistre, *Du pape...*, 1822, p. 217). Sur cet auteur en lui-même, voir P. de Lubac, *La postérité...*, 1979, t. I, p. 289-309 et P. Vallin, « Les Soirées... », *RSR*, 74/3 (1986), p. 341-362.

2. « Monsabré », *DTC*, col. 2324.

3. P. Bony, *Vie...*, 1893, p. 59.

elle sera reconduite avec plus ou moins de force tout au long de la construction du Sacré-Cœur. Th. Dauchez parle du « caractère… de préservation » de l'œuvre du Vœu national[1]. Le P. Rey est plus explicite encore :

> « Notre œuvre est née au milieu des plus effroyables désastres, elle a été conçue pour obtenir que la Providence ne permît pas la ruine entière de la patrie »[2].

Le sous-entendu est clair. Puisqu'à la date où il écrit en 1880, la France subsiste encore, c'est que le Vœu a déjà montré toute son efficacité. Hubert Rohault de Fleury, en 1888, dans une lettre à Mgr Richard, argumente en ce sens pour accélérer la souscription :

> « Nous savons combien la province, comme Paris, du reste, est surchargée d'œuvres de toutes sortes, mais nous savons aussi que les œuvres sont menacées et qu'elles périraient dans *le désastre général que nous nous efforçons de conjurer* ; elles ont donc intérêt à hâter l'accomplissement du vœu de la France, et c'est ce qui nous encourage à demander le secours de tous et à le demander jusqu'à l'importunité, parce que nous sommes certains de travailler au Salut de tous »[3].

Il y a là comme un écho de l'enseignement du Christ à propos des victimes de la tour de Siloé (*Luc*, 13, 4), leçon que relaie certainement auprès des catholiques promoteurs du Vœu l'opuscule de saint Alphonse de Liguori, si répandu à l'époque : *Avertissements de la Providence dans les calamités publiques*[4]. Dieu menace ou châtie pour susciter la conversion et soustraire ses créatures à des châtiments plus grands et au châtiment final. Mais une amélioration de la situation est attendue de fait et non une nouvelle aggravation.

### 3. *Le Cœur de Jésus, salut et signe nouveau du salut*

L'explosion de ferveur des années 70 est vécue comme le salut lui-même attendu (la réconciliation avec Dieu) et comme le signe du salut temporel qui devrait en découler. L'extension de la dévotion au Cœur de Jésus caractérise l'effervescence spirituelle de l'époque. Les promoteurs du Vœu national font correspondre la nouveauté de cette dévotion à la situation nouvelle que connaît la France, celle, en quelque sorte, de pécheresse publique :

> « Que si [cette dévotion]) se manifeste davantage aujourd'hui, c'est que la France coupable a plus besoin que jamais de se rapprocher de ce Cœur divin, où règne

1. Théodore Dauchez, « Rapport… » dans *BSVP*, n° 290, fév. 1873, p. 55. Sur cette personnalité, voir notre chapitre 12.
2. *BVN*, suppl. déc. 1880, p. 21.
3. AHDP, SC, carton 1. La majuscule à Salut est dans le texte.
4. Alphonse de Liguori, *Avertissements*…, 1758.

la miséricorde; et que, par une grâce nouvelle et incomparable, Notre-Seigneur lui a révélé lui-même que là seulement serait le salut »[1].

Le cardinal Guibert ne dit rien d'autre. Il prend davantage de hauteur mais aboutit à la même conclusion.

> « L'amour de Dieu pour les hommes, manifesté par l'incarnation du Verbe, est l'explication de tout ce qui s'est accompli dans l'histoire de l'humanité. Cet amour demeure toujours le même; [...] sa bonté ne se retire jamais de ses créatures, mais les manifestations de la charité divine sont diverses, selon la diversité des temps et des besoins. Car c'est là un des caractères les plus admirables de la vérité confiée à la garde de l'Église catholique; cette vérité, immuable dans son essence, se révèle à nous sous des aspects divers et avec des clartés nouvelles dans le cours des âges. C'est aujourd'hui par la dévotion envers le Sacré Cœur que Notre-Seigneur Jésus-Christ veut faire éclater ses miséricordes sur nous. [...] Cette dévotion répond aux aspirations de tous les cœurs affligés, et avec quelle puissance elle nous enseigne l'esprit de pénitence et de dévouement dont notre société a un immense besoin »[2].

Mgr Bougaud s'exalte un peu quand il écrit :

> « La révélation du Sacré Cœur est, sans contredit la plus importante des révélations qui ont éclairé l'Église, après celles de l'Incarnation et de la Sainte Eucharistie. C'est le plus grand coup de lumière depuis la Pentecôte »[3].

À la France d'après « l'année terrible », à la France isolée en Europe, la Providence a rappelé à nouveau l'amour du Christ pour elle et ce, par la publication des lettres de 1689, véritable détonateur. Voilà qui a permis de relier (et de relire) l'histoire de la France moderne à l'histoire de la piété chrétienne, le Cœur du Christ étant désormais le centre de l'une et de l'autre. L'histoire de la France est une histoire sainte, l'histoire de son alliance avec Dieu en Jésus-Christ et désormais en son Cœur. C'est l'histoire de ses péchés et des pardons de son Sauveur. Pour les promoteurs du Vœu national, les expériences mystiques de Marguerite-Marie et de tous les autres acteurs de l'histoire de France sont des actualisations de l'unique révélation de celui qui a demandé à ses disciples d'aller et d'enseigner toutes les nations. Le salut de la France est dans la connaissance du Cœur du Christ et dans la bienveillance de celui-ci à son

1. Recension de l'ouvrage du P. Alet dans *BVN*, 1875, p. 554.
2. Mgr Guibert, Lettre du 29 janvier 1878 dans *BVN*, p. 51. On trouve un écho de cet enseignement dans celui de Paul Féval : *BVN*, 1881, p. 81 : « En regard des dangers grandissants, des douleurs accrues, des menaces, des blasphèmes et du désespoir qui se croit déjà vainqueur chez nous, la dernière-née de ces dévotions (après celles des saints, des anges, de Marie) : ..., c'est le culte rendu au Sacré Cœur... c'est le Vœu national au Sacré Cœur. »
3. Mgr Bougaud, *Histoire...*, 1874, p. 331. Le P. Lemius citera ces propos en *BVN*, 1894, p. 602.

égard. À ce nouveau signe correspondra un nouveau salut[1], un nouveau temps de gloire pour la France et pour l'Église.

## B. Pour les promoteurs du Vœu national, dans les années 1880 les derniers temps succèdent aux temps nouveaux.

L'optimisme des temps fondateurs avait été couronné par la pose de la première pierre et la consécration universelle de 1875. On avait beaucoup attendu de ces deux cérémonies. En fait, leur succède un certain pessimisme au cours des années 80 pour des raisons politiques bien évidentes. En faisant le bilan de l'année 1880, « l'année terrible des catholiques »[2], les membres du Comité avouent leur trouble. Il leur est difficile de ne pas ressentir une certaine inquiétude.

### *1. La révélation à sainte Gertrude*

Ainsi les abonnés au *Bulletin du Vœu national* ont-ils pu lire en ce mois de décembre 1880, à l'occasion de sa fête, un extrait des révélations de saint Jean à sainte Gertrude, extrait qui a comme un goût de fin du monde :

> « Ma mission, lui dit l'apôtre bien-aimé, fut d'écrire pour l'Église encore jeune un seul mot du Verbe incréé de Dieu le Père, lequel pourrait suffire à toute la race des hommes jusqu'à la fin du monde, sans toutefois que jamais personne le comprît en plénitude. Mais le langage de ces bienheureux battements du cœur du Seigneur est réservé pour les derniers temps, alors que le monde vieilli et refroidi dans l'amour divin devra se réchauffer à la révélation de ces mystères »[3].

Les œuvres de sainte Gertrude (1290) dans lesquelles se trouvent ce texte sont surtout connues grâce à Lansperge (1536)[4]. Marguerite-Marie s'y est

1. Marguerite-Marie parle du Sacré Cœur comme d'un « nouveau médiateur » et comme d'un « second médiateur ». Mgr Gauthey, *Vie...*, 1915, t. II, p. 321 et 407. *BVN*, 1894, p. 602. H. Rohault de Fleury cite Léon XIII qui parle d'un « signe nouveau » (*BVN*, 1903, p. 6 du suppl. oct). On trouve sous une patène fabriquée par Lesage : « *Novum signum auspicastissimum divinumque* (85 SCM 590 x).

2. Expression du P. Monsabré en 1881, à Notre-Dame de Paris, selon Pierre Pierrard, *La Croix* du 23 octobre 1980.

3. *BVN*, 1880, p. 585 ; le texte est cité aussi en *BVN*, 1887, p. 765.

4. On trouve cette citation en Sainte Gertrude, *Le Héraut...*, 1290, t. II, p. 27 et 28. Auguste Hamon, *Histoire...*, 1907, t. I, p. 150 la relève également.

référée, elle qui établit aussi un lien entre extension de la dévotion au Cœur de Jésus et « derniers temps » [1]. Les textes écrits sous la Restauration et les initiateurs au XIXe siècle du thème « Cœur de Jésus, salut de la France » font le même rapprochement [2]. Ainsi, une tradition discrète accompagne la nouvelle dévotion en jouant sur un compte à rebours de la fin des temps ; mais elle oublie quelque peu que les « derniers temps » vont pour les chrétiens de la Résurrection du Christ à son retour, le « dernier âge », comme dirait Bossuet. Pour eux les Temps modernes sont simplement une des « périodes » de l'Histoire, à laquelle peuvent en succéder d'autres.

## 2. *L'attente*

Dans un temps de persécutions on comprend que l'espoir d'une issue proche soit incoercible. Alexandre-Félix Legentil, dans la même livraison du *Bulletin* en 1880, le dit à sa façon en concluant son rapport annuel sur l'Œuvre à laquelle il se consacre jusque dans sa vieillesse :

> « Ne désespérons pas de l'avenir et répétons ces belles paroles de Bossuet : « Enfin, les temps de vengeance et d'illusion passeront, et Dieu entendra les gémissements de ses saints » » [3].

Les années 80 n'apportent que peu de consolations à l'initiateur du Vœu national qui meurt en 1889 comme à ses amis. À cette époque, Hubert Rohault de Fleury se lamente qu'on ne sache plus ce qu'est le Vœu national. Le P. Monsabré les console en leur disant que l'ex-voto est le monument des désirs du salut et non de la reconnaissance pour une amélioration qui serait déjà passée [4]. La situation de la France sur le plan international ne leur paraît pas brillante. L'affaiblissement et l'isolement de la France qui ont suivi la défaite de 1870 se prolongent : la France ne tient plus la première place dans le concert des nations [5]. À nouveau ils attendent beaucoup de la grande consécration de 1889

1. Marguerite-Marie, *Vie*..., 1920, t. I, p. 243, t. II, p. 445, 550, 572. Auguste Hamon, *Histoire*..., 1907, t. III, p. 394 et Jacques Le Brun, « Politique... », 1971, p. 30 remarquent ces textes.
2. [P. Lambert], *Le salut*..., 1818, p. 8 et 9 (« vieillesse du monde », « grands jours de l'apostasie »); ***, *Instruction*..., 1827, p. 1.
3. Alexandre Legentil, « Rapport lu à l'Assemblée générale des catholiques du Nord et du Pas-de-Calais », *BVN*, 1880, p. 598.
4. *BVN*, 1891, p. 362.
5. Les rédacteurs du *Bulletin du Vœu national* ne décrivent pas tellement les situations concrètes car ils ne veulent pas entrer dans des analyses politiques toujours contingentes et partisanes par essence. En 1890 pourtant, ils ne pouvaient certainement pas renier ces lignes du *Messager du Cœur de Jésus* : « Les autres nations se liguent pour nous laisser dans un isolement fatal ; l'Allemagne et l'Angleterre se partagent les côtes orientales et les régions intérieures de l'Afrique, au mépris de nos droits les plus incontestables [allusion au traité ayant conclu en 1885 la conférence de Berlin] ; l'Angleterre va, pour sa part, proclamer sur l'Egypte un protectorat ravi à la France ; les nations de la triple alliance voient leurs flottes grandir et menacer la nôtre » (*MCJ*, 1890, t. 58, p. 230).

et de la bénédiction de la basilique en 1891. Lors du toast du déjeuner qui suit cette célébration, H. de Fleury ramasse comme suit l'essentiel de sa pensée :

> « À nous de hâter la venue de ce jour béni où la France, notre France chérie, reprendra sa place auprès du Dieu tout-puissant et son rôle providentiel dans le monde » [1].

H. de Fleury fait partager son espoir à ses collaborateurs laïcs et ecclésiastiques. Devant l'Assemblée des catholiques du Nord et du Pas-de-Calais, Amédée de Margerie professe sa foi dans le Vœu national :

> « Nous pouvons espérer que le jour où s'achèvera le grand acte d'expiation et d'amour commencé il y a vingt ans, sera une aurore pour l'Église et pour la patrie : l'aurore de l'indépendance rendue au père commun de nos âmes, l'aurore du règne de Jésus-Christ rétabli sur cette terre de France qu'il aime encore et qui attend de lui seul la résurrection et la vie » [2].

Les cardinaux Guibert et Richard font écho au Secrétaire général. Déjà, peu avant sa mort, Mgr Guibert écrivait à Mgr Duquesnay [3] une lettre où il lui confiait :

> « Le jour où vous viendrez avec vos collègues de France faire la consécration de cette église et l'offrir au Sacré Cœur, sera la fin des malheurs de l'Église et l'aurore d'une ère de prospérité. C'est ma conviction et celle de tous les bons chrétiens de la France » [4].

Mgr Richard fait sienne une telle conviction, non sans donner au salut de la France, comme le faisait déjà Mgr Guibert, la dimension d'une réconciliation sociale et religieuse. Et de conclure ainsi l'une de ses lettres pastorales :

> « O France, écoute la voix de ton Sauveur et puisse s'accomplir le souhait prophétique de notre vénérable prédécesseur : « Le temps viendra, nous en avons la ferme confiance où ceux mêmes qui se montrent hostiles aujourd'hui viendront se prosterner et prier dans le sanctuaire du Sacré-Cœur. Là, ils pleureront avec nous sur les malheurs de notre patrie ; avec nous ils imploreront pour elle la protection du ciel, et ils recevront la révélation de cette charité divine qui rapproche les cœurs, éteint les haines et guérit toutes les blessures » [5].

1. *HSC*, t. IV, p. 59.
2. *BVN*, 1891, p. 789.
3. Voir le rôle important de Mgr Duquesnay dans la souscription au chap. 13.
4. Lettre citée dans Emile Jonquet, « Le cardinal… » dans *BVN* 1894, p. 778. Mgr Guibert dit aussi à Mgr Richard, son futur successeur, dans ses dernières paroles : « Les chrétiens ont la conviction que cet hommage national offert au divin Cœur de Jésus sera le salut de la France ». Paroles qu'on trouve aussi peintes sur un tableau à l'église Saint-François-Xavier, voir chap. 21.
5. *BVN*, 1891, p. 267. Lettre annonçant la bénédiction de 1891.

Est-il besoin de multiplier les citations ? La situation de l'Église et de la patrie paraît catastrophique : des temps meilleurs ne peuvent que survenir, doivent survenir !

## C. À Montmartre, durant les années 1890, s'annonce l'aurore du salut

L'esprit nouveau en politique, le ralliement, *Rerum novarum*, l'alliance franco-russe, l'échec de la troisième tentative d'abrogation de la loi du 24 juillet 1873, la perspective de l'achèvement du grand dôme, le nouveau siècle, la consécration du genre humain au Cœur de Jésus, le dynamisme du P. Lemius motivent à nouveau les promoteurs. Le troisième supérieur des chapelains dans son programme proclamé à l'occasion de la clôture du 21e congrès catholique à Lille rappelle que la France est en train de satisfaire les demandes du Cœur de Jésus confiées à Marguerite-Marie. Il espère une France chrétienne et dans son peuple, et dans ses lois, et dans son gouvernement ; un enseignement chrétien ; la liberté religieuse pour les congrégations ; l'abrogation de la loi du service militaire pour les séminaristes ; l'embrassement des classes de la société dans la justice et la charité ; la liberté du souverain pontife.

> « Nous attendons, en un mot, le déluge de grâces promis par le Sacré Cœur à la France et à la sainte Église » [1].

Hubert Rohault de Fleury écrit d'une façon moins précise mais tout aussi exaltée :

> « Pour nous il est impossible que ce grand effort n'ait pas touché le Cœur de Jésus, et que l'achèvement du monument et l'exécution complète de notre vœu ne soient le signal de grâces inouïes, l'origine d'une ère de prospérité pour notre chère patrie, et l'heure du triomphe de l'Église notre mère. En tout cas, ce sera un grand honneur rendu au Christ qui aime les Francs et pour nous-mêmes un immense gage de salut. Encore un fois : *Sursum corda* ! » [2].

Et ainsi tout au long de la décennie. Il faudrait citer en entier ce bulletin supplémentaire qui donne en détail l'argumentation proposée pour la

1. *BVN*, 1893, p. 595.
2. *BVN*, n° de propagande, début 1er semestre 1895, p. 12. Également, suppl. déc. 1894, p. 12.

souscription du grand dôme et annonce les « grâces inouïes » qui suivront l'achèvement de l'ex-voto et le don que la France fera d'elle-même à Dieu par le Cœur de Jésus [1].

## D. Pour les catholiques, le siècle nouveau commence mal

Le retournement de la situation politique autour de 1900 est sévère. La venue du « triomphe » se fait attendre. On a déjà fait état d'une réflexion du P. Thiriet qui, bien qu'éloigné du sanctuaire, s'intéresse toujours à sa mission et encourage les adoratrices :

> « Plus que jamais, c'est l'heure de la prière, de la confiance et du miracle ».

Les propos de Pie X réchauffent les cœurs :

> « Bientôt vous verrez des prodiges qui démontreront, non seulement par des paroles mais par des actes, que la France est toujours la fille aînée de l'Église » [2].

Lors de la béatification de Jeanne d'Arc, de Jean Eudes, de Théophane Vénard et ses compagnons, en 1908, il surenchérit. Que la France revienne à Dieu, et son triomphe est assuré ! Les nouveaux bienheureux prient au ciel : « Grand Dieu, sauvez la France ! » [3]. Malgré tout, Montmartre penche vers une pratique discrète, une foi sans ostentation. On a vu les drames et les procès consécutifs à la Séparation. L'heure est vraiment à la prière. Les nouveaux responsables (laïcs et ecclésiastiques) ne semblent plus tenir des propos enflammés comme ceux du P. Lemius et de H. de Fleury. Ils font plutôt l'historique de l'entreprise comme l'abbé Laligant [4]. L'achèvement du campanile et l'annonce de la consécration ne semblent pas soulever l'enthousiasme, car l'ère merveilleuse qui doit leur être liée se fait attendre. Pour l'heure, c'est la guerre et la victoire sans cesse repoussée est pour demain !

L'émotion de 1918 est vite passée. Le non-remboursement des emprunts russes fait sur beaucoup l'effet d'une douche froide. Très tôt, il faut

> « rappeler à ceux qui seraient tentés de l'oublier que, de 1914 à 1918, les soldats de France ont gagné les victoires de la Marne, de l'Yser, de Verdun, de Champagne, par la Grâce du Dieu tout puissant, du Dieu qui aime les Francs » [5].

1. Voir par ex. *BVN*, suppl. nov. 1898, p. 3-13.
2. *BVN*, 1907, p. 162. Ces propos de Pie X sont de 1904.
3. Voir Pie X, *Actes*..., 1914, t. V, p. 205-6 (13 déc. 1908).
4. Voir les historiques de chapelles : *BVN*, 1913, p. 270-273, 313-320.
5. *BVN*, 1926, p. 190.

En effet il y a loin du salut militaire au salut éternel, et même à un simple salut temporel ! Quand bien même cette histoire de Montmartre d'après 1923 n'entre pas dans le cadre du présent travail.

## *II. LES TRIOMPHES LITURGIQUES*

On ne saurait séparer tous ces discours rapportés ci-dessus de leur environnement concret : venues à Montmartre, pèlerinages, participations à l'adoration perpétuelle et universelle, célébrations liturgiques dont la signification mérite d'être approfondie [1].

### A. L'annonce du triomphe du Christ dans la ville

Le pèlerinage à Montmartre, qu'on le dise ou non, a été un pèlerinage vers une église (plus exactement un chantier d'église) dont la situation dans Paris devait être le signe du triomphe du Christ dans la société. Ses opposants l'ont bien compris ainsi. Pour eux le Sacré-Cœur « domine » Paris d'une volonté de puissance, d'omnipotence, au détriment de leurs libertés. Il asservit la ville, la domestique et la dompte. Pour les fidèles, sa « domination » permet et facilitera au plus grand nombre la rencontre du Christ. Le « règne social du Sacré Cœur » est ainsi annoncé. Le Christ apprivoise la ville, ce terrible facteur de déchristianisation. Le paysage christianisé correspondrait à la pression sociale elle aussi christianisée et favoriserait les démarches personnelles de foi. Aller vers le Sacré-Cœur, à l'époque, c'est aller vers une église qui est un triomphe permanent sur le monde moderne, urbain et industriel, qui ne reconnaît pas le Christ et son Église. Si on est parisien, on reste dans la ville et on va vers le sanctuaire de Montmartre. Si on n'est point parisien, on entre dans la grande

1. Il n'y a pas de références dans ce paragraphe car c'est la fréquentation du *Bulletin* dans son ensemble qui permet de reconstituer l'atmosphère des adorations et des processions. Interviennent aussi par comparaison les témoignages de personnes ayant vécu ces mêmes liturgies dans les années 1920 : Mgr Charles, l'abbé Dérumaux.

ville surplombée par cette église que l'on voit bien de la banlieue. Dans les deux cas, on ne fuit pas la modernité urbaine. On va vers elle. On monte vers l'église protectrice de la cité et de la patrie pour veiller soi-même sur elles.

## B. L'Adoration, triomphe sur le temps et l'espace

À Montmartre, on n'évoque pas un saint à partir de ses reliques et de sa biographie, ni même Marie à partir de ses apparitions, mais on prie pour la France, fut-ce en écho à la mission de Marguerite-Marie, pour le pape et pour toutes les autres intentions dont l'exaucement serait autant de signes de la bienveillance de Dieu pour la France et les Français, l'Église et les chrétiens. Là, la pratique d'une heure d'adoration du Cœur eucharistique a un goût particulier par la perpétuité de la prière et par par son caractère « national » en même temps qu'universel. Autant qu'ailleurs, mais autrement qu'ailleurs, nombre de fidèles ont dû faire l'expérience qu'à Montmartre « le ciel a visité la terre »[1]. Le Christ avec son cœur représenté sur la poitrine (Christ visible sur un tableau en attendant de l'être en mosaïque) est là au-dessus de l'ostensoir. Il a la place d'honneur comme il devrait l'avoir dans la société. Il reçoit des fidèles leurs adorations et louanges dans lesquelles ils trouvent leur bonheur, signe de la gloire éternelle et du triomphe final. La perpétuité assurée depuis 1885, dont on célèbre les anniversaires avec fastes, est une victoire sur le temps qui passe et un avant-goût d'éternité, encore que celle-ci ne soit pas un temps qui ne finisse pas. Les milliers de sanctuaires, chapelles de communautés, églises paroissiales ou basiliques, dans lesquels a lieu l'adoration en union avec Montmartre donnent à la démarche un caractère de maîtrise et de triomphe sur l'espace. À Montmartre, on se pense alors, façon de parler, au centre du monde (voir la finale du chap. 23)!

1. Titre d'un cantique d'action de grâce après la communion, paroles de Mgr de Ségur et musique de Charles Gounod (***, *Manuel*..., 1947, p. 116).

## C. Les processions, triomphes sociaux

Les cérémonies comprennent souvent des processions et certaines sont même organisées pour elles. L'occasion est belle de faire un triomphe au Christ-Eucharistique. Autant dans les anciens pèlerinages l'accent était mis sur le trajet, le chemin, l'essentiel étant d'arriver au lieu saint, autant semble-t-il, grâce à la plus grande facilité dans les déplacements ainsi christianisés, le pèlerinage moderne, le pèlerinage entre 1870 et 1920, met l'accent sur ce qu'on fait au sanctuaire. Les organisateurs doivent occuper les pèlerins pendant plusieurs heures (sinon quelques jours comme à Lourdes). C'est aussi le cas de Montmartre. Les processions alors jouent un grand rôle. On se compte, on se montre les uns aux autres, on s'affirme devant les passants et les visiteurs, on chante en marchant des cantiques qui font vibrer. Les orgues et la maîtrise soutiennent et entraînent l'assemblée ou lui permettent de reprendre son souffle. Les processions à Montmartre ont commencé autour et dans le chantier, puis autour et dans la basilique (crypte et église)[1]. Celles des Hommes de France et celles des Dames adoratrices ont été des lieux d'expérience et d'attente du triomphe du Christ et de la France. Dans une église illuminée, les fidèles occupant massivement les rangs de la nef et des bas-côtés, s'agenouilleront lorsque le Saint Sacrement sera à leur hauteur et font comme une onde sur la mer. Suisses, porte-drapeaux, porte-bannières avec les porte-cordons (des paroisses et des organisations) précèdent le Saint Sacrement. Ce dernier est porté par le célébrant avec assistants (et chapiers, les jours de fête), encensé par les thuriféraires, illuminé par les céroféraires, abrité par l'ombrellino porté au-dessus de lui. Le Saint Sacrement part du chœur pour y revenir et être exposé à nouveau solennellement. On exalte le Christ Eucharistique, on s'y exalte et on s'en repart réconforté. Le grand triomphe est toujours attendu, celui du jour où dans les rues de Paris en liesse les processions auront à nouveau lieu. Certes, ce n'est peut-être pas pour demain, mais malgré tout le triomphe est déjà tangible, dans une belle cérémonie et une belle procession, même si ce n'est qu'à l'intérieur d'une église et pour une minorité de Français, tout en désirant la Jérusalem céleste.

1. Sur la signification générale des processions circumambulatoires, voir Gérard Cholvy, *Histoire*..., 1985, t. I, p. 115.

## *III. QUEL TRIOMPHE ÉTAIT ATTENDU ?*

### A. Un triomphe politique pour les anticléricaux d'époque

Les opposants au Sacré-Cœur pensent surtout politique, si nous en croyons notre enquête forcément limitée, et cela ne leur permet guère de critiquer les « cordicoles » sur un plan proprement spirituel. Ils ne voient dans les pèlerinages et les rassemblements de prière que des manifestations visant à prendre le pouvoir ou tout au moins à peser sur lui, ils ne perçoivent dans leur attente que l'idée d'un triomphe réduit à une revanche temporelle. On ne peut revenir ici sur l'étude des contestations politiques exprimées au nom de la République comme au nom de la Commune (chap. 25 et 26). D'autant qu'eux-mêmes pensent aborder une ère nouvelle de progrès et de perfectionnement illimités. Selon eux, les cléricaux ne peuvent que songer à contrecarrer de tels projets [1].

Il faut reconnaître que ces critiques soulignent les dimensions incontestablement politique et sociale du catholicisme. Il ne prône pas uniquement une morale individuelle. Il a toujours prétendu qu'il y avait plus ou moins des retombées temporelles à la recherche du Royaume (*Matthieu* 6, 33). Mais de là à faire purement et simplement de la « religion » catholique une « politique contre-révolutionnaire, antirépublicaine, antisociale et militariste », il faut être bien aveuglé par ses propres passions antireligieuses pour en accuser les « cordicoles enjésuités ».

Que ce soit en politique extérieure ou en politique intérieure, le *Bulletin du Sacré-Cœur*, on le sait, reste également discret, même au temps du P. Lemius. On n'y trouve pas de propos « revanchards » antiallemands. On s'y souvient certainement de la rectification apportée par Pie IX au texte du Vœu de Legentil. D'ailleurs, les critiques d'un Gustave Téry ne portent jamais sur de tels points. Peut-être parce que là encore partisans du Sacré-Cœur et opposants partageaient finalement une aspiration patriotique commune, à cette grande différence près que les uns l'accompagnaient d'une lutte contre la religion et que les autres intégraient au contraire la grandeur temporelle de la France dans un retournement spirituel. Mais Montmartre a beau être, selon G. Téry, le centre du catholicisme de l'époque, il n'exprime évidemment pas

1. Nous pensons à l'article « Sacré-Cœur » dans Pierre Larousse, *Dictionnaire*..., 1867 (1875); Francis Enne, « Toujours... », 1886; C. G. Keronan, « Le Sacré-Cœur », 1897, et, bien sûr, à Gustave Téry, *Les Cordicoles*, 1902, surtout p. 96 (le Sacré-Cœur est le centre visible de la chrétienté manipulée par les Jésuites qui rêvent de prendre le pouvoir...). Sur l'attente par ces opposants au Sacré-Cœur d'une ère nouvelle liée au XX^e^ siècle : voir par exemple, Madeleine Rébérioux, *La République*..., 1975, p. 15 citant Jules Guesde à Tourcoing en décembre 1897.

tout le catholicisme de l'époque. Quant à ses responsables, tout en ne méprisant pas une victoire militaire sur l'Allemagne, il ne semble pas qu'ils en soient obnubilés.

## B. Des catholiques millénaristes ?

### 1. *Un amical soupçon*

Notre réaction première au vu de l'enquête qui a rassemblé les témoignages comme ceux qui viennent d'être présentés ici (§ I) était que les constructeurs du Sacré-Cœur, si souvent traumatisés par les événements de leur siècle, avaient rêvé d'un triomphe tout humain, d'un salut religieux, mais temporel de la patrie et de l'Église. Leur confiance dans le pouvoir des consécrations au Cœur de Jésus ou à Marie, consécrations individuelles aussi bien que collectives, la question de l'apposition du Sacré Cœur sur les drapeaux (voir le chap. 19) contrariaient notre vision de la foi chrétienne à base d'amour, d'intelligence et de liberté, et non de rites plus ou moins magiques. Dans ces conditions, le Sacré-Cœur devenait un immense porte-bonheur national ! L'espoir des gens du Vœu national dans un triomphe militaire confondu avec l'espérance chrétienne du salut occultait les distinctions nécessaires. Mais bien sûr le problème était réel. Ces catholiques emboîtaient le pas à bien des générations précédentes. Pour ne parler que de la France (il faudrait penser à toutes les autres nations chrétiennes), qu'on se souvienne de l'aspect militaire de la « merveilleuse histoire d'amour » : Constantin, Clovis, (Charlemagne ici négligé pour un temps ?), les Croisades, Jeanne d'Arc, les victoires promises par le « message à Louis XIV », par les suggestions de la mère Coing pour Louis XV, par les révélations de sœur Marie de Jésus pour Louis XVIII et Charles X et finalement par la demande de Claire Ferchaud au président Poincaré ! Aussi a-t-on noté avec intérêt les réserves émises à ce sujet en 1916-1918, par un grand prélat traditionaliste comme le cardinal Billot – consulteur du Saint-Office depuis 1909 – ou un libéral comme Mgr Julien, évêque d'Arras. Le cardinal prononce ici le mot important de « millénarisme » [1].

1. Cité par Emile Appolis, « Millénaristes, ... », 1962, p. 114. Mgr Gauthey aussi s'est délibérément tenu à l'écart de ces spéculations concernant le Cœur de Jésus sur le drapeau national : voir Jean Gauthey, *Mgr François Léon Gauthey (1848-1918)*, Maison des chapelains, Paray-le-Monial, s. d., p. 290-291, cité par Louis Chaigne, 1960, p. 71-72.

L'interprétation du « millénium » du chapitre 20 de l'*Apocalypse* est une question difficile. Depuis le IIe siècle, l'Église préfère apparemment décourager les explications simplistes que sont les millénarismes et ne pas se prononcer sur la question de l'exégèse du texte [1]. Les historiens des religions tels Mircea Eliade et Emile Appolis citent les travaux de Norman Cohn qui définit le millénarisme comme un salut collectif, terrestre, imminent, total et surnaturel [2]. Au Sacré-Cœur, on semble n'être jamais allé aussi loin. Reste que certains propos tenus du temps du P. Lemius, les siens par exemple ou ceux de Hubert Rohault de Fleury, pourraient aller quelque peu dans ce sens.

## *2. Influences marginales ?*

Est-ce le fait de certaines influences ou d'une simple coïncidence due au fait que le malheur des temps pèse sur tous et suscite des réactions identiques ? Il faudrait distinguer entre les « millénaristes, cordiphores, naundorffistes ou tenants du « secret » de la Salette » dont parle Emile Appolis. Si les « cordiphores » sont « ceux qui portent avec ostentation les couleurs du drapeau français, accompagnées de l'emblème du Sacré Cœur », alors cordiphores il y a eu et quasi officiellement à Montmartre. Quant aux naundorffistes leur passage à Montmartre n'a jamais été signalé dans le *Bulletin* (voir chap. 19). La confrérie de Prière et Pénitence a même repris son nom originel pour ne pas être confondue avec les initiatives de Mathilde Marchat liées à ces monarchistes marginaux (chap. 18).

L'attitude prudente et réservée des responsables du Vœu national par rapport aux prophéties de La Salette a déjà été présentée (chap. 11). Les cardinaux Richard et Amette et Hubert Rohault de Fleury l'ont reconduite jusqu'au début du XXe siècle et appliquée à bien d'autres, par exemple à celles d'un Eugène Vintras qui, vers 1843, avait lancé un mouvement important. Quoi qu'il en soit, on peut garder comme témoignage de la spiritualité de l'époque quelques lignes de l'abbé Charvoz, un disciple de E. Vintras, qui unit dans ses spéculations, en 1849, le « troisième âge » de Joachim de Flore à l'extension de la dévotion au Cœur de Jésus. Le cardinal de Lubac cite même un beau texte de lui :

1. Louis Bouyer, *Dictionnaire*..., 1960, p. 435.
2. Nous utilisons pour ce paragraphe Emile Appolis, « Millénaristes... », 1962, p. 104, 114-117 et Mircea Eliade, *Aspects*..., 1963, p. 86-89.

« Et quoi de plus beau que « cette dévotion (au Sacré Cœur) de nos derniers temps, qui promet un si grand développement d'amour divin » ? « N'est-il point là un signe non équivoque de ce règne du Saint-Esprit qui doit régner lorsque le Cœur Sacré, foyer d'amour, répandra l'incendie qui le consume sur le monde entier » [1] ?

Mais ce genre de propos appartient, semble-t-il, à la littérature générale sur la dévotion au Sacré Cœur et son extension dans les Temps modernes, temps nouveaux et derniers temps, sans que cela s'accompagne d'une connotation millénariste formelle et d'un rapport documenté avec le Sacré-Cœur de Montmartre [2].

### 3. *Le millénarisme du P. Ramière ?*

Faut-il aller regarder aussi à nouveau du côté du P. Ramière et du *Messager du Cœur de Jésus* ? Le P. Vallin a remarqué que l'intercession : « O Cœur de Jésus, que votre règne arrive ! », prière que le P. Lemius fait réciter à la fin de l'adoration (chap. 17), est une variante du « Pater » et qu'elle est dans la tradition du célèbre jésuite de Toulouse. Celui-ci avait donné pour insigne à l'Apostolat de la prière un cœur, le Cœur de Jésus, et la devise *Adveniat regnum tuum*. Il semble qu'il ne se soit jamais clairement exprimé sur ce passage du « Père » à Jésus-Christ. Mais à coup sûr la formule a, chez lui, des connotations millénaristes : le règne du Christ serait un règne temporel, le triomphe de l'Église. Chez le P. Ramière, malgré tout, cet aspect est occulté ; dans beaucoup de passages l'espérance apocalyptique est tacite mais non évidente. C'est seulement le rapprochement avec d'autres œuvres (non publiées pour une part) qui révèlent un système complet [3]. À Montmartre comme à Toulouse, il n'est pas publiquement question de telles spéculations.

1. Henri de Lubac, *La postérité...*, 1981, t. II, p. 331 citant le *Livre d'or* de l'abbé Charvoz, 1849, p. 264-265. Texte écrit à l'époque où de nombreux diocèses ont été consacrés au Cœur de Jésus (voir chap. 5).

2. Dans la même veine, faut-il faire allusion à d'autres disciples : à l'abbé Boullan et aux frères Baillard en se souvenant que les Oblats de Marie Immaculée ont animé le sanctuaire de Sion (voir chap. 16), de cette *Colline inspirée* près de laquelle la postérité de Vintras a vécu ? Mais, cela est bien ténu et demanderait d'autres enquêtes si elles ne sont déjà faites.

3. D'après une lettre du P. Vallin à l'auteur en date du 10 juillet 1989. Voir aussi P. Vallin, « Ramière » dans *RSR*, 1985, p. 425 et *Bull. de litt. eccl.*, vol. 86, 1985, p. 24-34 et *DSAM*.

## C. L'attente du salut catholique

Alexandre-Félix Legentil attendait le pardon de ses péchés et des secours extraordinaires pour la France et pour l'Église. Il manifestait ainsi la simplicité et la complexité du salut catholique. Dans la foi catholique, ce sont seulement la fin du monde, le retour du Christ, la résurrection de la chair et le jugement général qui introduisent dans la condition définitive. D'ici là la mort semble l'emporter. L'amour de Dieu et du prochain peut cependant habiter le cœur des créatures et être expérimenté à travers des réussites et des échecs temporaires. Le salut temporel et le salut spirituel sont distincts mais pas au point d'être opposés ; ils sont unis mais pas au point d'être confondus. Le pardon des péchés attendu est de l'ordre spirituel. Les secours espérés pour cette vie appartiennent à l'ordre temporel [1].

De fait, à Montmartre, les gens du Vœu national n'ont pas été vraiment triomphalistes car ils n'ont pas fait « preuve d'une confiance *exagérée* en eux-mêmes et dans leurs théories » (*Petit Larousse*). Comme nous avons essayé de le montrer à propos de la Providence, ils ont eu confiance en Dieu tout en pensant que le salut (aux deux sens du terme) allait être également le fruit de l'accomplissement de leur promesse par la grâce de Dieu. Ils ont mené leur construction en s'en remettant à la Providence. Cette imbrication de la liberté et de la grâce est saine. Ils ont construit leur église avec le vent en poupe comme avec le vent contraire. Ils y ont prié finalement dans un cas et dans l'autre. Les initiateurs du Vœu national sont morts sans avoir vu le salut temporel mais sans être désespérés pour autant car leur confiance leur ouvrait les portes du salut éternel qui un jour récapitulera et manifestera leurs efforts d'ici-bas. Les successeurs sont morts à leur tour après avoir essayé d'interpréter la victoire de 1918 comme un signe de salut, mais sans se désespérer pour autant de voir que tant de difficultés perduraient. Les uns et les autres avaient compris que l'édification de l'ex-voto de pierre, de prière et d'imaginaire, faite pour obtenir pardon et secours divin était elle-même ce pardon et ces secours : les liturgies qui s'y déroulaient étaient le lieu de la réconciliation spirituelle et ces secours mêmes pour continuer le « bon combat » dans la ville. En construisant le Sacré-Cœur au-dessus de Paris, en allant vers lui, ce que les catholiques français ont voulu voir, toucher, c'est le salut de la France et le triomphe de

1. De telles formules sont bien sûr inspirées de celles élaborées au concile de Chalcédoine pour exprimer et respecter le mystère du Christ. Elles visent ici le mystère de la condition humaine dans son rapport à Dieu.

l'Église, c'est leur Sauveur, « c'est l'Autre, vivant dans sa réalité d'apparence humaine [*sic*] et dans sa gloire invisible de l'au-delà » [1]. Il leur a peut-être fallu une nouvelle fois découvrir que pour eux comme pour tous le salut n'était pas d'abord *en avant*, mais *d'en haut*, accueilli et réalisé dans la conversion de toute une vie, que ce salut ne faisait en somme qu'un avec leur Sauveur.

Les promoteurs et animateurs du Vœu national ont été les bénéficiaires et les diffuseurs d'un spiritualité synthétique propre au XIXe siècle qui, dans celle de l'école française des XVIIe-XVIIIe siècles, a intégré celle des Jésuites et des Rédemptoristes. À travers la dévotion au Sacrement du Corps du Christ et à celle de son Cœur, une attention « moderne » était portée au Christ lui-même, à sa psychologie et à son amour salvateur tant pour les individus que pour les « nations ». Les fidèles étaient invités à coopérer activement à son œuvre de salut par la réparation. La pastorale des consécrations visait à une nouvelle évangélisation, celle de la Ville en particulier.

Les adversaires de cette spiritualité ne se sont pas trompés en contestant son caractère paradoxal à la fois privé et public, intimiste et politique. Les dénonciations d'un sentimentalisme doloriste et d'un providentialisme triomphaliste l'atteignaient de plein fouet. Les coups ont été rudes et l'on mise à terre. Elle s'en remet à peine dans les présentations historiques qu'on fait d'elle. Si des abus ont pu être commis, la pratique d'une telle spiritualité entre 1870 et 1920 au Sacré-Cœur de Montmartre demeure dans l'ensemble au-dessus de tout soupçon.

1. Citation d'Alphonse Dupront relevée par M. Meslin. Le séminaire de ce dernier sur le pèlerinage et les p. 174-195 de son livre, *L'expérience humaine du divin*, 1988, qui en rendent compte, sont sous-jacentes à ce travail.

# NEUVIÈME PARTIE

# CONTESTATIONS DE L'ART DU SACRÉ-CŒUR

Il a paru important d'achever l'étude de la contestation généralisée du Sacré-Cœur par la question esthétique car cet aspect demeure à peu près le même à travers les changements de la société et de l'Église. Alors qu'aujourd'hui il faut faire un détour intellectuel pour se plonger dans la politique et la spiritualité du siècle dernier, un simple regard sur le panorama parisien permet à chacun de voir cette église, même si cela ne veut par dire que chacun est capable d'un jugement esthétique proprement dit indépendant de l'histoire et de la signification du monument. Il s'en faut de beaucoup.

Avant l'examen de l'architecture (chap. 32) et de la décoration (chap. 33), il a paru important de s'arrêter quelque peu sur l'art dit Saint-Sulpice car malgré tout ce qu'on a pu écrire à son propos, le problème qui s'est posé à travers lui se pose toujours : la production (et la reproduction) d'œuvres d'art pour le grand nombre et donc, par exemple, pour les millions de visiteurs du Sacré-Cœur (chap. 31).

# Chapitre 31
# L'art Saint-Sulpice, l'art au supplice ?

La critique générale du catholicisme qui s'est exprimée dans la construction du Sacré-Cœur entre 1870 et 1920 ne pouvait ignorer l'importante contestation menée au nom du « bon goût » de la production dite de « Saint-Sulpice » à travers laquelle a été vécue la piété de toute cette époque. Une nouvelle fois, redisons qu'il est hors de notre propos de traiter de l'ensemble de cette question. Cependant l'étude du Sacré-Cœur ne peut, nous semble-t-il, l'esquiver, ne serait-ce que sous la forme d'un petit chapitre comme celui-ci ! C'est du point de vue de Montmartre que nous essayons d'en parler. De prime abord, dans la basilique d'aujourd'hui, ne relève de « l'art Saint-Sulpice » que la statue offerte par la maréchale de Mac-Mahon (voir chap. 21), mais il y a eu bien d'autres témoins, à la chapelle provisoire comme dans la décoration provisoire de la crypte ou de l'église [1] ou pour les fidèles à leur domicile ; il y eu

1. Voir le « cimetière » à statues de la réserve de la crypte.

les images de piété, les basiliques en miniature, les médailles, les sauvegardes, les scapulaires (les prétendus tels et les vrais), les bannières, les cartes postales plus ou moins pieuses [1]. Tout un univers de souvenirs et de « bibelots » pieux où l'art, l'industrie, la religion et le commerce s'imbriquent les uns dans les autres [2]. On le sait, chaque année, pour la période étudiée ici, passaient à Montmartre environ un million de visiteurs, pèlerins ou non. Ils ne pouvaient certes repartir les mains vides !

## *I. « SAINT-SULPICE » À MONTMARTRE*

### A. L'arrivée de la maison Saudinos

Dès 1875, le comité du Vœu national se préoccupe de la reproduction des dessins du concours, de leur commercialisation et de la poursuite des contrefacteurs. Il ne souhaite pas être mêlé à ce genre de problèmes et s'en décharge sur la maison Saudinos du 6, place Saint-Sulpice [3]. L'année suivante, pour renforcer le succès du pèlerinage, le P. Rey ouvre dans la sacristie de la chapelle provisoire une boutique d'objets de piété qu'il s'était fait remettre gratuitement. H. de Fleury s'en plaint auprès du cardinal Guibert : cela fait mauvaise impression, si près du lieu où se déroule la prière « nationale ». Le prélat enjoint au P. Rey de restreindre de telles activités commerciales [4], mais ne peut les interdire car elles sont utiles à la piété et répandues dans tous les lieux de pèlerinage. Hubert Rohault de Fleury revient à la charge et obtient qu'un

1. Le triomphe de la carte postale (en général) aux alentours de 1900 a déjà été remarqué : Madeleine Rébérioux, « L'histoire au musée », *Le débat*, n° 44, mars 1987, p. 50.

2. Rémy G. Saisselin, *Le Bourgeois et le bibelot*, Albin Michel, 220 p., 1990. N'y aurait-il pas à écrire « Le Bourgeois catholique et le bibelot religieux » ? On pourrait pour cela consulter les rubriques « religieuses » du *Tarif-album de la Manufacture nationale d'armes et cycles de Saint-Etienne*, 1900 (1988). Vous y trouvez « tout ce que vous pouvez désirer » (titre courant répété environ six cents fois !) : des chromos (voir chap. 22 à propos de Joseph Aubert) ; des missels et garnitures pour cérémonies (dont un missel dit du Sacré Cœur) dans la maroquinerie (p. 671) ; quatorze chapelets différents et des chevalets (p. 830) ; des médailles et des croix (p. 820) ; des modèles de dessins de découpages d'objets religieux (p. 908) ; des breloques en forme de cœur (non spécifiquement religieuses) ; des chaises prie-Dieu (p. 1033) et même des grilles et des parures funéraires (rubrique « agriculture », p. 937, 1120 et 1167) !

3. *PV* du 21 avril 1875. HSC, t. I, p. 238.

4. *HSC*, t. IV, p. 198.

traité soit signé entre Mme veuve Saudinos et le premier chapelain de la chapelle, garanti par lui-même au nom du cardinal Guibert. Le contrat prévoit la reprise du stock du P. Rey, un forfait annuel versé par la maison au profit de l'Œuvre et la promesse que les Pères n'auront pas de boutique sur le terrain qui dépend d'eux[1]. Mme Saudinos ouvre donc boutique au 33, de la rue de la Fontenelle, à côté de l'entrée de la chapelle provisoire. Dès lors la maison Saudinos-Ritouret est concessionnaire exclusif de l'Œuvre du Vœu national : plans et dessins du concours, actes de consécration, reproductions des œuvres de Bonnassieux et de Chapu, bannières, médailles du Christ au Sacré Cœur et « autres effigies miraculeuses »[2]. Des mentions accompagnent les produits : « La seule maison autorisée à vendre sur les terrains de la basilique » ; « seule reproduction exacte » ; des cachets de cire authentifient les cartes postales...[3].

## B. La maison Saudinos et les chapelains

Ces dispositions n'empêchent pas les premiers religieux d'éditer de leur côté diverses images (dues à Henri Imlé – chap. 21) pour les confréries ou les consécrations d'enfants, dans le cadre de leurs propres initiatives pastorales, et ce en dehors des ventes faites sur place[4]. Comme les objets de piété ne tiennent pas moins de place dans la pastorale de leurs successeurs, les relations vont finir par se tendre avec la maison Saudinos. D'une part, le P. Voirin développe la production d'images, statues, sauvegardes et médailles au service immédiat des confréries[5] et d'autre part, il profite de l'ouverture au culte en 1891 de la basilique et la fermeture de la chapelle provisoire pour installer un nouveau magasin. À cette époque les pèlerins changent de circuit : ils n'arrivent plus par le nord pour entrer dans la chapelle provisoire, mais par le sud et par l'ouest pour pénétrer dans la basilique. Le P. Voirin installe dans les entrées latérales de la basilique de véritables boutiques avec vitrines, comptoirs et armoires. H. de Fleury se plaint et affirme que l'Œuvre de construction n'a jamais eu part aux bénéfices. Pourtant le cardinal ne peut en réclamer

1. *PV* du avril 1876, *HSC*, t. I, p. 312 ; t. IV, p. 167.
2. Catalogue en *BVN*, 1876, p. 288 ou 1883, p. 282. Voir les images données par le cardinal Guibert en 1884.
3. Voir illust. Voir *BVN*, suppl. nov. 1898, p. 40.
4. Voir illustration et P. Rey, *Vœu*..., 1880.
5. *BVN* 1887, p. 37-39 et 1891, p. 14-15.

la fermeture. Faisant suite aux récriminations de la maison Saudinos-Ritouret, le Comité honore son contrat en lui construisant un bâtiment en 1894 le long du mur qui longe le chevet de l'église Saint-Pierre et son calvaire, bâtiment occupé immédiatement par l'habituel concessionnaire qui garde par ailleurs un point de vente auprès de l'abri Saint-Joseph[1].

## C. Le succès

Le P. Lemius systématise la vente par correspondance dans le cadre des archiconfréries. Il faudrait en quelque sorte reconstituer le catalogue d'objets vendus grâce à la poste : plaques de sauvegarde, médailles de l'archiconfrérie, médailles du Sacré Cœur, photographies de la Savoyarde et de la basilique du Sacré-Cœur, grandes images en chromo, petites images ovales, bannières, statues de saint Antoine[2]. Ce catalogue sera, semble-t-il, toujours en service après la Première Guerre mondiale (voir illustrations). Quant aux magasins, celui des Pères et celui de la maison Saudinos-Ritouret, ils sont rejoints par bien d'autres, très probablement dans les dernières années du siècle : plusieurs s'installent rue du Chevalier de La Barre et rue du Mont-Cenis, vers la place du Tertre, un à la sortie du funiculaire[3], d'autres, place Saint-Pierre et rue de Steinkerque. Les chapelains diocésains héritent en 1903 de cette situation qui n'a guère évolué depuis (au moins quant au dispositif basilical)[4].

1. *HSC*, t. IV, p. 123, 167, 198 et 339. Voir carte postale dans Jacques Hillairet, *Dictionnaire*..., 1957, t. II, p. 144.

2. Voir P. Lemius, *La correspondance*..., 1896, p. 4 et illustration. Comme pour les souscriptions du Vœu national, le rôle de la poste est ici considérable. Cette vente est à intégrer parmi les ventes par catalogue déjà très répandues à l'époque puisque, distincte de la vente par publipostage des XVII^e^-XVIII^e^ siècles, elle fait son apparition en 1867 (voir Béatrice Delègue, *La vente par correspondance*, Que sais-je ?, 1978).

3. Une « maison de la Bonne Presse » existe au pied du funiculaire vers 1918, « une autre à gauche de l'église Saint-Jean l'Evangéliste » (selon André Dérumaux, lettre à l'auteur en date du 8 novembre 1986).

4. La maison Saudinos-Ritouret-Gaudriot a fait un procès devant les tribunaux ecclésiastiques à l'archevêque pour non-respect du contrat fondateur. Il faudrait savoir exactement quand il a commencé. L'archevêché (et donc la basilique) fut en fin de compte condamné à des dommages et intérêts en faveur du plaignant. Cette victoire a correspondu par ailleurs au départ de la butte de ce commerçant vers 1960 lors de l'ouverture à la circulation de la rue du cardinal Guibert, puis de son élargissement. Témoignage de Mgr Charles.

## II. *CRITIQUES ET ÉTUDES*

Comme tant d'autres domaines abordés au cours de ce travail, l'histoire de la critique de cette forme d'art et même d'ailleurs de sa production reste à coup sûr à écrire. Regards d'époque, cinquante ans de contestation, panorama des études actuelles sur la question constituent ici notre contribution à cette étude à venir.

### A. Regards de Zola-Huysmans et de Jacob-Salmon

À l'époque du grand développement des pèlerinages à Montmartre, dans le tournant du siècle dernier, maints jugements négatifs ou positifs ont été relevés assez précisément. Les plus classiques portent sur la représentation du Cœur du Christ. Francisque Sarcey et Emile Zola donnent le ton. Gustave Téry leur emboîte le pas. Karl-Joris Huysmans sur ce point précis est délibérément discret comme on l'a déjà vu par ailleurs. Les « sauvegardes » du P. Voirin semblent particulièrement visées par Sarcey qui dénonce « un morceau de chair sanglant, emblème réaliste et brutal » et par Zola qui parle de représentations « dégoûtantes » et « d'étals de boucher » [1]. Remarquons que ces plaques dont nous avons fait état au chap. 22 ont cessé d'être produites à la demande du P. Lemius. Une enquête plus approfondie serait nécessaire pour découvrir exactement pourquoi. Trop de critiques ? Changements de mentalité ? Ces sauvegardes connurent pourtant un grand succès. Nous sommes là véritablement en présence d'un « kitsch » ou d'une œuvre « kitsch » « qui réjouit les uns et dégoûte les autres » (*Petit Larousse*), plaît au grand nombre et contrarie certains « intellectuels » comme on commence à dire à cette époque.

Les statues produites en grand nombre n'échappent pas non plus aux critiques, et aux foudres d'un Léon Bloy par exemple qui croise dans les brumes du Nord

> « une réduction en plâtre ou graisse de brebis de la Jeanne d'Arc de Chapu, réduction et œuvre dont [il] n'entreprendra pas d'estimer l'ignominie » [2].

1. Vers 1891. *HSC*, t. IV, p. 97. Emile Zola, *Paris*, 1898, p. 468.
2. Léon Bloy, *Mon Journal*, 19 juillet 1899 (réf. en 1917).

Permettons-nous quand même de clore ce paragraphe sur une note positive qui émane du Bateau-Lavoir puisqu'André Salmon dans *La Négresse du Sacré-Cœur* défend l'art « Saint-Sulpice ». Il décrit dans le chapitre « Flore et folklore de Montmartre » un certain Orlando Trozzi, sculpteur, chevalier de l'Ordre de Saint-Grégoire-le-Grand dont on pourra sans doute découvrir un jour la véritable identité.

> « De son atelier sortait, une fois par semaine, des Marie et des Jean-Baptiste, des Jésus et des Saint-Antoine-de-Padoue, des Madeleine et des Jeanne, tendres images aux teintes de pastel dont le gastralgique Huysmans dénonça peut-être imprudemment la hideur et que l'avenir recherchera comme un irrécusable témoignage de la sentimentalité catholique à l'aurore du XXe siècle » [1].

Ce texte appelle deux remarques. D'une part, il faut noter que « Saint-Sulpice » et « Montmartre » vers 1900 pouvaient avoir des artistes communs : si Saint-Sulpice est venu à Montmartre avec la maison Saudinos, Montmartre aussi allait à Saint-Sulpice avec cet Orlando Trozzi. D'autre part, la tendance ultra-négative de Zola-Bloy-Huysmans et la tendance positive de Jacob-Salmon méritent chacune d'être entendues. Leurs jugements sur « Saint-Sulpice » divergent mais doivent être étudiés et commentés. Après une grande phase d'hypercriticisme, l'heure est sans doute venue de regarder avec discernement cet art dit de Saint-Sulpice.

## B. Cinquante ans de pure contestation

Les critiques radicales et impitoyables de l'art « Saint-Sulpice » sont légion. Il n'est guère besoin de s'étendre complaisamment là-dessus. Analysons cependant quelques types : ou bien le coup de patte isolé et gratuit ou bien la critique réfléchie. Dans le premier cas, relevons cette annotation récente d'une page de Michelet :

> « Sa Jeanne d'Arc suffit à rejeter dans l'ombre certaine statue resplendissante d'or et toutes les effigies sorties, pendant un siècle, des ateliers de Saint-Sulpice » [2].

Mais pour souligner le génie de l'un, faut-il vraiment déconsidérer tous les autres, sinon peut-être par excessive ou gratuite suffisance ? Mentionnons encore le jugement à l'emporte-pièce d'un historien de la liturgie :

1. André Salmon, *La Négresse...*, 1921, p. 21.
2. Paul Viallaneix, « Note. », dans Michelet, *Jeanne*, 1841 (1974), p. 318.

« La règle actuelle ne s'occupe pas de savoir s'il y a une autre image du Christ sur le mur derrière l'autel [en plus du crucifix dessus le tabernacle], c'est pourquoi on trouve souvent une telle accumulation de laideur, par exemple sur les autels du Sacré Cœur » [1].

Quant aux critiques réfléchies, prenons deux exemples : l'article anonyme sur l'art Saint-Sulpice dans l'*Encyclopaedia universalis* qui essaie de faire le point sur la question et un article de vulgarisation. L'expression, en question, écrit-on dans l'encyclopédie, est détestable et trompeuse, parce qu'elle englobe dans une même appellation et dans un même discrédit des périodes et des artistes différents, parce qu'elle confond art de reproduction et de grande diffusion avec les recherches d'un art sacré authentique qui sont continues depuis près de deux siècles [2]. Dans cette perspective, à chaque étape de l'art sacré « authentique » correspond sa reproduction et sa diffusion de masse qui ne peuvent être que de « médiocre qualité », pleines de « mièvreries » et « d'affadissement du style ». De fait, la présentation positive des productions dites « nobles » est un progrès mais le mépris dans lequel est rejeté toute la production de masse semble regrettable. Là aussi, n'y aurait-il pas lieu de faire un peu plus de distinctions ?

Le même type de réflexion apparaît en 1979 dans un ouvrage collectif d'étudiants fréquentant le Sacré-Cœur de Montmartre [3]. Ils parlent d'un « fait reconnu : l'art religieux du XIX^e^ siècle est particulièrement décevant ». Mais reconnu par qui ? Comme bibliographie, on cite Paul Claudel [4] et *Un art sacré pour notre temps* de Madeleine Ochsé (1959). Rumeur et tenants d'une autre école constituent l'argument. N'est-il pas insuffisant ?

« Le symbole désastreux en est la surabondante production saint-sulpicienne, avec ses statues en plâtre, ses images incroyablement mièvres, ses couleurs fadasses, son clinquant bon marché, etc. Il ne s'agit plus là d'art populaire, mais de marchandise à vil prix, fabriquée à la chaîne et imposée à des fidèles dont le goût a été bien mal formé ».

Pourquoi ce mépris de la « surabondance », du « bon marché », du « vil prix », du « plâtre », de la fabrication à la chaîne ? N'est-ce pas la condition d'accès à la possession d'objets d'art et de piété pour un grand nombre de fidèles, pour d'innombrables paroisses de France et de pays de mission ? Pourquoi tous ces

1. Voir Joseph-André Jungmann, *Missarum sollemnia*, P., Aubier, 1950, t. 1er, p. 314, n. 38.

2. Bruno Foucart, *Renouveau*..., 1987, p. 9, fonde ce jugement : « L'art dit de Saint-Sulpice épuise sans lassitude apparente et pendant plus de cinquante ans des modèles mis au point vers 1840-1850 ».

3. Résurrection, *100*..., 1979, p. 258-259.

4. Si Paul Claudel n'a pas goûté l'art Saint-Sulpice, il n'en a pas été de même de la réflexion exégétique de l'abbé Tardif de Moidrey (chap. 23), ainsi que de la dévotion au Cœur de Jésus : voir Marie-Hélène Congourdeau, « Paul Claudel devant le Christ transpercé » dans *Montmartre-Orientations*, n° 16, juin 1975, p. 9-10. Nous ne savons pas s'il a eu un contact avec le Sacré-Cœur de Montmartre et porté un jugement sur lui.

adverbes et qualificatifs péjoratifs ? N'y a-t-il pas dans de tels propos un certain élitisme, une sorte d'aristocratisme plein d'*a priori* ? Certaines de ces œuvres n'ont-elles vraiment rien d'aimable ? Quand, selon la méthode de l'ouvrage, l'auteur prend, après l'énoncé de « l'événement », un peu de recul, il reconnaît que les artistes, artisans et « commerçants de Saint-Sulpice étaient profondément croyants, que leurs intentions, leurs théories étaient bonnes », mais qu'ils n'avaient pas, et ce n'était pas leur faute, « une vision spirituelle du monde dans toute une civilisation ». Est-ce si sûr ? « L'acculturation » de leur foi dans le monde moderne à la suite du XVIIe et du XVIIIe siècle, fut-ce en soulignant toutes les incompatibilités de l'époque avec le *Syllabus* et Vatican I, ne constituait-elle pas une table de référence suffisante ? « Saint-Sulpice et la déroute de l'art chrétien » s'intitule le chapitre ici en accusation. Ne pourrait-on pas envisager plutôt Saint-Sulpice comme une route, une étape de l'art chrétien ? Cet article a malgré tout le mérite à nos yeux de soulever les problèmes de la foi au risque de l'histoire, mais ne fait-il pas la part trop belle aux critiques anticléricales et à celles d'une partie assez élitiste du monde catholique du XIXe siècle. Depuis vingt ans des chercheurs s'efforcent de réévaluer cette production de masse. Une part de sagesse relative peut s'introduire dans une telle étude et permettre d'y voir un peu plus clair ou moins mal... D'ailleurs dans son journal, dès 1948, d'une façon prophétique, le P. Couturier, tenant de l'art sacré « moderne », n'écrivait-il pas :

> « Les petites images de piété de second Empire, dentelées et gravées, que m'a données Green, – toutes ces choses « sentimentales » qui nous émeuvent à nouveau après que nous les ayons tant combattues. Ce qu'on a fait de tout son cœur, un jour ou l'autre touche à nouveau le cœur des gens » [1].

Ne serait-ce pas une remarque valable pour bien d'autres productions religieuses de la même époque ?

1. Marie-Alain Couturier, *La vérité blessée*, 1984, p. 180. Par ailleurs, il est moins bienveillant mais non moins perspicace : « Comment a-t-on pu en venir là, sans dégoût, sans révolte ? Où sont les responsables ? Il est vraiment trop facile d'en accuser les artistes puis les marchands : les uns et les autres ont fait sinon ce qu'on leur demandait du moins ce qui plaisait. Cela s'est fait insensiblement – par simple acceptation sentimentale – le glissement spécifiquement italien de Fra Angelico à certain Raphaël est insensible, celui de Raphaël à Guido Reni l'est à peine davantage et de Guido Reni à Bouguereau aux bondieuseries de Saint-Sulpice, il n'y a plus guère de différence » (p. 151). Il parle aussi de « ces [mort-nés] énormes que sont St. Patrick de New York, St. John The Divine et à Paris même le Sacré-Cœur ou le Saint-Esprit » (p. 152).

## C. Recherches récentes

### 1. *La statuaire*

Un historien qui a osé aborder la question de la littérature de piété du second Empire s'est risqué aussi dans l'étude de l'art dit de Saint-Sulpice [1]. Prudemment, Claude Savart ne veut parler qu'en historien, en historien de la spiritualité, en ethnologue, pourrait-on dire. Il reporte à plus tard la question esthétique, sentant combien les choses changent en ce domaine. Lui aussi éprouve le besoin de cerner d'un peu plus près ce dont on parle et de trouver d'abord des racines proprement religieuses à ces productions. À la suite du P. Couturier, il pense que ces diverses productions ont répondu « valablement aux aspirations d'un moment de la catholicité » et ne les trahissent pas nécessairement. Cet auteur découvre ainsi dans tout cet art réputé saint-sulpicien un sens de la « religion » et du « divin » opposé à l'absence de religion, un « déisme moralisateur » et un regard plein de confiance tourné vers Dieu. Cependant, l'analyse est loin d'être achevée et le problème esthétique reste entier.

Avec les études sur la manufacture d'art chrétien, dite la Sainterie de Vendeuvre en Champagne fondée par Léon Moynet en 1842, on perçoit combien un travail de défrichement est à faire pour connaître puis apprendre peut-être à aimer la production dite bien improprement de « Saint-Sulpice ». De 1842 à 1914, cette manufacture a mis à la disposition du clergé des milliers de modèles de statues en terre cuite, soit plus de cinq cent mille moulages. Et parmi les statues mises en réserve au Sacré-Cœur des spécialistes pourraient sans doute en identifier un certain nombre, les tirant alors d'une anonyme production de masse [2]. L'entreprise champenoise continue à produire dans l'Entre-deux-guerres. Elle a connu à nouveau un grand succès quand le frère Marie-Bernard de la Grande Trappe lui confie la reproduction de ses *Sainte Thérèse de Lisieux* dont un exemplaire est peut-être au Sacré-Cœur [3].

1. Claude Savart, *Les catholiques*..., 1984 et « À la recherche de l'art... », 1976.
2. Sur cette entreprise importante, voir Jean-François Dhuys, « Un paradis perdu » dans *Feuilles*, 1984, n° 8, p. 71-76 avec la bibliographie.
3. Celle que l'on voit à Lourdes sur l'esplanade est peut-être aussi de cette production (dom Billet, *Lourdes*, 1981, p. 141).

## 2. *Les images de piété*

La production dite « sulpicienne » des images de piété, plus encore que celle des statues, serait à intégrer d'abord dans l'usage des images au service de la piété, ensuite dans l'histoire de la production moderne de ces images[1], enfin dans le problème infiniment plus vaste et plus complexe de la reproduction industrielle des œuvres d'art depuis la Renaissance. Il y a la reproduction des statues (ci-dessus), mais il y a surtout la reproduction des images en couleurs. Que l'on pense plus particulièrement à la chromolithographie qui, au XIXe siècle, a touché les domaines aussi bien profane que religieux, pour aboutir à ces fameux « chromos », synonymes de mauvais goût, dans lesquels « bourgeois » et, même faut-il le nier, « non-bourgeois », catholiques et non-catholiques[2] se sont tant complus[3]. Mais la réévaluation de la société bourgeoise du XIXe siècle et de son aspect catholique, avec ses ombres abondamment soulignées et ses lumières trop peu encore relevées est en train de se faire comme nous le voyons tout au long du présent travail.

On se souvient de l'exposition originale de la Seita et de son catalogue sur les images de piété du XIXe siècle[4]. Les images concernant la dévotion au Cœur de Jésus y tiennent une place considérable et on en remarque au moins une (n° 224) directement liée au Sacré-Cœur: il s'agit d'un souvenir de Montmartre en forme de *Savoyarde.* Distinguons ici comme toujours un triple registre d'orientations: la politique, la spiritualité et l'art. Notre réserve est grande sur l'intention qui semble avoir présidé au commentaire historique des images non sans quelque confusionnisme: montrer la hiérarchie de l'Église comme une force rétrograde, définitivement compromise avec l'ordre établi et maintenant, par le biais de dévotions puériles, son emprise sur les masses, emprise qui, d'ailleurs, lui échappe de plus en plus...[5]. C'est à notre avis une thèse qui résiste de moins en moins à l'épreuve des études récentes. Le présent travail, en ce qui concerne la construction du Sacré-Cœur de

1. On peut se reporter sur ces points à « Images et contemplation », « Images (Culte des) » et « Images et imageries de piété » dans *DSAM*, articles datant de 1970 environ.

2. François Furet a raison de mettre sur la même page en couleur une carte d'adhérent à l'archiconfrérie du Vœu national et un tableau de la République, du « même style ». Voir illust. François Furet, *La Révolution*, 1989, p. 513. De l'image du Christ au Sacré Cœur de la carte d'adhérent, il est dit judicieusement : « Presque plus enfantine que religieuse ; ce Christ se veut rassurant et accessible à tous, caractère qui ira en s'accentuant avec la laïcisation de la société civile marquée par l'œuvre de Jules Ferry » (p. 511).

3. Voir l'article « Reproduction des œuvres d'art. Copies et reproductions depuis la Renaissance » par Jacques Guillerme dans *EU*, 1968/1985, ainsi que l'article anonyme « chromo ». La reproduction des couleurs complexes et non plus des simples contours, les rapports de clarté et d'ombre demeurent une difficulté.

4. Voir Catherine Rosenbaum-Dondaine, *L'image...*, 1984.

5. Voir Michel Gitton, « Des images qui en disent long », *Montmartre-Orientations,* juin 1984, p. 33.

Montmartre, s'attache à montrer qu'elle est fausse. En ce qui concerne « l'expérience humaine du divin » dont ces images sont l'écho, elle est peu perçue dans sa spécificité et soupçonnée des pires perversions[1]. Le point du vue de notre critique n'est pas de nier les désordres qui habitent le cœur des croyants et des autres, mais de suggérer que peut-être une image « ortho-doxe » peut induire une « ortho-praxie » et une résolution chrétienne plus ou moins réussies des difficultés de chacun et de la société (voir chap. 28). Positivement, ces images ne laissent-elles pas entendre une grande familiarité avec les saints, une expérience de la liturgie, une spiritualité où l'effort et le renoncement ont une part considérable, mais qui malgré tout sait vibrer à l'amour tendre et fort du Cœur du Christ. Enfin, sur le plan esthétique qui nous retient présentement de telles collections d'images pieuses nous renvoient, semble-t-il, à un art qui peut, une fois débarrassé de ses préjugés politiques et psychologiques, être considéré comme un art « naïf et romantique » qui a connu ses réussites et ses échecs[2].

### *3. Les autres objets de piété*

Toujours parmi la production dite « Saint-Sulpice », il y a la multitude des objets de piété qui ne sont ni des statues, ni des images de piété. Mais là encore, il en faudrait extraire les livres du culte ou de dévotion par exemple et l'orfèvrerie liturgique. À Montmartre, il s'agit aussi bien des ex-voto en forme de cœur conservés dans des vitrines que des scapulaires de toutes sortes, des chapelets du Sacré Cœur, des médailles, des insignes, ... Les chercheurs en arts et traditions populaires peuvent nous éclairer, mais ils traitent davantage le problème en ethnologues qu'en historiens d'art. Cependant lorsqu'on peut replacer de tels objets – puisqu'il en existait abondamment à Montmartre- dans des séquences plus vastes à la lumière des études récemment menées dans le domaine de l'ethnologie religieuse, on s'aperçoit que les ex-voto par exemple en forme de cœur avec un message à l'intérieur ne sont nullement propres au Sacré-Cœur[3]. Enfin le discernement esthétique proprement dit, ici aussi, reste à faire.

1. Voir en complément sur ce point, Michel Albaric, « Images de piété, expression de la foi », 1985, qui montre bien comment la foi et la piété se transmettent aussi par des images, même si lui aussi suspecte beaucoup cette spiritualité.
2. Michel Gitton, « Des images... », 1984 p. 33.
3. Voir Jean Cuisenier, *Religions*..., 1979, p. 127-129. On pense aussi à Buhez, *Les Bretons*..., 1985, p. 171.

## *III. MONTMARTRE ET « SAINT-SULPICE »*

Le comportement des responsables (laïcs et religieux) du sanctuaire permet, semble-t-il, de faire quatre réflexions pour aborder la question esthétique de l'art Saint-Sulpice : la médiation des objets dans la spiritualité, leur reproduction, leur commercialisation et leur bénédiction.

### A. Premier déblayage de la question

Avec le Sacré-Cœur du XIX$^{e}$ siècle, est proposée une expérience religieuse christianisée par les sacrements bien sûr, particulièrement la célébration et l'adoration eucharistiques, mais aussi à travers tous les objets de la piété, sa dimension proprement matérielle. Leur usage repose au premier chef sur une vue réaliste de l'homme dans sa condition concrète et de l'Incarnation rédemptrice et glorieuse du Fils de Dieu, un usage qu'on ressent bien en continuité avec la pastorale de la Réforme catholique. La vie chrétienne autrement dit ne gagne rien à vouloir « se spiritualiser » si cette démarche veut dire « se désincarner ». La réflexion de Pascal est bien connue : « L'homme n'est ni ange ni bête, et le malheur veut que qui veut faire l'ange fait la bête » (Pensée 678-358). La vie spirituelle étant la vie de relation avec Dieu par le Christ dans l'Esprit de l'Église (donc des saints), les choses matérielles peuvent bien y prendre leur place. Le refus de la médiation du corps et des objets dans la vie religieuse conduit à la méconnaissance de l'homme comme homme.

Dès lors que ce principe est accepté, il s'agit de l'appliquer au plus grand nombre. L'élévation du niveau de vie et l'apparition de techniques nouvelles dans la production et la reproduction des objets en général et de piété en particulier ont permis à des millions de personnes ou d'institutions d'accéder à un nouvel usage de ces objets. Que l'on pense à ce qu'a représenté le phénomène des premières communions, que l'on songe aux pèlerinages et aux innombrables églises construites ou restaurées au XIX$^{e}$ siècle ! Pour mémoire, le Sacré-Cœur, c'est environ un million de visiteurs-pèlerins par année tout au long de notre période.

Les contacts entre producteurs et fidèles ne peuvent s'établir que par le commerce, et la loi de l'offre et de la demande n'est pas condamnée par la loi morale, à ce qu'on sache ! D'où les problèmes concrets survenus à Montmartre mais qui sont le fait de tous les lieux de pèlerinage et de tourisme. La critique faite aux marchands de souvenirs procède d'esprits qui trouvent normal d'avoir acheté quelques cartes postales mais qui oublient de multiplier leur acte par quelques millions. La contestation du commerce d'église menée au nom de Jésus chassant les vendeurs du Temple – haro sur les boutiques installées à l'ombre ou dans la basilique même-, est classique. Cependant on souligne habituellement une différence : dans le contexte du récit évangélique ou dans le cas des boutiques hors du sanctuaire, les bénéfices vont au commerçant ; dans le cas des boutiques dans l'église, les bénéfices recueillis le sont au profit de l'entretien ou des activités du lieu de culte[1].

La plupart des objets de piété ainsi vendus par les uns ou par les autres devaient (et doivent toujours) être bénis mais seulement après leur acquisition afin d'éviter l'apparence de simonie et de souligner que ce n'est pas la chose par elle-même qui est sacrée mais l'usage qu'on en fait. La demande de bénédiction suppose qu'on quitte le registre du donnant-donnant propre au commerce pour celui de la gratuité au sein de l'Église. Elle évite, si elle est bien vécue, un usage magique de l'objet.

## B. La question est posée !

Finalement, une fois distingués et traités tous ces problèmes qui obscurcissent la question de l'art Saint-Sulpice, l'interrogation proprement esthétique peut être abordée. Y a-t-il, oui ou non, de belles œuvres dans cette production ? Il nous semble que si on cesse de les regarder avec les *a priori* que l'on vient de dénoncer, un discernement pourra s'opérer. De même qu'il y eut de bons et de mauvais graveurs, il y eut de bons et mauvais éditeurs d'images ou de statues de piété. Non seulement les originaux peuvent être de plus ou moins bonne qualité, mais les reproductions aussi. Pour celui qui saura prendre la peine et le temps de se demander ce qu'il peut y avoir d'aimable et de beau dans ces objets, pourquoi n'y aurait-il pas de bonnes surprises au rendez-vous ?

1. La volonté de bienveillance pour la production d'hier amène à la même attitude pour aujourd'hui même si les rapports avec les fournisseurs, le personnel de vente et les fidèles sont toujours des problèmes difficiles à résoudre.

# Chapitre 32
# Un pastiche romano-byzantin ?

La contestation du Sacré-Cœur au nom de la beauté artistique n'a pas laissé de se mêler à des critiques venues soit de la politique soit de la religion. On comprend qu'il était difficile à un journaliste de *La Lanterne* de dire qu'il trouvait beau le Sacré-Cœur, si c'était le cas, et il en était de même pour un catholique de l'époque de dire qu'il le trouvait laid. Nous disons « de l'époque » car depuis il s'en est trouvé plus d'un pour aussi continuer à juger sévèrement le Sacré-Cœur ! On ne saurait pourtant se contenter d'une réduction de l'art au politique et au spirituel : il faut partir à la recherche d'un véritable jugement esthétique.

Le Sacré-Cœur s'y prête comme un exemple privilégié. On peut déjà suivre l'évolution de sa fortune critique durant un siècle, celui qui va de l'ouverture de la basilique au culte à nos jours, sans compter tous les débats autour du concours de 1874. C'est un excellent moyen de saisir le mouvement des pensées de ce vaste sujet : comment juger l'art du XIX$^{e}$ siècle à travers une application proprement religieuse, catholique ici. L'un aura-t-il nui à l'autre ? L'un et l'autre empêchent-ils mutuellement de se découvrir et de s'apprécier ? L'heure n'est-elle pas venue d'un sain rééquilibrage à travers une souhaitable réhabilitation ?

C'est pourquoi après la présentation de la situation au temps de la construction (§ I), nous verrons des années 1920 aux années 1990 les critiques faites au nom de l'architecture moderne (§ II), avant de constater, que depuis vingt ans environ, parallèlement aux derniers (?) feux de la contestation, a lieu une réévaluation de l'architecture du XIXe siècle dont le Sacré-Cœur est un très beau fleuron (§ III).

## *I. AU TEMPS DES DEUX FRANCE*

### A. Lieu commun et avis de spécialistes (autour de 1890)

En 1908, Léon Bloy se fait l'écho d'un jugement sévère sur la basilique. Il le dénonce :

> « La médiocrité architecturale du Sacré-Cœur est un lieu commun aussi bête que tous les autres »[1].

L'église n'est vraiment visible dans son ensemble que depuis 1900 et déjà il peut s'exprimer à son sujet en termes de « lieu commun » ! Même s'il généralise injustement en oubliant que de très nombreux catholiques de son temps ne pensent nullement que le Sacré-Cœur soit laid, il est le témoin de ce que désormais ils ne donnent pas le ton. Sans doute, en effet, le Sacré-Cœur occupe-t-il une place dans la ville disproportionnée par rapport à celle que les catholiques détiennent alors dans la société. Ce lieu commun est au moins le signe d'un rejet du monument dans une partie de la population parisienne qui a réussi à imposer ses vues et l'on devine ici tout le poids des options non-esthétiques. Cela dit, il conviendrait d'abord de repérer la naissance de ce courant hostile au Sacré-Cœur sur le plan artistique. Remonte-t-il au concours lancé trente ans plus tôt ? N'est-ce pas plutôt dix ans plus tard, semble-t-il, dans les années 1880-1890, que les choses se nouent, peut-être autour de l'Exposition universelle et de la comparaison qui peut se faire alors avec la

1. Léon Bloy, *Journal* du 30 avril 1908. Réf. en 1917.

tour Eiffel ? Par ailleurs, qu'ont dit et écrit exactement les centaines d'architectes qui ont visité le chantier du Sacré-Cœur en 1884 et en 1891, au-delà des éloges de bonne courtoisie [1] ? On se souvient des problèmes autour de la succession de Paul Abadie en 1884 et du « je ne sais quoi » qui manque au Sacré-Cœur selon Sainte-Marie Perrin (chap. 14). On a peut-être aussi un écho du jugement des hommes de l'art dans celui de Du Cleuziou, architecte, chroniqueur d'une revue spécialisée. Il remarque les mélanges de styles, se pose le problème de la cohérence entre l'intérieur et l'extérieur, parle de « copie », mais souligne la loi du genre qui donne à l'ensemble une « harmonie nouvelle » [2]. Mais le problème du lieu commun relevé par Léon Bloy se situe, nous semble-t-il, davantage au niveau des symboles que sont la tour Eiffel et le Sacré-Cœur qu'au niveau des jugements de spécialistes.

## B. Sacré-Cœur et tour Eiffel

L'opposition entre la tour Eiffel et le Sacré-Cœur a été faite dès l'origine. Quand il est question de construire la fameuse tour, *La Lanterne* se réjouit de ce qu'elle « écrasera du haut de ses trois cents mètres l'église du Sacré-Cœur » [3]. Les catholiques ne sont pas en reste. Dans la *Semaine religieuse de Rennes*, en 1889, on peut lire : « La toute neuve tour Eiffel est une tour de Babel, squelette hideux, môle horrible qui fait contraste avec le blanc du Sacré-Cœur » [4]. Lors de la croix lumineuse placée en 1892 sur la Sacré-Cœur, *Le Tintamarre* regrette qu'à cette occasion, la tour ait « l'air d'une gosse » à côté de l'église [5]. *La Croix*, elle, se réjouit que « la Croix enfonce la tour Eiffel » [6]. François Veuillot fait en quelque sorte la théorie de ces deux monuments dans un article de *L'Univers* repris dans le *Bulletin du Vœu national*. S'il reconnaît de près une certaine beauté moins sensible qu'intellectuelle à la tour, de loin, il la trouve laide et surtout morte. Il espère le prochain démantèlement de ce symbole d'une « orgueilleuse humanité qui s'était crue triomphante ». En revanche,

1. Mentionnés en *BVN*, 1884, p. 523-525 et 1891, p. 432-433.
2. Du Cleuziou, « Le Sacré-Cœur... », 1890, p. 572.
3. Cité par J. -F. Six, *Dieu*..., 1986, p. 102.
4. Lu dans Ader, *Chrétiens*..., 1987, p. 30. M. Lagrée, « 1889 » dans *Catholiques français*.., 1989, p. 52-53, remarque que l'opposition entre le Sacré-Cœur et la tour Eiffel est très répandue. Voir la description bord à bord des deux édifices dans Françoise Dorin, *Nini Patte-en-l'air*, 1990, p. 132 et 182.
5. *HSC*, t. IV, p. 140.
6. *HSC*, t. IV, p. 140. Il en est de même de *La Nouvelle Bourgogne* : « la croix a dominé et duré plus longtemps que l'éternel phare tournant Eiffel. »

le Sacré-Cœur dont le grand dôme va bientôt être découvert, est pour lui la « huitième merveille du monde »[1].

Quand on dira que la tour Eiffel n'est qu'un pastiche orgueilleux des flèches des cathédrales et le Sacré-Cœur, une simple copie d'église romano-byzantine, on participera à la même incompréhension, à la même inefficacité : on n'en apprécie pas davantage leur beauté par là ! L'un et l'autre pourtant ont fait appel aux mêmes calculs de résistance des matériaux – pierre de Souppes dont est fait le Sacré-Cœur et le socle de la tour[2] – ou de résistance au vent. L'un comme l'autre émanent de cet esprit « rationaliste » qui a pensé découvrir les lois suprêmes de la beauté. Comment opposer à jamais le prétendu passéisme de Montmartre au modernisme affiché de la tour à moins que l'on ne pense que la foi chrétienne n'a plus sa place dans la cité ou que l'esprit « moderne » est intrinsèquement et définitivement diabolique et non christianisable ? L'un n'a pas à exclure l'autre, même s'il est difficile d'éviter une certaine tension entre ceux qui ne souhaitent pas voir un jour une croix sur la tour comme sur les obélisques de Rome et ceux qui ne rêvent pas forcément de transformer le Sacré-Cœur en « palais du Peuple ». En attendant, comprenons dès maintenant que qualifier ces monuments de pastiches sera inopérant, même si le terme est utile et commode pour exprimer certaines conceptions fondamentales de l'esthétique et de la vie des formes.

## C. L'affrontement continue

### *1. Emile Zola et Gustave Téry*

Les plus anciennes condamnations sans appel du Sacré-Cœur faites à partir de positions anticléricales portent davantage sur sa signification que sur son architecture. L'une d'entre elles se trouve chez Emile Zola. Bien qu'il écrive

1. *BVN*, 1897, p. 614-616.

2. Cette affirmation est faite par H. Rauline dans ses notes sur les études de stabilité du Sacré-Cœur d'octobre 1894. Il y dit avoir en main un procès-verbal des essais réalisés à la demande de M. Eiffel sur cette qualité de pierre (*HSC*, t. IV, p. 363). Comme par ailleurs on sait que le socle de la tour est un ensemble de dalles en béton Coignet supportées par une ossature métallique et que les fondations sont en maçonnerie de simples mœllons, l'affirmation de H. Rauline renseigne au moins sur son état d'esprit : les acquisitions de la technique peuvent servir aussi bien le Sacré-Cœur que la tour.

à un moment où les échafaudages cachent encore la grande coupole, il a pu en faire l'ascension et refuse comme tel ce signe du Christ parce que

« l'évangile est un code social caduc, dont la sagesse humaine ne peut retenir que quelques maximes. C'est un souverain déchu. C'est un dieu de mensonge et de servage ».

L'illustre écrivain n'a pas de qualificatifs assez forts pour tancer cette « orgueilleuse » bâtisse qui s'achève sur la butte Montmartre jugée « écrasante », « dominatrice », « souveraine », « triomphale », « victorieuse », « une véritable provocation », « forteresse chargée de foudroyer et de conquérir la ville assoupie à ses pieds ! » Bien qu'elle soit dans la lumière du soleil,

« flambante de gloire immortelle, c'est le non-sens le plus imbécile qu'on puisse imaginer. Paris, notre grand Paris couronné, dominé par ce temple bâti à la glorification de l'absurde ! C'est la guerre déclarée, c'est la conquête espérée, affirmée insolemment ».

L'architecture dans une telle perspective, ne peut donner lieu qu'à un commentaire succinct. Il faut cependant observer que l'intérieur de la basilique n'attire guère les foudres du romancier. Il décrit « la solennité muette du large et profond vaisseau d'une nudité de pierres neuves, sans tableaux, sans décoration d'aucune sorte, avec ses hautes et minces baies ». Qui plus est, Zola reconnait et salue les prouesses techniques qu'ont représentées les fondations. Finalement, il n'est pas sûr que le jugement esthétique sur le Sacré-Cœur soit négatif, mais le contexte est tel qu'il semble difficile de le percevoir[1].

Gustave Téry ne manque pas de faire usage de ces lignes de Zola et, dans la logique de sa propre vision des choses, propose de transformer la basilique en un palais du peuple et en un observatoire. Un architecte de ses amis a été jusqu'à lui proposer un projet d'adaptation. Une fois le monument transformé dans sa signification, il n'y a pas à critiquer son aspect architectural. Une statue de la République surmonterait l'édifice... Pas question de le détruire par conséquent ! Tout comme un Charles de Fleury l'avait imaginé pour l'Opéra aux lendemains du second Empire, Téry ne veut pas construire du neuf sur des ruines mais modifier radicalement la symbolique de l'édifice[2].

### 2. *Léon Bloy et bien d'autres catholiques*

Faut-il s'étonner, en revanche, que d'explicites éloges architecturaux du Sacré-Cœur au temps de son apparition dans le ciel de Paris fleurissent chez

1. Emile Zola, *Paris*, 1898.
2. Voir chap. 8 et Gustave Téry, *Les Cordicoles*, 1902, p. 330-335. Comment, à un demi-siècle de distance, ne pas se rappeler la fameuse adjuration d'un communiste à Matisse : de sa chapelle de Saint-Paul-de-Vence l'on ferait un jour une belle salle de bal et de danse !

les catholiques ? Tel journaliste qui assiste à la célébration de la fête du Sacré-Cœur en 1901 ne se lasse point d'admirer « l'effet général de cette construction, tout ensemble massive comme une forteresse féodale et découpée comme une pagode, qui couronne le sommet de la butte sacrée » [1]. Le fougueux polémiste Léon Bloy juge, à sa façon péremptoire, les critiques qui fusent en ce début de siècle contre cette église qu'il aime fréquenter :

> « Pour la première fois, ascension au Dôme de notre basilique. Eh ! bien, j'ignorais le Sacré-Cœur. C'est un monument très beau qui atteste une magnifique puissance chez le constructeur. Je ne m'en doutais certes pas. C'est étourdissant et ceux-là seuls qui ont fait cette ascension peuvent s'en rendre compte [2].

Le chanoine Lejeune est du même avis qui réédite en 1910 les écrits du P. Alet de 1889. Dans ce cas se conjuguent les émotions esthétiques et patriotiques [3]. Le P. Lecanuet qui fait l'histoire et l'éloge de tout ce qui se passe au Sacré-Cœur n'en oublie pas l'architecture :

> « Le grand dôme s'élève majestueusement vers le ciel, entouré de ses gracieuses coupoles... La façade du temple s'achève, regardant la grande ville, comme pour faire à sa piété un incessant appel... Le campanile, un peu en retrait domine l'abside avec élégance » [4].

Pour cet historien, il ne fait aucun doute que cette église soit un chef d'œuvre architectural et témoigne au sein de la patrie, de la vitalité de la religion catholique. Il en est de même pour les rédacteurs et les lecteurs du *Pèlerin* au lendemain de la consécration de la basilique en 1919. Cette église est le signe de la France blessée mais victorieuse :

> « On ne peut contempler le dôme majestueux et les blanches coupoles, les proportions harmonieuses et la belle ordonnance de l'édifice, sans rendre hommage au talent religieux et puissant qui l'a conçu... Ce temple avait été promis au Cœur de Jésus après une guerre qui laissait la France humiliée et mutilée ; il lui sera solennellement dédié après une autre guerre qui s'achève en une paix glorieuse et nous rend les chères provinces perdues » [5].

Ainsi, pour divers catholiques le Sacré-Cœur est beau. Mais n'est-ce pas à cause de sa signification ? Posent-ils la question esthétique ?

1. Edmond Franck, « La basilique... », 1901, p. 406.
2. Léon Bloy, *Journal* du 30 avril 1908. Réf. en 1917. Pourtant un ultime voyage à Périgueux lui fait regarder après coup sans aménité « sa chère basilique » (*Journal*, 7 oct. 1911).
3. Victor Alet, *La France*..., 1889, p. 352 de l'édition de 1889 et p. 333 de l'édition de 1910.
4. R. P. Lecanuet, *L'Église*..., 1906, t. IV, p. 125. Tome écrit avant la Grande Guerre mais publié seulement en 1930.
5. *Le Pèlerin*, n° 2221, 19 octobre 1919, p. 7 et 12.

## D. Le Sacré-Cœur vu du Bateau-Lavoir et des environs

Est-elle soulevée par les habitués du Bateau-Lavoir, ces illustres représentants de la bohème montmartroise des années 1900 ? Le regard du jeune Picasso peut-il nous renseigner ? Son *Sacré-Cœur* (1909-1910) répond positivement, mais demande à être situé lui aussi dans tout un réseau de contacts religieux, politiques et esthétiques établis entre le Bateau-Lavoir et le Sacré-Cœur et difficiles à démêler, relations qui semblent passer par Barcelone, ville dans laquelle a séjourné Pablo Picasso et l'église du Sacré-Cœur du Tibidabo qui la domine.

Un premier contact de type religieux à éclaircir est lié à l'histoire de ce sanctuaire catalan. On a vu que don Bosco, venu à Paris en 1883 ne serait pas monté à Montmartre (voir chap. 16), mais allant à Barcelone en 1886, il y fonde, sur la colline du Tibidabo, lieu de détente des Barcelonais, une église du Sacré-Cœur, tenue par les Salésiens assurant une adoration perpétuelle du Saint Sacrement. L'opération fut même appuyée, comme à Montmartre, par des membres de la Société Saint-Vincent de Paul de Barcelone. Vingt ans plus tard, en 1907, à l'initiative du responsable de l'église du Tibidabo, un contact s'établit avec le Sacré-Cœur de Montmartre. L'église barcelonaise est qualifiée de temple votif et expiatoire et de « Montmartre espagnol » dans le *Bulletin des Hommes de France*[1]. En 1911, le Congrès eucharistique international de Madrid fait du Tibidabo, un monument national d'expiation[2].

L'anarchisme si actif à la fin du XIX<sup></sup>e siècle et au début du XXe permet de repérer un second contact de type politique entre le Bateau-Lavoir et Montmartre par la ville et l'église du Tibidabo de Barcelone interposées. Le Sacré-Cœur de Montmartre aurait été menacé d'un attentat et le roman de Zola évoque le contexte (chap. 24). Francisco Ferrer, un anarcho-syndicaliste barcelonais, en exil à Paris de 1885 à 1901, fut exécuté à Barcelone le 31 octobre 1909. Ce qui devait entraîner, le 15 novembre 1909, une manifestation contre le Sacré-Cœur de Montmartre, l'église de Paris servant, semble-t-il, de substitut au Sacré-Cœur de Barcelone, même si ce dernier est bien plus éloigné du centre ville. Vers minuit, cinq ou six cents protestataires qui participaient à un meeting antiespagnol et anticlérical, au chant de *L'Internationale*, arrivent aux abords du Sacré-Cœur de Montmartre. L'escouade de gardiens

1. *BHF*, juin, 1907, p. 18.
2. Edouard Glotin, « Réparation », col. 403, dans *DSAM*.

de la paix qui stationne là en permanence pour protéger la statue du chevalier de La Barre et assurer la sécurité des passants, les disperse rapidement. Exceptionnellement, le *Bulletin du Vœu national* rend compte de cette manifestation sur un ton plutôt humoristique[1].

C'est dans ce contexte religieux et politique que Pablo Picasso et Max Jacob incarnent un troisième contact entre le Sacré-Cœur de Montmartre et le Bateau Lavoir en lui conférant cette fois une dimension esthétique. Si le premier a reçu sa formation artistique à Barcelone, il y a aussi été influencé par les courants anarchistes de cette ville[2]. Quand il s'installe au Bateau-Lavoir en 1904, il devient l'ami et le parrain de Max Jacob le converti et l'adorateur du Sacré-Cœur qui habitait rue Ravignan (chap. 17). Lorsque le Barcelonais d'adoption regardait le Sacré-Cœur de Montmartre, il devait penser au Sacré-Cœur de Barcelone. Sa volonté de briser la société et de briser ce qu'il considère comme des idoles religieuses, ne va-t-elle pas se traduire par celle de briser les « images » que les hommes se donnent du monde et du divin[3] ?

Le tableau de Picasso intitulé *Le Sacré-Cœur* (1909-1910) « qui appartient à la phase analytique du cubisme » est représentatif du style de cette époque et permet de rejoindre un jugement purement esthétique sur l'architecture du Sacré-Cœur. Le sujet est décomposé en plans et facettes multiples (réminiscences cézanniennes)[4]. Une telle vue met bien en relief les formes très simples du Sacré-Cœur : un cylindre et une demi-sphère qui paraissent respectivement sur le dessin comme un carré et un demi-cercle et renvoient, nous semble-t-il, au plan du monument également composé d'un carré et d'un demi-cercle. Par le fait même le Sacré-Cœur est l'élément le plus reconnaissable du paysage[5]. Ce tableau de Picasso n'a-t-il pas été décrit littérairement par André Salmon lorsque celui-ci parle du « Sacré-Cœur tout bleu et sable ainsi qu'un palais de la lune »[6]. Ainsi entre l'enthousiasme des catholiques et la grande réserve des anticléricaux, entre ces deux tendances qui ne discernent peut-être pas suffisamment entre esthétique, politique et religion, un Pablo Picasso et un André Salmon semblent, malgré leurs propres imbrications,

1. *BVN*, 1909, p. 265.
2. Voir art. « Picasso » dans *EU*. Picasso n'a-t-il par essayé de briser les images comme les anarchistes ?
3. Sur ce rapprochement, voir Eugen Weber, *Fin de siècle*, 1986, p. 151.
4. David Ojalvo, *Max Jacob*, 1989, p. 160. Voir illust.
5. Quarante ans plus tard, Picasso n'a pas oublié le Sacré-Cœur. Il adresse à Mme Claire Roy une carte postale très classique du Sacré-Cœur avec un dessin à la place de la correspondance : il agrémente irrévérencieusement les sommets des dômes de silhouettes de gens du cirque (?) et d'une chèvre (Vente du 5 décembre 1988 à Paris, Hôtel Drouot, par l'étude Cornette de Saint-Cyr. Encre. Double face. 15 x 11 cm). Renseignement aimablement communiqué par M. Jacques Foucart.
6. André Salmon, *La Négresse*..., 1921, p. 79.

porter un regard positif sur l'architecture du Sacré-Cœur. Cet intérêt pictural pour la basilique rejoint celui du douanier Rousseau, l'invité d'un jour du Bateau-Lavoir[1] ainsi que celui de Gaston Duchamp (Jacques Villon) qui a trouvé également dans le Sacré-Cœur vers 1899-1900 un objet analysable préfigurant sa vision pyramidale appliquée aux principes cubistes[2]. Le regard de ces artistes, amis de Max Jacob dont on a dit l'attachement pour la basilique, est loin de disqualifier l'architecture de ce monument même si sa signification reste sans doute étrangère à Pablo Picasso. Au contraire, elle est perçue dans sa structure simple et belle.

## E. En dehors du Bateau-Lavoir

Le cas de Picasso et de ses amis nous paraît exemplaire. Cependant il y a eu bien d'autres artistes sur la butte. Et des Sacré-Cœur vus par les peintres, il y en a eu et il y en a encore des milliers. Leur traitement demanderait une étude particulière. Nous pensons devoir au moins faire mention de quelques-uns même si nous n'avons pu déceler pour chacun d'hypothétiques contacts avec la basilique.

Les échafaudages d'une église en construction au-dessus de Paris n'ont pas seulement retenu l'attention de Gaston Duchamp, mais de bien d'autres artistes inconnus ou connus : J. Béraud[3], E. Cambioggio[4] et F. -A. Houbron[5], mais aussi Paul Signac[6] et Auguste Renoir[7]. Pendant une trentaine d'années, cet immense édifice de bois sur la Butte a attiré et fasciné le regard des Parisiens favorables ou non à la construction. Qu'on pense encore aux dessins de Steinlen (notre chap. 26) !

1. Voir Bruno Foucart dans *Le Quotidien de Paris* du 7 novembre 1984.
2. David Ojalvo, *Max Jacob*, 1989, p. 190.
3. J. Béraud, Le cantique, salon de 1887. Connu par une gravure de Trichon. Musée de Montmartre. Exposition et catalogue Abadie de 1988, n° 181, p. 262.
4. E. Cambioggio (?), *Montmartre et le Sacré-Cœur en construction, vue éloignée depuis l'ouest.* Signé, huile sur toile, 0, 855 x 1, 320 m. Musée de Montmartre. Exposition et catalogue Abadie 1984, n° 124, p. 144.
5. F. -A. Houbron, *La rue Norvins et l'échafaudage du Sacré-Cœur.* Signé, 1899, huile sur toile, 0, 415 x 0, 320. P. 167. Musée Carnavalet. Exposition des druides au Sacré-Cœur, Sacré-Cœur, 1960, guide, p. 46. Exposition *Rues de Montmartre*, Musée de Montmartre, 1973. Exposition et catalogue *Paul Abadie*, 1988, n° 183.
6. Paul Signac, *L'Echafaudage du Sacré-Cœur, Montmartre.* Signé, daté portant l'inscription en bas à droite à mon ami Alain P. Signac Montmartre 82, huile sur toile, 50, 8 x 33 cm, peint au printemps 1882, n° 23 du catalogue Christie, Londres, 19 mars 1991. Voir le catalogue raisonné préparé par François Cachin. Aimablement communiqué par Jacques Foucart.
7. Voir Auguste Renoir, *L'Echafaudage du Sacré-Cœur*, vers 1896, huile sur toile, 32, 5 x 41, 5 cm, Munich, Bayerische Staatsgemäldesammlungen, Neue Pinakothek, art. -n° 102. 03. Aimablement communiqué par le P. Ploix.

La basilique de Montmartre était à peine dégagée de son échafaudage qu'elle a intéressé les peintres : Charles Lacoste, proche de Vallotton, est peut-être un des premiers à l'intégrer dans un paysage urbain de Paris vu depuis le canal de l'Ourcq, donnant ainsi un superbe morceau de peinture nabi [1].

Le campanile n'était pas encore construit que Camille Bombois, un des « peintres du cœur sacré » et un des maîtres de l'art naïf, regarde avec ravissement la rue du chevalier de La Barre surplombée par les majestueuses coupoles du Sacré-Cœur [2].

Quant à Georges Desvallières, son premier tableau religieux est une vue du Sacré-Cœur depuis la fête foraine du boulevard de Clichy (*Le Sacré-Cœur*, 1905). Il voit dans cette église le Christ compatissant se pencher vers les hommes à la recherche maladroite du bonheur [3].

Le jeune Maurice Utrillo occupe une place à part. Ses vues « naïves » de Montmartre ont donné à la silhouette du Sacré-Cœur un bel air familier [4]. Assez facilement, nous avons identifié de lui six toiles qui la représentent [5].

Dans l'Entre-deux-guerres également, on a remarqué aussi un *Sacré-Cœur* (1921) d'Albert André [6] ; un autre d'Elysée Maclet [7], une Place du Tertre sous la neige (et donc un Sacré-Cœur) de Lucien Genin [8], mais surtout un Montmartre de Francis Picabia qu'il faudrait vraiment situer dans l'ensemble de son œuvre [9]. Au musée Carnavalet, on peut voir *Le square Montmartre* de G. -F. Boberg et une *Rue de Montmartre* de Siehel Kosman [10].

1. Charles Lacoste, *Montmartre à Paris (interprétation)*, 1901. Vendu en 1991 par la galerie De Stael à un collectionneur privé. Renseignement aimablement communiqué par J. Foucart.

2. Camille Bombois, *Rue Lepic {sic} à Montmartre*, signé en bas à gauche Clle Bombois, huile, 27 x 18, 6 cm, Christie, Londres, 19 mars 1991, n° 122. Voir *EU*, art « Bombois » et « Naïf (art) ».

3. Joseph Pichard, *L'art...*, 1953, p. 30. Georges Desvallières est apprécié de Léon Bloy (voir index des *OC*, réf. 1917) à qui il doit plus ou moins sa conversion. Voir P. Rey, dominicain, « Les peintures religieuses de Desvallières de 1914-1918 » dans *Bull. soc. hist. de l'art franç.*, année 1988, paru en 1989.

4. Sur Utrillo adorateur du Saint Sacrement au Sacré-Cœur, voir chap. 17. Claude Roger-Marx, *Maurice...*, 1953 et Jean Oberle, *Utrillo*, 1960. Mais surtout, grâce à Paul Petrides, *L'OEuvre complet de Maurice Utrillo*, 5 vol., P., 1959-1974, il faudra établir la liste complète.

5. Maurice Utrillo, Le Sacré-Cœur, À mon ami Charles, 1923, coll. Carmona, expo. au Sacré-Cœur, 1960, guide p. 44 ; Sacré-Cœur de Montmartre et square Saint-Pierre [sic], 1948, Genève, musée d'Art et d'Histoire ; Montmartre, coll. particulière, Exposition au Sacré-Cœur, 1960, Guide, couverture et p. 63 ; Montmartre, coll. Mme Utrillo-Valore, exposition au Sacré-Cœur en 1960, guide p. 42 ; Le plus petit Utrillo du monde, coll. Mme Utrillo-Valore, exposition au Sacré-Cœur, 1960, p. 43 ; La dernière gouache d'Utrillo restée inachevée, coll. Mme Utrillo-Valore, exposition au Sacré-Cœur, 1960, p. 45.

6. Voir « L'exposition Albert André à la Fondation Mona Bismarck », *L'œil*, octobre 1990, p. 37-38 (J. Foucart).

7. Elysée Maclet, *Le Sacré-Cœur de Montmartre* (vers 1920), huile sur toile, signée en bas à droite, 65 x 49 cm, Maître Coudmer, P., Hôtel Drouot, 29 mai 1991. Voir aussi, *Paris, rue de l'Abreuvoir, à Montmartre*, P., H. Drouot, 27 novembre 1990.

8. Lucien Genin, *Montmartre, place du Tertre sous la neige*, huile sur toile, signée en bas, vers la gauche, 60 x 73 cm, P., Drouot, 27 novembre 1990 (J. Foucart).

9. Francis Picabla, *Montmartre*, huile sur carton, signée en bas à gauche, 55 x 46 cm. Paris-Drouot Montaigne, Maîtres Laurin-Guilloux-Buffetaud-Tailleur, 17 avril 1991 (J. Foucart). Voir *EU*, art. « Picabia ».

10. Ces deux derniers tableaux ont été exposés au Sacré-Cœur en 1960, guide p. 47 et 50.

Les organisateurs de l'exposition des druides au Sacré-Cœur en 1960 dans la crypte du Sacré-Cœur avaient tenu à présenter des artistes contemporains. Ils avaient pensé à Verdiano Quigliati [1] et à Marcoussis [2], mais surtout à Bernard Buffet [3].

Ainsi des artistes de 1900 à nos jours ont aimé peindre ce sommet neigeux de Paris : n'est-il pas aussi beau dans la réalité qu'il l'est sous leur pinceau ?

## F. La première étude sur le Sacré-Cœur : Julien Guadet

Très vite (dès 1900), les historiens d'art se sont mis de la partie. Au regard des peintres, succède celui des penseurs. L'un d'entre eux tient une place à part : Julien Guadet. Comme Charles Garnier que Julien Guadet considère comme le grand architecte du siècle, il déclare la guerre à l'archéologie en architecture. Quand Charles Garnier disait, « L'archéologie est une science qu'il faut laisser aux fruits secs », Guadet surenchérit : « L'archéologie, voilà l'ennemi ! » [4]. Et de se plaindre qu'on voit les artistes « abdiquer la fonction sublime d'architecte du temple divin pour se faire archéologues » [5].

Julien Guadet n'est pas seulement l'architecte de la grande poste de la rue du Louvre, il est aussi professeur de théorie à l'École des beaux-arts au tournant du siècle [6]. Ce qui nous intéresse surtout ici, c'est qu'il a écrit en 1900 un article sur le Sacré-Cœur. Il se souvient des années 1870 et de leur problématique politique et religieuse. Le concours du Sacré-Cœur le passionne. Il a bien présente à l'esprit l'histoire du Vœu national. Il visite en détail la basilique presque achevée, admire ses fondations, le plan, la crypte, l'abside mais en critique la façade sud et la décoration. À ses yeux Abadie avait de grandes qualités sans échapper pourtant aux faiblesses de son temps :

1. Verdiano Quigliati, *Rue de Montmartre et Sacré-Cœur*, coll. Comm. N. Baglini, Florence. Guide 1960, p. 53.
2. Marcoussis, *Sacré-Cœur et guitare*, galerie Berbier. Guide 1960, p. 54.
3. Bernard Buffet, *Le Sacré-Cœur*, Galerie David et Garnier. Guide 1960, p. 52.
4. Citations par François Chaslin (*Libération*, 10 juin 1986), tirées du catalogue *Roma Antiqua*, Ecole des beaux-arts, 1986. Il faudrait avoir le contexte de ces phrases et savoir ce qu'on entend alors par archéologie. Ainsi ressemblent-elles à une sorte de caricature de la pensée de ces architectes. Cependant, dans leur excès même, elles ne sont pas sans traduire une réaction de « modernité » (Claude Laroche).
5. Cité par Maurice Denis, *Histoire*..., 1939, p. 289.
6. Voir ses *Eléments et théorie de l'architecture. Cours professé à l'Ecole nationale et spéciale des beaux-arts*. 3e édition, 1909. Christophe Carraud, « Rêve de pierre », *Communio*, XV, 5, p. 27-37, fait grand cas de J. Guadet et de cet ouvrage.

« Comme tout autre peut-être à sa place, il a dû reproduire plutôt que composer, son œuvre est une restauration plutôt qu'une création. Le type une fois choisi, il l'a suivi avec fidélité et très habilement ; il était sûr de la langue qu'il parlait ; il s'était fait contemporain du XII<sup>e</sup> siècle, et d'un XII<sup>e</sup> siècle déterminé de longitude et de latitude. Il fut éminemment respectueux. »

Mais pour un Julien Guadet, le « hors du passé, point de salut » doit résolument cesser, la référence même originale au passé doit être abandonnée :

« Il faut qu'une réaction se fasse, il faut que nous nous dégagions de cet enlisement. Et pour cela, il faut que l'opinion se retourne, que les hommes éclairés tendent la main aux artistes qui voudraient se libérer de l'archéologie. L'église du Sacré-Cœur appelle plus que tout autre édifice ces réflexions : avec toutes ses qualités, son haut mérite, elle est un phénomène d'un état morbide [1]. En allant la visiter, n'allez donc pas comme un simple touriste qui regarde, admire, puis pense à autre chose. Voyez-la en philosophes, en penseurs ; et puisqu'il est convenu que c'est un voyage – d'ailleurs facile – de monter à Montmartre, vous n'aurez pas à regretter ce voyage » [2].

Le jugement tempéré de Guadet sur le Sacré-Cœur couronne la première phase de notre enquête. Même si sa vision philosophique pessimiste de l'état de la société imprègne son jugement sur le Sacré-Cœur, celui-ci, ainsi pris en considération, sort mieux compris de cette étude : une reproduction certes, mais reproduction pensée originalement.

Pourtant vers 1900, il y a bien une rumeur (un lieu commun dit Léon Bloy) qui court sur « la médiocrité architecturale du Sacré-Cœur ». Quand on essaie de la saisir, on ne la trouve pas en fait sous la plume ni des anticléricaux notoires, ni des catholiques, ni des architectes ou historiens d'art, même pas sous le pinceau d'un Picasso. Cette rumeur continue jusqu'à nos jours à peine dégagée des considérations politiques et religieuses.

1. À la p. 119 de l'article, Guadet compare le XIX<sup>e</sup> siècle à l'époque des Ptolémées (III<sup>e</sup>-I<sup>er</sup> av. J. -C.) et à celle des Antonins (II<sup>e</sup> ap. J. -C.) : il les considère toutes les deux comme décadentes.
2. Julien Guadet, *L'église*..., 1900, p. 119.

## *II. L'ACCUSATION DE PASTICHE (1920-1990)*

Les historiens d'art ne sont pas des gens qui peuvent se contenter de faire part de leur goût personnel. Il leur faut jouer de certains concepts, encadrer les faits dans une reconstruction intellectuelle : la notion de pastiche [1] fait l'affaire pour la plupart d'entre eux et jusqu'à l'époque la plus récente. Son application au Sacré-Cœur connaît une grande fortune, exactement comme elle permettra de juger la plus grande part de l'architecture du XIX$^e$ siècle. Mais cette notion bien que (ou parce que) très répandue ne suffit pas à rendre compte de toute la diversité des jugements plus ou moins liés à l'art du Sacré-Cœur depuis soixante-dix ans. Les oppositions entre cléricaux et anticléricaux ne sont plus ce qu'elles étaient mais subsistent malgré tout. Il y a ainsi les jugements de type « catholique et Français toujours » nettement favorables à la basilique ; puis des jugements qui recourent à la notion de pastiche et qui se situent plutôt dans la tradition laïque ; la position de Maurice Denis mérite d'être étudiée à part ; finalement, il faut constater l'adoption quasi générale de la notion de pastiche par les uns et les autres.

### A. Les jugements favorables de type « catholique et Français ».

L'enthousiasme architectural et patriotique si souvent constaté avant 1920 est encore partagé par Louis Gillet (1876-1943) dans son *Histoire de la Nation française* (vers 1930) où se trouve une brillante citation littéraire réutilisée dans plusieurs livres sur la basilique :

> « De tous les points de la ville de Paris, on voit apparaître comme un mirage, comme une vision consolante, ce céleste nuage de dômes et de coupoles, ce cumulus de blancheurs calmes qui couronnent la cité et se pose sur son front osbcuré de vapeurs et de fièvres, comme une promesse de fraîcheur et de bénédiction » [2].

1. Il est curieux de constater que les références « alimentaires » triomphent pour parler du Sacré-Cœur : aussi bien avec ce mot d'origine italienne qui désigne un pâté qu'avec les comparaisons désobligeantes : grosse pâtisserie, pièce-montée. Par exemple, une « blanche pâtisserie » pour Mait Blehaut, « Utrillo » dans *Voyager Magazine*, décembre 1991, p. 70 ; une « méringue » pour Elisa Morere, *France-Soir Paris XVI$^e$*, n° 22, 17 avril 1991. Et bien d'autres... Faudrait-il interpréter cette façon de parler ?

2. Georges Viance, *Montmartre*, 1932, p. 110 et François Veuillot, *Guide...*, 1941, p. 4. Louis Gillet, *Histoire de la Nation française*, t. XI, p. 489. Voir Claude Laroche, *Paul...*, 1988, p. 267, n. 186. Germain Bazin, *Histoire de l'histoire de l'art*, 1981, p. 363, fait l'éloge de Louis Gillet.

Dans le même registre, citons les pages enthousiastes que le P. Auguste Hamon consacre à la basilique dans un chapitre intitulé « Le trône du roi. – Montmartre » : « Dans sa blancheur et dans sa force, elle règne sur Paris » [1]. Cette admiration « catholique et française » est partagée par un intellectuel allemand fort critique, mais français et romain de cœur, Ernst-Robert Curtius. En 1930, il écrit :

> « Le seul grand édifice de cette époque [la IIIe République], et qui tient une place importante dans le panorama de la ville, est l'église du Sacré-Cœur, sur la butte Montmartre. [...] On l'a beaucoup critiquée. Et pourtant il faut reconnaître que cet édifice sacré, rayonnant de blancheur, avec la répartition heureuse de ses masses architecturales, éveille une impression puissante de majesté et de mystère qui fait partie intégrante du paysage spirituel de Paris » [2].

On trouve encore de tels propos sous la plume de René Barjavel. Dans *Ravage*, un roman d'anticipation de 1943, cet auteur dont on souligne par ailleurs les participations à *Gringoire* et à *Je suis partout*, exprime d'une façon curieuse son admiration pour le Sacré-Cœur : il est le seul monument du vieux Paris reconstruit sur un des sommets de la cité du futur. La Ville d'Or, une des Villes Hautes édifiées pour décongestionner Paris, se dresse sur la butte Montmartre :

> « Des bâtiments qui couvraient jadis celle-ci, seul avait été conservé le Sacré-Cœur, ce spécimen si remarquable de l'architecture du début du XXe siècle [sic], chef-d'œuvre d'originalité et de bon goût. Délicatement et respectueusement cueilli, il s'était trouvé transporté, tout entier, dans un petit coin de la terrasse du gratte-ciel. Juché au bord de l'abîme, il dominait la capitale de plus d'un demi-kilomètre. Les avions bourdonnaient autour de ses coupoles, atterrissaient à ses pieds. Le premier et le dernier rayon du soleil doraient ses pierres grises. Souvent, des nuages estompaient ses formes, le séparaient de la terre et l'isolaient en plein ciel, sa vraie patrie. Il paraissait d'autant plus beau que les brumes le dissimulaient davantage [3] ».

Des appréciations aussi chaleureuses se font il est vrai beaucoup plus rares après la Seconde Guerre mondiale et cette raréfaction est un signe remarquable [4]. Quand on en trouve encore, c'est avec une sorte de gêne latente. Jean Mallard, vicomte de La Varende, est obligé de s'excuser, en 1958, « devant certaines gens de qualité qui se montrent intransigeants et très sévères »,

1. Auguste Hamon, *Histoire...*, 1907 (1940), t. V, p. 340 ; éloge repris dans « Cœur (sacré) », *DSAM*.
2. Ernst-Robert Curtius, *Essai sur la France*, 1930, p. 255. Sur Curtius, voir *EU*.
3. René Barjavel, *Ravage*, 1943, p. 23-24. Sur l'auteur, voir l'article de *Universalia* 1991, p. 523-524.
4. Il suffit de comparer entre elles les deux versions du même ouvrage consacré par Paul Lesourd à Montmartre. Les titres sont déjà significatifs en eux-mêmes : *La butte sacrée*, en 1937 et *Montmartre* en 1973. Le chapitre sur le « Thabor national » du premier texte a disparu dans le second.

lorsqu'il veut, sur la fin de sa vie, magnifier les basiliques de son enfance. Lorsque dans sa biographie de saint Jean-Marie Vianney, il parle de celle qui fut construite à Ars, il lui faut procéder par interrogation lorsqu'il la rapproche du Sacré-Cœur :

> « Seul, [parmi ces basiliques du XIXᵉ siècle], le Sacré-Cœur de Montmartre aurait-il participé d'une ampleur et d'une relative simplicité qui lui conféreraient une âme de jadis ? » [1].

Mais pour qu'un écrivain, en 1981, ose chanter le Sacré-Cœur et la France, il faut vraiment qu'il rapporte les impressions d'un aïeul de province, catholique de tradition, visitant Paris dans les années trente :

> « Que c'était beau ! Quel beau pays ! Il y avait vraiment de belles régions en France... [Le grand-père] est emmené au Sacré-Cœur, la merveille de la butte..., une des merveilles de Paris, de la France donc, probablement du monde entier ! ... Cette église aux coupoles blanches percées comme des colombiers... cette église qui n'avait pas de clocher [2], que des toits ronds couverts de tuiles blanches, bâtis comme des fours perchés dans le ciel » [3].

Cependant, un certain Scapin [4], en réponse à Lionel Jospin (voir chap. 26 et ci-dessous) ne ressent aucune honte (encore qu'il s'agisse d'un pseudonyme) à admirer l'architecture de la basilique et à afficher une confiance patriotique. Il trouve « personnellement à ce style une certaine grandeur... La basilique du Sacré-Cœur est en effet un « symbole » ... mais celui de l'espérance française » [5].

1. La Varende, *Le Curé d'Ars*, 1958, p. 230. Il justifie de telles basiliques en lançant cette idée : « Si l'on veut éviter l'injustice de tout parti pris, il faudrait admettre que ces maîtres (les architectes) ont voulu – et réussi – un art populaire, un décor démocratique, car la sobriété, dans le peuple, ne paie pas, si le coûteux exalte » (p. 231).

2. Remarque intéressante : un visiteur « de province » qui arrive et repart par la façade d'entrée peut fort bien ne pas voir le campanile !

3. Claude Duneton, *Le diable sans porte*, 1981, t. 1, p. 130.

4. Il s'agit d'Alfred Coste-Floret, président de la démocratie chrétienne française, adorateur du Sacré-Cœur de Montmartre, décédé en 1989.

5. Scapin, « Propos... », 1986. Dans *La Croix*, n° du 21 août 1990, p. 9, des lecteurs de la Somme regrettent que le journal n'ait pas fait mention des fêtes du Cœur de Jésus en juin 1990 « pour réparer comme [le Christ] le demande surtout en ces temps de bouleversement mondial et surtout que Paris a dédié à Montmartre sa belle basilique. »

## B. Jugements négatifs et appel à la notion de pastiche dans la tradition laïque

### *1. Elie Faure: le vide architectural du* XIXᵉ *siècle*

À l'origine de tout un discrédit de l'architecture du XIXᵉ siècle, il faut, semble-t-il, placer Elie Faure. Dans sa magistrale histoire de l'art, elle passe aux simples profits et pertes. Selon lui, l'un des trois grands paradoxes qui caractérisent l'art français depuis la fin du XVIIIᵉ siècle (Elie Faure écrit cela en 1921 dans l'introduction du volume consacré à l'art contemporain) réside dans un surprenant contraste entre le triomphe de la peinture et la décadence de l'architecture:

> «Alors que l'architecture a été, pendant huit cents ans [...] l'expression à peu près constante de la France, la plus haute en Europe depuis les Grecs, la plus unanime et soutenue, au point de passer avec ses cadences et ses rythmes dans toutes les manifestations de l'esprit français, théâtre, poésie, éloquence, musique, danse, jardins – et même philosophie, théologie, économique, stratégie, politique –, elle commence à s'effondrer dès le début du XIXᵉ siècle pour tomber très vite en ruines, aux heures où la peinture amorce et réalise sa plus brillante époque».

Elie Faure explicite ainsi sa philosophie de l'histoire de l'art:

> «L'architecture et la peinture occupent les deux pôles de l'intelligence plastique, l'une exprimant avec le maximum de moyens les rythmes collectifs, ou sociaux, ou rationnels de l'esprit, l'autre ses rythmes individuels, ou révolutionnaires, ou imaginatifs, – la sculpture se tenant à mi-chemin des deux» [1].

Dans cette perspective, l'absence de l'architecture dans son histoire de l'art au XIXᵉ siècle n'est que trop compréhensible [2]. Sa présentation des choses est sans appel. L'architecture de ce XIXᵉ siècle n'est pas un art. La collectivité qui a dominé la société (la bourgeoisie?) n'a pas su en produire une digne de ce nom comme au Moyen Age ou aux XVIIᵉ-XVIIIᵉ siècles. Seule la peinture qui débouche sur l'école de Paris a su accompagner le mouvement des révolutions

1. Elie Faure, *Histoire...*, 1921, t. IV, p. 294-295. Sur Elie Faure, voir les réflexions de Germain Bazin, *L'Histoire de l'histoire de l'art*, 1986, p. 180-182, 282 et 360. Voir également *EU*.

2. Dans son tableau synoptique, ne figurent que quatre noms d'architectes: Percier et Fontaine, Viollet-le-Duc et Labrouste et cinq constructions: l'arc de triomphe de l'Etoile, la bibliothèque Sainte-Geneviève, l'aqueduc de Roquefavour, le viaduc de Garabit et la galerie des machines de l'exposition de 1889.

(voir plus loin notre chapitre consacré à la décoration de la basilique). Le Sacré-Cœur en tout cas est compris dans ce vrai néant d'âme et d'esprit qui caractérise selon Elie Faure l'architecture alors récente du XIXᵉ siècle.

## 2. *Louis Réau et Walter Benjamin*

Malgré tout, comme il faut bien parler dans une histoire générale de l'architecture, des productions du XIXᵉ siècle, on a fait utilement intervenir la notion de pastiche. L'apparition du terme serait à repérer. On le trouve incidemment chez Louis Réau et comme de juste à propos de l'église de Montmartre :

> « La basilique votive du Sacré-Cœur n'est qu'un pastiche de Saint-Front de Périgueux. La bourgeoisie française a eu de la peine à renoncer aux salles à manger Henri II et aux meubles de salon capitonnés du *style Louis XVI impératrice* » [1].

Le rejet de la société dite bourgeoise est patent. Comment pourrait-on admirer ses productions surtout quand elles s'allient à l'Église. À la même époque, Walter Benjamin, le philosophe marxisant émigré d'Allemagne, qui aime le Paris du XIXᵉ siècle, n'apprécie ni la tour Eiffel ni le Sacré-Cœur. Il compare l'une à une girafe, l'autre à un ichtyosaure avec ce charmant commentaire : « Image volant à faible hauteur, en ouverture architecturale au mirage » [2]. Mirage que ce nouvel « opium du peuple », la religion...

## 3. *Jehan Mousnier et Lionel Jospin*

Les décennies passent et on trouve vers 1980 deux témoins de la tradition laïque qui associent désormais à la rumeur du Sacré-Cœur symbole de la répression anticommunarde (chap. 26) celle de sa médiocrité architecturale. C'est le cas du maire de la Commune libre du vieux Montmartre, Jehan Mousnier, qui écrit, avec il est vrai un brin de réalisme touchant l'évolution des jugements du goût et de l'histoire :

> « Le Sacré-Cœur ne laisse malheureusement aucune place au bon goût et à l'art... Les coupoles néobyzantines, à la mode de l'architecte Abadie ont chassé les moulins à vent et les guinguettes. L'énorme monument atteste de la répression de la Commune...

1. Louis Réau, *Histoire*..., 1936, p. 388. Sur les travaux de cet auteur, voir les extrêmes réserves des PP. Doncœur et Holstein dans l'article « iconographie », *CHAD*, t. V, col. 1168.

2. Walter Benjamin, *Paris*, ..., 1935, p. 874 et 888.

Pourtant cet endroit reste l'un des monuments les plus visités et, chose beaucoup plus grave, à force de s'y habituer, les indigènes ne le trouvent plus laid. Le critère esthétique serait-il affaire d'habitude ? »[1].

À une date encore plus récente, on trouve encore ce couplage d'un jugement esthétique négatif sur l'église du Sacré-Cœur à un jugement politique positif ultra-favorable à la Commune dans un interview de M. Lionel Jospin et dans un libre propos de Guy Konopnicki (voir chap. 26).

Ainsi depuis 1920, trouve-t-on de typiques jugements esthétiques sur le Sacré-Cœur lourdement grevés d'options politiques, à droite comme à gauche, où l'art trouve évidemment peu son compte. Cependant, à la suite de Maurice Denis, un grand nombre de catholiques firent un pas vers le « monde et l'art modernes » et crurent bon d'adopter leur jugement esthétique négatif sur le Sacré-Cœur tout en arguant d'une prétendue objectivité fondée sur la notion de pastiche.

## C. Maurice Denis : pastiche et art sacré

Les catholiques doivent beaucoup à Maurice Denis en matière de jugement sur l'art religieux de la fin du XIX<sup>e</sup> siècle. Certes, il essaya comme peintre (et d'abord comme peintre « nabi »)de christianiser la peinture moderne, mais c'est surtout comme historien de l'art qu'il fonde en réputation le cheminement de l'art religieux qui aboutit à l'art sacré du XX<sup>e</sup> siècle[2]. Dans son *Histoire de l'art religieux*[3], il ne saurait garder le silence, comme le fait Elie Faure, sur l'architecture des XIX<sup>e</sup>-XX<sup>e</sup> siècles. Aussi bien semble-t-il alors s'inspirer des propos de Julien Guadet et de Louis Réau. Mais, bien sûr, il n'y a, à ses yeux, d'architecture vraiment recevable que celle qui correspond à son esthétique picturale. Et de citer avec éloge Anatole de Baudot, Auguste Perret et toute la génération de l'Entre-deux guerres, tous ceux qui, selon lui, ont su abandonner l'archéologie au profit de la modernité.

Certes, Denis souligne la convenance des grandes œuvres du XIX<sup>e</sup> siècle avec leur contexte historique : « l'esprit national donne un souffle d'épopée à l'Arc de Triomphe », la Chapelle expiatoire parle éloquemment de la mort

1. Jehan Mousnier, *Pavés*..., 1978, p. 42 et *Paris*, ..., 1986.
2. Voir Jacques Benoist, *Maurice Denis*..., 1983.
3. Maurice Denis, *Histoire*..., 1939, p. 259-261.

des martyrs royaux ; Labrouste, Duc et Vaudoyer mènent un effort pour que leur art « soit en harmonie avec le siècle » ; Fourvière évoque la « bourgeoisie catholique, cossue et généreuse » ; le Sacré-Cœur est en accord avec le Paris moderne. Mais « jusqu'à la fin du XIXe siècle, les architectes auront continué d'emprunter aux styles du Moyen Age, soit des formes, soit des principes. »

Il prononce lui aussi le mot qui blesse : pastiche [1] ! Ce dernier sévit en fait partout, fût-il de grande classe comme celui de Lassus, de Viollet-le-Duc, d'Abadie ou de Bossan, ou à la chaîne comme chez leurs épigones. Maurice Denis conjugue ainsi en quelque sorte les jugements réfléchis de Julien Guadet et de Louis Réau au silence méprisant d'Elie Faure. Mais si l'on doit apprécier ses efforts (et ceux de ses amis) pour « christianiser » l'art moderne, on peut contester son jugement négatif sur les productions et les styles dont il a eu à cœur de se démarquer. C'est qu'il était juge et partie comme les artistes jouant aux historiens de l'art. Au vrai, on n'est jamais obligé de reconduire indéfiniment des querelles d'écoles, fussent-elles orchestrées par de grands noms de l'art.

## D. Le pastiche chez les catholiques et les autres (1950-1990)

Dans ce contexte théorique, parmi les catholiques et les autres, chacun y va de sa petite musique contre le pastiche, avec plus ou moins d'appauvrissement [2]. En 1948, J. de Mahuet ne voit pas la modernité de l'union de l'archéologie et de l'innovation dans l'architecture du XIXe siècle. Pour lui, comme pour Maurice Denis, elle commence en architecture religieuse, avec Anatole de Baudot à Saint-Jean de Montmartre [3]. En 1952, le chanoine Aubert, historien de l'Église qui a perçu l'originalité de la spiritualité du XIXe siècle (chap. 28), condamne en bloc et de façon très expéditive ces architectes qui « ont fait preuve d'un pareil manque de goût et d'originalité » en « faisant du néo-gothique ou du néo-roman ou du néo-byzantin » [4]. À la même époque,

1. Vers 1930 également, P. -M. Léonard, « Art et spiritualité », *DSAM*, t. I, col. 923, parle de « l'échec des pasticheurs du Moyen Age (Didron, Viollet-le-Duc, Lassus) ».

2. Ou tout au moins réserve son jugement esthétique : « Mgr Guibert n'a peut-être pas embelli la butte, mais il l'a sûrement spiritualisée » (Mgr Jean Rupp, *Histoire...*, 1948, p. 340).

3. Article « Architecture religieuse », *CHAD*, t. I, col. 797.

4. R. Aubert, *Le pontificat...*, 1952, p. 477. Il cite en note à l'appui de ses réflexions celles d'un fils de Maurice Denis, architecte lui-même.

dans un premier chapitre significativement intitulé *La décadence*, Joseph Pichard, auteur d'un livre sur *L'art sacré moderne* n'est pas moins net :

« Les meilleures réalisations des architectes ne dépassent pas le niveau de la copie. Toutefois Abadie, dans le plan primitif de la basilique du Sacré-Cœur à Montmartre, et Vaudremer, à Saint-Pierre de Montrouge, font preuve cependant d'une sobriété de bon aloi dans leur interprétation de styles anciens » [1].

Dans la décennie suivante, un André Latreille malgré l'ampleur de son analyse rend finalement le même verdict :

« Il n'appartenait pas à des architectes [...] de donner à des copies exactes [...] ce mouvement de la vie plus précieux que la scrupuleuse utilisation des procédés anciens [...] Il est évident que ni dans un cas [Montmartre], ni dans l'autre [Fourvière] les maîtres d'œuvre n'ont dégagé la formule d'un style nouveau » [2].

Les historiens André Latreille et René Rémond ne sont pas ici meilleurs prophètes que le peintre Maurice Denis : l'un et l'autre ne sortent-ils pas de leur domaine... Aux yeux d'un Yvan Christ, toujours dans les années 1960 [3], défenseur passionné du vieux Paris et amateur plus sensible encore qu'historien d'art,

« la basilique du Sacré-Cœur n'est qu'un colossal pastiche du style « romano-byzantin » [...]. Elle couronne d'une façon aussi heureuse que logique le sommet de la butte Montmartre [...] Sa silhouette au-dessus des toits de Paris, ne manque ni de caractère ni d'une certaine monumentalité. Cette fugitive bienveillance s'estompe lorsqu'on aborde le monument [...] Rien de plus ambitieux et de plus confus qu'une telle composition, qui ne reflète aucun génie créateur » [4].

Vingt ans plus tard, le même auteur maintient en le tempérant à peine son sévère jugement sur Paul Abadie comme constructeur : « S'il s'était contenté de fabriquer le Sacré-Cœur, on pourrait ne pas aimer cette grosse pièce montée néoromane » pour n'en fustiger que davantage le restaurateur prétendument cynique et sans scrupule de monuments du passé infiniment

1. Joseph Pichard, *L'art sacré moderne*, 1953, p. 17. Cet auteur quelques années plus tard devine cependant une généalogie que nous soulignerons plus loin : Abadie, Perret, Le Corbusier (dans *Art chrétien- Revue française des chantiers d'église*, 1961 cité dans Jean-Jacques Vayssaire, *Un siècle*..., 1984, p. 4).

2. André Latreille et René Remond, *Histoire*..., 1962, p. 448.

3. À cette époque, on a relevé également Georges Huisman et Georges Poisson, *Monuments*..., 1968, p. 334 : « Ce pastiche romano-byzantin, construit en une pierre blanche inhabituelle à Paris, a toujours été sévèrement jugé. On peut cependant seulement lui reconnaître le mérite de constituer pour la colline un couronnement en proportion avec elle : il fait meilleur effet de loin que de près. »

4. Jacques Brosse et Yvan Christ, *Dictionnaire*..., 1968, t. IV c, p. 52. Dans Yvan Christ, *Dictionnaire de Paris*, 1964, il était déjà aussi sévère : « Ce pastiche de l'art roman... est le plus colossal témoin de l'indigence artistique du XIX^e^ siècle en matière d'architecture religieuse et de son manque absolu d'invention créatrice. »

chers à notre culture [1]. On voit mal comment, dans ces conditions, les étudiants des Équipes Résurrection des années soixante-dix [2], bien que fidèles du Sacré-Cœur, auraient pu faire autrement que d'écrire:

> « La catastrophe, c'est l'architecture. Aucune originalité de style: on imite, on copie (en rationalisant et systématisant à l'excès) les réussites du passé » [3].

Ayant fait ainsi la part du feu, nos jeunes zélateurs peuvent reprendre un peu de hauteur: le goût change, le temps peut faire son œuvre (« le Sacré-Cœur n'épouse pas si mal le mouvement de la butte »). Et de fait, les grandes constructions non religieuses du siècle comme l'Opéra et la tour Eiffel rentrent dans un débat qui ne fait qu'à peine commencer. Chose curieuse mais caractéristique, les mêmes qui parviennent à distinguer, presque à l'excès, les origines du Sacré-Cœur de la répression de la Commune, sacrifient quand même l'esthétique de l'ex-voto à une analyse toute politique, celle, éminemment « traditionnelle » depuis le XIXe siècle, qui ne sait voir dans la religion de ce siècle que le jeu de forces réactionnaires, tournées vers le passé et nostalgiques d'un âge d'or et de ses réussites.

Jusqu'à une date récente, de nombreux historiens ecclésiastiques souscrivent encore à ce genre d'analyses apparemment purement esthétiques où le pastiche est reconnu comme un élément fondamental mais péjoratif. Ainsi le chanoine Violle estime « qu'il n'est guère possible de défendre l'esthétique de ce pastiche romano-byzantin » [4] et le chanoine Berthoud intègre son jugement négatif sur le Sacré-Cœur dans une vaste fresque qui culmine avec l'art sacré tel que l'a renouvelé Maurice Denis:

> « Alors naît une architecture désincarnée, sans vie, n'ayant aucun lien avec son époque. Les pastiches [...] envahissent les villes et les villages [...]: Montmartre en 1875 » [5].

Une hypothèse de Jean-Michel Leniaud enseignée oralement est plus subtile qui resitue la notion de pastiche dans un contexte culturel donné. Alors que les églises néo-classiques semblaient en harmonie avec le milieu social

1. Yvan Christ, « Hommage à un falsificateur. On ose réhabiliter Paul Abadie! » dans *Le Figaro* du 16 nov. 1988. Toutefois, le 2 janvier 1990, dans le même journal, il écrit: « Une fois n'est pas coutume, je vais oser, sans rougir, prendre la défense d'un pastiche » à propos de l'hôtel de ville néo-gothique de Moret-sur-Loing qu'on veut détruire! Preuve que la compréhension du pastiche comme facteur de style est aujourd'hui en constante progression...

2. Pas plus que ne le fait Christine Lacloche, *La décoration*..., 1975, p. 48, dans sa maîtrise sur le Sacré-Cœur.

3. Résurrection, *Cent points*..., 1979.

4. Bernard Violle, *Dictionnaire*..., 1983, t. II, p. 353.

5. Emile Berthoud, *L'art sacré*..., 1986.

ambiant, on pourrait dire que les églises néo-gothiques et néo-romanes, à partir du second Empire, sont l'expression d'un art spécifiquement ecclésiastique en rupture avec la société. La *Revue de l'art chrétien* serait à la fin du siècle le héraut d'une telle conception. Son bon accueil au concours du Sacré-Cœur et à son résultat ne serait que l'écho négatif de l'accueil plus que réservé fait à l'église de Montmartre par la société. À dire vrai, de quelle « société » est-il bien question, de quel « monde moderne » peut-on parler ? Il nous faudrait en préciser davantage les contours.

Au fil des années, il semblerait ainsi que les non-catholiques comme la grande majorité des catholiques soient tombés d'accord pour qualifier le Sacré-Cœur de laid et de pastiche. Certes, une relative dissociation entre la politique, l'art et la religion a pu s'opérer, plus sensible, il est vrai, chez les catholiques que chez leurs opposants. Tout se passe comme si bon nombre de chrétiens, faisant la part du feu, avaient fini par se réconcilier avec la « modernité » et avec leurs compatriotes incroyants ou anticléricaux, sur le dos du pauvre Sacré-Cœur qui n'en peut mais… (et de tout l'art religieux qu'il représente), symbole d'un monde jugé obsolète et révolu.

## *III. RECHERCHES RÉCENTES : VERS UN NOUVEAU REGARD*

Devant un tel consensus, il semblerait qu'il n'y ait plus qu'à s'incliner ! Pourtant ce n'est pas l'avis de la recherche récente telle que l'ont menée ces toutes dernières années des architectes et des historiens de l'art et de l'architecture du XIXe siècle. Ils renouvellent le débat et méritent attention.

### A. Pastiche, mais aussi historicisme

On a d'abord assisté à un dépassement de la notion de pastiche par la notion d'historicisme. Même si cela ne conduit pas encore à un regard très positif sur le Sacré-Cœur, il y a là malgré tout un louable effort de compréhension.

Dans un article fondamental publié en 1968 dans l'*Encyclopaedia universalis*, Hubert Damisch définit ainsi l'historicisme architectural :

> « Si ce concept, au sens philosophique, veut que toute pensée, toute connaissance, toute valeur, toute vérité soit le produit d'une histoire et se trouve liée comme telle à une situation historique déterminée, il désigne et qualifie, en matière architecturale, une pratique fondée, en tout ou en partie, sur la référence explicite aux styles historiques et sur le recours délibéré à des modèles, à des formes ou à des éléments empruntés soit à une « Antiquité » ou à un passé plus ou moins reculé, soit à la tradition nationale, soit encore à des cultures étrangères, sinon exotiques » [1].

Si l'architecture de la Renaissance, dans sa référence à l'Antiquité, trouve grâce aux yeux de l'auteur, il n'en est pas de même de l'architecture du XIXe siècle. Trop d'architectes de ce siècle, parmi les meilleurs, se sont complu, selon lui, dans une alternance confuse entre des phases de renouveau et des phases de pastiche. Paul Abadie, plus subtilement, « aura tenté de justifier archéologiquement son entreprise parisienne en restaurant au préalable l'église Saint-Front de Périgueux dans un « goût » qui anticipait sur celui qui devait présider à l'érection du Sacré-Cœur. »

En fait, pour Hubert Damisch, l'historicisme architectural (inspiré par l'Église et la royauté) est né d'une réaction contre la Révolution et ses prétentions à faire table rase du passé : c'est un mécanisme de défense destiné à retarder l'apparition de l'architecture *moderne*. Le jugement esthétique d'Hubert Damisch est sous-tendu par une philosophie de l'histoire qu'il est bon de discerner. Une véritable mythologie du progrès n'est-elle pas ici en cause dont Elie Faure s'est fait lui aussi le propagandiste et dont les catholiques comme Maurice Denis et ses émules n'ont peut-être pas su se démarquer suffisamment ?

1. Hubert Damisch, « Historicisme (Art) » dans *EU*, 1968-1985. Claude Laroche (en communication orale), fait remarquer qu'il y a bien d'autres historiens que H. Damisch qu'il faudrait voir : Giedon, Zevi, Benevolo, Ragon, etc...

## B. L'éclectisme comme dépassement du modèle

### 1. *Réflexion générale*

Dans les années 1970[1], tel article faisant date comme celui de Bruno Foucart publié dans la revue des *Monuments historiques de la France* sur la réhabilitation du pastiche[2], diverses expositions telles que *L'art en France sous le second Empire*[3] ou *Viollet-le-Duc*[4] traduisent un profond renouvellement des recherches et des idées sur l'architecture française du XIXᵉ siècle. Le Sacré-Cœur va en bénéficier au premier chef. À suivre des historiens comme François Loyer, Daniel Rabreau ou Jean-Pierre Mouilleseaux dans un atlas de l'architecture[5], trois réflexions permettent de réviser le jugement porté sur le fait architectural du siècle : l'essor des nouvelles techniques et particulièrement l'exposition de 1889, l'historicisme (néo-classicisme et néo-médiévisme), l'éclectisme dont l'Opéra de Paris est comme le chef d'œuvre et le parfait manifeste. Ce terme d'éclectisme paraît même devoir embrasser toute l'époque à condition de lui reconnaître un double sens :

> « Il y a deux éclectismes à ne pas confondre : celui qui utilise les styles historiques pour leur valeur symbolique ou en fonction de certains programmes utilitaires qu'il s'agit de valoriser et celui qui sélectionne les motifs en les juxtaposant ou en les fondant dans un même édifice. Le XIXᵉ siècle connaît à la fois une démarche éclectique (c'est l'historicisme) et un style éclectique »[6].

Dans un cas comme dans l'autre, la vieille et courte notion de pastiche ne suffit plus à l'analyse, car elle méconnaît la profonde unité inhérente à toutes

1. Frédéric Edelmann parle aussi du tournant de 1968 à propos des jugements sur l'architecture : « Paul Abadie a déchaîné l'hilarité des « gens de goût » pendant des décennies, au moins jusqu'à ce que le goût (surtout le « bon ») soit rangé au rayon des accessoires présoixante-huitards » (*Le Monde*, 11 novembre 1988, p. 26). Il parle de « grâce perverse du Sacré-Cœur », de son espace « superbe, saisissant, lumineux ».

2. Premier trimestre 1974. Préface par L. Grodecki (sur la protection et l'étude des monuments d'architecture du XIXᵉ siècle), avec de nombreux articles sur l'urbanisme, l'architecture et les objets d'art parmi lesquels on remarque des contributions de F. Loyer, sur le pont des Arts et de Bruno Foucart, « Comment peut-on aimer une église du XIXᵉ siècle ou de la réhabilitation du pastiche ? »

3. En 1979 au Grand Palais. Voir Marc Bascou, « Second Empire (Art, industrie, société) » dans *EU*, éd. 1985.

4. Voir l'introduction de Bruno Foucart dans *Revue du Louvre*, 1980, p. 62-63.

5. François Loyer, ..., « L'époque... », 1982, p. 336-390. Dans cet atlas, les auteurs « osent » parler deux fois de Paul Abadie mais pas encore du Sacré-Cœur.

6. Daniel Rabreau, ..., « L'époque... », 1982, p. 352. On peut aussi parler de l'éclectisme rationaliste de Viollet-le-Duc et de Labrouste et de l'éclectisme baroque de Lefuel et de Garnier (Marc Bascou, « Second Empire » dans *EU*, 1968-1985). Un article anonyme de *EU* définit ainsi l'éclectisme : « En critique d'art, selon l'idée de Karl Marx que les hommes aux époques de changement s'attachent à leur passé, l'éclectisme serait un art du réfugié, un syncrétisme apolitique. En ce sens, le XIXᵉ siècle est éclectique en architecture, même Viollet-le-Duc, le plus rationaliste et révolutionnaire des architectes. »

les productions du siècle. Le fait est que l'architecture éclectique du XIXe siècle dans la vivante sincérité de sa démarche optimiste et créatrice a su résolument dépasser ses modèles [1].

## 2. *Application au Sacré-Cœur*

Les catalogues des expositions Abadie sont des données incontournables pour notre travail [2] car ils appliquent au Sacré-Cœur les résultats de cette réévaluation globale et si enrichissante du XIXe siècle. Ce cas spécifique en devient même l'une des plus éclatantes démonstrations.

Marcel Durliat, l'un des auteurs du catalogue Abadie, insiste sur la secrète connivence qui lie Paul Abadie à Viollet-le-Duc. S'il est lui-même encore réservé sur l'œuvre du « restaurateur » de Saint-Front, il attend pour vraiment se prononcer le rendez-vous que l'architecte avait voulu solennellement donner à ses détracteurs, deux siècles après sa mort, pour le juger en vérité.

Bruno Foucart qui répond affirmativement à la question de savoir si l'on peut aimer les pastiches ne ressent même plus le besoin d'employer ce mot pour le Sacré-Cœur.

> « Abadie... réussira dans la fidélité viollet-le-ducienne à concevoir une architecture rationaliste et poétique, mais d'une poésie aux émotions stéréotomiques. Le contraste entre la blancheur de la peau de la basilique de Montmartre et l'obscurité intérieure [...] est l'une des plus troublantes inventions de l'architecture française. C'est là que l'on peut le mieux goûter, à nulle autre pareille, la saveur abadienne » [3].

Marc Wattel qui revient en 1984 sur un précédent travail de troisième cycle d'architecture consacré en 1977 à l'analyse et à la perception architecturales du Sacré-Cœur, souligne les changements qui selon lui interviennent entre ces deux dates dans la façon de parler et de juger cet édifice. Une analyse un tantinet « gauchiste » du Vœu national, ne saurait l'empêcher, bien au contraire, semble-t-il, de proclamer clairement en fin de compte :

1. Voir aussi article anonyme « éclectisme, architecture » de l'index de *EU*, 1968-1985. Jean-Yves Lacoste(*Revue thomiste*, 1988, p. 317) écrit dans le domaine philosophique : « L'éclectique est condamné à l'originalité alors même qu'il semble vivre d'emprunts, avoués ou non. La cohérence de l'œuvre doit donc importer plus que l'estampille que les uns et les autres s'acharneront à lui décerner ».

2. Claude Laroche, *Paul...*, 1984 et 1988.

3. Dans Bruno Foucart, « L'homme du néo-roman » dans Claude Laroche, *Paul Abadie*, 1984, p. 25 et 1988, p. 24. J. Foucart reprend à son compte cet hymne en l'honneur de l'œuvre parisienne d'Abadie. Il évoque le « Sacré-Cœur en son sublime envol de coupoles immaculées » (Jacques Foucart, « Un Paris de l'incertitude » dans Claude Eveno, sous la direction de, *Paris perdu*, 1991, p. 23.

« Le Sacré-Cœur est l'aboutissement d'une pensée et non pas la copie d'une église qui n'a jamais existé, que dans la tête de l'artiste, dont les nombreuses réalisations en sont les esquisses, ou les essais, parfois les maquettes grandeur nature » [1].

Quant à François Loyer, il poursuit depuis plusieurs années une réflexion originale sur le Sacré-Cœur. Elle a commencé, semble-t-il, par un article publié dans une revue flamande [2]. Ce détour par l'étranger n'est pas sans signification comme si l'on pouvait là-bas dire tout haut des choses qu'on n'oserait pas murmurer ici. Pierre Nora, ensuite, voulut bien accueillir dans sa revue *Le Débat* – sous le sigle : « Vers un autre XIX^e siècle » et comme l'analyse d'un nouveau *lieu de mémoire*, le texte de Loyer quelque peu modifié [3], suivi dans le catalogue Abadie d'un développement supplémentaire intitulé « La basilique synthétique » [4]. Quelques citations du texte de François Loyer méritent d'être données ici :

« La silhouette et le matériau sont extraordinaires. L'édifice, découpé par le dessin tendu du grand dôme et par le dialogue sculptural entre dôme et campanile au sein d'une même et puissante masse, contraste violemment avec les teintes grises ou ocrées du paysage parisien par la blancheur immaculée de sa robe – expression à la fois symbolique et plastique d'une formidable intensité d'expression » (p. 145). « La puissance d'évocation de l'espace intérieur est un moment exceptionnel de l'art français » (p. 152).

Cet espace intérieur n'est d'ailleurs vraiment lui-même qu'à l'occasion d'une célébration, une fois que le chœur éclairé électriquement tranche sur la nef maintenue dans la pénombre [5]. Pour les visiteurs de l'exposition Abadie, cette façon élogieuse de parler du Sacré-Cœur doit être expliquée et justifiée. L'analyse de l'édifice jusqu'à ce jour a été idéologique. Une réévaluation peut risquer aussi d'être ressentie comme un retour aux valeurs du siècle passé alors qu'il faut bien se replacer dans les perspectives artistiques qui furent les siennes. Quoiqu'il en soit, il ne peut plus être question de parler de pastiche et François Loyer de conclure :

1. Dans Claude Laroche, *Paul*..., 1984, p. 209.

2. François Loyer, « Paris-Montmartre... », 1984, p. 4-13. La livraison est consacrée à des grandes églises européennes : La Sagrada Familia de Barcelone, la cathédrale Saint-Bavon à Haarlem, Westminster et la basilique de Kœkelberg à Bruxelles.

3. François Loyer, « Le Sacré-Cœur... », 1987. Dans ce numéro de revue, il est question tour à tour du musée d'Orsay, de la peinture du XIX^e siècle (voir chap. 33 de notre travail) et de la statue de la Liberté (une « icône vide », notion utilisée dans notre chap. 24). Les affirmations de F. Loyer sur le contexte politique de la construction comme sur la vie du sanctuaire dans les années 1970-1980 mériteraient d'être précisées (voir notre chap. 26 et 27). On ne retient ici de cet article que ce qui concerne l'architecture, la meilleure part de l'analyse.

4. Au même moment, François Loyer, dans *Beaux-Arts*, nov. 1988, p. 75-79, livre au grand public son analyse du Sacré-Cœur.

5. Recension plus détaillée de cet article par l'auteur dans *Montmartre-Orientations*, n° 81, 1987, p. 20-21.

« Montmartre a concrétisé le rêve architectural colossal de toute une génération, qui cherchait dans l'histoire le dépassement de ses modèles (p. 196). Le romano-byzantin imaginaire d'Abadie aura eu le mérite de fusionner le rêve monumental classique, l'émotion romantique et la logique du rationalisme constructif en une œuvre si forte qu'elle n'est pas encore aujourd'hui sans nous dérouter quelque peu » (p. 198).

Claude Laroche, le maître d'œuvre de l'exposition, le « découvreur » de Paul Abadie dont il se plaît à souligner « l'esthétisme » ouvre sa présentation de l'architecte du Sacré-Cœur sur une sorte de prophétie et nous donne le mot de la fin de cette passionnante enquête :

« Les références archéologiques de la basilique montmartroise sont tellement repensées qu'on se demandera sous peu comment on a pu la prendre pour le symbole du pastiche » [1].

## C. Évolution des jugements

Toutes ces réflexions ne peuvent pas ne pas avoir de retombées positives [2]. Elles sont sensibles par exemple dans les propos de François Chaslin [3]. Si en 1984, il ouvre une brèche dans le mur de mépris qui entourait le Sacré-Cœur bien qu'il se refuse encore à absoudre Abadie de son crime de Montmartre [4], en 1986, lors d'une interview, le voici qui prend nettement la défense de la grand basilique parisienne et la met en compagnie (qui dit mieux !) de Beaubourg et de la tour Eiffel :

« Il est de bon ton d'affirmer qu'il est le temple du mauvais goût, de la répression anti-communarde et du cléricalisme, mais on ne peut pas nier qu'il reste néanmoins un monument fascinant [...] On remet en cause les jugements péremptoires portés sur cette basilique. Derrière la dureté et la froideur architecturale du bâtiment, il faut

1. Claude Laroche, *Paul...*, 1988, p. 11, p. 248 et 346.
2. Qu'on pense à la « bonne » critique de Frédéric Edelmann dans *Le Monde* du 11 novembre 1988 et à la réponse de Philippe Chapu, conservateur en chef du musée national des Monuments historiques, à Yvan Christ dans *Le Figaro* du 27 décembre 1988. On veut voir aussi une preuve de ce changement dans l'emploi de la notion nouvelle de « kitsch » pour cette architecture : « Comment inventer des formes nouvelles [...] sans tomber dans la nostalgie des formes passées ou le kitsch néo-roman, gothique ou byzantin ? » (Olivier Boulnois, « Paradoxe dans la ville », *Communio*, XV, septembre 1990, p. 8). Voir aussi Paul Chemetov dans *Le Quotidien de Paris* du 19 novembre 1990, p. 21.
3. Architecte et journaliste, prix de la Critique architecturale en 1986.
4. François Chaslin, « Sacré crime... », 1984.

retrouver une part de l'émotion que ses contemporains éprouvèrent face à cette cathédrale « orientale », véritable lieu magique » [1].

Le déplacement des opinions est encore plus profond qu'on ne pense. Non seulement il y a réhabilitation du XIXe siècle, mais notre jugement a changé en fonction même de notre position sur l'art moderne et contemporain. Nous savons désormais reconnaître tout ce que l'architecture du plus militant XXe siècle doit aux « pasticheurs » qui font partie intégrante de l'art et de la culture du siècle dernier. Nicolauss Pevsner en 1970 et Jean-Michel Leniaud à propos de Lassus en 1980 soulignent que

« la conception fonctionnaliste du gothique que Viollet-le-Duc développe dans ses *Entretiens* est à l'origine de l'architecture métallique et en béton armé de l'école américaine et d'Anatole de Baudot ».

Et de la renaissance du gothique, un Lassus avait prévu qu'elle pouvait donner naissance à une nouvelle architecture [2]. On se souvient que « Guimard comme Le Corbusier ont pu se réclamer de Viollet-le-Duc, pour les mêmes et contraires raisons » [3]. On ose écrire que

« l'architecture *fin de siècle* avec son pastiche néo-roman, néo-gothique ou néo-égyptien donna naissance au mouvement du *sentiment de l'utile* (Zweckempfindung), qui est à la base de la pensé moderne rationaliste » [4].

Il s'agit ici de Viollet-le-Duc [5] et de Lassus, mais nous avons montré combien ces architectes et Abadie ont partagé le même combat architectural (chap. 10) alors que des questions de caractère, de politique ou de religion les séparaient. Est-ce le parer des plumes du paon ? Il n'y a pas lieu de le croire.

1. François Chaslin, « Le plaidoyer d'un critique en mal d'émotions » dans Agnès Dumortier, « Les monuments... », 1986. L'interview en question présente le Sacré-Cœur comme « la grosse pâtisserie indigeste... Religieuse ou étouffe-chrétien ». Bruno Masure dit : « Àdémolir : le Sacré-Cœur, décidément bien laid ». En revanche une réflexion de Paul Chemetov laisse entrevoir une évolution possible : « La faute urbaine est plus grave que la faute architecturale. Par exemple [...] l'Opéra n'est pas adapté à l'endroit où il est construit. Par contre, le Sacré-Cœur est une simple erreur architecturale ; on peut le considérer comme laid, mais il n'est pas inutile pour autant ! Essayez donc de l'enlever ! » (*Le Quotidien de Paris* du 19 novembre 1990).

2. Jean-Michel Leniaud, *Jean-Baptiste...*, 1980, p. 187.

3. Bruno Foucart, « Eugène Viollet-le-Duc », 1980, p. 63.

4. François Burkhardt, « Nouveaux plaisirs d'architectures, 20 février-22 avril 1985 » au Centre de création industriel, catalogue et *Beaubourg informations*, février 1985, p. 7.

5. Nele van der Meer, auteur d'un brillant travail sur le Sacré-Cœur (1987) nous a aimablement communiqué le jugement sur Viollet-le-Duc de Hanno-Walter Kruft, *Geschichte des architectur-theorie von der Antike bis zur Gegenwart*, Munche, 1985, p. 321, fondé sur les réflexions du « style » des locomotives (*Entretiens*, I (1863), p. 186) ou bien sur les matériaux, leurs formes et leurs fonctions (p. 472) : « Eugène Viollet-le-Duc fait partie des positivistes qui pensent mécaniquement, des grands théoriciens qui ont fait les critères fondamentaux de l'architecture moderne ».

## Conclusion : A. Regard sur la décision de 1874

Si l'architecture du XIXe siècle a oscillé entre l'attitude « diocésaine » (Viollet-le-Duc) et l'attitude « Beaux-Arts » (Garnier), entre rationalisme et éclectisme, avec référence ou non au passé, les responsables du Sacré-Cœur ont choisi un projet et un homme qui permettaient en fait et l'un et l'autre. Pour Mgr Guibert, la politique divisait, mais non moins l'esthétique. Tant pour les laïcs que pour l'Archevêque le projet du Sacré-Cœur se veut donc un projet d'unité après le temps des divisions, et d'une unité centrée autour du Christ. Ce qui, bien sûr, ne pouvait plaire à tout le monde ! Quand Mgr Guibert décide d'entériner le choix du jury, il manifeste avant tout une intention pastorale : évangéliser la grande cité de Paris et la France en tenant compte de ce qu'elle produisait de mieux ou de moins mauvais. Quand Abadie réalise son grand ouvrage, il cherche lui aussi la meilleure solution artistique et symbolique possible ! Opportunément, Mgr Guibert a su refuser l'extrémiste projet qui prévoyait de transformer l'Opéra en église, n'hésitant pas en revanche à marquer « sa » ville du signe de l'amour du Christ, non pas pour la dominer au sens de l'asservir, mais pour la surplomber afin de mieux la servir [1]. Charles Garnier ne s'y est guère trompé, lui qui prit tellement à cœur la cause du Sacré-Cœur ! La réaction passionnée et symbolique de A. Legentil à l'égard de l'Opéra finit par s'apaiser au su et au vu d'un projet d'église dûment approuvé par celui-là même qui avait été l'architecte de l'Opéra. L'art du second Empire pouvait lui aussi servir à louer le Cœur du Christ pour le salut de la France.

## B. Regard sur le résultat de 1914

Pour se dresser depuis 1900-1914, pourvu de son dôme et de son campanile, avec des imperfections et des limites soulignées à l'envi par les tenants de « l'art sacré » et bien d'autres, le Sacré-Cœur n'en a pas moins sa foncière originalité et son authentique grandeur. Certes, on peut toujours regretter la forme des coupoles si on les compare à celle de Saint-Pierre de Rome, dénoncer

1. David Harvey, *Myth*..., 1985, p. 219 et Maurice Agulhon, *Histoire*..., 1975 (1988), t. I, p. 108, parmi bien d'autres, interprètent le choix du lieu comme l'expression d'une volonté de domination de Paris. C'est faire de Mgr Guibert (sur la butte Montmartre en 1872) un Rastignac ecclésiastique (sur les Buttes-Chaumont vers 1832, à la fin du récit du *Père Goriot* de Balzac) !

la petitesse du campanile par rapport au grand dôme quand ce sont habituellement les clochers qui surplombent les églises, déplorer l'étroitesse de la façade par rapport à la largeur totale de l'édifice, incriminer la mauvaise communication entre la crypte et l'église qui ne facilite guère le déroulement des processions, signaler enfin le défaut de clarté interne qui peut nuire à la célébration des offices. Mais l'objet architectural ne mérite-t-il pas d'être considéré en lui-même, tel qu'il est finalement et dans sa situation par rapport à Paris et à la butte ? Ne peut-on au total l'aimer et l'admirer comme une vraie réussite ? Nous répondons : oui.

## C. Regard sur un siècle de contestation esthétique

Quant à l'accusation de pastiche, elle paraît peu fondée finalement. Ceux qui la soutiennent ont-ils pris seulement la peine de regarder la moindre reproduction de Saint-Front de Périgueux et de la comparer au Sacré-Cœur ? Où est la copie littérale, la pauvre imitation ? Comme pour la question des rapports du Sacré-Cœur et de la Commune, comme pour l'interprétation de la loi d'utilité publique du 24-31 juillet 1873, comme pour les jugements sur la spiritualité de l'époque, on peut se demander si l'on n'est pas en présence de ces « on-dit », de ces rumeurs qu'on ne vérifie jamais… et qui sont colportées indéfiniment, révélatrices davantage de la pensée du colporteur que du sujet mentionné. Le caractère répétitif des propos tenus semble indiquer que nous sommes en présence d'un discours reçu qu'il est de « bon ton » de reconduire sans autre forme de procès. S'il y a une positivité dans la notion de pastiche appliquée au Sacré-Cœur, elle réside dans le fait qu'elle souligne sa référence aux styles historiques. Mais alors, est-ce automatiquement négatif ? Il peut y avoir de bonnes et de mauvaises imitations. D'ailleurs, n'est-ce pas dans le dialogue avec les générations passées que l'on devient soi-même ? L'appellation « style pastiche » deviendra peut-être un titre de gloire comme « style gothique » ou « style baroque ». L'accusation de pastiche ne peut plus être l'unique argument du rejet. Il faut aussi que le sujet qui critique s'implique. S'il dit ne pas aimer, c'est son droit, mais cela ne jette pas pour autant le discrédit sur ceux qui aiment les « pastiches ». Un objet beau hier est toujours beau aujourd'hui et le sera demain, qu'il soit plus ou moins reconnu.

Quant à la réévaluation en cours des productions architecturales du XIXe siècle français (et étranger) et donc du Sacré-Cœur, elle est fort bien reçue.

Elle va donc se poursuivre. La variété d'horizons politiques et religieux des chercheurs est ici bon signe. Même s'il est inévitable que l'historien d'art soit d'un temps et d'un lieu, on peut espérer et il faut se réjouir que l'accès à l'ordre esthétique puisse se faire à partir de points de vue assez différents. Le rendez-vous que Paul Abadie avait fixé pour 2084, deux siècles après sa mort, pourra peut-être être tenu et permettre de constater une certaine unanimité sur la beauté du Sacré-Cœur ! Mais c'est une autre histoire… pour demain !

# Chapitre 33
# Une décoration académique ?

Il faut être bien téméraire, n'étant pas historien d'art, pour entreprendre de contester également la contestation « unanime » (ou presque...) de la décoration du Sacré-Cœur après avoir voulu impavidement défendre la position spécifiquement pastorale des fondateurs et leur attitude politique et leur spiritualité, puis l'art Saint-Sulpice et l'architecture du lieu... Que de combats ! D'autant que nous allons essayer de nous placer à nouveau sur le plan esthétique proprement dit et non pas seulement sur celui de la signification du décor comme certains l'ont fait pour sortir malgré tout ces œuvres de l'oubli. Tel était le sens de la démarche de Christine Lacloche qui sous la direction de Louis Girard s'est interrogée sur les intentions idéologiques de la décoration ; il lui suffisait alors sans vraiment examiner ces œuvres d'art pour elles-mêmes de les classer globalement dans un courant « éclectique » [1]. Telle était encore à une date récente la position d'un grand connaisseur des églises parisiennes :

> « La décoration [du Sacré-Cœur] n'est guère plus acceptable que l'architecture, mais elle est significative de la mentalité et de la spiritualité de bon nombre de

1. Christine Lacloche, *La décoration*..., 1975, p. 54.

catholiques de la seconde moitié du XIXe siècle. Souvent on la dit « triomphaliste », elle est plutôt l'appel pathétique au rassemblement de toutes les forces spirituelles pour la défense et la régénération de la foi en danger, un grand mouvement de crainte à l'égard de la civilisation du moment [1] [...] et d'espérance en Dieu et en ses saints » [2].

Loin de nous de vouloir songer à opposer l'appréciation de la forme à la signification des objets d'art dans leur contexte cultuel et culturel, mais au moins nous faut-il chercher à d'abord les distinguer pour mieux les unir ensuite. Si le décor du Sacré-Cœur n'est vraiment que le support d'un message et si ce décor n'est pas beau, on pourra dire que les artistes et les responsables ont échoué. Commençons donc par distinguer ici, dans notre contre-enquête, sculpture (§ I), peinture (§ II) et arts mineurs (§ III).

## *I. CONTESTATION DE LA SCULPTURE DITE ACADÉMIQUE*

### A. La condamnation

Des sculpteurs du dernier tiers du XIXe siècle, Elie Faure n'en retient que quatre : Eugène Carrière, Jules Dalou (*Le Triomphe de la République* de la place de la Nation à Paris), Constantin Meunier et Auguste Rodin. À l'ensemble des sculpteurs du XIXe siècle comme aux peintres (voir § II), il décerne le titre d'« illustrateurs » [3]. Maurice Denis, de son côté, n'ose parler que d'Alexandre Falguière et de Paul Dubois. L'union de la Religion et de l'Académisme est pour lui une énigme qu'il tente d'expliquer par le régime du Concordat et les rapports obligés avec l'Administration [4]. André Latreille cite bien Fabisch,

1. La meilleure connaissance des responsables de la décoration nous ferait plutôt dire : « un mouvement de crainte à l'égard du mauvais usage qui est fait de la civilisation du moment » car ces messieurs veulent faire un bon usage, un usage à la gloire de l'amour du Christ de toutes les merveilles de leur siècle.

2. Bernard Violle, *Dictionnaire*..., 1982, t. II, p. 353.

3. Elie Faure, *Histoire*..., 1921, t. IV, p. 402-413.

4. Maurice Denis, *Histoire*..., 1939, p. 271. Ce n'est d'ailleurs pas le cas du Sacré-Cœur de Montmartre. Les sculpteurs sont choisis par les décideurs. Joseph Pichard, *L'art*..., 1953, n'ose même plus en mentionner un seul !

Bonnassieux, Frémiet et Chapu, mais pour les englober dans une production jugée prétentieuse et médiocre [1].

Dans ce contexte, les sculptures de la basilique ne sont qu'un cas particulier. Comme Léon Bloy, pourtant ami de la basilique, écrivait :

> « Toutes les statues qu'on y voit sont, d'ailleurs, d'une bêtise et d'une hideur de bonne presse qui dépasse l'imagination » [2]

et qu'en face un adversaire du Sacré-Cœur comme Emile Zola (voir son jugement sur les pendentifs, chap. 22) trouvait absolument laides ces sculptures, on décida que le mieux serait de les remplacer, quand on pouvait. C'est ce qu'on fit dans l'Entre-deux-guerres, : La *Virgo pacis* de G. Serraz fut substituée à celle de G. Crauk, le *Sacré Cœur* de P. Seguin à celui de G. Michel et le *Saint François* de M. Real del Sarte à la sculpture de L. Fagel. Le plus souvent, on les traita par le mépris, la condamnation et même la destruction, attitudes plus faciles.

## B. Mais, au fait, qui condamne-t-on ?

Les sculptures de la première IIIe République, celles du culte chrétien comme celles du monde agnostique, méritaient d'être étudiées dans leur ensemble. Anne Pingeot et bien d'autres ont essayé de mettre un peu de lumière dans cette production très abondante [3]. Leur principal apport à nos yeux est une tentative de « désenchevêtrement des styles » [4]. Un tiers des trente sculpteurs présentés dans ce travail sont ainsi répertoriés par ces spécialistes, ce qui n'est pas si mal pour la réputation du monument : G. Thomas, néo-classique ; L. Barrias, éclectique et néo-baroque ; H. Chapu, G. Michel, H. Lefebvre, J. Coutan et H. Bouchard, réalistes ; A. Marquet de Vasselot et J. Dampt, symbolistes. Ces différents « styles » correspondent, sur le chantier du Sacré-Cœur,

1. A. Latreille..., *Histoire...*, 1962, p. 447. Il est vrai que cet auteur écrit avec les préjugés de son temps et n'est pas un historien d'art !

2. *Journal* du 27 juin 1908. Réf. en 1917.

3. Françoise Maison..., *De Carpeaux à Matisse*, 1982 ; Anne Pingeot, *La sculpture...*, 1986 ; Rencontres..., *La sculpture...*, 1986 ; Anne Pingeot, « La sculpture à Orsay » dans *Le débat*, 1987, p. 37-40.

4. À la question « pourquoi tant de sculptures ? », si bien posée dans le catalogue de l'exposition de 1986, on a déjà répondu dans le chapitre relatif à la souscription (chap. 13). Les réponses aux autres questions du catalogue (comment fait-on un sculpteur ? Comment fait-on une sculpture ?) éclaireraient les hommes et les méthodes employés au Sacré-Cœur, mais ce serait une autre histoire.

à une certaine succession chronologique qui répond en gros au début de la décoration (1890), à sa phase intense vers 1900 avec les « réalistes » et à son achèvement avec le clocher (J. Dampt) vers 1910. Les responsables du Vœu national – sagesse ou éclectisme ? – semblent en fait apprécier tous ces styles en même temps, non sans avouer quelque préférence intime pour les réalistes [1]. Mais leurs engouements et leurs choix n'ont certes pas survécu à ceux du siècle suivant.

## C. Au nom de la sculpture moderne

La condamnation quasi globale de la production sculpturale du XIXe siècle, est faite, le plus souvent, au nom d'une définition de la sculpture dite « moderne », celle du XXe siècle :

> « La sculpture devient autonome, elle n'a plus de fonction : ni celle d'objet de culte, de monument à la gloire d'un pouvoir séculaire ou religieux, ou d'objet de délectation bourgeoise. Elle est la libre expression d'un individu dont le but et la finalité est de faire de la sculpture » [2].

Cette définition pourrait d'ailleurs se traduire ainsi (en la forçant un peu) : une sculpture moderne est une sculpture qui n'est ni religieuse ou catholique, ni républicaine ou patriotique, ni bourgeoise. Cela permettrait de considérer en face de la sculpture dite moderne un autre ensemble cohérent qui aurait son propre intérêt et serait caractérisé par ces trois « tares ». S'il en était ainsi, il faudrait également distinguer la sculpture de la perception, celle du XIXe, de la sculpture de la conceptualisation, celle du XXe. Comme les « classiques », l'art du XIXe siècle aurait le souci du signifié, l'art « moderne » privilégiant exclusivement le signifiant et l'intention de l'artiste qui nous « interpellerait » par son œuvre.

1. Les styles romantiques ou expressionnistes ainsi que les primitivistes ne semblent pas représentés à la basilique. Cinq sculpteurs présents au Sacré-Cœur et simplement mentionnés dans le catalogue d'Anne Pingeot, *La sculpture*..., 1986, sont en attente de classement : J. Bonnassieux, Manuela [duchesse d'Uzès], Léon Fagel et G. Crauk. Huit autres qui ont travaillé à Montmartre sont tout simplement ignorés du catalogue de 1986 qui d'ailleurs ne prétend pas être une « somme » sur la sculpture de l'époque : E. Benet, F. Bogino, A. Besqueut, H. Cordier, A. d'Houdain, H. Louis-Noël et F. Sicard. La connaissance de tous ces milieux artistiques doit donc encore être approfondie.

2. Margit Rowell, *Qu'est-ce que*... ?, 1986. L'exposition, au Centre Georges Pompidou, présentait pour la fin du XIXe et le début XXe siècle : Paul Gauguin, Pablo Picasso et Henri Matisse en préambule ; puis le primitivisme et l'expressionnisme (André Derain, Constantin Brancusi) ; ensuite le cubisme et le futurisme, etc. Mais que d'exclus et d'oubliés !

Mais cette définition ne s'intéresse qu'aux éléments de rupture. On peut tout aussi bien souligner, en présentant ces deux derniers siècles de sculptures,

« une continuité de temps indéboulonnable plus dure que tous les matériaux que les sculpteurs utiliseront, des musées aux places publiques » [1].

Cette continuité, Charles Baudelaire l'invoquait déjà en définissant l'art de la sculpture, à l'occasion d'une visite du Salon de 1859 et de promenades dans « une grande ville vieillie dans la civilisation », alors même que « vos yeux sont tirés vers le haut » par des statues :

« Fussiez-vous le plus insouciant des hommes, le plus malheureux ou le plus vil, mendiant ou banquier, le fantôme de pierre s'empare de vous pendant quelques minutes, et vous commande, au nom du passé, de penser aux choses qui ne sont pas de la terre.

« Tel est le rôle divin de la sculpture...

« Art, où ce qui doit être compté comme qualité en peinture peut devenir vice ou défaut, où la perfection est d'autant plus nécessaire que le moyen, plus complet en apparence, mais plus barbare et plus enfantin, donne toujours, même aux plus médiocres œuvres, un semblant de fini et de perfection » [2].

Rupture ou continuité dans la sculpture des XIX^e^ et XX^e^ siècles, ce sont des approches plus logiques et théoriques que chronologiques, selon que l'accent est mis sur tel ou tel partenaire : l'artiste, le sujet représenté, le spectateur, etc. Aussi peut-on espérer qu'au temps du refus succède le moment de l'examen puis de la considération.

## D. Sculpture et culte catholique ?

Dans et par ce monde de la sculpture, les catholiques du XIX^e^ siècle qui ont construit le Sacré-Cœur, n'ont-ils pas essayé comme leurs contemporains agnostiques ou anticléricaux (qu'on pense au *Chevalier de La Barre* d'Armand Bloch, chap. 24), de communiquer à la fois entre eux et avec tous les autres milieux de la société ? Une différence capitale existe cependant : les sujets représentés sont chez les uns des images du Dieu transcendant qu'on peut

1. Voir *La Sculpture, l'aventure de la sculpture moderne – XIX^e^ et XX^e^ siècle*. P., Skira, 1986. In-4, 308 p. Présentation par Daniel Dobbels, « Deux siècles en pleines formes », *Libération* du 29 décembre 1986.
2. Charles Baudelaire, *Curiosités esthétiques*, 1859 (1923), p. 347 ou *Salon de 1859*, 1859 (1971), t. II, p. 101.

appeler « icônes » (par lesquelles ils entrent en communion avec lui), chez les autres, ils renvoient surtout aux hommes et à leurs idéaux, ce que les catholiques appellent des « idoles » ou « icônes vides » (projections de l'homme ou signes d'un absolu sans visage). Les études de Maurice Agulhon abordent ces problèmes. Dans les « villes sculptées » par la « statuomanie » des édiles[1], la « mariolâtrie » des uns s'accorderait et répondrait à la « mariannolâtrie » des autres[2]. À deux choses près. La première, comme cela a déjà été évoqué au chap. 21, à propos des représentations de la France, touche au sujet des statues. Marie, patronne de la France, ne se confond pas avec celle qu'elle patronne. Marie et la France ont chacune leur figuration et celle de Marianne succède aux deux en même temps. La seconde remarque touche aux spectateurs. Les catholiques distinguent le culte de « lâtrie » (adoration de Dieu seul, de Dieu fait homme présent dans l'Eucharistie, en toute son humanité glorieuse) et le culte de « dulie » (vénération des saints) ou même d'« hyper-dulie » (pour la Sainte Vierge). La distinction est de taille car Marie doit conduire à la Parole faite chair. Quant aux statues et images représentant ces réalités auxquelles s'adressent ces divers cultes, elles sont de simples instruments qualifiés par l'usage qui en est fait.

Dans les années 1950-1970, les noms des artistes disparaissent des guides de la basilique[3]. Le fait est à interpréter moins comme le signe d'une ignorance ou d'un mépris (qui ont cependant existé) que comme celui du parfait succès des artistes et de leur mission : ils se sont effacés, laissant face à face les spectateurs et les messages. André Frossard dit quelque part :

> « Quand je regarde la *Pietà* de Michel-Ange, je pense à Michel-Ange. Quand je regarde *Notre-Dame de Lourdes* de Cabuchet, je pense à la Sainte Vierge ».

Ainsi, dans cette perspective, le sculpteur et la sculpture ne seraient jamais tant eux-mêmes que lorsqu'ils sont dans le rayonnement de la gloire de Dieu et des saints !

1. On pourra peut-être consulter sur ce point J. Hargrove, *Les statues de Paris. La représentation des grands hommes dans les rues et sur les places de Paris*. P., 1990, 424 p.

2. Maurice Agulhon, « Les villes sculptées » dans *Ethnologie française*, 1975, p. 33-56 ; 1978, p. 145-172 ; « Il y a cent ans, la victoire de la gauche » dans *L'Histoire*, n° 2, 1978 ; *Marianne au combat*, 1979, p. 157-176 ; *Marianne au pouvoir*, 1989 ; « Architecture républicaine « dans *Monuments historiques*, 1986, n° 144, p. 7-11 ; « Les statues politiques » dans Rencontres..., *La sculpture*..., 1986, p. 135-144 ; *Histoire*..., 1988, t. I, p. 101.

3. André Derumaux, *Le Sacré-Cœur*, 1952 et Mgr Charles, *Montmartre*, 1972. La même remarque concerne l'anonymat qui caractérise les œuvres entrées à cette époque.

## E. Mais les œuvres sont-elles belles ?

Quand « les sculptures sortent de leurs réserves » [1], comme à présent, est-il nécessaire que les auteurs sortent aussi de l'oubli ? Le guide de la basilique, en 1984, répond oui à cette question en faisant réapparaître leurs noms parce que l'auteur du présent travail a constaté qu'ils étaient souvent demandés par les visiteurs [2]. Si c'est apparemment le signe que les gens ont pris leur distance avec les sujets religieux, voire qu'ils ne les comprennent plus, cela indique aussi qu'ils font attention à l'artiste, à son milieu, à sa réputation autant qu'au sujet. Mais c'est peut-être aussi le signe qu'on ne peut accéder aux uns qu'en passant par les autres. Et cela conduit à s'interroger sur la qualité des œuvres mêmes offertes aux regards. On ne peut indéfiniment, nous semble-t-il, perdre sur le moyen de communication et prétendre gagner sur le message qu'il transmet. Il en va, pour le catholique, d'une conception de l'homme et de l'Incarnation. De même qu'il ne saurait être question d'opposer le corps et l'âme d'un être humain et sa mise en relation avec les autres, de même sont inséparables la formalité et la fonction de l'œuvre. C'est pourquoi on peut se demander si ce qui a été trouvé beau (et significatif) hier ne l'est pas toujours aujourd'hui, après un temps d'obscurcissement du regard dû à un éblouissement consécutif à l'apparition d'autres formes et messages. Doit-on avoir honte indéfiniment des œuvres d'Hippolyte Lefebvre, Léon Fagel, Hubert-Louis Noël, Louis Barrias, du frère Besqueut... ? Nous ne le pensons pas. Ce qui ne veut pas dire bien sûr que l'ensemble de leur production soit au-dessus de toute critique ni qu'un bon entretien ne leur donnerait pas un éclat qu'elles n'ont plus [3], mais cela signifie qu'on est en droit de se demander ce que ces œuvres ont de bon et qu'on peut bien leur trouver telle ou telle qualité ou degré de qualité sans être *a priori* suspecté de « mauvais goût ».

1. Titre d'une exposition à Tours au musée des beaux-arts. Voir Daniel Dobbels dans *Libération* du 24 mars 1989.

2. Voir Rencontres, *Visite...*, 1965 et 1975. Ces textes polycopiés pour les guides bénévoles de la basilique comportaient dès leur parution les noms des artistes, réclamés par les visiteurs.

3. On ne peut oublier que bien des statues ont été détériorées et qu'une restauration s'imposerait peut-être : par ex., *Notre-Dame de la mer* de Fagel ou le *Saint Hubert* de Manuela. La Ville de Paris, le clergé, de nouveaux souscripteurs et mécènes entendront-ils l'appel ?

## *II. CONTESTATION DE LA PEINTURE DES « POMPIERS »*

Il est difficile de défendre les peintres qui ont contribué à la décoration du Sacré-Cœur puisqu'on n'a pas encore retrouvé leurs cartons pour les mosaïques, les vitraux (détruits), les marqueteries, etc., sauf pour une partie du travail de Luc-Olivier Merson. Cependant, ils sont assez connus par le reste de leur production hors de la basilique et l'on peut essayer malgré tout de contester la contestation dont ils sont victimes depuis soixante-dix ans environ.

### A. L'acte d'accusation

Une fois encore, l'acte d'accusation contre tous ces peintres et leurs confrères paraît avoir été dressé par Elie Faure en 1926. À la fin d'une note sur la peinture décorative, il écrit incidemment, d'une façon on ne peut plus tranchante :

> « On ne peut parler ici que pour mémoire des innombrables décorateurs officiels, de Louis-Philippe à M. Poincaré. Leurs productions n'appartiennent pas plus à la peinture que les livres scolaires ou les travaux d'archéologie à la littérature. Il y a parmi eux de bons illustrateurs d'histoire, dont le plus honnête paraît avoir été M. Jean-Paul Laurens en France, [...]. Il y a beaucoup d'illustrateurs, en peinture et en sculpture, que l'on prend pour des peintres et des sculpteurs. C'est une affaire de définition... Le musée de Versailles, à coup sûr, vaut une visite, et même plusieurs... Mais à la condition qu'on aille y chercher, non de la peinture, mais de l'histoire, ou plutôt de l'historiette » [1].

Courte vision des choses ! Qu'on les appelle peintres ou simplement illustrateurs des gloires de la France, ils ont sombré dans le mépris. « L'art officiel » moderne des années 1930 aux années 1960 n'a fait que méconnaître l'art officiel du XIXe siècle. Une exclusive a chassé l'autre...

### B. Réouverture du procès

Depuis 1968, se multiplient les redécouvertes de peintres comme d'architectes et de sculpteurs, de la seconde moitié du XIXe siècle. Expositions et

1. Elie Faure, *Histoire...*, 1926, t. IV, p. 500.

réhabilitations se succèdent. Le musée du Luxembourg démantelé en 1937 est reconstitué dans son état de 1874 pour le centenaire des Impressionnistes en 1973-1974. La Société des Artistes français se souvient en 1981 de ses « Chers maîtres » qui sont aussi bien Manet, Renoir, Puvis de Chavannes que Gérôme ou Merson [1]. En 1984, les Flandrin sont remis à l'honneur, peintres si bien accordés à la génération des initiateurs du Vœu national [2]. En 1984 également, William Bouguereau est à nouveau sur les cimaises, lui qui a décoré les église parisiennes de son temps et formé un Lionel Royer [3]. James Tissot le suit de près et mention doit être faite de son *Christ colossal* ou *Christ Pantocrator* en 1897 pour la chapelle du couvent des Dominicains, rue du Faubourg-Saint-Honoré (ce Christ pourrait bien avoir inspiré Luc Olivier Merson) [4]. La rétrospective des prix de Rome permet de préciser la généalogie des décorateurs du Sacré-Cœur [5], dont certains décorent aussi la « nouvelle Sorbonne » [6] ou coopèrent au « Triomphe des mairies » [7]. Désormais le mot « pompier » de péjoratif et burlesque devient une sorte de sésame et plus encore un mot-clé de l'histoire de l'art au même titre que « baroque » ou « gothique » [8] ou « pastiche » en architecture. Le musée d'Orsay consacre imparfaitement encore le retour en force des « pompiers » et propose ainsi des visites tournées « vers un autre XIX<sup>e</sup> siècle » [9]. Ses réticences mêmes prouvent qu'il ne pouvait y échapper...

## C. Au nom de la peinture moderne

Le rejet de la plus grande partie de la production picturale de 1860 à 1914 est dû non pas seulement à l'éblouissement qu'ont produit les

1. Paul Ambille, *Centennale*..., 1981.
2. Grâce à la thèse de Bruno Foucart, *Le renouveau*..., 1987, et Jacques Foucart, *Hippolyte*..., 1984.
3. Thérèse Burollet, *William*..., 1984 ; y voir surtout Georges Brunel, « Bouguereau décorateur... », p. 83-94. Comme pour Flandrin et Gérôme (à Saint-Germain l'Auxerrois) la ville de Paris est en train de restaurer les décors religieux de Bouguereau (à Saint-Vincent de Paul).
4. Voir Ian Thomson, *James*..., 1985. Une belle réplique réduite (plutôt qu'esquisse préparatoire ?) de ce *Christ* de Tissot a été récemment déposée par la bibliothèque du Saulchoir au musée du Petit Palais à Paris.
5. Ecole des beaux-arts, 1986.
6. Philippe Rive, *La Sorbonne*..., 1987, catalogue de l'exposition. Yvan Christ, « La vieille " nouvelle Sorbonne " » dans *Revue des deux mondes*, août 1987 : « Elle est une espèce de source où peuvent s'abreuver les amis du XIX<sup>e</sup> siècle. Mais quelle source triste ! » Il cite aussi Roger Martin du Gard : « Bondieuseries laïques ! ».
7. Thérèse Burollet, *Le triomphe*..., 1987.
8. Propos inspirés par Jacques Thuillier. Voir aussi bien son article dans *EU*, 1968, que son essai de 1984 : *Peut-on parler d'une peinture « pompier » ?*
9. Entre autres, voir la livraison de la la revue *Le débat*, n° 44, 1987, où l'on peut lire un entretien avec Michel Laclotte, « Le projet d'Orsay ».

« impressionnistes », mais à l'usage qu'on a fait d'eux au service de la « modernité ». On appréciera ici l'article de Pierre Vaïsse intitulé : « L'esthétique XIXe siècle : de la légende aux hypothèses » [1], article qui reprend et développe un article plus ancien : « Les raisons d'un retour : retrouvailles ou rupture ? », l'un et l'autre monnayant sa thèse [2]. Dans le premier de ces textes, P. Vaïsse montre combien nous prenons de plus en plus nos distances par rapport au XIXe siècle ; dès lors nous pouvons peut-être en faire un sujet d'histoire et non de sentiment. Dans le cas de la peinture, cela permet de considérer avec recul sinon apaisement cette nouvelle querelle des Anciens et des Modernes soulevée par nos émotions esthétiques. L'article le plus récent dénonce

« l'idéologue pour qui *Le Givre* de Monet ne peut être qu'admirable, puisque peint par un impressionniste, et que l'impressionnisme signifie progrès, modernité, résistance à l'oppression académique ».

L'histoire des Modernes ressemble trop à une légende qui rend compte davantage de la pensée de chaque auteur (telle perversité du pouvoir bourgeois incapable d'accueillir ce qui est « moderne » pour ce qui est du fameux legs Caillebotte prétendument refusé par les officiels) pour ne pas tomber sous le coup d'une critique historique qui essaie de rendre compte de ce qui est arrivé et de l'apprécier si elle le trouve appréciable [3].

## D. Culte catholique, « pompiers » et esthétique

À l'exemple de Maurice Denis, les catholiques du XXe siècle n'ont guère prêté attention aux artistes qui, tout au long du XIXe siècle, ont peint à partir des sujets de l'histoire biblique ou chrétienne [4]. Seul un Pierre Puvis de Chavannes trouvait grâce à leurs yeux [5]. Force est de reconnaître que les

1. Pierre Vaïsse, « L'esthétique XIXe siècle : de la légende aux hypothèses » dans *Le débat*, n° 44, 1987, p. 90-105.

2. Sur les *Principes directeurs de l'Etat en matière de peinture sous la troisième République*, Paris-IV, 1980.

3. On appréciera chez cet auteur la dénonciation de la justification scientifique de l'impressionnisme par l'appel indu à la théorie du mélange optique des couleurs développée par Chevreul, ainsi que sa remise en question de la prétendue spontanéité picturale des impressionnistes (« dogmes » que l'auteur du présent travail avait appris dans le cours d'histoire de l'art de sa classe de troisième en 1960 !)

4. P. -M. Leonard, « Art et spiritualité » (1932) dans *DSAM*, t. I, col. 923, parle de « l'échec des fresquistes, élèves d'Ingres [...], de l'école archéologique (Bida, Tissot) ».

5. Au début des années 1890, Puvis de Chavannes aurait été pressenti pour la décoration de la grande coupole de la basilique. Mais les délais de construction et sa mort survenue en 1898 n'ont pas permis d'envisager une collaboration. Voir ***, *Base matérielle*, 1891, p. 26. Maurice Denis, *Histoire...*, 1939, p. 276. Si Puvis avait travaillé au Sacré-Cœur, son décor eut-il davantage trouvé grâce au yeux des critiques du XXe siècle ?

« pompiers » qui ont donné des cartons pour le Sacré-Cœur restent des artistes encore vraiment méconnus. Mais peut-être est-ce leur force. Comme les sculpteurs, ils ont le grand mérite de s'effacer devant les sujets représentés, là où les peintres « modernes », catholiques compris, parce qu'ils sont davantage attachés à leur art, feraient obstacle, s'interposeraient entre le spectateur et la signification de l'œuvre.

Mais demeure la question esthétique. Peut-on aimer un peintre dit « pompier » ? Un artiste « pompier » a-t-il pu peindre un beau tableau ? De même que les catholiques du XIXe siècle ont essayé de discerner, à la lumière de la vérité révélée qu'ils accueillaient, la vérité de l'erreur, de même au nom de la gloire et de la beauté de Dieu dont ils pouvaient apercevoir quelques reflets, se sont-ils efforcés de distinguer entre les productions belles et laides de leur époque. Ne peut-on à nouveau en profiter ? *Le Triomphe du Christ au Sacré Cœur* de Merson dont on a le carton est-il beau et aimable [1] ? Mais, bien sûr, l'attitude actuelle de réévaluation doit elle-même être vérifiée : le succès et le retour en force d'à présent ne sauraient suffire à lui conférer une parfaite légitimité et inversement les rejets d'hier ne peuvent à eux seuls cautionner l'admiration d'aujourd'hui. L'expérience esthétique qui ne peut être séparée des expériences politiques et « mystiques », elles-mêmes assumées dans la foi telle que les catholiques la comprennent, devrait pouvoir jouer avec l'apaisement des passions en faveur de certaines œuvres de certains pompiers. Et pourquoi pas en faveur de ceux qui ont donné tels ou tels cartons pour le Sacré-Cœur [2] !

## *III. CONTESTATION DES ARTS MINEURS*

Puisque l'architecture, la sculpture et la peinture du Sacré-Cœur étaient contestées, il était évident que les autres manifestations artistiques devaient

1. Mis en dépôt au Petit Palais par le recteur du Sacré-Cœur à l'initiative de l'auteur de ce travail, nous espérons qu'un jour il sera restauré et montré non seulement dans une exposition sur Merson mais à nouveau dans un endroit accessible au public. Jusqu'en 1985, on ne voyait pas qu'on puisse le disposer dans la basilique puisqu'on n'y voyait sur les murs aucune peinture de chevalet. Depuis, l'accrochage dans la crypte de trois portraits (le cardinal Lustiger, les PP. Riquet et Carré) par Benn ont fait évoluer les choses...

2. Y aura-t-il un jour une somme comme celle de Bruno Foucart sur *le renouveau de la peinture religieuse en France* pour la période 1800-1860 mais à propos de 1860 à 1914 ? Et après le « renouveau », de quoi parlera-t-on ?

suivre le même sort, plus ou moins compromises d'ailleurs avec les productions dites de « Saint-Sulpice ». Dans le prolongement du rejet de la peinture des pompiers se trouve celui de l'art (disons aussi l'artisanat ou la technique) de la mosaïque qui a servi à exprimer leurs œuvres dans la pierre. On n'a pas à revenir ici sur ce qui a déjà été dit plus haut au chap. 22. Précisons simplement que la notion de pastiche a été généralement utilisée pour condamner ces œuvres quand on daignait (rarement) en parler; or, pas plus qu'en architecture, ce concept n'est vraiment éclairant sinon pour révéler une attitude de mépris propre à celui qui l'utilise. On a vu que H. -M. Magne parlait déjà de ses prédécesseurs à la basilique comme de pasticheurs et que tous reçurent ensuite ce même qualificatif. Cependant, comme dans les arts majeurs, le recul du temps, l'apaisement des passions l'intervention de spécialistes parfois non français permettent ici un libre exercice du jugement esthétique. Pour les mosaïques, outre la remarquable thèse (1983) d'Hélène Guéné qui vient d'être éditée [1], la prise en considération est venue d'Italie avec l'étude de Carlo Bertelli [2].

> « Justice y est rendue, pour le XIXe siècle, aux belles et vigoureuses mosaïques de la basilique du Sacré-Cœur de Montmartre, souvent méprisées à cause des préjugés contre l'art religieux du XIXe siècle » [3].

Reste que là comme ailleurs, il y a des distinctions à opérer. Tel ami de la basilique trouve que les yeux du Christ de la mosaïque du chœur sont « des yeux de drogué » et, bien sûr, il ne fait pas là un compliment. On se souvient que la tête du Christ a donné lieu à un traitement particulier. Après tout, il y a peut-être là un échec. Doit-il rejaillir sur l'ensemble des mosaïques ? Nous ne le pensons pas.

Il en est de même des vitraux, malheureusement détruits. Mais ils appartenaient à cet ensemble d'œuvres dont Hervé Oursel écrit à propos de l'église du Sacré-Cœur de Lille :

> « Si l'on ne peut certes pas les comparer à ceux du XIIIe siècle, ces vitraux méritent mieux que le discrédit dans lequel on maintient le plus souvent la production de ce temps en cette matière et ils valent qu'on s'y intéresse » [4].

1. Hélène Guéné, *Odorico mosaïste. De l'académisme à l'art nouveau*. Les Archives de l'architecture moderne, 1990.
2. Carlo Bertelli (dir. ), *Les mosaïques*, P., éd. Bordas, 1989, 400 p., 320 ill.
3. Marie-Gabriel Leblanc, « Les mosaïques » dans *Famille chrétienne*, n° 269, 1er fév. 1990, p. 20.
4. Hervé Oursel, « Les vitraux... », 1984, p. 618.

La mise à jour des fonds d'archives des entreprises ou des artistes permettra peut-être un jour de mieux connaître les verrières originales du Sacré-Cœur. Mais, dès maintenant, l'histoire du vitrail du XII^e^ au XX^e^ siècle de Catherine Brisac offre une vue d'ensemble d'où le XIX^e^ siècle n'est, bien au contraire, nullement exclu [1]. Pour mémoire, mentionnons ici l'orfèvrerie qui elle aussi mérite mieux que le mépris, ainsi que la ferronnerie, la marbrerie, la marqueterie.

Somme toute, il s'agit du décor des chapelles, du chœur et finalement du décor de l'édifice dans sa totalité qu'il faut appréhender avec le moins de préjugés possibles. On sait que les responsables voulaient ce qu'il y avait de plus beau dans l'art de la France à leur époque pour chanter les louanges du Cœur de Jésus. Le message n'est jamais loin de l'apparence. La distance prise par rapport à la première de ces réalités (l'auteur du présent travail a beau partager la même foi que les constructeurs, il la vit forcément dans une autre actualité historique), loin de rejeter la forme qui subsiste sous nos yeux, ne permet-elle pas au contraire de mieux apprécier cette dernière ? Mais il est peut-être nécessaire comme pour les sculptures d'envisager là aussi une mise en valeur par un entretien et un éclairage qui ne feraient pas du Sacré-Cœur un musée mais un lieu de culte où de belles œuvres d'art seraient disponibles pour les visiteurs, pèlerins et touristes confondus, si tant est qu'on doive faire une distinction dans un tel lieu « d'expérience humaine du divin » !

Le propos de ces trois chapitres concernant la contestation esthétique du Sacré-Cœur n'est pas de créditer ses responsables d'une « infaillibilité » artistique, quand on leur prêtait d'ailleurs jusqu'à ce jour une « faillibilité » systématique. Tout ce qu'ils avaient fait était réputé laid, jugé médiocre. Admettons que, dans ce domaine des arts et de la réussite esthétique, ils n'ont en fait aucun privilège ni dans un sens, ni dans un autre. Le partage ne se situe pas, nous semble-t-il, entre la forme et la signification de l'ensemble des œuvres, mais entre les diverses œuvres réalisées. Alors que beaucoup d'artistes et de spectateurs d'hier et d'aujourd'hui méconnaissent le statut « iconique » des œuvres d'art, les artisans du Sacré-Cœur se faisaient gloire d'un tel statut. Certes, cela ne dévaluait pas à leurs yeux le visible, mais le rehaussait car de même que l'humanité du Christ permet d'atteindre la divinité, les humanités des saints permettent d'atteindre celle du Christ et les représentations de l'une et des autres conduisent par leur beauté, si elles sont belles, et par leur signification à la source de toute beauté !

1. Voir Catherine Brisac, *Le Vitrail*, Bref n° 24, Cerf/Fides, 1990, 242 p. et la présentation élogieuse de Jean Rocacher, dans *Esprit et Vie*, 1990, p. 171.

# Conclusion

## *FOI ET CULTURE (S) AU SACRÉ-CŒUR*

Le Sacré-Cœur, manifestation de l'Église catholique française et romaine entre 1870 et 1920, témoigne, aux yeux de ses constructeurs, archevêques de Paris et grands bourgeois parisiens, d'une foi en l'amour du Christ et ce, en faveur d'une ville, Paris, et d'un pays, la France ; une cité et une nation à considérer dans leur situation nouvelle, au sein des Temps modernes, par rapport au second Empire et à plus forte raison face au passé de l'Ancien Régime. Au nom de cette foi, ses responsables laïcs et ecclésiastiques veulent un comportement pastoral et politique nouveau animé par un culte lui aussi nouveau et et qui s'exprime dans une architecture nouvelle ; le tout dans une continuité nationale, fut-elle imaginaire, de Clovis à Jeanne d'Arc et au XIXe siècle aussi bien qu'ecclésiale (Église et politique dans l'Antiquité comme au Moyen Age) ; dans l'affirmation de l'ancienneté de l'attention à l'amour du Christ dans la Bible, chez les Pères et les Docteurs, ainsi que l'insertion de l'église du Sacré-Cœur dans la généalogie architecturale des églises d'Orient et d'Occident. Avec l'Œuvre du Vœu national, ils ont essayé d'assainir la culture de leur temps plutôt que de lui assener et imposer leur foi. Comme l'église de pierre est dans la ville et l'attire malgré tout à elle, l'Église est dans la société et s'en distingue ; la foi et la morale catholiques s'introduisent dans la politique, dans la spiritualité et l'art d'une époque pour les transformer. Les trois temps de cette opération se retrouvent dans l'œuvre des chrétiens du Vœu : prise en compte des données créées ambiantes, greffage sur les faits du salut, coordination avec les précédentes opérations de ce genre – conservation et rénovation par rapport aux générations antérieures – [1]. La mise en relation d'une forme du catholicisme avec son siècle n'aboutit pas forcément à une relativisation de la foi ou à un rejet sans discernement de la culture ambiante, mais à la mise à jour d'un processus d'actualisation historique de la foi, processus toujours valable dans sa formalité alors que ses résultats changent au cours des siècles. L'œuvre catholique ne vit pas sur Sirius, ni ne s'inféode à aucun particularisme politique, spirituel ou esthétique. Il n'y a pas une politique, une spiritualité ou une esthétique chrétiennes définies, une fois pour toutes mais des christianisations, cohérentes entre elles, des diverses composantes

1. Voir Jacques Benoist, « Pour une définition chrétienne de la culture », 1984.

des cultures. C'est pourquoi l'on peut essayer de mettre le dernier point à notre travail en examinant ce processus de nouvelle christianisation dans l'impact politique du Sacré-Cœur, dans sa signification spirituelle et dans son apparence esthétique.

## *LE SACRÉ-CŒUR ET LA POLITIQUE*

La présentation de la fondation, de l'édification et de la contestation du Sacré-Cœur sur le plan politique permet de conclure, nous semble-t-il, à la catholicité de l'attitude des archevêques de Paris et du Comité, c'est-à-dire à leur ouverture à tous les Français malgré leurs positions nécessairement particulières en ce domaine, grâce à une visée spécifique des rapports du temporel et du spirituel. Dans la lutte pour le pouvoir sur la société, ils n'ont cherché ni une forme déguisée de théocratie, ni pratiqué un abandon à l'égard du divin et moderne État-Providence. Un cardinal Guibert et un cardinal Richard ont, en particulier à propos de la construction du Sacré-Cœur, établi avec le pouvoir politique qu'il soit celui de l'Ordre moral, de la République des républicains, celle du Ralliement ou des radicaux, une relation qui permette à l'Église et à l'État d'exister dans leur ordre propre, là où des esprits totalitaires de tous bords, tant chez les catholiques que chez les autres, tendaient à supprimer l'un des deux termes. De même qu'en morale individuelle, ils ont été les tenants du liguorisme, au-delà du rigorisme et du laxisme, prise en compte « moderne » de la conscience morale du sujet en relation à la loi, de même, dans le domaine de la vie politique, l'appel à tous les catholiques, à tous les Français, au-delà d'un pur néo-ultramontanisme et d'un pur libéralisme, a-t-il été leur façon d'honorer la place de l'individu par rapport au pouvoir dans la cité moderne. Quel que soit le moyen de désignation de ce dernier, l'essentiel est que le détenteur de l'autorité, y compris, et désormais, au niveau individuel, perçoive qu'il la tient de Dieu qui l'a créé à son image. Là aussi, il faut dépasser les illusions de la pure « théo-cratie » et de la pure « démo-cratie » comme si Dieu et l'homme s'opposaient bord à bord. Il n'en est rien surtout depuis l'Incarnation. Aux partisans de l'une et de l'autre, le Vœu national proposait une démarche, non pas moitié-moitié, mais qualitativement autre, une découverte que le « peuple », en tous ses membres, quels qu'ils soient (la veuve et son obole, l'opulent et ses millions), pouvait émettre un vœu au Christ et découvrir qu'il n'est jamais tant lui-même que lorsqu'il reconnait son alliance avec lui, le Christ, vrai homme et vrai Dieu, une « christocratie » étant au service de l'homme et de Dieu. La constitution humano-divine du fondateur du christianisme est, toutes proportions gardées, reconduite dans l'Église et fonde le rapport clercs-laïcs, manifesté au Sacré-Cœur par la collaboration des archevêques et du Comité. En présence de la laïcité prétendument émancipée du monde moderne, le Vœu national a finalement été une école d'apprentissage d'une « laïcité assainie », d'un équilibre dynamique sans cesse à préciser entre une « pression sociale », une dimension publique de la foi qui permette à chacun de se situer par rapport à elle et un « appel du héros », une dimension privée de la foi qui puisse déboucher sur un impact public. Le Sacré-Cœur pourrait en être le symbole : il fait pression sur Paris, mais pas au point que la montée vers lui soit automatique ; il appelle à monter vers lui mais pas de façon telle que la pression soit inutile. Au temps de l'Ordre moral, la loi d'utilité publique a suffi ; dans les temps qui ont suivi, la non-abrogation de ladite loi a suffi également. Le Sacré-Cœur n'est le pur fruit ni de l'un, ni des autres. Ce n'était pas l'idéal, mais des solutions valables pour des circonstances données. Ce n'était ni la pure « thèse » où se répondraient harmonieusement « pression sociale » et « appel du héros », ni la pure « hypothèse » avec ses dissociations de droite ou de gauche. Tout cela n'était pas un simple opportunisme politique, mais une pastorale nouvelle pour des temps nouveaux, une christianisation manifeste de l'ensemble et pourtant respectueuse de chacun.

Dès lors, les responsables étaient confrontés à la christianisation des idées de nation-patrie et de classe, idées modernes s'il en est depuis les XV^e^-XVI^e^ siècles, mais particulièrement actives au XIX^e^. Il ne fallait céder ni à leur négation au nom du catholicisme, ni à l'inféodation de ce dernier à des réalités spontanément totalitaires comme la classe ou la nation. Ils ont essayé de vivre d'une façon catholique leur condition « bourgeoise » et leur appartenance nationale. Sociaux, ils ont cherché à procurer du travail et à donner de l'aide en partageant leur foi et leur piété en Église – leur paternalisme était d'origine catholique. Patriotes, ils n'ont jamais voulu absolutiser la France en coupant leur Église de l'Église de Rome et donc des autres Églises nationales – leur patriotisme était également catholique ; leur sens chrétien de la nation faisait d'eux des « patriotes » non des « nationalistes » avant la lettre. Là encore, l'essentiel du mode catholique d'existence est la mise en relation des classes et des patries au sein de l'Église au nom de l'alliance de Dieu avec l'homme en Jésus-Christ. Au temps des deux France (ancienne et chrétienne pour les uns, moderne et non-chrétienne pour les autres), les responsables ecclésiastiques et laïcs du Sacré-Cœur en proposaient une troisième : moderne et chrétienne.

## *LE SACRÉ-CŒUR ET LA SPIRITUALITÉ*

La recherche du salut de la France et de la liberté de l'Église par l'invocation du prototype de la dévotion individualiste (au premier regard) qu'est la dévotion au Sacré Cœur de Jésus est un des paradoxes du Vœu national. En fait, on l'a vu, il n'en est rien. Le cœur-organe, le cœur-psychologie et le cœur-symbole d'amour (attention à l'Autre et aux autres) renvoient à une anthropologie où sont prônées l'unité en l'homme du corps et de l'âme, de l'extérieur et de l'intérieur, du visible et de l'invisible, du public et du privé, du politique et du religieux, unité de l'homme constituée par les interrelations sociales que sont les personnes selon la conception catholique. L'individualisme subjectiviste, fermé sur lui-même des Temps modernes est assaini dans le catholicisme par la confrontation avec l'humanité du Sauveur envisagée en sa vie intérieure ouverte à Dieu et aux hommes. On a laissé entendre combien l'école ignatienne et l'école bérullienne proposaient une christianisation de la modernité. L'actualisation éclectique, donc originale, au XIXe siècle de ces spiritualités s'est tout naturellement liée aux divers patriotismes catholiques, français en particulier. Ce mode d'attachement au Christ répond à la constitution à la fois privée et publique de la personne au sens catholique du terme. À l'encontre d'un jansénisme dé-divinisant l'homme et d'un humanisme déshumanisant Dieu, le troisième rebondissement du christianisme propose une révolution christocentrique vécue aussi bien par la diffusion de *L'Imitation de Jésus-Christ* que par les œuvres des disciples d'Ignace et de Bérulle. Aux uns et aux autres qui prônent un culte raisonnable, le catholicisme du XIXe siècle propose par les dévotions au Sacré Cœur et au Saint Sacrement du Corps et du Sang du Christ, un culte total où la raison n'est jamais tant elle-même que lorsqu'elle consent à entrer dans une relation personnelle conjuguée aux diverses dimensions de l'homme pour lui permettre une expérience totale du divin.

## *LE SACRÉ-CŒUR ET L'ART*

Le salut de Paris et de la France, la liberté de Rome et de l'Église, fruits de l'invocation du Cœur de Jésus, devaient se traduire par la construction d'une église : les arts faisaient leur entrée dans la religion catholique de la patrie. Adoptés, transformés, élevés par elle, ils devaient manifester la gloire du Cœur du Christ et le salut de la France. On refusa d'abord une transformation de l'Opéra en église ainsi que le retour à une basilique de type purement « viollet-le-ducien ». Paul Abadie voulait la commande, Mgr Guibert a confirmé le choix du jury pour une œuvre synthétique et donc nouvelle. Les modalités catholiques de la décision étaient respectées : ont-elles porté leurs fruits ? Achevée par un sixième architecte, trente ans après la mort de son concepteur, le Sacré-Cœur est-il à la hauteur des espoirs mis en lui ? Oui, croyons-nous devoir répondre ! L'enquête historique dans les domaines politiques et religieux permet de dégager les conditions propices à un jugement esthétique encore enseveli sous les décombres d'une contestation tous azimuts. Le combat des deux France a fait des victimes des deux côtés. Il en fait encore car il ne semble pas terminé. Par ce travail, on n'a pas voulu le raviver mais l'apaiser pour donner à chacun des éléments de jugement. Le Sacré-Cœur, un des grands monuments du « Paris, capitale du XIXe siècle », ne pourrait-il en profiter, surtout aux yeux de certains Parisiens du XXe siècle ?

## *EN RÉSUMÉ*

Fruit d'une spiritualité née autour du concile de Trente et refondue après la Révolution, fruit d'une situation politique qui s'est développée tout au long du XIXe siècle (l'unité allemande et l'unité italienne) et dont le premier concile du Vatican a été lui-même la victime, fruit d'une action architecturale qui ne s'est achevée, pour son aménagement et ses dépendances, dans leur état actuel [2], qu'à la veille du second concile du Vatican, le Sacré-Cœur est bâti – si Dieu lui prête vie ! – pour quelques siècles encore. En 1990, il a déjà été béni par neuf papes successifs ; tour à tour dix archevêques de Paris et onze supérieurs l'ont mis au service de millions de visiteurs (fidèles, pèlerins et touristes qu'il est difficile et inutile de séparer). La ville de Paris honore autant qu'elle le peut ses nouvelles obligations de propriétaire depuis 1905. Les distances chronologiques et les différences de mentalités (marquées surtout par le tournant de 1968) qui nous séparent de sa fondation et de la première phase de sa construction (entre un siècle et un demi-siècle) n'ont semblé ni trop

2. On nous signale pour les premières années 1990 une reconstruction des locaux de la Maîtrise de Montmartre.

grandes, ni trop petites pour permettre une réévaluation apaisée de l'ensemble. Les jugements présentés dans l'introduction ne nous paraissent pas définitifs : le Sacré-Cœur de Montmartre peut être jugé à nouveau et désormais positivement. Les lieux communs sur un Sacré-Cœur construit uniquement pour faire expier à Paris les crimes de la Commune par des monarchistes et/ou des « patriotards », « cordicoles » nourris d'une dévotion sentimentale et doloriste, optant pour une architecture « pastiche » et une décoration « pompier » doivent pouvoir être revus et corrigés : édifié en expiation (par les catholiques eux-mêmes) des péchés de la France (donc des communards mais aussi des bourgeois du second Empire) et pour son salut ainsi que pour la liberté du souverain pontife, construit par des catholiques patriotes et sociaux eux-mêmes, attentifs au caractère personnel et généreux de la foi au Christ, le Sacré-Cœur est aussi le témoin d'une architecture récapitulative de l'histoire de cet art par un dépassement de l'idée de simple pastiche du passé et habitée par une rationalité qui a donné naissance à celle du XX$^{e}$ siècle. Sa décoration, éminemment christocentrique, traduit magnifiquement dans la pierre la spiritualité de l'époque et la transmet au visiteur qui ne s'y ferme pas a priori.

Le présent travail en effet, ex-voto de papier ! ne saurait dispenser le lecteur (si ce n'est déjà fait) d'une visite à l'ex-voto de pierre, d'une meilleure connaissance et compréhension de l'ex-voto d'imaginaire et d'une découverte (pourquoi pas ?) de l'ex-voto de prière. Comme J. Guadet en 1900 et F. Loyer en 1987, c'est par une telle invitation que cette étude tournée en fait vers l'avenir s'achève.

# ANNEXES

# I. – *PIÈCES JUSTIFICATIVES*

## 1. Généalogie simplifiée des Marcotte, Legentil et Rohault de Fleury[1]

- Louise Marcotte + H. R. de Fleury
  - Charlotte R. de Fleury + Charles de Margerie
    - Renée de Margerie + H. de Vassal[2]
    - Alain de M.[3]
    - Yvonne de M., carmélite[4]
    - 6 autres enfants
  - Jacques R. de Fleury + Claire de Buisson
    - Suzanne R. de F. + X. de Saléon[5]
    - Charlotte R. de F. + M. Develey[6]
    - Jean R. de F.[7]
    - 2 autres enfants
- Joseph Marcotte + Paule Aguillon
  - Elisabeth Marcotte + M. de La Maisonneuve
    - M. -L. de La M.[8] + Claude Chavane
    - Geneviève de La M. +L. de Laporte[9]
  - 3 autres enfants
    - sans descendance
- Louise Marcotte + A.-F. Legentil
  - sans descendance

1. Voir ***, *Généalogie*..., 1907, arch. de Mme Claude Chavane et Alfred Van Den Brule, *Hubert*..., 1930, p. 404, notes.
2. Plusieurs rencontres de l'auteur avec la marquise Renée de Vassal (+); voir les archives.
3. Contacts avec son fils Pierre-Alain de Margerie.
4. Correspondance avec cette religieuse.
5. Correspondance avec leur belle-fille, madame de Saléon.
6. Contacts épistolaires avec un fils, Guy Develey.
7. Rencontres avec son fils, Jacques Rohault de Fleury.
8. Rencontres avec madame Marie-Louise Chavane.
9. Rencontre avec M. & Mme Louis de Laporte.

## 2. Extrait des *Élévations sur les Litanies du Saint Nom de Jésus* par M. A. Legentil[1].

JESU, AMATOR NOSTER, MISERERE NOBIS
Jésus, qui nous aimez, ayez pitié de nous!

Vous êtes non seulement juste et pur, vous êtes la justice et la pureté par essence, et vous nous aimez, nous, pauvres créatures iniques et souillées! Et comment nous aimez-vous? Vous nous l'avez dit vous-même: « Personne n'a un plus grand amour que celui qui donne sa vie pour ses amis » : *Majorem hac dilectionem nemo habet, ut animam suam ponat quis pro amicis suis*. (*Joan.*, XV, 13.) Et c'est ce que vous avez fait.

O insondable mystère de l'amour divin! O prodigieuse industrie du Dieu qui n'est pas seulement charitable, mais qui est charité! La charité est un des attributs essentiels de Dieu; donc, mettre des bornes à cette charité, ce serait supposer une limite à une des perfections de Dieu, c'est-à-dire commettre la plus grossière et la plus impie des contradictions.

L'exercice de cet immense amour, de cette indulgence infinie que Notre-Seigneur Jésus-Christ a pour nous, ne s'arrête que devant deux choses: l'intérêt de la gloire et de la justice de son Père, et notre propre liberté. Or, cela est encore de la charité, car, sans la satisfaction à la justice divine il n'y aurait pas de rédemption, et sans le respect pour la liberté humaine il n'y aurait pas de mérites.

La charité de Jésus-Christ est donc absolument infinie. Mais nous ne connaissons pas d'êtres envers lesquels elle se soit exercée avec plus de largesse qu'envers nous, qui la méritions si peu et qui la reconnaissons si mal. Et cependant, elle ne se lasse pas, elle continue à se manifester de mille et mille manières malgré nos ingratitudes.

O mon Dieu! comment répondre à ce divin amour que nous ne pouvons même pas comprendre? Hélas! c'est vous seul qui nous rendez capables et dignes de profiter des biens que vous nous avez vous-même donnés! Rendez-nous en donc toujours plus dignes et plus capables. Et faites que, travaillant constamment à accomplir de nouveaux progrès dans votre amour, nous répétions de cœur cette belle parole du grand saint Louis: « La mesure d'aimer Dieu, c'est de l'aimer sans mesure. »

1. Alexandre Legentil, *Élévations*..., 1892, p. 70-72.

## 3. Extrait des notes de M. Legentil[1]. Pourquoi aimer le pauvre ?

Les pauvres, comme tous les autres hommes, sont dans tous les temps à peu près les mêmes, pas très aimables. Les aimerai-je pour eux ? Cela ne me serait pas facile, et, en tout cas, je le vois bien, cela ne durerait pas longtemps. L'espèce de sensibilité nerveuse qui me fait m'attendrir à la vue de la souffrance n'est pas l'amour fort, persévérant, généreux, tel que vous le commandez, ô mon Dieu ! On vide une fois sa poche et on ne revient pas. Mais on revient, on persévère, quand c'est vous qu'on aime, quand c'est pour vous qu'on agit. Et on continue ainsi toute sa vie, souvent sans consolation, mais non pas sans confiance. Vous m'avez commandé d'aimer mon prochain pour l'amour de vous ; je ne sens pas pour les pauvres ces effusions de tendresse que j'aurais pour mes parents, pour mes amis ; mais je n'en ai que plus d'assurance que c'est pour vous que je travaille. Enfin, j'ai trouvé des êtres que je ne puis aimer que pour vous. Plus de liens du sang, plus d'agrément ou de profit dans le commerce, plus d'empire de l'habitude, plus d'aliment pour la vanité. Dans le service des pauvres vous régnez en maître, avec la pureté immaculée de votre amour. Dès lors, s'ils ont des défauts, s'ils sont exigeants, susceptibles, peu reconnaissants du bien qu'on leur fait, peu intelligents du bien qu'on veut leur faire, j'oserai, Seigneur, presque dire : Tant mieux ! car alors c'est vous seul que je serai assuré d'aimer en les servant. Donnez-moi donc d'aimer les pauvres, non d'une affection humaine ni avec la consolation de la tendresse sensible, mais avec droiture, simplicité d'intention, constance, vous voyant des yeux de la foi dans le pauvre et sans jamais dévier de la voie que vous m'avez tracée et qui doit me conduire au salut, car vous avez dit : « Faites cela et vous vivrez. »

## 4. Inscriptions funéraires des caveaux Legentil et Rohault de Fleury au cimetière du Père-Lachaise.

Hubert Rohault de Fleury (1828-1910) est enseveli avec son épouse Louise Rohault de Fleury, née Marcotte (1833-1857). Le caveau a été refait vers 1987[2]. Outre ces noms et dates, il porte l'exclamation « Mon Jésus » et le titre d'Hubert : « Secrétaire général du Vœu national de 1870 à sa mort et réalisateur de la basilique du Sacré-Cœur de Montmartre ».

Le caveau d'époque des LEGENTIL[3] porte de multiples citations bibliques en latin qui sont, semble-t-il, tirées du *Paroissien romain*. Nous en donnons la traduction selon une édition de celui-ci du début du xx^e^ siècle.

1. Voir d'autres extraits dans *BVN*, 1896, p. 130-133.
2. 86° division, I6° ligne par rapport à la 81° division et 22° file par rapport à la 85° division.
3. Concession n° 52 644, 24° division, 3° ligne, file 22, derrière la citerne.

CAROLUS LEGENTIL
OBIIT LUTETIA OCT. MDCCCLV A. N. LXVII M. VI D. XXVII [1]

Jucundus homo qui miseretur et commodat; disponet sermones suos in judicio: quia in aeternum non commovebitur.
In memoria aeterna erit justus: ab auditione mala non timebit.
Paratum cor ejus sperare in Domino, confirmatum est cor ejus [2].
Multis publicis muneribus bene functus pie obiit [3].

STEPHANA FELICIA SANSON CAROLI LEGENTIL UXOR
OBIIT IN DOMINO A. N. LXXV, DIE XV APRIL MDCCCLXXV [4].

Manum suam aperuit inopi, et palmas suas extendit ad pauperem.
Os suum aperuit sapientiae, et lex clementiae in lingua ejus [5].

ALEXANDER FELIX LEGENTIL
NAT. XII AUG. ANNO MDCCCXXI.
DIE OBIIT XVII JUNIUS [6] MDCCCLXXXIX [7].

Beatus qui intelligit super egenum et pauperem: * In die mala liberabit eum Dominus [8].
Beati mites, quoniam ipsi possidebunt terram.
Beati pacifici, quoniam Dei vocabuntur [9].

MARIA LUDOVICA MARCOTTE UXOR ALEXANDRA
FELICIS LEGENTIL
NATA 25 NOVEMBRIS ANNO MDCCCXXVII
DIE OBIIT XVI JANUARII MDCCCCXX [10].

Mulier timens Dominum, ipsa laudabitur [11].
Domine, dilexi decorem domus tuae [12].

1. Père d'Alexandre Legentil: mort à Paris en octobre 1855 à l'âge de 67 ans, 6 mois et 27 jours.

2. Heureux l'homme qui plaint et secourt l'indigent; il réglera ses paroles selon la prudence; il ne sera jamais ébranlé. La mémoire du juste sera éternelle; il ne craindra pas les mauvais discours des hommes. Son cœur est toujours prêt à espérer dans le Seigneur, son cœur est en assurance.

Remarque: Le dernier verset n'est pas cité en entier. L'autre moitié est: non commovebitur donec despiciat inimicos suos (il ne sera point ébranlé, jusqu'à ce qu'il voie ses ennemis à ses pieds). *Psaume* 112 (111), versets 5-8. Deuxième psaume des vêpres du dimanche selon l'ancienne répartition.

3. Ayant assumé plusieurs charges publiques, il est mort pieusement.

4. Mère d'Alexandre Legentil: Stéphanie Félicie Sanson, épouse de Charles Legentil, décédée dans le Seigneur à 75 ans, le 15 avril 1875.

5. Elle ouvre ses mains au misérable, elle tend les bras à l'indigent; elle ouvre la bouche avec sagesse et un pieux enseignement est sur sa langue. *Proverbes* 31, 20 et 26. Extrait de l'épître de la messe des saintes femmes.

6. Il y a une erreur gravée dans la pierre: ce n'est pas en juillet mais en juin qu'Alexandre Legentil est mort.

7. Né le 21 août 1821. Mort le 17 juin 1889.

8. Heureux celui qui a le souci de l'indigent et du pauvre, au jour de malheur, le Seigneur le délivre (*Psaume* 41 (40), 2).

9. Heureux les doux car ils possèderont la terre. Heureux les pacifiques car ils seront appelés fils de Dieu (*Matthieu* 5, 4 et 9).

10. Marie Louise Marcotte, femme d'Alexandre Félix Legentil, née le 25 novembre 1827, morte le 16 janvier 192O.

11. La femme qui craint le Seigneur, on doit la louer. *Proverbes* 31, 30b. Extrait de la messe des saintes femmes.

12. Seigneur, j'aime la beauté de ta maison (*Psaume* 26 (25), 8).

LUDOVICA BLANCA LEGENTIL
OB II APR. MDCCCXXXVI A. N. X[1]
Amabilis et decora in vita sua[2].

HENRICUS JOSEPH STEPHANUS LEGENTIL
OBIIT II MART. MDCCCXXXVI A. N. XII[3].
Morte ovoque sunt non divisi[4].

## 5. Épitaphes des cardinaux fondateurs (crypte du Sacré-Cœur).

### Cardinal Guibert

« Pauperes evangelizantur »
(armoiries)
« Suaviter et fortiter »
JOS. HIPP. CARD. GUIBERT
archiepiscopus Parisiensis
ann. MDCCCLXXI-MDCCCLXXXVI

Anima antiqua discordiarum moderatrix
hujus basilicae opus
patriae Christo reconciliandae causa
fide vovit fide inchoavit
primarum lapidem posuit
cryptam divinis mysteriis sanctificavit
ubi
eis[5] cineres ann. post funera XXXVI
pie deposuimus[6]
+

1. Sœur d'Alexandre Legentil : Louise Blanche Legentil morte le 2 avril 1836 à l'âge de 10 ans
2. Elle fut aimable et belle durant sa vie.
3. Frère d'Alexandre Legentil : Henri Joseph Stéphane ou Etienne Legentil, mort le 2 mars 1836, à l'âge de 12 ans.
4. La mort et la naissance ne les ont pas séparés.
5. « eis » pour « ejus ».
6. « Les pauvres sont évangélisés » (armoiries) « Avec douceur et courage ». Joseph Hippolyte cardinal Guibert, archevêque de Paris (1871-1886). Ame d'autrefois, apaisant les discordes pour réconcilier la patrie avec le Christ. Dans la foi, il promit par vœu, dans la foi, il entreprit la construction de cette basilique et sanctifia par la célébration des divins mystères cette crypte où, 36 ans après sa mort, nous avons pieusement déposé ses restes. Inscription relevée et traduite en 1989 par Alain Volat. Plaque dessinée et gravée en (1886 + 36 =) 1922. Voir le dessin daté de 1922 de Jean Hulot aux ASCM. Mais le dépôt ne s'est fait réellement qu'en 1925 : voir la plaque au-dessus de la porte de la crypte (façade côté ouest) et *BVN*, 1925, p. 136.

**Cardinal Richard**

« Faictes sur toutes choses que Dieu soit le mieulx aimé »
(armoiries)
FRANCISCUS CARD. RICHARD
archiepiscopus Parisiensis
ann. MDCCCLXXXVI-MCMVIII

Disciplinae custos doctrinae vindex
in adversis constans in omnibus humilis
hanc basilicam
a limine ad usque sublime fastigium
aedificavit
et Sacratissimi Cordi servus
ad pedes Domini sui deponi
postulavit
quem voti compotem ann. post obitum XV
fideliter fecimus[1]
+

## 6. Lettre en date du 16 janvier 1871 de A. Legentil à J. Marcotte[2].

Poitiers, 16 janvier 1871

Cher ami,

Je vous envoie, à tout hasard, par ~~deux~~ trois voies différentes, cet imprimé que je recommande aux Saints Anges.

Je pense que vous adhérerez à ce projet. Montrez-le au R. P. Lef.[3], à Michel C.[4], à tous les ecclésiastiques & les personnes pieuses que vous rencontrerez.

Vous pourrez dire au R. P. Lef. qu'ici ses confrères accueillent cela parfaitement. En province, nous trouvons beaucoup d'écho : on devrait en trouver encore davantage à Paris.

1. François cardinal Richard, archevêque de Paris (1886-1908). Gardien des principes, garant de la doctrine, ferme dans le malheur, effacé en toutes circonstances, il édifia cette basilique, de la base à son point culminant, et, serviteur du Sacré Cœur, il demanda à être déposé aux pieds de son Seigneur, ce que nous avons fait fidèlement, 15 ans après sa mort, pour réaliser son vœu. Inscription relevée et traduite en 1989 par Alain Volat que nous remercions. Même remarque que pour le cardinal Guibert à propos des dates (page précédente).

2. Lettre qui se trouve sur l'un des premiers tracts (n° 638) du Vœu. Voir nos réf. iconographiques.

3. Le père Lefebvre, jésuite : voir au chap. 1, à propos de Joseph Marcotte.

4. Michel Cornudet : voir chap. 13.

Recueillez des adhésions ; dans l'état d'incertitude des fortunes où nous sommes, il n'y a rien de positif à promettre. Il suffit de former devant Dieu une bonne résolution, de s'associer à l'amende honorable qui se trouve dans cette prière[1] et de voir, quand le moment viendra, ce qu'on pourra faire.

Vous pouvez dire que l'initiative de ce vœu vient de Mr Baudon. J'ai pris sur moi de le rédiger parce que personne ne s'en chargeai. J'ai soumis une rédaction à l'Évêque de Poitiers qui l'a approuvée. C'est par une cause bien indépendante de ma volonté que je ne me suis pas adressé à l'Archevêque de Paris.

Nous avons reçu ce matin votre lettre du 12. Merci de vos bonnes nouvelles. Espérons que Dieu de lassera enfin de nous éprouver. Vous avez très bien fait de mettre des religieuses chez ma mère : mettez en chez moi si vous le pouvez. Ce seront les Anges Gardiens de notre maison. Je vous recommande seulement mon cabinet & ma bibliothèque[2]. Faites ouvrir tout, s'il est besoin.

S'il vous faut de l'argent, demandez-en de ma part à la maison Cheuvreux[3] ; demandez le Caissier, Mr Lanerge. Nous allons bien ; vos enfants ont reçu vos lettres. Ce sont deux vrais amours. Je vous autorise à loger chez moi les personnes que vous verrez menacées & je vous constitue maître chez moi.

Vôtre bien cordialement dévoué,

A. -F. Legentil

## 7. Analyse du scrutin sur l'ensemble du projet de loi tendant à déclarer d'utilité publique la construction d'une église à Paris-Montmartre 24 juillet 1873

| Évêché | Départ. | Pour | Contre | Pas pris part | Abs. | Pour | Contre |
|---|---|---|---|---|---|---|---|
| Aix)<br>Marseille) | (B. -du-R. | 1 | 7 | 2 | 1 | | |
| Ajaccio | Corse | 3 | | 2 | | | |
| Digne | Basses-A. | 2 | | 1 | | | |
| Fréjus | Var | 1 | 4 | 1 | | | |
| Gap | Hautes-A. | 2 | | | | | |
| Nice | A. -Marit. | | 1 | 3 | 1 | | |
| Archevêché d'Aix | | 9 | 12 | 9 | 2 | 28 % | 37 % |

1. Dans le tract n° 638, l'ordre des deux dernières propositions est inversé : « Il s'agit de faire amende honorable devant Dieu, de former une bonne résolution. »
2. Dans le tract n° 638, Alexandre-Félix Legentil ajoute « ainsi que les tableaux ».
3. Maison associée à Charles Legentil : voir arch. de la ville de Paris : 6 AZ 292.

| Évêché | Départ. | Pour | Contre | Pas pris part | Abs. | Pour | Contre |
|---|---|---|---|---|---|---|---|
| Albi | Tarn | 5 | | 2 | | | |
| Cahors | Lot | 4 | | | 2 | | |
| Mende | Lozère | 1 | | 1 | 1 | | |
| Perpignan | Pyr. -Orien. | | 4 | | | | |
| Rodez | Aveyron | 8 | | | | | |
| Archevêché d'Albi | | 18 | 4 | 3 | 3 | 64% | 14% |
| Alger | Alger | | 1 | 1 | | | |
| Oran | Oran | | 1 | 1 | | | |
| Constantine | Const. | | 2 | | | | |
| Archevêché d'Alger | | | 4 | 2 | | 0% | 67% |
| Auch | Gers | 4 | | 1 | 1 | | |
| Aire | Landes | 3 | 2 | 1 | | | |
| Bayonne | Basses-P. | 5 | | 3 | 1 | | |
| Tarbes | Hautes-P. | 3 | | 2 | | | |
| Archevêché d'Auch | | 15 | 2 | 7 | 2 | 58% | 8% |
| Avignon | Vaucluse | | 1 | 3 | 1 | | |
| Montpellier | Hérault | 6 | 2 | | | | |
| Nîmes | Gard | 7 | 1 | 1 | | | |
| Valence | Drôme | 1 | 3 | 1 | 1 | | |
| Viviers | Ardèche | 5 | | 1 | 2 | | |
| Archevêché d'Avignon | | 19 | 7 | 6 | 4 | 53% | 4% |
| Besançon) | (Doubs | 2 | 2 | 1 | 1 | | |
| | (Hte-Saône | 4 | | | 2 | | |
| Belley | Ain | 2 | 1 | 1 | 3 | | |
| Nancy | M. -&-M. | | 7 | 2 | 1 | | |
| Saint-Dié | Vosges | 2 | 4 | 2 | | | |
| Verdun | Meuse | 3 | 1 | 1 | 1 | | |
| Archevêché de Besançon | | 13 | 15 | 7 | 8 | 39% | 45% |
| Bordeaux | Gironde | 5 | 4 | 4 | 1 | | |
| Agen | Lot-&-G. | 5 | | 1 | | | |
| Angoulême | Charente | 3 | | 4 | | | |
| Luçon | Vendée | 7 | | 1 | | | |
| Périgueux | Dordogne | 7 | | 1 | 2 | | |
| Poitiers) | (Vienne | 5 | | | 1 | | |
| | (D. Sèvres | 5 | 2 | | | | |

| Évêché | Départ. | Pour | Contre | Pas pris part | Abs. | Pour | Contre |
|---|---|---|---|---|---|---|---|
| La Rochel. | Charente-M. | 2 | 2 | 5 | 1 | | |
| +St Denis | Réunion | | 2 | | | | |
| +Pt de F. | Martinique | | 2 | | 1 | | |
| +Basse-T. | Guadeloupe | | 1 | | | | |
| Archevêché de Bordeaux | | 39 | 8 + 5 | 16 | 5+1 | 57 %<br>52 % | 12 %<br>18 % |
| Bourges) | (Cher | 5 | | 2 | | | |
| | (Indre | 3 | | 2 | | | |
| Clermont | Puy-de-Dôme | 7 | | 2 | 1 | | |
| Limoges) | (Haute-V. | 6 | 1 | | | | |
| | (Creuse | 3 | | 1 | 1 | | |
| Le Puy | Hte-Loire | 6 | | | | | |
| St-Flour | Cantal | 3 | | 2 | | | |
| Tulle | Corrèze | 4 | 1 | 1 | | | |
| Archevêché de Bourges | | 37 | 2 | 10 | 2 | 73 % | 4 % |
| Cambrai | Nord | 23 | 3 | | 1 | | |
| Arras | Pas-de-C | 14 | | 1 | | | |
| Archevêché de Cambrai | | 37 | 3 | 1 | 1 | 88 % | 7 % |
| Chambéry )<br>Jean-de-M.)<br>Tarentaise) | (Savoie | 2 | | 2 | 1 | | |
| Annecy | Hte-Savoie | | | 5 | | | |
| Archevêché de Chambéry | | 2 | | 7 | 1 | 20 % | 0 % |
| Lyon) | (Rhône | 4 | 5 | 3 | 1 | | |
| | (Loire | 6 | 2 | 1 | 1 | | |
| Autun | S. -&-L. | 4 | 5 | 2 | 1 | | |
| Dijon | Côte d'or | | 6 | 1 | 1 | | |
| Grenoble | Isère | 6 | 2 | 3 | 1 | | |
| Langres | Hte-Marne | 5 | | | | | |
| St-Claude | Jura | 1 | 3 | 2 | | | |
| Archevêché de Lyon | | 26 | 23 | 12 | 5 | 39 % | 35 % |
| Paris | Seine | 8 | 17 | 16 | 2 | 20 % | 42 % |
| Blois | L. -&-Cher | 1 | 3 | 1 | | | |
| Chartres | Eure-&-L | 3 | 1 | 2 | | | |
| Meaux | Seine-&-M. | 3 | | 4 | | | |

| Évêché | Départ. | Pour | Contre | Pas pris part | Abs. | Pour | Contre |
|---|---|---|---|---|---|---|---|
| Orléans | Loiret | 5 | | 2 | | | |
| Versailles | Seine-&-O. | 1 | 7 | 1 | 1 | 27 % | 36 % |
| Châlons/M. | Marne | 1 | 6 | 1 | | | |
| Reims) | Ardennes | 3 | 2 | | 1 | | |
| Amiens) | Somme | 6 | 3 | 2 | | | |
| Beauvais | Oise | 5 | | 3 | | | |
| Soissons | Aisne | | 7 | 3 | 1 | | |
| Archevêché de Reims | | 15 | 18 | 9 | 2 | 34 % | 41 % |
| Rennes | Ille-&-V. | 8 | 1 | 2 | 1 | | |
| Quimper | Finistère | 7 | 1 | 2 | 1 | | |
| St-Brieuc | Côtes-du-N. | 8 | | 2 | 3 | | |
| Vannes | Morbihan | 9 | | 1 | | | |
| Archevêché de Rennes | | 32 | 2 | 7 | 5 | 70 % | 4 % |
| Rouen | Seine-Inf | 10 | | 4 | 1 | | |
| Bayeux | Calvados | 5 | | 4 | | | |
| Coutances | Manche | 9 | | 1 | | | |
| Evreux | Eure | 6 | 1 | 1 | | | |
| Séez | Orne | 5 | | 3 | | | |
| Archevêché de Rouen | | 35 | 1 | 14 | 1 | 69 % | 2 % |
| Sens | Yonne | 1 | 1 | 4 | 1 | | |
| Moulins | Allier | 5 | | 1 | 1 | | |
| Nevers | Nièvre | 2 | | 2 | 2 | | |
| Troyes | Aube | 2 | | 2 | | | |
| Archevêché de Sens | | 10 | 1 | 9 | 4 | 42 % | 4 % |
| Toulouse | Hte-Gar. | 6 | | 2 | 1 | | |
| Carcassonne | Aude | 4 | | 1 | | | |
| Montauban | Tarn-&-Gar. | 2 | | 1 | 1 | | |
| Pamiers | Ariège | 4 | | 1 | | | |
| Archevêché de Toulouse | | 16 | | 5 | 2 | 70 % | 0 % |
| Tours | Indre-&-L. | 2 | 2 | 2 | | | |
| Angers | Maine-&-L. | 11 | | | | | |
| Laval | Mayenne | 6 | | 1 | | | |
| Le Mans | Sarthe | 9 | | | | | |
| Nantes | Loire-inf. | 11 | | 1 | | | |
| Archevêché de Tours | | 39 | 2 | 4 | | 87 % | 4 % |

L'importance des abstentions dans les Charentes semble symptomatique du vote protestant sur le sujet. La poussée républicaine aux élections partielles de juillet 1871 et suivantes se traduit par le fait que les nouveaux élus représentent quelque 40 % des « contre » (56 voix); le fait est particulièrement net dans certains départements comme l'Hérault. Il est aussi éloquent d'observer le vote de la Seine et de la Seine-&-Oise, comme d'établir une comparaison entre les zones de tradition chrétienne, d'une part, et les circonscriptions sans vote « pour » ou sans vote « contre » d'autre part [1].

## 8. Tableau de la participation des diocèses à la dévotion au Cœur de Jésus et au Vœu national [2]

– Col. 73 : réponse à la lettre de Mgr Guibert de septembre 1873.
– Col. 81 : quête pour le Vœu national en 1881.
– Col. 91 : réponse à l'invitation pour la bénédiction en 1891.
– Col. 19 : réponse à l'invitation pour la consécration en 1919. + (= oui), – (= non), santé (= s) ou visites pastorales (= vp) constituent les motifs d'excuses.
– Col. CJ : date de consécration du diocèse au Cœur de Jésus.
– Col. VN : date des mandements concernant le Vœu national.
– Col. C : type de concession faite au diocèse (c = chapelle, p = pilier, h = hémicycle de la crypte).
– Col. P89, AN89, p89 : nombre des prêtres qui ont célébré la messe (P), des adorateurs nocturnes (AN) et des pèlerinages (p) venus à Montmartre en 1889 [3].
– Col. CA : nombre des confréries agrégées à l'archiconfrérie du Sacré-Cœur de Montmartre en 1900 [4].

| | 73 | 81 | 91 | 19 | CJ | VN | C | P89 | AN89 | p89 | CA |
|---|---|---|---|---|---|---|---|---|---|---|---|
| Agen | + | . | + | + | 50 | . | . | 16 | . | . | 4 |
| Aire | – | . | . | – | 51 | . | p | 7 | . | . | 1 [5] |
| Aix | – | Q | . | + | 50 | 75 | p | 23 | 4 | . | 13 |
| Ajaccio | . | . | – | – | 50 | 89 | p | 3 | 9 | . | 7 |
| Albi | + | . | + | + | 50 | 89 | p | 27 | 21 | . | . |

1. Analyse et commentaires établis par Jean Airiau. Nous le remercions vivement ainsi que son fils Paul.
2. Tableau établi à partir de Christine de Nantes, *La construction*..., 1971, p. 121 (pour les archives de l'archevêché de Paris), à partir de tableaux du *BVN* 1885, p. 315-317 (pour les consécrations des diocèses), du *BVN*, bull. suppl. jan. 1887, p. 15 et 16 (pour les concessions).
3. *BVN*, 1890, p. 9-10.
4. *BVN*, 1901, p. 141.
5. Aire souscrit pour la chapelle saint Benoît Labre (*BVN*, 1914, p. 110) et offre soixante colonnes de marbre (*HSC*, t. II, p. 272).

| | 73 | 81 | 91 | 19 | CJ | VN | C | P89 | AN89 | p89 | CA |
|---|---|---|---|---|---|---|---|---|---|---|---|
| Alger | . | Q | . | + | 49 | 73 | . | 25 | . | . | .[1] |
| Amiens | + | Q | – | + | 66 | 73–89 | p | 82 | 24 | . | 6 |
| Angers | + | . | . | + | 71 | . | . | 44 | 5 | . | 8 |
| Angoulême | + | . | . | + | 50 | . | p | 11 | 2 | . | 8[2] |
| Annecy | . | . | – | s | 71 | . | . | 10 | 71 | . | . |
| Arras | + | . | . | + | 71 | . | c | 100 | 39 | 3 | 13[3] |
| Auch | + | Q | . | + | 51 | 73 | . | 34 | 7 | . | 1 |
| Autun | + | . | vp | + | 50 | 73–89 | . | 33 | 48 | . | . |
| Avignon | + | . | s | s | 49 | . | . | 17 | 8 | . | 2 |
| Bayeux | + | Q | vp | + | 70 | 74-89 | p | 143 | 56 | . | 41[4] |
| Bayonne | . | . | – | + | 51 | 75 | c | 20 | 2 | . | 9[5] |
| Beauvais | + | Q | . | + | 71 | 74 | p | 107 | 75 | 12 | 4 |
| Belley | + | Q | – | + | 70 | . | p | 11 | . | . | 2 |
| Besançon | + | . | + | + | 31-70 | . | p | 27 | 64 | . | 17[6] |
| Blois | . | . | + | + | 70 | . | p | 66 | 62 | . | 20 |
| Bordeaux | + | Q | . | + | 50 | . | p | 52 | 8 | . | 5[7] |
| Bourges | + | . | – | + | 50 | . | . | 32 | 18 | 1 | 5 |
| Cahors | + | . | – | + | 50 | . | . | 12 | 3 | . | . |
| Cambrai | + | Q | – | + | 50 | . | p | 179 | 304 | 5 | 10[8] |
| Carcassonne | + | . | + | s | 50 | . | p | 26 | 12 | . | 2 |
| Châlons | + | Q | . | + | 71 | 74 | p +h | 35 | 52 | . | 2[9] |
| Chambéry | + | . | . | + | 70 | . | cloche | 34 | 32 | . | 1[10] |
| Chartres | + | Q | + | + | 71 | 77-80-5-9 | p | 74 | 9 | 3 | 1[11] |
| Clermont | + | . | . | + | 50 | 89 | . | 35 | 104 | . | 9 |
| Constantine | + | Q | . | + | 49 | 89 | . | 2 | . | . | 2 |
| Coutances | . | Q | . | + | 78 | 78-89 | c | 84 | 54 | . | 17[12] |
| Digne | . | . | . | + | 50 | . | . | 3 | 4 | . | . |

1. « Lettre circulaire de Mgr l'archevêque d'Alger au clergé de son diocèse relativement à la consécration de la France au Sacré Cœur de Jésus et à la construction d'une église nationale à Montmartre, 25 août 1873 » dans *BVN*, 1874, p. 91. Il demande aux curés de faire une quête annuelle pendant cinq ans. Mgr Lavigerie participe à la célébration de la pose de la première pierre.

2. Angoulême souscrit également un arceau.

3. En 1874, Arras est en deuxième position après Cambrai, *BVN*, 1875, p. 424. Il souscrit pour la chapelle Saint-Benoît Labre (*BVN*, 1914, p. 110) puisque le saint est du diocèse.

4. Mgr Hugonin prescrit une quête en 1875 (*HSC*, t. I, p. 219).

5. C'est-à-dire la chapelle de la bienheureuse Marguerite-Marie. *HSC*, t. III, p. 69.

6. SR de Besançon dans *BVN*, 1878, p. 100. Il souscrit une des niches carrées du pourtour de la chapelle des morts (*HSC*, t. III, p. 68).

7. En 1874, le diocèse de Bordeaux est en troisième position. *BVN*, 1875, p. 424.

8. En 1874, le diocèse de Cambrai est en première position, *BVN*, 1875, p. 424. Voir *HSC* t. II, p. 70, quête en 1882. En 1889, la *SR* parle du Vœu national selon *BVN*, 1889, p. 414.

9. Mgr Meignan recommande le Vœu national en 1875 : voir *HSC*, t. I, p. 220.

10. *BVN*, 1895, p. 853 ; *HSC*, t. IV, p. 386.

11. Voir *HSC*, t. I, 422.

12. Voir *HSC*, t. I, p. 431. Chapelle Saint-Michel, à cause du mont Saint-Michel (*BVN*, 1883, p. 655). Le diocèse a aussi contribué au lanternon du dôme (son nom y est inscrit) et à la chapelle Saint-Pierre (*BVN*, suppl. mai 1885).

| | 73 | 81 | 91 | 19 | CJ | VN | C | P89 | AN89 | p89 | CA |
|---|---|---|---|---|---|---|---|---|---|---|---|
| Dijon | . | . | – | . | 43-84 | . | p | 38 | 12 | . | 17[1] |
| Evreux | . | . | – | + | 56-70 | 89 | p | 67 | 69 | 1 | 5 |
| Fréjus | + | . | . | . | 50 | . | . | 16 | . | . | 1 |
| Gap | + | Q | – | + | 50 | . | . | 8 | 1 | . | . |
| Grenoble | + | . | – | + | 50 | . | p | 53 | 6 | . | 12 |
| Guadeloupe | . | . | . | + | 50 | . | . | . | . | . | . |
| Langres | + | Q | . | + | 50 | . | p | 76 | 91 | 1 | 7[2] |
| La Rochelle | . | . | . | s | 50 | . | p | 41 | 32 | . | 8 |
| Laval | . | . | . | + | 65 | . | . | 94 | 9 | . | 1[3] |
| Le Mans | + | Q | . | + | 72 | . | . | 147 | 117 | . | 6[4] |
| Le Puy | + | . | . | + | 50 | . | p | 38 | 70 | 1 | 2 |
| Limoges | + | . | – | + | 43-71 | . | p | 52 | 20 | . | 6[5] |
| Luçon | + | . | vp | . | 50 | 74 | . | 19 | 17 | . | 4 |
| Lyon | . | . | + | . | 50 | . | . | 116 | 70 | . | 14[6] |
| Marseille | + | Q | + | + | 1720 | 89 | . | 13 | 25 | . | 1 |
| Martinique | + | . | . | + | 50 | . | . | . | . | . | . |
| Maurienne | . | . | s | s | 70 | . | . | 1 | 2 | . | . |
| Meaux | + | Q | – | + | 77 | 74 | h | 73 | 34 | 5 | 2[7] |
| Mende | + | . | – | . | 50 | . | p | 29 | 45 | . | . |
| Metz | . | . | . | . | . | . | p | 71 | 215 | . | .[8] |
| Montauban | + | . | | + | 50 | . | . | 10 | 9 | . | . |
| Montpellier | . | . | . | + | 49 | 74 | p | 57 | 24 | . | 8 |
| Moulins | + | . | . | + | 50 | . | . | 8 | 5 | . | . |
| Nancy-Toul | . | Q | – | + | 71 | . | p + h | 125 | 47 | 1 | 13 |
| Nantes | + | . | . | + | 70 | . | p + h | 56 | 75 | . | 7[9] |
| Nevers | . | Q | + | + | 50 | . | p + h | 30 | 6 | . | 3[10] |
| Nice | . | . | + | + | 73 | . | p | 18 | 3 | . | 1 |
| Nîmes | + | . | . | . | 49 | . | . | 19 | 3 | . | 1 |
| Oran | . | . | . | + | 49 | . | . | . | . | . | 1 |
| Orléans | + | Q | + | + | 79 | . | 2p+ h | 103 | 6 | 2 | 9[11] |
| Pamiers | + | Q | . | + | 50 | . | 2p | 7 | 2 | . | .[12] |

1. Il y a un comité diocésain pour le Vœu national : *BVN*, 1878, p. 202.
2. En mars 1878, il est question d'un nouvel appel pour le Vœu national (*HSC*, t. I, p. 433).
3. Ce vide est à rapprocher de l'absence d'allusion au Vœu national dans la thèse sur ce diocèse de Michel Denis, *Les royalistes*..., 1977.
4. En 1874, le diocèse du Mans est en sixième position (*BVN*, 1875, p. 424).
5. Il est question d'une quête en 1882 (*HSC*, t. II, p. 70).
6. En 1874, le diocèse de Lyon est en quatrième position (*BVN*, 1875, p. 424).
7. *HSC*, t. III, p. 68.
8. Un bénitier de plus est souscrit par Metz.
9. *BVN*, 1883, p. 656 et 1891, p. 378.
10. *BVN*, 1883, p. 656 et 1891, p. 378.
11. *BVN*, 1883, p. 656 et 1891, p. 378.
12. Mention du Vœu national dans la *SR* (*BVN*, 1889, p. 414).

| | 73 | 81 | 91 | 19 | CJ | VN | C | P89 | AN89 | p89 | CA |
|---|---|---|---|---|---|---|---|---|---|---|---|
| Paris | + | Q | + | + | 22 | +++ | c | 872 | 1276 | 282 | 41 [1] |
| Périgueux | + | . | . | + | 50 | . | . | 16 | 2 | . | 4 |
| Perpignan | + | . | s | + | 50 | . | . | 3 | . | . | . |
| Poitiers | + | . | + | + | 50 | . | c | 72 | 56 | . | 26 [2] |
| Quimper | + | . | . | + | 52 | . | p | 55 | 7 | . | 4 [3] |
| Reims | . | Q | – | + | 71 | 89 | c | 66 | 48 | . | 2 [4] |
| Rennes | + | Q | + | + | 80 | . | p | 116 | 41 | 1 | 2 |
| Rodez | + | . | . | + | 50 | . | p + h | 48 | 54 | . | 1 [5] |
| Rouen | + | . | + | + | 85 | 85 | c | 158 | 43 | . | 8 [6] |
| St-Brieuc | + | Q | . | . | 15-80 | . | p | 71 | 38 | 1 | 1 |
| St-Claude | + | Q | – | . | 50 | . | h | 32 | 102 | . | 10 [7] |
| St-Dié | + | . | . | + | 77 | 77 | . | 30 | 18 | . | 8 |
| St-Flour | + | . | . | + | 50 | 77 | p | 26 | 26 | . | 2 |
| Séez | + | Q | . | – | 70 | 74 | c | 149 | 180 | . | 3 [8] |
| Sens | + | Q | s | + | 50 | . | . | 65 | 45 | 1 | 5 |
| Soissons | + | . | . | + | 53 | . | . | 101 | 37 | . | 5 |
| Tarbes | . | Q | . | + | 51 | . | . | 15 | 4 | . | 3 |
| Tarentaise | . | Q | . | + | 70 | . | . | | 1 | . | 1 |
| Toulouse | . | Q | . | + | 50 | . | p + h | 45 | 18 | . | . [9] |
| Tours | + | Q | . | + | 32-72 | . | p + c | 76 | 12 | . | 4 [10] |
| Troyes | + | . | s | + | 50 | . | 2 p | 34 | 34 | . | 6 [11] |
| Tulle | . | Q | . | + | 50 | . | . | 37 | 1 | . | . |
| Valence | . | . | s | + | 49 | 89 | p | 17 | 3 | . | 3 |
| Vannes | . | . | . | . | 73 | 89 | p | 75 | 6 | . | 12 |
| Verdun | + | Q | . | + | 73 | . | 2 p | 49 | 56 | . | 5 |
| Versailles | + | Q | vp | + | 73 | . | 2 p | 187 | 128 | 36 | 9 [12] |
| Viviers | + | . | – | . | 49 | . | . | 35 | 28 | . | 4 |

1. La *SR* de Paris parle constamment du Vœu national. Les chapelles Saint-Denis et Sainte-Geneviève sont à l'intention de la capitale (*BVN*, 1913, p. 165).

2. Il s'agit de la chapelle Sainte-Radegonde. Ne pas oublier que dès le 29 janvier 1871, la *Semaine liturgique* de Poitiers, n° 5, p. 72-73, publiait le texte du Vœu de Legentil. En 1874, le diocèse de Poitiers est en sixième position (*BVN*, 1875, p. 424).

3. En 1874, Quimper est en huitième position (*BVN*, 1875, p. 424).

4. Il s'agit de la chapelle Saint-Rémy (*BVN*, suppl. mai 1885).

5. *BVN*, 1879, p. 274.

6. *SR* de Rouen (*BVN*, 1878, p. 100). Il s'agit de la chapelle de la bienheureuse Marguerite-Marie. Le diocèse de Rouen a aussi souscrit pour la chapelle du Cœur de Marie (*HSC*, t. III, p. 69).

7. *BVN*, 1882, p. 669. Dans la crypte, niche n° 5 avec la statue de saint Claude par Emilien Cabuchet.

8. Mgr Rousselet fait quêter pour le Vœu national en 1875 (*HSC*, t. II, p. 220). Il s'agit de la chapelle Saint-Latuin et Sainte-Opportune (*BVN*, 1883, p. 654).

9. L'archevêque accepte la direction des décades (*PV* de la séance du 26 avril 1876). *BVN*, 1883, p. 656 et suppl. mai 1885. La *SR* parle du Vœu national (*HSC*, t. I, p. 33).

10. Il s'agit de la chapelle Saint-Martin (*BVN*, 1879, p. 506).

11. Le *BVN*, 1889, p. 414, rapporte une mention du Vœu national dans la SR. Voir *Revue catholique de Troyes* (*BVN*, 1878, p. 107) et *BVN* 1910, p. 218.

12. *HSC*, t. III, p. 68.

# 9. Les rapporteurs du Vœu national[1] aux Comités catholiques[2]

| Date et lieu | Rapporteurs |
|---|---|
| 1872 Paris | A. Legentil[3] |
| 1873 Paris | Comte de Ségur[4] |
| 1874 Paris | A. Legentil[5] |
| 1875 Paris | A. Legentil[6] |
| 1875 Poitiers | A. Legentil[7] |
| 1876 Paris | P. Rey[8] |
| 1877 Paris | P. Rey[9] |
| 1878 Paris | G. de Belcastel[10] |
| 1878 Lille | A. Legentil[11] |
| 1879 Paris | Paul Féval[12] |
| 1879 Lille | A. Legentil[13] |
| 1880 Paris | Michel Cornudet[14] |
| 1880 Lille | A. Legentil[15] |
| 1881 Paris | Henri Hémar[16] |
| 1881 Lille | A. Legentil[17] |
| 1882 Lille | F. de Launay[18] |
| 1883 Rouen | A. Legentil[19] |

1. Il y a certainement des oublis...
2. Il s'agit de l'organisation nationale ou des rassemblements régionaux qui la remplacent.
3. Alexandre Legentil, *Rapport*..., 1872, fait à l'Assemblée générale des Comités catholiques.
4. Selon « A. Legentil, "Rapport...", 1874 » dans *BVN*, 1874, p. 173.
5. Il s'agit de la réunion des délégués des Comités catholiques. Charles Chesnelong, Mgr Guibert et « un des secrétaires du comité du Vœu national » ont aussi traité du Sacré-Cœur de Montmartre dans leur intervention. A. Legentil est finalement intervenu en assemblée générale. Mgr de Ségur présente seulement la dévotion au Cœur de Jésus (*BVN*, 1874, p. 167-179).
6. Assemblée générale du Congrès des Comités catholiques du 1er avril 1875. *BVN*, 1875, p. 465-471.
7. Assemblée générale des Comités catholiques de France réunis en Congrès à Poitiers sous la présidence de Mgr Pie, fin août 1875. *BVN*, 1875, p. 648-655.
8. Première séance de l'Assemblée générale des comités catholiques, 18 avril 1876, sous la présidence du cardinal Guibert. *BVN*, 1876, p. 106-110.
9. Première séance de l'Assemblée des catholiques. *BVN*, 1877, p. 639-647.
10. Congrès des œuvres catholiques ou Assemblée annuelle des catholiques de France. *BVN*, 1878, p. 365-370; *HSC*, t. I, p. 480.
11. Rapport à l'Assemblée de catholiques du Nord et du Pas-de-Calais. *BVN*, 1878, p. 669-672.
12. Assemblée générale des Catholiques de France. *BVN*, 1879, p. 278-284. Voir Paul Féval, *Montmartre*..., 1879.
13. Assemblée des catholiques du Nord. *BVN*, 1879, p. 741-744.
14. Assemblée des catholiques. *BVN*, 1880, p. 287-293.
15. Assemblée des catholiques du Nord. *BVN*, 1880, p. 594-597.
16. Assemblée des catholiques. *BVN*, 1881, p. 333-338.
17. Assemblée des catholiques du Nord. *BVN*, 1881, p. 746-750.
18. *BVN*, 1882, p. 722-724.
19. P. Bony, *Vie*..., 1893, p. 392-396. Sur le congrès lui-même, voir Nadine Chaline, *Des catholiques*..., 1985, p. 83-84.

| Date et lieu | Rapporteurs |
|---|---|
| 1886 Nantes | F. de Launay |
| 1886 Lille | F. de Launay [1] |
| 1888 Lille | (?) [2] |
| 1889 Lille | P. Voirin [3] |
| 1891 Paris | (?) H. de Fleury [4] |
| 1891 Lille | Amédée de Margerie [5] |
| 1892 Lille | H. de Fleury [6] |
| 1893 Lille | P. Lemius [7] |

## 10. Chapelles et hémicycles de la basilique et de la crypte [8]

### Basilique

Chapelle Saint-Michel, des Saints-Anges et, enfin, Sainte-Jeanne d'Arc souscrite par le diocèse de Coutances, un comité de militaires et le journal *La Croix*, dite chapelle de l'armée.

Chapelle Saint-Louis souscrite par la ville de Rennes, par des paroisses sous ce patronage et par un comité de juristes, dite chapelle de la Justice, de la Magistrature et du Barreau.

Tribune sans patronage, souscrite par l'Association des chrétiens du Commerce et de l'Industrie (le futur SECI) et l'Union fraternelle de Léon Harmel, dite chapelle du Commerce et de l'Industrie.

Chapelle Sainte-Marguerite-Marie et Saint-François de Sales, souscrite par les diocèses de Rouen et de Bayonne, par des paroisses dont le patron est l'évêque de Genève, par la garde d'honneur de Bourg-en-Bresse, par les Oblats de Marie Immaculée

Chapelle Saint-Benoît Labre, souscrite par *L'Univers*, par le diocèse d'Arras, diocèse du saint, par celui d'Aire, par le grand séminaire de Bayeux et par un comité de publicistes catholiques, dite aussi chapelle des écrivains catholiques.

Chapelle Saint-Jean-Baptiste souscrite par les Canadiens français, dite chapelle du Canada.

Chapelle Saint-Joseph, souscrite par les *Annales de saint Joseph*.

1. Le même rapport est lu aux Congrès catholiques de Nantes et de Lille. *BVN*, 1886, p. 795-799.
2. Un rapport est mentionné à ce congrès en ASCM 01. 05.
3. *BVN*, 1889, p. 794.
4. Assemblée générale des catholiques. *BVN*, 1891, p. 286-290.
5. *BVN*, 1891, p. 782-789.
6. *BVN*, 1892, p. 486. Vingtième assemblée générale des catholiques du Nord et du Pas-de-Calais. *HSC*, t. IV, p. 162-165.
7. Annonce en *BVN*, 1893, p. 491 et 535. Rapport en *BVN*, déc. 1893 et *HSC*, t. IV, p. 246-264.
8. Pour la localisation dans l'édifice, les chiffres et les lettres se suivent, autant pour la crypte que pour l'église, de l'angle sud-est du monument à son angle sud-ouest en passant par son abside au nord. Il y a des niches dont l'attribution n'a pas été relevée.

Chapelle du Cœur immaculé de Marie, du Saint-Sacrement et du Clergé français, souscrite par les Enfants de Marie, par les Eudistes, par le diocèse de Rouen, par divers groupes de prêtres dont un du diocèse de Cahors.

Chapelle Saint-Luc, Saint-Côme et Saint-Damien, souscrite par au moins deux associations de médecins catholiques, dite chapelle de la Médecine.

Chapelle Saint-Ignace souscrite par la compagnie de Jésus et par l'Apostolat de la prière grâce au *Messager du Cœur de Jésus*.

Chapelle Sainte-Ursule et Saint-Angèle Merici souscrite par les Ursulines.

Chapelle Saint-Vincent de Paul souscrite par les Pères Lazaristes, par les Filles de la Charité et la Société de Saint-Vincent de Paul.

Tribune Saint-Isidore souscrite par un comité d'agriculteurs nantais dite chapelle de l'Agriculture.

Chapelle Sainte-Radegonde, Sainte-Clotilde et Sainte-Bathilde ou des Saintes Reines de France souscrite par le diocèse de Poitiers.

Chapelle « Stella Maris » souscrite par un comité de marins dite chapelle de la Marine.

## Crypte

Hémicycle Saint-Donatien et Saint-Rogatien souscrit par le diocèse de Nantes. Statue de saint Ignace (œuvre du frère Besqueut, elle devrait se trouver dans la chapelle de ce saint).

Hémicycle Saint-Cyr et Sainte-Julitte souscrit par le diocèse de Nevers. Statue de saint François-Xavier qui devrait se trouver dans Saint-Ignace.

Chapelle Sainte-Geneviève. Souscrite par le diocèse de Paris, par l'Institut des Dames de Sainte-Geneviève et par les Comités catholiques pour la statue.

Chapelle Saint-Denis et Saint-Paul souscrite par le diocèse de Paris, par la congrégation missionnaire du Saint-Esprit et par un comité de parlementaires, dite chapelle des Assemblées délibérantes.

Hémicycle Saint-Claude souscrit par le diocèse de Saint-Claude avec une statue du saint d'Emilien Cabuchet.

Chapelle Saint-Dominique, Saint-Thomas d'Aquin et Sainte-Catherine de Sienne souscrite certainement par Hubert Rohault de Fleury, membre du tiers-ordre de saint Dominique.

Hémicycle Saint-Sernin souscrit par le diocèse de Toulouse. Statue de saint Jean-Baptiste de La Salle qui devrait de trouver dans la chapelle de Jésus-Enseignant.

Chapelle Saint-Jean l'Évangéliste, Saint-Alphonse de Liguori et Notre-Dame du Perpétuel Secours souscrite par les Pères Rédemptoristes et par la Société Saint-Jean dite chapelle des Beaux-Arts.

Niche Saint-Hubert souscrite par une association de chasseurs. Sculpture du saint par la duchesse d'Uzès dite Manuela.

Chapelle Saint-Benoît, Saint-Bernard et Sainte-Gertrude.

Chapelle Saint-Bruno souscrite par les Pères Chartreux.

Chapelle de Jésus-Enseignant et de Jésus-Enfant souscrite par un comité des Écoles animé par le P. Dulong de Rosnay, par les Frères des Écoles chrétiennes, par les Sœurs de Nevers dite la chapelle des Écoles.

Chapelle de la Sainte-Famille et de Jésus-ouvrier souscrite par la confrérie de l'Union dans la Sainte-Famille et par les Cercles catholiques d'ouvriers.

Chapelle Sainte-Thérèse souscrite par les Carmélites.

Chapelle Saint-Latuin et Sainte-Opportune souscrite par le diocèse de Séez.

Chapelle Sainte-Anne, Saint-Joachim et Sainte-Monique souscrite par l'Association des Mères chrétiennes du P. de Ratisbonne, par la Confrérie Sainte-Anne et par un groupe de Malouins.

Niche de la Vierge Marie en son Immaculée Conception souscrite par le diocèse de Besançon. Vierge à l'Enfant du XVIIIe siècle provenant de l'église Sainte-Valère.

Niche Saint-Etienne souscrite par le diocèse de Meaux.

Niche Saint-Louis souscrite par le diocèse de Versailles.

Chapelle Sainte-Marie-Madeleine, Saint-Lazare et Sainte-Marthe, dite aussi des Amis de Jésus. Elle serait souscrite par la paroisse de La Madeleine.

Hémicycle Saint-Sigisbert souscrit par le diocèse de Nancy. Statue des Enfants Nantais qui devrait se trouver dans l'hémicycle de Nantes.

Chapelle Saint-François d'Assise, Sainte-Claire, Sainte-Colette et Saint-Antoine de Padoue.

Hémicycle Saint-Aignan souscrit par le diocèse d'Orléans. Statue de sainte Geneviève par Frédéric Bogino souscrite par le conseil des Comités catholiques.

Chapelle Saint-Martin souscrite par le diocèse de Tours, par l'Union catholique et sociale de la Touraine, dite chapelle de la Touraine. L'autel de saint Patrice est souscrit par le diocèse de Dublin (*BVN*, 1884, p. 755).

Chapelle Saint-Rémi souscrite par le diocèse de Reims.

Chapelle des Ames du Purgatoire ou chapelle des Morts.

Chapelle Saint-Pierre souscrite par le diocèse de Coutances.

## 11. Recettes et dépenses du Vœu national entre 1871 et 1919

| Années | Recettes totales au 1er jan. | Recettes annuelles au 31 déc. | Dépenses totales au 1er jan. | Dépenses annuelles au 31 déc. | Encaisses et portefeuille au 1er jan. | |
|---|---|---|---|---|---|---|
| 71 | | 64 000 | | | | |
| 72 | 64 000 | 520 000 | | | | [1] |
| 73 | 584 000 | 352 730 | | | | [2] |
| 74 | 936 730* | 859 495 | 13 574* | 59 765 | 923 156* | [3] |

1. A. Legentil, dans *HSC*, t. I, p. 163, donne en avril 72 : 50 000 F ; en avril 73 : 650 000 F et en avril 74 : 1 279 634 F.

2. Mgr Guibert, dans sa lettre à Jules Simon, dit qu'au 5 mars 1873, il y a en caisse 600 000 francs. *BVN*, 1875, p. 22. Selon un tableau récapitulatif donné par F. de Launay aux Comités catholiques, *BVN*, 1886, p. 796, la recette de 1873 serait de 469 416 F et celle de 1874 de 800 766 F. Ces chiffres amenuisent le creux de la vague de 1873.

3. *BVN*, 1874, p. 42. Ces chiffres sont au 30 novembre 1873. Les astérisques marquent des chiffres qui sont donnés par les sources. Les autres sans astérisques sont calculés à partir des précédents.

| Années | Recettes totales au 1er jan. | Recettes annuelles au 31 déc. | Dépenses totales au 1er jan. | Dépenses annuelles au 31 déc. | Encaisses et portefeuille au 1er jan. | |
|---|---|---|---|---|---|---|
| 75 | 1 796 225* | 821 926* | 73 339* | 540 649* | 1 722 885* | 1 |
| 76 | 2 544 812* | 660 270* | 613 988 | 835 304 | 2 004 162* | 2 |
| 77 | 3 305 980* | 1 020 130* | 1 449 292* | 2 220 674 | 1 856 687* | 3 |
| 78 | 4 299 154* | 1 831 411* | 3 669 966* | 1 703 217 | 629 188* | 4 |
| 79 | 6 130 566* | 1 626 636* | 5 373 183* | 1 340 787 | 757 382* | 5 |
| 80 | 7 757 202* | 1 657 000 | 6 713 970* | 2 500 000 | 1 043 231* | 6 |
| 81 | 9 273 419* | 1 341 011 | 7 798 221* | 1 333 582 | 1 475 197* | 7 |
| 82 | 10 614 430* | 1 284 696 | 9 131 803* | 1 828 084 | 1 482 627* | 8 |
| 83 | 11 899 119* | 1 537 858 | 10 959 887* | 1 671 506 | 939 231 | 9 |
| 84 | 13 436 977* | 1 637 210 | 12 631 393* | 1 711 266 | 805 584* | 10 |
| 85 | 15 074 187* | 1 367 577 | 14 342 659* | 1 654 357 | 731 528* | 11 |
| 86 | 16 441 764* | 1 315 972 | 15 997 016* | 1 377 367 | 444 748* | 12 |
| 87 | 17 757 736* | 1 185 060 | 17 374 383* | 1 236 080 | 383 352* | 13 |
| 88 | 18 942 796* | 1 342 951* | 18 610 463* | 1 130 897* | 332 332* | 14 |
| 89 | 20 285 747* | 1 578 541 | 19 741 360* | 1 551 056 | 544 387* | 15 |
| 90 | 21 864 288* | 1 476 305 | 21 292 416* | 1 475 414 | 571 871* | 16 |
| 91 | 23 340 593* | 1 381 636* | 22 767 803* | 1 503 985* | 572 789* | 17 |
| 92 | 24 722 232* | 1 150 626* | 24 271 788* | 1 210 394* | 450 444* | 18 |

1. *HSC*, t. I, p. 288 et *BVN*, 1876, p. 28 et 423.

2. *HSC*, t. II, 41 et *BVN* 1876, p. 28.

3. *BVN*, 1877, p. 494. Les totaux sont au 28 janvier 1877. La somme des recettes de l'année provient de *HSC*, t. II, p. 41.

4. *BVN*, 1878, p. 48. *HSC*, t. I, p. 492; t. II, p. 41.

5. *BVN*, 1879, p. 60. *HSC*, t. II, p. 41 confirme la recette annuelle.

6. *BVN*, 1880, p. 60. *HSC*, t. II, p. 41 parle de 1 500 000 francs de recettes en 1880. L'encaisse réelle est moindre car elle comprend des sommes retenues prélevées sur les mémoires de l'entrepreneur en garantie des travaux exécutés: 1 031 950 F.

7. En fait reste disponible: 443 916 F. *BVN*, 1881, p. 60.

8. *BVN*, 1882, p. 74.

9. *BVN*, 1883, p. 82. On parle de différence disponible pour les imprévus 57 950 F car 881 281 fr. sont engagés.

10. *BVN*, 1884, p. 82.

11. *BVN*, 1885, p. 90.

12. *BVN*, 1886, p. 72.

13. *BVN*, 1887, p. 90. Cette année fait l'objet d'un compte rendu de gestion très détaillé établi par M. Musnier de Pleignes. Voir *HSC*, t. III, p. 21-28. Il confirme les deux encaisses de début et de fin d'année et donne un chiffre de recettes supérieur de 2 905 F, soit de 1 187 965 F, ainsi que des dépenses de 1 238 985 F car il intègre des revenus d'obligations.

14. *BVN*, 1888, p. 66. Chiffres confirmés par le rapport de M. Musnier de Pleignes lors de la séance du Comité du 3 avril 1889. Voir *HSC*, t. III, p. 116-120.

15. *BVN*, 1889, p. 74. Chiffres confirmés par le compte rendu de M. Dauchez du 23 janvier 1890. *HSC*, t. III, p. 251 et le rapport financier de M. Musnier de Pleignes, le 20 février 1890, *HSC*, t. III, p. 253-259.

16. *BVN*, 1890, p. 71. Voir aussi les publications mensuelles de l'état de la caisse: p. 143, 200, 258…

17. *BVN*, 1891, p. 66. M. Dauchez en *HSC* t. III, p. 289, parle de 677 176 F au 31 décembre 1890. Voir aussi M. Musnier de Pleignes, *HSC*, t. IV, p. 136-137.

18. *BVN*, 1892, p. 58. Voir aussi rapport *HSC*, t. IV. 226-227.

| Années | Recettes totales au 1er jan. | Recettes annuelles au 31 déc. | Dépenses totales au 1er jan. | Dépenses annuelles au 31 déc. | Encaisses et portefeuille au 1er jan. | |
|---|---|---|---|---|---|---|
| 93 | 25 872 858* | 0 985 821 | 25 482 182* | 937 809 | 390 675* | 1 |
| 94 | 26 858 679* | 1 046 042 | 26 419 991* | 1 098 887 | 438 688* | 2 |
| 95 | 27 904 721* | 1 058 210 | 27 518 878* | 1 025 937 | 385 843* | 3 |
| 96 | 28 962 931* | 1 011 425 | 28 544 815* | 1 109 091 | 418 115* | 4 |
| 97 | 29 974 356* | 0 946 471 | 29 653 906* | 0 965 019 | 320 449* | 5 |
| 98 | 30 920 827* | 1 037 683 | 30 618 925* | 0 926 230 | 301 902* | 6 |
| 99 | 31 958 510* | 2 208 561 | 31 545 155* | 1 269 226 | 413 354* | 7 |
| 00 | 34 167 071* | 1 013 906 | 32 814 381* | 1 664 510 | 1 352 690 | 8 |
| 01 | 35 180 977* | 0 928 825 | 34 478 891* | 1 073 204 | 702 085* | 9 |
| 02 | 36 109 802* | 0 871 626 | 35 552 095* | 0 797 909 | 557 707* | 10 |
| 03 | 36 981 428* | 0 720 436 | 36 350 004* | 0 584 850 | 631 423* | 11 |
| 04 | 37 701 864* | 0 522 416 | 36 934 854* | 0 557 100 | 767 010* | 12 |
| 05 | 38 224 280* | 0 570 754 | 37 491 954* | 0 649 256 | 732 326* | 13 |
| 06 | 38 795 034* | 0 496 997 | 38 141 210* | 0 809 140 | 653 824* | 14 |
| 07 | 39 292 031* | | 38 950 350* | | 341 680* | 15 |

L'état des souscriptions se poursuit sans la publication du bilan annuel. Dans le procès-verbal de la réunion du comité du Vœu national du 19 mars 1913, pour 1911, il est donné 691 963 F de recettes et une encaisse de 1 090 953 F ; pour 1912, 1 162 243 F (augmentation due au don exceptionnel et anonyme de 500 000 F pour l'achèvement de la mosaïque du chœur), une dépense de 400 710 F et une encaisse de 1 898 778 F. Il faut attendre la lettre du cardinal Amette, le 15 août 1919, pour noter la somme totale de 46 000 000 F, soit 500 000 F par an en moyenne en confondant l'avant-guerre et la guerre [16].

1. *BVN*, 1893, p. 58.
2. *BVN*, 1894, p. 68.
3. *BVN*, 1895, p. 84.
4. *BVN*, 1896, p. 90.
5. *BVN*, 1897, p. 108.
6. *BVN*, 1898, p. 92.
7. *BVN*, 1899, p. 88.
8. *BVN*, 1900, p. 140.
9. *BVN*, 1901, p. 68.
10. *BVN*, 1902, p. 48.
11. *BVN*, 1903, p. 68.
12. *BVN*, 1904, p. 36.
13. *BVN*, 1905, p. 40.
14. *BVN*, 1906, p. 36. Le trésorier est obligé de rappeler que l'encaisse est engagée et donc, en quelque sorte, que l'encaisse disponible est nulle.
15. *BVN*, 1907, p. 20.
16. « À l'heure présente, après quarante-six ans écoulés, l'œuvre a recueilli plus de quarante-six millions, offerts par huit ou dix millions de souscripteurs (*BVN*, 1919, p. 177) ».

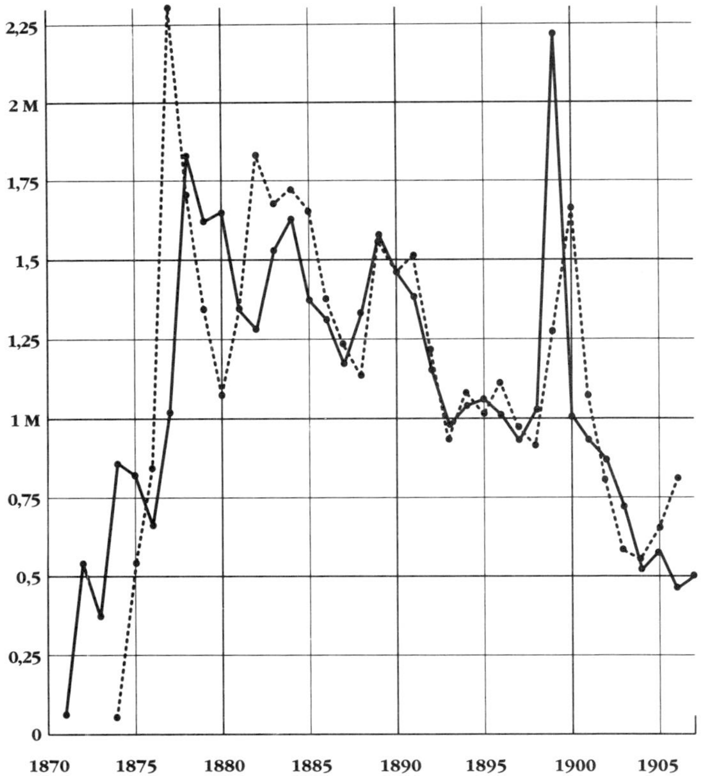


**Recettes et dépenses annuelles du Vœu national**

En abscisse, indication de l'année de 1870 à 1908.
En ordonnée, de 0 F à 2 millions, une division = 250 000 F. La courbe en tracé continu indique les recettes annuelles, celle en tracé pointillé, les dépenses annuelles.
Exemple : En 1884, on peut lire 1 630 000 F de recettes et 1 710 000 F de dépenses.

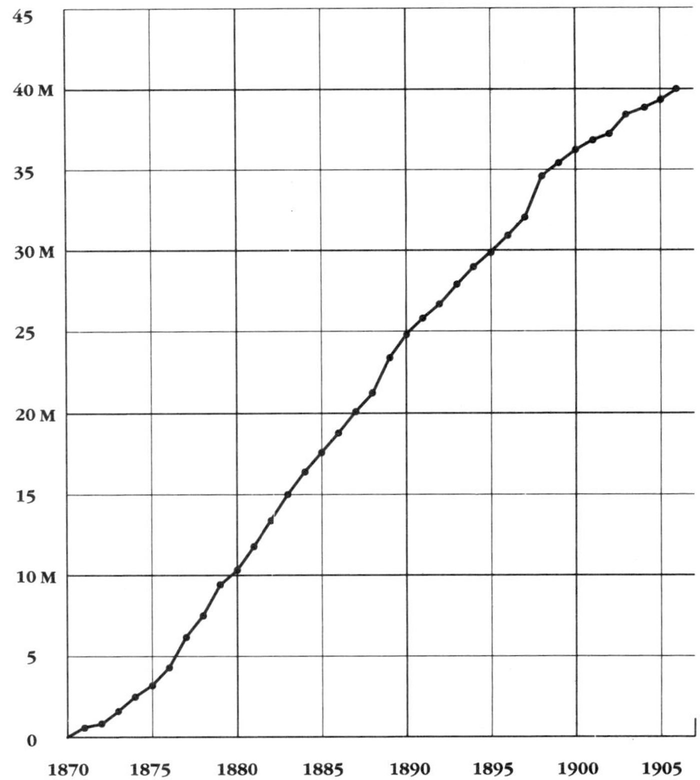


**Progression de la souscription totale pour le Sacré-Cœur**

La courbe indique la progression continue des recettes, la souscription totale. Lire en ordonnée de 0 à 45 millions de francs. Une division = 5 millions de francs. En abscisse, indication de l'année de 1870 à 1908.
Exemple : En 1884, la souscription depuis 1870 a rapporté 15 000 000 F environ.

## 12. Liste des supérieurs et recteurs du Sacré-Cœur

| | |
|---|---|
| R. P. Laurent-Achille REY (1828-1911) | 1876-1885 |
| R. P. Alfred-François VOIRIN (1836-1898) | 1885-1893 |
| R. P. Jean-Baptiste LEMIUS (1851-1938) | 1893-1901 |
| R. P. Edmond THIRIET (1862-1927) | 1901-1903 |
| Chanoine Jean-Eugène PEUPORTIER (? -1921) | 1903-1908 |
| Chanoine Eugène CREPIN (1861-1942) | 1908-1925 |
| Mgr Charles FLAUS (1876-1943) | 1925-1943 |
| Mgr Henry AUBE (1894-1974) | 1943-1959 |
| Mgr Maxime CHARLES (1908- ) | 1959-1985 |
| P. François dc VORGES (1936- ) | 1985-1990 |
| P. Alain HAZEMAN (1947- ) | 1990- |

## 13. Fréquentation de la chapelle provisoire et du chantier (1876-1892)[1]

| Années | 2 | 3 | 4 | 5 | 6 | 7 | 8 | 9 | 10 |
|---|---|---|---|---|---|---|---|---|---|
| 1876 | 37 | 1164 | 27950 | 203 | 89260 | 3000 | 114000 | 1230 | 11 |
| 1877 | 35 | 1217 | 34850 | 122 | 172000 | | 328000 | 9000 | 12 |
| 1878 | 23 | 2135 | 36000 | 149 | | 60000 | 495526 | 14784 | 13 |
| 1879 | 16 | 1390 | 39000 | 85 | | 50000 | 525858 | 17000 | 14 |
| 1880 | 35 | 1307 | 50500 | 140 | 122000 | 55000 | 599025 | 12180 | 15 |

1. Tableau établi à partir des données annuelles présentées en janvier de chaque année. La récapitulation de *BVN*, 1891, p. 150-151, apporte des compléments.

2. Nombre d'évêques ayant visité les travaux et la chapelle. Récapitulation en *BVN*, 1889, p. 16. Un grand nombre célèbre la messe.

3. Nombre de prêtres ayant célébrés des messes dans la chapelle et à partir de 1881 dans la crypte. À partir de cette année, il y a une statistique par diocèse et par nationalité. En fait, il s'agit du nombre de messes effectivement célébrées. Un même prêtre a pu venir plusieurs fois dans l'année.

4. Nombre de communions.

5. Nombre de pèlerinages qualifiés de grands ou de solennels.

6. Nombres de fidèles aux offices de la chapelle. À partir de 1880, il est question de la location des chaises. Les ex-voto sont passés pendant l'année du n° 562 au n° 715, soit 153.

7. Nombre de cartes délivrées pour la visite du chantier.

8. Nombre de recommandations (c'est-à-dire d'intentions de prière) énoncées en chaire.

9. Nombre d'actions de grâce.

10. Références.

11. *BVN*, 1877, p. 421. Sur dix mois uniquement.

12. *BVN*, 1878, p. 8. Il est question aussi de 168 petits pèlerinages. Les ex-voto sont au nombre de 176.

13. *BVN*, 1879, p. 9. Première année où des cartes ont été délivrées pour la visite des travaux en dehors des pèlerinages et des circonstances solennelles où l'accès restait libre. Le total des visiteurs est estimé à cent cinquante mille.

14. *BVN*, 1880, p. 12.

15. *BVN*, 1881, p. 13.

| Années | 2 | 3 | 4 | 5 | 6 | 7 | 8 | 9 | |
|---|---|---|---|---|---|---|---|---|---|
| 1881 | 44 | 1842 | 65500 | 158 | | 63000 | 659251 | 17251 | 1 |
| 1882 | 28 | 1937 | 62000 | 150 | | 75608 | 714477 | 20454 | 2 |
| 1883 | 33 | 2452 | 66000 | 200 | | 79088 | 800000 | 22000 | 3 |
| 1884 | 37 | 2456 | 69000 | | | 82000 | 850000 | 23000 | 4 |
| 1885 | 40 | 3344 | 76500 | 252 | 130000 | 105000 | 636217 | 22123 | 5 |
| 1886 | 76 | 3552 | | 278 | | 107276 | | | 6 |
| 1887 | 64 | 3400 | 78200 | 275 | 153940 | 108948 | 546589 | 21621 | 7 |
| 1888 | 70 | | 72500 | 299 | 170268 | 94278 | 685161 | 22864 | 8 |
| 1889 | 54 | 5874 | 90700 | 371 | 224900 | 281084 | 697058 | 25930 | 9 |
| 1890 | 58 | 3880 | 87000 | 321 | 208480 | 120935 | 800165 | 25127 | 10 |
| 1891 | 105 | 5912 | 104000 | 363 | 284780 | . | . | . | 11 |
| 1892 | 37 | 4124 | 88500 | 298 | 267000 | . | 667821 | 37494 | 12 |

Total de1876 à la fin de 1890 [13]

650 44577 921630 3400 1934650 1287044 8798883 267202

1. *BVN*, 1882, p. 18. Les ex-voto sont au nombre de 141, soit 612 378 F de recette.

2. *BVN*, 1883, p. 20 et 84. Recette de la chapelle : 564 871 F. 155 ex-voto.

3. *BVN*, 1884, p. 26. Recette : 773 670 F. Le chiffre des recommandations et des actions de grâces ne sont que des estimations.

4. *BVN*, 1885, p. 25. Recette : 701 583 F.

5. *BVN*, 1886, p. 12. 161 ex-voto (soit 1499 en tout). Les visiteurs du chantier sont estimés à 150 000. Les pèlerinages diocésains sont détaillés : Orléans, Nantes, Blois, Rouen, Grenoble.

6. *BVN*, 1887, p. 31. Dont 26 évêques étrangers. Il faut ajouter 45 prêtres de Metz et 27 de Strasbourg. Soit 210 000 visiteurs du chantier.

7. *BVN*, 1888, p 16-18. Dont la moitié des évêques ont leur siège hors de France. Dont 233 pèlerinages de Paris. Les 275 pèlerinages ont rassemblé environ 67 730 personnes.

8. *BVN*, 1889, p. 14. Il est question de 6300 messes en tout, de 78 200 pèlerins.

9. *BVN*, 1890, p. 8-9. Le 3 mars 1890, 15e anniversaire de l'ouverture de la chapelle : 600 évêques, 41 007 prêtres, 3107 pèlerinages sont venus (*BVN*, 1890, p. 208).

10. *BVN*, 1891, p. 7. 85 200 pèlerins dans les 321 pèlerinages dont 246 de Paris. Le P. Voirin additionne les pèlerins, les fidèles des offices, les cartes du chantier (soit 418 353) et multiplie toutes ces données par deux pour avoir un aperçu du mouvement qui s'opère à Montmartre. Le 3 mars 1891, bilan des quinze années d'exercice de la chapelle.

11. *BVN*, 1892, p. 5. Les 363 pèlerinages totalisent 145 000 pèlerins. Le P. Voirin estime à un million les personnes qui sont venues durant l'année écoulée implorer le Sacré Cœur, compte tenu des pèlerins venus individuellement.

12. *BVN*, 1893, p. 5. Soit 119 200 pèlerins dans les 298 pèlerinages. Soit toujours un million de suppliants par an.

13. *BVN*, 1891, p. 151.

## 14. Récapitulatif de l'adoration nocturne Statistique générale des adorateurs[1]

| | | |
|---|---|---|
| 1881 | (sept mois) | 977 |
| 1882 | | 2 552 |
| 1883 | | 3 915 |
| 1884 | | 4 226 |
| 1885 | | 4 919 |
| 1886 | | 4 798 |
| 1887 | | 4 589 |
| 1888 | | 4 756 |
| 1889 | | 4 888 |
| 1890 | | 4 907 |
| 1891 | | 6 340 |
| 1892 | | 6 366 |
| 1893 | | 6 681 |
| 1894 | | 11 013 |
| 1895 | | 12 511 |
| 1896 | | 18 178 |
| 1897 | | 19 079 |
| 1898 | | 22 685 |
| 1899 | | 22 860 |
| 1900 | | 24 719 |
| 1901 | | |
| 1902 | | |
| 1903 | | |
| 1904 | | |
| 1905 | | 18 815 |
| 1906 | | 18 540 |
| 1907 | | 17 671 |
| 1908 | | 18 258 |
| 1909 | | 18 180 |
| 1910 | | 18 815 |
| 1911 | | 20 714 |
| 1912 | | 20 668 |
| 1913 | | 21 974 |

1. *BVN*, 1896, p. 11 ; 1901, p. 37 ; 1911, p. 5 ; 1914, p. 29.

## 15. Lettre du P. de Foucauld au P. Yenveux[1]

Beni-Abbès, par Duveyrier, Sahara Oranais (Algérie),
18 décembre 1902

« Je viens vous demander très instamment de recommander aux prières des pieux adorateurs de Montmartre et à celle de toutes les âmes dévouées au Sacré-Cœur qu'il vous sera possible, une intention bien chère à ce divin Cœur. Je suis ici sur la frontière du Maroc, en relations quotidiennes avec ses habitants. Or dans ce Maroc, grand comme la France, peuplé de plus de dix millions d'habitants, il n'y a ni un prêtre, ni un missionnaire, ni un autel, ni un tabernacle. La nuit de Noël s'y passera sans une messe, sans une communion, sans qu'un cœur prononce le Nom de Jésus !

« Si notre pauvre France, si nos peuples d'Europe sont secoués par la tempête, qu'est-ce à côté de cette nuit totale, de ce voile noir qui s'étend sur tout le Maroc ? Jadis il eut ses martyrs ; les fils de Saint-François y eurent longtemps des missionnaires. Maintenant il ne reste absolument rien que les chapelains des consulats d'Espagne, dans quelques ports de mer. À l'intérieur, pas un seul prêtre, pas un seul missionnaire. C'est le règne de Satan, et nul ne le lui dispute.

« Je vous [en] supplie, [au nom de ce Cœur de Jésus, dont vous avez daigné me faire recevoir apôtre, moi indigne, ] au nom de ce Cœur qui doit et veut RÉGNER [et rayonner sur l'univers, ] de prier et de faire prier à l'intention de ce deuil immense de son Cœur, à l'intention de ces dix millions d'âmes, de ce Maroc, si près de nous, et si totalement délaissé. [Je vous en supplie, ne dédaignez pas ces lointains appels, cette voix si faible et si isolée. Auprès du Cœur de Jésus, aux pieds de la Sainte-Eucharistie, pensez-y, et répondez à cet appel, fait au nom du Cœur divin par une croisade de prières précédant une croisade d'apôtres.

« Votre très humble et très respectueux serviteur, religieusement dévoué dans le Cœur Sacré du bien-aimé Jésus. » ]

« F. Charles de Jésus, missionnaire. »

1. Texte dans *BVN*, 1903, n° du 19 février, p. 76-77 et n° du 21 mai, p. 197-198. Il faudra expliquer un jour l'existence de ces deux versions assez différentes de la même lettre. Les passages entre crochets ne se trouvent pas dans la première. Est-ce le passage (le 1er avril 1903) des chapelains religieux aux chapelains diocésains qui a permis la publication intégrale de la lettre ?

## 16. Partitions de cantiques célèbres
## *Dieu de clémence* ou *Pitié, mon Dieu*[1]

1. Voir *MCJ*, t. XXVII, 1875, p. 559 et ***, *Recueil*..., 1947, p. 154.

## *Cœur transpercé pour nous* ou *Parce Domine*[1]

**— Cœur transpercé pour nous.**

1. Voir ***, *Recueil*..., 1947, p. 158.

## 17. Lettre (inédite) du 3 août 1902 de Hubert Rohault de Fleury au cardinal Richard: Un vieil homme se penche sur son passé et sur son œuvre: le Sacré-Cœur[1].

H. Rohault de Fleury
3, rue de Fontenay
à Sceaux

Sceaux, ce 3 août 1902

Monseigneur,

Je viens de recevoir la bonne lettre de Votre Éminence et je m'empresse de vous remercier de tout mon cœur.

En effet, laissons passer la bourrasque en nous repliant un peu sur nous-même. Déjà voilà les gens de la Ville qui se rapprochent de nous, et la confiance semble renaître chez nos propres agents. Quis ut Deus?

En ce moment, je profite du calme de la campagne pour classer et relire les innombrables documents que j'ai réuni pour établir, un jour, l'historique de notre Vœu. Je suis en admiration devant l'intervention de la Providence, car les attaques du démon ont été réellement furieuses.

Vous savez, Monseigneur, les difficultés du commencement et la peine que nous avons eue à déterminer Monseigneur Guibert à se mettre à notre tête, mais aussi comment notre vénéré Père a obtenu en 1873, qu'après les discussions véritablement homériques de Juillet, les pouvoirs publics reconnussent l'utilité nationale de notre œuvre.

Mais voilà que, dès 1882, on veut nous détruire; nous gênons la perspective diabolique. Alors des cris furieux s'élèvent au milieu de l'Assemblée des députés; c'est nous qui sommes la cause de tous les maux et nous sommes d'infâmes provocateurs. Détruisons, dit-on, bien vite l'œuf de peur qu'il ne devienne un monstre gros et terrible!

Pourtant monsieur Goblet nous sauve en disant: Ils n'arriveront jamais à leurs fins; laissez-les se ruiner dans cette construction au lieu de leur donner une quinzaine de millions qui les aideraient dans leur lutte contre la vraie république. On vota pourtant la prise en considération de notre ruine, mais c'était une motion platonique car l'assemblée avait terminé son mandat.

L'orage passe pour reparaître un instant en 1891 sans cependant faire aucuns dommages.

Mais, en 1897, de nouveaux sectaires ramènent à l'ordre du jour la question de la désaffectation de notre basilique. Ce jour là les clameurs furieuses sont encore plus

1. Archives historique du diocèse de Paris, Sacré-Cœur, carton 3.

épouvantables, les cris de rage de Satan plus violents.... Mais il fallait trente millions et la thèse collectiviste du rachat sans payer n'était pas encore mûre; aussi au lieu de nous dévorer ils profitèrent de quelques mots adroits de monsieur de Mun qui ramenaient la question sur le tort qui serait fait aux ouvriers et au quartier de Montmartre lui-même, pour nous relâcher, tout en aboyant hargneusement contre le Sacré-Cœur.

Sous ce rapport, jamais la situation n'a été aussi dangereuse qu'en 1882, époque où nous émergions à peine de terre et où des diableries inventées par Lucifer lui-même nous faisaient courir les plus grands périls intérieurs.

Presque dès les premiers jours, monsieur Abadie fut aux prises avec la commission, il dépassa, malgré les observations réitérées du Bureau du Comité, notre avoir, de plusieurs centaines de mille francs; ce ne fût qu'avec des peines inouïes que l'on arriva à se tirer d'affaire. Nous avons vu depuis combien était grave et dangereuse la légèreté de cette gestion; elle nous a coûté des centaines de mille francs employées à réparer les malfaçons, et des millions à obvier à l'insuffisance des plans des fondations... et ce n'est pas fini.

Survient monsieur Daumet, qui, contre tout droit, malgré ses promesses, nonobstant nos observations sans cesse renouvelées, découvre sciemment l'œuvre de plus de 500, 000 francs, néglige si bien ses plans que la voûte du chœur menace de s'écraser et que près de 300, 000 francs ont été dépensés pour y remédier. Sa gestion coûte en refaçons, pour reprendre le plan Abadie, plus de 400, 000 francs... et ce n'est pas fini!

Entre temps, l'entrepreneur de charpente, Carrier, avec un devis de Mr Abadie de 350, 000 francs en dépense 700, 000.

La ruine s'abat sur les protégés des Chapelains; des querelles et des dissensions intérieures, basées sur des questions d'intérêt ou d'amour propre, manquent d'apporter le désarroi dans l'œuvre par la démission du Comité.

Le Conseil municipal d'alors nous poursuit de sa haine; il prétend que nous faisons glisser la butte; il nous envoie pour nous confondre une commission composée de messieurs Rouanet, Simonot, Joffrin et autres. Ces messieurs après leur visite se retirent honteux de leur mission.

Enfin dans ces derniers temps la haine s'accentue encore et cherche à souiller les choses et les gens! Mais: Quis ut Deus?

La tempête a d'abord paru si terrible que nos amis eux-mêmes ont pris peur et nos serviteurs ont failli nous abandonner... Bah! l'ouragan passe, il ballotte et secoue toutes choses, mais il fait, en vain, fureur... nous sommes encore debout, monseigneur, et, comme le roseau nous fleurirons encore longtemps après que les chênes altiers auront disparu.

En attendant des temps meilleurs, je me félicite d'avoir là haut un homme très pieux, mais très sage; ferme, mais modéré et prudent [1].

1. Le P. Thiriet certainement (voir chap. 15).

Honneur à vous, Monseigneur, pour l'y avoir appelé.

Pour ce qui est de la petite part de votre serviteur en ce moment, la voici :

Notre architecte s'est aperçu qu'il avait fait une énorme maladresse et il s'efforce de la réparer : il est venu me voir accompagné de notre cher collègue, monsieur Boutillier. Il m'a solennellement promis tout son dévouement et il nous en fournira la preuve en apportant toute espèce de travail demandé. Il renonce à toute réclamation au sujet de son traité et se met enfin, sans réserve, à notre disposition.

J'en suis très heureux, car c'est ce qui pouvait arriver de meilleur à tous.

Merci, Monseigneur, de m'avoir aidé à obtenir ce résultat et de tout mon cœur, de toutes les puissances de mon âme, je vous en remercie avec la plus vive et profonde reconnaissance.

En terminant je ne puis mieux faire que de prier Votre Éminence de vouloir bien agréer l'hommage de ma bien filiale vénération.

H. Rohault de Fleury

P. S. Suivant le désir de Votre Éminence on s'occupe de la façade, où nous écoulerons nos fonds fort utilement.

## 18. Texte intégral du tract invitant à l'occupation du Sacré-Cœur le samedi 13 février 1971, 18 h. 30[1].

LE SACRÉ CŒUR OCCUPÉ !

C'est autour du Sacré Cœur[2] que, dans la soirée de mardi, après la manif de soutien aux grévistes de la faim, les brutalités policières ont été les plus ignobles : les flics ont ratonné sur le marché et dans un foyer de jeunes travailleurs, s'attaquant aux passants, s'acharnant sur des camarades : l'un d'eux, Richard Deshays a perdu un œil. C'est donc le Sacré Cœur que nous occupons, et ceci, jusqu'à ce que nos exigences soient satisfaites.

Nous exigeons :

– la libération des manifestants condamnés ; la levée de toutes les inculpations qui ont suivi la manifestation de mardi ;

1. Feuille (21 x 30, 5 cm) de papier duplicateur. Texte non justifié, ronéoté au recto seulement. Distribué dans le Sacré-Cœur vers 18 h. le jour même. Arch. de l'auteur.

2. Les auteurs du tract ne mettent pas de tiret à Sacré-Cœur.

– l'ouverture d'une commission d'enquête sur les brutalités policières et sur le rôle particulier des brigades spéciales : cette commission devra être composée en majorité de personnalités démocratiques.

Nous exigeons :

– que la commission sur le statut politique, que vient de créer Pleven, fasse une déclaration de principe : tous ceux qui luttent dans les rangs de la résistance à l'oppression, pour construire le monde nouveau, ont droit au régime politique, un régime semblable à celui qui fut arraché, il y a quelques années, par nos héroïques camarades du F. L. N. ;
– que cette commission exige la réforme immédiate du système pénitentiaire.
Voilà pourquoi nous occupons.
De plus, si nous n'obtenons pas satisfaction, les grévistes de la faim reprendront leur combat.

Comment occupons-nous ?

Dans l'esprit, cette occupation est pacifique : l'ordre sera respecté à l'intérieur de l'église, aucun dégât ne sera commis, les services religieux pourront s'y dérouler, ils seront respectés.

Nous connaissons nos ennemis : ils sont une petite poignée. L'union, telle que nous la concevons, c'est l'union la plus large. Nous n'entendons en aucune manière blesser les convictions de nos amis catholiques, et nous saurons le montrer.

Toutefois, si la police entendait nous déloger, nous nous considérerons alors en légitime défense et nous nous défendrons en effet. La police, et elle seule, serait responsable de ce qui pourrait survenir, nous n'aurions plus à répondre de rien.

Car, dès lors, nous saurions nous souvenir qu'il ne s'agit pas d'une église comme les autres. Le Sacré Cœur a été bâti sur les corps des Communards, pour effacer le souvenir du drapeau rouge qui avait trop longtemps flotté sur Paris, symbole de la victoire des loups, des cochons et des chiens. Si vraiment la police nous obligeait à casser, nous ne ferions, après tout, que justice.

Que tous viennent, tous ceux qui ne veulent plus du monde hideux des cachots et des chaînes, des tortionnaires, tous ceux qui croient que l'homme est né libre.

Il faut faire de cette occupation une grande fête populaire : les grandes luttes ouvrières qui partout en France se déroulent seront exposées et discutées. Que ceux qui ont vu les brutalités des flics viennent aussi, qu'ils viennent témoigner.

Ce sera l'œuvre de tous de transformer l'un des plus abjects symboles de la réaction en un haut lieu de la liberté, où vive l'esprit de la Commune.

VENEZ TOUS AU SACRÉ CŒUR !

Samedi 13 février 1971, 18 h. 30.

## 19. À propos de l'authenticité du « vœu de Louis XVI »

Au moment de la remise de ce travail à l'éditeur, un lecteur attentif[1] du manuscrit photocopié et déposé dans une bibliothèque me signale les arguments suivants en faveur de l'authenticité du « vœu de Louis XVI » dans une lettre en date du 8 mars 1992. N'ayant pas le temps de les vérifier, mais me paraissant devoir être connus et examinés, j'ai préféré les soumettre au public tels quels avec l'accord de leur auteur. Je remercie ce correspondant et invite chacun à suivre son exemple pour améliorer les prochaines éditions.

« Permettez-moi d'attirer votre attention sur l'erreur commise par P. et P. de Coursac lorsqu'ils ridiculisent la prière et le vœu formulés par Louis XVI pour le Sacré Cœur.

« Il est vrai que la lecture des ouvrages consacrés à la dévotion dont nous parlons contiennent des pages où l'intuition (ou l'imagination) remplace les données historiques concernant les rôles respectifs de Louis XVI et du P. Hébert[2], mais le scepticisme (qui va du doute à l'affirmation péremptoire de l'inauthenticité du texte de la prière de Louis et de son vœu) est tout à fait regrettable.

« Les faits :

« 1° La certitude de la rédaction par le roi des documents en question et la date de cette rédaction résulte d'une lettre de juin 1792 que M. Psalmon écrivit aux carmélites de Valenciennes et qui est citée par Grente (J.) – *Les martyrs de septembre 1792* – 3e éd. 1926, p. 69 – dans une note n° 1 (de la notice concernant le père Hébert). Voici le passage intéressant :

« C'est vendredy la fête du Sacré-Cœur de Jésus [15 juin 1792] le Roy a fait le vœu par lequel il se met et tout son royaume, sous la protection de ce Cœur adorable, avec l'engagement de lui élever un temple en son honneur et d'ériger un fête solennelle lorsqu'il sera en état de le faire. »

« Le père Ange Le Doré analyse dans ses pages (de 89 à 93) – *Le message du Sacré-Cœur*, Lethielleux éd., 1917 – les raisons pour lesquelles le vœu de Louis XVI ne peut avoir été fait qu'en 1792 mais il ignorait, semble-t-il, le lettre citée di-dessus.

« 2° Diffusion en novembre 1792 de la prière de Louis XVI et de son Vœu. Je pense que le père Dehergne (s. j.) dans ses *Vendéens (1793)*, (Zi-KA-Wei-Shangaï, 1932, p. 382), met définitivement au clair l'origine de l'erreur commise par tous les historiens vendéens : Chassin, Gabory, de nos jours Bordonove, qui se fiant à une suscription manuscrite du collectionneur Dugast-Matifeux (sur le document actuellement à la médiathèque de Nantes) répètent tous la même erreur : 1791, époque de diffusion. Or, Benjamin Fillon[3], le collectionneur précédent, affirmait « la prière

1. Il s'agit de M. Pierre de La Chapelle, diplômé de l'École libre des sciences politiques, docteur en droit, auteur des *Sentiers de Capvirade* (roman, 1986), membre de la Société historique et archéologique du Périgord.

2. « Je reconnais que la conception de L. O. Merson [pour la représentation de Louis XVI sur la mosaïque du chœur du Sacré-Cœur de Montmartre] est un peu fantaisiste ».

3. Dehergne précise « D'après le Benjamin Fillon de la Bibliothèque de Nantes... » Il existe une bibliographie chronologique des ouvrages de Benjamin Fillon (1838-1881) publiée à Niort en 1905 par M. de Montaiglon.

de Louis XVI au S. C. de J. aurait été, dès novembre 1792, répandue à profusion dans la Vendée». Dugast-Matifeux a commis évidemment un lapsus calami en portant de sa main, au XIXe siècle,: «1791» au lieu de «1792».

«3° Témoignages concernant les dépôts des textes de Louis XVI soit entre les mains du P. Hébert soit par celui-ci, à d'autres:

– «l'abbé D... vicaire de St Louis en l'Ile qui avait des relations avec M. Hébert fut chargé par lui de transcrire le prière et le vœu» (A. Le Doré, p. 95, cit. *L'Ami de la Religion* de 1815 [et non de 1811] ).

– Gobry (Ivan), Téqui éd., 1989, p. 260 de *Ste Marguerite-Marie – La Messagère du Sacré Cœur*. (En 1823, cérémonie pour la restitution des bâtiments de Paray-le-Monial aux Visitandines...) «parmi les assistants l'abbé Bonnardel, dévôt du S. C., qui avait reçu du père Hébert la copie du vœu de Louis XVI...»

«4° Les liens entre la Visitation de Nantes (mère de Bruc – voir Catta, *La Visitation de Nantes*, Vrin éd., 1954) et les Montfortains de St Laurent-sur- Sèvres et les prêtres que le P. Hébert avait recueillis auprès de lui ne sont pas douteux (cf. Grente).

«5° L'exécution et l'emprisonnement de Vendéens et de Bretons pour fidélité au S. C. et au roi, montrent que les décisions de Louis XVI ont joué un rôle dominant.

«Cas de la veuve Bertho, qui tenait au Croisic, une lingerie, arrêtée pour propos religieux, puis fouillée. On trouve dans ses poches deux livrets, l'un est la prière de Louis XVI au Temple (?), avec le vœu de consacrer la France au S. C. Ses apprenties et elle furent arrêtées en mars 1794 et libérées après Thermidor, le 20 septembre (Catta, p. 494-495). En note, il est dit que devant le tribunal les inculpées du Croisic furent interrogées: «N'ont-elles pas eu à leur disposition et récité la prière de Louis XVI?» Elles répondent qu'elles l'on lue dans les «papiers publics» (Mgr Baunard – *Adélaïde de Cicé* – 1913, p. 430).

«Il y avait une presse vendéenne notamment le *Bulletin des Amis des la Monarchie et de la Religion*, imprimé à Chatillon sur Sèvre en 1793, mais dont il reste peu de reliques.

«6° Autre témoignage du Vœu de Louis XVI en Vendée: Sermon du 15 août 1793 par M. Marchais, curé de la Chapelle du Genêt, près de Cholet, expliquant à ses paroissiens les conditions dans lesquelles Louis XVI formula son vœu au Sacré Cœur. Voir Dehergne, p. 386, se référant à Uzureau – Sc. H., 1935; voir aussi Mouton (Claude), *Ils regarderont vers celui qu'ils ont transpercé*, Ed. Résiac, 1983, p. 148, citant sans référence de date l'abbé Coignard, *La Semaine religieuse d'Angers*.

«P. S. Je ne parle pas du 3e volet des dispositions du Louis XVI dont parle A. Le Doré sous le titre de «Consécration de la France au Sacré-Cœur» qui a une histoire différente.»

# *II. LES ARCHIVES*

D'une part, il a fallu surtout considérer les archives du Sacré-Cœur. C'est pourquoi nous en esquissons en premier un historique avant de les décrire selon un inventaire récent établi parallèlement à ce travail. D'autre part, il a fallu exploiter les archives publiques et privées (ecclésiastiques et familiales) : nous présentons celles qui ont été mises à contribution.

## A. Les archives du Sacré-Cœur (de 1870 à nos jours)

### *1. Historique*

« Souvent le soin des archives est déficient au début d'une institution ; il connaît son apogée avec le succès de cette institution ; il périclite quand celle-ci perd sa vitalité. Souvent aussi, après la fin d'une institution, ses archives sont victimes de la négligence et du mépris, mais c'est parfois l'occasion d'un sauvetage partiel et d'une reprise en considération »[1].

Considérons la construction de la basilique de 1870 à 1914 comme une institution et constatons qu'elle vérifie cette loi. On peut ainsi diviser l'histoire de ses archives en cinq temps : le début, l'apogée, la stabilisation (1900-1925), le temps de la négligence (1925-1970) et enfin dans les années 1970-1980, le temps de la reconsidération.

#### *a. Les archives du début*

Les archives des initiateurs laïcs retiennent d'abord l'attention. Sur la disparition des archives personnelles des Legentil, les témoignages du chroniqueur du *Bulletin du Vœu national*[2], d'un historien local[3] et de la famille concordent. Vers 1873, Alexandre

1. Cité par Pierre Jay, *Esprit et vie*, 23 avril 1987, n° 17 reprenant lui-même Henri Platelle, *Mélanges de Sciences religieuses*, XLIII, 1986, n° 1, lequel présente l'étude de M. C. Dekker, professeur d'archivistique à l'université d'Amsterdam, « Archives ecclésiastiques à travers les âges »
2. Voir *BVN*, février 1920, p. 25.
3. Lettre de Louis Ledanois de Larbroye à l'auteur en date du 24 mars 1987.

s'installe dans une propriété dite le château de Larbroye près de Noyon où il rassemble tous ses papiers. Après la mort de son époux en 1889, Mme Legentil la conserve telle quelle jusqu'à la Première Guerre mondiale. Elle y est bloquée par les Allemands du 30 août 1914 au 19 mars 1917. Lors du retrait momentané de ces derniers, elle quitte Larbroye précipitamment. Une deuxième invasion allemande se déroule du 25 mars au 19 août 1918. À son retour, on ne retrouve rien du château bombardé en juin 1918, pillé. Les papiers abondants au dire de son biographe [1] et la bibliothèque sont disparus.

Vers les années 1890, Mme Legentil avait constitué une liasse de quelques dizaines de lettres des années 1870-1871 et de deux exemplaires de la première formule imprimée du Vœu, tracts adressés à son frère, Joseph Marcotte [2]. Elle l'avait prêtée au P. Lemius qui ne l'a rendue à la nièce de Mme Legentil, son héritière, que vers 1925 [3]. Ces documents auraient dû finalement être remis à la basilique à la mort de cette dernière. Il n'en a heureusement rien été et c'est ainsi que nous avons pu les consulter chez Mme Chavane, la petite-nièce. Il n'est pas impossible que la maison de famille des Marcotte près de Meaux livre encore quelques documents.

Les papiers d'Hubert Rohault de Fleury, ont été longtemps conservés par sa fille, mais un revers de fortune l'obligea à disperser les archives de son père. L'achat par la Bibliothèque historique de la ville de Paris d'un lot de photographies du chantier de la basilique, en 1986, en est la preuve. Cependant, trois cents lettres gardées par une petite-fille, Mme de Vassal, ont été remise vers 1953 à l'abbé Dérumaux, chapelain à la basilique, mais elles sont introuvables à l'heure actuelle [4].

Il y aurait à examiner les archives d'Adolphe Baudon ou de Léon Cornudet ainsi que celles des correspondants de ces messieurs : ils sont légion. La lecture des procès-verbaux des réunions du comité de la Société Saint-Vincent de Paul de l'année 1871, lien entre ces principaux personnages, n'apportent pas les renseignements espérés.

Selon le P. Vallin, le P. Ramière aurait détruit sa correspondance. Nous serions réduit dans ce cas à l'étude du *Messager du Cœur de Jésus* qui donne une formulation du vœu dans sa livraison de janvier 1871. Mais il y aurait à voir du côté des archives du P. de Boylesve, du P. Alet...

Selon M. le chanoine Pierre Forget, archiviste de l'évêché de Poitiers, on ne peut se fonder pour Mgr Pie que sur la *Semaine liturgique* qui dans son numéro du 29 janvier 1871 donne le texte du vœu dans sa première formulation. Les archives de Mgr Darbois et de Mgr Guibert n'offrent rien de spécial, à ce jour.

Il est banal de constater la pauvreté des archives du début de l'œuvre de construction de la basilique. « L'année terrible » y est pour quelque chose, mais également la

1. Voir Michel Bony, *Vie*..., 1893, p. VIII.
2. Voir A. Legentil, *Correspondance*, 1870 ; *Mes lettres*, 1871 et 1872. Voir nos pièces justificatives.
3. Voir P. Lemius, *Lettre*..., 1923.
4. Lettres en date du 15 avril 1960 de l'abbé Dérumaux à Mgr Charles (ASCM) et du 22 septembre 1986 à l'auteur.

transmission jusqu'à nous de ce qui avait subsisté. Par exemple, les premières circulaires de février-mars 1871 sont seulement connues à ce jour par des citations postérieures et partielles.

### *b. Les archives de l'apogée (1872-1903)*

Les procès-verbaux des séances du Comité de sa constitution (1872) à sa disparition (1958) sont en notre possession. Ils ont été imprimés partiellement par Hubert Rohault de Fleury dans son *Historique* (1903) avec des lettres, des notes et des documents jusqu'en 1895. Les archives du secrétariat général du Comité (en dehors de celles de H. de Fleury dont on a perdu la trace, voir ci-dessus) au temps de Gaston La Caille et d'Adrien Dutey-Harispe mériteraient certainement d'être recherchées. Du concours, il ne reste que les documents imprimés. Finalement, sur les trente ans considérés, subsistent pas mal de papiers traitant des relations avec l'archevêché, les architectes, les religieux desservants, les artistes et les entrepreneurs (voir la description).

Inversement, les archives des correspondants du Comité sont variées. Celles de l'archevêché de Paris sont relativement abondantes (voir description). Elles complètent assez bien celles de Montmartre. Les archives des architectes semblent bien maigres. La règle selon laquelle ils étaient responsables de leur agence, même si leur travail dans ce cas précis s'effectuait entièrement au profit de l'Œuvre, a fait que les sept architectes successifs de l'édifice n'ont pas constitué un fonds propre à la basilique d'archives d'architecture. Des affrontements, des problèmes d'héritage ont eu lieu à la mort de Paul Abadie; le rapide départ d'Honoré Daumet, la rupture avec Henri Rauline, la mort de Lucien Magne n'ont pas non plus facilité les choses [1]. Nous n'en voulons pour preuve que la circulation dans le commerce d'un état des lieux établi par Lucien Magne et également le fait que M. René Hulot est en possession, d'ailleurs fort heureusement, vu le sort de ce qui est resté à la basilique, de plans et de dessins parfaitement conservés. Quant aux archives des Religieux oblats de Marie Immaculée, on en trouve à Rome (voir description). De leur temps, subsistent à Montmartre des pièces officielles, des registres des archiconfréries tant celle du Cœur du Christ que de prière et pénitence, etc. Le P. Yenveux semble en avoir été particulièrement chargé. Il devait les conserver dans l'ancien pavillon qui servait de presbytère.

Finalement, Hubert Rohault de Fleury et les religieux, même s'ils s'affrontaient, ont eu le souci de travailler pour l'histoire. Les archives de cette époque, à travers ce qui en reste, montrent qu'elles ont été classées, rassemblées avec une volonté de les transmettre à la postérité.

1. Pour les deux premiers, voir *HSC*, t. II, p. 155 et 468.

### *c. Les archives de 1903 à 1919*

Le départ du P. Lemius, celui des religieux en général et la mort du P. Yenveux ainsi que celle d'Hubert Rohault de Fleury, l'arrivée des desservants diocésains, d'un nouvel architecte et d'un nouvel archevêque marquent la fin de l'apogée du sanctuaire qui se situe selon nous autour de 1900. Débute alors pour la basilique une autre vie, dont les effets sont particulièrement sensibles après la consécration en 1919 et mériterait de faire l'objet d'un travail distinct. C'est l'époque aussi du changement de presbytère. Les archives s'en ressentent : il semble qu'on ne les tiennent plus de la même façon et qu'on commence même à négliger celles de la période précédente. Leur premier déménagement a dû leur être fatal. Malgré tout, l'abbé Laligant s'en sert pour raconter l'histoire précise de certaines chapelles.

### *d. Aperçus (de 1920 à 1970) sur les archives de 70-19*

Paul Lesourd pour son histoire de la butte sacrée dans les années 30 semble avoir eu accès à des documents originaux. L'examen de ses papiers déposés depuis sa mort aux archives de l'Institut catholique de Paris en ferait peut-être réapparaître certains d'autant qu'il avait été chargé par Mgr Charles en 1960 d'une exposition dans la crypte. De l'entre-deux-guerres, semblent dater des locaux et des meubles d'archives comme les pièces des escaliers est et ouest du campanile. Elles ont servi pour le culte avant la construction de la grande sacristie. Celle de l'ouest a été vue pleine d'archives par l'abbé Dérumaux vers 1947, époque à laquelle « un de ses confrères achevait de les faire disparaître à la décharge ou au pilon » [1]. De fait, vers 1970, elle était rigoureusement vide et inutilisée. Le chasublier et l'armoire de la pièce de l'est sont restés pleins jusqu'à ces dernières années ainsi que ceux de l'entrée est de la crypte par le parvis et l'armoire des albums de photographies. Mais, dans les années 1950, il y avait également des archives qui remplissaient une pièce de l'actuel presbytère et qui n'ont pas été retrouvées alors que celles qui étaient dans le bureau du recteur (à côté de la sacristie) y sont restées.

Vers 1944, l'abbé Gaucheron se préoccupe de l'histoire du sanctuaire, constitue un recueil de textes officiels tapés à la machine (retrouvé par hasard dans un atelier), mais uniquement, semble-t-il, à partir du *Bulletin* [2]. L'abbé Dérumaux se passionne pour l'histoire de la basilique [3] et reçoit de la petite-fille de H. de Fleury, la marquise de Vassal, née Renée de Margerie, trois cents lettres extraites aimablement de deux caisses de correspondance héritées de sa mère, née Charlotte Rohault de Fleury. Il dépose dans le bureau des revues ces liasses d'originaux. Ces documents n'ont pas été retrouvés à ce jour. Cependant, les abbés Mornet, Cournier et Devry établissent

1. Lettres mentionnées ci-dessus. On a peut-être une idée de ce qu'il y avait dans cette pièce grâce à un inventaire retrouvé par hasard : voir ***, *Inventaire*, 1914 (1935).
2. Voir abbé Gaucheron, *Recueil*..., 1944.
3. Voir surtout abbé Derumaux, « Origines... », 1953.

à partir de ces lettres une collection de copies tapées à la machine et certifiées conformes qui existent toujours et nous ont été de la plus grande utilité.

Pour achever la basilique, les dépendances et les jardins, Mgr Charles dut faire détruire les vieilles bâtisses du chantier. Certaines d'entre elles contenaient des restes du musée de moulages, des drapeaux et des bannières, des registres des souscripteurs, des factures, etc. Selon le témoignage oral de l'abbé Maréchal chargé de ces opérations vers 1959-1960, il aurait lui-même grosso modo distingué ce qui devait être détruit et ce qui pouvait être entreposé dans la seconde crypte [1]. Mais ce n'était que partie remise car, le 10 mai 1970, un incendie criminel dans la seconde crypte les détruisait [2].

### *e. La redécouverte (1980-1990)*

Dans l'esprit de l'exposition de 1960 organisée par Mgr Charles et le professeur Lesourd, à la suite des enquêtes faites pour répondre aux contestations des années 70, encouragés aussi par le mouvement général de redécouverte et de réévaluation du XIX^e^ siècle, le P. François de Vorges et l'auteur du présent travail s'intéressent aux archives dans les années 80. Grâce au général Schlagendauffen, l'inventaire ci-après est dressé. Comme recteur, le P. de Vorges inaugure une salle des archives dite Saint-Philippe, dans les combles du bâtiment adjacent à la sacristie, où sont rassemblés la quasi-totalité des documents connus [3].

Il a été difficile de distinguer l'histoire du soin des archives à chaque période et celle de chaque catégorie d'archives. Ces réflexions, telles quelles, semblent montrer que le présent travail malgré son ampleur n'est qu'un repérage sommaire de l'Œuvre du Vœu national entre 1870 et 1923 car une reconstitution et une exploitation systématiques des archives restent à faire, archives qui d'ailleurs comprennent aussi les éléments d'une bibliothèque du Sacré-Cœur.

## *2. Description des archives du Sacré-Cœur de Montmartre*

| Cotes | Titres et documents |
|---|---|
| 01 | Témoignages |
| 01-01 | Fioretti : lettres édifiantes individuelles provenant de laïcs (1875-1895). |
| 01-02 | Fioretti : lettres édifiantes provenant de communautés et séminaires. |
| 01-03 | Recueils d'actions de grâce. |
| 01-04 | Culte du Sacré Cœur au front pendant la guerre 1914-1918 et la campagne de France (1939-1940). Lettres et listes de consécrations. |

1. Il a gardé par devers lui une tête en plâtre de sainte Jeanne d'Arc. Celle de Fagel ?
2. Voir l'article avec photographie dans *Montmartre*, n° 263, juin 1970, p. 21.
3. On en trouverait cependant certainement d'autres dans les placards des tribunes, à la Maîtrise, etc. Certains demeurent dans le bureau du recteur. D'autres dans les anciens locaux décrits ci-dessus.

| | |
|---|---|
| 01-05 | Compte rendu présenté au congrès de Lille et appel aux villes industrielles par l'abbé Ducolombies, curé de l'église du Sacré-Cœur de Tourcoing (2 décembre 1888). |
| 01-06 | Recueil des petites feuilles mensuelles-Union de prière (1887-1890) |

## 02 Livres d'or des consécrations de 1889

| | |
|---|---|
| 02-01 | Diocèse de Paris. |
| 02-02 | Diocèses : d'Aix à Lyon. |
| 02-03 | Diocèses : de Marseille à Rouen. |
| 02-04 | Diocèses de Saint-Brieuc à Versailles. |
| 02-05 | Diocèses étrangers (États-Unis, Canada, Espagne). |
| 02-06 | Diocèses divers. |
| 02-07 | Société de Saint-Vincent de Paul. |
| 02-08 | Consécrations individuelles. |
| 02-09 | Consécrations des familles. |
| 02-10 | Discours et mandement pour la consécration du commerce et de l'industrie (29. 06. 1890). |
| 02-11 | P. UBALD, *Le plébiscite du Sacré-Cœur*, 1880. |
| 02-12 | Noms des familles ayant intronisé le Sacré Cœur dans leur foyer. |

## 03 Archiconfréries

| | |
|---|---|
| 03-01 | Documents concernant l'érection de la confrérie du Sacré Cœur en archiconfrérie, de l'association de prière et pénitence. Statuts successifs. |
| 03-02 | Liste des églises ayant reçu un diplôme d'agrégation. |
| 03-03 | Liste des affiliations à l'Œuvre d'adoration perpétuelle et universelle du Sacré Cœur. |
| 03-04 | Monastères-diocèses-paroisses-établissements scolaires affiliés à l'Œuvre du Sacré Cœur (1889-1890). |
| 03-05 | Images et souvenirs : le grand mouvement de consécrations de 1889. |

## 04 Adorateurs et adoratrices

| | |
|---|---|
| 04-01 | Liste des adorateurs (1881-1897): cinq registres. Dans le n° 1, historique des premières adorations nocturnes. |
| 04-02 | Liste des dames adoratrices. |
| 04-03 | Zélateurs. |
| 04-04 | Zélatrices. |
| 04-05 | Demandes d'affiliation à l'Œuvre de l'adoration perpétuelle (1921-1950). |
| 04-06 | Prêtres-apôtres du Sacré Cœur (1900-1917). |

04-07 Dames de charité.
04-08 Jeunes filles du Sacré Cœur (1925-1940).
04-09 Liste des groupes d'adorateurs (1900-1910).
04-10 *PV* des réunions de la Réparation mensuelle, 1911-1954.
04-11 *PV* des réunions des dames adoratrices, 1912-1928.
04-12 Manuel de prière des dames adoratrices.

**05 Prière et Pénitence**

05-01 Affiliations à l'archiconfrérie Prière et Pénitence.
05-02 Manuel de prière pour Prière et Pénitence.
05-03 Documents authentiques relatifs à cette association.

**06 Calendrier de l'adoration**

06-01 Adoration perpétuelle (1893).
06-02 Adorations à date fixes.
06-03 Adorations à dates mobiles.

**07 Offrandes pour la construction**

07-01 Pierres à 120 francs (1877-1887).
07-02 Pierres à 300 francs (1878-1898).
07-03 Piliers et colonnes.
07-04 Concessions de piliers et de colonnes (1884-1899).
07-05 Pierres offertes pour la construction (1875-1880).
07-06 Offrandes et dons (1880-1905).
07-07 Offrandes et dons (1935-1937).
07-08 Pilier des fumeurs.
07-09 Ex-voto peints.
07-10 Écailles et tuiles des dômes (concessions).
07-11 Correspondance au sujet des ex-voto (réclamations, promesses, études. 1875-1925).
07-12 Offrandes (messes et cierges).
07-13 Dons et legs (correspondance).
07-14 Dons pour l'inscription au livre d'or des soldats morts pour la France (1914-1918).

**08 Hommes de France**

08-01 Manuel de prière des Hommes de France et de la Sainte Ligue.
08-02 Fiches de réception des Hommes de France (1930-1944).
08-03 La Sainte Ligue.
08-04 La Garde d'honneur.

08-05 *Le Drapeau du Sacré Cœur*: Bulletin des Hommes de France (janvier 1900-janvier 1903).

### 09 Renouvellement du Vœu national

09-01 Documents relatifs au 25e anniversaire et au renouvellement du Vœu national le 17 janvier 1897et liste des représentants par département.
09-02 *Idem*: représentants des divers corps sociaux et corporations.
09-03 Mandements des Évêques pour le renouvellement de l'acte de consécration de la France au Sacré-Cœur le jour de Noël 1905.

### 10 Office du Sacré Cœur

10-01 Office du Sacré Cœur rythmé pour la récitation publique (8 ex.)
10-02 Méditation parlées en deux chœurs pour l'Adoration nocturne devant le Saint Sacrement.
10-03 Office du Sacré Cœur (office de la nuit et matines).
10-04 Règlement spécial de l'heure d'adoration.
10-04 Adoration I à V (Avent, Noël, Carême, Pâques, Ord.).

### 11 Dévotion au Sacré Cœur en France et dans le monde

11-01 Documents pontificaux: 1894, 1905, 1912, 1927, 1928, 1929, 1932, 1938.
11-02 Lettre du cardinal Richard sur le culte au Sacré Cœur.
11-03 Diverses lettres pastorales sur le Sacré Cœur.
11-04 Plaque du Sacré Cœur pour l'œuvre des campagnes.
11-05 Le règne du Sacré Cœur en Espagne.
11-08 Jubilé de Léon XIII. Exposition offerte à Montmartre.
11-09 Ode de Léon XIII au siècle naissant – janvier 1900.
11-14 Notes relatives à l'office du Sacré Cœur composé par le P. Eudes et célébré à Montmartre.
11-24 Cantique du Sacré Cœur (1911).

Les n° manquants de 11-01 à 11-24 correspondent à des ouvrages intégrés dans la bibliographie chronologique.

### 12 Historique de la basilique

12-01 Volumes de l'*Historique* de H. Rohault de Fleury.
12-02 Recueil de photographies avec explications des phases successives de la construction.
12-03 Album du Vœu national.
12-04 Clichés des vues parues dans le *Bulletin*.

| | |
|---|---|
| 12-05-06-07 | Opuscules et livres du P. Jonquet, du chanoine Vié et de Hubert Rohault de Fleury. |
| 12-08 | *PV* de la pose de la première pierre. |
| 12-08bis | Texte sténographié du discours de Mgr Langénieux pour l'inauguration des deux absides (1886). |
| 12-09 | Documents et correspondance de la bénédiction de 1891. |
| 12-09bis | Dessins des ornements ayant servis pour 1891. |
| 12-10 | Annales historiques du Vœu national. V. 8, 1893-1896. |
| 12-11 | Cinq vol. d'articles de journaux. |
| 12-12 | Baptême de *la Savoyarde* |
| 12-13 | La presse et *la Savoyarde*. |
| 12-14-15 | Inauguration de la clef de voûte (1898) et de la croix du grand dôme (1899), du grand dôme (1900) et du clocher (1912). |
| 12-16 | P. LALIGANT, *Deux souvenirs*... (1919-1920). |
| 12-17 | Consécration de la basilique et tableau provisoire du chœur. |
| 12-18 | Obsèques et monument funéraire de Mgr Guibert. |
| 12-19 | Documents relatifs au cardinal Richard. |
| 12-20 | Hubert ROHAULT DE FLEURY, *Quelques histoires* (1895). |
| 12-21 | Exposition de 1961 dans la crypte. |

**13 Rapports entre le Vœu national et l'État**

| | |
|---|---|
| 13-01 | Pétition organisée par le diocèse de Rodez pour demander à l'Assemblée nationale en 1873 la consécration de la France au Sacré-Cœur. |
| 13-02 | Débats de juillet 1873. |
| 13-03 | Liste des députés favorables à la loi. |
| 13-04 | Démarches préliminaires. |
| 13-05 | Réclamation en cas de cessation de culte (1907). |
| 13-06 | Procès et jugement de 1913. |

**14 Le Comité du Vœu national**

| | |
|---|---|
| 14-01 | *PV* des réunions du Comité (1872-1958), six cahiers, 20 x 25 cm, 150p. chacun. |
| 14-02 | Documents, correspondances, comptabilité pour la préparation des réunions du Comité (1874-1903). |
| 14-03 | Commission de délégation: crédits approuvés et signés par le cardinal Richard. |

**15 Bulletin du Vœu national**

| | |
|---|---|
| 15-01 | Autorisation de publication: 17 novembre 1873. |
| 15-02 | Problèmes financiers. |
| 15-03 | Collections de bulletins. |

| | |
|---|---|
| 15-04 | Chronique de Montmartre (janvier 1945-avril 1950). |
| 15-05 | *La Correspondance du Vœu national* (suppl. au *Bulletin du Vœu national* – mai 1892 à 1896). Réf. en 1896. |

## 16 La construction: étapes et avatars

| | |
|---|---|
| 16-01 | Souvenirs du concours de 1874. |
| 16-02 | Études géologiques, puits d'exploration, poids et volumes de l'édifice, expropriations, chapelle provisoire. |
| 16-03 | Affaire Daumet. |
| 16-04 | Substructions et stabilité de l'édifice (1874-76-84-92-97-1904). |
| 16-05 | Fissures, cassures, descellements dans diverses parties de la basilique (1903-1904). Réfection des joints. Expertise Magne (1904). Retrait de M. Rauline. |
| 16-06 | Incidents Rauline (1897-1906) pendant son activité. |
| 16-07 | Devis en cours en 1904. |
| 16-08 | Le campanile (1904-1917). |
| 16-09 | Contrats avec les entrepreneurs. |
| 16-10 | Règlements du cardinal Richard (1895 et 1904). |

## 17 Documents techniques de la construction

| | |
|---|---|
| 17-01 | Cahiers des charges (1875-1891). |
| 17-02 | Journal de marche: août 1875-mars 1903. 10 vol. |
| 17-03 | Mémoires des charpentes: nov. 77-nov. 81. |
| 17-04 | Régies 1895-1903. |
| 17-05 | Règlements des entrepreneurs (1883-1886). |
| 17-06 | Mémoires, factures, devis, minutes de 1875 à 1905. |
| 17-07 | Attachements de maçonnerie (1875-1927). |
| 17-08 | Correspondances des architectes (1884-1923). 5 vol. |
| 17-09 | Carnets de chantiers (1903-1908). |
| 17-10 | 20 vol. *in folio*: attachements de maçonnerie (80-94). |
| 17-11 | Carnets d'heures par ouvrier (1890-1891 et 1901-1902). |
| 17-12 | Témoins sous toitures 1904. |
| 17-13 | Crédits 1903. 1 vol. |
| 17-14 | Registre de chantier 1906-1912. |
| 17-15 | Gestion 1916. |
| 17-16 | Régies de charpente (2 vol. de 1905 à 1918). |
| 17-17 | Régies de maçonnerie (2 vol. de 1916 à 1918). |
| 17-18 | Bons de livraison (1888-1918). |
| 17-19-20 | Agendas d'activités quotidiennes (1921 et 1926). |
| 17-21 | Rapports quotidiens de 1927. |
| 17-22 | Opérations financières et placements (1911-1925). |
| 17-23 | Travaux journaliers (1928-1929). |
| 17-24-25-26 | Journaux et livres de caisse (1925-1943). |

| | |
|---|---|
| 17-27 | Entretiens et dépenses 1947-1951. |
| 17-28 | Travaux postérieurs à 1920. |
| 17-29 à 34 | Journaux, attachements des travaux de 1937 à 1949. |

## 18 Décoration et ornementation

| | |
|---|---|
| 18-01 | Chapelle Saint-Vincent de Paul. |
| 18-02 | Chapelle Notre-Dame de la Mer. |
| 18-03 | Chapelle Saint-Hubert [sic]. |
| 18-04 | Tribune Saint-Isidore (Agriculture). |
| 18-05 | Chapelle des Reines de France (Sainte-Radegonde)[1]. |
| 18-06 | Chapelle Saint-Joseph. |
| 18-07 | Chapelle des Morts. |
| 18-08 | Chapelle Saint-Louis. |
| 18-09 | Chapelle Saint-François. |
| 18-10 | Aménagement des chapelles de la crypte et de l'église. |
| 18-11 | Chemin de croix. |
| 18-12 | Couronne mondiale. |
| 18-13 | Mosaïque de la voûte du chœur. |
| 18-14-15-16 | Ornementation en général. |
| 18-17 | Marchés et correspondances avec: Robert, Lenormand, Facchina, Rouard, Seguin, Lesage, Huvé, Fagel, Dampt. |
| 18-18-19 | Affaires Corbel, Uanini et Tournier. |
| 18-20 | Affaires de 1903-1904. |
| 18-21 | Contrats de serrurerie (Bardin, Dubuc, Thomas). |
| 18-22 | Maître-autel et ostensoir. Contrats Mellerio, Huvé, Lefebvre, Lassalle, Seguin, Martin. |
| 18-23 | Les Évangélistes du campanile (Dampt, Bouchard). |
| 18-24 | Monument Garnier (1903): correspondance et discours. |
| 18-25 | Musée des modèles. |
| 18-26-27 | Mosaïstes Martin et horloges Château. |
| 18-28 | Descriptif et dessin du tapis. |
| 18-29 | Statues équestres de saint Louis et de Jeanne d'Arc. |
| 18-30 | Bénitiers du narthex et pierres tombales des archevêques. |
| 18-31 | Le grand orgue. |
| 18-32 | Le chœur: sculptures, éclairage, stalles, dallage. |

## 19 Installations techniques et dépendances

| | |
|---|---|
| 19-01 | Chauffage. |
| 19-02 | Electricité. |

1. Dépouillement fait en 1990 par Alain Volat de la correspondance entre la comtesse de Beauchamp et Hubert Rohault de Fleury à propos de la souscription et de la décoration.

| | |
|---|---|
| 19-03 | Égouts. |
| 19-04 | Canalisations d'eau. |
| 19-05 | Mesures contre l'incendie. |
| 19-06 | Paratonnerres. |
| 19-07 | Contrats avec la Cie du Gaz. |
| 19-08 | Installations des chapelains. |
| 19-09 | Réparations du presbytère et de l'école. |
| 19-10-11-12 | Dépendances de la basilique. |
| 19-13 | Cession de la bonneterie Bréault à l'Association diocésaine. |
| 19-14-15 | Plans des secondes dépendances (Ephrem) 1952-1955. |

**20 Pèlerinages**

| | |
|---|---|
| 20-01 | Industrie et Commerce de 1881 (affiche). |
| 20-02 | Manuels de prières. |
| 20-03 | Pèlerinages: 1936 à 1942, 1944, 1947 et 1948. |

**21 Réalisations et problèmes annexes**

| | |
|---|---|
| 21-01 | Abri Saint-Joseph. |
| 21-02 | Notre-Dame de Bon Secours. |
| 21-03-04 | Personnel de l'agence. Incidents. Demandes de secours. |
| 21-05 | Croisade de prières pour les ordres religieux (1880). |
| 21-06 | Articles de journaux de 1880. |
| 21-07 | La mission de Saint-Martin de Mayenne. |

**22 Correspondances diverses**

| | |
|---|---|
| 22-01-02-03 | Alexandre-Félix Legentil, Charles et Hubert Rohault de Fleury, Léon Cornudet, général de Charette, Théodore Dauchez, D. Devrez, Mgr Guibert et Mgr Richard, P. de Franciosi, Gaston La Caille, Henri Rauline, Lucien Magne, Jean Hulot. |

**Collection Photographies**

Cent vingt photographies (0, 40 x 0, 50 environ), numérotées de 1 à 199 ou non, constituent un reportage du chantier. Dix albums en présentent certaines de 1881 à 1897. Elles sont signées Durandelle-Chevojon [1].

1. Voir notre chapitre 11. Claude Baillargeon du Centre canadien d'architecture (1920, rue Baile, Montréal, Québec, Canada, H3H 2S6) prépare un article sur un album de 165 photographies de la construction prises entre 1879 et 1890. Les épreuves recueillies dans cet album ont dû servir à créer les gravures sur bois que l'on trouve en grand nombre dans les périodiques de l'époque: *L'Illustration*, *Le Monde illustré*, *La Construction moderne* (Lettre à l'auteur en date du 2 novembre 1990).

**Bureau du recteur** **Pièces authentiques**

Textes romains concernant la liturgie, les indulgences, les statuts du sanctuaire, des archiconfréries et de l'adoration du Saint Sacrement.

## B. Archives publiques

### *1. Archives nationales*

– F 19/2371 Sacré-Cœur de Montmartre

On on a mis dans ce carton des documents sur les autres confréries liées à la dévotion au Cœur du Christ (par exemple, sur la Garde d'honneur de Bourg-en-Bresse) ou sur le P. Coubé, non directement lié à Montmartre (son sermon de 1899 par ex. : Le Sacré Cœur, salut du monde et de la France). Les documents sur la basilique du Sacré-Cœur sont déjà connus par les archives du sanctuaire.

– F 19/5636

Lettre du préfet de la Loire-Inférieure, Nantes, 17 janvier 1902 à M. le Président du Conseil, Ministres de l'Intérieur et des Cultes. (Aimablement communiquée par Jacqueline Lalouette).

– Série C. Versements de la Chambre (1871-1875) : 2870 (774).

Papiers liés au débat de 1873.

– F 7/12 387 Construction de l'église du Sacré-Cœur de Montmartre, 1897.

Les papiers de ce carton concernent surtout le débat de 1897 à la Chambre.

### *2. Bibliothèque nationale/Manuscrits et Estampes*

– NAF 20 813. Collection Rohault de Fleury.

Description dans Maurice de BENGY-PUYVALLEE, *Catalogue...*, 1908.

– Fonds Abadie, Ha 337

Six pièces de correspondance, deux documents divers, huit plans, dont plan de coupe de la chapelle provisoire, non datés, non signés mais, de l'avis de Claude Laroche, attribuables à Paul Abadie.

### *3. Bureau des Cultes du ministère de l'Intérieur*

– Dossier de presse concernant les procès de 1906-1913.

### 4. *Ministère de la Culture*

– Notices biographiques des architectes, Magne en particulier (aimablement communiquées par Jean-Michel Leniaud et Catherine Brisac).

### 5. *Archives de la Ville de Paris, de la Préfecture et de l'ancien département de la Seine*

– 6 AZ 292 Document sur Charles Legentil et son associé Cheuvreux.
– 5 AZ 1185 Contrat de mariage de Paul Abadie.
– V 34 M 32 Abadie, membre de l'Institut.
– V 68 M 32 Sacré-Cœur.
  Grand plan de 1874 connu par ailleurs par les AHDP.
– V. O. non côté 308 et 8 À 2 806
  Diverses vues.
– 8 AZ 634
  Plaquette de l'archiconfrérie du Sacré-Cœur.
– V. N. 4 carton 175 : Tour de Solférino.
– V. M. 32-37, suppl., n° 30. Sacré-Cœur de Montmartre, 1873-1923.
  • Affaires diverses 1877-1911.
  Alignement, acquisition de terrains ; occupation de terrains communs. Arrêtés préfectoraux.
  Plans des terrains pris et des terrains retranchés.
  Square
  Location et vente de terrain.
  Hôtellerie des pèlerins de la rue de la Fontenelle.
  • Construction de l'église.
  Programme du concours.
  Rapport de la Direction des travaux de Paris. Plans.
  Expropriations, affiches, plans parcellaires.
  Dossiers de procédures d'expropriation.
– V. M. 32-37 suppl., n° 28. Saint-Pierre de Montmartre.
  • Restauration, pétitions contre la destruction. Rapports des architectes, plans et devis. 1877-1909.
  • Projet de création d'un square sur l'emplacement (1896-1897).
  • Jardin du calvaire. 1873-1911. Expropriations, hypothèques, droit d'entrée.
  • Projet de construction de l'église Saint-Jean (1892-1904). Voir aussi V M 32-37 suppl. n° 17.
  • Notes sur les fouilles faites en mars 1898.
  • Notices et historiques.
– V. M. 93 Urbanisme/5. Aménagement de la butte Montmartre (1912-1927).

– V. M. 32-37 suppl. n°35-4°. Temple de Montmartre, 1859-1896 (Confession d'Augsbourg).
– V. M. 32-37 suppl. n° 34. Chapelle expiatoire.
- Demande de démolition présentée au Conseil municipal de Paris par Edgar Monteil (1882-1885).

### 6. *Conservation des objets d'art des églises de la ville de Paris*

– Un dossier sur les nouveaux vitraux (1945-1960).
– Le récolement photographique et les fiches, principaux éléments des sources iconographiques présentées ci-après.

### 7. *Société d'histoire et d'archéologie Le Vieux Montmartre – Musée de Montmartre*

– Affiche d'Ogé et divers documents.

### 8. *Archives départementales*

Mme Jacqueline Lalouette a eu la bonté de me communiquer ses trouvailles à propos du Sacré-Cœur de Montmartre dans les archives des Deux-Sèvres, de la Dordogne (voir réf. 1880), de Loire-Atlantique (Acte de consécration de la commune de Treffieux par le conseil municipal au Sacré Cœur, 26 novembre 1899 et 8 décembre 1901), des Bouches-du-Rhône (M. 6, 3403 : appel anonyme aux catholiques...), de Charente-Maritime (lettre au sous-préfet de Royan, 24 janvier 1903).

### 9. *Musée d'Orsay*

Consultation des dossiers des peintres et sculpteurs.

### 10. *Musée municipale de Melun*

Fonds Chapu : dessin pour le Vœu national, voir illust.

### 11. *Archives de la mairie de Bouère (Mayenne)*

Lettre des Frères Landeau, marbrier, du 30 décembre 1876.

## C. Archives privées ecclésiastiques

### *1. Archives du Vatican, nonciature de Paris, correspondance de la Secrétairerie d'État*

Correspondance du cardinal Antonelli et de Mgr Meglia, 1875, vol. 138, ff 444-445, n° 234; 1878, vol. 77, ff. 77-77v, très aimablement communiquée par le P. Gatti.

### *2. Centre national des archives de l'Église de France*

Documents concernant les relations du P. de Foucauld avec la basilique du Sacré-Cœur communiqués grâce à l'amabilité de Mgr Jacqueline et du P. Sourisseau (carnet de Beni-Abbès du 8 janvier 1903, appel en faveur du Maroc pour le congrès des Prêtres-Apôtres du Cœur de Jésus du 14 janvier 1903).

### *3. Archives historiques du diocèse de Paris*

*a. Fichier des prêtres du diocèse et registre du personnel (28 x 24, 814 p.)*
*b. Registre des procès-verbaux des séances du Conseil, n° 3, 1855-1889.*
*c. Archives de la paroisse Saint-Vincent de Paul*

– Livre sommier (1804-1887): fondation de messes par Mme Legentil.
– Registre du conseil de fabrique (1839-1857 et 1875-1906): présence et décès de Alexandre-Félix Legentil.

*d. Archives concernant le Sacré-Cœur*

Bien que le Sacré-Cœur ne soit pas une paroisse, ce qui s'y rapporte se trouve classé avec les archives des paroisses en neuf cartons [1].

• Carton 1

– Cinq registres d'offrandes (1872 à 1915) (4° RP 9, I-V).
– Hubert ROHAULT DE FLEURY, *Programme iconographique*: voir Réf. 1891.
– Cession du terrain de Saint-Pierre de Montmartre (1875).
– Excursion dans les échafauds.

1. Christine Lacloche, *La décoration*..., 1975, donne les références anciennes par rapport au classement actuel par cartons.

– Ex. du *Bulletin* et lettre de Hubert Rohault de Fleury au cardinal Richard de juin 1888.
– Lettre de Mgr Rousseau en date du 18 janvier 1926 à propos d'un différent avec Jean Hulot au sujet des soubassements de la sacristie.
– Tract de 1908 pour l'achèvement.
– À propos du monument de Mgr Guibert (1897).
– Images de piété « Montmartre ».
– Des plans d'aménagement.
– Relevé du futur domaine du sanctuaire (1872).
– Lettre de Hubert Rohault de Fleury à un vicaire général, juin 1888.

• Carton 2

– Lettre circulaire de Mgr Guibert aux évêques de France et réponses en septembre 1873.
– Lettre du cardinal Richard en date du 27 novembre 1905.
– Collection de mandements concernant le Vœu national.
– Correspondance de 1872-1873, dont lettre du général de Sonis à Mgr Guibert du 5 février 1872.
– Commission de délégation et agence des travaux, 1875.
– Histoire du Sacré-Cœur de Rome, 1878.
– Divers brefs et rescrits.
– Rapport de Charles Lucas au préfet en date du 8 janvier 1874.

• Carton 3

– Affaire Daumet (1886)
  • Mémoire de Hubert Rohault de Fleury.
  • Lettre de Bailly, Garnier et Vaudremer.
  • *Bulletin municipal de la ville de Paris* et correspondance entre le préfet de la Seine et l'archevêque (6. 8. 86).
  • Candidatures d'architectes en avril 1886.
  • Lettre de la supérieure de Notre-Dame de Sion en faveur de Honoré Daumet.
  • Lettres de Éd. Didron, de P. Abadie.
– Concours de 1874 : images, lettre de Etex.
– Mise en place de 1875 et expropriations.
– Affaire contentieuse de 1904.
– Maquette du Sacré Cœur de G. J. Thomas.
– Affaire Sainte-Radegonde (1899).
– Prêtres-apôtres du Sacré-Cœur.
– Affaire Rauline 1902 et problème du clocher.
– Souscription pour le dôme.
– Mémoire des vocables des chapelles.
– Heure sainte.
– *La Savoyarde*.

• Carton 4

– Fondations de messes.
– Commission ecclésiastique de 1889-1897.
– Quête au bureau de bienfaisance.
– Tarif des messes.
– Palissade.
– Règlement du service du culte.
– Allocution de Mgr Amette.
– Comptes de 1888.
– Lettres de Hubert Rohault de Fleury (1900).
– Lettres de Dauchez (1891).
– Sauvegardes du P. Voirin.
– Coupures journaux divers (1872, 1906, 1926).

• Sous le numéro 5, trois cartons contenant 145 dossiers de legs.

• Carton 6

– Procès de 1913 et de 1933.
– Construction du presbytère.

• Carton 7

– États mensuels des recettes et dépenses de l'église du Sacré-Cœur. 1877, 1899, 1904. 21 x 31 x 10 cm.
– Fondations de messes et fondations de lampes. Bilan en 1903 depuis 1887 et 1898.
– Règlement pour le service de la chapelle du Sacré-Cœur à Montmartre tracé par Mgr Guibert. 1er mars 1876. 2 p.
– Règlement de 1897.
– Procès-verbal d'inventaire du mobilier de l'église du Vœu national. 25 mars 1903.
– Règlement de 1903.
– Budget de l'église du Vœu national. États mensuels des recettes et dépenses de l'église du Sacré-Cœur. 1877-1904. Liasse de 21 x 31 cm et de 12 cm d'épaisseur.
– Procès-verbaux d'inventaire du mobilier de l'église du Vœu national. 25 mars 1903. Signé : E. Thiriet, H. Odelin, La Caille, Audollent.
– Documents temporaires. Correspondances.

### *e. Archives de la commission diocésaine d'art sacré*

Trois registres constitués à partir du récolement photographique fait par la conservation des objets d'art des églises de la ville de Paris au Sacré-Cœur de Montmartre.

## 4. *Institut catholique de Paris*

– En bibliothèque : manuscrit de l'abbé Maurice Clément, concernant la biographie du cardinal Richard (427/Français) : épreuves, rédaction, correspondances, extraits, pièces annexes (quatre tomes).
– Aux archives : fonds Rohault de Fleury (des faire-part) et fonds Veuillot (correspondance Féval-Veuillot).

## 5. *Archives de l'ordre des Dominicains à Rome*

– Correspondance Hubert Rohault de Fleury et Jandel de février 1871, Série V, n. 64.

## 6. *Archives de la compagnie de Jésus*

– Archives de la chapelle de Paray-le-Monial : correspondance du P. Drevon avec Pie IX, 1er mars 1874 ; avec Mgr Guibert, le 10 avril 1878.
– Archives romaines : deux fiches du fichier analytiques du P. Edm. Lamalle concernant l'activité du P. Drevon à Paray-le-Monial : Reg. épist. ad Prov. Lugdunensem V, 1868-1875, p. 278-9, p. 280-1, p. 282-3, p. 287.

## 7. *Archives romaines des Oblats de Marie Immaculée*

– N° 1 : Articles sur Montmartre des journaux *La Croix* 1935 ; *Le Monde* 1951, 1971, etc.
– N° 2 : Divers.
a) Lettres des Pères oblats de Montmartre et de Hubert Rohault de Fleury au P. Général (années 1877, 1890, 1892, 1903...) ;
b) Règlement pour le service de la chapelle du Vœu National au Sacré Cœur de Jésus de Montmartre (sans date).
c) Recettes et dépenses de la maison de Montmartre.
d) Union de l'association de bienfaisance du Cœur de Jésus avec l'archiconfrérie de Montmartre, 1888.
e) Correspondance à propos d'un mosaïste.
– N° 3 : Associations :
a) Naissance de l'adoration perpétuelle, 24 mars 1876 (12 feuilles). Règlement de l'Association de Bienfaisance des Dames du S. -C. et lettres sur ce sujet (1890).
b) Le Foyer du Sacré-Cœur. Association constituée sous le régime e la loi du Ier juillet 1901 (Lettres).
c) L'Œuvre des Prêtres Apôtres du S. C., fondée le 17 oct. 1901 (Règlement).
– N° 4 : Visites canoniques par le P. Provincial du Nord. Actes de visite de la maison de Montmartre 7 déc 1879 ; 16-20 janvier 1885 ; 24-28 nov. 1887 ; 1 mars 1895.

### 8. *Archives du monastère de la Visitation de Paray-le-Monial*

Correspondance avec la sœur archiviste à propos de l'édition de 1867 des œuvres de la Bse Marguerite-Marie.

### 9. *Bénédictines du Sacré-Cœur de Montmartre*

Trois cahiers reproduits à l'alcool donnant des lettres de la Mère Marie de Saint-Pierre de 1887. Voir réf. Marie de Saint-Pierre, 1887.

### 10. *Auxiliaires du Cœur de Jésus*

Manuscrits de Hélène Villefranche à propos du Cœur glorieux.

### 11. *Archives des Bénédictins de la Pierre-qui-Vire*

Annales, notes, paroles et lettres du Prieur du prieuré de Béthisy Saint-Pierre, lié aux Legentil.

### 12. *Archives de la congrégation de la Sainte-Famille du Sacré-Cœur.*

Notes intimes de Mère Marie-Ignace Melin, dactylographiées en 1942.

### 13. *Archives de la Société Saint-Vincent de Paul*

Consultation du *Bulletin de la Société* et surtout des procès-verbaux du Conseil général de 1851 à 1875.

### 14. *Lycée des Feuillants (Poitiers), ancien collège Saint-Joseph*

La plaque et le prie-Dieu du Vœu national.

## D. Archives privées familiales

Bagros, Mme (Paris), Calderara Mme (31 Saint-Orens) et M. Toutain (95 Saint-Prix): archives à propos de Gustave Michel (liste de ses œuvres).

Chavane, Mme Claude, petite-nièce de Mme Legentil: surtout correspondance Alexandre et Marie Legentil, Joseph et Paule Marcotte, correspondance de cette dernière avec ses relations (Joséphine Cornudet, Mme de Rotalier,...) 1870-1871. Arbre généalogique de la famille Marcotte.

Cornudet Cécile, arrière-arrière petite-fille : biographies polycopiées de Léon et Michel Cornudet.

Dérumaux, abbé André, ancien chapelain : divers témoignages.

Hulot René, fils de Jean Hulot : plans des substructions du Sacré-Cœur, de la façade latérale est ; des coupes transversales, du dôme (équilibre général) ; plan de l'église haute ; plans étagés de la partie centrale, de la façade principale ; plan de la crypte, des toitures, du clocher (face nord). Beaucoup de ces plans ont été établis par Goichot, à l'agence d'architecture de 1900 à 1930 environ. Perspective d'Abadie pour le concours.

Le Blan, Mme Bertrand, arrière-petite-fille de Léon Cornudet : biographie polycopiée de Léon Cornudet.

Ledanois Louis : historique du village de Larbroye.

Mangeot Henri, ancien du patronage Saint-Charles : papiers concernant ce patronage de la paroisse Saint-Vincent de Paul.

Sachy de Fourdrinoy Michel, arrière-petit fils d'un oncle de Hubert Rohault de Fleury : notice sur Adhémar de Saint-Venant.

Saléon-Terras, Mme de, épouse d'un arrière-petit-fils de Hubert Rohault de Fleury : une « marine » de ce dernier.

Souberbielle, Mme Edouard, née Madeleine Léon-Bloy (1896-1990), fille de Léon Bloy (voir madame Galperine à Meudon) : correspondance de Léon Bloy et de Jeanne Léon-Bloy avec les chapelains de la basilique (abbé Durantel).

Van Stockum, Mme, petite-fille du général de Charette : papiers divers.

Vassal-Montviel, marquise de, petite-fille de Hubert Rohault de Fleury, décédée en 1991 : papiers et documents de ce dernier, testament de Charles Rohault de Fleury, « histoire de ma famille » par elle-même.

# *III. DICTIONNAIRE DES ARTISTES DU SACRÉ-CŒUR ET DESCRIPTION DE LEURS ŒUVRES GRÂCE AU RÉCOLEMENT PHOTOGRAPHIQUE DE LA VILLE DE PARIS*

L'auteur du présent travail, au titre de son ministère (d'économe en particulier) à la basilique et des préparatifs lointains de cette thèse, est entré en contact avec la Conservation des objets d'art des églises de la ville de Paris où il a reçu le meilleur accueil. Le récolement photographique de toutes les églises de Paris que ce service mène à bien risquait d'intervenir pour le Sacré-Cœur qu'à la fin de l'entreprise, soit vers l'an 2000 à peu près. Dès 1985, l'auteur a eu la joie d'accueillir MM. Georges Brunel et Daniel Imbert, conservateurs, et leurs collaborateurs et de faire avancer plus vite les choses. La campagne ainsi menée a donné mille photographies environ accompagnées d'autant de fiches sur lesquelles nos connaissances communes furent portées. La basilique et les dépendances, tout le matériel liturgique est maintenant récolé de façon précise. L'édition de l'ensemble de ces fiches et de ces photographies n'est pas impossible à l'avenir. Pour le moment, nous nous sommes contenté de présenter les œuvres [1] dont l'auteur est connu en les regroupant sous le nom de ce dernier [2]. Cela fait à peu près entre un tiers et la moitié des objets photographiés en sachant que ce sont les principaux. Les autres sont surtout des ornements et objets liturgiques, des bannières. La visualisation de l'ex-voto de pierre (et de métal) est un arrière-fond indispensable, on s'en doute, à cet ex-voto de papier qu'est le présent travail [3].

Abréviations :

- Dimensions des œuvres : h = hauteur ; l = largeur ; p = profondeur.
- Description des œuvres : s = signé ; d = daté (à côté de s) ; b = bas ; h = haut ; d = droite ; g = gauche : m = milieu ; ns, nd = non signé, non daté. PT = poinçon titre ; PO = poinçon d'orfèvre ; PG = poinçon de garantie.
- Numérotation des photographies : 85 = année de l'inventaire, SCM = Sacré-Cœur de Montmartre, 965 = numéro.
- Format des photographies : X = 6 x 7 cm ; V = 9 x 12 cm et 10 x 12 cm ; Z = 24 x 36 cm ; a = diapositive.

1. Il s'agit surtout des artistes dont les oeuvres sont présentes en 1985 dans le Sacré-Coeur. Cet ensemble est différent de celui considéré pour la période 1870-1923 sur deux points au moins : l'orfèvrerie, provenant de dons, est souvent antérieures ; les vitraux, posés après la Seconde Guerre mondiale, sont en dehors de notre étude proprement dite. Cependant, dans ce dictionnaire, nous avons pris en compte leurs auteurs.

2. Il n'est pas question ici des artistes connus par le biais de l'ex-voto de prière et non présents dans l'ex-voto de pierre. Par exemple, Ingres, Flandrin, Imlé...

3. Nous remercions Anne-Marie Cazelles de son aide pour la transcription des fiches.

ARMAILHACQ, P. d', s. j.

- Inventeur et directeur de la décoration de la chapelle Saint-Ignace. Voir J. et C. Mauméjean.

ARMAND-CALLIAT, Thomas-Joseph, orfèvre, Lyon. Poinçon insculpé vers 1853, biffé en 1901 : A*CS.

- La dévotion au Cœur de Jésus.

  Orfèvrerie de l'autel Sainte-Marguerite-Marie sous la direction de H. Rauline. Ensemble: bronze doré, émaux. Tabernacle (*L'Agneau victorieux*). 0, 38 x 0, 22. Bas-relief du tombeau de l'autel: *Un soldat perce le côté de Jésus*. H 0, 55 l 1, 20. Retable (1, 12 x 0, 64 x 0, 20): deux bas-reliefs, h: 0, 32, l: 0, 49, *Jésus ressuscité se laisse toucher par Thomas*, à g., *Jésus apparaît à Marguerite-Marie* à d. Au centre, au-dessus du tabernacle: horloge de la Garde d'honneur. 85 SCM 230-233 X.
- Calice et patène dits de Pie IX.

  N° 20 selon l'inventaire de 1968: l'ensemble est dit avoir été offert par Pie IX. Trésor; vitrine n° 34 en 1985. Argent doré, émaux fond bleu, vert et mauve. PG: minerve 1. PO: ACS. Médaillons sur la coupe: *Jésus devant Pilate*, *Ecce homo*, *Christ en croix*; sur les lobes du pied: *Henoch*, *Abel*, *Abraham*, *Melchisedech*; sur la patène: *Les quatre Évangélistes*. 85 SCM 410-413 X, 140/1041-2-3 X A.
- Ostensoir dit du Christ-Roi.

  Vitrine n° 1 du trésor en 1985. Argent doré, émaux et pierres. Couronne au sommet. h: 0, 69, l: 0, 35. PG: Minerve, PO: ACS. 85 SCM 371-2 X, 142/1059 X A et 1103 X A.
- Ciboire.

  Offert par madame Lesser, Paris 1920. Vitrine 25. Argent doré, améthystes, brillants, perles, fleurs gravées. h: 0, 26, d: 0, 13 d coupe 0, 12. PG: Minerve 1, PO: ACS. 85 SCM 400 X.
- Exposition dite de Léon XIII.

  Autel de la chapelle Saint-Pierre. Aujourd'hui disparue, décrite par P. Jonquet, *Montmartre*, 1890, p. 324 et P. Laligant, *Montmartre*, 1933, p. 131. Voir aussi Charles Lameire.

AUBERT Joseph, né à Nantes le 20 août 1849, mort à Neuilly en mai 1924, peintre.

- *Le cardinal Richard, archevêque de Paris*.

  Sacristie, toile et huile, h: 1, 97, l: 1, 47 (int. cadre). Appartient à l'Association diocésaine de Paris. Dépôt au Sacré-Cœur depuis 1984. Sd md: près de la barre de la colonne: Joseph Aubert, 1895. 85 SCM 581 X.
- *Le cardinal Amette*.

  Sacristie, toile et huile, h: 2, 08, l: 1, 18 (même condition que le précédent). Sbd: Joseph Aubert, 1911. Inscription ht d sous le blason: *Vivere est Christus*. 85 SCM 582 X.

AUGER, joaillier-orfèvre, place des Victoires, Paris.
- Calice et patène offerts en 1938.
  Argent doré, pied octogonal, h: O, 16, l: 0, 15 d coupe O, 12 d patène O, 15. PG: Minerve, PO: A F. 85 SCM 669 X.

AURIAC, marbrier, Toulouse.
- Voir P. Moulins.

BARRIAS Louis Ernest, sculpteur (Paris, 13 avril 1841 – Paris, 4 février 1905).
- *Vie de saint Joseph: mariage, travail, mort.*
  Bas-relief du retable de l'autel Saint-Joseph. Pierre et marbre h 0, 91 l 0, 50 l totale: 1, 88. Sdbd: E. Barrias, 1897. Biblio.: Lami, 1914; Bayet, 1910. 85 SCM 74 X.
- *Ange à la Croix.*
  Pendentif NO de la grande coupole. 85 SCM 105-6 X.

BIAIS, maison de chasublerie.
- Chasuble de la bénédiction de la basilique en 1891.
  Voir aussi P. Voirin, ci-dessous.

BENET Eugène Paul (Dieppe, 1863-?, 1942), sculpteur.
- *Le Christ montrant son cœur.*
  Face au couloir de la sacristie. Argent h 2, 10 l 1, 00 p 0, 62. Sdbg: Eug. Benet 1911. 85 SCM 574 X.

BERTRAND F. J., orfèvre à Paris. Poinçon insculpé en 1817: F J B.
- Chapelle.
  Vitrine trésor n° 35 et 44. Calice (sur coupe et pied): *Stations du chemin de croix*; h 0, 33 d pied 0, 17 d coupe 0, 11. Patène: Médaillon: *Pentecôte*. d 0, 175. Plateau: *Scarabées*, *Évangélistes*, h 0, 06 l 0, 36 x 0, 22. Burettes: *Moïse au rocher*, *Retour de Canaan*. h 0, 20. Argent doré. PT Barbu 1. PG Grosse garantie. PO. 85 SCM 425, 443, 445 X.

BESQUEUT André (1850-1942) frère coadjuteur jésuite et sculpteur.
- *Saint François Xavier.*
  Crypte, entrée de la Pietà. marbre h 2, 40 l 1, 10 p 0, 78. Sdbg: A. Besqueut, s. j., 1897. 85 SCM 309 X.
- *Saint Ignace de Loyola.*
  Crypte, entrée de la Pietà, marbre h 2, 40 l 1, 40 p 0, 75. Sdbg: A. Besqueut s. j. 1895. Ins.: *Ad majorem Dei gloriam*. Biblio.: Benezit, 1976, t. I, p. 628. 85 SCM 321 X.
- *Promesse et messe à Montmartre en 1534.*
- *Ignace envoie François Xavier en mission.*

• *Le Christ parle des Jésuites à Marguerite-Marie.*

Chapelle Saint-Ignace. Trois bas-reliefs en marbre. Deux (à droite et à gauche): h 1, 36 l 1, 90, et un au centre: h 1, 12 l 1, 42. 85 SCM 127-8-9 X.

BLANCHARD Pascal, peintre.

• *Comment Mr Vincent prié par Mons. de Genève et Mme de Chantal devient supérieur de la Visitation* (inscription en bas au centre).

Chapelle Saint-Vincent de Paul, à droite. Mosaïque h 3, 35 l 3, 68. Sdbg: Pascal Blanchard Fit – René Martin et Cie mosaïstes 1917. 85 SCM 152 X.

• *Comment Melle Legras présente à ses filles le portrait du Seigneur de la Charité* (inscription bas centre).

Chapelle Saint-Vincent de Paul, à gauche. Mosaïque h 3, 35 l 3, 69. Sdbd: Pascal Blanchard Fit – René Martin et Cie mosaïstes 1917. 85 SCM 153 X.

• *Saint Louis présente la couronne d'épines. Fides*, à droite. *Virtus*, à gauche.

Chapelle Saint-Louis, mur de droite, h 2, 70 l 3, 10 Sbg: Pascal Blanchard; sbd: René Martin et Cie mosaïstes. Don: inscription gravée dans la pierre sous l'encadrement de la mosaïque: Don de Madame Vve John Thomas Batt. 85 SCM 188 X.

BOGINO Frédéric Louis Désiré (P., 1831-P., 1899), sculpteur.

• *Sta Genovefa.*

Crypte, collatéral ouest, marbre, h 2, 05 l 1, 24 p 0, 74. Sur le socle: *Geneviève décide de construire une chapelle en l'honneur de saint Denis.* Bas-relief h 0, 29 l 0, 59. Sdbd: F. Bogino, 1888. Ins.: CCC = Conseil des Comités catholiques: donateur de la statue à l'occasion de la désaffectation de l'église Sainte-Geneviève pour en faire à nouveau le Panthéon en 1885. Biblio.: Dumolin, 1935, p. 242. Lami, 1914, t. I, p. 123. Salon de 1888 (n° 3819). 85 SCM 327-329 X.

BOSSAN, architecte.

• Dessins pour un calice: voir Poussielgue-Rusand Fils.

BOUCHARD Henri.

• *Les quatre Évangélistes représentés par leur symbole.*

Au-dessus de la loggia du campanile et des quatre anges de Dampt. 85 SCM 554 X.

BOURGEOIS Louis Maximilien (P., 1839-P., 1901).

• *Le baptême du Christ.*

Bas-relief du tombeau de l'autel Saint-Jean-Baptiste. Pierre patinée h 0, 50 l 0, 46 p 0, 04. Sbd: Max. Bourgeois.

BRUNET Paul.
- *Vierge à l'Enfant.*
  Entrée déambulatoire ouest. Métal argenté, argent massif? h 2, 10 l 0, 85 p 0, 60. Sbg: P. Brunet orfèvre. Ins.: Don de L. L. A. A./Prince et princesse/Constantin Radzwill/30 mars 1876. Rem.: avec photographie et coupure de journaux à l'appui, les descendants de Gustave Michel attribuent cette statue à leur aïeul, vers 1896. Enquête à suivre (voir chap. 22 et arch. fam.). 85 SCM 163 X.

CABUCHET Emilien (Bourg-en-Bresse 1819-?, 1902), sculpteur.
- *Saint Claude ressuscite un enfant noyé.*
  Crypte collat. est. Pierre h 2, 65 l 0, 85 p 0, 85. Biblo.: Benezit, 1976, t. II, p. 242, Lami, p. 225: salon de 1895 (n° 2919). 85 SCM 320 X.

CARAVANNIER, sculpteur.
- Monument à la mémoire de Charles Chesnelong.
  Attribué à cet artiste grâce à une lettre de H. Rohault de Fleury au cardinal Richard en date du 19 octobre 1902. AHDP, 4P2. Chapelle Sainte-Ursule. Haut-relief en marbre l 1, 82 L 1, 73. Ns, nd. 85 SCM 136 X.

CAVAILLE-COLL Aristide (1811-1899). Facteur d'orgues.
- Grand orgue (voir chap. 21).
  85 SCM 498 V.

CHAUMET Joseph, joaillier-orfèvre.
- *La Via Vitae* (voir chap. 22).

CHERET Maurice, orfèvre, Paris.
- Ostensoir dit « de semaine ».
  Bronze et argent dorés. Deux pièces s'emboîtent l'une dans l'autre: la grande: h 1, 03, d roue 0, 67, d pied 0, 35; la petite: h 0, 53, d roue 0, 32, d pied: 0, 19. S. sur le socle; vers 1945-1950 selon le témoignage oral d'un membre de la famille de l'orfèvre. 85 SCM 31 X.
- Parure de l'autel de la Sainte-Famille
  Crypte. Crucifix bronze h 0, 68 l 0, 52 Vers 1945 selon le même témoignage. 85 SCM 299 X.

CHERTIER Jean-Alexandre, orfèvre.
- Calice de la première messe de Mgr Flaus, ancien recteur.
  Vitrine n° 31.
  Argent et améthystes groupées sur le pied h O, 21 d pied 0, 15 d coupe 0, 10. PG: minerve 1. PO: AC. Ins.: 23. 10. 1900. 85 SCM 407 X.

• Porte du tabernacle de la chapelle Saint-Pierre.

CHEVRON Frères, orfèvres.

• Quatre calices et deux patènes au PO difficile à déchiffrer et pouvant être celui de ces orfèvres.

85 SCM 603 X, 631 X, 611 X, 398 X, 589 X.

CORDIER Henri (P., 1853-P., 1926), sculpteur.

• *Saint Marc*

Première galerie de la coupole. Haut-relief en pierre h 1, 00, l 1, 50, p 1, 150. Sbd: H. Cordier. 85 SCM 550x. Deux autres évangilistes sont peut-être du même artiste. Le quatrième est attribué à Gustave Michel.

COSSON Hélène, peintre.

• *Le cardinal Verdier.*

Sacristie, toile huile h 1, 98 l 1, 50. Sbg: Hélène Cosson (?). 85 SCM 711 X.

COTELLE-CLERE M. -J., sculpteur.

• *Christ aux liens.*

Crypte. Plâtre h 2, 20 l 0, 80 p 0, 57. S. socle g.: M. J. Clère. 85 SCM 328 X.

COUTAN Jules Félix (1848-1939), sculpteur.

• *Pietà.*

Dessus d'autel de la chapelle des morts à la crypte. Pierre de Lens. h 2, 00 l 2, 45 p 1, 10. Sdbd: J. Coutan 1911. Biblio.: Dumolin, 1935, p. 242. 85 SCM 363 X.

COYPEL (selon le cartel), peintre.

• *La fille de Jephté* (?).

Salon de M. le recteur. Toile et huile h 0, 92 l 1, 45.85 SCM 567 X.

CROIX-MARIE, ornemaniste.

• Décoration florale de l'autel Saint-François.

Ins.: *Deus det vobis suam pacem. Deus meus et omnia.* Selon P. Laligant, *Montmartre*, 1933, p. 133. 85 SCM 334 X.

DAMPT Jean Auguste (Venarey, 1858-Dijon, 1945), sculpteur.

• *Quatre anges portant les quatre Évangiles.*

Angles de la loggia du campanile. Pierre de Souppes. h 4, 50. Biblio.: *BVN*, 1911, p. 391. 85 SCM 553 X.

DELIN Frères, 64, rue Bonaparte, Paris. Marbrier.

- Deux bénitiers.
  Bas-côté ouest. Pierre h 1, 00 l 0, 80. Sb.: Delin. 85 SCM 280 et 576 X.

DEMARQUET Frères, orfèvres à Paris, 44, rue des Gravilliers.Poinçon insculpé en 1868, biffé en 1890: D Fes.

- Un ciboire dit des Enfants de Marie.
  Vitrine 10 du trésor en 1985. Offert le 9 mai 1876 (inscription sur le pied). Argent doré, émaux, améthystes, gemmaux. H 0, 31 d 0, 13 PG: minerve 1. PO. 85 SCM 382 X, 141/1047 X A.
- Un ciboire.
  Argent doré, h 0, 31, d coupe 0, 17 d pied 0, 12. PG: minerve 1. PO. 85 SCM 591 X.
- Un ciboire.
  Argent doré, h 0, 32, d coupe 0, 12 d pied 0, 16. PG: minerve 1. PO. 85 SCM 431 X.
- Un calice et une patène.
  Argent doré, h 0, 28 d cuve 0, 11 d pied 0, 14. PG: minerve 1. PO. 85 SCM, 702 X.

DESCATOIRE Alexandre (Douai, 1874-?, ?), sculpteur.

- *Le cardinal Dubois.*
  Escalier de la sacristie, niveau 4. Buste en marbre h 0, 75 l 0, 90 p 0, 43. Sd: A. Descatoire. 85 SCM 593 X.

FACCHINA Jean-Baptiste, mosaïste.

- Décor de l'autel et du pavage de la chapelle Saint-Jean-Baptiste.
  Voir chap. 22. 85 SCM 66 X.

FAGEL Léon (Valenciennes, 1851-?, 1913), sculpteur.

- *Sainte Jeanne d'Arc en prière.*
  Chapelle Saint-Michel. Marbre h 1, 40 l 0, 62 p 0, 80. Sbg: L. Fagel. 85 SCM 204-5 X.
- *Saint Jean de Dieu soignant un malade.*
  Chapelle Sainte-Thérèse, crypte. Pierre h 2, 45 l 1, 28 p 1, 02. 85 SCM 303 X.
- *Saint Malo.*
  Chapelle Sainte-Anne, crypte. Marbre. h 2, 35 l 0, 90, p 0, 68. 85 SCM 301 X.
- *Moïse fait jaillir l'eau du rocher.*
  Façade principale, tympan ouest. Haut-relief en pierre. Sdbd: Fagel 1903. Biblio.: *BVN*, 1903, p. 347. 85 SCM 619 et 620 X.

- *Un soldat perce le côté du Christ.*
  Façade principale, tympan central. Haut-relief h O, 60 l 2, 30. Sbd: L. Fagel. 85 SCM 628 X, 629 X, 548 X.
- *Monument de Louis Veuillot.*
  Chapelle Saint-Benoît Labre. Bas-relief en marbre h 1, 82 l 1, 82 p 0, 20. Ins.: *La Foi*, *la Vaillance chrétienne*;*J'ai cru, je vois. Cruce et calamo*. Biblio.: Dumolin, 1935, p. 241; Lami, 1914; Bayet, 1910; voir notre chap. 23. 85 SCM 39 X.
- *Ange à l'éponge.*
  Pendentif SE de la grande coupole. 85 SCM 104 X.
- *Saint Joseph et l'Enfant Jésus.*
  Chapelle Saint-Joseph. Bas-relief en pierre h 2, 70 l 1, 13. Ins. Amour à saint Joseph. MGLG. Sbd: L. Fagel. 85 SCM 112 X.
- *Le Christ guérissant l'humanité.*
  Chapelle Saint-Luc. Bas-relief en pierre h 2, 70 l 1, 13. Rem.: l'humanité a les traits de Hubert Rohault de Fleury, secrétaire général du Vœu national. Sbg: Fagel. 85 SCM 118 X.
- *Vierge des marins.*
  Chapelle de Notre-Dame de la Mer. Marbre h 2, 15 l 1, 00 p 0, 60. Sbg: Fagel. Biblio.: Dumolin, 1935, p. 242. Lami, 1914, p. 321. 85 SCM 184 et 186 X.
- *Saint Pierre sauvé par le Christ marchant sur les eaux.*
  Chapelle de Notre-Dame de la Mer, porte du tabernacle. Bronze doré. Sbg: Fagel. 85 SCM 180 X.
- *La pêche miraculeuse et la tempête apaisée.*
  Retable de l'autel de Notre-Dame de la Mer. Deux bas-relief en marbre h 0, 33 l 0, 86. Ins.: *Domine, salva nos, perimus. Exi a me, quia peccator sum*. 85 SCM 179 et 178 X.

FALCUCCI Robert, peintre.

- *Christ avec un cœur sur la poitrine et les bras étendus*
  Chapelle Saint-Pierre de la crypte. Fabriqué en carton pâte en 1960, en quelques heures, pour l'inauguration de l'exposition intitulée *Des druides au Sacré-Cœur* (témoignage oral de l'artiste). 85 SCM 291 X.

FAVIER F. Orfèvre à Lyon (première moitié XIXe siècle). PO: F soleil F.

- Deux calices et une patène. Vitrines 19, 22 et 36 en 1985. 85 SCM 394, 397, 426 X.
- Calice et patène « chinois ».
  Vitrine 46 en 1985. Argent doré et émaux. Au pied: *le Sacré Cœur*, la *Ste Vierge et St Joseph*. h 0, 30 d coupe 0, 12 d pied 0, 17. Médaillon de la patène: *le crucifiement avec Marie et Jean*. d 0, 18. PG: minerve 1. PO. 85 SCM 439 X, 624 X, 438, 440, 441 X.

FAVIER Pierre Henry, orfèvre à Paris. PO insculpé en 1846: *Favier*.

- Calice et patène offerts par l'abbé Charbois.

  Vitrines 29 et 19. Argent doré (h 0, 30 d pied 0, 26 d coupe 0, 09). Fausse coupe, médaillons en relief: *Vierge*, *Christ*, *Joseph et l'Enfant*. Nœud: *Trois chérubins*, *Têtes ailées*. Pied: *Crucifixion*, *Jésus et la Samaritaine*. Patène (d 0, 016): médaillon central, la Cène, signée en b. à d.: F. Montagny. PG: minerve sans cheveux, PO. 85 SCM 405 X et 395 X.
- Ciboire.

  Argent doré, émaux et perles. h 0, 28, d coupe 0, 11 et d pied 0, 13. PG: minerve 1. Gros ouvrage au titre de 950. PO. 85 SCM 587 X et 143/1065 X A.

FENESTRAZ P., peintre.

- *Sainte Angèle Merici*.

  Chapelle Sainte-Ursule, à droite. Mosaïque h 4, 20 l 1, 90. Sbd: P. Fenestraz; sbg: Gaudin mosaïste. Inscript bas g: *Sancta Angela Merici Fondatrix Ordinis Ste Ursule*. 1470-1540. 85 SCM 140 X.
- *Sainte Marie de l'Incarnation*.

  Chapelle Sainte-Ursule, à gauche. Mosaïque h 4, 20 l 1, 90. Nsnd (attribution due à la proximité). Inscrip. bas sur la largeur: *Filiae tuae de latere surgent* (Is LX 4). 85 SCM 141 X.

GAGNOT-SAUSSE, peintre tisserand.

- Tapis de fête du chœur.

  Sd: entrée à d, Gagnot-Sausse 1891 Langlois SR 1919, Blois. 85 SCM 492 et 494 V et 153/1124 VA et 1125 VA.

GAUDIN, mosaïste.

- Voir P. Fenestraz.

GOUFFAULT L., verrier.

- Voir T. -G. Hanssen.

GROHE, ébéniste.

- Salon.

  Antichambre de M. le recteur. Une table, un canapé, sept fauteuils, deux fois quatre chaises signés dessous. 85 SCM 569, 570, 571, 572 X.

HANSSEN T. -G., peintre verrier.

- *Marguerite-Marie, Charles de Foucauld, Gertrude et Jean Eudes*.

  Entrée sous le grand orgue, 2 à g, 2 à d. Vitraux. Sbd: T. G. Hanssen, del; sdbg: L. Gouffault, Orléans, 1949. 85 SCM 261, 262 V.

- *Sainte Jeanne d'Arc.*
  Chapelle Saint-Michel. Vitraux: à d. *Jeanne entend les voix*; au c. *Jeanne envoyée par Dieu pour faire tomber le siège d'Orléans et conduire le roi à Reims. Jeanne communie en prison*; à g. *Jeanne sur le bûcher*. 85 SCM 524 V.
- *Saint Louis.*
  Chapelle Saint-Louis. Vitraux: à g. *Il prend la croix*; au c. *Il bâtit la Sainte Chapelle et rend la justice*; à d. *Il rapporte la couronne d'épines*. 85 SCM 521 V.
- *Sainte Marguerite-Marie.*
  Chapelle Marguerite-Marie. Vitraux: à g. *François de Sales remet les armes de la Visitation à Jeanne de Chantal*. Au c. *Le Christ apparaît dans un noisetier. Marguerite-Marie, persécutée par les siens, se cache dans une étable pour prier*. A d. *Marguerite-Marie présente à ses novices la première image du Sacré Cœur*. 85 SCM 523 V.
- *Saint Vincent de Paul.*
  Chapelle Saint-Vincent de Paul. Vitraux (1952-1954): à g. *Il donne sa bourse à un pauvre*. Au c. *Aumônier des galères. Il envoie des prêtres évangéliser dans les champs*. A d. *Il confie des enfants trouvés à Louise de Marillac*. 85 SCM 526 V.
- *Les mystères de Marie.*
  Chapelle de la Vierge. Vitraux: à l'ouest: à g. *l'Annonciation*, au c. la *Visitation et la Nativité*, à d. *la Présentation*. Au nord: à g. *Jésus rencontre sa mère*, au c. *Jésus mort est remis à sa mère*, à d. *Jésus mis au tombeau*. À l'est: à g. *la Résurrection*; au c. *le Couronnement de Marie et la Pentecôte*, à d. *l'Assomption*.S. au centre. 85 SCM 529, 533, 535 V.
- *Consécrations au Christ et à Marie.*
  Chapelle Sainte-Radegonde. Vitraux: à g. *Thérèse de l'Enfant-Jésus se consacre au Cœur de Jésus*, au c. *Louis XIII consacre la France à Marie*, à d. *Jeanne d'Arc offre son épée au Crucifié*. 85 SCM 531 V.
- *Jésus et les marins.*
  Chapelle Notre-Dame de la Mer. Vitraux: au c.: *Ave Maris Stella, Dei Mater Alma. St Paul calme la tempête*. A g.: *Bénédiction des Croisés avant l'embarquement*. A d.: *Mgr de Belsunce remet aux marins des images du Sacré Cœur*. 85 SCM 512 V.

HOUDAIN André d'(Cambrai, 1860- P., 1904), sculpteur.

- *Le Christ et la Samaritaine.*
  Façade principale, tympan de la fenêtre de droite. Haut-relief. Sdbd: D'Houdain, 1903. Biblio.: *BVN*, 1903, p. 245. 85 SCM 564 X.

HULOT Jean, architecte.

- Achèvement de la grande mosaïque du chœur: voir Luc-Olivier Merson.
- Chemin de croix: voir E. Maxence.
- Niches et bénitiers

Entrées de la façade principale. Marbre blanc, colonne de pierre, parois mosaïquées. h 1, 00 d 0, 95.85 SCM 49 à 256 X.

• Pendentifs de la coupole de la Sainte-Vierge : voir Aug. Leroux.

• Dessin des sculptures ornementales du portail ouest : voir P. Seguin.

• Grilles et tables de communion de Saint-Benoît, Saint-François, Saint-Luc et Saint-Joseph avec R. Subes.

• Chapelle Sainte-Geneviève

Aménagement : autel, retable, tabernacle et reproduction du reliquaire de sainte Geneviève, décor de mosaïque. Biblio. : *Revue d'Architecture*, vol. XLIV, n° 9, p. 349. 85 SCM 313 X.

• Urne funéraire d'Alexandre (et Marie) Legentil.

Chapelle des morts, crypte. Marbre et mosaïques. h 0, 65 d 0, 32. 85 SCM 364 X.

• Décoration des dalles funéraires des cardinaux Guibert et Richard.

• La sacristie : construction et décoration.

Anges présentant le cœur du Christ : bas-relief au-dessus de la porte. Armes épiscopales du cardinal Verdier (*In verbo tuo laxaborete*) (0, 90 de côté). 85 SCM 927 V, 928 V, 578, 579 X.

• Couronne du Christ-Roi : voir Mellerio dit Meller.

HUVE L., marbrier

• Voir H. Rauline.

IMBS Marcel (Strasbourg, 1882 – Strasbourg, 1935), peintre.

• Voir Luc-Olivier Merson

JABOEUF, fondeur.

• Portes de bronze : voir L. Magne.

JOUVE, collaborateur de Lucien Magne, Hippolyte Lefebvre et Pierre Seguin pour les portes de bronze (voir P. Laligant, *Montmartre*, 1933, p. 55).

LALLEMAND Emile, orfèvre.

• Tabernacle du maître-autel transporté derrière celui-ci.

Argent repoussé. PO : E L. h 0, 61 l 0, 46. Biblio. : Commandé d'abord à Marret. Offert par Joseph Marcotte (*BVN*, 1893, p. 12). 85 SCM 21 et 22 X.

LAMEIRE Charles, (Paris, 1832 – Sainte-Foy-les-Lyons, 1910), peintre.

• *La ville de Lyon aux pieds de la Vierge d'après Orsel*

Chapelle Saint-Joseph à droite. Mosaïque h 4, 20 l 1, 90. Sbd : René Martin et Cie mosaïstes. Inscription en bas dans le cartouche : L'an de grâce MDCCCXXXII tandis que le choléra sévissait dans toute la France/la ville de Lyon ayant été préservée de ce fléau par la toute puissante intercession/de la bienheureuse Vierge Marie/les fidèles de cette ville ont fait vœu de placer un tableau dans la chapelle de Notre-Dame de Fourvière/comme un monument de leur reconnaissance envers la Mère de Dieu. Inscription en b de la partie figurée à g: Rhodanus, à d: Segona [*sic*]. Biblio.: BVN, 1905, p. 187. 85 SCM 113 X.

- Exposition dite de Léon XIII.
  Autel de la chapelle Saint-Pierre. Pièce disparue mais décrite par P. Jonquet, *Montmartre*, 1890, p. 324 et P. Laligant, *Montmartre*, 1933, p. 131. Voir aussi Armand-Calliat.

LE CHEVALLIER Jacques, peintre verrier (réf. biblio. en 1960).

- *Christus vincit.*
  Tribune est dite du Commerce et de l'Industrie. Dix vitraux. Ateliers Barillet (1947-1950) Biblio.: dossier de fabrication en possession de la Conservation des Objets d'art des églises de la ville de Paris. 85 SCM 537 V.
- *Ecce lignum crucis.*
  Tribune ouest dite Saint-Isidore ou de l'Agriculture. Biblio.: de même. 85 SCM 539 X.
- *Saint François, l'Alverne et la Portioncule.*
  Chapelle Saint-Benoît Labre. Trois vitraux dédiés à saint François d'Assise: *Pax et bonum*, *Deus meus et omnia*, Pauvreté (1962). Biblio.: de même. 85 SCM 43 X.
- *Jean, précurseur et martyr.*
  Chapelle Saint-Jean-Baptiste. Trois vitraux: *Je suis la voix qui crie dans le désert*; *Moi je baptise dans l'eau*; *J'ai vu et j'ai rendu témoignage*. Biblio.: de même. 85 SCM 44 X.
- *Joseph, Amour et Foi.*
  Chapelle Saint-Joseph. Trois vitraux: *Ce qui est né en elle vient de l'Esprit*; *Le juste croîtra comme un lis*; *Prends Marie et l'Enfant et pars en Égypte*. Biblio.: de même. 85 SCM 115 X.
- *Luc, peintre et médecin.*
  Chapelle Saint-Luc. Trois vitraux: *Ave gratia plena*; *Benedictus Dominus Deus Israel*; *Guérissez les malades*. Biblio.: de même. 85 SCM 116 X.
- *Ignace, Obéissance, AMDG.*
  Chapelle Saint-Ignace Trois vitraux: *Louis de Gonzague*; *Je suis venu apporter le feu sur la terre*; *Claude de {sic} La Colombière.* Biblio.: de même. 85 SCM 134 X.
- *Ste Ursule, Ste Angèle et Marie de l'Incarnation.*
  Chapelle Sainte-Ursule. Trois vitraux: *Serviam*; *Doctrix fidei et caritatis*; *Je vous adore pour ceux qui ne vous adore pas*. Biblio.: de même. Sdbd, vitrail de g.: J. Le Chevallier/peintre verrier/1962. 85 SCM 142 X.
- Vitraux de la coupole (« abstraits »).

LEFEBVRE Hippolyte, sculpteur, né à Lille en 1863.

- *Sainte Jeanne d'Arc.*
  Terrasse de la façade principale, côté est. Statue équestre en bronze h 6, 20 l 4, 80 p 1, 30. S.: arrière du socle: H. Rouard fondeur. 85 SCM 562 X, 559 X.
- *Saint Louis.*
  Terrasse de la façade principale, côté ouest. Statue équestre en bronze h 5, 00 l 4, 20 p 1, 60. S.: arrière du socle: H. Rouard fondeur.85 SCM 558 X.
- *L'amour de Jésus pour nous.*
  Six médaillons en bronze de 0, 71 x 0, 71 pour les portes de la façade principale. D'est en ouest: *Guérison du paralytique*; *Conversion de Marie Madeleine*; *La multiplication des pains*; *La Cène*; *Jésus et les petits enfants*; *La résurrection de Naïm*. Sbd: porte centrale (voir Lucien Magne). 85 SCM 618, 623 et 630 X.
- *L'incrédulité de saint Thomas.*
  Tympan de la porte ouest de la façade principale. Haut-relief en pierre. Sbd: Hippolyte Lefebvre, 1903. Biblio.: *BVN*, 1903, p. 347. 85 SCM 621 X, 622 X.
- *Christ en croix, Marie et les Apôtres.*
  Retable du maître-autel. Marbre de Sienne (carrare) et mosaïque. Scène centrale: h 0, 55 l 0, 85, p 0, 18. *Le Christ en croix avec Marie et saint Jean*. Mise au point dans un seul bloc et rapportée dans la niche cintrée. 85 SCM 15 X. Les ailes: 12 fois h 0, 89, l 0, 30 p 0, 15. Apôtres de g. à d.: *Jude, Jacques le Mineur, Matthias, Simon, André, Pierre, Paul, Jacques le Majeur, Thomas, Philippe, Barthélémy, Matthieu*. 85 SCM de 16 à 20 X.
- Anges de l'exposition.
  Voir L. Magne.
- *Scènes de la vie de saint Vincent de Paul.*
  Retable et autel Saint-Vincent de Paul. Trois haut-reliefs en bronze doré. Tombeau autel: h 0, 63, l 1, 25 p 0, 15; sur le retable (deux): h 0, 60 l 0, 70 p 0, 14. *Vincent de Paul fonde les Lazaristes* (retable à g.) *et les Filles de la Charité* (retable à d.); *Saint Vincent de Paul enseignant* (au tombeau). 85 SCM 156, 159, 160 X.
- *Saint Louis remet la sainte couronne à l'évêque de Paris.*
  Devant de l'autel Saint-Louis. Haut-relief en marbre h 0, 75 l 2, 35 p 0, 20. Sbd sur plinthe: Hippolyte Lefebvre. 85 SCM 195 X.
- *Saint Dominique entouré de quatre disciples parisiens* (*saint Albert le Grand, saint Thomas d'Aquin, bienheureux Innocent V, saint Réginald*).
  Autel Saint-Dominique de la crypte. Bas-relief en pierre h 0, 82 l 2, 43. Sdbd: H. Lefebvre 1914. 85 SCM 340 X.
- Monument funéraire du cardinal Richard.
  Chapelle des morts de la crypte. Marbre en deux parties. Sdbd: H. Lefebvre 1912. Biblio.: Dumolin, 1935, p. 242. 85 SCM 349 et 350 X.

- Monument funéraire du cardinal Amette.
  Enfeu de gauche de la chapelle des morts. Marbre h 2, 10 l 2, 20 p 0, 70. Sdbg : H. Lefebvre 1923. Biblio. : Dumolin, 1935, p. 242. 85 SCM 366, 367 X.
- *Anges adorateurs.*
  Horloge du grand orgue. 85 SCM 110 X.
- *Anges thuriféraires.*
  Arrière-salle de la crypte. Deux témoins du banc d'œuvre (et de la chaire), l'un et l'autre détruits vers 1960. Marbre blanc h 0, 93 l 0, 50 p 0, 55. 85 SCM 419 X.

LEROUX Jules Marie Auguste, peintre.Biblio. : *BVN*, 1909, p. 148-149, affirme que les traits des quatre personnages suivants sont ceux de NN. SS. Darboy, Guibert, Richard et Amette.

- *Saint Bernard de Clairvaux.*
  Chapelle de la Vierge, pendentif N. O. de la coupole. Mosaïque. Inscription : dans les angles : Clairvaux – Cîteaux. Au centre : *Sanctus* MXCI/*Bernadus* MCLII. Sur le livre : *Mis/sus/est.* Après 1919. 85 SCM 93 X.
- *Saint Dominique.*
  Chapelle de la Vierge, pendentif N. E. de la coupole. Mosaïque. Inscription : dans les angles : Ne. De. de Prouille – Jacobins de Paris. Au centre : *Sanctus* MCLXX/*Dominicus* MCCXXI. 85 SCM 94 X.
- *Bienheureux Louis Marie Grignion de Montfort.*
  Chapelle de la Vierge, pendentif S. E. de la coupole. Mosaïque. Inscription : dans les angles Saint-Laurent s/Sèvre – Pontchateau. Au centre : *Beatus Ludovicus Grignion de Montfort.* A g. : IHSDS Compagnie de Marie. d. IHSDS Congrégation de la Sagesse. Sur le livre : *Traité de la vraie dévotion à la très Sainte Vierge.* 85 SCM 95 X.
- *Bienheureux Jean Eudes*
  Chapelle de la Vierge, pendentif S. O. de la coupole. Mosaïque. sb : Auguste Leroux. Inscription : dans les angles : Coutances – Caen. Au c : *Beatus Eudes.* MDCI – MDCLXXX. *Doctor apostolus SSCC JM. Congregatio Jesu et Mariae. Filiae BMV a Caritate.* 85 SCM 96 X.

LESAGE Edmond, orfèvre à Paris. PO : E*L.

- Canon.
  Trésor crypte. Cadre argent. H 0, 43 l 0, 625 s. Inscription : E. Lesage/orfèvre Paris MCMXII. PG : minerve 1, titre de l'argent. PO. Texte et décor peints par les Visitandines de Paray-le-Monial. 85 SCM 458 X.
- Reliquaire de sainte Marguerite-Marie.
  Réserve. Bronze doré, pierres et diamants. h 0, 48 l 0, 20 d pied O, 20. S. sous le pied : Ed. Lesage. Paris. 85 SCM 691 X.

- Ostensoir.
  Réserve. Argent doré, pierres et diamants? h 0, 71 d 0, 36 d pied 0, 23. PG: minerve. PO. Ins. sur papier séparé: don du prince de Montholon. 85 SCM 648 X
- Tronc pour billets de présence des adoratrices.
  Bas-côté est en 1985. Deux ex. en cuivre et émaux. h 1, 05 l 0, 32. PO. 85 SCM 271 X.
- Patène (d'un calice volé ou non identifié).
  Réserve. Argent doré d 0, 16. Sacré Cœur (seul) avec ins.: *novum signum auspicastissimum divinum que.* PG: minerve. PO: sans doute Ed. Lesage. 85 SCM 590 X.
- Chandeliers de l'exposition.
  Parure du maître-autel. Six de h 1, 10 et de d (pied) de 0, 35; six (deux en réserve) de h 0, 82 et de d (pied) 0, 31. Bronze doré moulé en quatre parties. PO: Ed. Lesage. 85 SCM 24 et 23 X.
- Parure de l'autel Notre-Dame de la Mer.
  Ancres et proues de navire. Bronze doré. PO. 85 SCM 187 et 183 X. Chandeliers (quatre en 1985). Bronze doré et émail. h 0, 36 d coupe 0, 17 d pied 0, 20. 85 SCM 181 X.
- Parure de l'autel Saint-Michel.
  Bronze doré, émaux, marbre. Tabernacle (porte: h 0, 33, l 0, 18), tympan (*Virtus-Honor-Patria*) et colonnettes (h 0, 95 l 0, 45 p 0, 35), chandeliers (h 0, 38, d coupe 0, 16, l pied 0, 20). PO. 85 SCM 202 et 201 X.
- Croix et chandeliers de l'autel Saint-Louis.
  Bronze doré et émail. Croix (h 0, 71 d base 0, 20 l bras 0, 39) se démonte en six parties. Chaque médaillon s'enlève. PO. Six chandeliers (h 0, 53 d pied 0, 23 d coupe 0, 15). PO. 85 SCM 197, 199 X.
- Tabernacle et chandeliers de l'autel de la Sainte Vierge
  Dix chandeliers en bronze doré et émaux (h 0, 38 d base 0, 32 d coupe 0, 26). Signés. Porte (h 0, 52 l 0, 34). Sbd. 85 SCM 88 et 97 X.
- Orfèvrerie de l'autel Saint-Luc
  Bronze, émaux. Tabernacle (h 1, 20, porte 0, 50 x 0, 38), retable (aile h: 0, 75 x 1, 00), tombeau (int. 0, 48 x 1, 70). Bas-relief: Guérison des dix lépreux. S. angle sup. droit. Quatre chandeliers et un crucifix. 85 SCM de 120 X à 123 X.
- Un autel de la Sainte Vierge
  Est-ce l'ancien autel de la chapelle de la Sainte Vierge désormais dans la chapelle Saint-Rémy? Cuivre doré, émaux, colonnettes de marbre. Table: h 0, 96, l 3, 02 p 0, 71. Tabernacle: O, 44 x 0, 28. Devant d'autel, cinq bas-relief sous arcades: *l'Annonciation*, *la Nativité*, *le Couronnement de la Vierge*, *La présentation de Marie au Temple*, *la Vierge au pied de la croix*. 85 SCM 323 X, 326 X.

- Porte du tabernacle de l'autel Saint-François.
  Selon P. Laligant, *Montmartre*, 1933, p. 133. 85 SCM 332 X.
- Six chandeliers signés de l'autel de la Pietà.
  85 SCM 358 X.

LOUIS-NOEL (Hubert-Louis NOEL dit), sculpteur.

- *Saint Bruno.*
  Chapelle Saint-Bruno. Pierre h 2, 40 l 0, 70 p 0, 65. Sdbd : Louis-Noël, 1899. 85 SCM 307 X.
- *Le Christ et la Madeleine.*
  Tympan de la fenêtre de g. de la façade principale. Haut-relief de pierre. Sdbd : Louis Noël 1903. Biblio. : *BVN*, 1903, p. 290. 85 SCM 565 X.
- Monument funéraire du cardinal Guibert.
  Chapelle des morts de la crypte. Marbre h 2, 10 l 1, 15 p 2, 40. Sdbd : Louis Noël, 1897. Biblio. : Dumolin, 1935, p. 242 et Bayet, 1910. 85 SCM 344, 345, 347, 348 X
- *L'ange au roseau-sceptre et à la couronne.*
  Pendentif nord-est de la coupole principale. 85 SCM 107 X.
- *Saint Antoine de Padoue.*
  Entrée ouest du déambulatoire. Marbre, h 2, 10 l 0, 80 p 0, 63. Sdbd : L. Noël 1895. 85 SCM 164 X.
- *Saint Michel terrassant le dragon.*
  Chapelle Saint-Michel. Marbre 2, 65 l 0, 97 p 0, 66. Sdbd : Louis Noël, 1903. 85 SCM 208 X.

MAGNE Henri-Marcel, peintre.

- *L'Assomption de la Vierge Marie.*
  Coupole de la chapelle de la Sainte Vierge. Mosaïque. Vues d'ensemble : 85 SCM 487 V, 489 V, 491 V. Diapositives : de 1130 à 1133 VA et de 1134 à 1138 VA. *Marie et les anges* : 85 SCM 35/272 X, 139/1034 X A. *Les Apôtres et les saints* : 85 SCM 276 X, 85 SCM 273. 85 SCM 1035 XA ; 85 SCM 274 X, 1036 XA ; 85 SCM 275 X/1037 X A. Sd. sur la partition d'un ange : H. Marcel Magne, 1907 (85 SCM 272 X).
- *Symboles de Marie*
  Autel de la Sainte Vierge. La décoration réalisée par R. Martin, mosaïste, n'est pas signée. H. -M. Magne peut en être l'auteur. Selon les litanies de Marie : *Sedes sapientiae*, *Domus aurea*, *Vas spirituale*, *Turris Davidica*, *Speculum justitiae*. 85 SCM 102 X.
- *Saint Michel demande à saint Aubert de construire une abbaye sur le Mont-Tombe.*
  Chapelle Saint-Michel, mur de droite. Mosaïque h 3, 40 l 3, 70. Sdbd : H. Marcel Magne 1909. sdbg : René Martin et Cie 1910. 85 SCM 211 X et 132/980 XA.

- Saints Anges musiciens et chanteurs.
  Balustrade du buffet du grand orgue. Marqueterie. Sdg : Henri Marcel Magne 1914-1918 (sur la partition). Biblio : *Chorales*, n° 198, p. 14. 85 SCM 108 X et 109 X.
- Croix de consécration avec les Apôtres et les articles du Credo.
  Tout autour de la basilique. Début, chapelle de la Vierge, côté est et fin, côté ouest. 12 médaillons de mosaïque (d 0, 68). Inscriptions : sur « Pierre » : Léon et Marie ; sur « André » : Gaston et Marguerite ; sur « Thomas : Alphonse et Natalie ; sur « Jacques le Mineur » : Georges et Marguerite. 85 SCM 101 X, 279 X, 264 X, 265 X, 258 X, 253 X, 267 X, 268 X, 266 X, 575 X, 100 X. L'un d'entre eux est caché par la statue de saint Antoine de Padoue et inaccessible au photographe.
- *L'arche d'alliance, la fontaine de vie, l'autel des pains de proposition, l'Eucharistie.*
  Arc triomphal du chœur, quatre médaillons et une frise en mosaïque. 85 SCM 48 X, 49 X, 50 X.
- *Dix-huit prophètes et seize polygones.*
  Stalles du chœur. Marqueterie de cèdre et de teck. Les figures : h 1, 00 l 0, 60 Sbd : H. Marcel Magne (première travée coté est), dbd : 1913 (1ère travée côté ouest). Biblio. : BVN, 1914, p. 160. 85 SCM de 1 à 11 X ; 134/992 XA 993 XA et 994 XA.
- *Le roi David.*
  Panneau isolé identique à celui du chœur acquis en 1987 par la basilique. Salon de M. le recteur. Biblio. : *Montmartre-Orientations* 1987, n° 185, p. 15.

MAGNE Lucien, architecte.

- Dessins pour la table de communion principale (voir E. Robert), pour les rampes, ambons, sièges et sol du chœur.
  Marbre, mosaïque et émail ; fer forgé et cuivre doré. Sd entrée à g : L. Magne 1912 Au centre : *La couronne d'épines*. Ins : *Cor Jesu Sacramentissimum miserere nobis*. Armoiries (encore visibles) des papes Pie IX, Léon XIII et des cardinaux Guibert, Richard et Amette. 85 SCM 65 X et 1004 X A. Écussons : mosaïques d'émail : les chapitres de France. Côté ouest : 85 SCM 4/28 X et 134/996 X A. Côté est : 85 SCM 30 X et 134/995 X A.
- Mosaïque du cul-de-four du chœur : voir Luc-Olivier Merson.
- Retable du chœur.
  (L'autel est de H. Rauline. Voir ce nom). Marbre de Sienne (Carrare). h totale 4, 30, l 7, 10, h aile 3, 25. Sdbd : L. Magne, architecte/H. Lefebvre, statuaire, 1905-1907. Monogramme dans la frise en mosaïque : R. Martin Cie. Ins. (souscripteurs) retour g. retable : Marie de Saint-Jean, Alice de Gargan, Théodore de Gargan. Retour d. : Famille Prat-Noilly/de Marseille/Prouvost-Ernoul. 85 SCM 12-13 X, 62/483 V et 484. 154/1126 et 1129 VA.

- Ciborium et anges de l'exposition supportant l'ostensoir

  Argent doré (h 0, 99, l 1, 22, p 0, 37). Sb sur le socle: L. Magne architecte. P. Seguin, sculpture, H. Lefebvre statuaire, Maison P. Rusand, orfèvre et PO (au revers du socle). 85 SCM 32 et 34, 999 et 1000 X A.
- Grand ostensoir.

  Argent doré, perles et diamants. Deux pièces: support: h 0, 94, d couronne 0, 55, d base 0, 40; ostensoir: h 0, 50, d couronne 0, 42, d base 0, 24 Sd sur le pied: Lucien Magne inv. et del. 1912. Tec. Mellerio dit Meller et Poussielgue-Rusand. 85 SCM 595-6 X; 145/1079 X A.
- Portes de la façade principale.

  Bronze. Six vantaux de 4, 10 x 1, 15. S. porte centrale à g.: Lucien Magne arch. Hippolyte Lefebvre sculpt.; à d.: Seguin décorateur, Jaboeuf et Rouard: fondeurs. Voir ces noms. 85 SCM 544, 617, 616 X.

MAGNE René, peintre (?).

- *Les Notre-Dame de France.*

  Chapelle de la Sainte-Vierge. Mosaïque: deux médaillons circulaires (d 0, 60) et huit cintrés (h 0, 80 l 0, 60). Frise. Attribution grâce à *BVN*, 1908, p. 101 et 168. Côté ouest de g à d: *Mater dolorosa*, Notre-Dame de Pontmain (ins.: Mais priez mes enfants. Dieu vous exaucera en peu de temps. Mon Fils se laissera toucher), Notre-Dame de Grâce, Notre-Dame du Mont-Carmel. Frise: *Ave Maria – gratia plena – Dominus tecum.* Côté nord: ouest: Notre-Dame de Marienthal et vase de fleurs; est: vase de fleurs et Notre-Dame de Boulogne. Frise: *Benedicta tu in mulieribus.* Côté est de g à d: Notre-Dame du Sacré-Cœur, Notre-Dame du perpétuel secours, Notre-Dame du Saint Rosaire, *Mater Boni Consilii.* frise: *Et benedictus fructus ventris tui.* 85 SCM de 75 à 85 X, 137/1021-1022 X A.

MARIE-BERNARD, trappiste, dans le monde: Louis Richomme (Vire, 1883-Soligny, 1975), sculpteur.

- *Sainte Thérèse de l'Enfant-Jésus.*

  Entrée de la nef à g. Marbre h 1, 78 l 0, 55 p 0, 55. 85 SCM 246 X.

MARQUET DE VASSELOT Jean Joseph Marie Anatole (P., 1840-Neuilly, 1904), sculpteur.

- *Christ mort.*

  Chapelle des morts à droite. Marbre et bronze. h 0, 45 l 2, 40 p 0, 85. À l'origine, socle de basalte rouge disparu. Sdbg: A. M. Vasselot 1876. Hist.: Salon de 1876, n° 3635. Exposition universelle 1878 n° 1413. Modèle en plâtre (Musée de Gand). Exposition universelle Vienne de 1882 n° 231. Donné par l'artiste au Vœu national en 1888. Exposition *Un siècle d'art sacré*, le Vésinet, 1984.

Biblio. : Lami, 1914, t. IV, p. 344. *BSHAF*, 1981, p. 250-264. Vayssaire, *Un siècle...*, 1984. 85 SCM 351 X, 352 X.

MARTIN et DEJEAN, orfèvres à Paris, 24, parvis Notre-Dame PO : Insculpé en 1837, biffé en 1846 : M + & + ancre + deux étoiles + D.

- Chapelle : calice, patène, plateau et burettes.
  Vitrine 7 du trésor en 1985. Argent doré. Calice (h 0, 35, d coupe 0, 105, d pied 0, 18). Patène (d 0, 175). Médaillon : signé en toutes lettres : Montagny F. Plateau (h 0, 08 l 0, 31 l 0, 21). Burettes (h 0, 19, l 0, 13). PG : minerve 1. PO. 85 SCM 374 X, 375 X, 376 X et 657 X.
- Chapelle : calice, patène, plateau et burettes.
  Vitrine 12. Argent doré. Calice (h 0, 335, d coupe 0, 10, d base 0, 175) ; patène (d 0, 165) ; burettes (h 0, 195), plateau (h 0, 06, l 0, 195, l 0, 285), médaillons signé : Montagny F. . PG : minerve 1. PO. 85 SCM 385, 387, 388, 389 X.
- Calice et patène.
  Réserve. Argent doré. Calice (h 0, 33, d coupe 0, 10, d pied 0, 17) ; patène (d 0, 17). PG : minerve, PO. 85 SCM 606, 607, 608 X.
- Calice.
  Réserve. Argent doré. h O, 32, d coupe 0, 09, d pied 0, 17. Ins. sur le rebord du pied : À perpétuelle mémoire, priez pour Mr l'abbé Sané du diocèse de Paris, 1879. 85 SCM 604 X.
- Calice.
  Vitrine n°53 du trésor en 1985. Argent doré. h 0, 34, d coupe 0, 105, d pied 0, 175. Fausse coupe et pied : Nativité et scènes de la Passion, nœud : têtes d'anges en relief. 85 SCM 449 X.

MARTIN Guilbert, mosaïste.

- Voir E. Maxence, Henri Pinta.

MARTIN Jacques, sculpteur.

- *Les grands saints franciscains.*
  Chapelle Saint-François, crypte. Quatre médaillons en bas-relief (d 0, 54) sur le devant d'autel : *Antoine*, *François*, *Claire* et *Colette*. Sdbg médaillon Saint-François : Jacques Martin, 1914. 85 SCM 333 X.

MARTIN René, mosaïste.

- Voir Pascal Blanchard, Charles Lameire, Henri-Marcel Magne, Luc-Olivier Merson, Henri Pinta.

MAUMEJEAN J. et C., peintres mosaïstes.

- *Saint Pierre Canisius s. j. Docteur de l'Église.*
  Chapelle Saint-Ignace à gauche. Mosaïque h 4, 20 l 1, 90. Sb centre : P. d'A. s. j. inv. et dir. nd. Biblio. : (pour les trois mosaïques) : P. d'Armailhacq,

*La chapelle de la compagnie de Jésus*, 1934 et Dumolin, 1935, p. 241. 85 SCM 17/131 X et 130/964 X A.

• *La compagnie de Jésus fidèle à sa mission.*

Chapelle Saint-Ignace, cul-de-four. Mosaïque 100 $m^2$. S. et d. non repérées. 85 SCM 17/132 X et 133 X. 130/965 X A et 966 X A.

• *Saint Robert Bellarmin s. j. Cardinal Docteur de l'Église.*

Chapelle Saint-Ignace à droite. Mosaïque h 4, 20 l 1, 90. Sbd: J. Mauméjean Del. C. Mauméjean Fec. nd. 85 SCM 17/130 X et 130/963 X A.

MAXENCE Edgar, peintre.

• *Chemin de croix.*

Déambulatoire. Quatorze panneaux en mosaïque. Panneau I: Sbd: Guilbert Martin et XIV: E. Maxence (1924). 85 SCM 144 à 151 X, 985 à 990 X A.

MEISSONNIER Ernest, peintre.

• Lustre.

Dans le déambulatoire en face de la chapelle de la Sainte-Vierge, il y a un lustre. Selon *HSC*, t. IV, p. 216 et *PV* du Comité du 23 janvier 1893, ce pourrait être celui offert par Ernest Meissonnier et son épouse. Le dessin n'en serait-il pas de l'artiste? 84 SCM 281 X.

MELLERIO dit MELLER, joaillier-orfèvre, Paris, 9 rue de la Paix PO: M * * M.

• Calice et patène.

Vitrine n° 3 du trésor en 1985. Argent doré, émaux, perles et pierres. Calice (h 0, 235, d coupe 0, 11, d pied 0, 16, d patène 0, 165). PG: minerve 1. PO. Ins. gravée sous le pied: Don de R. Mellerio, 1924. 85 SCM 373 X, 141/1046 X A.

• Ciboire.

Réserve. Argent, émail noir, perles et pierres (h 0, 24, d pied 0, 15, d cuve 0, 12). PO. Ins.: Albert et Madeleine Aubry, Emmanuel de Gibergues, évêque de Valence. 27 juin 1922. 85 SCM 661 X.

• Couronne du Christ-Roi.

Réserve. Argent doré, pierres et perles (h 0, 35, d 0, 32). PO. Dessin de Jean Hulot (?). 85 SCM 597 X, 143/1060 X A.

• Chapelle de la consécration.

Réserve. Argent doré, pierres, perles et diamants en épis et grappes. Ciboire (h 0, 32, d pied 0, 17 d cuve 0, 15). PG: barbu vers droite. PO. Calice (h 0, 22, d pied 0, 15, d cuve 0, 13). PG et PO. Patène (d 0, 17). PG et PO. Burettes en cristal (h 0, 17, l 0, 11) et plateau (0, 39 X 0, 19), PG: minerve. PO. 85 SCM 584, 585, 598, 599 X; 143/1062-6-7 X A.

• Grand ostensoir.
Voir L. Magne.

MENESSIER Claude René, orfèvre à Paris, 38, quai des Orfèvres. PO insculpé en 1826, biffé en 1855 : C + hache + deux étoiles + M.

• Chapelle sans patène.
Vitrine 8 et 47 du trésor en 1985. Argent doré. Calice (h 0, 335, d coupe 0, 10, d pied 0, 17), burettes (h 0, 19), plateau (h 0, 07, l 0, 33 l 0, 20). Médaillons : *Évangélistes, saint Pierre et saint Vincent de Paul, Christ et Vierge.* Ins. dessous : JBAA. 85 SCM 377, 379 et 442 X.

MERSON Luc-Olivier, Paris, 20. 05. 1846 – P., 14. 11. 1920, peintre

• *Le triomphe du Cœur de Jésus.*
Cul-de-four du chœur. Mosaïque de 475 m$^2$. Sdbd : L. Magne et J. Hulot Arch – L. -O. Merson et H. -M. Magne invnt et pinxnt. M. Imbs decit. R. Martin Fit. MCMXII – MCMXXII.
Sbg : M. A. (initiales de la donatrice ou A = anonyme). *Vue d'ensemble avec le Christ au Cœur sur la poitrine et les bras tendus* : 85 SCM 477 V, 1118 et 1119 V A.
*Le Père et le Saint-Esprit* : 85 SCM 57 X, 1007, 1023 et 1024 XA.
*Le saints de l'Église catholique adorateurs du Cœur de Jésus (Pierre, Jean, Paul, Ignace d'Antioche Agnès, Augustin, Dominique, François d'Assise, Ignace de Loyola, Gertrude, Catherine, Rose de Lima et Thérèse d'Avila)* : 85 SCM 59 X, de 1025 XA à 1028 XA.
*Les saints de France adorateurs du Cœur de Jésus (Lazare, Madeleine, Marthe, Denis, Martin, Geneviève, Bernard, Louis IX, François de Sales, Vincent de Paul, Marguerite-Marie, Jean Eudes, Sophie Barat)* : 85 SCM, 52 X, 1008, 1017, 1018, 1013, 1020 XA.
*L'hommage de la France catholique (Jeanne d'Arc, la France, Michel)* : 85 SCM 46 X, /1013 XA.
*L'hommage de l'Église catholique (Marie, Léon XIII)* : 85 SCM 47 X, 1005, 1014 X A.
*Clément XIII, Pie IX, les peuples des cinq continents* 85 SCM de 60 à 63, /1001 à 3, 1006 X A.
*Mgr de Belsunce, Louis XVI, Sonis et Charette, Legentil, Rohault de Fleury et Keller, NNSS Guibert, Richard, Amette et Dubois* : 85 SCM, de 53 à 56 X, /1009, 1010 X A. Biblio. : Dumolin, 1935, p. 242 et P. Laligant, *La mosaïque...*, 1923.

• *Le Triomphe du Cœur de Jésus.*
Propriété de l'Association diocésaine de Paris, en dépôt au musée du Petit Palais depuis 1985. Huile sur toile, environ 2 m x 3 m. Biblio. : *BVN*, 1921, p. 150 (Don à la basilique du Sacré-Cœur du carton au cinquième du motif central de la mosaïque. Luc-Olivier Merson est mort sans avoir terminé la tête du Christ).

• *La France offrant sa couronne au Christ.*
De même. Crayon sur papier, environ 80 x 100 cm.

MICHEL Gustave Frédéric (P., 1851- P., 1924), sculpteur.
• *Ange à la lance, à la pince et aux clous.*
Pendentif SO de la grande coupole. Pierre. 85 SCM 103 X.
• *Christ au Cœur sur la poitrine.*
Sur la façade de 1900 à 1927 environ (chap. 21).
• *Vierge à l'Enfant.*
Voir Brunet orfèvre.
• *Saint Jean au soir de sa vie.*
Première galerie de la coupole. Haut-relief en pierre h 1, 00, l 1, 50 p 1, 50. Attribution grâce aux archives de la famille Bagros. 85 SCM 551 x

MONTAGNIER A., orfèvre à Paris, 24, rue de Grenelle. PO: A + cruche + M.
• Crosse de Mgr Guilhem, évêque de Laval.
Argent et nacre (le haut de crosse: h 0, 26, l 0, 12). Sur les armes: *Surrexit Dominus vere*. 85 SCM 707 X.

MONTAGNY F., sculpteur.
• Deux médaillons de patène: voir Pierre Henry Favier etMartin et Dejean.

MOULINS Paul, sculpteur-statuaire à Toulouse.
• Autel des Reines de France.
Autel et retable en marbre (h 0, 95, l 2, 41, p des deux 1, 25, h des ailes 1, 12).
Cinq statues de saintes et bienheureuses: *Radegonde* (statue d'autel, sbd); *Bathilde* (devant d'autel à g; h 0, 60, l 0, 19, p 0, 7); *Clotilde* (à d.); *Jeanne de Valois* (angle retable à d.); *Françoise d'Amboise* (à g., ins. sur banderole: Faites sur toutes choses que Dieu soit le mieux aymé. Devise également du cardinal Richard).
Quatre bas-reliefs. Au-dessus de l'autel: *Le Vœu national à Poitiers*. Scène imaginaire où A. Legentil et H. Rohault de Fleury, à genoux, sont bénis par Mgr Pie en présence de dom Guéranger, du P. Ramière et du colonel de Charette tenant la bannière du Sacré Cœur. Ins.: *Voto Concepto Pictaviis Mense Decembri 1870. Romae Probato XXVI Mensis Aprilis 1872 {sic}. Versaliis Acclamation IV Mensis Julii 1973. Inchoata est Parisiis Execution Mensis Junii 1875.*
Deux sur le retable: *Arrivée d'une relique de la vraie Croix à Poitiers en 569* (ins.: deux premiers versets du *Vexilla regis*); *Apparition d'une croix lumineuse à Migné le 17 décembre 1826*. Un sur le devant d'autel: *Apparition du Christ à sainte Radegonde* au centre; à g.: *Legentil, Charette*

*et Mgr Pie*; sur la d. *Jeanne d'Arc à Poitiers*. Sur la plinthe, ins. : à g. Poitiers MDCCCLXX ; au c. : Poitiers 586 ; à d. : Poitiers MCCCCXXIX. Sbd retour d. table d'autel : P. Moulins, sculpt. statu. Toulouse. Sbd retour g. Maison Auriac, Toulouse. 85 SCM de 165 à 174 X.

MUTIN, facteur d'orgues.

- Orgue d'accompagnement, tribune est. Voir Cavaillé-Coll et chap. 21.

NAUNINI R., sculpteur.

- *Buste de Léon XIII.*
  Réserve de la crypte. Marbre blanc (h 0, 64 l 0, 62 p 0, 37). sbg : R. Naunini. 85 SCM 418 X.
- *Poule et pélican.*
  Fronton de la façade. Biblio. : Selon *BVN*, 1903, p. 12 du fascicule d'un 33e anniversaire du Vœu national (inséré après p. 364), ces bas-reliefs sont d'un M. Uanini (voir aussi ASCM 18. 18 et 19).

NITSCH Charles, peintre.

- *Le cardinal Dubois.*
  Huile sur toile h 2, 06 l 1, 77 Sbd : Ch Nitsch. Propriété : Association diocésaine de Paris (dépôt au Sacré-Cœur de Montmartre depuis 1984) 85 SCM 710 X, /1080 X A

ODIOT, orfèvre à Paris [1].

- Ciboire.
  Argent (h 0, 35, d pied 0, 18 d coupe 0, 15). S. en toutes lettres : Odiot Paris. 85 SCM 602 X.

ORLANDINI, A. Praticien.
Voir R. de Villiers.

PACCARD, fondeur de cloches à Annecy-le-Vieux.

- *La Savoyarde* ou Françoise-Marguerite du Sacré-Cœur. 1891. h 3, 06 d 3, 04. 18 835 kg. Voir chap. 20. 85 SCM 476 V.

PACHE H., orfèvre.

- Une patène.
  Vitrine 53. Argent doré (d 0, 175). Médaillon : Christ déposé. PG : Minerve 1. PO : H *** Pache. 85 SCM 448 X.

1. Sur cet orfèvre, voir Jean-Marie Pincon et Olivier Gaube du Gers, *Odiot orfèvre, trois siècles d'histoires d'art et de créations*. Éd. Sous le Vent ou maison Odiot, Paris, 1990.

PINTA Henri Ludovic Marius (Marseille, 1856 -?, 1944), peintre

- *Saint Benoît Labre en prière à Paray-le-Monial.*
  Chapelle Saint-Benoît Labre, à droite. Mosaïque h 4, 20 l 1, 90. Monogramme bg : HP ; sbd : René Martin et Cie mosaïste. Ins. en bas : don de la famille Petel Archier Evreux.
- *Saint Benoît Labre mourant à Rome.*
  Chapelle Saint-Benoît Labre, à gauche. Mosaïque h 4, 20 l 1, 90. Sbg : Pinta Pinx. Sbd : René Martin et Cie mosaïste 85 SCM 193 X, /960 X A.
- *Saint Louis sous le chêne.*
  Chapelle Saint-Louis. Mosaïque h 2, 70 l 3, 10. Sbg : H. Pinta Pinx. bd : René Martin et Cie mosaïste Ins. verticale : *Caritas* à g, *Justitia* à d. Gravée dans la pierre sur la bordure basse de l'encadrement : don de Monsieur John Thomas Batt. 85 SCM 193 X.
- *Sainte Jeanne d'Arc*
  Chapelle Saint-Michel. Mosaïque h 2, 70 l 3, 10 (hors cadre : 0, 35). Sbg : H. Pinta pinx. bd : René Martin et Cie mosaïste. 85 SCM 195 X/970, 971 X A.
- *L'appel des Apôtres.*
  Chapelle de la Marine, à d. Mosaïque h 2, 70 l 3, 10. Sbg : H. Pinta bd : Guilbert Martin. Ins. dans l'encadrement en mosaïque : *Venite post me et faciam vos fieri piscatores hominum* [*Mt* 4, 19]. 85 SCM 221, 222 X, /982 X A.
- *Jésus marche sur les eaux.*
  Chapelle de la Marine, à g. Mosaïque h 2, 70 h 3, 10 Sbg : H. Pinta. bd : R. Martin et Cie. Ins. : *Ego sum, nolite timere.* [Mt 14, 27]. 85 SCM 223 X, 132/981 X A.
- *Apparition du Christ à Marguerite-Marie.*
  Chapelle Sainte-Marguerite-Marie, à g. Mosaïque h 3, 35 l 3, 50. Sbg : H. Pinta Pxt. bd : René Martin et Cie Mosaïstes. Ins. bordure : bg L. G. H. bd : L. G. D. 85 SCM 239, 240 X, 972 X A.

POTET Pierre (Nantes, -?, ?), sculpteur.

- *Saints Donatien et Rogatien dits les Enfants Nantais.*
  Collatéral ouest de la crypte. Plâtre patiné (h 1, 95 l 0, 90 p 0, 75). Sd : P. Potet, 1885. Don du diocèse de Nantes.

POUSSIELGUE-RUSAND Fils, orfèvre à Paris, 5, rue Cassette.

PO : P R F avec un cœur, une ancre et une croix. Poinçon insculpé en 1891, biffé en 1903.

- Calice et patène aux colombes.
  Vitrine 42. Argent doré (h 0, 235, d coupe 0, 125, d pied 0, 155, d patène 0, 16). PG : Minerve 1. PO. Ins. sur le pied : « Suzanne Desca +, Jeanne Desca +. Souvenir du jubilé sacerdotal de S. E. le cardinal Richard

27 Xbre 1894 offert par les élèves du couvent des Oiseaux à Montmartre.» En médaillons sur le pied: la basilique du Sacré-Cœur et la chapelle du Sacré-Cœur du couvent des Oiseaux (dessins de Bossan). 85 SCM 432 à 437 X; 627 X; 140/1045 X A.

POUSSIELGUE-RUSAND Maison, orfèvre. Poinçon PO: M ancre et croix P R.

• Le ciborium et le thabor du chœur, le socle des anges est signé: PO. Voir L. Magne.

• Le grand ostensoir: voir L. Magne.

POUSSIELGUE-RUSAND Placide, orfèvre à Paris, 34, rue Cassette. PO: P P R avec un cœur, une ancre et une croix. Poinçon insculpé en 1847, biffé en 1891.

• Calice et patène «La Tour d'Auvergne».
Vitrine 28 et 32 en 1985. Argent doré, émaux et pierres (h 0, 275, d pied 0, 165, d coupe 0, 115, d patène 0, 17). PG: Minerve 1. PO. Médaillons de la coupe: *Sulpice, Sylvain, Guillaume, Jeanne de Valois*; du pied: *La colombe de Noé, sacrifice de l'agneau, Moïse frappe le rocher, transport de la grappe*. De la patène: *l'Agneau vainqueur* (banderole). *Panis Vivus Agnus Dei.* Don en 1934 par la princesse de La Tour d'Auvergne de ce calice ayant appartenu à Mgr de La Tour d'Auvergne archevêque de Bourges. 85 SCM 403 et 408 X; 141/1051 X A.

• Calice consacré en 1913.
Réserve. Argent. Poinçon PPR biffé en 1891. h 0, 23 d cuve 0, 09 d pied 0, 13 d patène 0, 15. 85 SCM 671 X.

• Calice «*O Jesu misericordiam*».
Réserve. Argent doré et émail. PG: minerve. PO. h 0, 25 d pied 0, 16 d coupe 0, 12 d patène 0, 17. 85 SCM 612-3 X, 144/1068 X A.

• Calice et patène de l'abbé Perreyve.
Vitrine n° 37. Argent doré. PG: minerve. PO. h 0, 24 d coupe 0, 09 d pied 0, 14 d patène 0, 14 Hist.: de l'abbé Perreyve, il a été en possession de Mgr Jourdan de La Passardière, puis de Mgr Guérard qui l'a donné à la basilique. 85 SCM 428-9 X.

• Calice dit de «Saint-Martin»
Vitrine n° 16. Argent doré, médaillons émaillés, perles et pierres. PG: Minerve, PO. h 0, 25 d coupe 0, 175 d pied 0, 16. Ins. sur cartel vitrine: offert par les fidèles du diocèse de Tours. 85 SCM 392 X.

• Patène du Christ trônant.
Vitrine 33. Argent doré, émail fond bleu pour le médaillon. Ins. autour sur fond rouge: *Ego sum panis vivis qui de caelo descendit.* PG: minerve 1. PO. d 0, 165. 85 SCM 409 X, 140/1040 X A.

• Deux jeux de burettes.
Vitrine 30 et réserve. Argent et bronze dorés, émaux et pierres. PG: minerve 1. PO. Plateau: h 0, 02 L 0, 31 l 0, 19; burettes: h 0, 2 l 0, 1. 85 SCM 406 X et 658 X.

- Trois ciboires.
  Vitrine 43 et réserve. Argent doré, pierres, émail. PG : Minerve 1. PO. h 0, 29 d coupe 0, 15 d pied 0, 16. 85 SCM 437 X, 642 X, 663 X.
- Ostensoir.
  Réserve. Argent doré, pierres et émaux (h 0, 70 d 0, 27 d pied 0, 24). PG : Minerve. PO. 85 SCM 654 X, 144/1071 X A et 145/1082 X A.
- Missel.
  Vitrine n° 2. Reliure en argent (0, 365 x 0, 27), médaillon en ovale au centre du plat de couverture : *Christ trônant et bénissant* ; aux angles les quatre *Évangélistes* ; au revers : *la Sainte Vierge*. Sur le dos : P. Poussielgue-Rusand. 85 SCM 452-3 X, 147/1098 X A.

PROUVOST-DENONVILLIERS, Éditeur à Tourcoing.
- *Christ au Cœur sur la poitrine et aux bras tendus*.
  Salon de M. le recteur. Bronze nsnd (h 0, 67 l 0, 50 p 0, 23). Ins. au dos du rocher gravée : Basilique de Montmartre/modèle officiel. J. Prouvost-Denonvilliers/éditeur. Tourcoing. France. Hist. : « Sacré Cœur » dit de madame Royer et de l'Association de prière et pénitence (chap. 21). 85 SCM 568 X.

RAFFL Maison.
- *Christ au Cœur et aux bras étendus*
  Chapelle de la Sainte-Famille. Pierre (?) (h 2, 06 l 1, 70 p 0, 60). Selon insc. entrée chapelle : don de la maréchale de Mac-Mahon (chap. 21). 85 SCM 304 X.

RAPHAEL (d'après).
- *Vierge à la chaise.*
  Sacristie. Huile sur toile d 0, 72 (int. du cadre). 85 SCM 594 X.

RAULINE Henri, chef de chantier et architecte.
- Table du maître-autel.
  Marbre de Sienne (h 0, 98, l 4, 60, p 0, 62). Ins. : *Et continuo exivit sanguis et aqua*. 85 SCM 14 X
- Autel Sainte-Marguerite-Marie.
  Marbre. sd sur retour g. : Rauline arch. 1904. Armand-Calliat orf. 85 SCM 519 X, 968-9 X A.
- Autel Saint-Michel.
  Marbre. S à g retable : H. Rauline arch. ; à d : L. Huvé marbrier MCMI. 85 SCM 200 et 203 X.

REAL DEL SARTE Maxime, (P., 1888-P., 1954), sculpteur.
- *Sainte Marguerite-Marie.*
  Entrée de la nef à droite. Marbre (h 1, 84 l 0, 65 p 0, 62). Sd à g : M. Real del Sarte 1932. 85 SCM 247 X.

- *Saint François d'Assise.*
  Chapelle Saint-François, dessus d'autel. Plâtre patiné (h 1, 45 l 0, 80 p 0, 45). s. terrasse d: M. Real del Sarte. 85 SCM 331 X.

RIBERA (d'après).
- *Christ au tombeau.*
  Sacristie. Huile sur toile. Don du gouvernement de la République (cartel). Non photographié.

ROBERT Emile (1860-1924), ferronnier.
- Table de communion du chœur.
  Bronze doré (chacun des seize panneaux: 0, 77 x 0, 95). 85 SCM 29 X.

ROUARD, fondeur.
- Statues équestres de la façade: voir H. Lefebvre.
- Portes de bronze de la façade: voir L. Magne.

ROUX-COLAS Anne-Marie (Nevers, 1898-?, ?) sculpteur.
- Crèche de la basilique.
  Chapelle Sainte-Radegonde à Noël. Réserve. Acajou. Six personnages dont un petit écolier. Non photographiée lors du récolement.

ROYER Lionel, peintre.
- *Léon XIII montre au monde le Cœur du Christ.*
  Chapelle Sainte-Marguerite-Marie, à d. Mosaïque h 3, 25 l 3, 60 bordure 0, 28. Sbg René Martin et Cie Mosaïstes. bd Lionel Royer Pit. 85 SCM 31/245 X, 974 et 975 X A.

SCHWARTZ Albert, orfèvre à Paris. PO: S croix S.
- Calice pour l'exposition du Précieux Sang.
  Cristal, bronze doré et monture en or (h 0, 19, d cuve 0, 11, d pied 0, 12). PO. 1980. 85 SCM 668 X.

SEGUIN Pierre, sculpteur ornemaniste. Les travaux de P. Seguin au Sacré-Cœur sont encore à répertoriés précisément. Il a été relevé:
- *Le Christ au Cœur sur la poitrine*
  Façade principale, 1927 (voir chap. 21).
- Portes de bronze (voir L. Magne).
- Autel Saint-Dominique (P. Laligant, *Montmartre*, 1933) (voir H. Lefebvre) 85 SCM 339 X.
- Anges d'argent de l'exposition (voir L. Magne).
- Des chapiteaux du déambulatoire et de la Sainte-Vierge (portraits à identifier: 85 SCM 282 X et 283 X).

- L'ornementation du narthex :
  Anges « *Fortitudo. Temperentia. Prudentia. Justitia* » (85 SCM 560 X et 561 X) et armes des archevêques de Paris (85 SCM 545-6-7 X).
- Frises du portail ouest.

SERRAZ Georges (Bruxelles, 1883-P., 1964), sculpteur.
- *Virgo Pacis.*
  Chapelle de la Vierge. Pierre (h 2, 50 l 1, 08 p 0, 24). Sd : G. Serraz. Biblio. : Dumolin, 1935, p. 241. Il existe une réduction (sd 1934) dans le bureau du recteur. 85 SCM 90 X
- *Saint Joseph et l'Enfant Jésus.*
  Chapelle Saint-Joseph. Pierre (h 1, 87 l 0, 51 p 0, 42). S socle d : G. Serraz. 85 SCM 111 X.

SICARD François Léon (Tours, 1862- P., 1934), sculpteur.
- *Saint Michel Archange terrassant le dragon.*
  Chevet de la basilique. Bronze cuivre, 1908. 85 SCM 277-8 X.

SUBES, R. Ferronnier.
- Tables de communion : voir J. Hulot.

THIERRY, manufacture d'orfèvrerie et bronzes d'église, 6, rue du Vieux-Colombier à Paris.
- Crosse de Mgr Ravinet, ancien évêque de Troyes.
  Argent doré, pierres de couleur sur le nœud. Plaque gravée et boîtier avec ins. ci-dessus. 85 SCM 656 X.

THIERRY Alexandre, orfèvre à P., 34 quai des Orfèvres. Poinçon insculpé en 1823, biffé en 1853. PO A * T.
- Chapelle.
  Vitrine 52. Argent doré (h calice 0, 34, d coupe 0, 10 d pied 0, 17). Pas de patène. PG : minerve 1. PO. Burettes : h 0, 19 plateau h 0, 0 L 0, 36 l 0, 22. Aurait aussi appartenu à Mgr de La Tour d'Auvergne. 85 SCM 444 X, 446 et 447 X.
- Burettes.
  Vitrine 9. Médaillons du plateau : signés Montagny F. Argent doré. plateau h 0, 06 L 0, 32 l 0, 21 burettes h 0, 18 85 SCM 381 X.
- Ostensoir.
  Réserve. Argent et argent doré (h 0, 99 et d 0, 42, pied 0, 26 x 0, 21). PG : minerve. PO. 85 SCM 649 X.

THIERRY Marie (fils d'Alexandre Thierry), orfèvre à Paris, 12, rue Sainte-Marguerite. Poinçon insculpé en 1853, biffé en 1885. PO : M * T.

• Calice.
Réserve. Argent. PO. h 0, 23 d cuve 0, 10 d pied 0, 14. 85 SCM 664 X

• Patène.
Vitrine 28. Argent doré. Médaillon en mosaïque (d 0, 03) : *L'Agneau avec sa bannière*. PG : minerve. PO. d 0, 165. 85 SCM 402 et 404 X, 1038 X A.

THOMAS Georges Jules, sculpteur.

• Buste de Paul Abadie.
Au-dessus du bénitier de gauche en entrant. Pierre. Sdb : G J Thomas 188 [?]. Le même en plâtre peint (h 0, 65), réserve de la crypte en 1985. 85 SCM 259 X, 415 X.

• Maquette d'un Christ au Cœur sur la poitrine pour la façade entre 1890 et 1900 (voir chap. 21).

TOURNIER Victor, ornemaniste. L'attribution à ce sculpteur de ses œuvres n'est pas achevée comme pour Pierre Seguin. Cependant il semble qu'on puisse lui reconnaître :

• Les vingt corbeaux intérieurs du dôme : *L'annonce du Cœur du Christ dès la sortie du Paradis terrestre*, *l'Agneau pascal*, *l'Arche d'Alliance*, *le Pélican* ; *Isaïe*, *Michée*, *Ezéchiel*, *Jérémie* ; *la Madeleine*, *la Samaritaine*, *la Cène*, *Thomas* ; *Matthieu*, *Marc*, *Luc* et *Jean* ; *les Croisades*, *saint Louis*, *Jeanne d'Arc* et *Marguerite-Marie*. 85 SCM 129/937 à 957 Z.

• La frise supérieure du dôme : *Oiseaux et anges musiciens*. 85 SCM 129/958 Z.

• Dans le double dôme : *Les quatre esprits ailés*. 85 SCM 555-7 X.

• Les corbeaux extérieurs du dôme : Portraits des membres du Comité du Vœu national.

• « Qu'il lui soit beaucoup pardonné. »
Dans un recoin d'une terrasse du flanc gauche de la basilique, buste d'homme en pierre. Ins. ci-dessus. 85 SCM 566 X.

• Frises et corbeaux de la chapelle Saint-Michel (85 SCM de 212 à 218 X) ; de la chapelle Saint-Louis (85 SCM de 189 à 192 X) ; de la chapelle Sainte-Marguerite-Marie (85 SCM de 241 à 244 X) ; de la chapelle de Notre-Dame de la Mer (85 SCM 219-220 et 224-225 X).

TRIOULLIER C., Fabricant d'orfèvrerie et de bronze d'église à Paris, 1, rue du Vieux Colombier. PO : T cruche F.

• Calice et patène.
Réserve. Argent doré et pierres sur le nœud. Ins. ci-dessus sur le pied. PG : minerve et PO. h 0, 25 d coupe 0, 11 d patène 0, 17 d pied 0, 17. 85 SCM 609 X.

UANINI, sculpteur.

• Voir Naunini.

UZES duchesse d', dite Manuela, (1847-1933), sculpteur.

• *Saint Hubert.*

Crypte collatéral est et déambulatoire. Groupe en pierre en trois parties (h 2, 90 l 2, 35 p 0, 85). Une réplique existe au Canada (voir chap. 21); 85 SCM 308 X.

VILLIERS Roger de, sculpteur.

• Monument à la mémoire des prêtres, religieux et séminaristes morts pour la France. 1914-1918, 1939- 1944.

Chapelle des morts, sur la droite. Pierre (h 0, 45, l 2, 10, p 0, 52). s. terrasse à d. : R. de Villiers/A. Orlandini. 85 SCM 355 X.

VOIRIN Père, religieux o. m. i., supérieur du Sacré-Cœur de 1885 à 1893.

• Dessins pour la chasuble exécutée par la maison Biais aîné et portée lors de la bénédiction de la basilique en 1891. Biblio. : ***, *Guide*..., 1892, p. 6. Voir ASCM, 12. 09 bis. 85 SCM 714 X.

# *IV. RÉFÉRENCES BIBLIOGRAPHIQUES*

Par références bibliographiques nous entendons les documents qui ont été cités au cours de ce travail. Ce sont surtout des imprimés (livres ou articles), mais aussi des manuscrits importants que l'on trouve dans les archives présentées par ailleurs. Ils sont décrits le plus complètement possible, présentés chronologiquement et classés alphabétiquement dans chaque période (siècle ou année).

Nous avons utilisé ici l'habitude prise en histoire de l'art d'établir une bibliographie par ordre chronologique des ouvrages (voir Guy THUILLIER, 1986, p. 116). Cela permet de dresser une sorte de généalogie et une fortune critique du Sacré-Cœur de Montmartre[1].

Les articles importants des périodiques ou dictionnaires sont indiqués à leur date de parution alors que la présentation de ceux-ci lorsqu'ils ont été consultés dans leur ensemble ou de nombreuses fois est faite dans l'année du premier numéro ou du premier tome. Par exemple, pour les bulletins liés au Sacré-Cœur, il faut se référer à l'année 1873 pour le *Bulletin du Vœu national*, à 1885 pour l'organe de liaison des Adoratrices, à 1900 pour celui des Adorateurs, 1901 pour les Prêtres-Adorateurs, à 1902 pour Prière et Pénitence, à 1926 pour la revue *Montmartre* et 1971 pour *Montmartre-Orientations*. Pour les grands dictionnaires, il en est de même, par exemple : le *Larousse* du XIX<sup>e</sup> siècle est décrit en 1866, la *Grande encyclopédie*, 1898, l'*Encyclopaedia universalis*, 1968 ; le *DTC*, 1935 ; le *DSAM*, 1932 ; le *CHAD*, 1948 ; le *DGHE*, 1912 ; le *DACL*, 1924 ; le *Maitron*, 1964 ; le *Lami*, 1914 ; le *Delaire*, 1907, le *Robert et Cougny*, 1889 ; le *Jolly*, 1960 ; le *Vapereau*, 1861 ; le *Bauchal*, 1887 ; le *Bénézit*, 1976 ; le *Thieme* et *Becker*, 1907.

Les catalogues d'exposition dans l'année de parution sont sous le nom du commissaire de l'exposition. Les « œuvres complètes » d'un auteur sont classés dans l'année de sa mort : Pierre de Bérulle, 1629 ; Thérèse de l'Enfant-Jésus, 1897 ; Charles de Foucauld, 1916 ; Léon XIII, 1903 ; Léon Bloy, 1917 ; Pie X, 1914 ; etc. Pour Alexandre Legentil, si l'on veut une vue d'ensemble de ses écrits, voir presque toutes les années 1850, de 1855 à 1883, 1892 et 1895.

1. Cette liste de références bibliographiques (un petit millier pour trois cents auteurs différents) a été allégée par rapport à celle de la thèse, en particulier la plupart des références aux documents manuscrits ont été supprimées. Ces derniers sont seulement mentionnés désormais dans les archives. On a supprimé aussi les documents simplement bibliographiques (documents se rapportant au sujet, lus mais non cités dans le texte). La liste complète peut être consultée dans les exemplaires de thèse photocopiés des grandes bibliothèques religieuses parisiennes et microfichés de toutes les bibliothèques universitaires de France (n° ISSN O294 1767 / 1360. 11776. 91).

## L'Antiquité

– LA BIBLE. En latin, citée selon Aloisius Claudius Fillion, presbyter S. Sulpitii in Facultate theologia parisiensi scripturae sacrae professor. *Biblia juxta Vulgate exemplaria et correctoria romana*. Editio septima. P., Letouzey, 1887. 14 x 22 cm, 1400 p. En français, citée selon L'ÉCOLE BIBLIQUE DE JÉRUSALEM, *La sainte Bible*. P., Cerf, 1974. 18 x 23 cm, 1846 p.

## Le Moyen Age

– [PEPIN LE BREF ?]. « La loi salique. Prologue et quelques titres », p. 341-343 de Georges Tessier, Membre de l'Institut, *Trente journées qui ont fait la France. 25 décembre... Le Baptême de Clovis*. P., Gallimard, nrf, 1964, 14 x 21 cm, 420 p.

– ANSELME DE CANTORBERY, saint. *Pourquoi Dieu s'est fait homme*. Édition de René Roques. P., Cerf, Sources chrétiennes n° 91, 1963. 13 x 20 cm, 526 p. *Pourquoi un Dieu-homme*. Édition de Michel Corbin. Cerf, 1988. 14 x 20 cm, 496 p.

– THOMAS d'AQUIN, saint. *Somme théologique*. Édition de la revue des jeunes. Desclée et Cie, 1947 environ. 70 vol., 10 x 16 cm, 350 p. environ.

– VORAGINE, Jacques de. *La Légende dorée*. Traduction de J.-B.-M. Roze. Chronologie et introduction par le R. P. Hervé Savon. P., Garnier-Flammarion, 1967. 2 vol., 11 x 18 cm, 508 et 508 p.

– GERTRUDE, sainte, vierge de l'Ordre de Saint-Benoit au monastère de Helfta près d'Eisleben en Saxe. *Le Héraut de l'amour divin. Révélations*. Préfaces aux différents livres par Lansperg (1536). Trad. sur l'édition latine des Pères Bénédictins de Solesmes. Nouvelle édition, revue et corrigée. Tours, Mame, (1906) 1926. 2 vol., 12 x 19 cm, 348 et 396 p.

## Les Temps modernes

### *Année 1527*

– MACHIAVEL Nicolas. *Œuvres complètes*. Édition par J. A. C. Buchon. P., Garnier, 1867. 2 vol., 17 x 26 cm, 650 p.

### *Année 1629*

– BÉRULLE, cardinal Pierre de. *Œuvres complètes*, par le R. P. François Bourgoing. P., 1644. Reproduction vers 1960 par la Maison d'institution de l'Oratoire, Monsoult. 2 vol. 14 x 22 cm, 650 p. chacun. *Œuvres complètes* publiées par l'abbé Migne. 1856. Un vol. 18 x 28 cm, 1860 col.

### *Année 1630*

– LOUIS XIII. Projet de vœu « À la Vierge Mère de Dieu » de 1630. Arch. Aff. Etr., *Mémoires et documents, France*, vol. 828, F° 199 ; P., éd. Duc, [vers 1988]. Un feuillet 16 x 23 cm, 1 p.

### *Année 1638*

– LOUIS XIII. *Déclaration du Roi par laquelle Sa Majesté déclare qu'elle a pris la Très Sainte et Très Glorieuse Vierge pour protectrice spéciale de son Royaume* (1638). P., éd. Duc, [vers 1988]. Un cahier 16 x 23 cm, 3 p.

### *Année 1650*

– LOUIS XIV. *Le vœu de Louis XIII dans la suite de notre histoire. Édit de Louis XIV (1650)*. P., éd. Duc, (vers 1988). Un feuillet 16 x 23 cm, 2p.

### *Année 1680*

– BOSSUET, Jacques-Bénigne. *Discours sur l'histoire universelle*. Éd. de Jacques Truchet, chronologie et préface, P., Garnier-Flammarion, 1966. 11 x 18 cm, 437 p.

### *Année 1690*

Outre des écrits publiés avec les œuvres du P. Croiset et de Mgr Languet (voir ces noms ci-après), les éditions consultées des œuvres de Marguerite-Marie sont les suivantes.

– MARGUERITE-MARIE, Vénérable Mère, Religieuse de la Visitation Sainte-Marie, du monastère de Paray-le-Monial, en Charolais, morte en odeur de sainteté en 1690. *Ouvrage très-utile tant aux personnes qui aspirent à la perfection chrétienne ou religieuse, qu'à celles qui sont chargées de leur direction*. 6e éd. Lyon, Perisse, 1860. 11 x 19 cm, 250 p.

– *Vie et œuvres de la bienheureuse Marguerite-Marie Alacoque. Tome premier comprenant sa vie inédite par les contemporaines, la procédure de 1715, le mémoire de Chrysostome Alacoque, les biographies des contemporaines. Tome second comprenant ses lettres, sa vie écrite par elle-même, ses avis aux novices, ses prières et ses cantiques avec table analytique*. Publication du monastère de la Visitation de Paray-le-Monial. Paray-le-Monial, au monastère, P., Poussielgue, sd [1867]. 2 t., 13 x 22 cm, 612 p. et 560 p. Deuxième édition augmentée de plusieurs documents. Paray-le-Monial, au monastère – Paris, Poussielgue, 1876. Deux tomes, 13 x 22 cm, 642 p. et 597 p.

– [REGNAULT, R. P. ] *Courte biographie et lettres inédites (au P. Croiset) de la Bse Marguerite-Marie, l'Apôtre du Sacré-Cœur de Jésus*. Toulouse, *Messager du Cœur de Jésus*, 1890. 12 x 18 cm, 216 p.

– *Vie et Oeuvres de sainte Marguerite-Marie Alacoque. Tome premier, Vie; tome deuxième, Œuvres; tome troisième, Documents*. Nouvelle édition authentique publiée par le monastère de la Visitation de Paray-le-Monial d'après la troisième édition qui avait été totalement refondue et notablement augmentée par Monseigneur Gauthey, archevêque de Besançon. P., Anc. Poussielgue- J. de Gigord, 1920. 14 x 23 cm, 640 p., 860 p., 828 p.

– *Vie et Oeuvres de sainte Marguerite-Marie*. Présentation du professeur Darricau. P. - Fribourg, Éd. Saint-Paul. 14 x 21 cm. T. 1, 584 p., 1990; t. II, 670 p., 1991. ISBN 2-85049-460-7 et 472-0.

### *Année 1691*

– [CROISET, P. ] Un Père de la compagnie de Jésus. *La dévotion au sacré Cœur de N. -S. Jésus-Christ* (1re éd. en 1691).

3° éd. augmentée. 2 t., Lyon, 1er t., Périsse, 2e t., Briasson, 1698. 11 x 16 cm, 1er t. : 24 p., « Office du Cœur de Jésus » ; 512 p., « La dévotion au Cœur de Jésus » ; 106 p., « Abrégé de la vie de la sœur Marguerite-Marie Alacoque, religieuse de la Visitation de Sainte Marie » ; 2e t. : 176 p., « Méditations », 24 p., « Office du sacré Cœur » et 106 p., Abrégé du précédent.

Édition du XIXe s.: *Abrégé de la vie de la bienheureuse Marguerite-Marie...* par le P. Croiset de la compagnie de Jésus (1691). *Le mémoire de la bienheureuse. Le décret de béatification avec une introduction* par le P. Ch. Daniel de la même compagnie. P., 1865. 11 x 16 cm, 278 p. Voir P. Daniel, *Histoire...*, 1865.

De larges extraits de la seconde et de la troisième partie de l'ouvrage du P. Croiset sont publiés dans le *Bulletin du Vœu national* en 1909, p. 225, 248, 267 et 289; en 1910, p. 37, 65, 89, 116, 137, etc.

### *Année 1709*

– Bossuet, Jacques-Bénigne. *Politique tirée des propres paroles de l'Écriture sainte* (posthume). Éd. critique avec introduction et notes de Jacques Le Brun. Genève, Droz, 1967. 15 x 23 cm, 478 p.

### *Année 1717*

– FLEURY (Mr), prêtre, prieur d'Argenteuil & confesseur du Roi. *Histoire ecclésiastique*. P., J. Mariette, 1717-1720, du t. I au t. XX., de la Pentecôte à 1414. À partir du t. XXI : *Histoire ecclésiastique pour servir de continuation à celle de Monsieur l'Abbé Fleury*. P., 1721-1738, de 1401 à 1595. 36 vol., 10 x 17 cm, 600 p. environ chacun.

## *Année 1729*

– LANGUET, Mgr Jean-Joseph, ancien évêque de Soissons, archevêque de Sens, de l'Académie française. *La vie de la vénérable mère Marguerite-Marie Alacoque, religieuse de la Visitation Sainte-Marie, du monastère de Paray-le-Monial, en Charolais, morte en odeur de sainteté en 1690.*

Édition du XIXe s. : Précédée d'un *Discours sur les vies miraculeuses des saints, et particulièrement sur celle de la vénérable mère Marguerite-Marie*. Suivie d'un *Recueil de quelques-uns de ses Écrits de dévotion et de ses Lettres, avec les Actes concernant l'établissement de la première Fête du Cœur de Notre-Seigneur Jésus-Christ*. P., Au bureau de l'Association catholique du Sacré-Cœur, rue des Postes, n° 24, 1830. 10 x 17 cm, 1ère partie : 348 p., seconde partie : 224 p.

6e éd. : Paris-Lyon, Périsse, 1860. 10 x 17 cm, XLIV + 384 p. Ouvrage relié avec le *Recueil des écrits de la vénérable mère Marguerite-Marie*. Avignon, 1830. 372 p.

## *Année 1731*

– GALLIFFET, R. P. Joseph de, s. j. *L'excellence de la dévotion au sacré Cœur adorable de Jésus-Christ.*

Des larges extraits sont publiés dans le *Bulletin du Vœu national* en 1910, p. 60, 160, 227, 273, 304, 330, 356, etc.

## *Année 1738*

– CAUSSADE, Jean-Pierre de. *L'Abandon à la Providence divine*. Texte établi et présenté par Michel Olphe-Galliard s. j. P., Desclée de Brouwer, coll. Christus n° 22, 1966. 10 x 17 cm, 158 p. ISBN, 2-220-02487-3.

– LOUIS XV. Lettre pour le centenaire du vœu de Louis XIII commençant par ces mots : « *Comme le premier et le plus essentiel devoir des souverains est de faire régner, dans leurs États, l'Être suprême,...* ». P., éd. Duc, (vers 1988). Un feuillet 16 x 23 cm, 2 p.

– VINTIMILLE de, Parisiensis archiepiscopi. *Missale parisiense.* P., 1738. Un vol. 28 x 40 cm, 14 + 50 + 736 + 157 p.

## *Année 1758*

– ALPHONSE-MARIE DE LIGUORI, saint. *Neuvaine au sacré Cœur de Jésus.*

• Suivie de *La dévotion au sacré Cœur de Jésus et au saint Cœur de Marie, ou le salut de la France* ; Clermont, Thibaud-Landriot frères, libraires, 1853. 6 x 10 cm, 191 p.

• Traduite de l'italien par A. Riche, prêtre de Saint-Sulpice. Avec une introduction du Traducteur. P., Bray et Retaux, 1884. 11 x 17 cm, 200 p.

– ALPHONSE-MARIE DE LIGUORI, saint. *Avertissements de la Providence dans les calamités publiques* (1758). Lus dans l'édition de P., Téqui, 1900. 9 x 15 cm, 208 p.

### *Année 1763*

– *Bref de Paris* [de 1763 à 1873, avec une grande partie du texte en français] et *Ordo divini officii* [de 1874 à nos jours]. 11 x 18 cm, de 80 à 200 p. Calendrier liturgique avec un état de plus en plus développé du diocèse à partir de 1840. Collection de l'archevêché de Paris.

### *Année 1767*

– [BEAUMONT Christophe de]. *Office du Sacré Cœur de Jésus*. Publié en 1767. Réédition en 1804 à Paris. 9 x 15 cm, 48 p.

### *Année 1789*

– « Déclaration des Droits de l'Homme et du Citoyen » dans Raymond Barrillon, *Dictionnaire de la Constitution. Les institutions de la Vᵉ République*. P., Cujas, 1976.

### *Année 1792*

– MAISTRE, Joseph de. *Considérations sur la France*. Présentation par Jean Tulard. P., éd. Garnier, 1980. 14 x 22 cm, 136 p. ISBN 2-7050-0310-X.

### *Année 1814*

– [LAMBERT]. *Le salut de la France*. 1re éd. 1814. Édition de Poitiers, 1815. 8e éd., Amiens, 1818 (sur l'exemplaire de Chantilly à la main : « Par Lambert »). Paris, 1818 (sur l'exemplaire de Paray-le-Monial : « Par Lambert, père de la Foi »). 10 x 17 cm, 48 p.

– [TEISSEIRE]. *Instruction abrégée sur la dévotion au sacré Cœur de Jésus*. Éd. en 1814, en 1818. Édition consultée : Le Puy, 1827. Nom de l'auteur à la main sur la couverture de l'exemplaire de la bibliothèque de la compagnie de Jésus à Chantilly. 9 x 16 cm, 36 p.

### *Année 1815*

– [LOUIS XVI]. « Sur un vœu de Louis XVI » dans *L'Ami de la religion et du roi. Journal ecclésiastique, politique et littéraire*. Année 1815, p. 77-80.

### *Année 1822*

– MAISTRE, Joseph de. *Les Soirées de Saint-Pétersbourg ou Entretiens sur le gouvernement temporel de la Providence*. P., éd. du Trident, 1986. 15 x 21 cm, 324 p.

*Année 1830*

– BONALD, M. de. *Démonstration philosophique du principe constitutif de la société. Méditations politiques tirées de l'Évangile.* Avant-propos de François Azouvi. P., Vrin, 1985. 14 x 23 cm, p. 411 à 561 de l'éd. de 1875. ISBN 2-7116-0871-9.

*Année 1841*

– GUÉRANGER, Prosper (R. P. Dom), abbé de Solesmes. *L'Année liturgique.* 1re éd. de 1841 à 1866, du temps de l'Avent à celui de Pâques. Temps de la Pentecôte, posthume. Lu dans 17e éd., Poitiers, Oudin, 1907. 17 vol. 8 x 13 cm, 600 p. chacun.

– MICHELET, Jules. *Jeanne d'Arc.* Éd. établie et présentée par Paul Viallaneix. P., Gallimard, 1974. 11 x cm, 320 p.

*Année 1842*

– GUIBERT, Monseigneur, archevêque de Tours. *Œuvres pastorales.* 1er t. : *Viviers, 1842-1857* ; 2e t. : *Tours, 1857-1868.* Tours, Mame, 1868. 16 x 24 cm, 502 p, 496 p.

– GUILHERMY, François de. *Montmartre. Mémoire.* Édité intégralement en œuvre posthume : P., Le Vieux Montmartre, 1906. 15 x 24 cm, 162 p.

– ROHRBACHER (abbé), docteur en théologie de l'université catholique de Louvain, professeur au séminaire de Nancy, etc. *Histoire de l'Église catholique.* P., Gaume, 1842 à 1849. 29 t., 14 x 22 cm, 500 ou 600 p. chacun environ.

*Année 1844*

– MARX, Karl. *Manuscrits de 1844 (Économie politique & philosophie).* Présentation, traduction et notes de Emile Bottigelli. P., Éd. sociales, 1969. 15 x 23 cm, 176 p.

*Année 1845*

– ENGELS, Friedrich. *La situation de la classe laborieuse en Angleterre d'après les observations de l'auteur et des sources authentiques.* Traduction et notes par G. Badia et J. Frederic. Avant-propos de E. J. Hobsbawm. P., Éd. sociales, 1975. 13 x 21 cm, 412 p.

*Année 1847*

– CAPPEAU DE ROQUEMAURE, Placide, paroles, et Adolphe ADAM, musique. *Noël, cantique.* Paris, L. Philippo, Éd., sd. Un cahier 17 x 27 cm, 4 p.

– OZANAM, A. F., professeur de littérature étrangère à la faculté des lettres de Paris. *Les Germains avant le christianisme. Recherches sur les origines, les traditions, les institutions des peuples germaniques, et sur leur établissement dans l'Empire romain.* 2e éd. . P., Lecoffre, 1855. 2 vol., 13 x 22 cm, 448 et 558 p.

## Année 1848

– MARX, Karl et Engels, Friedrich. *Manifeste du Parti communiste*, etc. P., Éd. sociales, 1987. 11 x 18 cm, 186 p.

– *Bulletin de la Société Saint-Vincent de Paul* (= *BSVP*). Paraît depuis le 15 juin 1848. *Cahiers Ozanam,* ces dernières années. Consultable aisément au siège de la Société, 5, rue du Prè-aux-Clercs, 75 006 PARIS.

## Année 1850

– LACORDAIRE Henri-Dominique, (R. P.), des Frères prêcheurs, membre de l'Académie française. « De la réparation », 66e conférence, année 1850, p. 377-406, dans le t. 4e des *Conférences de Notre-Dame.* P, Poussielgue, 1872. 13 x 22 cm, 408 p.
Texte et commentaire par Jacques Benoist, *Travaux du séminaire du P. Corbin*, I. C. P., Cycle de doctorat, 1986. 21 x 29 cm, 25 p.
«Sermon sur la Rédemption, prêché à Notre-Dame le 3 mai 1850» (*Œuvres*, t. II, p. 69-71) cité par Pierre Pierrard dans Jacques Loew et Michel Meslin, *Histoire...*, 1978.

– LEGENTIL, Alexandre-Félix. « Comité consultatif des arts et manufactures, Damas, chanvre, lin, jute (toile de) » dans *Dictionnaire du commerce*, 1850. Extraits lus dans P. M. Bony, *Vie...*, 1893, p. 113-115.

– SIVRY, Louis de, membre de la Société asiatique, CHAMPAGNAC, Michel, auteur du *Dictionnaire de chronologie universelle*, etc. «Montmartre (t. 1, col. 1125-1146) et «Valérien (mont)» (t. 2, col. 1019-1022.) dans *Dictionnaire... des pèlerinages... et des lieux de dévotion...* T. 43e de *l'Encyclopédie théologique* publiée par M. l'abbé Migne, Barrière d'Enfer de Paris, Ateliers catholiques du Petit-Montrouge, 1850. 2 vol., 18 x 28 cm, 1219 et 1435 p.

## Année 1853

– *La Semaine religieuse du diocèse de Paris* (= SRP). *Bulletin catholique. Revue du culte et des bonnes œuvres. Annales du bien.* À partir de 1853. Titre simplifié le 8 mai 1875. 14 x 21 cm, 40 p. environ. Dépouillée par les étudiants du séminaire de M. Jean-Marie Mayeur en 1987-1988 et 1988-1989. Il y est question de la souscription pour la construction, des mandements concernant le Vœu national et des cérémonies dans la chapelle provisoire ou dans la basilique.

– [DAMES DU SACRÉ-CŒUR]. *La dévotion au Sacré Cœur de Jésus et au saint Cœur de Marie ou le salut de la France précédés de la Neuvaine au sacré Cœur par S. Alphonse-Marie de Liguori.* Clermont, 1853. 6 x 10 cm, 191 p.

## Année 1855

– LEGENTIL, Alexandre-Félix. « L'Exposition universelle » dans *Le Correspondant,* 1855. Extrait lu dans P. M. Bony, *Vie...*, 1893, p. 118-119.

– QUINET, Edgar. « Philosophie de l'histoire de France » (*Revue des deux mondes*, 15 février 1885) dans *Corpus, revue de philosophie*, 1988 n° 7, n° ISSN : 0296-8916, p. 115 – 153.

### Année 1856

– LEGENTIL, Alexandre-Félix. *Observations sur les modifications proposées à la loi du 5 juillet 1844 relative aux brevets d'invention*. Paris, Guillaumin, 1856. 14 x 21 cm, 96 p.

– LEGENTIL, Alexandre-Félix. *De l'importation en franchise temporaire des fils et des cotons. Rapport au Comité consultatif des arts et manufactures*. Paris, Guillaumin, 1856. Mentionné par le P. Bony, *Vie*..., 1893, p. 115.

### Année 1858

– HOCK, Charles de, (M. le Chevalier), Directeur de l'Administration des contributions indirectes et Président de la Commission des douanes au ministère impérial des finances d'Autriche, etc). *L'administration financière de la France*. Trad. de l'allemand par Alexandre-Félix Legentil. Avertissement du traducteur. Paris, Guillaumin, 1858. 15 x 25 cm, 6I6 p.

### Année 1859

– BAUDELAIRE, Charles. « Salon de 1859 » dans *Œuvres complètes. Quelques-uns de mes contemporains. Curiosités esthétiques*. Notice, notes et éclaircissements de Jacques Crépet. P., Conard, 1923. 15 x 22 cm, 542 p.

– LEGENTIL, Alexandre-Félix. « De la Loi sur les brevets d'invention ». Extrait du n° 63 de mars 1859, du *Journal des économistes*. Paris, Pillet (s. d.). 16 x 25 cm, 11 p.

– LEGENTIL, Alexandre-Félix. « A M. le rédacteur en chef du Journal des économistes ». Extrait du n° 65 de mai 1859 de ce même journal. « Au sujet de la loi relative aux brevets d'invention ». Paris, Pillet (s. d.). 16 x 25 cm, 7 p.

– LEGENTIL, Alexandre-Félix. « Réponse de A. -F. Legentil aux attaques dirigées contre lui par M. Normand, au sujet de questions d'économie politique ». (Extrait du *Journal des économistes*, août 1859). Paris, Pillet (s. d.). 16 x 25 cm, 4p.

– SIMON, Jules. *La liberté*. P., Hachette, 1859. 2 t., 12 x 18 cm, 392 p. et 440 p.

### Année 1861

– RAMIÈRE, P. Henry, de la compagnie de Jésus. *L'Apostolat de la Prière*. Première éd. : 1861. Lu dans la 3e éd. : *L'apostolat du Sacré Cœur de Jésus. Première partie. Méditations sur l'union du chrétien avec le Cœur de Jésus offertes spécialement aux zélateurs et zélatrices de l'Apostolat de la Prière et adaptées aux exercices du mois du Sacré Cœur*. Toulouse, *Le Messager*, 1872. 12 x 18 cm, 380 p. Lu dans la 4e éd. : *L'Apostolat de la Prière. Sainte*

*Ligue des Cœurs chrétiens unis au Cœur de Jésus pour obtenir le triomphe de l'Église et le salut des âmes.* Le Puy, Marchessou, 1894. 13 x 19 cm, 408 p. L'exemplaire des ASCM est offert par le directeur de l'Apostolat de la prière au T.R.P. Général des missionnaires Oblats de Marie Immaculée. Lu également dans 7e éd. : *L'Apostolat de la prière en union avec le Cœur de Jésus*. Augmentée d'une notice biographique sur l'Auteur (par P. Émile Régnault). Toulouse, *Messager du Cœur de Jésus*, (1896). 13 x 19 cm, 302 p.

– RAMIÈRE, P. Henry, de la compagnie de Jésus. *Le Messager du Cœur de Jésus. Bulletin mensuel de l'Apostolat de la Prière* (= *MCJ*). À partir de 1872 : + *Sainte Ligue du Cœur de Jésus*. À partir de 1875, un supplément : *Petit messager du Cœur de Marie*. À partir de 1880 : + *et de la Communion réparatrice.* Anonyme à partir de 1880. À partir de 1897 : retour au simple titre de 1861. Toulouse, Apostolat de la Prière, Rue des Fleurs. 11 x 17 cm jusqu'en 1898 où il passe à 16 x 25 cm. Collection complète jusqu'en 1901 aux ASCM.

– SÉGUR, Mgr de. *La Révolution.* P., 1861. Reproduction offset éd. Saint-Michel, Saint-Céneré, 1960. 10 x 15 cm, 58 p.

– VAPEREAU, G. *Dictionnaire universel des contemporains.* 2e éd. P., 1861. 16 x 24 cm, 1840 p. et 6e éd. avec suppl. P., 1893. 1630 p. et 103 p.

### *Année 1862*

– LEGENTIL, Alexandre-Félix. – *Rapport sur divers articles en lin, chanvre et végétaux filamenteux non dénommés. – Rapport sur les fils et tissus de jute. – Rapport sur les fils et tissus de lin. Rapport sur les fils de lin et chanvre retors. France.* – Ministère de l'Agriculture et du Commerce. Conseil Supérieur de l'Agriculture, du Commerce et de l'Industrie, etc. Enquête, etc. 1862, 4°.

– WEGELER, Franz Gerhard (Le Dr.), RIES, Ferdinand. *Notices biographiques sur L. Van Beethoven, suivi d'un supplément publié à l'occasion de l'inauguration de la statue de L. V. Beethoven, à Bonn, sa ville natale*. Traduit de l'allemand par Alexandre-Félix Legentil. Avertissement du traducteur. Partition de *l'Élégie sur l'infidélité de Lydie*, musique de L. Van Beethoven et paroles de Hoffmann. Paris, Dentu, 1862. 12 x 18 cm, XV – 250 p.

### *Année 1863*

– FÉVAL, Paul. *Les Habits Noirs*. 1863. Édition établie par Francis Lacassin et François Le Lionnais. P., Laffont, coll. Bouquins, 1987. ISBN 2. 221. 05286. 2. Deux t. 13 x 20 cm, 1200 p. chacun.

### *Année 1864*

– BATBIE, A. *Le crédit populaire.* Mémoire couronné par l'Institut. Revu et augmenté d'une introduction par E. Horn. P., Cotillon et Guillaumin, 1864. 12 x 18 cm, 300 p.

### *Année 1865*

– CUCHERAT, abbé F., aumônier de l'hospice de Paray-le-Monial. *Histoire populaire de la bienheureuse Marguerite-Marie Alacoque et du culte du Sacré-Cœur de Jésus.* (1er éd. : 1865) 2e éd, corrigée et augmentée. Grenoble, Dardelet, 1870. 2 t., 14 x 21 cm, 198 p. et 248 p.

– DANIEL, P. Ch. s. j. *Histoire de la bienheureuse Marguerite-Marie, religieuse de la Visitation Sainte-Marie, et des origines de la dévotion au Cœur de Jésus.* P., Lecoffre, 1865. 12 x 19 cm, 564 p. Consulté aussi la 4e éd., 1874. A réédité l'ouvrage du P. Croiset : voir en 1698.

– [LEGENTIL, Alexandre-Félix]. *Méditations à l'usage des membres des conférences de S. – Vincent-de-Paul.* Paris, Lesort, 1865. 10 x 17 cm, V-228 p. Édition signée simplement : A. F. L. Nombreux extraits dans P. M. Bony, *Vie...*, 1893, p. 160-185. Recension dans *BSVP* 1865, p. 64. Réédition nominative : L'initiateur du Vœu national. *Méditations à l'usage des membres des Conférenes de Saint-Vincent de Paul.* Paris, Secrétariat de la Société Saint-Vincent de Paul, 1903. 11 x 18 cm, VI-238 p., portrait.

Traduction en anglais entre 1889 et 1903 selon note 1 de la p. VI de la nouvelle édition mentionnée ci-dessus.

Traduction en allemand demandée en 1865 par Eugène de Képeler dans une lettre citée p. V et VI de la nouvelle édition mentionnée ci-dessus.

### *Année 1866*

– DREVON, père de la compagnie de Jésus. *Le Cœur de Jésus consolé dans la sainte Eucharistie. Recueil de différentes publications concernant l'Œuvre de la Communion réparatrice.* Avignon, Aubanel, 1866 et 1868. Deux vol., 14 x 21 cm, 96 p + 288 p et VIII + 400 p.

– LAROUSSE, Pierre. *Grand dictionnaire universel du* XIXe *siècle français, historique, géographique, mythologique, bibliographique, littéraire, artistique, scientifique, etc.* P., Administration du Grand dictionnaire universel, 1866-1876. 15 vol. 21 x 30 cm. L'article « Sacré-Cœur » est de 1875. (D'autres éditions ont été consultées, en particulier celle de 1923 en 2 vol.).

### *Année 1867*

– GUESNU, H., dessinateur et imprimeur. *Excursion dans Paris sans voitures. 1867.* Réédition de ce plan : P., Le Cadratin, 1989. 55 x 75 cm.

– LEGENTIL, Alexandre-Félix. « Papiers peints. Rapport fait au nom des comités du commerce et des arts chimiques, sur l'industrie des papiers peints de MM. Gillou fils et Thorailler, à Paris, passage Vaucanson, 5 et 6 » dans *Bulletin de la société d'encouragement pour l'industrie nationale (= BSEIN)*, 66° année, deuxième série, t. XIV, mars 1867, p. 133-142. Consulté et consultable aisément au siège de la Société, 4, place Saint-Germain des Prés, 75 006 PARIS.

– LEGENTIL, Alexandre-Félix. « Rapport sur le *Guide commercial des constructeurs-mécaniciens, des fabricants et des chefs d'industrie*, de M. F. Coré, Paris » dans *BSEIN*, t. XIV, 1867, p. 304-309.

– LEGENTIL, Alexandre-Félix. « Rapport sur les écoles établies à Morcen (Landes) par la compagnie des chemins de fer du Midi » dans *BSEIN,* t. XIV, 1867, p. 362-367.

– LEGENTIL, Alexandre-Félix. « Rapport sur la tréfilerie d'acier de M. Teste (Lyon) et sur l'emploi des infirmes dans cette fabrique en accord avec les religieuses de la Providence des infirmes de Sainte-Elisabeth » dans le *BSEIN,* t. XIV, 1867, p. 492-493.

– [LEGENTIL, Alexandre-Félix]. Annonce de la fondation du Cercle de Notre-Dame des Victoires dans *BSVP*, 1867, p. 265-267. Le texte dans le *BSVP* est anonyme mais le P. M. Bony, *Vie...*, 1893, p. 197-199 l'attribue à A. Legentil.

### *Année 1868*

– FRANCIOSI, R. P. Xavier de, de la compagnie de Jésus. *La dévotion au Sacré-Cœur*: (selon Edouard Glotin dans *DSAM*, art. « Franciosi » : 40 000 ex. en tout):

1re éd. : *Notions doctrinales et pratiques sur la dévotion au Sacré-Cœur*. Metz, 1868, 55 p.

3e éd. : Metz, 1872, 319 p.

4e éd. : P., 1873, 352 p.

5e éd. : *La dévotion au Sacré-Cœur de Jésus et au Saint-Cœur de Marie. Notions doctrinales et pratiques*. P., 1876.

6e éd. : P., 1877.

7e éd. : P., 1878.

8e éd. : Nancy, 1885.

9e éd. : Titre ci-dessus + ouvrage honoré d'une lettre du Secrétaire de S. S. Pie IX. Illustration par M. H. Imlé. Montreuil-sur-Mer, imprimerie Notre-Dame des Près ; P., Vve D. Saudinos-Ritouret, 1892. 17 x 25 cm, 328 p. Un exemplaire de cette édition est dans les ASCM car le comité du Vœu national en a acheté cinquante exemplaires.

– LEGENTIL, Alexandre-Félix. « Cercle de Notre-Dame des Victoires destiné aux jeunes gens du commerce. Rapport signé et lu à l'Assemblée du 26 avril 1868 » dans *BSVP,* 1868, p. 163-168.

– [LEGENTIL, Alexandre-Félix]. Annonces et compte rendu d'activités du Cercle des jeunes gens du commerce dans *BSVP,* 1868, p. 229-230, p. 287-288 ; 1869, p. 94-95, 228-229. Non signés mais du même style que d'autres documents signés.

### *Année 1869*

– GARNIER, Charles, architecte du nouvel Opéra. *À travers les arts. Causeries et mélanges*. P., 1869. Réédité à P., chez Picard, précédé de François Loyer, *Les ambiguïtés de Charles Garnier*. 1985. 14 x 22 cm, 280 p.

– LEGENTIL, Alexandre-Félix. « Rapport sur le Cercle Notre-Dame des Victoires, le 24 octobre 1869 » dans P. Bony, *Vie...*, 1893, p. 197-199 et 199-205.

## *Année 1870*

– ***. « Compte rendu de la séance du dimanche 11 décembre 1870 de la Conférence de Poitiers » dans *BSVP*, n° 270, juin 1871.

– BAUDON, Adolphe. « Lettre à Louis Veuillot » dans *L'Univers* du mardi 13 décembre 1870, édité à Nantes.

– BOYLESVE, P. de. *Le triomphe de la France par le Cœur de Jésus*. Le Mans, Leguicheux-Gallienne, 1870 (l'imprimatur de Mgr Charles Fillion est du 5 novembre 1870). In-24, 8 p. en vente au prix de 5 cent. l'exemplaire; 40 cent. la douzaine; 2 fr. 50 le cent. Lu dans *MCJ*, t. XIX, Ier janvier 1871, p. 28-32. Le P. Auguste Hamon parle de 300 000 exemplaires (*Histoire...*, 1907, t. V, p. 41).

– LEGENTIL, Alexandre-Félix. « Du logement de l'apprenti chez le patron et du vagabondage », extrait d'un rapport à une assemblée de conférences dans *BSVP*, (avril) 1870, p. 207-212. Rapport non signé et attribuable à Alexandre Legentil car celui-ci se cite dans le rapport signé de 1872.

## *Année 1871*

– ***. « Comment nos pères reconnaissaient la main de Dieu et imploraient son secours dans les calamités publiques » dans *BSVP*, n° 271, juillet 1871.

– ***. *Plan de Paris en 1871*. Les opérations de voirie exécutées de 1854 à 1871 sont indiquées par des teintes jaunes et rouges. Échelle de 0, 125 pour 2000 m. Rééd. P., Le Cadratin, 1989. 65 x 80 cm.

– [ALET, Victor (R. P.)]. « La France et le Cœur de Jésus ». Nantes, Libaros, 1871. Extrait dans *MCJ*, t. XIX, 5e livraison, mai 1871, p. 289-302. Voir le développement de cet art. de mars 1871 dans P. Alet, *La France...*, 1889.

– [BAUDON, Adolphe]. « Amende honorable pour la France » dans *BSVP*, n° 267, mars 1871, p. 82-83.

– BAUDON, Adolphe. *Mois du Sacré-Cœur*. P., Bray et Retaux, 1871. Un chapitre dans *BSVP*, n° 270, juin 1871, p. 164-168 : « La dévotion au Sacré-Cœur. D'où vient la dévotion au Sacré-Cœur de Jésus. Quels en doivent être les fruits. »

– FAVRE, Jules, de l'Académie française. *Rome et la République française*. P., Plon, 1871. 15 x 24 cm, 432 p.

– [LEGENTIL, Alexandre-Félix]. VŒU AU SACRÉ CŒUR DE JÉSUS POUR OBTENIR LA DÉLIVRANCE DU SOUVERAIN PONTIFE ET CELLE DE LA FRANCE. Poitiers, Oudin, s. d. 14 x 21 cm, 2 p.

Les exemplaires consultés, n° 637 et 638, portent en marge la même lettre écrite en trois exemplaires par A. Legentil à J. Marcotte en date du 16 janvier 1871. Arch. familiales de Mme Chavane. Voir nos pièces justificatives. On trouve aussi ce texte dans la *Semaine liturgique du diocèse de Poitiers*, n° 5 du dimanche 29 janvier 1871, p. 72-73. Photocopie certifiée conforme du 28 avril 1987 par le chanoine P. Forget. Ce texte se trouve encore dans P. M. Bony, *Vie...*, 1893, p. 228-230; L. Vié, *Montmartre,* 1928, p. 51-52; Paul Lesourd, *La Butte Sacrée,* 1937, p. 33; André Dérumaux, « Origines et mission... », *Revue Montmartre,* 1953, n° 194, p. 47-48.

– LEGENTIL, A. et H. ROHAULT DE FLEURY. Circulaire à propos du Vœu: « Il n'est pas douteux... » datée de janvier 1871. Texte selon H. R. de Fleury, *Historique...*, 1903, t. I, p. 56-57 et A. Dérumaux, « Origines et mission », dans *Montmartre,* 1953, n° 195, p. 8-9.

– LEGENTIL, A. et H. Rohault de Fleury. Circulaire de février 1871 « En livrant à la publicité... » Selon A. Dérumaux, « Origines et mission... » dans *Montmartre,* n° 195, 1953, p. 21-23.

– LEGENTIL, A. et H. ROHAULT DE FLEURY. Circulaire ou opuscule de mars 1871 « Après avoir exposé... » Document reconstitué grâce à *BVN*, décembre 1873, p. 8-9 et A. Dérumaux, « Origine... », n° 197, p. 12-13.

– [LEGENTIL, A. -F. ] VŒU AU SACRÉ CŒUR DE JÉSUS POUR OBTENIR LA DÉLIVRANCE DU SOUVERAIN PONTIFE ET LE SALUT DE LA FRANCE. Fin décembre 1871. Le plus ancien exemplaire imprimé consulté à ce jour est dans P. Monsabré, *Discours...*, 1872, p. 35. Voir nos pièces justificatives.

– MARX, Karl. *La guerre civile en France (1871)*. Édition nouvelle accompagnée des travaux préparatoires de Marx. P., Éd. sociales, 1972. 14 x 22 cm, 358 p.

– RAMIÈRE, R. P. « Protestation des catholiques français et vœu au Cœur de Jésus pour la délivrance de Rome et de la France » dans *MCJ*, n° du 1er janvier 1871, t. XIX, p. 5 à 13.

– RAMIÈRE, Henry. « Démonstrations universelles en faveur du pouvoir temporel. » dans *MCJ*, t. XIX, 3e livraison, mars 1871, p. 205.

– RAMIÈRE, Henry (R. P.). « Revue des intérêts du Cœur de Jésus. 15 mars. Réaction religieuse dans le monde entier. Le Vœu expiatoire au sacré Cœur de Jésus... » dans *MCJ*, t. XIX, 4e livraison, avril 1871, p. 274.

– RAMIÈRE, Henry. « France » dans *MCJ*, t. XX, 2e livraison, août 1871, p. 124-125.

– UN CATHOLIQUE. « Calamité publique, pénitence publique » dans *Semaine liturgique du diocèse de Poitiers*, n° 5 du dimanche 29 janvier 1871, p. 72.

### *Année 1872*

– CORNUDET, Léon, président et LEGENTIL, A. -F., secrétaire. Circulaire « Déjà accueillie.. » signée, janvier 1872 dans P. Monsabré, *Discours...*, 1872, p. 37-40.

– DAUCHEZ, Th. « Rapport lu à la réunion générale des Conférences de Saint-Vincent de Paul à Saint-Germain l'Auxerrois, à Paris, le 8 décembre 1872 » dans *BSVP,* n° 290, février 1873, p. 48-56 et n° 291, mars 1873, p. 74-78 p.

– GUIBERT, Mgr. « Lettre du 18 janvier 1872 à MM. les membres du Comité de l'Oeuvre du Vœu national au Sacré-Cœur de Jésus. » Dans *BVN*, déc 1873, p. 11-12, dans Hubert Rohault de Fleury, *Le Vœu...*, 1897, p. 25-26 et dans *HSC*, 1903, t. I, p. 27-28.

– GUIBERT, Mgr. « Circulaire relative au projet de construction d'une église votive en l'honneur du Sacré-Cœur, 25 juin 1872 ». Extrait dans *BVN,* suppl. juin 1888, p. 4.

– HAVARD, M. « Du site de l'église du Vœu national » dans *Le Monde* (1872) selon M. l'abbé Dérumaux, *Montmartre,* mars-avril 1955, n° 203, p. 21.

– HUGO, Victor. *L'Année terrible.* Lu dans *Œuvres poétiques,* III. P., Gallimard, Pléiade, 1974, p. 279-574.

– LEGENTIL, Alexandre-Félix. Rapport présenté au début janvier 1872 à Mgr Guibert. Principaux passages dans Hubert Rohault de Fleury, *Le Vœu...*, 1897, p. 20-25 et *BVN*, 1897, p. 35-40

– [LEGENTIL, Alexandre-Félix]. Circulaire « Église votive à ériger à Jésus-Christ et à son Sacré-Cœur au nom de la France », avril 1872, dans P. Monsabré, *Discours...*, 1872, p. 45-48.

– LEGENTIL, Alexandre-Félix. *Rapport lu à l'assemblée de conférences de la maison Saint-Charles, le 28 avril 1872.* Paris, Balitout et Questroy, 1872. 12 x 18 cm, 47 p.

– LEGENTIL, Alexandre-Félix. *Rapport sur l'érection d'une église votive au Sacré Cœur de Jésus. Extrait du Compte rendu de l'Assemblée générale des comités catholiques des 4, 5 et 6 avril 1872.* Paris, Lainé (s. d.). 11 x 21 cm, 30 p.

– MAYEUX, Henri. « Projet d'un monument à élever sur la Butte Montmartre à la mémoire des défenseurs de Paris morts pendant le siège 1870-1871 » dans *Croquis d'architecture – Intime-Club*, fév. 1872, 6e année, n°II, f. 4.

– MONSABRÉ, R. P., des Frères prêcheurs. *Discours prononcé dans l'église métropolitaine de Notre-Dame de Paris le 14 avril 1872 et allocution de monseigneur l'archevêque de Paris.* P., Albanel, 1872. 19 x 25 cm, 48 p. On trouve aussi le texte de cette conférence dans *BVN,* déc. 1873.

– PIE IX. *Bref au Comité du Vœu national*, le 31 juillet 1872. ASCM, pièces authentiques : A3, XII. *BVN,* déc 1873.

– RAMIÈRE, Henry, R. P. « Vœu national au Sacré-Cœur de Jésus (Lettre de A.-F. Legentil, circulaire du Comité signée par Léon Cornudet, lettre du 18 janvier 1872 de Mgr Guibert » dans *MCJ,* t. XXI, avril 1872, p. 267, 272-277.

## *Année 1873*

– ***. *Note confidentielle*. Épreuve du document adressé aux membres de l'Assemblée nationale. P., V. Goupy, s. d. 21 x 27 cm, 4 p. ASCM.

– ***. « Nouvelles du Vœu national » réparties au cours de chaque année de 1873 à 1891 dans *MCJ*. Voir la table de chaque tome. Elle est incomplète pour le t. XXVI : ajouter p. 52 et 329.

– ***. « Pèlerinage à Paray-le-Monial » dans *BSVP* n° 293, mai 1873, p. 118 – 119.

– ***. « Discussion du projet de loi en séance du 22 juillet 1873 » dans *JO* du 23 juillet, p. 4934-4943 et « séance avec vote du 24 juillet » dans *JO* du 25, p. 5008-5016.

– ABADIE, Paul. Lettre du 9 octobre 1873 à Mgr Cousseau (voir chap. 10 pour la date exacte) connue grâce à *Correspondance du cardinal Pie, évêque de Poitiers et de Mgr Cousseau, évêque d'Angoulème. 1849-1873*. Établie par le chanoine A. Hiou. P., Oudin, Poitiers, Bonamy, 1894. 15 x 24 cm, XII-652 p. (p. 638).

– ALPHAND, Adolphe. *Plan du sommet de la Butte Montmartre pour l'emplacement de l'église du Vœu national* (échelle 2 mm pour un mètre). 60 x 100 cm. AHDP, SC, c. 3. et en encart dans *BVN*, déc. 1873.

– [BAUDON, Adolphe], « Lettre du Président Général de la Société. Souscription pour l'église à élever à Paris en l'honneur du Sacré-Cœur » dans *BSVP*, n° 298, oct. 1873, p. 253-254.

– *Bulletin de l'Œuvre du Vœu national au Sacré-Cœur de Jésus* (= *BVN*). De décembre 1873 à décembre 1926. 64 p. par livraison le plus souvent, 12 x 21 cm. Périodicité mensuelle surtout.

– DESCHAMPS, Alfred, s. j. « Mission spéciale de la France dans le triomphe de la dévotion au Cœur de Jésus. Question : « Quel est l'objet du Vœu national, et quelle belle manifestation sociale a-t-il déjà provoquée ? » dans *MCJ*, t. XXIV, septembre 1873, p. 173-174.

– DESONNAZ, A. *Questions du jour : Le Sacré-Cœur*. P., Barbier, 1873. 13 x 20 cm, 16 p.

– GUIBERT, Mgr. « Mandement du 15 août 1873 touchant le projet de construction, à Montmartre, d'une église votive au Sacré-Cœur de Jésus » dans *BVN*, déc 1873 et dans Hubert Rohault de Fleury, *Le Vœu*, 1897, p. 35-39.

– GUIBERT, Mgr Hippolyte. « Lettre à Jules Simon, ministre des Cultes, 5 mars 1873 » dans *JO* du 16 juillet 1873, p. 4756-4757.

– H. A. « La semaine politique » dans *La Revue politique et littéraire. Revue des cours littéraires* (2e série). Direction : MM. Eug. Yung et Em. Alglave. 2e série – 3e année. N° 4, 26 juillet 1873.

– KELLER, Émile, membre de l'Assemblée nationale. « Rapport fait au nom de la commission chargée d'examiner le projet de loi tendant à déclarer d'utilité publique la construction d'une église à Paris (18e arrondissement) (urgence déclarée) dans *JO* du 16 juillet 1873, p. 4756-4757. Dépôt du rapport, demande et déclaration de l'urgence lors de la séance du 11 juillet » dans *JO* du 12 juillet 1873, p. 4643.

– KUNC, Aloys. *Cœur de Jésus, sauvez la France ! Cantique populaire du Vœu national au sacré Cœur de Jésus*. Le produit de cette publication est destiné à l'Œuvre même du Vœu national. Toulouse, chez l'auteur (rue Saint-Anne, 8), (s. d.). Lu dans *MCJ*, t. XXIII, mars 1873, p. 190-194.

– MAC MAHON, maréchal de. Promulgation de la loi qui déclare d'utilité publique la construction d'une église à Paris, sur la colline de Montmartre. Versailles, le 30 juillet 1873 dans *JO* du 31 juillet, p. 5169.

– PIE IX. « Bref du 31 juillet 1873 à Mgr l'archevêque de Paris » dans *BVN*, décembre 1873, p. 30-36.

– RAMIÈRE, P. Henry, s. j. « Pourquoi nos joies sont-elles amoindries ? » dans *MCJ*, t. XXIV, septembre 1873, p. 209-210.

– RENAN, Ernest. *L'Antéchrist*. P., 1873. 14 x 22 cm, 572 p.

– VEUILLOT, Louis. *Oeuvres complètes* (38e t.), 3e série, Mélanges, t. XII du 23 janvier 1873-22 septembre 1874. 12 x 20 cm, 450 p.

« L'église du Vœu national » :

I – « La loi votée, le 28 juillet 1873 », p. 205-207.

II – « La lettre du comte de Chambord à M. de Cazenoves de Pradines, 3 août 1873 », p. 207.

III – « L'appel de l'archevêque de Paris, 30 août 1873 », p. 208.

« La politique et la religion » : 29 juillet 1873, p. 209.

« Le Sacré-Cœur (contre M. Désonnaz), le 27 octobre 1873 », p. 319-326. Voir ci-dessus le texte de M. Désonnaz.

### *Année 1874*

– ***. *Programme d'un concours pour la construction de l'église du Sacré-Cœur à Montmartre*. P., Chaix, 1874. 21 x 31 cm, 8 p. ainsi que dans *BVN*, 1874, p. 86-90.

– ***. « L'église du Sacré-Cœur à Montmartre » dans *Revue de l'art chrétien*, mars 1874, p. 144-150 reprenant *BVN*, 10 fév. 1874, p. 83-85.

– BOUGAUD, abbé Emile, vicaire général d'Orléans. *Histoire de la bienheureuse Marguerite-Marie et des origines de la dévotion au Cœur de Jésus. Pour faire suite à l'histoire de sainte Chantal*. P., Poussielgue, 1874. 12 x 18 cm, 518 p. Aussi : 4e éd., 1876 11 x 18 cm, 592 p. 11e éd., 1908, identique à la 4e.

Le chapitre XVIII est cité en entier dans *BVN*, 1875, p. 454-458, 596-601, 633-635, 659-660.

– [COMITÉ DU VŒU NATIONAL]. *Souvenir du concours de l'église du Sacré-Cœur – Juillet 1874*. P., Le Clère, 1874. 27 x 33 cm, 23 p. pour le rapport de J. Duc ; 23 planches photographiques.

– CERNESSON, L., arch. « Concours pour la construction d'une église du Sacré-Cœur à Montmartre » dans *Revue générale de l'Architecture et des travaux publics*, 1874, col. 181-185.

– C. S. « Vœu national du Sacré-Cœur. Compte-rendu de l'exposition » dans *Gazette des architectes et du bâtiment*, 1874, p. 115-120.

– DREVON, P. *Vœu des catholiques de toute nation au Sacré-Cœur de Jésus et mémorial du pèlerinage de 1873. Une église à Paray-le-Monial. Monument de la piété et de la reconnaissance des catholiques belges, anglais, irlandais, américains, mexicains, canadiens, hollandais, espagnols, italiens, autrichiens, allemands, etc*. sd [1874]. 21 x 27 cm, 4 p.

– DUC, Joseph, rapporteur du jury. « Rapport sur le concours de l'église du Sacré-Cœur » dans *BVN*, sept. 1874, p. 283-301 ; également dans *Moniteur des Architectes*,, p. 152s.

– GUIBERT, cardinal. « Mandement » (au sujet de son dernier voyage à Rome, août 1874) dans *BVN,* sept. 1874.

– LEGENTIL, Alexandre-Félix. « Rapport à l'assemblée du 8 avril 1874 des délégués des Comités catholiques sur le Vœu national » dans *BVN,* 1874, p. 167-179 ; dans *HSC,* t. I, p. 163-168.

– LEGENTIL, A. -F. *De la condition des apprentis à Paris et des principales œuvres qui tendent à l'améliorer. (Société d'économie sociale. Séance du 4 janvier 1874)*. Paris, Dupont (s. d.). 11 x 21 cm, 40 p.

– LUCAS, Charles. « Deux lettres à Monsieur le Directeur de la *Revue de l'Art chrétien* à propos du concours ouvert pour la construction de l'église du Sacré-Cœur à Montmartre. Paris, 2 août et 2 septembre 1874 », p. 11-42 de la dite revue.

– SAINT-PAUL, Anthyme. *L'église du Vœu national. Extrait du Bulletin monumental, t. XL, 1874, p. 618s*. 14 x 21 cm, 19 p.

– TERRIER, Charles. « Le concours pour l'église du Sacré-Cœur » dans *Gazette des architectes et du bâtiment*, 1874, p. 74-75.

– UN CATHOLIQUE AUTEUR DE PLUSIEURS AUTRES OUVRAGES. *La future église de Montmartre ou le vœu national de la France au Sacré-Cœur de Jésus. Poème dédié à tous les souscripteurs et à la jeunesse chrétienne*. P., Bureau de la *Semaine religieuse*, 5, place du Panthéon, vers 1874. 13 x 22 cm, 48 p. Se vend au profit de l'Œuvre.

– L'UNIVERS ILLUSTRÉ :

• N° 998, 9 mai 1874 : gravure représentant « Les fouilles aux buttes Montmartre, pour la construction de la nouvelle église du Sacré-Cœur ».

• N° 1011 du 8 août 1874. Th. de Lan (?), *Bulletin*. L'église votive du Sacré-Cœur. Jugement des concours. M. d'Abadie. Illust. : perspective de l'église selon P. Abadie.

• N° 1031 du 26 décembre 1874. La grande nef de l'église du Sacré-Cœur. Façade et nef du temple israélite inauguré le 9 septembre 1874.

– VESLY, Léon de. « Concours de la maison de répression de Nanterre et de l'église de Sacré-Cœur à Montmartre » dans *Le Moniteur des architectes*, 8e vol. – 2e série. N° 7. – 31 juillet 1874, col. 113-120.

## *Année 1875*

– ***. Archevêché de Paris, Comité du Sacré-Cœur. Église du Sacré-Cœur à Montmartre. *Cahiers des charges générales applicables aux travaux, présenté par le Comité de l'Œuvre et approuvé par son Éminence le Cardinal Archevêque de Paris dans la séance du 11 octobre 1875*. P., Le Clère, 21 x 27 cm, 20 p.

– COMITÉ D'ARCHÉOLOGUES (UN) [Charles Garnier, publiciste, abbé Carle, directeur de la *Semaine religieuse de Nîmes*, etc]. *Vœu national de la France. L'Église du Sacré-Cœur à Montmartre sera-t-elle de notre style national ou sera-t-elle d'un style étranger ?* P., J. Féchoz, 1875. 13 x 21 cm, 74 p.

– [COMITÉ DU VŒU NATIONAL]. « Procès-verbal de la cérémonie de la pose de la première pierre » dans *BVN*, juillet 1875.

– DIDRON, Edouard. Article paru dans *Le Monde* pour défendre la décision du concours. Voir *BVN*, 1875, p. 583-589.

– GUIBERT, cardinal. « Mandement à l'occasion de la bénédiction et de la pose de la première pierre de l'église du Sacré-Cœur à Montmartre, 30 mai 1875 » dans *BVN*, juin 1875.

– GUIBERT, Mgr. Communication à *L'Union* à propos de son nunéro du juillet 1875. Voir *BVN*, août 1875, p. 583.

– KUNC, Aloys. *Cantiques populaires pour l'Église et la France*. Il y est question de « Dieu de clémence. Chant national » dont le titre est le début du refrain qui se poursuit avec « Sauvez Rome et la France... » et dont le premier couplet commence par « Pitié, mon Dieu ! c'est pour notre Patrie... » Mentionné dans *MCJ*, 1875, t. 27, p. 559.

– LAROUSSE, Pierre. « Sacré-Cœur » (1875) dans *Dictionnaire*... : voir en 1867.

– LEGENTIL, Alexandre-Félix. « Rapport à l'Assemblée générale des Comités catholiques de France, réunis à Poitiers sous la présidence de Mgr Pie. 1875 » dans *BVN*, oct. 1875, p. 648-655.

– ŒUVRE DU VŒU NATIONAL... *Séance du 14 juillet 1875. Organisation de la commission de délégation adoptée par son Éminence le cardinal archevêque de Paris le 21 juillet 1875. P., Le Clère, 1875*. 1 feuille, 18 x 14, 2 p.

– Œuvre du Vœu national... *Organisation de l'agence des travaux*. P., Le Clère, 1875. 1 cahier 18 x 24 cm, 6 p.

– Perrier, M. F., délégué de la commission du Mont Pie IX. *L'œuvre du Vœu national et celle du Mont Pie IX*. P., Succursale générale de la commission du Mont Pie IX, 1875. 12 x 18 cm, 35 p.

– [Pie IX]. *Atto di consecrazione al Sacro Cuore di Gesù approvato con decreto delle S. Congrgazione de'Riti del 22 aprile 1875. Decretum. Die 22 aprilis 1875*. 21 x 25 cm, 2 p. sl.

– Ramière, R. P., directeur général de l'Apostolat de la Prière. « Rapport lu au congrès de Poitiers, le 21 août 1875 » dans *MCJ*, t. 28, 1875, p. 327-336.

– [H. Rohault de Fleury]. *Œuvre du Vœu national au Sacré-Cœur. Les pierres du sanctuaires*. P., Le Clère, [1875]. 13 x 22 cm, 1 p.

– Vesly, Léon de. « Montmartre. Bénédiction de la première pierre de l'église du Sacré-Cœur. L'église Saint-Pierre » dans *Le Moniteur des architectes*, 9e vol. 2e série. n° 6, 31 juin 1875.

– X. D. « Pose de la première pierre de l'église du Sacré-Cœur à Montmartre » dans *L'Univers illustré*, 18e année – n° 1057 – 26 juin 1875. Couverture et p. 406.

## *Année 1876*

– ***. « Indult pour dire la messe du Sacré-Cœur (23 novembre 1876) » dans *BVN* fév. 1877. Élargissement, le 27 mai 1886 dans *BVN* juin 1886.

– ***. « Les travaux du Sacré-Cœur » dans *La Construction*, mai 1876 cité par Jean-Marc Leri, *Montmartre,* 1983, p. 199.

– Féval, Paul. « Lettre au P. Rey, 19 mai 1876 » dans *BVN*, 1876, p. 157.

– Gosset, Alphonse. « Évolution historique des église chrétiennes » dans *Revue générale de l'Architecture et des travaux publics*, xliiie année, vol. xliiie, 1876, col. 109-123 et 198-203.

– Guibert, cardinal. « Statut de la confrérie du Sacré-Cœur établie dans l'église du Sacré-Cœur, à Montmartre » dans *BVN*, mai 1876, p. 104-106 et sur image 8 x 13 cm, 4 p.

– Monsabré, T. R. P. J. -M. -L. *Exposition du dogme catholique. Conférences de Notre-Dame de Paris*. T. 4 et 5 : Carême 1876 (Le gouvernement de Dieu – 14e éd.) et Carême 1877 (Préparation de l'Incarnation – 11e éd.) P., Lethielleux, 1905 et 1911. 2 vol., 11 x 18 cm, 416 et 376 p.

– [Pagés, Léon]. *Vœu de Louis XVI pour la consécration de la France au Sacré-Cœur de Jésus*. P., [Taranne ou Olmer, 1876]. 11 x 18 cm, 15 p. Publié dans *MCJ,* 1876, t. 30, p. 696-703 et 752-755.

– PIE IX. « Bref au Comité du Vœu national..., à Adolphe Baudon et F. Riant, vice-présidents..., 26 avril 1876 » dans *BVN*, 1876, p. 143-144.

## *Année 1877*

– BRUNO, G., Lauréat de l'Académie française, auteur de « Francinet ». *Le Tour de la France par deux enfants*. P., Belin, 1877. Lu dans un ex. sans date conforme aux programmes de juillet 1882. 11 x 18 cm, 322 p.

– GUIBERT, Mgr. « Lettre du 28 juin 1877 à tous les évêques de France » (pour accompagner l'album du concours) dans *BVN*, 1877, p. 663-665.

– LEGENTIL, Alexandre-Félix. « Rapport sur l'ouvrage de M. E. Tallon, intitulé *La vie morale et intellectuelle des ouvriers* » dans *Bulletin de la Société d'encouragement pour l'industrie nationale* (= *BSEIN*), troisième série, tome IV, 1877, p. 186-196.

– PIE IX. « Bref d'érection de la confrérie en archiconfrérie, 20 février 1877 » dans *BVN*, mars 1877, p. 544-545.

– PIE IX. « Bref à la pieuse association dite Ligue du Vœu national » dans *BVN*, 1877, p. 560-561.

– RAMIÈRE, Henry, s. j. « Le vœu national de la France au Cœur de Jésus » dans *MCJ*, 1877, t. 32, p. 17 – 28.

## *Année 1878*

– AULNOY, C. d'. *Les morts héroïques pendant la guerre de 1870-1871 et pendant la Commune.* P., Lefort, 1878. 14 x 23 p. 222 p.

– BRETTES, M. l'abbé, premier vicaire de Clignancourt. *La pierre du Sacré-Cœur. Discours prononcé le 22 avril 1878 dans l'église provisoire du Sacré-Cœur.* Au profit de l'Œuvre du Vœu national. P., Putois-Cretté, 1878. 9 x 14 cm, 62 p. Prix : 0 fr. 15 centimes.

– FÉVAL, Paul. *Le denier du Sacré-Cœur.*

• Préface-anecdote aux *Étapes d'une conversion. Pierre Blot. Second récit de Jean.* T. II. *Oeuvres nouvelles.* Paris, Société générale d'édition, Victor Palmé, éditeur des Bollandistes, 1878. 12 x 19 cm, LXXXIII + 242 p.

• En plaquette : *Extrait de Pierre Blot, second épisode des Étapes d'une conversion.* Se vend au profit de l'Œuvre du Vœu national. P., Victor Palmé, 1878. 11 x 17 cm, 83 p.

– RAMIÈRE, P. Henry, de la compagnie de Jésus. *Le mois du Sacré-Cœur de Jésus.* Ouvrage revu, complété et mis en ordre par un Père de la même Compagnie. Toulouse, *Messager du Cœur de Jésus*, 1890. 11 x 18 cm, 566 p. En fait, c'est un recueil d'articles. L'exemplaire des ASCM a été offert par les directeurs de l'Apostolat de la prière.

– FÉVAL, Paul. *Les étapes d'une conversion.* Réédition dans P., Ollendorff, 1903. 4 vol. *La mort du père. Pierre Blot. La première communion. Le coup de grâce.* 12 x 19 cm, 500 p. environ chacun.

– [Guibert]. *Lettre pastorale et mandement de son Em. le cardinal archevêque de Paris au sujet de l'œuvre du Vœu national le 29 janvier 1878*. P., J. Le Clère, 1878. 21 x 27 cm, 11 p. Coll. complète t. I, p. 503-513. On la trouve aussi dans *BVN*, fév. 1878, p. 50-55. [Hubert Rohault de Fleury], *Le Vœu national*, 1897, p. 41-46.

– Guibert, cardinal. « Lettre du 31 mars 1878 au président du Comité du Vœu national » dans *BVN*, avril 1878, p. 169-170.

– Legentil, Alexandre-Félix. *Lettre* au journal *Le Français* à propos de l'article de M. de Pontmartin, « Souvenirs d'un vieux mélomane », 1878 parlant de M. Urhan, dans P. M. Bony, *Vie*..., 1893, p. 319.

– Legentil, Alexandre-Félix. « Rapport sur l'Œuvre du Vœu national au Sacré-Cœur à l'Assemblée des catholiques du Nord et du Pas-de-Calais réunie à Lille. Novembre 1878 » dans *BVN*, déc. 1878, p. 669-672. Se trouve aussi dans P. Bony, *Vie*..., 1893, appendice, p. 368-375.

## *Année 1879*

– Cégaud, directeur de l'Association. *Archiconfrérie de prière et de pénitence en l'honneur du sacré Cœur de Jésus établie dans le sanctuaire du Sacré-Cœur. Exposé adressé aux Zélateurs et Zélatrices*. Dijon, 1879, approuvé en 1882, réédité vers 1894 à Montmartre. 13 x 22 cm, 4 p.

– Enault, Louis. « L'église du Sacré-Cœur » dans *Le Figaro*, article reproduit dans *BVN*, mars 1879, p. 145-149.

– Féval, Paul. *Les Merveilles du Mont Saint-Michel*. Illustration d'Eugène Mathieu. P., Victor Palmé, 1879. 16 x 24 cm, XLIV-356 p.

– Féval, Paul. *Montmartre et le Sacré-Cœur. Discours à l'Assemblée générale des catholiques de France*. P., V. Palmé, 1879. 11 x 17 cm, 33 p. Voir *BVN* 1879, p. 278-284.

– Féval, Paul. *L'Outrage au Sacré-Cœur*. P., V. Palmé, 1879. 9 x 16 cm, 33 p. Voir aussi *Revue du monde catholique* de juillet 1879.

– Fiaux, Louis. *Histoire de la guerre civile de 1871. Le gouvernement et l'Assemblée de Versailles. La Commune de Paris*. P., Charpentier, 1879. 14 x 22 cm, 660 p.

– Legentil, Alexandre-Félix. « Rapport sur le Vœu national au Sacré-Cœur. Assemblée des catholiques du Nord. Lille, 1879 » dans *BVN*, déc. 1879, p. 741-744.

– Léon XIII. « Bref dispensant de l'inscription personnelle dans l'archiconfrérie » dans *BVN*, mars 1879, p. 122-125.

– Malapert F. et Forni Jules. *Nouveau commentaire des lois sur les brevets d'invention suivi d'une instruction pratique avec modèles d'actes et formules de procédures*. P., Guillaumin, 1879. 16 x 21 cm, 484 p.

– [MÉLANIE], par la bergère de la Salette. *L'Apparition de la Très Sainte Vierge sur la Montagne de la Salette le 19 septembre 1846*. Avec l'imprimatur de Mgr l'Évêque de Lecce. L'exemplaire consulté est dû aux Éditions St-Michel, 53 150 Saint-Cénéré, dans les années 1980 (reproduction d'une édition qui affirme être fidèle à l'édition originale de Lecce, en 1879, et aux corrections de l'édition de Lyon, en 1904). 10 x 17 cm, 41 p.

## *Année 1880*

– ***. « Le sanctuaire du Vœu national » dans *Le Salut Public* du 12 juillet 1880.

– CONSEIL MUNICIPAL DE PARIS. « Vœu tendant au retrait de loi du 24 juillet 1873, qui a déclaré d'utilité publique la construction d'une église sur la colline de Montmartre. (M. Morin, rapporteur) » dans *Délibérations,* 1880, 2e semestre, p. 449. P., Imprimerie municipale, 1881. 21 x 27 cm, 762 p.

– GRIMOUARD DE SAINT-LAURENT, le comte de, commandeur de l'ordre de Pie IX. *Les images du Sacré-Cœur au point de vue de l'histoire et de l'art. Extrait de la revue de l'Art chrétien, IIe série.* P., Bureaux de l'Oeuvre du Vœu national, 1880. 14 x 25 cm, 240 p.

– GUIBERT, Hippolyte (Mgr). « Lettre du 29 septembre 1880 au sujet de l'église du Sacré-Cœur adressée aux Curés de Paris » dans *BVN,* 1880, p. 497-500 ; intitulée « aux Coopérateurs de l'Œuvre du Vœu national » dans *MCJ,* 1880, t. 38, 571-575.

– L. « Chronique politique » dans *La Nouvelle Revue*, 2e année, t. 7, 1880, p. 955-968. (Allusion à trois pétitions auxquelles participe Henri Rochefort contre la chapelle expiatoire, contre le Sacré-Cœur et pour un monument aux républicains de 1871).

– LAFONT, J. A. « Proposition d'un projet de délibération faite au conseil municipal de Paris lors de la séance du 3 août 1880 » dans *Procès-verbaux*, p. 244-245. P., A. Lahure, 1880. 21 x 27 cm, 1050 + 1160 p.

– LAFONT, J. A. et cinquante-sept conseillers municipaux. « Vœu que les pouvoirs compétents rapportent la loi du 24 juillet 1873, déclarant d'utilité publique la construction d'une église sur la colline de Montmartre » dans CONSEIL MUNICIPAL DE PARIS, *Procès-Verbaux,* séance du 7 octobre 1880, p. 317-318. Extrait de l'intervention de Ferdinand Riant dans *MCJ*, 1881, t. 39, p. 163.

– LEGENTIL, Alexandre-Félix. « Rapport sur le Vœu national au Sacré-Cœur. Assemblée des catholiques du Nord, Lille, 1880 » dans *BVN*, 1880, p. 594-597.

– Morin, M. « Rapport sur la proposition de M. Lafont et d'un grand nombre de ses collègues, en date du 7 octobre 1880 » en séance du 2 décembre, dans Conseil municipal de Paris, *Procès-verbaux,* p. 743 – 745.

– RAMIÈRE, Henry. « Un apôtre du Sacré Cœur. Le P. Victor Drevon, s. j. » dans *MCJ* 1880, t. 37, p. 676-706.

– REY, P. Achille. *Vœu national au Sacré-Cœur de Jésus. Souvenir de la consécration. M... a été consacré le... 188.. Montmartre, le...* [avec prière de la confrérie et image : le Christ entouré d'enfants]. Une feuille de 16 x 25 cm.

– UBALD DE CHANDAY, P. o. m. c.. *Le plébiscite du Sacré-Cœur*. Paris, 1880. 12 x 19 cm, 74 p.

## *Année 1881*

– BESNARD, P., architecte. *L'avenir de la butte Montmartre. Étude de percements et embellissements*. P., Imp. Lender, 1881. 14 x 20 cm, 12 p. avec un plan 35 x 52 cm.

– COLLET, Daniel. *But de l'association de l'Exposition et de l'Adoration perpétuelle du très Saint Sacrement, à l'église du Vœu national au Sacré-Cœur à Montmartre*. [vers le 30 mars 1881]. Tapuscrit. 21 x 27 cm, 2 p. ASCM.

– FÉVAL, Paul. « Le cri d'appel » dans *Revue du Monde catholique, recueil scientifique, historique et littéraire*. 20e année, t. 65. T. X de la 3e série. P., V. Palmé, 15 janvier 1881, p. 5 à 19. Extraits dans *BVN*, 1881, p. 79-84.

– LEGENTIL, Alexandre. « Rapport sur le Vœu national au Congrès eucharistique de Lille de 1881 » dans *BVN*, 1881, p. 465-467.

– LEGENTIL, Alexandre. « Rapport sur le Vœu national à l'Assemblée des catholiques de Lille en novembre 1881 » dans *BVN*, 1881, p. 746-750.

– LEGENTIL, Alexandre-Félix. « Rapport sur un ouvrage de M. H. Lefèvre, traitant de *l'enseignement commercial en France* » dans *BSEIN*, troisième série, tome VIII, mai 1881, p. 242-250.

– LEGENTIL, Alexandre-Félix. *Société de Saint-Vincent-de-Paul. Oeuvre du patronage des apprentis et des jeunes ouvriers. Histoire d'une maison de patronage. Rapport lu à l'Assemblée de Conférences tenue dans l'Église Saint-Germain-l'Auxerrois, le Dimanche 1er mai 1881.* Paris, Société de typographie, 1881. 13 x 21 cm, 23 p.

– LÉON XIII. *Lettre* à propos de l'*Union de prières* dans *BVN*, 1881, p. 414.

– ROHAULT DE FLEURY, Charles. *Ciboria. Extraits des études sur les monuments de la messe, continuées par son fils* [Georges]. P., Morel, vers 1881 (voir p. 11). 24 x 32 cm, 40 p. + 26 pl.

– VERLAINE, Paul. *Sagesse*. Voir *Œuvres complètes*, illustrées par Berthold Mahn. P., Rombaldi, 1938. Deux t., 18 x 24 cm, 250 p. chacun ou A. Lagarde et L. Michard, *XIXe siècle*, Bordas.

## *Année 1882*

– ***. « La chapelle de saint Jean-Baptiste dans la basilique de Montmartre à Paris » dans *Le Canada* du 15 mars 1882.

– CHAMBRE DES DÉPUTÉS. « Discussion sur la prise en considération d'une proposition de loi de M. Delattre relative à l'église du Sacré-Cœur de Montmartre » lors de la séance du 30 juin 1882 dans *JO, Débats parlementaires, Chambre*, janvier-juin 1882, p. 1075-1079.

– GUIBERT, cardinal. « Lettre du 22 juillet 1882 à MM. les Membres de la Commission chargée d'examiner le projet de la loi de M. Delattre » dans *BVN*, 1882, p. 449-455 et suppl. déc. 1882.

– LÉON XIII. « Lettre à l'abbé Emmanuel Petit de Leudeville, le 14 février 1882, à propos de l'Union dans la Sainte Famille » dans *BVN*, 1882, p. 481.

– LESIGNE, Ernest. « Pétition contre le Sacré-Cœur » dans *La Séparation des Églises et de l'État, journal hebdomadaire de propagande, organe de la Ligue Nationale pour la Séparation des Églises et de l'État*, n° 6, 13 août 1882 et n° 7, 2 août 1882. Texte aimablement communiqué par Jacqueline Lalouette.

– PIERROT ET ARLEQUIN. « Au hasard de la plume » dans *L'art moderne*, n° 1, décembre 1882, p. 6-7.

## *Année 1883*

– ***. *Œuvre de l'adoration réparatrice. Amende honorable universelle. Union des peuples catholiques aux perpétuelles expiations des XL heures à Rome. Notice de l'Œuvre et recueil de prières pour les associés de l'adoration réparatrice. 350 diocèses affiliés*. Rome, Bureaux de l'Œuvre, Piazza della Pigna, 24, 1883. 9 x 14 cm, 64 p.

– ***. « L'esprit de pénitence », p. 258-275, « L'Œuvre du Vœu national », p. 275-281, « L'association du Cœur de Jésus pénitent pour nous », p. 286-288, dans *MCJ*, mars 1883, t. XLIII.

– LEGENTIL, Alexandre-Félix. « Rapport sur les ateliers d'aveugles de M. Lavanchy-Clarke » dans *BSEIN,* Troisième série, t. X, 1883, p. 249-253.

– LEGENTIL, Alexandre-Félix. « Rapport sur l'Œuvre du Vœu national au Sacré-Cœur à l'Assemblée générale de catholiques de Normandie, Rouen, 1883 » dans P. Bony, *Vie...*, 1893, p. 392-396.

– SÉGUR, marquis de. *Lettres de Mgr de Ségur de 1854 à 1881 publiées avec une introduction et des notes*. 8e éd. P., Bray et Retaux, 1883. 11 x 17 cm, 430 p.

## *Année 1884*

– GRÉA, dom Adrien, abbé général des chanoines réguliers de l'Immaculée-Conception. *De l'Église et de sa divine constitution. Nouvelle édition augmentée d'un appendice sur l'origine et la nature de l'État et ses relations avec l'Église*. P., Bonne Presse, 1907. 13 x 20 cm, 2 t. de 300 p.

– GROUPE DES ATHÉES, DE LA LIBRE PENSÉE ET L'ALLIANCE SOCIALISTE RÉPUBLICAINE DU XVIII$^{e}$ ARRONDISSEMENT. « Pétition pour qu'on donne à la rue de la Fontenelle le nom De La Barre. » Texte dans *Conseil municipal de Paris, Rapports et documents*, 1885, rapport Mesureur, n°11, p. 70.

– RESS, Louis. *Le cardinal Guibert, archevêque de Paris, notes et récits*. P., Ressayre, 1884. 13 x 19 cm, 218 p.

– WILLETTE, Adolphe. Dessin « Notre-Dame de la Galette – Oh ! le Sacré-Cœur » dans *Le Chat Noir*, 19 janvier 1884, p. 215. Aimablement communiqué par Michel Arveiller.

## *Année 1885*

– ***. « L'église de Montmartre » dans *Le Petit Journal* du 3 mai 1885. ASCM 11. 06.

– BREBION, A. « Au sommet de Montmartre et au marécage Bourbon » dans *Le Petit Moniteur* du 4 mars 1885.

– CONSEIL MUNICIPAL DE PARIS. « Adoption de la demande au Préfet de la Seine du changement de nom de la rue de la Fontenelle en rue De La Barre sur rapport de M. Mesureur » dans *Procès-verbal, séance du 19 juin 1885*, p. 880 et dans *Délibérations*, 1885, c. 446, p. 242.

– GUIBERT, cardinal. « Règlement de la confrérie en l'honneur du sacerdoce de Notre-Seigneur Jésus-Christ ou association de prières pour les prêtres et les religieux » dans *BVN*, mai 1885.

– REGNAULT, R. P. Emile, s. j. *Un prince chrétien. Henri de France, comte de Chambord, né à Paris, le 29 septembre 1820, mort à Frohsdorf, le 24 août 1883*. Lille, Desclée, De Brouwer et Cie, 1885. 16 x 24 cm, 47 p.

– *Union de prière et d'adoration pour l'Église, la patrie et le diocèse – Montmartre. Organe de l'Association des Dames Adoratrices du Sacré-Cœur*. Bulletin mensuel de 1885 à 1926. 14 x 21 cm, 16 p. environ chacun.

Consulté à ce jour : n° septembre 1901, XVI$^{e}$ année, (bibliothèque de l'Arsenal) ; de janvier 1910, 25$^{e}$ année à 1924, 38$^{e}$ année (ASCM).

## *Année 1886*

– ***. « L'Archevêque des Allemands » dans *La Lanterne* du 3 juillet 1886. Voir aussi ASCM 11. 06 et *HSC*, t. II, p. 560-562.

– ***. « La tour Eiffel et le Sacré-Cœur » dans *La Lanterne* du 8 novembre 1886 citée par Jean-François Six, *Dieu*..., 1986, p. 102.

– ***, un chapelain. *Manuel des pèlerins au sanctuaire du Sacré-Cœur de Jésus (Vœu national) à Montmartre*. P., 1886. 10 x 15 cm, 60 p.

– ***. *La situation présente et la pénitence. Publié sous le patronage de l'Œuvre du Vœu national et de son Association de pénitence en union au Sacré Cœur.* Septième édition, précédée de l'*Encyclique pour le jubilé de 1886*. P., Librairie catholique internationale de l'Œuvre de Saint-Paul, 1886. 9 x 14 cm, 198 p.

– BOLL, A. « Projet d'un square et construction d'un mur à la butte Montmartre » dans *Conseil municipal de Paris, Rapports et Documents*, 1886, rapport n° 125.

– COMITÉ DE L'ŒUVRE DU VŒU NATIONAL AU SACRÉ CŒUR DE JÉSUS. *Séance du 24 février 1886. Organisation de la commission de délégation et de l'agence.* P., Levé, 1886. 14 x 22 cm, 4 p. Se trouve aussi dans *HSC*, t. II, p. 253s.

– CONSEIL MUNICIPAL DE PARIS. « Adoption d'un projet de mur, d'un square et d'un constat contradictoire des lieux » dans *Délibérations,* 5 août 1886, 1309, p. 534.

– E. M. « Vingt-cinq ans d'apostolat par *Le Messager du Cœur de Jésus*. (2e article.) I – *Le Messager* et le Vœu national de Montmartre. II – *Le Messager* et la Ligue du Vœu national » dans *MCJ*, 1886, t. 50, p. 53 – 77. Voir *MCJ*, 1887, t. 51, concl.

– ENNE, Francis. « Toujours le Sacré-Cœur » dans *Le Radical* du 4 juillet 1886. ASCM, 11. 06.

– JOFFRIN, Jules. « Question de Jules Joffrin au sujet des éboulements de la Butte Montmartre et adoption d'une proposition du même membre » dans *Conseil municipal de Paris, Procès-verbaux*, séance du 22 juin 1886, p. 1214-1217. Problème suivi dans les séances du 28 juin, p. 1358, du 12 juillet, p. 140, du 4 août, p. 612, du 5 août, p. 621-623. (*HSC*, t. II, p. 554 cite H. Cermoise, *L'Autorité* du 29 juin 1886, et Eug. Blain Des Cormiers, *Le Monde* du 30 juin 1886, qui rendent comptent de ces débats.)

– LETIERCE, R. Père E. *Le Sacré-Cœur, ses apôtres et ses sanctuaires*. Nancy, Le Chevalier, 1886. 13 x 20 cm, 642 p.

– MILLOT, Léon. « Le Vœu national » dans *La Justice* du 23 janvier 1886.

– PERRAUD, Mgr, évêque d'Autun, membre de l'Académie française. *Oraison funèbre de S. E. le cardinal Guibert*. P., Oudin, 1886. 9 x 14 cm, 126 p. ou 15 x 24 cm, 92 p.

– VAUDON, Jean, miss. du S. -C. . « Le Cœur de Jésus et la réparation » dans *Annales du Cœur de Jésus, de N. -D. du Sacré-Cœur & de saint Joseph, ami du S. -C.* Pèlerinage de Notre-Dame du Sacré-Cœur, Issoudun, Indre. Nouvelle série, n° 1, 21e année, décembre 1886.

### *Année 1887*

– ***. « Les moyens déshonnêtes des cléricaux » dans *Le Mot d'ordre* du 18 août 1887. Il parle de Bertol-Graivil, « Mémoires... », 1887. Cité par Jean-Marc Leri, *Montmartre,* 1983, p. 199.

– ***. « Sacré-Cœur » dans *La Paroisse, organe de la défense religieuse et sociale dans le canton de Charenton* du dimanche 26 juin 1887.

– Bauchal, Ch. *Nouveau dictionnaire biographique des architectes français*. P., Librairie générale de l'architecture, 1887. 17 x 27 cm, 842 p.

– Bertol-Graivil. « Mémoires parisiens, pèlerinage » dans *Le Réveille-Matin* du 16 mai 1887.

– Buet, Charles. *Paul Féval, souvenirs d'un ami*. P., Letouzey et Ané, 1887 selon la préface. 11 x 18 cm, 384 p.

– Du Saussois, A. *Le cardinal Guibert*. P., chez l'auteur, 1887. 12 x 18 cm, 132 p.

– Furetières. « Paris vivant. À Montmartre » dans *Le Soleil* du 18 juin 1887. ASCM 11. 06. Voir *BVN* 1887, p. 432-433.

– [Monnin, A., s. j. ] *La Mère Marie de Jésus (Marie Deluil-Martiny), fondatrice et supérieure générale de la Société des Filles du Cœur de Jésus*. 2e éd. Marseille, La Marseillaise, 1887. 11 x 17 cm, 71 p.

## *Année 1888*

– ***. *Le sanctuaire du Sacré-Cœur à Montmartre*. Bar-le-Duc, Oeuvre de Saint-Paul, 1888. 11 x 16 cm, 172 p.

– Jean Bosco, saint. *Écrits spirituels*. Textes présentés par Joseph Aubry. P., Nouvelle Cité, 1979. 13 x 20 cm, 556 p. ISBN 2. 85313. 036. 3.

– Richard, cardinal. « Lettre pastorale relative à l'achèvement des travaux et à la réunion du Congrès eucharistique à Paris » dans *BVN*, suppl. juin 1888.

– Stephen, Marc. *Guide du visiteur et du pèlerin à la basilique du Sacré-Cœur. Montmartre*. P., Dillet, 1888. 8 x 13 cm, 192 p.

– Voirin, R. P., supérieur des chapelains de Montmartre. *Les Oeuvres d'adoration et de réparation au sanctuaire de Montmartre. Rapport lu au Congrès eucharistique de Paris le 5 juillet 1888*. Publié d'abord dans *BVN*, 10 septembre 1888, p. 555-568. Puis, P., Dumoulin, 1889. 14 x 23 cm, 24 p. Enfin, dans *HSC*, t. III, p. 42-58.

## *Année 1889*

– ***. « La consécration des familles et le Vœu national » dans *MCJ* 1889, t. 55, p. 627 ; t. 56, p. 85 ; 1890, t. 58, p. 620s.

– Alet, P. Victor, s. j. *La France et le Sacré-Cœur*. P., Dumoulin, 1889. 18 x 27 cm, 406 p. Développement de l'opuscule de 1871. Réédition avec une introduction du chanoine P. Lejeune et quelques actualisations, P., Lethielleux et Dumoulin, vers 1904-1905 (voir p. 327). 13 x 21 cm, 340 p.

– CORNUDET, Michel. *Un homme de bien, Alexandre Legentil. Extrait du Moniteur Universel.* P., 1889. 11 x 17 cm, 16 p.

– LAVOLLÉE, Charles. « Notice sur M. A. -F. Legentil » dans *BSEIN*, 14e série, t. IV, 1889, p. 468.

– ROBERT, A., BOURLOTON, A. et COUGNY, G. *Dictionnaire des parlementaires.* P., 1889-1891. 5 t.

– [ROHAULT DE FLEURY, Hubert]. *Basilique du Sacré-Cœur de Jésus à Montmartre, Le Vœu national au Sacré-Cœur. Historique et description du Monument.* P., 1889. 21 x 31 cm, 130 p.

– VOIRIN, P. « *Rapport du supérieur des Chapelains du Sacré-Cœur au Congrès catholique de Lille. La mission de la France par rapport au culte du Sacré-Cœur* » dans *BVN*, 1889, p. 794-803.

– [VOIRIN, P. ], directeur général. *Diplôme de zélatrice. Montmartre. Archiconfrérie du Sacré-Cœur. Communion réparatrice. Adoration du Sacré-Cœur. Archiconfrérie de pénitence. Confrérie du T. S. Rosaire. Consécration de la France au Sacré-Cœur.* Document 48 x 35 cm. Ch. Schütz, dessinateur, [1889].

## *Année 1890*

– BARBEDETTE, P. Joseph, o. m. i.. « Récit d'un voyant » (sur ordre du P. J. -B. Lemius), 5 août 1891, dans *Revue du Rosaire*, juillet 1966, 46e année, n° 7, p. 194-217 ou bien dans Robert Pannet, *Epiphanie mariale en cinq actes*, 1983, p. 57-64, mais surtout René Laurentin et A. Durand, *Pontmain, Histoire authentique, t. 3, documents*, 1970, p. 224-251.

– DU CLEUZIOU, H. « Le Sacré-Cœur de Montmartre » dans *La Semaine des constructeurs*, (XIVe année de la collection), IIe série, 4e année, n°45, samedi 3 mai 1890, p. 493 et 534; n° 48, samedi 24 mai 1890, p. 570-573.

– JONQUET, P. Émile, *Montmartre autrefois et aujourd'hui*. Paris, 1890. 2e éd. 12 x 19 cm, 338 p. Il existe de plus une édition illustrée de 83 gravures, P., 1891. 18 x 27 cm, 350 p. Réédité avec un supplément par François Veuillot (voir en 1920). A servi pour une notice sur le cardinal Guibert, *BVN*, 1895, p. 43, 103, 125.

– RICHARD, cardinal. « Union de prière et d'adoration perpétuelle des séminaires et des congrégations religieuses de France (bénédiction et règlement de décembre 1890) dans *BVN*, février 1891.

– [ROCHER, Émile]. *Le Cœur de Jésus et la France*. Moulins, 1890. 12 x 19 cm, 44 p. Le permis d'imprimer de Moulins, le 27 juillet 1889 par P. Aucouturier, vicaire général, a fait retrouver l'auteur grâce à l'amabilité de l'abbé Daniel Moulinet et de M. l'archiviste diocésain. Cote BGS 252.

– ROHAULT DE FLEURY, H. *Souvenirs de 1870-1871*. Rédigés après le décès d'Alexandre Legentil. Publiés en livret : P., s. d. [1890], 18 x 27 cm, 24 p. Puis dans *BVN*, mars et avril 1891, p. 157-166 et 223-230 ; extraits dans *HSC*, 1903, t. I, p. 1-12.

– SOMMERVOGEL, Carlos s. j. . *Bibliothèque de la compagnie de Jésus*. Bruxelles. 24 x 31 cm. 8 vol. bibliographiques, 1890-1900. 2 vol. d'histoire, 1909 et 1932.

## *Année 1891*

– [REGNAULT, Émile. s. j. ]. « Les origines historiques du Vœu national et de la basilique du Sacré-Cœur à Montmartre » dans *MCJ*, août, septembre, octobre 1891, t. 60, p. 153-162, 338– 353, 473-483 ; janvier, mai, septembre 1892, t. 61-62, p. 28– 39, 598-613, 320-332.

– RICHARD, cardinal. « Lettres du 19 mars et du 10 mai 1891 annonçant la bénédiction de la basilique » dans *BVN*, 1891, p. 205s et 261s.

– ROHAULT DE FLEURY, Hubert. « Rapport à l'Assemblée générale des Catholiques (Avril 1891) » dans *BVN*, 1891, p. 286-290.

– [ROHAULT DE FLEURY, Hubert et Franciosi, P. de, (pour le 3e recueil)]. *Base matérielle du plan d'ornementation générale de la Basilique votive du Sacré-Cœur. Tableau des objets ornementables* (78 p). *Études de l'ornementation, sujets divers (57 p). Décoration, programme d'études à faire* (18 p). Cahier reproduit à l'alcool, 1891. 22 x 33 cm. AHDP et ASCM, 18, 14.

– ROUSSEL, Auguste. « Bénédiction de la basilique du Vœu national » dans *L'Univers*. Extraits dans *MCJ*, 1891, t. 60, p. 107-118.

– SARCEY, Francisque. « Le Sacré-Cœur » dans *Le XIXe siècle* du mardi 8 décembre 1891. Cité par *HSC*, t. IV, p. 94-97.

– VOIRIN, R. P. *L'image et la plaque du Sacré Cœur. Souvenir et sauvegarde*. P., 1891. 8 x 13 cm, 4 p. AHDP.

– VOIRIN, R. P. *L'image-sauvegarde du Sacré Cœur*. P., 1891. 10 x 21 cm, 2 p. ASCM.

## *Année 1892*

– ***. *Guide officiel du pèlerin au Sacré-Cœur de Montmartre. Petit guide du pèlerin dans Paris*. P., Montmartre, 1892. 12 x 18 cm, 122 p.

– ARGUS DE LA PRESSE à propos de la croix lumineuse du 14 juillet 1892 dans *HSC*, t. IV, p. 140-156.

– GRANGER, R. P., Missionnaire de Notre-Dame de la Délivrande. *Les archives de la dévotion au Sacré Cœur de Jésus et au saint Cœur de Marie tirées des œuvres de sainte Mechtilde, de sainte Gertrude, du vénérable P. Eudes, et de la bienheureuse Marguerite-Marie*. Ligugé, Imprimerie Saint-Martin, 1892-1893. 13 x 19 cm. 5 t., 614 p., 680 p., 238 p., 498 p.

– LEGENTIL, Alexandre-Félix, membre du Conseil général des Conférences de Saint Vincent de Paul. *Élévations sur les litanies du saint Nom de Jésus, avec introduction*. Paris, Dumoulin, 1892. 16 x 24 cm, 234 p., fig. Édition posthume faite par son biographe, le P. M. Bony. Voir extrait dans nos pièces justificatives.

– LENOIR, P. Charles, s. j. *R. P. Gustave Argand de la Compagnie de Jésus. Souvenirs. 4 janvier 1828-19 janvier 1892*. P., Retaux, 1892. 10 x 17 cm, 126 p.

### *Année 1893*

– ***. « Un fort à Montmartre » dans *L'Éclair*, 25 janvier 1893. Cité par Jean-Marc Leri, *Montmartre*, 1893, p. 204.

– BONJEAN, Jules. « Lettres au cardinal Rampolla à propos des pèlerinages d'ouvriers à Rome et à Montmartre » dans *L'Univers* du 7 février 1893.

– BONY, P. M., oblat de Saint-François-de-Sales. *Vie et œuvres de M. A. Legentil. (1821-1889). L'initiateur du Vœu national*. Paris, Retaux, 1893. 16 x 24 cm, IX + 406 p. Trois portraits gravés. Contient des extraits des *Souvenirs* d'A. -F. Legentil, p. 112, 319 et 321 et des extraits d'une *Notice sur M. Charles Legentil*, p. 11. Le P. Bony a utilisé certains paragraphes en les complétant pour un article sur Legentil dans *BVN*, 1895, p. 171, 246, 315, 357, 410, 594, 679, 717, 880, 961. On les trouve aussi dans *HSC*, t. III, p. 138-232. Réédition, sauf l'annexe, pour le centenaire de la mort de A. Legentil : P., Téqui, 1989. Présentation J. Benoist. ISBN : 2-85244-937-4.

– [LEMIUS, P. ] *Lettre* circulaire au clergé paroissial de France relative à l'Archiconfrérie du Sacré-Cœur et de l'adoration perpétuelle (25 novembre 1893). ASCM.

– LEMIUS, P. « Le Sacré-Cœur et la France à Montmartre, rapport du Comité du Vœu national au 21e Congrès de Lille » dans *BVN*, 1893, p. 585-597.

– PAROCCHI, cardinal (Saint-Office). « Décret du 9 juillet 1893 relatif à une pseudo-congrégation de Loigny, prohibant le titre de « Cœur de Jésus pénitent » et d'autres du même genre adressé à Mgr l'Évêque de Chartres » diffusé dans *SR de Paris*, juillet 1893, p. 151. Voir aussi ASCM, XLIV.

– [TARDIF DE MOIDREY, abbé René], Un prêtre du Tiers-Ordre. *Le livre de Ruth, commentaire*. P., 1893. Publié par Paul Claudel : P., Desclée, 1938. Dans les *Œuvres complètes* de Paul Claudel : P., Gallimard, Pléiade, t. 21, p. 9-13.

– [YENVEUX, P. ]. *Sanctuaire du Sacré-Cœur à Montmartre. Manuel de Prière et de l'Adoration perpétuelles des Diocèses, Vicariats apostoliques, Missions, Sanctuaires, Séminaires, Communautés religieuses, Paroisses, Écoles chrétiennes et Institutions diverses de l'Église catholique en union avec le sanctuaire de Montmartre pour obtenir le règne universel du Cœur de Jésus*. Paris-Montmartre, bureau du sanctuaire, (1893). 11 x 17 cm, 62 p. (Une édition revue et augmentée paraît en 1900).

## *Année 1894*

– ***. « Marie de Jésus, religieuse de la congrégation de Notre-Dame au monastère dit « des Oiseaux », morte en odeur de sainteté le 15 janvier 1854 » dans *MCJ*, 1894, t. 55, p. 44-72. Résumé d'une brochure publiée chez J. Vic.

– AURAY, marquis d'. « Le Vœu national. Lettres » dans *MCJ*, mars 1894, t. 55, p. 346-351 ; août, p. 203-207.

– CHARAUX, Claude-Charles, professeur de philosophie à la Faculté des Lettres. *Montmartre. I. – Les origines de l'universelle architecture. II. – Jusqu'au seuil du sanctuaire.* Cet opuscule n'est pas dans le commerce. Grenoble, 1894. 12 x 18 cm, 64 p.

– CORNUDET, Michel. « Rapport de la Commission de délégation sur le projet de décoration » dans *HSC*, t. IV, p. 271-273.

– FRANCIOSI, Xavier de. s. j. « Promesses de Jésus à la Bse Marguerite-Marie en faveur de la France pour le moment où elle embrassera pleinement la dévotion au Sacré-Cœur » dans *MCJ*, 1894, t. 55, p. 34-43 et 463-472.

– FRANCIOSI, P. Xavier de. *Le Sacré-Cœur et la Tradition. Extraits des Pères, des docteurs, des hagiographes*. Montreuil-sur-Mer, Imp. Notre-Dame des Prés, 1894 (selon la préface). 19 x 28 cm, VIII p. + 56 col. + 480 col. 2ème éd. : Tournai, 1908, 747 col. Voir Edouard Glotin, art. « Franciosi » dans *DSAM*.

– GARNIER (abbé). « Les adorations et les pèlerinages d'hommes à Montmartre » dans son journal *Le Peuple français*, reproduit dans *MCJ*, 1894, t. 55, p. 473-479.

– JONQUET, P. Emile. « Le cardinal Guibert » dans *BVN*, mars 1894 à février 1895.

– LANSON, Gustave, directeur honoraire de l'École normale supérieure. *Histoire de la littérature française*. 23e éd. P. Hachette, sd. 12 x 18 cm, 1266 p.

– [LEMIUS, R. P. ] *Statuts de l'Archiconfrérie du Sacré-Cœur pour la liberté du Pape et le salut de toute la Société établie dans le sanctuaire de Montmartre*. 11 x 16 cm, 16 p.

– LEMIUS, P. « Le Vœu national à Rome » dans *BVN*, mai 1894, p. 278-286.

– LEMIUS, J. B., Directeur Général. *Les Associations de prière et de pénitence en l'honneur du Sacré-Cœur de Jésus agrégées à l'Archiconfrérie de Montmartre. Règles d'érection, d'agrégation, de direction*. P., Bureau de la basilique du Sacré-Cœur, [1894]. 13 x 21 cm, 20 p.

– [LEMIUS, P. – Prière et Pénitence] : *Litterae testimoniales. Ad petendam aggregationem.* [1894]. 21 x 27 cm, 2 p.

– LEMIUS, « Les desseins du Sacré-Cœur de Jésus sur la France, discours au Congrès de Reims » dans *BVN*, 1894, p. 601-610.

– LÉON XIII. « Lettre du 15 avril 1894 au cardinal Richard à la suite de la visite du P. Lemius pour accompagner ses cadeaux » dans *BVN*, suppl. mai 1894 et dans *MCJ* 1894, t. 55, p. 722-725.

– PIERREFEU, Guy de (pseudonyme de Daniel Auschitzky selon Mgr Yves Marchasson, *La diplomatie...*, 1974, p. 37 et 42). *Le Triomphe du Christ. Histoire du Sacré-Cœur de Montmartre*. Paris, 1894. 12 x 19 cm, 372 p. Compte rendu dans *BVN*, 1894, p. 538-539.

– RICHARD, cardinal. « L'association Prière et Pénitence, 28 mars 1894 » dans *BVN*, juin 1894, p. 337-338.

– [ROHAULT DE FLEURY, Hubert]. *Album du Vœu national, Basilique du Sacré-Cœur de Jésus à Montmartre*. P., vers 1894. 31 x 22 cm, 80 p. (recueil de vues).

## *Année 1895*

– ***. « Prière et Pénitence à Rome dans la chapelle du Cœur Immaculé de Marie, le 23 décembre 1896 » dans *BVN*, juin 1896.

– CHESNELONG, Charles. *Un témoignage sur un point d'histoire. La campagne monarchique d'octobre 1873*. P., Plon, 1895. 13 x 23 cm, 556 p.

– PLANCHARD, abbé, vicaire général de Laval, « Étude sur les indulgences accordées aux Archiconfréries, aux associations et au sanctuaire de Montmartre ». Tiré à part sans référence, sl 1895. 17 x 23 cm, 32 p. ASCM.

– RICHARD, cardinal. *Lettre* aux fidèles en faveur du Vœu national et des pauvres dans *BVN*, 15 mars 1895, p. 192-194.

– [ROHAULT DE FLEURY, Hubert]. *Excursion dans les échafauds de la basilique du Sacré-Cœur*. P., Devalois, [1895]. 11 x 17 cm, 24 p.

## *Année 1896*

– BONY, P. M. « Les promoteurs du Vœu national. Léon Cornudet » dans *BVN*, 1896, p. 133, 277, 307, 386, 701, 766.

– JONQUET, R. P. *Montmartre. Les pauvres du Sacré-Cœur*. P., Bureaux de la basilique, 1896. 15 x 24 cm, 120 p.

– LEGENTIL, Alexandre. « Extraits de notes et pensées sur les pauvres » par P. Bony dans *BVN*, 1896, p. 129.

– [LEMIUS, P. ] *La Correspondance du Vœu national au Sacré-Cœur*. Sorte de complément du *BVN*. Un exemplaire du n° 1 paru vers 1896 est conservé aux AHDP, Sacré-Cœur, c. II. 21 x 27 cm, 4 p. Voir aussi ASCM 15. 05.

– LEMIUS, P. « Acte de consécration et de réparation en l'honneur du Sacré-Cœur de Jésus. Lettre à Léon XIII. Rescrit de la congrégation des Indulgences du 21 juillet 1896 » dans *BVN*, novembre 1896, p. 873-876.

– PAGUELLE DE FOLLENAY, J., chanoine honoraire, vice-recteur de l'Institut catholique de Paris. *Vie du cardinal Guibert, archevêque de Paris*. Paris, Poussielgue, 1896. 14 x 21 cm, 2 vol. de 564 et 731 p.

– RICHARD, cardinal. « Lettre pastorale du 25 décembre 1896 prescrivant la célébration du XXVe anniversaire du Vœu national au Sacré-Cœur de Jésus » dans *BVN*, janvier 1897 et dans Hubert Rohault de Fleury, *Vœu*..., 1897, p. 7-15.

– RICHARD, Cardinal. « Lettre du cardinal Richard aux évêques de France les invitant au 25ème anniversaire du Vœu national, décembre 1896 » dans *BVN*, 1897, p. 32-34.

## *Année 1897*

– ***. « Montmartre, proie de la cléricaille » dans *La Petite République*, du 19 janvier 1897. Cité par Jean-Marc Leri, *Montmartre*, 1983, p. 203.

– ***. « Discussion du projet Rouanet et Gérault-Richard. Séance du 21 janvier 1897 » dans *JO* du 22 janvier 1897, *Débats parlementaires*, *Chambre*, janvier-juillet, p. 57-65.

– BÉRARD, Alexandre, député. « Rapport sommaire fait au nom de la 25e commission d'initiative parlementaire chargée d'examiner la proposition de loi de MM. Gustave Rouanet et Gérault-Richard, tendant à l'abrogation de la loi des 24-30 juillet 1873 (église du Sacré-Cœur à Montmartre) » dans *JO, Documents parlementaires, Chambre*. janvier-juillet, annexe n° 2246, (Session ord. – Séance du 29 janvier 1897), p. 203-204.

– CONSEIL MUNICIPAL DE PARIS. « Délibération du 7 juillet 1897 sur le rapport Fournière » dans *Délibérations*, 1897.

– FOURNIERE, Eugène. « Rapport sur la restauration l'église Saint-Pierre de Montmartre et le maintien de cette église comme chef-lieu de paroisse concordataire » dans *Conseil municipal de Paris, Rapports et documents*, 1897, n° 87.

– JANVIER, R. P. Albert, des Frères prêcheurs. *La paix et le Sacré-Cœur. Discours prononcé le 25 juin 1897, fête du Sacré-Cœur en la basilique de Montmartre*. P., F. Levé, [1897]. 15 x 24 cm, 16 p. Résumé du P. E. Jonquet dans *BVN* 1897, p. 605-606.

– JONQUET, R. P., o. m. i., chapelain du Sacré-Cœur. *Et la Jeunesse*? Se vend au profit du Cercle de Montmartre. P., Cercle de Montmartre (21, rue du Mont-Cenis) ou chez l'auteur (31, rue de la Barre), 1897. 14 x 21 cm, 51 p. Mention sur l'exemplaire de la Bibliothèque historique de la Ville de Paris : Offert par l'auteur à la bibliothèque Carnavalet, 10 août 1897.

– KERONAN, C. G. « Le Sacré-Cœur de Montmartre (pour Félix Pagand) » dans *Le Rappel des Travailleurs des Villes et des Campagnes (Organe de la Fédération des Travailleurs Socialistes de l'Est)*, 24 octobre 1897. Aimablement communiqué par Jacqueline Lalouette.

– LÉON XIII. « Lettre du 6 janvier 1897 au cardinal Richard à l'occasion du vingt-cinquième anniversaire du Vœu National au Sacré-Cœur » dans *BVN*, 1897, p. 108. Se trouve dans *Actes de Léon XIII*, 1903, t. V, p. 96-99.

– [LEMIUS, Jean-Baptiste], J. -B. L. « Conversion d'un socialiste » dans *BVN*, 1897, p. 612-614.

– LEMIUS, J. B. *Les confréries du Sacré-Cœur de Jésus agrégées à l'archiconfrérie de Montmartre. Règles d'érection, d'agrégation, de direction*. P., Levé, 1897. 14 x 22 cm, 12 p.

– [RICHARD, cardinal, Lemius, P. ] « Acte de renouvellement du Vœu national au Sacré-Cœur de Jésus, janvier 1897 » dans *BVN*, 1897, p. 136.

– [ROHAULT DE FLEURY, Hubert]. *Vœu national, 1872-1897*. P., vers 1897. 13 x 21 cm, 48 p.

– SCHALL, abbé J. *Un disciple de saint Vincent de Paul au XIXe siècle, Adolphe Baudon, 1819-1888*. P., La Bonne Presse et la Société Saint-Vincent de Paul, 1897. 14 x 23 cm, 739 p. (L'auteur est professeur de philosophie au petit séminaire de Pamiers : voir *BVN*, 1896, p. 1034.)

– THÉRÈSE DE L'ENFANT-JÉSUS, sainte. *Histoire d'une Âme* (1897). Édition des *Manuscrits autobiographiques*. Lisieux, office central, 1957. 12 x 18 cm, 316 p.

– VEUILLOT, François. « La tour et la basilique » article de *L'Univers* cité dans *BVN*, 1897 p. 614-616.

– ZOLA, Émile. *Les Trois Villes. Lourdes* (1894). *Rome* (1896). *Paris* (en feuilleton dans *Le Journal* en 1897, puis 1898). Cité dans *Œuvres complètes*, t. 27, du cercle du bibliophile, préface de Henri Guillemin. P., Fasquelle et Genève, Édito-Service, sd. 12 x 20 cm, 580 p.

– *Zola au sommet du Sacré-Cœur* : photographie non référencée pubiée dans *Gazette des Beaux-Arts/Chronique des Arts*, 116e année, VIe série, t. LXXXIV, nov. /déc. 1974, n° 1270-71.

### *Année 1898*

– Marcelin BERTHELOT, sous la direction de, *La grande encyclopédie. Inventaire raisonné des sciences, des lettres et des arts par une société de savants et de gens de lettres*. P., (1885), 1898, (1902). 31 vol., 21 x 30 cm.

– FRANQUE V., commandeur de St Grégoire-le-Grand. *Le drapeau du Sacré-Cœur ou les demandes du Sacré-Cœur à la France. Congrès de Paray-le-Monial, de Lille et de Paris*. P., Bureaux de la basilique du Vœu national, 1898. 13 x 21 cm, 20 p. Cette plaquette, dans les ASCM, est accompagnée :

– d'un prospectus 14 x 21 cm, une page en couleur au recto, présentant les différents modèles de drapeau national avec un Cœur de Jésus brodé sur la partie blanche ;

– d'un prospectus donnant sept approbations épiscopales ;

– d'un prospectus présentant les moyens pratiques de propagande ;

– d'une formule d'engagement à adopter le drapeau national du Sacré-Cœur. Ce document est à renvoyer au Supérieur des Chapelains du Sacré-Cœur à Montmartre.

– HUYSMANS, Joris-Karl. *La Cathédrale* suivie de documents inédits. Éd. établie par Pierre Cogny. Préface de Monique Cazeaux. 37540 Saint-Cyr-sur-Loire, Christian Pirot, 1986. 15 x 21 cm, 384 p.

– MAZZELLA, cardinal. « Décrets autorisant le chant et la récitation publique des *Litanies du Sacré Cœur de Jésus* dans l'église du Sacré-Cœur de Montmartre et dans toutes les églises agrégées à l'Archiconfrérie, et dans toutes les église de Paris, le 5 novembre 1898 » dans *BVN*, décembre 1898.

– MOUIN, H., professeur au collège Rollin. « Montmartre » dans *La grande encyclopédie* (1898).

– OGÉ, E. Affiche pour *La Lanterne, Journal Républicain Anti-clérical*. 5c le N°. N. d. [1898]. Signé, lithographie couleurs imprimée par Société anonyme d'imprimerie et de publicité Charles Verneau, 114, rue Oberkampf, Paris. 1, 400 x 1, 000 m. P., Musée de Montmartre. Voir notre chapitre 24.

– ROHAULT DE FLEURY, Hubert. *Quelques histoires*. P., 1898 [d'après p. 14]. 16 x 25 cm, 56 p.

– VEUILLOT, François. *Le drapeau du Sacré-Cœur et l'épiscopat*. 11 x 17 cm, 24 p. Ce sont 35 approbations de son livre *Le drapeau du Sacré-Cœur*, P., Tolra, 1898. In-12, 100 p.

– VEUILLOT, Eugène et François. « Le monument de Louis Veuillot » dans *L'Univers* et *Le Monde* du 1er mai 1898. Une grande page.

### *Année 1899*

– ***. « L'odieux monument » dans *La Petite République*, 21 septembre 1899. Cité par Jean-Marc Leri, *Montmartre*, 1893, p. 205.

– BUFFET, Madame M. *Lettre du 12 février 1899 et extraits des souvenirs de la vie de la Mère Saint-Dominique*. Tapuscrit. 21 x 27 cm, 25 p. ASCM.

– CONSEIL MUNICIPAL DE PARIS. « Discussion et adoption du rapport Villain » dans *Procès-verbaux*, séance du 12 juillet 1899, p. 274, n° 112 bis et dans *Délibérations*, 1899, n° 1777, p. 726.

– GAY. *Correspondance de Monseigneur Gay, évêque d'Anthedon, auxiliaire de Son Éminence le cardinal Pie précédée d'une introduction par Mgr Baunard*. 2 tomes : 1834-1863 et 1864-1891. P., Oudin, 1899. 13 x 21 cm, 426 et 444 p.

– LEMIUS, P. *Mise en forme de catéchisme de l'encyclique de S. S. Léon XIII, De la consécration du genre humain au très sacré Cœur de Jésus*. P. – Montmartre, Bureaux de la basilique, 1899. 3ème éd. 11 x 17 cm, 16 p. Prix : 0 fr. 10. Une autre éd. consultée aussi.

– LÉON XIII. *Lettre encyclique de S. S. Léon XIII pour la consécration du genre humain au Sacré-Cœur*. Voir Léon XIII, *Actes*,..., 1903, année 1899.

– RICHARD, cardinal. « Lettre du 26 janvier 1899 à Léon XIII et réponse de celui-ci à l'occasion de la pose de la croix du grand dôme » dans *BVN*, 1899, p. 161-162.

– VILLAIN, Georges. « Rapport sur la restauration de l'église Saint-Pierre de Montmartre. » dans *Conseil municipal de Paris, Rapports et documents*, 1899, n° 81, 46 p. et 5 plans.

– [YENVEUX,...]. Un prêtre, Oblat de Marie Immaculée, chapelain de Montmartre. *Le règne du Cœur de Jésus (dans les âmes, dans les familles, dans la société et dans l'Église) ou la doctrine complète de la bienheureuse Marguerite-Marie sur la dévotion au Sacré Cœur*. Deuxième édition. Paris-Montmartre, au sanctuaire du Sacré Cœur, imprimerie de l'Oeuvre des Pauvres du Sacré-Cœur, 1899-1900. 12 x 18 cm.

T. premier : *Préliminaires et notions générales sur les écrits de la bienheureuse Marguerite-Marie*. Livre premier : *Qu'est-ce que le Sacré Cœur ?* Deuxième livre : *Le règne du Sacré Cœur par l'amour et la réparation*. 363 p.

T. II : *Hommages demandés par le Sacré Cœur aux individus, aux familles, aux nations et à l'Église*. 596 p.

T. III : *Vertus demandées par le Sacré Cœur à tous ses serviteurs*. 656 p.

T. IV : *Vertus particulières demandées par le Sacré Cœur aux chrétiens et aux religieux. Diverses dévotions unies à la dévotion au Sacré Cœur*. 567 p.

T. V : *L'apostolat du Sacré Cœur et les promesses du Sacré Cœur*. 716 p.

### *Année 1900*

– ***. *Apostolat du Sacré-Cœur. Carte de réception comme associé*. P., s. d. 12 x 19 cm, 4 p.

– ***. *Les enfants de France au Sacré Cœur. 8 x 12 cm, 12 p. Appel du Sacré Cœur à l'enfance*. 10 x 21 cm, 4 p. ASCM. Voir *BVN*, décembre 1901.

– *Bulletin des Hommes de France*. Début à préciser. Fin en 1926. 13 x 21 cm. Mensuel. Consulté avril 1904 à décembre 1909.

Il y a eu aussi « *Le drapeau du Sacré-Cœur. Organe bimensuel des groupes d'hommes de France au Sacré-Cœur*. 21 rue du Mont-Cenis, Paris. (Voir Pommarède, *La Séparation*... 1976, p. 112, n. 409, et aussi ASCM).

– DUVAL, Victor [Edmond Gresser, haut fonctionnaire des Postes et Télégraphes, directeur du patronage Saint-Charles de 1865 à 1895]. *L'homme du Vœu national, la personne et le rôle de A. -F. Legentil, exposé dans le cadre contemporain*. P., 1900. 13 x 19 cm, 188 p. (Nom de l'auteur communiqué par Henri Mangeot. Voir *Bulletin Amical du Groupe des Anciens du Patronage Saint-Charles*, 12, rue Bossuet, Paris 10e. Novembre 1976, n° 575.) Compte rendu dans *BVN*, 1900, p 263.

– EU, Isabelle, comtesse d'. *Invitation à une réunion de Prière et Pénitence*, 19..., 10 x 21 cm, 1 p.

– GUADET, Julien. « L'église du Sacré-Cœur » dans *La Revue de l'art ancien et moderne*, 1900, t. VIII, p. 103-120.

– LEMIUS, P. J. -B. *Le scapulaire du Sacré Cœur. Sa constitution, son origine, son efficacité.* P., 1900. 9 x 13 cm, 32 p.

– [P. LEMIUS]. *Sanctuaire du Sacré-Cœur à Montmartre. Manuel de l'adoration perpétuelle et universelle de toutes les églises du monde en union avec le sanctuaire de Montmartre pour demander le règne universel du Cœur de Jésus ; avec une notice sur les principales œuvres de ce sanctuaire.* P., Bureau du sanctuaire, (1900). 14 x 23 cm, 142 p. En juin 1902, prospectus de propagande, 14 x 23 cm, 4 p.

– *Manufacture nationale d'armes et cycles de Saint-Étienne.* Catalogue présenté par Jean-Claude Simoën. P., Les Éditions 1900, 1988. 19 x 28 cm, 1172 p. ISBN 2. 7144. 4309. 05.

– MARTOCQ, Albert, syndic. *Œuvre des pauvres du Sacré-Cœur, établie à Montmartre en 1894.* Siège de l'Œuvre : 31, rue Lamarck. P., imprimerie de l'Oeuvre, 1901. 13 x 21 cm, 24 p.

– MAZZELLA, cardinal. *Lettre* du 19 janvier 1900 au P. Lemius à propos des « Groupes d'hommes de France au Sacré Cœur », *BVN*, 1900, p. 89-90.

– MAZZELLA, cardinal. « Indult pour dire la messe à minuit (8 janvier 1900). Indult pour dire la messe à 2 heures de matin surtout pour les ouvriers (22 déc. 1899). Indult pour dire le Gloria et le Credo aux messes votives du Sacré Cœur chantées. (31 janvier 1900) » dans *BVN*, février 1900.

– MAZZELLA, cardinal. « Décret d'institution du scapulaire du Sacré-Cœur, 4 avril 1900 » dans *BVN*, juillet 1900, p. 411 et *MCJ*, 1900, p. 186-187.

### *Année 1901*

– ***. *Les Secrets des Jésuites. Monita secreta.* Textes latin et français. P., Cornély, 1901. 14 x 23 cm, 80 p.

– ***. *Eugène de Margerie, 1820-1900.* Fribourg, 1901. 17 x 25 cm, 136 p.

– ***. *Catholiques, illuminez et pavoisez tous avec le drapeau national sans emblème ni inscription pour la fête du Sacré-Cœur.* 15 x 12 cm, 1 p. Arch. dép. des Bouches du Rhône, M. 6 3403. Aimablement communiqué par Jacqueline Lalouette.

– BAUNARD, Mgr, recteur de l'université catholique de Lille. *Un siècle de l'Église de France. 1800-1900.* 14e mille. 5e éd. Paris, Poussielgue-de Gigord, 1901. 13 x 21 cm, VIII + 538p.

– *Bulletin des Prêtres-Apôtres du Sacré-Cœur.* Mensuel, début exact et fin à préciser. Consulté d'avril 1904 à décembre 1909. 13 x 21 cm, 20 p. environ.

– DÉMOPHILE. « Pour le Christ qui aime les Francs ! » dans *La Croix des Deux-Sèvres* du 9 juin 1901. Tiré à part, 18 x 23 cm, 1 p. Arch. Dép. des Deux-Sèvres. 4 M 94 (1901). Aimablement communiqué par Jacqueline Lalouette.

– FRANK, Edmond. « La basilique du Sacré-Cœur, à Montmartre » dans *L'Illustration*, n° 3043, 22 juin 1901, p. 406-409.

– HUYSMANS J. -K. *Sainte Lydwine de Schiedam.* P., Cres, 1922. 13 x 19 cm, 410 p.

– LEROY, H. -J., s. j. *Au drapeau ! France et Sacré-Cœur*. Nancy, imp. R. Vagner, 1901. 13 x 20 cm, 72 p.

– POULAIN, P. Auguste, s. j. *Des grâces d'oraison. Traité de théologie mystique* (1901). 5e éd. P., Retaux, 1906. 16 x 25 cm, 600 p.

– STEINLEN. « Esquisse d'une affiche pour le journal *Le Petit Sou*. 1901. Saint-Denis. Musée d'art et d'histoire » dans *Revue du Musée du Louvre*, 1972, p. 513-516. Utilisée pour illustrer Jean Allemane, *Mémoires...*, 1906.

– STEINLEN. « Vision de Paris ». Musée du XIXe siècle d'Orsay. Inventaire RF 1970. 15. Cliché 70 DN 165.

– TÉRY, Gustave. Article pour *La Lanterne* cité par Gabriel Baume, « l'Art nouveau » dans *L'Autorité* du 28 décembre 1901.

### *Année 1902*

– ***. « Acte de renouvellement du Vœu national au Sacré-Cœur de Jésus » dans *BVN*, septembre 1902.

– ***. « Les Femmes et le Sacré-Cœur, résolution de la Ligue du Droit des Femmes » dans *Le Rappel des Travailleurs des Villes et des Campagnes. Organe de la Fédération Ouvrière Socialiste de la Côte d'Or*. Hebd. Mars 1902 (date coupée). (Pétition contre les adorations diurnes et nocturnes en Côte d'Or).

– ***. *Rapport sur l'Œuvre des Dames du Sacré-Cœur*. P., Œuvre des pauvres, 1902. 10 x 21 cm, 8 p.

– A. B. « Les Croix de Jérusalem » dans *Semaine Religieuse de Meaux* du 6 septembre 1902, p. 434-437. ASCM.

– ALLAIS, Alphonse. *Le Captain Cap* (1902) dans *Œuvres anthumes*. P., Laffont-Bouquins, 1989. 13 x 20 cm, 1174 p. ISBN : 2-221-05483-0.

– *Bulletin de l'Archiconfrérie de Prière et de Pénitence*. De 1902 à 1924. 13 x 21 cm. Mensuel. Consulté : 1908, 6e année à 1913.

– TÉRY, Gustave. *Les Cordicoles*. P., E. Cornély, 1902. 11 x 18 cm, XII + 344 p.

– TÉRY, Gustave. « Polémiques et dossiers » dans *Septième cahier de la troisième série*. P., Cahiers de la Quinzaine, 1902. 11 x 18 cm, 72 p.

– [YENVEUX, P. ] Un prêtre oblat de Marie immaculée, chapelain de Montmartre. *Trésor spirituel de la dévotion au Cœur de Jésus ou recueil des plus anciennes Prières et Pratiques en l'honneur du Sacré-Cœur*. 1er vol. : *La vie chrétienne sanctifiée par la dévotion au Sacré-Cœur de Jésus*. 2d vol. : *Les principaux exercices de la vie chrétienne sanctifiés par la dévotion au Sacré-Cœur de Jésus (La sainte messe et la sainte communion, la visite au Saint-Sacrement et les neuvaines, la confession, les confréries et les divers actes ou pratiques du chrétien)*. 11 x 16 cm, 708 et 1016 p. Au sanctuaire du Sacré-Cœur, à Montmartre, Imprimerie du Sacré-Cœur, 1902.

## *Année 1903*

– LÉON XIII. *Actes, encycliques, motu proprio, brefs, allocutions, actes des Dicastères, etc.* Texte latin avec la traduction française en regard, précédés d'une notice biographique suivies d'une table alphabétique. P., Bonne Presse, vers 1930. 7 t., 13 x 21 cm, 300 p. chacun environ

– PEUPORTIER, J. *Lettre circulaire pour annoncer le changement des desservants de l'église du Vœu national*. 10 x 21 cm, 2 p.

– ROHAULT DE FLEURY, Hubert. *Historique de la Basilique du Sacré-Cœur. Pièces et documents*. Tome premier : 1870-1879. Paris, Levé, 1903. 16 x 24 cm, 516 p. T. II : 1880-1886. 1905. 562 p. T. III : 1887-1890. 1907. 292 p. T. IV : 1891-1895. 1909. 442 p.

Le catalogue des imprimés de la Bibliothèque nationale ne mentionne que le IVe vol. et affirme que les trois premiers n'ont pas été publiés. En effet, ils ont seulement été imprimés et diffusés par l'auteur par suite d'un certain échec de la souscription (témoignage oral d'un descendant). La bibliothèque du Sacré-Cœur et la famille les possèdent tous.

Hubert Rohault de Fleury y a collecté ses *Souvenirs de 1870-1871* rédigés vers 1890, des extraits du *Bulletin du Vœu national*, des procès-verbaux des séances du Comité, du Bureau, de la commission des ingénieurs et de la commission artistique, des notes personnelles, de la correspondance. La présentation permet de remonter aux originaux. Mais l'œuvre s'arrête en 1895.

## *Année 1904*

– ***. « Discussion du projet Dejeante, séance du 30 mai 1904 » dans *JO* du 31 mai, *débats parlementaires, Chambre session ordinaire*, janvier-juillet, p. 1198-1200. Texte de l'exposé des motifs dans *Documents parlementaires, Chambre*, janvier-juillet 1904, annexe n° 1715, p. 633-634.

– CONSEIL MUNICIPAL DE PARIS. *Délibération du 24 mars 1904, n° 244, p. 225-226 approuvant la seconde partie de travaux de l'église Saint-Pierre de Montmartre sur l'avis du rapporteur Adrien Mithouard*. De même en 1906, n° 2814, p. 900 pour l'achèvement des travaux.

– CONSEIL MUNICIPAL DE PARIS. « Résolution relative aux terrains de Montmartre occupés par l'Archevêché et à l'érection d'une statue au chevalier de La Barre. Le Grandais, rapporteur » dans *Délibérations,* 21 novembre 1904, C. 1241, p. 834.

– FRANCE, Anatole. *L'Église et la République.* P., 1904. Réédité par J. -J. Pauvert, 1964. 9 x 18 cm, 208 p.

– LE GRANDAIS, M. « Question à M. le Préfet de la Seine sur les terrains du domaine municipal de la ville de Paris aliénés abusivement par l'administration préfectorale au Sacré-Cœur de Montmartre et à l'archevêque ultramontain de Paris. Adoption d'une proposition du même conseiller et de deux propositions de M. Poirier de Narcay » dans Conseil municipal de Paris, *Procès-verbaux du 21 novembre 1904*, p. 666-691.

– PEUPORTIER, chanoine. « Lettre à Pie X, demandant la bénédiction apostolique et réponse du 18 février 1904 » dans *BVN,* mars 1904.

– RICHARD, cardinal François. *Montmartre. Archiconfrérie du Sacré-Cœur de Jésus pour la liberté du pape et le salut de toute la société. Statuts. Affiche* 32 x 48 cm. Imprimerie de Montmartre. Approuvé et permis d'imprimer, Paris, le 1er Mai 1904.

– THIRIET, Edmond, ancien supérieur des chapelains de Montmartre. *Un apôtre du Sacré Cœur, le Père Yenveux, Oblat de Marie-Immaculée.* Huitième mille. P., Vic & Amat, 1904. 11 x 17 cm, 352 p.

### *Année 1905*

– BERINGER, R. P. F., s. j. *Les indulgences. Leur nature et leur usage d'après les dernières décisions de la S. Congrégation des indulgences.* Trad. de l'allemand par l'abbé Ph. Mazoyer, chapelain à Notre-Dame-des-Victoires. 3e éd. P., Lethielleux, 1905. Deux tomes, 12 x 20 cm, XIX + 739 et 570 + 90 p.

– HUGON, R. P. Edouard, o. p., professeur au collège « Angélique » de Rome. *Le Mystère de la Rédemption* (1905). Cité dans 3e éd. P., Téqui, 1922. 11 x 18 cm, 302 p. Et Le Mystère de l'Incarnation. 2e éd. P., Téqui, 1921. 11 x 21 cm, 350 p.

– « LOI du 9 déc. 1905, concernant la séparation des Églises et de l'État » dans Paul Colin, *Guide des Lois*, 1925, p. 1248-1252, renvoyant au *Bull. des Lois*, 12e S., B. 2663, n. 46547.

– PIE X. « Réponse à Hubert Rohault de Fleury, le 31 juillet 1905 » dans BVN, suppl. oct. 1905.

### *Année 1906*

– ***. « La désaffectation du Sacré-Cœur » dans *Le Radical* cité par Michel Cinquin, 1980, p. 277.

– BAINVEL, J. -V., professeur de théologie à l'Institut catholique de Paris. *La dévotion au Sacré-Cœur de Jésus. Doctrine – Histoire.* P., Beauchesne, 1re éd. 1906, travail sur 5e éd. de 1919 et 8e mille de 1921. 12 x 19 cm, 650 p.

– CONSEIL MUNICIPAL DE PARIS. « Fixation d'un emplacment provisoire pour le monument du chevalier de La Barre, par M. Colly » dans *Procès-verbaux,* 1906, 9 juillet, p. 145 et *Délibérations* n° 1906, c. 674, p. 649.

– DEBIDOUR, Antonin. *L'Église catholique et l'État sous la troisième République* (1870-1906). Paris, 1906 et 1909. 2 vol. 14 x 23 cm de 468 p. et 634 p.

– HELBIG, Jules, vice-président de la Commission royale des monuments, directeur de la *Revue de l'art chrétien. Le Baron Béthune, fondateur des Écoles Saint-Luc, étude biographique.* Desclée, De Brouwer et Cie, Lille, Bruges, 1906. 13 x 19 cm, 350 p.

– MARCEL, Henry. « Gustave Michel, statuaire » dans *Art et Décoration, revue mensuelle d'art moderne*, septembre 1906, 10e année, n° 9, p. 69-80.

– PIE X. « Télégrammes à l'occasion du 25e anniversaire de l'adoration nocturne, 2 et 9 mars 1906 » dans *BVN*, avril 1906.

– UN GROUPE D'OUVRIERS DE L'UNION DES TRAVAILLEURS LIBRES. Affiche 26 x 38 cm imprimée chez P. Féron-Vrau (donc à partir de 1903). Propose aux catholiques de s'unir aux défenseurs du chevalier de La Barre car il a été victime des Jansénistes.

– JAMES, William, professeur de psychologie à l'Université de Harvard. *L'Expérience religieuse. Essai de psychologie descriptive.* Trad. par Frank Abauzit. Préface d'Emile Boutroux. P., Alcan, 1906. 16 x 25 cm, 450 p.

### *Année 1907*

– CONSEIL MUNICIPAL DE PARIS. *Délibération* sur rapport Chautard (n° 102), souhait que le nom de la rue De La Barre devienne rue du Chevalier de La Barre. 18 février 1907, c. 165, p. 101.

– DELAIRE, E. *Les Architectes élèves de l'École des beaux-arts.* 2e éd. P., La Contruction moderne, 1907. 15 x 21 cm, XII-484 p.

– HAMON, A., s. j. . *Histoire de la dévotion au Sacré-Cœur.* Paris, Beauchesne, 5 tomes, 17 x 25 cm. T. I : *Vie de Marguerite-Marie,* 1re éd., 1907 ; 5e éd., 1923, 506 p. T. II : *L'aube de la dévotion*, 1925, 359 p. T. III : *Paray-le-Monial*, 1927, 462 p. T. IV : *Luttes indécises,* 1931, 376 p. T. V : *Royal triomphe,* 1940, 428 p. L'article « Cœur (sacré) » du *DSAM* en 1948 est un résumé posthume.

– LECANUET, R. P. *L'Église de France sous la IIIe République.* Paris, 1907 et 1930. 4 vol. 14 x 23 cm, 600 p. environ chacun.

– THIEME, Ulrich und BECKER, Felix. *Allgemeines Lexikon der Bildenden Künstler.* Leipzig, 1907-1947. 14 x 22 cm, 37 vol.

## *Année 1908*

– ***. « Les propos du lanternier » dans *La Lanterne* du 30 août 1908.

– AMETTE, cardinal et ROHAULT DE FLEURY, Hubert. *Appel aux catholiques*. Mai 1908. 21 x 27 cm, 2 p.

– BENGY-PUYVALLÈE, Maurice de. *Catalogue de la collection Rohault de Fleury à la Bibliothèque nationale. Extrait de la Correspondance historique et archéologique (Année 1907)*. Saint-Denis, 1908. 16 x 23 cm, 16 p.

– LANGLOIS, Germain, premier chapelain de la basilique de Montmartre. *Le Pater de l'Âme adoratrice*. P., Imp. du Sacré-Cœur, 1908. 9 x 14 cm, 56 p.

– MARCEY M. de. *Charles Chesnelong, son histoire et celle de son temps, 1820-1899*. P., Vitte, 1908. 3 t., 14 x 22 cm, 680 p.

– [WARESQUIEL, comtesse chanoinesse Marguerite de, selon A. Van Den Brule, *Hubert...*, 1930, p. 218]. *Georges Rohault de Fleury, sa vie intime et religieuse*. P., Téqui, 1908. 14 x 18 cm, 28 p.

## *Année 1909*

– WEILL, Georges. *Histoire du catholicisme libéral en France 1828-1908*. P., 1909. Réimpression avec présentation de René Rémond. P., Slatkine, 1979. ISBN 2. 05. 000102. 9. 12 x 21 cm, 314p.

## *Année 1910*

– AMETTE, cardinal. *Appel aux catholiques de France*. Mai 1910. Une feuille 21 x 27 cm, 2 p.

– CORNUDET, Léon (fils de Michel C. et petit-fils de Léon C.). « Chap. X. Le Vœu national-Mort de Léon Cornudet » p. 368-383, dans *Vie d'un grand chrétien, Léon Cornudet (1808-1876), Ancien Président de section au Conseil d'État. D'après sa correspondance et d'autres documents inédits*. Préface de Pierre de La Gorce. Diffusion familiale, [1910 selon la conclusion]. 21 x 27 cm, 383 p.

Cette biographie et celle de Michel Cornudet ont été résumées : colonel Jean Lacapelle. *Notice historique et généalogique de la famille Cornudet*. Un vol. dactylographié et polycopié 21 x 29 cm, 234 p. 1977. Diffusion familiale. Documents communiqués par Martine Le Blan et Cécile Cornudet.

– CRÉPIN, Eugène et madame LEGENTIL. *Lettre circulaire invitant à la réunion annuelle des Dames Zélatrices. 25 mars 1910*. 10 x 21 cm, 2 p.

– CRÉPIN Eugenius, Canonicus honorarius ecclesiae metropolitanae parisiensis, Rector ecclesiae sacratissimo Cordi Jesu dicatae Parisiis, in monte martyrum (Montmartre). *Facultates et ritus benedicendi ac imponendi scapulare Sacri Cordis Jesu*. P., vers 1910. 9 x 14 cm, 24 p.

– MONOD, François. « De quelques nouveaux essais de sculpture décorative » dans *Art et Décoration*, [vers 1910]. ASCM.

### *Année 1912*

– ***, director generalis. *Archisodalitas, auctoritate apostolica erecta, sub titulo : ab oratione et pœnitentia in obsequium Sacratissimi Cordis Jesu. Parisiis, in Monte Martyrum in ecclesia sacratissimi Cordis. Diploma aggregationis*. Anc. Maison Ch. Letaille, Boumard et Fils, P., s. d., [1912 environ]. Diplôme 55 x 44 cm.

– ***, director generalis. *Montmartre. Archisodalitas sub titulo Sacratissimi Cordis Jesu pro libertate Summi Pontificis et salute universae societatis. Parisiis, in ecclesia Sacratissimi Cordis in Monte Monte Martyrum erecta. Diploma aggregationis*. E. Arnould, dessinateur. Boumard, P. 55 x 44 cm. s. d. mais 1912 environ.

– ***. Montmartre. *Adoration nationale. Adoration perpétuelle et universelle du Sacré-Cœur de Jésus en union avec l'adoration perpétuelle de la Basilique de Montmartre*. [Diplôme d'affiliation]. Boumard, P. s. d. mais 1912 environ. B. Arnould, dessinateur. 36 x 51 cm. Voir *BVN* 1912, p. 359 et *Bull. de Prière et de Pénitence*, jan. 1913, n° 41, p. 10. 36 x 51 cm.

– BAUDRILLART, Mgr Alfred, VOGT, Albert et ROUZIES, Urbain (en 1912), AUBERT, R. (en 1987), sous la direction de. *Dictionnaire d'histoire et de géographie ecclésiastique* (= *DHGE*). P., Letouzey et Ané. T. 22 en 1987 va jusqu'à la lettre G. Divers articles : épiscopologe, etc.

– F. HONORÉ. « Le square de la Butte Montmartre » dans *L'Illustration,* 29 juin 1912, p. 570, n° 3618.

– VEUILLOT, François. *Réparation nationale et Vœu national*. P., 1912. 13 x 21 cm, 30 p.

### *Année 1913*

– CENDRARS, Blaise. « La prose du transsibérien et de la petite Jeanne de France » (1913) dans *Du monde entier*. P., NRF, 1919. 13 x 19 cm, 130 p.

– DESLANDERS, Paul, archiviste paléographe. *Histoire de l'Église en France*. P., Bloud et Gay, 1913. 13 x 20 cm, 360 p.

– [MELIN, Mère Marie-Ignace, voir en 1942]. *Louis-Étienne Rabussier de la compagnie de Jésus, 1831-1897*. 1ère éd. : 1913, P., Beauchesne. 2ème éd. hors commerce, Liège 1942. 14 x 19 cm, 356 p.

### *Année 1914*

– AMETTE, cardinal. « Correspondance avec le cardinal Ferrata pour la mise en place de la consécration de la basilique » dans *BVN*, septembre 1919.

– LAMI, Stanislas. *Dictionnaire des sculpteurs de l'école française du XIX^e^ siècle morts avant 1914*. P., Champion, 1914-1921. 4 vol., 15 x 21 cm, 450 p. environ chacun. Il existe une réimpression anastatique : Nendeln, 1969 des quatre tomes : Moyen Âge, Louis XIV, XVIII^e^ et XIX^e^ siècles.

– PIE X. *Encycliques, Lettres apostoliques, Brefs, etc.* P., Bonne Presse, éd. de la Documentation catholique, vers 1914. Huit vol. 12 x 19 cm de 300 p. environ de textes couvrant le pontificat (1903-1914).

## *Année 1915*

– GAUTHEY, Mgr. Voir Marguerite-Marie, année 1690.

– LEMIUS J. -B. (Père, ancien supérieur des chapelains de la basilique de Montmartre). *Les grands desseins du Sacré-Cœur de Jésus et la France*. Préface de M. François Veuillot. P., 1915. 12 x 19 cm, 162 p.

## *Année 1916*

– ***. « Les stalles de la basilique du Vœu national » dans SRP, 1916, n° 337s., p. 112, 140, etc.

– FOUCAULD, P. Charles de. *Notes spirituelles diverses (1888-1916). Voyageur dans la nuit*. T. XV des *Œuvres spirituelles* introduite et annotées par Bernard Jacqueline, docteur ès lettres, postulateur de la cause de béatification. P., Nouvelle Cité, 1979. 13 x 20 cm, 292 p. ISBN 2. 85313. 038. X.

– MAURRAS, Charles. *Enquête sur la monarchie*. (9^e^ tirage, 15^e^ mille). P., Nouvelle Librairie nationale, 1916. 12 x 19 cm, 564 p.

## *Année 1917*

– ***. *Grande journée de réparation des Enfants de Marie à Montmartre*. 10 x 21 cm, 4 p.

– BAUDRILLART, A., recteur de l'Institut Catholique de Paris. *Le Cœur de Jésus, source de vie. Discours prononcé en la basilique du Vœu national, à Montmartre le dimanche 24 juin 1917 à l'occasion de la journée du Commerce et de l'Industrie*. P., 1917. 13 x 22 cm, 18 p.

– BLOY, Léon. *Notre linge sale* ; *Le désespéré* ; *Le symbolisme de l'apparition* ; *Celle qui pleure* ; *Le mendiant ingrat* ; *Mon journal* ; *Quatre ans de captivité* ; *L'Invendable* ; *Le Vieux de la montagne* ; *Le Pèlerin de l'Absolu* ; *Au seuil de l'Apocalypse*. Lues dans *Œuvres de Léon Bloy*, édition établie par Joseph Bollery et Jacques Petit. P., Mercure de France, 1964-1970. 10 vol. 14 x 21 cm, 450 p. environ chacun. *Journal de Léon Bloy*. Notes de Joseph Bollery. P., Mercure de France, 1963. 4 vol. 14 x 21 cm, 450 p. *Inédits, bibliographie, index* établis par Jacques Petit. P., Mercure de France, 1975. 14 x 21 cm, 444 p.

*Lettres à sa fiancée*. P., Stock, 1922. 13 x 17 cm, 146 p. *Lettres à Véronique*. Introduction de Jacques Maritain. P., Desclée de Brouwer, s. d. 13 x 20 cm, 112 p. *Lettres à Philippe Raoux*. P., Desclée de B., 1937. 13 x 20 cm, 280 p. *Lettres aux Montchal*. Inédites (1884-1886) P., Bernouard, 1947. 14 x 25 cm, 240 p. *Lettres à l'abbé Cornuau et au frère Dacien*. P., le Divan, 1926. 14 x 20 cm, 146 p. *Lettres à mes filleuls*. P., Stock, 1928. 13 x 17 cm, 162 p.

– GIBIER, Mgr, et BLANCHEMAIN, Pierre. *Les Agriculteurs à la basilique du Sacré-Cœur. 24-25 février 1917*. P., J. Mersch, chez M. Dauchez, 1917. 13 x 20 cm, 15 p.

– LE DORÉ, R. P. Ange, supérieur des Eudistes. *Le message du Sacré Cœur*. P., Lethielleux, 1917. 14 x 19 cm, 138 p.

– VAN DER MEER DE WALCHEREN, Pierre. *Journal d'un converti*. Traduit du hollandais par l'auteur. Introduction par Léon Bloy. P., Crès, 1917. 12 x 18 cm, 292 p.

## *Année 1919*

– ***. « Consécration de la Basilique du Sacré-Cœur de Montmartre. La Bse Marguerite-Marie offre la basilique du Vœu national au Sacré Cœur » dans *Le Pèlerin. Hebdomadaire illustré* du dimanche 19 octobre 1919, n° 2221, 16 p.

– AMETTE, cardinal. « Lettre pastorale annonçant la consécration solennelle de l'église du Vœu national au Sacré-Cœur de Jésus à Montmartre. 15 août 1919 » dans *BVN*, septembre 1919 ou un opuscule, 10 x 16 cm, 24 p.

– [LALIGANT, abbé Pierre, grâce à la réédition de 1933). *Montmartre. La basilique du Vœu national au Sacré-Cœur. 1875-1919*. P., 1919. 12 x 21 cm, 144 p. Réédité avec quelques augmentations en 1924 et 1933.

## *Année 1920*

– ***. *Pèlerins de Montmartre, priez pour deux grands chrétiens, initiateurs du Vœu national au Sacré-Cœur. 1870-1919*. P., Levé, (1919 ou 1920). 9 x 13 cm, 6 p. Mémento.

– ***. *Madame Alexandre Legentil, née Marie-Louise Marcotte, présidente de l'Œuvre des Adoratrices du Sacré-Cœur de Montmartre*. P., Dujardin, 1920. 6 x 11 cm, 4 p. Mémento.

– ***. *Fêtes de la consécration solennelle de la basilique du Vœu national au Sacré-Cœur célébrées à Montmartre du 16 au 19 Octobre 1919. Documents pontificaux. Récits et discours. Appendice : cantique chanté pour la première fois le jour de la dédicace sur l'air « Pitié, mon Dieu » : « Merci, mon Dieu »*. P., L'École, 1920. 13 x 22 cm, 122 p.

On n'oubliera pas la possibilité d'illustrer cet évènement par les actualités Gaumont visibles à la vidéothèque de Paris-les Halles.

– A. B. « La consécration de l'église du Vœu national au Sacré-Cœur de Jésus » dans *Le Courrier du Finistère* du 25 oct. 1919.

– BENOÎT XV. « Lettre du 7 octobre 1919 au cardinal Amette » dans *BVN*, nov. 1919 et extrait dans le bas-côté est de l'église.

– CHASSAIGNE, Marc. *Le procès du chevalier de La Barre.* Préface par Jean Guiraud. P., Gabalda, 1920. 14 x 23 cm, 272 p.

– JONQUET, R. P., o. m. i. et VEUILLOT, François. *Montmartre, Autrefois & Aujourd'hui.* P., Bloud & Gay, 1920. 14 x 23 cm, 344 p. La première partie (p. 12-167) traite de « L'origine et la fondation du Vœu national ». Elle est la reprise de Jonquet, *Montmartre,* 1890. La deuxième partie (p. 168-339) de F. Veuillot décrit l'accroissement et le rayonnement du Vœu national de 1890 à 1919.

– SALMON, André. *La Négresse du Sacré-Cœur.* Roman. P., Galimard, NRF, 1920 et 1952. 14 x 21 cm, 228 p.

– VICO, Cardinal. « Discours du 16 octobre 1919 » dans *BVN*, nov. 1919, dans ***, *Fêtes*..., 1920, et extrait dans le bas-côté est de l'église.

## *Année 1921*

– BREMOND, Henri. *Histoire littéraire du sentiment religieux en France depuis la fin des guerres de religion jusqu'à nos jours.* P., Bloud et Gay, 1921 à 1933. Onze tomes + un index alphabétique et analytique. 16 x 42 cm, 400 ou 500 p. chacun. (Réimpression P., Armand Colin, 1971).

– FAURE, Elie. *Histoire de l'art.* 1ère éd. 1921. Lue dans nouvelle éd. revue et augmentée P., Crès, 1924. 4 t., 16 x 22 cm, 236 p., 338 p., 358 p. et 514 p.

– FRANQUEVILLE, comte de. *Souvenirs, 1840-1919.* (Extraits d'un « Précis de ma vie, depuis l'âge de 16 ans où j'ai été livré à moi-même, jusqu'à l'âge de 43 ans où j'écris ce récit » édités par la comtesse de Franqueville, née de Ronseray). P., Drivond, (vers 1921 car l'abbé Maurice Clément dans la *Vie du cardinal Richard*, P., 1923, le cite p. 267). 14 x 23 cm, V + 246 p.

– JACOB, Max. *Le laboratoire central. Poésies.* 2e éd. P., Au sans pareil, 1921. 13 x 19 cm, 174 p.

– LALIGANT, abbé Pierre. *Montmartre. Deux grands souvenirs, 16 octobre 1919, 13 mai 1920.* Paris, Orphelins-Apprentis d'Auteuil, 1921. 16 x 24 cm, 132 p.

– O. M. I. « Les Oblats à Montmartre (1876 – 1901) » dans *La Bannière de Marie Immaculée*, Ottawa, 1921, p. 22 – 29.

– REBOUX Paul et MULLER Charles. *À la Manière de*... Troisième série. P., Grasset, 1921. 12 x 19 cm, 256 p.

## *Année 1922*

– BARRÈS, Maurice, de l'Académie française. *La Colline inspirée.* P., Plon, 1922. Éd. de La Bibliothèque Reliée (1930). 11 x 17 cm, 252 p.

– DENIS, Maurice. *Nouvelles théories sur l'art moderne, sur l'art sacré.* P., Rouart et Watelin, 1922. 14 x 21 cm, 290 p.

## *Année 1923*

– LALIGANT, abbé P., chapelain de la basilique du Sacré-Cœur. *Montmartre, la mosaïque de la voûte du chœur.* Paris, 1923. 16 x 24 cm, 64 p.

– MORAND, Hubert. « La grande mosaïque du Sacré-Cœur » dans Le *Journal des Débats*, n°126, du 7 mai 1923.

– PIE XI. « Lettre à S. Ém. le cardinal Dubois à l'occasion du 50e anniversaire de l'acte solennel par lequel fut décrété l'érection de la basilique du Sacré-Cœur de Jésus à Montmartre » dans *BVN*, 21 juin 1923.

– TANQUEREY, Ad., p. s. s., supérieur du séminaire d'Issy. *Précis de Théologie Ascétique et Mystique* (1923). 9e éd., P., Desclée, 1949. 11 x 17 cm, 1000 + 32* p.

– THÉOTIME DE SAINT-JUST, o. m. c. *La Royauté Sociale de N. S. Jésus-Christ d'après le cardinal Pie (1923).* Rééd. Vouillé, Chiré, 1988. 14 x 23 cm, 214 p.

– VEUILLOT, François. « Un cinquantenaire. Le Vœu national et la loi du 24 juillet 1873 » dans *Le Correspondant* du 25 juillet 1923, p. 325-340.

## *Année 1924*

– CABROL, Rme dom Fernand, abbé de Saint-Michel de Farnborough (Angleterre) et dom Henri LECLERQ. *Dictionnaire d'Archéologie chrétienne et de Liturgie* (= DACL). . P., Letouzey et Ané, 1924-1953. 15 t., 19 x 27 cm. Article *Montmartre.*

– CLÉMENT, abbé Maurice, vicaire général du diocèse de Paris. *Vie du cardinal Richard, archevêque de Paris.* Paris, J. de Gigord, 1924. 12 x 21 cm, 546 p. À l'Institut catholique de Paris, on trouve en plus 4 tomes de manuscrits (427/français): épreuves, rédaction, correspondance, pièces annexes.

– MAIGNEN, Charles. *Le Père Hello des Frères de Saint-Vincent de Paul, aumônier du Patronage de N. D. de Nazareth (1825-1900).* Bruges, Desclée de Brouwer, 1924. 13 x 19 cm, 234 p.

## *Année 1925*

– BRICOUT, J., premier vicaire de N. -D. de Lorette à Paris, ancien directeur de la *Revue du clergé français*, (sous la direction de). *Dictionnaire pratique des connaissances religieuses* (= *DPCR*). P., Letouzey et Ané, 1925-1928. 1er suppl., 1929. 20 x 28 cm, 650 p. environ chacun.

– MAGNE, Henri-Marcel, profeseur au Conservatoire national des arts et métiers. *L'art appliqué aux métiers. Décor du bois. Charpenterie et menuiserie.* P., Laurens, 1925. 17 x 14 cm, 220 p. Tome VII d'un ensemble de neuf ouvrages traitant du décor de la pierre, de la terre, du verre, du métal, du mobilier et du tissu.

– *Montmartre – Archiconfrérie du Sacré-Cœur de Jésus. I – Prière et adoration. II – Prière et pénitence.* Consulté de janvier 1925, XXIX^e^ année [*sic*] à avril 1926.

– POULAIN, Gaston. « Décoration de la basilique de Sacré-Cœur par M. Hulot » dans *L'Architecture,* vol. XLIV, n° 9, vers 1925, p. 349.

### *Année 1926*

– LA FRANQUERIE, marquis de. *La mission divine de la France.* 5e éd. Ouvrage non mis dans le commerce. La Tourre à Condom (Gers), chez l'auteur, 1926; Montréal, éd. Saint-Michel, 1955.

– *Montmartre, revue de la basilique nationale du Sacré-Cœur et de ses archiconfréries* (= *RM*). Mensuel de 1926 à 1950, 15 x 24 cm. En 1926, on parle de 30e année [*sic*]; en 1927 de 54e année (car on se situe finalement par rapport au début du Bulletin du *Vœu national* en 1873). Bimestriel de 1950 (n° 174) à 1959, 13 x 19 cm. 1960, n° 235, 21 x 27 cm.

– ODELIN, Mgr. *Le cardinal Amette, 1850-1920, souvenirs.* P., J. de Gigord, 1926. 14 x 21 cm, 202 p.

### *Année 1927*

– GROETHUYSEN, Bernard. *Origines de l'esprit bourgeois en France. I – L'Église et la Bourgeoisie* (1927). P., Gallimard, 1977. 12 x 19 cm, 300 p.

### *Année 1928*

– PARRA, Charles s. j. *Le Père Ramière et l'Apostolat de la prière.* Toulouse, Apostolat de la prière, 1928. 12 x 19 cm, 44p.

– POURRAT, P. *La spiritualité chrétienne. IV Les temps modernes, 2e partie: Du jansénisme à nos jours.* P., Gabalda, 1928. 12 x 19 cm, 672 p.

– VIÉ, Chanoine L. Directeur de la *Semaine catholique de Toulouse. Montmartre. Aux origines du vœu et de la basilique (1870-1875).* Toulouse, 1928. 16 x 24 cm, 141 p. Parution en feuilleton dans *Montmartre, revue...* en 1928.

### *Année 1929*

– HALÉVY, Ludovic, de l'Académie française. *Trois dîners avec Gambetta. Publié et annoté par Daniel Halévy.* P., Grasset, 1929. 14 x 19 cm, 108 p.

## *Année 1930*

– CURTIUS, Ernst-Robert. *Essai sur la France*. 1930. Traduction de J. Benoist-Méchin en 1932. P., Grasset, 29e éd. en 1941. 12 x 19 cm, 308 p.

– LEMIUS, R. P. J. -B. o. m. i., ancien supérieur de Montmartre. *Le culte du Cœur Eucharistique de Jésus. Conférences données à Notre-Dame de Grâce à Paris*. 2e éd. P., Téqui, 1930. 12 x 19 cm, 134.

– NYGREN Anders, évêque de Lund, président de la Fédération Luthérienne Mondiale. *Erôs et Agapè. La notion chrétienne de l'amour et ses transformations (1930)*. Traduit par Pierre Jundt (1943). Préface de Maurice Goguel. P., Aubier, 1962. 3 vol. 12 x 19 cm, 284 p., 240 p. et 334 p.

– PLUS, Raoul s. j. *Une page inconnue de l'histoire de Montmartre. Adèle Garnier, mère Marie de Saint-Pierre, fondatrice des Religieuses Adoratrices du Sacré-Cœur de Montmartre, O. S. B*. P., Spes, 1930. 14 x 19 cm, 352 p.

– VAN DEN BRULE, A. *Hubert Rohault de Fleury*. Préface de Pierre l'Ermite. Paris, 1930. 12 x 19 cm, 450 p.

## *Année 1932*

– BARDY, M. l'abbé G. et TRICOT, M. l'abbé A., professeurs à l'Institut catholique de Paris, (sous la direction de), avec le concours de M. l'abbé R. AIGRAIN, professeur aux Facultés Catholiques d'Angers. *Le Christ, encyclopédie populaire des connaissances christologiques*. Préface de S. Ex. Mgr Pic, évêque de Gap. P., Bloud et Gay, 1932. 13 x 19 cm, 1264 p.

– BERGSON, Henri. *Les deux sources de la morale et de la religion* (1932). P., PUF/Quadrige, 1988. 12 x 19 cm, 340 p.

– HALÉVY, Daniel. *Pays parisiens*. P., Grasset, 1932. 12 x 19 cm, 288 p.

– LOUVET, Pierre et MOURA, Jean. *Notre-Dame de Paris, centre de vie*. P., À La Revue Française, Alexis Redier, 1932. 14 x 21 cm, 368 p.

– RICHARD, L. *Le dogme de la rédemption*. P., Bloud & Gay, 1932. 12 x 18 cm, 230 p.

– VIANCE, Georges [M. Coquelle selon *Revue Montmartre*, juin 1940, p. 12]. *Montmartre*. Paris, 1932. 12 x 19 cm, 190 p.

– VILLER, M., F. CAVELLERA, J. DE GUIBERT, s. j. (fondé par), A. RAYEZ, A. SOLIGNAC, s. j. (continué par). *Dictionnaire de spiritualité. Ascétique et mystique. Doctrine et histoire* (= *DSAM*). P., Beauchesne, t. 1er, 1937, t. 14 (art. « Spiritualité »), 1989. 22 x 30 cm, 1000 p. environ chacun. Par exemple : P. -M. Léonard, « Art et spiritualité », t. I, col. 899-934 ; André Rayez, « France – De la Révolution au début du XXe siècle », col. 953-997, art. de 1963 ; Yves Congar, « Laïcat », 1975.

## *Année 1933*

– ***. *Breviarium Romanum ex decreto Sacrosancto Concilii Tridentini restitutum S. Pii V Pontificis Maximi jussu editum aliorumque pontificum cura recognitum Pii Papae X auctoritate reformatum*. Editio juxta typicam amplificata. P., Desclée, 1933. Un tome par saison. 10 x 17 cm, 1500 p. environ chacun.

– BALTEAU, J. (en 1933), L. PREVOST et Roman d'AMAT (en 1987). *Dictionnaire de biographies françaises* (= *DBF*). P., Letouzey et Ané. T. 1er, 1933. T 18e, 1987 jusqu'à H. 21 x 27 cm.

– DE MEULEMEESTER, Maurice, c. s. s. r. *Bibliographie générale des écrivains rédemptoristes*. Avec la collaboration des PP. Ernest COLLET et Clément HEUZE. T. I: *Bibliographie de saint Alphonse de Liguori*. Louvain, Saint-Alphonse, 1933. 21 x 29 cm, 600 p.

– FOUCAULT, Albert. *La Société de Saint-Vincent de Paul. Histoire de cent ans*. P., Spes, 1933. 14 x 23 cm, 416 p.

– LALIGANT, abbé Pierre. *Montmartre. La basilique du Vœu national au Sacré-Cœur*. Grenoble, Arthaud, 1933. 15 x 19 cm, 156p.

## *Année 1934*

– ARMAILHACQ, P. d', s. j. *Basilique du Sacré-Cœur. La chapelle de la Compagnie de Jésus. 1534-Montmartre-1934*. P., Dillen, 1934. 18 x 23 cm, 50 p.

– FOULON, Maurice. *Eugène Varlin, relieur et membre de la Commune*. Clermont-Ferrand, éd. Mont-Louis, 1934. 13 x 19 cm, 246p.

## *Année 1935*

– BAUDOT et CHAUSSIN, RR. PP., o. s. b. (1935-1941), RR. PP. Bénédictins de Paris (dom Jacques DUBOIS et dom ANTIER, 1946– 1959). *Vies des saints et des bienheureux selon l'ordre du calendrier avec l'historique des fêtes* (= *VSB*). P., Letouzey et Ané. 13 t., 14 x 22 cm, 500 à 1000 p. chacun environ.

– BENJAMIN, Walter. *Paris, capitale du* XIXe *siècle. Le Livre des Passages* (1935). Traduit de l'allemand par Jean Lacoste d'après l'édition originale établie par Rolf Tiedeman. P., Cerf, 1989. 14 x 24 cm, 972 p. ISBN 2-204-03157-7. 1SSN 0298-9972.

– HAZARD, Paul, de l'Académie française. *La crise de la conscience européenne (1680-1715)*. P., Boivin, 1935, 3 vol. in-8: I. Grands changements psychologiques. Contre les croyances traditionnelles. II. Essai de reconstruction. Valeurs imaginatives et sensibles. III. Notes et références. Consulté dans P., Fayard, 1961, imprimé en 1985, ISBN 2-213-00613-x. 13 x 21 cm, 442 p.

– LEBRETON, Jules, s. j., doyen de la Faculté de théologie à l'Institut catholique de Paris. *Le Père Léonce de Grandmaison*. P., Beauchesne, 1935, 4e éd. 13 x 20 cm, 430 p.

– SENTEX, abbé Marc, curé de Saint-Denys du Saint-Sacrement à Paris. *La France catholique illustrée*. P., Gassendi, 1935. 25 x 34 cm,

– VACANT, commencé sous la direction de A., professeur au grand séminaire de Nancy, E. MANGENOT, professeur à 'Institut catholique de Paris, continué sous celle de Mgr E. AMANN, professeur à la Faculté de théologie catholique de l'Univeristé de Strasbourg. *Dictionnaire de théologie catholique*... (= *DTC*). P., Letouzey et Ané, t. 1er, 1935, t. XV, 1950. Tables générales, 1951. 30 vol., 20 x 28 cm, 700 p. environ chacun.

### *Année 1936*

– RÉAU, Louis, directeur de l'Institut français de Vienne. *Histoire universelle des arts des temps primitifs jusqu'à nos jours – Publiée sous la direction de Louis Réau*. *** *La Renaissance. L'art moderne*. P., Colin, 1936. 18 x 23 cm, 432 p.

### *Année 1937*

– ***. *Litanies du Chef Sacré de Jésus* et *Prière de Teresa Higginson au Chef sacré de Jésus*. Réédition vers 1982 (grâce à C. Colney, *Sagesse*, 1982) de textes portant l'imprimatur du 26 août 1937, de G. Puyo, Vicaire général du diocèse d'Aire et de Dax. 8 x 13 cm, 4 et 2 p.

– ***. *Recueil noté, manuel paroissial, chants latins en notation grégorienne et musicale moderne*. P., Lethielleux, 1937 et 1946. 10 x 15 cm, 344 p.

– CLAUDEL, Paul. « Du sens figuré de l'Écriture » (1937) dans *Œuvres complètes*, t. 21. P., Gallimard, Pléiade.

– HALÉVY, Daniel. *La fin des notables*, **, *La République des Ducs*. P., Bernard Grasset, 1ère éd. 1937, 15e éd. 1944. 11 x 18 cm, 412 p.

– LESOURD, Paul. *La Butte sacrée. Montmartre, des origines au XXe siècle*. Paris, 1937. 22 x 28 cm, 524 p.

### *Année 1938*

– VEUILLOT, François. « Le P. Jean-Baptiste Lemius » dans *Montmartre*, oct. 1938, p. 8-14 et dans périodique non identifié du mercredi 10 août 1938. 17 x 27 cm, 1 p. ASCM.

### *Année 1939*

– BAINVEL, J. Art. « Cœur sacré de Jésus (Dévotion au) » dans *DTC*, t. 3, col. 271-351.

– DENIS, Maurice. *Histoire de l'art religieux*. P., Flammarion, 1939. 22 x 28 cm, 316 p.

– GIRAUDOUX, Jean. *Pleins pouvoirs*. P., Gallimard, nrf, 1939. 44e éd. 12 x 19 cm, 214 p.

– Lepetit, R. P. *Un antique pèlerinage, Notre-Dame de La Délivrande*. P., Enault, 1939. 14 x 19 cm, 222 p.

– Rivière, Jean. Art. « Rédemption » dans *DTC*, t. XIII, 1, col. 1912-2004.

### *Année 1941*

– Veuillot, François. *Guide des visiteurs de la basilique du Sacré-Cœur de Montmartre*. P., éd. de Montmartre, 1941. 10 x 14 cm, 32 p.

### *Année 1942*

– [Émilie, Mère]. *Mère Marie-Ignace Melin (1860-1941), fondatrice et supérieure générale des Sœurs de la Sainte Famille du Sacré-Cœur*. Lyon, Librairie du Sacré-Cœur, P., Office général du Livre, 1942. 14 x 20 cm, 390 p.

### *Année 1943*

– Barjavel, René. Ravage. P., Denoël, 1943. Réédité dans *Folio* en 1972 et en 1990. ISBN 2-07-036238-8. 11 x 18 cm, 314 p.

– Beau de Loménie, E. *Les responsabilités des dynasties bourgeoises. T. I : De Bonaparte à Mac-Mahon*. P., Denoël, 1943. 12 x 18 cm, 330 p.

– Pouthas, Charles, professeur à la Faculté des lettres de Paris. *L'Église et les questions religieuses depuis 1848*. 4 fascicules polycopiés. P., Tournier et Constans, 1943. 21 x 27 cm, 367 p.

### *Année 1945*

– Céline, Louis-Ferdinand. *Maudits soupirs pour une autre fois, une version primitive de Féerie pour une autre fois (1945)*. Édition établie et présentée par Henri Godard. P., Gallimard, NRF, 1985. 14 x 21 cm, 280 p.

– Michonneau, par l'abbé, et l'équipe sacerdotale du Sacré-Cœur de Colombe. *Paroisse, communauté missionnaire. Conclusions de cinq ans d'expérience en milieu populaire présentées par le R. P. Chéry, o. p.* P., Cerf, coll. Rencontres, n° 21-22, 1945. 12 x 19 cm, 484 p.

### *Année 1946*

– ***. *Recueil de cantiques*. P., 1946. 10 x 15 cm, 160 p.

– Bessières, Albert, s. j. *Sonis. 1825-1887. Un héros, un saint, père de douze enfants*. D'après de nombreux documents inédits. Nouvelle édition. P., Beauchesne-Chiré, 1946-1985. 15 x 20 cm, 390 p.

## *Année 1947*

– BERTHON, Maurice. *Madame Royer (1841-1924). Un message du Sacré-Cœur.* Issoudun, 1947. 11 x 18 cm, 304 p.

## *Année 1948*

– DÉRUMAUX, André. « Madame Elisabeth de France » dans *Montmartre,* 1948, n° 159-160, p. 7-11 et n° 161-162, p. 11-14.

– DÉRUMAUX, André. « Charles de Foucauld et la basilique du Sacré-Cœur » dans *Montmartre,* 1948, n° 164, p. 12-16.

– + Hamon, Auguste. Art. « Cœur (Sacré) » de 1948 dans *DSAM.*

– JACQUEMET, G., du clergé de Paris. *Catholicisme Hier Aujourd'hui Demain.* Encyclopédie (= *CHAD*). P., Letouzey et Ané. T. premier, imprimatur 1948, dépôt légal 1954. Puis G. MATHON, G. -H. BAUDRY, P. GUILLUY, Centre Interdisciplinaires des Facultés catholiques de Lille. Lettre S en 1992. 18 x 28 cm, 800 p. environ.

– LE COUR, Paul. « Le cœur et le cerveau » dans *Atlantis, revue scientifique et traditionnelle*, n° 134, mars 1948, p. 91-105.

– RUPP, Jean. *Histoire de l'Église de Paris.* P., Laffont, 1948. 14 x 21 cm, 340 p.

## *Année 1950*

– ***. *Le Cœur.* Bruges, Desclée de Brouwer, Études carmélitaines, 1950. 14 x 22 cm, 402 p.

– BEIRNAERT, Louis s. j. « Note sur les attaches psychologiques du symbolisme du cœur chez sainte Marguerite-Marie » dans ***, *Le Cœur*, 1950 ; réédition dans collectif Paul Claudel, Mircea Eliade, Louis Beirnaert, *Du corps à l'esprit*, DDB, 1990. 16 x 21 cm, 162 p.

– CAYRE, F., a. a., professeur à l'Institut catholique de Paris. *Patrologie et histoire de la théologie, t. III, l. V, I^re^ partie : Maîtres modernes de la vie chrétienne.* 2^e^ éd. P., Desclée, 1950. 11 x 18 cm, 582 p.

– COGNET, Louis. « Les jansénistes et le Sacré-Cœur » dans ***, *Le Cœur*, 1950.

– DÉCRÉAU, J. « Réponse à une question concernant le "message à Louis XIV" » dans *L'Ami du Clergé*, 20 juillet 1950, p. 697-699.

– DÉRUMAUX, André. « Crise et évolution dans la dévotion envers le Sacré Cœur » dans ***, *Le Cœur*, 1950.

– MELLERIO, Hubert. *Mellerio les plus anciens joailliers du monde.* P., 1950. 21 x 27 cm, 18 p.

### *Année 1951*

– [DÉRUMAUX, André]. « Le drapeau du Sacré Cœur » dans *Montmartre,* n° 182, sept.-oct. 1951, p. 17-30. Cet article qui engage l'attitude du clergé de la basilique sous l'autorité de Mgr Aubé est d'André Dérumaux qui en reconnaît la paternité par une lettre du 25 février 1988 adressée à l'auteur. Article repris et signé dans *CHAD* à « drapeau du Sacré Cœur ».

### *Année 1952*

– AUBERT, R., professeur au grand séminaire de Malines. *Le Pontificat de Pie IX (1846-1878). T. 21 de l'Histoire de l'Église depuis les origines jusqu'à nos jours fondée par Augustin Fliche et Victor Martin.* P., Bloud et Gay, 1952. 17 x 25 cm, 510 p.

– [DÉRUMAUX, abbé]. *Le Sacré-Cœur – Montmartre.* P., Éd. du sanctuaire, 1952. 14 x 19 cm, 60 p.

– Gilson, Étienne, de l'Académie française. *La philosophie du Moyen Age des origines patristiques à la fin du XIV^e^ siècle.* 2^e^ éd. P., Payot, 1952. 14 x 23 cm, 782 p.

### *Année 1953*

– DÉRUMAUX, André, second chapelain. « Origines et mission de la basilique de Montmartre » dans *Montmartre,* numéros 191 à 202, de mars 1953 à avril 1955, 13 x 18 cm, 220 p. environ.

– PICHARD, Joseph. *L'art sacré moderne.* P., Arthaud, 1953. 16 x 22 cm, 150 p.

– ROGER-MARX, Claude. *Maurice Utrillo.* P., Flammarion, 1953. 11 x 17 cm, 40 p.

### *Année 1954*

– GAULLE, Charles de. *Mémoires de Guerre. * L'appel. 1940-1942.* P., Plon, 1954. 13 x 22 cm, 680 p.

– PIERRE L'ERMITE [Mgr Edmond Loutil]. *Ma main dans ta main.* (Souvenirs) P., Bonne Presse, 1954. 14 x 20 cm, 221 p.

### *Année 1955*

– ***. *Missale romanum.* Turonibus, Mame, 1955, 21 x 28 cm, LIII + 736 + 244* + 8 p. *Missae propriae ad usum archidiœcesis parisiensis.* Turonibus, Mame, 1946. 170 p. *Appendix*, 32 + 10 p.

– ***. *Mère Marie de Jésus Deluil-Martiny, fondatrice de la Société des Filles du Cœur de Jésus (1841-1884).* Éd. de 1955 reprise en offset après Vatican II à Marseille. 11 x 18 cm, 154p.

– TAPIÉ, V. -L., « Comment les Français du XVIIe siècle voyaient la patrie », p. 35-58, et Roland MOUSNIER, conclusion, p. 131-136, contributions à « Comment les Français voyaient la France au XVIIe siècle » dans *Bull. Soc. d'études du XVIIe siècle*, n° spécial 25-26, 1955.

– TEILHARD DE CHARDIN, Pierre. *Hymne de l'Univers*. P., Le Seuil, 1961. 14 x 21 cm, 172 p.

### *Année 1956*

– ***. *Résurrection.* Revue de doctrine et d'actualité chrétienne. N° 1 en avril 1956 – n° 75 en janvier 1985. Nouvelle série à partir de décembre 1985. Cahier 14 x 21 cm, une centaine de pages chaque fois.

### *Année 1957*

– DELAPORTE, Yves. *Les cœurs votifs du trésor de Chartres et le vœu de Madame Elisabeth de France*. Chartres, société archéologique d'Eure-et-Loir, 1947. 16 x 24 cm, 16 p.

– HÉDOUVILLE, Marthe de. *Monseigneur de Ségur. Sa vie – Son action. 1820-1881*. P., Nouvelles éditions latines, 1957. 13 x 22 cm, 700 p.

– HILLAIRET, Jacques (pseud. du colonel A. Coussillan). *Dictionnaire historique des rues de Paris*. 1re éd. : 1957-1961. Huitième éd. consultée : P., Éd. de Minuit, 1985. Avec un supplément rédigé par Pascal PAYEN-APPENZELLER. ISBN 2-7073-1054-9. 2 vol., 21 x 29 cm, 800 p. environ chacun.

– KOYRÉ, Alexandre. *Du monde clos à l'univers infini* (1957). Traduit de l'anglais par Raissa Tarr. P., Gallimard, 1973. 12 x 19 cm, 350 p.

– LEFLON, Jean. *Eugène de Mazenod, Évêque de Marseille, fondateur des Missionnaires Oblats de Marie Immaculée, 1782-1861*. P., Plon, 1957, 1960, 1965. 3 vol. 14 x 23 cm, 492 p., 668 p., 862 p.

– MOINES DE SOLESMES. *Les enseignements pontificaux. Notre-Dame*. Tournai, Desclée et Cie, 1957. 11 x 18 cm, XI+456+132 p.

### *Année 1958*

– LA VARENDE. *Le curé d'Ars et sa passion*. P., Bloud et Gay, 1958. 14 x 21 cm, 240 p.
– TROCHU, Mgr. « Un sculpteur, Emilien Cabuchet », chap. XXIX, p. 287-292 dans *Les amitiés du Curé d'Ars*. Lyon, Vitte, 1958. 14 x 21 cm, 350 p.

### *Année 1959*

– FOURURE, G. *Les châtiments divins, étude historique et doctrinale*. P., Desclée, 1959. 16 x 23 cm, 370 p.

– PHILIPPE DE LA TRINITÉ, P., o. c. d. *La rédemption par le sang*. P., Fayard, 1959. 14 x 19 cm, 120 p.

– THÉVERT, abbé Rémy, curé de Loigny-la-Bataille. « Loigny et le Sacré-Cœur. Le corps de Sonis. Dans quel état était-il ? » dans le bulletin paroissial de Loigny-la-Bataille intitulé d'abord *La Voix de nos Clochers*, puis *Le Semeur beauceron*, avril et novembre de 1959 à 1963. 27 p. dans l'ensemble des numéros.

### *Année 1960*

– BOISSARD, Charles. *La vie et le message de Madame Royer (1841-1924)*. Paris, 1960. 13 x 21 cm, 324 p.

– CHAIGNE, Louis. *Émile Dognin. Faim et soif de justice*. Bruges, Desclée de Brouwer, 1960. 14 x 21 cm, 160 p.

– CHARLES, Maxime. « Cœur de Jésus : âme du Christ » dans *Résurrection* (réf. en 1956), n° 14, 1960, p. 31-40. Le numéro a pour titre : « Le Cœur du Christ ».

– BOUYER, Louis. *Introduction à la vie spirituelle. Précis de théologie ascétique et mystique*. P., Desclée, 1960. 17 x 22 cm, 320 p.

– HARING, Bernard, rédemptoriste. *La loi du Christ. Théologie morale à l'intention des prêtres et des laïcs*. Tournai, Desclée et Cie, 1960. 3 t. 16 x 24 cm, 650 p., 388 p. et 774 p.

– JOLLY, Jean (sous la direction de), archiviste de l'Assemblée nationale. *Dictionnaire des parlementaires français. Notices biographiques sur les ministres, députés et sénateurs français de 1889 à 1940*. P., P. U. F., 1960-1977. 8 t., 16 x 24 cm.

– [LE CHEVALIER]. *Jacques Le Chevallier*. [Notice biographique imprimée et communiquée par l'artiste]. s. l., vers 1960. 17 x 25 cm, 14 p.

– M. D. « Sanctuaire de l'Univers au Sacré-Cœur pour la paix » dans *Bulletin des Amis de l'Eleona*, février 1959, p. 1-8.

– OBERLÉ, Jean et J. -P. CRESPELLE. *Utrillo. Montmartre. Églises*. P. Hazan, 1960. 10 x 15 cm, 60 p.

– POULET, dom Charles. *Histoire de l'Église*. Nouvelle édition revue et mise à jour par dom Louis GAILLARD, moine bénédictin de Saint-Paul de Wisques. T. II : *Temps modernes*. P., Beauchesne, 1960. 14 x 23 cm, 448 p.

### *Année 1961*

– ***. *Mère de Cicé. Fondatrice de la Société des Filles du Cœur de Marie*. P., Maison généralice de la Société, 1961. 15 x 20 cm, 308 p.

– [CHARLES, Mgr et LESOURD, Paul]. *Montmartre des druides au Sacré-Cœur. Guide à travers l'exposition dans la crypte de la basilique*. P., vers 1961. 13 x 18 cm, 64 p.

– HAZARD Paul. *La crise de la conscience...* Voir en 1935.

– HOLSTEIN, H. s. j. « Le centenaire du *Messager du Cœur de Jésus* » dans *Études*, t. 310, juillet-août 1961, n° 7-8, p. 119s.

– PETIT, chanoine Joseph, curé de Saint-Pierre de Charenton-le-Pont. *Monseigneur Surat, archidiacre de Notre-Dame de Paris, victime de la Commune, 1804-1871*. P., chez l'auteur ou chez Pagès, 1961. 15 x 24 cm, 102 p.

– UNE MONIALE. *Alessandra di Rudini, carmélite*. P., Desclée de Brouwer, 1961. 3e éd. 1981, introduction du R. P. François de Sainte-Marie, o. c. d., préface du cardinal Baggio. ISBN 2-220-02332-X. 12 x 19 cm, 374 p.

## *Année 1962*

– APPOLIS, Emile, École nationale des Lettres et Sciences humaines de Tananarive. « En marge du catholicisme contemporain : Millénaristes, cordiphores et naundorffistes autour du « secret » de La Salette » dans *Archives de sociologie des religions*, 1962, t. 14, p. 103-121.

– LATREILLE, André, professeur à l'Université de Lyon et R. RÉMOND, professeur à l'Institut d'Études politiques de Paris. *Histoire du catholicisme en France. T. III, la période contemporaine.* 2e éd. P., Spes, 1962. 14 x 23 cm, 710 p.

– MOLIN, L. « Art sacré et Sacré-Cœur » extraits de la *Revue de Paray-le-Monial* (1962). Paray-le-Monial, 1963. 16 x 23 cm, 48 p.

– RUY, Chanoine Louis. *Un message du Sacré-Cœur. Madame Royer (1841-1924) et l'Archiconfrérie de prière et de pénitence de Montmartre*. P., 1962, réédition 1967. 13 x 18 cm, 32 p.

## *Année 1963*

– BOCQUET, P. Marcel, ss. cc. *L'amour présent au monde, le Père Mateo*. Rome, Maison généralice de la congrégation des Sacrés Cœurs, Études picpuciennes 6, 1963. 15 x 21 cm, 262 p.

– ELIADE, Mircea. *Aspects du mythe*. P., Gallimard, nrf, 1963. 11 x 16 cm, 250 p.

– RAYEZ, André. « Histoire de la spiritualité en France de la Révolution au début du XXe siècle » dans *DSAM* art. France, col. 953-997.

## *Année 1964*

– ***. *Primer congresso international sobre el culto al Sagrado Corazon de Jesus. Sesiones de estudio. Basilica del Sagrado Corazon de Jesus. Templo nacional expiatorio. 21-29 octobre 1961*. Barcelone, Templo di Tibidabo, 1964. 17 x 24 cm, 530 p.

– CHARLES, Mgr Maxime, recteur de la basilique de Montmartre. « Formes de piété au Cœur de Jésus » dans ***, *Primer...*, 1964, p. 455-462.

– GLOTIN, P. Edouard. « Le mystère du Cœur de Jésus devant la catéchèse contemporaine » dans ***, *Primer...*, 1964, p. 360-378.

– LÉONARD, Émile G., E. P. H. E. *Histoire générale du protestantisme. T. III, Déclin et renouveau (XVIIIe-XIXe siècle)*. P., P. U. F., 1964. 19 x 22 cm, 786 p.

– MAITRON, Jean, sous la direction de. *Dictionnaire biographique du mouvement ouvrier français*. 4 parties de 1789 à 1939. 1871-1914 : 3e partie. P., Les Éditions ouvrières, 1er t. 1964. 16x25cm.

– MAYEUR, Jean-Marie. « La France bourgeoise devient républicaine et laïque (1875-1914) », p. 43-244, dans L. -H. Parias (sous la direction de), *Histoire du peuple français, cent ans d'esprit républicain*. P., Nouvelle librairie de France, 1964. 18 x 22 cm, 612 p.

– PHILLIPPE DE LA TRINITÉ, P. *Dieu de colère ou Dieu d'amour ?* Bruges, Desclée de Brouwer, 1964. 13 x 20 cm, 142 p.

– VOLAT, Alain. « Propos sur l'église de Nogent, d'après Émile Lambin » dans *Bulletin de la Société historique et archéologique de Nogent-sur-Marne*, n° 3, 2e série, 1964, p. 51-55.

### *Année 1965*

– BOURGEOIS-GIEN, « Georges Serraz, éminent sculpteur » dans *Le Bien Public*, mardi 2 novembre 1965.

– MAYEUR, Jean-Marie. *La Séparation de l'Église et de l'État* (1905). P., Julliard, coll. Archives, 1965. 11 x 18 cm, 220 p. Réédition aux Éditions ouvrières, 1991, 190 p.

– MONTCLOS, Xavier de. *Lavigerie, le Saint-Siège et l'Église, 1846-1878*. P., E. de Boccard, 1965. 17 x 25 cm, 692 p.

– RENCONTRES. *Visite de la Basilique*. 1ère éd., 1965 ; 2e éd, 1975. 21 x 27 cm, 8 p. polycopiées.

### *Année 1967*

– ALBERT-ROULHAC, Georges. « Protectrice de Paris, le basilique du Sacré-Cœur » dans *Bâtir, revue technique de la Fédération nationale du bâtiment*, n° 162, déc. 1967, p. 77-84.

– BARREAU, Jean-Claude. *La foi d'un païen*. P., Seuil, 1967. 14 x 20 cm, 96 p.

– DENZINGER, Henricus et Adolphus SCHÖNMEITZER s. j. *Enchiridion symbolorum, definitionum et declarationum de rebus fidei et morum. Éd. XXXIV*. Friburgi Brisgoviae, Herder, 1967. 13 x 19 cm, 956 p.

– GADILLE, Jacques. *La pensée et l'action politiques des évêques français au début de la IIIe République. 1870-1883*. Paris, Hachette, 1967. 2 t. 17 x 26 cm, 352 et 332 p.

– LANVIN, Madeleine. *Hippolyte Flandrin.* Thèse de l'école du Louvre, 1967. 21 x 27 cm, 300 p.

– LE FLOC'H, P. Yvon, a. a. *P. Marie-Clément Staub, a. a., apôtre de l'Archiconfrérie de Prière et de Pénitence dans l'Amérique du Nord, fondateur de la congrégation des Sœurs de Ste-Jeanne d'Arc, 1876-1936.* Québec, 1967-1968. 2 t., 13 x 21 cm, 190 + 236 p.

### *Année 1968*

– CHRIST, Yvan. Art. « Sacré-Cœur », t. IVc, p. 52 dans BROSSE, Jacques et CHRIST, Yvan. *Dictionnaire des Églises de France.* P., Laffont, 1968. 20 x 27 cm. T. II : Centre et Sud-Est, 730p. ; T. III : Sud-Ouest, 730 p. ; t. IVc : Paris, 146 p.

– GRÉGORY, Claude (sous la direction). *Encyclopaedia universalis* (= *EU*). P., *Encyclopaedia universalis*, 1re édition 1968 (1975) ; édition citée, 1984. 23 vol., 22 x 30 cm, 1200 p. environ chacun. Selon que les bibliographies ont été mises à jour ou non, nous renvoyons soit à l'année 1968, soit à l'année 1984. Articles particulièrement consultés : Académisme, Historicisme, Salons, Le Play, Saint-Sulpice (art), Viollet-le-Duc, Bourgeoisie, Impressionisme, Pèlerinages et lieux saints, Exposition universelle, Sacré-Cœur, Fer et fonte, etc.

– HUISMAN, Georges (directeur général honoraire des Beaux-Arts) et Georges POISSON (conservateur-adjoint des musées de la ville de Paris). *Les monuments de Paris.* P., Hachette, 1968. 11 x 19 cm, 420 p.

– MAYEUR, Jean-Marie. *Un prêtre démocrate, l'abbé Lemire, 1853-1928.* Tournai, Casterman, 1968. 14 x 20 cm, 700 p.

### *Année 1969*

– FREYSSINET-DOMINJON, Jacqueline. *Les manuels d'histoire de l'école libre. 1882-1959.* P., Presse de la fondation nationale des sciences politiques, 1969. 15 x 24 cm, 294 p.
– THÉVERT, abbé Rémy. *Le musée de Loigny-la-Bataille, mon cher ami, en reconnaissance à tous les bienfaiteurs et amis.* Chartres, 1969. 14 x 21 cm, 20 p.

### *Année 1970*

– CHOURY, Maurice. *Le Paris communard.* P., Perrin, 1970. 13 x 20 cm, 275 p.

– HAENENS, Albert d'. *Les invasions normandes, une catastrophe ?* P., Flammarion, questions d'histoire par Marc Ferro, 1970. 11 x 18 cm, 110 p.

– LADAME, Jean. *Les faits de Paray-le-Monial. Étude critique.* Préface de Son Éminence le cardinal Daniélou. P., Saint-Paul, 1870. 12 x 18 cm, 312 p.

– LAURENTIN, René et A. DURAND. *Pontmain. Histoire authentique. *. Un signe dans le ciel. **. Preuves. ***. Documents.* P., Apostolat des Éditions, Lethielleux, 1970. 13 x 21 cm, 190, 360, 400 p.

### *Année 1971*

– CHARLES, Mgr. « Les origines de la basilique de Montmartre » dans *Montmartre*, n° 267, juin 1971, p. 6-8.

– CHARLES, Mgr. « La tentative d'occupation du Sacré-Cœur » dans *Montmartre*, n° 266, Pâques 1971, p. 10-11.

– DUPUY, Michel. « L'intérieur de Jésus » (1971) dans *DSAM*, 1932.

– ÉMERY, Marc. *Un siècle d'architecture moderne. 1850-1950*. P., Horizons de France, 1971. 13 x 23 cm, 250 p.

– GADILLE, Jacques. *Guide des Archives diocésaines françaises*. Lyon, Centre d'histoire du catholicisme, 1971. 16 x 24 cm, 166p.

– GADILLE, Jacques. « Georges Darboy » dans *Présence et Dialogue. Paris*. N° 69, 28 mai 1971, p. 6-7.

– GRIFFITHS, Richard. *Révolution à rebours. Le renouveau catholique dans la littérature en France de 1870 à 1914*. Trad. de l'anglais par Marthe Lory. P., Desclée de Brouwer, 1971. 14 x 22 cm, 347 p.

– LE BRUN, Jacques. « Politique et Spiritualité : La dévotion au Sacré Cœur à l'époque moderne » dans *Concilium*, n° 69, 1971, p. 25-36.

– LEFLON, Mgr J., membre de l'Institut. « La Commune » dans *Présence et Dialogue, L'Église dans la Région parisienne. Paris*, n° 68, 14 mai 1971, p. 12-16 et n° 70, 28 mai 1971, p. 11-14.

– MARTY, François cardinal. « Communication sur les «événements du Sacré-Cœur au conseil mensuel des évêques de la Région apostolique le 3 mai » dans *Prés. et Dial.*, n° 69, 28 mai 1971, p. 8. « Mgr Darboy » dans *La Croix*, 16-17 mai et *Prés. et Dial.* n° 69, S., p. IV et V. « L'affaire du Sacré-Cœur », lettre du 14 mai 1971. p. VI-VIII. « Homélie du 23 mai 1971 à Fayl-Billot (Haute-Marne), centenaire de la mort de Mgr Darboy » dans *Prés. et Dial.*, S. n° 70, p. V-VIII. Voir aussi *MO*, juin 1971, n° 267, p. 6.

– MÉNAGER, Bernard. « Les Congrès catholiques du Nord et du Pas-de-Calais de 1873 à 1912, présentation de deux D. E. S. : Jean-René Jovenaux, 1873-1896 et Anne-Marie Van Elslande, 1897-1912 » dans *Revue du Nord*, t. LIII, n° 208, jan.-mars 1971, pp. 155-159.

– *Montmartre-Orientations* (= *MO*) depuis 1971, bimestriel, 24 p. par livraison, 21 x 29, 7 cm.

– NANTES, Christine de. *La construction de la basilique du Sacré-Cœur de Montmartre. Aspects politiques, religieux & sociologiques. 1870-1891*. Mémoire rédigé sous la direction du professeur Jacques Gadille en vue de l'obtention de la maîtrise d'histoire à l'Université de Lyon II, 1971. 21 x 29 cm, 140 p.

– [SECOURS ROUGE]. *Le Sacré-Cœur occupé.* Tract 21 x 31 cm, polycopié sur recto invitant à venir occuper le Sacré-Cœur le samedi 13 février 1971, 18 h. 30. Archives privées ; voir les pièces justificatives.

– [TÉMOIGNAGE CHRÉTIEN]. *Un prêtre envoie 13 jeunes en prison.* Tract invitant à un rassemblement le dimanche 13 juin à 10 h. 30 à Notre-Dame de Paris signé Groupes Témoignage Chrétien de la Région Parisienne, La Lettre, Mouvement Échanges et Dialogue, Frères du Monde, Confédération J. E. C. Prépa. Paris. 21 x 29 cm, 1 p. Archives de l'A.

## *Année 1972*

– COLLOQUE UNIVERSITAIRE POUR LA COMMÉMORATION DU CENTENAIRE DE LA COMMUNE DE 1871. « Actes » dans *Le Mouvement social,* avril-juin 1972, n° 79, Les Éditions. ouvrières. 15 x 24 cm, 350 p.

– Mgr CHARLES, « Les chances d'un culte » dans *Résurrection,* n° 39, 1972, numéro dont le thème est « Le Cœur du Christ ».

– MAYEUR, Jean-Marie. « Mgr Dupanloup et Louis Veuillot devant les "prophéties contemporaines" en 1874 » dans *Revue d'Histoire de la Spiritualité*, t. 48, 1972, n° 190, p. 193-204.

– ROLLIN, Jean. « Les acquisitions du musée d'art et d'histoire de Saint-Denis » dans *Revue du musée du Louvre*, 1972, p. 513-516.

– SIX, Jean-François. *La véritable enfance de Thérèse de Lisieux. Névrose et sainteté. Thérèse de Lisieux au Carmel.* P., Seuil, 1972-1973. 2 t., 14 x 21 cm, 286 et 400 p.

– VERGNET-RUIZ, Jean. « Une inspiration de Delacroix. La Jeanne Hachette de Lebarbier » dans *Revue du musée du Louvre*, 1972, p. 81-85.

– VILLE DE PARIS. *Nomenclature des voies publiques et privées.* 8e éd. P., Imprimerie municipale, 1972. 21 x 27 cm, 836 p.

## *Année 1973*

– CHARLES, Mgr. « Le Sacré-Cœur, mystique politique » dans *M-O*, Noël, 1973.

– COUSIN, P. Patrice, m. b. « Les origines de la basilique du Vœu national et les grands pèlerinages à Paray : 1871-1875 » dans *Paray-le-Monial, revue du pèlerinage*, n°3, mai-juin 1973, p. 53-60.

– DASTUGUE, Dr G. « 1873-1973, Le Vœu national et la Société de Saint-Vincent de Paul » dans *Cahiers Ozanam*, n° 36, nov. 1973.

– GUERBER, Jean s. j. *Le ralliement du clergé français à la morale liguorienne. L'abbé Gousset et ses précurseurs (1785-1832).* Rome, Università Gregoriana Éditrice, Analecta Gregoriana, vol. 193. 16 X 24 cm, 378 p.

– LESOURD, Paul. *Montmartre.* Paris, Éditions France-Empire, 1973. 15 x 20 cm, 470 p.

– MAYEUR, Jean-Marie. *Les débuts de la III^e République, 1871-1898.* T. 10 de *La nouvelle histoire de la France contemporaine.* P., Seuil, 1973. ISBN 2. 02. 000670. 7. 10 x 18 cm, 256 p.

– NANTES, Abbé Georges de. « Le Sacré Cœur de Jésus, salut du monde » dans *La Contre-Réforme catholique*, novembre et décembre 1973, n° 74 et 75 ; commentaires : « L'Église, la République, et le Sacré-Cœur » dans le n° 77 de février 1974, p. 13,.

## *Année 1974*

– CHARLES, Mgr. « Voir le Cœur du Christ dans son Corps » dans *Résurrection*, n° 43-44, 1974 dont le titre est « Le Cœur et le Corps du Christ ».

– FERCHAUD, Claire. *Notes autobiographiques.* P., Téqui, 1974. 2 t., 13 x 21 cm, 158 et 171 p.

– FOUCART, Bruno. « Comment peut-on aimer une église du XIX^e siècle ou de la réhabilitation du pastiche » dans *Les Monuments historiques de la France*, 1/1974, p. 64-71. Tout le numéro est consacré au XIX^e siècle.

– GADILLE, Jacques. *Les catholiques libéraux au XIX^e siècle. Actes du Colloque international d'histoire religieuse du Grenoble des 30 septembre-3 octobre 1971.* Grenoble, Presses universitaires, 1974. 16 x 24 cm, 596 p.

– MARCHASSON, Yves, doyen de la Faculté des lettres de l'Institut catholique de Paris. *La diplomatie romaine et la République française. À la recherche d'une conciliation, 1879-1880.* Préface de Pierre Renouvin, membre de l'Institut. P., Beauchesne, 1974. 13 x 22 cm, 524 p.

– PAYEN-APPENZELLER, Pascal. « Le lieu le plus visité de l'Ile-de-France : la basilique du Sacré-Cœur » dans *Connaissance de Paris et de la France*, n° 23, 1974, 1 p.

– REAUDE, Jean. « Verlaine à Montmartre » dans *Europe*, n° 545-546, sept.-oct. 1974, p. 118-125.

– VALLIN, Pierre. « La nouvelle Compagnie de Jésus en France au XIX^e siècle » (1974) dans art. « Jésuites » du *DSAM*.

## *Année 1975*

– ***. *La Commune. Revue d'histoire de l'association des amis de la Commune de Paris 1871.* N° 1, 2, 3, 4 et 5 de 1975-1976.

– AUBERT, R., M. D. KNOWLES, L. J. ROGIER, sous la direction de. *Nouvelle Histoire de l'Église.* T. 5 : *L'Église dans le monde moderne (1848 à nos jours).* P., Seuil, 1975. 14 x 19 cm, 926 p.

– Bessède, Robert. *La crise de la conscience catholique dans la littérature et la pensée françaises à la fin du XIXe siècle*. P., Klincksieck, 1975. 15 x 24 cm, 638 p.

– Cathelin, Jean et Gabrielle Gray. *Guide de Montmartre, rue par rue du Moulin rouge au Sacré-Cœur*. P., Pierre Horay, 1975. 10 x 21 cm, 196 p.

– Charles, Mgr. *Le Sacré-Cœur de Montmartre*. Lyon, 1975. 17 x 21 cm, 44 p. Réédition en couleurs avec quelques compléments (les noms d'artistes par exemple) en 1984.

– Guegen, Yves. « Lemius, Jean-Baptiste » (1985) dans *CHAD*.

– Lacloche, Christine. *La décoration du Sacré-Cœur et ses intentions idéologiques*. Mémoire de maîtrise préparé sous la direction du professeur Louis Girard. Université de Paris IV, 1975. 21 x 29 cm, 150 p.

– Mayeur, Jean-Marie (sous la direction). *L'histoire religieuse de la France. XIXe-XXe siècle. Problèmes et méthodes*. P., Beauchesne, 1975. 14 x 22 cm, 290 p.

– Thuillier, André. « Aux origines du 16 mai 1877 : Mgr de Ladoue et Lucien Gueneau » dans *RHEF*, jan.-juin 1975, t. LXI, n° 166, p. 37-60.

## *Année 1976*

– Amouroux, Henri. *La grande histoire des Français sous l'occupation. 8 t. T. I : Le peuple du désastre (1939-1940)*. P., Robert Laffont, France-Loisirs, 1976. 16 x 24 cm, 538 p. ISBN 2-7242-21095.

– Auffray, Bernard. *Pierre de Margerie (1861-1942) et la vie diplomatique de son temps*. P., Klincksieck, 1976. 16 x 24 cm, 490 p.

– Bénézit, E. *Dictionnaire critique et documentaire des peintres, sculpteurs, dessinateurs et graveurs de tous les temps et de tous les pays*. P., Grund, 1976. 10 vol., 14 x 22 cm, 7400 p.

– Bertrand, Thierry et Antoine Canque. « Pour une histoire de la Maîtrise » dans *Sept Vingt Cent, Le Journal de la Maîtrise*, n° 18, février 1976, p. 3-12 (polycopiées).

– Billard, Claude et Pierre Guibbert. *Histoire mythologique des français*. P., Galilée, 1876. ISBN 2. 7186. 0042. X. 14 x 22 cm, 315 p.

– Dubois, P. Emile. *Une mission prophétique, Hélène Villefranche, fondatrice des Auxiliaires du Cœur de Jésus (1879-1951)*. 53 150 Montsurs, Résiac, 1976. 12 x19 cm, 178 p.

– Girault de Coursac, Paul. *Louis XVI, roi martyr?* P., Téqui, 1976. ISBN 2-85 244-209-4. 15 x 22 cm, 88 p.

– Pommarède, Pierre. *La séparation de l'Église et de l'État en Périgord. Périgueux*, Pierre Fanlac, 1876. 19 x 26 cm, 730 p.

– Savart, Claude. « À la recherche de l'"art" dit de Saint-Sulpice » dans *Rev. Hist. Spir.* 52, 1976, p. 265-283.

– WEBER, Eugen. *La fin des terroirs. La modernisation de la France rurale. 1870-1914.* P., Fayard, 1976-1983. 13 x 22 cm, 841 p.

### *Année 1977*

– BENOIST, Alain de. *Vu de droite. Anthologie critique des idées contemporaines.* P., Copernic, 1977. ISBN 2-85984-004-4. 18 x 24 cm, 628 p.

– COORNAERT, Émile, professeur honoraire au Collège de France, membre de l'Institut. *Destins de Clio en France depuis 1800. Essai.* P., Les Éditions ouvrières, 1977. 16 x 25 cm, 190 p.

– DENIS, Michel. *Les royalistes de la Mayenne et le monde moderne (XIX^e^-XX^e^ siècle).* Librairie C. Klincksieck, Université de Haute-Bretagne, 1977. 16 x 24 cm, 600 p.

– HILAIRE, Yves-Marie, maître de conférences à l'Université de Lille III. *Une chrétienté au XIX^e^ siècle ? La vie religieuse des populations du diocèse d'Arras (1840-1914).* Préface de Louis Girard, professeur à la Sorbonne. 59 650 Villeneuve-d'Ascq, Publications de l'Université de Lille III, 1977. 16 x 24 cm, 1018 p. en 2 t.

– NAEF, Hans. *Die Bildniszeichnungen von J.-A.-D. Ingres.* Bern, Benteli Verlag, 1977-1978. 5 t., 22 x 27 cm, 600 p. environ chacun. Le chapitre 127 traite de la famille Marcotte, p. 503-533.

– POULAT, Émile, directeur de recherche au CNRS. *Église contre bourgeoisie. Introduction au devenir du catholicisme actuel.* Tournai, Casterman, 1977. 13 x 20 cm, 292 p.

– VAISSE, Pierre. « Styles et sujets dans la peinture officielle de la III^e^ République : Ferdinand Humbert au Panthéon » dans *Bull. Soc. Hist. Art franç.* Séance du 3 déc. 1977. Année 1978, p. 297-311.

– WATTEL, Marc. *Le Sacré-Cœur.* Diplôme d'architecture, unité pédagogique d'architecture n° 6. P., 1977. Voir son article dans Claude Laroche, *Paul Abadie*, 1984, p. 134-141.

### *Année 1978*

– [CHARLES, Mgr]. *Prière et Pénitence.* [1978] 11 x 21 cm, 4 p.

– MOUSNIER, Jehan. *Pavés et hommes de la Butte Montmartre.* P., Solar, 1978. 12 x 18 cm, 64 p. (Voir aussi une 2^e^ éd. en 1986).

– ROUGERIE, Jacques. *Procès des Communards.* P., Gallimard-Julliar, coll. Archives, n° 11, 1978. 10 x 18 cm, 258 p.

### *Année 1979*

– AGULHON, Maurice. *Marianne au combat. L'imagerie et la symbolique républicaines de 1789 à 1880.* P., Flammarion, 1979. ISBN 2. 08. 210955. 0. 13 x 22 cm, 252 p.

– CHARLES, Mgr, ÉQUIPES RÉSURRECTION. *100 points chauds de l'Histoire de l'Église*. P., Desclée de Brouwer, 1979. ISBN 2-220-02238-2. 16 x 22 cm, 308 p.

– CUISENIER, Jean, directeur de recherche au CNRS, conservateur en chef du musée des Arts et Traditions populaires. *Religions et traditions populaires*. P., Éd. de la Réunion des musées nationaux, 1979. ISBN 2-7118-0135-7. 15 x 20 cm, 270 p.

– HÜDEMANN, Rainer. *Fraktionsbildung im französischen Parlament. Zur Entwicklung des Parteiensystems in der frühen Dritten Republik (1871-1875)*. Munich, Artemis, 1979. 16 x 24cm, 500 p. environ.

– LAURANT, Jean-Pierre. *La « Clef » du Symbolisme de Méliton de Sardes. I. Recherches sur le symbolisme au XIXe siècle: le cardinal Pitra*. P., Éd. de la Maisnie, 1979. 14 x 21 cm, 136 p. Voir aussi en 1988.

– LENIAUD, Jean-Michel. « Les constructions d'églises sous le second Empire: architecture et prix de revient » dans *RHEF*, vol. LXV, 1979, p. 267-278.

– LUBAC, Henri de. *La postérité spirituelle de Joachim de Flore. I. de Joachim à Schelling; II. de Saint-Simon à nos jours*. P., Lethielleux/Dessain et Tolra/ Zech, 1979/1987. 14 x 22 cm, 414 et 508 p.

– PINGEOT, Anne. « Le Flaubert et le Balzac de Chapu » dans *Revue du Louvre*, 1er trim. 1979, p. 35-43.

### *Année 1980*

– BOUTRY, Philippe et Michel CINQUIN. *Deux pèlerinages au XIXe siècle. Ars et Paray-le-Monial*. Préface de Jean-Marie Mayeur. P., Beauchesne, 1980. 13 x 21 cm, 310 p.

– CHEVALIER, Louis. *Montmartre du plaisir et du crime*. P., Laffont, 1980. 15 x 24 cm, 452 p.

– DUNETON, Claude. *Le diable sans porte, Ah mes aïeux! roman*. P., Seuil, 1980. 14 x 22 cm, 350 p.

– FOUCART, Bruno. « Viollet-le-Duc » dans *Revue du Louvre*, 1980, p. 62-63.

– LASSUS SAINT-GENIÈS, Annik de. *Jean le Cour Grandmaison. Un homme dans l'action et la contemplation*. P., Beauchesne, 1980. ISBN 2-7010-1012-8. 16 x 24 cm, 404 p.

– LENIAUD, Jean-Michel. *Jean-Baptiste Lassus (1807-1857) ou le temps retrouvé des cathédrales*. Bibliothèque de la société française d'archéologie. P., Arts et Métiers graphiques, 1980. 22 x 30 cm, 296 p.

– UNIVERSITÉ DE PARIS XII. *Libre pensée et religion laïque en France. De la fin du second Empire à la fin de la troisième République*. Introduction de J. -M. Mayeur. Strasbourg, Cerdic, 1980. 15 x 22 cm, 258 p.

## *Année 1981*

– AMBILLE, Paul. *Centennale des Artistes Français*. P., Société des Artistes français, 1981. 21 x 23 cm, 60 p.

– BAUDET-DRILLAT, Geneviève. « La Visitation en France aux XVII^e^ et XVIII^e^ siècles » p. 209-230 dans Jean Delumeau, *Un chemin d'histoire, chrétienté et christianisation*. P., Fayard, 1981. ISBN 2-213-01034-X. 15 x 24 cm, 286 p.

– BEAURIN, dom Jean-Marie. *Flèche de feu. Le Père Augustin-Marie du Très Saint Sacrement, Herman Cohen, 1821-1871*. P., France-Empire, 1981. 13 x 22 cm, 398 p.

– BILLET, dom Bernard, osb, et LAFOURCADE, Pierre. *Lourdes pèlerinages. Guide historique et spirituel. Textes et documents. Indications pratiques*. P., Desclée de Brouwer, 1981. 11 x 19 cm, 284 p.

– CARNOT, Radegonde. « Le sculpteur Anatole Marquet de Vasselot (1840-1904) » dans *Bull. Soc. Hist. Art français*, p. 247-266, 1981.

– GIRARD, Louis, professeur émérite de l'Université Paris-Sorbonne. *La deuxième République et le second Empire, 1848-1870* dans *Nouvelle Histoire de Paris*. P., Diffusion Hachette, 1981. 21 x 26 cm, 470 p.

– LAROCHE, Claude. « L'œuvre d'architecture de Paul Abadie (1812-1884). Situation culturelle et inventaire raisonné » dans *Bull. Soc. Hist. Art français*, 1981, p. 219-238.

– LENIAUD, Jean-Michel. « Le vitrail au XIX^e^ siècle. Sources et problèmes iconographiques » dans *RHEF*, t. LXVII, n° 178, janv.-juin 1981, p. 83-91.

– LENIAUD, Jean-Michel. « Les architectes diocésains » dans *Monuments historiques*, n° 113, janv.-févr. 1981, p. 3-22.

– MARQUIS, M. -O. et J. -H. *De la dévotion au Sacré Cœur à la spiritualité du Cœur du Christ*. Liminaire de Mgr Maxime Charles. P., Desclée de Brouwer, 1981. ISBN 2-220-02380-X. 13 x 21 cm, 230 p.

– VAUDEL, Jean. *Les collèges Saint-Joseph et Saint-Stanislas de Poitiers. 1607-1980. Notes historiques et souvenirs d'anciens*. Poitiers, Brissaud, 1981. 15 x 22 cm, 400 p.

## *Année 1982*

– ***. « Saint-Pierre de Montmartre » dans *Paris aux cent villages*, n° 62, mai 1982, p. 26-27.

– BERCÉ, Françoise. « Les grands prix de Rome d'architecture au service des Monuments historique (Jean Hulot...) » dans *Monuments historiques*, n° 123, oct.-nov. 1982, p. 87-95.

– BOULARD, Fernand. *Matériaux pour l'histoire religieuse du peuple français. XIX^e^-XX^e^ siècle. Région de Paris. Haute-Normandie. Pays de la Loire. Centre*. Publiés avec la collaboration de Yves-Marie Hilaire et Nadine Chaline, Pierre Foucault, Jacques Gadille, Philippe Lacoudre. Avant-propos de François Furet. P., Éd. EHESS, Presses FNSP, Éd. CNRS, 1982. 21 x 29, 636 p.

– CHELINI, Jean et Henry BRANTHOMME. *Les chemins de Dieu. Histoire des pèlerinages chrétiens des origines à nos jours*. Préface de S. E. le cardinal Marty, sous le patronage de l'Association nationale des directeurs de pèlerinages de France. P., Hachette, 1982. 15 x 24 cm, 494 p. Voir surtout Pierre Pierrard, *La renaissance des pèlerinages au XIXe siècle (1814-1914)*, p. 295-332.

– [COLNEY, C., grâce à C. Colney, *Sagesse*, 1982]. *Message de Notre-Seigneur* à Teresa Higginson (1884-1905). 10 x 15 cm, 32p.

– COLNEY, C., Gérant. *Sagesse*. Bulletin trimestriel. 45e année. N° 273 et 274 de mai et juillet 1982. « Sagesse », Cagnotte, 40300 Peyrehorade. 21 x 31 cm, 4 p. chacun. « Biographie succincte de Teresa Higginson » dans supplément à *Sagesse*, 6 p.

– HARDOUIN-FUGIER, Elisabeth. « Qui a renversé l'éléphant ? Constructeurs et détracteurs de la basilique de Fourvière (1870-1896) » dans *Cahiers d'histoire*, t. XXVII-1982, 2, p. 96-125.

– HULOT, René. *Jean Hulot, 1871-1959, notice biographique*. P., 1982. 21 x 29 cm, 2 p. polycopiées.

– LAUNAY, Marcel, docteur ès-lettres, maître-assistant à l'Université de Nantes. *Le diocèse de Nantes sous le second Empire. Monseigneur Jacquemet. 1849-1869*. Préface de Jacques Gadille. Nantes, Cid, 1982. 16 x 24 cm, 980 p. en 2 t.

– LE NORMAND-ROMAIN, Antoinette. « Six esquisses du sculpteur Bonnassieux (1810-1892) » dans *Revue du Musée du Louvre*, 1982, p. 366-372.

– LOYER, François, Jean-Pierre MOUILLESEAUX, Daniel RABREAU. « L'époque contemporaine », p. 336-492, dans *Le grand atlas de l'architecture mondiale*. P., Encyclopaedia universalis, 1982. 26 x 36 cm, 416 p.

– LOYRETTE, Henri. « Dessins de Luc-Olivier Merson pour Macbeth, acquisitions du Musée d'Orsay » dans *Revue du Louvre*, 1982, vol. 32, n° 3, p. 199-207.

– LURASCHI, Christophe. *Le château d'Ilbarritz*. Bagnères-de-Bigorre, Éd. pyrénéennes Bidart, 1982. 13 x 19 cm, 250 p.

– PERIN, Patrick. « Fouilles archéologiques et histoire récente : le cas de Montmartre » dans *RAMAGE*, 1982, n° 1, p. 59-70.

– PINGEOT, Anne, Françoise MAISON, Dominique VIEVILLE, commissaires. *De Carpeaux à Matisse. La sculpture française de 1850 à 1914 dans les musées et les collections publique du Nord de la France*. Trésors des musées du Nord de la France. Lille, Édition de l'Association des Conservateurs de la Région Nord-Pas-de- Calais, 1982. ISBN 2-902 092-03-2. 20 x 21 cm, 346 p.

– VIOLLE, Bernard. *Paris, son Église et ses églises. Histoire, art et foi.* Préfaces de Mgr Pézeril, évêque auxiliaire de Paris et de B. de Montgolfier, conservateur en chef du musée Carnavalet. Mise en pages et documentation Jean-Marie Bertholle. P., Cerf, 1982. ISBN 2-204-01741-8. 2 t., 19 x 23 cm, 430 p. environ chacun.

### *Année 1983*

– BONAFÉ, Félix et André SCHUH. *Le cardinal Morlot, archevêque de Paris, grand aumônier de l'Empereur, une vie, une époque.* 14 290 Orbec, Rozé, 1983. 14 x 22 cm, 508 p.

– CACHIN, François, conservateur au musée d'Orsay. *Manet (1832-1883).* P., Éd. de la Réunion des musées nationaux, 1983. 22 x 28 cm, 546 p.

– DACHEUX, frère Jacques. *Le Père Bernard Richomme, en religion Père Marie-Bernard, sculpteur.* La Trappe, 61 380 Moulins la Marche, 1983. 21 x 27 cm, 3 p. polycopiées.

– FORGET, Pierre. « Poitiers, ville du Sacré-Cœur » dans *Supplément à Église en Poitou* des 20 & 27 août 1983, n° 28 & 29. 16 x 24 cm, 10 p.

– FOUCAULT, Robert. *La duchesse d'Uzès.* Société historique et archéologique de Bonnelles, 1983. 3 p. polycopiées.

– GAIGNERON, Axelle de, texte, Roger GUILLEMINOT, photographies. « Joseph Chaumet, 1852-1928. Une profession de foi. 1904 » dans *Connaissance des Arts*, n° 382, 1983, 8 p.

– GUÉNÉ, Hélène. *Odorico mosaïste. La production d'un atelier italien en Bretagne et Anjou. 1882-1978.* T. 1 : Odorico mosaïste, XX + 698 p. T. 2 : Catalogue des dessins, 1895-1970, X + 608 p. T. 3 : Catalogue des œuvres, 1884-1968. XII + 643 p. T. 4 : Annexes, 523 p. Doctorat de troisième cycle en Histoire et Études des Arts. Université de Haute-Bretagne (Rennes), 1983. 21 x 29 cm (voir en 1990 pour la publication).

– INVENTAIRE GÉNÉRAL DES PAYS DE LA LOIRE. *L'Anjou religieux et les orfèvres du XIXe siècle.* Angers, musée des beaux-arts, 1983. 18 x 22 cm, 190 p.

– LAURENT, Jeanne. *Arts et pouvoirs en France de 1793 à 1981. Histoire d'une démission artistique.* Saint-Etienne, Cierec, 1983. 16 x 24 cm, 192 p. ISBN 2. 901559. 01. 8.

– LEMONNIER, Albert, o. p. *Histoire de l'Église.* P., Médiaspaul, 12 x 17 cm, 512 p.

– LERI, Jean-Marc. *Montmartre.* Paris, Henry Veyrier, 1983. 24 x 34 cm, 306 p.

– MOUTON, Claude. *Ils regarderont vers celui qu'ils ont transpercé. Le Sacré-Cœur, des origines à Claire Ferchaud.* Montsurs, Résiac, 1983. 13 x 22 cm, 404 p.

– RICHARD, abbé. « Au-delà du Cœur du Christ ? », éditorial dans *L'Homme nouveau* du 19 juin 1983, p. 20.

– TRYON-MONTALEMBERT, Renée de. *Anne de Guigné, enfance et sainteté.* P., Éd. Saint-Paul, 1983. 13 x 19 cm, 174 p. ISBN 2. 85049. 282. 5.

## *Année 1984*

– ALEXANDRE, Gilles. « Le toast d'Alger » dans *Notre Histoire*, n° 5, 1984, p. 49-51.

– BASCOU, Marc. « Second Empire (Art, industrie, société), le règne de l'éclectisme » dans *EU*.

– BOESPFLUG, François. *Dieu dans l'art. Sollicitudini Nostrae de Benoît XIV (1745) et l'affaire Crescence de Kaufbeuren*. Préface de André Chastel. Postface de Leonid Ouspensky. P., Cerf, 1984. ISBN 2-204-02112-1. 15 x 24 cm, 380 p.

– BRESSOLETTE, Claude. *Le pouvoir dans la société et dans l'Église. L'ecclésiologie politique de monseigneur Maret, dernier doyen de la faculté de théologie en Sorbonne*. Préface de Jacques Gadille. P., Cerf, 1984. 13 x 22 cm, 212 p. ISBN 2. 204. 02178. 4.

– BRUNEAU, Philippe. « L'archéologie de la République et du catholicisme dans la France du XIXe et du début du XXe siècle » dans *Revue d'archéologie moderne et d'archéologie générale* (= *RAMAGE*), n° 3, 1984-85, p. 13-48. ISSN O294. 0965.

– BUROLLET, Thérèse, conservateur en chef du musée du Petit Palais. *William Bouguereau, 1825-1905*. P., Petit-Palais, 1984. 22 x 24 cm, 268 p.

– CHARLES, Mgr Maxime. *La basilique de Montmartre. Le Cœur du Christ nous fait signe*. 83 120 Sainte-Maxime, C. I. F., 1984. 21 x 30 cm, 31 p.

– CHASLIN, François. « Sacré crime », compte rendu de l'exposition sur Paul Abadie, dans *Le Monde*, 2-3 décembre 1984.

– COUTURIER, Marie-Alain. *La vérité blessée*. Avant-propos de Michel Serres. P., Plon, 1984. ISBN 2-259-01087-3. 14 x 22 cm, 446 p.

– DHUYS, Jean-François. « Un paradis perdu. L'histoire exemplaire de Léon Moynet sculpteur de 1000 statues religieuses en terre cuite et créateur de l'art Saint-Sulpice » dans *Feuilles*, n° 8, printemps 1984, p. 71-75.

– FOUCART, Bruno. « Salons (Histoire de l'art) » dans *EU*.

– FOUCART, Bruno. « Saint François d'Assise et l'art français du XIXe siècle » dans *RHEF*, t. LXX, 1984, n° 184, p. 157-167.

– FOUCART, Jacques, conservateur au département des peintures du musée du Louvre et Bruno FOUCART, professeur à l'Université de Paris IV et à l'École nationale supérieure des beaux-arts. *Hyppolyte, Auguste et Paul Flandrin, une fraternité picturale au XIXe siècle*. P., Éditions de la Réunion des musées nationaux, 1984. 21 x 24 cm, 304 p.

– GRAFFIN, François, s. j. *Mystique et guide spirituel, Henri Diffiné, 1890-1978, prêtre de la compagnie de Jésus*. Préface de A. Ravier s. j. P., Saint-Paul, 1984. 13 x 19 cm, 164 p.

– HERVÉ, Marie-Noëlle. « Saint-Sulpice à l'encan » dans *Feuilles*, n° 8, printemps 84, p. 76-77.

– LAROCHE, Claude. *Entre archéologie et modernité, Paul Abadie, architecte, 1818-1884.* Catalogue de l'exposition. Angoulême, musée des beaux-arts, 1984. ISBN : 2-905221-01-1. 21 x 24 cm, 222 p.

– LE ROUX, Benoît. *Louis Veuillot, un homme, un combat, l'auteur et son message.* Paris, Téqui, 1984. 11 x 88 cm, 298 p.

– MANARANCHE, André, s. j. *Pour nous, les hommes. La Rédemption.* P., Fayard, Communion, 1984. ISBN 2-213-01370-5. 13 x 22 cm, 222 p.

– MAYEUR, Jean-Marie. *La vie politique sous la troisième République, 1870-1940.* P., Seuil, 1984. ISBN 2. 02. 006 777. 3. 11 x 18 cm, 296 p.

– MICHEL DE LA SAINTE-TRINITÉ, frère, des Petits Frères du Sacré Cœur. *Toute la vérité sur Fatima.* Vol. II. *Le secret et l'Église (1917-1942).* 10 260 Saint-Parres-les-Vaudes, Georges de Nantes, éditeur, Renaissance catholique, Contre-réforme catholique, 1984. 15 x 21 cm, 530 p.

– MOLTMANN, Elisabeth et Jürgen. *Dieu, Homme et Femme.* Traduit de l'américain par Marcelline Brun-Reyniers. P., Cerf, 1984. 14 x 24 cm, 148 p. ISBN 2. 204. 02194. 6. ISSN 0761. 4330.

– OURSEL, Hervé. « Les vitraux de l'église du Sacré-Cœur à Lille » dans *Revue du Nord,* t. LXVI, n°261/262, avril-sept. 1984, p. 599-618.

– PEREGO, Elvire. « Delmaet & Durandelle ou "la rectitude des lignes", un atelier photographique du XIX^e^. » dans *Photographies,* n° 5, juillet 1984, p. 54-75.

– PERIN, Patrick. *Lutèce, Paris de César à Clovis.* P., Société des amis du musée Carnavalet et musées de la ville de Paris, 1984. ISBN 2-901414-06-0. 20 x 24 cm, 432 p.

– PIERRARD, Pierre. *L'Église et les ouvriers en France (1840-1940).* P., Hachette, 1984. 15 x 24 cm, 600 p.

– PORTIER, Lucienne. *Le pélican. Histoire d'un symbole.* P., Éd. du Cerf, 1984. 10 x 14 cm, 160 p.

– POUPÉE, Henri. « Fer et fonte (architecture) » dans *EU.*

– ROSENBAUM-DONDAINE, Catherine. *L'image de piété en France, 1814-1914.* Préface de Jean-Pierre Seguin, notes conjointes avec Michel Albaric o. p. P., Musée-galerie de la Seita, 1984. 17 x 25 cm, 200 p.

– SAVART, Claude. « Autour de la « Piété ultramontaine » dans *RHEF,* t. LXX, 1984, n° 184, p. 199-204.

– THUILLIER, Jacques, professeur au Collège de France. *Peut-on parler d'une peinture « pompier » ?* P., PUF, 1984. ISBN 2 13 03 85 74 5. 15 x 24 cm, 68 p.

– TOURNIER, Jacques. *La commission de Fourvière au XIX^e^ siècle.* Communication présentée à l'Académie des sciences, belles– lettres et arts de Lyon, le 31 janvier 1984. 21 x 29 cm, 27 p. polycopiées.

– VAYSSAIRE, Jean-Jacques. *Un siècle d'art sacré en France, 1884-1984*. Le Vésinet, Centre des Arts et Loisirs, 1984. 15 x 22 cm, 28 p. Complément au catalogue: Frère Albaric, o. p., Bibliothécaire du Saulchoir, « Les pieux cadeaux », 7 p.

– ZEVI, Bruno « Rationaliste (architecture) » dans *EU*.

## *Année 1985*

– ALBARIC, Michel. « Images de piété, expression de la foi. À propos d'une exposition récente » dans *Rev. Sc. ph. th.*, n°69, 1985, p. 77-86.

– ARMOGATHE, Jean-Robert, École pratique des hautes études. *Croire en liberté, l'Église catholique et la révocation de l'Édit de Nantes*. P., O. E. I. L., 1985. 13 x 20 cm, 206 p.

– ARVEILLER, Michel. « Les débuts littéraires dc Léon Bloy, à propos d'une conférence inédite faite à Périgueux en 1872 (?) » dans *Annales littéraires de l'université de Besançon*, vol. CCC, Hommages à Jacques Petit, t. I. P., Les Belles Lettres, 1985.

– BEAUNE, Colette. *Naissance de la nation France*. P., Gallimard, nrf, 1985. 14 x 23 cm, 432 p. ISBN 2. 07. 0703389. 4.

– BLACHE, Claire. « Les Évangélistes du clocher du Sacré-Cœur de Montmartre » (p. 188-190) dans *Jean Dampt,* maîtrise d'histoire de l'art. Université de Dijon, 1985. 21 x 29 cm, 200p.

– BRAUDEL, Fernand. *La Méditerranée et le monde méditerranéen à l'époque de Philippe II*. P., Armand Colin, (1966), 6e éd. 1985. 2 vol., 15 x 24 cm, 588 et 628 p. ISBN 2-200-37081-4.

– CARON, François. *La France des patriotes de 1851 à 1918*. T. 5 de l'*Histoire de France* sous la direction de Jean Favier. P., Fayard, 1985. 13 x 21 cm, 668 p. ISBN 2. 213. 01655. 0.

– CHALINE, Nadine-Josette. *Des catholiques normands sous la troisième République. Crises, combats, renouveaux*. Roanne, Éd. Horvath, 1985. 15 x 24 cm, 249 p. ISBN 27171. 0359. 7.

– CHEVALIER, Louis. *Les ruines de Subure. Montmartre de 1939 aux années 1980*. P., Robert Laffont, Les hommes et l'histoire, 1985. 15 x 24 cm, 372 p. ISBN 2-221-04828-8.

– CHOLVY, Gérard et Yves-Marie HILAIRE. *Histoire religieuse de la France contemporaine. 1800-1988*. Toulouse, Privat, 1985-1986-1988. 3 vol. 16 x 22 cm, 352, 460 et 570 p.

– DUCLOS, Paul, sous la direction de. *Les Jésuites*, t. I du *Dictionnaire du monde religieux dans la France contemporaine* sous la direction de Jean-Marie Mayeur et Yves-Marie Hilaire. P., Beauchesne, 1985. 16 x 24 cm, 272 p.

– DURAND, Yves, sous la direction de, Marius FAUGERAS, Marcel LAUNAY. *Le diocèse de Nantes*. P., Beauchesne, 1985. 13 x 21 cm, 450 p.

– GUÉDEL, Christophe. *Pour une intervention sur la butte Montmartre.* Travail personnel de fin d'études à l'Unité pédagogique d'Architecture n° 6 sous la direction de Bertrand de Tourtier, mai 1985. 21 x 29 cm, 155 p.

– HARVEY, David. « Monument and Myth : The Building of the Basilica of the Sacred Heart » (p. 200-228) dans *Consciousness and the urban experience. Studies in the history and theory of capitalist urbanisation*, Baltimore (Maryland), The Johns Hopkins University Press, 1985 ou dans *The urban experience*, Oxford, Blackwell, 1989. 13 x 21 cm.

– MAZIÈRES, Bernard. « Lionel Jospin aux rayons eXpress » dans *L'Express* du 11 au 17 octobre 1985.

– POULAT, Émile. « Présentation (des disciples de saint Vincent de Paul au XIXe siècle) » dans Serge Grandais, *Jean-Léon Le Prévost, 1803-1874*. Paris, Nouvelle Cité, 1985. 15 x 24 cm, 228 p.

– RIALS, Stéphane, professeur agrégé des Facultés de droit. *De Trochu à Thiers, 1870-1873* dans *Nouvelle Histoire de Paris*. P., diffusion Hachette, 1985. 21 x 26 cm, 614 p.

– ROTH, Daniel. « Le grand orgue du Sacré-Cœur de Montmartre à Paris » dans *La flûte harmonique*, publication de l'Association A. Cavaillé-Coll, n°spécial 33/34/35, 1985. 15 x 21 cm, 154 cm.

– SAVART, Claude. *Les catholiques en France au XIXe siècle. Le témoignage du livre religieux*. P., Beauchesne, 1985. ISBN : 2. 7010. 1070. 5. 13 x 22 cm, 718 p.

– THOMSON, Ian. « James Tissot, peintre de scènes religieuses » dans le catalogue de l'exposition *James Tissot*. P., Les musées de la Ville de Paris, 1985. 22 x 24 cm, 256 p.

– VALLIN, Pierre, s. j. « Le Père Henri Ramière (1821-1884) » dans *Bulletin de Littérature ecclésiastique* publié par l'Institut catholique de Toulouse, LXXXVI/1, 1985, p. 24-34.

– VEILLARD, Jean-Yves. « Elections du 6 mai 1906 : manifestation chez M. Armez, photographie d'après une carte postale. Musée de Bretagne, Rennes » à la p. 214 de Buhez (association), *Les Bretons et Dieu*. Rennes, Éd. Ouest-France, 1985. ISBN 2. 85882. 923. 3. 17 x 23 cm, 252 p.

### *Année 1986*

– BAZIN, Germain, de l'Institut. *Histoire de l'histoire de l'art de Vasari à nos jours*. P., Albin Michel, 1986. 15 x 24 cm, 652 p. ISBN 2. 226. 02787. 4.

– BERGDOLL, Barry. « La cathédrale de Marseille : fonctions politiques d'un monument éclectique » dans *Bull. Soc. Hist. Art français*, séance du 5 janvier 1985, année 1986 (publié en 1988), p. 129-143.

– BERTHOUD, Chanoine Émile (Annecy). « L'art sacré et son évolution au cours des siècles » dans *Esprit et Vie*, 6-XI-86, n° 45, p. 618-623.

– BLUCHE, François. *Louis XIV*. P., Fayard, 1986. 13 x 21 cm, 1038 p.

– BOUCHARD, François. « Les sculptures d'Henri Bouchard pour le campanile du Sacré-Cœur » dans *Bull. Ass. amis d'H. Bouchard*, n° 36, 1986, p. 32-33. ISSN 0181-0820.

– BRUNEAU, Philippe. « Études d'archéologie du catholicisme français. III. Linéaments d'une archéologie du catholicisme en France aux XIXᵉ et XXᵉ siècles » dans *RAMAGE*, n° 4, 1986, p. 127-150. ISSN 0294-0965.

– BUROLLET, Thérèse et Daniel IMBERT. *Le triomphe des mairies*. P., Musée du Petit Palais, 1986. 22 x 24 cm, 462 p.

– CHOLVY, Gérard. « Du Dieu terrible au Dieu d'amour : une évolution dans la sensibilité religieuse » dans *Communio*, n° XI, 3, mai-juin 1986, p. 118-126.

– [COSTE-FLORET, Alfred]. SCAPIN. « Propos d'un impertinent » dans *L'Avenir Français*, n° 42, mars-avril 1986 (journal de la démocratie chrétienne).

– DUMORTIER, Agnès. « Les monuments à bannir, interview de François Chaslin » dans *Murs, Murs*, n° 12, janvier 1986, p. 37-41.

– GLOTIN, Édouard, s. j. « Jean-Paul II à Paray-le-Monial ou pourquoi le 'Cœur' ? » dans *NRT*, n° 108, 1986, p. 685-714. Paru aussi en tiré à part avec un avant-propos : « Le Cœur de Jésus et l'intelligence croyante », 2 p., en vente au monastère de la Visitation à Paray-le-Monial.

– GUILLOT, Michel. *De Montmartre au mont Valérien*. 1986, 21 x 29 cm, 2 p. tapuscrites.

– GREMION, Catherine et Philippe LEVILLAIN. *Les lieutenants de Dieu, Les évêques de France et la République*. P., Fayard, 1986. ISBN 35-7306-0 96-IX. 15 x 24 cm, 414 p.

– JOEST, Thomas von, et Claudine de VAULCHIER. *Hittorff (1792-1867) un architecte du XIXᵉ*. P., Musée Carnavalet, 1986. 19 x 24 cm, 356 p.

– LAFFONT, Pierre. *Une histoire personnelle de la France au XIXᵉ siècle*. P., Robert Laffont, 1986. ISBN 2. 221. O4945. 4. 15 x 24 cm, 464 p.

– LAUNAY, Michel. *La CFTC. Origines et développement. 1919-1940*. P., Publications de la Sorbonne, 1987. Série France XIX-XX-25, Université de Paris I, Panthéon-Sorbonne. 16 x 24 cm, 486 p.

– LÉVY, André. *Nouvelles lettres édifiantes et curieuses d'Extrême-Occident par des voyageurs lettrés chinois à la Belle Époque* (1866-1906) introduites, commentées et traduites par A. Lévy. P., Seghers, 1986. 16 x 24 cm, 250 p. ISBN 2. 232. 10005. 7.

– MOUSNIER, Jehan, maire de la Commune libre du Vieux Montmartre. *Paris XVIIIᵉ arrondissement, historique & pittoresque*. P., M. Dansel, 1986. 12 x 21 cm, 250 p. (Voir déjà en 1976).

– PHAURE, Jean. *La France mystique de la Gaule à la fin des temps. Réflexions méta-historiques sur l'histoire de France.* Préface de Jacques d'Arès. Notes sur les armoiries de la France par Lucien Carny. P., Dervy, 1986. 14 x 22 cm, 202 p. ISBN 2. 85076. 188. 5.

– PINGEOT, Anne. *La sculpture française au XIXᵉ siècle.* P., Éd. de la Réunion des musées nationaux, 1986. 22 x 28 cm, 472 p.

– POPLIN, François. « Leroi-Gourhan, préhistorien de l'Yonne » dans *Bulletin de la Société des sciences historiques et naturelles de l'Yonne*, t. 118, 1986, p. 136.

– POULAT, Émile. *L'Église, c'est un monde. L'Écclésiosphère.* P., Cerf, 1986. 13 x 22 cm, 282 p. ISBN 2. 204. 02500. 3. ISSN 0768. 2190.

– POUPARD, cardinal Paul. « La France, fille aînée de l'Église » dans *Revue des deux mondes*, juillet et août 1986, p. 37-45 et 273-280.

– NORA, Pierre, sous la direction de. *Les lieux de mémoire. II. La nation* **. P., Gallimard, nrf, 1986. 16 x 22 cm, 662 p. ISBN 2. 07. 070659. 1.

– RENCONTRES DE L'ÉCOLE DU LOUVRE. *La sculpture du XIXᵉ siècle, une mémoire retrouvée. Les fonds de sculpture.* P., La Documentation française, 1986. 16 x 24 cm, 328 p.

– ROWELL, Margit, conservateur au musée national d'art moderne. *Qu'est-ce que la sculpture moderne?* P., Éd. du Centre Georges Pompidou/ *Le Petit Journal*, 1986. 21 x 30 cm, 16 p. ISBN 2. 85850. 369. 9.

– SIX, Jean-François. *Dieu, cette année-là.* P., Desclée de Brouwer, 1986. ISBN 2. 220. 02616. 7. 15 x 23 cm, 244 p.

– THUILLIER, Guy, et Jean TULARD. *La méthode en histoire.* P., PUF, Que sais-je? n° 2323, 1986. 11 x 18 cm, 128 p.

– TOURNIER, Jacques, président de la Commission de Fourvière. *Le temps des basiliques.* Conférence du 8 février 1986 à l'Académie de Villefranche en Beaujolais. 21 x 29 cm, 28 p. polycopiées. Extrait dans *Nouvelles de l'Ordre du Saint Sépulcre*, août 1987, n° 25, p. 10-12, ISSN 0247. 784. X.

– WEBER, Eugen. *Fin de siècle. La France à la fin du XIXᵉ siècle.* P., Fayard, 1986. 13 x 21 cm, 360 p. ISBN 2. 213. 01875. 8.

### *Année 1987*

– ALEFSEN DE BOISREDON, Yves. *Essai de théologie du Cœur du Christ.* Mémoire de maîtrise de théologie soutenu sous la direction du P. Claude Geffré. ICP, juin 1987. 21 x 29 cm, 116 p.

– BABELON, Jean-Pierre, inspecteur général des Archives de France. *Le Saint-Siège et la France. Douze siècles d'histoire.* Rome, Éd. Vaticane, 1987. 19 x 20 cm, 110 p.

– BARRE, Jean-Luc, conservateur du musée de Montreuil. *Le bel héritage, Th. A. Steinlen, rétrospective 1885-1922*. Montreuil, centre des expositions, 1987. 25 x 23 cm, 192 p.

– BOIME, Albert. « La statue de la liberté : une icône vide » dans *Le Débat*, mars-mai 1987, n° 44, p. 126-143.

– BOURDEAU, François. « Essai sur la composition par étapes du "Livre des visites au Saint Sacrement", de saint Alphonse de Liguori, à la lumière de ses sources » dans *Spicilegium historicum, Congregationis SSmi Redemptoris*, annus XXXV, 1987, fasc. 2, p. 233-309 ou bien, avec un liminaire de Jean Delumeau, dans *Alphonse de Liguori, pasteur et docteur*, P. Beauchesne, 1987. Coll. Théologie historique, n° 77., p. 321-366. ISSN 0563-4253. ISBN 2. 7010. 1144. 2.

– COMBES, André et Pierre Barral,... *Église-maçonnerie, condamnations ou malentendus ? Deux siècles de conflits. Actes du colloque de Toulouse des 7-8 février 1987*. Service Incroyance-Foi et Institut d'études et Recherches Maçonniques. 15 x 22 cm, 60 p.

– D. C. « Le hit-parade des monuments » dans *Libération*, 26 janvier 1987.

– DELUMEAU, Jean, sous la direction de. *La première communion, quatre siècles d'histoire*. P., Desclée de Brouwer, 1987. 16 x 24 cm, 312 p.

– DUPRONT, Alphonse. *Du sacré. Croisades et pèlerinages. Images et langages*. P., Gallimard, nrf, 1987. 14 x 23 cm, 542 p. ISBN 2. 07. 070892. 6.

– FOUCART, Bruno. *Le renouveau de la peinture religieuse en France (1800-1860)*. P., Arthéna, 1987. 21 x 28 cm, 440 p. ISBN : 2-90-3239-07-X.

– GLOTIN, Edouard. « Réparation » (1987) dans *DSAM*, 43 col. Vulgarisation : « La réparation » dans *Paray-le-Monial, revue du centre de pèlerinage*. Nouvelle série, n° 70, juillet 1986, p. 28-32.

– GUILGUET, Sabine. *L'imagerie du Sacré Cœur dans les paroisses parisiennes*. Mémoire de maîtrise rédigé sous la direction de M. Philippe Bruneau, Paris-IV Sorbonne, 1987. 21 x 29 cm, 90 p.

– HARTMANN, Paul. *Emile Hirsch, peintre-verrier, 1832-1904*. Sceaux, document polycopié, 1987. 21 x 29 cm, 18 p.

– [LAUNAY, Marcel]. *Chrétiens dans l'histoire du pays nantais. T. 4 : De la Révolution française à la loi de Séparation de l'Église et de l'État (1789-1905)*. Nantes, Éd. ADER (Association diocésaine de l'Enseignement religieux), 1987. 21 x 31 cm, 35 p.

– LAVAGNE, Henri, directeur d'études à l'EPHE, IVe. s. *La mosaïque*. P., PUF, Que sais-je ?, n° 2361, 1987. 11 x 17 cm, 125p. ISBN 2. 13. 040010. 8.

– LAVALLÉ, Denis. « Saint Michel au XIXe siècle » dans *Le Mont Saint-Michel*. Caisse nationale des Monuments historiques, 1987. 21 x 31 cm, 160 p.

– LE GALL, abbé Jean-Marie, curé. *Centenaire de Notre-Dame de la Victoire, 1887-1987*. Saint-Raphaël, 1987. 21 x 27 cm, 24 p.

– LÉGER, Xavier, prêtre du diocèse de Pontoise, arrière petit-fils de Louis Veuillot. « Louis Veuillot à Montmartre : Pourquoi ? » dans *Montmartre-Orientations*, n° 79, 1987, p. 23-24.

– LENIAUD, Jean-Michel. « Les flèches au XIX<sup>e</sup> siècle » dans *Le Mont Saint-Michel. L'archange, la flèche*. Caisse nationale des Monuments historiques, 1987. 21 x 21 cm, 160 p.

– LOYER, François. « Le Sacré-Cœur de Montmartre. L'Église souffrante et l'architecture triomphante » dans *Le Débat*, mars-mai 1987, n° 44, p. 144-156. Art. paru en hollandais et dont le texte français avait été aimablement communiqué à l'auteur : « Parijs-Montmartre : de lijdende kerk en de zegevierende kerk » dans *Vlaanderen*, (*vijf europese kathedralen*) n° 198, t. 33, janvier 1984, p. 4-13.

– MANCEAU, Jean. *Mgr Sibour*. P., Beauchesne, 1987. 13 x 21 cm, 198 p.

– MARTIN, Mgr Jacques. « M. Thiers, défenseur du pouvoir temporel du pape » dans *Revue des deux mondes*, mars 1988, p. 97-106. ISSN 0750. 9278.

– PIETRI, Luce. « Le premier millénaire du diocèse de Paris » dans *Paris, t. 1*, sous la direction de Bernard Plongeron. P., Beauchesne, 1987. 16 x 22 cm, 484 p.

– POULAT, Émile. *Liberté, laïcité. La guerre des deux France et le principe de la modernité*. P., Cerf, 1987. 13 x 21 cm, 439 p. ISBN 2. 204. 02923. 8.

– POULAT, Émile. « Pensée chrétienne et vie économique » dans *Foi et développement, Centre Lebret*, n° 155, oct. 1987. 21 x 27 p., 10 p. ISSN 0339. 0462.

– RÉMOND, René. « La Fille aînée de l'Église » dans *L'Histoire*, n° spécial 96, janvier 1987 : « Mille ans d'une nation, la France et les Français, 987-1987 ».

– RIALS, Stéphane. *Révolution et contre-révolution au XIX<sup>e</sup> siècle*. P., Éd. Albatros et Duc, 1987. 15 x 24 cm, 326 p.

– RIVE, Philippe, sous la direction de. *La Sorbonne et sa reconstruction*. Lyon, La Manufacture et Paris, Délégation à l'action artistique de la Ville, 1987. 25 x 28 cm, 230 p. ISBN 2. 904638. 97. 0.

– VAN DER MEER, Nele. *De Sacré-Cœur, voorbereiding, bouw en waardering van de basiliek van het Heilig Hart te Montmartre (La basilique du Sacré-Cœur à Montmartre : le vœu, la construction, l'opinion publique)*. Mémoire de fin d'études d'histoire de l'art sous la direction du Dr T. A. P. Van Leeuwen (Université de Leyde, Pays-Bas). 1987. 21 x 29 cm ; deux parties : textes et notes : 110 p., illustrations et suppl. : 120 p. Extraits traduits communiqués à l'auteur. « Chronologie du Sacré-Cœur » dans Claude Laroche, *Paul Abadie*, 1988, p. 252-255.

– VOILLAUME, René, Daniel MASSIGNON, Jean-François SIX. « Massignon et Foucauld » dans *Présence de Louis Massignon. Hommages et témoignages*. P., Maisonneuve et Larose, 1987. ISBN : 2. 7068. 0938. 8. 16 x 24 cm, 300 p.

## *Année 1988*

– ***. « Calculez votre degré de parisianisme » dans *L'Express Paris* du 25 au 31 mars 1988, p. 26-27.

– ***. *Catalogue des collections (1750-1900) de l'Académie d'architecture (ancienne Société centrale des Architectes)*. P., Éd. de l'Académie d'architecture, 1988. 25 x 31 cm, 250 p.

– ***. *Who's who in France. Dictionnaire biographique de personnalités françaises... et... étrangères résidant en France*. 20e éd. P., Jacques Lafitte, 1988. 22 x 30 cm, 1664 p. ISBN 2-85784-023-3. ISSN 0083-2531.

– AGULHON, Maurice. *Histoire vagabonde. I. Ethnologie et politique dans la France contemporaine. II. Idéologie et politique dans la France du XIXe siècle*. P., Gallimard, nrf, 1988. 14 x 22 cm, 320 et 306 p. ISBN 2. 07. 071201. X et 2. 07. 071202. 8.

– AMSON, Daniel. *Adolphe Crémieux. L'oublié de la gloire*. P., Seuil, 1988. 15 x 24 cm, 392 p. ISBN 2. 02. 010302. 08.

– BELTRAMELLI, Bruno, présentation par. *Chroniques de Seine-et-Marne au XIXe siècle. T. II : 1870-1871, Entre guerre et paix*. Chelles, Trait d'union de la Brie, 1988. 15 x 21 cm, 152 p. ISBN 2. 9502200. 4. 5.

– BENOIST, Jacques. « L'Opéra de Paris transformé en Sacré-Cœur » dans *Revue de l'art*, n° 82, 1988, p. 75-77.

– BENOIST, Jacques. « Le "bon molosse" amoureux du Sacré-Cœur » dans *Bulletin de la société des études bloyennes*, n° 3-4, nov. 1988, p. 61-71.

– BRANTHOMME, chanoine Henry, directeur honoraire de l'Association nationale des directeurs diocésains de pèlerinages (= ANDDP). « Historique de l'ANDDP » (p. 8-13) dans *Forum,* bulletin de liaison de l'ANDDP, n° HS, juillet 1988. Limoges, Tardy-ANDDP, 1988. 17 x 24 cm, 24 p. ISSN 072. 0794. Communiqué à l'auteur : *Quelques précisions sur monseigneur Edouard Lancelle et le comité national des pèlerinages (1901-1937)*. 21 x 27, 10 p. dactylographiées.

– CASIN, Renée, lauréate de l'Académie française et des Arts et Lettres de France. *Les catholiques et la Révolution française*. Montsurs, Résiac, 1988. 15 x 21 cm, 146 p.

– CHAPU, Philippe. « Démolir Paul Abadie ? » dans *Le Figaro* du 27 décembre 1988.

– CHARLES, Jacques, sous la direction de. *Trésors d'art sacré à l'ombre du Val-de-Grâce*. P., Délégation à l'action artistique de la ville de Paris, 1988. ISBN 2. 905. 118. 17. 2. 24 x 28 cm, 222 p.

– CHRIST, Yvan. « Hommage à un falsificateur. On ose réhabiliter Paul Abadie » dans *Le Figaro* du 16 novembre 1988.

– DUPERRAY, Éve. *Marie-Madeleine, figure inspiratrice dans la Mystique, les Arts et les Lettres*. Fontaine-de-Vaucluse, Musée Pétrarque, 1988. 22 x 28 cm, 86 p. ISBN 2. 906929. 03. 4.

– DUROSELLE, Jean-Baptiste, de l'Institut. *Clemenceau*. P., Fayard, 1988. 14 x 22 cm, 1078 p. ISBN 2. 213. 02214. 3.

– FURET, François. *La Révolution de Turgot à Jules Ferry. 1770-1880*. P., Hachette, 1988. 23 x 29 cm, 526 p. ISBN 2. 01. 009462.

– EDELMANN, Frédéric. « Architecture. Paul Abadie au musée des Monuments français. Un monstre au Sacré-Cœur » dans *Le Monde*, 11 novembre 1988, p. 26.

– GIRAULT DE COURSAC, Paul et Pierrette. *Louis XVI et la question religieuse pendant la Révolution. Un combat pour la tolérance*. P., Oeil, 1988. 15 x 24 cm, 352 p. ISBN : 2. 86839. 137. 0. Des mêmes : « La politique religieuse de Louis XVI » dans *Cahiers Louis XVI*, n° 3, p. 29-40.

– GITTON, Michel. « Paul Abadie, architecte » dans *Montmartre-Orientations*, suppl. au n° 94, Noël 1988, p. 34.

– HAMON, Hervé et Patrick ROTMAN. *Génération, 2. Les années de poudre, récit*. P., Seuil, 1988. ISBN 2-02-009864-4. 15 x 24 cm, 696 p.

– HARDOUIN-FUGIER, Elisabeth. *Voir, Revoir Fourvière*. Préface de S. E. le cardinal Albert Decourtray. 01110 Hauteville-Lompnes, Lardant Diffusion, 1988. 21 x 30 cm, 222 p.

– KELLER, Ulrich. « Durandelle, the Paris Opera, and the aesthetic of creativity. » dans *Gazette des Beaux-Arts*, t. CXI, n° 1428-1429, janv.-fév. 1988, p. 109-118.

– LAGARDE, Pierre de, et Alfred FIERRO, conservateur à la bibliothèque historique de la Ville de Paris. *Vie et histoire du XVIII^e arrondissement*. P., Éd. Hervas, 1988. 19 x 25 cm, 300 p. ISBN 2. 903118. 37. X.

– LAROCHE, Claude, architecte D. P. L. G., attaché à la Conservation Aquitaine de l'Inventaire général. *Paul Abadie, architecte (1812-1884)*. Exposition présentée du 4 nov. 1988 au 16 janv. 1989 au musée national des Monuments français. P., Éd. de la Réunion des musées nationaux, 1988. 22 x 24 cm, 372 p. Dossier de presse : 21 x 29, 7 cm, 20 p.

Principales contributions dues à : Marcel Durliat, Bruno Foucart, Marie-Paul Bault, Jacques Benoist, Françoise Bercé, Claude Laroche, Jean-Claude Lasserre, Jean-Michel Leniaud, François Loyer, Laurence Madeline, Nele van der Meer.

– LAURANT, Jean-Pierre. *Symbolisme et Écriture. Le cardinal Pitra et la « Clef » de Méliton de Sardes*. Préface d'Émile Poulat. P., Cerf, 1988. 15 x 24 cm, 368 p. Voir aussi en 1979.

– LENIAUD, Jean-Michel. *L'administration des Cultes pendant la période concordataire*. Préface de Claude Goyard. P., Nouvelles éditions latines, 1988. 14 x 22 cm, 428 p. ISBN 2. 7233. 0379. 9.

– LOYER, François. « Le Sacré-Cœur » dans *Les Beaux-Arts*, nov. 1988, p. 70-76.

– MESLIN, Michel. *L'expériences humaine du divin. Fondements d'une anthropologie religieuse.* P., Cerf, 1988. 13 x 21 cm, 421p. ISBN 2. 204. 02937. 8. ISSN 0587. 6036.

– MINISTÈRE DU TOURISME DU QUÉBEC. *Églises et sanctuaires du Québec*. 1988. 21 x 27 cm, 30 p.

– PENISSON, Pierre. « Quinet, philosophe de la protestation » dans *Corpus,* 1988, n° 7, p. 101-114. N° ISSN 0296-8916.

– PIERRARD, Pierre. *Les laïcs dans l'Église de France. XIXe-XXe siècle*. P., Les Éditions ouvrières, 1988. 14 x 21 cm, 298 p. ISBN 2. 7082. 2563. 4.

– PIERRARD, Pierre. *L'Église et la Révolution (1789-1889)*. P., Nouvelle Cité, 1988. 14 x 21 cm, 274 p. ISBN 2. 85313. 176. 2.

– TOUVET, Monique. « Le vœu de Madame Elisabeth » dans *revue des Filles du Cœur de Marie*, 1988, p. 47-48.

– TRANVOUEZ, Yvon. *Catholiques d'abord. Approches du mouvement catholique en France (XIXe-XXe siècle)*. P., Les Éditions ouvrières, 1988. 14 x 21 cm, 264 p. ISBN 2. 7082. 2559. 6.

– VALLIN, Pierre, s. j. « Le Sacré-Cœur dans la culture politique française » (p. 362-372) dans « Le Cœur du Christ et sa personne, 2 juillet 1688, 2 juillet 1988 », *Christus*, n° 139, n° spécial, juillet 1988. ISSN 0009. 5834.

## *Année 1989*

***. *Dévotion au Sacré-Cœur. Consécration des familles au Sacré Cœur. Consécration de la famille au Cœur immaculé de Marie. Association du Sacré Cœur pénitent pour nous, troisième degré de l'Archiconfrérie du Vœu national*. Une feuille 21 x 29 cm photocopiée diffusée en 1989. Arch. de l'A.

– AGULHON, Maurice. *Marianne au pouvoir. L'imagerie et la symbolique républicaines de 1880 à 1914*. P., Flammarion, Histoires, 1989. ISBN 2-08-211191-1. 13 x 22 cm, 45 p.

– ASSOCIATION FRANÇAISE D'HISTOIRE RELIGIEUSE CONTEMPORAINE. *Christianisme et science.* P., Vrin, 1989. 16 x 24 cm, 228 p. ISBN 2. 7116. 9617. 0.

– AUTAN, Marie-Hélène et Névine SARMENT. « Dieu premier servi. Le tricentenaire du message du Sacré Cœur. L'histoire du Sacré Cœur et de la France. La Basilique du Vœu national. Le message de 1689 ? Connais pas ! » dans *Présent*, samedi 17 juin 1989.

– BOUTET, Thierry. « 1689-1789. La raison séparée du Cœur » dans *L'Homme nouveau* du 5 mars 1989, p. 20.

– BUROLLET, Thérèse, Guénola GROUD, Daniel IMBERT, conservateurs au Petit Palais. *Quand Paris dansait avec Marianne. 1879-1889*. P., Éd. Paris-Musées, 1989. 22 x 29 cm, 300 p. ISBN 2. 7376. 2644. 7.

– COLIN, Pierre, sous la direction de. *Les catholiques français et l'héritage de 1789. D'un centenaire à l'autre. 1889-1989. Actes du colloque de l'Institut catholique de Paris, mars 1989*. P., Beauchesne, 1989. 13 x 22 cm, 406 p. ISBN 2. 7010. 1198. 1.

– [COLLIÈRES, Jean Gilles de, directeur de publications, fondateur responsable, nom de plume de E. Badoche selon Janine Boissard, secrétaire de la basilique]. *Agenda de la famille. Tricentenaire du message du Sacré Cœur. Catholiques, Jeunes Foyers, voici votre prière permanente. 1990*. 27e Édition corrigée. P., Éd. de la Rénovation familiale, 7, rue Emile-Level – 75017 Paris, 1989. 10 x 14 cm, 28 p.

– [COMEIRAS, Marie de]. « 1689. Un tricentenaire. 1989 » numéro 116 du mensuel *Dieu est Amour*, juin 1989, Éd. Téqui. ISSN 0180. 9288.

– CHIAPPE, Jean-François. *Louis XVI. III. L'otage*. P., Perrin, 1989. 13 x 20 cm, 536 p. ISSN 0. 768. 018. X ISBN 2. 262. 00654. 7.

– DE STEFANO ANDRYS, Maryse. *Jean Dominique Facchina ou le mosaïste de l'Opéra*. Mémoire de maîtrise d'italien soutenu en juillet 1989 à l'Université de Franche-Comté, des sciences du langage de l'homme et de la société. Sous la direction de Mmes Diaz, professeur d'italien et Derozier, professeur d'histoire de l'art. 21 x 29 cm, 162 p. Bonnes pages communiquées à l'A.

– DUCLOS, Paul. « Une pétroleuse convertie : Félicie Gimet et Pierre Olivaint » dans *RHEF*, t. LXXIV, n° 192, janv. 1988, p. 53-62. ISSN 300. 9505.

– DUFOUR, Père Gérard. « Tricentenaire ». « La dernière année de sainte Marguerite-Marie ». « Les derniers jours » dans *Paray-le-Monial, revue du centre de pèlerinages*, respectivement n° 88, juillet 1989, p. 5 ; du n° 89 au n° 94, de septembre à juillet 1990 et finalement n° 95, septembre 1990, p. 4-8.

– FALIÈRES-LAMY, Adeline. *La basilique Sainte-Clotilde*. Brochure extraite du tome 40 (1989) de *Paris et Ile-de-France, Mémoires publiés par la Fédération des Sociétés historiques et archéologiques de Paris et de l'Ile-de-France*. P., Société d'histoire et d'archéologie du VIIe arrondissement de Paris, 1989. 13 x 22 cm. p. 204-255.

– FOUCART, Jacques, membre de la Commission diocésaine d'art sacré du diocèse d'Amiens, ancien conservateur des objets d'art de la Somme [père de Jacques et Bruno Foucart]. *Note sur la statue de Notre-Dame de France à Saint-Honoré d'Amiens*. Trois pages (21 X 29 cm) dactylographiées, 1989. Communiquée par l'A.

– GARRIGUES, Juan-Miguel. « L'Église catholique et la politique » dans *Commentaire*, n° 47, automne 1989, p. 499-506. ISBN 2. 260. 00697. 3.

– GESGON, Alain. *Rue de la Liberté. Collection du musée de l'affiche politique*. Lille, sept. 1989. 21 x 29 cm, 10 p.

– GOINARD, Pierre. « Notre-Dame d'Afrique à Alger » dans *L'Algérianiste, bulletin d'idées et d'information*. N° 48, trimestriel, décembre 1989, p. 73-79.

– LACROIX, Pierre. « Le thème iconographique des stalles de Saint-Claude : Apôtres et prophètes au Credo » dans *Bull. de la Soc. d'émulation du Jura,* Besançon, 1989, p. 85-120.

– LEJEUNE-BONNIER, Eliane. « Abel Decaux (1869-1943) » dans *L'orgue*, n° 210, avril 1989, p. 4-9.

– LEVILLAIN, Philippe. « Révolution et Contre-Révolution : Emile Keller » dans *Communio*, XIV, 3-4, mai, 1989, p. 81-88. ISSN 0338. 781. X. ISBN 2. 907212. 20. 6.

– MADELINE-RICHET, Laurence. « Un peintre-décorateur : Charles Lameire (1832-1910). Le fonds Lameire au musée d'Orsay » dans *Revue du Louvre*, juin 1989, n° 3, p. 172-179.

– MADELINE-RICHET, Laurence. « Le "Catholicon" de Charles Lameire : une panacée pour les églises catholique ? » dans *Bull. Soc. Hist. Art français*, année 1987, éditée en 1989. p. 231-243.

– MARTIN, Jean-Clément. *La Vendée de la mémoire (1880-1980)*. Préface de Emmanuel Le Roy Ladurie. P., Seuil, 1989. 16 x 21 cm, 300 p.

– MAYEUR, Jean-Marie. « La Révolution française est un bloc » dans *Commentaire*, Julliard, n° 45, Printemps 1989, p. 145-152. ISBN 2. 260. 00669. 8.

– MIQUEL, Pierre. *La troisième République*. P., Fayard, 1989. 14 x 22 cm, 742 p. ISBN 2-213-02361-1.

– MUSÉE d'ORSAY. *1889, la tour Eiffel et l'Exposition universelle*. P., Éd. Biro, 1989. 21 x 29 cm, 96 p. ISBN 2. 87660. 038. 2. ISSN 0986. 4997.

– OJALVO, David, conservateur en chef des Musées de France. Max *Jacob et les artistes de son temps. De Picasso à Dubuffet*. Musée des beaux-arts d'Orléans, 1989. 22 x 22 cm, 240 p.

– OGLIASTRO, Jacques. « 89 : l'année du tricentenaire » dans *Le Chardonnet*, n° 43, janvier 1989.

– ORY, Pascal. *1889. La mémoire des siècles. L'Expo universelle*. Bruxelles, Complexe, 1989. 11 x 18 cm, 154 p. ISBN 2. 87027. 277. 4.

– PFEIFFER, Heinrich. « L'enseignement des images » dans *Communio*, n° XIV, 6 – novembre 1989, p. 25-38. ISSN 0338-781X.

– POISSON, Georges. « Le sculpteur Armand Bloch et le monument du chevalier de La Barre » dans *Bull. Soc. Hist. Art français*, 1990, p. 297-308.

– POULAIN, Dominique. *1589. 1689. 1789. 1929. 1989.* Conférence donnée lors de la célébration des Oblats-Patriotes du 8 janvier 1989, Centre national, 76, rue Nollet, 75017 Paris. 21 x 29 cm, polycopiées, 6 p.

– SOURISSEAU, Pierre. « Les derniers mois dans le monde du vicomte Charles de Foucauld (I. De février à juillet 1889) » dans *Bulletin trimestriel des Amitiés Charles de Foucauld*, n° 95, juillet 1989, p. 4-12. ISSN 0246. 1862.

– VORGES, François de. « Consacrer la France au Sacré Cœur ? Le sens caché de la consécration » dans *Montmartre-Orientations*, suppl. au n° 99, fêtes du Sacré Cœur, p. 4-5.

## *Année 1990*

– AUDRERIE, Dominique. *Visiter Riberac*. Bordeaux, Éd. Sud-Ouest, 1990. ISBN 2. 95. 983. 74. 4. 16 x 23 cm, 32 p.

– BLANCHETTE, Jeannine T. « Le Sacré Cœur : dans le sillage d'un jubilé » dans *Le Royaume (La Famille des Fils et Filles de Marie)*, n° 75, juillet 1990, p. 9-11. ISSN Québec 0713-3413.

– BOUTRY, Philippe. « Le Roi martyr ». La cause de Louis XVI devant la Cour de Rome (1820) dans *RHEF*, t. LXXVI, n° 196, janvier 1990 ; p. 57-72. ISSN 300. 9505.

– BRANCHE, Pierre. « Le vieux bras de fer des communards et des cléricaux » dans *Le Figaro* du 2 août 1990, p. 27.

– CHEMETOV, Paul (architecte, concepteur du ministère des Finances de Bercy). « Monuments controversés. Et vous, Paul Chemetov que démoliriez-vous ? Propos recueillis par Corinne Maier » dans *Le Quotidien de Paris* du 19 novembre 1990, p. 21.

– CITRON, Suzanne (historienne, dernier livre paru : *Le Mythe national, l'histoire de France en question*. Les Éditions ouvrières/EDI, 1987). « Qui nous délivrera de Charles Martel ? » dans *Libération* du mercredi 11 juillet 1990, p. 5.

– DEBIE, Franck, VEROT, Pierre. « Les constructions d'églises en France depuis 1925 » dans *Communio*, n° XV, 5 – septembre 1990, p. 38-70.

– DECOURTRAY, cardinal A. « Un renouveau pour l'Église de France. Homélie pour la solennité de sainte Marguerite-Marie » dans *Paray-le-Monial*, revue du centre de pèlerinage, n° 96, novembre 1990, p. 6-11.

– DORIN, Françoise. *Nini Patte-en-l'air*. P., Laffont, 1990. ISBN 2-221-05965-4. 13 x 22 cm, 350 p.

– DUFOUR, P. Gérard, sj. « *À l'école du Cœur de Jésus avec Jean-Paul II* ». P., Éd. Renouveau-Service, 1990. 160 p. (On y trouve l'allocution du souverain pontife à Montmartre le 1er juin 1980).

– FOUCART, Jacques (père de Bruno et Jacques F.) « La vie et la mort du chevalier de La Barre selon Max Gallo. Essai de mise au point » dans *Bull. de la Soc. d'émulation d'Abbeville*, t. XXVI, fasc. 5, 1990, p. 621-649.

– JAY, Pierre. « Edouard-Henri Weber o. p. *Le Christ selon saint Thomas d'Aquin* » dans *Esprit & Vie* du 14 juin 1990, p. 343-345.

– JEAN-NESMY, dom Claude. « Marcel Proust » dans *Esprit & Vie*, du 8 mars 1990, p. 159.

– GARDES, Gilbert. « L'architecture de la République dans le département du Rhône (1871-1939) » dans le catalogue de l'exposition *Le Rhône, Naissance d'un département*. Lyon, Conseil général du Rhône, 1990. 21 x 30 cm, 400 p. environ.

– GRUNER, père Nicolas, fondateur et directeur de l'« International Fatima Rosary Crusade ». « Fatima. Lettre ouverte au pape Jean-Paul II » dans *Courrier de Rome. Si si no no*, année XXIII, n° 116, juillet 1990, p. 1-12 (24 x 34 cm).

– GUÉNÉ, Hélène. *Odorico, mosaïste art déco*. Bruxelles, Les Archives de l'Architecture moderne, diffusion Hazan, 1990. Publication de la thèse de 1983.

– KALFLÈCHE, Jean-Marc. « Le pape, la basilique et la polémique » dans *Le Quotidien de Paris* du lundi 10 septembre 1990, p. 18.

– KONOPNICKI, Guy. « Libres propos. Notre-Dame du cacao » dans *Le Quotidien de Paris* du vendredi 14 septembre 1990, p. 2. Voir une lettre de Jacques Foucart en date du 20 septembre 1990, adressée au journal et communiquée à l'A. du présent travail.

– LE BAYON, Raymond. « Le gaz naturel à l'assaut de la butte Montmartre. La prise de la "forteresse" Sacré-Cœur » dans *Cinq sur 5, journal de communication interne destiné aux agents de la Direction Régionale de la Distribution EDF-GDF de Paris 4*, n° 43, janvier 1990, p. 2-3. ISSN 0399. 1865.

– LEGUILLE, M. et Mme (de la Somme). [Silence sur la] « fête du Sacré-Cœur » dans *La Croix* du 21 août 1990, p. 9.

– MAGGIORI, Robert. « Hildegarde, Lydwine, Louise, Marguerite. Les Belles du Seigneur » dans *Libération* du 1er février 1990, p. 21-23.

– MONNIER, J. -P., salésien de don Bosco. « Cœur de l'homme, Cœur de Dieu. Trois siècles d'images pieuses » dans *Paray-le-Monial*, n° 94, juillet 1990, p. 19-23.

– PONS, Bruno et Anne FORRAY-CARLIER. *La Rue du Bac*. P., Délégation à l'action artistique de la Ville de Paris, 1990. 19 x 24 cm, 256 p.

– RÉMOND, René. « Le Front national est un mutant », propos recueillis par François Bonnet dans *Libération* du 11 mai 1990.

– SESMAISONS, Gabriel de, responsable du groupe paroissiale des Adorateurs. « L'adoration eucharistique à Montmartre » dans *Saint-Pierre de Chaillot, informations paroissiales de la semaine du 11 mars 1990*, p. 4.

– TOUVET, Monique. *Comme une source à travers le feu avec Pierre de Clorivière (1735-1820). Un courant spirituel traverse les révolutions*. Chambray, CLD, 1990. ISBN 2-85443-186-3. 13 x 20 cm, 143 p.

– TRONCHE, Jean-Frédéric. « Le deuxième point le plus haut de Paris voit 6 millions de visiteurs par an. Le Sacré-Cœur entre tourisme et méditation » dans *France-Soir, gratuit, quartier* du mercredi 30 mai 1990, intitulé « Pigalle, Clichy : un sacré cœur », p. 8.

– VORGES, François de, GITTON, Michel, etc. « Le Sacré Cœur : où en sommes-nous ? Le Sacré Cœur est-il nationaliste ? Équivoques autour de la réparation. La nouvelle évangélisation. Du Sacré-Cœur au Cœur de Jésus. Miracle au Sacré-Cœur » dans *Montmartre-Orientations,* suppl. au n° 108, juin 1990, p. 3-12.

– VOZELLES, J. de. « La bannière du Sacré Cœur » dans *Supplément au Bulletin paroissial de Loigny-la-Bataille*, avril 1990, n° 79, p. 46-47.

### *Année 1991*

– BOGGIO, Philippe. « Pigalle fin de partie » dans Le *Monde* en date du 12 octobre 1991.

– BRAIRE, Jean. *Sur les traces des Communards. Guide de la Commune dans Paris d'aujourd'hui*. P., Les Éditions ouvrières, 1991. 17 x 24 cm, 224 p.

– BRISACIER, Georges. « Un double centenaire de la chapelle du 174, rue Championnet, Paris 18e » dans *Bull. de la paroisse Sainte-Geneviève*, mai 1991. 21 x 29, 7 cm, 5 p.

– CHLASTACZ, Michel. « Montmartre, l'album du funiculaire » dans *la Vie du rail,* n° 2322 du 5 décembre 1991, p. 27-32.

– DESCOUVEMONT, Pierre. *Thérèse et Lisieux*. P., Cerf, 1991. 21 x 24 cm, 336 p.

– DRÈZE, Jean-François. *Raison d'État, raison de Dieu. Politique et mystique chez Jeanne de France*. Préface de Francis Rapp. P., Beauchesne, 1991. 13 x 21 cm, 328 p.

– FOUCART, Jacques. « Un Paris de l'incertitude » dans Claude Eveno, sous la direction de, *Paris perdu*. P., Carré, 1991. 24 x 30 cm, 320 p. ISBN 2-908-393-11-5.

– HOBBY, « Chevaux du silence » dans *Equus international*, n° 4, 1991, Javercy, 28300 Coltainville, p. 18-22.

– VAN STOCKUM, Général Ronald R. « Général Baron Athanase Charles de Charette de la Contrie », chap. XIV de *Kentucky and the Bourbons. The story of Allen Dale Farm.* Louisville, Kentucky 40208, Filson Club Pblications, 1991. 16 x 24 cm, 258 p. ISBN 0-9601072-5-8.

# V – *RÉFÉRENCES ICONOGRAPHIQUES*

Les « illustrations » suivantes (deux cents environ) sont complémentaires du récolement photographique de la Ville de Paris utilisé pour décrire les œuvres des artistes du Sacré-Cœur dans le dictionnaire précédent (environ deux cent cinquante). En fait elles constituent plus des références iconographiques complétant les références bibliographiques que des illustrations proprement dites.

Lors de la fabrication de l'ouvrage, il a fallu en ignorer certaines par rapport à la version universitaire photocopiée. Par commodité, cependant, leurs renvois ont été maintenus dans les notes. On les trouvera dans le volume 3, à paraître.

*Alexandre-Félix Legentil par J.A.D. Ingres.* Dessin sur papier, 322 x 239 mm. Signé et dédicacé : Ingres Del. / à Madame / Marcotte. Localisé et daté : au Poncelet / 29 août 1846. Propriétaire : François-Louis de la Maisonneuve (Paris) (extrait de Hans Naef, 1977, t. II, chap. 127, p. 294, n° 404). Chap. 1.

*Marie Marcotte, épouse Alexandre Legentil par J.A.D. Ingres.* Dessin sur papier, 320 x 239 mm. Signé et dédicacé : Ingres Del. / à Madame / Marcotte. Localisé et daté : au Poncelet / 28 août 1846. Propriétaire : François-Louis de la Maisonneuve (extrait de Hans Naef, 1977, t. II, chap. 127, p. 292, n° 403). Chap. 1.

*A. -F. Legentil d'après le tableau de Hippolyte Flandrin peint en 1858.* Reproduction de l'héliogravure Dujardin (95 x 142 mm) imprimée par Ch. Wittmann (extraite de P. Bony, 1893, p. 2). Le tableau n'a pas été retrouvé. L'étude pour ce portrait est décrite par M. Lanvin, 1967, p. 202. Voir notre chap. 1.

MONSIEUR A. LEGENTIL
D'APRÈS LE TABLEAU DE HIPPOLYTE FLANDRIN
Peint en 1858

MONSIEUR A. LEGENTIL
D'APRES UNE PHOTOGRAPHIE DE PIERRE PETIT
Année 1882

*A. -F. Legentil photographié par Pierre Petit en 1882* (99 x 140 mm) (arch. familiales de Mme de Vassal ; P. Bony, 1893, p. 310 ; A. Legentil, *Méditations*, 1865, 2e édition de 1900, p. 1 et ***, *Pèlerins*, ..., 1920). Chap. 1.

*Château des Legentil dans le Vieux Saint-Ouen* (Seine-Saint-Denis), près de l'église, dominant la Seine, rue du Planty, proche d'une rue des Châteaux et d'une sente Legentil. Carte postale P. Sudan, édit. à Saint-Ouen, collection publiée entre la fin du collège Sainte-Anne (vers 1903) et la destruction du château (vers 1930) (110 x 170 mm) (arch. familiales). Chap. 1.

*Caveau des Legentil au Père-Lachaise* (photographie A. -M. Cazelles, 1989). Voir pièces justificatives et chap. 1.

*Ex-libris d'Alexandre (A) et Marie (M) Legentil* (se trouve dans Mgr Perraud, 1886 aux ASCM). Chap. 1.

*Hubert Rohault de Fleury par Ingres*. Dessin sur papier, 315 x 242 mm. Signé, dédicacé, daté : Ingres Del. / à Madame / Louise Marcotte / 1858 / 18 octobre. Musée des Beaux-Arts, Montréal (Hans Naef, 1977, t. II, chap. 127, p. 372, n° 446). Chap. 1.

*Louise Marcotte, épouse Hubert Rohault de Fleury par Ingres*. Dessin sur papier, 294 x 222 mm. Signé, dédicacé, localisé et daté : Ingres Del. / à Madame Marcotte / au Poncelet oct/1848. Georges Renand, Paris (Hans Naef, 1977, t. II, chap. 127, p. 304, n° 410). Chap. 1.

*Hubert Rohault de Fleury vers 1900*, Le Puits, Chauconin. Photographie 125 x 177 mm (arch. fam. de Mme de Vassal). Chap. 1.

*Hubert Rohault de Fleury vers 1908*. Photographie 105 x 157 mm portant au dos : "Bon papa dans le petit salon jaune du 12 (Printemps 1908)" (arch. fam. de Mme de Vassal). Chap. 1.

*Caveau des Rohault de Fleury au Père-Lachaise* (photo 130 x 90 mm, A. -M. Cazelles, 1989). Voir nos pièces justificatives. Chap. 1. ▶

*Marine de Hubert Rohault de Fleury* d'après une photographie (5,5 x 9 cm) de la collection de Mme de Vassal. Une autre marine a été repérée, celle appartenant à Mme de Saléon. C'est une aquarelle signée, datée (mars 1885) qui mesure 52 x 68 cm. Chap. 1. ▶

*Léon Cornudet par A. Gusman et Cie* (extrait de P. Jonquet, 1890, p. 275). Chap. 1. ▶

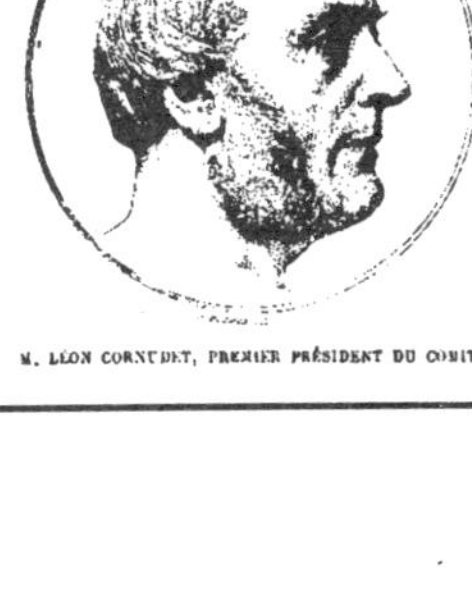

M. LÉON CORNUDET, PREMIER PRÉSIDENT DU COMITÉ

LES FONDATEURS DU VŒU NATIONAL

M. Legentil, M. Rohault de Fleury.
M. Baudon, M. Beluze.

◀ *Les fondateurs laïcs vus par P. Gusman, dessinateur et A. Gusman et fils* (P. Jonquet, 1890, p. 157). Chap. 1.

◀ *Le R. P. Monsabré* par A. Napier (P. Jonquet, 1890, p. 169). Chap. 2.

*Mgr Guibert.* Portrait d'après Victor Leduc, gravé par Alphonse Lamotte (gravure originale : 268 x 362 mm) (AHDP). Chap. 3.

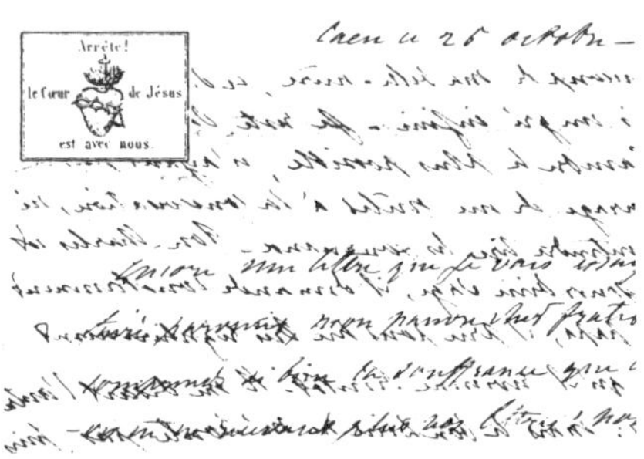


◄ *Timbre sauvegarde du Coeur de Jésus* utilisé par Madame Legentil sur une lettre en date du 26 octobre 1870 à Joseph Marcotte. La finesse de la feuille de papier explique la superposition des textes du recto et du verso (arch. fam.). Chap. 5.

◀ *Le salut de la France* : gravure de la page de garde de la biographie de Marguerite-Marie par Mgr Languet (1729, éd. de 1830) (bibliothèque de l'Institut catholique de Paris). Chap. 6.

*La bannière du Sacré-Coeur* brodée (au recto) par les Visitandines de Paray-le-Monial en septembre 1870 ; brodée (au verso) par les Carmélites de Tours en octobre ; portée par les Volontaires de l'Ouest du colonel de Charettes à la bataille de Loigny (Eure-et-Loir) le 2 décembre 1870. Au-dessus : *La Communion des Zouaves* (ce même 2 décembre) par Lionel Royer, tableau de l'ancien autel de l'église de Loigny-la-Bataille (cartes postales Dolbeau, Chartres). Chap. 6.

*Chapelle-calvaire des Herbiers, (Vendée),* construite à la suite d'un voeu prononcé en 1870 pour obtenir l'arrêt des troupes prussiennes (carte postale ancienne, Gany, 29, Bd Saint-Martin, Paris). Chap. 7.

*Plaque commémorative du voeu de Mgr Freppel* dans l'église Sainte-Madeleine du Sacré-Coeur d'Angers (photo Catherine Brisac). Chap. 7.

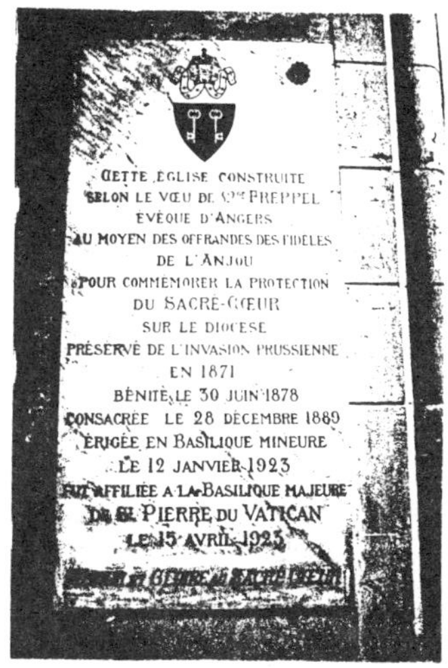


*Le prie-Dieu du P. Argand* sur lequel Legentil fit son voeu au collège Saint-Joseph ou des Feuillants de Poitiers *(Montmartre*, mai 1953, n° 192, p. 36). Prie-Dieu et plaque commémorative repérés à nouveau et photographiés en couleurs en 1990 par Anne-Marie Cazelles. Chap. 7.

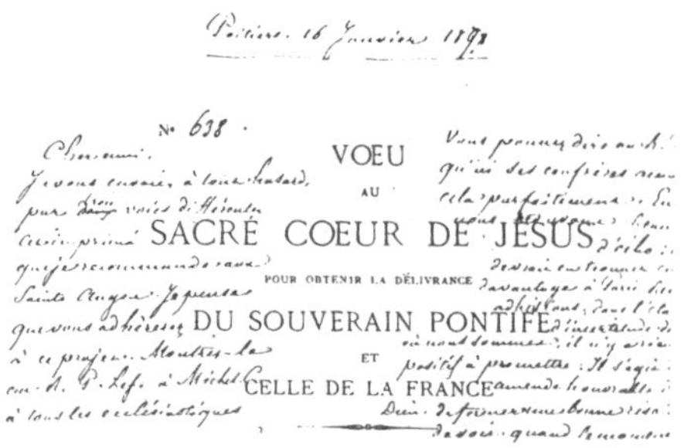
No 638

VOEU
AU
SACRÉ COEUR DE JÉSUS
POUR OBTENIR LA DÉLIVRANCE
DU SOUVERAIN PONTIFE
ET
CELLE DE LA FRANCE

*Titre du premier tract du Voeu au Coeur de Jésus* imprimé par Legentil (voir Legentil, *Voeu*..., 1871). Chap. 7.

# VŒU NATIONAL

**AU SACRÉ CŒUR DE JÉSUS**

**Pour obtenir la délivrance du Souverain Pontife**

**ET LE SALUT DE LA FRANCE**

*Titre du tract définitif du Voeu national* (Voir *BVN*, déc. 1873, p. 2). Chap. 7.

## L'Opéra de Paris transformé en Sacré-Cœur

*Projet de Charles Rohault de Fleury* daté du 2 avril 1871. 13,5 x 21 cm (ASCM. Voir aussi *Revue de l'art*, 82/1988). Chap. 8.

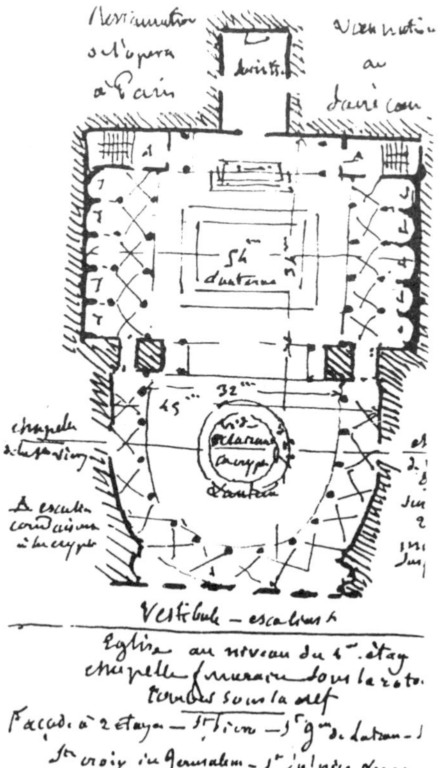


En haut à gauche
*Restauration de l'Opéra à Paris*

En haut à droite
*Vœu national au Sacré-Cœur*

Partie supérieure au centre
*Sacristie*
*54 m, 34 m*
*Lanterne*

Partie inférieure

— au centre
*32 m, 45 m, 43 m*
*Vide éclairant la crypte*
*Lanterne*

— à gauche
*Chapelle de la Ste Vierge*
*Escalier conduisant à la crypte*

— à droite
*Chapelle de Jeanne d'Arc*
*Surface environ 2 500*
*Madeleine Surface environ 1 800*

— en bas
*Vestibule - escaliers*
*Eglise au niveau du 1er étage*
*Chapelle funéraire sous la rotonde*
*Tombes sous la nef*
*Façade à 2 étages - St Pierre - St Jean du Latran - Ste Marie Majeure. Sainte Croix de Jérusalem - St Sulpice...*

*La chapelle Notre-Dame des Missions d'Aix-en-Provence* à laquelle pensait Mgr Guibert en l'été 1872 (photos M. de Saléon). Chap. 8.

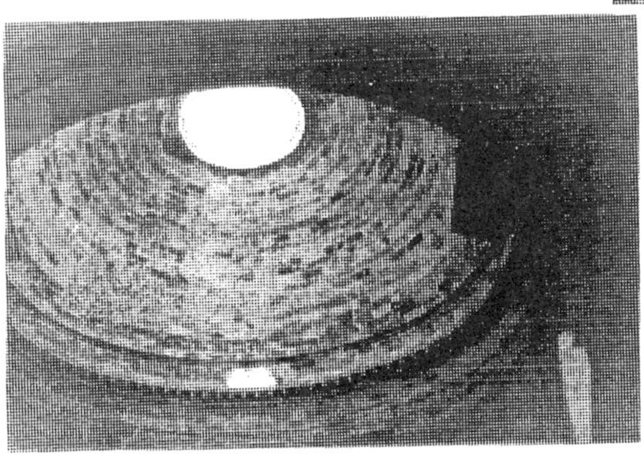

*Montmartre et la tour de Solférino* (détail de *Paris sans voiture* de H. Guesnu, 1867). Chap. 8.

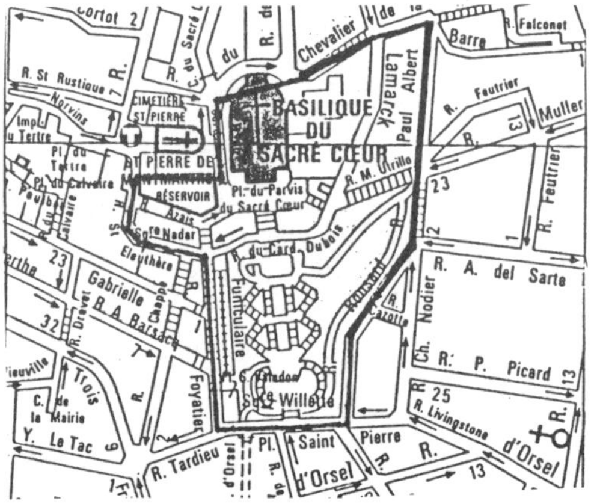


*Terrain "libre" à Montmartre en 1872* (carte Michelin au 1/1000, 1986, 11e édition). Chap. 8.

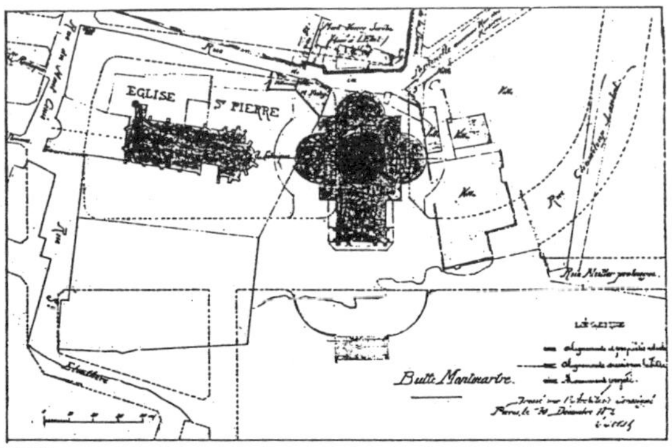


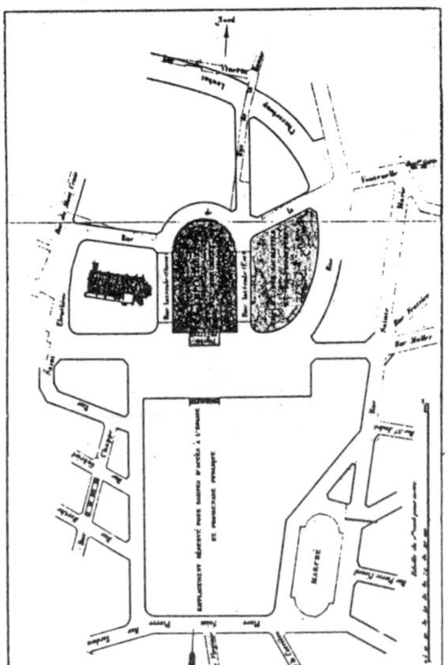

▲

*Implantations de l'église* en décembre 1872 (AHDP) et en décembre 1873 (*BVN*, décembre 1873). Pour l'échelle, remarquer l'église Saint-Pierre. Chap. 8.

◀

*Les six orateurs qui ont défendu le projet de loi* par P. Gusman, dessinateur et A. Gusman, graveur (extrait de P. Jonquet, 1890, p. 187). Une erreur : la loi est du 24 juillet 1873. Chap. 9.

*Paul Abadie par A. Gusman* et fils, graveur (extrait de P. Jonquet, 1890, p. 283). Claude Laroche, *Paul Abadie*, 1988, p. 29 et 33, n° 4, décrit ainsi le modèle du graveur : Anonyme. Portrait de P. Abadie. N.d. (vers 1879 ?). Photographie 21 x 15 cm. Paris, collection particulière. Chap. 10.

*Vue restituée de Saint-Front de Périgueux* par Léon Gauchcrel, dessinateur et graveur (extrait de *L'Architecture byzantine en France*, arch. Nele Van der Meer). Chap. 10.

*Saint-Front de Périgueux aujourd'hui* photographié depuis le quartier Saint-Georges, se reflétant dans l'Isle (photographie *Famille chrétienne)*. Chap. 10.

Plan de *Saint-Front de Périgueux* par Paul Abadie, église construite en 1850-1882 (communiqué par Nele Van der Meer). Chap. 10.

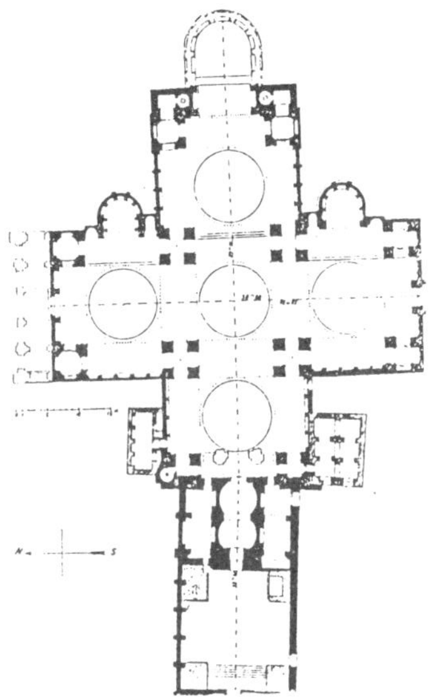

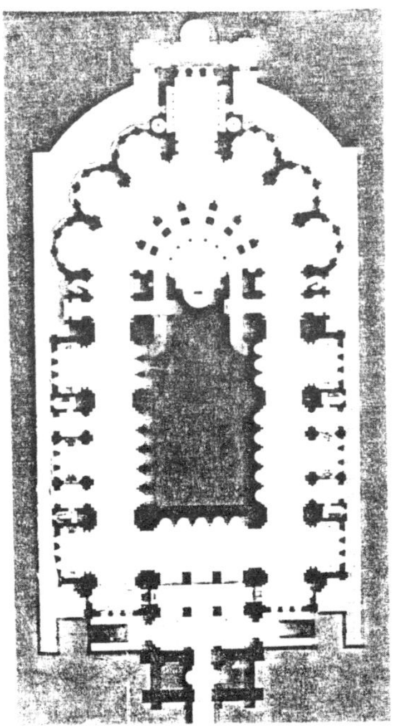

*Projet d'Abadie pour le concours de 1874 : Plan de l'église basse ou crypte.* (Reproduction photographique, original non localisé) (AHDP). Chap. 10.

*Projet d'Abadie pour le concours de 1874 : Plan de l'église haute.* Ech. 0,01. Sd : Abadie, 1er juillet 1874. Plume et aquarelle. 130 x 78 cm (ASCM). Chap. 10.

◀ *Projet d'Abadie pour le concours de 1874 : Coupe transversale.* Ech. 0,01. Sd : Abadie, 1er juillet 1874. Plume et aquarelle. 86 x 67 cm (ASCM). Chap. 10.

*Projet d'Abadie pour le concours de 1874 : Coupe longitudinale.* Ech. 0,01. Sd : Abadie, 1er juillet 1874. Plume et aquarelle. 92 x 124 cm (ASCM et AHDP). Reproduction d'une gravure (extraite de la *Construction moderne*, 5e année, P. Béraud graveur, communiqué par Nele Van der Meer). Chap. 10.

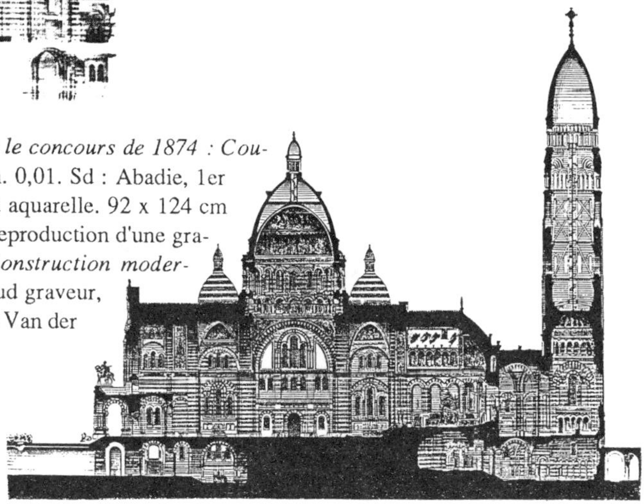

◀ *Projet d'Abadie pour le concours de 1874 : Elévation antérieure sud.* Ech. 0,01. Sd : Abadie, 1er juillet 1874. Plume, aquarelle et rehauts de gouache. 102 x 71 cm. (ASCM). Chap. 10.

*Projet d'Abadie pour le concours de 1874 : Elévation latérale est.* Ech. 0,01. Sd : Abadie, 1er juillet 1874. 90 x 115 cm. Plume, aquarelle et rehauts de gouache (ASCM). Chap. 10.

▶

*Projet d'Abadie pour le concours de 1874 : Perspective intérieure vers le choeur.* Sd : Abadie, 1er juillet 1874. Plume, aquarelle et rehauts de gouache. 74 x 53 cm (ASCM). Reproduction d'une gravure (*L'Univers illustré*, 17e année, n° 1031, 26 décembre 1874, p. 1 ; A. Auger-Hennequin, graveur, H. Clerget, dessinateur. Cet exemplaire de *L'Univers illustré* et les suivants m'ont été aimablement communiqués par Jean Airiau). Chap. 10.

▶

*Projet d'Abadie pour le concours de 1874 : Perspective extérieure depuis le sud-est.* Sd : Abadie, 1er juillet 1874. Plume, aquarelle et rehauts de gouache. 99 x 134 cm (René Hulot). Reproduction d'une gravure (*L'Univers illustré*, 17e année, n° 1011, 8 août 1874, p. 1 ; A. Auger-Hennequin, graveur, H. Clerget, dessinateur). Chap. 10.

▶

Projet de M. Devrez.

Projet de M. Noquet.

Projet de M. Deminuid.

Projet de M. Coquet.

◀ *Projets pour le concours* : Devrez, Noquet, Deminuid, Coquet (planche extraite de Paul Lesourd, 1937, coll. Hartmann). Chap. 10.

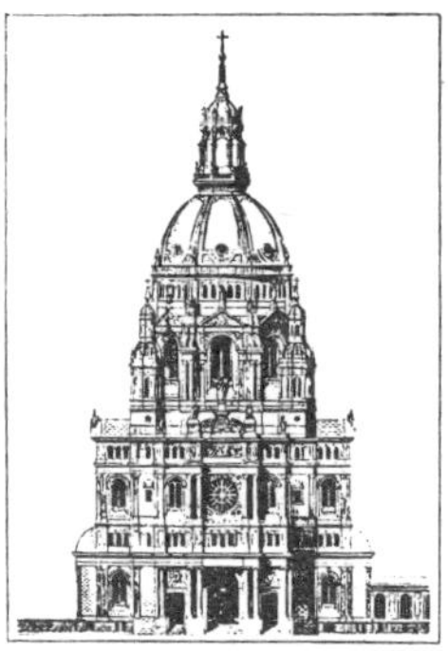

Projet de M. Crépinet (mention honorable)

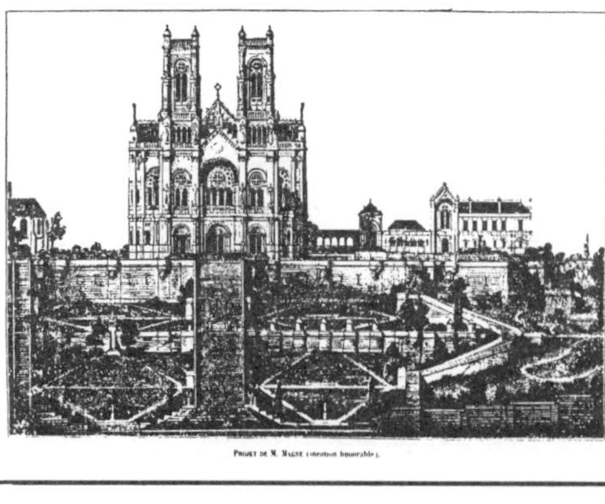

Projet de M. Magne (mention honorable).

◀ *Projets pour le concours* : Crépinet (mention honorable) et Magne (mention honorable). (Planche extraite de Paul Lesourd, 1937, coll. Hartmann). Chap. 10.

*Projet de Raulin et Dillon*, 9e prix (ASCM). Chap. 10.

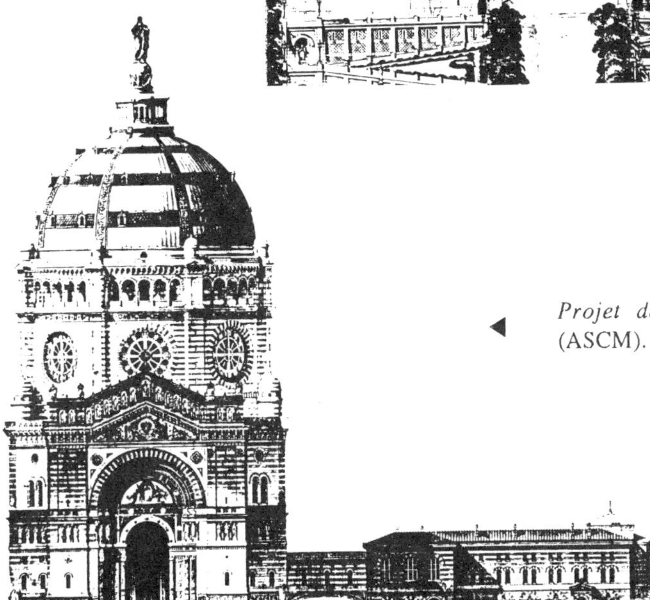

*Projet de Pascal,* 10e prix (ASCM). Chap. 10.

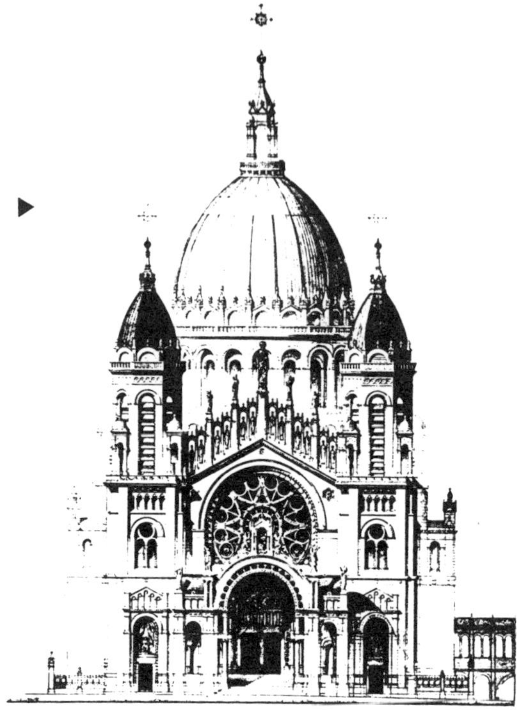

*Projet de Roux*, 8e prix (ASCM). Chap. 10.

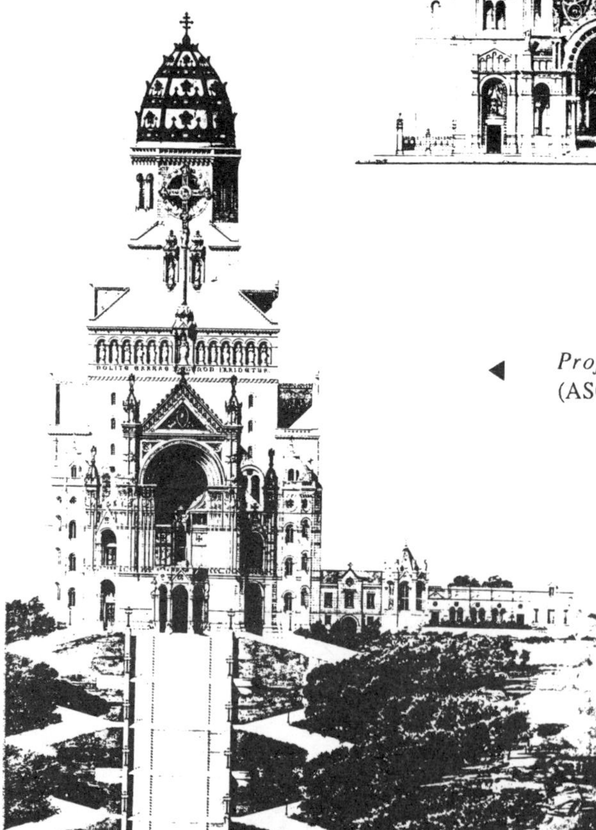

*Projet de Moyaux*, 7e prix (ASCM). Chap. 10.

*Projet de Coisel*, 6e prix (ASCM). Chap. 10.

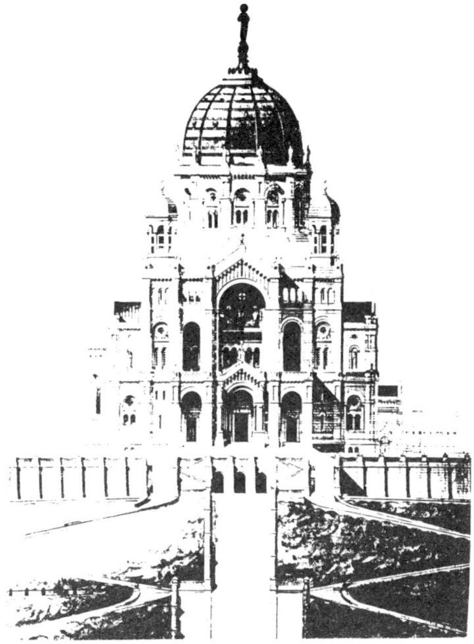

*Projet de Bernard et Tournade*, 5e prix (ASCM). Chap. 10.

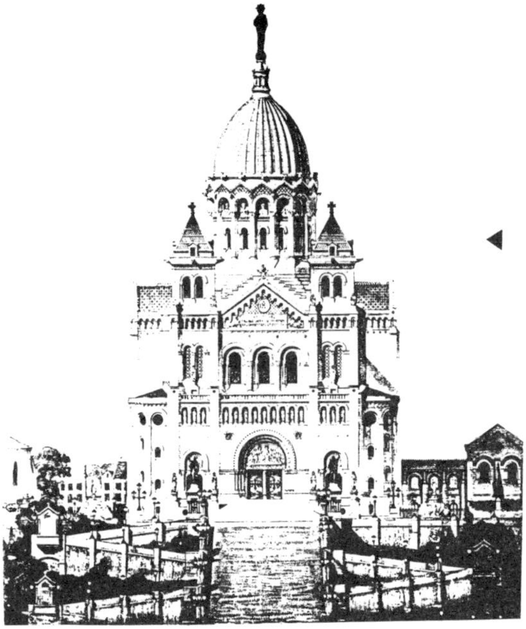

◄ *Projet des frères Douillard*, 4e prix (ASCM). Chap. 10.

◄ *Projet de Cazaux*, 3e prix (ASCM). Chap. 10.

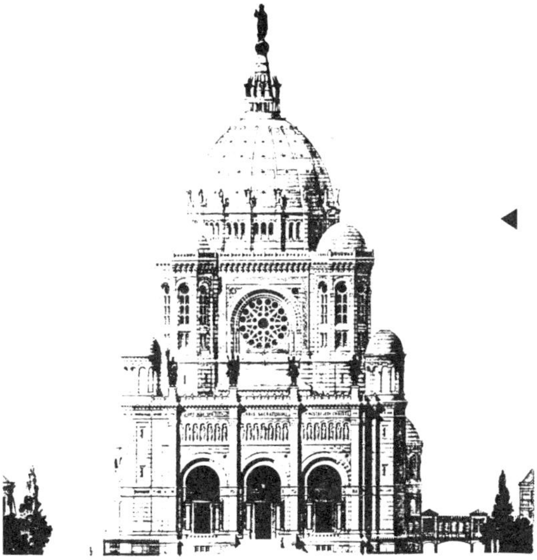

◀ *Projet de Davioud et Lameire*, 2e prix (ASCM). Chap. 10.

*La synagogue de la rue de la Victoire* inaugurée en 1874 : vue de la façade (*L' Univers illustré*, novembre 1874). Chap. 10.

*La célébration de la pose de la première pierre* (*L'Univers illustré*, 18e année, n° 1057, 26 juin 1875, p. 1. Gravure signée Trichon -?-). Voir aussi le dessin d'après nature de Gustave Janet dans Paul Lesourd, 1937, p. 346. Chap. 11.

*Fouilles aux Buttes Montmartre*. On reconnaît au fond à gauche la tour de Solférino abaissée pendant le Siège (*L'Univers illustré*, 9 mai 1874, n° 998, p. 1). Chap. 11.

*Implantation des 79 premiers piliers* (*BVN*, 1876, encart p. 272). Chap. 11.

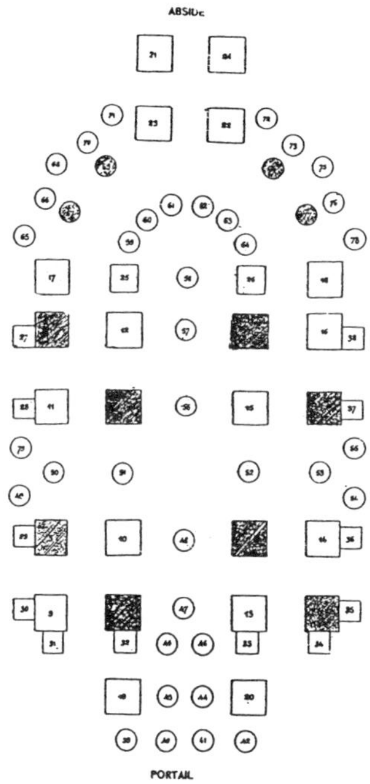


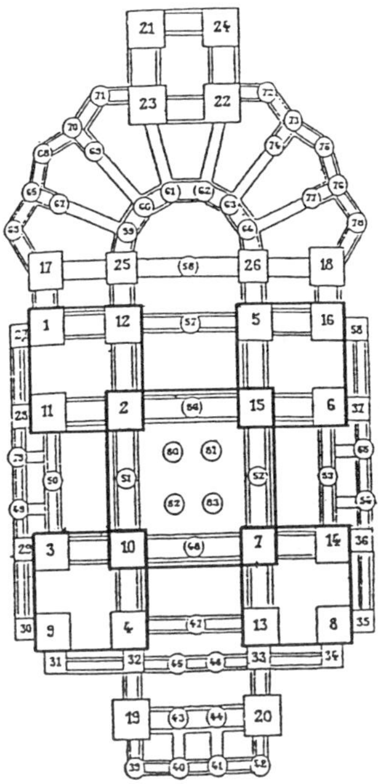

*Implantation des 83 piliers définitifs.* Ont été soulignés les cinq carrés de base (ASCM). Chap. 11.

*Superposition des plans des puits et de la crypte* (ASCM). Chap. 11.

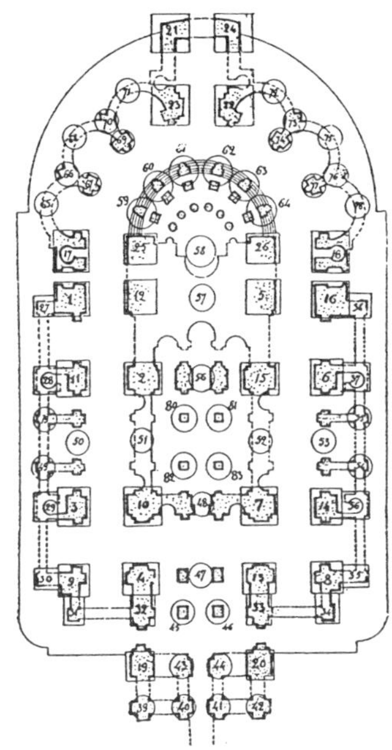

*Les entrées de la chapelle provisoire et du chantier.* Dessin de Hubert Rohault de Fleury signé et daté (8. 82) (*BVN*, 1883, suppl. de janvier, p. 10). Chap. 11.

◀ *La chapelle provisoire* : son entrée et son intérieur en 1876 (P. Jonquet, 1890, p. 251). Chap. 11.

*La chapelle provisoire* : son intérieur en 1876. On y devine la copie du Ribera donnée par le Gouvernement de la République (P. Lesourd, 1937, p. 369, coll. Hartmann). Chap. 11.

*Le cardinal Richard* par Muyot, graveur (P. Jonquet, 1890, p. 197). Chap. 12.

*Le cardinal Richard sur son lit de mort* (carte postale ELD offerte avec bien d'autres par Jean Airiau. Arch. de l'auteur). Chap. 12.

*Statue du Sacré-Coeur bénite en 1900, devant la propriété du cardinal Richard* (L'Echasserie, La Bruffière, Vendée) (Photographie Alain Volat, 1989). Chap. 12.

*Le cardinal Amette* (carte postale ELD, coll. de l'A.). Chap. 12.

*Trou de louve pratiqué dans les pierres et flacon de verre* scellé ensuite dedans : dessins signés HRF, Hubert Rohault de Fleury. Echelle 0,017. (*BVN*, 1879, p. 150). Chap. 13.

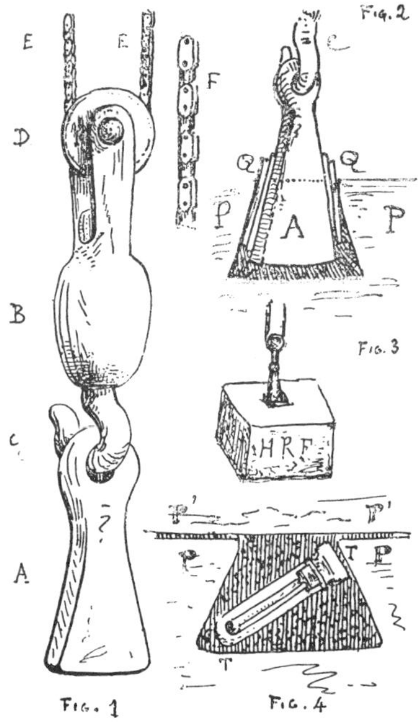


*Le Comité de l'Oeuvre du Voeu national dessiné par Hubert Rohault de Fleury*, le 27 octobre 1894 (arch. familiales de Mme de Vassal). Chap. 12.

*Une carte de souscription* (recto et verso) pour l'achèvement de la chapelle de la Sainte Vierge et du clocher (vers 1905) (ASCM). Chap. 13.

▶

▼

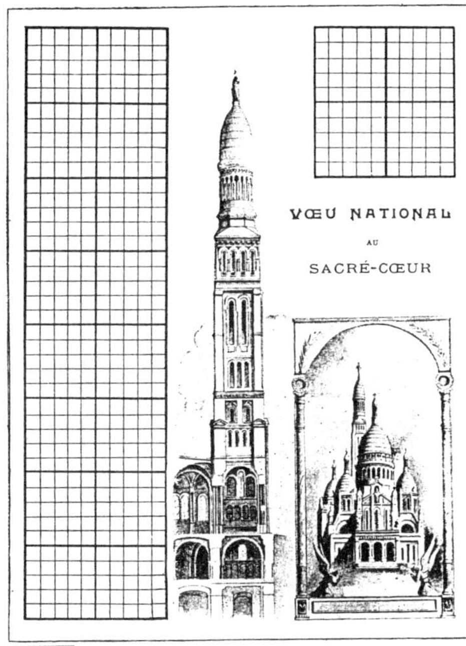


ACHÈVEMENT

DE LA

CHAPELLE DE LA SAINTE VIERGE ET DU CLOCHER

*Cette carte a pour but de permettre à toutes les bourses de donner une obole pour l'achèvement du Sanctuaire de l'Expiation. Hâtons l'heure de la divine Miséricorde. Encore un généreux effort et la France aura réalisé la demande du Sacré-Cœur !*

⁂

Prière de faire pointer avec une épingle chaque petit carré en demandant **un sou.** Vous aurez ainsi une offrande de vingt-cinq francs à envoyer, avec la carte, à **M. le Supérieur des Chapelains du Vœu National,** 31, rue de la Barre, Paris (XVIIIe).

*Un timbre* (non postal) pour la célébration de la consécration en 1919 et pour l'achèvement du Sacré-Coeur. C.M. Pinson, dessinateur, Ehret-Ruffy, graveur, Paris. 23 x 36 mm. Couleur sépia. Remarquer le projet du jardin (ASCM). Chap. 13.

▼

*Vue de la tranchée* en 1876. Dessin de H. Clerget (Paul Lesourd, 1937, p. 350, coll. Hartmann). Chap. 14.

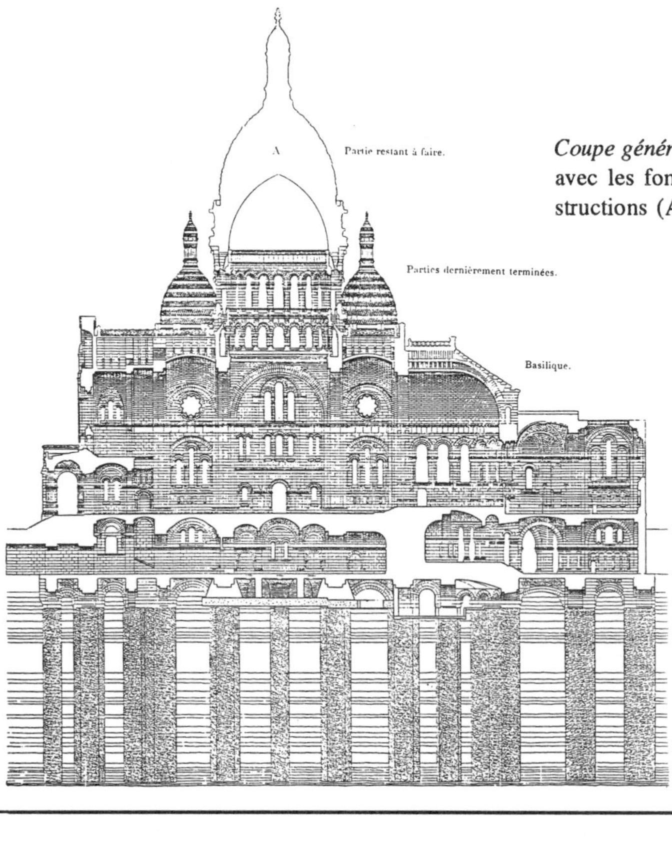


*Coupe générale du Sacré-Coeur* avec les fondations et les substructions (ASCM). Chap. 14.

*Façade du Sacré-Coeur en construction* (L. Béroul, dessinateur et J. Vitou, graveur. Extrait de *La Semaine du Constructeur*, 24 mai 1890, p. 572). Chap. 14.

*Le parvis* lors de sa restitution à la Ville de Paris (*BVN*, 1905, p. 97). Chap. 14.

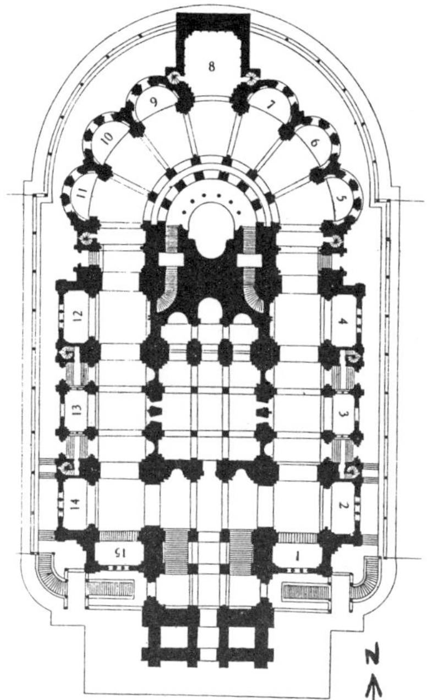

Plan de la Crypte

◄ *Plan de la crypte après exécution*, mais avant la construction du campanile (ASCM). Chap. 14.

◄ *Plan de l'église haute après exécution*, mais avant la construction du campanile (ASCM). Chap. 14.

*Comparaison des élévations latérales* du projet Abadie pour le concours de 1874 (en haut), du projet de modifications par Daumet (au milieu) et du monument réalisé (en bas, dessin de J. Goichot, AHDP). Les trois élévations sont à la même échelle (Claude Laroche, 1988 et *BVN*, 1912, respectivement p. 279, 281 et 285). Chap. 14.

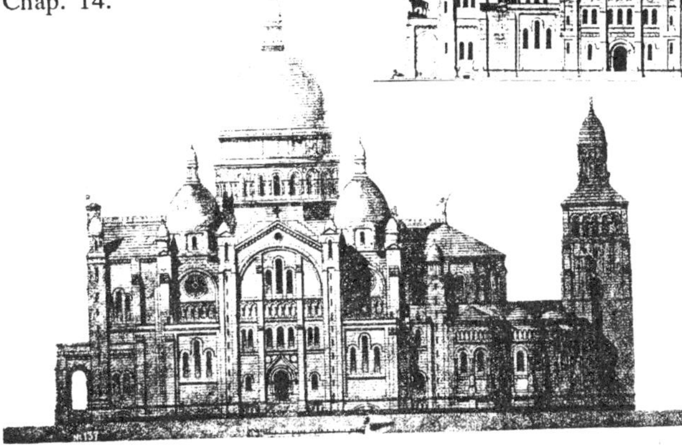

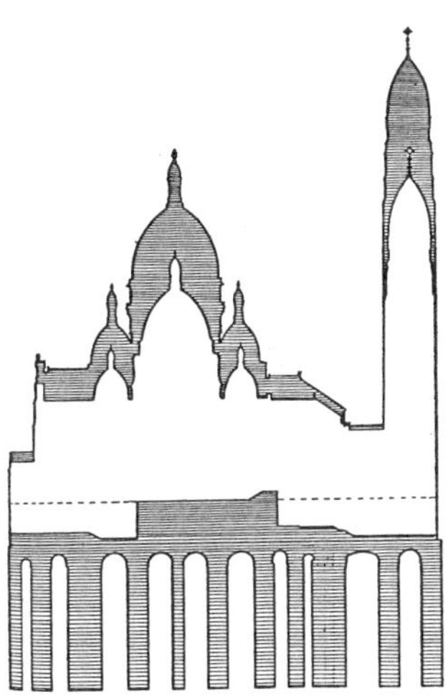

◀ *Superposition* du projet Abadie (en blanc) et du monument réalisé par Rauline quant au dôme et prévu par lui quant au campanile (en grisé) (*BVN*, 1896, suppl. juin, p. 27). Projet de campanile (*BVN*, 1901, p. 14 de l'avant-dernier supplément). Chap. 14.

◄ *Coupe du grand dôme* (*BVN*, 1896, p. 585). Chap. 14.

*Les cuisines de l'abbaye de Fontevraud* restaurées par Lucien Magne (photographie *Montmartre-Orientations*, Pâques 1987, n° 79, p. 22). Chap. 14.

▼

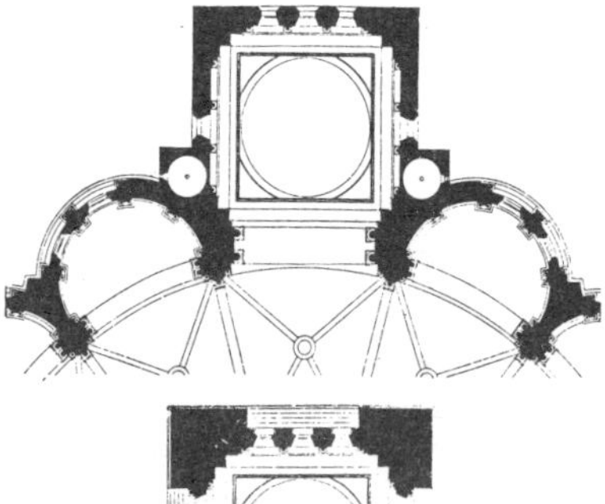

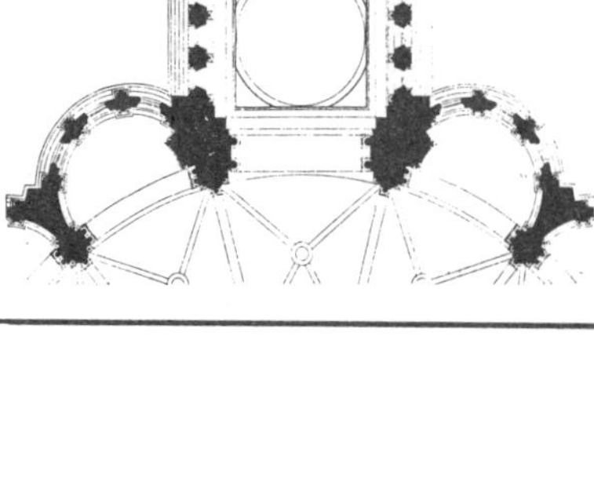

◄ *Le campanile* : comparaison du plan prévu par Paul Abadie et du plan réalisé par Lucien Magne (*BVN*, 1905, suppl. octobre, p. 22-23). Chap. 14.

*Le Sacré-Coeur achevé dessiné par Lucien Magne* (ASCM). Chap. 14.

*Toitures* du chevet, de la sacristie (construite vers 1930), de la maison d'accueil (vers 1960) (cliché 87 MO IV 11 du musée d'Orsay). Chap. 14.

*Comble* du chevet (87 MO IV 12, Orsay). Chap. 14.

*Extérieur du campanile* (base et mi-hauteur) et le Saint Michel de François Sicard (87 MO IV 16, Orsay). Chap. 14.

*Intérieur du campanile* et beffroi construit dans les années 1960 des quatre cloches qui accompagnent la *Savoyarde* (87 MO IV 6, Orsay). Chap. 14.

*Toitures* entre le chevet et le dôme et entre deux petits dômes (il y en a quatre ainsi) (87 MO IV 3, Orsay). Chap.

*Comble* d'un des quatre espaces décrits précédemment (87 MO IV 26, Orsay). Chap. 14.

*Comble de la grande coupole* avec l'escalier d'accès au lanternon (87 MO IV 34, Orsay). Chap. 14.

Gargouilles (87 MO IV 14, Orsay). Chap. 14.

*Autre gargouille* (87 MO IV 18, Orsay). Chap. 14.

*Projet d'abords par Hubert Rohault de Fleury* (?) (*BVN*, 1875, p. 498). Chap. 14.

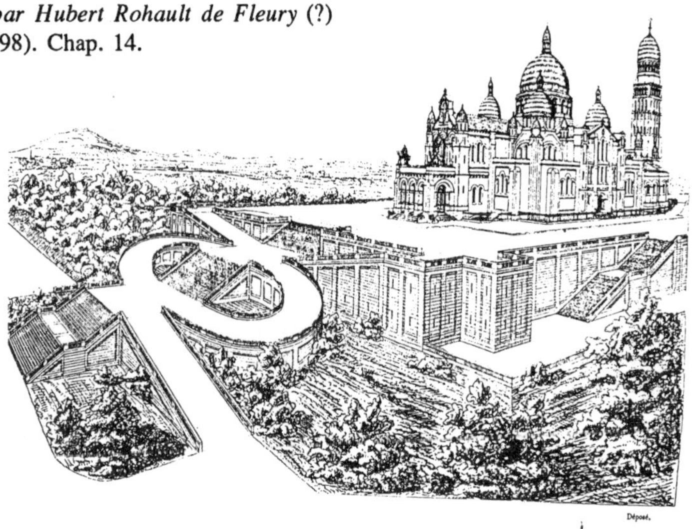


*Escalier monumental* d'après Paul Abadie par Ch. Goutzwiller vers 1889 (P. Alet, 1889, p. 353). Chap. 14.

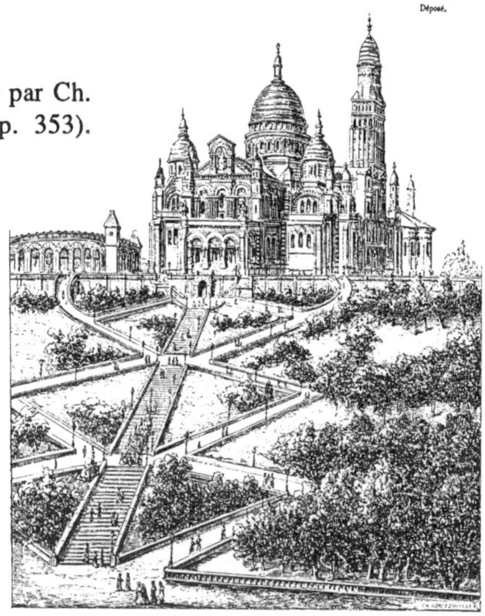

◄ *Projet d'abords par E. Tourfaut et E. Matthieu*, 1878 (*BVN*, 1878, suppl. mai, p. 3). Chap. 14.

*Projet d'embellissement de la butte Montmartre d'après le plan de Jean Alphand à l'Exposition universelle de 1889.* E. Gusman, dessinateur et A. Gusman et fils (P. Jonquet, 1890, p. 323). Chap. 14.

◀ *Le Sacré-Coeur et ses abords "rêvés" vers 1900.* Reprise des dessins de Clerget et de Goutzwiller. (P. Lemius, 1900, p. 8). Chap. 14.

*Vues des terrains vagues et du funiculaire à eau.* Carte postale AJH, d'avant 1919 (coll. de l'A.). Chap. 14. ▶

*Projet Formigé achevé*. Carte postale J.H. (coll. de l'A.). Chap. 14.

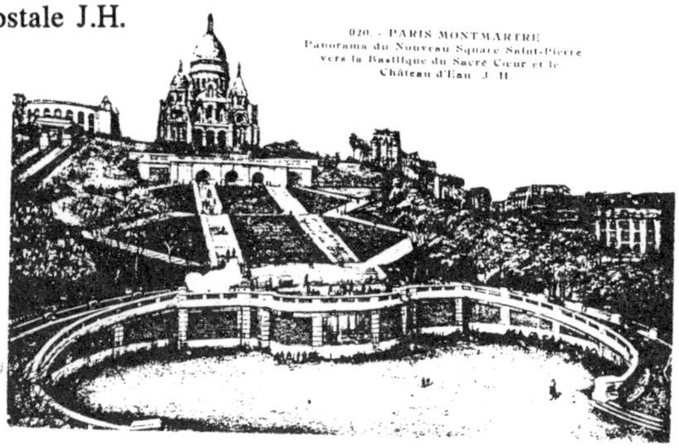

◄ *L'entrée de la basilique en 1900*. Carte postale PRS (coll. de l'A.). Chap. 14.

*Portraits des supérieurs des chapelains du Sacré-Coeur de Montmartre*. De gauche à droite. En haut : le R. P. Rey (1876-1885) ; le chanoine Peuportier (1903-1908). Au centre : Mgr Crépin (1908-1925) ; Mgr Flaus (1925-1943) ; le R. P. Lemius (1893-1901). En bas : Le R. P. Voirin (1885-1893) ; le R. P. Thiriet (1901-1903) (Paul Lesourd, 1937, p. 409). Chap. 15.

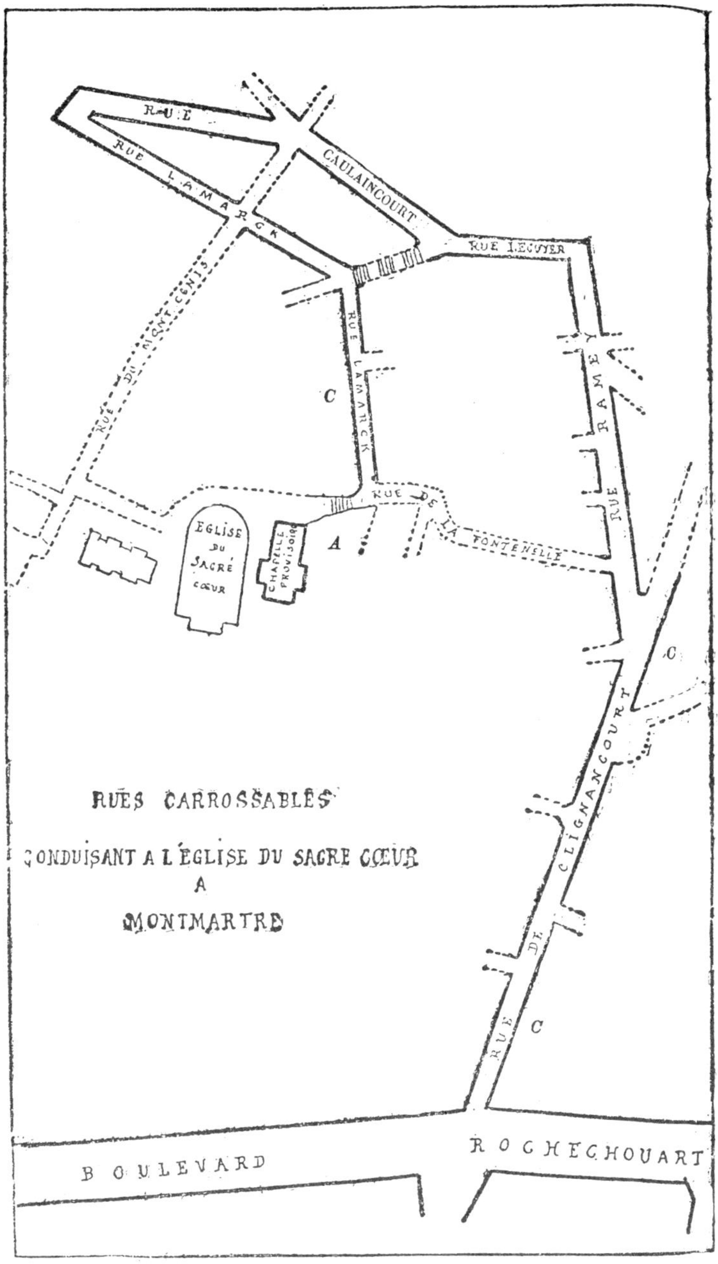


*Plan d'accès à la chapelle provisoire en 1878* (*BVN*, 1878, suppl. mai, p. 32). Chap. 16.

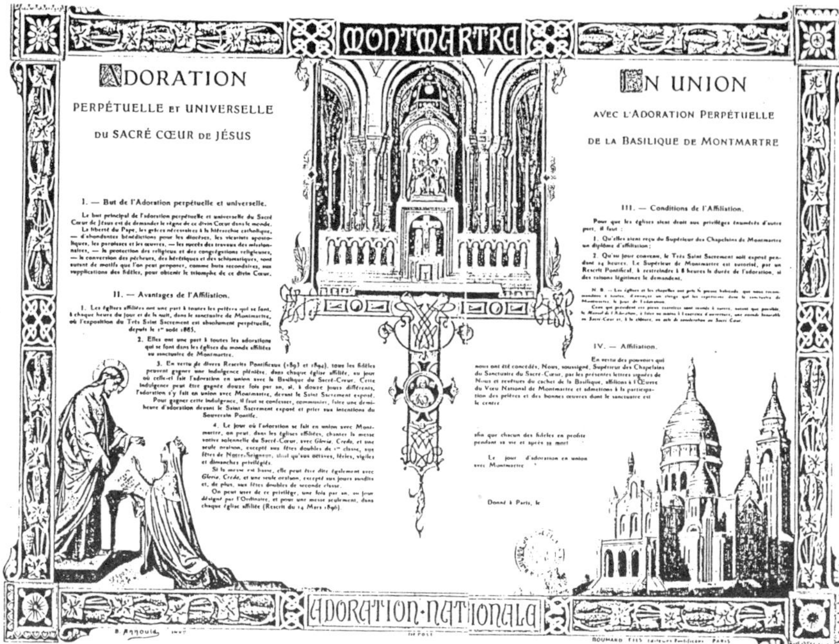


*Diplôme d'affiliation* à l'Adoration perpétuelle de Montmartre. B. Arnould, dessinateur et Boumard, éditeur. 36 x 51 cm. Réf. en ***, 1912 (ASCM). Chap. 17.

**INTENTION DU MOIS**

*Prier pour les intérêts de la France catholique en Orient.*

*Intention du mois de décembre 1913* pour les Dames adoratrices (dans *Bull. de l'union de prière*). Chap. 17.

**RECOMMANDATIONS**

Cœur de Jésus, je vous offre mon heure d'adoration pour le Souverain Pontife et la Sainte Église, pour la France et pour toutes les intentions suivantes :

| | |
|---|---|
| Paroisses | Grâces temporelles |
| Familles | Grâces spirituelles |
| Jeunes gens | Premières Communions |
| Mariages | Communautés |
| Conversions | Pensionnats et Écoles |
| Personnes affligées | Catéchismes |
| Malades | Œuvres pieuses |
| Réconciliations | Neuvaines |
| Défunts | Actions de grâces |

Je recommande ces intentions, pendant tout le mois, aux adorateurs de jour et de nuit à Montmartre.

N. B. — Mettre à côté de chaque titre le nombre de recommandations.

Imprimerie de Montmartre. — Aragno et Cie

Feuillet inséré dans le *Bulletin de l'Union de prière* et d'adoration (*Bulletin des dames adoratrices*, octobre 1919, ASCM).

*Diplôme de zélatrice* au temps du P. Voirin. Format 30 x 25 cm (ASCM). Chap. 18.

*La "grande promesse" et Montmartre* (ASCM). Chap. 18.

*La grande promesse du Sacré-Coeur et Montmartre* (ASCM). Chap. 18.

*Titre des statuts de l'Archiconfrérie du Sacré-Coeur*. Affiche : 32 x 48 cm. (Réf. cardinal Richard, 1904, ASCM). Chap. 18.

Diplôme de l'Archiconfrérie du Coeur de Jésus. *Diploma aggregationis. Archisodalitas sub titulo Sacratissimi Cordis Jesu.* B. Arnould, dessinateur, Boumard, éditeur. 30 x 43 cm. Réf. en ***, 1912 (ASCM). Chap. 18.

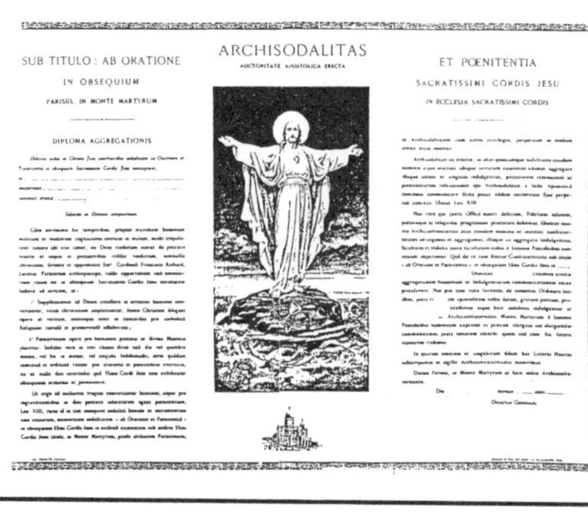


Diplôme de l'Archiconfrérie de prière et de pénitence. *Diploma aggregationis Archisodalitas sub titulo : ab oratione et poenitens in obsequium sacratissimi Cordis Jesu.* Maison Boumard, ancienne maison Letaille. 44 x 55 cm. Réf. ***, 1912 (ASCM). Chap. 18.

*Les Enfants de France au Sacré-Coeur*. Ed. Desclée, de Brouwer et Cie, Lille. Voir Réf. ***, *Les Enfants*..., 1900. (ASCM et ***, *Dieu est Amour*, 1989, p. 40). Chap. 18.

*Consécration d'une famille*. Ed. Boumard (ASCM). Chap. 19.

*Le Sacré-Coeur de Montmartre et la Savoyarde avec le drapeau français décoré d'un Coeur de Jésus et d'un bouquet de lys.* Montage rare. Carte postale J.H. (utilisée en 1912) (coll. de l'auteur). Chap. 19.

◄ *Le scapulaire du Coeur de Jésus et de Marie, Mère de miséricorde* (modèle toujours en vente en 1990 à la basilique) (coll. de l'auteur). Chap. 19.

*La dévotion au Sacré-Coeur de Jésus. Etablie en France par le clergé assemblé en 1765.* (Gravure) dédiée à la Reine. JJ Pasquier. Revue par A. Descoust pour Grimoüard, 1880, p. 144. Voir aussi *MCJ*, 1881, p. 161 ; P. Alet, 1889, p. 273 ; P. de Franciosi, 1892, p. 80 et *BVN*, 1891, p. 334. Chap. 19. ►

*Mes pensées, mes prières.* Carte postale 1913 LL (coll. de l'auteur). Chap. 20.

◀ *Assurance de prière en forme de Savoyarde* (extrait de Catherine Rosenbaum-Dondaine, 1984, p. 155). Chap. 20.

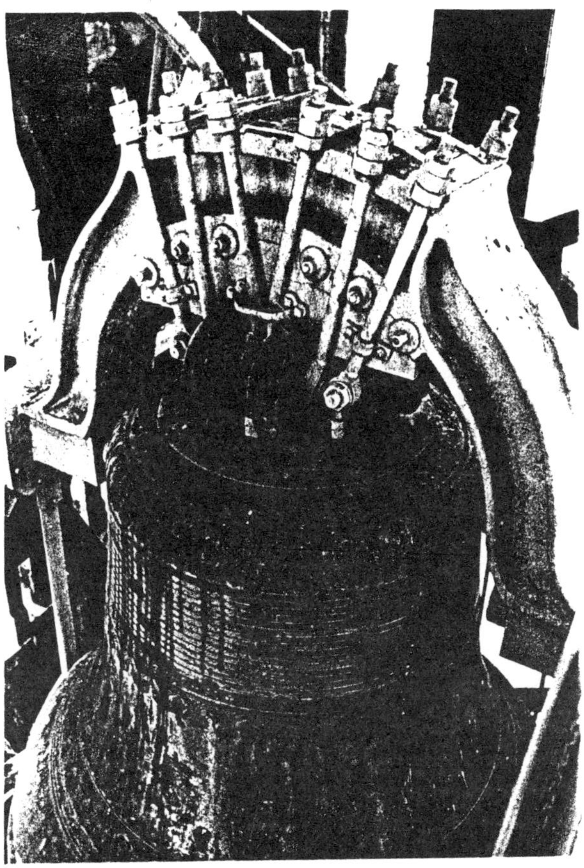

*La Savoyarde* (cliché 87 MO IV 9, musée d'Orsay). Chap. 20.

*Jésus découvrant et montrant son Cœur par J. Bonnassieux.* Statue placée dans la chapelle provisoire de Montmartre. Se trouve en fonte chez M. Denonvilliers, 78, quai de Jemmapes, Paris. En plastique, chez M. Saudinos, 6, place Saint-Sulpice (P. Yenveux, 1900, t. I, p. 298). Chap. 21.

*Bannière du Vœu national* en image de piété (coll. Mme de Vassal). Le Christ au Sacré-Cœur y est représenté d'après Bonnassieux. Chap. 21.

*Gravure de Georges Rohault de Fleury d'après le Sacré-Cœur de Bonnassieux* (*BVN*, 1880, suppl. mai, p. 10, etc.). Chap. 21.

*Le Christ au Sacré-Cœur d'après Bonnassieux* (en buste). Image de piété donnée par le cardinal Guibert en 1884 lors de la communion solennelle de Marie Marcotte (arch. familiales). Chap. 21.

VŒU NATIONAL

AU SACRÉ-CŒUR DE JÉSUS

Laissez venir à moi les petits enfants.

Cœur sacré de Jésus, je me consacre entièrement à vous. Protégez la sainte Église contre ses ennemis, ayez pitié de la France et faites que je vous aime chaque jour davantage.

SOUVENIR DE LA CONSÉCRATION

M ............................................ a été consacré

le ............................ 188

Montmartre, le ............................

*Consécration des enfants. Dessin par Henri Imlé* (signature H. I. sur le trottoir). Voir P. Rey, 1880 (arch. départementales de la Dordogne). Chap. 21.

*La France pénitente, présentée par Marie, offre la maquette du Sacré-Cœur de Montmartre au Christ par Henri Imlé.* Dessin signé Imlé. Version sans couronne pour le *Bulletin du Vœu national* (mai 1878, p. 5). Chap. 21.

*La France présente le Sacré-Cœur de Montmartre au Christ par Henri Imlé*, version avec une couronne à terre pour le *Messager du Cœur de Jésus* (1892, p. 140). Chap. 21.

*Le Sacré-Cœur d'Henri Imlé gravé par Alcan* (*BVN*, 1882, p. 158). Chap. 21.

*Le Sacré-Cœur d'Henri Imlé gravé par J. Chevron* (Franciosi, 1868, p. de garde de l'édition de 1892). Chap. 21.

*Le triomphe du Sacré-Cœur* d'après Henri Imlé (Grimoüard, 1880, p. 211). Chap. 21.

*Statue du Sacré-Cœur faite selon la vision d'une carmélite du Mans (13 mars 1882).* Héliogravure Dujardin, Paris (ASCM). La statue a été dans la crypte. Chap. 21.

*Exsurgat Deus de Henri Imlé.* Héliogravure Garnier et photo Chatelain (Franciosi, 1892, p. 17). Chap. 21.

*Le Sacré-Cœur de G. Michel*, en façade de 1900. Carte postale des Ateliers photo-mécaniques D. A. Longuet, Paris (coll. de l'auteur ; voir aussi *BVN*, 1906, p. 133). Chap. 21.

*Christ au Cœur de chez Boumard*. (ASCM). Chap. 21.

*Le Sacré-Cœur de P. Seguin* (photo Lescuyer, Lyon. *Montmartre-Orientations*, n° 64, Carême 1985). Chap. 21.

*Autre Christ au Sacré-Cœur de chez Boumard* (ASCM). Chap. 21.

*Sacré-Cœur de chez Boumard* (ASCM). Chap. 21.

*Sacré-Cœur de Mme Royer par la maison Raffl,* 64, rue Bonaparte, Paris, (P. Yenveux, 1900, t. I, p. 289). Chap. 21.

*Sacré-Cœur de Mme Royer installé en 1878 et inauguré le 22 mai 1879, dans la paroisse de Saint-Rémy* (Côte-d'Or). "Œuvre en pierre par un artiste de Paris" (Charles Boissard, *Vie*..., 1960, p. 148). Chap. 21.

*Sacré-Cœur de Mme Royer approuvé par Léon XIII (Mau*rice Berthon, *Madame Roye*r, 1947, p. 192). Chap. 21.

*Sacré-Cœur de Mme Royer par la librairie Saint-Paul* (Bar-le-Duc, Meuse) (P. Yenveux, 1900, t. I, p. 149). Chap. 21.

*Autre Sacré-Cœur par Paucel-le-Coquet,* 13, rue Pierre-Leroux, Paris (P. Yenveux, 1900, t. I, p. 149). Chap. 21.

*Sacré-Cœur de Mme Royer par la librairie Saint-Paul* (Bar-le-Duc, Meuse) (P. Yenveux, 1900, t. I, p. 149). Chap. 21.

*Le Sacré-Cœur de Mme Royer, édité chez Boumard* pour une présentation de l'Association de Prière et Pénitence (ASCM). Chap. 21.

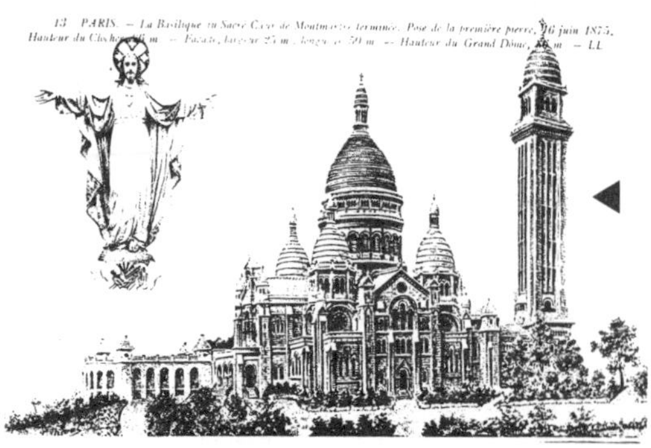

*Le Sacré-Cœur et le Sacré-Cœur en carte postale de LL* utilisée en 1911 (coll. de l'A.). Chap. 21.

*Le Sacré-Cœur et le Sacré-Cœur en carte postale G.C.A.* (= G.C. Appert) utilisée en 1910 (coll. de l'A.). Chap. 21.

*Le Sacré-Cœur aux bras tendus avec la Savoyarde* en carte postale utilisée en 1905 (coll. de l'A.). Chap. 21.

*Le Sacré-Cœur de G. Thomas* commandé par l'abbé Vasseur, du clergé de Paris. Dessin et gravure de A. Napier. (P. Alet, 1889, p. 361). Installé pendant un certain temps dans le chœur du Sacré-Cœur. Un autre exemplaire est toujours visible dans la chapelle du Sacré-Cœur de l'église Saint Sulpice. Chap. 21. ▶

*Le Sacré-Cœur de G. Thomas*, statue en fonte par Denonvilliers, 78, quai Jemmapes, Paris (P. Yenveux, 1900, t. I, p. 312). Chap. 21.

*L'image du Cœur de Jésus selon Marguerite-Marie*. Edition authentifiée par la supérieure de la Visitation Sainte-Marie de Turin en 1894 (ASCM). Chap. 21.

*Image diffusée par le P. Voirin* (1891). J. Turgis, imprimeur, Paris. Original en couleurs (AHDP). Chap. 21.

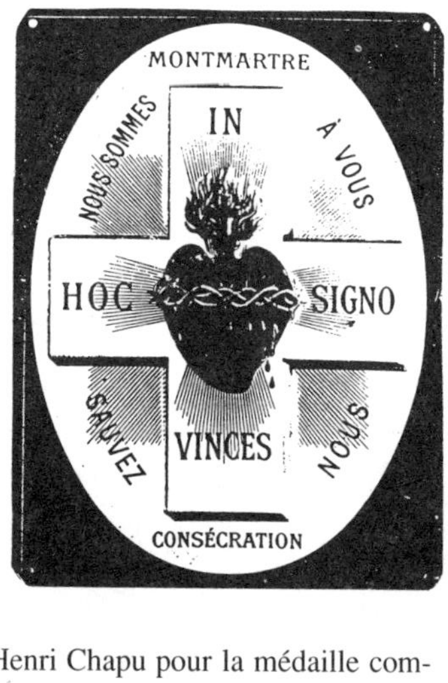


*Plaque de consécration et de sauvegarde du P. Voirin*. Original en couleurs (AHDP). Chap. 21.

Dessin de Henri Chapu pour la médaille commémorative de la célébration de la pose de la première pierre (1875). La France aux pieds du Sacré-Cœur et lui offrant la basilique de Montmartre. Mine de plomb, plume et encre sépia. 13,5 x 21 cm ; melun, musée municipale (912-1-2691. M.J. 89. 404) (Marc Jeanneteau / C. CNMHS / SPADEM). Chap. 21.

*Publicité pour le nouveau modèle d'image ou de plaque-sauvegarde du Sacré-Cœur* (P. Lemius, 1900, dernière page). Chap. 21.

*Christ en croix tenu par le Père, dessin demandé par le P. Voirin* à la maison Biais pour la chasuble de la bénédiction de la basilique du Sacré-Cœur en 1891 (***, *Guide*, 1892, p. 6). Chap. 21.

*Le Christ au Sacré-Cœur reçoit les hommages de la bienheureuse Marguerite-Marie et du cardinal Guibert qui lui offre la maquette de la basilique du Sacré-Cœur.* Bas-relief de Notre-Dame d'Auteuil dans le transept gauche. Ateliers Triollier d'après un modèle de Charles Gauthier (1885) (renseignements donnés par l'abbé François Burel et photographie de A. -M. Cazelles). Chap. 21.

*Le Sacré-Cœur, la bienheureuse Marguerite-Marie l'adorant et le cardinal Guibert lui offrant le Sacré-Cœur.* Peinture de Mlle Caspers (1886) détruites vers 1958. Huile sur toile. Peinture de l'église de Nogent-sur-Marne (photo Alain Volat ; voir A. Volat, 1964). Chap. 21.

*Mgr Guibert offre le Sacré-Cœur.* Gravure de A.H. Sirouy (P. Alet, 1889, p. 323). Chap. 21. ▶

*L'ancien fleuron du pigeon de la façade principale* (voir *BVN*, 1903, p. 15). Se trouve désormais le long du bas-côté sud de l'église Saint-Jean d'Angély (Charente-Maritime). Sur la plaque : "Cette croix a régné de 1889 à 1925 au fronton de la basilique du Sacré-Cœur de Montmartre où elle a été remplacée par une croix d'un autre style. Elle a été placée ici au mois de mars de l'année du jubilé 1925." Sous la croix, la devise de la Grande Chartreuse (renseignement et photographie aimablement communiqués par Claude Laroche). Chap. 22.

*Détail des corbeaux extérieurs* de la grande coupole face à Paris : A. Legentil, Mgr Guibert, H. Rohault de fleury Chap. 22.

Vue de la grande coupole du Sacré-Cœur permettant de repérer le détail ci-dessus. Chap. 22. ▶

◀ *Croix du grand dôme. 2 m de haut* (*BVN*, 1899, p. 345). Chap. 22.

*Projet initial par L. -O. Merson.* Maquette d'étude de la mosaïque de la voûte du chœur. (P. Laligant, 1923, p. 35). Chap. 22.

*La décoration du chœur vers 1919* : lustres, chandeliers, bannières, drapeaux, tapis, etc. (P. Laligant, 1923, p. 4). Chap. 22.

*Vitrail d'Emile Hirsch*, 26, rue Gauthey, Paris. Marguerite-Marie et le P. La Colombière (P. Yenveux, 1900, t. IV, page de garde). Chap. 22.

*Le Sacré-Cœur de Balata* à la Martinique (carte postale IRIS Sodipress-Antilles, BP 523, Fort-de-France. Coll. de l'A.). Chap. 23.

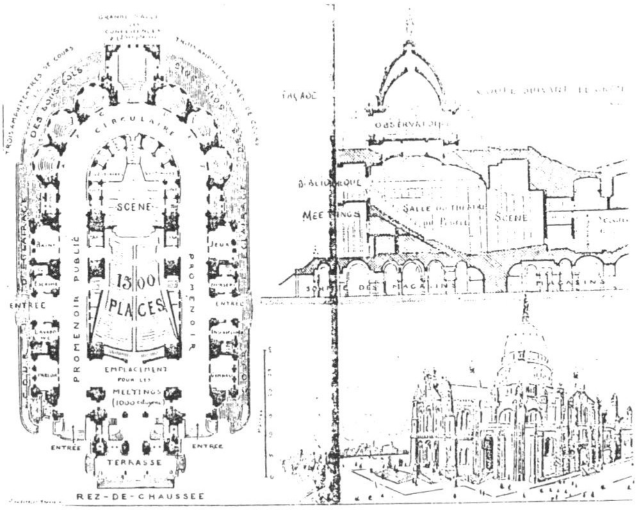


*Projet d'aménagement du Sacré-Cœur par G. Téry : "Le Palais du Peuple de Montmartre.* Une statue de la République domine le monument". (*Les Cordicoles*, 1902, p. 331-334). Chap. 24.

*Statue* du chevalier de La Barre. Carte postale LL (coll. de l'A.). Chap. 24.

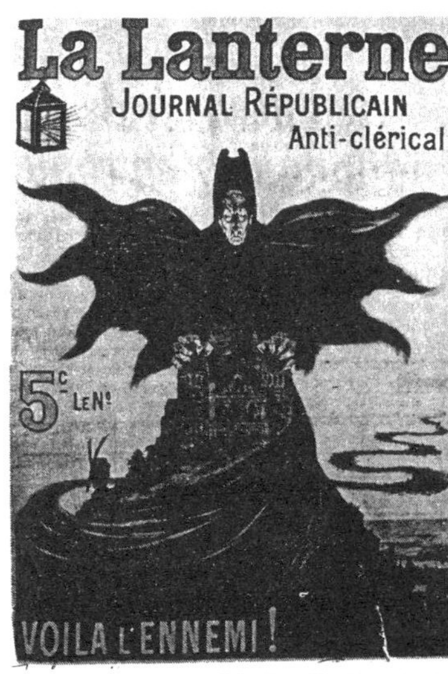


"*Incontournable*" *affiche de La Lanterne* (description et historique en chap. 24).
*Source : Musée de Montmartre.*

*Photomontage* en carte postale de G.C. Appert. Edition dans la collection "Montmartre", n° 543 : *Journéé du 18 mars 1871. Les généraux Clément Thomas et Jules Lecomte sont fusillés rue des Rosiers, n° 6 à Montmartre.* Utilisée en 1904 (coll. de l'auteur). On sait que les deux généraux furent fusillés successivement (voir Michel Nuridsany, "La Commune de Paris et la microphotographie" dans *Le Figaro* du 16 octobre 1989, p. 23). Chap. 26.

*Paris par Steinlen.* 1897, imp. Verneau, Paris, affiche couleur, signature en bas à gauche, 140 x 198 cm. (Musée de l'affiche et de la publicité. Inv. 12836 (NB 714E74). Crauzat, 1915, n° C501. SA 30 A1. Jean-Luc Barre, *Le bel héritage*, Montreuil, 1987, p. 27, n°40). Chap. 26.

# *VI – RÉSUMÉS ET PRÉSENTATIONS*

## Résumé en huit mots

Sacré-Cœur, Montmartre, Spiritualité, Sentimentalisme, Architecture religieuse, Académisme (art), Anticléricalisme, Commune de Paris (1871).

## Résumé bref

La basilique du Sacré-Cœur a toujours été l'objet de nombreuses contestations. Pour les comprendre, il faut demander à ses promoteurs quelles étaient leurs intentions. Traumatisés par les événements de 1870 tant en France qu'à Rome, ils promettent en décembre 1870-janvier 1871 de construire une église en l'honneur du Cœur du Christ par souscription nationale pour obtenir de Dieu le salut de la France et la délivrance du souverain pontife. Leur initiative est déclarée d'utilité publique par l'Assemblée nationale. Paul Abadie devient leur architecte. La lente édification du monument s'accompagne de la création d'un pèlerinage où une adoration perpétuelle s'établit rapidement. La décoration récapitule dans la pierre la vision du monde des constructeurs. Les contestations et les contestataires de l'entreprise, d'hier et d'aujourd'hui, retiennent longuement l'attention, mais sont contestés à leur tour.

## Résumé long

Les passions soulevées par la construction, l'art et la signification de la basilique du Vœu national au Sacré Cœur de Jésus dite le Sacré-Cœur l'ont rendue célèbre mais n'ont pas encouragé jusqu'à une date récente de grands travaux universitaires sur elle. Dans les vingt dernières années on a relevé seulement trois mémoires de maîtrise d'histoire (dont un en Hollande), deux mémoires de diplôme d'architecte, deux articles spécialisés (l'un en anglais, l'autre d'abord en néerlandais puis en français), enfin une exposition avec son catalogue sur Paul Abadie, l'architecte.

L'auteur de cette thèse pour l'obtention du nouveau doctorat d'histoire des religions se propose dans ses deux premiers livres (§ I et II) de faire le point sur la fondation (1870-1876) et l'édification (1877-1923) tant du monument que du pèlerinage et, dans une troisième livre (§ III), d'étudier les contestations que la signification politique, la spiritualité et l'art de cette église ont connues (1870-1990) afin de les contester sereinement, nous l'espérons, à leur tour!

On a essayé de donner à ce travail des soubassements dignes de ceux de l'ex-voto de pierre qu'est la basilique de Montmartre. Les archives du sanctuaire ont été classées en totalité et dépouillées partiellement; celles de l'archevêché de Paris et celles des Religieux oblats de Marie Immaculée à Rome (qui ont été en charge du sanctuaire de 1876 à 1903) et de bien d'autres institutions privées ou publiques ont été abondamment consultées. Une récolement photographique de mille clichés fichés a été réalisé par la conservation des objets d'art des églises de la Ville de Paris. Trois cents auteurs ayant fait mention du Sacré-Cœur au moins une fois sont cités.

I. L'étude a fait apparaître les deux figures des principaux promoteurs laïcs: Alexandre-Félix Legentil et Hubert Rohault de Fleury. Le premier, fils de négociant en tissus et négociant lui-même, adonné aux études d'économie politique et d'encouragement à l'industrie, bénéficie des conseils des PP. jésuites dits de Paris et réputés plutôt libéraux (le P. Matignon en particulier). Il appartient au conseil général de la Société Saint-Vincent de Paul et s'occupe directement d'un patronage d'apprentis. H. Rohault de Fleury, fils d'un architecte important, est peintre non professionnel et appartient au tiers ordre de saint Dominique et à la même société de charité. Tous les deux sont liés à la famille de Charles Marcotte, haut fonctionnaire de la monarchie de Juillet. Tous appartiennent à un milieu catholique peu connu de la rive droite, très préoccupé par la question sociale et pensant la résoudre en profondeur par une conversion des cœurs des patrons comme des ouvriers dans une unanimité nationale et ecclésiale. Legentil pense un temps transformer l'Opéra, affront fait à la pauvreté, en église, signe de réparation de la « fête impériale ». La construction du Sacré-Cœur après la défaite de 1870 va être pour ces laïcs comme pour les évêques qui les encouragent le symbole du relèvement de la France moderne et chrétienne (le salut de la patrie et la délivrance du pape). Mgr Guibert, archevêque de Paris, adopte l'entreprise en janvier 1872. Il est déjà assuré du concours de plusieurs dizaines d'évêques répartis dans toutes les tendances définies et décrites par Jacques Gadille (1967). Lui et son successeur, Mgr Richard, son coadjuteur pendant douze ans, sauront garder à l'œuvre de Montmartre son caractère essentiellement pastoral, religieux et patriotique. Il la voulait ouverte à tous les Français et à tous les régimes politiques.

La dévotion ou consécration au Cœur de Jésus apparaît à ces catholiques comme une démarche nouvelle qui doit permettre à chaque Français et à la France comme telle de redécouvrir leur vocation chrétienne en reconnaissant leurs péchés (surtout publics et sociaux) et en manifestant leur confiance en Dieu. Les traditions spirituelles de l'école française et de la compagnie de Jésus d'avant la Révolution se conjuguent au XIX$^{e}$ siècle dans une spiritualité christocentrique attentive aussi bien à l'intériorité du Sauveur (son Cœur) qu'à son influence sociale (son Règne).

À partir de 1870, le projet, apparu au XVII^e siècle et nettement à la Restauration, de faire se consacrer chaque Français à cet amour du Christ et de consacrer la France au Sacré Cœur par l'autorité légitime atteint le grand public. L'initiative de Legentil, de Mgr Guibert et de leurs successeurs qui s'insère dans ce mouvement contribuera à souligner sa dimension « démocratique » par le lancement de la souscription nationale, signe visible de la conversion du cœur de chacun et de son vœu ou vote pour une société française qui reconnaisse un jour le Règne social du Cœur du Christ.

Après le choix du sommet de la butte Montmartre pour des raisons évidentes dues à la beauté et à la signification du site, à son histoire chrétienne et aux besoins religieux de la population du XVIII^e arrondissement, l'acquisition à l'amiable par l'archevêque « en son nom et en celui de ses successeurs » des terrains appartenant principalement à la Ville de Paris se révèle impossible. L'appel au gouvernement de Thiers et au ministre des Cultes, Jules Simon, pour une déclaration d'utilité publique par l'Assemblée nationale devient nécessaire. Une majorité plus large qu'il n'y paraît la vote le 24 juillet 1873 sur proposition d'Anselme Batbie. L'année suivante un concours d'architecture marqué par l'absence de Viollet-le-Duc et par la présence de Garnier choisit un homme connu, Paul Abadie, et un projet original aux modèles repensés. La pose de la première pierre et le lancement du chantier se font discrètement sans participation officielle (1875 et 1876).

II. Commence alors vraiment l'édification de cet ex-voto national sur trois plans : la souscription et la construction du monument dit ex-voto de pierre, la création et le développement d'un nouveau centre de pèlerinage qu'on qualifie d'ex-voto de prière et l'élaboration d'un programme iconographique (ex-voto d'imaginaire) qui aboutira à l'inauguration en 1923 de la grande mosaïque du chœur. La souscription, en 1919, lors de la dédicace de la basilique s'élèvera à quarante-cinq millions de francs. Bon an, mal an, pouvant varier du simple au double, un million de francs par an en moyenne aura été récolté pendant cinquante ans par le Comité de construction qui est responsable de la gestion. Le devis de l'ensemble du projet correspond dans la réalité aux seules fondations exceptionnellement solides. À la mort de Paul Abadie, les architectes se succèdent (Daumet démissionné, Laisné et Garnier décédés) et laissent en fait le pouvoir à son conducteur des travaux, Henri Rauline et aux experts du Comité. Après que ces derniers aient ouvert la basilique au culte en 1891 puis élevé le grand dôme, Lucien Magne construit le clocher pour loger la Savoyarde et assure avec son fils Henri-Marcel, une bonne partie de la décoration en mosaïque.

L'ex-voto de prière s'établit d'abord pendant quinze ans dans une chapelle provisoire desservie par des Religieux Oblats de Marie immaculée. Une ruée vers Montmartre se produit à partir des paroisses, des diocèses, des œuvres, des écoles de Paris et de province, de la France et de l'étranger à l'initiative du P. Rey. Le million de pèlerins par an est vite atteint et conservé pendant toute la période étudiée. Une adoration perpétuelle du Cœur eucharistique, comme certains cherchent à dire, est assurée par des milliers d'hommes et de femmes, de jour et de nuit, de façon continue à partir de 1885. Des archiconfréries de prière, de pénitence et de charité rassemblent des millions de fidèles de par le monde. Des campagnes de consécrations individuelles et collectives tant en 1889 avec P. Voirin qu'autour de 1899 avec le P. Lemius remportent de francs succès.

Une iconographie propre à l'Œuvre du Vœu national est définie très tôt par le Comité et les religieux. La France est représentée en Madeleine pénitente offrant une maquette du Sacré-Cœur au Christ (dessin de Chapu repris par Imlé). Le Sauveur à Montmartre est surtout le Sacré Cœur dit de Mme Royer : les bras largement ouverts, un cœur symbolisé sur la poitrine, les instruments de la Passion posés à ses pieds sur un globe terrestre. La grande mosaïque du chœur récapitule la vision du monde des promoteurs grâce au pinceau de Luc-Olivier Merson. Les saints et les protagonistes français de l'histoire de la dévotion et du Vœu national au Cœur de Jésus font pendant à ceux de l'Église universelle. Ils célèbrent tous le triomphe du « Sacré Cœur », son amour pour la France et pour le monde. Le Sacré-Cœur est pour ses constructeurs une sorte de point d'orgue à la merveilleuse histoire commencée selon eux quatorze siècles plus tôt avec Clovis : la France du Vœu national avec ses messieurs en jaquette entre au ciel représentée en jeune fille mérovingienne ! Entre-temps, une certaine mystique de Montmartre, cœur de la France et du monde, s'est mise en place et rayonne au-delà même de la France et des colonies.

III. La contestation du Sacré-Cœur est à la hauteur de l'entreprise : elle fut nationale elle aussi. Avant le vote de la loi d'utilité publique, elle est discrète, interne au milieu catholique et difficile à saisir. À partir de 1873, elle est permanente jusqu'à nos jours. Les critiques de l'opposition à l'Assemblée viennent du pasteur de Pressensé (il souhaite ne pas mélanger la politique et la religion), de Charles Berthauld (la loi ne respecte pas le Concordat), d'Anthime Corbon (l'église fera plus de mal que de bien à la population parisienne qui veut une religion discrète) et d'Henri Tolain (cette dévotion due aux Jésuites n'est même pas catholique). Quatre débats parlementaires reprendront plus ou moins les mêmes arguments pour obtenir l'abrogation de la loi. En 1882, à la suite de démarches du conseil municipal de Paris, un débat a lieu. Une brillante intervention de Clemenceau obtient une sorte de désapprobation officielle ; en 1891, on sera tout aussi platonique ; en 1897 pour marquer le XXV^e^ anniversaire du Vœu national, la Chambre du gouvernement Méline renverra aussi en commission le projet de loi. Il faut attendre 1904 pour qu'une loi d'abrogation soit adoptée et le cas du Sacré-Cœur renvoyé au problème général de la Séparation des Églises et de l'État. En l'absence d'association cultuelle parisienne, il est décrété propriété de la ville de Paris avec affectation perpétuelle au culte catholique. Cette décision est confirmée par un arrêt du Conseil d'État et un jugement du tribunal civil de la Seine, instances devant lesquelles s'étaient portés les cardinaux Richard et Amette.

Les catholiques du Vœu national qui priaient pour la liberté du souverain pontife ont été accusés d'être de mauvais patriotes en remettant en question l'unité italienne. Ils ont rejeté l'accusation tout en reconnaissant que leur France n'était pas pour eux un absolu, qu'elle n'était pas impeccable et qu'il lui fallait demander son salut au Sauveur des nations et entrer dans son Église. Les responsables ecclésiastiques et laïcs du Sacré-Cœur ont été accusés de monarchisme. En fait, ils ont toujours rappelé la doctrine catholique en la matière : les régimes politiques peuvent être divers et l'influence de l'Église sur eux ne peut être qu'« indirecte ». Le Ralliement les a trouvés disponibles. Ils ont essayé de rayonner la démocratie chrétienne née à Montmartre par le Vœu national. Dans une République qui s'identifiait à la laïcité et à l'anticléricalisme, il n'était pas aisé de se soumettre à l'autorité politique légitime en place tout en gardant son identité catholique. Les prêtres diocésains responsables du sanctuaire à partir de 1903 tinrent avec le cardinal Amette un tel pari.

L'explication de la construction du Sacré-Cœur uniquement par la volonté des catholiques d'expier les crimes de la Commune soulève autant la question de la fortune critique dans l'imaginaire français de la guerre civile de 1871 que celle de la spiritualité de la rédemption vécue à travers la dévotion au Cœur du Christ. Legentil et Rohault de Fleury voulaient une église nationale pour réparer des crimes nationaux avant ceux de la Commune. Ceux-ci se sont ajoutés à la série et d'autres, pendant quarante ans, ont suivi. Telle qu'elle la formule est fausse d'autant qu'on l'entend souvent au sens de faire expier aux communards. Pour ces catholiques, le Christ d'abord expie les péchés des hommes et ceux qui librement croient en lui peuvent ensuite coopérer à son œuvre de salut. Les accusations de sentimentalisme et de dolorisme ne semblent pas non plus résister à un véritable examen, pas plus que celles de providentialisme et de triomphalisme naïfs. Finalement, l'examen de la notion de pastiche appliquée au Sacré-Cœur en fait apparaître les limites autant en architecture qu'en ce qui concerne le décor en mosaïque et l'orfèvrerie.

Par la construction du Sacré-Cœur, les catholiques du XIX^e siècle ont fait appel à une spiritualité et une architecture modernes pour remédier aux problèmes politiques et sociaux qui se posaient à une France qu'ils voulaient également moderne mais aussi chrétienne. En son temps, Émile Zola dans *Paris* fait de l'église de Montmartre le symbole de l'obscurantisme. Peut-on indéfiniment reconduire ce jugement ?

## Présentation de la thèse prononcée lors de la soutenance

Monsieur le Président, Messieurs les Membres du Jury,

La thèse que je soutiens aujourd'hui devant vous pour l'obtention du doctorat nouveau d'histoire des religions est un travail qui récapitule une bonne partie de ma vie. J'ai essayé d'y appliquer la méthode d'élaboration du discours historique.

L'itinéraire qui m'a conduit à choisir le Sacré-Cœur comme sujet de recherche part d'un projet né en Sorbonne en 1960, passe par Montmartre (de 1965 à 1985) et aboutit à son point de départ, ici, dans cette université, en un travail notablement transformé (de 1985 à 1991). En effet, en 1960, mes professeurs du collège d'enseignement général de mon quartier dans le IX^e arrondissement me désignèrent pour recevoir dans l'amphithéâtre Richelieu un prix de l'association Léopold Bellan. En classe de cinquième, je me promis de parcourir tous les degrés universitaires qui, alors, correspondaient pour moi aux degrés du Savoir. À l'époque, en effet, j'étais un catholique sociologique ni croyant, ni pratiquant !

Une évolution-conversion intellectuelle, morale et spirituelle me fit devenir chrétien de cœur vers 1964 et désirer la prêtrise. Dès lors je découvrais le Sacré-Cœur pendant vingt ans d'abord comme étudiant et séminariste, puis comme chapelain sous la houlette de Mgr Charles, recteur de 1959 à 1985. Pour diverses raisons, il ne me fut pas possible pendant ce temps de poursuivre des études au-delà d'une licence ès lettres à Nanterre et à Paris IV et d'une maîtrise en théologie (sur le cardinal Pierre de Bérulle) à l'Institut catholique de Paris. Mais le projet d'un grand travail sur ce sanctuaire se développait d'autant que la violente contestation dont il était l'objet, dans les années 1970, le rendait encore plus intéressant à mes yeux. Il pouvait être l'occasion d'une étude sur les rapports de la foi et de la culture moderne, du catholicisme et du laïcisme aux XIX^e^ et XX^e^ siècles.

Quand l'échéance d'un départ de la basilique se présenta au début des années 1980, la réalisation du rêve de l'adolescent devint possible. L'autorité ecclésiastique autorisa le projet. Le sujet du travail était tout trouvé. L'absence de thèse sur le Vœu national et l'accueil que vous m'avez réservé m'encouragèrent. Et voici pourquoi, Messieurs, vous avez dû vous infliger la lecture de ces quatre gros volumes !

Pour mener à bien cette enquête, j'ai dû rassembler un grand nombre de témoignages, veiller à leur exploitation critique et m'efforcer de les présenter systématiquement. J'ai ainsi repéré d'abondantes correspondances inédites : celles de la famille des promoteurs ou celles qu'a suscitées la construction. J'ai pris connaissance des procès-verbaux des séances du comité du Vœu national. Les imprimés n'ont pas été ignorés (je pense en particulier aux divers bulletins), ni les gravures, ni les photographies et surtout pas les œuvres d'art et de piété. J'ai essayé de mieux connaître la vie et les œuvres (tant au Sacré-Cœur qu'en dehors) des innombrables acteurs (et adversaires) de l'entreprise nationale et ecclésiale qu'a été la construction de cette église, ex-voto de pierre et de prière, expression de l'imaginaire catholique de l'époque. Mais une telle recherche m'entraînait bien au-delà des limites d'un travail raisonnable. Le principal effort que j'ai dû faire dans cette démarche a été de m'arrêter, tellement l'abondance risquait de me submerger. J'ai aussi acquis pour mener à bien cette thèse une connaissance très concrète du monument : aussi bien dans ses éléments architecturaux que décoratifs. De la seconde crypte au double dôme, des caveaux, galeries techniques et égouts aux combles des bas-côtés et du déambulatoire. Quant à la décoration, j'ai été bien aidé par le récolement d'un millier de photographies établi par la conservation des objets d'art des églises de la ville de Paris.

Parallèlement à cette collecte, il m'a fallu situer ces témoignages dans les grands mouvements culturels, politiques et religieux contemporains et même des Temps modernes afin d'éviter les anachronismes. J'ai dû pour cela m'initier à des disciplines aussi diverses que l'histoire de l'art, de la vie politique et de la vie religieuse. L'établissement de la fortune critique du Sacré-Cœur m'a permis de parcourir le siècle qui nous sépare de sa fondation à la fois si proche et déjà si lointaine, d'essayer de comprendre l'immense contestation dont il a été l'objet en me souvenant du temps où j'y applaudissais. L'exploitation critique et systématique de tous ces témoignages permet de tenter une certaine réhabilitation du Sacré-Cœur de Montmartre auprès des Parisiens qui le critiquent et aboutit à quelques conclusions qu'il convient désormais d'exposer en n'oubliant pas leur possible remise en question par des recherches ultérieures. Elles correspondent aux trois principales contestations du Sacré-Cœur : sa construction serait uniquement une réaction politique antirépublicaine et anticommunarde ; sa spiritualité comporterait les pires perversions ; son architecte aurait pastiché Saint-Front de Périgueux et ses artistes décorateurs « pompiers » l'auraient rendu encore plus laid.

Pour examiner ces mises en question de la basilique de Montmartre et les contester à leur tour dans un troisième et dernier livre, il a paru nécessaire, dans un premier livre, de présenter les profondes fondations surtout spirituelles et culturelles du Vœu national. L'étude des auteurs, des idées et des actes fondateurs manifestent l'ampleur et les limites de la christianisation de la société française du XIXe siècle. Dans le second livre, il a fallu démêler et décrire les ex-voto de pierre (la construction matérielle), de prière (le flux des pèlerins et des membres des confréries et de l'adoration perpétuelle) et d'imaginaire (la vision du monde qui s'est exprimée à travers la décoration), ex-voto qui se sont élevés sur la butte Montmartre de 1877 à 1923.

La première conclusion porte sur le caractère éminemment pastoral de l'œuvre entreprise par le cardinal Guibert et le cardinal Richard qui acceptent la pleine et entière collaboration de Legentil, Rohault de Fleury, Cornudet et Baudon, responsables par ailleurs de la Société de Saint-Vincent de Paul. Dans leur pensée, la construction du Sacré-Cœur n'était pas une entreprise de politique partisane, mais un service de la patrie, quel que soit son régime politique. Si évidemment ces archevêques et ces laïcs de Paris ne s'inféodèrent pas à une idéologie politique révolutionnaire, ils ne s'intégrèrent pas non plus à une perspective simplement contre-révolutionnaire. Par la construction dans la capitale et pourtant au-dessus d'elle de cette église, ils proclamèrent concrètement ce qu'ils disaient par ailleurs dans leurs mandements. La foi en l'amour du Christ pour tous les Français et pour tous les hommes est source du salut éternel et d'une certaine santé temporelle pour tous ceux qui ne se refusent pas à lui en connaissance de cause. Ainsi ils surent faire de la construction du Sacré-Cœur une œuvre « patriotique et chrétienne » ouverte à tous : aussi bien aux laïcs de la nouvelle bourgeoisie de type orléaniste qu'à ceux de l'aristocratie traditionnelle de type légitimiste, aux Jésuites dits de Paris, réputés libéraux, comme à ceux dit du Midi, réputés intransigeants, aux Dominicains comme aux Assomptionnistes ; toutes les tendances « politiques » de l'épiscopat y sont représentées, les néo-gallicans comme les néo-ultramontains ; parmi les ecclésiastiques, un abbé Lemire comme un père Lemius se considéraient chez eux au Sacré-Cœur. L'immense souscription qui récolta en moyenne un million de francs par an pendant cinquante ans et les millions de souscripteurs anonymes semblent bien refléter cette diversité repérée au niveau des responsables.

L'œuvre des cardinaux Guibert et Richard, qui ont tenu à s'y faire enterrer, ne serait pas vraiment pastorale si elle se contentait d'appliquer la conception chrétienne de la politique. Elle a été aussi éminemment au service de la spiritualité de leurs contemporains. Ils ont voulu être des missionnaires auprès des Parisiens et des Français de leur temps en leur proposant de renouveler leur baptême par la redécouverte d'un christianisme centré sur l'amour de Dieu pour eux et vécu à travers la dévotion et la consécration des individus comme des divers groupes sociaux (dont leur patrie) au Cœur du Christ. Les trois qualificatifs de la France dans la devise du Vœu national sont de bons guides : *Sacratissimo Cordi Christi Jesu Gallia pœnitens et devota (et grata)*. La pénitence, l'expiation, la réparation ne sont pas pour eux de fatales obligations à remplir à l'égard d'un Dieu-Moloch assoiffé du sang de ses créatures mais des actes d'amour au sein des conséquences des péchés des hommes que sont la souffrance et la mort, à l'égard d'un Dieu Père d'un Fils unique, Jésus, qui s'est lui-même affronté au drame de la condition humaine en s'incarnant, en mourant et en ressuscitant pour le salut des fils prodigues. La dévotion au Cœur du Christ n'est pas une vaine complaisance à l'égard d'un Dieu-Amant, fruit d'une imagination dévoyée, mais une confiance fondée sur l'histoire du salut en Jésus Époux de l'Église et de chacun, qui se propose de sauver l'homme tout entier, corps et âme, intelligence, volonté et sensibilité, individu et société. La reconnaissance qui s'est manifestée dans le cadre de la construction du Sacré-Cœur n'est pas une simple satisfaction manifestée à l'égard d'un Dieu des Armées à l'œuvre dans les victoires militaires, mais une gratitude à l'égard d'un Dieu-Providence, maître de l'Histoire et créateur d'hommes libres appelés à coopérer individuellement et collectivement à leur salut éternel à travers leur histoire tissée de victoires comme de défaites. Leur patriotisme s'ouvre par leur attention à l'amour du Christ pour tous les hommes sur les autres nations. La spiritualité vécue à Montmartre entre 1870 et 1920 est une actualisation synthétique et populaire de celles des XVI^e^-XVIII^e^ siècles : celles du Carmel et de la compagnie de Jésus, de l'école française du grand siècle et de saint Alphonse de Liguori. D'une façon équilibrée, elle maintient le Père, le Christ et l'Esprit au cœur de la prière chrétienne.

Les propositions politiques et spirituelles des responsables du Vœu national se sont exprimées dans une architecture et une décoration qu'ils voulaient de qualité. Le projet de Paul Abadie avait le mérite de la cohérence et de l'originalité tellement les modèles étaient repensés. La réalisation qui en a été faite par lui-même et ses cinq successeurs aboutit à une église dont la bonne intégration au paysage parisien sur la butte Montmartre semble être reconnue par un grand nombre et dont finalement la silhouette blanche peut être trouvée belle même par ceux qui ne partage pas l'idéal chrétien. On peut désormais percevoir que dans les productions néo-classiques, néo-gothiques ou néo-romanes du XIX^e^ siècle, la nouveauté de la conception l'emporte sur l'ancienneté du modèle. On est en présence d'une production qui a donné naissance à notre architecture du XX^e^ siècle. Si l'on tient à la qualifier de « pastiche », ce sera désormais comme un titre de gloire à l'instar de « gothique » ou de « baroque ».

Quant aux sculptures, aux mosaïques et à l'orfèvrerie, là aussi, une redécouverte peut s'opérer. Elles peuvent ne pas être considérées seulement comme des illustrations d'une merveilleuse histoire d'amour entre Dieu et l'humanité par le Christ qui, selon les artisans du Vœu national, aime la France et l'invite à se mettre au service de son Père et du monde. Mais plus d'un de ces objets d'art a une belle apparence qui peut être admirée pour elle-même, même si elle s'estompe aisément devant le message dont l'œuvre est porteuse. Les enquêtes sur certaines histoires de l'art du XIXe siècle permettent de percevoir leurs limites, de réexaminer leurs condamnations des artiste dits « pompiers », « officiels » ou « académiques » et d'apprécier à leur juste place ceux qu'elles mettent en avant.

En conclusion, il est inutile de souligner toutes les limites d'un tel travail. Son ampleur frappe le regard et pourtant son caractère non exhaustif apparaît rapidement. Le dépouillement des archives est loin d'être achevé aussi bien celles du Sacré-Cœur que d'autres fonds, publics et privés. L'impact national de l'entreprise n'a fait qu'être esquissé dans des tableaux récapitulatifs et non exploités. Le rayonnement international a été seulement effleuré. Enfin, il est évident que dans chacun des domaines étudiés un approfondissement serait souhaitable. Mais l'étude présente avait seulement pour but la présentation des nombreuses interférences entre la spiritualité, l'art et la politique au cours de la construction de la basilique du Sacré-Cœur à Montmartre. J'espère qu'elle servira de base à des travaux ultérieurs.

## Présentation de l'auteur

BENOIST, Jacques René Bernard, prêtre du diocèse de Paris. Né le 19 juillet 1946 à Paris IXe. Fils de Ernest Edouard BENOIST, ouvrier spécialisé, et de Mme, née Victorine Marie MARGUERITE, employée de maison. *Études* : école et CEG du 35, rue Milton, Paris IXe ; lycée Condorcet et maîtrise de Montmartre ; universités de Paris X Nanterre et Paris IV Sorbonne ; Institut catholique de Paris. *Diplômes* : Licence ès lettres, maîtrise en théologie, doctorat de l'Université de Paris-Sorbonne Paris IV (histoire des religions et anthropologie religieuse). *Préparation au ministère* : entrée dans l'Église (1964) ; missionnaire des mouvements Saint-Paul et Résurrection (1965-1971) ; maître d'internat à la maîtrise de Montmartre (1967-1969) ; séminaire des Carmes (1969-1976) ; sergent instructeur au 9e RCP (1971-1972) ; guide de pèlerinages en Terre sainte (1968-1980) et secrétaire des *Pèlerinages-Promotion* (1972-1975) ; ordonné prêtre par le cardinal Marty à Notre-Dame de Paris (28 juin 1975). *Ministère* : chapelain à la basilique du Sacré-Cœur de Montmartre (1976-1985) ; aumônier de la maîtrise de Montmartre (1976-1981) et de mouvements de collégiens et lycéens adorateurs (1976-1985) ; directeur de la Fraternité de prière et de pénitence (1978-1983) ; organisateur et animateur de pèlerinages en Italie et en Espagne, de croisières sur les pas de saint Paul (Syrie, Turquie, Grèce, Malte et Rome)

(1978-1986); économe de la basilique (1981-1985). Aumônier du collège-lycée de l'Assomption-Lubeck; assistant de Mgr Charles dans sa retraite (depuis 1985). *Sport*: natation. *Publications*: Une vingtaine d'articles pour la revue *Montmartre* et *Montmartre-Orientations* (1968-1985); travaux sur Pierre de Bérulle: quatre articles pour la revue *Résurrection* (1969-1973); mémoire de maîtrise intitulé: *Bérulle, théologien de l'homme divinisé* (1975, 120 p. polycopiées); extraits dans M. O. et J. H. MARQUIS, *De la dévotion au Sacré-Cœur à la spiritualité du Cœur du Christ* (DDB, 1981); cours mensuels et conférences dans le cadre des Cours et Week-end théologiques de Montmartre (1976-1985, polycopiés); contribution « Pour une définition chrétienne de la culture » dans *La politique de la mystique, hommage à Mgr Charles* (DDB, 1984); contribution sur « Le Vœu national » pour le catalogue de l'exposition *Paul Abadie* organisée par Claude Laroche (1988) et dans le *Bulletin de l'association Léon Bloy* (3/1988); article sur Charles Rohault de Fleury dans *La Revue de l'Art* (82/1988). À paraître: article « Sacré-Cœur de Montmartre » dans *Catholicisme*; contributions aux colloques Paul Féval (1987) et Léon Bloy (1990); *Le Sacré-Cœur de Montmartre, spiritualité, art et politique (1870-1923). Contestation (1870-1990)*. En préparation: *Le Sacré-Cœur contesté* (exposition et livre); *Le Sacré-Cœur de Montmartre (1919-1990)*; *La pensée et l'action pastorales de Mgr Charles*.

## TABLE DES MATIÈRES

*Les lecteurs trouveront l'index de ces deux volumes dans le volume 3 qui sortira ultérieurement.*

Photocomposé par
Infoprint Ltd

Achevé d'imprimer en novembre 1992
dans les ateliers de Normandie Roto Impression S.A. 61250 Lonrai
N° d'éditeur : 4708 – N° d'imprimeur : I2-2181
Dépôt légal : novembre 1992